Schalburg/Dörflinger

Einkommensteuer-Erklärung 2025

Einkommensteuer-Erklärung 2025

bearbeitet von

Martin Schalburg
Dipl.-Finanzwirt (FH)
Finanzverwaltung NRW

Nina Dörflinger
Dipl.-Finanzwirtin (FH)
Steuerberaterin
Gutting Steuerberater & Rechtsanwälte
Oberhausen-Rheinhausen

Unter Mitarbeit von
Isabell Hegmanns
Dipl.-Finanzwirtin (FH), M.A.

20., aktualisierte und neubearbeitete Auflage

Lefebvre Stollfuß

Zitierweise:
Schalburg/Dörflinger, ESt-Erklärung 2025, Rz. ...

Dieses Printprodukt ist auch als Online-Datenbank erhältlich. Preise und Informationen finden Sie:
www.stollfuss.de

Für Fragen steht Ihnen unser Kundenservice gerne zur Verfügung (0228 724 6002 oder Kundenservice@stollfuss.de).

Bibliografische Information Der Deutschen Nationalbibliothek
Die Deutsche Nationalbibliothek verzeichnet diese Publikation in Der Deutschen Nationalbibliografie; detaillierte bibliografische Daten sind im Internet über http://dnb.d-nb.de abrufbar.

ISBN 978-3-08-363725-7

Satz: Cicero Computer GmbH, Bonn
Druck und Verarbeitung: Druckerei C.H. Beck, Nördlingen
Verlag: Stollfuß Verlag – Zweigniederlassung der Lefebvre Sarrut GmbH,
Bundeskanzlerplatz 2, 53113 Bonn
Gedruckt auf 100 % PEFC zert. Papier, EU Eco Label

Vorwort zur 20. Auflage

Die Steuererklärung 2025 steht an. Dabei blind „copy paste" die jeweiligen Daten aus dem Vorjahr zu übernehmen, ist keine gute Alternative, da aus unterschiedlichen Gründen die Erklärungsformulare gegenüber dem Vorjahr angepasst worden sind.

Dem Formularsatz wurde u.a. für den aktuellen Veranlagungszeitraum eine weitere Anlage, die **Anlage 32c** (Tarifermäßigung bei Einkünften aus Land- und Forstwirtschaft) hinzugefügt. Keine weitere Bedeutung hat dagegen die Anlage Corona-Hilfe mehr, die nicht weiter aufgelegt wird.

Diverse Gesetzesänderungen waren praktisch umzusetzen (Jahressteuergesetz 2024, Steuerfortentwicklungsgesetz, Wachstumschancengesetz), wobei zum Redaktionsschluss noch nicht alle Gesetzesverfahren beendet waren. An den jeweiligen Stellen weisen wir darauf hin.

Weitere praktische Auswirkung hat das Verfahren zur Referenzierung auf Belege (RABE), dass nunmehr bundesweit zum Einsatz kommt. Grundsätzlich sind keine Belege mehr der Steuererklärung beizufügen, wobei bei Auslandssachverhalten – auch über die erhöhte Mitwirkungspflicht (§ 90 Abs. 2 AO) – eine Belegvorhaltepflicht (§ 68 EStDV) besteht. Hinzu kommen diverse Veränderungen, um die bisherige Erklärungsqualität zu verbessern (z.B. innerhalb der Anlage Außergewöhnliche Belastungen). Zudem wurden Erklärungstatbestände verfeinert (z.B. das sog. Freitextfeld auf dem Hauptvordruck ESt 1 A). Dass neue oder überarbeitete Schreiben der Finanzverwaltung zu berücksichtigen waren, ist seit Jahren ebenso eine Selbstverständlichkeit wie die notwendigen Anpassungen auf Grund der Rechtsprechung des BFH.

Im Ergebnis sind viele Bereiche hinzugefügt, ergänzt oder auch gelöscht worden, die es zu beachten gilt. Wir weisen auf die Änderungen regelmäßig im Rahmen der „Hinweise zur Plausibilitätsprüfung" hin.

Wir wenden uns mit diesem Buch an die Praktiker in der täglichen Anwendung. Das Jahrbuch ist eine nutzbringende Hilfe und ein praktischer Informationsgeber zur Erstellung der ESt-Erklärung.

In Hinblick auf die auch in der Finanzverwaltung immer weiter fortschreitende Automatisierung ist es regelmäßig nicht mehr erforderlich, dass der Steuererklärung Papierbelege beigefügt werden. Das soll regelmäßig nur noch auf besondere Aufforderung durch das Finanzamt erfolgen.

Die 20. Auflage des vollständig aktualisierten Ratgebers berücksichtigt den Rechtsstand für den VZ 2025 (Redaktionsschlusstermin: 22.11.2025).

Der Ratgeber gliedert sich in zwei Teilbereiche, die Ihnen einen schnellen Überblick im Zusammenhang mit der Erstellung der ESt-Erklärung geben sollen:

- den **systematischen Wegweiser**, der Ihnen Hinweise und Erläuterungen zu jeder Zeile der ESt-Erklärung gibt. Gleichzeitig werden anhand von Plausibilitätshinweisen Zusammenhänge zu anderen Teilbereichen der ESt-Erklärung sowie Beratungs- und Gestaltungshinweise gegeben. Diese Hinweise finden Sie sachbezogen zugeordnet,
- die **Materialien**, die für die Erstellung der Steuererklärung unerlässlich sind.

Mit dieser gewählten Darstellungsform wird das komplexe System der Erstellung einer ESt-Erklärung verständlich aufbereitet.

Das vorliegende Printwerk wird durch eine online abrufbare Volltextdatenbank mit komfortablen Recherchemöglichkeiten und zusätzlich hinterlegten Quellen ergänzt (z.B. Entscheidungen des BFH).

In der Reihe der Stollfuß Ratgeber ist ebenfalls erhältlich das Werk „Körperschaftsteuer-/Gewerbesteuer-/Umsatzsteuer-Erklärung 2025", das dem gleichen Konzept folgt und den Ratgeber „Einkommensteuer-Erklärung 2025" optimal ergänzt.

Über Hinweise unserer Leserinnen und Leser freuen wir uns und nehmen Anregungen gerne an.

Bonn und Köln, im November 2025

Martin Schalburg und der Verlag

Vorwort zur 1. Auflage

Das Erstellen der Steuererklärung wird von Jahr zu Jahr immer komplexer. Von der politisch diskutierten Möglichkeit, die Einkommensteuererklärung auf einem Bierdeckel machen zu können, ist der Steuerbürger weiter entfernt denn je.

Vor diesem Hintergrund und mit Blick auf den in der täglichen Praxis stetig steigenden Zeitdruck erhält der Steuerpflichtige bzw. sein Berater mit dem vorliegenden Werk ein routinemäßig einsetzbares Arbeitsmittel an die Hand, das ihn beim Deuten und Ausfüllen der Einkommensteuererklärungsvordrucke 2006 effektiv unterstützt.

Das Handbuch gliedert sich in drei Teilbereiche:

Der systematische Wegweiser folgt in seiner Gliederung dem Aufbau der einzelnen Erklärungsvordrucke. Diese werden Zeile für Zeile umfangreich erläutert. Besonders hervorgehobene Hinweise (Beratungs- und Praxishinweise) sowie die Verwendung von Beispielen geben dem Anwender die Möglichkeit, mit Bezug auf die zu berücksichtigenden steuerlichen Belange auch steuergestaltend tätig zu werden.

Im Checklistenteil, der vom Aufbau dem ersten Teil entspricht, findet der Leser Hilfestellung insbesondere bei der Vorbereitung der für das Ausfüllen der Erklärung relevanten Unterlagen als auch bei der eigentlichen Erstellung der Erklärung helfen.

Der Materialienteil enthält die relevanten Vorschriften des Einkommensteuergesetzes als Auszug, alle Einkommensteuererklärungsvordrucke 2006 und die Grund- und Splittingtabelle zur Einkommensteuer.

Das gedruckte Werk wird durch eine CD-ROM mit Volltextdatenbank mit zusätzlich hinterlegten Quellen (z.B. wichtige Entscheidungen des Bundesfinanzhofs) ergänzt, die über Hyperlinks direkt angesteuert werden können. Die auf der CD-ROM enthaltene Software ElsterFormular bietet dem Benutzer die Möglichkeit seine Steuererklärung elektronisch zu erfassen und via Internet an das Finanzamt zu übermitteln.

Das vorliegende Handbuch erscheint in der Reihe der Stollfuß Jahrbücher. Erhältlich sind in dieser Reihe zudem die Titel „Körperschaftsteuer-/Gewerbesteuer-/Umsatzsteuer-Erklärung 2006", „Steueränderungen 2006/2007", „HGB-Jahresabschluss – Erstellung und Prüfung 2006/07", „HGB-Jahresabschluss – Erstellung mit Plausibilitätsbeurteilung 2006/07" und „IFRS-Jahresabschluss – Erstellung und Prüfung 2006/07", die dem gleichen Konzept folgen und sich daher auch optimal ergänzen.

Das vorliegende Handbuch berücksichtigt den Rechtsstand für den Veranlagungszeitraum 2006.

Anregungen und Verbesserungsvorschläge sind Autoren und Verlag stets willkommen.

Bonn und Köln, im Januar 2007

Martin Schalburg und der Verlag

Inhaltsverzeichnis

Literaturverzeichnis

Arps-Aubert/Hagemann/Höppner	JStG 2024: Steuerverschärfung für ausländische Alterseinkünfte, NWB 45/2024, 3112;
Balmes	Nutzungswertbesteuerung des Automobils, BB 2011, 2263;
BDI/WKGT	Modernisierung des Körperschaftsteuerrechts, Bonn, 1. und 2. Aufl. 2021;
Behrens/Renner	Beschränkung des Anwendungsbereichs der Abgeltungsteuer zur Missbrauchsvermeidung nach § 32d Abs. 2 Nr. 1 EStG, BB 2008, 2319;
Bering/Friedenberger	Steuerliche Berücksichtigung volljähriger Kinder ab 2012, NWB 2012, 278;
Bering/Friedenberger	Aktuelle Entwicklungen beim Kindergeld und bei der steuerlichen Berücksichtigung von Kindern, NWB 2013, 1560;
Bilsdorfer	Der Bundesfinanzhof, die Pkw-Nutzung und das Fahrtenbuch, DStR 2012, 1477;
Blaufus/Hechtner/Hundsdorfer	Die Gewerbesteuerkompensation nach § 35 EStG im Jahressteuergesetz 2008, BB 2008, 80;
Bode	Nachträgliche Anschaffungskosten beim Ausfall von Gesellschafterdarlehen nach MoMiG und Einführung der Abgeltungsteuer, DStR 2009, 1788;
Bohn/Loose	Besonderheiten des EBITDA-Vortrags bei Organschaftsverhältnissen, DStR 2011, 1009;
Brandis/Heuermann	EStG/KStG/GewStG, Kommentar, München (Loseblatt);
Bron/Seidel	Missglückte Vereinfachung der Besteuerung von Kapitalmaßnahmen durch § 20 Abs. 4a EStG, DStZ 2009, 268;
Bron/Seidel	Doppelbelastung mit Erbschaftsteuer und Einkommensteuer, Eine Analyse des § 35b EStG unter besonderer Berücksichtigung von Kapitalanlagen, ErbStB 2010, 48;
Bruschke	Mietverträge zwischen nahen Angehörigen, DStZ 2017, 732;
Busch/Brandtner	Werbungskostenabzug im Rahmen der Abgeltungsteuer, BBEV 2008, 223;
Cloer/Vogel	Unterschiedliche Gebäude-AfA bei Auslandsbezug, DB 2010, 1901;
Dellner	Müssen Corona-Hilfen versteuert werden?, NWB 2021, 1514;
Deumeland	Spende an den Papst steuermindernd nach § 9 KStG!, IStR 2014, 405;
Dinkelbach	Offene Fragen und Ungereimtheiten bei Kapitaleinkünften nach der Unternehmenssteuerreform, DB 2009, 870;
Dinkelbach	Einlagen und Abgeltungsteuer – Gestaltungsmöglichkeiten und Nachbesserungsbedarf, DStR 2011, 941;
Ditz/Quilitzsch	Die Änderungen im AStG durch das AmtshilfeRLUmsG – Quo vadis Außensteuergesetz?, DStR 2013, 1917;
Dötsch/Pung/Möhlenbrock	Die Körperschaftsteuer, Kommentar, Stuttgart (Loseblatt);
Ebner Stolz/BDI	Steuer- und Wirtschaftsrecht 2025, Bonn 2024;
Ebner/Meinert	Unionsrechtswidrigkeit der Pauschalbesteuerung von Investmentfondserträgen – Konsequenzen des EuGH-Urteils C-326/12, NWB 2015, 416;
Eckert	Fiktive Gewinne bei einem geschlossenen Immobilienfonds, BB 2011, 1055;
Egensperger	Grenzen gesetzlicher Regelungen zum Internationalen Steuerrecht – Am Beispiel des „Ständigen Vertreters" bei beschränkter Steuerpflicht (§§ 1 Abs. 4, 49 EStG, § 13 AO), IStR 2013, 889;
Eismyr/Linn	Änderungen des Außensteuergesetzes durch das JStG 2010, NWB 2011, 30;
Elser/Bindl	Einzelfragen zur Abgeltungsteuer, FR 2010, 360;
Elser/Dürrschmidt	Besteuerung des Carried Interest und verbindliche Auskunft bei Private Equity Fonds, FR 2010, 1075;
Ernst/Schill	Die Behandlung von Stipendien im Ertragsteuerrecht, DStR 2008, 1461;
Fiand	Spende an eine Stiftung vor deren Rechtswirksamkeit, NWB 2015, 2061;
Feldgen	Verdeckte Gewinnausschüttungen und verdeckte Einlagen, Bonn/Berlin (Loseblatt);
Felix	Paradigmenwechsel im Kindergeldrecht, NJW 2012, 22;
Fellinger	Tarifbegünstigung nicht entnommener Gewinne: Das Anwendungsschreiben zu § 34a EStG, DB 2008, 1877;
Flick/Wassermeyer/Baumhoff	Außensteuerrecht Kommentar, Köln (Loseblatt);
Förster	Das Alterseinkünftegesetz auf dem Prüfstand des Bundesfinanzhofs, DStR 2009, 141;
Förster	Immer Ärger mit den Nachweisen – Verfahrensprobleme bei grenzüberschreitenden Spenden, DStR 2013, 1516;
Fuhrmann/Kraeusel/Schiffers	EStG – eKommentar, Bonn (fortlaufend aktualisiert);
Geserich	Der Abzug von Auslandsspenden, NWB 2010, 1408;
Geserich	Behinderungsbedingte Umbaukosten als außergewöhnliche Belastungen, NWB 2011, 1526;
Geserich	Der Nachweis der Zwangsläufigkeit von Krankheitskosten nach der Neuregelung im StVereinfG 2011, DStR 2012, 1490;
Geserich	Anmerkung zum BFH-Urteil v. 21.3.2013 (VI R 31/10), DStR 2013, 1424;

Geserich	Steuerfreiheit für nebenberuflich tätige Fahrer im Bereich der teilstationären Tagespflege, NWB 2020, 2596;
Goebel/Ellinghoff	(Nicht-)Konformität der Zinsschranke mit dem Grundgesetz und Europarecht?, DStZ 2010, 550;
Görke	Die Kompensation von Steuererhöhungen durch nachträgliche Inanspruchnahme von Investitionsabzugsbeträgen, FR 2014, 158;
Götz	Anschaffungsnaher Aufwand versus §§ 7i, 11b EStG, DStR 2011, 1016;
Gosch	Abgabenordnung, Finanzgerichtsordnung, Kommentar, Bonn/Berlin 1995 (Loseblatt);
Graf/Nacke	Grundsätze der Kaufpreisaufteilung erneut auf dem Prüfstand, NWB 2022, 822;
Gragert	Abgeltungsteuer und Verlustverrechnung gem. § 15b EStG, NWB 2010, 2450;
Gragert/Wichert	Abgrenzung gewerblicher Einkünfte von Einkünften aus selbständiger Arbeit, NWB Fach 3, 15083;
Gragert/Wißborn	Keine Vererbbarkeit des Verlustabzugs nach § 10d EStG – Auswirkungen des Beschlusses des Großen Senats des BFH auf andere Verlustverrechnungsbeschränkungen, NWB Fach 3, 15111;
Gragert/Wißborn	Die Thesaurierungsbegünstigung nach § 34a EStG, NWB Fach 3, 14621;
Greite	Der Halbteilungsgrundsatz im Familienleistungsausgleich, FR 2012, 684;
Griemla	Abziehbarkeit von Krankenversicherungsbeiträgen an Drittstaatenversicherungsunternehmen, FR 2011, 1147;
Grube	Zur Absetzung wegen wirtschaftlicher Abnutzung insbesondere von Gebäuden, FR 2011, 633;
Grün	Ausgleichszahlungen beim schuldrechtlichen Versorgungsausgleich, NWB 2010, 1751;
Grün	Neuerungen im BMF-Schreiben zur Behandlung von Vorsorgeaufwendungen und Altersbezügen – Kranken- und Pflegeversicherungsbeiträge NWB 2013, 2914;
Haartz/Meeßen/Wolf	ABC-Führer Lohnsteuer, Stuttgart (Loseblatt);
Haas	Die Besteuerung der Destinatäre der Familienstiftung, DStR 2010, 1011;
Haisch	Besteuerung von Contracts for Difference im Privatvermögen, DStZ 2010, 61;
Harder-Buschner/Schramm	Die neuen Verpflegungspauschalen und die Behandlung vom Arbeitgeber zur Verfügung gestellter Mahlzeiten, NWB 2014, 175;
Harle/Geiger	Die Auswirkung betrieblicher Übertragungsvorgänge und Überentnahmen auf die Nachversteuerung nach § 34a EStG, BB 2009, 587;
Haupt	Der Gesetzgeber macht es sich (zu) einfach – Zu den (neuen) Nachweisanforderungen bei Krankenkassenkosten als außergewöhnliche Belastung, DStR 2011, 2443;
Haupt	Steuerliche Entlastungen bei außergewöhnlichen Belastungen, DStR 2011, 204;
Herrmann/Heuer/Raupach	Einkommensteuer- und Körperschaftsteuergesetz. Kommentar, Köln (Loseblatt);
Herzig/Bohn	Modifizierte Zinsschranke und Unternehmensfinanzierung – Diskussion von Plänen zur Unternehmenssteuerreform 2008, DB 2007, 1;
Herzig/Joisten/Vossel	Die Vermeidung der Doppelbelastung mit ESt und ErbSt nach Einführung des § 35b EStG, DB 2009, 584;
Herzig/Liekenbrock	Zum Zinsvortrag bei der Organschaft, DB 2009, 1949;
Heuermann	Können wir auf die Überschusserzielungsabsicht verzichten?, DStZ 2010, 825;
Hörster	Änderungen im EStG zum Jahresende 2024, NWB 5/2025, 301;
Hüttemann	Steuerliche Behandlung von Spenden in den Vermögensstock einer Stiftung, DB 2008, 2164;
Intemann	Einbeziehung von Dividenden in die Abgeltungsteuer verfassungswidrig?, DB 2007, 1658;
Jacob/Scheifele	Keine Abgeltungsteuer auf den Hinzurechnungsbetrag nach § 10 AStG – ein steuerlicher Overkill, SAN 2009, 48;
Jacobsen	Das AStG nach dem ATAD-Umsetzungsgesetz, DStZ 2021, 743;
Jochum/Lambert	Das auszubildende Kind im Familienleistungsausgleich, FR 2006, 677;
Kanzler	Behinderten-Pauschbetragsgesetz, NWB 2021, 898;
Kempermann	Anmerkungen zum neuen BMF-Schreiben zur steuerlichen Behandlung des Arbeitslohns nach den Doppelbesteuerungsabkommen, FR 2015, 126;
Kirchhoff/Seer	Einkommensteuergesetz, München, 25. Aufl. 2025;
Koss	Erschließungsbeiträge als Handwerkerleistungen?, BB 2017, 2209;
Korn/Carlé/Stahl/Strahl	Einkommensteuergesetz Kommentar, Bonn/Berlin (Loseblatt);
Krüger	Typische Fehler in Mietverträgen mit nahen Angehörigen, StBp 2001, 97;
Krumm	Die Steuerbarkeit privater Vermögensverluste: Gesellschafterdarlehen und §§ 17, 20 EStG i.d.F des JStG 2019, FR 2020, 197;
Kusterer	Folgen bei Beendigung des Güterstands, EStB 2007, 343;

Lechner/Haisch	Abgrenzung von partiarischen Darlehen zu innovativen Finanzierungsformen, Ubg 2011, 282;
Leisner-Egensperger	Die Einkunftserzielungsabsicht im Spannungsfeld von Dogmatik und Praxis, DStR 2010, 790;
Lenz/Dörfler/Adrian	Änderungen bei der Zinsschranke durch das Wachstumsbeschleunigungsgesetz, Ubg 2010, 1;
Ley	Die Sondertatbestände der Tarifbegünstigung für nicht entnommenen Gewinn gemäß § 34a Abs. 5–7 EStG, Ubg 2008, 214;
Ley	Personengesellschaften nach der Unternehmensteuerreform 2008 unter besonderer Berücksichtigung der Thesaurierungsbegünstigung, kösdi 2007, 15737;
Littmann/Bitz/Pust	Das Einkommensteuerrecht, Kommentar, Stuttgart, 15. Aufl. (Loseblatt);
Loschelder	Unterhaltsaufwendungen als außergewöhnliche Belastungen, EStB 2011, 151;
Loschelder	Behindertengerechter Umbau eines Hauses als außergewöhnliche Belastung, EStB 2010, 255;
Loos	Ist die Einschränkung der Verrechnungsfähigkeit von Verlusten aus der Veräußerung von Aktien im Privatvermögen (§ 20 Abs. 6 Satz 5 EStG) verfassungskonform?, DStZ 2010, 78;
Meilicke	Nochmals: Abgeltungsteuer auf Bezugsrechte, DB 2010, 753;
Moser	Überlegungen zum Zusammenspiel von § 15 AStG und § 32d EStG bei mehrstufigen Strukturen, DStZ 2018, 787;
Müller/Tolksdorf	Falsche Zuwendungsbestätigungen durch gemeinnützige Körperschaften?, DStR 2015, 2116;
Myßen/Bering	Private Altersvorsorge – Änderungen durch das Jahressteuergesetz 2007, NWB Fach 3, 14293;
Myßen/Fischer	Das Eigenheim als Rente – der neue Wohn-Riester, NWB Fach 3, 15117;
Myßen/Fischer	BürgEntlG KV: Änderungen mit Auswirkungen auf den privaten Bereich, NWB 2009, 3900;
Myßen/Fischer	Umsetzung des EuGH-Urteils zur Riester-Rente durch das EU-Umsetzungsgesetz, FR 2010, 462;
Myßen/Wolter	Neuordnung des Sonderausgabenabzugs für sonstige Vorsorgeaufwendungen – Bürgerentlastungsgesetz Krankenversicherung, NWB 2009, 2313;
Nacke	Gesetzentwurf zum Wachstumsbeschleunigungsgesetz, DB 2009, 2507;
Nacke	Steuerentlastungen bei Hochwasserschäden an Vermietungsobjekten, NWB 37/2024, 2536;
Neyer	Deutscher Steuerzugriff auf Entschädigungszahlungen an den international mobilen Arbeitnehmer – Neuregelung ab 1.1.2017, DStR 2017, 1632;
Niemeyer/Stock	Notleidende Gesellschafterdarlehen im Lichte der Abgeltungsteuer, DStR 2011, 445;
Nöcker	Nachgelagerte Besteuerung der Altersrente – abstrakt verfassungsgemäß und konkret berechenbar, NWB 2021, 2340;
Peetz	Die Bewertung privater Nutzung betrieblicher Kfz bei mehreren Fahrzeugen, DStZ 2013, 317;
Philipowski	Verfall wertlos gewordener Kauf- und Verkaufsoptionen, DStR 2004, 978;
Pohl	Thesaurierungsbegünstigung und Nachversteuerung bei der Umstrukturierung von Personenunternehmen nach § 6 Abs. 5 EStG, BB 2008, 1536;
Reiling/Brucker/Looser	Steuerliche Behandlung von Betriebsveranstaltungen, eine lohn-, ertrag- und umsatzsteuerliche Betrachtung, DB 2017, 2436;
Risthaus	Begünstigte Vermögensübergaben gegen Versorgungsleistungen, DB 2010, 803;
Risthaus	Einkommensteuerrechtliche Behandlung von Vorsorgeaufwendungen und Altersbezügen, DB 2010, 2304;
Rödder/Schumacher	Das kommende SEStEG Teil I: die geplanten Änderungen des EStG, KStG und AStG Teil II: Das geplante neue Umwandlungssteuergesetz, DStR 2006, 1481;
Sauren	Der gesetzeswidrige Erlass bei der verbilligten Vermietung, DStZ 2004, 943;
Scheller	Besteuerung von US-Renten in Deutschland, ISR 2019, 32;
Schiffers	Anmerkungen zum Anwendungsschreiben zur Begünstigung der nicht entnommenen Gewinne nach § 34a EStG, DStR 2008, 1805;
Schiffers	Entwurf eines Anwendungsschreibens zu § 1a KStG, DStZ 2021, 883;
Schiffers	Optionsmodell für Personengesellschaften nach dem Körperschaftsteuermodernisierungsgesetz: handels- und steuerbilanzielle Aspekte bei der optierenden Gesellschaft, DStZ 2021, 530;
Schiffers/Köster	Gestaltungshinweise zur Unternehmensbesteuerung zum Jahreswechsel 2008/2009, DStZ 2008, 830;
Schmidt	Einkommensteuergesetz, Kommentar, München, 43. Aufl. 2024;

Schmidt	Aufwendungen für ein Arbeitszimmer während der Elternzeit, NWB 2013, 1294;
Schmidt	Ungelöste Fragen bei der neuen Sonderabschreibung für den Mietwohnungsneubau, NWB 38/2019, 2777;
Schmitt-Homann	Abgeltungsteuer: Verlustanteil, Forderungsausfall, Bezugsrecht und Wertpapieranleihe, BB 2010, 351;
Schmitt/Meyen	Mitarbeiterentsendung: Ermittlung des steuerpflichtigen Arbeitslohns, Beurteilung bestimmter Auslandstätigkeiten und Rückfallklauseln nach DBA, DB 2015, 1190;
Schneider	Neues vom BFH zur Entfernungspauschale, NWB 8/2012, 638;
Schoor	Abschreibung von Geschäfts- und Praxiswert, DStZ 2000, 667;
Schoor	Schuldzinsenabzug bei Umwidmung eines Kredits, StBp 2007, 114;
Schoor	Problemfälle und Beratungsempfehlungen bei den Einkünften aus Vermietung und Verpachtung, StBp 2009, 293;
Schoor	Miteigentum an Vermietungsobjekten – Steuerprobleme und Lösungen, StBp 2010, 143;
Schwenke	Neuausrichtung der Rechtsprechung zur Abzugsfähigkeit sog. gemischter Aufwendungen, FR 2011, 1051;
Seifert	Steuerermäßigung für energetische Maßnahmen bei zu eigenen Wohnzwecken genutzten Gebäuden, Stbg 2020, 103;
Seifert	Überblick über das Einführungsschreiben zum steuerlichen Reisekostenrecht 2014 – Verpflegungspauschalen, DStZ 2013, 903;
Skusa	Rechtsfolgen, Gestaltungsmöglichkeiten und prozessuales Vorgehen bei Mietflächenabweichungen, NJW 2012, 184;
Söffing	Die österreichische Privatstiftung – Ertrag- und erbschaftsteuerliche Aspekte beim Blick ins Nachbarland, ErbStB 2007, 219;
Steck	Verbilligte Vermietung und Verpachtung von Immobilien – Neuerungen innerhalb und außerhalb des Anwendungsbereichs des § 21 Abs. 2 EStG, Stbg 7–8/2021, 271;
Spiegelberger	Die Irrfahrt der privaten Versorgungsrente, DB 2008, 1063;
Steck	Steuerermäßigung für energetische Maßnahmen bei zu eigenen Wohnzwecken genutzten Gebäuden, DStZ 2020, 234;
Stein	Abzugsfähigkeit von Aufwendungen für leer stehende Immobilien und unbebaute Grundstücke bei Vermietungsabsicht, INF 2006, 349;
Stein	Praxisprobleme des Nachweises der Vermietungsabsicht bei leer stehenden Immobilien, DStR 2009, 1079;
Stein	Gesetzgebungsvorbehalt einer unwiderleglichen Vermutung, DStZ 2011, 442;
Stein	Gestaltende Steuerberatung 5/2009, 160;
Sterzinger	Interessante Option bei Vermietungsumsätzen nach Altbaurenovierung, DStR 2013,167;
Söffing/Worgulla	Gewinnbegriff des § 34a EStG, 12/2009, 841;
Strahl	Problemfelder Ertragsteuern – Problemanalysen, Problemlösungen, Gestaltungen, Bonn (Loseblatt);
Strunk/Kaminski/Köhler	Außensteuergesetz, Doppelbesteuerungsabkommen, Kommentar, Bonn/Berlin (Loseblatt);
Tipke/Kruse	Abgabenordnung/Finanzgerichtsordnung, Kommentar, Köln (Loseblatt);
Thönnes	Die Abgeltungsteuer – Einfluss der Unternehmenssteuerreform 2008 auf die Besteuerung von Kapitalerträgen ab dem 1.1.2009, Steuer und Studium 2008, 480;
Trinks	Steuerliche Aspekte im Zusammenhang mit der Förderung der Selbsttötung, NWB 2020, 2544;
Trossen	Verfassungsmäßigkeit der Regelungen zur Behandlung der Aufwendungen für eine erstmalige Berufsausbildung oder ein Erststudium, FR 2012, 501;
Urbahns	Zum Ort der Arbeitsausübung bei Tätigkeiten auf Seeschiffen, die sich auf hoher See befinden – geänderte Rechtsauffassung des BMF, Stbg 2025, 206;
Waldhoff/Engler	Die Küste im deutschen Ertragsteuerrecht – am Beispiel der Besteuerung von Offshore-Energieerzeugung, FR 2012, 254;
Weber-Grellet	Rentenbesteuerung im Lichte der neueren BFH-Rechtsprechung Bestandsaufnahme und Systematisierung, DStR 2012, 1253;
Wiegand	Die Umsetzung der EU-Agrarreform im deutschen Recht, NWB Fach 17, 2325 (Heft 50/2008);
Wiegand	Das Steuervereinfachungsgesetz aus Sicht der Land- und Forstwirtschaft, NWB 43/2011, 3606;
Worgulla	Stille Gesellschaften, partiarische Darlehen und Unterbeteiligungen, NWB 2010, 3182.

Abkürzungsverzeichnis

a.A.	anderer Ansicht
AbgG	Abgeordnetengesetz
ABl.EG	Amtsblatt EG
ABl.EU	Amtsblatt der Europäischen Union
Abs.	Absatz
abzgl.	abzüglich
AbzStEntModG	Gesetz zur Modernisierung der Entlastung von Abzugsteuern und der Bescheinigung der Kapitalertragsteuer
AEAO	Anwendungserlass zur Abgabenordnung
a.F.	alte Fassung
AfaA	Absetzung für außergewöhnliche Abnutzung
AfA	Absetzung für Abnutzung
AK	Anschaffungskosten
ALG	Gesetz über die Alterssicherung der Landwirte
Alg	Arbeitslosengeld
allg.	allgemein
AltEinkG	Alterseinkünftegesetz
AltvVerbG	Altersvorsorge-Verbesserungsgesetz
AltZertG	Altersvorsorgeverträge-Zertifizierungsgesetz
AmtshilfeRLUmsG	Gesetz zur Umsetzung der Amtshilferichtlinie sowie zur Änderung steuerlicher Vorschriften (Amtshilferichtlinie-Umsetzungsgesetz)
AO	Abgabenordnung
AStG	Außensteuergesetz
ATAD	Gesetz zur Umsetzung der Anti-Steuervermeidungsrichtlinie
ATE	Auslandstätigkeitserlass
ATZV	Altersteilzeitzuschlagsverordnung
AufenthG	Aufenthaltsgesetz
ausl.	ausländisch
AuslInvG	Auslandinvestmentgesetz
AuslZuStV	Auslandszuständigkeitsverordnung
AUV	Auslandsumzugskostenverordnung
AVmG	Altersvermögensgesetz
Az.	Aktenzeichen
BAföG	Bundesausbildungsförderungsgesetz
BAnz.	Bundesanzeiger
BauGB	Baugesetzbuch
BayLfSt	Bayerisches Landesamt für Steuern
BBesG	Beamtenbesoldungsgesetz
BeamtVG	Beamtenversorgungsgesetz
BEEG	Gesetz zum Elterngeld und zur Elternzeit (Bundeselterngeld- und Elternzeitgesetz)
BEG	Bundesentschädigungsgesetz
BeitrRLUmsG	Beitreibungsrichtlinie-Umsetzungsgesetz
BerlinFG	Berlinförderungsgesetz
BetrAVG	Gesetz zur Verbesserung der betrieblichen Altersversorgung
Betriebsstätten-FA	Betriebsstätten-Finanzamt
BewDV	Durchführungsverordnung zum Bewertungsgesetz
BewG	Bewertungsgesetz
BFDG	Bundesfreiwilligendienstgesetz
BFH	Bundesfinanzhof
BFH/NV	Sammlung amtlich nicht veröffentlichter Entscheidungen des Bundesfinanzhofs (Zeitschrift)
BGB	Bürgerliches Gesetzbuch
BGBl.	Bundesgesetzblatt
BGF	Bruttogrundfläche
BIC	Business Identifier Code
BildscharbV	Verordnung über Sicherheit und Gesundheitsschutz bei der Arbeit an Bildschirmgeräten
BilRUG	Bilanzrichtlinie-Umsetzungsgesetz
BJagdG	Bundesjagdgesetz
BKGG	Bundeskindergeldgesetz
BUKG	Bundesumzugskostengesetz
BMG	Bemessungsgrundlage
BR-Drucks.	Drucksachen des Deutschen Bundesrates
BRKG	Bundesreisekostengesetz
BSG	Bundessozialgericht
bspw.	beispielsweise
BStBl	Bundessteuerblatt
BT-Drucks.	Bundestagsdrucksache
BUKG	Bundesumzugskostengesetz
II. BV	Zweite Berechnungsverordnung
BVerfG	Bundesverfassungsgericht
BV	Betriebsvermögen
BVG	Bundesversorgungsgesetz
BZSt	Bundeszentralamt für Steuern
bzw.	beziehungsweise
CRS	Common Reporting Standard
DA	Durchführungsanweisung
DB	Der Betrieb (Zeitschrift)
DBA	Doppelbesteuerungsabkommen
DepotG	Depotgesetz
DJ	Discjockey
DStR	Deutsches Steuerrecht (Zeitschrift)
DStRE	DStR-Entscheidungsdienst (DStR-Beilage)
DStZ	Deutsche Steuer-Zeitung (Zeitschrift)
DV	Durchführungsverordnung
EBITDA	Earnings Before Interests, Taxes, Depreciation and Amortisation
EFG	Entscheidungen der Finanzgerichte (Zeitschrift)

EG	Europäische Gemeinschaften
EGBGB	Einführungsgesetz zum Bürgerlichen Gesetzbuch
EheG	Ehegesetz
EhfG	Entwicklungshelfer-Gesetz
EigRentG	Eigenheimrentengesetz
EigZulG	Eigenheimzulagengesetz
einschl.	einschließlich
EmoG	Elektromobilitätsgesetz
EnEV	Verordnung über energiesparenden Wärmeschutz und energiesparende Anlagentechnik bei Gebäuden (Energieeinsparverordnung)
ESanMV	Verordnung zur Bestimmung von Mindestanforderungen für energetische Maßnahmen bei zu eigenen Wohnzwecken genutzten Gebäuden nach § 35c des Einkommensteuergesetzes (Energetische Sanierungsmaßnahmen-Verordnung)
ErbStB	Der Erbschaft-Steuer-Berater (Zeitschrift)
ErbStG	Erbschaftsteuergesetz
ESchG	Embryonenschutzgesetz
ESt	Einkommensteuer
EStG	Einkommensteuergesetz
EStDV	Einkommensteuer-Durchführungsverordnung
EStH	Einkommensteuer-Hinweise
EStR	Einkommensteuer-Richtlinien
eTIN	electronic Taxpayer Identification Number
EU	Europäische Union
EuAbgG	Europaabgeordnetengesetz
EuGH	Europäischer Gerichtshof
EÜR	Einnahmen-Überschuss-Rechnung
EURLUmsG	EU-Richtlinien-Umsetzungsgesetz
EWR	Europäischer Wirtschaftsraum
FA	Finanzamt
FELEG	Gesetz zur Förderung der Einstellung der landwirtschaftlichen Erwerbstätigkeit
f./ff.	folgend/folgende
Fifo	First-in-first-out
Finverw.	Finanzverwaltung
FG	Finanzgericht
FKAustG	Gesetz zum automatischen Austausch von Informationen über Finanzkonten in Steuersachen
FinMin	Finanzministerium
FördG	Gesetz über Sonderabschreibungen und Abzugsbeträge im Fördergebiet (Fördergebietsgesetz)
FR	Finanz-Rundschau (Zeitschrift)
FRG	Fremdrentengesetz
GbR	Gesellschaft bürgerlichen Rechts
GdB	Grad der Behinderung
G.d.E.	Gesamtbetrag der Einkünfte
GEG	Gebäudeenergiegesetz v. 8.8.2021
gem.	gemäß
GewStG	Gewerbesteuergesetz in der für den jeweiligen VZ geltenden Fassung
GewStR	Gewerbesteuer-Richtlinien in der für den jeweiligen VZ geltenden Fassung
GG	Grundgesetz für die Bundesrepublik Deutschland
ggf.	gegebenenfalls
ggü.	gegenüber
GmbH	Gesellschaft mit beschränkter Haftung
grds.	grundsätzlich
GrStG	Grundsteuergesetz
GWG	geringwertiges Wirtschaftsgut
ha	Hektar
HAG	Heimarbeitsgesetz
HBeglG	Haushaltsbegleitgesetz
HeimG	Heimgesetz
HFR	Höchstrichterliche Finanzrechtsprechung (Zeitschrift)
HGB	Handelsgesetzbuch
HK	Herstellungskosten
IBAN	International Bank Account Number
i.d.F.	in der Fassung
Id-Nr.	Identifikationsnummer
i.d.R.	in der Regel
IFRS	International Financial Reporting Standards
IFSG	Infektionsschutzgesetz
i.H.d.	in Höhe der/des
i.H.v.	in Höhe von
i.R.d.	im Rahmen der/des
i.R.v.	im Rahmen von
ImmoWertV	Immobilienwertermittlungsverordnung
inkl.	inklusive
inl.	inländisch
insb.	insbesondere
insg.	insgesamt
i.S.d.	im Sinne der/des
i.V.m.	in Verbindung mit
InvStG	Investmentsteuergesetz
InvZulG	Investitionszulagengesetz
JFDG	Jugendfreiwilligendienstgesetz
jPöR	juristische Person des öffentlichen Rechts
JStG	Jahressteuergesetz
KapErhStG	Kapitalerhöhungssteuergesetz
KapESt	Kapitalertragsteuer
Kfz	Kraftfahrzeug
KG	Kommanditgesellschaft
KGaA	Kommanditgesellschaft auf Aktien
KHG	Krankenhausfinanzierungsgesetz

KiStG	Kirchensteuergesetz
Kj.	Kalenderjahr
Km	Kilometer
KöMoG	Gesetz zur Modernisierung des Körperschaftsteuerrechts
KStG	Körperschaftsteuergesetz
KStR	Körperschaftsteuer-Richtlinien in der für den jeweiligen VZ geltenden Fassung
KVBEVO	Krankenversicherungsbeitragsanteil-Ermittlungsverordnung
KWG	Gesetzes über das Kreditwesen
kWh	Kilowattstunde
LAG	Lastenausgleichsgesetz
LPartG	Lebenspartnerschaftsgesetz
LSt	Lohnsteuer
LStDV	Lohnsteuer-Durchführungsverordnung in der für das jeweilige Kalenderjahr geltenden Fassung
LStH	Lohnsteuer-Hinweise
LStR	Lohnsteuer-Richtlinien
lt.	laut
LuF	Land- und Forstwirtschaft
max.	maximal
MDK	Medizinischer Dienst der Krankenversicherung
m.E.	meines Erachtens
MuSchG	Mutterschutzgesetz
m.w.H.	mit weiteren Hinweisen
m.w.N.	mit weiteren Nachweisen
MV	Mitteilungs-Verordnung
n.a.	nicht anwendbar
NWB	Neue Wirtschafts-Briefe (Zeitschrift)
NZB	Nichtzulassungsbeschwerde
OFD	Oberfinanzdirektion
o.g.	oben genannt
OGAW	Organismus für gemeinsame Anlagen in Wertpapieren
OHG	Offene Handelsgesellschaft
ÖPNV	Öffentlicher Personennahverkehr
OWiG	Gesetz über Ordnungswidrigkeiten
p.a.	per annum
PartG	Parteiengesetz
PB	Pauschbetrag
PKV	Private Krankenversicherung
Pkw	Personenkraftwagen
PStTG	Plattformen-Steuertransparenzgesetz
PV	Privatvermögen
PV-Anlage	Photovoltaik-Anlage
REIT	Real Estate Investment Trust
REITG	Gesetz über deutsche Immobilien-Aktiengesellschaften mit börsennotierten Anteilen
rkr.	Rechtskräftig
RL	Richtlinie
Rev.	Revision
Rz.	Randziffer
SchBauG	Gesetz über bauliche Maßnahmen zum Schutz der Zivilbevölkerung (Schutzbaugesetz)
S.d.E.	Summe der Einkünfte
SEPA	Single Euro Payments Area
SEStEG	Gesetz über steuerliche Begleitmaßnahmen zur Einführung der Europäischen Gesellschaft und zur Änderung weiterer steuerlicher Vorschriften
SGB II	Sozialgesetzbuch (SGB) Zweites Buch (II) – Grundsicherung für Arbeitsuchende
SGB III	Sozialgesetzbuch (SGB) Drittes Buch (III) – Arbeitsförderung
SGB IV	Sozialgesetzbuch (SGB) Viertes Buch (IV) – Gemeinsame Vorschriften für die Sozialversicherung
SGB V	Sozialgesetzbuch (SGB) Fünftes Buch (V) – Gesetzliche Krankenversicherung
SGB VI	Sozialgesetzbuch (SGB) Sechstes Buch (VI) – Gesetzliche Rentenversicherung
SGB VII	Siebtes Buch Sozialgesetzbuch (SGB VII) – Gesetzliche Unfallversicherung
SGB VIII	Sozialgesetzbuch (SGB) Achtes Buch (VIII) – Kinder- und Jugendhilfe
SGB IX	Sozialgesetzbuch Neuntes Buch (SGB IX) – Rehabilitation und Teilhabe von Menschen mit Behinderungen
SGB X	Zehntes Buch Sozialgesetzbuch (SGB X) – Sozialverwaltungsverfahren und Sozialdatenschutz
SGB XI	Sozialgesetzbuch (SGB) Elftes Buch (XI) – Soziale Pflegeversicherung
SGB XII	Sozialgesetzbuch (SGB) Zwölftes Buch (XII) – Sozialhilfe
sog.	so genannte, -er, -es
SolZG	Solidaritätszuschlagsgesetz
StÄndG	Steueränderungsgesetz
StAbwG	Steueroasen-Abwehrgesetz (Gesetz zur Abwehr von Steuervermeidung und unfairem Steuerwettbewerb und zur Änderung weiterer Gesetze)
StAbwV	Verordnung zur Durchführung des Steueroasen-Abwehrgesetzes (Steueroasen-Abwehrverordnung)
StB	Der Steuerberater (Zeitschrift)
StBp	Die steuerliche Betriebsprüfung (Zeitschrift)
StBerG	Steuerberatungsgesetz
StEntlG 1999/2000/2002	Steuerentlastungsgesetz 1999/2000/2002
StGB	Strafgesetzbuch
St-ID-Nr.	Steuer-Identifikationsnummer

StIdV	Steueridentifikationsnummerverordnung
Stpfl./stpfl.	Steuerpflichtige(r)/steuerpflichtig
StPO	Strafprozessordnung
StSenkG	Steuersenkungsgesetz
StuB	Steuern und Bilanzen (Zeitschrift)
StUmgBG	Steuerumgehungsbekämpfungsgesetz
StuW	Steuer und Wirtschaft (Zeitschrift)
StVergAbG	Steuervergünstigungsabbaugesetz
SvEV	Sozialversicherungsentgeltverordnung
Tz.	Textziffer
u.a.	unter anderem
UmwStG	Gesetz über steuerliche Maßnahmen bei Änderung der Unternehmensform (Umwandlungssteuergesetz)
UntStRefG	Unternehmensteuerreformgesetz
USG	Unterhaltssicherungsgesetz
USt	Umsatzsteuer
UStG	Umsatzsteuergesetz
UStR	Umsatzsteuer-Richtlinien
u.U.	unter Umständen
VBL	Versorgungsanstalt des Bundes und der Länder
VE	Vieheinheit
Verfbeschw	Verfassungsbeschwerde
VermBDV	Verordnung zur Durchführung des Vermögensbildungsgesetzes
VermBG	Vermögensbildungsgesetz
Vfg.	Verfügung
vGA	verdeckte Gewinnausschüttung
vgl.	vergleiche
VO	Verordnung
VVG	Versicherungsvertragsgesetz
VwVfG	Verwaltungsverfahrensgesetz
VwZG	Verwaltungszustellungsgesetz
VZ	Veranlagungszeitraum
WEG	Wohnungseigentumsgesetz
WG	Wirtschaftsgut
WGSVG	Gesetz zur Regelung der Wiedergutmachung nationalsozialistischen Unrechts in der Sozialversicherung
W-Id-Nr.	Wirtschafts-Identifikationsnummer
WIdV	Wirtschafts-Identifikationsnummerverordnung
Wj.	Wirtschaftsjahr
WK	Werbungskosten
WoBauG	Wohnungsbaugesetz (Wohnungsbau- und Familienheimgesetz)
WoFlV	Wohnflächenverordnung
WoGG	Wohngeldgesetz
WPg	Die Wirtschaftsprüfung (Zeitschrift)
z.B.	zum Beispiel
ZDG	Zivildienstgesetz
ZfA	Zentrale Zulagenstelle für Altersvermögen
ZIV	Zinsinformationsverordnung
ZPO	Zivilprozessordnung
ZRBG	Gesetz zur Zahlbarmachung von Renten aus Beschäftigungen in einem Ghetto
z.v.E.	zu versteuerndes Einkommen
ZVK	Zusatzversorgungskasse
zzgl.	zuzüglich

Teil 1:
Systematischer Wegweiser

Benutzerhinweise:

Der systematische Wegweiser folgt in seiner Struktur dem Aufbau der einzelnen Erklärungsvordrucke. Diese werden Zeile für Zeile nacheinander ausführlich erläutert. Dabei sind die Erklärungsvordrucke zur besseren Übersicht zeilenweise an den entsprechenden Stellen der Erläuterungen abgebildet.

Beratungs-, Gestaltungs-, Praxishinweise und Beispiele geben Anregungen für die Sachverhaltsgestaltung im Einzelfall und bieten konkrete Lösungsvorschläge. In Beratungshinweisen sind insbesondere Hinweise auf anhängige BFH-und FG-Verfahren aufgenommen, die dazu dienen, einen schnellen Überblick über rechtliche Streitfragen zu erhalten. In den Hinweisen zur Plausibilitätsbeurteilung werden grundlegende Anmerkungen gegeben, die dazu beitragen sollen, Unstimmigkeiten innerhalb der Einkommensteuererklärung zu vermeiden und verweisen ergänzend auf Änderungen ggü. der Einkommensteuererklärung 2024. Zur besseren Abgrenzung sind sämtliche Hinweise und Beispiele optisch hervorgehoben.

A. Einführung

Dieser Ratgeber informiert Sie über die steuerliche Rechtslage des Veranlagungszeitraums 2025 und erläutert die einzelnen Erklärungstatbestände in den amtlichen Formularen zur Einkommensteuererklärung 2025. Er dient dazu, die Einkommensteuererklärungsvordrucke richtig zu deuten und auszufüllen. 1

I. Vordrucke

Neben dem Hauptvordruck ESt 1 A für alle unbeschränkt stpfl. Personen steht der Hauptvordruck für beschränkt stpfl. Personen (ESt 1 C) zur Verfügung. 2

Den Hauptvordrucken ESt 1 A oder ESt 1 C sind ggf. weitere Anlagen beizufügen:

- **Anlage AUS** – für ausl. Einkünfte und Steuern (→ Rz. 84),
- **Anlage Außergewöhnliche Belastungen**– für außergewöhnliche Belastungen/Pauschbeträge (→ Rz. 143),
- **Anlage AV** – für Angaben zur steuerlichen Förderung von Altersvorsorgebeiträgen – sog. Riester-Verträge (→ Rz. 195),
- **Anlage Energetische Maßnahmen** – Aufwendungen für energetische Maßnahmen bei zu eigenen Wohnzwecken genutzten Gebäuden (→ Rz. 231),
- **Anlage EÜR** – Gewinnermittlung nach § 4 Abs. 3 EStG – für jeden Betrieb eine gesonderte Anlage EÜR (→ Rz. 255),
- **Anlage FW** – für Steuervergünstigungen zur Förderung des Wohneigentums (ohne Eigenheimzulage) (→ Rz. 501),
- **Anlage G** – für Einkünfte aus Gewerbebetrieb (→ Rz. 510),
- **Anlage 34a** – für die Begünstigung des nicht entnommenen Gewinns (→ Rz. 612),
- **Anlage Haushaltsnahe Aufwendungen** – für die Erklärung der Steuerermäßigungen für haushaltsnahe Beschäftigungsverhältnisse, Dienstleistungen und Handwerkerleistungen (→ Rz. 654),
- **Anlage KAP** – für Einkünfte aus Kapitalvermögen (→ Rz. 666),
- **Anlage KAP-BET** – für Einkünfte aus Kapitalvermögen/anrechenbare Steuern lt. gesonderter und einheitlicher Aufstellung/Beteiligungen (→ Rz. 807),
- **Anlage KAP-INV** – für Investmenterträge, die nicht dem inl. Steuerabzug unterlegen haben (→ Rz. 816),
- **Anlage Kind** – für die Berücksichtigung von Kindern (→ Rz. 868),
- **Anlage L** – für Einkünfte aus Land- und Forstwirtschaft (→ Rz. 956),
- **Anlage 32c** – Tarifermäßigung bei Einkünften aus Land- und Forstwirtschaft (→ Rz. 1006),
- **Anlage 13a** – Ermittlung des Gewinns aus Land- und Forstwirtschaft nach § 13a EStG (→ Rz. 1013 ff.),
- **Anlage AV13a** zur Anlage 13a – Anlageverzeichnis für das Wj. 2025/2026 (2025) (→ Rz. 1039),
- **Anlage 34b** – für Einkünfte aus außerordentlichen Holznutzungen nach § 34b EStG (→ Rz. 1045),
- **Anlage Mobilitätsprämie** – für Angaben zum Antrag auf Mobilitätsprämie (→ Rz. 1048),
- **Anlage N** – für die Einkünfte aus nichtselbständiger Arbeit (→ Rz. 1057),
- **Anlage N-AUS** – für ausl. Einkünfte aus nichtselbständiger Arbeit (→ Rz. 1178),
- **Anlage N-Doppelte Haushaltsführung** – Mehraufwendungen für doppelte Haushaltsführung bei Einkünften aus nichtselbständiger Arbeit (→ Rz. 1232),
- **Anlage R** – für Renten und andere Leistungen aus dem Inland (→ Rz. 1246),
- **Anlage R-AUS** – für Renten und andere Leistungen aus ausländischen Versicherungen/ausländischen Rentenverträgen/ausländischen betrieblichen Versorgungseinrichtungen (→ Rz. 1280),
- **Anlage R-AV/bAV** – für Leistungen aus inländischen Altersvorsorgeverträgen und aus der inländischen betrieblichen Altersversorgung (→ Rz. 1287),
- **Anlage S** – für Einkünfte aus selbständiger Arbeit (→ Rz. 1313),
- **Anlage SO** – für sonstige Einkünfte – ohne Renten/ohne Leistungen aus Altersvorsorgeverträgen (→ Rz. 1360),
- **Anlage Sonderausgaben** – für Angaben zu Sonderausgaben – ohne Versicherungsaufwendungen und Altersvorsorgebeiträge (→ Rz. 1444),
- **Anlage Sonstiges** – für sonstige Angaben und Anträge (→ Rz. 1472),
- **Anlage U** – für Unterhaltsleistungen und Ausgleichszahlungen zur Vermeidung des Versorgungsausgleichs als Sonderausgaben (→ Rz. 1483),
- **Anlage Unterhalt** – für Unterhaltsleistungen an bedürftige Personen (→ Rz. 1492),
- **Anlage V** – für Einkünfte aus Vermietung und Verpachtung (→ Rz. 1526),

- **Anlage V-FeWo** – Einkünfte aus Vermietung und Verpachtung von Ferienwohnungen und aus kurzfristiger Vermietung (→ Rz. 1640),
- **Anlage V-Sonstige** – weitere Einkünfte aus Vermietung und Verpachtung (→ Rz. 1652),
- **Anlage Vorsorgeaufwand** – für die Angaben zu Vorsorgeaufwendungen (→ Rz. 1669),
- **Anlage WA-ESt** – weitere Angaben und Anträge in Fällen mit Auslandsbezug (→ Rz. 1735),
- **Anlage Zinsschranke** – für den Betriebsausgabenabzug für Zinsaufwendungen nach § 4h EStG (→ Rz. 1749).

3 Die **Darstellung der** einzelnen **Steuererklärungsvordrucke** erfolgt in zwei Blöcken. Zunächst werden die **Hauptvordrucke ESt 1 A** und **ESt 1 C** erläutert. Im zweiten Teil werden die einzelnen **Anlagen** in alphabetischer Reihenfolge einzeln dargestellt.

Die Erläuterungen erfolgen zu jeder Zeile der Einkommensteuererklärungsvordrucke gesondert.

II. Abgabepflichten

4 Die **allgemeine Abgabefrist** läuft bis zum **31.7.2026**; bei Land- und Forstwirten endet die Abgabefrist spätestens neun Monate nach Ablauf des Wj. 2025/2026. Wird die Steuererklärung bei einem unzuständigen FA eingereicht, endet die Anlaufhemmung (§ 170 Abs. 2 Satz 1 Nr. 1 AO) grds. erst dann, wenn die zuständige Behörde die Erklärung erhalten hat.[1] In der nach der Abgabe einer gesetzlich vorgeschriebenen Steuererklärung geäußerten Bitte um Bearbeitung ist ein eigenständiger Antrag auf Steuerfestsetzung gem. § 171 Abs. 3 AO zu sehen, der den Eintritt der Festsetzungsverjährung hemmt.[2]

Wird die ESt-Erklärung durch Personen, Gesellschaften, Verbände, Vereinigungen, Behörden oder Körperschaften (§§ 3 und 4 StBerG) angefertigt (**beratene stpfl. Personen**), ist diese vorbehaltlich einer „Vorabanforderung" oder einer „Kontingentierung" bis zum 1.3.2027 einzureichen.

Die verlängerte Erklärungsfrist (§ 149 Abs. 3 AO) gilt nicht für Angehörige der steuerberatenden Berufe in eigenen Angelegenheiten und den zusammenveranlagten Ehegatten.[3]

Wird die ESt-Erklärung nicht oder verspätet abgegeben, kann das FA einen **Verspätungszuschlag** und, falls erforderlich, Zwangsgelder festsetzen. Die „gesetzliche Fristverlängerung" wird zur Gewährleistung eines fristgerechten und kontinuierlichen Erklärungseingangs von Neuregelungen zum **Verspätungszuschlag** (§ 152 AO) begleitet. In bestimmten Konstellationen (§ 152 Abs. 2 AO) soll der Verspätungszuschlag festgesetzt werden, ohne dass hierfür ein Ermessensspielraum besteht oder es einer Ermessensentscheidung bedarf. Dies soll zu einer erheblichen Verringerung des Verwaltungsaufwands führen, der bisher mit den Ermessensentscheidungen über die Festsetzung von Verspätungszuschlägen verbunden ist und stellt zugleich einen Beitrag zu einer gleichmäßigeren Behandlung aller Erklärungspflichtigen dar. Soweit die Voraussetzungen des § 152 Abs. 2 AO nicht gegeben sind, verbleibt es für das FA aber bei der Möglichkeit, im Rahmen einer pflichtgemäßen Ermessensentscheidung (§ 5 AO) einen Verspätungszuschlag festzusetzen. Der Mindestbetrag für Verspätungszuschläge von 25 € je Monat (§ 152 Abs. 5 Satz 2 Halbsatz 2 AO) ist auch im Fall der nach § 152 Abs. 2 AO zwingenden Festsetzung nicht im Hinblick auf eine möglicherweise geringere Steuer wegen Unverhältnismäßigkeit verfassungswidrig.[4]

Praxishinweis:

Zum Verspätungszuschlag bei Erstattungsfällen vgl. das anhängige Rev-Verfahren.[5] Bei der Festsetzung des Verspätungszuschlags nach § 152 Abs. 1 AO ist es i.R.d. Entschließungsermessens immer erforderlich, dass die Behörde bei der Frage, ob sie einen Verwaltungsakt erlässt oder nicht, auf die für den konkreten Sachverhalt bedeutsamen Tatsachen eingeht und diese in ihre Ermessensentscheidung einfließen lässt.[6] Für Steuererklärungen, die sich auf ein Kj. oder auf einen gesetzlich bestimmten Zeitpunkt beziehen, beträgt der Verspätungszuschlag für jeden angefangenen Monat der eingetretenen Verspätung 0,25 % der um die festgesetzten Vorauszahlungen und die anzurechnenden Steuerabzugsbeträge verminderten festgesetzten Steuer, mindestens jedoch 25 € für jeden angefangenen Monat der eingetretenen Verspätung. Wurde ein Erklärungspflichtiger von der Finanzbehörde erstmals nach Ablauf der gesetzlichen Erklärungsfrist zur Abgabe einer Steuererklärung innerhalb einer dort bezeichneten Frist aufgefordert und konnte er bis zum Zugang dieser Aufforderung davon ausgehen, keine Steuererklärung abgeben zu müssen, so ist der Verspätungszuschlag nur für die Monate zu berechnen, die nach dem Ablauf der in der Aufforderung bezeichneten Erklärungsfrist begonnen haben (§ 152 Abs. 2 AO).

Die ESt-Erklärung für das Kj. 2025 ist von **unberatenen stpfl. Personen** bis zum 31.7.2026 einzureichen. Sie können weiterhin eine Verlängerung der Erklärungsfrist beantragen und ggf. erhalten (§ 109 Abs. 1 AO). Für **stpfl. Personen mit Gewinnen aus Land- und Forstwirtschaft** endet bei abweichenden Wj. die Erklärungsfrist nicht vor Ablauf des siebten Kalendermonats, der auf den Schluss des Wj. 2025/2026 folgt.

Wird die Steuererklärung durch Personen, Gesellschaften, Verbände, Vereinigungen, Behörden oder Körperschaften (§§ 3 und 4 StBerG) angefertigt (**beratene stpfl. Personen**), wird die bestehende Frist für den VZ 2025 allgemein bis zum 1.3.2027 verlängert (§ 149 Abs. 2 AO); bei Einkünften aus Land- und Forstwirtschaft bis zum 2.8.2027. Die Pflicht zur fristgerechten Abgabe besteht auch dann fort, wenn in der Steuererklärung Angaben über gesondert/

1) BFH v. 14.12.2021, VIII R 31/19, BStBl II 2022, 461.
2) FG Berlin-Brandenburg v. 29.6.2022, 16 K 16128/21, EFG 2022, 1583; Rev. zurückgenommen, BFH v. 22.9.2022, I R 23/22.
3) BFH v. 27.8.2021, VIII B 36/21, BFH/NV 2021, 1461.
4) FG Hamburg v. 27.7.2021, 3 K 27/21.
5) FG Sachsen v. 8.11.2023, 8 K 682/23, EFG 2024, 998; Rev., Az. des BFH: V R 6/24.
6) FG Berlin-Brandenburg v. 13.3.2024, 7 K 7067/22, EFG 2024, 136; Rev., Az. des BFH: V R 35/24.

gesondert und einheitlich festzustellende Einkünfte zu machen sind und diese relevanten Erklärungen noch nicht fertiggestellt sind oder die Grundlagenbescheide noch nicht vorliegen.[1)]

Zur Abgabe der Einkommensteuererklärung 2025 sind unbeschränkt stpfl. Personen **verpflichtet**, und zwar 5

- für den Fall, dass **keine lohnsteuerpflichtigen Einkünfte** vorliegen:
  - Ehegatten/Lebenspartner, die zu Beginn des Kj. 2025 nicht dauernd getrennt gelebt haben oder bei denen diese Voraussetzung im Laufe des Kj. 2025 eingetreten ist, wenn der Gesamtbetrag der Einkünfte mehr als 24 192 € betragen hat oder einer der Ehegatten/Lebenspartner die Einzelveranlagung von Ehegatten/Lebenspartnern wählt;
  - andere Personen, wenn der Gesamtbetrag der Einkünfte mehr als 12 096 € betragen hat;
  - andere Personen, wenn neben inl. stpfl. Einkünften auch
    - Einkünfte aus dem Ausland bezogen worden sind, die nach einem Doppelbesteuerungsabkommen, nach anderen zwischenstaatlichen Übereinkommen oder nach dem Auslandstätigkeitserlass im Inland steuerfrei sind, oder
    - Arbeitslosengeld, Arbeitslosenbeihilfe, Elterngeld, Insolvenzgeld, Krankengeld, Mutterschaftsgeld oder andere Einkommensersatzleistungen i.S.d. § 32b Abs. 1 Satz 1 Nr. 1 EStG bezogen worden sind, und zwar ohne Rücksicht auf die Höhe und Zusammensetzung der inl. Einkünfte;
- für den Fall, dass **lohnsteuerpflichtige Einkünfte** vorliegen:
  - Ehegatten/Lebenspartner und andere Personen, wenn
    - die positive Summe ihrer Einkünfte, die nicht der Lohnsteuer zu unterwerfen waren, die nach einem Doppelbesteuerungsabkommen, nach anderen zwischenstaatlichen Übereinkommen oder nach dem Auslandstätigkeitserlass freigestellten ausl. Einkünfte und die dem Progressionsvorbehalt unterliegenden steuerfreien Einkommensersatzleistungen jeweils mehr als 410 € betragen haben oder

Beratungshinweis:

Unter der „Summe der Einkünfte" ist derjenige Saldo zu verstehen, der nach horizontaler und vertikaler Verrechnung der Einkünfte verbleibt. Wird die Verrechnung eines Verlustes aus einer Einkunftsart mit Gewinnen/Überschüssen aus anderen Einkunftsarten gesetzlich versagt, ist der entsprechende Verlust nicht zu berücksichtigen.[2)] Ab dem VZ 2014 wurden die Regelungen im Zusammenhang mit dem Härteausgleich (§ 46 Abs. 3 EStG) geändert. Kapitaleinkünfte, die der tariflichen Einkommensteuer (§ 32d Abs. 6 EStG) unterliegen, fallen nicht mehr unter die Bagatellgrenze von 410 € und werden damit bei einer Pflichtveranlagung oder freiwilligen Veranlagung (§ 46 Abs. 2 EStG) nicht mehr vom Einkommen abgezogen.[3)]

§ 32d Abs. 3 EStG wurde durch das JStG 2019[4)] klarstellend um eine Regelung ergänzt, wonach in Fällen des § 32d Abs. 1 Satz 1 EStG immer eine Pflichtveranlagung durchzuführen ist.

  - einer der Ehegatten/Lebenspartner oder eine andere Person
    - Einkünfte aus mehreren Dienstverhältnissen bezogen hat oder
    - von einem Arbeitgeber verschiedenartige Bezüge i.S.d. § 39e Abs. 5a EStG erhalten hat, von denen mindestens einer der Bezüge dem Lohnsteuerabzug nach Steuerklasse VI unterworfen worden ist, oder
    - die Summe der beim Steuerabzug vom Arbeitslohn berücksichtigten Teilbeträge der Vorsorgepauschale für die Kranken- und Pflegeversicherung größer ist als die als Sonderausgaben abziehbaren Vorsorgeaufwendungen und der im Kj. insgesamt erzielte Arbeitslohn 13 362 €, bei zusammen veranlagten Ehegatten/Lebenspartnern der im Kj. von den Ehegatten/Lebenspartnern insg. erzielte Arbeitslohn 25 494 € übersteigt oder
    - vom FA ein Freibetrag für den Steuerabzug vom Arbeitslohn ermittelt worden ist (ausgenommen Pauschbeträge für behinderte Menschen, Hinterbliebene, Entlastungsbetrag für Alleinerziehende und Zahl der Kinderfreibeträge) und der im Kj. insg. erzielte Arbeitslohn 13 362 €, bei zusammen veranlagten Ehegatten/Lebenspartnern der im Kj. von den Ehegatten/Lebenspartnern insg. erzielte Arbeitslohn 25 494 € übersteigt oder
  - bei geschiedenen oder dauernd getrennt lebenden Eltern oder bei Eltern nichtehelicher Kinder (dies gilt entsprechend für Lebenspartner)
    - beide Elternteile eine Aufteilung des Freibetrags zur Abgeltung eines Sonderbedarfs bei Berufsausbildung eines volljährigen Kindes in einem anderen Verhältnis als je zur Hälfte beantragen oder
    - beide Elternteile eine Aufteilung des einem Kind zustehenden Pauschbetrags für behinderte Menschen/Hinterbliebene in einem anderen Verhältnis als je zur Hälfte beantragen oder
    - für eine stpfl. Person ein sonstiger Bezug von einem Dritten pauschal mit 20 % besteuert wurde oder
    - der Arbeitgeber die Lohnsteuer von einem sonstigen Bezug ermittelt hat und dabei der Arbeitslohn aus früheren Dienstverhältnissen des Kj. außer Betracht geblieben ist (Großbuchstabe S) oder

1) FG Köln v. 23.4.2015, 11 K 3742/14, EFG 2015, 1326.
2) BFH v. 26.3.2013, VI R 22/11, BStBl II 2013, 631.
3) Gesetz zur Anpassung des nationalen Steuerrechts an den Beitritt Kroatiens zur EU und zur Änderung weiterer steuerlicher Vorschriften v. 25.7.2014, BStBl I 2014, 1126.
4) Gesetz zur weiteren steuerlichen Förderung der Elektromobilität und zur Änderung weiterer steuerlicher Vorschriften v. 12.12.2019, BGBl. I 2019, 2451 = BStBl I 2020, 17.

  - für eine unbeschränkt stpfl. Person i.S.d. § 1 Abs. 1 EStG bei der Bildung der Lohnsteuerabzugsmerkmale (§ 39 EStG) ein Ehegatte/Lebenspartner i.S.d. § 1a Abs. 1 Nr. 2 EStG berücksichtigt worden ist oder
  - für eine stpfl. Person, die zum Personenkreis des § 1 Abs. 3 EStG oder des § 1a EStG gehört, Lohnsteuerabzugsmerkmale nach § 39 Abs. 2 EStG gebildet worden sind;
- Ehegatten/Lebenspartner, wenn
  - beide Ehegatten/Lebenspartner Einkünfte aus nichtselbständiger Arbeit bezogen haben und einer von ihnen nach der Steuerklasse V oder VI besteuert oder bei Steuerklasse IV der Faktor nach § 39f EStG berücksichtigt worden ist oder
  - die Ehe im Kj. 2025 durch Tod, Scheidung oder Aufhebung aufgelöst worden ist und ein Ehegatte der aufgelösten Ehe im Kj. 2025 wieder geheiratet hat (dies gilt entsprechend für Lebenspartner) oder
  - einer der Ehegatten/Lebenspartner die Einzelveranlagung von Ehegatten/Lebenspartnern beantragt;
  - für den Fall, dass steuerpflichtige Kapitalerträge vorliegen, die nicht der Kapitalertragsteuer unterlegen haben (§ 32d Abs. 3 Satz 3 EStG);
- für den Fall, dass zum 31.12.2024 ein verbleibender Verlustvortrag und/oder ein nachversteuerungspflichtiger Betrag (§ 34a Abs. 3 Satz 3 EStG[1]) festgestellt worden ist.

6 **Zur Abgabe einer Einkommensteuererklärung** 2025 sind **beschränkt stpfl. Personen verpflichtet:**

1. über ihre inl. Einkünfte (§ 49 EStG), soweit die Einkommensteuer für diese Einkünfte nicht durch Steuerabzugsbeträge abgegolten ist, und über Einkünfte i.S.d. §§ 2 und 5 AStG;
2. wenn nachträglich festgestellt wird, dass die Voraussetzungen der unbeschränkten Einkommensteuerpflicht i.S.d. § 1 Abs. 2 oder Abs. 3 EStG oder des § 1a EStG nicht vorgelegen haben;
3. wenn bei einem Arbeitnehmer ein Freibetrag nach § 39a Abs. 4 EStG für Werbungskosten, Sonderausgaben i.S.d. § 10b EStG, ein Freibetrag auf Grund eines Hinzurechnungsbetrags nach § 39a Abs. 1 Satz 1 Nr. 7 EStG auf einer Bescheinigung für den Lohnsteuerabzug eingetragen worden ist und der im Kalenderjahr insg. erzielte Arbeitslohn 13 362 € übersteigt;
4. wenn ein Arbeitnehmer nebeneinander von mehreren Arbeitgebern Arbeitslohn bezogen hat, ein sonstiger Bezug von einem Dritten pauschal mit 20 % besteuert wurde oder der Arbeitgeber die Lohnsteuer von einem sonstigen Bezug ermittelt hat und dabei Arbeitslohn aus früheren Dienstverhältnissen des Kj. außer Betracht geblieben ist (§ 50 Abs. 2 Satz 2 Nr. 4 Buchst. c EStG).

7 Außerdem ist **zur Abgabe** einer ESt-Erklärung **verpflichtet, wer** hierzu vom **FA besonders aufgefordert wird**. Wer später erkennt, dass eine abgegebene Steuererklärung unrichtig oder unvollständig ist, ist verpflichtet, dies dem FA unverzüglich mitzuteilen.

Zur Abgabe der Erklärung zur Festsetzung der Kirchensteuer auf Kapitalerträge sind verpflichtet:

Kirchensteuerpflichtige, bei denen die als Zuschlag zur Kapitalertragsteuer zu erhebende Kirchensteuer nicht vom Kirchensteuerabzugsverpflichteten einbehalten wurde (§ 51a Abs. 2d EStG i.V.m. den Kirchensteuergesetzen der Länder). Dies gilt nicht, wenn bereits eine Verpflichtung zur Abgabe von ESt-Erklärungen besteht.

8 Soweit nicht gesetzlich vorgeschrieben (§ 25 Abs. 4 EStG) ist die ESt-Erklärung elektronisch zu übermitteln, sind die Steuererklärungen nach amtlich vorgeschriebenen Vordrucken abzugeben. Eine elektronische Übermittlung ist dabei grds. für alle ESt-Erklärungen vorgeschrieben, wenn Gewinneinkünfte (Einkünfte aus Land- und Forstwirtschaft, Gewerbebetrieb oder selbständiger Arbeit) erzielt werden. Eine Pflicht, die Steuererklärung elektronisch zu übermitteln, besteht hingegen nicht, wenn neben Einkünften aus nichtselbständiger Arbeit Gewinneinkünfte von nicht mehr als 410 € (§ 46 Abs. 2 Nr. 2 bis 8 EStG) erzielt werden.

III. Form der Abgabe

9 Steuererklärungen sind dem FA i.d.R. nach amtlich vorgeschriebenem Datensatz durch Datenfernübertragung **elektronisch** zu übermitteln (§ 150 AO). Sie dürfen auch in **Papierform** abgegeben werden,[2] wenn

- die elektronische Übermittlung gesetzlich nicht angeordnet ist (z.B. § 25 Abs. 4 Satz 1 i.V.m. § 46 Abs. 2 Nr. 2–8 EStG) oder
- ein durch das FA anerkannter Härtefall vorliegt (z.B. § 25 Abs. 4 Satz 2 EStG i.V.m. § 150 Abs. 8 AO).

Praxishinweis:

Eine ESt-Erklärung ist auch dann „nach amtlich vorgeschriebenem Vordruck" abgegeben, wenn ein – auch einseitig – privat gedruckter oder fotokopierter Vordruck verwendet wird, der dem amtlichen Muster entspricht.[3]

Es besteht keine Pflicht zur elektronischen Übermittlung der Steuererklärungen bei Veranlagungsfällen nach § 46 Abs. 2 Nr. 2 bis 8 EStG.[4]

---

1) Vgl. § 56 Abs. 2 EStDV i.d.F.d. Wachstumschancengesetzes v. 27.3.2024, BGBl. I 2024 Nr. 108 = BStBl I 2024, 666.
2) BMF v. 12.8.2022, IV A 5 – O 1561/19/10001 :004, BStBl I 2022, 1334.
3) BFH v. 22.5.2006, VI R 15/02, BStBl II 2007, 2.
4) BFH v. 28.10.2021, X R 36/19, BStBl II 2021, 840.

Steuererklärungen in Papierform müssen nach „amtlich vorgeschriebenem Vordruck" übermittelt werden (§ 150 Abs. 1 AO). Diese Anforderung erfüllen Vordrucke, die

- mit den von der Steuerverwaltung freigegebenen Druckvorlagen hergestellt worden sind und z.B. in Finanzämtern zur Mitnahme ausliegen (amtliche Vordrucke);
- auf den Internetseiten der Steuerverwaltung bereitgestellt und ausgedruckt werden (amtliche Internet-Vordrucke) und
- nach dem Muster einer amtlich freigegebenen Druckvorlage – insb. durch Steuererklärungssoftware – erzeugt und ausgedruckt werden (nichtamtliche Vordrucke).

Zu weiteren Anforderungen bei der Abgabe von Steuererklärungen in Papierform vgl. BMF v. 12.8.2022.[1)]

Härtefallregelungen sind möglich (§ 150 Abs. 8 Satz 1 AO), wenn der stpfl. Person die elektronische Übermittlung wirtschaftlich oder persönlich nicht zuzumuten ist. Hierbei ist auf die persönlichen und wirtschaftlichen Verhältnisse abzustellen, z.B. wenn die Verpflichtung zur Abgabe der Erklärung nach amtlich vorgeschriebenem Datensatz durch Datenfernübertragung wirtschaftlich unzumutbar ist und der finanzielle Aufwand für die Einrichtung und Aufrechterhaltung einer Datenfernübertragungsmöglichkeit in keinem wirtschaftlich sinnvollen Verhältnis zu den Einkünften steht.[2)] Kein Härtefall ist eine allgemeine Abneigung gegen elektronische Datenübermittlungen oder Bedenken gegen deren Sicherheit.[3)] Eine einen Härtefall begründende persönliche Unzumutbarkeit auf Grund mangelnder Medienkompetenz liegt nicht vor, wenn die stpfl. Person über einen eigenen E-Mail-Account verfügt und Schriftgut mit Hilfe von PC-Technik anfertigt.[4)] Soweit die Voraussetzungen der „Befreiungsvorschrift" (§ 150 Abs. 8 AO) für einen Anspruch auf Befreiung von der Verpflichtung zur Übermittlung der Steuererklärung nach amtlich vorgeschriebenem Datensatz durch Datenfernübertragung nicht erfüllt sind, verbleibt es beim Anspruch der stpfl. Person auf ermessensfehlerhafte Entscheidung über seinen Befreiungsantrag zur Vermeidung unbilliger Härten nach den jeweils einschlägigen Steuergesetzen. Über Gründe, die eine stpfl. Person gegen die Verpflichtung zur Abgabe der Steuererklärung in elektronischer Form vorbringt, kann im Verfahren über die Festsetzung eines Verspätungszuschlags (§ 152 AO) nicht entschieden werden. Entscheidungserheblich ist dies nur in einem Verfahren über den Verzicht auf eine elektronische Übermittlung zur Vermeidung unbilliger Härten nach § 150 Abs. 8 AO i.V.m. den jeweils einschlägigen Steuergesetzen.[5)]

1) BMF v. 12.8.2022, IV A 5 – O 1561/19/10001 :004, BStBl I 2022, 1334, Tz. 2 ff.
2) BFH v. 16.6.2020, VIII R 29/19, BStBl II 2021, 290.
3) BFH v. 14.3.2012, XI R 33/09, BStBl II 2012, 477.
4) FG Berlin-Brandenburg v. 20.3.2023, 4 K 4096/22.
5) FG München v. 25.1.2021, 7 K 2456/19, EFG 2023, 881.

B. Hauptvordrucke

I. ESt 1 A – Unbeschränkt steuerpflichtige Personen

1. Vorbemerkung

10 Der Hauptvordruck ESt 1 A dient der Abgabe der ESt-Erklärung von unbeschränkt stpfl. Personen i.S.d. ESt-Erklärungspflicht und ist ggf. zusammen mit weiteren Anlagen beim zuständigen Wohnsitz-FA einzureichen. In Zeile 3 ist das Auswahlfeld anzukreuzen, wenn die Mobilitätsprämie (→ Rz. 1048) festgesetzt werden soll.

Beschränkt stpfl. Personen haben den Hauptvordruck ESt 1 C (→ Rz. 31) ggf. zuzüglich weiterer Anlagen einzureichen.

Die **Abgabe weiterer Anlagen** ist abhängig von der Art der im VZ 2025 erzielten Einkünfte.

Des Weiteren ist für jedes Kind eine **Anlage Kind** (→ Rz. 868) einzureichen, mit der die Steuerbegünstigungen für Kinder beantragt werden können. Haben **Kinder eigene Einkünfte** im Kj. 2025 bezogen, haben diese eigene ESt-Erklärungen einzureichen, wenn die gesetzlichen Grenzen überschritten worden sind.

Hinweis zur Plausibilitätsprüfung:

Durch das Gesetz zur Modernisierung des Besteuerungsverfahrens[1] wurden die grds. Notwendigkeiten der Form und des Inhalts der Steuererklärungen geändert. Danach gelten die von mitteilungspflichtigen Stellen nach Maßgabe des § 93c AO (z.B. Mitteilungen der Arbeitgeber, der Kranken- oder Rentenversicherung oder der Bundesagentur für Arbeit) an die Finverw. übermittelten Daten (**sog. e-Daten**) als Angaben der stpfl. Person, soweit diese nicht in einem dafür vorzusehenden Abschnitt oder Datenfeld der Steuererklärung abweichende Angaben macht (§ 150 Abs. 7 Satz 2 AO). Durch diese Neuregelung müssen entsprechende e-Daten grds. nicht mehr in der ESt-Erklärung deklariert werden. In diesem Fall gelten die der Finverw. von dritter Seite übermittelten Daten als erklärte Daten. Dabei stellt die Nichtdeklaration der betreffenden Angaben in der ESt-Erklärung keine Verletzung der Mitwirkungspflicht dar, weil die Steuererklärung als vollständig gilt.[2] Der stpfl. Person steht es weiterhin frei, in der Steuererklärung eigene Angaben zu machen, da die von dritter Seite übermittelten Daten nicht die Bindungswirkung eines Grundlagenbescheides haben. Soweit die Angaben der stpfl. Person den von dritter Seite übermittelten Daten abweichen, ist der Steuerfall insoweit durch das FA – personell – zu prüfen (§ 155 Abs. 4 Satz 3 AO).

Wesentliches Merkmal der für den e-Daten-Verzicht weiterentwickelten Vordrucke ist, dass die Bereiche, in denen die stpfl. Person grds. keine Angaben zu machen braucht, mit einer dunkleren, grünen Farbe dargestellt sind. Im Unterschied zu den übrigen Abfragen wird die Schrift in diesen Bereichen invers dargestellt. Das bedeutet, dass statt der schwarzen Schrift auf hellgrünem Hintergrund eine weiße Schrift auf einem dunkleren, grünen Hintergrund eingesetzt wird. Zusätzlich wird am Zeilenende, jedoch außerhalb der Vordruckbegrenzungslinie, das Logo „e" verwendet, um die betreffenden Zeilen zusätzlich zur farblichen Gestaltung hervorzuheben. In den für die Einstellung im Formular-Management-System des Bundes (FMS)[3] vorgesehenen (schwarz/weißen) Vordrucken wird die dunklere grüne Farbe durch einen entsprechenden dunkleren Grauton dargestellt. Die Schrift wird auch hier invers dargestellt (weiße Schrift auf dunkelgrauem Hintergrund). Auch die schwarz/weißen Vordrucke erhalten am Zeilenende, jedoch außerhalb der Vordruckbegrenzungslinie, ein entsprechendes e-Daten-Logo auf grauem Hintergrund.

Ab dem **VZ 2020** wurde der **bisherige Zusatz „wenn sie zutreffend sind" entfernt**. Grundlage hierfür ist die Aussage im geänderten Anwendungserlass zur AO, in dem Folgendes ausgeführt wird: Hat die Steuerverwaltung Daten, die ihr von mitteilungspflichtigen Stellen nach Maßgabe des § 93c AO übermittelt wurden, mangels abweichender Angaben des Steuerpflichtigen bei der Steuerfestsetzung unverändert übernommen, ist die stpfl. Person für die Richtigkeit dieser Daten nicht verantwortlich (§ 150 Abs. 7 Satz 2 AO). Gleiches gilt bei der Nutzung der sog. vorausgefüllten (elektronischen) Steuererklärung, soweit die stpfl. Person keine abweichenden Angaben gemacht hat.

Wegen der **Korrekturmöglichkeit** in diesen Fällen vgl. § 175b AO.[4] Diese ist in Bezug auf übermittelte Daten so weit gefasst, dass es keinerlei materielle Bestandskraft gibt.[5] So ist (bereits seit 2020) formuliert: „Daten für die mit gekennzeichneten Zeilen liegen im Regelfall vor und müssen nicht eingetragen werden. – Bitte Anleitung beachten –" Die Zeilen/Bereiche sind ausfüllen, wenn bekannt ist, dass die mitteilungspflichtige Stelle die e-Daten nicht oder nicht zutreffend übermittelt hat.

Belege müssen nur dann der Steuererklärung beigefügt werden, wenn in den Vordrucken/Anleitungen darauf hingewiesen wird. Einzureichen sind in diesem Fall Kopien und keine Originale.

11 Losgelöst von einer ESt-Erklärung ist es auch möglich, eine Erklärung zur Festsetzung der Kirchensteuer auf Kapitalerträge einzureichen. Eine Erklärung ist notwendig, wenn die als Zuschlag auf Kapitalerträge zu erhebende Kirchensteuer nicht vom Kirchensteuerabzugsverpflichteten (z.B. einem Kreditinstitut) einbehalten worden ist. Insoweit ist die Anlage KAP einzureichen und zusätzlich dort ein entsprechender Antrag zu stellen (→ Rz. 683).

Eine **Verlustfeststellungserklärung** („Erklärung zur Feststellung des verbleibenden Verlustvortrags", Zeile 2) ist ebenfalls nach amtlichem Vordruck einzureichen (§ 150 Abs. 1 AO). Der Antrag auf Festsetzung der **Arbeitnehmer-Sparzulage** (Zeile 1) ist gesondert in Zeile 34 (→ Rz. 26) zu stellen. Zum Antrag auf Festsetzung der **Mobilitätsprämie** (Zeile 3) vgl. → Rz. 1048

1) Gesetz zur Modernisierung des Besteuerungsverfahrens v. 18.7.2016, BGBl. I 2016, 1679.
2) Gesetz zur Modernisierung des Besteuerungsverfahrens, vgl. Beschlussempfehlung und Bericht des Finanzausschusses, BT-Drucks. 18/8434, 112 v. 11.5.2016.
3) www.formulare-bfinv.de.
4) BMF v. 20.12.2019, IV A 3 – S 0062/19/10010 :001, BStBl I 2020, 59.
5) BFH v. 8.9.2021, X R 5/21, BStBl II 2022, 398 und in HFR 2022, 510, mit Anmerkung Kulosa.

2. Grundinformationen (Zeilen 1–6)

Anleitung vorhanden

2025

Hauptvordruck ESt 1 A

— Eingangsstempel —

1 Einkommensteuererklärung — Festsetzung der Arbeitnehmer-Sparzulage

2 Erklärung zur Festsetzung der Kirchensteuer auf Kapitalerträge — Erklärung zur Feststellung des verbleibenden Verlustvortrags

3 Festsetzung der Mobilitätsprämie

4 Steuernummer

5 An das Finanzamt

Daten für die mit ⓔ gekennzeichneten Zeilen liegen im Regelfall vor und müssen nicht eingetragen werden. – Bitte Anleitung beachten. –

6 Bei Wohnsitzwechsel: bisheriges Finanzamt

Belege müssen Sie nur einreichen, wenn Sie in den Vordrucken / Anleitungen darauf hingewiesen werden. Bitte reichen Sie in diesen Fällen ausschließlich Kopien und keine Originalbelege ein.

a) Unbeschränkte Steuerpflicht

Unbeschränkt stpfl. sind die natürlichen Personen, die **im Inland einen Wohnsitz/ihren gewöhnlichen Aufenthalt** 12
haben. Die Tatsache, dass eine stpfl. Person neben einem inl. Wohnsitz auch einen solchen im Ausland hat, schließt die unbeschränkte Steuerpflicht auch dann nicht aus, wenn der ausl. Wohnsitz den Lebensmittelpunkt der stpfl. Person begründet.[1] Zum Inland i.S.d. Gesetzes gehört auch der der BRD zustehende Anteil am Festlandsockel,[2] soweit dort Naturschätze des Meeresgrundes und des Meeresuntergrundes erforscht oder ausgebeutet werden oder dieser der Energieerzeugung unter Nutzung erneuerbarer Energien dient (§ 1 Abs. 1 Satz 2 EStG).

Einen **Wohnsitz** hat eine natürliche Person dort, wo sie eine Wohnung unter Umständen innehat, die darauf schließen lassen, dass sie die Wohnung beibehalten und benutzen wird und auch dauerhaft zum Wohnen geeignet und bestimmt ist (§ 8 AO). Wohnung ist dabei jede zum Wohnen geeignete Unterkunft (z.B. auch Hotelzimmer, Wohnwagen auf Campingplatz, Wochenendhaus, Ferienhaus; zur Frage einer „standby-Wohnung" vgl. BFH v. 10.4.2013[3]).

Zur stundengenauen Frage der Beibehaltung des Wohnsitzes bei Umzug ins Ausland vgl. FG Hamburg.[4] Der gewöhnliche Aufenthalt endet in dem Moment, in dem am Umzugstag das Inland verlassen wird, wobei der Tag des Umzugs ins Ausland noch zum Zeitraum der unbeschränkten Steuerpflicht zählt.

Praxishinweis:
Ob die Wohnung beibehalten oder benutzt wird, ist nach der allgemeinen Lebenserfahrung zu beurteilen. Die Ausstattung der Wohnung sowie Anzahl und Dauer der Aufenthalte stellen dabei maßgebliche Entscheidungskriterien dar. Bei einem auf mehr als ein Jahr angelegten Auslandsaufenthalt wird ein inl. Wohnsitz nicht durch z.B. kurzfristige Besuche beibehalten/begründet.[5] Ein inl. Wohnsitz bleibt auch dann bestehen, wenn eine ausl. Wohnung bezogen und die bisherige Wohnung im Inland beibehalten wird, welche unverändert für Inlandsaufenthalte zur Verfügung steht und genutzt wird und die Dauer des Auslandsaufenthalts nicht von vornherein feststeht.[6]

Die An- und Abmeldung bei der Ordnungsbehörde kann im Allgemeinen als Indiz dafür angesehen werden, dass die stpfl. Person ihren Wohnsitz unter der angegebenen Anschrift begründet oder aufgegeben hat, entfaltet aber keine unmittelbare steuerliche Wirkung. Der Stpfl. muss die Wohnung innehaben. Danach muss die Wohnung in objektiver Hinsicht der stpfl. Person jederzeit (wann immer sie es wünscht), als Bleibe zur Verfügung stehen.[7]

Den **gewöhnlichen Aufenthalt** hat jemand dort, wo er sich unter Umständen aufhält, die erkennen lassen, dass er an diesem Ort oder in diesem Gebiet nicht nur vorübergehend verweilt (§ 9 AO). Erforderlich ist damit die körperliche Anwesenheit der natürlichen Person an einem Ort.[8] Als gewöhnlicher Aufenthalt ist stets und von Beginn an ein zeitlich zusammenhängender Aufenthalt von mehr als sechs Monaten Dauer anzusehen, wenn der Aufenthalt nicht ausschließlich zu Besuchs-, Erholungs-, Kur- oder ähnlichen privaten Zwecken unternommen wird und nicht länger als ein Jahr dauert. Kurzfristige Unterbrechungen werden bei der Berechnung der Frist mitgerechnet. Die

1) BFH v. 23.10.2018, I R 74/16, HFR 2019, 352.
2) Zur Besteuerungshoheit und zur Frage der Extension des steuerlichen Inlandsbegriffs vgl. Waldhoff/Engler, FR 2012, 254.
3) BFH v. 10.4.2013, I R 50/12, BFH/NV 2013, 1909 und BFH v. 13.11.2013, I R 38/13, BFH/NV 2014, 1046.
4) FG Hamburg v. 12.5.2022, 5 K 141/18, EFG 2022, 1267.
5) BFH v. 14.10.2011, III B 202/10, BFH/NV 2012, 226.
6) FG München v. 14.5.2018, 7 K 846/17, EFG 2018, 1240.
7) AEAO zu § 8 AO Nr. 3.
8) BFH v. 18.7.1990, I R 109/88, StEd 1990, 386.

Frist muss nicht innerhalb eines Kj. überschritten werden.[1] Der gewöhnliche Aufenthalt im Inland ist zu verneinen, wenn die stpfl. Person unter Benutzung einer im Ausland gelegenen Wohnung lediglich ihre Tätigkeit im Inland ausübt. Der gewöhnliche Aufenthalt im Inland ist aufgegeben, wenn die stpfl. Person zusammenhängend mehr als sechs Monate im Ausland lebt, es sei denn, dass besondere Umstände darauf schließen lassen, dass die Beziehungen zum Inland bestehen bleiben. Der gewöhnliche Aufenthalt kann nicht gleichzeitig an mehreren Orten bestehen.[2] Es kann damit kein „Schwerpunktaufenthalt" vorliegen.[3]

b) Beschränkte Steuerpflicht

13 Natürliche Personen, die im Inland **weder einen Wohnsitz noch ihren gewöhnlichen Aufenthalt haben,** sind beschränkt stpfl. (zu Ausnahmen der erweiterten unbeschränkten Steuerpflicht vgl. § 1 Abs. 2 EStG → Rz. 1745, der unbeschränkten Steuerpflicht auf Antrag vgl. § 1 Abs. 3 EStG → Rz. 1740 und der Besonderheiten bei EU/EWR-Staatsangehörigen und bei ins Ausland entsandten Angehörigen des öffentlichen Dienstes vgl. § 1a EStG → Rz. 1744). Beschränkt stpfl. Personen müssen den besonderen Vordruck für die beschränkte Steuerpflicht (Vordruck ESt 1 C) bei dem zuständigen FA einreichen (→ Rz. 31 ff.).

Zu beachten ist insoweit auch die **erweiterte beschränkte Steuerpflicht** (§ 2 AStG), die ebenfalls über den Vordruck ESt 1 C erfasst wird. Von der erweiterten beschränkten Steuerpflicht sind die Personen erfasst, die ihren Wohnsitz vom Inland ins Ausland verlegen und damit den Status einer unbeschränkt stpfl. Person verlieren. Unter weiteren Voraussetzungen (→ Rz. 70) soll die stpfl. Person nach Wegzug ins Ausland weiterhin zu der Besteuerung herangezogen werden, wie sie die im Inland verbliebene Person unter gleichen Verhältnissen zu tragen hätte.

c) Zusätzliche Anlagen zur Einkommensteuererklärung

14 Im Rahmen der Abgabe der ESt-Erklärung ist der Hauptvordruck (ESt 1 A) auszufüllen, dem ggf. weitere Anlagen beizufügen sind. Durch die ab dem VZ 2019 vorgenommene modulare Gestaltung der Erklärungsvordrucke besteht aber auch die Möglichkeit, dass der Verpflichtung zur Abgabe einer ESt-Erklärung allein durch die Abgabe des ausgefüllten Hauptvordrucks nachgekommen wird, wenn über die elektronisch übermittelten Daten hinaus keine weiteren Angaben (betreffend der Anlagen N, R, R-AV/bAV und Vorsorgeaufwand) zu machen sind oder auf die Erklärung entsprechender und ggf. Abzugstatbestände (Haushaltsnahe Dienstleistungen, Sonderausgaben wie z.B. die Kirchensteuer) verzichtet wird. Angaben zum Antrag auf die Mobilitätsprämie sind auf der Anlage Mobilitätsprämie erforderlich.

Der Hauptvordruck ist auch dann abzugeben, wenn lediglich ein Antrag auf Arbeitnehmer-Sparzulage (Zeile 34→ Rz. 26) oder ein verbleibender Verlustabzug nach § 10d EStG (ggf. auch ein vorhandener Spendenvortrag), der in den Zeilen 16–18 der Anlage Sonstiges zu erklären ist, beantragt wird.

d) Steuernummer und Identifikationsnummer/Geburts- und Sterbedatum (Zeilen 4, 8 und 20)

15 In den Zeilen 8 (und ggf. 20) ist das Geburtsdatum und ggf. das Sterbedatum der stpfl. Person zu erklären. Wird die Steuererklärung für eine verstorbene Person abgegeben, dann soll eine Aufstellung der Erben und/oder – soweit vorhanden – eine Kopie des Erbscheins eingereicht werden; in Zeile 90 ist die „1" zu erklären (vgl. amtliche Anleitung zu Zeile 8 und/oder 20).

Die **Steuernummer** ist ein Ordnungsmerkmal in der Finverw. und besteht aus einer strukturierten Ziffernfolge. Sie besteht aus einer vierstelligen Bundesfinanzamtsnummer, einer Bezirksnummer und einer Unterscheidungsnummer. Die von der Finverw. mitgeteilte Steuernummer ist in **Zeile 4** einzutragen. Zum Anspruch auf Erteilung einer Steuernummer vgl. FG Köln.[4]

Mit dem StÄndG 2003[5] wurden in den §§ 139a–139d AO Regelungen zur Vergabe eines dauerhaften Identifikationsmerkmals für jede stpfl. Person eingeführt, die der eindeutigen Identifizierung im Besteuerungsverfahren dient. Die Identifikationsnummer (Id-Nr., Eintragungen in den Zeilen 8 und/oder 20) hat z.B. im Rentenbezugsverfahren (§ 22a EStG), i.R.d. Meldung über dem Progressionsvorbehalt unterliegende Sozialleistungen, der EU-Zinsrichtlinie und im Lohnsteuerabzugsverfahren Bedeutung. § 139b AO sieht vor, dass das BZSt jeder natürlichen Person eine **Identifikationsnummer** (Id-Nr.) zuteilt.[6] Die Vergabe der Id-Nr. erfolgt dabei auf Grund von Mitteilungen der Meldebehörden.[7] Mit dem Gesetz zur Einführung und Verwendung einer Identifikationsnummer in der öffentlichen Verwaltung und zur Änderung weiterer Gesetze (sog. Registermodernisierungsgesetz[8]) wurde die Steueridentifikationsnummer als ein übergreifendes „Ordnungsmerkmal" für besonders relevante Register eingeführt, z.B. beim Melderegister, Personenstandsregister und Fahrzeugregister.

1) BFH v. 22.6.2011, I R 26/10, BFH/NV 2011, 2001.
2) AEAO zu § 9 AO.
3) BFH v. 22.6.2011, I R 26/10, BFH/NV 2011, 2001.
4) FG Köln v. 12.10.2017, 10 K 2487/16, EFG 2018, 122.
5) StÄndG 2003 v. 15.12.2003, BStBl I 2003, 710.
6) StIdV v. 28.11.2006, BGBl. I 2006, 2726.
7) Weitere Information zur Erhebung der Id-Nr. bei Mühlenharz, AO-StB 2010, 220.
8) Registermodernisierungsgesetz (RegMoG) v. 28.3.2021, BGBl. I 2021, 591.

Praxishinweis:

Mit der Id-Nr. ist die physische Existenz genau dieser Person bestätigt, weil die Id-Nr. auf das deutsche Melde- und Personenstandsrecht aufsetzt. Dabei wurden von der Meldebehörde an das BZSt im jeweiligen Zuständigkeitsbereich mit alleiniger Wohnung oder Hauptwohnung im Melderegister registrierten Einwohner folgende Daten übermittelt (§ 3 Abs. 1 StIdV):

- Familienname (mit Namensbestandteilen)
- frühere Namen
- Vornamen
- Doktorgrad
- Ordensnamen/Künstlernamen
- Tag und Ort der Geburt
- Geschlecht
- gegenwärtige Anschrift der alleinigen Wohnung oder der Hauptwohnung.

Die gespeicherten Daten sind zu löschen, wenn sie zur Erfüllung der gesetzlichen Aufgaben der Finanzbehörden nicht mehr erforderlich sind, spätestens jedoch 20 Jahre nach Ablauf des Kj., in dem die stpfl. Person verstorben ist (§ 4 StIdV). Die Zuteilung der Id-Nr. und die dazu erfolgte Datenspeicherung sind – unter Berücksichtigung der mit der Einführung des Merkmals verfolgten Ziele wie Bürokratieabbau und Gleichmäßigkeit der Besteuerung – mit dem Recht auf informationelle Selbstbestimmung und sonstigem Verfassungsrecht vereinbar. Die Finanzbehörden müssen organisatorisch und technisch in der Lage sein, Angaben der stpfl. Person effizient zu überprüfen; die bisherige Steuernummer ist hierfür (auch für behördenübergreifende Zwecke) nicht geeignet.[1] Das gilt entsprechend für die zusätzliche Datenspeicherung durch das BZSt (§ 51a Abs. 2c Satz 1 Nr. 1 Satz 1 EStG). Die ausnahmslose Zuteilung der Id-Nr. und die dazu erfolgte Datenspeicherung ist mit dem Recht auf informelle Selbstbestimmung und sonstigem Verfassungsrecht vereinbar.[2]

e) Zuständiges Finanzamt/bei Wohnsitzwechsel: bisheriges Finanzamt (Zeilen 5–6)

16 Das zuständige FA für die stpfl. Person ist das FA, in dessen Bezirk sie im Zeitpunkt der Abgabe der ESt-Erklärung ihren Wohnsitz oder in Ermangelung eines Wohnsitzes ihren gewöhnlichen Aufenthalt hat – Wohnsitz-FA (§ 19 AO). Hat eine stpfl. Person ihren Wohnsitz (§ 8 AO)/gewöhnlichen Aufenthalt (§ 9 AO) in Deutschland aufgegeben und erzielt sie im Jahr des Wegzugs keine Einkünfte, die in den Katalog des § 49 EStG fallen, gilt die Zuständigkeit des vor dem Wegzug zuletzt örtlich zuständigen FA weiter fort (§ 19 Abs. 2 AO).[3] Keine fristwahrende Einreichung liegt vor, wenn die Steuererklärung bei einem örtlich unzuständigen FA eingereicht wird.[4] Zum Zuständigkeitswechsel (§ 26 Satz 1 AO) und Antragsmöglichkeit, dass das bisher zuständige FA das Verfahren fortführt (§ 26 Satz 2 AO) vgl. Verfügung der OFD Niedersachsen v. 19.5.2014.[5] Bei **mehrfachem Wohnsitz** ist der Wohnsitz maßgebend, an dem sich die stpfl. Person vorwiegend aufhält. Zur Frage der örtlichen Zuständigkeit bei Angehörigen der Bundeswehr vgl. OFD Niedersachsen v. 1.9.2011.[6] Bei **mehrfachem Wohnsitz von Verheirateten**, die nicht dauernd getrennt leben, ist der Wohnsitz maßgebend, an dem sich die Familie vorwiegend aufhält; zur Frage der örtlichen Zuständigkeit bei **getrennt lebenden Ehegatten/Lebenspartnern** vgl. Bayerisches Landesamt für Steuern.[7] Das zuständige FA kann auch im Internet gesucht werden.[8]

1) BFH v. 18.1.2012, II R 49/10, BStBl II 2012, 168.
2) BVerfG v. 21.4.2016, 1 BvR 2411/13, StEd 2016, 357.
3) I.d.F.d. JStG 2020, BGBl. I 2020, 3096.
4) BFH v. 13.2.2020, VI R 37/17, BStBl II 2021, 856.
5) OFD Niedersachsen v. 19.5.2014, S 0127 – 1 – St 142, StEd 2014, 425.
6) OFD Niedersachsen v. 1.9.2011, S 0122 – 21 – St 142, StEd 2011, 687.
7) BayLfSt v. 11.12.2014, S 0126.1.1 – 1/2 St42, StEd 2015, 61.
8) www.steuerliches-info-center.de.

3. Allgemeine Angaben (Zeilen 7–29)

Allgemeine Angaben

7 Telefonische Rückfragen tagsüber unter Nummer

Steuerpflichtige Person

Nur bei Zusammenveranlagung: **Ehemann** oder **Person A** (Ehepartner/-in A / Lebenspartner/-in A nach dem LPartG) – Bitte Anleitung beachten.

8 Identifikationsnummer | Geburtsdatum T T M M J J J J | im Sterbefall: Sterbedatum T T M M J J J J

9 Name

10 Vorname

11 Titel, akademischer Grad

12 Ausgeübter Beruf

Religionsschlüssel:
Evangelisch = EV
Römisch-Katholisch = RK

nicht kirchensteuerpflichtig = VD
Weitere siehe Anleitung

Religion am 31.12.2025

Änderung der Religion im Jahr 2025 (1 = Austritt, 2 = Wechsel, 3 = Eintritt)

13 Straße (derzeitige Adresse)

14 Hausnummer | Hausnummerzusatz | Adressergänzung

15 Postleitzahl (Inland) | Postleitzahl (Ausland)

16 Wohnort

17 Staat (falls Anschrift im Ausland)

18 Verheiratet / Lebenspartnerschaft begründet seit dem T T M M J J J J | Verwitwet seit dem T T M M J J J J | Geschieden / Lebenspartnerschaft aufgehoben seit dem T T M M J J J J | Dauernd getrennt lebend (Tag der Trennung) T T M M J J J J

Nur bei Ehegatten / Lebenspartnern: Veranlagungsart

19 X Zusammenveranlagung | X Einzelveranlagung von Ehegatten / Lebenspartnern | X Wir haben Gütergemeinschaft vereinbart

Nur bei Zusammenveranlagung: **Ehefrau** oder **Person B** (Ehepartner/-in B / Lebenspartner/-in B nach dem LPartG)

20 Identifikationsnummer | Geburtsdatum T T M M J J J J | im Sterbefall: Sterbedatum T T M M J J J J

21 Name

22 Vorname

23 Titel, akademischer Grad

24 Ausgeübter Beruf

Religionsschlüssel:
Evangelisch = EV
Römisch-Katholisch = RK

nicht kirchensteuerpflichtig = VD
Weitere siehe Anleitung

Religion am 31.12.2025

Änderung der Religion im Jahr 2025 (1 = Austritt, 2 = Wechsel, 3 = Eintritt)

2025ESt1A011 - September 2025 - **2025ESt1A011**

- 2 -

Abweichende Anschrift der Ehefrau oder Person B

Bitte füllen Sie die Zeilen 25 bis 29 nur aus, wenn die Adressangaben von den Zeilen 13 bis 17 abweichen.

25 Straße

26 Hausnummer | Hausnummerzusatz | Adressergänzung

27 Postleitzahl (Inland) | Postleitzahl (Ausland)

28 Wohnort

29 Staat (falls Anschrift im Ausland)

In den Zeilen 7–29 sind die allgemeinen Angaben (z.B. die derzeitige Adresse – ab dem VZ 2020 sind die Angaben 17
zu einer ausl. Anschrift gesondert in den Zeilen 15–17 sowie 27–29 möglich) zur Person einzutragen. Diese Angaben sind erforderlich, um eine ordnungsgemäße Bekanntgabe des Steuerbescheids zu gewährleisten und auch persönliche Abzugsbeträge wie z.B. den Altersentlastungsbetrag, der vom Alter der stpfl. Person abhängig ist (§ 24a EStG), von Amts wegen richtig berechnen zu können.

Durch das Gesetz zur Einführung des Rechts auf Eheschließung für Personen gleichen Geschlechts v. 20.7.2017[1] können seit dem 1.10.2017 auch gleichgeschlechtliche Personen eine Ehe eingehen und Lebenspartnerschaften in Ehen umgewandelt werden. Als Folge der Gleichstellung der **gleichgeschlechtlichen** mit der verschiedengeschlechtlichen **Ehe** wurde die Bezeichnung der Personen in der ESt-Erklärung ab dem VZ 2017 geändert. Bei verschiedengeschlechtlichen Ehen ist die Bezeichnung der Personen unverändert (Ehemann und Ehefrau). Bei einer gleichgeschlechtlichen Ehe sowie bei Lebenspartnern i.S.d. LPartG werden die jeweiligen Personen als Person A (Ehepartner/-in A [Ehemann, Ehefrau] und Lebenspartner[in] A) und Person B (Ehepartner/-in B [Ehemann, Ehefrau] und Lebenspartner[in] B) bezeichnet. Bei Ehen, in denen eine oder beide Personen den Geschlechtereintrag „divers" führen, gelten die vorstehenden Eintragsregeln entsprechend. Die Reihenfolge der Erklärung ist somit von der Verwaltung vorgegeben. Der Umstand, dass bei einer Zusammenveranlagung von verschiedengeschlechtlichen Eheleuten im Steuererklärungsvordruck zuerst die Angaben des Ehemanns und dann die der Ehefrau einzutragen sind, führt nicht dazu, dass ein in der Folge erlassener Steuerbescheid rechtswidrig wäre. Eine Klage gegen den Steuerbescheid ist mangels Beschwer unzulässig.[2]

Zudem dient die Angabe der Religionszugehörigkeit der zutreffenden Festsetzung der Kirchensteuer. Hierfür sind 18
in den **Zeilen 11 und 12 sowie 23 und 24** die entsprechenden Abkürzungen einzutragen. Ab dem VZ 2025 wird in den eingefügten Ergänzungen in den Zeilen 11 und 23 darauf hingewiesen, dass die Religionszugehörigkeit am 31.12.2025 zu erklären ist

Neben den bereits explizit im Hauptvordruck genannten evangelischen (EV), römisch-katholischen (RK) Religionsschlüsseln sowie den Schlüssel bei nicht kirchenstpfl. Personen (VD) kommen dabei zusätzlich in Betracht und können z.B. der ergänzenden Übersicht der Lohnsteuer-Anmeldung.

Alt-Katholische Kirche	= AK
Freie Religionsgemeinschaft Alzey	= FA
Freireligiöse Landesgemeinde Baden	= FB
Freireligiöse Landesgemeinde Pfalz	= FG
Freireligiöse Gemeinde Mainz	= FM
Freireligiöse Gemeinde Offenbach/M.	= FS
Israelitische Religionsgemeinschaft Baden	= IB
Israelitische Kultussteuer Land Hessen	= IL
Israelitische Kultussteuer Frankfurt	= IS
Synagogengemeinde Saar (Saarland)	= IS
Israelitische Bekenntnissteuer (Bayern)	= IS
Israelitische Religionsgemeinschaft Württemberg	= IW
Jüdische Kultusgemeinden Koblenz und Bad Kreuznach	= IA
Jüdische Kultussteuer (NRW)	= JD
Jüdische Kultussteuer (Hamburg)	= JH

Änderte sich die Religionszugehörigkeit in 2025 durch Austritt, Wechsel und/oder Eintritt, ist das zu erklären.

Zur ertragsteuerlichen Berücksichtigung der gezahlten Kirchensteuer auch →Rz. 1446.

Die verpflichtende Angabe auf der Lohnsteuerbescheinigung, aus der hervorgeht, dass die stpfl. Person keiner Kirchensteuer erhebenden Religionsgemeinschaft angehört, verletzt weder Art. 9 (Recht auf Gedankenfreiheit, Gewissensfreiheit und Religionsfreiheit) noch Art. 8 (Recht auf Achtung des Privatlebens und Familienlebens) der Europäischen Menschenrechtskonvention.[3]

4. Art der Veranlagung – nur von Ehegatten/Lebenspartner auszufüllen (Zeile 19)

Nur bei Ehegatten / Lebenspartnern: Veranlagungsart		
19 X Zusammenveranlagung	X Einzelveranlagung von Ehegatten / Lebenspartnern	X Wir haben Gütergemeinschaft vereinbart

1) Gesetz zur Einführung des Rechts auf Eheschließung für Personen gleichen Geschlechts v. 20.7.2017, BGBl. I 2017, 2787.
2) FG Köln v. 20.5.2020, 2 K 1079/19, EFG 2021, 47.
3) Europäischer Gerichtshof für Menschenrechte, 5. Sektion v. 17.2.2011, 12884/03, ArbuR 2011, 131. Der Beschwerde beim EGMR vorausgegangen waren Verfahren beim BFH (Beschluss v. 31.7.2002, VI B 25/02) und beim BVerfG (Beschluss v. 30.9.2002, 1 BvR 1744/02, StEd 2002, 713).

a) Allgemeines

19 Die ESt ist eine Jahressteuer (§ 2 Abs. 7 EStG), die in einem förmlichen Verfahren nach Ablauf des Kj. (VZ) festgesetzt wird. Die ESt wird nach dem Einkommen veranlagt, das die stpfl. Person in diesem VZ bezogen hat (§ 25 Abs. 1 EStG).

Die **Einzelveranlagung** ist die grds. Veranlagungsart, die immer dann anzuwenden ist, wenn nicht eine Zusammenveranlagung oder eine Einzelveranlagung von Ehegatten/Lebenspartnern in Betracht kommt.

Beratungshinweis:
Die Besteuerung Alleinerziehender nach dem Grundtarif anstelle einer Besteuerung nach dem Splittingtarif ist verfassungsgemäß.[1]

Praxishinweis:
Der dem **Zivilrecht entlehnte Begriff** des Ehegatten/Lebenspartners in § 26 Abs. 1 Satz 1 i.V.m § 2 Abs. 8 EStG ist nach der Rechtsprechung des BFH nach zivilrechtlichen Grundsätzen einschließlich der Vorschriften des deutschen internationalen Privatrechts zu beurteilen.[2] Ob eine rechtsgültige Ehe besteht, bestimmt sich nach bürgerlichem Recht,[3] für Lebenspartnerschaften nach dem LPartG. Bei einer im **Ausland geschlossenen Ehe/Lebenspartnerschaft** bestimmt sich die Form der Eheschließung/Begründung der Lebenspartnerschaft nach dem Recht des Staates, in dem die Ehe/Lebenspartnerschaft geschlossen wurde. Die **Anwendung eines ausl. Rechts** ist aber dann ausgeschlossen, wenn es gegen die guten Sitten oder den Zweck eines deutschen Gesetzes verstoßen würde.[4]

Haben **ausl. Staatsangehörige**, von denen einer außerdem die deutsche Staatsangehörigkeit besitzt, im Inland eine Ehe/Lebenspartnerschaft geschlossen, die zwar nach dem gemeinsamen Heimatrecht, nicht aber nach deutschem Recht gültig ist, so handelt es sich nicht um Ehegatten/Lebenspartner i.S.d. § 26 Abs. 1 i.V.m. § 2 Abs. 8 EStG.[5] Bei ausl. Staatsangehörigen sind die materiell-rechtlichen Voraussetzungen für jede beteiligte Person nach den Gesetzen dieses Staates zu beurteilen, dem diese Person angehört. Die Anwendung eines ausl. Gesetzes ist jedoch ausgeschlossen, wenn es gegen die guten Sitten oder den Zweck eines deutschen Gesetzes verstoßen würde.[6]

Eine **Ehe ist bei Scheidung oder Aufhebung/eine Lebenspartnerschaft bei Aufhebung** erst mit Rechtskraft des Urteils aufgelöst (§ 1564 Satz 2 BGB, § 29 EheG, § 15 LPartG); diese Regelung ist maßgebend für das Einkommensteuerrecht. Eine stpfl. Person, deren **Ehegatte/Lebenspartner z.B. verschollen oder vermisst** ist, gilt als verheiratet/verpartnert nach dem LPartG, solange ihr Ehegatte/Lebenspartner nicht für tot erklärt worden ist. Im Fall der Todeserklärung gilt die stpfl. Person vom Tag der Rechtskraft des Todeserklärungsbeschlusses an als verwitwet.[7] Bei Kriegsgefangenen oder Verschollenen kann i.d.R. davon ausgegangen werden, dass sie vor Eintritt der Kriegsgefangenschaft oder Verschollenheit einen Wohnsitz im Inland gehabt haben.[8] Ehegatten/Lebenspartner, die beide ihren Wohnsitz oder ihren gewöhnlichen Aufenthalt im Inland haben (unbeschränkte ESt-Pflicht) und nicht dauernd getrennt leben und bei denen die Voraussetzungen zu Beginn des VZ vorgelegen haben oder im Laufe des VZ eingetreten sind, können zwischen Zusammenveranlagung mit Splittingtarif (→ Rz. 20) und der Einzelveranlagung von Ehegatten/Lebenspartnern mit Grundtarif (→ Rz. 21) wählen. Zulässig ist zudem noch das sog. Witwensplitting (§ 32a Abs. 6 Nr. 1 EStG) und das „Sondersplitting" im Trennungsjahr (§ 32a Abs. 6 Nr. 2 EStG). Die Wahl der Veranlagungsart innerhalb eines VZ kann nach Eintritt der Unanfechtbarkeit des Steuerbescheids nur noch geändert werden, wenn

1. ein Steuerbescheid, der die Ehegatten/Lebenspartner betrifft, aufgehoben, geändert oder berichtigt wird und
2. die Änderung der Wahl der Veranlagungsart der zuständigen Finanzbehörde bis zum Eintritt der Unanfechtbarkeit des Änderungs- oder Berichtigungsbescheids schriftlich oder elektronisch mitgeteilt oder zur Niederschrift erklärt worden ist und
3. der Unterschiedsbetrag aus der Differenz der festgesetzten ESt entsprechend der bisher gewählten Veranlagungsart und der festzusetzenden ESt, die sich bei einer geänderten Ausübung der Wahl der Veranlagungsarten ergeben würde, positiv ist. Die ESt der einzeln veranlagten Ehegatten/Lebenspartner ist hierbei zusammenzurechnen.

Zur Einspruchsbefugnis des **Insolvenzverwalters** vgl. BFH.[9]

b) Zusammenveranlagung

20 Neben dem Bestehen einer gültigen Ehe und der unbeschränkten Einkommensteuerpflicht ist weitere Voraussetzung für die Zusammenveranlagung, dass die **Eheleute nicht dauernd getrennt leben**. Eheleute leben nicht dauernd getrennt, wenn zwischen ihnen eine eheliche Lebensgemeinschaft besteht (§§ 1353, 1567 BGB). Das Ende der ehelichen Lebensgemeinschaft muss auf Grund äußerer Umstände erkennbar sein.[10]

1) BFH v. 29.9.2016, III R 62/13, BStBl II 2017, 259.
2) BFH v. 6.12.1985, VI R 56/82, BStBl II 1986, 390.
3) BFH v. 21.6.1957, VI 115/55 U, BStBl III 1957, 300.
4) H 26 Allgemeines EStH 2024.
5) BFH v. 17.4.1998, V R 112/86, BStBl II 1998, 473.
6) BFH v. 6.12.1985, VI R 56/82, BStBl II 1986, 390.
7) H 26 Allgemeines EStH 2024.
8) BFH v. 3.3.1978, VI R 195/75, BStBl II 1978, 372.
9) BFH v. 15.3.2017, III R 12/16, BStBl II 2018, 789.
10) BFH v. 28.4.2010, III R 71/07, BFH/NV 2010, 2042.

Eine **Heirat muss nach bürgerlichem Recht** erfolgt sein. Die ab dem 1.1.2009 durch Änderung der §§ 67, 67a PStG[1] mögliche religiöse Eheschließung ohne vorherige standesamtliche Trauung entfaltet insoweit keine ertragsteuerliche Wirkung mit dem Anspruch auf Zusammenveranlagung.

Praxishinweis:

Durch das Gesetz zur Einführung des Rechts auf Eheschließung für Personen gleichen Geschlechts v. 20.7.2017[2] als Folge der Gleichstellung der gleichgeschlechtlichen mit der verschiedengeschlechtlichen Ehe (→ Rz. 22) besteht die Möglichkeit einer Zusammenveranlagung. Bei einer gleichgeschlechtlichen Ehe sowie bei Lebenspartnern i.S.d. LPartG werden die jeweiligen Personen als Person A (Ehegatte A [Ehemann, Ehefrau] und Lebenspartner[in] A) und Person B (Ehegatte B [Ehemann, Ehefrau] und Lebenspartner[in] B) bezeichnet. Beim BFH ist die Frage anhängig, ob das Ehegattenwahlrecht auf Grund einer rückwirkenden Umwandlung einer eingetragenen Lebenspartnerschaft in eine Ehe auch rückwirkend zu gewähren ist (Rev., Az. des BFH: III R 18/23).

Beratungshinweis:

Die Einführung eines sog. Familienrealsplittings ist nach BFH verfassungsrechtlich nicht geboten.[3] § 2 Abs. 8 EStG findet auf verschiedengeschlechtliche Partner einer nichtehelichen Lebensgemeinschaft keine Anwendung.[4] Es wird auch kein Verstoß gegen das GG darin gesehen, dass das Splittingverfahren einem alleinerziehenden Elternteil mit Kindern nicht gewährt wird.[5]

Leben die Eheleute/Lebenspartner nicht räumlich getrennt, spricht eine Vermutung gegen ein dauerhaftes Getrenntleben. Die eheliche/lebenspartnerschaftliche Lebens- und Wirtschaftsgemeinschaft ist im Allgemeinen nicht aufgehoben, wenn sich die Ehegatten/Lebenspartner z.B. für einen **beruflich bedingten Auslandsaufenthalt** nur vorübergehend räumlich trennen. Dies gilt auch bei der **Verbüßung einer Freiheitsstrafe**, wenn die Eheleute/Lebenspartner die erkennbare Absicht haben, die eheliche/lebenspartnerschaftliche Verbindung in dem noch möglichen Rahmen aufrechtzuerhalten und nach dem Wegfall des Hindernisses die volle eheliche/lebenspartnerschaftliche Gemeinschaft wiederherzustellen. Die Zusammenveranlagung mit einem in einem **Pflegeheim lebenden Ehegatten** ist bei Vorliegen einer krankheitsbedingt eingeschränkten Lebens- und Wirtschaftsgemeinschaft auch dann möglich, wenn die stpfl. Person mit einer neuen Lebensgefährtin zusammenlebt.[6] Leben Ehegatten **für eine nicht absehbare Zeit räumlich voneinander** getrennt, kann dennoch eine Zusammenveranlagung zur Einkommensteuer durchzuführen sein, wenn die Eheleute trotz ihrer räumlichen Trennung ihre Lebensgemeinschaft in Form der persönlichen und geistigen Gemeinschaft aufrechterhalten und sie auch ihre bestehende Wirtschaftsgemeinschaft nach dem Auszug unverändert fortführen.[7] Eine Zusammenveranlagung mit dem vorwiegend im Ausland lebenden Ehegatten ist hingegen nicht möglich, wenn sich ein Ehegatte jährlich nur für wenige Wochen im Inland aufhält.[8]

Die Besteuerung der Einkünfte erfolgt nach dem regelmäßig günstigeren **Splitting-Verfahren** (§ 32a Abs. 5 EStG). Das Splitting-Verfahren entspricht dem Grundsatz der Besteuerung nach der wirtschaftlichen Leistungsfähigkeit und knüpft an das bürgerlich-rechtlich normierte Institut der Ehe/Lebenspartnerschaft an. Es geht davon aus, dass zusammenlebende Eheleute/Lebenspartner eine Gemeinschaft des Erwerbs und Verbrauchs bilden, in der ein Ehegatte/Lebenspartner an den Einkünften und Lasten des anderen wirtschaftlich jeweils zur Hälfte teilhat.[9] **Unterhaltsverpflichtungen** zwischen den Ehegatten/Lebenspartnern sind durch den Splittingtarif abgegolten, so dass auch eine Berücksichtigung als außergewöhnliche Belastung nicht in Betracht kommt.[10] Gleichzeitig sind die Ehegatten/Lebenspartner gemeinsam Schuldner der ESt, was ggf. auch strafrechtliche Fragen aufwirft, wenn einer der Ehegatten/Lebenspartner Einkünfte verschweigt und der andere Ehegatte/Lebenspartner in Unkenntnis die Steuererklärung mitunterschreibt.[11] Eine **Zusammenveranlagung wird durchgeführt**, wenn beide Ehegatten/Lebenspartner diese Veranlagungsform wählen (§ 26 Abs. 2 Satz 2 EStG).

Beratungshinweis:

Wird die Zusammenveranlagung unberechtigt verweigert, kommen ggf. Schadensersatzansprüche in Betracht.[12] Das erfolgt aus dem Wesen der Ehe, nach dem auch nach der Trennung regelmäßig die Verpflichtung in eine vom anderen Ehegatten für die Zeit des Zusammenlebens gewünschten Zusammenveranlagung zur ESt einzuwilligen besteht.[13]

Werden keine besonderen Angaben gemacht, wird das FA eine Zusammenveranlagung unterstellen, wenn die grds. Voraussetzungen für das Wahlrecht (unbefristet und ohne Bindung an die gewählte Lohnsteuerklasse[14]) bestanden haben (§ 26 Abs. 3 EStG). Das Wahlrecht für eine Einzel- oder Zusammenveranlagung zur ESt wird in der **Insolvenz** eines Ehegatten/Lebenspartners durch den Insolvenzverwalter und im vereinfachten Insolvenzver-

1) Änderung durch das Personenstandsrechtsreformgesetz v. 19.2.2007, BGBl. I 2007, 122.
2) Gesetz zur Einführung des Rechts auf Eheschließung für Personen gleichen Geschlechts v. 20.7.2017, BGBl. I 2017, 2787.
3) BFH v. 28.2.2012, III B 115/10, BFH/NV 2012, 942.
4) BFH v. 26.4.2017, III B 100/16, BStBl II 2017, 903.
5) BVerfG v. 16.7.2015, 2 BvR 1519/13, StEd 2015, 532.
6) FG Niedersachsen v. 23.6.2015, 13 K 225/14, EFG 2015, 1945.
7) FG Münster v. 22.2.2017, 7 K 2441/15 E, EFG 2017, 573.
8) FG Hamburg v. 12.4.2018, 1 K 202/16, EFG 2018, 1079; NZB unzulässig, BFH v. 15.1.2019, III B 65/18.
9) BFH v. 17.8.2004, III B 121/03, BFH/NV 2005, 46.
10) BFH v. 24.5.2012, VI B 120/11, BFH/NV 2012, 1438.
11) BFH v. 16.4.2002, IX R 40/00, BStBl II 2002, 501.
12) BGH v. 18.11.2009, XII ZR 173/06, DStR 2010, 266.
13) OLG Koblenz vom 12.06.2019, 13 UF 617/18, NWB 4/2020, 226.
14) FG Münster v. 4.10.2012, 6 K 3016/10 E, EFG 2013, 97.

fahren durch den Treuhänder ausgeübt.[1] Bei einer Zusammenveranlagung werden die Einkünfte, die die Ehegatten/Lebenspartner erzielt haben, zusammengerechnet, den Ehegatten/Lebenspartnern gemeinsam zugerechnet und, soweit nichts anderes vorgeschrieben ist, die Ehegatten/Lebenspartner sodann gemeinsam als „ein Steuerpflichtiger" behandelt (§ 26b EStG); eine einheitliche Ermittlung der Einkünfte erfolgt jedoch nicht.[2]

Eheleute/Lebenspartner, die im Jahr 2025 erstmals dauernd getrennt leben, können auch dann noch die Zusammenveranlagung wählen, wenn die Voraussetzungen für eine Zusammenveranlagung nur für einen Tag im VZ vorgelegen haben. Ab dem VZ 2024 wird klarstellend darauf hingewiesen, dass der Tag der Trennung in Zeile 18 zu erklären ist.

Das Wahlrecht steht auch denen zu, die z.B. am 31.12.2025 geheiratet haben.

Zur Frage der **Erstattung von überzahlter ESt** vgl. Erlass des FinMin NRW v. 4.2.2013.[3]

c) Einzelveranlagung von Ehegatten/Lebenspartnern

21 Bei der Einzelveranlagung von Ehegatten/Lebenspartnern sind jedem Ehegatten/Lebenspartnern die von ihm bezogenen Einkünfte zuzurechnen (§ 26a Abs. 1 EStG). Bei den zu berücksichtigenden Sonderausgaben, außergewöhnlichen Belastungen und Steuerermäßigungen (§ 35a EStG) existiert ein Wahlrecht. Grundsätzlich werden jedem Ehegatten/Lebenspartner die Aufwendungen zugerechnet, die er wirtschaftlich getragen hat (§ 26a Abs. 2 Satz 1 EStG). Eine hälftige Aufteilung erfolgt auf übereinstimmenden Antrag beider Ehegatten/Lebenspartner (oder in begründeten Fällen gem. § 26a Abs. 2 Satz 3 EStG auf Antrag einer Person, soweit diese die entsprechenden Aufwendungen wirtschaftlich getragen hat [§ 26a Abs. 2 Satz 2 EStG]). Zum einheitlichen Wahlrecht auf hälftige Zurechnung der Sonderausgaben, außergewöhnlichen Belastungen und der Steuerermäßigung nach § 35a EStG vgl. die Erläuterungen zu Zeile 21 der Anlage Sonstiges.

Beratungshinweis:

Beantragen Ehegatten die Einzelveranlagung und den hälftigen Abzug von Sonderausgaben nach § 26a Abs. 2 Satz 2 EStG, so sind die von beiden Ehegatten getragenen Vorsorgeaufwendungen zusammenzurechnen und hälftig zu verteilen. Erst danach ist getrennt für jeden Ehegatten die Höchstbetragsberechnung und Günstigerprüfung nach § 10 Abs. 4a EStG durchzuführen.[4]

d) Lebenspartnerschaften i.S.d. LPartG

22 Mit dem Gesetz zur Änderung des EStG in Umsetzung der Entscheidung des BVerfG v. 7.5.2013[5] wurden Vorgaben des BVerfG[6] gesetzlich umgesetzt und § 2 EStG um einen Abs. 8 ergänzt. Das BVerfG hatte mit seiner Entscheidung v. 7.5.2013 die §§ 26, 26b und 32a Abs. 5 EStG für mit Art. 3 Abs. 1 GG unvereinbar erklärt, soweit sie eingetragenen Lebenspartnern anders als Ehegatten nicht die Möglichkeit der Zusammenveranlagung und die damit verbundene Anwendung des Splitting-Verfahrens eröffnen. Mit dem Änderungsgesetz sind die einkommensteuerrechtlichen Vorschriften zu Ehegatten und Ehen nach Maßgabe des o.g. Beschlusses des BVerfG auch auf Lebenspartner und Lebenspartnerschaften anzuwenden. Die Regelungen gelten in allen Fällen, in denen die ESt noch nicht bestandskräftig festgesetzt ist (§ 52 Abs. 2a EStG a.F.). Durch das Gesetz zur Einführung des Rechts auf Eheschließung für Personen gleichen Geschlechts v. 20.7.2017[7] erfolgte die Gleichstellung der gleichgeschlechtlichen mit der verschiedengeschlechtlichen Ehe. Den bereits eingetragenen Lebenspartnerinnen und Lebenspartnern wird es dabei ermöglicht (→ Rz. 20), eine Ehe zu schließen, ohne dass sie zum einjährigen Getrenntleben und zur darauf folgenden Aufhebung der Lebenspartnerschaft gezwungen werden, was eine unbillige Härte darstellen würde (§ 20a LPartG).[8]

Praxishinweis:

Der weiter in diesem Ratgeber verwendete Begriff „Lebenspartner" bezeichnet Lebenspartner/-innen einer Lebenspartnerschaft i.S.d. LPartG.

e) Gütergemeinschaft

23 Die Ehegatten/Lebenspartner leben im gesetzlichen Güterstand der Zugewinngemeinschaft (§§ 1363 ff. BGB/§ 6 LPartG), der die Eigentumsverhältnisse während der Ehe/Lebenspartnerschaft regelt, wenn sie nicht durch Ehevertrag/Lebenspartnerschaftsvertrag etwas anderes individuell vereinbaren (§ 1363 Abs. 1 BGB/§ 6 Satz 1 LPartG). Bei der **Zugewinngemeinschaft** bleiben die Vermögen der Ehegatten/Lebenspartner getrennt, jeder der Ehegatten/Lebenspartner behält sein Vermögen in seinem Eigentum und in eigener Verwaltung und zieht auch selbst die Nutzungen. Die Zugewinngemeinschaft kann dabei durch Tod, Scheidung/Aufhebung der Ehe/Lebenspartner-

1) BGH v. 24.5.2007, IX ZR 8/06, DB 2007, 1638; BGH v. 22.3.2011, III B 114/09, BFH/NV 2011, 1142; vgl. auch OFD Frankfurt/Main v. 12.8.2011, S 2262 A – 9 – St 216, DB 2011, 2520.
2) R 26b Abs. 1 EStR 2012.
3) FinMin NRW v. 4.2.2013, S 0160, DB 2013, 669.
4) BFH v. 28.11.2019, III R 11/18, HFR 2020, 621.
5) Gesetz zur Änderung des EStG in Umsetzung der Entscheidung des BVerfG v. 7.5.2013, BGBl. I 2013, 2397.
6) BVerfG v. 7.5.2013, 2 BvR 909/06, 2 BvR 1981/06, 2 BvR 288/07, BGBl. I 2013, 1647.
7) Gesetz zur Einführung des Rechts auf Eheschließung für Personen gleichen Geschlechts v. 20.7.2017, BGBl. I 2017, 2787.
8) Gesetzentwurf des Bundesrates v. 11.11.2015, BT-Drucks. 18/6665, 9.

schaft oder durch vertragliche Vereinbarung beendet werden. Zu den ertragsteuerlichen Folgen der Beendigung des Güterstandes vgl. Kusterer.[1]

Die Gütergemeinschaft (§ 1415 BGB) muss durch Ehevertrag/Lebenspartnerschaftsvertrag vereinbart werden. Durch die **Gütergemeinschaft** wird das Vermögen der Eheleute/Lebenspartner grds. vollständig gemeinschaftliches Vermögen beider Ehepartner/Lebenspartner (Gesamtgut).

Praxishinweis:
Die Gütergemeinschaft kann Auswirkungen i.R.d. personellen Verflechtung im Rahmen einer Betriebsaufspaltung (→ Rz. 554) entfalten.[2]

Dagegen verwaltet jeder Ehegatte/Lebenspartner sein Sondergut (höchstpersönliche, nicht übertragbare Rechte; z.B. ihm zustehende beschränkte persönliche Dienstbarkeiten, vgl. §§ 1090 bis 1093 BGB) und Vorbehaltsgut (Rechte und Gegenstände, die durch Ehevertrag/Lebenspartnerschaftsvertrag dazu erklärt worden sind) selbständig. Ein Erwerb durch einen Ehegatten/Lebenspartner während bestehender Gütergemeinschaft (Arbeitseinkommen, Schenkung, Erbschaft) fällt automatisch in das Gesamtgut. Die Gütergemeinschaft **endet** nicht durch Tod eines Ehegatten/Lebenspartners oder durch Scheidung/Aufhebung der Lebenspartnerschaft. Sie endet vielmehr durch das einer Aufhebungsklage stattgebende Urteil. Zur Frage der einkommensteuerrechtlichen Wirkung des Güterstands der allgemeinen Gütergemeinschaft zwischen Ehegatten/Lebenspartner vgl. BFH v. 18.2.1959.[3]

5. Bankverbindung (Zeilen 30–33)

	Bankverbindung – Bitte stets angeben –
30	IBAN (inländisches Geldinstitut) D E
31	IBAN (ausländisches Geldinstitut)
32	BIC zur IBAN des ausländischen Geldinstituts
	Kontoinhaber/-in
33	X Steuerpflichtige Person / Ehemann / Person A — X Ehefrau / Person B — oder: Name (im Fall der Abtretung bitte amtlichen Abtretungsvordruck einreichen)

Da Geldbewegungen grds. nur unbar mit dem FA erfolgen, ist immer die aktuelle internationale Kontonummer (IBAN) und ggf. (im internationalen Bankverkehr) die Bankenkennzeichnung (BIC) – sog. SEPA (Single Euro Payments Area)-Verfahren (einheitlicher Euro-Zahlungsverkehrsraum) – anzugeben, um Erstattungen seitens des FA auf ein falsches Konto zu vermeiden. Steuererstattungen mit IBAN sind innerhalb des einheitlichen Euro-Zahlungsverkehrsraums möglich, zu dem alle Länder der EU, des EWR (→ Rz. 1743), das Vereinigte Königreich, Gibraltar, Andorra, Monaco, San Marino, Saint Pierre und Miquelon, Mayotte, Guernsey, Jersey, Isle of Man, Vatikanstadt die Schweiz sowie ab dem 5.10.2025 Albanien, Moldawien, Montenegro und Nordmazedonien gehören. Für Steuererstattungen im SEPA-Zahlungsverkehr in Länder außerhalb des EU-/EWR-Raums ist zusätzlich der BIC einzutragen. Bei der Erklärung der Bankverbindung ist daher zwischen einem inl. (Zeile 30) und ausl. (Zeilen 31–32) Geldinstitut unterschieden. Der inl. IBAN ist bereits das Länderkürzel „DE" vorangestellt. 24

Besteht ein **Lastschrifteinzugsverfahren** und soll eine mögliche Erstattung aus der ESt-Erklärung auf ein anderes als das bisher beim FA angegebene Konto überwiesen werden, sollte das FA gleichzeitig informiert werden, dass die Erstattung nur ausnahmsweise auf das angegebene Konto erfolgen und das bestehende Lastschrifteinzugsverfahren bestehen bleiben soll.

Ansprüche auf Erstattung von Steuern, Haftungsbeträgen, steuerlichen Nebenleistungen und auf Steuervergütungen können abgetreten, verpfändet und gepfändet werden. Die **Abtretung** ist der zuständigen Finanzbehörde unter Angabe des Abtretenden, des Abtretungsempfängers sowie der Art und Höhe des abgetretenen Anspruchs und des Abtretungsgrundes auf einem amtlich vorgeschriebenen Vordruck anzuzeigen. Die Anzeige ist vom Abtretenden und vom Abtretungsempfänger zu unterschreiben (§ 46 Abs. 3 AO).

6. Angaben zu den Vordrucken – Einkünfte im Kalenderjahr 2025

Die Abgabe weiterer Vordrucke ist in Abhängigkeit der vorhandenen Einkünftesituation sowie des Weiteren davon abhängig, welche steuerlichen Anträge gestellt werden, z.B. in Zusammenhang mit Kindern, ausl. Einkünften und der Förderung des Wohneigentums. 25

Die **Anlage KAP muss nicht eingereicht werden, wenn** die gesamten Einnahmen (unter Berücksichtigung ggf. auf Grund einer Nichtveranlagungsbescheinigung oder eines bestehenden Freistellungsauftrags nicht mit KapESt sowie Körperschaftsteuer zzgl. Solidaritätszuschlag belasteter Einnahmen) nicht mehr als 1 000 € (bei Zusammenveranlagung 2 000 €) betragen haben. Insoweit übersteigen die Einnahmen nicht die Summe des Sparer-Pauschbe-

1) Kusterer, EStB 2007, 343.
2) BFH v. 26.11.1992, IV R 15/91, BStBl II 1993, 876.
3) BFH v. 18.2.1959, VI D 1/58 S, BStBl III 1959, 263.

trags (→ Rz. 754). Neben der Anlage KAP sind ggf. zusätzlich die Anlagen KAP-BET und/oder Anlage KAP-INV der Steuererklärung beizufügen. Bei dem Bezug von Renten ist zu unterscheiden, ob diese aus dem Inland (**Anlage R**, → Rz. 1246) oder dem Ausland (**Anlage R-AUS**, → Rz. 1280) bezogen werden; Leistungen aus zertifizierten Altersvorsorgeverträgen und aus der inl. betrieblichen Altersversorgung sind auf der **Anlage R-AV/bAV** (→ Rz. 1287) zu erklären. Die Mobilitätsprämie kann mit der **Anlage Mobilitätsprämie** → Rz. 1048 beantragt werden.

Wird der Gewinn bei Einkünften aus Land- und Forstwirtschaft (**Anlage L** und ggf. die Anlagen 13a und 34b und ab dem VZ 2025 die Anlage 32c), Gewerbebetrieb (**Anlage G**) oder bei selbständiger Arbeit (**Anlage S**) durch den Überschuss der Betriebseinnahmen über die Betriebsausgaben ermittelt (§ 4 Abs. 3 EStG), ist der Steuererklärung für jeden Betrieb und jede Tätigkeit eine Gewinnermittlung nach amtlich vorgeschriebenem Vordruck (**Anlage-EÜR**, → Rz. 255 ff.) beizufügen soweit keine Bilanz erstellt worden ist (§ 60 Abs. 4 EStDV). Auf eine entsprechende gesetzliche Verpflichtung, die Anlage EÜR mit der ESt-Erklärung elektronisch zu übermitteln, wird auf den einzelnen Anlagen zur ESt-Erklärung verwiesen. Die entsprechenden Hinweise sind auf den Anlagen L, G und S enthalten.

Beratungshinweis:
Die Verpflichtung zur Abgabe der ESt-Erklärung nach amtlich vorgeschriebenem Datensatz durch Datenfernübertragung (§ 25 Abs. 4 Satz 1 EStG) ist wirtschaftlich unzumutbar i.S.v. § 150 Abs. 8 Sätze 1 und 2 AO, wenn der finanzielle Aufwand für die Einrichtung und Aufrechterhaltung einer Datenfernübertragungsmöglichkeit in keinem wirtschaftlich sinnvollen Verhältnis zu den Einkünften nach § 2 Abs. 1 Satz 1 Nrn. 1 bis 3 EStG steht.[1]

7. Antrag auf Festsetzung der Arbeitnehmer-Sparzulage (Zeile 34)

Antrag auf Festsetzung der Arbeitnehmer-Sparzulage					15
		Steuerpflichtige Person / Ehemann / Person A		Ehefrau / Person B	
34	Für alle vom Anbieter und / oder Arbeitgeber übermittelten elektronischen Vermögensbildungsbescheinigungen wird die Festsetzung der Arbeitnehmer-Sparzulage beantragt.	17	1 = Ja	18	1 = Ja

26 **Praxishinweis:**
Der Antrag auf Festsetzung der Arbeitnehmer-Sparzulage ist regelmäßig mit der ESt-Erklärung gesondert in Zeile 34 zu stellen (§§ 13, 14 des 5. VermBG, § 6 Abs. 1 VermBDV). Eine Arbeitnehmer-Sparzulage wird nur festgesetzt, wenn der Arbeitnehmer einwilligt, dass die erforderlichen Daten vom Unternehmen, dem Institut oder dem in § 3 Abs. 3 des 5. VermBG genannten Gläubiger mittels elektr. Vermögensbildungsbescheinigung übermittelt werden und hierfür seine Id-Nr. mitteilt.[2]

Das Kreditinstitut, die Kapitalverwaltungsgesellschaft, die Bausparkasse, das Unternehmen, der Arbeitgeber oder der Gläubiger, mit dem der Arbeitnehmer den Anlagevertrag abgeschlossen hat (mitteilungspflichtige Stelle), hat die im Kj. angelegten vermögenswirksamen Leistungen bis zum letzten Tag des Monats Februar des folgenden Jahres nach amtlich vorgeschriebenem Datensatz durch Datenfernübertragung über die amtlich bestimmte Schnittstelle zu übermitteln (§ 15 Abs. 1 Satz 1 des 5. VermBG). Für vermögenswirksame Leistungen, die auf nicht zulagebegünstigte Anlagearten angelegt worden sind, ist eine Übermittlung nicht zulässig. Außerdem darf keine Übermittlung durchgeführt werden, wenn über sämtliche vermögenswirksame Leistungen schädlich verfügt worden ist, die nach § 2 Abs. 1 Nr. 1 oder 4 des 5. VermBG angelegt worden sind (§ 5 Abs. 4 VermBDV).[3]

Der **Anspruch auf eine Arbeitnehmer-Sparzulage** besteht, wenn der Arbeitnehmer ggü. dem Unternehmen, dem Institut oder dem in § 3 Abs. 3 des 5. VermBG genannten Gläubiger in die Datenübermittlung nach Maßgabe des § 15 Abs. 1 Satz 2 und 3 des 5. VermBG eingewilligt hat und sein Einkommen die Grenze von 40 000 € oder bei einer Zusammenveranlagung von 80 000 € nicht übersteigt. Maßgeblich ist das zu versteuernde Einkommen (§ 2 Abs. 5 EStG) in dem Kj., in dem die vermögenswirksamen Leistungen angelegt worden sind.

Der **Antrag auf Wohnungsbauprämie** ist nach amtlich vorgeschriebenem Vordruck zu stellen. Die Vordruckmuster für 2025 mit Erläuterungen wurden mit BMF-Schreiben v. 12.9.2025 bekannt gemacht.[4] Zu Fragen der Anwendung des 5. VermBG vgl. BMF v. 31.5.2024.[5]

Für die Beantragung der Festsetzung der Arbeitnehmer-Sparzulage (Zeile 1) wird in der Zeile vor der eigenhändigen Unterschrift (vor Zeile 38) darauf hingewiesen, dass die Daten auf Grund § 14 Abs. 4 5. VermBG erhoben werden.

1) BFH v. 16.6.2020, VIII R 29/19, BStBl II 2021, 290 und VIII R 29/17, BStBl II 2021, 288.
2) BMF v. 31.5.2024, IV C 5 – S 2439/19/10003 :005, BStBl I 2024, 929, Rz. 79.
3) BMF v. 31.5.2024, IV C 5 – S 2439/19/10003 :005, BStBl I 2024, 929, Rz. 65.
4) BMF v. 12.9.2025, IV C 5 – S 1961/00020/007/00, BStBl I 2025, 1762.
5) BMF v. 31.5.2024, IV C 5 – S 2439/19/10003 :005, BStBl I 2024, 929.

8. Einkommensersatzleistungen – ohne Beträge lt. Zeile 20 der Anlage N (Zeilen 35–36)

Einkommensersatzleistungen – ohne Beträge laut Zeile 20 der Anlage N –		Steuerpflichtige Person / Ehemann / Person A		Ehefrau / Person B	18
		EUR		EUR	
35	Einkommensersatzleistungen, die dem Progressionsvorbehalt unterliegen, z. B. Arbeitslosengeld, Elterngeld, Insolvenzgeld, Krankengeld, Mutterschaftsgeld, Verdienstausfallentschädigung (Infektionsschutzgesetz)	120 ,—		121 ,—	e
36	Leistungen aus einem EU- / EWR-Staat oder der Schweiz, die mit Einkommensersatzleistungen i. S. d. Zeile 35 vergleichbar sind	136 ,—		137 ,—	

Hinweis zur Plausibilitätsbeurteilung: 27

Lohn- und Entgeltersatzleistungen, die auf der LSt-Bescheinigung 2025 (lfd. Nr. 15) ausgewiesen sind (das Kurzarbeitergeld einschließlich Saison-Kurzarbeitergeld, der Zuschuss zum Mutterschaftsgeld, der Zuschuss bei Beschäftigungsverbot für die Zeit vor oder nach einer Entbindung sowie für den Entbindungstag während der Elternzeit nach beamtenrechtlichen Vorschriften, die Verdienstausfallentschädigung nach dem Infektionsschutzgesetz, Aufstockungsbeträge und Altersteilzeitzuschläge, Qualifizierungsgeld nach § 82a SBG III), sind in der Zeile 20 der Anlage N (→ Rz. 1095) zu erklären.[1] Weitere Einkommensersatzleistungen, die dem Progressionsvorbehalt unterliegen, sind in Zeile 35 und/oder 36 anzugeben. Ab dem VZ 2020 ist auch das Anpassungsgeld für Arbeitnehmer der Braunkohlekraftwerke und -tagebaue sowie Steinkohlekraftwerke einzutragen.[2]

Bestimmte Einkommensersatzleistungen unterliegen dem sog. Progressionsvorbehalt (§ 32b EStG). Hierzu gehören z.B. das Arbeitslosengeld, Elterngeld[3] (auch der Mindestbetrag i.H.v. 300 €),[4] Insolvenzgeld, Krankengeld und Mutterschaftsgeld (auch der Zuschuss zum Mutterschaftsgeld, die Sonderunterstützung nach dem MuSchG sowie der Zuschuss bei Beschäftigungsverboten für die Zeit vor oder nach einer Entbindung sowie für den Entbindungstag während einer Elternzeit nach beamtenrechtlichen Vorschriften).

Praxishinweis:

Die Leistungen zur Sicherung des Lebensunterhalts und zur Eingliederung in Arbeit nach dem SGB II (sog. Arbeitslosengeld II) sind steuerfrei (§ 3 Nr. 2b EStG) und unterliegen nicht dem Progressionsvorbehalt (§ 32b EStG).[5] Die Einbeziehung des Krankengelds von freiwillig in der gesetzlichen Krankenversicherung versicherten selbständigen Erwerbstätigen ist verfassungsrechtlich nicht zu beanstanden.[6] Verfassungsrechtlich ist auch unbedenklich, dass zwar das Krankengeld aus der gesetzlichen Krankenversicherung, nicht aber das Krankentagegeld aus einer privaten Krankenversicherung in den progressionsvorbehalt einbezogen wird.[7]

Die Leistungen sind elektronisch an die zuständige Finanzbehörde zu übermitteln (§ 32b Abs. 3 EStG). Zur rückwirkenden Verrechnung zwischen unterschiedlichen Trägern von Sozialleistungen vgl. BMF v. 16.7.2013.[8] Durch die Berücksichtigung von Versicherungsleistungen (Anlage Vorsorgeaufwand → Rz. 1669) dürften systematisch steuerfreie gezahlte Krankenversicherungsbeiträge nicht dem Progressionsvorbehalt unterliegen. Die Krankenversicherungsbeiträge sind für die Empfänger der Leistungen nicht als Sonderausgaben abziehbar (§ 10 Abs. 2 Satz 1 Nr. 1 EStG); insoweit darf dieser Anteil nicht dem Progressionsvorbehalt unterliegen.

Das sog. **Betreuungsgeld** (§ 4b BEEG) ist steuerfrei und unterliegt nicht dem Progressionsvorbehalt.[9] Das von der Bundesagentur für Arbeit gezahlte **Insolvenzgeld**, das nach § 188 Abs. 1 SGB III einem Dritten zusteht, ist dem Arbeitnehmer zuzurechnen. Soweit Insolvenzgeld vorfinanziert wird, dass einem Dritten zusteht, ist die Gegenleistung für die Übertragung des Arbeitsentgeltanspruchs als Insolvenzgeld anzusehen. Dieses vorfinanzierte Entgelt gilt damit als Äquivalent (auf Grund der Besonderheiten des Arbeitsförderungsrechts) zu dem bestehenden Anspruch. Es gelten des Weiteren die allg. Zuflussregeln (§ 11 EStG). Die Träger der Sozialleistungen sind gesetzlich dazu verpflichtet, die Daten über das gewährte Insolvenzgeld der Finverw. nach amtlich vorgeschriebenen Datensätzen durch Datenfernübertragung zu übermitteln (§ 32b Abs. 3 EStG).

Die Einbeziehung von **Krankengeld**, das eine freiwillig in einer gesetzlichen Krankenkasse versicherte stpfl. Person erhält, ist verfassungsgemäß;[10] dies gilt auch für die Zahlung einer gesetzlichen Krankenkasse (anders als Zahlungen einer privaten Krankenkasse).[11]

1) BMF v. 5.9.2024, IV C 5 – S 2378/19/10002 :002, BStBl I 2024, 1255.
2) Gesetz zur Reduzierung und zur Beendigung der Kohleverstromung und zur Änderung weiterer Gesetze (Kohleausstiegsgesetz) v. 8.8.2020, BGBl. I 2020, 1818.
3) Zur Berücksichtigung des Arbeitnehmer-Pauschbetrags vgl. BFH v. 25.9.2014, III R 61/12, BStBl II 2015, 182; Verfbeschw. aus formalen Gründen nicht zur Entscheidung angenommen, BVerfG v. 18.2.2022, 2 BvR 3057/14, StEd 2022, 598.
4) BVerfG v. 20.10.2010, 2 BvR 2064/09, BFH/NV 2011, 180.
5) R 32b Abs. 1 EStR 2012.
6) BFH v. 26.11.2008, X R 59/06, BFH/NV 2009, 739.
7) BFH v. 13.11.2014, III R 36/13, BStBl II 2015, 563.
8) BMF v. 16.7.2013, IV C 5 – S 2295/12/10007 :001, BStBl I 2013, 922.
9) OFD Karlsruhe v. 29.8.2014, VAST 03/2014, n.v., zitiert in B+P 2015, 296.
10) BFH v. 26.11.2008, X R 53/06, BStBl II 2009, 376.
11) BFH v. 13.11.2014, III R 36/13, BStBl II 2015, 563.

Praxishinweis:
Die Träger der Sozialleistungen haben bei Einstellung der Leistung oder spätestens am Ende des jeweiligen Kj. dem Empfänger die Dauer des Leistungszeitraums sowie die Art und die Höhe der während des Kj. gezahlten Einkommensersatzleistungen (mit Ausnahme des Insolvenzgelds) zu bescheinigen. In der Bescheinigung ist der Empfänger auf die steuerliche Behandlung dieser Leistungen und seine Steuererklärungspflicht hinzuweisen (§ 32b Abs. 3 EStG).

Progressionsvorbehalt bedeutet, dass die erhaltenen **Leistungen** zwar **steuerfrei sind**, dass sie aber bei der **Ermittlung des Steuersatzes**, der auf das zu versteuernde Einkommen anzuwenden ist, mit **zu berücksichtigen sind**. Dies führt zu einem höheren Steuersatz als er sich nach den erklärten stpfl. Einkünften ergeben würde.

Bei der **Arbeitnehmer-Sparzulage** (§ 13 Abs. 3 VermBG), der Investitionszulage (§ 6 InvZulG), der Wohnungsbauprämie (§ 6 WoPG) und Einnahmen aus neuen Anteilsrechten auf Grund der Umwandlung von Rücklagen in Nennkapital (§§ 1, 7 KapErhStG) handelt es sich nicht um Einnahmen oder Einkünfte.

Zu erklären sind ebenfalls vergleichbare Leistungen aus einem **EU-/EWR-Staat oder der Schweiz**. Lohn- und Entgeltersatzleistungen aus einem EU-/EWR-Staat oder der Schweiz, die als steuerfrei gelten (§ 3 Nr. 2 EStG), aber dem Progressionsvorbehalt unterliegen (§ 32b Abs. 1 Nr. 1 Buchst. b und c EStG).

Aufwendungen die im Zusammenhang mit den Einkommensersatzleistungen stehen, sind gesondert zu erklären. Zum Progressionsvorbehalt vgl. Ausführungen zur Anlage N (→ Rz. 1092).

9. Ergänzende Angaben zur Steuererklärung (Zeile 37)

Ergänzende Angaben zur Steuererklärung 86

Eine Eintragung ist in Zeile 37 nur vorzunehmen, wenn einer der dort genannten Sachverhalte vorliegt. In diesem Fall erläutern Sie bitte diese Sachverhalte in den **„Ergänzenden Angaben zur Steuererklärung"**. Die ergänzenden Angaben werden gesondert geprüft. Dies kann die Bearbeitungsdauer verlängern. Falls Sie mit der Abgabe der Steuererklärung lediglich Belege und Aufstellungen übermitteln, ist in Zeile 37 keine Eintragung vorzunehmen.

37 In dieser Steuererklärung 500

1 = konnten steuererhebliche Sachverhalte nicht erklärt werden.
2 = wird bewusst eine von der Verwaltungsauffassung abweichende Rechtsauffassung vertreten.
3 = sollen Sachverhalte personell vertieft geprüft werden.
4 = liegen mehrere der vorgenannten Gründe vor (Mehrfachauswahl).

Hinweis: Bitte übermitteln Sie Ihre ergänzenden Angaben nur für die vorstehend genannten Sachverhalte mit einer gesonderten Anlage mit der Überschrift **„Ergänzende Angaben zur Steuererklärung"**.

28 **Hinweis zur Plausibilitätsprüfung:**
Die Systematik des sog. „qualifizierten Freitextfeldes" wurde ab dem VZ 2025 geändert. Nunmehr ist danach zu differenzieren, aus welchen Gründen eine Eintragung vorgenommen worden ist.

Sind über die Angaben in der Steuererklärung hinaus weitere oder abweichende Angaben oder Sachverhalte zu berücksichtigen, ist das FA hierüber gesondert zu informieren und insoweit das Auswahlfeld auszufüllen (§ 150 Abs. 7 Satz 1 AO[1]). Die Aufnahme des besonderen Erklärungsfelds ist für alle Steuererklärungsvordrucke, die Besteuerungszeiträume nach 2016 betreffen, verpflichtend (Art. 97 § 10a Abs. 4 Satz 2 EGAO). Danach ist es den stpfl. Personen für Steuererklärungen, die nach amtlich vorgeschriebenem Vordruck abgegeben oder nach amtlich vorgeschriebenem Datensatz durch Datenfernübertragung übermittelt werden können und nach § 155 Abs. 4 Satz 1 AO zu einer ausschließlich automationsgestützten Steuerfestsetzung führen, zu ermöglichen, Angaben, die nach ihrer Auffassung Anlass für eine Bearbeitung durch Amtsträger sind, in einem dafür vorgesehenen Abschnitt oder Datenfeld der Steuererklärung zu machen. Angaben sind in einer gesonderten Anlage zu machen, welche mit der Überschrift „Ergänzende Angaben zur Steuererklärung" zu kennzeichnen ist. Das qualifizierte Freitextfeld ist somit zwingend notwendig, um die Wahrheitspflicht erfüllen zu können; es ist umstritten, ob das Feld zwingend auszufüllen ist, um die strafrechtlichen Offenbarungspflichten zu erfüllen.[2]

Ab dem VZ 2025 wird die Eingabe durch Auswahl einer entsprechenden Steuerungskennzahl gesteuert und der Grund der Abweichung erwartet. Hierfür sind Eintragungen in das entsprechende Auswahlfeld mit vier Bedeutungen vorgesehen:

1 = Es konnten steuererhebliche Sachverhalte nicht erklärt werden.

Eintragungen sind nach der amtlichen Anleitung z.B. in den folgenden Fällen erforderlich:

- Antrag auf Berücksichtigung eines Pflege-Pauschbetrags für mehr als eine Person (Anlage Außergewöhnliche Belastungen),
- Übernahme von Kranken- und Pflegeversicherungsbeiträgen für mehr als eine Person (Anlage Vorsorgeaufwand),
- Beginn eines Adoptivkindschaftsverhältnisses im Laufe des Jahres und Fälle, in denen Kindergeld zwar festgesetzt, aber auf Grund der Auszahlungsbeschränkung nicht ausgezahlt wurde (Anlage Kind),.

2 = Es wird bewusst eine von der Verwaltungsauffassung abweichende Rechtsauffassung vertreten.

3 = Es sollen Sachverhalte personell vertieft geprüft werden.

4 = Es liegen mehrere der vorgenannten Gründe vor (Mehrfachauswahl).

1) I.d.F. des Gesetzes zur Modernisierung des Besteuerungsverfahrens (StModernG) v. 18.7.2016, BStBl I 2016, 694= BGBl. I 2016, 1679.
2) Schindler in Gosch, AO/FGO, § 150 AO Rz. 57 (Stand: 5/2023) m. w.H.

10. Unterschrift (Zeilen 38–40)

Unterschrift

Datenschutzhinweis:
Die mit der Steuererklärung / dem Antrag angeforderten Daten werden aufgrund der §§ 149, 150 und 181 Abs. 2 der Abgabenordnung, der §§ 25, 46 und 51a Abs. 2d des Einkommensteuergesetzes sowie des § 14 Abs. 4 des Fünften Vermögensbildungsgesetzes erhoben. Informationen über die Verarbeitung personenbezogener Daten in der Steuerverwaltung und über Ihre Rechte nach der Datenschutz-Grundverordnung sowie über Ihre Ansprechpartner in Datenschutzfragen entnehmen Sie bitte dem allgemeinen Informationsschreiben der Finanzverwaltung. Dieses Informationsschreiben finden Sie unter www.finanzamt.de (unter der Rubrik „Datenschutz") oder erhalten Sie bei Ihrem Finanzamt.

38

Datum, Unterschrift(en) **Steuererklärungen sind eigenhändig – bei Ehegatten / Lebenspartnern von beiden – zu unterschreiben.**

39 Die Steuererklärung wurde unter Mitwirkung einer selbständig und eigenverantwortlich tätigen und zur Hilfeleistung in Steuersachen nach den §§ 3 und 4 des Steuerberatungsgesetzes befugten Person oder Vereinigung angefertigt. 1 = Ja

Bei der Anfertigung dieser Steuererklärung hat mitgewirkt:

40

2025ESt1A012 **2025ESt1A012**

a) Unterschrift (Zeile 4038)

Ab dem VZ 2018 ist zusätzlich ein Hinweis auf die **DSGVO**[1] aufgenommen worden. Das allgemeine Informationsschreiben der Finverw. ist auch auf der Internetseite der Finverw. unter www.finanzamt.de (unter der Rubrik „Datenschutz") abrufbar. Einzelheiten zum Datenschutz sind in dem BMF-Schreiben v. 13.1.2020 enthalten.[2] Der Anspruch auf ermessensfehlerfreie Entscheidung über einen Antrag auf Einsicht in eine Steuerakte außerhalb eines finanzgerichtlichen Verfahrens besteht nicht, wenn die stpfl. Person für den betroffenen Besteuerungszeitraum bereits bestandskräftig veranlagt wurde und die Einsichtnahme der Verfolgung steuerverfahrensfremder Zwecke dienen soll.[3] Nach den Regelungen der DSGVO besteht dabei lediglich ein Auskunftsrecht und kein allgemeines Akteneinsichtsrecht.[4] **29**

Die Steuererklärungen sind nach amtlich vorgeschriebenem Vordruck abzugeben (§ 150 Abs. 1 Satz 1 AO). Die ESt-Erklärung ist auch dann „nach amtlich vorgeschriebenem Vordruck" abgegeben, wenn ein – auch einseitig – privat gedruckter oder fotokopierter Vordruck verwendet wird, der dem amtlichen Muster entspricht.[5] Steuererklärungen sind dabei nach amtlich vorgeschriebenem Datensatz elektronisch zu übermitteln, soweit dies gesetzlich vorgeschrieben ist. Bei ESt-Erklärungen besteht die Verpflichtung, wenn Gewinneinkünfte (Einkünfte aus Land- und Forstwirtschaft, Gewerbebetrieb oder selbständiger Arbeit) erzielt werden. Diese Pflicht greift nicht, wenn daneben Einkünfte aus nichtselbständiger Arbeit mit Steuerabzug erzielt werden und die positive Summe der Einkünfte sowie die positive Summe der Progressionseinkünfte jeweils den Betrag von 410 € nicht übersteigen (§ 46 Abs. 3 EStG). Für die elektronische Übermittlung wird ein Zertifikat benötigt, das die stpfl. Person nach einer Registrierung (www.elster.de) erhält.

Die Steuererklärung ist des Weiteren von der stpfl. Person zu unterschreiben. Eine besondere Wahrheitsversicherung ist mit der Unterschrift nicht zu leisten. Die Verpflichtung zur wahrheitsgemäßen Steuererklärung ergibt sich bereits aus der Abgabenordnung (§ 150 Abs. 2 AO). Eine gemeinsame ESt-Erklärung ist von beiden Ehegatten/Lebenspartnern eigenhändig zu unterschreiben (§ 150 Abs. 2 AO i.V.m. § 25 EStG). Gleiches gilt für den Antrag auf Festsetzung der Arbeitnehmersparzulage (§ 14 Abs. 4 des 5. VermBG).

Praxishinweis:
Die Unterzeichnung durch einen Bevollmächtigten ist nur dann zulässig, wenn die stpfl. Person infolge ihres körperlichen oder geistigen Zustands oder durch längere Abwesenheit an der Unterschrift gehindert ist und kann nachträglich verlangt werden, wenn der Hinderungsgrund entfallen ist (§ 150 Abs. 3 AO).

Mit der Unterschrift übernehmen die stpfl. Personen **die volle Verantwortung** für die eingereichte ESt-Erklärung. Durch die Unterschrift soll sichergestellt werden, dass sich die stpfl. Person über die Lückenlosigkeit und die Richtigkeit der z.B. vom steuerlichen Berater vorgenommenen Eintragungen und den Umfang der in den Vordrucken vorgesehenen Angaben vergewissern konnte und ihr gleichzeitig die Bedeutung der Steuererklärung als Wissenserklärung bewusst werden konnte.[6] Dies kann z.B. eine Berichtigungspflicht auslösen, wenn erkannt wird, dass die abgegebene Steuererklärung unrichtig oder unvollständig ist (§ 153 Abs. 1 Nr. 1 AO), und hat ggf. auch strafrechtliche Konsequenzen, da dem Unterzeichner der Inhalt der Steuererklärung zuzurechnen ist (§§ 369 bis 376

---

1) Verordnung 2016/679 des Europäischen Parlaments und des Rates v. 27.4.2016, ABl.EU 2016 Nr. L 119 v. 4.5.2016.
2) BMF v. 13.1.2020, IV A 3 – S 0130/19/10017 :004, BStBl I 2020, 143, Änderungen durch BMF v. 17.6.2021, IV A 3 – S 0130/19/10017 :004, BStBl I 2021, 809.
3) BFH v. 7.5.2024, IX R 21/22, BFH/NV 2024, 1070.
4) BFH v. 11.3.2025, IX R 23/22, BFH/NV 2025, 841.
5) BFH v. 22.5.2006, VI R 15/02, BStBl II 2007, 2.
6) BFH v. 9.7.2012, I B 11/12, BFH/NV 2012, 1576.

AO). Eine ESt-Erklärung kann auch wirksam per Fax an das FA übermittelt werden. Es ist nicht erforderlich, dass die stpfl. Person den Inhalt der ESt-Erklärung tatsächlich in vollem Umfang zur Kenntnis genommen hat.[1]

b) Die Steuererklärung wurde unter Mitwirkung einer nach §§ 3 und 4 StBerG befugten Person oder Vereinigung angefertigt (Zeilen 39–40)

30 Wurde die Steuererklärung unter Mitwirkung einer selbständig und eigenverantwortlich tätigen und zur Hilfeleistung in Steuersachen nach den §§ 3 und 4 StBerG[2] (Befugnis zu unbeschränkter Hilfeleistung in Steuersachen, Befugnis zu vorübergehender und gelegentlicher Hilfeleistung in Steuersachen, Befugnis zu beschränkter Hilfeleistung in Steuersachen) befugten Person oder Vereinigung angefertigt, ist dies dem FA mitzuteilen. Insoweit dürfte es sich um eine Ergänzung des bereits bestehenden Feldes in Zeile 40 („Bei der Anfertigung dieser Steuererklärung hat mitgewirkt:") handeln.

1) BFH v. 8.10.2014, VI R 82/13, BStBl II 2015, 359 sowie BMF v. 16.4.2015, IV A 3 – S 0321/07/10003, BStBl I 2015, 438.
2) Vgl. zu § 3 StBerG auch BMF v. 1.8.2016, IV A 3 – S 0202/15/10001, BStBl I 2016, 662.

II. ESt 1 C – Beschränkt steuerpflichtige Personen

1. Vorbemerkung (Zeilen 1–2)

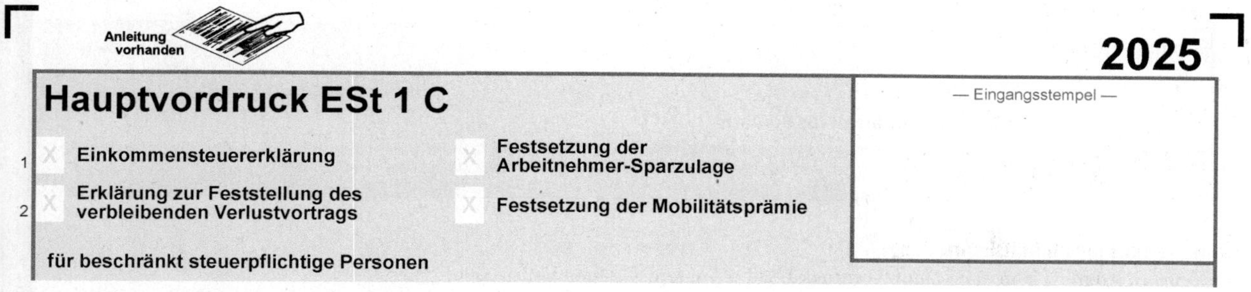
Anleitung vorhanden

2025

Hauptvordruck ESt 1 C

— Eingangsstempel —

1 X Einkommensteuererklärung | X Festsetzung der Arbeitnehmer-Sparzulage

2 X Erklärung zur Feststellung des verbleibenden Verlustvortrags | X Festsetzung der Mobilitätsprämie

für beschränkt steuerpflichtige Personen

Hinweis zur Plausibilitätsbeurteilung: 31

Daten für die mit „**e**“ gekennzeichneten Zeilen liegen im Regelfall vor und müssen nicht eingetragen werden (→ Rz. 10). Die Zeilen/Bereiche sind weiterhin auszufüllen, wenn bekannt ist, dass die eDaten nicht übermittelt wurden.

Seit der punktuellen Wandlung der Belegvorlage- in die Belegvorhaltepflichten im Jahr 2017[1] sind grds. keine Belege mehr mit Abgabe der Steuererklärung einzureichen. Bei Auslandssachverhalten sind die Belege weiterhin direkt mit der ESt-Erklärung einzureichen (Belegvorlagepflicht). Weiterhin ist geregelt, dass der Nachweis über die Höhe der ausl. Einkünfte und über die Festsetzung und Zahlung der ausl. Steuern durch Vorlage entsprechender Urkunden zu führen ist (§ 68b EStDV) und es besteht in **Fällen mit Auslandsbezug eine erhöhte Mitwirkungspflicht** (§ 90 Abs. 2 AO). Auf diesen Umstand wird ab dem VZ 2025 unterhalb der Formularüberschrift ergänzend durch einen Zusatztext hingewiesen.

Natürliche Personen, die im Inland weder einen Wohnsitz noch ihren gewöhnlichen Aufenthalt haben (→ Rz. 12), sind beschränkt stpfl., wenn inl. Einkünfte i.S.d. § 49 EStG erzielt werden (§ 1 Abs. 4 EStG). Die in dieser Vorschrift genannten Einkünfte stimmen nicht mit dem Einkünftekatalog des § 2 Abs. 1 EStG überein. Beschränkt stpfl. Personen haben eine jährliche ESt-Erklärung über die im abgelaufenen Kj. bezogenen inl. Einkünfte abzugeben, soweit für diese die ESt nicht durch den Steuerabzug als abgegolten gilt (§ 50 Abs. 2 EStG; → Rz. 60). Es kommt stets zur Anwendung der Grundtabelle (§ 32a Abs. 1 EStG), wobei das zu versteuernde Einkommen um den Grundfreibetrag zu erhöhen ist (§ 50 Abs. 1 Satz 2 EStG).

Praxishinweis:

Die Berücksichtigung des Grundfreibetrags trägt der besonderen Situation beschränkt stpfl. Arbeitnehmer Rechnung, die häufig keine oder nur geringfügige andere Einkünfte erzielen und vermeidet anderenfalls eintretende erhebliche steuerliche Mehrbelastungen für gering verdienende Arbeitnehmer.[2]

Im Rahmen des JStG 2020[3] wurde durch eine Änderung des § 50 Abs. 1 Satz 3 EStG neu geregelt, dass die Hinzurechnung des Grundfreibetrags bei einem Zusammentreffen mit dem Progressionsvorbehalt nur den Steuersatz des zu versteuernden inl. Einkommens beeinflusst. Dadurch wird eine Übermaßbesteuerung ausgeschlossen. Bislang wurde dieses Ergebnis durch Billigkeitsmaßnahmen der Finverw. erreicht.

Wurde im Laufe des Kj. 2025 der **Wohnsitz vom Ausland ins Inland verlegt**, sind die während der beschränkten Steuerpflicht erzielten inl. Einkünfte in eine Veranlagung zur unbeschränkten Steuerpflicht einzubeziehen. In diesen Fällen ist eine ESt-Erklärung für unbeschränkt stpfl. Personen (ESt 1 A) einzureichen. Zu Fragen des inl. Wohnsitzes und zur Abgrenzung zur unbeschränkten Steuerpflicht vgl. auch die Ausführungen zum Hauptvordruck ESt 1 A (→ Rz. 12).

Beschränkt stpfl. Personen, deren Summe der Einkünfte im VZ 2025 mind. zu 90 % der deutschen ESt unterlegen haben oder deren nicht der deutschen ESt unterliegende Einkünfte den Grundfreibetrag i.H.v. 12 096 € (§ 32a Abs. 1 Satz 2 Nr. 1 EStG) nicht übersteigen, können **auf Antrag als unbeschränkt einkommenstpfl.** behandelt werden. Dieser Betrag wird bei Wohnsitz in bestimmten Ländern um ein Viertel, die Hälfte oder um drei Viertel gekürzt (→ Rz. 1740).

Die Festsetzung und Auszahlung der **Mobilitätsprämie** (→ Rz. 1048) erfolgt auch i.R.d. beschränkten Steuerpflicht und in den Fällen des § 50 Abs. 2 Satz 7 EStG. Der Antrag ist durch Auswahl des Felds in Zeile 2 und unter Beifügung der Anlage Mobilitätsprämie zu stellen.

Praxishinweis:

Die Regelungen für die Berücksichtigung einer Steuerermäßigung bei Anwendungen für haushaltsnahe Beschäftigungsverhältnisse und für die Inanspruchnahme haushaltsnaher Dienstleistungen (§ 35a EStG) ist nicht möglich. Für die Inanspruchnahme ist ein entsprechender Antrag nach § 1 Abs. 3 EStG notwendig.

1) Gesetz zur Modernisierung des Besteuerungsverfahrens (StModernG) vom 18.7.2016, BGBl. I 2016, 1679 = BStBl I 2016, 694.
2) BR-Drucks. 16/11108 v. 27.11.2008.
3) JStG 2020 v. 21.12.2020, BStBl I 2021, 6.

2. Allgemeine Angaben (Zeilen 3–24)

a) Steuernummer/Zuständiges Finanzamt/Bundeszentralamt für Steuern (Zeilen 3–5)

3	Steuernummer
	An das Finanzamt — Daten für die mit ⓔ gekennzeichneten Zeilen liegen im Regelfall vor und müssen nicht eingetragen werden. – Bitte Anleitung beachten. –
4	
5	oder X an das Bundeszentralamt für Steuern
	Belege müssen Sie nur einreichen, wenn Sie in den Vordrucken / Anleitungen darauf hingewiesen werden. Bitte reichen Sie in diesen Fällen ausschließlich Kopien und keine Originalbelege ein.

32 **Hinweis zur Plausibilitätsbeurteilung:**
Es kann erforderlich sein, dem Hauptvordruck ESt 1 C weitere Anlagen beizufügen.

Zuständig ist das FA, in dessen Bezirk sich das Vermögen der beschränkt stpfl. Person befindet (§ 19 Abs. 2 Satz 1 AO). Befindet sich das Vermögen in verschiedenen Finanzamtsbezirken, ist das FA örtlich zuständig, in dessen Bezirk sich der wertvollste Teil des Vermögens befindet. Zur Frage der Zuständigkeit beim Wechsel von der unbeschränkten zur beschränkten Steuerpflicht (und umgekehrt) vgl. BayLfSt v. 14.5.2013.[1]

Zu beachten ist jedoch, dass i.R.d. örtlichen Zuständigkeit § 19 Abs. 2 Satz 2 AO die weitere Regelung enthält, dass das FA zuständig ist, in dessen Bezirk die die beschränkte Steuerpflicht begründende Tätigkeit vorwiegend ausgeübt oder verwertet wird oder worden ist. Dies gilt z.B. für Arbeitnehmer und selbständig tätige Personen.

Für das Abzugsverfahren nach § 50a EStG (→ Rz. 58) ist nach § 50a Abs. 5 EStG und § 73e EStDV das Betriebs- oder Wohnsitzfinanzamt des inl. Vergütungsschuldners und für das Lohnsteuerabzugsverfahren eines beschränkt stpfl. Arbeitnehmers grds. nach § 39d EStG das Betriebsstätten-FA des Arbeitgebers zuständig. Zuständig ist das BZSt, Referat St II 9, Abzugsteuer, 53221 Bonn in den Fällen des § 50 Abs. 2 Satz 2 Nr. 5 EStG; der Erklärungsvordruck kann auch in diesen Fällen genutzt werden (**Zeile 5**).

Die Ausführungen zur Steuernummer i.R.d. unbeschränkten Steuerpflicht (→ Rz. 15) gelten entsprechend.

1) BayLfSt v. 14.5.2013, S 0127.2.1 – 7/7 St42, BB 2013, 2280.

b) Allgemeine Angaben zur steuerpflichtigen Person (Zeilen 6–24)

Allgemeine Angaben

Steuerpflichtige Person

6 Identifikationsnummer – falls erhalten – | Geburtsdatum T T M M J J J J | im Sterbefall: Sterbedatum T T M M J J J J

7 Name

8 Vorname

9 Titel, akademischer Grad

10 Ausgeübter Beruf

11 Straße (derzeitige Adresse)

12 Hausnummer | Hausnummerzusatz | Adressergänzung

13 Postleitzahl

14 Wohnort

15 Aktueller Wohnsitzstaat

16 Geburtsort

17 Geburtsland

18 Staatsangehörigkeit

19 Wohnsitzstaat im Kalenderjahr 2025 (falls von Zeile 15 abweichend)

20 Ggf. weitere Wohnsitzstaaten im Kalenderjahr 2025

Bankverbindung – Bitte stets angeben –

21 IBAN (inländisches Geldinstitut) D E

22 IBAN (ausländisches Geldinstitut)

23 BIC zur IBAN des ausländischen Geldinstituts

Name eines von der steuerpflichtigen Person abweichenden Kontoinhabers
– Bei Abtretung bitte amtlichen Abtretungsvordruck einreichen –

24

2025ESt1C151 - September 2025 - **2025ESt1C151**

In den Zeilen 6 bis 24 sind die allgemeinen Angaben zur stpfl. Person einzutragen, vgl. Ausführungen zum Hauptvordruck ESt 1 A (→ Rz. 17). Die Ausführungen zur Id-Nr. i.R.d. unbeschränkten Steuerpflicht (→ Rz. 15) gelten entsprechend. **33**

Hinweis zur Plausibilitätsbeurteilung:
Wird die Steuererklärung für eine verstorbene Person abgegeben, dann soll eine Aufstellung der Erben und/oder – soweit vorhanden – eine Kopie des Erbscheins eingereicht werden; in Zeile 90 ist die „1" zu erklären (vgl. amtliche Anleitung zu Zeile 6).

Diese Angaben sind grds. erforderlich, um eine ordnungsgemäße Bekanntgabe des Steuerbescheids zu gewährleisten. Die Angabe des Geburtsorts (**Zeile 16**) ist im Hinblick auf die Vergabe der Id-Nr. (→ Rz. 15) notwendig, da insoweit auch der Tag und Ort der Geburt gespeichert werden (§ 139b Abs. 3 Nr. 8 AO). Ab dem VZ 2021 ist auch die Angabe des Geburtslandes erforderlich. Insoweit ist eine eindeutige Identifizierung möglich.

Praxishinweis:
Der Steuerbescheid, der durch die Post ins Ausland übermittelt wird, gilt einen Monat nach **Aufgabe zur Post** als bekannt gegeben (§ 122 Abs. 2 Nr. 2 AO). Die Bekanntgabe an Empfänger im Ausland erfolgt entweder durch einfachen Brief an die stpfl. Person oder es wird ein inl. Empfangsbevollmächtigter bestellt (→ Rz. 78 ff.); ggf. kann der Steuerbescheid auch mittels Ersuchens der zuständigen Behörde des fremden Staates oder der in diesem Staat befindlichen konsularischen oder diplomatischen Vertretungen des Bundes zugestellt (§ 14 VwZG) oder durch öffentliche Zustellung (§ 15 VwZG) bekannt gegeben werden. Eine Zustellung von ESt-Bescheiden an eine in der Schweiz wohnhafte stpfl. Person unmittelbar durch die Post ist völkerrechtlich erstmals für Besteuerungszeiträume ab dem 1.1.2018 zulässig.[1] Ein zum Abruf bereitgestellter Verwaltungsakt gilt am dritten Tag nach Absendung der **elektronischen Benachrichtigung** über die Bereitstellung der Daten an die abrufberechtigte Person als bekannt gegeben.

Die für die unbaren Erstattungen des FA notwendigen Angaben zur **Bankverbindung** sind in den Zeilen 21 bis 24. Die Ausführungen zur unbeschränkten Steuerpflicht (→ Rz. 24) gelten entsprechend.

3. Inländische Einkünfte im Kalenderjahr 2025 (Zeilen 25–32)

a) Allgemeines

34 Die inl. Einkünfte i.S.d. beschränkten Steuerpflicht sind in § 49 EStG abschließend aufgezählt. Die nach dieser Vorschrift erzielten Einkünfte unterliegen dem Steuerabzugsverfahren (§ 50a Abs. 4 EStG). Zur Neustrukturierung des Steuerabzugs auf Grund der EuGH-Rechtsprechung vgl. auch die Verfügung der OFD Karlsruhe.[2] Es ist zu prüfen, ob Einkünfte aus Land- und Fortwirtschaft (§ 49 Abs. 1 Nr. 1 EStG), Gewerbebetrieb → Rz. 36 (§ 49 Abs. 1 Nr. 2 EStG), selbständiger Arbeit → Rz. 44 (§ 49 Abs. 1 Nr. 3 EStG) oder nichtselbständiger Arbeit → Rz. 53 (§ 49 Abs. 1 Nr. 4 EStG) vorliegen. Sind keine der vorgenannten Einkünfte gegeben, ist zu prüfen, ob es sich um Einkünfte aus Kapitalvermögen → Rz. 56 (§ 49 Abs. 1 Nr. 5 EStG), aus Vermietung und Verpachtung → Rz. 46 (§ 49 Abs. 1 Nr. 6 EStG) oder sonstige Einkünfte i.S.d. § 22 Nr. 1 Satz 3 Buchst. a → Rz. 47 (§ 49 Abs. 1 Nr. 7 EStG), § 22 Nr. 2 → Rz. 49 (§ 49 Abs. 1 Nr. 8), § 22 Nr. 4 EStG → Rz. 50 (§ 49 Abs. 1 Nr. 8a EStG), § 22 Nr. 5 Satz 1 EStG → Rz. 48 (§ 49 Abs. 1 Nr. 10 EStG) handelt. § 49 Abs. 1 Nr. 9 EStG → Rz. 51 (§ 22 Nr. 3 EStG) findet daher nur Anwendung, soweit keine der anderen Einkunftsarten vorliegt. Ab dem VZ 2022 unterliegen Einkünfte aus der Beteiligung an einer Personengesellschaft/Gemeinschaft der Besteuerung, die ihren Sitz oder ihre Geschäftsleitung im Inland hat oder in ein inl. Register eingetragen ist (§ 39 Abs. 1 Nr. 11 EStG).

Dies gilt jedoch nur insoweit, als nicht § 49 Abs. 2 EStG Anwendung findet. Bei der Feststellung, ob inl. Einkünfte i.S.d. beschränkten Steuerpflicht vorliegen, sind die im Ausland gegebenen Besteuerungsmerkmale insoweit außer Betracht zu lassen, als bei ihrer Berücksichtigung stpfl. inl. Einkünfte nicht angenommen werden könnten (**isolierende Betrachtungsweise**). Liegen die entsprechenden Einkünfte vor, sind die jeweiligen **Anlagen der ESt-Erklärung** (L, G, S, AUS, V, V-Sonstige, R, SO und N) für beschränkt stpfl. Personen beizufügen.

b) Darstellung der Einkünfte

aa) Land- und Forstwirtschaft

35 Einkünfte aus Land- und Forstwirtschaft (Anlagen L, 34b, 32c → Rz. 956 ff.) liegen vor, wenn der **Grund und Boden** im Inland belegen ist (§ 49 Abs. 1 Nr. 1 EStG). Zu den Einkünften zählen auch (ggf. anteilige) Veräußerungsgewinne (§ 14 EStG) sowie Gewinne aus der Verpachtung ohne Betriebsaufgabe. Sind inl. Grundstücke Teil eines **ausl. land- und forstwirtschaftlichen Betriebs**, so beschränkt § 49 Abs. 1 Nr. 1 EStG die Steuerbarkeit auf die Einkünfte aus Land- und Forstwirtschaft, die aus den im Inland belegenen Grundstücken erzielt werden. Die **Gewinnermittlung nach Durchschnittssätzen** (§ 13a Abs. 1 EStG) ist auch auf die inl. Ländereien eines beschränkt stpfl. Landwirts anwendbar.[3]

Die **Thesaurierungsbesteuerung des § 34a EStG** (→ Rz. 1587) findet grds. auch i.R.d. beschränkten Steuerpflicht Anwendung. In diesen Fällen ist die Anlage 34a der ESt-Erklärung beizufügen. Der Steuererklärung ist die Anlage **Zinsschranke** (→ Rz. 1749) beizufügen, soweit die Regelungen des § 4h EStG Anwendung finden.

bb) Gewerbebetrieb/Selbständige Arbeit

(1) Einkünfte aus Gewerbebetrieb

36 Einkünfte aus Gewerbebetrieb (Anlage G → Rz. 510 ff.) liegen u.a. vor, wenn im Inland eine **Betriebsstätte** unterhalten wird oder ein **ständiger Vertreter**[4] bestellt ist (§ 49 Abs. 1 Nr. 2 Buchst. a EStG). **Nachträgliche Betriebsstätteneinkünfte** sind nur dann stpfl., wenn die Betriebsstätte im Zeitpunkt der Zahlung noch bestanden hat.[5]

Die **Thesaurierungsbesteuerung des § 34a EStG** (→ Rz. 1587) findet grds. auch i.R.d. beschränkten Steuerpflicht Anwendung. In diesen Fällen ist die Anlage 34a der ESt-Erklärung beizufügen. Freigestellte ausl. Gewinne fließen nicht in die Bemessungsgrundlage zur ESt ein, sondern finden lediglich i.R.d. Steuersatzes Berücksichtigung, so dass sich die Frage nach Anwendung der Thesaurierungsbesteuerung insoweit nicht stellt.

Betriebsstätte ist dabei jede feste Geschäftseinrichtung oder Anlage, die der Tätigkeit eines Unternehmens dient (§ 12 Satz 1 AO). Als solche sind insb. anzusehen: die Stätte der Geschäftsleitung, Zweigniederlassungen,

1) BFH v. 8.3.2022, VI R 37/19, BStBl II 2023, 547.
2) OFD Karlsruhe v. 14.1.2009, S 2303/48 – St 111/St 142, DStR 2009, 484.
3) BFH v. 17.12.1997, I R 95/96, BStBl II 1998, 260.
4) Siehe hierzu Leisner-Egensperger, IStR 2013, 889.
5) BFH v. 8.11.2010, I R 106/09, BStBl II 2014, 759.

Geschäftsstellen, Fabrikations- oder Werkstätten, Warenlager, Ein- oder Verkaufsstellen, Bergwerke, Steinbrüche oder andere stehende, örtlich fortschreitende oder schwimmende Stätten der Gewinnung von Bodenschätzen, der Bauausführungen oder Montagen. Der BFH verlangt eine örtliche Verfestigung der Tätigkeit.[1]

Praxishinweis:

Baustellen und Montagen im Inland werden unter weiteren Voraussetzungen dann zu einer Betriebsstätte, wenn die einzelne Bauausführung länger als sechs Monate dauert (§ 12 Satz 1 Nr. 8 AO).

Die Einrichtung oder Anlage müssen der **Tätigkeit des Unternehmers unmittelbar dienen**. Diese Voraussetzung ist regelmäßig dann erfüllt, wenn der Unternehmer selbst, seine Arbeitnehmer oder fremdes weisungsabhängiges Personal sowie ein engagierter Subunternehmer dort tätig werden.

Wird **im Inland keine Betriebsstätte** unterhalten, ist zu **prüfen, ob** ein **inl. Vertreter** (§ 13 AO) für den Gewerbebetrieb bestellt wurde. Ein Vertreter liegt dann vor, wenn im Inland eine Person nachhaltig die Geschäfte eines Unternehmers besorgt und dabei an Sachweisungen des Unternehmers gebunden ist. Ergänzend ist bestimmt (§ 13 Satz 2 AO), dass ständiger Vertreter insbesondere eine Person ist, die für ein Unternehmen nachhaltig Verträge abschließt oder vermittelt oder Aufträge einholt oder einen Bestand von Gütern oder Waren unterhält und davon Auslieferungen vornimmt. § 13 Satz 1 AO setzt ein Unternehmen und einen Vertreter voraus. Nach der Rechtsprechung des BFH kann der Inhaber eines Unternehmens nicht zugleich sein eigener (ständiger) Vertreter sein.[2] Als ständige Vertreter kommen neben natürliche, auch juristische Personen in Betracht. Ein inl. Gewerbetreibender, der von einem ausl. Unternehmer auf eine gewisse Dauer damit betraut ist, im Inland anstelle des Unternehmers in dessen Betrieb fallende Tätigkeiten vorzunehmen und der dabei die sachlichen Weisungen des Unternehmers befolgen muss, ist als ständiger Vertreter i.S.d. § 49 Abs. 1 Nr. 2 EStG anzusehen.[3] Ist der **ständige Vertreter ein Kommissionär oder Makler**, der Geschäftsbeziehungen für das ausl. Unternehmen im Rahmen seiner ordentlichen Geschäftstätigkeit unterhält, und ist die Besteuerung des ausl. Unternehmens nicht durch ein DBA geregelt, sind die Einkünfte des ausl. Unternehmens insoweit nicht der Besteuerung zu unterwerfen. Das gilt auch, wenn der ständige Vertreter ein **Handelsvertreter** (§ 84 HGB) ist, der weder eine allgemeine Vollmacht zu Vertragsverhandlungen und Vertragsabschlüssen für das ausl. Unternehmen besitzt noch über ein Warenlager dieses Unternehmens verfügt, von dem aus er regelmäßig Bestellungen für das Unternehmen ausführt. 37

Nach § 49 Abs. 1 Nr. 2 Buchst. b EStG werden gewerbliche Einkünfte erfasst, die aus dem Betrieb **eigener oder gecharterter Seeschiffe oder Luftfahrzeuge** aus Beförderungen zwischen inl. und von inl. zu ausl. Häfen erzielt werden, einschließlich der Einkünfte aus anderen mit solchen Beförderungen zusammenhängenden, sich auf das Inland erstreckenden Beförderungsleistungen. 38

Gewerbliche Einkünfte, die von einem Unternehmen im Rahmen einer **internationalen Betriebsgemeinschaft** oder eines **Pool-Abkommens**, bei denen ein Unternehmen mit Sitz oder Geschäftsleitung im Inland die Beförderung durchführt, aus Beförderungen und Beförderungsleistungen nach § 49 Abs. 1 Nr. 2 Buchst. b EStG erzielt werden, werden von § 49 Abs. 1 Nr. 2 Buchst. c EStG erfasst. 39

Künstlerische, sportliche, artistische, unterhaltende oder ähnliche Darbietungen im Inland oder durch deren Verwertung im Inland erzielte gewerbliche Einkünfte, einschließlich der Einkünfte aus anderen mit diesen zusammenhängenden Leistungen, führen zu gewerblichen Einkünften (§ 49 Abs. 1 Nr. 2 Buchst. d EStG). Erforderlich ist dabei das persönliche Tätigwerden der ausübenden Person im Inland. Für die Begründung der beschränkten Steuerpflicht kommt es nicht darauf an, ob im Inland eine **Betriebsstätte** unterhalten wird oder ein **ständiger Vertreter** bestellt worden ist und ob die Einnahmen der darbietenden, der die Darbietung verwertenden oder einer dritten Person zufließen.[4] 40

Praxishinweis:

Der Typus der unterhaltenden Tätigkeit wurde i.R.d. JStG 2009[5] eingefügt, um eine Lücke im Zusammenhang mit bestehenden DBA zu schließen. Es kommt insoweit lediglich darauf an, dass die entsprechenden Einkünfte (z.B. bei Sportlern) unterhaltenden Charakter haben.

Die nach dieser Vorschrift erzielten Einkünfte unterliegen dem Steuerabzugsverfahren (§ 50a Abs. 2 EStG).

Gewerbliche Einkünfte, die aus der **Veräußerung eines Anteils an einer Kapitalgesellschaft** stammen (i.S.d. § 17 EStG), die ihren Sitz oder ihre Geschäftsleitung im Inland hat, oder in Fällen einer Verschmelzung/Vermögensübertragung (§§ 11 ff. UmwStG) oder eines Anteilstauschs (§ 21 UmwStG) werden von § 49 Abs. 1 Nr. 2 Buchst. e EStG erfasst. Zu prüfen ist zudem, ob bei einem Wechsel von der unbeschränkten zur beschränkten Steuerpflicht (Aufgabe des deutschen Wohnsitzes/gewöhnlichen Aufenthalts) eine Besteuerung des Vermögenszuwachses der Beteiligung nach § 6 AStG (**Wegzugsbesteuerung**) erfolgte. Ersatztatbestände sind des Weiteren die unentgeltliche Übertragung von Anteilen auf Steuerausländer, die Begründung einer vorrangigen DBA-Ansässigkeit in einem anderen Staat sowie die Einlage von Anteilen in einen Betrieb/eine Betriebsstätte im Ausland. 41

1) BFH v. 4.6.2008, I R 30/07, BStBl I 2008, 922.
2) BFH v. 18.12.1990, X R 82/89, BStBl II 1991, 395.
3) BFH v. 28.6.1972, I R 35/70, BStBl II 1972, 785.
4) R 49.1 Abs. 3 EStR 2012.
5) JStG 2009 v. 19.12.2008, BStBl I 2009, 74.

Praxishinweis:
Die Regelungen des § 6 AStG stellen einen Ersatzrealisierungstatbestand dar, da mit dem Wegzug der natürlichen Person in das Ausland regelmäßig der Verlust des Besteuerungsrechts von stillen Reserven vorliegt. Mit den besonderen Regelungen werden die während der inl. unbeschränkten Steuerpflicht in den Anteilen gebildeten stillen Reserven steuerlich erfasst werden können. Sind die Voraussetzungen des § 6 AStG erfüllt, so sind die Regelungen des § 17 EStG auch ohne tatsächliche Veräußerung anzuwenden. Das zum Entfallen der sog. Wegzugsbesteuerung führende Merkmal der „nur vorübergehenden Abwesenheit" (§ 6 Abs. 3 Satz 1 AStG) ist unabhängig von einer „Rückkehrabsicht" erfüllt, wenn die stpfl. Person innerhalb des gesetzlich bestimmten Zeitrahmens von fünf Jahren nach dem Wegzug wieder unbeschränkt steuerpflichtig wird.[1] Darüber hinaus ist die besondere Regelung des § 6 Abs. 4 AStG zu beachten, wonach die geschuldete Steuer zinslos aber i.d.R. gegen Sicherungsleistungen auf Antrag gestundet wird.

Ab dem VZ 2025 ist die **Wegzugsbesteuerung für Investmentfonds** zu beachten. Soweit eine unbeschränkt stpfl. Person ihre Investmentanteile nicht im BV hält, stehen der Veräußerung von Investmentanteilen zum gemeinen Wert gleich (§ 19 Abs. 3 InvStG[2]),

1. die Beendigung der unbeschränkten Steuerpflicht des Anlegers infolge der Aufgabe des Wohnsitzes oder des gewöhnlichen Aufenthalts,
2. die unentgeltliche Übertragung auf eine nicht unbeschränkt steuerpflichtige Person sowie
3. vorbehaltlich der Nr. 1 und 2, der Ausschluss oder die Beschränkung des Besteuerungsrechts der BRD hinsichtlich des Gewinns aus der Veräußerung der Investmentanteile.

Der BR bat i.R.d. Gesetzgebungsverfahrens um Prüfung einer Regelung, die – in Anlehnung an § 6 AStG – bei einem Wegfall oder einer Beschränkung des Besteuerungsrechts in Deutschland eine Besteuerung der stillen Reserven sichergestellt und mit der eine Steuerumgehung ausgeschlossen werden kann.[3] Die gesetzliche Neuregelung ist nur anzuwenden (§ 19 Abs. 3 Satz 2 Nr. 2 InvStG), wenn

1. die Summe der nach § 19 Abs. 1, § 22 und § 56 InvStG ermittelten steuerpflichtigen Gewinne insg. positiv ist und
2. der Anleger
   a) innerhalb der letzten fünf Jahre vor der Veräußerung i.S.d. Satzes 1 unmittelbar oder mittelbar mindestens 1 % der ausgegebenen Investmentanteile gehalten hat oder
   b) im Zeitpunkt der Veräußerung i.S.d. Satzes 1 unmittelbar oder mittelbar Investmentanteile an dem Investmentfonds hält, deren Anschaffungskosten mindestens 500 000 € betragen.

Für den Vorgang wird keine KapESt einbehalten (§ 19 Abs. 3 Satz 5 InvStG), so dass die Einkünfte zu erklären sind.

Ein sich hierbei ergebender Verlust kann mit anderen inl. Einkünften ausgeglichen werden.[4]

42 § 49 Abs. 1 Nr. 2 Buchst. f Satz 1 EStG erfasst die Vermietung/Verpachtung oder **Veräußerung von inl. unbeweglichem Vermögen, Sachinbegriffen oder Rechten** durch eine beschränkt stpfl. Person im Rahmen eines Gewerbebetriebs. Zur Frage der beschränkten Steuerpflicht bei der Überlassung von in inl. Registern eingetragenen Rechten vgl. BMF v. 6.11.2020.[5] Zu Vergütungen i.S.d. § 49 Abs. 1 Nr. 2 Buchst. f und Nr. 6 EStG für die zeitlich befristete Überlassung sowie Veräußerung von Rechten, die in ein inl. öffentliches Buch oder Register eingetragen sind, vgl. BMF v. 29.6.2022.[6] Mit § 49 Abs. 1 Nr. 2 Buchst. f Satz 2 EStG wurden für bestimmte ausl. Rechtsträger gewerbliche Einkünfte für die von ihnen ausgeübten Tätigkeiten i.S.d. § 49 Abs. 1 Nr. 2 Buchst. f Satz 1 EStG fingiert.[7] Zu Fragen der grenzüberschreitenden Überlassung von Software und Datenbanken vgl. BMF v. 27.10.2017.[8] Bei der Anpassung des § 49 Abs. 1 Nr. 2 Buchst. f Satz 2 EStG durch das SEStEG[9] handelt es sich um eine redaktionelle Änderung, da nicht mehr an die bestehende Buchführungspflicht der Gesellschaft, sondern an § 1 KStG angeknüpft wird. Durch das JStG 2009[10] wurde der steuerliche Tatbestand auf die Vermietung/Verpachtung von inl. Immobilien erweitert. Die Einkünfte müssen dabei nicht als Überschuss der Einnahmen über die Werbungskosten, sondern – da die Einkünfte qua Fiktion zu den Einkünften aus Gewerbebetrieb zählen – (einheitlich) als Gewinn ermittelt werden. Mit dem JStG 2022 entfällt die Registerfallbesteuerung rückwirkend, soweit keine nahestehenden Personen beteiligt waren (sog. Drittlizenzfälle). Die Registerfallbesteuerung bleibt insoweit bestehen, als die Rechteüberlassung oder die Rechteübertragung zwischen nahestehenden Personen i.S.d. § 1 Abs. 2 AStG erfolgt (sog. Konzernsachverhalt) und der ausl. konzernzugehörige Vergütungsgläubiger sich nicht auf ein DBA berufen kann, nach dem Deutschland für die betreffenden Einkünfte kein Besteuerungsrecht hat. Darüber hinaus bleibt die Registerfallbesteuerung in Fällen bestehen, in denen der Empfänger der Lizenzvergütungen bzw. der Rechteinhaber in einem nicht kooperativen Steuerhoheitsgebiet i.S.d. § 2 StAbwG[11] ansässig ist.[12]

43 Im Rahmen des JStG 2010[13] wurde die Steuerbarkeit von Transferzahlungen **von Berufssportlern** neu geregelt.[14] Zu den Einkünften aus Gewerbebetrieb zählen die Einkünfte, die aus der Verschaffung der Gelegenheit erzielt werden, einen Berufssportler als solchen im Inland vertraglich zu verpflichten, wenn die Gesamteinnahmen

1) BFH v. 21.12.2022, I R 55/19, BStBl II 2023, 898.
2) Jahressteuergesetz 2024 (JStG 2024) v. 2.12.2024, BGBl. I 2024 Nr. 387 = BStBl I 2024, 1484.
3) Vgl. BT-Drucks. 20/13419, 222 zum Entwurf eines JStG 2024.
4) R 49.1 Abs. 4 EStR 2012.
5) BMF v. 6.11.2020, IV C 5 – S 2300/19/10016 :006, BStBl I 2020, 1060 und Ergänzung v. 29.6.2022, IV B 8 – S 2300/19/10016 :009, BStBl I 2022, 957.
6) BMF v. 29.6.2022, IV B 8 – S 2300/19/10016 :009, BStBl I 2022, 957.
7) BMF v. 15.12.1994, IV B 4 – S 2300 – 18/94, BStBl I 1994, 883; aufgehoben durch BMF v. 12.9.2013, IV C 3 – S 2300/08/10014, BStBl I 2013, 1163.
8) BMF v. 27.10.2017, IV C 5 – S 2300/12/10003 :004, BStBl I 2017, 1448.
9) SEStEG v. 7.12.2006, BStBl I 2007, 4.
10) JStG 2009 v. 19.12.2008, BStBl I 2009, 74.
11) Gesetz zur Abwehr von Steuervermeidung und unfairem Steuerwettbewerb und zur Änderung weiterer Gesetze [Steueroasen-Abwehrgesetz – StAbwG] v. 25.6.2021, BGBl. I 2021, 2056.
12) Vgl. ausführlich Schiffers, DStZ 2023, 11.
13) JStG 2010 v. 13.12.2010, BStBl I 2010, 1394.
14) Vgl. auch BFH v. 27.5.2009, I R 86/07, BStBl II 2010, 120.

10 000 € (Freigrenze) – bezogen auf den Verein – übersteigen (§ 49 Abs. 1 Nr. 2 Buchst. g EStG). Ergänzend würden die Regelungen i.R.d. Abzugsteuer erweitert (§ 50 Abs. 1 Nr. 3 EStG).

(2) Einkünfte aus selbständiger Arbeit

Einkünfte aus selbständiger Arbeit (§ 18 EStG, Anlage S →Rz. 1313 ff.), die **im Inland ausgeübt oder verwertet** wird oder worden ist oder für die im Inland eine **feste Einrichtung oder eine Betriebsstätte** unterhalten wird, führen zu inl. Einkünften i.S.d. beschränkten Steuerpflicht (§ 49 Abs. 1 Nr. 3 EStG). 44

Die **Thesaurierungsbesteuerung des § 34a EStG** findet grds. auch i.R.d. beschränkten Steuerpflicht Anwendung. In diesen Fällen ist die Anlage 34a der ESt-Erklärung beizufügen. Es muss sich in jedem Fall um eine im Inland ausgeübte Tätigkeit handeln.

Praxishinweis:
Eine selbständige Tätigkeit wird in erster Linie dort ausgeübt, wo sich die ausübende Person physisch aufhält und die Berufstätigkeit persönlich entfaltet. Ausüben setzt daher das persönliche Tätigwerden im Inland voraus.[1)]

Hierzu gehören z.B. das Konzert eines Musikers, der Auftritt eines Sportlers, die Teilnahme an einer Aufsichtsratssitzung, das Verfassen eines Textdichters und auch die inl. Vortragstätigkeit durch eine im Ausland ansässige Person. Eine **schriftstellerische Tätigkeit** wird dort verwertet, wo der Autor dem Verleger die Autorenrechte überlässt. Dies ist in der Regel der Ort der Geschäftsleitung des Verlags. Die Frage, wo das Buch verkauft wird, ist insoweit unmaßgeblich.

Unabhängig von der Ausübung oder Verwertung einer Tätigkeit im Inland, liegen auch dann inl. Einkünfte vor, wenn für diese eine feste Einrichtung oder eine Betriebsstätte unterhalten wird.

cc) Ausländische Einkünfte, die im Gewinn eines inländischen Betriebs enthalten sind

Ausländische Einkünfte und Hinzurechnungsbeträge i.S.d. § 10 AStG, die im Gewinn eines inl. Betriebs enthalten sind, sind bereits auf einer der Anlagen L, G oder S enthalten und sind auf der Anlage AUS gesondert auszuweisen. 45

dd) Einkünfte aus Vermietung und Verpachtung

Beschränkt stpfl. Personen, die im Rahmen einer gewerblichen Tätigkeit inl. unbewegliches Vermögen, im Inland belegene, in ein inl. öffentliches Buch oder Register (Grundbuch, Schiffs-, Patent-, Warenzeichen-, Gebrauchsmuster, Sortenschutzregister) eingetragene oder in einer inl. Betriebsstätte oder einer anderen Einrichtung verwertete Sachinbegriffe (z.B. Betriebsinventar) oder Rechte vermieten, verpachten oder veräußern, erzielen mit diesen Tätigkeiten auch dann Einkünfte aus Gewerbebetrieb (§ 49 Abs. 1 Nr. 2 Buchst. f EStG), wenn sie im Inland weder eine Betriebsstätte unterhalten noch einen ständigen Vertreter für das Inland bestellt haben. Natürliche Personen, die im Rahmen einer vermögensverwaltenden Tätigkeit inl. unbewegliches Vermögen, im Inland belegene, in ein inl. öffentliches Buch oder Register eingetragene oder in einer inl. Betriebstätte oder einer anderen Einrichtung verwertete Sachinbegriffe oder Rechte vermieten oder verpachten, erzielen ebenfalls Einkünfte in diesem Sinne.[2)] Zur Berücksichtigung der AfA für Gebäude mit Auslandsbezug, vgl. Cloer/Vogel[3)] und BMF v. 16.5.2011.[4)] 46

Beratungshinweis:
Durch die Ergänzung des § 49 Abs. 1 Nr. 6 EStG durch das JStG 2009[5)] sind die laufenden Vermietungseinkünfte als gewerbliche Einkünfte erfasst, wenn sie der gewerblichen Tätigkeit der beschränkt stpfl. Person zuzurechnen sind. Zur Frage der beschränkten Steuerpflicht bei der Überlassung von in inl. Registern eingetragenen Rechten vgl. BMF v. 6.11.2020.[6)] Es handelt sich insoweit um Vermietungseinkünfte inl. Grundbesitzes oder im Inland verwerteter Rechte, sofern keine inl. Betriebsstätte gegeben ist. Bisher wurden Einkünfte aus Vermietung und Verpachtung angenommen. Das FA kann zur Sicherstellung der Besteuerung den Steuerabzug (§ 50a Abs. 7 EStG) anordnen, soweit dies bei vermuteter Gefährdung des Steueranspruchs anstelle der Festsetzung von Steuervorauszahlungen angebracht ist.[7)]

Voraussetzung ist, dass es sich um eine **zeitlich begrenzte Nutzungsüberlassung** handelt und im Vermögen der überlassenden Person verbleibt. Nicht erfasst wird damit die endgültige Überlassung.[8)]

ee) Sonstige Einkünfte

(1) Leibrenten und andere Leistungen

Nach § 49 Abs. 1 Nr. 7 EStG sind Leibrenten und andere Leistungen i.S.d. § 22 Nr. 1 Satz 3 Buchst. a Doppelbuchst. aa und bb EStG zu versteuern, die von inl. gesetzlichen oder privaten Versicherungen mit Sitz oder 47

1) BFH v. 12.11.1986, I R 268/83, BStBl II 1987, 372.
2) BMF v. 16.5.2011, IV C 3 – S 2300/08/10014, BStBl I 2011, 530, Rz. 1.
3) Cloer/Vogel, DB 2010, 1901.
4) BMF v. 16.5.2011, IV C 3 – S 2300/08/10014, BStBl I 2011, 530, Rz. 11.
5) JStG 2009 v. 19.12.2008, BStBl I 2009, 74.
6) BMF v. 6.11.2020, IV C 5 – S 2300/19/10016 :006, BStBl I 2020, 1060 und Ergänzung v. 29.6.2022, IV B 8 – S 2300/19/10016 :009, BStBl I 2022, 957.
7) BMF v. 16.5.2011, IV C 3 – S 2300/08/10014, BStBl I 2011, 530, Rz. 14.
8) BFH v. 23.4.2003, IX R 57/99, BFH/NV 2003, 1311.

Geschäftsleitung im Inland gezahlt werden. So sind von **im Ausland wohnhaften Rentnern aus dem Inland bezogene Versicherungsleistungen** zu versteuern. Die Renten sind in den Fällen einkommenstpfl., in denen sie von

- einem inl. gesetzlichen Rentenversicherungsträger,
- einer inl. landwirtschaftlichen Alterskasse,
- einer inl. berufsständischen Versorgungseinrichtung,
- einem inl. Versicherungsunternehmen oder
- sonstigen inl. Zahlstellen

geleistet werden.

Hinweis zur Plausibilitätsbeurteilung:

Für Rentenempfänger mit Wohnsitz im Ausland ist zentral das FA Neubrandenburg (Neustrelitzerstraße 120, 17033 Neubrandenburg) zuständig.[1] Die Zuständigkeit gilt für alle beschränkt stpfl. Rentner, deren zu versteuernde Einkünfte ausschließlich solche nach § 49 Abs. 1 Nr. 7 und 10 EStG sind, auch wenn diese einen Antrag nach § 1 Abs. 3 EStG gestellt haben. Grundsätzlich sind Empfänger einer Rente mit Wohnsitz im Ausland verpflichtet, in Deutschland eine Steuererklärung einzureichen. Das FA Neubrandenburg verzichtet bei Rentenempfängern im Ausland jedoch i.d.R. auf die Vorlage einer Steuererklärung. In diesem Fall wird das FA die ESt anhand der vorliegenden Informationen des Rententrägers eigenständig festsetzen (Amtsveranlagungsverfahren). Der Verzicht kann mit einem online zur Verfügung gestellten Antwortformular[2] mitgeteilt werden. Anschließend wird der Steuerbescheid übersandt, der unter anderem Angaben zur Höhe der festgesetzten Steuer und die Zahlungsfrist enthält.

Auf Grund der bestehenden Meldeverpflichtungen nach § 22a EStG (→ Rz. 1249) werden auch beschränkt stpfl. Personen seitens des FA aufgefordert, eine ESt-Erklärung einzureichen. Nach Art. 19 Abs. 4 **DBA-Italien** 1989 können Ruhegehälter und alle anderen wiederkehrenden oder einmaligen Bezüge, die auf Grund der Sozialversicherungsgesetzgebung eines Vertragsstaates von diesem Staat, einem seiner Länder, einer ihrer Gebietskörperschaften oder einer ihrer juristischen Personen des öffentlichen Rechts gezahlt werden, nur in diesem Staat besteuert werden, wenn der Empfänger Staatsangehöriger dieses Staates ist, ohne Staatsangehöriger des anderen Vertragsstaates zu sein. Eine darauf beruhende Zuordnung des Besteuerungsrechts für die Leibrentenzahlungen der DRVB (Sozialversicherungsrente) an einen in Italien ansässigen deutschen Staatsangehörigen an den „Kassenstaat" Deutschland ist (insoweit abweichend BFH v. 25.7.2011[3]) nicht rechtsfehlerhaft.[4] Zur Günstigerprüfung bei Ruhegehältern nach dem DBA-Türkei vgl. FG Mecklenburg-Vorpommern (entgegen BMF[5]).[6]

Beratungshinweis:

Das tatsächliche Besteuerungsrecht ist nach dem jeweiligen DBA zu prüfen. So steht regelmäßig Deutschland kein Besteuerungsrecht zu. Es ist jedoch beabsichtigt, die deutschen DBA mit den EU-Mitgliedstaaten zu überarbeiten. Besteht kein DBA, unterliegen die Renten dem deutschen Besteuerungsrecht (§ 1 Abs. 4 i.V.m. § 49 Abs. 1 Nr. 7 EStG). Eine Ausnahme gilt dann, wenn Deutschland als Kassenstaat für Renten aus der Sozialversicherung das Besteuerungsrecht zusteht. Die örtliche Zuständigkeit ist in der AO geregelt (§ 19 Abs. 6 AO).

Praxishinweis:

Es kann auch ein Antrag auf unbeschränkte Besteuerung nach §§ 1 Abs. 3, 1a EStG (→ Rz. 1740) auf der Anlage WA ESt → Rz. 1735 gestellt werden.

Pensionszahlungen unterliegen der Besteuerung nach § 49 Abs. 1 Nr. 4 EStG und gehören daher zu den Einkünften aus nichtselbständiger Arbeit, die über die Anlage N erfasst werden. Da ein Steuerabzug für diese Leistungen nicht vorgesehen ist, haben die Empfänger von Leistungen entsprechend eine ESt-Erklärung einzureichen. Die Einkünfteermittlung erfolgt daher nach den allgemeinen Regeln durch den Abzug von Werbungskosten von den entsprechenden stpfl. Einnahmen.

Beratungshinweis:

Gegebenenfalls entfällt das Besteuerungsrecht durch Zuweisung des Besteuerungsrechts an den Wohnsitzstaat.

Gemäß dem Zusatzabkommen v. 5.11.2002[7] zum DBA Belgien behält Belgien – ungeachtet der Freistellung durch Belgien als Wohnsitzstaat gem. Art. 23 Abs. 2 Nr. 1 DBA Belgien – auf Vergütungen und Ruhegehälter aus öffentlicher Kasse (Art. 19 DBA Belgien) Gemeindesteuern ein. Um eine Doppelbesteuerung zu vermeiden, verpflichtet sich die Bundesrepublik, die Steuer, die auf diese Einkünfte entfällt, pauschal in Höhe von 8 % zu mindern.

48 Im Rahmen des JStG 2009[8] wurde § 49 Abs. 1 Nr. 10 EStG eingefügt. Durch die Ergänzung wurde die Besteuerung von **Leistungen aus Pensionsfonds, Pensionskassen und Direktversicherungen** i.S.d. § 22 Nr. 5 Satz 1 EStG sichergestellt, soweit sie auf im Inland steuerfrei gestellte Beiträge oder Zuwendungen beruhen, wenn der Empfänger der Leistung nicht unbeschränkt einkommenstpfl. ist.

1) EStZustV v. 2.1.2009, BGBl. I 2009, 39.
2) www.finanzamt-rente-im-ausland.de.
3) BFH v. 25.7.2011, I B 37/11, BFH/NV 2011, 1879.
4) BFH v. 17.8.2022, I R 17/19, BStBl II 2023, 554.
5) Entgegen BMF v. 11.12.2014, IV B 4 – S 1301-TÜR/0 :007, BStBl I 2015, 92, Rz. 8.
6) FG Mecklenburg-Vorpommern v. 22.1.2019, 1 K 282/17, EFG 2019, 1106.
7) BGBl. II 2003, 1615.
8) JStG 2009 v. 19.12.2008, BStBl I 2009, 74.

(2) Private Veräußerungsgeschäfte

Nach § 49 Abs. 1 Nr. 8 EStG unterliegen private Veräußerungsgeschäfte mit **inl. Grundstücken oder grundstücksgleichen Rechten** i.S.d. §§ 22 Nr. 2, 23 Abs. 1 Nr. 1 EStG der beschränkten Steuerpflicht. Die in diesen Vorschriften genannten Voraussetzungen (An- und Verkauf innerhalb von zehn Jahren, → Rz. 1399 ff.; Freigrenze und Verlustausgleichsbeschränkung auf dieselbe Einkunftsart) sind zu beachten. **49**

(3) Abgeordnetenbezüge

Nach § 49 Abs. 1 Nr. 8a EStG unterliegen auch sonstige Einkünfte i.S.d. § 22 Nr. 4 EStG, z.B. die **Versorgungsbezüge** von Abgeordneten, der beschränkten Steuerpflicht. **50**

(4) Sonstige

Die beschränkte Steuerpflicht erfasst auch sonstige Einkünfte (§ 22 Nr. 3 EStG), soweit es sich um solche aus inl. unterhaltenden Darbietungen, aus der Nutzung beweglicher Sachen im Inland oder aus der Überlassung der Nutzung oder des Rechts auf Nutzung von Know-how, das im Inland genutzt wird oder genutzt worden ist, handelt (§ 49 Abs. 1 Nr. 9 EStG). Die Regelung stellt damit eine **Auffangvorschrift** dar und erfasst insbesondere Vergütungen aus im Inland genutztem Know-how, die nicht bereits über die Regelung des § 49 Abs. 1 Nr. 1 bis 8 EStG zur Steuerbarkeit führen (§ 49 Abs. 1 Nr. 9 letzter Halbsatz EStG). **51**

Know-how ist dabei die Vermittlung von Kenntnissen und Erfahrungen zu eigener Nutzanwendung durch den Know-how-Nehmer. Eine solche Vermittlung liegt nicht vor, wenn Erfahrungswissen nicht vermittelt, sondern vom „Vermittler" selbst angewendet wird.[1]

Beratungshinweis:
Die zeitlich unbegrenzte Überlassung von Know-how durch einen ausländischen Vergütungsgläubiger kann zu beschränkt steuerpflichtigen Einkünften (§ 49 Abs. 1 Nr. 9 EStG) führen. Dabei setzt das Tatbestandsmerkmal der tatsächlichen Nutzung des Know-how im Inland nicht voraus, dass das Know-how den vereinbarten Umfang und/oder die vereinbarte Qualität hatte, um die im Inland verfolgten Zwecke zu erfüllen.[2]

Betroffen sind daher „Erfahrungen" ohne urheberrechtlichen Schutz. Zur „Spielerleihe" bei Sportvereinen vgl. BMF v. 15.7.2010.[3] Hierunter sind in erster Linie Erfahrungen, die keinen urheberrechtlichen Schutz genießen, zu verstehen. Ebenfalls umfasst diese Vorschrift **Vergütungen für die Überlassung** – nicht aber für den Verkauf – **beweglicher Wirtschaftsgüter**.

Wird für verschiedenartige Leistungen eine einheitliche Vergütung gewährt, z.B. für Leistungen i.S.d. § 49 Abs. 1 Nr. 3 oder 9 EStG, ist die Vergütung nach dem Verhältnis der einzelnen Leistungen aufzuteilen; ggf. sind die Leistungen ohne Aufteilung der Nr. 9 zuzuordnen, wenn eine Trennung nicht ohne besondere Schwierigkeiten möglich ist.[4] Erfasst werden auch die Einkünfte, wenn diese nicht für eine eigenschöpferische Leistung gewährt werden oder der Empfänger der Leistung kein Künstler ist (z.B. die Teilnahme an einer Talkshow). Im Fall einer Weitervermietung von beweglichen Sachen liegen inl. Einkünfte nur insoweit vor, als die Wirtschaftsgüter tatsächlich im Inland genutzt werden. Die bloße Weitervermietung begründet keine inl. Einkünfte.[5]

ff) Einkünfte i.S.d. § 50d Abs. 10 EStG/anrechenbare ausländische Steuer nach § 50d Abs. 10 Satz 5 EStG (Zeile 25)

- 2 -

Inländische Einkünfte im Kalenderjahr 2025					18 / 19
		EUR		EUR	Ct
25 Einkünfte i. S. d. § 50d Abs. 10 EStG	824	,—	Anrechenbare ausländische Steuer nach § 50d Abs. 10 Satz 5 EStG	825	,

Seit der Änderung im Rahmen des AmtshilfeRLUmsG[6] gehören zu den Einkünften aus Gewerbebetrieb neben dem Gewinnanteil eines Mitunternehmers einer Personengesellschaft auch die Sondervergütungen sowie die Aufwendungen und Erträge des Sonderbetriebsvermögens; vgl. hierzu auch BMF v. 26.9.2014.[7] Sind auf Sondervergütungen und Aufwendungen und Erträge des Sonderbetriebsvermögens DBA anzuwenden, gelten die Sondervergütungen und/oder Aufwendungen und Erträge als Teil des Unternehmensgewinns des vergütungsberechtigten Mitunternehmers. Die Einkünfte sind (ungeachtet etwa entgegenstehender DBA-Regelungen) der Betriebsstätte zuzurechnen, die die Sondervergütung trägt (§ 50d Abs. 10 Satz 1 ff. EStG). Grundsätze des nationalen Steuerrechts werden auf die Anwendung der DBA übertragen. Sind Sondervergütungen oder Erträge oder Aufwendungen des Sonderbetriebsvermögens Mitunternehmern zuzurechnen, die in einem DBA-Staat ansässig sind und die dort mit diesen Beträgen stpfl. sind (ohne [ganze oder teilweise] Anrechnung der darauf **52**

1) BFH v. 16.12.1970, I R 44/67, BStBl II 1971, 235.
2) BFH v. 13.10.2021, I R 18/18, BStBl II 2022, 376.
3) BMF v. 15.7.2010, IV C 3 – S 2411/07/10013, BStBl I 2010, 617.
4) R 49.3 Abs. 3 EStR 2012.
5) BFH v. 10.4.2013, I R 22/12, BStBl II 2013, 728.
6) AmtshilfeRLUmsG v. 26.6.2013, BStBl I 2013, 802.
7) BMF v. 26.9.2014, IV B 5 – S 1300/09/10003, BStBl I 2014, 1258.

entfallenden deutschen Steuer), ist die auf die Sondervergütungen und/oder Erträge oder Aufwendungen des Sonderbetriebsvermögens entfallende ausl. Steuer unter den Voraussetzungen und Begrenzungen des § 50d Abs. 10 Satz 5 EStG anzurechnen.

Für die Anrechnung der Steuer (§ 50d Abs. 10 Satz 5 EStG) ist der ausl. Steuerbescheid und der entsprechende Zahlungsnachweis der Steuererklärung beizufügen. Liegen diese Unterlagen erst zu einem späteren Zeitpunkt – nach Abgabe der Steuererklärung 2025 – vor, sollen diese nachgereicht werden.

Unterliegen die Erträge nicht der beschränkten Steuerpflicht, wurde aber dennoch KapESt einbehalten, besteht ein Erstattungsanspruch (§ 37 Abs. 2 AO) des Steuerausländers.

gg) Einkünfte aus nichtselbständiger Arbeit (Zeilen 26–28)

Einkünfte aus nichtselbständiger Arbeit

Zeile						
26	Beschäftigung in			109	vom T T M M	bis T T M M
27	Arbeitslohn, der im Inland nicht dem Steuerabzug unterlegen hat	110	EUR ,—	Werbungskosten dazu	111	EUR ,—
28	**Einkünfte i. S. d. § 50d Abs. 7 EStG**	827	EUR ,—	Anrechenbare ausländische Steuer nach § 50d Abs. 7 Satz 2 EStG	828	EUR , Ct

53 Einkünfte aus nichtselbständiger Arbeit stellen inl. Einkünfte i.S.d. beschränkten Steuerpflicht dar (§ 49 Abs. 1 Nr. 4 Buchst. a EStG). Ausl. Arbeitnehmer erzielen unabhängig von der Dauer des Aufenthalts inl. Einkünfte, wenn sie sich zur Ausübung im Inland aufhalten oder ihre Auslandstätigkeit durch eine zusätzliche Handlung einer gesonderten Verwertung im Inland zuführen. Die Angaben zum Beschäftigungszeitraum (**Zeile 26**) betrifft den gesamten Beschäftigungszeitraum (inkl. des Zeitraums, in dem der bezogene Arbeitslohn der im Inland dem Steuerabzug unterlegen hat). Zur Verständigungsvereinbarung bei Abfindungen mit der Schweiz vgl. BMF v. 17.3.2010.[1] Zur Arbeitnehmertätigkeit für ein privates Unternehmen zur Förderung der Entwicklungshilfe vgl. BFH.[2] **Werbungskosten** können ggf. berücksichtigt werden, die in einem wirtschaftlichen Zusammenhang mit den inl. Einnahmen stehen (§ 50 Abs. 1 Satz 1 EStG). Zu den Werbungskosten vgl. Ausführungen zur Anlage N (→ Rz. 1109 ff.). Die Werbungskosten sind in **Zeile 27** in einer Gesamtsumme zu erklären. Ab dem VZ 2017 wurde § 50d Abs. 12 EStG[3] neu eingefügt. Die Regelung diente dem Zweck, die Sperrwirkung von DBA zu überwinden und weist das Besteuerungsrecht bei Vorliegen eines DBA zu.[4]

Für die Berücksichtigung von **Vorsorgeaufwendungen** ist die Abgabe der Anlage Vorsorgeaufwand erforderlich (→ Rz. 63).

Der **Arbeitnehmer-Pauschbetrag** (§ 9a Satz 1 Nr. 1 Buchst. a EStG) ist ggf. zeitanteilig für die Monate zu berücksichtigen, in denen Einkünfte zugeflossen sind (§ 50 Abs. 1 Satz 5 EStG).

Über den Verweis auf § 19 EStG gelten die allgemeinen Abgrenzungsregelungen (§§ 2 Abs. 1 und 1 Abs. 2 LStDV). Maßgebend für die Zuordnung der Einkünfte sind sowohl die inl. als auch die ausl. Besteuerungsmerkmale. Unerheblich ist auch, ob nach ausl. Steuer-, Arbeits- oder Zivilrecht ein Arbeitsverhältnis vorliegt. Die Tätigkeit wird im Inland ausgeübt, wenn der Arbeitnehmer im Geltungsbereich des EStG im Rahmen des Dienstverhältnisses persönlich tätig wird.

Der beschränkten Steuerpflicht unterliegen auch Zahlungen aus **öffentlichen Inlandskassen** (§ 49 Abs. 1 Nr. 4 Buchst. b EStG). Eine inl. öffentliche Kasse ist die Kasse einer inländischen juristischen Person des öffentlichen Rechts sowie jede Kasse, die einer Institution angehört, die der Dienstaufsicht und der Prüfung ihres Finanzgebarens durch die öffentliche Hand unterliegt.[5] Zur Frage des Inlandsbezugs und der Anwendung von DBA sowie mögliche Billigkeitsmaßnahmen für bestimmte Arbeitnehmereinkünfte aus öffentlichen Kassen vgl. BMF.[6]

Hinweis zur Plausibilitätsbeurteilung:
Die ab dem VZ 2025 neu aufgenommene **Zeile 28** ergänzt die ebenfalls neue Zeile 40 (→ Rz. 61). Im Rahmen des Wachstumschancengesetzes[7] ist eine ausl. Steuer anzurechnen, wenn die stpfl. Person Einkünfte i.S.d. § 49 Abs. 1 Nr. 4 EStG erzielt.[8]

54 Auch natürliche nicht im Inland ansässige Arbeitnehmer, die als **Geschäftsführer, Prokurist oder Vorstandsmitglied einer Gesellschaft mit Geschäftsleitung im Inland** beschäftigt sind, unterliegen der beschränkten Steuerpflicht (§ 49 Abs. 1 Nr. 4 Buchst. c EStG). Die Vergütungen dieses Personenkreises unterliegen der beschränkten

1) BMF v. 25.3.2010, IV B 2 – S 1301, CHE/07/10015, BStBl I 2010, 268.
2) BFH v. 28.3.2018, I R 42/16, BStBl II 2019, 671.
3) Gesetz zur Umsetzung der Änderungen der EU-Amtshilferichtlinie und von weiteren Maßnahmen gegen Gewinnkürzungen und -verlagerungen v. 20.12.2016, BStBl I 2017, 5.
4) Neyer, DStR 2017, 1632.
5) BFH v. 11.7.2024, VI R 35/21, BStBl II 2024, 710.
6) BMF v. 13.11.2019, IV C 5 – S 2300/19/10009 :003, BStBl I 2019, 1082.
7) Gesetz zur Stärkung von Wachstumschancen, Investitionen und Innovationen sowie Steuervereinfachung und Steuerfairness (Wachstumschancengesetz) v. 27.3.2024, BGBl. I 2024 Nr. 108 = BStBl I 2024, 666,
8) Vgl. zur gesetzlichen Neuregelung, Hörster, NWB 5/2025, 301.

Steuerpflicht unabhängig sowohl vom Umfang der Tätigkeit im Inland als auch vom Vorliegen des Verwertungstatbestands.

Auch **Entschädigungsleistungen** für die Auflösung eines Dienstverhältnisses unterliegen der beschränkten Steuer- 55
pflicht und zwar **insoweit**, als die für die zuvor ausgeübte Tätigkeit bezogenen Einkünfte der inl. Besteuerung unterlegen haben (§ 49 Abs. 1 Nr. 4 Buchst. d EStG). Die Grenzgängerregelung ist auf Abfindungszahlungen an einen nichtselbständig beschäftigten französischen Grenzgänger nicht anzuwenden.[1]

hh) Erträge aus Kapitalvermögen (Zeilen 29-32)

Zeile	Erträge aus Kapitalvermögen	Kz	EUR
29	Erträge aus Kapitalvermögen i. S. d. § 49 Abs. 1 Nr. 5 EStG (ohne Einnahmen in den Zeilen 31 und 32)	132	,—
30	Ich beantrage die Günstigerprüfung für die in Zeile 29 erklärten Kapitalerträge.		1 = Ja
31	Erträge aus Kapitalvermögen i. S. d. § 49 Abs. 1 Nr. 5 EStG, die der tariflichen Einkommensteuer unterliegen (ohne Einnahmen in Zeile 32)	115	,—
32	Erträge aus Kapitalvermögen i. S. d. § 49 Abs. 1 Nr. 5 EStG aus Versicherungsverträgen (§ 20 Abs. 1 Nr. 6 Satz 2 EStG)	134	,—

Nach § 49 EStG ist grds. der Inlandsbezug der Einkünfte erforderlich. Dieser wird für die Einnahmen regelmäßig 56
dadurch geschaffen, dass der Schuldner der Kapitalerträge Wohnsitz, Geschäftsleitung oder Sitz im Inland haben muss (§ 49 Abs. 1 Nr. 5 Buchst. a EStG). Zinsen aus Wandelanleihen führen zu beschränkt steuerpflichtigen inl. Einkünften. Dies gilt auch dann, wenn sie in Form von Teilschuldverschreibungen ausgegeben worden sind. Die tatbestandlichen Ausnahmen des § 49 Abs. 1 Nr. 5 Buchst. c Doppelbuchst. aa Satz 2 EStG finden auf Wandelanleihen keine Anwendung.[2] Die Sperrwirkung des § 20 Abs. 2 Satz 1 Nr. 2 Buchst. a Satz 2 EStG für die Besteuerung der Dividenden nach § 20 Abs. 1 Nr. 1 EStG tritt nach der im Jahr 2013 geltenden Fassung auch dann ein, wenn der Gewinn aus der Veräußerung der Dividendenansprüche bei beschränkt Steuerpflichtigen gem. § 49 EStG nicht steuerpflichtig ist.[3]

Einnahmen i.S.d. § 20 Abs. 1 Nr. 5 und 7 EStG unterliegen nur dann nach § 49 Abs. 1 Nr. 5 Buchst. c EStG der inl. Steuerpflicht, wenn das **Kapitalvermögen** im Inland im Zeitpunkt der Zinszahlung **dinglich gesichert** ist (Eintragung ins Grundbuch oder Schiffsregister). Ausgenommen sind Zinsen aus Anleihen und Forderungen, die in ein öffentliches Schuldbuch eingetragen oder über die Sammelurkunden i.S.d. § 9a DepotG oder Teilschuldverschreibungen ausgegeben sind.

Somit gehören Zinsen aus Sparguthaben und aus Kapitalforderungen regelmäßig nicht zu den inl. Einkünften, da es an der dinglichen Sicherung fehlen wird. Dies gilt ebenso für Zinsen aus einem Privatdarlehen der beschränkt stpfl. Person, das weder unmittelbar noch mittelbar durch Grundbesitz gesichert ist.

Beispiel:

Die beschränkt stpfl. Person hat eine Darlehensforderung gegen eine inl. stpfl. Person. Das Darlehen ist durch eine Hypothek am inl. Einfamilienhaus von A gesichert.

Die Zinserträge unterliegen der beschränkten ESt-Pflicht.

Seit 2009 unterliegen über normale Tafelgeschäfte hinaus auch die dem KapESt-Abzug unterliegenden Wertpapier- und Forderungsveräußerungstatbestände der Besteuerung. Nicht erfasst sind insbesondere Stillhalterprämien und Termingeschäfte.

Der **Sparerpauschbetrag** (§ 20 Abs. 9 EStG) ist zu berücksichtigen (§ 50 Abs. 1 EStG). Der Werbungskosten-Pauschbetrag des § 9a Satz 1 Nr. 1 EStG findet hingegen keine Anwendung. Werden die Einkünfte nicht mit in die Veranlagung einbezogen, wird der Sparerpauschbetrag nicht berücksichtigt, auch wenn die stpfl. Person wegen anderer inl. Einkünfte zur ESt veranlagt wird; die ESt auf inl. Kapitalerträge gilt durch den Abzug der Kapitalertragsteuer (§ 50 Abs. 2 Satz 1 EStG) als abgegolten.[4]

Soweit die abgeltende Wirkung der 25 %igen Besteuerung keine Anwendung findet, erfolgt die Besteuerung nach dem tariflichen Steuersatz (§ 32d Abs. 2 EStG). Soweit damit in Zusammenhang stehende Werbungskosten geltend gemacht werden sollen, sollte das FA hierauf mit Angaben auf einem besonderen Blatt hingewiesen werden, da insoweit keine Eintragungsmöglichkeit für entsprechende Tatbestände besteht.

Eine **Günstigerprüfung** (§ 32d Abs. 6 EStG, → Rz. 679) dürfte lediglich im Jahr des Wechsels der Steuerpflicht möglich sein. § 50 Abs. 1 Satz 3 EStG schließt die Anwendung dieser Vorschrift zwar nicht aus. § 50 Abs. 2 Satz 1 EStG bestimmt jedoch, dass die ESt für Einkünfte, die dem Steuerabzug vom Kapitalertrag unterliegen, bei beschränkter Steuerpflicht durch den Steuerabzug als abgegolten gilt, so dass der Antrag nur in den Fällen beantragt werden

1) FG Baden-Württemberg v. 16.1.2018, 6 K 1405/15, EFG 2018, 1470.
2) BFH v. 13.7.2021, I R 6/18, BStBl II 2022, 24.
3) BFH v. 15.11.2022, VIII R 21/19, BStBl II 2023, 567; Fußnote des BMF zum 3. Leitsatz: „Hinweis auf BMF v. 12.5.2023 – IV C 1 – S 2252/19/10017 :001 – / – 2023/0466839, BStBl I 2023, 794".
4) FG Saarland v. 4.4.2023, 2 K 1405/19, EFG 2023, 1388.

kann, in denen ausschließlich Kapitalerträge bezogen wurden, die nicht dem Steuerabzug unterlegen haben. Die Grundvoraussetzung der Günstigerprüfung – die Erfassung aller Kapitalerträge – ist dann nicht mehr möglich. Allerdings ist in den meisten Fällen die Steuersatzbegrenzung auf 15 % zu beachten, wenn mit dem ausl. Staat ein DBA besteht. Ein entsprechender Antrag ist in **Zeile 30** zu stellen. Die Regeln zur Berücksichtigung ausl. Quellensteuer (§ 32d Abs. 5 EStG) finden keine Anwendung, da hierfür die unbeschränkte Steuerpflicht Voraussetzung ist. Erträge, die der tariflichen ESt unterliegen (ohne Einnahmen aus Versicherungsverträgen, vgl. Zeile 31) sind in **Zeile 31** zu erklären.

Praxishinweis:

Zu erklären sind Erträge aus Versicherungsverträgen (§ 49 Abs. 1 Nr. 5 EStG) i.S.d. § 20 Abs. 1 Nr. 6 Satz 2 EStG. Die Erträge unterliegen zunächst in voller Höhe der tariflichen ESt. Im Rahmen der Veranlagung würden die Erträge nur zur Hälfte der Besteuerung unterworfen; zusätzlich wäre der Sparer-Pauschbetrag zu berücksichtigen.[1] Die hälftige Steuerfreistellung gilt nur für Kapitalerträge aus nach dem 31.12.2004 abgeschlossenen Kapitalversicherungen mit Sparanteil und Rentenversicherungen mit Kapitalwahlrecht soweit nicht die Rentenzahlung gewählt wird. Zudem darf die Versicherungsleistung erst nach Vollendung des 60. Lebensjahres und nach Ablauf von zwölf Jahren seit Vertragsabschluss ausgezahlt worden sein. Die Kapitalerträge aus einem inl. Versicherungsvertrag können der Steuerbescheinigung entnommen werden. Die Kürzung für die hälftige Steuerfreistellung wird vom FA vorgenommen

4. Anzurechnende Steuern (Zeilen 33–35)

Anzurechnende Steuern 18

			EUR	Ct			EUR	Ct
33	Kapitalertragsteuer	147		,	Steuerabzugsbeträge nach § 50a EStG (ohne Betrag in Zeile 35)	154		,
34	Solidaritätszuschlag zu Zeile 33	152		,				
35	Steuerabzugsbeträge nach § 50a Abs. 7 EStG laut Rentenbezugsmitteilung	105		,	Solidaritätszuschlag zu § 50a Abs. 7 EStG	106		,

57 Ab dem VZ 2017 sind keine Angaben oder Erläuterungen zu den nach der Zinsinformationsverordnung anzurechnenden Quellensteuern erforderlich, da zum 1.1.2017 die Aufhebung der Zinsrichtlinie erfolgte. Die BRD hat sich mit einer Vielzahl anderer Staaten darauf verständigt, durch gegenseitigen Informationsaustausch über Finanzkonten eine effektive Besteuerung sicherzustellen (Common Reporting Standard [CRS] sowie Gesetz zum automatischen Austausch von Informationen über Finanzkonten in Steuersachen [FKAustG]). Durch den Standard verpflichten sich die Vertragsparteien, die vereinbarten Daten von Finanzinstituten zu erheben und regelmäßig automatisch auszutauschen.[2]

Sind in **Zusammenhang mit den Einkünften Steuerabzugsbeträge** wie anrechenbare KapESt, Solidaritätszuschlag (→ Rz. 792) oder Steuerabzugsbeträge nach § 50a EStG **einbehalten** worden, sind diese i.R.d. ESt-Veranlagung anzurechnen.

Beratungshinweis:

Es existieren lediglich Möglichkeiten für den Eintrag der zuvor beschriebenen Positionen. Sollten Kapitalerträge, die nach den Regeln der Abgeltungsteuer besteuert werden, und gleichzeitig auch Einkünfte vorliegen, die der tariflichen ESt unterliegen, sollte das FA gesondert auf die unterschiedliche Qualität der anrechenbaren Beträge hingewiesen werden.

Praxishinweis:

Wurde **Körperschaftsteuer** einbehalten, sollte hierauf gesondert hingewiesen werden, da insoweit keine Eintragungsmöglichkeit besteht.

58 **Steuerabzugsbeträge nach § 50a EStG** sind in Zeile 33 (rechte Spalte) zu erklären (ab dem VZ 2021 ohne die Abzugsbeträge lt. Zeile 35 [Steuerabzugsbeträge nach § 50a Abs. 7 EStG], demnach ohne die entsprechenden Beträge lt. Rentenbezugsmitteilung). Durch den Steuerabzug nach § 50a EStG wird die beschränkte Steuerpflicht jedoch weder begründet noch erweitert. Die dem Steuerabzug unterliegenden Einkünfte werden in § 50a Abs. 1 EStG zusammengefasst. Zum Steuerabzug (§ 50a EStG) bei Einkünften künstlerischer, sportlicher artistischer, unterhaltender oder ähnlicher Darbietungen vgl. BMF.[3] Voraussetzung für die Vornahme des Steuerabzugs ist daher zunächst, dass es sich um beschränkt stpfl. Einkünfte i.S.d. § 49 EStG handelt und dient der Sicherung des inl. Ertragsteueranspruchs für die in § 49 EStG aufgeführten Einkünfte. Der Steuerabzug tritt neben den LSt- und KapESt-Abzug. Zum Steuerabzug bei Softwareauftragsentwicklung vgl. BMF v. 2.8.2022.[4]

Praxishinweis:

Die Steuer entsteht in dem Zeitpunkt, in dem die Vergütung dem Gläubiger zufließt. Die nach § 50a Abs. 5 EStG zum Steuerabzug verpflichteten Vergütungsschuldner haben bis zum 10. des dem Kalendervierteljahr folgenden Monats eine Steueranmeldung zu übersenden (§ 73e EStDV).

1) BMF v. 14.5.2025, IV C 1 – S 2252/00075/016/070, BStBl I 2025, 1330, Rz. 129.
2) BMF v. 28.6.2018, IV B 6 – S 1315/13/10021 :050, BStBl I 2018, 716.
3) BMF v. 25.11.2010, IV C 3 – S 2303/09/10002, BStBl I 2010, 1350 und Ergänzung v. 17.6.2014, IV C 3 – S 2303/10/10002 :001, BStBl I 2014, 887.
4) BMF v. 2.8.2022, IV B 8 – S 2303/19/10004 :001, BStBl I 2022, 1253.

Die ESt wird bei beschränkt stpfl. Personen im Wege des Steuerabzugs erhoben bei Einkünften,

1. die durch im Inland ausgeübte künstlerische, sportliche, artistische, unterhaltende oder ähnliche Darbietungen erzielt werden, einschließlich der Einkünfte aus anderen mit diesen Leistungen zusammenhängenden Leistungen, unabhängig davon, wem die Einkünfte zufließen (§ 49 Abs. 1 Nr. 2 bis 4 und 9 EStG), es sei denn, es handelt sich um Einkünfte aus nichtselbständiger Arbeit, die bereits dem Steuerabzug vom Arbeitslohn (§ 38 Abs. 1 Satz 1 Nr. 1 EStG) unterliegen,

2. bei Einkünften aus der inl. Verwertung von Darbietungen i.S.d. Nummer 1 (§ 49 Abs. 1 Nr. 2 bis 4 und 6 EStG),

3. bei Einkünften, die aus Vergütungen für die Überlassung der Nutzung oder des Rechts auf Nutzung von Rechten, insbesondere von Urheberrechten und gewerblichen Schutzrechten, von gewerblichen, technischen, wissenschaftlichen und ähnlichen Erfahrungen, Kenntnissen und Fertigkeiten, zum Beispiel Plänen, Mustern und Verfahren, herrühren (§ 49 Abs. 1 Nr. 2, 3, 6 und 9 EStG),

4. bei Einkünften, die Mitgliedern des Aufsichtsrats, Verwaltungsrats, Grubenvorstands oder anderen mit der Überwachung der Geschäftsführung von Körperschaften, Personenvereinigungen und Vermögensmassen i.S.d. § 1 KStG beauftragten Personen sowie von anderen inl. Personenvereinigungen des privaten und öffentlichen Rechts, bei denen die Gesellschafter nicht als Unternehmer (Mitunternehmer) anzusehen sind, für die Überwachung der Geschäftsführung gewährt werden (§ 49 Abs. 1 Nr. 3 EStG).

Die Zeile 35 wurde ab dem VZ 2021 neu eingefügt (vgl. § 22a Abs. 1 Satz 1 Nr. 8 i.d.F.d. JStG 2020[1]). Nach § 22a Abs. 1 Satz 1 EStG i.V.m. § 93c AO haben die mitteilungspflichtigen Stellen (u.a. die Träger der gesetzlichen Rentenversicherung, die berufsständischen Versorgungseinrichtungen, die Pensionskassen, die Versicherungsunternehmen) nach amtlich vorgeschriebenem Datensatz durch Datenfernübertragung eine Rentenbezugsmitteilung über die zentrale Stelle (§ 81 EStG) an die Finverw. zu übermitteln. Durch die Ergänzung wurde der Inhalt der Rentenbezugsmitteilungen (§ 22a EStG) um den auf Grund einer Anordnung nach § 50a Abs. 7 EStG von der mitteilungspflichtigen Stelle einbehaltenen Steuerabzugsbetrag erweitert. Zur automationstechnischen Abwicklung der Fälle mit angeordnetem Steuereinbehalt ist es erforderlich, die Anrechnung der einbehaltenen Beträge (§ 36 Abs. 2 Nr. 2 Buchst. a EStG) sicherzustellen. Dazu benötigt die Finverw. den Abzugsbetrag nach § 50a Abs. 7 EStG, damit i.R.d. Veranlagung eine Anrechnung der bereits getilgten Steuer – entsprechend den technischen Mechanismen der Lohnsteuer – möglich ist. Die Übermittlung der Beträge kann auf Grund der technisch bedingten Vorlaufzeit im Verfahren zur Änderung des entsprechenden Datensatzes bei allen am Verfahren beteiligten Stellen erst für die ab dem 1.1.2022 zu übermittelnden Datensätze erfolgen. Diese zeitliche Einschränkung stellt zudem sicher, dass die mitteilungspflichtigen Stellen durch die gesetzliche Änderung nicht verpflichtet werden, rückwirkend bereits übermittelte Datensätze zu ändern.[2] Der Solidaritätszuschlag ist gesondert in einem eigenen Eintragungsfeld zu erklären.

5. Beschränkung der Anrechenbarkeit der Kapitalertragsteuer nach § 36a EStG (Zeile 36)

Beschränkung der Anrechenbarkeit der Kapitalertragsteuer nach § 36a EStG

36 Ich habe Kapitalerträge erzielt, bei denen die Voraussetzungen für eine volle Anrechnung der Kapitalertragsteuer nach § 36a EStG nicht erfüllt sind. 138 1 = Ja

Im Rahmen des InvStRefG[3] wurde eine gesetzliche Regelung zur Beschränkung der Anrechenbarkeit der KapESt (§ 36a EStG) eingefügt. Die Regelung des § 36a EStG erweitert die in § 36 Abs. 2 Nr. 2 EStG geregelten Voraussetzungen für eine Anrechnung der KapESt.[4] Vgl. hierzu die Ausführungen zur Zeile 46 der Anlage KAP (→ Rz. 802). 59

1) JStG 2020 v. 21.12.2020, BStBl I 2021, 6.
2) Gesetzentwurf zum JStG 2020 der Bundesregierung v. 25.9.2020, BT-Drucks. 19/22850.
3) InvStRefG v. 19.7.2016, BGBl. I 2016, 1730.
4) Vgl. BT-Drucks. v. 8.6.2016, 18/8739.

6. Veranlagung nach § 50 Abs. 2 EStG (Zeilen 37–48)

Veranlagung nach § 50 Abs. 2 EStG

Zeile	Text	Kennzahl	Eintrag
37	Ich bin Arbeitnehmer und verpflichtet, eine Einkommensteuererklärung abzugeben (§ 50 Abs. 2 Satz 2 Nr. 4 Buchst. a und / oder c EStG).	178	1 = Ja
38	Ich bin Arbeitnehmer und Staatsangehöriger – eines EU- / EWR-Staates, habe im Hoheitsgebiet eines dieser Staaten oder in der Schweiz meinen Wohnsitz oder gewöhnlichen Aufenthalt oder – der Schweiz, habe in der Schweiz oder in einem EU-Staat meinen Wohnsitz oder gewöhnlichen Aufenthalt und beantrage die Veranlagung zur Einkommensteuer (§ 50 Abs. 2 Satz 2 Nr. 4 Buchst. b EStG).	179	1 = Ja
39	Ich bin Arbeitnehmer mit Wohnsitz oder gewöhnlichem Aufenthalt in einem Staat außerhalb der EU / des EWR oder der Schweiz, habe außerordentliche Einkünfte i. S. d. § 34 Abs. 1 und Abs. 2 Nr. 2 und 4 EStG (z. B. Abfindungen, Vergütungen für mehrere Jahre) bezogen und beantrage in diesem Zusammenhang die Veranlagung zur Einkommensteuer (§ 50 Abs. 2 Satz 2 Nr. 4 Buchst. d EStG).	157	1 = Ja
40	Ich habe Arbeitslohn aus einer inländischen öffentlichen Kasse bezogen und beantrage zur Anrechnung der ausländischen Steuer die Veranlagung zur Einkommensteuer (§ 50 Abs. 2 Satz 2 Nr. 4 Buchst. e EStG). – Zur Anrechnung der ausländischen Steuer bitte die Zeile 28 ausfüllen. –		1 = Ja
	Falls Zeile 37, 38, 39 oder 40 mit „Ja" beantwortet wurde:		
41	X Einkünfte aus nichtselbständiger Arbeit, die im Inland dem Steuerabzug unterliegen, laut **Anlage N**		
	Angaben zum Progressionsvorbehalt		EUR
42	Einkünfte, die dem Steuerabzug nach § 50a EStG unterliegen	123	,—
43	Summe der Einkünfte, die nicht der deutschen Einkommensteuer unterliegen (ohne Kapitalerträge, die der Abgeltungsteuer unterliegen oder – im Fall von ausländischen Kapitalerträgen – unterliegen würden)	124	,—
44	In Zeile 43 enthaltene außerordentliche Einkünfte i. S. d. §§ 34, 34b EStG	177	,—
45	Einkommensersatzleistungen aus dem Inland, z. B. Elterngeld, Krankengeld, Mutterschaftsgeld – ohne Beträge laut Zeile 20 der Anlage N –	120	,— ⓔ
46	Leistungen aus einem EU- / EWR-Staat, die mit Einkommensersatzleistungen i. S. d. Zeile 45 vergleichbar sind – ohne Beträge laut Zeile 20 der Anlage N –	136	,—
47	Ich bin Staatsangehöriger eines EU- / EWR-Staates, habe im Hoheitsgebiet eines dieser Staaten meinen Wohnsitz oder gewöhnlichen Aufenthalt und habe Einkünfte i. S. d. § 50a Abs. 1 Nr. 1, 2 oder 4 EStG erzielt und beantrage die Veranlagung zur Einkommensteuer (§ 50 Abs. 2 Satz 2 Nr. 5 EStG).	180	1 = Ja
48	**Falls Zeile 47 mit „Ja" beantwortet wurde:** Die Einkünfte aus Gewerbebetrieb / selbständiger Arbeit / nichtselbständiger Arbeit / Vermietung und Verpachtung / sonstigen Einkünfte, die im Inland dem Steuerabzug unterliegen, sind erklärt in der **Anlage / den Anlagen**		Bezeichnung der Anlage(n)

2025ESt1C152 2025ESt1C152

60 Die ESt auf **Einkünfte**, die dem Steuerabzug vom Arbeitslohn, vom Kapitalertrag oder dem Steuerabzug auf Grund des § 50a EStG unterliegen, gilt grds. bei beschränkt stpfl. Personen **durch den Steuerabzug als abgegolten** (§ 50 Abs. 2 Satz 1 EStG); eine Veranlagung kommt insoweit nicht in Betracht. Es liegt keine Verletzung der europäischen Kapitalverkehrsfreiheit durch die absolute Abgeltungswirkung der Kapitalertragsteuer für beschränkt stpfl. Personen vor.[1] Ausnahmen gelten in den Fällen des § 50 Abs. 2 Satz 2 EStG:

1. für Einkünfte eines inl. Betriebs;
2. wenn nachträglich festgestellt wird, dass die Voraussetzungen der unbeschränkten ESt-Pflicht i.S.d. § 1 Abs. 2 oder Abs. 3 oder des § 1a EStG nicht vorgelegen haben; § 39 Abs. 7 EStG ist sinngemäß anzuwenden;
3. in Fällen des § 2 Abs. 7 Satz 3 EStG (im Kj. bestand sowohl unbeschränkte als auch beschränkte Steuerpflicht, sog. Statuswechsel);
4. für Einkünfte aus nichtselbständiger Arbeit i.S.d. § 49 Abs. 1 Nr. 4 EStG,
   a) wenn als Lohnsteuerabzugsmerkmal ein Freibetrag nach § 39a Abs. 4 EStG gebildet worden ist und der im Kj. insgesamt erzielte Arbeitslohn 13 362 € übersteigt,
   b) wenn die Veranlagung zur ESt beantragt wird (§ 46 Abs. 2 Nr. 8 EStG),
   c) in den Fällen des § 46 Abs. 2 Nr. 2, 5 und 5a EStG,
   d) wenn außerordentliche Einkünfte i.S.d. § 34 Abs. 1 und 2 Nr. 2 und 4 EStG bezogen worden sind und in diesem Zusammenhang die Veranlagung zur ESt beantragt wird (§ 46 Abs. 2 Nr. 8 EStG) oder
   e) wenn die Anrechnung einer ausländischen Steuer nach § 50d Abs. 7 Satz 2 EStG beantragt wird;
5. für Einkünfte i.S.d. § 50a Abs. 1 Nr. 1, 2 und 4 EStG (z.B. Künstler, Sportler, Aufsichtsratsmitglieder), wenn die Veranlagung zur ESt beantragt wird;
6. für Einkünfte aus Kapitalvermögen i.S.d. § 49 Abs. 1 Satz 1 Nr. 5 Buchst. a EStG, auf die § 20 Abs. 1 Nr. 6 Satz 2 EStG anzuwenden ist, wenn die Veranlagung zur ESt beantragt wird.

1) FG Köln v. 19.4.2023, 9 K 1179/20, EFG 2023, 1542.

Praxishinweis:

Die Veranlagung **beschränkt stpfl. Arbeitnehmer** wurde ab dem VZ 2020 geändert. Mit Einführung der Regelungen des § 50 Abs. 2 Nr. 4 Buchst. c EStG gelten die Pflichtveranlagungstatbestände des § 46 Abs. 2 EStG auch für beschränkt stpfl. Personen. Damit entfällt die Abgeltungswirkung des LSt-Abzugs z.B. in den Fällen, in denen von mehreren Arbeitgebern Arbeitslohn bezogen wurde oder auf Grund eines sonstigen Bezugs (z.B. Abfindungen) eine ermäßigte Besteuerung vorgenommen worden ist.

Darüber hinaus ist eine Veranlagung vorgesehen (§ 50 Abs. 2 Nr. 4 Buchst. a EStG), wenn als LSt-Abzugsmerkmal ein Freibetrag nach § 39a Abs. 4 EStG gebildet worden ist, unter Berücksichtigung der Bagatellgrenze. Die Möglichkeit der Berücksichtigung z.B. Altersvorsorgeaufwendungen besteht durch die gesetzliche Änderung nicht mehr, wenn der Arbeitslohn im Kalenderjahr bis zu 13 050 € beträgt.

Hat die zuletzt unter der **lfd. Nr. 6** genannte Personengruppe noch weitere inl. Einkünfte, sind diese in die Veranlagung mit einzubeziehen. Der Progressionsvorbehalt (§ 32b Abs. 1 Nr. 5 EStG) findet lediglich in den Fällen des § 50 Abs. 2 Satz 2 Nr. 4 EStG Anwendung. Das zu versteuernde Einkommen wird in diesen Fällen nicht um den Grundfreibetrag (§ 32a Abs. 1 Satz 2 Nr. 1 EStG) erhöht (§ 50 Abs. 1 Satz 2 Halbsatz 2 EStG).

Kapitalerträge, die als stpfl. Kapitalerträge im Inland dem gesonderten Abgeltungsteuertarif (§ 32d Abs. 1 EStG → Rz. 666) unterliegen würden, sind nicht in die Berechnung des Progressionsvorbehalts einzubeziehen. Etwas anderes kann danach nur in den Fällen des Ansatzes der tariflichen ESt (§ 32d Abs. 2 EStG → Rz. 768) und bei einem pos. beschiedenen Antrag auf Günstigerprüfung (§ 32d Abs. 6 EStG → Rz. 679) gelten.

Kapitalerträge aus Versicherungsleistungen (§ 20 Abs. 1 Nr. 6 EStG) unterliegen der beschränkten Steuerpflicht (§ 49 Abs. 1 Nr. 5 Buchst. a EStG), wenn der Schuldner Wohnsitz, Geschäftsleitung oder Sitz im Inland hat. Durch den KapESt-Abzug (§ 43 Abs. 1 Nr. 4 EStG) gilt die ESt bei beschränkt Steuerpflichtigen als abgegolten (§ 50 Abs. 2 Satz 1 EStG). Damit die in § 20 Abs. 1 Nr. 6 Satz 2 EStG geregelte Freistellung auch bei beschränkt Steuerpflichtigen i.R.d. ESt-Veranlagung berücksichtigt werden kann, wurde die Abgeltungswirkung des § 50 Abs. 2 Satz 1 EStG i.R.d. sog. JStG 2019[1] für diese Einkünfte aufgehoben, wenn die Veranlagung zur ESt beantragt wird.

Zu unterscheiden ist bei der Veranlagung nach § 50 Abs. 2 EStG zwischen Pflicht- als auch Antragsveranlagungen. Eine **Pflicht zur Veranlagung** (wie auch bei unbeschränkt stpfl. Personen) besteht in den Fällen, wenn bei einem Arbeitnehmer Werbungskosten, Sonderausgaben (§ 10b EStG) oder der Freibetrag (§ 39a Abs. 4 EStG) auf einer Bescheinigung i.S.d § 39 Abs. 2 und 3 EStG eingetragen wurden.

Zudem besteht die Möglichkeit, die Abgeltungswirkung des § 50 Abs. 2 EStG durch einen **Antrag auf Veranlagung** auszuschließen. Dieses Wahlrecht ist jedoch nur für Personen aus EU-/EWR-Staaten zulässig und gilt des Weiteren nur für Einkünfte aus nichtselbständiger Arbeit oder für Einkünfte die dem Steuerabzug unterliegen (§ 50a Abs. 1 Nr. 1, 2 oder 4 EStG).

Im Rahmen der Veranlagung finden alle Vorschriften Anwendung, soweit sie durch § 50 EStG nicht ausdrücklich ausgeschlossen worden sind. **Werbungskosten und Betriebsausgaben** sind nur insoweit zu berücksichtigen, als sie in einem wirtschaftlichen Zusammenhang mit den inl. Einkünften stehen. Ein wirtschaftlicher Zusammenhang besteht, wenn die Aufwendungen durch die Tätigkeit oder Leistung veranlasst sind, die der Erzielung von Einnahmen dienen.[2]

Praxishinweis:

Es sind auch die Werbungskostenpauschalen des § 9a EStG und der Altersentlastungsbetrag (§ 24a EStG) zu berücksichtigen.

Arbeitnehmer, die **Staatsangehörige eines Mitgliedstaats der EU oder** die Staatsangehörige eines **EWR-Staates** **61**
sind und im Hoheitsgebiet eines dieser Staaten ihren Wohnsitz oder gewöhnlichen Aufenthalt haben oder (ab dem VZ 2025[3]) Arbeitnehmer und Staatsangehörige der Schweiz mit Wohnsitz/gewöhnlichem Aufenthalt in der Schweiz oder in einem EU-Staat, können einen Antrag auf Veranlagung nach § 50 Abs. 2 EStG stellen (§ 50 Abs. 2 Satz 8 EStG). Die entsprechenden Einkünfte aus nichtselbständiger Arbeit sind dabei auf der Anlage N zu erklären. Bei **Arbeitnehmern**, die eine Bescheinigung nach § 39d Abs. 1 EStG beantragt haben, oder bei Eintragungen i.S.d. § 39d Abs. 2 EStG kommt dem Lohnsteuerabzug keine abgeltende Wirkung zu. Insoweit besteht eine Pflicht zur Veranlagung (§ 50 Abs. 2 Satz 2 Nr. 4 Buchst. a EStG). Es besteht zudem die Möglichkeit, durch einen Antrag auf Veranlagung die Abgeltungswirkung auszuschließen (§ 50 Abs. 2 Satz 2 Nr. 4 Buchst. b EStG). Einem Antrag auf Veranlagung zur ESt ist auch dann stattzugeben, wenn es sich bei der antragstellenden Person um einen Staatsangehörigen eines Mitgliedstaates der EU oder eines EWR-Staates handelt und diese Person in der Schweizerischen Eidgenossenschaft ihren Wohnsitz/gewöhnlichen Aufenthalt hat.[4] In einem Revisionsverfahren kann ein entsprechender Antrag nicht mehr gestellt werden.[5]

Hinweis zur Plausibilitätsbeurteilung:

Beschränkt steuerpflichtige Arbeitnehmer aus Drittstaaten außerhalb der EU/des EWR können ab dem VZ 2025 die ermäßigte Besteuerung von Arbeitslohn i.S.d. § 34 Abs. 1 und 2 Nr. 2 und 4 EStG (z.B. Abfindungen) im Rahmen einer Antragsveranlagung (neue **Zeile 39** ab dem VZ 2025) beantragen (§ 50 Abs. 2 Satz 2 Nr. 4 Buchst. d EStG), da die ermäßigte Besteuerung dieser Arbeitslöhne im LSt-Abzugsverfahren durch den Arbeitgeber ab 2025 entfallen ist (siehe weitere Erläuterungen zur Anlage N → Rz. 1080).

---

1) Gesetz zur weiteren steuerlichen Förderung der Elektromobilität und zur Änderung weiterer steuerlicher Vorschriften v. 12.12.2019, BGBl. I 2019, 2451.
2) BFH v. 30.8.1989, I B 39/89, BFH/NV 1990, 161.
3) EuGH v. 30.5.2024, C 627/22, HFR 2024, 677 und Änderung durch JStG 2024, BGBl. I 2024 Nr. 387 = BStBl I 2024, 1484.
4) BMF v. 5.8.2024, IV B 8 – S 2301/22/10001 :001, BStBl I 2024, 1128 im Vorgriff auf eine gesetzliche Regelung unter Bezugnahme auf EuGH v. 30.5.2024, C-627/22, StEd 2024, 347.
5) BFH v. 13.8.1997, I R 65/95, BStBl II 1998, 21.

Zeile 40 wurde ab dem VZ 2025 neu eingefügt, da i.R.d. JStG 2024[1] die Regelung des § 50 Abs. 2 Satz 1 Nr. 4 Buchst. e EStG ergänzt wurde. Eine etwaige ausl. Steuer ist anzurechnen, wenn die stpfl. Person Einkünfte i.S.v. § 49 Abs. 1 Nr. 4 EStG aus einer inl. öffentlichen Kasse bezieht und diese Einkünfte auf Grund von § 50d Abs. 7 EStG auch in Deutschland besteuert werden dürfen. Die ausl. Steuer ist auf Antrag über die Zeile 28 (→ Rz. 53) zu berücksichtigen.

62 § 50 Abs. 2 Satz 2 Nr. 2 EStG stellt dabei sicher, dass die ESt richtig nacherhoben wird, wenn die **im Lohnsteuerabzugsverfahren einbehaltene Lohnsteuer** unzutreffend, z.B. in Fällen der fiktiven unbeschränkten Steuerpflicht oder unter Berücksichtigung des Splittingverfahrens (§ 26 EStG), einbehalten worden ist.

Die Summe der Einkünfte, die nicht der deutschen ESt unterlegen haben (ohne Kapitalerträge, die der Abgeltungsteuer unterliegen oder – im Fall von ausl. Kapitalerträgen – unterliegen würden [da diese nicht – mangels progressiven Steuersatzes – in die Progressionssteuersatzberechnung einzubeziehen sind], **Zeile 42**) sind ebenso gesondert zu erklären – soweit diese nicht auf der Anlage N bereits Berücksichtigung gefunden haben – wie die in diesen Zeilen enthaltenen außerordentlichen Einkünfte (**Zeile 43**) i.S.d. §§ 34, 34a EStG, da diese Sonderregelungen ebenfalls für beschränkt stpfl. Personen Anwendung finden.

Bei Einkommensersatzleistungen ist danach zu unterscheiden, ob diese aus dem Inland (**Zeile 45**) oder – (vergleichbare) Leistungen – aus dem Ausland ([EU-/EWR-Staat] **Zeile 45**) stammen. Die inl. Leistungen werden regelmäßig elektronisch übermittelt und liegen dem FA bereits vor. Vergleichbare Leistungen aus dem EU-/EWR-Ausland sind gesondert zu erklären. Die Leistungen unterliegen dem Progressionsvorbehalt und sind gesondert zu erklären, soweit diese nicht bereits auf der Anlage N angegeben worden sind.

Des Weiteren wird eine Angabe gefordert (**Zeilen 47–48**), welche weitere Anlagen zur ESt-Erklärung im Zusammenhang mit Einkünften i.S.d. § 50a Abs. 1, 2 oder 4 EStG (Gewerbebetrieb, selbständige Arbeit, nichtselbständige Arbeit, Vermietung und Verpachtung, sonstige Einkünfte) vorliegen. Eine Angabe ist in den Fällen erforderlich, in denen die stpfl. Person Staatsangehöriger eines EU-/EWR-Staates ist und im Hoheitsgebiet eines dieser Staaten den Wohnsitz/gewöhnlichen Aufenthalt hat. Die Zuständigkeit für diese Fälle liegt beim BZSt (→ Rz. 58).

63 Beschränkt stpfl. Arbeitnehmern wurden für Vorsorgeaufwendungen außer dem Sonderausgabenpauschbetrag (§ 10c Abs. 1 EStG) die Vorsorgepauschale (§ 10c Abs. 2 und 3 EStG a.F.) gewährt. Die Vorsorgepauschale ist mit der Änderung von § 10c EStG entfallen. Es können nur noch die tatsächlich nachgewiesenen Aufwendungen abgezogen werden. Das gilt entsprechend auch für beschränkt stpfl. Arbeitnehmer. Allerdings können von diesen, wenn sie nur in einem Teil des Kj. inl. Arbeitslohn bezogen haben, nur Aufwendungen abgezogen werden, die auf diesen Teil des Jahres entfallen (§ 50 Abs. 1 Satz 4 EStG). Zur Berücksichtigung von Vorsorgeaufwendungen ist ggf. die Anlage Vorsorgeaufwand der ESt-Erklärung beizufügen. Jedoch kommen für beschränkt stpfl. Personen nicht alle Tatbestände, die auf der Anlage Vorsorgeaufwand erklärt werden können, auch tatsächlich in Betracht, da bestimmte steuerliche Regelungen bei beschränkt stpfl. Personen nicht anwendbar sind (§ 50 Abs. 1 Satz 3f EStG).

Beratungshinweis:

Die deutsche Regelung, private Versorgungsleistungen einer beschränkt stpfl. Person im Zusammenhang mit der Übertragung von Ertrag bringendem inl. Vermögen nicht zum Abzug zuzulassen, verstößt gegen die Niederlassungsfreiheit.[2] Der Abzug von Beiträgen an berufsständische Versorgungseinrichtungen wurde unter weiteren Voraussetzungen für Staatangehörige eines Mitgliedstaates der EU, eines Staates des EWR oder der Schweiz zugelassen.[3]

64 Mit der Änderung i.R.d. BeitrRLUmsG[4] wurde das vom Gesetzgeber verfolgte Ziel der Berücksichtigung des Grundfreibetrags und des Sonderausgabenabzugs bei Einkünften nach § 49 Abs. 1 Nr. 4 EStG präziser gefasst. Es erfolgt eine engere Bindung der Gewährung von Grundfreibetrag und Sonderausgaben an die Einkünfte nach § 49 Abs. 1 Nr. 4 EStG (Arbeitnehmereinkünfte). Gestaltungen zur Inanspruchnahme von Grundfreibeitrag und Sonderausgabenabzug über die Höhe der Arbeitnehmereinkünfte hinaus werden ausgeschlossen.

7. Antrag auf Festsetzung der Arbeitnehmer-Sparzulage (Zeilen 49–50)

- 3 -

Antrag auf Festsetzung der Arbeitnehmer-Sparzulage 15

49 Für alle vom Anbieter und / oder Arbeitgeber übermittelten elektronischen Vermögensbildungsbescheinigungen wird die Festsetzung der Arbeitnehmer-Sparzulage beantragt. 17 1 = Ja

Name, Adresse des Arbeitgebers

50

65 Der Antrag auf Festsetzung der Arbeitnehmer-Sparzulage ist gesondert in Zeile 49 zu stellen. Im Einvernehmen mit den obersten Finanzbehörden der Länder und dem Bundesministerium für Wirtschaft und Energie wurde durch das BMF festgelegt, dass das Verfahren der elektronischen Vermögensbildungsbescheinigung erstmals anzuwenden ist für vermögenswirksame Leistungen, die nach dem 31.12.2016 angelegt werden. Die Übermittlung hat für

1) Jahressteuergesetz 2024 (JStG 2024) v. 2.12.2024, BGBl. I 2024 Nr. 387 = BStBl I 2024, 1484.
2) EuGH v. 6.12.2018, C-480/17, HFR 2019, 153.
3) Vgl. BMF v. 26.6.2019, IV C 5 – S 2301/19/10004 :001, BStBl I 2019, 624.
4) BeitrRLUmsG v. 7.12.2011, BStBl I 2011, 1171.

die in 2025 angelegten vermögenswirksamen Leistungen spätestens bis zum letzten Tag des Monats Februar des folgenden Jahres zu erfolgen (§ 15 Abs. 1 Satz 1 des 5. VermBG i.V.m. § 93c AO). Für nach dem 31.12.2016 angelegte vermögenswirksame Leistungen wird keine Papierbescheinigung (Anlage VL) ausgestellt.[1] Vgl. die Ausführungen zum Hauptvordruck ESt 1 A, Zeile 34 (→ Rz. 26). In **Zeile 50** ist der Name und die Adresse des Arbeitgebers einzutragen, da bei Wegfall der unbeschränkten ESt-Pflicht im Laufe eines Kalenderjahrs das FA zuständig ist, in dessen Bezirk der Arbeitnehmer seinen Wohnsitz/gewöhnlichen Aufenthalt hatte. Hat der Arbeitnehmer im Inland weder einen Wohnsitz noch seinen gewöhnlichen Aufenthalt, so tritt an die Stelle des Wohnsitz-FA das Betriebsstätten-FA des Arbeitgebers.[2]

8. Sonderausgaben (Zeilen 51–66)

Sonderausgaben 52

Gezahlte Versorgungsleistungen aus Renten laut Vertrag

Zeile			
51	Rechtsgrund, Datum des Vertrags	abziehbar (in %) 102	tatsächlich gezahlt EUR 101 ,–
52	Name und Geburtsdatum der empfangsberechtigten Person		
53	136 Identifikationsnummer der empfangsberechtigten Person	Die empfangsberechtigte Person hat ihren Wohnsitz / gewöhnlichen Aufenthalt im Inland	153 (1 = Ja, 2 = Nein)
54	**Gezahlte Versorgungsleistungen aus Renten laut gesonderter und einheitlicher Feststellung**	150	151 ,–

Gezahlte Versorgungsleistungen aus Dauernden Lasten laut Vertrag

Zeile			
55	Rechtsgrund, Datum des Vertrags	tatsächlich gezahlte Geldleistungen	EUR 100 ,–
56	Name und Geburtsdatum der empfangsberechtigten Person	tatsächlich erbrachte Sachleistungen	161 ,–
57	144 Identifikationsnummer der empfangsberechtigten Person	Die empfangsberechtigte Person hat ihren Wohnsitz / gewöhnlichen Aufenthalt im Inland	155 (1 = Ja, 2 = Nein)
58	**Gezahlte Versorgungsleistungen aus Dauernden Lasten laut gesonderter und einheitlicher Feststellung**		152 ,–

Spenden und Mitgliedsbeiträge (ohne Spenden in das zu erhaltende Vermögen einer Stiftung)

Zeile		laut Bestätigungen EUR	laut Betriebsfinanzamt EUR
59	– zur Förderung steuerbegünstigter Zwecke an Empfänger im Inland	123 ,–	124 ,–
60	– zur Förderung steuerbegünstigter Zwecke an Empfänger im EU- / EWR-Ausland	133 ,–	134 ,–
61	– an politische Parteien (§§ 34g, 10b EStG)	127 ,–	128 ,–
62	– an unabhängige Wählervereinigungen (§ 34g EStG)	129 ,–	130 ,–

Spenden in das zu erhaltende Vermögen (Vermögensstock) einer Stiftung

Zeile			
63	2025 geleistete Spenden an Empfänger im Inland	220 ,–	221 ,–
64	2025 geleistete Spenden an Empfänger im EU- / EWR-Ausland	226 ,–	227 ,–
65	Von den Spenden in den Zeilen 63 und 64 sollen 2025 berücksichtigt werden		EUR 212 ,–
66	2025 zu berücksichtigende Spenden aus Vorjahren in das zu erhaltende Vermögen (Vermögensstock) einer Stiftung, die bisher noch nicht berücksichtigt wurden		214 ,–

Ab dem VZ 2021 wurde die Darstellung der als Sonderausgaben abzugsfähigen Versorgungsleistungen und Versorgungszahlungen geändert und die auf Grund des JStG 2020[3] erforderlichen Angaben zur Id-Nr. der empfangsberechtigten Personen der Leistungen/Zahlungen ergänzt (§ 10 Abs. 1 Nr. 2 Satz 4 EStG [Zeilen 53 und 57]) und als eigener Erklärungstatbestand aufgenommen. **66**

Als Sonderausgaben können nur die explizit im Vordruck genannten Aufwendungen Berücksichtigung finden (§ 50 Abs. 1 Satz 3 EStG).

Der Abzugsausschluss für **Versorgungsleistungen** war unionsrechtswidrig.[4] Seit dem VZ 2015 besteht die Möglichkeit, gezahlte Versorgungsleistungen (vgl. Ausführungen zur Anlage Sonderausgaben → Rz. 1461 ff.) als Son-

1) Vgl. BMF v. 16.12.2016, IV C 5 – S 2439/16/10001, BStBl I 2016, 1435.
2) BMF v. 31.5.2024, IV C 5 – S 2439/19/10003 :005, BStBl I 2024, 929.
3) JStG 2020 v. 21.12.2020, BStBl I 2021, 6.
4) EuGH v. 24.2.2014, C-559/13, StEd 2015, 149.

derausgaben zu erklären (§ 50 Abs. 1 Satz 3 EStG).[1] Ab dem VZ 2020 ist differenziert danach zu erklären, ob es sich um Leistungen handelt, die gesondert und einheitlich festgestellt worden sind (Zeilen 54 und/oder 58). Zur eindeutigen Identifizierung der empfangsberechtigten Person ist ergänzend das Geburtsdatum (Zeilen 52, 56) zu erklären und anzugeben, ob sich der Wohnsitz/gewöhnliche Aufenthalt (Zeilen 53, 57) im Inland befindet. Bei einem Wohnsitz/gewöhnlichen Aufenthalt ist auch immer eine Angabe zur Id-Nr. erforderlich.

Die gesetzlichen Regelungen des § 10 Abs. 4b EStG sind nicht auf Fälle der beschränkten Steuerpflicht anwendbar (Ausschlusstatbestände § 50 Abs. 1 Satz 4 EStG i.V.m. § 10 Abs. 1 Nr. 2 Buchst. a, Nr. 3 und Abs. 3 sowie § 10c EStG), insoweit müssen weiterhin die vom BFH aufgestellten Grundsätze zum Rücktrag des Erstattungsüberhangs in das Zahlungsjahr Anwendung finden. Nach der Rechtsprechung des BFH ist die berücksichtigte Sonderausgabe nachträglich zu kürzen (§ 175 Abs. 1 Nr. 2 AO), soweit sie in einem späteren VZ erstattet wird und im Jahr der Erstattung nicht mit gezahlter Kirchensteuer verrechnet werden kann.[2] Dabei ist eine Änderung nur dann zulässig, wenn das rückwirkende Ereignis nach Entstehung des Steueranspruchs und nach dem Erlass des zu ändernden Steuerbescheids eingetreten ist. Erstattungsüberhänge werden im Jahr des Zuflusses erfasst, um das Wiederaufgreifen von Steuerfestsetzungen aus den Vorjahren zu vermeiden (§ 10 Abs. 4b EStG). Erhält die stpfl. Person für von ihr getragene Aufwendungen, die als Sonderausgaben (§ 10 Abs. 1 Nr. 2 bis 3a EStG) zu berücksichtigen sind, in einem anderen VZ einen steuerfreien Zuschuss, ist dieser den erstatteten Aufwendungen gleichzustellen (§ 10 Abs. 4b Satz 1 EStG). Werden Vorsorgeaufwendungen erstattet, ist der Erstattungsbetrag zunächst mit gleichartigen Aufwendungen zu verrechnen und ein nach der Verrechnung verbleibender Erstattungsüberhang bei der Ermittlung des Einkommens hinzuzurechnen. Etwaige Zuschüsse sind den Erstattungen gleichzustellen. Durch die Hinzurechnung im Jahr des Zuflusses wird vermieden, dass das Jahr der Zahlung zu ändern ist.

67 Des Weiteren kann bei beschränkt stpfl. Arbeitnehmern, die Einkünfte aus nichtselbständiger Arbeit (→ Rz. 55) beziehen, die Pauschale nach § 10c EStG berücksichtigt werden. Der zu berücksichtigende Pauschbetrag wird **zeitanteilig gekürzt**, wenn die entsprechenden Einkünfte nicht während eines vollen Kj. oder Kalendermonats zufließen (§ 50 Abs. 1 Satz 5 EStG). Auf die entsprechenden Ausführungen zur Anlage WA-ESt (→ Rz. 1735 ff.) wird insoweit verwiesen.

Sonderausgaben sind ferner nach § 10b EStG (**Spenden und Mitgliedsbeiträge**) zu berücksichtigen (§ 50 Abs. 1 EStG).

> **Praxishinweis:**
> Die Unterlagen sind ab dem VZ 2017 vom Zuwendenden nur auf Verlangen der Finanzbehörde vorzulegen. Zuwendungsbestätigungen und Nachweise (Bareinzahlungsbeleg oder Buchungsbestätigung), die nicht vom FA angefordert worden sind und nicht elektronisch übermittelt wurden, sind von Ihnen bis zum Ablauf eines Jahres nach Bekanntgabe des Steuerbescheids oder i.R.d. gesetzlichen Fristen des § 147 AO aufzubewahren. (§ 50 Abs. 3 und 8 EStDV[3]).

68 Der EuGH hat mit Urteil v. 31.3.2011[4] entschieden, dass es der Kapitalverkehrsfreiheit entgegensteht, wenn ein Abzug von **dauernden Lasten** verwehrt wird. Die Rechtssache wurde an das FG zurückverwiesen; das Gericht muss nunmehr klären, ob die Zahlung der Rente dem Versorgungsbedürfnis des Vermögensübergebers i.R.d. vorweggenommenen Erbfolge dient und damit nicht im Zusammenhang mit der Erzielung von Einkünften zu sehen ist.

9. Mitteilung von grenzüberschreitenden Steuergestaltungen (Zeilen 67–69)

Mitteilung von grenzüberschreitenden Steuergestaltungen 18

Ich bin Nutzer einer grenzüberschreitenden Steuergestaltung nach den §§ 138d ff. AO, deren steuerlicher Vorteil sich erstmals im Jahr 2025 auswirken soll. Für diese wurden mir folgende Registriernummer und Offenlegungsnummer zugeteilt:

67 Registriernummer 195

68 Offenlegungsnummer 196

69 Ich habe im Jahr 2025 mindestens eine grenzüberschreitende Steuergestaltung verwirklicht, für die mir noch keine Registriernummer und Offenlegungsnummer vorliegt. 197 1 = Ja

– Erläuterungen zur Steuergestaltung nehmen Sie bitte in einer formlosen Anlage mit der Überschrift „Ergänzende Angaben zur Steuererklärung“ vor und tragen in Zeile 90 eine „1“ ein. –

…

2025ESt1C153 2025ESt1C153

1) I.d.F.d. Gesetzes zur Umsetzung der Änderungen der EU-Amtshilferichtlinie und von weiteren Maßnahmen gegen Gewinnkürzungen und -verlagerungen v. 20.12.2016, BStBl I 2017, 5.
2) BFH v. 7.7.2004, XI R 10/04, BStBl II 2004, 1058.
3) Gesetz zur Modernisierung des Besteuerungsverfahrens (StModernG) v. 18.7.2016, BStBl I 2016, 694.
4) EuGH v. 31.3.2011, Schröder, C-450/09, DStR 2011, 664; Vorinstanz FG Niedersachsen v. 14.10.2009, 3 K 278/07, DStR 2009, 2480. Im zweiten Rechtsgang wurde erneut die Europarechtswidrigkeit festgestellt: FG Niedersachsen v. 13.6.2012, 3 K 267/12, DStRE 2013, 587; NZB (Az.: I B 121/12) zurückgenommen.

Nach der EU-Richtlinie 2018/822/EU v. 25.5.2018 („DAC 6") waren die nationalen Gesetzgeber verpflichtet, bis zum 31.12.2019 eine Anzeigepflicht für grenzüberschreitende Steuergestaltungsmodelle in nationales Recht umzusetzen. Diese Verpflichtung wurde durch das Gesetz zur Einführung einer Pflicht zur Mitteilung von Steuergestaltungen erfüllt. § 138d Abs. 2 Satz 1 AO definiert die mitteilungspflichtige grenzüberschreitende Steuergestaltung. Die Ausführungen zur Anlage WA-ESt (Zeilen 25–27) gelten entsprechend. **69**

10. Weitere Angaben (Zeilen 70–89)

a) Ich war vor Begründung der beschränkten Steuerpflicht unbeschränkt steuerpflichtig (Zeilen 70–81)

- 4 -

Weitere Angaben

70 Ich war vor Begründung der beschränkten Steuerpflicht **unbeschränkt** steuerpflichtig. 1 = Ja 2 = Nein

Falls Zeile 70 mit „Ja" beantwortet wurde:

71 Meine unbeschränkte Steuerpflicht hat **nach dem 31.12.2014** geendet. 1 = Ja 2 = Nein

Falls Zeile 71 mit „Ja" beantwortet wurde:

72 Datum der Beendigung der unbeschränkten Steuerpflicht T T M M J J J J | bisher zuständiges Finanzamt, Steuernummer

Falls Zeile 71 mit „Ja" beantwortet wurde:

73 Ich war in den letzten 10 Jahren vor diesem Zeitpunkt **als Deutscher insgesamt mindestens 5 Jahre** unbeschränkt steuerpflichtig. 1 = Ja 2 = Nein

Falls Zeile 73 mit „Ja" beantwortet wurde:

74 Zeitraum der unbeschränkten Steuerpflicht vom T T M M J J J J bis T T M M J J J J

Falls Zeile 73 mit „Ja" beantwortet wurde:

75 Im Zeitraum zwischen Beendigung der unbeschränkten Steuerpflicht bis zur Abgabe der Einkommensteuererklärung 2025 lag mein Wohnsitz zumindest zeitweise in einem niedrig besteuernden Gebiet i. S. d. § 2 Abs. 2 AStG. 1 = Ja 2 = Nein

Falls Zeile 73 mit „Ja" beantwortet wurde:

76 a) Mir gehörte am 1.1.2025 eine Beteiligung i. S. d. § 17 EStG an einer inländischen Kapitalgesellschaft / Genossenschaft. 1 = Ja 2 = Nein

77 Erläuterungen (insbesondere Name, Sitz, Art der Tätigkeit der Gesellschaft, zuständiges Finanzamt)

78 b) Ich war am 1.1.2025 an einer ausländischen Personengesellschaft beteiligt, die wesentliche wirtschaftliche Interessen i. S. d. § 2 Abs. 1 Nr. 2 und Abs. 3 AStG hatte. 1 = Ja 2 = Nein

79 Erläuterungen (insbesondere Name, Sitz, Art der Tätigkeit der Gesellschaft, zuständiges Finanzamt)

80 c) Ich war im Kalenderjahr 2025 allein oder zusammen mit anderen Personen, die der unbeschränkten oder erweitert beschränkten Steuerpflicht (§ 5 AStG) unterliegen, an einer ausländischen Gesellschaft i. S. d. § 7 AStG beteiligt. 1 = Ja 2 = Nein

81 Erläuterungen (insbesondere Name, Sitz, Art der Tätigkeit der Gesellschaft, zuständiges Finanzamt)

aa) Allgemeines

Die Abfragen sind grds. für die **Prüfung der erweiterten beschränkten Steuerpflicht** (§ 2 AStG) erforderlich, die die Tatbestände des § 49 EStG erweitern. Durch die erweiterte unbeschränkte Steuerpflicht sollen mögliche Steuervorteile begrenzt werden, die unbeschränkt stpfl. Personen durch den Wegzug ins Ausland erzielen können. Durch den Wegzug ins Ausland entfällt die unbeschränkte Steuerpflicht, wobei sich die Steuerpflicht ab diesem Zeitpunkt lediglich noch auf die inl. Einkünfte bezieht; die bis dahin vorhandenen ausl. Einkünfte werden der inl. Besteuerung entzogen. Zur Steuerpflicht eines Berufssportlers mit Einkünften aus Werbeaktivitäten vgl. BMF v. 7.4.2010.[1] **70**

Wer seinen **Wohnsitz in ein niedrig besteuertes Land verlegt**, aber wesentliche wirtschaftliche Interessen (→ Rz. 73) im Inland beibehält, soll nach der Wohnsitzverlegung mit seinem deutschen Einkommen zu einer Besteuerung herangezogen werden, wie sie eine im Inland verbliebene Person unter gleichen Verhältnisse zu tragen hat. Dazu wurde die beschränkte Steuerpflicht, in einigen Teilbereichen mit deutlichen Steuervorteilen, zu einer tarifgerechten Besteuerung ausgebaut. Außer Betracht bleiben jedoch Einkünfte, die dem gesonderten Steuertarif unterliegen (§ 2 Abs. 5 Satz 1 AStG i.d.F. des AmtshilfeRLUmsG).[2]

Praxishinweis:

War die stpfl. Person vor der Begründung der beschränkten Steuerpflicht nicht unbeschränkt stpfl., sind weitere Angaben in den Zeilen 71–81 nicht erforderlich. Das entsprechende Auswahlfeld ist auszufüllen.

1) BMF v. 7.4.2010, IV B 5 – S 1344/07/10001, BStBl I 2010, 368.
2) AmtshilfeRLUmsG v. 26.6.2013, BGBl. I 2013, 1809 = BStBl I 2013, 802.

bb) Meine unbeschränkte Steuerpflicht hat nach dem 31.12.2014 geendet (Zeilen 71–72)

71 Auch in den Fällen, in denen die **unbeschränkte oder beschränkte ESt-Pflicht nicht während des gesamten Kj. bestanden** hat, sind die Grundlagen für die Festsetzung der ESt für das gesamte Kj. zu ermitteln (§ 2 Abs. 7 Satz 2 EStG). Eine ESt-Veranlagung kann daher auch bei Beendigung der unbeschränkten Steuerpflicht vor Ablauf des Kj. erst nach Ablauf des Kj. durchgeführt werden. Soweit die unbeschränkte Steuerpflicht vor dem 1.1.2015 geendet hat, sind weitere Angaben nicht erforderlich. Das entsprechende Auswahlfeld ist auszufüllen. In den anderen Fällen sind der Zeitpunkt der Beendigung der unbeschränkten Steuerpflicht sowie das bisher zuständige FA und die Steuernummer anzugeben.

cc) Ich war in den letzten 10 Jahren vor diesem Zeitpunkt als Deutscher insgesamt mindestens 5 Jahre unbeschränkt steuerpflichtig (Zeile 73–74)

72 Eine natürliche Person, die in den letzten **zehn Jahren vor dem Ende ihrer unbeschränkten Steuerpflicht** als Deutscher insgesamt **mind. fünf Jahre unbeschränkt** einkommenstpfl. war (§ 1 Abs. 1 Satz 1 des EStG), ist – unter weiteren Voraussetzungen (→ Rz. 73 ff.) – bis zum Ablauf von zehn Jahren nach Ende des Jahres, in dem ihre unbeschränkte Steuerpflicht geendet hat, **über die beschränkte Steuerpflicht** i.S.d. EStG **hinaus** mit allen Einkünften i.S.d. § 2 Abs. 1 Satz 1 Halbsatz 1 EStG beschränkt einkommenstpfl., die bei unbeschränkter ESt-Pflicht nicht ausl. Einkünfte i.S.d. § 34c Abs. 1 EStG sind. Dies gilt nur für VZ, in denen die hiernach insgesamt beschränkt stpfl. Einkünfte mehr als 16 500 € betragen (§ 2 Abs. 1 Satz 1 Nr. 2 AStG). In diesen Fällen ist der Zeitraum der unbeschränkten Steuerpflicht in Zeile 74 einzutragen. Dies bedeutet gleichzeitig, dass zu den Zeilen 75–81 weitere Erläuterungen erforderlich sind.

(1) Ergänzende Angaben zum Wohnsitz zwischen Beendigung der unbeschränkten Steuerpflicht und der Abgabe der Einkommensteuererklärung 2025 (Zeile 75)

73 Hat die beschränkt stpfl. Person wesentliche wirtschaftliche Interessen im Inland, ist sie erweitert unbeschränkt stpfl. (§ 2 Abs. 1 Satz 1 Nr. 2 AStG). In den Zeilen 75–81 sind ergänzende Angaben erforderlich, soweit die Frage, ob die stpfl. Person in den letzten zehn Jahren als Deutscher insgesamt mindestens fünf Jahre unbeschränkt steuerpflichtig gewesen ist (Zeile 73). Zur Frage eines niedrig besteuernden Gebiets → Rz. 70.

(2) Innehaben einer Beteiligung i.S.d. § 17 EStG an einer inländischen Kapitalgesellschaft/Genossenschaft am 1.1.2025 (Zeilen 76–77)

74 Wesentliche Interessen liegen vor, wenn der natürlichen Person zu Beginn des VZ eine Beteiligung i.S.d. § 17 EStG gehört (§ 2 Abs. 3 Nr. 1 letzter Halbsatz AStG). Ob eine solche Beteiligung am 1.1.2025 bestanden hat, ist durch Ankreuzen des entsprechenden Auswahlfelds zu erklären. In Zeile 77 sind weitere Angaben zur Beteiligungsgesellschaft erforderlich.

(3) Innehaben einer Beteiligung an einer ausländischen Personengesellschaft, die wesentliche wirtschaftliche Interessen i.S.d. § 2 Abs. 1 Nr. 2 und Abs. 3 AStG am 1.1.2025 hatte (Zeilen 78–79)

75 Wesentliche Interessen (→ Rz. 73) liegen ebenfalls vor, wenn

- die natürliche Person zu Beginn des VZ Unternehmer oder Mitunternehmer eines im Geltungsbereich dieses Gesetzes belegenen Gewerbebetriebs ist oder, sofern sie Kommanditist ist, mehr als 25 % der Einkünfte i.S.d. § 15 Abs. 1 Nr. 2 EStG aus der Gesellschaft auf sie entfallen,
- ihre Einkünfte, die bei unbeschränkter ESt-Pflicht nicht ausl. Einkünfte i.S.d. § 34c Abs. 1 EStG sind, im VZ mehr als 30 % ihrer sämtlichen Einkünfte betragen oder 62 000 € übersteigen oder
- zu Beginn des VZ ihr Vermögen, dessen Erträge bei unbeschränkter ESt-Pflicht nicht ausl. Einkünfte i.S.d. § 34c Abs. 1 EStG wären, mehr als 30 % ihres Gesamtvermögens beträgt oder 154 000 € übersteigt.

Ob eine solche Beteiligung am 1.1.2025 bestanden hat, ist durch Ankreuzen des entsprechenden Auswahlfelds zu erklären. In Zeile 79 sind weitere Angaben zur Beteiligungsgesellschaft erforderlich.

(4) Innehaben einer Beteiligung im Kalenderjahr 2025 an einer ausländischen Gesellschaft i.S.d. § 7 AStG, allein oder zusammen mit anderen Personen, die der unbeschränkten oder erweitert beschränkten Steuerpflicht (§ 5 AStG) unterliegen (Zeilen 80–81)

76 Wenn unbeschränkt stpfl. Personen an einer Körperschaft, Personenvereinigung oder Vermögensmasse i.S.d. KStG, die **weder Geschäftsleitung noch Sitz im Inland** hat und die auch nicht als ausl. Gesellschaft (§ 3 Abs. 1 KStG) von der Körperschaftsteuerpflicht ausgenommen ist, **zu mehr als 50 % beteiligt** sind, so sind die Einkünfte, für die diese Gesellschaft Zwischengesellschaft ist, bei jeder von ihnen mit dem Teil stpfl., der auf die ihr zuzurechnende Beteiligung am Nennkapital der Gesellschaft entfällt. Steuerpflichtige Personen sind an einer ausl. Gesellschaft zu mehr als 50 % beteiligt, wenn ihnen allein oder zusammen mit Personen i.S.d. § 2 AStG am Ende des Wj. der Gesellschaft, in dem sie die Einkünfte bezogen haben, mehr als 50 % der Anteile oder der Stimmrechte an der ausl. Gesellschaft zuzurechnen sind. Durch § 7 AStG wird sichergestellt, dass die beteiligten Personen mit dem auf sie entfallenden Teil der Zwischeneinkünfte stpfl. sind. Ob eine solche Beteiligung am 1.1.2025 bestanden hat, ist durch Ankreuzen des entsprechenden Auswahlfelds zu erklären. In Zeile 81 sind weitere Erläuterungen zur Beteiligungsgesellschaft erforderlich (insb. Name, Sitz, Art der Tätigkeit der Gesellschaft, zuständiges FA).

b) Bestellung von Bevollmächtigten etc. (Zeilen 82–89)

82	Zur Wahrnehmung der steuerlichen Pflichten und Rechte als **Bevollmächtigter** ist bestellt (§ 80 AO):	Zum Empfang von Schriftstücken als inländischer **Empfangsbevollmächtigter** ist bestellt (§ 123 AO):
83	Als inländischer **Vermögensverwalter** ist tätig (§ 34 AO):	Als **Verfügungsberechtigter** ist tätig (§ 35 AO):
84	Name / Firmenname	
85	Vorname	
86	Straße	
87	Hausnummer / Hausnummerzusatz / Adressergänzung	
88	Postfach	
89	Postleitzahl / (Wohn-)Ort	

Zur Wahrnehmung von steuerlichen Pflichten und zum Empfang von Schriftstücken können Bevollmächtigte bestellt werden. Empfangsbevollmächtigte können nicht nur natürliche Personen sein. **77**

aa) Bevollmächtigter nach § 80 AO

Bevollmächtigte sind gewillkürte Vertreter des Beteiligten. Die Vertretungsbefugnis beruht auf einer durch den Beteiligten erteilten Vollmacht, die formlos erteilt werden kann.[1] Der Umfang der Vollmacht richtet sich nach dem Willen derjenigen Person, die die Vollmacht erteilt. **78**

Die Vollmacht ist gesetzlich beschränkt. Sie ermächtigt nicht zum Empfang von Steuererstattungen und Steuervergütungen (§ 80 Abs. 1 Satz 2 Halbsatz 2 AO).

Das FA kann den Nachweis der Vollmacht in schriftlicher Form verlangen (§ 80 Abs. 1 Satz 3 AO). Schriftlich ist der Nachweis in den Fällen, in denen eine schriftliche Erklärung geführt wird. Dazu genügt die Vorlage des Originalschriftwechsels zwischen dem Beteiligten und dem Bevollmächtigten, aus dem sich die Vollmacht ergibt.[2]

Steuersache sind dabei alle Angelegenheiten, die unmittelbar oder mittelbar mit der Verwirklichung von Steuertatbeständen zu tun haben.

bb) Empfangsbevollmächtigter nach § 123 AO

Schriftliche Verwaltungsakte, die durch Post an Beteiligte außerhalb des Geltungsbereichs der AO übermittelt werden, gelten einen Monat nach Aufgabe zur Post als bekannt gegeben, außer wenn sie nicht oder zu einem späteren Zeitpunkt zugegangen sind (§ 122 Abs. 2 Nr. 2 AO). Durch die Bestimmung eines Empfangsbevollmächtigten im Inland werden die damit in Zusammenhang stehenden Probleme hinsichtlich des Nachweises des Zugangs von Verwaltungsakten verringert, indem eine Bekanntgabe an einen Empfangsbevollmächtigten im Inland erfolgt. Zur Bekanntgabe an Empfänger im Ausland, wenn eine Bekanntgabe an einen inl. Empfangsbevollmächtigten nicht in Betracht kommt vgl. OFD Karlsruhe.[3] **79**

Empfangsbevollmächtigter muss eine handlungsfähige Person sein.

cc) Vermögensverwalter nach § 34 AO

Vermögen wird grds. von seinen Inhabern oder deren gesetzlichen Vertretern verwaltet. In Ausnahmefällen steht die Vermögensverwaltung nicht ihnen, sondern Dritten zu, was auf gesetzliche Regelung oder behördlicher oder gerichtlicher Anordnung erfolgen kann. Vermögensverwalter treten im Rahmen ihrer Verwaltungsbefugnis in ein unmittelbares Pflichtenverhältnis zum FA ein. Sie haben alle Pflichten zu erfüllen, die den von ihnen Vertretenen auferlegt sind. Dazu gehören z.B. die Erklärungs- und Auskunftspflichten sowie auch die Pflicht zur Berichtigung unrichtig abgegebener oder unvollständiger Steuererklärungen. **80**

Eigene steuerrechtliche Pflichten werden jedoch nicht begründet.

dd) Verfügungsberechtigter nach § 35 AO

§ 35 AO soll § 34 AO (→ Rz. 80) für die Fälle ergänzen, in denen jemand als verfügungsberechtigte Person auftritt und § 34 AO nicht eingreift. **81**

---

1) BFH v. 28.4.1987, VIII R 353/83, BFH/NV 1988, 3.
2) FG Hessen v. 17.1.1967, VI 581 – 582/64, EFG 1967, 244.
3) Vgl. OFD Karlsruhe v. 28.4.2023, S 0284 (§ 122 Karte 1).

Tatsächlich verfügungsberechtigt ist diejenige Person, die wirtschaftlich über Mittel, die einer anderen Person gehören, verfügen kann und als solche Person nach außen auftritt.[1] Wer als Verfügungsberechtigter im eigenen oder fremden Namen auftritt, hat die Pflichten eines gesetzlichen Vertreters, soweit diese rechtlich und tatsächlich erfüllt werden können. Rechtlich ist zur Erfüllung von Pflichten in der Lage, wer im Außenverhältnis rechtswirksam handeln kann. Auf etwaige **Beschränkungen** (Auftrag, Vollmacht) **im Innenverhältnis** kommt es nicht an. Bevollmächtigte (→ Rz. 78) werden von dieser Bestimmung nur betroffen, wenn sie tatsächlich und rechtlich verfügungsberechtigt sind.

Die Verfügungsmacht kann auf Gesetz oder behördlicher oder gerichtlicher Anordnung beruhen.[2]

11. Ergänzende Angaben zur Steuererklärung (Zeile 90)

Ergänzende Angaben zur Steuererklärung 86

Eine Eintragung ist in Zeile 90 nur vorzunehmen, wenn einer der dort genannten Sachverhalte vorliegt. In diesem Fall erläutern Sie bitte diese Sachverhalte in den **„Ergänzenden Angaben zur Steuererklärung"**. Die ergänzenden Angaben werden gesondert geprüft. Dies kann die Bearbeitungsdauer verlängern. Falls Sie mit der Abgabe der Steuererklärung lediglich Belege und Aufstellungen übermitteln, ist in Zeile 90 keine Eintragung vorzunehmen.

90 In dieser Steuererklärung 500

1 = konnten steuererhebliche Sachverhalte nicht erklärt werden.
2 = wird bewusst eine von der Verwaltungsauffassung abweichende Rechtsauffassung vertreten.
3 = sollen Sachverhalte personell vertieft geprüft werden.
4 = liegen mehrere der vorgenannten Gründe vor (Mehrfachauswahl).

Hinweis: Bitte übermitteln Sie Ihre ergänzenden Angaben nur für die vorstehend genannten Sachverhalte mit einer gesonderten Anlage mit der Überschrift „**Ergänzende Angaben zur Steuererklärung**".

2025ESt1C154 2025ESt1C154

82 **Hinweis zur Plausibilitätsprüfung:**

Die Systematik des sog. „qualifizierten Freitextfeldes" wurde ab dem VZ 2025 geändert. Nunmehr ist danach zu differenzieren, aus welchen Gründen eine Eintragung vorgenommen worden ist.

Sind über die Angaben in der Steuererklärung hinaus weitere oder abweichende Angaben oder Sachverhalte zu berücksichtigen, ist das FA hierüber gesondert zu informieren und insoweit das Auswahlfeld auszufüllen (§ 150 Abs. 7 Satz 1 AO[3]). Die Aufnahme des besonderen Erklärungsfelds ist für alle Steuererklärungsvordrucke, die Besteuerungszeiträume nach 2016 betreffen, verpflichtend (Art. 97 § 10a Abs. 4 Satz 2 EGAO). Danach ist es den stpfl. Personen für Steuererklärungen, die nach amtlich vorgeschriebenem Vordruck abgegeben oder nach amtlich vorgeschriebenem Datensatz durch Datenfernübertragung übermittelt werden können und nach § 155 Abs. 4 Satz 1 AO zu einer ausschließlich automationsgestützten Steuerfestsetzung führen, zu ermöglichen, Angaben, die nach ihrer Auffassung Anlass für eine Bearbeitung durch Amtsträger sind, in einem dafür vorgesehenen Abschnitt oder Datenfeld der Steuererklärung zu machen. Angaben sind in einer gesonderten Anlage zu machen, welche mit der Überschrift „Ergänzende Angaben zur Steuererklärung" zu kennzeichnen ist. Das qualifizierte Freitextfeld ist somit zwingend notwendig, um die Wahrheitspflicht erfüllen zu können; es ist umstritten, ob das Feld zwingend auszufüllen ist, um die strafrechtlichen Offenbarungspflichten zu erfüllen.[4]

Ab dem VZ 2025 wird die Eingabe durch Auswahl einer entsprechenden Steuerungskennzahl gesteuert und der Grund der Abweichung erwartet. Hierfür sind Eintragungen in das entsprechende Auswahlfeld mit vier Bedeutungen vorgesehen:

1 = Es konnten steuererhebliche Sachverhalte nicht erklärt werden.

Eintragungen sind nach der amtlichen Anleitung z.B. in den folgenden Fällen erforderlich:

- Abgabe der Steuererklärung für eine verstorbene Person (vgl. Zeile 6)
- Übernahme von Kranken- und Pflegeversicherungsbeiträgen für mehr als eine Person (Anlage Vorsorgeaufwand).

2 = Es wird bewusst eine von der Verwaltungsauffassung abweichende Rechtsauffassung vertreten.

3 = Es sollen Sachverhalte personell vertieft geprüft werden.

4 = Es liegen mehrere der vorgenannten Gründe vor (Mehrfachauswahl).

---

1) BFH v. 27.11.1990, VII R 20/89, BStBl II 1991, 284; BFH v. 16.3.1995, VII R 38/94, BStBl II 1995, 859.
2) BFH v. 16.3.1995, VII R 38/94, BStBl II 1995, 859.
3) I.d.F.d. Gesetzes zur Modernisierung des Besteuerungsverfahrens (StModernG) v. 18.7.2016, BGBl: 2016, 1679 = BStBl I 2016, 694.
4) Schindler in Gosch, AO/FGO, § 150 AO Rz. 57 (Stand: 5/2023) mit weiteren Hinweisen.

12. Unterschrift (Zeilen 91–94)

- 5 -

Unterschrift

Datenschutzhinweis:
Die mit der Steuererklärung / dem Antrag angeforderten Daten werden aufgrund der §§ 149, 150 und 181 Abs. 2 der Abgabenordnung, der §§ 25 und 46 des Einkommensteuergesetzes sowie des § 14 Abs. 4 des Fünften Vermögensbildungsgesetzes erhoben. Informationen über die Verarbeitung personenbezogener Daten in der Steuerverwaltung und über Ihre Rechte nach der Datenschutz-Grundverordnung sowie über Ihre Ansprechpartner in Datenschutzfragen entnehmen Sie bitte dem allgemeinen Informationsschreiben der Finanzverwaltung. Dieses Informationsschreiben finden Sie unter www.finanzamt.de (unter der Rubrik „Datenschutz") oder erhalten Sie bei Ihrem Finanzamt.

91 Ich leiste die Unterschrift X als steuerpflichtige Person X – **nur in den Fällen des § 150 Abs. 3 AO** – als Bevollmächtigter.

92

Datum, Unterschrift **Steuererklärungen sind eigenhändig zu unterschreiben.**

93 Die Steuererklärung wurde unter Mitwirkung einer selbständig und eigenverantwortlich tätigen und zur Hilfeleistung in Steuersachen nach den §§ 3 und 4 des Steuerberatungsgesetzes befugten Person oder Vereinigung angefertigt. 1 = Ja

Bei der Anfertigung dieser Steuererklärung hat mitgewirkt:

94

…

2025ESt1C155 2025ESt1C155

Praxishinweis: 83

Ab dem VZ 2018 ist zusätzlich ein Hinweis auf die DSGVO[1] enthalten. Das allgemeine Informationsschreiben der Finverw. ist auch auf der Internetseite der Finverw. unter www.finanzamt.de (unter der Rubrik „Datenschutz") abrufbar. Einzelheiten zum Datenschutz sind in dem BMF-Schreiben v. 13.1.2020 enthalten.[2] Der Anspruch auf ermessensfehlerfreie Entscheidung über einen Antrag auf Einsicht in eine Steuerakte außerhalb eines finanzgerichtlichen Verfahrens besteht nicht, wenn die stpfl. Person für den betroffenen Besteuerungszeitraum bereits bestandskräftig veranlagt wurde und die Einsichtnahme der Verfolgung steuerverfahrensfremder Zwecke dienen soll.[3]

Die ESt-Erklärung für beschränkt stpfl. Personen kann sowohl von der stpfl. Person selbst als auch von einem Bevollmächtigten unterschrieben werden (Erklärung in **Zeile 91**). Eine ESt-Erklärung kann auch wirksam per Fax an das FA übermittelt werden. Es ist nicht erforderlich, dass der Stpfl. den Inhalt der ESt-Erklärung tatsächlich in vollem Umfang zur Kenntnis genommen hat.[4]

Wurde die Steuererklärung unter Mitwirkung einer selbständig und eigenverantwortlich tätigen und zur Hilfeleistung in Steuersachen nach §§ 3 und 4 StBerG[5] befugten Person oder Vereinigung angefertigt, ist dies durch die entsprechende Angabe in Zeile 93 dem FA mitzuteilen. Insoweit dürfte es sich um eine Ergänzung des bereits bestehenden Felds („Bei der Anfertigung dieser Steuererklärung hat mitgewirkt:") handeln.

Mit der Unterschrift in **Zeile 94** übernehmen die stpfl. Personen **die volle Verantwortung** für die eingereichte ESt-Erklärung und des Antrags nach § 14 Abs. 4 des 5. VermBG. Dies kann z.B. eine **Berichtigungspflicht** auslösen, wenn erkannt wird, dass die abgegebene Steuererklärung unrichtig oder unvollständig ist (§ 153 Abs. 1 Nr. 1 AO) und hat ggf. auch **strafrechtliche Konsequenzen**, da dem Unterzeichner der Inhalt der Steuererklärung zuzurechnen ist (§§ 369–376 AO).

1) Verordnung 2016/679 des Europäischen Parlaments und des Rates v. 27.4.2016, ABl.EU Nr. L 119 v. 4.5.2016.
2) BMF v. 13.1.2020, IV A 3 – S 0130/19/10017 :004, BStBl I 2020, 143.
3) BFH v. 7.5.2024, IX R 21/22, HFR 2024, 816.
4) BFH v. 8.10.2014, VI R 82/13, BStBl II 2015, 359 sowie BMF v. 16.4.2015, IV A 3 – S 0321/07/10003, BStBl I 2015, 438.
5) Vgl. zu § 3 StBerG auch BMF v. 1.8.2016, IV A 3 – S 0202/15/10001, BStBl I 2016, 662.

C. Anlagen

I. Anlage AUS – Ausländische Einkünfte und Steuern

1. Allgemeines (Zeilen 1–3)

Anleitung vorhanden

2025

1 Name

2 Vorname

3 Steuernummer lfd. Nr. der Anlage

Anlage AUS

Jeder Ehegatte / Lebenspartner mit ausländischen Einkünften hat eine eigene Anlage AUS abzugeben.

Steuerpflichtige Person / Ehemann / Person A

Ehefrau / Person B

Ausländische Einkünfte und Steuern

Steuerpflichtige ausländische Einkünfte, die in den Anlagen zur Einkommensteuererklärung enthalten sind und die im Quellenstaat nach dortigem Recht besteuert werden oder für die fiktive ausländische Steuern nach DBA anzurechnen sind
– Anrechnung und Abzug ausländischer Steuern –
Bei Auslandssachverhalten besteht eine erhöhte Mitwirkungspflicht. Bitte reichen Sie Belege in Kopie ein.

84 **Hinweis zur Plausibilitätsbeurteilung:**
Seit der punktuellen Wandlung der Belegvorlage- in Belegvorhaltepflichten im Jahr 2017[1] sind grds. keine Belege mehr mit Abgabe der Steuererklärung einzureichen. Bei Auslandssachverhalten sind die Belege weiterhin direkt mit der ESt-Erklärung einzureichen (Belegvorlagepflicht). Weiterhin ist geregelt, dass der Nachweis über die Höhe der ausl. Einkünfte und über die Festsetzung und Zahlung der ausl. Steuern durch Vorlage entsprechender Urkunden zu führen ist (§ 68b EStDV) und es besteht in Fällen mit Auslandsbezug eine erhöhte Mitwirkungspflicht (§ 90 Abs. 2 AO). Auf diesen Umstand wird ab dem VZ 2025 ergänzend unterhalb der Formularüberschrift durch einen Zusatztext hingewiesen.

Liegen **Einkünfte aus Kapitalvermögen** vor, die mit abgeltender Wirkung i.R.d. § 32d Abs. 1 EStG (§ 43 Abs. 5 EStG) besteuert werden (Abgeltungsteuer), haben – mit Ausnahme der Eintragung der Sonderfälle in Zeile 39 – keine Eintragungen auf der Anlage AUS zu erfolgen, da die ausl. Quellensteuer bereits bei der Festsetzung der Höhe der inl. KapESt (Abgeltungsteuer) berücksichtigt wird (§ 34c Abs. 1 Satz 1 2. Halbsatz EStG → Rz. 794). Die Anlage AUS hat im Zusammenhang mit **Kapitaleinkünften im PV** nur dann Bedeutung, soweit der besondere Steuersatz bei Kapitaleinkünften keine Wirkung entfaltet (§ 32d Abs. 2 EStG). In diesen Fällen (→ Rz. 768 ff.) finden auch die Regeln der Abgeltungsteuer keine Anwendung (§ 32d Abs. 5 EStG). Dies gilt auch in den Fällen der sog. Günstigerprüfung (§ 32d Abs. 6 Satz 2 EStG), da insoweit auch eine anteilige Berücksichtigung der ausl. Quellensteuer erfolgt.

85 Jeder Ehegatte/Lebenspartner hat i.R.d. Zusammenveranlagung (§ 26 EStG) eine eigene Anlage AUS einzureichen. Die einzutragenden ausl. Einkünfte (§ 34d EStG) sind immer nach deutschem Steuerrecht zu ermitteln.[2] **Eintragungen** haben dabei **in voller Höhe** zu erfolgen, auch wenn das Teileinkünfteverfahren Anwendung findet. Für die zu berücksichtigenden Teilfreistellungsbeträge bei der Besteuerung von Investmenterträgen gelten Besonderheiten in den einzelnen Erklärungszeilen (vgl. Grundsätze zur Anwendung der Teilfreistellung zur Anlage KAP-INV → Rz. 819).

86 Bei unbeschränkt stpfl. Personen, die mit ausl. Einkünften in dem Staat, aus dem die Einkünfte stammen, zu **einer der deutschen ESt entsprechenden Steuer** herangezogen werden, ist die **festgesetzte** und **gezahlte** und um einen entstandenen Ermäßigungsanspruch gekürzte ausl. Steuer auf die deutsche ESt anzurechnen oder ggf. (auf Antrag) auch abzuziehen. Die **Anrechnungsmethode** ist immer dann anzuwenden, wenn kein DBA besteht (§ 34c Abs. 1 EStG), oder wenn ein DBA für Einkünfte besteht, für die das DBA die Anrechnung von Steuern vorsieht (§ 34c Abs. 6 EStG). Ab dem VZ 2020 wurde die Regelung in § 34c Abs. 6 Satz 2 EStG ergänzt, um in Fällen, in denen ein DBA einschlägig ist, rechtssicher eine Kürzung der ausl. Steuer um entstandene Ermäßigungsansprüche vornehmen zu können. Damit wird hinsichtlich der Kürzung der ausl. Steuer um einen entstandenen Ermäßigungsanspruch eine gleichlautende Regelung (§ 34c Abs. 1 Satz 1 EStG [Nicht-DBA-Fall]) geschaffen.

Bei Verlusten findet die Freistellungsmethode grds. keine Anwendung, da dies zur Anwendung eines neg. Progressionsvorbehalts führen würde.

Der Höchstbetrag der anrechenbaren ausl. Steuern ist dabei für jeden ausl. Staat gesondert zu berechnen (§ 68a EStDV, sog. „**per-country-limitation**"). Die Erträge aus einem ausl. Investmentfonds sind dem Staat zuzuordnen, in dem der Fonds aufgelegt wird, so dass die Erträge aus Investmentfonds eines Staates mit den übrigen Erträgen/Einkünften aus diesem Staat in einer Spalte zu erklären und zusammenzufassen sind. Bei Spezial-Investmentvermögen ist der Höchstbetrag nach der **per-fund-limitation** zu ermitteln (§ 47 Abs. 3 InvStG), so dass die Einkünfte jedes Spezial-Investmentvermögens jeweils in einer eigenen Spalte zu erklären sind.

1) Gesetz zur Modernisierung des Besteuerungsverfahrens (StModernG) vom 18.7.2016, BGBl. I 2016, 1679 = BStBl I 2016, 694.
2) BFH v. 22.5.1991, I R 32/90, BStBl II 1992, 94.

Praxishinweis:

Ausländische Steuern, die der deutschen ESt entsprechen, sind im jeweiligen DBA aufgeführt. In Anhang 12 II EStH 2024 ist eine Aufstellung der ausl. Steuern in Nicht-DBA-Staaten enthalten, die der deutschen ESt entsprechen. Auch die von Australien auf Veräußerungsgewinne erhobene „capital gain tax" kann berücksichtigt werden.[1]

Höchstbetrag für die Anrechnung einer ausl. Steuer auf die inl. Steuer nach § 34c EStG ist die festgesetzte und gezahlte ausl. Steuer; dabei gilt eine zeitliche und sachliche Begrenzung, so dass nur die Steuer anrechenbar ist, die auf die im VZ bezogenen und in die inl. Veranlagung als „ausl. Einkünfte" i.S.d. § 34d EStG einbezogenen Einkünfte entfällt („Verhältnisrechnung").[2]

Auf die deutsche ESt kann auch dann nur die **abkommensrechtliche Quellensteuer** (regelmäßig 15 %) angerechnet werden, wenn eine darüber hinausgehende Steuer wegen Ablaufs der bestehenden (Erstattungs-)Frist nicht mehr erstattet werden kann, da sich die nach einem DBA anzurechnende ausl. Steuer grds. aus den Vorschriften des jeweiligen DBA ergibt. Damit kann eine Besteuerung, die den Regelungen eines DBA widerspricht, nicht i.R.d. (inl.) Einkommensbesteuerung berücksichtigt werden.[3] **Ausländische Steuern, die nicht der deutschen ESt entsprechen oder nicht** in dem Staat erhoben werden, aus dem die Einkünfte stammen, können bei der Ermittlung der Einkünfte der jeweiligen Einkunftsart abgezogen werden, soweit die im Ausland besteuerten Einkünfte der deutschen ESt unterliegen (§ 34c Abs. 3 i.V.m. § 34c Abs. 6 EStG). **87**

In der Anlage AUS sind nur die Einnahmen einzutragen, die **tatsächlich im ausl. Staat besteuert** werden (vgl. hierzu auch unter praktischen Gesichtspunkten den Zusatztext **vor Zeile 4** „...und die im Quellenstaat nach dortigem Recht besteuert werden..." [§ 34c Abs. 1 Satz 3 und Satz 4 sowie Abs. 6 Satz 3 EStG]). Demnach sind **ausl. Einkünfte, die der Quellenstaat** nach seinem Steuerrecht nicht besteuert und die deshalb im Ergebnis auch nicht doppelt besteuert sind, bei der Berechnung des Anrechnungshöchstbetrags außer Betracht zu lassen, um einen unberechtigten Steuervorteil zu vermeiden. Wird es der stpfl. Person ermöglicht, die deutsche Steuer durch ausl. Steuern auf ausl. Einkünfte auch dann zu ermäßigen, wenn ein Abkommen zur Vermeidung der Doppelbesteuerung nicht besteht, dann hat diese die Pflicht, die Möglichkeiten einer Ermäßigung dieser ausl. Steuern fristgerecht auszuschöpfen. Wird die Frist für eine Ermäßigung im ausl. Staat versäumt, muss bei der Berechnung der anrechenbaren Steuer der Betrag der ausl. Steuer um bereits verjährte Erstattungsansprüche gekürzt werden (§ 34c Abs. 1 Satz 1 EStG). **88**

Beispiel:

Die stpfl. Person bezieht aus dem Ausland Einkünfte i.H.v. 1 000 €. Hierauf wurden 30 % Steuern (300 €) festgesetzt und gezahlt. Der Antrag auf Ermäßigung der Steuer auf 15 % wird nicht fristgerecht gestellt, sodass die Festsetzung der Steuer i.H.v. 300 € bestehen bleibt. Im Rahmen der Berücksichtigung nach § 34c EStG ist nur von einem Betrag i.H.v. 150 € auszugehen.

Notwendige Voraussetzung für die Berücksichtigung der ausl. Steuer ist weiterhin, dass **Nachweise über die Festsetzung und Zahlung der ausl. Steuer geführt** werden (§ 68b EStDV). Die Regelungen in den DBA, dass die entsprechenden Einkünfte im Ausland steuerpflichtig sind, werden insoweit nicht ausreichen.

Beratungshinweis:

Der EuGH hat entschieden, dass die Berechnung des Höchstbetrags für die Anrechnung ausl. Steuer auf die deutsche ESt gegen die Kapitalverkehrsfreiheit verstößt.[4] Der BFH hatte sich der Rechtsauffassung angeschlossen.[5] Zur Umsetzung der EuGH-Entscheidung vgl. BMF v. 4.5.2015.[6]

Der **Sparer-Pauschbetrag** (§ 20 Abs. 9 EStG) ist bei den Einkünften aus Kapitalvermögen nicht zu berücksichtigen, die nicht nach den Regeln der Abgeltungsteuer, sondern mit dem tariflichen Steuersatz veranlagt werden (§ 32d Abs. 2 Nr. 1 Satz 2 und Abs. 2 Nr. 3 Satz 2 EStG).

Eine **Steueranrechnung entfällt,** wenn die ausl. Einkünfte durch Berücksichtigung darauf entfallender Betriebsausgaben oder Werbungskosten bereits auf 0 € gemildert wurden oder neg. sind. Das Teileinkünfteverfahren findet auch bei ausl. Einkünften Anwendung. Bei der **fiktiven Anrechnung** von ausl. Steuern (→ Rz. 111), die in Zeile 13 zu beantragen sind, gelten diese Grundsätze nicht (§ 34c Abs. 6 Satz 2 EStG). **89**

2. Umrechnung ausländischer Währungen

Fremde gängige, frei konvertible und im Inland handelbare ausl. Währungen sind auf Grundlage der von der Europäischen Zentralbank täglich veröffentlichten **Euro-Referenzkurse** umzurechnen.[7] Zur **Vereinfachung** ist die Umrechnung dieser Währungen auch zu den Umsatzsteuer-Umrechnungskursen zulässig, die monatlich im Bundessteuerblatt Teil I veröffentlicht werden.[8] **90**

1) BayLfSt v. 26.6.2009, S 1301.2.9 – 1/2 St 32/St 33, DB 2009, 1506.
2) BFH v. 15.3.2023, I R 8/20, BStBl II 2024, 264.
3) BFH v. 15.3.1995, I R 98/94, BStBl II 1995, 580.
4) EuGH v. 28.2.2013, C-168/11, BStBl II 2015, 431.
5) BFH v. 18.12.2013, I R 71/10, BStBl II 2015, 361, Fn. des BMF zum 3. Leitsatz: Das Urteil ist für VZ bis einschließlich 2014 in allen Fällen, in denen die ESt noch nicht bestandskräftig festgesetzt ist, anzuwenden.
6) BMF v. 4.5.2015, IV B 3 – S 2293/09/10005-04, IV A 3 – S 1900/07/10107-45, BStBl I 2015, 452.
7) So auch BFH v. 3.12.2009, VI R 4/08, BStBl II 2010, 698.
8) R 34c Abs. 1 EStR 2012.

3. Anzeigen über eine ausländische Erwerbstätigkeit

91 Zur Abgabe von Mitteilungen bei Auslandsbeziehungen (§ 138 Abs. 2 und 3 AO[1)]) sind diejenigen stpfl. Personen verpflichtet, die

- Betriebe oder Betriebsstätten im Ausland gegründet haben,
- sich an ausl. Personengesellschaften beteiligt haben, eine derartige Beziehung aufgegeben haben oder bei denen sich die Beteiligung an der ausl. Personengesellschaft geändert hat,
- Beteiligungen an Körperschaften, Personenvereinigungen oder Vermögensmassen mit Sitz und Geschäftsleitung im Ausland

  a) erworben haben, wenn

     1. sie damit eine Beteiligung von mind. 10 % (unmittelbare und mittelbare Beteiligung sind zusammenzurechnen) am Kapital oder Vermögen dieser Körperschaft, Personenvereinigung oder Vermögensmasse erreichen; oder
     2. die Summe der Anschaffungskosten aller ihrer unmittelbaren oder mittelbaren Beteiligungen mehr als 150 000 € beträgt; oder

  b) veräußert haben, wenn die Anschaffungskosten aller veräußerten Beteiligungen 150 000 € überschreiten oder mindestens eine 10 %ige Beteiligung veräußert wird;
- allein oder zusammen mit nahestehenden Personen i.S.d. § 1 Abs. 2 AStG erstmals unmittelbar oder mittelbar einen beherrschenden Einfluss auf die gesellschaftsrechtlichen, finanziellen oder geschäftlichen Angelegenheiten einer Drittstaat-Gesellschaft ausüben können.

Für die Ermittlung der 150 000 €-Grenze sind die Anschaffungskosten aller – also auch mittelbarer – Beteiligungen i.S.d. § 138 Abs. 2 Satz 1 Nr. 3 AO zu berücksichtigen. Die Anschaffungskosten früher erworbener Beteiligungen sind ebenfalls in die Berechnung einzubeziehen. Die zu fertigende Jahresmeldung ist grds. zusammen mit der ESt-Erklärung für den Besteuerungszeitraum, in dem der mitzuteilende Sachverhalt verwirklicht wurde, spätestens jedoch bis zum Ablauf von 14 Monaten nach Ablauf des Besteuerungszeitraums nach amtlich vorgeschriebenem Datensatz zu erstatten.[2)]

Praxishinweis:
Die nach geltendem Recht bereits bestehende Anzeigepflicht für Auslandssachverhalte wurde durch das StUmgBG[3)] einerseits modifiziert bzw. erweitert und andererseits vereinfacht (Abgabe der Mitteilungen nach § 138 Abs. 2 AO im Regelfall zusammen mit der ESt-Erklärung).

Ein entsprechender Hinweis ist daher nicht in der ESt-Erklärung, sondern lediglich in der öffentlichen Aufforderung (Vordruck „ESt") vorhanden. Wer die Anzeigepflichten nicht beachtet, begeht eine Ordnungswidrigkeit, die mit einer Geldbuße geahndet werden kann.[4)] Einen entsprechenden Hinweis enthält die ESt-Erklärung nicht, da die Anzeigepflicht losgelöst von der Abgabe der ESt-Erklärung besteht.

1) I.d.F. des Steuerumgehungsbekämpfungsgesetzes (StUmgBG) v. 23.6.2017, BStBl I 2017, 865.
2) BMF v. 26.4.2022, IV B 5 – S 0301/19/10009 :001, BStBl I 2022, 576.
3) Steuerumgehungsbekämpfungsgesetz – StUmgBG v. 23.6.2017, BStBl I 2017, 865.
4) BMF v. 26.4.2022, IV B 5 – S 0301/19/10009 :001, BStBl I 2022, 576.

4. Einkünfte (Zeilen 4–11)

Zeile		1. Staat / Spezial-Investmentfonds	2. Staat / Spezial-Investmentfonds	3. Staat / Spezial-Investmentfonds
4	aus dem Staat / Spezial-Investmentfonds			
	Einkünfte (einschließlich der Einkünfte nach § 20 Abs. 2 AStG)			19 / 29
5	Einkunftsquellen – **bei mehreren Einkunftsarten: Einzelangaben laut gesonderter Aufstellung** –			
6	Enthalten in Anlage(n) und Zeile(n)			
7	Einkünfte (einschließlich der gemäß § 3 Nr. 40 und § 3c Abs. 2 EStG steuerfreien Teile sowie Teilfreistellungsbeträge i. S. d. §§ 20, 21 InvStG)	107 EUR ,—	127 EUR ,—	147 EUR ,—
8	In Zeile 7 enthaltene Einkünfte, für die § 3 Nr. 40 und § 3c Abs. 2 EStG Anwendung finden	108 ,—	128 ,—	148 ,—
9	In Zeile 7 enthaltene zu berücksichtigende Teilfreistellungsbeträge i. S. d. §§ 20, 21 InvStG	115 ,—	135 ,—	155 ,—
10	In Zeile 7 abgezogene ausländische Steuern nach § 34c Abs. 2 EStG	113 ,—	133 ,—	153 ,—
11	In Zeile 7 abgezogene ausländische Steuern nach § 34c Abs. 3 EStG	,—	,—	,—

a) Allgemeines

Nach der Änderung durch das Zollkodex-Anpassungsgesetz[1] ist der Anrechnungsbetrag (§ 34c Abs. 1 Satz 2 EStG [per-country-limitation]) in der Weise zu ermitteln, dass der sich bei der Veranlagung des zu versteuernden Einkommens, einschließlich der ausl. Einkünfte, nach den §§ 32a, 32b, 34, 34a und 34b EStG ergebende durchschnittliche Steuersatz auf die ausl. Einkünfte anzuwenden ist. 92

Die entsprechenden Einnahmen sind bereits auf den weiteren Anlagen zur ESt-Erklärung eingetragen worden und sind für Zwecke der Berücksichtigung der ausl. Quellensteuer zu übertragen. Eine **Unterscheidung zwischen Einkünften aus Kapitalvermögen und anderen Einkunftsarten erübrigt sich**, da die Einkünfte aus Kapitalvermögen regelmäßig mit abgeltender Wirkung besteuert werden (Abgeltungsteuer) und die entsprechenden Sachverhalte auf der Anlage KAP zu erklären sind (§ 34c Abs. 1 Satz 1 Halbsatz 2 EStG).

b) Berücksichtigung der ausländischen Quellensteuer

Der Höchstbetrag zur Anrechnung (→ Rz. 88) der ausl. Quellensteuer ist für die Einkünfte und die **Steuern aus jedem Staat gesondert zu ermitteln**. Wurden Steuern vom ausl. Staat abkommenswidrig einbehalten, so ist diese nicht anrechenbar.[2] Aus diesem Grund bestehen mehrere Eintragungsmöglichkeiten auf der Anlage AUS. 93

Praxishinweis:
Sind Eintragungen zu mehr als drei Staaten/Spezial-Investmentfonds erforderlich, sind weitere Anlagen AUS einzureichen und in der Zeile 3 die entsprechenden Anlagen zu nummerieren.

Zu beachten ist dabei, dass auch **für jeden Spezial-Investmentfonds eine eigene Eintragung** und eine entsprechende Bezeichnung zu erfolgen hat. Der Höchstbetrag der anrechenbaren ausl. Steuern aus verschiedenen Staaten ist für die ausgeschütteten und ausschüttungsgleichen Erträge aus jedem einzelnen Spezial-Investmentfonds zusammengefasst zu berechnen (§ 47 Abs. 3 InvStG).

Seit der Einfügung des § 34c Abs. 1 Satz 3 und Satz 4 sowie Abs. 6 Satz 3 EStG durch das StVergAbG[3] ist in den Erläuterungen vor Zeile 4 der Hinweis enthalten: „und die im Quellenstaat nach dortigem Recht besteuert werden". Demnach sind ausl. **Einkünfte, die der Quellenstaat** nach seinem Steuerrecht **nicht besteuert** und die deshalb im Ergebnis auch nicht doppelt besteuert sind, bei der Berechnung des Anrechnungshöchstbetrags außer Betracht zu lassen, um einen unberechtigten Steuervorteil zu vermeiden.

Beratungshinweis:
Bei der fiktiven Anrechnung von ausl. Steuern (Zeile 13) gelten diese Grundsätze nicht (§ 34c Abs. 6 Satz 2 EStG).

1) Zollkodex-Anpassungsgesetz v. 22.12.2014, BStBl I 2015, 58.
2) BFH v. 8.12.2010, I R 92/09, BStBl II 2011, 488.
3) StVergAbG v. 16.5.2003, BStBl I 2003, 321.

Praxishinweis:
Werden keine Angaben zur Anrechnung/zum Abzug der ausl. Steuer gemacht oder handelt es sich um fiktive ausl. Quellensteuer, wird diese auf die deutsche ESt angerechnet (§ 34c Abs. 1 EStG). Der Steuerabzug nach § 34c Abs. 2 EStG wird nur auf ausdrücklichen Antrag der stpfl. Person gewährt. Erfolgen Eintragungen sowohl zur Anrechnung als auch zum Abzug der ausl. Steuer, wird das FA regelmäßig die ausl. Steuer anrechnen.

Der **Antrag** auf Anrechnung oder Abzug ist für alle Einkünfte eines Staates **einheitlich** auszuüben. Zusammen veranlagte Ehegatten/Lebenspartner können ihr Wahlrecht nach Verwaltungsauffassung unterschiedlich ausüben, da der Steuerabzug nach § 34c Abs. 2 EStG bereits i.R.d. Einkünfteermittlung, die für jeden Ehegatten/Lebenspartner getrennt durchgeführt wird, erfolgt.

Praxishinweis:
Werden **Einkünfte gesondert (und ggf. einheitlich) festgestellt** (hierzu erfolgen Eintragungen auf der Anlage FE-AUS 1 und/oder FE-AUS 2 i.R.d. Feststellungserklärung), ist über den Steuerabzug im Feststellungsverfahren zu entscheiden → Rz. 105.

94 Der **Abzug der ausl. Quellensteuer** ist nicht auf die Höhe der Einkommensteuer beschränkt, die auf die ausl. Einkünfte entfällt. Eine **Höchstbetragsberechnung** gem. § 34c Abs. 1 EStG findet in diesem Fall nicht statt.

Der Steuerabzug nach § 34c Abs. 2 EStG kann im Einzelfall günstiger sein als die Steueranrechnung nach § 34c Abs. 1 EStG. Die gilt insbesondere, wenn

- die deutsche Steuer sehr gering ist,
- der Steuerabzug zu einem neg. Gesamtbetrag der Einkünfte führt oder einen solchen erhöht (§ 10d EStG),
- die ausl. Einkünfte aus einem Staat nach deutschem Recht neg. sind, aber im Ausland gleichwohl eine der ESt entsprechende Steuer erhoben wurde.

95 In vielen ausl. Staaten wird eine Quellensteuer erhoben, deren Höhe deutlich über dem regelmäßig anrechenbaren **Höchstsatz von 15 %** liegt, der nach den bestehenden DBA i.R.d. ESt-Veranlagung berücksichtigt wird. Diese Staaten behalten daher zunächst eine höhere Quellensteuer ein, um den zu viel erhobenen Betrag später dann wieder auf Antrag zu erstatten. In diesen Fällen muss die ausl. Steuer vom ausl. Staat zurückgefordert werden.

Beispiel:
Eine ausl. Kapitalgesellschaft schüttet an den Anteilseigner eine Dividende i.H.v. 10 000 € aus. Die Anteile werden im inl. BV des Einzelunternehmers gehalten. Nach Abzug von 25 % ausl. Steuer (z.B. in Belgien, Frankreich, den Niederlanden) verbleibt dem Anteilseigner ein Betrag von 7 500 €. Nach dem anzuwendenden DBA werden 15 % (1 500 €) i.R.d. deutschen ESt-Veranlagung berücksichtigt. Der Restbetrag i.H.v. 1 000 € verbleibt im Ausland und muss aus dem Ausland zurückgefordert werden.

Handelt es sich hingegen um Einkünfte aus Kapitalvermögen (Abgeltungsteuer), müssen die entsprechenden Eintragungen in den Zeilen 40 und/oder 41 – bei der Berücksichtigung fiktiver ausl. Quellensteuer ggf. die Zeile 42 – der Anlage KAP erfolgen (bei Beteiligungserträgen Zeilen 29–34 der Anlage KAP-BET). Lediglich bei anderen Einkunftsarten als Kapitalvermögen (mit Ausnahme des § 32d Abs. 2 EStG) sind Eintragungen auf der Anlage AUS erforderlich.

c) Einzeldarstellungen (Zeilen 4–11)

aa) Staat/Spezial-Investmentfonds (Zeile 4)

96 Für jeden einzelnen Staat, aus dem Einkünfte erzielt werden, sind die Einkünfte gesondert in einer eigenen Spalte einzutragen. Bei **Spezial-Investmentfonds** ist für die Höchstbetragsberechnung nicht auf den einzelnen ausl. Staat, sondern auf das einzelne Spezial-Investmentvermögen abzustellen (§ 47 Abs. 3 InvStG). Innerhalb eines Spezial-Investmentvermögens können ausl. Steuern aus verschiedenen ausl. Staaten zusammen bis zum Höchstbetrag der deutschen Steuer auf die Einkünfte aus diesem Spezial-Investmentvermögen angerechnet werden. Zur Berechnung des Höchstbetrags → Rz. 92. Haben **zusammen veranlagte Ehegatten** ausl. Einkünfte aus demselben Staat bezogen, sind für die nach § 68a EStDV für jeden einzelnen ausl. Staat gesondert durchzuführende Höchstbetragsberechnung der anrechenbaren ausl. Steuern die Einkünfte und anrechenbare Steuern der Ehegatten aus diesem Staat zusammenzurechnen.[1)]

bb) Einkunftsquellen (Zeile 5)

97 Als Einkunftsquelle ist die Art der Einkünfte anzugeben. Fallen Einkünfte in der ausl. Betriebsstätte einer unbeschränkt stpfl. Person an und wären sie als **Zwischeneinkünfte** steuerpflichtig, ist insoweit eine Doppelbesteuerung nicht durch Freistellung, sondern durch Anrechnung der auf diese Einkünfte erhobenen ausl. Steuern zu vermeiden (§ 20 Abs. 2 AStG). Ziel der Regelung sind damit DBA ohne Aktivitätsklauseln und DBA mit Aktivitätsvorbehalten mit eingeschränktem Anwendungsbereich, die auch für passive Betriebsstätteneinkünfte (§ 8 AStG) im Methodenartikel die Freistellungsmethode vorsehen.[2)] Zur Ersetzung der Freistellungs- durch die Anrechnungsmethode im europarechtlichen Kontext vgl. BFH.[3)] Die Regelung ist nicht gemeinschaftsrechtskonform. Im Rahmen des JStG 2010 wurde durch eine Ergänzung (§ 20 Abs. 2 Satz 2 EStG) bewirkt, dass auf Einkünfte, die in der Betriebsstätte einer unbeschränkt stpfl. Person in einem Staat anfallen, mit dem ein DBA besteht, das die Freistellung der betreffenden Einkünfte vorsieht, die bisherigen Rechtsfolgen des Satzes 1 unter den in Satz 2 genannten

1) R 34c Abs. 3 EStR 2012.
2) Ausführungen von Eismayr/Linn, NWB 1/2011, 30.
3) BFH v. 21.10.2009, I R 114/08, BStBl II 2010, 774.

Voraussetzungen nicht eintreten. Das bedeutet, dass es bei der Freistellung bleibt, auch wenn die Einkünfte, wäre die Betriebsstätte eine Gesellschaft, wegen § 8 Abs. 1 Nr. 5 Buchst. a AStG beim inl. Gesellschafter der Hinzurechnungsbesteuerung unterlägen.[1] Diese Neuregelung ist auf alle noch nicht bestandskräftigen Fälle anzuwenden (§ 21 Abs. 19 Satz 2 EStG).

Zu den zu erklärenden Einkünften gehören ebenfalls Einkünfte i.S.d. § 50d Abs. 9 EStG, der durch das JStG 2007[2] eingefügt worden ist. Durch die Vorschrift werden **sog. „weiße Einkünfte"** vermieden, wenn DBA-Vertragsstaaten Einkünfte unterschiedlichen Abkommensbestimmungen zuordnen. Wird von Deutschland die Steuerfreistellung nicht gewährt, sind die ausl. Steuern zu berücksichtigen (§ 34c Abs. 6 Satz 5 EStG), soweit kein Missbrauch von rechtlichen Gestaltungsmöglichkeiten vorliegt (§ 34c Abs. 6 Satz 6 EStG).

cc) Enthalten in Anlage(n) und Zeile(n) (Zeile 6)

Zur Klarstellung, welche Einkunftsart jeweils betroffen ist, und an welcher Stelle die entsprechenden Einkünfte erklärt worden sind, ist auch die entsprechende Zeile der zugehörigen Anlage (z.B. für gewerbliche Einkünfte die Anlage G →Rz. 510 sowie die Anlage L →Rz. 956, Anlage R-AUS →Rz. 1280, Anlage S →Rz. 1313, Anlage SO →Rz. 1360, Anlage V →Rz. 1526 und Anlage V-Sonstige →Rz. 1652) zu bezeichnen. **98**

dd) Einkünfte (Zeile 7)

Die ausl. Einkünfte (Einnahmen abzgl. Betriebsausgaben/Werbungskosten) sind bereits in den anderen Anlagen zur ESt-Erklärung anzugeben (→Rz. 108). Die Einnahmen sind daher aus den der ESt-Erklärung beigefügten Anlagen zu übernehmen. Bei Einkünften aus nichtselbständiger Arbeit haben jedoch alle Angaben auf der Anlage N zu erfolgen. Die schweizerische Abzugsteuer (→Rz. 1101) ist ebenfalls dort einzutragen. **99**

Hinweis zur Plausibilitätsbeurteilung:
Die Anlage AUS hat lediglich deklaratorischen Charakter, um die Höhe der anrechenbaren/abziehbaren ausl. Quellensteuern zu ermitteln. Regelmäßig wird daher die Höhe der Einnahmen mit der Höhe der Einnahmen auf den weiteren Anlagen übereinstimmen. Jedoch kann es zu Abweichungen kommen, die sich daraus ergeben können, dass Fondsgesellschaften auf Ebene des Spezial-Investmentfonds entstandene Kosten nach einem bestimmten Verteilungsschlüssel i.R.d. Erträgeermittlung auf die unterschiedlichen Kapitalerträge des Fonds umlegen (§ 40 InvStG).

Eintragungen haben immer in voller Höhe zu erfolgen, daher auch inkl. der i.R.d. Teileinkünfteverfahrens steuerfreien Anteile (§ 3 Nr. 40 und § 3c EStG) und ab dem VZ 2018 auch einschließlich („Bruttoerklärung", vor Berücksichtigung des jeweiligen Teilfreistellungssatzes) der Teilfreistellungsbeträge i.S.d. §§ 20, 21 InvStG (Grundsätze vgl. zur Anlage KAP-INV →Rz. 819). Eine Korrektur der für die Besteuerung tatsächlich zu berücksichtigenden Einkünfte erfolgt dann über die Erklärung der korrigierten Einkünfte in den Zeilen 8 und 9. Der Betrag ist jedoch um die ausl. Quellensteuer gekürzt zu erklären (Hinweis auf die Zeilen 10 und 11). Die Veräußerung einer in Spanien gelegenen Wohnung ist als privates Veräußerungsgeschäft (§ 23 Abs. 1 Satz 1 Nr. 1 EStG) in Deutschland steuerpflichtig; die Einkünfte sind jedoch von der BMG der deutschen Steuer auszunehmen (Freistellung, Art. 23 Abs. 1 Buchst. a DBA-Spanien).[3]

ee) In Zeile 7 enthaltene Einkünfte, für die das Teileinkünfteverfahren Anwendung findet (Zeile 8)

Sind in den in Zeile 7 erklärten Einkünften auch Teile enthalten, für die das Teileinkünfteverfahren (§ 3 Nr. 40 und § 3c Abs. 2 EStG) Anwendung findet, sind die jeweiligen Anteile in Zeile 8 gesondert zu erklären. **100**

Diese Angaben sind erforderlich, da zur Ermittlung der **BMG für die Zuschlagsteuern** (Kirchensteuer, Solidaritätszuschlag) das zu versteuernde Einkommen um die nach § 3 Nr. 40 EStG steuerfreien Beträge zu erhöhen und um die nach § 3c Abs. 2 EStG nicht abziehbaren Beträge zu mindern ist (§ 51a Abs. 2 EStG).

Knüpfen zudem **außersteuerliche Rechtsnormen** (z.B. EigZulG, BAföG, VermBG) an die ertragsteuerlich definierten Begriffe an, erhöhen sich für deren Zwecke die Größen (Einkünfte, Summe der Einkünfte, Gesamtbetrag der Einkünfte, Einkommen, zu versteuerndes Einkommen) um die nach § 3 Nr. 40 EStG steuerfreien Beträge und mindern sich um die nach § 3c Abs. 2 EStG nicht abziehbaren Beträge (§ 2 Abs. 5a EStG). Das zuvor angewandte Teileinkünfteverfahren wird daher für die vorgenannten Leistungsgesetze wieder eliminiert.

ff) In Zeile 7 enthaltene zu berücksichtigende Teilfreistellungsbeträge i.S.d. §§ 20, 21 InvStG (Zeile 9)

Der Erklärungstatbestand steht im Zusammenhang mit der Besteuerung von Erträgen aus Investmentfonds (vgl. auch Anlage KAP-INV →Rz. 816 ff.). Auf die steuerfreien Teilfreistellungsbeträge (§§ 20, 21 InvStG) erfolgt keine Anrechnung der ausl. Steuer, so dass die Teilfreistellungsbeträge von den Bruttobeträgen abgezogen werden (§ 32d Abs. 5 EStG [die Anrechnung der ausl. Steuer ist auf die Höhe der anfallenden deutschen Steuer begrenzt]). In der Zeile 9 werden die in dem Bruttobetrag der Zeile 7 enthaltenen und zu berücksichtigenden Teilfreistellungsbeträge erfasst. Die Teilfreistellungsbeträge sind nicht bei der Festsetzung und Erhebung von Zuschlagsteuern (§ 51a EStG) – anders als die steuerfreien Teile im Teileinkünfteverfahren – zu berücksichtigen. **101**

1) BT-Drucks. 17/2249 v. 21.6.2010.
2) JStG 2007 v. 13.12.2006, BStBl I 2007, 62.
3) FG Niedersachsen v. 4.3.2010, 10 K 259/08, EFG 2010, 1133.

gg) In Zeile 7 abgezogene ausländische Steuern nach § 34c Abs. 2 (Zeile 10)

102 Anstelle der Anrechnung ausl. Quellensteuer (§ 34c Abs. 1 EStG) kann der gesonderte Antrag auf Abzug der ausl. Quellensteuer wie Betriebsausgaben oder Werbungskosten bei der Ermittlung der Einkünfte gestellt werden (§ 34c Abs. 2 EStG). Der **Abzug der ausl. Quellensteuer ist dann günstiger** als die Anrechnung, wenn z.B. die ausl. Einkünfte so gering sind, dass ein Antrag auf Anrechnung auf Grund der Höchstbetragsberechnung ins Leere geht. Bei neg. Einkünften wird der Verlust noch weiter erhöht, so dass durch einen möglichen Verlustabzug eine Einkommensteuerminderung eintritt. Wird von der stpfl. Person die Entscheidung dahingehend getroffen, die ausl. Quellensteuer wie Werbungskosten abzuziehen, ist diese in Zeile 10 einzutragen, insoweit gilt der erforderliche Antrag zum Abzug als gestellt.

103 Ausländische Steuern sind auf ausl. Dividenden nur zu berücksichtigen, soweit die Dividenden im Inland steuerpflichtig sind (§ 34c Abs. 2 EStG). Soweit Dividenden nach § 3 Nr. 40 EStG steuerfrei sind (Teileinkünfteverfahren), wird eine doppelte Belastung mit ausl. und inl. Steuern durch Steuerfreiheit vermieden.

104 Der Antrag auf Steueranrechnung oder auf Abzug der ausl. Quellensteuer muss für die ausl. **Einkünfte aus demselben Staat einheitlich** ausgeübt werden. Anders ist dies bei Einkünften aus mehreren Staaten. Hier kann das Wahlrecht für alle Einkünfte und Steuern unterschiedlich ausgeübt werden. Zusammenveranlagte **Ehegatten/Lebenspartner** müssen das Antragsrecht nach § 34c Abs. 2 EStG für ausl. Steuern auf Einkünfte aus demselben Staat nicht einheitlich ausüben.

105 Werden **Einkünfte gesondert (und ggf. einheitlich) festgestellt**, ist über den Steuerabzug im Feststellungsverfahren zu entscheiden. Der Antrag ist grds. in der Feststellungserklärung zu stellen (Anlage FE-AUS 1 [gesonderte und einheitliche Feststellung] oder Anlage FG-AUS [gesonderte Feststellung]). In Fällen der gesonderten und einheitlichen Feststellung kann jeder Beteiligte einen gesonderten Antrag stellen.

Hat eine stpfl. Person in einem VZ neben den festzustellenden Einkünften andere ausl. Einkünfte aus demselben Staat als Einzelperson und/oder als Beteiligter bezogen, ist die Ausübung oder Nichtausübung des **Antragsrechts** in der zuerst beim zuständigen FA eingegangenen Feststellungs- oder Steuererklärung maßgebend. Der Antrag kann noch im Rechtsbehelfsverfahren (mit Ausnahme des Revisionsverfahrens) und – soweit es nach der Abgabenordnung zulässig ist – i.R.d. Änderung von Steuerbescheiden nachgeholt oder zurückgenommen werden.[1]

106 Der **Nachweis** über die Höhe der ausl. Einkünfte und über die Festsetzung und Zahlung der ausl. Steuern ist durch entsprechende Urkunden (z.B. Steuerbescheid, Quittung über die Zahlung) zu führen. Sind diese Urkunden in einer fremden Sprache abgefasst, so kann vom FA eine beglaubigte Übersetzung in deutscher Sprache verlangt werden (§ 68b EStDV). Für die Einkünfte aus Kapitalvermögen dürfte dabei regelmäßig eine entsprechende Bescheinigung der Depotbank ausreichen.

hh) In Zeile 7 abgezogene ausländische Steuern nach § 34c Abs. 3 EStG (Zeile 11)

107 **Praxishinweis:**
Die ausl. Quellensteuer ist bei der Berechnung für die Einkünfte (Zeile 7) zu berücksichtigen und damit gekürzt.

Liegen die Voraussetzungen des vorab beschriebenen § 34c Abs. 1 und 2 EStG nicht vor, besteht die Möglichkeit des Abzugs **ohne** dass hierfür ein **gesonderter Antrag** gestellt werden muss, da eine Anrechnung der Steuer nicht möglich ist und als Folge auch ein Wahlrecht nicht ausgeübt werden kann; insoweit ist eine Prüfung auch von Amts wegen erforderlich, auch wenn sich die stpfl. Person nicht auf die Regelung der Vorschrift beruft.[2] Die Anrechnung ist an dieser Stelle immer günstiger als eine Nichtberücksichtigung der Steuer. Zur Nichtanwendung der Anrechnungsmethode führen die folgenden Gründe:

a) Die ausl. Steuer entspricht nicht der deutschen Steuer (→ Rz. 86);
b) Die Steuern werden nicht vom Quellenstaat, sondern von einem anderen Staat erhoben (z.B. in Zusammenhang mit Betriebsstätteneinkünften);
c) Es liegen keine ausl. Einkünfte (§ 34d EStG) vor, wenn ein ausl. Staat Einkünfte besteuert, die jedoch nach deutschem Recht inl. Einkünfte sind (z.B. Montagelieferungen[3]).

Die Begrenzung erfolgt auf die der deutschen ESt unterliegenden Einkünfte. Die Per-Country-limitation findet auf den Steuerabzug keine Anwendung.

ii) Betroffene Einkunftsarten

108 In den Zeilen 5 und 6 sind Angaben zu ausl. Einkünften aus allen Einkunftsarten (inkl. der Einkünfte aus Kapitalvermögen, soweit keine abgeltende Wirkung [Abgeltungsteuer, § 32d Abs. 1 EStG] eingetreten ist, sondern die tarifliche ESt Anwendung findet) erforderlich. Auch für diese Eintragungen gilt, dass die Einnahmen bereits in Anlagen zur ESt-Erklärung (Anlagen G, L, S, R-AUS, R-AV/bAV, V, V-Sonstige und/oder SO) erklärt worden sind.

---
1) R 34c Abs. 4 EStR 2012.
2) BFH v. 19.3.1996, VIII R 15/94, BStBl II 1996, 312.
3) BT-Drucks. 8/3648, 21 v. 8.2.1980.

5. Anzurechnende ausländische Steuern (Zeilen 12–13)

Anzurechnende ausländische Steuern

			EUR		EUR		EUR
12	für alle Einkunftsarten	109	,—	129	,—	149	,—
13	In Zeile 12 enthaltene fiktive ausländische Steuern nach DBA		,—		,—		,—

a) Allgemeines (Zeilen 12–13)

Die Steuerermäßigung bei ausl. Einkünften unter Berücksichtigung der ausl. Steuer dient der Beseitigung einer bestehenden Doppelbesteuerung, wenn kein DBA besteht. Vom ausl. Staat zu Unrecht einbehaltene Steuern können nicht angerechnet werden.[1)] 109

Eine **Steueranrechnung entfällt**, soweit die ausl. Einkünfte durch Abzug von Betriebsausgaben oder Werbungskosten bereits auf null € gemindert wurden oder neg. sind.

Die zu berücksichtigende ausl. Steuer ist auch dann **nicht zu kürzen**, wenn die entsprechenden Einnahmen (z.B. Ausschüttungen) nach § 3 Nr. 40 EStG nur anteilig anzusetzen sind (**Teileinkünfteverfahren**[2)] und Teilfreistellungsbeträge).

Der Nachweis über die Höhe der ausl. Einkünfte und über die Festsetzung und Zahlung der ausl. Steuern ist durch entsprechende Urkunden (z.B. Steuerbescheid, Quittung über die Zahlung) zu führen. Sind diese Urkunden in einer fremden Sprache abgefasst, so kann vom FA eine beglaubigte Übersetzung in deutscher Sprache verlangt werden (§ 68b EStDV).

b) Anzurechnende ausländische Steuern für alle Einkunftsarten (Zeile 12)

Die im Ausland gezahlten und keinem Ermäßigungsanspruch mehr unterliegenden Steuern auf ausl. Einkünfte inl. und ausl. Investmentvermögen sind auf die inl. ESt anrechenbar (§ 34c EStG); dies gilt auch, wenn der Ermäßigungsanspruch bereits verjährt ist. Ausländische Steuern sind nicht anrechnungsfähig oder abziehbar, soweit sie auf ausgeschüttete oder ausschüttungsgleiche Erträge entfallen, die nach den jeweiligen DBA steuerfrei sind. Sind ausl. Steuern anzurechnen, so sind diese in Zeile 12 einzutragen. Eintragungen haben an dieser Stelle für Erträge aus allen Einkunftsarten zu erfolgen. Die ausl. Steuern sind nur bis zur Höhe der auf die im VZ bezogenen Kapitalerträge entfallenden deutschen Steuer anzurechnen (§ 32d Abs. 5 Satz 3 EStG). Dieser Grundsatz ist bei Erträgen aus einem Investmentfonds ebenso zu beachten.[3)] 110

Zu den Einkünften aus Gewerbebetrieb gehören neben dem Gewinnanteil eines Mitunternehmers einer Personengesellschaft auch die Sondervergütungen sowie die Aufwendungen und Erträge des Sonder-BV (§ 50d Abs. 10 EStG[4)]). Sind auf Sondervergütungen und Aufwendungen und Erträge des Sonder-BV DBA anzuwenden, gelten die Sondervergütungen, Aufwendungen und Erträge als Teil des Unternehmensgewinns des vergütungsberechtigten Mitunternehmers. Sie sind der Betriebsstätte zuzurechnen, die die Sondervergütung trägt (§ 50d Abs. 10 Satz 1–4 EStG). Diese Regelung gilt unabhängig von entgegenstehenden DBA-Vorschriften. Anzurechnende ausl. Steuern (§ 50d Abs. 10 Satz 5 EStG) sowie die zu Grunde liegenden inl. Einkünfte (Sondervergütungen sowie Erträge und Aufwendungen des Sonder-BV) sind in einer gesonderten Aufstellung zu erklären.

c) In Zeile 12 enthaltene fiktive ausländische Steuern nach DBA (Zeile 13)

Einige DBA sehen bei Einkünften, die in der BRD ansässige stpfl. Personen aus den betroffenen Vertragsstaaten beziehen, auch dann eine Anrechnung ausl. Quellensteuern vor, obwohl diese effektiv – ganz oder zum Teil – nicht erhoben worden sind (Berücksichtigung fiktiver Quellensteuer). In einigen DBA wird gefordert, dass der Verzicht auf die Erhebung von Quellensteuern mit Sondermaßnahmen zur Förderung der wirtschaftlichen Entwicklung des ausl. Staates in Verbindung steht. Stehen die zu berücksichtigenden Steuern mit (privaten) Einkünften aus Kapitalvermögen im Zusammenhang, sind sie auf der Anlage KAP zu erklären. Die **Voraussetzungen** für die Anrechnung fiktiver Quellensteuern sind in den einzelnen DBA unterschiedlich geregelt.[5)] Bei den bestehenden DBA sind bei den Vorschriften zur Anrechnung fiktiver Quellensteuer **vier Fallgruppen** zu unterscheiden. 111

> **Praxishinweis:**
> Die fiktiv zu berücksichtigenden Steuern müssen bereits in Zeile 12 enthalten sein.

---

1) BFH v. 2.3.2010, I R 75/08, BFH/NV 2010, 1820.
2) R 34c Abs. 2 Satz 3 EStR 2012.
3) Die Regelung § 4 Abs. 3 InvStG a.F. wurde nicht im aktuellen InvStG fortgeführt, so dass die allgemeinen Grundsätze anzuwenden sind.
4) I.d.F. des AmtshilfeRLUmsG v. 26.6.2013, BGBl. I 2013, 1809 = BStBl I 2013, 802.
5) BMF v. 3.8.2017, IV B 4 – S 1301/08/10015, BStBl I 2017, 1225.

d) Anrechnung auf Grund ausdrücklich aufgeführter Rechtsvorschriften

aa) Allgemeines

112 DBA, nach denen die Anrechnung fiktiver Quellensteuer davon abhängt, dass der andere Vertragsstaat auf Grund im DBA ausdrücklich aufgeführter Rechtsvorschriften auf die Erhebung einer Quellensteuer bei Zinseinkünften verzichtet (Ägypten).

bb) Anrechnung zur Förderung der wirtschaftlichen Entwicklung des Quellenstaats

113 DBA, nach denen die Anrechnung fiktiver Quellensteuer davon abhängt, dass der andere Vertragsstaat zur Förderung seiner wirtschaftlichen Entwicklung auf die Erhebung einer Quellensteuer von Zinseinkünften verzichtet, bestehen mit folgenden Staaten: Elfenbeinküste, Griechenland, Jamaika, Kenia, Liberia, Marokko, Trinidad und Tobago, Tunesien und Venezuela.

Der Nachweis, dass die genannten Vertragsstaaten zur Förderung ihrer wirtschaftlichen Entwicklung auf eine Besteuerung der Zinsen – ganz oder zum Teil – verzichten, ist im Einzelfall von der stpfl. Person zu führen, die sich hierauf beruft (§ 90 Abs. 2 AO). Hierzu ist regelmäßig zum **Nachweis eines Steuerverzichts** zur Förderung der wirtschaftlichen Entwicklung des Quellenstaats eine Bestätigung der nach dem jeweiligen DBA für die Abkommensanwendung zuständigen ausl. Behörde von dem Stpfl. vorzulegen.

Grundsätzlich ist nicht zu beanstanden, wenn die stpfl. Person als **Nachweis** über den Inhalt der dem Konsortialführer oder einer anderen Konsortialbank vorliegenden Bestätigung einen **Abdruck der Bescheinigung im Werbeprospekt** des Konsortialführers oder einer anderen Konsortialbank vorlegt oder die Zinsgutschrift einen gesonderten Hinweis auf den Inhalt der Bescheinigung enthält.

cc) Begrenzung der Anrechnung auf den allgemein geltenden Steuersatz

114 In einer Reihe von DBA ist vorgesehen, dass sich der Anrechnungshöchstsatz für die Anrechnung fiktiver Quellensteuer entsprechend verringert, wenn der in dem anderen Vertragsstaat geltende allgemeine Steuersatz auf Zinsen unter diesen Anrechnungshöchstsatz sinkt (Ägypten, Jamaika, Kenia, Sri Lanka sowie Trinidad und Tobago).

Bei den genannten DBA kann bis auf Weiteres unterstellt werden, dass der allgemeine Steuersatz auf Zinsen in den Vertragsstaaten nicht niedriger ist als der im Abkommen für die Anrechnung fiktiver Quellensteuer vorgesehene Höchstsatz.

dd) Anrechnung ohne besondere Voraussetzungen

115 DBA, nach denen eine Anrechnung fiktiver Quellensteuern ohne besondere Voraussetzungen vorgesehen ist, bestehen mit folgenden Staaten: Argentinien, Bangladesch, Bolivien, Ecuador, Indonesien, Mongolei und Portugal.

> **Praxishinweis:**
> Bei den genannten DBA erfolgt eine Anrechnung fiktiver Quellensteuer ohne weitere Voraussetzungen. Besondere Bestätigungen über die Anrechenbarkeit fiktiver Quellensteuern sind nicht erforderlich.

Zu der Frage, in welcher Höhe fiktive Quellensteuern bei festverzinslichen Wertpapieren anzurechnen sind, wenn beim Erwerb **Stückzinsen** gezahlt und beim Verkauf solche vereinnahmt worden sind, hat der BFH[1] in einem Fall zu dem nicht mehr geltenden DBA mit Brasilien aus dem Jahr 1975 (DBA-Brasilien) entschieden, dass vereinnahmte Stückzinsen keine Anrechnung fiktiver Quellensteuern auslösen. Der BFH führt aus, dass Stückzinsen i.S.d. § 20 Abs. 2 Satz 1 Nr. 7 EStG keine Einkünfte nach Art. 11 Abs. 4 DBA-Brasilien (vergleichbar Art. 11 Abs. 3 OECD-Musterabkommen), sondern abkommensrechtlich den Veräußerungsgewinnen i.S.d. Art. 13 DBA-Brasilien (vergleichbar Art. 13 OECD-Musterabkommen) zuzuordnen sind. In Fällen, in denen fiktive Quellensteuer zu berücksichtigen ist, kommt nur die Steueranrechnung nach § 34c Abs. 1 EStG in Betracht; ein Wahlrecht zum Steuerabzug der Steuer nach § 34c Abs. 2 EStG besteht nicht (§ 34c Abs. 6 Satz 2 Halbs. 2 EStG).

6. Pauschal zu besteuernde Einkünfte i.S.d. § 34c Abs. 5 EStG (Zeile 14)

Die Eintragungen in den Zeilen 14 bis 30 sind nur in der ersten Anlage AUS vorzunehmen.		
Pauschal zu besteuernde Einkünfte i. S. d. § 34c Abs. 5 EStG		
		EUR
14 In Zeile 7 nicht enthaltene Einkünfte, für die die Pauschalierung beantragt wird	800	,–

116 Die obersten Finanzbehörden der Länder oder die von ihnen beauftragten Finanzbehörden können mit Zustimmung des BMF die auf ausl. Einkünfte entfallende deutsche ESt ganz oder zum Teil **erlassen** oder **in einem Pauschbetrag festsetzen**, wenn es aus volkswirtschaftlichen Gründen zweckmäßig ist oder die Anwendung der Anrechnungsmethode (§ 34c Abs. 1 EStG; z.B. bei der Abgrenzung von Einkünften) besonders schwierig ist.

---

1) BFH v. 9.6.2010, I R 94/09, BStBl II 2011, 860.

Der **Antrag** kann gestellt werden, solange die Steuerfestsetzung noch nicht unanfechtbar ist oder unter dem Vorbehalt der Nachprüfung steht. Der Antrag ist für jeden VZ neu zu stellen.

Praxishinweis:
Der hier eingetragene Betrag darf nicht in Zeile 7 enthalten sein. Sind Einkünfte aus nichtselbständiger Arbeit betroffen, haben Erklärungen nicht hier, sondern auf der Anlage N in den Zeilen 21–24 zu erfolgen.

Im Falle der **Pauschalbesteuerung** kann eine tatsächlich für die entsprechenden Einkünfte festgesetzte und gezahlte ausl. ESt weder angerechnet noch abgezogen werden. Die pauschal besteuerten Einkünfte bleiben auch bei der Ermittlung des auf die übrigen Einkünfte anzuwendenden Steuersatzes unberücksichtigt. Dies gilt ebenfalls für die Ermittlung des Höchstbetrags nach § 34c Abs. 1 Satz 2 EStG.[1]

Zu der Problematik vgl. der Auslandstätigkeitserlass v. 10.6.2022[2] und der Pauschalierungserlass v. 10.4.1984[3], auf die inhaltlich verwiesen wird. Zur personellen Reichweite des Auslandstätigkeitserlasses vgl. BFH.[4] Der Antrag auf Anwendung des Auslandstätigkeitserlasses kann auch nach Eintritt der Bestandskraft gestellt werden.[5]

Stammen Einkünfte i.S.d. Grundsätze **aus mehreren ausl. Staaten**, so kann die stpfl. Person den Antrag auf Pauschalierung auf die Einkünfte aus einem oder mehreren dieser Staaten beschränken. Der Antrag auf pauschale Besteuerung kann nicht auf einen beliebigen Teilbetrag der Einkünfte, für die die pauschale Besteuerung in Betracht kommt, begrenzt werden, um z.B. durch die Inanspruchnahme der in den Steuertabellen enthaltenen Freibeträge insgesamt einen Steuersatz zu erreichen, der unter 25 % liegt.[6]

Die Verwaltungsanweisungen stellen keine abschließende Regelung der Möglichkeiten des Erlasses oder der Pauschalierung der Steuern dar.[7] Zu den Voraussetzungen für die Steuerermäßigung vgl. FG Hessen.[8]

7. Anrechnung ausländischer Steuer nach § 50d Abs. 10 Satz 5 EStG (Zeilen 15–16)

Anrechnung ausländischer Steuer nach § 50d Abs. 7 Satz 2 EStG

(in der **Anlage N** enthalten)

15	Einkünfte i. S. d. § 50d Abs. 7 EStG	827	EUR ,—
16	Anrechenbare ausländische Steuer nach § 50d Abs. 7 Satz 2 EStG	828	EUR , Ct

2025AnlAUS141 - September 2025 - 2025AnlAUS141

Hinweis zur Plausibilitätsbeurteilung: 117
Der Erklärungstatbestand wurde ab dem **VZ 2025 neu eingefügt**. Durch § 50d Abs. 7 Satz 3 EStG ist geregelt, dass die Sätze 1 und 2 des § 50d Abs. 7 EStG auch bei einer unbeschränkt stpfl. Personen mit vergleichbaren Einkünften aus § 19 EStG entsprechend anzuwenden sind. Somit ist auch bei einer unbeschränkt stpfl. Person eine Anrechnung der ausl. Steuer in den Fällen des § 50d Abs. 7 Satz 1 EStG vorgesehen. Da bei einer unbeschränkt stpfl. Person das Welteinkommensprinzip zu beachten ist, so dass der Arbeitslohn für eine im Ausland ausgeübte Tätigkeit im Inland der Besteuerung unterliegt. Hierzu die Anlage N der Steuererklärung beizufügen. Die Erklärung der anrechenbaren ausl. Steuer nach § 50 Abs. 7 Satz 2 EStG erfolgt über die Zeile 16 der Anlage AUS. Die Abfrage der Einkünfte (§ 50d Abs. 7 EStG) in der Zeile 15 der Anlage AUS ist für die Berechnung der anteilig auf diese Einkünfte entfallenden deutschen ESt notwendig, da nur insoweit eine entsprechende Anrechnung der ausl. Steuer erfolgen kann.

Für die anrechenbare ausl. Steuer (§ 50d Abs. 7 Satz 2 EStG) ist eine Kopie des ausl. Steuerbescheids und des Zahlungsnachweises beizufügen.

Beispiel:
A mit Wohnsitz in Deutschland, beschäftigt bei der GmbH (öffentliche Kasse) im Inland , wird in einen DBA-Staat entsandt. Aus Sicht des ausl. Staates ist Art. 15 Abs. 1, 2 OECD-MA anzuwenden und dem Tätigkeitsstaat (ausl. Staat) steht das Besteuerungsrecht für den Arbeitslohn insoweit zu. Dementsprechend wird der ausl. Staat eine (ausl.) Steuer erheben, soweit die Tätigkeit dort ausgeübt wird. Aus Sicht von Deutschland ist Art. 18 Abs. 1 OECD-MA i.V.m. § 50d Abs. 7 Satz 1, 3 EStG anzuwenden und nur der Kassenstaat (Deutschland) hat das Besteuerungsrecht. Der Arbeitslohn ist bereits im LSt-Abzugsverfahren nicht nach DBA steuerfrei zu stellen, da auf Grund § 50d Abs. 7 EStG der inl. Besteuerungsanspruch nicht durch DBA beschränkt wird, und muss in der Anlage N erklärt werden. § 50d Abs. 7 Satz 2, 3 EStG sieht die Anrechnung der ausl. Steuer vor. Bei der Veranlagung muss der Arbeitslohn in der steuerlichen BMG enthalten sein.

1) R 34c Abs. 3 EStR 2012.
2) BMF v. 10.6.2022, IV C 5 – S 2293/19/10012 :001, BStBl I 2022, 997.
3) BMF v. 10.4.1984, IV C 6 – S 2293 – 11/84, BStBl I 1984, 252, sog. Pauschalierungserlass.
4) BFH v. 8.12.2010, I B 98/10, BFH/NV 2011, 596.
5) BFH v. 17.6.2020, I R 7/18, BStBl II 2021, 211.
6) BMF v. 10.4.1984, IV C 6 – S 2293 – 11/84, BStBl I 1984, 252, Rz. 7.
7) BFH v. 18.8.1987, VIII R 297/82, BStBl II 1988, 139; BFH v. 20.5.1992, I B 16/92, BFH/NV 1992, 740.
8) FG Hessen v. 5.7.2018, 6 V 2290/17, DStZ 2018, 777.

8. Anrechnung ausländischer Steuer nach § 50d Abs. 10 Satz 5 EStG (Zeilen 17–18)

- 2 -

Anrechnung ausländischer Steuer nach § 50d Abs. 10 Satz 5 EStG
(in den **Anlagen G**, **S** enthalten)

Zeile		Kennzahl	Betrag
			EUR
17	Inländische Einkünfte i. S. d. § 50d Abs. 10 EStG	824	,—
			EUR Ct
18	Anrechenbare ausländische Steuer nach § 50d Abs. 10 Satz 5 EStG	825	,

118 Ab dem VZ 2017 besteht die Möglichkeit, anzurechnende Steuern (§ 50d Abs. 10 Satz 5 EStG) sowie die zu Grunde liegenden inl. Einkünfte (Sondervergütungen sowie Erträge und Aufwendungen des Sonder-BV) ohne weitere Erläuterungen oder eine gesonderte Anlage zu erklären. Auf den Tatbestand, dass die jeweiligen Beträge in den Anlagen G und S enthalten sein müssen, wird ab VZ 2018 hingewiesen.

Nach § 50d Abs. 10 Satz 5 EStG ist bei Einkünften i.S.d. § 50d Abs. 10 Satz 1 bis 4 EStG, die einer Person zuzurechnen sind, die nach einem Abkommen zur Vermeidung der Doppelbesteuerung als im anderen Staat ansässig gilt, und wenn der Nachweis erbracht wird, dass der andere Staat die Einkünfte besteuert, ohne die darauf entfallende deutsche Steuer anzurechnen, die in diesem Staat nachweislich auf diese Einkünfte festgesetzte und gezahlte und um einen entstandenen Ermäßigungsanspruch gekürzte, der deutschen ESt entsprechende, anteilige ausl. Steuer bis zur Höhe der anteilig auf diese Einkünfte entfallenden deutschen ESt anzurechnen. Vgl. auch BMF v. 26.9.2014 zur Anwendung der DBA auf Personengesellschaften.[1]

9. Hinzurechnungsbesteuerung nach den §§ 7–13 AStG (Zeilen 19–24)

Hinzurechnungsbesteuerung nach den §§ 7 bis 13 AStG
(in den **Anlagen G**, **KAP**, **L**, **S** enthalten)

Zeile		Kennzahl	Betrag
19	Finanzamt		
20	Steuernummer		
21	Staat		
			EUR
22	Hinzurechnungsbetrag laut Feststellung des Finanzamts (zuzüglich der anzurechnenden Steuern laut Zeile 23, soweit diese den Hinzurechnungsbetrag gemindert haben)	801	,—
23	Nach § 12 Abs. 1 AStG anzurechnende Steuern laut Feststellung	802	,—
24	Auf Antrag nach § 12 Abs. 2 AStG anzurechnende Steuern laut Feststellung	803	,—

119 Durch das ATAD-UmsG[2] wurden wesentliche Modifikationen u.a. hinsichtlich der Wegzugs- und der Hinzurechnungsbesteuerung vorgenommen.[3] Eine niedrige Besteuerung wird angenommen, wenn die Einkünfte, für welche die ausl. Gesellschaft Zwischengesellschaft ist, einer ertragsteuerlichen Belastung von weniger als 25 % unterliegen. Danach ist eine niedrige Besteuerung gegeben, wenn die ausl. Ertragsteuerbelastung weniger als die Hälfte der Ertragsteuerbelastung der stpfl. Person beträgt. Unter Einbeziehung der deutschen KSt und GewSt ist diesem Erfordernis genüge getan.

Die Einkünfte werden gesondert durch das zuständige FA festgestellt[4] (Gesonderte Feststellung von Besteuerungsgrundlagen [§ 18 Abs. 3 AStG]), so dass der Hinzurechnungsbetrag dem Feststellungsbescheid entnommen werden kann. In den **Zeilen 17 und 18** sind das feststellende FA, die Steuernummer, der Staat, in dem sich der Sitz oder die Geschäftsleitung der Zwischengesellschaft befindet, und der festgestellte Betrag, ggf. erhöht um die auf Antrag anzurechnenden Steuern nach § 12 Abs. 1 AStG a.F. i.V.m. § 21 Abs. 4 Satz 3 AStG zu erklären. Bei Ausschüttungen aus einer Beteiligung an einer Zwischengesellschaft, bei Gewinnen aus der Veräußerung von Anteilen an der Zwischengesellschaft sowie bei Einlagenrückgewähr ist bei der Ermittlung der Summe der Einkünfte ein Kürzungsbetrag abzuziehen, soweit in den Vorjahren Hinzurechnungsbeträge als sog. Hinzurechnungskorrekturvolumen gesondert und einheitlich festgestellt wurden. Voraussetzung dafür ist, dass die stpfl. Person eine Gewinnausschüttung von einer ausl. Gesellschaft erhalten hat, für die ihr in den Vorjahren oder im gleichen Jahr Hinzurechnungsbeträge zugerechnet worden sind.

Der **Kürzungsbetrag nach § 11 AStG** ist auf den Anlagen G (Zeile 112), L (Zeile 42) oder S (Zeile 59) einzutragen.

1) BMF v. 26.9.2014, IV B 5 – S 1300/09/10003, BStBl I 2014, 1258.
2) Gesetz zur Umsetzung der Anti-Steuervermeidungsrichtlinie (ATADUmsetzungsgesetz – ATADUmsG) v. 25.6.2021, BGBl. I 2021, 2035.
3) Vgl. z.B. Jacobsen, DStZ 2021, 743.
4) Vgl. BMF v. 25.6.2024, IV B 5 – S 1369/19/10001 :004, BStBl I 2024, 984.

Die Anrechnung von Steuern (§ 12 Abs. 1 AStG) kann in **Zeile 21** beantragt werden. Die Anrechnung der Steuern nach § 12 Abs. 1 AStG a.F. gilt nur für Steuern auf Zwischeneinkünfte für Wj., die vor dem 1.1.2022 enden. Diese Steuern können nur auf die Steuern angerechnet werden, die auf den im Jahr der Steuererhebung nach geltendem Recht anzusetzenden Hinzurechnungsbetrag entfallen. Der Antrag zur Anrechnung von Steuern nach § 12 Abs. 2 AStG erfolgt über die Erklärung in **Zeile 22**. Der Nachweis über die auf Antrag anrechenbaren Steuern ist jedoch im Feststellungsverfahren zu erbringen.

10. Familienstiftungen nach § 15 AStG (Zeilen 25–30)

Familienstiftungen nach § 15 AStG

(laut Feststellung)

Einkünfte einer ausländischen Familienstiftung, die der tariflichen Einkommensteuer unterliegen

Zeile		Kz	EUR
25	Bezeichnung		
26	Finanzamt		
27	Steuernummer		
28	Betrag (in den **Anlagen G**, **KAP** [Zeile 54], **L**, **S**, **V** enthalten)	818	,—
	Anzurechnende Steuern		
29	Nach § 15 Abs. 5 Satz 1 AStG anzurechnende ausländische Steuern	819	,—
30	Auf Antrag nach § 15 Abs. 11 Satz 2 AStG anzurechnende ausländische Steuern auf Zuwendungen einer ausländischen Familienstiftung	820	,—

a) Allgemeines

Praxishinweis: 120

Zur Berechnung der Einkünfte (nicht des Einkommens[1] mit der Notwendigkeit einer Zuordnung zu einer Einkunftsart) ist eine gesonderte Berechnung der Einkünfte der ausl. Familienstiftung erforderlich. Falls der stpfl. Person die Einkünfte einer ausl. Familienstiftung auf Grund einer einheitlichen und gesonderten Feststellung (§ 18 Abs. 4 AStG) zuzurechnen sind, sind die festgestellten Einkünfte, die ebenfalls in den Anlagen G, KAP (Zeile 54), L, S und/oder V enthalten sein müssen, ebenso wie das für die Feststellung zuständige FA und die dortige Steuernummer zu erklären.

Eine Stiftung i.S.d. § 15 Abs. 1 AStG liegt vor, wenn ein ausl. Rechtsgebilde nach seiner inneren und äußeren rechtlichen Ausgestaltung mit einer Stiftung deutschen Rechts vergleichbar ist. Entscheidend sind damit die persönlichen Verhältnisse der stpfl. Person. Zur Frage des Zusammenspiels von § 15 AStG mit der Abgeltungsteuer vgl. Moser.[2]

Nach § 15 AStG muss die Stiftung ihren Sitz und ihre Geschäftsleitung im Ausland haben. Nach den §§ 80 ff. BGB ist eine Stiftung eine mit Rechtsfähigkeit ausgestattete, nicht verbandsmäßig organisierte Einrichtung, die einen vom Stifter[3] bestimmten Zweck mit Hilfe eines dazu gewidmeten Vermögens dauernd fördern soll.[4] Eine Stiftung i.S.d. § 15 AStG liegt nur dann vor, wenn der betreffende Rechtsträger ohne die Regelung des AStG ggü. einem deutschen Steuerzugriff Abschirmwirkung entfaltet, d.h. wenn das Einkommen nach deutschem Recht keiner anderen Person zuzurechnen ist. Unter den Begriff des Stifters i.S.d. § 15 Abs. 1 AStG sind vor allem die Personen zu fassen, für deren Rechnung Vermögen auf die Familienstiftung übertragen wird.[5] Nach § 15 Abs. 1 AStG werden das Vermögen und die Einkünfte einer Familienstiftung, die Geschäftsleitung und Sitz außerhalb des Geltungsbereichs des Gesetzes hat, dem Stifter, wenn er unbeschränkt steuerpflichtig ist, sonst den unbeschränkt stpfl. Personen, die bezugsberechtigt oder anfallsberechtigt sind, entsprechend ihrem Anteil zugerechnet, d.h. das Vermögen der Stiftung wird Teil des Gesamtvermögens des Stifters bzw. der Bezugs- oder Anfallsberechtigten.

Die Zurechnungsbesteuerung (§ 15 Abs. 1 AStG) betreffend ausl. Familienstiftungen setzt auch nach der Einfügung des § 15 Abs. 6 AStG voraus, dass die Familienstiftung eigene Einkünfte erzielt. Die wirtschaftliche Zuordnung streitbefangener Vermögenswerte und Einkünfte nach § 39 AO ist für eine Anwendung des § 15 AStG weiterhin vorrangig zu prüfen.[6]

Praxishinweis:

Anfallsberechtigung ist im Rahmen des § 88 BGB gegeben, soweit die Stiftung z.B. zeitlich beschränkt ist.

---

1) AmtshilfeRLUmsG v. 26.6.2013, BGBl. I 2013, 1809 = BStBl I 2013, 802. Vgl. hierzu auch Ditz/Quilitzsch, DStR 2013, 1917 m.w.N.
2) Moser, DStZ 2018, 787.
3) BMF v. 14.5.2004, IV B 4 – S 1340 – 11/04, BStBl I 2004 Sondernummer 1/2004, 3, Rz. 15.2.1 und BMF v. 22.12.2023, IV B 5 – S 1340/23/10001 :001, BStBl I 2023, Sondernummer 1/2023, 2.
4) BFH v. 25.4.2001, II R 14/98, BFH/NV 2001, 1457.
5) BFH v. 5.11.1992, I R 39/92, BStBl II 1993, 388.
6) FG Hamburg v. 17.12.2020, 6 K 307/19, EFG 2021, 1003; Rev. zurückgenommen.

Eine Zurechnung erfolgt unabhängig davon, ob die berechtigten Personen tatsächlich Zuwendungen von der Stiftung erhalten haben.

Die Einkünfte sind in der nachstehenden Reihenfolge einzelnen Personen zuzurechnen:

1. dem unbeschränkt oder erweitert beschränkt stpfl. Stifter;
2. den unbeschränkt oder erweitert beschränkt stpfl. Personen, die bezugsberechtigt sind;
3. den unbeschränkt oder erweitert beschränkt stpfl. Personen, die anfallsberechtigt sind.

Familienstiftungen sind Stiftungen, bei denen der Stifter, seine Angehörigen und deren Abkömmlinge zu mehr als der Hälfte bezugsberechtigt oder anfallsberechtigt sind (§ 15 Abs. 2 AStG). Die Einkünfte einer Familienstiftung mit Sitz oder Geschäftsleitung im Ausland werden vorrangig dem unbeschränkt stpfl. Stifter, ansonsten den unbeschränkt stpfl. Personen, die bezugsberechtigt oder anfallsberechtigt sind, gemäß ihrem Anteil unmittelbar entsprechend seinem Zufluss zugerechnet. Dabei kommt es nicht darauf an, ob die entsprechenden Erträge thesauriert oder an die Destinatäre ausgeschüttet werden. Soweit die Voraussetzungen des § 15 AStG nicht vorliegen, soll die Versteuerung nach § 22 Nr. 1 Satz 2 EStG (nicht § 20 Abs. 1 Nr. 9 EStG) erfolgen, da auf Grund des § 20 Abs. 1 Nr. 9 EStG nur Leistungen von unbeschränkt stpfl. Personen, nicht aber von ausl. Körperschaftsteuersubjekten erfasst werden.[1]

b) Betrag/Einkünfte einer ausländischen Familienstiftung, die der tariflichen Einkommensteuer unterliegen (Zeile 26)

121 Zu erklären sind die Einkünfte (nicht das Einkommen[2]) der ausl. Familienstiftung. Die Stiftung ist zu bezeichnen; der jeweilige Staat ist nicht anzugeben, da die Per-country-limitation keine Anwendung findet. Die Einkünfte der Stiftung werden in entsprechender Anwendung der Vorschriften des KStG und des EStG ermittelt (§ 15 Abs. 7 AStG) und unterliegen der tariflichen ESt. Ergibt sich ein neg. Betrag, entfällt die Zurechnung. Die Einkünfte werden dem Stifter zugeschlagen.[3]

> **Praxishinweis:**
> Die erklärten Einkünfte erhöhen nicht das Einkommen, sondern sind bei der jeweiligen Einkunftsart zu erklären (Anlagen G, KAP [Zeile 54], L, S und/oder V). Die gesonderte Erklärung ist für die Anrechnung der ausl. Steuer erforderlich.

Soweit es sich bei der vorzunehmenden Eintragung um Werte einer gesonderten und einheitlichen Feststellung handelt (§ 18 Abs. 4 AStG), ist zusätzlich das hierfür zuständige FA sowie die Steuernummer einzutragen.

c) Nach § 15 Abs. 5 Satz 1 anzurechnende ausländische Steuern lt. Feststellung (Zeile 27)

122 Die von der ausl. Familienstiftung tatsächlich entrichteten Steuern sind **auf Antrag** (§ 15 Abs. 5 Satz 1 i.V.m. § 12 Abs. 1 AStG) anzurechnen. Die Anwendung des § 12 AStG hat ihre Bedeutung darin, dass der Stifter, Bezugs- oder Anfallsberechtigte die von der ausl. Stiftung erhobenen Ertragsteuern auf die inl. Steuerschuld anrechnen lassen kann.

> **Beratungshinweis:**
> Die Anwendung des § 15 AStG bei einer Versagung der Anrechnung nach § 35 Abs. 1 EStG oder nach § 15 Abs. 5 AStG verstößt nicht gegen das EWR-Abkommen.[4] Es kann auch eine inl. Steuer angerechnet werden, wenn die ausl. Stiftung z.B. mit inl. Grundbesitz beschränkt steuerpflichtig ist.

d) Auf Antrag nach § 15 Abs. 11 Satz 2 anzurechnende Steuer auf Zuwendungen einer ausländischen Familienstiftung (Zeile 28)

123 Zu erklären sind die anzurechnenden ausl. Steuern i.S.d. § 18 Abs. 4 AStG lt. Feststellung (§ 15 Abs. 5 Satz 2 i.V.m. § 12 Abs. 3 AStG).

1) Söffing, ErbStB 2007, 219.
2) AmtshilfeRLUmsG v. 26.6.2013, BStBl I 2013, 802. Vgl. hierzu auch Ditz/Quilitzsch, DStR 2013, 1917 m.w.N.
3) R 2 EStR 2012.
4) FG Düsseldorf v. 21.4.2015, 13 K 4163/11 E, EFG 2015, 1374.

11. Nicht nach DBA steuerfreie negative Erträge i.S.d. § 2a Abs. 1 EStG (Zeilen 31–35)

Nicht nach DBA steuerfreie negative Einkünfte i. S. d. § 2a Abs. 1 EStG

zu den Zeilen 4 bis 14 und 19 bis 24

	aus dem Staat –1–	nach § 2a Abs. 1 Satz 1 Nr. ... EStG –2–	noch nicht verrechnete Verluste 1985 bis 2024 –3–	nicht ausgleichsfähige Verluste / Gewinnminderungen 2025 –4–	enthalten in Anlage und Zeile –5–	positive Einkünfte 2025 –6–	enthalten in Anlage und Zeile –7–	Summe der Spalten 3, 4 und 6 –8–
31	1		,—	,—		,—		,—
32	2		,—	,—		,—		,—
33	3		,—	,—		,—		,—
34	4		,—	,—		,—		,—
35	5		,—	,—		,—		,—

2025AnlAUS142 2025AnlAUS142

a) Allgemeines

Nach § 2a EStG dürfen negative Einkünfte 124

„1. aus einer in einem Drittstaat belegenen land- und forstwirtschaftlichen Betriebsstätte,

2. aus einer in einem Drittstaat belegenen gewerblichen Betriebsstätte,

3. a) aus dem Ansatz des niedrigeren Teilwerts eines zu einem Betriebsvermögen gehörenden Anteils an einer Drittstaaten-Körperschaft, oder

b) aus der Veräußerung oder Entnahme eines zu einem Betriebsvermögen gehörenden Anteils an einer Drittstaaten-Körperschaft oder aus der Auflösung oder Herabsetzung des Kapitals einer Drittstaaten-Körperschaft,

4. in den Fällen des § 17 EStG bei einem Anteil an einer Drittstaaten-Kapitalgesellschaft,

5. aus der Beteiligung an einem Handelsgewerbe als stiller Gesellschafter und aus partiarischen Darlehen, wenn der Schuldner Wohnsitz, Sitz oder Geschäftsleitung in einem Drittstaat hat,

6. a) aus der Vermietung oder der Verpachtung von unbeweglichem Vermögen oder von Sachinbegriffen, wenn diese in einem Drittstaat belegen sind, oder

b) aus der entgeltlichen Überlassung von Schiffen, sofern der Überlassende nicht nachweist, dass diese ausschließlich oder fast ausschließlich in einem anderen Staat als einem Drittstaat eingesetzt worden sind, es sei denn, es handelt sich um Handelsschiffe, die

aa) von einem Vercharterer ausgerüstet überlassen, oder

bb) an in einem anderen als in einem Drittstaat ansässige Ausrüster, die die Voraussetzungen des § 510 Abs. 1 HGB erfüllen, überlassen, oder

cc) insgesamt nur vorübergehend an in einem anderen als in einem Drittstaat ansässige Ausrüster, die die Voraussetzungen des § 510 Abs. 1 HGB erfüllen, überlassen worden sind, oder

c) aus dem Ansatz des niedrigeren Teilwerts oder der Übertragung eines zu einem Betriebsvermögen gehörenden Wirtschaftsguts im Sinne der Buchstaben a und b,

7. a) aus dem Ansatz des niedrigeren Teilwerts, der Veräußerung oder Entnahme eines zu einem Betriebsvermögen gehörenden Anteils an

b) aus der Auflösung oder Herabsetzung des Kapitals,

c) in den Fällen des § 17 EStG bei einem Anteil an einer Körperschaft mit Sitz oder Geschäftsleitung in einem anderen Staat als einem Drittstaat, soweit die negativen Einkünfte auf einen der in den Nummern 1 bis 6 genannten Tatbestände zurückzuführen sind, nur mit positiven Einkünften derselben Art und – mit Ausnahme der Fälle des Nr. 6b – aus demselben Staat, in den Fällen der Nr. 7 auf Grund von Tatbeständen der jeweils selben Art aus demselben Staat ausgeglichen werden."

Beratungshinweis:
Der Beschluss des GrS des BFH hinsichtlich der Vererbbarkeit von Verlusten (→ Rz. 1478) ist auch für die Verluste i.S.d. § 2a Abs. 1 EStG zu beachten.[1]

125 Die **Umqualifizierung von Einkunftsarten** nach dem Subsidiaritätsprinzip (§§ 20 Abs. 8, 21 Abs. 3 EStG) oder nach § 8 Abs. 2 KStG hat keinen Einfluss auf die Regelung des § 2a EStG. So werden Einkünfte einer Kapitalgesellschaft – ohne ausl. Betriebsstätte i.S.d. § 2a Abs. 1 Nr. 2 EStG – aus der Gewährung eines partiarischen Darlehens an einen ausl. Schuldner nicht deswegen von der Regelung in § 2a Abs. 1 Nr. 5 EStG ausgenommen, da die inl. Kapitalgesellschaft nach § 8 Abs. 2 KStG stets gewerbliche Einkünfte erzielt.

Nicht aber sind Einkünfte aus dem Ergebnis einer ausl. Betriebsstätte auszugliedern, wenn die Tatbestandsvoraussetzungen einer der übrigen Nummern des § 2a Abs. 1 EStG erfüllt sind.[2]

Beratungshinweis:
Negative ausl. Einkünfte, die in den VZ 1985 bis 1991 entstanden und bis zum VZ 1991 einschließlich nicht ausgeglichen worden sind, können nach § 2a EStG i.d.F. des StÄndG[3] zeitlich unbegrenzt vorgetragen werden.[4] Wurde bisher ein Betrag nach § 2a EStG nicht festgestellt, dürften die Verluste auch für die Jahre vor 1992 in eine erstmalige Festsetzung eingehen.

126 Bei **zusammen veranlagten Ehegatten/Lebenspartnern** sind **neg. Einkünfte** des einen Ehegatten/Lebenspartners mit positiven Einkünften des anderen Ehegatten/Lebenspartners der jeweils selben Art und aus demselben Staat auszugleichen oder zu verrechnen, soweit sie nicht mit eigenen positiven Einkünften ausgeglichen oder verrechnet werden können; dies gilt nicht für Fälle des § 2a Abs. 1 Nr. 6b EStG.[5] Verbliebene negative Einkünfte des Erblassers aus der Vermietung eines Hauses in der Schweiz i.S.d. § 2a Abs. 1 Satz 1 Nr. 6 Buchst. a Satz 5 EStG gehen nicht im Wege der Erbfolge auf den Erben über.[6] Erben haben damit nicht die Möglichkeit, entstandene Verluste auch nach dem Erbfall mit positiven Einkünften zu verrechnen.

b) Aktivitätsklausel

127 Ein **Verlustausgleich** ist in Fällen der sog. **Aktivitätsklausel** möglich (§ 2a Abs. 2 Satz 2 EStG). Insoweit wird von der Freistellungs- zur Anrechnungsmethode gewechselt, die vorteilhaft ist, wenn im Ausland Verluste erzielt werden und dann diese Betriebsstätteneinkünfte mit den Einkünften des Stammhauses verrechenbar wären. Vom Verlustabzugsverbot sind ausl. Einkünfte einer gewerblichen Betriebsstätte im Ausland ausgenommen, die die Aktivitätsvoraussetzungen erfüllt (sog. erwünschte Auslandsbetätigung). In diesem Fall hat die stpfl. Person nachzuweisen, dass die neg. Einkünfte aus einer gewerblichen Betriebsstätte im Ausland stammen, die ausschließlich oder fast ausschließlich die Herstellung von Waren[7] (mit Ausnahme von Waffen[8]), der Gewinnung von Bodenschätzen sowie die Bewirkung gewerblicher Leistungen zum Gegenstand hat, soweit diese nicht in der Errichtung oder dem Betrieb von Anlagen, die dem Fremdenverkehr dienen, oder in der Vermietung oder Verpachtung von Wirtschaftsgütern einschließlich der Überlassung von Rechten, Plänen, Mustern, Verfahren, Erfahrungen und Kenntnissen bestehen.

Beratungshinweis:
Handelt es sich um eine Beteiligung i.S.d. § 2a Abs. 1 Nr. 3 und Nr. 4 EStG, wird die Begünstigung des § 2a Abs. 2 Satz 1 EStG nur dann gewährt, wenn die Beteiligungsgesellschaft ihrerseits die Aktivitätsklausel des § 2a Abs. 2 Satz 1 EStG erfüllt.

c) Verlustfeststellung

128 Die **nicht ausgeglichenen neg. Einkünfte** dürfen nicht zurückgetragen (§ 10d EStG) oder in den Folgejahren berücksichtigt werden. Die am Schluss eines VZ verbliebenen neg. Einkünfte sind vielmehr gesondert festzustellen (§ 2a Abs. 1 Satz 1 Halbsatz 2, Satz 5 EStG) und mindern positive Einkünfte derselben Art, die in den folgenden VZ erzielt werden (besonderer Verlustvortrag).

Fallen in einem Folgejahr außerordentliche Einkünfte i.S.d. §§ 34, 34b EStG der jeweils selben Art aus demselben Staat an, sind die außerordentlichen Einkünfte zunächst in voller Höhe mit den festgestellten neg. Einkünften zu verrechnen; nur die ggf. verbleibenden positiven außerordentlichen Einkünfte werden als tarifbegünstigt in die Besteuerung einbezogen bzw. zu einem Fünftel i.R.d. Progressionsvorbehalts nach § 32b Abs. 2 Nr. 2 EStG berücksichtigt.[9]

---

1) BFH v. 17.12.2007, GrS 2/04, BStBl II 2008, 608.
2) BFH v. 17.11.1999, I R 7/99, BStBl II 2000, 605.
3) StÄndG 1992 v. 25.2.1992, BStBl I 1992, 146.
4) BFH v. 30.6.2005, IV R 31/04, BStBl II 2005, 641.
5) R 2a Abs. 6 EStR 2012.
6) BFH v. 23.10.2019, I R 23/17, BStBl II 2021, 138.
7) BFH v. 28.10.2009, IX R 22/08, BStBl II 2009, 527.
8) BFH v. 30.4.2003, I R 95/02, BStBl II 2003, 918.
9) OFD Rheinland und Münster v. 23.5.2007, Kurzinformation Internationales Steuerrecht Nr. 42/2007, S 2118a – 1009 – St 121, DStR 2007, 1164.

Beratungshinweis:
Ein im Ausland realisierter Verlust aus der Veräußerung oder Aufgabe eines Betriebs, der nur i.R.d. Progressionsvorbehalts zu berücksichtigen ist, unterfällt nicht der sog. Fünftel-Methode für außerordentliche Einkünfte.[1]

12. Nach DBA steuerfreie Einkünfte, die dem Progressionsvorbehalt unterliegen– Einkünfte i.S.d. § 32b EStG (Zeilen 36–44)

- 3 -

Nach DBA steuerfreie Einkünfte, die dem Progressionsvorbehalt unterliegen

Einkünfte i. S. d. § 32b EStG

(ohne steuerfreien Arbeitslohn laut **Anlage N** Zeile 21 und / oder 23 sowie ohne Einkünfte laut Zeile 45)

Hinweis:
Unter bestimmten Voraussetzungen erfolgt eine Mitteilung über die Höhe der in Deutschland steuerfreien Einkünfte an den anderen Staat. Einwendungen gegen eine solche Weitergabe bitte als Anlage beifügen.

Zeile	aus dem Staat	aus der Einkunftsquelle	Einkunftsart		Einkünfte EUR
36	1			810	,–
37	2			811	,–
38	3			812	,–
39	4			813	,–
40	5			814	,–
41	Summe der ausländischen Kapitalerträge, die im Inland dem gesonderten Steuertarif nach § 32d Abs. 1 EStG unterlägen			817	,–

Zeile	In den Einkünften i. S. d. § 32b EStG laut den Zeilen 36 bis 38 enthaltene		EUR
42	Gewinne aus gewerblichen Betriebsstätten, für die die Hinzurechnung nach § 2a Abs. 3 Satz 3 und Abs. 4 i. V. m. § 52 Abs. 2 Satz 3 und 4 EStG, § 2 Abs. 1 Satz 3 und Abs. 2 AuslInvG vorzunehmen ist	815	,–
43	außerordentliche Einkünfte i. S. d. §§ 34, 34b EStG, soweit nicht in Zeile 42 enthalten	816	,–
44	Bei den in den Zeilen 36 bis 40 erklärten Einkünften handelt es sich in Zeile um ein Steuerstundungsmodell i. S. d. § 15b EStG.		

a) Allgemeines

Der Progressionsvorbehalt setzt voraus, dass DBA-Regelungen die Berücksichtigung der Anwendung des Progres- 129
sionsvorbehalts nicht verbieten.[2] Nicht erforderlich ist dabei eine ausdrückliche Erlaubnis oder ein entsprechender Vorbehalt im DBA. Dieser Rechtsprechung wurde durch den durch das JStG 2007[3] eingefügten § 32b Abs. 1 Nr. 3 EStG Rechnung getragen. Ausgenommen vom Progressionsvorbehalt sind steuerbefreite Einkünfte nach Abkommen, die keine DBA sind (§ 32b Abs. 1 Nr. 2 EStG). Einkünfte einer ganzjährig unbeschränkt stpfl. Person, die nach einem sonstigen zwischenstaatlichen Übereinkommen i.S.d. § 32 Abs. 1 Nr. 4 EStG steuerfrei sind und die das Übereinkommen nicht ausdrücklich unter den Vorbehalt der Einbeziehung bei der Berechnung der ESt stellt, unterliegen nicht dem Progressionsvorbehalt (§ 32b Abs. 1 Nr. 2 EStG).

Durch die Regelungen des § 32b Abs. 1 Nr. 5 EStG werden die Fälle erfasst, die bei einer Veranlagung nach § 1 Abs. 3 EStG (→ Rz. 1740), § 1a EStG (→ Rz. 1744) oder § 50 Abs. 2 EStG (→ Rz. 60) grds. unberücksichtigt blieben, aber nun auch dann dem Progressionsvorbehalt unterworfen werden, wenn Erträge zuvor dem Steuerabzug unterlegen haben, aber nicht bei der Ermittlung des zu versteuernden Einkommens berücksichtigt werden.

Der EuGH[4] hatte zu einer Regelung des luxemburgischen Steuerrechts entschieden, dass Art. 39 EG-Vertrag einer nationalen Regelung entgegensteht, die einem Gemeinschaftsangehörigen, der in dem Mitgliedstaat, in dem er den wesentlichen Teil seiner stpfl. Einkünfte bezieht, gebietsfremd ist, keinen Anspruch darauf einräumt, dass neg. Einkünfte, die aus einem anderen Mitgliedstaat stammen, bei der Bestimmung des auf seine Einkünfte anwendbaren Steuersatzes berücksichtigt werden, während ein Gebietsansässiger die Berücksichtigung dieser neg. Einkünfte verlangen kann.

Auf Grund dessen sind bei stpfl. Personen, die nach § 1 Abs. 3 EStG als unbeschränkt einkommensteuerpflichtig behandelt werden, weil sie zum weit überwiegenden Teil (90 %) ihre Einkünfte aus Deutschland beziehen, auch die neg. Einkünfte in den Progressionsvorbehalt einzubeziehen. Dies gilt auch für beschränkt stpfl. Personen, die nach § 50 Abs. 2 EStG veranlagt werden. Die gesetzliche Änderung des § 32b Abs. 1 Nr. 5 EStG im Rahmen des JStG 2008 gilt für Staatsangehörige eines Mitgliedstaates der EU-/EWR (ohne Liechtenstein), soweit sie ihren Wohnsitz oder gewöhnlichen Aufenthalt im Hoheitsgebiet eines dieser Staaten haben, für alle noch nicht bestandskräftigen Veranlagungen, wenn die stpfl. Person dies beantragt (§ 52 Abs. 43a Satz 1 EStG a.F.).

1) BFH v. 1.2.2012, I R 34/11, BStBl II 2012, 405.
2) BFH v. 19.12.2001, I R 63/00, BStBl II 2003, 302.
3) JStG 2007 v. 13.12.2006, BStBl I 2007, 62.
4) EuGH v. 18.7.2007, Lakebrink, C-182/06, DStR 2007, 1339.

Die entsprechenden – von der deutschen ESt befreiten Einkünfte – sind in den **Zeilen 34–38** anzugeben. Der Steuersatz für das der Besteuerung unterliegende Einkommen bemisst sich damit insg. nach dem Gesamteinkommen der stpfl. Person. Bei unter Progressionsvorbehalt abkommensrechtlich steuerfrei gestellten ausl. Einkünften liegt auch dann keine unzulässige Übermaßbesteuerung der ausl. Einkünfte vor, wenn bei Zusammenrechnung der Auslandssteuer und der inl. Steuererhöhung auf Grund des Progressionsvorbehalts rechnerisch eine Steuerbelastung der ausl. Einkünfte von mehr als 49 % entsteht.[1)]

Praxishinweis:
Liegen ausl. Einnahmen aus nichtselbständiger Arbeit vor, sind diese auf der Anlage N (Zeile 21 und/oder 23) und zusätzlich auch auf der Anlage N-AUS einzutragen. Werden Renten aus dem Ausland bezogen und das Besteuerungsrecht steht ausschließlich dem ausl. (Quellen-)Staat zu, müssen nur die Zeilen 34–38 der Anlage AUS ausgefüllt werden (z.B. Sozialversicherungsrenten aus dem Ausland); Angaben auf der Anlage R-AUS sind nicht erforderlich.

130 Besteht **wegen Zu- oder Wegzugs nur zeitweise die unbeschränkte Steuerpflicht**, sind die außerhalb der unbeschränkten Steuerpflicht im Kj. erzielten Einkünfte im Wege des Progressionsvorbehalts zu berücksichtigen, wenn diese nicht der beschränkten Steuerpflicht unterliegen.[2)] Eine ganzjährig und eine nur zeitweilig unbeschränkt stpfl. Person werden im Ergebnis gleich behandelt. Bei beiden sind entsprechende Auslandseinkünfte in den Progressionsvorbehalt einzubeziehen.

b) Positiver Progressionsvorbehalt

131 Die Regelungen zum Progressionsvorbehalt sind unabhängig davon anzuwenden, ob ein DBA ausdrücklich der Bundesrepublik Deutschland als Ansässigkeits- oder Quellenstaat ein Besteuerungsrecht mit Progressionsvorbehalt einräumt oder nicht.[3)] Die Vorschrift knüpft nicht an das Bestehen oder Nichtbestehen eines DBA oder an dessen Ausgestaltung an, sondern erfasst alle Fälle der unbeschränkten Steuerpflicht. Die Anwendung von § 32b Abs. 1 Nr. 2 EStG setzt abkommensrechtlich lediglich voraus, dass das einschlägige DBA die Berücksichtigung eines Progressionsvorbehalts nicht verbietet.[4)]

Beratungshinweis:
§ 32b Abs. 1 Satz 2 EStG schließt daher den negativen (und auch den positiven) Progressionsvorbehalt bei innerhalb der EU-/EWR-Staaten verwirklichten Tatbeständen aus. Die Tatbestände des § 2a Abs. 1 Satz 1 und § 32b Abs. 1 Satz 2 EStG sind aber nicht inhaltsgleich.

Die Höhe der **ausl. Einkünfte** ist **nach** dem **deutschen Steuerrecht zu ermitteln**. Dabei sind sowohl z.B. die materiellen Grundsätze ordnungsmäßiger Bilanzierung als auch die vorrangig anzuwendenden steuerlichen Gewinnermittlungsvorschriften zu beachten.[5)]

c) Negativer Progressionsvorbehalt

132 Ergibt sich bei der Berechnung der Einkünfte ein neg. Betrag, weil z.B. die Rückzahlungen höher sind als die im selben Kj. empfangenen Beträge oder weil den zurückgezahlten keine empfangenen Beträge ggü. stehen, ist grds. auch der neg. Betrag bei der Ermittlung des besonderen Steuersatzes nach § 32b EStG zu berücksichtigen (neg. Progressionsvorbehalt).

In den Fällen des § 2a Abs. 1 EStG ist ein **neg. Progressionsvorbehalt** für nach DBA steuerfreie Einkünfte in anderen als Drittstaaten (EU- und EWR-Staaten mit Ausnahme von Liechtenstein, da keine entsprechenden Amtshilfeabkommen vorliegen) ausgeschlossen.[6)] Liegen daher ausl. Verluste aus Vermietung und Verpachtung von unbeweglichem Vermögen, aus der Beteiligung an einem Handelsgewerbe, aus land- und forstwirtschaftlichen sowie aus betrieblichen Betriebsstätten, Schiffsüberlassungen und bestimmte Teilwerteabschreibungen vor (abschließende Aufzählung in § 32b Abs. 1 Satz 2 EStG), ist eine entsprechenden Berücksichtigung nicht möglich. Nach einem DBA steuerfreie ausl. Verluste i.S.d. § 2a Abs. 1 EStG können aber mit künftigen positiven Einkünften der jeweils selben Art und aus demselben Staat verrechnet werden und wirken sich entsprechend in der Zukunft aus.

Beratungshinweis:
§ 32b Abs. 1 Satz 2 EStG schließt daher den negativen (und auch den positiven) Progressionsvorbehalt bei innerhalb der EU-/EWR-Staaten verwirklichten Tatbeständen aus. Die Tatbestände des § 2a Abs. 1 Satz 1 und § 32b Abs. 1 Satz 2 EStG sind aber nicht inhaltsgleich.

Beispiel:
Die stpfl. Person hat den Wohnsitz in Düsseldorf und erzielt aus einer in Frankreich belegenen Immobilie einen Verlust i.H.v. 10 000 €.

Auf Grund der unbeschränkten Steuerpflicht sind die Einkünfte aus Vermietung und Verpachtung im Ausland steuerpflichtig. Die Einkünfte werden von der deutschen Besteuerung freigestellt (Art. 3 i.V.m. Art. 20 Abs. 1 DBA

1) BFH v. 11.10.2023, I R 53/20, HFR 2024, 411.
2) BFH v. 15.5.2002, I R 40/01, BStBl II 2002, 660; BFH v. 19.12.2001, I R 63/00, BStBl II 2003, 302; BFH v. 19.11.2003, I R 19/13, BStBl II 2004, 549.
3) BFH v. 19.12.2001, I R 63/00, BStBl II 2003, 302.
4) BFH v. 19.11.2003, I R 19/03, BStBl II 2004, 549.
5) BFH v. 22.5.1991, I R 32/90, BStBl II 1992, 94.
6) BFH v. 12.1.2011, I R 35/10, BStBl II 2011, 494.

Frankreich). Die Einkünfte unterliegen grds. dem Progressionsvorbehalt (§ 32b Abs. 1 Satz 1 Nr. 3 EStG). Der neg. Progressionsvorbehalt wird jedoch nicht berücksichtigt, da es sich um Einkünfte aus einem EU-Staat handelt (§ 32b Abs. 1 Satz 2 und 3 EStG). Zum Besteuerungstatbestand von Vermietungseinkünften aus einer **in Spanien belegenen Immobilie** vgl. OFD Münster und Rheinland v. 26.5.2011.[1]

Abwandlung:
Werden entsprechende Einkünfte aus Spanien erzielt, unterliegen diese der Anrechnungsmethode (Art. 23 Abs. 1 DBA Spanien). Die Gewinne und Verluste sind grds. unbeschränkt mit inl. Einkünften zu verrechnen. § 32b Abs. 1 Satz 2 und 3 EStG ist nicht anzuwenden, da diese Vorschrift nur Auswirkung hat, wenn die Einkünfte freigestellt werden.

In den Fällen, in denen **beschränkt stpfl. Personen** eine Veranlagung **zur unbeschränkten Einkommensteuerpflicht** nach § 1 Abs. 3 oder § 1a EStG (vgl. die entsprechenden Anträge auf der Anlage WA-ESt) beantragen, sind die der deutschen ESt nicht unterliegenden Einkünfte, soweit deren Summe pos. ist, dem Progressionsvorbehalt zu unterwerfen (§ 32b Abs. 1 Nr. 5 EStG). Abzugseinkünfte sind nicht in die Veranlagung mit einzubeziehen. 133

d) Summe der ausländischen Kapitalerträge, die im Inland dem gesonderten Steuertarif nach § 32d Abs. 1 EStG unterlägen (Zeile 41)

Eine Erklärung ist für ausl. Kapitalerträge erforderlich, die im Inland den Regeln der Abgeltungsteuer (§ 32d Abs. 1 EStG) unterlägen. Diese Art der Einkünfte kann systembedingt nicht dem Progressionsvorbehalt unterliegen. Lediglich die Kapitaleinkünfte, die der Ausnahmeregelung und damit der tariflichen Steuer (§ 32d Abs. 2 EStG) unterliegen oder für die auf Antrag die Günstigerprüfung (§ 32d Abs. 6 EStG) Anwendung findet, dürften in den Progressionsvorbehalt einzubeziehen sein. 134

e) Gewinne aus gewerblichen Betriebsstätten, für die eine Hinzurechnung vorzunehmen ist (Zeile 42)

Für die Berechnung des Hinzurechnungsbetrags nach § 2a Abs. 3 Satz 3 EStG sind nach dem jeweiligen DBA befreite pos. Einkünfte aus gewerblichen Betriebsstätten in demselben Staat zu berücksichtigen. In **Veräußerungsfällen** ist bei der Hinzurechnung weder der Freibetrag nach § 16 Abs. 4 EStG noch der ermäßigte Steuersatz nach § 34 EStG zu gewähren, sondern nach dem normalen Tarif zu besteuern,[2] da dies dem Sinn der Hinzurechnungsbesteuerung widerspräche.[3] 135

Eine **Nachversteuerung** (§ 2a Abs. 4 EStG) kommt zeitlich unbeschränkt dann in Betracht (§ 52 Abs. 2 EStG), wenn die ausl. Betriebsstätte

- in eine Kapitalgesellschaft umgewandelt oder
- entgeltlich oder unentgeltlich übertragen oder
- aufgegeben, jedoch die ursprünglich von der Betriebsstätte ausgeübte Geschäftstätigkeit ganz oder teilweise von einer Gesellschaft, an der der inl. Stpfl. zu mind. 10 % unmittelbar oder mittelbar beteiligt ist, oder von einer ihm nahestehenden Person i.S.d. § 1 Abs. 2 AStG fortgeführt wird.

Dies gilt entsprechend bei Beendigung der unbeschränkten Steuerpflicht durch Aufgabe des Wohnsitzes oder des gewöhnlichen Aufenthalts.

Umwandlung i.S.d. § 52 Abs. 2 EStG ist nicht nur eine solche nach dem UmwG oder dem UmwStG, d.h. eine Einbringung der ausl. Betriebsstätte in eine Kapitalgesellschaft gegen Gewährung von Gesellschaftsrechten, sondern vielmehr jede Form des „Aufgehens" der Betriebsstätte in einer Kapitalgesellschaft.[4] 136

Liegen positive Einkünfte i.S.d. § 2a Abs. 3 Satz 3 und Abs. 4 EStG vor, die zu einer Nachversteuerung führen, müssen sie **gesondert und einheitlich festgestellt** werden, wenn an den Einkünften mehrere Personen beteiligt sind. Der am Schluss des VZ der Hinzurechnung unterliegende und noch nicht hinzugerechnete Betrag ist gesondert festzustellen. 137

f) Außerordentliche Einkünfte i.S.d. §§ 34, 34b EStG, soweit nicht in Zeile 42 enthalten (Zeile 43)

Sind in den ausl. Einkünften außerordentliche Einkünfte i.S.d. §§ 34, 34b EStG enthalten (z.B. Veräußerungsgewinne aus einer gewerblichen Betriebsstätte), die nach einem bestehenden DBA steuerfrei sind, so sind diese Einkünfte bei der Anwendung des Progressionsvorbehalts mit einem Fünftel zu berücksichtigen. Diese Einkünfte dürfen nicht in Zeile 40 enthalten sein. 138

Beratungshinweis:
Zu den außerordentlichen Einkünften gehören neben Veräußerungsgewinnen (§ 34 Abs. 2 Nr. 1 EStG) auch Vergütungen für eine mehrjährige Tätigkeit (§ 34 Abs. 2 Nr. 4 EStG).

1) OFD Rheinland und Münster v. 26.5.2011, S 1301 – 35 – St 45 (Ms), S 1301 – 2009/0016 / – St 123 (Rhld), IStR 2011, 518.
2) BFH v. 2.3.1989, IV R 128/86, BStBl II 1989, 543.
3) BFH v. 16.11.1989, IV R 143/85, BStBl II 1990, 204.
4) R 2a Abs. 5 EStR 2012.

g) Bei den in den Zeilen 36 bis 40 erklärten Einkünften handelt es sich um ein Steuerstundungsmodell i.S.d. § 15b EStG (Zeile 44)

139 Im Rahmen der ESt-Erklärung sind nach DBA steuerfreie Einkünfte nicht in den jeweiligen Anlagen, sondern auf der Anlage AUS einzutragen. Dabei sind die neg. Einkünfte i.S.d. § 2a EStG nicht zu berücksichtigen, wenn die ausl. Verluste aus einem Steuerstundungsmodell (§ 15b EStG) herrühren, da die Anwendung des § 15b EStG vorrangig ist.[1] Aus diesem Grund sind die entsprechenden Verluste in Zeile 42 kenntlich zu machen und in dem Eintragungsfeld die Zeile zu benennen, in welcher Verluste i.S.d. § 15b EStG enthalten sind.

h) Zwischenstaatliche Amtshilfe durch Auskunftsaustausch in Steuersachen

140 Unter bestimmten Voraussetzungen wird eine Mitteilung über die Höhe der in der BRD steuerfreien Einkünfte an den anderen Staat gefertigt. Die stpfl. Person soll im Rahmen pflichtgemäßen Ermessens auf die Möglichkeit eines Auskunftsersuchens hingewiesen werden (§§ 85, 88 AO), die Sachverhaltsaufklärung durch den inl. Beteiligten (§ 90 Abs. 2 AO) führt nicht zum Ziel oder verspricht keinen Erfolg (§ 93 Abs. 1 Satz 3 AO). Zu den Grundsätzen vgl. BMF v. 29.5.2019.[2]

Beratungshinweis:
Einwendungen gegen eine solche Weitergabe sollten daher gleichzeitig mit der Abgabe der ESt-Erklärung an das Wohnsitz-FA gerichtet werden. Der enthaltene Hinweis vor Zeile 34 ersetzt im Ergebnis die grds. vorzunehmende Anhörung des FA vor Weitergabe der Informationen an den anderen Staat.

13. Einkünfte i.S.d. § 32b EStG i.V.m. privaten Veräußerungsgeschäften nach § 23 EStG (Zeilen 45–47)

Einkünfte i. S. d. § 32b EStG i. V. m. privaten Veräußerungsgeschäften nach § 23 EStG

	aus dem Staat	aus der Einkunftsquelle		Einkünfte EUR
45			826	,–
46	X Es wurden verbleibende negative Einkünfte nach § 10d EStG zum 31.12.2024 festgestellt.			
47	Ich beantrage von einem Verlustrücktrag nach § 10d EStG in das Jahr 2024 abzusehen.			1 = Ja

141 Der 2019 aufgenommene Erklärungstatbestand dient der Erfassung von unter Progressionsvorbehalt (§ 32b EStG) fallende Einkünfte i.S.d. § 23 EStG. Zu erklären sind Veräußerungstatbestände von ausl. Grundstücken, in denen die DBA regelmäßig dem Belegenheitsstaat das Besteuerungsrecht zuweisen. Negative Einkünfte sind ausschließlich mit positiven Einkünften zu verrechnen (§ 23 Abs. 3 Satz 7 EStG). Die Nichtanwendung des Progressionsvorbehalts (§ 32b Abs. 1 Satz 2 EStG) kommt für Veräußerungstatbestände nicht in Betracht.

Die Finverw. führt hierzu in der amtlichen Anleitung aus: Fällt die Veräußerung von ausl. unbeweglichem Vermögen in den Anwendungsbereich des § 23 EStG (vgl. die Erläuterungen zu den Zeilen 34–66 in der Anleitung zur Anlage SO) und sind die Einkünfte nach DBA steuerfrei, unterliegen diese dem Progressionsvorbehalt. Negative Einkünfte unterliegen der Verlustausgleichsbeschränkung und dürfen nur mit positiven Einkünften aus privaten Veräußerungsgeschäften, die dem Progressionsvorbehalt unterliegen, verrechnet werden.

Die Höhe der dem Progressionsvorbehalt unterliegenden Einkünfte ist nach deutschem Einkommensteuerrecht zu ermitteln. Dabei sind auch die in diesem Zusammenhang vorgesehenen Abzugsbeschränkungen zu berücksichtigen. Eine Ausnahme hiervon gilt nur für Beschränkungen, die sich daraus ergeben, dass die betreffenden Einkünfte nicht der deutschen ESt unterliegen oder abkommensrechtlich steuerbefreit sind. Ein Zusammenhang mit nach deutschem Recht steuerfreien Einnahmen hindert den Werbungskostenabzug auch dann, wenn die betreffenden Aufwendungen mit erst in Zukunft zu erwartenden Einnahmen zusammenhängen.[3] Ein negativer Progressionsvorbehalt (§ 32b Abs. 1 Nr. 3 EStG) ist ungeachtet § 2a EStG nicht zu berücksichtigen, wenn die ausl. Verluste aus einem Steuerstundungsmodell herrühren (vorrangige Anwendung des § 15b EStG).[4]

Verluste dürfen nicht mit anderen Einkünften, sondern nur bis zur Höhe des Gewinns, den die stpfl. Person im gleichen VZ aus privaten Veräußerungsgeschäften erzielt hat, ausgeglichen werden (§ 23 Abs. 3 Satz 8 EStG). Die Verlustausgleichsbeschränkung ist dabei verfassungsgemäß.[5] **Kann ein im VZ 2025 entstandener Verlust aus privaten Veräußerungsgeschäften nicht mit Gewinnen aus dem Jahr 2025 ausgeglichen werden**, so ist dieser Verlust nach Maßgabe des § 10d EStG rück- und vortragsfähig. Der Verlust mindert daher die Verluste im Jahr 2024 oder in den folgenden Jahren.

Praxishinweis:
Zur Verlustberücksichtigung vgl. Ausführungen zu den Zeilen 17 und 18 der Anlage Sonstiges (→ Rz. 1476).

1) BMF v. 17.7.2007, IV B 4 – S 2241 – b/07/0001, BStBl I 2007, 542, Rz. 24.
2) BMF v. 29.5.2019, IV B 6 – S 1320/07/10004 :008, BStBl I 2019, 480.
3) BFH v. 20.9.2006, I R 59/05, BStBl II 2007, 756.
4) BMF v. 17.7.2007, IV B 2 – S 2241 – b/07/0001, BStBl I 2007, 542.
5) BFH v. 18.10.2006, IX R 28/05, BStBl II 2007, 259.

14. Nach DBA steuerfreie negative Erträge i.S.d. § 2a Abs. 1 EStG (Zeilen 48–52)

Nach DBA steuerfreie negative Einkünfte i. S. d. § 2a Abs. 1 EStG

		aus dem Staat –1–	nach § 2a Abs. 1 Satz 1 Nr. ... EStG –2–	noch nicht verrechnete Verluste 1985 bis 2024 –3– EUR	nicht ausgleichsfähige Verluste / Gewinnminderungen 2025 –4– EUR	positive Einkünfte 2025 –5– EUR	Summe der Spalten 3 bis 5 –6– EUR	positive Summe laut Spalte 6 enthalten in Zeile –7–
48	1			,–	,–	,–	,–	
49	2			,–	,–	,–	,–	
50	3			,–	,–	,–	,–	
51	4			,–	,–	,–	,–	
52	5			,–	,–	,–	,–	

2025AnlAUS143 2025AnlAUS143

142 Die Regelungen in § 2a Abs. 1 und 2 EStG wirken sich bei **neg. Einkünften** aus ausl. Staaten, mit denen kein DBA besteht oder mit denen ein DBA besteht, nach dem die Einkünfte von der deutschen Besteuerung nicht freigestellt sind, unmittelbar auf die Besteuerungsgrundlage aus. Auf die Ausführungen zu den Zeilen 29–33 (ab → Rz. 124) wird verwiesen.

Werden Einkünfte durch ein bestehendes DBA auf Grund der Anrechnungsmethode freigestellt (**Anrechnungsmethode**), so erfolgt eine quellen- und staatenbezogene Verlustverrechnungsbeschränkung (§ 2a Abs. 1 EStG). Soweit kein Ausgleich mit positiven Einkünften vorgenommen werden kann, erfolgt ein entsprechender Verlustvortrag (§ 2a Abs. 1 Satz 3 EStG). Die verbleibenden Verluste sind gesondert festzustellen (§ 2a Abs. 1 Satz 5 EStG). Ist für die Einkünfte die **Freistellungsmethode** vorgesehen, so ergibt sich aus den internationalen Regelungen die Nichtberücksichtigung der Verluste. Steuermindernd können Verluste erst dann berücksichtigt werden, wenn Gewinne i.R.d. Progressionsvorbehalts zu berücksichtigen sind. Der **neg. Progressionsvorbehalt** ist ausgeschlossen.[1)]

> **Praxishinweis:**
> Die Ausnahme von der Anwendung des Progressionsvorbehalts i.R.d. Freistellungsmethode wurde i.R.d. JStG 2009[2)] nicht nur auf neg., sondern auf alle Einkünfte i.S.d. § 2a EStG ausgeweitet (vgl. im Einzelnen § 32b Abs. 1 EStG).

Lediglich durch ein DBA steuerfreigestellte Erträge aus Drittstaaten sowie steuerfreie Sozialleistungen unterliegen dem Progressionsvorbehalt (§ 32b Abs. 1 Nr. 3 EStG).

1) Heinicke in Schmidt, EStG, 44. Aufl. 2025, § 2a EStG Rz. 2.
2) JStG 2009 v. 19.12.2008, BStBl I 2009, 74.

II. Anlage Außergewöhnliche Belastungen/Pauschbeträge

1. Allgemeines (Zeilen 1–3)

Anleitung vorhanden

2025

1 Name

2 Vorname

3 **Steuernummer**

Außergewöhnliche Belastungen / Pauschbeträge

Anlage Außergewöhnliche Belastungen

Diese Anlage ist bei Zusammenveranlagung von Ehegatten / Lebenspartnern gemeinsam auszufüllen.

143 Erwachsen einer stpfl. Person zwangsläufig größere Aufwendungen als der überwiegenden Mehrzahl der stpfl. Personen gleicher Einkommensverhältnisse, gleicher Vermögensverhältnisse und gleichen Familienstands (sog. außergewöhnliche Belastungen), so wird auf Antrag die ESt dadurch ermäßigt, dass der Teil der Aufwendungen, der die der stpfl. Person zumutbaren Belastung (→ Rz. 164) übersteigt, vom Gesamtbetrag der Einkünfte abgezogen wird. Dass der Verlust nach § 10d EStG vor den Freibeträgen nach § 33a EStG abgezogen wird, begegnet keinen verfassungsrechtlichen Bedenken.[1] Aufwendungen, die ein Dritter in Fällen des abgekürzten Vertragswegs leistet (Drittaufwand), werden nicht berücksichtigt.[2] Alle weiteren Aufwendungen in diesem Zusammenhang werden sofort wirksam. Die Aufwendungen entstehen **zwangsläufig** (§ 33 Abs. 2 Satz 1 EStG), wenn die stpfl. Person sich ihnen aus rechtlichen, tatsächlichen oder sittlichen Gründen nicht entziehen kann (Zwangsläufigkeit dem Grunde nach) und soweit sie den Umständen nach notwendig sind und einen angemessenen Betrag nicht übersteigen (Zwangsläufigkeit der Höhe nach). **Aufwendungen**, die zu den **Betriebsausgaben, Werbungskosten oder Sonderausgaben gehören**, bleiben dabei außer Ansatz (§ 33 Abs. 2 Satz 2 EStG).

Praxishinweis:
Außergewöhnliche Belastungen können auf der Anlage Außergewöhnliche Belastungen, auf der Anlage Unterhalt und auf der Anlage Kind geltend gemacht werden.

2. Behinderten-Pauschbetrag (Zeilen 4–9)

Behinderten-Pauschbetrag 53

Steuerpflichtige Person / Ehemann / Person A
Ausweis / (Renten-) Bescheid / Bescheinigung
– bei erstmaliger Beantragung / Änderung bitte Nachweis in Kopie einreichen –

4 100 gültig von M M J J 101 gültig bis M M J J 102 unbefristet gültig 1 = Ja 105 Grad der Behinderung

Ich bin

5 – erheblich gehbehindert (Merkzeichen „G") / außergewöhnlich gehbehindert (Merkzeichen „aG") 104 1 = Ja

6 – blind / taubblind / ständig hilflos (Merkzeichen „Bl", „TBl" und / oder „H"), schwerstpflegebedürftig (Pflegegrad 4 oder 5) 103 1 = Ja

Ehefrau / Person B
Ausweis / (Renten-) Bescheid / Bescheinigung
– bei erstmaliger Beantragung / Änderung bitte Nachweis in Kopie einreichen –

7 150 gültig von M M J J 151 gültig bis M M J J 152 unbefristet gültig 1 = Ja 155 Grad der Behinderung

Ich bin

8 – erheblich gehbehindert (Merkzeichen „G") / außergewöhnlich gehbehindert (Merkzeichen „aG") 154 1 = Ja

9 – blind / taubblind / ständig hilflos (Merkzeichen „Bl", „TBl" und / oder „H"), schwerstpflegebedürftig (Pflegegrad 4 oder 5) 153 1 = Ja

144 Die zu gewährenden Pauschbeträge sollen als Vereinfachungsregelung laufende und typische, unmittelbar mit der Behinderung zusammenhängende Kosten als außergewöhnliche Belastung ohne Einzelnachweis abgelten.[3] Zudem ist insoweit regelmäßig eine Entscheidung über ggf. schwierige Abgrenzungsfragen entbehrlich, welche Aufwendungen infolge der vorliegenden Körperbehinderung erwachsen sind.

1) BFH v. 14.3.2008, IX B 247/07, BFH/NV 2008, 1147.
2) BMF v. 7.7.2008, IV C 1 – S 2211/07/10007, BStBl I 2008, 717.
3) BFH v. 28.9.1984, VI R 164/80, BStBl II 1985, 129.

Menschen mit Behinderung können **neben den Pauschbeträgen** (→ Rz. 60 f.) unter bestimmten Voraussetzungen **weitere mit ihrer Körperbehinderung zusammenhängende Aufwendungen** zusätzlich als außergewöhnliche Belastungen nach § 33 EStG (Eintragungen in den Zeilen 23–38) abziehen. Außerordentliche Krankheitskosten, die durch einen bestimmten Anlass entstanden sind, können neben den Pauschbeträgen berücksichtigt werden, da es sich insoweit nicht um laufende, typische Mehraufwendungen handelt, die durch die Behinderung entstanden sind.[1] Hierzu gehören z.B. Aufwendungen für eine Operation. Ferner dürfen **außerordentliche Kosten** zusätzlich nach § 33 EStG abgezogen werden, die zwar mit der Körperbehinderung zusammenhängen, sich aber infolge ihrer **Einmaligkeit** der Typisierung des § 33b EStG entziehen, wie z.B. die Kosten einer Operation oder Aufwendungen für eine Heilkur.[2] Weitere Einzelheiten sind in der Einzeldarstellung zu den Zeilen 23–38 enthalten (→ Rz. 163 ff.).

Praxishinweis:

Angaben zum Ausstellungsdatum des Ausweises, Rentenbescheids oder Bescheinigung werden ab dem VZ 2017 nicht mehr gefordert. Den ausgestellten Schwerbehindertenausweisen ist das Ausstellungsdatum nicht zu entnehmen, da lediglich die Ausstellungsbehörde und das Gültigkeitsdatum als Informationen auf der Rückseite des Ausweises enthalten sind.

Durch das Gesetz zur Förderung der Ausbildung und Beschäftigung schwerbehinderter Menschen v. 23.4.2004[3] wurde die Möglichkeit eingefügt, in den Fällen, in denen die **Schwerbehinderteneigenschaft festgestellt** worden ist und eine Neufeststellung wegen einer wesentlichen Änderung in den für die Feststellung maßgeblichen gesundheitlichen Verhältnissen nicht zu erwarten ist, die Bescheinigungen unbefristet und nicht mehr nur für eine Dauer von jeweils längstens 15 Jahren auszustellen. In diesen Fällen ist auch das Auswahlfeld „unbefristet gültig" in den Zeilen 4 und 7 auszufüllen.

Menschen mit Behinderung erhalten auf Antrag einen vom Grad der Behinderung abhängigen Pauschbetrag, der vom Gesamtbetrag der Einkünfte abgezogen wird (§ 33b EStG). **145**

Als Pauschbeträge werden dabei bei einem Grad der Behinderung von:

20	384 €
30	620 €
40	860 €
50	1 140 €
60	1 440 €
70	1 780 €
80	2 120 €
90	2 460 €
100	2 840 €

gewährt.

Menschen, die hilflos sind, Blinde und Taubblinde erhalten einen Pauschbetrag von 7 400 €. Hilflos ist eine Person, wenn sie für eine Reihe von häufig und regelmäßig wiederkehrenden Verrichtungen zur Sicherung ihrer persönlichen Existenz im Ablauf eines jeden Tages fremder Hilfe dauernd bedarf. Diese Voraussetzungen sind auch erfüllt, wenn die Hilfe in Form einer Überwachung oder einer Anleitung zu den in Satz 4 genannten Verrichtungen erforderlich ist oder wenn die Hilfe zwar nicht dauernd geleistet werden muss, jedoch eine ständige Bereitschaft zur Hilfeleistung erforderlich ist.

Steht der **Pauschbetrag eines behinderten Menschen einem Kind** zu, für das die stpfl. Person einen Freibetrag nach § 32 Abs. 6 EStG oder Kindergeld erhält, so wird der Pauschbetrag auf Antrag auf die stpfl. Person übertragen, wenn ihn das Kind nicht in Anspruch nimmt (§ 33b Abs. 5 EStG). Der Antrag auf Übertragung ist auf der Anlage Kind (Zeilen 59–61) zu stellen. Materiell-rechtliche Voraussetzung für die Übertragung ist die Angabe der erteilten Id-Nr. des Kindes (Zeile 4 der Anlage Kind). **146**

Eltern erwachsener behinderter Menschen in **vollstationärer Heimunterbringung** haben grds. Anspruch auf Kindergeld oder Freibeträge für Kinder, wenn die Voraussetzungen des § 32 Abs. 4 Satz 1 Nr. 3 EStG vorliegen.[4] Dabei ist davon auszugehen, dass die für die Unterbringung im Heim gewährte Eingliederungshilfe den notwendigen Lebensbedarf des behinderten Kindes nicht abdeckt. Damit kann entweder der Pauschbetrag für einen behinderten Menschen nach § 33b Abs. 5 EStG auf die Eltern übertragen werden (→ Rz. 61), wenn das Kind diesen nicht in Anspruch nimmt, oder die Eltern können ihre tatsächlichen Aufwendungen mit Ausnahme der Aufwendungen, die durch das Kindergeld oder die Freibeträge für Kinder abgegolten sind, i.R.d. § 33 EStG unter Berücksichtigung einer zumutbaren Belastung (→ Rz. 164) geltend machen. **147**

1) BFH v. 28.2.1968, VI R 192/67, BStBl II 1968, 437; BFH v. 26.3.1993, III R 9/92, BStBl II 1993, 749.
2) BFH v. 4.11.2004, III R 38/02, BStBl II 2005, 271.
3) Gesetz zur Förderung der Ausbildung und Beschäftigung schwerbehinderter Menschen v. 23.4.2004, BGBl. I 2004, 606.
4) BFH v. 15.10.1999, VI R 40/98, BStBl II 2000, 75.

Beratungshinweis:
Ein Pauschbetrag nach § 33b Abs. 3 EStG für ein behindertes Kind kann nicht nach § 33b Abs. 5 EStG auf einen im Inland unbeschränkt stpfl. Elternteil übertragen werden, wenn das Kind im Ausland außerhalb eines EU-/EWR-Mitgliedstaats seinen Wohnsitz oder gewöhnlichen Aufenthalt hat und im Inland keine eigenen Einkünfte erzielt.[1)]

Welche Aufwendungen i.R.d. außergewöhnlichen Belastungen nach § 33 EStG in Betracht kommen, vgl. Ausführungen zu den Zeilen 23–38 (→ Rz. 163).

148 Eine **Zwölftelung der Pauschbeträge** ist nicht vorzunehmen, auch wenn die Voraussetzungen für die Gewährung der Pauschbeträge nur für einen Teil des Kj. vorgelegen haben. Erfährt der Grad der Behinderung im Laufe des Kj. Änderungen, ist stets der Pauschbetrag mit dem höchsten Grad zu gewähren, der im Kj. festgestellt war.[2)]

149 Der **Nachweis** für die Gewährung eines Pauschbetrags ist nach § 65 EStDV durch die stpfl. Person zu führen. Die Finanzbehörden sind an die von den Versorgungsämtern hinsichtlich der einschlägigen gesundheitlichen Merkmale getroffenen Feststellungen gebunden.[3)] Die Feststellung des Versorgungsamts über das Vorliegen einer Behinderung und den Grad der darauf beruhenden Minderung der Erwerbsfähigkeit ist damit ein Grundlagenbescheid (§ 171 Abs. 10 AO). Sie ist für die Gewährung eines Pauschbetrags für einen körperbehinderten Menschen nach § 33b EStG auch dann gem. § 175 Abs. 1 Satz 1 Nr. 1 AO zu berücksichtigen, wenn sie bereits vor Erlass des Steuerbescheids getroffen war und die stpfl. Person den Antrag nach § 33b EStG erst nach Eintritt der Bestandskraft des Steuerbescheids gestellt hat.[4)]

Praxishinweis:
Die entsprechenden Daten aus den vorzulegenden Unterlagen sind in den Zeilen 4–6 sowie in den Zeilen 7–9 einzutragen. Klarstellend wird in den einzelnen Zeilen darauf hingewiesen, welche Merkzeichen (erheblich gehbehindert [„G"], außergewöhnlich gehbehindert [„aG"], blind/taubblind [Bl/TBl) und/oder ständig hilflos [„H"]; schwerstpflegebedürftig [Pflegegrad 4 oder 5]) jeweils erforderlich sind. Neben dem Ausstellungstag des entsprechenden Grundlagenbescheids sowie der Gültigkeitsdauer und des Grades der Behinderung in den Zeilen 4 und 7 ist zusätzlich in den Zeilen 5 und/oder 6 sowie 8 und/oder 9 anzugeben, um welche Art der Behinderung es sich handelt; insoweit sind die Auswahlfelder mit einer „1" auszufüllen.

Bei Menschen mit Behinderung, deren Grad der Behinderung auf mind. 50 festgestellt worden ist, sind die Voraussetzungen durch Vorlage eines Ausweises nach SGB IX oder durch einen Bescheid der für die Durchführung des BVG zuständigen Behörde (§ 152 Abs. 1 SGB IX) nachzuweisen. **Nachweise** sind der Steuererklärung lediglich bei der erstmaligen Beantragung oder bei einer Änderung der Voraussetzungen in Kopie beizufügen. Bei Menschen mit Behinderung, deren Grad der Behinderung auf weniger als 50, aber (ab dem VZ 2021) mind. auf 20 festgestellt worden ist, sind die Voraussetzungen durch eine Bescheinigung der für die Durchführung des BVG zuständigen Behörde nachzuweisen. Sofern der stpfl. Person wegen ihrer Behinderung nach den gesetzlichen Vorschriften Renten oder andere laufende Bezüge zustehen, bestehen keine Bedenken, wenn der Nachweis einer Behinderung alternativ durch den Rentenbescheid oder den die anderen laufenden Bezüge nachweisenden Bescheid erbracht wird (Beibehaltung der bis einschließlich VZ 2020 geltenden Regelung).[5)]

Beratungshinweis:
Ist der behinderte Mensch verstorben und kann sein Rechtsnachfolger die für die Gewährung der Pauschbeträge notwendigen Unterlagen nicht vorlegen, so genügt zum Nachweis eine gutachterliche Stellungnahme von Seiten der für die Durchführung des BVG zuständigen Behörde. Diese Stellungnahme hat die Finanzbehörde einzuholen (§ 65 Abs. 4 EStDV).

150 Durch den Behinderten-Pauschbetrag werden die außergewöhnlichen Belastungen abgegolten, die der Person laufend unmittelbar infolge der Behinderung als typische Mehraufwendungen erwachsen. **Neben den Pauschbeträgen** nach § 33b Abs. 3 EStG können als außergewöhnliche Belastungen nach § 33 EStG **noch berücksichtigt** werden:

- Kfz-Kosten behinderter Menschen in Form der behinderungsbedingte Fahrtkostenpauschale (Zeilen 21–22),
- Führerscheinkosten für ein schwer geh- und stehbehindertes Kind,
- Aufwendungen für eine Heilkur,
- außerordentliche, durch einen akuten Anlass verursachte Krankheitskosten. Hierzu gehören aber auch Aufwendungen wie z.B. die Kosten für die Anschaffung eines Hilfsmittels (z.B. Rollstuhl [Nachweis über § 64 Abs. 1 Nr. 1 EStDV]).

1) BFH v. 2.6.2005, III R 15/04, BStBl II 2005, 828.
2) R 33b Abs. 8 EStR 2012.
3) BFH v. 5.2.1988, III R 244/88, BStBl II 1988, 436.
4) BFH v. 13.12.1985, III R 204/81, BStBl II 1986, 245.
5) BMF v. 1.3.2021, IV C 8 – S 2286/19/10002 :006, BStBl I 2021, 300.

3. Hinterbliebenen-Pauschbetrag (Zeile 10)

Hinterbliebenen-Pauschbetrag		
– Nur bei Hinterbliebenenbezügen nach § 33b Abs. 4 EStG; der alleinige Bezug einer Witwen- / Witwerrente ist nicht ausreichend –		
	Steuerpflichtige Person / Ehemann / Person A	Ehefrau / Person B
10 Ich beantrage den Hinterbliebenen-Pauschbetrag	380 1 = Ja	381 1 = Ja

Personen, die laufende Hinterbliebenenbezüge erhalten, wird auf Antrag ein steuerfreier Pauschbetrag i.H.v. 370 € **151**
jährlich gewährt (§ 33b Abs. 4 EStG). Der Antrag ist durch Ankreuzen des entsprechenden Auswahlfelds zu beantragen. Der zu gewährende Pauschbetrag ist personenbezogen, so dass dieser auch beiden Ehegatten/Lebenspartnern zu gewähren ist, wenn bei beiden Personen die Voraussetzungen hierfür vorliegen. Voraussetzung für die Gewährung des Pauschbetrags ist, dass Leistungen nach

1. dem SGB XIV oder einem anderen Gesetz, das die Vorschriften des SGB XIV über Hinterbliebenenbezüge für entsprechend anwendbar erklärt,[1] oder
2. den Vorschriften über die gesetzliche Unfallversicherung oder
3. den beamtenrechtlichen Vorschriften an Hinterbliebene eines an den Folgen eines Dienstunfalls verstorbenen Beamten oder
4. den Vorschriften des BEG über die Entschädigung für Schäden an Leben, Körper oder Gesundheit

bezogen werden. Der Pauschbetrag wird auch dann gewährt, wenn das Recht auf die Bezüge ruht oder der Anspruch auf die Bezüge durch Zahlung einer Kapitalleistung abgefunden worden ist.

> **Praxishinweis:**
> In der amtlichen Zeilenbeschreibung wird darauf hingewiesen, dass der ausschließliche Bezug einer Witwen-/Witwerrente nicht als Hinterbliebenenbezug (§ 33b Abs. 4 Satz 1 Nr. 1-4 EStG) gilt.

Es gelten die allgemeinen **Nachweisregeln** nach § 65 EStDV. Der Nachweis der vorliegenden Voraussetzungen für **152**
die Gewährung des Pauschbetrags ist daher durch amtliche Unterlagen (z.B. Bescheid des Versorgungsamts oder der zuständigen die Rente bewilligenden Behörde) zu erbringen. Der Rentenbescheid eines Trägers der gesetzlichen Rentenversicherung genügt nicht.[2]

Steht der Hinterbliebenen-Pauschbetrag einem Kind zu, für das die stpfl. Person einen Freibetrag nach § 32 Abs. 6 **153**
EStG oder Kindergeld erhält, so wird der Pauschbetrag auf Antrag auf die stpfl. Person übertragen, wenn ihn das Kind nicht in Anspruch nimmt (§ 33b Abs. 5 EStG). Der Antrag auf Übertragung ist auf der Anlage Kind in Zeile 62 (→ Rz. 945) zu stellen. Voraussetzung für die Übertragung ist die Angabe der erteilten Id-Nr. (§ 139b AO) des Kindes in der ESt-Erklärung der stpfl. Person (§ 33b Abs. 5 Satz 5 EStG).

1) Vgl. H 33b Hinterbliebenen-Pauschbetrag EStH 2024.
2) BFH v. 25.4.1968, VI R 199/67, BStBl II 1968, 606.

4. Pflege-Pauschbetrag (Zeilen 11–20)

Pflege-Pauschbetrag

– bei erstmaliger Beantragung / Änderung bitte Nachweis in Kopie einreichen –

Angaben zur pflegebedürftigen Person

Name, Anschrift, Geburtsdatum und Verwandtschaftsverhältnis der pflegebedürftigen Person

Zeile		Kz.		
11				
12				
13	Identifikationsnummer der pflegebedürftigen Person	202		
14	Die pflegebedürftige Person hat ihren Wohnsitz / gewöhnlichen Aufenthalt im Inland	204		1 = Ja 2 = Nein
15	Für die pflegebedürftige Person wurde folgender Pflegegrad festgestellt	203		2 = Pflegegrad 2 3 = Pflegegrad 3 4 = Pflegegrad 4 oder 5
16	Für die pflegebedürftige Person wurde das Merkzeichen „H“ festgestellt	205		1 = Ja
	Angaben zur pflegenden Person			
17	Die **unentgeltliche** persönliche Pflege einer pflegebedürftigen Person in ihrer oder in meiner Wohnung im Inland oder in einem EU- / EWR-Staat erfolgte durch	200		1 = Steuerpflichtige Person / Ehemann / Person A 2 = Ehefrau / Person B 3 = beide Ehegatten / Lebenspartner
	Angaben zu an der Pflege beteiligten Personen			
18	Anzahl der weiteren an der Pflege beteiligten Personen **– Sofern an der Pflege keine weiteren Personen beteiligt waren, tragen Sie bitte eine „0“ ein. –**	201		
	Name, Anschrift und Geburtsdatum der weiteren an der Pflege beteiligten Person(en) sowie Verwandtschaftsverhältnis zur pflegebedürftigen Person			
19				
20				

2025Anl-agB391 - September 2025 - **2025Anl-agB391**

154 **Hinweis zur Plausibilitätsbeurteilung:**

Ab dem VZ 2025 wurden die Zeilen 11 und 12 zu persönlichen Angaben der pflegebedürftigen Person ergänzt und die bisherigen Erklärungstatbestände verschoben.

Die Berücksichtigungsmöglichkeiten des Pflege-Pauschbetrags (§ 33b Abs. 6 EStG) wurden ab dem VZ 2021 grundlegend geändert und gleichzeitig erweitert.[1)]

Der Pflege-Pauschbetrag hebt auf die persönliche Pflege und Betreuung pflegebedürftiger Personen, die in den Pflegegraden 2 bis 5 eingeordnet sind, in der häuslichen Umgebung ab. Die Pflege besteht bspw. in der Hilfeleistung bei Verrichtungen des täglichen Lebens, bei denen der Pflegebedürftige der Hilfe bedarf. Verrichtungen i.d.S. sind solche im Bereich der Körperpflege (Waschen, Duschen, Baden, Zahnpflege, Kämmen, Rasieren, Darm- oder Blasenentleerung), im Bereich der Ernährung (mundgerechtes Zubereiten, Aufnahme der Nahrung), der Mobilität (selbständiges Aufstehen und Zu-Bett-Gehen, An- und Auskleiden, Gehen, Stehen, Treppensteigen, Verlassen und Wiederaufsuchen der Wohnung) und der hauswirtschaftlichen Versorgung (Einkaufen, Kochen, Reinigen der Wohnung, Spülen, Wechseln und Waschen der Wäsche und Kleidung, Beheizen). Ebenso gehören aber auch betreuende oder die Pflegeperson anleitende Unterstützungsleistungen dazu. Da die Regelung auf die persönliche Pflege abhebt, führt auch die persönliche Pflege und Betreuung in der Wohnung des Pflegebedürftigen zur Steuerermäßigung. Der Pauschbetrag schließt die Möglichkeit des Einzelnachweises möglicher höherer Aufwendungen nicht aus.[2)] Der Pauschbetrag kann anstelle einer Steuerermäßigung nach § 33 EStG geltend gemacht werden (§ 33b Abs. 6 Satz 1 EStG). Es besteht insoweit ein **Wahlrecht**.

Die Angaben in den Zeilen 11–20 verifizieren die Anspruchsberechtigung dem Grunde und der Höhe nach. Dem amtlich bestellten Betreuer ist der Pflege-Pauschbetrag nur auf Grund des Betreuungsverhältnisses, ohne eine darüberhinausgehende enge persönliche Beziehung zum Betreuten nicht zu gewähren, da dem Betreuer aus dem Betreuungsverhältnis die Pflege des Betreuten nicht zwangsläufig (§ 33 Abs. 2 EStG) erwächst.[3)]

Die Anerkennung einer **im Ausland festgestellten Schwerbehinderung** kann über ein in § 69 Abs. 1 SGB IX geregeltes Verfahren durch inl. deutsche Behörden herbeigeführt werden.[4)] Ist der Mensch mit Behinderungen verstorben und kann der Rechtsnachfolger die erforderlichen Unterlagen nicht vorlegen, so genügt zum Nachweis eine gutachtliche Stellungnahme von Seiten der für die Durchführung des BVG zuständigen Behörde. Diese Stellungnahme hat das FA einzuholen (§ 65 Abs. 4 EStDV).

1) Gesetz zur Erhöhung der Behinderten-Pauschbeträge und Anpassung weiterer steuerlicher Regelungen (Behinderten-Pauschbetragsgesetz) v. 9.12.2020, BGBl. I 2020, 2770
2) Vgl. Gesetzentwurf der Bundesregierung, BR-Drucks. 432/20 v. 7.8.2020.
3) BFH v. 4.9.2019, VI R 52/17, BStBl II 2020, 97.
4) BT-Drucks. 17/12375.

a) Angaben zur pflegebedürftigen Person (Zeilen 11–16)

aa) Name, Anschrift, Geburtsdatum und Verwandtschaftsverhältnis der pflegebedürftigen Person (Zeilen 11–12)

Lediglich bei erstmaligem Antrag oder bei einer Änderung der Antragsgründe ist der Nachweis in Kopie i.R.d. ESt-Erklärung zu führen. Welcher Person die außergewöhnliche Belastung auf Grund der unentgeltlichen Pflege entstanden ist, ist gesondert in dem Auswahlfeld in Zeile 17 anzugeben. Ein Verwandtschaftsverhältnis ist nicht zwingend erforderlich. Es muss auf Grund der erforderlichen Zwangsläufigkeit eine enge persönliche Beziehung und daraus eine sittliche Verpflichtung bestehen.[1) **155**

bb) Identifikationsnummer der pflegebedürftigen Person/Wohnsitz und gewöhnlicher Aufenthalt (Zeilen 13–14)

Ab dem VZ 2021 ist Voraussetzung, dass die Id-Nr. der gepflegten Person angegeben wird (§ 33b Abs. 6 Satz 9 EStG). Die verpflichtende Angabe der Id-Nr. der Pflegebedürftigen als weitere Anspruchsvoraussetzung soll sicherstellen, dass der Pauschbetrag der für jede pflegebedürftige Person gewährt wird, nicht mehrfach in voller Höhe für die Pflege derselben pflegebedürftigen Person in Anspruch genommen werden kann.[2) Ab dem VZ 2024 wurde Zeile 14 neu eingefügt. Danach ist zu erklären, ob sich der Wohnsitz/gewöhnliche Aufenthalt der pflegebedürftigen Person im Inland befindet. **156**

cc) Für die pflegebedürftige Person wurde folgender Pflegegrad festgestellt/Merkzeichen H (Zeilen 15–16)

Für die Gewährung der Pauschbeträge ist eine gesonderte Angabe erforderlich, welcher Pflegegrad bei der gepflegten Person vorliegt. Die Pauschbeträge betragen bei Pflegegrad 2 600 €, Pflegegrad 3 1 100 € und bei Pflegegrad 4 oder 5 1 800 €. Die Hilflosigkeit der Pflegeperson selbst ist keine Voraussetzung mehr. Um eine Schlechterstellung zum bisherigen Rechtsstand in jedem Fall zu vermeiden, wird der Pflege-Pauschbetrag nach § 33b Abs. 6 Satz 3 Nr. 3 EStG auch gewährt, wenn es sich um die häusliche Pflege eines Menschen mit Behinderungen handelt, der hilflos i.S.d. § 33b EStG ist. **157**

Ab dem VZ 2024 wurde Zeile 16 neu eingefügt. Danach ist auch ein vorhandenes Merkzeichen „H" der pflegebedürftigen Person zu erklären. In diesen Fällen ist der Pflege-Pauschbetrag i.H.v. 1 800 € zu berücksichtigen.

b) Angaben zur pflegenden Person/Die unentgeltliche persönliche Pflege einer pflegebedürftigen Person in ihrer oder in meiner Wohnung oder in einem EU-/EWR-Staat erfolgte durch ... (Zeile 17)

Mangels Entscheidungserheblichkeit konnte der BFH bisher offenlassen, ob für die Gewährung des Pflege-Pauschbetrags grds. ein bestimmter Umfang an Pflegeleistungen erforderlich ist und ob im Falle einer Heimunterbringung überhaupt ein Pflege-Pauschbetrag geltend gemacht werden kann.[3) Davon ausdrücklich ausgenommen ist nur das von Eltern eines behinderten Kindes für dieses Kind empfangene Pflegegeld (§ 33b Abs. 6 Satz 2 EStG). Der Begriff der Einnahmen umfasst dabei grds. alle Einnahmen (§ 8 Abs. 1 EStG), z.B. die Pflegevergütung. Beiträge zur Renten-, Kranken- und Pflegeversicherung der pflegenden Person, die die Pflegekasse übernimmt, führen nicht zu Einnahmen i.S.d. § 33b Abs. 6 Satz 1 EStG.[4) **158**

Im Rahmen der Gewährung des Pflege-Pauschbetrags ist die Zwangsläufigkeit nach weniger strengen Kriterien als nach § 33 Abs. 2 EStG (→ Rz. 163) zu beurteilen.[5) Daher ist eine sittliche Verpflichtung bereits dann anzuerkennen, wenn eine enge persönliche Beziehung zur gepflegten Person (z.B. Geschwister, Onkel oder Tante) besteht.[6) Nach Auffassung des BFH sind grds. sämtliche der Pflegeperson im Zusammenhang mit der Pflege zufließenden Einnahmen – sei es als Pflegevergütung oder Ersatz für eigene Aufwendungen der Pflegeperson – für die Gewährung des Pflege-Pauschbetrags schädlich. Die Aufwendungen der Pflegeperson werden durch die überlassenen Mittel gemindert, so dass die Gewährung des Pauschbetrags nicht gerechtfertigt ist. Für die Gewährung des Pflege-Pauschbetrags ist es unschädlich, wenn Leistungen verwendet werden, um ausschließlich Aufwendungen des Pflegebedürftigen zu ersetzen oder der Pflegeperson für die Begleichung von Aufwendungen der pflegebedürftigen Person vorab Mittel lediglich treuhänderisch zur Verfügung gestellt werden. Keine Einnahmen liegen vor, wenn das erhaltene Pflegegeld von den Pflegeeltern ausschließlich dazu verwendet wird, Aufwendungen der pflegebedürftigen Person zu bestreiten.[7) Erfolgt die Pflege durch zwei Personen und erhält nur eine stpfl. Person Einnahmen i.S.d. § 33b Abs. 6 Satz 1 EStG, führt dieser Umstand nicht zu einer Kürzung des Anspruchs bei der anderen Pflegeperson.[8)

Der Pauschbetrag wird **nicht anteilig um die Monate gekürzt**, in denen die Voraussetzungen nicht vorgelegen haben, z.B. weil die Pflege nur für einen Monat beansprucht wird. Der Betrag kann für eine Person aber nur einmal in Anspruch genommen werden und ist ggf. aufzuteilen:

Beispiel:
Der Sohn und die Tochter pflegen ihren hilflosen Vater für jeweils sechs Monate.

---
1) BFH v. 4.9.2019, VI R 52/17, BStBl II 2020, 97.
2) Vgl. Gesetzentwurf der Bundesregierung.
3) BFH v. 4.9.2019, VI R 52/17, BStBl II 2020, 97.
4) R 33b Abs. 7 EStR 2012.
5) BFH v. 29.8.1996, III R 4/95, BStBl II 1997, 199.
6) H 33b Pflege-Pauschbetrag EStH 2024.
7) BFH v. 17.7.2008, III R 98/06, BFH/NV 2009, 131.
8) FinMin Schleswig-Holstein, Kurzinformation zur ESt Nr. 2014/7 v. 16.4.2014, StEd 2014, 317.

Sohn und Tochter erhalten jeweils die Hälfte des Pauschbetrags.

Der **Pflege-Pauschbetrag** kann jedoch **mehrfach in Anspruch** genommen werden, wenn durch die stpfl. Person mehrere Personen gepflegt werden.

Die Berücksichtigung setzt voraus, dass die **Pflege** durch die stpfl. Person **im Inland und (ab dem VZ 2013**[1]**) auch im gesamten EU-/EWR-Ausland**, in ihrer Wohnung oder in der Wohnung des Pflegebedürftigen **persönlich durchgeführt** wird. Die Pflege wird auch dann noch persönlich durchgeführt, wenn sich die stpfl. Person zur Unterstützung zeitweise einer ambulanten Pflegekraft bedient.

Praxishinweis:

Der Pflege-Pauschbetrag (§ 33b Abs. 6 EStG) ist nicht nach der Zahl der Personen aufzuteilen, welche bei ihrer ESt-Veranlagung die Berücksichtigung eines Pflege-Pauschbetrags begehren, sondern nach der Zahl der stpfl. Personen, die eine hilflose Person in ihrer Wohnung oder in der Wohnung des Pflegebedürftigen tatsächlich persönlich gepflegt haben (Angabe der Anzahl der weiteren an der Pflege beteiligten Personen in **Zeile 12**). Insoweit ist zu erwarten, dass der Pflegeaufwand eines jeden Einzelnen geringer ist und der Pauschbetrag nicht jeder Person zustehen kann.[2] Wird die Pflege tatsächlich von mehreren Personen durchgeführt, ist der Pauschbetrag aufzuteilen.[3]

Der Pflege-Pauschbetrag kann neben dem nach § 33b Abs. 5 EStG vom Kind auf die Eltern übertragenen Pauschbetrag für Menschen mit Behinderung (→ Rz. 945) in Anspruch genommen werden.[4]

c) Anzahl der weiteren an der Pflege beteiligten Person (Zeilen 18–20)

159 **Hinweis zur Plausibilitätsbeurteilung:**

Sofern an der Pflege keine weiteren Personen beteiligt waren, ist ab dem VZ 2025 in dem Auswahlfeld in Zeile 18 eine „0" einzutragen.

Wird ein Pflegebedürftiger von mehreren stpfl. Personen im VZ gepflegt, wird der Pflege-Pauschbetrag nach der Zahl der Pflegepersonen, bei denen die gesetzlichen Voraussetzungen für die Gewährung vorliegen, geteilt (§ 33b Abs. 6 Satz 9 EStG). Daher sind neben der Anzahl der weiteren Personen ebenso die erforderlichen persönlichen Daten anzugeben (Name, Anschrift, Geburtsdatum [ab dem VZ 2024], Verwandtschaftsverhältnis der pflegebedürftigen Person).

Der Pflege-Pauschbetrag ist nicht nach der Zahl der Personen aufzuteilen, welche bei ihrer ESt-Veranlagung die Berücksichtigung eines Pflege-Pauschbetrags begehren, sondern nach der Zahl der stpfl. Personen, die eine hilflose Person in ihrer Wohnung oder in der Wohnung des Pflegebedürftigen tatsächlich persönlich gepflegt haben (Angabe der Anzahl der weiteren an der Pflege beteiligten Personen in **Zeile 12**). Insoweit ist zu erwarten, dass der Pflegeaufwand eines jeden Einzelnen geringer ist und der Pauschbetrag nicht jeder Person zustehen kann.[5] Wird die Pflege tatsächlich von mehreren Personen durchgeführt, ist der Pauschbetrag aufzuteilen.[6]

5. Behinderungsbedingte Fahrtkostenpauschale (Zeilen 21–22)

- 2 -

Behinderungsbedingte Fahrtkostenpauschale

– bei erstmaliger Beantragung / Änderung bitte Nachweis in Kopie einreichen –

Ich beantrage die Berücksichtigung der behinderungsbedingten Fahrtkostenpauschale, da ich die nachfolgenden Voraussetzungen erfülle:

		Steuerpflichtige Person / Ehemann / Person A		Ehefrau / Person B	
21	Ich habe einen Grad der Behinderung von mindestens 80 oder einen Grad der Behinderung von mindestens 70 und Merkzeichen „G"	250	1 = Ja	251	1 = Ja
22	Ich bin außergewöhnlich gehbehindert / blind / taubblind / ständig hilflos (Merkzeichen „aG" / „Bl" / „TBl" und / oder „H"), schwerstpflegebedürftig (Pflegegrad 4 oder 5)	252	1 = Ja	253	1 = Ja

a) Allgemeines

160 Der Erklärungstatbestand wurde ab dem VZ 2021 neu eingefügt. Behinderungsbedingte Fahrtkosten werden nur i.R.d. Fahrtkosten-Pauschbetrags berücksichtigt. Die Pauschalen decken alle Aufwendungen ab, die durch eine Behinderung veranlasst sind. Fahrtkosten können daher nicht mehr in unbegrenzter Höhe abgezogen werden (§ 33 Abs. 2a Satz 6 EStG). Über die Fahrtkostenpauschale hinaus sind keine weiteren behinderungsbedingten Fahrtkosten als außergewöhnliche Belastung (§ 33 Abs. 1 EStG) berücksichtigungsfähig. Eine darüberhinausgehende Berücksichtigung von individuellen, behinderungsbedingt entstandenen Fahrt-/Kfz-Kosten würde der mit der Regelung angestrebten Steuervereinfachung zuwiderlaufen, weshalb der behinderungsbedingte Fahrtkosten-Pauschbetrag abgeltende Wirkung hat. Es besteht **kein Wahlrecht** zwischen dem Ansatz der Pauschale und dem

1) AmtshilfeRLUmsG v. 26.6.2013, BGBl. I 2013, 1809.
2) BFH v. 14.10.1997, III R 102/96, BStBl II 1998, 20.
3) BFH v. 19.6.2008, III R 34/07, BFH/NV 2008, 1827.
4) R 33b Abs. 6 EStR 2012.
5) BFH v. 14.10.1997, III R 102/96, BStBl II 1998, 20.
6) BFH v. 19.6.2008, III R 34/07, BFH/NV 2008, 1827.

(höheren) Einzelnachweis. Gegebenenfalls besteht eine Verletzung des Gleichheitssatzes.[1] Der Pauschbetrag unterliegt der zumutbaren Belastung.

Bei erstmaliger Beantragung/Änderung sind Nachweise in Kopie einzureichen.

Die in den BMF-Schreiben v. 29.4.1996[2] und 21.11.2001[3] geregelte Anerkennung von Fahrtkosten von Menschen mit Behinderungen wurde durch eine gesetzliche Pauschalierungsregelung (§ 33 Abs. 2a EStG) ersetzt. Damit sollen die betroffenen stpfl. Personen von den bestehenden Nachweispflichten und die FÄ von Prüfungstätigkeiten entlastet werden. Anstelle des bisherigen individuellen und aufwendigen Einzelnachweises der behinderungsbedingt entstandenen Fahrtkosten wurde eine Pauschbetragsregelung i.H.d. bisher geltenden Maximalbeträge eingeführt. Damit sollen die durch die Behinderung veranlassten Aufwendungen für unvermeidbare Fahrten, bei denen es sich im Grundsatz um außergewöhnliche Belastungen i.S.d. § 33 Abs. 2 EStG handelt, abgegolten werden.[4]

Die Übertragung der behinderungsbedingten Fahrtkostenpauschale auf ein Kind (§ 33 Abs. 2a Satz 8 f. EStG) erfolgt auf der Anlage Kind (Zeilen 64–66).

b) Ich habe einen Grad der Behinderung von mindestens 80 oder einen Grad der Behinderung von mindestens 70 und Merkzeichen „G" (Zeile 21)

Der Nachweis der Voraussetzungen erfolgt nach den Vorgaben des § 65 EStDV. **161**

Bei Menschen mit einem Grad der Behinderung von mindestens 80 oder mit einem Grad der Behinderung von mind. 70 und dem Merkzeichen G (§ 33 Abs. 2a Satz 2 Nr. 1 EStG) wird eine Pauschale i.H.v. 900 € berücksichtigt (§ 33 Abs. 2a Satz 3 EStG). In seiner Bewegungsfähigkeit im Straßenverkehr erheblich beeinträchtigt ist, wer infolge einer Einschränkung des Gehvermögens (auch durch innere Leiden oder infolge von Anfällen oder von Störungen der Orientierungsfähigkeit) nicht ohne erhebliche Schwierigkeiten oder nicht ohne Gefahren für sich oder andere Wegstrecken im Ortsverkehr zurückzulegen vermag, die üblicherweise noch zu Fuß zurückgelegt werden (§ 229 Abs. 1 SGB IX).

c) Ich bin außergewöhnlich gehbehindert/blind/taubblind/ständig hilflos (Merkzeichen „aG"/„Bl"/„TBl" und/oder „H"), schwerstpflegebedürftig – Pflegegrad 4 oder 5 (Zeile 22)

Bei Menschen mit dem Merkzeichen „aG" (außergewöhnlichen Gehbehinderung), mit dem Merkzeichen „Bl" **162**
(Blind), mit dem Merkzeichen „TBl" (Taubblindheit) oder mit dem Merkzeichen „H" (Hilflos) (§ 33 Abs. 2a Satz 2 Nr. 2 EStG) wird eine Pauschale i.H.v. 4 500 € berücksichtigt (§ 33 Abs. 2a Satz 4 EStG). Bei Vorliegen der Anspruchsvoraussetzungen für beide Pauschbeträge ist immer nur der höhere Betrag zu gewähren (§ 33 Abs. 2a Satz 5 EStG). Schwerbehinderte Menschen mit außergewöhnlicher Gehbehinderung sind Personen mit einer erheblichen mobilitätsbezogenen Teilhabebeeinträchtigung, die einem Grad der Behinderung von mindestens 80 entspricht. Eine erhebliche mobilitätsbezogene Teilhabebeeinträchtigung liegt vor, wenn sich die schwerbehinderten Menschen wegen der Schwere ihrer Beeinträchtigung dauernd nur mit fremder Hilfe oder mit großer Anstrengung außerhalb ihres Kfz bewegen können. Hierzu zählen insbesondere schwerbehinderte Menschen, die auf Grund der Beeinträchtigung der Gehfähigkeit und Fortbewegung – dauerhaft auch für sehr kurze Entfernungen – aus medizinischer Notwendigkeit auf die Verwendung eines Rollstuhls angewiesen sind. Verschiedenste Gesundheitsstörungen (insbesondere Störungen bewegungsbezogener, neuromuskulärer oder mentaler Funktionen, Störungen des kardiovaskulären oder Atmungssystems) können die Gehfähigkeit erheblich beeinträchtigen (§ 229 Abs. 3 SGB IX).

1) Kanzler, NWB 2021, 898, 899.
2) BMF v. 29.4.1996, IV B 1 – S 2284 – 27/96, BStBl I 1996, 446.
3) BMF v. 21.11.2001, IV C 4 – S 2284 – 98/01, BStBl I 2001, 868.
4) BT-Drucks. 19/23793 v. 28.10.2020.

6. Andere Aufwendungen (Zeilen 23–41)

Andere Aufwendungen

Zeile		Kz.	EUR
	Krankheitskosten (z. B. Arzt- und Behandlungskosten, Arznei-, Heil- und Hilfsmittel, Kurkosten)		
23	Art der Aufwendungen		
24	Summe der Aufwendungen	302	,—
25	Summe der erhaltenen und / oder zu erwartenden Versicherungsleistungen, Beihilfen, Unterstützungen usw. (ggf. „0“)	303	,—
	Pflegekosten (z. B. häusliche Pflege und Heimunterbringung)		
26	Art der Aufwendungen		
27	Summe der Aufwendungen	304	,—
28	Haushaltsersparnis sowie Summe der erhaltenen und / oder zu erwartenden Versicherungsleistungen, Beihilfen, Unterstützungen usw. (ggf. „0“)	305	,—
	Behinderungsbedingte Aufwendungen (z. B. Umbaukosten)		
29	Art der Aufwendungen		
30	Summe der Aufwendungen	306	,—
31	Summe der erhaltenen und / oder zu erwartenden Versicherungsleistungen, Beihilfen, Unterstützungen usw. (ggf. „0“)	307	,—
	Bestattungskosten (z. B. Grabstätte, Sarg, Todesanzeige)		
32	Art der Aufwendungen		
33	Summe der Aufwendungen	310	,—
34	Summe der erhaltenen und / oder zu erwartenden Versicherungsleistungen, Beihilfen, Unterstützungen usw. (ggf. „0“)	311	,—
35	Gesamtwert des Nachlasses (z. B. Bargeld, Bankguthaben, Grundstücke, Wertpapiere, Lebensversicherungen, Nachlassverbindlichkeiten)	314	,—
	Sonstige außergewöhnliche Belastungen		
36	Art der Aufwendungen		
37	Summe der Aufwendungen	312	,—
38	Summe der erhaltenen und / oder zu erwartenden Versicherungsleistungen, Beihilfen, Unterstützungen usw. (ggf. „0“)	313	,—
	Für folgende Aufwendungen wird die Steuerermäßigung für haushaltsnahe Beschäftigungsverhältnisse / Dienstleistungen / Handwerkerleistungen beantragt, soweit sie wegen Abzugs der zumutbaren Belastung nicht als außergewöhnliche Belastungen berücksichtigt werden (die Beträge sind nicht zusätzlich in den Zeilen 4 bis 9 der **Anlage Haushaltsnahe Aufwendungen** einzutragen):		EUR
39	Die in Zeile 27 enthaltenen Pflegeleistungen im Rahmen eines geringfügigen Beschäftigungsverhältnisses im Privathaushalt – sog. Minijob – betragen (abzüglich Erstattungen)	370	,—
40	Die in Zeile 27 enthaltenen übrigen haushaltsnahen Pflegeleistungen (ohne Minijob) und in Heimunterbringungskosten enthaltenen Aufwendungen für Dienstleistungen, die denen einer Haushaltshilfe vergleichbar sind, betragen (abzüglich Erstattungen)	371	,—
41	Die in den Zeilen 27, 30 und 37 enthaltenen Arbeitskosten für Handwerkerleistungen betragen (abzüglich Erstattungen)	372	,—

2025Anl-agB392 **2025Anl-agB392**

a) Allgemeines

163 Als außergewöhnliche Belastungen allgemeiner Art werden nach § 33 Abs. 1 EStG auf Antrag weitere Aufwendungen berücksichtigt. Die ESt wird ermäßigt, wenn einer stpfl. Person zwangsläufig größere Aufwendungen als der überwiegenden Mehrzahl der stpfl. Personen gleicher Einkommens- und Vermögensverhältnisse sowie gleichen Familienstands erwachsen. Der steuermindernde Abzug von Aufwendungen kommt nur in Betracht, wenn die auf-

wandsbegründende Maßnahme im Einklang mit den **im Inland geltenden gesetzlichen Regelungen** steht, unabhängig davon, wo die aufwandsbegründende Maßnahme durchgeführt wurde.[1)]

Die **üblichen Aufwendungen der Lebensführung**, welche in Höhe des Existenzminimums durch den Grundfreibetrag abgegolten sind, sowie die durch den Sonderausgabenabzug und Freibeträge für Kinder oder Kindergeld abgegoltenen weiteren zwangsläufigen Aufwendungen sind dagegen ungeachtet ihrer Höhe im Einzelfall aus dem Anwendungsbereich der außergewöhnlichen Belastungen ausgeschlossen.[2)] Aufwendungen für einen behindertengerechten Umbau des zum selbstgenutzten EFH gehörenden Gartens sind nicht berücksichtigungsfähig.[3)] **Trennungsbedingte Umgangskosten** (eines barunterhaltsverpflichteten Elternteils) sind nicht berücksichtigungsfähig, da diese durch die Regelungen des Familienleistungsausgleichs abgegolten sind.[4)]

Praxishinweis:

Zu den üblichen Aufwendungen der Lebensführung gehören auch Aufwendungen für den Familienurlaub; diese sind nicht außergewöhnlich, sondern durch die allgemeinen Freibeträge abgegolten.

Aufwendungen erwachsen dann **zwangsläufig**, wenn sich die stpfl. Person den Aufwendungen aus rechtlichen, tatsächlichen oder sittlichen Gründen nicht entziehen kann und soweit die Aufwendungen den Umständen nach notwendig sind und einen angemessenen Betrag (zumutbare Belastung, § 33 Abs. 3 EStG; → Rz. 164) nicht übersteigen (§ 33 Abs. 2 Satz 1 EStG). Diese Voraussetzung ist erfüllt, wenn die aufgeführten Gründe der Zwangsläufigkeit von außen, das heißt vom Willen der stpfl. Person unabhängig, auf ihre Entschließung in einer Weise einwirken, dass sie ihnen nicht ausweichen können.[5)]

Beratungshinweis:

Zur Frage der Berücksichtigung von Heimunterbringungskosten, die für eine Tante gezahlt worden sind. Diese hatte zuvor ein Mietwohngrundstück auf die stpfl. Person im Rahmen der vorweggenommenen Erbfolge unter Belastung mit einem Vorbehaltsnießbrauch übertragen.[6)]

Auch Mietzahlungen, die einen zusätzlichen, weiteren Wohnbedarf abdecken, weil die Wohnung, die den existentiellen, ersten Wohnbedarf abdecken sollte, nicht mehr bewohnbar ist, wurden vom BFH als außergewöhnlich eingestuft und waren aus tatsächlichen Gründen zwangsläufig.[7)]

Vorgänge, die auf der reinen **privaten Vermögensebene** (z.B. Erbstreitigkeiten, Schockanrufe/Trickbetrug [Rev., Az. VI R 14/25]) liegen, sind nicht von den außergewöhnlichen Belastungen erfasst. Aufwendungen zur **Schadensbeseitigung oder Wiederbeschaffung von existenziell notwendigen Gegenständen** (z.B. Wohnung, Hausrat, Kleidung, nicht z.B. ein PKW, eine Garage) können jedoch außergewöhnliche Belastungen darstellen, wenn keine Anhaltspunkte für ein Verschulden der stpfl. Person erkennbar ist und realisierbare Ersatzansprüche gegen Dritte nicht gegeben sind.[8)] Die Verwaltung ergänzt die von der Rechtsprechung verlangten Voraussetzungen insoweit, als dass der stpfl. Person tatsächlich finanzielle Aufwendungen entstanden sind und die Aufwendungen zudem der Höhe nach notwendig und angemessen sind. Berücksichtigungsfähig ist des Weiteren nur der endgültig verlorene Aufwand. Das schädigende Ereignis darf zudem nicht länger als drei Jahre zurückliegen.[9)]

Praxishinweis:

Kosten zur Wiederbeschaffung lebensnotwendiger Vermögensgegenstände wie Hausrat und Kleidung die auf Grund eines unabwendbaren Ereignisses beschädigt oder zerstört worden sind, können mangels Zwangsläufigkeit nicht steuermindernd als außergewöhnliche Belastung berücksichtigt werden, wenn die geschädigte Person es unterlassen hat, eine allgemein übliche und zumutbare Versicherung (z.B. eine Hausratversicherung) abzuschließen.[10)] Das Fehlen einer sog. Elementarversicherung ist unschädlich; zu den steuerlichen Maßnahmen zur Berücksichtigung der Schäden im Zusammenhang mit den Unwetterereignissen im Juli des Jahres 2021 vgl. MdF NRW.[11)]

Aufwendungen zur Beseitigung eines durch einen **Bedienungsfehler** entstandenen Schadens wurden als außergewöhnliche Belastungen berücksichtigt, soweit lediglich von einer leichten Fahrlässigkeit auszugehen ist.[12)] Bei nicht dauernd getrennt lebenden – **zusammenveranlagten – Ehegatten/Lebenspartnern** werden die Aufwendungen zusammengerechnet.

Bemessungsgrundlage für die Berechnung **der zumutbaren Belastung** ist der Gesamtbetrag der Einkünfte, der nach Familienstand, Anzahl der Kinder und Höhe der Einkünfte gestaffelt ist. 164

1) BFH v. 17.5.2017, VI R 34/15, BStBl II 2018, 344.
2) BFH v. 19.5.1995, III R 12/92, BStBl II 1995, 774; BFH v. 23.5.2002, III R 24/01, BStBl II 2002, 567; BFH v. 3.3.2005, III R 64/03, BFH/NV 2005, 1287.
3) BFH v. 26.10.2022, VI R 25/20, BStBl II 2023, 372
4) BFH v. 15.5.2012, VI B 111/11, BFH/NV 2012, 1434.
5) BFH v. 29.11.1991, III R 192/90, BFH/NV 1992, 457, m.w.N.
6) FG Düsseldorf v. 29.9.2011, 11 K 2506/09 E, EFG 2012, 698.
7) BFH v. 21.4.2010, VI R 62/08, BStBl II 2010, 965.
8) BFH v. 6.5.1994, III R 27/92, BStBl II 1995, 104; bestätigt durch BFH v. 29.3.2012, VI R 47/10, BStBl II 2012, 570.
9) R 33.2 EStR 2012.
10) BFH v. 26.6.2003, III R 36/01, BStBl II 2004, 47.
11) MdF NRW v. 16.7.2021 – S 1915 – 6/48 – V A 3, StEd 2021, 473.
12) FG des Saarlandes v. 14.2.2007, 1 K 1350/03, Information StW 2007, 408.

Bei einem Gesamtbetrag der Einkünfte		bis 15 340 €	über 15 340 € bis 51 130 €	über 51 130 €
1.	bei Stpfl. ohne Kinder, bei denen die ESt erhoben wird nach			
	Grundtabelle	5 %	6 %	7 %
	Splittingtabelle	4 %	5 %	6 %
2.	bei Stpfl. mit			
	einem oder zwei Kindern	2 %	3 %	4 %
	drei oder mehr Kindern	1 %	1 %	2 %
			des Gesamtbetrags der Einkünfte.	

Die zumutbare Belastung ist **stufenweise zu ermitteln**. Der BFH hatte entschieden, dass abweichend von der (durch die Rechtsprechung gebilligten) Verwaltungsauffassung, wonach sich die Höhe der zumutbaren Belastung ausschließlich nach dem höheren Prozentsatz richtet, sobald der Gesamtbetrag der Einkünfte eine der in § 33 Abs. 3 Satz 1 EStG genannten Grenzen überschreitet, die Regelung so zu verstehen ist, dass nur der Teil des Gesamtbetrags der Einkünfte, der den im Gesetz genannten Grenzbetrag übersteigt, mit dem jeweils höheren Prozentsatz belastet wird.[1)] Der Gesamtbetrag der Einkünfte als Bemessungsgrundlage für die Berechnung der zumutbaren Belastung ist nicht um Beiträge an eine berufsständische Versorgungseinrichtung zu kürzen. Insbesondere ist die Anknüpfung der Bemessungsgrundlage an den Gesamtbetrag der Einkünfte verfassungsrechtlich nicht zu beanstanden. Altersvorsorgeaufwendungen i.S.d. § 10 Abs. 1 Nr. 2 Buchst. a EStG sind den Sonderausgaben zugewiesen, ihrer Rechtsnatur nach sind sie aber in erster Linie vorweggenommene Werbungskosten bei den Einkünften i.S.d. § 22 Nr. 1 Satz 3 Buchst. a Doppelbuchst. aa EStG. Diese Zuweisung ist verfassungsrechtlich nicht zu beanstanden.

Krankheitskosten einschließl. Zuzahlungen sind außergewöhnliche Belastungen. Es ist von Verfassungs wegen nicht geboten, bei der einkommensteuerrechtlichen Berücksichtigung dieser Aufwendungen auf den Ansatz der zumutbaren Belastung zu verzichten.[2)] Im Anschluss entschied der BFH entsprechend; auch gegen diese Entscheidung wurde Verfassungsbeschwerde eingelegt.[3)] Ebenso ist die Anwendung des § 33 Abs. 3 EStG auf sog. beihilfefähige Aufwendungen im Krankheitsfall verfassungsgemäß.[4)]

165 Im Rahmen der zumutbaren Belastung sind **Kinder zu berücksichtigen**, für die die stpfl. Person einen Kinderfreibetrag und einen Freibetrag für den Betreuungs-, Erziehungs- und Ausbildungsbedarf oder Kindergeld erhält (zur Berücksichtigung von Kindern vgl. Anlage Kind).

Erstattungen sind von den Aufwendungen abzuziehen, so dass nur die tatsächliche wirtschaftliche Belastung abgezogen werden kann. Erstattungen sind auch dann im Kj. der Zahlung der Aufwendungen abzuziehen, wenn sie in einem späteren Kj. erfolgen. Es reicht insoweit aus, dass die stpfl. Person mit einer Erstattung rechnen konnte.[5)]

Keine Berücksichtigung finden **Vorgänge der privaten Vermögenssphäre**, z.B. die Tilgung privater Schulden.

b) Summe der erhaltenen und/oder zu erwartenden Versicherungsleistungen, Beihilfen, Unterstützungen usw.

166 Voraussetzung für die Berücksichtigung von außergewöhnlichen Belastungen ist es, dass die stpfl. Person **endgültig mit den Aufwendungen belastet** ist. Erhält sie Erstattungen von dritter Seite (z.B. Pflege-Pflichtversicherung, ergänzende Pflegekrankenversicherung,[6)] Integrationsamt, so stellt die Aufwendung lediglich eine temporäre dar, die nicht zu berücksichtigen ist. Nicht gegenzurechnen sind Leistungen, die zu stpfl. Einnahmen führen sowie Schenkungen. Auch Leistungen einer **Krankenhaustagegeldversicherung** (nicht **Krankentagegeldversicherung**, da diese lediglich einen möglichen Verdienstausfall ausgleicht; nicht ergänzende **Pflegekrankenversicherung**, da es sich um eine zusätzliche Pflegekostenversicherung handelt) sind von den berücksichtigungsfähigen Aufwendungen abzuziehen.[7)] Dies gilt nur dann nicht, wenn die vertragsgemäße Erstattung zu stpfl. Einnahmen bei der stpfl. Person führt.

Krankheitskosten sind auch dann zu berücksichtigen, wenn die stpfl. Person ihrer **Krankenversicherungspflicht** nicht nachkommt.[8)]

Da lediglich die endgültigen Belastungen durch Minderung des Einkommens der stpfl. Person zu berücksichtigen sind, mindern auch die Ersatzleistungen, die erst in späteren Kj. anfallen, die geltend gemachten Aufwendungen.[9)] Daher sind auch die erwarteten **Erstattungen** z.B. aus einem Folgejahr zu erklären, die in enger wirtschaftlicher Verbindung mit dem Aufwand im VZ 2025 stehen. Krankheitskosten, auf deren Erstattung verzichtet wird, um dadurch eine Beitragsrückerstattung zu erhalten, sind nicht zwangsläufig.[10)]

---

1) BFH v. 19.1.2017, VI R 75/14, BStBl II 2017, 684; Verfbeschw nicht angenommen, BVerfG v. 17.9.2018, 2 BvR 1205/17.
2) BFH v. 2.9.2015, VI R 32/13, BStBl II 2016, 151. Verfbeschw nicht angenommen, BVerfG v. 23.11.2016, 2 BvR 180/16.
3) BFH v. 29.9.2016, III R 62/13, BStBl II 2017, 259, Verfbeschw nicht angenommen, BVerfG v. 18.9.2018, 2 BvR 221/17.
4) BFH v. 1.9.2021, VI R 18/19, HFR 2022, 152; Verfbeschw nicht angenommen, BVerfG v. 15.11.2023, 2 BvR 1579/22, StEd 2024, 89.
5) BFH v. 21.8.1974, VI R 236/71, BStBl II 1975, 14.
6) BFH v. 14.4.2011, VI R 8/10, BStBl II 2011, 701.
7) BFH v. 22.10.1971, VI R 242/69, BStBl II 1971, 177.
8) FinBeh Hamburg v. 20.4.2015, S 2284 – 2014/009 – 52.
9) BFH v. 30.6.1999, III R 8/95, BStBl II 1999, 766.
10) FG Hamburg v. 26.8.2004, VI 167/02, EFG 2005, 44; FG Rheinland-Pfalz v. 31.1.2012, 2 V 1883/11, DStR-E 2013, 467.

Praxishinweis:
Ist der ESt-Bescheid bereits bestandskräftig und stellt sich später heraus, dass eine Erstattung bei der Besteuerung unzutreffend nicht oder nur teilweise berücksichtigt worden ist, so kann der Bescheid nach § 175 Abs. 1 Nr. 2 AO geändert werden.[1)]

c) Einzeltatbestände von allgemeiner Bedeutung

Im Folgenden sind verschiedene Einzeltatbestände, losgelöst von der Reihenfolge der in der Anlage vorgegebenen Tatbestände, aufgeführt:

(1) Adoptionskosten

Der BFH beabsichtigte zunächst, Aufwendungen für eine Adoption entgegen der bisherigen Auffassung zu berücksichtigen.[2)] Der BFH verneint den Abzug, da es an der Zwangsläufigkeit der Aufwendungen fehle; der Entschluss zur Adoption beruht auf einer freiwilligen Entscheidung der Eltern.[3)] Zudem stelle eine Adoption weder eine medizinische Leistung dar, noch könne sie einer solchen gleichgestellt werden. **167**

Praxishinweis:
Kosten für (Auslands-)Adoptionen entstehen auch dann nicht zwangsläufig, wenn die stpfl. Person trotz durchgeführter medizinischer Kinderwunschbehandlung krankheitsbedingt ungewollt kinderlos geblieben ist. Die Revision wurde auf Grund der Ankündigung des VI. Senats des BFH im Vorlagebeschluss vom 18.4.2013, VI R 60/11, an den Großen Senat zugelassen, Aufwendungen für eine Adoption als außergewöhnliche Belastungen gem. § 33 EStG anerkennen zu wollen.[4)]

(2) Augen-Laser-Operation

Bei stpfl. Personen, die sich einer Augen-Laser-Operation unterziehen, liegt immer eine Fehlsichtigkeit und damit eine Krankheit vor. Die Finverw. erkennt daher ohne Vorlage eines amtsärztlichen Attests die Aufwendungen als außergewöhnliche Belastung an.[5)] **168**

(3) Begleitpersonen

Mehraufwendungen, die einer körperbehinderten stpfl. Person, die auf ständige Begleitung angewiesen ist, anlässlich einer Urlaubsreise durch Kosten für Fahrten, Unterbringung und Verpflegung der Begleitperson entstehen, können in angemessener Höhe neben dem Pauschbetrag für Menschen mit Behinderung berücksichtigt werden. Die Notwendigkeit einer Begleitperson kann sich aus einem amtsärztlichen Gutachten oder aus den Feststellungen in dem Ausweis nach dem SGB IX, z.B. dem Vermerk „Die Notwendigkeit ständiger Begleitung ist nachgewiesen.", ergeben.[6)] Zur Abgrenzung vgl. BFH.[7)] Reisekosten für **Urlaubsreisen der Eltern mit ihren schwer behinderten Kindern** sind aber nicht als außergewöhnliche Belastungen abzuziehen, weil sich Reisen nicht von einem üblichen Familienurlaub unterscheiden. Zu den üblichen Aufwendungen der Lebensführung, die durch den Grundfreibetrag und die Freibeträge für Kinder oder Kindergeld abgegolten sind, gehören auch Kosten für einen Familienurlaub. Insoweit handelt es sich nicht um behinderungsbedingte Mehraufwendungen.[8)] **169**

Die Kosten einer Begleitperson bei einer Kinderkur sind dann zu berücksichtigen, wenn die grds. übliche Unterbringung in einem Kinderheim (stationärer Aufenthalt) medizinisch nicht geboten ist.[9)]

(4) Bestattungskosten

Bestattungskosten (z.B. Erwerb der Grabstätte und Herrichtung, Sarg, Kränze, Gebühren) stellen – bis zu einem angemessenen Betrag von grds. 7 500 €[10)] – Nachlassverbindlichkeiten dar (§ 1968 BGB) und treffen den Erben als diejenige Person, der das Vermögen des Erblassers zufällt. Beerdigungskosten können als außergewöhnliche Belastungen nur abgezogen werden, soweit sie nicht aus dem Nachlass oder durch sonstige im Zusammenhang mit dem Tod zugeflossene Geldleistungen[11)] gedeckt sind.[12)] Einkommensteuerpflichtige Ersatzleistungen führen nicht zu einer Kürzung der abzugsfähigen Aufwendungen (im entschiedenen Streitfall: stpfl. Sterbegeld als Versorgungsbezug).[13)] Vermögenswerte, die vor dem Tod zugewendet worden sind, sind ggf. zu berücksichtigen. Aufwendungen für Traueressen, Trauerkleidung, aufwendige Grabstätte und Grabmal, werden mangels Zwangsläufigkeit nicht als außergewöhnliche Belastung anerkannt.[14)] Eine Berücksichtigung scheidet hingegen aus, wenn **170**

---

1) FG Köln v. 17.3.1988, 7 K 1037/87, EFG 1988, 422.
2) Vorlagebeschluss an den GrS, BFH v. 18.4.2013, VI R 60/11, BStBl II 2013, 868, nachfolgend Bestätigung der bisherigen Rechtsprechung zum Erfordernis der Divergenzanfrage, BFH v. 9.10.2014, GrS 1/13, BStBl II 2015, 345.
3) BFH v. 10.3.2015, VI R 60/11, BStBl II 2015, 695; Verfbeschw nicht angenommen, BVerfG v. 13.6.2016, 2 BvR 1208/15, StEd 2016, 467.
4) FG Münster v. 25.6.2024, 14 K 1085/23 E, EFG 2024, 1678.
5) OFD Frankfurt v. 19.7.2006, S 2284 A – 52 – St 216, DStZ 2006, 710.
6) BFH v. 4.7.2002, III R 58/98, BStBl II 2002, 765.
7) BFH v. 7.5.2013, VIII R 51/10, BStBl II 2013, 808.
8) BFH v. 26.1.2006, III R 22/04, BFH/NV 2006, 1265.
9) BFH v. 5.10.2011, VI R 88/10, BFH/NV 2012, 35.
10) BayLfSt, Erlass v. 16.12.2016, S 2284.1.1-21/1 St32, StEd 2017, 172.
11) Zur Zurechnung eines Bankkontos vgl. FG Hamburg v. 1.8.2019, 6 K 53/19 .
12) BFH v. 21.2.2018, VI R 11/16, BStBl II 2018, 469.
13) BFH v. 15.6.2023, VI R 33/20, BStBl II 2023, 1031.
14) FG Köln v. 29.9.2010, 12 K 784/09, EFG 2011, 242, m.w.N.

Sterbegelder oder Versicherungsleistungen erbracht werden.[1] Aufwendungen für die eigene Bestattungsvorsorge sind nicht abzugsfähig.[2]

Ab dem VZ 2025 ist hinsichtlich der Erklärung von erhaltenen und/oder zu erwartenden Erstattungen (Zeile 34) und dem Wert des Nachlasses (Zeile 35) zu unterscheiden.

Wurde die Erbschaft wegen Überschuldung des Nachlasses ausgeschlagen, ist der zur Tragung der unmittelbaren Bestattungskosten rechtlich verpflichtete Unterhaltsverpflichtete berechtigt, diese Kosten als außergewöhnliche Belastung abzuziehen.[3]

Praxishinweis:

Aufwendungen für die Sanierung einer über 100 Jahre alte Familiengrabstätte sind keine außergewöhnliche Belastung. Der Sanierung der Grabstätte lag eine maßgeblich vom Willen und der religiösen Überzeugung der stpfl. Person, der Erwartungshaltung ihrer Familie und der Familientradition beeinflusste Situation zu Grunde, die eine erforderliche Zwangslage nicht begründen kann. Dies gilt auch dann, wenn Standsicherheitsmängel auf Anordnung der Friedhofsverwaltung beseitigt werden. Die Wiederherstellung der Standsicherheit des Grabmals berührt keinen existenziell wichtigen Bereich.[4]

(5) Besuchsfahrten

171 Besuchsfahrten eines Elternteils zu dem bei dem anderen Elternteil lebenden Kind, sind nicht berücksichtigungsfähig, da es sich insoweit um typische Kosten der privaten Lebensführung handelt.[5] Dies gilt auch für Zwecke der Kinderbetreuung von Enkelkindern.[6]

(6) Delfintherapie

172 Die Notwendigkeit der Maßnahme ist durch ein vor der Behandlung ausgestelltes amts- oder vertrauensärztliches Gutachten nachzuweisen.[7]

(7) Diätkosten

173 Aufwendungen für eine besondere Diätverpflegung, die z.B. durch eine Glutenunverträglichkeit (Zöliakie) entstanden sind, können nicht als außergewöhnliche Belastungen berücksichtigt werden, da es nicht von Verfassung wegen aus geboten ist, diese Aufwendungen bei der Ermittlung des Existenzminimums zusätzlich zu berücksichtigen[8]; die Verpflegung unterliegt dem Abzugsverbot.[9] Das gilt ebenso für die Lieferung von Essen („Essen auf Rädern"[10]). Ist die Einnahme besonderer Mittel jedoch einer Krankheit geschuldet, kommt eine Berücksichtigung in Betracht, wenn es sich um ärztlich verordnete Arzneimittel (§ 2 AMG) handelt.[11] Voraussetzung für die Berücksichtigung von Arzneimitteln ist nach geltender Rechtslage der Nachweis der Zwangsläufigkeit durch eine entsprechende Verordnung eines Arztes oder Heilpraktikers (§ 64 Abs. 1 Nr. 1 EStDV). Ob ärztlich verordnete Nahrungsergänzungsmittel bei einer Krebserkrankungen zwangsläufig sind, ist Gegenstand eines anhängigen BFH-Verfahrens.[12]

(8) Ehescheidungskosten/Eheschließung

174 Durch die Änderung im Rahmen des AmtshilfeRLUmsG[13] können Ehescheidungskosten ab dem VZ 2013 nicht mehr als außergewöhnliche Belastungen berücksichtigt werden (§ 33 Abs. 2 EStG), da es sich nicht um Aufwendungen handelt, die getätigt werden müssen, um die Bedrohung der persönlichen Existenz abzuwehren.

Bis zur Gesetzesänderung waren die **Prozesskosten** für die Scheidung (z.B. Gerichts- und Anwaltsgebühren) und den **Versorgungsausgleich** (§ 623 Abs. 1 ZPO) berücksichtigungsfähig. Nicht zu berücksichtigen sind die auf einen Teilvergleich im Rahmen eines Scheidungsverfahrens entfallenden Kosten einer **Vermögensauseinandersetzung**. Kosten familienrechtlicher und sonstiger Regelungen im Zusammenhang mit der Ehescheidung sind damit grds. nicht als außergewöhnliche Belastungen zu berücksichtigen. Dies gilt für alle Regelungen, die außerhalb des sog. Zwangsverbunds (§ 623 Abs. 1 ZPO) durch das Familiengericht oder außergerichtlich getroffen worden sind.[14] Auch Aufwendungen für ein **Mediationsverfahren** sind nicht berücksichtigungsfähig.[15]

Der BFH bestätigte für die Rechtslage bis zum VZ 2012 nach einer erneuten Kehrtwendung in der Rechtsprechung seine ursprüngliche Rechtsauffassung. Kosten familienrechtlicher und sonstiger Regelungen im Zusammenhang mit einer Ehescheidung außerhalb des sog. Zwangsverbunds sind grds. nicht als außergewöhnliche Belastungen

1) BFH v. 19.10.1990, III R 93/87, BStBl II 1991, 140.
2) FG Münster v. 23.6.2025, 10 K 1483/24 E, DStZ 2025, 627.
3) FG Baden-Württemberg v. 5.5.2010, 12 K 18/07, DStRE 2011, 1443.
4) BFH v.22.10.2019, VI R 48/17, HFR 2020, 235.
5) BFH v. 27.9.2007, III R 28/05, BStBl II 2008, 287.
6) FG Münster v. 1.3.2021, 9 K 1651/18 E; NZB unbegründet, BFH v. 27.4.2022, IX R 21/21.
7) BFH v. 15.11.2007, III B 205/06, BFH/NV 2008, 368.
8) BFH v. 21.6.2007, III R 48/04, BFH/NV 2007, 2176.
9) BFH v. 4.11.2021, VI R 48/18, HFR 2022, 239; Verfbeschw eingelegt, Az. des BVerfG: 2 BvR 1554/23.
10) FG Münster v. 27.4.2023, 1 K 759/21 E.
11) BFH v. 14.4.2015, VI R 89/13, BStBl II 2015, 703.
12) FG München v. 25.7.2024, 15 K 286/23, Rev. Az. des BFH: VI R 23/24.
13) AmtshilfeRLUmsG v. 26.6.2013, BGBl. I 2013, 1809.
14) BFH v. 30.6.2005, III R 27/04, BStBl II 2006, 492.
15) OFD Koblenz v. 4.3.2008 – S 2284 A – St 32 3, DB 2008, 1181.

zu berücksichtigen.[1] Ab dem VZ 2013 sind Scheidungskosten Aufwendungen für die Führung eines Rechtsstreits (Prozesskosten) i.S.d. § 33 Abs. 2 Satz 4 EStG. Sie sind durch § 33 Abs. 2 Satz 4 EStG vom Abzug als außergewöhnliche Belastungen ausgeschlossen; alle Verfahrenskosten sind einheitlich zu behandeln. Die stpfl. Person erbringt die Aufwendungen für ein Scheidungsverfahren regelmäßig nicht zur Sicherung der Existenzgrundlage und lebensnotwendiger Bedürfnisse.[2] Siehe auch → Rz. 184.

Prozesskosten für Streitigkeiten von Eltern über das **Umgangsrecht** mit ihren Kindern sind ebenfalls regelmäßig nicht zu berücksichtigen.[3] Die ggf. besonderen Kosten, die durch eine **Eheschließung/Begründung einer Lebenspartnerschaft** mit einem ausl. Staatsbürger entstanden sind, stellen ebenfalls keine zu berücksichtigenden Aufwendungen dar.[4]

(9) Hausschwamm und Baumängel/Schadstoffbelastung

Baumängel finden grds. keine Berücksichtigung.[5] Aufwendungen zur Beseitigung unausweichlicher Schäden (z.B. Brand, Hochwasser), konkreter Gesundheitsgefährdungen der Familie – nicht zwingend für die stpfl. Person selbst – (z.B. Asbestsanierung, Sanierung eines mit Dioxin belasteten Objekts) sind nur in Ausnahmefällen berücksichtigungsfähig. Voraussetzung ist, dass die stpfl. Person kein Verschulden an der Belastung trifft und diese zum Zeitpunkt des Erwerbs des Grundstücks nicht erkennbar war und auch keine realisierbaren Ersatzansprüche gegen Dritte gegeben sind; zudem muss nachweislich eine konkrete Gefährdung vorliegen.[6] Die Aufwendungen für die Beseitigung von echtem Hausschwamm sind abzugsfähig, obwohl Aufwendungen für das Wohnen im eigenen Haus grds. steuerrechtlich nicht berücksichtigt werden können. Voraussetzung ist dabei, dass der Schaden zunächst unentdeckt war und die Statik des Gebäudes gefährdet ist.[7] 175

Beratungshinweis:
Vorsorglich sollte vor Beginn der Sanierung Beweissicherung betrieben werden (z.B. auch die Einholung eines Gutachtens), um die Abzugsfähigkeit der Aufwendungen abzusichern, auch wenn der BFH dies nicht für erforderlich hält.

Auch die Beseitigung einer konkreten Gesundheitsgefährdung können aus tatsächlichen Gründen zwangsläufig erwachsen und damit abzugsfähig sein, wenn die Voraussetzungen objektiv festgestellt werden können.[8] Die Gegenwerttheorie findet keine Anwendung; Vorteile aus der Erneuerung sind anzurechnen, wobei werterhöhende Maßnahmen keine Berücksichtigung finden. Aufwendungen für Baumängel sind nicht unüblich und daher nicht mit ungewöhnlichen Ereignissen wie etwa Hochwasserschäden vergleichbar; ein Abzug als außergewöhnliche Belastung kommt daher grds. nicht in Betracht.

Der Nachweis ist dabei nach der Rechtsprechung des BFH nicht durch ein zuvor erstelltes amtliches (technisches und/oder ärztliches) Gutachten oder einen vergleichbaren formalisierten Nachweis zu führen (siehe auch → Rz. 189). Die Regelung der formalisierten Nachweiserfordernisse (§ 33 Abs. 4 EStG, § 64 Abs. 1 EStDV) ist zu beachten. So sollte vor Beginn der Sanierung ein entsprechendes Gutachten eingeholt werden. Die Kosten hierfür stellen ebenfalls außergewöhnliche Belastungen dar.

Ein Abzug von Aufwendungen für den (mit Verweis auf eine Gesundheitsgefährdung getätigten) Abriss eines **formaldehydbelasteten Einfamilienhauses** sowie für dessen späteren Neubau ist nicht möglich, wenn der Abriss des Gebäudes und der Neubau nicht notwendig waren, um die Formaldehydemission zu beseitigen.[9]

(10) Insolvenzverwaltervergütung

Die zugunsten des Insolvenzverwalters festgesetzte Tätigkeitsvergütung ist beim Insolvenzschuldner nicht als außergewöhnliche Belastung zu berücksichtigen.[10] 176

(11) Krankenhausunterbringung

Aufwendungen für die Unterbringung in einem Krankenhaus werden regelmäßig ohne Kürzung um die sog. Haushaltsersparnis berücksichtigt. Trinkgelder an Krankenhauspersonal etc. werden nicht anerkannt.[11] 177

(12) Krankheitskosten/Heilbehandlungskosten

Typische Berufskrankheiten (Vergiftungserscheinungen eines Chemikers; nicht Burnout[12]) sind als Betriebsausgaben/Werbungskosten berücksichtigungsfähig, wenn sie zur Wiederherstellung der Gesundheit beruflich veranlasst sind oder der Zusammenhang zwischen der Erkrankung und dem Beruf eindeutig feststeht, so dass sich als 178

1) Z.B. BFH v. 20.1.2016, VI R 70/12, BFH/NV 2016, 905.
2) BFH v. 18.5.2017, VI R 9/16, BStBl II 2017, 988.
3) FG Saarland v. 13.12.2017, 2 K 1316/16, EFG 2018, 1654.
4) FG Berlin-Brandenburg v. 15.8.2012, 7 K 7030/11, EFG 2012, 2287.
5) BFH v. 28.3.2018, VI B 106/17, BFH/NV 2018, 716.
6) BFH v. 29.3.2012, VI R 47/10, BStBl II 2012, 570.
7) BFH v. 29.3.2012, VI R 70/10, BStBl II 2012, 572.
8) BFH v. 29.3.2012, VI R 21/11, BStBl II 2012, 574.
9) FG Baden-Württemberg v. 1.2.2024, 1 K 1855/21.
10) BFH v. 16.12.2021, VI R 41/18, BStBl II 2022, 322.
11) BFH v. 30.10.2003, III R 32/01, BStBl II 2004, 270 und BFH v. 19.4.2012, VI R 74/10, BStBl II 2012, 577.
12) BFH v. 9.11.2015, VI R 36/13, BFH/NV 2016, 194; Verfbeschw nicht angenommen, BVerfG v. 18.1.2017, 2 BvR 1062/16.

Folge die zumutbare Eigenbelastung nicht auswirkt. Bei den **typischen und unmittelbaren Krankheitskosten** wird die Außergewöhnlichkeit unwiderleglich vermutet und die Zwangsläufigkeit der Aufwendungen weder der Höhe, noch dem Grunde nach auf Angemessenheit und Notwendigkeit im Einzelfall geprüft. Krankengymnastische Behandlungen einer als Geigerin tätigen Berufsmusikerin wurden daher berücksichtigt.[1]

Beratungshinweis:

Krankheitskosten, denen es objektiv an der Eignung zur Heilung oder Linderung mangelt, können zwangsläufig erwachsen, wenn die stpfl. Person an einer Erkrankung mit einer nur noch begrenzten Lebenserwartung leidet, die nicht mehr auf eine kurative Behandlung anspricht. Dies gilt selbst dann, wenn sich die stpfl. Person für eine aus schulmedizinischer oder naturheilkundlicher Sicht nicht anerkannte Heilmethode entscheidet. Ihre Grenze findet die Abzugsfähigkeit von Aufwendungen für Außenseitermethoden allerdings, wenn die Behandlung von einer Person vorgenommen wird, die nicht zur Ausübung der Heilkunde zugelassen ist.[2] Der BFH hält zudem nicht mehr an der Auffassung fest, wonach Aufwendungen nur dann abzugsfähig sind, wenn die medizinische Indikation der ihnen zugrundeliegenden Behandlung durch ein amtsärztliches oder vertrauensärztliches Gutachten oder ein Attest eines anderen öffentlich-rechtlichen Trägers nachgewiesen wurde.[3] Hieraus darf aber nicht geschlossen werden, dass keine Nachweispflichten mehr bestehen. Jedoch kann der Nachweis mit allen Beweismitteln – ohne formelle Anforderungen – geführt werden.[4] Eine Stellungnahme des Hausarztes hat lediglich den Charakter eines Parteivortrags; die Entscheidung über die Abzugsfähigkeit der Aufwendungen hat nicht der Arzt, sondern in letzter Konsequenz die Finanzgerichtsbarkeit.[5] Die stpfl. Person trägt dabei weiterhin das Risiko einer im Nachhinein schwierigen Nachweissituation. Im Rahmen des Steuervereinfachungsgesetz 2011[6] wurde der Nachweis der Krankheitskosten neu geregelt (§ 64 EStDV). Der Nachweis der Zwangsläufigkeit von Krankheitskosten ist daher weiterhin von der stpfl. Person zu führen (z.B. durch eine Verordnung des Arztes[7]). Sollten die Finanzämter für Aufwendungen auf Grund formeller Nachweismängel den Abzug versagen, wird geraten, diese Entscheidung anzugreifen.[8] Besuchsfahrten im Rahmen einer therapeutischen Behandlung naher Angehöriger können als Aufwendungen Berücksichtigung finden, wenn die Besuche medizinisch angezeigt sind.[9] Zur Frage des Nachweises im Zusammenhang mit wissenschaftlich anerkannten Behandlungsmethoden hat der BFH Abgrenzungskriterien entwickelt. Wissenschaftlich anerkannt ist eine Behandlungsmethode dann, wenn – im Zeitpunkt der Vornahme der Behandlung – Qualität und Wirksamkeit dem allgemein anerkannten Stand der medizinischen Erkenntnisse entsprechen.[10] Dies wird angenommen, wenn „die große Mehrheit der einschlägigen Fachleute (Ärzte, Wissenschaftler)" die Behandlungsmethode befürwortet und über die Zweckmäßigkeit der Therapie Konsens besteht. Dies setzt im Regelfall voraus, dass über Qualität und Wirksamkeit der Methode zuverlässige, wissenschaftlich nachprüfbare Aussagen gemacht werden können. Der Erfolg muss sich aus wissenschaftlich einwandfrei durchgeführten Studien über die Zahl der behandelten Fälle und die Wirksamkeit der Methode ablesen lassen. Die Therapie muss in einer für die sichere Beurteilung ausreichenden Zahl von Behandlungsfällen erfolgreich gewesen sein.[11] Ein Rückgriff auf den Leistungskatalog der gesetzlichen Krankenversicherung reicht nicht aus. Ein qualifizierter Nachweis (§ 64 EStDV) ist dabei nicht in allen Fällen erforderlich. Ausreichend ist die ärztlich verordnete Dienstleistung, die einem Heilzweck dient oder einen Heilerfolg sichern soll; auf den Leistungsrahmen der gesetzlichen Krankenversicherung ist Bezug zu nehmen.[12] **Auf den Nachweis i.S.d. § 64 EStDV kann nicht verzichtet werden; ein Ersatz durch andere Unterlagen ist nicht möglich.**[13] Aufwendungen für eine Liposuktion zur Behandlung eines Lipödems können jedenfalls ab dem VZ 2016 ohne vorherige Vorlage eines vor den Operationen erstellten amtsärztlichen Gutachtens/einer ärztlichen Bescheinigung eines Medizinischen Dienstes der Krankenversicherung zu berücksichtigen sein.[14] Eine Fettleibigkeit im Bereich des Mons pubis (Schamhügelbereich) begründet einen Anspruch auf Krankenbehandlung nur dann, wenn diese einen Krankheitswert hat.[15]

Zur Frage der Zwangsläufigkeit und der Nachweiserfordernisse des § 64 Abs. 1 Nr. 2 EStDV bei einem nicht kranken, minderjährigen (hochbegabten) Kind vgl. BFH v. 19.11.2015.[16] Aufwendungen für eine Bioresonanztherapie sind aus den vorgenannten Gründen nicht berücksichtigungsfähig.[17] Auch bei behinderten Kindern, die **auswärtig untergebracht** sind, gelten die Nachweiserfordernisse (§ 64 Abs. 1 Nr. 2 Satz 1 Buchst. c EStDV).[18] Zur Berücksichtigung der Aufwendungen für einen Epilepsiehund, vgl. FG Baden-Württemberg.[19]

Der **Begriff „Krankheit"** setzt dabei einen anomalen körperlichen, geistigen oder seelischen Zustand voraus, der den Betroffenen „in der Ausübung normaler psychischer oder körperlicher Funktionen" derart beeinträchtigt, dass er einer medizinischen Behandlung bedarf. Eine **Heilbehandlung** umfasst alle Eingriffe und andere Behandlungen, die nach den Erkenntnissen und Erfahrungen der Heilkunde und nach den Grundsätzen eines gewissenhaften Arztes zu dem Zweck angezeigt sind und vorgenommen werden, Krankheiten, Leiden, Körperschäden, körperliche Beschwerden oder seelische Störungen zu verhüten, zu erkennen, zu heilen oder zu lindern. Zur Frage der Berücksichtigung von Aufwendungen die nicht **zweifelsfrei der Linderung/Heilung einer Krankheit** dienen (z.B. plastische Operationen) vgl. FinMin Schleswig-Holstein v. 12.3.2013.[20]

Aufwendungen für den **Privatschulbesuch** eines Kindes sind grds. auch dann nicht außergewöhnlich, wenn das Kind infolge Krankheit lernbehindert ist. Ein Abzug ist nur dann möglich, wenn es sich bei den Aufwendungen um unmittelbare Krankheitskosten handelt; erforderlich wäre danach, dass der Privatschulbesuch zum Zwecke der

---

1) BFH v. 11.7.2013, VI R 37/12, BStBl II 2013, 815.
2) BFH v. 2.9.2010, VI R 11/09, BStBl II 2011, 119.
3) BFH v. 11.11.2010, VI R 16/09, BStBl II 2011, 966, VI R 17/09, BStBl II 2011, 969 und BFH v. 11.11.2010, VI R 18/09, BFH/NV 2011, 599.
4) Haupt, DStR 2011, 204.
5) Geserich, DStR 2012, 1490.
6) Steuervereinfachungsgesetz 2011 v. 1.11.2011, BStBl I 2011, 986.
7) Versagung des Abzugs eines Betts ohne Nachweis, vgl. FG Baden-Württemberg v. 24.4.2013, 2 K 1962/12, EFG 2013, 1125.
8) Haupt, DStR 2011, 2443.
9) BFH v. 5.10.2012, VI R 20/11, BFH/NV 2012, 38.
10) Vgl. BFH v. 21.2.2018, VI R 11/16, BStBl II 2018, 469.
11) BFH v. 26.6.2014, VI R 51/13, BStBl II 2015, 9.
12) BFH v. 26.2.2014, VI R 27/13, BStBl II 2014, 824.
13) BFH v. 15.1.2015, VI R 85/13, BStBl II 2015, 586.
14) BFH v. 23.3.2023, VI R 39/20, BStBl II 2023, 854.
15) FG Nürnberg v. 1.10.2020, 4 K 1023/18, EFG 2021, 455, NZB unbegründet, BFH v. 18.8.2021, VI B 95/20.
16) BFH v. 19.11.2015, VI R 45/14, BFH/NV 2016, 393.
17) FG Köln v. 21.3.2018, 3 K 544/17, EFG 2018, 1904, NZB unzulässig, BFH v. 7.2.2019, IV B 71/18.
18) BFH v. 18.6.2015, VI R 31/14, BStBl II 2016, 40.
19) FG Baden-Württemberg v. 30.11.2016, 2 K 2338/15, NZB unzulässig, BFH v. 25.9.2017, VI B 13/17.
20) FinMin Schleswig-Holstein v. 12.3.2013, VI 313 – S 2284 – 187, DB 2013, 732.

Heilbehandlung erfolgt und dort eine spezielle, unter der Aufsicht medizinisch geschulten Fachpersonals durchgeführte Heilbehandlung stattfindet (im Streitfall: Abzug verneint wegen fehlenden Nachweises der medizinischen Notwendigkeit des Privatschulbesuches eines an Asperger-Syndrom und hyperkinetischer Störung des Sozialverhaltens leidenden Kindes).[1] Für die Abziehbarkeit der Kosten eines Privatschulbesuchs muss eine im Zusammenhang mit dem Privatschulbesuch stattfindende Heilbehandlung erfolgen und die medizinische Indikation des Privatschulbesuchs vorliegen.[2]

Aufwendungen für Arznei-, Heil- und Hilfsmittel, Stärkungsmittel und ähnliche Präparate können nur dann berücksichtigt werden, wenn die **medizinische Notwendigkeit** durch ein **ärztliches Rezept** belegt wurde. Aufwendungen können ausnahmsweise dann als außergewöhnliche Belastung anerkannt werden, wenn es sich um eine länger dauernde Krankheit handelt, deren Vorliegen schon früher nachgewiesen oder glaubhaft gemacht wurde und die einen laufenden Verbrauch bestimmter Medikamente erfordert.[3]

Beratungshinweis:

Bei Kosten für Arzneimittel, die per Elektronischem Rezept (**E-Rezept**) verordnet wurden, genügt als Nachweis der Kassenbon der Apotheke oder die Rechnung der Online-Apotheke, wenn darauf vermerkt ist, um welche Art des Rezeptes es sich handelt (z.B. Rezept mit Gebühr, grünes Rezept oder Privatrezept). Ebenso sollte der Name auf dem Kassenbon durch die Apotheke vermerkt werden oder sich aus der Rechnungsanschrift ergeben. Auf die zusätzliche Vorlage der ärztlichen Verordnung oder der Verordnung einer Heilpraktikerin oder eines Heilpraktikers verzichtet das FA.[4] Nicht ersetzte Krankheitskosten, die in Zusammenhang mit einer anerkannten Berufskrankheit stehen, sind als Werbungskosten/Betriebsausgaben zu berücksichtigen. Insoweit wird die zumutbare Belastung nicht berücksichtigt.

(13) Künstliche Befruchtung/Leihmutterschaft

Aufwendungen für eine **künstliche Befruchtung**, die einem Ehepaar zu einem gemeinsamen Kind verhelfen soll, das sonst wegen Empfängnisunfähigkeit der Ehefrau von ihrem Ehemann nicht gezeugt werden könnte (homologe künstliche Befruchtung; homologe künstliche Befruchtungen einer verheirateten Frau gehören zum Leistungskatalog der gesetzlichen Krankenversicherung, vgl. die Voraussetzungen zur Kostenübernahme nach § 27a SGB V), können außergewöhnliche Belastungen sein.[5] **179**

Steuerrechtlich handelt es sich bei In-vitro-Fertilisationen nicht um unmittelbare Heilbehandlungsmaßnahmen. So wurden entsprechend der o.a. Rechtsprechung Aufwendungen einer nicht verheirateten, empfängnisunfähigen Frau für eine künstliche Befruchtung nicht berücksichtigt, auch wenn diese in einer festen Partnerschaft lebt.[6] Zur Entscheidung, ob entsprechende Aufwendungen aus tatsächlichen Gründen zwangsläufig erwachsen und den Umständen nach notwendig sind und einen angemessenen Betrag nicht übersteigen, sind verfassungsrechtliche Wertentscheidungen sowie in der Gesellschaft vorherrschende Auffassungen zu beachten.

Beratungshinweis:

Aufwendungen einer nicht verheirateten empfängnisunfähigen Frau für Maßnahmen zur Sterilitätsbehandlung durch sog. In-vitro-Fertilisation sind als außergewöhnliche Belastung abziehbar, wenn die Maßnahmen in Übereinstimmung mit den Richtlinien der ärztlichen Berufsordnungen vorgenommen werden.[7] Bei einer unverheirateten Frau ohne Lebenspartner/in sind die Kosten nicht abzugsfähig.[8] Aufwendungen eines Ehepaars für die heterologe künstliche Befruchtung können abzugsfähig sein.[9] Aufwendungen für eine künstliche Befruchtung – nach der ICSI-Methode (intrazyplastischen Spermieninjektion) – können nicht als außergewöhnliche Belastungen nach § 33 EStG abgezogen werden, wenn die Behandlung nach inländischen Maßstäben nicht mit dem ESchG oder anderen Gesetzen vereinbar ist (sog. Deutscher Mittelweg).[10] Ergibt sich, dass die Behandlungen im Einklang mit dem ESchG stehen, steht es einem Abzug nicht entgegen, dass die für die Behandlung gestellten Rechnungen an die spätere Ehefrau gerichtet waren. Die Aufwendungen dienten dazu, eine Fertilitätsstörung des späteren Ehemanns auszugleichen, und waren als insgesamt auf dieses Krankheitsbild abgestimmte Heilbehandlung darauf gerichtet, die Störung zu überwinden und die Krankheit zu lindern. Die Behandlung ist insoweit ebenso wie eine heterologe Insemination als untrennbare Einheit zu sehen. Mithin sind auch die spätere Ehefrau betreffende Behandlungsmaßnahmen Aufwendungen zur Behandlung einer Krankheit der stpfl. Person, die diese steuermindernd geltend machen kann, soweit sie sie getragen hat. Aufwendungen einer gesunden stpfl. Person für eine Präimplantationsdiagnostik (PID) mit nachfolgender künstlicher Befruchtung auf Grund einer Krankheit ihres Partners können abziehbar sein. Untrennbarer biologischer Zusammenhang: Die Abziehbarkeit schließt auch diejenigen – auf Grund untrennbarer biologischer Zusammenhänge erforderlichen – Behandlungsschritte mit ein, die am Körper der nicht erkrankten stpfl. Person vorgenommen werden.[11] Allein die medizinische Empfehlung zur Entnahme/Lagerung von Eizellen, um einen künftigen Kinderwunsch zu ermöglichen, reicht zum Abzug nicht aus (Abgrenzung „**social freezing**").[12]

Aufwendungen einer empfängnisunfähigen (unfruchtbaren) Frau für eine heterologe künstliche Befruchtung durch In-vitro-Fertilisation (IVF) sind auch dann zu berücksichtigen, wenn die Frau in einer gleichgeschlechtlichen Partnerschaft lebt.[13] Behandlungen, die nach dem ESchG in Deutschland verboten sind, können auch bei Vornahme im Ausland, wo diese Maßnahmen nicht rechtswidrig sind, nicht zu außergewöhnlichen Belastungen führen.[14] Aufwendungen für eine künstliche Befruchtung unter Verwendung von

1) FG Köln v. 20.3.2019, 4 K 1961/16.
2) FG Münster v. 13.6.2023, 2 K 1045/22 E; NZB unzulässig, BFH v. 19.3.2024, VI B 35/23.
3) BFH v. 6.4.1990, III R 60/88, BStBl II 1990, 958.
4) Vgl. amtliche Anleitung zur Anlage Außergewöhnliche Belastung.
5) BFH v. 18.6.1997, III R 84/96, BStBl II 1997, 805.
6) BFH v. 28.7.2005, III R 30/03, BStBl II 2006, 495.
7) BFH v. 10.5.2007, III R 47/05, BStBl II 2007, 871.
8) FG Thüringen v. 14.6.2017, 3 K 111/16, EFG 2017, 1343.
9) BFH v. 16.12.2010, VI R 43/10, BStBl II 2011, 414.
10) BFH v. 17.5.2017, VI R 34/15, BStBl II 2018, 344.
11) BFH v. 29.2.2024 VI R 2/22, BStBl II 2024, 514.
12) FG Schleswig-Holstein v. 19.3.2025, 2 K 80/24, EFG 2025, 1215.
13) BFH v. 5.10.2017, VI R 47/15, BStBl II 2018, 350.
14) FG Berlin-Brandenburg v. 11.2.2015, 2 K 2323/12, EFG 2015, 925.

gespendeten Eizellen im **Ausland** können nicht abgezogen werden, weil die Behandlung nicht mit dem deutschen ESchG vereinbar ist.[1] Das Alter einer Frau soll dabei ebenso wenig entscheidend für die Berücksichtigung der Aufwendungen sein, wie eine fehlende Angabe zum Beziehungsstatus.[2] Der Abziehbarkeit steht es dann nicht entgegen, dass die Partner nicht miteinander verheiratet sind.[3]

Aufwendungen für eine künstliche Befruchtung im Zusammenhang mit einem Ersatzmutterschaftsverhältnis (**Leihmutterschaft**) sind nicht abziehbar.[4]

(14) Kurkosten

180 Zu den grds. zu berücksichtigenden Aufwendungen zählen auch Aufwendungen für eine Reise, die der Heilung und Besserung einer Krankheit dienen.[5] Die Aufwendungen für z.B. den Kuraufenthalt müssen dabei medizinisch indiziert sein. Insoweit können auch Aufwendungen für alternative Behandlungsmethoden (wissenschaftlich nicht allgemein anerkannte Verfahren wie z.B. Sauerstoffresonanztherapie) zum Abzug zugelassen werden.[6] Entscheidende Bedeutung ist dabei der Frage zuzumessen, ob aus naturheilkundlicher Sicht die Behandlungsmethode anerkannt und nach den für die Naturheilkunde geltenden Grundsätzen als medizinisch notwendig anzusehen ist. Aufwendungen für eine **Kinderkur** sind zu berücksichtigen, wenn die Kur medizinisch indiziert ist.[7] Aufwendungen für eine Badekur finden hingegen keine Berücksichtigung.[8] Zu Fragen des Nachweiserfordernisses vgl. FG Münster.[9] Aufwendungen einer an Kälteallodynie erkrankten Person für die Überwinterung in Thailand sind nicht abzugsfähig, wenn das vor Beginn der Klimakur ausgestellte amtsärztliche Attest keine hinreichend konkrete Angabe zum Kurort i.S.v. § 64 Abs. 1 Satz 1 Nr. 2 Buchst. a EStDV enthält. Die bloße Angabe „in tropischem Klima" bzw. eine pauschale Benennung einer Region der Erde genügen nicht.[10]

Die Übernahme von Kurkosten durch den Arbeitgeber führt dabei grds. zu Arbeitslohn.[11]

(15) Marderbefall

181 Kosten für die Beseitigung von Mardertoiletten in einem privat genutzten Wohngebäude sind nicht abzugsfähig.[12]

(16) Orkanschäden

182 Aufwendungen für den Wiederaufbau einer durch einen Orkan beschädigten Grundstücksmauer wurden nicht als außergewöhnliche Belastung anerkannt, da eine allgemein zugängliche und übliche Versicherungsmöglichkeit nicht wahrgenommen wurde (Wohngebäudeversicherung). Zur Bewohnbarkeit des Hauses war die Reparatur der Mauer nicht notwendig gewesen.[13]

(17) Pflegesätze/-kosten, Heimunterbringung

183 Die Bewohner eines Altenwohnheims können die vom Heimträger (gesondert) in Rechnung gestellten Pflegesätze bei der ESt-Veranlagung als außergewöhnliche Belastung abziehen. Pflegebedürftig sind ab dem VZ 2017 Personen, bei denen mindestens der Pflegegrad 1 i.S.d. §§ 14, 15 SGB XI festgestellt wurde (bis VZ 2016: Pflegestufe I der Pflegebedürftigkeit i.S.d. § 14 SGB XI) und Personen, bei denen eine erhebliche Einschränkung der Alltagskompetenz (§ 45a SGB XI) festgestellt wurde (bis VZ 2016: sog. Pflegestufe 0). Eine Berücksichtigung der Aufwendungen erfolgt nur insoweit, als diese auch tatsächlich selbst getragen werden. Leistungen aus der Pflege-Pflichtversicherung und/oder einer ergänzenden Pflegekrankenversicherung sind mindernd zu berücksichtigen.[14] Zu den Aufwendungen für die krankheits- oder behinderungsbedingte Unterbringung eines nahen Angehörigen in einem Heim vgl. auch BMF v. 2.12.2002.[15] Des Weiteren sind auch die Pflegekosten zu berücksichtigen, die der stpfl. Person und/oder dem Ehegatten/Lebenspartner für die Beschäftigung einer ambulanten Pflegekraft oder durch Unterbringung in einem Pflegeheim, in der Pflegestation eines Altenheims oder in einem Altenpflegeheim entstehen. Für in Heimkosten enthaltene Aufwendungen für Dienstleistungen, die mit denen einer Hilfe im Haushalt vergleichbar sind, kann eine Steuerermäßigung nach § 35a EStG beantragt werden. Heimkosten des nicht pflegebedürftigen Ehegatten/Lebenspartners, der mit dem pflegebedürftigen Ehegatten/Lebenspartner in ein Wohnstift einzieht, sind nicht zu berücksichtigen.[16]

1) BFH v. 25.1.2022, VI R 34/19, BFH/NV 2022, 585; BFH v. 25.1.2022, VI R 35/19, BFH/NV 2022, 590 und VI R 36/19, DStZ 2022, 403.
2) FG Münster v. 24.6.2020, 1 K 3722/18 E, EFG 2020, 1420.
3) BFH v. 29.2.2024, VI R 2/22, BStBl II 2024, 514.
4) BFH v. 10.8.2023, VI R 29/21, BStBl II 2023, 1110.
5) BFH v. 14.2.1980, VI R 218/77, BStBl II 1980, 295.
6) BFH v. 5.10.2011, VI R 49/10, BFH/NV 2012, 33.
7) BFH v. 5.10.2011, VI R 88/10, BFH/NV 2012, 35.
8) FG Münster v. 6.9.2011, 1 K 2809/08 E, EFG 2012, 700; NZB unbegründet, BFH v. 18.7.2012, VI B 119/11.
9) FG Münster v. 18.1.2012, 11 K 317/09 E, EFG 2012, 702.
10) FG Münster v. 23.2.2022, 7 K 2261/20 E, EFG 2022, 692.
11) BFH v. 11.3.2010, VI R 7/08, BStBl II 2010, 763.
12) FG Hamburg v. 21.2.2020, 3 K 28/19, EFG 2020, 837, NZB unzulässig, BFH v. 17.12.2020, VI B 41/20.
13) FG Rheinland-Pfalz v. 11.7.2007, 3 K 2099/03, DStRE 2008, 86.
14) BFH v. 14.4.2011, VI R 8/10, BStBl II 2011, 701.
15) BMF v. 2.12.2002, IV C 4 – S 2284-108/02, BStBl I 2002, 1389.
16) BFH v. 15.4.2010, VI R 51/09, BStBl II 2010, 794.

Aufwendungen für die **krankheitsbedingte Unterbringung** (z.B. Pflegeheim nach einem Schlaganfall; Unterbringung in einer Pflegewohngemeinschaft[1]) **einer angehörigen Person** stellen ebenfalls außergewöhnliche Belastungen und keine Unterhaltskosten dar.[2] Ohne Bedeutung ist, ob die Pflegebedürftigkeit bereits vor Beginn der Heimunterbringung entstanden ist. Abziehbar sind neben den Pflegekosten auch die Kosten, die auf die Unterbringung und Verpflegung entfallen, soweit es sich um ggü. der normalen Lebensführung entstehende Mehrkosten handelt. Ein Wahlrecht zum Abzug der Kosten besteht insoweit nicht (§ 33a Abs. 4 EStG); auch eine Aufteilung der Kosten kommt nicht in Betracht. Doppelte Mietkosten, z.B. wegen der einzuhaltenden Kündigungsfristen, sind nicht zu berücksichtigen.[3]

Vom Elternteil getragene Aufwendungen für die krankheitsbedingte, stationäre Unterbringung des Kindes in einer **betreuten Wohngemeinschaft** können als außergewöhnliche Belastungen abzugsfähig sein. Werden die Kosten überwiegend durch einen Sozialleistungsträger übernommen und ergibt sich aus der Bewilligung der Kostenübernahme des Sozialversicherungsträgers für die „Heimpflege", dass sich das Kind in der Wohngemeinschaft nicht bloß zu Wohnzwecken, sondern auch zu Therapie-/Pflegezwecken aufgehalten hat, kann nicht davon ausgegangen werden, dass die Aufwendungen des Elternteils ausschließlich auf Kosten des allgemeinen Lebensunterhalts bezogen sind. Eine Aufteilung der in diesem Zusammenhang beim Elternteil angefallenen Kosten in Unterhaltskosten und Krankheitskosten ist nicht vorzunehmen.[4]

Die **Haushaltsersparnis** ist entsprechend dem in § 33a Abs. 1 EStG vorgesehenen Höchstbetrag für den Unterhalt unterhaltsbedürftiger Personen zu schätzen; sind beide Ehegatten krankheitsbedingt nicht nur vorübergehend in einem Alten- und Pflegeheim untergebracht, ist für jeden der Ehegatten eine Haushaltsersparnis anzusetzen.[5] Wird infolge einer Heimunterbringung wegen Pflegebedürftigkeit der private Haushalt aufgelöst, fehlt es an einer Haushaltsersparnis der unterhaltenen Person und erst recht der zum Unterhalt verpflichteten Person, wenn die eigenen Einkünfte und Bezüge der pflegebedürftigen Person, die diese für ihren Unterhalt einsetzt, sowohl über den Regelsätzen für die Grundsicherung nach dem SGB XII des betreffenden Jahres liegen, als auch über dem von der Verwaltung als Haushaltsersparnis anzusetzenden Wert.[6] Zur Berechnung vgl. auch BMF v. 2.12.2002.[7]

Praxishinweis:

Macht die stpfl. Person geltend, trotz seiner vollstationären Unterbringung in einem Pflegeheim seien **zusätzliche pflegerische Leistungen** notwendig, die von dem Pflegeheim nicht erbracht würden und für die ergänzend noch ambulante Pflegekräfte beschäftigt werden müssten, obliegt ihr die entsprechende Darlegungs- und Feststellungslast.[8]

Allein durch eine Einordnung in die Pflegestufe I (oder aktuell: Pflegegrad) verlieren Aufwendungen für eine Unterbringung im Wohnstift ihren Charakter als übliche Aufwendungen der Lebensführung nicht.[9]

(18) Prozesskosten

Prozesskosten wurden bis zum VZ 2012 nur dann zum Abzug zugelassen, wenn sich die stpfl. Person, ohne sich auf den Rechtsstreit (Zivil- oder Verwaltungsprozess) trotz unsicheren Ausgangs einzulassen, Gefahr liefe, seine **Existenzgrundlage** zu verlieren und seine **lebensnotwendigen Bedürfnisse** in dem üblichen Rahmen nicht mehr befriedigen zu können.[10] Kosten anderer Zivilprozesse als Scheidungsprozesse erwachsen regelmäßig nicht zwangsläufig.[11] Aus diesem Grund waren zunächst auch Prozesskosten, die durch ein verwaltungsgerichtliches Verfahren zur Erlangung eines dauerhaften Aufenthaltsrechts des ausl. Partners entstanden sind, nicht als außergewöhnliche Belastung abziehbar.[12] Nach der Entscheidung des BFH v. 12.5.2011[13] wären auch Prozesskosten berücksichtigungsfähig, wenn – unabhängig vom Gegenstand des Prozesses – die beabsichtigte Rechtsverfolgung oder -verteidigung hinreichende Aussicht auf Erfolg bietet und nicht mutwillig erscheint. Mit dem Urteil v. 18.6.2015[14] hat der BFH seine Rechtsprechung (erneut) geändert und entschieden, dass Kosten für einen Zivilprozess nur dann berücksichtigungsfähig sind, wenn der Rechtsstreit einen existenziell wichtigen Bereich oder den Kernbereich des menschlichen Lebens berührt. Die auf Grund einer vorsätzlichen Tat entstandenen **Strafverteidigungskosten** sind nicht abziehbar.[15] Fallen der stpfl. Person bei einer Verfahrenseinstellung nach § 153a StPO ihre notwendigen Auslagen selbst zur Last, sind die Strafverteidigungskosten nicht als außergewöhnliche Belastungen abziehbar.[16]Vom Abzug ausgeschlossen, sind auch die Prozesskosten, die für die Führung eines Rechtsstreits (z.B. Strafverfahrens) eines Dritten (z.B. eines Angehörigen) aufgewendet worden sind.[17] Prozesskosten wegen Baumängeln am selbst genutzten Eigenheim sind nicht abzugsfähig.[18] 184

1) BFH v. 10.8.2023, VI R 40/20, BStBl II 2023, 1107.
2) BFH v. 30.6.2011, VI R 14/10, BStBl II 2012, 876.
3) FG Rheinland-Pfalz v. 17.12.2012, 5 K 2017/10, DStRE 2013, 1429.
4) FG Köln v. 11.3.2015, 2 K 1446/12, EFG 2015, 1096.
5) BFH v. 4.10.2017, VI R 22/16, BStBl II 2018, 179.
6) FG Köln v. 26.1.2017, 14 K 2643/16, EFG 2017, 837.
7) BMF v. 2.12.2002, IV C 4 – S 2284-108/02, BStBl I 2002, 1389.
8) BFH v. 30.3.2017, VI R 55/15, BFH/NV 2017, 1028.
9) FG Niedersachsen v. 15.12.2015, 12 K 206/14, EFG 2016, 647.
10) BFH v. 9.5.1996, III R 224/94, BStBl II 1996, 596; BFH v. 20.4.2006, III R 23/05, BStBl II 2007, 41.
11) BFH v. 18.7.1986, III R 178/80, BStBl II 1986, 745.
12) BFH v. 20.4.2006, III R 23/05, BStBl II 2007, 41.
13) BFH v. 12.5.2011, VI R 42/10, BStBl II 2011, 1015.
14) BFH v. 18.6.2015, VI R 17/14, BStBl II 2015, 800.
15) BFH v. 16.4.2013, IX R 5/12, BStBl II 2013, 806.
16) FG Rheinland-Pfalz v. 20.10.2020, 5 K 1613/17, EFG 2021, 92; Rev., X R 34/20 zurückgenommen.
17) BFH v. 10.8.2022, VI R 29/20, BStBl II 2022, 766.
18) FG Rheinland-Pfalz v. 7.5.2020, 3 K 2036/19, DStRE 2020, 1483.

Beratungshinweis:

Immaterielle Schäden sind nicht existenziell wichtig.[1] Das Wohnen betrifft grds. einen existenziell wichtigen Bereich. Zivilprozesskosten zur Abwehr aufstaubedingter Hochwasserschäden können dementsprechend außergewöhnliche Belastungen sein, wenn die stpfl. Person ansonsten Gefahr liefe, ihr Wohnhaus nicht weiter zu Wohnzwecken nutzen und dadurch seine lebensnotwendigen Bedürfnisse in dem üblichen Rahmen nicht mehr befriedigen zu können. Eine solche schwerwiegende Beeinträchtigung des lebensnotwendigen privaten Wohnens und eine damit einhergehende existenzielle Betroffenheit ist nicht schon mit jedem beliebigen Schaden an einem zu eigenen Wohnzwecken genutzten Haus der stpfl. Person gegeben.[2]

Im Rahmen des AmtshilfeRLUmsG erfolgte ab dem VZ 2013 eine gesetzliche Anpassung, nach der die Aufwendungen keine Berücksichtigung mehr finden, „es sei denn es handelt sich um Aufwendungen ohne die stpfl. Person Gefahr liefe, seine Existenzgrundlage zu verlieren und seine lebensnotwendigen Bedürfnisse in dem üblichen Rahmen nicht mehr befriedigen zu können" (§ 33 Abs. 3 Satz 4 EStG).[3] Als Existenzgrundlage ist nach BFH die **materielle Lebensgrundlage** zu verstehen.[4] Scheidungskosten sind Aufwendungen für die Führung eines Rechtsstreits (Prozesskosten) i.S.d. § 33 Abs. 2 Satz 4 EStG. Der Begriff des Rechtsstreits bezeichnet im Allgemeinen die Auseinandersetzung zwischen zwei Parteien oder Beteiligten über ein Rechtsverhältnis in einem gerichtlichen Verfahren. Erfasst wird indes nicht nur das formale, kontradiktorische Verfahren zwischen Privatpersonen (Zivilprozess), sondern jedenfalls jedes gerichtliche Verfahren, insb. vor Verwaltungs-, Finanz- und Strafgerichten.[5] Sie sind durch § 33 Abs. 2 Satz 4 EStG vom Abzug als außergewöhnliche Belastungen ausgeschlossen. Denn eine stpfl. Person erbringt die Aufwendungen für ein Scheidungsverfahren regelmäßig nicht zur Sicherung der Existenzgrundlage und der lebensnotwendigen Bedürfnisse.

Beim BFH ist eine weitere Rechtsfrage anhängig: Muss sich die nach § 33 Abs. 2 Satz 4 EStG erforderliche Gefahr auf eine vorübergehende oder dauerhafte Existenzvernichtung (z.B. i.S. einer Erwerbsunfähigkeit) beziehen (im Streitfall: Zivilprozesskosten zur Abwehr der Rückabwicklung eines Übergabe- und Altenteilvertrags)? Zudem ist die Frage der **Auslegung des Tatbestandsmerkmals** einer Befriedigung der lebensnotwendigen Bedürfnisse in dem üblichen Rahmen zu beantworten.[6] Zum Wegbrechen der Erwerbs-/Einkommensgrundlage (nach Glücksspiel) vgl. das anhängige BFH-Verfahren.[7]

Unter der **Existenzgrundlage** ist nur die materielle Lebensgrundlage der stpfl. Person zu verstehen. Prozesskosten anlässlich eines Umgangsrechtsstreits und der Rückführung des Kindes aus dem Ausland zurück nach Deutschland sind gemäß § 33 Abs. 2 Satz 4 EStG vom Abzug ausgeschlossen.[8] Prozesskosten anlässlich von Streitigkeiten über das Umgangsrecht eines Elternteils mit seinen Kindern außerhalb des sog. Zwangsverbunds bei Ehescheidungen sind nicht als außergewöhnliche Belastungen abzugsfähig.[9] Dieser Ansatz wurde nicht von allen FG mitgetragen.[10]

(19) Selbsttötung

185 Aus Sicht der betroffenen Person sind Kosten der Suizidhilfe Krankheitskosten.[11]

(20) Seniorenheim

186 Mit einer Entscheidung rückte der BFH[12] von seiner bisherigen Rechtsprechung ab, wonach ein Abzug als außergewöhnliche Belastung entweder zusätzliche Kosten für Pflegeleistungen oder die Ausstellung eines Schwerbehindertenausweises mit den Merkzeichen „H" oder „Bl" voraussetzte. Kosten für einen krankheitsbedingten Aufenthalt in einem Seniorenheim sind auch dann als außergewöhnliche Belastung abziehbar, wenn keine ständige Pflegebedürftigkeit besteht und auch keine zusätzlichen Pflegekosten abgerechnet worden sind. Die Aufwendungen für einen krankheitsbedingten Umzug in das Wohnstift und eine notwendige Unterbringung sind (innerhalb des üblichen Rahmens und nur für die pflegebedürftige Person) zwangsläufig, wenn auch die Betreuung und Verpflegung zur Verfügung gestellt wird; der Pauschbetrag (§ 33a Abs. 3 Satz 2 Nr. 2 EStG) ist nicht zusätzlich zu gewähren.[13] Der Beurteilung als krankheitsbedingte Unterbringung steht nicht entgegen, dass eine ständige Pflegebedürftigkeit noch nicht gegeben ist.[14] Eine Unterscheidung zwischen „normalen" und altersbedingten Erkrankungen ist dabei nicht vorzunehmen.

(21) Sport

187 Aufwendungen für den Besuch eines Fitness- und Gesundheitsclubs sind jedenfalls dann nicht zu berücksichtigen, wenn keine ärztliche Verordnung (§ 64 Abs. 1 Nr. 1 EStDV) vorliegt.[15] Aufwendungen für die Mitgliedschaft in einem Fitnessstudio erwachsen nicht zwangsläufig und sind daher nicht zu berücksichtigen. Dies gilt auch dann, wenn die Teilnahme an einem dort angebotenen, ärztlich verordneten Funktionstraining die Mitgliedschaft in dem Fitnessstudio voraussetzt.[16]

---

1) BFH v. 17.12.2015, VI R 7/14, BFH/NV 2016, 817.
2) BFH v. 20.1.2016, VI R 40/13, BFH/NV 2016, 908.
3) AmtshilfeRLUmsG v. 26.6.2013, BGBl. I 2013, 1809.
4) BFH v. 18.5.2017, VI R 9/16, BStBl II 2017, 988.
5) BFH v. 18.5.2017, VI R 9/16, BStBl II 2017, 988.
6) FG Niedersachsen v. 15.5.2024, 9 K 28/23, EFG 2024, 1890; Rev., Az. des BFH: VI R 22/24.
7) FG Niedersachsen v. 10.6.2025, 13 K 157/24; Rev. Az. des BFH: VI R 10/25.
8) BFH v. 13.8.2020, VI R 27/18, BStBl II 2021, 86.
9) BFH v. 13.8.2020, VI R 15/18, BStBl II 2021, 83.
10) FG Münster v. 12.2.2019, 2 K 750/17 E; NZB unzulässig, BFH v. 10.10.2019, VI B 29/19.
11) So Trinks, Steuerliche Aspekte im Zusammenhang mit der Förderung der Selbsttötung, NWB 2020, 2544.
12) BFH v. 13.10.2010, VI R 38/09, BStBl II 2011, 1010.
13) BFH v. 14.11.2013, VI R 20/12, BStBl II 2014, 456.
14) FG Niedersachsen v. 20.9.2017, 9 K 257/16, EFG 2018, 124.
15) FG Köln v. 30.1.2019, 7 K 2297/17, EFG 2019, 1451.
16) BFH v. 21.11.2024, VI R 1/23, BStBl II 2025, 348.

(22) Studiengebühren

Studiengebühren sind keine außergewöhnlichen Belastungen und können auch nicht als Unterhaltsaufwendungen (§ 33a EStG) Berücksichtigung finden; das Abzugsverbot begegnet dabei keinen verfassungsrechtlichen Bedenken.[1] Zu einer Kapazitätsklage zur Erlangung eines Studienplatzes vgl. FG Münster v. 13.8.2019.[2] **188**

(23) Umbaumaßnahmen/Treppenlift

Behinderungsbedingte Umbaumaßnahmen können, soweit sie einen angemessenen Betrag nicht übersteigen, unter den Gesamtumständen des Einzelfalls als außergewöhnliche Belastungen berücksichtigt werden, auch wenn möglicherweise ein Gegenwert entsteht.[3] Eine Motivation, die entsprechenden Umbaumaßnahmen durchzuführen, könnte z.B. dann vorgelegen haben, wenn Leistungen nach § 40 Abs. 4 SGB XI erbracht worden sind, die gleichzeitig auch aufwandsmindernd zu berücksichtigen sind. Der Zuschuss wird bewilligt, wenn dadurch die häusliche Pflege ermöglicht oder erleichtert wird. **189**

Ein vorhandener Gegenwert steht jedoch im Hintergrund. Entsprechende Mehraufwendungen sind weder durch den Grund- oder Kinderfreibetrag noch durch den Pauschbetrag für behinderte und den Pflege-Pauschbetrag abgegolten. Insoweit hat der BFH das bisherige Abzugsverbot der Gegenwertlehre eingeschränkt.[4] Anders als ein Fahrstuhl bildet dabei ein von einem behinderten Menschen angebauter Treppenschräglift kein einheitliches WG mit dem Gebäude, sondern ein steuerlich gesondert zu bewertendes medizinisches Hilfsmittel, das für einen Abzug als außergewöhnliche Belastung in Betracht kommt.[5] Auch der Einbau eines solchen Treppenliftes durch die Eltern eines volljährigen und durch einen Unfall zu 100 % körperbehinderten Kindes wurde aus sittlichen Gründen als zwangsläufig angesehen.[6] Es ist des Weiteren auch nicht für eine Berücksichtigung erforderlich, dass die Behinderung auf einem nicht vorhersehbaren Ereignis beruht und deshalb ein schnelles Handeln geboten ist.[7] So ist ein Sofortabzug (keine Verteilung auf die Nutzungsdauer [das FG Saarland hat mit Gerichtsbescheid v. 6.8.2013[8] im Billigkeitsweg eine Verteilung zugelassen]) der Mehraufwendungen sowohl für einen Neubau als auch für einen Umbau möglich.[9] Aufwendungen sind grds. in dem VZ zu berücksichtigen, in dem die stpfl. Person sie geleistet hat. Eine abweichende Steuerfestsetzung (§ 163 AO) ist atypischen Ausnahmefällen vorbehalten. Sie kommt nicht bereits dann in Betracht, wenn sich Aufwendungen im VZ der Verausgabung nicht in vollem Umfang steuermindernd ausgewirkt haben.[10]

Zum Nachweis der Zwangsläufigkeit vgl. R 33.4 EStR 2012.

Voraussetzung ist jedoch in allen Fällen, dass es sich um ein medizinisches Hilfsmittel und nicht um ein Hilfsmittel handelt, das auch von gesunden Menschen z.B. aus Gründen der Bequemlichkeit angeschafft wurde.[11] Ein qualifizierter Nachweis (§ 64 Abs. 1 Nr. 2 Satz 1 Buchst. e EStDV) ist nur bei Gebrauchsgegenständen des täglichen Lebens zu führen, zu denen z.B. ein Treppenlift nicht gehört.[12] Behinderungsbedingte Umbaukosten einer Motoryacht sind keine außergewöhnlichen Belastungen; aus dem Anwendungsbereich ausgeschlossen sind daher private Aufwendungen, die über die Schaffung der Mindestvoraussetzungen für ein menschenwürdiges Dasein hinausgehen.[13]

Beratungshinweis:
Bei ggf. schwierigen Abgrenzungsproblemen zu allgemeinen Lebenshaltungskosten sollte vorab ein amtsärztliches Attest eingeholt werden. „Grundstückskosten" für einen behindertengerechten Neubau sind nicht zu berücksichtigen, da es sich um Kosten der frei gewählten Wohnungsgröße handelt.[14] Zur Angemessenheit der Aufwendungen vgl. BFH v. 17.6.2025, VI R 15/23.

(24) Umzugskosten

Bei einem privat veranlassten Umzug ist regelmäßig die Außergewöhnlichkeit zu verneinen. Etwas anderes kann bei einem krankheitsbedingten Umzug gelten, wenn dieser ausschließlich medizinisch indiziert war.[15] **190**

1) BFH v. 17.12.2009, VI R 63/08, BStBl II 2010, 341.
2) FG Münster v. 13.8.2019, 2 K 3783/18 E, B+P 2020, 226.
3) BFH v. 22.10.2009, VI R 7/09, BStBl II 2010, 280.
4) Loschelder, EStB 2010, 255.
5) BFH v. 10.10.1996, III R 209/94, BStBl II 1997, 491.
6) BFH v. 30.10.2008, III R 97/06, BFH/NV 2009, 728.
7) BFH v. 24.2.2011, VI R 16/10, BStBl II 2011, 1012.
8) FG Saarland v. 6.8.2013, 1 K 1308/12, EFG 2013, 1927, die von der Finverw. eingelegte Rev. wurde als unzulässig – da verspätet eingegangen – verworfen, BFH v. 11.9.2014, VI R 68/13, BFH/NV 2015, 47.
9) Geserich, NWB 18/2011, 1526.
10) BFH v. 12.7.2017, VI R 36/15, BStBl II 2017, 979, Verfbeschw nicht angenommen, BVerfG v. 12.6.2018, 1 BvR 33/18, StEd 2018, 422.
11) BFH v. 5.10.2011, VI R 14/11, BFH/NV 2012, 39.
12) BFH v. 6.2.2014, VI R 61/12, BStBl II 2014. 458.
13) BFH v. 2.6.2015, VI R 30/14, BStBl II 2015, 775.
14) BFH v. 17.7.2014, VI R 42/13, BStBl I 2014, 931.
15) BFH v. 17.3.2006, III B 93/05, BFH/NV 2006, 1284.

(25) Unterhaltsaufwendungen

191 **Praxishinweis:**

Unterhaltsleistungen an in Deutschland (lediglich) geduldete (= Aussetzung der Abschiebung), nicht unterhaltsberechtigte Angehörige sind weder nach § 33a EStG noch nach § 33 EStG zu berücksichtigen. Dies gilt auch dann, wenn sich die stpfl. Person gem. § 68 AufenthG ggü. der Ausländerbehörde/Auslandsvertretung verpflichtet hat, die Kosten für den Lebensunterhalt ihrer Angehörigen zu tragen[1]

(26) Vollstationäre Heimunterbringung, Aufwendungen von Eltern erwachsener behinderter Menschen

192 Im Fall der vollstationären Heimunterbringung erwachsener behinderter Menschen kann entweder der Pauschbetrag für behinderte Menschen auf die stpfl. Person übertragen (§ 33b Abs. 5 EStG → Rz. 945) oder es können Aufwendungen nach § 33 EStG geltend gemacht werden. Für einen Abzug nach § 33 EStG kommen folgende von den Eltern getragene Aufwendungen im Rahmen des Notwendigen und Angemessenen in Betracht:

- Aufwendungen für Fahrten (Hin- und Rückfahrt), um das behinderte Kind anlässlich von Besuchen in der Betreuungseinrichtung oder daheim zu betreuen oder zu pflegen; dabei darf es sich nicht um Besuche handeln, die lediglich der allgemeinen Pflege verwandtschaftlicher Beziehungen dienen,[2]
- Aufwendungen für Besuchsfahrten, bei denen durch Attest des behandelnden Arztes bestätigt wird, dass gerade der Besuch der Eltern zur Linderung oder Heilung von bestimmten Erkrankungen des behinderten Kindes entscheidend beitragen kann; dies gilt unter den gleichen Voraussetzungen auch für Besuche des behinderten Kindes bei seinen Eltern,
- anzuerkennende Besuche der Eltern,
- Aufwendungen für besondere Pflegevorrichtungen (z.B. Hebelift, Spezialbett) sowie für externe Pflegedienste in der Wohnung der Eltern, um Besuche des behinderten Kindes zu ermöglichen oder zu erleichtern.

Ausgaben eines Dritten können im Fall der sog. Abkürzung des Zahlungswegs als Aufwendungen der stpfl. Person zu werten sein. Abkürzung des Zahlungswegs bedeutet die Zuwendung eines Geldbetrags an den Stpfl. in der Weise, dass der Zuwendende im Einvernehmen mit der stpfl. Person dessen Schuld tilgt (vgl. § 267 Abs. 1 BGB), statt ihr den Geldbetrag unmittelbar zu geben. Davon kann nur dann die Rede sein, wenn der Dritte für Rechnung der stpfl. Person an dessen Gläubiger leistet.[3]

(27) Wildtierschäden

193 Wildtierschäden als solche sind keineswegs unüblich und nicht mit ungewöhnlichen Schadensereignissen vergleichbar.[4]

d) Zusatzangaben im Zusammenhang mit § 35a EStG (Zeilen 39–41)

194 **Hinweis zur Plausibilitätsbeurteilung:**

Aufwendungen können auch im Rahmen der **Steuerermäßigung für energetische Maßnahmen bei zu eigenen Wohnzwecken genutzten Gebäuden** (§ 35c EStG) berücksichtigt werden. Diese Aufwendungen sind dann in der Anlage Energetische Maßnahmen (Zeilen 25–26, → Rz. 231 ff.) und nicht in den Zeilen 23–38 dieser Anlage Außergewöhnliche Belastungen einzutragen.

Eine Steuerermäßigung nach § 35a EStG kommt nur in Betracht, soweit die Aufwendungen nicht vorrangig als Sonderausgaben oder als außergewöhnliche Belastungen berücksichtigt werden. Für den Teil der Aufwendungen, der durch den Ansatz der zumutbaren Belastung (§ 33 Abs. 3 EStG) oder wegen der Gegenrechnung von Pflegegeld oder Pflegetagegeld nicht als außergewöhnliche Belastung berücksichtigt wird, kann die stpfl. Person die Steuerermäßigung nach § 35a EStG in Anspruch nehmen.[5] Bis zum VZ 2015 konnte lediglich der Bereich der Pflegeleistungen erklärt werden, für die auf Grund des Abzugs der zumutbaren Belastung keine (vollständige) Berücksichtigung als außergewöhnliche Belastung erfolgte. Ab dem VZ 2016 können alle weiteren Fälle geltend gemacht werden, in denen die Aufwendungen sowohl nach § 33a EStG als auch nach § 35a EStG berücksichtigt werden können. Hierzu zählen nicht nur entsprechende Aufwendungen für Pflegeleistungen, sondern z.B. allgemeine Krankheitskosten, in denen auch ein Anteil an Handwerkerleistungen enthalten ist (z.B. Aufwendungen für den Einbau eines Treppenlifts). **Zeile 39** betrifft die Aufwendungen für sog. Minijobs. In **Zeile 40** können die übrigen haushaltsnahen Pflegeleistungen (kein Minijob) und in Heimunterbringungskosten für Dienstleistungen, die denen einer Haushaltshilfe vergleichbar sind, erklärt werden. Enthaltene Arbeitskosten für Handwerkerleistungen können in **Zeile 41** eingetragen werden.

Praxishinweis:

Die jeweiligen Beträge sind nicht zusätzlich in den Zeilen 4–9 der Anlage Haushaltsnahe Aufwendungen (→ Rz. 654 ff.) zu erklären.

---

1) BFH v. 2.12.2021, VI R 40/19, BStBl II 2023, 229.
2) BFH v. 22.10.1996, III R 265/94, BStBl II 1997, 558.
3) BFH v. 22.7.2003, VI R 4/02, HFR 2004, 215.
4) BFH v. 1.10.2020, VI R 42/18, BStBl II 2021, 146.
5) BMF v. 9.11.2016, IV C 8 – S 2296-b/07/10003 :008, BStBl I 2016, 1213.

III. Anlage AV – Angaben zur steuerlichen Förderung von Altersvorsorgebeiträgen (sog. Riester-Verträge)

1. Grundzüge 195

a) Vorbemerkung (Zeilen 1–3)

Anleitung vorhanden

2025

Anlage AV

Diese Anlage ist bei Zusammenveranlagung von Ehegatten / Lebenspartnern gemeinsam auszufüllen.

1 Name

2 Vorname

3 Steuernummer

Angaben zur steuerlichen Förderung von Altersvorsorgebeiträgen (sog. Riester-Verträge)

Für alle vom Anbieter übermittelten Altersvorsorgebeiträge wird ein zusätzlicher Sonderausgabenabzug geltend gemacht. Machen Sie hierzu bitte ausschließlich Angaben in den Zeilen 4 bis 15.

Wenn Sie für alle Altersvorsorgeverträge keinen Sonderausgabenabzug wünschen, dann geben Sie bitte keine Anlage AV ab.

In den Zeilen 1 bis 3 gilt es den Nachnamen, Vornamen und die Steuernummer einzutragen. Die Anlage AV ist im Rahmen einer Zusammenveranlagung von beiden Ehegatten/Lebenspartnern zu verwenden. In diesem Fall ist beim Vornamen der Name des Ehemanns/Person A einzutragen. 196

Durch die sog. Riester-Rente wird der Aufbau einer **freiwilligen privaten Altersvorsorge oder betrieblichen Altersversorgung** durch steuerliche Maßnahmen gefördert. Als begünstigte Personen kommen nur unbeschränkt stpfl. Personen in Betracht. 197

Die Förderung besteht aus zwei Säulen:

1. Für geleistete Altersvorsorgebeiträge (§ 82 Abs. 1 EStG) kann die stpfl. Person eine Altersvorsorgezulage nach Abschnitt XI (§§ 83 bis 90a EStG) erhalten.
2. Über die Altersvorsorgezulage hinaus wird auf Antrag ein zusätzlicher Sonderausgabenabzug (§ 10a EStG) berücksichtigt.

Ein zusätzlicher Sonderausgabenabzug (§ 10a Abs. 1 EStG) wird nur gewährt, wenn er für die stpfl. Person einkommensteuerlich günstiger ist als der Anspruch auf Zulage nach Abschnitt XI EStG (§ 10a Abs. 2 Satz 1 und 2 EStG). Bei der Veranlagung zur ESt wird die hierfür erforderliche Prüfung durch das FA vorgenommen.

Der Sonderausgabenabzug nach § 10a EStG setzt voraus, dass die stpfl. Person die **Anlage AV** zur ESt-Erklärung abgegeben und die erforderlichen Zeilen zur Berechnung ausgefüllt hat.[1] Alternativ ist es möglich, den Antrag auf Sonderausgabenabzug formlos zu erklären.[2]

Für geleistete Altersvorsorgebeiträge kann auf Grundlage der Angaben in den Zeilen 4–14 die Prüfung beantragt werden, ob ein Abzug der geleisteten Beiträge zum Altersvorsorgevertrag (zzgl. des Anspruchs auf Altersvorsorgezulage) als zusätzlicher Sonderausgabenabzug nach § 10a EStG günstiger ist als der Anspruch auf Altersvorsorgezulage (§ 10a Abs. 2 Satz 1 und 2 EStG).

Der Anbieter eines Altersvorsorgevertrags übermittelt die zu berücksichtigenden Altersvorsorgebeiträge unter Angabe der Vertragsdaten, der Id-Nr. und der Zulage- oder Sozialversicherungsnummer an die Finverw., so dass diese sowie die Angabe der Altersvorsorgebeiträge in der ESt-Erklärung nicht mehr erforderlich ist.

Nach einer Entscheidung des EuGH war die Regelung der sog. Riester-Förderung insoweit rechtswidrig, als diese immer dann verweigert wurde, wenn die stpfl. Personen in Deutschland nicht unbeschränkt steuerpflichtig waren oder zu einem späteren Zeitpunkt nicht mehr der unbeschränkten Steuerpflicht unterliegen (sog. „Mallorca-Rentner").[3] Mit dem Gesetz v. 8.4.2010[4] wurde der Kreis der unmittelbar zulageberechtigten Personen unter Berücksichtigung aller im Inland Pflichtversicherten neu gefasst. Die **unbeschränkte Steuerpflicht ist keine Voraussetzung**, da auf die Pflichtmitgliedschaft in einem inl. begünstigten Altersvorsorge- und Besoldungssystem abgestellt wird. Damit sind auch die nicht unbeschränkt stpfl. Grenzarbeitnehmer einbezogen. Bis zu dieser Änderung gehörten auch die in einer ausl. gesetzlichen Rentenversicherung pflichtversicherten Personen zum begünstigten Personenkreis, wenn diese im Inland unbeschränkt steuerpflichtig waren. Insoweit wird der Sonderausgabenabzug erhalten, wenn die Mitgliedschaft vor dem 1.1.2010 begründet wurde (§ 52 Abs. 24c Satz 2 EStG).[5] Der Ausschluss der in ausl. Systemen versicherten Personen ist insoweit konsequent, da der deutsche Gesetzgeber nicht in die ausl.

1) BMF v. 5.10.2023, IV C 3 – S 2015/22/10001 :001, Rz. 102, BStBl I 2023, 1726.
2) BMF v. 5.10.2023, IV C 3 – S 2015/22/10001 :001, Rz. 102, BStBl I 2023, 1726.
3) EuGH v. 10.9.2009, C-269/07, BFH/NV 2009, 1930.
4) Gesetz zur Umsetzung steuerlicher EU-Vorgaben sowie zur Änderung steuerlicher Vorschriften v. 8.4.2010, BStBl II 2010, 334.
5) Zu weiteren Fällen, für die die Bestandsschutzregeln gelten, vgl. BMF v. 5.10.2023, IV C 3 – S 2015/22/10001 :001, 1726, Rz. 19 ff., BStBl I 2023, 1726.

Alterssicherungssysteme eingegriffen hat.[1] Durch die Ausweitung besteht auch die Möglichkeit, die Kinderzulage für ein im Ausland lebendes Kind zu erhalten, wenn die anspruchsberechtigte Person eine dem deutschen Kindergeld vergleichbare Leistung (§ 65 Abs. 1 Nr. 2 EStG) erhält.

198 Im Rahmen des 2. DSAnpUG-EU[2] wurde die Berücksichtigung von Aufwendungen an die Datenschutzrichtlinie angepasst. Bislang wurden die Daten zu bestimmten Vorsorgeaufwendungen nur dann von den mitteilungspflichtigen Stellen übermittelt, wenn die stpfl. Person in die Datenübermittlung eingewilligt hat. Seit 2019 besteht eine rechtl. Verpflichtung der mitteilungspflichtigen Stellen die erforderlichen Daten in allen Fällen zu übermitteln, unabhängig vom Vorliegen einer Einwilligung. Durch den Wegfall der Einwilligung kann die stpfl. Person nicht mehr steuern, für welche Altersvorsorgeverträge ein zusätzlicher Sonderausgabenabzug geltend gemacht werden soll oder für welche Verträge keine steuerliche Förderung erwünscht ist. Es besteht jedoch weiterhin die Möglichkeit, für bestimmte Verträge keinen zusätzlichen Sonderausgabenabzug geltend zu machen. Dafür wurden auf der Anlage AV ab Zeile 16 entsprechende Erklärungstatbestände aufgenommen. In den Zeilen 16–20 ist für die stpfl. Person/den Ehemann/die Person A und in den Zeilen 21–25 für die Ehefrau/die Person B eine Erklärung möglich, für welche der Altersvorsorgeverträge kein Sonderausgabenabzug geltend gemacht wird. Hierzu ist die Angabe der Anbieternummer/Zertifizierungsnummer/Vertragsnummer erforderlich. Für die erklärten Verträge wird kein zusätzlicher Sonderausgabenabzug (§ 10a EStG) geltend gemacht.

199 Im Zusammenhang mit der Abgabe bzw. Befüllung der Anlage AV sind folgende drei Fallgruppen zu unterscheiden:

1. Für **alle** Riester-Verträge wird der Sonderausgabenabzug geltend gemacht.

   Die Anlage AV ist mit der ESt-Erklärung abzugeben und die Zeilen 4–14 sind auszufüllen. Besteht ein Anspruch auf Kinderzulage, ist dieser seit dem VZ 2025 in der Anlage Kind zu erklären (vgl. Anlage Kind → Rz. 911) .
2. Der Sonderausgabenabzug wird nur für **bestimmte** Riester-Verträge geltend gemacht.

   Die Anlage AV ist mit der ESt-Erklärung abzugeben und die Zeilen 4–14 sind auszufüllen. Besteht ein Anspruch auf Kinderzulage, ist dieser seit dem VZ 2025 in der Anlage Kind zu erklären (vgl. Anlage Kind → Rz. 911) . Die Riester-Verträge, für welche kein Sonderausgabenabzug erfolgen soll, sind in den Zeilen 16–20 (stpfl. Person/ Ehemann/Person A) oder in den Zeilen 21–25 (Ehefrau/Person B) einzutragen.
3. Für **keinen** Riester-Vertrag wird der Sonderausgabenabzug geltend gemacht.

   Die Anlage AV ist weder auszufüllen noch mit der ESt-Erklärung abzugeben.

Ein fehlerhaftes Ausfüllen kann auch Auswirkungen auf die zukünftige Besteuerung in der Auszahlungsphase haben, z.B. bei der Abfindung einer Kleinbetragsrente (§ 93 Abs. 3 EStG). So ist nach der Zeile 4 folgender Hinweis enthalten:

„Für alle vom Anbieter übermittelten Altersvorsorgebeiträge wird ein zusätzlicher Sonderausgabenabzug geltend gemacht. Erforderlich hierfür sind die nachfolgenden Angaben ab Zeile 5. – Sollten Sie den Sonderausgabenabzug für bestimmte Verträge nicht wünschen, nehmen Sie bitte die entsprechenden Eintragungen in den Zeilen 16 bis 25 vor. –“

Praxishinweis:
Für Altersvorsorgeleistungen zu Gunsten eines Vertrags, aus dem Altersvorsorgeleistungen fließen und die nach Beginn der Auszahlungsphase geleistet werden, kommt eine steuerliche Förderung nicht mehr in Betracht.

Der **zusätzliche Sonderausgabenabzug kann nur i.R.d. Einkommensteuerveranlagung** und nicht i.R.d. Vorauszahlungsverfahrens geltend gemacht werden (§ 37 Abs. 3 Satz 6 EStG).

Leistungen aus Altersvorsorgeverträgen werden grds. erst in der Auszahlungsphase besteuert. Die Leistungen in der Auszahlungsphase unterliegen in vollem Umfang der Besteuerung, wenn die gesamten Altersvorsorgebeiträge in der Ansparphase steuerlich gefördert worden sind. Wurden in der Ansparphase sowohl geförderte als auch nicht geförderte Beiträge zu Gunsten der Verträge geleistet, sind die Leistungen in der Auszahlungsphase aufzuteilen. Leistungen aus Altersvorsorgeverträgen und aus der betrieblichen Altersversorgung sind in der Anlage R-AV/bAV (→ Rz. 1288 ff.) zu erklären.

b) Darstellung des zusätzlichen Sonderausgabenabzugs

200 Durch das Gesetz zur Reform der gesetzlichen Rentenversicherung und zur Förderung eines kapitalgedeckten Altersvorsorgevermögens (AVmG)[3] wurde ein **zusätzlicher Sonderausgabenabzug** eingeführt (§ 10a EStG), so dass die Beiträge zur Altersvorsorge auch bei stpfl. Personen mit einem hohen persönlichen Steuersatz nicht aus versteuertem Einkommen finanziert werden müssen. Der zusätzliche Sonderausgabenabzug beträgt bis zu 2 100 €. Zur steuerlichen Förderung der privaten Altersversorgung und der betrieblichen Altersversorgung ist eine umfassende Verwaltungsanweisung ergangen.[4]

1) Myßen/Fischer, FR 2010, 462.
2) Zweites Datenschutz-Anpassungs- und Umsetzungsgesetz EU – (2. DSAnpUG-EU) v. 20.11.2019, BGBl. I 2019, 1626.
3) AVmG v. 26.6.2001, BStBl I 2001, 420.
4) BMF v. 5.10.2023, IV C 3 – S 2015/22/10001 :001, BStBl I 2023, 1726.

Praxishinweis:

Die Höhe der geleisteten Altersvorsorgebeiträge wird durch einen Datensatz des Anbieters nachgewiesen. Die Abgabefrist für die Einwilligung gegenüber der zuständigen Stelle (z.B. der Besoldungsstelle) in die Übermittlung der für die Zulageberechtigung notwendigen Daten an die zentrale Stelle für den in § 10a Abs. 1 Satz1 Halbsatz 2 EStG genannten Personenkreis (Beamte, Amtsbezugsempfänger u.Ä.) wurde ab dem VZ 2019 verkürzt. Für das Beitragsjahr 2025 ist spätestens bis zum 31.12.2025 die erforderliche Einwilligung zu erteilen (§ 10a Abs. 1 Satz 1 EStG). Ist die Einwilligung nicht bzw. verspätet abgegeben worden, hat die stpfl. Person i.R.d. Festsetzungsverfahrens eine Nachholmöglichkeit für die Abgabe der Einwilligung.

Sind die übermittelten Daten materiell unzutreffend (z.B., weil der der Bescheinigung zu Grunde liegende tatsächliche Geldfluss von den bescheinigten Werten abweicht) und wird der Datensatz daher nach Bekanntgabe der Steuerfestsetzung aufgehoben oder korrigiert, kann die Steuerfestsetzung insoweit geändert werden (§ 10a Abs. 5 Satz 1 EStG, § 93c AO). Werden die erforderlichen Daten aus Gründen, die die stpfl. Person nicht zu vertreten hat (z.B. technische Probleme), nicht übermittelt, kann der Nachweis über die geleisteten Altersvorsorgebeiträge auch in anderer Weise erbracht werden.

Die ausgestellte Bescheinigung entbindet den Anbieter dabei nicht von der Verpflichtung der Datenübermittlung; diese ist vielmehr unverzüglich nachzuholen.

Werden lediglich für einen Vertrag Beiträge als Sonderausgaben geltend gemacht, entfällt das Problem der Zuordnung von der möglicherweise über den Zulageanspruch hinausgehenden Steuerermäßigung. Die Zurechnung erfolgt im Verhältnis der zu berücksichtigenden Altersvorsorgebeiträge. Werden die Einzahlungen auf Altersvorsorgebeiträge ggü. dem Vorjahr geändert, ist die Steuerermäßigung nach diesem Verhältnis aufzuteilen, so dass auf vorangegangene VZ kein Zugriff genommen werden kann.

Neben den sonstigen Vorsorgeaufwendungen können Altersvorsorgebeiträge zzgl. der dafür nach Abschnitt XI EStG zustehenden progressionsunabhängigen Zulage im VZ bis zur Höhe von 2 100 € als Sonderausgaben abgezogen werden. Wurde der Höchstbetrag ausgeschöpft und wurde vom mittelbar Berechtigten der **Mindesteigenbetrag** von 60 € erbracht, erhöht sich der Höchstbetrag um diesen Betrag von 60 €. Dies gilt jedoch nur, wenn der Sonderausgabenabzug günstiger ist als der Anspruch auf die Zulage nach Abschnitt XI EStG (§ 10a Abs. 2 EStG). Erbringt die stpfl. Person in einem Beitragsjahr nicht den erforderlichen Mindesteigenbeitrag von 60 €, wird die für dieses Beitragsjahr zustehende Altersvorsorgezulage (Grund- und Kinderzulage) nach dem Verhältnis der geleisteten Altersvorsorgebeiträge zum erforderlichen Mindesteigenbeitrag gekürzt. **201**

Die Günstigerprüfung hat das FA bei steuerlich geführten Personen von Amts wegen durchzuführen (§ 10a Abs. 2 Satz 3 EStG), wenn die für den Sonderausgabenabzug erforderlichen Angaben in der Anlage AV erklärt worden sind oder dies bis zur Bestandskraft des Steuerbescheids nachgeholt wurde. Hierbei wird auf den sich nach den in der ESt-Erklärung erklärten Angaben ergebenden Zulageanspruch abgestellt. Die Zulage kann daher als eine Art Vorauszahlung auf den sich (ggf.) aus dem Sonderausgabenabzug ergebenen Steuervorteil angesehen werden. Die Angaben in den Zeilen 4 bis 14 dienen daher grds. als Grundlage für die Günstigerprüfung (§ 10a Abs. 2 EStG).

Beratungshinweis:

Gutgeschriebene Zinsen des Altersvorsorgevermögens stellen keine Eigenbeiträge i.S.d. § 82 EStG dar.[1)]

Ist nur ein Ehegatte/Lebenspartner unmittelbar und der andere mittelbar begünstigt, ist dabei die Mindesteigenbetragsberechnung nur für den unmittelbar begünstigten Ehegatten/Lebenspartner durchzuführen. Insoweit ist die Erhöhung um 60 € bei der Berechnung nicht vorzunehmen.

Praxishinweis:

Abweichend vom üblichen Zuflussprinzip ist zur Berechnung des Mindesteigenbeitrags auf die sozialversicherungspflichtigen Wertungen zurückzugreifen.[2)]

Entsprechend wird auch in den Fällen verfahren, in denen der Sockelbetrag als Mindesteigenbeitrag angesetzt wird. Wurde daher der Sockelbetrag nicht oder nur teilweise erbracht, ist auch in diesen Fällen die Zulage nach dem Verhältnis der Altersvorsorgebeiträge zum Sockelbetrag entsprechend zu kürzen. Bei der Günstigerprüfung wird nicht zwischen den (beiden) Ehegatten/Lebenspartnern unterschieden, da die Ehegatten/Lebenspartner bei der Ermittlung der Einkünfte wie **eine** stpfl. Person behandelt werden. Daher wird i.R.d. Günstigerprüfung der Abzugsbetrag der beiden Personen (§ 10a Abs. 1 EStG) mit dem dem **Stpfl.** (also beider Personen) zustehenden Anspruch auf Altersvorsorgezulage verglichen (→ Rz. 197). Ist der Sonderausgabenabzug für die stpfl. Person günstiger als der Anspruch auf die Zulage nach Abschnitt XI. EStG, erhöht sich die unter Berücksichtigung des Sonderausgabenabzugs ermittelte tarifliche ESt um den Anspruch auf die Zulage.

Praxishinweis:

Ist der Sonderausgabenabzug günstiger als der Anspruch auf Zulage, wird mit dem ESt-Bescheid der gewährte Steuervorteil berechnet und ausgewiesen und es erfolgte eine gesonderte Feststellung, der einem bestimmten Vertrag zugeordnet wird. Gleichzeitig wird ein entsprechender Datensatz mit den Berechnungsgrundlagen und den Zuordnungen auf einzelne Verträge vom FA an die ZfA übermittelt. Die ZfA wiederum prüft die Berechnungsgrundlagen (§ 10a Abs. 5 EStG) und speichert den gewährten Steuervorteil. Weichen die Daten der ZfA von denen des FA ab, erfolgt eine entsprechende Information durch einen Datensatz an das FA, so dass es auf Grund dieser Daten zu einem geänderten ESt-Bescheid kommen kann. Eine gesonderte Prüfung durch die Finanzämter erfolgt nicht.[3)] Zur Frage, ob das FA an die Mitteilung der ZfA gem. § 91 Abs. 1 Satz 4 EStG auch dann inhaltlich gebunden ist, wenn diese objektiv falsch ist, hat der BFH mit Urteilen v. 8.9.2020[4)] entschieden. Nach Auffassung des BFH berechtigt die Mitteilung der ZfA bei Abweichungen in Bezug auf den Sonderausgabenabzug nach § 10a Abs. 1 Satz 1 EStG nicht dazu, dass das FA ungeprüft den Inhalt dieser Mitteilung umzusetzen hat; die Mitteilung nach § 91 Abs. 1 Satz 4 EStG ist im Verhältnis zum Einkommensteuerbe-

1) BFH v. 8.7.2015, X R 41/13, BStBl II 2016, 525.
2) BMF v. 5.10.2023, IV C 3 – S 2015/22/10001 :001, BStBl I 2023, 1726, Rz. 70.
3) BMF v. 5.10.2023, IV C 3 – S 2015/22/10001 :001, BStBl I 2023, 1726, Rz. 96.
4) BFH v. 8.9.2020, X R 2/19, BStBl II 2022, 157.

scheid weder ein Grundlagenbescheid noch kommt ihr grundlagenbescheidsähnliche Wirkung zu. Die Finverw. hat auf dieses Urteil mit dem geänderten BMF-Schreiben vom 5.10.2023 reagiert.[1] Ergibt die Prüfung der ZfA nach § 91 Abs. 1 EStG eine Abweichung von dem in der Steuerfestsetzung berücksichtigten Sonderausgabenabzug nach § 10a EStG, teilt die ZfA dies dem FA mit. Der ESt-Bescheid oder die gesonderte Feststellung sind daraufhin insoweit nach § 91 Abs. 1 Satz 4 Halbsatz 2 EStG zu ändern, sofern diese Mitteilung materiell-rechtlich nicht fehlerhaft ist. Die Mitteilung stellt allerdings weiterhin keinen Grundlagenbescheid dar.

In der Praxis ist die Abweichung zwischen FA und ZfA häufig auf unzutreffende Angaben im Zulageantrag zurückzuführen. In diesen Fällen müssen die Stpfl. über den Anbieter einen Antrag bei der ZfA auf Festsetzung der Zulage stellen (§ 90 Abs. 4 EStG). Nur so kann die Zulage richtig berechnet und festgesetzt werden. In der Folge kommt es zu keinen Abweichungen zwischen FA und ZfA.

Durch diese Hinzurechnung wird erreicht, dass der stpfl. Person i.R.d. ESt-Veranlagung nur die **über den Zulageanspruch hinausgehende (zusätzliche) Steuerermäßigung** gewährt wird; insoweit wird eine Doppelförderung ausgeschlossen.

Über die zusätzliche Steuerermäßigung kann frei verfügt werden und sie wird nicht Bestandteil des Altersvorsorgevermögens. Die Zulage hingegen bleibt weiterhin Bestandteil des Altersvorsorgevermögens, wenn die Günstigerprüfung ergibt, dass der Sonderausgabenabzug günstiger ist.

202 Als **begünstigte Person** kommt nur in Betracht, wer der unbeschränkten Einkommensteuerpflicht unterliegt. Dies gilt für den zusätzlichen Sonderausgabenabzug ebenso wie für die Zulageförderung nach Abschnitt XI EStG (§ 79 EStG).

Mit dem JStG 2022 wurde in § 10a Abs. 1a EStG das Riester-Verfahren bei Personen, die wegen der Anrechnung von Kindererziehungszeiten bei inländischen gesetzlichen Rentenversicherungsträgern dem förderberechtigten Personenkreis angehören, vereinfacht.

Zum begünstigten Personenkreis nach § 10a Abs. 1 Satz 1 EStG gehören nun auch pflichtversicherte Personen in der inländischen gesetzlichen Rentenversicherung. Gesetzlicher Anknüpfungspunkt für die Riester-Förderung von Kindererziehenden ist das Bestehen einer solchen Versicherungspflicht. Personen gelten in der Zeit, für die ihnen Kindererziehungszeiten anzurechnen sind (§ 3 Satz 1 Nr. 1 SGB VI), als pflichtversichert in der gesetzlichen Rentenversicherung. Kindererziehungszeiten sind grundsätzlich die Zeiten der Erziehung eines Kindes in den ersten drei Lebensjahren (§ 56 Abs. 1 Satz 1 SGB VI).

Nicht zum begünstigten Personenkreis gehören z.B.

- freiwillig Versicherte in der gesetzlichen Rentenversicherung (vgl. §§ 7, 232 SGB VI),
- Gewerbetreibende im Handwerksbetrieb, wenn für sie mind. 18 Jahre lang Pflichtbeiträge gezahlt worden sind (§ 6 Abs. 1 Satz 1 Nr. 4 SGB VI),
- Arbeitnehmer und selbständig Tätige (z.B. Ärzte, Rechtsanwälte), die als Pflichtversicherte (Pflichtmitglied) einer **berufsständischen Versorgungseinrichtung** angehören, sofern sie von der Versicherungspflicht in der gesetzlichen Rentenversicherung befreit sind (§ 6 Abs. 1 Nr. 1 SGB VI),

Beratungshinweis:

Eine Berechtigung zum zusätzlichen Sonderausgabenabzug ergibt sich nicht aus einer bestehenden Pflichtmitgliedschaft in einem berufsständischen Versorgungswerk.[2]

- freiwillig Versicherte in der gesetzlichen Rentenversicherung (vgl. §§ 7, 232 SGB VI),
- Personen, die eine geringfügige Beschäftigung i.S.d. § 8 Abs. 1 Nr. 1 oder § 8a i.V.m. § 8 Abs. 1 Nr. 1 SGB VI ausüben und nach § 6 Abs. 1b SGB VI von der Versicherungspflicht befreit sind.

Praxishinweis:

Die in der inl. gesetzlichen Rentenversicherung pflichtversicherten Personen sind unmittelbar förderberechtigt (§ 10a Abs. 1 Satz 1 Halbsatz 1 EStG). Seit dem 1.1.2013 zählen dazu auch geringfügig beschäftigte Personen, sog. Minijobs (§ 8 Abs. 1 Nr. 1 oder § 8a i.V.m. § 8 Abs. 1 Nr. 1 SGB IV), die nicht von der Versicherungspflicht (§ 6 Abs. 1b SGB VI) befreit sind.[3] Bis zum 31.12.2012 musste der Personenkreis auf die Versicherungsfreiheit nach § 5 Abs. 2 Satz 2 SGB VI (i.d.F. bis 31.12.2012) verzichten und deshalb den pauschalen Arbeitgeberbeitrag zur gesetzlichen Rentenversicherung auf den vollen Beitragssatz aufstocken.

Zu unterscheiden ist, ob eine unmittelbare (Zeilen 4 bis 13 → Rz. 213) oder eine mittelbare Begünstigung (Zeile 14 → Rz. 227) vorliegt.

203 **Entfällt die Zugehörigkeit zum begünstigten Personenkreis rückwirkend**, wird die gewährte Förderung ggf. seitens der Verwaltung zurückgefordert werden. Dabei ist zu unterscheiden, ob die Beiträge zur Rentenversicherung zu Recht oder zu Unrecht erstattet wurden. Wurden die Beiträge zu Unrecht erstattet (§ 26 SGB IV), d.h. bestand keine Zugehörigkeit zum begünstigten Personenkreis, wird die gewährte Förderung zurückgefordert werden müssen. Wurden die Beiträge jedoch erstattet (§ 210 SGB VI), führt dies nicht zu einem nachträglichen Wegfall der begünstigten Voraussetzungen.

1) BMF v. 10.5.2023, IV C 3 – S 2015/22/10001 :001, BStBl I 2023, 1726.
2) BFH v. 29.7.2015, X R 11/13, BStBl II 2016, 18.
3) Gesetz zu Änderungen im Bereich der geringfügigen Beschäftigung v. 5.12.2012, BGBl. I 2012, 2474.

c) Förderung mehrerer Altersvorsorgeverträge

Die **Altersvorsorgezulage** wird bei einem unmittelbar Zulageberechtigten **höchstens für zwei Verträge** gewährt (§ 87 Abs. 1 Satz 1 EStG). Die zulageberechtigte Person kann im Zulageantrag jährlich neu bestimmen, für welche Verträge die Zulage gewährt werden soll (§ 89 Abs. 1 Satz 2 EStG). Das Vordruckmuster für den Antrag auf Altersvorsorgezulage wird jedes Jahr angepasst und durch BMF-Schreiben veröffentlicht. **204**

Für den Sonderausgabenabzug nach § 10a Abs. 1 EStG ist jedoch **keine Begrenzung der Anzahl der zu berücksichtigenden Verträge** vorgesehen. Im Rahmen des Höchstbetrags (§ 10a Abs. 1 Satz 1 EStG) können daher auch Altersvorsorgebeiträge für Verträge geltend gemacht werden, für die keine Zulage beantragt wurde oder auf Grund des § 87 Abs. 1 EStG keine Zulage gewährt wird. **205**

Beratungshinweis:
In dem Umfang, in dem eine Berücksichtigung nach § 10a EStG erfolgt, gelten die Beiträge als steuerlich gefördert. Dies führt dann zu einer nachgelagerten Besteuerung.

d) Gesonderte Feststellung der zusätzlichen Steuerermäßigung

Nach § 10a Abs. 4 EStG hat eine **gesonderte Feststellung** für eine über den Zulageanspruch nach Abschnitt XI hinausgehende **Steuerermäßigung** zu erfolgen, die der zentralen Stelle mitgeteilt wird (§ 10a Abs. 4 Satz 1 und 4 EStG). Eine gesonderte Feststellung der zusätzlichen Steuerermäßigung wird nur dann durchgeführt, wenn der Sonderausgabenabzug (§ 10a Abs. 1 EStG) tatsächlich günstiger ist als der Zulageanspruch nach Abschnitt XI EStG. **206**

Die **Grundzulage** beläuft sich ab dem Beitragsjahr 2018[1] auf jährlich 175 € (§ 84 EStG) zzgl. einer **Kinderzulage** i.H.v. 185 € für jedes Kind, für das ggü. der zulageberechtigten Person Kindergeld festgesetzt wird (§ 85 EStG). Für ein nach dem 31.12.2007 geborenes Kind erhöht sich die Kinderzulage auf 300 €. **207**

Durch das EigRentG[2] wurde zusätzlich ein **Berufseinsteigerbonus** i.H.v. 200 € eingefügt. Alle grds. förderberechtigten Personen (→ Rz. 202), die das 25. Lebensjahr noch nicht vollendet haben, erhalten **einmalig** diesen Bonus (§ 84 Satz 2 EStG). Der Erhöhungsbetrag wirkt sich dabei nur bei der Berechnung der Altersvorsorgezulage nach Abschnitt XI. EStG aus. Bei der Ermittlung des Zulageanspruchs i.R.d. Sonderausgabenabzugs nach § 10a Abs. 1 EStG ist der Berufseinsteigerbonus dagegen nicht zu berücksichtigen (§ 10a Abs. 1 Satz 5 EStG). Der Betrag bleibt bei der Ermittlung der Zulage (§ 10a Abs. 1 Satz 1 EStG) ebenso außer Ansatz wie im Rahmen der Günstigerprüfung (§ 10a Abs. 2 EStG). Insoweit erfolgt auch kein Ansatz bei der Mindesteigenbeitragsberechnung. Das Wohnsitzfinanzamt hat in diesen Fällen die über den Zulageanspruch hinausgehende Steuerermäßigung festzustellen und der Zentralen Zulagenstelle für Altersvermögen (ZfA) mitzuteilen. **208**

Praxishinweis:
Wirkt sich eine Änderung der Einkommensteuerfestsetzung auf die Höhe der Steuerermäßigung aus, ist die Feststellung nach § 10a Abs. 4 Satz 1 i.V.m. § 10d Abs. 4 Satz 4 EStG ebenfalls zu ändern. Es erfolgt ein erneuter Datenaustausch mit der ZfA.

Gehören **beide Ehegatten/Lebenspartner** zu dem nach § 10a Abs. 1 EStG **begünstigten Personenkreis**, ist die über den Zulageanspruch hinausgehende Steuerermäßigung jeweils getrennt zuzurechnen (§ 10a Abs. 4 Satz 3 EStG). Die Zurechnung erfolgt im Verhältnis der als Sonderausgaben berücksichtigten Altersvorsorgebeiträge (geförderte Eigenbeiträge [§ 10a Abs. 4 Satz 3 Halbsatz 2 EStG]). Bei der Günstigerprüfung wird nicht zwischen den Ehegatten/Lebenspartner unterschieden (§ 10a Abs. 2 EStG), da bei der Ermittlung der Einkünfte die Ehegatten/Lebenspartner als **eine** stpfl. Person behandelt werden. **209**

Beratungshinweis:
Sind beide Personen unmittelbar zulageberechtigt und haben beide Altersvorsorgebeiträge geleistet, sollten beide im Rahmen der Steuererklärung Angaben machen, da ansonsten die Zulageansprüche beider, jedoch nur die von einem Ehegatten/Lebenspartner geleisteten Altersvorsorgebeiträge bei der Günstigerprüfung angesetzt werden.[3]

Gehört **nur ein Ehegatte/Lebenspartner** zu dem nach § 10a Abs. 1 EStG **begünstigten Personenkreis** und ist der andere Ehegatte/Lebenspartner nicht zulageberechtigt, weil dieser keinen eigenen Altersvorsorgevertrag abgeschlossen hat, ist die Steuerermäßigung dem Ehegatten/Lebenspartner zuzurechnen, der zum unmittelbar begünstigten Personenkreis gehört. Gehört nur ein Ehegatte/Lebenspartner zu dem begünstigten Personenkreis und ist der andere Ehegatte/Lebenspartner zulageberechtigt (§ 79 Satz 2 EStG), ist die Steuerermäßigung den Ehegatten/Lebenspartnern getrennt zuzurechnen. Eine mittelbare Zulageberechtigung besteht nach der Änderung im Rahmen des BeitrRLUmsG[4] nur dann, wenn der betreffende Ehegatte/Lebenspartner mind. 60 € pro Beitragsjahr auf den Altersvorsorgevertrag eingezahlt hat (und die Auszahlungsphase dieses Vertrags noch nicht begonnen hat [§ 79 Satz 2 EStG[5]]) falls dieser über kein oder nur ein geringes Einkommen verfügt. **210**

1) Betriebsrentenstärkungsgesetz v. 17.8.2017, BStBl I 2918, 1278.
2) Eigenheimrentengesetz (EigRentG) v. 29.7.2008, BStBl I 2008, 818.
3) Myßen/Bering, NWB Fach 3, 14293, 14303.
4) BeitrRLUmsG v. 7.12.2011, BStBl I 2011, 1171.
5) AltvVerbG v. 24.6.2013, BStBl I 2013, 790.

Die Zurechnung erfolgt im Verhältnis der als Sonderausgaben berücksichtigten Altersvorsorgebeiträge (§ 10a Abs. 3 Satz 2 i.V.m. Abs. 2 EStG). Eigene Altersvorsorgebeiträge muss der mittelbar begünstigte Ehegatte/Lebenspartner dabei nicht leisten. Beiträge können dann jedoch berücksichtigt werden, wenn das Abzugsvolumen der unmittelbar begünstigten Person noch nicht ausgeschöpft ist.

e) Verwendung von Altersvorsorgevermögen

211 Nach den Regelungen des AltZertG[1)] durfte das Altersvorsorgevermögen **frühestens mit Vollendung des 60. Lebensjahres oder mit Beginn der Altersrente** aus der gesetzlichen Rentenversicherung oder nach dem ALG oder mit Beginn einer Versorgung nach beamten- oder soldatenversorgungsrechtlichen Regelungen wegen Erreichens der Altersgrenze in monatlichen Leistungen in Form einer lebenslangen gleichbleibenden oder steigenden monatlichen Leibrente (§ 1 Abs. 1 Satz 1 Nr. 2 und Nr. 4 AltZertG) oder eines Auszahlungsplans mit gleichbleibenden oder steigenden Raten und unmittelbar anschließender lebenslanger Teilkapitalverrentung ab dem 85. Lebensjahr (§ 1 Abs. 1 Satz 1 Nr. 4 AltZertG) **ausgezahlt werden**. Durch das EigRentG[2)] wurde der Anwendungsbereich ausgedehnt. Begünstigt sind u.a. auch Darlehenstilgungen zu Gunsten eines zertifizierten Altersvorsorgevertrags, wenn das Darlehen für eine nach dem 31.12.2007 vorgenommene wohnwirtschaftliche Verwendung i.S.d. § 92a Abs. 1 Satz 1 EStG genutzt wird (Anschaffung, Herstellung oder Entschuldung einer Wohnung oder Erwerb von Geschäftsanteilen an einer eingetragenen Genossenschaft; zeitliche Beschränkungen sind bei den einzelnen Verwendungsarten ggf. zu berücksichtigen).

Beratungshinweis:
§ 92a EStG begünstigt nicht die Verwendung von Altersvorsorgekapital zur Tilgung eines Darlehens, das der Finanzierung der Kosten für die Erweiterung einer bereits bestehenden Wohnung dient. Soweit das Gesetz in § 92a Abs. 1 Satz 1 Nr. 1 EStG an die „Anschaffung oder Herstellung einer Wohnung" anknüpft, gelten allgemeine einkommensteuerrechtliche Grundsätze.[3)]

Wie bei geleisteten Sparbeiträgen auf begünstigte Verträge, wird auch bei diesen Verträgen seitens der Finverw. geprüft, ob der Sonderausgabenabzug für die Tilgungsleistungen (inkl. der bestehenden Zulageansprüche) günstiger ist als der Zulageanspruch (→ Rz. 206).

Liegt demgegenüber eine **schädliche Verwendung** von gefördertem Altersvorsorgevermögen vor, sind die darauf entfallenden, während der Ansparphase gewährten Altersvorsorgezulagen und die nach § 10a Abs. 4 EStG gesondert festgestellten Steuerermäßigungen zurückzuzahlen (§ 94 Abs. 1 EStG). Zu weiteren Fragen der schädlichen Verwendung vgl. BMF v. 5.10.2023.[4)]

Die **Rückforderung** erfolgt sowohl für die Zulagen als auch für die gesondert festgestellten Steuerermäßigungen durch die ZfA und zieht keine Änderung von ESt- oder Feststellungsbescheiden i.S.d. § 10a Abs. 4 EStG nach sich.[5)]

Praxishinweis:
Wird das geförderte Vermögen nicht für die Altersvorsorge verwendet, ist die bis dahin erhaltene Förderung zurückzuzahlen (sog. „schädliche Verwendung"). Des Weiteren sind die steuerlich noch nicht erfassten Erträge und Wertsteigerungen zu versteuern. Zu den weiteren Folgen der Besteuerung im Fall der schädlichen Verwendung von gefördertem Altersvorsorgevermögen, die – je nach Art der Besteuerung – in den Zeilen 4 bis 26 der Anlage R-AV/bAV zu erklären sind, → Rz. 1297.

f) Angaben zu Kindern, für die ein Anspruch auf Kinderzulage besteht

212 **Hinweis zur Plausibilitätsbeurteilung:**
Um das Erklärungsverhalten zu verbessern und die Zuordnung des Zulagenanspruchs zum Kind zu erleichtern, wurden die bisher im Abschnitt „Angaben zu Kindern, für die ein Anspruch auf Kinderzulage besteht" vorhandenen Abfragen in der Anlage AV vollständig gestrichen und in einem neuen Abschnitt in der Anlage Kind aufgenommen. Um die Verlagerung kenntlich zu machen, wurde an der bisherigen Stelle der Abfragen zum Anspruch auf Kinderzulage ein Hinweis eingefügt (vgl. Anlage Kind → Rz. 911).

1) AltZertG v. 26.6.2001, BGBl. I 2001, 1322.
2) EigRentG v. 29.7.2008, BStBl I 2008, 818.
3) BFH v. 20.3.2019, X R 4/18, BFH/NV 2019, 808.
4) BMF v. 5.10.2023, IV C 3 – S 2015/22/10001 :001, BStBl I 2023, 1726, Rz. 197.
5) BMF v. 5.10.2023, IV C 3 – S 2015/22/10001 :001, BStBl I 2023, 1726, Rz. 225.

2. Berechnungsgrundlagen (Zeilen 4–14)

Berechnungsgrundlagen 39

– Bei Zusammenveranlagung: Bitte die Art der Begünstigung (unmittelbar / mittelbar) beider Ehegatten / Lebenspartner angeben, wenn für jeden Ehegatten / Lebenspartner mindestens ein Riester-Vertrag vorliegt. Hat nur einer von beiden mindestens einen Riester-Vertrag, muss nur diese Person Angaben zur Art der Begünstigung machen. –

Zeile			Steuerpflichtige Person / Ehemann / Person A		Ehefrau / Person B
4	**Ich bin für das Jahr 2025 unmittelbar begünstigt.** **(Bitte die Zeilen 5 bis 13 ausfüllen.)**	106	1 = Ja	306	1 = Ja
			EUR		EUR
5	Beitragspflichtige Einnahmen i. S. d. inländischen gesetzlichen Rentenversicherung **2024**	100	,—	300	,—
6	Inländische Besoldung, Amtsbezüge und Einnahmen beurlaubter Beamter **2024** **(Ein Eintrag ist nur erforderlich, wenn Sie eine Einwilligung gegenüber der zuständigen Stelle abgegeben haben.)**	101	,—	301	,—
7	Entgeltersatzleistungen **2024**	104	,—	304	,—
8	Tatsächliches Entgelt **2024**	102	,—	302	,—
9	Jahres(brutto)betrag der Rente wegen voller Erwerbsminderung oder Erwerbsunfähigkeit in der inländischen gesetzlichen Rentenversicherung **2024**	109	,—	309	,—
10	Inländische Versorgungsbezüge wegen Dienstunfähigkeit **2024** **(Ein Eintrag ist nur erforderlich, wenn Sie eine Einwilligung gegenüber der zuständigen Stelle abgegeben haben.)**	113	,—	313	,—
11	Einkünfte aus Land- und Forstwirtschaft **2023**	103	,—	303	,—
12	Jahres(brutto)betrag der Rente wegen voller Erwerbsminderung oder Erwerbsunfähigkeit nach dem Gesetz über die Alterssicherung der Landwirte **2024**	111	,—	311	,—
13	Einnahmen aus einer Beschäftigung, die einer ausländischen gesetzlichen Rentenversicherungspflicht unterlag und / oder Jahres(brutto)betrag der Rente wegen voller Erwerbsminderung oder Erwerbsunfähigkeit aus einer ausländischen gesetzlichen Rentenversicherung **2024**	114	,—	314	,—
14	**Ich bin für das Jahr 2025 mittelbar begünstigt.**	106	2 = Ja	306	2 = Ja

(Bei Einzelveranlagung von Ehegatten / Lebenspartnern: Die Angaben zu den Altersvorsorgebeiträgen werden bei der Einkommensteuerveranlagung des anderen Ehegatten / Lebenspartners berücksichtigt.)

a) Personenkreis

Unmittelbar begünstigte Personen sind: 213

- **Pflichtversicherte in der gesetzlichen Rentenversicherung** (§ 10a Abs. 1 Satz 1 Halbsatz 1 EStG)

  Hierzu zählt der in Anlage 1 des BMF-Schreibens v. 5.10.2023[1] aufgeführte Personenkreis. Zu den Pflichtversicherten gehören insbesondere:

  - Arbeitnehmer in einem versicherungspflichtigen Beschäftigungsverhältnis gegen Entgelt oder zu ihrer Berufsausbildung (§ 1 Satz 1 Nr. 1 SGB VI) bei einem privaten, öffentlichen oder kirchlichen Arbeitgeber.

Praxishinweis:
Eine Beamtin auf Widerruf, die im Beitragsjahr aus dem Beamtenverhältnis ausscheidet, kann jedenfalls bei kurzfristiger Nachversicherung Altersvorsorgezulage als Pflichtversicherte erhalten, ohne dass die Erteilung einer Einwilligung in die Übermittlung von Besoldungsdaten erforderlich ist.[2]

Hierzu gehören auch geringfügig beschäftigte Personen i.S.d. § 8 Abs. 1 Nr. 1 oder § 8a i.V.m. § 8 Abs. 1 Nr. 1 des SGB IV, die nicht von der Versicherungspflicht nach § 6 Abs. 1b SGB VI befreit sind.

Personen, die am 31.12.2012 als Beschäftigte nach § 5 Abs. 2 Satz 2 SGB VI i.d.F. bis 31.12.2012 wegen Verzichts auf die Versicherungsfreiheit in einer geringfügigen Beschäftigung oder mehreren geringfügigen Beschäftigungen versicherungspflichtig waren (§ 229 Abs. 5 Satz 1 SGB VI) und den Arbeitgeberbeitrag i.H.v. 15 % zur Rentenversicherung durch eigene Beiträge aufstocken.

Geringfügig beschäftigte Personen, die am 31.12.2012 nach § 5 Abs. 2 Satz 1 Nr. 1 SGB VI i.d.F. bis zum 31.12.2012 versicherungsfrei waren, nach dem 31.12.2012 auf die Versicherungsfreiheit verzichten (§ 230 Abs. 8 Satz 2 SGB VI) und den Arbeitgeberbeitrag i.H.v. 15 % zur Rentenversicherung durch eigene Beiträge aufstocken.

  - Selbständige (z.B. Lehrer und Erzieher [§ 2 Satz 1 Nr. 1 SGB VI]), Hebammen und Entbindungspfleger (§ 2 Satz 1 Nr. 3 SGB VI), Künstler (§ 2 Satz 1 Nr. 5 SGB VI), Handwerker, die in die Handwerksrolle eingetragen sind (§ 2 Satz 1 Nr. 8 SGB VI), und Hausgewerbetreibende (§ 2 Satz 1 Nr. 6 SGB VI) sowie Selbständige mit

1) BMF v. 5.10.2023, IV C 3 – S 2015/22/10001 :001, BStBl I 2023, 1726.
2) BFH v. 24.8.2016, X R 3/15, BFH/NV 2017, 270.

einem Auftraggeber (§ 2 Satz 1 Nr. 9 SGB VI) bei Vorliegen von Versicherungspflicht in der gesetzlichen Rentenversicherung.

- Helfer im
  - freiwilligen sozialen Jahr nach dem JFDG,
  - freiwilligen ökologischen Jahr nach dem JFDG,
  - Bundesfreiwilligendienst.
- Kindererziehende für die ersten 36 Kalendermonate nach dem Monat der Geburt des Kindes (sog. Kindererziehungszeiten, § 3 Satz 1 Nr. 1 SGB VI, vgl. hierzu auch → Rz. 198 und → Rz. 210) und Elternteile, die während der Erziehungszeit Anwartschaften auf Versorgung im Alter nach beamtenrechtlichen Vorschriften o.Ä. entsprechende Regelungen erworben haben, die systembezogen nicht gleichwertig berücksichtigt wird wie die Kindererziehung nach SGB VI.

Beratungshinweis:
Nach Ablauf der 36 Kalendermonate verliert die kindererziehende Person die Zugehörigkeit zum unmittelbar begünstigten Personenkreis und erhält keine staatliche Förderung mehr. Eine Berücksichtigung ist daher lediglich i.R.d. mittelbaren Begünstigung möglich; vgl. hierzu auch → Rz. 210.

- Personen, die einem Pflegebedürftigen nicht erwerbstätig wenigstens vierzehn Stunden wöchentlich in seiner häuslichen Umgebung pflegen (sog. Pflegepersonen, § 3 Satz 1 Nr. 1a SGB VI); dies gilt ab dem 1.1.2013 auch, wenn die Mindeststundenzahl nur durch die Pflege mehrerer Pflegebedürftiger erreicht wird.

214 – **Pflichtversicherte nach dem ALG** (§ 10a Abs. 1 Satz 3 EStG)

Soweit dieser Personenkreis nicht schon zu den unmittelbar begünstigten Personen gehört, da sie als Pflichtversicherte der gesetzlichen Rentenversicherung anspruchsberechtigt sind, sind insb. zusätzlich zu berücksichtigen:

- versicherungspflichtige Landwirte,
- versicherungspflichtige Ehegatten/Lebenspartner von Landwirten,
- versicherungspflichtige mitarbeitende Familienangehörige,
- ehemalige Landwirte, die nach Übergangsrecht weiterhin unabhängig von einer Tätigkeit als Landwirt oder mitarbeitender Familienangehöriger versicherungspflichtig sind.

215 – **Empfänger von inl. Besoldung** und diesen gleichgestellte Personen (§ 10a Abs. 1 Satz 1 Halbsatz 2 EStG, § 10a Abs. 1 Satz 2 EStG), wobei die Zugehörigkeit zum begünstigten Personenkreis der unmittelbaren Förderberechtigung während eines Teils des Kj. ausreicht.

Zu dem begünstigten Personenkreis gehören:

- Empfänger von inl. Besoldung nach dem BBesG oder einem entsprechenden Landesbesoldungsgesetz (§ 10a Abs. 1 Satz 1 Halbsatz 2 Nr. 1 EStG),
- Empfänger von inl. Amtsbezügen aus einem Amtsverhältnis, deren Versorgungsrecht die entsprechende Anwendung des § 69e Abs. 3 und Abs. 4 BeamtVG vorsieht (§ 10a Abs. 1 Satz 1 Halbsatz 2 Nr. 2 EStG),
- die nach § 5 Abs. 1 Satz 1 Nr. 2 und 3 SGB VI versicherungsfrei Beschäftigten und die nach § 6 Abs. 1 Satz 1 Nr. 2 SGB VI oder nach § 230 Abs. 2 Satz 2 SGB VI von der Versicherungspflicht befreiten Beschäftigten, deren Versorgungsrecht die entsprechende Anwendung des § 69e Abs. 3 und 4 BeamtVG vorsieht (§ 10a Abs. 1 Satz 1 Halbsatz 2 Nr. 3 EStG),
- Beamte, Richter, Berufssoldaten und Soldaten auf Zeit, die ohne Besoldung beurlaubt sind, für die Zeit einer Beschäftigung, wenn während der Beurlaubung die Gewährleistung einer Versorgungsanwartschaft unter den Voraussetzungen des § 5 Abs. 1 Satz 1 SGB VI auf diese Beschäftigung erstreckt wird (§ 10a Abs. 1 Satz 1 Halbsatz 2 Nr. 4 EStG) und
- stpfl. Personen i.S.d. § 10a Abs. 1 Satz 1 Nr. 1 bis 4 EStG, die wegen der Erziehung eines Kindes beurlaubt sind und deshalb keine Besoldung, Amtsbezüge oder Entgelt erhalten, sofern sie eine Anrechnung von Kindererziehungszeiten nach § 56 SGB VI in Anspruch nehmen könnten, wenn die Versicherungsfreiheit in der inl. gesetzlichen Rentenversicherung nicht bestehen würde (§ 10a Abs. 1 Satz 1 Halbsatz 2 Nr. 5 EStG). Der formale Grund für die Beurlaubung ist ohne Bedeutung.

Durch das Eigenheimrentengesetz[1] wurde der begünstigte Personenkreis um die Empfänger einer **Rente wegen voller Erwerbsminderung/Erwerbsunfähigkeit oder einer Versorgung wegen Dienstunfähigkeit** aus einem der Alterssicherungssysteme (z.B. gesetzliche Rentenversicherung, Beamtenversorgung) erweitert. Voraussetzung ist, dass sie unmittelbar vor dem Bezug der Leistungen einer der vorgenannten unmittelbar begünstigten Personengruppe angehörten. Versorgungsempfänger sind nur dann förderberechtigt, wenn eine Einwilligung ggü. der zuständigen Stelle abgegeben wurde.

1) EigRentG v. 29.7.2008, BStBl I 2008, 818.

Zum begünstigten Personenkreis gehören auch unbeschränkt einkommensteuerpflichtige Personen, die einer **ausl. gesetzlichen Rentenversicherungspflicht** unterliegen, soweit diese mit der Pflichtversicherung in der inl. gesetzlichen Rentenversicherung vergleichbar ist. **Weitere Personengruppen** sind dem BMF-Schreiben v. 5.10.2023[1] in der Anlage 2 zu entnehmen.

Die Zulage selbst wird auf Antrag von der ZfA festgesetzt. Die notwendigen Vordruckmuster werden jährlich angepasst und durch BMF-Schreiben veröffentlicht.

Bei Ehegatten/Lebenspartnern, bei denen die Voraussetzungen für eine Zusammenveranlagung vorliegen und von denen nur einer unmittelbar zulageberechtigt ist, ist auch der andere (mittelbar) zulageberechtigt, wenn 216

- beide Ehegatten/Lebenspartner jeweils einen auf ihren Namen lautenden, nach § 5 AltZertG zertifizierten Vertrag (Altersvorsorgevertrag) abgeschlossen haben oder
- der unmittelbar zulageberechtigte Ehegatte/Lebenspartner über eine förderbare Versorgung i.S.d. § 82 Abs. 2 EStG bei einer Pensionskasse, einem Pensionsfonds oder über eine nach § 82 Abs. 2 EStG förderbare Direktversicherung verfügt und der andere Ehegatte/Lebenspartner einen auf seinen Namen lautenden, nach § 5 AltZertG zertifizierten Vertrag abgeschlossen hat.

Praxishinweis:

Eigene Altersvorsorgebeiträge müssen nur von der unmittelbar zulageberechtigten Person, nicht jedoch von der mittelbar zulageberechtigten Person erbracht werden. Die nur mittelbar zulageberechtigte Person muss jedoch einen eigenen Altersvorsorgevertrag abgeschlossen haben, um einen Anspruch auf Altersvorsorgezulage zu erhalten.[2]

Die **mittelbare Zulageberechtigung entfällt**, wenn die mittelbar zulageberechtigte Person unmittelbar zulageberechtigt wird, der unmittelbar zulageberechtigte Ehegatte/Lebenspartner nicht mehr zum zulageberechtigten Personenkreis gehört oder die Ehegatten/Lebenspartner nicht mehr die Voraussetzungen des § 26 Abs. 1 EStG erfüllen.

b) Einnahmen (Zeilen 5–13)

Die Altersvorsorgezulage wird nur dann in voller Höhe gewährt, wenn die berechtigte Person einen bestimmten **Mindesteigenbeitrag** zu Gunsten der begünstigten – max. zwei – Verträge erbracht hat (§ 87 EStG). Maßgebend für den individuell zu ermittelnden Mindesteigenbeitrag ist u.a. die Summe der in dem dem Beitragsjahr vorangegangenen Kj. erzielten Einnahmen. Der Mindesteigenbeitrag ist mit dem **Sockelbetrag** (§ 86 Abs. 1 Satz 4 EStG) zu vergleichen. Dieser beträgt jährlich einheitlich 60 €. **Ausländische Einkünfte** sind grds. nicht zu berücksichtigen.[3] Eine Ausnahme besteht nur dann, wenn die stpfl. Person in dem dem Beitragsjahr vorangegangenen Kj. die Voraussetzung der Vertrauensschutzregelung erfüllte (§ 52 Abs. 24c Satz 2 EStG → Rz. 197). In diesem Fall sind als maßgebende Einnahmen auch die Einnahmen zu berücksichtigen, die zur Erfüllung der entsprechenden Voraussetzungen der Vertrauensschutzregelung führen. Gehören beide Ehegatten/Lebenspartner zum unmittelbar begünstigten Personenkreis, ist für jeden der beiden ein eigener Mindesteigenbeitrag zu berechnen. Ist dabei nur eine Person unmittelbar und die andere mittelbar begünstigt, wird die Mindesteigenbeitragsberechnung nur für den unmittelbar begünstigten Ehegatten/Lebenspartner durchgeführt (§ 10a Abs. 3 EStG); vgl. hierzu auch → Rz. 210. Für den Sonderausgabenabzug besteht keine Begrenzung auf zwei Verträge. Es können daher auch (i.R.d. Höchstbeträge für den Sonderausgabenabzug) Altersvorsorgebeiträge für Verträge geltend gemacht werden, für die keine Zulage beantragt wurde oder keine Zulage gewährt wird (§ 87 Abs. 1 EStG). 217

Die für diese Prüfung **erforderlichen Angaben** haben die stpfl. Personen in den Zeilen 5 bis 14 zu machen, da für die Berechnung des Mindesteigenbeitrags (§ 86 Abs. 1 EStG) die im vorangegangenen Kj. erzielten Einnahmen benötigt werden. **Die Zulage** nach den §§ 84 und 85 EStG **wird gekürzt, wenn** die zulageberechtigte Person **nicht** den **Mindesteigenbeitrag** leistet. Die Kürzung erfolgt nach dem Verhältnis der geleisteten Altersvorsorgebeiträge zum erforderlichen Mindesteigenbetrag.[4] Auch der Berufseinsteigerbonus (→ Rz. 208) wird in dem gleichen Verhältnis wie die Zulage gekürzt.

Der Mindesteigenbeitrag beträgt 4 % der Summe der in dem Kj. vorangegangenen Kj.

- erzielten beitragspflichtigen Einnahmen,
- bezogenen Besoldung und Amtsbezüge oder
- Einnahmen, die beitragspflichtig wären, wenn die Versicherungsfreiheit in der gesetzlichen Rentenversicherung nicht bestehen würde, z.B. bei versicherungsfrei Beschäftigten sowie Beamten, Richtern, Berufssoldaten etc.
- bezogenen Rente wegen voller Erwerbsminderung oder Erwerbsunfähigkeit oder bezogenen Versorgungsbezüge wegen Dienstunfähigkeit in den Fällen des § 10a Abs. 1 Satz 4 EStG.

1) BMF v. 5.10.2023, IV C 3 – S 2015/22/10001 :001, BStBl I 2023, 1726.
2) BFH v. 21.7.2009, X R 33/07, BStBl II 2009, 995.
3) BMF v. 5.10.2023, IV C 3 – S 2015/22/10001 :001, BStBl I 2023, 1726, Rz. 73.
4) BMF v. 5.10.2023, IV C 3 – S 2015/22/10001 :001, BStBl I 2023, 1726, Rz. 89; vgl. FG Berlin-Brandenburg v. 3.12.2015, 10 K 10067/13.

Praxishinweis:

Sind die rentenrechtlich berücksichtigten beitragspflichtigen Einnahmen höher als das jeweils tatsächlich erzielte Entgelt, die Entgeltersatzleistung (z.B. das Krankengeld), dann sind die tatsächlichen Einnahmen anstelle der rentenrechtlich berücksichtigten Einnahmen für die Berechnung des individuellen Mindesteigenbeitrags zu berücksichtigen.

Gutgeschriebene Zinsen des Altersvorsorgevermögens stellen keine Eigenbeiträge i.S.d. § 82 EStG dar.[1]

aa) Beitragspflichtige Einnahmen i.S.d. inländischen gesetzlichen Rentenversicherung 2024 (Zeile 5)

218 Als „beitragspflichtige Einnahmen" i.S.d. SGB VI ist nur der Teil des Arbeitsentgelts zu erfassen, der die jeweils gültige Beitragsbemessungsgrenze (für den VZ 2024: 90 600 €/West: 89 400 €/Ost) nicht übersteigt. Insoweit ist auf diejenigen Einnahmen abzustellen, die i.R.d. **sozialrechtlichen Meldeverfahrens** den Trägern **der gesetzlichen Rentenversicherung** gemeldet werden. Der Betrag kann der Durchschrift der Meldung zur Sozialversicherung entnommen werden.

Beratungshinweis:

Eine Beamtin auf Widerruf, die im Beitragsjahr aus dem Beamtenverhältnis ausscheidet, kann jedenfalls bei kurzfristiger Nachversicherung Altersvorsorgezulage als Pflichtversicherte erhalten, ohne dass die Erteilung einer Einwilligung in die Übermittlung von Besoldungsdaten erforderlich ist. Eine stpfl. Person, die eine bestimmte steuerrechtliche Vergünstigung begehrt, die in mehreren nebeneinander stehenden gesetzlichen Tatbeständen als Rechtsfolge vorgesehen ist, kann sich auf denjenigen Tatbestand berufen, der die für ihn günstigeren Voraussetzungen enthält.[2]

Eine stpfl. Person, die Sonderurlaub nach § 28 TVöD in Anspruch nimmt, hat keinen Anspruch auf eine Altersvorsorgezulage nach § 79 Satz 1 i.V.m. § 10a EStG.[3]

Die **beitragspflichtigen** Einnahmen ergeben sich bei

- **Arbeitnehmern** und Beziehern von Vorruhestandsgeld aus der Durchschrift der „Meldung zur Sozialversicherung nach der DEÜV" (Arbeitsentgelte) und
- rentenversicherungspflichtigen Selbständigen aus der vom Rentenversicherungsträger erstellten Bescheinigung.

Als beitragspflichtige Einnahmen bei Pflichtversicherten in einer **ausl. Rentenversicherung** sind die Einnahmen aus der nichtselbständigen Tätigkeit zu berücksichtigen, die die Zugehörigkeit zum Personenkreis nach § 10a Abs. 1 EStG begründen; Freistellungen nach dem jeweiligen DBA sind bei der Bestimmung der beitragspflichtigen Einnahmen unbeachtlich.

Werden bei einer in der **gesetzlichen Rentenversicherung pflichtversicherten Person** beitragspflichtige Einnahmen zu Grunde gelegt, die höher sind als das tatsächlich erzielte Entgelt oder die Lohnersatzleistung, ist das tatsächlich erzielte Entgelt, der Zahlbetrag der Entgeltersatzleistung (z.B. Arbeitslosen- oder Krankengeld) zu berücksichtigen.

Im Rahmen des JStG 2010[4] wurde die Regelung, dass bei Beziehern von Arbeitslosengeld II der nach § 19 SGB II ausgezahlte Betrag als Mindesteigenbetrag zu berücksichtigen ist, gestrichen (§ 86 Abs. 2 Satz 2 EStG a.F.), da mit dem HBeglG 2011[5] die Versicherungspflicht zur gesetzlichen Rentenversicherung aufgehoben wurde. Der Personenkreis bleibt jedoch weiterhin förderberechtigt (§ 10a Abs. 1 Satz 3 EStG), wenn die Voraussetzungen bereits im VZ 2010 vorgelegen haben (→ Rz. 220).

Eine Unterscheidung zwischen Spar- und Tilgungsbeiträge erfolgt nicht, da neben Beiträgen zugunsten eines zertifizierten Altersvorsorgevertrages auch Tilgungsleistungen i.R.d. sog. Wohn-Riesters begünstigt sind.

Tilgungsleistungen werden nur dann den Altersvorsorgebeiträgen gleichgestellt, wenn das Darlehen unmittelbar für eine nach dem 31.12.2007 erfolgte wohnwirtschaftliche Verwendung (§ 92a Abs. 1 Satz 1 EStG) eingesetzt oder das für eine entsprechende Verwendung aufgenommene Darlehen später (ggf. auch mehrfach) umgeschuldet wird. Dies gilt auch, wenn das für eine wohnungswirtschaftliche Verwendung i.S.d. § 92a Abs. 1 Satz 1 Nr. 1 oder 2 EStG aufgenommene Darlehen später auf einen zertifizierten Altersvorsorgevertrag in Form eines Darlehensvertrags umgeschuldet wird.[6] Steuerlich gefördert werden nur die in der Kreditrate enthaltenen Tilgungsanteile;[7] der Zinsanteil ist kein Altersvorsorgebeitrag und damit nicht begünstigt. Die während der Nichtnutzung auf Grund des beruflichen Umzugs geleisteten Tilgungsbeträge sind ab dem Jahr nach Aufgabe der Selbstnutzung bis zur Wiederaufnahme der Selbstnutzung keine Altersvorsorgebeiträge und damit nicht begünstigt. Die Tilgungsleistungen müssen zu Gunsten eines – auf den Namen der stpfl. Person (bei mittelbarer Begünstigung vgl. § 79 Satz 2 EStG) – zertifizierten Vertrags (§ 5 Alt-ZertG) geleistet werden. Die ungekürzte Altersvorsorgezulage wird dann gewährt, wenn mind. 4 % der maßgeblichen Einnahmen (max. 2 100 € abzgl. der Zulage) in den Vertrag mit Darlehenskomponente eingebracht werden. Die Ausführungen zur Günstigerprüfung (→ Rz. 199) gelten entsprechend.

1) BFH v. 8.7.2015, X R 41/13, BStBl II 2016, 525.
2) BFH v. 24.8.2016, X R 3/15, BFH/NV 2017, 270.
3) BFH v. 8.8.2018, X R 37/17, HFR 2019, 178.
4) JStG 2010 v. 13.12.2010, BStBl I 2011, 1394.
5) HBeglG 2011 v. 9.12.2010, BGBl. I 2010, 1885.
6) BMF v. 5.10.2023, IV C 3 – S 2015/22/10001 :001, BStBl I 2023, 1726, Rz. 32.
7) BMF v. 5.10.2023, IV C 3 – S 2015/22/10001 :001, BStBl I 2023, 1726, Rz. 34.

bb) Inländische Besoldung und Amtsbezüge und Einnahmen beurlaubter Beamter 2024 (Zeile 6)

Hinweis zur Plausibilitätsbeurteilung: 219
Liegen Versorgungsbezüge wegen Dienstunfähigkeit vor, sind diese in Zeile 10 einzutragen.

Die Besoldung und die Amtsbezüge ergeben sich aus den Besoldungsmitteilungen oder den Mitteilungen über die Amtsbezüge der die Besoldung oder die Amtsbezüge anordnenden Stelle.

Zur Besoldung gehören u.a. das Grundgehalt, Leistungsbezüge an Hochschulen, der Familienzuschlag, Zulagen und Vergütungen (§ 1 Abs. 2 Nr. 1 bis 5 BBesG), ferner Anwärterbezüge, jährliche Sonderzahlungen, vermögenswirksame Leistungen, das jährliche Urlaubsgeld (§ 1 Abs. 3 Nr. 1 bis 4 BBesG), der Altersteilzeitzuschlag (§ 1 ATZV i.V.m. § 6 Abs. 2 BBesG) und die Sachbezüge[1] (§ 10 BBesG), nicht hingegen Auslandsdienstbezüge i.S.d. §§ 52 ff. BBesG.

Beratungshinweis:
Diese Personengruppe kann nur dann den zusätzlichen Sonderausgabenabzug in Anspruch nehmen, wenn die stpfl. Person für das Beitragsjahr 2025 spätestens bis zum 31.12.2025, ggü. der mitteilungspflichtigen Stelle (z.B. dem Dienstherrn oder dem zur Zahlung des Arbeitsentgelts verpflichteten Arbeitgeber) eingewilligt und diese Einwilligung nicht vor Beginn des Beitragsjahres widerrufen hat, dass diese der zentralen Stelle jährlich mitteilt, dass die stpfl. Person zum begünstigten Personenkreis gehört, und die zuständige Stelle der zentralen Stelle die für die Ermittlung des Mindesteigenbeitrags und die Gewährung der Kinderzulage erforderlichen Daten übermittelt und die zentrale Stelle diese Daten für das Zulageverfahren verarbeiten darf (§ 10a Abs. 1 Satz 1 Halbsatz 2 EStG). Die Einwilligung erübrigt sich auch nicht in den Fällen, in denen die stpfl. Person eine Sozialversicherungsnummer besitzt, da ansonsten kein Datenabgleich möglich ist.[2] Diese Regelung gilt dabei sowohl für das Zulageverfahren als auch für den Sonderausgabenabzug. Fehlt es an einer rechtzeitig erteilten Einwilligungserklärung, ist die bereits gewährte Altersvorsorgezulage zurückzufordern; zu prüfen wären in jedem Fall aber die Voraussetzungen für eine mittelbare Begünstigung (§ 79 Satz 2 EStG).[3] Liegt ein Rechtsirrtum vor, ist keine Wiedereinsetzung in den vorigen Stand (§ 110 AO) zu gewähren.[4]

cc) Entgeltersatzleistungen 2024 (Zeile 7)

In der gesetzlichen Rentenversicherung werden für bestimmte pflichtversicherte Personen abweichend vom tat- 220
sächlich erzielten Entgelt (§ 14 SGB IV) oder von der Entgeltersatzleistung andere Beträge als beitragspflichtige Einnahmen berücksichtigt.

Beispielhafte Aufzählung:[5]

- zu ihrer Berufsausbildung Beschäftigte,
- behinderte Menschen, die in Einrichtungen der Jugendhilfe oder in anerkannten Werkstätten für behinderte Menschen beschäftigt werden,
- Personen, die für eine Erwerbstätigkeit befähigt werden sollen,
- Bezieher von Kurzarbeiter- oder Winterausfallgeld,
- Beschäftigte, die in einem Altersteilzeitarbeitsverhältnis stehen,
- Bezieher von Vorruhestandsgeld, Krankengeld, Arbeitslosengeld, Unterhaltsgeld, Übergangsgeld, Verletztengeld oder Versorgungskrankengeld,
- als Wehr- oder Zivildienstleistende Versicherte,
- Versicherte, die für Zeiten der Arbeitsunfähigkeit oder Rehabilitation ohne Anspruch auf Krankengeld versichert sind,
- Personen, die einen Pflegebedürftigen nicht erwerbsmäßig wenigstens vierzehn Stunden in der Woche in seiner häuslichen Umgebung pflegen.

In diesen Fällen ist zur **Berechnung** des **individuellen Mindesteigenbeitrags** das tatsächlich erzielte Entgelt oder der Betrag der Entgeltersatzleistung (z.B. Krankengeld, Arbeitslosengeld, Kurzarbeitergeld) zu Grunde zu legen, wenn die beitragspflichtigen Einnahmen höher sind. Diese Beiträge können Sie aus der zugesandten Bescheinigung der Krankenkasse oder Agentur für Arbeit entnehmen. Diese Bescheinigung trägt meist die Überschrift: „Unsere Meldung an die Rentenversicherung".

Bei **Altersteilzeitarbeit** ist das auf Grund der abgesenkten Arbeitszeit erzielte Arbeitsentgelt – ohne Aufstockungs- und Unterschiedsbetrag – maßgebend.

Das **Elterngeld** ist keine maßgebende Einnahme i.S.d. § 86 EStG und wird nicht in der Mindesteigenbeitragsberechnung berücksichtigt.[6]

1) FG Berlin-Brandenburg v. 9.1.2014, 10 K 14360/10, EFG 2014, 765.
2) FG Baden-Württemberg v. 28.10.2011, 13 K 1051/11, EFG 2012, 843.
3) BFH v. 25.3.2015, X R 20/14, BStBl II 2015, 709.
4) BFH v. 9.6.2015, X R 14/14, BStBl II 2015, 931.
5) BMF v. 5.10.2023, IV C 3 – S 2015/22/10001 :001, BStBl I 2023, 1726, Rz. 82.
6) BMF v. 5.10.2023, IV C 3 – S 2015/22/10001 :001, BStBl I 2023, 1726, Rz. 83.

Praxishinweis:
Bezieher von Arbeitslosengeld II gehören nicht zum begünstigten Personenkreis. Der Landwirtsunternehmergatte, der von der bestehenden Versicherungspflicht (§ 1 Abs. 3 ALG) befreit ist, ist ebenfalls nicht zulageberechtigt.[1]

dd) Tatsächliches Entgelt 2024 (Zeile 8)

221 Ist das der gesetzlichen Rentenversicherung zugrundeliegende Entgelt höher als das tatsächlich erzielte Entgelt (z.B. bei behinderten Menschen, die in anerkannten Behindertenwerkstätten und in Blindenheimen arbeiten, freiwillig Wehrdienstleistenden; nicht jedoch Bundesfreiwilligendienst), ist das tatsächliche Entgelt bei der Berechnung des Zulageanspruchs zu berücksichtigen. Bei Altersteilzeitarbeit ist das auf Grund der abgesenkten Arbeitszeit erzielte Arbeitsentgelt – ohne Aufstockungs- und Unterschiedsbetrag – maßgebend. Das tatsächlich erzielte Entgelt kann z.B. einer Bescheinigung des Arbeitgebers entnommen werden. Bei Personen, die einen Pflegebedürftigen nicht erwerbsmäßig pflegen, ist insoweit ein tatsächlich erzieltes Entgelt von 0 € zu berücksichtigen.

Siehe hierzu die Ausführungen im allgemeinen Teil (→ Rz. 217).

ee) Jahres(brutto)betrag der Rente wegen voller Erwerbsminderung oder Erwerbsunfähigkeit in der inländischen gesetzlichen Rentenversicherung 2024 (Zeile 9)

222 Der begünstigte Personenkreis wurde bereits durch das EigRentG[2] ab dem VZ 2008 ausgedehnt. Die Erweiterung betrifft Personen, die Rente wegen voller Erwerbsminderung, Erwerbsunfähigkeit oder eine Versorgung wegen Dienstunfähigkeit beziehen. Voraussetzung ist des Weiteren, dass die Personen unmittelbar vor Beginn der Rente oder Versorgung in einem Alterssicherungssystem pflichtversichert gewesen sind oder Dienst-/Amtsbezüge erhalten haben. Für Empfänger einer Versorgungsrente wegen Dienstunfähigkeit wurde die Förderberechtigung auf das 67. Lebensjahr begrenzt, um insoweit die Bezieher von Versorgungsbezügen nicht besser zu stellen, da diese ansonsten die Förderung bis zum Tod hätten in Anspruch nehmen können.

Praxishinweis:
Der Bezug einer privaten Rente wegen Erwerbsminderung ist nicht ausreichend zur Begründung einer unmittelbaren Förderberechtigung. Dies gilt ebenso für den Bezug lediglich einer Rente wegen teilweiser Erwerbsminderung.[3]

ff) Inländische Versorgungsbezüge wegen Dienstunfähigkeit 2024 (Zeile 10)

223 Der begünstigte Personenkreis wurde durch das EigRentG[4] ab dem VZ 2008 um Versorgungsbezügeempfänger wegen Dienstunfähigkeit (→ Rz. 222) ausgedehnt. Die Höhe der Versorgungsbezüge wegen Dienstunfähigkeit ergibt sich aus den Mitteilungen der die Versorgung anordnenden Stelle.

gg) Einkünfte aus Land- und Forstwirtschaft 2023 (Zeile 11)

224 Zu erklären sind die Einkünfte aus Land- und Forstwirtschaft aus 2023. Ist dieser Land- und Forstwirt neben seiner land- und forstwirtschaftlichen Tätigkeit **auch als Arbeitnehmer tätig und** in der **gesetzlichen Rentenversicherung pflichtversichert**, sind die beitragspflichtigen Einnahmen des Vorjahres und die positiven Einkünfte i.S.d. § 13 EStG des zweiten dem Beitragsjahr vorangegangenen VZ zusammenzurechnen. Eine Saldierung mit negativen Einkünften i.S.d. § 13 EStG erfolgt nicht.

hh) Jahres(brutto)betrag der Rente wegen voller Erwerbsminderung oder Erwerbsunfähigkeit nach dem Gesetz über die Alterssicherung 2024 (Zeile 12)

225 Bei einem Land- und Forstwirt, der nach dem **ALG** pflichtversichert ist, ist für die Berechnung des Mindesteigenbeitrags auf die Einkünfte i.S.d. § 13 EStG des zweiten dem Beitragsjahr vorangegangenen VZ abzustellen (§ 86 Abs. 3 EStG).

Auch stpfl. Personen, die eine Erwerbsminderungsrente wegen voller Erwerbsminderung aus **einer ausl. gesetzlichen Rentenversicherung** beziehen, können aus Bestandsschutzgründen (→ Rz. 197) weiterhin berücksichtigt werden, wenn die entsprechenden Voraussetzungen vorliegen (§ 52 Abs. 24c Satz 3 EStG).

ii) Einnahmen aus einer Beschäftigung, die einer ausländischen gesetzlichen Rentenversicherungspflicht unterlag und/oder Jahresbruttobetrag der Rente wegen voller Erwerbsminderung oder Erwerbsunfähigkeit aus einer ausländischen gesetzlichen Rentenversicherung 2024 (Zeile 13)

226 Einnahmen aus einer Beschäftigung, die einer ausl. gesetzlichen Rentenversicherungspflicht unterlag und/oder Jahres(brutto)betrag der Rente wegen voller Erwerbsminderung oder Erwerbsunfähigkeit aus einer ausl. gesetzlichen Rentenversicherung in 2024.

Zum begünstigten Personenkreis gehören auch Pflichtmitglieder in einem ausl. gesetzlichen Alterssicherungssystem, wenn diese Pflichtmitgliedschaft

---

1) FG Berlin-Brandenburg v. 8.5.2014, 10 K 14265/12, DStZ 2014, 632.
2) EigRentG v. 29.7.2008, BStBl I 2008, 818.
3) Myßen/Fischer, NWB Fach 3, 15117.
4) EigRentG v. 29.7.2008, BStBl I 2008, 818.

- mit einer Pflichtmitgliedschaft in einem inl. Alterssicherungssystem nach § 10a Abs. 1 Satz 1 oder Satz 3 vergleichbar ist und
- vor dem 1.1.2010 begründet wurde,

sofern sie unbeschränkt einkommensteuerpfl. sind oder für das Beitragsjahr als unbeschränkt einkommensteuerpfl. behandelt werden (§ 52 Abs. 24c Satz 2 EStG). Das gilt ebenso für den Fall der Arbeitslosigkeit, wenn die Pflichtversicherung in der ausl. gesetzlichen Rentenversicherung fortbesteht. In sämtlichen ausl. Rentenversicherungssystemen der Anrainerstaaten der BRD bestehen derartige Pflichtversicherungen.

Beratungshinweis:

Als Altersvorsorgebeiträge (§ 82 EStG) sind z.B. bei Pflichtversicherten in einer ausl. gesetzlichen Rentenversicherung, bei Beschäftigten internationaler Institutionen nur diejenigen Beiträge zu berücksichtigen, die vom Zulageberechtigten zu Gunsten eines vor dem 1.1.2010 abgeschlossenen Vertrags geleistet wurden.[1]

jj) Personenkreis: Im Jahr 2025 mittelbar begünstigte Person (Zeile 14)

Praxishinweis:

Die mittelbar begünstigte Person hat aber nur dann einen Anspruch auf die Altersvorsorgezulage, wenn ein Altersvorsorgevertrag abgeschlossen wurde. Das Bestehen einer entsprechenden betrieblichen Altersversorgung reicht nicht aus.[2]

Angaben sind nur dann erforderlich, wenn durch die verheirateten Ehegatten (sowie Lebenspartner in einer Lebenspartnerschaft) – die grds. die Voraussetzung für einen Zusammenveranlagung (§ 26b EStG) erfüllen – eine Einzelveranlagung (§ 26a EStG) gewählt wird. Wird von den Ehegatten/Lebenspartnern eine Einzelveranlagung von Ehegatten/Lebenspartnern gewählt, kommt ein zusätzlicher Sonderausgabenabzug nicht in Betracht. Vielmehr werden die geleisteten Beiträge bei der unmittelbar begünstigten Person im Rahmen ihrer Höchstbeträge (§ 10a Abs. 3 EStG) sowie der insg. zustehende Zulageanspruch berücksichtigt.[3] Werden Beiträge eines mittelbar begünstigten Ehegatten/Lebenspartners im Rahmen des dem anderen Ehegatten/Lebenspartner zustehenden Sonderausgabenabzugs berücksichtigt, wird die hierauf entfallende Steuerermäßigung dem Vertrag zugeordnet, auf den die Beiträge geleistet worden sind. Zu Auswirkungen i.R.d. Versorgungsausgleichs vgl. BMF v. 21.3.2023.[4] 227

Ab dem Jahr 2012 ist ein Mindestbeitrag von 60 € (→ Rz. 217) Voraussetzung für eine mittelbare Zulageberechtigung. Wird ein geringerer Beitrag als 60 € gezahlt, sind die notwendigen Voraussetzungen nicht erfüllt; eine anteilige Förderung erfolgt – anders als bei der unmittelbaren Begünstigung – nicht. Ist ein Ehegatte/Lebenspartner unmittelbar und der andere Ehegatte/Lebenspartner mittelbar zulageberechtigt, beträgt der Höchstbetrag 2 160 €. Die vom mittelbar zulageberechtigten Ehegatten/Lebenspartner zugunsten seines Altersvorsorgevertrags geleisteten Altersvorsorgebeiträge können beim Sonderausgabenabzug des unmittelbar zulageberechtigten Ehegatten/Lebenspartner berücksichtigt werden, wenn der Höchstbetrag durch die vom unmittelbar Zulageberechtigten geleisteten Altersvorsorgebeiträge sowie die zu berücksichtigenden Zulagen nicht ausgeschöpft wird. Dabei sind die vom unmittelbar zulageberechtigten Ehegatten/Lebenspartner geleisteten Altersvorsorgebeiträge vorrangig zu berücksichtigen, jedoch mind. 60 € der vom mittelbar zulageberechtigten Ehegatten/Lebenspartner geleisteten Altersvorsorgebeiträge. In diesem Fall werden mind. 60 € der übermittelten Altersvorsorgebeiträge des mittelbar begünstigten Ehegatten/Lebenspartners beim Sonderausgabenabzug des unmittelbar begünstigten Ehegatten/Lebenspartners berücksichtigt. Darüber hinaus gehende Altersvorsorgebeiträge des mittelbar begünstigten Ehegatten/Lebenspartners werden nur berücksichtigt, soweit das dem unmittelbar begünstigten Ehegatten/Lebenspartners zustehende Abzugsvolumen von diesem nicht in Anspruch genommen wurde.

Die späteren Leistungen aus der Altersvorsorge an den mittelbar begünstigten Ehegatten/Lebenspartners unterliegen bei diesem in vollem Umfang der Besteuerung, soweit sie auf staatlich gefördertem Altersvorsorgevermögen beruhen. Die gleichen Möglichkeiten bestehen auch für individuell besteuerte Beiträge, die zum Aufbau einer kapitalgedeckten betrieblichen Altersversorgung an einen Pensionsfonds, eine Pensionskasse (z.B. Pflichtbeiträge des Arbeitnehmers zum Kapitaldeckungsverfahren im Abrechnungsverband Ost der Versorgungsanstalt des Bundes und der Länder – VBL) oder eine Direktversicherung gezahlt werden, wenn diese Einrichtungen dem Begünstigten eine lebenslange Altersversorgung gewähren.

Durch die Formulierung in Zeile 15 wird die stpfl. Person auf diese Verfahrensweise hingewiesen.

Ist **nur ein Ehegatte/Lebenspartner unmittelbar** (§ 10a Abs. 1 EStG) **begünstigt**, und ist der andere Ehegatte/Lebenspartner lediglich mittelbar begünstigt, sind die übermittelten Altersvorsorgebeiträge der mittelbar begünstigten Person insoweit zu berücksichtigen, als der Sonderausgaben-Höchstbetrag durch die vom unmittelbar begünstigten Ehegatten/Lebenspartnern geleisteten Altersvorsorgebeiträge sowie die zu berücksichtigenden Zulagen noch nicht vollständig ausgeschöpft worden sind. Der mittelbar begünstigten Person steht damit lediglich ein abgeleiteter Zulageanspruch zu, ohne dieser selbst einen gesonderten Sonderausgabenabzugsbetrag einzuräumen, so dass die geleisteten Beiträge nur i.R.d. der unmittelbar zulageberechtigten Person zustehenden Abzugsvolumens berücksichtigt werden (§ 10a Abs. 3 Satz 2 EStG).

1) BMF v. 5.10.2023, IV C 3 – S 2015/22/10001 :001, BStBl I 2023, 1726, Rz. 44.
2) BFH v. 21.7.2009, X R 33/07, BStBl II 2009, 995.
3) BMF v. 5.10.2023, IV C 3 – S 2015/22/10001 :001, BStBl I 2023, 1726, Rz. 107 ff.
4) BMF v. 21.3.2023, IV C 3 – S 2221/19/10035 :001, BStBl I 2023, 611.

Praxishinweis:

Die Voraussetzungen für eine mittelbare Altersvorsorgezulageberechtigung sind nicht erfüllt, wenn der Ehegatte, für den eine unmittelbare Zulageberechtigung in Betracht käme, zu dem Personenkreis gehört, dessen Zulageberechtigung (§ 10a Abs. 1 Satz 1 Halbsatz 2 EStG) von der Erteilung einer fristgebundenen Einwilligung in die Datenübermittlung abhängig ist, er diese Einwilligung aber nicht fristgemäß erteilt hat.[1] Der nur mittelbar zulageberechtigte Ehegatte/Lebenspartner hat dann einen Anspruch auf eine Altersvorsorgezulage, wenn dieser einen Altersvorsorgevertrag abgeschlossen hat.[2]

Der Höchstbetrag verdoppelt sich auch dann nicht, wenn der andere Ehegatte/Lebenspartner mittelbar zulageberechtigt ist. Hat der andere Ehegatte/Lebenspartner, ohne selbst unmittelbar zulageberechtigt zu sein, einen eigenen Altersvorsorgevertrag abgeschlossen, können die zu Gunsten dieses Vertrags geleisteten Altersvorsorgebeiträge beim Sonderausgabenabzug berücksichtigt werden, wenn der **Höchstbetrag** durch die vom unmittelbar Zulageberechtigten geleisteten Altersvorsorgebeiträge sowie die zu berücksichtigenden Zulagen **nicht ausgeschöpft** wird.

Praxishinweis:

Die Datenübermittlung (→ Rz. 298) erfolgt auch dann, wenn keine Altersvorsorgebeiträge geleistet worden sind (§ 10a Abs. 5 Satz 3 EStG).

3. Sonstige Angaben – Mitgliedsnummer der landwirtschaftlichen Alterskasse (Zeile 15)

Sonstige Angaben

		Steuerpflichtige Person / Ehemann / Person A	Ehefrau / Person B
15	Mitgliedsnummer der landwirtschaftlichen Alterskasse	112	312

228 Zur Identifizierung ist weiterhin die Mitgliedsnummer der landwirtschaftlichen Alterskasse einzutragen. Sie kann der Bescheinigung nach § 10a EStG entnommen werden.

4. Altersvorsorgeverträge, für die kein zusätzlicher Sonderausgabenabzug geltend gemacht wird (Zeilen 16–25)

Altersvorsorgeverträge, für die kein zusätzlicher Sonderausgabenabzug geltend gemacht wird

Steuerpflichtige Person / Ehemann / Person A

16 Für nachfolgende Altersvorsorgeverträge möchte ich keinen zusätzlichen Sonderausgabenabzug geltend machen. 200 1 = Ja

1. Vertrag

17 Anbieternummer — Zertifizierungsnummer 0 0

18 Vertragsnummer

2. Vertrag

19 Anbieternummer — Zertifizierungsnummer 0 0

20 Vertragsnummer

Ehefrau / Person B

21 Für nachfolgende Altersvorsorgeverträge möchte ich keinen zusätzlichen Sonderausgabenabzug geltend machen. 400 1 = Ja

1. Vertrag

22 Anbieternummer — Zertifizierungsnummer 0 0

23 Vertragsnummer

2. Vertrag

24 Anbieternummer — Zertifizierungsnummer 0 0

25 Vertragsnummer

229 Die **Zeilen 16–25** sind ab dem VZ 2019 neu aufgenommen worden. Mit der Abgabe der Anlage AV wird grds. für alle vom Anbieter übermittelten Altersvorsorgebeiträge ein zusätzlicher Sonderausgabenabzug geltend gemacht. Auf Grund des Wegfalls der Einwilligung kann auf dieser Ebene nicht mehr entschieden werden, welche Beiträge an die Finverw. elektronisch übermittelt werden sollen und damit steuerlich gefördert werden. Diese Neuregelung ist insbesondere zu beachten, wenn mehrere Verträge abgeschlossen worden sind.

1) BFH v. 5.7.2018, X B 24/18, BFH/NV 2018, 1148.
2) BFH v. 21.7.2009, X R 33/07, BStBl II 2009, 995.

Haben Sie sich entschieden, für bestimmte Altersvorsorgeverträge keinen zusätzlichen Sonderausgabenabzug geltend zu machen, ist das über eine Erklärung in den Zeilen 16 und/oder 21 anzugeben. Zusätzlich sind die entsprechenden Angaben zu den einzelnen Verträgen (Anbieter-, Zertifizierungs- und Vertragsnummer) in den Zeilen 17–20 (stpfl. Person/Ehemann/Person A) erforderlich. Für die Ehefrau/Person B sind Eintragungen in den Zeilen 22–25 notwendig. Die Angaben können den vorliegenden Bescheinigungen des Anbieters entnommen werden.

Nach § 10 Abs. 4 AltvDV[1)] besteht für die zulageberechtigte Person die Möglichkeit, bereits gegenüber dem Anbieter zu erklären, dass eine steuerliche Berücksichtigung (nach § 10a EStG i.R.d. ESt-Erklärung) der entrichteten Altersvorsorgebeiträge für den jeweiligen Vertrag nicht beabsichtigt ist. Wurde diese Erklärung gegenüber dem Anbieter abgegeben, sind die Zeilen 16–25 nicht auszufüllen.

5. Widerruf des Verzichts auf den zusätzlichen Sonderausgabenabzug (Zeilen 26–31)

Widerruf des Verzichts auf den zusätzlichen Sonderausgabenabzug

Steuerpflichtige Person / Ehemann / Person A

26 Ich habe bisher gegenüber dem Anbieter meines Altersvorsorgungsvertrages auf den zusätzlichen Sonderausgabenabzug verzichtet. Hiermit widerrufe ich den gegenüber meinem Anbieter erklärten Verzicht auf den zusätzlichen Sonderausgabenabzug für den nachfolgenden Vertrag. 204 1 = Ja

Vertrag

27 Anbieternummer | Zertifizierungsnummer 0 0

28 Vertragsnummer

Ehefrau / Person B

29 Ich habe bisher gegenüber dem Anbieter meines Altersvorsorgungsvertrages auf den zusätzlichen Sonderausgabenabzug verzichtet. Hiermit widerrufe ich den gegenüber meinem Anbieter erklärten Verzicht auf den zusätzlichen Sonderausgabenabzug für den nachfolgenden Vertrag. 404 1 = Ja

Vertrag

30 Anbieternummer | Zertifizierungsnummer 0 0

31 Vertragsnummer

2025AnlAV042 2025AnlAV042

Hat der Stpfl. nach § 10 Abs. 4 AltvDV[2)] gegenüber dem Anbieter erklärt, dass eine steuerliche Berücksichtigung 230
(nach § 10a EStG im Rahmen der ESt-Erklärung) der entrichteten Altersvorsorgebeiträge für den jeweiligen Vertrag nicht beabsichtigt ist, entfaltet diese Erklärung keine Bindungswirkung.

Der Zulageberechtigte hat weiterhin die Möglichkeit, sich erst i.R.d. Veranlagungsverfahrens gegen die Förderung eines Vertrags zu entscheiden. Möchte der Zulageberechtigte also trotz anderslautender Erklärung gegenüber seinem Anbieter eine steuerliche Verwertung der übermittelten Daten und damit eine Berücksichtigung der Altersvorsorgebeiträge bei der Ermittlung der abziehbaren Sonderausgaben nach § 10a EStG erreichen, so kann er seinen Widerruf zum Verzicht auf den zusätzlichen Sonderausgabenabzug in der Anlage AV beantragen.

Haben Sie sich entschieden, für bestimmte Altersvorsorgeverträge auf den Widerruf gegenüber dem Anbieter zu verzichten, ist das über eine Erklärung in den Zeilen 26 und/oder 29 anzugeben. Zusätzlich sind die entsprechenden Angaben zu den einzelnen Verträgen (Anbieter-, Zertifizierungs- und Vertragsnummer) in den Zeilen 27–28 (stpfl. Person/Ehemann/Person A) erforderlich. Für die Ehefrau/Person B sind Eintragungen in den Zeilen 30–31 notwendig. Die Angaben können den vorliegenden Bescheinigungen des Anbieters entnommen werden.

Praxishinweis:
Wollen Sie den Widerruf des Verzichts auf den Sonderausgabenabzug für mehrere Verträge beantragen, ist dies über ergänzende Angaben in der Steuererklärung (Zeile 37 des Hauptvordrucks ESt 1 A) vorzunehmen.

---

1) Eingefügt durch die Fünfte Verordnung zur Änderung steuerlicher Verordnungen v. 25.6.2020, BGBl. I 2020, 1495.
2) Eingefügt durch die Fünfte Verordnung zur Änderung steuerlicher Verordnungen v. 25.6.2020, BGBl. I 2020, 1495; BMF v. 5.10.2023, IV C 3 – S 2015/22/10001 :001, BStBl I 2023, 1726, Rz. 94.

V. Anlage Energetische Maßnahmen

1. Vorbemerkung (Zeilen 1–3)

Anleitung vorhanden

2025

Anlage Energetische Maßnahmen

Diese Anlage ist bei Zusammenveranlagung von Ehegatten / Lebenspartnern gemeinsam auszufüllen

1 Name

2 Vorname

3 **Steuernummer** lfd. Nr. der Anlage

Aufwendungen für energetische Maßnahmen bei zu eigenen Wohnzwecken genutzten Gebäuden

231 **Beratungshinweis:**

Die Steuerermäßigung für energetische Maßnahmen bei zu eigenen Wohnzwecken genutzten Gebäuden kann nur in Anspruch genommen werden, wenn durch eine nach amtlichem Muster erstellte Bescheinigung des ausführenden Fachunternehmens nachgewiesen wird, dass die Voraussetzungen des § 35c Abs. 1 Satz 1 bis 3 EStG sowie die Anforderungen nach der ESanMV erfüllt sind (§ 35c Abs. 1 Satz 7 EStG).[1)]

Die Anlage Energetische Maßnahmen wird seit dem VZ 2020 aufgelegt. Die Steuerermäßigung für energetische Maßnahmen bei zu eigenen Wohnzwecken genutzten Gebäuden (§ 35c EStG) kann auf dem Papiervordruck für ein Objekt beantragt werden. Sollte die Steuerermäßigung für mehr als ein Objekt beantragt werden, sind Eintragungen auf weiteren Anlage Energetische Maßnahmen (Papiervordruck) vorzunehmen. Bei einer Zusammenveranlagung von Ehegatten/Lebenspartnern ist die Anlage gemeinsam auszufüllen.

Mit der Anlage Energetische Maßnahmen können Aufwendungen für energetische Maßnahmen bei zu eigenen Wohnzwecken genutzten Gebäude (§ 35c EStG) beantragt werden. Die Steuerermäßigung wurde i.R.d. Gesetzes zur Umsetzung des Klimaschutzprogramms 2030 im Steuerrecht[2)] neu eingeführt. Mit der Neuregelung des § 35c EStG werden energetische Sanierungsmaßnahmen an selbstgenutzten Wohngebäuden mittels eines progressionsunabhängigen Steuerabzugs steuerlich gefördert. Damit soll das Ziel der Bundesregierung, die Treibhausgase bis 2030 um mindestens 40 % ggü. 1990 zu verringern, unterstützt werden. Durch einen Abzug von der Steuerschuld können möglichst viele Wohngebäudeeigentümer von der Maßnahme profitieren.

Die Minderung erfolgt insoweit, als im Jahr des Abschlusses der Maßnahme und im folgenden Kalenderjahr die stpfl. Person einen Betrag von höchstens 7 % der Aufwendungen – höchstens jeweils 14 000 € – und im zweiten folgenden Kj. um 6 % der Aufwendungen – höchstens 12 000 € – für das Objekt steuerlich geltend machen kann. Insgesamt besteht **je Objekt** ein Förderbetrag i.H.v. 20 % der Aufwendungen – höchstens jedoch 40 000 € – für diese begünstigten Einzelmaßnahmen. Damit können Aufwendungen bis 200 000 € berücksichtigt werden.

Für Energieberater (→ Rz. 249) ist eine zusätzliche Förderung von 50 % der Aufwendungen vorgesehen (§ 35c Abs. 1 Satz 4 EStG), die nicht auf drei Jahre zu verteilen sind.

Mit dem GEG wurden das bisherige Energieeinsparungsgesetz, die Energieeinsparverordnung und das Erneuerbare-Energien-Wärmegesetz zum neuen Gebäudeenergiegesetz (GEG) zusammengeführt.[3)]

Beratungshinweis:

Die energetischen Maßnahmen betreffen größere und umfassende Maßnahmen an einem Gebäude (z.B. Wärmedämmung, Erneuerung der Fenster, Außentüren oder der Heizungs-/Lüftungsanlage) und stehen dabei u.a. in unmittelbarer Konkurrenz zu der Steuerermäßigung nach § 35a EStG. Die Steuerermäßigung nach § 35c EStG wird bei größeren energetischen Sanierungsmaßnahmen grds. vorteilhafter sein als eine Berücksichtigung nach § 35a EStG. Der Ermäßigungshöchstbetrag i.H.v. 40 000 € (20 % der Aufwendungen) über einen Zeitraum von drei Jahren berücksichtigt höhere Aufwendungen steuermindernd, als das bei § 35a Abs. 3 EStG (Ermäßigungshöchstbetrag: 1 200 €/Jahr) möglich ist. Zu beachten ist weitergehend, dass die Steuerermäßigung nach § 35c EStG die in Rechnung gestellten Arbeits- und Materialkosten berücksichtigt, während i.R.d. § 35a EStG lediglich der entsprechende Anteil der Arbeitskosten (Lohnanteile, Maschinen- und Fahrtkosten inkl. Umsatzsteuer) Berücksichtigung findet.

Neben dem Antrag auf Steuerermäßigung (§ 35a EStG) kann auch ein Antrag auf Steuerermäßigung nach § 35c EStG gestellt werden. Dabei sollte die steuerliche Auswirkung der Einzelvorschriften beachtet werden.

Das bestehende **Wahlrecht** ist damit insb. von Bedeutung, wenn Höchstbeträge optimal ausgeschöpft werden sollen.[4)]

Vor- oder Rücktragsmöglichkeiten in andere VZ sind nicht vorgesehen, sodass ein nicht verbrauchter Steuerermäßigungsbetrag steuerlich verloren geht.[5)]

---

1) BMF v. 23.12.2024, IV C 1 – S 2296-c/20/10003 :008, BStBl I 2025, 39.
2) Gesetz zur Umsetzung des Klimaschutzprogramms 2030 im Steuerrecht v. 21.12.2019, BGBl. I 2019, 2886 = BStBl I 2020, 138.
3) Gesetz zur Einsparung von Energie und zur Nutzung erneuerbarer Energien zur Wärme- und Kälteerzeugung in Gebäuden (Gebäudeenergiegesetz – GEG) v. 8.8.2020, BGBl. I 2020, 1728.
4) Vgl. auch Seifert, Steuerermäßigung für energetische Maßnahmen bei zu eigenen Wohnzwecken genutzten Gebäuden, Stbg 2020, 103.
5) FG Hamburg v. 6.8.2024, 1 K 73/24.

Anspruchsberechtigt ist grds. der bürgerlich-rechtliche Eigentümer. Übt eine andere Person als der bürgerlich-rechtliche Eigentümer die tatsächliche Herrschaft über das begünstigte Objekt dergestalt aus, dass sie den bürgerlich-rechtlichen Eigentümer für die gewöhnliche Nutzungsdauer von der Einwirkung auf das begünstigte Objekt ausschließen kann (wirtschaftlicher Eigentümer, § 39 Abs. 2 Nr. 1 Satz 1 AO), so ist diese die anspruchsberechtigte Person. Anspruchsberechtigt ist auch, wer durch Übergang von Nutzen und Lasten wirtschaftlicher Eigentümer eines neu erworbenen begünstigten Objekts ist und lediglich mangels Grundbucheintragung noch nicht als bürgerlich-rechtlicher Eigentümer des begünstigten Objekts gilt (§ 873 i.V.m. § 925 BGB).[1]

Nehmen stpfl. Personen bereits die steuerliche Förderung für Modernisierungsaufwendungen in Sanierungsgebieten oder für Baudenkmale (§ 10f EStG) oder die Steuerermäßigung für Handwerkerleistungen oder haushaltsnahe Dienstleistungen (§ 35a EStG) in Anspruch, kann die Steuerermäßigung für diese Aufwendungen nach § 35c EStG ebenfalls nicht geltend gemacht werden. Entsprechendes gilt, wenn stpfl. Personen zinsverbilligte Darlehen oder steuerfreie Zuschüsse nach anderen Förderprogrammen (z.B. KfW-Förderung) für die Einzelmaßnahmen am Wohngebäude erhalten.

2. Begünstigtes Objekt (Zeilen 4–8)

Begünstigtes Objekt 18

Standort des Wohngebäudes / der Eigentumswohnung

4 Straße, Hausnummer — Herstellungsbeginn des Gebäudes 301 T T M M J J J J

5 Postleitzahl, Ort (ggf. ausländischer Staat)

6 300 Aktenzeichen laut Grundsteuermessbescheid (ohne Sonderzeichen) – bisher Einheitswert-Aktenzeichen –

7 Gesamtfläche in m² 303 — davon ausschließliche Nutzung zu eigenen Wohnzwecken oder in Teilen unentgeltliche Überlassung zu Wohnzwecken an andere Personen in m² 304

8 Für das begünstigte Objekt wurde in der Vergangenheit bereits eine Steuerermäßigung für energetische Maßnahmen in Anspruch genommen. 308 1 = Ja 2 = Nein

a) Grundangaben (Zeilen 4–8)

In den Zeilen 4–8 sind Grundangaben zum begünstigten Objekt erforderlich. Aufwendungen können im Zusammenhang mit einem in der EU/EWR belegenen, ausschließlich zu eigenen Wohnzwecken genutzten eigenen Gebäude berücksichtigt werden, wenn dieses bei Durchführung der Baumaßnahmen älter als zehn Jahre ist (§ 35c Abs. 1 Satz 2 EStG). Maßgebend für die Bestimmung des Zehnjahreszeitraums sind der Beginn der Herstellung des Gebäudes und der Beginn der energetischen Maßnahme.[2] **232**

b) Standort des Wohngebäudes/der Eigentumswohnung (Zeilen 4–6)

Begünstigtes Objekt ist das selbstgenutzte Wohngebäude, sofern es im Raum der EU/des EWR belegen und im Zeitpunkt der Durchführung der förderfähigen Maßnahme älter als zehn Jahre ist.[3] Maßgebend für die Altersbestimmung des Gebäudes ist, wann mit der Herstellung des Gebäudes begonnen wurde (§ 35c Abs. 1 EStG). Es sind nur Aufwendungen an einem ausschließlich zu eigenen Wohnzwecken (inkl. unentgeltliche Überlassung zu Wohnzwecken) dienenden Gebäude begünstigt (§ 35c Abs. 2 EStG). Unschädlich ist, wenn Teile dieser Wohnung als häusliches Arbeitszimmer genutzt werden.[4] Eine steuerliche Förderung scheidet damit aus, wenn aus der Wohnung ganz oder teilweise steuerpflichtige Einkünfte erzielt werden. **233**

In den **Zeilen 4 und 5** ist der Standort des Wohngebäudes/der Eigentumswohnung (ggf. auch der ausl. Staat), ebenso wie das Datum des Herstellungsbeginns des Gebäudes anzugeben.

Zusätzlich ist das Az. des Grundsteuermessbescheids (ohne Sonderzeichen, bis zum VZ 2023: Einheitswert-Aktenzeichen) anzugeben (**Zeile 6**), das z.B. auf dem Einheitswert-Bescheid oder dem Grundsteuer-Bescheid vermerkt sein kann. Für im Ausland belegende Objekte existiert kein Az.

c) Gesamtfläche/davon ausschließliche Nutzung zu eigenen Wohnzwecken oder in Teilen unentgeltliche Überlassung (Zeile 7)

Es sind nur Aufwendungen an einem ausschließlich zu eigenen Wohnzwecken dienenden Gebäude begünstigt (§ 35c Abs. 2 EStG). Eine Wohnung wird zu eigenen Wohnzwecken genutzt, wenn sie zumindest zeitweise vom Eigentümer tatsächlich genutzt wird. Ausreichend ist, wenn die Wohnung im Zusammenhang mit der energetischen Maßnahme nutzbar gemacht wird. Im Bereithalten einer tatsächlich leerstehenden Wohnung liegt grundsätzlich keine Nutzung zu eigenen Wohnzwecken. Ein Leerstand vor Beginn der Nutzung zu eigenen Wohnzwecken ist jedoch unschädlich, wenn er mit der beabsichtigten Nutzung des begünstigten Objekts zu eigenen **234**

1) BMF v. 21.8.2025, IV C 1 – S 2296-c/00004/018/050, BStBl I 2025, 1609, Rz. 5.
2) Vgl. auch Steck, Steuerermäßigung für energetische Maßnahmen bei zu eigenen Wohnzwecken genutzten Gebäuden, DStZ 2020, 234.
3) BMF v. 21.8.2025, IV C 1 – S 2296-c/00004/018/050, BStBl I 2025, 1609, Rz. 22.
4) So bereits Gesetzentwurf der Bundesregierung v. 17.10.2019, BR-Drucks. 514/19.

Wohnzwecken zusammenhängt.[1] Unschädlich ist, wenn Teile dieser Wohnung als häusliches Arbeitszimmer genutzt werden.[2] Eine Förderung scheidet aus, wenn aus der Wohnung ganz oder teilweise steuerpflichtige Einkünfte erzielt werden. Die anzugebene Wohnfläche dient der Berechnung des ggf. anteiligen förderfähigen Höchstbetrags. Wird ein Gebäude vom Eigentümer unterschiedlich genutzt z.B. zu eigenen und zu fremden Wohnzwecken, sind nur die Aufwendungen berücksichtigungsfähig, die entweder anteilig oder direkt der zu eigenen Wohnzwecken dienenden Wohnung zugeordnet werden können.

d) Begünstigtes Objekt mit Steuerermäßigung für energetische Maßnahmen in Vergangenheit (Zeile 8)

235 Es ist zu erklären, ob („ja" oder „nein") für das grds. begünstigte Objekt in der Vergangenheit (ab dem VZ 2020) eine Steuerermäßigung für energetische Maßnahmen in Anspruch genommen wurde (objektbezogene Maßnahmen, → Rz. 231).

Der Erklärungstatbestand wurde ab dem VZ 2021 als Aufgriffs- und Kontrollmöglichkeit für das FA neu aufgenommen. Der Höchstbetrag der Steuerermäßigung beträgt, unabhängig von der Anzahl der begünstigten energetischen Maßnahmen, objektbezogen 40 000 €. Unter bestimmten Fallkonstellationen (Fälle mit Steuernummernwechsel, Fälle der mehrfachen Geltendmachung der Steuerermäßigung mit einem großen zeitlichen Abstand oder das Fehlen von Vorjahreswerten mangels Durchführung einer Antragsveranlagung) besteht aus Sicht des FA die Gefahr einer unzutreffenden Berücksichtigung des Höchstbetrags.

3. Energetische Maßnahmen 2025 (Zeilen 9–26)

a) Eigene Aufwendungen für energetische Maßnahmen (Zeilen 9–22)

Energetische Maßnahmen 2025

Ich habe / Wir haben für die energetischen Maßnahmen beantragt / in Anspruch genommen:
- öffentliche Förderung durch zinsverbilligte Darlehen (z. B. KfW-Bank, landeseigene Förderbank) oder
- steuerfreie Zuschüsse (z. B. KfW-Bank, BAFA, Gemeinde) oder
- Steuerbegünstigung für Gebäude in Sanierungsgebieten und städtebaulichen Entwicklungsbereichen oder

9 – Steuerermäßigung für Handwerkerleistungen nach § 35a EStG — 309 ☐ 1 = Ja 2 = Nein

Für die nachstehend geltend gemachten energetischen Maßnahmen wurden die in Zeile 9 genannten Förderungsmöglichkeiten **nicht** beantragt oder in Anspruch genommen.

– Bitte die Bescheinigung(en) des ausführenden Fachunternehmens / der Person mit Ausstellungsberechtigung nach § 88 Gebäudeenergiegesetz (GEG) in Kopie einreichen –

Eigene Aufwendungen für energetische Maßnahmen
(ohne Aufwendungen, die als Betriebsausgaben, Werbungskosten [z. B. Aufwendungen für ein häusliches Arbeitszimmer] oder Sonderausgaben berücksichtigt werden)

Zeile		Kz.	EUR
10	Baubeginn der energetischen Maßnahme	305	T T M M J J J J
11	Aufwendungen für die Wärmedämmung von Wänden		,—
12	Aufwendungen für die Wärmedämmung von Dachflächen	+	,—
13	Aufwendungen für die Wärmedämmung von Geschossdecken	+	,—
14	Aufwendungen für die Erneuerung der Fenster und / oder Außentür(en)	+	,—
15	Aufwendungen für den Ersatz und / oder den erstmaligen Einbau von sommerlichem Wärmeschutz	+	,—
16	Aufwendungen für die Erneuerung und / oder den Einbau einer Lüftungsanlage	+	,—
17	Aufwendungen für die Erneuerung der Heizungsanlage (bitte Zeile 23 und 24 beachten)	+	,—
18	Aufwendungen für den Einbau von digitalen Systemen zur energetischen Betriebs- und Verbrauchsoptimierung	+	,—
19	Aufwendungen für die Optimierung bestehender Heizungsanlagen (älter als 2 Jahre)	+	,—
20	Aufwendungen für die Erteilung der Bescheinigung(en)	+	,—
21	Summe der Aufwendungen für energetische Maßnahmen	310 =	,—
22	Aufwendungen für die planerische Begleitung oder Beaufsichtigung durch den Energieberater	311	,—

…

2025Anl35c431 - September 2025 - 2025Anl35c431

1) BMF v. 21.8.2025, IV C 1 – S 2296-c/00004/018/050, BStBl I 2025, 1609, Rz. 11.
2) BMF v. 21.8.2025, IV C 1 – S 2296-c/00004/018/050, BStBl I 2025, 1609, Rz. 14.

aa) Weitere Förderungsmöglichkeiten außerhalb von energetischen Maßnahmen (Zeile 9)

Der Erklärungstatbestand wurde ab dem VZ 2021 neu aufgenommen. Der bis dahin als Vortext abgedruckte Hinweis, ob es sich bei den Maßnahmen um öffentlich geförderte Maßnahmen handelt, für die zinsverbilligte Darlehen oder steuerfreie Zuschüsse in Anspruch genommen wurden, die zum Ausschluss einer Förderung führen, ist ab dem VZ 2021 als eigener Erklärungstatbestand (Zeile 9) formuliert. Des Weiteren ist der Hinweis enthalten, dass für die nachstehend geltend gemachten Aufwendungen nicht bereits Fördermaßnahmen lt. Zeile 9 beantragt oder in Anspruch genommen worden sind. **236**

Berücksichtigung finden die eigenen Aufwendungen der stpfl. Person, ohne Betriebsausgaben/Werbungskosten (z.B. Aufwendungen für ein häusliches Arbeitszimmer) oder Sonderausgaben, sowie ohne öffentlich geförderte Maßnahmen, für die zinsverbilligte Darlehen oder steuerfreie Zuschüsse in Anspruch genommen werden (z.B. KfW-Bank, BAFA, landeseigener Förderbanken oder Gemeinden; unter den Ausschluss fallen auch die Tatbestände der §§ 10f, 35a EStG [vgl. Zeile 9]). Förderfähig sind die Aufwendungen, die der stpfl. Person unmittelbar durch die fachgerechte Durchführung der energetischen Maßnahme entstehen. Darunter fallen Aufwendungen für das Material sowie für den fachgerechten Einbau/die fachgerechte Installation, die Inbetriebnahme von Anlagen und die fachgerechte Verarbeitung durch das jeweilige Fachunternehmen einschließlich notwendiger **Umfeldmaßnahmen**[1] sowie die Kosten für die Beratungs-, Planungs- und Baubegleitungsleistungen durch den Energieberater. Berücksichtigt werden die Aufwendungen einschließlich USt.[2]

Praxishinweis:

Die Bescheinigung des ausführenden Fachunternehmens/der Person mit **Ausstellungsberechtigung für Energieausweise nach § 88 GEG** ist der Steuererklärung beizufügen.[3] Fachunternehmen (§ 35c Abs. 1 Satz 6 EStG) ist jedes Unternehmen, das in den nachfolgend aufgeführten Gewerken tätig ist: Mauer- und Betonbauarbeiten, Stukkateurarbeiten, Maler- und Lackierungsarbeiten, Zimmer-, Tischler- und Schreinerarbeiten, Wärme-, Kälte- und Schallisolierungsarbeiten, Steinmetz- und Steinbildhauarbeiten, Brunnenbauarbeiten, Dachdeckerarbeiten, Sanitär- und Klempnerarbeiten, Glasarbeiten, Heizungsbau und -installation, Kälteanlagenbau, Elektrotechnik und -installation, Metallbau, Ofen- und Luftheizungsbau, Rolladen- und Sonnenschutztechnik, Schornsteinfegerarbeiten, Fliesen-, Platten- und Mosaiklegearbeiten, Betonstein- und Terrazzoherstellung (§ 1 Abs. 1 ESanMV).

Bescheinigungsberechtigt[4] sind auch:

- Energieberater, die vom BAFA als fachlich qualifiziert zum Förderprogramm „Energieberatung für Wohngebäude" zugelassen sind,
- Energieeffizienz-Experten, die in der Energieeffizienz-Experten-Liste für Förderprogramme des Bundes (www.energie-effizienz-experten.de) gelistet sind und
- alle weiteren Personen mit Ausstellungsberechtigung nach § 88 GEG (z.B. auf Grund eines in § 88 GEG genannten berufsqualifizierenden Hochschulabschlusses i.V.m. einer Schulung im Bereich des energiesparenden Bauens).

Bei der ausgeführten energetischen Maßnahme muss es sich zudem um eine Maßnahme handeln, die dem Gewerk des Fachunternehmens zugehörig ist.

Die Voraussetzungen erfüllen zudem Personen mit Ausstellungsberechtigung für Energieausweise (§ 88 GEG), sofern die energetische Maßnahme durch ein Unternehmen ausgeführt wird, das in einem der in § 1 Abs. 1 Satz 1 ESanMV aufgeführten Gewerke tätig ist, die Maßnahme dem Gewerk dieses Unternehmens zugehörig ist und die Person mit Ausstellungsberechtigung für Energieausweise durch das Unternehmen/der stpfl. Person mit der planerischen Begleitung oder Beaufsichtigung der energetischen Maßnahme betraut worden ist (§ 1 Abs. 2 ESanMV).

Ist **Vertragspartner ein Baumarkt oder Generalunternehmer**, der seinerseits ein Fachunternehmen mit der Ausführung der energetischen Maßnahme beauftragt, so umfassen die Aufwendungen auch die Aufschläge des Baumarkts/Generalunternehmers, die der Durchführung der energetischen Maßnahme dienen. Die Bescheinigung ist durch das – von dem Baumarkt oder dem Generalvertreter beauftragte – Fachunternehmen zu erstellen.[5]

Steuerlich gefördert werden (§ 35c Abs. 1 EStG) alternativ zur Inanspruchnahme sonstiger Förderprogramme bestimmte – abschließend aufgezählte – Einzelmaßnahmen, die auch von den bestehenden Programmen der Gebäudeförderung (und zukünftig durch die Bundesförderung für effiziente Gebäude [BEG]) als förderwürdig eingestuft sind. Zur Berücksichtigung von Aufwendungen für eine **Photovoltaikanlage** vgl. Nacke.[6]

Die Steuerermäßigung kann nicht in Anspruch genommen werden, soweit die Aufwendungen als Betriebsausgaben, Werbungskosten, Sonderausgaben oder außergewöhnliche Belastungen berücksichtigt worden sind. Darüber hinaus ist eine Steuerermäßigung ebenfalls ausgeschlossen, wenn für die Aufwendungen Steuerbegünstigungen nach § 10f EStG oder die Steuerermäßigungen nach § 35a EStG in Anspruch genommen wird oder wenn die energetischen Maßnahmen öffentlich gefördert werden, d.h., dass für die Maßnahme zinsverbilligte Darlehen oder steuerfreie Zuschüsse in Anspruch genommen worden sind, z.B. KfW-Bank, BAFA, landeseigene Förderbanken oder Gemeinden (§ 35c Abs. 3 EStG).

Die bestehenden Programme der Gebäudeförderung sind spiegelbildlich in § 35c Abs. 3 EStG enthalten, wobei die einzelnen Maßnahmen gleichzeitig oder zeitlich hintereinander durchgeführt werden können. Steuerlich gefördert werden sowohl Einzelmaßnahmen als auch die Möglichkeit einer – ggf. schrittweisen, durch mehrere Einzelmaßnahmen verwirklichten – umfassenden Sanierung z.B. auf der Grundlage eines Sanierungsfahrplans (Gesamtsanierung). Die jeweilige Einzelmaßnahme muss von einem Fachunternehmen ausgeführt werden (§ 35c Abs. 1

1) BMF v. 23.12.2024, IV C 1 – S 2296-c/20/10003 :008, BStBl I 2025, 39, Rz. 17.
2) BMF v. 21.8.2025, IV C 1 – S 2296-c/00004/018/050, BStBl I 2025, 1609, Rn. 44.
3) BMF v. 23.12.2024, IV C 1 – S 2296-c/20/10003 :008, BStBl I 2025, 39, Anlage 1.
4) BMF v. 23.12.2024, IV C 1 – S 2296-c/20/10003 :008, BStBl I 2025, 39, Rz. 6.
5) BMF v. 23.12.2024, IV C 1 – S 2296-c/20/10003 :008, BStBl I 2025, 39, Rz. 24.
6) Nacke, NWB 17/2023, 1232.

Satz 6 EStG) und die Anforderungen aus der Rechtsverordnung müssen erfüllt sein (§ 35c Abs. 1 Satz 7 EStG). Im GEG ist bestimmt, welche energieeinsparende Wirkung die konkrete Maßnahme erfüllen muss, um in den Genuss der steuerlichen Wirkung zu gelangen. Ziel der gesonderten Rechtsverordnung ist es, dass die steuerlichen Anforderungen der noch zu konzipierenden Bundesförderung für effiziente Gebäude (BEG) entsprechen. Die Durchführung durch ein Fachunternehmen gewährleistet, dass die Sanierungsmaßnahmen auch tatsächlich zu einer Energieeinsparung führen. Dies dürfte bei Eigenleistungen regelmäßig nicht gewährleistet sein.[1]

Praxishinweis:

Voraussetzung für die Inanspruchnahme der Steuerermäßigung für energetische Maßnahmen ist, dass die stpfl. Person für die Aufwendungen eine **Rechnung** erhalten hat, die die förderungsfähigen energetischen Maßnahmen, die Arbeitsleistung des **Fachunternehmens** und die Adresse des begünstigten Objekts ausweisen, und die in deutscher Sprache ausgefertigt und die (vollständige) Zahlung auf das Konto des Erbringers der Leistung erfolgt ist (§ 35c Abs. 4 EStG). Der Abschluss einer energetischen Maßnahme liegt erst bei **vollständiger Bezahlung** des Leistungserbringers vor, so dass Teil- und Abschlagszahlungen nicht für die Gewährung der Steuerermäßigung ausreicht.[2]

Diese Regelung dient der Bekämpfung der Schwarzarbeit und fördert legale Beschäftigungen im Baugewerbe.

Die Steuerermäßigung für energetische Maßnahmen bei zu eigenen Wohnzwecken genutzten Gebäuden kann nur in Anspruch genommen werden, wenn durch eine nach amtlichem Muster erstellte **Bescheinigung des ausführenden Fachunternehmens** nachgewiesen wird, dass die Voraussetzungen des § 35c Abs. 1 Sätze 1 bis 3 EStG sowie die Anforderungen nach ESanMV erfüllt sind (§ 35c Abs. 1 Satz 7 EStG).[3] Wird eine Bescheinigung berichtigt, ergänzt oder zurückgefordert, z.B. weil die Mindestanforderungen an die energetischen Maßnahmen nicht eingehalten oder weil zu hohe Aufwendungen ausgewiesen worden sind, hat die stpfl. Person dies dem zuständigen Finanzamt umgehend mitzuteilen.[4]

Praxishinweis:

Die Maßnahmen sind in der Verordnung zur Bestimmung von Mindestanforderungen für energetische Maßnahmen bei zu eigenen Wohnzwecken genutzten Gebäuden nach § 35c EStG – Energetische Sanierungsmaßnahmen-Verordnung (ESanMV) beschrieben.[5]

bb) Baubeginn der energetischen Maßnahme (Zeile 10)

237 Als Beginn gilt bei energetischen Maßnahmen, für die eine Baugenehmigung erforderlich ist, der Zeitpunkt, in dem der Bauantrag gestellt wird. Bei nicht genehmigungsbedürftigen Vorhaben für solche Vorhaben, die nach Maßgabe des Bauordnungsrechts der zuständigen Behörde zur Kenntnis zu geben sind, gilt als Beginn der Zeitpunkt des Eingangs der Kenntnisgabe bei der zuständigen Behörde und für sonstige nicht genehmigungsbedürftige, insbesondere genehmigungs-, anzeige- und verfahrensfreie Vorhaben, der Zeitpunkt des Beginns der Bauausführung (§ 52 Abs. 35a Satz 2 und 3 EStG).

Sofern mehrere energetische Maßnahmen in einem Jahr begonnen wurden, soll der Baubeginn der ersten Maßnahme eingetragen werden.

cc) Aufwendungen für die Wärmedämmung von Wänden (Zeile 11)

238 Die grds. Fördermöglichkeit ergibt sich aus § 35c Abs. 1 Satz 3 Nr. 1 EStG. Die entsprechenden Mindestanforderungen sind in der Anlage 1 zur ESanMV enthalten. Bei den Maßnahmen sind die Anforderungen der Energieeinsparverordnung zur Begrenzung des Wärmedurchgangs bei erstmaligem Einbau, Ersatz oder Erneuerung von Außenbauteilen bestehender Gebäude zu beachten.

dd) Aufwendungen für die Wärmedämmung von Dachflächen (Zeile 12)

239 Die grds. Fördermöglichkeit ergibt sich aus § 35c Abs. 1 Satz 3 Nr. 2 EStG. Die entsprechenden Mindestanforderungen sind in der Anlage 2 zur ESanMV enthalten. Bei den durchgeführten Maßnahmen sind die Anforderungen des GEG zur Begrenzung des Wärmedurchgangs bei erstmaligem Einbau, Ersatz oder Erneuerung von Außenbauteilen bestehender Gebäude zu beachten.

ee) Aufwendungen für die Wärmedämmung von Geschossdecken (Zeile 13)

240 Die grds. Fördermöglichkeit ergibt sich aus § 35c Abs. 1 Satz 3 Nr. 3 EStG. Die entsprechenden Mindestanforderungen sind in der Anlage 3 zur ESanMV enthalten. Bei den durchgeführten Maßnahmen sind die Anforderungen der Energieeinsparverordnung zur Begrenzung des Wärmedurchgangs bei erstmaligem Einbau, Ersatz oder Erneuerung von Außenbauteilen bestehender Gebäude zu beachten.

1) Gesetzentwurf der Bundesregierung v. 17.10.2019, BR-Drucks. 514/19.
2) BFH v. 13.8.2024, IX R 31/23, BStBl 2024, 869.
3) BMF v. 23.12.2024, IV C 1 – S 2296-c/20/10003 :008, BStBl I 2025, 39.
4) BMF v. 23.12.2024, IV C 1 – S 2296-c/20/10003 :008, BStBl I 2025, 39, Rn. 11.
5) Zweite Verordnung zur Änderung der Energetische Sanierungsmaßnahmen-Verordnung v. 19.12.2022, BGBl. I 2022, 2414.

ff) Aufwendungen für die Erneuerung der Fenster und/oder der Außentür(en) (Zeile 14)

Die grds. Fördermöglichkeit ergibt sich aus § 35c Abs. 1 Satz 3 Nr. 4 EStG. Die entsprechenden Mindestanforderungen sind in der Anlage 4 zur ESanMV enthalten. Gefördert werden – unter weiteren Voraussetzungen – die Erneuerung durch Austausch oder Ertüchtigung von Fenstern, Fenstertüren und Außentüren sowie der erstmalige Einbau von Außentüren, Fenstern und Fenstertüren einschließlich außenliegender Sonnenschutzeinrichtungen nach DIN 4108-2. Dabei sind die in der Tabelle genannten Anforderungen an den Wärmedurchgangskoeffizienten (U-Werte) einzuhalten. 241

gg) Aufwendungen für den Ersatz und/oder den erstmaligen Einbau von sommerlichem Wärmeschutz (Zeile 15)

Gefördert wird der Ersatz oder erstmalige Einbau von außenliegenden Sonnenschutzeinrichtungen mit optimierter Tageslichtversorgung zum Beispiel über Lichtlenksysteme oder strahlungsabhängige Steuerung. Dabei sind die Vorgaben der DIN 4108-2:2013-02 zum sommerlichen Mindestwärmeschutz einzuhalten (Mindestanforderungen nach Anlage 4a zur ESanMV). 242

hh) Aufwendungen für die Erneuerung und/oder den Einbau einer Lüftungsanlage (Zeile 16)

Die grds. Fördermöglichkeit ergibt sich aus § 35c Abs. 1 Satz 3 Nr. 5 EStG. Die entsprechenden Mindestanforderungen sind in der Anlage 5 zur ESanMV enthalten. Die Begünstigung umfasst nur die Erneuerung oder den erstmaligen Einbau einer Anlage. Eine Lüftungsanlage muss einreguliert sein und mindestens in der Lage sein, die in DIN 1946-6 genannten planmäßigen Außenluftvolumenströme (Lüftung zum Feuchteschutz) für das Gebäude beziehungsweise für mindestens sämtliche Nutzungseinheiten sicherzustellen. 243

ii) Aufwendungen für die Erneuerung der Heizungsanlage – bitte Zeile 23 und 24 beachten (Zeile 17)

Die grds. Fördermöglichkeit ergibt sich aus § 35c Abs. 1 Satz 3 Nr. 6 EStG. Die entsprechenden Mindestanforderungen sind in der Anlage 6 zur ESanMV enthalten. Gegenstand der Förderung sind die Errichtung oder Erweiterung von Solarkollektoranlagen zur thermischen Nutzung, die mindestens einem der folgenden Zwecke dienen: Warmwasserbereitung, Raumheizung, kombinierte Warmwasserbereitung und Raumheizung. Solaranlagen mit Kollektoren ohne transparente Abdeckung auf der Frontseite sind nicht förderfähig (z.B. Schwimmbadabsorber). 244

jj) Aufwendungen für den Einbau von digitalen Systemen zur energetischen Betriebs- und Verbrauchsoptimierung (Zeile 18)

Die grds. Fördermöglichkeit ergibt sich aus § 35c Abs. 1 Satz 3 Nr. 7 EStG. Die entsprechenden Mindestanforderungen sind in der Anlage 7 zur ESanMV enthalten. Typisch förderfähige Maßnahmen sind z.B. Smart Meter, Mess-, Steuerungs- und Regeltechnik sowie notwendige Elektroarbeiten. Nicht förderfähig sind Endgeräte und Unterhaltungstechnik, wie z.B. Handy, Tablet, Computer, Fernseher, Lautsprecher. 245

kk) Aufwendungen für die Optimierung bestehender Heizungsanlagen – älter als 2 Jahre (Zeile 19)

Die grds. Fördermöglichkeit ergibt sich aus § 35c Abs. 1 Satz 3 Nr. 8 EStG. Die entsprechenden Mindestanforderungen sind in der Anlage 8 zur ESanMV enthalten. Ergänzend sind z.B. auch der Austausch vorhandener Heizkörper durch Niedertemperaturheizkörper und Heizleisten förderfähig. 246

ll) Aufwendungen für die Erteilung der Bescheinigung(en) (Zeile 20)

Die grds. Fördermöglichkeit ergibt sich aus § 35c Abs. 1 Satz 4 EStG. Zu den Aufwendungen der energetischen Maßnahmen gehören ebenfalls die Kosten für die Erteilung der Bescheinigung.[1] 247

mm) Summe der Aufwendungen für energetische Maßnahmen (Zeile 21)

Die Summe der möglichen Einzelaufwendungen für energetische Maßnahmen (Zeilen 11–20) ist einzutragen. 248

nn) Aufwendungen für die planerische Begleitung oder Beaufsichtigung durch den Energieberater (Zeile 22)

Die Beauftragung eines Energieberaters mit der planerischen Begleitung oder Beaufsichtigung der energetischen Maßnahmen ist keine zwingende Voraussetzung für die Gewährung der Steuerermäßigung nach § 35c EStG.[2] Es ist ein Ausweis der Kosten möglich, die der stpfl. Person dadurch entstanden sind, dass ein Energieberater mit der planerischen Begleitung oder Beaufsichtigung der energetischen Maßnahme beauftragt wurde (§ 35c Abs. 1 Satz 3 EStG). Berücksichtigt werden die Aufwendungen für Energieberater, die vom BAFA als fachlich qualifiziert zum Förderprogramm „Energieberatung für Wohngebäude" zugelassen sind und die Aufwendungen für die Energieeffizienz-Experten, die für das KfW-Förderprogramm „Energieeffizient Bauen und Sanieren – Wohngebäude"[3] gelistet sind (§ 35c Abs. 1 Satz 4 EStG). Die Listung ist im Internet unter www.energie-effizienz-experten.de veröffentlicht. Die tarifliche Einkommensteuer vermindert sich abweichend von § 35c Abs. 1 Satz 1 EStG um 50 % der Aufwendungen für den Energieberater (§ 35c Abs. 1 Satz 4 Halbsatz 2 EStG). Der Betrag wird daher zusätzlich zu dem max. Betrag von 40 000 € und im Jahr des Abschlusses der Maßnahme berücksichtigt. 249

1) BMF v. 23.12.2024, IV C 1 – S 2296-c/20/10003 :008, BStBl I 2025, 39, Rz. 15.
2) BMF v. 21.8.2025, IV C 1 – S 2296-c/00004/018/050, BStBl I 2025, 1609, Rz. 53.
3) KfW-Programme Nr. 151/152/153 und 430.

Praxishinweis:
Von diesen Kosten sind die Kosten für die Erteilung der Bescheinigungen nach § 2 ESanMV durch Personen mit Ausstellungsberechtigung für Energieausweise (§ 88 GEG) zu unterscheiden. Zu beachten ist, dass die stpfl. Person die Kosten für den Energieberater insgesamt nur einmal zur Förderung beantragen kann.

Die jeweiligen Aufwendungen sind der Bescheinigung zu entnehmen.

b) Hybridisierung bei Gasbrennwerttechnik (Zeilen 23–24)

- 2 -

Hybridisierung bei Gasbrennwerttechnik
Aufwendungen für den Einbau von Gasbrennwerttechnik, die auf die Einbindung erneuerbarer Energie eingerichtet ist („Renewable Ready"), können berücksichtigt werden, wenn mit dem Einbau vor dem 1.1.2023 begonnen wurde. Die Steuerermäßigung ist erstmalig in dem Kalenderjahr zu gewähren, in dem die energetische Maßnahme abgeschlossen wurde. Dies ist der Fall, wenn die Schlussrechnung des Fachunternehmens erteilt, der Rechnungsbetrag auf das Konto des Leistungserbringers eingezahlt wurde und der Nachweis der Hybridisierung vorliegt. Die Hybridisierung muss innerhalb von 2 Jahren nach der Inbetriebnahme vorgenommen werden.

			EUR	
23	In Zeile 17 enthaltene Aufwendungen für den Einbau von Gasbrennwerttechnik, die für die künftige Einbindung erneuerbarer Energien vorbereitet ist (Hybridisierung)	312	,—	
24	Der Nachweis zur Umsetzung der Hybridisierung liegt vor und wird in Kopie eingereicht:	313		1 = Ja 2 = Nein

250 **Praxishinweis:**
Zum 1.1.2023 ist die steuerliche Förderung von gasbetriebenen Wärmepumpen, Gasbrennwerttechnik und Gas-Hybridheizungen nach § 35c EStG entfallen.[1] „Renewable Ready"-Heizungsanlagen, mit deren Einbau vor dem 1.1.2023 begonnen wurde und deren Hybridisierung innerhalb von zwei Jahren ab Einbau erfolgt, sind ungeachtet des zum 1.1.2023 in Kraft tretenden Förderstopps für Gasheizungen förderfähig.[2]

Die Steuerermäßigung ist erstmalig in dem Kj. zu gewähren, in dem die **energetische Maßnahme abgeschlossen wurde** (§ 35c Abs. 1 Satz 1, § 52 Abs. 35a Satz 1 EStG). Nach der Gesetzesbegründung ist eine förderungsfähige Einzelmaßnahme zur energetischen Gebäudesanierung abgeschlossen, wenn der Leistungserbringer eine Rechnung erstellt und die stpfl. Person die Leistung unbar beglichen hat.[3] Der Begriff des „Abschlusses" ist anders als derjenige des Beginns (vgl. § 52 Abs. 35a Satz 1 bis 3 EStG) nicht im Gesetz definiert. Die Definition in der ursprünglichen Gesetzesbegründung zu § 52 Abs. 35a EStG („Die … Einzelmaßnahme ist abgeschlossen, wenn der Leistungserbringer eine Rechnung erstellt und der Steuerpflichtige die Leistung unbar beglichen hat.") wurde nicht ins Gesetz aufgenommen. Die bereits in Zeile 17 erklärten Aufwendungen für den Einbau von Gasbrennwerttechnik sind (nochmals) in **Zeile 23** einzutragen.

Die Steuerermäßigung kann erst dann berücksichtigt werden, wenn der **Nachweis zur Umsetzung** der Hybridisierung[4] bei Gas-Brennwertkesseln vorliegt und eingereicht wird (**Zeile 24**).

c) Nur ausfüllen, soweit in den Zeilen 21 und/oder 22 Aufwendungen enthalten sind, für die der Abzug als außergewöhnliche Belastungen beantragt wird (Zeilen 25–26)

Nur ausfüllen, soweit in den Zeilen 21 und / oder 22 Aufwendungen enthalten sind, für die der Abzug als außergewöhnliche Belastung beantragt wird.

			EUR
25	In Zeile 21 enthaltene Aufwendungen, für die der Abzug (soweit möglich) als außergewöhnliche Belastungen beantragt wird	314	,—
26	In Zeile 22 enthaltene Aufwendungen, für die der Abzug (soweit möglich) als außergewöhnliche Belastungen beantragt wird	315	,—

251 Die Steuerermäßigung kann nicht in Anspruch genommen werden, soweit die Aufwendungen als Betriebsausgaben, Werbungskosten, Sonderausgaben oder außergewöhnliche Belastungen berücksichtigt worden sind (§ 35c Abs. 3 Satz 1 EStG). Insoweit dürfte die tatsächliche Berücksichtigung im Steuerbescheid entscheidend sein.

Eigene Aufwendungen anlässlich von Katastrophen (z.B. durch Erdbeben, Überschwemmungen, Sturm, Hagel) sowie Aufwendungen auf Grund von Pflegekosten, die als außergewöhnliche Belastungen berücksichtigungsfähig sein können und bereits in den Zeilen 11–20 enthalten sind, sollen in den Zeilen 25 und/oder 26 eingetragen werden. Diese Beträge dürfen dann nicht zusätzlich in der Anlage Außergewöhnliche Belastung enthalten sein.

1) Zweite Verordnung zur Änderung der Energetische Sanierungsmaßnahmen-Verordnung v. 19.12.2022, BGBl. I 2022, 2414.
2) So noch BMF v. 26.1.2023, IV C 1 – S 2296-c/20/10003 :006, BStBl I 2023, 218, Rz. 6 sowie BMF v. 23.12.2024, IV C 1 – S 2296-c/20/10003 :008, BStBl I 2025, 39, Rz. 24.
3) BT-Drucks. 19/14338, 23.
4) Vgl. Anlage 6.4 der ESanMV.

4. Energetische Maßnahmen aus den Vorjahren (Zeilen 27–28)

Energetische Maßnahmen aus den Vorjahren

			EUR
27	Anerkannte Aufwendungen für energetische Maßnahmen des Jahres 2024 (diese können Sie den Erläuterungen Ihres Einkommensteuerbescheides 2024 entnehmen); bei Nutzungs- und / oder Eigentumsänderungen: entsprechend erhöhte / verminderte Aufwendungen	317	,—
28	Anerkannte Aufwendungen für energetische Maßnahmen des Jahres 2023 (diese können Sie den Erläuterungen Ihres Einkommensteuerbescheides 2023 entnehmen); bei Nutzungs- und / oder Eigentumsänderungen: entsprechend erhöhte / verminderte Aufwendungen	318	,—

Wurden für in den Jahren 2023 und 2024 durchgeführte energetische Maßnahmen Steuerermäßigungen in Anspruch genommen, ist der Betrag der anerkannten Aufwendungen zu erklären. Der entsprechende Betrag der anerkannten Aufwendungen kann dem Einkommensteuerbescheid des Jahres 2023 und/oder 2024 entnommen werden. 252

Beispiel:
Im Jahr 2023 wurde für eine 100 m² große, ausschließlich zu eigenen Wohnzwecken genutzte Wohnung die Steuerermäßigung i.H.v. 25 000 € in Anspruch genommen. Ab Juni 2024 wird ein 10 m² großer Raum als häusliches Arbeitszimmer genutzt, so dass die Aufwendungen des Jahres 2023 im Jahr 2025 nur noch i.H.v. 90 % (zu eigenen Wohnzwecken genutzter Teil) begünstigt sind. In Zeile 28 sind geminderte Aufwendungen i. H. v. 22 500 € einzutragen.

5. Angaben zu Miteigentumsanteilen (Zeilen 29–37)

Angaben zu Miteigentumsanteilen

Falls das Objekt im Eigentum **mehrerer Personen** steht und die Anteile an der Steuerermäßigung **nicht** gesondert und einheitlich festgestellt werden:

		Steuerpflichtige Person / Ehemann / Person A	Ehefrau / Person B
29	Miteigentumsanteil in % *– Bitte Anleitung beachten. –*	306	307

1. Weiterer Miteigentümer
Name, Vorname, Geburtsdatum, Adresse, Steuernummer

30

31

2. Weiterer Miteigentümer
Name, Vorname, Geburtsdatum, Adresse, Steuernummer

32

33

3. Weiterer Miteigentümer
Name, Vorname, Geburtsdatum, Adresse, Steuernummer

34

35

4. Weiterer Miteigentümer
Name, Vorname, Geburtsdatum, Adresse, Steuernummer

36

37

…

2025Anl35c432 2025Anl35c432

Steht das Eigentum am begünstigten Objekt mehreren Personen zu (Miteigentum), kann die steuerliche Förderung für das Objekt insgesamt nur einmal in Anspruch genommen werden (§ 35c Abs. 6 EStG). Die Aufwendungen sind den Miteigentümern nach dem Verhältnis ihrer Miteigentumsanteile zuzurechnen. Dies gilt unabhängig davon, welcher Miteigentümer die Kosten für die energetische(n) Maßnahme(n) getragen hat. Bei Ehegatten/Lebenspartnern, die zusammenveranlagt werden, ist eine Aufteilung der Aufwendungen nach dem Verhältnis ihrer Miteigentumsanteile nicht erforderlich.[1] Wird das begünstigte Objekt **nicht von allen Miteigentümern selbstgenutzt**, sind für die steuerliche Förderung nur die Aufwendungen zu berücksichtigen, die auf den/die selbstnutzenden Miteigentümer nach dem **Verhältnis seines/ihres Miteigentumsanteils** entfallen.[2] 253

1) BMF v. 21.8.2025, IV C 1 – S 2296-c/00004/018/050, BStBl I 2025, 1609, Rz. 33.
2) So auch Rheinland-Pfalz, LfSt 2020-09-16 S 2365 A-St 31 6, Lohnsteuer-Ermäßigungsverfahren 2021.

Werden energetische Maßnahmen an einem aus mehreren selbstgenutzten Eigentumswohnungen bestehenden Gebäude durchgeführt, ist grds. für jede einzelne Eigentumswohnung eine Bescheinigung auszustellen. Es wird dabei nicht beanstandet, dass das ausführende Fachunternehmen aus Vereinfachungsgründen eine Gesamtbescheinigung ausstellt, wenn es sich entweder um das Gesamtgebäude betreffende Sanierungsaufwendungen handelt oder die auf das Sondereigentum einzelner Wohnungen entfallenden Aufwendungen den einzelnen Wohnungen klar und eindeutig zugeordnet werden können.

Hat die Wohnungseigentümergemeinschaft zur Wahrnehmung ihrer Aufgaben und Interessen einen Verwalter bestellt, ist dieser als Auftraggeber zu adressieren. Es reicht in diesen Fällen aus, wenn der Verwalter die anteiligen auf das Miteigentum entfallenden Aufwendungen nach dem Verhältnis des Miteigentumsanteils aufteilt und dem einzelnen Wohnungseigentümer mitteilt. Dazu erstellt der Verwalter eine der Anzahl der Berechtigten entsprechende Anzahl von Abschriften der Bescheinigung des Fachunternehmens, auf welcher er die Höhe der anteilig auf den jeweiligen Berechtigten entfallenden Aufwendungen am Gesamtgebäude für den jeweiligen Berechtigten vermerkt und die auf das Sondereigentum einzelner Wohnungen entfallenden Aufwendungen den konkreten Wohnungseigentümern zuweist.

6. Anteile an der Steuerermäßigung laut gesonderter und einheitlicher Feststellung (Zeilen 38–53)

- 3 -

Anteile an der Steuerermäßigung laut gesonderter und einheitlicher Feststellung

Steuerpflichtige Person / Ehemann / Person A

38 Gemeinschaft / Gesellschaft

39 Finanzamt

40 Steuernummer | 400 Aktenzeichen laut Grundsteuermessbescheid (ohne Sonderzeichen) – bisher Einheitswert-Aktenzeichen –

41 Gesondert und einheitlich festgestellter Anteil an der Steuerermäßigung in % *– Bitte Anleitung beachten. –* 401 ,

Zeile		Kz	EUR
42	Gesondert und einheitlich festgestellte Aufwendungen für energetische Maßnahmen des Jahres 2025	402	,—
43	Gesondert und einheitlich festgestellte Aufwendungen für die planerische Begleitung oder Beaufsichtigung durch den Energieberater des Jahres 2025	403	,—
44	Gesondert und einheitlich festgestellte Aufwendungen für energetische Maßnahmen des Jahres 2024	404	,—
45	Gesondert und einheitlich festgestellte Aufwendungen für energetische Maßnahmen des Jahres 2023	405	,—

Ehefrau / Person B

46 Gemeinschaft / Gesellschaft

47 Finanzamt

48 Steuernummer | 410 Aktenzeichen laut Grundsteuermessbescheid (ohne Sonderzeichen) – bisher Einheitswert-Aktenzeichen –

49 Gesondert und einheitlich festgestellter Anteil an der Steuerermäßigung in % *– Bitte Anleitung beachten. –* 411 ,

Zeile		Kz	EUR
50	Gesondert und einheitlich festgestellte Aufwendungen für energetische Maßnahmen des Jahres 2025	412	,—
51	Gesondert und einheitlich festgestellte Aufwendungen für die planerische Begleitung oder Beaufsichtigung durch den Energieberater des Jahres 2025	413	,—
52	Gesondert und einheitlich festgestellte Aufwendungen für energetische Maßnahmen des Jahres 2024	414	,—
53	Gesondert und einheitlich festgestellte Aufwendungen für energetische Maßnahmen des Jahres 2023	415	,—

…

2025Anl35c433

2025Anl35c433

254 Der Erklärungstatbestand für die Erklärung von Anteilen an der Steuerermäßigung laut gesonderter und einheitlicher Feststellung wurde ab dem VZ 2023 neu aufgenommen. Nach § 180 Abs. 3 Satz 1 Nr. 2 Halbsatz 1 AO ist keine gesonderte Feststellung durchzuführen, wenn es sich nach den Verhältnissen im Feststellungszeitraum um einen

Fall von geringer Bedeutung handelt, insbesondere weil die Höhe des festgestellten Betrags und die Aufteilung feststehen.[1]

Die Zeilen 38–45 betreffen Fälle, in denen die Anteile an der Steuerermäßigung gesondert und einheitlich festgestellt worden sind (§ 180 Abs. 1 Nr. 2a AO i.V.m § 35c Abs. 6 Satz 3 EStG). Mit der ab dem Feststellungszeitraum 2023 neu aufgelegten Anlage FE 6 (als Teil der gesonderten und einheitlichen Feststellungserklärung) kann sie beantragt werden. Die festgestellten Besteuerungsgrundlagen sind dann nachfolgend in der Anlage Energetische Maßnahmen zu erklären. Zur klaren Bestimmung der Gemeinschaft/Gesellschaft sind das zuständige Feststellungs-FA, die Steuernummer, das Az. lt. Grundsteuermessbescheid (ohne Sonderzeichen; bis VZ 2023: Einheitswertaktenzeichen) sowie die festgestellten Aufwendungen zu erklären. Die Angaben sind gesondert für die stpfl. Person/Ehemann/Person A (Zeilen 38–45) und der Ehefrau/Person B (Zeilen 46–53) zu erklären.

Der Höchstbetrag der Steuerermäßigung i.H.v. 40 000 € kann für ein Objekt, das im Miteigentum mehrerer Personen steht, insgesamt nur einmal in Anspruch genommen werden. Der entsprechende Anteil ist nach dem Verhältnis der Miteigentumsanteile zu ermitteln. Wird das begünstigte Objekt nicht von allen Miteigentümern zu eigenen Wohnzwecken genutzt, sind für die steuerliche Förderung nur die Aufwendungen zu berücksichtigen, die auf den/die Miteigentümer, der/die das Objekt zu eigenen Wohnzwecken nutzt/nutzen, nach dem Verhältnis seines Miteigentumsanteils/ihrer Miteigentumsanteile entfallen.[2]

Besteht ein im Miteigentum mehrerer Personen befindliches Gebäude aus mehreren, rechtlich nicht nach dem WEG getrennten Wohnungen und nutzt jeder Miteigentümer eine Wohnung allein zu eigenen Wohnzwecken, steht jedem Miteigentümer für die von ihm zu eigenen Wohnzwecken genutzte Wohnung jeweils ein eigener Höchstbetrag der Steuerermäßigung von 40 000 € zu, soweit der Wert des Miteigentumsanteils den Wert der zu eigenen Wohnzwecken genutzten Wohnung nicht übersteigt. Der Wert einer Wohnung entspricht i.d.R. dem Wert des Miteigentumsanteils, wenn der Nutzflächenanteil der Wohnung am Gesamtgebäude dem Miteigentumsanteil entspricht. Weicht der Anteil der Nutzfläche vom Miteigentumsanteil ab, spricht eine widerlegbare Vermutung dafür, dass der Wert der Wohnung dem Miteigentumsanteil entspricht, wenn keine Ausgleichszahlung vereinbart ist.[3]

---

1) BFH v. 6.2.2020, IV R 6/17, BStBl II 2021, 171.
2) BMF v. 21.8.2025, IV C 1 – S 2296-c/00004/018/050, BStBl I 2025, 1609, Rz 33.
3) BMF v. 21.8.2025, IV C 1 – S 2296-c/00004/018/050, BStBl I 2025, 1609, Rz. 35.

VI. Anlage EÜR – Einnahmenüberschussrechnung (Gewinnermittlung nach § 4 Abs. 3 EStG)

1. Vorbemerkung

a) Verpflichtung zur Abgabe und elektronischen Übermittlung der Anlage EÜR

255 Die **Anlage EÜR** richtet sich an alle Stpfl., die den Gewinn nach § 4 Abs. 3 EStG durch Überschuss der Betriebseinnahmen über die Betriebsausgaben ermitteln. Rechtsgrundlage für die Abgabe der Anlage EÜR ist § 60 Abs. 4 EStDV. Für jeden Betrieb eines Stpfl. ist eine gesonderte Anlage EÜR einzureichen. Sie ist kein Bestandteil der ESt-Erklärung, sondern eine selbständig an das FA zu übermittelnde Unterlage. Die Anlage EÜR ist nach § 60 Abs. 4 EStDV **elektronisch an das FA zu übermitteln**. Sofern dies für den Stpfl. eine unbillige Härte darstellt, kann die Finanzbehörde auf Antrag auf eine elektronische Übermittlung verzichten. Der Vordruck Anlage EÜR ist dann in Papierform beim FA einzureichen. Ein Härtefall liegt vor, wenn der stpfl. Person die elektronische Übermittlung wirtschaftlich oder persönlich nicht zuzumuten ist. Kein Härtefall ist eine allgemeine Abneigung gegen die elektronische Datenübermittlung oder Bedenken gegen deren Sicherheit (→ Rz. 9). Die Anlage AVEÜR ist zwingender Bestandteil der Einnahmenüberschussrechnung. Die Anlage AVEÜR ist m.E. jedoch nur dann auszufüllen, wenn tatsächlich Wirtschaftsgüter vorhanden sind, die in der Anlage AVEÜR dem Grunde nach zu erfassen sind. In allen Fällen ohne vorhandenes Anlagevermögen muss die Anlage AVEÜR somit auch nicht ausgefüllt werden.

Nach § 46 Abs. 2 Nr. 1 EStG muss keine Veranlagung durchgeführt werden, wenn die sog. „Gewinneinkünfte" (Einkünfte aus Land- und Forstwirtschaft, Gewerbebetrieb oder selbständiger Tätigkeit) nicht mehr als 410 € betragen und neben Einkünften aus nichtselbständiger Tätigkeit erzielt werden. Wird die Veranlagung in solchen Fällen dennoch beantragt, so muss die ESt-Erklärung nicht zwingend elektronisch übermittelt werden (→ Rz. 4). Nach dem Wortlaut des § 60 Abs. 4 Satz 1 EStDV wäre die Anlage EÜR – abgesehen von sog. Härtefällen – jedoch immer elektronisch zu übermitteln. Dies hätte zur Folge, dass Arbeitnehmer mit Gewinneinkünften von weniger als 410 € die Anlage EÜR elektronisch an das FA übermitteln müssten, obwohl sie nicht verpflichtet wären, eine ESt-Erklärung abzugeben. Nach bundeseinheitlicher Auffassung ist die Anlage EÜR nur dann elektronisch an das FA zu übermitteln, wenn auch die ESt-Erklärung freiwillig elektronisch an das FA übermittelt wird. Wird die ESt-Erklärung hingegen zulässigerweise auf Papier abgegeben, so kann auch die zugehörige Anlage EÜR auf Papier abgegeben werden.

Ehrenamtlich Tätige (Trainer, Übungsleiter und Betreuer etc.), deren Einkünfte als solche aus selbständiger Tätigkeit zu qualifizieren sind, sind verpflichtet, eine Anlage EÜR an das FA zu übermitteln, wenn diese tatsächliche Aufwendungen als Betriebsausgaben geltend machen wollen. Liegen die Einnahmen unter den Freibeträgen nach §§ 3 Nr. 26, 26a und/oder Nr. 26b EStG oder werden keine tatsächlichen Aufwendungen als Betriebsausgaben geltend gemacht, ist es ausreichend die Art der Tätigkeit, die Einnahmen und den dazugehörigen Freibetrag in der Anlage S → Rz. 1365 (Zeilen 57 und 58) zu erklären. Liegen gewerbliche Einkünfte vor, gibt es ab dem VZ 2025 auf der Anlage G ebenfalls eine Eintragungsmöglichkeit in den Zeilen 103 und 104 (→ Rz. 622).

b) Zulässigkeit der Gewinnermittlung durch eine Einnahmenüberschussrechnung in Abgrenzung zur Gewinnermittlung durch Bestandsvergleich

256 Eine **Gewinnermittlung durch Einnahmenüberschussrechnung** ist zulässig, wenn der Stpfl.

- nicht auf Grund gesetzlicher Vorschriften verpflichtet ist, Bücher zu führen und Abschlüsse zu machen (→ Rz. 257 ff.) und
- der Stpfl. den Gewinn nicht freiwillig durch Bestandsvergleich ermittelt (→ Rz. 262).

257 Nach § 140 AO führen Buchführungspflichten nach anderen Gesetzen als den Steuergesetzen zu einer steuerlichen Buchführungspflicht (**abgeleitete Buchführungspflicht**). Hiernach schließen die nach den Vorschriften des HGB bestehenden Buchführungspflichten eine Anwendung der Einnahmenüberschussrechnung aus. Einzelunternehmer mit **Einkünften aus Gewerbebetrieb** sind – sofern sie ein Handelsgewerbe i.S.d. § 1 Abs. 2 HGB betreiben oder im Handelsregister eingetragen sind – gem. §§ 238 ff. HGB buchführungspflichtig. Eine Ausnahme hiervon sieht § 241a HGB vor. Nach dieser Vorschrift sind Einzelkaufleute, die in zwei aufeinander folgenden Geschäftsjahren nicht mehr als

- 800 000 € Umsatzerlöse und
- 80 000 € Jahresüberschuss aufweisen,

von der Buchführungspflicht befreit.

Beispiel:

A ermittelt in den Jahren 2022 bis 2023 folgende Umsatzerlöse bzw. Jahresüberschüsse:

- 2022: Umsatzerlöse: 620 000 €; Jahresüberschuss: 55 000 €;
- 2023: Umsatzerlöse: 590 000 €; Jahresüberschuss: 40 000 €;
- 2024: Umsatzerlöse: 540 000 €; Jahresüberschuss: 55 000 €;
- 2025: Umsatzerlöse: 580 000 €; Jahresüberschuss: 82 000 €.

Lösung:

A ist erstmals im Jahr 2024 von den handelsrechtlichen Buchführungspflichten befreit, da er in zwei aufeinander folgenden Geschäftsjahren (2022 und 2023) die Grenzen des § 241a HGB unterschritten hat. Im Jahr 2025 unterliegt er wieder der Buchführungspflicht nach §§ 238 ff. HGB, da er einen Jahresüberschuss von mehr als 80 000 € erzielt hat.

Im Fall der Neugründung genügt es, wenn die Grenzen des § 241a HGB am ersten Abschlussstichtag nicht überschritten werden.

Praxishinweis:
In der Praxis stellt sich oftmals die vorgelagerte Frage, ob ein Einzelunternehmer überhaupt ein Handelsgewerbe i.S.d. § 1 Abs. 2 HGB betreibt. Ist dies nicht der Fall, kommt es auf die Grenzen des § 241a HGB nicht mehr an, weil die §§ 238 ff. HGB ohnehin keine Anwendung finden. Allerdings spricht ein Überschreiten der Grenzen des § 241a HGB dafür, dass der Gewerbebetrieb einen in kaufmännischer Weise eingerichteten Geschäftsbetrieb erfordert und damit ein Handelsgewerbe i.S.d. § 1 Abs. 2 HGB darstellt.

Bei Einzelunternehmern mit **Einkünften aus Land- und Forstwirtschaft** kann sich gem. § 3 HGB eine Buchführungspflicht nach §§ 238 ff. HGB nur ergeben, wenn diese im Handelsregister eingetragen sind. Ist dies der Fall, sind ebenfalls die Grenzen des § 241a HGB zu beachten, so dass diese ggf. von der Buchführungspflicht befreit sind. Stpfl. mit **Einkünften aus selbständiger Arbeit** i.S.d. § 18 EStG unterliegen nicht den Vorschriften des HGB, weil Einzelkaufmann nur sein kann, wer einen Gewerbebetrieb oder eine Land- und Forstwirtschaft betreibt. § 140 AO schreibt daher für diesen Personenkreis regelmäßig keine Pflicht zur Gewinnermittlung durch Bestandsvergleich fest. 258

Neben der abgeleiteten Buchführungspflicht nach § 140 AO sieht § 141 AO für bestimmte Stpfl. eine spezielle **Buchführungspflicht für steuerliche Zwecke** vor. Steuerpflichtige mit **Einkünften aus Gewerbebetrieb** müssen hiernach ihren Gewinn durch Bestandsvergleich ermitteln, wenn für den einzelnen Betrieb 259

- die Umsätze mehr als 800 000 €[1] im Kj. betragen haben oder
- ein Gewinn aus Gewerbebetrieb von mehr als 80 000 € im Wj. erzielt wurde.

Eine Buchführungspflicht nach § 141 AO tritt nur ein, wenn das FA vor Beginn des Wj. durch eine Mitteilung auf die Buchführungspflicht hingewiesen hat (§ 141 Abs. 2 Satz 1 AO). Das FA soll hierbei eine Frist von einem Monat einhalten.[2]

Die Buchführungspflicht nach § 141 AO endet mit dem Ablauf des Wj., das auf das Wj. folgt, in dem die Finanzbehörde feststellt, dass die Grenzen des § 141 AO nicht mehr überschritten werden (§ 141 Abs. 2 Satz 2 AO). Auch hier ist regelmäßig eine Mitteilung des FA erforderlich, wonach die Buchführungspflicht nicht mehr besteht. Zumindest muss sich aus dem Verhalten des FA zweifelsfrei ergeben, dass es das Unterschreiten der Wertgrenzen des § 141 AO zur Kenntnis genommen hat und demgemäß den Wegfall der Buchführungspflicht eintreten lassen will. 260

Beratungshinweis:
Wenn die Grenzen des § 141 AO nur einmal überschritten werden, soll das FA auf Antrag nach § 148 AO eine Befreiung von der Buchführungspflicht bewilligen, wenn nicht zu erwarten ist, dass die Grenze auch später überschritten wird.[3] Sofern die Höhe der in einem Wj. erzielten Umsätze von einmaligen Einflüssen beeinflusst wurde, empfiehlt es sich, einen entsprechenden Antrag zu stellen. Im Fall eines Unterschreitens der Wertgrenzen des § 141 AO sollte das FA aufgefordert werden, das Unterschreiten der Wertgrenzen festzustellen, sofern nicht mit einem erneuten Überschreiten zu rechnen ist.

Bei einem **Betrieb der Land- und Forstwirtschaft** besteht nach § 141 AO eine Buchführungsverpflichtung, wenn 261

- die Umsätze einschließlich der steuerfreien Umsätze, ausgenommen die Umsätze nach § 4 Nr. 8 bis 10 UStG, mehr als 800 000 € im Kj. betragen haben oder
- der Wirtschaftswert i.S.d. § 46 BewG der selbstbewirtschafteten land- und forstwirtschaftlichen Flächen mehr als 25 000 € beträgt oder
- ein Gewinn aus Land- und Forstwirtschaft von mehr als 80 000 € im Kj. erzielt wurde.

Der Wirtschaftswert i.S.d. § 46 BewG ist nach bewertungsrechtlichen Grundsätzen zu bestimmen. Auch bei Einkünften aus Land- und Forstwirtschaft tritt eine Buchführungspflicht nach § 141 AO nur ein, wenn das FA vor Beginn des Wj. durch eine Mitteilung auf die Buchführungspflicht hingewiesen hat. Für **Einkünfte aus selbständiger Arbeit** sieht § 141 AO keine Buchführungspflicht vor. Freiberufler können daher unabhängig von der Höhe der von ihnen erzielten Umsätze und Einkünfte von der Gewinnermittlung durch Einnahmenüberschussrechnung Gebrauch machen.

Sofern sich weder aus § 140 AO noch aus § 141 AO eine Buchführungspflicht ergibt, ist die Gewinnermittlung durch Einnahmenüberschussrechnung zulässig. Gleichwohl kann auch in diesem Fall der Gewinn durch Bestandsvergleich ermittelt werden. Das **Wahlrecht** kann bis zum Zeitpunkt der Jahresabschlussaufstellung ausgeübt werden.[4] Die Gewinnermittlung durch Bestandsvergleich ist jedoch ausgeschlossen, wenn der Stpfl. nicht zeitnah zu Beginn des Gewinnermittlungszeitraums eine Eröffnungsbilanz aufgestellt und eine den Grundsätzen ordnungsgemäßer Buchführung entsprechende Buchführung eingerichtet hat.[5] Das Gewinnermittlungswahlrecht nicht buchführungspflichtiger Stpfl. kann zwar grundsätzlich unbefristet ausgeübt werden, wird jedoch formal durch die Bestandskraft der Steuerfestsetzung begrenzt.[6] Nach wirksam ausgeübter Wahl ist ein wiederholter Wechsel der 262

1) Neuregelung durch das Wachstumschancengesetz v. 27.3.2024, BGBl. I 2024 Nr. 108 = BStBl I 2024, 666.
2) AEAO 2023 zu § 141 Nr. 4 Satz 2.
3) AEAO 2023 zu § 141 Nr. 4 Satz 5.
4) BFH v. 19.3.2009, IV R 57/07, BStBl II 2009, 659.
5) BFH v. 20.12.2012, III R 33/12, BStBl II 2013, 1035.
6) BFH v. 5.11.2015, III R 13/13, BStBl II 2016, 468.

Gewinnermittlungsart für das gleiche Wirtschaftsjahr auch vor Eintritt der Bestandskraft nur bei Vorliegen eines besonderen Grundes zulässig. Dazu zählt nicht der bloße Irrtum über die steuerlichen Folgen dieser Wahl.[1]

c) Aufzeichnungspflichten bei der Einnahmenüberschussrechnung

263 Das EStG enthält keine allgemeine Aufzeichnungspflicht für Betriebseinnahmen und -ausgaben. Allerdings ist eine Reihe von **Einzelaufzeichnungspflichten** zu beachten. Dies gilt u.a. in den folgenden Sachverhalten:

- Ausgangs- und Eingangsleistungen eines Unternehmers für umsatzsteuerliche Zwecke (§ 22 UStG);
- Entnahmen und Einlagen für Zwecke des § 4 Abs. 4a EStG (§ 4 Abs. 4a Satz 6 EStG; → Rz. 439);
- Aufwendungen i.S.d. § 4 Abs. 5 Satz 1 Nr. 1 bis 4, 6b und 7 EStG (→ Rz. 364, → Rz. 368, → Rz. 376);
- Anschaffungs- und Herstellungskosten von Wirtschaftsgütern des Anlagevermögens und bestimmten Wirtschaftsgütern des Umlaufvermögens (→ Rz. 318, → Rz. 442);
- geringwertige Wirtschaftsgüter i.S.d. § 6 Abs. 2 EStG, deren Wert 250 € übersteigt (§ 6 Abs. 2 Satz 4 EStG; → Rz. 342);
- erhöhte Absetzungen und Sonderabschreibungen (§ 7a Abs. 8 EStG; → Rz. 474);
- Übertragung stiller Reserven nach § 6c EStG (§ 6c Abs. 2 EStG; → Rz. 424).

Praxishinweis:

Auch wenn bei der Einnahmenüberschussrechnung keine umfassende Aufzeichnungspflicht für alle Betriebseinnahmen und -ausgaben vorgesehen ist, ist es geboten, sämtliche Unterlagen geordnet aufzubewahren, die den erzielten Betriebseinnahmen und verausgabten Betriebsausgaben zugrunde liegen. Andernfalls kann das FA den ermittelten Gewinn durch eine Schätzung nach § 162 AO ersetzen. Der Stpfl. ist auch ohne ausdrückliche Aufzeichnungspflicht verpflichtet, die Betriebseinnahmen und -ausgaben so festzuhalten, dass das FA sie auf ihre Richtigkeit und Vollständigkeit überprüfen kann.

d) Nebenanlagen zur Anlage EÜR (Anlagen AVEÜR, LuF, SZ, SE, AVSE und ER)

264 Neben dem Hauptvordruck Anlage EÜR existieren mit den **Anlagen AVEÜR, LuF, SZ, SE, AVSE und ER** sechs Nebenanlagen zur Anlage EÜR. Die Anlage AVEÜR dient dabei der Ermittlung einzelner Betriebsausgaben (für Anlagevermögen), die ihrerseits in den Hauptvordruck Anlage EÜR einzutragen sind und so in die Einnahmenüberschussrechnung eingehen. Überschreiten die Schuldzinsen den Betrag von 2 050 € ist zusätzlich die Anlage SZ abzugeben (→ Rz. 487). Ab dem VZ 2019 wurde die Anlage LuF (→ Rz. 496 ff.) neu aufgelegt, in der bei Weinbaubetrieben und bei forstwirtschaftlichen Nutzungen pauschale Betriebsausgaben erklärt werden können.

Die **Anlage AVEÜR** (→ Rz. 442) dient der Darstellung des Anlagenverzeichnisses sowie des Ausweises von Wirtschaftsgütern des Umlaufvermögens, die nach § 4 Abs. 3 Satz 4 EStG oder § 32b Abs. 2 Satz 1 Nr. 2 Satz 2 Buchst. c EStG nicht zu sofort abzugsfähigen Betriebsausgaben führen (→ Rz. 316 f.).

Die Anlage AVEÜR ist seit dem VZ 2017 zwingend zusammen mit der Anlage EÜR elektronisch an das FA zu übermitteln. Bei Antrag auf Verzicht auf eine elektronische Übermittlung auf Grund von unbilliger Härte sind die Papiervordrucke zur Anlage EÜR zu verwenden und beim FA einzureichen.[2]

Die **Anlagen SE, AVSE und ER** sind nur im Zusammenhang mit einer Anlage EÜR zu verwenden, die von einer Personengesellschaft eingereicht wird. In der Anlage SE sind die Sonderbetriebseinnahmen und -ausgaben des Gesellschafters zu erfassen. Die Anlage AVSE dient der Darstellung des Anlagenverzeichnisses zum Sonderbetriebsvermögen. Die für einen Gesellschafter vorzunehmenden Korrekturen zu den Wertansätzen der Wirtschaftsgüter des Gesamthandsvermögens (etwa bei einem Gesellschafterwechsel) sind in der Anlage ER darzustellen. Die Anlagen SE, AVSE und ER sind für jeden betroffenen Gesellschafter gesondert zu übermitteln.

e) Zuordnung von Wirtschaftsgütern zum Betriebsvermögen bei der Einnahmenüberschussrechnung

265 Bei der Gewinnermittlung nach § 4 Abs. 3 EStG ist genauso wie bei der Gewinnermittlung durch Bestandsvergleich die Bildung **gewillkürten Betriebsvermögens** möglich.[3] Die **Zuordnung von Wirtschaftsgütern** zum notwendigen bzw. gewillkürten Betriebsvermögen und zum Privatvermögen erfolgt nach folgenden Grundsätzen:[4]

Zuordnung von Wirtschaftsgütern zum Betriebsvermögen	
Notwendiges Betriebsvermögen	Wirtschaftsgut objektiv zum unmittelbaren Einsatz im Betrieb bestimmt
Gewillkürtes Betriebsvermögen	Wirtschaftsgut objektiv geeignet und subjektiv dazu bestimmt, den Betrieb zu fördern
Privatvermögen	Wirtschaftsgüter, die weder notwendiges noch gewillkürtes Betriebsvermögen sind

1) BFH v. 2.6.2016, IV R 39/13, BFH/NV 2016, 1613.
2) BMF v. 29.8.2025, IV C 6 – S 2142/00023/010/001, BStBl I 2025, 1652.
3) BFH v. 2.10.2003, IV R 13/03, BStBl II 2004, 985.
4) R 4.2 Abs. 1 Satz 1 ff. EStR 2012.

Beispiel:

A ist als selbständiger Schreiner tätig. Im Jahr 2025 erwirbt er ein Aktienpaket an der B-AG. A möchte die Aktien mittelfristig wieder veräußern und den Veräußerungserlös für Investitionen in seiner Schreinerei verwenden.

Lösung:

Die Aktien an der B-AG sind objektiv dazu geeignet, die betriebliche Tätigkeit des A zu fördern. Eine Zuordnung zum gewillkürten Betriebsvermögen ist daher möglich. Hierfür ist eine entsprechende Zuordnungsentscheidung erforderlich.

Bei **gemischt genutzten Wirtschaftsgütern** sind folgende Kriterien bei der Zuordnung zum Betriebsvermögen zu beachten:[1) 266

Zuordnung von gemischt genutzten Wirtschaftsgütern zum Betriebsvermögen	
Notwendiges Betriebsvermögen	Wirtschaftsgut wird im Wj. zu mehr als 50 % betrieblich genutzt.
Gewillkürtes Betriebsvermögen	Wirtschaftsgut wird im Wj. zwischen 10 % und 50 % betrieblich genutzt und dem Betriebsvermögen zugeordnet.
Privatvermögen	Wirtschaftsgut wird im Wj. zu weniger als 10 % betrieblich genutzt oder bei einer betrieblichen Nutzung zwischen 10 % und 50 % wird keine Zuordnungsentscheidung zum Betriebsvermögen getroffen.

Beispiel:

A ist als selbständiger Schreiner tätig. Sein Kfz nutzt er zu 30 % für betriebliche Fahrten und zu 70 % für private Fahrten.

Lösung:

Eine Zuordnung des Kfz zum gewillkürten Betriebsvermögen ist möglich, weil es zwischen 10 % und 50 % betrieblich genutzt wird. Hierfür ist eine entsprechende Zuordnungsentscheidung erforderlich.

Zu den Folgen der **Änderung des betrieblichen Nutzungsumfangs** eines gemischt genutzten Wirtschaftsguts → Rz. 294.

Die vorgenannten Grundsätze für die Zuordnung von gemischt genutzten Wirtschaftsgütern zum Betriebsvermögen gelten nicht bei **Grundstücken**. Diese sind nach ihrer Nutzung für eigenbetriebliche und fremdbetriebliche Zwecke sowie der Nutzung zu eigenen und fremden Wohnzwecken in bis zu vier selbständige Wirtschaftsgüter aufzuteilen.[2) Ein eigenbetrieblich genutzter Grundstücksteil stellt notwendiges Betriebsvermögen dar. Hinsichtlich eines fremdbetrieblich oder zu fremden Wohnzwecken genutzten Grundstücksteils besteht ein Zuordnungswahlrecht zum gewillkürten Betriebsvermögen. Der eigenen Wohnzwecken dienende Grundstücksteil stellt notwendiges Privatvermögen dar. 267

Sofern der gemeine Wert eines **eigenbetrieblich genutzten Grundstücksteils** nicht mehr als ein Fünftel des gemeinen Werts des gesamten Grundstücks und nicht mehr als 20 500 €[3) beträgt, braucht dieser nach § 8 EStDV nicht als Betriebsvermögen behandelt zu werden. Die stillen Reserven sind in diesem Fall nicht steuerverhaftet. Die anteiligen auf die eigenbetriebliche Nutzung entfallenden Grundstückskosten sind als Nutzungseinlage (→ Rz. 441) zu erfassen.[4) Die Voraussetzungen des § 8 EStDV sind am Ende eines jeden Wj. von Neuem zu prüfen. Sofern die Wertgrenzen erstmals überschritten werden, ist der eigenbetrieblich genutzte Grundstücksteil in das Betriebsvermögen einzulegen.[5)

Bei **Einkünften aus Land- und Forstwirtschaft** sowie bei **Einkünften aus selbständiger Arbeit** ist die Zuordnung von Wirtschaftsgütern zum gewillkürten Betriebsvermögen nur eingeschränkt möglich. Das Wirtschaftsgut darf der Tätigkeit nicht wesensfremd sein.[6) Nach diesen Grundsätzen können Wertpapiere, Anteile an Kapitalgesellschaften und Geldgeschäfte wie gewährte Darlehen regelmäßig nicht dem Betriebsvermögen zugeordnet werden. 268

Sofern Wirtschaftsgüter dem gewillkürten Betriebsvermögen zugeordnet werden sollen, ist hierfür eine **Zuordnungsentscheidung** des Stpfl. erforderlich, die nicht nachträglich geändert werden kann. Im Fall der Gewinnermittlung durch Einnahmenüberschussrechnung sind an die Dokumentation der Zuordnungsentscheidung erhöhte Anforderungen zu stellen, da diese im Unterschied zur Gewinnermittlung durch Bestandsvergleich nicht in der laufenden Buchführung nachvollzogen werden kann.[7) Grundsätzlich ist die zeitnahe Aufnahme in ein Bestandsverzeichnis erforderlich. Die Finverw. erwartet, dass die Unterlagen, aus denen sich der Zeitpunkt der Zuordnung zum gewillkürten Betriebsvermögen ergibt, mit der Einnahmenüberschussrechnung beim FA eingereicht werden.[8) 269

1) R 4.2 Abs. 1 Satz 4 ff. EStR 2012.
2) R 4.2 Abs. 4 EStR 2012.
3) Mit der „Siebten Verordnung zur Änderung steuerlicher Verordnungen" plant die Bundesregierung eine Erhöhung auf 40 000 € in allen offenen Fällen. Gleichzeitig soll es dann aber zu Einschränkung der Abzugsmöglichkeit der Aufwendungen ab dem VZ 2026 kommen.
4) R 4.7 Abs. 2 Satz 4 EStR 2012.
5) H 4.2 Abs. 8 „Einlage" EStH.
6) H 18.2 „Geldgeschäfte" EStH; BFH v. 28.7.1994, IV R 80/92, BFH/NV 1995, 288; BFH v. 8.2.2011, VIII R 18/09, BFH/NV 2011, 1847.
7) BMF v. 17.11.2004, IV B 2 – S 2134 – 2/04, BStBl I 2004, 1064.
8) BMF v. 17.11.2004, IV B 2 – S 2134 – 2/04, BStBl I 2004, 1064, Rz. 6.

f) Zeitliche Erfassung von Betriebseinnahmen und -ausgaben bei der Einnahmenüberschussrechnung

270 Betriebseinnahmen und -ausgaben sind nach § 11 EStG im Zeitpunkt ihrer Vereinnahmung bzw. Verausgabung zu berücksichtigen (sog. **Zufluss-/Abflussprinzip**). Betriebseinnahmen sind daher regelmäßig im Zeitpunkt der Gutschrift auf dem Bankkonto bzw. im Zeitpunkt der Entgegennahme der Barmittel anzusetzen. Dies gilt spiegelbildlich für Betriebsausgaben, wobei hier bereits im Zeitpunkt des Eingangs des Überweisungsauftrags bei der Bank[1] bzw. der Online-Aufgabe des Überweisungsauftrags beim Internet-Banking ein Abfluss anzunehmen ist. Im Fall einer erteilten Lastschrifteinzugsermächtigung gilt eine Betriebsausgabe im Zeitpunkt ihrer Fälligkeit als verausgabt.[2] Bei einer Kreditkartenzahlung erfolgt der Abfluss bereits durch Unterschrift des Belastungsbelegs durch den Kreditkarteninhaber.[3] Zinsen für ein bei einer Geschäftsbank geführtes Kontokorrentkonto gelten im Zeitpunkt der Verbuchung zu Lasten des Schuldners als i.S.d. § 11 EStG verausgabt.[4]

271 Das Zufluss-/Abflussprinzip gilt nicht ausnahmslos. Abweichungen ergeben sich in folgenden Bereichen:

Ausnahmen vom Zufluss-/Abflussprinzip	
Durchlaufende Posten	Keine Erfassung als Betriebseinnahme und -ausgabe (→ Rz. 272)
Anschaffungs- und Herstellungskosten von abnutzbaren Wirtschaftsgütern des Anlagevermögens	Erfassung als Betriebsausgabe nach den Vorschriften – über die Bewertungsfreiheit geringwertiger Wirtschaftsgüter (→ Rz. 342 f.); – zum Sammelposten (→ Rz. 481 ff.); – über die AfA
Anschaffungs- und Herstellungskosten von nicht abnutzbaren Wirtschaftsgütern des Anlagevermögens	Erfassung als Betriebsausgabe im Zeitpunkt des Zuflusses des Veräußerungserlöses ober bei Entnahme (→ Rz. 345)
Anschaffungs- und Herstellungskosten von bestimmten Wirtschaftsgütern des Umlaufvermögens	Erfassung als Betriebsausgabe im Zeitpunkt des Zuflusses des Veräußerungserlöses ober bei Entnahme (→ Rz. 316)
Anschaffungs- und Herstellungskosten aller Wirtschaftsgüter des Umlaufvermögens für Zwecke der Gewinnermittlung von Einkünften, die dem Progressionsvorbehalt nach § 32b EStG unterliegen	Erfassung als Betriebsausgabe im Zeitpunkt des Zuflusses des Veräußerungserlöses ober bei Entnahme (→ Rz. 317)
Regelmäßig wiederkehrende Betriebseinnahmen und -ausgaben	Erfassung im Kj. der wirtschaftlichen Verursachung (→ Rz. 273)
Ausgaben für eine Nutzungsüberlassung von mehr als fünf Jahren	Verteilung über den Zeitraum, für den sie geleistet werden (→ Rz. 274)

272 **Durchlaufende Posten** sind Betriebseinnahmen und -ausgaben, die im Namen und für Rechnung eines anderen vereinnahmt und verausgabt werden. Auf eine Erfassung als Betriebseinnahme und -ausgabe wird nach § 4 Abs. 3 Satz 2 EStG verzichtet.

Beispiel:

Rechtsanwalt A vereinnahmt im Jahr 2024 einen Gerichtskostenvorschuss für einen Mandanten, den er im Jahr 2025 an das Gericht abführt.

Lösung:

A hat den Gerichtskostenvorschuss im Namen und für Rechnung seines Mandanten vereinnahmt und verausgabt. Im Jahr 2024 ist demnach keine Betriebseinnahme und im Jahr 2025 keine Betriebsausgabe zu erfassen.

273 **Regelmäßig wiederkehrende Betriebseinnahmen**, die dem Stpfl. kurze Zeit vor Beginn oder nach Beendigung des Kj., zu dem sie wirtschaftlich gehören, zufließen, gelten nach § 11 Abs. 1 Satz 2 EStG als im Kj. der wirtschaftlichen Zugehörigkeit vereinnahmt. Dies gilt für **regelmäßig wiederkehrende Betriebsausgaben** gem. § 11 Abs. 2 Satz 2 EStG entsprechend. Als „kurze Zeit" gilt dabei ein Zeitraum von bis zu zehn Tagen vor oder nach dem Jahreswechsel (22.12. bis 31.12. bzw. 1.1. bis 10.1.).[5] Regelmäßig wiederkehrend sind Zahlungen, wenn ihre Wiederholung von vornherein feststeht. Dies gilt insbesondere für Miet-, Pacht- oder Zinszahlungen. Nicht erforderlich ist, dass die Höhe der regelmäßig wiederkehrenden Zahlungen identisch oder von vornherein festgelegt ist, so dass z.B. auch die Umsatzsteuervorauszahlung und Zahlungen der kassenärztlichen Vereinigung regelmäßig wiederkehrende Betriebseinnahmen und -ausgaben sind.[6]

Beispiel:

Der selbständige Arzt A verausgabt die Miete für seine Arztpraxis (Fälligkeit am 3.1.2025) für den Januar 2025 bereits am 29.12.2024.

Lösung:

Bei der Mietzahlung handelt es sich um eine regelmäßig wiederkehrende Zahlung. Die Betriebsausgabe auf Grund der Mietzahlung ist erst im Jahr 2025 zu berücksichtigen, da diese kurze Zeit vor dem 1.1.2025 geleistet worden ist und wirtschaftlich in das Jahr 2025 gehört.

---

1) BFH v. 6.3.1997, IV R 47/95, BStBl II 1997, 509.
2) OFD Nordrhein-Westfalen v. 18.5.2015, Kurzinformation ESt, Nr. 09/2014, DB 2015, 1630; BFH v. 8.3.2016, VIII B 58/15, BFH/NV 2016, 1008.
3) FG Rheinland-Pfalz v. 18.3.2013, 5 K 1875/10, EFG 2013, 1029 (rkr.).
4) BFH v. 7.12.1999, VIII R 8/98, BFH/NV 2000, 825.
5) BFH v. 24.7.1986, IV R 309/84, BStBl II 1987, 16.
6) BFH v. 6.7.1995, IV R 63/94, BStBl II 1996, 266; BFH v. 1.8.2007, XI R 48/05, BStBl II 2008, 282.

Weitere Voraussetzung für die Behandlung einer Betriebseinnahme oder -ausgabe als regelmäßig wiederkehrende Zahlung ist, dass diese **kurz vor oder kurz nach dem Jahreswechsel fällig** ist.[1] Auch hier gilt die Zehntagesfrist. Auf die Fälligkeit im Jahr der wirtschaftlichen Zugehörigkeit kommt es dagegen nicht an.[2]

Die am 10.1. eines Jahres fällige **Umsatzsteuervorauszahlung** für einen Voranmeldungszeitraum des Vorjahres ist auch dann als Betriebsausgabe des Vorjahres zu behandeln, wenn der Fälligkeitstag nach § 108 Abs. 3 AO auf einen Tag nach dem 10.1. verschoben wird (10.1. = Samstag oder Sonntag).[3] Die Finverw. hält ansonsten aber an dem Grundsatz fest, dass die Fälligkeit innerhalb des Zehntagezeitraums liegen muss (Schätzungs- und Zustimmungsfälle).[4]

Beispiel:

A zahlt die Umsatzsteuervorauszahlungen für die Voranmeldungszeiträume November und Dezember 2024 am 3.1.2025 an das FA. Einen Antrag auf Dauerfristverlängerung hat A nicht gestellt. Der 10.1.2025 ist kein Samstag oder Sonntag.

Lösung:

Die Umsatzsteuervorauszahlungen stellen regelmäßig wiederkehrende Betriebsausgaben dar, die wirtschaftlich in das Jahr 2024 gehören. Die Vorauszahlung für den Dezember 2024 ist im Jahr 2024 als Betriebsausgabe zu erfassen, da sie am 10.1.2025 und damit kurze Zeit nach dem Jahreswechsel fällig war. Die Umsatzsteuervorauszahlung für den November 2024 ist dagegen erst im Jahr 2025 als Betriebsausgabe anzusetzen. § 11 Abs. 2 Satz 2 EStG ist nicht anzuwenden, da die Vorauszahlung bereits am 10.12.2024 fällig war. Die Fälligkeit liegt somit nicht im 10-Tageszeitraum.

Im Voraus gezahlte Ausgaben für eine **Nutzungsüberlassung von mehr als fünf Jahren** sind gem. § 11 Abs. 2 Satz 3 **274**
EStG auf den Zeitraum zu verteilen, für den die Vorauszahlung geleistet wird. Dies gilt nach § 11 Abs. 2 Satz 4 EStG nicht für ein marktübliches Damnum oder Disagio. Der BFH hat entschieden, dass die Marktüblichkeit nach den aktuellen Verhältnissen auf dem Kreditmarkt bezogen auf das konkret finanzierte Objekt zu prüfen ist. Eine Kopplung an einen festen Zinssatz komme insoweit nicht in Betracht.[5]

Betriebseinnahmen, die auf eine Nutzungsüberlassung von mehr als fünf Jahren entfallen, können nach § 11 Abs. 1 Satz 3 EStG ebenfalls auf den Zeitraum verteilt werden, auf den sie entfallen. Im Gegensatz zur Regelung des § 11 Abs. 2 Satz 3 EStG handelt es sich hierbei allerdings um ein Wahlrecht.

Beispiel:

A verpflichtet sich bei Abschluss des Mietvertrages am 1.1.2020 für seine neuen Geschäftsräume eine Mietvorauszahlung i.H.v. 7 200 € zu zahlen. Der Mietvertrag hat eine Laufzeit von 6 Jahren und endet am 31.12.2025.

Lösung:

Die Mietvorauszahlung stellt eine Ausgabe für die Nutzungsüberlassung der Geschäftsräume in der Zeit vom 1.1.2020 bis zum 31.12.2025 dar. In den Jahren 2020 bis 2025 sind nach § 11 Abs. 2 Satz 3 EStG jeweils Betriebsausgaben i.H.v. 1 200 € anzusetzen.

Praxishinweis:

Der Empfänger der Mietvorauszahlung **kann** nach § 11 Abs. 1 Satz 3 EStG diese im Jahr des Zuflusses voll versteuern oder diese auf den Zeitraum der Nutzungsüberlassung verteilen.

1) BFH v. 16.2.2022, X R 2/21, BStBl II 2022, 448.
2) BFH v. 23.9.1999, IV R 1/99, BStBl II 2000, 121.
3) BFH v. 27.6.2018, X R 44/16, BStBl II 2018, 781; H 11 „Kurze Zeit“ EStH.
4) Verfügung des BayLfSt v. 30.1.2019, S 2226.2.1-5/14 St32.
5) BFH v. 8.3.2016, IX R 38/14, BStBl II 2016, 646.

2. Allgemeine Angaben (Zeilen 1–11)

Anleitung vorhanden

2025

1	Name des Steuerpflichtigen bzw. der Gesellschaft/Gemeinschaft/Körperschaft		**Anlage EÜR** Bitte für jeden Betrieb eine gesonderte Anlage EÜR übermitteln!
2	Vorname		
3	(Betriebs-)Steuernummer		
	Einnahmenüberschussrechnung nach § 4 Abs. 3 EStG		
	Kalenderjahr 2025		15
4	davon abweichender Beginn	131	T T M M 2025 davon abweichendes Ende 132 T T M M J J J J
	Allgemeine Angaben zum Betrieb		
5	Wirtschafts-Identifikationsnummer	101	D E -
6	Art des Betriebs	100	
7	Rechtsform des Betriebs		
8	Einkunftsart	103	1 = Land- und Forstwirtschaft 2 = Gewerbebetrieb 3 = Selbständige Arbeit
9	Betriebsinhaber	104	1 = Steuerpflichtige Person/Ehemann/Person A (Ehegatte A/Lebenspartner[in] A)/Gesellschaft/Körperschaft 2 = Ehefrau/Person B (Ehegatte B/Lebenspartner[in] B) 3 = Beide Ehegatten/Lebenspartner[innen]
10	Wurde im Kalenderjahr/Wirtschaftsjahr der Betrieb beendet?	111	1 = Veräußert oder Aufgabe (Bitte Zeile 89 beachten) 2 = Unentgeltliche Übertragung
11	Wurden im Kalenderjahr/Wirtschaftsjahr Grundstücke/grundstücksgleiche Rechte entnommen oder veräußert?	120	1 = Ja 2 = Nein

a) Steuerpflichtiger und (Betriebs-)Steuernummer (Zeilen 1–3)

275 In Zeile 1 ist der Nachname des Stpfl., in Zeile 2 der Vorname des Stpfl. und in Zeile 3 die Steuernummer einzutragen, unter der der Betrieb geführt wird.

b) Angaben zum Kalenderjahr (Zeile 4)

276 In Zeile 4 sind der Beginn und das Ende des Wj. einzutragen. Die Finverw. erwartet nur eine Eintragung, wenn das Wj. vom Kj. abweicht. Eine Ausnahme gilt bei Einkünften aus Land- und Forstwirtschaft. Hier muss die Zeile 4 stets angewiesen werden. Im Fall der Gewinnermittlung durch Einnahmenüberschussrechnung ist bei **Einkünften aus Gewerbebetrieb** und bei **Einkünften aus selbständiger Arbeit** ein vom Kj. abweichendes Wj. nicht zulässig. Dies gilt auch für im Handelsregister eingetragene Kaufleute, die nach § 241a HGB von der Buchführungspflicht befreit sind.[1] Bei diesen Einkünften ist die Zeile 4 daher nur im Jahr der Betriebseröffnung oder -beendigung anzuweisen. Bei **Land- und Forstwirten** ist gem. § 4a Abs. 1 Satz 2 Nr. 1 Satz 1 EStG das Wj. grds. der Zeitraum vom 1.7. bis zum 30.6. Ausnahmen sind in § 8c EStDV geregelt. Für Wj. die nach dem 31.12.2018 beginnen, kann auch ein dem Kj. entsprechendes Wj gewählt werden.[2] In diesen Fällen verlängert sich das letzte vom Kj. abweichende Wj. um den Zeitraum bis zum Beginn des ersten mit dem Kj. übereinstimmenden Wj. Ein Rumpf-Wj. ist nicht zu bilden.[3] Die Anlage EÜR 2025 ist bei Land- und Forstwirten für das Wj. zu verwenden, das im Jahr 2025 beginnt.

c) Angaben zur Wirtschafts-Identifikationsnummer (Zeile 5)

277 Ist für den Betrieb bereits eine Wirtschafts-Identifikationsnummer (W-Id-Nr.) zugeteilt worden, ist diese hier einzutragen. Da noch nicht alle wirtschaftlich Tätigen Personen und Personenvereinigungen (Gesellschaften/Gemeinschaften).

Für jede wirtschaftliche Tätigkeit wird eine eigene W-Id-Nr. vergeben. Da in der ersten Stufe der Vergabe noch nicht alle wirtschaftlich Tätigen eine W-Id-Nr. erhalten, ist die neu aufgenommene Abfrage in der Zeile 5 derzeit noch kein Pflichtfeld.

1) § 4a Abs. 1 Satz 2 Nr. 2 Satz 1 EStG ist mangels Abschlusserstellung nicht anwendbar.
2) Änderung des § 8c Abs. 2 Satz 1 EStDV durch die fünfte Verordnung zur Änderung steuerlicher Verordnungen, BGBl. I 2020, 1495 = BStBl I 2020, 555.
3) § 8c Abs. 2 Satz 2 EStDV i.d.F. der fünften Verordnung zur Änderung steuerlicher Verordnungen, BGBl. I 2020, 1495 = BStBl I 2020, 555.

Hinweis zur Plausibilitätsbeurteilung:

Ab November 2024 wird die Wirtschafts-Identifikationsnummer (W-Id-Nr.) an wirtschaftlich Tätige vergeben. Sie umfasst natürliche Personen, die wirtschaftlich tätig sind, juristische Personen und Personenvereinigungen (Gesellschaften/Gemeinschaften).

Für jede wirtschaftliche Tätigkeit wird eine eigene W-Id-Nr. vergeben. Da in der ersten Stufe der Vergabe noch nicht alle wirtschaftlich Tätigen eine W-Id-Nr. erhalten, ist die neu aufgenommen Abfrage in der Zeile 5 derzeit noch kein Pflichtfeld.[1]

d) Art und Rechtsform des Betriebs, Einkunftsart, Betriebsinhaber (Zeilen 6–9)

In Zeile 6 ist die Tätigkeit des Betriebs zu beschreiben. In Zeile 7 ist die Rechtsform des Betriebs anzugeben (etwa **278**
Einzelgewerbetreibender oder Angehöriger der freien Berufe). Die Einkunftsart, der der mit der Anlage EÜR ermittelte Gewinn zuzuordnen ist, ist in Zeile 8 einzutragen; hierbei ist für Einkünfte aus Land- und Forstwirtschaft die Ziffer 1, für Einkünfte aus Gewerbebetrieb die Ziffer 2 und für Einkünfte aus selbständiger Arbeit die Ziffer 3 zu erfassen.

In Zeile 9 sind Angaben zum Betriebsinhaber zu machen (Ziffer 1 = Stpfl./Ehemann/Lebenspartner[in] A; Ziffer 2 = Ehefrau/Lebenspartner[in] B; Ziffer 3 = beide Ehegatten/Lebenspartner[innen]). Die Ziffern 2 und 3 sind dabei nur zu verwenden, wenn die Anlage EÜR des Betriebs der Ehefrau/Lebenspartner(in) bzw. des gemeinsam von den Eheleuten/Lebenspartnern geführten Betriebs unter der gleichen Steuernummer erfasst wird wie die ESt-Erklärung der zusammen veranlagten Ehegatten/Lebenspartner. Bei einer gesonderten Steuernummer für den Betrieb ist die Ziffer 1 einzutragen.

e) Betriebsbeendigung (Zeile 10)

Sofern der Betrieb im Wj. veräußert oder aufgegeben wurde, ist hier die Ziffer 1 einzutragen. Im Fall der unentgelt- **279**
lichen Übertragung ist die Ziffer 2 einzutragen; anderenfalls ist keine Eintragung vorzunehmen. Im Fall einer Betriebsveräußerung oder -aufgabe ist eine **Schlussbilanz** nach den Grundsätzen des Betriebsvermögensvergleichs zu erstellen.[2] Der hierbei ermittelte **Übergangsgewinn** wegen des Wechsels der Gewinnermittlungsart ist in Zeile 89 anzugeben. Der Betriebsveräußerungs-/Betriebsaufgabegewinn ist hingegen nicht in der Anlage EÜR zu erfassen.

f) Entnahme oder Veräußerung von Grundstücken/grundstücksgleichen Rechten (Zeile 11)

In Zeile 11 ist anzugeben, ob im Kj. bzw. Wj. Grundstücke oder grundstücksgleiche Rechte des Betriebsvermögens **280**
entnommen oder veräußert wurden. Ist dies der Fall, ist die Ziffer 1 einzutragen; anderenfalls die Ziffer 2. **Grundstücksgleiche Rechte** sind insb. das Erbbaurecht sowie das Wohnungs- und Teileigentum.

3. Betriebseinnahmen (Zeilen 12–23)

Zeile	**1. Betriebseinnahmen** (einschließlich steuerfreier Betriebseinnahmen)	Kz.	20 EUR, Ct
12	Betriebseinnahmen als umsatzsteuerlicher **Kleinunternehmer** (nach § 19 Abs. 1 UStG) ohne Beträge laut Zeilen 18 bis 22	111	,
13	davon nicht steuerbare Umsätze sowie Umsätze nach § 19 Abs. 2 Satz 1 Nr. 1 und 2 sowie Satz 2 UStG	119	, *(weiter ab Zeile 18)*
14	Betriebseinnahmen als **Land- und Forstwirt**, soweit die Durchschnittssatzbesteuerung nach § 24 UStG angewandt wird	104	,
15	Umsatzsteuerpflichtige Betriebseinnahmen (ohne solche zum ermäßigten Steuersatz von 0 %)	112	,
16	Betriebseinnahmen, die umsatzsteuerfrei (§ 4 UStG) oder nicht umsatzsteuerbar sind oder nach § 12 Abs. 3 UStG dem ermäßigten Steuersatz von 0 % unterliegen oder für die der Leistungsempfänger die Umsatzsteuer nach § 13b UStG schuldet	103	,
17	Vereinnahmte Umsatzsteuer sowie Umsatzsteuer auf unentgeltliche Wertabgaben	140	,
18	Vom Finanzamt erstattete und ggf. verrechnete Umsatzsteuer (Die Regelung zum 10-Tageszeitraum - § 11 Abs. 1 Satz 2 EStG - ist zu beachten.)	141	,
19	Veräußerung oder Entnahme von Anlagevermögen	102	,
20	Private Kfz-Nutzung	106	,
21	Sonstige Sach-, Nutzungs- und Leistungsentnahmen	108	,
22	Auflösung von Rücklagen und/oder Ausgleichsposten (Übertrag aus Zeile 105)		,
23	**Summe Betriebseinnahmen** (Übertrag in Zeile 76)	159 =	,

1) Näheres unter: https://www.bzst.de/DE/Unternehmen/Identifikationsnummern/Wirtschafts-Identifikationsnummer/wirtschaftsidentifikationsnummer.html (Abruf: 30.10.2025).

2) BFH v. 16.3.1989, IV R 153/86, BStBl II 1989, 557.

a) Betriebseinnahmen eines umsatzsteuerlichen Kleinunternehmers (Zeilen 12–23)

281 In Zeilen 12 und 13 sind nur Eintragungen vorzunehmen, wenn der Betrieb von einem **Kleinunternehmer i.S.d. § 19 UStG** geführt wird. Es sind die vollständigen Betriebseinnahmen (ohne Beträge aus Zeilen 18 bis 22) mit dem tatsächlich vereinnahmten Gesamtbetrag einzutragen. Hierzu gehören auch die nicht steuerbaren Umsätze, die im besonderen Meldeverfahren für die Anwendung der Steuerbefreiung in einem anderen Mitgliedstaat (§ 19a UStG) erklärt werden. Die Zeilen 15 bis 17 sind von Kleinunternehmern in der Regel nicht zu verwenden.

Ab dem 1.1.2025 haben sich die Voraussetzungen für Kleinunternehmer geändert. Kleinunternehmer ist man, wenn der Gesamtumsatz (§ 19 Abs. 2 i.V.m. Abs. 1 UStG) im vorangegangenen Kj. 25 000 € nicht überschritten hat und im laufenden Kj. 100 000 € nicht überschreitet und nicht auf die Anwendung der Kleinunternehmerregelung verzichtet wurde. Ist die gewerbliche oder berufliche Tätigkeit im Jahr 2025 aufgenommen worden, darf der Gesamtumsatz im laufenden Kj. 25 000 € nicht überschreiten. Bereits der vereinnahmte Umsatz, mit dem die Grenze von 100 000 € im laufenden Kj. überschritten wird, unterliegt der Regelbesteuerung und ist in den Zeilen 15 bis 17 einzutragen. Die bis zum Zeitpunkt der Überschreitung vereinnahmten Umsätze bleiben steuerfrei und sind in den Zeilen 12 und 13 zu erklären.

282 Der **Gesamtumsatz i.S.d. § 19 UStG** schließt grds. alle steuerbaren Umsätze des Unternehmers ein. Bestimmte umsatzsteuerfreie Umsätze sind jedoch nach § 19 Abs. 3 Satz 1 Nr. 1 und 2 UStG abzuziehen. Dies betrifft etwa die Umsätze auf Grund der Vermietung und Verpachtung von Grundstücken nach § 4 Nr. 12 UStG, die Umsätze der Ärzte i.S.d. § 4 Nr. 14 UStG sowie Leistungen im Schul- und Bildungsbereich nach § 4 Nr. 21 UStG. Auch Umsätze aus der Veräußerung von Anlagevermögen sind vom Gesamtumsatz nach § 19 Abs. 1 Satz 2 UStG auszunehmen. Der Gesamtumsatz ist nach vereinnahmten Entgelten zu berechnen.[1] Soweit die gewerbliche oder berufliche Tätigkeit nur in einem Teil des Kj. ausgeübt wird, ist der tatsächliche Gesamtumsatz gem. § 19 Abs. 3 Satz 3 und 4 UStG in einen Jahresgesamtumsatz umzurechnen.

Praxishinweis:
Die Umsatzgrenzen für die Kleinunternehmereigenschaft i.H.v. 25 000 € bzw. 100 000 € beziehen sich auf die gesamte unternehmerische Tätigkeit des Stpfl. Die Anlage EÜR ist dagegen für jeden Betrieb des Stpfl. getrennt abzugeben. Aus der Höhe der in der Einnahmenüberschussrechnung angesetzten Betriebseinnahmen lassen sich daher nur begrenzt Rückschlüsse darauf ziehen, ob die Voraussetzungen des § 19 UStG erfüllt sind.

aa) Betriebseinnahmen (Zeile 12)

283 In Zeile 12 sind grds. **alle von einem Kleinunternehmer erzielten Betriebseinnahmen** zu erfassen. Auszunehmen sind lediglich die in Zeilen 18 bis 22, 84 bis 87, 89 und 91 gesondert abgefragten Beträge. In Zeile 12 sind auch Betriebseinnahmen einzutragen, die nach § 3 Nr. 26 EStG (Übungsleiter-Freibetrag), nach § 3 Nr. 26a EStG (Freibetrag für ehrenamtliche Tätigkeit), nach § 3 Nr. 26b EStG (Aufwandsentschädigung eines ehrenamtlichen Betreuers) oder nach den Vorschriften des Teileinkünfteverfahrens steuerfrei sind. Die Steuerfreiheit wird durch Abzugsbeträge an anderer Stelle berücksichtigt (Zeilen 78 bis 80 sowie und 93 und 94).

Hinweis zur Plausibilitätsbeurteilung:
Sind Sie Kleinunternehmer, sind hier auch die im VZ 2025 erhaltenen Corona-Hilfen einzutragen. Zurückgezahlte Corona-Hilfen sind in der Zeile 60 (→ Rz. 362) einzutragen. Ab dem VZ 2025 ist die Übertragung dieser Beträge in die Anlage Corona-Hilfen weggefallen.

bb) Nicht steuerbare Umsätze sowie Umsätze i.S.d. § 19 Abs. 3 Satz 1 Nr. 1 und 2 UStG (Zeile 13)

284 Die Eintragung in Zeile 13 bezieht sich auf einen Teilbetrag der in Zeile 12 angesetzten Betriebseinnahmen. Es handelt sich um eine **nachrichtliche Angabe**, die keine Auswirkung auf den mit der Anlage EÜR ermittelten Gewinn hat. Einzutragen sind die nach § 19 Abs. 3 Satz 1 Nr. 1 und 2 UStG nicht in den maßgebenden Gesamtumsatz für die Anwendung der Kleinunternehmerregelung einzubeziehenden **steuerfreien Umsätze** (→ Rz. 282). Außerdem sind hier **nicht steuerbare Umsätze** – wie etwa im Ausland ausgeführte Umsätze – zu berücksichtigen, die ebenfalls nicht zum maßgebenden Gesamtumsatz gehören.

b) Betriebseinnahmen eines Land- und Forstwirts mit Durchschnittssatzbesteuerung (Zeile 14)

285 Hier sind die Betriebseinnahmen eines Land- und Forstwirts einzutragen, soweit die **Durchschnittssatzbesteuerung nach § 24 UStG** angewandt wird. Im Rahmen der Durchschnittssatzbesteuerung wird es Land- und Forstwirten ermöglicht, auf ihre Umsätze einen Durchschnittssteuersatz anzuwenden. Zugleich erfolgt eine pauschale Vorsteuerkürzung. Die Betriebseinnahmen in Zeile 14 sind mit dem Bruttowert – also einschließlich der pauschal ermittelten Umsatzsteuer – einzutragen. Die Durchschnittssatzbesteuerung nach § 24 UStG gilt nur für inländische land- und forstwirtschaftliche Betriebe.[2]

1) Abschn. 19.1 Abs. 2 Satz 2 UStAE.
2) BFH v. 22.3.2023, XI R 14/21, BStBl II 2023, 945.

Beispiel:
Landwirt A veräußert Weizen für 3 000,00 € zzgl. 270,00 € Umsatzsteuer (9,0 %[1] v. 3 000,00 €, vgl. § 24 Abs. 1 Satz 1 Nr. 3 UStG).
Eintragung in der Anlage EÜR:
Zeile 14: 3 270,00 € (Bruttobetrag einschließlich Umsatzsteuer)

c) Betriebseinnahmen von regelbesteuernden Unternehmern (Zeilen 15–17)

aa) Umsatzsteuerpflichtige Betriebseinnahmen (Zeile 15)

In Zeile 15 sind die umsatzstpfl. Betriebseinnahmen mit ihrem **Nettowert** – also ohne den hierin enthaltenen Umsatzsteuerbetrag – einzutragen. Der auf die Umsätze entfallende Umsatzsteuerbetrag ist in Zeile 17 einzutragen. **286**

bb) Betriebseinnahmen, die umsatzsteuerfrei (§ 4 UStG) oder nicht umsatzsteuerbar sind oder nach § 12 Nr. 3 UStG dem ermäßigten Steuersatz von 0 % unterliegen oder für die der Leistungsempfänger die Umsatzsteuer nach § 13b UStG schuldet (Zeile 16)

Mit dem JStG 2022 wurden im UStG Maßnahmen zur Förderung des Ausbaus von Photovoltaikanlagen umgesetzt. Neben der Ertragssteuerbefreiung wurde in § 12 Abs. 3 UStG ein sog. Nullsteuersatz eingeführt. Die Verkäufer und Installateure von Photovoltaikanlagen haben diese unter bestimmten Voraussetzungen mit einem ermäßigten Steuersatz von 0 % zu veräußern. Für die Käufer erübrigt sich somit der Verzicht auf die Anwendung der Kleinunternehmerregelung, um die Vorsteuer zurück erstattet zu bekommen. **287**

Der Nullsteuersatz kommt bei der Lieferung und Installation von Photovoltaikmodulen zur Anwendung, wenn die Bruttoleistung der Anlage nicht mehr als 30 Kilowatt (peak) beträgt. Nullsteuersatz bedeutet, dass der Lieferant bzw. Installateur keine Umsatzsteuer schuldet (Steuersatz 0 %), aber trotzdem für seine Eingangsleistungen die Vorsteuer ziehen kann. Näheres hierzu regeln die BMF-Schreiben v. 27.2.2023/30.11.2023.[2]

Halter von Elektroautos können im sog. Treibhausgasminderungs-Quotenhandel die CO_2-Emissionseinsparung, welche durch den Antrieb mit Strom statt fossiler Kraftstoffe entsteht, dem Handel mit sog. Treibhausgasminderungs-Quoten anbieten und dadurch Prämienzahlungen erhalten. Befindet sich das Fahrzeug im Betriebsvermögen, sind die erhaltenen Zahlungen als Betriebseinnahmen steuerpflichtig. **288**

Hier sind umsatzsteuerfreie Betriebseinnahmen, nicht steuerbare Betriebseinnahmen sowie Betriebseinnahmen, für die der Leistungsempfänger die Umsatzsteuer nach § 13b UStG schuldet, einzutragen. Ein **Übergang der Steuerschuldnerschaft** für die Umsatzsteuer nach § 13b UStG erfolgt u.a., wenn der Unternehmer Werklieferungen und sonstige Leistungen, die der Herstellung und Instandsetzung von Bauwerken dienen, an einen Unternehmer ausführt, der ebenfalls solche Leistungen erbringt. Gleiches gilt bei Umsätzen, die der Reinigung von Gebäuden dienen. In den Fällen des Übergangs der Steuerschuldnerschaft ist die Umsatzsteuer nicht als Betriebseinnahme zu erfassen, da sie dem leistenden Unternehmer nicht zufließt. **289**

Beispiel:
Bauunternehmer A erbringt verschiedene Werklieferungen an den Bauunternehmer B, für die B die Umsatzsteuer nach § 13b Abs. 2 Nr. 4 Satz 1, Abs. 5 Satz 2 UStG schuldet. B zahlt an A hierfür 10 000,00 €. A hat in seiner Rechnung auf die Steuerschuldnerschaft des B hingewiesen.
Eintragung in der Anlage EÜR:
Zeile 16: 10 000,00 € (Entgelt ohne Umsatzsteuer)

dd) Vereinnahmte Umsatzsteuer sowie Umsatzsteuer auf unentgeltliche Wertabgaben (Zeile 17)

Hier ist die vereinnahmte Umsatzsteuer sowie Umsatzsteuer auf unentgeltliche Wertabgaben zu **290**
- den in Zeile 15 erfassten umsatzstpfl. Betriebseinnahmen,
- den in Zeile 19 erfassten Erlösen aus der Veräußerung oder Entnahme von Anlagevermögen,
- der in Zeile 20 erfassten Entnahme wegen privater Kfz-Nutzung sowie
- den in Zeile 21 erfassten sonstigen Entnahmen

im Zeitpunkt der Vereinnahmung der Betriebseinnahme (→ Rz. 270 ff.) bzw. bei unentgeltlichen Wertabgaben im Zeitpunkt der Entstehung der Umsatzsteuer zu erfassen.[3] Dies gilt nicht für die auf Grund der Durchschnittssatzbesteuerung nach § 24 UStG geschuldete Umsatzsteuer. Insoweit sind in Zeilen 13 und 18 die Bruttobetriebseinnahmen zu erfassen.

Rechtsgrundlage für die Erfassung der **Umsatzsteuer auf unentgeltliche Wertabgaben** als Betriebseinnahmen ist § 12 Nr. 3 EStG, wonach die Umsatzsteuer für Umsätze, die Entnahmen sind, nicht abzugsfähig ist. Maßgebend für die Hinzurechnung – und damit die Eintragung in Zeile 17 – ist die nach rein umsatzsteuerlichen Kriterien ermittelte Umsatzsteuer. Hierbei kommt es nicht auf die im Umsatzsteuerbescheid tatsächlich festgesetzte Umsatzsteuer an.[4]

1) § 24 Abs. 1 Satz 1 Nr. 3 UStG, geändert durch Gesetz v. 24.10.2022, BGBl. I 2022, 1838; mit Wirkung ab 1.1.2024.
2) BMF v. 27.2.2023, III C 2 – S 7220/22/10002 :010, BStBl I 2023, 351 sowie ergänzend BMF v. 30.11.2023, III C 2 – S 7220/22/10002 :013, BStBl I 2023, 2085.
3) BFH v. 7.12.2010, VIII R 54/07, BStBl II 2011, 451.
4) BFH v. 7.12.2010, VIII R 54/07, BStBl II 2011, 451.

Praxishinweis:
Die Eintragung in Zeile 17 ist nicht zu verwechseln mit der Eintragung zu Zeile 18. Dort wird die vom FA erstattete Umsatzsteuer auf Grund von Vorsteuerüberhängen erfasst (→ Rz. 292). Die Eintragung in Zeile 17 dient hingegen der Erfassung von Umsatzsteuer, die der Stpfl. auf Grund seiner Ausgangsleistungen von seinen Kunden vereinnahmt hat bzw. auf Grund von unentgeltlichen Wertabgaben schuldet.

d) Sonstige Betriebseinnahmen (Zeilen 18–22)

291 Die Zeilen 18–22 sind sowohl von Unternehmern, die der umsatzsteuerlichen Regelbesteuerung unterliegen, als auch von Unternehmern, die Kleinunternehmer sind, zu verwenden.

aa) Vom Finanzamt erstattete und ggf. verrechnete Umsatzsteuer (Zeile 18)

292 Soweit sich bei **Umsatzsteuervoranmeldungen** oder auf Grund einer **Umsatzsteuerjahreserklärung Erstattungsansprüche** des Stpfl. ergeben, sind die Zahlungen des FA im Zeitpunkt ihrer Erstattung bzw. im Zeitpunkt ihrer Verrechnung mit anderen Steuerschulden in Zeile 18 als Betriebseinnahme zu erfassen. Bei mehreren Betrieben gilt dies nur für die Umsatzsteuer, die auf die in der Anlage EÜR erfasste Tätigkeit entfällt.

Praxishinweis:
Die Umsatzsteuervorauszahlung stellt eine regelmäßig wiederkehrende Betriebsausgabe dar (→ Rz. 273). Dies gilt spiegelbildlich auch für entsprechende Erstattungsansprüche. Bei Erstattungsansprüchen auf Grund von Umsatzsteuervoranmeldungen, die in der Zeit vom 1.1. bis zum 10.1. eines Jahres ausgezahlt werden, ist daher zu prüfen, ob diese bereits im Vorjahr als Betriebseinnahme anzusetzen sind. Auf eine erteilte Lastschrifteinzugsermächtigung (→ Rz. 270, → Rz. 273) kommt es hierbei allerdings mangels Zahlungsverpflichtung des Stpfl. nicht an.

Soweit **steuerliche Nebenleistungen** wie Verspätungszuschläge und Säumniszuschläge zur Umsatzsteuer vom FA erstattet werden oder Erstattungszinsen zur Umsatzsteuer anfallen, sind diese in Zeile 16 zu erfassen. Bei Kleinunternehmern erfolgt eine Eintragung in Zeilen 12 und 13.

bb) Veräußerung oder Entnahme von Anlagevermögen (Zeile 19)

293 Hier sind die Einnahmen aus der Veräußerung oder Entnahme von Anlagevermögen einzutragen. Der noch nicht im Wege der AfA abgeschriebene **Restbuchwert** des Anlagevermögens ist nicht gegenzurechnen, sondern in Zeile 28 einzutragen. Die auf Grund der Veräußerung **geschuldete Umsatzsteuer** ist in Zeile 17 zu erfassen, so dass in Zeile 19 lediglich der Nettoveräußerungserlös ohne Umsatzsteuer zu berücksichtigen ist. Etwas anderes gilt nur für einen Land- und Forstwirt mit Durchschnittsbesteuerung nach § 24 UStG. Insoweit ist in Zeile 19 der Bruttobetrag einzutragen.

294 Wirtschaftsgüter des Anlagevermögens werden dadurch entnommen, dass sie zukünftig nur noch privat genutzt werden. Bei gewillkürtem Betriebsvermögen kann sich eine **Entnahme** auch dadurch ergeben, dass sich der Stpfl. dazu entschließt, das Wirtschaftsgut zukünftig nicht mehr dem gewillkürten Betriebsvermögen, sondern dem Privatvermögen zuzuordnen. Hierzu bedarf es aber einer Entnahmehandlung, durch die der Stpfl. eindeutig und für einen Dritten erkennbar dokumentiert, dass er das Wirtschaftsgut zukünftig dem Privatvermögen zuordnen möchte.[1] Ein auf Grund einer zumindest 10 %-igen betrieblichen Nutzung dem Betriebsvermögen zugeordnetes Wirtschaftsgut (→ Rz. 266) wird nicht dadurch entnommen, dass die betriebliche Nutzung in einem folgenden VZ unter 10 % absinkt.[2] Die Entnahme setzt auch in diesem Fall eine eindeutige Entnahmehandlung voraus, sofern die betriebliche Nutzung nicht insg. entfällt. Keiner eindeutigen Entnahmehandlung bedarf es hingegen m.E., wenn die betriebliche Nutzung auf 0 % sinkt, d.h. wenn das Wirtschaftsgut dauerhaft ausschließlich für private Zwecke genutzt wird. In diesem Fall kann das besagte Wirtschaftsgut nicht weiter dem (gewillkürten) Betriebsvermögen zugeordnet werden und es kommt zu einer entsprechenden Entnahme.

Die Entnahme ist nach § 6 Abs. 1 Nr. 4 Satz 1 EStG mit dem **Teilwert** des entnommenen Wirtschaftsguts zu bewerten. Soweit das Wirtschaftsgut zugleich aus dem **umsatzsteuerlichen Unternehmensvermögen** entnommen wird und bei der Anschaffung des Wirtschaftsguts die Vorsteuer abgezogen worden ist, ist umsatzsteuerlich gem. § 3 Abs. 1b UStG eine unentgeltliche Wertabgabe zu erfassen. Die Umsatzsteuer bemisst sich in diesem Fall gem. § 10 Abs. 4 Satz 1 Nr. 1 UStG nach dem Einkaufspreis zzgl. der Nebenkosten für den Gegenstand im Zeitpunkt der Entnahme. Dies entspricht regelmäßig dem Wiederbeschaffungspreis.[3] Die Umsatzsteuer für die Entnahme ist als Betriebseinnahme in Zeile 17 zu erfassen.

Beispiel:
A schenkt sein bisher ausschließlich betrieblich genutztes Kfz am 1.1.2025 seiner Tochter. Bei der Anschaffung hat A die Vorsteuer für das Kfz abgezogen. Der Teilwert (= Wiederbeschaffungspreis) des Kfz beträgt am 1.1.2025 6 000,00 €. Dies entspricht zugleich dem Restbuchwert. Die auf Grund der Entnahme angefallene Umsatzsteuer i.H.v. 1 140,00 € führt A am 10.2.2025 an das FA ab.

Eintragung in der Anlage EÜR

Zeile 17:	1 140,00 €	(Umsatzsteuer wegen Entnahme Kfz)
Zeile 19:	6 000,00 €	(Teilwert Kfz)
Zeile 38:	6 000,00 €	(Restbuchwert)
Zeile 58:	1 140,00 €	(Umsatzsteuerzahlung an das FA)
Zeile 106:	7 140,00 €	(Entnahme)

1) BFH v. 22.9.1993, X R 37/91, BStBl II 1994, 172.
2) BFH v. 21.8.2012, VIII R 11/11, BStBl II 2013, 117.
3) Abschn. 10.6 Abs. 1 Satz 2 UStAE.

cc) Private Kfz-Nutzung (Zeile 20)

In Zeile 20 ist der Entnahmewert auf Grund der Nutzung eines betrieblichen Kfz zu privaten Zwecken einzutragen. **295**
Eine Entnahme ist zu berücksichtigen, wenn

- das Kfz zum Betriebsvermögen gehört und
- privat genutzt wird.

Ein Kfz gehört zum **Betriebsvermögen**, wenn es notwendiges oder gewillkürtes Betriebsvermögen darstellt (→ Rz. 266).

Eine Nutzungsentnahme ist nach Verwaltungsauffassung auch anzusetzen, wenn das **Kfz** nicht im (zivilrechtlichen **296**
oder wirtschaftlichen) Eigentum des Unternehmers steht, sondern **gemietet oder geleast** ist, und zu mehr als 50 % betrieblich genutzt wird. Die Verwaltung geht demnach davon aus, dass die Aufwendungen für ein gemietetes oder geleastes Kfz, das zu mehr als 50 % betrieblich genutzt wird, (zunächst) in voller Höhe Betriebsausgaben darstellen und eine Korrektur für die Privatnutzung durch den Ansatz einer Entnahme erfolgt.

Gehört ein Kfz zum Betriebsvermögen, ist grds. davon auszugehen, dass es vom Unternehmer auch für **private** **297**
Zwecke genutzt wird. An die Glaubhaftmachung der fehlenden Privatnutzung sind strenge Anforderungen zu stellen. Hierzu bedarf es allerdings nicht des Beweises des Gegenteils. Es genügt, dass ein Sachverhalt dargelegt wird, der die ernstliche Möglichkeit eines anderen Geschehensablaufs ergibt. Der Beweis des ersten Anscheins, der für eine private Nutzung eines betrieblichen Kfz spricht, ist entkräftet, wenn für private Fahrten andere Fahrzeuge zur Verfügung stehen, die dem betrieblichen Fahrzeug in Status und Gebrauchswert vergleichbar sind. Auch bei Fahrzeugen, die typischerweise ausschließlich zur Beförderung von Gütern bestimmt sind, kann die private Nutzung nicht unterstellt werden. Ist der Anscheinsbeweis entkräftet, trifft das FA die Feststellungslast, die Privatnutzung nachzuweisen. Das FA darf jedoch eine Privatnutzung unterstellen, wenn der Unternehmer seinen Mitwirkungspflichten nicht nachkommt.

Sofern **mehrere Kfz zum Betriebsvermögen** gehören, ist eine Entnahme grds. für jedes auch privat genutzte Kfz **298**
zu erfassen. In bestimmten Fällen beanstandet es die Verwaltung nicht, wenn ausschließlich für das Kfz mit dem höchsten Listenpreis eine private Kfz-Nutzung angesetzt wird.[1] Der Nutzungswert ist in diesem Fall nach der 1 %-Regelung (→ Rz. 303 ff.) zu ermitteln. Voraussetzung für die Begrenzung der privaten Kfz-Nutzung auf das Kfz mit dem höchsten Listenpreis ist, dass die weiteren Kfz nach ihrer betrieblichen Nutzungszuweisung nicht zur Privatnutzung zur Verfügung stehen.[2] Hiervon ist z.B. bei den Vorführwagen eines Kfz-Händlers, bei Kfz, die zur Vermietung bestimmt sind, und bei Kfz von Stpfl., die ihre Tätigkeit nicht in einer festen örtlichen Einrichtung ausüben oder die ihre Leistungen nur durch den Einsatz eines Kfz erbringen können, auszugehen.[3] Soweit eine private Kfz-Nutzung durch weitere, zur Privatsphäre des Stpfl. gehörende Personen in Betracht kommt, ist je Person das Kfz mit dem nächsthöchsten Listenpreis zu berücksichtigen.[4]

Beratungshinweis:
Unabhängig von der vorgenannten Vereinfachungsregelung ist es bei mehreren zum Betriebsvermögen gehörenden Kfz ratsam, immer das gleiche Kfz für private Fahrten zu verwenden und zugleich sicherzustellen, dass die unterbliebene Privatnutzung der weiteren Kfz nachgewiesen werden kann.

Soweit nach den vorstehenden Grundsätzen eine private Kfz-Nutzung zu erfassen ist, ist die Privatentnahme nach **299**
folgenden Grundsätzen zu bewerten:

Führung eines Fahrtenbuchs	Keine Führung eines Fahrtenbuchs	
	Betriebliche Nutzung ≤ 50 %	Betriebliche Nutzung > 50 %
Ansatz der privaten Kfz-Nutzung mit den auf die Privatfahrten entfallenden Fahrzeugkosten		Ansatz der privaten Kfz Nutzung mit 1 % des Listenpreises pro Monat (1 %-Regelung)

Praxishinweis:
Wird ein Kfz zu weniger als 10 % betrieblich genutzt, kann es grds. nicht dem Betriebsvermögen zugerechnet werden (→ Rz. 266). Eine Nutzungsentnahme ist in diesem Fall nicht anzusetzen. Vielmehr sind von vornherein nur die anteiligen auf die betriebliche Nutzung entfallenden Aufwendungen im Rahmen einer Nutzungseinlage als Betriebsausgaben zu erfassen (→ Rz. 378).

(1) Nutzungswert bei Führung eines Fahrtenbuchs

Ein **Fahrtenbuch** muss zeitnah und in geschlossener Form geführt werden und die einzelnen Fahrten einschließlich **300**
des an ihrem Ende erreichten Gesamtkilometerstands vollständig und in einem fortlaufenden Zusammenhang wiedergeben.[5] Eine mit Hilfe eines Computerprogramms erzeugte Datei genügt den Anforderungen an ein ordnungsgemäßes Fahrtenbuch nur, wenn nachträgliche Veränderungen nach der Funktionsweise des verwendeten Pro-

1) BMF v. 3.3.2022, IV C 5 – S 2334/21/10004 :001 BStBl I 2022, 232.
2) BMF v. 3.3.2022, IV C 5 – S 2334/21/10004 :001 BStBl I 2022, 232.
3) BMF v. 3.3.2022, IV C 5 – S 2334/21/10004 :001 BStBl I 2022, 232.
4) BMF v. 3.3.2022, IV C 5 – S 2334/21/10004 :001 BStBl I 2022, 232.
5) BFH v. 9.11.2005, VI R 27/05, BStBl II 2006, 408.

gramms technisch ausgeschlossen sind oder in ihrer Reichweite in der Datei selbst dokumentiert werden.[1] Microsoft Excel erfüllt diese Voraussetzungen nicht. Mindestangaben sind das Datum und der Kilometerstand zu Beginn und Ende jeder einzelnen betrieblich veranlassten Fahrt, das Reiseziel und der Reisezweck.[2] Bei Privatfahrten müssen nur die jeweiligen Kilometerangaben gemacht werden. Die Finverw. lässt bei bestimmten Berufsgruppen, die typischerweise Kfz häufig und mit ständig wechselnden Fahrtzielen nutzen, Vereinfachungsregelungen zu. Die gilt z.B. für Handelsvertreter, Taxifahrer und Fahrlehrer.[3] Ein elektronisches Fahrtenbuch, in dem alle Fahrten automatisch mit Datum, Kilometerstand und Fahrtziel erfasst werden, ist auch dann noch zeitnah geführt, wenn der Fahrer den betrieblichen Fahrtanlass innerhalb von sieben Tagen nach Abschluss der jeweiligen Fahrt in einem Webportal einträgt. Die Fahrtenbuchmethode ist nur zulässig, wenn der Unternehmer das Fahrtenbuch für den gesamten Veranlagungszeitraum führt, in dem er das Fahrzeug nutzt; ein unterjähriger Wechsel von der 1 %-Regelung zur Fahrtenbuchmethode für dasselbe Fahrzeug ist nicht zulässig.[4]

301 Soweit ein ordnungsgemäßes Fahrtenbuch geführt wird, ist der **private Nutzungswert** nach § 6 Abs. 1 Nr. 4 Satz 3 EStG mit den auf die Privatfahrten entfallenden Gesamtfahrzeugkosten anzusetzen. Die Fahrten zwischen Wohnung und Betriebsstätte gehören hierbei zu den betrieblichen Fahrten. Zu den Gesamtkosten eines Fahrzeugs gehören sämtliche Kosten, die unmittelbar dem Halten und dem Betrieb des Kfz dienen und im Zusammenhang mit seiner Nutzung typischerweise entstehen, einschließlich der AfA.[5] Bei vorsteuerabzugsberechtigten Unternehmern ist auf die jeweiligen Nettobeträge abzustellen. Straßen- und Tunnelbenutzungsgebühren sowie Unfallkosten gehören nicht zu den Gesamtkosten eines Fahrzeugs.[6] Entstehen entsprechende Aufwendungen bei einer Privatfahrt, sind diese vorab in voller Höhe als Entnahme zu erfassen. Bei Elektro-, Brennstoffzellen- und Hybridelektrofahrzeugen gelten Besonderheiten (→ Rz. 306 ff.).

Praxishinweis:

Bei der Lohnsteuer beanstandet es die Finverw. nicht, wenn Unfallkosten, die nach Verrechnung mit Erstattungen durch Dritte eine Grenze von 1 000 € zzgl. Umsatzsteuer je Schaden nicht übersteigen, in die Gesamtkosten des Fahrzeugs einbezogen werden.[7] Für den betrieblichen Bereich existiert eine entsprechende Vereinfachungsregelung nicht.

302 Wenn der Unternehmer die in den Fahrzeugkosten enthaltenen Umsatzsteuerbeträge als Vorsteuern abgezogen hat, ist für die private Kfz-Nutzung umsatzsteuerlich gem. § 3 Abs. 9a Nr. 1 UStG eine **unentgeltliche Wertabgabe** zu berücksichtigen. Als Bemessungsgrundlage sind dabei nach § 10 Abs. 4 Satz 1 Nr. 2 UStG die Kosten anzusetzen, die zum vollen oder teilweisen Vorsteuerabzug berechtigt haben. Hierfür ist von dem einkommensteuerlich nach der Fahrtenbuchmethode ermittelte Nutzungswert auszugehen. Die nicht mit Vorsteuer belasteten Kosten sind herauszurechnen.[8] Für umsatzsteuerliche Zwecke erfolgt keine Kürzung um die Aufwendungen für das Batteriesystem eines Elektro- oder Hybridelektrofahrzeugs.[9] Weiterhin ist die AfA für umsatzsteuerliche Zwecke nicht nach der betriebsgewöhnlichen Nutzungsdauer, sondern nach dem für Kfz maßgeblichen fünfjährigen Berichtigungszeitraum gemäß § 15a UStG zu berechnen (§ 10 Abs. 4 Satz 1 Nr. 2 UStG i.V.m. § 15a Abs. 1 Satz 1 UStG).[10] Die auf Grund der unentgeltlichen Wertabgabe festzusetzende Umsatzsteuer ist in Zeile 17 zu erfassen. In Zeile 20 ist der Nettowert der privaten Kfz-Nutzung einzutragen. Der Bruttobetrag ist zusätzlich in Zeile 107 als Entnahme einzutragen.

Beispiel:

A nutzt sein betriebliches Kfz auch für private Zwecke. Er führt ein Fahrtenbuch, aus dem sich für 2025 ein privater Nutzungsanteil von 15 % ergibt. Die Gesamtkosten des Fahrzeugs betragen netto 10 000,00 €, wovon 5 000,00 € auf die AfA entfallen (Anschaffungskosten: 30 000,00 €, betriebsgewöhnliche Nutzungsdauer: 6 Jahre). Aus den Anschaffungskosten hat A die Vorsteuer abgezogen. Von den sonstigen Aufwendungen i.H.v. 5 000,00 € sind 1 500,00 € mit Vorsteuer belastet.

Lösung:

Für umsatzsteuerliche Zwecke ist die AfA auf den fünfjährigen Berichtigungszeitraum gemäß § 15a UStG zu verteilen. Hiernach ergibt sich eine AfA i.H.v. 6 000,00 € (30 000,00 € verteilt auf fünf Jahre). Die Bemessungsgrundlage für die unentgeltliche Wertabgabe ermittelt sich wie folgt:

Vorsteuerbelastete Fahrzeugkosten:	
AfA:	6 000,00 €
Sonstige Fahrzeugkosten:	1 500,00 €
Ergibt:	7 500,00 €
Davon 15 % privater Nutzungsanteil:	1 125,00 €
Umsatzsteuer 19 %:	214,00 €

Einkommensteuerlich ist für die private Kfz-Nutzung eine Nutzungsentnahme i.H.v. 1 500,00 € (netto) zu erfassen (15 % v. 10 000,00 €).

1) BFH v. 16.11.2005, VI R 64/04, BStBl II 2006, 410.
2) BMF v. 3.3.2022, IV C 5 – S 2334/21/10004 :001, BStBl I 2022, 232.
3) BMF v. 3.3.2022, IV C 5 – S 2334/21/10004 :001, BStBl I 2022, 232.
4) BFH v. 20.3.2014, VI R 35/12, BStBl II 2014, 643.
5) R 8.1 Abs. 9 Nr. 2 Satz 9 f. LStR.
6) R 8.1 Abs. 9 Nr. 2 Satz 11 LStR.
7) R 8.1 Abs. 9 Nr. 2 Satz 12 LStR 2015.
8) BMF v. 5.6.2014, IV D 2 – S 7300/07/10002 :001, BStBl I 2014, 896, Rz. I.5 Buchst. a.
9) BMF v. 7.2.2022, BStBl I 2022, 197.
10) Abschn. 10.6 Abs. 3 Satz 3 UStAE.

Eintragung in der Anlage EÜR:

Zeile 17:	214,00 €	(Umsatzsteuer)
Zeile 20:	1 500,00 €	(Nettowert private Kfz-Nutzung)
Zeile 107:	1 714,00 €	(Entnahme)

(2) Nutzungswert bei Anwendung der 1 %-Regelung

Die **1 %-Regelung** zur Ermittlung des Nutzungswerts für die private Kfz-Nutzung kommt gem. § 6 Abs. 1 Nr. 4 Satz 2 EStG zur Anwendung, wenn der Stpfl. kein Fahrtenbuch führt und das Kfz zu mehr als 50 % betrieblich genutzt wird. Voraussetzung ist demnach, dass es sich um ein Kfz des notwendigen Betriebsvermögens handelt (→ Rz. 266). 303

Der **Nachweis**, dass ein Kfz zu **mehr als 50 % betrieblich genutzt** wird, muss nicht durch Führung eines Fahrtenbuchs erbracht werden.[1] Die Finverw. regt an, formlose Aufzeichnungen über die betriebliche Kfz-Nutzung in einem repräsentativen zusammenhängenden Zeitraum von drei Monaten zu machen. Aufgezeichnet werden sollen Daten über die betrieblich veranlassten Fahrten (Anlass und die zurückgelegte Strecke) sowie die Kilometerstände zum Beginn und zum Ende des Aufzeichnungszeitraums.[2] Soweit die überwiegende betriebliche Nutzung einmal dargelegt und glaubhaft gemacht wurde, ist grds. auch in den folgenden VZ von einem entsprechenden betrieblichen Nutzungsumfang auszugehen. Etwas anderes gilt, wenn sich wesentliche Änderungen in der betrieblichen Tätigkeit ergeben haben oder der Wechsel der Fahrzeugklasse die Vermutung nahe legt, dass sich das Nutzungsverhalten des Unternehmers geändert hat.[3] Bei bestimmten Berufsgruppen, die auf Grund ihrer betrieblichen Tätigkeit auf die ständige Benutzung eines Kfz angewiesen sind, kann auf die Glaubhaftmachung der überwiegenden betrieblichen Nutzung verzichtet werden.[4] Dies gilt z.B. für Taxifahrer, Handelsvertreter, Handwerker der Bau- und Baunebengewerbe sowie Landtierärzte. In diesen Fällen kann die 1 %-Regelung ohne Weiteres angewandt werden. Gleiches gilt, wenn bereits auf Grund der Fahrten zwischen Wohnung und Betriebsstätte sowie Familienheimfahrten feststeht, dass ein Kfz zu mehr als 50 % betrieblich genutzt wird.[5]

Die private Kfz-Nutzung ist bei der 1 %-Regelung für **jeden Monat**, in dem das Kfz privat genutzt wurde, mit **1 % des Listenpreises** anzusetzen. Als Listenpreis ist der inl. Listenpreis im Zeitpunkt der Erstzulassung zzgl. der Kosten für Sonderausstattung einschließlich der Umsatzteuer anzusetzen. Dies gilt auch bei gebraucht erworbenen oder geleasten Kfz. Nachträglich eingebaute Sonderausstattung ist nicht in den Listenpreis einzubeziehen.[6] Gleiches gilt für den Wert eines Autotelefons einschließlich Freisprecheinrichtung sowie den Wert eines weiteren Satzes Reifen und Felgen.[7] Der Listenpreis ist auf volle 100 € abzurunden.[8] Bei Elektro-, Brennstoffzellen- und Hybridelektrofahrzeugen gelten Besonderheiten (→ Rz. 306 ff.). 304

Unfallkosten sind durch die 1 %-Regelung nicht abgegolten.[9] Entstehen entsprechende Aufwendungen bei einer Privatfahrt, sind diese in voller Höhe als Entnahme zu erfassen.

Wenn der Unternehmer die in den Fahrzeugkosten enthaltenen Umsatzsteuerbeträge als Vorsteuern abgezogen hat, ist für die private Kfz-Nutzung gem. § 3 Abs. 9a Nr. 1 UStG umsatzsteuerlich eine **unentgeltliche Wertabgabe** zu berücksichtigen. Als Bemessungsgrundlage kann der nach der 1 %-Regelung ermittelte private Nutzungswert angesetzt werden. Für umsatzsteuerliche Zwecke erfolgt jedoch keine pauschale Kürzung des inl. Listenpreises für ein Elektro-, Brennstoffzellen- oder Hybridelektrofahrzeug.[10] Für die nicht mit Vorsteuern belasteten Kosten kann ein pauschaler Abschlag von 20 % vorgenommen werden. Der so ermittelte Betrag ist ein Nettowert, auf den die Umsatzsteuer aufzuschlagen ist. Die auf Grund der unentgeltlichen Wertabgabe festzusetzende Umsatzsteuer ist in Zeile 17 zu erfassen. In Zeile 20 ist der Nettowert der privaten Kfz-Nutzung einzutragen. Der Bruttobetrag ist zusätzlich in Zeile 107 als Entnahme einzutragen. 305

Beispiel:
A nutzt sein betriebliches Kfz im Jahr 2025 auch für private Zwecke. Der betriebliche Nutzungsanteil beträgt mehr als 50 %. Ein Fahrtenbuch führt A nicht. Der Listenpreis des Kfz einschließlich Umsatzsteuer beträgt 50 000,00 €. Die in den Fahrzeugkosten enthaltenen Umsatzsteuerbeträge hat A als Vorsteuern abgezogen.

Lösung:
Für die private Kfz-Nutzung ist eine Nutzungsentnahme i.H.v. 6 000,00 € (12 % v. 50 000,00 €) anzusetzen. Die Bemessungsgrundlage für die unentgeltliche Wertabgabe beträgt 4 800,00 € (6 000,00 € abzgl. 20 %). Die Umsatzsteuer ist mit 912,00 € (19 % v. 4 800,00 €) anzusetzen.

Eintragung in der Anlage EÜR:

Zeile 17:	912,00 €	(Umsatzsteuer)
Zeile 20:	6 000,00 €	(Nettowert private Kfz-Nutzung)
Zeile 106:	6 912,00 €	(Entnahme)

1) BMF v. 3.3.2022, IV C 5 – S 2334/21/10004 :001, BStBl I 2022, 232.
2) BMF v. 3.3.2022, IV C 5 – S 2334/21/10004 :001, BStBl I 2022, 232.
3) BMF v. 3.3.2022, IV C 5 – S 2334/21/10004 :001, BStBl I 2022, 232.
4) BMF v. 3.3.2022, IV C 5 – S 2334/21/10004 :001, BStBl I 2022, 232.
5) BMF v. 3.3.2022, IV C 5 – S 2334/21/10004 :001, BStBl I 2022, 232.
6) BFH v. 13.10.2010, VI R 12/09, BStBl II 2011, 361.
7) R 8.1 Abs. 9 Nr. 1 Satz 6 LStR 2015.
8) BFH v. 13.10.2010, VI R 12/09, BStBl II 2011, 361.
9) BFH v. 24.5.2007, VI R 73/05, BStBl II 2007, 766.
10) BMF v. 7.2.2022, BStBl I 2022, 197.

Umsatzsteuerlich besteht alternativ die Möglichkeit, die **Bemessungsgrundlage für die unentgeltliche Wertabgabe** nach den gleichen Grundsätzen wie bei der Fahrtenbuchmethode zu bestimmen (→ Rz. 302). In diesem Fall ist der private Nutzungsanteil zu schätzen.[1] Hierzu kann auf die Aufzeichnungen zurückgegriffen werden, mit Hilfe derer der betriebliche Nutzungsanteil des Kfz von mehr als 50 % nachgewiesen worden ist (→ Rz. 303).

Übersteigen der nach der 1 %-Regelung ermittelte private Nutzungswert sowie die nicht abziehbaren Betriebsausgaben für Fahrten zwischen Wohnung und Betriebsstätte, Familienheimfahrten und Fahrten zwischen Wohnung und betrieblichem Sammelpunkt bzw. weiträumigem Tätigkeitsgebiet (→ Rz. 384 f.) die für das genutzte Kfz insg. entstandenen Aufwendungen, wird der private Nutzungswert durch die sog. **Kostendeckelung** begrenzt (→ Rz. 386).

(3) Besonderheiten bei Elektro-, Brennstoffzellen- und Hybridelektrofahrzeugen

306 Für Kfz die nach dem 31.12.2018 angeschafft worden sind, gelten weitere Begünstigungen bei der Berechnung der privaten Kfz-Nutzung.[2] Diese Begünstigung gilt für Elektrofahrzeuge sowie Brennstoffzellenfahrzeuge und für Hybridelektrofahrzeuge welche die Voraussetzungen des § 3 Abs. 2 Nr. 1 oder 2 Elektromobilitätsgesetz (EmoG) erfüllen (CO_2-Ausstoß höchstens 50 g je gefahrenem Kilometer oder rein elektrische Reichweite mindestens 40 km).[3] Werden die Voraussetzungen nach § 3 EmoG nicht erfüllt, gelten die normalen Regeln zur Versteuerung der Privatfahrten.

Bei der Berechnung der privaten Kfz-Nutzung ist der **Listenpreis** nur noch zur Hälfte anzusetzen. Bei der **Fahrtenbuchmethode** wird die AfA für die Ermittlung des privaten Nutzungsanteils nur zur Hälfte angesetzt (bei Leasingfahrzeugen sind die Leasing- oder Mietkosten nur zur Hälfte zu berücksichtigen).

Regelung für Anschaffungen ab 1.1.2019

Für Elektrofahrzeuge, die nach dem 31.12.2018 angeschafft worden sind, ist ab dem VZ 2020 der Listenpreis oder die AfA nur mit einem Viertel anzusetzen, wenn der Bruttolistenpreis des Kfz nicht mehr als 70 000 € beträgt.[4] Für Kfz die nach dem 30.6.2025 angeschafft wurden, erhöht sich der Bruttolistenpreis auf 100 000 €.[5]

(4) Nutzungswert bei einer betrieblichen Nutzung von weniger oder gleich 50 %

307 Wird ein Kfz zu weniger als 50 % betrieblich genutzt, ist der private Nutzungsanteil gem. § 6 Abs. 1 Nr. 4 Satz 1 EStG mit den auf die private Nutzung entfallenden anteiligen Gesamtkosten zu bewerten.[6] Bei der **Ermittlung des privaten Nutzungsanteils** sind die in → Rz. 303 beschriebenen Grundsätze zum Nachweis des Umfangs der betrieblichen Nutzung eines Kfz zu beachten. Die Ermittlung der **Gesamtkosten des Kfz** erfolgt nach den gleichen Grundsätzen wie bei der Fahrtenbuchmethode (→ Rz. 301). Bei einem Elektrofahrzeug oder einem extern aufladbaren Hybridelektrofahrzeug sind die Gesamtkosten des Kfz nach den gleichen Grundsätzen wie bei der Fahrtenbuchmethode (→ Rz. 301) um die auf das Batteriesystem entfallenden Aufwendungen zu kürzen.[7] Auch hierbei sind die Besonderheiten für nach dem 31.12.2018 angeschaffte Fahrzeuge zu beachten (→ Rz. 306).

Soweit der Unternehmer die in den Fahrzeugkosten enthaltenen Umsatzsteuerbeträge als Vorsteuern abgezogen hat, ist für die private Kfz-Nutzung umsatzsteuerlich eine **unentgeltliche Wertabgabe** zu berücksichtigen. Wie bei der Fahrtenbuchmethode ist auch hier regelmäßig der einkommensteuerlich ermittelte Nutzungswert der Umsatzsteuer zugrunde zu legen. Aus den Gesamtaufwendungen sind die nicht mit Vorsteuer belasteten Kosten herauszurechnen. Für umsatzsteuerliche Zwecke erfolgt keine Kürzung um die Aufwendungen für das Batteriesystem eines Elektro- oder Hybridelektrofahrzeugs.[8] Weiterhin ist die AfA für umsatzsteuerliche Zwecke nicht nach der betriebsgewöhnlichen Nutzungsdauer, sondern nach dem für Kfz maßgeblichen fünfjährigen Berichtigungszeitraum gemäß § 15a UStG zu berechnen (§ 10 Abs. 4 Satz 1 Nr. 2 UStG i.V.m. § 15a Abs. 1 Satz 1 UStG).[9] Die auf Grund der unentgeltlichen Wertabgabe festzusetzende Umsatzsteuer ist in Zeile 17 zu erfassen. In Zeile 20 ist der Nettowert der privaten Kfz-Nutzung einzutragen. Der Bruttobetrag ist zusätzlich in Zeile 106 als Entnahme einzutragen.

dd) Sonstige Sach-, Nutzungs- und Leistungsentnahmen (Zeile 21)

308 In Zeile 21 sind die sonstigen Sach-, Nutzungs- und Leistungsentnahmen einzutragen. Dies gilt z.B. für

- Warenentnahmen (Sachentnahme),
- die Nutzung betrieblicher Wirtschaftsgüter für private Zwecke (Nutzungsentnahme) oder
- Arbeiten durch Arbeitnehmer am Privatgrundstück des Unternehmers (Leistungsentnahme).

---

1) BMF v. 5.11.2021, IV C 6 – S 2177/19/10004 :008, BStBl I 2021, 2205.
2) Gesetz zur Vermeidung von Umsatzsteuerausfällen beim Handel mit Waren im Internet und zur Änderung weiterer steuerlicher Vorschriften („JStG 2018") v. 11.12.2018, BGBl. I 2018, 2338 = BStBl I 2018, 1377.
3) Die Reichweite des Hybridelektrofahrzeuge muss sich bei Anschaffungen nach dem 31.12.2021 auf mindestens 60 km und bei Anschaffungen nach dem 31.12.2024 auf 80 km belaufen. Ansonsten liegen die Voraussetzungen zur Halbierung der BMG nicht vor.
4) Erhöht mit dem Wachstumschancengesetz v. 27.3.2024, BGBl. I 2024 Nr. 108 = BStBl I 2024, 666, und gilt für Anschaffungen nach dem 31.12.2023.
5) Gesetz für ein steuerliches Investitionssofortprogramm zur Stärkung des Wirtschaftsstandorts Deutschland v. 14.7.2025, BGBl. I 2025 Nr. 161.
6) BMF v. 3.3.2022, IV C 5 – S 2334/21/10004 :001 BStBl I 2022, 232.
7) BMF v. 5.11.2021, IV C 6 – S 2177/19/10004 :008, BStBl I 2021, 2205.
8) BMF v. 5.11.2021, IV C 6 – S 2177/19/10004 :008, BStBl I 2021, 2205.
9) Abschn. 10.6 Abs. 3 Satz 3 UStAE.

Bewertungsmaßstab für Sachentnahmen ist nach § 6 Abs. 1 Nr. 4 Satz 1 EStG der **Teilwert**. Nutzungs- und Leistungsentnahmen sind mit den **Selbstkosten** anzusetzen, also mit den im Zusammenhang mit den Nutzungen und Leistungen entstandenen Aufwendungen.[1] Ein Gewinnzuschlag ist nicht zu berücksichtigen. Für bestimmte Gewerbezweige (z.B. Bäckerei, Metzgerei, Gaststätten) gibt es Pauschbeträge, die angesetzt werden können.[2]

Bei Unternehmern, die der umsatzsteuerlichen Regelbesteuerung unterliegen, stellen Entnahmen umsatzstpfl. **unentgeltliche Wertabgaben** dar. Bei Sach- und Nutzungsentnahmen gilt dies jedoch gem. § 3 Abs. 1b, Abs. 9a Nr. 1 UStG nur, wenn bei der Anschaffung des entnommenen bzw. privat genutzten Wirtschaftsguts die Umsatzsteuer als Vorsteuer abgezogen worden ist. Bei Leistungsentnahmen kommt es auf den Vorsteuerabzug nach § 3 Abs. 9a Nr. 2 UStG nicht an. 309

Bei der Ermittlung der **Bemessungsgrundlage** der unentgeltlichen Wertabgaben ist wie folgt zu differenzieren:

Sachentnahmen	Nutzungsentnahmen	Leistungsentnahmen
Einkaufspreis zzgl. Nebenkosten im Zeitpunkt der Entnahme (= Wiederbeschaffungspreis[3])	Bei der Ausführung des Umsatzes entstandene Ausgaben einschließlich AfA, soweit sie zum Vorsteuerabzug berechtigt haben; die AfA ist entsprechend dem Berichtigungszeitraum i.S.d. § 15a UStG zu verteilen[4]	Bei der Ausführung des Umsatzes entstandene Ausgaben; auf die Vorsteuerabzugsberechtigung aus den Eingangsleistungen kommt es nicht an; die AfA ist entsprechend dem Berichtigungszeitraum i.S.d. § 15a UStG zu verteilen[5]

Die auf Grund der unentgeltlichen Wertabgabe festzusetzende Umsatzsteuer ist in Zeile 17 zu erfassen. In Zeile 21 ist der Nettowert der Sach-, Nutzungs- und Leistungsentnahmen zu berücksichtigen. Der Bruttobetrag der Entnahme ist zusätzlich in Zeile 106 einzutragen.

ee) Auflösung von Rücklagen und Ausgleichsposten (Zeile 22)

Hier ist der Betrag aus Zeile 105 zu übernehmen. 310

e) Summe Betriebseinnahmen (Zeile 23)

Einzutragen ist die Summe der in Zeilen 12 bis 22 eingetragenen Werte. Die Ergebniszahl ist in Zeile 76 zu übernehmen. 311

4. Betriebsausgaben (Zeilen 24–75)

a) Betriebsausgabenpauschalen, Waren, bezogene Fremdleistungen, Personalaufwand (Zeilen 24–30)

2. Betriebsausgaben 25

(einschließlich auf steuerfreie Betriebseinnahmen entfallende Betriebsausgaben)

Zeile		Kz.	EUR	Ct
24	Betriebsausgabenpauschale für **bestimmte Berufsgruppen**	195		
25	Sachlicher Bebauungskostenrichtbetrag und Ausbaukostenrichtbeträge für **Weinbaubetriebe** (Übertrag aus Zeile 13 der Anlage LuF)			
26	Betriebsausgabenpauschale für **Forstwirte** (Übertrag aus Zeile 17 der Anlage LuF)			
27	Waren, Rohstoffe und Hilfsstoffe einschließlich der Nebenkosten	100		
28	**Übertrag (Summe Zeilen 24 bis 27)**			

2025AnlEÜR801 - August 2025 - 2025AnlEÜR801

(Betriebs-)Steuernummer - 2 -

Zeile		Kz.	EUR	Ct
28	**Übertrag (Summe Zeilen 24 bis 27)**			
29	Bezogene Fremdleistungen	110		
30	Ausgaben für eigenes Personal (z. B. Gehälter, Löhne und Versicherungsbeiträge)	120		

1) BFH v. 26.7.1979, IV R 170/74, BStBl II 1980, 176.
2) BMF v. 21.1.2025, IV D 3 – S 1547/00006/006/024, vgl. https://www.bundesfinanzministerium.de/Content/DE/Downloads/BMF_Schreiben/Weitere_Steuerthemen/Betriebspruefung/Richtsatzsammlung/2025-01-21-pauschbetraege-2025.pdf?__blob=publicationFile&v=5.
3) Abschn. 10.6 Abs. 1 Satz 2 f. UStAE.
4) Abschn. 10.6 Abs. 3 UStAE.
5) Abschn. 10.6 Abs. 3 UStAE.

aa) Betriebsausgabenpauschale für bestimmte Berufsgruppen (Zeile 24)

312 Die Finverw. akzeptiert bei bestimmten Berufsgruppen die Berücksichtigung von Betriebsausgabenpauschalen:

– Hauptberufliche selbständige schriftstellerische oder journalistische Tätigkeit	– 30 % der Betriebseinnahmen, höchstens 3 600 € jährlich[1]
– Nebenberufliche wissenschaftliche, künstlerische oder schriftstellerische Tätigkeit – Nebenberufliche Vortrags-, Lehr- oder Prüfungstätigkeit	– 25 % der Betriebseinnahmen, höchstens 900 € jährlich[2]
– Selbständige Tätigkeit als Kindertagesmutter/-vater	– 400 € pro Kind und Monat – Bei einer Betreuungszeit von weniger als 40 Stunden pro Woche ist der Satz prozentual zu kürzen[3] – Je Freihalteplatz und Monat kann eine Betriebsausgabenpauschale von 50 € abgezogen werden.

Die Betriebsausgabenpauschale ist in Zeile 24 einzutragen. Weitere Betriebsausgaben sind in diesem Fall nicht in der Anlage EÜR einzutragen. Bei der Inanspruchnahme der Pauschalen handelt es sich lediglich um ein **Wahlrecht**, so dass an deren Stelle höhere tatsächliche Betriebsausgaben geltend gemacht werden können.

bb) Richtbeträge für Weinbaubetriebe (Zeile 25)

313 Die Bundesländer mit Weinbauanbaugebieten erlauben eine pauschale Ermittlung bestimmter **Betriebsausgaben bei Weinbaubetrieben** (sachliche Bebauungskostenrichtbeträge bzw. Bebauungskostenpauschale). Die Ermittlung erfolgt auf der Anlage LuF (→ Rz. 496 ff.) und ist in Zeile 25 zu übertragen.

cc) Betriebsausgabenpauschale für Forstwirte (Zeile 26)

314 Nach § 51 EStDV haben Land- und Forstwirte die Möglichkeit, pauschale Betriebsausgaben bei der Ermittlung der **Gewinne aus Holznutzungen** abzuziehen. Die Ermittlung erfolgt auf der Anlage LuF (→ Rz. 496 ff.) und ist in Zeile 26 zu übertragen.

dd) Waren, Rohstoffe und Hilfsstoffe einschließlich der Nebenkosten (Zeile 27)

315 Hier sind die Betriebsausgaben für Waren, Rohstoffe und Hilfsstoffe einschließlich der Nebenkosten einzutragen. Dies betrifft besonders die von einem Handelsbetrieb erworbenen und zur Weiterveräußerung bestimmten **Wirtschaftsgüter des Umlaufvermögens**. In den Aufwendungen enthaltene abzugsfähige Vorsteuerbeträge sind nicht hier, sondern in Zeile 57 einzutragen (Erfassung des Nettobetrags in Zeile 27). Bei Kleinunternehmern und bei Unternehmern, die den Vorsteuerabzug pauschal ermitteln, ist dagegen der Bruttobetrag zu berücksichtigen. Gleiches gilt bei aus anderen Gründen nicht abziehbaren Vorsteuerbeträgen.

316 Anschaffungs- oder Herstellungskosten bzw. der Einlagewert von Wirtschaftsgütern des Umlaufvermögens sind bei der **Gewinnermittlung** durch Einnahmenüberschussrechnung **für im Inland stpfl. Einkünfte** grds. im Zeitpunkt ihrer Verausgabung bzw. Einlage als Betriebsausgabe anzusetzen (→ Rz. 270). Eine Ausnahme besteht nach § 4 Abs. 3 Satz 4 EStG für Anteile an Kapitalgesellschaften, Wertpapiere und vergleichbare nicht verbriefte Forderungen und Rechte, Grund und Boden sowie Gebäude. Die Anschaffungs- oder Herstellungskosten bzw. der Einlagewert dieser Wirtschaftsgüter sind erst im Zeitpunkt des Zuflusses des Veräußerungserlöses bzw. der Entnahme als Betriebsausgaben zu berücksichtigen.

Beispiel:
A betreibt einen gewerblichen Grundstückshandel. Im Jahr 2022 erwirbt A ein Grundstück. Den Kaufpreis i.H.v. 100 000 € bezahlt er noch im Jahr 2022. Im Jahr 2025 veräußert A das Grundstück für 120 000 €. Der Erwerber zahlt den vereinbarten Kaufpreis am 10.3.2025 an A.

Lösung:
Das Grundstück stellt Umlaufvermögen des gewerblichen Grundstückshandels dar, da es zur Veräußerung bestimmt ist. Der Kaufpreis i.H.v. 100 000 € ist mit Zufluss des Veräußerungserlöses im Jahr 2025 als Betriebsausgabe zu berücksichtigen.

317 Bei der **Gewinnermittlung** durch Einnahmenüberschussrechnung **für Zwecke des Progressionsvorbehalts nach § 32b EStG** sind die Betriebsausgaben für die Anschaffungs- oder Herstellungskosten bzw. den Einlagewert von Wirtschaftsgütern des Umlaufvermögens gem. § 32b Abs. 2 Satz 1 Nr. 2 Satz 2 Buchst. c Satz 1 EStG stets im Zeitpunkt des Zuflusses des Veräußerungserlöses bzw. der Entnahme anzusetzen.

318 **Wirtschaftsgüter i.S.d. § 4 Abs. 3 Satz 4 EStG bzw. § 32b Abs. 2 Satz 1 Nr. 2 Satz 2 Buchst. c Satz 1 EStG** sind gem. § 4 Abs. 3 Satz 5 EStG bzw. § 32b Abs. 2 Satz 1 Nr. 2 Satz 2 Buchst. c Satz 2 EStG unter Angabe des Tages der Anschaffung oder Herstellung und der Anschaffungs- oder Herstellungskosten oder des an deren Stelle getretenen Werts **gesondert aufzuzeichnen**.

Die **Eintragung in Zeile 27 der Anlage EÜR** erfolgt im Zeitpunkt des Zuflusses des Veräußerungserlöses bzw. der Entnahme. Dieser Betrag kann der Eintragung in Zeile 92 der Anlage AVEÜR entnommen werden.

---

1) BMF v. 6.4.2023, IV C 6 – S 2246/20/10002 :001, BStBl I 2023, 671.
2) BMF v. 6.4.2023, IV C 6 – S 2246/20/10002 :001, BStBl I 2023, 671.
3) BMF v. 6.4.2023, IV C 6 – S 2246/19/10004 :004, BStBl I 2023, 669.

Zur Bestimmung der **Anschaffungskosten** → Rz. 445 f., → Rz. 465, der **Herstellungskosten** → Rz. 447 f. und des **Einlagewerts** → Rz. 441. 319

ee) Bezogene Fremdleistungen (Zeile 29)

In Zeile 29 sind Betriebsausgaben auf Grund bezogener Fremdleistungen einzutragen. Dies betrifft z.B. **Dienstleistungen von Subunternehmern**, die der Herstellung von Wirtschaftsgütern des Umlaufvermögens dienen. In den Aufwendungen enthaltene abzugsfähige Vorsteuerbeträge sind nicht hier, sondern in Zeile 57 einzutragen (Erfassung des Nettobetrags in Zeile 29). Bei Kleinunternehmern und bei Unternehmern, die den Vorsteuerabzug pauschal ermitteln, ist dagegen der Bruttobetrag zu berücksichtigen. Gleiches gilt bei aus anderen Gründen nicht abziehbaren Vorsteuerbeträgen. 320

ff) Ausgaben für eigenes Personal (Zeile 30)

Ausgaben für eigenes Personal sind insbesondere die ausgezahlten **Löhne und Gehälter**, abgeführte Arbeitnehmer- und Arbeitgeberbeiträge zur Sozialversicherung, die einbehaltene und abgeführte Lohnsteuer sowie Reisekosten der Arbeitnehmer. Auch pauschal nach §§ 37b Abs. 2, 40, 40a und 40b EStG erhobene und abgeführte Lohnsteuer ist hier einzutragen. Gleiches gilt für steuerfrei ausgezahlten Arbeitslohn. 321

Fraglich ist, ob auch Aufwendungen für **Sachzuwendungen an Arbeitnehmer**, die in der Mitbenutzung von betrieblichen Wirtschaftsgütern liegen, in Zeile 30 einzutragen sind (etwa die private Kfz-Nutzung oder Telefonnutzung durch einen Arbeitnehmer). Die Anleitung zur Anlage EÜR sieht vor, dass sämtliche gezahlten Bruttolohn- und Gehaltsaufwendungen in Zeile 30 erfasst werden. Gleichwohl erscheint es in diesem Fall sinnvoll, entsprechende Aufwendungen in den regulär vorgesehenen Aufwandsposten der Anlage EÜR zu berücksichtigen, da eine Aufteilung der Betriebsausgaben in Aufwendungen für die Nutzungsüberlassung an das Personal und Aufwendungen für die sonstige betriebliche Nutzung regelmäßig allenfalls im Wege der Schätzung möglich ist.

b) AfA (Zeilen 31–38)

	Absetzung für Abnutzung (AfA)		
31	AfA auf Grundstücke/grundstücksgleiche Rechte (Übertrag aus Zeile 22 der Anlage AVEÜR)	136	,
32	AfA auf immaterielle Wirtschaftsgüter (Übertrag aus Zeile 37 der Anlage AVEÜR)	131	,
33	AfA auf bewegliche Wirtschaftsgüter (Übertrag aus Zeile 63 der Anlage AVEÜR)	130	,
34	Sonderabschreibungen nach § 7b EStG und § 7g Abs. 5 und 6 EStG (Übertrag der Summe der Zeilen 12 und 62 der Anlage AVEÜR)	134	,
35	Herabsetzungsbeträge nach § 7g Abs. 2 Satz 3 EStG (Erläuterungen auf gesondertem Blatt)	138	,
36	Aufwendungen für geringwertige Wirtschaftsgüter nach § 6 Abs. 2 EStG	132	,
37	Auflösung Sammelposten nach § 6 Abs. 2a EStG (Übertrag aus Zeile 82 der Anlage AVEÜR)	137	,
38	Restbuchwerte der ausgeschiedenen Anlagegüter (Übertrag der Summe der Beträge aus Zeilen 7, 14, 20, 26, 32, 38, 45, 53, 60, 86, 91 der Anlage AVEÜR)	135	,

aa) AfA auf Grundstücke/grundstücksgleiche Rechte (unbewegliche Wirtschaftsgüter) (Zeile 31)

Dieser Betrag kann der Eintragung in Zeile 22 der Anlage AVEÜR entnommen werden (zur Ermittlung der AfA für unbewegliche Wirtschaftsgüter → Rz. 444 ff.). 322

bb) AfA auf immaterielle Wirtschaftsgüter (Zeile 32)

Dieser Betrag kann der Eintragung in Zeile 37 der Anlage AVEÜR entnommen werden (zur Ermittlung der AfA für immaterielle Wirtschaftsgüter → Rz. 462 f.). 323

cc) AfA auf bewegliche Wirtschaftsgüter (Zeile 33)

Dieser Betrag kann der Eintragung in Zeile 63 der Anlage AVEÜR entnommen werden (zur Ermittlung der AfA für bewegliche Wirtschaftsgüter → Rz. 475 ff.). 324

dd) Sonderabschreibungen nach § 7b EStG und § 7g Abs. 5 und 6 EStG (Zeile 34)

Dieser Betrag kann den Eintragungen in Zeile 12 und 62 der Anlage AVEÜR entnommen werden (zur Ermittlung der Sonderabschreibung für den Mietwohnungsneubau nach § 7b EStG → Rz. 1590 ff.), (zur Ermittlung der Sonderabschreibungen nach § 7g EStG → Rz. 474 ff.). 325

ee) Herabsetzungsbeträge nach § 7g Abs. 2 EStG (Zeile 35)

326 Hier ist ein nach § 7g Abs. 2 Satz 3 EStG geltend gemachter **Herabsetzungsbetrag der Anschaffungs- oder Herstellungskosten** eines Wirtschaftsguts des Anlagevermögens einzutragen. Dies setzt voraus, dass der Unternehmer in einem der drei vorangegangenen Wj. einen Investitionsabzugsbetrag für die beabsichtigte Anschaffung oder Herstellung des Wirtschaftsguts in Anspruch genommen hat. Im Jahr der Anschaffung oder Herstellung ist der Investitionsabzugsbetrag nach § 7g Abs. 2 Satz 1 EStG dem Gewinn hinzuzurechnen. Durch den Herabsetzungsbetrag i.S.d. § 7g Abs. 2 Satz 3 EStG wird diese Gewinnhinzurechnung kompensiert.

Praxishinweis:
Die Eintragung zu Zeile 35 ist auf einem gesonderten Blatt zu erläutern, das gemeinsam mit der Anlage EÜR an das FA zu übermitteln ist. Bitte beachten Sie, dass der Herabsetzungsbetrag nicht aus der Anlage AVEÜR zu übernehmen ist, da dieser dort nicht einzutragen ist. Auf der Anlage AVEÜR sind die um den Herabsetzungsbetrag geminderten Anschaffungskosten des Wirtschaftsguts einzutragen.

327 Die **Anlage EÜR** sieht im Zusammenhang mit den Regelungen des Investitionsabzugsbetrags folgende Eintragungsmöglichkeiten vor:

- Zeile 35: Herabsetzungsbeträge nach § 7g Abs. 2 Satz 3 EStG;
- Zeilen 84–86: Hinzurechnungen der Investitionsabzugsbeträge nach § 7g Abs. 2 Satz 1 EStG;
- Zeile 88: Abzüge auf Grund von Investitionsabzugsbeträgen nach § 7g Abs. 1 EStG.

Beispiel:
A macht im Jahr 2024 einen Investitionsabzugsbetrag i.H.v. 5 000,00 € für die beabsichtigte Anschaffung eines neuen Aktenregals für 10 000,00 € geltend (Investitionsabzugsbetrag: 50 % v. 10 000,00 € = 5 000,00 €). Im Jahr 2025 erwirbt A das Aktenregal wie geplant für 10 000,00 €.

Lösung:
Ohne Berücksichtigung der AfA ergeben sich auf Grund des Sachverhalts folgende Gewinnauswirkungen:

Jahr 2024:

Abzug Investitionsabzugsbetrag:	./. 5 000,00 €

Jahr 2025:

Hinzurechnung Investitionsabzugsbetrag:	+ 5 000,00 €
Herabsetzungsbetrag Anschaffungskosten:	./. 5 000,00 €
Gewinnauswirkung:	0,00 €

Eintragung in der Anlage EÜR 2024:

Zeile 88:	5 000,00 €	(Abzug Investitionsabzugsbetrag)

Eintragung in der Anlage EÜR 2025:

Zeile 35:	5 000,00 €	(Herabsetzungsbetrag nach § 7g Abs. 2 Satz 3 EStG)
Zeile 86:	5 000,00 €	(Hinzurechnung Investitionsabzugsbetrag aus 2024)

Praxishinweis:
Ein Zusammenhang zwischen der Inanspruchnahme eines Investitionsabzugsbetrags und der Vornahme von Sonderabschreibungen nach § 7g Abs. 5 EStG (→ Rz. 474 ff.) besteht nicht. Beide Regelungen können unabhängig voneinander in Anspruch genommen werden.

328 Im Einzelnen sind bei der Geltendmachung, Hinzurechnung bzw. Rückgängigmachung eines Investitionsabzugsbetrags sowie der Herabsetzung der Anschaffungs- oder Herstellungskosten folgende Grundsätze zu beachten:

(1) Abzug des Investitionsabzugsbetrags

329 Die Inanspruchnahme eines Investitionsabzugsbetrags ist nach § 7g Abs. 1 EStG unter den folgenden Voraussetzungen möglich:

- künftige Anschaffung oder Herstellung eines **abnutzbaren beweglichen Wirtschaftsguts des Anlagevermögens**;
- kein Überschreiten der **Betriebsgrößenmerkmale** i.S.d. § 7g Abs. 1 Satz 2 Nr. 1 EStG (→ Rz. 330);
- Absicht, das Wirtschaftsgut mind. bis zum Ende des dem Wj. der Anschaffung oder Herstellung folgenden Wj. in einer **inl. Betriebsstätte** vermietet[1] oder ausschließlich oder fast ausschließlich **betrieblich zu nutzen** (→ Rz. 332);
- **Elektronische Übermittlung** der Summen der Abzugsbeträge an das FA (→ Rz. 333).

1) Eingefügt durch das JStG 2020 v. 21.12.2020, BGBl. I 2021, 3096 = BStBl I 2023, 7.

Bei Stpfl., die ihren Gewinn durch Einnahmenüberschussrechnung ermitteln, darf der Gewinn **200 000 €**[1] nicht überschreiten (§ 7g Abs. 1 Satz 2 Nr. 1 EStG). Bei dem nach § 4 Abs. 3 EStG ermittelten Gewinn sind Abzüge und Hinzurechnungen auf Grund von Investitionsabzugsbeträgen nicht zu berücksichtigen.[2] 330

Beispiel:

A möchte im Jahr 2025 einen Investitionsabzugsbetrag i.H.v. 5 000 € für die beabsichtigte Anschaffung eines neuen Aktenregals zum Kaufpreis von 10 000 € geltend machen (Investitionsabzugsbetrag: 50 % v. 10 000 € = 5 000 €). Der nach § 4 Abs. 3 EStG ermittelte Gewinn beträgt vor Abzug des Investitionsabzugsbetrags 202 000 €.

Lösung:

Der Investitionsabzugsbetrag kann nicht beansprucht werden, weil die Gewinngrenze i.H.v. 200 000 € überschritten ist. Der für die Anwendung des § 7g EStG maßgebende Gewinn kann nicht um den beabsichtigten Abzug des Investitionsabzugsbetrags gemindert werden.

Praxishinweis:

Gewinnminderungen auf Grund der Herabsetzung der Anschaffungs- oder Herstellungskosten nach § 7g Abs. 2 Satz 2 EStG sowie Sonderabschreibungen nach § 7g Abs. 5 und 6 EStG sind dagegen bei der Ermittlung des für Zwecke des § 7g Abs. 1 Satz 2 Nr. 1 Buchst. c EStG maßgebenden Gewinns zu berücksichtigen.

Investitionsabzugsbeträge, die erst nach Eintritt der Unanfechtbarkeit der erstmaligen Steuerfestsetzung oder der erstmaligen gesonderten Feststellung in Anspruch genommen wurden, dürfen nur noch verwendet werden, wenn das begünstigte Wirtschaftsgut zum Zeitpunkt der Inanspruchnahme des Investitionsabzugsbetrags noch nicht angeschafft oder hergestellt worden ist bzw. war (§ 7g Abs. 2 Satz 2 EStG).[3] 331

Die Neuregelung verhindert die **Verwendung von Investitionsabzugsbeträgen** (= Auflösung) für Investitionen, die zum Zeitpunkt der Geltendmachung bereits angeschafft oder hergestellt wurden. Sie betrifft ausschließlich die nachträglich beantragte Hinzurechnung von Investitionsabzugsbeträgen, die nach Eintritt der Unanfechtbarkeit der erstmaligen Steuerfestsetzung des Investitionsjahres oder der erstmaligen gesonderten Feststellung, also nach Ablauf der Einspruchsfrist von einem Monat (§ 355 Abs. 1 Satz 1 AO), nun doch hinzugerechnet werden sollen, z.B. im Rahmen eines Änderungsantrags nach § 164 Abs. 2 Satz 2 AO. Dadurch soll sichergestellt werden, dass bis zum Ende der Einspruchsfrist der erstmaligen Steuerfestsetzung geltend gemachte Abzugsbeträge weiterhin für begünstigte Wirtschaftsgüter unabhängig von deren Investitionszeitpunkt verwendet werden können.

Beispiel:

A nahm 2023 zunächst keinen Investitionsabzugsbetrag Anspruch. Im Rahmen des anschließenden Einspruchsverfahrens macht er jedoch einen Investitionsabzugsbetrag i.H.v. 50 000 € geltend. Er investiert begünstigt im Jahr 2025 (Anschaffungskosten 80 000 €) und begehrt die Hinzurechnung des im Jahr 2023 in Anspruch genommenen Investitionsabzugsbetrags i.H.v. 50 % der Anschaffungskosten von 80 000 € und die anschließende gewinnwirksame Minderung der Anschaffungskosten in derselben Höhe.

Lösung:

Die Vorgehensweise ist zulässig.

Das Erfordernis einer ausschließlichen oder fast ausschließlichen **betrieblichen Nutzung in einer inl. Betriebsstätte** ist insb. nicht erfüllt, wenn der Stpfl. beabsichtigt, 332

- das Wirtschaftsgut bis zum Ende des auf die Anschaffung oder Herstellung folgenden Wj. zu veräußern oder[4]
- das Wirtschaftsgut zu mehr als 10 % privat zu nutzen.[5]

Praxishinweis:

Hiernach ist die Inanspruchnahme von Investitionsabzugsbeträgen bei einem auch privat genutzten Kfz oftmals nicht möglich. Sofern der Stpfl. beabsichtigt, die private Kfz-Nutzung nach der 1 %-Regelung zu ermitteln, geht die Finverw. grds. von einer schädlichen Privatnutzung aus.[6] Alternativ sollte es möglich sein, darauf hinzuweisen, dass der Nachweis einer zumindest 90 %igen betrieblichen Nutzung des Kfz durch formlose Aufzeichnungen über die betriebliche Kfz-Nutzung in einem repräsentativen zusammenhängenden Zeitraum von drei Monaten geführt wird (→ Rz. 303).

Fahrten zwischen Wohnung und Betriebsstätte, Familienheimfahrten im Rahmen einer doppelten Haushaltsführung und Fahrten zwischen Wohnung und betrieblichem Sammelpunkt bzw. weiträumigem Tätigkeitsgebiet sind der betrieblichen und nicht der privaten Nutzung zuzurechnen.

Der private Verbrauch des mit einer Photovoltaikanlage erzeugten Stroms stellt nach Verwaltungsauffassung keine schädliche außerbetriebliche Nutzung i.S.d. § 7g Abs. 1 Satz 2 Nr. 2 Buchst. b EStG dar. In diesem Fall liege lediglich eine Sachentnahme des produzierten Stroms vor.[7]

Nach § 7g Abs. 1 Satz 2 Nr. 2 EStG können Investitionsabzugsbeträge nur dann in Anspruch genommen werden, wenn die Summe der Abzugsbeträge und die hinzuzurechnenden oder rückgängig zu machenden Beträge nach amtlich vorgeschriebenen Datensätzen durch Datenfernübertragung übermittelt werden. Bei Inanspruchnahme, Hinzurechnung oder Rückgängigmachung (→ Rz. 337) von Investitionsabzugsbeträgen sowie entsprechenden 333

1) Geändert durch das JStG 2020 v. 21.12.2020, BGBl. I 2020, 3096 = BStBl I 2023, 7.
2) BMF v. 15.6.2022, IV C 6 – S 2139-b/21/10001 :001, BStBl I 2022, 945, Rz. 13.
3) Eingefügt durch das JStG 2020 v. 21.12.2020, BGBl. I 2020, 3096 = BStBl I 2023, 7.
4) BMF v. 15.6.2022, IV C 6 – S 2139-b/21/10001 :001, BStBl I 2022, 945, Rz. 37.
5) BMF v. 15.6.2022, IV C 6 – S 2139-b/21/10001 :001, BStBl I 2022, 945, Rz. 41.
6) BMF v. 15.6.2022, IV C 6 – S 2139-b/21/10001 :001, BStBl I 2022, 945, Rz. 43.
7) R 4.3 Abs. 4 Satz 2 EStR 2012.

Änderungen nach der erstmaligen Übermittlung eines Datensatzes ist jeweils ein neuer Datensatz mittels Anlage EÜR an das FA zu übermitteln.[1)]

334 Sind die vorgenannten Voraussetzungen des § 7g Abs. 1 EStG insg. erfüllt, kann ein **Investitionsabzugsbetrag i.H.v. 50 % der voraussichtlichen Anschaffungs- oder Herstellungskosten** gewinnmindernd abgezogen werden. Zur Bestimmung der Anschaffungskosten → Rz. 445, → Rz. 465 sowie zur Bestimmung der Herstellungskosten → Rz. 447. Die Summe der am Ende des Wj. in Anspruch genommenen Investitionsabzugsbeträge darf nach § 7g Abs. 1 Satz 4 EStG je Betrieb 200 000 € nicht übersteigen. Der Betrag von 200 000 € vermindert sich um die in den drei vorangegangenen Wj. in Anspruch genommenen Investitionsabzugsbeträge, soweit diese noch „vorhanden" sind, also noch nicht wieder hinzugerechnet oder rückgängig gemacht worden sind.

Die nach § 7g Abs. 1 EStG geltend gemachten Investitionsabzugsbeträge sind in Zeile 88 einzutragen.

(2) Hinzurechnung des Investitionsabzugsbetrags und Herabsetzung der Anschaffungs-/Herstellungskosten bei durchgeführter Investition

335 Der Gewinn des Wj., in dem ein oder mehrere begünstigte Wirtschaftsgüter angeschafft oder hergestellt werden, kann um 50 % der jeweiligen Anschaffungs- oder Herstellungskosten, höchstens jedoch in Höhe der insgesamt geltend gemachten und bislang noch nicht hinzugerechneten oder rückgängig gemachten Abzugsbeträge, erhöht werden (**Hinzurechnung von Investitionsabzugsbeträgen**). Der Hinzurechnungsbetrag ist in den Zeilen 84 bis 86 (je nach Kalenderjahr der Bildung) zu erfassen.

Beispiel:

A macht im Jahr 2024 einen Investitionsabzugsbetrag i.H.v. 5 000 € für die beabsichtigte Anschaffung eines neuen Aktenregals für 10 000 € geltend (Investitionsabzugsbetrag: 50 % v. 10 000 € = 5 000 €). Im Jahr 2025 erwirbt A das Aktenregal

a) zum Kaufpreis von 8 000 €;

b) zum Kaufpreis von 12 000 €.

Lösung:

Im Sachverhalt a) ist der Investitionsabzugsbetrag im Jahr 2025 i.H.v. 4 000 € aufzulösen (50 % v. 8 000 €). Der verbleibende Investitionsabzugsbetrag i.H.v. 1000 € kann bis zum Ablauf des Jahres 2027 stehen bleiben und für nachträgliche Anschaffungs- oder Herstellungskosten des Wirtschaftsguts oder andere Investitionen verwendet werden. Soweit keine nachträglichen Anschaffungs- oder Herstellungskosten entstehen und keine anderen begünstigten Investitionen getätigt werden, ist der verbleibende Investitionsabzugsbetrag nach § 7g Abs. 3 EStG im Jahr 2024 rückgängig zu machen (→ Rz. 337).

Im Sachverhalt b) ist der Investitionsabzugsbetrag im Jahr 2025 i.H.v. 5 000 € aufzulösen.

In Höhe des hinzugerechneten Investitionsabzugsbetrags können die **Anschaffungs- oder Herstellungskosten** des Wirtschaftsguts gem. § 7g Abs. 2 Satz 3 EStG gewinnmindernd **herabgesetzt** werden. Der Herabsetzungsbetrag ist in Zeile 35 zu erfassen.

336 Der Herabsetzungsbetrag vermindert zugleich die **Bemessungsgrundlage für die AfA** (→ Rz. 465) und für die Sonderabschreibungen nach § 7g Abs. 5 und 6 EStG (→ Rz. 474 ff.) sowie die Anschaffungs- oder Herstellungskosten für Zwecke des § 6 Abs. 2 EStG (→ Rz. 342 f.) und § 6 Abs. 2a EStG (→ Rz. 481 ff.).

(3) Rückgängigmachung des Investitionsabzugsbetrags bei nicht durchgeführter Investition

337 Der **Investitionsabzugsbetrag** ist im Jahr der Inanspruchnahme gem. § 7g Abs. 3 EStG (anteilig) **rückgängig** zu machen, wenn

- bis zum Ende des dreijährigen Investitionszeitraums keine (ausreichenden) begünstigten Investitionen getätigt werden oder
- der Stpfl. den Investitionsabzugsbetrag freiwillig vorzeitig auf Antrag rückgängig macht.

338 Das FA ist nach § 7g Abs. 3 Satz 2 und 3 EStG berechtigt, die **Steuerfestsetzung** zu **ändern**, in der der Investitionsabzugsbetrag berücksichtigt worden ist. Gemäß § 7g Abs. 3 Satz 4 EStG ist § 233a Abs. 2a AO bei der **Zinsberechnung** nicht anzuwenden, so dass sich die Verzinsung der Steuernachforderung nach allgemeinen Grundsätzen richtet.

(4) Verstoß gegen die Verbleibens- und Nutzungsfrist

339 Sofern der Unternehmer das Wirtschaftsgut, für das der Investitionsabzugsbetrag beansprucht wurde, nicht bis zum Ende des der Anschaffung oder Herstellung folgenden Wj. vermietet oder in einer **inl. Betriebsstätte** ausschließlich oder fast ausschließlich **betrieblich nutzt**, ist nach § 7g Abs. 4 EStG

- der Investitionsabzugsbetrag im Jahr der Inanspruchnahme,
- die Hinzurechnung des Investitionsabzugsbetrags im Jahr der Anschaffung oder Herstellung des begünstigten Wirtschaftsguts,
- die gewinnmindernde Herabsetzung der Anschaffungs- oder Herstellungskosten im Jahr der Anschaffung oder Herstellung des begünstigten Wirtschaftsguts und

1) BMF v. 15.6.2022, IV C 6 – S 2139-b/21/10001 :001, BStBl I 2022, 945, Rz. 44.

- die Verringerung der Bemessungsgrundlage für die AfA und die Sonderabschreibungen nach § 7g Abs. 5 und 6 EStG sowie die Verringerung der Anschaffungs- oder Herstellungskosten für Zwecke des § 6 Abs. 2 und 2a EStG rückgängig zu machen.

Bei der Beurteilung der Frage, ob ein Verstoß gegen die Verbleibens- und Nutzungsfristen vorliegt, gelten die gleichen Grundsätze wie bei Inanspruchnahme des Investitionsabzugsbetrags (→ Rz. 332). Allerdings kommt es nicht darauf an, ob es beabsichtigt ist, die Verbleibens- und Nutzungsfristen einzuhalten, sondern ob diese tatsächlich eingehalten worden sind.

Beispiel:

A macht im Jahr 2023 einen Investitionsabzugsbetrag i.H.v. 15 000 € für die beabsichtigte Anschaffung eines neuen Kfz geltend. Im Jahr 2023 beabsichtigt er, das Kfz ausschließlich für betriebliche Zwecke zu nutzen. Am 1.1.2024 erwirbt A das Kfz wie geplant für 30 000 € (Nutzungsdauer: 6 Jahre). Den in 2023 abgezogenen Investitionsabzugsbetrag löst A in 2024 auf. Zugleich mindert er die Anschaffungskosten des Kfz um 15 000 € (verbleibende Anschaffungskosten: 15 000 €). Die AfA für das Kfz setzt A für 2024 mit 2 500 € an (16,67 % v. 15 000 €). Im Jahr 2025 nutzt A das Kfz entgegen seiner ursprünglichen Planung zu 70 % für private Zwecke. Bezogen auf die Gesamtfahrleistung in den Jahren 2024 und 2025 beträgt der private Nutzungsanteil 25 %.

Lösung:

A hat das Kfz nicht bis zum Ende des auf die Anschaffung folgenden Wj. ausschließlich oder fast ausschließlich zu betrieblichen Zwecken genutzt, da der private Nutzungsanteil in den Jahren 2024 und 2025 zusammengenommen mehr als 10 % betragen hat. Im Jahr 2023 ist der Investitionsabzugsbetrag rückgängig zu machen. Im Jahr 2024 sind die Hinzurechnung des Investitionsabzugsbetrags sowie die Herabsetzung der Anschaffungskosten zu korrigieren. Zugleich ist die AfA unter Berücksichtigung einer Bemessungsgrundlage von 30 000 € neu zu berechnen (16,67 % v. 30 000 € = 5 000 €).

Jahr 2023:	
Rückgängigmachung Investitionsabzugsbetrag:	+ 15 000 €
Jahr 2024:	
Rückgängigmachung Hinzurechnung Investitionsabzugsbetrag:	./. 15 000 €
Rückgängigmachung Herabsetzung Anschaffungskosten:	+ 15 000 €
Erhöhung AfA:	./. 2 500 €
Gewinnauswirkung 2024 insgesamt:	./. 2 500 €
Jahre 2025–2029:	
Für das Kfz ist jeweils eine AfA i.H.v. 5 000 € zu berücksichtigen.	

Seit dem VZ 2017 muss in den Fällen des § 7g Abs. 4 EStG eine geänderte Anlage EÜR des ursprünglichen Abzugsjahrs elektronisch an das FA übermittelt werden.[1) 340]

Das FA ist nach § 7g Abs. 4 Satz 2 und 3 EStG berechtigt, eine bestandskräftig gewordene **Steuerfestsetzung** zu **ändern**, um die nach § 7g Abs. 4 EStG erforderlichen Korrekturen durchzuführen. § 233a Abs. 2a AO ist bei der Zinsberechnung gem. § 7g Abs. 4 Satz 4 EStG nicht anzuwenden, so dass die Verzinsung der Steuernachforderung allgemeinen Grundsätzen folgt. 341

ff) Aufwendungen für geringwertige Wirtschaftsgüter nach § 6 Abs. 2 EStG (Zeile 36)

Hier sind die Anschaffungs- oder Herstellungskosten für **geringwertige Wirtschaftsgüter** des Anlagevermögens einzutragen, die nach § 6 Abs. 2 EStG als sofort abzugsfähige Betriebsausgabe behandelt werden (Bewertungsfreiheit für geringwertige Wirtschaftsgüter). Voraussetzung für die Anwendung des § 6 Abs. 2 EStG ist, dass 342

- die **Anschaffungs-** (→ Rz. 445, → Rz. 465), **Herstellungskosten** (→ Rz. 447) bzw. der **Einlagewert** (→ Rz. 441) des Wirtschaftsguts einen Betrag von **800 € nicht übersteigen**. Hierbei ist von den Anschaffungs- oder Herstellungskosten abzgl. des darin enthaltenen Vorsteuerbetrags auszugehen. Ob der Vorsteuerbetrag umsatzsteuerrechtlich abziehbar ist, spielt keine Rolle.[2)] Sofern der Unternehmer im laufenden Wj. einen **Sammelposten** nach § 6 Abs. 2a EStG bildet (→ Rz. 481 ff.), kann der sofortige Betriebsausgabenabzug gem. § 6 Abs. 2a Satz 4 EStG nur für Wirtschaftsgüter in Anspruch genommen werden, deren Anschaffungs- oder Herstellungskosten bzw. deren Einlagewert einen Betrag von **250 € nicht übersteigt** (Nettowert). Herabsetzungsbeträge nach § 7g Abs. 2 Satz 2 EStG im Zusammenhang mit einem in Anspruch genommenen Investitionsabzugsbetrag (→ Rz. 335 f.) sowie Minderungsbeträge nach § 6b EStG bzw. R 6.6 EStR 2012 (→ Rz. 424 ff., → Rz. 431 ff.) sind für Zwecke der 250 € bzw. 800 €-Grenze von den Anschaffungs- oder Herstellungskosten abzuziehen.
- es sich um ein **abnutzbares bewegliches Wirtschaftsgut des Anlagevermögens** handelt;
- das Wirtschaftsgut **selbständig nutzbar** ist. Ein Wirtschaftsgut ist einer selbständigen Nutzung nicht fähig, wenn es nach seiner betrieblichen Zweckbestimmung nur zusammen mit anderen Wirtschaftsgütern genutzt werden kann, es nach außen mit den anderen in den Nutzungszusammenhang eingefügten Wirtschaftsgütern als einheitliches Ganzes in Erscheinung tritt und die Wirtschaftsgüter technisch aufeinander abgestimmt sind.[3)] Bei-

---

1) BMF v. 15.6.2022, IV C 6 – S 2139-b/21/10001 :001, BStBl I 2022, 945, Rz. 20.
2) R 9b Abs. 2 Satz 1 f. EStR 2012.
3) R 6.13 Abs. 1 Satz 3 EStR 2012.

spiele für nicht selbständig nutzbare Wirtschaftsgüter sind Peripheriegeräte eines Computers wie Drucker und Monitore sowie Ersatzteile einer Maschine;[1)]

- das Wirtschaftsgut unter Angabe des Tags der Anschaffung, Herstellung oder Einlage und der Anschaffungs- oder Herstellungskosten bzw. des Einlagewerts in ein **besonderes, laufend zu führendes Verzeichnis** aufgenommen wird. Dies gilt nur für Wirtschaftsgüter, deren Anschaffungs- oder Herstellungskosten bzw. Einlagewert 250 € übersteigt (Nettowert).

343 Sind die vorgenannten Voraussetzungen erfüllt, können die Anschaffungs- oder Herstellungskosten bzw. der Einlagewert als **sofort abzugsfähige Betriebsausgabe** behandelt werden. Eine Eintragung in die Anlage AVEÜR entfällt dann. Der Betriebsausgabenabzug nach § 6 Abs. 2 EStG ist im **Zeitpunkt der Anschaffung, Herstellung oder Einlage** vorzunehmen. Das Zufluss-/Abflussprinzip findet keine Anwendung (→ Rz. 270 f.). Das gilt auch für einen in den Anschaffungs- oder Herstellungskosten enthaltenen nicht abzugsfähigen Vorsteuerbetrag. Die als Vorsteuer abzugsfähige Umsatzsteuer ist dagegen im Zeitpunkt ihrer Verausgabung als Betriebsausgabe zu erfassen (Eintragung in Zeile 57 der Anlage EÜR). Dies gilt auch bei Unternehmern, die den Vorsteuerabzug pauschal nach Durchschnittssätzen ermitteln.

Beispiel:

A erwirbt im Jahr 2025 einen neuen Schreibtischstuhl für 800 € zzgl. 152 € Umsatzsteuer. Die Lieferung erfolgt am 19.12.2025 und die Bezahlung am 9.1.2026. A möchte die Bewertungsfreiheit für geringwertige Wirtschaftsgüter nach § 6 Abs. 2 EStG in Anspruch nehmen.

a) A ist vorsteuerabzugsberechtigt.

b) A ist nicht vorsteuerabzugsberechtigt.

Lösung:

A kann in beiden Sachverhaltsvarianten die Bewertungsfreiheit nach § 6 Abs. 2 EStG beanspruchen, da die Anschaffungskosten des Schreibtischstuhls ohne Umsatzsteuer den Grenzbetrag von 800 € nicht übersteigen. Der Betriebsausgabenabzug ist im Jahr 2025 im Zeitpunkt der Lieferung (= Anschaffung) zu berücksichtigen (Betriebsausgabenabzug im Sachverhalt a) 800 € und im Sachverhalt b) 952 €). Die Betriebsausgabe auf Grund der Umsatzsteuerzahlung im Sachverhalt a) i.H.v. 152 € ist erst im Zeitpunkt der Bezahlung der Anschaffungskosten im Jahr 2026 anzusetzen und erst dann in Zeile 57 der Anlage EÜR einzutragen.

gg) Auflösung Sammelposten nach § 6 Abs. 2a EStG (Zeile 37)

344 Dieser Betrag kann der Eintragung in Zeile 82 der Anlage AVEÜR entnommen werden (zur Regelung des § 6 Abs. 2a EStG → Rz. 481 ff.).

hh) Restbuchwert der ausgeschiedenen Anlagegüter (Zeile 38)

345 Hier sind die Restbuchwerte der wegen **Verkauf, Entnahme oder Zerstörung** aus dem Betriebsvermögen ausgeschiedenen Wirtschaftsgüter des Anlagevermögens einzutragen. Dies gilt nicht für Wirtschaftsgüter eines Sammelpostens i.S.d. § 6 Abs. 2a EStG (→ Rz. 482). Der zugehörige Veräußerungserlös oder Entnahmewert ist in Zeile 19 zu erfassen.

Bei **abnutzbaren Wirtschaftsgütern** ist der Restbuchwert im Zeitpunkt des Ausscheidens aus dem Betriebsvermögen als Betriebsausgabe anzusetzen. Im Fall der Veräußerung eines abnutzbaren Wirtschaftsguts des Anlagevermögens gegen einen in Raten zu zahlenden Kaufpreis oder gegen eine Veräußerungsrente beanstandet es die Verwaltung nicht, wenn der Restbuchwert abweichend in jedem Wj. i.H.d. in demselben Wj. zufließenden Kaufpreisraten oder Rentenzahlungen abgesetzt wird.[2)] Hierbei handelt es sich um ein Wahlrecht.

Maßgebender Erfassungszeitpunkt für den Betriebsausgabenabzug bei **nicht abnutzbaren Wirtschaftsgütern** des Anlagevermögens ist der Zeitpunkt des Zuflusses des Veräußerungserlöses, der Zeitpunkt der Entnahme bzw. der Zeitpunkt der Zerstörung des Wirtschaftsguts. Bei der Veräußerung gegen einen in Raten zu zahlenden Kaufpreis oder gegen eine Veräußerungsrente ist (zwingend) in jedem Wj. ein Teilbetrag der Anschaffungs- oder Herstellungskosten i.H.d. in demselben Wj. zufließenden Kaufpreisraten oder Rentenzahlungen anzusetzen.[3)]

Vgl. zum Zeitpunkt der Eintragung des Betriebsausgabenabzugs in der Anlage EÜR auch das Beispiel zu → Rz. 458.

346 Der in Zeile 38 einzutragende Wert ist durch Übertrag der Summe der Beträge aus Zeilen 7, 14, 20, 26, 32, 38, 45, 53, 60, 86 und 91 der Anlage AVEÜR zu bestimmen.

---

1) Vgl. hierzu die umfassende Darstellung der bisherigen Rechtsprechung unter H 6.13 „ABC der selbständig nutzungsfähigen Wirtschaftsgüter" bzw. „ABC der nicht selbständig nutzungsfähigen Wirtschaftsgüter" EStH 2018.
2) R 4.5 Abs. 5 Satz 2 EStR 2012.
3) R 4.5 Abs. 5 Satz 1 EStR 2012.

c) Raumkosten und sonstige Grundstücksaufwendungen ohne häusliches Arbeitszimmer (Zeilen 39–42)

	Raumkosten und sonstige Grundstücksaufwendungen (ohne häusliches Arbeitszimmer)		
39	Miete/Pacht für Geschäftsräume und betrieblich genutzte Grundstücke	150	,
40	Aufwendungen für doppelte Haushaltsführung (z. B. Miete)	152	,
41	Sonstige Aufwendungen für betrieblich genutzte Grundstücke (ohne Schuldzinsen und AfA)	151	,
42	in Zeile 41 enthaltene Erhaltungsaufwendungen 153 ,		

aa) Miete/Pacht für Geschäftsräume einschließlich betrieblich genutzter Grundstücke (Zeile 39)

In Zeile 39 sind die Miet-/Pachtzahlungen für **betrieblich genutzte Grundstücke** einzutragen, die im Eigentum eines anderen stehen. In den Aufwendungen enthaltene abzugsfähige Vorsteuerbeträge sind nicht hier, sondern in Zeile 57 einzutragen. Bei Kleinunternehmern und bei Unternehmern, die den Vorsteuerabzug pauschal ermitteln, ist der Bruttobetrag in Zeile 39 zu erfassen. Gleiches gilt bei aus anderen Gründen nicht abziehbaren Vorsteuerbeträgen. Nicht in Zeile 39 zu berücksichtigen sind Mietzahlungen für ein häusliches Arbeitszimmer (Eintragung in Zeile 65), die Tagespauschale (Eintragung in Zeile 66) und für die Wohnräume im Rahmen einer doppelten Haushaltsführung (Eintragung in Zeile 40). Sofern Miet-/Pachtzahlungen für mehr als fünf Jahre im Voraus gezahlt werden, ist bei der zeitlichen Berücksichtigung der Betriebsausgaben § 11 Abs. 2 Satz 3 EStG zu beachten (→ Rz. 274). **347**

bb) Aufwendungen für doppelte Haushaltsführung (Zeile 40)

Im betrieblichen Bereich sind gemäß § 4 Abs. 5 Satz 1 Nr. 6a EStG i.V.m. § 9 Abs. 1 Satz 3 Nr. 5 Satz 1 bis 4 EStG bei der Beurteilung der Frage, ob eine steuerlich anzuerkennende doppelte Haushaltsführung vorliegt bzw. in welcher Höhe Aufwendungen als Betriebsausgabe abgezogen werden können, die **gleichen Grundsätze** wie bei den Einkünften aus **nichtselbständiger Arbeit** anzuwenden.[1] Die in → Rz. 1233 ff. beschriebenen Voraussetzungen für die Anerkennung einer doppelten Haushaltsführung sowie zur Ermittlung der Werbungskosten gelten daher auch hier. **348**

In Zeile 40 der **Anlage EÜR** sind insb. die für die Wohnung am Beschäftigungsort entstandenen Mietaufwendungen sowie sonstige Betriebsausgaben im Zusammenhang mit der doppelten Haushaltsführung zu erfassen. Verpflegungsmehraufwendungen sind in Zeile 64 (→ Rz. 373) und Fahrtkosten in Zeilen 68 bis 73 (→ Rz. 377 ff.) einzutragen. Eine im Eigentum des Unternehmers stehende Wohnung am Beschäftigungsort stellt notwendiges Betriebsvermögen dar. Die AfA ist in diesem Fall in Zeile 31 und die Schuldzinsen in Zeile 55 und 56 einzutragen. AfA für Einrichtungsgegenstände ist in Zeile 33 anzusetzen. Abzugsfähige Vorsteuern mit Ausnahme von pauschal ermittelten Vorsteuern sind in Zeile 57 zu erfassen.

cc) Sonstige Aufwendungen für betrieblich genutzte Grundstücke (Zeile 41)

Hier sind sonstige Aufwendungen für betrieblich genutzte Grundstücke einzutragen. Dies gilt hauptsächlich für Betriebsausgaben, die im Zusammenhang mit einem im **Eigentum des Unternehmers stehenden Grundstück** stehen (etwa Grundsteuer, Gebäudeversicherungen, Betriebskosten und Erhaltungsaufwendungen). In den Aufwendungen enthaltene abzugsfähige Vorsteuerbeträge sind nicht hier, sondern in Zeile 57 einzutragen. Bei Kleinunternehmern und bei Unternehmern, die den Vorsteuerabzug pauschal ermitteln, ist dagegen der Bruttobetrag zu erfassen. Gleiches gilt bei aus anderen Gründen nicht abziehbaren Vorsteuerbeträgen. Nicht in Zeile 41 zu erfassen sind die **AfA** für Gebäude des Betriebsvermögens (Eintragung in Zeile 31), **Zinsaufwendungen** (Eintragung in Zeile 55 bzw. 56) sowie Aufwendungen für ein **häusliches Arbeitszimmer** (Eintragung in Zeile 65) oder der Tagespauschale (Eintragung in Zeile 66). **349**

dd) In Zeile 41 enthaltene Erhaltungsaufwendungen (Zeile 42)

Die in der Zeile 41 enthaltenen Erhaltungsaufwendungen sind seit dem VZ 2024 separat einzutragen. Die Eintragung ermöglicht dem FA einen gezielten Fallaufgriff. **350**

1) R 4.12 Abs. 3 EStR 2012.

d) Sonstige unbeschränkt abziehbare Betriebsausgaben (Zeilen 43–60)

	Sonstige unbeschränkt abziehbare Betriebsausgaben		
43	Aufwendungen für Telekommunikation (z. B. Telefon, Internet)	280	,
44	Übernachtungs- und Reisenebenkosten bei Geschäftsreisen des Steuerpflichtigen	221	,
45	Fortbildungskosten (ohne Reisekosten)	281	,
46	Kosten für Rechts- und Steuerberatung, Buchführung	194	,
47	Miete/Leasing für bewegliche Wirtschaftsgüter (ohne Kfz)	222	,
48	Erhaltungsaufwendungen (z. B. Instandhaltung, Wartung, Reparatur; ohne solche für Gebäude und Kfz)	225	,
49	Beiträge, Gebühren, Abgaben und Versicherungen (ohne solche für Gebäude und Kfz)	223	,
50	Laufende EDV-Kosten (z. B. Beratung, Wartung, Reparatur)	228	,
51	Arbeitsmittel (z. B. Bürobedarf, Porto, Fachliteratur)	229	,
52	Kosten für Abfallbeseitigung und Entsorgung	226	,
53	Kosten für Verpackung und Transport	227	,
54	Werbekosten (z. B. Inserate, Werbespots, Plakate)	224	,
55	Schuldzinsen zur Finanzierung von Anschaffungs- und Herstellungskosten von Wirtschaftsgütern des Anlagevermögens (ohne häusliches Arbeitszimmer)	232	,
56	Übrige Schuldzinsen	234	,
57	Gezahlte und nach § 15 UStG abziehbare Vorsteuerbeträge	185	,
58	An das Finanzamt gezahlte und ggf. verrechnete Umsatzsteuer (Die Regelung zum 10-Tageszeitraum - § 11 Abs. 2 Satz 2 EStG - ist zu beachten.)	186	,
59	Rücklagen, stille Reserven und/oder Ausgleichsposten (Übertrag aus Zeile 102)		,
60	Übrige unbeschränkt abziehbare Betriebsausgaben (auch zurückgezahlte Hilfen/Zuschüsse aufgrund der Corona-Pandemie)	183	,

aa) Aufwendungen für Telekommunikation (Zeile 43)

351 Die Eintragung erfolgt mit dem Nettobetrag, sofern die ausgewiesene Umsatzsteuer abziehbar ist. Die abzugsfähige Vorsteuer ist in Zeile 57 zu berücksichtigen. Bei nicht abziehbaren Vorsteuerbeträgen und pauschal ermittelten Vorsteuerbeträgen ist der Bruttobetrag zu erfassen.

bb) Übernachtungs- und Reisenebenkosten bei Geschäftsreisen des Stpfl. (Zeile 44)

352 In Zeile 44 sind die Übernachtungs- und Reisenebenkosten einzutragen, die bei **Geschäftsreisen des Unternehmers** angefallen sind. Die Eintragung erfolgt mit dem Nettobetrag, sofern die ausgewiesene Umsatzsteuer abziehbar ist. Die abzugsfähige Vorsteuer ist in Zeile 57 zu berücksichtigen. Verpflegungsmehraufwendungen und Fahrtkosten bei Geschäftsreisen des Unternehmers sind in Zeile 64 bzw. in Zeilen 68 bis 73 anzusetzen. Aufwendungen für Reisen von Arbeitnehmern sind in Zeile 30 zu erfassen.

Reisenebenkosten sind z.B. Aufwendungen für die Beförderung und Aufbewahrung von Gepäck oder Parkplatzkosten.[1)]

Die steuerliche Berücksichtigung von **betrieblichen Übernachtungskosten** bestimmt sich nach § 4 Abs. 5 Satz 1 Nr. 6a EStG i.V.m. § 9 Abs. 1 Satz 3 Nr. 5a EStG. Ein Betriebsausgabenabzug ist hiernach möglich, wenn der Unternehmer aus betrieblichen Gründen an einem Ort übernachtet, der nicht seine (erste) Betriebsstätte ist. Zum Begriff der (ersten) Betriebsstätte → Rz. 380. Soweit die auswärtige Unterkunft die einzige Wohnung des Unternehmers darstellt, ist ein Abzug ausgeschlossen.

Praxishinweis:

Bei einer Übernachtung am Ort der (ersten) Betriebsstätte kommt ggf. ein Abzug als Aufwendungen für eine doppelte Haushaltsführung in Betracht (→ Rz. 348).

Abzugsfähig sind die **tatsächlich entstandenen Übernachtungskosten**;[2)] bei einer gemeinsamen Nutzung der Unterkunft mit weiteren Personen sind gemäß § 9 Abs. 1 Satz 3 Nr. 5a Satz 3 EStG die Ausgaben anzusetzen, die bei einer alleinigen Nutzung durch den Unternehmer angefallen wären. Verpflegungskosten sind nicht einzubeziehen, da diese durch die Pauschbeträge für Verpflegungsmehraufwendungen abgegolten werden (→ Rz. 370 ff.).

1) BMF v. 25.11.2020, IV C 5 – S 2353/19/10011 :006, BStBl I 2020, 1228, Rz. 129.
2) BMF v. 25.11.2020, IV C 5 – S 2353/19/10011 :006, BStBl I 2020, 1228, Rz. 117.

Wird für die Unterkunft und die Verpflegung nur ein Gesamtpreis ausgewiesen (z.B. bei einer Hotelübernachtung mit Frühstück) und lässt sich der Preis für die Verpflegung nicht feststellen, so ist der Gesamtpreis pauschaliert um die hierin enthaltenen Verpflegungsaufwendungen zu kürzen. Als Kürzungsbetrag sind für das Frühstück 20 % und für das Mittag- und Abendessen jeweils 40 % der für den Unterkunftsort maßgebenden Pauschbeträge für Verpflegungsmehraufwendungen bei einer Abwesenheit von 24 Stunden (→ Rz. 370) anzusetzen.[1]

Nach Ablauf von 48 Monaten (**längere Auswärtstätigkeit am selben Ort**) richtet sich die Höhe der abzugsfähigen Übernachtungskosten gemäß § 9 Abs. 1 Satz 3 Nr. 5a Satz 4 EStG nach den bei einer betrieblich veranlassten doppelten Haushaltsführung geltenden Grundsätzen (→ Rz. 348). Die **48-Monatsfrist** beginnt nur, wenn der Unternehmer die auswärtige Tätigkeitsstätte an mind. drei Tagen in der Woche aufsucht.[2] Eine Unterbrechung der Auswärtstätigkeit von weniger als sechs Monaten (z. B. wegen Urlaub, Krankheit oder einer betrieblichen Tätigkeit an anderer Stelle) führt gemäß § 9 Abs. 1 Satz 3 Nr. 5a Satz 5 EStG nicht zu einem Neubeginn der 48-Monatsfrist.

cc) Fortbildungskosten, Rechts- und Steuerberatung, Buchführung, Miete/Leasing für bewegliche Wirtschaftsgüter, Erhaltungsaufwendungen, Beiträge, Gebühren, Abgaben und Versicherungen, laufende EDV-Kosten, Arbeitsmittel, Abfallbeseitigungs- und Entsorgungskosten, Verpackungs- und Transportkosten sowie Werbekosten (Zeilen 45–54)

Die Eintragung erfolgt jeweils mit dem Nettobetrag, sofern die ausgewiesene Umsatzsteuer abziehbar ist. Die **353**
abzugsfähige Vorsteuer ist in Zeile 57 zu berücksichtigen. Bei nicht abziehbaren Vorsteuerbeträgen und pauschal ermittelten Vorsteuerbeträgen ist der Bruttobetrag zu erfassen.

dd) Schuldzinsen (Zeilen 55–56)

In Zeilen 55 und 56 sind die als **Betriebsausgaben abzugsfähigen Schuldzinsen** mit Ausnahme der Schuldzinsen **354**
für ein häusliches Arbeitszimmer (Erfassung in Zeile 65) einzutragen. Sofern Schuldzinsen nach den Regelungen zum Teileinkünfteverfahren nur zu 60 % abzugsfähig sind, ist in Zeilen 55 bzw. 56 der Bruttobetrag einzutragen. Wenn die Anlage SZ mit der Anlage EÜR an das FA übermittelt wird (→ Rz. 264), ist der in Zeile 56 erfasste Wert in Zeile 26 der Anlage SZ zu übertragen.

Voraussetzung für den Abzug von Schuldzinsen als Betriebsausgaben ist, dass diese **betrieblich veranlasst** sind. Dies ist der Fall, wenn Zinsen für eine betriebliche Schuld geleistet werden. Für die Zuordnung einer Verbindlichkeit zum Betriebsvermögen ist allein die Verwendung der aufgenommenen Mittel ausschlaggebend.[3] Wird durch die aufgenommenen Mittel die Anschaffung oder Herstellung eines Wirtschaftsguts des Anlage- oder Umlaufvermögens bzw. eine laufende Betriebsausgabe finanziert, ist das Darlehen dem Betriebsvermögen zuzurechnen. Bei einer privaten Verwendung liegt dagegen Privatvermögen vor. Gleiches gilt, wenn Fremdmittel zur Finanzierung einer Entnahme eingesetzt werden. Hiervon ist auszugehen, wenn dem Betrieb keine entnahmefähigen Barmittel zur Verfügung stehen und die Entnahme erst dadurch ermöglicht wird, dass Fremdmittel dem Betriebsvermögen zugeführt werden.[4] Wird der betriebliche und private Zahlungsverkehr eines Stpfl. über ein einheitliches Kontokorrentkonto abgewickelt, ist ein Sollsaldo in eine Schuld des Betriebs- und Privatvermögens aufzuteilen.[5]

Die **Zuordnung** einer Schuld zum Betriebs- oder Privatvermögen kann sich **nachträglich ändern**. So führt die Entnahme eines fremdfinanzierten Wirtschaftsguts auch zur Entnahme des Refinanzierungsdarlehens.[6] Umgekehrt wird mit der Einlage eines fremdfinanzierten Wirtschaftsguts zugleich die zur Finanzierung aufgenommene Schuld Betriebsvermögen.[7]

Beispiel:
Der selbständige Arzt A erwirbt im Jahr 2025 ein bebautes Grundstück, in dem er seine Arztpraxis betreibt. Den Kaufpreis finanziert er durch ein Darlehen. Im Jahr 2025 verlegt A seine Praxis. Die bisherigen Praxisräume lässt er in Wohnräume umgestalten und nutzt diese fortan für private Zwecke.

Lösung:
Das Grundstück wird durch die Umgestaltung in privat genutzte Wohnräume dem Betriebsvermögen des A entnommen. Gleiches gilt für das Refinanzierungsdarlehen. Der bisherige betriebliche Veranlassungszusammenhang wird durch die Entnahme beendet.

Die **Abzugsbeschränkung** des betrieblichen Schuldzinsenabzugs nach **§ 4 Abs. 4a EStG** ist bei der Eintragung in **355**
Zeilen 54 und 55 noch nicht zu berücksichtigen. Eine etwaige Korrektur wird durch Eintragung des Betrags der nicht abzugsfähigen Schuldzinsen in Zeile 96 vorgenommen. Durch die Zuordnung der Schuldzinsen zu den Schuldzinsen zur Finanzierung von Anschaffungs- oder Herstellungskosten von Wirtschaftsgütern des Anlagevermögens (sog. Investitionsdarlehen i.S.d. § 4 Abs. 4a Satz 5 EStG, Eintragung in Zeile 55) und zu den übrigen Schuldzinsen (Eintragung in Zeile 56) wird jedoch eine Vorfestlegung dahingehend getroffen, ob der Zinsaufwand überhaupt der Abzugsbeschränkung des § 4 Abs. 4a EStG unterliegt (→ Rz. 494).

Ob Schuldzinsen für ein **Investitionsdarlehen** aufgewandt werden, richtet sich nach der tatsächlichen Verwen- **356**
dung der Darlehensmittel, so dass auch Schuldzinsen für ein Kontokorrentkonto zu den nach § 4 Abs. 4a Satz 5

---

1) BMF v. 25.11.2020, IV C 5 – S 2353/19/10011 :006, BStBl I 2020, 1228, Rz. 118.
2) BMF v. 25.11.2020, IV C 5 – S 2353/19/10011 :006, BStBl I 2020, 1228, Rz. 125.
3) BFH v. 8.12.1997, GrS 1/95, GrS 2/95, BStBl II 1998, 193.
4) BFH v. 8.12.1997, GrS 1/95, GrS 2/95, BStBl II 1998, 193.
5) BMF v. 10.11.1993, IV B 2 – S 2144 – 94/93, BStBl I 1993, 930.
6) R 4.2 Abs. 15 Satz 1 EStR 2012.
7) R 4.2 Abs. 15 Satz 2 EStR 2012.

EStG begünstigten Schuldzinsen gehören können.[1] Bei einer Zwischenfinanzierung über ein betriebliches Kontokorrentkonto wird das Vorliegen eines Investitionsdarlehens für ein gesondert aufgenommenes Darlehen unwiderlegbar vermutet, wenn die Anschaffungs- oder Herstellungskosten des Wirtschaftsguts des Anlagevermögens tatsächlich innerhalb von 30 Tagen vor oder nach Auszahlung der Darlehensmittel über das Kontokorrentkonto finanziert worden sind.[2] Dies gilt aber nicht, wenn die Anschaffungs- oder Herstellungskosten im Zeitpunkt der Verwendung der Darlehensmittel bereits abschließend finanziert waren und die erhaltenen Darlehensmittel lediglich das eingesetzte Eigenkapital wieder auffüllen. Beträgt der Zeitraum zwischen der Auszahlung der Darlehensmittel und der Bezahlung der Anschaffungs- oder Herstellungskosten mehr als 30 Tage, muss der Stpfl. den Finanzierungszusammenhang nachweisen.

357 Gesondert aufgenommene Darlehen, mit denen **teilweise Wirtschaftsgüter des Anlagevermögens** und teilweise laufende Betriebsausgaben oder Wirtschaftsgüter des Umlaufvermögens finanziert werden, sind anteilig als Investitionsdarlehen zu behandeln. Dies ist häufig bei den anlässlich einer Betriebseröffnung aufgenommenen Darlehen der Fall.

Beispiel:

Der Zahnarzt A übernimmt im Jahr 2025 die Praxis eines anderen Zahnarztes für 1 000 000,00 € und finanziert den Kaufpreis durch ein Darlehen bei der P-Bank. Von dem Kaufpreis i.H.v. 1 000 000,00 € entfallen 500 000,00 € auf den Praxiswert, 490 000,00 € auf die Praxiseinrichtung und 10 000,00 € auf noch nicht verarbeitetes Dentalgold. Im Jahr 2025 fallen Schuldzinsen für das Darlehen bei der P-Bank i.H.v. 50 000,00 € an.

Lösung:

Das anlässlich der Praxisübernahme aufgenommene Darlehen finanziert Anlagevermögen, soweit es auf den Praxiswert und die Praxiseinrichtung entfällt. Das Dentalgold stellt dagegen Umlaufvermögen dar, so dass ein Teilbetrag des Darlehens i.H.v. 10 000,00 € nicht als Investitionsdarlehen eingeordnet werden kann. Die Zinsaufwendungen sind aufzuteilen.

Eintragung in der Anlage EÜR:

Zeile 55:	49 500,00 €	(99/100 v. 50 000,00 €)
Zeile 56:	500,00 €	(1/100 v. 50 000,00 €)

Sofern die Anschaffungs- oder Herstellungskosten eines Wirtschaftsguts des Anlagevermögens über ein **Kontokorrentkonto** finanziert worden sind, ist dessen Sollsaldo in ein Investitionsdarlehen und ein sonstiges Darlehen aufzuteilen. Dient das Kontokorrentkonto darüber hinaus auch der Abwicklung des privaten Zahlungsverkehrs, kommt eine Aufteilung in drei Unterkonten in Betracht. Die auf das private Unterkonto entfallenden Zinsaufwendungen sind nicht in der Anlage EÜR einzutragen (→ Rz. 354).

358 Wie bei der allgemeinen Prüfung des betrieblichen Veranlassungszusammenhangs von Schuldzinsen ist auch bei der Einordnung eines Darlehens als Investitionsdarlehen eine nachträgliche **Änderung des Finanzierungszusammenhangs** möglich (→ Rz. 354).

Beispiel:

A erwirbt im Jahr 2024 ein ausschließlich betrieblich genutztes Kfz. Den Kaufpreis finanziert er durch ein Darlehen bei der P-Bank. Im Februar 2025 veräußert A das Kfz. Den Veräußerungserlös nutzt er

a) zur Finanzierung einer privaten Urlaubsreise;

b) um die Löhne seiner Angestellten für den Monat Februar zu begleichen.

Lösung:

Im Sachverhalt a) wird das Darlehen durch die private Verwendung des Veräußerungserlöses zu Privatvermögen. Die Schuldzinsen stellen zukünftig keine Betriebsausgaben mehr dar. Die Eintragung in Zeilen 55 bzw. 56 der Anlage EÜR entfällt.

Im Sachverhalt b) bleibt das Darlehen zwar Betriebsvermögen, da der Veräußerungserlös dazu verwendet wird, laufende Betriebsausgaben zu finanzieren. Allerdings stellt das Darlehen ab dem Veräußerungszeitpunkt des Kfz kein Investitionsdarlehen mehr dar. Die auf den Zeitraum bis zum Februar 2025 entfallenden Schuldzinsen sind in Zeile 55; die auf den Zeitraum nach der Veräußerung des Kfz entfallenden Schuldzinsen sind in Zeile 56 zu erfassen.

ee) Gezahlte Vorsteuerbeträge (Zeile 57)

359 Hier sind die als **Vorsteuer abzugsfähigen Umsatzsteuerbeträge** aus Eingangsleistungen einzutragen.

Praxishinweis:

Die Eintragung in Zeile 57 ist nicht zu verwechseln mit der Eintragung in Zeile 58. Dort werden die auf Grund von Umsatzsteuervoranmeldungen/-erklärungen an das FA gezahlten Umsatzsteuerbeträge erfasst (→ Rz. 360). Die Eintragung in Zeile 57 dient hingegen der Erfassung von Vorsteuerbeträgen, die der Unternehmer auf Grund der von ihm in Anspruch genommenen Eingangsleistungen gezahlt hat.

Im Fall der Anschaffung oder Herstellung von **Wirtschaftsgütern des Anlagevermögens** oder von Wirtschaftsgütern des **Umlaufvermögens i.S.d. § 4 Abs. 3 Satz 4 EStG bzw. § 32b Abs. 2 Satz 1 Nr. 2 Satz 2 Buchst. c Satz 1 EStG** ist die als Vorsteuer abzugsfähige Umsatzsteuer sofort als Betriebsausgabe abzugsfähig. Auch diese Vorsteuerbeträge sind daher in Zeile 57 zu erfassen. Maßgebend ist hierbei der Zeitpunkt der Bezahlung der Umsatzsteuer und nicht der Zeitpunkt der Anschaffung oder Herstellung des Wirtschaftsguts.

---

1) BMF v. 2.11.2018, IV C 6 – S 2144/07/10001 :007, BStBl I 2018, 1207, Rz. 3.
2) BMF v. 2.11.2018, IV C 6 – S 2144/07/10001 :007, BStBl I 2018, 1207, Rz. 24.

Bei **Kleinunternehmern** sind die Betriebsausgaben jeweils mit ihrem Bruttobetrag in den Einzelpositionen zu erfassen, so dass eine Eintragung in Zeile 57 entfällt. Gleiches gilt bei aus anderen Gründen nicht abziehbaren Vorsteuern. Auch bei **Unternehmern,** die den **Vorsteuerabzug pauschal ermitteln**, sind die Betriebsausgaben jeweils mit ihrem Bruttobetrag in den Einzelpositionen der Anlage EÜR zu erfassen, so dass eine Eintragung in Zeile 57 nicht in Betracht kommt. Etwas anderes gilt für die in den Anschaffungs- oder Herstellungskosten von Wirtschaftsgütern des Anlagelagevermögens oder von Wirtschaftsgütern des Umlaufvermögens i.S.d. § 4 Abs. 3 Satz 4 EStG bzw. § 32b Abs. 2 Satz 1 Nr. 2 Satz 2 Buchst. c Satz 1 EStG enthaltenen Vorsteuerbeträge. Diese gehören bei einer pauschalen Vorsteuerberechnung nicht zu den Anschaffungs- oder Herstellungskosten, so dass die tatsächlich gezahlte Vorsteuer im Zeitpunkt ihrer Bezahlung eine Betriebsausgabe darstellt.[1] Entsprechende Vorsteuerbeträge sind daher in Zeile 57 zu erfassen.

ff) An das Finanzamt gezahlte Umsatzsteuer (Zeile 58)

In Zeile 58 sind die auf Grund von **Umsatzsteuervoranmeldungen, -erklärungen und -bescheiden** an das FA **360**
gezahlten bzw. ggf. verrechneten Umsatzsteuerbeträge einzutragen. Die Umsatzsteuervorauszahlung stellt eine regelmäßig wiederkehrende Betriebsausgabe dar, so dass bei der am 10.1. eines Jahres fälligen Umsatzsteuervoranmeldung stets die zeitliche Zuordnung der Betriebsausgabe zu überprüfen ist (→ Rz. 273). Bei mehreren Betrieben ist die Eintragung in Zeile 58 auf Umsatzsteuerzahlungen auf Grund der in der Anlage EÜR erfassten Tätigkeit beschränkt. In Zeile 58 ist auch die auf Grund von unentgeltlichen Wertabgaben abgeführten Umsatzsteuer anzusetzen, da diese spiegelbildlich als Betriebseinnahme erfasst wird (→ Rz. 290). Die nach §§ 233 ff. AO gezahlten Zinsen zur Umsatzsteuer sind in Zeile 58 einzutragen. Die übrigen steuerlichen Nebenleistungen zur Umsatzsteuer wie insb. Säumniszuschläge und Verspätungszuschläge sind in Zeile 60 zu erfassen.

gg) Rücklagen, stille Reserven und/oder Ausgleichsposten (Zeile 59)

Hier ist der Betrag aus Zeile 102 zu übernehmen. **361**

hh) Übrige unbeschränkt abzugsfähige Betriebsausgaben (Zeile 60)

In Zeile 60 sind alle sonstigen unbeschränkt abzugsfähigen Betriebsausgaben zu erfassen, soweit diese noch nicht **362**
berücksichtigt worden sind. Die Eintragung erfolgt wie mit dem Nettobetrag, sofern die ausgewiesene Umsatzsteuer abziehbar ist (Eintragung der Vorsteuer in Zeile 57). Bei nicht abziehbaren Vorsteuerbeträgen und pauschal ermittelten Vorsteuerbeträgen ist der Bruttobetrag zu erfassen. Tragen Sie hier bitte auch Corona-Hilfen ein, die im VZ 2025 wieder zurückgezahlt wurden.

e) Beschränkt abziehbare Betriebsausgaben und Gewerbesteuer (Zeilen 62–67)

Beschränkt abziehbare Betriebsausgaben

		nicht abziehbar			abziehbar		
			EUR	Ct		EUR	Ct
62	Geschenke	164		,	174		,
63	Bewirtungsaufwendungen	165		,	175		,
64	Verpflegungsmehraufwendungen				171		,
65	Aufwendungen für ein häusliches Arbeitszimmer (siehe Anleitung)	162		,	172		,
66	Tagespauschale für die Tätigkeit in der häuslichen Wohnung (siehe Anleitung)				163		,
67	Sonstige beschränkt abziehbare Betriebsausgaben	168		,	177		,

aa) Geschenke (Zeile 62)

Aufwendungen für Geschenke sind nach § 4 Abs. 5 Satz 1 Nr. 1 EStG nur beschränkt abziehbar. Vor der Anwen- **363**
dung des § 4 Abs. 5 Satz 1 Nr. 1 EStG ist zu prüfen, ob die entsprechenden Aufwendungen **betrieblich veranlasst** sind.[2] Anderenfalls ist ein Betriebsausgabenabzug von vornherein ausgeschlossen. **Geschenke** sind unentgeltliche Zuwendungen, die aus Sicht des Zuwendenden und des Empfängers keine Gegenleistung für eine bestimmte Leistung des Empfängers sind.[3] Dies betrifft besonders Zuwendungen an Geschäftspartner, die der allgemeinen Pflege der Geschäftsbeziehungen dienen und nicht im Zusammenhang mit einem bestimmten Auftrag stehen. Entsprechende Aufwendungen sind nach § 4 Abs. 5 Satz 1 Nr. 1 Satz 2 EStG nur als Betriebsausgabe abziehbar, wenn die Anschaffungs- oder Herstellungskosten der dem Empfänger im Wj. zugewendeten Gegenstände einen **Betrag von 50 €**[4] nicht übersteigen. Bei mehreren Geschenken im Wj. sind die Anschaffungs- oder Herstellungskosten aller

---

1) BFH v. 9.9.2010, IV R 47/08, BFH/NV 2011, 426.
2) R 4.10 Abs. 3 Satz 1 EStR 2012.
3) BFH v. 23.6.1993, I R 14/93, BStBl II 1993, 806.
4) Erhöhung zum 1.1.2024 durch das Wachstumschancengesetz v. 27.3.2024, BGBl. I 2024 Nr. 108 = BStBl I 2024, 666.

Zuwendungen zusammenzurechnen. Sofern die 50 €-Grenze überschritten wird, sind die Aufwendungen für die diesem Empfänger zugewendeten Geschenke insg. nicht abziehbar.

364 Zu den für die Anwendung der **50 €-Grenze** maßgebenden Anschaffungs- oder Herstellungskosten gehört auch die Umsatzsteuer, wenn der **Abzug als Vorsteuer** ausgeschlossen ist. Falls Aufwendungen für Geschenke ertragsteuerlich nach § 4 Abs. 5 Satz 1 Nr. 1 EStG nicht abziehbar sind, ist nach § 15 Abs. 1a UStG der Vorsteuerabzug für die Eingangsleistungen ausgeschlossen.[1] Die ertragsteuerlichen und umsatzsteuerlichen Regelungen beeinflussen sich daher gegenseitig. Um diese Wechselwirkung zu vermeiden, ist die Abzugsbeschränkung des § 15 Abs. 1a UStG bei der Beurteilung der Frage, ob die 50 €-Grenze überschritten wird, nicht zu berücksichtigen.[2] Die Umsatzsteuer ist daher nur dann in die Anschaffungs- oder Herstellungskosten i.S.d. 50 €-Grenze einzubeziehen, wenn sie aus anderen Gründen nicht als Vorsteuer abgezogen werden kann.

Beispiel:

A schenkt einem Mandanten aus betrieblichen Gründen Anfang 2025 anlässlich dessen Geburtstag einen Kugelschreiber für 50,00 € zzgl. 9,50 € Umsatzsteuer. A ist vorsteuerabzugsberechtigt. Weitere Geschenke hat A dem Mandanten in 2025 nicht zugewendet.

Lösung:

Die 50 €-Grenze ist nicht überschritten, da die Anschaffungskosten des Kugelschreibers ohne die ausgewiesene und dem Grunde nach abzugsfähige Vorsteuer nicht mehr als 50,00 € betragen. Da die Voraussetzungen des § 4 Abs. 5 Satz 1 Nr. 1 EStG nicht erfüllt sind, findet § 15 Abs. 1a UStG keine Anwendung. A kann die ausgewiesene Umsatzsteuer i.H.v. 9,50 € als Vorsteuer abziehen.

Voraussetzung für die Inanspruchnahme des Betriebsausgabenabzugs bei Nichtüberschreitung der 50 €-Grenze ist nach § 4 Abs. 7 EStG, dass die **Aufwendungen getrennt** von den sonstigen Betriebsausgaben **aufgezeichnet** werden. Aus den Aufzeichnungen müssen sich der Empfänger des Geschenks, der Tag der Zuwendung sowie die im Zusammenhang mit der Zuwendung entstandenen Betriebsausgaben ergeben.

Sofern Aufwendungen für Geschenke nach § 4 Abs. 5 Satz 1 Nr. 1 EStG nicht abzugsfähig sind, sind diese in Zeile 62, Kennzahl 164 einzutragen. Die Eintragung erfolgt mit dem Bruttobetrag, da die ausgewiesene Vorsteuer nach § 15 Abs. 1a UStG nicht abzugsfähig ist. Wenn § 4 Abs. 5 Satz 1 Nr. 1 EStG dem Betriebsausgabenabzug nicht entgegensteht, sind die Aufwendungen für die Geschenke in Zeile 62, Kennzahl 174 zu erfassen. Die Eintragung erfolgt mit dem Nettobetrag, falls die Vorsteuer abziehbar ist. Bei nicht abziehbaren Vorsteuerbeträgen und pauschal ermittelten Vorsteuerbeträgen ist der Bruttobetrag zu erfassen.

365 Stimmt das **Jahr der Schenkung** nicht mit dem Jahr überein, in dem die Betriebsausgaben für das Geschenk angefallen sind, ist im Jahr der Schenkung eine Gewinnerhöhung i.H.d. nach § 4 Abs. 5 Satz 1 Nr. 1 EStG nicht abzugsfähigen Betriebsausgaben zu berücksichtigen.[3]

Praxishinweis:

Der Betrag der Gewinnerhöhung im Jahr der Schenkung darf in diesem Fall nicht in Zeile 62, Kennzahl 164 eingetragen werden, da der dort erfasste Betrag nicht dem Gewinn hinzugerechnet wird. Er ist stattdessen in Zeile 62, Kennzahl 174 als Negativbetrag anzusetzen.

Geschenke an Arbeitnehmer unterliegen nicht der Abzugsbeschränkung des § 4 Abs. 5 Satz 1 Nr. 1 EStG (Eintragung in Zeile 30). Ebenfalls unbeschränkt als Betriebsausgabe abziehbar sind sog. **Streuwerbeartikel** von geringem Wert wie etwa Taschenkalender oder Kugelschreiber.[4]

366 Nach § 37b Abs. 1 Satz 1 Nr. 2 EStG besteht bei Geschenken i.S.d. § 4 Abs. 5 Satz 1 Nr. 1 EStG die Möglichkeit, die **Einkommensteuer** für die Zuwendung **pauschal zu erheben**. In diesem Fall bleibt das Geschenk bei der Ermittlung der Einkünfte des **Empfängers** der Zuwendung außer Betracht. Einzelheiten können dem BMF-Schreiben v. 19.5.2015[5] entnommen werden. Wird die Pauschalierung nach § 37b EStG in Anspruch genommen, ist die Pauschalsteuer ebenfalls nach § 4 Abs. 5 Satz 1 Nr. 1 EStG nur beschränkt abziehbar.[6] Bei der Prüfung der 50 €-Grenze ist die übernommene Steuer jedoch nicht einzubeziehen.[7] Im Ergebnis ist die Pauschalsteuer daher bei Zuwendungen von bis zu 50 € als Betriebsausgabe abziehbar; bei Zuwendungen von über 50 € kommt ein Betriebsausgabenabzug dagegen nicht in Betracht. Zur Abgrenzung zwischen Geldleistung und Sachbezug siehe BMF v. 15.3.2022.[8]

bb) Bewirtungsaufwendungen (Zeile 63)

367 Bewirtungsaufwendungen aus geschäftlichem Anlass sind nach § 4 Abs. 5 Satz 1 Nr. 2 EStG nur i.H.v. 70 % der nach allgemeiner Verkehrsauffassung als angemessen anzusehenden Aufwendungen als Betriebsausgabe abziehbar. **Bewirtungsaufwendungen** sind Aufwendungen für den Verzehr von Speisen, Getränken und sonstigen Genussmitteln einschließlich unmittelbarer Nebenleistungen wie z.B. Trinkgelder.[9] Nicht unter § 4 Abs. 5 Satz 1 Nr. 2 EStG fallen Aufmerksamkeiten in geringem Umfang wie Kaffee, Tee und Gebäck anlässlich von Besprechun-

1) Abschn. 15.6 Abs. 4 UStAE.
2) R 4.10 Abs. 1 Satz 2 EStR 2012.
3) R 4.10 Abs. 2 Satz 3 EStR 2012.
4) R 4.11 Abs. 2 Satz 2 Nr. 2 EStR 2012.
5) BMF v. 19.5.2015, IV C 6 – S 2297-b/14/10001, BStBl I 2015, 468.
6) BFH v. 30.3.2017, IV R 13/14, BStBl II 2017, 892; BMF v. 19.5.2015, IV C 6 – S 2297-b/14/10001, BStBl I 2015, 468, Rz. 24.
7) BMF v. 19.5.2015, IV C 6 – S 2297-b/14/10001, BStBl I 2015, 468, Rz. 25.
8) BMF v. 15.3.2022, IV C 5 – S 2334/19/10007 :007, BStBl I 2022, 242.
9) R 4.10 Abs. 5 Satz 3 f. EStR 2012.

gen.[1] Bei der Prüfung der **Angemessenheit der Bewirtungsaufwendungen** ist darauf abzustellen, ob ein ordentlicher und gewissenhafter Unternehmer angesichts der erwarteten Vorteile die Aufwendungen ebenfalls auf sich genommen hätte.[2] Hierbei ist auf die jeweiligen Branchenverhältnisse abzustellen.[3]

Der Abzugsbeschränkung des § 4 Abs. 5 Satz 1 Nr. 2 EStG unterliegen nur Bewirtungsaufwendungen aus **geschäftlichem Anlass**. Ein geschäftlicher Anlass besteht insbesondere bei der Bewirtung von Personen, zu denen Geschäftsbeziehungen bestehen oder zu denen sie angebahnt werden sollen.[4] Auch bei der Bewirtung von freien Mitarbeitern des Unternehmers liegt eine Bewirtung aus geschäftlichem Anlass vor.[5] Dagegen ist die ausschließliche **Bewirtung von Arbeitnehmern** etwa bei einer Weihnachtsfeier oder einem Betriebsausflug nicht geschäftlich, sondern allgemein betrieblich veranlasst. Entsprechende Aufwendungen unterliegen nicht der Abzugsbeschränkung des § 4 Abs. 5 Satz 1 Nr. 2 EStG (Eintragung in Zeile 30). Ebenfalls nicht von § 4 Abs. 5 Satz 1 Nr. 2 EStG erfasst sind gem. § 4 Abs. 5 Satz 2 EStG Bewirtungsaufwendungen von Gastwirten, Restaurantbetreibern oder ähnlichen **berufsmäßig gegen Entgelt bewirtenden Unternehmern** (Eintragung in Zeilen 27 und 29).

Der Abzug von Bewirtungsaufwendungen als Betriebsausgabe setzt voraus, dass die Bewirtungsaufwendungen **368**
betrieblich veranlasst sind. Darüber hinaus legt § 4 Abs. 5 Satz 1 Nr. 2 Satz 2 und 3 EStG spezielle Anforderungen für den **Nachweis** der Höhe und der betrieblichen Veranlassung der Aufwendungen fest. So sind Ort, Tag, Teilnehmer und Anlass der Bewirtung schriftlich festzuhalten. Bei einer Bewirtung in einem Restaurant genügen Angaben zum Anlass und den Teilnehmern der Bewirtung, wobei die Rechnung der Bewirtung zwingend beizufügen ist.[6] Die Rechnung muss grds. maschinell erstellt und maschinell registriert sein;[7] sie muss bei Rechnungsbeträgen über 150 € den Namen des bewirtenden Stpfl. enthalten.[8] Das zum Nachweis der betrieblichen Veranlassung erstellte Schriftstück ist zu unterschreiben.[9] Die Angaben zum Anlass der Bewirtung müssen hinreichend konkret sein; allgemeine Angaben wie „Arbeitsgespräch" oder „Hintergrundgespräch" genügen nicht.[10]

Voraussetzung für die Inanspruchnahme des Betriebsausgabenabzugs von Bewirtungsaufwendungen ist nach § 4 Abs. 7 EStG, dass die **Aufwendungen getrennt** von den sonstigen Betriebsausgaben **aufgezeichnet** werden. Dies betrifft besonders den nach § 4 Abs. 5 Satz 1 Nr. 2 Satz 2 und 3 EStG geforderten Nachweis der betrieblichen Veranlassung.

Die Höhe der abzugsfähigen Bewirtungsaufwendungen ist nach folgendem **Berechnungsschema** zu ermitteln: **369**

- Ermittlung der nachgewiesenen Bewirtungskosten ohne reine Arbeitnehmerbewirtungen und Bewirtungen, die berufsmäßig gegen Entgelt ausgeführt werden. Sofern Arbeitnehmer des Unternehmers an einer geschäftlich veranlassten Bewirtung teilgenommen haben, sind diese Aufwendungen in die Gesamtaufwendungen einzubeziehen. Gleiches gilt für die auf den Unternehmer selbst entfallenden Bewirtungskosten;[11]
- von den hiernach ermittelten Gesamtbewirtungsaufwendungen sind die nicht abzugsfähigen unangemessenen Bewirtungsaufwendungen herauszunehmen;
- die verbleibenden Bewirtungsaufwendungen sind zu 70 % abzugsfähig und zu 30 % nicht abzugsfähig.

Umsatzsteuerlich berechtigen nach § 15 Abs. 1a Satz 2 UStG angemessene und nachgewiesene Bewirtungsaufwendungen auch insoweit zum **Vorsteuerabzug**, als § 4 Abs. 5 Satz 1 Nr. 2 EStG einen Betriebsausgabenabzug ausschließt.[12] Lediglich bei der Höhe nach nicht angemessenen Bewirtungsaufwendungen oder Bewirtungsaufwendungen, für die der Nachweis der betrieblichen Veranlassung nicht erbracht wurde, ist ein Vorsteuerabzug ausgeschlossen.

Der Betrag der nach den vorstehenden Grundsätzen nicht abzugsfähigen Bewirtungsaufwendungen ist in Zeile 63, Kennzahl 165 einzutragen (Bewirtungsaufwendungen ohne Nachweis der betrieblichen Veranlassung, unangemessene Bewirtungsaufwendungen, 30 % der angemessenen Bewirtungsaufwendungen). Die abzugsfähigen Bewirtungsaufwendungen sind in Zeile 63, Kennzahl 175 zu erfassen. Die Eintragung erfolgt mit dem Nettobetrag, wenn die ausgewiesene Umsatzsteuer abziehbar ist. Bei nicht abziehbaren Vorsteuern und pauschal ermittelten Vorsteuerbeträgen ist der Bruttobetrag zu berücksichtigen.

Bezüglich der Behandlung von **Betriebsveranstaltungen** wird auf den fachübergreifenden Aufsatz in „Der Betrieb" verwiesen.[13]

---

1) R 4.10 Abs. 5 Satz 9 Nr. 1 EStR 2012.
2) BFH v. 20.8.1986, I R 80/83, BStBl II 1986, 904.
3) BFH v. 14.4.1988, IV R 205/85, BStBl II 1988, 771.
4) R 4.10 Abs. 6 Satz 3 EStR 2012.
5) BFH v. 18.9.2007, I R 75/06, BStBl II 2008, 116.
6) BFH v. 18.4.2012, X R 57/09, BStBl II 2012, 770.
7) BMF v. 30.6.2021, IV C 6 – S 2145/19/10003 :003, BStBl I 2021, 908.
8) BFH v. 18.4.2012, X R 57/09, BStBl II 2012, 770.
9) BFH v. 15.1.1998, IV R 81/96, BStBl II 1998, 263.
10) BFH v. 15.1.1998, IV R 81/96, BStBl II 1998, 263.
11) R 4.10 Abs. 6 Satz 7 EStR 2012.
12) Abschn. 15.6 Abs. 6 Satz 1 UStAE.
13) Reiling/Brucker/Looser, Steuerliche Behandlung von Betriebsveranstaltungen, eine lohn-, ertrag- und umsatzsteuerliche Betrachtung, DB 2017, 2436.

cc) Verpflegungsmehraufwendungen (Zeile 64)

370 In Zeile 64 sind die nach § 4 Abs. 5 Satz 1 Nr. 5 EStG i.V.m. § 9 Abs. 4a EStG abzugsfähigen Verpflegungsmehraufwendungen des Unternehmers einzutragen. § 9 Abs. 4a Satz 3 EStG sieht folgende **Pauschbeträge für Verpflegungsmehraufwendungen** vor:

Abwesenheit von 24 Stunden	28 €
Abwesenheit von weniger als 24, aber mind. 8 Stunden	14 €

Ein Nachweis höherer Aufwendungen kommt nicht in Betracht (§ 4 Abs. 5 Satz 1 Nr. 5 Satz 1 EStG). Für den **An- und Abreisetag bei einer mehrtägigen Auswärtstätigkeit mit Übernachtung** ist der Pauschbetrag i.H.v. 14 € jeweils auch bei einer Abwesenheit von weniger als 8 Stunden anzusetzen (§ 9 Abs. 4a Satz 3 Nr. 2 EStG). Bei einer **zweitägigen Auswärtstätigkeit ohne Übernachtung** können die Abwesenheitszeiten der beiden Tage zusammengerechnet werden; ergibt sich hiernach eine Gesamtabwesenheit von mind. 8 bzw. 24 Stunden ist der Pauschbetrag i.H.v. 14 € bzw. 28 € für den Kalendertag zu berücksichtigen, an dem der Unternehmer den überwiegenden Teil abwesend war (§ 9 Abs. 4a Satz 3 Nr. 3 EStG).[1]

Bei **Aufenthalten im Ausland** gelten abweichende Pauschbeträge. Diese können für den VZ 2025 dem BMF-Schreiben v. 2.12.2024[2] entnommen werden.

Eine **Kürzung der Pauschbeträge** für Verpflegungsmehraufwendungen auf Grund einer dem Unternehmer **„unentgeltlich" zur Verfügung gestellten Mahlzeit** kommt nicht in Betracht. Das gilt auch, wenn der Unternehmer anlässlich einer betrieblich veranlassten Reise Bewirtungsaufwendungen i.S.d. § 4 Abs. 5 Satz 1 Nr. 2 EStG (→ Rz. 367 ff.) trägt. § 9 Abs. 4a Satz 8 EStG, der eine Kürzungsregelung bei der Ermittlung der Einkünfte aus nichtselbständiger Arbeit vorsieht, ist im betrieblichen Bereich nicht anzuwenden.[3]

Praxishinweis:

Es ist jedoch darauf zu achten, dass die tatsächlichen Verpflegungskosten des Unternehmers nicht gewinnmindernd als Betriebsausgaben angesetzt werden. Ist in einem Gesamtpreis ein Verpflegungsanteil enthalten und lässt sich der Preis für die Verpflegung nicht feststellen (etwa bei einer Hotelübernachtung mit Frühstück oder einer Tagungsgebühr, die das Mittagessen einschließt), so ist der Gesamtpreis pauschaliert um die hierin enthaltenen Verpflegungsaufwendungen zu kürzen und nur der gekürzte Betrag neben dem Pauschbetrag für Verpflegungsmehraufwendungen als Betriebsausgabe abzuziehen. Zur Ermittlung des Kürzungsbetrags → Rz. 352.

Verpflegungsaufwendungen unterfallen nicht dem Abzugsverbot gemäß § 4 Abs. 5 Satz 1 Nr. 5 Satz 1 EStG, wenn sie im Zusammenhang mit einer Bewirtung aus geschäftlichem oder betrieblichem Anlass stehen, an der der Unternehmer teilnimmt (etwa bei einer Betriebsfeier oder einem Kundenessen). In diesem Fall kommt eine Kürzung der angefallenen Betriebsausgaben um den Verpflegungsanteil des Unternehmers nicht in Betracht; allerdings ist die Beschränkung des Betriebsausgabenabzugs für Bewirtungsaufwendungen nach § 4 Abs. 5 Satz 1 Nr. 2 EStG zu beachten (→ Rz. 367 ff.).

371 Bei der **Berechnung der Abwesenheitszeiten** ist nach § 4 Abs. 5 Satz 1 Nr. 5 Satz 2 EStG auf die Abwesenheit des Unternehmers

- von seiner **Wohnung** und
- dem Mittelpunkt seiner dauerhaft angelegten betrieblichen Tätigkeit **(Tätigkeitsmittelpunkt)** abzustellen.

Die auf die Fahrten zwischen der Wohnung und dem Tätigkeitsmittelpunkt entfallende Zeit ist nicht in die Abwesenheitszeit einzubeziehen.

Beispiel:

Rechtsanwalt A verlässt um 8:00 Uhr seine Wohnung und erreicht seine Kanzlei um 8:30 Uhr. Um 10:00 Uhr verlässt er die Kanzlei für einen Mandantenbesuch. Nach Beendigung des Mandantenbesuchs fährt er direkt zu seiner Wohnung, die er um 17:30 Uhr erreicht.

Lösung:

Bei der Berechnung der Abwesenheitszeit ist auf den Zeitpunkt des Verlassens des Büros (10:00 Uhr) und die Rückkehr zur Wohnung (17:30 Uhr) abzustellen, da A in dieser Zeit sowohl von seiner Wohnung als auch von seiner Betriebsstätte abwesend ist. Die Fahrt zwischen der Wohnung und der Kanzlei ist nicht in die Abwesenheitszeit einzubeziehen. Die Abwesenheitszeit beträgt mit 7 Stunden und 30 Minuten weniger als 8 Stunden, so dass kein Pauschbetrag für Verpflegungsmehraufwendungen zu berücksichtigen ist.

Wohnung i.S.d. § 4 Abs. 5 Satz 1 Nr. 5 Satz 2 EStG ist gemäß § 9 Abs. 4a Satz 4 EStG der Hausstand, der den Mittelpunkt der Lebensinteressen des Unternehmers bildet (sog. Lebensmittelpunkt), sowie eine Unterkunft im Rahmen einer doppelten Haushaltsführung (→ Rz. 348).

Der **Tätigkeitsmittelpunkt** i.S.d. § 4 Abs. 5 Satz 1 Nr. 5 Satz 2 EStG entspricht dem Ort der **(ersten) Betriebsstätte** und ist nach den gleichen Grundsätzen zu bestimmen, die für die Abzugsbegrenzung bei den Fahrten zwischen Wohnung und (erster) Betriebsstätte gelten.[4] Zum Begriff der (ersten) Betriebsstätte → Rz. 380.

Sofern der Unternehmer **keinen Tätigkeitsmittelpunkt** hat (Tätigkeit an ständig wechselnden Orten, Tätigkeit auf einem Fahrzeug), ist ausschließlich auf die Abwesenheit von der Wohnung abzustellen. Dies gilt auch, wenn der Unternehmer zur Aufnahme seiner betrieblichen Tätigkeit dauerhaft denselben Ort (Sammelpunkt) oder dasselbe weiträumige Tätigkeitsgebiet aufsucht und die Fahrtkosten zu dem Sammelpunkt bzw. weiträumigen Tätigkeits-

1) BMF v. 25.11.2020, IV C 5 – S 2353/19/10011 :006, BStBl I 2020, 1228, Rz. 47.
2) BMF v. 2.12.2024, IV C 5 – S 2353/19/10010 :006, BStBl I 2024, 1549.
3) BMF v. 23.12.2014, IV C 6 – S 2145/10/10005 :001, BStBl I 2015, 26, Rz. 12.
4) BMF v. 23.12.2014, IV C 6 – S 2145/10/10005 :001, BStBl I 2015, 26, Rz. 9.

gebiet nur mit der Entfernungspauschale angesetzt werden können (→ Rz. 379 f.).[1] Der Sammelpunkt bzw. das weiträumige Tätigkeitsgebiet stellt keinen Tätigkeitsmittelpunkt i.S.d. § 4 Abs. 5 Satz 1 Nr. 5 Satz 2 EStG dar.

Bei **längerfristigen vorübergehenden Aufenthalten an derselben Tätigkeitsstelle** ist der Abzug nach § 9 Abs. 4a Satz 6 EStG auf die ersten drei Monate beschränkt. Dies gilt nicht bei einer Tätigkeit auf einem Fahrzeug oder in einem weiträumigen Tätigkeitsgebiet.[2] Die **3-Monatsfrist** beginnt nur, wenn der Unternehmer die auswärtige Tätigkeitsstätte an mind. drei Tagen in der Woche aufsucht.[3] Eine Unterbrechung von weniger als vier Wochen (z.B. wegen Urlaub, Krankheit oder einer betrieblichen Tätigkeit an anderer Stelle) führt gemäß § 9 Abs. 4a Satz 7 EStG nicht zu einem Neubeginn der 3-Monatsfrist. 372

Beispiel:

A ist als Steuerberater tätig und hat zwei Niederlassungen in B und C. Die erste Betriebsstätte befindet sich in B. Seit Gründung seines Unternehmens war A jede Woche nur einen Tag in C tätig (jeweils für mind. 8 Stunden). Im März muss er auf Grund einer Erkrankung eines Mitarbeiters die Niederlassung in C jeweils an drei Tagen in der Woche aufsuchen. Ab April ist er wieder nur an einem Tag in der Woche in C tätig. In der Zeit vom 1.9. bis 15.10. verbringt A seinen Jahresurlaub auf Hawaii.

Lösung:

A kann für die Anwesenheitszeiten in der Niederlassung in C dem Grunde nach die Pauschbeträge für Verpflegungsmehraufwendungen beanspruchen, da er jeweils vorübergehend von seiner Wohnung und seinem Tätigkeitsmittelpunkt (erste Betriebsstätte) entfernt tätig wird.

Die 3-Monatsfrist beginnt am 1.3., da A die Niederlassung in C erstmals an mind. drei Tagen in der Woche aufgesucht hat. Im April kommt es zu keiner Unterbrechung der 3-Monatsfrist, weil A weiterhin an einem Tag in der Woche in C tätig ist (Unterbrechung von weniger als vier Wochen). Die 3-Monatsfrist endet folglich am 31.5.; ab dem 1.6. ist der Abzug der Pauschbeträge für Verpflegungsmehraufwendungen für die Anwesenheitszeiten in C ausgeschlossen.

Durch den Urlaub in der Zeit vom 1.9. bis zum 15.10. wird die Tätigkeit an der Niederlassung in C für mehr als vier Wochen unterbrochen. A kann daher für nachfolgende Anwesenheitszeiten in C wieder Pauschbeträge für Verpflegungsmehraufwendungen abziehen. Die 3-Moantsfrist beginnt solange nicht erneut zu laufen, wie A nach dem 15.10. nicht an mind. drei Tagen in einer Woche in C tätig wird.

Ebenfalls in Zeile 64 einzutragen sind die nach § 9 Abs. 4a Satz 12 und 13 EStG auf Grund einer steuerlich anzuerkennenden **doppelten Haushaltsführung** (→ Rz. 348) abzugsfähigen Verpflegungsmehraufwendungen. Abzustellen ist auf die Abwesenheit des Unternehmers vom Ort des eigenen Hausstands, wobei der Abzug auf die ersten drei Monate nach Bezug der Wohnung am Beschäftigungsort beschränkt ist. 373

dd) Aufwendungen für die Tätigkeit in der häuslichen Wohnung (Zeile 65)

Aufwendungen für ein häusliches Arbeitszimmer sowie die Kosten der Ausstattung sind grds. nicht abziehbar. Dies gilt nicht, wenn das Arbeitszimmer den Mittelpunkt der gesamten betrieblichen und beruflichen Tätigkeit bildet. Der Tätigkeitsmittelpunkt ist dabei nach dem inhaltlichen (qualitativen) Schwerpunkt der gesamten betrieblichen und beruflichen Betätigung zu bestimmen; der Umfang der zeitlichen Nutzung hat dabei nur Indizwirkung. Zu den in Zeile 65 einzutragenden tatsächlichen Aufwendungen gehören dann auch die AfA und die Schuldzinsen. 374

Anstelle der tatsächlichen Aufwendungen kann pauschal ein Betrag von 1 260 € (Jahrespauschale) für das Kj. abgezogen werden. Für jeden vollen Kalendermonat, in dem das Arbeitszimmer nicht den Tätigkeitsmittelpunkt bildet, muss der Betrag von 1 260 € um ein Zwölftel (105 €) gekürzt werden. Nähere Ausführungen hierzu finden Sie im BMF-Schreiben v. 15.8.2023.[4]

In Zeile 65, Kennzahl 162 sind die nach § 4 Abs. 5 Satz 1 Nr. 6b EStG nicht abziehbaren und in Zeile 65, Kennzahl 172 die abziehbaren Aufwendungen für die Tätigkeit in der häuslichen Wohnung zu erfassen. Dies gilt auch für die AfA und die Schuldzinsen. Der Betrag der AfA für ein häusliches Arbeitszimmer kann der Eintragung in Zeile 31 der Anlage AVEÜR entnommen werden, wenn diese mit der Anlage EÜR an das FA übermittelt wird.

Zum **Begriff des häuslichen Arbeitszimmers** sowie der **Ermittlung der abzugsfähigen Aufwendungen** → Rz. 1139 ff. Ein Betriebsausgabenabzug von Aufwendungen für ein häusliches Arbeitszimmer ist nach § 4 Abs. 7 EStG nur möglich, wenn die **Aufwendungen getrennt** von den sonstigen Betriebsausgaben **aufgezeichnet** werden. Der **Vorsteuerabzug** von Aufwendungen für ein häusliches Arbeitszimmer ist nicht nach § 15 Abs. 1a UStG beschränkt. Die Eintragung in Zeile 65 erfolgt daher mit dem Nettobetrag, sofern die ausgewiesene Umsatzsteuer nach allgemeinen Grundsätzen abziehbar ist. Bei nicht abziehbaren Vorsteuern und pauschal ermittelten Vorsteuerbeträgen ist der Bruttobetrag anzusetzen.

dd) Tagespauschale für die Tätigkeit in der häuslichen Wohnung (Zeile 66)

Unabhängig davon, ob ein häusliches Arbeitszimmer vorliegt, kann für jeden Kalendertag, an dem die betriebliche oder berufliche Tätigkeit überwiegend in der häuslichen Wohnung ausgeübt und die erste Tätigkeitsstätte nicht aufgesucht wird, für die gesamte betriebliche und berufliche Betätigung ein Betrag von 6 € (Tagespauschale), höchstens 1 260 € im Kj., abgezogen werden. Steht für die betriebliche oder berufliche Tätigkeit dauerhaft kein anderer Arbeitsplatz zur Verfügung, ist ein Abzug der Tagespauschale zulässig, auch wenn die Tätigkeit am selben Kalendertag auswärts oder an der ersten Tätigkeitsstätte ausgeübt wird. Die Tagespauschale darf nicht abge- 375

1) BMF v. 25.11.2020, IV C 5 – S 2353/19/10011 :006, BStBl I 2020, 1228, Rz. 38.
2) BMF v. 25.11.2020, IV C 5 – S 2353/19/10011 :006, BStBl I 2020, 1228.
3) BMF v. 25.11.2020, IV C 5 – S 2353/19/10011 :006, BStBl I 2020, 1228.
4) BMF v. 15.8.2023, IV C 6 – S 2145/19/10006 :027, BStBl I 2023, 1551.

zogen werden, soweit für die Wohnung Unterkunftskosten für eine doppelte Haushaltsführung abgezogen werden können. Dasselbe gilt, soweit tatsächliche Aufwendungen oder die Jahrespauschale für ein Arbeitszimmer abgezogen werden. Nähere Ausführungen hierzu finden Sie im BMF-Schreiben v. 15.8.2023.[1] Einrichtungsgegenstände (z.B. Schreibtisch und Bürostuhl) sind Arbeitsmittel und können neben der Tagespauschale berücksichtigt werden.

ee) Sonstige beschränkt abziehbare Betriebsausgaben (Zeile 67)

376 In Zeile 67, Kennzahl 168 und 177 sind die sonstigen beschränkt oder nicht abziehbaren Betriebsausgaben einzutragen. gilt z.B. für folgende Aufwendungen:

- Aufwendungen **Gästehäuser** sowie **Jagd, Fischerei, Segeljachten, Motorjachten** und für ähnliche Zwecke nach § 4 Abs. 5 Satz 1 Nr. 3 und 4 EStG;
- Aufwendungen, die die Lebensführung des Unternehmers betreffen und nach allgemeiner Verkehrsauffassung unangemessen sind nach § 4 Abs. 5 Satz 1 Nr. 7 EStG (sog. **Repräsentationsaufwendungen**);
- von Gerichten oder Behörden im Inland oder von Organen der EU festgesetzte **Geldbußen, Ordnungsgelder** und **Verwarnungsgelder** nach § 4 Abs. 5 Satz 1 Nr. 8 EStG;
- in einem Strafverfahren festgesetzte **Geldstrafen** nach § 12 Nr. 3 EStG;
- Vorteilszuwendungen nach § 4 Abs. 5 Satz 1 Nr. 10 EStG, wenn die Zuwendung der Vorteile eine rechtswidrige Handlung darstellt. Hierunter fallen sog. „**Schmiergeldzahlungen**“;
- Zuschläge auf Grund der Schätzung von Besteuerungsgrundlagen nach § 4 Abs. 5 Satz 1 Nr. 12 EStG;
- Jahresbeiträge nach § 12 Abs. 2 des RStruktFG (§ 4 Abs. 5 Satz 1 Nr. 13 EStG).

Soweit in den Aufwendungen abziehbare **Vorsteuerbeträge** enthalten sind, ist in Zeile 67 der Nettobetrag zu erfassen. Dies gilt nicht, wenn der Vorsteuerabzug pauschal ermittelt wird. Bei nach § 4 Abs. 5 Nr. 3, 4 und 7 EStG nicht abziehbaren Betriebsausgaben ist das Abzugsverbot des § 15 Abs. 1a UStG zu beachten. Nicht in Zeile 67 zu erfassen sind die Aufwendungen für **Wege zwischen Wohnung und (erster) Betriebsstätte** Aufwendungen für eine **doppelte Haushaltsführung** sowie die nach § 4 Abs. 4a EStG **nicht abziehbaren Schuldzinsen.**

Die für den Betrieb gezahlte **Gewerbesteuer** stellt nach § 4 Abs. 5b EStG eine nicht abzugsfähige Betriebsausgabe dar und ist ebenfalls in Zeile 67, Kennzahl 168 einzutragen. Ebenfalls vom Abzugsverbot erfasst sind die auf die Gewerbesteuer entfallenden **steuerlichen Nebenleistungen** wie Säumniszuschläge, Verspätungszuschläge und Nachzahlungszinsen nach § 233a AO. Soweit Gewerbesteuerzahlungen oder gezahlte steuerliche Nebenleistungen zur Gewerbesteuer zurückgezahlt werden, sind die Erträge als erstattete nicht abzugsfähige Betriebsausgaben steuerfrei. Die Eintragung erfolgt ebenfalls in Zeile 67, Kennzahl 168; Erstattungsüberhänge sind mit negativem Vorzeichen anzusetzen. **Erstattungszinsen** i.S.d. § 233a AO für zu viel gezahlte Gewerbesteuer fallen dagegen nicht unter § 4 Abs. 5b EStG und sind stpfl., da die Zahlung aus eigenem Rechtsgrund erfolgt und keine zuvor gezahlten nicht abzugsfähigen Betriebsausgaben erstattet werden.[2] Beachten Sie hierfür aber die Billigkeitsregelungen nach dem BMF-Schreiben v. 16.3.2021.[3] Die Eintragung der Zinseinnahmen erfolgt bei Kleinunternehmern in Zeilen 12 und 13 sowie bei Unternehmern, die der umsatzsteuerlichen Regelbesteuerung unterliegen, in Zeile 16 der Anlage EÜR.

f) Kfz-Kosten und andere Fahrtkosten (Zeilen 68–73)

	Kfz-Kosten und andere Fahrtkosten		
68	Leasingkosten	144	,
69	Steuern, Versicherungen und Maut	145	,
70	Sonstige tatsächliche Fahrtkosten ohne AfA und Zinsen (z. B. Reparaturen, Wartungen, Treibstoff, Kosten für Flugstrecken, Kosten für öffentliche Verkehrsmittel)	146	,
71	Fahrtkosten für nicht zum Betriebsvermögen gehörende Fahrzeuge (Nutzungseinlage)	147	,
72	Fahrtkosten für Wege zwischen Wohnung und erster Betriebsstätte; Familienheimfahrten (pauschaliert oder tatsächlich)	142 –	,
73	Mindestens abziehbare Fahrtkosten für Wege zwischen Wohnung und erster Betriebsstätte (Entfernungspauschale); Familienheimfahrten	176 +	,

aa) Fahrtkosten für zum Betriebsvermögen gehörende Fahrzeuge und andere Fahrtkosten (Zeilen 68–73)

377 In Zeilen 68 bis 73 sind die für ein **zum Betriebsvermögen gehörendes Kfz** (→ Rz. 266) oder anderen Fahrzeugs entstandenen Aufwendungen mit Ausnahme der AfA (Eintragung in Zeile 33) und der Zinsen (Eintragung in Zeilen 55 und 56) zu erfassen. Hierbei sind die im Zusammenhang mit der privaten Kfz-Nutzung sowie den Fahrten zwischen Wohnung und (erster) Betriebsstätte, Familienheimfahrten bei einer doppelten Haushaltsführung oder Fahrten zwischen Wohnung und betrieblichem Sammelpunkt bzw. weiträumigem Tätigkeitsgebiet angefallenen Aufwen-

---

1) BMF v. 15.8.2023, IV C 6 – S 2145/19/10006 :027, BStBl I 2023, 1551.
2) FG Düsseldorf v. 4.5.2023, 9 K 1987/21 G, F, EFG 2023, 1215, Rev. Az des BFH: IV R 16/23.
3) BMF v. 16.3.2021, IV C 1 – S 2252/19/10012 :011, BStBl I 2021, 353.

dungen einzubeziehen; zur Korrektur wird die private Kfz-Nutzung in Zeile 20 sowie ein Hinzurechnungsbetrag für Fahrten zwischen Wohnung und (erster) Betriebsstätte, Familienheimfahrten sowie Fahrten zwischen Wohnung und betrieblichem Sammelpunkt bzw. weiträumigem Tätigkeitsgebiet in Zeilen 72 und 73 angesetzt. Die Eintragungen erfolgen mit dem Nettobetrag, sofern die Umsatzsteuer abziehbar ist (Eintragung der Umsatzsteuer in Zeile 57). Bei nicht abziehbaren Vorsteuerbeträgen und pauschal ermittelten Vorsteuerbeträgen sind die Bruttobeträge einzutragen. Zur Berücksichtigung von Leasingkosten als Betriebsausgaben → Rz. 296.

In Zeile 70 sind außerdem andere betrieblich veranlasste Fahrtkosten wie **Aufwendungen für Flugreisen und für öffentliche Verkehrsmittel** zu berücksichtigen. Dies gilt nicht für Aufwendungen für öffentliche Verkehrsmittel für Fahrten zwischen Wohnung und (erster) Betriebsstätte, Familienheimfahrten sowie Fahrten zwischen Wohnung und betrieblichem Sammelpunkt bzw. weiträumigem Tätigkeitsgebiet, für die die Entfernungspauschale anzusetzen ist (→ Rz. 392; Eintragung der Entfernungspauschale in Zeile 70).

Beratungshinweis:

Wird ein Kfz, welches sich im Betriebsvermögen befindet, auch an der privaten Steckdose aufgeladen, kann der betriebliche Nutzungsanteil am privaten Stromverbrauch grundsätzlich mit Hilfe eines gesonderten Stromzählers (stationär oder mobil) nachgewiesen werden. Aufzeichnungen für einen repräsentativen Zeitraum von drei Monaten werden als ausreichend angesehen.[1] Aus Vereinfachungsgründen kann der betriebliche Nutzungsanteil am privaten Stromverbrauch auch mit den lohnsteuerlichen Pauschalen angesetzt werden. Diese betragen nach BMF v. 29.9.2020[2] für die VZ 2021 bis 2030:

a) mit zusätzlicher Lademöglichkeit beim Arbeitgeber

   30 € für Elektrofahrzeuge und 15 € für Hybridelektrofahrzeuge

b) ohne Lademöglichkeit beim Arbeitgeber

   70 € für Elektrofahrzeuge und 35 € für Hybridelektrofahrzeuge.

bb) Fahrtkosten für nicht zum Betriebsvermögen gehörende Fahrzeuge (Zeile 71)

Sofern ein **dem Privatvermögen zuzurechnendes Kfz** oder anderes Fahrzeug für betriebliche Zwecke genutzt wird, **378**
sind die **auf die betrieblichen Fahrten entfallenden Aufwendungen** im Rahmen einer Nutzungseinlage als Betriebsausgaben zu berücksichtigen. Hierzu sind die Gesamtkosten des Fahrzeugs zu ermitteln. Auf die bei der Ermittlung der privaten Kfz-Nutzung nach der Fahrtenbuchmethode geltenden Berechnungsgrundsätze kann dabei zurückgegriffen werden (→ Rz. 301); eine Kürzung der Gesamtkosten eines Elektrofahrzeugs oder eines extern aufladbaren Hybridelektrofahrzeugs um die auf das Batteriesystem entfallenden Aufwendungen (für Neuanschaffungen: Halbierung oder Viertelung der Anschaffungskosten) kommt dabei allerdings nicht in Betracht. Der Umfang der betrieblichen Fahrten ist unter Angabe der Kilometerstände sowie des Anlasses und des Zeitpunktes der betrieblichen Fahrt formlos festzuhalten. Die Gesamtfahrleistung des Kfz kann durch Aufzeichnung der Kilometerstände am Beginn und am Ende des Jahres nachgewiesen werden.

Anstelle der auf die betrieblichen Fahrten entfallenden tatsächlichen Fahrtkosten können die folgenden **pauschalen Kilometersätze** als Betriebsausgaben angesetzt werden (§ 9 Abs. 1 Satz 3 Nr. 4a Satz 2 EStG i.V.m. § 5 BRKG):

Kfz	0,30 €
andere motorbetriebene Fahrzeuge	0,20 €

Beratungshinweis:

Für den Bereich der Einkünfte aus nichtselbständiger Tätigkeit ist durch § 9 Abs. 1 Satz 3 Nr. 4a Satz 2 EStG gesetzlich festgelegt, dass anstelle der tatsächlichen Aufwendungen die Fahrtkosten mit den pauschalen Kilometersätzen angesetzt werden können, die für das benutzte Fahrzeug als höchste Wegstreckenentschädigung nach dem BRKG festgesetzt sind. § 9 Abs. 1 Satz 3 Nr. 4a Satz 2 EStG ist für die Gewinneinkünfte nicht unmittelbar anwendbar. Die Verwaltung wendet die lohnsteuerlichen Regelungen zur Berücksichtigung von Fahrtkosten als Betriebsausgabe bei der Gewinnermittlung jedoch entsprechend an.[3] Damit steht die Berücksichtigung der pauschalen Kilometersätze nicht mehr unter dem Vorbehalt, dass es durch den Ansatz der pauschalen Kilometersätze nicht zu einer offensichtlich unzutreffenden Besteuerung kommt.[4]

Außergewöhnliche Kosten wie Unfallkosten, Kosten für nicht vorhersehbare und nicht auf Verschleiß beruhende Reparaturen sowie Aufwendungen wegen Diebstahls können neben den Pauschalen angesetzt werden.

Wenn ein zum Privatvermögen gehörendes Fahrzeug für **Wege zwischen Wohnung und Betriebsstätte** (→ Rz. 379 ff.), **Familienheimfahrten** bei einer doppelten Haushaltsführung (→ Rz. 348) oder Fahrten zwischen Wohnung und betrieblichem **Sammelpunkt bzw. weiträumigem Tätigkeitsgebiet** (→ Rz. 379 ff.) genutzt wird, sind die in diesem Zusammenhang entstandenen Fahrtkosten als Entfernungspauschale in Zeile 73 einzutragen. Etwas anderes gilt nur bei behinderten Menschen, die die tatsächlichen Aufwendungen für Wege zwischen Wohnung und Betriebsstätte, Familienheimfahrten und Fahrten zwischen Wohnung und betrieblichem Sammelpunkt bzw. weiträumigem Tätigkeitsgebiet abziehen können (→ Rz. 393).

Der auf Grund der Nutzung eines dem Privatvermögen zuzurechnenden Kfz oder anderen Fahrzeugs in Zeile 71 als Betriebsausgabe anzusetzende Betrag ist zugleich als Einlage in Zeile 107 zu erfassen.

1) BMF v. 29.9.2020, IV C 5 – S 2334/19/10009 :004, BStBl I 2020, 972, Rz. 31.
2) BMF v. 29.9.2020, IV C 5 – S 2334/19/10009 :004, BStBl I 2020, 972.
3) R 4.12 Abs. 2 EStR 2012; BMF v. 23.12.2014, IV C 6 – S 2145/10/10005 :001, BStBl I 2015, 26, Rz. 8.
4) BMF v. 25.11.2020, IV C 5 – S 2353/19/10011 :006, BStBl I 2020, 1228, Rz. 37.

cc) Kfz-Kosten für Wege zwischen Wohnung und Betriebsstätte sowie Familienheimfahrten (Zeile 72)

379 Kfz-Kosten für **Wege zwischen Wohnung und Betriebsstätte sowie Familienheimfahrten** bei einer doppelten Haushaltsführung (→ Rz. 348) sind nach § 4 Abs. 5 Satz 1 Nr. 6 EStG nur beschränkt abzugsfähig. Im Ergebnis soll dabei die Abzugsfähigkeit auf die nach § 9 Abs. 1 Satz 3 Nr. 4 und 5 sowie Abs. 2 EStG bei einem Arbeitnehmer abzugsfähigen Aufwendungen für Wege zwischen Wohnung und erster Tätigkeitsstätte sowie Familienheimfahrten beschränkt werden. Aus diesem Grund wird der Differenzbetrag aus den tatsächlich angesetzten Betriebsausgaben für Wege zwischen Wohnung und Betriebsstätte bzw. Familienheimfahrten sowie den nach § 9 Abs. 1 Satz 3 Nr. 4 und 5 sowie Abs. 2 EStG abzugsfähigen Aufwendungen als **nicht abzugsfähige Betriebsausgabe** behandelt.

Nach § 9 Abs. 1 Satz 3 Nr. 4a Satz 3 EStG gelten die Bestimmungen zur Entfernungspauschale auch für Fahrten eines Arbeitnehmers von seiner Wohnung zu einem beruflichen **Sammelpunkt** oder zum **Zugangspunkt eines weiträumigen Tätigkeitsgebiets**. § 9 Abs. 1 Satz 3 Nr. 4a Satz 3 EStG ist für den Bereich der Gewinneinkünfte nicht unmittelbar anwendbar. Die Verwaltung geht gleichwohl davon aus, dass die Regelung auf Grund der gebotenen Gleichbehandlung von Arbeitnehmern und Unternehmern bei der Gewinnermittlung zu beachten ist.[1] Der Unterschiedsbetrag zwischen den tatsächlich angesetzten Betriebsausgaben für Fahrten von der Wohnung des Unternehmers zu einem betrieblichen Sammelpunkt bzw. weiträumigen Tätigkeitsgebiet sowie den nach § 9 Abs. 1 Satz 3 Nr. 4a Satz 3 EStG abzugsfähigen Aufwendungen stellt daher ebenfalls eine **nicht abzugsfähige Betriebsausgabe** dar.

380 Bei der **Auslegung der Begriffe „Wohnung", „Betriebsstätte", „betrieblicher Sammelpunkt" und „weiträumiges Tätigkeitsgebiet"** gelten die folgenden Grundsätze:

Wohnung i.S.d. § 4 Abs. 5 Satz 1 Nr. 6 EStG ist die Wohnung, von der aus sich der Unternehmer tatsächlich zur Betriebsstätte begibt. Es muss eine „eigene" Wohnung des Unternehmers sein. Eine „eigene" Wohnung ist schon anzunehmen, wenn der Unternehmer ein Mitbenutzungsrecht hat. Auch eine Zweitwohnung, die nicht den Lebensmittelpunkt darstellt, ist eine Wohnung i.S.d. § 4 Abs. 5 Satz 1 Nr. 6 EStG; zur Berechnung der Entfernungspauschale in diesem Fall → Rz. 389.

Unter einer **Betriebsstätte** i.S.d. § 4 Abs. 5 Satz 1 Nr. 6 EStG ist abweichend von § 12 AO nur eine von der Wohnung getrennte Betriebsstätte zu verstehen.[2] Hiernach ist ein häusliches Arbeitszimmer keine Betriebsstätte i.S.d. Abzugsbeschränkung.[3] Nach Verwaltungsauffassung folgt die Auslegung des Begriffs der Betriebsstätte i.S.d. § 4 Abs. 5 Satz 1 Nr. 6 EStG den lohnsteuerlichen Regelungen zur ersten Tätigkeitsstätte i.S.d. § 9 Abs. 4 EStG.[4] Eine Betriebsstätte ist danach eine ortsfeste betriebliche Einrichtung des Unternehmers oder eines Dritten, von der aus die betriebliche Tätigkeit dauerhaft ausgeübt wird.[5] Eine dauerhafte betriebliche Tätigkeit liegt dabei vor, wenn der Unternehmer an der betrieblichen Einrichtung unbefristet, für eine Dauer von voraussichtlich mehr als 48 Monaten oder für die gesamte Dauer der betrieblichen Tätigkeit tätig werden soll (§ 9 Abs. 4 Satz 3 EStG).[6] Dies ist anhand einer Prognoseentscheidung zu beurteilen; weichen die tatsächlichen Verhältnisse durch unvorhersehbare Ereignisse, wie etwa Krankheit, politische Unruhen am Tätigkeitsort oder Insolvenz des Kunden von der ursprünglichen Prognose ab, bleibt die zuvor getroffene Prognoseentscheidung für die Vergangenheit maßgebend.[7] Im Unterschied zu § 12 Satz 1 AO ist eine eigene Verfügungsmacht des Unternehmers über die betrieblichen Einrichtung für das Vorliegen einer Betriebsstätte nicht erforderlich.[8] Fahrzeuge, Schiffe und Flugzeuge sind keine ortsfeste betriebliche Einrichtung und stellen daher keine Betriebsstätte i.S.d. § 4 Abs. 5 Satz 1 Nr. 6 EStG dar.[9]

Beispiel:

Der Steuerberater A ist als freier Mitarbeiter für den Steuerberater B tätig. B stellt A in seiner Praxis zeitlich unbefristet ein Büro zur Verfügung, von dem aus A seine Tätigkeit für B ausübt.

Lösung:

Das Büro in der Praxis des B stellt für A eine Betriebsstätte i.S.d. § 4 Abs. 5 Satz 1 Nr. 6 EStG dar. A wird dort dauerhaft betrieblich tätig, weil er das Büro zeitlich unbefristet nutzt. Der Einordnung als Betriebsstätte steht nicht entgegen, dass es sich um eine betriebliche Einrichtung des B handelt und dass A weder als Eigentümer noch als Mieter Verfügungsmacht über das Büro hat. Die Fahrten des A zwischen der Wohnung und der Praxis unterliegen der Abzugsbeschränkung des § 4 Abs. 5 Satz 1 Nr. 6 EStG.

Ebenfalls in Anlehnung an die lohnsteuerlichen Regelungen zur ersten Tätigkeitsstätte geht die Verwaltung davon aus, dass ein Unternehmer für jeden Betrieb nur eine Betriebsstätte i.S.d. § 4 Abs. 5 Satz 1 Nr. 6 EStG haben kann (sog. **erste Betriebsstätte**, vgl. § 9 Abs. 4 Satz 5 EStG).[10] Bei mehreren Betriebsstätten ist die erste Betriebsstätte anhand der quantitativen Merkmale des § 9 Abs. 4 Satz 4 EStG zu bestimmen.[11] Erste Betriebsstätte ist danach die Tätigkeitsstätte, an der der Unternehmer dauerhaft typischerweise arbeitstäglich oder je Woche an zwei vollen Arbeitstagen oder mind. zu einem Drittel seiner regelmäßigen Arbeitszeit tätig werden will. Erfüllen mehrere

1) BMF v. 23.12.2014, IV C 6 – S 2145/10/10005 :001, BStBl I 2015, 26, Rz. 7.
2) R 4.12 Abs. 1 Satz 5 EStR 2012.
3) BMF v. 23.12.2014, IV C 6 – S 2145/10/10005 :001, BStBl I 2015, 26, Rz. 3.
4) BMF v. 23.12.2014, IV C 6 – S 2145/10/10005 :001, BStBl I 2015, 26, Rz. 1 ff.
5) BMF v. 23.12.2014, IV C 6 – S 2145/10/10005 :001, BStBl I 2015, 26, Rz. 1.
6) BMF v. 23.12.2014, IV C 6 – S 2145/10/10005 :001, BStBl I 2015, 26, Rz. 2.
7) BMF v. 23.12.2014, IV C 6 – S 2145/10/10005 :001, BStBl I 2015, 26, Rz. 2.
8) BMF v. 23.12.2014, IV C 6 – S 2145/10/10005 :001, BStBl I 2015, 26, Rz. 1.
9) BMF v. 25.11.2020, IV C 5 – S 2353/19/10011 :006, BStBl I 2020, 1228.
10) BMF v. 23.12.2014, IV C 6 – S 2145/10/10005 :001, BStBl I 2015, 26, Rz. 5.
11) BMF v. 23.12.2014, IV C 6 – S 2145/10/10005 :001, BStBl I 2015, 26, Rz. 5.

Betriebsstätten die quantitativen Merkmale des § 9 Abs. 4 Satz 4 EStG, ist die der Wohnung des Unternehmers örtlich am nächsten gelegene Tätigkeitsstätte erste Betriebsstätte (§ 9 Abs. 4 Satz 7 EStG).

Beispiel:

A betreibt ein Einzelunternehmen mit Filialen in B und C. A sucht beide Filialen arbeitstäglich auf. Die Filiale in B ist 10 km und die Filiale in C ist 7 km von der Wohnung des A entfernt.

Lösung:

A wird in beiden Filialen dauerhaft betrieblich tätig. Er hat daher dem Grunde nach zwei Betriebsstätten i.S.d. § 4 Abs. 5 Satz 1 Nr. 6 EStG. Beide Betriebsstätten erfüllen die quantitativen Merkmale des § 9 Abs. 4 Satz 4 EStG, da A sie jeweils arbeitstäglich aufsucht. Die Betriebsstätte in C ist erste Betriebsstätte, da sie der Wohnung des A am nächsten liegt. Die Fahrten von der Wohnung zur Filiale in B unterliegen nicht der Abzugsbeschränkung nach § 4 Abs. 5 Satz 1 Nr. 6 EStG.

Nach Verwaltungsauffassung sind die **quantitativen Merkmale des § 9 Abs. 4 Satz 4 EStG** nur zu prüfen, wenn der Unternehmer mehrere Betriebsstätten i.S.d. § 4 Abs. 5 Satz 1 Nr. 6 EStG hat. Eine Betriebsstätte i.S.d. § 4 Abs. 5 Satz 1 Nr. 6 EStG liegt indes bereits dann vor, wenn der Unternehmer an einer betrieblichen Einrichtung unbefristet tätig werden soll. Es ist daher nach Verwaltungsauffassung denkbar, dass ein Unternehmer eine erste Betriebsstätte i.S.d. § 4 Abs. 5 Satz 1 Nr. 6 EStG hat, obwohl die quantitativen Merkmale des § 4 Abs. 5 Satz 1 Nr. 6 EStG nicht erfüllt sind.

Beispiel:

A ist nebenberuflich als Volkshochschullehrer tätig. Auf den Unterricht bereitet er sich im häuslichen Arbeitszimmer vor. Die Vorbereitungszeit nimmt drei Viertel der gesamten Arbeitszeit ein.

a) A gibt zeitlich unbefristet Unterricht in der Volkshochschule B. Der Unterricht findet einmal wöchentlich statt.

b) A gibt zeitlich unbefristet Unterricht in den Volkshochschulen B und C. Der Unterricht findet in beiden Volkshochschulen einmal wöchentlich statt (jeweils zwei Unterrichtsstunden).

Lösung:

Im Sachverhalt a) ist die Volkshochschule B Betriebsstätte i.S.d. § 4 Abs. 5 Satz 1 Nr. 6 EStG, weil A an der Volkshochschule zeitlich unbefristet tätig werden soll. Sie ist zugleich erste Betriebsstätte, weil A nur eine Betriebsstätte hat. Es kommt nicht darauf an, ob die quantitativen Merkmale des § 9 Abs. 4 Satz 4 EStG erfüllt sind. Die Abzugsbeschränkung nach § 4 Abs. 5 Satz 1 Nr. 6 EStG ist demnach bei der Gewinnermittlung zu berücksichtigen.

Im Sachverhalt b) sind die Volkshochschulen B und C zwar dem Grunde nach Betriebsstätten i.S.d. § 4 Abs. 5 Satz 1 Nr. 6 EStG, weil A an ihnen jeweils zeitlich unbefristet tätig werden soll. Keine der beiden Betriebsstätten erfüllt allerdings die quantitativen Merkmale des § 9 Abs. 4 Satz 4 EStG; A ist an ihnen weder arbeitstäglich noch an zwei vollen Arbeitstagen je Woche noch zu mindestens einem Drittel seiner gesamten Arbeitszeit tätig. A hat demnach keine erste Betriebsstätte. Die Abzugsbeschränkung nach § 4 Abs. 5 Satz 1 Nr. 6 EStG ist bei der Gewinnermittlung nicht zu berücksichtigen.

Praxishinweis:

Die Bestimmung der (ersten) Betriebsstätte hat außerdem Auswirkung auf die Berücksichtigung von Pauschbeträgen für Verpflegungsmehraufwendungen (→ Rz. 371) sowie die Abzugsfähigkeit von Übernachtungskosten (→ Rz. 352).

Beratungshinweis:

Die Verwaltungsauffassung, wonach die mit Wirkung **zum VZ 2014** eingeführten lohnsteuerlichen Regelungen zur ersten Tätigkeitsstätte für die Gewinneinkünfte entsprechend gelten, ist nicht zweifelsfrei, weil § 4 Abs. 5 Satz 1 Nr. 6 EStG nicht auf § 9 Abs. 4 EStG verweist. Allerdings hat der BFH mit Urteil v. 16.2.2022[1] die Verwaltungsauffassung bestätigt, dass bei Aufsuchen einer ortsfesten betrieblichen Einrichtung eines Auftraggebers eine Betriebsstätte vorliegt. Der BFH wendet somit die Grundsätze der obigen Verwaltungsanweisung an.

Ein **betrieblicher Sammelpunkt** ist ein Ort, den der Unternehmer typischerweise arbeitstäglich aufsucht, um von dort seine betriebliche Tätigkeit aufzunehmen (etwa ein Busdepot, einen Fähr- oder Flughafen).[2] Ein Unternehmer kann nur einen betrieblichen Sammelpunkt haben, wenn er keine (erste) Betriebsstätte i.S.d. § 4 Abs. 5 Satz 1 Nr. 6 EStG hat.[3]

Ein **weiträumiges Tätigkeitsgebiet** liegt vor, wenn der Unternehmer auf einer festgelegten Fläche und nicht innerhalb einer ortsfesten betrieblichen Einrichtung tätig wird (etwa der Zustellbezirk eines Paketzustellers, das Waldgebiet bei einem Forstarbeiter oder der Hafen bei einem Hafenarbeiter).[4] Bezirksleiter und Vertriebsmitarbeiter, die verschiedene Niederlassungen betreuen, mobile Pflegekräfte, die verschiedene Personen in deren Wohnungen in einem festgelegten Gebiet betreuen, sowie Schornsteinfeger sind von der Regelung nicht erfasst.[5] Fahrten zu einem weiträumigen Tätigkeitsgebiet unterfallen nur der Abzugsbeschränkung nach § 4 Abs. 5 Satz 1 Nr. 6 EStG, wenn der Unternehmer keine (erste) Betriebsstätte i.S.d. § 4 Abs. 5 Satz 1 Nr. 6 EStG hat.[6]

1) BFH v. 16.2.2022, X R 14/19, BStBl II 2022, 805.
2) BMF v. 25.11.2020, IV C 5 – S 2353/19/10011 :006, BStBl I 2020, 1228.
3) BMF v. 23.12.2014, IV C 6 – S 2145/10/10005 :001, BStBl I 2015, 26, Rz. 7.
4) BMF v. 25.11.2020, IV C 5 – S 2353/19/10011 :006, BStBl I 2020, 1228.
5) BMF v. 25.11.2020, IV C 5 – S 2353/19/10011 :006, BStBl I 2020, 1228.
6) BMF v. 23.12.2014, IV C 6 – S 2145/10/10005 :001, BStBl I 2015, 26, Rz. 7.

381 Aufwendungen für Fahrten, die nach den vorstehenden Grundsätzen nicht von der Abzugsbeschränkung des § 4 Abs. 5 Satz 1 Nr. 6 EStG erfasst sind, sind grds. **unbeschränkt als Betriebsausgaben abzugsfähig**. Dies gilt z.B. in den folgenden Sachverhalten

- Fahrten zwischen verschiedenen Betriebsstätten;[1]
- Fahrten von der Wohnung des Unternehmers zu einer betrieblichen Einrichtung, die nicht (erste) Betriebsstätte ist;
- Fahrten von einem betrieblichen Sammelpunkt zu einem betrieblichen Einsatzort;
- Fahrten von einer „fremden" Wohnung zur (ersten) Betriebsstätte;
- Fahrten vom Zugangspunkt eines weiträumigen Tätigkeitsgebiets in das weiträumige Tätigkeitsgebiet;
- Fahrten eines Unternehmers zu einem Kunden (Mandanten) während der Fahrt zwischen Wohnung und Betriebsstätte (abziehbar sind nur die tatsächlichen Mehrkosten, die auf die Strecke entfallen, die über die Entfernung zwischen Wohnung und Betriebsstätte hinaus zurückgelegt wird).

382 In der **Anlage EÜR** wird die Abzugsbeschränkung nach § 4 Abs. 5 Satz 1 Nr. 6 EStG umgesetzt, indem in Zeile 72 die Aufwendungen für Wege zwischen Wohnung und (erster) Betriebsstätte, Familienheimfahrten sowie Fahrten zwischen Wohnung und betrieblichem Sammelpunkt bzw. weiträumigem Tätigkeitsgebiet von den geltend gemachten Betriebsausgaben gekürzt werden (Korrekturbetrag) und in Zeile 73 die für diese Fahrten abzugsfähigen Aufwendungen (Entfernungspauschale) als Betriebsausgabe abgezogen werden.

In **Zeile 72** ist nur ein **Korrekturbetrag** einzutragen, wenn für Wege zwischen Wohnung und (erster) Betriebsstätte, Familienheimfahrten und Fahrten zwischen Wohnung und betrieblichem Sammelpunkt bzw. weiträumigem Tätigkeitsgebiet ein dem **Betriebsvermögen zuzurechnendes Kfz** genutzt wird. Bei der Nutzung eines zum **Privatvermögen gehörenden Kfz** wird von vornherein auf eine Erfassung der Aufwendungen in Zeile 71verzichtet (→ Rz. 378). Soweit anstelle der Entfernungspauschale die tatsächlichen Aufwendungen geltend gemacht werden (Benutzung öffentlicher Verkehrsmittel → Rz. 392; Menschen mit Behinderungen → Rz. 393), sind sowohl in Zeile 72 als auch in Zeile 73 keine Eintragungen vorzunehmen; die bei den Fahrten zwischen Wohnung und (erster) Betriebsstätte, Familienheimfahrten sowie Fahrten zwischen Wohnung und betrieblichem Sammelpunkt bzw. weiträumigem Tätigkeitsgebiet tatsächlich angefallenen Aufwendungen sind in diesem Fall in Zeilen 68 bis 70 einzutragen.

Die Ermittlung des **in Zeile 72 zu erfassenden Korrekturbetrags** ist von der Art der Ermittlung der Nutzungsentnahme für die private Kfz-Nutzung (→ Rz. 295 ff.) abhängig:

(1) Führung eines Fahrtenbuchs

383 In diesem Fall sind in Zeile 72 die auf die Fahrten für Wege zwischen Wohnung und (erster) Betriebsstätte, Familienheimfahrten und Fahrten zwischen Wohnung und betrieblichem Sammelpunkt bzw. weiträumigem Tätigkeitsgebiet entfallenden **anteiligen Gesamtfahrzeugkosten** einzutragen. Die Ermittlung der Gesamtfahrzeugkosten erfolgt nach den gleichen Grundsätzen wie bei der Ermittlung der Nutzungsentnahme für die private Kfz-Nutzung (→ Rz. 301). Bei der Bestimmung des Nutzungsanteils für die Fahrten zwischen Wohnung und (erster) Betriebsstätte, Familienheimfahren und Fahrten zwischen Wohnung und betrieblichem Sammelpunkt bzw. weiträumigem Tätigkeitsgebiet ist auf den tatsächlich auf diese Fahrten entfallenden Anteil der Gesamtfahrleistung des Kfz abzustellen. Dies gilt auch, wenn der Abzug der Aufwendungen nach § 9 Abs. 1 Satz 3 Nr. 4 und 5 sowie Abs. 2 EStG teilweise ausgeschlossen ist (etwa bei mehreren Fahrten zur (ersten) Betriebsstätte täglich oder bei der Benutzung einer nicht berücksichtigungsfähigen längeren Straßenverbindung → Rz. 389).

Beispiel:

A nutzt sein betriebliches Kfz auch für Fahrten zwischen Wohnung und (erster) Betriebsstätte. Er führt ein ordnungsgemäßes Fahrtenbuch aus dem sich für 2025 ein Nutzungsanteil für Fahrten zwischen Wohnung und (erster) Betriebsstätte von 8 800 km bei einer Gesamtfahrleistung von 30 000 km ergibt. Die einfache Entfernung zwischen der Wohnung und der (ersten) Betriebsstätte beträgt 10 km. A hat sein Büro in 2024 an 220 Tagen jeweils zweimal aufgesucht (220 Tage × 4 Einzelfahrten × 10 km = 8 800 km). Die Gesamtkosten des Kfz betragen 10 000,00 € netto.

Eintragung in der Anlage EÜR:

Zeile 72:	2 933,33 €	(8 800 km / 30 000 km × 10 000,00 €)
Zeile 73:	660,00 €	(220 Tage × 10 km × 0,30 €)

Unfallkosten gehören nicht zu den Gesamtkosten eines Fahrzeugs.[2] Sie sind daher, soweit sie auf einer Fahrt zwischen Wohnung und (erster) Betriebsstätte entstehen, in voller Höhe in den Hinzurechnungsbetrag i.S.d. § 4 Abs. 5 Satz 1 Nr. 6 EStG einzubeziehen und in Zeile 72 einzutragen.

1) R 4.12 Abs. 1 Satz 4 EStR 2012.
2) R 8.1 Abs. 9 Nr. 2 Satz 11 LStR.

(2) Anwendung der 1 %-Regelung

Bei Anwendung der 1 %-Regelung wird der auf die Fahrten zwischen Wohnung und (erster) Betriebsstätte, Familienheimfahrten und Fahrten zwischen Wohnung und betrieblichem Sammelpunkt bzw. weiträumigem Tätigkeitsgebiet entfallende Anteil der Fahrzeugkosten pauschal in Abhängigkeit vom Listenpreis des Kfz ermittelt. Der Listenpreis wird nach den gleichen Grundsätzen wie bei der Ermittlung des Nutzungswerts für die private Kfz-Nutzung bestimmt (→ Rz. 304). Die Minderungen für Elektro- und Hybridelektrofahrzeuge sind ebenfalls zu beachten (→ Rz. 306). 384

Fahrten zwischen Wohnung und (erster) Betriebsstätte	0,03 % des Listenpreises × Kalendermonate der Nutzung für Wege zwischen Wohnung und (erster) Betriebsstätte × einfache Entfernung zwischen Wohnung und (erster) Betriebsstätte
Familienheimfahrten	0,002 % des Listenpreises × Anzahl der Familienheimfahrten × einfache Entfernung zwischen Beschäftigungsort und Ort des eigenen Hausstands
Fahrten zwischen Wohnung und betrieblichem Sammelpunkt bzw. weiträumigem Tätigkeitsgebiet	0,03 % des Listenpreises × Kalendermonate der Nutzung für Wege zwischen Wohnung und betrieblichem Sammelpunkt bzw. weiträumigem Tätigkeitsgebiet × einfache Entfernung zwischen Wohnung und betrieblichem Sammelpunkt bzw. weiträumigem Tätigkeitsgebiet

Bei der Ermittlung der **einfachen Entfernung** ist auf die Entfernung abzustellen, die auch bei der Ermittlung der nach § 9 Abs. 1 Satz 3 Nr. 4 und 5 sowie Abs. 2 EStG abzugsfähigen Aufwendungen angesetzt wird (→ Rz. 389). Der Hinzurechnungsbetrag wird nicht vervielfacht, wenn täglich mehrere Fahrten zwischen Wohnung und (erster) Betriebsstätte zurückgelegt werden.[1] Der Hinzurechnungsbetrag für Fahrten zwischen Wohnung und (erster) Betriebsstätte ist für **jeden Kalendermonat anzusetzen**, in dem das Kfz für Fahrten zwischen Wohnung und (erster) Betriebsstätte genutzt worden ist. 385

Beratungshinweis:
Bei den Einkünften aus nichtselbständiger Arbeit gilt die Zuschlagsregelung von 0,03 % des Listenpreises bei Benutzung eines vom Arbeitgeber gestellten Kfz nach § 8 Abs. 2 Satz 3 EStG entsprechend. Der BFH vertritt hier die Auffassung, dass der Zuschlag einen Korrekturposten zum Werbungskostenabzug darstellt und deshalb nur insoweit anzusetzen ist, als der Arbeitnehmer den Dienstwagen tatsächlich für Fahrten zwischen Wohnung und erster Tätigkeitsstätte benutzt hat.[2] Es bestehe daher die Möglichkeit, anstelle des in § 8 Abs. 2 Satz 3 EStG vorgesehenen pauschalen monatlichen Zuschlags eine Einzelbewertung mit 0,002 % des Listenpreises je Entfernungskilometer vorzunehmen.[3] Dies ist vorteilhaft, wenn das überlassene Kfz zu weniger als 15 Fahrten monatlich bzw. 180 Fahrten jährlich für Wege zwischen Wohnung und erster Tätigkeitsstätte genutzt wird. Die Verwaltung wendet die Rechtsprechung im Arbeitnehmerbereich allgemein an.[4] Bei der Gewinnermittlung soll die Zuschlagsregelung von 0,03 % dagegen weiterhin uneingeschränkt und damit unabhängig von der Anzahl der im Monat durchgeführten Fahrten zwischen Wohnung und (erster) Betriebsstätte gelten.

Unfallkosten sind durch den pauschalen Hinzurechnungsbetrag nicht abgegolten.[5] Entstehen Unfallkosten bei einer Fahrt zwischen Wohnung und (erster) Betriebsstätte, sind diese in voller Höhe in den Hinzurechnungsbetrag i.S.d. § 4 Abs. 5 Satz 1 Nr. 6 EStG einzubeziehen und in Zeile 69 der Anlage EÜR einzutragen.

Im Fall der Ermittlung der Nutzungsentnahme für die private Kfz-Nutzung nach der 1 %-Regelung und der pauschalen Zuschlagsermittlung für Fahrten zwischen Wohnung und (erster) Betriebsstätte, Familienheimfahrten und Fahrten zwischen Wohnung und betrieblichem Sammelpunkt bzw. weiträumigem Tätigkeitsgebiet sind die Grundsätze der sog. **Kostendeckelung** zu beachten.[6] Hiernach besteht die Möglichkeit, den Nutzungswert für die private Kfz-Nutzung und den Zuschlag für Fahrten zwischen Wohnung und (erster) Betriebsstätte, Familienheimfahrten und Fahrten zwischen Wohnung und betrieblichem Sammelpunkt bzw. weiträumigem Tätigkeitsgebiet auf die Gesamtfahrzeugkosten zu begrenzen. Hierdurch wird sichergestellt, dass der Unternehmer zumindest Aufwendungen i.H.d. Entfernungspauschale als Betriebsausgabe abziehen kann. 386

Die **Gesamtfahrzeugkosten** sind für Zwecke der Kostendeckelung nach den Grundsätzen zu ermitteln, die bei der Bewertung der Nutzungsentnahme für die private Kfz-Nutzung nach der Fahrtenbuchmethode gelten (→ Rz. 301). Dies gilt auch bei einem **Elektro- oder Hybridelektrofahrzeug**, so dass die AfA auf Grundlage der um den pauschalen Kürzungsbetrag (→ Rz. 306) geminderten Anschaffungskosten des Kfz zu berechnen ist.[7] Bei vorsteuerabzugsberechtigten Unternehmern ist auf die Nettobeträge der Gesamtfahrzeugkosten und der privaten Kfz-Nutzung abzustellen.

1) BMF v. 3.3.2022, IV C 5 – S 2334/21/10004 :001, BStBl I 2022, 232.
2) BFH v. 22.9.2010, VI R 57/09, BStBl II 2011, 359.
3) BFH v. 4.4.2008, VI R 85/04, BStBl II 2008, 887.
4) BMF v. 3.3.2022, IV C 5 – S 2334/21/10004 :001, BStBl I 2022, 232.
5) BFH v. 24.5.2007, VI R 73/05, BStBl II 2007, 766, Rz. 15.
6) BMF v. 3.3.2022, IV C 5 – S 2334/21/10004 :001, BStBl I 2022, 232.
7) BMF v. 5.11.2021, IV C 6 – S 2177/19/10004, BStBl I 2021, 2205, Rz. 11.

Beispiel:

A nutzt sein betriebliches Kfz mit einem Listenpreis i.H.v. 80 000,00 € auch für Privatfahrten und Fahrten zwischen Wohnung und (erster) Betriebsstätte. Ein Fahrtenbuch führt A nicht. Der betriebliche Nutzungsanteil beträgt mehr als 50 %. Die einfache Entfernung zwischen Wohnung und (erster) Betriebsstätte beträgt 10 km (220 Fahrten). Die Gesamtkosten des Kfz belaufen sich auf 10 000,00 €.

Lösung:

Für die private Kfz-Nutzung ist eine Nutzungsentnahme i.H.v. 9 600,00 € anzusetzen (1 % v. 80 000,00 € × 12 Monate). Der Zuschlag für Fahrten zwischen Wohnung und (erster) Betriebsstätte beträgt 2 880,00 € (0,03 % v. 80 000,00 € × 12 Monate × 10 km). Die pauschalen Wertansätze i.H.v. insgesamt 12 480,00 € werden durch Gesamtfahrzeugkosten i.H.v. 10 000,00 € begrenzt, somit ergibt sich ein Kürzungsbetrag i.H.v. 2 480,00 € (12 480,00 € ./. 10 000,00 €). Die Entfernungspauschale für Wege zwischen Wohnung und (erster) Betriebsstätte ist mit 660,00 € anzusetzen (220 Tage × 10 km × 0,30 €).

Eintragung in der Anlage EÜR:

Zeile 20:	7 120,00 €	(9 600,00 € ./. 2 480,00 €)
Zeile 72:	2 880,00 €	
Zeile 73:	660,00 €	
Zeile 106:	7 120,00 €	

Beratungshinweis:

Die Finverw. hat nicht festgelegt, ob der Kürzungsbetrag auf Grund der Kostendeckelung vorrangig vom Nutzungswert für die private Kfz-Nutzung oder vom Zuschlag für Fahrten zwischen Wohnung und (erster) Betriebsstätte sowie Familienheimfahrten abzuziehen ist. Aus Sicht des Unternehmers ist ein vorrangiger Abzug vom Nutzungswert für die private Kfz-Nutzung vorteilhaft, da hierdurch zugleich der Betrag der Entnahmen i.S.d. § 4 Abs. 4a EStG gemindert wird.

(3) Betriebliche Nutzung von weniger oder gleich 50 %

387 Sofern ein dem Betriebsvermögen zugeordnetes Kfz zu weniger oder gleich 50 % betrieblich genutzt wird, sind in Zeile 72 die auf die Fahrten für Wege zwischen Wohnung und (erster) Betriebsstätte, Familienheimfahrten und Fahrten zwischen Wohnung und betrieblichem Sammelpunkt bzw. weiträumigem Tätigkeitsgebiet entfallenen Gesamtfahrzeugkosten einzutragen. Es gelten die gleichen Berechnungsgrundsätze wie bei der Fahrtenbuchmethode (→ Rz. 383).

dd) Abziehbare Aufwendungen für Wege zwischen Wohnung und Betriebsstätte und Familienheimfahrten (Zeile 73)

388 In Zeile 73 sind die nach § 4 Abs. 5 Satz 1 Nr. 6 EStG abzugsfähigen Aufwendungen für Wege zwischen Wohnung und (erster) Betriebsstätte (→ Rz. 379 ff.), Familienheimfahrten bei einer doppelten Haushaltsführung (→ Rz. 348) und Fahrten zwischen Wohnung und betrieblichem Sammelpunkt bzw. weiträumigem Tätigkeitsgebiet (→ Rz. 379 ff.) einzutragen. Die Abzugsfähigkeit richtet sich dabei nach den bei den Einkünften aus nichtselbständiger Arbeit geltenden Grundsätzen.

Hinweis zur Plausibilitätsbeurteilung:

Steuerpflichtige mit einem zu versteuernden Einkommen bis zur Höhe des Grundfreibetrags von 12 096 € (bei zusammen veranlagten Ehegatten/Lebenspartnern 24192 €), können für Fahrten zwischen Wohnung und erster Betriebsstätte sowie für wöchentliche Familienheimfahrten bei doppelter Haushaltsführung ab dem 21. Entfernungskilometer alternativ zur erhöhten Entfernungspauschale von 0,38 € eine **Mobilitätsprämie** erhalten (→ Rz. 1048 ff.).

389 Zur Abgeltung der Aufwendungen für **Wege zwischen Wohnung und (erster) Betriebsstätte** ist nach § 9 Abs. 1 Satz 3 Nr. 4 Satz 2 EStG für jeden Arbeitstag, an dem die (erste) Betriebsstätte aufgesucht wurde, für jeden vollen Kilometer der Entfernung zwischen Wohnung und (erster) Betriebsstätte ein Betrag von 0,30 € für die ersten 20 km 0,38 € für jeden weiteren Kilometer anzusetzen (sog. **Entfernungspauschale**). Auf die Art des verwandten Verkehrsmittels oder die Höhe der tatsächlich entstandenen Wegekosten kommt es nicht an. Die Entfernungspauschale kann für Wege zur (ersten) Betriebsstätte für jeden Arbeitstag nur einmal angesetzt werden.[1]

Für die Bestimmung der Entfernung ist die **kürzeste Straßenverbindung** zwischen Wohnung und (erster) Betriebsstätte zugrunde zu legen. Hierbei ist eine Fährverbindung zu berücksichtigen.[2] Gleiches gilt für mautpflichtige Straßen und Streckenabschnitte, auch wenn sie mit dem vom Unternehmer verwendeten Verkehrsmittel straßenverkehrsrechtlich nicht benutzt werden dürfen.[3] Bei Benutzung eines Kfz kann ausnahmsweise eine längere Strecke angesetzt werden, wenn diese offensichtlich verkehrsgünstiger ist und tatsächlich für Wege zwischen Wohnung und (erster) Betriebsstätte benutzt wird.[4] Eine Zeitersparnis von mindestens 10 % im Vergleich zur kürzesten Straßenverbindung ist ein wichtiges Indiz für eine offensichtlich verkehrsgünstigere Strecke.[5] Im Einzelfall kann eine offensichtlich verkehrsgünstigere Straßenverbindung jedoch auch vorliegen, wenn nur eine relativ geringe oder gar keine Zeitersparnis zu erwarten ist, sich die Strecke jedoch auf Grund anderer Umstände – wie etwa Streckenführung, Ampeln oder Ampelschaltung – als verkehrsgünstiger erweist als die kürzeste Verbindung.[6]

1) BMF v. 18.11.2021, IV C 5 – S 2351/20/10001 :002, BStBl I 2021, 2315, Rz. 1.7.
2) BFH v. 19.4.2012, VI R 53/11, BStBl II 2012, 802.
3) BFH v. 24.9.2013, VI R 20/13, BStBl II 2014, 259.
4) BFH v. 16.11.2011, VI R 46/10, BStBl II 2012, 470.
5) BFH v. 16.11.2011, VI R 19/11, BStBl II 2012, 520.
6) BFH v. 16.11.2011, VI R 19/11, BStBl II 2012, 520; BFH v. 19.4.2012, VI R 53/11, BStBl II 2012, 802.

Bei Benutzung öffentlicher Verkehrsmittel ist stets die kürzeste Straßenverbindung maßgebend. Soweit ein Unternehmer **mehrere Wohnungen** hat, kann nach § 9 Abs. 1 Satz 3 Nr. 4 Satz 6 EStG die Entfernung zu der von der (ersten) Betriebsstätte weiter entfernteren Wohnung nur berücksichtigt werden, wenn diese den Lebensmittelpunkt des Unternehmers darstellt und nicht nur gelegentlich aufgesucht wird.

Die anzusetzende Entfernungspauschale ist gem. § 9 Abs. 1 Satz 3 Nr. 4 Satz 2 EStG auf einen **Höchstbetrag von 4 500 €** im Kj. begrenzt. Der Höchstbetrag ist nicht tätigkeitsbezogen ausgestaltet, sondern bezieht sich auf sämtliche selbständig und nichtselbständig ausgeübten Tätigkeiten des Stpfl. Die Begrenzung von 4 500 € gilt allerdings nicht, wenn der Unternehmer die Wege zwischen Wohnung und (erster) Betriebsstätte mit einem eigenen oder zur Nutzung überlassenen Kfz zurücklegt. **390**

Praxishinweis:

Sofern die Wege zwischen Wohnung und (erster) Betriebsstätte teilweise mit einem Kfz und teilweise mit anderen Verkehrsmitteln oder als Mitfahrer einer Fahrgemeinschaft zurückgelegt werden, legt die Finverw. die Höchstbetragsbegrenzung im Zweifel zu Gunsten des Stpfl. aus. Der Höchstbetrag i.H.v. 4 500 € kann in diesem Fall vorrangig für die Fahrten ausgeschöpft werden, für die die Begrenzung greift. Für die mit dem Kfz zurückgelegten Fahrten ist die Entfernungspauschale hierneben ohne Beachtung des Höchstbetrags anzusetzen.[1] In Fällen des park & ride beanstandet es die Finverw. außerdem nicht, wenn die mit dem Kfz zurückgelegte Strecke in voller Höhe auf die kürzeste Straßenverbindung angerechnet wird.[2]

Die Entfernungspauschale gilt nach § 9 Abs. 1 Satz 3 Nr. 4 Satz 3 EStG nicht für **Flugstrecken (Eintragung in Zeile 70)**. Insoweit sind die tatsächlichen Kosten für Wege zwischen Wohnung und (erster) Betriebsstätte anzusetzen. Gleiches gilt bei **Fährstrecken (Eintragung in Zeile 70)**.[3]

Durch die Entfernungspauschale sind nach § 9 Abs. 2 Satz 1 EStG sämtliche Aufwendungen abgegolten, die durch die Wege zwischen Wohnung und (erster) Betriebsstätte entstehen. Ein Nachweis höherer Aufwendungen kommt nicht in Betracht. **Unfallkosten**, die auf einer Fahrt zwischen Wohnung und (erster) Betriebsstätte entstehen, können nach Verwaltungsauffassung als außergewöhnliche Aufwendungen neben der Entfernungspauschale berücksichtigt werden.[4] **391**

Beratungshinweis:

Der BFH hat mit Urteil v. 20.3.2014[5] entschieden, dass Reparaturaufwendungen infolge einer Falschbetankung nicht neben der Entfernungspauschale als Werbungskosten abgezogen werden können. Der Urteilsbegründung ist zu entnehmen, dass der BFH die Verwaltungsauffassung nicht teilt, wonach Unfallkosten neben der Entfernungspauschale abzugsfähig sind.[6] Aus § 9 Abs. 2 Satz 1 EStG ergibt sich nach Auffassung des BFH, dass sämtliche – also auch außergewöhnliche Aufwendungen – durch die Entfernungspauschale abgegolten sind. Die Finverw. hält gleichwohl an ihrer Auffassung fest und berücksichtigt Unfallkosten weiterhin neben der Entfernungspauschale.[7]

Beispiel:

A nutzt sein betriebliches Kfz auch für Privatfahrten und Fahrten zwischen Wohnung und (erster) Betriebsstätte. Ein Fahrtenbuch führt A nicht. Der betriebliche Nutzungsanteil des Kfz beträgt mehr als 50 %. Die einfache Entfernung zwischen Wohnung und (erster) Betriebsstätte beträgt 10 km (220 Fahrten). Der Listenpreis des Kfz beträgt 30 000,00 €. A auf den Fahrten zwischen Wohnung und (erster) Betriebsstätte Unfallkosten i.H.v. 2 000,00 € entstanden.

Lösung:

Für die private Kfz-Nutzung ist eine Entnahme i.H.v. 3 600,00 € anzusetzen (1 % v. 30 000,00 € × 12 Monate). Der pauschale Wertansatz für Fahrten zwischen Wohnung und (erster) Betriebsstätte beträgt 1 080,00 € (0,03 % v. 80 000,00 € × 12 Monate × 10 km). Dieser Betrag ist noch um die Unfallkosten auf der Fahrt zwischen Wohnung und (erster) Betriebsstätte i.H.v. 2 000,00 € zu erhöhen. Die Entfernungspauschale ist mit 660,00 € anzusetzen (220 Tage × 10 km × 0,30 €). Hierneben sind die Unfallkosten i.H.v. 2 000,00 € als Betriebsausgaben abzugsfähig.

Eintragung in der Anlage EÜR:

Zeile 20:	3 600,00 €	
Zeile 72:	3 080,00 €	(1 080,00 € + 2 000,00 €)
Zeile 73:	2 660,00 €	(660,00 € + 2 000,00 €)
Zeile 106:	3 600,00 €	

Bei der **Benutzung öffentlicher Verkehrsmittel** ist nach § 9 Abs. 2 Satz 2 EStG ein Nachweis höherer Aufwendungen möglich, wenn die im Kj. angefallenen Aufwendungen den insgesamt als Entfernungspauschale abziehbaren Betrag übersteigen. Ein Ansatz höherer Aufwendungen für einzelne Tage des Jahres bzw. für Teilstrecken in Fällen des park & ride kommt nicht in Betracht.[8] Sofern anstelle der Entfernungspauschale die tatsächlich angefallenen Aufwendungen für die Benutzung öffentlicher Verkehrsmittel angesetzt werden, sind diese in Zeile 68 zu erfassen. Zeilen 69 und 70 sind nicht anzuweisen. **392**

1) BMF v. 18.11.2021, IV C 5 – S 2351/20/10001 :002, BStBl I 2021, 2315, Rz. 1.5 f.
2) BMF v. 18.11.2021, IV C 5 – S 2351/20/10001 :002, BStBl I 2021, 2315, Rz. 1.6.
3) BMF v. 18.11.2021, IV C 5 – S 2351/20/10001 :002, BStBl I 2021, 2315, Rz. 1.4.
4) BMF v. 18.11.2021, IV C 5 – S 2351/20/10001 :002, BStBl I 2021, 2315, Rz. 4.
5) BFH v. 20.3.2014, VI R 29/13, BStBl II 2014, 849.
6) BFH v. 20.3.2014, VI R 29/13, BStBl II 2014, 849, Rz. 17.
7) BMF v. 18.11.2021, IV C 5 – S 2351/20/10001 :002, BStBl I 2021, 2315, Rz. 4.
8) BMF v. 18.11.2021, IV C 5 – S 2351/20/10001 :002, BStBl I 2021, 2315, Rz. 1.1.

393 **Menschen mit Behinderungen** können nach § 9 Abs. 2 Satz 3 EStG für die Wege zwischen Wohnung und (erster) Betriebsstätte anstelle der Entfernungspauschale die tatsächlichen Aufwendungen ansetzen. Voraussetzung ist, dass

- der Grad der Behinderung mind. 70 % beträgt oder
- der Grad der Behinderung weniger als 70 %, aber mind. 50 % beträgt und die Bewegungsfähigkeit im Straßenverkehr erheblich beeinträchtigt ist.

Der Grad der Behinderung bzw. die Beeinträchtigung der Bewegungsfähigkeit ist durch Vorlage des Behindertenausweises oder einer Bescheinigung des Versorgungsamts nachzuweisen. Sofern die Wege zwischen Wohnung und (erster) Betriebsstätte mit einem **Kfz des Privatvermögens** zurückgelegt werden, kann für jeden gefahrenen Kilometer anstelle der tatsächlich nachgewiesenen anteiligen Kfz-Kosten ein pauschaler Satz von 0,30 € angesetzt werden (→ Rz. 378). Wird ein **Kfz des Betriebsvermögens** für die Wege zwischen Wohnung und (erster) Betriebsstätte genutzt, sind die bei der Nutzung des Kfz entstandenen Kosten insgesamt in Zeilen 68 bis 71 zu erfassen. Zeilen 72 und 73 sind nicht anzuweisen.

Beispiel:

A, dessen Grad der Behinderung 70 % beträgt, nutzt sein betriebliches Kfz auch für Fahrten zwischen Wohnung und (erster) Betriebsstätte. Ein Fahrtenbuch führt A nicht. Die einfache Entfernung zwischen Wohnung und (erster) Betriebsstätte des A beträgt 10 km (220 Fahrten). Der Listenpreis des Kfz beträgt

a) 12 000,00 €;

b) 30 000,00 €.

Lösung:

Der pauschale Wertansatz für Fahrten zwischen Wohnung und (erster) Betriebsstätte beträgt

a) 432,00 € (0,03 % v. 12 000,00 € × 12 Monate × 10 km);

b) 1 080,00 € (0,03 % v. 30 000,00 € × 12 Monate × 10 km).

Der pauschale Wertansatz entspricht zugleich den tatsächlich angefallenen Aufwendungen für Wege zwischen Wohnung und (erster) Betriebsstätte i.S.d. § 9 Abs. 2 Satz 3 EStG. Die abzugsfähige Entfernungspauschale beträgt 660,00 € (220 Tage × 10 km × 0,30 €). Im Sachverhalt a) ist die Entfernungspauschale abzuziehen, da diese die pauschal ermittelten Kfz-Kosten übersteigt. Im Sachverhalt b) sind dagegen die pauschal ermittelten Kfz-Kosten für Wege zwischen Wohnung und (erster) Betriebsstätte als Betriebsausgabe anzusetzen.

Eintragung in der Anlage EÜR:

<u>Sachverhalt a):</u>

Zeile 72:	432,00 €
Zeile 73:	660,00 €

<u>Sachverhalt b):</u>

Eine Eintragung in Zeilen 72 und 73 entfällt.

Wie bei der Benutzung öffentlicher Verkehrsmittel ist bei Menschen mit Behinderungen der Nachweis höherer Aufwendungen nur einheitlich für das gesamte Kj. und für alle angefallenen Aufwendungen für Wege zwischen Wohnung und (erster) Betriebsstätte möglich.[1]

Setzen Menschen mit Behinderungen für die Wege zwischen Wohnung und (erster) Betriebsstätte anstelle der Entfernungspauschale die tatsächlichen Aufwendungen an, kann die Mobilitätsprämie nicht gewährt werden (→ Rz. 1048 ff.).

394 Die vorstehenden Grundsätze zur Berücksichtigung von Aufwendungen für Wege zwischen Wohnung und (erster) Betriebsstätte gelten für **Familienheimfahrten** bei einer doppelten Haushaltsführung (→ Rz. 348) entsprechend. Maßgebend ist die Entfernung zwischen der Wohnung am Ort des eigenen Hausstands und der Wohnung am Beschäftigungsort. Sofern die (erste) Betriebsstätte am Beschäftigungsort direkt von der Wohnung am Ort des eigenen Hausstands angefahren wird oder die Familienheimfahrt von der (ersten) Betriebsstätte am Beschäftigungsort angetreten wird, ist auf die Entfernung zwischen der (ersten) Betriebsstätte und der Wohnung am Ort des eigenen Hausstands abzustellen. Der Höchstbetrag von 4 500 € gilt bei Familienheimfahrten nicht.[2] Der Abzug ist nach § 9 Abs. 2 Satz 3 Nr. 5 Satz 3 EStG auf eine tatsächlich durchgeführte Familienheimfahrt pro Woche begrenzt.

Bei Fahrten zwischen **Wohnung und betrieblichem Sammelpunkt bzw. weiträumigem Tätigkeitsgebiet** (→ Rz. 379 ff.) gilt die Entfernungspauschale für die Fahrten zum betrieblichen Sammelpunkt bzw. zum nächstgelegenen Zugang des weiträumigen Tätigkeitsgebiets.

g) Nicht abziehbare Beträge (Zeile 74)

74	Nicht abziehbare Beträge (Beispiele siehe Anleitung)	139 –	,

1) BFH v. 5.5.2009, VI R 77/06, BStBl II 2009, 729.
2) BMF v. 18.11.2021, IV C 5 – S 2351/20/10001 :002, BStBl I 2021, 2315, Rz. 28.

Hier sind Beträge einzutragen, die in den Zeilen 24 bis 73 enthalten sind und die den Gewinn nicht mindern dürfen. Hierunter fallen z.B. nicht abziehbare Aufwendungen nach § 4 Abs. 5 Satz 1 Nr. 7 EStG, Verluste aus der Veräußerung von Grund und Boden, welcher nach § 55 Abs. 1 EStG bewertet ist (vor dem 1.7.1970 angeschaffter Grund und Boden; dieser Verlust unterliegt der Verlustausschlussklausel des § 55 Abs. 6 EStG). Ebenfalls sind hier jene Aufwendungen einzutragen, die auf Grund des Ansatzes von pauschalen Betriebsausgaben auf der Anlage LuF nicht abzugsfähig sind (→ Rz. 496 ff.). 395

h) Summe Betriebsausgaben (Zeile 75)

75	**Summe Betriebsausgaben** (Übertrag in Zeile 77)	199	=	,

Hier ist die Summe der in Zeilen 24 bis 74 erfassten Werte einzutragen. Die Ergebniszahl ist in Zeile 75 zu übertragen. 396

5. Ermittlung des Gewinns (Zeilen 76–98)

3. Ermittlung des Gewinns
(nicht für Körperschaften)

				EUR Ct
76	Summe der Betriebseinnahmen (Übertrag aus Zeile 23)			,
77	abzüglich Summe der Betriebsausgaben (Übertrag aus Zeile 75)		–	,
78	abzüglich steuerfreier Einnahmen nach § 3 Nr. 26, 26a, 26b EStG	240	–	,
79	abzüglich steuerfreier Einnahmen nach § 3 EStG (ohne Nr. 26, 26a, 26b und Teileinkünfteverfahren)	241	–	,
80	abzüglich steuerfreier Einnahmen nach § 3a EStG	242	–	,
81	zuzüglich nicht abziehbarer Betriebsausgaben im Zusammenhang mit steuerfreien Einnahmen nach § 3 Nr. 26, 26a, 26b EStG	243	+	,
82	zuzüglich nicht abziehbarer Betriebsausgaben nach § 3c Abs. 1 EStG	244	+	,
83	zuzüglich nicht abziehbarer Betriebsausgaben nach § 3c Abs. 4 EStG	245	+	,
84	zuzüglich Hinzurechnung der Investitionsabzugsbeträge nach § 7g Abs. 2 Satz 1 EStG aus 2022 (Erläuterungen auf gesondertem Blatt)	180	+	,
85	zuzüglich Hinzurechnung der Investitionsabzugsbeträge nach § 7g Abs. 2 Satz 1 EStG aus 2023 (Erläuterungen auf gesondertem Blatt)	181	+	,
86	zuzüglich Hinzurechnung der Investitionsabzugsbeträge nach § 7g Abs. 2 Satz 1 EStG aus 2024 (Erläuterungen auf gesondertem Blatt)	182	+	,
87	zuzüglich Gewinnzuschlag nach § 6c i. V. m. § 6b Abs. 7 und 10 EStG	123	+	,
88	abzüglich Investitionsabzugsbeträge nach § 7g Abs. 1 EStG	187	–	,
89	Hinzurechnungen und Abrechnungen bei Wechsel der Gewinnermittlungsart (Erläuterungen auf gesondertem Blatt)	250	+/–	,
90	**Übertrag (Summe/Differenz Zeilen 76 bis 89)**			,

2025AnlEÜR803 **2025AnlEÜR803**

(Betriebs-)Steuernummer - 4 -

Zeile			Gesamtbetrag	Kennzahl	Betrag EUR, Ct
90	**Übertrag (Summe/Differenz Zeilen 76 bis 89)**				
91	Ergebnisanteile aus Beteiligungen an Personengesellschaften (auch Kostenträgergemeinschaften)			255 +/−	
92	Korrigierter Gewinn/Verlust			290 =	
93	Bereits berücksichtigte Beträge, für die Steuerbefreiungen nach InvStG gelten (ohne Beträge lt. Zeile 94; Erläuterungen auf gesondertem Blatt)	263		264 +/−	Korrekturbetrag
94	Bereits berücksichtigte Beträge, für die das Teileinkünfteverfahren bzw. § 8b KStG gilt	261		262 +/−	
95	Steuerpflichtiger Gewinn/Verlust vor Anwendung des § 4 Abs. 4a EStG			293 =	
96	Hinzurechnungsbetrag nach § 4 Abs. 4a EStG			271 +	
97	**Steuerpflichtiger Gewinn/Verlust**			219 =	
	Nur bei Personengesellschaften/gesonderten Feststellungen				
98	Anzusetzender steuerpflichtiger Gewinn/Verlust nach Anwendung des § 4 Abs. 4a EStG ohne Berücksichtigung des InvStG, des Teileinkünfteverfahrens bzw. § 8b KStG (Betrag lt. Zeile 92 zuzüglich Betrag lt. Zeile 96)				(zu erfassen auf der Anlage FE-L, FE-G, FE-S bzw. der Anlage FG-L, FG-G, FG-S; siehe Anleitung)

a) Summe der Betriebseinnahmen und -ausgaben (Zeilen 76–77)

397 Hier sind die Beträge aus Zeilen 23 und 75 zu übernehmen.

b) Steuerfreie Einnahmen nach § 3 EStG und nicht abzugsfähige Ausgaben nach §§ 3, 3c EStG (Zeilen 78–83)

aa) Steuerfreie Einnahmen nach § 3 Nr. 26, 26a und 26b EStG (Zeile 78)

398 In der Zeile 78 sind die nach § 3 Nr. 26, 26a und 26b EStG steuerfreien Einnahmen einzutragen.

Nach **§ 3 Nr. 26 EStG** sind Einnahmen aus nebenberuflicher Tätigkeit als

- Übungsleiter, Ausbilder, Erzieher, Betreuer oder vergleichbaren Tätigkeiten,
- künstlerischen Tätigkeiten oder
- der Pflege alter, kranker oder behinderter Menschen

bis zur Höhe von insgesamt 3 000 € steuerfrei[1)] (sog. **Übungsleiterfreibetrag**). Übungsleiter, Ausbilder, Erzieher und Betreuer haben miteinander gemeinsam, dass sie auf einen anderen Menschen durch persönlichen Kontakt Einfluss nehmen, um seine geistigen und leiblichen Fähigkeiten zu fördern.[2)] Es handelt sich um Tätigkeiten mit einer pädagogischen Ausrichtung. Dies muss auch für eine diesen Tätigkeiten vergleichbare Tätigkeit gelten. Eine nebenberufliche Tätigkeit ist gegeben, wenn sie nicht mehr als ein Drittel der Arbeitszeit eines vergleichbaren Vollzeiterwerbs in Anspruch nimmt.[3)]

Weitere Voraussetzung für die Steuerbefreiung ist, dass die Tätigkeit

- im Dienst/Auftrag einer juristischen Person des öffentlichen Rechts des EU/EWR-Raums/der Schweiz oder einer gemeinnützigen Körperschaft i.S.d. § 5 Nr. 9 KStG ausgeübt wird und
- der Förderung gemeinnütziger, mildtätiger bzw. kirchlicher Zwecke i.S.d. §§ 52 bis 54 AO dient.[4)]

Beispiel:
A ist als nebenberuflich als selbständiger Sportlehrer bei einem gemeinnützigen Sportverein tätig. Im Jahr 2025 erzielt er eine Jahresvergütung i.H.v. 3.500,00 €. A ist umsatzsteuerlicher Kleinunternehmer.
Lösung:
Die Einnahmen aus der Tätigkeit als Sportlehrer sind nach § 3 Nr. 26 Satz 1 EStG steuerfrei.

1) Geändert mit dem JStG 2020 v. 21.12.2020, BGBl. I 2020, 3096 = BStBl I 2023, 7.
2) BFH v. 23.1.1986, IV R 24/84, BStBl II 1986, 398.
3) R 3.26 Abs. 2 Satz 1 LStR 2015; BMF v. 21.11.2014, IV C 4 – S 2121/07/0010 :032, BStBl I 2014, 1581, Rz. 2.
4) R 3.26 Abs. 3 f. LStR 2015.

Eintragung in der Anlage EÜR:

Zeile 12:	3 500,00 €
Zeile 23:	3 500,00 €
Zeile 75:	0,00 €
Zeile 78:	3 000,00 €
Zeile 77:	0
Zeile 97:	500,00 €

Praxishinweis:
Bitte beachten Sie, dass in obigen Beispielsfall ab dem VZ 2025 eine Anlage EÜR nicht mehr abgegeben werden muss → Rz. 255.

§ 3 Nr. 26a EStG stellt Einnahmen aus einer nebenberuflichen Tätigkeit **399**

- im Dienst/Auftrag einer juristischen Person des öffentlichen Rechts des EU-/EWR-Raums/der Schweiz oder einer gemeinnützigen Körperschaft i.S.d. § 5 Nr. 9 KStG,
- zur Förderung gemeinnütziger, mildtätiger bzw. kirchlicher Zwecke i.S.d. §§ 52 bis 54 AO

bis zur Höhe von 840 €[1] steuerfrei (**Einnahmen für eine ehrenamtliche Tätigkeit**).[2] Im Unterschied zur Steuerbefreiung nach § 3 Nr. 26 EStG ist in § 3 Nr. 26a EStG keine Beschränkung auf bestimmte Tätigkeiten vorgesehen. Zum Begriff der nebenberuflichen Tätigkeit → Rz. 372.

Nach **§ 3 Nr. 26b EStG** ist die von einem **Vormund** erhaltene pauschale **Aufwandsentschädigung** i.S.d. § 1835a BGB steuerfrei. Das Amt des Vormunds ist ein Ehrenamt, das gem. § 1836 Abs. 1 Satz 1 BGB unentgeltlich ausgeübt wird. Der Vormund kann jedoch die ihm im Zusammenhang mit der Vormundschaft entstandenen Aufwendungen geltend machen. Hierbei hat er die Möglichkeit, anstelle der tatsächlichen Kosten die pauschale Aufwandsentschädigung i.S.d. § 1835a BGB zu beanspruchen. Diese Pauschale ist nach § 3 Nr. 26b EStG steuerfrei. Bei mehreren Vormundschaften gilt dies für jede Vormundschaft; allerdings darf ein absoluter Höchstbetrag von 2 400 € nicht überschritten werden. § 1835a BGB gilt für die **rechtliche Betreuung** und **Pflegschaft** sinngemäß, so dass § 3 Nr. 26b EStG auch hier anwendbar ist. **400**

Praxishinweis:
Soweit der Vormund die tatsächlichen Aufwendungen geltend macht, findet § 3 Nr. 26b EStG keine Anwendung. Dies bleibt jedoch im Ergebnis ohne Auswirkung, da der Vormund in diesem Fall ohne Einkünfteerzielungsabsicht tätig wird.

Die in den **Steuerbefreiungen nach § 3 Nr. 26, 26a und 26b EStG** vorgesehenen Höchstbeträge von 3 000 € bzw. 840 € können jeweils nicht mehrmals im VZ in Anspruch genommen werden. Die Freibeträge nach § 3 Nr. 26 und 26b EStG werden zudem gem. § 3 Nr. 26b Satz 1 2. Halbs. EStG aufeinander angerechnet, so dass sich insg. maximal ein steuerfreier Betrag i.H.v. 3 000 € ergibt. Im Unterschied hierzu kann der Freibetrag nach § 3 Nr. 26a EStG neben den Freibeträgen nach § 3 Nr. 26 und 26b EStG geltend gemacht werden.[3] Dies gilt allerdings nicht für Einnahmen aus derselben Tätigkeit.[4] **401**

bb) Steuerfreie Einnahmen nach § 3 EStG (Zeile 79)

Hier sind die sonst nach § 3 EStG steuerfreien Einnahmen einzutragen, ohne die steuerfreien Einnahmen nach § 3 Nr. 26, 26a und 26b EStG und ohne die dem Teileinkünfteverfahren unterliegenden Einkünfte. **402**

cc) Steuerfreie Einnahmen nach § 3a EStG (Zeile 80)

Hier ist der bereits in den Betriebseinnahmen enthaltene, insg. nach § 3a Abs. 1 oder Abs. 5 EStG steuerfrei zu stellende Sanierungsertrag vor Verlust- und/oder Schuldminderung einzutragen. **403**

dd) Nicht abziehbare Betriebsausgaben nach § 3 Nr. 26, 26a und 26b EStG (Zeile 81)

Ausgaben dürfen insoweit als **Betriebsausgaben** abgezogen werden, als sie den Betrag der steuerfreien Einnahmen übersteigen. Weitere Voraussetzung für den Abzug der Betriebsausgaben ist, dass die steuerfreien Einnahmen den jeweiligen Freibetrag übersteigen.[5] Liegen die Einnahmen aus einer Tätigkeit i.S.d. § 3 Nr. 26, 26a und 26b EStG unter der Höhe des jeweiligen Freibetrags, kann folglich kein Verlust geltend gemacht werden. **404**

1) Geändert mit dem JStG 2020 v. 21.12.2020, BGBl. I 2020, 3096 = BStBl I 2023, 7.
2) BMF v. 21.11.2014, IV C 4 – S 2121/07/0010 :032, BStBl I 2014, 1581.
3) BMF v. 21.11.2014, IV C 4 – S 2121/07/0010 :032, BStBl I 2014, 1581, Rz. 5.
4) BMF v. 21.11.2014, IV C 4 – S 2121/07/0010 :032, BStBl I 2014, 1581, Rz. 5.
5) R 3.26 Abs. 9 Satz 1 LStR 2015; BMF v. 21.11.2014, IV C 4 – S 2121/07/0010 :032, BStBl I 2014, 1581, Rz. 9; a.A. Bergkemper in Herrmann/Heuer/Raupach, § 3 Nr. 26 EStG Rz. 9 (Juni 2019).

Beispiel:

A ist nebenberuflich als selbständiger Chorleiter im Auftrag der Kirche tätig. In 2025 erzielt er eine Jahresvergütung i.H.v. 3 600,00 €. Im Zusammenhang mit der Tätigkeit sind A Aufwendungen i.H.v. 3 200,00 € entstanden. A ist umsatzsteuerlicher Kleinunternehmer.

Lösung:

Die Einnahmen aus der Tätigkeit als Chorleiter sind nach § 3 Nr. 26 Satz 1 EStG i.H.v. 3 000,00 € steuerfrei. Der Betriebsausgabenabzug ist nach § 3 Nr. 26 Satz 2 EStG auf 200,00 € beschränkt (3 200,00 € abzgl. 3 000,00 €). Die Einkünfte des A aus der Tätigkeit betragen daher 400,00 €.

In Zeilen 24–75 sind die Betriebsausgaben i.H.v. 3 200,00 € entsprechend einzutragen.

Praxishinweis:

Soweit die Tätigkeit, für die der Steuerfreibetrag nach § 3 Nr. 26, 26a bzw. 26b EStG anzuwenden ist, nur einen Teilbereich der betrieblichen Tätigkeit ausmacht, können für den übrigen Tätigkeitsbereich die tatsächlichen Betriebsausgaben abgezogen werden.

ee) Nicht abziehbare Betriebsausgaben nach § 3c Abs. 1 EStG (Zeile 82)

405 Hier sind die in den Betriebsausgaben bereits enthaltenen nicht abziehbaren Ausgaben einzutragen, die in Zusammenhang mit den steuerfreien Einnahmen nach § 3 EStG stehen, mit Ausnahme der Beträge, für die das Teileinkünfteverfahren gilt. Diese sind in Zeile 98 zu erfassen.

ff) Nicht abziehbare Betriebsausgaben nach § 3c Abs. 4 EStG (Zeile 83)

406 Hier sind die bereits in den Betriebsausgaben enthaltenen, nach § 3c Abs. 4 EStG nicht abziehbaren Ausgaben einzutragen, die in Zusammenhang mit den steuerfreien Sanierungserträgen stehen.

c) Hinzurechnungen der Investitionsabzugsbeträge nach § 7g Abs. 2 Satz 1 EStG (Zeilen 84–86)

407 In Zeilen 84 bis 86 sind die dem Gewinn hinzuzurechnenden Investitionsabzugsbeträge einzutragen (→ Rz. 327 ff., → Rz. 335).

Praxishinweis:

Die Eintragungen zu Zeilen 84 bis 86 sind auf einem gesonderten Blatt zu erläutern, das mit der Anlage EÜR an das FA zu übermitteln ist.

d) Gewinnzuschlag nach § 6c i.V.m. § 6b Abs. 7 und 10 EStG (Zeile 87)

408 Hier sind die nach § 6c EStG i.V.m. § 6b Abs. 7 und Abs. 10 Satz 9 EStG anzusetzenden Gewinnzuschläge einzutragen. Ein Gewinnzuschlag ist zu erfassen, wenn für die bei der Veräußerung von Grund und Boden, Gebäuden oder Anteilen an einer Kapitalgesellschaft aufgedeckten stillen Reserven eine **Rücklage nach § 6c Abs. 1 EStG** i.V.m. § 6b Abs. 3 Satz 1 EStG bzw. § 6b Abs. 10 Satz 5 EStG gebildet worden ist (→ Rz. 427) und diese **ohne Übertragung auf ein Reinvestitionswirtschaftsgut** aufgelöst wird (→ Rz. 428). Der Auflösungsbetrag der Rücklage ist in Zeile 103 einzutragen.

Der Gewinnzuschlag beträgt im Fall der Rücklagenbildung auf Grund der Veräußerung von Grund und Boden sowie Gebäuden 6 % der Rücklage. Bei einer für die Veräußerung eines Anteils an einer Kapitalgesellschaft gebildeten Rücklage ist der Zuschlag lediglich auf den nach den Regelungen des Teileinkünfteverfahrens stpfl. Teilbetrag (→ Rz. 416 ff.) – also regelmäßig 60 % des Rücklagenbetrags – zu erheben. Der Gewinnzuschlag ist für jedes Wj. anzusetzen, in dem die Rücklage bestanden hat. Hierbei ist das Wj. nicht mitzurechnen, in dem die Rücklage gebildet worden ist. Bei einer freiwilligen vorzeitigen Auflösung ist der verkürzte Zeitraum zugrunde zu legen.[1] Eine quotale Kürzung des Gewinnzuschlages bei einer unterjährigen Auflösung der Rücklage kommt nicht in Betracht.[2]

Beispiel:

A veräußert am 11.2.2022 einen Anteil an der B-GmbH, den er bis zur Veräußerung dem Betriebsvermögen seiner betrieblichen Tätigkeit zugerechnet hatte. Den Veräußerungsgewinn i.H.v. 10 000 € stellt A im Jahr 2022 in eine Rücklage i.S.d. § 6b Abs. 10 Satz 5 EStG ein. Am 10.3.2024 löst A die Rücklage auf, indem er eine Betriebseinnahme in seinen laufend geführten Aufzeichnungen zur Einnahmenüberschussrechnung für das Jahr 2024 erfasst.

Lösung:

Der Gewinnzuschlag ist nur auf den nach § 3 Nr. 40 Satz 1 Buchst. a EStG i.V.m. § 3c Abs. 2 EStG stpfl. Teil des Veräußerungsgewinns zu erheben. Die Bemessungsgrundlage für den Zuschlag beträgt folglich 6 000 € (60 % v. 10 000 €). Der Zuschlag ist für die Jahre 2023 und 2024 anzusetzen. Das Jahr 2024 ist trotz der unterjährigen Auflösung in den Unterlagen des A insgesamt bei der Berechnung des Gewinnzuschlags zu berücksichtigen. Der Gewinnzuschlag beträgt 720 € (6 % v. 6 000 € × 2 Wj.).

e) Abzüge der Investitionsabzugsbeträge nach § 7g Abs. 1 EStG (Zeile 88)

409 Hier sind die Abzüge der Investitionsabzugsbeträge einzutragen (→ Rz. 327 ff.).

---

1) R 6b.2 Abs. 5 Satz 2 EStR 2012.
2) BFH v. 26.10.1989, IV R 83/88, BStBl II 1990, 290.

f) Hinzurechnungen und Abrechnungen bei Wechsel der Gewinnermittlungsart (Zeile 89)

Die Gewinnermittlungsarten nach § 4 Abs. 3 EStG und § 4 Abs. 1, § 5 EStG können auf Grund der Abweichungen bei der zeitlichen Erfassung von Betriebseinnahmen und -ausgaben zu verschiedenen Periodengewinnen führen. Aus diesem Grund ist bei einem Wechsel ein **Übergangsgewinn** zu ermitteln, um „Doppel-" bzw. „Nichterfassungen" von Betriebseinnahmen und -ausgaben zu verhindern.[1] Zur Ermittlung des Übergangsgewinns sind für jeden im Zeitpunkt des Wechsels der Gewinnermittlungsart noch nicht abgeschlossenen Geschäftsvorgang oder zu bilanzierenden Aktiv- oder Passivwert folgende Fragen zu beantworten: 410

- Welche (Gesamt-)Gewinnauswirkung sieht das Gesetz vor?
- Welche Gewinnauswirkung ist nach der bisherigen Gewinnermittlungsart bereits eingetreten?
- Welche Gewinnauswirkung ist nach der neuen Gewinnermittlungsart zu erwarten?

Ergeben sich hiernach „Doppelerfassungen" bzw. „Nichterfassungen", sind diese durch Zu- und Abrechnungen bei der Übergangsgewinnermittlung zu korrigieren.

aa) Übergang von der Gewinnermittlung durch Bestandsvergleich zur Einnahmenüberschussrechnung

In diesem Fall ist der Übergangsgewinn grds. im ersten **Jahr nach dem Übergang zur Gewinnermittlung nach § 4 Abs. 3 EStG** – und demnach in der ersten Einnahmenüberschussrechnung – zu erfassen.[2] Anders als beim Übergang zur Gewinnermittlung durch Bestandsvergleich[3] besteht kein Wahlrecht, den Gewinn auf mehrere Wj. zu verteilen. Korrekturen, die sich im ersten Jahr nach dem Übergang zur Einnahmenüberschussrechnung noch nicht ausgewirkt haben, können allerdings auf Antrag erst in dem Jahr vorgenommen werden, in dem sich die Betriebsvorgänge auswirken.[4] 411

Beispiel:

Der Einzelhändler A stellt letztmals auf den 31.12.2024 eine Bilanz auf. Im Jahr 2025 ermittelt er seinen Gewinn erstmals durch Einnahmenüberschussrechnung. In der auf den 31.12.2024 aufgestellten Bilanz sind u.a. Verbindlichkeiten aus Lieferungen und Leistungen i.H.v. 10 000 € (Erwerb von Umlaufvermögen) sowie eine Rückstellung für Buchführungs- und Abschlusskosten i.H.v. 1 000 € passiviert. Die Forderungen seiner Lieferanten und die Rechnung für die Buchführungs- und Abschlusskosten begleicht A im Jahr 2025.

Lösung:

Die Aufwendungen für den Erwerb des Umlaufvermögens sowie der Erstellung der Buchführung für das Jahr 2024 sind durch die Passivierung als Verbindlichkeit bzw. Rückstellung bereits bei der Gewinnermittlung durch Bestandsvergleich als Betriebsausgabe abgezogen worden. Im Zeitpunkt der Bezahlung im Jahr 2025 erfolgt ein erneuter Betriebsausgabenabzug bei der Gewinnermittlung durch Einnahmenüberschussrechnung. Zur Korrektur ist ein Übergangsgewinn i.H.v. insg. 11 000 € zu erfassen.

Der Übergangsgewinn ist grds. im Jahr 2024 anzusetzen. In Bezug auf die Buchführungs- und Abschlusskosten hat A ein Wahlrecht, die Korrektur erst im Jahr 2025 vorzunehmen, da sich die Aufwendungen erst in diesem Jahr als Betriebsausgabe bei der Gewinnermittlung durch Einnahmenüberschussrechnung ausgewirkt haben.

bb) Übergang von der Gewinnermittlung durch Einnahmenüberschussrechnung zum Bestandsvergleich

Der Übergang von der Gewinnermittlung durch Einnahmenüberschussrechnung zur Gewinnermittlung durch Bestandsvergleich erfolgt regelmäßig durch Aufstellen einer Eröffnungsbilanz zum 1.1. des Jahres. Für dieses Jahr wird keine Einnahmenüberschussrechnung mehr erstellt, so dass kein Übergangsgewinn in der Anlage EÜR zu erfassen ist. Etwas anderes gilt bei einer **Betriebsveräußerung oder -aufgabe**. Nach § 16 Abs. 2 Satz 2 EStG ist in diesem Fall zur Gewinnermittlung durch Bestandsvergleich zu wechseln, so dass ein Übergangsgewinn berücksichtigt werden muss. Dieser ist im Jahr der Veräußerung bzw. Aufgabe als laufender, nicht nach § 16 EStG begünstigter Gewinn zu erfassen;[5] eine Verteilung auf mehrere Wj. kommt nicht in Betracht.[6] 412

Beispiel:

A gibt seinen Betrieb zum 31.12.2025 auf. Seinen Gewinn hat A bisher durch Einnahmenüberschussrechnung ermittelt. In der auf den 31.12.2025 aufgestellten Aufgabebilanz sind u.a. Verbindlichkeiten aus Lieferungen und Leistungen i.H.v. 10 000 € passiviert (Erwerb von Umlaufvermögen).

Lösung:

Die Aufwendungen für den Erwerb des Umlaufvermögens haben sich mangels Bezahlung nicht auf den nach § 4 Abs. 3 EStG ermittelten Gewinn ausgewirkt. Infolge des Wechsels zur Gewinnermittlung durch Bestandsvergleich ist daher ein Übergangsverlust i.H.v. 10 000 € zu berücksichtigen. Dieser ist im Jahr der Betriebsaufgabe – also im Jahr 2025 – zu erfassen.

Beim Übergang von der Einnahmenüberschussrechnung zum Bestandsvergleich dürfen materiell-rechtliche Fehler, die sich während der Gewinnermittlung durch Einnahmenüberschussrechnung ereignet haben, nicht i.R.d. Übergangsgewinns korrigiert werden. Ansonsten würden die Grundsätze der Bilanzberichtigung auf die Gewinnermittlung durch Einnahmenüberschussrechnung angewendet werden.

1) BFH v. 30.3.1994, I R 124/93, BStBl II 1994, 852.
2) R 4.6 Abs. 2 EStR 2012.
3) R 4.6 Abs. 1 Satz 2 EStR 2012.
4) BFH v. 17.1.1963, IV 66/62 U, BStBl III 1963, 228.
5) BFH v. 23.11.1961, IV 98/60 S, BStBl III 1962, 199.
6) BFH v. 13.9.2001, IV R 13/01, BStBl II 2002, 287.

Beispiel:

A gibt seinen Taxibetrieb zum 31.12.2025 auf. Er ist davon ausgegangen, dass die erworbene Taxikonzession der Abschreibung unterliegt und hat daher die ursprünglichen Anschaffungskosten (10 000 €) vollumfänglich abgeschrieben.

Lösung:

Die Taxikonzession ist in der Aufgabebilanz mit dem zutreffenden Buchwert von 10 000 € anzusetzen. Es handelt sich um ein nicht abnutzbares Wirtschaftsgut. Der materiell-rechtliche Fehler in den Vorjahren kann i.R.d. Übergangsgewinns nicht korrigiert werden. Der Übergangsgewinn beträgt daher 0 €.

g) Ergebnisanteile aus Beteiligungen an Personengesellschaften (Zeile 91)

413 Hier sind die **gesondert und einheitlich festgestellten Ergebnisanteile** aus Beteiligungen an gewerblich, freiberuflich oder land- und forstwirtschaftlich tätigen Mitunternehmerschaften, vermögensverwaltenden Personengesellschaften sowie Kostengemeinschaften wie Büro- und Praxisgemeinschaften einzutragen, soweit diese im Betriebsvermögen gehalten werden. Der für die Eintragung maßgebende Wert kann dem Bescheid über die gesonderte und einheitliche Feststellung der Einkünfte (bei Mitunternehmerschaften und vermögensverwaltenden Personengesellschaften) bzw. Betriebsausgaben (bei Kostengemeinschaften) entnommen werden. Soweit in den festgestellten Besteuerungsgrundlagen Beträge enthalten sind, die dem **Teileinkünfteverfahren** unterliegen, sind in Zeile 91 die Bruttobeträge anzusetzen. Die Korrekturen auf Grund des Teileinkünfteverfahrens werden in Zeile 94 vorgenommen.

h) Korrigierter Gewinn/Verlust (Zeile 92)

414 Hier ist die Summe der in Zeilen 76 bis 91 erfassten Werte einzutragen.

i) Bereits berücksichtigte Beträge, für die das InvStG gilt (Zeile 93)

415 Betriebliche Anleger werden grundsätzlich nicht anders besteuert als Privatanleger (→ Rz. 816 ff.). Damit sind Ausschüttungen und Vorabpauschalen sowie Erträge aus der Veräußerung der Investmentanteile steuerpflichtig. Erträge, für die das InvStG Anwendung findet, sind teilweise steuerfrei gestellt. Hierfür stehen, je nach Anlageform, verschiedene Teilfreistellungssätze zur Verfügung. Im Rahmen des Kapitalertragsteuerabzugs werden nur die Teilfreistellungssätze für das Privatvermögen angewendet. Mit Abgabe der Anlage EÜR sind höhere Teilfreistellungssätze durch Eintragung eines Korrekturbetrags in Zeile 93, Kennzahl 264 zu beantragen. Mit Investmenterträgen in Zusammenhang stehende Aufwendungen dürfen nicht abgezogen werden (vgl. §§ 21, 44 InvStG). Der Saldo aus den Erträgen und den Aufwendungen ist in Zeile 93, Kennzahl 263 einzutragen. Soweit die Aufwendungen die Erträge übersteigen, ist der Betrag mit einem negativen Vorzeichen einzutragen.

j) Korrektur auf Grund des Teileinkünfteverfahrens bzw. § 8b KStG (Zeile 94)

416 Nach § 3 Nr. 40 EStG i.V.m. § 3c Abs. 2 EStG[1)] (Teileinkünfteverfahren) bzw. § 8b KStG sind **Gewinne im Zusammenhang mit Anteilen an Kapitalgesellschaften** teilweise bzw. vollständig von der Einkommen- bzw. Körperschaftsteuer befreit. Bei Unternehmern, die der ESt unterliegen, kommt das Teileinkünfteverfahren zur Anwendung. § 3 Nr. 40 Satz 1 Buchst. a EStG stellt 40 % der Einnahmen aus der Veräußerung oder Entnahme eines im Betriebsvermögen gehaltenen Anteils an einer Kapitalgesellschaft steuerfrei. Gleiches gilt gem. § 3 Nr. 40 Satz 1 Buchst. d EStG für Betriebseinnahmen auf Grund von Gewinnausschüttungen bzw. Dividenden.

417 Betriebsausgaben und Veräußerungskosten, die mit den nach § 3 Nr. 40 EStG teilweise steuerbefreiten Betriebseinnahmen im wirtschaftlichen Zusammenhang stehen, sind nach § 3c Abs. 2 Satz 1 EStG nur zu 60 % abzugsfähig (**Teilabzugsverbot**). Hierbei kommt es nicht darauf an, ob der Unternehmer in dem VZ, in dem die Betriebsausgaben angefallen sind, überhaupt begünstigte Betriebseinnahmen erzielt hat. Gemäß § 3c Abs. 2 Satz 7 EStG genügt zudem die bloße Absicht, Einnahmen i.S.d. § 3 Nr. 40 EStG zu erzielen, so dass die Begrenzung des Betriebsausgabenabzugs auch eintritt, wenn der Unternehmer in keinem Jahr Betriebseinnahmen aus der Beteiligung erzielt hat. Die Anwendung des § 3c Abs. 2 EStG setzt lediglich einen mittelbaren wirtschaftlichen Zusammenhang mit den gem. § 3 Nr. 40 EStG teilweise steuerbefreiten Betriebseinnahmen voraus. Ein rechtlicher oder unmittelbarer wirtschaftlicher Zusammenhang ist nicht erforderlich.[2)] Unter das Teilabzugsverbot fallen insb. die Zinsen für das Anschaffungsdarlehen der Beteiligung, der Buchwert der Beteiligung im Zeitpunkt der Veräußerung bzw. Entnahme und die sonstigen Veräußerungskosten.

Bei einem zu **mehr als einem Viertel** unmittelbar oder mittelbar **am Grund- oder Stammkapital einer Körperschaft beteiligten Stpfl.** unterliegen nach § 3c Abs. 2 Satz 2 EStG auch Betriebsausgaben im Zusammenhang mit einer Darlehensforderung oder aus der Inanspruchnahme von Sicherheiten, die für ein Darlehen hingegeben wurden, dem Teilabzugsverbot. Das gilt nicht, wenn das Darlehen unter fremdüblichen Bedingungen gewährt worden ist (§ 3c Abs. 2 Satz 3 EStG). § 3c Abs. 2 Satz 6 EStG bestimmt weiterhin, dass das Teilabzugsverbot für Aufwendungen im Zusammenhang mit einer im Gesellschaftsverhältnis veranlassten unentgeltlichen oder teilentgeltlichen Überlassung von Wirtschaftsgütern an eine Körperschaft anzuwenden ist. Bei einer teilentgeltlichen Überlassung gilt dies nur für die anteiligen mit der unentgeltlichen Überlassung im Zusammenhang stehenden Aufwendungen.

---

1) § 3c EStG geändert durch Zollkodex-Anpassungsgesetz v. 22.12.2014, BStBl I 2015, 58.
2) BFH v. 18.4.2012, X R 5/10, BStBl II 2013, 785.

§ 3c Abs. 2 Sätze 2 bis 6 EStG sind nicht anzuwenden, wenn der Stpfl. **zu höchstens einem Viertel** unmittelbar oder mittelbar **am Grund- oder Stammkapital der Körperschaft beteiligt** ist. Betriebsausgaben im Zusammenhang mit einer Darlehensforderung oder aus der Inanspruchnahme von Sicherheiten, die für ein Darlehen hingegeben wurden, unterliegen daher bei diesem Personenkreis nicht dem Teilabzugsverbot.[1)] Im Unterschied hierzu sind Aufwendungen im Zusammenhang mit einer im Gesellschaftsverhältnis veranlassten unentgeltlichen oder teilentgeltlichen Überlassung von Wirtschaftsgütern – unabhängig davon, dass § 3c Abs. 2 **Satz 6** EStG nicht anwendbar ist – nach § 3c Abs. 2 **Satz 1** EStG zu 40 % nicht abziehbar. Das gilt nur für sog. nutzungsbezogene Aufwendungen wie Strom, Gas, Wasser, Heizungskosten, Gebäudereinigungskosten, Versicherungsbeiträge und Finanzierungskosten.[2)] Substanzbezogene Aufwendungen wie Erhaltungsaufwendungen und AfA für das an die Kapitalgesellschaft überlassene Wirtschaftsgut sind hingegen bei einem zu höchstens einem Viertel unmittelbar oder mittelbar am Grund- oder Stammkapital der Körperschaft beteiligten Stpfl. nicht vom Teilabzugsverbot erfasst.[3)]

Beispiel:

A überlässt der B-GmbH ein bebautes Grundstück zur Hälfte der ortsüblichen Miete. Für die teilentgeltliche Überlassung gibt es keine betrieblichen Gründe. Die nutzungsbezogenen Aufwendungen (Strom, Gas, Wasser, Heizungskosten) im Zusammenhang mit der Grundstücksüberlassung betragen 5 000 €. Die substanzbezogenen Aufwendungen (Erhaltungsaufwendungen, AfA) des A belaufen sich auf 3 000 €.

a) A ist Alleingesellschafter der B-GmbH;

b) A ist zu 10 % an der B-GmbH beteiligt.

Lösung:

Die Überlassung des Grundstücks erfolgt aus gesellschaftsrechtlichen Gründen teilentgeltlich (unentgeltlicher Anteil: 50 %).

Im Sachverhalt a) unterliegen nach § 3c Abs. 2 Satz 6 EStG sowohl die nutzungsbezogenen als auch die substanzbezogenen Aufwendungen dem Teilabzugsverbot, soweit die Überlassung unentgeltlich erfolgt (50 % v. 8 000 € = 4 000 €). Die nach § 3c Abs. 2 EStG nichtabzugsfähigen Aufwendungen betragen 1 600 € (40 % v. 4 000 €).

Im Sachverhalt b) ist § 3c Abs. 2 Satz 6 EStG nicht anwendbar, weil A lediglich zu 10 % und damit nicht zu mehr als einem Viertel an der B-GmbH beteiligt ist. Damit fallen lediglich die nutzungsbezogenen Aufwendungen i.H.v. 5 000 € unter das Teilabzugsverbot (§ 3c Abs. 2 Satz 1 EStG). Das gilt nur für den Anteil, der auf die unentgeltliche Überlassung entfällt (50 % v. 5 000 € = 2 500 €). Die nach § 3c Abs. 2 EStG nichtabzugsfähigen Aufwendungen betragen 1 000 € (40 % v. 2 500 €).

Bei der Eintragung steuerfreier bzw. nicht abzugsfähiger **Teileinkünfte in der Anlage EÜR** sind folgende Grundsätze zu beachten: 418

- unter § 3 Nr. 40 EStG bzw. § 3c Abs. 2 EStG fallende Betriebseinnahmen bzw. -ausgaben sind in den vorgesehenen (allgemeinen) Betriebseinnahmen- und Betriebsausgabenpositionen mit ihrem Bruttobetrag einzutragen;
- der Gesamtbetrag der dem Teileinkünfteverfahren unterliegenden Betriebseinnahmen und -ausgaben ist weiterhin saldiert mit dem Bruttobetrag in Zeile 94, Kennzahl 261 zu erfassen. Hierbei handelt es sich um eine nachrichtliche Angabe. Soweit die Betriebsausgaben die Betriebseinnahmen übersteigen, ist der Betriebsausgabenüberschuss als negativer Wert anzusetzen;
- der steuerfreie bzw. nicht abziehbare Teil der unter § 3 Nr. 40 EStG bzw. § 3c Abs. 2 EStG fallenden Betriebseinnahmen bzw. -ausgaben ist saldiert in Zeile 94, Kennzahl 262 einzutragen. Bei einem Betriebseinnahmenüberschuss ist ein Abzug und bei einem Betriebsausgabenüberschuss eine Zurechnung vorzunehmen. Rechnerisch lässt sich dieser Wert ermitteln, indem 40 % des in Zeile 94, Kennzahl 261 erfassten Werts mit umgekehrten Vorzeichen in Zeile 94, Kennzahl 262 übertragen werden.

Beispiel:

Zum Betriebsvermögen des A gehören Aktien an der B-AG. In 2025 wird ihm nach Abzug von Kapitalertragsteuer i.H.v. 2 500,00 € und Solidaritätszuschlag i.H.v. 137,50 € eine Dividende i.H.v. 7 362,50 € ausgezahlt (Bruttodividende 10 000,00 €). Die Anschaffungskosten der Aktien hat A über ein Darlehen finanziert. Die Zinsaufwendungen betragen in 2025 12 000,00 €.

Eintragung in der Anlage EÜR:

Zeile 16:	10 000,00 €	(Bruttodividende)
Zeile 55:	12 000,00 €	(Zinsaufwendungen)
Zeile 94: Kennzahl 261:	./. 2 000,00 €	(10 000,00 € ./. 12 000,00 €; Gesamtbetrag Teileinkünfte)
Zeile 94: Kennzahl 262:	800,00 €	(40 % v. (./. 2 000,00 €) × (./. 1); Korrekturbetrag Teileinkünfte)
Zeile 106:	2 637,50 €	(Entnahme Kapitalertragsteuer und Solidaritätszuschlag)

Die Eintragungen zur Anrechnung der einbehaltenen Steuerabzugsbeträge auf die Einkommensteuer erfolgen auf der Anlage KAP.

k) Steuerpflichtiger Gewinn/Verlust vor Anwendung des § 4 Abs. 4a EStG (Zeile 95)

Hier ist der in Zeile 92 erfasste Wert korrigiert um den in Zeile 93, Kennzahl 264 und in Zeile 94, Kennzahl 262 berücksichtigten Betrag einzutragen. 419

1) BFH v. 18.4.2012, X R 5/10, BStBl II 2013, 785.
2) BFH v. 28.2.2013, IV R 49/11, BStBl II 2013, 802; BMF v. 23.10.2013, IV C 6 – S 2128/07/10001, BStBl I 2013, 1269, Rz. 4, 9.
3) BFH v. 28.2.2013, IV R 49/11, BStBl II 2013, 802; BMF v. 23.10.2013, IV C 6 – S 2128/07/10001, BStBl I 2013, 1269, Rz. 8.

l) Hinzurechnungsbetrag nach § 4 Abs. 4a EStG (Zeile 96)

420 In diese Zeile ist der mit der **Anlage SZ** ermittelte Betrag der nach § 4 Abs. 4a EStG nicht abzugsfähigen Schuldzinsen zu erfassen. Hierzu ist der Betrag aus Zeile 30 der Anlage SZ zu übernehmen. Wenn ein Einzelunternehmer nicht zur Abgabe der Anlage SZ verpflichtet ist (→Rz. 264), weil die als Betriebsausgaben geltend gemachten Schuldzinsen ohne Schuldzinsen zur Finanzierung des Anlagevermögens den Betrag von 2 050 € nicht übersteigen, beträgt der Hinzurechnungsbetrag 0 €.

m) Steuerpflichtiger Gewinn/Verlust (Zeile 97)

421 Der um den Hinzurechnungsbetrag nach § 4 Abs. 4a EStG erhöhte Gewinn bzw. geminderte Verlust entspricht den in der **Einkommensteuererklärung anzusetzenden Einkünften** aus Land- und Forstwirtschaft, Gewerbebetrieb oder selbständiger Tätigkeit. Der in Zeile 97 erfasste Wert ist deshalb in die entsprechenden Eingabefelder in der Anlage L, Anlage G oder Anlage S zu übernehmen. Sofern der Betrieb gewerbestpfl. ist, ist der Betrag zusätzlich in die Gewerbesteuererklärung zu übertragen.

n) Nur bei Personengesellschaften: Gewinn/Verlust nach Anwendung des § 4 Abs. 4a EStG und ohne Berücksichtigung des Teileinkünfteverfahrens bzw. § 8b KStG (Zeile 98)

422 Hier ist der stpfl. Gewinn/Verlust nach Anwendung des § 4 Abs. 4a EStG und ohne Berücksichtigung des Teileinkünfteverfahrens bzw. § 8b KStG einzutragen. Hierzu sind die in Zeile 92 und Zeile 96 erfassten Werte zu addieren. Die Zeile ist nur anzuweisen, wenn der mit der Anlage EÜR ermittelte Gewinn einer gesonderten Feststellung nach § 180 Abs. 1 Nr. 2 Buchst. b AO oder einer gesonderten und einheitlichen Feststellung nach § 180 Abs. 1 Nr. 2 Buchst. a AO zugrunde zu legen ist. Im Fall einer gesonderten Feststellung der Einkünfte ist der in Zeile 98 erfasste Wert in Zeile 4 der Anlage FG zu übertragen. Bei einer gesonderten und einheitlichen Feststellung erfolgt die Wertübernahme in Zeilen 5, 6 und/oder 8 der Anlage FE 1.

Hinweis zur Plausibilitätsprüfung:
Bei der Zeile 98 handelt es sich um eine nachrichtliche Angabe, durch die eine Übertragung des mit der Anlage EÜR ermittelten Gewinns in die Erklärung zur gesonderten Feststellung der Besteuerungsgrundlagen bzw. zur gesonderten und einheitlichen Feststellung der Besteuerungsgrundlagen ermöglicht wird.

6. Rücklagen, stille Reserven und Ausgleichsposten (Zeilen 99–105)

4. Ergänzende Angaben 27

Rücklagen, stille Reserven und Ausgleichsposten
(Erläuterungen auf gesondertem Blatt)

			EUR	Ct
	Bildung/Übertragung			
99	Rücklagen nach § 6c i. V. m. § 6b EStG, R 6.6 EStR	187		,
100	Übertragung von stillen Reserven nach § 6c i. V. m. § 6b EStG, R 6.6 EStR	170		,
101	Ausgleichsposten nach § 4g EStG	191		,
102	Gesamtsumme (Übertrag in Zeile 59)	190 =		,
	Auflösung			
103	Rücklagen nach § 6c i. V. m. § 6b EStG, R 6.6 EStR	120		,
104	Ausgleichsposten nach § 4g EStG	125		,
105	Gesamtsumme (Übertrag in Zeile 22)	124 =		,

423 In den Zeilen 99 und 100 sind für die nach § 6c EStG i.V.m. § 6b EStG bzw. nach R 6.6 EStR 2012 übertragenen stillen Reserven (Zeile 100) bzw. gebildeten Rücklagen (Zeile 99) Eintragungen vorzunehmen. In Zeile 101 wird die Bildung eines Ausgleichspostens i.S.d. § 4g EStG nachvollzogen.

Die Auflösung von Rücklagen ist in Zeile 103 einzutragen. In Zeile 104 wird die Auflösung eines Ausgleichspostens i.S.d. § 4g EStG nachvollzogen.

Praxishinweis:
Die Eintragungen zu den Zeilen 99–105 sind auf einem gesonderten Blatt zu erläutern, das mit der Anlage EÜR an das FA zu übermitteln ist.

a) Übertragung stiller Reserven sowie Rücklagen nach § 6c EStG i.V.m. § 6b EStG bzw. nach R 6.6 EStR 2012 (Zeilen 99–100 und 103)

aa) Veräußerung bestimmter Anlagegüter nach § 6c EStG i.V.m. § 6b EStG

Nach § 6c EStG i.V.m. § 6b EStG können Gewinne aus der **Veräußerung von Grund und Boden, Gebäuden oder Kapitalgesellschaftsanteilen** unter bestimmten Voraussetzungen auf ein Reinvestitionswirtschaftsgut übertragen werden. Hierdurch kann eine sofortige Versteuerung der bei der Veräußerung des Wirtschaftsguts aufgedeckten stillen Reserven verhindert werden. Voraussetzung für die Übertragung eines Veräußerungsgewinns ist, dass 424

- das veräußerte Wirtschaftsgut sechs Jahre ununterbrochen zum Anlagevermögen einer inl. Betriebsstätte gehört hat,
- das Reinvestitionswirtschaftsgut zum Anlagevermögen einer inl. Betriebsstätte (→ Rz. 429) gehört und
- das Reinvestitionswirtschaftsgut in ein besonderes, laufend zu führendes Verzeichnis aufgenommen wird.

Die Reinvestition in folgende Wirtschaftsgüter ist begünstigt:

Veräußertes Wirtschaftsgut	Reinvestitionswirtschaftsgut
Grund und Boden	Grund und Boden Gebäude
Gebäude	Gebäude
Kapitalgesellschaftsanteil	Kapitalgesellschaftsanteil abnutzbares bewegliches Wirtschaftsgut Gebäude

Im **Jahr der Veräußerung** kommt eine Übertragung der stillen Reserven in Betracht, wenn das Reinvestitionswirtschaftsgut im selben oder vorangegangenen Wj. angeschafft oder hergestellt worden ist. Bei veräußerten Anteilen an Kapitalgesellschaften ist nach strittiger Verwaltungsauffassung eine Übertragung auf ein im Vorjahr angeschafftes oder hergestelltes Wirtschaftsgut nicht möglich. 425

Der **Veräußerungsgewinn** wird nach § 6b Abs. 2 EStG durch Gegenüberstellung des Veräußerungspreises mit den Veräußerungskosten und den fortgeführten Anschaffungs- oder Herstellungskosten des veräußerten Wirtschaftsguts im Zeitpunkt der Veräußerung bestimmt.[1] Die bei der Veräußerung von Anteilen an Kapitalgesellschaften aufgedeckten stillen Reserven sind gem. § 6b Abs. 10 Satz 1 EStG nur bis zur Höhe eines **Gesamtbetrags von 500 000 €**[2] für jedes Wj. nach § 6c EStG i.V.m. § 6b EStG begünstigt. Der Höchstbetrag bezieht sich auf den Veräußerungsgewinn vor Anwendung des Teileinkünfteverfahrens nach § 3 Nr. 40 EStG i.V.m. § 3c Abs. 2 EStG.

Der **Abzug des begünstigten Veräußerungsgewinns** ist von den Anschaffungs- oder Herstellungskosten des Reinvestitionswirtschaftsguts vorzunehmen. Bei einem im Vorjahr angeschafften oder hergestellten Wirtschaftsgut ist nach § 6b Abs. 5 EStG auf den Buchwert zum Ende des vorangegangenen Wj. abzustellen. Im Fall der Übertragung der bei der Veräußerung eines Kapitalgesellschaftsanteils aufgedeckten stillen Reserven bestimmt sich der Abzugsbetrag nach folgenden Grundsätzen: 426

Veräußertes Wirtschaftsgut	Reinvestitionswirtschaftsgut	Abzugsbetrag nach § 6b EStG
Kapitalgesellschaftsanteil	Kapitalgesellschaftsanteil	100 % des Veräußerungsgewinns
Kapitalgesellschaftsanteil	abnutzbares bewegliches Wirtschaftsgut Gebäude	60 % des Veräußerungsgewinns (stpfl. Veräußerungsgewinn)

Der Abzugsbetrag vermindert gem. § 6b Abs. 6 EStG die **Bemessungsgrundlage für die AfA** (→ Rz. 454, → Rz. 465) sowie die Anschaffungs- oder Herstellungskosten für Zwecke des § 6 Abs. 2 EStG (→ Rz. 342 f.) und § 6 Abs. 2a EStG (→ Rz. 481 ff.). Bei der Anwendung dieser Vorschriften ist also jeweils von den um den abgezogenen begünstigten Veräußerungsgewinn geminderten Anschaffungs- oder Herstellungskosten auszugehen.

Sofern im Jahr der Veräußerung eine Übertragung der stillen Reserven nicht erfolgt, kann gem. § 6b Abs. 3 EStG i.H.d. begünstigten Veräußerungsgewinns eine **gewinnmindernde Rücklage** angesetzt werden. Die Bildung der Rücklage ist nach § 6c Abs. 1 Satz 2 EStG bei der Einnahmenüberschussrechnung als Betriebsausgabe zu behandeln und schließt bei veräußerten Kapitalgesellschaftsanteilen den nach § 3 Nr. 40 EStG i.V.m. § 3c Abs. 2 EStG steuerfreien Teilbetrag ein. Im **Jahr der Anschaffung des begünstigten Reinvestitionswirtschaftsguts** ist die Rücklage gewinnerhöhend aufzulösen. Dies erfolgt gem. § 6c Abs. 1 Satz 2 EStG durch Ansatz einer Betriebseinnahme. Zugleich ist ein Abzug von den Anschaffungs- oder Herstellungskosten des Reinvestitionswirtschaftsguts vorzunehmen (Ansatz einer Betriebsausgabe i.H.d. Abzugsbetrags). Die Bildung und Auflösung der Rücklage ist in einem besonderen, laufend geführten Verzeichnis zu dokumentieren. 427

1) R 6b.1 Abs. 2 EStR 2012.
2) Mit dem Standortförderungsgesetz ist geplant den Betrag von 500 000 € auf 2 Mio. € zu erhöhen.

Bei der Übertragung der aufgedeckten stillen Reserven geltend folgende **Reinvestitionsfristen**:

Veräußertes Wirtschaftsgut	Reinvestitionswirtschaftsgut	Reinvestitionsfrist
Grund und Boden	Grund und Boden	vier Wj.
Grund und Boden Gebäude	Gebäude	vier Wj./sechs Wj. bei Herstellungsbeginn vor dem Schluss des vierten Wj.
Kapitalgesellschaftsanteil	Kapitalgesellschaftsanteil abnutzbares bewegliches Wirtschaftsgut	zwei Wj.
Kapitalgesellschaftsanteil	Gebäude	vier Wj.

428 Sofern die auf Grund der Veräußerung von Grund und Boden sowie Gebäuden gebildete Rücklage am Ende des vierten (Aber: Praxishinweis → Rz. 427 beachten) auf die Bildung folgenden Wj. noch vorhanden ist, ist sie in diesem Zeitpunkt gewinnerhöhend aufzulösen (**Zwangsauflösung ohne Übertragung auf ein Reinvestitionswirtschaftsgut**). Die Frist verlängert sich auf sechs Jahre (Aber: Praxishinweis → Rz. 427 beachten), wenn mit der Herstellung des Gebäudes vor dem Schluss des vierten Wj. nach Rücklagenbildung begonnen worden ist. Bei Gewinnen aus der Veräußerung von Kapitalgesellschaftsanteilen ist die Rücklage stets am Ende des vierten (Aber: Praxishinweis → Rz. 427 beachten) auf die Bildung folgenden Wj. aufzulösen; der in der Rücklage enthaltene auf Grund des Teileinkünfteverfahrens begünstigte Teilbetrag ist dabei steuerfrei zu stellen.

Hierneben besteht die Möglichkeit, eine gebildete Rücklage freiwillig in einem Wj. vor Ablauf der Reinvestitionsfrist aufzulösen (**freiwillige Auflösung ohne Übertragung auf ein Reinvestitionswirtschaftsgut**).[1] Hierdurch verringert sich der anzusetzende Gewinnzuschlag entsprechend (→ Rz. 408).

429 Nach § 6b Abs. 4 EStG konnte eine Übertagung von stillen Reserven nur auf solche Investitionsgüter erfolgen, die zum Anlagevermögen einer inländischen Betriebsstätte gehören. Der EuGH hat mit Urteil v. 16.4.2015[2] entschieden, dass diese Beschränkung des § 6b EStG auf inl. Reinvestitionswirtschaftsgüter nicht europarechtskonform ist. Der Gesetzgeber hat daher mit dem StÄndG 2015[3] § 6b Abs. 2a EStG neu eingefügt. Der Stpfl. hat nunmehr bei einer Reinvestition im EU-/EWR-Ausland die Wahl, die auf die aufgedeckten stillen Reserven entfallende Steuer entweder sofort zu entrichten oder die zinslose Stundung auf fünf Jahre zu beantragen. Eine Übertragung der stillen Reserven auf das Reinvestitionsobjekt im Ausland ist hingegen nach wie vor nicht möglich.

Der Antrag auf Steuerstundung ist nach dem Gesetzeswortlaut im Wj. der Veräußerung zu stellen, in der Gesetzesbegründung findet sich allerdings der Hinweis, dass es ausreichend sein soll, wenn der Antrag zusammen mit der Abgabe der Steuererklärung für das Wj. der Veräußerung gestellt wird.

Beratungshinweis:

Nach dem Wortlaut des § 6b Abs. 2a EStG muss der Stpfl. innerhalb von vier Jahren bzw. sechs Jahren tatsächlich ein begünstigtes Reinvestitionsobjekt im EU-/EWR-Ausland anschaffen bzw. herstellen. Der Antrag auf Steuerstundung ist hingegen im Jahr der Veräußerung bzw. spätestens mit Abgabe der Steuererklärung zu stellen. Der Antrag muss somit zu einem Zeitpunkt gestellt werden, zu dem noch gar nicht feststeht, ob die Voraussetzungen für den Antrag (begünstigte Investition im EU-/EWR-Ausland) überhaupt erfüllt sind. Nach Auffassung der Finverw. muss für die Inanspruchnahme des § 6b Abs. 2a EStG keine Reinvestitionsabsicht dargelegt werden. Es ist auch nicht erforderlich, dass der Stpfl. bereits eine Betriebsstätte im begünstigten Ausland unterhält.[4] Nach § 6b Abs. 2a Satz 3 EStG i.d.F. des Gesetzes zur Vermeidung von Umsatzsteuerausfällen beim Handel mit Waren im Internet und zur Änderung weiterer steuerlicher Vorschriften vom 23.11.2018 kommt es für Gewinne, die in nach dem 31.12.2017 beginnenden Wirtschaftsjahren entstanden sind, für den Fall der Nichtinvestition im Ausland zu einer entsprechenden Verzinsung.

430 Bei der **Eintragung in der Anlage EÜR** sind die folgenden Grundsätze zu beachten:

- Der Veräußerungssachverhalt ist nach allgemeinen Grundsätzen in der Anlage EÜR einzutragen (Erfassung des Veräußerungspreises in Zeile 19 und des Restbuchwerts in Zeile 38);
- Sofern die stillen Reserven im Jahr der Veräußerung auf ein Reinvestitionswirtschaftsgut übertragen werden, ist der Abzugsbetrag in Zeile 100 zu erfassen;
- Bei einer Rücklagenbildung ist der Rücklagenbetrag in Zeile 99 einzutragen. Im Jahr der Rücklagenauflösung ist der Auflösungsbetrag in Zeile 103 zu berücksichtigen. Dies gilt unabhängig davon, ob eine Übertragung auf ein Reinvestitionswirtschaftsgut erfolgt. Bei einer Übertragung auf ein Reinvestitionswirtschaftsgut ist der Abzugsbetrag zusätzlich in Zeile 100 anzusetzen. Im Fall der Auflösung ohne Übertragung auf ein Reinvestitionswirtschaftsgut ist der Gewinnzuschlag nach § 6c EStG i.V.m. § 6b Abs. 7 und Abs. 10 Satz 9 EStG in Zeile 87 zu erfassen (→ Rz. 408);
- Im Fall der Veräußerung eines Kapitalgesellschaftsanteils sind die Korrekturen auf Grund des Teileinkünfteverfahrens (→ Rz. 416 ff.) im Jahr der Veräußerung nur dann in Zeile 94 zu berücksichtigen, wenn im gleichen Jahr eine Übertragung der stillen Reserven auf ein abnutzbares bewegliches Wirtschaftsgut oder ein Gebäude erfolgt. Im Fall der Rücklagenbildung sind die Eintragungen in Zeile 94 erst im Jahr der Rücklagenauflösung vorzunehmen; dies gilt allerdings nur, wenn kein Reinvestitionswirtschaftsgut angeschafft oder hergestellt worden ist oder wenn eine Übertragung der stillen Reserven auf ein abnutzbares bewegliches Wirtschaftsgut bzw.

1) BFH v. 17.9.1987, IV R 8/86, BStBl II 1988, 55.
2) EuGH v. 16.4.2015, Rs. C-591/13.
3) StÄndG 2015 v. 2.11.2015, BGBl. I 2015, 1834 = BStBl I 2015, 846.
4) BMF v. 7.3.2018, IV C 6 – S 2139/17/10001 :001, BStBl I 2018, 309.

ein Gebäude erfolgt. Bei einer Übertragung des Veräußerungsgewinns auf einen Kapitalgesellschaftsanteil ist Zeile 94 dagegen weder im Jahr der Veräußerung noch im Jahr der Rücklagenauflösung anzuweisen, da der Gesamtbetrag der aufgedeckten stillen Reserven auf das Reinvestitionswirtschaftsgut übertragen wird.

Beispiel:

A veräußert am 10.2.2021 einen Anteil an der B-GmbH. Den Veräußerungsgewinn i.H.v. 10 000,00 € (Anschaffungskosten 15 000,00 €; Veräußerungspreis 25 000,00 €) stellt A im Jahr 2021 in eine Rücklage i.S.d. § 6b Abs. 10 Satz 5 EStG ein. Im Jahr 2022 erwirbt A einen Schreibtisch für 600,00 € und im Jahr 2023 Aktien an der C-AG für 3 000,00 €. A möchte in größtmöglichem Umfang stille Reserven übertragen.

Lösung:

Um die Anschaffungskosten des Schreibtisches durch Übertragung der stillen Reserven aus der Veräußerung des Anteils an der B-GmbH auf 0,00 € zu mindern, muss A die Rücklage nach § 6b EStG i.H.v. 1 000,00 € auflösen. Nur der stpfl. Anteil i.H.v. 600,00 € (60 % v. 1 000,00 €) kann von den Anschaffungskosten des Schreibtisches abgezogen werden. Bei den Aktien an der C-AG schließt der Abzugsbetrag den auf Grund des Teileinkünfteverfahrens steuerfreien Teil des Veräußerungsgewinns ein, so dass die Rücklage i.H.v. 3 000,00 € aufzulösen ist, um die Anschaffungskosten der Aktien auf 0,00 € zu mindern. Der Restbetrag der Rücklage i.H.v. 6 000,00 € ist nach Ablauf der Reinvestitionsfrist von vier Jahren am 31.12.2025 aufzulösen. Zur Berechnung des Gewinnzuschlags → Rz. 408.

Eintragung in der Anlage EÜR 2021:

Zeile 18:	25 000,00 €	(Veräußerungspreis B-GmbH)
Zeile 35:	15 000,00 €	(Anschaffungskosten B-GmbH)
Zeile 86, Kennzahl 187:	10 000,00 €	(Rücklagenbildung)

Eintragung in der Anlage EÜR 2022:

Zeile 81, Kennzahl 261:	1 000,00 €	(Gesamtbetrag Teileinkünfte = Betrag der Rücklagenauflösung)
Zeile 81, Kennzahl 262:	./. 400,00 €	(Korrekturbetrag Teileinkünfte)
Zeile 86, Kennzahl 120:	1 000,00 €	(Rücklagenauflösung)
Zeile 87:	600,00 €	(Abzugsbetrag)

Eintragung in der Anlage EÜR 2023:

Zeile 86, Kennzahl 120:	3 000,00 €	(Rücklagenauflösung)
Zeile 87:	3 000,00 €	(Abzugsbetrag)

Eintragung in der Anlage EÜR 2025:

Zeile 87:	864,00 €	(Gewinnzuschlag, 6 % v. 3 600,00 € × 4 Wj.)
Zeile 94, Kennzahl 261:	6 000,00 €	(Gesamtbetrag Teileinkünfte = Betrag der Rücklagenauflösung)
Zeile 94, Kennzahl 262:	./. 2 400,00 €	(Korrekturbetrag Teileinkünfte)
Zeile 103:	6 000,00 €	(Rücklagenauflösung)

bb) Übertragungen bei Ersatzbeschaffungen nach R 6.6 EStR 2012

431 In bestimmten Fällen der Ersatzbeschaffung kann die Aufdeckung der stillen Reserven durch **Übertragung der stillen Reserven auf ein Ersatzwirtschaftsgut** vermieden werden. Die Möglichkeit der Übertragung der stillen Reserven ist nicht gesetzlich kodifiziert, sondern beruht auf der Rechtsprechung des BFH[1] sowie R 6.6 EStR 2012. Voraussetzung ist, dass

- ein Wirtschaftsgut infolge höherer Gewalt (etwa Brand, Sturm, Überschwemmung oder Diebstahl) oder eines behördlichen Eingriffs (insbesondere Enteignung) gegen Entschädigung aus dem Betriebsvermögen ausscheidet[2] und
- ein funktionsgleiches Ersatzwirtschaftsgut angeschafft oder hergestellt wird, auf dessen Anschaffungs- oder Herstellungskosten die aufgedeckten stillen Reserven übertragen werden.[3]

Das Ersatzwirtschaftsgut muss nicht nur der Art nach funktionsgleich sein, sondern auch funktionsgleich genutzt werden.[4] Im Unterschied zu § 6c EStG i.V.m. § 6b EStG (→ Rz. 424) ist eine Übertragung nach R 6.6 EStR 2012 nicht nur bei Anlagevermögen, sondern auch bei Umlaufvermögen möglich; eine Mindestzugehörigkeit des ausgeschiedenen Wirtschaftsguts zum Betriebsvermögen ist außerdem nicht erforderlich.

432 Die Übertragung der stillen Reserven erfolgt nach den gleichen Grundsätzen wie für Zwecke des § 6c EStG i.V.m. § 6b EStG (→ Rz. 425 f.). Der **Übertragungsbetrag** wird durch Gegenüberstellung der Entschädigung mit den fortgeführten Anschaffungs- oder Herstellungskosten sowie etwaigen Nebenkosten im Zusammenhang mit dem Ausscheiden aus dem Betriebsvermögen ermittelt. Der Abzug ist von den Anschaffungs- oder Herstellungskosten des Ersatzwirtschaftsguts vorzunehmen. Die **Bemessungsgrundlage für die AfA** (→ Rz. 454, → Rz. 465) sowie die Anschaffungs- oder Herstellungskosten für Zwecke des § 6 Abs. 2 EStG (→ Rz. 342 f.) und § 6 Abs. 2a EStG (→ Rz. 481 ff.) mindern sich entsprechend.

1) BFH v. 14.11.1990, X R 85/87, BStBl II 1991, 222; BFH v. 13.10.2010, I R 79/09, BStBl II 2014, 943.
2) R 6.6 Abs. 1 Satz 2 Nr. 1 EStR 2012.
3) R 6.6 Abs. 1 Satz 2 Nr. 2 EStR 2012.
4) BFH v. 22.1.2004, IV R 65/02, BStBl II 2004, 421.

Bei einem ausgeschiedenen **bebauten Grundstück** sind die bei dem Grund und Boden aufgedeckten stillen Reserven vorrangig auf den neu angeschafften Grund und Boden sowie die bei dem Gebäude aufgedeckten stillen Reserven vorrangig auf das neu angeschaffte oder hergestellte Gebäude zu übertragen. Soweit ein Abzug nicht möglich ist – etwa weil die Anschaffungskosten des neu angeschafften Grund und Bodens die beim ausgeschiedenen Grund und Boden aufgedeckten stillen Reserven unterschreiten – können die aufgedeckten stillen Reserven auch vom jeweils anderen Wirtschaftsgut abzogen werden.[1)]

433 Sofern am Schluss des Wj., in dem das Wirtschaftsgut aus dem Betriebsvermögen ausgeschieden ist, noch keine Ersatzbeschaffung vorgenommen worden ist, kann i.H.d. aufgedeckten stillen Reserven eine gewinnmindernde **Rücklage für Ersatzbeschaffung** gebildet werden.[2)] Hierfür ist bei der Einnahmenüberschussrechnung ein Betriebsausgabenabzug vorzunehmen. Im Unterschied zur Übertragung von stillen Reserven nach § 6c EStG i.V.m. § 6b EStG muss die Anschaffung oder Herstellung des Ersatzwirtschaftsguts allerdings am Schluss des Wj., in dem der Schadensfall eingetreten ist, ernstlich geplant sein.[3)] Im Jahr der Anschaffung des begünstigten Ersatzwirtschaftsguts ist die Rücklage für Ersatzbeschaffung gewinnerhöhend aufzulösen. Dies erfolgt durch Ansatz einer Betriebseinnahme. Zugleich ist ein Abzug von den Anschaffungs- oder Herstellungskosten des Ersatzwirtschaftsguts vorzunehmen (Ansatz einer Betriebsausgabe i.H.d. Abzugsbetrags).

434 Die **Frist für die Ersatzinvestition** beträgt für Gebäude sowie Grund und Boden vier Jahre;[4)] bei beweglichen Wirtschaftsgütern dagegen nur ein Jahr.[5)] Handelt es sich bei dem Ersatzwirtschaftsgut um ein neu hergestelltes Gebäude oder ein bewegliches Wirtschaftsgut, dessen Anschaffung oder Herstellung im Zusammenhang mit einem neu hergestellten Gebäude steht, verlängert sich die Frist auf sechs Jahre, wobei es im Unterschied zur Anwendung des § 6c EStG i.V.m. § 6b EStG (→ Rz. 427 f.) auf den Beginn der Herstellung des Gebäudes nicht ankommt.[6)] Bei beweglichen Wirtschaftsgütern kann die Frist von einem Jahr auf bis zu vier Jahre verlängert werden, wenn der Unternehmer glaubhaft macht, dass die Ersatzbeschaffung noch ernstlich geplant und zu erwarten ist, aber aus besonderen Gründen noch nicht durchgeführt werden konnte.[7)] Bei Gebäuden sowie Grund und Boden muss die Absicht zur Ersatzinvestition nur am Ende des Wj. bestehen, in dem das Wirtschaftsgut aus dem Betriebsvermögen ausgeschieden ist.[8)]

435 Ist die Rücklage für Ersatzbeschaffung am Ende der Frist für die Ersatzinvestition mangels Übertragung auf ein Ersatzwirtschaftsgut noch vorhanden, ist sie in diesem Zeitpunkt gewinnerhöhend aufzulösen (**Zwangsauflösung ohne Übertragung auf ein Ersatzwirtschaftsgut**). Hierneben hat der Unternehmer die Möglichkeit, eine gebildete Rücklage freiwillig in einem Wj. vor Ablauf der Investitionsfrist aufzulösen (**freiwillige Auflösung ohne Übertragung auf ein Ersatzwirtschaftsgut**). Im Unterschied zur Rücklage nach § 6c EStG i.V.m. § 6b EStG (→ Rz. 408) wird die unterbliebene Ersatzinvestition nicht durch einen Gewinnzuschlag sanktioniert.

436 Die **Eintragung in der Anlage EÜR** erfolgt nach den gleichen Grundsätzen wie bei der Übertragung von stillen Reserven sowie der Rücklagenbildung nach § 6c EStG i.V.m. § 6b EStG (→ Rz. 430).

b) Ausgleichsposten nach § 4g EStG (Zeilen 101 und 104)

437 Die **Überführung eines Wirtschaftsguts** von einer inl. in eine **ausl. Betriebsstätte** des Unternehmers gilt nach § 4 Abs. 1 Satz 3 und 4 EStG als Entnahme, die gem. § 6 Abs. 1 Nr. 4 Satz 1 2. Halbsatz EStG mit dem gemeinen Wert zu bewerten ist. Soweit das Wirtschaftsgut in eine Betriebsstätte in einem anderen **Mitgliedsstaat der EU** überführt wird, kann der Stpfl. für sämtliche im Wj. überführten Wirtschaftsgüter nach § 4g Abs. 4 EStG einen Ausgleichsposten bilden (Eintragung in Zeile 101 der Anlage EÜR). Der Ausgleichsposten ist grds. im Jahr der Bildung und den folgenden vier Wj. zu jeweils einem Fünftel gewinnerhöhend aufzulösen (Eintragung jeweils in Zeile 104 der Anlage EÜR). Im Ergebnis wird der Entnahmegewinn hierdurch nicht sofort, sondern verteilt über fünf Wj. versteuert. Wirtschaftsgüter, für die ein Ausgleichsposten nach § 4g EStG gebildet worden ist, sind nach § 4g Abs. 4 Satz 2 EStG in ein laufend zu führendes Verzeichnis aufzunehmen.

c) Gesamtsumme der Rücklagen und Ausgleichposten sowie übertragenen stillen Reserven (Zeile 102 und 105)

438 Hier sind die Summen der gebildeten bzw. übertragenen Positionen zu erfassen.

---

1) R 6.6 Abs. 3 Satz 2 f. EStR 2012.
2) R 6.6 Abs. 4 Satz 1 EStR 2012.
3) R 6.6 Abs. 4 Satz 1 EStR 2012.
4) BFH v. 12.1.2012, IV R 4/09, BStBl II 2014, 443; R 6.6 Abs. 4 Satz 4 EStR 2012.
5) R 6.6 Abs. 4 Satz 3 EStR 2012.
6) BFH v. 12.1.2012, IV R 4/09, BStBl II 2014, 443; R 6.6 Abs. 4 Satz 4 ff. EStR 2012.
7) R 6.6 Abs. 4 Satz 5 EStR 2012.
8) R 6.6 Abs. 4 Satz 1 EStR 2012.

7. Entnahmen und Einlagen i.S.d. § 4 Abs. 4a EStG (Zeilen 106–107)

5. Zusätzliche Angaben bei Einzelunternehmen 29

Entnahmen und Einlagen i. S. d. § 4 Abs. 4a EStG

			EUR	Ct
106	Entnahmen einschließlich Sach-, Leistungs- und Nutzungsentnahmen	122		
107	Einlagen einschließlich Sach-, Leistungs- und Nutzungseinlagen	123		

...

2025AnlEÜR804 2025AnlEÜR804

In den Zeilen 106 und 107 sind die **für Zwecke des § 4 Abs. 4a EStG** relevanten Entnahmen und Einlagen des laufenden Wj. bei einem Einzelunternehmen einzutragen. § 4 Abs. 4a EStG enthält keine vom **allgemeinen Entnahme- bzw. Einlagebegriff** abweichenden Bestimmungen, so dass das Vorliegen einer Entnahme bzw. Einlage nach allgemeinen ertragsteuerlichen Grundsätzen zu prüfen ist.[1] Gleiches gilt für den Bewertungsmaßstab einer Entnahme bzw. Einlage. **439**

Auf Grund der betriebsbezogenen Ermittlung des Schuldzinsenabzugs sind allerdings auch Vermögenstransfers zwischen verschiedenen Betriebsvermögen als Entnahmen des abgebenden und Einlagen des aufnehmenden Betriebs zu behandeln (**modifizierter Entnahme- bzw. Einlagebegriff**).[2] Bewertungsmaßstab ist der nach § 6 Abs. 5 EStG maßgebende Wertansatz (regelmäßig der Buchwert des überführten Wirtschaftsguts).[3] Bei einem im Betriebsvermögen gehaltenen Mitunternehmeranteil ist darüber hinaus die Auszahlung des Gewinnanteils durch die Mitunternehmerschaft als Einlage in das Unternehmen, zu dessen Betriebsvermögen der Mitunternehmeranteil gehört, zu behandeln (zur Berücksichtigung des gesondert und einheitlich festgestellten Ergebnisanteils für Zwecke des § 4 Abs. 4a EStG → Rz. 489).[4] Bei der Mitunternehmerschaft ist eine entsprechende Entnahme anzusetzen.

Die Entnahmen und Einlagen sind nach § 4 Abs. 4a Satz 6 EStG **gesondert aufzuzeichnen**.

Hinweis zur Plausibilitätsbeurteilung:
Sofern kein gesondertes betriebliches Konto besteht, stellen sämtliche Betriebseinnahmen auch Entnahmen und sämtliche Betriebsausgaben auch Einlagen dar.

a) Entnahmen (Zeile 106)

Entnahmen sind nach § 4 Abs. 1 Satz 2 EStG alle Wirtschaftsgüter, die der Stpfl. dem Betrieb für sich, für seinen Haushalt oder für andere betriebsfremde Zwecke entnimmt (→ Rz. 294, → Rz. 308). Hierbei kann es sich um Geld-, Sach-, Nutzungs- und Leistungsentnahmen handeln. Geldentnahmen sind z.B. bei einer privaten Vereinnahmung einer betrieblichen Forderung oder bei einer Auszahlung aus der betrieblichen Kasse für private Zwecke anzusetzen. Sofern der betriebliche und private Zahlungsverkehr über ein einheitliches Kontokorrentkonto abgewickelt wird,[5] stellt die Gutschrift einer Betriebseinnahme auf dem privaten Sollsaldo des Kontokorrentkontos eine Entnahme dar. Zur **Bewertung** von Sachentnahmen → Rz. 294; zur Bewertung von Nutzungs- und Leistungsentnahmen → Rz. 295 ff., → Rz. 308. **440**

Geldentnahmen wirken sich nicht auf den Gewinn aus und sind deshalb nur in Zeile 106 der **Anlage EÜR** zu erfassen. Sach-, Nutzungs- und Leistungsentnahmen sind dagegen zusätzlich in Zeilen 19, 20 bzw. 21 als Betriebseinnahme anzusetzen. Bei umsatzstpfl. Entnahmen (→ Rz. 294, → Rz. 309) ist in Zeile 19, 20 bzw. 21 der Nettobetrag, in Zeile 17 die zugehörige Umsatzsteuer und in Zeile 106 die Entnahme mit dem Bruttobetrag anzusetzen (vgl. hierzu die Beispiele → Rz. 302, → Rz. 305). Ebenfalls in Zeile 106 einzutragen sind die auf Grund des für Zwecke des § 4 Abs. 4a EStG geltenden modifizierten Entnahmebegriffs anzusetzenden Entnahmen (→ Rz. 439). Sofern die Anlage SZ mit der Anlage EÜR an das FA übermittelt wird (→ Rz. 264), ist der in Zeile 106 erfasste Wert in Zeile 12 der Anlage SZ zu übertragen.

b) Einlagen (Zeile 107)

Einlagen sind nach § 4 Abs. 1 Satz 8 EStG alle Wirtschaftsgüter, die der Stpfl. dem Betrieb im Laufe des Wj. für betriebliche Zwecke zugeführt hat. Wie bei Entnahmen kann es sich hierbei um Geld-, Sach-, Nutzungs- oder Leistungseinlagen handeln.[6] Bei Unternehmern, die weder über eine betriebliche Kasse noch über ein betriebliches Bankkonto verfügen, stellt eine tatsächlich bezahlte Betriebsausgabe zugleich eine Geldeinlage dar. **441**

1) BMF v. 2.11.2018, IV C 6 – S 2144/07/10001 :007, BStBl I 2018, 1207
2) BFH v. 22.9.2011, IV R 33/08, BStBl II 2012, 10.
3) BMF v. 2.11.2018, IV C 6 – S 2144/07/10001 :007, BStBl I 2018, 1207.
4) BMF v. 2.11.2018, IV C 6 – S 2144/07/10001 :007, BStBl I 2018, 1207.
5) BMF v. 2.11.2018, IV C 6 – S 2144/07/10001 :007, BStBl I 2018, 1207.
6) BFH v. 21.8.2012, VIII R 32/09, BStBl II 2013, 16.

Nutzungs- und Leistungseinlagen sind mit den im Zusammenhang mit den Nutzungen und Leistungen angefallenen Aufwendungen anzusetzen. **Bewertungsmaßstab** für Sacheinlagen ist nach § 6 Abs. 1 Nr. 5 Satz 1 EStG grds. der Teilwert. Soweit das eingelegte Wirtschaftsgut innerhalb der letzten drei Jahre vor der Einlage angeschafft oder hergestellt worden ist, wird der Einlagewert gem. § 6 Abs. 1 Nr. 5 Satz 1 Buchst. a EStG durch die fortgeführten Anschaffungs- oder Herstellungskosten begrenzt. Dabei sind die Anschaffungs- oder Herstellungskosten auch dann um die AfA zu kürzen, wenn das Wirtschaftsgut nach einer Nutzung für private Zwecke außerhalb der Einkunftsarten eingelegt wird.[1)]

Beispiel:

A erwirbt am 1.1.2024 einen Computer für 1 000 € zzgl. 190 € Umsatzsteuer, den er zunächst nur für private Zwecke nutzt. Ab dem 1.1.2025 verwendet A den Computer für seine betriebliche Tätigkeit. Der Computer hat eine betriebsgewöhnliche Nutzungsdauer von drei Jahren. Der Teilwert beträgt am 1.1.2025

a) 900 €;
b) 600 €.

Lösung:

Anschaffungskosten 1.1.2024:	1 190 €	
AfA 2024:	./. 396 €	(33,3 % v. 1 190 €)
Fortgeführte Anschaffungskosten 1.1.2025:	794 €	

Die Umsatzsteuer ist auf Grund der zunächst ausschließlich privaten Verwendung nicht abzugsfähig und daher Bestandteil der Anschaffungskosten. Die AfA ist nach § 7 Abs. 1 EStG linear über die betriebsgewöhnliche Nutzungsdauer zu verteilen. Im Sachverhalt a) übersteigt der Teilwert die fortgeführten Anschaffungskosten des Computers. Die Einlage ist mit den fortgeführten Anschaffungskosten i.H.v. 794 € zu bewerten. Im Sachverhalt b) ist der Teilwert des Computers kleiner als die fortgeführten Anschaffungskosten. Die Einlage ist mit dem Teilwert i.H.v. 600 € anzusetzen.

Einlagen von Anteilen an Kapitalgesellschaften und anderen Wirtschaftsgütern, die nach § 17 EStG (→ Rz. 573 ff.) oder § 20 Abs. 2 EStG (→ Rz. 705 ff.) steuerverstrickt sind, sind nach § 6 Abs. 1 Nr. 5 Satz 1 Buchst. b und c EStG mit den Anschaffungskosten zu bewerten. Dies gilt auch, wenn der Teilwert unter den Anschaffungskosten liegt.[2)]

Geldeinlagen wirken sich wie Geldentnahmen nicht auf den Gewinn aus. Sie sind nur in Zeile 107 der **Anlage EÜR** einzutragen. Sach-, Nutzungs- und Leistungseinlagen führen dagegen zu Betriebsausgaben und sind daher zusätzlich in einer der Betriebsausgabenpositionen der Anlage EÜR bzw. als Zugang in der dritten Spalte der Anlage AVEÜR zu erfassen. Ebenfalls in Zeile 107 einzutragen sind die auf Grund des für Zwecke des § 4 Abs. 4a EStG geltenden modifizierten Einlagebegriffs anzusetzenden Einlagen (→ Rz. 439). Sofern die Anlage SZ mit der Anlage EÜR an das FA übermittelt wird (→ Rz. 264), ist der in Zeile 107 erfasste Wert in Zeile 14 der Anlage SZ zu übertragen.

8. Anlage AVEÜR

442 Die Anlage AVEÜR dient der Darstellung des **Anlagenverzeichnisses** sowie des Ausweises von Wirtschaftsgütern des Umlaufvermögens, deren Anschaffungs- oder Herstellungskosten nach § 4 Abs. 3 Satz 4 EStG bzw. § 32b Abs. 2 Satz 1 Nr. 2 Satz 2 Buchst. c Satz 1 EStG nicht zu sofort abzugsfähigen Betriebsausgaben führen. Ab dem VZ 2017 besteht eine Abgabeverpflichtung. Die in die Anlage AVEÜR aufgeführten Wirtschaftsgüter sind nach § 4 Abs. 3 Satz 5 EStG bzw. § 32b Abs. 2 Satz 1 Nr. 2 Satz 2 Buchst. c Satz 2 EStG **gesondert aufzuzeichnen**.

Hinweis zur Plausibilitätsbeurteilung:

Die Anlage AVEÜR ist Bestandteil der Einnahmenüberschussrechnung und mit der Anlage EÜR an die Finanzverw. zu übermitteln. Die im amtlich vorgeschriebenen Datensatz mögliche Einzelbezeichnung der Wirtschaftsgüter je Gruppe (z.B. fünf einzelne Kfz in der Gruppe „Kfz") ist hingegen freiwillig. Die freiwilligen Angaben zu den einzelnen Wirtschaftsgütern verschaffen dem FA jedoch einen genaueren Überblick über Veränderungen im Anlagebestand und die hieraus resultierenden steuerlichen Folgen. Dies kann ggf. zu weniger Rückfragen des Finanzamtes bei der Bearbeitung Ihrer Steuererklärung führen.

a) Allgemeine Angaben (Zeilen 1–3)

Anleitung vorhanden

2025

1 Name des Steuerpflichtigen bzw. der Gesellschaft/Gemeinschaft/Körperschaft

2 **(Betriebs-)Steuernummer**

3 Wirtschafts-Identifikationsnummer D E -

Anlage AVEÜR

Anlageverzeichnis/Ausweis des Umlaufvermögens zur Anlage EÜR

443 Hier sind die gleichen Eintragungen wie in Zeilen 1 bis 3 der Anlage EÜR vorzunehmen.

1) R 6.12 Abs. 1 Satz 2 EStR 2012.
2) BFH v. 5.6.2008, IV R 73/05, BStBl II 2008, 965.

b) Grundstücke und Grundstücksgleiche Rechte (Zeilen 4–22)

Zeile	Grundstücke und grundstücksgleiche Rechte	Kz.	EUR	Ct
		40		
	Grund und Boden			
4	Summe Anschaffungs-/Herstellungskosten/Einlagewerte	100		,
5	Summe Buchwerte zu Beginn des Gewinnermittlungszeitraums	101		,
6	Summe Zugänge	102 +		,
7	Summe Abgänge (zu erfassen in Zeile 38 der Anlage EÜR)	105 –		,
8	Summe Buchwerte am Ende des Gewinnermittlungszeitraums	106 =		,
	Gebäude			
9	Summe Anschaffungs-/Herstellungskosten/Einlagewerte	110		,
10	Summe Buchwerte zu Beginn des Gewinnermittlungszeitraums	111		,
11	Summe Zugänge	112 +		,
12	Summe Sonderabschreibungen nach § 7b EStG (zu erfassen in Zeile 34 der Anlage EÜR)	113 –		,
13	Summe AfA	114 –		,
14	Summe Abgänge (zu erfassen in Zeile 38 der Anlage EÜR)	115 –		,
15	Summe Buchwerte am Ende des Gewinnermittlungszeitraums	116 =		,
	Andere (z. B. grundstücksgleiche Rechte)			
16	Summe Anschaffungs-/Herstellungskosten/Einlagewerte	120		,
17	Summe Buchwerte zu Beginn des Gewinnermittlungszeitraums	121		,
18	Summe Zugänge	122 +		,
19	Summe AfA	124 –		,
20	Summe Abgänge (zu erfassen in Zeile 38 der Anlage EÜR)	125 –		,
21	Summe Buchwerte am Ende des Gewinnermittlungszeitraums	126 =		,
	Summe			
22	Summe AfA aller Grundstücke/grundstücksgleichen Rechte (Summe der Zeilen 13 und 19; Übertrag in Zeile 31 der Anlage EÜR)	190		,

2025AnlAVEÜR811 - August 2025 - 2025AnlAVEÜR811

In Zeilen 4 bis 22 sind die zum **notwendigen oder gewillkürten Betriebsvermögen** (→ Rz. 265 ff.) gehörenden Grund und Boden, Gebäude und grundstücksgleiche Rechte (→ Rz. 267, → Rz. 280) des Anlagevermögens – mit Ausnahme eines häuslichen Arbeitszimmers (Eintragung in Zeilen 22 und 32 der Anlage AVEÜR) – zu erfassen. Ausgangspunkt für die Eintragungen in der Anlage AVEÜR sind die Anschaffungs- oder Herstellungskosten bzw. der Einlagewert. Die Anschaffungs- oder Herstellungskosten bzw. der Einlagewert von Gebäuden und abnutzbaren grundstücksgleichen Rechten sind im Wege der AfA abzuschreiben. **444**

aa) Anschaffungs-, Herstellungskosten und Einlagewert

(1) Anschaffungskosten

445 **Anschaffungskosten** sind nach § 255 Abs. 1 HGB Aufwendungen, die geleistet werden, um ein Wirtschaftsgut zu erwerben und in den betriebsbereiten Zustand zu versetzen (Betriebsbereitschaftskosten) zzgl. der Anschaffungsnebenkosten und der nachträglichen Anschaffungskosten sowie abzgl. der Anschaffungspreisminderungen. **Gemeinkosten** sind nicht einzubeziehen.[1] Als Anschaffungskosten sind demnach nur solche Aufwendungen zu berücksichtigen, die dem angeschafften Wirtschaftsgut direkt zugeordnet werden können. Allgemeine Betriebskosten bleiben außen vor. **Betriebsbereitschaftskosten** sind Aufwendungen, die getätigt werden, um das angeschaffte Wirtschaftsgut nach dem vom Erwerber mit der Anschaffung verfolgten Zweck nutzen zu können.[2] **Nachträgliche Anschaffungskosten** sind von den sofort als Betriebsausgabe abzugsfähigen Erhaltungsaufwendungen zu unterscheiden. Erhaltungsaufwendungen liegen vor, wenn unselbständige Bestandteile eines Wirtschaftsguts ersetzt oder modernisiert werden.[3] Als **Anschaffungspreisminderungen** sind die mit dem Anschaffungsgeschäft im Zusammenhang stehenden Ermäßigungen wie Skonti, Boni oder Preisminderungen wegen Mängeln des erworbenen Wirtschaftsguts anzusetzen.

Abzugsfähige Vorsteuerbeträge gehören nach § 9b Abs. 1 EStG nicht zu den Anschaffungskosten. Gleiches gilt bei Unternehmern, die den Vorsteuerabzug pauschal ermitteln.[4] Die Vorsteuer ist in diesen Fällen im Zeitpunkt ihrer Bezahlung als Betriebsausgabe abzuziehen (siehe das Beispiel unter → Rz. 343). **Nachträgliche Anschaffungskosten und Anschaffungspreisminderungen** ändern die Anschaffungskosten erst im Zeitpunkt ihrer Entstehung.

446 Zu den **Anschaffungskosten von Grund und Boden, Gebäuden und grundstücksgleichen Rechten** gehören neben dem an den Veräußerer gezahlten Kaufpreis u.a. die Grunderwerbsteuer, Grundbucheintragungs-, Makler- und Notargebühren als Anschaffungsnebenkosten. Aufwendungen, die unmittelbar nach der Anschaffung im Zusammenhang mit der Umnutzung eines Gebäudes entstehen, sind als Betriebsbereitschaftskosten den Anschaffungskosten zuzurechnen (etwa im Fall der Umgestaltung von Wohnräumen in betrieblich genutzten Räumen). Gleiches gilt für Aufwendungen für Baumaßnahmen, durch die ein Gebäude auf einen höheren Standard gebracht wird (→ Rz. 1575 ff.). Soweit innerhalb von drei Jahren nach der Anschaffung eines Gebäudes Instandsetzungs- und Modernisierungsmaßnahmen durchgeführt werden, deren Aufwendungen ohne Umsatzsteuer 15 % der Anschaffungskosten des Gebäudes übersteigen, gehören die Aufwendungen nach § 6 Abs. 1 Nr. 1 Buchst. a EStG zu den Herstellungskosten des Gebäudes (anschaffungsnahe Herstellungskosten, → Rz. 1582 f.).

Beim **Erwerb eines bebauten Grundstücks** sind die Anschaffungskosten im Verhältnis der Teilwerte auf den Grund und Boden sowie das Gebäude aufzuteilen. Hierfür kann die Arbeitshilfe zur Aufteilung eines Gesamtkaufpreises für ein bebautes Grundstück (Kaufpreisaufteilung) verwendet werden.[5] Sofern die Anschaffungskosten eines Gebäudes auf Grund einer **unterschiedlichen Nutzung einzelner Gebäudeteile** auf verschiedene Wirtschaftsgüter zu verteilen sind (→ Rz. 267), ist grds. auf das Verhältnis der Nutzflächen im Sinne der WoFlV abzustellen.[6]

Zur Aufteilung des Kaufpreises können über die Arbeitshilfe – je nach Grundstücksart – folgende Verfahren angewendet werden:

- Vergleichswertverfahren

  Für Eigentumswohnungen, Ein- und Zweifamilienhäuser, wenn vom örtlichen Gutachterausschuss Vergleichsfaktoren vorliegen.
- Ertragswertverfahren

  Für Mietwohngrundstücke, gemischt genutzte Grundstücke und Geschäftsgrundstücke.

  Für Eigentumswohnungen, Ein- und Zweifamilienhäuser, wenn keine Vergleichswertfaktoren vorliegen.
- Sachwertverfahren

  Wenn keine Daten für die Anwendung des Vergleichs- oder Ertragswertverfahrens vorliegen. Neu hierbei ist, dass die Normalherstellungskosten mit Regionalfaktoren angepasst werden dürfen. Dies ist insbesondere für Städte relevant, in denen es zu erhöhten Baupreisen kommt.

Beratungshinweis:

Mit der „Siebten Verordnung zur Änderung steuerlicher Vorschriften" wollte die Finverw. in § 9b EStDV die Kaufpreisaufteilung gesetzlich absichern lassen. Damit sollte einerseits die bisherige Kaufpreisaufteilungsarbeitshilfe eine gesetzliche Grundlage bekommen und andererseits die Möglichkeit zur abweichenden Kaufpreisaufteilung nach einem Gutachten verschärft werden. Eine Umsetzung erfolgte im Laufe des parlamentarischen Verfahrens jedoch nicht (Stand: BR-Drucks 626/25 v. 5.11.2025).

1) BFH v. 24.2.1972, IV R 4/68, BStBl II 1972, 422.
2) BFH v. 20.8.2002, IX R 98/00, BStBl II 2003, 604.
3) BFH v. 13.9.1984, IV R 101/82, BStBl II 1985, 49.
4) BFH v. 9.9.2010, IV R 47/08, BFH/NV 2011, 426.
5) Arbeitshilfe v. Januar 2025, abrufbar unter https://www.bundesfinanzministerium.de/Content/DE/Downloads/Steuern/Berechnung-Aufteilung-Grundstueckskaufpreis.html.
6) R 4.2 Abs. 6 Satz 2 ff. EStR 2012.

Bei einem erworbenen **Erbbaurecht** gehört der im Voraus gezahlte Erbbauzins nicht zu den Anschaffungskosten des Erbbaurechts.[1] Die Anschaffungskosten beschränken sich auf die einmaligen Erwerbskosten wie Grunderwerbsteuer, Grundbucheintragungs-, Makler- und Notargebühren. Der Erbbauzins ist wie eine Mietvorauszahlung zu behandeln und regelmäßig über den Zeitraum der Nutzungsüberlassung zu verteilen (→Rz. 274, Eintragung in Zeile 38 der Anlage EÜR).

(2) Herstellungskosten

Herstellungskosten sind nach § 255 Abs. 2 HGB Aufwendungen, die für eine Ersterstellung, eine Neuherstellung durch Instandsetzung nach Vollverschleiß (Zweitherstellung),[2] eine Erweiterung oder eine über den ursprünglichen Zustand hinausgehende wesentliche Verbesserung eines Wirtschaftsguts entstehen. Im Unterschied zur Beurteilung im Bereich der Anschaffungskosten gehören zu den Herstellungskosten auch bestimmte **Gemeinkosten**. Zinsen für Fremdkapital dürfen nach § 255 Abs. 3 Satz 2 HGB einbezogen werden, soweit sie auf den Zeitraum der Herstellung entfallen.[3] Aufwendungen für eine über den ursprünglichen Zustand hinausgehende **wesentliche Verbesserung** sind von den Erhaltungsaufwendungen abzugrenzen. Soweit der im Zeitpunkt der Anschaffung oder Herstellung vorhandene Zustand lediglich unter Berücksichtigung der technischen Fortentwicklung oder der geänderten Lebensgewohnheiten wieder hergestellt wird, liegen Erhaltungsaufwendungen vor. **447**

Zum Einbezug von **Vorsteuerbeträgen** in die Herstellungskosten →Rz. 445.

Aufwendungen für eine **Erweiterung** oder eine **wesentliche Verbesserung** erhöhen die Herstellungskosten des Wirtschaftsguts im Zeitpunkt ihrer Entstehung. Eine **Zweitherstellung** ist dagegen wie eine Ersterstellung zu behandeln. Der Restbuchwert des alten Wirtschaftsguts ist ggf. in die neu ermittelten Herstellungskosten einzubeziehen.[4]

Eine **Zweitherstellung eines Gebäudes** ist auch anzunehmen, wenn ein vorhandenes Gebäude auf Grund von Baumaßnahmen in seiner Funktion bzw. seinem Wesen verändert wird.[5] Dies kann etwa der Fall sein, wenn Wohnungen in Büroräume oder sonstige zukünftig betrieblich genutzte Räume umgebaut werden. Die im Zusammenhang mit der Umnutzung entstandenen Aufwendungen bilden dann gemeinsam mit der Altbausubstanz des Altgebäudes die Herstellungskosten des neuen Gebäudes. Eine über den ursprünglichen Zustand hinausgehende **wesentliche Verbesserung eines Gebäudes** ist bei Baumaßnahmen anzunehmen, durch die ein Gebäude auf einen höheren Standard gebracht wird. Insoweit gelten die gleichen Grundsätze wie bei der Beurteilung der Frage, ob Baumaßnahmen im Anschluss an die Anschaffung eines Gebäudes auf Grund einer Standardhebung zu den Betriebsbereitschaftskosten gehören (→Rz. 1575 ff., →Rz. 446).[6] Eine **Erweiterung eines Gebäudes** liegt vor, wenn das Gebäude aufgestockt oder ein Anbau errichtet wird, durch Baumaßnahmen die nutzbare Fläche vergrößert wird[7] oder zusätzliche Bestandteile in das Gebäude eingefügt werden, durch die die Substanz vermehrt wird (etwa der Einbau einer Außentreppe).[8] **448**

Zur Aufteilung der Herstellungskosten bei einer **unterschiedlichen Nutzung einzelner Gebäudeteile** →Rz. 446.

(3) Einlagewert

Zur Bestimmung des **Einlagewerts** →Rz. 441. **449**

bb) AfA-Methode und außergewöhnliche Abnutzung

Bei im Jahr 2025 angeschafften, hergestellten oder in das Betriebsvermögen eingelegten Gebäuden sind folgende **lineare AfA-Sätze** anzuwenden: **450**

§ 7 Abs. 4 Satz 1 Nr. 1 EStG		
– Keine Nutzung zu Wohnzwecken **und** – Bauantragstellung nach dem 31.3.1985		
– AfA-Satz: 3 %; – Typisierte Nutzungsdauer: 33 Jahre		
§ 7 Abs. 4 Satz 1 Nr. 2 Buchst. a EStG	**§ 7 Abs. 4 Satz 1 Nr. 2 Buchst. b EStG**	**§ 7 Abs. 4 Satz 1 Nr. 2 Buchst. c EStG**
– Kein Gebäude i.S.d. § 7 Abs. 4 Satz 1 Nr. 1 EStG **und** – Fertigstellung nach dem 31.12.2022	– Kein Gebäude i.S.d. § 7 Abs. 4 Satz 1 Nr. 1 EStG **und** – Fertigstellung vor dem 1.1.2023 und nach dem 31.12.1924	– Kein Gebäude i.S.d. § 7 Abs. 4 Satz 1 Nr. 1 EStG **und** – Fertigstellung vor dem 1.1.1925
– AfA-Satz: 3 %; – Typisierte Nutzungsdauer: 33,33 Jahre	– AfA-Satz: 2 %; – Typisierte Nutzungsdauer: 50 Jahre	– AfA-Satz: 2,5 %; – Typisierte Nutzungsdauer: 40 Jahre

1) BFH v. 7.4.1994, IV R 11/92, BStBl II 1994, 796.
2) BFH v. 23.11.2004, IX R 59/03, BFH/NV 2005, 543; BFH v. 16.1.2007, IX R 39/05, BStBl II 2007, 922.
3) BFH v. 23.5.2012, IX R 2/12, BStBl II 2012, 674, Rz. 11.
4) R 7.3 Abs. 5 Satz 1 EStR 2012.
5) BFH v. 23.11.2004, IX R 59/03, BFH/NV 2005, 543, m.w.N.
6) BMF v. 18.7.2003, IV C 3 – S 2211 – 94/03, BStBl I 2003, 386, Rz. 28.
7) BFH v. 15.5.2013, IX R 36/12, BStBl II 2013, 732.
8) BMF v. 18.7.2003, IV C 3 – S 2211 – 94/03, BStBl I 2003, 386, Rz. 20 ff.

Praxishinweis:
Für die Herstellung von Wohnungen zur Vermietung im Betriebsvermögen kann für Baumaßnahmen auf Grund eines nach dem 31.8.2018 und vor dem 1.1.2022 gestellten Bauantrags eine Sonderabschreibung für den Mietwohnungsneubau nach § 7b EStG beantragt werden. Für die notwendigen Angaben zur Prüfung, ob die Voraussetzungen für die Sonderabschreibung nach § 7b EStG erfüllt werden (Baukostenobergrenze, De-minimis-Beihilfe), steht auf der Homepage des BMF eine Checkliste zur Verfügung.[1] Auf die Ausführungen in der → Rz. 1590 ff. wird verwiesen. Die Sonderabschreibung ist in Zeile 11 zu beantragen.

Für Bauanträge nach dem 31.12.2022 und vor dem 1.10.2029 gestellte Bauanträge gibt es einen neuen § 7b EStG der auf Grund der Förderung des Klimaschutzes nur in Anspruch genommen werden kann, wenn die Kriterien eines „Effizienzhauses 40" erfüllt sind. Das BMF hat mit Schreiben v. 21.5.2025 das Anwendungsschreiben zur neuen Rechtslage veröffentlicht,[2] die Checkliste zur Einreichung beim FA neu gefasst und auf der Homepage veröffentlicht.[3]

Sofern die **tatsächliche Nutzungsdauer** eines Gebäudes hinter der gesetzlich vorgegebenen typisierten Nutzungsdauer von 33, 40 bzw. 50 Jahren zurückbleibt, kann die AfA gem. § 7 Abs. 4 Satz 2[4] EStG nach der tatsächlichen Nutzungsdauer in Anspruch genommen werden. Auch in diesem Fall ist die AfA linear mit einem gleichbleibenden AfA-Satz zu berechnen. Gründe für eine kürzere Nutzungsdauer können technischer (etwa eine leichte Bauweise) oder wirtschaftlicher (etwa eine befristete Bebauungsgenehmigung) Art sein. Der Unternehmer muss die kürzere Nutzungsdauer glaubhaft machen. Hierfür können auch die Abschreibungstabellen des BMF genutzt werden (z.B. Halle in Leichtbauweise).[5]

Bei einem Gebäude, das auf Grund einer **unterschiedlichen Nutzung** in mehrere Wirtschaftsgüter aufgeteilt wird (→ Rz. 267), ist für jeden Gebäudeteil eine eigene AfA-Methode zu bestimmen.

451 Nach § 7 Abs. 5a EStG kann eine degressive Abschreibung für neue Wohngebäude in Höhe von 5 % p.a. beansprucht werden. Die degressive AfA gilt auch für Gebäudeteile, die selbstständige unbewegliche Wirtschaftsgüter sind (z. B. vermietete Einliegerwohnung), sowie für Eigentumswohnungen und im Teileigentum stehende Räume. Unerheblich ist, ob das begünstigte Gebäude dem Betriebs- oder Privatvermögen zuzuordnen ist. Denn das Wahlrecht zwischen der linearen und der degressiven Abschreibung steht sowohl privaten Vermietern mit Einkünften i.S.d. § 21 EStG, als auch Gewerbetreibenden, Freiberuflern oder Land- und Forstwirten zu, die innerhalb ihres Betriebsvermögens eine begünstigte Immobilie besitzen und zu Wohnzwecken vermieten.

Die degressive AFA ist ausschließlich für Gebäude möglich, die Wohnzwecken dienen und mit deren Herstellung nach dem 30.9.2023 und vor dem 1.10.2029 begonnen worden ist bzw. wird → Rz. 1588 (Anlage V).

452 Neben der regulären linearen AfA können für ein Gebäude nach § 7 Abs. 4 Satz 3 i.V.m. Abs. 1 Satz 7 EStG **Absetzungen für außergewöhnliche technische oder wirtschaftliche Abnutzung** vorgenommen werden. Typischer Anwendungsfall ist die Zerstörung eines Gebäudes durch Brand oder Abbruch. Im Fall des Abbruchs gehört die Altbausubstanz allerdings zu den Anschaffungskosten des Grund und Bodens bzw. den Herstellungskosten eines neu errichteten Gebäudes, wenn das Gebäude bereits in Abbruchabsicht erworben oder in Abbruchabsicht in das Betriebsvermögen eingelegt worden ist.[6]

Beratungshinweis:
Ob auch auf Grund und Boden als nicht abnutzbares Wirtschaftsgut Absetzungen für außergewöhnliche Abnutzung vorgenommen werden können, ist strittig; der BFH lehnt dies in seiner bisherigen Rechtsprechung allerdings ab.[7] Gleiches gilt für die Finverw., da in der Anlage AVEÜR keine Eintragungsmöglichkeiten für außergewöhnliche Abnutzung bei Grund und Boden vorgesehen sind. In seiner jüngeren Rechtsprechung hat der BFH diese Frage explizit offen gelassen.[8]

453 Die AfA für ein **Erbbaurecht** ist nach § 7 Abs. 1 EStG (→ Rz. 466 ff.) zu bemessen. Die Nutzungsdauer entspricht regelmäßig der Laufzeit des Erbbaurechts. Absetzungen für außergewöhnliche technische oder wirtschaftliche Abnutzung sind zulässig.

cc) AfA-Bemessungsgrundlage

454 Grundsätzlich bilden die **Anschaffungs-, Herstellungskosten oder der Einlagewert** – ggf. vermindert um Abzüge nach § 6b EStG bzw. R 6.6 EStR 2012 (→ Rz. 426, → Rz. 432) – die AfA-Bemessungsgrundlage, auf die der maßgebende AfA-Satz anzuwenden ist. Eine Ausnahme gilt für in das **Betriebsvermögen eingelegte Wirtschaftsgüter**, die vor der Einlage zur Erzielung von Überschusseinkünften genutzt worden sind. In diesem Fall wird die AfA-Bemessungsgrundlage (= Einlagewert) nach § 7 Abs. 1 Satz 5 EStG um die im Privatvermögen vorgenommene AfA gekürzt. Die fortgeführten Anschaffungs- oder Herstellungskosten im Zeitpunkt der Einlage dürfen nicht unterschritten werden. Sofern der Einlagewert niedriger als die fortgeführten Anschaffungs- oder Herstellungskosten ist, bemisst sich die AfA nach allgemeinen Grundsätzen vom Einlagewert.

1) Vgl. die Anlagen in: https://www.bundesfinanzministerium.de/Content/DE/Downloads/Steuern/arbeitshilfe-sonderabschreibung-7b-estg.html.
2) BMF v. 21.5.2025, IV C 3 – S 2197/00009/011/024, BStBl I 2025, 1419
3) Vgl. https://www.bundesfinanzministerium.de/Content/DE/Downloads/Steuern/arbeitshilfe-sonderabschreibung-7b-estg.html.
4) BMF v. 22.2.2023, IV C 3 – S 2196/22/10006 :005, BStBl I 2023, 332.
5) Vgl. https://www.bundesfinanzministerium.de/Web/DE/Themen/Steuern/Steuerverwaltungu-Steuerrecht/Betriebspruefung/AfA_Tabellen/afa_tabellen.html.
6) BFH v. 9.2.1983, I R 29/79, BStBl II 1983, 451; BFH v. 4.12.1984, IX R 5/79, BStBl II 1985, 208.
7) BFH v. 16.10.1997, IV R 5/97, BStBl II 1998, 185, Rz. 16; BFH v. 20.4.2004, VIII R 4/02, BStBl II 2004, 597, Rz. 15.
8) BFH v. 10.5.2016, IX R 33/14, HFR 2016, 881.

Beispiel:
A legt am 1.1.2025 ein bebautes Grundstück in sein Betriebsvermögen ein. Zuvor hat A das Grundstück seit der Anschaffung am 1.1.2025 zur Erzielung von Einkünften aus Vermietung und Verpachtung genutzt. Die Anschaffungskosten des Gebäudes im Jahr 2015 haben 500 000 € betragen. A hat jährlich AfA i.H.v. 10 000 € (2 % v. 500 000 €) bei den Einkünften aus Vermietung und Verpachtung abgezogen, so dass die fortgeführten Anschaffungskosten am 1.1.2025 400 000 € betragen. Der Teilwert des Gebäudes beträgt am 1.1.2025

a) 550 000 €;

b) 450 000 €;

c) 300 000 €.

Die AfA im Betriebsvermögen ist nach § 7 Abs. 4 Satz 1 Nr. 2 Buchst. a EStG zu bemessen.

Lösung:

Die Einlage des Gebäudes ist jeweils nach § 6 Abs. 1 Nr. 5 Satz 1 EStG mit dem Teilwert (550 000 €/450 000 €/300 000 €) zu bewerten.

Im Sachverhalt a) beträgt die AfA-Bemessungsgrundlage 450 000 € (Einlagewert 550 000 € abzgl. AfA im Privatvermögen 100 000 €). Die AfA für das Jahr 2025 ist mit 9 000 € (2 % v. 450 000 €) anzusetzen.

Im Sachverhalt b) beträgt der um die im Privatvermögen geltend gemachte AfA gekürzte Einlagewert 350 000 €. Damit sind die höheren fortgeführten Anschaffungskosten i.H.v. 400 000 € als AfA-Bemessungsgrundlage anzusetzen. Die AfA für das Jahr 2025 beträgt 8 000 € (2 % v. 400 000 €).

Im Sachverhalt c) unterschreitet der Einlagewert i.H.v. 300 000 € die fortgeführten Anschaffungskosten i.H.v. 400 000 €. Die AfA-Bemessungsgrundlage beträgt daher 300 000 €; die AfA ist für das Jahr 2025 mit 6 000 € (2 % v. 300 000 €) anzusetzen.

Der Einlagewert eines Wirtschaftsguts wird durch § 7 Abs. 1 Satz 5 EStG nicht begrenzt. **AfA-Bemessungsgrundlage und Einlagewert** fallen daher **betragsmäßig auseinander**. Nach Abschreibung der AfA-Bemessungsgrundlage verbleibt ein Restbuchwert, der sich erst im Zeitpunkt des Ausscheidens aus dem Betriebsvermögen als Betriebsausgabe auswirkt. Absetzungen für außergewöhnliche Abnutzung (→ Rz. 451) sind allerdings zulässig.[1]

dd) Beginn und Ende der AfA

455 Die **AfA beginnt** mit der Anschaffung, Herstellung oder Einlage des Gebäudes oder abnutzbarem grundstücksgleichen Rechts. Zeitpunkt der Anschaffung ist regelmäßig der im notariellen Kaufvertrag vorgesehene Übergang von Nutzen und Lasten. Ein Gebäude ist fertig gestellt, wenn es nach Abschluss der Bauarbeiten für den vorgesehenen Zweck nutzbar – also bezugsfertig – ist.[2] Im Jahr der Anschaffung, Herstellung oder Einlage ist die AfA zeitanteilig nach angefangenen Monaten zu berechnen; der Monat der Anschaffung, Herstellung oder Einlage ist insgesamt einzubeziehen. Im Zeitpunkt der Vollabschreibung der Anschaffungs-, Herstellungskosten oder des Einlagewerts bzw. im Zeitpunkt des Ausscheidens aus dem Betriebsvermögen **endet die AfA**. Im Fall der Beendigung der AfA durch Ausscheiden aus dem Betriebsvermögen kann der letzte AfA-Monat voll einbezogen werden. Sofern die AfA-Bemessungsgrundlage bei einem in das Betriebsvermögen eingelegten Gebäude auf Grund der **Vornutzung zur Einkunftserzielung** nach § 7 Abs. 1 Satz 5 EStG begrenzt wird, kann der Einlagewert im Wege der Normal-AfA nur i.H.d. geminderten AfA-Bemessungsgrundlage abgeschrieben werden (→ Rz. 454).

ee) AfA nach nachträglichen Anschaffungs- oder Herstellungskosten, Anschaffungspreisminderungen und außergewöhnlicher Abnutzung

456 Wenn in einem Jahr nach der Anschaffung, Herstellung oder Einlage nachträgliche Anschaffungs-, Herstellungskosten oder Anschaffungspreisminderungen anfallen bzw. Absetzungen für außergewöhnliche technische oder wirtschaftliche Abnutzung vorgenommen werden, ist die AfA wie folgt neu zu berechnen.

		AfA nach § 7 Abs. 4 Satz 1 EStG		AfA nach § 7 Abs. 4 Satz 2 EStG
AfA-Bemessungsgrundlage		Bisherige AfA-Bemessungsgrundlage		Fortgeführte Anschaffungs- oder Herstellungskosten/Einlagewert
	+	Nachträgliche Anschaffungs- oder Herstellungskosten	+	Nachträgliche Anschaffungs- oder Herstellungskosten
	./.	Anschaffungspreisminderungen	./.	Anschaffungspreisminderungen
	./.	In Anspruch genommene Absetzungen für außergewöhnliche Abnutzung	./.	In Anspruch genommene Absetzungen für außergewöhnliche Abnutzung
	=	**Neue AfA-Bemessungsgrundlage**	=	**Neue AfA-Bemessungsgrundlage**
AfA-Satz	Unveränderte Anwendung des **bisherigen AfA-Satzes**		Neuermittlung unter Berücksichtigung der **Restnutzungsdauer** (→ Rz. 468)	

457 **Nachträgliche Anschaffungs- oder Herstellungskosten** sind im Jahr ihrer Entstehung so zu berücksichtigen, als wären sie zu Beginn des Jahres aufgewendet worden.[3] Die neue AfA ist in diesem Fall erstmals in dem Jahr, in dem die nachträglichen Anschaffungs- oder Herstellungskosten angefallen sind, nach den o.g. Grundsätzen neu zu bestimmen. Gleiches gilt für Anschaffungspreisminderungen. Bei **Absetzungen für außergewöhnliche Abnutzung** erfolgt eine Neuberechnung nach § 11c Abs. 2 EStDV dagegen erst in dem Jahr, das auf das Wj. folgt, in dem die Absetzungen für außergewöhnliche Abnutzung vorgenommen worden sind. Die Neuberechnung der AfA nach § 7 Abs. 4 Satz 1 EStG bei nachträglichen Anschaffungs- oder Herstellungskosten kann zur Folge haben, dass die tatsächliche Abschreibungsdauer über die vorgegebene typisierte Nutzungsdauer von 33, 40 bzw. 50 Jahren hinausgeht.

1) BMF v. 27.10.2010, IV C 3 – S 2190/09/10007, BStBl I 2010, 1204, Lösungshinweise der Beispiele in Rz. 3 f.
2) BFH v. 21.7.1989, III R 89/85, BStBl II 1989, 906.
3) R 7.4 Abs. 9 Satz 3 EStR 2012.

Beispiel:
Zum Betriebsvermögen des A gehört ein bebautes Grundstück. Das Gebäude wird nach § 7 Abs. 4 Satz 1 Nr. 1 EStG mit 3 % abgeschrieben (Jahres-AfA: 6 000 €). Die Anschaffungskosten (= AfA-Bemessungsgrundlage) des Gebäudes haben 200 000 € betragen. Am 1.1.2022 betragen die fortgeführten Anschaffungskosten 140 000 €. Im Jahr 2022 wird ein Fünftel des Gebäudes durch einen Brand zerstört. Im Jahr 2024 entstehen A auf Grund der Reparatur des zerstörten Gebäudeteils nachträgliche Herstellungskosten i.H.v. 100 000 €.

Lösung:

Jahr 2022:

Fortgeführte Anschaffungskosten am 1.1.2022:		140 000 €	
AfA 2022:		./. 6 000 €	
Verbleiben:		134 000 €	
Außergewöhnliche Abnutzung:		./. 26 800 €	(1/5 v. 134 000 €)
Fortgeführte Anschaffungskosten 31.12.2022:		107 200 €	

Jahr 2023:

Bisherige AfA-Bemessungsgrundlage:	200 000 €		
Außergewöhnliche Abnutzung 2023:	./. 26 800 €		
Neue AfA-Bemessungsgrundlage:	173 200 €		
AfA 2023:		./. 5 196 €	(3 % v. 173 200 €€)
Fortgeführte Anschaffungskosten 31.12.2023:		102 004 €	

Jahr 2024:

Bisherige AfA-Bemessungsgrundlage:	173 200 €		
Nachträgliche Herstellungskosten 2024:	+ 100 000 €		
Neue AfA-Bemessungsgrundlage:	273 200 €		
Nachträgliche Herstellungskosten 2024:		+ 100 000 €	
AfA 2024:		./. 8 196 €	(3 % v. 273 200 €)
Fortgeführte Anschaffungskosten 31.12.2024:		193 808 €	

Jahre ab 2025:

Die AfA beträgt bis zur Vollabschreibung 8 196 € jährlich.

Bezüglich der **Neuberechnung der AfA nach § 7 Abs. 4 Satz 2 EStG** nach nachträglichen Anschaffungs- oder Herstellungskosten, Anschaffungspreisminderungen bzw. Absetzungen für außergewöhnliche Abnutzung vgl. das Beispiel unter → Rz. 473 zur AfA nach § 7 Abs. 1 EStG. Die Berechnungsgrundsätze gelten entsprechend.

ff) Betriebsausgabenabzug beim Ausscheiden aus dem Betriebsvermögen

458 Ein beim Ausscheiden aus dem Betriebsvermögen nach Abzug der AfA verbleibender Restwert eines Gebäudes oder eines abnutzbaren grundstücksgleichen Rechts ist im **Zeitpunkt des Ausscheidens** als Betriebsausgabe anzusetzen. Die Anschaffungs- oder Herstellungskosten bzw. der Einlagewert des Grund und Bodens sind dagegen nach § 4 Abs. 3 Satz 4 EStG im **Zeitpunkt** des **Zuflusses des Veräußerungserlöses** bzw. der **Entnahme** als Betriebsausgabe zu erfassen, da es sich um ein nicht abnutzbares Wirtschaftsgut handelt (→ Rz. 345).

Beispiel:
A veräußert sein bebautes Betriebsgrundstück am 31.12.2024 (Übergang Nutzen und Lasten). Die Anschaffungskosten des Grund und Bodens betragen 50 000,00 €; die fortgeführten Anschaffungskosten des Gebäudes belaufen sich am 31.12.2024 auf 60 000,00 €. Der Kaufpreis i.H.v. 200 000,00 € wird dem Bankkonto des A am 2.1.2025 gutgeschrieben.

Lösung:
Die Betriebseinnahme auf Grund der Veräußerung des Gebäudes ist mit Zufluss des Veräußerungserlöses im Jahr 2025 anzusetzen. Gleiches gilt für den Betriebsausgabenabzug für die Anschaffungskosten des Grund und Bodens. Der Restwert des Gebäudes stellt dagegen eine Betriebsausgabe des Jahres 2024 dar, da das Grundstück bereits am 31.12.2024 aus dem Betriebsvermögen ausgeschieden ist.

Eintragung in der Anlage AVEÜR 2024:

Zeile 4, Kennzahl 115:	60 000,00 €	(Restbuchwert Gebäude)

Eintragung in der Anlage EÜR 2024:

Zeile 45:	60 000,00 €	(Restbuchwert Gebäude)

Eintragung in der Anlage AVEÜR 2025:

Zeile 6:	50 000,00 €	(Restbuchwert Grund und Boden)

Eintragung in der Anlage EÜR 2025:

Zeile 19:	200 000,00 €	(Veräußerungserlös)
Zeile 38:	50 000,00 €	(Restbuchwert Grund und Boden)

gg) Eintragung in der Anlage AVEÜR

Bei der Eintragung in der Anlage AVEÜR sind die folgenden Eintragungsgrundsätze zu beachten: 459

- In den Zeilen **„Summe Anschaffungs-/Herstellungskosten/Einlagewerte"** sind die Anschaffungs-, Herstellungskosten bzw. der Einlagewert der zu Beginn des Wj. vorhandenen Wirtschaftsgüter einzutragen. Die Anschaffungs-, Herstellungskosten bzw. der Einlagewert sind um Abzüge nach § 6b EStG bzw. R 6.6 EStR 2012 (→ Rz. 423 ff.) sowie Anschaffungspreisminderungen vorangegangener Jahre zu mindern und um nachträgliche Anschaffungs- oder Herstellungskosten, die bereits in den Vorjahren angefallen sind, zu erhöhen;
- in den Zeilen **„Summe Buchwerte zu Beginn des Gewinnermittlungszeitraums"** sind die Eintragungen in der Spalte „Buchwert am Ende des Gewinnermittlungszeitraums" der Anlage AVEÜR aus dem Jahr 2023 zu übertragen;
- in den Zeilen **„Summe Zugänge"** sind die Anschaffungs- oder Herstellungskosten bzw. der Einlagewert der im laufenden Wj. angeschafften, hergestellten oder in das Betriebsvermögen eingelegten Wirtschaftsgüter einzutragen. Abzüge nach § 6b EStG bzw. R 6.6 EStR 2012 (→ Rz. 423 ff.) sind mindernd zu berücksichtigen. Im laufenden Wj. angefallene nachträgliche Anschaffungs- oder Herstellungskosten bzw. Anschaffungspreisminderungen für die zu Beginn des Wj. bereits vorhandenen Wirtschaftsgüter sind hier ebenfalls als Zugang (bei Anschaffungspreisminderungen als negativer Zugang) zu erfassen;
- in den Zeilen **„Summe AfA"** werden die AfA-Beträge und Absetzungen für außergewöhnliche Abnutzung des laufenden Wj. berücksichtigt. In Zeile 22 ist die Summe der in Zeile 13 und 19 erfassten Werte einzutragen. Dieser Betrag ist in Zeile 31 der Anlage EÜR zu übernehmen;
- in den Zeilen **„Summe Abgänge"** sind die Restbuchwerte der im laufenden Wj. aus dem Betriebsvermögen ausgeschiedenen Wirtschaftsgüter einzutragen. Ein Abgang ist in dem Wj. zu erfassen, in dem der Betriebsausgabenabzug i.H.d. Restbuchwerts zu berücksichtigen ist (→ Rz. 345, → Rz. 458). Die eingetragenen Werte sind in Zeile 38 der Anlage EÜR zu übernehmen;
- die Eintragung in den Zeilen **„Summe Buchwerte am Ende des Gewinnermittlungszeitraums"** wird ermittelt, indem der „Buchwert zu Beginn des Gewinnermittlungszeitraums" erfasste Betrag um die Eintragung in der Spalte „Zugänge" erhöht und um die Eintragungen in den Spalten „AfA" sowie „Abgänge" vermindert wird.

c) Häusliches Arbeitszimmer (Zeilen 23–33)

- 2 -

Zeile	Häusliches Arbeitszimmer	Kz.	EUR	Ct
	Anteil Grund und Boden			
23	Summe Anschaffungs-/Herstellungskosten/Einlagewerte	200		
24	Summe Buchwerte zu Beginn des Gewinnermittlungszeitraums	201		
25	Summe Zugänge	202 +		
26	Summe Abgänge (zu erfassen in Zeile 38 der Anlage EÜR)	205 –		
27	Summe Buchwerte am Ende des Gewinnermittlungszeitraums	206 =		
	Gebäudeteil			
28	Summe Anschaffungs-/Herstellungskosten/Einlagewerte	210		
29	Summe Buchwerte zu Beginn des Gewinnermittlungszeitraums	211		
30	Summe Zugänge	212 +		
31	Summe AfA (zu erfassen in Zeile 65 der Anlage EÜR)	214 –		
32	Summe Abgänge (zu erfassen in Zeile 38 der Anlage EÜR)	215 –		
33	Summe Buchwerte am Ende des Gewinnermittlungszeitraums	216 =		

Hier sind Eintragungen für den Grund und Boden und den Gebäudeanteil eines häuslichen Arbeitszimmers vorzunehmen (→ Rz. 374). Die in den → Rz. 444 ff. beschrieben Grundsätze zu den Eintragungen in Zeilen 4 bis 21 gelten auch hier. Die **AfA für ein häusliches Arbeitszimmer** kann unter den allgemeinen Voraussetzungen nach § 7 Abs. 4 Satz 1 Nr. 1 EStG bemessen werden (→ Rz. 450), da ein häusliches Arbeitszimmer keinen Wohnzwecken dient. 460

Ein häusliches Arbeitszimmer ist auch dann in die Anlage AVEÜR aufzunehmen, wenn der Abzug der AfA im Ergebnis nach § 4 Abs. 5 Satz 1 Nr. 6b EStG ausgeschlossen ist. Etwas anderes gilt nur, wenn die Voraussetzungen des § 8 EStDV erfüllt sind (→ Rz. 267). Die in Zeile 31 erfasste AfA ist in Zeile 65 der Anlage EÜR zu übernehmen. Die AfA ist Bestandteil der Gesamtkosten des häuslichen Arbeitszimmers. Ein in Zeile 26 und in Zeile 32 erfasster Abgang eines häuslichen Arbeitszimmers ist in Zeile 38 der Anlage EÜR zu übernehmen (zum Zeitpunkt der Eintragung eines Abgangs → Rz. 345, → Rz. 458).

d) Immaterielle Wirtschaftsgüter (Zeile 34–39)

	Immaterielle Wirtschaftsgüter (z. B. erworbene Firmen-, Geschäfts- oder Praxiswerte)		
34	Summe Anschaffungs-/Herstellungskosten/Einlagewerte	320	,
35	Summe Buchwerte zu Beginn des Gewinnermittlungszeitraums	321	,
36	Summe Zugänge	322 +	,
37	Summe AfA (Übertrag in Zeile 32 der Anlage EÜR)	324 –	,
38	Summe Abgänge (zu erfassen in Zeile 38 der Anlage EÜR)	325 –	,
39	Summe Buchwerte am Ende des Gewinnermittlungszeitraums	326 =	,

461 In Zeile 34 der Anlage AVEÜR ist die Entwicklung der Anschaffungskosten (→ Rz. 445) oder des Einlagewerts (→ Rz. 441) von immateriellen Wirtschaftsgütern des Anlagevermögens nachzuvollziehen. **Immaterielle Wirtschaftsgüter** sind unkörperliche Wirtschaftsgüter wie Rechte und Ideen. Hierunter fallen Patente, Markenrechte, Domain-Namen[1], Lizenzen, Erfindungen und ein Internetauftritt. Das in der Praxis bei der Einnahmenüberschussrechnung bedeutsamste immaterielle Wirtschaftsgut ist der bei einer Betriebsübernahme erworbene **Geschäfts-, Firmen- oder Praxiswert** (→ Rz. 463). Immaterielle Wirtschaftsgüter sind von unbeweglichen (Grund und Boden, Gebäude) und beweglichen Wirtschaftsgütern zu unterscheiden.

Sofern sich ein Wirtschaftsgut aus **materiellen und immateriellen Komponenten** zusammensetzt, entscheidet die im Vordergrund stehende wirtschaftliche Bedeutung über die Einordnung als materielles oder immaterielles Wirtschaftsgut. Entscheidend ist, ob es dem Erwerber überwiegend auf den immateriellen Gehalt ankommt, ob der Verkörperung eine eigenständige Bedeutung zukommt oder ob diese lediglich den immateriellen Gehalt festhalten soll.[2] Nach diesen Grundsätzen sind Datensammlungen, die speziell für den Unternehmer erhoben werden, sowie Software auch dann immaterielle Wirtschaftsgüter, wenn sie auf einem Datenträger – wie etwa einer CD oder einem USB-Stick – erworben werden.[3] Trivialprogramme, die lediglich allgemein zugängliche Datenbestände speichern, stellen bewegliche Wirtschaftsgüter dar.[4] Computerprogramme, deren Anschaffungskosten ohne Umsatzsteuer nicht mehr als 800 €[5] betragen, sind nach Verwaltungsauffassung stets als Trivialprogramme und damit bewegliche Wirtschaftsgüter zu behandeln.[6]

Praxishinweis:

Die Abgrenzung zwischen immateriellen und materiellen beweglichen Wirtschaftsgütern ist u.a. für die Anwendung des § 6 Abs. 2 EStG (geringwertige Wirtschaftsgüter → Rz. 342 f.), des § 6 Abs. 2a EStG (Sammelposten → Rz. 481 ff.), des § 7g EStG (Investitionsabzugsbeträge und Sonderabschreibungen → Rz. 327 ff., → Rz. 474 ff.) und des § 6b Abs. 10 EStG (Übertragung stiller Reserven → Rz. 424 ff.) bedeutsam. Die Vorschriften knüpfen jeweils an das Vorliegen eines beweglichen abnutzbaren Wirtschaftsguts an und sind daher bei immateriellen Wirtschaftsgütern nicht anzuwenden.

462 Immaterielle Wirtschaftsgüter sind nur in das Anlagenverzeichnis aufzunehmen, wenn der Unternehmer sie angeschafft oder in das Betriebsvermögen eingelegt hat.[7] Aufwendungen für **selbst hergestellte immaterielle Wirtschaftsgüter** stellen sofort abzugsfähige Betriebsausgaben dar.[8]

Immaterielle Wirtschaftsgüter können **abnutzbar oder nicht abnutzbar** sein. Ein abnutzbares immaterielles Wirtschaftsgut ist gegeben, wenn es unter rechtlichen oder wirtschaftlichen Gesichtspunkten zeitlich begrenzt genutzt werden kann.[9] Die wirtschaftliche Abnutzbarkeit eines immateriellen Wirtschaftsguts kann sich auch daraus ergeben, dass dessen Werterhalt von werterhaltenden Maßnahmen wie etwa Werbung abhängig ist. Nach diesen Grundsätzen stellt ein Geschäfts-, Firmen- oder Praxiswert (→ Rz. 463) ein abnutzbares Wirtschaftsgut dar. Abnutzbare immaterielle Wirtschaftsgüter unterliegen der **AfA nach § 7 Abs. 1 EStG** (→ Rz. 466 ff.). Die betriebsgewöhnliche Nutzungsdauer ist grds. aus der dem immateriellen Wirtschaftsgut zugrunde liegenden Rechtsposition bzw. dessen wirtschaftlicher Abnutzbarkeit abzuleiten. Zur betriebsgewöhnlichen Nutzungsdauer eines Geschäfts-, Firmen- oder Praxiswerts → Rz. 463. **Absetzungen für außergewöhnliche Abnutzung** sind bei abnutzbaren immateriellen Wirtschaftsgütern zulässig. Bei nicht abnutzbaren immateriellen Wirtschaftsgütern kommen entsprechende Absetzungen dagegen nach umstrittener Rechtsprechung des BFH nicht in Betracht (→ Rz. 451).

463 Ein **Geschäfts-, Firmen- oder Praxiswert** stellt ein abnutzbares immaterielles Wirtschaftsgut dar. Es handelt sich um den Mehrwert, der einem Unternehmen über den Substanzwert der einzelnen materiellen oder immateriellen

1) BFH v. 19.10.2006, III R 6/05, BStBl II 2007, 301.
2) BFH v. 18.5.2011, X R 26/09, BStBl II 2011, 865.
3) BFH v. 30.10.2008, III R 82/06, BStBl II 2009, 421; BFH v. 18.5.2011, X R 26/09, BStBl II 2011, 865.
4) R 5.5 Abs. 1 Satz 2 EStR 2012; offen gelassen in BFH v. 18.5.2011, X R 26/09, BStBl II 2011, 865.
5) Erhöht für Anschaffungen ab dem 1.1.2018: R 5.5 Abs. 1 Satz 3 EStR.
6) R 5.5 Abs. 1 Satz 3 EStR 2012; offen gelassen in BFH v. 18.5.2011, X R 26/09, BStBl II 2011, 865.
7) R 5.5 Abs. 2 Satz 1 EStR 2012.
8) BFH v. 8.11.1979, IV R 145/77, BStBl II 1980, 146.
9) BFH v. 28.5.1998, IV R 48/97, BStBl II 1998, 775.

Wirtschaftsgüter hinaus innewohnt und Ausdruck der Gewinnchancen eines Unternehmens ist.[1] Aufwendungen für einen entgeltlich erworbenen Geschäfts-, Firmen- oder Praxiswert sind nur im Wege der AfA als Betriebsausgabe abzugsfähig. Bei einem Betriebserwerb sind die selbständigen materiellen und immateriellen Wirtschaftsgüter von den **geschäftswertbildenden Faktoren** abzugrenzen. Letztere sind Bestandteil des Geschäfts-, Firmen- oder Praxiswerts. Ein vom Geschäfts-, Firmen- oder Praxiswert getrenntes selbständiges Wirtschaftsgut liegt vor, wenn der entsprechende Vermögenswert gesondert bewertbar ist und zumindest zusammen mit dem Unternehmen übertragen werden kann.[2] Ein Indiz für das Vorliegen eines eigenständigen Wirtschaftsguts ist, dass die Vertragsparteien bei oder vor Vertragsabschluss i.R.d. Preisfindung erkennbar eine rational nachvollziehbare Einzelbewertung vorgenommen und damit die selbständige Bewertbarkeit indiziert haben.[3] Beispiele für geschäftswertbildende Faktoren sind der Mandanten- oder Kundenstamm, allgemeine günstige Geschäftskontakte, die Zulassung eines Vertragsarztes i.R.d. gesetzlichen Krankenversicherung[4] und Vorteile aus bestehenden Arbeitsverträgen. Dies gilt allerdings jeweils nur, wenn diese nicht Gegenstand eines gesonderten Veräußerungsvorgangs sind.[5]

Bezüglich der **betriebsgewöhnlichen Nutzungsdauer** ist zwischen einem Geschäfts- bzw. Firmenwert einerseits und einem Praxiswert andererseits zu unterscheiden. Beim Erwerb eines freiberuflichen Unternehmens stellt der Mehrwert des Unternehmens den Praxiswert dar; bei den übrigen Gewinneinkünften spricht man von einem Geschäfts- bzw. Firmenwert.[6] Die Nutzungsdauer eines **Geschäfts- bzw. Firmenwerts** beträgt nach § 7 Abs. 1 Satz 3 EStG 15 Jahre. Dieser Wert darf weder über- noch unterschritten werden;[7] Absetzungen für außergewöhnliche Abnutzung sind allerdings zulässig.[8] Bei einem **Praxiswert** ist die betriebsgewöhnliche Nutzungsdauer nach allgemeinen Grundsätzen zu bestimmen (→Rz. 467). Bei Einzelpraxen ist regelmäßig von einer Nutzungsdauer von drei bis fünf Jahren und bei Gemeinschaftspraxen von einer Nutzungsdauer von sechs bis zehn Jahren auszugehen.[9] Absetzungen für außergewöhnliche Abnutzung sind auch hier möglich.

Bei den **Eintragungen in den Zeile 34-39 der Anlage AVEÜR** sind die in →Rz. 459 beschriebenen Grundsätze zu beachten. Die in Zeile 37 erfasste AfA ist in Zeile 32 der Anlage EÜR zu übernehmen. Der in Zeile 37 eingetragene Wert ist in Zeile 38 der Anlage EÜR zu übernehmen (zum Zeitpunkt der Eintragung eines Abgangs →Rz. 345, →Rz. 458). **464**

1) BFH v. 26.11.2009, III R 40/07, BStBl II 2010, 609.
2) BFH v. 22.1.1992, I R 43/91, BStBl II 1992, 529.
3) BFH v. 7.11.1985, IV R 7/83, BStBl II 1986, 176.
4) BFH v. 9.8.2011, VIII R 13/08, BStBl II 2011, 875.
5) BFH v. 30.3.1994, I R 52/93, BStBl II 1994, 903; BFH v. 9.8.2011, VIII R 13/08, BStBl II 2011, 875.
6) BFH v. 13.3.1991, I R 83/89, BStBl II 1991, 595.
7) BFH v. 28.9.1993, VIII R 67/92, BStBl II 1994, 449.
8) Vgl. auch Schoor, DStZ 2000, 667, 669, der die Zulässigkeit von Teilwertabschreibungen auf einen Geschäfts- oder Firmenwert bejaht.
9) BMF v. 15.1.1995, IV B 2 – S 2172 – 15/94, BStBl I 1995, 14.

e) Bewegliche Wirtschaftsgüter (Zeilen 40–63)

Bewegliche Wirtschaftsgüter (ohne geringwertige Wirtschaftsgüter)

Kfz

Zeile		Kennzahl	EUR	Ct
40	Summe Anschaffungs-/Herstellungskosten/Einlagewerte	400		
41	Summe Buchwerte zu Beginn des Gewinnermittlungszeitraums	401		
42	Summe Zugänge	402 +		
43	Summe Sonderabschreibungen nach § 7g Abs. 5 und 6 EStG	403 –		
44	Summe AfA	404 –		
45	Summe Abgänge (zu erfassen in Zeile 38 der Anlage EÜR)	405 –		
46	Summe Buchwerte am Ende des Gewinnermittlungszeitraums	406 =		
47	Es ist mindestens ein Elektro- oder extern aufladbares Hybridelektrofahrzeug vorhanden.	407	1 = Ja 2 = Nein	

2025AnlAVEÜR812 2025AnlAVEÜR812

- 3 -

Büroausstattung

Zeile		Kennzahl	EUR	Ct
48	Summe Anschaffungs-/Herstellungskosten/Einlagewerte	410		
49	Summe Buchwerte zu Beginn des Gewinnermittlungszeitraums	411		
50	Summe Zugänge	412 +		
51	Summe Sonderabschreibungen nach § 7g Abs. 5 und 6 EStG	413 –		
52	Summe AfA	414 –		
53	Summe Abgänge (zu erfassen in Zeile 38 der Anlage EÜR)	415 –		
54	Summe Buchwerte am Ende des Gewinnermittlungszeitraums	416 =		

Andere

Zeile		Kennzahl	EUR	Ct
55	Summe Anschaffungs-/Herstellungskosten/Einlagewerte	420		
56	Summe Buchwerte zu Beginn des Gewinnermittlungszeitraums	421		
57	Summe Zugänge	422 +		
58	Summe Sonderabschreibungen nach § 7g Abs. 5 und 6 EStG	423 –		
59	Summe AfA	424 –		
60	Summe Abgänge (zu erfassen in Zeile 38 der Anlage EÜR)	425 –		
61	Summe Buchwerte am Ende des Gewinnermittlungszeitraums	426 =		

Summe

Zeile		Kennzahl	EUR	Ct
62	Summe Sonderabschreibungen nach § 7g Abs. 5 und 6 EStG aller beweglichen Wirtschaftsgüter (Summe der Zeilen 43, 51 und 58; zu erfassen in Zeile 34 der Anlage EÜR)	480		
63	Summe AfA aller beweglichen Wirtschaftsgüter (Summe der Zeilen 44, 52 und 59; Übertrag in Zeile 33 der Anlage EÜR)	490		

aa) Anschaffungs-, Herstellungskosten, Einlagewert und AfA-Bemessungsgrundlage

Zur Bestimmung der **Anschaffungskosten** → Rz. 445, der **Herstellungskosten** → Rz. 447 und des **Einlagewerts** → Rz. 441. Als **Betriebsbereitschaftskosten** kommen beim Erwerb eines beweglichen Wirtschaftsguts z.B. Montage- oder Installationskosten in Betracht.[1] **Anschaffungsnebenkosten** können Speditionskosten für den Transport des Wirtschaftsguts oder Reisekosten sein, die dem Anschaffungsvorgang direkt zugeordnet werden können. **465**

Die **AfA-Bemessungsgrundlage** entspricht grds. den Anschaffungs-, Herstellungskosten bzw. dem Einlagewert. Herabsetzungsbeträge nach § 7g Abs. 2 Satz 2 EStG im Zusammenhang mit einem in Anspruch genommenen Investitionsabzugsbetrag (→ Rz. 336) sowie Minderungsbeträge nach R 6.6 EStR 2012 (→ Rz. 432) sind abzuziehen. Somit sind auf der Anlage AVEÜR auch nur die geminderten Anschaffungskosten einzutragen. Bei in das Betriebsvermögen eingelegten Wirtschaftsgütern, die vor der Einlage zur Erzielung von Überschusseinkünften genutzt worden sind, ist die Begrenzung der AfA-Bemessungsgrundlage nach § 7 Abs. 1 Satz 5 EStG zu beachten (→ Rz. 454).

bb) AfA nach § 7 Abs. 1 EStG, betriebsgewöhnliche Nutzungsdauer und außergewöhnliche Abnutzung

Die Anschaffungs-, Herstellungskosten bzw. der Einlagewert von im Jahr 2025 angeschafften, hergestellten oder in das Betriebsvermögen eingelegten beweglichen Wirtschaftsgütern sind nach § 7 Abs. 1 Satz 1 EStG im Wege **linearen AfA** abzuschreiben (AfA in gleichmäßigen Jahresbeträgen). Der auf die AfA-Bemessungsgrundlage anzuwendende AfA-Satz ist dabei gem. § 7 Abs. 1 Satz 2 EStG in Abhängigkeit von der betriebsgewöhnlichen Nutzungsdauer des Wirtschaftsguts zu bestimmen. **466**

Praxishinweis:
Neben der linearen AfA besteht gem. § 7 Abs. 1 Satz 6 EStG die Möglichkeit, bewegliche Wirtschaftsgüter des Anlagevermögens nach Maßgabe der Leistung abzuschreiben (sog. Leistungs-AfA). In diesem Fall wird die AfA in Abhängigkeit von der in einem Wj. tatsächlich in Anspruch genommenen Leistung (etwa der mit einem Kfz gefahrenen Kilometer) zur voraussichtlichen Gesamtleistung des Wirtschaftsguts (etwa der voraussichtlichen Gesamtfahrleistung eines Kfz) bemessen.

Die **betriebsgewöhnliche Nutzungsdauer** ist der Zeitraum, in dem ein Wirtschaftsgut unter Berücksichtigung der individuellen betrieblichen Verhältnisse erfahrungsgemäß genutzt werden kann. Hierbei ist nicht auf die Dauer der betrieblichen Nutzung durch den einzelnen Unternehmer, sondern die objektive Nutzbarkeit eines Wirtschaftsguts unter Berücksichtigung der besonderen betriebsgewöhnlichen Beanspruchung abzustellen.[2] Die im Anschaffungs- oder Herstellungszeitpunkt bestehende Absicht, ein Wirtschaftsgut vor Ablauf der Nutzungsdauer zu veräußern, führt daher zu keiner Verkürzung des AfA-Zeitraums. Es ist zwischen der technischen, wirtschaftlichen und rechtlichen Nutzungsdauer zu unterscheiden.[3] Unter der technischen Nutzungsdauer ist der Zeitraum zu verstehen, in dem sich das Wirtschaftsgut voraussichtlich körperlich abnutzt. Die wirtschaftliche Nutzungsdauer umfasst den Zeitraum, in dem das Wirtschaftsgut rentabel genutzt werden kann. Die rechtliche Nutzungsdauer ist der Zeitraum, in dem die Nutzung des Wirtschaftsguts erlaubt ist; sie ist besonders bei immateriellen Wirtschaftsgütern von Bedeutung. Sofern ein Wirtschaftsgut eine unterschiedliche technische, wirtschaftliche oder rechtliche Nutzungsdauer hat, kann sich der Unternehmer auf die für ihn günstigste Nutzungsdauer berufen;[4] hiernach ist zumeist die kürzeste Nutzungsdauer maßgebend. **467**

Die Finverw. gibt zur Schätzung der betriebsgewöhnlichen Nutzungsdauer sog. **AfA-Tabellen**[5] heraus. Diese haben die Vermutung der Richtigkeit. Sie binden die Verwaltung. Etwas anderes gilt, wenn ihre Anwendung im Regelfall zu einer offensichtlich unzutreffenden Besteuerung führt.[6] Beispiele für die in den AfA-Tabellen vorgesehenen Nutzungsdauern sind:

- Computer, Notebooks, Drucker, Scanner: 3 Jahre (AfA-Satz 33,3 %). Beachten Sie hierzu aber die Ausführungen in → Rz. 469;
- Pkw: 6 Jahre (AfA-Satz 16,6 %);
- Büromöbel, wie z.B. Schreibtischstuhl, Schreibtisch, Aktenregal: 13 Jahre (AfA-Satz: 7,7 %).

Beratungshinweis:
Die Nutzungsdauer für Wandladestationen für Elektrofahrzeuge (sog. Wallbox) ist noch nicht in den amtlichen AfA-Tabellen enthalten. Die Finverw. erkennt eine Nutzungsdauer von 6 bis 10 Jahren an.

Beim Erwerb gebrauchter Wirtschaftsgüter ist die AfA von der **Restnutzungsdauer** des Wirtschaftsguts zu bemessen.[7] Gleiches gilt, wenn die AfA nach § 7 Abs. 1 EStG auf Grund von nachträglichen Anschaffungskosten, -preisminderungen oder nach Vornahme von Absetzungen für außergewöhnliche Abnutzung neu berechnet wird (→ Rz. 473). Die Restnutzungsdauer ist in diesen Fällen unter Berücksichtigung des Alters und der bisherigen **468**

1) BFH v. 2.9.1988, III R 53/84, BStBl II 1988, 1009.
2) BFH v. 14.4.2011, IV R 46/09, BStBl II 2011, 696.
3) BFH v. 4.3.2008, IX R 16/07, BFH/NV 2008, 1310.
4) BFH v. 14.4.2011, IV R 46/09, BStBl II 2011, 696, m.w.N.
5) BMF v. 15.12.2000, IV D 2 – S 1551 – 188/00, B/2 – 2 – 337/2000 – S 1551 A, S 1551 – 88/00, BStBl I 2000, 1532 sowie ergänzend BMF v. 6.12.2001, IV D 2 – S 1551 – 498/01, BStBl I 2001, 860 und BMF v. 14.12.2001, IV D 2 – S 1551-497/01, BStBl I 2001, 861.
6) BFH v. 14.4.2011, IV R 8/10, BStBl II 2011, 709.
7) BFH v. 19.5.1976, I R 164/74, BStBl II 1977, 60.

Abnutzung des Wirtschaftsguts zu schätzen. Die AfA-Tabellen sind insoweit nur eingeschränkt anwendbar, da sich die dort aufgeführten Nutzungsdauern auf „neue" Wirtschaftsgüter beziehen.

Praxishinweis:
Die AfA-Tabellen bieten einen Hinweis darauf, von welcher Gesamtnutzungsdauer des Wirtschaftsguts auszugehen ist. Diese ist je nach Alter und Abnutzung des Wirtschaftsguts zu kürzen. Eine bloße Differenzbildung zwischen der Gesamtnutzungsdauer laut AfA-Tabelle und dem Alter des Wirtschaftsguts im Zeitpunkt der Bestimmung der Restnutzungsdauer ist allerdings nicht zulässig.

469 Den Kernbereich der Digitalisierung bilden die Computerhardware (einschließlich der dazu gehörenden Peripheriegeräte) sowie die für die Dateneingabe und -verarbeitung erforderliche Betriebs- und Anwendersoftware. Die Finverw. hat daher mit BMF-Schreiben v. 26.2.2021[1] für Wj., die nach dem 31.12.2020 enden, ein Wahlrecht eingeführt, wonach die nach § 7 Abs. 1 EStG anzusetzende Nutzungsdauer für die Computerhardware und -software zur Dateneingabe und -verarbeitung mit **einem Jahr** angenommen werden „kann". Auf Grund dringend zu klärender Anwendungsfragen wurde mit Datum v. 22.2.2022[2] ein neues Schreiben erlassen, welches das vorherige Schreiben vollumfänglich ersetzt.

Nach dem BMF-Schreiben werden die betroffenen Wirtschaftsgüter wie folgt definiert:

1. Computer
2. Desktop-Computer
3. Notebook-Computer
4. Desktop-Thin-Client
5. Workstation
6. Mobile Workstation
7. Small-Scale-Server
8. Dockingstation
9. Externes Netzteil
10. Peripherie-Geräte, z.B.
    a) Eingabegeräte: Tastatur, Maus, Grafiktablett, Scanner, Kamera, Mikrofon, Headset u.Ä.
    b) Externe Speicher: Festplatte, DVD-/CD-Laufwerk, Flash Speicher (USB-Stick), Bandlaufwerke (Streamer)
    c) Ausgabegeräte: Beamer, Plotter, Headset, Lautsprecher und „Computer-Bildschirm" oder auch Monitor oder Display (dient der Darstellung der Benutzeroberfläche und der Datenausgabe) sowie „Drucker" (Geräte, die Computerdaten in grafischer Form auf Papier oder Folien bringen, Non-Impact-Drucker (anschlagfrei, Laserdrucker, Tintenstrahldrucker) und Impact-Drucker [Nadeldrucker]).

Wird die Nutzungsdauer mit **einem Jahr** angenommen, ist das Wirtschaftsgut trotzdem in das Bestandsverzeichnis aufzunehmen.[3] Daher sind dieses bei der Einnahmenüberschussrechnung unter Angabe des Tages der Anschaffung oder Herstellung und der Anschaffungs- oder Herstellungskosten oder des an deren Stelle getretenen Werts in besondere, laufend zu führende Verzeichnisse aufzunehmen (§ 4 Abs. 3 Satz 5 EStG). Da die Anlage EÜR und die Anlage AVEÜR keine besonderen Eintragungsmöglichkeiten vorsehen, sind die digitalen Wirtschaftsgüter wie andere Wirtschaftsgüter zu behandeln und in die Zeile 57 der Anlage AVEÜR aufzunehmen. Diese Auffassung ist vergleichbar mit der Aufnahme von GWG in ein besonderes, laufend zu führendes Verzeichnis (→ Rz. 342) und der Aufzeichnung eines Sammelpostens (→ Rz. 481).

Praxishinweis:
Nach Rz. 6 des BMF-Schreibens kann die neue Nutzungsdauer auch auf Wirtschaftsgüter angewendet werden, die in früheren Wj. angeschafft wurden. In diesen Fällen kann somit der Restwert ausgebucht werden.

Beratungshinweis:
Die vorstehenden Ausführungen gelten nur für das Steuerrecht. Handelsrechtlich ist die Nutzungsdauer unter Beachtung der Grundsätze ordnungsgemäßer Buchführung zu schätzen. Dabei dürfte es handelsrechtlich zu einer mehrjährigen Nutzungsdauer kommen.[4]

470 **Absetzungen für außergewöhnliche Abnutzung** sind bei abnutzbaren beweglichen Wirtschaftsgütern möglich. Typische Anwendungsfälle sind die Zerstörung oder Beschädigung eines betrieblichen Kfz bei einem Unfall oder die Unbrauchbarwerdung eines Wirtschaftsguts auf Grund technischen Fortschritts.

1) BMF v. 26.2.2021, IV C 3 – S 2190/21/1002 :013, BStBl I 2021, 298.
2) BMF v. 22.2.2022, IV C 3 – S 2190/21/10002 :025, BStBl I 2022, 187.
3) BMF v. 22.2.2022, IV C 3 – S 2190/21/10002 :025, BStBl I 2022, 187, Rz. 1.2
4) Endert, DStR 2021, 593.

cc) AfA nach § 7 Abs. 2 EStG

Für die Anschaffung von beweglichen Wirtschaftsgütern des Anlagevermögens die nach dem 30.6.2025 und vor dem 1.1.2028 angeschafft oder hergestellt worden sind, ist wieder die degressive AfA eingeführt worden.[1] Diese beträgt das 3,0-Fache der linearen AfA, höchstens aber 30 %. Im Jahr der Anschaffung ist die AfA nur zeitanteilig zu berücksichtigen. Neben der degressiven AfA kann auch die Sonder-AfA nach § 7g Abs. 5 EStG in Anspruch genommen werden. 471

Es ergibt sich folgende Übersicht über die degressive Abschreibung:

Investitionen					
Bis 31.12.2022	Vom 1.1.2023 bis 31.3.2024	Vom 1.4.2024 bis 31.12.2024	Vom 1.1.2025 bis 30.6.2025	Vom 1.7.2025 bis 31.12.2027	Ab 1.1.2028
Das Zweieinhalbfache der linearen AfA, höchstens 25 %	Keine degressive AfA	Das Zweifache der linearen AfA, höchstens 20 %	Keine degressive AfA	Das Dreifache der linearen AfA, höchstens 30 %	Keine degressive AfA

Beispiel:
A schafft am 15.12.2025 neue Büromöbel an. Die Anschaffungskosten betragen 13 000 € (betriebsgewöhnliche Nutzungsdauer: 13 Jahre).

Lösung:
A kann die lineare AfA nach § 7 Abs. 1 EStG oder die degressive AfA nach § 7 Abs. 2 EStG geltend machen. Wenn die Voraussetzungen des § 7g EStG (z.B. Größenmerkmale → Rz. 330) erfüllt sind, kann auch eine Sonder-AfA nach § 7g Abs. 5 EStG geltend gemacht werden. Die AfA berechnet sich wie folgt:

Lineare AfA:	
Anschaffungskosten:	13 000 €
verteilt auf die Nutzungsdauer von 13 Jahren	1 000 €
davon anteilig 1/12 = lineare AfA im VZ 2025	84 €
Degressive AfA:	
Anschaffungskosten:	13 000 €
AfA-Satz linear (100/13 Jahre =) 7,69 % × 3,0 = 23,07 %	3 000 €
davon anteilig 1/12 = degressive AfA im VZ 2025	250 €

cc) AfA nach § 7 Abs. 1 EStG, betriebsgewöhnliche Nutzungsdauer und außergewöhnliche Abnutzung

Mit einem neuen § 7Abs. 2a EStG[2] ist eine gesonderte degressive AfA für Elektrofahrzeuge eingeführt worden. Elektrofahrzeuge,[3] die zum Anlagevermögen gehören und nach dem 30.6.2025 und vor dem 1.1.2028 angeschafft worden sind, können – anstelle der linearen oder degressiven AfA – wie folgt abgeschrieben werden:

Im Jahr der Anschaffung (Jahr 1)	75 % der Anschaffungskosten
Jahr 2	10 % der Anschaffungskosten
Jahr 3	5 % der Anschaffungskosten
Jahr 4	5 % der Anschaffungskosten
Jahr 5	3 % der Anschaffungskosten
Jahr 6	2 % der Anschaffungskosten

Diese neue degr. AfA ist nur möglich, wenn für die Elektrofahrzeuge keine Sonderabschreibungen nach § 7g Abs. 5 EStG für das Wirtschaftsgut in Anspruch genommen wird. Im Gegensatz zur degressiven AfA nach § 7 Abs. 2 EStG bemisst sich die AfA im jeweiligen Jahr auf die ursprünglichen Anschaffungskosten (arithmetisch-degressive AfA mit fallenden Staffelsätzen). Eine zeitanteilige Reduzierung der neuen „Elektroauto-AfA" muss im Erstjahr nicht vorgenommen werden (§ 7 Abs. 2a Satz 3 EStG i.V.m. § 7 Abs. 1 Satz 4 EStG).

Beratungshinweis:
Unter § 9 Abs. 2 KfzStG fallen Fahrzeuge mit Antrieb ausschließlich durch Elektromotoren, die ganz oder überwiegend aus mechanischen oder elektrochemischen Energiespeichern oder aus emissionsfrei betriebenen Energiewandlern gespeist werden (Elektrofahrzeuge). Nach der Gesetzesbegründung sind von der Begünstigung somit auch Elektronutzfahrzeuge, Lastkraftwagen und Busse betroffen.

Eine Unterscheidung zwischen der Anschaffung neuer und gebrauchter Elektrofahrzeuge nimmt der geplante Gesetzestext nicht vor. Somit ist ab dem 1.7.2025 auch die Anschaffung gebrauchter Elektrofahrzeuge mit der neuen degressiven AfA begünstigt.

Hinweis zur Plausibilitätsbeurteilung:
Zur Erklärung diesen Tatbestands ist die Abfrage in Zeile 47 der Anlage AVEÜR aufgenommen worden.

1) Gesetz für ein steuerliches Investitionssofortprogramm zur Stärkung des Wirtschaftsstandorts Deutschland v. 14.7.2025, BGBl. I 2025 Nr. 161.
2) Gesetz für ein steuerliches Investitionssofortprogramm zur Stärkung des Wirtschaftsstandorts Deutschland v. 14.7.2025, BGBl. I 2025 Nr. 161.
3) Gemäß § 9 Abs. 2 des Kraftfahrzeugsteuergesetzes.

dd) Beginn und Ende der AfA

472 Die **AfA beginnt** im Zeitpunkt der Anschaffung, Herstellung oder Einlage des beweglichen Wirtschaftsguts. Eine Anschaffung ist nach § 9a EStDV mit der Lieferung des Wirtschaftsguts bewirkt. Dies setzt voraus, dass der Stpfl. die Verfügungsmacht und damit das wirtschaftliche Eigentum an dem Wirtschaftsgut erlangt hat. Auf die Inbetriebnahme kommt es nicht an.[1] Sofern Gegenstand eines Kaufvertrags auch die Montage durch den Verkäufer ist, ist das Wirtschaftsgut erst mit der Beendigung der Montage geliefert; bei einer Montage durch den Unternehmer oder einem von ihm beauftragten Dritten beginnt die AfA dagegen bereits im Zeitpunkt des Übergangs des wirtschaftlichen Eigentums.[2] Im Jahr der Anschaffung, Herstellung oder Einlage ist die AfA nach § 7 Abs. 1 Satz 4 EStG zeitanteilig nach angefangenen Monaten zu berechnen. Der Monat der Anschaffung, Herstellung oder Einlage ist insgesamt einzubeziehen. Im Zeitpunkt der Vollabschreibung der Anschaffungs- oder Herstellungskosten oder des Einlagewerts bzw. im Zeitpunkt des Ausscheidens aus dem Betriebsvermögen **endet die AfA**. Im Fall der Beendigung der AfA durch Ausscheiden aus dem Betriebsvermögen kann der letzte AfA-Monat voll einbezogen werden.

Sofern die AfA-Bemessungsgrundlage bei einem in das Betriebsvermögen eingelegten Wirtschaftsgut auf Grund der **Vornutzung zur Einkunftserzielung** nach § 7 Abs. 1 Satz 5 EStG begrenzt wird, kann der Einlagewert nur i.H.d. geminderten AfA-Bemessungsgrundlage abgeschrieben werden. Der verbleibende Restbuchwert wirkt sich grds. erst im Zeitpunkt des Ausscheidens aus dem Betriebsvermögen als Betriebsausgabe aus (→ Rz. 454).

ee) AfA nach nachträglichen Anschaffungs- oder Herstellungskosten, Anschaffungspreisminderungen und außergewöhnlichen Abnutzung

473 Wenn in einem Jahr nach der Anschaffung, Herstellung oder Einlage nachträgliche Anschaffungs-, Herstellungskosten oder Anschaffungspreisminderungen anfallen bzw. Absetzungen für außergewöhnliche Abnutzung vorgenommen werden, ist die AfA nach § 7 Abs. 1 EStG auf Grundlage des **Restbuchwerts des Wirtschaftsguts** neu zu berechnen.

AfA-Bemessungsgrundlage		Fortgeführte Anschaffungs- oder Herstellungskosten/Einlagewert
	+	Nachträgliche Anschaffungs- oder Herstellungskosten
	./.	Anschaffungspreisminderungen
	./.	In Anspruch genommene Absetzungen für außergewöhnliche Abnutzung
	=	Neue AfA-Bemessungsgrundlage
AfA-Satz		Neuermittlung unter Berücksichtigung der Restnutzungsdauer (→ Rz. 468)

Nachträgliche Anschaffungs- oder Herstellungskosten sind im Jahr ihrer Entstehung so zu berücksichtigen, als wären sie zu Beginn des Jahres aufgewendet worden.[3] Die neue AfA ist in diesem Fall erstmals in dem Jahr, in dem die nachträglichen Anschaffungs- oder Herstellungskosten angefallen sind, nach den o.g. Grundsätzen neu zu bestimmen. Gleiches gilt für Anschaffungspreisminderungen. Bei **Absetzungen für außergewöhnliche Abnutzung** erfolgt die Neuberechnung erst in dem Jahr, das auf das Wj. folgt, in dem die Absetzungen für außergewöhnliche Abnutzung vorgenommen worden sind.

Beispiel:

Zum Betriebsvermögen des A gehört ein Kfz. Die Anschaffungskosten des am 1.1.2018 erworbenen Kfz betragen 60 000 €. In den Jahren 2018 und 2019 hat A jeweils AfA i.H.v. 10 000 € als Betriebsausgabe geltend gemacht (betriebsgewöhnliche Nutzungsdauer des Kfz: 6 Jahre). Im Jahr 2020 fallen nachträgliche Anschaffungskosten i.H.v. 5 000 € an. Die Restnutzungsdauer beträgt nach den Verhältnissen am 1.1.2020 fünf Jahre.

Lösung:

Fortgeführte Anschaffungskosten am 1.1.2020:	40 000 €
Nachträgliche Anschaffungskosten 2020:	+ 5 000 €
Restbuchwert:	45 000 €

Der Restbuchwert einschließlich der nachträglichen Anschaffungskosten stellt ab dem Jahr 2020 die neue AfA-Bemessungsgrundlage für das Kfz dar. Der AfA-Satz beträgt bei einer Restnutzungsdauer von fünf Jahren 20 %, so dass in den Jahren 2020 bis 2025 jeweils AfA i.H.v. 9 000 € zu berücksichtigen ist (20 % v. 45 000 €).

ff) Sonderabschreibungen nach § 7g Abs. 5 und 6 EStG

474 Sonderabschreibungen nach § 7g Abs. 5 und 6 EStG können unter folgenden Voraussetzungen in Anspruch genommen werden:

- Anschaffung oder Herstellung eines **abnutzbaren beweglichen Wirtschaftsguts des Anlagevermögens** (§ 7g Abs. 5 EStG);
- kein Überschreiten der **Betriebsgrößenmerkmale** i.S.d. § 7g Abs. 1 Satz 2 Nr. 1 EStG (§ 7g Abs. 6 Nr. 1 EStG, → Rz. 475);

1) BFH v. 1.2.2012, I R 57/10, BStBl II 2012, 407.
2) R 7.4 Abs. 1 Satz 3 f. EStR 2012.
3) R 7.4 Abs. 9 Satz 3 EStR 2012.

- ausschließliche oder fast ausschließliche **betriebliche Nutzung** des Wirtschaftsguts bis zum Ende des dem Wj. der Anschaffung oder Herstellung folgenden Wj. in einer **inl. Betriebsstätte** (§ 7g Abs. 6 Nr. 2 EStG, → Rz. 476);
- das Wirtschaftsgut wird in ein **besonderes, laufend geführtes Verzeichnis** aufgenommen, das den Tag der Anschaffung oder Herstellung, die Anschaffungs- oder Herstellungskosten, die betriebsgewöhnliche Nutzungsdauer und die Höhe der jährlichen AfA und Sonderabschreibungen enthält (§ 7a Abs. 8 EStG).

Die Zulässigkeit von Sonderabschreibungen ist – auch wenn sich die Anwendungsvoraussetzungen teilweise ähneln – nicht davon abhängig, dass für das Wirtschaftsgut zuvor ein **Investitionsabzugsbetrag** (→ Rz. 327 ff.) geltend gemacht worden ist.

Zur Bestimmung der **Gewinngrenze** i.S.d. § 7g Abs. 1 Satz 2 Nr. 1 EStG → Rz. 330. Im Unterschied zu den Regelungen des Investitionsabzugsbetrags, wo die Betriebsgrößenmerkmale am Ende des Wj., in dem der Investitionsabzugsbetrag geltend gemacht wird, nicht überschritten werden dürfen, ist bei der Sonderabschreibung auf das der Anschaffung oder Herstellung vorangegangene Wj. abzustellen. **475**

Zur Voraussetzung der ausschließlichen oder fast ausschließlichen **betrieblichen Nutzung in einer inl. Betriebsstätte** → Rz. 332. Maßgebend für die Inanspruchnahme der Sonderabschreibungen ist, dass der Unternehmer die Verbleibens- und Nutzungsfrist tatsächlich einhält. Sofern im Wj. der Anschaffung oder Herstellung Sonderabschreibungen geltend gemacht worden sind und im folgenden Wj. gegen die Verbleibens- und Nutzungsfrist verstoßen wird, sind die im Wj. der Anschaffung oder Herstellung vorgenommenen Sonderabschreibungen nach § 7g Abs. 6 Nr. 2 EStG i.V.m. § 7g Abs. 4 EStG rückgängig zu machen. Der Verstoß ist dem FA anzuzeigen; das FA ist zur Berichtigung einer bestandskräftig gewordenen Steuerfestsetzung berechtigt (→ Rz. 340 f.). **476**

Die zulässigen Sonderabschreibungen betragen **40 % der Anschaffungs- oder Herstellungskosten**[1]. Herabsetzungsbeträge nach § 7g Abs. 2 Satz 2 EStG im Zusammenhang mit einem in Anspruch genommenen Investitionsabzugsbetrag (→ Rz. 336) sowie Minderungsbeträge nach R 6.6 EStR 2012 (→ Rz. 432) sind von den Anschaffungs- oder Herstellungskosten abzuziehen, so dass für Zwecke des § 7g Abs. 5 und 6 EStG von der gleichen Bemessungsgrundlage wie für die AfA nach § 7 Abs. 1 EStG auszugehen ist (→ Rz. 465). Die Sonderabschreibungen können beliebig auf das Wj. der Anschaffung oder Herstellung und die folgenden vier Wj. verteilt werden (Begünstigungszeitraum). Eine zeitanteilige Aufteilung im Wj. der Anschaffung oder Herstellung kommt nicht in Betracht. **477**

Die **AfA nach § 7 Abs. 1 EStG** ist im Begünstigungszeitraum i.S.d. § 7g Abs. 5 und 6 EStG (Wj. der Anschaffung oder Herstellung und die folgenden vier Wj.) nach allgemeinen Grundsätzen zu berechnen. Die AfA-Bemessungsgrundlage vermindert sich auf Grund der in Anspruch genommenen Sonderabschreibungen nicht. Sofern das Wirtschaftsgut nach Ablauf des Begünstigungszeitraums von fünf Jahren noch einen Restbuchwert hat, ist die AfA nach § 7 Abs. 1 EStG ab diesem Zeitpunkt gem. § 7a Abs. 9 EStG wie folgt neu zu berechnen: **478**

AfA-Bemessungsgrundlage		Fortgeführte Anschaffungs- oder Herstellungskosten/Einlagewert (= Restbuchwert)
	=	**Neue AfA-Bemessungsgrundlage**
AfA-Satz		Neuermittlung unter Berücksichtigung der **Restnutzungsdauer** (→ Rz. 468)

Die Finverw. beanstandet es nicht, wenn auf eine Neuschätzung der Restnutzungsdauer verzichtet wird und der AfA die um den Begünstigungszeitraum verminderte Nutzungsdauer zugrunde gelegt wird.[2]

gg) Betriebsausgabenabzug beim Ausscheiden aus dem Betriebsvermögen

Ein beim Ausscheiden aus dem Betriebsvermögen (Veräußerung, Entnahme oder Zerstörung) nach Abzug der AfA verbleibender Restwert ist im **Zeitpunkt des Ausscheidens** als Betriebsausgabe anzusetzen. Sofern ein bewegliches Wirtschaftsgut ausnahmsweise nicht abnutzbar ist, ist der Betriebsausgabenabzug gemäß § 4 Abs. 3 Satz 4 EStG im **Zeitpunkt des Zuflusses des Erlöses** aus der Veräußerung bzw. der Entnahme zu berücksichtigen (→ Rz. 345, → Rz. 458). **479**

hh) Eintragung in der Anlage AVEÜR

Bei den **Eintragungen in Zeilen 40 bis 63 der Anlage AVEÜR** sind die in → Rz. 459 beschriebenen Grundsätze zu beachten. Herabsetzungsbeträge nach § 7g Abs. 2 Satz 2 EStG im Zusammenhang mit einem in Anspruch genommenen Investitionsabzugsbetrag sind in den Zeilen „Anschaffungs-/Herstellungskosten/Einlagewerte" bzw. „Zugänge" jeweils abzuziehen. In den Zeilen „Sonderabschreibung nach § 7g Abs. 5 und 6 EStG" sind die im laufenden Wj. geltend gemachten Sonderabschreibungen zu erfassen. Bei der Ermittlung der „Summe Buchwerte am Ende des Gewinnermittlungszeitraums" anzusetzenden Werts sind die Sonderabschreibungen zusätzlich von dem „Buchwert zu Beginn des Wj." abzuziehen. **480**

In den Zeilen 62 und 63 sind die Abschreibungsbeträge der drei Rubriken „Kraftfahrzeuge", „Büroausstattung" und „Andere" zu bilden und in die Zeilen 33 und 34 der Anlage EÜR zu übertragen.

---

1) § 7g Abs. 5 EStG i.d.F. des Art. 3 des Wachstumschancengesetzes v. 27.3.2024 (BGBl. I 2024 Nr. 108) ist erstmals für abnutzbare bewegliche Wirtschaftsgüter des Anlagevermögens anzuwenden, die nach dem 31.12.2023 angeschafft oder hergestellt wurden.
2) R 7a Abs. 10 Satz 2 EStR 2012.

f) Sammelposten (Zeilen 64–82)

Zeile		Kennzahl	EUR	Ct
	Sammelposten aus 2025			
64	Bildung	432		
65	Auflösungsbetrag	434 –		
66	Buchwert am Ende des Gewinnermittlungszeitraums	436 =		
	Sammelposten aus 2024			
67	Anschaffungs-/Herstellungskosten/Einlagewert	440		
68	Buchwert zu Beginn des Gewinnermittlungszeitraums	441		
69	Auflösungsbetrag	444 –		
70	Buchwert am Ende des Gewinnermittlungszeitraums	446 =		
	Sammelposten aus 2023			
71	Anschaffungs-/Herstellungskosten/Einlagewert	450		
72	Buchwert zu Beginn des Gewinnermittlungszeitraums	451		
73	Auflösungsbetrag	454 –		
74	Buchwert am Ende des Gewinnermittlungszeitraums	456 =		
	Sammelposten aus 2022			
75	Anschaffungs-/Herstellungskosten/Einlagewert	460		
76	Buchwert zu Beginn des Gewinnermittlungszeitraums	461		
77	Auflösungsbetrag	464 –		
78	Buchwert am Ende des Gewinnermittlungszeitraums	466 =		

2025AnlAVEÜR813 **2025AnlAVEÜR813**

- 4 -

Zeile		Kennzahl	EUR	Ct
	Sammelposten aus 2021			
79	Anschaffungs-/Herstellungskosten/Einlagewert	470		
80	Buchwert zu Beginn des Gewinnermittlungszeitraums	471		
81	Auflösungsbetrag	474 –		
	Summe			
82	Summe Auflösungsbeträge (Summe der Zeilen 65, 69, 73, 77, 81; Übertrag in Zeile 37 der Anlage EÜR)	499		

481 In Zeilen 64 bis 82 sind die **nach § 6 Abs. 2a EStG** gebildeten **Sammelposten** darzustellen. Bei der Sammelpostenregelung handelt es sich um ein Wahlrecht, durch das bestimmte Wirtschaftsgüter im Ergebnis einheitlich, in einem vereinfachten Verfahren über einen Zeitraum von fünf Wj. abgeschrieben werden können.

> **Praxishinweis:**
> Die Aufzeichnungspflicht nach § 4 Abs. 3 Satz 5 EStG (→ Rz. 442) beschränkt sich in diesem Fall auf die Darstellung des Zugangs des Wirtschaftsguts zum Sammelposten.[1]

Voraussetzung für den Einbezug eines Wirtschaftsguts in den Sammelposten ist, dass

- die **Anschaffungs-** (→ Rz. 445, → Rz. 465), **Herstellungskosten** (→ Rz. 447) bzw. der **Einlagewert** (→ Rz. 441) des Wirtschaftsguts einen Betrag von **150 € übersteigen** und einen Betrag **von 1 000 € nicht übersteigen**. Hierbei ist stets von den Anschaffungs- oder Herstellungskosten abzgl. des darin enthaltenen Vorsteuerbetrags auszugehen. Ob der Vorsteuerbetrag umsatzsteuerrechtlich abziehbar ist, spielt keine Rolle.[2] Herabsetzungsbeträge nach § 7g Abs. 2 Satz 2 EStG im Zusammenhang mit einem Investitionsabzugsbetrag (→ Rz. 336) sowie Minde-

---

1) BMF v. 30.9.2010, IV C 6 – S 2180/09/10001, BStBl I 2010, 755, Rz. 9.
2) R 9b Abs. 2 Satz 1 f. EStR 2012.

rungsbeträge nach R 6.6 EStR 2012 (→ Rz. 432) sind für Zwecke der 150 € bzw. 1 000 €-Grenze von den Anschaffungs- oder Herstellungskosten abzuziehen.

- es sich um ein **abnutzbares bewegliches Wirtschaftsgut des Anlagevermögens** handelt;
- das Wirtschaftsgut **selbständig nutzbar** ist (→ Rz. 342).

Das **Wahlrecht** zur Inanspruchnahme der Sammelpostenregelung ist nach § 6 Abs. 2a Satz 5 EStG für alle im Wj. angeschafften, hergestellten oder in das Betriebsvermögen eingelegten Wirtschaftsgüter einheitlich auszuüben.

In den **Sammelposten** sind die Anschaffungs-, Herstellungskosten bzw. der Einlagewert – ggf. unter Abzug der Herabsetzungsbeträge nach § 7g Abs. 2 Satz 2 EStG sowie Minderungsbeträge nach R 6.6 EStR 2012 – einzustellen. Der Sammelposten ist im Jahr der Bildung und den folgenden vier Wj. zu jeweils einem Fünftel gewinnmindernd aufzulösen. Auf den Zeitpunkt der Anschaffung, Herstellung oder Einlage der Wirtschaftsgüter im Jahr der Bildung des Sammelpostens kommt es nicht an. Eine vorzeitige Auflösung bei einer Veräußerung, Entnahme oder Zerstörung einzelner der im Sammelposten berücksichtigten Wirtschaftsgüter kommt nicht in Betracht.[1] Nachträgliche Anschaffungs- oder Herstellungskosten erhöhen den Sammelposten des Wj., in dem die Aufwendungen entstehen.[2] Wird in diesem Jahr das Wahlrecht zur Inanspruchnahme der Sammelpostenregelung nicht ausgeübt, beschränkt sich der Sammelposten auf die nachträglichen Anschaffungs- oder Herstellungskosten.[3] 482

Bei den **Eintragungen in Zeilen 64 bis 82 der Anlage AVEÜR** sind die in → Rz. 459 beschriebenen Grundsätze zu beachten. Der in den Zeilen „Auflösungsbetrag" einzutragende Wert (Zeilen 65, 69, 73, 77, 81) entspricht jeweils einem Fünftel der in der Zeile 64 „Bildung" (neuer Sammelposten aus 2025) bzw. in den Zeilen 67, 71, 75, 79 (Sammelposten aus den Jahren 2024, 2023, 2022, 2021) „Anschaffungs-/Herstellungskosten/Einlagewert" angesetzten Betrags. In Zeile 81 ist die Summe der Auflösungsbeträge der VZ 2021 bis 2025 zu bilden und in Zeile 37 der Anlage EÜR zu übernehmen. 483

g) Finanzanlagen (Zeilen 83–92)

	Finanzanlagen		
	Anteile an Unternehmen etc., für deren Erträge das Teileinkünfteverfahren bzw. § 8b KStG gilt		
83	Summe Anschaffungs-/Herstellungskosten/Einlagewerte	500	,
84	Summe Buchwerte zu Beginn des Gewinnermittlungszeitraums	501	,
85	Summe Zugänge	502 +	,
86	Summe Abgänge (zu erfassen in Zeile 38 der Anlage EÜR)	505 –	,
87	Summe Buchwerte am Ende des Gewinnermittlungszeitraums	506 =	,
	Andere		
88	Summe Anschaffungs-/Herstellungskosten/Einlagewerte	510	,
89	Summe Buchwerte zu Beginn des Gewinnermittlungszeitraums	511	,
90	Summe Zugänge	512 +	,
91	Summe Abgänge (zu erfassen in Zeile 38 der Anlage EÜR)	515 –	,
92	Summe Buchwerte am Ende des Gewinnermittlungszeitraums	516 =	,

Hier sind die Anschaffungs-, Herstellungskosten bzw. der Einlagewert von Finanzanlagen des Anlagevermögens einzutragen und fortzuentwickeln. Dies gilt nicht für Beteiligungen an Mitunternehmerschaften, vermögensverwaltenden Personengesellschaften und Kostengemeinschaften, die nicht in der Anlage AVEÜR zu berücksichtigen sind. **Finanzanlagen** sind Beteiligungen an Kapitalgesellschaften, Wertpapiere und gewährte Darlehen. Es handelt sich um nicht abnutzbare Wirtschaftsgüter, so dass AfA und – nach umstrittener Rechtsprechung des BFH (→ Rz. 451) – Absetzungen für außergewöhnliche Abnutzung nicht zulässig sind. Zu den Anschaffungskosten (→ Rz. 445) einer Beteiligung an einer Kapitalgesellschaft gehören offene und verdeckte Einlagen in das Gesellschaftsvermögen. Anschaffungsnebenkosten eines Anteils an einer GmbH können etwa die Kosten der notariellen Beurkundung des Abtretungsvertrages und Gutachterkosten[4] sein. Zur Bestimmung des Einlagewerts eines Anteils an einer Kapitalgesellschaft → Rz. 441. 484

Bei der **Eintragung in der Anlage AVEÜR** ist zwischen Anteilen an Unternehmen, für deren Erträge das Teileinkünfteverfahren bzw. § 8b KStG gilt (→ Rz. 416 ff.; Eintragung in Zeile 81–85), und sonstigen Finanzanlagen (Eintragung in Zeile 87–91) zu unterscheiden. Die unter → Rz. 459 beschriebenen Eintragungsgrundsätze sind zu 485

1) R 6.13 Abs. 6 Satz 2 EStR 2012.
2) R 6.13 Abs. 5 Satz 2 ff. EStR 2012.
3) R 6.13 Abs. 5 Satz 3 EStR 2012.
4) BFH v. 27.3.2007, VIII R 62/05, BStBl II 2010, 159.

beachten. Die Abgänge der Zeilen 85 und 90 sind in Zeile 38 der Anlage EÜR zu übernehmen (zum Zeitpunkt der Eintragung eines Abgangs →Rz. 345, →Rz. 458). Die Korrekturen auf Grund des Teileinkünfteverfahrens sind in Zeile 95 der Anlage EÜR vorzunehmen.

h) Umlaufvermögen (Zeile 93–96)

Umlaufvermögen

i. S. d. § 4 Abs. 3 Satz 4 EStG (z. B. Wertpapiere, Grund und Boden sowie Gebäude) bzw. § 32b Abs. 2 Satz 1 Nr. 2 Satz 2 Buchstabe c EStG

93	Summe Anschaffungs-/Herstellungskosten/Einlagewerte	600	,
94	Summe Zugänge	602 +	,
95	Summe Abgänge (zu erfassen in Zeile 27 der Anlage EÜR)	605 –	,
96	Summe Buchwerte am Ende des Gewinnermittlungszeitraums	606 =	,

2025AnlAVEÜR814 2025AnlAVEÜR814

486 In den Zeilen 93–96 sind die Wirtschaftsgüter des Umlaufvermögens zu berücksichtigen, deren Anschaffungs- bzw. Herstellungskosten oder Einlagewert nach § 4 Abs. 3 Satz 4 EStG bzw. § 32b Abs. 2 Satz 1 Nr. 2 Satz 2 Buchst. c Satz 1 EStG im Zeitpunkt des Zuflusses des Veräußerungserlöses bzw. der Entnahme als Betriebsausgaben abzugsfähig sind (→Rz. 316 f.). Bei den **Eintragungen in der Anlage AVEÜR** sind die in →Rz. 459 beschriebenen Grundsätze zu beachten. Ein Abgang ist in dem Wj. zu erfassen, in dem der Betriebsausgabenabzug i.H.d. Restbuchwerts zu berücksichtigen ist (→Rz. 316). Die in Zeile 95 angesetzten Abgänge sind in Zeile 27 der Anlage EÜR zu übertragen. Bei Anteilen an Kapitalgesellschaften und Wertpapieren, für deren Erträge das Teileinkünfteverfahren gilt (→Rz. 416 ff.), sind die Korrekturen auf Grund des Teileinkünfteverfahrens in Zeile 94 der Anlage EÜR vorzunehmen.

9. Anlage SZ

487 Die Anlage SZ dient der Ermittlung der **nach § 4 Abs. 4a EStG nicht abziehbaren Schuldzinsen** eines Einzelunternehmens. Die nach § 4 Abs. 4a EStG nicht abziehbaren Schuldzinsen werden in einem **typisierenden Verfahren** in Abhängigkeit von der Höhe der getätigten Entnahmen und Einlagen sowie erzielten Gewinne und Verluste ermittelt. Hierbei wird unter Einbezug der vorangegangenen Wj. ein (kumulierter) Über- bzw. Unterentnahmebetrag bestimmt. Die nach § 4 Abs. 4a EStG nicht abziehbaren Schuldzinsen betragen 6 % des Überentnahmebetrags; bei einem Unterentnahmebetrag ergibt sich kein Hinzurechnungsbetrag. Der Betrag der nicht abziehbaren Schuldzinsen wird zusätzlich durch einen **Höchstbetrag** begrenzt, der von der Höhe der tatsächlich als Betriebsausgaben abgezogenen Schuldzinsen abhängig ist.

Der BFH hat seine Rechtsprechung insbesondere zur Ermittlung des kumulierten Über- bzw. Unterentnahmebetrags bei Verlusten geändert.[1] Er widerspricht damit der bisherigen Auffassung der Finverw.[2] Die **bisherige Anlage SZE** entspricht nicht den Berechnungsmodalitäten des BFH und kann daher **nicht mehr verwendet werden**. Die Finverw. wendet die neue BFH-Rechtsprechung allgemein an und hat deshalb ab dem VZ 2018 die neue Anlage SZ aufgelegt.

Der BFH hat seine Rechtsprechung fortgeführt und entschieden, dass für den Gewinnbegriff i.S.d. § 4 Abs. 4a EStG die allgemeinen Grundsätze nach § 4 Abs. 1 EStG gelten.[3] Demnach sind außerbilanzielle Korrekturen nicht zu berücksichtigen. Dies sind u.a. auch:

- nicht abzugsfähige Gewerbesteuer samt Nebenleistung,
- nach § 4d Abs. 3, § 4e Abs. 3 oder § 4f EStG verteilte Betriebsausgaben,
- abgezogene oder hinzugerechnete Investitionsabzugsbeträge nach § 7g EStG,
- Verteilung des Übergangsgewinns aus dem Wechsel der Gewinnermittlungsart nach R 4.6 Abs. 1 Satz 2 EStR.

Die Finverw. wendet die BFH-Rechtsprechung an und hat ihre Verwaltungsanweisung angepasst.[4]

a) Allgemeine Angaben (Zeilen 1–4)

Anleitung vorhanden

2025

Anlage SZ
zur Einnahmen-überschussrechnung

1	Name des Steuerpflichtigen	
2	Vorname	
3	**(Betriebs-)Steuernummer**	
4	Wirtschafts-Identifikationsnummer	D E -

Ermittlung der nicht abziehbaren Schuldzinsen für Einzelunternehmen

Hier sind die gleichen Eintragungen wie in Zeilen 1 bis 4 der Anlage EÜR vorzunehmen. Die Eintragungsmöglichkeit wurde im VZ 2024 um die W-Id-Nr. ergänzt. 488

b) Ermittlung des maßgeblichen Gewinns für Zwecke des § 4 Abs. 4a EStG (Zeilen 5–11)

1. Ermittlung des maßgeblichen Gewinns/Verlusts für Zwecke des § 4 Abs. 4a EStG 43

Zeile		Kz.		EUR	Ct
5	Betriebseinnahmen (Übertrag aus Zeile 23 der Anlage EÜR)				,
6	abzüglich Betriebsausgaben (Übertrag aus Zeile 75 der Anlage EÜR)		–		,
7	zuzüglich steuerfreie Gewinne, die nicht in der Anlage EÜR enthalten sind	151	+		,
8	abzüglich nicht abziehbare Betriebsausgaben[1)]	152	–		,
9	zuzüglich Gewinne bzw. abzüglich Verluste aus Beteiligungen an vermögensverwaltenden Personengesellschaften und abzüglich Ergebnisanteile aus Kostenträgergemeinschaften (in Zeile 91 der Anlage EÜR enthalten)	153	+/–		,
10	zuzüglich Veräußerungs-/Aufgabegewinn bzw. abzüglich Veräußerungs-/Aufgabeverlust und zuzüglich Hinzu- bzw. abzüglich Abrechnungen beim Wechsel der Gewinnermittlungsart[2)]	154	+/–		,
11	**Maßgeblicher Gewinn/Verlust für Zwecke des § 4 Abs. 4a EStG** (in Zeile 13 eintragen)		=		,

In Zeilen 5 bis 11 wird der für Zwecke des § 4 Abs. 4a EStG maßgebende Gewinn bzw. Verlust des laufenden Wj. ermittelt. Dieser fließt in den (kumulierten) Über- oder Unterentnahmebetrag ein, der Ausgangspunkt für die im typisierten Verfahren (→ Rz. 487) ermittelten nicht abziehbaren Schuldzinsen ist. Auf Grund der Rechtsprechung und der geänderten Verwaltungsauffassung ist die Abfrage des „Gewinns" bzw. „Verlustes" in der bisherigen Zeile 5 entfallen. Um den „neuen" **Gewinnbegriff** auf der Anlage SZ darstellen zu können, sind jetzt in der Zeile 5 die 489

1) BFH v. 14.3.2018, X R 17/16, BStBl II 2018, 744.
2) BMF v. 17.11.2005, IV B 2 – S 2144 – 50/05, BStBl I 2005, 1019, Rz. 9.
3) BFH v. 3.12.2019, X R 6/18, BStBl II 2021, 77.
4) BMF v. 18.1.2021, IV C 6 – S 2144/19/10003 :004, BStBl I 2021, 119. BMF v. 5.11.2021, IV C 6 – S 2144/19/10003 :008, BStBl I 2021, 2211.

Betriebseinnahmen (Zeile 23 der Anlage EÜR) und in der Zeile 6 die Betriebsausgaben (Zeile 75 der Anlage EÜR) zu erklären. Die bei der Ermittlung des Gewinns zu berücksichtigenden außerbilanziellen Korrekturen (Zeilen 78 bis 94 der Anlage EÜR) bleiben so außer Ansatz. Übergangsgewinne wegen des Wechsels der Gewinnermittlungsart und Betriebsveräußerungs- und Aufgabegewinne gehören weiterhin zum Gewinn i.S.d. § 4 Abs. 4a EStG.[1] Sie sind daher auf der Anlage SZ in Zeile 10 einzutragen.

In zwei Bereichen geht die Finverw. weiterhin von einem **modifizierten Gewinnbegriff** aus:

- **Ergebnisanteile aus Mitunternehmerschaften** sollen nicht in den Gewinn i.S.d. § 4 Abs. 4a EStG einbezogen werden.[2] Diese Einschränkung betrifft Sachverhalte, in denen ein Mitunternehmeranteil zum Betriebsvermögen gehört (zur Berücksichtigung der Gewinnauszahlung bei einem im Betriebsvermögen gehaltenen Mitunternehmeranteil als Entnahme bzw. Einlage für Zwecke des § 4 Abs. 4a EStG → Rz. 439). Einkünfte aus vermögensverwaltenden Personengesellschaften sowie gesondert und einheitlich festgestellte Besteuerungsgrundlagen aus Kostengemeinschaften sind dagegen bei der Schuldzinsenberechnung nach allgemeinen Grundsätzen in den maßgebenden Gewinn einzubeziehen;
- **Steuerfreie Gewinne** werden als Bestandteil des Gewinns für Zwecke des § 4 Abs. 4a EStG angesehen.[3] Nach diesen Grundsätzen sind die nach den Regelungen des Teileinkünfteverfahrens (→ Rz. 416 ff.) steuerfreien Einnahmen in den Gewinn einzubeziehen. Nach § 3c Abs. 2 EStG nicht abziehbare Betriebsausgaben sind gegenzurechnen.

c) Ermittlung der Über-/Unterentnahmen (Zeilen 12–17)

2. Ermittlung der Über-/Unterentnahmen

				EUR	Ct
12	Entnahmen (Übertrag aus Zeile 106 der Anlage EÜR)	100	+		
13	abzüglich Gewinn/zuzüglich Verlust (Betrag aus Zeile 11)		−/+		
14	Einlagen (Übertrag aus Zeile 107 der Anlage EÜR)	210	−		
15	**Über-/Unterentnahme des laufenden Wirtschaftsjahres**		=		
16	zuzüglich Über-/abzüglich Unterentnahmen der vorangegangenen Wirtschaftsjahre (Betrag aus Zeile 17 der Anlage SZ des Vorjahres[3])	315	+/−		
17	**Kumulierte Über-/Unterentnahmen**		=		

490 Hier wird der maßgebende **Über- bzw. Unterentnahmebetrag des laufenden Wj.** durch Gegenüberstellung der Entnahmen mit dem Gewinn und den Einlagen ermittelt, der für die Berechnung der im typisierten Verfahren (→ Rz. 487) nicht abziehbaren Schuldzinsen benötigt wird. Die Finverw. hat bisher den Über- oder Unterentnahmebetrag des laufenden Wj. ohne die Berücksichtigung von Verlusten des laufenden Wj. ermittelt.

Nach der neuen BFH Rechtsprechung wird der Über- bzw. Unterentnahmebetrag des laufenden Wj. immer nach folgender Formel ermittelt:

	Zeile 12:	Entnahmen des lfd. Wj. (Zeile 106 der Anlage EÜR)
	Zeile 13:	Abzüglich Gewinn/zuzüglich Verlust des laufenden Wj. (Betrag aus Zeile 11 der Anlage SZ)
	Zeile 14:	Einlagen des lfd. Wj. (Zeile 107 der Anlage EÜR)
=	Zeile 15:	kumulierte Über-/Unterentnahme des lfd. Wj.

491 Zu den Über- bzw. Unterentnahmen des laufenden Wj. sind die kumulierten Über- bzw. Unterentnahmen sämtlicher Vorjahre hinzuzurechnen. Die Regelung des § 4 Abs. 4a EStG wurde erstmals für Wj. eingeführt, die nach dem 31.12.1998 enden, im Regelfall ist daher das Wj. 1999 das erste Jahr (§ 52 Abs. 11 Satz 1 und 2 EStG). Die kumulierten Über- bzw. Unterentnahmen sind für jedes Jahr nach oben dargestelltem Schema zu berechnen. Der sich so ergebende Betrag stellt grds. die **Ausgangsgröße für die typisierende Berechnung** der nicht abziehbaren Schuldzinsen nach § 4 Abs. 4a Satz 3 EStG dar:

	Zeile 15:	Über-/Unterentnahme des laufenden Wj.
	Zeile 16:	Zuzüglich Über-/abzüglich Unterentnahmen der vorangegangenen Wj.
=	Zeile 17:	kumulierte Über-/Überentnahmen

Liegen kumulierte Unterentnahmen vor (Betrag ist negativ), erfolgt keine Hinzurechnung von nicht abziehbaren Schuldzinsen. Der Betrag ist formlos für nachfolgende Jahre fortzuschreiben.

1) BMF v. 2.11.2018, IV C 6 – S 2144/07/10001 :007, BStBl I 2018, 1207 angepasst durch BMF v. 18.1.2021, IV C 6 – S 2144/19/10003 :004, BStBl I 2021, 119, Rz. 9.
2) BMF v. 2.11.2018, IV C 6 – S 2144/07/10001 :007, BStBl I 2018, 1207, angepasst durch BMF v. 18.1.2021, IV C 6 – S 2144/19/10003 :004, BStBl I 2021, 119, Rz 9.
3) BMF v. 2.11.2018, IV C 6 – S 2144/07/10001 :007, BStBl I 2018, 1207, angepasst durch BMF v. 18.1.2021, IV C 6 – S 2144/19/10003 :004, BStBl I 2021, 119, Rz 9.

d) Ermittlung des Entnahmenüberschusses (Zeilen 18–24)

3. Ermittlung des Entnahmenüberschusses

Zeile		Kz.	EUR Ct		EUR Ct
18	Entnahmen des laufenden Wirtschaftsjahres (Betrag aus Zeile 12)		,		
19	Entnahmen der vorangegangenen Wirtschaftsjahre (Betrag aus Zeile 20 der Anlage SZ des Vorjahres[3)])	325 +	,		
20	**Kumulierte Entnahmen**	=	,	▶	,
21	Einlagen des laufenden Wirtschaftsjahres (Betrag aus Zeile 14)		,		
22	Einlagen der vorangegangenen Wirtschaftsjahre (Betrag aus Zeile 23 der Anlage SZ des Vorjahres[3)])	335 +	,		
23	**Kumulierte Einlagen**	=	,	▶	– ,
24	**Kumulierter Entnahmenüberschuss**				= ,

2025AnlSZ821 - August 2025 - 2025AnlSZ821

Verluste eines Jahres dürfen sowohl nach Auffassung des BFH als auch der Finverw. für sich genommen nicht zur Kürzung des Schuldzinsenabzugs führen. In einem Verlustjahr darf deshalb die Überentnahme (Entnahmen abzüglich Einlagen abzüglich Gewinn bzw. zzgl. Verlust des laufenden Wj.) nicht höher sein als die Entnahme und auch nicht höher als die Differenz zwischen Entnahme und Einlage. Deshalb sind sowohl die Entnahmen als auch die Einlagen der Totalperiode (von 1999 [bzw. dem Jahr der Betriebseröffnung, wenn danach] bis zum aktuellen Jahr) zu addieren. Die **Ausgangsgröße für die typisierende Berechnung** der nicht abziehbaren Schuldzinsen nach § 4 Abs. 4a Satz 3 EStG wird daher auf die kumulierten Entnahmeüberschüsse **begrenzt**. **492**

Liegt ein kumulierter Einlagenüberschuss vor (Betrag ist negativ), erfolgt keine Hinzurechnung von nicht abziehbaren Schuldzinsen. Der Betrag ist formlos für nachfolgende Jahre fortzuschreiben.

e) Ermittlung der nicht abziehbaren Schuldzinsen (Zeilen 25–29)

- 2 -

4. Nicht abziehbare Schuldzinsen

Zeile		Kz.	EUR Ct
25	**6 % des niedrigeren Betrags aus Zeile 17 oder 24** (Ergibt sich in Zeile 17 oder 24 ein negativer Betrag, ist hier der Wert „0" einzutragen.)		,
26	Übrige Schuldzinsen (Übertrag aus Zeile 56 der Anlage EÜR)		,
27	Korrekturbetrag zu den übrigen Schuldzinsen (siehe Anleitung zur Anlage EÜR)	405 –	,
28	Kürzungsbetrag gem. § 4 Abs. 4a Satz 4 EStG		– 2 050,00
29	**Höchstbetrag der nicht abziehbaren Schuldzinsen** (Ergibt sich ein negativer Betrag, ist hier der Wert „0" einzutragen.)	=	,

Der niedrigere Betrag aus Zeile 17 (kumulierte Überentnahmen) oder aus Zeile 24 (kumulierter Entnahmenüberschuss) dient als Ausgangsgröße für die Ermittlung der nicht abziehbaren Schuldzinsen. Die nach § 4 Abs. 4a Satz 2 und 3 EStG nicht abziehbaren Schuldzinsen betragen dann 6 % dieses Betrags. Der Wert ist in Zeile 25 einzutragen. **493**

Nach § 4 Abs. 4a Satz 4 EStG wird der Betrag der nicht abziehbaren Schuldzinsen durch die um 2 050 € geminderten im Wj. tatsächlich angefallenen Schuldzinsen begrenzt (Höchstbetrag). Schuldzinsen für Darlehen zur Finanzierung von Anschaffungs- oder Herstellungskosten des Anlagevermögens – sog. Investitionsdarlehen – bleiben hierbei gem. § 4 Abs. 4a Satz 5 EStG außen vor. Die **Abgrenzung** zwischen Schuldzinsen für **Investitionsdarlehen** und Schuldzinsen für **sonstige Darlehen** wird bereits auf der Anlage EÜR in Zeilen 55 und 56 vorgenommen (→ Rz. 355 ff.). **494**

In die Höchstbetragsberechnung geht nur der in Zeile 56 der Anlage EÜR erfasste Betrag der **übrigen Schuldzinsen** – und nicht der Betrag der in Zeile 55 erfassten Schuldzinsen für Investitionsdarlehen – ein. Dieser Betrag ist in Zeile 26 zu übertragen.

Eine Korrektur dieses Betrags in Zeile 26 ist dann erforderlich, wenn die in Zeile 56 der Anlage EÜR berücksichtigten Schuldzinsen ausnahmsweise nicht den bei der Ermittlung des Gewinns als Betriebsausgaben abgezogenen übrigen Schuldzinsen entsprechen. Die ist z.B. der Fall,

- wenn übrige Schuldzinsen in den abzugsfähigen Aufwendungen für ein häusliches Arbeitszimmer angesetzt worden sind oder
- wenn die in Zeile 56 der Anlage EÜR erfassten Schuldzinsen nach den Regelungen des Teileinkünfteverfahrens nur begrenzt abzugsfähig sind und deshalb in Zeile 96 der Anlage EÜR dem Gewinn anteilig wieder hinzugerechnet worden sind (→ Rz. 416 ff.).

Beispiel:

Im Einzelunternehmen des A sind im Jahr 2025 folgende Schuldzinsen angefallen:

Refinanzierungsdarlehen für das Betriebsgrundstück (Investitionsdarlehen):	10 000 €
Refinanzierungsdarlehen für laufende Betriebsausgaben (kein Investitionsdarlehen):	5 000 €
Schuldzinsen im Zusammenhang mit der Beteiligung der X-GmbH (kein Investitionsdarlehen):	1 000 €
Schuldzinsen im Zusammenhang mit dem häuslichen Arbeitszimmer des A (kein Investitionsdarlehen):	500 €

Die Aufwendungen für das häusliche Arbeitszimmer sind gemäß § 4 Abs. 5 Satz 1 Nr. 6b EStG unbegrenzt abzugsfähig, weil es sich um den Mittelpunkt der gesamten betrieblichen und beruflichen Betätigung des A handelt.

Lösung:

Die Schuldzinsen für die Beteiligung an der X-GmbH sind nach § 3c Abs. 2 EStG zu 40 % nicht abzugsfähig (abzugsfähige Schuldzinsen: 600 €). Die für die Höchstbetragsberechnung nach § 4 Abs. 4a EStG maßgebenden Schuldzinsen betragen demnach 6 100 € (Schuldzinsen laufende Betriebsausgaben i.H.v. 5 000 € zzgl. abzugsfähige Schuldzinsen Beteiligung X-GmbH i.H.v. 600 € zzgl. abzugsfähige Schuldzinsen häusliches Arbeitszimmer i.H.v. 500 €).

Eintragung in der Anlage EÜR:

Zeile 55:	10 000 €	(Refinanzierungsdarlehen Betriebsgrundstück)
Zeile 56:	6 000 €	(Schuldzinsen laufende Betriebsausgaben/Beteiligung X-GmbH)
Zeile 65, Kennzahl 172:	500 €	(Schuldzinsen häusliches Arbeitszimmer)
Zeile 94, Kennzahl 261:	./. 1 000 €	(Gesamtbetrag Teileinkünfte)
Zeile 94, Kennzahl 262:		(40 % ./. 1 000 € × (./. 1); Korrekturbetrag Teileinkünfte)
Zeile 94, Kennzahl 262:		(40 % ./. 1 000 € × (./. 1); Korrekturbetrag Teileinkünfte)

Eintragung in der Anlage SZ:

Zeile 26:	6 000 €	(Übertrag aus Zeile 55 der Anlage EÜR)
Zeile 27:	./. 100 €	(Schuldzinsen häusliches Arbeitszimmer i.H.v. 500 € abzgl. nicht abzugsfähige Schuldzinsen Beteiligung X GmbH i.H.v. 400 €
Zeile 29:	4 050 €	(6 000 € zzgl. 100 € abzgl. 2 050 €)

f) Hinzurechnungsbetrag nach § 4 Abs. 4a EStG (Zeile 30)

5. Hinzurechnungsbetrag nach § 4 Abs. 4a EStG

		EUR	Ct
30	**Niedrigerer Betrag aus Zeile 25 oder 29** (Übertrag in Zeile 96 der Anlage EÜR)		,

1) Nicht abziehbare Betriebsausgaben sind den Zeilen 62 bis 67, 72 (abzüglich Zeile 73) und ggf. Zeile 74 der Anlage EÜR zu entnehmen.
2) Hinzu- und Abrechnungen beim Wechsel der Gewinnermittlungsart sind der Zeile 89 der Anlage EÜR zu entnehmen.
3) Sofern im Vorjahr keine Anlage SZ übermittelt wurde, sind die Beträge aus den Vorjahren zu ermitteln.

2025AnlSZ822 2025AnlSZ822

495 Der niedrigere Betrag aus Zeile 25 (typisierende Berechnung) oder Zeile 29 (Ansatz Höchstbetrag) ist in Zeile 30 einzutragen. Dieses Ergebnis der o.g. Berechnungen der nicht abziehbaren Schuldzinsen ist in Zeile 96 der Anlage EÜR zu übertragen.

10. Anlage LuF

Die Anlage LuF dient einerseits der Ermittlung der **Richtbeträge für Betriebsausgaben** im Bereich des **Weinbaus** 496
und andererseits zur Ermittlung der **pauschalen Betriebsausgaben für Holznutzungen nach § 51 EStDV**.

a) Steuerpflichtiger und (Betriebs-)Steuernummer (Zeilen 1–4)

Anleitung vorhanden

2025

Anlage LuF
zur Einnahmen-überschussrechnung

1	Name des Steuerpflichtigen bzw. der Gesellschaft/Gemeinschaft/Körperschaft
2	Vorname
3	**(Betriebs-)Steuernummer**
4	Wirtschafts-Identifikationsnummer D E -

Hier sind die gleichen Eintragungen wie in Zeilen 1 bis 4 der Anlage EÜR vorzunehmen. Die Abfrage wurde im 497
VZ 2024 um die W-Id-Nr. ergänzt.

b) Allgemeine Angaben (Zeile 5)

1. Allgemeine Angaben 13

5 Sofern im Folgenden Richtbeträge oder pauschale Betriebsausgaben geltend gemacht werden, sind die pauschal abgegoltenen Betriebsausgaben nicht in der Anlage EÜR enthalten oder, soweit enthalten, in Zeile 74 der Anlage EÜR wieder hinzugerechnet. 20 1 = Ja

Hier muss dokumentiert werden, dass bei Inanspruchnahme von pauschalen Betriebsausgaben die tatsächlichen 498
Betriebsausgaben entweder nicht in der Anlage EÜR enthalten sind oder soweit sie enthalten sind, in der Zeile 74 der Anlage EÜR wieder hinzugerechnet worden sind.

c) Weinbau – Richtbeträge für Betriebsausgaben (Zeilen 6–13)

2. Weinbau – Richtbeträge für Betriebsausgaben

6 Ab dem Wirtschaftsjahr 2025/2026 werden unwiderruflich die tatsächlichen Betriebsausgaben auf der Anlage EÜR geltend gemacht (Eintrag in den Zeilen 7 bis 13 entfällt). 113 1 = Ja

Richtbetrag für die Bebauung im Wirtschaftsjahr 2025/2026
(Kosten für Traubenerzeugung einschließlich Transport zur Kelter, zur Erzeugergemeinschaft, zur Genossenschaft oder zum Handelsbetrieb)
Für die bestockte Rebfläche - ohne Jungfelder - ist der Bebauungskostenrichtbetrag anzusetzen

	Richtbetrag in EUR/Hektar		Fläche in Hektar		EUR	Ct
7	120 ,—	X	121 ,	=		,

Nur bei Most-, Fass- und Flaschenweinerzeugung:
Richtbetrag für Ausbau- und Vertriebskosten im Wirtschaftsjahr 2025/2026

		Richtbetrag in EUR/Liter		Liter		EUR	Ct
8	Richtbetrag für den Most	142 ,	X	122	=		,
9	Richtbetrag für den Ausbau von Most zu Fasswein	143 ,	X	123	=		,
10	Richtbetrag für den Ausbau von Fasswein zu Flaschenwein für die abgefüllte und ausgestattete 1-Liter-Flasche	144 ,	X	124	=		,
11	Richtbetrag für die abgefüllte und ausgestattete 0,75-Liter-Flasche	145 ,	X	125	=		,
12	für andere abgefüllte und ausgestattete Flaschen mit Richtbeträgen (z. B. fränkischer Bocksbeutel)	147 ,	X	127	=		,
13	Summe der Zeilen 7 bis 12 (Übertrag in Zeile 25 der Anlage EÜR)			126	=		,

499 Die Bundesländer mit Weinanbaugebieten erlauben eine pauschale Ermittlung bestimmter **Betriebsausgaben bei Weinbaubetrieben** (sachliche Bebauungskostenrichtbeträge bzw. Bebauungskostenpauschale).

In **Zeile 6** kann der Antrag gestellt werden, dass ab dem Wj. 2025/2026 die tatsächlichen Betriebsausgaben geltend gemacht werden, sofern in den vorhergehenden Wj. immer pauschale Ausgaben geltend gemacht wurden. Es handelt sich dabei um einen **unwiderruflichen Antrag**, d. h. bei einmaliger Antragstellung kann für die nachfolgenden Wj. nicht wieder zur pauschalen Betriebsausgabenermittlung zurückgekehrt werden.

In **Zeile 7** ist der **Bebauungskostenrichtbetrag** mit der bestockten Rebfläche zu multiplizieren. Der Bebauungskostenrichtbetrag wird von den einzelnen Bundesländern veröffentlicht.

Hinweis zur Plausibilitätsbeurteilung:
Seit dem VZ 2021 ist der Richtbetrag je Liter auf dem Vordruck nicht mehr vorgegeben. Er kann daher variabel eingetragen werden. Grund hierfür ist, dass die Veröffentlichung der Richtwerte i.R.d. Weinbauverordnung erfolgt und diese regelmäßig nach Bekanntgabe der Vordrucke veröffentlicht werden.

In die **Zeilen 8–12** sind die jeweiligen **Richtbeträge** in €/Liter **für Ausbau- und Vertriebskosten**, unterschieden nach der Art des Ausbaus, einzutragen. Diese müssen mit der im Jahr erzeugten Menge multipliziert werden.

In **Zeile 13** ist die **Summe der pauschalen Betriebsausgaben** der Zeilen 7 bis 12 einzutragen. Das Ergebnis ist in Zeile 25 der Anlage EÜR zu übertragen.

d) Forstwirtschaft – Pauschale Betriebsausgaben nach § 51 EStDV (Zeilen 14–17)

3. Forstwirtschaft – Pauschale Betriebsausgaben nach § 51 EStDV

14	Die pauschale Abgeltung der Betriebsausgaben für Holznutzungen nach § 51 EStDV wird beantragt, da die forstwirtschaftlich genutzte Fläche 50 Hektar nicht überschreitet.	313			1 = Ja
			Einnahmen (bereits in den Zeilen 12 bis 17 und 21 der Anlage EÜR enthalten) EUR Ct	davon	pauschale Betriebsausgaben EUR Ct
15	Verwertung von Holz auf dem Stamm	320	,	20 % =	,
16	Verwertung von eingeschlagenem Holz	321	,	55 % =	,
17	Summe der pauschalen Betriebsausgaben nach § 51 EStDV (Übertrag in Zeile 26 der Anlage EÜR)			322 =	,

2025AnlLuF871 - August 2025 - 2025AnlLuF871

500 Nach § 51 EStDV haben Land- und Forstwirte, die den Gewinn durch Einnahmenüberschussrechnung ermitteln und deren forstwirtschaftlich genutzte Fläche 50 Hektar nicht übersteigt, die Möglichkeit, pauschale Betriebsausgaben bei der Ermittlung der **Gewinne aus Holznutzungen** abzuziehen. Diese betragen 55 % der Einnahmen aus der Verwertung des eingeschlagenen Holzes. Soweit das Holz aus dem Stamm verkauft wird, betragen die pauschalen Betriebsausgaben 20 % der Einnahmen aus der Verwertung des stehenden Holzes.

In Zeile 14 wird formal der Antrag auf Anwendung des § 51 EStDV gestellt.

In den Zeilen 15 und 16 werden die Einnahmen eingetragen, unterschieden danach, ob das Holz auf den Stamm oder ob eingeschlagenes Holz verkauft worden ist.

In Zeile 17 ist die Summe der Zeilen 15 und 16 einzutragen. Das Ergebnis ist in Zeile 26 der Anlage EÜR zu übertragen.

VII. Anlage FW – Förderung des Wohneigentums

1. Vorbemerkung (Zeilen 1–3)

Anleitung vorhanden

2025

Anlage FW

Diese Anlage ist bei Zusammenveranlagung von Ehegatten / Lebenspartnern gemeinsam auszufüllen.

1 Name

2 Vorname

3 Steuernummer

Förderung des Wohneigentums

– Steuerbegünstigung für zu eigenen Wohnzwecken genutzte Baudenkmale und Gebäude in Sanierungsgebieten und städtebaulichen Entwicklungsbereichen nach § 10f EStG –

Hinweis zur Plausibilitätsbeurteilung: 501

Ab dem VZ 2025 ist die Anlage auf die Erklärung von Steuerbegünstigungen für zu eigenen Wohnzwecken genutzte Baudenkmale und Gebäude in Sanierungsgebieten und städtebaulichen Entwicklungsbereichen (§ 10f ESt G) ausgelegt. Die Anlage ist bei einer Zusammenveranlagung von Ehegatten/Lebenspartnern gemeinsam auszufüllen.

Die bisherigen Erklärungstatbestände zur steuerlichen Förderung nach § 10e EStG wurden mangels praktischer Relevanz ersatzlos gestrichen.

Als **Beginn der Herstellung** gilt bei genehmigungsbedürftigen Baumaßnahmen der Zeitpunkt des Bauantrags, in anderen Fällen der Zeitpunkt, in dem die Bauunterlagen eingereicht worden sind. Eine Wohnung, ein Ausbau und eine Erweiterung sind nicht begünstigt, wenn sie entgegen den baurechtlichen Vorschriften ohne Baugenehmigung errichtet worden sind. Wird die Baugenehmigung nachträglich erteilt, können die Abzugsbeträge– erst nach Vorlage der Genehmigung – durch Nachholung i.R.d. § 10e Abs. 3 Satz 1 EStG in Anspruch genommen werden. Ist für das Objekt keine Baugenehmigung vorgeschrieben, ist davon auszugehen, dass es den baurechtlichen Vorschriften entspricht. 502

Praxishinweis:

Werden erstmalig Anschaffungs- oder Herstellungskosten geltend gemacht, ist der ESt-Erklärung eine Aufstellung beizufügen, aus der alle gezahlten Rechnungen ersichtlich werden.

2. Allgemeine Angaben zum Objekt (Zeilen 4–10)

Allgemeine Angaben zum Objekt

4 Lage der Wohnung (Ort, Straße, Hausnummer)

5 Eigentümer (Namen, ggf. Miteigentumsanteile)

6 X Einfamilienhaus / Eigentumswohnung X Anderes Haus mit Anzahl der Wohnungen: davon eigengenutzt:

7 Kaufvertrag vom T T M M J J J J Bauantrag gestellt am T T M M J J J J Baubeginn am T T M M J J J J Angeschafft am T T M M J J J J

8 Fertig gestellt am T T M M J J J J Eigengenutzt ab T T M M J J J J

9 Nutzfläche des Hauses in m² zu eigenen Wohnzwecken genutzte Fläche in m² (ohne eigenbetrieblich / beruflich genutzte Fläche)

10 Für folgende Objekte wurden bereits Abzugsbeträge / erhöhte Absetzungen beansprucht:

a) Lage der Wohnung und weitere Angaben (Zeilen 4–7)

In den Zeilen sind die **Lage und der Eigentümer der Wohnung** anzugeben, auf die sich die Angaben zu der Wohnung beziehen. Die entsprechenden Auswahlfelder sind zudem anzukreuzen, wenn es sich um eine Wohnung handelt, die in einem Ferien- oder Wochenendgebiet belegen ist, oder die Wohnung zum dauerhaften Wohnen baurechtlich zugelassen ist. 503

Nicht begünstigt sind Ferien- oder Wochenendwohnungen, also Wohnungen, die baurechtlich nicht ganzjährig bewohnt werden dürfen oder die sich auf Grund ihrer Bauweise nicht zum dauernden Bewohnen eignen.[1] Baurechtlich nicht ganzjährig bewohnt werden dürfen Wohnungen, die in einem ausgewiesenen Sondergebiet für Ferien- oder Wochenendhäuser liegen, soweit nicht ausnahmsweise ein Dauerwohnen in diesem Gebiet baurecht-

1) BFH v. 28.3.1990, X R 160/88, BStBl II 1990, 815.

lich ausdrücklich zugelassen ist. Die stillschweigende Zustimmung der Gemeinde (z.B. durch Anmeldung mit erstem Wohnsitz) reicht nicht aus.

504 In **Zeile 6** ist in den entsprechenden Auswahlfeldern anzugeben, ob es sich um ein Einfamilienhaus, eine Eigentumswohnung oder um ein anderes Haus handelt. Handelt es sich um ein anderes Objekt als um ein Einfamilienhaus oder eine Eigentumswohnung, z.B. um ein Mehrfamilienhaus, ist zudem die Anzahl der eigengenutzten Wohnungen anzugeben. Des Weiteren ist eine Aussage zur Frage notwendig, ob es sich bei dem Objekt um einen Ausbau oder eine Erweiterung einer eigengenutzten Wohnung handelt.

Praxishinweis:
Wegen der Begriffe Ausbauten und Erweiterungen wird auf § 17 Abs. 1 und 2 II. WoBauG hingewiesen. Begünstigt sind Erweiterungen nur, wenn durch die Baumaßnahmen neuer, bisher nicht vorhandener Wohnraum i.S.d. Baurechts geschaffen wird.[1] Ein begünstigter Ausbau ist das Schaffen von Wohnraum durch Ausbau des Dachgeschosses oder durch eine unter wesentlichem Bauaufwand durchgeführte Umwandlung von Räumen, die nach ihrer baulichen Anlage und Ausstattung bisher anderen als Wohnzwecken dienten (z.B. Ausbau von Kellerräumen zu Wohnräumen). Als Ausbau gilt es auch, wenn Wohnungen, die infolge einer Änderung der Wohngewohnheiten nicht mehr für Wohnzwecke geeignet sind, zur Anpassung an die veränderten Wohngewohnheiten unter wesentlichem Bauaufwand umgebaut werden.

505 In der **Zeile 7** sind **Angaben zum Kauf des Objekts**, zum Bauantrag und zur Anschaffung und Fertigstellung erforderlich. Zeitpunkt der Anschaffung ist der Tag, an dem Besitz, Gefahren, Nutzen und Lasten des Objekts auf die stpfl. Person übergehen. **Fertig gestellt** ist eine Wohnung hingegen dann, wenn die wesentlichen Bauarbeiten abgeschlossen sind und sie erstmalig bestimmungsgemäß genutzt werden konnte. Werden **erstmalig Abzugsbeträge geltend gemacht**, sollte zur Vermeidung von Rückfragen der Steuererklärung eine Einzelaufstellung der Aufwendungen beigefügt werden, in der neben den gezahlten Rechnungsbeträgen auch das Rechnungsdatum, der Gegenstand der Leistung sowie das ausführende Unternehmen angegeben sind.

b) Fertig gestellt am/Eigengenutzt ab/Nutzfläche des Hauses (Zeilen 8–9)

506 Die Angaben sind für das FA erforderlich, um erkennen zu können, in welchem Umfang ein Objekt tatsächlich zu **eigenen Wohnzwecken** genutzt wird, denn nur in diesem Umfang ist eine Förderung möglich ist. Soweit das Objekt eigenbetrieblich oder beruflich genutzt oder vermietet wird, sind die Anschaffungs- oder Herstellungskosten um diesen Anteil zu kürzen.

c) Für folgende Objekte wurden bereits Abzugsbeträge/erhöhte Absetzungen beansprucht (Zeile 10)

507 Die stpfl. Person kann bei einer weiteren eigenen Wohnung oder bei einem Ausbau oder einer Erweiterung einer eigenen Wohnung (Folgeobjekt) Abzugsbeträge in Anspruch nehmen, wenn sie beim Erstobjekt die Abzugsbeträge deshalb nicht weiter in Anspruch nehmen konnte, weil sie es nicht bis zum Ablauf des Abzugszeitraums zu eigenen Wohnzwecken genutzt hat. Das Folgeobjekt stellt ein eigenständiges Objekt i.S.d. § 10e Abs. 1 oder 2 EStG dar. Es ist für die Höhe der Berücksichtigung daher § 10e EStG in der jeweils für das Folgeobjekt gültigen Fassung maßgebend.

Voraussetzung für die Inanspruchnahme der Abzugsbeträge bei einem Folgeobjekt ist, dass die stpfl. Person das zu eigenen Wohnzwecken genutzte Folgeobjekt, bei dem sie Abzugsbeträge in Anspruch nehmen will, innerhalb eines Zeitraums von drei Jahren nach und zwei Jahren vor dem Ende des Kj. angeschafft oder hergestellt hat, in dem sie das Erstobjekt letztmals zu eigenen Wohnzwecken genutzt hat.

Objektverbrauch ist auch dann eingetreten, wenn bereits erhöhte Absetzungen nach §§ 82g, 82i EStDV berücksichtigt worden sind. Die Beschränkung der Inanspruchnahme von Abzugsbeträgen (§ 10f Abs. 3 Satz 1 EStG) nur „bei einem Objekt" bedeutet, dass die stpfl. Person von der Steuervergünstigung auf die Lebenszeit bezogen nur für ein selbstbewohntes Baudenkmal Gebrauch machen kann. Insoweit tritt durch die Inanspruchnahme einer Steuervergünstigung nach § 10f Abs. 1 EStG ein Objektverbrauch ein. Die Vorschrift verhindert die Inanspruchnahme der Vergünstigung für mehr als ein Objekt nicht nur in demselben VZ nebeneinander, sondern auch in mehreren VZ nacheinander.[2]

1) BFH v. 27.1.1993, IX 97/88, BStBl II 1993, 601.
2) BFH v. 24.5.2023, X R 22/20, BStBl II 2023, 866.

3. Abzugsbetrag nach § 10f EStG (Zeilen 11–13)

Abzugsbetrag nach § 10f EStG 46

Bei Bauantrag / Einreichung der Bauunterlagen vor dem 1.1.2004:

11	Aufwendungen	wie Vorjahr	Fertig gestellt 2025 ,— €	Abzugsbetrag bis zu 10 %	71	EUR ,—

Bei Bauantrag / Einreichung der Bauunterlagen nach dem 31.12.2003:

12	Aufwendungen	wie Vorjahr	Fertig gestellt 2025 ,— €	Abzugsbetrag bis zu 9 %	69	,—

Zusätzliche Angaben zu Zuschüssen

13 2025 vereinnahmte oder bewilligte Zuschüsse aus öffentlichen Mitteln zu den Anschaffungs- / Herstellungskosten (laut gesonderter Erläuterung) ,—

Nach § 10f EStG können Aufwendungen an einem zu eigenen Wohnzwecken genutzten **Baudenkmal** oder **Gebäude in einem Sanierungsgebiet** und **städtebaulichen Entwicklungsbereich** ertragsteuerlich geltend gemacht werden (Städtebausanierungsmaßnahmen i.S.d. § 177 BauGB). Ein Übergang auf einen Gesamtrechtsnachfolger ist nicht möglich.[1] Die Steuerbegünstigung gem. § 7i oder § 10f EStG für Baumaßnahmen an einem im EU-Ausland belegenen, aber auch zum kulturgeschichtlichen Erbe Deutschlands gehörenden Baudenkmal ist ausgeschlossen, wenn die Baumaßnahmen nicht vorher mit der für den Denkmalschutz zuständigen ausl. Behörde abgestimmt worden sind. Auf die Frage, ob die Beschränkung auf im Inland belegene Gebäude mit dem Unionsrecht vereinbar ist, kommt es dann nicht an.[2] Die Nutzung zu eigenen Wohnzwecken liegt auch dann vor, wenn eine Überlassung an ein einkommensteuerlich zu berücksichtigendes Kind erfolgt.[3] Im Fall eines **Wohnungsneubaus** besteht dabei kein Anspruch auf eine Förderung.[4] 508

Zu unterscheiden ist zwischen einer Förderung von **Herstellungskosten** und **Anschaffungskosten** (§ 10f Abs. 1 EStG) und **Erhaltungsaufwand** (§ 10f Abs. 2 EStG). Der Erhaltungsaufwand darf nicht zu den BA/WK gehören und nicht als Aufwand i.R.v. **Vorkosten** (§ 10e Abs. 6 EStG) berücksichtigt werden.

Praxishinweis:

Die Anlage FW unterscheidet diese beiden Tatbestände nicht. Der selbst ermittelte Abzugsbetrag ist in dem dafür vorgesehenen Feld einzutragen.

Wird der Abzugsbetrag beantragt, ist nachzuweisen, dass die Baumaßnahme vor Beginn mit der Denkmalbehörde abgestimmt wurde. Diese Fördervoraussetzung kann auch durch Schriftverkehr mit der zuständigen Behörde oder in sonstiger Weise belegt werden.[5] Bei der **Bescheinigung** nach § 7h Abs. 2 EStG handelt es sich um einen Grundlagenbescheid,[6] wobei diese objektbezogen[7] und nicht alleine auf ein Gesamtobjekt auszustellen ist. Die von einer Gemeinde wahrheitswidrig ausgestellte Bescheinigung i.S.v. § 7h Abs. 2 EStG über durchgeführte „Modernisierungs- und Instandsetzungsaufwendungen i.S.d. § 177 BauGB" entfaltet keine Bindungswirkung, wenn objektiv feststeht, dass ein solches Modernisierungs- und Instandsetzungsgebot i.S.v. § 177 BauGB nicht existiert.[8] Die Bescheinigung der zuständigen Gemeindebehörde ist materiell-rechtliche Abzugsvoraussetzung für die Begünstigung nach § 7h EStG und für den Erlass des Grundlagenbescheids. Sie ist objektbezogen auszustellen. Die Bindungswirkung der Bescheinigung erstreckt sich auf die in § 7h Abs. 1 EStG genannten Tatbestandsmerkmale.[9] Hat die zuständige Gemeindebehörde eine bindende Entscheidung über die von ihr nach § 7h Abs. 1 EStG zu prüfenden Voraussetzungen getroffen, hat das FA diese im Besteuerungsverfahren ohne weitere Rechtmäßigkeitsprüfung zugrunde zu legen, es sei denn, die Bescheinigung wird förmlich zurückgenommen, widerrufen oder ist nach § 44 VwVfG nichtig und deshalb unwirksam.[10]

Praxishinweis:

Zur Vermeidung der Begünstigung von Modernisierungs- und Instandsetzungsarbeiten, die zu einem nicht der Intention des § 7h EStG entsprechenden steuerrechtlichen Neubau führen, bedurfte es aus Sicht des Gesetzgebers infolge der BFH-Rechtsprechung[11] zum einen der gesetzlichen Klarstellung, dass Neubauten nicht begünstigt sind, und zum anderen der gesetzlichen Korrektur der gegebenen Kompetenzverteilung im Interesse der Gesetzmäßigkeit der Besteuerung, dass insoweit seitens der Finanzbehörde ein eigenes steuerrechtliches Prüfungsrecht für Baumaßnahmen besteht, mit denen nach dem 31.12.2018 begonnen wurde (§ 7h Abs. 1a EStG). Die Bescheinigung der Bescheinigungsbehörde (§ 7h Abs. 2 EStG) umfasst die in § 7h Abs. 1a EStG genannte Voraussetzung nicht. Mit der Bescheinigung der Bescheinigungsbehörde muss auch die Erforderlichkeit der Aufwendungen nachgewiesen werden (§ 7h Abs. 2 Satz 1 EStG).

---

1) FG Sachsen-Anhalt v. 24.7.2024, 1 K 903/21, EFG 2025, 853; Rev., Az. des BFH: X R 23/24.
2) BFH v. 26.4.2023, X R 4/21, BStBl II 2023, 870.
3) BFH v. 18.1.2011, X R 13/10, BFH/NV 2011, 974.
4) FG Berlin-Brandenburg v. 17.11.2010, 2 K 3060/06 B, EFG 2011, 955.
5) BFH v. 24.6.2009, X R 8/08, BStBl II 2009, 960.
6) BFH v. 25.2.2014, X R 4/12, BFH/NV 2014, 1512.
7) BFH v. 16.9.2014, X R 29/12, BFH/NV 2015, 217.
8) FG Thüringen v. 22.8.2017, 2 K 688/16, EFG 2017, 1506.
9) BFH v. 10.10.2017, X R 6/16, BStBl II 2018, 272.
10) BFH v. 17.4.2018, IX R 27/17, BStBl II 2018, 597.
11) BFH v. 22.10.2014, X R 15/13, BStBl II 2015, 367.

Voraussetzung für den Abzug ist zudem, dass eine wirtschaftliche Belastung der stpfl. Person eingetreten ist. Daran fehlt es, wenn ein Ersatz für die Aufwendungen geleistet wird.[1] Wurde der **Bauantrag vor dem 1.1.2004** gestellt, besteht die Möglichkeit, die entsprechenden Aufwendungen im Jahr des Abschlusses der entsprechenden Maßnahme und in den neun folgenden Kj. jeweilig bis zu 10 % der Bemessungsgrundlage wie Sonderausgaben abzuziehen. Gleichgestellt sind die Fälle, in denen die entsprechenden Bauunterlagen eingereicht worden sind.

Wurde mit der **Baumaßnahme nach dem 31.12.2003** begonnen oder wurde der Bauantrag nach dem 31.12.2003 gestellt, beträgt der jährliche Abzugsbetrag höchstens 9 % der Bemessungsgrundlage. Die Abzugsbeträge nach Absatz 1 und 2 können nur bei einem Gebäude in Anspruch genommen werden. **Zusammen veranlagte Ehegatten/Lebenspartner** können die Abzugsbeträge bei insgesamt **zwei Gebäuden** abziehen (§ 10f Abs. 3 EStG).

Soweit die stpfl. Person das Gebäude während des VZ zur Einkunftserzielung nutzt, ist der noch nicht berücksichtigte Teil des Erhaltungsaufwands im Jahr des Übergangs zur Einkunftserzielung wie Sonderausgaben abzuziehen (§ 10f Abs. 2 Satz 3 EStG).

Anzugeben ist, ggf. mit einer gesonderten Erläuterung, in Zeile 13, ob im VZ 2025 aus öffentlichen Mitteln Zuschüsse zu Anschaffungs- oder Herstellungskosten vereinnahmt oder bewilligt worden sind (vgl. hierzu die Ausführungen zur Anlage V → Rz. 1638).

4. Anteile an der Steuerbegünstigung nach § 10f EStG laut gesonderter und einheitlicher Feststellung (Zeilen 14–16)

Anteile an der Steuerbegünstigung nach § 10f EStG laut gesonderter und einheitlicher Feststellung

Zeile			
14	Gemeinschaft / Gesellschaft		
15	Finanzamt	Steuernummer	
16	Gesondert und einheitlich festgestellter Betrag nach § 10f EStG	85	EUR ,—

2025AnlFW111 - September 2025 - 2025AnlFW111

509 Handelt es sich bei den Beteiligten um Ehegatten/Lebenspartner, die zusammen zur ESt veranlagt werden (§§ 26, 26b EStG), oder handelt es sich um einen Fall von geringer Bedeutung, so kann von einer gesonderten und einheitlichen Feststellung abgesehen werden (§ 180 Abs. 3 Nr. 2 AO). Ein Übergang auf den Gesamtrechtsnachfolger ist nicht möglich.[2]

1) BFH v. 20.6.2007, X R 13/06, BStBl II 2007, 879.
2) FG Sachsen-Anhalt v. 24.7.2024, 1 K 903/21, EFG 2025, 853, Rev. Az. des BFH: X R 23/24.

VIII. Anlage G – Einkünfte aus Gewerbebetrieb

1. Abgrenzung zu anderen Einkunftsarten

a) Allgemeines

Einkünfte aus Gewerbebetrieb liegen nur dann vor, wenn die **Gewinnerzielungsabsicht** bejaht werden kann (§ 15 Abs. 2 Satz 1 EStG). Gewinnerzielungsabsicht ist dabei das Bestreben, das BV zu mehren und auf Dauer einen Totalgewinn zu erzielen. Der maßgebliche erzielbare Totalgewinn setzt sich aus den in der Vergangenheit erzielten und künftig zu erwartenden laufenden Gewinnen/Verlusten und dem sich bei Betriebsbeendigung voraussichtlich ergebenden Veräußerungs-/Aufgabegewinn/-verlust zusammen.[1] Es handelt sich um ein subjektives Tatbestandsmerkmal, das **nicht nach** den **Absichtserklärungen** der stpfl. Person, sondern nach **äußeren Merkmalen zu beurteilen** ist. So können auch die Erträge eines **Pokerspielers** steuerpflichtig sein, wenn die individuelle Tätigkeit nicht als ein reines Glücksspiel (z.B. Lottospiel) anzusehen ist und schon bei einem durchschnittlichen Spieler das Geschicklichkeitselement nur wenig hinter dem Zufallselement zurücktrete.[2] Es muss aus objektiven Umständen auf das Vorliegen oder Fehlen der Gewinnerzielungsabsicht geschlossen werden können.[3] Anzeichen für das Vorliegen der Gewinnerzielungsabsicht kann eine Betriebsführung sein, bei welcher der Betrieb nach seiner Wesensart und der Art seiner Bewirtschaftung auf die Dauer gesehen dazu geeignet und bestimmt ist, mit Gewinn zu arbeiten. Eine große Anzahl von Verkäufen über die **Internetplattform eBay** mit damit verbundenen hohen Umsätzen überschreitet die bloße private Vermögensverwaltung. Im Bereich der Social-Media-Berufe (Blogger, Influencer, YouTuber etc.) sind die typischen Abgrenzungen erforderlich.[4] Insbesondere sind Einnahmen aus Werbung immer Einkünfte aus Gewerbebetrieb und keine Einkünfte aus selbständiger (z.B. künstlerischer Arbeit). Auch wenn mit den Verkäufen die Auflösung einer zuvor privat angelegten Sammlung verbunden ist, wird hiermit eine nachhaltige gewerbliche und unternehmerische Tätigkeit entfaltet. Allerdings kann die Veräußerung noch der letzte Akt der privaten Vermögensverwaltung sein, wenn die Veräußerung über einen langen Zeitraum und in zahlreichen Einzelakten ausgeführt wird. Allein die Verwendung einer auch von gewerblichen Händlern genutzten Internetplattform alleine führt nicht zur Gewerblichkeit.[5] **Längere Verlustperioden** reichen dabei für sich allein gesehen jedoch nicht aus, um eine Betätigung als Liebhaberei (fehlende Gewinnerzielungsabsicht) anzusehen und dem Bereich der privaten Lebensführung zuzuordnen. Bei längeren Verlustperioden muss aus weiteren Anzeichen die Feststellung möglich sein, dass die stpfl. Person die verlustbringende Tätigkeit nur aus im Bereich ihrer Lebensführung liegenden persönlichen Gründen oder Neigungen ausübt.[6] Hat das Fehlen der Gewinnerzielungsabsicht zu einem bestimmten Zeitpunkt festgestanden, ist damit nicht gleichzeitig festgeschrieben, dass derselbe Betrieb auf Dauer als Liebhabereibetrieb angesehen werden muss.[7] Außerhalb des Hobbybereichs bedarf es zusätzlicher Anhaltspunkte dafür, dass die Verluste aus persönlichen Gründen oder Neigungen hingenommen werden. An deren Feststellung sind keine hohen Anforderungen zu stellen; die Feststellung ist aber nicht gänzlich entbehrlich.[8] Zur Frage der Gewinnerzielungsabsicht bei Tätigkeiten, die nicht typischerweise dazu bestimmt und geeignet sind, der Befriedung persönlicher Neigungen zu dienen vgl. BFH.[9] 510

Praxishinweis:
Zur Berücksichtigung von Verlusten im Zusammenhang mit Steuerstundungsmodellen → Rz. 534.

Gewerbebetrieb ist jede selbständige nachhaltige Betätigung, die mit der Absicht, Gewinn zu erzielen, unternommen wird und sich als Beteiligung am allgemeinen wirtschaftlichen Verkehr darstellt, wenn diese Betätigung weder als Ausübung von Land- und Forstwirtschaft noch als Ausübung eines freien Berufs noch als andere selbständige Arbeit anzusehen ist (§ 15 Abs. 2 Satz 1 EStG). In Zweifelsfällen ist maßgebend, dass die Tätigkeit, soll sie in den gewerblichen Bereich fallen, dem Bild entspricht, das nach der Verkehrsanschauung einen Gewerbebetrieb ausmacht und einer privaten Vermögensverwaltung fremd ist.[10] **Abzugrenzen** ist der Gewerbebetrieb damit **von den Einkünften aus Land- und Forstwirtschaft**[11] (Anlage L) **und aus selbständiger Arbeit** (Anlage S) sowie auch von Einkünften aus **Vermietung und Verpachtung** (Anlage V, V-Sonstige [→ Rz. 1527, → Rz. 1658 ff.]). Diese Abgrenzung ist erforderlich, da Gewinne aus Gewerbebetrieb z.B. der GewSt unterliegen, Einkünfte aus selbständiger Arbeit aber nicht. Zahlungen an Schiedsrichter im internationalen Bereich, sowie Zahlungen für Werbezwecke stellen gewerbliche Einkünfte dar (zum nationalen Bereich → Rz. 1376). Land- und Forstwirtschaft ist die planmäßige Nutzung der natürlichen Kräfte des Bodens zur Erzeugung von Pflanzen und Tieren sowie die Verwertung der dadurch selbst gewonnenen Erzeugnisse. Liegt eine **teils gewerbliche und teils land- und forstwirtschaftliche Betätigung** vor, sind beide Betriebe selbst dann getrennt zu beurteilen, wenn eine zufällige, vorübergehende wirtschaftliche Verbindung zwischen ihnen besteht, die ohne Nachteil für die Betriebe gelöst werden kann.[12] 511

---

1) BFH v. 13.4.2011, X B 186/10, BFH/NV 2011, 1137.
2) BFH v. 16.9.2015, X R 43/12, BStBl I 2016, 48; Verfbeschw nicht angenommen, BVerfG v. 16.8.2017, 2 BvR 2387/15, StEd 29/2018, 440. Bestätigt durch BFH v. 25.2.21, III R 67/18.
3) BFH v. 25.6.1996, VIII R 28/94, BStBl II 1997, 202.
4) Homuth, NWB 2018, 1891.
5) BFH v. 17.6.2020, X R 18/19, BStBl II 2021, 213.
6) BFH v. 2.6.1999, X R 149/95, BFH/NV 2000, 23.
7) Vgl. hierzu z.B. AdV-Beschluss des BFH v. 16.3.2012, IV B 155/11, BFH/NV 2012, 950.
8) BFH v. 23.8.2017, X R 27/16, BFH/NV 2018, 36.
9) BFH v. 10.5.2012, X B 57/11, BFH/NV 2012, 1307.
10) BFH v. 3.7.1995, GrS 1/93, BStBl II 1995, 617 unter C. I.
11) Rheinland-Pfalz, LfSt v. 25.9.2017, S 2230 A-St 31 5 / St 31 1.
12) R 15.5 EStR 2012.

b) Merkmale der Einkunftsart Gewerbebetrieb

aa) Allgemeines

512 Zu Einkünften aus Gewerbebetrieb zählen:

- Einkünfte aus gewerblichen Unternehmen (§ 15 Abs. 1 Nr. 1 EStG),
- Gewinnanteile der Gesellschafter von Gesellschaften, bei denen die Gesellschafter als Mitunternehmer anzusehen sind (§ 15 Abs. 1 Nr. 2 EStG),
- Gewinnanteile persönlich haftender Gesellschafter einer Kommanditgesellschaft auf Aktien, soweit sie nicht auf Anteile am Grundkapital entfallen (§ 15 Abs. 1 Nr. 3 EStG).

Die Merkmale eines Gewerbebetriebs sind nach § 15 Abs. 2 EStG:

- Selbständigkeit,
- Nachhaltigkeit der Betätigung,
- Gewinnerzielungsabsicht,
- Beteiligung am allgemeinen wirtschaftlichen Verkehr.

Selbständigkeit setzt voraus, dass die natürliche Person auf eigene Rechnung und Gefahr tätig ist, also das Erfolgsrisiko der eigenen Betätigung trägt und/oder Unternehmerrisiko und Unternehmerinitiative entfalten kann. Selbständig tätig ist diejenige Person, nach deren Willen und auf deren Rechnung und Gefahr das Unternehmen in der Weise geführt wird, dass sich der Erfolg oder Misserfolg der Betätigung in ihrem Vermögen niederschlägt.[1] Maßgeblich ist hierfür das Gesamtbild der Verhältnisse, bei dem die für und gegen eine Selbständigkeit sprechenden Merkmale gegeneinander abgewogen werden müssen. **Nachhaltig ist eine Tätigkeit**, wenn sie auf Wiederholung angelegt ist. Eine einmalige Handlung stellt demnach keine nachhaltige Betätigung dar; dagegen kann aber die erkennbare Wiederholungsabsicht den Beginn einer fortgesetzten Tätigkeit begründen.[2] Eine **Beteiligung am wirtschaftlichen Verkehr** liegt vor, wenn die stpfl. Person mit Gewinnerzielungsabsicht nachhaltig am Leistungs- oder Güteraustausch teilnimmt.[3] Dabei genügt die Bereitschaft, an jede Person zu verkaufen, die die Kaufbedingungen erfüllt.[4] Der Gewerbetreibende muss nicht in eigener Person am allgemeinen wirtschaftlichen Verkehr teilnehmen. Es reicht vielmehr aus, dass ihm eine für seine Rechnung ausgeübte Teilnahme am allgemeinen wirtschaftlichen Verkehr zuzurechnen ist.[5] Als **ungeschriebenes Tatbestandsmerkmal** kommt hinzu, dass die Betätigung den **Rahmen der privaten Vermögensverwaltung** (→ Rz. 514) **überschreitet**.[6] Zu Abgrenzungsfragen zwischen vermögensverwaltender und gewerblicher Tätigkeit vgl. BMF v. 1.4.2009.[7]

Ein **Betrieb beginnt** mit der auf die Eröffnung eines Betriebs gerichteten vorbereitenden Tätigkeit. So sind bereits die vor der eigentlichen Eröffnung des Betriebs entstandenen Aufwendungen als Betriebsausgaben zu berücksichtigen. Ein **Betrieb ist beendet**, wenn alle im Zusammenhang mit dem Unternehmen entstandenen Geschäftsvorfälle endgültig beendet sind. Zu den Einkünften aus Gewerbebetrieb zählen alle Einnahmen und Ausgaben, die noch in wirtschaftlichem Zusammenhang mit der früheren gewerblichen Tätigkeit in Zusammenhang stehen. So können sich auch nach Beendigung des Betriebs noch nachträgliche Einkünfte ergeben, die zu ermitteln sind (→ Rz. 528).

bb) Vereinfachungsregelung beim Betrieb einer Photovoltaikanlage (PV-Anlage)

513 Die bisherige verwaltungsrechtliche Vereinfachungsregelung[8] wurde durch das JStG 2022 in eine gesetzliche Steuerbefreiung bereits mit Wirkung ab dem VZ 2022 ausgeweitet. Mit dem JStG 2024[9] wurde diese Regelung für PV-Anlagen, die nach dem 31.12.2024 angeschafft, in Betrieb genommen oder erweitert werden, geändert.

Es gilt daher zwei Regelungen in § 3 Nr. 72 EStG zu kennen:

1. Anschaffungen vor dem 1.1.2025:
   a) von auf, an oder in Einfamilienhäusern (einschließlich Nebengebäuden) oder nicht Wohnzwecken dienenden Gebäuden vorhandenen PV-Anlagen mit einer installierten Bruttoleistung laut Marktstammdatenregister von bis zu 30 kW (peak) und
   b) von auf, an oder in sonstigen Gebäuden vorhandenen PV-Anlagen mit einer installierten Bruttoleistung laut Marktstammdatenregister von bis zu 15 kW (peak) je Wohn- oder Gewerbeeinheit,

1) BFH v. 2.9.1985, IV B 51/85, BStBl II 1986, 10; BFH v. 24.9.1991, VIII R 349/83, BStBl II 1992, 330; BFH v. 27.9.1988, VIII R 193/83, BStBl II 1989, 414.
2) BFH v. 31.7.1990, I R 173/83, BStBl II 1991, 66.
3) H 15.4 Allgemeines EStH 2019.
4) BFH v. 6.2.1997, III B 122/94, BFH/NV 1997, 477.
5) BFH v. 31.7.1990, I R 173/83, BStBl II 1991, 66.
6) BFH v. 12.11.1997, XI R 44/95, BStBl II 1998, 774.
7) BMF v. 1.4.2009, IV C 6 – S 2240/08/10008, BStBl I 2009, 515.
8) BMF v. 29.10.2021, IV C 6 – S 2240/19/10006 :006 BStBl I 2021, 2202.
9) JStG 2024 v. 2.2.2024, BGBl. I 2024, 387.

insg. höchstens 100 kW (peak) pro Stpfl. oder Mitunternehmerschaft. In den nachfolgenden Sätzen ist geregelt, dass eine Anlage EÜR bei Vorliegen der Voraussetzungen nicht abzugeben ist und § 15 Abs. 3 Nr. 1 EStG (Abfärbetheorie) nicht zur Anwendung kommt.

2. Anschaffungen nach dem 1.1.2025:

Die für die Anwendung der Steuerbefreiung zulässige Bruttoleistung laut Marktstammdatenregister von 15 kW (peak) ist auf 30 kW (peak) je Wohn- oder Gewerbeeinheit erhöht worden. Durch die Änderung wird zudem klargestellt, dass auch bei Gebäuden mit mehreren Gewerbeeinheiten, aber ohne Wohneinheiten, Photovoltaikanlagen bis zu 30 kW (peak) je Gewerbeeinheit begünstigt sind, und es sich bei der Steuerbefreiung um eine Freigrenze und nicht um einen Freibetrag handelt.

Diese PV-Anlagen sind **verpflichtend als steuerfrei** zu behandeln. Nähere Einzelheiten hierzu regelt das BMF-Schreiben v. 17.7.2023.[1)]

Praxishinweis:
Weder die Anlage G noch die Anlage EÜR sehen Eintragungsmöglichkeiten für steuerbefreite PV-Anlagen vor.

c) Gewerblicher Grundstückshandel

Die bloße **Verwaltung eigenen Vermögens** ist regelmäßig keine gewerbliche Tätigkeit. Vermögensverwaltung 514
liegt vor, wenn sich die Betätigung noch als Nutzung von Vermögen im Sinne einer Fruchtziehung aus zu erhaltenden Substanzwerten darstellt und die Ausnutzung substanzieller Vermögenswerte durch Umschichtung nicht entscheidend in den Vordergrund tritt. **Dagegen** handelt es sich um einen **Gewerbebetrieb**, wenn eine selbständige nachhaltige Betätigung mit Gewinnabsicht unternommen wird, sich als Beteiligung am allgemeinen wirtschaftlichen Verkehr darstellt und über den Rahmen einer Vermögensverwaltung hinausgeht. Zu Grundstücksverkäufen mit Verlusten und der Frage der Gewinnerzielungsabsicht vgl. BFH v. 27.5.2009.[2)] Die sog. Drei-Objekt-Grenze (= bedingte Veräußerungsabsicht) stellt dabei ein gewichtiges Indiz[3)] dar, der jedoch in den Fällen keine entscheidende Wirkung zukommt, wenn bereits ohne Zweifel eine von Anfang an bestehende (oder fehlende) Veräußerungsabsicht vorhanden ist. Zur Frage der Veräußerungsabsicht eines einzigen Objekts vgl. BFH v. 5.4.2017.[4)] Danach setzt auch ein gewerblicher Grundstückshandel Gewinnerzielungsabsicht voraus und diese Absicht kann auch nachträglich entfallen. Wird der Betrieb weder umstrukturiert noch aufgegeben, kommt es zum Strukturwandel zur Liebhaberei. Die Hoffnung auf einen Veräußerungsgewinn jenseits einer Haltefrist von zehn Jahren ist regelmäßig privater Natur. Auch eine Zwangsveräußerung auf Grund wirtschaftlichen Drucks von Banken kann zu einem gewerblichen Grundstückshandel führen.[5)] Der konkrete Grund (z.B. die Ankündigung einer Zwangsversteigerung) ist nicht entscheidend, da es sich um ein späteres Ereignis handelt, das keinen Hinweis auf die Veräußerungsabsicht gibt.[6)] Entsprechendes muss dann auch für andere Tatbestände wie z.B. die Ehescheidung oder Finanzierungsschwierigkeiten und eine Krankheit gelten.

Die Beteiligung am allgemeinen wirtschaftlichen Verkehr ist durch den Kontakt zu einer Mehrzahl von Verkäufern oder Käufern gegeben.[7)]

Beratungshinweis:
Wird die Drei-Objekt-Grenze nicht überschritten, wird der Bereich der privaten Vermögensverwaltung nicht bereits deswegen verlassen, weil bei Erwerb oder der Bebauung eines Grundstücks eine bedingte Veräußerungsabsicht vorgelegen hat.[8)] Auch wenn die stpfl. Person in eigener Person kein einziges Objekt veräußert, kann sie allein durch die Zurechnung der Grundstücksverkäufe von Personengesellschaften oder Gemeinschaften einen gewerblichen Grundstückshandel betreiben.[9)] Zur Frage der Nachhaltigkeit auch in Zusammenhang mit beteiligten Personengesellschaften vgl. BFH v. 22.4.2015.[10)]

Zur Abgrenzung zwischen privater Vermögensverwaltung und dem gewerblichen Grundstückhandel hat die Verwaltung umfangreich Stellung genommen.[11)] Zur Frage der Veräußerung des Grundstücks in der **Errichtungsphase vgl. BFH**.[12)]

Zur Veräußerung von Grundstücken im Rahmen der privaten Vermögensverwaltung → Rz. 1400. Ein Grundstück, dessen Nutzung in nicht unwesentlichem Umfang auf Dauer zu eigenen Wohnzwecken (Ferienhaus) eines gewerblichen Grundstückshändlers angelegt ist, gehört zu dessen PV. Diese Grundsätze gelten jedoch nur für das Familienheim des Grundstückshändlers und nicht für ein Grundstück, das er lediglich als Ferienhaus für sich und

1) BMF v. 17.7.2023, IV C 6 – S 2121/23/10001 :001 BStBl I 2023, 1494. Das BMF-Schreiben ist noch nicht an die Neuerungen für nach dem 31.12.2024 angeschaffte PV-Anlagen angepasst.
2) BFH v. 27.5.2009, X R 39/06, BFH/NV 2009, 1790.
3) BFH v. 18.8.2009, X R 25/06, BStBl II 2009, 965.
4) BFH v. 5.4.2017, X R 6/15, BStBl II 2017, 1130.
5) BFH v. 17.12.2009, III R 101/06, BStBl II 2010, 541.
6) BFH v. 27.9.2012, III R 19/11, BStBl II 2013, 433.
7) BFH v. 20.12.1963, VI 313/62 U, BStBl III 1964, 137; BFH v. 29.3.1973, I R 153/71, BStBl II 1973, 661.
8) BFH v. 3.3.2011, IV R 10/08, BFH/NV 2011, 1666.
9) BFH v. 22.8.2012, X R 24/11, BStBl II 2012, 865.
10) BFH v. 22.4.2015, X R 25/13, BStBl II 2015, 897.
11) BMF v. 26.3.2004, IV A 6 – S 2240 – 46/04, BStBl I 2004, 434.
12) BFH v. 27.11.2008, IV R 38/06, BStBl II 2009, 278.

seine Familie nutzen will.[1] Bei umfassenden Baumaßnahmen, die ein neues Gebäude entstehen lassen, kann Grundstückshandel vorliegen.[2]

Zum Gestaltungsmissbrauch (§ 42 AO) bei Grundstücksübertragungen zwischen Ehegatten vgl. BFH.[3]

d) Gewerblicher Wertpapierhandel

515 Ein Gewerbebetrieb ist eine selbständige nachhaltige Betätigung, die mit der Absicht, Gewinn zu erzielen, unternommen wird und sich als Beteiligung am allgemeinen wirtschaftlichen Verkehr darstellt, wenn sie weder als Ausübung von Land- und Forstwirtschaft noch als Ausübung eines freien Berufs noch als eine andere selbständige Arbeit anzusehen ist (§ 15 Abs. 2 EStG). Als ungeschriebenes Tatbestandsmerkmal muss hinzukommen, dass die Betätigung den **Rahmen** einer **privaten Vermögensverwaltung überschreitet.**[4] Die Verkehrsauffassung sieht die **Umschichtung von Wertpapieren** – selbst in erheblichem Umfang – regelmäßig als noch zur privaten Vermögensverwaltung gehörig an; Gewerblichkeit kann nur bei Vorliegen besonderer Umstände angenommen werden.[5]

> **Praxishinweis:**
> Ob der An- und Verkauf von Wertpapieren trotz hohen Umsatzvolumens, großer Umschlagshäufigkeit und des konkreten Anlageverhaltens der stpfl. Person weiterhin der privaten Vermögensebene zuzurechnen ist, war wiederholt Gegenstand von BFH-Verfahren.[6] Auf Zahl und Umfang der Transaktionen kommt es bei der Abgrenzung von Vermögensverwaltung und gewerblichem Wertpapierhandel dabei nicht entscheidend an. Entscheidend ist die Betätigung am Kapitalmarkt als Haupttätigkeit im unmittelbaren Handel mit anderen Marktteilnehmern.

Das **Unterhalten und die Pflege eines Aktiendepots** sind daher im Regelfall nicht unternehmerisch. Die Grenze zum gewerblichen Wertpapierhandel ist nur ausnahmsweise dann überschritten, wenn die Tätigkeit dem Bild eines **Wertpapierhändlers** entspricht. Bezogen auf den An- und Verkauf von Wertpapieren kommt als Maßstab für die Abgrenzung zwischen Gewerblichkeit und Vermögensverwaltung zum einen die Tätigkeit des Händlers in Betracht; sie unterscheidet sich von der privaten Anlage von Wertpapiervermögen einschließlich dessen Umschichtung durch den **händlertypischen marktmäßigen Umschlag von Sachwerten**. Zum anderen betont die neuere Rechtsprechung des BFH, dass sich die Gewerblichkeit daraus ergeben kann, dass ein eng mit den eigenen Wertpapiergeschäften verbundenes Tätigwerden für fremde Rechnung besonders ins Gewicht fällt.[7] Für eine gewerbliche Tätigkeit ist daher vorauszusetzen, dass die Tätigkeit entweder dem Bild entsprechen muss, das nach der Verkehrsauffassung einen Gewerbebetrieb ausmacht. Hierzu gehört das Unterhalten eines Büros oder einer Organisation zur Durchführung von Geschäften, Ausnutzung eines Marktes unter Einsatz beruflicher Erfahrungen und das Anbieten von Wertpapiergeschäften einer breiteren Öffentlichkeit, oder eine andere, bei einer privaten Vermögensverwaltung ungewöhnliche Verhaltensweise. **Voraussetzung für** die **Annahme** eines **gewerblichen Wertpapierhandels** ist daher das Handeln für fremde Rechnung, eine kaufmännische Organisation und das Ausrichten der Tätigkeit auf kurzfristigen und marktmäßigen Umschlag.

> **Praxishinweis:**
> Zu beachten ist dabei aber der vom BFH aufgestellte Grundsatz, dass es bei Wertpapieren in der Natur der Sache liegt, den Bestand zu verändern, schlechte Papiere abzustoßen, gute zu erwerben und Kursgewinne zu realisieren.[8]

e) Herstellung von virtuellen Währungen

516 Mit BMF-Schreiben v. 6.3.2025[9] hat die Finverw. zu Einzelfragen der ertragsteuerrechtlichen Behandlung von virtuellen Währungen und von sonstigen Token Stellung bezogen.[10] Das BMF-Schreiben reiht das Mining und Forking, also das Herstellen neuer Einheiten als **gewerbliche Einkünfte** ein.

Veräußerungen im Privatvermögen können Einkünfte aus privaten Veräußerungsgeschäften nach § 22 Nr. 2 EStG i.V.m. § 23 Abs. 1 Satz 1 Nr. 2 EStG darstellen, wenn der Zeitraum zwischen der Anschaffung und der Veräußerung nicht mehr als ein Jahr beträgt. In den Vordrucken des VZ 2023 wurden hierfür separate Abfragen aufgenommen (Anlage SO → Rz. 1360).

---

1) FG Hamburg v. 6.2.2019, 3 K 284/17; NZB unbegründet, BFH v. 18.02.2020, X B 49/19.
2) BFH v. 15.1.2020, X R 18/18, X R 19/18, BStBl II 2020, 538.
3) BFH v. 10.7.2019, X R 21-22/17, BFH/NV 2020, 177.
4) Ausführlich Beschluss des Großen Senats des BFH v. 25.6.1984, GrS 4/82, BStBl II 1984, 751 unter C. III. 3. b aa; seither ständige Rechtsprechung.
5) BFH v. 22.1.2003, X R 37/00, BStBl II 2003, 464.
6) BFH v. 2.9.2008, X R 14/07, BFH/NV 2008, 2012.
7) BFH v. 29.10.1998, XI R 80/97, BStBl II 1999, 448.
8) BFH v. 11.7.1968, IV 139/63, BStBl II 1968, 775.
9) BMF v. 6.3.2025, IV C 1 – S 2256/00042/064/043, BStBl I 2025, 658.
10) NWB Nr. 29 v. 22.7.2022, 2043.

2. Gewinn (Zeilen 1–50)

2025

1 Name

2 Vorname

3 **Steuernummer**

Für jeden Betrieb ist zusätzlich eine Bilanz oder – soweit keine Bilanz erstellt wird – eine Anlage EÜR elektronisch zu übermitteln.

Anlage G

Jeder Ehegatte / Lebenspartner mit Einkünften aus Gewerbebetrieb hat eine eigene Anlage G abzugeben.

X Steuerpflichtige Person / Ehemann / Person A

X Ehefrau / Person B

Einkünfte aus Gewerbebetrieb

Gewinn 44

(ohne die Beträge in den Zeilen 61, 69, 78, 94 bis 96 und 102; bei ausländischen Einkünften: **Anlage AUS** beachten)

Gewinn als Einzelunternehmer

1. Betrieb

4 genaue Bezeichnung des Gewerbes

5 Steuernummer

6 Wirtschafts-Identifikationsnummer D E - | 10/11 EUR ,–

2. Betrieb

7 genaue Bezeichnung des Gewerbes

8 Steuernummer

9 Wirtschafts-Identifikationsnummer D E - | 62/63 EUR ,–

Weitere Betriebe

10 genaue Bezeichnung des Gewerbes | 12/13 ,–

Gewinn laut gesonderter Feststellung (ggf. Gesamtsumme)

11 genaue Bezeichnung des Gewerbes

12 Finanzamt

13 Steuernummer | 58/59 ,–

Gewinn als Mitunternehmer laut gesonderter und einheitlicher Feststellung

1. Beteiligung

14 genaue Bezeichnung der Gesellschaft

15 Finanzamt

16 Steuernummer | 14/15 ,–

2. Beteiligung

17 genaue Bezeichnung der Gesellschaft

18 Finanzamt

19 Steuernummer | 16/17 ,–

2025AnlG231 - September 2025 - 2025AnlG231

- 2 -

3. Beteiligung

20 genaue Bezeichnung der Gesellschaft

21 Finanzamt

22 Steuernummer — 18/19 ,—

4. Beteiligung

23 genaue Bezeichnung der Gesellschaft

24 Finanzamt

25 Steuernummer — 20/21 ,—

5. Beteiligung

26 genaue Bezeichnung der Gesellschaft

27 Finanzamt

28 Steuernummer — 22/23 ,—

6. Beteiligung

29 genaue Bezeichnung der Gesellschaft

30 Finanzamt

31 Steuernummer — 28/29 ,—

7. Beteiligung

32 genaue Bezeichnung der Gesellschaft

33 Finanzamt

34 Steuernummer — 30/31 ,—

8. Beteiligung

35 genaue Bezeichnung der Gesellschaft

36 Finanzamt

37 Steuernummer — 32/33 ,—

9. Beteiligung

38 genaue Bezeichnung der Gesellschaft

39 Finanzamt

40 Steuernummer — 34/35 ,—

Weitere Beteiligungen

41 weitere Beteiligungen (laut gesonderter Aufstellung) — 36/37 ,—

2025AnlG232 **2025AnlG232**

- 3 -

Gewinn als Mitunternehmer in Fällen von geringer Bedeutung
– § 180 Abs. 3 Satz 1 Nr. 2 AO (z. B. Ehegattengemeinschaften) –

42 genaue Bezeichnung der Gesellschaft

43 Finanzamt

44 Steuernummer

45 Wirtschafts-Identifikationsnummer D E - 38/39 EUR ,—

Gesellschaften / Gemeinschaften / ähnliche Modelle i. S. d. § 15b EStG

46 genaue Bezeichnung der Gesellschaft / Gemeinschaft / des ähnlichen Modells ,—

47 In den Zeilen 6 bis 45 und 102 nicht enthaltener steuerfreier Teil der Einkünfte, für die das **Teileinkünfteverfahren** gilt 24/25 ,—

48 In den Zeilen 6 bis 45 und 102 enthaltene positive Einkünfte i. S. d. § 2 Abs. 4 UmwStG ,—

Ich beantrage für den in den Zeilen 6 bis 45 und 69 enthaltenen Gewinn die Begünstigung nach § 34a EStG und / oder es wurde zum 31.12.2024 ein nachversteuerungspflichtiger Betrag festgestellt.

49 Anzahl der einzureichenden **Anlagen 34a**

50 Es wurden steuerfreie Sanierungserträge i. S. d. § 3a EStG erzielt. 1 = Ja

a) Laufender Gewinn

Hinweis zur Plausibilitätsbeurteilung: 517
Bei der Gewinnermittlung ist zwischen der Gewinnermittlung durch Bestandsvergleich (Betriebsvermögensvergleich, → Rz. 519) und der Einnahmenüberschussrechnung (Gegenüberstellung der Betriebseinnahmen und der Betriebsausgaben, → Rz. 525) zu unterscheiden. Zu den einzelnen Komponenten einer Gewinnermittlung wird auf die entsprechenden Ausführungen zur Anlage-EÜR (→ Rz. 255 ff.) hingewiesen.

aa) Gewinn als Einzelunternehmer

Ein Gewinn ist einzutragen, wenn eine natürliche Person ein (oder mehrere) Einzelunternehmen als Alleininhaber betreibt. Die Gewinne aus allen Unternehmen im Kj. werden zusammengerechnet und fließen als Grundlage in den Einkommensteuerbescheid ein.

Der Vordruck sieht Eintragungen für den 1. Betrieb (**Zeilen 4 bis 6**), den 2. Betrieb (**Zeilen 7 bis 9**) und die Summe der Gewinne für alle weiteren Betriebe (**Zeile 10**) vor.

Seit dem VZ 2024 gibt es eine Eintragungsmöglichkeit für die **Wirtschafts-Identifikationsnummer (W-Id-Nr.)**. Diese wird seit November 2024 an wirtschaftlich Tätige vergeben. Sie umfasst natürliche Personen, die wirtschaftlich tätig sind, juristische Personen und Personenvereinigungen (Gesellschaften/Gemeinschaften).

Für jede wirtschaftliche Tätigkeit wird eine eigene W-Id-Nr. vergeben. Da in der ersten Stufe der Vergabe noch nicht alle wirtschaftlich Tätigen eine W-Id-Nr. erhalten, ist die neu aufgenommene Abfrage noch kein Pflichtfeld.[1)]

Da grundsätzlich jeder Betrieb unter einer eigenen Steuernummer zu führen ist, wurde in den Vordrucken für den VZ 2025 für den ersten und zweiten Betrieb in den **Zeilen 5 und 8** zusätzlich eine Abfrage zur Steuernummer des Betriebes aufgenommen.

Praxishinweis:
Sind in dem gewerblichen Gewinn begrifflich Kapitalerträge enthalten, von denen Kapitalertragsteuer und Solidaritätszuschläge einbehalten wurden oder ggf. auch noch Körperschaftsteuer einbehalten oder vergütet wurde, ist zusätzlich die Anlage KAP (bei Beteiligungseinkünften: Anlage KAP-BET) einzureichen, auf der die entsprechenden Abzugsbeträge in den Zeilen 43 bis 45 der Anlage KAP einzutragen sind. Die i.R.d. Unternehmens erzielten Kapitalerträge selbst stellen Gewinneinkünfte dar (§ 20 Abs. 8 EStG), die von den Regeln der Abgeltungsteuer ausgenommen sind (§ 43 Abs. 5 EStG).

Praxishinweis:
Ab dem VZ 2025 ist die **Anlage Corona-Hilfen** weggefallen. Die in der Gewinnermittlung bzw. der Bilanz entsprechende Einnahmen bzw. Betriebsausgaben sind somit nicht mehr separat zu erklären.

b) Wirtschaftsjahr

Das in der Regel zwölf Monate umfassende Wj. ist bei Gewerbetreibenden grds. immer das Kj. (§ 4a Abs. 1 Satz 2 518
Nr. 3 EStG). Bei Gewerbetreibenden jedoch, deren **Firma im Handelsregister eingetragen** ist, ist es der Zeitraum, für den regelmäßig Abschlüsse gemacht werden (§ 4a Abs. 1 Nr. 2 EStG). Gewerbetreibende, deren Firma im Han-

1) Näheres unter: https://www.bzst.de/DE/Unternehmen/Identifikationsnummern/Wirtschafts-Identifikationsnummer/wirtschaftsidentifikationsnummer.html.

delsregister eingetragen ist, können daher für einen anderen Zeitraum als das Kj. Abschlüsse machen und ihren Gewinn ermitteln.

Hat der Einzelunternehmer ein **Wj. gleich** dem **Kj.** (1.1. bis 31.12.2025), entspricht der ertragsteuerlich zu berücksichtigende Gewinn dem Wert zum 31.12.2025. Bei den Gewerbetreibenden, die ein vom Kj. abweichendes Wj. haben, gilt der Gewinn als in dem Kj. bezogen, in dem das Wj. 2024/2025 endet (z.B. 1.4.2024 bis 31.3.2025).

Praxishinweis:
Das Wj. darf einen Zeitraum von weniger als 12 Monaten umfassen, wenn ein Betrieb eröffnet, erworben, aufgegeben oder veräußert wird oder wenn ein Unternehmer von regelmäßigen Abschlüssen auf einen bestimmten Tag zu regelmäßigen Abschlüssen auf einen anderen bestimmten Tag übergeht (§ 8b Satz 2 EStDV).

Die **Umstellung des Wj.** auf einen vom Kj. abweichenden Zeitraum ist steuerlich nur wirksam, wenn sie im Einvernehmen mit dem FA vorgenommen wird (§ 4a Abs. 1 Nr. 2 Satz 2 EStG). Die **erforderliche Zustimmung** wird seitens **des FA** nur dann erteilt, wenn gewichtige, in der Organisation des Betriebs liegende Gründe für die Umstellung des Wj. angeführt werden können; es ist jedoch nicht erforderlich, dass die Umstellung des Wj. betriebsnotwendig ist.[1)]

Beispiel:
Unternehmer A, dessen Firma im Handelsregister eingetragen ist, ermittelte bisher den Gewinn für das Wj. 1.4.2023 bis 31.3.2024. Zukünftig soll der Gewinnermittlungszeitraum mit dem Kj. übereinstimmen.

Im Kj. 2024 enden entsprechend zwei Wj., nämlich das bisherige Wj. 1.4.2023 bis 31.3.2024 sowie das Rumpf-Wj. 1.4. bis 31.12.2024. Im Rahmen der Einkommensteuerveranlagung 2024 sind die Gewinne aus beiden Wj. zu berücksichtigen.

c) Gewinnermittlung durch Bestandsvergleich nach § 4 Abs. 1 EStG

aa) Allgemeines

519 Bei der Gewinnermittlung nach § 4 Abs. 1 EStG sind – anders als bei der Gewinnermittlung nach § 5 EStG (→ Rz. 524) – die handelsrechtlichen Vorschriften nur sinngemäß zu beachten (§ 141 Abs. 1 Satz 2 AO).

Gewinn ist der **Unterschiedsbetrag** zwischen dem **BV am Schluss des Wj. und dem BV am Schluss des vorangegangenen Wj.**, vermehrt um den Wert der Entnahmen und vermindert um den Wert der Einlagen (§ 4 Abs. 1 EStG). Das Endvermögen auf den 31.12. für ein Wj. ist zugleich das Vermögen zum 1.1. des Folgejahres (sog. Bilanzenzusammenhang).

Der **Unterschiedsbetrag,** der sich durch die Gegenüberstellung des BV zu Beginn und zum Schluss des Wj. ergibt, **ist grds. der Gewinn**; ggf. ist dieser Gewinn (oder der Verlust) um die entsprechenden außerbetrieblichen Vorgänge (Entnahmen und Einlagen) zu korrigieren. Die Entnahmen erhöhen, die Einlagen vermindern den ermittelten Unterschiedsbetrag.

520 Eine **Entnahme** (Privatentnahme) ist nicht durch einen betrieblichen Vorgang verursacht. Daher darf dieser Vorgang keine Auswirkung auf den Gewinn haben. Aus diesem Grund müssen die Entnahmen dem Unterschiedsbetrag zwischen dem BV am Anfang und am Ende des Wj. wieder hinzugerechnet werden (§ 4 Abs. 1 Satz 1 EStG). Gegenstand einer Entnahme können alle WG sein, die zum notwendigen oder gewillkürten BV gehören, und die die stpfl. Person für sich, ihren Haushalt oder für andere betriebsfremde Zwecke im Laufe des Wj. entnommen hat (§ 4 Abs. 1 Satz 2 EStG). Zu den Entnahmen gehört auch die Überführung eines WG von einem inl. Betrieb in eine ausl. Betriebsstätte der stpfl. Person, wenn der Gewinn der ausl. Betriebsstätte auf Grund eines Abkommens zur Vermeidung der Doppelbesteuerung von der inl. Besteuerung freigestellt ist oder die ausl. Steuer im Inland anzurechnen ist (§ 4 Abs. 1 Satz 3 EStG). Zum Sonderfall der Einschränkung des deutschen Besteuerungsrechts für Anteile an einer Europäischen Gesellschaft oder Genossenschaft vgl. § 4 Abs. 1 Satz 4 und 5 EStG.

Praxishinweis:
Für die Eindeutigkeit einer Entnahmehandlung ist ein Verhalten der stpfl. Person erforderlich, durch das die Verknüpfung des WG mit dem BV unmissverständlich gelöst wird, z.B. im Rahmen einer buchmäßigen Darstellung der Entnahme.[2)]

Ein WG wird entnommen, wenn es aus dem betrieblichen oder beruflichen in den privaten oder einen anderen betriebs- oder berufsfremden Bereich übergeht.[3)]

Bei der Entnahme eines WG ist für die **Bewertung dieses Vorgangs** der Teilwert anzusetzen. Steuerpflichtiger Entnahmegewinn ist der gesamte Unterschiedsbetrag zwischen dem Entnahmewert (§ 6 Abs. 1 Nr. 4 EStG) und dem Buchwert des entnommenen WG im Zeitpunkt der Entnahme. Die Aufdeckung der stillen Reserven im Rahmen der ertragsteuerlichen Entstrickungstatbestände (§ 4 Abs. 1 Satz 3 EStG) erfolgt zum gemeinen Wert (§ 6 Abs. 1 Nr. 4 Satz 1 Halbsatz 2 EStG).

521 **Einlagen** stellen alle WG dar, die die stpfl. Person im Wj. zugeführt hat. Gegenstand von Einlagen können abnutzbare und nicht abnutzbare, materielle und immaterielle WG aller Art sein, unabhängig davon, ob sie dem Anlage-

1) BFH v. 9.1.1974, I R 141/72, BStBl II 1974, 238.
2) Zu Einzelvorgängen von Entnahmehandlung vgl. H 4.3 (2–4) EStH 2019.
3) R 4.3 Abs. 2 EStR 2012.

oder dem Umlaufvermögen zuzuordnen sind.[1] Einlagen sind nicht durch einen betrieblichen Vorgang verursacht worden und dürfen sich daher nicht auf den Unterschiedsbetrag zwischen dem BV am Anfang und am Ende des Wj. auswirken. Sie sind deshalb wieder abzuziehen (§ 4 Abs. 1 Satz 1 EStG).

bb) Betriebsvermögen

(1) Allgemeines

Das BV stellt die **WG** dar, die **ausschließlich und unmittelbar** für **eigenbetriebliche Zwecke** der stpfl. Person genutzt werden oder dazu bestimmt sind. WG sind **Sachen, Rechte oder tatsächliche Zustände** (Gebäude, Maschinen, Waren, Pkw, LKW etc.), konkrete Möglichkeiten oder Vorteile für den Betrieb, deren Erlangung der Kaufmann sich etwas kosten lässt, die einer besonderen Bewertung zugänglich sind, in der Regel eine Nutzung für mehrere Wj. erbringen und zumindest mit dem Betrieb übertragen werden können.[2] Hierzu gehören z.B. auch **Forderungen und Wertpapiere**, der Geschäftswert eines Unternehmens, Erfindungen usw. Eigenbetrieblich genutzte WG sind auch dann notwendiges BV, wenn sie nicht in der Buchführung und in den Bilanzen ausgewiesen sind. Auch **immaterielle WG** sind anzusetzen (§ 5 Abs. 2 EStG). Als immaterielle WG kommen Rechte, rechtskräftige Werte und sonstige Vorteile von wirtschaftlichem Wert in Betracht. Hierzu zählen z.B. Patente, Markenrechte, Urheberrechte, Verlagsrechte[3] und Computerprogramme, soweit diese nicht lediglich als Datenarchiv genutzt werden.[4] 522

Werden WG zu **mehr als 90 % privat genutzt**, gehören sie in vollem Umfang zum **notwendigen PV**. Diese WG bleiben bei dem notwendigen Bestandsvergleich außer Ansatz. Gehören WG nicht zum BV, ist eine Veräußerung derselben nur im Rahmen eines privaten Veräußerungsgeschäfts (Anlage SO, → Rz. 1395 ff.) steuerpflichtig; dies gilt ebenso, wenn es sich um eine Veräußerung i.S.d. § 17 EStG (→ Rz. 573) handelt. Wurden die WG nach dem 31.12.2008 angeschafft, liegt ein Veräußerungsvorgang (§ 20 Abs. 2 EStG) vor, der auf der Anlage KAP zu erklären ist (→ Rz. 666). Gehören die WG dagegen zum BV, ist eine Veräußerung einkommensteuerlich zu berücksichtigen. Diese Einordnung hat zudem Auswirkung auf die Abschreibungen, z.B. wegen Wertminderung, die nur bei WG des BV zulässig ist.

(2) Gewillkürtes Betriebsvermögen

Wird ein WG **zu mind. 10 % bis 50 % betrieblich** genutzt, ist eine Zuordnung zum gewillkürten BV in vollem Umfang möglich.[5] Eine Zuordnung zum gewillkürten BV scheidet damit in den Fällen aus, in denen das WG tatsächlich nur in geringfügigem Umfang betrieblich genutzt wird (zum Nachweis der Zuordnung eines Kfz zum BV vgl. BFH[6]). Zur Frage der Zuordnung bei Änderungen in Folgejahren (keine Zwangsentnahme bei gewillkürtem Betriebsvermögen) vgl. BFH v. 21.8.2012.[7] 523

Es besteht jedoch kein (freies) Wahlrecht, gewillkürtes BV oder PV zu bilden. Vielmehr muss für die Bildung gewillkürten BV eine **betriebliche Veranlassung** gegeben sein. Die WG müssen objektiv „betriebsdienlich" sein.

Betriebsdienliche Förderungsmöglichkeiten in diesem Sinne bieten WG insbesondere auch, wenn sie als Kreditgrundlage oder Liquiditätsreserve geeignet sind oder z.B. höhere Erträge bringen. In Betracht kommen neben Bargeld oder Bankguthaben vor allem risikofreie und leicht liquidierbare Wertpapiere.[8]

Wertpapiere können gewillkürtes BV eines Gewerbebetriebs sein, wenn nicht bereits bei ihrem Erwerb erkennbar ist, dass sie dem Betrieb keinen Nutzen, sondern nur Verluste bringen. Branchenuntypische **Termin- und Optionsgeschäfte** sind dem betrieblichen Bereich regelmäßig auch dann nicht zuzuordnen, wenn generell die Möglichkeit besteht, damit Gewinne zu erzielen. Branchenuntypische Termingeschäfte sind aber in den Fällen betrieblich veranlasst, in denen sie der Absicherung unternehmensbedingter Kursrisiken dienen und nach Art, Inhalt und Zweck ein Zusammenhang mit dem Betrieb besteht, wobei das einzelne Termingeschäft nach den im Zeitpunkt des Vertragsabschlusses bekannten Umständen geeignet und dazu bestimmt sein muss, das Betriebskapital tatsächlich zu verstärken. Unbedingte Termingeschäfte (Futures und Forwards) und Optionsgeschäfte scheiden somit auch unter dem Gesichtspunkt einer **betrieblichen Liquiditätsreserve** im Falle branchenfremder Betätigungen als gewillkürtes BV aus, da sie auf Grund ihres spekulativen Charakters in die Nähe von Spiel und Wetten zu rücken sind.[9] Zur grds. Darstellung von Termin- und Optionsgeschäften → Rz. 1431 ff. Die **Willkürung muss** ihr **auslösendes Moment im Betrieb haben**. Deshalb muss die stpfl. Person darlegen, welche Beziehung das WG zum Betrieb hat und welche vernünftigen wirtschaftlichen Überlegungen sie dazu veranlasst haben, das WG als BV zu behandeln. Anderenfalls sind die WG als PV zu behandeln.[10]

Betriebsfremde WG können daher niemals gewillkürtes BV darstellen.

Zu weiteren Abgrenzungskriterien bei der Beurteilung von Grundstücken, Gebäudeteilen und anderen WG als BV und PV wird auf R 4.2 Abs. 2 und Abs. 3 EStR 2012 verwiesen.

---

1) R 4.3 Abs. 1 EStR 2012.
2) BFH v. 19.6.1997, IV R 16/95, BStBl II 1997, 808.
3) BFH v. 24.11.1982, I R 123/78, BStBl II 1983, 113.
4) BFH v. 2.9.1988, III R 38/84, BStBl II 1989, 160; BFH v. 28.7.1994, III R 47/92, BStBl II 1994, 873.
5) R 4.2 Abs. 1 Satz 6 EStR 2012.
6) BFH v. 21.8.2012, VIII R 12/11.
7) BFH v. 21.8.2012, VIII R 11/11, BStBl II 2013, 117.
8) BFH v. 18.12.1996, XI R 52/95, BStBl II 1997, 351.
9) BFH v. 19.2.1997, XI R 1/96, BStBl II 1996, 399.
10) BFH v. 24.2.2000, IV R 6/99, BStBl II 2000, 297.

Die Zuordnung eines WG ist auch im Rahmen der **Gewinnermittlung durch Überschussermittlung** (→ Rz. 525) möglich, soweit die Zuordnung zum BV eindeutig erfolgt, z.B. durch eine zeitnahe Aufnahme in das Bestandsverzeichnis. Eine rückwirkende Zuordnung zum gewillkürten BV ist nicht möglich.[1]

cc) Gewinnermittlung durch Bestandsvergleich nach § 5 EStG

524 Im Rahmen der Gewinnermittlung nach § 5 EStG sind auch **Bewertungsvorschriften des Handelsrechts verbindlich** zu beachten, soweit das Steuerrecht keine andere Bewertung vorschreibt. So ist das BV anzusetzen, das nach handelsrechtlichen Grundsätzen ordnungsgemäßer Buchführung auszuweisen ist, z.B. gem. §§ 238 bis 261 HGB.

Nach § 5 EStG müssen diejenigen **Gewerbetreibenden** den **Gewinn ermitteln**, die

- auf Grund gesetzlicher Vorschriften verpflichtet sind, Bücher zu führen und regelmäßig Abschlüsse zu machen oder
- dies freiwillig ohne eine entsprechende gesetzliche Verpflichtung tun.

Gesetzliche Vorschriften sind dabei die handelsrechtlichen Buchführungsvorschriften (§§ 238 ff. HGB), die durch die stpfl. Person auch für steuerliche Zwecke zu beachten sind (§ 140 AO).

Zudem sind alle Gewerbetreibenden verpflichtet, Bücher zu führen, wenn sie

- Umsätze einschließlich der steuerfreien Umsätze, ausgenommen die Umsätze nach § 4 Nr. 8 bis 10 UStG, von mehr als 800 000 €[2] im Kj. oder
- einen Gewinn aus Gewerbebetrieb von mehr als 80 000 €[3] im Wj. erzielt haben.

Voraussetzung nach § 141 Abs. 1 AO Bücher zu führen ist dabei eine konstitutive Mitteilung nach § 141 Abs. 2 AO seitens der zuständigen Finanzbehörde.

Zur Maßgeblichkeit der handelsrechtlichen Grundsätze ordnungsgemäßer Buchführung für die steuerliche Gewinnermittlung vgl. BMF v. 12.3.2010.[4]

dd) Gewinnermittlung durch Überschussrechnung (sog. Einnahmenüberschussrechnung) nach § 4 Abs. 3 EStG

525 Der Gewinn kann auch nach § 4 Abs. 3 EStG als Überschuss der Betriebseinnahmen über die Betriebsausgaben ermittelt werden, wenn die stpfl. Person nicht auf Grund gesetzlicher Vorschriften verpflichtet ist, Bücher zu führen und regelmäßig Abschlüsse zu machen, und sie dies auch nicht freiwillig tut.[5]

Einlagen und Entnahmen in Geld bleiben bei der Einnahmenüberschussrechnung unberücksichtigt. Sachentnahmen sind mit dem Teilwert anzusetzen. Die Regelungen zum Abzug **betrieblicher Schuldzinsen**, die in der Anlage EÜR einzutragen sind, gelten entsprechend.

Anschaffungs-/Herstellungskosten für **nicht abnutzbare WG des Anlagevermögens**, für Anteile an Kapitalgesellschaften, Wertpapiere und vergleichbare nicht verbriefte Forderungen und Rechte, für Grund und Boden sowie Gebäude des Umlaufvermögens dürfen erst im Zeitpunkt des **Zuflusses des Veräußerungserlöses oder** bei **Entnahme** im Zeitpunkt der Entnahme als Betriebsausgaben berücksichtigt werden (§ 4 Abs. 3 Satz 4 f. EStG).[6] Damit besteht nicht mehr die Möglichkeit, steuerliche Vorteile durch das Auseinanderfallen von Veräußerung und Kaufpreiseingang zu erzielen (zunächst werden Betriebsausgaben geltend gemacht und erst mit zeitlicher Verzögerung – im Folgejahr – kommt es zur Versteuerung der Einnahmen im Zeitpunkt der Veräußerung). Entscheidend für den Betriebsausgabenabzug ist daher bei der Gewinnermittlung nach § 4 Abs. 3 EStG nicht mehr der Veräußerungszeitpunkt, sondern der Zeitpunkt des Zuflusses des Veräußerungserlöses. Damit ergibt sich steuerlich eine vergleichbare Situation wie sie bereits bei den privaten Veräußerungsgeschäften nach § 23 EStG besteht, bei denen die AK der veräußerten WG erst mit Zufluss des Kaufpreises berücksichtigt werden. Für die o.g. WG ist des Weiteren – neben den nicht abnutzbaren WG des Anlagevermögens – ein besonderes, **laufend zu aktualisierendes Verzeichnis** zu führen.

Praxishinweis:
Hierdurch besteht u.a. für die stpfl. Person die Möglichkeit, für WG des abnutzbaren Anlagevermögens die Zuordnungsentscheidung zum gewillkürten BV (→ Rz. 523) zu dokumentieren. Dies beugt ggf. Streitigkeiten zwischen Verwaltung und stpfl. Person vor.

526 Wird der Gewinn nach § 4 Abs. 3 EStG durch den Überschuss der Betriebseinnahmen über die Betriebsausgaben ermittelt, ist der Steuererklärung eine **Gewinnermittlung nach amtlich vorgeschriebenem Vordruck** (§ 60 Abs. 4 EStDV) beizufügen – die **Anlage EÜR – und elektronisch zu übermitteln.** Auf die dortigen Ausführungen zur Gewinnermittlung wird verwiesen (→ Rz. 281 ff.). Die Regelungen zur Anlage EÜR (§ 60 EStDV) stellen dabei eine wirksame Rechtsgrundlage für die Pflicht zur Abgabe der Anlage EÜR dar.[7]

---

1) BMF v. 17.11.2004, IV B 2 – S 2134 – 2/04, BStBl I 2004, 1064.
2) Geändert durch das Wachstumschancengesetz v. 27.3.2024 (BGBl. I 2024 Nr. 108) ab dem VZ 2024.
3) Geändert durch das Wachstumschancengesetz v. 27.3.2024 (BGBl. I 2024 Nr. 108) ab dem VZ 2024.
4) BMF v. 12.3.2010, IV C 6 – S 2133/09/10001, BStBl I 2010, 239 und BMF v. 22.6.2010, IV C 6 – S 2133/09/10001, BStBl I 2010, 597.
5) R 4.5 Abs. 1 EStR 2012.
6) Geändert durch das Gesetz zur Eindämmung missbräuchlicher Steuergestaltungen v. 28.4.2006, BGBl. I 2006, 1095.
7) BFH v. 16.11.2011, X R 18/09, BStBl II 2012, 129.

Angaben zur **Zinsschranke** selbst (§ 4h EStG) sind nicht auf der Anlage G vorzunehmen, Eintragungen erfolgen lediglich unter Verwendung der Zeile 111 → Rz. 610 in der Anlage Zinsschranke → Rz. 1749.[1)]

ee) Wechsel der Gewinnermittlungsart

Wird eine stpfl. Person **buchführungspflichtig**, z.B. weil der Gewinn aus Gewerbebetrieb mehr als 80 000 € beträgt, so muss sie von der Einnahmenüberschussrechnung zur Gewinnermittlung nach Bestandsvergleich (§ 4 Abs. 1 oder § 5 EStG) übergehen. Dieser Übergang erfordert, dass Betriebsvorgänge, die bisher nicht berücksichtigt worden sind, beim ersten Betriebsvermögensvergleich berücksichtigt werden.[2)] Dabei ist der Wert der Warenbestände und der Warenforderungen abzgl. des Werts der Warenschulden zu ermitteln. Diesem Ergebnis ist der Wert der gleichen Posten zu Beginn des Wj. ggü. zu stellen, für das der Gewinn erstmals durch Bestandsvergleich ermittelt wird. Der Gewinn oder Verlust ist dem erstmals durch Bestandsvergleich ermittelten Gewinn hinzu- oder abzurechnen. Bei dem Übergang zur Gewinnermittlung durch Betriebsvermögensvergleich kann zur **Vermeidung von Härten** auf Antrag der Übergangsgewinn (Saldo aus Zu- und Abrechnungen) gleichmäßig entweder auf das Jahr des Übergangs und das folgende Jahr oder auf das Jahr des Übergangs und die beiden folgenden Jahre verteilt werden.[3)] Beim Übergang von der Gewinnermittlung durch **Betriebsvermögensvergleich** (§ 4 Abs. 1 oder § 5 EStG) zur Einnahmenüberschussrechnung (§ 4 Abs. 3 EStG) sind die durch den Wechsel der Gewinnermittlungsart bedingten Hinzurechnungen und Abrechnungen im ersten Jahr nach dem Übergang zur Gewinnermittlung nach § 4 Abs. 3 EStG vorzunehmen.[4)] Soweit sich die Betriebsvorgänge, die den durch den Wechsel der Gewinnermittlungsart bedingten Korrekturen entsprechen, noch nicht im ersten Jahr nach dem Übergang zur Gewinnermittlung nach § 4 Abs. 3 EStG ausgewirkt haben, können die Korrekturen auf Antrag grds. in dem Jahr vorgenommen werden, in dem sich die Betriebsvorgänge auswirken.[5)] **527**

Praxishinweis:
Eine Eintragungsmöglichkeit auf der Anlage G gibt es nicht. Bei einem Wechsel vom Betriebsvermögensvergleich zur Gewinnermittlung nach § 4 Abs. 3 EStG ist der Übergangsgewinn oder -verlust in Zeile 83 der Anlage EÜR zu erklären. Bei einem Wechsel von der Gewinnermittlung nach § 4 Abs. 3 EStG zum Betriebsvermögensvergleich ist der zu erklärende Gewinn auf der Anlage G manuell zu erhöhen. Wird eine Gewerbesteuererklärung abgegeben, ist es auch dort möglich den notwendigen Betrag zu erklären.

ff) Nachträgliche Betriebsausgaben

Nach der Betriebsveräußerung oder Betriebsaufgabe können noch Betriebseinnahmen und Betriebsausgaben anfallen, die zu nachträglichen Einkünften aus Gewerbebetrieb führen (z.B. sind Leistungen aus der [Berufsunfähigkeits-]Rente aus einem Vertreterversorgungswerk als nachträgliche gewerbliche Einkünfte und nicht als Leibrente [§ 22 Nr. 1 Satz 3 EStG] zu qualifizieren.[6)] Der Zinsanteil einer Zeitrente aus der Veräußerung eines Gewerbebetriebs ist im Fall der Wahl der Zuflussbesteuerung als nachträgliche Betriebseinnahme [§ 24 Nr. 2 EStG i.V.m. § 15 Abs. 1 Satz 1 Nr. 1 EStG] zu erfassen.[7)]). Diese Einkünfte sind jedoch nicht mehr nach den Grundsätzen des Betriebsvermögensvergleichs, sondern in sinngemäßer Anwendung der Vorschriften des § 4 Abs. 3 EStG (Einnahmenüberschussrechnung) zu ermitteln.[8)] Nachträgliche Betriebsausgaben sind z.B. **528**

- Schuldzinsen für während des Bestehens des Betriebs entstandene und bei Betriebsveräußerung **zurückbehaltene Verbindlichkeiten**, soweit der Veräußerungserlös und der Verwertungserlös aus zurückbehaltenen Aktivwerten nicht zur Schuldentilgung ausreicht; darüber hinaus Schuldzinsen auch dann noch und so lange, wie der Schuldentilgung Auszahlungshindernisse hinsichtlich des Veräußerungserlöses, Verwertungshindernisse hinsichtlich der zurückbehaltenen Aktivwerte oder Rückzahlungshindernisse hinsichtlich der früheren Betriebsschulden entgegenstehen,[9)]
- **Schuldzinsen für betrieblich begründete Verbindlichkeiten** nach Übergang des Betriebs zur Liebhaberei, wenn und soweit die zu Grunde liegenden Verbindlichkeiten nicht durch eine mögliche Verwertung von Aktivvermögen beglichen werden können,[10)]
- Zinsanteile von **Rentenzahlungen**, wenn der Rentenberechtigte einer mit den Erlösen aus der Betriebsaufgabe möglichen Ablösung der betrieblich veranlassten Rentenverpflichtung nicht zustimmt.[11)]

Nachträgliche Betriebsausgaben stellen z.B. bis einschließlich der Rechtslage 1998 nicht dar

- Schuldzinsen, die auf die Zeit nach Veräußerung einer im PV gehaltenen Beteiligung i.S.d. § 17 Abs. 1 Satz 1 EStG entfallen[12)] und
- Schuldzinsen, die auf die Zeit nach Beendigung der Nutzung zur Erzielung von Einkünften aus Vermietung und Verpachtung entfallen.[13)]

1) Zur Zinsschranke vgl. BMF v. 4.7.2008, IV C 7 – S 2742-a/07/10001, BStBl I 2008, 718.
2) BFH v. 24.1.1985, IV R 155/83, BStBl II 1985, 255.
3) R 4.6 Abs. 1 Satz 4 EStR 2012.
4) R 4.6 Abs. 2 EStR 2012.
5) BFH v. 17.1.1963, IV 66/62 U, BStBl III 1963, 228.
6) FG Nürnberg v. 25.7.2019, 6 K 1733/18.
7) BFH v. 5.11.2019, X R 12/17, BStBl II 2020, 262.
8) BFH v. 22.2.1978, I R 137/74, BStBl II 1978, 430.
9) BFH v. 12.11.1997, XI R 98/96, BStBl II 1998, 144.
10) BFH v. 31.7.2002, X R 48/99, BStBl II 2003, 282.
11) BFH v. 22.9.1999, XI R 46/98, BStBl II 2000, 120.
12) BFH v. 9.8.1983, VIII R 276/82, BStBl II 1984, 29.
13) BFH v. 21.12.1982, VIII R 48/82, BStBl II 1983, 373.

d) Gewinn lt. gesonderter Feststellung (ggf. Gesamtsumme) (Zeile 11–13)

529 **Hinweis zur Plausibilitätsbeurteilung:**

Die Finverw. beabsichtigt künftig gesondert festgestellte Einkünfte (ESt-4B-Mitteilung = Grundlagenbescheide) elektronisch an das für die Besteuerung zuständige FA zu senden (Wohnsitz-FA). Dort sollen die Werte dann automatisch in die entsprechenden Kennzahlen übernommen werden. Damit entfällt die personelle Eingabe dieser Werte. Darüber hinaus soll in mit ELSTER übermittelten Erklärungen künftig die ESt-4B-Mitteilung auch in einer separaten Eingabemaske eingetragen werden (vergleichbar mit der jetzigen Eingabe der LSt-Bescheinigung).

Eine gesonderte Feststellung der Einkünfte hat dann zu erfolgen, wenn nach den Verhältnissen zum Schluss des Gewinnermittlungszeitraums das für die gesonderte Feststellung der Einkünfte zuständige FA nicht auch für die Steuern vom Einkommen des Unternehmers zuständig ist (§ 180 Abs. 1 Nr. 2 Buchst. b AO). Spätere Änderungen dieser Verhältnisse sind unbeachtlich. Bei einem vom Kj. abweichenden Wj. oder einem Rumpf-Wj. sind die Verhältnisse zum Schluss dieses Zeitraums maßgebend.[1)]

In **Zeile 11** ist der Name des Gewerbes einzutragen, in **Zeile 12** das zuständige FA und in der **Zeile 13** die zugehörige Steuernummer und der Gewinn.

Das Wohnsitz-FA der stpfl. Person ist an die getroffene Feststellung des Betriebsstätten-FA gebunden (§ 82 Abs. 1 AO). Erträge aus Investmentfonds werden mit dem Nettowert (nach Berücksichtigung einer Teilfreistellung → Rz. 819 [§ 20 InvStG]) der Besteuerung unterworfen.

Im Rahmen einer gesonderten Feststellung ist eine Feststellungserklärung beim zuständigen Betriebsstätten-FA einzureichen (unter Verwendung der Vordrucke ESt 1 D [ggf. auch die weiteren Anlagen FG, FG-AUS, L und Zinsschranke]) zu nutzen. Diese Regelung gilt für Einzelunternehmer mit Einkünften aus Land- und Forstwirtschaft, Gewerbebetrieb sowie Einkünften aus selbständiger Arbeit (freiberufliche Tätigkeit), die ihren Wohnsitz und ihren Betrieb in den Bezirken verschiedener Finanzämter und verschiedener Gemeinden oder innerhalb derselben Gemeinde, aber in Bezirken mehrerer Finanzämter Betriebe unterhalten (z.B. in Großstädten). Der Feststellungserklärung sind die entsprechenden Gewinnermittlungsunterlagen beizufügen.

Praxishinweis:

Ein ESt-Bescheid kann auch dann erteilt werden, wenn ein Grundlagenbescheid noch nicht erlassen worden ist (§ 155 Abs. 2 AO).

e) Gewinn als Mitunternehmer laut gesonderter und einheitlicher Feststellung (Zeilen 14–41)

Hinweis zur Plausibilitätsbeurteilung:

Die Finverw. beabsichtigt künftig einheitlich und gesondert festgestellte Einkünfte (ESt-4B-Mitteilung = Grundlagenbescheide) elektronisch an das für die Besteuerung zuständige FA zu senden (Wohnsitz-FA). Dort sollen die Werte dann automatisch in die entsprechenden Kennzahlen übernommen werden. Damit entfällt die personelle Eingabe dieser Werte. Darüber hinaus soll in mit ELSTER übermittelten Erklärungen künftig die ESt-4B-Mitteilung auch in einer separaten Eingabemaske eingetragen werden (vergleichbar mit der jetzigen Eingabe der Lohnsteuerbescheinigung).

aa) Allgemeines

530 Einkünfte aus Gewerbebetrieb sind die Gewinnanteile der Gesellschafter einer offenen Handelsgesellschaft, einer Kommanditgesellschaft oder einer anderen Gesellschaft, bei der der Gesellschafter als Unternehmer (Mitunternehmer [lt. gesonderter und einheitlicher Feststellung]) des Betriebs anzusehen ist, und die Vergütungen, die der Gesellschafter von der Gesellschaft für seine Tätigkeit im Dienst der Gesellschaft oder für die Hingabe von Darlehen oder für die Überlassung von WG bezogen hat (§ 15 Abs. 1 Nr. 2 EStG). Erträge aus Investmentfonds werden mit dem Nettowert (nach Berücksichtigung einer Teilfreistellung → Rz. 819 [§ 20 InvStG]) der Besteuerung unterworfen.

Praxishinweis:

Als „andere Gesellschaft" i.S.d. § 15 Abs. 1 Nr. 2 EStG kommen u.a. eine Gesellschaft bürgerlichen Rechts (z.B. eine Erbengemeinschaft) oder eine atypisch stille Gesellschaft in Betracht.[2)] Die stille Gesellschaft gehört nicht zu den Personengesellschaften. Aus diesem Grund ist der echte typische stille Gesellschafter (→ Rz. 693) kein Mitunternehmer, sondern bezieht Einkünfte aus Kapitalvermögen (§ 20 Abs. 1 Nr. 4 und ggf. Abs. 2 Nr. 4 EStG).

Mitunternehmer ist derjenige, der zusammen mit anderen Personen eine Unternehmerinitiative entfalten kann und zusammen mit anderen Personen ein Unternehmerrisiko trägt. Es muss daher die typische Mitunternehmerinitiative und das Mitunternehmerrisiko vorliegen. Beide Merkmale können im Einzelfall mehr oder weniger ausgeprägt, müssen jedoch beide vorhanden sein.[3)] Die Mitunternehmerschaft beruht regelmäßig auf der formellen zivilrechtlichen Stellung des Gesellschafters. **Mitunternehmerinitiative** bedeutet das Teilnehmen an unternehmerischen Entscheidungen. **Mitunternehmerrisiko** trägt regelmäßig diejenige Person, die am Gewinn und am Verlust des Unternehmens sowie an den stillen Reserven inkl. eines möglichen Geschäftswerts beteiligt ist.[4)] Je nach den Umständen des Einzelfalls können jedoch auch andere Gesichtspunkte, z.B. eine besonders ausgeprägte unterneh-

1) AEAO zu § 180 AO Nr. 2.1.
2) BFH v. 1.8.1996, VIII R 12/94, BStBl II 1997, 272 sowie FG Berlin-Brandenburg v. 9.2.2010, 6 K 6178/08, EFG 2010, 1127.
3) BFH v. 7.11.2000, VIII 16/97, BStBl II 2001, 186.
4) BFH v. 25.6.1984, GrS 4/82, BStBl II 1984, 751.

merische Initiative, verbunden mit einem bedeutsamen Beitrag zur Kapitalausstattung des Unternehmens, in den Vordergrund treten.[1] Zur Mitunternehmerinitiative eines atypisch still Beteiligten vgl. BFH.[2]

Als **Gesellschaftsform** kommt insb. die offene Handelsgesellschaft (OHG) und die Kommanditgesellschaft (KG) in Betracht. Die stille Gesellschaft zählt nicht zu den Personengesellschaften. Der (echte) stille Gesellschafter erzielt vielmehr Einkünfte aus Kapitalvermögen (→ Rz. 694). Zu den Mitunternehmerschaften gehören auch **Erbengemeinschaften**, wenn zum Nachlass ein (freiberuflicher) Betrieb gehört, da eine Erbengemeinschaft, die über BV verfügt, in der Regel gewerblich tätig sein wird, da die Erben eine freiberufliche Tätigkeit (→ Rz. 1313) des Erblassers im Allgemeinen nicht fortsetzen können.[3] Ein **Mitunternehmer** muss **nicht zwingend auch Gesellschafter der Personengesellschaft** sein. Es kommt nicht darauf an, ob die stpfl. Person zivilrechtlich als Gesellschafter anzusehen ist. Entscheidend ist vielmehr, welche Rechtsfolgen die Vertragspartner aus ihrer Zusammenarbeit ziehen wollten und wie diese Rechtsfolgen bei Würdigung aller Einzelheiten zu beurteilen sind. Als Mitunternehmer kann z.B. auch ein Arbeitnehmer oder Darlehensgeber bezeichnet werden, wenn die Vertragsbeziehung als Gesellschaftsverhältnis anzusehen ist (**verdeckte Mitunternehmerschaft**).[4] Der alleinige Gesellschafter-Geschäftsführer der **Komplementär-GmbH** ist verdeckter Mitunternehmer der Familien-GmbH & Co. KG, wenn er für die Geschäftsführung unangemessene gewinnabhängige Bezüge erhält und sich – wie bisher als Einzelunternehmer – als Herr des Unternehmens verhält.[5]

Zu Fragen des Einräumens eines Nießbrauchrechts vgl. Nießbraucherlass v. 2.11.2012.[6] Zu den Einkünften aus Gewerbebetrieb eines Mitunternehmers **gehören** auch die Gewinnanteile, die der Mitunternehmer von der Gesellschaft für seine Tätigkeit im Dienst der Gesellschaft oder für die Hingabe von Darlehen oder für die Überlassung von WG erhält (§ 15 Abs. 1 Nr. 2 EStG).

Der **persönlich haftende Gesellschafter einer Kommanditgesellschaft** auf Aktien (KGaA) ist nach § 15 Abs. 1 Satz 1 Nr. 3 EStG wie ein Gewerbetreibender zu behandeln. Der von ihm i.R.d. KGaA erzielte anteilige Gewinn ist ihm einkommensteuerrechtlich unmittelbar zuzurechnen.[7]

Die Einkünfte der Mitunternehmer werden im Rahmen einer **gesonderten und einheitlichen Gewinnfeststellung** 531
mit Wirkung für und gegen alle Beteiligten festgestellt (§ 180 AO). Zuständig für die gesonderte und einheitliche Feststellung ist das FA, in dessen Bezirk der Betrieb der Personengesellschaft liegt (§ 18 Abs. 1 AO). Hierfür ist eine Feststellungserklärung (ESt 1 B mit den Angaben zu den einzelnen Beteiligten – Anlage FB) mit weiteren Anlagen (z.B. für die Gewinnverteilung die Anlage FE 1 und ggf. weitere Anlagen) beim Betriebsstätten-FA einzureichen. Die Frage, ob eine Personengesellschaft vorliegt, ist demnach auch i.R.d. gesonderten und einheitlichen Feststellung der Besteuerungsgrundlagen festzustellen.

Verluste, die einem **beschränkt haftenden Mitunternehmer** zuzurechnen sind, können u.U. nur begrenzt verrechnet werden. Entsteht ein negatives Kapitalkonto oder erhöht sich ein solches, sind daher die Begrenzungen der Verlustverrechnungsmöglichkeiten des § 15a EStG (→ Rz. 532) zu beachten.

bb) Verlustverrechnung bei beschränkter Haftung – § 15a EStG

Der **Komplementär** einer Gesellschaft haftet uneingeschränkt für Verbindlichkeiten der Gesellschaft (§ 161 Abs. 1 532
HGB). Ein **Kommanditist** haftet im Außenverhältnis hingegen für Schulden der KG grds. nur bis zur Höhe seiner im Handelsregister eingetragenen Haftsumme (§ 161 Abs. 1, § 171 Abs. 1 Halbsatz 1 i.V.m. § 172 Abs. 2 HGB; § 15a Abs. 1 Satz 2 und 3 EStG, sog. erweiterter Verlustausgleich). Der erweiterte Verlustausgleich ist nur unter bestimmten Voraussetzungen möglich, um Gestaltungen zu verhindern.[8]

Der Haftungsanspruch besteht unabhängig von der Höhe der Einlage, zu der die stpfl. Person im Innenverhältnis ggü. der KG und den anderen Gesellschaftern vertraglich verpflichtet ist. Diese **Pflichteinlage** hat keine Bedeutung für § 15a EStG. Die Haftung ist ausgeschlossen, soweit der Kommanditist seine Einlage geleistet und nicht wieder zurückerhalten hat (§ 171 Abs. 1 Halbsatz 2 i.V.m. § 172 Abs. 4 HGB).

Der einem Kommanditisten zuzurechnende Anteil am Verlust der Kommanditgesellschaft, der zu einem **negativen Kapitalkonto** führt oder ein solches erhöht, ist nicht ausgleichs- und/oder abzugsfähig und darf weder mit anderen Einkünften aus Gewerbebetrieb noch mit Einkünften aus anderen Einkunftsarten ausgeglichen werden; er darf insoweit auch nicht nach § 10d EStG abgezogen werden. Wird bei Bestehen eines negativen Kapitalkontos eine die Haftsumme übersteigende Pflichteinlage entnommen, kommt es insoweit bis zur Höhe der Haftsumme zum Wiederaufleben der zu berücksichtigenden Haftung, so dass eine Gewinnhinzurechnung unterbleibt.[9] Dieser Verlust ist nur mit **zukünftigen Gewinnen aus der Beteiligung** an der Gesellschaft verrechenbar (§ 15a Abs. 2 EStG).

---

1) BFH v. 27.2.1980, I R 196/77, BStBl II 1981, 210.
2) BFH v. 19.7.2018, IV R 10/17, HFR 2019, 12.
3) BFH v. 5.7.1990, GrS 2/89, BStBl II 1990, 837.
4) BFH v. 11.12.1980, IV R 91/76, BStBl II 1981, 310.
5) BFH v. 21.9.1995, IV R 65/94, BStBl II 1996, 66.
6) Gleich lautende Erlasse der obersten Finanzbehörden der Länder v. 2.11.2012, BStBl I 2012, 1101.
7) BFH v. 21.6.1989, X R 14/88, BStBl II 1989, 881.
8) R 15a Abs. 3 EStR 2012.
9) BFH v. 6.3.2008, IV R 35/07, BStBl II 2008, 676.

Im BMF-Schreiben v. 30.5.1997[1] wurde der Umfang des Kapitalkontos definiert. Zu den Voraussetzungen für den Forderungscharakter eines aktivischen „Darlehenskontos" im sog. Vier-Konten-Modell, vgl. BMF v. 16.10.2008.[2]

Praxishinweis:

Die Berechnung erfolgt in der Feststellungserklärung der Mitunternehmerschaft. In der Anlage G ist der bereits um die nicht ausgeglichenen Verluste geminderte Gewinn einzutragen.

f) Gewinn als Mitunternehmer in Fällen von geringer Bedeutung (Zeile 42–45)

533 Nach § 180 Abs. 3 Satz 1 Nr. 2 Halbsatz 1 AO ist keine gesonderte Feststellung durchzuführen, wenn es sich nach den Verhältnissen im Feststellungszeitraum um einen Fall von geringer Bedeutung handelt, insbesondere weil die Höhe des festgestellten Betrags und die Aufteilung feststehen.

Der BFH hatte über einen Fall zu entscheiden, in dem zusammen veranlagte Ehegatten eine Photovoltaikanlage auf ihrem zu eigenen Wohnzwecken genutzten Haus betreiben und kein Streit über die Höhe und Aufteilung der Einkünfte bestand. Er kam zu dem Ergebnis, dass bei einer Zusammenveranlagung eine einheitliche Rechtsanwendung gegenüber allen Beteiligten der gemeinschaftlichen Einkunftserzielung sichergestellt ist.[3] Dementsprechend entfällt die Notwendigkeit einer gesonderten und einheitlichen Feststellung von Besteuerungsgrundlagen. Für diese Fallgestaltungen entfällt in der Praxis die Abgabe einer Erklärung zur gesonderten und einheitlichen Feststellung der Besteuerungsgrundlagen. Die Einkünfte aus Gewerbebetrieb (z.B. Einkünfte aus dem Betrieb einer Photovoltaikanlage) sind unmittelbar in der Einkommensteuerveranlagung der Ehegatten/Lebenspartner zu berücksichtigen. Das Ergebnis der Gewinnermittlung ist daher ertragsteuerlich direkt in die Veranlagung der Einkommensteuer einzubeziehen. Die Zeilen 42–45 dienen der Eintragung in Fällen von geringer Bedeutung, für welche dem FA **kein** Grundlagenbescheid zugesandt wird.

g) Gesellschaften/Gemeinschaften/ähnliche Modelle i.S.d. § 15b EStG (Zeile 46)

534 § 15b EStG ist nur anzuwenden, wenn steuerliche Vorteile in Form von negativen Einkünften erzielt werden sollen. Die Vorschrift findet keine Anwendung auf Anlaufverluste von Existenz- und Firmengründern.[4] In diesen Fällen existiert kein sog. Anscheinsbeweis. Zu grds. Fragen von Steuerstundungsmodellen vgl. BFH.[5] Für die Annahme eines Steuerstundungsmodells ist Voraussetzung, dass auf ein vorgefertigtes Konzept i.S.d. § 15b Abs. 2 Satz 2 EStG zurückgegriffen wird. Das bloße Aufgreifen einer bekannten Gestaltungsidee führt nicht ohne Weiteres zur Annahme eines Steuerstundungsmodells.[6] Ein Modell kann auch vorliegen, wenn die prognostizierten Verluste auf gesetzliche Abschreibungsmethoden (degressive AfA, Sonderabschreibungen) beruhen. Die Frage, ob es sich im konkreten Fall um ein Steuerstundungsmodell handelt, ist anleger- bzw. gesellschafterbezogen zu prüfen.[7]

Vorrangig ist das Vorliegen der **Gewinn- oder Überschusserzielungsabsicht** zu prüfen.[8] Wird die Einkünfteerzielungsabsicht aus diesem Grund verneint, werden die Einkünfte nicht von § 15b EStG erfasst, selbst wenn es sich bei der Einkunftsquelle um ein Steuerstundungsmodell (§ 15b EStG) handelt. Diese Auffassung wurde bereits bei Anwendung des § 2b EStG vertreten. Für Jahre seit Inkrafttreten des § 15b EStG kann die auf § 2b EStG gestützte Rechtsprechung zur Berücksichtigung von Fondsetablierungskosten bei modellhafter Gestaltung nicht mehr angewendet werden.[9]

Anwendung findet die Vorschrift daher auf Steuerstundungsmodelle,

- denen die stpfl. Person nach dem 10.11.2005 beigetreten ist oder
- für die nach dem 10.11.2005 mit dem Außenvertrieb begonnen wurde (§ 52 Abs. 25 EStG).

Der **Außenvertrieb** beginnt in dem Zeitpunkt, in dem die Voraussetzungen für die Veräußerung der konkret bestimmbaren Fondsanteile erfüllt sind und die Gesellschaft selbst oder über ein Vertriebsunternehmen mit Außenwirkung an den Markt herangetreten ist. Dem Beginn des Außenvertriebs steht der Beschluss von Kapitalerhöhungen und die Reinvestition von Erlösen in neue Projekte gleich (§ 52 Abs. 25 EStG).

Durch § 15b Abs. 1 Satz 1 EStG wird bestimmt, dass **Verluste** aus Steuerstundungsmodellen **nicht mit positiven Einkünften** aus anderen Einkunftsarten **ausgeglichen**, sondern lediglich mit positiven Einkünften aus derselben Einkunftsquelle verrechnet werden dürfen. Sie dürfen auch nicht nach § 10d EStG (→ Rz. 1476) abgezogen werden. Ein Steuerstundungsmodell liegt vor, wenn auf Grund einer modellhaften Gestaltung oder eines vorgefertigten Konzepts die Möglichkeit geboten werden soll, zumindest in der Anfangsphase der Investition Verluste mit übrigen Einkünften zu verrechnen.

1) BMF v. 30.5.1997, IV B 2 – S 2241a – 51/93 II, BStBl I 1997, 627.
2) BFH v. 16.10.2008, IV R 98/06, BStBl II 2009, 272.
3) BFH v. 6.2.2020, IV R 6/17, BStBl II 2021, 171.
4) BMF v. 17.7.2007, IV B 2 – S 2241-b/07/0001, BStBl I 2007, 542.
5) BFH v. 6.2.2014, IV R 59/10, BStBl II 2014, 465.
6) BFH v. 17.1.2017, VIII R 7/13, BStBl II 2017, 700.
7) BFH v. 6.6.2019, IV R 7/16, BStBl II 2019, 513.
8) BFH v. 12.12.1995, VIII R 59/92, BStBl II 1996, 219 und BMF v. 8.10.2004, IV C 3 – S 2253 – 91/04, BStBl I 2004, 933.
9) BFH v. 26.4.2018, IV R 33/15, BFH/NV 2018, 1024.

Praxishinweis:
Nicht betroffen von der Verlustverrechnungsbeschränkung sind solche Fonds, die nicht primär darauf angelegt sind, ihren Anlegern einen Verlust zuzuweisen, sondern die mit der Steuerfreiheit ihrer Rendite werben. Hier sind in erster Linie die vermögensverwaltenden Venture Capital und Private Equity Fonds zu nennen.[1)]

Die Verlustabzugsbeschränkung ist nur in den Fällen anzuwenden, in denen bei Steuerstundungsmodellen innerhalb der Anfangsphase die prognostizierten Verluste mehr als 10 % des gezeichneten und nach dem Konzept aufzubringenden Kapitals betragen (§ 15b Abs. 3 EStG).

Die Regelung des § 15b EStG hat **Vorrang** vor der Anwendung des § 15 Abs. 4 (→ Rz. 605) und des § 15a EStG (→ Rz. 532), so dass auch Verluste des Sonder-BV von der Verlustabzugsbeschränkung betroffen sind (§ 15b Abs. 1 Satz 3 EStG). **Nicht ausgleichsfähige Verluste sind einheitlich und gesondert festzustellen** (§ 15b Abs. 4 EStG). Zur Klagebefugnis vgl. BFH v. 20.12.2018.[2)] Die Begrenzung der Verlustmöglichkeiten durch § 15b EStG ist auch bei den Einkünften aus Land- und Forstwirtschaft (§ 13 EStG → Rz. 973), selbständiger Arbeit (§ 18 EStG → Rz. 1335), Kapitalvermögen (§ 20 EStG → Rz. 666), Vermietung und Verpachtung (§ 21 EStG → Rz. 1652) und sonstigen Einkünften i.S.d. § 22 Nr. 1 Satz 1 EStG (→ Rz. 1394) anzuwenden. Bei den Einkünften aus Vermietung und Verpachtung hat die Regelung insb. Bedeutung für geschlossene Immobilienfonds (→ Rz. 1655). Die Verlustabzugsbeschränkung ist verfassungskonform.[3)]

h) Zusatzangaben für das Teileinkünfteverfahren (Zeile 47)

Durch das UntStRefG[4)] wurde das Halbeinkünfteverfahren zu einem Teileinkünfteverfahren weiterentwickelt (§ 3c Abs. 2 EStG). Das Teileinkünfteverfahren findet nur im Bereich der Gewinneinkünfte Anwendung. Die Steuerfreistellung wurde auf 40 % begrenzt, da durch die Verringerung der steuerlichen Gesamtbelastung auf Unternehmens- und Anteilseignerebene die bisherige hälftige Steuerfreistellung nicht mehr gerechtfertigt ist.[5)] Zur Anwendung des Teileinkünfteverfahrens in der steuerlichen Gewinnermittlung vgl. BMF v. 23.10.2013.[6)] Werden Beteiligungen im BV gehalten, sind Ausschüttungen (z.B. Aktien, GmbH-Beteiligungen, Genossenschaftsanteile) und Veräußerungsgewinne zu 40 % steuerfrei (§ 3 Nr. 40 EStG). 535

Gleichzeitig dürfen Betriebsvermögensminderungen, **Betriebsausgaben**, Veräußerungs- oder Werbungskosten, die mit den dem § 3 Nr. 40 EStG zu Grunde liegenden Betriebsvermögensmehrungen oder Einnahmen in wirtschaftlichem Zusammenhang stehen, unabhängig davon, in welchem VZ die Betriebsvermögensmehrungen oder Einnahmen anfallen, bei der Ermittlung der Einkünfte **nur zu 60 % abgezogen** werden. Entsprechendes gilt, wenn bei der Ermittlung der Einkünfte der Wert des BV oder des Anteils am BV oder die Anschaffungs- oder Herstellungskosten oder der an deren Stelle tretende Wert mindernd zu berücksichtigen sind (§ 3c Abs. 2 EStG). Für Wj., die nach dem 31.12.2014 beginnen, wurde mit dem Zollkodex-Anpassungsgesetz eine Ergänzung des Teilabzugsverbots (§ 3c Abs. 2 Satz 2 bis 6 EStG) für bestimmte Regelungsbereiche (Substanzverluste aus Gesellschafterdarlehen, Inanspruchnahme aus Sicherheiten des Gesellschafters an eine Kapitalgesellschaft im BV, Inanspruchnahme aus Sicherheiten des Gesellschafters im BV, sofern der Gesellschafter an der Kapitalgesellschaft qualifiziert [> 25 %] beteiligt ist/war) herbeigeführt.[7)] Da lediglich der **wirtschaftliche Zusammenhang entscheidend** ist (anders als bei § 3c Abs. 1 EStG, der den direkten Zusammenhang von Einnahmen und Betriebsausgaben fordert) sind auch vorab entstandene Aufwendungen nur zu 60 % berücksichtigungsfähig, wenn ein entsprechender Zusammenhang mit möglichen (späteren) Einnahmen besteht. Für die Anwendung des Teilabzugsverbots reicht die Absicht Einnahmen aus der Beteiligung zu erzielen aus. Es ist daher nicht erforderlich, dass Einnahmen auch tatsächlich erzielt worden sind.[8)]

Für die **Festsetzung und Erhebung von Zuschlagsteuern** ist die BMG die ESt, die abweichend von § 2 Abs. 6 EStG unter Berücksichtigung von Freibeträgen für Kinder (§ 32 Abs. 6 EStG) in allen Fällen festzusetzen wäre. Zur Ermittlung der BMG ist dabei zusätzlich das zu versteuernde Einkommen um die nach § 3 Nr. 40 EStG steuerfreien Beträge zu erhöhen und um die nach § 3c Abs. 2 EStG nicht abziehbaren Beträge zu mindern (§ 51a Abs. 2 EStG).

Praxishinweis:
Für diese Berechnung sind die zusätzlichen Angaben des steuerfreien Anteils in Zeile 47 erforderlich.

Nach § 51a Abs. 2 EStG ist das zu versteuernde Einkommen um die nach § 3 Nr. 40 EStG steuerfreien Teile zu erhöhen. § 4 Abs. 7 UmwStG wird an dieser Stelle nicht genannt. Zur Hinzurechnung von steuerfreien Einkünften und Verrechnung von Verlusten vgl. BFH v. 1.7.2009,[9)] der die Regelung als zulässig angesehen hat.

1) BT-Drucks. 16/107 und BMF v. 17.7.2007, IV B 2 – S 2241-b/07/0001, BStBl I 2007, 542, Rz. 12.
2) BFH v. 20.12.2018, IV R 2/16, BStBl II 2019, 526.
3) FG Hamburg v. 20.2.2020, 2 K 293/15, EFG 2020, 713.
4) UntStRefG 2008 v. 14.8.2007, BStBl I 2007, 630.
5) BR-Drucks. 220/07 v. 30.3.2007.
6) BMF v. 23.10.2013, IV C 6 – S 2128/07/10001, BStBl I 2013, 1269.
7) Zollkodex-Anpassungsgesetz v. 22.12.2014, BStBl I 2015, 58.
8) BFH v. 2.9.2014, IX R 43/13, BStBl II 2015, 257.
9) BFH v. 1.7.2009, I R 76/08, BStBl II 2010, 1061.

i) In den Zeilen 6 bis 45 und 102 enthaltene positive Einkünfte i.S.d. § 2 Abs. 4 UmwStG (Zeile 48)

536 Nach der durch das AmtshilfeRLUmsG[1] eingeführten Regelung des § 2 Abs. 4 Satz 3 ff. UmwStG wird die Nutzung bestimmter Verluste des übernehmenden Rechtsträgers durch ein Ausgleichs- und Verrechnungsverbot mit positiven Einkünften des übertragenden Rechtsträgers aus dem Rückwirkungszeitraum, die dem übernehmenden Rechtsträger infolge der Rückwirkungsfiktion des § 2 Abs. 1 UmwStG zuzurechnen sind, unterbunden.

> **Beratungshinweis:**
> Weitere Erläuterungen finden Sie im BMF-Schreiben v. 2.1.2025 (UmwSt-Erlass)[2] und in Ott, Handbuch Mittelständische Unternehmen, Fach L „Umwandlungsrecht", 1. Kap., E. „Der neue UmwSt-Erlass 2025", Rz. 73 ff.

j) Antrag auf Besteuerung nach § 34a EStG und/oder es wurde zum 31.12.2024 ein nachversteuerungspflichtiger Betrag festgestellt (Zeile 49)

537 Im Rahmen des UntStRefG[3] wurde § 34a EStG mit dem Zweck eingefügt, dass Gewinne, die in ein Unternehmen investiert werden, lediglich mit einem Steuersatz von 28,25 % (zzgl. SolZ 5,5 % = 29,80 %) besteuert werden. Hierfür ist ein entsprechender Antrag zu stellen. Wird der Antrag gestellt, ist zusätzlich die Anlage 34a (→ Rz. 612) der ESt-Erklärung beizufügen. Hinsichtlich der Änderung eines einmal gestellten Antrags gelten die allgemeinen Grundsätze zur Ausübung von Wahlrechten.[4]

Mit dem KöMoG[5] hat der Gesetzgeber eine Option für Personenhandels- und Partnerschaftsgesellschaften in einem neuen § 1a KStG eingeführt, sich wie eine Körperschaft besteuern zu lassen. Anträge und Auswirkungen auf die ESt-Erklärung hat die Ausübung solch einer Option nicht. Forderungen nach einer Verbesserung und Vereinfachung der Regelung zur Thesaurierungsbesteuerung in § 34a EStG ist man demgegenüber nicht nachgekommen; die Vorschrift bleibt aber erhalten. Bei dem Übergang zur Körperschaftsbesteuerung handelt es sich um eine (fiktive) Einbringung nach § 20 UmwStG. Diese hat Auswirkungen auf den zum 31.12.2022 festgestellten nachversteuerungspflichtigen Betrag (→ Rz. 643 ff.). Das BMF hat mit Schreiben v. 10.11.2021 ein Anwendungsschreibens zu § 1a KStG veröffentlicht.[6] Weiterführende Informationen erhalten Sie im Ratgeber „Modernisierung des Körperschaftsteuerrechts".[7]

k) Steuerfreie Sanierungserträge (Zeile 50)

538 Hier ist eine „1" einzutragen, wenn nach § § 3a EStG steuerfreie Sanierungserträge erzielt wurden. Die Eintragung dient als Aufgriffsmöglichkeit für die Finanzämter.

3. Zusätzliche Angaben bei Steuerermäßigung nach § 35 EStG (Zeilen 51–57)

a) Anteiliger Gewerbesteuer-Messbetrag i.S.d. § 35 EStG (Zeilen 51, 53)

Zusätzliche Angaben bei Steuerermäßigung nach § 35 EStG

Für 2025 festzusetzender (anteiliger) Gewerbesteuer-Messbetrag i. S. d. § 35 EStG (ohne Gewerbesteuer-Messbetrag, der auf nach § 5a Abs. 1 EStG ermittelten Gewinn oder Gewinn i. S. d. § 18 Abs. 3 UmwStG entfällt) – Berechnung laut gesonderter Aufstellung –

Zeile				EUR
51	des Betriebs / des Mitunternehmeranteils laut Zeile		64/65	,—
53	des Betriebs / des Mitunternehmeranteils laut Zeile		68/69	,—

aa) Allgemeines

539 Nach § 35 EStG wird eine Steuerermäßigung bei Einkünften aus Gewerbebetrieb berücksichtigt. Begünstigt sind unbeschränkt und beschränkt stpfl. natürliche Personen mit Einkünften aus Gewerbebetrieb als Einzelunternehmer oder als unmittelbar und/oder mittelbar beteiligter Mitunternehmer i.S.d. § 15 Abs. 1 Satz 1 Nr. 2 EStG oder i.S.d. § 15 Abs. 3 Nr. 1 oder Nr. 2 EStG. Begünstigt sind auch die persönlich haftenden Gesellschafter einer KGaA mit ihren Gewinnanteilen (§ 15 Abs. 1 Satz 1 Nr. 3 EStG).

Der Ermäßigungshöchstbetrag ermittelt sich nach § 35 Abs. 1 Satz 2 EStG nach der folgenden Formel:

$$\frac{\text{Summe der positiven gewerblichen Einkünfte}}{\text{Summe aller positiven Einkünfte}} \times \text{geminderte tarifliche Steuer}$$

Die „Summe der positiven gewerblichen Einkünfte" und die „Summe aller positiven Einkünfte" i.S.d. Berechnungsformel sind die positiven Einkünfte aus der jeweiligen Einkunftsart. Positive und negative Einkünfte innerhalb einer Einkunftsart sind zu saldieren (sog. horizontaler Verlustausgleich). Eine negative Summe der Einkünfte

1) AmtshilfeRLUmsG v. 26.6.2013, BStBl I 2013, 802.
2) BMF v. 2.1.2025, IV C 2 – S 1978/00035/020/040, BStBl I 2025, 92; geändertdurch BMF v. 1.8.2025, IV C 2 – 1978/00051/004/026, BStBl I 2025, 1591.
3) UntStRefG 2008 v. 14.8.2007, BStBl I 2007, 630.
4) BMF v. 12.3.2025, IV C 6 – S 2290-a/00012/001/037 BStBl I 2025, 671, Rz. 10.
5) Gesetz zur Modernisierung des Körperschaftsteuerrechts v. 25.6.2021, BGBl. I 2021, 2020 = BStBl I 2021, 889.
6) BMF v. 10.11.2021, IV C 2 – S 2707/21/10001 :004, BStBl I 2021, 2212.
7) Warth & Klein Grant Thornton/BDI, Modernisierung des Körperschaftsteuerrechts, Bonn, 2. Aufl. 2021.

aus einer Einkunftsart kann nicht mit der positiven Summe der Einkünfte aus einer anderen Einkunftsart verrechnet werden (sog. vertikaler Verlustausgleich). Bei zusammen veranlagten Ehegatten/Lebenspartnern ist für jeden Ehegatten/Lebenspartner getrennt zu prüfen, ob positive Einkünfte i.S.d. Berechnungsformel vorliegen. Positive Einkünfte eines Ehegatten/Lebenspartners sind nicht mit negativen Einkünften des anderen Ehegatten/Lebenspartners aus derselben Einkunftsart zu verrechnen.

Der Ermäßigungsbetrag ist für **jeden Betrieb und für jede Mitunternehmerschaft gesondert** zu ermitteln,[1] so dass diese Tatbestände in den Zeilen 51 und 52, 53 und 542 sowie in den Summeneintragungen 55 und 56 gesondert zu erklären sind.

Beispiel:

Die ledige stpfl. Person A erzielt folgende Einkünfte:

§ 15 EStG, Betrieb 1	./. 50 000 €
§ 15 EStG, Betrieb 2	120 000 €
§ 17 EStG (keine Einkünfte i.S.d. § 35 EStG)	./. 30 000 €
§ 18	./. 100 000 €
§ 21 EStG, Grundstück 1	./. 100 000 €
§ 21 EStG, Grundstück 2	200 000 €
S.d.E.:	40 000 €

Lösung:

Der Ermäßigungshöchstbetrag ermittelt sich wie folgt:

$$\frac{\text{70 000 € (Summe der positiven gewerbl. Einkünfte [Betrieb 1 + Betrieb 2])}}{\text{140 000 € (gewerbl. Einkünfte [§§ 15, 15 EStG] + Einkünfte § 21 EStG)}} \times \text{geminderte tarifliche Steuer}$$

Praxishinweis:

Die Begrenzung des Steuerermäßigungsbetrags (§ 35 Abs. 1 Satz 5 EStG) ist betriebsbezogen (nicht unternehmerbezogen) zu ermitteln. Bei mehrstöckigen Mitunternehmerschaften ist der für den Schlussgesellschafter festgestellte anteilige Gewerbesteuer-Messbetrag zum Zwecke dieser Ermittlung aufzuteilen, soweit er auf verschiedene Mitunternehmerschaften entfällt.[2] Der BFH nimmt dabei Bezug auf das BMF-Schreiben v. 24.9.2009[3], das in diesem Punkt jedoch geändert wurde. Nach BMF v. 3.11.2016[4] erfolgte die Beschränkung des Anrechnungsbetrags ausschließlich auf Ebene des Mitunternehmers. Ab dem VZ 2018 ist eine Ergänzung des Erklärungstatbestands in der Zeile 57 vorgenommen worden, die ab dem VZ 2019 weiter präzisiert wurde (→ Rz. 548). Das BMF wendet die Rechtsprechung des BFH allgemein an.[5]

Die Vorschrift dient dazu, die **vorhandene Doppelbesteuerung** gewerblicher Einkünfte sowohl mit ESt als auch mit GewSt zumindest teilweise zu beseitigen und eine Benachteiligung von Einzelunternehmern und Personengesellschaften ggü. Kapitalgesellschaften zu vermeiden. Die **tarifliche ESt**, vermindert um die anzurechnenden ausl. Steuern nach § 32d Abs. 6 Satz 2 EStG (ab dem VZ 2013[6]), § 34c Abs. 1 und 6 EStG und § 12 AStG und vermindert um die sonstigen Steuerermäßigungen – mit Ausnahme der gem. §§ 34f, 34g und 35a EStG – ermäßigt sich, soweit sie anteilig auf im z.v.E. enthaltene gewerbliche Einkünfte entfällt,

1. bei Einkünften aus gewerblichen Unternehmen i.S.d. § 15 Abs. 1 Satz 1 Nr. 1 EStG um das **Vierfache** des jeweils für den dem VZ entsprechenden Erhebungszeitraum nach § 14 GewStG für das Unternehmen festgesetzten Steuermessbetrags (GewSt-Messbetrag);
2. bei Einkünften aus Gewerbebetrieb als Mitunternehmer i.S.d. § 15 Abs. 1 Satz 1 Nr. 2 und 3 EStG um das Vierfache des jeweils für den dem VZ entsprechenden Erhebungszeitraum festgesetzten anteiligen GewSt-Messbetrags.

Praxishinweis:

Seit dem **VZ 2020** beträgt der Ermäßigungsfaktor das **Vierfache des Gewerbesteuer-Messbetrags.** Diese Erhöhung trägt den in den letzten Jahren gestiegenen Gewerbesteuer-Hebesätzen Rechnung. Bis zu einem Hebesatz von bis zu 420 % können damit im Einzelfall Personenunternehmer durch die Steuerermäßigung vollständig von der GewSt entlastet werden.

Nicht entnommene Gewinne i.S.d. § 34a EStG (→ Rz. 616) sind im VZ ihrer begünstigten Besteuerung bei der Steuerermäßigung nach § 35 EStG einzubeziehen. Im VZ der Nachversteuerung i.S.d. § 34a Abs. 4 EStG (→ Rz. 636) gehören die Nachversteuerungsbeträge nicht zu den begünstigten gewerblichen Einkünften. Die ESt auf den Nachversteuerungsbetrag gehört zur tariflichen ESt. Die **Steuerermäßigung bei Belastung mit Erbschaftsteuer** (§ 35b EStG) dürfte ebenfalls – auf Grund der Reihenfolge im Gesetz – erst nach der Steuerermäßigung nach § 35 EStG berücksichtigt werden.

Soweit das Anrechnungspotential aus der Anrechnung nicht genutzt werden kann, weil keine ESt auf Grund bestehender Verluste aus anderen Einkunftsarten zu zahlen ist, führt diese Regelung nicht zu einer Verletzung des

1) So bereits BT-Drucks. 14/2683, 116 und BMF v. 3.11.2016, IV C 6 – S 2296a/08/10002, BStBl I 2016, 1187.
2) BFH v. 20.3.2017, X R 12/15, BFH/NV 2017, 1536.
3) BMF v. 24.9.2009, IV C 6 – S 2296-a/08/10002, BStBl I 2009, 440, Rz. 27.
4) BMF v. 3.11.2016, IV C 6 – S 2296-a/08/10002 :003, BStBl I 2016, 1187.
5) BMF v. 17.4.2019, IV C 6 – S 2296-a/17/10004, BStBl I 2019, 459.
6) AmtshilfeRLUmsG v. 26.6.2013, BGBl. I 2013, 1809 = BStBl I 2013, 802.

Grundrechts auf Gleichbehandlung (Art. 3 Abs. 1 GG).[1] Ein Vor- und/oder Rücktrag des nicht ausgeschöpften Ermäßigungspotenzials ist daher nicht möglich.[2]

Die Höhe der GewSt selbst ist nicht entscheidend für die Gewährung der Steuerermäßigung. Der von den Gemeinden bestimmte Gewerbesteuerhebesatz muss mind. 200 % betragen (§ 16 Abs. 4 GewStG). Der GewSt-Messbescheid ist **Grundlagenbescheid** für die Steuerermäßigung bei der ESt (§ 35 Abs. 3 Satz 2 EStG). Wird daher der GewSt-Messbescheid geändert, ist der entsprechende ESt-Bescheid ebenfalls zu ändern (§ 175 Abs. 1 Nr. 1 AO). Insoweit besteht für die stpfl. Personen eine (unverzügliche) Berichtigungspflicht (§ 153 Abs. 1 Nr. 1 AO).

540 Werden **Ehegatten/Lebenspartner** zusammen veranlagt und haben beide Ehegatten/Lebenspartner Einkünfte aus Gewerbebetrieb, werden die gewerblichen Einkünfte i.S.d. § 35 EStG bei jedem Ehegatten/Lebenspartner gesondert ermittelt und anschließend zu einem Betrag zusammengefasst.

541 Bei **Personengesellschaften** wird die Steuerermäßigung i.R.d. vom Betriebsstätten-FA zu erlassenden Bescheids zur gesonderten und einheitlichen Feststellung der Einkünfte bestimmt und insoweit anteilig nach Maßgabe des allgemeinen Gewinnverteilungsschlüssels auf die einzelnen Mitunternehmer verteilt (§ 35 Abs. 2 EStG). In diesem Bescheid sind auch die Besonderheiten hinsichtlich der Aufteilung des GewSt-Messbetrags zu beachten. Am allgemeinen Gewinnverteilungsschlüssel als Aufteilungsmaßstab der gesonderten und einheitlichen Feststellung bestehen keine verfassungsrechtlichen Bedenken.[3]

Beratungshinweis:

Der Anteil eines Mitunternehmers am Gewerbesteuermessbetrag richtet sich auch bei **unterjährigem Gesellschafterwechsel** selbst dann nach seinem Anteil am Gewinn der Mitunternehmerschaft nach Maßgabe des allgemeinen Gewinnverteilungsschlüssels, wenn sich der aus der Gesellschaft ausgeschiedene Veräußerer eines Mitunternehmeranteils zivilrechtlich zur Übernahme der auf einen Veräußerungsgewinn entfallenden Gewerbesteuer verpflichtet hat.[4] Für Zwecke der Berechnung der Steuerermäßigung ist der für den Erhebungszeitraum festgestellte GewSt-Messbetrag auf die Gesellschafter aufzuteilen, die zum Ende des gewerbesteuerlichen Erhebungszeitraum noch an der Personengesellschaft beteiligt sind (vgl. BMF v. 3.11.2016).[5] Die Anrechnung eines anteiligen Messbetrags ist daher nicht mehr möglich.

542 Das **Anrechnungsvolumen** ist auf die tatsächlich zu zahlende GewSt (§ 35 Abs. 1 Satz 5 EStG) begrenzt (→ Rz. 539). Insoweit soll eine aufkommensgerechtere Behandlung zwischen Personenunternehmen und Kapitalgesellschaften erreicht werden. Der absolute Höchstbetrag ist nach dem Höchstbetrag der anteilig entfallenden ESt zu prüfen. Das Anrechnungsvolumen ist aus Sicht der Finverw. auf die tatsächlich zu zahlende GewSt der Personengesellschaft zu begrenzen. Die Begrenzung des Steuerermäßigungsbetrags nach § 35 Abs. 1 Satz 5 EStG ist betriebsbezogen zu ermitteln.[6]

543 Die Steuerermäßigung wirkt sich nicht bei der Festsetzung der Kirchensteuer aus (§ 51a Abs. 2 Satz 3 EStG), hat aber Auswirkung auf die Festsetzung des **Solidaritätszuschlags** (§ 3 Abs. 2 SolZG).

Weitere Einzelheiten zur Berücksichtigung der Steuerermäßigung sind in einem Anwendungsschreiben geregelt.[7]

bb) Nach § 5a EStG ermittelter Gewinn

544 Die Gewinnermittlungsvorschrift des § 5a EStG, die den maritimen Standort Deutschland stärken soll (Bereederung und Arbeitsplätze im Inland[8]), ist lex specialis zu § 4 Abs. 1 und § 5 EStG. Der unwiderrufliche Antrag zur Tonnagesteuer ist im Wj. der Anschaffung/Herstellung des jeweiligen Schiffs (Indienststellung) zu stellen (§ 5a Abs. 1 Satz 1 EStG). Die stpfl. Person ist zehn Jahre an den Antrag gebunden (§ 5a Abs. 3 Satz 7 EStG). Zur Gewinnermittlung vgl. BMF v. 10.9.2013.[9]

Das Handelsschiff muss im internationalen Verkehr betrieben und (§ 5a Abs. 2 EStG) vom Inland aus bereedert werden; Voraussetzung ist die Eintragung in einem inl. Seeschiffsregister.[10] Ein WG, das unmittelbar dem Betrieb von Handelsschiffen im internationalen Verkehr dient, kann nicht nur das Handelsschiff, sondern auch ein anderes WG des BV sein, z.B. die Betriebs- und Geschäftsausstattung.[11] Der Gewinn wird nach der Tonnage und den Zahlen der Betriebstage des Schiffs besteuert (sog. **Tonnagebesteuerung**). **Berechnungseinheit der Tonnage** ist dabei die Nettotonne (§ 5a Abs. 1 Satz 2 EStG), bei der es sich um ein Raummaß (Nettoraumzahl) handelt. **Betriebstag** ist grds. jeder Kalendertag ab Infahrtsetzung des Schiffes oder ab Charterbeginn bis zum Ausscheiden des Schiffes oder bis zum Charterende.[12] Wird der Gewinn bei Handelsschiffen im internationalen Schiffsverkehr nach § 5a Abs. 1 EStG ermittelt, kommt eine **Ermäßigung nach § 35 EStG** nicht in Betracht (§ 5a Abs. 5 EStG).

1) BFH v. 23.4.2008, X R 32/06, BStBl II 2009, 7.
2) BMF v. 3.11.2016, IV C 6 – S 2296-a/08/10002 :003, BStBl I 2016, 1187, Rz. 12.
3) BFH v. 30.5.2012, IV B 114/11, BFH/NV 2012, 1440.
4) BFH v. 14.1.2016, IV R 5/14, BFH/NV 2016, 1104, BStBl II 2016, 875.
5) BMF v. 3.11.2016, IV C 6 – S 2296-a/08/10002, BStBl I 2016, 1187.
6) BFH v. 20.3.2017, X R 62/14, BStBl II 2019, 244; BMF v. 17.4.2019, IV C 6 – S 2296-a/17/10004, BStBl I 2019, 459, Rz. 9.
7) BMF v. 3.11.2016, IV C 6 – S 2296-a/08/10002, BStBl I 2016, 1187, Rz. 12.
8) BT-Drucks. 17/5870, Frage 22; BT-Drucks. 17/12697.
9) BMF v. 10.07.2023, IV C 6 – S 2133-a/20/10001 :003, BStBl I 2023, 1486.
10) BayLfSt v. 22.5.2015, S 2133a.1.1-8/2 St32, StEd 2015, 396.
11) BMF v. 10.07.2023, IV C 6 – S 2133-a/20/10001 :003, BStBl I 2023, 1486.
12) BMF v. 12.6.2002, IV A 6 – S 2133a – 11/02, BStBl I 2002, 614; erg.durch BMF v. 31.10.2008, BStBl I 2008, 956, und BMF v. 10.9.2013, BStBl I 2013, 1152.

Praxishinweis:

Der BFH hatte i.R.d. Ermittlung der begünstigten Einkünfte unter Heranziehung des Meistbegünstigungsprinzips entschieden, dass ein Verlustausgleich vorrangig mit nicht tarifbegünstigten Einkünften zu erfolgen hat.[1] Die Aufteilung des festgesetzten Gewerbesteuermessbetrags für Zwecke der Feststellung der Steuerermäßigung erfolgt ausschließlich nach dem Verhältnis des der Steuerermäßigung unterliegenden Gewinns zu dem gesamten Gewinn aus Gewerbebetrieb.[2] Erfolgt die Gewinnermittlung nach § 5a Abs. 4 EStG ist die Steuerermäßigung zu gewähren.[3]

Der auf einen Veräußerungs- oder Aufgabegewinn nach § 18 Abs. 3 Satz 1 und Satz 2 UmwStG entfallende GewSt-Messbetrag bleibt bei der Ermäßigung der ESt nach § 35 EStG ebenfalls unberücksichtigt.

Insoweit wird eine Mehrfachbegünstigung ausgeschlossen, da § 5a EStG bereits eine effektive Steuerentlastung bewirkt und damit Subventionscharakter hat. Verluste i.S.d. § 15b EStG (→ Rz. 534) sind nicht mit Gewinnen i.S.d. § 5a Abs. 1 EStG verrechenbar.[4] Der nach § 5a Abs. 5 Satz 4 EStG ermittelte Gewinn ist mit dem aus der Zeit vor der Gewinnermittlung nach § 5a Abs. 1 EStG entstandenen und festgestellten nur verrechenbaren Verlust zu saldieren.[5] Zur Frage der Verrechnung im Zusammenhang mit § 15a EStG vgl. BFH v. 31.5.2012.[6]

cc) Gewinne i.S.d. § 18 Abs. 3 UmwStG

Ist eine Personengesellschaft oder ein Einzelunternehmen aus der Umwandlung (Verschmelzung, Formwechsel) einer Kapitalgesellschaft hervorgegangen, soll § 18 Abs. 3 UmwStG bei Veräußerung oder Aufgabe des Betriebs innerhalb eines Zeitraums von fünf Jahren sicherstellen, dass eine gewerbesteuerliche Belastung hergestellt wird, wie sie ohne Vornahme der Umwandlung eingetreten wäre. Entsprechendes gilt, wenn ein Teilbetrieb oder ein Mitunternehmeranteil an der Personengesellschaft veräußert oder aufgegeben wird. **545**

Da eine auf Ebene der Kapitalgesellschaft angefallene GewSt nicht der Steuerermäßigung nach § 35 EStG unterlegen hätte, sieht § 18 Abs. 3 Satz 3 UmwStG vor, dass der auf Veräußerungsgewinne i.S.d. § 18 Abs. 3 Satz 1 und 2 UmwStG entfallende Teil des GewSt-Messbetrags bei der Steuerermäßigung nach § 35 EStG unberücksichtigt bleibt. Der auf § 18 Abs. 3 UmwStG beruhende Teil des GewSt-Messbetrags ist daher nicht nach § 35 EStG begünstigt und darf demzufolge nicht in den Zeilen 51, 53 und 55 enthalten sein. Dies gilt nicht, wenn das Personenunternehmen aus einer umgewandelten Organ(kapital)gesellschaft entstanden ist und ein von dieser erzielter und dem Organträger zuzurechnender Veräußerungs- oder Aufgabegewinn zu einer Anrechnung nach § 35 EStG geführt hätte.[7]

b) Tatsächlich zu zahlende Gewerbesteuer (Zeilen 52, 54)

52	Für 2025 tatsächlich zu zahlende Gewerbesteuer, die auf den Gewerbesteuer-Messbetrag laut Zeile 51 entfällt – Berechnung laut gesonderter Aufstellung –	66/67	,—
54	Für 2025 tatsächlich zu zahlende Gewerbesteuer, die auf den Gewerbesteuer-Messbetrag laut Zeile 53 entfällt – Berechnung laut gesonderter Aufstellung –	70/71	,—

Durch das UntStRefG[8] wurde die Höhe des Anrechnungsvolumens begrenzt (→ Rz. 542). **546**

Einzutragen ist die für 2025 tatsächlich zu zahlende GewSt für den Betrieb/Mitunternehmeranteil lt. den Zeilen 51 oder 53, ohne den GewSt-Messbetrag, der auf den nach § 5a Abs. 1 EStG ermittelten Gewinn oder auf Gewinne i.S.d. § 18 Abs. 3 UmwStG entfällt. Erfolgt eine Änderung der tatsächlich zu zahlenden GewSt, besteht eine gesetzliche Verpflichtung, dem FA diese Änderung mitzuteilen (§ 153 Abs. 2 AO).

Hinweis zur Plausibilitätsbeurteilung:

Ab dem dritten Betrieb/Mitunternehmeranteil sind die Werte in Zeile 56 einzutragen.

c) Summe aller weiteren festzusetzenden (anteiligen) Gewerbesteuer-Messbeträge (Zeilen 55, 56)

55	Summe aller weiteren für 2025 festzusetzenden (anteiligen) Gewerbesteuer-Messbeträge i. S. d. § 35 EStG der Betriebe / der Mitunternehmeranteile laut den Zeilen 6 bis 45 und 102 (ohne Gewerbesteuer-Messbeträge, die auf nach § 5a Abs. 1 EStG ermittelte Gewinne oder Gewinne i. S. d. § 18 Abs. 3 UmwStG entfallen) – Berechnung laut gesonderter Aufstellung –	85/86	,—
56	Summe aller weiteren für 2025 tatsächlich zu zahlenden Gewerbesteuern, die auf die Gewerbesteuer-Messbeträge laut Zeile 55 entfallen – Berechnung laut gesonderter Aufstellung –	81/82	,—

1) BFH v.27.9.2006, X R 25/04, BStBl II 2007, 694.
2) BFH v. 4.12.2014, IV R 27/11, BStBl II 2015, 278.
3) BMF v. 3.11.2016, IV C 6 – S 2296-a/08/10002, BStBl I 2016, 1187, Rz. 13.
4) BMF v. 17.7.2007, IV B 2 – S 2241-b/07/0001, BStBl I 2007, 542.
5) BFH v. 20.11.2006, VIII R 33/05, BStBl II 2007, 261.
6) BFH v. 31.5.2012, IV R 14/09, BStBl II 2013, 673.
7) BMF v. 3.11.2016, IV C 6 – S 2296-a/08/10002, BStBl I 2016, 1187, Rz. 13 mit Bezug auf BFH v. 28.5.2015, IV R 27/12, BStBl II 2016, 837.
8) UntStRefG 2008 v. 14.8.2007, BStBl I 2007, 630.

547 Hinsichtlich der grds. Berücksichtigung und Ermittlung des Steuerermäßigungsbetrags bei den Einkünften aus Gewerbebetrieb (§ 35 EStG) vgl. Ausführungen zu den Zeilen 51 bis 54. Die Besonderheit der Eintragungen in den Zeilen 55 und 56 besteht darin, dass ab dem dritten Betrieb oder Mitunternehmeranteil die Ermittlung personell vorzunehmen und diese Berechnung in einer gesonderten Aufstellung – die der ESt-Erklärung beizufügen ist – erläutert werden soll. Die Summe der entsprechend betriebs-/beteiligungsbezogen begrenzten GewSt-Messbeträge ist in Zeile 57 einzutragen.

Praxishinweis:

Bei mehrstöckigen Mitunternehmerschaften sind bei der Ermittlung des Ermäßigungshöchstbetrags nach § 35 EStG die Einkünfte aus der Obergesellschaft (einschließlich der Ergebnisse der Untergesellschaft) als gewerbliche Einkünfte zu berücksichtigen. Es sind zudem die anteilig auf die Obergesellschaft entfallenden Gewerbesteuermessbeträge sämtlicher Untergesellschaften den Gesellschaftern der Obergesellschaft nach Maßgabe des allgemeinen Gewinnverteilungsschlüssels zuzurechnen (§ 35 Abs. 2 Satz 5 EStG). Dies gilt auch für die Zurechnung eines anteiligen Gewerbesteuermessbetrags einer Untergesellschaft an den mittelbar beteiligten Gesellschafter, wenn sich auf der Ebene der Obergesellschaft ein negativer Gewerbeertrag und damit ein Gewerbesteuermessbetrag von 0 € ergibt.[1)]

d) Summe der betriebsbezogen ermittelten Höchstbeträge nach § 35 Abs. 1 Satz 5 EStG aus mittelbaren Beteiligungen – Berechnung lt. gesonderter Aufstellung (Zeile 57)

57	Summe der betriebsbezogen ermittelten Höchstbeträge nach § 35 Abs. 1 Satz 5 EStG aus mittelbaren Beteiligungen (nicht in den Zeilen 51 bis 56 enthalten) – Berechnung laut gesonderter Aufstellung –	74/75	,

548 Sind der stpfl. Person als Einzel- oder Mitunternehmer Einkünfte aus mehreren Gewerbebetrieben oder aus Mitunternehmerschaften mit gewerblichen Einkünften zuzurechnen, sind die jeweiligen Gewerbesteuermessbeträge für jeden Gewerbebetrieb und für jede Mitunternehmerschaft getrennt zu ermitteln, mit dem Faktor 4 zu vervielfältigen und auf die tatsächlich zu zahlende Gewerbesteuer zu begrenzen. Die so ermittelten Beträge sind zur Berechnung des Ermäßigungshöchstbetrags zusammenzufassen. Bei mehrstöckigen Mitunternehmerschaften sind bei der Ermittlung des Ermäßigungshöchstbetrags nach § 35 Absatz 1 Satz 2 EStG die Einkünfte aus der Obergesellschaft (einschließlich der Ergebnisse der Untergesellschaft[en]) als gewerbliche Einkünfte zu berücksichtigen, soweit es sich um gewerbliche Einkünfte i.S.d. § 35 EStG handelt. Die gewerblichen Einkünfte i.S.d. § 35 Abs. 1 Satz 3 EStG sind im Verfahren der gesonderten und einheitlichen Feststellung (§ 35 Abs. 2 EStG) nachrichtlich mitzuteilen. Neben dem anteiligen Gewerbesteuermessbetrag und der anteiligen tatsächlich zu zahlenden Gewerbesteuer der Obergesellschaft sind den Mitunternehmern der Obergesellschaft zudem die anteilig auf die Obergesellschaft entfallenden Gewerbesteuermessbeträge der Untergesellschaften nach Maßgabe des allgemeinen Gewinnverteilungsschlüssels zuzurechnen (§ 35 Abs. 2 Satz 5 EStG). Dies gilt auch für die Zurechnung eines anteiligen Gewerbesteuermessbetrags einer Untergesellschaft an den mittelbar beteiligten Gesellschafter, wenn sich auf der Ebene der Obergesellschaft ein negativer Gewerbeertrag und damit ein Gewerbesteuermessbetrag von 0 € ergibt.[2)] Die Summe der einzelnen Höchstbeträge ist gesondert in Zeile 57 einzutragen.

4. Veräußerungsgewinn (Zeilen 58–98)

a) Veräußerung/Aufgabe eines ganzen Betriebs, eines Teilbetriebs, eines ganzen Mitunternehmeranteils (§ 16 EStG) (Zeilen 58–81)

aa) Allgemeines

549 Zu den Einkünften aus Gewerbebetrieb gehören auch die Gewinne, die bei einer Veräußerung oder Aufgabe eines Betriebs, eines Teilbetriebs oder bei der Veräußerung eines Mitunternehmeranteils erzielt werden (§ 16 Abs. 1 EStG). Der Veräußerungsgewinn wird im Jahr der Übertragung realisiert. Bei der Veräußerung „mit Wirkung zum 31.12.2025" ist der Veräußerungsgewinn grds., sofern die Übertragung nicht tatsächlich später vollzogen wird, am 31.12.2025 realisiert.[3)]

Praxishinweis:

Sind gewerbliche **Veräußerungsverluste** zu berücksichtigen, sind diese gesondert in den Zeilen 75–79 einzutragen (→ Rz. 570).

Die entsprechenden Gewinne sind unter Berücksichtigung, ob es sich um Gewinne aus der Veräußerung eines ganzen Betriebs, eines Teilbetriebs oder eines ganzen Mitunternehmeranteils handelt, für den der Freibetrag nach § 16 Abs. 4 EStG beantragt oder nicht beantragt wird, ob Veräußerungsverluste vorliegen oder ob es sich um die Veräußerung einer Beteiligung i.S.d. § 17 EStG handelt, in unterschiedliche Zeilen einzutragen.

Beratungshinweis:

Einkommensteuerrechtliche Antrags- oder Wahlrechte können auch nach Eintritt der Bestandskraft eines vorangehenden Bescheids jedenfalls dann erstmalig ausgeübt oder geändert werden, wenn das FA einen steuererhöhenden Änderungsbescheid erlassen hat, mit dem ein weiterer steuererheblicher Sachverhalt erfasst worden ist, auf Grund dessen überhaupt erst die wirtschaftliche Notwendigkeit entstanden ist, sich mit der erstmaligen bzw. geänderten Ausübung eines Antrags- oder Wahlrechts zu befassen. Die nachträgliche Antrags- oder Wahlrechtsausübung wird in zeitlicher Hinsicht durch die formelle Bestandskraft des Änderungsbescheids und in betragsmäßiger Hinsicht durch den Änderungsrahmen des § 351 Abs. 1 AO begrenzt.[4)]

---

1) BMF v. 17.4.2019, IV C 6 – S 2296-a/17/10004, BStBl I 2019, 459, Rz. 25.
2) BMF v. 17.4.2019, IV C 6 – S 2296-a/17/10004, BStBl I 2019, 459, Rn. 9, 25a.
3) FG Nürnberg v. 4.4.2018, 4 K 1453/16, EFG 2018, 1035 mit weiteren Nachweisen auf die BFH-Rechtsprechung.
4) BFH v. 16.9.2015, X R 44/13, BStBl II 2016, 278.

Erzielt die stpfl. Person einen Veräußerungsgewinn, der sowohl dem Halbeinkünfteverfahren unterliegende als auch zu besteuernde Gewinne enthält, wird der Freibetrag (§ 16 Abs. 4 EStG) für Zwecke der Ermittlung der nach § 34 Abs. 1 und 3 EStG tarifermäßigt zu besteuernden Gewinne vorrangig mit dem Veräußerungsgewinn verrechnet, auf den das Halbeinkünfteverfahren anzuwenden ist.[1] Wird in einem Grundlagenbescheid ein Veräußerungsgewinn festgestellt, so sind dessen Höhe und Zurechnung für das Folgeverfahren bindend. Über die persönlichen Voraussetzungen eines Freibetrags ist im Einkommensteuerverfahren zu entscheiden.[2] Der Tatbestand der Betriebsveräußerung ist mit der **Übertragung des wirtschaftlichen Eigentums** auf den Erwerber verwirklicht. In diesem Zeitpunkt entsteht der Veräußerungsgewinn, und zwar unabhängig davon, ob der vereinbarte Kaufpreis sofort fällig, in Raten zahlbar oder langfristig gestundet ist und wann der Verkaufserlös dem Veräußerer tatsächlich zufließt.[3]

bb) Veräußerung eines Betriebs

Eine Veräußerung des ganzen Gewerbebetriebs liegt vor, wenn der Betrieb mit seinen wesentlichen Grundlagen gegen Entgelt in der Weise auf einen Erwerber übertragen wird, dass der Betrieb als **geschäftlicher Organismus fortgeführt** werden kann. Es ist daher nicht erforderlich, dass der Erwerber des Betriebs diesen auch tatsächlich fortführt.[4] Ein Betrieb i.S.d. § 16 EStG lässt sich als organisatorische Verknüpfung personeller und sachlicher Mittel begreifen, die nach der allgemeinen Verkehrsauffassung eine Einheit bilden.[5] Voraussetzung für eine Betriebsveräußerung ist, dass die stpfl. Person nicht nur die Betriebsmittel überträgt, sondern auch die mit dem veräußerten BV verbundene Tätigkeit aufgibt.[6] **550**

Beratungshinweis:

Am Merkmal der endgültigen Einstellung der gewerblichen Tätigkeit als Voraussetzung für einen tarifbegünstigten Veräußerungs- oder Aufgabegewinn fehlt es nicht deshalb, weil der (Einzel-)Unternehmer sich fortan an einer GbR beteiligt, die in derselben Branche tätig ist.[7]

Die gelegentliche Vermittlung von Verträgen durch einen aus dem aktiven Erwerbsleben ausgeschiedenen **Versicherungsvertreter** kann sich in finanzieller, wirtschaftlicher und organisatorischer Hinsicht grundlegend von dem Gewerbebetrieb, den er als Versicherungsbezirksdirektor unterhalten hat, unterscheiden und steht in diesem Fall einer Betriebsveräußerung nicht entgegen.[8]

Auch die **Einbringung**/Umwandlung **eines Einzelunternehmens in eine Kapitalgesellschaft** gegen Gewährung von Gesellschaftsrechten stellt einen – wenn auch besonderen – Fall der Betriebsveräußerung (§ 16 Abs. 1 Satz 1 EStG) dar.[9] **Veräußern Miterben** den geerbten Betrieb, so erzielen sie einen entsprechenden Veräußerungsgewinn.[10]

Zu den ertragsteuerlichen Folgen der Übertragung von BV im Rahmen der **vorweggenommenen Erbfolge** vgl. das BMF v. 13.1.1993.[11]

cc) Aufgabe eines Betriebs

Praxishinweis: **551**

Als Veräußerung gilt nach § 16 Abs. 3 Satz 1 EStG auch die Aufgabe eines Gewerbebetriebs. Die Regelung umfasst nicht nur Gewinne aus der **Aufgabe** eines **ganzen Betriebs**, sondern auch aus der Aufgabe eines **Teilbetriebs**.[12] Mit dem Steuervereinfachungsgesetz 2011 wurde eine Betriebsfortführungsfiktion bis zur Abgabe einer Aufgabeerklärung eingeführt (§ 16 Abs. 3b EStG). Eine Betriebsaufgabe liegt erst dann vor, wenn der Betrieb auch tatsächlich aufgegeben worden ist. Die Betriebsaufgabe beginnt mit solchen Vorgängen, die objektiv auf die Auflösung des Betriebs als selbständiger Organismus des Wirtschaftslebens gerichtet ist. Hierzu zählt z.B. der Verkauf oder die Entnahme von wesentlichen Betriebsgrundlagen. Entweder wurde dabei die Aufgabe ausdrücklich ggü. dem FA erklärt, oder dem FA werden Tatsachen bekannt, aus denen sich ergibt, dass die Voraussetzungen für eine Aufgabe vorliegen.

Hinweis zur Plausibilitätsbeurteilung:

Dieser Antrag kann nicht direkt auf der Anlage G gestellt werden, so dass hierfür ein gesondertes Schreiben erforderlich ist.

Ein Teilbetrieb wird aufgegeben, wenn die stpfl. Person die bisher in diesem Teilbetrieb entfaltete Tätigkeit endgültig einstellt und sämtliche wesentlichen Betriebsgrundlagen in einem einheitlichen Vorgang insg. an verschiedene Erwerber veräußert oder entnimmt.[13]

1) BFH v. 14.7.2010, X R 61/08, BStBl II 2010, 1011.
2) BFH v. 9.6.2015, X R 6/13, BFH/NV 2015, 1373.
3) BFH v.19.7.1993, GrS 2/92, BStBl II 1993, 897.
4) R 16 Abs. 1 EStR 2012.
5) BFH v. 19.2.2004, III R 1/03, BFH/NV 2004, 1231.
6) BFH v. 12.6.1996, XI R 56, 57/95, BStBl II 1996, 527.
7) BFH v. 22.10.2014, X R 28/11, BFH/NV 2015, 479.
8) BFH v. 18.12.1996, XI R 63/96, BStBl II 1997, 573.
9) BFH v. 7.7.1998, VIII R 5/96, BStBl II 1999, 209.
10) BMF v. 14.3.2006, IV B 2 – S 2242 – 7/06, BStBl I 2006, 253, sowie BMF v. 27.12.2018, IV C 6 – S 2242/07/10004, BStBl I 2019, 11.
11) BMF v. 13.1.1993, IV B 3 – S 2190 – 37/92, BStBl I 1993, 80; BMF v. 26.2.2007, IV C 2 – S 2230 – 46/06, IV C 3 – S 2190 – 18/06, BStBl I 2007, 269.
12) BFH v. 20.1.2005, IV R 14/03, BStBl II 2005, 395.
13) BFH v. 26.10.1989, IV R 25/88, BStBl II 1990, 373; v. 21.6.2001, III R 27/98, BStBl II 2002, 537.

Geben **Miterben** den geerbten Betrieb auf, so erzielen diese einen entsprechenden Aufgabegewinn.[1]

552 Durch das SEStEG[2] wurde § 16 Abs. 5 EStG eingefügt. Anzuwenden ist die Regelung auf die Fälle, bei denen die ursprüngliche Übertragung der veräußerten Anteile nach dem 12.12.2006 erfolgt ist (§ 52 Abs. 34 Satz 7 EStG a.F.). Durch eine Anteilsveräußerung einer übernehmenden Mitunternehmerkapitalgesellschaft kommt es nicht mehr zur vollen Besteuerung (§ 8b Abs. 4 KStG). § 16 Abs. 5 EStG betrifft daher die Fälle, in denen im Rahmen einer Realteilung – zu Buchwerten (§ 16 Abs. 3 Satz 2 EStG) – Anteile von einem nicht begünstigten auf einen begünstigten Stpfl. übertragen werden.

Durch die Anteilsveräußerung oder ein gleichgestelltes Ereignis (verdeckte Einlage[3], Weitereinbringung, Ketteneinbringung, Einbringung zum Buchwert und anschließende unmittelbare oder mittelbare Veräußerung der dafür im Wege des Anteilstauschs erhaltenen Anteile) i.S.d. § 22 Abs. 2 i.V.m. § 22 Abs. 1 Satz 6 Nr. 1 bis 5 UmwStG wird vielmehr eine rückwirkende Besteuerung der durch die Realteilung im Rahmen eines Teilbetriebs übertragenen Anteile durch Ansatz des gemeinen Wertes ausgelöst, wenn die Veräußerung innerhalb von sieben Jahren nach der Realteilung erfolgt. Die Besteuerung erfolgt rückwirkend (§ 175 Abs. 1 Nr. 2 AO) im Zeitpunkt der Realteilung, wobei die Siebtelregelung des § 22 Abs. 2 Satz 3 UmwStG anzuwenden ist. Für jedes abgelaufene Zeitjahr vermindert sich der Betrag, den es nachzuversteuern gilt, um ein Siebtel.

Fälle des § 22 UmwStG[4], in denen die Besteuerung des Anteilseigners bei Sacheinlagen geregelt wird, entsprechen dem bisherigen § 21 UmwStG. Der gem. § 16 EStG zu versteuernde Gewinn ergibt sich aus der Differenz zwischen dem gemeinen Wert des BV im Zeitpunkt der Einbringung und dem Wert, mit dem die aufnehmende Gesellschaft dieses angesetzt hat. Dieser Betrag ist für jedes zwischen Einbringungszeitpunkt und Veräußerungszeitpunkt abgelaufene Zeitjahr um je ein Siebtel zu reduzieren (Einbringungsgewinn I). Der **Einbringungsgewinn I** ist ein nicht begünstigter Veräußerungsgewinn, für den der Freibetrag nach § 16 Abs. 4 EStG und die Tarifermäßigung nach § 34 EStG nicht zu gewähren sind. Neben der Besteuerung des Einbringungsgewinns kann zudem auch eine Steuerpflicht nach § 17 EStG eintreten, wenn i.R.d. Einbringung durch die stpfl. Person Anteile von mind. 1 % erworben wurden.

Beispiel:

Die stpfl. Person bringt ihr Einzelunternehmen in eine GmbH zu Buchwerten (100 000 €) ein. Der gemeine Wert beläuft sich auf 800 000 €. Im Januar 2025 werden sämtliche Anteile für 1 200 000 € veräußert.

Es sind nachträglich als Einbringungsgewinn 300 000 € (3/7 der stillen Reserven i.H.v. 700 000 €) zu versteuern. Der Veräußerungsgewinn ist um 300 000 € zu reduzieren.

In den Fällen eines Anteilstausches und der Einbringung von Anteilen im Rahmen einer Sacheinlage kann es zu einer rückwirkenden Versteuerung der stillen Reserven kommen, wenn der Einbringende eine nicht von § 8b Abs. 2 KStG begünstigte Person ist und die eingebrachten Anteile durch die erwerbende oder übernehmende Gesellschaft oder bei unentgeltlichem Erwerb der Anteile durch deren Rechtsnachfolger innerhalb der Sperrfrist von sieben Jahren veräußert werden (§ 22 Abs. 2 UmwStG). Dieser **Einbringungsgewinn II** ist dabei der Betrag, um den der gemeine Wert der eingebrachten Anteile im Einbringungszeitpunkt nach Abzug der Kosten für den Vermögensübergang den Wert, mit dem der Einbringende die erhaltenen Anteile angesetzt hat, übersteigt, vermindert um jeweils ein Siebtel für jedes seit dem Einbringungszeitpunkt abgelaufene Zeitjahr. Der im Zeitpunkt der Veräußerung (oder Ersatztatbestand) maßgebende Einbringungsgewinn II ist bei der veräußernden Person rückwirkend zu versteuern.

Zu den bestehenden **Informationspflichten** der einbringenden Person, dass die Anteile nicht innerhalb der Sperrfrist veräußert worden sind oder ein Ersatztatbestand vorlag (§ 22 Abs. 3 UmwStG) vgl. Umwandlungssteuererlass v. 2.1.2025.[5]

553 Die wesentlichen Betriebsgrundlagen müssen in einem einheitlichen Vorgang innerhalb eines kurzen Zeitraums veräußert oder ganz oder teilweise ins PV überführt oder anderen betriebsfremden Zwecken zugeführt und dadurch die stillen Reserven in einem Zug aufdeckt werden. Ob ein Aufgabevorgang noch als **einheitlicher Vorgang** angesehen werden kann, hängt von den Umständen des Einzelfalls, insb. von der Zeitdauer ab.[6] Nicht entscheidend ist, ob die Aufgabe, sofern sie als einheitlicher Vorgang anzusehen ist, in verschiedene VZ fällt. Bei einem Zeitraum von mehr als 36 Monaten kann jedoch nicht mehr von einem einheitlichen Vorgang ausgegangen werden.[7]

---

1) BMF v. 14.3.2006, IV B 2 – S 2242-7/06, BStBl I 2006, 253.
2) SEStEG v. 7.12.2006, BStBl I 2007, 4.
3) BMF v. 12.5.2014, IV C 2 – S 2743/12/10001, BStBl I 2014, 860.
4) SEStEG v. 7.12.2006, BStBl I 2007, 4.
5) BMF v. 2.1.2025, IV C – S 1978/00035/020/040, BStBl I 2025, 92; geänderte durch BMF v. 1.8.2025, IV C 2 – S 1978/00051/004/026, BStBl I 2025, 159.1 2.1.2025.
6) BFH v. 8.9.1976, I R 99/75, BStBl II 1977, 66.
7) BFH v. 26.4.2001, IV R 14/00, BStBl II 2001, 798.

dd) Betriebsverpachtung

Im Rahmen des **Verpächterwahlrechts** kann sich die stpfl. Person entscheiden, ob sie die Verpachtung des Betriebs als Betriebsaufgabe i.S.d. § 16 Abs. 4 EStG behandeln will, die WG in das PV überführt und somit die in den WG enthaltenen stillen Reserven aufdeckt und sofort versteuert oder ob der Betrieb nicht als aufgegeben behandelt werden soll und das bisherige BV als solches weitergeführt wird (**Betriebsunterbrechung**). Solange die Betriebsaufgabe nicht erklärt worden ist und die Möglichkeit besteht, ist von einer Fortführung des Betriebs auszugehen.[1] 554

Gegenstand einer Verpachtung kann nur ein tatsächlich existierender Gewerbebetrieb sein, der zur Nutzung überlassen wird und auch **fortgeführt werden kann**.

Liegen daher die Voraussetzung für eine **Betriebsaufspaltung** vor, besteht das Verpächterwahlrecht grds. nicht.[2]

Praxishinweis:

Eine **Betriebsaufspaltung liegt vor**, wenn ein Unternehmen (Besitzunternehmen) WG, die zu den wesentlichen Betriebsgrundlagen gehören (z.B. Grundstücke, Maschinen, Fabrikationsgebäude und auch immaterielle WG wie Erfindungen), einem von ihm beherrschten anderen Unternehmen (Betriebsunternehmen) im Rahmen von Miet- oder Pachtverträgen zur Nutzung überlässt (sachliche Verflechtung). Für den Beginn der Betriebsaufspaltung ist die tatsächliche Überlassung ausschlaggebend.[3] Das Betriebsunternehmen stellt dabei eine Kapital- oder Personengesellschaft dar. Wesentliche Grundlagen eines Betriebs sind WG, die zur Erreichung des Betriebszwecks erforderlich sind und ein besonderes wirtschaftliches Gewicht für die Betriebsführung haben.[4] Entscheidend sind die sachlichen Erfordernisse des Betriebs (funktionale Betrachtungsweise).[5] Beherrschen in diesem Sinne bedeutet, dass eine oder mehrere Personen dazu in der Lage sind, in beiden Unternehmen einen einheitlichen geschäftlichen Betätigungswillen durchzusetzen (personelle Verflechtung). Zum Vorliegen einer personellen Verflechtung im Rahmen einer Betriebsaufspaltung ist eine Verwaltungsanweisung ergangen.[6] Liegen die Voraussetzungen einer Betriebsaufspaltung vor, handelt es sich bei der Vermietung und Verpachtung der WG an das Betriebsunternehmen um einen Gewerbebetrieb.[7] Negative Einkünfte aus einer gewerblichen Tätigkeit führten nach einer Entscheidung des BFH nicht zur Umqualifizierung der vermögensverwaltenden Einkünfte einer GbR.[8] Mit der Gesetzesänderung des § 15 Abs. 3 Nr. 1 EStG[9] wurde die bisherige Rechtsprechung/Verwaltungsauffassung wiederhergestellt und gesetzlich abgesichert, wonach auch eine land- und forstwirtschaftlich, freiberuflich oder vermögensverwaltend tätige Personengesellschaft in vollem Umfang gewerbliche Einkünfte bezieht, wenn sie daneben nur negative gewerbliche (Beteiligungs-)Einkünfte erzielt.

Zur Frage der Anwendung des Teileinkünfteverfahrens in der steuerlichen Gewinnermittlung vgl. BMF v. 23.10.2013.[10]

Eine **Betriebsunterbrechung** kann in der Weise verwirklicht werden, dass der Betriebsinhaber die wesentlichen Betriebsgrundlagen an einen anderen Unternehmer verpachtet oder dadurch, dass er die gewerbliche Tätigkeit ruhen lässt. Beide Gestaltungen setzen dabei die Absicht voraus, den Betrieb künftig wieder aufzunehmen. Eine Betriebsverpachtung setzt danach voraus, dass der Verpächter dem Pächter einen Betrieb und/oder seine Produktion zur Nutzung überlässt, so dass der Pächter diesen im Wesentlichen fortsetzen kann oder die stpfl. Person den Betrieb künftig selbst wieder aufnimmt.[11]

Wird die **Betriebsaufgabe erklärt**, sind in diesem Zusammenhang auch die stillen Reserven aufzudecken. Danach erzielt die stpfl. Person keine gewerblichen Einkünfte mehr, sondern ist privater Verpächter, so dass ab diesem Zeitpunkt Einnahmen aus Vermietung und Verpachtung zu erklären sind. Erklärt die stpfl. Person nicht die Betriebsaufgabe, besteht der Betrieb einkommensteuerrechtlich weiter, so dass weiterhin Einkünfte aus Gewerbebetrieb erzielt werden. Für die Form der Gewinnermittlung gelten die allgemeinen Bilanzierungsvorschriften weiter. Der Verpächter erzielt jedoch keine gewerbesteuerpflichtigen Einkünfte mehr.[12] Deshalb muss für das Jahr, in dem die Verpachtung beginnt, der auf die Zeit bis zum Pachtbeginn entfallende Gewinn für die GewSt besonders ermittelt werden.

Dem FA ggü. ist eine **Erklärung** zu Beginn oder während der Verpachtung des Betriebs **abzugeben**, inwieweit das grds. bestehende Wahlrecht ausgeübt wird. Die Erklärung von Einkünften aus Vermietung und Verpachtung i.R.d. ESt-Erklärung gilt jedoch grds. nicht als Aufgabeerklärung,[13] die verpachteten WG bleiben BV, so dass Wertschwankungen derselben weiterhin Berücksichtigung finden. In diesen Fällen wird das FA ggf. durch Rückfragen klären, ob der Betrieb als aufgegeben betrachtet werden soll.[14] Zur **Betriebsfortführungsfiktion** → Rz. 551. Die Aufgabe des Betriebs ist für den von der stpfl. Person gewählten Zeitpunkt anzuerkennen, wenn die Aufgabeerklärung spätestens drei Monate nach diesem Zeitpunkt ggü. dem FA abgegeben wird (Drei-Monats-Frist). Wird die Aufgabeerklärung erst nach Ablauf dieser Frist abgegeben, gilt der Betrieb erst im Zeitpunkt des Eingangs der Erklärung beim FA als aufgegeben, so dass eine Erklärung nicht für einen VZ abgegeben werden kann, für den bereits Festsetzungsverjährung eingetreten ist.[15]

---

1) BFH v. 19.3.2009, IV R 45/06, BStBl II 2009, 902.
2) BMF v. 17.10.1994, IV B 2 – S 2242 – 47/94, BStBl I 1994, 771.
3) BFH v. 12.12.2007, X R 17/05, BStBl II 2008, 579.
4) BFH v. 26.1.1989, IV R 151/86, BStBl II 1989, 455.
5) BFH v. 11.10.2007, X R 39/04, BStBl II 2008, 220.
6) BMF v. 7.10.2002, IV A 6 – S 2240 – 134/02, BStBl I 2002, 1028.
7) BFH v. 12.11.1985, VIII R 240/81, BStBl II 1986, 296.
8) BFH v. 2.4.2018, IV R 5/15, BStBl II 2020, 118.
9) I.d.F.d. Gesetzes zur weiteren steuerlichen Förderung der Elektromobilität und zur Änderung weiterer steuerlicher Vorschriften v. 12.12.2019, BGBl. I 2019, 2451 = BStBl I 2020, 17.
10) BMF v. 23.10.2013, IV C 6 – S 2128/07/1001, BStBl I 2013, 1269.
11) BFH v. 17.4.1997, VIII R 2/95, BStBl II 1998, 388.
12) R 2.2 GewStR 2009.
13) BFH v. 22.9.2004, III R 9/03, BStBl II 2005, 160; BFH v. 23.11.1995, IV R 36/94, BFH/NV 1996, 398.
14) R 16 Abs. 5 Satz 10 EStR 2012.
15) BT-Drucks. 17/5125, 38.

Zu den **Zweifelsfragen** im Zusammenhang mit der Ausübung des Verpächterwahlrechts wird auf die bestehende **Verwaltungsanweisung** verwiesen.[1] Die für die Ausübung des Wahlrechts erforderliche Absicht der Wiederaufnahme umfasst den Betrieb in dem Zustand, in dem sich das Unternehmen befand, als die letzte werbende Tätigkeit eingestellt wurde. Der Verpachtung eines Betriebs im Ganzen steht die **Verpachtung eines Teilbetriebs** gleich. In diesem Fall kann die stpfl. Person zwischen dem Fortbestehen des Teilbetriebs und einer Teilbetriebsaufgabe wählen.

Beratungshinweis:
Zur Übertragung und Überführung von land- und forstwirtschaftlichem Vermögen aus einer Mitunternehmerschaft und zum Verpächterwahlrecht bei land- und forstwirtschaftlichen Betrieben wird auf das BMF-Schreiben v. 17.5.2022 verwiesen.[2]

ee) Veräußerung/Aufgabe eines Teilbetriebs

555 Ein Teilbetrieb ist ein mit einer gewissen Selbständigkeit ausgestatteter, organisch geschlossener Teil des Gesamtbetriebs, der für sich betrachtet alle Merkmale eines Betriebs aufweist und für sich lebensfähig ist. Maßgebend für die Annahme einer **gewissen Selbständigkeit** des Teilbetriebs ist das Gesamtbild der Verhältnisse.[3] Eine **völlig selbständige Organisation** mit eigener Buchführung ist nicht erforderlich. **Teilbetriebe können** Filialen, Zweigniederlassungen oder räumlich getrennte Gaststätten **sein**. Ob eine Summe von WG einen Teilbetrieb darstellt, ist nach den tatsächlichen Verhältnissen im Zeitpunkt der Veräußerung zu entscheiden. Dies gilt auch dann, wenn die WG die Eigenschaft als Teile eines Teilbetriebs erst durch die Zerstörung einer wesentlichen Betriebsgrundlage verloren haben.[4]

Eine Teilbetriebsveräußerung erfordert nicht, dass die veräußernde Person ihre gewerblichen **Tätigkeiten in vollem Umfang beendet**. Es ist ausreichend, wenn sie die gewerbliche Tätigkeit aufgibt, die sich auf die veräußerten wesentlichen Betriebsgrundlagen bezieht.[5]

Als **Veräußerung** eines Teilbetriebs **gilt auch** die Veräußerung einer im BV einer einzelnen stpfl. Person oder einer Personengesellschaft geführten 100 %igen Beteiligung an einer Kapitalgesellschaft im Laufe des Wj. Die Fiktion gilt auch dann, wenn das veräußerte gesamte Nennkapital einer Kapitalgesellschaft im Eigentum nur eines oder mehrerer Mitunternehmer stand und steuerlich zum BV der Personengesellschaft gehörte.[6]

Die Grundsätze zur Veräußerung eines Teilbetriebs gelten für die Aufgabe eines Teilbetriebs entsprechend.[7]

ff) Veräußerung eines ganzen Mitunternehmeranteils

556 Nach § 16 Abs. 1 Nr. 2 EStG ist nur die Veräußerung eines ganzen Mitunternehmeranteils begünstigt. Ein Mitunternehmeranteil erfasst die Gesellschaftsanteile von Personengesellschaften (OHG, KG, GbR), Gesellschaftsanteile von Personengesellschaften, die als Innengesellschaft kein Gesamthandsvermögen haben, sowie Anteile an vergleichbaren Gesellschaften, wie z.B. eine Erbengemeinschaft. Erfasst sind sowohl das Gesamthandsvermögen als auch das Sonder-BV des Mitunternehmers. Auch die Veräußerung des ganzen Anteils an einer Mitunternehmerschaft, zu deren BV die Beteiligung an einer anderen Mitunternehmerschaft gehört (z.B. doppelstöckige Personengesellschaft), ist als einheitlicher Veräußerungsvorgang zu behandeln, für den insgesamt – soweit die Voraussetzungen im Übrigen erfüllt sind – § 16 Abs. 4 und § 34 Abs. 3 EStG Anwendung finden.[8]

Erfolgt lediglich die Veräußerung eines **Anteils an einer Mitunternehmerschaft**, handelt es sich nicht um einen steuerbegünstigten Veräußerungsgewinn, sondern um laufenden Gewinn, der ohne Berücksichtigung von Freibeträgen und ohne Berücksichtigung eines besonderen Steuersatzes nach § 34 EStG zu versteuern ist, da nicht alle stillen Reserven aufgedeckt worden sind.

gg) In gesetzlich gleich gestellten Fällen

557 Tatbestände, die ebenfalls zu erklären sind, sind diejenigen einer **Realteilung** (§ 16 Abs. 3 Satz 2 bis 4 EStG). Werden im Zuge einer Realteilung einer Mitunternehmerschaft Teilbetriebe, Mitunternehmeranteile oder einzelne WG in das jeweilige BV der einzelnen Mitunternehmer (Realteiler) übertragen, sind bei der Ermittlung des Gewinns der Mitunternehmerschaft die WG mit den **Buchwerten** anzusetzen, sofern die Besteuerung der stillen Reserven sichergestellt ist. Insoweit, als Einzelwirtschaftsgüter der real zu teilenden Mitunternehmerschaft unmittelbar oder mittelbar in das BV einer Körperschaft, Personenvereinigung oder Vermögensmasse übertragen werden (§ 16 Abs. 3 Satz 4 EStG) und die Körperschaft nicht schon vorher mittelbar oder unmittelbar an dem übertragenen WG beteiligt war, ist eine ertragsteuerlich begünstigte Realteilung nicht gegeben und der **Ansatz der Buchwerte** i.R.d. Übertragung nicht möglich. Zur Frage der Anwendung von § 16 Abs. 3 Satz 2 bis 4 und Abs. 5 EStG vgl. BMF v. 19.12.2018.[9] Die Grundsätze des BMF-Schreibens sind sowohl für die echte als auch die unechte

1) BMF v. 17.10.1994, IV B 2 – S 2242 – 47/94, BStBl I 1994, 771.
2) BMF v. 17.5.2022, IV C 7 – S 2230/21/10001 :007, BStBl I 2022, 678.
3) BFH v. 27.10.1994, I R 107/93, BStBl II 1995, 403.
4) BFH v. 16.7.1970, IV R 227/68, BStBl II 1970, 738.
5) BFH v. 9.8.1989, X R 62/87, BStBl II 1989, 973.
6) R 16 Abs. 3 Satz 6 und 7 EStR 2012.
7) R 16 Abs. 3 EStR 2012.
8) OFD Koblenz v. 28.2.2007, S 2243 A – St 313, DStR 2007, 992.
9) BMF v. 19.12.2018, IV C 6 – S 2242/07/10002, BStBl I 2019, 6.

Realteilung anzuwenden.[1] Die tarifbegünstigte Besteuerung eines durch eine echte Realteilung einer Sozietät ausgelösten Aufgabegewinns gemäß § 34 Abs. 2 Nr. 1 EStG setzt voraus, dass die stpfl. Person die wesentlichen vermögensmäßigen Grundlagen der bisherigen freiberuflichen Tätigkeit aufgibt. Hieran fehlt es, wenn sie den ihm i.R.d. Realteilung zugewiesenen Mandantenstamm dergestalt verwertet, dass dieser geplant auf eine GbR, an der die stpfl. Person beteiligt ist, übergeht und sie in einem zweiten Schritt gegen Abfindung aus dieser GbR ausscheidet. Dass der Realteiler im Ergebnis die freiberufliche Tätigkeit im bisherigen örtlichen Wirkungskreis zeitnah einstellt, genügt in diesem Fall nicht für die Gewährung der Tarifbegünstigung.[2]

Zu den gesetzlich gleich gelagerten Fällen gehört auch der **Wegzug in das Ausland** (§ 6 AStG) (→ Rz. 590).

hh) Ermittlung des Veräußerungsgewinns

(1) Allgemeines

Veräußerungsgewinn ist der Betrag, um den der Veräußerungspreis nach Abzug der Veräußerungskosten den Buchwert des BV oder den Wert des Anteils am BV im Zeitpunkt der Veräußerung übersteigt (§ 16 Abs. 2 Satz 1 EStG). Werden die WG nicht veräußert, sondern in das PV überführt, so ist der gemeine Wert der WG im Zeitpunkt der Aufgabe anzusetzen. **558**

Abzugrenzen ist der Veräußerungs- oder Aufgabegewinn von den normalen Geschäftsvorfällen, die insoweit weiterhin laufende Einnahmen darstellen. Die Veräußerung von Produkten gehört nicht zum begünstigten Aufgabegewinn, wenn die Veräußerung wie im bisherigen laufenden Betrieb an den bisherigen Kundenkreis erfolgt und insoweit die bisherige normale Geschäftstätigkeit fortgesetzt wird (z.B. im Rahmen eines Räumungsverkaufs).[3]

Der Veräußerungsgewinn gilt als laufender Gewinn, wenn auf der Seite des Veräußerers und auf der Seite des Erwerbers dieselben Personen Unternehmer oder Mitunternehmer sind (§ 16 Abs. 2 Satz 3 und Abs. 3 Satz 5 EStG).

Praxishinweis:
In diesen Fällen ist auch das Auswahlfeld in Zeile 80 (→ Rz. 600) anzukreuzen.

Im **Veräußerungs- oder Liquidationsfall** noch verbliebene verrechenbare Verluste nach § 15a EStG (→ Rz. 532) mindern einen etwaigen Veräußerungs- oder Aufgabegewinn.[4] Vom Erwerber übernommene Verbindlichkeiten, die auf Grund von Rückstellungsverboten nicht passiviert worden sind, sind dem Veräußerungspreis nicht gewinnerhöhend hinzuzurechnen.[5]

(2) Veräußerungspreis

Veräußerungspreis ist der Wert der tatsächlich erhaltenen Gegenleistung, die der Veräußerer für die veräußerten WG erhält. Anzusetzen ist dabei der gemeine Wert bei einer Veräußerung gegen **559**

- **wiederkehrende Bezüge** und das in diesem Zusammenhang bestehende Wahlrecht hinsichtlich der Art der Versteuerung.[6] Bei Anwendung der Zuflussbesteuerung sind die Regeln des Teileinkünfteverfahrens zu beachten;[7]
- einen in **Raten zu zahlenden Kaufpreis**.[8]

Wird ein Betrieb veräußert und die **Kaufpreisforderung gestundet**, so ist bei der Ermittlung des Veräußerungsgewinns die Kaufpreisforderung mit dem gemeinen Wert im Zeitpunkt der Veräußerung anzusetzen.[9] Wird die gestundete Kaufpreisforderung ganz oder teilweise **uneinbringlich**, so stellt dies ein Ereignis mit steuerlicher Rückwirkung dar (§ 175 Abs. 1 Nr. 2 AO).[10]

Beratungshinweis:
Ein rückwirkendes Ereignis liegt bei nachträglichen vertraglichen Änderungen nur in den Fällen vor, in denen der Rechtsgrund für die später geleisteten Zahlungen bereits im ursprünglichen Rechtsgeschäft angelegt ist.[11] Eine Versteuerung erfolgt ansonsten im Zeitpunkt der Zahlung.

Wird ein Betrieb, Teilbetrieb oder Mitunternehmeranteil gegen einen **gewinnabhängigen oder umsatzabhängigen Kaufpreis** veräußert, so ist das Entgelt als laufende nachträgliche Betriebseinnahme in der Höhe zu versteuern, in der die Summe der Kaufpreiszahlungen das – ggf. um Einmalleistungen gekürzte – Schlusskapitalkonto zuzüglich der Veräußerungskosten überschreitet.[12]

1) Vgl. hierzu BFH v. 16.3.2017, IV R 31/14, BStBl II 2019, 24.
2) BFH v. 15.1.2019, VIII R 24/15, BStBl II 2020, 251.
3) BFH v. 29.11.1988, VIII R 316/82, BStBl II 1989, 602.
4) BFH v. 26.1.1995, IV R 23/93, BStBl II 1995, 467.
5) BFH v. 17.10.2007, I R 61/06, BStBl II 2008, 555.
6) R 16 Abs. 11 EStR 2012.
7) BMF v. 3.8.2004, IV A 6 – S 2244 – 16/04, BStBl I 2004, 1187.
8) H 16 Abs. 11 Ratenzahlungen EStH 2019.
9) BFH v. 19.1.1978, IV R 61/73, BStBl II 1987, 295.
10) BFH v. 19.7.1993, GrS 2/92, BStBl II 1993, 897.
11) BFH v. 23.5.2012, IX R 32/11, BStBl II 2012, 675.
12) BFH v. 14.5.2002, VIII R 8/01, BStBl II 2002, 532.

(3) Veräußerungs-/Aufgabekosten

560 Veräußerungs-/Aufgabekosten i.S.d. § 16 Abs. 2 EStG sind Aufwendungen, die in **unmittelbarer sachlicher Beziehung** zum Veräußerungs- oder Aufgabevorgang stehen und sind auch dann zu berücksichtigen, wenn sie bereits im VZ vor dem Entstehen des Veräußerungsgewinns angefallen sind.[1]

Zu den **Veräußerungskosten** gehören z.B. Vermittlungsprovisionen, Notar- und Reisekosten und Vorfälligkeitsentschädigungen für die Ablösung von Krediten im Zusammenhang mit der Betriebsveräußerung.[2]

Hierzu zählt auch die Inanspruchnahme anwaltlicher Hilfe beim Verkauf wesentlicher Betriebsgrundlagen. Die **Erfolglosigkeit der konkreten Bemühungen,** z.B. eines Anwalts hinsichtlich der Veräußerung von wesentlichen Betriebsgrundlagen, ändert nichts an dem Veranlassungszusammenhang mit der dann doch durchgeführten Veräußerung dieser WG.[3]

Beratungshinweis:
Sind Aufwendungen zwar nicht als Veräußerungskosten zu berücksichtigen, erfüllen diese aber die Voraussetzungen für den Betriebsausgabenabzug, liegen insoweit nachträgliche negative Einkünfte vor.

ii) Veräußerungsgewinn, für den Freibetrag nach § 16 Abs. 4 EStG beantragt wird (Zeilen 58–65)

- 4 -

Veräußerungsgewinn 45

bei Veräußerung / Aufgabe eines ganzen Betriebs, eines Teilbetriebs, eines ganzen Mitunternehmeranteils (§ 16 EStG)

Veräußerungsgewinn, für den der Freibetrag nach § 16 Abs. 4 EStG wegen dauernder Berufsunfähigkeit oder Vollendung des 55. Lebensjahrs beantragt wird
– Für nach dem 31.12.1995 erfolgte Veräußerungen / Aufgaben wurde der Freibetrag nach § 16 Abs. 4 EStG bei keiner Einkunftsart in Anspruch genommen. –

58 genaue Bezeichnung des Betriebs / des Teilbetriebs / des Mitunternehmeranteils

59 Finanzamt

60 Steuernummer

Zeile		Kz.	EUR
61	Veräußerungsgewinn vor Abzug des Freibetrags nach § 16 Abs. 4 EStG	24/25	,—
62	In Zeile 61 enthaltener steuerpflichtiger Teil, für den das **Teileinkünfteverfahren** gilt	32/33	,—
63	Auf den Veräußerungsgewinn laut Zeile 61 wurde zumindest teilweise § 6b oder § 6b i. V. m. § 6c EStG angewendet. Die Übertragungen von aufgedeckten stillen Reserven und / oder die in Anspruch genommenen Rücklagen nach § 6b Abs. 1 bis 9 ggf. i. V. m. § 6c EStG betragen	57/58	,—
64	Auf den Veräußerungsgewinn laut Zeile 61 wurde zumindest teilweise § 6b oder § 6b i. V. m. § 6c EStG angewendet. Die Übertragungen von aufgedeckten stillen Reserven und / oder die in Anspruch genommenen Rücklagen nach § 6b Abs. 10 ggf. i. V. m. § 6c EStG betragen	59/60	,—
65	Veräußerungsgewinn laut Zeile 61, für den der **ermäßigte Steuersatz** des § 34 Abs. 3 EStG wegen dauernder Berufsunfähigkeit oder Vollendung des 55. Lebensjahres beantragt wird. Für nach dem 31.12.2000 erfolgte Veräußerungen / Aufgaben wurde der ermäßigte Steuersatz des § 34 Abs. 3 EStG bei keiner Einkunftsart in Anspruch genommen.	34/35	,—

561 **Hinweis zur Plausibilitätsbeurteilung:**
In den Zeilen 58–60 sind der Name des veräußerten Betriebs, das zuständige FA und die Steuernummer einzutragen.

Hat die **veräußernde Person das 55. Lebensjahr vollendet** oder ist sie im sozialversicherungsrechtlichen Sinne dauernd berufsunfähig (→ Rz. 563), so wird der Veräußerungsgewinn auf Antrag zur ESt nur herangezogen, soweit er 45 000 € übersteigt. Dieser personenbezogene Freibetrag kann der stpfl. Person nur einmal (im Leben) gewährt werden (aber → Rz. 562); nicht erheblich ist, ob der Freibetrag zu Recht gewährt worden ist.[4] Eine Kausalität zwischen der Veräußerung oder Aufgabe und der Berufsunfähigkeit ist nicht erforderlich (R 16 Abs. 14 Satz EStR 2012).

1) BFH v. 6.10.1993, I R 97/92, BStBl II 1994, 287.
2) BFH v. 25.1.2000, VIII R 55/97, BStBl II 2000, 458.
3) BFH v. 19.5.2005, IV R 17/02, BStBl II 2005, 637.
4) BFH v. 21.7.2009, X R 2/09, BStBl II 2009, 963.

Ohne Bedeutung ist insoweit, ob von der stpfl. Person ein ganzer Gewerbebetrieb, ein Teilbetrieb oder ein Mitunternehmeranteil veräußert oder aufgegeben wird.[1] Der zu gewährende Freibetrag ermäßigt sich um den Betrag, um den der Veräußerungsgewinn 136 000 € übersteigt (§ 16 Abs. 4 EStG).

Beispiel:

A veräußert sein Unternehmen im Alter von 66 Jahren und erzielt dabei einen Veräußerungsgewinn i.H.v. 150 000 €.

Der Veräußerungsgewinn übersteigt den Betrag von 136 000 € um 14 000 €. Der Freibetrag i.H.v. 45 000 € ist um diesen übersteigenden Betrag zu kürzen. Es verbleibt daher ein Freibetrag i.H.v. 31 000 €. Dieser Betrag mindert den erzielten Veräußerungsgewinn.

In Zeile 61 ist der gesamte Veräußerungsgewinn einzutragen. Der zu berücksichtigende Freibetrag wird vom FA ermittelt und i.R.d. ESt-Veranlagung von Amts wegen berücksichtigt.

So kann auch in den Fällen der Aufgabe oder **Veräußerung des Gewerbebetriebs einer Personengesellschaft jeder Mitunternehmer** für den auf ihn entfallenden Teil des Veräußerungs- oder Aufgabegewinns den Freibetrag in voller Höhe beanspruchen.[2] Nicht verbrauchte Teile des Freibetrags können aber nicht bei einer anderen Veräußerung in Anspruch genommen werden. Wird eine Kapitalgesellschaft in eine Personengesellschaft umgewandelt und veräußert ein Mitunternehmer innerhalb der 5-jährigen Sperrfrist (§ 18 Abs. 3 UmStG) den Mitunternehmeranteil, findet der Freibetrag keine Anwendung.[3]

Hat die stpfl. Person bereits für **Veräußerungen vor dem 1.1.1996** Veräußerungsfreibeträge in Anspruch genommen, bleiben diese unberücksichtigt (§ 52 Abs. 34 Satz 5 EStG a.F.). Über die **Gewährung des Freibetrags** wird bei der Veranlagung zur ESt entschieden. Dies gilt auch im Falle der Veräußerung eines Mitunternehmeranteils; in diesem Fall ist im Verfahren zur gesonderten und einheitlichen Gewinnfeststellung nur die Höhe des auf den Gesellschafter entfallenden Veräußerungsgewinns festzustellen.[4] **562**

Dauernd berufsunfähig sind Versicherte, deren Erwerbsfähigkeit wegen Krankheit oder Behinderung im Vergleich zur Erwerbsfähigkeit von körperlich, geistig und seelisch gesunden Versicherten mit ähnlicher Ausbildung und gleichwertigen Kenntnissen und Fähigkeiten auf weniger als sechs Stunden gesunken ist (§ 240 Abs. 2 SGB VI). Zum **Nachweis** der dauernden Berufsunfähigkeit reicht die Vorlage eines Bescheids des Rentenversicherungsträgers aus, wonach die Berufsunfähigkeit oder Erwerbsunfähigkeit i.S.d. gesetzlichen Rentenversicherung vorliegt. Es ist daher für die Beurteilung auf das Sozialversicherungsrecht abzustellen.[5] Der Nachweis kann auch durch eine amtsärztliche Bescheinigung geführt werden. Der Nachweis einer privaten Versicherungsgesellschaft ist ausreichend, wenn die Versicherungsbedingungen an einen Grad der Berufsunfähigkeit von mind. 50 oder an einer Minderung der Erwerbstätigkeit wegen Krankheit oder Behinderung auf weniger als sechs Stunden täglich anknüpfen. Eine Bescheinigung über eine anhaltende Arbeitsunfähigkeit ist nicht ausreichend.[6] **563**

Beratungshinweis:

Der BFH hat mit Urteil v. 14.12.2022[7] entschieden, dass für die Feststellung der dauernden Berufsunfähigkeit i.S.d. § 16 Abs. 4 Satz 1 EStG die allgemeinen Beweisregeln gelten. Daher darf das Gericht im Rahmen seiner freien Beweiswürdigung auch nichtamtliche Unterlagen, z.B. Gutachten und andere Äußerungen von Fachärzten und sonstigen Medizinern, heranziehen. Eine dauernde Berufsunfähigkeit im sozialversicherungsrechtlichen Sinne ist gegeben, wenn zum einen die Voraussetzungen des § 240 Abs. 2 SGB VI erfüllt sind und dieser Zustand zum anderen nicht nur in einem geringeren Ausmaß zeitlich befristet ist. Dieses bedarf einer Einzelfallprüfung.

jj) Veräußerungsgewinn und Teileinkünfteverfahren (Zeile 62)

40 % des Veräußerungspreises i.S.d. § 16 Abs. 2 EStG ist, soweit er auf die Veräußerung von Anteilen an Körperschaften, Personenvereinigungen und Vermögensmassen, deren Leistungen beim Empfänger zu Einnahmen i.S.d. § 20 Abs. 1 Nr. 1 und Nr. 9 EStG gehören, oder auf die Veräußerung von Anteilen an einer Organgesellschaft i.S.d. §§ 14, 17 oder 18 KStG entfällt, steuerfrei. Dies gilt auch für Fälle einer Betriebsaufgabe (§ 3 Nr. 40 Buchst. b EStG). **564**

Der entsprechende stpfl. Anteil am Gewinn, auf den das Teileinkünfteverfahren Anwendung findet, ist daher in Zeile 62 einzutragen.

Praxishinweis:

Unterliegen die Gewinne dem Teileinkünfteverfahren, ist für den stpfl. Teil des Veräußerungsgewinns der ermäßigte Steuersatz nicht anzuwenden (§ 34 Abs. 2 Nr. 1 EStG).

Das **Teileinkünfteverfahren** (→ Rz. 535) ist grds. **nicht** für **einbringungsgeborene Anteile** i.S.d. § 21 UmwStG a.F. anzuwenden (§ 3 Nr. 40 Satz 3 EStG a.F.), wenn auf die Aufdeckung von stillen Reserven verzichtet wird. Hierbei sind die zwei Ausnahmetatbestände des § 3 Nr. 40 Satz 4 EStG a.F. zu beachten. Die Steuerbefreiung ist zu gewähren, wenn die Veräußerung der einbringungsgeborenen Anteile später als sieben Jahre nach Einbringung i.S.d. § 20 Abs. 1 oder § 23 Abs. 1 bis 3 UmwStG a.F. erfolgt (§ 3 Nr. 40 Satz 4 Buchst. a EStG a.F.). Die (volle) Besteuerung kann nicht dadurch ausgehebelt werden, dass innerhalb der Frist ein Antrag auf Versteuerung nach § 21 Abs. 2

1) BFH v. 5.6.2003, IV R 18/02, BStBl II 2003, 838.
2) R 16 Abs. 13 Satz 3 EStR 2012.
3) BFH v. 26.3.2015, IV R 3/12, BStBl II 2016, 553.
4) R 16 Abs. 13 Satz 1 und 2 EStR 2012.
5) OFD Niedersachsen v. 20.12.2011, S 2242 – 94 – St 221/St 222, StEd 2012, 77.
6) BFH v. 26.9.1996, IV R 17/96, BFH/NV 1997, 224.
7) BFH v. 14.12.2022, X R 10/21, BStBl II 2023, 807.

Nr. 1 UmwStG a.F. gestellt wird.[1] Für die Veräußerung von Anteilen, die auf Einbringungsvorgängen nach § 20 Abs. 1 Satz 2 oder § 23 Abs. 4 UmwStG a.F. beruhen, bleibt die hälftige Steuerbefreiung bestehen (§ 3 Nr. 40 Satz 4 Buchst. b EStG a.F.). Sie ist nur in den Fällen nicht anzuwenden, in denen der Erwerb der Anteile selbst wiederum auf die Einbringung eines Betriebs, Teilbetriebs oder Mitunternehmeranteils unter dem Teilwert innerhalb der Frist von sieben Jahren zurückzuführen ist (Fall des § 3 Nr. 40 Satz 4 Buchst. a EStG a.F.).

Beratungshinweis:
Erfolgte die Einbringung noch i.R.d. UmwStG a.F. gelten die Anteile weiterhin als einbringungsgeboren i.S.d. § 21 UmwStG (§ 21 Abs. 2 Satz 6 i.V.m. § 20 Abs. 3 Satz 4 UmwStG).

kk) Auf den Veräußerungsgewinn lt. Zeile 61 wurde zumindest teilweise § 6b oder § 6b i.V.m. § 6c EStG angewendet (Zeilen 63–64)

565 Wird i.R.v. Veräußerungsvorgängen eine Rücklage nach § 6b oder § 6c EStG gebildet, so ist eine Anwendung der Tarifvergünstigung (§ 34 EStG) für die jeweilige Veräußerung ausgeschlossen (§ 34 Abs. 1 Satz 4 EStG). Die Steuervorteile des § 34 Abs. 1 EStG und des § 6b EStG sollen nicht nebeneinander gewährt werden. Die Anwendung des § 34 Abs. 1 EStG ist nur gerechtfertigt, wenn alle stillen Reserven in einem einheitlichen Vorgang aufgedeckt werden. Das ist bei der Bildung einer § 6b EStG-Rücklage nicht der Fall; durch die Rücklage werden stille Reserven der Besteuerung entzogen.

Beratungshinweis:
Eine Übertragung auf einen anderen Betrieb der stpfl. Person vor Anschaffung des Reinvestitions-WG ist nicht möglich.[2] Die Bildung einer Rücklage für Gewinne aus der Veräußerung einer Kapitalgesellschaftsbeteiligung nach § 6b Abs. 10 EStG steht der Anwendung der Steuerermäßigung des § 34 Abs. 1 EStG auf den verbleibenden Teil des Veräußerungsgewinns nicht entgegen.[3]

ll) Veräußerungsgewinn lt. Zeile 61, für den der ermäßigte Steuersatz des § 34 Abs. 3 EStG beantragt wird (Zeile 65)

566 Der Veräußerungs- oder Aufgabegewinn i.S.d. § 16 Abs. 3 EStG wird i.R.d. § 34 Abs. 3 EStG **auf Antrag** ermäßigt besteuert. In Betracht kommen insoweit Veräußerungsgewinne mit Ausnahme des stpfl. Teils des Veräußerungsgewinns, die i.R.d. Teileinkünfteverfahrens (§ 3 Nr. 40 EStG i.V.m. § 3c Abs. 2 EStG) steuerbefreit sind (§ 34 Abs. 2 Nr. 1 EStG). Liegt ein begünstigter Veräußerungsgewinn vor, so besteht ein Wahlrecht, ob die Einkünfte nach § 34 Abs. 1 EStG ermäßigt besteuert werden oder ob die Regelungen des § 34 Abs. 3 EStG Anwendung finden sollen.

Praxishinweis:
Durch Eintrag des Gewinns in Zeile 65 gilt der Antrag nach § 34 Abs. 3 EStG als gestellt. In allen anderen Fällen wird der festzusetzende Einkommensteuerbetrag für das um die nach § 34 Abs. 1 EStG (sog. Fünftel-Regelung) ermäßigt z.v.E. verminderte z.v.E. ermittelt.

Für den stpfl. Teil des Veräußerungsgewinns, der dem Teileinkünfteverfahren unterliegt (§ 3 Nr. 40 Buchst. b EStG), wird die Steuerermäßigung für außerordentliche Einkünfte nicht gewährt (§ 34 Abs. 2 Nr. 1 EStG). Insoweit wird eine Doppelbegünstigung von Veräußerungsgewinnen vermieden.

567 Die Anwendung des ermäßigten Steuersatzes nach § 34 Abs. 3 EStG setzt voraus, dass die stpfl. Person das 55. Lebensjahr vollendet hat oder im **sozialversicherungsrechtlichen Sinne dauernd berufsunfähig** (→ Rz. 563) ist. Der ermäßigte Steuersatz beträgt 56 % des durchschnittlichen Steuersatzes, der sich ergäbe, wenn die tarifliche ESt nach dem gesamten z.v.E. (zzgl. der dem Progressionsvorbehalt unterliegenden Einkünfte) zu bemessen wäre, mind. jedoch 14 %.

Die Ermäßigung nach § 34 Abs. 3 Satz 1 bis 3 EStG kann nur einmal im Leben in Anspruch genommen werden (§ 34 Abs. 3 Satz 4 EStG). Dies gilt selbst dann, wenn die stpfl. Person mehrere Veräußerungs- oder Aufgabegewinne innerhalb eines VZ erzielt.[4]

Beratungshinweis:
Für die Anwendung des § 34 Abs. 3 Satz 4 EStG ist die Inanspruchnahme einer Steuerermäßigung nach § 34 EStG in VZ vor dem 1.1.2001 unbeachtlich (§ 52 Abs. 47 Satz 8 EStG a.F.). Für nach dem 31.12.2000 erfolgte Veräußerungen/Aufgaben durfte der ermäßigte Steuersatz daher bei keiner Einkunftsart in Anspruch genommen werden.

Sowohl der ermäßigte Steuersatz (§ 34 Abs. 3 EStG) als auch die Fünftel-Regelung (§ 34 Abs. 1 EStG) können nicht angewendet werden, wenn für Veräußerungsgewinne ganz oder teilweise die Begünstigung für Gewinne nach § 6b EStG oder § 6c EStG (Übertragung stiller Reserven) in Anspruch genommen wird (§ 34 Abs. 1 Satz 4 und Abs. 3 Satz 6 EStG).

568 Liegen die Voraussetzungen für die Steuerermäßigung nach § 34 Abs. 1 EStG und § 34 Abs. 3 EStG nebeneinander vor, ist eine Verrechnung der noch nicht abgezogenen Beträge mit den außerordentlichen Einkünften – seitens des FA – in der Reihenfolge vorzunehmen, dass sie zu dem für die stpfl. Person günstigsten Ergebnis führt.[5]

1) R 3.40 Satz 2 EStR 2012.
2) BFH v. 22.11.2018, VI R 50/16, BStBl II 2019, 313.
3) FG Münster v. 23.9.2015, 10 K 4079/14 F, EFG 2016, 20.
4) R 34.5 Abs. 2 Satz 1 EStR 2012.
5) R 34.1 Abs. 1 Satz 4 EStR 2012.

Wird der zum BV eines Einzelunternehmers gehörende Mitunternehmeranteil im Zusammenhang mit der Veräußerung des Einzelunternehmens veräußert, ist die Anwendbarkeit des § 34 Abs. 3 EStG für beide Vorgänge getrennt zu prüfen. Liegen hinsichtlich beider Vorgänge die Voraussetzungen des § 34 Abs. 3 EStG vor, kann die ermäßigte Besteuerung nach § 34 Abs. 3 EStG entweder für die Veräußerung des Einzelunternehmens oder für die Veräußerung des Mitunternehmeranteils beantragt werden.

Zu den einzelnen Berechnungsalternativen zur Ermittlung der ESt nach § 34 Abs. 1 und Abs. 3 EStG vgl. die Beispiele in H 34.2 EStH 2019.

mm) Veräußerungsgewinn, für den ein Freibetrag nach § 16 Abs. 4 EStG nicht beantragt wird oder nicht zu gewähren ist (Zeilen 66–74)

Zeile	Veräußerungsgewinn(e), für den / die der Freibetrag nach § 16 Abs. 4 EStG nicht beantragt wird oder nicht zu gewähren ist	Kz.	EUR
66	genaue Bezeichnung des Betriebs / des Teilbetriebs / des Mitunternehmeranteils		
67	Finanzamt		
68	Steuernummer		
69	Veräußerungsgewinn(e)	30/31	,—
70	In Zeile 69 enthaltener steuerpflichtiger Teil, für den das **Teileinkünfteverfahren** gilt	36/37	,—
71	Auf den / die Veräußerungsgewinn(e) laut Zeile 69 wurde zumindest teilweise § 6b Abs. 1 bis 9 ggf. i. V. m. § 6c EStG angewendet	46/47	1 = Ja, für die / alle Veräußerung(en) 2 = Ja, aber nicht für alle Veräußerungen
72	Auf den / die Veräußerungsgewinn(e) laut Zeile 69 wurde zumindest teilweise § 6b Abs. 10 ggf. i. V. m. § 6c EStG angewendet	70/71	1 = Ja
73	In Zeile 69 enthaltener Veräußerungsgewinn, für den der **ermäßigte Steuersatz** des § 34 Abs. 3 EStG wegen dauernder Berufsunfähigkeit oder Vollendung des 55. Lebensjahres beantragt wird. Für nach dem 31.12.2000 erfolgte Veräußerungen / Aufgaben wurde der ermäßigte Steuersatz des § 34 Abs. 3 EStG bei keiner Einkunftsart in Anspruch genommen.	38/39	EUR ,—
74	In Zeile 73 enthaltener steuerpflichtiger Teil, für den das **Teileinkünfteverfahren** gilt	40/41	,—

In den Zeilen 66–68 sind der Name des veräußerten Betriebs, das zuständige FA und die Steuernummer einzutra- **569**
gen.

Wird der Antrag auf Gewährung eines Freibetrags nach § 16 Abs. 4 EStG nicht gestellt, wird der Veräußerungsgewinn ohne Berücksichtigung desselben (→ Rz. 561) versteuert. Der Freibetrag ist in diesen Fällen noch nicht verbraucht und kann im Zusammenhang mit der Veräußerung eines weiteren Gewerbebetriebs, Teilbetriebs oder gesamten Mitunternehmeranteils geltend gemacht werden. Der Veräußerungsgewinn ist in Zeile 69 einzutragen. Zum Teileinkünfteverfahren → Rz. 535.

Praxishinweis:

Wird i.R.d. Veräußerung ein Verlust erzielt, ist dieser nicht hier, sondern in Zeile 78 einzutragen.

In Zeile 70 ist der entsprechende stpfl. Anteil des in Zeile 69 eingetragenen Veräußerungsgewinns einzutragen, für den das Teileinkünfteverfahren gilt.

Wird der ermäßigte Steuersatz nach § 34 Abs. 3 EStG beantragt (→ Rz. 567), ist der Veräußerungsgewinn in Zeile 73 einzutragen. Der in diesem Veräußerungsgewinn enthaltene stpfl. Teil, für den das Teileinkünfteverfahren Anwendung findet, ist zusätzlich in Zeile 74 einzutragen. Wurde für den/die Veräußerungsgewinne zumindest teilweise §§ 6b oder 6c EStG angewendet, ist der Tatbestand in den Zeilen 71–72 zu erklären. Die Ausführungen zu den Zeilen 63–64 gelten entsprechend (→ Rz. 565).

Beratungshinweis:

Für die Anwendung des § 34 Abs. 3 Satz 4 EStG ist die Inanspruchnahme einer Steuerermäßigung nach § 34 EStG in VZ vor dem 1.1.2001 unbeachtlich (§ 52 Abs. 47 Satz 8 EStG a.F.). Für nach dem 31.12.2000 erfolgte Veräußerungen/Aufgaben durfte der ermäßigte Steuersatz daher bei keiner Einkunftsart in Anspruch genommen werden.

nn) Veräußerungsverlust nach § 16 EStG (Zeilen 75–79)

Veräußerungsverlust(e) nach § 16 EStG

75 genaue Bezeichnung des Betriebs / des Teilbetriebs / des Mitunternehmeranteils

76 Finanzamt

77 Steuernummer

			EUR
78	Veräußerungsverlust(e)	22/23	,—
79	In Zeile 78 enthaltener steuerpflichtiger Teil, für den das **Teileinkünfteverfahren** gilt	44/45	,—

2025AnlG234 2025AnlG234

570 In den Zeilen 75–77 sind der Name des veräußerten Betriebs, das zuständige FA und die Steuernummer einzutragen.

Für entstandene Veräußerungsverluste im Zusammenhang mit der Veräußerung oder Aufgabe eines ganzen Betriebs, Teilbetriebs oder ganzen Mitunternehmeranteils i.S.d. § 16 Abs. 4 EStG ist die besondere Eintragungszeile 78 vorgesehen.

Nach dem Anwendungsschreiben zur Steuerermäßigung bei Einkünften aus Gewerbebetrieb wird die Steuerermäßigung durch § 35 Abs. 1 EStG auf die tarifliche ESt beschränkt, die anteilig auf die gewerblichen Einkünfte entfällt (**Ermäßigungshöchstbetrag**).[1] Das Anrechnungsvolumen darf die tatsächlich zu zahlende GewSt nicht übersteigen. Die gewerblichen Einkünfte umfassen die dem Grunde nach gewerbesteuerpflichtigen Einkünfte aus Gewerbebetrieb i.S.d. § 15 EStG. Einkünfte i.S.d. §§ 16 und 17 EStG gehören grds. nicht zu den gewerblichen Einkünften i.S.d. § 35 EStG. Einzubeziehen sind jedoch gewerbesteuerliche Veräußerungsgewinne, z.B. die Veräußerungsgewinne einer 100 %igen Beteiligung an einer Kapitalgesellschaft, wenn die Veräußerung nicht im engen Zusammenhang mit der Aufgabe eines Gewerbebetriebs erfolgt. Zur weiteren Berechnung des Ermäßigungshöchstbetrags vgl. BMF v. 3.11.2016.[2] Zur Berücksichtigung von Vorabgewinnen für die Bemessung des Anteils eines Mitunternehmers vgl. BMF v. 3.11.2016[3] sowie BFH v. 5.6.2014.[4]

571 Sind in dem in Zeile 78 erklärten Veräußerungsverlust Einkünfte enthalten, die dem Teileinkünfteverfahren unterliegen, ist der stpfl. Teil, für den das Teileinkünfteverfahren (→ Rz. 535) gilt, gesondert in Zeile 79 einzutragen.

Ein im **Ausland realisierter Verlust** aus der Veräußerung oder Aufgabe eines Betriebs, der im Inland nur mit dem Progressionsvorbehalt zu berücksichtigen ist, unterfällt nicht der sog. Fünftel-Methode für außerordentliche Einkünfte.[5]

oo) Zusatzangaben (Zeilen 80–81)

- 5 -

Zu den Zeilen 58 bis 74:

80 X Erwerber ist eine Gesellschaft, an der die veräußernde Person oder eine ihr nahestehende Person beteiligt ist (laut gesonderter Aufstellung).

81 X Die Betriebsaufgabe erstreckt sich über mehr als ein Kalenderjahr.

572 Veräußerungsgewinne i.S.d. § 16 EStG werden als laufende Gewinne besteuert, soweit auf der Seite des Veräußerers und auf der Seite des Erwerbers dieselben Personen Unternehmer oder Mitunternehmer sind (§ 16 Abs. 2 Satz 3 und Abs. 3 Satz 5 EStG). In diesen Fällen ist das Auswahlfeld in Zeile 80 anzukreuzen.

Wird ein Betrieb, Teilbetrieb oder ein Mitunternehmeranteil in eine Personengesellschaft eingebracht, an der die stpfl. Person oder eine ihr nahestehende Person beteiligt ist, ist § 24 UmwStG anwendbar.

Auf einen bei der Einbringung eines Betriebs, Teilbetriebs oder Mitunternehmeranteils in eine Personengesellschaft entstehenden Veräußerungsgewinn sind § 16 Abs. 4 und § 34 EStG nur anzuwenden, wenn das eingebrachte

1) BMF v. 3.11.2016, IV C 6 – S 2296-a/08/10002 :003, BStBl I 2016, 1187; geänd. durch BMF v. 17.4.2019, BStBl I 2019, 459, und BMF v. 24.2.2025, IV C 6 – S 2296-a/00031/001/005, BStBl I 2025, 649.
2) BMF v. 3.11.2016, IV C 6 – S 2296-a/08/10002 :003, BStBl I 2016, 1187, Rz. 22; vgl. hierzu auch BFH v. 23.6.2015, III R 7/14, BFH/NV 2015, 1482, der keine quellenbezogene Betrachtung vornimmt.
3) BMF v. 3.11.2016, IV C 6 – S 2296-a/08/10002 :003, BStBl I 2016, 1187.
4) BFH v. 5.6.2014, IV R 43/11, BStBl II 2014, 695.
5) BFH v. 1.2.2012, I R 34/11, BStBl II 2012, 405.

BV in der Bilanz der Personengesellschaft einschließlich der Sonder- und Ergänzungsbilanzen der Gesellschafter mit dem gemeinen Wert angesetzt wird und es sich nicht um die Einbringung von Teilen eines Mitunternehmeranteils handelt. Die zum BV gehörende 100 %-Beteiligung an einer Kapitalgesellschaft gilt dabei als Teilbetrieb i.S.d. § 24 UmwStG.

Soweit laufende Gewinne vorliegen, kann der Veräußerer keinen Freibetrag nach § 16 Abs. 4 EStG und keine Tarifermäßigung nach § 34 EStG erhalten. Der laufende Gewinn unterliegt zudem der GewSt.

Erstreckt sich eine **Betriebsaufgabe über zwei Kj.** und fällt der Aufgabegewinn daher in zwei VZ an, ist der Freibetrag nach § 16 Abs. 4 EStG insg. nur einmal zu gewähren. Er bezieht sich auf den gesamten Betriebsaufgabegewinn und ist im Verhältnis der Gewinne auf beide VZ zu verteilen. Um diese Fälle zu erkennen, ist in der Zeile 81 ein Ankreuzfeld aufgenommen worden.

Die **Tarifermäßigung** nach § 34 Abs. 3 EStG (→ Rz. 566) kann für diesen Gewinn auf Antrag in beiden VZ gewährt werden. Der Höchstbetrag von 5 000 000 € ist dabei aber insg. nur einmal zu gewähren. Vollendet die stpfl. Person in diesem Fall das 55. Lebensjahr nach Beendigung der Betriebsaufgabe oder -veräußerung, aber noch vor Ablauf des VZ der Betriebsaufgabe, sind weder der Freibetrag nach § 16 Abs. 4 EStG noch die Tarifermäßigung nach § 34 Abs. 3 EStG zu gewähren. Vollendet die stpfl. Person das 55. Lebensjahr bei einer Betriebsaufgabe über mehrere VZ zwar vor Beendigung der Betriebsaufgabe, aber erst im zweiten VZ, sind der (anteilige) Freibetrag und die Tarifermäßigung auch für den ersten VZ zu gewähren.[1)]

b) Veräußerung von Anteilen an Kapitalgesellschaften/Genossenschaften/optierenden Gesellschaften i.S.d. § 1a KStG nach § 17 EStG sowie in gesetzlich gleichgestellten Fällen (z.B. § 6 AStG, § 13 UmwStG) (Zeilen 82–96)

bei Veräußerung eines Anteils an einer Kapitalgesellschaft / Genossenschaft / optierenden Gesellschaft i. S. d. § 1a KStG nach § 17 EStG sowie in gesetzlich gleichgestellten Fällen (z. B. § 6 AStG, § 13 UmwStG)

1. Veräußerung

82 genaue Bezeichnung der Kapitalgesellschaft / Genossenschaft / optierenden Gesellschaft i. S. d. § 1a KStG

83 Finanzamt

84 Steuernummer

85 Es handelt sich um

1 = eine Veräußerung i. S. d. § 17 Abs. 1 Satz 1 ggf. i. V. m. Abs. 6 und / oder Abs. 7 EStG.
2 = eine verdeckte Einlage in eine Kapitalgesellschaft i. S. d. § 17 Abs. 1 Satz 2 EStG.
3 = die Auflösung einer Kapitalgesellschaft, die Kapitalherabsetzung, wenn das Kapital zurückgezahlt wird, oder die Ausschüttung oder Zurückzahlung von Beträgen aus dem steuerlichen Einlagenkonto i. S. d. § 27 KStG (§ 17 Abs. 4 EStG).
4 = die Beschränkung oder den Ausschluss des Besteuerungsrechts der Bundesrepublik Deutschland hinsichtlich des Gewinns aus der Veräußerung der Anteile an der Kapitalgesellschaft im Fall der Verlegung des Sitzes oder des Orts der Geschäftsleitung der Kapitalgesellschaft in einen anderen Staat (§ 17 Abs. 5 EStG).
5 = einen Fall des § 6 AStG (bitte Zeile 97 und Anlage WA-ESt beachten).
6 = einen Fall des § 13 UmwStG.
7 = einen Fall des § 50i EStG.

Zeile			Kz.	EUR
86	Beteiligungsquote (vor Veräußerung oder gesetzlich gleichgestelltem Vorgang) in Prozent			, %
87	Höhe des veräußerten / verdeckt eingelegten Anteils an der Kapitalgesellschaft / Genossenschaft / optierenden Gesellschaft i. S. d. § 1a KStG in Prozent		16/17	, %
88	Veräußerungspreis oder an dessen Stelle tretender Wert (z. B. gemeiner Wert, zugeteiltes / zurückgezahltes Vermögen)			,—
89	(Veräußerungs-)Kosten	–		,—
90	Anschaffungskosten des veräußerten / verdeckt eingelegten Anteils oder an deren Stelle tretender Wert	–		,—
91	Anschaffungsnebenkosten	–		,—
92	Nachträgliche Anschaffungskosten i. S. d. § 17 Abs. 2a EStG	–		,—
93	Veräußerungsgewinn / -verlust **vor** Anwendung des Teileinkünfteverfahrens	=		,—
94	**60 %** des Betrags laut Zeile 93 (Veräußerungsgewinn / -verlust nach Anwendung des Teileinkünfteverfahrens – § 3 Nr. 40 Satz 1 Buchst. c, § 3c Abs. 2 EStG) **– Ein ggf. zu gewährender Freibetrag nach § 17 Abs. 3 EStG wird von Ihrem Finanzamt berücksichtigt. – – Im Fall des § 6 AStG darf ein Verlust hier nicht eingetragen werden. –**		18/19	,—
	Weitere Veräußerungen (Einzelangaben laut gesonderter Aufstellung)			
95	Weitere Veräußerungsgewinne **– Ein ggf. zu gewährender Freibetrag nach § 17 Abs. 3 EStG wird von Ihrem Finanzamt berücksichtigt. –**		28/29	,—
96	Weitere Veräußerungsverluste (nicht in den Fällen des § 6 AStG) **– ohne vorangestelltes Minuszeichen eintragen –**		26/27	,—

1) BMF v. 20.12.2005, IV B 2 – S 2242 – 18/05, BStBl I 2006, 7.

aa) Allgemeines

573 **Hinweis zur Plausibilitätsbeurteilung:**

Auf Grund von Feststellungen des Bundesrechnungshofs wurde in den Zeilen 82–96 ein Berechnungsschema für die Ermittlung des Veräußerungsgewinns aufgenommen. Ab dem VZ 2025 ist dieses Schema für eine maschinelle Unterstützung verkennziffert worden.

Wertsteigerungen im PV werden grds. nicht besteuert. Eine Ausnahme bilden dabei – neben den stpfl. privaten Veräußerungsgeschäften (§ 23 EStG), die auf der Anlage SO zu erklären sind – Veräußerungen i.S.d. § 17 EStG, die die Vorschrift des § 15 EStG erweitert. Veräußert der Anteilseigner die in seinem PV gehaltene Beteiligung, ist dieser Veräußerungstatbestand ggf. steuerpflichtig. Sinn und Zweck des § 17 EStG ist es, thesaurierte (nicht ausgeschüttete) Gewinne und stille Reserven, die durch Veräußerung realisiert werden („Zuwachs der finanziellen Leistungsfähigkeit"), zu versteuern.[1] Gesonderte Leistungen sind im Zusammenhang mit der Veräußerung nur dann einzubeziehen, wenn diese zusätzliche Leistung keine wirtschaftliche Bedeutung hat.[2]

Praxishinweis:

Die Regelung in § 23 Abs. 2 Satz 3 EStG a.F., dass im Fall von im PV gehaltenen Anteilen an einer Beteiligung i.S.d. § 17 EStG bei einer Veräußerung innerhalb der Jahresfrist die Regelung des § 23 EStG abweichend von der allgemeinen Subsidiaritätsregel des § 23 Abs. 2 Satz 1 EStG (jetzt § 23 Abs. 2 EStG) ggü. § 17 EStG vorgeht, ist entfallen. Durch diese Regelung der Besteuerung von Anteilsveräußerungen in § 20 Abs. 2 Nr. 1 EStG ist § 23 EStG vollumfänglich subsidiär, so dass § 23 Abs. 2 Satz 2 EStG a.F. überflüssig geworden ist.

574 § 17 Abs. 1 Satz 1 EStG erfordert eine unmittelbare oder mittelbare (nominelle) **Beteiligung am Kapital der Gesellschaft von mind. 1 %**. Die für die Anwendung des § 17 EStG maßgebliche Höhe der Beteiligung ist bei einer Gesellschaft aus den Geschäftsanteilen zu berechnen. Die Anwartschaft auf eine Beteiligung ist keine Beteiligung in diesem Sinne.[3]

Beratungshinweis:

Die Absenkung der Wesentlichkeitsgrenze auf 1 % verstößt nicht gegen den Gleichheitsgrundsatz (Art. 3 Abs. 1 GG).[4] Wurde eine Beteiligung nach Absenkung der Grenze veräußert, ist die Veräußerung selbst steuerpflichtig, Wertsteigerungen die bis zum Zeitpunkt der Verkündung des StSenkG am 26.10.2000 entstanden sind, sind hingegen nicht in die Besteuerung einzubeziehen.[5]

Eine **unmittelbare Beteiligung** liegt vor bei

- rechtlichem Eigentum, sofern nicht ein anderer wirtschaftlicher Eigentümer ist, und
- wirtschaftlichem Eigentum.

Der Anteil bezieht sich dabei auf das Nennkapital im gesellschaftsrechtlichen Sinne (z.B. das Grundkapital bei einer AG und das Stammkapital bei einer GmbH). Der Begriff der Beteiligung ist veranlagungsbezogen auszulegen, indem das Tatbestandsmerkmal „innerhalb der letzten fünf Jahre" (§ 17 Abs. 1 Satz 1 EStG) für jeden abgeschlossenen VZ zu bestimmen ist.[6] Ein zivilrechtlicher Durchgangserwerb hat nicht zwangsläufig einen steuerlichen Durchgangserwerb zur Folge; dieser entsteht nur dann, wenn der Durchgangserwerb wirtschaftliches Eigentum an den Anteilen begründet hat.[7]

Rechtliches Eigentum bedeutet zivilrechtliches Eigentum i.S.d. § 39 Abs. 1 AO. Ein WG ist einer anderen Person als dem zivilrechtlichen Eigentümer zuzurechnen, wenn diese die tatsächliche Herrschaft über ein WG in der Weise ausübt, dass sie den Eigentümer für die Dauer der tatsächlichen Nutzung von der Einwirkung auf das WG ausschließen kann (§ 39 Abs. 2 Nr. 1 AO). Der Übergang des wirtschaftlichen Eigentums ist notwendige, aber auch hinreichende Voraussetzung.[8]

Das wirtschaftliche Eigentum an einem Kapitalgesellschaftsanteil geht auf einen Erwerber über, wenn der Käufer des Anteils

(1) auf Grund eines (bürgerlich-rechtlichen) Rechtsgeschäfts bereits eine rechtlich geschützte, auf den Erwerb des Rechts gerichtete Position erworben hat, die ihm gegen seinen Willen nicht mehr entzogen werden kann und

(2) die mit dem Anteil verbundenen wesentlichen Rechte (insbesondere Gewinnbezugsrecht und Stimmrecht), sowie

(3) das Risiko einer Wertminderung und die Chance einer Wertsteigerung auf ihn übergegangen sind.[9]

Die in einem **Betriebsvermögen gehaltenen Anteile derselben GmbH** sind mit in die Berechnung der Wesentlichkeitsgrenze einzubeziehen.

575 Eine **mittelbare Beteiligung** kann durch eine Beteiligung an anderen Gesellschaften (Kapitalgesellschaften, Personengesellschaften) begründet werden. Sie kann aber nur dann Bedeutung erlangen, wenn neben der mittelbaren

1) BFH v. 16.5.1995, VIII R 33/94, BStBl II 1995, 870.
2) FG München v. 25.10.2011, 2 K 130/08, EFG 2012, 839.
3) BFH v. 19.2.2013, IX R 35/12, BStBl II 2013, 578.
4) BFH v. 24.10.2012, IX R 36/11, BStBl II 2013, 164.
5) Bestätigt durch BVerfG Beschluss v. 6.1.2023; 2 BvR 364/13.
6) BFH v. 11.12.2012, IX R 7/12, BStBl I 2013, 372; BMF v. 27.5.2013, IV C 6 – S 2244/12/10001, BStBl I 2013, 721.
7) BFH v. 26.1.2011, IX R 7/09, BStBl II 2011, 540.
8) BFH v. 6.10.2009, IX R 4/09, BFH/NV 2010, 623.
9) BFH v. 20.7.2010, IX R 38/09, BFH/NV 2011, 41.

auch eine unmittelbare Beteiligung besteht. Eine rechtliche Relevanz gem. § 17 EStG erlangt die mittelbare Beteiligung jedoch nur für die Frage der Maßgeblichkeit der Beteiligung (ist die Beteiligung an der GmbH größer oder gleich 1 %). Neben der mittelbaren Beteiligung muss also auch eine unmittelbare Beteiligung bestehen, die veräußert wird und für die sich die Frage der Beteiligungshöhe stellt.

Beispiel:

A ist zu 50 % an der X-GmbH beteiligt, die wiederum zu 20 % an der C-GmbH beteiligt ist. A ist mittelbar zu 10 % an der C-GmbH beteiligt. A hält im PV neben der 10 %igen mittelbaren Beteiligung direkt eine Beteiligung von 0,5 % an der C-GmbH. Am 5.1.2025 veräußert A diese 0,5 %-Beteiligung.

Es liegt eine Veräußerung i.S.d. § 17 EStG vor. Das Teileinkünfteverfahren findet auf den Veräußerungserlös Anwendung (§ 3 Nr. 40 Satz 1 Buchst. c EStG).

Eine unmittelbare oder mittelbare **Beteiligung** kann auch **über eine Personengesellschaft** entstehen.[1)]

Beispiel:

A ist zu 5 % an der GmbH und zu 50 % an der X-KG beteiligt. Zum Gesellschaftsvermögen der KG gehören 10 % der Anteile an der GmbH. A ist folglich an der GmbH zu 10 % beteiligt.

Werden von der **Kapitalgesellschaft eigene Anteile gehalten**, ist bei der Entscheidung, ob eine stpfl. Person i.S.d. § 17 Abs. 1 Satz 1 EStG wesentlich beteiligt ist, von dem um die eigenen Anteile der Kapitalgesellschaft verminderten Nennkapital auszugehen.[2)] Das Zivilrecht ist für die Bestimmung der Beteiligungshöhe – insb. die Eintragung einer Kapitalerhöhung für die Änderung der Beteiligungsverhältnisse – i.S.d. § 17 Abs. 1 Satz 1 EStG maßgeblich.[3)] Steuerverhaftet sind auch die Anteile, die aus einer **Kapitalerhöhung aus Gesellschaftsmitteln** entstanden sind, obwohl es sich bei den Altanteilen um einen unentgeltlichen Erwerb handelte.[4)]

Voraussetzung für die Besteuerung nach § 17 EStG ist, dass die Beteiligung an der GmbH innerhalb der letzten **576** fünf Jahre zu irgendeinem Zeitpunkt vor der Veräußerung bestanden hat. Eine Beteiligung i.H.v. mind. 1 % muss daher im Zeitpunkt der Veräußerung selbst nicht mehr gegeben sein. Die Dauer des Bestehens der Beteiligung ist dabei unbeachtlich. Auch eine nur kurzfristige Beteiligungshöhe (z.B. in nur einem Zeitpunkt) von mindestens 1 % (unmittelbar oder mittelbar) reicht für die Steuerverhaftung aus.[5)] Die Veräußerungstatbestände werden so lange von § 17 EStG erfasst, wie die Frist noch nicht abgelaufen ist. Die Fristberechnung bestimmt sich allein nach § 108 AO i.V.m. §§ 187–193 BGB. Maßgeblich für die Berechnung der Frist ist der dingliche Anschaffungs- und Veräußerungsvorgang.

Die Veräußerung von Gesellschaftsanteilen kann sogar dann noch in den Anwendungsbereich des § 17 EStG gelangen, wenn die veräußerten Gesellschaftsanteile erst erworben wurden, nachdem die ursprünglich bestehende „wesentliche" Beteiligung wieder aufgegeben worden war.

Die Vorschriften über die Besteuerung von Gewinnen/Verlusten aus der Veräußerung von Anteilen an einer Kapi- **577** talgesellschaft finden auch bei der **Auflösung einer Kapitalgesellschaft,** der **Kapitalherabsetzung, wenn das Kapital zurückgezahlt wird**, und der **Ausschüttung** oder Zurückzahlung von Beträgen aus dem **steuerlichen Einlagekonto** i.S.d. § 27 KStG Anwendung (§ 17 Abs. 4 Satz 1 EStG). Dies gilt jedoch nur insoweit, als die Auskehrung des Vermögens nicht bereits als Einkünfte aus Kapitalvermögen zu berücksichtigen ist (§ 17 Abs. 4 Satz 3 EStG).

Die Vorschriften des § 17 Abs. 5 bis 7 EStG wurden durch das SEStEG[6)] neu eingefügt. Danach gelten Anteile an **578** einer Kapitalgesellschaft als zum gemeinen Wert veräußert, wenn das **Besteuerungsrecht** Deutschlands am Gewinn aus der Veräußerung der Anteile **beschränkt oder ausgeschlossen** wird (identitätswahrende Sitzverlegung, § 17 Abs. 5 EStG). Nicht betroffen ist davon aber die Sitzverlegung einer Europäischen Gesellschaft (Societeas Europaea – SE)/Genossenschaft in einen anderen Mitgliedstaat der Europäischen Union. In diesen Fällen erfolgt eine Besteuerung des Veräußerungsgewinns, als hätte die Sitzverlegung nicht stattgefunden (§ 17 Abs. 5 Satz 3 und 4 EStG).

Wird die Gesellschaft aber bereits auf Grund der Sitzverlegung zivilrechtlich aufgelöst, erfolgt die Versteuerung nach der Veräußerungsfiktion des § 17 Abs. 4 Satz 1 EStG.

Wurden i.R.v. Einbringungsvorgängen i.S.d. § 17 Abs. 1 EStG als Gegenleistung Anteile (unterhalb der Beteili- **579** gungsgrenze des § 17 Abs. 1 Satz 1 EStG i.H.v. 1 %) gegeben, die nicht zu einer Beteiligung nach § 17 Abs. 1 EStG führten, sind diese Anteile dennoch steuerverstrickt (§ 17 Abs. 6 EStG). Somit kann die Steuerpflicht nicht durch einen Einbringungsvorgang umgangen werden; die Steuerverstrickung gilt ohne zeitliche Beschränkung.

Auch die Gewinne aus der Veräußerung von Anteilen an Genossenschaften wie z.B. Europäischen Genossenschaf- **580** ten werden von den Reglungen des § 17 EStG erfasst (§ 17 Abs. 7 EStG). Mit dieser Erweiterung des Anwendungsbereichs durch das SEStEG wurde seitens des Gesetzgebers klargestellt, dass auch die nicht nach deutschem Recht gegründeten Genossenschaften und die Europäischen Genossenschaften veräußerbar sind.

1) H 17 Abs. 2 mittelbare Beteiligung EStH 2019.
2) H 17 Abs. 2 eigene Anteile EStH 2019.
3) BFH v. 14.3.2006, VIII R 49/04, BStBl II 2006, 746.
4) BFH v. 25.2.2009, IX R 26/08, BStBl II 2009, 658.
5) H 17 Abs. 2 kurzfristige Beteiligung EStH 2019 (mit Hinweis auf bestehende Ausnahme).
6) SEStEG v. 7.12.2006, BStBl I 2007, 4.

581 Die Entstehung eines **Auflösungsgewinns** setzt die zivilrechtliche Auflösung der Gesellschaft voraus.[1] Für die Frage, ob es sich dem Grunde nach um einen Vorgang des § 17 EStG handelt, sind die Voraussetzungen im Zeitpunkt der zivilrechtlichen Auflösung der Kapitalgesellschaft maßgeblich.[2]

Zum Berücksichtigungszeitpunkt von Verlusten → Rz. 596.

In der Zeile 82 ist die Bezeichnung der Kapitalgesellschaft/Genossenschaft/optierenden Gesellschaft einzutragen, an welcher die veräußerten Anteile gehalten wurden. Ergänzend sind in den Zeilen 83 und 84 das zuständige Finanzamt und die dazugehörige Steuernummer einzutragen.

In der Zeile 85 ist einzutragen um was für eine Beteiligung es sich handelt. Hierfür stehen folgende Eintragungsmöglichkeiten zur Verfügung:

1 = eine Veräußerung i.S.d. § 17 Abs. 1 Satz 1 ggf. i.V.m. Abs. 6 und/oder Abs. 7 EStG.

2 = eine verdeckte Einlage in eine Kapitalgesellschaft i.S.d. § 17 Abs. 1 Satz 2 EStG.

3 = die Auflösung einer Kapitalgesellschaft, die Kapitalherabsetzung, wenn das Kapital zurückgezahlt wird, oder die Ausschüttung oder Zurückzahlung von Beträgen aus dem steuerlichen Einlagenkonto i. S. d. § 27 KStG (§ 17 Abs. 4 EStG).

4 = die Beschränkung oder den Ausschluss des Besteuerungsrechts der Bundesrepublik Deutschland hinsichtlich des Gewinns aus der Veräußerung der Anteile an der Kapitalgesellschaft im Fall der Verlegung des Sitzes oder des Orts der Geschäftsleitung der Kapitalgesellschaft in einen anderen Staat (§ 17 Abs. 5 EStG).

5 = einen Fall des § 6 AStG (bitte Anlage WA-ESt beachten).

6 = einen Fall des § 13 UmwStG.

7 = einen Fall des § 50i EStG.

Ergänzt werden die Eintragungen zur Beteiligung in Zeile 86 um die Höhe der Beteiligung in Prozent (→ Rz. 577) und der Höhe des veräußerten Anteils.

bb) Berechnung des Veräußerungsgewinns

582 Als Veräußerung ist die entgeltliche Übertragung (z.B. Kauf, Tausch) des Eigentums auf einen anderen Rechtsträger zu verstehen. Veräußerungszeitpunkt ist der Zeitpunkt, zu dem das rechtliche oder zumindest das wirtschaftliche Eigentum an den veräußerten Anteil auf den Erwerber übergegangen ist.[3]

Der Veräußerungsgewinn gem. § 17 EStG, der der Besteuerung unterliegt, ist der Betrag, um den der Veräußerungspreis (oder der gemeine Wert) abzüglich der Veräußerungskosten die AK übersteigt (§ 17 Abs. 2 Satz 1 EStG). Veräußerungskosten sind alle durch das Veräußerungsgeschäft veranlasste Aufwendungen. Wird die **unbeschränkte Steuerpflicht erst später begründet**, wird durch die Regelung des § 17 Abs. 2 Satz 3 EStG durch das SEStEG[4] sichergestellt, dass bei der Ermittlung des Gewinns aus der Veräußerung von steuerverstrickten Anteilen nicht die ursprünglichen AK, sondern der Wert, den der Wegzugsstaat einer § 6 AStG (→ Rz. 590) vergleichbaren Wegzugsbesteuerung unterworfen hat, berücksichtigt wird. Das Merkmal „einer Steuer unterlegen" i.S.d. § 17 Abs. 2 Satz 3 EStG setzt voraus, dass im Wegzugsstaat auf den dort erzielten Vermögenszuwachs eine Steuer tatsächlich gezahlt worden ist.[5] Der Ansatz des Werts ist auf den gemeinen Wert begrenzt. Die Regelungen des § 6 Abs. 3 AStG haben dabei Vorrang ggü. § 17 EStG (§ 17 Abs. 2 Satz 4 EStG). Veräußerung bedeutet die **Übertragung zumindest des wirtschaftlichen Eigentums** an Anteilen an einer Kapitalgesellschaft auf eine andere Person auf Grund eines entgeltlichen Kausalgeschäfts.[6] Der Veräußerungsgewinn entsteht mit dem **Erfüllungsgeschäft**, d.h. mit der Übertragung des wirtschaftlichen Eigentums.[7] Auf den Zufluss des Entgelts kommt es nicht an. Ist zur Übertragung der Anteile jedoch die **Genehmigung der Kapitalgesellschaft erforderlich** (z.B. § 17 GmbHG), wird die Veräußerung erst mit der entsprechenden Genehmigung wirksam.[8]

Der **Veräußerungspreis** (Zeile 88) ist dabei die Gegenleistung, die der Veräußerer vom Erwerber für die Übertragung der Gesellschaftsanteile erhält. Die Gegenleistung kann dabei Geld oder eine in Geldeswert bestehende Leistung sein. Zur Anteilsveräußerung zwischen nahen Angehörigen und der Vereinbarung eines symbolischen Kaufpreises vgl. BFH.[9]

Praxishinweis:

Haben die Parteien eines Anteilsübertragungsvertrags eine Veräußerung vereinbart und die Gegenleistung im Vertrag mit 0 € festgelegt, so ergibt sich daraus, dass sie aus ihrer Sicht, d.h. subjektiv, übereinstimmend dem übertragenen Geschäftsanteil keinen Wert beigemessen haben. Liegen keine Anhaltspunkte dafür vor, dass die Beteiligten diese Vereinbarung nur zum Schein geschlossen haben, besteht für die davon abweichende Annahme einer subjektiven Bewertung mit einem höheren Wert als 0 € ungeachtet der persönlichen Motive für die Übertragung und die Übernahme des Übertragungsgegenstands durch den Erwerber kein Raum.[10]

1) BFH v. 3.6.1993, VIII R 46/91, BFH/NV 1994, 364.
2) BFH v. 24.4.1997, VIII R 16/94, BStBl II 1999, 339.
3) BFH v. 18.11.2014, IX R 30/13, BFH/NV 2015, 489.
4) SEStEG v. 7.12.2006, BStBl I 2007, 4.
5) FG Düsseldorf v. 1.7.2020, 7 K 2991/19 E, EFG 2020, 1307; Rev., Az. des BFH: IX R 13/20.
6) BFH v. 21.10.1999, I R 43, 44/98, BStBl II 2000, 424.
7) BFH v. 21.12.1993, VIII R 69/88, BStBl II 1994, 648.
8) BFH v. 16.5.1995, VIII R 33/94, BStBl II 1995, 870.
9) BFH v. 8.4.2014, IX R 4/13, BFH/NV 2014, 1201.
10) BFH v. 3.8.2016, IX R 23/15, BFH/NV 2017, 289.

§ 17 Abs. 2 Satz 1 EStG ist nach der Rechtsprechung des BFH eine Gewinnermittlungsvorschrift eigener Art.[1] Der Veräußerungsgewinn ist daher stichtagsbezogen auf Grund eines **„Quasi"-Betriebsvermögensvergleichs** zu ermitteln,[2] mit der Folge,

- dass das Zu- und Abflussprinzip nicht anwendbar ist,[3]
- dass der Gewinn grds. im Zeitpunkt der Veräußerung entsteht, d.h. zu dem Zeitpunkt, in dem das wirtschaftliche Eigentum an den veräußerten Anteilen auf den Erwerber übergeht,[4]
- dass bei in Fremdwährung angeschafften oder veräußerten Beteiligungen der Veräußerungspreis, die Anschaffungs- und die Veräußerungskosten jeweils zum Zeitpunkt ihrer Entstehung zum Geldkurs in Euro umzurechnen sind.[5]

Der Veräußerungspreis umfasst alles (z.B. Zahlung; Übertragung von Sachen oder Rechten; Forderung hierauf), was der Veräußerer (oder auf dessen Veranlassung ein Dritter, z.B. gem. § 328 BGB) für die Anteile vom Erwerber[6] (oder auf dessen Veranlassung von einem Dritten, evtl. der Kapitalgesellschaft selbst) aus dem Veräußerungsgeschäft als Gegenleistung erhält.[7] Wird die Beteiligung in **Fremdwährung** veräußert, ist der Veräußerungspreis im Zeitpunkt seiner Entstehung nach dem amtlichen Umrechnungskurs umzurechnen.[8] Entsprechendes gilt für die Bewertung von im Zuge der Auflösung einer Gesellschaft lautendem Vermögen.[9]

Das Teileinkünfteverfahren im Zusammenhang mit der **Veräußerung** einer Beteiligung i.S.d. § 17 EStG gegen **wiederkehrende Leistungen** und gleichzeitiger Wahl der Zuflussbesteuerung findet nur hinsichtlich des Tilgungsanteils Anwendung.[10]

Zum Veräußerungspreis gehört auch ein Entgelt, das der Erwerber dafür zahlt, dass er bei Erwerb der Beteiligung während des Wj. bereits von Beginn des Wj. an am Gewinn beteiligt sein soll.[11]

Beispiel:

A veräußert den 20 %igen Anteil an einer GmbH am 1.7.2024 an B. B hat einen Kaufpreis von 150 000 € zu zahlen. Es wird vereinbart, dass B die gesamte Gewinnausschüttung für das laufende Wj. der GmbH (1.1.–31.12.2024) zusteht. Die GmbH schüttet 2025 für das Wj. 2024 einen Gewinn von 105 000 € aus; davon entfallen auf den Anteil des B 21 000 €.

B versteuert im VZ 2025:

Ausschüttung (§ 20 Abs. 1 Nr. 1 EStG)	21 000 €

B kann den rechnerisch auf die Zeit vom 1.1.–30.6.2024 entfallenden Gewinnanteil nicht als Werbungskosten abziehen. Die AK des Anteils belaufen sich auf 150 000 € (= entspricht insoweit dem Veräußerungserlös von A). Ist im Zeitpunkt der Veräußerung des GmbH-Anteils für ein abgelaufenes Wj. bereits ein Gewinnausschüttungsbeschluss gefasst, so ist diese Gewinnausschüttung noch dem Veräußerer zuzurechnen (§ 20 Abs. 5 EStG).

Nicht Teil des Veräußerungspreises ist dagegen das Entgelt für einen zusammen mit den Anteilen abgetretenen, durch Ausschüttungsbeschluss bereits entstandenen Gewinnauszahlungsanspruch; anders ist dies aber, wenn sich eine Gewinnausschüttung als auf abgekürztem Zahlungsweg erbrachtes Entgelt aus einer Anteilsveräußerung zwischen den Gesellschaftern der Kapitalgesellschaft darstellt.[12] **583**

Wird ein **Wettbewerbsverbot** mit eigener wirtschaftlicher Bedeutung vereinbart, gehört die Entschädigung nicht zum Veräußerungspreis i.S.d. § 17 Abs. 2 Satz 1 EStG.[13]

Besteht die **Gegenleistung in Bargeld**, so ist der Nennwert anzusetzen. Wird der Kaufpreis zinslos länger als ein Jahr gestundet, ist er abzuzinsen. Besteht die Gegenleistung in **Sachen oder Rechten** (= Tausch), stellt der Wert des empfangenen WG den Veräußerungspreis dar.[14] Zum Veräußerungspreis gehört auch der Betrag, den der Erwerber aufwendet, um den Veräußerer von **Verbindlichkeiten** ggü. Dritten freizustellen. Wird die Beteiligung gegen **wiederkehrende Bezüge** veräußert, die Versorgungscharakter haben,[15] ist der Veräußerungspreis in gleicher Weise wie bei § 16 EStG zu ermitteln (→ Rz. 559). Zur steuerlichen Rückwirkung, wegen einer in einem späteren VZ geschlossenen Rücktrittsvereinbarung vgl. BFH.[16] **584**

Fällt eine Kaufpreisforderung später ganz oder teilweise aus, führt dies zur rückwirkenden Änderung des Veräußerungspreises, so dass eine **Änderung** der bereits durchgeführten Veranlagung (§ 175 Abs. 1 Satz 1 Nr. 2 AO) erforderlich wird. Das Ereignis beeinflusst die Steuerschuld des betroffenen Jahres der Veräußerung/Auflösung.[17] Zu **585**

1) BFH v. 17.10.1957, IV 64/57 U, BStBl III 1957, 443.
2) BFH v. 29.6.1995, VIII R 69/93, BStBl II 1995, 725.
3) BFH v. 21.12.1993, VIII R 69/88, BStBl II 1994, 648; BFH v. 17.4.1997, VIII R 47/95, BStBl II 1998, 102.
4) BFH v. 7.7.1992, VIII R 56/88, BFH/NV 1993, 25.
5) R 17 Abs. 7 Satz 1 EStR 2012.
6) BFH v. 17.10.1974, IV R 223/72, BStBl II 1975, 58.
7) BFH v. 7.3.1995, VIII R 29/93, BStBl II 1995, 693.
8) BFH v. 2.4.2008, IX R 73/04, BFH/NV 2008, 1658.
9) BFH v. 24.1.2012, IX R 62/10, BStBl II 2012, 564.
10) BMF v. 3.8.2004, IV A 6 – S 2244 – 16/04, BStBl I 2004, 1187.
11) BFH v. 21.5.1986, I R 190/81, BStBl II 1986, 815.
12) BFH v. 12.10.1982, VIII R 72/79, BStBl II 1983, 128.
13) BFH v. 21.9.1982, VIII R 140/79, BStBl II 1983, 289.
14) BFH v. 7.7.1992, VIII R 54/88, BStBl II 1993, 331.
15) BFH v. 20.7.2010, IX R 45/09, BStBl II 2010, 969.
16) BFH v. 11.5.2010, IX R 26/09, BFH/NV 2010, 2067.
17) BFH v. 2.10.1984, VIII R 20/85, BStBl II 1985, 428.

Frage des Realisierungszeitpunkts eines Auflösungsverlusts bei insolvenzfreier Liquidation mit **Nachtragsliquidation** (Wiedereröffnung der Liquidation, wenn sich im Nachhinein noch Abwicklungsbedarf ergibt) vgl. BFH v. 1.7.2014.[1)]

Beratungshinweis:
Zur Frage der nachträglichen Korrektur in Form eines rückwirkenden Ereignisses, wenn das FA über den Ausgangssachverhalt (die Veräußerung der Beteiligung) keine Kenntnis hatte, vgl. BFH v. 16.6.2015.[2)]

In Zeile 89 sind die Veräußerungskosten zu erfassen. Dies sind solche Aufwendungen, die in unmittelbarer sachlicher Beziehung zum Veräußerungsgeschäft stehen, z.B. Anwalts- und Notariatskosten, Provisionen. Auf Grund des Teileinkünfteverfahrens können diese Aufwendungen nur anteilig berücksichtigt werden.

cc) Anschaffungskosten (Zeile 90)

586 Zu den AK i.S.d. § 17 EStG gehören der Anschaffungspreis (Zeile 90), die Anschaffungsnebenkosten (Zeile 91) und die nachträglichen AK (Zeile 92). Anschaffungskosten sind damit grds. alle Aufwendungen, die der Erwerber tätigt, um die Anteile zu erwerben und zu behalten und i.S.d. § 6 EStG und des § 255 Abs. 1 HGB auszulegen.[3)] Zu den nachträglichen AK einer Beteiligung zählen neben (verdeckten) Einlagen auch nachträgliche Aufwendungen auf die Beteiligung, wenn sie durch das Gesellschaftsverhältnis veranlasst sind und keine Berücksichtigung als Kosten finden.[4)] Im Rahmen des **Kleinanlegerprivilegs** kommt eine Berücksichtigung nachträglicher AK nicht in Betracht.[5)] Hat der darlehensgebende Gesellschafter jedoch mit der Gesellschaft vereinbart, das Darlehen solle „wie Eigenkapital" behandelt werden und halten sich die Beteiligten in der Insolvenz der Gesellschaft an diese Abrede (Verzicht auf Gläubigerschutz), führt der endgültige Ausfall des Darlehensrückforderungsanspruchs zu nachträglichen AK der Beteiligung.[6)]

Praxishinweis:
Die FiFo-Methode (→ Rz. 1436) wird dabei im Rahmen der Ermittlung der Einkünfte nicht angewendet.[7)]

Für Anteile, die die stpfl. Person **unentgeltlich erworben** hat, sind die AK des Rechtsvorgängers maßgebend, der die Anteile zuletzt entgeltlich erworben hat.[8)] Zu den AK gem. § 17 EStG gehören daher auch nachträgliche Aufwendungen des Anteilseigners, soweit sie durch das Gesellschaftsverhältnis veranlasst und weder Werbungskosten noch Veräußerungskosten sind. Die bei Verträgen unter fremden Dritten bestehende Vermutung für das Vorliegen eines entgeltlichen Geschäfts ist im Fall der Übertragung eines Kapitalgesellschaftsanteils, für den der Zuwendende hohe AK getragen hat, nicht alleine wegen eines Freundschaftsverhältnisses zwischen dem Zuwendenden und dem Empfänger als widerlegt anzusehen; auch insoweit bedarf es weiterer, besonderer Anhaltspunkte, aus denen sich die Entkräftung der Vermutung einer entgeltlichen Übertragung ergibt.[9)] Auch bei Freunden sind weitere besondere, objektive Anhaltspunkte erforderlich, aus denen auf die Entkräftung der Vermutung einer entgeltlichen Übertragung geschlossen werden kann.

587 Durch das MoMiG[10)] werden Gesellschafterdarlehen nicht mehr gesellschaftsrechtlich verstrickt und auch in der Krise der Gesellschaft **nicht mehr dem Eigenkapital gleichgestellt** (bisherige §§ 32a, 32b GmbHG, die in das Insolvenzrecht aufgenommen worden sind). Auf die Qualifizierung „kapitalersetzend" und den Begriff „Krise" wird daher verzichtet. Jedes Gesellschafterdarlehen ist bei Eintritt der Insolvenz nachrangig.

Der **Begriff der** AK inkl. nachträglichen **AK ist erstmals gesetzlich definiert** worden (§ 17 Abs. 2a EStG).[11)] Zu den AK gehören alle Aufwendungen, die die stpfl. Person zum Erwerb des Anteils aufbringen muss. Neben dem Kaufpreis gehören zu den AK die Anschaffungsnebenkosten (z.B. Notargebühren) und die nachträglichen AK. Welche Aufwendungen zu den nachträglichen AK gehören, wird in § 17 Abs. 2a Satz 3 EStG beispielhaft in einer nicht abschließenden Aufzählung (offene und verdeckte Einlagen; Darlehensverluste, wenn bereits die Gewährung des Darlehens oder das Stehenlassen bei einer Krise der darlehensnehmenden Kapitalgesellschaft gesellschaftsrechtlich veranlasst war) definiert. Voraussetzung für die Berücksichtigung ist die gesellschaftsrechtliche Veranlassung (§ 17 Abs. 2a Satz 4 EStG). Auch der Ausfall von Bürgschaftsregressforderungen oder vergleichbare Forderungsausfälle sind zu berücksichtigen (§ 17 Abs. 2a Satz 3 Nr. 3 EStG). Eine Berücksichtigung von nachträglichen AK i.S.d. § 17 Abs. 2a Satz 3 EStG ist unabhängig von der Beteiligungshöhe des Gesellschafters. Die Regelung findet erstmals Anwendung auf Veräußerungen, die nach dem 31.7.2019 (Tag des Kabinettsbeschlusses zur Einbringung des Regierungsentwurfs) erfolgen. Auf Antrag der stpfl. Person auch früher (§ 52 Abs. 25a EStG). Die Finverw. hat mit BMF-Schreiben v. 7.6.2022[12)] Fragen zur Anwendung beantwortet.

1) BFH v. 1.7.2014, IX R 47/13, BStBl II 2014, 786.
2) BFH v. 16.6.2015, IX R 30/14, BStBl II 2017, 94.
3) BFH v. 13.4.2010, IX R 22/09, BStBl II 2010, 790.
4) BFH v. 8.2.2011, IX R 15/10, BStBl II 2011, 684.
5) BMF v. 706.2022, IV C 6 – S 2244/20/10001 :001, BStBl I 2022, 897.
6) BFH v. 6.5.2014, IX R 44/13, BStBl II 2014, 781.
7) OFD Frankfurt v. 6.6.2006, S 2244 A – 31 – St 215, DStZ 2006, 601 und R 17 Abs. 5 EStR 2012.
8) BFH v. 18.1.1999, VIII B 80/98, BStBl II 1999, 486.
9) BFH v. 9.5.2017, IX R 1/16, BStBl II 2018, 94.
10) MoMiG v. 23.10.2008, BGBl. I 2008, 2026.
11) Gesetz zur weiteren steuerlichen Förderung der Elektromobilität und zur Änderung weiterer steuerlicher Vorschriften v. 12.12.2019, BGBl. I 2019, 2451 = BStBl I 2020, 17.
12) BMF v. 7.6.2022, IV C 6 – S 2244/20/10001 :001, BStBl I 2022, 897.

Hingegebene Gesellschafterdarlehen erfüllen nicht mehr den AK-Begriff für Zwecke des § 17 EStG, die Berücksichtigung des Verlustes aus einem Forderungsausfall ist aber grds. bei den Einkünften aus Kapitalvermögen möglich. Zum Verhältnis zwischen § 17 Abs. 2a EStG und § 20 EStG wird im obigen BMF-Schreiben[1] Stellung genommen. **588**

Das **Entstehen eines Auflösungsverlusts** setzt u.a. voraus, dass die Höhe der nachträglichen AK feststeht, so auch die Höhe der Inanspruchnahme eines Gesellschafters aus einer Höchstbetragsbürgschaft zu Gunsten der insolventen Gesellschaft.[2] Die AK erhöhen sich nur insoweit, wie der Gesellschafter aus der Bürgschaft in Anspruch genommen wird; zu berücksichtigen ist dabei nur der Tilgungs-, nicht der der Zinsanteil.[3]

Ein **Veräußerungsverlust** i.S.d. Vorschrift ergibt sich, wenn die AK den Veräußerungspreis übersteigen. Veräußerungserlöse sind im Rahmen des Teileinkünfteverfahrens zu 40 % steuerfrei (§ 3 Nr. 40 Satz 1 Buchst. c EStG); gleichzeitig sind aber auch die AK nur zu 60 % berücksichtigungsfähig (§ 3c Abs. 2 EStG). Diese Steuerbefreiung wird damit begründet, dass die bei der Körperschaft bereits versteuerten offenen Rücklagen und die von ihr künftig zu versteuernden stillen Reserven im Veräußerungsgewinn enthalten sind. Zur Berücksichtigung von Veräußerungsverlusten → Rz. 596. Bei der Ermittlung des Verlusts i.S.v. § 17 EStG aus der Veräußerung von Anteilen an einer Kapitalgesellschaft oder der Auflösung der Gesellschaft dürfen die AK- und die Veräußerungskosten auch dann nur zu 60 % abgezogen werden (§ 3c Abs. 2 Satz 2 EStG i.V.m. § 3c Abs. 2 Satz 1 EStG), wenn die stpfl. Person zwar keine durch seine Beteiligung vermittelten Einnahmen erzielt hat, aber mit der Absicht zur Erzielung von Betriebsvermögensmehrungen oder Einnahmen gehandelt hat.[4]

dd) Freibetrag nach § 17 Abs. 3 EStG

Für den verbleibenden stpfl. Teil des Veräußerungsgewinns ist der Freibetrag nach § 17 Abs. 3 EStG zu gewähren. Dieser ist nicht im Berechnungsformular abgebildet und wird daher vom FA berücksichtigt. **589**

Beispiel:

A ist zu 50 % an der GmbH beteiligt, die Beteiligung wird im PV gehalten. Die AK der Beteiligung betrugen 500 000 €. In 2025 veräußert A die Beteiligung für 582 000 €. Die mit der Veräußerung im Zusammenhang stehenden Kosten betragen 2 000 €.

Veräußerungserlös 582 000 € × 60 %	349 200 €
./. AK 500 000 € × 60 %	300 000 €
./. Veräußerungskosten 2 000 € × 60 %	1 200 €
	48 000 €

Der gesetzliche Freibetrag i.H.v. 9 060 € vermindert sich um den Betrag, um den der Veräußerungsgewinn den Teil von 36 100 € übersteigt, der dem veräußerten Anteil an der Kapitalgesellschaft entspricht (§ 17 Abs. 3 Satz 2 EStG).

Beispiel:

Der Veräußerungsgewinn beträgt 12 000 € (17 000 € Erlös ./. 5 000 € AK). Der Nennwert der veräußerten Anteile macht ¼ von 20 000 € aus; maßgeblich ist, um wie viel der Veräußerungsgewinn (12 000) ¼ von 36 100 € (= 9 025 €) übersteigt, demnach hier um 2 975 €.

Der anteilige Freibetrag i.H.v. 2 265 € mindert sich um 2 975 €, beträgt also 0 €.

Ob und in welcher Höhe ein Freibetrag abgezogen werden kann, bestimmt sich nach dem Verhältnis des Nennwerts der veräußerten Anteile zum Nennkapital der Kapitalgesellschaft. Werden sämtliche Anteile (100 %) an der Gesellschaft veräußert, beträgt der Freibetrag 9 060 €; wird nur ein Teil veräußert, z.B. eine 50 %ige Beteiligung, beläuft er sich auf den entsprechenden Teil von 9 060 € (bei der Veräußerung einer 50 %igen Beteiligung damit auf 4 530 €). Unerheblich ist, welcher Teil der vom Veräußerer gehaltenen Beteiligungsquote veräußert wird (z.B. Veräußerung der Hälfte einer 30 %igen Beteiligung: Freibetrag 15 % von 9 060 €). **Eigene Anteile der Kapitalgesellschaft** sind vom Nennkapital abzuziehen (→ Rz. 575). Der verbleibende Betrag ist in voller Höhe steuerpflichtig. Begünstigungstatbestände des § 34 EStG (→ Rz. 567) finden keine Anwendung, da die Tatbestände des § 17 EStG nicht in der Aufzählung des § 34 Abs. 2 Nr. 1 EStG enthalten sind.

ee) Veräußerungsgewinne nach § 6 AStG

Plausibilitätshinweis: **590**

Für Veräußerungsgewinne nach § 6 AStG ist die Zeile 85 mit dem Wert „5" zu erfassen und das vorstehend erläuterte Berechnungsschema zu verwenden.

Zieht eine im Inland bislang unbeschränkt stpfl. Person, die eine Beteiligung i.S.d. § 17 EStG hält, ins Ausland, greift die **Wegzugsbesteuerung nach § 6 AStG**. Sinn und Zweck der Vorschrift ist die Besteuerung der in den Kapitalgesellschaftsanteilen enthaltenen stillen Reserven, weil Deutschland als bisheriger Wohnsitzstaat das Besteuerungsrecht an diesen i.d.R. durch den Wegzug des Gesellschafters verliert. Dabei kommt es zu einer solchen Entstrickungsbesteuerung auch dann, wenn Deutschland das Besteuerungsrecht an diesen Anteilen aus anderen

1) BMF v. 7.6.2022, IV C 6 – S 2244/20/10001 :001, BStBl I 2022, 897.
2) BFH v. 2.12.2014, IX R 9/14, BFH/NV 2015, 666.
3) BFH v. 20.8.2013, IX R 1/13, BFH/NV 2014, 310.
4) BFH v. 29.5.2018, IX R 40/17, HFR 2018, 698.

Gründen verliert, weil z. B. eine solche Beteiligung unentgeltlich auf eine Person übertragen wird, die nicht im Inland unbeschränkt stpfl. ist. Da im Zuge der Globalisierung die Menschen immer mobiler werden, wächst auch die Bedeutung der Wegzugsbesteuerung nach § 6 AStG (international auch als „Exit-Tax" bezeichnet) stetig. Die Kenntnis der Anwendungsfälle und Fallstricke des § 6 AStG ist daher für die Beratungspraxis unerlässlich.

Die Wegzugsbesteuerung erfasst nach § 6 Abs. 2 AStG natürliche Personen, die innerhalb der letzten **zwölf Jahre** vor dem schädlichen Ereignis (insb. Aufgabe des inländischen Wohnsitzes oder des gewöhnlichen Aufenthalts) mindestens **sieben Jahre** unbeschränkt stpfl. nach § 1 Abs. 1 EStG im Inland waren, wenn deren unbeschränkte Steuerpflicht durch Aufgabe des Wohnsitzes oder des gewöhnlichen Aufenthalts endet.

Der **Beendigung** der unbeschränkten Steuerpflicht steht dabei gleich (§ 6 Abs. 1 Satz 2 AStG):

- die Übertragung der Anteile durch ein ganz oder teilweise unentgeltliches Rechtsgeschäft unter Lebenden (Schenkung oder Erbfall) oder durch Erwerb von Todes wegen auf nicht unbeschränkt stpfl. Personen oder
- die **Begründung eines Wohnsitzes** oder gewöhnlichen Aufenthalts oder die Erfüllung eines anderen ähnlichen Merkmals **in einem ausl. Staat**, wenn der Stpfl. auf Grund dessen nach einem Abkommen zur Vermeidung der Doppelbesteuerung als in diesem Staat ansässig anzusehen ist (doppelte unbeschränkte Steuerpflicht = Doppelwohnsitz) oder
- die **Einlage** der Anteile **in einen Betrieb** oder eine Betriebsstätte des Stpfl. **in einem ausl. Staat** oder
- der Ausschluss oder die Beschränkung des Besteuerungsrechts der BRD hinsichtlich des Gewinns aus der Veräußerung der Anteile auf Grund anderer Ereignisse als die Veräußerung von Anteilen i.S.d. § 17 Abs. 1 Satz 1 EStG oder der vorgenannten Tatbestände.

Bei der Ermittlung der **BMG** ist als Veräußerungspreis der gemeine Wert der Anteile im Zeitpunkt der Beendigung der unbeschränkten Steuerpflicht – vermindert um die AK – anzusetzen. Bei einem vorangegangenen Zuzug ins Inland gilt dabei als AK der gemeine Wert im Zeitpunkt des Zuzugs, um sicher zu stellen, dass nur der Wertzuwachs während der Dauer der unbeschränkten Steuerpflicht erfasst wird, soweit der ausl. Staat zuvor eine Besteuerung der stillen Reserven nach einer analogen Vorschrift des § 6 AStG vorgenommen hat.

Der sich ergebende Steueranspruch entfällt nach § 6 Abs. 3 AStG, wenn die Beendigung der Steuerpflicht auf einer sog. vorübergehenden Abwesenheit beruht und der Stpfl. innerhalb von sieben Jahren seit Beendigung der unbeschränkten Steuerpflicht oder nach einmaliger Verlängerung durch das FA wieder im Inland unbeschränkt stpfl. wird (sog. Rückkehrfälle, Rückkehroption).

591 Die geschuldete ESt kann grds. auf Antrag (im Regelfall gegen Sicherheitsleistung) unverzinslich gestundet und dann in sieben gleichen Jahresraten gezahlt werden.

In § 6 AStG gibt es eine Mitwirkungspflicht (§ 90 Abs. 2 AO) für die Anteilseigner, durch die die Erhebung der Steuer gesichert werden soll. So ist der Wegfall der Stundungsgründe dem FA innerhalb eines Monats mitzuteilen (§ 6 Abs. 5 Satz 2 AStG). Des Weiteren müssen die stpfl. Personen jeweils bis zum 31.7. eines Jahres ggü. dem FA die am 31.12. des Vorjahres gültige Anschrift mitteilen und bestätigen, dass die Beteiligungen ihr weiterhin zuzurechnen sind (§ 6 Abs. 5 Satz 3 AStG)

Mangels Anwendung der Wegzugsbesteuerung auf Verluste auf Grund der Wegzugsbesteuerung nach § 6 AStG gilt nicht bei Verlusten. In den Zeilen 94 und 96 wurde hier ausdrücklich der Hinweis aufgenommen, dass diese nicht erfasst werden dürfen.

ff) Veräußerungsgewinne nach § 13 UmwStG

592 **Plausibilitätshinweis:**
Für Veräußerungsgewinne nach § 13 UmwStG ist die Zeile 85 mit dem Wert „6" zu erfassen und das vorstehend erläuterte Berechnungsschema zu verwenden.

§ 13 UmwStG regelt die Auswirkungen der **Verschmelzung von Kapitalgesellschaften** und sonstigen Körperschaften bei den Anteilseignern der übertragenden Körperschaft, soweit diese Anteile an der übernehmenden Körperschaft erhalten. Dies gilt unabhängig davon, ob auf der Ebene der übertragenden Gesellschaft § 11 UmwStG oder auf Ebene der übernehmenden Gesellschaft § 12 UmwStG angewendet worden ist. Werden die **Anteile der übertragenden Körperschaft** gehalten, gelten sie als zum gemeinen Wert veräußert und die an ihre Stelle tretenden Anteile als mit diesem Wert angeschafft (§ 13 Abs. 1 UmwStG). Auf Antrag können die Buchwerte angesetzt werden, soweit das inl. Besteuerungsrecht nicht durch internationale Regelungen eingeschränkt wird. Bestand vor dem Vermögensübergang eine Beteiligung i.S.d. § 17 Abs. 1 EStG an der übertragenden Gesellschaft und liegt an der übernehmenden Gesellschaft keine solche Beteiligung vor, gelten bei einer späteren Veräußerung der Anteile die Grundsätze des § 17 EStG (sog. verschmelzungsgeborene Anteile).

593 Zu weiteren Einzelheiten wird auf den Umwandlungssteuererlass verwiesen.[1)]

1) BMF v. 2.1.2025, IV C 2 – S 1978/00035/020/040, BStBl I 2025, 92; geänderte durch BMF v. 1.8.2025, IV C 2 – S 1978/00051/004/026, BStBl I 2025, 1591.

gg) Veräußerungsgewinne in gesetzlich gleich gestellten Fällen

Veräußerungen in gesetzlich gleich gelagerten Fällen sind die **Veräußerungen von Vorgesellschaften** (GmbH in Gründung als Stadium zwischen Notarvertrag und Handelsregistereintragung), und Anteilen an ausl. Kapitalgesellschaften, die im Typenvergleich einer deutschen Kapitalgesellschaft (AG oder GmbH) entsprechen.[1) **594**

Praxishinweis:
Soweit eine ausl. Kapitalgesellschaft nicht über ein entsprechendes Nennkapital verfügen sollte, dürfte unter dem entsprechenden Anteil an einer Kapitalgesellschaft die wirtschaftliche Beteiligungsquote am Reinvermögen der Gesellschaft zu verstehen sein.

Eine ähnliche Beteiligung an einer GmbH muss in ihren wesentlichen Merkmalen mit denjenigen des Geschäftsanteils an einer GmbH übereinstimmen. Dazu gehört insb., dass die ähnliche Beteiligung **vergleichbare Gesellschaftsrechte und -pflichten** zum Inhalt hat. Das ist bei einer **typischen stillen Gesellschaft** selbst dann nicht der Fall, wenn die Einlage **kapitalersetzenden Charakter** haben sollte.[2)] Eine kapitalersetzende stille Einlage des Gesellschafters einer GmbH vermittelt diesem keine erweiterten Gesellschafterbefugnisse. Insoweit gilt nichts anderes als für ein kapitalersetzendes Darlehen.

hh) Veräußerungen von Anteilen an REIT-Aktiengesellschaften

Auf die Veräußerung von Aktien an REIT-Aktiengesellschaften und Anteilen an anderen REIT-Körperschaften, -Personenvereinigungen oder -Vermögensmassen, die nicht Bestandteil eines BV sind, sind § 17 sowie § 22 Nr. 2 und § 23 Abs. 1 Satz 1 Nr. 2 EStG anzuwenden, anderenfalls ist der Gewinn nach § 4 oder § 5 EStG zu ermitteln. Das Teileinkünfteverfahren (§ 3 Nr. 40 EStG) findet dabei keine Anwendung (§ 19 REITG). **595**

ii) Gewinn oder Verlust aus der Veräußerung von Anteilen an Kapitalgesellschaften (Zeile 93)

Die Summe der Eintragungen des Berechnungsschematas ist in Zeile 93 einzutragen.Verluste aus der Veräußerung einer Beteiligung i.S.d. § 17 Abs. 1 EStG sind nur in bestimmten Fällen berücksichtigungsfähig (§ 17 Abs. 2 Satz 6 EStG). Der Sinn und Zweck der Verlustbeschränkung (§ 17 Abs. 2 Satz 6 EStG) besteht darin, zu verhindern, dass sich ein bisher nicht „wesentlich" Beteiligter durch Hinzukauf oder schenkweisen Erwerb zusätzlicher Anteile der Kapitalgesellschaft, die dann wertmäßig zum Hineinwachsen in die Wesentlichkeit führen, eine ertragsteuerliche Verlustabzugsmöglichkeit verschafft. Ein Auflösungsverlust ist nur dann zu berücksichtigen, wenn die Anteile mit der Absicht, Gewinn zu erzielen, erworben und gehalten wurden.[3)] **596**

Daher ist ein **Verlustabzug unzulässig**,

- wenn die Anteile innerhalb der letzten fünf Jahre unentgeltlich erworben worden sind. Ausgenommen sind die Fälle, in denen der Rechtsvorgänger den Verlust hätte geltend machen können, oder
- im Fall des entgeltlichen Erwerbs die Anteile in den letzten fünf Jahren nicht ununterbrochen zu einer wesentlichen Beteiligung gehörten. Hiervon ausgenommen sind in den letzten fünf Jahren erworbene Anteile, deren Kauf zu einer wesentlichen Beteiligung führte oder die zu einer wesentlichen Beteiligung hinzuerworben wurden.

Ein Verlust ist daher nur in den Fällen zu berücksichtigen, in denen die **unentgeltlich erworbenen** Anteile länger als die **letzten fünf Jahre zur Beteiligung** des veräußernden Gesellschafters gehörten (§ 17 Abs. 2 Satz 6 Buchst. a EStG).

Beratungshinweis:
Der BFH hat in diesen Fällen jedoch entschieden, dass ein Verlust dann nicht zu berücksichtigen ist, soweit dieser auf Anteile entfällt, die entgeltlich erworben wurden und nicht innerhalb der gesamten letzten fünf Jahre zu einer qualifizierenden Beteiligung gehört haben, dass dies aber nicht für solche Anteile gilt, deren Erwerb zur Begründung einer Beteiligung i.S.d. § 17 EStG geführt hat.[4)]

Wurden die veräußerten Anteile vom Anteilseigner **entgeltlich erworben**, scheidet ein Verlustabzug aus, wenn die Anteile nicht innerhalb der letzten fünf Jahre ununterbrochen – also bis zum Tag der Veräußerung – zu einer wesentlichen Beteiligung gehörten (§ 17 Abs. 2 Satz 6 Buchst. b EStG).

Beispiel:
A hatte im Jahr 2015 20 % Anteile an der GmbH für 20 000 € erworben. 25 % dieser Beteiligung schenkt er B am 31.12.2020. B veräußert die gesamten Anteile im Jahr 2025 für 2 500 €.

B kann ihren Veräußerungsverlust i.H.v. 2 500 € geltend machen. Sie hat ihre Beteiligung zwar in den letzten fünf Jahren unentgeltlich erworben, da A jedoch in den letzten fünf Jahren durchgängig zu mind. 1 % an der GmbH beteiligt war, steht einer Berücksichtigung nichts im Wege (§ 17 Abs. 2 Satz 6 Buchst. a EStG).

Auch wenn sich kein positiver Veräußerungserlös ergibt, sondern ein ertragsteuerlicher **Verlust**, kommt es auf Grund des Teileinkünfteverfahrens nur zu einer lediglich **anteiligen Berücksichtigung der AK** und der weiteren Aufwendungen. **597**

1) BFH v. 21.10.1999, I R 43, 44/98, BStBl II 2000, 424.
2) BFH v. 28.5.1997, VIII R 25/96, BStBl II 1997, 724.
3) FG Düsseldorf v. 7.7.2015, 10 K 546/12 E, EFG 2015, 1608.
4) BFH v. 1.4.2009, IX R 31/08, BStBl II 2009, 810.

Beispiel:

A ist seit Gründung zu 50 % an der GmbH (Wj. = Kj.) beteiligt, die Beteiligung hält er im PV und hat in der Vergangenheit regelmäßig Ausschüttungen erhalten. Die AK der Beteiligung betrugen 50 000 €. Am 10.1.2025 veräußert A seine wertlose Beteiligung an B für 0 €. Die mit der Veräußerung im Zusammenhang stehenden Kosten betragen 2 000 €.

Veräußerungserlös	0 €
./. AK 50 000 € × 60 %	30 000 €
./. Veräußerungskosten 2 000 € × 60 %	1 200 €
	./. 31 200 €

598 Die Absicht zur Erzielung von Betriebsvermögensmehrungen oder Einnahmen (§ 3 Nr. 40 EStG) sowie Vergütungen i.S.d. § 3 Nr. 40a EStG ist für die Anwendung des § 3c Abs. 2 EStG ausreichend. Das Teilabzugsverbot findet danach ab dem VZ 2011 (§ 52 Abs. 8a Satz 3 EStG a.F.) auch Anwendung, wenn keinerlei durch die Beteiligung vermittelte Einnahmen angefallen sind, da die Absicht zur Erzielung von Betriebsvermögensmehrungen/Einnahmen ausreichend ist (§ 3c Abs. 2 Satz 2). Für Wj., die nach dem 31.12.2014 beginnen, ist die Regelung des § 3c Abs. 2 EStG i.R.d. Zollkodex-Anpassungsgesetzes[1] zu beachten.

599 Die Eröffnung des **Insolvenzverfahrens** ist ein zivilrechtlicher Grund für die Auflösung einer GmbH (§ 60 GmbHG). Der Zeitpunkt der steuerlichen Berücksichtigung eines Auflösungsgewinns ist nach dem sog. Realisationsprinzip zu bestimmen (Grundsätze der ordnungsgemäßen Buchführung). Im Falle eines Insolvenzverfahrens kann der Auflösungsverlust erst im Zeitpunkt der Beendigung des Insolvenzverfahrens berücksichtigt werden.[2] Erst dann steht fest, ob und in welcher Höhe die stpfl. Person mit einer Zuteilung und Rückzahlung von Vermögen der Gesellschaft rechnen kann, und ferner, welche nachträglichen AK der Beteiligung anfallen und welche Kosten die stpfl. Person persönlich zu tragen hat.

Beratungshinweis:

Im Fall der Liquidation einer Kapitalgesellschaft ist eine Zuteilung oder Zurückzahlung von Gesellschaftsvermögen an die Gesellschafter regelmäßig erst dann ausgeschlossen, wenn die Liquidation abgeschlossen ist. Nur ausnahmsweise kann auf einen früheren Zeitpunkt abgestellt werden, wenn feststeht, dass die Gesellschaft bereits im Zeitpunkt eines Auflösungsbeschlusses vermögenslos war. In diesen Fällen kann die Möglichkeit einer Zuteilung oder Zurückzahlung von Restvermögen an die Gesellschafter ausgeschlossen werden.[3] Bei der insolvenzfreien Liquidation einer Kapitalgesellschaft entsteht der zu berücksichtigende Auflösungsverlust (§ 17 Abs. 4 EStG) in dem Zeitpunkt, in dem mit einer Auskehrung von Gesellschaftsvermögen an den Gesellschafter und mit einer wesentlichen Änderung der durch die Beteiligung veranlassten Aufwendungen nicht mehr zu rechnen ist.[4]

Der Gewinn kann jedoch auch im Zeitpunkt des Auflösungsbeschlusses entstehen, wenn die **Gesellschaft kein Vermögen** besitzt und insoweit **keine Liquidationsrückzahlungen** mehr zu erwarten sind.[5]

Bei einer **Auflösung der Gesellschaft** sind die Voraussetzungen im Zeitpunkt des Abschlusses der Liquidation erfüllt. Die Beendigung der Gesellschaft erfolgt durch Löschung im Handelsregister.

Praxishinweis:

Weitere Veräußerungen sind auf einem gesonderten Blatt zu berechnen und in einer Summe in die Zeile 95 (Veräußerungsgewinne) und in die Zeile 96 (Veräußerungsverluste) zu übertragen.

c) Unentgeltliche Übertragung von Anteilen (Zeile 97)

Unentgeltliche Übertragung von Anteilen an Kapitalgesellschaften, Genossenschaften, optierenden Gesellschaften i. S. d. § 1a KStG und / oder Bezugsrechten

97 X Anteile an Kapitalgesellschaften, Genossenschaften, optierenden Gesellschaften i. S. d. § 1a KStG und / oder Bezugsrechte sind 2025 unentgeltlich übertragen worden (Einzelangaben laut gesonderter Aufstellung).

600 Überlässt der i.S.d. § 17 Abs. 1 Satz 1 EStG beteiligte Anteilseigner einer dritten Person unentgeltlich das Bezugsrecht aus einer Kapitalerhöhung (Anwartschaft i.S.d. § 17 Abs. 1 Satz 3 EStG), sind die vom Dritten erworbenen Anteile teilweise nach § 17 Abs. 1 Satz 4 EStG steuerverhaftet (sog. unentgeltlicher Anwartschaftserwerb).[6] Die Regelung dient dem Zweck, Anteile einer wesentlich beteiligten Person nicht alleine dadurch aus der Steuerverhaftung zu entlassen, dass die Anteile unentgeltlich übertragen werden. Der Veräußerer muss sich dabei aber lediglich die Rechtsverhältnisse des Rechtsvorgängers hinsichtlich dieses bestimmten Anteils zurechnen lassen;[7] die wesentliche Beteiligung muss zur Anwendung der Regelung des § 17 Abs. 1 Satz 4 EStG vor dem unentgeltlichen Erwerb bestanden haben. Die Veräußerung einer Anwartschaft liegt auch in den Fällen vor, in denen eine schuldrechtliche Option (Call-Option; zur grds. Beschreibung von Optionen im PV → Rz. 714 ff.) auf den Erwerb der Beteiligung veräußert wird.[8]

1) Zollkodex-Anpassungsgesetz v. 22.12.2014, BStBl I 2015, 58.
2) H 17 Abs. 7 EStH 2019.
3) BFH v. 13.3.2018, IX R 38/16, BFH/NV 2018, 721; Verfbeschw nicht angenommen, BVerfG v. 17.1.2019, 2 BvR 2036/18.
4) BFH v. 27.11.2001, VIII R 36/00, BStBl II 2002, 731.
5) BFH v. 11.2.2005, VIII B 207/03, BFH/NV 2005, 1307.
6) Beispiel zur Berechnung in H 17 Abs. 3 EStH 2019.
7) BFH v. 24.1.2012, IX R 8/10, BStBl II 2013, 363.
8) BFH v. 19.12.2007, VIII R 14/06, BStBl II 2008, 475.

Veräußert eine i.S.d. § 17 Abs. 1 Satz 1 EStG beteiligte Person ihre auf Grund eigener Anteile zustehenden Bezugsrechte auf weitere Beteiligungsrechte, liegt auch insoweit eine Veräußerung i.S.d. § 17 Abs. 1 Satz 1 EStG vor.[1]

Die Abfrage dient damit dazu, auf eine mögliche weitere Steuerpflicht einzelner Tatbestände hinzuweisen.

d) Erwerber ist eine Gesellschaft, an der die veräußerte Person oder eine ihr nahestehende Person beteiligt ist (Zeile 98)

Zu den Zeilen 82 bis 96:

98 ☒ Erwerber ist eine Gesellschaft, an der die veräußernde Person oder eine ihr nahestehende Person beteiligt ist (laut gesonderter Aufstellung).

…

2025AnlG235 2025AnlG235

Die Abfrage wurde im VZ 2025 neu gefasst, da der verwendete Wortlaut „ein Angehöriger" zu eng gefasst war. 601

Denn „nahestehende Personen" sind nicht ausschließlich Angehörige i.S.d. § 15 AO. Der BFH hat mit Urteil v. 9.5.2017[2] klargestellt, dass das, was unter „einander nahestehenden Personen" zu verstehen sei, gesetzlich nicht definiert ist. Ist der Erwerber also eine nahestehende Person, ist das Ankreuzfeld anzukreuzen. Es dient als Fallaufgriff des FA um den Fremdvergleich durchzuführen.

5. Sonstiges (Zeilen 99–111)

a) Begünstigter Gewinn – außerordentliche Einkünfte (Zeile 99)

- 6 -

Sonstiges

		EUR
99 In den Zeilen 6 bis 46 enthaltene begünstigte sonstige Gewinne i. S. d. § 34 Abs. 2 Nr. 2 bis 4 EStG	55/56	,—

Sind in den Gewinnen aus Gewerbebetrieb bestimmte außerordentliche Einkünfte enthalten, werden diese nur nach der **sog. Fünftel-Regelung** besteuert (§ 34 Abs. 2 Nr. 2 bis 4 EStG). 602

Zu den begünstigten Einkünften gehören – neben den Veräußerungsgewinnen des Weiteren:

- Entschädigungen i.S.d. § 24 Nr. 1 EStG,
- Nutzungsvergütungen für die Inanspruchnahme von Grundstücken für öffentliche Zwecke sowie Zinsen auf solche Nutzungsvergütungen und Entschädigungen, die mit der Inanspruchnahme von Grundstücken für öffentliche Zwecke zusammenhängen (Vergütungen i.S.d. § 24 Nr. 3 EStG), soweit sie für einen Zeitraum von mehr als drei Jahren nachgezahlt werden,
- Vergütungen für mehrjährige Tätigkeiten.

Bei Gewinneinkünften sind die Voraussetzungen nur in Ausnahmefällen erfüllt. Die Voraussetzungen sind u.a. dann erfüllt, wenn Vergütungen für mehrjährige Tätigkeiten auf Grund einer rechtlichen Auseinandersetzung atypisch zusammengeballt zufließen; die Voraussetzungen können auch bei bilanzierenden stpfl. Personen vorliegen.[3] Vergütung i.S.d. § 34 Abs. 2 Nr. 4 EStG kann jeder Vorteil von wirtschaftlichem Wert sein, den die stpfl. Person i.R.d. jeweiligen Einkunftsart erzielt. Die gebotene Einschränkung des weiten Tatbestands des § 34 Abs. 2 Nr. 4 EStG wird dadurch bewirkt, dass die begünstigten Einkünfte „außerordentliche" sein müssen, wozu auch gehört, dass die Vergütung für mehrjährige Tätigkeiten eine entsprechende Progressionswirkung typischerweise erwarten lässt. Das Vorliegen dieser Voraussetzungen ist auch bei Stpfl., die Einkünfte aus Gewerbebetrieb beziehen und diese durch Betriebsvermögensvergleich ermitteln, nicht von vornherein ausgeschlossen.[4] Eine Tarifermäßigung ist nur dann zu berücksichtigen, wenn sie die Vergütung für eine sich über mehr als 12 Monate erstreckende Sondertätigkeit ist, die von der übrigen Tätigkeit der stpfl. Person abgrenzbar ist und nicht zum regelmäßigen Gewinnbetrieb gehört, oder wenn sich die stpfl. Person über mehr als zwölf Monate ausschließlich der einen Sache gewidmet und die Vergütung dafür in einem Kj. erhalten hat.[5] Bei Gewinneinkünften kommt – außer in den Fällen der ausschließlichen oder der abgrenzbaren mehrjährigen Sondertätigkeit – die Anwendung des § 34 Abs. 3 EStG auch dann in Betracht, wenn eine **einmalige Sonderzahlung** für langjährige Dienste auf der Grundlage einer arbeitnehmerähnlichen Stellung geleistet wird.[6] 603

1) BFH v. 19.4.2005, VIII R 68/04, BStBl II 2005, 762.
2) BFH v. 9.5.2017, IX R 1/16, BStBl II 2018, 94.
3) BFH v. 25.9.2014, III R 5/12, BStBl II 2015, 220.
4) BFH v. 25.2.2014, X R 10/12, BStBl II 2014, 668.
5) BFH v. 22.5.1975, IV R 33/72, BStBl II 1975, 765; R 34.4 Abs. 3 EStR 2012.
6) BFH v. 7.7.2004, XI R 44/03, BStBl II 2005, 276.

Praxishinweis:
Der Zufluss mehrerer Teilbeträge in unterschiedlichen VZ ist deshalb nur dann unschädlich, wenn der Zufluss in einem anderen VZ nur eine geringe Zahlung im Verhältnis zur Hauptleistung ist. Aus Vereinfachungsgründen wird es nicht beanstandet, eine geringe Zahlung anzunehmen, wenn diese nicht mehr als 10 % der Hauptleistung beträgt. Darüber hinaus kann eine Zahlung unter Berücksichtigung der konkreten individuellen Steuerbelastung als geringfügig anzusehen sein, wenn sie niedriger ist als die tarifliche Steuerbegünstigung der Hauptleistung.[1)]

Voraussetzung für eine Vergütung für eine mehrjährige Tätigkeit ist, dass eine entsprechende Progressionswirkung (typischerweise) zu erwarten ist. Daher ist die sog. Fünftelregelung auch in den Fällen anwendbar, wenn z.B. Nachzahlungen für in mehreren Jahren erbrachte Leistungen nach einem Rechtsstreit kommen.[2)] Hinsichtlich der erforderlichen **Berechnung** ist dabei zunächst die ESt für das z.v.E. ohne die außerordentlichen Einkünfte zu ermitteln (Schritt 1). Dann ist in einer Vergleichsberechnung die ESt zu ermitteln, die sich unter Berücksichtigung eines Fünftels der außerordentlichen Einkünfte ergibt. Der sich ergebende Differenzbetrag ist zu verfünffachen (Schritt 2). Durch Addition der beiden Steuerteile (Schritt 1 und 2) ergibt sich die insgesamt festzusetzende ESt.

Zu den weiteren Berechnungsmodalitäten zur Ermittlung der ESt nach § 34 Abs. 1 EStG vgl. die Beispiele in H 34.2 EStH 2019.

Praxishinweis:
Ein besonderer Antrag auf Anwendung der Fünftel-Regelung ist nicht erforderlich.

b) Zuzurechnendes Einkommen der Organgesellschaft (Zeile 100–102)

	Zuzurechnendes Einkommen der Organgesellschaft	
100	Gesellschaft	
101	Finanzamt	
102	Steuernummer	66/67 ,—

604 In den Zeilen 100–102 sind der Name der Organgesellschaft, das zuständige FA und die Steuernummer einzutragen.

Eine Organgesellschaft kann nur eine Kapitalgesellschaft sein. Sie ist der wirtschaftlich abhängige Teil in einer Organschaft. Mit Organschaft wird die wirtschaftliche Abhängigkeit einer rechtlich selbständigen juristischen Person (Organgesellschaft) von einem anderen beherrschenden Unternehmen (Organträger) bezeichnet.

Bei unbeschränkt stpfl. Personen, die mit ausl. Einkünften in dem Staat, aus dem die Einkünfte stammen, zu einer der deutschen ESt entsprechenden Steuer herangezogen werden, ist die festgesetzte und gezahlte und keinem Ermäßigungsanspruch mehr unterliegende ausl. Steuer auf die deutsche ESt anzurechnen, die auf die Einkünfte aus diesem Staat entfällt. Die auf diese ausl. Einkünfte entfallende deutsche ESt ist in der Weise zu ermitteln, dass die sich bei der Veranlagung des z.v.E. – einschließlich der ausl. Einkünfte – nach den §§ 32a, 32b, 34 und 34b EStG ergebende deutsche ESt im Verhältnis dieser ausl. Einkünfte zur S.d.E. aufgeteilt wird (§ 34c Abs. 1 EStG).

In Organschaftsfällen ist zusätzlich das zuzurechnende Einkommen der Organgesellschaft zu erklären, so dass die für die Verhältnisrechnung nach § 34c Abs. 1 EStG (→ Rz. 88) benötigten Einkünfte der Organgesellschaft zutreffend berücksichtigt werden.

Bei der Ermittlung der auf die ausl. Einkünfte entfallenden deutschen Körperschaftsteuer ist die Tarifbelastung vor Abzug der anzurechnenden ausl. Steuern zu Grunde zu legen; die S.d.E. ist entsprechend dem in R 7.1 KStR 2015 enthaltenen Berechnungsschema zu ermitteln.

c) Einnahmen aus nebenberuflicher Tätigkeit (Zeilen 103–104)

Einnahmen aus nebenberuflicher Tätigkeit
– Eine Anlage EÜR ist nicht zu übermitteln, wenn die Einnahmen nach § 3 Nr. 12, 26, 26a und / oder 26b EStG ganz oder teilweise steuerfrei sind und keine Betriebsausgaben geltend gemacht werden. –

		Gesamtbetrag EUR	davon als steuerfrei behandelt EUR	Rest enthalten in Zeile(n)
103	aus der Tätigkeit als	,—	,—	
104	aus allen weiteren Tätigkeiten	,—	,—	

1) BMF v. 1.11.2013, IV C 4 – S 2290/13/10002, BStBl I 2013, 1326 und Änderungen durch BMF v. 4.3.2016, IV C 4 – S 2290/07/10007 :031, BStBl I 2016, 277 mit Bezug auf BFH v. 13.10.2015, IX R 46/14, BStBl II 2016, 214.
2) BFH v. 14.12.2006, IV R 57/05, BStBl I 2007, 180.

Plausibilitätsprüfung: 605
Die Zeilen wurden im VZ 2025 neu eingefügt und dienen der Erklärung der Einnahmen aus nebenberuflicher Tätigkeit für welche keine Anlage EÜR abgeben wird.

Nach Erörterungen auf Bundesebene sind die Zeilen 56 und 57 neu aufgenommen worden. Sie dienen der Erklärung der Einnahmen aus nebenberuflicher Tätigkeit. In der Zeile 56 können neben den Einnahmen auch die Freibeträge erklärt werden. Verbleibt es bei einem Gewinn, ist dieser auf die Seite 1 der Anlage G zu erklären. Nur der verbleibende Gewinn fließt in die Ermittlung der Einkünfte ein.

Hintergrund und damit neu ist, dass eine Anlage EÜR ist nicht zu übermitteln ist, wenn die Einnahmen nach § 3 Nr. 12, 26, 26a und/oder 26b EStG ganz oder teilweise steuerfrei sind und keine Betriebsausgaben vom Stpfl. geltend gemacht werden. Um dies zu verdeutlichen würde die Überschrift ergänzt.

Auf dem Papiervordruck ist in der Zeile 56 die erste Tätigkeit und in der Zeile 57 die Summe aller weiteren Tätigkeiten zu erklären.

d) Gewerbliche Tierzucht/-haltung, Termingeschäfte und Verluste aus Beteiligungen an einer REIT-AG etc. (Zeilen 105–110)

Gewerbliche Tierzucht / -haltung

	In den Zeilen 6 bis 46, 61, 69 und 78 außer Ansatz gelassene Verluste EUR	In den Zeilen 6 bis 46, 61, 69 und 78 enthaltene ungekürzte Gewinne EUR	In den Zeilen 6 bis 46, 61, 69 und 78 verrechnete Verluste aus anderen Jahren EUR
105	,–	,–	,–

106 Ich beantrage von einem Verlustrücktrag nach § 10d EStG in das Jahr 2024 abzusehen. 1 = Ja

Gewerbliche Termingeschäfte

	In den Zeilen 6 bis 46, 61, 69 und 78 außer Ansatz gelassene Verluste EUR	In den Zeilen 6 bis 46, 61, 69 und 78 enthaltene ungekürzte Gewinne EUR	In den Zeilen 6 bis 46, 61, 69 und 78 verrechnete Verluste aus anderen Jahren EUR
107	,–	,–	,–

108 Ich beantrage von einem Verlustrücktrag nach § 10d EStG in das Jahr 2024 abzusehen. 1 = Ja

Verluste aus Beteiligungen (REIT)
an einer REIT-AG, anderen REIT-Körperschaften, -Personenvereinigungen oder -Vermögensmassen

	In den Zeilen 6 bis 46, 61, 69 und 78 außer Ansatz gelassene Verluste EUR	In den Zeilen 6 bis 46, 61, 69 und 78 enthaltene ungekürzte Gewinne EUR	In den Zeilen 6 bis 46, 61, 69 und 78 verrechnete Verluste aus anderen Jahren EUR
109	,–	,–	,–

110 Ich beantrage von einem Verlustrücktrag nach § 10d EStG in die Jahre 2024 und 2023 abzusehen. 1 = Ja

aa) Allgemeines

Verluste aus gewerblicher Tierzucht oder gewerblicher Tierhaltung dürfen weder mit anderen Einkünften aus Gewerbebetrieb noch mit Einkünften aus anderen Einkunftsarten ausgeglichen werden; sie dürfen auch nicht nach § 10d EStG abgezogen werden. Dieses Verlustausgleichsverbot verstößt weder gegen die Verfassung noch gegen EU-Recht.[1] Die Verluste sind jedoch nach Maßgabe des § 10d EStG mit Gewinnen aus gewerblicher Tierzucht oder gewerblicher Tierhaltung verrechenbar (§ 15 Abs. 4 Satz 1 und 2 EStG). Spekulationsabsicht wird nicht vorausgesetzt. 606

Verluste aus gewerblicher Tierzucht sind in den Folgejahren auch dann zu berücksichtigen, wenn eine gesonderte Verlustfeststellung nicht erfolgt ist.[2] Durch das AmtshilfeRLUmsG wurde die gesonderte Feststellung des Verlustabzugs für alle Fälle eingeführt, in denen die Festsetzungsfrist noch nicht abgelaufen ist (§ 52 Abs. 32b Satz 2 EStG a.F.).[3]

Das Feld in den Zeilen 106, 108 und 110 ist mit dem Wert „1" zu füllen, wenn von einem Verlustrücktrag abgesehen werden soll. Eine Begrenzung des Verlustrücktrags ist ab dem VZ 2022 nicht mehr möglich.

Die Rechtsprechung des BFH zur **Vererblichkeit des Verlustabzugs**[4] (→ Rz. 1478) dürfte keine Auswirkung auf die vorliegenden Verluste haben, da die insoweit geforderte objekt- und einkunftsbezogene Konzeption vorliegt.[5]

Dies gilt entsprechend (verfassungsgemäß[6]) für Verluste aus Termingeschäften (§ 15 Abs. 4 Satz 3 EStG) und Betriebsvermögensminderungen, Betriebsausgaben oder Veräußerungskosten, die mit Aktien einer REIT-Aktiengesellschaft oder Anteilen an anderen REIT-Körperschaften, -Personenvereinigungen oder -Vermögensmassen in

1) BFH v. 24.4.2012, IV B 84/11, BFH/NV 2012, 1313.
2) FG Düsseldorf v. 20.4.2010, 6 K 7145/02 K, F, EFG 2010, 2106.
3) AmtshilfeRLUmsG v. 26.6.2013, BGBl. I 2013, 1809.
4) BFH v. 17.12.2007, GrS 2/04, BStBl II 2008, 608.
5) Gragert/Wißborn, NWB Fach 3, 15111.
6) BFH v. 28.4.2016, IV R 20/13, BStBl II 2016, 739.

wirtschaftlichem Zusammenhang stehen (§ 19 Abs. 4 REITG), die jedoch nicht in der Anlage G abgefragt werden. Ein Ausgleich von Verlusten aus Beteiligungen an REIT-Aktiengesellschaften oder anderen REIT-Körperschaften, -Personenvereinigungen oder -Vermögensmassen ist nur durch positive Einkünfte aus solchen Beteiligungen zulässig.

bb) Gewerbliche Tierzucht/-haltung (Zeilen 105–106)

607 Eine **gewerbliche Tierzucht/-haltung liegt dann vor**, wenn die Anzahl der Tiere die in § 13 Abs. 1 EStG genannten Grenzen überschreitet. Zu den Einkünften aus Land- und Forstwirtschaft gehören die Einkünfte aus Tierzucht und Tierhaltung (§ 13 Abs. 1 Nr. 1 Satz 2 und 3 EStG), sofern der Betrieb über eine **hinreichende Futtergrundlage** in Gestalt von landwirtschaftlichen Nutzflächen verfügt. Ist der Tierbestand in Abhängigkeit der eigenen land- und forstwirtschaftlichen Nutzfläche als Futtergrundlage überhöht, und liegen die weiteren Voraussetzungen eines Gewerbebetriebs vor, findet die Verlustbegrenzung des § 15 Abs. 4 EStG Anwendung. **Tierzucht und Tierhaltung** bilden grds. **nur dann einen landwirtschaftlichen Betrieb**, wenn das notwendige Futter in Gestalt von Pflanzen und Pflanzenteilen theoretisch auf der landwirtschaftlichen Nutzfläche erzeugt werden kann. Daher gilt das Ausgleichs- und Abzugsverbot nicht für Verluste aus einer Nerzzucht.[1] So erfasst § 15 Abs. 4 EStG auch nicht die Zucht und Haltung von Hunden, Katzen sowie Zierfischen.[2]

Im Rahmen der verfassungsgemäßen Regelung[3] des § 15 Abs. 4 Satz 1 und Satz 2 sowie Satz 3 bis 5 und Satz 6 bis 8 EStG gelten damit gesonderte **Verlustverrechnungsbeschränkungen** (besondere Verrechnungskreise). Dabei mindern die negativen Einkünfte jeweils die positiven Einkünfte. Diese Benachteiligung der „gewerblichen Tierzucht oder gewerblichen Tierhaltung" soll die traditionelle, mit der Bodenwirtschaft verbundene landwirtschaftliche Tierzucht und Tierhaltung, bei der regelmäßig Verluste mangels hoher außerlandwirtschaftlicher Einkünfte nicht verrechnet werden können, vor dem Wettbewerb einer industriell betriebenen Tierproduktion schützen.[4]

cc) Gewerbliche Termingeschäfte (Zeilen 107–108)

608 Seit 1999 gelten die eingeschränkten Verlustabzugsmöglichkeiten auch für Verluste aus gewerblichen Termingeschäften, durch die die stpfl. Person einen Differenzausgleich oder einen durch den Wert einer **veränderlichen Bezugsgröße bestimmten Geldbetrag oder Vorteil** erlangt, soweit die Geschäfte nicht zum gewöhnlichen Geschäftsbetrieb bei Kreditinstituten, Finanzdienstleistern oder Finanzunternehmen i.S.d. KWG gehören oder soweit sie nicht der Absicherung von Geschäften des gewöhnlichen Geschäftsverkehrs dienen. Zur **Begriffsdefinition von Termingeschäften** →Rz. 714 ff. Mit dem Begriff „oder Vorteile" sind neben der Begünstigung in einem Geldbetrag auch andere Vorteile umschrieben, die z.B. auch in einer Lieferung von Wertpapieren bestehen können und sich an anderen Bezugsgrößen orientieren.[5] Der Tatbestand des § 15 Abs. 4 Satz 3 EStG umfasst dabei – gegen Verwaltungsmeinung – nicht solche Geschäfte, die auf die physische Lieferung des Basiswerts gerichtet sind.[6] Zu sog. echten (ungedeckten) Daytrading-Geschäften als Termingeschäfte vgl. BFH.[7]

dd) Verluste aus Beteiligungen bei REITs u.Ä. (Zeilen 109–110)

609 Durch die Anwendung des § 19 Abs. 4 REITG ist die Regelung des § 15 Abs. 4 EStG nachgebildet worden, so dass der **Ausgleich von Verlusten** nur mit positiven Einkünften aus ebensolchen Beteiligungen zulässig ist. Insoweit besteht keine Möglichkeit, Wertverluste der REIT-AG über Abschreibungen der Beteiligung (Teilwertabschreibungen) oder durch Veräußerungsverluste direkt steuerwirksam werden zu lassen. Begründet wird diese Regelung mit den bestehenden Steuervorteilen, die mit der sog. Exit-Tax verbunden sind.[8]

e) Angaben zur Anwendung der Zinsschranke (Zeile 111)

111	Für die in den Zeilen 4 bis 10 genannten Betriebe ist die Anlage Zinsschranke beigefügt. Anzahl der **Anlagen Zinsschranke**

610 Für die Anwendung der Zinsschranke – die Regelung zur Abziehbarkeit von Zinsaufwendungen als Betriebsausgaben (§ 4h EStG) – existiert die besondere Anlage Zinsschranke, die für jeden Betrieb einzureichen ist, wenn die entsprechenden Voraussetzungen vorliegen (→Rz. 1749 ff.). Eine Begrenzung der Abzugsfähigkeit ist u.a. dann vorgesehen, wenn der Betrag der Zinsaufwendungen, soweit er den Betrag der Zinserträge übersteigt, größer als 3 Mio. € ist. Für wie viele Betriebe die Anlage eingereicht wird, ist besonders zu vermerken.

1) BFH v. 19.12.2002, IV R 47/01, BStBl II 2003, 507.
2) BFH v. 30.9.1980, VIII R 22/79, BStBl II 1981, 210; BFH v. 13.3.1987, V R 55/77, BStBl II 1987, 467.
3) BFH v. 28.4.2016, IV R 20/13, BStBl II 2016, 739.
4) BFH v. 1.2.1990, IV R 45/89, BStBl II 1991, 625.
5) BMF v. 23.9.2005, IV B 2 – S 2119 – 7/05, DStR 2005, 1900.
6) BFH v. 6.7.2016, I R 25/14, BFH/NV 2016, 1821; ebenso FG Hamburg v. 22.6.2017, 2 K 134/14, EFG 2017, 1503.
7) BFH v. 21.2.2018, I R 60/16, BStBl II 2018, 637.
8) BR-Drucks. 779/06 v. 3.11.2006, 24, Entwurf eines Gesetzes zur Schaffung deutscher Immobilien-Aktiengesellschaften mit börsennotierten Anteilen.

f) Kürzungsbetrag nach § 11 AStG (laut gesonderter Aufstellung) (Zeile 112)

Kürzungsbetrag nach § 11 AStG		44
		EUR
112 Kürzungsbetrag nach § 11 AStG (laut gesonderter Aufstellung)	42/43	,—

Diese Abfrage wurde im VZ 2024 neu aufgenommen. Bislang wurde davon ausgegangen, dass ein ggf. vorhandener Kürzungsbetrag in den erklärten Einkünften in den Anlagen G, L und S enthalten und daher keine gesonderte Abfrage dieses Kürzungsbetrags erforderlich ist. Diese Auffassung ist zwischenzeitlich von der Finverw. überholt. Der Kürzungsbetrag ist daher gesondert abzufragen, damit bei der Ermittlung der Summe der Einkünfte maschinell ein Abzug möglich ist. 611

IX. Anlage 34a – Begünstigung des nicht entnommenen Gewinns

1. Vorbemerkung

612 Die Begünstigungsvorschrift des § 34a EStG, die die Besteuerung von nicht ausgeschütteten Gewinnen regelt, wurde i.R.d. UntStRefG[1] eingefügt. Ziel der Regelung ist es, Einzelunternehmer, Mitunternehmer oder persönlich haftende Gesellschafter einer KGaA – die steuerlich wie Mitunternehmer behandelt werden – mit ihren Gewinneinkünften (Einkünfte aus Land- und Forstwirtschaft, Gewerbebetrieb und selbständiger Arbeit) in vergleichbarer Weise wie das Einkommen einer Kapitalgesellschaft tariflich zu belasten.[2] Insoweit werden die nicht entnommenen Gewinne mit einem Steuersatz von 28,25 % besteuert (zzgl. Solidaritätszuschlag ergibt sich eine Steuerbelastung i.H.v. 29,80 %). Die gesetzliche Regelung ist nicht anzuwenden, soweit für Gewinne der Freibetrag nach § 16 Abs. 4 EStG (→ Rz. 561) oder die Steuerermäßigung nach § 34 Abs. 3 EStG (→ Rz. 566) in Anspruch genommen wird oder es sich um Gewinne i.S.d. § 18 Abs. 1 Nr. 4 EStG (→ Rz. 1339) handelt (§ 34a Abs. 1 Satz 1 2. Halbsatz EStG), da insoweit eine Doppelbegünstigung vermieden werden soll (→ Rz. 616).

Ab dem VZ 2024 sind die Neuerungen auf Grund des Wachstumschancengesetzes[3] zu berücksichtigen. Der begünstigungsfähige Gewinn wird um die gezahlte GewSt und die Beträge, die zur Zahlung der ESt nach § 34a Abs. 1 EStG entnommen werden, erhöht. Damit steht künftig ein höheres Thesaurierungsvolumen zur Verfügung. Hierdurch wird die steuerliche Belastung nicht entnommener Gewinne von Personenunternehmen insb. auch des standorttreuen Mittelstands vermindert und die Eigenkapitalbildung dieser Unternehmen verbessert. Darüber hinaus wird Gestaltungsmodellen entgegengetreten, die der Zielsetzung der Thesaurierungsbegünstigung des § 34a EStG entgegenlaufen.[4]

Durch den Sondertarif wird nicht die Ermittlung weiterer Abzugspositionen bei der **Ermittlung des zu versteuernden Einkommens** berührt, so dass z.B. Sonderausgaben und außergewöhnliche Belastungen wie bisher Berücksichtigung finden. Wird der Sondertarif nach § 34a EStG jedoch genutzt, kann es im Zusammenhang mit hohen gewerbesteuerlichen Hinzurechnungen zu Anrechnungsüberhängen i.R.d. zu gewährenden **Steuerermäßigung bei Einkünften aus Gewerbebetrieb** (→ Rz. 539) kommen,[5] was bei Antragstellung zu berücksichtigen wäre.[6]

> **Beratungshinweis:**
> Die Begünstigung kann nicht in Anspruch genommen werden, wenn zwar begünstigungsfähige Einkünfte vorhanden sind, das zu versteuernde Einkommen aber negativ ist.[7]

Eine Begünstigung thesaurierter Gewinne wird bei der Festsetzung von **ESt-Vorauszahlungen** nicht berücksichtigt (§ 37 Abs. 3 Satz 5 EStG).

Die Anlage 34a ist – getrennt für die (natürliche) stpfl. Person/Ehemann/Person A und Ehefrau/Person B – der ESt-Erklärung, für die Erklärung zur gesonderten Feststellung von Einkünften ist die Anlage FG der Feststellungserklärung beizufügen. Ob die Voraussetzungen für die Steuerermäßigung erfüllt sind, ist für jeden Betrieb der stpfl. Person gesondert zu prüfen. Begünstigt sind auch beschränkt stpfl. Personen (§ 50 Abs. 1 EStG).

> **Hinweis zur Plausibilitätsbeurteilung:**
> Im Rahmen einer gesonderten und einheitlichen Feststellungserklärung sind die Anlagen FE 4 und/oder FE 5 zu verwenden. Die Beantragung der Tarifbegünstigung ist dabei nur möglich, wenn die Beteiligung am Gewinn entweder 10 % oder 10 000 € übersteigt (§ 34a Abs. 1 Satz 4 EStG). Durch die eingefügten Grenzen soll verhindert werden, dass stpfl. Personen auch für Gewinnanteile aus Mitunternehmerschaften, an denen sie nur zu einem geringen Teil beteiligt sind (z.B. Medienfonds), die Tarifbegünstigung in Anspruch nehmen können. Der entsprechende Antrag auf Thesaurierungsbesteuerung kann jedoch nur i.R.d. ESt-Erklärung gestellt werden.

Der Antrag auf Tarifermäßigung wird regelmäßig mit der Anlage 34a i.R.d. ESt-Erklärung gestellt.[8] Er kann bis zur Unanfechtbarkeit des ESt-Bescheids (z.B. zur Milderung eines Betriebsprüfungs-Mehrergebnisses, im Rahmen eines finanzgerichtlichen Verfahrens)[9] erstmalig gestellt werden. Des Weiteren kann der Antrag jederzeit noch bis zur Unanfechtbarkeit des ESt-Bescheids für den folgenden VZ ganz oder teilweise zurückgenommen werden (§ 34a Abs. 1 Satz 5 EStG). So besteht i.R.v. durchgeführten Betriebsprüfungen die Möglichkeit, Mehrgewinne der Thesaurierungsbesteuerung zu unterwerfen. Durch die ab dem VZ 2024 zu beachtende Neuerung des § 34a Abs. 1 Satz 3 EStG[10] wird hinsichtlich der Verzinsung auf § 233a Abs. 2a AO (verzögerter Zinslauf) verwiesen. Erfolgte bisher z.B. erst nach Abschluss einer Betriebsprüfung i.R.d. Aufhebung des Vorbehaltes der Nachprüfung erstmalig eine Antragstellung nach § 34a EStG führte dies zu teils hohen Erstattungszinsfestsetzungen.

> **Praxishinweis:**
> Der Antrag für die Inanspruchnahme ist für das Wj. zu stellen, in dem dasselbe endet (§ 4a Abs. 2 Nr. 2 EStG).

---

1) UntStRefG 2008 v. 14.8.2007, BStBl I 2007, 630.
2) BT-Drucks. 16/4841.
3) Wachstumschancengesetz v. 27.3.2024, BGBl. I 2024 Nr. 108 = BStBl I 2024, 666.
4) Vgl. Gesetzentwurf der Bundesregierung v. 2.10.2023, BT-Drucks. 20/8628.
5) Blaufus/Hechtner/Hundsdorfer, BB 2008, 80.
6) Schiffers, DStR 2008, 1805.
7) BFH v. 20.3.2017, X R 65/14, BStBl II 2017, 958.
8) BMF v. 12.3.2025, IV C 6 – S 2290-a/00012/001/037, BStBl I 2025, 671.
9) BFH v. 19.5.1987, VIII R 327/83, BStBl II 1987, 848.
10) Wachstumschancengesetz v. 27.3.2024, BGBl. I 2024 Nr. 108 = BStBl I 2024, 666.

Begriffsdefinitionen: 613

Begünstigungsbetrag = der Teil des nicht entnommenen Gewinns, für den der Antrag auf Tarifbegünstigung gestellt wird.

Begünstigungsfähiger Gewinn = der nicht entnommene Gewinn, soweit dieser im zu versteuernden Einkommen enthalten ist.

Nachversteuerungspflichtiger Betrag = vom Begünstigungsbetrag sind die darauf entfallenden ESt- und Solidaritätszuschlagsbeträge (ausdrücklich nicht die Kirchensteuer) abzuziehen und ergeben so den nachversteuerungspflichtigen Betrag.

Beratungshinweis:
Die Nachsteuer erhöht die festzusetzende ESt und damit die BMG für den Solidaritätszuschlag.[1)]

Nachversteuerungsbetrag = übersteigt in einem Wj. der positive Saldo aus Entnahmen und Einlagen den laufenden Gewinn, handelt es sich um den Nachversteuerungsbetrag.

Nicht entnommener Gewinn = Gewinn abzüglich des positiven Saldos aus Entnahmen und Einlagen. In dem Gewinn sind steuerfreie Teileinkünfte oder Investitionszulagen, steuerfreie Betriebsstättengewinne oder in Organschaftsfällen die Ergebnisse aus Ergebnisabführungsverträgen enthalten.

Übersteigt in einem späteren Wj. der positive Saldo aus Entnahmen und Einlagen den Gewinn, kommt es zu einer 614
Nachversteuerung, soweit zum Ende des vorangegangenen VZ ein nachversteuerungspflichtiger Betrag festgestellt wurde (§ 34a Abs. 4 EStG). Zu diesem Zweck ist der Nachversteuerungsbetrag zu ermitteln. Ein Nachversteuerungsbetrag ergibt sich dabei erst, wenn der Saldo der Entnahmen (§ 6 Abs. 1 Nr. 4 EStG, → Rz. 520) und Einlagen (§ 6 Abs. 1 Nr. 5 EStG, → Rz. 521) des laufenden Wj. den in diesem Wj. erzielten Gewinn (einschließlich steuerfreier Gewinnanteile) übersteigt. Der Nachversteuerungsbetrag ist auf die Höhe des **nachversteuerungspflichtigen Betrags** zu begrenzen. Unter den Voraussetzungen des § 34a Abs. 5 EStG (in Fällen von Übertragungen und Überführungen von WG zu Buchwerten auf einen anderen Betrieb oder Mitunternehmeranteil der stpfl. Person) wird auf eine Nachversteuerung zum Zeitpunkt der Entnahme verzichtet, weil die WG weiterhin betrieblich genutzt werden und der Übertragungs- oder Überführungsvorgang lediglich buchungstechnisch als Entnahme behandelt wird. Entnimmt die unternehmerisch tätige Person oder ein Rechtsnachfolger Geldbeträge, um die Erbschaft- oder Schenkungsteuer, die auf Grund der unentgeltlichen Übertragung des Betriebs oder Mitunternehmeranteils entstanden ist, zu zahlen, ist insoweit ebenfalls keine Nachversteuerung (→ Rz. 636) durchzuführen.

Zu verfahrensrechtlichen Zusammenhängen i.R.d. Thesaurierungsbesteuerung vgl. Bodden.[2)]

2. Grundangaben (Zeilen 1–3)

2025

1 Name

2 Vorname

3 **Steuernummer** lfd. Nr. der Anlage

Begünstigung des nicht entnommenen Gewinns (§ 34a EStG)

Anlage 34a

Für jeden Betrieb / Mitunternehmeranteil ist eine eigene Anlage 34a abzugeben.

Steuerpflichtige Person / Ehemann / Person A

Ehefrau / Person B

Die allgemeinen Angaben werden seitens der Finverw. zur eindeutigen Bestimmung benötigt. Zudem ist in Zeile 3 die Anzahl der Anlagen 34a (laufende Nr.) anzugeben, da für jeden Betrieb/Mitunternehmeranteil ein gesonderter Antrag zu stellen ist (→ Rz. 617). 615

---

1) BFH v. 10.11.2020, IX R 34/18, BStBl II 2021, 455.
2) Bodden, FR 2011, 829.

3. Angaben zum Betrieb (Zeilen 4–7)

	Angaben zum Betrieb		20
4	Einkunftsart	11	1 = Land- und Forstwirtschaft 2 = Gewerbebetrieb 3 = Selbständige Arbeit
5	Bezeichnung des Betriebs / Mitunternehmeranteils	10	
6	Wirtschafts-Identifikationsnummer des Betriebs		D E -
7	Zum 31.12.2024 festgestellter nachversteuerungspflichtiger Betrag	12	EUR ,—

a) Einkunftsart (Zeile 4)

616 Die Tarifbegünstigung nach § 34a EStG kann für Einkünfte aus Land- und Forstwirtschaft (§ 13 EStG), Gewerbebetrieb (§ 15 EStG) und selbständiger Arbeit (§ 18 EStG) für den nicht entnommenen Teil des Gewinns aus einem Einzelunternehmen (oder aus einem Mitunternehmeranteil) in Anspruch genommen werden.

b) Bezeichnung des Betriebs/Mitunternehmeranteils (Zeile 5)

617 Der Betrieb, für den die Begünstigungsregel des § 34a EStG in Anspruch genommen werden soll, ist zu bezeichnen, da die stpfl. Person für jeden Betrieb oder Mitunternehmeranteil die Thesaurierungsbegünstigung für den nicht entnommenen Gewinn ganz oder teilweise in Anspruch nehmen kann (§ 34a Abs. 3 Satz 3 EStG).

Als Betrieb dürfte dabei jede organisatorisch verselbständigte Einheit (insb. in Form einer eigenen Buchführung und Bilanzierung) zu verstehen sein, mit der die stpfl. Person am Markt Einkünfte erzielt. Zu den Mindestvoraussetzungen hinsichtlich des Antragsrechts bei Mitunternehmerschaften → Rz. 624 f.

Eine Eintragung dürfte dabei lediglich in den Fällen von Bedeutung sein, in denen von der stpfl. Person zwei Betriebe geführt werden und lediglich für einen Betrieb der nicht entnommene Gewinn ermäßigt besteuert werden soll.

c) Wirtschafts-Identifikationsnummer des Betriebs (Zeile 6)

618 Ab dem VZ 2024 ist in der neu aufgenommenen **Zeile 6** die **Wirtschafts-Identifikationsnummer** (W-Id-Nr. [§§ 139a, 139c AO]) zu erklären. Vgl. hierzu Ausführen zu Zeile 6 der Anlage S → Rz. 1317.

d) Zum 31.12.2024 festgestellter nachversteuerungspflichtiger Betrag (Zeile 7)

619 Zu erklären ist, in welcher Höhe zum 31.12. des Vorjahres ein nachversteuerungspflichtiger Betrag festgestellt worden ist.

4. Begünstigungsbetrag (Zeilen 8–16)

Begünstigungsbetrag

Bei Mitunternehmern ist in den nachfolgenden Zeilen jeweils der auf den Mitunternehmer entfallende Betrag anzugeben.

			EUR
8	Gewinn nach § 4 Abs. 1 Satz 1 oder § 5 EStG (bei Land- und Forstwirten: Gewinn des Veranlagungszeitraums)	20	,—
9	Gewinn aus der Veräußerung / Aufgabe eines Teilbetriebs, für den der Freibetrag nach § 16 Abs. 4 EStG nicht beantragt wird oder nicht zu gewähren ist (in Zeile 69 der **Anlage G**, in Zeile 49 der **Anlage L** oder in Zeile 43 der **Anlage S** enthalten) und übrige außerordentliche Einkünfte i. S. d. § 34 Abs. 1 EStG (in Zeile 8 enthalten)	21	,—
10	Gewinn aus der Veräußerung / Aufgabe eines Teilbetriebs, für den § 16 Abs. 4 oder § 34 Abs. 3 EStG in Anspruch genommen wird (in Zeile 8 enthalten)	22	,—
11	Steuerpflichtiger Teil der Leistungsvergütungen i. S. d. § 18 Abs. 1 Nr. 4 EStG (in Zeile 8 enthalten)	23	,—
12	Entnahmen des Wirtschaftsjahres (bei Land- und Forstwirten: auf den Veranlagungszeitraum zeitanteilig aufgeteilt)	24	,—
13	Einlagen des Wirtschaftsjahres (bei Land- und Forstwirten: auf den Veranlagungszeitraum zeitanteilig aufgeteilt)	25	,—
14	In der Gewinnermittlung des Wirtschaftsjahres enthaltener Gewerbesteueraufwand	29	,—
15	Von dem nicht entnommenen Gewinn soll folgender Betrag ermäßigt besteuert werden	26	,—
16	Steuerpflichtiger Gewinn (einschließlich Veräußerungsgewinn vor Abzug des Freibetrags nach § 16 Abs. 4 EStG)	27	,—

a) Allgemeines

Für den Betrieb, für den der nicht entnommene Gewinn begünstigt besteuert werden soll, sind für die entsprechende Berechnung dieses Betrags die Angaben in den Zeilen 8–16 notwendig. **620**

b) Gewinn nach § 4 Abs. 1 Satz 1 oder § 5 EStG – bei Land- und Forstwirten: Gewinn des Veranlagungszeitraums (Zeile 8)

Maßgeblich für die Tarifbegünstigung nach § 34a EStG ist, dass der Gewinn durch Bestandsvergleich nach § 4 Abs. 1 Satz 1 EStG oder § 5 EStG ermittelt wird (einschließlich Ergebnisse aus Ergebnisabführungsverträgen in Organschaftsfällen oder steuerfreier Gewinnbestandteile wie z.B. steuerfreie Betriebsstättengewinne[1] – die aber bei Bestehen eines DBA regelmäßig im Betriebsstättenstaat besteuert werden und insoweit nicht in den Anwendungsbereich des § 34a EStG fallen – sowie steuerfreie (Teil-)Einkünfte oder Investitionszulagen). Werden im Betriebsvermögen von Personengesellschaften weitere Beteiligungen gehalten, muss die Obergesellschaft ihren Gewinnanteil aus der Untergesellschaft nach § 4 Abs. 1 Satz 1 EStG oder § 5 EStG ermitteln; für die Untergesellschaft besteht dieses Erfordernis nicht.[2] **621**

Praxishinweis:
Es handelt sich bei der Eintragung nicht um den (stpfl.) Gewinn, der in den Anlagen L, G oder S zu erklären ist.

Wird der Gewinn durch Einnahmenüberschussrechnung (§ 4 Abs. 3 EStG) oder durch Pauschalierung (§§ 5a, 13a EStG) ermittelt, kann die begünstigte Besteuerung nicht in Anspruch genommen werden. Einkünfte i.S.d. § 17 EStG unterliegen nicht den Begünstigungsregeln, da es sich nicht um betriebliche Einkünfte, sondern um Privatvermögen handelt.

Gestaltungshinweis:
Eine stpfl. Person, die den Gewinn als Überschussrechner ermittelt (§ 4 Abs. 3 EStG), kann die Thesaurierungsbesteuerung nicht beantragen, da der Gewinn i.R.d. Einnahmenüberschussrechnung in voller Höhe als entnommen gilt. Beabsichtigt der Personenkreis, die Begünstigungsregelung in Anspruch zu nehmen, muss zu Beginn des Jahres, in dem erstmalig die Thesaurierungsbesteuerung gewählt werden soll, zur Gewinnermittlung nach dem Bestandsvergleich übergegangen werden. Bei freiberuflich tätigen Personen ist daher erforderlich, dass dieser Personenkreis freiwillig zur Gewinnermittlung nach Bestandsvergleich wechselt.

In dem ermittelten Gewinn sind auch steuerfreie Gewinnanteile (z.B. steuerfreier Teil der Halbeinkünfte [§ 3 Nr. 40 EStG]) enthalten, da diese erst außerbilanziell den Gewinn mindern. Auf Grund dieser Steuerfreiheit und in der Folge der Nichtberücksichtigung in die entsprechende steuerliche Bemessungsgrundlage, können diese Gewinnanteile nicht dem Sondertarif des § 34a EStG unterliegen. Für die nicht abzugsfähigen Betriebsausgaben (§§ 3c, 4 Abs. 4a, Abs. 5, Abs. 5a, Abs. 5b und 4h EStG), die ebenfalls erst eine außerbilanzielle Berücksichtigung finden, kann keine Thesaurierungsbegünstigung in Anspruch genommen werden; diese Beträge unterliegen der normalen Besteuerung nach dem ESt-Tarif. **622**

Beratungshinweis:
Zur Frage der Minderung des Begünstigungsbetrags vgl. FG Münster v. 19.2.2014.[3]

Berücksichtigungsfähig ist nur der Gewinn, der im Unternehmen verbleibt. Lediglich steuerrelevante Korrekturen können daher keine Auswirkung haben, da die Mittel bereits endgültig verausgabt sind und dem Unternehmen nicht mehr zur Verfügung stehen.

Die GewSt ist als nicht abzugsfähige Betriebsausgabe dem Gewinn hinzuzurechnen und nicht als Entnahme zu behandeln. Bei der Ermittlung des nicht entnommenen Gewinns hat dies keine Auswirkung, Unterschiede ergeben sich jedoch bei der Ermittlung in den Jahren der Nachversteuerung.[4] **623**

Gewinn ist der Unterschiedsbetrag zwischen dem Betriebsvermögen am Schluss des Wj. und dem Betriebsvermögen am Schluss des vorangegangenen Wj. (§ 4 Abs. 1 Satz 1 1. Halbsatz EStG), vermehrt um die Hinzurechnungen der privat veranlassten Wertabgaben, die das Betriebsvermögen gemindert haben (Entnahmen → Rz. 520) und vermindert um die privat veranlassten Wertzuführungen, die das Betriebsvermögen erhöht haben (Einlagen → Rz. 521) (§ 4 Abs. 1 Satz 1 2. Halbsatz EStG). **624**

Praxishinweis:
Der in Zeile 8 einzutragende Gewinn entspricht grds. nicht dem steuerlichen Gewinn, der in den Anlagen L, G und S zu erklären ist. Berechnungsgrundlage für die Thesaurierungsbegünstigung ist der bilanzsteuerrechtliche Gewinn, während in den weiteren Anlagen zur ESt-Erklärung der steuerliche Gewinn maßgebend ist.

Bei **Mitunternehmern** ist hinsichtlich des Gewinns auf den jeweiligen Anteil am Gesamtgewinn inkl. Gewinnkorrekturen durch positive oder negative Ergänzungsbilanzen unter Berücksichtigung des Sonderbetriebsergebnisses zzgl. Entnahmen und abzgl. Einlagen der Betriebe abzustellen.

Bei Unternehmen, die ein **abweichendes Wj.** haben, gilt der Gewinn in dem Veranlagungsjahr als bezogen, in dem das Wj. endet (§ 4a Abs. 2 Nr. 2 EStG). Aus diesem Grund ist eine Aufteilung des Gewinns des Wj. 2022/2023 sowie **625**

1) Zu Einkünften ausländischer Betriebsstätten vgl. auch BMF v. 12.3.2025, IV C 6 – S 2290-a/00012/001/037, BStBl I 2025, 671, Rz. 20.
2) BMF v. 12.3.2025, IV C 6 – S 2290-a/00012/001/037, BStBl I 2025, 671, Rz. 17.
3) FG Münster v. 19.2.2014, 9 K 511/14 F, EFG 2014, 1201; Rev. zurückgenommen, BFH v. 15.7.2014, X R 32/14.
4) Gragert/Wißborn, NWB Fach 3, 14621.

der Entnahmen und Einlagen für Zwecke des § 34a EStG nicht vorzunehmen.[1] Die Gewinne von Rumpf-Wj. sind begünstigt, soweit diese im Gewinn des Wj. 2024 enthalten sind.

626 Dagegen ist der Gewinn bei Unternehmen, die Einkünfte aus Land- und Forstwirtschaft erzielen und ein abweichendes Wj. haben, auf die Kj., in denen das Wj. beginnt und endet, zeitanteilig aufzuteilen (§ 4a Abs. 2 Nr. 1 EStG); dies gilt ebenso für die Entnahmen und Einlagen. Der Antrag nach § 34a Abs. 1 EStG kann somit auch nur für den danach auf den jeweiligen VZ entfallenden nicht entnommenen Gewinn gestellt werden.

c) Gewinn aus der Veräußerung/Aufgabe eines Teilbetriebs, für den der Freibetrag nach § 16 Abs. 4 EStG nicht beantragt wird oder nicht zu gewähren ist, und übrige außerordentliche Einkünfte i.S.d. § 34 Abs. 1 EStG – in Zeile 8 enthalten (Zeile 9)

627 Im Gewinn nach § 4 Abs. 1 Satz 1 EStG oder § 5 EStG können auch Veräußerungsgewinne enthalten sein. Für Gewinne, die nach § 16 Abs. 4 EStG oder § 34 EStG begünstigt sind, kann die Steuerermäßigung nicht in Anspruch genommen werden, da ansonsten eine ungerechtfertigte Doppelbegünstigung vorliegt.[2] Die Anwendung der Tarifbegünstigung und des ermäßigten Steuersatzes schließen sich aus.

> **Beratungshinweis:**
> Sind in dem Gewinn auch Gewinne aus der Veräußerung eines Mitunternehmeranteils enthalten, ist auch dieser nur dann begünstigt, wenn weder der Freibetrag (§ 16 Abs. 4 EStG) noch die Tarifermäßigung nach § 34 Abs. 3 EStG in Anspruch genommen worden ist. Ein Wahlrecht besteht zwischen der Tarifermäßigung nach § 34 Abs. 1 EStG und der Thesaurierungsbegünstigung (§ 34a Abs. 1 EStG).

628 Sind in dem Gewinn auch Veräußerungs- oder Aufgabegewinne enthalten (z.B. doppel- oder mehrstöckige Personengesellschaft bei Verkauf des Anteils an der Untergesellschaft), kann die Begünstigung in Anspruch genommen werden, wenn die stpfl. Person weder den Freibetrag nach § 16 Abs. 4 EStG noch die Tarifermäßigung (§ 34 Abs. 3 EStG) in Anspruch nimmt.

Wird der Betrieb an die Obergesellschaft selbst veräußert oder aufgegeben, kann die Begünstigung für den daraus entstehenden Veräußerungs- oder Aufgabegewinn nicht in Anspruch genommen werden, und zwar auch dann nicht, wenn der Freibetrag nach § 16 Abs. 4 EStG oder die Tarifermäßigung nach § 34 Abs. 3 EStG nicht in Anspruch genommen wird. Vielmehr ist in diesen Fällen der für den veräußerten oder aufgegebenen Betrieb (oder Mitunternehmeranteil) gebildete nachversteuerungspflichtige Betrag aufzulösen und nachzuversteuern (§ 34a Abs. 6 Nr. 1 EStG), da die Gewährung der Steuerermäßigung nach § 34a EStG zu einer ungerechtfertigten Doppelbegünstigung führen würde.

d) Gewinn aus der Veräußerung/Aufgabe eines Teilbetriebs, für den § 16 Abs. 4 oder § 34 Abs. 3 EStG in Anspruch genommen wird – in Zeile 8 enthalten (Zeile 10)

629 Die Inanspruchnahme der Steuerermäßigung ist ausgeschlossen (§ 34a Abs. 1 Satz 1 2. Halbsatz EStG), soweit für die Gewinne der Freibetrag nach § 16 Abs. 4 EStG (→ Rz. 561) oder die Steuerermäßigung nach § 34 Abs. 3 EStG in Anspruch genommen wurde, da insoweit bereits eine Steuerbegünstigung vorliegt.

Der Ausschluss des Sondertarifs gilt dabei für den gesamten Veräußerungsgewinn, somit einschließlich des Teils, der nach Abzug des Freibetrags nach § 16 Abs. 4 EStG verbleibt oder der bei Inanspruchnahme des § 34 Abs. 3 EStG die Höchstgrenze überschreitet. Dies soll gegen den eindeutigen Gesetzeswortlaut verstoßen.[3]

Werden die vorgenannten Vergünstigungen nicht in Anspruch genommen (z.B. bei der Veräußerung eines Teilbetriebs oder eines Mitunternehmeranteils), kann die Tarifbegünstigung in Anspruch genommen werden, soweit der Gewinn nicht entnommen wird.

> **Beratungshinweis:**
> Insoweit sollte geprüft werden, ob bei Nichtvorliegen der persönlichen Anspruchsvoraussetzungen des § 16 Abs. 4 oder des § 34 Abs. 3 EStG, der Antrag auf Tarifbegünstigung gestellt werden kann.

e) Steuerpflichtiger Teil der Leistungsvergütungen i.S.d. § 18 Abs. 1 Nr. 4 EStG – in Zeile 8 enthalten (Zeile 11)

630 Die Inanspruchnahme der Steuerermäßigung ist ausgeschlossen (§ 34a Abs. 1 Satz 1 2. Halbsatz EStG), soweit es sich um einen von vermögensverwaltenden Wagniskapitalgesellschaften gezahlten Carried Interest (= erfolgsabhängige Vergütung, die lediglich zur Hälfte oder zu 60 % stpfl. ist → Rz. 1339) i.S.d. § 18 Abs. 1 Nr. 4 EStG handelt, da in diesem Fall bereits die hälftige Steuerbefreiung (§ 3 Nr. 40a EStG) gewährt wird. Die sondertarifliche Thesaurierungsbesteuerung soll nicht neben weiteren Steuervergünstigungen gewährt werden.

f) Entnahmen des Wirtschaftsjahrs – bei Land- und Forstwirten: auf den Veranlagungszeitraum zeitanteilig aufgeteilt (Zeile 12)

631 Der bilanzielle Gewinn ist um den positiven Saldo der Entnahmen und Einlagen zu korrigieren, um auf diese Weise den nicht entnommenen Gewinn zu ermitteln (§ 34a EStG). Der Begriff Entnahme (→ Rz. 520) definiert sich dabei nach dem steuerlichen Entnahmebegriff des § 4 Abs. 1 Satz 2 bis 7 EStG. Es ist nicht zwischen Bar-, Sach- und Nutzungsentnahmen (z.B. 1 %-Regelung bei privater Pkw-Nutzung) zu unterscheiden; handelsrechtliche Grundsätze

---

1) BMF v. 12.3.2025, IV C 6 – S 2290-a/00012/001/037, BStBl I 2025, 671, Rz. 21.
2) BT-Drucks. 16/4811, 62.
3) Ley, Ubg 2008, 13.

sind nicht zu beachten. Entnahmen gelten vorrangig bis zur Höhe der ESt i.S.d. § 34a Abs. 1 Satz 1 und des darauf entfallenden Solidaritätszuschlages als zur Zahlung dieser Beträge verwendet (§ 34a Abs. 2 Satz 3 EStG). Ausnahmen bestehen lediglich bezüglich von Entnahmen zur Erfüllung von Forderungen im Bereich der Erbschaftsteuer und den Entnahmen auf Grund Übertragung oder Überführung von einzelnen WG (§ 6 Abs. 5 Satz 1–3 EStG) i.R.d. Nachversteuerung.

Hinweis zur Plausibilitätsbeurteilung:

Ab dem VZ 2024 wurde i.R.d. Wachstumschancengesetzes[1] das Thesaurierungsvolumen um die Entnahmen für die Zahlung der ESt und des SolZ erhöht (§ 34a Abs. 2 EStG). Bei der Ermittlung des nicht entnommenen Gewinns wird der nach § 4 Abs. 1 oder § 5 EStG ermittelte Gewinn um die gezahlte GewSt und um die Entnahmen zur Zahlung der Steuer nach § 34a Abs. 1 EStG erhöht. Damit steht den Unternehmern nunmehr ein höheres Thesaurierungsvolumen zur Verfügung. Weitere außerbilanzielle Gewinnkorrekturen erhöhen den Begünstigungsbetrag hingegen nicht. Sie stellen im Gegensatz zur GewSt keine öffentliche Abgabe dar, der sich der Unternehmer nicht entziehen kann. Dies lässt eine unterschiedliche Beurteilung gegenüber anderen dem Grunde oder der Höhe nach nicht abzugsfähigen Betriebsausgaben zu.[2]

Entnahmen für die Zahlung der ESt (§ 34a Abs. 1 Satz EStG) und des darauf entfallenden SolZ sind bei der Berechnung des nicht entnommenen Gewinns nicht zu berücksichtigen (§ 34a Abs. 2 Satz 2 EStG). Die auf den maximal möglichen Begünstigungsbetrag (§ 34a Abs. 3 Satz 1 EStG) entfallende fiktive ESt nach § 34a Abs. 1 Satz 1 EStG (28,25 %) und der darauf entfallende SolZ (5,5 %) gelten als entnommen und zur Zahlung der Steuerbeträge verwendet (§ 34a Abs. 2 Satz 3 EStG).[3] Auf Grund der pauschalierten Berechnung der enthaltenen Entnahmen für ESt und SolZ können diese Beträge automationstechnisch berechnet werden, so dass der bisherige Erklärungstatbestand in der **Zeile 13 der Anlage 34a 2024 entfallen** ist.

Da eine betriebsbezogene Abgrenzung zu erfolgen hat, wirken sich Gewinnverschiebungen zwischen zwei Betrieben der stpfl. Person im Bereich des Sondertarifs aus. Auch die Überführung eines Wirtschaftsguts aus einem inl. Betriebsvermögen in eine DBA-Betriebsstätte kann dabei eine Entnahme darstellen.[4]

Zum Ansatz bei den Einkünften aus Land- und Forstwirtschaft → Rz. 956 f.

Der positive Saldo ist auch Ausgangspunkt für eine in der Zukunft erforderliche Nachversteuerung (→ Rz. 636).

g) Einlagen des Wirtschaftsjahrs – bei Land- und Forstwirten: auf den Veranlagungszeitraum zeitanteilig aufgeteilt (Zeile 13)

Bei den zu erklärenden Einlagen i.S.d. § 34a EStG handelt es sich begrifflich um die Einlagen i.S.d. § 6 Abs. 1 Nr. 5 **632**
EStG; handelsrechtliche Grundsätze sind nicht zu beachten.

Gestaltungshinweis:

Durch Einlagen vor dem ersten Bilanzstichtag besteht die Möglichkeit, das Begünstigungsvolumen zu erhöhen, da zur Ermittlung des nicht entnommenen Gewinns auf den Saldo aus Entnahmen und Einlagen abgestellt wird.

Zum Ansatz bei den Einkünften aus Land- und Forstwirtschaft → Rz. 956 f.

h) In der Gewinnermittlung des Wirtschaftsjahres enthaltener Gewerbesteueraufwand (Zeile 14)

Ab dem VZ 2024 wurde i.R.d. Wachstumschancengesetzes[5] das Thesaurierungsvolumen um die GewSt des Wj. **633**
erhöht (§ 34a Abs. 2 EStG). Weitere außerbilanzielle Gewinnkorrekturen erhöhen den Begünstigungsbetrag hingegen nicht. Sie stellen im Gegensatz zur GewSt keine öffentliche Abgabe dar, der sich der Unternehmer nicht entziehen kann. Dies lässt eine unterschiedliche Beurteilung ggü. anderen dem Grunde oder der Höhe nach nicht abzugsfähigen Betriebsausgaben zu.[6] Der nicht entnommene Gewinn wird durch Abzug des positiven Saldos aus Entnahmen und Einlagen (bei Mitunternehmeranteilen Entnahmen und Einlagen der Gesamthandsbilanz, Sonderbilanzen sowie Zu- und Abgänge der Ergänzungsbilanzen) vom Steuerbilanzgewinn und Hinzurechnung der im Wj nach § 4 Abs. 5b EStG nicht gewinnmindernd zu berücksichtigenden GewSt (unabhängig davon auf welches Wj. die GewSt entfällt) ermittelt (vgl. § 34a Abs. 2 Satz 1 EStG = maximaler Begünstigungsbetrag nach § 34a Abs. 3 Satz 1 EStG). Insofern ist auf den in der Gewinnermittlung enthaltenen Gewerbesteueraufwand abzustellen.[7]

i) Von dem nicht entnommenen Gewinn soll folgender Betrag ermäßigt besteuert werden (Zeile 15)

Der Begünstigungsbetrag ist der (rechnerische) Teil des nicht entnommenen Gewinns, für den die stpfl. Person **634**
einen Antrag nach § 34a Abs. 1 EStG stellen kann und diesen auch gestellt hat.

Praxishinweis:

Der Begünstigungsbetrag ist die Bemessungsgrundlage für die Steuer nach § 34a Abs. 1 Satz 1 EStG. Durch den Begünstigungsbetrag wiederum wird der nachversteuerungspflichtige Betrag durch Abzug der auf den Begünstigungsbetrag entfallenden Steuerbelastung ermittelt.

Der nicht entnommene Gewinn stellt den nach § 4 Abs. 1 oder § 5 EStG ermittelten Gewinn vermindert um den positiven Saldo der Entnahmen und Einlagen des Wj. dar (§ 34a Abs. 2 EStG).

---

1) Wachstumschancengesetz v. 27.3.2024, BGBl. I 2024 Nr. 108 = BStBl I 2024, 666.
2) Vgl. Gesetzentwurf der Bundesregierung v. 2.10.2023, BT-Drucks. 20/8628.
3) BMF v. 12.3.2025, IV C 6 – S 2290-a/00012/001/037, BStBl I 2025, 671, Rz. 16.
4) BMF v. 12.3.2025, IV C 6 – S 2290-a/00012/001/037, BStBl I 2025, 671, Rz. 40.
5) Wachstumschancengesetz v. 27.3.2024, BGBl. I 2024 Nr. 108 = BStBl I 2024, 666.
6) Vgl. Gesetzentwurf der Bundesregierung v. 2.10.2023, BT-Drucks. 20/8628
7) BMF v. 12.3.2025, IV C 6 – S 2290-a/00012/001/037, BStBl I 2025, 671, Rz. 15.

Beratungshinweis:
Der nach § 4 Abs. 1 Satz 1 oder § 5 EStG ermittelte Gewinn i.S.d. § 34a Abs. 2 EStG ist der Unterschiedsbetrag zwischen dem Betriebsvermögen am Schluss des Wj. und dem Betriebsvermögen am Schluss des vorangegangenen Wj., vermehrt um den Wert der Entnahmen und vermindert um den Wert der Einlagen. Danach ansetzende außerbilanzielle Gewinnkorrekturen sind hierbei nicht zu berücksichtigen.[1]

Die Korrektur ist vorzunehmen, da sich der Gewinn i.S.d. § 4 Abs. 1 oder § 5 EStG bereits um die Entnahmen erhöht und um die Einnahmen gemindert hat; insoweit wird der maximale Begünstigungsbetrag ermittelt.

Beispiel:
Der nicht entnommene Gewinn (§ 34a Abs. 2 EStG) beträgt 150 000 €. Die stpfl. Person stellt einen Antrag nach § 34a Abs. 1 Satz 1 EStG i.H.v. 60 000 €.

Der Begünstigungsbetrag (§ 34a Abs. 3 Satz 1 EStG) beträgt 60 000 €. Der verbleibende Gewinn i.H.v. 90 000 € ist mit dem progressiven persönlichen Steuersatz (Bemessungsgrundlage = verbleibendes z.v.E. nach Abzug des nach § 34a EStG begünstigt zu versteuernden Gewinns) zu versteuern. Für den Begünstigungsbetrag ist ESt i.H.v. 16 950 € (28,25 % v. 60 000 €) zzgl. Solidaritätszuschlag i.H.v. 932,25 € (5,5 % v. 16 950 €) zu zahlen.

Für den Gewinnanteil, für den kein Antrag auf Thesaurierungsbesteuerung gestellt wird, findet der progressive Steuertarif Anwendung.

Wird ein negativer (oder ausgeglichener) Saldo erreicht (die Einlagen erreichen die oder entsprechen den Entnahmen), erfolgt keine Korrektur, so dass der nicht entnommene Gewinn dem Gewinn i.S.d. § 4 Abs. 1 oder § 5 EStG entspricht, da es sich insoweit insgesamt um eine betrieblich veranlasste Betriebsvermögensmehrung handelt. Der Gewinn muss zudem im zu versteuernden Einkommen der unternehmerisch tätigen Person oder des Mitunternehmeranteils enthalten sein (§ 34a Abs. 1 Satz 1 i.V.m. § 2 Abs. 5 Satz 1 EStG). Negative Einkünfte dürfen nicht mit ermäßigt besteuerten Gewinnen i.S.d. § 34a Abs. 1 Satz 1 EStG ausgeglichen werden (§ 34a Abs. 8 EStG). Auch ist ein Verlustrücktrag ausgeschlossen, soweit die Einkünfte im Vorjahr nach § 34a EStG ermäßigt besteuert worden sind (§ 10d Abs. 1 Satz 2 EStG).

Gestaltungshinweis:
Im Zusammenhang mit Umstrukturierungen kann die Frage gestellt werden, ob Vorgänge nach § 6 Abs. 5 EStG als Entnahmen und/oder Einlagen zu behandeln sind. „Unerwünschte" Gestaltungsmöglichkeiten sind im Rahmen einer möglichen Nachversteuerung denkbar, indem vor Entnahme ein Wirtschaftsgut mit demselben Buchwert von einem auf den anderen Betrieb übertragen wird.[2]

Der nachversteuerungspflichtige Betrag ist gesondert für jeden Betrieb/Mitunternehmeranteil festzustellen (§ 34a Abs. 3 Satz 3 EStG).

j) Steuerpflichtiger Gewinn – einschl. Veräußerungsgewinn vor Abzug des Freibetrags nach § 16 Abs. 4 EStG (Zeile 16)

635 **Praxishinweis:**
Der Antrag auf Anwendung der Thesaurierungsbegünstigung ist bei dem für die Einkommensbesteuerung zuständigen FA zu stellen (§ 34a Abs. 1 Satz 2 EStG). Daher ist an dieser Stelle erforderlich, anzugeben, wie hoch der stpfl. Gewinn ist. Veräußerungsgewinne müssen vor Abzug des Freibetrags nach § 16 Abs. 4 EStG in dem Betrag enthalten sein.

Der nicht entnommene Gewinn i.S.d. § 34a EStG wird durch Abzug des positiven Saldos aus Entnahmen und Einlagen (bei Mitunternehmeranteilen Entnahmen und Einlagen der Gesamthandsbilanz, Sonderbilanzen sowie Zu- und Abgänge der Ergänzungsbilanzen) vom Steuerbilanzgewinn und Hinzurechnung der im Wj. nach § 4 Abs. 5b EStG nicht gewinnmindernd zu berücksichtigenden Gewerbesteuer (unabhängig davon auf welches Wj. die GewSt entfällt) ermittelt (vgl. § 34a Abs. 2 Satz 1 EStG = maximaler Begünstigungsbetrag nach § 34a Abs. 3 Satz 1 EStG). Insofern ist auf den in der Gewinnermittlung enthaltenen Gewerbesteueraufwand abzustellen).[3] Für diese endgültige Ermittlung des maximalen Thesaurierungsvolumens (Deckelung) ist die Angabe des stpfl. Gewinns einschließlich möglicher Veräußerungsgewinne, aber vor Abzug des Freibetrags i.H.v. max. 45 000 € (§ 16 Abs. 4 EStG) erforderlich. Nicht zu berücksichtigende steuerfreie Teile des Bilanzgewinns können nicht Gegenstand der Tarifbegünstigung sein und sind daher nicht in Zeile 16 enthalten.

Zum Vergleich des grds. begünstigungsfähigen Gewinns zum stpfl. Gewinn ist an dieser Stelle zusätzlich noch der stpfl. Gewinn zu erklären. Ist der nicht entnommene Gewinn größer als der stpfl. Gewinn, ist ein Antrag max. in Höhe des stpfl. Gewinns möglich. Ist der nicht entnommene Gewinn kleiner als der stpfl. Gewinn, kann der Antrag auf Thesaurierungsbesteuerung max. in Höhe des nicht entnommenen Gewinns gestellt werden.

---

1) BFH v. 9.5.2019, IV R 13/17, BStBl II 2019, 754.
2) Pohl, BB 2008, 1536.
3) BMF v. 12.3.2025, IV C 6 – S 2290-a/00012/001/037, BStBl I 2025, 671, Rz. 15.

5. Angaben zum nachversteuerungspflichtigen Betrag (Zeilen 17–43)

Angaben zum nachversteuerungspflichtigen Betrag 20 / 21

Die Angaben in den Zeilen 17 bis 43 sowie 7, 8, 12 und 13 sind stets erforderlich, wenn zum 31.12.2024 ein nachversteuerungspflichtiger Betrag festgestellt wurde.

			EUR
17	Entnahmen für Erbschaft- / Schenkungsteuer i. S. d. § 34a Abs. 4 Satz 3 EStG – anteilig für diesen Betrieb – (in Zeile 12 enthalten)	30	,—
18	**Bei Antrag nach § 34a Abs. 5 Satz 2 EStG:** Buchwerte von übertragenen oder überführten Wirtschaftsgütern nach § 6 Abs. 5 EStG	31	,—
19	Bezeichnung des laut Zeile 18 übertragenen oder überführten Wirtschaftsguts (Angaben zu weiteren Wirtschaftsgütern laut gesonderter Aufstellung)		
20	Datum der Übertragung	306	T T M M J J J J
21	Name der übernehmenden Person des Wirtschaftsguts laut Zeile 19 (Angaben zu weiteren übernehmenden Personen laut gesonderter Aufstellung)	300	
22	Identifikationsnummer der übernehmenden Person	307	
23	Das Wirtschaftsgut wurde auf einen anderen Betrieb / Mitunternehmeranteil der übertragenden Person übertragen.	308	1 = Ja
24	Höhe des zu übertragenden nachversteuerungspflichtigen Betrags **– Erläutern Sie bitte die Höhe des zu übertragenden nachversteuerungspflichtigen Betrags in einer gesonderten Aufstellung. –**	303	EUR ,—

2025Anl34a211 - August 2025 - 2025Anl34a211

- 2 -

Unentgeltliche Übertragung des Betriebs / Mitunternehmeranteils nach § 6 Abs. 3 EStG auf eine natürliche Person oder auf eine Mitunternehmerschaft, soweit dieser einer natürlichen Person als Mitunternehmer zuzurechnen ist, sowie Einbringung des Betriebs / Mitunternehmeranteils zu Buchwerten nach § 24 UmwStG

25	Der gesamte Betrieb / der gesamte Mitunternehmeranteil wurde übertragen / zum Buchwert eingebracht nach:	105	1 = § 6 Abs. 3 EStG 2 = § 24 UmwStG
	Datum der Übertragung / Einbringung	106	T T M M J J J J
26	**In den Fällen des § 6 Abs. 3 EStG:** Name der übernehmenden Person des Betriebs / Mitunternehmeranteils laut Zeile 25 (Angaben zu weiteren übernehmenden Personen laut gesonderter Aufstellung)	100	
27	Identifikationsnummer der übernehmenden Person	107	
28	Der Betrieb / Mitunternehmeranteil wurde auf einen anderen Betrieb / Mitunternehmeranteil der übertragenden Person übertragen.	108	1 = Ja

Unentgeltliche Aufnahme einer natürlichen Person in das bestehende Einzelunternehmen / unentgeltliche Übertragung eines Teils des Mitunternehmeranteils auf eine natürliche Person / Einbringung eines Teils des Mitunternehmeranteils zu Buchwerten nach § 24 UmwStG

29	Aufnahme / Übertragung / Einbringung:	205	3 = unentgeltliche Aufnahme einer natürlichen Person in das bestehende Einzelunternehmen 4 = unentgeltliche Übertragung eines Teils des Mitunternehmeranteils auf eine natürliche Person 5 = Einbringung eines Teils des Mitunternehmeranteils zu Buchwerten nach § 24 UmwStG
	Datum der Aufnahme / Übertragung / Einbringung	206	T T M M J J J J
30	**In den Fällen des § 6 Abs. 3 EStG:** Name der aufgenommenen / übernehmenden Person laut Zeile 24 (Angaben zu weiteren übernehmenden Personen laut gesonderter Aufstellung)	200	
31	Identifikationsnummer der aufgenommenen / übernehmenden Person	207	
32	Ein Teil des Mitunternehmeranteils wurde auf einen anderen Betrieb / Mitunternehmeranteil der übertragenden Person übertragen.	208	1 = Ja
33	Höhe des zu übertragenden nachversteuerungspflichtigen Betrags **– Erläutern Sie bitte die Höhe des zu übertragenden nachversteuerungspflichtigen Betrags in einer gesonderten Aufstellung. –**	203	EUR ,—

Nachversteuerung
– Erläutern Sie bitte die Höhe der Beträge der Zeilen 38 bis 42 in einer gesonderten Aufstellung. –

Zeile		Kz.	
34	Der Betrieb / der Mitunternehmeranteil wurde veräußert oder aufgegeben.	34	1 = Ja
35	Einbringung des Betriebs oder Mitunternehmeranteils in eine Kapitalgesellschaft / Genossenschaft, Formwechsel einer Personengesellschaft in eine Kapitalgesellschaft / Genossenschaft oder Option zur Körperschaftsbesteuerung	34	1 = Ja
36	Unentgeltliche Übertragung des Betriebs oder Mitunternehmeranteils nach § 6 Abs. 3 EStG auf eine Körperschaft, Personenvereinigung oder Vermögensmasse (Dies gilt auch, wenn ein Mitunternehmer ausscheidet und sein Anteil dem übrigen Mitunternehmer oder den übrigen Mitunternehmern unentgeltlich anwächst und es sich bei diesem / diesen um eine Körperschaft, Personenvereinigung oder Vermögensmasse handelt.)	34	1 = Ja
37	Der Gewinn wird nicht mehr nach § 4 Abs. 1 oder § 5 EStG ermittelt.	34	1 = Ja
			EUR
38	Unentgeltliche Übertragung des Betriebs oder Mitunternehmeranteils nach § 6 Abs. 3 EStG auf eine Mitunternehmerschaft, soweit dieser einer Körperschaft, Personenvereinigung oder Vermögensmasse als Mitunternehmer zuzurechnen ist: Höhe des nachzuversteuernden nachversteuerungspflichtigen Betrags	38	,–
39	Entgeltliche Aufnahme eines Mitunternehmers in das bestehende Einzelunternehmen / Veräußerung eines Teils des Mitunternehmeranteils: Höhe des anteilig nachzuversteuernden nachversteuerungspflichtigen Betrags	39	,–
40	Einbringung eines Teilbetriebs oder Teils des Mitunternehmeranteils in eine Kapitalgesellschaft / Genossenschaft: Höhe des anteilig nachzuversteuernden nachversteuerungspflichtigen Betrags	44	,–
41	Unentgeltliche Übertragung eines Teilbetriebs oder Teils des Mitunternehmeranteils auf eine Körperschaft, Personenvereinigung oder Vermögensmasse sowie unentgeltliche Aufnahme einer Körperschaft, Personenvereinigung oder Vermögensmasse als Mitunternehmer in das bestehende Einzelunternehmen (Dies gilt auch, wenn ein Teil des Mitunternehmeranteils dem übrigen Mitunternehmer oder den übrigen Mitunternehmern unentgeltlich anwächst und es sich bei diesem / diesen um eine Körperschaft, Personenvereinigung oder Vermögensmasse handelt.): Höhe des anteilig nachzuversteuernden nachversteuerungspflichtigen Betrags	49	,–
42	Unentgeltliche Übertragung eines Teilbetriebs oder Teils des Mitunternehmeranteils auf eine Mitunternehmerschaft, soweit dieser einer Körperschaft, Personenvereinigung oder Vermögensmasse als Mitunternehmer zuzurechnen ist: Höhe des anteilig nachzuversteuernden nachversteuerungspflichtigen Betrags	54	,–
43	Antrag auf Nachversteuerung nach § 34a Abs. 6 Satz 1 Nr. 5 EStG i. H. v.	33	,–

2025Anl34a212 2025Anl34a212

636 **Praxishinweis:**

Die Angaben in den Zeilen 17–43 sowie 7, 8, 12 und 13 sind stets erforderlich, wenn zum 31.12.2024 ein nachversteuerungspflichtiger Betrag festgestellt wurde.

Für die Feststellung des nachversteuerungspflichtigen Betrags ist das Wohnsitz-FA auch dann zuständig, wenn ein Betriebsstätten-FA Feststellungsbescheide gem. § 180 Abs. 1 Nr. 2 Buchst. b AO und § 34a Abs. 10 EStG erlassen hat.[1]

Bei einer späteren Entnahme der thesaurierten Gewinne ist eine Nachversteuerung des nachversteuerungspflichtigen Betrags durchzuführen, soweit zum 31.12.2024 ein nachversteuerungspflichtiger Betrag festgestellt worden ist (§ 34a Abs. 4 EStG).Aus dem Wortlaut des § 34a Abs. 4 Satz 1 EStG und dem systematischen Zusammenhang zu § 34a Abs. 3 EStG ergibt sich, dass im Falle eines sog. Entnahmeüberhangs (Übersteigen des positiven Saldos der Entnahmen und Einlagen des Wj. über den in diesem Jahr ermittelten Gewinn) zwingend eine Nachversteuerung vorzunehmen ist, soweit ein nachversteuerungspflichtiger Betrag nach § 34a Abs. 3 EStG zum Ende des vorangegangenen Zeitraums festgestellt wurde. Aus der gesetzlichen Regelung in § 34a EStG ergibt sich implizit die im BMF-Schreiben v. 12.3.2025[2] vorgesehene Verwendungsreihenfolge.[3]

a) Entnahmen für Erbschaft-/Schenkungsteuer i.S.d. § 34a Abs. 4 Satz 3 EStG – anteilig für diesen Betrieb – in Zeile 12 enthalten (Zeile 17)

637 Entnahmen für die Erbschaft- und/oder Schenkungsteuer bleiben für die Frage der Nachversteuerung unberücksichtigt, wenn damit entsprechende Steuern wegen eines unentgeltlichen Erwerbs des Betriebs/Mitunternehmeranteils bezahlt wurden (§ 34a Abs. 4 Satz 3 EStG). Erforderlich ist jedoch, dass die Entnahme aus dem die Erb-

1) FG Hessen v. 19.10.2022, 4 K 591/21, EFG 2023, 1011; NZB teilweise zulässig, aber unbegründet, BFH v. 17.7.2024, VIII B 16/23, BFH/NV 2024, 1195. Verfassungsbeschw. nicht zur Entscheidung angenommen, BVerfG v. 9.12.2024, 2 BvR 1183/24.
2) BMF v. 12.3.2025, IV C 6 – S 2290-a/00012/001/037, BStBl I 2025, 671, Rz. 32.
3) FG Schleswig-Holstein v. 19.9.2019, 1 K 139/18, EFG 2020, 209; Rev., Az. des BFH: VIII R 40/19 wurde zurückgenommen.

schaft-/Schenkungsteuer auslösenden Betriebsvermögen erfolgt.[1] Die festgesetzte Erbschaftsteuer ist nach dem Verhältnis der erbschaftsteuerlichen Bemessungsgrundlagen zuzuordnen. Auch die Entnahmen für **ausl. Erbschaftsteuer** dürften zu berücksichtigen sein, da eine Ausnahme aus der Gesetzesbegründung[2] des UntStRefG und den Verwaltungsaussagen[3] nicht ersichtlich ist.

Unschädlich sind die Entnahmen nur bei der Ermittlung des Nachversteuerungsbetrags, so dass die Nachversteuerung aufgeschoben wird. Die Entnahmen mindern den Begünstigungsbetrag im Jahr der Entnahme. Die Regelung wirkt jedoch nur in den Fällen, in denen mindestens in Höhe der zu zahlenden Erbschaft- und/oder Schenkungsteuer vorliegende Entnahmeüberschüsse vorhanden sind. Diese bestehende Sonderregelung führt im Ergebnis jedoch nicht zu einer Minderung des nachversteuerungspflichtigen Betrags.

Praxishinweis:
Die im Laufe der Vorjahre für Zwecke der Steuerzahlung angesammelten Beträge können daher nicht für die Entnahme genutzt werden.[4]

b) Bei Antrag nach § 34a Abs. 5 Satz 2 EStG: Buchwerte von übertragenen und überführten Wirtschaftsgütern nach § 6 Abs. 5 EStG (Zeilen 18–24)

Die Übertragung von WG führt zu einer Entnahme (§ 6 Abs. 5 Satz 1 ff. EStG) und kann daher zu einer Nachver- 638
steuerung führen. Wird hingegen ein Antrag nach § 34a Abs. 5 Satz 2 EStG gestellt, wird der (ggf. anteilige) nachversteuerungspflichtige Betrag vom ursprünglichen Betrieb – unter Erhöhung von Entnahmemöglichkeiten – auf das übernehmende Unternehmen übertragen (→ Rz. 652). Insoweit wird eine ungerechtfertigte (unmittelbare) Nachversteuerung verhindert, wenn WG zwischen verschiedenen Betrieben etc. derselben stpfl. Person übertragen werden, da diese auch weiterhin betrieblich genutzt werden. Eine Verletzung der Sperrfrist (§ 6 Abs. 5 Satz 4 EStG) führt dazu, dass die Übertragung des nachversteuerungspflichtigen Betrags wieder rückgängig zu machen ist. Ein Berechnungsbeispiel kann dem BMF-Schreiben v. 12.3.2025[5] entnommen werden.

Keine schädliche Entnahme – und damit kein begünstigter Tatbestand – sind die Fälle von Übertragungen zwischen Gesamthandsvermögen und Sonderbetriebsvermögen derselben Mitunternehmerschaft und Übertragungen zwischen Betrieben bei doppel- oder mehrstöckigen Gesellschaften.

Bei Geld handelt es sich um ein WG. Werden Geldbeträge unter den Voraussetzungen des § 6 Abs. 5 EStG von einem Betrieb in einen anderen Betrieb desselben stpfl. Person übertragen, ist § 34a Abs. 5 Satz 2 EStG anwendbar (entgegen BMF v. 12.3.2025[6]).[7]

Der übertragungsfähige nachversteuerungspflichtige Betrag ist der nach Berücksichtigung der übrigen Entnahmen und hierauf erfolgender Nachversteuerung verbleibende nachversteuerungspflichtige Betrag, max. jedoch der Buchwert.[8]

Beratungshinweis:
Kommt es auf Grund eines schädlichen Ereignisses rückwirkend zum Ansatz des Teilwerts, ist insoweit die Übertragung des nachversteuerungspflichtigen Betrags rückgängig zu machen. Dies kann zu entsprechenden Auswirkungen bei dem aufnehmenden Betrieb führen.[9]

Zur grenzüberschreitenden Übertragung oder Überführung von WG vgl. die entsprechenden Ausführungen im 639
BMF-Schreiben v. 12.3.2025.[10] Dem Grunde nach gelten dabei dieselben Regeln wie zuvor beschrieben, jedoch mit der Besonderheit, dass Betriebsstätten steuerlich eine Einheit bilden. Übertragungen zwischen einer inl. und ausl. Betriebsstätte wirken sich demnach nicht aus.

Hinweis zur Plausibilitätsbeurteilung:
Offensichtlich zur Sicherstellung der Besteuerung sind ab dem VZ 2025 die Zeilen 20–24 eingefügt worden. In den Fällen des § 34a Abs. 5 Satz 2 EStG – im Zusammenhang mit der Übertragung einzelner WG – sind in den Zeilen 20, 21 und 24 ergänzende Angaben zur Übertragung erforderlich. Hierzu zählen auch die Angabe der Id-Nr. der übertragenden Person in Zeile 22 sowie eine Erklärung, ob das WG auf einen anderen Betrieb/Mitunternehmeranteil der übertragenden Person übertragen wurde.

c) Unentgeltliche Übertragung des gesamten Betriebs/Mitunternehmeranteils nach § 6 Abs. 3 EStG sowie Einbringung zum Buchwert nach § 24 UmwStG (Zeilen 25–28)

In den Fällen der unentgeltlichen Übertragung eines ganzen Betriebs/Mitunternehmeranteils (§ 6 Abs. 3 EStG) und 640
in den Fällen der Einbringung eines gesamten Betriebs oder/Mitunternehmeranteils zu Buchwerten in eine Personengesellschaft (§ 24 UmwStG) ist der bisher für diesen Betrieb festgestellte nachversteuerungspflichtige Betrag

1) Schiffers, DStR 2008, 1805.
2) BT-Drucks. 16/4841 v. 27.3.2007.
3) BMF v. 12.3.2025, IV C 6 – S 2290-a/00012/001/037, BStBl I 2025, 671, Rz. 34.
4) Fellinger, DB 2008, 1877.
5) BMF v. 12.3.2025, IV C 6 – S 2290-a/00012/001/037, BStBl I 2025, 671, Rz. 32.
6) BMF v. 12.3.2025, IV C 6 – S 2290-a/00012/001/037, BStBl I 2025, 671, Rz. 36.
7) FG Köln v. 16.11.2023, 1 K 856/18, EFG 2024, 1217; Rev., Az. des BFH: VI R 23/23.
8) BMF v. 12.3.2025, IV C 6 – S 2290-a/00012/001/037, BStBl I 2025, 671, ab Rz. 39.
9) Schiffers, DStR 2008, 1805.
10) BMF v. 12.3.2025, IV C 6 – S 2290-a/00012/001/037, BStBl I 2025, 671, ab Rz. 40.

auf den neuen Betrieb/Mitunternehmer – als Nachfolgeunternehmen – zu übertragen (→ Rz. 653). Bei der Übertragung eines Teilbetriebs oder von Teilen von Betrieben oder Mitunternehmeranteilen erfolgt keine Übertragung des nachversteuerungspflichtigen Betrags.

Beratungshinweis:
Die unentgeltliche Übertragung eines Mitunternehmeranteils auf eine Stiftung löst keine Nachversteuerung von in der Vergangenheit nach § 34a EStG begünstigt besteuerten thesaurierten Gewinnen aus. Eine analoge Anwendung des § 34a Abs. 6 Satz 1 Nr. 2 EStG kommt nicht in Betracht.[1] Zur Frage bei unentgeltlicher Übertragung eines Betriebs/Mitunternehmeranteils auf eine gemeinnützige Kapitalgesellschaft/Stiftung vgl. OFD Frankfurt/M.[2] Für die Feststellung des nachversteuerungspflichtigen Betrags ist das Datum der Übertragung/Einbringung ergänzend zu erklären, da dieser zum Ende des Tages vor dem steuerlichen Übertragungsstichtag festzustellen ist.[3]

Es besteht die Möglichkeit, die Angaben für eine Person zu erklären. Für weitere Personen sind Angaben in einer gesonderten Aufstellung erforderlich.

Technisch führt dies dazu, dass der bisher festgestellte nachversteuerungspflichtige Betrag für den vorliegenden Betrieb/Mitunternehmeranteil gelöscht wird (§ 34a Abs. 7 EStG). Die Nachversteuerungsbeträge sind bei Formwechsel einer Personengesellschaft in eine andere Personengesellschaft fortzuführen, da insoweit von einer steuerlichen Identität der Mitunternehmerschaft auszugehen ist und die Nachversteuerungsbeträge fortzuführen sind. Handelt es sich um eine gemischte Schenkung, ist eine anteilsmäßige Fortführung des nachversteuerungspflichtigen Betrags vorzunehmen. Erfolgt die Übertragung nicht zu Buchwerten, erfolgt in Analogie zu § 34a Abs. 6 Satz 1 Nr. 1 EStG eine sofortige und vollständige Nachversteuerung im Jahr der Einbringung.[4]

Hinweis zur Plausibilitätsbeurteilung:
Als weitere Kontrollmöglichkeit für die Finverw. werden offensichtlich die zusätzlichen Angaben in den Zeilen 26–27 gefordert. Diese Angaben sind aber lediglich in den Fällen der Übertragung nach § 6 Abs. 3 EStG erforderlich. In den Fällen des § 24 UmwStG geht der nachversteuerungspflichtige Betrag auf einen Mitunternehmeranteil derselben stpfl. Person über.

Ab dem VZ 2025 wurde **Zeile 28 neu eingefügt**. Offensichtlich zu weiteren Kontrollzwecken ist zu erklären, ob der Betrieb/Mitunternehmeranteil auf einen anderen Betrieb/Mitunternehmeranteil der übertragenden Person übertragen worden ist.

d) Unentgeltliche Aufnahme einer natürlichen Person in das bestehende Einzelunternehmen/unentgeltliche Übertragung eines Teils des Mitunternehmeranteils auf eine natürliche Person/Einbringung eines Teils des Mitunternehmeranteils zu Buchwerten nach § 24 UmwStG (Zeilen 29–33)

641 Die Zeilen wurden **ab dem VZ 2024 neu eingefügt und ab dem VZ 2025 weiter ergänzt**.

Nur in den Fällen der unentgeltlichen Betriebsübergabe (§ 6 Abs. 3 EStG) hatte der Rechtsnachfolger den nachversteuerungspflichtigen Betrag fortzuführen. In den Fällen der unentgeltlichen Aufnahme in ein bestehendes Einzelunternehmen und der unentgeltlichen Übertragung eines Teilmitunternehmeranteils verblieb der nachversteuerungspflichtige Betrag beim bisherigen (Mit-)Unternehmer. Diese Regelung war jedoch missbrauchsanfällig. So konnte der bisherige (Mit-)Unternehmer durch Beibehaltung eines geringfügigen Mitunternehmeranteils den nachversteuerungspflichtigen Betrag in voller Höhe behalten. Dies hatte jedoch in vielen Fällen zur Folge, dass auf Grund der Geringfügigkeit des verbleibenden Mitunternehmeranteils beim bisherigen (Mit-)Unternehmer eine Nachversteuerung praktisch unmöglich war. Ab dem VZ 2024[5] regelt § 34a Abs. 7 Satz 2 EStG, dass in den Fällen einer unentgeltlichen Aufnahme eines Mitunternehmers in ein bestehendes Einzelunternehmen und der unentgeltlichen Teilanteilsübertragung auch der nachversteuerungspflichtige Betrag quotal auf den Rechtsnachfolger übergeht. Zur Berechnung der Übertragungsquote ist das Betriebsvermögen des Einzelunternehmens oder das Betriebsvermögen der Mitunternehmerschaft zugrunde zu legen. Hierzu gehören insb. alle Kapitalkonten des Rechtsvorgängers. Gleiches gilt in den Fällen, in denen Teilmitunternehmeranteile nach § 24 UmwStG zu Buchwerten in eine Mitunternehmerschaft eingebracht werden.

Bei unentgeltlicher Aufnahme einer natürlichen Person in ein bestehendes Einzelunternehmen oder unentgeltlicher Übertragung eines Teils eines Mitunternehmeranteils auf eine natürliche Person geht der nachversteuerungspflichtige Betrag anteilig auf den neuen Mitunternehmer über.[6]

Zur weiteren Sachverhaltserörterung ist in Zeile 31 die Id-Nr. der aufgenommenen/übernehmenden Person zu erklären.

Hinweis zur Plausibilitätsbeurteilung:
Ab dem VZ 2025 wurde Zeile 32 neu eingefügt. Offensichtlich zu weiteren Kontrollzwecken ist zu erklären, ob ein Teil des Mitunternehmeranteils auf einen anderen Betrieb/Mitunternehmeranteil der übertragenden Person übertragen worden ist.

In Zeile 33 ist der übertragende nachversteuerungspflichtige Betrag zu erklären. Die Ermittlung des Betrags soll erläutert werden.

1) BFH v. 17.1.2019, III R 49/17, BStBl II 2019, 655.
2) OFD Frankfurt/M. v. 25.2.2020, S 2290a A – 002 – St 517.
3) BMF v. 12.3.2025, IV C 6 – S 2290-a/00012/001/037, BStBl I 2025, 671, ab Rz. 55.
4) BMF v. 12.3.2025, IV C 6 – S 2290-a/00012/001/037, BStBl I 2025, 671, Rz. 55.
5) Vgl. Gesetzentwurf der Bundesregierung v. 2.10.2023, BT-Drucks. 20/8628.
6) BMF v. 12.3.2025, IV C 6 – S 2290-a/00012/001/037, BStBl I 2025, 671, Rz. 57.

e) Nachversteuerung (Zeilen 34–43)

aa) Der Betrieb/der Mitunternehmeranteil wurde veräußert oder aufgegeben (Zeile 34)

Wird der Betrieb oder Mitunternehmeranteil aufgegeben oder veräußert oder in eine Kapitalgesellschaft eingebracht, ist der hierfür gebildete nachversteuerungspflichtige Betrag vollständig aufzulösen und eine Nachversteuerung durchzuführen (§ 34a Abs. 6 Nr. 1 EStG). Durch die Veräußerung, Aufgabe oder Einbringung in eine Kapitalgesellschaft unterhält die stpfl. Person den Betrieb oder Mitunternehmeranteil nicht mehr und hat somit auch keinen weiteren Anspruch auf die Gewährung des Steuervorteils. Die Nachversteuerung erfolgt in dem VZ, in dem die Betriebsveräußerung erfolgte (= Übergang des wirtschaftlichen Eigentums an den wesentlichen Betriebsgrundlagen) oder die Betriebsaufgabe beendet wurde (= Zeitpunkt, in dem die letzte wesentliche Betriebsgrundlage veräußert oder in das Privatvermögen überführt wurde).[1] **642**

Wird hingegen nur ein Teil des Betriebs/Mitunternehmeranteils oder ein Teilbetrieb veräußert, löst dies keine Nachversteuerung aus, da eine solche i.R.d. verbleibenden Teils des Betriebs/Mitunternehmeranteils weiterhin möglich ist.

Beispiel:

Die stpfl. Person veräußert zum 30.11.2025 einen Teilbetrieb des Einzelunternehmens für 100 000 €. Das anteilige Kapitalkonto (§ 16 Abs. 2 EStG) beträgt 50 000 €. Der laufende Gewinn (Betriebsvermögensvergleich) im Einzelunternehmen (einschl. Veräußerungsgewinn) beträgt 150 000 €. Entnahmen wurden i.H.v. 200 000 € (Zeile 12 → Rz. 631) getätigt. Darin enthalten ist auch die Entnahme des Veräußerungserlöses i.H.v. 100 000 €. Der zum 31.12.2024 festgestellte nachversteuerungspflichtige Betrag beträgt 200 000 €. Die weiteren Voraussetzungen der §§ 16 Abs. 4, 34 Abs. 3 EStG sind nicht erfüllt.

Der dem Grunde nach begünstigungsfähige Gewinn des Betriebs (gesamtes Einzelunternehmen) beträgt 150 000 € (Zeile 8 → Rz. 621 ff.). Der Veräußerungsgewinn (§ 16 Abs. 2 EStG) i.H.v. 50 000 € (= 100 000 € ./. 50 000 €) ist im Gewinn enthalten und ist begünstigungsfähig, da hierfür auch kein Freibetrag (§ 16 Abs. 4 EStG) und auch keine Tarifermäßigung (§ 34 Abs. 3 EStG) in Anspruch genommen wird (Zeile 9 → Rz. 627). Der positive Saldo von Entnahmen und Einlagen beträgt 200 000 €. Für den VZ ergibt sich ein Entnahmeüberhang (§ 34a Abs. 4 Satz 1 EStG) i.H.v. 50 000 € (= lfd. Gewinn 150 000 € abzgl. positiver Saldo Entnahmen/Einlagen 200 000 €). Damit ist ein Betrag i.H.v. 50 000 € nachzuversteuern (§ 34a Abs. 4 Satz 2 EStG). Der festzustellende nachversteuerungspflichtige Betrag zum 31.12.2025 beträgt 150 000 € (= 200 000 € ./. 50 000 €).

Beratungshinweis:

Im Falle der Realteilung eines Betriebs ist eine Nachversteuerung durchzuführen.[2] Dies wird in der Literatur kritisch gesehen, da die Mitunternehmerschaft in veränderter Form fortbesteht und damit Umstrukturierungen im steuerlichen Bereich erschwert werden.[3]

Da der nachversteuerungspflichtige Betrag in voller Höhe aufzulösen ist, sind lediglich die beiden Auswahlfelder auszufüllen.

Beratungshinweis:

Zur Vermeidung unbilliger Härten kann die Steuer nach § 34a Abs. 4 EStG auf Antrag zinslos über einen Zeitraum von bis zu zehn Jahren gestundet werden. Die Stundung ist dabei ratierlich über den Stundungszeitraum aufzulösen. Ein Recht auf Stundung besteht jedoch nicht.

bb) Einbringung des Betriebs oder Mitunternehmeranteils in eine Kapitalgesellschaft/Genossenschaft, Formwechsel einer Personengesellschaft in eine Kapitalgesellschaft/Genossenschaft oder Option zur Körperschaftsbesteuerung (Zeile 35)

Da die Thesaurierungsbegünstigung nur von natürlichen Personen für Gewinne oder Gewinnanteile in Anspruch genommen werden kann und ein festgestellter nachversteuerungspflichtiger Betrag eines Betriebs/Mitunternehmeranteils in den Fällen der Einbringung eines gesamten Betriebs oder eines gesamten Mitunternehmeranteils in eine Kapitalgesellschaft oder Genossenschaft (§ 20 Abs. 1 UmwStG) oder des Formwechsels in eine Kapitalgesellschaft oder Genossenschaft (§ 25 UmwStG) dem Anwendungsbereich der begünstigenden Regelungen entzogen wird und nunmehr der Körperschaftsteuerpflicht unterliegt, sehen die gesetzlichen Regelungen, unabhängig vom gewählten Wertansatz eine Nachversteuerung eines für den Betrieb/Mitunternehmeranteil festgestellten nachversteuerungspflichtigen Betrages vor (§ 34a Abs. 6 Satz 1 Nr. 2 EStG). **643**

In den Fällen der Einbringung eines Teilbetriebs oder Teils eines Mitunternehmeranteils (§ 20 UmwStG) liegen die Voraussetzungen des § 34a Abs. 6 Satz 1 Nr. 2 EStG nicht vor. Die Einbringung führt nur unter den weiteren Voraussetzungen des § 34a Abs. 4 Satz 1 EStG zur Nachversteuerung.

Ab dem VZ 2021 wurde der Erklärungstatbestand zur Option zur Körperschaftsbesteuerung aufgenommen. Durch das Gesetz zur Modernisierung des Körperschaftsteuerrechts gilt der Übergang zur Körperschaftsbesteuerung als Formwechsel i.S.d. § 1 Abs. 3 Nr. 3 UmwStG (§ 1a Abs. 2 KStG). Der Formwechsel führt zu einer Nachversteuerung eines festgestellten nachversteuerungspflichtigen Betrags (§ 34a Abs. 6 Satz 1 Nr. 2 EStG).

Beratungshinweis:

Die unentgeltliche Übertragung eines Mitunternehmeranteils auf eine Stiftung löst keine Nachversteuerung von in der Vergangenheit nach § 34a EStG begünstigt besteuerten thesaurierten Gewinnen aus. Eine analoge Anwendung des § 34a Abs. 6 Satz 1 Nr. 2 EStG kommt nicht in Betracht.[4]

---

1) BFH v. 28.11.2007, X R 12/07, BStBl II 2008, 193 und X R 24/07, BFH/NV 2008, 556, HFR 2008, 342.
2) BMF v. 12.3.2025, IV C 6 – S 2290-a/00012/001/037, BStBl I 2025, 671, Rz. 48.
3) Ley, Ubg 2008, 214.
4) BFH v. 17.1.2019, III R 49/17, BStBl II 2019, 655.

Da der nachversteuerungspflichtige Betrag in voller Höhe aufzulösen ist, sind lediglich die beiden Auswahlfelder auszufüllen.

> **Beratungshinweis:**
> Zur Vermeidung unbilliger Härten kann die Steuer nach § 34a Abs. 4 EStG auf Antrag zinslos über einen Zeitraum von bis zu zehn Jahren gestundet werden. Die Stundung ist dabei ratierlich über den Stundungszeitraum aufzulösen. Ein Recht auf Stundung besteht jedoch nicht.

cc) Unentgeltliche Übertragung des Betriebs oder Mitunternehmeranteils nach § 6 Abs. 3 EStG auf eine Körperschaft/Personenvereinigung oder Vermögensmasse ... (Zeile 36)

644 In den Fällen der unentgeltlichen Übertragung des ganzen Betriebs oder eines Mitunternehmeranteils nach § 6 Abs. 3 EStG hat der Rechtsnachfolger grds. den nachversteuerungspflichtigen Betrag fortzuführen (§ 34a Abs. 7 EStG). Er übernimmt damit die Nachversteuerungsverpflichtung seines Rechtsvorgängers. Entsprechend dem Verständnis zu § 6 Abs. 3 Satz 1 Halbsatz 1 EStG sowie zu § 24 UmwStG (vgl. hierzu: § 24 Abs. 3 Satz 2 UmwStG) ist der Mitunternehmerteilanteil dem Mitunternehmeranteil gleichgestellt, ohne dass der Mitunternehmerteilanteil ausdrücklich angesprochen ist.

> **Praxishinweis:**
> Ab dem VZ 2024 wurde folgenden Ergänzung vorgenommen: „Dies gilt auch, wenn ein Mitunternehmer ausscheidet und sein Anteil dem übrigen Mitunternehmer oder den übrigen Mitunternehmern unentgeltlich anwächst und es sich bei diesem/diesen um eine Körperschaft, Personenvereinigung oder Vermögensmasse handelt." Scheidet ein Mitunternehmer aus einer Mitunternehmerschaft aus und wächst in der Folge den oder dem verbleibenden Gesellschafter das Vermögen des Ausgeschiedenen an, kann dies unentgeltlich oder entgeltlich erfolgen. Im Fall des unentgeltlichen Ausscheidens treten die Rechtsfolgen des § 6 Abs. 3 EStG ein. Aus diesem Grund wurde ab dem VZ 2024 § 34a Abs. 6 Satz 1 Nr. 3 EStG klarstellend eine Regelung aufgenommen, die auch bei den Nachversteuerungstatbeständen die zivilrechtliche Anwachsung (§ 738 BGB) im Fall der Unentgeltlichkeit den Fällen der unentgeltlichen Übertragung nach § 6 Abs. 3 EStG gleichstellt.[1)]

dd) Der Gewinn wird nicht mehr nach § 4 Abs. 1 oder § 5 EStG ermittelt (Zeile 37)

645 Wird der Gewinn nicht mehr nach § 4 Abs. 1 oder § 5 EStG ermittelt (Wechsel der Gewinnermittlungsart zur Einnahmen-Überschuss-Rechnung oder einer pauschalierten Gewinnermittlung), liegt eine Grundvoraussetzung für die Anwendung der Thesaurierungsbesteuerung nicht mehr vor. Anderenfalls könnte der Stpfl. durch den Wechsel der Gewinnermittlungsart eine Nachversteuerung endgültig vermeiden, indem er Entnahmen zeitlich aufschiebt und diese erst nach dem Wechsel der Gewinnermittlungsart tätigt. Eine Stundung der nach § 34a Abs. 4 EStG festgesetzten Steuer ist in diesen Fällen nicht möglich.

Der festgestellte nachversteuerungspflichtige Betrag ist in voller Höhe aufzulösen.[2)] Eine Stundungsmöglichkeit besteht lediglich i.S.d. § 222 AO und nicht nach § 34a Abs. 4 EStG (→ Rz. 643). Ob eine erhebliche Härte vorliegt, ist dabei nach den Grundätzen des § 222 AO zu würdigen.

ee) Unentgeltliche Übertragung des Betriebs oder Mitunternehmeranteils nach § 6 Abs. 3 EStG auf eine Mitunternehmerschaft, soweit dieser einer Körperschaft, Personenvereinigung oder Vermögensmasse als Mitunternehmer zuzurechnen ist (Zeile 38)

646 Durch Einfügung von § 34a Abs. 6 Satz 1 Nr. 3 EStG ab dem VZ 2017[3)] wurde klargestellt, dass in Fällen einer unentgeltlichen Übertragung eines Betriebs oder Mitunternehmeranteils nach § 6 Abs. 3 EStG eine Nachversteuerung auch dann durchzuführen ist, wenn die Übertragung auf eine Körperschaft, Personenvereinigung oder Vermögensmasse i.S.d. § 1 Abs. 1 KStG stattfindet, da auch in diesen Fällen ein Wechsel des Besteuerungsregimes erfolgt. Dasselbe gilt, soweit der Betrieb oder Mitunternehmeranteil nach der Übertragung einer Körperschaft, Personenvereinigung oder Vermögensmasse i.S.d. § 1 Abs. 1 KStG als Mitunternehmerin zuzurechnen ist. Die Übertragung einer Sachgesamtheit auf eine Personengesellschaft, an der keine Körperschaft beteiligt ist, führt nicht zu einer Nachversteuerung und damit auch nicht zu einem Erklärungstatbestand; der nachversteuerungspflichtige Betrag verbleibt in diesem Fall bei der stpfl. Person.

In diesem Fall ist eine quotale Nachversteuerung nach Maßgabe des Verhältnisses des gesamten Kapitalkontos zum veräußerten Teil des Kapitals durchzuführen (§ 34a Abs. 6 Satz 2 EStG). Die Höhe des anteilig nachzuversteuernden nachversteuerungspflichtigen Betrags ist zu erklären.

ff) Entgeltliche Aufnahme eines Mitunternehmers in das bestehende Einzelunternehmen/Veräußerung eines Teils des Mitunternehmeranteils (Zeile 39)

647 Der Erklärungstatbestand wurde ab dem VZ 2024 neu eingefügt. In § 34a Abs. 6 Satz 2 EStG wird der Umfang der Nachversteuerung für die Fälle geregelt, in denen nur Teilbetriebe, Teile von Einzelunternehmen oder Teilmitunternehmeranteile entgeltlich oder unentgeltlich übertragen werden. Dazu gehören auch die Fälle der entgeltlichen Mitunternehmerteilanteilsveräußerung und der entgeltlichen Aufnahme eines Mitunternehmers in ein bestehendes Einzelunternehmen (§ 34a Abs. 8 Satz 2 Nr. 1 EStG). In diesem Fall ist eine quotale Nachversteuerung nach Maßgabe des Verhältnisses des gesamten Kapitalkontos zum veräußerten Teil des Kapitals durchzuführen (§ 34a

1) Vgl. Gesetzentwurf der Bundesregierung v. 2.10.2023, BT-Drucks. 20/8628.
2) BMF v. 12.3.2025, IV C 6 – S 2290-a/00012/001/037, BStBl I 2025, 671.
3) Gesetz gegen schädliche Steuerpraktiken im Zusammenhang mit Rechteüberlassungen v. 27.7.2017, BGBl. I 2017, 2074.

Abs. 6 Satz 2 EStG). Die Höhe des anteilig nachzuversteuernden nachversteuerungspflichtigen Betrags ist zu erklären.

gg) Einbringung eines Teilbetriebs oder Teils des Mitunternehmeranteils in eine Kapitalgesellschaft/Genossenschaft (Zeile 40)

Der Erklärungstatbestand wurde ab dem VZ 2024 neu eingefügt. Danach ist eine anteilige Nachversteuerung des nachzuversteuernden nachversteuerungspflichtigen Betrags durchzuführen (§ 34a Abs. 6 Satz 2 EStG). In § 34a Abs. 6 Satz 2 EStG wird der Umfang der Nachversteuerung für die Fälle geregelt, in denen nur Teilbetriebe, Teile von Einzelunternehmen oder Teilmitunternehmeranteile entgeltlich oder unentgeltlich übertragen werden. Dazu gehören auch die Fälle der Einbringung eines Teilbetriebs oder Teil eines Mitunternehmeranteils nach § 20 UmwStG in eine Kapitalgesellschaft oder Genossenschaft (§ 34a Abs. 8 Satz 2 Nr. 2 EStG). **648**

In diesem Fall ist eine quotale Nachversteuerung nach Maßgabe des Verhältnisses des gesamten Kapitalkontos zum veräußerten Teil des Kapitals durchzuführen (§ 34a Abs. 6 Satz 2 EStG). Die Höhe des anteilig nachzuversteuernden nachversteuerungspflichtigen Betrags ist zu erklären.

hh) Unentgeltliche Übertragung eines Teilbetriebs oder Teils des Mitunternehmeranteils auf eine Körperschaft, Personenvereinigung oder Vermögensmasse sowie unentgeltliche Aufnahme einer Körperschaft, Personenvereinigung oder Vermögensmasse als Mitunternehmer in das bestehende Einzelunternehmen ... (Zeile 41)

Der Erklärungstatbestand wurde ab dem VZ 2024 neu eingefügt. Danach ist eine anteilige Nachversteuerung des nachversteuerungspflichtigen Betrags durchzuführen (§ 34a Abs. 6 Satz 2 EStG). In § 34a Abs. 6 Satz 2 EStG wird der Umfang der Nachversteuerung für die Fälle geregelt, in denen nur Teilbetriebe, Teile von Einzelunternehmen oder Teilmitunternehmeranteile entgeltlich oder unentgeltlich übertragen werden. Dazu gehören die Fälle der unentgeltlichen Übertragung eines Teilbetriebs oder Teil eines Mitunternehmeranteils (auch an Untergesellschaften) auf eine Körperschaft, Personenvereinigung oder Vermögensmasse oder einer unentgeltlichen Aufnahme einer Körperschaft, Personenvereinigung oder Vermögensmasse als Mitunternehmer in ein bestehendes Einzelunternehmen. **649**

In diesem Fall ist eine quotale Nachversteuerung nach Maßgabe des Verhältnisses des gesamten Kapitalkontos zum veräußerten Teil des Kapitals durchzuführen (§ 34a Abs. 6 Satz 2 EStG). Die Höhe des anteilig nachzuversteuernden nachversteuerungspflichtigen Betrags ist zu erklären.

ii) Unentgeltliche Übertragung eines Teilbetriebs oder Teils des Mitunternehmeranteils auf eine Mitunternehmerschaft, soweit dieser einer Körperschaft, Personenvereinigung oder Vermögensmasse als Mitunternehmer zuzurechnen ist (Zeile 42)

Der Erklärungstatbestand wurde ab dem VZ 2024 neu eingefügt. Danach ist eine anteilige Nachversteuerung des nachversteuerungspflichtigen Betrags durchzuführen (§ 34a Abs. 6 Satz 2 EStG). Dazu gehört auch der Fall der unentgeltlichen Übertragung eines Teilbetriebs oder Teil eines Mitunternehmeranteils (auch an Untergesellschaften) auf eine Körperschaft, Personenvereinigung oder Vermögensmasse oder einer unentgeltlichen Aufnahme einer Körperschaft, Personenvereinigung oder Vermögensmasse als Mitunternehmer in ein bestehendes Einzelunternehmen (§ 34a Abs. 6 Satz 2 Nr. 3 EStG). **650**

In diesem Fall ist eine quotale Nachversteuerung nach Maßgabe des Verhältnisses des gesamten Kapitalkontos zum veräußerten Teil des Kapitals durchzuführen (§ 34a Abs. 6 Satz 2 EStG). Die Höhe des anteilig nachzuversteuernden nachversteuerungspflichtigen Betrags ist zu erklären.

jj) Antrag auf Nachversteuerung nach § 34a Abs. 6 Satz 1 Nr. 5 EStG in Höhe von (Zeile 43)

Auf Antrag kann der gesamte oder ein Teil des festgestellten nachversteuerungspflichtigen Betrags (freiwillig) nachversteuert werden (§ 34a Abs. 6 Satz 1 Nr. 5 EStG). Eine Stundungsmöglichkeit besteht lediglich i.R.d. allgemein gültigen Regeln (§ 222 AO) und nicht nach § 34a Abs. 4 EStG (→ Rz. 643). **651**

Beratungshinweis:
Ein entsprechender Antrag kann z.B. vor einer unentgeltlichen Betriebsübergabe sinnvoll sein, wenn die stpfl. Person den Rechtsnachfolger von der Nachversteuerung der erzielten Gewinne entlasten will. Dies gilt ebenso, wenn absehbar ist, dass in Folgejahren hohe Entnahmen getätigt werden.

6. Übernahme eines nachversteuerungspflichtigen Betrags (Zeilen 44–45)

- 3 -

Übernahme eines nachversteuerungspflichtigen Betrags 20

			EUR
44	Auf den Betrieb / Mitunternehmeranteil laut Zeile 5 übertragener nachversteuerungspflichtiger Betrag nach § 34a Abs. 5 Satz 2 EStG	36	,–
45	Nachversteuerungspflichtiger Betrag aufgrund einer – unentgeltlichen Übertragung des Betriebs oder Mitunternehmeranteils nach § 34a Abs. 7 Satz 1 EStG – unentgeltlichen Aufnahme einer natürlichen Person in ein bestehendes Einzelunternehmen oder unentgeltlichen Übertragung eines Teils eines Mitunternehmeranteils auf eine natürliche Person nach § 34a Abs. 7 Satz 2 EStG – Einbringung des Betriebs oder Mitunternehmeranteils zu Buchwerten (§ 24 UmwStG) nach § 34a Abs. 7 Satz 4 EStG – Einbringung eines Teils eines Mitunternehmeranteils zu Buchwerten (§ 24 UmwStG) nach § 34a Abs. 7 Satz 5 EStG	37	,–

…

2025Anl34a213 2025Anl34a213

a) Auf den Betrieb/Mitunternehmeranteil lt. Zeile 5 übertragener nachversteuerungspflichtiger Betrag nach § 34a Abs. 5 Satz 2 EStG (Zeile 44)

652 Wurde der Antrag auf Übertragung gestellt (→ Rz. 638), ist die Höhe des übertragenden nachversteuerungspflichtigen Betrags beim „neuen" Betrieb gesondert zu erklären. Die Abfrage dürfte daher Kontrollzwecken der Finverw. dienen.

b) Nachversteuerungspflichtiger Betrag auf Grund einer unentgeltlichen Übertragung/einer Einbringung eines Betriebs oder (Teil)Mitunternehmeranteils nach § 34a Abs. 7 EStG (Zeile 45)

653 Der offensichtlich für Kontrollzwecke erforderliche Erklärungstatbestand wurde ab dem VZ 2024 ausgeweitet.

In den Fällen der unentgeltlichen Übertragung eines Betriebs/Mitunternehmeranteils (§ 6 Abs. 3 EStG) und in den Fällen der Einbringung eines ganzen Betriebs/Mitunternehmeranteils zu Buchwerten in eine Personengesellschaft (§ 24 UmwStG) hat der Rechtsnachfolger (ggf. anteilig bei Miterben) den nachversteuerungspflichtigen Betrag fortzuführen (→ Rz. 640). Die Höhe des übertragenden nachversteuerungspflichtigen Betrags ist beim „neuen" Betrieb gesondert zu erklären. Beim „Überträger" ist keine Nachversteuerung vorzunehmen. Auf Grund der Eintragungen an dieser Stelle muss für den „Übernehmer" erstmalig ein entsprechender Feststellungsbescheid erlassen werden. In den Fällen der unentgeltlichen Übertragung eines Teilbetriebs, eines Teils eines Mitunternehmeranteils oder der unentgeltlichen Aufnahme einer natürlichen Person in ein Einzelunternehmen findet § 34a Abs. 7 Satz 1 EStG keine Anwendung. Der nachversteuerungspflichtige Betrag geht nicht (anteilig) auf den unentgeltlichen Rechtsnachfolger über, sondern verbleibt im Betrieb oder Mitunternehmeranteil der übertragenden Person.

Bis zum VZ 2023 hatte in den Fällen der unentgeltlichen Betriebsübergabe (§ 6 Abs. 3 EStG) der Rechtsnachfolger bisher den nachversteuerungspflichtigen Betrag fortzuführen. In den Fällen der unentgeltlichen Aufnahme in ein bestehendes Einzelunternehmen und der unentgeltlichen Übertragung eines Teilmitunternehmeranteils verblieb der nachversteuerungspflichtige Betrag beim bisherigen (Mit-)Unternehmer. Diese Regelung war jedoch missbrauchsanfällig. So konnte der bisherige (Mit-)Unternehmer durch Beibehaltung eines geringfügigen Mitunternehmeranteils den nachversteuerungspflichtigen Betrag in voller Höhe behalten. Dies hatte jedoch in vielen Fällen zur Folge, dass auf Grund der Geringfügigkeit des verbleibenden Mitunternehmeranteils beim bisherigen (Mit-)Unternehmer eine Nachversteuerung praktisch unmöglich war. Ab dem VZ 2024 ist geregelt (§ 34a Abs. 7 Satz 2 EStG), dass in den Fällen einer unentgeltlichen Aufnahme eines Mitunternehmers in ein bestehendes Einzelunternehmen und der unentgeltlichen Teilanteilsübertragung auch der nachversteuerungspflichtige Betrag quotal auf den Rechtsnachfolger übergeht. Zur Berechnung der Übertragungsquote ist das Betriebsvermögen des Einzelunternehmens oder das Betriebsvermögen der Mitunternehmerschaft zugrunde zu legen. Hierzu gehören insb. alle Kapitalkonten des Rechtsvorgängers. Gleiches gilt in den Fällen, in denen Teilmitunternehmeranteile nach § 24 UmwStG zu Buchwerten in eine Mitunternehmerschaft eingebracht werden.[1)]

Zu Fällen der unentgeltlichen Übertragung eines Teils eines Mitunternehmeranteils oder der unentgeltlichen Aufnahme in ein Einzelunternehmen bei Anwendung des § 6 Abs. 3 Satz 2 EStG vgl. Harle/Geiger.[2)]

1) Vgl. Gesetzentwurf der Bundesregierung v. 2.10.2023, BT-Drucks. 20/8628
2) Harle/Geiger, BB 2009, 587, 591.

X. Anlage Haushaltsnahe Aufwendungen nach § 35a EStG

1. Haushaltsnahe Beschäftigungsverhältnisse, Dienstleistungen und Handwerkerleistungen – Allgemeines (Zeilen 1–3)

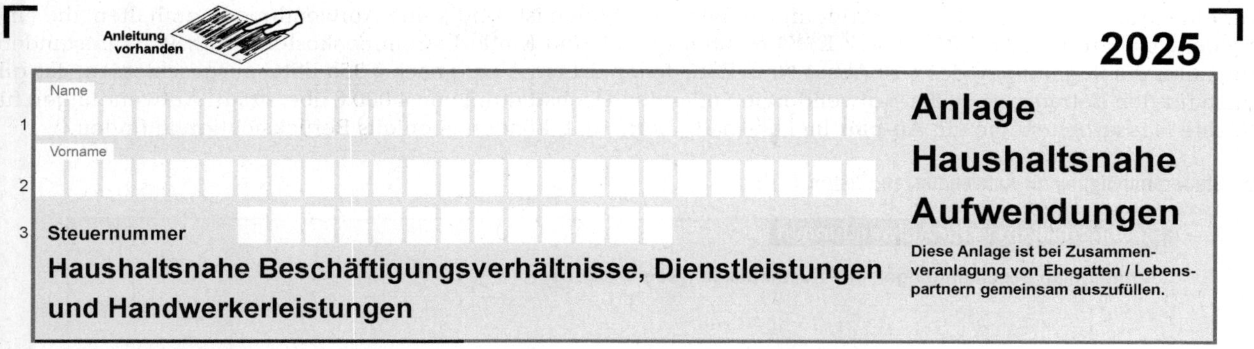
Anleitung vorhanden

2025

1 Name

2 Vorname

3 Steuernummer

Haushaltsnahe Beschäftigungsverhältnisse, Dienstleistungen und Handwerkerleistungen

Anlage Haushaltsnahe Aufwendungen

Diese Anlage ist bei Zusammenveranlagung von Ehegatten / Lebenspartnern gemeinsam auszufüllen.

Für haushaltsnahe Beschäftigungsverhältnisse und Dienstleistungen wird unter bestimmten Voraussetzungen eine Steuerermäßigung gewährt (§ 35a EStG). Der Begriff der haushaltsnahen Dienstleistungen wird weder in § 35a EStG noch in einer anderen Vorschrift näher definiert. Die Norm selbst fand Eingang in das Zweite Gesetz für moderne Dienstleistungen am Arbeitsmarkt auf Grund einer Beschlussempfehlung des Ausschusses für Wirtschaft und Arbeit des Deutschen Bundestags.[1] Der Ausschuss für Wirtschaft und Arbeit begründete den Vorschlag damit, dass die steuerliche Förderung von Dienstleistungen in privaten Haushalten einen Anreiz für Beschäftigungsverhältnisse im Privathaushalt schaffen und die Schwarzarbeit in diesem Bereich bekämpfen solle.[2] Zu diesem Zweck solle für die Inanspruchnahme haushaltsnaher Dienstleistungen eine Steuerermäßigung gewährt werden. **654**

Praxishinweis:
Bis zur Bestandskraft des Steuerbescheids sind die Belege aufzubewahren.

Der Begriff **„haushaltsnahe Dienstleistungen"** beinhaltet alle Tätigkeiten, die auch Gegenstand eines haushaltsnahen Beschäftigungsverhältnisses sein könnten. Haushaltsnah sei ein Beschäftigungsverhältnis, wenn es eine haushaltsnahe Dienstleistung zum Gegenstand habe. Zu den haushaltsnahen Dienstleistungen gehörten nur solche, die gewöhnlich Mitglieder des privaten Haushalts erledigten und in regelmäßigen (kürzeren) Abständen anfielen. **Auf Antrag** wird für Aufwendungen für haushaltsnahe Beschäftigungsverhältnisse und für die Inanspruchnahme von haushaltsnahen Dienstleistungen, die im Haushalt der stpfl. Person erbracht werden, eine Steuerermäßigung auf die tarifliche ESt gewährt. Der Antrag kann auch vom Altenteiler gestellt werden.[3]

Beratungshinweis:
Das Antragserfordernis für die Steuerermäßigung beinhaltet gleichzeitig auch ein Wahlrecht zwischen außergewöhnlichen Belastungen – die ebenfalls auf Antrag zu gewähren sind – und der Steuerermäßigung. Wird kein Antrag auf Berücksichtigung von außergewöhnlichen Belastungen gestellt, verbleibt es bei der Möglichkeit der Berücksichtigung der Abzugsbeträge nach § 35a EStG. Als Entscheidungskriterium könnte dabei wiederum der Grenzsteuersatz wirken. Beträgt dieser mehr als 20 %, dürfte der Abzug als außergewöhnliche Belastungen günstiger sein. Vgl. zum Wahlrecht die Beispiele in BMF v. 9.11.2016.[4]

Zur nachträglichen Geltendmachung von Aufwendungen in einer angemieteten Wohnung vgl. FG Köln v. 24.8.2016.[5]

Eine **Vor- oder Rücktragsmöglichkeit** ist für die Steuerermäßigung nicht vorgesehen. Diese Regelung ist verfassungsrechtlich nicht zu beanstanden.[6]

Durch das JStG 2008[7] wurde die Regelung auf alle in der EU/im EWR liegenden Haushalte der stpfl. Person ausgedehnt, da diese Regelung aus gemeinschaftsrechtlichen Gründen notwendig geworden war. So sind z.B. auch Aufwendungen für ein selbst genutztes Ferienhaus in Spanien begünstigt. Als Wechselkurs ist dabei der Devisengeldkurs im Zeitpunkt der jeweiligen Zahlung maßgebend, soweit in dem Land noch nicht der Euro eingeführt worden ist.[8] Dem EuGH liegt die Rechtsfrage zur Entscheidung vor, ob die Steuerermäßigung auch für stpfl. Personen anwendbar ist, die ihren Haushalt in der Schweiz haben, aber in Deutschland arbeiten.[9]

Eine Steuerermäßigung kommt nur in den Fällen in Betracht, soweit die entstandenen Aufwendungen nicht vorrangig als Sonderausgaben oder als außergewöhnliche Belastungen berücksichtigt werden. Für den Teil der Aufwendungen, der auf Grund der zumutbaren Belastung nicht als außergewöhnliche Belastung berücksichtigt wird, kann die Steuerermäßigung nach § 35a EStG in Anspruch genommen werden. Die zumutbare Eigenbelastung (→ Rz. 164) entfällt dabei vorrangig auf die nach § 35a EStG begünstigten Aufwendungen. Die Steuerermäßigung

1) BT-Drucks. 15/77.
2) BT-Drucks. 15/91.
3) FG Niedersachsen v. 16.1.2013, 2 K 239/12, EFG 2013, 785.
4) BMF v. 9.11.2016, IV C 8 – S 2296b/07/10003 :008, BStBl I 2016, 1213, Rz. 32.
5) FG Köln v. 24.8.2016, 11 K 1319/16.
6) BFH v. 29.1.2009, VI R 44/08, BStBl II 2009, 411.
7) JStG 2008 v. 20.12.2007, BStBl I 2008, 218.
8) BT-Drucks. 16/6581.
9) FG Köln v. 20.2.2025, 7 K 1204/22, EFG 2025, 793; Az. des EuGH: C-223/25.

ist auch für die Inanspruchnahme von haushaltsnahen Dienstleistungen zu gewähren, die dem Grunde nach als außergewöhnliche Belastungen abziehbar, wegen der zumutbaren Belastung aber nicht als solche berücksichtigt worden sind. In der Haushaltsersparnis, die bei der Ermittlung der abziehbaren außergewöhnlichen Belastungen für eine krankheitsbedingte Unterbringung zu berücksichtigen ist, sind keine Aufwendungen enthalten, die eine Steuerermäßigung nach § 35a Abs. 2 EStG rechtfertigen.[1] Sind Kinderbetreuungskosten (→ Rz. 949) entstanden, die unter die Regelungen des § 10 Abs. 1 Nr. 5 EStG fallen, ist ein Abzug nach § 35a EStG ausgeschlossen; das gilt auch für den Betrag, der $^2/_3$ der Aufwendungen oder den Höchstbetrag von 4 000 € übersteigt. Aufwendungen für leichte Hausarbeiten, die ein **Au-pair** im Haushalt übernimmt, können ebenfalls Berücksichtigung finden.[2]

2. Steuerermäßigung für Aufwendungen (Zeilen 4–15)

Steuerermäßigung für Aufwendungen 18

Geringfügige Beschäftigungen im Privathaushalt – sog. Minijobs –

Zeile	Art der Tätigkeit	Kz.	Aufwendungen (abzüglich Erstattungen) EUR
4		202	,—

Haushaltsnahe Beschäftigungsverhältnisse / Dienstleistungen

- sozialversicherungspflichtige Beschäftigungen im Privathaushalt
- haushaltsnahe Dienstleistungen, Hilfe im eigenen Haushalt
- Pflege- und Betreuungsleistungen im Haushalt, bei eigener Heimunterbringung in den Heimkosten enthaltene Aufwendungen für Dienstleistungen, die mit denen einer Haushaltshilfe vergleichbar sind, sowie das in Zeile 28 der Anlage Außergewöhnliche Belastungen als Erstattung für häusliche Pflege- und Betreuungskosten berücksichtigte Pflegegeld (§ 37 SGB XI) / Pflegetagegeld

Zeile	Art der Tätigkeit / Aufwendungen	Kz.	Aufwendungen (abzüglich Erstattungen) EUR
5		212	,—

Handwerkerleistungen

für Renovierungs-, Erhaltungs- und Modernisierungsmaßnahmen im eigenen Haushalt

(**ohne** Handwerkerleistungen, für die eine öffentliche Förderung durch zinsverbilligte Darlehen oder steuerfreie Zuschüsse [z. B. KfW-Bank, BAFA, landeseigener Förderbanken oder Gemeinden] oder für die eine Steuerermäßigung für energetische Maßnahmen nach § 35c EStG in Anspruch genommen wird)

Zeile	Art der Aufwendungen	Rechnungsbeträge (bei Eintragungen in Zeile 10 nur anteilig) EUR		darin enthaltene Lohnanteile, Maschinen- und Fahrtkosten inklusive Umsatzsteuer EUR
6		,—		,—
7		,—	+	,—
8		,—	+	,—
9	Summe steuerlich berücksichtigungsfähiger Lohnanteile, Maschinen- und Fahrtkosten inklusive Umsatzsteuer	214	=	,—

Nur bei Alleinstehenden und Eintragungen in den Zeilen 39 bis 41 der Anlage Außergewöhnliche Belastungen und / oder in den Zeilen 4 bis 9 der Anlage Haushaltsnahe Aufwendungen:

Zeile		Kz.	
10	Es bestand ganzjährig ein gemeinsamer Haushalt mit einer oder mehreren anderen alleinstehenden Person(en): Anzahl der weiteren Personen im Haushalt	223	
11	Name, Vorname, Geburtsdatum		

Nur bei Alleinstehenden oder Einzelveranlagung von Ehegatten / Lebenspartnern und Eintragungen in den Zeilen 39 bis 41 der Anlage Außergewöhnliche Belastungen und / oder in den Zeilen 4 bis 9 der Anlage Haushaltsnahe Aufwendungen:

Laut einzureichendem gemeinsamen Antrag ist der Höchstbetrag für die Aufwendungen in einem anderen Verhältnis als je zur Hälfte aufzuteilen:

Zeile		Kz.	%
12	– Der bei mir zu berücksichtigende Anteil am Höchstbetrag für Aufwendungen laut Zeile 39 der Anlage Außergewöhnliche Belastungen und / oder Zeile 4 der Anlage Haushaltsnahe Aufwendungen beträgt	224	%
13	– Der bei mir zu berücksichtigende Anteil am Höchstbetrag für Aufwendungen laut Zeile 40 der Anlage Außergewöhnliche Belastungen und / oder Zeile 5 der Anlage Haushaltsnahe Aufwendungen beträgt	225	%
14	– Der bei mir zu berücksichtigende Anteil am Höchstbetrag für Aufwendungen laut Zeile 41 der Anlage Außergewöhnliche Belastungen und / oder Zeile 9 der Anlage Haushaltsnahe Aufwendungen beträgt	226	%

Nur in Fällen der Zusammenveranlagung oder Einzelveranlagung von Ehegatten / Lebenspartnern und Eintragungen in den Zeilen 39 bis 41 der Anlage Außergewöhnliche Belastungen und / oder in den Zeilen 4 bis 9 der Anlage Haushaltsnahe Aufwendungen:

Zeile		Steuerpflichtige Person / Ehemann / Person A	Ehefrau / Person B
15	Es wurde 2025 ein gemeinsamer Haushalt begründet oder aufgelöst und für einen Teil des Kalenderjahres ein Einzelhaushalt geführt	219 — 1 = Ja	220 — 1 = Ja

2025Anl35a381 - September 2025 - 2025Anl35a381

1) BFH v. 16.12.2020, VI R 46/18, BStBl II 2021, 476.
2) BMF v. 9.11.2016, IV C 8 – S 2296b/07/10003 :008, BStBl I 2016, 1213, Rz. 35.

a) Allgemeines

Im Rahmen des § 35a EStG besteht die Möglichkeit, Aufwendungen für haushaltsnahe Beschäftigungsverhältnisse (und Dienstleistungen) steuerlich zu berücksichtigen. 655

Praxishinweis:

Die Angaben in Zeile 4 betreffen die Fördertatbestände des § 35a Abs. 1 EStG, die Zeile 5 die Tatbestände des § 35a Abs. 2 EStG und die Zeilen 6–9 die Tatbestände des § 35a Abs. 3 EStG.

Die Aufwendungen dürfen **keine Betriebsausgaben oder Werbungskosten** darstellen und insoweit nicht als außergewöhnliche Belastung berücksichtigt worden sein. Die Steuerermäßigung nach § 35a EStG erfolgt nach der Berücksichtigung des Baukindergeldes i.S.d. § 34f Abs. 3 EStG.[1] Auf den tatsächlichen Abzug als Werbungskosten oder Betriebsausgaben oder auch darauf, dass sich die Aufwendungen auch tatsächlich ausgewirkt haben, kommt es nicht an.

Beispiel:

A beschäftigte das gesamte Kj. 2025 über eine Hilfe im Haushalt, die für die Reinigung des Haushalts und die Gartenpflege verantwortlich ist. Die A entstandenen Aufwendungen betragen inkl. der Sozialversicherungsbeiträge 1 000 €/Monat. Der Arbeitslohn wurde nach der vorliegenden Lohnsteuerbescheinigung besteuert und war in voller Höhe sozialversicherungspflichtig. Die Abgaben zur Sozialversicherung wurden von A pünktlich geleistet.

Die Steuerermäßigung beträgt 20 % der Aufwendungen, damit 2 400 €.

Zum Haushalt gehört auch die an ein Kind i.S.d. § 32 EStG unentgeltlich überlassene Wohnung sowie die eigengenutzte Zweit-, Wochenend- oder Ferienwohnung.

Praxishinweis:

Der Papier-Erklärungsvordruck ermöglicht für haushaltsnahe Beschäftigungsverhältnisse jeweils lediglich die Eintragung eines Beschäftigungsverhältnisses oder eines Beschäftigungszeitraums. Bei mehreren Beschäftigungszeiträumen oder Beschäftigungsverhältnissen sind die entsprechenden Angaben gesondert zusammenzustellen und mit der ESt-Erklärung einzureichen.

b) Geringfügige Beschäftigungen im Privathaushalt – sog. Minijobs (Zeile 4)

Die Steuerermäßigung (§ 35a Abs. 1 EStG) i.H.v. 20 % der Aufwendungen max. 510 € kann die stpfl. Person nur beanspruchen, wenn es sich bei dem haushaltsnahen Beschäftigungsverhältnis um eine geringfügige Beschäftigung i.S.d. § 8a SGB IV handelt und auch die entsprechenden Arbeitspflichten erfüllt sind. Danach liegt eine geringfügig entlohnte Beschäftigung vor, wenn das Arbeitsentgelt aus dieser Beschäftigung regelmäßig ab dem 1.1.2025 nicht 538 € übersteigt oder wenn die Beschäftigung innerhalb eines Kj. auf längstens drei Monate oder insgesamt 70 Arbeitstage[2] nach ihrer Eigenart begrenzt zu sein pflegt oder im Voraus vertraglich begrenzt ist (sog. kurzfristige Beschäftigung), es sei denn, dass die Beschäftigung berufsmäßig ausgeübt wird und ihr Entgelt 556 €/Monat übersteigt (§ 8 Abs. 1 SGB IV). Es handelt sich zudem nur dann um ein geringfügiges Beschäftigungsverhältnis i.S.d. Vorschrift, wenn die stpfl. Person am **Haushaltsscheckverfahren** teilnimmt. Voraussetzung ist jedoch im Rahmen des § 35a EStG des Weiteren, dass es sich um eine **geringfügige Beschäftigung in einem privaten Haushalt** handelt. 656

Die **Pauschalabgaben zur Rentenversicherung, Krankenversicherung und Steuer für geringfügig entlohnte Beschäftigungsverhältnisse** im gewerblichen Bereich betragen 30 %, in Privathaushalten 12 %.

Praxishinweis:

Aufwendungen für die Pflege und Betreuung sind vorrangig als außergewöhnliche Belastungen zu berücksichtigen (§ 33 EStG). Nur soweit sie nicht bereits als solche berücksichtigt worden sind, kommt eine Steuerermäßigung nach Maßgabe von § 35a Abs. 2 EStG in Betracht. Die entsprechenden außergewöhnlichen Belastungen sind in Zeile 39 der Anlage Außergewöhnliche Belastungen (→ Rz. 69) einzutragen. Insoweit besteht seitens des FA die Möglichkeit, gleichartige Kosten unter Berücksichtigung der **zumutbaren Eigenbelastung** zu berechnen. Werden im Rahmen des § 33 EStG Aufwendungen geltend gemacht, die dem Grunde nach sowohl bei § 33 EStG als auch bei § 35a EStG berücksichtigt werden können, ist davon auszugehen, dass die zumutbare Eigenbelastung vorrangig auf die nach § 35a EStG begünstigten Aufwendungen entfällt.[3]

c) Haushaltsnahe Beschäftigungsverhältnisse/Dienstleistungen (Zeile 5)

aa) Sozialversicherungspflichtige Beschäftigung im Privathaushalt

Voraussetzung für den Abzugsbetrag i.H.v. 20 % der Aufwendungen, max. 4 000 € (§ 35 Abs. 2 EStG), ist ein unselbständiges Beschäftigungsverhältnis mit der stpfl. Person i.S.d. § 19 Abs. 1 Nr. 1 EStG. Dies gilt auch in den Fällen, in denen sich mehrere stpfl. Personen zu einem Arbeitgeber zusammenschließen (**sog. Arbeitgeber-Pool**).[4] 657

Beschäftigt werden kann jede Person, die die allgemeinen Voraussetzungen für die steuerliche Anerkennung eines Beschäftigungsverhältnisses erfüllt. **Familienrechtliche Verpflichtungen** können grds. nicht Gegenstand eines steuerlich anzuerkennenden Vertrags sein. Zwischen in einem Haushalt zusammenlebenden Ehegatten/Lebens-

1) BFH v. 30.1.2008, X R 1/07, BStBl II 2008, 520.
2) Gesetz zur Stärkung der Chancen für Qualifizierung und für mehr Schutz in der Arbeitslosenversicherung (Qualifizierungschancengesetz) v. 18.12.2018, BGBl. I 2018, 2651.
3) BMF v. 9.11.2016, IV C 8 – S 2296b/07/10003 :008, BStBl I 2016, 1213, Rz. 41.
4) BMF v. 9.11.2016, IV C 8 – S 2296b/07/10003 :008, BStBl I 2016, 1213, Rz. 30.

partnern (§§ 1360, 1356 Abs. 1 BGB) oder zwischen Eltern und in deren Haushalt lebenden Kindern (§ 1619 BGB) kann ein haushaltsnahes Beschäftigungsverhältnis i.S.d. § 35a Abs. 1 EStG nicht begründet werden. Auch bei in einem Haushalt zusammenlebenden Partnern einer **nicht ehelichen Lebensgemeinschaft** kann regelmäßig nicht von einem begünstigten Beschäftigungsverhältnis ausgegangen werden, weil jeder Partner auch seinen eigenen Haushalt führt und es deshalb an dem für Beschäftigungsverhältnisse typischen Über- und Unterordnungsverhältnis fehlt.[1)]

Eine **unbare Zahlung** (→ Rz. 665) ist bei geringfügigen Beschäftigungsverhältnissen nicht erforderlich: Das gesetzliche Nachweiserfordernis „Erhalt einer Rechnung für die Aufwendungen und Zahlung auf das Konto des Erbringers der Leistung" bezieht sich ausschließlich auf Dienstleistungen, für die Rechnungen ausgestellt werden und nicht auf sog. Minijobs.[2)] Zur Berücksichtigung von Leistungen, die durch Vermittlungsportale angeboten werden vgl. BMF v. 9.11.2016.[3)]

bb) Haushaltsnahe Dienstleistungen, Hilfe im eigenen Haushalt

658 Zu den haushaltsnahen Dienstleistungen (§ 35a Abs. 2 Satz 1 EStG) gehören nur die Tätigkeiten, die nicht zu den handwerklichen Leistungen (§ 35a Abs. 3 EStG; → Rz. 660) gehören und die eine hinreichende Nähe zur Haushaltsführung aufweisen oder damit in Zusammenhang stehen. Für die Inanspruchnahme von haushaltsnahen Dienstleistungen in der zu eigenen Wohnzwecken genutzten Wohnung (z.B. auch Aufwendungen für ein selbst genutztes Ferienhaus im EU-/EWR-Ausland)[4)] ermäßigt sich die tarifliche ESt um 20 % der Aufwendungen, höchstens 1 200 € (§ 35a Abs. 2 Satz 1 EStG). Dienstleistungen, die außerhalb der Wohnung erbracht werden, sind nicht begünstigt. Ein Haushalt liegt auch bei einer eigenen Heimunterbringung vor, wenn die Räume zu einer eigenständigen Haushaltsführung geeignet sind. Keine Berücksichtigung finden daher Aufwendungen, die z.B. in der Werkstatt des Handwerksbetriebs[5)] oder in einem liefernden Unternehmen[6)] erbracht worden sind. Auch ein mit der Betreuungspauschale abgegoltenes **Notrufsystem**, das innerhalb einer Wohnung Hilfeleistung („betreutes Wohnen") rund um die Uhr sicherstellt, ist berücksichtigungsfähig.[7)] Für ein Hausnotrufsystem, das im Notfall lediglich den Kontakt zu einer 24-Stunden-Servicezentrale herstellt, die, soweit erforderlich, Dritte verständigt, kommt die Steuerermäßigung nicht in Betracht.[8)]

Alarmüberwachungsleistungen außerhalb des Haushalts finden keine Berücksichtigung.[9)]

Begünstigt sind alle Tätigkeiten (jedoch nur **Arbeitskosten**), die gewöhnlich durch Mitglieder des privaten Haushalts erledigt werden und für die eine Dienstleistungsagentur oder ein selbständiger Dienstleister in Anspruch genommen wird. **Vermittlungsgebühren** einer Haushaltshilfe sind nicht abziehbar.[10)] Dies gilt ebenso für die Leistungen eines **Immobilienmaklers**.[11)]

Beratungshinweis:

Tierarztkosten finden keine Berücksichtigung.[12)] Das FG Münster hat die Berücksichtigung entsprechender Aufwendungen für einen „Dogsitter" verneint, da die Dienstleistung nicht „im Haus" ausgeübt wurde; ansonsten wären die Aufwendungen haushaltsnah.[13)] Aufwendungen für die Betreuung eines Haustiers in der eigenen Wohnung, im eigenen Haus etc. wurden anerkannt.[14)] Das Ausführen eines in den Haushalt des Stpfl. aufgenommenen **Hundes** kann eine in einem Haushalt erbrachte haushaltsnahe Dienstleistung darstellen.[15)] Das Ausführen eines Hundes über die Grundstücksgrenze hinaus ist nur dann begünstigt, wenn der Hund zum Ausführen für ein bis zwei Stunden aus dem Haushalt abgeholt und anschließend wieder zurückgebracht wird.[16)] In anderen Fällen soll die (durchgängige) Hundebetreuung nicht mehr mit der Betreuung durch Haushaltsmitglieder vergleichbar sein. Die **Müllabfuhr** (gilt auch, jedoch revisionsanhängig für die **Abwasserentsorgung**[17)]) ist keine haushaltsnahe Dienstleistung, da die maßgebliche Hauptleistung bei der Müllabfuhr die außerhalb der Grundstücksgrenzen stattfindende Verarbeitung und Lagerung des Mülls ist.[18)] Aufwendungen für die Straßenreinigung des Gehwegs und auch der Winterdienst für denselben sind – anders als die Fahrbahn – begünstigt.[19)] Arbeiten an einem Grabstein sind nicht zu berücksichtigen.[20)] Die Kosten für einen Immobilienmakler im Zusammenhang mit dem Erwerb eines Hauses sind nicht zu berücksichtigen.[21)]

---

1) BMF v. 9.11.2016, IV C 8 – S 2296b/07/10003 :008, BStBl I 2016, 1213, Rz. 9.
2) BFH v. 18.12.2014, III R 63/13, BStBl II 2015, 583.
3) BMF v. 9.11.2016, IV C 8 – S 2296b/07/10003 :008, BStBl I 2016, 1213, Rz. 52.
4) Als Wechselkurs ist dabei der Devisengeldkurs im Zeitpunkt der jeweiligen Zahlung maßgebend, soweit in dem Land noch nicht der Euro eingeführt worden ist, BT-Drucks. 16/6581.
5) FG München v. 24.10.2011, 7 K 2544/09, DStRE 2012, 1118.
6) FG Münster v. 15.7.2011, 14 K 1226/10 E, EFG 2012, 126.
7) BFH v. 3.9.2015, VI R 18/14, BStBl II 2016, 272.
8) BFH v. 15.2.2023, VI R 7/21, BStBl II 2023, 647; BFH v. 15.2.2023, VI R 14/21, BFH/NV 2023, 952.
9) FG Berlin-Brandenburg v. 13.9.2017, 7 K 7128/17, EFG 2018, 40.
10) FG Köln v. 21.10.2015, 3 K 2253/13, EFG 2016, 621.
11) FG Hessen v. 23.2.2017, 11 K 1660/16, DStRE 2017, 1220.
12) FG Nürnberg v. 4.10.2012, 4 K 1065/12, EFG 2013, 224.
13) FG Münster v. 25.5.2012, 14 K 2289/11 E, EFG 2012, 1674.
14) BFH v. 3.9.2015, VI R 13/15, BStBl II 2016, 47.
15) BFH v. 25.9.2017, VI B 436/17, BFH/NV 2018, 39.
16) FG Berlin-Brandenburg v. 7.11.2018, 7 K 7101/16.
17) FG Münster v. 24.2.2022, 6 K 1946/21 E, EFG 2022, 697; Rev., unzulässig, da nicht rechtzeitig begründet, BFH v. 1.9.2022, VI R 8/22, BFH/NV 2022, 1190.
18) FG Köln v. 26.1.2011, 4 K 1483/10, EFG 2011, 978.
19) BMF v. 9.11.2016, IV C 8 – S 2296-b/07/10003 :008, BStBl I 2016, 1213 und Anlage 1, unter Berücksichtigung der Änderungen durch BMF v. 1.9.2021, IV C 8 – S 2296-b/21/10002 :001, BStBl I 2021, 1494, Anlage 1, Beispiele „Straßenreinigung" und „Winterdienst".
20) FG Niedersachsen v. 23.4.2013, 15 K 181/12, EFG 2013, 1341.
21) FG Hessen v. 23.2.2017, 11 K 1660/16, DStRE 2017, 1220.

Der BFH legt den Begriff des Haushalts „funktionsbezogen" aus, so dass auch Aufwendungen Berücksichtigung finden, die „für" den Haushalt erbracht werden, z.B. der Winterdienst auf öffentlichen Gehwegen.[1] Die Finverw. wendet die Urteile nur auf den entschiedenen Einzelfall an.[2]

Leistungen durch Angehörige (z.B. Erstattung von lediglich **Fahrtkosten** im Zusammenhang mit Unterstützung bei Einkäufen) sind nicht begünstigt.[3]

Der Ausschluss der Barzahlung bei der Gewährung der Steuerermäßigung für die Inanspruchnahme von haushaltsnahen Dienstleistungen ist nicht verfassungswidrig.[4] Die Voraussetzungen sind z.B. im Rahmen der Reinigung der Wohnung (z.B. Fensterputzer) und bei Gartenpflegearbeiten (Rasen mähen, Hecke schneiden) erfüllt.

Die sachliche Begrenzung der Aufwendungen bestimmt sich danach, ob die Aufwendungen im Zusammenhang mit einem bestehenden Haushalt erfolgen.[5] Maßnahmen im Zusammenhang mit der Errichtung eines Haushalts bis zu seiner Fertigstellung sind nicht begünstigt.[6]

Praxishinweis:

Anzugeben wären jeweils auch Erläuterungen zu den Arten der in Anspruch genommenen Dienstleistungen, um unnötige Rückfragen seitens des FA zu vermeiden.

Umzugsleistungen für Privatpersonen gehören ebenfalls zu den haushaltsnahen Dienstleistungen. Barzahlungen können auch in diesem Zusammenhang nicht anerkannt werden.

Liegt ein Vertrag vor, in dem auch **Reinigungsarbeiten** erfasst sind, ist eine Berücksichtigung nur dann zulässig, wenn der konkrete Betrag beziffert ist. Eine Schätzung ist nur dann möglich, wenn objektive Umstände eine zutreffende und eine leicht nachprüfbare Trennung der Aufwendungen für abzugsfähige haushaltsnahe Dienstleistungen und für nicht abzugsfähige Dienstleistungen ermöglichen.[7]

Auch für den einzelnen Wohnungseigentümer einer **Wohnungseigentümergemeinschaft** kommt eine Steuerermäßigung in Betracht. Zu den Nachweismöglichkeiten der Aufwendungen vgl. BMF v. 9.11.2016.[8]

Praxishinweis:

Mieter können die Steuerermäßigung auch dann geltend machen, wenn sie die Verträge mit den Leistungserbringern nicht selbst abgeschlossen haben. Eine Wohnnebenkostenabrechnung, eine Hausgeldabrechnung, eine sonstige Abrechnungsunterlage oder eine Bescheinigung entsprechend dem Muster in Anlage 2 des BMF-Schreibens vom 9.11.2016,[9] die die wesentlichen Angaben einer Rechnung sowie einer unbaren Zahlung enthält, reicht vorbehaltlich sich aufdrängender Zweifel an deren Richtigkeit für die Geltendmachung der Steuerermäßigung regelmäßig aus.[10]

Auf Verlangen der Gemeinschaft der Wohnungseigentümer hat der Verwalter die auf den einzelnen Mieter/Wohnungseigentümer entfallenden Aufwendungen in der **Jahresabrechnung** gesondert auszuweisen. Der Verwalter kann hierfür eine zusätzliche Vergütung verlangen.[11] Der Vermieter muss in gewissem Umfang eine Bescheinigung über haushaltsnahe Dienstleistungen erteilen.[12] Von der Finverw. wird wohl nicht beanstandet, wenn die Aufwendungen in voller Höhe in dem Jahr geltend gemacht werden, in dem die Jahresabrechnung genehmigt worden ist.

Auch die **Mieter einer Wohnung**/Altenteiler und die Bewohner von Heimen können die Steuerermäßigung beanspruchen, wenn die zu zahlenden Nebenkosten Beträge umfassen, die für eine grds. begünstigte handwerkliche Tätigkeit geschuldet werden. Der entsprechende Anteil an den Aufwendungen muss sich dabei aus der Jahresabrechnung ergeben oder durch eine Bescheinigung des Vermieters/Verwalters nachgewiesen werden.

cc) Pflege- und Betreuungsleistungen im Haushalt, bei eigener Heimunterbringung enthaltene Aufwendungen für Dienstleistungen, die denen einer Haushaltshilfe vergleichbar sind; das in Zeile 28 der Anlage Außergewöhnliche Belastungen als Erstattung für häusliche Pflege- und Betreuungskosten berücksichtigte Pflegegeld (§ 37 SGB XI)/Pflegetagegeld

Wird i.R.d. haushaltsnahen Dienstleistung – unabhängig vom Pflegegrad (Pflegebedürftigkeit i.S.d. §§ 14, 15 **659**
SGB XI) – eine Leistung für die **Pflege und Betreuung** von Personen erbracht, erhöht sich insoweit der mögliche haushaltsbezogene Abzugsbetrag auf 20 % der Aufwendungen, höchstens 4 000 € (§ 35a Abs. 2 Satz 1 2. Halbsatz EStG). Die Feststellung und der Nachweis einer Pflegebedürftigkeit oder der Bezug von Leistungen der Pflegeversicherung sowie eine Unterscheidung nach Pflegegraden ist nicht erforderlich.[13]

1) BFH v. 20.3.2014, VI R 55/12, BStBl II 2014, 880.
2) BayLfSt v. 20.11.2014, S 2296b.1.1-5/2 St32, StEd 2015, 29.
3) FG Saarland v. 15.5.2019, 1 K 1105/17.
4) BFH v. 20.11.2008, VI R 14/08, BStBl II 2009, 307 und VI R 22/08, BFH/NV 2009, 736.
5) BFH v. 13.7.2011, VI R 61/10, BStBl II 2012, 232.
6) BMF v. 9.11.2016, IV C 8 – S 2296b/07/10003 :008, BStBl I 2016, 1213.
7) FG Köln v. 27.10.2005, 15 K 1526/05, EFG 2006, 503.
8) BMF v. 9.11.2016, IV C 8 – S 2296b/07/10003 :008, BStBl I 2016, 1213.
9) BMF v. 9.11.2016, IV C 8 – S 2296b/07/10003 :008, BStBl I 2016, 1213.
10) BFH v. 20.4.2023, VI R 24/20, BStBl II 2023, 906.
11) LG Bremen v. 19.5.2008, 4 T 438/07, WuM 2008, 425.
12) LG Berlin v. 18.10.2017, 18 S 339/16, Das Grundeigentum 2017, 1473.
13) BMF v. 9.11.2016, IV C 8 – S 2296b/07/10003 :008, BStBl I 2016, 1213, Rz. 13.

Praxishinweis:
Anzugeben sind jeweils auch Erläuterungen zu den Arten der in Anspruch genommenen Dienstleistungen, um unnötige Rückfragen seitens des FA zu vermeiden.

Begünstigt sind auch die Teile der Unterbringungskosten in einem Altenwohnheim, Pflegeheim, Altenresidenzen etc. zur dauernden Pflege, die Dienstleistungen abgelten, die mit denen einer Hilfe im Haushalt vergleichbar sind. Hierzu gehören auch Aufwendungen für die Zubereitung von Mahlzeiten in der hauseigenen Küche eines Heims.[1] Die Steuerermäßigung kann nur von stpfl. Personen in Anspruch genommen werden, denen die Aufwendungen wegen einer eigenen Unterbringung in einem Heim oder zur dauernden Pflege erwachsen.[2] Die Steuerermäßigung kann auch in Anspruch genommen werden, wenn Aufwendungen für die ambulante Pflege und Betreuung eines Dritten erwachsen. Dies gilt auch dann, wenn die Pflege- und Betreuungsleistungen nicht im eigenen Haushalt der stpfl. Person, sondern im Haushalt der gepflegten oder betreuten Person ausgeübt oder erbracht werden.[3]

Beratungshinweis:
Krankheitsbedingte Unterbringungskosten sind als außergewöhnliche Belastung abziehbar. Zum Wahlrecht zum Abzug der Aufwendungen als außergewöhnliche Belastung oder als Steuerermäßigung vgl. auch Beispiele in Rz. 42 im BMF-Schreiben v. 9.11.2016.[4]

Mit der Inanspruchnahme des Pauschbetrags für behinderte Menschen werden typische, unmittelbar mit der Behinderung zusammenhängende Kosten, insb. sämtliche behinderungsbedingten Aufwendungen für das Vorhalten von Pflegeleistungen, abgegolten. Es ist dabei unerheblich, ob tatsächlich eine Pflegebedürftigkeit besteht oder konkrete Pflegeleistungen in Anspruch genommen wurden. Auf Grund dieser Abgeltungswirkung sind Aufwendungen nicht nur in dem Umfang, in dem sie sich steuerlich ausgewirkt haben, und damit i.H.d. Pauschbetrags für behinderte Menschen, sondern soweit die Abgeltungswirkung des § 33b EStG reicht und damit vollumfänglich i.S.d. § 35a Abs. 5 Satz 1 1. Halbsatz EStG zu berücksichtigen.[5] Die bestehenden Wahlrechte bei der Berücksichtigung von Aufwendungen sind daher zu beachten.

Leistungen der **Pflegeversicherung** sind anzurechnen, so dass nur diejenigen Aufwendungen zu einer Steuerermäßigung führen, die nicht durch die Verwendung der Leistungen der Pflegeversicherung finanziert werden können. Anzurechnen sind z.B. Versicherungsleistungen zur medizinischen Rehabilitation,[6] Pflegesachleistungen (§ 36 SGB XI) oder zusätzliche Betreuungsleistungen i.S.d. § 45b SGB XI

Beratungshinweis:
Wurde bei den Aufwendungen für die häusliche Pflege und Betreuung Pflegegeld (§ 37 SGB XI)[7] oder Pflegetagegeld bei der Ermittlung von außergewöhnlichen Belastungen angerechnet, so dass die Aufwendungen nicht in voller Höhe berücksichtigt worden sind, kann eine Berücksichtigung dieser entsprechenden Aufwendungen für die häusliche Pflege im Rahmen des § 35a EStG erfolgen. Bei der sog. Verhinderungspflege ist eine Erstattung häuslicher Pflege- und Betreuungsleistungen in Form des Pflegegeldes i.R.d. § 35a EStG zu berücksichtigen.

Begünstigt ist nicht alleine die stpfl. Person oder im Rahmen einer Zusammenveranlagung der Ehegatte/Lebenspartner. Die Steuerermäßigung steht auch den Angehörigen von Personen mit Pflege- und Betreuungsbedarf zu, wenn sie für die Pflege- oder Betreuungsleistungen aufkommen, die im inl. Haushalt der stpfl. Person oder im Haushalt der gepflegten oder betreuten Person durchgeführt werden.[8] Die **Steuerermäßigung ist haushaltsbezogen** und kann nur einmal in Anspruch genommen werden, auch wenn mehr als eine Person in einem Haushalt gepflegt werden.

Praxishinweis:
Aufwendungen für die Pflege und Betreuung sind vorrangig als außergewöhnliche Belastungen zu berücksichtigen (§ 33 EStG). Nur soweit sie nicht bereits als solche berücksichtigt worden sind, kommt eine Steuerermäßigung nach Maßgabe von § 35a Abs. 2 EStG in Betracht. Die entsprechenden außergewöhnlichen Belastungen sind in Zeile 40 der Anlage Außergewöhnliche Belastungen (→ Rz. 69) einzutragen. Insoweit besteht seitens des FA die Möglichkeit, gleichartige Kosten unter Berücksichtigung der **zumutbaren Eigenbelastung** zu berechnen. Werden i.R.d. § 33 EStG Aufwendungen geltend gemacht, die dem Grunde nach sowohl bei § 33 EStG als auch bei § 35a EStG berücksichtigt werden können, ist davon auszugehen, dass die zumutbare Eigenbelastung vorrangig auf die nach § 35a EStG begünstigten Aufwendungen entfällt.[9]

Nimmt die pflegebedürftige Person den Pauschbetrag für behinderte Menschen in Anspruch (§ 33b Abs. 1 Satz 1 i.V.m. Abs. 3 Satz 2 oder 3 EStG), schließt dies eine weitere Berücksichtigung dieser Pflegeaufwendungen nach § 35a EStG aus. Das gilt nicht in den Fällen, in denen der einem Kind zustehende Pauschbetrag für behinderte Menschen übertragen wurde (§ 33b Abs. 5 EStG) und die stpfl. Person für Pflege- und Betreuungsaufwendungen des Kindes aufkommt.[10]

1) BMF v. 9.11.2016, IV C 8 – S 2296b/07/10003 :008, BStBl I 2016, 1213, Rz. 17.
2) BFH v. 3.4.2019, VI R 19/17, BStBl II 2019, 445.
3) BFH v. 12.4.2022, VI R 2/20, HFR 2022, 721.
4) BMF v. 9.11.2016, IV C 8 – S 2296b/07/10003 :008, BStBl I 2016, 1213, Rz. 32.
5) BFH v. 5.6.2014, VI R 12/12, BStBl I 2014, 970.
6) Vgl. BMF v. 9.11.2016, IV C 8 – S 2296b/07/10003 :008, BStBl I 2016, 1213, Rz. 41.
7) BMF v. 9.11.2016, IV C 8 – S 2296b/07/10003 :008, BStBl I 2016, 1213, Rz. 32.
8) BT-Drucks. 16/753.
9) BMF v. 9.11.2016, IV C 8 – S 2296b/07/10003 :008, BStBl I 2016, 1213, Rz. 41.
10) BFH v. 11.2.2010, VI R 61/08, BStBl II 2010, 621.

d) Handwerkerleistungen für Renovierungs-, Erhaltungs- und Modernisierungsmaßnahmen im eigenen Haushalt (Zeilen 6–9)

Beratungshinweis: 660

Neben dem Antrag auf Steuerermäßigung nach § 35a EStG kann auch ein Antrag auf Steuerermäßigung nach § 35c EStG (Anlage Energetische Maßnahmen) gestellt werden. Insoweit ist die steuerliche Auswirkung zu beachten.

In § 15 der MV[1] (Elektronische Mitteilungen über öffentliche Hilfsleistungen aus Anlass der Starkregen- und Hochwasserkatastrophe im Juli 2021) werden Behörden und andere öffentliche Stellen der Länder auf Grundlage des § 93a Abs. 1 Satz 1 Nr. 1 Buchst. c AO verpflichtet, aus den Aufbauhilfen des Bundes/der Länder aus den Mitteln des Fonds „Aufbauhilfe 2021" geleistete Zahlungen den Finanzbehörden nach Maßgabe des § 93c AO mitzuteilen.

Nach der Entscheidung des FG Düsseldorf[2] besteht kein Anspruch auf den Abzug einer nicht durch eine Rechnung angeforderten **Vorauszahlung**, wenn diese im VZ vor Ausführung der Handwerkerleistungen erbracht wird.

Ein Abzugsbetrag i.H.v. 20 %, max. 1 200 €, ist für alle Handwerkerleistungen für Renovierungs-, Erhaltungs- und Modernisierungsarbeiten zu gewähren, die im eigenen Haushalt der stpfl. Person erbracht werden und die nicht öffentlich gefördert wurden, für die zinsverbilligte Darlehen oder steuerfreie Zuschüsse in Anspruch genommen worden sind, z.B. KfW-Bank, BAFA, landeseigene Förderbanken oder Gemeinden. In der **Summenzeile 9** wird darauf hingewiesen, dass es sich hierbei um die Summe der steuerlich zu berücksichtigenden Lohnanteile, Maschinen- und Fahrtkosten inkl. Umsatzsteuer handelt. Einzutragen sind die selbst getragenen Rechnungsbeträge; was insb. bei zwei alleinstehenden Personen, die ganzjährig in einem Haushalt zusammenleben und gemeinsam Auftraggeber sind, zu beachten ist. Bei Eintragungen in Zeile 10 sind die Beträge nur anteilig einzutragen.

Die gemäß § 32d Abs. 3 und 4 EStG veranlagte und dem gesonderten Tarif für Einkünfte aus Kapitalvermögen unterliegende Einkommensteuer kann nicht nach § 35a EStG ermäßigt werden.[3] Auch der Erbe kann Aufwendungen geltend machen, wenn dieser die Rechnung begleicht, der Erblasser die Maßnahme aber noch in Auftrag gegeben hat.[4]

Praxishinweis:

Aufwendungen sind vorrangig als außergewöhnliche Belastungen zu berücksichtigen (§ 33 EStG). Nur soweit sie nicht bereits als solche berücksichtigt worden sind, kommt eine Steuerermäßigung nach Maßgabe von § 35a Abs. 2 EStG in Betracht. Die entsprechenden außergewöhnlichen Belastungen sind in Zeile 41 der Anlage Außergewöhnliche Belastungen (→ Rz. 69) einzutragen. Insoweit besteht seitens des FA die Möglichkeit, gleichartige Kosten unter Berücksichtigung der **zumutbaren Eigenbelastung** zu berechnen. Werden i.R.d. § 33 EStG Aufwendungen geltend gemacht, die dem Grunde nach sowohl bei § 33 EStG als auch bei § 35a EStG berücksichtigt werden können, ist davon auszugehen, dass die zumutbare Eigenbelastung vorrangig auf die nach § 35a EStG begünstigten Aufwendungen entfällt.[5]

Der Höchstbetrag wird auch dann nicht verdoppelt, wenn Ehegatten/Lebenspartner im Fall der Zusammenveranlagung zwei Wohnungen tatsächlich nutzen.[6] Voraussetzung ist dabei nicht, dass es sich um regelmäßig vorzunehmende Arbeiten oder kleinere Ausbesserungsarbeiten handelt und diese Aufwendungen auf dem Privatgelände (z.B. nicht die Müllabfuhr) durchgeführt werden; ggf. ist eine Aufteilung erforderlich, wenn auch öffentliches Gelände betroffen ist.[7]

Praxishinweis:

Anzugeben sind jeweils auch Erläuterungen zu den Arten der in Anspruch genommenen Dienstleistungen, um unnötige Rückfragen seitens des FA zu vermeiden.

Begünstigt sind handwerkliche Tätigkeiten, die von Mietern/Eigentümern für die zu eigenen Wohnzwecken genutzte Wohnung in Auftrag gegeben werden, z.B. das Streichen und Tapezieren von Innenwänden, die Beseitigung kleinerer Schäden, die Erneuerung eines Bodenbelags (Teppichboden, Fliesen, Parkett), die Modernisierung des Badezimmers oder der Austausch von Fenstern. Aufwendungen im Rahmen eines vorgenommenen Ausbaus (Wohnflächenvergrößerung[8]) stellen keine haushaltsnahen Dienstleistungen dar, da sie als **Neubaumaßnahmen** über die bei Handwerkerleistungen allein begünstigten Renovierungsmaßnahmen, Erhaltungsmaßnahmen und Modernisierungsmaßnahmen hinausgehen.[9] Dies gilt auch für den Einbau einer **Einbauküche**.[10] Der vorausgesetzte räumlich-funktionale Zusammenhang zum Haushalt ist nicht gegeben, wenn für die Neuverlegung einer öffentlichen Mischwasserleitung als Teil des öffentlichen Sammelnetzes ein Baukostenzuschuss erhoben wird.[11]

1) So BMF v. 2.6.2022, IV A 3 – S 0229/21/10002 :009, BStBl I 2022, 848; aktuell: BMF v. 7.7.2025, IV D 1 – S 0229/00120/007/030, BStBl I 2025, 1488.
2) FG Düsseldorf v. 18.7.2024, 14 K 1966/23 E, StEd 2024, 558.
3) BFH v. 28.4.2020, VI R 54/17, BStBl II 2020, 544.
4) BFH v. 9.11.2016, IV C 8 – S 2296b/07/10003 :008, BStBl I 2016, 1213, Rz. 30.
5) BMF v. 9.11.2016, IV C 8 – S 2296b/07/10003 :008, BStBl I 2016, 1213, Rz. 41.
6) BFH v. 29.7.2010, VI R 60/09, BStBl II 2014, 151.
7) BMF v. 9.11.2016, IV C 8 – S 2296b/07/10003 :008, BStBl I 2016, 1213, Rz. 39.
8) FG Rheinland-Pfalz v. 18.10.2012, 4 K 1933/12, EFG 2013, 127.
9) FG Nürnberg v. 15.12.2010, 3 K 1991/2009.
10) FG Schleswig-Holstein v. 2.2.2011, 2 K 56/10, EFG 2011, 1241.
11) BFH v. 21.2.2018, VI R 18/16, BStBl II 2018, 641.

Handwerkerleistungen, die nicht nur einzelnen Haushalten zugutekommen, sind nicht begünstigt.[1] Private **Glasfaseranschlüsse** im Endnutzerhaushalt sind berücksichtigungsfähig.[2] Die **Reparatur eines Pkw/Kfz** ist nicht begünstigt.[3]

Beratungshinweis:

Auch die Aufwendungen für den Hausanschluss wurden berücksichtigt, da diese Aufwendungen im räumlichen Bereich eines vorhandenen Haushalts erfolgen.[4] Der Anteil der Arbeitskosten muss grds. anhand der Angaben in der Rechnung gesondert ermittelt werden können. Auch ist eine prozentuale Aufteilung durch den Rechnungsersteller zulässig. Eine Schätzung des Anteils der Arbeitskosten durch die stpfl. Person ist nicht zulässig.[5] Aufwendungen für eine bislang unbefestigte Straße[6] wurden ebenso nicht berücksichtigt wie die erstmalige Anbringung von Außenputz bei einem Neubau.[7] Gebühren für den Straßenausbau wurden anerkannt.[8] Der BFH hat jedoch entschieden, dass die Erschließung einer öffentlichen Straße nicht im räumlich-funktionalen Zusammenhang zum Haushalt der stpfl. Person steht, der auf Grund öffentlich-rechtlicher Verpflichtung zum Erschließungsbeitrag herangezogen wird.[9] Der räumlich-funktionale Zusammenhang zum Haushalt endet an der Bordsteinkante, d.h. mit dem öffentlichen Gehweg.[10] Keine Berücksichtigung fanden Anliegerbeiträge zur Erstellung von Gehwegen und Straßenlaternen.[11] Voraussetzung ist auch hier, dass es sich nicht um den erstmaligen Anschluss an das Straßennetz handelt. Zum Auskunftsanspruch der stpfl. Person ggü. der Kommune hinsichtlich der anteiligen Lohnbestandteile vgl. § 259 BGB i.V.m. § 242 BGB.[12] Aufwendungen für den Neubezug von Polstermöbeln wurden nicht berücksichtigt.[13] Die Erstellung eines Gutachtens durch einen Ingenieur ist keine Handwerkerleistung.[14] Die Berücksichtigung von Aufwendungen, die außerhalb des Haushalts der stpfl. Person in der **Betriebsstätte des Handwerkers** erbracht werden, ist nicht möglich.[15]

Soweit Aufwendungen ersetzt werden, sind die dem Grunde nach berücksichtigungsfähigen Kosten zu kürzen, auch wenn der Ersatz erst in einem späteren VZ geleistet wird.[16] Ist bereits z.B. eine Förderung nach dem CO_2-Gebäudesanierungsprogramm der KfW Förderbank erfolgt (Inanspruchnahme zinsverbilligter Darlehen, Erhalt von Zuschüssen z.B. von landeseigenen Förderbanken oder Gemeinden), kommt ein Abzug nicht mehr in Betracht (§ 35a Abs. 3 EStG). Die Gewährung von **Baukindergeld** schließt die Steuerermäßigung nicht aus.[17] Gefördert werden i.R.d. CO_2-Gebäudesanierungsprogramms Maßnahmen der Version A (die energetische Sanierung von selbst genutzten oder vermieteten Wohngebäuden, die bis zum 31.12.1983 fertig gestellt wurden, auf das Niveau von Neubauten nach der EnEV oder besser) sowie Version B (Maßnahmen bei Wohngebäuden, die bis zum 31.12.1994 fertig gestellt wurden). Weitere Informationen können der Internetseite der KfW entnommen werden.[18] Im Rahmen des JStG 2010[19] wurde eine mögliche **Doppelförderung** weiter eingeschränkt. Der Ausschluss wurde auf weitere Förderprogramme, wie z.B. „Altersgerecht umbauen", zur Förderung energetischer Renovierung, Erhaltung und Modernisierung und vergleichbare Förderprogramme der Länder, wie z.B. in Hamburg für Wärmeschutzmaßnahmen ausgeweitet. Auch dafür werden zinsverbilligte Darlehen oder **steuerfreie Zuschüsse aus öffentlichen Mitteln** gewährt. Diese geförderten Maßnahmen werden allgemein und nicht unter spezieller Benennung der Programme aus dem Anwendungsbereich des § 35a Abs. 3 EStG ausgeschlossen. Der Ausschluss der steuerlichen Ermäßigung greift nur bei tatsächlicher Inanspruchnahme eines zinsverbilligten Darlehens oder dem tatsächlichen Erhalt eines steuerfreien Zuschusses. Entsprechende Regelungen gelten auch im Rahmen der steuerlichen Förderung der privaten Altersvorsorge und betrieblichen Altersversorgung; insoweit ist auch eine schriftliche Bestätigung erforderlich.[20]

Beratungshinweis:

Auch **Bewohner eines Heims** (Altenheim, Altenwohnheim, Pflegeheime oder andere gleichartige Einrichtungen) können die Steuerermäßigung in Anspruch nehmen, soweit es sich bei den bewohnten Räumen um einen Haushalt handelt, der von der Ausstattung her für eine individuelle Haushaltsführung geeignet ist.[21]

Wird lediglich eine Pauschale für Schönheitsreparaturen gezahlt, kommt ein Abzug nicht in Betracht.[22]

Begünstigt sind von den entstandenen Aufwendungen nur die **reinen Arbeitskosten** (auch in Form von Abschlagszahlungen); hierzu gehören auch die **Maschinen-** und Fahrtkosten. Maschinenkosten sind dabei die Aufwendungen für die im Haushalt der Kunden verwandten Geräte und Maschinen, wozu auch die Werkzeuge und Betriebs-

1) BMF v. 1.9.2021, IV C 8 – S 2296/-b/21/10002 :001, BStBl I 2021, 1494.
2) BT-Drucks. 18/13307 v. 11.8.2017.
3) FG Thüringen v. 25.6.2020, 1 K 103/20, EFG 2020, 1619.
4) BFH v. 20.3.2014, VI R 56/12, BStBl II 2014, 882.
5) BMF v. 9.11.2016, IV C 8 – S 2296b/07/10003 :008, BStBl I 2016, 1213, Rz. 40.
6) FG Berlin-Brandenburg v. 15.4.2015, 11 K 11018/15, EFG 2015, 1281.
7) FG Berlin-Brandenburg v. 7.11.2017, 6 K 6199/17, EFG 2018, 219; Verfahren in der Hauptsache erledigt, Beschluss v. 5.7.2018, VI R 53/17.
8) FG Nürnberg v. 24.6.2016, 7 K 1356/14, EFG 2016, 294.
9) BFH v. 28.4.2020, VI R 50/17, BStBl II 2022, 18.
10) BFH v. 13.5.2020, VI R 4/18, BStBl II 2021, 669.
11) FG Rheinland-Pfalz v. 18.10.2017, 1 K 1650/17.
12) Vgl. auch Koss, BB 2017, 2209.
13) FG Rheinland-Pfalz v. 6.7.2016, 1 K 1252/16, EFG 2016, 1350.
14) FG Sachsen v. 8.11.2016, 3 K 218/16, EFG 2017, 654.
15) BFH v. 13.5.2020, VI R 4/18, BStBl II 2021, 669.
16) FG Sachsen v. 8.11.2016, 3 K 218/16, EFG 2017, 654.
17) FinMin Schleswig-Holstein, Kurzinformation ESt v. 18.6.2019, Nr. 2019/11, StEd 2019, 474.
18) www.kfw.de.
19) JStG 2010 v. 8.12.2010, BStBl I 2010, 1394.
20) BMF v. 5.10.2023, IV C 3 – S 2015/22/10001 :001, BStBl I 2023, 1726, Rz. 269..
21) BMF v. 9.11.2016, IV C 8 – S 2296b/07/10003 :008, BStBl I 2016, 1213, Rz. 17.
22) BFH v. 5.7.2012, VI R 18/10, BStBl II 2013, 14.

mittel wie Besen und Schaufel zählen. **Materialkosten** oder sonstige gelieferte Waren bleiben außer Ansatz (§ 35a Abs. 2 Satz 3 EStG). Das gilt nicht für **Verbrauchsmittel** (z.B. Reinigungsmittel). Entsorgungskosten sind nur dann berücksichtigungsfähig, soweit die Entsorgung lediglich als eine Nebenleistung anzusehen ist, wie dies z.B. bei der Grünschnittabfuhr i.R.d. Gartenpflege der Fall ist. Reine **Gutachtertätigkeiten** und Aufwendungen für technische Prüfdienste erfüllen ebenso wieder die Voraussetzungen für einen Abzug wie **Verwaltungsgebühren**. Gutachtentätigkeiten finden wieder Berücksichtigung; Gebühren für Schornsteinfeger sind nicht aufzuteilen. Auch die Aufwendungen für eine **Dichtigkeitsprüfung von Abwasseranlagen** (in Form einer gutachterlichen Tätigkeit)[1] wurden zum Abzug zugelassen, da es sich insoweit auch um Handwerkerleistungen handelt, die der Vorbeugung eines Schadens dienen.

Bei Photovoltaikanlagen, die die Voraussetzungen des § 3 Nr. 72 Satz 1 EStG erfüllen und die auf, an oder in zu eigenen Wohnzwecken genutzten Gebäuden montiert sind, kann die Steuerermäßigung gewährt werden.[2]

Handelt es sich dagegen bei der gutachterlichen Tätigkeit weder um eine Handwerkerleistung, noch um eine haushaltsnahe Dienstleistung, kommt die Steuerermäßigung nicht in Betracht. Weder zu den haushaltsnahen Dienstleistungen noch zu den Handwerkerleistungen gehören z.B. Tätigkeiten, die der Wertermittlung dienen, die Erstellung eines Energiepasses sowie Tätigkeiten im Zusammenhang mit einer Finanzierung (z.B. zur Erlangung einer KfW-Förderung).[3] Für die Leistung (statische Berechnung) eines Statikers kann die Steuerermäßigung auch dann nicht gewährt werden, wenn sie für die Durchführung einer Handwerkerleistung erforderlich war.[4]

Beispiel:

A lässt von einem Handwerker im Wohnzimmer neue Bodenbeläge verlegen. Dafür erhält A eine Rechnung über Arbeitskosten i.H.v. 1 000 € und Materialkosten i.H.v. 1 800 €.

A erhält eine Steuerermäßigung i.H.v. 1 000 × 20 % = 200 €. Die Aufwendungen für das Material sind nicht begünstigt.

Der Wert der **eigenen Arbeitsleistung** stellt keinen Aufwand im steuerlichen Sinne dar und ist aus diesem Grund nicht zu berücksichtigen. Eine **Doppelförderung derselben Maßnahme** – z.B. im Rahmen von Erhaltungsaufwendungen – wird ebenfalls durch § 35a Abs. 5 EStG ausgeschlossen. So ist eine Berücksichtigung i.R.d. Steuerabzugs nicht möglich, wenn die Aufwendungen bereits als Betriebsausgaben, Werbungskosten, Sonderausgaben oder außergewöhnliche Belastungen berücksichtigt worden sind.

Gestaltungshinweis:

Gegebenenfalls bietet es sich an, bei größeren Renovierungsarbeiten Rechnungen auf zwei VZ zu verteilen, um den maximalen Betrag optimal ausnutzen zu können.

Im Rahmen der allg. haushaltsnahen Dienstleistungen sind die Aufwendungen zu berücksichtigen, die nicht Handwerkerleistungen sind (§ 35a Abs. 2 Satz 1 EStG). Für die Inanspruchnahme der Steuerermäßigung ist auf den **Zeitpunkt der Zahlung** abzustellen (§ 11 EStG). Im Rahmen von geringfügigen Beschäftigungsverhältnissen gehören die Abgaben für das in den Monaten Juli bis Dezember erzielte Arbeitsentgelt, die erst am 31.1.2026 fällig wurden, noch zu den begünstigten Aufwendungen des VZ 2025.[5] **661**

Voraussetzung ist, dass die **Dienstleistung im Haushalt** der stpfl. Person durchgeführt wird (§ 35a Abs. 2 Satz 1 1. Halbsatz EStG). Die Inanspruchnahme der Steuerermäßigung verlangt neben der (tatsächlichen) Führung eines Haushalts kein besonderes Nutzungsrecht der stpfl. Person. Die stpfl. Person kann auch in unentgeltlich überlassenen Räumlichkeiten einen Haushalt führen.[6]

Berücksichtigungsfähig sind alle Aufwendungen für Haushalte der stpfl. Person im EU-/EWR-Raum. Als Wechselkurs wäre der Devisengeldkurs im Zeitpunkt der jeweiligen Zahlung maßgebend, soweit in dem Land noch nicht der Euro eingeführt worden ist.[7]

Geleistete Aufwendungen sind um **Versicherungsleistungen** oder ggf. weitere Erstattungen Dritter zu mindern und können nur in der Höhe berücksichtigt werden, die tatsächlich als Aufwand bei der stpfl. Person verbleibt. Auch ggf. in späteren VZ zu erwartende Versicherungsleistungen sind insoweit zu berücksichtigen.

Beratungshinweis:

Es liegt auch keine Alternative wirtschaftliche Belastung durch Vorauszahlung von Beiträgen vor.[8]

---

1) BFH v. 6.11.2014, VI R 1/13, BStBl II 2015, 481; vgl. zu Einzelheiten auch BMF v. 9.11.2016, IV C 8 – S 2296b/07/10003 :008, BStBl I 2016, 1213, Rz. 20 und Anlage 1, unter Berücksichtigung der Änderungen durch BMF v. 1.9.2021, IV C 8 – S 2296-b/21/10002 :001, BStBl I 2021, 1494.
2) BMF v. 17.7.2023, IV C 6 – S 2121/23/10001 :001, BStBl I 2023, 1494.
3) BMF v. 9.11.2016, IV C 8 – S 2296b/07/10003 :008, BStBl I 2016, 1213, Rz. 20.
4) BFH v. 4.11.2021, VI R 29/19, BStBl II 2022, 320.
5) BMF v. 9.11.2016, IV C 8 – S 2296b/07/10003 :008, BStBl I 2016, 1213, Rz. 44.
6) BFH v. 20.4.2023, VI R 23/21, BFH/NV 2023, 955.
7) BT-Drucks. 16/6581.
8) FG Münster v. 6.4.2016, 13 K 136/15 E.

e) Zusätzliche Angaben bei Alleinstehenden (Zeilen 10 und 11)

662 Weitere Angaben sind erforderlich, wenn Eintragungen in den Zeilen 39–41 der Anlage Außergewöhnliche Belastungen und/oder in den Zeilen 4–9 dieser Anlage erfolgt sind. Lebt die alleinstehende Person – ganzjährig – mit einer oder mehreren anderen alleinstehenden Personen (z.B. auch Wohngemeinschaft) in einem Haushalt zusammen, können sie die vorstehend beschriebenen Höchstbeträge – haushaltsbezogen – insg. jeweils nur einmal in Anspruch nehmen (§ 35a Abs. 5 Satz 4 EStG). Die Begrenzung der Höchstbeträge bei einer Haushaltsgemeinschaft Alleinstehender tritt nur dann ein, wenn der Haushalt das ganze Jahr 2025 bestanden hat.[1]

Praxishinweis:

Eine Begrenzung der Höchstbeträge erfolgt nur in den Fällen, in denen der gemeinsame Haushalt das ganze Jahr über bestanden hat. Hatten die alleinstehenden Personen zunächst getrennte Haushalte und sind in dieser Zeit begünstigte Aufwendungen angefallen, so kann jede Person die Höchstbeträge in Anspruch nehmen.

Zeile 10 sieht daher für Alleinstehende eine ergänzende Abfrage vor, welche die richtige steuerliche Behandlung sicherstellen soll. Insoweit sind persönliche Angaben zu der mit im Haushalt lebenden anderen alleinstehenden Person zu ergänzen; zusätzlich ist die Anzahl der weiteren im Haushalt wohnenden Personen anzugeben. Die Aufteilung der Höchstbeträge erfolgt dabei nach Maßgabe der jeweiligen Aufwendungen, es sein denn, es wird einvernehmlich eine andere Aufteilung gewählt.

Im Rahmen einer **Einzelveranlagung von Ehegatten/Lebenspartnern** ist in Zeile 21 der Anlage Sonstiges zusätzlich der zu berücksichtigende Anteil an der Steuerermäßigung als Prozentsatz anzugeben, soweit die Steuerermäßigung in einem anderen Verhältnis als zur Hälfte aufzuteilen ist.

Praxishinweis:

Zusätzlich sind in Zeile 11 die persönlichen Grunddaten der weiteren alleinstehenden Person(en) zu erklären.

f) Nur bei Alleinstehenden oder Einzelveranlagung von Ehegatten/Lebenspartner: Aufteilung der Höchstbeträge bei Alleinstehenden oder Einzelveranlagung von Ehegatten/Lebenspartnern lt. gemeinsamen Antrags (Zeilen 12–14)

663 Das bestehende Wahlrecht zur Verteilung der Aufwendungen kann aus Sicht der Finverw. für die drei einzelnen Höchstbeträge nach § 35a Abs. 1, Abs. 2 und Abs. 3 EStG jeweils gesondert ausgeübt werden, so dass (ab dem VZ 2017) drei Erklärungszeilen zur Verfügung stehen.

Zwei alleinstehende Personen, die gemeinsam in einem Haushalt leben, können einvernehmlich – ebenso wie im Rahmen der Einzelveranlagung/Einzelveranlagung von Ehegatten/Lebenspartnern die jeweilige stpfl. Person – die geltenden Höchstbeträge (§ 35a Abs. 1 bis 3 EStG) auf gemeinsamen Antrag abweichend als je zur Hälfte aufteilen. Der entsprechende Prozentsatz ist zu erklären.

Beratungshinweis:

Zur grds. Frage von Höchstbetrags- und Günstigerprüfungen bei der Einzelveranlagung von Ehegatten vgl. die von der Finverw. abweichende Entscheidung des BFH.[2]

g) Nur in Fällen der Zusammenveranlagung oder Einzelveranlagung von Ehegatten/Lebenspartnern und Eintragungen in den Zeilen 39–41 der Anlage Außergewöhnliche Belastungen und/oder in den Zeilen 4–9 der Anlage Haushaltsnahe Aufwendungen (Zeile 15)

664 Leben zwei Personen ganzjährig in einem Haushalt zusammen, können die entsprechenden Höchstbeträge bei Aufwendungen, die in den Zeilen 39–41 der Anlage Außergewöhnliche Belastungen und/oder in den Zeilen 4–9 der Anlage Haushaltsnahe Aufwendungen erklärt worden sind, insgesamt jeweils nur einmal in Anspruch genommen werden. Im umgekehrten Fall müssten dann entsprechend zwei Personen, die während des VZ einen – zumindest für einen Teil des VZ – alleinigen Haushalt führten, wiederrum die vollen Höchstbeträge abziehen können (z.B. in Umzugs- und/oder Trennungsfällen).

h) Nachweise

665 Keine materiell-rechtliche Voraussetzung für den Abzug der Aufwendungen ist, dass die Rechnung des Dienstleisters und der Nachweis der Zahlung auf das Konto des Erbringers (Ausnahme bei sog. Minijobs → Rz. 657) der Steuererklärung beigefügt wird. Auch die Bestätigungen eines **Wohnheims** über gezahlte Aufwendungen sind zu berücksichtigen, wenn die entsprechenden Entgeltbestandteile aufgegliedert wurden.[3] Auf die Belegvorlage als materiell-rechtliche Voraussetzung wird seitens der Finverw. verzichtet. Ausreichend ist, dass auf ein Konto der leistenden Person gezahlt wurde und die stpfl. Person eine Rechnung über diese Leistung besitzt (§ 35a Abs. 5 Satz 3 EStG). Für Barzahlungen kommt die Steuerermäßigung nicht in Betracht.[4]

---

1) BMF v. 9.11.2016, IV C 8 – S 2296b/07/10003 :008, BStBl I 2016, 1213, ab Rz. 52.
2) BFH v. 28.11.2019, III R 11/18, HFR 2020, 621.
3) BFH v. 29.1.2009, VI R 28/08, BStBl II 2010, 166.
4) BFH v. 20.11.2008, VI R 14/08, BStBl II 2009, 307.

Beratungshinweis:
Die Gutschrift des Rechnungsbetrags im Wege der Aufrechnung durch Belastung des Gesellschafterverrechnungskontos der stpfl. Person bei der leistungserbringenden GmbH genügt den gesetzlichen Anforderungen an den Zahlungsvorgang nicht.[1)]

Für die Inanspruchnahme der Steuerermäßigung für ambulant erbrachte Pflege- und Betreuungsleistungen ist weder Voraussetzung, dass die stpfl. Person für die Aufwendungen eine Rechnung erhalten noch in den Zahlungsvorgang ein Kreditinstitut eingebunden hat.[2)] Durch eine Präzisierung des Wortlauts des § 35a Abs. 5 Satz 3 EStG wurde im JStG 2024[3)] klargestellt, dass einheitliche Anspruchsvoraussetzungen gelten. Voraussetzung für die Steuerermäßigungen (§ 35a Abs. 2 und 3 EStG) ist der Erhalt einer Rechnung und Zahlung auf das Konto des Leistungserbringers.

Im Rahmen eines **abgekürzten Zahlungsweges** ist es möglich, entsprechende Aufwendungen bei der stpfl. Person zu berücksichtigen, soweit diese z.B. den Handwerker beauftragt hat, Empfänger der Leistungsrechnung ist, während jedoch Dritte diese Rechnung unmittelbar begleichen. Im Rahmen des abgekürzten Vertragsweges (Beauftragung und Zahlung durch eine dritte Person) ist eine Berücksichtigung hingegen nicht möglich.[4)]

1) BFH v. 9.6.2022, VI R 23/20, BStBl II 2022, 666.
2) BFH v. 12.4.2022, VI R 2/20, HFR 2022, 721.
3) Jahressteuergesetz 2024 (JStG 2024) v. 2.12.2024, BGBl. I 2024 Nr. 387 = BStBl I 2024, 1484.
4) BMF v. 7.7.2008, IV C 1 – S 2211/07/10007, BStBl I 2008, 717.

XI. Anlage KAP – Einkünfte aus Kapitalvermögen/Anrechnung von Steuern

1. Kurzüberblick über die Regelungen zur Abgeltungsteuer im Rahmen der Einkommensteuerveranlagung (Zeilen 1–3)

Anleitung vorhanden

2025

1	Name	**Anlage KAP**
2	Vorname	X zur Einkommensteuererklärung
3	**Steuernummer**	X zur Erklärung zur Festsetzung der Kirchensteuer auf Kapitalerträge
	Einkünfte aus Kapitalvermögen / Anrechnung von Steuern	X Steuerpflichtige Person / Ehemann / Person A
		X Ehefrau / Person B

666 Durch Einführung einer **Abgeltungsteuer**[1] wurde die Besteuerung von Kapitalerträgen, privaten Veräußerungsgeschäften und sonstigen Einkünften (soweit Geldgeschäfte betroffen sind) neu geregelt. Die Abgeltungsteuer ist darauf angelegt, beim privaten Kapitalanleger die Veranlagung von Kapitaleinkünften – soweit diese vom KapESt-Abzug erfasst werden – weitestgehend entbehrlich zu machen („Veranlagungsverfahren beim Kreditinstitut“).

Unterscheidungen zwischen einzelnen Formen der Kapitalanlage, zwischen der Besteuerung von laufendem Kapitalertrag und der Veräußerung der Kapitalanlage selbst (Marktrendite, Emissionsrendite [§ 20 Abs. 2 Nr. 4 EStG a.F.] oder private Veräußerungsgeschäfte [§ 23 Abs. 1 Nr. 2 bis 4 EStG a.F.] und ggf. Formen von sonstigen Leistungen i.S.d. § 22 Nr. 3 EStG a.F.) erfolgen **nicht mehr**. Die Differenzierung ist weiterhin erforderlich für die Veräußerung von Kapitalanlagen, die vor dem 1.1.2009 erworben und in 2025 veräußert wurden. Das Übergangsrecht ist verfassungsgemäß.[2]

Die KapESt wird mit einem Steuersatz von 25 % (zzgl. SolZ und ggf. Kirchensteuer) erhoben (§ 32d Abs. 1 EStG) und hat **Abgeltungscharakter** (§ 43 Abs. 5 EStG), soweit die Kapitalerträge der KapESt unterlegen haben und keine weiteren Besonderheiten (§ 32d Abs. 2 EStG) vorliegen. Da es sich um eine besondere Art der KapESt handelt, kommt insoweit eine Anrechnung der gezahlten Steuer auf die persönliche ESt nicht mehr in Betracht. Aus Vereinfachungsgründen wird bei losen **Personenzusammenschlüssen** (z.B. Sparclubs, Schulklassen, Sportgruppen), die aus mind. sieben Mitgliedern bestehen auf die Erhebung von KapESt verzichtet.[3] Ein „loser Personenzusammenschluss“ ist z.B. nicht gegeben bei Grundstücksgemeinschaften, Erbengemeinschaften, Wohnungseigentümergemeinschaften, Mietern im Hinblick auf gemeinschaftliche Mietkautionskonten. Die KapESt ist um die nach § 34c Abs. 1 Satz 1 EStG zu berücksichtigende **ausl. Steuer** zu mindern (§ 32d Abs. 5 EStG); die ausl. Steuer wirkt sich daher direkt – und nicht mehr anteilig – auf die deutsche Steuer aus. Dies gilt auch für die fiktive Quellensteuer. Ist die stpfl. Person **kirchensteuerpflichtig**, ermäßigt sich die Abgeltungsteuer um 25 % der auf die Kapitalerträge entfallenden Kirchensteuer, soweit eine Steuerfestsetzung nach § 32d Abs. 1 EStG erfolgt. Sinn und Zweck der Regelung ist es, die gezahlte Kirchensteuer auf Kapitalerträge, die grds. als Sonderausgaben abziehbar (§ 10 Abs. 1 Nr. 4 EStG) ist, bereits i.R.d. gesonderten Steuerfestsetzung des § 32d EStG pauschal zu berücksichtigen. Mit dieser Regelung werden Kapitalerträge, bei denen nicht der KapESt-Abzug vorgenommen wird, gleichbehandelt mit Kapitalerträgen, die dem KapESt-Abzug unterliegen und bei denen die gezahlte Kirchensteuer beim Steuerabzug steuermindernd berücksichtigt wird (§ 43a Abs. 1 Satz 2 EStG).

Hierfür wurde eine mathematische Formel zur Berechnung in § 32d Abs. 1 Satz 4 f. EStG aufgenommen:

Hierbei sind	E	die Einkünfte
	q	die anrechenbare ausländische Steuer
	k	der maßgebende Kirchensteuersatz

$$\frac{e - 4q}{4 + k}$$

Beispiel zur Kirchensteuer:

A erzielt Kapitaleinnahmen i.H.v. 100 €. Der Kirchensteuersatz beträgt 9 %.

Die ESt beträgt 100 € / (4 + 0,09) = 24,45 €.

Die Kirchensteuer beträgt 24,45 € × 9 % = 2,20 €. Der Unterschiedsbetrag zu der KapESt i.H.v. 25 € stellt die fiktive Berücksichtigung des (weggefallenen) Kirchensteuer-Sonderausgabenabzugs (§ 10 Abs. 1 Nr. 4 EStG) dar.

Bei einem Kirchensteuersatz von 8 % beträgt die ESt 24,51 € und die Kirchensteuer 1,96 €.

1) UntStRefG v. 14.8.2007, BStBl I 2007, 630.
2) BFH v. 13.12.2022, VIII R 23/20, BStBl II 2023, 480.
3) BMF v. 14.5.2025, IV C 1 – S 2252/00075/016/070, BStBl I 2025, 1330.

Beispiel zu ausl. Einkünften:

Der kirchensteuerpflichtige A mit Wohnsitz in Düsseldorf führt ein Konto in München und erzielt Kapitaleinkünfte i.H.v. 4 000 €. Die anrechenbare ausl. Quellensteuer beträgt 600 €.

Die ESt beträgt (4 000 € ./. (4 × 600 €) / (4 + 0,09), somit 391,19 €. Die Kirchensteuer beträgt 391,19 € × 9 %, somit 35,21 €.

Übernimmt der Schuldner der Kapitalerträge für den Gläubiger die KapESt, gilt dies auch für den SolZ. Die Kirchensteuer ist ebenfalls zu berücksichtigen, wenn ein entsprechender Antrag vorliegt. Die Berechnungsformel (§ 32d Abs. 1 Satz 3 EStG) ist entsprechend anzupassen.

Ein **Abzug von WK ist grds. nicht zulässig** (Ausnahmen → Rz. 674).

Praxishinweis:

Auch im Rahmen einer Günstigerprüfung ist der Abzug von tatsächlichen Aufwendungen ausgeschlossen, da die Günstigerprüfung als Billigkeitsmaßnahme zu verstehen ist.[1]

Zur Besteuerung der Aktionäre der Hapimag AG vgl. OFD Münster v. 6.5.2013.[2] Das FG Münster bestätigte die Rechtsauffassung der Finverw.[3]

Praxishinweis:

Das WK-Abzugsverbot findet auch dann Anwendung, wenn Ausgaben, die nach dem 31.12.2008 getätigt wurden, mit Kapitalerträgen in Zusammenhang stehen, die bereits vor dem 1.1.2009 zugeflossen sind.[4] Die gegen die Entscheidung des BFH v. 2.12.2014 eingelegte Verfassungsbeschwerde wurde nicht zur Entscheidung angenommen.[5]

Im Rahmen einer Zusammenveranlagung von Ehegatten/Lebenspartnern (ab → Rz. 20) haben beide Personen eine **667**
eigene Anlage KAP einzureichen.

Hinweis zur Plausibilitätsbeurteilung:

Besteht im Rahmen einer Zusammenveranlagung von Ehegatten/Lebenspartnern lediglich für eine Person die Notwendigkeit, Einkünfte aus Kapitalvermögen zu erklären (z.B. im Rahmen einer Teilkorrektur [§ 32d Abs. 4 EStG]) ist es dennoch notwendig, dass auch der andere Ehegatte/Lebenspartner Angaben zum Sparer-Pauschbetrag (Zeilen 16 und 17) – ggf. mit 0 € – macht.

Die Anlage KAP selbst gliedert sich in die folgenden Teile:

a) Grund der Abgabe der Anlage KAP

Es existieren **unterschiedliche Gründe**, eine Anlage KAP der ESt-Erklärung beizufügen. Eine solche Unterschei- **668**
dung ist nunmehr erforderlich, da die Belastung der Erträge mit KapESt (= Abgeltungsteuer) grds. zu einer abgeltenden Wirkung führt (§ 43 Abs. 5 EStG), so dass Kapitalerträge nicht mehr i.R.d. Steuererklärung angegeben werden müssen. Welche Tatbestände dennoch dazu führen, Kapitalerträge ggü. der Finverw. erklären zu müssen – und daher eine Abgabe der Anlage KAP erforderlich machen – ergibt sich u.a. aus den Zeilen 18–26a. Die Anlage KAP kann zudem lediglich eingereicht werden, wenn es sich um eine Erklärung zur Festsetzung der Kirchensteuer auf Kapitalerträge handelt → Rz. 671.

Es stehen zwei weitere Anlagen für die Erklärung von Einkünften aus Kapitalvermögen zur Verfügung:

- Anlage KAP-BET für Einkünfte aus Kapitalvermögen/anrechenbare Steuern lt. gesonderter und einheitlicher Feststellung (Beteiligungen);
- Anlage KAP-INV für Investmenterträge, die nicht dem inl. Steuerabzug unterlegen haben.

b) Günstigerprüfung

In den Fällen, in denen die Besteuerung nach dem allgemeinen Steuertarif günstiger ist als die Besteuerung mit **669**
dem pauschalen Steuersatz von 25 % (einschließlich Zuschlagsteuern), besteht die Möglichkeit, auf Antrag die Besteuerung der Einkünfte aus Kapitalvermögen mit dem tariflichen Einkommensteuersatz vorzunehmen (§ 32d Abs. 6 EStG). Ehegatten/Lebenspartner können das bestehende Wahlrecht nur gemeinsam ausüben und müssen ihre gesamten Kapitalerträge erklären.

c) Veranlagungswahlrecht (Teiloption)

Es besteht ein Wahlrecht, Erträge aus Kapitalvermögen (teilweise) zu erklären, um z.B. **steuermindernde Tatsa- 670**
chen, die von den Kreditinstituten im Wege der Belastung mit KapESt nicht berücksichtigt worden sind, ggü. dem FA i.R.d. Steuererklärung geltend zu machen (§ 32d Abs. 4 EStG).

1) BFH v. 28.1.2015, VIII R 13/13, BStBl II 2015, 393.
2) OFD Münster, aktualisierte Kurzinfo ESt Nr. 09/2011 v. 6.5.2013, DB 2013, 1085.
3) FG Münster v. 2.7.2013, 11 K 4508/11 E, EFG 2013, 1659.
4) BFH v. 2.12.2014, VIII R 34/13, BStBl II 2015, 387 und v. 1.7.2014, VIII R 53/12, BStBl II 2014, 975; BFH v. 9.6.2015, VIII R 12/14, BStBl II 2016, 199; BFH v. 28.2.2018, VIII R 41/15, BStBl II 2018, 478.
5) BVerfG v. 24.3.2016, 2 BvR 878/15.

d) Kirchensteuer

671 Werden ggü. eines inl. Kreditinstituts keine Angaben zur Kirchensteuerpflicht gemacht oder wurden Kapitalerträge erzielt, von denen KapESt, aber keine Kirchensteuer einbehalten wurde, hat eine Veranlagung zur Kirchensteuer zu erfolgen (§ 51a Abs. 2d EStG).

> **Beratungshinweis:**
> Da eine gesonderte Veranlagungspflicht besteht, besteht die Möglichkeit, nur die Einkünfte aus Kapitalvermögen zu erklären. Dies ist z.B. im Zusammenhang mit einer Antragsveranlagung (§ 46 EStG) möglich; die Einkünfte aus nichtselbständiger Arbeit müssen in diesem Fall nicht erklärt werden. In den Zeilen 1 und 2 des Hauptvordrucks ESt 1 A ist dieser Tatbestand eindeutig zu bestimmen. Wird die Anlage KAP mit dem Hinweis eingereicht, dass dies lediglich zur Nacherhebung erfolgt, handelt es sich nicht um eine Steuerberechnung i.S.d. § 32d Abs. 1 EStG, mit der Folge, dass die Ermäßigung um den Kirchensteuerminderungseffekt nicht gewährt werden kann. Würde gleichzeitig der Antrag auf Überprüfung des Steuereinbehalts (§ 32d Abs. 4 EStG = Auswahlfeld der Zeile 5) gestellt, handelt es sich bei der Neuberechnung um einen Fall des § 32d Abs. 1 EStG.

e) Kapitalerträge, die dem inländischen Steuerabzug unterlegen haben/Sparer-Pauschbetrag (Zeilen 7–17)

672 Die Darstellung entspricht dem Grunde nach dem mit BMF-Schreiben[1] bekannt gegebenen Muster der Steuerbescheinigung. Sind die Daten der Kreditinstitute zutreffend, ist die Spalte 1 („Wert lt. Steuerbescheinigung") auszufüllen. Sind **Korrekturen** erforderlich (→ Rz. 687) ist zusätzlich die Spalte 2 („zutreffender Wert") auszufüllen. Hieraus ermittelt die Finverw. die zutreffende steuerliche BMG, für die Berechnung der 25 %igen ESt.

f) Kapitalerträge, die nicht dem inländischen Steuerabzug unterlegen haben (Zeilen 18–26a)

673 Erträge, die nicht dem inl. Steuerabzug (KapESt) unterlegen haben, sind zwingend i.R.d. ESt-Erklärung anzugeben (§ 32d Abs. 3 EStG). Die Angaben sind in den Zeilen 18–26a erforderlich. Im Rahmen der ESt-Veranlagung erfolgt seitens des FA die Versteuerung mit dem Steuersatz von 25 %, soweit keine Ausnahmetatbestände (§ 32d Abs. 2 EStG → Rz. 768) vorliegen.

> **Praxishinweis:**
> Auch in diesen Fällen sind grds. Erklärungen zum Sparer-Pauschbetrag in den Zeilen 16 und 17 – ggf. mit 0 € – erforderlich.

g) Kapitalerträge, die der tariflichen Einkommensteuer unterliegen (Zeilen 27–34)

674 Grundsätzlich gilt die ESt mit der – durch die inl. auszahlende Stelle (z.B. ein inl. Kreditinstitut) – einbehaltenen KapESt als abgegolten (§ 43 Abs. 5 EStG) soweit die Kapitalerträge der KapESt unterlegen haben; ggf. führt das FA i.R.d. ESt-Veranlagung die Besteuerung der Kapitalerträge mit dem festen Steuersatz von 25 % durch. Diese Rechtsfolge tritt jedoch in bestimmten Konstellationen – ggf. auch auf Antrag der stpfl. Person – nicht ein (§ 32d Abs. 2 EStG). Insoweit werden die Kapitalerträge mit allen anderen Einkünften nach dem allgemeinen progressiven Tarif besteuert (§ 32a EStG). In diesen Fällen können WK geltend gemacht werden, da die Regeln der Abgeltungsteuer grds. nicht mehr gelten.

h) Erträge aus Beteiligungen

675 Für die Erklärung aus Beteiligungen steht die gesonderte Anlage KAP-BET zur Verfügung. Im Rahmen eines Feststellungsverfahrens (§ 180 Abs. 1 Nr. 2 Buchst. a AO) werden alle Kapitalerträge an das Wohnsitz-FA weitergegeben, unabhängig davon, welche Wahlrechte die stpfl. Person i.R.d. ESt-Erklärung ausübt.

> **Praxishinweis:**
> Neben den Eintragungen in der Anlage KAP-BET sind ggf. auch Eintragungen zum Sparer-Pauschbetrag in den Zeilen 16 und 17 erforderlich.
>
> In der amtlichen Anleitung wird darauf hingewiesen, dass auch Erträge aus Kapital-Investitionsgesellschaften (InvStG in der am 31.12.2017 geltenden Fassung) in den Zeilen 18 und/oder 19 und zusätzlich in Zeile 20 und/oder 22 und/oder 23 erklärt werden sollen.

i) Steuerabzugsbeträge

676

> **Praxishinweis:**
> Steuerbescheinigungen, die auf Verlangen ausgestellt oder elektronisch übermittelt (§ 45a Abs. 2 Satz 1 und 2 EStG) werden, müssen nicht in allen Fällen der Steuererklärung beigefügt werden (§ 36 Abs. 2 Satz 3 EStG). Soweit lediglich ein Antrag auf Überprüfung des Steuereinbehalts (§ 32d Abs. 4 EStG) oder ein Antrag auf Günstigerprüfung (§ 32d Abs. 6 EStG) gestellt wird, ist es für die Anrechnung der einbehaltenen Steuern ausreichend, wenn die Bescheinigung auf Verlangen des FA vorgelegt wird. Eine **Verluststeuerbescheinigung** ist hingegen immer einzureichen.

Zu beachten ist insoweit, dass die Eintragungen in den Zeilen 37–42 nicht zur Anrechnung auf die allgemeine Festsetzung der ESt führen. Die an dieser Stelle einzutragenden Steuern werden i.R.d. Festsetzung der Steuerbelastung auf die Kapitalerträge berücksichtigt. Handelt es sich daher dem Grunde nach um Kapitalerträge, die mit der tariflichen ESt veranlagt werden, sind die (ggf. anteiligen) Steuerabzugsbeträge in die Zeilen 43–45 einzutragen.

---
1) BMF v. 23.5.2022, IV C 1 – S 2401/19/10001 :006, BStBl I 2022, 860; Anwendung für Erträge, die vor dem 1.1.2026 zufließen, BMF v. 16.5.2025, IV C 1 – S 2401/00008/014/051, BStBl I 2025, 1388, Rz. 71.

Ergänzende Erklärungstatbestände im Zusammenhang mit der Beschränkung der Anrechenbarkeit der KapESt (§ 36a EStG, § 31 Abs. 3 InvStG) sind (Zeile 46) erforderlich.

j) Anzurechnende Steuern aus anderen Einkunftsarten

Sind KapESt etc. im Zusammenhang mit anderen Einkunftsarten (Einkünfte aus Gewerbebetrieb) entrichtet worden, sind die hierfür ausgestellten Steuerbescheinigungen der Steuererklärung beizufügen und in die Zeilen 43–45 einzutragen. 677

Praxishinweis:
Anrechenbare Steuern im Zusammenhang mit Beteiligungen sind ab dem VZ 2018 auf der Anlage KAP-BET zu erklären. Eine Eintragung hat in den Zeilen 43–45 immer dann zu erfolgen, wenn die abgeltende Wirkung der KapESt nicht erfolgt.

2. Anträge (Zeilen 4–5)

Anträge				54
4	Ich beantrage die Günstigerprüfung für sämtliche Kapitalerträge. **(Bei Zusammenveranlagung: Die Anlage KAP meines Ehegatten / Lebenspartners ist beigefügt.)**	201/401		1 = Ja
5	Ich beantrage eine Überprüfung des Steuereinbehalts für bestimmte Kapitalerträge.	202/402		1 = Ja

a) Vorbemerkung

Der Anspruch, eine Steuerbescheinigung zu erhalten (§ 45a Abs. 2 EStG) besteht in allen Fällen, unabhängig davon, ob ein Steuerabzug vorgenommen wurde.[1] Dies gilt auch in den Fällen, in denen eine NV-Bescheinigung vorgelegt worden ist.[2] 678

In den Zeilen 31–32f ist des Weiteren der Antrag (ggf. der Widerruf) für Kapitalerträge aus unternehmerischer Beteiligung zu stellen (§ 32d Abs. 2 Nr. 3 EStG).

b) Ich beantrage die Günstigerprüfung für sämtliche Kapitalerträge (Zeile 4)

Praxishinweis: 679
Das FG Niedersachsen wollte eine Entscheidung des BVerfG darüber einholen, ob § 32d Abs. 1 i.V.m. § 43 Abs. 5 EStG (Abgeltungsteuer) in den in den Jahren 2013, 2015 und 2016 geltenden Fassungen insoweit mit Art. 3 Abs. 1 GG vereinbar sind, als dass sie für Einkünfte aus privaten Kapitalerträgen einen Sondersteuersatz i.H.v. 25 % mit abgeltender Wirkung vorsehen. Das FG bejahte die Verfassungswidrigkeit. Die Vorlage wurde jedoch wieder aufgehoben.[3]

Liegt der persönliche Grenzsteuersatz unter 25 %, gilt dieser auch für die Einkünfte aus Kapitalvermögen (z.v.E. im VZ 2025 weniger als 20 359 € [Einzelveranlagung], 40 718 € [Zusammenveranlagung]). Ab dem VZ 2017 muss die **Steuerbescheinigung** dem Antrag nicht mehr beigefügt werden (→ Rz. 676). Der Antrag auf Günstigerprüfung kann noch nach Ablauf der Einspruchsfrist ausgeübt werden, soweit eine Änderung des Einkommensteuerbescheides nach den allgemeinen Vorschriften der AO oder den Einzelsteuergesetzen noch möglich ist.[4] Die geänderte Zusammensetzung der Besteuerungsgrundlagen in einem Änderungsbescheid ist kein rückwirkendes Ereignis (§ 175 Abs. 1 Satz 1 Nr. 2 AO), wenn durch den Erlass des Änderungsbescheids die tatbestandlichen Voraussetzungen für eine erfolgreiche Antragstellung gem. § 32d Abs. 6 Satz 1 EStG nicht erstmals eintreten.[5] Der BFH[6] sieht keine zeitliche Befristung, da keine gesetzliche Regelung im Rahmen der Günstigerprüfung existiert, so dass das Wahlrecht bis zum Eintritt der Festsetzungsverjährung ausgeübt werden kann. Eine zeitliche Begrenzung ist praktisch damit dennoch vorhanden, da eine Änderung damit nur nach verfahrensrechtlichen Vorschriften möglich ist. Vergleichsmaßstab für eine Korrektur nach § 173 AO ist auf Grund der Besonderheiten, die mit der Einführung des gesonderten Tarifs für Kapitaleinkünfte nach § 32d Abs. 1 EStG als Schedule verbunden sind, in diesem Fall nicht allein die im zu ändernden Einkommensteuerbescheid festgesetzte Steuer. Zu berücksichtigen ist nach § 32d Abs. 6 Satz 1 EStG auch die durch den Abzug vom Kapitalertrag nach § 43 Abs. 5 EStG abgegoltene ESt. Dies gilt jedenfalls dann, wenn die Einbeziehung der nacherklärten Kapitalerträge in die Veranlagung und die damit verbundene erhöhte Steuerfestsetzung nicht das Ziel des Änderungsbegehrens, sondern eine notwendige Voraussetzung für die Erstattung der inl. Abzugsbeträge ist. Eine **Änderung des bestandskräftigen Einkommensteuerbescheids** kann in diesen Fällen nur nach Maßgabe des § 173 Abs. 1 Nr. 2 AO erfolgen.[7] Die Vorlage der Steuerbescheinigung über die erzielten Kapitaleinkünfte allein ist dabei kein rückwirkendes Ereignis (§ 175 Abs. 2 Satz 2 AO). Auch der Antrag auf Günstigerprüfung nach Eintritt der Bestandskraft ist kein rückwirkendes Ereignis.

---

1) BMF v. 23.5.2022, IV C 1 – S 2401/19/10001 :006, BStBl I 2022, 860; Anwendung für Erträge, die vor dem 1.1.2026 zufließen, BMF v. 16.5.2025, IV C 1 – S 2401/00008/014/051, BStBl I 2025, 1388.
2) BMF v. 23.5.2022, IV C 1 – S 2401/19/10001 :006, BStBl I 2022, 860, Rn. 16; BMF v. 16.5.2025, IV C 1 – S 2401/00008/014/051, BStBl I 2025, 1388, Rz.16.
3) FG Niedersachsen v. 10.8.2022, 7 K 120/21, EFG 2022, 1101.
4) BMF v. 14.5.2025, IV C 1 – S 2252/00075/016/070, BStBl I 2025, 1330, Rz. 149.
5) BFH v. 26.9.2023, VIII R 10/21, BFH/NV 2024, 5.
6) BFH v. 12.5.2015, VIII R 14/13, BStBl II 2015, 806.
7) BFH v. 25.3.2021, VIII R 7/18, BStBl II 2023, 166.

Beratungshinweis:
Die Festsetzung der Steuer in einem Änderungsbescheid nach Eintritt der Bestandskraft, die auf Grund der im Änderungsbescheid berücksichtigten Besteuerungsgrundlagen erstmals eine erfolgreiche Antragstellung gem. § 32d Abs. 6 EStG ermöglicht, ist ein rückwirkendes Ereignis i.S.d. § 175 Abs. 1 Satz 1 Nr. 2 AO, das einen korrekturbedürftigen Zustand auslöst.[1] Der Antrag auf Günstigerprüfung entfaltet keine anlaufhemmende Wirkung (§ 170 Abs. 2 Satz 1 Nr. 1 AO), wenn er zusammen mit Abgabe der Steuererklärung nach Ablauf der Festsetzungsfrist (§ 169 Abs. 2 AO) gestellt wird.[2]

Steuerpflichtige Personen, deren **persönlicher Steuersatz** niedriger ist als der Abgeltungssteuersatz i.H.v. 25 %, haben die Möglichkeit, die Einkünfte aus Kapitalvermögen auf Antrag mit ihrem niedrigeren persönlichen Steuersatz – auf Grund geringer stpfl. Einkünfte – zu versteuern (§ 32d Abs. 6 EStG); dies gilt bereits i.R.v. Vorauszahlungsbescheiden, da in § 37 Abs. 3 EStG kein Ausschluss hinsichtlich des § 32d EStG vorgesehen ist.[3] Die Kapitaleinkünfte werden dann wieder den Einkünften nach § 2 EStG hinzugerechnet. Hierdurch besteht dann auch die Möglichkeit, **Gewinne und Verluste** aus unterschiedlichen Quellen (Einkunftsarten) zu **verrechnen**, die i.R.d. Quellenbesteuerung nicht berücksichtigt werden konnten. Wird der Antrag auf Günstigerprüfung nicht i.R.d. ESt-Erklärung gestellt, kann dieser zu einem späteren Zeitpunkt – nach Erlass des Steuerbescheides – nur i.R.d. allgemeinen Änderungsvorschriften (bis zur Unanfechtbarkeit des Steuerbescheides[4]) nachträglich berücksichtigt werden.

Praxishinweis:
Wird im Rahmen einer Zusammenveranlagung die Günstigerprüfung beantragt, haben beide Ehegatten/Personen eine Anlage KAP einzureichen. Bei zusammenveranlagten Ehegatten/Lebenspartnern ist in den Fällen, in denen der andere Ehegatte/Lebenspartner keine Anlage KAP abgegeben hat, der von beiden in Anspruch genommene Sparer-Pauschbetrag in Zeile 16 und/oder Zeile 17 einzutragen (ggf. auch 0 €). Wird der Antrag auf Günstigerprüfung gestellt, ist keine Eintragung in Zeile 17 erforderlich. Zu beachten ist insoweit, dass die inl. Zahlstelle, die die KapESt einzubehalten hat, bestimmte Positionen, die zum versteuernden Einkommen führen (z.B. Sonderausgaben, außergewöhnliche Belastungen) i.R.d. Erhebung der KapESt nicht berücksichtigen kann.

Es verbleibt aber auch in diesem Fall bei der Nichtabzugsfähigkeit der WK (§ 20 Abs. 9 Satz 1 2. Halbsatz EStG).

Das Wahlrecht ist i.R.d. ESt-Veranlagung geltend zu machen und kann nur **einheitlich für sämtliche Kapitalerträge** (also nicht depot-, kontenbezogen oder auf andere einzelne Tatbestände begrenzt) gestellt werden (§ 32d Abs. 6 Satz 2 EStG), so dass sich der persönliche Steuersatz unter Berücksichtigung sämtlicher stpfl. Einkünfte ergibt. Insoweit ist eine Unterscheidung zur „Teiloption" nach § 32d Abs. 4 EStG wichtig. Im Rahmen der Zusammenveranlagung von Ehegatten/Lebenspartnern kann das Wahlrecht nur einheitlich ausübt werden, da die beiden Personen als eine stpfl. Person behandelt werden (§ 26b EStG).

Praxishinweis:
Da das Wahlrecht „alle" Kapitalerträge erfasst, stellt sich die Frage, ob auch eine Verlustbescheinigung → Rz. 750 zwingend zu beantragen ist, um negative Einkünfte in die Steuersatzberechnung mit einzubeziehen.

Ergibt die Günstigerprüfung (seitens des FA), dass die **persönliche tarifliche Steuer** auf alle Einkünfte oberhalb der Abgeltungsteuer zzgl. der tariflichen ESt auf die weiteren Einkünfte (ohne Kapitalerträge) liegt, gilt der Antrag als nicht gestellt und es verbleibt insoweit bei der bisherigen Abgeltungsteuer für die Kapitalerträge. Dabei ist ein sog. „Ping-Pong-Modell" zwischen dem Steuersatz von 25 % und dem persönlichen Steuersatz denkbar.

Beispiel:
A erzielt stpfl. Kapitalerträge i.H.v. 10 000 €. Der persönliche Steuersatz beträgt 24 %, so dass der Antrag auf Günstigerprüfung gestellt und pos. beschieden wird. Nach Änderung des ESt-Bescheides beträgt der persönliche Steuersatz 28 %, so dass die Anwendung der Abgeltungsteuer wieder günstiger ist.

Dies führt ebenfalls zu entsprechenden Verwerfungen bei der Berücksichtigung der **Kirchensteuer** (Abzug der Kirchensteuer als Sonderausgabe im Jahr der Zahlung oder aber Abgeltungswirkung).

Hinweis zur Plausibilitätsbeurteilung:
Sollen gleichzeitig noch der KapESt unterworfene stpfl. Erträge dem Grunde und/oder der Höhe nach geändert werden, ist zudem ein Antrag nach § 32d Abs. 4 EStG zu stellen (→ Rz. 680).

Ab dem VZ 2014 wurden die Regelungen im Zusammenhang mit dem Härteausgleich (§ 46 Abs. 3 EStG) geändert.[5] Kapitaleinkünfte, die der tariflichen ESt (§ 32d Abs. 6 EStG) unterliegen, fallen nicht mehr unter die Bagatellgrenze von 410 € und werden damit bei einer Pflichtveranlagung oder freiwilligen Veranlagung (§ 46 Abs. 2 EStG) nicht mehr vom Einkommen abgezogen.

1) BFH v. 14.7.2020, VIII R 6/17, BStBl I 2021, 92.
2) BFH v. 14.5.2025, VI R 17/23.
3) So auch Kurzinformation FinMin des Landes Schleswig-Holstein v. 5.5.2010, VI 305 – S 2297 – 109, DB 2010, 1320.
4) BMF v. 14.5.2025, IV C 1 – S 2252/00075/016/070, BStBl I 2025, 1330, Rz. 149.
5) Gesetz zur Anpassung des nationalen Steuerrechts an den Beitritt Kroatiens zur EU und zur Änderung weiterer steuerlicher Vorschriften v. 25.7.2014, BStBl I 2014, 1126.

c) Ich beantrage eine Überprüfung des Steuereinbehalts für bestimmte Kapitalerträge (Zeile 5)

Ab dem VZ 2017 muss die Steuerbescheinigung dem Antrag nicht beigefügt werden (→ Rz. 676). Im Rahmen der 680
ESt-Erklärung kann ein Antrag auf Korrektur im Rahmen eines Veranlagungswahlrechts der bisher von der inl. Zahlstelle bescheinigten (und damit der KapESt unterlegenden) Werte gestellt werden (§ 32d Abs. 4 EStG). Die Überprüfung der tatsächlichen Abzugsverpflichtung für Kapitalanlagen dem Grund und der Höhe nach (z.B. anhängige Verfahren vor den FG oder dem BFH) erfolgt dann seitens des FA. Eine grds. Überprüfung des Einbehalts der KapESt erfolgt im Festsetzungsverfahren.[1] Zu beachten ist dabei, dass der Steuerabzug unter Beachtung der im BStBl veröffentlichten Auslegungsvorschriften der Finverw. vorzunehmen ist (§ 44 Abs. 1 Satz 3 EStG).

Für die Überprüfung ist es ausreichend, dass lediglich die zu korrigierenden – und nicht alle – Kapitalerträge erklärt werden (Teiloption). Ein Tatbestand der Überprüfung des Steuereinbehalts ist ebenso der Antrag auf Berücksichtigung von Altverlusten (→ Rz. 681). Das Wahlrecht kann mit der ESt-Erklärung, aber auch noch nach Ablauf der Einspruchsfrist ausgeübt werden, soweit nach den allgemeinen Vorschriften der AO oder den Einzelsteuergesetzen eine Änderung des Steuerbescheides noch möglich ist.[2] Der Antrag auf Einbeziehung der Kapitalerträge in die Einkommensteuerveranlagung nach § 32d Abs. 4 EStG (sog. Antragsveranlagung) stellt ein unbefristetes Veranlagungswahlrecht dar (Bestätigung der BFH-Rechtsprechung).[3]

Praxishinweis:

Regelmäßig werden daher die Werte der Jahressteuerbescheinigung zu erklären und der zu korrigierende Kapitalertrag mit den entsprechenden unterjährigen Abrechnungsbelegen zu erläutern sein. In „Kombinationsfällen" werden hingegen sämtliche Erträge angegeben werden müssen. Auf Grund der Systematik der Abgeltungsteuer haben die Kreditinstitute als Organe der Steuererhebung die Rechtsauffassung der Finverw. Hinsichtlich des Kapitalertragsteuereinbehalts anzuwenden (so auch BT-Drucks. 17/3549, 6).[4] Nur so kann verhindert werden, dass der Umfang der Steuererhebung davon abhängig ist, bei welchem Institut die stpfl. Person ihr Kapital anlegt. Insoweit besteht eine Bindungswirkung von BMF-Schreiben für den KapESt-Abzug. Ab dem VZ 2016 ist diese Verfahrensweise gesetzlich geregelt (§ 44 Abs. 1 Satz 3 EStG).[5]

Hinweis zur Plausibilitätsbeurteilung:

Es handelt sich hierbei nicht um die allgemeine Günstigerprüfung hinsichtlich der Frage des persönlichen Steuersatzes. Soll gleichzeitig noch im Rahmen der ESt-Veranlagung überprüft werden, ob die tarifliche Steuer günstiger ist als der Abgeltungsteuersatz i.H.v. 25 %, ist ein gesonderter Antrag nach § 32d Abs. 6 EStG (Günstigerprüfung) zu stellen (→ Rz. 679). Insoweit müssen dann **alle Kapitalerträge** (auch ggf. die des anderen Ehegatten/Lebenspartners im Rahmen einer Zusammenveranlagung) angegeben werden.

Beispiel:

Die stpfl. Person hat das eigengenutzte Einfamilienhaus mit einem fremdfinanzierten Bausparvertrag finanziert. Die gutgeschriebenen Zinsen unterliegen der KapESt. Obwohl die Einkünfteerzielungsabsicht für dieses Modell grds. zu verneinen ist, ist seitens der Bausparkasse ungerechtfertigt KapESt einbehalten worden. Dies ist i.R.d. Veranlagung auf Antrag der Stpfl. zu korrigieren und die einbehaltene KapESt seitens des FA zu erstatten. Ein solches Modell wird jedoch nur dann seitens der Finverw. berücksichtigt, wenn der Finanzierungsvertrag bis zum 30.6.2010 abgeschlossen wurde.[6]

Zu den **nachträglich zu berücksichtigenden Tatbeständen** gehört z.B. der nicht vollständig ausgeschöpfte Sparer-Pauschbetrag (soweit Erträge z.B. bei unterschiedlichen Kreditinstituten erzielt werden), noch nicht oder nicht in zutreffender Höhe – i.R.d. KapESt-Abzugs – berücksichtigte Verluste, die Rückgängigmachung depotbezogenen unterjährigen Verlustverrechnungen,[7] die Anwendung der Ersatz-BMG i.R.d. KapESt-Abzugs (§ 43a Abs. 2 EStG), noch nicht berücksichtigte ausl. Steuern oder die Überprüfung der tatsächlichen Abzugsverpflichtung für Kapitalanlagen dem Grund und der Höhe nach (z.B. anhängige Verfahren vor den FG oder dem BFH). Eine Korrektur kann ebenfalls beantragt werden, wenn durch eine Bescheinigung der auszahlenden Stelle nachgewiesen wird, dass diese Fehlerkorrekturen nicht vorgenommen hat und auch nicht vornehmen wird.[8] Ab dem VZ 2018 kann der Antrag ebenfalls gestellt werden, um eine höhere Teilfreistellung der Erträge aus Investmentfonds erhalten; Nachweise sind i.R.d. § 20 Abs. 4 InvStG zu führen (→ Rz. 819). Wurden **Verluste unzutreffend** berücksichtigt, ist ggf. eine Verlustbescheinigung (→ Rz. 751) zu beantragen (§ 43a Abs. 3 Satz 4 EStG). Eine Überprüfung kann auch in den Fällen erfolgen, in denen keine Steuerabzugsbeträge abgeführt worden sind, sondern z.B. lediglich die Höhe eines Verlustes korrigiert werden soll. Die **korrigierten Beträge** sind gesondert zu berechnen und in Spalte 2 einzutragen und in einer gesonderten Aufstellung zu erläutern.

Praxishinweis:

Die Höhe des in Anspruch genommenen Sparer-Pauschbetrags (→ Rz. 754) sollte in jedem Fall (ggf. auch 0 €) angegeben werden, um Rückfragen des FA zu vermeiden.

Ab dem VZ 2014 besteht nach Auslaufen der fünfjährigen Übergangsregelung keine Möglichkeit der Verrech- 681
nung mit neuen Gewinnen mehr. Die auf fünf Jahre befristete Übergangsregelung zur Verrechnung von Altverlusten mit Aktiengewinnen, die der Abgeltungsteuer unterliegen, ist verfassungsgemäß.[9]

1) BFH v. 20.11.2018, VIII R 45/15, BStBl II 2019, 306.
2) BMF v. 14.5.2025, IV C 1 – S 2252/00075/016/070, BStBl I 2025, 1330, Rz. 145.
3) BFH v. 21.8.2019, X R 16/17, BStBl II 2020, 99.
4) BMF v. 14.5.2025, IV C 1 – S 2252/00075/016/070, BStBl I 2025, 1330, 742, Rz. 151a.
5) Steueränderungsgesetz 2015 v. 2.11.2015, BStBl I 2015, 846.
6) BMF v. 14.5.2025, IV C 1 – S 2252/00075/016/070, BStBl I 2025, 1330, Rz. 126.
7) BFH v. 29.8.2017, VIII R 23/15, BStBl II 2019, 54 sowie BFH v. 3.12.2019, VIII R 8/16, BStBl II 2020, 383.
8) BMF v. 14.5.2025, IV C 1 – S 2252/00075/016/070, BStBl I 2025, 1330, Rz. 241b.
9) BFH v. 6.12.2016, IX R 48/15, BStBl II 2017, 313.

Streitig ist, ob eine Verrechnung von zum 31.12.2008 festgestellten Verlustvorträgen aus negativen Kapitaleinkünften unmittelbar mit den im Streitjahr 2009 erzielten Kapitaleinkünften möglich und ob auf die verbleibenden Kapitalerträge der Abgeltungsteuersatz anzuwenden ist. Verluste aus der Veräußerung von Wertpapieren, die vor dem 1.1.2009 angeschafft wurden, unterliegen auch nach dem Inkrafttreten der Abgeltungsteuer dem Halbeinkünfteverfahren.[1)]

d) Investmentsteuerrecht ab dem VZ 2018

682 **Praxishinweis:**

Werden Erträge aus Investmentfonds im inl. Depot erzielt, sind die Erträge unter Berücksichtigung der zutreffenden Teilfreistellung (→ Rz. 819) in der inl. Steuerbescheinigung enthalten. Für die Erklärung der Erträge aus Investmentfonds bestehen ab dem VZ 2018 grds. jedoch unterschiedliche Bereiche:

Anlage KAP

Zeile 10: Gewinne aus der Veräußerung bestandsgeschützter Alt-Anteile i.S.d. § 56 Abs. 6 Satz 1 Nr. 2 InvStG (in der Steuerbescheinigung enthalten);

Zeile 34: Es wurden Einkünfte aus Spezial-Investmentanteilen (§ 20 Abs. 1 Nr. 3a EStG) erzielt.

Anlage KAP-INV

Es wurden Investmenterträge erzielt, die nicht dem inl. Steuerabzug unterlegen haben (gesonderte Erklärung der Erträge und Gewinne aus der Veräußerung von Investmentanteilen erforderlich).

Beim KapESt auf zuzurechnende Investmenterträge aus Aktienfonds (§ 20 Abs. 1 InvStG) oder Mischfonds (§ 20 Abs. 2 InvStG) ist ausschließlich die Teilfreistellung für im PV gehaltene Investmentanteile zu berücksichtigen (§ 43a Abs. 2 Satz 1 Halbsatz 2 EStG). Ein darüber hinaus gehender Teilfreistellungssatz für betriebliche oder dem KStG unterliegende Anleger kann erst i.R.d. Veranlagung berücksichtigt werden.[2)]

Da das bisherige und das zukünftige Besteuerungssystem nicht miteinander harmonieren, wurde zum Übergangsstichtag 31.12.2017 eine Veräußerung sämtlicher Investmentanteile fingiert. Sämtliche Investmentanteile gelten zum 31.12.2017 als veräußert und zum 1.1.2018 als neu erworben. Hierfür ist der letzte in 2017 festgestellte Rücknahmepreis maßgebend (§ 56 Abs. 1 bis 3 InvStG). Zum 31.12.2017 sind die Veräußerungsgewinne für Privatanleger nach bisherigem Recht (§ 8 Abs. 5 InvStG a.F.) zu ermitteln. Die Ermittlung erfolgt durch die (inl.) Kreditinstitute. Die auf den fiktiven Veräußerungsvorgang entfallende Steuer ist zum tatsächlichen Veräußerungszeitpunkt zu entrichten, die Gewinne/Verluste werden bei inl. Banken auf Bankebene vorgehalten.

Anteile, die nach 2008 erworben wurden, unterliegen nicht dem Bestandsschutz, der i.R.d. Einführung der Abgeltungsteuer gewährt wurde. Bei der späteren Veräußerung/Rückgabe unterliegen

- der ermittelte Veräußerungsgewinn nach derzeitiger Rechtslage oder die Ersatz-BMG (§ 43a Abs. 2 Satz 7 ff. EStG),
- der zum 31.12.2017 veröffentlichte Zwischengewinn sowie
- der Veräußerungsgewinn nach neuer Rechtslage dem (abgeltenden) KapESt-Abzug und
- bei thesaurierenden Auslandsfonds, die bis zum 31.12.2017 „aufgelaufene" BMG (§ 7 Abs. 1 Nr. 3 InvStG a.F.),

dem grds. abgeltenden KapESt-Abzug.

Für Anteile, die durch Privatanleger vor dem 1.1.2009 erworben wurden (bisher bestandsgeschützte Altanteile), sind

- Wertveränderungen, die zwischen dem Anschaffungszeitpunkt und dem 31.12.2017 eingetreten sind, steuerfrei (Wertermittlung durch die inl. Depotbank) und
- Wertveränderungen, die ab dem 1.1.2018 eingetreten sind, steuerpflichtig, soweit der Gewinn aus der Veräußerung von bestandsgeschützten Altanteilen 100 000 € übersteigt.

Dieser Freibetrag wird anlegerbezogen im Veranlagungsverfahren gewährt, wobei noch nicht verbrauchte Freibeträge gesondert festgestellt werden.

Für Privatanleger, die ihre Anteile im Auslandsdepot verwahren oder effektive Stücke halten, erfolgt kein KapESt-Abzug. Die Anleger mussten die fiktiven Veräußerungsgewinne zum 31.12.2017 spätestens bis zum 31.12.2021 gegenüber dem für sie zuständigen FA erklären. Diese Veräußerungsgewinne werden gesondert festgestellt (§ 56 Abs. 5 InvStG). Bei der tatsächlichen Veräußerung/Rückgabe werden diese zzgl. der Zwischengewinne zum 31.12.2017 und dem Veräußerungsgewinn nach neuer Rechtslage bei der tatsächlichen Veräußerung/Rückgabe der Anteile versteuert.

Damit unterliegt bei der späteren Veräußerung/Rückgabe

- bei thesaurierenden Auslandsfonds die bis zum 31.12.2017 „aufgelaufene" BMG (§ 7 Abs. 1 Nr. 3 InvStG a.F.),
- der zum 31.12.2017 veröffentlichte Zwischengewinn sowie
- der Veräußerungsgewinn nach neuer Rechtslage

dem KapESt-Abzug.

1) BFH v. 3.11.2015, VIII R 37/13, BStBl II 2016, 273.
2) BMF v. 23.5.2022, IV C 1 – S 2401/19/10001 :006, BStBl I 2022, 860, Rn. 59; Anwendung für Erträge, die vor dem 1.1.2026 zufließen, BMF v. 16.5.2025, IV C 1 – S 2401/00008/014/051, BStBl I 2025, 1330, Rz. 71.

Gesetzliche Begründung zur Kappung des Bestandsschutzes: Mit dem JStG 2008 hat der Gesetzgeber § 21 Abs. 2a InvStG (i.d.F. des AIFM-Steuer-Anpassungsgesetzes) eingeführt, um diese Umgehungsmöglichkeit einzuschränken. Es hat sich jedoch gezeigt, dass diese Maßnahme nur eingeschränkt wirksam war. Um die dauerhafte Umgehungsmöglichkeit auszuschließen, bedarf es einer zeitlichen Kappung des Bestandsschutzes. Aus diesem Grund sieht § 56 Abs. 6 InvStG vor, dass nur noch die bis zum 31.12.2017 eingetretenen Wertveränderungen steuerfrei bleiben. Alle ab 2018 eintretenden Wertveränderungen sind dagegen steuerpflichtig. Die Einschränkung des Bestandsschutzes stellt keine verfassungsrechtlich zu rechtfertigende Ungleichbehandlung der Fondsanlage gegenüber der Direktanlage i.S.d. Art. 3 Abs. 1 GG dar, weil die Fondsanlage auf Grund der Möglichkeit zur steuerfreien Thesaurierung von Veräußerungsgewinnen auf Fondsebene bereits nicht mit der Direktanlage vergleichbar ist. Darüber hinaus ist die Kappung des Bestandsschutzes zur Verhinderung von Steuerumgehungen erforderlich. Um gleichwohl das Vertrauen eines Kleinanlegers, für den die Bestandsschutzregelung bei Einführung der Abgeltungsteuer gedacht war, nicht zu enttäuschen, wird ein neuer Freibetrag i.H.v. 100 000 € eingeführt. Das heißt, auch die ab 2018 anfallenden Veräußerungsgewinne bleiben bis zum diesem Betrag steuerfrei. Dadurch dürfte sich für die weit überwiegende Zahl aller Stpfl. faktisch weiterhin ein Bestandsschutz hinsichtlich der vor 2009 erworbenen Investmentanteile ergeben.[1)]

3. Erklärung zur Kirchensteuerpflicht (Zeile 6)

	Erklärung zur Kirchensteuerpflicht		
6	Ich bin kirchensteuerpflichtig und habe Kapitalerträge erzielt, von denen Kapitalertragsteuer, aber keine Kirchensteuer einbehalten wurde.	203/403	1 = Ja

Die Kirchensteuer wird grds. als Zuschlag zur KapESt erhoben (§ 51a Abs. 2b EStG). Dies kann aber nur dann erfol- **683**
gen, wenn die stpfl. Person dies unter Benennung ihrer Religionszugehörigkeit bei dem jeweiligen Kreditinstitut beantragt (§ 51a Abs. 2c Satz 1 EStG); dies ist jedoch nur möglich, wenn es sich um eine kirchensteuererhebungsberechtigte Religionsgemeinschaft handelt.

Hinweis zur Plausibilitätsbeurteilung:
Bei Kapitalerträgen, die nach dem 31.12.2014 zufließen, erfolgt der Kirchensteuerabzug im Rahmen eines automatisierten Abfrageverfahrens (§ 51a Abs. 2b EStG). Die stpfl. Person kann zur Vermeidung des KiSt-Abzugs durch den Kirchensteuerabzugsverpflichteten (z.B. Banken) der Datenübermittlung an den Kirchensteuerabzugsverpflichteten bis auf Widerruf widersprechen (Sperrvermerk [§ 51a Abs. 2e EStG]). Hierzu muss die Erklärung zum Sperrvermerk bis zum 30.6 eines Jahres beim BZSt nach amtlich vorgeschriebenem Vordruck oder elektronisch über das BZSt-Onlineportal eingereicht werden. Der Sperrvermerk bewirkt, dass dem zum Steuerabzug Verpflichteten keine Auskunft über die ggf. bestehende KiSt-Pflicht erteilt wird. In der Folge erfolgt der KapESt-Abzug ohne Abzug der KiSt. Der Sperrvermerk verpflichtet zur Abgabe einer Steuererklärung zum Zwecke der Veranlagung der KiSt. Die Kirchensteuererhebung erfolgt im Rahmen des Veranlagungsverfahrens. Zur Sicherstellung der Nacherhebung der Kirchensteuer übermittelt das BZSt die Daten der abrufenden Kirchensteuerabzugsverpflichteten an das zuständige Wohnsitz-FA.

Der Kirchensteuereinbehalt bei **Tafelgeschäften** ist grds. nicht möglich, außer es wird ein Antrag auf Einbehalt bzgl. dieses Geschäfts gestellt.

Wird der Antrag auf Einbehalt der auf die Kapitalerträge entfallenden Kirchensteuer nicht bei der (grds. kirchensteuerabzugsverpflichteten) depotführenden Stelle gestellt, wird diese nach Ablauf des Kj. nach dem KapESt-Betrag veranlagt, der sich ergibt, wenn die Steuer auf Kapitalerträge nach § 32d Abs. 1 Satz 4 und 5 EStG errechnet wird. Insoweit ergibt sich zunächst offensichtlich ein gewisser zeitlicher Liquiditätsvorteil, der durch die voraussichtliche Festsetzung von Vorauszahlungen durch das FA lediglich ein Jahr betragen dürfte.

Im Falle der **Nacherklärung ist eine Steuerbescheinigung** (§ 45 Abs. 2 oder 3 EStG) als Nachweis der Steuererklärung beizufügen. Es ist jedoch ebenfalls möglich, eine (offensichtlich nicht amtliche) Bescheinigung über die einbehaltene KapESt des Kirchensteuerabzugsverpflichteten der Steuererklärung beizufügen (§ 51a Abs. 2d Satz 2 und 3 EStG).

Kapitalerträge, die nicht dem KapESt-Abzug unterliegen (Fälle des § 32d Abs. 3 und 4 EStG) und erst im Rahmen einer ESt-Veranlagung erfasst werden, werden mit abgeltend besteuerten Kapitalerträgen gleichbehandelt, bei denen die Kirchensteuer bereits beim Steuerabzug steuermindernd berücksichtigt wird (z.B. § 7 Abs. 2 KiStG NRW).

Beratungshinweis:
Ist die Anlage KAP lediglich Teil einer Kirchensteuererklärung (Auswahlfeld der Zeile 2 ausgefüllt) ist → Rz. 671 zu beachten.

Sind an den Kapitalerträgen **mehrere Personen** beteiligt (z.B. im Rahmen einer **Erbengemeinschaft**), so ist ein Ein- **684**
behalt der Kirchensteuer nur dann möglich, wenn alle Beteiligten derselben Religionsgemeinschaft angehören (§ 51a Abs. 2c Satz 10 EStG). Ist dies nicht der Fall, sind die auf den einzelnen Kirchensteuerpflichtigen entfallenden Kapitalerträge im Rahmen einer Veranlagung nach § 51a Abs. 2d EStG zu versteuern. Die Bank (als ein möglicher Kirchensteuerabzugsverpflichteter) hat der stpfl. Person auf Verlangen eine Bescheinigung über die einbehaltene KapESt zu erteilen (§ 51a Abs. 2d EStG).

1) Vgl. BT-Drucks. 18/8045 v. 7.4.2016.

Praxishinweis:
Zur Nacherhebung der Kirchensteuer ist offensichtlich nicht zwingend eine Steuerbescheinigung nach amtlichem Muster[1] der Steuererklärung beizufügen. Vielmehr reicht auch eine „einfache" Bescheinigung (in welcher Form wird dabei weder im Gesetz noch in der Gesetzesbegründung erwähnt) über die einbehaltene KapESt aus (§ 51a Abs. 2d Satz 3 EStG).

Der bisherige Sonderausgabenabzug der Kirchensteuer (i.R.d. ESt-Veranlagung) wird bei der Ermittlung der Abgeltungsteuer inkl. Kirchensteuer nachgebildet und beträgt damit im Ergebnis nicht mehr 25 %, sondern lediglich noch 24,45 %.

Beispiel:

a) Die inl. Kapitaleinkünfte betragen 100 € und der Kirchensteuersatz 9 %.
Einkommensteuer: = 24,45 €. Kirchensteuer: 24,45 € × 9 % = 2,20 €.

b) Die inl. Kapitaleinkünfte betragen 100 € und der Kirchensteuersatz 8 %. €
Einkommensteuer: = 24,51 €. Kirchensteuer: 24,51 € × 8 % = 1,96 €.

685 Zu beachten ist, dass die Kirchensteuer eine Jahressteuer ist; die persönlichen Verhältnisse der stpfl. Personen im Zeitpunkt des Zuflusses der Kapitalerträge sind maßgebend. Tritt die stpfl. Person im Laufe des VZ aus der Kirche aus oder ein oder zieht diese in ein Bundesland mit einem anderen Kirchensteuersatz (Kirchensteuersatz entweder 8 % oder 9 %), handelt es sich insoweit um einen Veranlagungstatbestand (§ 51a Abs. 2d EStG). Dies gilt m.E. auch in den Fällen, in denen die stpfl. Person z.B. die Bank als Kirchensteuerabzugsverpflichteten von diesem Umstand in Kenntnis gesetzt hat.

Durch die Veranlagung kann aber auch die Möglichkeit der „Zwölftelung" gesichert werden. Insoweit kann es aber offensichtlich auch zur Nacherhebung der Kirchensteuer kommen (z.B. in den Fällen des unterjährigen Eintritts in eine kirchensteuererhebungsberechtigte Religionsgemeinschaft).

686 **Kirchgeld** wird seitens der Kreditinstitute nicht einbehalten. Inwieweit die abgeltend besteuerten Kapitalerträge bei der Ermittlung des besonderen Kirchgeldes in glaubensverschiedener Ehe berücksichtigt werden, ist soweit ersichtlich, bisher nicht veröffentlicht worden. Eine Berücksichtigung der Erträge würde zu einer Erklärungspflicht führen.

1) BMF v. 23.5.2022, IV C 1 – S 2401/19/10001 :006, BStBl I 2022, 860; Anwendung für Erträge, die vor dem 1.1.2026 zufließen, BMF v. 16.5.2025, IV C 1 – S 2401/00008/014/051, BStBl I 2025, 1388, Rz. 71.

4. Kapitalerträge, die dem inländischen Steuerabzug unterlegen haben (Zeilen 7–15)

Kapitalerträge, die dem inländischen Steuerabzug unterlegen haben

Zeile			Beträge laut Steuerbescheinigung(en) EUR		korrigierte Beträge (laut gesonderter Aufstellung) EUR
7	Kapitalerträge	210/410	,–	220/420	,–
8	In Zeile 7 enthaltene Gewinne aus Aktienveräußerungen	212/412	,–	222/422	,–
9	In Zeile 7 enthaltene Einkünfte aus Stillhalterprämien und Gewinne aus Termingeschäften	611/811	,–	621/821	,–
10	In Zeile 7 enthaltene Gewinne aus der Veräußerung bestandsgeschützter Alt-Anteile i. S. d. § 56 Abs. 6 Satz 1 Nr. 2 InvStG	219/419	,–	229/429	,–
11	In Zeile 7 enthaltene Ersatzbemessungsgrundlage	214/414	,–	224/424	,–
12	Nicht ausgeglichene Verluste **ohne** Verluste aus der Veräußerung von Aktien	215/415	,–	225/425	,–
13	Nicht ausgeglichene Verluste aus der Veräußerung von Aktien	216/416	,–	226/426	,–
14	Verluste aus Termingeschäften	615/815	,–	625/825	,–
15	Verluste aus der ganzen oder teilweisen Uneinbringlichkeit einer Kapitalforderung, Ausbuchung, Übertragung wertlos gewordener Wirtschaftsgüter i. S. d. § 20 Abs. 1 EStG oder aus einem sonstigen Ausfall von Wirtschaftsgütern i. S. d. § 20 Abs. 1 EStG	616/816	,–	626/826	,–

a) Vorbemerkung

Die Darstellung der Abfragen richtet sich nach dem **amtlichen Muster**[1] **der Steuerbescheinigungen**. Eintragungen sind daher grds. anhand dieser Bescheinigung vorzunehmen. 687

Praxishinweis:

Eine **Steuerbescheinigung** wird **auf Verlangen** ausgestellt (§ 45a Abs. 2 Satz 1 EStG). Der Anspruch eine Steuerbescheinigung zu erhalten (§ 45a Abs. 2 EStG) besteht in allen Fällen, unabhängig davon, ob ein Steuerabzug vorgenommen wurde. Dies gilt auch in den Fällen, in denen eine NV-Bescheinigung vorgelegt worden ist.[2]

Zu beachten ist jedoch, dass in den unterjährigen Abrechnungen der Kreditinstitute etc. Korrekturen vorgenommen werden könnten, da die auf Ebene der KapESt ermittelte BMG unzutreffend ist.

Materielle Fehler sollen bereits beim Steuerabzug (§ 43a Abs. 3 Satz 7 EStG) korrigiert werden, um das ansonsten notwendige Veranlagungsverfahren zu vermeiden. Werden Fehler nach Ablauf des Kj. festgestellt, erfolgt eine Änderung zum Zeitpunkt der Kenntnisnahme durch die Bank und nicht rückwirkend. Eine Korrektur im Veranlagungsverfahren ist nur noch in den Fällen möglich, in denen die stpfl. Person eine Bescheinigung seines Kreditinstituts einreicht, mit der das Kreditinstitut bestätigt, dass es die Korrektur i.R.d. KapESt-Verfahrens nicht vorgenommen hat und auch nicht vornehmen wird. Eine solche Korrektur wäre z.B. in den Fällen denkbar, in denen die Kundenbeziehung beendet wurde. 688

Ein rückwirkender Storno auf Grund materiell rechtlicher Fehler ist von dem Delta-Verfahren abzugrenzen. Keine Anwendung findet das Delta-Verfahren z.B. bei Anwendung der zutreffend angewendeten Ersatz-BMG, da hierfür eine gesetzliche Grundlage besteht. Sollte das Kreditinstitut jedoch die BMG fehlerhaft ermittelt haben, wäre eine Korrektur im Rahmen des § 20 Abs. 3a EStG denkbar.

1) BMF v. 23.5.2022, IV C 1 – S 2401/19/10001 :006, BStBl I 2022, 860; BMF v. 16.5.2025, IV C 1 – S 2401/00008/014/051, BStBl I 2025, 1388, Rz. 71.
2) BMF v. 23.5.2022, IV C 1 – S 2401/19/10001 :006, BStBl I 2022, 860, Rz. 16; Anwendung für Erträge, die vor dem 1.1.2026 zufließen, BMF v. 16.5.2025, IV C 1 – S 2401/00008/014/051, BStBl I 2025, 1388, Rz. 71.

689 Zur Berechnung der zutreffenden BMG für die 25 %ige Steuer auf Kapitalerträge sieht die Anlage KAP in den Zeilen 7–15 **zwei Eintragungsspalten** (Beträge lt. Steuerbescheinigung und korrigierte Beträge lt. gesonderter Aufstellung) vor. In der linken Spalte (Werte lt. Steuerbescheinigung) sind – ohne Änderung der bescheinigten Werte – die i.R.d. Steuerbescheinigung ausgewiesenen Daten einzutragen. In den Fällen, in denen die seitens der inl. Zahlstelle ermittelten Werte unzutreffend sind, sollen die korrigierten Werte in die rechte Spalte eingetragen werden. Diese Korrekturwerte sind auf einem besonderen Blatt zu erläutern. Eine Korrektur des in Anspruch genommenen Sparer-Pauschbetrags ist nicht möglich, da insoweit die tatsächlich in Anspruch genommen Beträge ausschlaggebend sind.

b) Werbungskostenabzug

690 Die Berücksichtigung von entstandenen (laufenden) Aufwendungen (z.B. Depotgebühren, Finanzierungskosten, Vermögensverwaltungs- oder sonstige Beratungsgebühren, Steuerberatungskosten) als WK ist grds. bei **laufenden Kapitalerträgen** (§ 20 Abs. 1 EStG) nicht mehr möglich (Ausnahme: Veranlagung nach § 32d Abs. 2 EStG → Rz. 768). Dies dürfte auch dem Umstand geschuldet sein, Veranlagungsfälle so weit wie möglich einzuschränken. Auch Day-Trader, die die Grenzen der privaten Vermögensverwaltung nicht überschreiten (→ Rz. 1423), können die Aufwendungen, die entstehen, nicht als Aufwendungen berücksichtigen. Zu anhängigen Verfahren zur Frage der Abzugsfähigkeit von Aufwendungen → Rz. 666.

Im Rahmen der **Ermittlung des Veräußerungsgewinns** (§ 20 Abs. 2 EStG) können aber Aufwendungen, die im unmittelbaren sachlichen Zusammenhang mit der Veräußerung stehen (→ Rz. 705), weiterhin berücksichtigt werden.

691 Die vorbezeichneten Grundsätze gelten sowohl für den Fall der Abgeltungsteuer, als auch bei der Erklärung von Kapitalerträgen im Rahmen einer möglichen Veranlagung (Günstigerprüfung [§ 32d Abs. 6 EStG] → Rz. 679). Dabei wird (nach der Gesetzesbegründung) sowohl eine Typisierung hinsichtlich der Höhe der WK in den unteren Einkommensgruppen vorgenommen, als auch berücksichtigt, dass mit einem relativ niedrigen Proportionalsteuersatz von 25 % die WK in den oberen Einkommensgruppen mit abgegolten werden.

Gestaltungshinweis:
Ein Abzug der Aufwendungen ist weiterhin möglich, wenn z.B. das Wertpapierdepot (mit Verbindlichkeiten) in ein BV eingelegt wird, da insoweit die Einkünfte der jeweiligen (betrieblichen) Einkunftsart zugeordnet werden (§ 20 Abs. 8 EStG). Auch eine steuerneutrale Einlage in das gewillkürte BV ist denkbar. Ein Abzug kommt auch nach Einlage in eine Kapitalgesellschaft in Betracht. Insoweit gelten 5 % der Ausschüttungen und/oder Veräußerungsgewinne als nicht abzugsfähige BA. Die Aufwendungen können hingegen in voller Höhe berücksichtigt werden (§ 8 Abs. 3 KStG). Gegebenenfalls bietet sich auch eine Umschuldung bestehender Verbindlichkeiten „in andere Einkunftsarten" an.[1]

Zur Berücksichtigung von neg. Einlagezinsen vgl. BMF.[2] Im Rahmen von **Glattstellungsgeschäften** (→ Rz. 712) werden die gezahlten Prämien in voller Höhe berücksichtigt.

Auf Grund des Wegfalls des WK-Abzugs stellt sich bei den entsprechenden Sachverhalten auch nicht mehr die Frage der **Liebhaberei** bei den Einkünften aus Kapitalvermögen.[3] Diese Grundaussage des BMF ergibt sich auch aus weiteren Entscheidungen des BFH.[4]

Praxishinweis:
Nach BMF können bei all-in-fee-Verträgen 50 % der Aufwendungen (als Obergrenze) als Transaktionskosten angesehen werden; Einzelveräußerungskosten dürfen nicht mehr berücksichtigt werden.[5]

c) Kapitalerträge (Zeile 7)

692 Der enthaltene Wert stellt die Höhe der stpfl. Kapitalerträge und damit auch den maximalen Wert für eine mögliche Verlustberücksichtigung dar (ab → Rz. 750). Kapitalerträge erzielt die Person, die das Vermögen zur Nutzung überlässt. Entscheidend ist dabei die Dispositionsbefugnis.[6]

Im Rahmen der Abgeltungsteuer wird hinsichtlich der Besteuerung nicht mehr zwischen laufendem Kapitalertrag und privaten Veräußerungsgeschäften sowie sonstigen Einkünften unterschieden. Aus diesem Grund sind mit dem Begriff Kapitalerträge alle stpfl. Tatbestände des § 20 Abs. 1 und 2 EStG gemeint. Hierzu gehören:

1) Zum Schuldzinsenabzug bei Umwidmung eines Kredits vgl. z.B. Schoor, StBp 2007, 114.
2) BMF v. 14.5.2025, IV C 1 – S 2252/00075/016/070, BStBl I 2025, 1330, Rn. 129a.
3) Siehe zu weiteren Konsequenzen des Urteils Ebner/Meinert, NWB 7/2015, 416.
4) BFH v. 14.3.2017, VIII R 38/15, BStBl II 2017, 1040; BFH v. 14.3.2017, VIII R 25/14, BStBl II 2017, 1038.
5) BMF v. 14.5.2025, IV C 1 – S 2252/00075/016/070, BStBl I 2025, 1330, Rn. 93.
6) BFH v. 26.1.2011, VIII R 14/10, BFH/NV 2011, 1512.

d) Einzeldarstellung von Kapitalerträgen

aa) Gewinnanteile, z.B. Ausschüttungen von Aktiengesellschaften, verdeckte Gewinnausschüttungen (§ 20 Abs. 1 Nr. 1 EStG)

Beratungshinweis: 693

Die Frage, ob die Integration privater Dividendeneinnahmen in den Bereich der Abgeltungsteuer zu einer – aus verfassungsrechtlichen Gründen – nicht gerechtfertigten Schlechterstellung privater Dividendeneinnahmen führt, da im betrieblichen Bereich das Teileinkünfteverfahren Anwendung findet, wurde gestellt.[1)]

Zum Zuflusszeitpunkt bei Gewinnausschüttungen vgl. H 20.2 EStH 2024. Zu den Erträgen gehören Gewinnanteile (Dividenden), Ausbeuten und sonstige Bezüge aus Aktien sowie Anteile an Gesellschaften mit beschränkter Haftung. Auch der Bezug von Freiaktien ist stpfl.[2)] Die steuerbaren Freianteile sind in Höhe der Bardividende anzusetzen, an deren Stelle sie gewählt und bezogen wurden (§ 8 Abs. 2 EStG). Nach dem beabsichtigten wirtschaftlichen Ergebnis sind Freiaktien und Dividendenbezug austauschbar und gleichwertig. Dies gilt nicht, wenn ein Anwendungsfall der §§ 1, 7 KapErhStG vorliegt. Erhöht eine AG ihr Grundkapital aus Gesellschaftsmitteln nach §§ 207 ff. AktG, führt die Zuteilung der neuen Anteilsrechte (Gratis- oder Berichtigungsaktien und Teilrechte) nach § 1 KapErhStG nicht zu Einkünften aus Kapitalvermögen beim Aktionär. Dasselbe gilt bei einer Kapitalerhöhung durch ausl. Gesellschaften, wenn die Voraussetzungen des § 7 KapErhStG vorliegen. Zur stl. Anerkennung inkongruenter Gewinnausschüttungen vgl. BMF.[3)]

Bei **betrieblichen Anlegern** führt das **Teileinkünfteverfahren** das bisherige Verfahren in veränderter Form weiter. Erträge sind zu 60 % stpfl. (§ 3 Nr. 40 Satz 2 EStG); entsprechend können Aufwendungen berücksichtigt werden (§ 3c Abs. 2 EStG). In diesen Fällen sind lediglich anrechenbare Steuern einzutragen. Die Erträge selbst sind im Rahmen der zutreffenden Einkunftsart zu erklären (§ 20 Abs. 8 EStG).

Hinsichtlich einer **vGA** (z.B. die an einen GmbH-Gesellschaftergeschäftsführer gezahlten Zuschläge für Dienste an Sonn- und Feiertagen[4)]), die Frage der Angemessenheit der Geschäftsführerbezüge und i.R.v. Tantiemevereinbarungen oder Darlehensverhältnissen zwischen Gesellschaft und Gesellschafter; Übernahme der Kosten für eine (Auslands-)Reise ihres Gesellschafter-Geschäftsführers, die in nicht nur in untergeordnetem Umfang die privaten Interessen berührt[5)]) → Rz. 787.

Praxishinweis:

Zur Sicherstellung, dass vor 2018 erzielte ordentliche Alterträge noch nach dem vor 2018 geltenden Recht versteuert werden, gelten diese als mit Ablauf des Geschäftsjahres, in dem sie vereinnahmt wurden, als den Anlegern zugeflossene ausschüttungsgleiche Erträge, wenn sie nicht tatsächlich ausgeschüttet werden und den Anlegern vor dem 1.1.2018 zufließen (§ 56 Abs. 7 InvStG). Zur Berechnungsgrundlage vgl. BMF v. 18.8.2009.[6)]

Die Anrechnung von KapESt kann nur dann erfolgen, wenn die entsprechenden Kapitalerträge beim Anleger (ggf. Rechtsvorgänger) als Einnahmen erfasst worden sind.[7)]

Bezüge, die z.B. nach der Auflösung einer Körperschaft oder Personenvereinigung i.S.d. § 20 Abs. 1 Nr. 1 EStG anfallen und die nicht in der Rückzahlung von Nennkapital bestehen (§ 20 Abs. 1 Nr. 2 EStG) gehören ebenfalls zu den laufenden Kapitalerträgen.

Praxishinweis:

Nicht zu den Einkünften gehört die die AK übersteigende Rückzahlung von Beträgen aus dem steuerlichen Einlagekonto. Diese werden von § 17 Abs. 4 EStG erfasst. Die Regelung in § 23 Abs. 2 Satz 3 EStG a.F., dass im Fall von im PV gehaltenen Anteilen an einer Beteiligung i.S.d. § 17 EStG bei einer Veräußerung innerhalb der Jahresfrist die Regelung des § 23 EStG abweichend von der allgemeinen Subsidiaritätsregel (§ 23 Abs. 2 Satz 1 EStG a.F., jetzt § 23 Abs. 2 EStG) ggü. § 17 EStG vorgeht, ist entfallen. Durch die Neuregelung der Besteuerung von Anteilsveräußerungen in § 20 Abs. 2 Nr. 1 EStG ist § 23 EStG vollumfänglich subsidiär, so dass § 23 Abs. 2 Satz 2 EStG a.F. überflüssig geworden ist.

bb) Einnahmen aus einer stillen Gesellschaft sowie aus einem partiarischen Darlehen (§ 20 Abs. 1 Nr. 4 EStG)

(1) Stille Gesellschaft

Nach § 20 Abs. 1 Nr. 4 EStG rechnen zu den Einnahmen aus Kapitalvermögen auch alle Vorteile aus der Beteiligung an einem Handelsgewerbe als (typisch) stiller Gesellschafter und aus partiarischen Darlehen, es sei denn, dass der Gesellschafter oder Darlehensgeber als Mitunternehmer anzusehen ist. 694

Damit fällt nur die **typische stille Beteiligung** (Unterbeteiligung) unter § 20 Abs. 1 Nr. 4 EStG; die **atypisch stille Beteiligung** ist eine Mitunternehmerschaft i.S.d. § 15 Abs. 1 Nr. 2 EStG und führt demnach zu gewerblichen Einkünften (Anlage G).[8)] Für die Abgrenzung sind die Vereinbarungen im Gesellschaftsvertrag maßgebend. Die Besonderheit der stillen Beteiligung und des partiarischen Darlehens liegt in der erfolgsabhängigen Verzinsung der Einlagen, d.h. der Verzinsung abhängig vom Gesamtgewinn oder dem Umsatz des Handelsgewerbes.

---

1) Intemann, DB 2007, 1658.
2) BFH v. 14.2.2006, VIII R 49/03, BStBl II 2006, 520.
3) BMF v. 4.9.2024, IV C 2 – S 2742/19/10004 :003, BStBl I 2024, 1246.
4) BFH v. 27.3.2012, VIII R 27/09, BFH/NV 2012, 1127.
5) BFH v. 9.3.2010, VIII R 32/07, BFH/NV 2010, 1330.
6) BMF v. 21.05.2019, IV C 1 – S 1980-1/16/10010 :001, BStBl I 2019, 527.
7) BFH v. 8.9.2010, I R 90/09, BFH/NV 2011, 338; Verfbeschw nicht angenommen, BVerfG v. 22.4.2011, 2 BvR 198/11, StEd 2011, 292.
8) BFH v. 1.8.1996, VIII R 12/94, BStBl II 1997, 272 und FG Berlin-Brandenburg v. 9.2.2010, 6 K 6178/08, EFG 2010, 1127.

Die stille Gesellschaft ist handelsrechtlich in den §§ 230 bis 237 HGB geregelt. Nach § 230 Abs. 1 HGB ist Voraussetzung einer stillen Gesellschaft die Beteiligung durch Vermögenseinlage an einem Handelsgewerbe (Handelsgeschäfte i.S.d. § 1 Abs. 2 HGB). Zu Abgrenzungskriterien zwischen stiller Gesellschaft, partiarischen Darlehen und Unterbeteiligungen vgl. Worgulla.[1] Der **stille Gesellschafter ist Kapitalgeber** und nicht am BV des Unternehmens beteiligt. Er trägt daher kein Unternehmerrisiko und ist aus diesem Grund auch kein Mitunternehmer. Er hat lediglich Kontrollrechte, wie die Einsichtnahme in den Jahresabschluss und in die Handelsbilanz (§ 233 HGB). Er tritt nach außen nicht in Erscheinung und doch bezweckt er den gemeinsamen Betrieb eines Handelsgewerbes. Er kann daher grds. auch am Verlust beteiligt sein, sofern positive Einkünfte auf Dauer erzielbar sind.[2] Eine stille Gesellschaft ist auch als Innengesellschaft möglich. Der **laufende Verlustanteil** des stillen Gesellschafters errechnet sich bisher (nach herrschender Meinung) bis zur Höhe der Einlage zu seinen WK bei den Einkünften aus Kapitalvermögen. Verlustanteile dürfen erst dann als WK Berücksichtigung finden, wenn der Jahresabschluss des Geschäftsinhabers des Handelsgewerbes festgestellt worden und der Verlustanteil berechnet und – regelmäßig – von der Einlage abgebucht worden ist (§ 11 Abs. 2 EStG).[3] Eine Schätzung des Verlustanteils kann ausreichen, wenn der Inhaber des Handelsgewerbes keinen Jahresabschluss mehr erstellt oder erstellen kann.[4]

Gestaltungshinweis:
Zulässig ist es jedoch, einen späteren Fälligkeitszeitpunkt zu vereinbaren.[5]

§ 20 Abs. 1 Nr. 4 i.V.m. § 15 Abs. 4 Satz 6 EStG sieht eine weitere Beschränkung des Verlustabzugs über § 10d EStG hinaus für stille Gesellschafter einer Kapitalgesellschaft auf Verluste dieser Beteiligten aus dieser Beteiligung vor.

Beratungshinweis:
Laufende Verluste aus stillen Beteiligungen stellen WK dar, die nicht abzugsfähig sind (→ Rz. 667). Die Gewinnanteile zur Wiederauffüllung führen hingegen zu entsprechenden Einnahmen. Das BMF rechnet – ohne gesetzliche Regelung – den zugewiesenen Verlustanteil zu den zu den berücksichtigenden Einkünften.[6] Bei Vereinnahmung des Auseinandersetzungsguthabens sind entsprechende Korrekturen erforderlich, wenn zuvor eine Verlustberücksichtigung erfolgte. Nicht erwähnt werden seitens des BMF die Verluste, die z.B. durch Insolvenz des Unternehmens entstanden sind; diese dürften voraussichtlich keine Berücksichtigung finden. Die wirtschaftlich einer stillen Gesellschaft nachempfundenen **Fremdkapital-Genussrechte** werden im BMF-Schreiben nicht erwähnt. Daher dürfte es sich insoweit um eine sonstige Kapitalforderung (§ 20 Abs. 1 Nr. 7 EStG) handeln;[7] eine Ausnahmeregelung zur Verlustberücksichtigung ist aber nicht definiert.

(2) Partiarisches Darlehen

695 Das partiarische Darlehen unterscheidet sich von der stillen Gesellschaft dadurch, dass die stille Beteiligung einen gemeinsamen Zweck verfolgt (das gesellschaftsrechtliche Element), während beim partiarischen Darlehen lediglich **ein Schuldner-Gläubiger-Verhältnis** besteht. Ein partiarisches Darlehen kann mit einem Darlehen verglichen werden, das in seiner Ausgestaltung auf einen Leistungsaustausch gerichtet ist.

Bei einem partiarischen Darlehen wird in der Regel neben einer **Gewinnbeteiligung auch eine zusätzliche Verzinsung** (oder Mindestverzinsung) ggf. auch eine Umsatzbeteiligung statt eines festen Zinssatzes vereinbart. In Abgrenzung zu einem Darlehen wird in der Regel dann ein partiarisches Darlehen gegeben sein, wenn die gewinnabhängige Vergütung überwiegt. Bei der stillen Gesellschaft kann eine Verlustbeteiligung vereinbart sein, nicht aber beim partiarischen Darlehen. Eine Verlustbeteiligung schließt also das partiarische Darlehen aus. Zu Abgrenzungskriterien zwischen stiller Gesellschaft, partiarischen Darlehen und Unterbeteiligungen vgl. Worgulla.[8] Erfolgsgröße bei einem partiarischen Darlehen kann neben dem Gewinn und dem Umsatz auch die Liquidität des Darlehensnehmers sein.[9] Ein anderes Abgrenzungskriterium kann auch das Kontrollrecht sein, das dem Kapitalgeber eingeräumt ist. Je stärker seine Kontrollrechte sind, desto mehr spricht dafür, dass eine stille Gesellschaft gewollt ist.[10]

Die Einnahmen unterliegen der 25 %igen KapESt (§ 43 Abs. 1 Nr. 3, § 43a Abs. 1 Nr. 1 EStG).

(3) Zufluss der Einnahmen

696 Es gilt das Zuflussprinzip des § 11 Abs. 1 EStG. Im Normalfall fließt ein Gewinnanteil mit **tatsächlicher Auszahlung** oder – bei Überweisung – mit Gutschrift auf dem Konto des Empfängers zu. Der Zufluss ist auch bei **Sperrkonten** im Zeitpunkt der jeweiligen Gutschriften auf dem Konto und nicht erst bei Freigabe des Kontos erfolgt, wenn der Kontoinhaber zivilrechtlicher Inhaber ist. Erfolgen **Abschlagszahlungen** auf den künftigen Gewinnanspruch, so liegen bereits mit Auszahlung des Vorschusses Einnahmen nach § 20 Abs. 1 Nr. 4 EStG vor. Deckt der stille Gesellschafter zur Verhinderung einer Einlageminderung den Verlustanteil durch Zahlung eines entsprechenden

1) Worgulla, NWB 2010, 3182.
2) BFH v. 25.6.1984, GrS 4/82, BStBl II 1984, 751.
3) BFH v. 28.1.2014, VIII R 5/11, BFH/NV 2014, 1193.
4) BFH v. 23.2.2008, VIII B 105/06, BFH/NV 2008, 1118.
5) FG Düsseldorf v. 2.4.1993, 14 K 82/89 E, EFG 1993, 710.
6) BMF v. 14.5.2025, IV C 1 – S 2252/00075/016/070, BStBl I 2025, 1330, Rz. 4.
7) Schmitt-Homann, BB 2010, 351.
8) Worgulla, NWB 40/2010, 3182.
9) BFH v. 22.6.2010, I R 78/09, BFH/NV 2011, 12; kritisch hierzu Lechner/Haisch, Ubg 2011, 282.
10) Vgl. zur Abgrenzung auch BFH v. 21.6.1983, VIII R 237/80, BStBl II 1983, 563; v. 7.12.1983, I R 144/79, BStBl II 1984, 373; BFH v. 8.3.1984, I R 31/80, BStBl II 1984, 623.

Betrags ab, so konnte der Betrag im Jahr der Zahlung als WK angesetzt werden. Inwieweit eine Berücksichtigung i.R.d. Abgeltungsteuer möglich ist, ist offen. Ist die Einlage durch **Verluste vergangener Jahre** gemindert, so werden künftige Gewinne zur Auffüllung bis zur Höhe der nominalen Einlage verwendet; darüber hinaus gehende Beträge werden ausgezahlt (§ 232 Abs. 2 Satz 2 HGB).

Praxishinweis:
Die infolge der Auflösung der stillen Gesellschaft vorgenommene Auseinandersetzung zwischen dem Kläger und der GmbH bildet kein entgeltliches Geschäft. Es handelt sich lediglich um eine Kapitalrückzahlung.[1]

cc) Zinsen aus Hypotheken und Grundschulden und Renten aus Rentenschulden (§ 20 Abs. 1 Nr. 5 EStG)

Zinsen aus Hypotheken und Grundschulden und Renten aus Rentenschulden gehören zu den Einnahmen aus Kapitalvermögen (§ 20 Abs. 1 Nr. 5 EStG). Nebenleistungen zu einer Grundschuld (§ 1191 Abs. 2 BGB) sind weder Zinsen noch besonderes Entgelt oder Vorteil (§ 20 Abs. 2 Satz 1 Nr. 1 EStG).[2] Nicht entschieden ist hingegen, ob die Verwertung einer Grundschuld im Wege der Zwangsvollstreckung eine Veräußerung (i.S.v. § 22 Nr. 2 i.V.m. § 23 EStG) sein kann. **697**

Hypotheken belasten Grundstücke in der Weise, dass an den Gläubiger eine bestimmte Geldsumme zur Befriedigung einer ihm zustehenden Geldforderung aus dem Grundstück zu zahlen ist (§ 1113 BGB). Erfasst sind auch Zinsen aus Brief- und Buchhypotheken (Verkehrshypotheken). **Grundschulden** sind die Belastung eines Grundstücks in der Weise, dass an den Gläubiger eine bestimmte Geldsumme aus dem Grundstück zu zahlen ist (§ 1191 BGB). **Rentenschulden** sind Grundschulden, die in der Weise bestellt werden, dass zu regelmäßigen Terminen ein bestimmter Geldbetrag (Rente) aus dem Grundstück zu zahlen ist (§ 1199 BGB).

Die Erträge i.S.d. § 20 Abs. 1 Nr. 5 EStG unterliegen nicht der KapESt.

dd) Erträge aus Lebensversicherungen (§ 20 Abs. 1 Nr. 6 EStG)

Auf die ergangenen BMF-Schreiben v. 1.10.2009[3] und 29.9.2017[4] zur Besteuerung von Versicherungserträgen wird verwiesen. Für neu abgeschlossene Lebensversicherungen bei ausl. Versicherungsunternehmen besteht eine Meldepflicht (§ 45d Abs. 3 EStG), die das inl. Besteuerungsrecht sicherstellen soll. **698**

In der Steuerbescheinigung sind bei Lebensversicherungsverträgen die stpfl. Kapitalerträge (§ 20 Abs. 1 Nr. 6 EStG) in der jeweils für den Vertrag geltenden Fassung anzugeben. Für **Altverträge** – Vertragsabschluss vor dem 1.1.2005 – sind die rechnungsmäßigen und außerrechnungsmäßigen Zinsen aus den Sparanteilen maßgebend. Die rückwirkende Erfassung von Gewinnen aus der Veräußerung von Lebensversicherungen, die vor dem 1.1.2005 abgeschlossen wurden, ist verfassungsgemäß.[5]

Für **Neuverträge** – Vertragsabschluss nach dem 31.12.2004 – ist der Ertrag nach § 20 Abs. 1 Nr. 6 EStG in der seit dem 1.1.2005 geltenden Fassung anzugeben. Ertrag ist bei diesen Verträgen der Unterschiedsbetrag zwischen der Versicherungsleistung (im Erlebensfall) und der Summe der auf sie entrichteten Beiträge. Sind in dem Ertrag auch Erträge aus fondsgebundenen Lebensversicherungen enthalten, so sind nur die Erträge auszuweisen, die sich nach der teilweisen Steuerfreistellung i.S.d. § 20 Abs. 1 Nr. 6 Satz 9 EStG ergeben. Erträge nach § 20 Abs. 1 Nr. 6 Satz 2 EStG sind nicht in den Ausweis der „Höhe der Kapitalerträge Zeile 7 Anlage KAP" einzubeziehen. Maßgeblich für den KapESt-Abzug sind die Zinsen und/oder Erträge.

Praxishinweis:
Verluste aus der Veräußerung einer Lebensversicherung die nach dem 31.12.2004 abgeschlossen wurde (§ 52 Abs. 28 EStG) sind in Zeile 12 zu erklären. Rentenzahlungen, die auf einem begünstigten Versicherungsvertrag i.S.d. § 10 Abs. 1 Nr. 2 Buchst. b EStG 2004 beruhen, sind insgesamt den Einkünften aus Kapitalvermögen (§ 20 Abs. 1 Nr. 6 EStG 2004) zuzuordnen und unter den Voraussetzungen des § 20 Abs. 1 Nr. 6 Satz 2 EStG 2004 steuerfrei, soweit die Summe der ausgezahlten Rentenbeträge das in der Ansparzeit angesammelte Kapitalguthaben einschließlich der Überschussanteile nicht übersteigt.[6]

Da die Versicherungsgesellschaft keine auszahlende Stelle (§ 43a Abs. 3 Satz 4 EStG) darstellt, ist diese nicht befugt, eine „typische" Verlustbescheinigung „auf Antrag" auszustellen. Sie kann jedoch die Verluste bescheinigen, wenn nicht damit zu rechnen ist, dass im nächsten Jahr positive Kapitalerträge von diesem Unternehmen anfallen.[7]

Zu beachten ist jedoch, dass auch für eine Lebensversicherung, die nach dem 31.12.2008 veräußert wurde, eine Verlustberücksichtigung möglich ist, da durch die Anwendungsregeln (§ 52 Abs. 28 EStG) der Regelungsbereich auf die Veräußerung von Altverträgen erweitert wurde, sofern bei einem Rückkauf zum Veräußerungszeitpunkt die Erträge stpfl. wären (§ 20 Abs. 1 Nr. 6 EStG 2004).

Wird ein Lebensversicherungsvertrag vor Ablauf der Versicherungslaufzeit durch Änderung von Laufzeit, Versicherungssumme, Versicherungsprämie und Prämienzahlungsdauer geändert, ohne dass eine solche Vertragsänderung von vornherein vertraglich vereinbart war oder einem Vertragspartner bereits im ursprünglichen Vertrag eine Option auf eine Änderung der Vertragsbestandteile eingeräumt worden ist, liegt hinsichtlich der Änderungen in ertragsteuerlicher Hinsicht ein neuer Vertrag vor.[8]

---

1) BFH v. 18.10.2006, IX R 7/04, BStBl II 2007, 258.
2) BFH v. 11.4.2012, VIII R 28/09, BStBl II 2012, 496.
3) BMF v. 1.10.2009, IV C 1 – S 2252/07/0001, BStBl I 2009, 1188.
4) BMF v. 29.9.2017, IV C 1 – S 2252/15/10008 :011, BStBl I 2017, 1314.
5) FG Münster v. 22.5.2019, 7 K 1014/16 E, EFG 2019, 1307.
6) BFH v. 1.7.2021, VIII R 4/18, HFR 2021, 1169. Änderung durch JStG 2024; vgl. Az. 4 K 151/24, 6 K 1408/24, 15 K 15051/25.
7) BMF v. 14.5.2025, IV C 1 – S 2252/00075/016/070, BStBl I 2025, 1330, Rz. 239.
8) BFH v. 27.9.2016, VIII R 66/13, BStBl II 2017, 626.

ee) Erträge aus sonstigen Kapitalforderungen jeder Art (§ 20 Abs. 1 Nr. 7 EStG)

699 Zu den Einkünften aus Kapitalvermögen zählen alle Zinsen aus Kapitalforderungen jeder Art (§ 20 Abs. 1 Nr. 7 EStG), z.B. auch Verzugszinsen und Prozesszinsen (vgl. auch ab dem VZ 2024 den Erklärungstatbestand in Zeile 26a).[1] Es sind alle Vermögensmehrungen erfasst, die bei wirtschaftlicher Betrachtung Entgelt für eine Kapitalnutzung sind. Entschädigungszahlungen für entgehende Einnahmen (z.B. bei der vorzeitigen Beendigung eines Genussrechtsverhältnisses) sind stpfl. (§ 24 Nr. 1 Buchst. a EStG).[2] Wird Kapital gegen Entgelt überlassen, so ist der Einkunftstatbestand erfüllt. Zu berücksichtigen sind alle Entgelte, die für eine Kapitalüberlassung – im weitesten Sinne – zugeflossen sind. Es kann sich dabei auch dann um ein Entgelt handeln, wenn es sich nicht um eine reine Zinszahlung, sondern zumindest um eine Vermögensmehrung handelt, die bei wirtschaftlicher Betrachtung Entgelt für die Kapitalnutzung darstellt. Auch **Scheinrenditen** (Schneeballsysteme) führen zu Einkünften aus Kapitalvermögen, wenn es u.a. nicht an der Leistungsbereitschaft des zur Zahlung Verpflichteten mangelt.[3] Der BFH konkretisierte in einer weiteren Entscheidung die Voraussetzungen für einen anzunehmenden Zufluss von Erträgen. Der Auszahlungswunsch muss deutlich artikuliert (und nachgewiesen) werden, soweit die Beträge fällig sind.[4] In Einzelfällen hat sich die Finverw. auf eine Billigkeitsregelung verständigt.[5]

Beratungshinweis:

Der BFH bestätigte seine Rechtsauffassung in einem weiteren Verfahren.[6] Bei der Entscheidung, ob einer der in § 20 EStG aufgeführten Tatbestände erfüllt ist, kommt es darauf an, wie sich das jeweilige Rechtsgeschäft aus der Sicht des Kapitalanlegers als Leistungsempfänger bei objektiver Betrachtungsweise darstellt. Die KapESt hat auch bei Nichtabführung abgeltende Wirkung.[7]

Zinsen auf **rückerstattete Kreditbearbeitungsgebühren** sind kein stpfl. Nutzungsersatz;[8] der Bezug eines Nutzungsersatzes i.R.d. reinen Rückabwicklung eines Verbraucherdarlehensvertrags nach Widerruf (vor Anwendbarkeit des § 357a Abs. 3 Satz 1 BGB a.F.; jetzt § 357b BGB) begründet keinen steuerbaren Kapitalertrag, da er nicht auf einer erwerbsgerichteten Tätigkeit beruht und mithin nicht innerhalb der steuerbaren Erwerbssphäre erzielt wird.[9] **Bausparzinsen** fließen jährlich zu, auch wenn die Guthabenzinsen nicht ausgezahlt werden, sondern das Bausparguthaben erhöhen.[10] Zinsen, die Beteiligte einer Wohnungseigentümergemeinschaft aus der Anlage der **Erhaltungsrücklage** (früher: Instandhaltungsrücklage) erzielen, gehören zu den Einkünften aus Kapitalvermögen, auch wenn die Wohnung vermietet wurde.[11]

700 Von der Auffangvorschrift des § 20 Abs. 1 Nr. 7 EStG werden auch diejenigen Kapitalforderungen erfasst, deren **volle oder teilweise Rückzahlung** weder rechtlich noch faktisch garantiert ist. Im Rahmen des JStG 2009[12] wurde die Anwendungsregelung nochmals angepasst, um die Besteuerung von „Alt-Finanzinnovationen" (Anschaffung vor dem 1.1.2009) zu vereinheitlichen und zu vereinfachen.

Praxishinweis:

Als Finanzinnovationen i.S.d. der bisherigen Rechtslage werden die Wertpapieranlagen bezeichnet, die die Voraussetzungen des § 20 Abs. 2 Nr. 4 EStG a.F. erfüllen. Das sind im Einzelnen: auf- und abgezinste Kapitalforderungen (§ 20 Abs. 2 Nr. 4 Buchst. a EStG a.F.), abgetrennte Kapitalforderungen oder Zinsscheine (§ 20 Abs. 2 Nr. 4 Buchst. b EStG a.F.), Kapitalforderungen ohne Stückzinsberechnung, „flat" gehandelte Kapitalforderungen oder wenn die Höhe der Erträge von einem ungewissen Ereignis abhängt (§ 20 Abs. 2 Nr. 4 Buchst. c EStG) und Kapitalforderungen mit variabler Zinsausstattung (§ 20 Abs. 2 Nr. 4 Buchst. d EStG).

Danach ist auch bei Schuldverschreibungen i.S.d. § 20 Abs. 2 Satz 1 Nr. 4 EStG a.F., bei denen eine **Trennung zwischen Ertrags- und Vermögenssphäre** möglich erscheint oder die nur mit einer Teilkapitalgarantie ausgestattet sind, generell der Unterschied zwischen dem Erlös aus der Veräußerung oder Einlösung und den AK zu versteuern, wenn die Veräußerung/Einlösung ab 2009 erfolgt.

Beratungshinweis:

Für diese Art der Kapitalanlage existiert kein Bestandsschutz. Dies ist insoweit verwunderlich, da es insoweit zu einer verschärften Versteuerung ggü. der bisherigen Rechtslage gekommen ist. Bis zum VZ 2008 wurden entweder lediglich die reinen Zinsen der Kapitalanlage, die rechnerische Ermittlung derselben (Emissionsrendite) oder lediglich in Ausnahmefällen die Besteuerung von Wertveränderungen auf der privaten Vermögensebene (Ansatz der Marktrendite) versteuert.[13] Nunmehr erfolgt ohne Übergangsregelung die Versteuerung immer nach der Marktrendite (→ Rz. 745) inkl. möglicher Währungsschwankungen (§ 20 Abs. 4 EStG). Die Einfügung des § 52a Abs. 10 Satz 7 Halbsatz 2 EStG durch das JStG 2009 stellt jedenfalls insoweit keine unzulässige Rückwirkung dar, als dieser Vorschrift unterfallende Anleihen zum Zeitpunkt der Verkündung des JStG 2009 noch nach anderen Vorschriften steuerverhaftet waren.[14] Das Übergangsrecht ist verfassungsgemäß.[15]

---

1) BFH v. 24.5.2011, VIII R 3/09, BStBl II 2012, 254.
2) BFH v. 11.2.2015, VIII R 4/12, BStBl II 2015, 647.
3) BFH v. 16.3.2010, VIII R 4/07, BFH/NV 2010, 1527.
4) BFH v. 2.4.2014, VIII R 38/13, BStBl II 2014, 698.
5) Hackenberg, Steuer-Consultant 11/2010, 23.
6) BFH v. 11.2.2014, VIII R 25/12, BStBl II 2014, 461.
7) BFH v. 29.9.2020, VIII R 17/17, BStBl II 2021, 468; BFH v. 27.10.2020, VIII R 3/20, BStBl II 2021, 472 und VIII R 42/18, BStBl II 2021, 481.
8) BMF v. 14.5.2025, IV C 1 – S 2252/00075/016/070, BStBl I 2025, 1330., Rz. 8a.
9) Z.B. BFH v. 7.11.2023, VIII R 16/22, BStBl II 2024, 357.
10) FG Niedersachsen v. 17.7.2003, 10 K 305/98, EFG 2003, 1772 m.w.N.
11) R 21.2 Abs. 2 EStR 2012.
12) JStG 2009 v. 19.12.2008, BStBl I 2009, 74.
13) BMF v. 18.7.2007, IV B 8 – S 2252/0, BStBl I 2007, 548 und BMF v. 17.6.2008, IV C 1 – S 2252/07/0002, BStBl I 2008, 715.
14) FG Düsseldorf v. 30.1.2018, 13 K 2430/16 E, EFG 2018, 1179.
15) BFH v. 13.12.2022, VIII R 23/20, BStBl II 2023, 480.

Die Regelungen zur Abgeltungsteuer finden grds. auf Erträge Anwendung, die nach dem 31.12.2008 zufließen. Es gilt jedoch, bei bestimmten Wertpapieren Übergangsfristen zu beachten, die in den Anwendungsvorschriften zur Einführung einer Abgeltungsteuer auf Kapitalerträge und Veräußerungsgewinne geregelt sind (§ 52 Abs. 28 Satz 16 EStG). Gewinne aus **bis zum 31.12.2008 erworbenen Wertpapieren** sind weiterhin nach den Regeln der privaten Veräußerungsgeschäfte (§ 23 EStG a.F.) mit der Folge zu versteuern, dass Veräußerungsgewinne, z.B. aus Aktien weiterhin nach dem 31.12.2008 steuerfrei vereinnahmt werden können, wenn die Haltefrist von einem Jahr abgelaufen ist. Im stpfl. Veräußerungsfall findet auch das Halbeinkünfteverfahren (§ 3 Nr. 40, § 3c Abs. 2 EStG a.F.) weiterhin Anwendung. **701**

Schuldverschreibungen, die nicht als sog. **Finanzinnovationen** (§ 20 Abs. 2 Nr. 4 EStG a.F.) gelten und bisher lediglich i.R.d. § 23 EStG a.F. stpfl. waren (**Wertpapiere ohne Kapitalrückzahlungsgarantie**, z.B. Vollrisikozertifikate), unterliegen der Abgeltungsteuer, wenn die Wertpapiere nach dem 14.3.2007[1] erworben und nach dem 30.6.2009[2] veräußert werden (besondere **Übergangsregelung** des § 52 Abs. 28 EStG).

Beratungshinweis:
Hierdurch wird verhindert, dass sehr lang oder ggf. endlos laufende Zertifikate nicht der Abgeltungsteuer unterliegen. Die Frist resultiert daraus, dass grds. der weit überwiegende Teil der Zertifikate eine begrenzte Laufzeit von zumeist weniger als zwei Jahren aufweist.[3]

Zur Besteuerung laufender Kapitalerträge aus Vollrisikowertpapieren, die vor dem 15.3.2007 erworben wurden, vgl. BFH v. 28.5.2019.[4] Diese Wertpapiere stellen ggf. keine Kapitalforderungen nach § 20 Abs. 1 Nr. 7 EStG dar.

Für obligationsähnliche **Genussrechte** bestand zunächst keine Übergangsfrist, so dass entsprechende Vorgänge immer stpfl. sind (kein grandfathering) und im Ergebnis wie Finanzinnovationen behandelt werden.[5] Der BFH hielt diese Rechtsauffassung für unzutreffend, da alleine auf die Erfüllung der Voraussetzung des Grundtatbestands des § 20 Abs. 2 Nr. 4 EStG a.F. abzustellen ist.[6] Entschädigungszahlungen für entgehende Einnahmen (z.B. bei der vorzeitigen Beendigung eines Genussrechtsverhältnisses) sind stpfl. (§ 24 Nr. 1 Buchst. a EStG).[7] Genussrechte führen nur dann zu Bezügen i.S.d. § 20 Abs. 1 Nr. 1 EStG, wenn der Genussrechtsinhaber kumulativ sowohl am Gewinn als auch am Liquidationserlös beteiligt ist – sog. beteiligungsähnliche Genussrechte.[8]

Der Verzicht eines Kindes auf künftige **Pflichtteilsansprüche ggü. den Eltern** – vor Eintritt des Erbfalls – und die im Gegenzug gewährten wiederkehrenden Zahlungen stellen keinen entgeltlichen Leistungsaustausch dar. Ebenso ist in der Gewährung der Leistungen auch keine Kapitalüberlassung zu sehen.[9] Aus diesem Grund ist in den wiederkehrenden Zahlungen auch kein zu erfassender Zinsanteil i.S.d. § 20 Abs. 1 Nr. 7 EStG enthalten. Der Rechtsgrund der Zahlungen liegt in diesen Fällen im Vermächtnis; die Eltern werden nicht von einer Schuld oder einer anderen Belastung befreit. Im Zusammenhang mit **Rentennachzahlungen** gezahlte Zinsen sind steuerpflichtige Zinseneinkünfte.[10] **702**

ff) Diskontbeträge von Wechseln und Anweisungen einschließlich der Schatzwechsel (§ 20 Abs. 1 Nr. 8 EStG)

Zu den Kapitalerträgen zählen auch Diskontbeträge von Wechseln und Anweisungen einschließlich der Schatzwechsel. Die Vorschrift bezieht sich auf Diskontabschläge beim Kauf eines Wechsels oder einer kaufmännischen Anweisung (§ 783 BGB) vor deren Fälligkeit. Der Differenzbetrag ist als Einnahme aus Kapitalvermögen zu versteuern. **703**

Diskontbeträge von Wechseln und kaufmännischen Anweisungen unterliegen nicht der KapESt.

gg) Besondere Entgelte

Zu den Einnahmen gehören **alle Zuwendungen in Geld oder Geldeswert**, soweit es sich nicht um eine Kapitalrückzahlung handelt und auch besondere Entgelte oder Vorteile, die neben den bezeichneten Einnahmen oder an deren Stelle gewährt werden (§ 20 Abs. 3 EStG). Hierzu gehören z.B. nicht als Gewinnanteile ausgekehrte Bezüge und auch Sachzugaben sowie Entschädigungszahlungen für realisierte Verluste und künftig zu erwartende Schäden, die auf Grund von Beratungs- und Bearbeitungsfehlern im Zusammenhang mit einer Kapitalanlage[11] (z.B. Kauf/Verkauf auf Grund einer Falschberatung, Bearbeitungsfehler) geleistet werden. Voraussetzung ist jedoch der unmittelbare konkrete Zusammenhang mit einer Transaktion. **704**

1) Datum des Kabinettsbeschlusses zum Entwurf eines UntStRefG 2008.
2) Diese Frist stellt die durchschnittliche Haltedauer von rund 18 Monaten dar, BR-Drucks. 220/07 v. 30.3.2007.
3) BT-Drucks. 16/5491 v. 24.5.2007.
4) BFH v. 28.5.2019, VIII R 7/16, BStBl II 2019, 610.
5) Kritisch hierzu Elser/Bindl, FR 2010, 360.
6) BFH v. 12.12.2012, I R 27/12, BStBl II 2013, 682.
7) BFH v. 11.2.2015, VIII R 4/12, BStBl II 2015, 647.
8) BFH v. 14.08.2019, I R 44/17, HFR 2020, 787.
9) BFH v. 9.2.2010, VIII R 43/06, BStBl II 2010, 818.
10) BFH v. 9.6.2015, VIII R 18/12, BStBl II 2016, 523.
11) BMF v. 14.5.2025, IV C 1 – S 2252/00075/016/070, BStBl I 2025, 1330, Rz. 83.

Beratungshinweis:
Nach dem 30.6.2009 realisierte Verluste aus der Veräußerung von sog. Vollrisikozertifikaten, die nach dem 14.3.2007 angeschafft wurden, unterliegen der Steuerpflicht.[1)]

Entsprechendes gilt für Zahlungen für entgangene Gewinne etc. oder Erstattungen von Ertragsausfällen, weil sich z.B. die Bearbeitungszeit bei einem Vorgang verlängert hat. Anders könnten die Tatbestände zu beurteilen sein, wenn z.B. eine verspätete Auftragsausführung zu einem Verlust führt (Erstattung realisierter Verluste). Zahlungen im Zusammenhang mit Fällen, für die der Bestandsschutz gilt, dürften insoweit nicht betroffen sein, da durch § 20 Abs. 3 EStG kein neuer Besteuerungstatbestand geschaffen werden darf. Auch eine Mietminderung (geldwerter Vorteil aus einer Nutzungsentgeltminderung) kann einen besonderen Vorteil darstellen.[2)]

Die Übergangsregelungen (§ 52 Abs. 28 EStG) für Finanzinnovationen und Zertifikate sind dabei zu beachten.

e) Veräußerungstatbestände i.S.d. § 20 Abs. 2 EStG

aa) Allgemeines

705 **Beratungshinweis:**
Seit dem VZ 2014 sind Veräußerungstatbestände nicht mehr gesondert zu erklären. Die Erklärung ist auf Grund der bis zum VZ 2013 bestehenden Übergangsregelungen (§ 52 Abs. 28 EStG) notwendig. Veräußerungstatbestände sind in der Gesamtsumme der Kapitalerträge enthalten. Lediglich Veräußerungstatbestände (Gewinne und Verluste) mit Aktien sind gesondert zu erklären, da für diese Wertpapiere weiterhin ein gesonderter Verlustverrechnungskreis besteht. Zur Frage der Verfassungsmäßigkeit des Wegfalls der Berücksichtigung von Altverlusten → Rz. 681.

Neben den laufenden Einnahmen des § 20 Abs. 1 EStG unterliegen der Abgeltungsteuer auch die **Wertzuwächse**, die der stpfl. Person durch Veräußerung entsprechender Kapitalanlagen verbleiben (§ 20 Abs. 2 EStG). Zur Berücksichtigung von Verlusten vgl. den Erklärungstatbestand in Zeile 15. Die Haltedauer der Kapitalanlagen ist bei Erwerben unbeachtlich.

Die Vorschrift des § 20 Abs. 2 EStG regelt die umfassende und abschließende Besteuerung von Wertpapieren im Rahmen der Veräußerung/Einlösung. Grundsätzlich unterliegen die Veräußerungstatbestände der Abgeltungsteuer, wenn die Anschaffung der zu Grunde liegenden WG (Rechte, Rechtspositionen) nach dem 31.12.2008 erfolgt (zu den Ausnahmen bei Finanzinnovationen → Rz. 700).

Im Rahmen der Abgeltungsteuer wird nicht zwischen der Frucht und dem Stamm des Kapitals unterschieden. Nach der Gesetzesbegründung wird jedoch weiterhin zwischen Kapitalnutzung und -verwertung unterschieden; Erträge sollen der Vorschrift § 20 Abs. 1 Nr. 7 EStG und der Vermögenszufluss der Vorschrift § 20 Abs. 2 Nr. 7 EStG zuzuordnen sein.[3)] Die Finverw. nimmt laufenden Zinsertrag insoweit an, als die Emissionsbedingungen nicht von vornherein eindeutige Angaben zur Tilgung oder zur Teiltilgung während der Laufzeit vorsehen und die Vertragspartner entsprechend verfahren.[4)] Sind bei einem Zertifikat im Zeitpunkt der Endfälligkeit keine Zahlungen vorgesehen, weil der Basiswert eine nach den Emissionsbedingungen vorgesehene Bandbreite verlassen hat, oder kommt es durch das Verlassen der Bandbreite zu einer (vorzeitigen) Beendigung des Zertifikats ohne weitere Kapitalrückzahlung, liegt eine Einlösung und damit ein veräußerungsgleicher Tatbestand vor.[5)]

Vereinnahmte **Stückzinsen** sind stpfl., auch wenn die Anwendbarkeit von Übergangsvorschriften umstritten ist.[6)]

Beratungshinweis:
Stückzinsen sind als Teil des Gewinns aus der Veräußerung sonstiger Kapitalforderungen gemäß § 20 Abs. 2 Satz 1 Nr. 7 EStG nach der Einführung der Abgeltungsteuer auch dann zu besteuern, wenn die der Veräußerung zugrunde liegende Forderung vor dem 1.1.2009 erworben wurde.[7)]

Negative Einnahmen (= gezahlte Stückzinsen) werden nach § 20 Abs. 1 Nr. 7 EStG berücksichtigt.

706 Gewinne

- aus der Veräußerung von Aktien, Genussrechten und ähnlichen Beteiligungen (§ 20 Abs. 2 Nr. 1 EStG), Dividendenscheinen ohne Stammrecht und Zinsscheinen ohne Schuldverschreibung (§ 20 Abs. 2 Nr. 2 EStG). Zu beachten ist, dass bei einer Beteiligung von mind. 1 % die Regelung des § 17 EStG Vorrang hat, mit der Folge, dass der individuelle Steuersatz und das Teileinkünfteverfahren zur Anwendung kommen.

Praxishinweis:
Zur Frage der Umqualifizierung von Einkünften in Einkünfte i.S.d. § 17 EStG vgl. BMF.[8)]

Nicht zu den Einkünften gehört die die AK übersteigende Rückzahlung von Beträgen aus dem steuerlichen Einlagekonto. Diese werden von § 17 Abs. 4 EStG erfasst. Die bisherige Regelung in § 23 Abs. 2 Satz 3 EStG a.F.,

1) BFH v. 29.10.2019, VIII R 16/16, BStBl II 2020, 254.
2) BFH v. 22.10.2024, VIII R 23/21, BStBl II 2025, 33.
3) BT-Drucks. 16/4841, 56 v. 27.3.2007.
4) BMF v. 14.5.2025, IV C 1 – S 2252/00075/016/070, BStBl I 2025, 1330, Rz. 48.
5) BMF v. 14.5.2025, IV C 1 – S 2252/00075/016/070, BStBl I 2025, 1330, Rz. 8a.
6) FG Münster v. 2.8.2012, 2 K 3644/10 E, EFG 2012, 2284.
7) BFH v. 7.5.2019, VIII R 31/15, BStBl II 2019, 577, und VIII R 22/15, BStBl II 2019, 576.
8) BMF v. 16.12.2014, IV C 1 – S 2252/14/10001 :001, BStBl I 2015, 24.

dass im PV gehaltene Anteile an einer Beteiligung i.S.d. § 17 EStG bei einer Veräußerung innerhalb der Jahresfrist die Regelung des § 23 EStG – abweichend von der allgemeinen Subsidiaritätsregel des § 23 Abs. 2 Satz 1 EStG (jetzt § 23 Abs. 2 EStG) – ggü. § 17 EStG vorgeht, ist entfallen. Durch die Abgeltungsregelung der Besteuerung von Anteilsveräußerungen in § 20 Abs. 2 Nr. 1 EStG ist § 23 EStG vollumfänglich subsidiär, so dass für eine analoge Regelung des § 23 Abs. 2 Satz 2 EStG a.F. keine Notwendigkeit mehr besteht.

- aus Termingeschäften wie Optionen, Futures, Forwards (§ 20 Abs. 2 Nr. 3 EStG),
- aus der Veräußerung von WG, die Erträge aus stillen Gesellschaften oder eines partiarischen Darlehens erzielen (§ 20 Abs. 2 Nr. 4 EStG),
- aus der Veräußerung von Lebensversicherungen (§ 20 Abs. 2 Nr. 6 EStG),
- aus der Veräußerung von Kapitalforderungen jeder Art (§ 20 Abs. 2 Nr. 7 EStG) und
- aus Rechtspositionen i.S.d. § 20 Abs. 1 Nr. 9 EStG (= ausschüttungsähnliche Nutzungserträge; zu Einnahmen von Stiftungen bei **Destinatären** vgl. Haas[1])

sind steuerpflichtig.

Die Steuerpflicht tritt dabei aber nur ein, soweit das entsprechende Grundlagengeschäft nach dem 31.12.2008 erfolgte (Ausnahme bei Finanzinnovationen → Rz. 700).

Die Vorschrift des § 20 Abs. 2 Nr. 7 EStG gilt dabei – analog § 20 Abs. 1 Nr. 7 EStG – als Auffangtatbestand. Neben den bereits nach § 20 Abs. 1 Nr. 7 EStG zu versteuernden laufenden Erträgen, werden durch eine entsprechende Ergänzung der Vorschrift auch Wertzuwächse auf der Vermögensebene erfasst. Damit verbreitert sich die BMG z.B. regelmäßig bei Auslandsanlagen, da diese selten exakt zum Nennwert erworben werden und damit bei Verkauf zumindest eine kleine Änderung (pos. oder neg.) aufweisen werden. **707**

Beratungshinweis:

Die Einlösung einer Xetra Gold Inhaberschuldverschreibung (allg. **Edelmetall-Schuldverschreibungen**) stellt keine Veräußerung dar, da der Begriff einer Kapitalforderung nicht erfüllt ist. Eine Versteuerung kann daher nur im Rahmen eines privaten Veräußerungsgeschäfts erfolgen (§ 23 Abs. 1 Satz 1 Nr. 2 EStG).[2] Die eingeräumte Möglichkeit statt der Auslieferung physischen Goldes ersatzweise die Zahlung eines Geldbetrags zu verlangen führt nicht zu einer Geldforderung. Mit der Einlösung der Xetra-Gold Inhaberschuldverschreibungen kommt es nicht zur Einlösung einer Kapitalforderung (§ 20 Abs. 2 Satz 1 Nr. 7 EStG), sondern es wird lediglich der Anspruch gegen die Emittentin der Inhaberschuldverschreibung auf die Lieferung von Gold erfüllt (Anschluss an BFH-Rechtsprechung[3]). Der Gewinn aus der Veräußerung von Anteilen an einem Fonds, der sein Kapital allein in physischem Gold anlegt, unterliegt der Besteuerung nach § 20 Abs. 2 Satz 1 Nr. 1, Abs. 4 EStG; die Veräußerung des Fondsanteils begründet keinen Anspruch auf die Lieferung von physischem Gold.[4] Der Gewinn aus der Veräußerung von an der Börse gehandelter Inhaberschuldverschreibungen, die einen Anspruch gegen die Emittentin auf Lieferung physischen Goldes verbrieften und den aktuellen Goldpreis abbildeten (z.B. „Gold Bullion Securities"), ist jedenfalls dann nicht steuerpflichtig, wenn die Emittentin verpflichtet ist, das ihr zur Verfügung gestellte Kapital nahezu vollständig zum Erwerb von Gold einzusetzen. Dies gilt auch dann, wenn nach den Emissionsbedingungen der Inhaber bei der Kündigung der Schuldverschreibungen statt der Lieferung des verbrieften Goldes die Auszahlung des Erlöses aus dem Verkauf des für ihn hinterlegten Goldes verlangen kann. Auch in diesem Fall wird primär eine Sachleistung geschuldet.[5]

Der Besteuerung unterliegen alle Erträge, bei denen entweder die Rückzahlung des Kapitalvermögens, die Ertragserzielung oder ggf. beide Komponenten unsicher sind. Es wird insoweit nicht mehr auf die Garantie, sondern auf die Leistung einer Kapitalrückzahlung oder eines Entgelts abgestellt. Hierdurch werden auch die Kapitalanlagen erfasst, bei denen die Rückzahlung von der Entwicklung eines Basiswertes (z.B. DAX) abhängig war. Hierzu gehören insb. Zertifikate, bei denen die Rückzahlung des Kapitals in Abhängigkeit von Indizes erfolgt und keine regelmäßigen Zinszahlungen erbracht werden. Zur Besteuerung der Auszahlungen aus dem **Insolvenzplan Lehman Brothers** Holding Inc. vgl. OFD Rheinland v. 4.4.2013.[6] Verluste aus der Veräußerung von Zertifikaten einer insolventen Emittentin (ebenfalls Lehman Brothers) wurden vom FG Niedersachsen[7] hingegen als steuerlich maßgeblich erachtet. Der BFH berücksichtigt Verluste aus Knock-out-Zertifikaten.[8]

Praxishinweis:

Nach dem 30.6.2009 realisierte Verluste aus der Veräußerung von sog. Vollrisikozertifikaten, die nach dem 14.3.2007 angeschafft wurden, unterfallen § 20 Abs. 2 Satz 1 Nr. 7, Abs. 4, Abs. 6 EStG i.d.F. des Streitjahres.[9]

Der Erwerb **von wertgeminderten Gesellschafterdarlehen** führt zu steuerverhafteten Kapitalanlagen, soweit die Forderung nach dem 31.12.2008 erworben und getilgt wurde. Zum Ausfall einer Forderung und der steuerlichen Berücksichtigung→ Rz. 738. **708**

Zu den Einkünften gehören auch besondere Entgelte oder Vorteile, die neben den bezeichneten Einnahmen oder an deren Stelle gewährt werden (§ 20 Abs. 3 EStG) → Rz. 704. **709**

1) Haas, DStR 2010, 1011.
2) BFH v. 12.5.2015, VIII R 35/14, BStBl II 2015, 834.
3) BFH v. 12.5.2015, VIII R 4/15, BStBl II 2015, 835; BFH v. 6.2.2018, IX R 33/17, BStBl II 2018, 525.
4) BFH v. 12.4.2021, VIII R 15/18, BStBl II 2021, 913.
5) BFH v. 16.6.2020, VIII R 7/17, BStBl II 2021, 9. Vgl. auch BMF v. 19.2.2021, IV C 1 – S 2252/19/10003 :007, BStBl I 2021, 296.
6) OFD NRW, Kurzinformation ESt Nr. 26/2014 v. 24.7.2014, DB 2014, 1771.
7) FG Niedersachsen v. 21.5.2014, 2 K 309/13, EFG 2014.
8) BFH v. 16.6.2020, VIII R 1/17, BStBl II 2021, 144.
9) BFH v. 29.10.2019, VIII R 16/16, BStBl II 2020, 254.

710 Für Zwecke der KapESt (§ 44 Abs. 1 Satz 7 ff. EStG) gilt auch die **Übertragung von Wertpapieren** auf eine andere Person als Veräußerung, soweit es sich um einen materiell rechtlich stpfl. Vorgang nach § 20 Abs. 2 EStG handelt. Dies gilt jedoch nicht im Rahmen einer Übertragung von einem Konto des Ehegatten/Lebenspartners auf ein Gemeinschaftskonto (oder umgekehrt). Handelt es sich tatsächlich nicht um einen stpfl. Vorgang (z.B. eine Schenkung), werden die stpfl. Personen diesen Tatbestand der auszahlenden Stelle rechtzeitig und zeitnah mitteilen müssen, so dass für diese Fälle im folgenden Kj. eine Veranlagung nach § 32d Abs. 4 EStG nicht durchzuführen ist, um die zu viel einbehaltene KapESt seitens des FA erstattet zu bekommen (§ 43 Abs. 1 Satz 4 f. EStG).

Für die Bank ergibt sich aus dem neuen Veräußerungstatbestand die Schwierigkeit, dass eine Vielzahl von Anschaffungs- und Veräußerungsgeschäften (mit Gewinn oder Verlust) abgerechnet werden muss. Daher ist ein besonderer Verlustverrechnungstopf (Steuerverrechnungskonto) zu bilden, über den die einzelnen Geschäfte abgewickelt werden können.

bb) Einzeltatbestände

(1) Termingeschäfte/Allgemeines

711 Gewinne in Zusammenhang mit Termingeschäften gehören zu den Einkünften aus Kapitalvermögen. Hierunter sollen (wie unter die bisherigen Regelungen) sämtliche als Options- oder Festgeschäfte ausgestaltete Finanzinstrumente fallen, deren Preis mittelbar oder unmittelbar von den Börsen- oder Marktpreisen von Wertpapieren etc. abhängig ist. Durch diese Wertpapiergeschäfte werden Kursschwankungen des Marktes ausgenutzt.

Der **Begriff des Termingeschäfts** umfasst dabei sämtliche als Options- oder Festgeschäft ausgestaltete Finanzinstrumente sowie Kombinationen zwischen Options- und Festgeschäften, deren Preis unmittelbar oder mittelbar abhängt von

- dem Börsen- oder Marktpreis von Wertpapieren,
- dem Börsen- oder Marktpreis von Geldmarktinstrumenten,
- dem Kurs von Devisen oder Rechnungseinheiten,
- Zinssätzen oder anderen Erträgen oder
- dem Börsen- oder Marktpreis von Waren oder Edelmetallen.

Termingeschäfte sind damit **Rechtsgeschäfte**, bei denen **Abschluss und Erfüllung** des Geschäfts **zeitlich auseinanderfallen**. Sie beinhalten ein Recht auf Zahlung eines Geldbetrags oder auf einen sonstigen Vorteil (z.B. die Lieferung von Wertpapieren), welches sich nach unterschiedlichen Bezugsgrößen bestimmt, z.B. nach der Wertentwicklung einer Aktie.

> **Beratungshinweis:**
> Inhaltlich ist zwischen dem Kauf und dem Verkauf einer Kauf- oder einer Verkaufsposition zu differenzieren. Diese Unterscheidung ist grundlegend, da an dieser Stelle bereits entschieden wird, in welcher Einkunftsart stpfl. Einnahmen erzielt werden: Beim Verkauf einer Option in Eröffnungsgeschäften handelt es sich bei den daraus erzielten Einnahmen um stpfl. Einnahmen i.S.d. § 20 Abs. 1 Nr. 11 EStG (Stillhalterprämien → Rz. 747).

Unterschieden wird dabei weiterhin zwischen zwei Tatbeständen, wobei die Finverw. von den folgenden Grundsätzen ausgeht:

- Nach § 20 Abs. 2 Nr. 3 Buchst. a EStG sind Gewinne steuerbar, durch die ein Differenzausgleich oder ein durch einen Wert einer veränderlichen Bezugsgröße bestimmter Geldbetrag oder Vorteil erlangt wird. Es handelt sich hierbei um Rechtsgeschäfte ohne Lieferverpflichtung, bei denen keine Umsätze mit tatsächlich lieferbaren WG durchgeführt werden. Zu den Termingeschäften gehören z.B. Optionsgeschäfte, Zinsbegrenzungsvereinbarungen und Futures.

> **Beratungshinweis:**
> Auch Contracts for Difference (Derivate der zu Grunde liegenden Basiswerte, z.B. Aktien [CfD]), die im Unterschied zu Optionen/Futures eine unbegrenzte Laufzeit haben, sollen diesen Besteuerungsregeln unterliegen.[1] Werden Kompensationszahlungen/Zinsausgleichszahlungen geleistet, unterliegen sie dem gleichen Schicksal und stellen dabei weder eine sonstige Leistung i.S.d. § 22 Nr. 3 EStG noch eine laufende Zinszahlung dar.

- Zudem werden Gewinne aus der Veräußerung von als Termingeschäften ausgestalteten Finanzinstrumenten erfasst, z.B. Glattstellungsgeschäfte bei Optionsgeschäften (§ 20 Abs. 2 Nr. 3 Buchst. b EStG). Glattstellungsgeschäfte bei Futures unterliegen hingegen der Besteuerung nach § 20 Abs. 2 Nr. 3 Buchst. a EStG.

712 Die **Glattstellung** durch den Inhaber einer Option wird dabei von § 20 Abs. 2 Nr. 3 Buchst. b EStG, bei einem Future dagegen von § 20 Abs. 2 Nr. 3 Buchst. a EStG erfasst.

An der Terminbörse EUREX ist eine „Veräußerung" – in Form einer Realisierung von Gewinnen und/oder Verlusten wie z.B. bei Aktien – nicht möglich. Eine Lösung aus dem bestehenden Optionsrecht ist nur durch eine Glattstellung möglich, die jedoch wirtschaftlich wie ein Verkauf „wirkt". Glattstellungsgeschäfte bieten daher an der

1) Haisch, DStZ 2010, 61.

EUREX die einzige Möglichkeit, sich von der eingegangenen Position zu lösen und somit Gewinne oder Verluste zu realisieren.

Die Glattstellung durch ein Gegengeschäft ist dabei der Regelfall. Der Inhaber einer Option tätigt ein entsprechendes Gegengeschäft mit gleicher Laufzeit, gleichem Basiswert und gleicher Fälligkeit und „closing-Vermerk"; das Gegengeschäft ist daher in allen Merkmalen gleich und erhält die „Gegenposition" durch den closing-Vermerk. Mit diesem Rechtsgeschäft löst sich der Anleger aus allen Rechten und Pflichten, die auf Grund der Option entstanden sind.

Lässt der Inhaber einer Kaufoption diese am Ende der Laufzeit **verfallen**, sind die für den Erwerb der Option entstandenen Aufwendungen bei der Ermittlung des Gewinns/Verlusts zu berücksichtigen (§ 20 Abs. 4 Satz 5 EStG).[1] **713**

(2) Termingeschäfte/Grundpositionen

(2.1) Grundposition Long Call (Kauf einer Kaufoption)

Der Käufer einer Kaufoption hat das Recht (und nicht die Pflicht), einen bestimmten Basiswert zu erwerben. **714**

Die **Lieferung des Basiswerts** selbst ist kein Ertrag, sondern Gehalt des Optionsrechts. **715**

Wird der Basiswert oder ein anderer gelieferter Vermögensvorteil innerhalb eines Jahres nach Annahme des Verkaufsangebots veräußert, handelt es sich um einen Veräußerungstatbestand. Eine Zusammenfassung des Optionsgeschäfts und des Ausführungsgeschäfts ist nicht möglich. Die Lieferung selbst ist kein Ertrag des Optionsrechts.

Wird dem Inhaber der Kaufoption **nicht** der **Basiswert geliefert**, **sondern** erhält er **anstelle** des **Basiswerts** einen stpfl. **Barausgleich** (Differenzausgleich), ist dieser stpfl. (§ 20 Abs. 2 Nr. 3 Buchst. a EStG). Die Anschaffungs(-neben)kosten für das Optionsrecht sind als WK zu berücksichtigen (§ 20 Abs. 4 Satz 5 EStG). Dieser Vorgang kann auch zu einem Verlust führen. **716**

Veräußert der Inhaber der **Option** dieselbe oder wird das Geschäft glattgestellt, handelt es sich um einen stpfl. Veräußerungsvorgang (§ 20 Abs. 2 Nr. 3 Buchst. b EStG). **717**

Praxishinweis:

An der EUREX ist eine „Veräußerung" nach dem allgemeinen Verständnis einer „Veräußerung" i.S.d. Realisierung von Gewinnen/Verlusten nicht möglich. Eine Lösung aus dem bestehenden Optionsrecht ist nur durch Glattstellung möglich, die jedoch wie ein Verkauf „wirkt". Glattstellungsgeschäfte bieten an der EUREX die einzige Möglichkeit, sich von der eingegangenen Position zu lösen.

Die Glattstellung durch ein Gegengeschäft ist der Regelfall. Der Inhaber einer Option tätigt ein entsprechendes Gegengeschäft mit gleicher Laufzeit, gleichem Basiswert und gleicher Fälligkeit und „closing-Vermerk"; das Gegengeschäft ist daher in allen Merkmalen gleich und erhält die „Gegenposition" durch den closing-Vermerk. Mit diesem Rechtsgeschäft löst sich der Anleger aus allen Rechten und Pflichten, die auf Grund der Option entstanden sind.

Die Frage, ob ein **Glattstellungsgeschäft steuerbar** ist oder nicht, wurde von der Finanzgerichtsbarkeit zur alten Rechtslage bis 31.12.2008[2] zunächst insoweit beantwortet, als dass das Gericht eine Glattstellung für nicht steuerbar ansah, da es am Tatbestand der Veräußerung fehle. Im Rahmen der erfolgten Glattstellung werde ein zweiter, zum Erstgeschäft gegenläufiger Kontrakt, versehen mit einem die Glattstellung bezeichnenden besonderen closing-Vermerk, abgeschlossen. Es handelt sich daher nicht um eine Rückveräußerung des erworbenen Optionsrechts. Dieser Auffassung ist der BFH nicht gefolgt. In seinem Urteil vom 29.6.2004[3] bestätigt der BFH die bisherige Besteuerung von Optionsgeschäften aus Sicht der Finverw. Die Option ist als WG zu beurteilen. Dieses WG kann danach auch Gegenstand eines privaten Veräußerungsgeschäfts sein. **718**

Nach der Rechtsprechung des BFH zählen zu den WG, die Gegenstand eines privaten Veräußerungsgeschäfts i.S.d. § 23 EStG a.F. sein können, auch Optionsrechte.[4] Nach Auffassung des BFH erfüllt das Glattstellungsgeschäft die Tatbestandsmerkmale des § 23 EStG a.F.; es komme nicht darauf an, dass es nicht eine Rückveräußerung der ursprünglich erworbenen Option darstellt. Vielmehr reiche es aus, dass das in der Glattstellung liegende und auf das Erlöschen der Option gerichtete Rechtsgeschäft als Veräußerung anzusehen sei. Durch das Glattstellungsgeschäft wird im Ergebnis nicht das entsprechende Eröffnungsgeschäft rückgängig gemacht, sondern erfüllt.

Gewinn ist dabei der Unterschiedsbetrag zwischen den AK der Option und der durch das Gegengeschäft erhaltenen Optionsprämie. Die erhaltene Optionsprämie aus der Stillhalterposition führt nicht mehr zu Einnahmen aus sonstigen Leistungen, sondern ist Veräußerungserlös. **719**

Wird eine **Option kurz vor Endfälligkeit verkauft**, stellt sich die grds. Frage der Werthaltigkeit einer solchen Option. Bleiben die in die Option gesetzten Erwartungen unerfüllt, wird zwangsläufig ein „Verkauf" der Option zu erwägen sein, um mögliche Verluste wirtschaftlich zu begrenzen. Die Option wird jedoch gegen Ende der Laufzeit immer mehr an Wert verlieren, so dass diese letztlich nicht mehr verkauft werden kann, da sich kein Marktteilnehmer mit gegenläufigen Interessen findet. Im Ergebnis verfällt die Option und (aus Sicht der Finverw.) der Verlust wäre ertragsteuerlich irrelevant. Kreditinstitute z.B. erwerben außerbörslich kurz vor Endfälligkeit Optionen **720**

1) BMF v. 14.5.2025, IV C 1 – S 2252/00075/016/070, BStBl I 2025, 1330, Rz. 32, auf Grundlage BFH v. 12.1.2016, IX R 48/14, BStBl II 2016, 456 u. IX R 49/14, BStBl I 2016, 459 u. IX R 50/14, BStBl II 2016, 462.
2) FG Köln v. 22.1.2003, 14 K 3337/99, Streitjahre 1994, 1995, EFG 2003, 853.
3) BFH v. 29.6.2004, IX R 26/03, BStBl II 2004, 995.
4) BFH v. 24.7.1996, X R 139/93, BFH/NV 1997, 105.

zu einem minimalen Preis (0,01 €).[1] Das FG Baden-Württemberg[2] hatte den Verkauf als Scheingeschäft i.S.d. § 41 Abs. 2 AO beurteilt und den aus dem „Verkauf" entstandenen Verlust nicht berücksichtigt. Das Verfahren ist in der Hauptsache erledigt; das Urteil jedoch gegenstandslos[3] und in anderer (unbekannter) Weise beendet worden.

Beratungshinweis:
„Symbolische Veräußerungen" zu einem Preis von Bruchteilen eines Euro werden von der Verwaltung nach Änderung der eigenen Auffassung als Veräußerungsgeschäft anerkannt, auch wenn der Veräußerungspreis die tatsächlichen Transaktionskosten nicht übersteigt. **Die Veräußerung ist weder von der Höhe der Gegenleistung noch von der Höhe der anfallenden Veräußerungskosten abhängig. Von einer Veräußerung eines wertlosen WG ist regelmäßig auszugehen, wenn der Veräußerungserlös die tatsächlichen Transaktionskosten nicht übersteigt.**[4] Der BFH sieht keinen Gestaltungsmissbrauch und berücksichtigte den Verkauf auch als steuerlichen Veräußerungstatbestand.[5] Die Veräußerung wertloser Aktien stellt grds. keinen Gestaltungsmissbrauch (§ 42 AO) dar, selbst wenn sich der Verkäufer verpflichtet, vom Käufer wertlose Aktien zu kaufen.[6] Zur ertragsteuerlichen Behandlung von Gesellschafterdarlehen vgl. BMF v. 7.6.2022.[7]

721 Zum **Verfall einer Option** → Rz. 713.

(2.2) Grundposition Long Put (Kauf einer Verkaufsoption)

722 Übt der Inhaber die Verkaufsoption aus und liefert den Basiswert, liegt ein privates Veräußerungsgeschäft nach § 20 Abs. 2 EStG hinsichtlich des Basiswerts vor. Beim Erwerb der Option angefallene Aufwendungen (z.B. Bankspesen, Provisionen, Transaktionskosten) gehören zu den AK des Optionsrechts.[8]

723 Wird ein **Barausgleich** (Differenzausgleich) gezahlt, handelt es sich um einen Veräußerungstatbestand (§ 20 Abs. 2 Nr. 3 Buchst. a EStG). Im Zusammenhang stehende Aufwendungen sind zu berücksichtigen (§ 20 Abs. 4 Satz 5 EStG).

724 Wird die **Option** veräußert oder stellt der Inhaber die Option durch ein Gegengeschäft (mit closing-Vermerk) glatt, handelt es sich um ein Veräußerungsgeschäft (§ 20 Abs. 2 Nr. 3 Buchst. b EStG). Gewinn ist dabei der Unterschiedsbetrag zwischen den AK der Option und der durch das Gegengeschäft erhaltenen Optionsprämie.

725 Verfällt die Option, ist kein einkommensteuerrechtlicher Sachverhalt gegeben (→ Rz. 721).

(2.3) Grundposition Short Call (Verkauf einer Kaufoption)

726 Die **Stillhalterprämie** (Optionsprämie), die der Inhaber erhält, stellt eine sonstige Leistung i.S.d. § 20 Nr. 1 Nr. 11 EStG dar. Hat der Stillhalter den Basiswert zu liefern (Ausführungsgeschäft), gehört ein hieraus resultierender Verlust nicht zu den zu berücksichtigenden Aufwendungen. Dies gilt auch dann, wenn der Stillhalter einen Barausgleich zu leisten hat. Die Lieferung des Basiswerts oder die Zahlung des Barausgleichs selbst ist die zu erbringende Leistung aus der eingegangenen Leistungsverpflichtung.

727 **Übt** der **Inhaber** des Long Call die **Option aus** und hat der Stillhalter den Basiswert zu liefern (Ausführungsgeschäft), handelt es sich um ein Veräußerungsgeschäft (§ 20 Abs. 2 EStG) hinsichtlich des Basiswerts.

Praxishinweis:
Die gezahlte Optionsprämie ist nicht bei der Ermittlung des Veräußerungsgewinns zu berücksichtigen.

728 **Stellt** der **Verkäufer** der Kaufoption seine Position **glatt**, löst er sich insoweit aus den bestehenden Verpflichtungen und sichert damit die bereits erhaltene Optionsprämie. Die Aufwendungen für das Glattstellungsgeschäft sind damit WK bei den Einkünften aus § 20 Abs. 1 Nr. 11 EStG. Die Aufwendungen für die Glattstellung eines Optionsgeschäfts gehören auch dann zu den zu berücksichtigenden WK, wenn die Aufwendungen auch zur Absicherung des Vermögens dienen (objektives Nettoprinzip) und insg. zu einem steuerlichen Verlust führen.[9]

729 Wird ein **Barausgleich** erbracht, stellt sich die Frage, ob und wie diese Zahlungen ertragsteuerlich Berücksichtigung finden können. Bei der Zahlung des Barausgleichs handelt es sich um einen Vorgang auf der privaten Vermögensebene, da das Recht des Stillhalters auf die Prämienzahlung mit Abschluss der Optionsvereinbarung entsteht und über die Laufzeit erhalten bleibt. Es fehlt demnach das Merkmal von Erwerb und Beendigung des Rechts. Das FG Bremen lehnte eine Berücksichtigung des Barausgleichs i.R.d. Rechtslage bis 31.12.2008 als WK bei den Einkünften ab.[10] Bei einer Option auf einen Index-Wert stellt der Barausgleich – eine Lieferung ist ja tatsächlich nicht möglich – ausschließlich eine Werteinbuße auf der Vermögensebene dar. Die Tatsache, dass Aufwendungen für Glattstellungsgeschäfte zu berücksichtigen sind, während das für Barausgleichszahlungen nicht gilt, stellt dabei keinen Verstoß gegen den Gleichheitssatz nach Art. 3 Abs. 1 GG dar. Der BFH bestätigte diese Auffassung.[11] Das

1) Philipkowski, DStR 2004, 978.
2) FG Baden-Württemberg v. 5.6.2003, 14 K 190/02, EFG 2004, 907.
3) BFH v. 29.7.2004, IX B 94/03.
4) BMF v. 14.5.2025, IV C 1 – S 2252/00075/016/070, BStBl I 2025, 1330, Rz. 59.
5) BFH v. 12.6.2018, VIII R 32/16, BStBl II 2019, 221.
6) BFH v. 29.9.2020, VIII R 9/17, BStBl II 2021, 385.
7) BMF v. 7.6.2022, IV C 6 – S 2244/20/10001 :001, BStBl I 2022, 897.
8) BMF v. 14.5.2025, IV C 1 – S 2252/00075/016/070, BStBl I 2025, 1330, Rz. 28.
9) BFH v. 17.4.2007, IX R 23/06, BStBl I 2007, 606.
10) FG Bremen v. 19.9.2007, 2 K 13/06 (5), EFG 2008, 44.
11) BFH v. 13.2.2008, IX R 68/07, BStBl II 2008, 522.

FG Hamburg bestätigte die Nichtabzugsfähigkeit des Barausgleichs wegen des bestehenden WK-Abzugsverbots (§ 20 Abs. 9 Satz 1 EStG).[1]

(2.4) Grundposition Short Put (Verkauf einer Verkaufsoption)

Die Stillhalterprämie (Optionsprämie), die der Inhaber erhält, stellt eine sonstige Leistung i.S.d. § 20 Abs. 1 Nr. 11 EStG a.F. dar. **730**

Übt der Inhaber des Long Put die Option aus und hat der Stillhalter (Position Short Put) den Basiswert zu liefern, liegt ein privates Veräußerungsgeschäft hinsichtlich des Basiswerts vor (§ 20 Abs. 2 EStG). Die vereinnahmte Optionsprämie wird bei der Ermittlung der Einkünfte aus dem privaten Veräußerungsgeschäft nicht berücksichtigt. **731**

Kauft der Verkäufer der Verkaufsoption eine Verkaufsoption derselben Serie mit **closing-Vermerk** (= **Glattstellung**), handelt es sich insoweit um Aufwendungen, die getätigt werden, um sich aus der bestehenden Verpflichtung zu lösen. Im Ergebnis wird versucht, die bereits erhaltene Optionsprämie zu sichern (zumindest teilweise). Die für den glattstellenden Kauf zu zahlende Optionsprämie ist als Aufwand (WK) bei den Einkünften nach § 20 Abs. 1 Nr. 11 EStG zu berücksichtigen. **732**

(2.5) Futures

Futures stellen für Käufer und Verkäufer die feste Verpflichtung dar, nach Ablauf einer Frist einen bestimmten Basiswert (z.B. Anleihen) zum vereinbarten Preis abzunehmen oder zu liefern. Mit dem Begriff Futures werden die an einer amtlichen Terminbörse (z.B. EUREX) gehandelten, standardisierten Festgeschäfte bezeichnet. Wird bei Fälligkeit eines Future-Kontrakts ein **Differenzausgleich** gezahlt, erzielt der Empfänger einen Gewinn i.S.d. § 20 Abs. 2 Nr. 3 Buchst. a EStG. Bei an der EUREX gehandelten Futures ist als Differenzausgleich die Summe (oder die Differenz) der während der Laufzeit eines Kontrakts geleisteten **Margin-Zahlungen** (Variation Margin) im Zeitpunkt der Fälligkeit des Kontrakts zu erfassen. Die bei Eröffnung eines Geschäftes zu zahlende Additional Margin ist ertragsteuerlich nur insoweit beachtlich, als dieser Betrag auf dem Margin-Konto verzinst werden sollte. **733**

Wird ein Future-Kontrakt **glatt**gestellt, liegt ein stpfl. Veräußerungsgeschäft (§ 20 Abs. 2 Nr. 3 Buchst. a EStG) vor. Der Glattstellende erzielt einen Differenzausgleich, der sich aus der Summe oder Differenz aller während der Laufzeit des Kontrakts und bei dessen Glattstellung geleisteten Zahlungen ergibt.[2] **734**

Ist der **Basiswert zu liefern**, sind die auf den Future geleisteten Zahlungen AK des Basiswerts. Wird der Basiswert veräußert, handelt es sich um ein stpfl. Veräußerungsgeschäft (§ 20 Abs. 2 EStG), wenn es sich um ein WG i.S.d. § 20 Abs. 2 EStG handelt. **735**

(2.6) Forwards

Forwards stellen **individuell gestaltete Festgeschäfte** zwischen zwei Parteien dar, um eine bestimmte Menge eines Basiswerts (z.B. Anleihen) zu den zuvor festgelegten Bedingungen zu kaufen oder zu verkaufen, wobei Zahlung und Lieferung zu einem späteren Zeitpunkt erfolgen. Die Bedingungen jedes Kontrakts werden von den einzelnen Parteien selbst festgelegt. Im Unterschied zu den Futures werden Forward-Geschäfte nicht im standardisierten Handel über eine Börse abgewickelt, sondern im Over-the-Counter-Handel abgeschlossen. **736**

Es gelten die gleichen Regeln wie für die Behandlung von Futures. Auf Grund der fehlenden Standardisierung wird es regelmäßig keine Glattstellung, sondern eine effektive Lieferung oder einen entsprechenden Barausgleich geben.[3]

(3) Ausscheiden aus einer Körperschaft

Vermögensmehrungen oder -minderungen, die einer stpfl. Person durch ihr Ausscheiden als Mitglied oder Gesellschafter einer Körperschaft i.S.d. § 1 Abs. 1 Nr. 3 bis 5 KStG (z.B. eines Versicherungsvereins auf Gegenseitigkeit, eines rechtsfähigen oder nicht rechtsfähigen Vereins oder einer Stiftung) oder durch Übertragung der Mitglied- oder Gesellschafterstellung auf Dritte zufließen, sind stpfl. (§ 20 Abs. 2 Nr. 8 EStG). Hierdurch wird verhindert, dass – bezogen auf die umfassende Erfassung von Veräußerungsvorgängen – eine Steuerlücke im Zusammenhang mit den in § 1 Abs. 1 Nr. 3 bis 5 EStG genannten Körperschaften entsteht. **737**

(4) Ersatztatbestände zur Veräußerung

Als Veräußerung ist neben der entgeltlichen Übertragung auch die Abtretung einer Forderung, die vorzeitige oder vertragsmäßige Rückzahlung einer Kapitalforderung oder die Endeinlösung einer Forderung oder eines Wertpapiers anzusehen. Entsprechendes gilt – vergleichbar der Regelung in § 17 Abs. 1 Satz 2 EStG – für die verdeckte Einlage von WG in eine Kapitalgesellschaft (§ 20 Abs. 2 Satz 2 EStG). Hierdurch wird eine Erfassung aller Wertzuwächse im Zusammenhang mit Kapitalanlagen erreicht. Auch das Emissionsdisagio nach der Disagio-Staffel[4] gehört mit zum stpfl. Kapitalertrag. **738**

1) FG Hamburg v. 10.6.2016, 5 K 185/13, EFG 2016, 1432.
2) BMF v. 14.5.2025, IV C 1 – S 2252/00075/016/070, BStBl I 2025, 1330, Rz. 36.
3) BMF v. 14.5.2025, IV C 1 – S 2252/00075/016/070, BStBl I 2025, 1330, Rz. 37.
4) BMF v. 24.11.1986, IV B 4 – S 2252 – 180/86, BStBl I 1986, 539.

Beratungshinweis:
Die entschädigungslose zwangsweise Einziehung von Aktien und deren Übertragung auf die Gläubiger im Wege der Insolvenz wurde als Veräußerungstatbestand berücksichtigt.[1] Der Ausfall einer privaten Forderung ist entsprechend zu berücksichtigen.[2] Für die Berücksichtigung des Verlusts aus dem Ausfall einer privaten Kapitalforderung muss endgültig feststehen, dass der Schuldner keine (weiteren) Zahlungen mehr leisten wird. Bei insolvenzfreier Auflösung einer Kapitalgesellschaft als Forderungsschuldnerin kann davon regelmäßig erst bei Abschluss der Liquidation ausgegangen werden, sofern sich nicht aus besonderen Umständen ausnahmsweise etwas anderes ergibt.[3] Die Berücksichtigung eines Verlusts aus dem endgültigen Ausfall einer Kapitalforderung soll dann nicht in Betracht kommen, wenn die Kapitalforderung vor dem 1.1.2009 erworben wurde (§ 52 Abs. 28 Satz 16 EStG).[4] Von einem endgültigen Ausfall ist jedenfalls dann auszugehen, wenn über das Vermögen des Schuldners das Insolvenzverfahren eröffnet wurde und der Insolvenzverwalter gegenüber dem Insolvenzgericht die Masseunzulänglichkeit (§ 208 Abs. 1 Satz 1 InsO) angezeigt hat. Stellt sich vor der Einstellung des Insolvenzverfahrens (§ 211 InsO) heraus, dass die angezeigte Masseunzulänglichkeit nicht von Dauer ist und die Insolvenzmasse wieder ausreichend wird, um sämtliche Massegläubiger vollständig und die Insolvenzgläubiger anteilig zu befriedigen, liegt ein rückwirkendes Ereignis vor, das die Höhe des Rückzahlungsgewinns/-verlusts eines Insolvenzgläubigers beeinflusst und nach Maßgabe des § 175 Abs. 1 Satz 1 Nr. 2 AO auf den VZ des geltend gemachten Forderungsausfalls zurück zu beziehen ist.[5] Ein durch das Gesellschaftsverhältnis veranlasster, unbedingter Verzicht eines Gesellschafters auf einen Teil der ihm gegen die Kapitalgesellschaft zustehenden Darlehensforderung führt zu einer Einlage i.S.d. § 20 Abs. 2 Satz 2 EStG, soweit der Gesellschafter auf den werthaltigen Teil der Forderung verzichtet. Dies setzt voraus, dass der Verzichtsbetrag den Nennwert des nicht werthaltigen Teils der Forderung übersteigt. Stehen dem durch die Einlage bewirkten Zufluss Anschaffungskosten in gleicher Höhe gegenüber, fällt kein Gewinn i.S.d. § 20 Abs. 4 EStG an.[6] Der Anerkennung des Verlusts steht aus Sicht des FA die Freiwilligkeit des Verzichts nicht entgegen. In Höhe des werthaltigen Teils der Forderung ist der Verzicht ertragsteuerrechtlich unbeachtlich (unentgeltliche Übertragung), soweit keine verdeckte Einlage vorliegt und es sich nicht um nachträgliche AK i.S.d. § 17 Abs. 2a EStG handelt. Die Regelungen zum Erbschaft- und Schenkungsteuergesetz sind zu beachten.[7] Auf Kapitalerträge aus Kapitalforderungen, die zum Zeitpunkt des vor dem 1.1.2009 erfolgten Erwerbs zwar Kapitalforderungen i.S.d. § 20 Abs. 1 Nr. 7 i.d. am 31.12.2008 anzuwendenden Fassung (EStG a.F.), aber nicht Kapitalforderungen i.S.d. § 20 Abs. 2 Satz 1 Nr. 4 EStG a.F. sind, ist § 20 Abs. 2 Satz 1 Nr. 7 EStG i.d.F. des UntStRefG 2008 vom 14.8.2007 nicht anzuwenden.[8])

Der Verlust aus dem entschädigungslosen Entzug von Aktien durch eine Kapitalherabsetzung auf Null samt eines Bezugsrechtsausschlusses für die anschließende Kapitalerhöhung auf der Grundlage eines Insolvenzplans ist in entsprechender Anwendung des § 20 Abs. 2 Satz 1 Nr. 1 i.V.m. § 20 Abs. 4 Satz 1 EStG als Aktienveräußerungsverlust steuerbar.[9]

Hinsichtlich der Besteuerung entweder im Rahmen des § 17 EStG oder als Veräußerungsverlust bei den Einkünften aus Kapitalvermögen stellt sich die Frage eines möglichen Wahlrechts der stpfl. Person. Mit der Aufhebung des Eigenkapitalersatzrechts durch das MoMiG ist die gesetzliche Grundlage für die bisherige Rechtsprechung zur Berücksichtigung von Aufwendungen des Gesellschafters aus eigenkapitalersetzenden Finanzierungshilfen als nachträgliche Anschaffungskosten (§ 17 EStG) entfallen. Die bisherigen Grundsätze zur Berücksichtigung von nachträglichen Anschaffungskosten aus eigenkapitalersetzenden Finanzierungshilfen sind aber weiter anzuwenden, wenn der Gesellschafter eine eigenkapitalersetzende Finanzierungshilfe bis zum Tag der Veröffentlichung des BFH-Urteils vom 11.7.2017[10] geleistet hat oder wenn eine Finanzierungshilfe des Gesellschafters bis zu diesem Tag eigenkapitalersetzend geworden ist. Die endgültig ausbleibende Rückzahlung eines Gesellschafterdarlehens, dessen Ausfall bei der Ermittlung des Auflösungsverlustes (§ 17 Abs. 4 EStG) nicht zu berücksichtigen ist, kann zu einem Verlust i.S.d. § 20 Abs. 2 Satz 1 Nr. 7, Satz 2, Abs. 4 Satz 1 EStG führen. § 20 Abs. 8 Satz 1 EStG entfaltet insoweit keine Sperrwirkung zulasten des wesentlich beteiligten Gesellschafters. Als Verlust berücksichtigt werden kann der Ausfall einer Darlehensforderung allerdings nur, wenn das Darlehen in der Absicht gewährt wurde, dadurch positive Einkünfte zu erzielen.

(5) Beteiligung an einer Personengesellschaft

739 Die Anschaffung oder Veräußerung einer Beteiligung an einer (vermögensverwaltenden) Personengesellschaft gilt auch als Anschaffung oder Veräußerung der anteiligen WG (§ 20 Abs. 2 Satz 3 EStG). Damit wird erreicht, dass die Veräußerung eines Gesamthandanteils an einer Personengesellschaft, die WG hält (z.B. Wertpapiere), zu den Einkünften aus Kapitalvermögen gehört, um ansonsten eine auftretende Besteuerungslücke zu schließen. Denn Anteile an Personengesellschaften, deren Gesamthandvermögen nur aus WG (§ 20 Abs. 2 EStG) besteht (z.B. in einer GbR gehaltene Beteiligungen), gehören damit nicht zu den WG i.S.d. § 20 Abs. 2 EStG. Vielmehr ist der **Gesamthandsanteil selbst ein WG** i.S.d. § 23 EStG, so dass für dieses die Veräußerungsfrist des § 23 Abs. 1 Nr. 2 EStG gilt. Ohne die Regelung in § 20 Abs. 2 Satz 3 EStG bestünde die Möglichkeit, über eine Personengesellschaft den Wertzuwachs der in § 20 Abs. 2 EStG aufgeführten WG außerhalb der Veräußerungsfrist steuerfrei zu veräußern.

Die Regelung ist dann anzuwenden, wenn eine unmittelbare oder mittelbare Beteiligung an einer Personengesellschaft vorliegt. Wird eine solche Beteiligung veräußert, so sind die Voraussetzungen des § 20 Abs. 2 Satz 3 EStG nur insoweit erfüllt, als die WG anteilig auf die stpfl. Person entfallen. Dies gilt auch, wenn sich im Gesamthandsvermögen der Personengesellschaft neben den WG i.S.d. § 20 Abs. 2 EStG andere WG befinden. Soweit keine Pflicht zum Einbehalt von KapESt besteht (z.B. Austritt eines Gesellschafters) sind die Erträge gesondert zu erklären (§ 32d Abs. 3 EStG). Das zuständige Feststellungs-FA soll dem Wohnsitz-FA des ausgetretenen Gesellschafters die notwendigen Besteuerungsgrundlagen mitteilen.[11]

---

1) BFH v. 12.5.2015, IX R 57/13, BFH/NV 2015, 1364.
2) BFH v. 24.10.2017, VIII R 13/15, BStBl II 2020, 831.
3) BFH v. 27.10.2020, IX R 5/20, BStBl II 2021, 500.
4) FG Hessen v. 12.4.2018, 9 K 1053/15, EFG 2018, 1642; Rev. unzulässig, BFH v. 3.9.2019, IX R 17/18, HFR 2020, 146.
5) BFH v. 1.7.2021, VIII R 28/18, BStBl II 2021, 911.
6) BFH v. 6.8.2019, VIII R 18/16, BStBl II 2020, 833.
7) BMF v. 14.5.2025, IV C 1 – S 2252/00075/016/070, BStBl I 2025, 1330, Rn. 61.
8) BFH v. 14.1.2020, IX R 9/18, BStBl II 2020, 490.
9) BFH v. 3.12.2019, VIII R 34/16, BStBl II 2020, 836.
10) BFH v. 11.7.2017, IX R 36/15, BStBl II 2019, 208.
11) BMF v. 14.5.2025, IV C 1 – S 2252/00075/016/070, BStBl I 2025, 1330, Rz. 79.

Praxishinweis:
Insoweit dürfte regelmäßig eine gesonderte und einheitliche Feststellung von Besteuerungsgrundlagen erfolgen, so dass Eintragungen lediglich in Zeile 26 der Anlage KAP-BET erfolgen dürften.

f) Veräußerungsgewinnermittlung

aa) Allgemeines

Bemessungsgrundlage für die Versteuerung des Veräußerungsgewinns nach § 20 Abs. 2 EStG sind die Einnahmen aus der Veräußerung/Einlösung abzgl. der **im unmittelbaren sachlichen Zusammenhang stehenden Aufwendungen** (z.B. Bankgebühren für die Durchführung der Veräußerung, Provisionen, Courtagen, Beratungsgebühren sowie in den Fällen der Ausübung von Verkaufsoptionen mit Andienung des Basiswerts für den Optionsgeber die durch den Optionsnehmer bereits geleisteten Optionsprämien) und der AK (§ 20 Abs. 4 Satz 1 EStG). Dieser Betrag kann sowohl pos. als auch neg. sein. Zu den Anschaffungsnebenkosten zählen z.B. Ankaufsspesen, Gutachtenkosten im Zusammenhang mit der Wertpapieranschaffung, Provisionen und auch Fondsgebühren wie z.B. die **Ausgabeaufschläge bei Investmentfonds**. Als Veräußerung gilt auch die Einlösung oder Rückzahlung von Wertpapieren (§ 20 Abs. 2 Satz 2 EStG). Eine Rückzahlung liegt auch dann vor, wenn eine GmbH eine Verbindlichkeit ggü. einem Gesellschafter dadurch erfüllt, dass sie mit einer ihr zustehenden Gegenforderung aufrechnet.[1] **740**

Zur Berücksichtigung von Vermögensverwaltungsgebühren → Rz. 691.

Die Regelungen der **Disagio-Staffel**[2] (Möglichkeit der „Feineinstellung des Zinses“ durch die Emittenten eines Wertpapiers) finden auf nach dem 31.12.2008 erworbene Wertpapiere keine Anwendung mehr. **741**

Die schon bisher bei der Ermittlung von Erträgen im Rahmen von privaten Veräußerungsgeschäften angewendete **Fifo-Methode** i.R.d. Verwendungsreihenfolge bei Girosammelverwahrung ist weiterhin anzuwenden (§ 20 Abs. 4 Satz 7 EStG). **742**

Bei **Termingeschäften** ist Gewinn der Differenzbetrag oder der durch den Wert einer veränderlichen Bezugsgröße bestimmte Geldbetrag oder Vorteil abzgl. der Aufwendungen, die im unmittelbaren sachlichen Zusammenhang mit dem Termingeschäft stehen. Glattstellungskosten mindern insoweit die Einnahmen, da begrifflich keine WK denkbar sind. **743**

bb) Kapitalmaßnahmen

Bei **fehlenden Zahlungsvorgängen** ist zunächst keine Steuerbeträge einzubehalten (§ 20 Abs. 4a EStG). Sinn und Zweck des § 20 Abs. 4a EStG ist es, die Abgeltungsteuer für die stpfl. Personen und Quellensteuerabzugsverpflichtete, insb. für Kreditinstitute, noch praktikabler auszugestalten. Dies erscheint vor allem bei den in diesem Absatz angeführten Kapitalmaßnahmen notwendig, bei denen die Erträge nicht als Geldzahlungen, sondern insb. in Form von Anteilen an Kapitalgesellschaften zufließen. Damit wird in diesen Fällen vermieden, dass die Banken – auf Grund fehlender Zahlungsvorgänge – zunächst die Steuerbeträge von den stpfl. Personen einfordern müssen oder das FA die Quellensteuer von den Stpfl. anzufordern hat, sofern diese die Leistungen nicht gegenüber der Bank erbringt.[3] Insoweit kann von einem „cash-flow-Ansatz“ im Rahmen der Besteuerung gesprochen werden. Korrespondierend zu § 20 Abs. 4a EStG wurden die Regelungen im Bereich der KapESt ergänzt, so dass die Sonderregelungen dort ebenfalls Berücksichtigung finden (§ 43a Abs. 2 Satz 2 EStG). Bei Kapitalmaßnahmen i.S.d. UmwStG, insbesondere bei Verschmelzungen, Spaltungen oder Anteilstausch, besitzt die zum Steuerabzug verpflichtete Stelle, (z.B. die Kreditinstitute) regelmäßig keine Kenntnis darüber, ob die entsprechende Kapitalmaßnahme nach dem UmwStG steuerneutral ist, weil dem Anteilseigner die Antragsmöglichkeit nach § 13 Abs. 2 oder nach § 21 Abs. 2 Satz 3 UmwStG zusteht, oder ob der Vorgang zu einem Veräußerungsgewinn führt. Daher wird zum Zwecke des KapESt-Verfahrens von Gesetzes wegen zunächst ein steuerneutraler Übertragungsvorgang fingiert. Die tatsächliche materiell-rechtliche Würdigung entsprechend dem UmwStG erfolgt im Veranlagungsverfahren (§ 43 Abs. 1a Satz 1 EStG).[4] **744**

Praxishinweis:
Die Steuerneutralität von Kapitalmaßnahmen bei Auslandsbeteiligungen gilt auch für Inlandsbeteiligungen. Die neu erworbenen Anteile treten in diesen Fällen an die Stelle der hingegebenen Anteile, wenn das Besteuerungsrecht Deutschlands bei einer späteren Veräußerung der erworbenen Anteile nicht ausgeschlossen oder beschränkt ist.[5]

Im Rahmen von bestimmten Kapitalmaßnahmen (**Anteilstausch** von Körperschaften, die ihre Geschäftsleitung/Sitz außerhalb des EU-/EWR-Raums haben) ist ein Gewinn von 0 € und sind die AK der erhaltenen Anteile mit den AK der hingegebenen Anteile bei einer zukünftigen Veräußerung anzusetzen (§ 20 Abs. 4a Satz 1 EStG).

1) BFH v. 30.11.2022, VIII R 27/19, BStBl II 2023, 330.
2) BMF v. 24.11.1986, IV B 4 – S 2252 – 180/86, BStBl I 1986, 539.
3) BT-Drucks. 16/10189, 50.
4) BT-Drucks. 16/4841, 108 zur Regelung des § 43 Abs. 1 Satz 7 EStG (jetzt § 43 Abs. 1a EStG).
5) Für Zwecke des KapESt-Abzugs ist von dieser Voraussetzung auszugehen, vgl. BMF v. 14.5.2025, IV C 1 – S 2252/00075/016/070, BStBl I 2025, 1330, Rz. 102.

Beratungshinweis:
Wird zusätzlich eine weitere Geldzahlung als Gegenleistung erbracht (Barkomponente), gilt diese als laufender Kapitalertrag. Ein Barausgleich, der anlässlich eines Aktientausches für vor dem 1.1.2009 erworbene ausl. Aktien gezahlt wird, ist nicht gemäß § 20 Abs. 4a Satz 2 EStG in eine einkommensteuerpflichtige Dividende umzuqualifizieren, wenn die Anteile wegen Ablaufs der einjährigen Veräußerungsfrist bereits steuerentstrickt waren.[1)]

Kommt es auf Grund einer Beschränkung des Besteuerungsrechts nicht zur Anwendung des § 20 Abs. 4a EStG, wird Gewinn realisiert.[2)]

Bei **Umtausch- und Aktienanleihen** soll sich die Übertragung der Aktien steuerlich erst zu dem Zeitpunkt auswirken, zu dem die Aktie selbst veräußert wird (§ 20 Abs. 4a Satz 3 EStG). Damit ist aber auch der Bestandsschutz verloren, wenn davon ausgegangen werden kann, dass der Übergang des wirtschaftlichen Eigentums der maßgebliche Vorgang ist (§ 52 Abs. 28 EStG). Bei Einbuchung der Aktien ins Depot wird kein relevanter Vorgang ausgelöst, also ist auch die bisherige Verlustberücksichtigung nicht möglich. Bei einem späteren Veräußerungsvorgang handelt es sich um einen Verkauf (§ 20 Abs. 2 EStG), der unter die entsprechenden Verlustregeln fällt. Jedoch sind nicht nur „Aktien", sondern alle „Wertpapiere" (z.B. Wandelanleihen) von dieser Regelung erfasst.

Beispiel:
Kauf einer Anleihe zu 10 000 €. Nach Ablauf der Frist werden 100 Aktien im Wert von 7 000 € geliefert. Der Verlust i.H.v. 3 000 € wirkt sich nicht bei Einbuchung der Aktien ins Depot aus. Vielmehr betragen die AK der gelieferten Aktien 10 000 €.

Auch im Bereich der Bezugsrechte (Anrecht eines Altaktionärs auf den Bezug von neuen Aktien, z.B. im Rahmen einer Kapitalerhöhung) erfolgt der Wertansatz dieser Rechte mit 0 €, so dass in Fällen von Bezugsrechten auf eine rechnerische Bezugsrechtwertermittlung verzichtet werden kann (§ 20 Abs. 4a Satz 4 EStG). Eine Veräußerung wird in der Ausübung des Bezugsrechts jedoch nicht gesehen.[3)] Die Regelung gilt unabhängig davon, zu welchem Zeitpunkt (vor dem 1.1.2009 oder nach dem 31.12.2008) die Anteile angeschafft worden sind.[4)] Diese Regelung wird in der Literatur kritisch gesehen, da in diesen Fällen die Werte der Bezugsrechte der Besteuerung unterworfen werden, obwohl dieselben nicht steuerverhaftet sind.[5)]

Beispiel:
Wert des Bezugsrechts 50 €. Zuzahlung bei Erwerb der neuen Anteile i.H.v. 100 €. Veräußerung der neuen Anteile zu einem Preis von 150 €. Dem Veräußerungserlös stehen lediglich AK i.H.v. 100 € ggü., so dass der Wert des Bezugsrechts zu versteuern ist.[6)]

Werden einem Anleger Anteile i.S.d. § 20 Abs. 2 Nr. 1 EStG (z.B. Aktien) zugeteilt, ohne dass dieser eine gesonderte Gegenleistung zu erbringen hat, werden der Ertrag und die AK dieser Anteile mit 0 € angesetzt, wenn die Voraussetzungen des § 20 Abs. 4a EStG nicht vorliegen und die Ermittlung der Höhe der Erträge nicht möglich ist (§ 20 Abs. 4a Satz 5 EStG). Eine Veräußerung sieht die Verwaltung nicht in der Ausübung des Bezugsrechts. Bei inl. Sachverhalten findet § 20 Abs. 4a Satz 5 EStG keine Anwendung.

Praxishinweis:
Die Nachweisobliegenheit und das Nachweisrisiko für das Vorliegen der Voraussetzungen einer steuerfreien Einlagenrückgewähr im Rahmen eines Spin-offs treffen den Anteilseigner.[7)] Der BFH hat entschieden, dass die Aktienzuteilung im Rahmen eines US-amerikanischen „Spin-off" nicht zu einem stpfl. Kapitalertrag führt.[8)] Die Regelungen des § 20 Abs. 4a EStG sind auch auf ausl. Vorgänge anwendbar, die bei einer rechtsvergleichenden Betrachtung der Abspaltung nach deutschem Recht entsprechen. Voraussetzung ist, dass die wesentlichen Strukturmerkmale einer Abspaltung i.S.d. § 123 Abs. 2 UmwStG erfüllt sind. Die Besteuerung der erhaltenen Aktien erfolgt daher nicht bei Einbuchung derselben, sondern erst bei einer späteren Veräußerung derselben. Zur Anwendung durch die Verwaltung vgl. BMF v. 14.5.2025.[9)]

Überträgt eine inl. Körperschaft in ihrem Besitz befindliche Anteile an einer weiteren Körperschaft ohne Kapitalherabsetzung und ohne zusätzliches Entgelt auf ihre Anteilseigner, ist diese Übertragung vorbehaltlich § 20 Abs. 4a Satz 7 EStG, als Sachausschüttung an die Anteilseigner der übertragenden Körperschaft zu beurteilen. Die Sachausschüttung führt zu Einkünften aus Kapitalvermögen nach § 20 Abs. 1 Nr. 1 EStG, sofern keine Einlagenrückgewähr nach § 20 Abs. 1 Nr. 1 Satz 3 EStG vorliegt.[10)]

Beratungshinweis:
Bei der Ermittlung des Veräußerungsgewinns einer Aktie, die durch die Ausübung eines Bezugsrechts erworben wurde, das von einer vor dem 1.1.2009 erworbenen und bereits steuerentstrickten Aktie abgespalten wurde, sind die Anschaffungskosten des Bezugsrechts entgegen der Regelung des § 20 Abs. 4a Satz 4 EStG nicht mit 0 €, sondern in der tatsächlichen Höhe anzusetzen.[11)]

1) BFH v. 20.10.2016, VIII R 10/13, BStBl II 2017, 262.
2) Zu Problemfällen im Anwendungsbereich vgl. Bron/Seidel, DStZ 2009, 268.
3) BMF v. 14.5.2025, IV C 1 – S 2252/00075/016/070, BStBl I 2025, 1330, Rz. 110.
4) BMF v. 14.5.2025, IV C 1 – S 2252/00075/016/070, BStBl I 2025, 1330, Rz. 108.
5) Meilicke, DB 2010, 753.
6) Schmitt-Homann, BB 2010, 351.
7) BFH v. 3.5.2017, X R 12/14, HFR 2017, 1045.
8) BFH v. 1.7.2021, VIII R 9/19, BStBl II 2022, 359 und VIII R 15/20, BStBl II 2022, 363.
9) BMF v. 14.5.2025, IV C 1 – S 2252/00075/016/070, BStBl I 2025, 1330, Rz. 115.
10) BFH v. 20.10.2010, I R 117/08, BFH/NV 2011, 669; vgl. BMF v. 14.5.2025, IV C 1 – S 2252/00075/016/070, BStBl I 2025, 1330, Rz. 113 ff.
11) BFH v. 9.5.2017, VIII R 54/14, BStBl II 2018, 262.

Im Rahmen des AmtshilfeRLUmsG[1] wurde die Regelung auf Abspaltungen erweitert (§ 20 Abs. 4a Satz 7 EStG). Durch die entsprechende Anwendung von Satz 1 bei Abspaltungen von Körperschaften treten die Anteile an der übernehmenden Gesellschaft anteilig an die Stelle der Anteile der übertragenden Gesellschaft. Abweichend von den §§ 13, 15 UmwStG besteht kein Antragserfordernis für die Fortführung der Anschaffungskosten.

cc) Verschärfte Marktrendite

Die bisher notwendige Unterscheidung zwischen einer Besteuerung nach der Emissions- oder Marktrendite (§ 20 Abs. 2 Nr. 4 Satz 2 EStG a.F.) ist im Rahmen der Ermittlung der BMG für die Abgeltungsteuer nicht mehr erforderlich. Die Anwendung der verschärften Marktrendite (inkl. Wechselkursgewinne) erfolgt bei **Finanzinnovationen** i.S.d. § 20 Abs. 2 Nr. 4 EStG a.F. **ohne Bestandsschutz**. 745

Beratungshinweis:
Auslandsbanken hingegen werden grds. nicht zwischen Finanzinnovationen und anderen Wertpapieren unterscheiden, so dass hier seitens der stpfl. Personen zwischen Vorgängen nach § 20 EStG oder § 23 EStG a.F. (im Rahmen des Bestandsschutzes) zu trennen ist, in dem einerseits das Wertpapier dem Grunde nach als Finanzinnovation oder als ein „normales" Wertpapier einzustufen ist und gleichzeitig die entsprechenden (unterschiedlichen) Übergangsfristen zu beachten sind.

Fraglich könnte aber weiterhin sein, ob sämtliche Wertveränderungen auf der Vermögensebene steuerlich zu berücksichtigen sind, da der BFH[2] Wertveränderungen von der Besteuerung ausklammerte (Rechtslage bis 2008), die wirtschaftlich kein Kapitalnutzungsentgelt beinhalten.

Im Rahmen von **Fremdwährungsgeschäften** muss die Umrechnungen in Euro jeweils zum Erwerbs- und Verkaufszeitpunkt erfolgen (§ 20 Abs. 4 EStG). Damit unterliegen auch sämtliche Wechselkursänderungen der Besteuerung. Der Devisenbriefkurs ist zu Grunde zu legen.[3] Fremdwährungsbeträge werden insb. angeschafft, indem sie gegen Umtausch von Währungen erworben werden und veräußert, indem eine Fremdwährung in z.B. nationale Währung umgetauscht wird.[4]

Währungsgewinne/-verluste aus der Veräußerung oder Rückzahlung einer verbrieften oder unverbrieften verzinslichen Kapitalforderung oder eines verzinslichen Fremdwährungsguthabens (verzinsliches Fremdwährungskonto) sind zu berücksichtigen (§ 20 Abs. 2 Satz 1 Nr. 7 und Abs. 4 Satz 1 EStG [KapESt wird erst ab dem 1.1.2025[5] einbehalten]).

Beispiel:
Kauf und Verkauf eines Wertpapiers zu jeweils 1 000 US$. Das Wechselkursverhältnis änderte sich aber von 1 €/1,60 US$ (bei Kauf) zu 1 €/1,40 US$ (bei Verkauf). Damit entsteht ein zu versteuernder Vorteil i.H.v. 89,29 €.

Reine Veräußerungstatbestände mit Fremd- und auch **Kryptowährungen** unterliegen ggf. als privates Veräußerungsgeschäft (§ 23 Abs. 1 Nr. 2 EStG) der Besteuerung und sind auf der Anlage SO zu erklären.[6] Werden **ausl. Zinsen** gezahlt, handelt es sich nicht um eine Anschaffung, so dass bei Umtausch kein Veräußerungsgewinn vorliegt. Bei Devisen handelt es sich des Weiteren um sonstige WG.[7]

g) In Zeile 7 enthaltene Gewinne aus Aktienveräußerungen (Zeile 8)

Hinweis zur Plausibilitätsbeurteilung: 746
Dieser Wert ist in der Gesamtsumme in Zeile 7 enthalten und wird für die Verlustausgleichregelungen benötigt. Ab dem VZ 2019 werden Gewinne aus Aktienveräußerungen im nachrichtlichen Teil in der amtlichen Steuerbescheinigung ausgewiesen. Nach der BFH-Entscheidung vom 29.8.2017[8] besteht im Rahmen einer Antragsveranlagung eine depotübergreifende Verlustverrechnungsmöglichkeit. Dies führt bei Vorliegenden der entsprechenden Informationen zu einer Neuberechnung der Steuer im Rahmen der ESt-Veranlagung. Insoweit kommt bei bestehenden Verlustvorträgen aus Aktienveräußerungen eine Splittung des auf Ebene des depotführenden Instituts vorgenommenen Ausgleichs von Gewinnen und Verlusten in Betracht. Eine gesonderte Erklärungsmöglichkeit besteht für diesen Tatbestand nicht, so dass die entsprechenden Einnahmen über die „Korrekturspalte" zu erklären sind.

Im Rahmen der Verlustberücksichtigung ist eine weitere Unterscheidung notwendig: Veräußerungsverluste aus Aktienverkäufen sind nur mit Gewinnen aus gleichartigen Geschäften – Aktien, REITs – verrechenbar (§ 43a Abs. 3 Satz 2 und § 20 Abs. 6 EStG). Sinn und Zweck dieser Einschränkung ist nach der ursprünglichen Gesetzesbegründung die Verhinderung von durch Spekulationsgeschäfte bedingten abstrakt drohenden qualifizierten Haushaltsrisiken, somit reines Fiskalinteresse.[9] Verluste aus der Veräußerung von American Depositary Receipts (ADR) und Global Depository Receipts (GDR) sind aus Sicht der Finverw. ebenfalls in diesen (gesonderten) Verlusttopf einzustellen.

---
1) AmtshilfeRLUmsG v. 26.6.2013, BGBl. I 2013, 1809 = BStBl I 2013, 802.
2) BFH v. 13.12.2006, VIII R 62/04, BStBl II 2007, 568.
3) BMF v. 14.5.2025, IV C 1 – S 2252/00075/016/070, BStBl I 2025, 1330, Rz. 247.
4) BFH v. 21.1.2014, IX R 11/13, BStBl II 2014, 385.
5) BMF v. 11.7.2023, IV C 1 – S 2252/19/10003 :003, BStBl I 2023, 1471.
6) Vgl. BMF v. 14.5.2025, IV C 1 – S 2252/00075/016/070, BStBl I 2025, 1330, Rz. 131.
7) BMF v. 14.5.2025, IV C 1 – S 2252/00075/016/070, BStBl I 2025, 1330, Rz. 131, 325.
8) BFH v. 29.8.2017, VIII R 23/15, BStBl II 2019, 54 sowie BFH v. 3.12.2019, VIII R 8/16, BStBl II 2020, 383.
9) BT-Drucks. 16/5491, 19.

h) In Zeile 7 enthaltene Einkünfte aus Stillhalterprämien und Gewinne aus Termingeschäften (Zeile 9)

747

Praxishinweis:

Die Regelungen des § 20 Abs. 6 Satz 5 EStG sind durch die Änderung im Rahmen des JStG 2024[1] in allen offenen Fällen nicht mehr anzuwenden (§ 52 Abs. 28 Satz 25 und 26 EStG). Verluste aus Termingeschäften sind ggf. in **Zeile 14** zu erklären, wenn diese noch in der Steuerbescheinigung ausgewiesen sind. Die Kreditinstitute haben eine Fristverlängerung zur Umsetzung erhalten (§ 52 Abs. 28 Satz 25f EStG).

Schließt der Stillhalter ein **Glattstellungsgeschäft** ab, mindern sich die jeweiligen Einnahmen aus Stillhalterprämien –rückwirkend im Jahr deren Bezugs– um die im Glattstellungsgeschäft gezahlten Prämien. Aufwendungen für die den Stillhalterprämien zugehörigen Glattstellungsgeschäfte mindern daher nach § 20 Abs. 1 Nr. 11 EStG – in Ausnahme zu § 11 Abs. 2 Satz 1 EStG (sog. Abflussprinzip) – die Einnahmen in dem VZ, in dem die Stillhalterprämien vereinnahmt wurden. Es handelt sich insoweit um ein rückwirkendes Ereignis (§ 175 Abs. 1 Satz 1 Nr. 2 AO). Ergibt sich dabei für das einzelne Stillhalter-/Glattstellungsgeschäft ein Verlust (eine negative Differenz), ist dieser abzugsfähig und unterliegt nicht dem WK-Abzugsverbot (§ 20 Abs. 9 EStG).[2] Inwiefern die im BMF-Schreiben v. 14.5.2025[3] für den Abzug der KapESt beschriebene Vorgehensweise mit dieser materiell-rechtlichen Anordnung des Gesetzgebers vereinbar ist, brauchte der BFH im vorliegenden Fall nicht zu entscheiden, da für die im Ausland getätigten Stillhaltergeschäfte der Klägerin keine KapESt einbehalten wurde. Die in dem BMF-Schreiben vorgesehene Aufteilung der Stillhalter-/Glattstellungsgeschäfte in einen Zu- und Abflusstatbestand (§ 11 EStG) widerspricht jedoch der vom BFH dargelegten Lösung auch für Fälle, in denen KapESt im Inland einzubehalten wäre.[4] Im Rahmen des JStG 2024[5] wurde die bisherige Verwaltungspraxis im Interesse eines einfachhandhabbaren Verfahrens fortgeführt und gesetzlich geregelt. Die im Glattstellungsgeschäft gezahlten Prämien sind zum Zeitpunkt der Zahlung als negative Einnahmen zu berücksichtigen (§ 20 Abs. 1 Nr. 11 EStG).

Die Stillhalterprämie stellt das Entgelt dar, das der Stillhalter als Entschädigung für die Bindung und die Risiken, die er durch die Begebung eines Optionsrechts – unabhängig vom Zustandekommen eines möglichen weiteren Wertpapiergeschäfts – erhält. Der Besteuerung unterliegt dabei der Vorteil, der nach der Glattstellung (Gegengeschäft mit Closing-Vermerk) verbleibt, so dass sich auch negative Einkünfte ergeben können. Insoweit bleibt bei dieser Einnahmenart der Abzug von Aufwendungen weiterhin bestehen.

Beratungshinweis:

Einkünfte bei einem Termingeschäft (§ 20 Abs. 2 Satz 1 Nr. 3 Buchst. a, Abs. 4 Satz 5 EStG) liegen bei dem Erwerb einer Option auch dann vor, wenn die stpfl. Person die Option bei Fälligkeit verfallen lässt.[6]

Zur weiteren Berücksichtigung von Termingeschäften → Rz. 711.

i) In Zeile 7 enthaltene Gewinne aus der Veräußerung bestandsgeschützter Alt-Anteile i.S.d. § 56 Abs. 6 Satz 1 Nr. 2 InvStG (Zeile 10)

748

Praxishinweis:

Der Erklärungstatbestand ist ab dem VZ 2018 i.R.d. praktischen Umsetzung des InvStRefG[7] eingeführt worden. Alle ab 2018 eintretenden Wertveränderungen sind steuerpflichtig. Diese Einschränkung des Bestandsschutzes stellt keine verfassungsrechtlich zu rechtfertigende Ungleichbehandlung der Fondsanlage ggü. der Direktanlage i.S.d. Art. 3 Abs. 1 GG dar, weil die Fondsanlage auf Grund der Möglichkeit zur steuerfreien Thesaurierung von Veräußerungsgewinnen auf Fondsebene bereits nicht mit der Direktanlage vergleichbar ist. Darüber hinaus ist die Kappung des Bestandsschutzes zur Verhinderung von Steuerumgehungen erforderlich. Um gleichwohl das Vertrauen eines Kleinanlegers, für den die Bestandsschutzregelung bei Einführung der Abgeltungsteuer gedacht war, nicht zu enttäuschen, wird ein neuer Freibetrag i.H.v. 100 000 € eingeführt. Das heißt, auch die ab 2018 anfallenden Veräußerungsgewinne bleiben bis zu diesem Betrag steuerfrei (→ Rz. 682).[8]

Zudem ist auf der Anlage Sonstiges (Zeile 20) eine Erklärung erforderlich, ob durch das FA ein verbleibender Freibetrag zum 31.12.2024 festgestellt worden ist. Wurde der Freibetrag zum 31.12. des Vorjahrs festgestellt, handelt es sich im Folgejahr aber nicht um einen Pflichtveranlagungstatbestand, so dass der Betrag nicht fortlaufend festgestellt werden muss.

Als Veräußerungserlös gilt der letzte im Kj. 2017 festgesetzte Rücknahmepreis (§ 56 Abs. 2 Satz 2 InvStG). Falls kein Rücknahmepreis festgesetzt wird, tritt der Börsen- oder Marktpreis an dessen Stelle (§ 56 Abs. 2 Satz 3 InvStG). Sofern kein Börsen- oder Marktpreis ermittelbar ist, kann zur Wertermittlung des Alt-Anteils auf den Nettoinventarwert abgestellt werden. Der auf Grund der Veräußerungsfiktion (§ 56 Abs. 2 Satz 1 InvStG) anfallende Gewinn/Verlust ist in dem Zeitpunkt von dem Anleger zu versteuern, in dem der Alt-Anteil tatsächlich veräußert wird (§ 56 Abs. 3 Satz 1 InvStG).

Der zu erklärende Wert ergibt sich aus der inl. KapESt-Bescheinigung.[9] Die realisierten Gewinne unterliegen dem Bestandsschutz, so dass die Besteuerung (ausschließlich) i.R.d. ESt-Veranlagung rückgängig gemacht wird (§ 56 Abs. 6 Satz 3 InvStG); auf diesem Umstand wird auch in der Steuerbescheinigung hingewiesen. Der am Schluss des

1) Jahressteuergesetz 2024 (JStG 2024) v. 2.12.2024, BGBl. I 2024 Nr. 387 = BStBl I 2024, 1484.
2) BFH v. 2.8.2022, VIII R 27/21, HFR 2022, 1031.
3) BMF v. 14.5.2025, IV C 1 – S 2252/00075/016/070, BStBl I 2025, 1330, Rz. 25.
4) So BFH v. 2.8.2022, VIII R 27/21, HFR 2022, 1031, Rz. 19.
5) Jahressteuergesetz (JStG 2024) v. v. 2.12.2024, BGBl. I 2024 Nr. 387 = BStBl I 2024, 1484.
6) BFH v. 12.1.2016, IX R 48/14, BStBl II 2016, 456 u. IX R 49/14, BStBl II 2016, 459.
7) Gesetz zur Reform der Investmentbesteuerung (Investmentsteuerreformgesetz – InvStRefG) v. 19.7.2016, BStBl I 2016, 731.
8) Gesetzesbegründung der Bundesregierung zum InvStRefG, BT-Drucks. 18/8045 v. 7.4.2016.
9) BMF v. 23.5.2022, IV C 1 – S 2401/19/10001 :006, BStBl I 2022, 860; Anwendung für Erträge, die vor dem 1.1.2026 zufließen, BMF v. 16.5.2025, IV C 1 – S 2401/00008/014/051, BStBl I 2025, 1330, Rz. 71.

VZ verbleibende Freibetrag ist gesondert festzustellen. Die Höhe des Steuersatzes und das Verfahren der Steuerfestsetzung richten sich nach den Regelungen, die zum Zeitpunkt der tatsächlichen Veräußerung gelten. Das Gleiche gilt für die Besteuerungsmerkmale der stpfl. Person.[1]

Zur Berechnung siehe das Beispiel zu → Rz. 867.

Der Anleger kann vom kreditführenden Depotinstitut verlangen, dass die Höhe des fiktiven Veräußerungsgewinns mitgeteilt wird (§ 56 Abs. 4 Satz 2 InvStG). Die Höhe des fiktiven Veräußerungsgewinns bestimmt sich nach den für Privatanleger geltenden Regelungen des § 8 Abs. 5 InvStG 2004. Wenn das Kreditinstitut im Nachhinein feststellt, dass die Höhe des mitgeteilten fiktiven Veräußerungsgewinns fehlerhaft war, hat es eine korrigierte Mitteilung vorzunehmen.[2]

Beratungshinweis:

In den Fällen, in denen lediglich in der Steuerbescheinigung Gewinne aus der Veräußerung von Alt-Anteilen ausgewiesen sind (die Höhe der steuerpflichtigen Kapitalerträge lt. Zeile 7 der Bescheinigung „0 €"), ist es erforderlich, einen entsprechenden Antrag auf Berücksichtigung des Freibetrags (100 000 €) i.R.d. ESt-Erklärung zu stellen, worauf auch in der Steuerbescheinigung selbst hingewiesen wird. Nur insoweit besteht die Möglichkeit, versteuerte bestandsgeschützte Alt-Anteile – unter Inanspruchnahme des Freibetrags – aus der Besteuerung herauszunehmen.

j) In Zeile 7 enthaltene Ersatzbemessungsgrundlage (Zeile 11)

Liegen dem auszahlenden Kreditinstitut nicht die AK des Wertpapiers i.S.d. § 43 Abs. 1 Nr. 9 bis 12 EStG vor, so 749
kommt bei der Bemessung der KapESt die Ersatz-BMG zu Anwendung. Sie beträgt 30 % der Einnahmen aus der Veräußerung oder Einlösung des Wertpapiers (§ 43a Abs. 2 Satz 7 EStG). Diese Regelung gilt auch für die Veräußerung von Investmentfonds (§ 56 Abs. 3 Satz 4 InvStG) und wird ebenfalls in der inl. Steuerbescheinigung ausgewiesen.

Praxishinweis:

Die Anwendung der Ersatz-BMG kann nicht i.R.d. sog. Delta-Verfahrens → Rz. 688 (§ 20 Abs. 3a EStG) durch das Kreditinstitut korrigiert werden.

Der Ertrag kann dabei bei bestimmten Sachverhalten höher sein als 30 % der Einnahmen, so dass seitens der stpfl. Person ggf. ein Interesse besteht, die Besteuerung nach der Ersatz-BMG anzustreben (bei Wertpapieren mit einem Wertzuwachs von 43 %).

Gestaltungshinweis:

Dieses Ergebnis könnte dadurch erreicht werden, dass ggü. einem inl. Kreditinstitut auf den Nachweis der AK verzichtet wird, wenn Wertpapiere aus dem Ausland zurück übertragen werden (§ 43a Abs. 2 Satz 6 EStG). In der Literatur wurde der eindeutige Verzicht empfohlen, wenn der Veräußerungsgewinn weniger als 30 % der Einnahmen beträgt.[3] Zu beachten ist, dass in der amtlichen Steuerbescheinigung die Position „Ersatz-BMG" gesondert ausgewiesen ist, so dass mit einer entsprechenden Anfrage des FA zu rechnen sein dürfte.

Ist die beim KapESt-Abzug angesetzte BMG kleiner als die tatsächlich erzielten Erträge, tritt die **Abgeltungswirkung** (§ 43 Abs. 5 EStG) nur insoweit ein, als die Erträge der Höhe nach dem Steuerabzug unterliegen. Für den darüber hinaus gehenden Betrag besteht eine Veranlagungspflicht (§ 32d Abs. 3 EStG). Aus Billigkeitsgründen kann hiervon abgesehen werden, wenn die Differenz je VZ nicht mehr als 500 € beträgt und keine weiteren Gründe für eine Veranlagung nach § 32d Abs. 3 EStG vorliegen.[4] Diese Billigkeitsmaßnahme dürfte daher in der Praxis regelmäßig keine große Auswirkung haben, insb. unter dem Gesichtspunkt der Änderung des § 43 Abs. 5 Satz 1 EStG i.R.d. JStG 2010.[5]

Die stpfl. Person kann den **Anschaffungswert** durch eine Bescheinigung der ausl. (EU- und EWR-Staaten, sowie einem Vertragsstaat der Richtlinie 2003/48/EG [z.B. Schweiz, Andorra, Monaco) Bank **nachweisen** (§ 43a Abs. 2 Satz 5 EStG).[6] Bei der Einlieferung effektiver Stücke (Tafelgeschäft) kommt es zwingend zur Anwendung der Ersatz-BMG.

Beratungshinweis:

Die Anwendung der Ersatz-BMG in einem inl. Depot kann nicht verhindert werden, da seitens der Bank eine gesetzliche Verpflichtung zur Anwendung dieser Regel besteht. Der unterjährigen direkten Steuerbelastung kann insoweit entgegengewirkt werden, indem im selben Depot zunächst Verluste realisiert werden, so dass sich die Ersatz-BMG durch eine Verlustverrechnung nicht sofort in einer Steuerbelastung auswirkt. Damit stehen diese Verluste nicht mehr anderweitig zur Verfügung.

k) Nicht ausgeglichene Verluste ohne Verluste aus der Veräußerung von Aktien (Zeile 12)

Die Steuerbescheinigung des Kreditinstituts ist in diesen Fällen immer der Steuererklärung beizufügen (§ 36 Abs. 2 750
Nr. 2 Satz 3 EStG). Das Kreditinstitut hat auf Antrag der stpfl. Person die Höhe des **nicht ausgeglichenen Verlustes**

---

1) BMF v. 21.5.2019, IV C 1 – S 1980-1/16/10010 :001, 527, BStBl I 2019, 527, Rz. 56.47.
2) BMF v. 21.5.2019, IV C 1 – S 1980-1/16/10010 :001, 527, BStBl I 2019, 527, Rz. 56.83.
3) Thönnes, Steuer und Studium 2008, 480.
4) BMF v. 14.5.2025, IV C 1 – S 2252/00075/016/070, BStBl I 2025, 1330, Rz. 183.
5) JStG 2010 v. 8.12.2010, BStBl I 2010, 1394.
6) BMF v. 14.5.2025, IV C 1 – S 2252/00075/016/070, BStBl I 2025, 1330, Rz. 193.

(getrennt nach sonstigen und Aktienveräußerungsverlusten → Rz. 751) zu bescheinigen, um ihm im Rahmen der Veranlagung eine Verrechnung mit anderen Kapitalerträgen (z.B. Verrechnung mit Gewinnen die bei einem anderen Kreditinstitut erzielt wurden) zu ermöglichen. Verluste, die dem Abgeltungsteuersatz (§ 32d Abs. 1 EStG) unterliegen, dürfen nicht mit positiven Einkünften verrechnet werden, die mit dem tariflichen Steuersatz (§ 32d Abs. 2 EStG → Rz. 768) besteuert werden.[1]

Beratungshinweis:
Wird ein Antrag auf Günstigerprüfung (§ 32d Abs. 6 EStG) gestellt, können negative Einkünfte aus Kapitalvermögen, die dem gesonderten Tarif des § 32d Abs. 1 EStG unterliegen, mit positiven tariflich besteuerten Einkünften aus Kapitalvermögen verrechnet werden.[2]

Der Beschluss des GrS des BFH hinsichtlich der Vererbbarkeit von Verlusten (→ Rz. 1478) hat auch für die Verluste aus Kapitalvermögen Auswirkung.[3]

Die sonstigen Verluste können mit allen Arten von Kapitalerträgen verrechnet werden. Zu Verlusten bei Lebensversicherungen → Rz. 698.

Praxishinweis:
Verstirbt die stpfl. Person im Laufe des Kj., werden seitens der Bank die Verlustverrechnungstöpfe geschlossen und eine Verlustbescheinigung durch die Bank erstellt, so dass diese über die Einkommensteuerklärung verrechnet werden können.

Der für den VZ 2025 **(nicht zu widerrufende) Antrag** auf Erteilung der Verlustbescheinigung war dabei grds. **bis zum 15.12.2025** bei dem Kreditinstitut zu stellen (§ 43a Abs. 3 Satz 5 EStG). Insoweit wird eine doppelte Berücksichtigung von Verlusten im Rahmen des Verlustverrechnungstopfes und bei der Veranlagung verhindert.

Wurde der Antrag auf Bescheinigung des Verlustes nicht rechtzeitig gestellt, besteht grds. die Möglichkeit, eine Steuerbescheinigung nach § 45a Abs. 2 EStG bei dem Kreditinstitut zu beantragen, um **„Fehler" seitens der inl. Zahlstelle** (z.B. des Kreditinstituts) zu korrigieren (z.B. fehlerhafte oder nicht [in ausl. Währung] gespeicherte AK, nicht berücksichtigte – da der Bank nicht bekannte – Nebenkosten im Zusammenhang mit der Veräußerung einer Kapitalanlage). Ansonsten hätte die stpfl. Person keine Möglichkeit mehr, Fehler seitens der Kreditinstitute, die nach dem 15.12. ermittelt werden (z.B. fehlerhafte AK und damit ggf. ein zu geringer Verlust, der seitens der Banken vorgetragen wird), zu korrigieren. Insoweit wäre ein Antrag beim zuständigen FA nach § 32d Abs. 4 EStG zu stellen (→ Rz. 680); der bisher nicht berücksichtigte Verlust wäre dann seitens des FA festzustellen und steht für die Folgejahre zu Verfügung.

Wird eine Verlustbescheinigung beantragt, da der seitens der Bank ermittelte Veräußerungsverlust zu gering ist, ist auch dieser ggü. dem FA zu korrigieren. Wurde keine Verlustbescheinigung beantragt, ist dennoch eine Korrektur über die Veranlagung möglich, in dem der Veräußerungsverlust neu ermittelt wird. Der höhere Betrag ist dann vom FA – ggf. im Rahmen einer Verlustfeststellung – zu berücksichtigen.

Beratungshinweis:
Verluste, die bis zum Widerruf einer NV-Bescheinigung aufgelaufen sind, können i.R.d. KapESt-Abzugs nicht berücksichtigt werden. Entsprechendes gilt für nicht angerechnete Quellensteuer. Die Kreditinstitute können der stpfl. Person jedoch im Hinblick auf die Veranlagung die angelaufenen Verluste sowie die nicht angerechnete Quellensteuer bescheinigen.[4]

l) Nicht ausgeglichene Verluste aus der Veräußerung von Aktien (Zeile 13)

751 Die unter → Rz. 750 dargestellten Grundsätze gelten für die Verluste aus der Veräußerung von Aktien entsprechend. Die Steuerbescheinigung des Kreditinstituts ist in diesen Fällen immer der Steuererklärung beizufügen (§ 36 Abs. 2 Satz 3 EStG). Veräußerungsverluste aus Aktienverkäufen sind jedoch nur mit Gewinnen aus gleichartigen Geschäften – Aktien, REITs – verrechenbar (§ 43a Abs. 3 Satz 2 und § 20 Abs. 6 EStG). Sinn und Zweck dieser Einschränkung ist die Verhinderung von durch Spekulationsgeschäfte bedingten abstrakt drohenden qualifizierten Haushaltsrisiken – somit reines Fiskalinteresse.[5]

Beratungshinweis:
In der Entstehungsgeschichte dieses Verrechnungsverbotes wurde in der allgemeinen Presse als Motiv für diese Regelung ein zu kompensierender Steuerausfall auf Grund einer Neuregelung im Zusammenhang mit der Zinsschranke (§ 4h EStG) genannt. Dieses Motiv der Teilgegenfinanzierung könnte nach einer Stimme in der Literatur zu einem Verstoß gegen das Gebot der Gleichbehandlung i.S.d. Art. 3 GG führen.[6] Des Weiteren ist eine Verrechnung auch mit Dividenden nicht möglich, obwohl dies geboten wäre.[7] Der BFH hat dem BVerfG die Frage vorgelegt, ob die Regelung verfassungsgemäß ist.[8]

Für Zertifikate, Termingeschäfte und Investmentfondsanteile gelten hingegen die **allgemeinen Regelungen der Verlustberücksichtigung** (→ Rz. 750); für diese Geschäfte bestehen keine Sonderregelungen bei der Berücksichti-

1) BMF v. 14.5.2025, IV C 1 – S 2252/00075/016/070, BStBl I 2025, 1330, Rz. 119a.
2) BFH v. 30.11.2016, VIII R 11/14, BStBl II 2017, 443.
3) BFH v. 17.12.2007, GrS 2/04, BStBl II 2008, 608.
4) BMF v. 14.5.2025, IV C 1 – S 2252/00075/016/070, BStBl I 2025, 1330, Rz. 226.
5) BT-Drucks. 16/5491 v. 24.5.2007, 19.
6) Loos, DStZ 2010, 78.
7) Dinkelbach, DB 2009, 870.
8) BFH v. 17.11.2020, VIII R 11/18, BStBl II 2021, 562; Az. des BVerfG: 2 BvL 3/21.

gung von Verlusten.[1] Auf Grund des Gesetzeswortlautes gilt das aus Sicht der Finverw. auch für American Depositary Receipts (ADR),[2] da ADR eine Rechtsstellung des Aktionärs darstellen (Entsprechendes gilt für Global/European Depository Receipts [GDR/EDR]). Dies führt dem Grunde nach dazu, dass Verluste aus Aktien nicht zu berücksichtigen sind, an einer ausl. Börse gehandelte ADR derselben Gesellschaft aber steuerliche Wirkung erzielen.

Beispiel:
Gewinne aus der Veräußerung eines Zertifikates i.H.v. 2 000 € und gleichzeitiger Verlust aus Aktienverkäufen i.H.v. 1 000 €. Die Abgeltungsteuer beträgt 500 €. Der Verlust aus dem Aktiengeschäft wird auf den nächsten VZ vorgetragen.

Die unterschiedliche Behandlung zur Einzelaktie wird damit gerechtfertigt, dass z.B. das Investmentvermögen nach dem Grundsatz der risikodiversifizierten Kapitalanlage mit seinem Verhalten auf einen Ausgleich von positiver und negativer Wertentwicklung bei den einzelnen Anlagegegenständen ausgerichtet ist.[3] Zur **Vererbbarkeit** von Verlustvorträgen → Rz. 750.

m) Verluste aus Termingeschäften (Zeile 14)

Beratungshinweis: 752
Die besonderen Verlustverrechnungsregelungen des § 20 Abs. 6 Satz 5 EStG sind durch die Änderung im Rahmen des JStG 2024[4] in allen offenen Fällen nicht mehr anzuwenden (§ 52 Abs. 28 Satz 25 und 26 EStG). Sind Verlustbeträge dennoch in der Steuerbescheinigung enthalten, sind diese zu erklären und werden vom FA mit positiven Kapitalerträgen verrechnet (vgl. Amtliche Anleitung zu den Zeilen 154 und 15). Liegt keine (Steuer-)Bescheinigung eines ausl. Kreditinstituts vor, sind die Verluste aus den Abrechnungsunterlagen des Kreditinstituts/der depotführenden Stelle zu entnehmen. Die Verluste sind in die Zeilen 18 und/oder 19 und zusätzlich in Zeile 22 einzutragen. Wenn es sich um Verluste aus der wertlosen Ausbuchung von Aktien handelt, sind die Verluste nicht in Zeile 22, sondern zusätzlich in Zeile 23 einzutragen.

Gewinne aus Termingeschäften sind in **Zeile 9** zu erklären.

n) Verluste aus der ganzen oder teilweisen Uneinbringlichkeit einer Kapitalforderung, Ausbuchung, Übertragung wertlos gewordener Wirtschaftsgüter i.S.d. § 20 Abs. 1 EStG oder aus einem sonstigen Ausfall von Wirtschaftsgütern i.S.d. § 20 Abs. 1 EStG (Zeile 15)

Beratungshinweis: 753
Die besonderen Verlustverrechnungsregelungen des § 20 Abs. 6 Satz 5 EStG sind durch die Änderung im Rahmen des JStG 2024[5] in allen offenen Fällen nicht mehr anzuwenden (§ 52 Abs. 28 Satz 25 und 26 EStG). Sind Verlustbeträge dennoch in der Steuerbescheinigung enthalten, sind diese zu erklären und werden vom FA mit positiven Kapitalerträgen verrechnet (vgl. Amtliche Anleitung zu den Zeilen 154 und 15). Liegt keine (Steuer-)Bescheinigung eines ausl. Kreditinstituts vor, sind die Verluste aus den Abrechnungsunterlagen des Kreditinstituts/der depotführenden Stelle zu entnehmen. Die Verluste sind in die Zeilen 18 und/oder 19 und zusätzlich in Zeil 22 einzutragen. Wenn es sich um Verluste aus der wertlosen Ausbuchung von Aktien handelt, sind die Verluste nicht in Zeile 22, sondern zusätzlich in Zeile 23 einzutragen.

5. Sparer-Pauschbetrag (Zeilen 16–17)

Sparer-Pauschbetrag

			EUR
16	In Anspruch genommener Sparer-Pauschbetrag, der auf die in den Zeilen 7 bis 15, 30 und 33 erklärten Kapitalerträge entfällt (ggf. „0")	217/417	,–
	Bei Eintragungen in den Zeilen 7 bis 15, 18 bis 27, 30, 33, 52 und 54 der Anlage KAP, in den Zeilen 8 bis 24, 27 und 28 der Anlage KAP-BET sowie in der Anlage KAP-INV:		
17	In Anspruch genommener Sparer-Pauschbetrag, der auf die in der Anlage KAP **nicht** erklärten Kapitalerträge entfällt (ggf. „0")	218/418	,–

2025AnlKAP051 - September 2025 - 2025AnlKAP051

Zur pauschalen Berücksichtigung aller Aufwendungen im Zusammenhang mit **laufenden Kapitalerträgen** wird ein einheitlicher Sparer-Pauschbetrag i.H.v. 1 000 € (§ 20 Abs. 9 EStG) berücksichtigt. Im Rahmen einer Zusammenveranlagung von Ehegatten/Lebenspartnern verdoppelt sich der Betrag auf 2 000 €. Ein nicht ausgenutzter Pauschbetrag ist nicht auf tariflich zu besteuernde Kapitaleinkünfte (§ 32d Abs. 2 EStG) übertragbar.[6] Eine Erklärung ist ebenfalls erforderlich, wenn eine Angabe in Zeile 33 erfolgte. 754

1) BT-Drucks. 16/7388 v. 30.11.2007.
2) Zu weiteren Fragen vgl. BMF v. 24.5.2013, IV C 1 – S 2204/12/10003, BStBl I 2013, 718.
3) BT-Drucks. 16/7388 v. 30.11.2007.
4) Jahressteuergesetz (JStG 2024) v. 2.12.2024, BGBl. I 2024 Nr. 387 = BStBl I 2024, 1484.
5) Jahressteuergesetz (JStG 2024) v. 2.12.2024, BGBl. I 2024 Nr. 387 = BStBl I 2024, 1484.
6) BFH v. 30.11.2016, VIII R 11/14, BStBl II 2017, 443.

Praxishinweis:

Das Kreditinstitut hat die Höhe der Kapitalerträge nach Verlustverrechnung und vor Berücksichtigung des Sparer-Pauschbetrags (nur positiver Saldo) anzugeben.[1)] Aus diesem Grund hat eine Unterscheidung zwischen Angaben in den Zeilen 16 und 17 zu erfolgen. **Angaben in der Zeile 17** – ggf. auch mit dem Wert i.H.v. 0 € – sind dem Grunde nach dann erforderlich, wenn ein Antrag auf Teilkorrektur (Veranlagungs-Wahlrecht [§ 32d Abs. 4 EStG]) gestellt wird oder bei Beteiligungserträgen. In diesen Fällen kann durch das FA offensichtlich nicht mit den vorhandenen Angaben in Zeile 7 geprüft werden, ob der Sparer-Pauschbetrag tatsächlich bei den dort erklärten Erträgen berücksichtigt worden ist. Bei Eintragungen in den Zeile 7–15, 18–27, 30, 33, 52 und 54 der Anlage KAP, Eintragungen in den Zeilen 8–24, 27 und 28 der Anlage KAP-BET und in allen Fällen der Anlage KAP-INV ist eine Eintragung in Zeile 17 erforderlich.

Beispiel:

Die stpfl. Person erzielt bei Bank A Kapitalerträge i.H.v. 10 400 € und bei Bank B Kapitalerträge i.H.v. 401 €. Der Sparer-Pauschbetrag wurde bei Bank A i.H.v. 400 € und bei Bank B i.H.v. 401 € gestellt. Es wird ein Antrag auf Teilkorrektur zur Berücksichtigung von Altverlusten i.H.v. 1 000 € gestellt. Aus diesem Grund werden lediglich in Zeile 7 10 400 € und in Zeile 16 400 € angegeben. Zur Sicherstellung der richtigen Höhe der Einkünfte ist zusätzlich in Zeile 17 der Sparer-Pauschbetrag zu erklären, der auf die Kapitalerträge entfällt, die nicht in der ESt-Erklärung angegeben worden sind.

Das gültige **Muster des Freistellungsauftrags** wurde mit BMF-Schreiben v. 14.5.2025[2)] veröffentlicht.

Bei Ehegatten/Lebenspartnern kann nur der die Kapitalerträge übersteigende Betrag bei der anderen Person abgezogen werden.

Ein **weiterer WK-Abzug** ist nicht möglich (eine **Ausnahme** besteht in den Fällen, in denen die tarifliche Steuer zur Anwendung kommt → Rz. 768; insoweit wird jedoch der Sparer-Pauschbetrag nicht mindernd berücksichtigt, da es sich begrifflich nicht mehr um abgeltend zu besteuernde Einkünfte aus Kapitalvermögen handelt [§ 32d Abs. 2 Nr. 1 Satz 2, Abs. 2 Nr. 3 Satz 2 EStG; bei Lebensversicherungserträgen i.S.d. § 20 Abs. 1 Nr. 6 Satz 2 EStG kommt es hingegen zur Anwendung des Sparer-Pauschbetrags, § 32d Abs. 2 Nr. 2 Satz 2 EStG]). Der Abzug des **WK-Abzugs bleibt** aber **bestehen**, wenn z.B. eine gewerblich geprägte Personengesellschaft gegründet wird und die Einnahmen in diesem Bereich entstehen.

Durch die begrenzte Berücksichtigung von Verlusten aus Aktiengeschäften wird in § 20 Abs. 9 Satz 4 EStG deutlich gemacht, dass lediglich der Saldo der verrechenbaren Kapitalerträge bei der Berücksichtigung des Sparer-Pauschbetrags maßgebend ist. Der Sparer-Pauschbetrag wird dabei in voller Höhe benötigt, soweit z.B. Zinserträge i.H.v. 1 000 € vorliegen und gleichzeitig ein Verlust aus der Veräußerung von Aktien i.H.v. 500 € erzielt wird. Die **Anwendung des Freistellungsauftrags** hat dabei die gleiche Wirkung wie die Verlustverrechnung.

Hinweis zur Plausibilitätsbeurteilung:

Es ist die Höhe des in Anspruch genommenen Sparer-Pauschbetrags für sämtliche Kapitalerträge einzutragen. Bei zusammenveranlagten Ehegatten/Lebenspartnern ist in den Fällen, in denen der andere Ehegatte/Lebenspartner keine Anlage KAP abgegeben hat, der von Beiden in Anspruch genommene Sparer-Pauschbetrag einzutragen, um Missbrauch zu verhindern.

6. Kapitalerträge, die nicht dem inländischen Steuerabzug unterlegen haben (Zeilen 18–26a)

- 2 -

Kapitalerträge, die nicht dem inländischen Steuerabzug unterlegen haben

– ohne Investmenterträge laut **Anlage KAP-INV** –

			EUR
18	Inländische Kapitalerträge (ohne Beträge laut den Zeilen 26 und 26a)	230/430	,—
19	Ausländische Kapitalerträge (ohne Beträge laut den Zeilen 26a und 52)	234/434	,—
20	In den Zeilen 18 und 19 enthaltene Gewinne aus Aktienveräußerungen i. S. d. § 20 Abs. 2 Satz 1 Nr. 1 EStG	232/432	,—
21 frei 22	In den Zeilen 18 und 19 enthaltene Verluste **ohne** Verluste aus der Veräußerung von Aktien	235/435	,—
23	In den Zeilen 18 und 19 enthaltene Verluste aus der Veräußerung von Aktien i. S. d. § 20 Abs. 2 Satz 1 Nr. 1 EStG	236/436	,—
24 und 25 frei 26	Zinsen, die vom Finanzamt für Steuererstattungen gezahlt wurden (ohne an das Finanzamt zurückgezahlte Zinsen für Steuererstattungen) ***– Bitte Anleitung beachten. –***	260/460	,—
26a	Prozess- und Verzugszinsen	237/437	,—

a) Vorbemerkung

755 Erträge, die nicht – mangels einer zum KapESt-Abzug verpflichteten auszahlenden Stelle (regelmäßig dem inl. Kreditinstitut) – dem KapESt-Abzug unterliegen, sind weiterhin zwingend in der ESt-Erklärung anzugeben (Pflicht zur Veranlagung [§ 32d Abs. 3 EStG]). Nach dem **FKAustG** werden Informationen über Finanzkonten in Steuersa-

1) BMF v. 23.5.2022, IV C 1 – S 2401/19/10001 :006, BStBl I 2022, 860, Rz. 26; Anwendung für Erträge, die vor dem 1.1.2026 zufließen, BMF v. 16.5.2025, IV C 1 – S 2401/00008/014/051, BStBl I 2025, 1388, Rz. 26.

2) BMF v. 14.5.2025, IV C 1 – S 2252/00075/016/070, BStBl I 2025, 1330, Anlage 2.

chen zwischen dem BZSt und der zuständigen Behörde des jeweils anderen Staates (i.S.d. § 1 Abs. 1 FKAustG) automatisch ausgetauscht (§ 27 Abs. 1 FKAustG).[1] Die Regelung des § 5 Abs. 3 FKAustG ist verfassungsgemäß.[2]

Praxishinweis:
Investmenterträge, die nicht dem inl. Steuerabzug unterlegen haben, sind nicht hier, sondern auf der Anlage KAP-INV zu erklären. Bei Eintragungen in den Zeilen 18–26a werden regelmäßig Angaben in der Zeile 17 erforderlich sein (ggf. 0 €), so dass der Sparer-Pauschbetrag zutreffend berücksichtigt werden kann.

Hierzu gehören z.B. Gewinne aus der Veräußerung von

- GmbH-Anteilen (soweit es sich nicht um einen i.R.d. § 17 EStG stpfl. Fall handelt, da diese Anteile nicht in einem Depot gehalten werden),
- Genossenschaften und stillen Gesellschaften, der (kapitalertragsteuerfreie) Verkauf von Lebensversicherungen oder Darlehen zwischen Privatpersonen,
- Zinsen aus Hypotheken/Grundschulden und Renten aus Rentenschulden (§ 20 Abs. 1 Nr. 5 EStG),
- Diskontbeträgen aus Wechseln und Anweisungen (§ 20 Abs. 1 Nr. 8 EStG).

Auch in den Fällen, in denen Wertpapiere in einem ausl. Depot verwahrt werden, die auszahlende Stelle kein inl. Kreditinstitut ist oder ausl. Erträge gezahlt werden, kommt es zu einer zwingenden Veranlagung (§ 32d Abs. 3 EStG). Ebenso unterliegen der Besteuerung zum Abgeltungssteuertarif die Erträge aus Privatdarlehen.

Praxishinweis:
Ob eine Erklärungspflicht besteht, soweit z.B. die Ersatz-BMG (§ 43a Abs. 2 Satz 7 EStG) durch das Kreditinstitut angewendet worden ist, lässt sich erst durch die Änderung im Rahmen des JStG 2010 eindeutig aus dem Gesetzestext herleiten. Bis dahin konnte auch die Meinung vertreten werden, dass die Abgeltung bereits eingetreten ist (§ 43 Abs. 5 Satz 1 EStG).

Beispiel:
Übertragung von Wertpapieren aus einem ausl. in ein inl. Depot. Die AK betragen 100 €. Die Veräußerung erfolgt zu einem Kurs von 300 €. KapESt wird seitens der Bank i.H.v. 30 % v. 300 = 90 € einbehalten. Der Veräußerungsgewinn beträgt tatsächlich 200 €.

Die Ausführungen zu den Zeilen 7–11 gelten des Weiteren entsprechend.

b) Inländische Kapitalerträge – ohne Beträge lt. den Zeilen 24 und 26a (Zeile 18)

Praxishinweis: 756
In der amtlichen Anleitung wird darauf hingewiesen, dass auch Erträge aus Kapital-Investitionsgesellschaften (InvStG in der am 31.12.2017 geltenden Fassung) in den Zeilen 18 und/oder 19 zu erklären sind. Bei Investmentfonds und Kapital-Investitionsgesellschaften nach dem Investmentsteuergesetz in der am 31.12.2017 geltenden Fassung mit einem vom Kalenderjahr abweichenden Geschäftsjahr gilt für steuerliche Zwecke ein Rumpfgeschäftsjahr zum 31.12.2017 als beendet (§ 56 Abs. 1 Satz 3 InvStG). Diese Anteile sind ebenfalls von der Veräußerungsfiktion betroffen (die vor dem 1.1.2018 angeschafften Anteile gelten mit Ablauf des 31.12.2017 als veräußert und mit Beginn des 1.1.2018 als angeschafft [§ 56 Abs. 2 Satz 1 InvStG]). Gewinne und Verluste aus der fiktiven Veräußerung von nicht bestandsgeschützten Alt-Anteilen i.S.d. § 56 Abs. 2 i.V.m. Abs. 3 Satz 1 InvStG an einer Kapital-Investitionsgesellschaft sind in Zeile 18 und/oder 19 und zusätzlich in Zeile 20 und/oder 22 und/oder 23 einzutragen.

Wurden laufende inl. Kapitalerträge erzielt, bei denen keine KapESt einbehalten worden ist, sind diese in Zeile 18 zu erklären; hierzu gehören auch zinslose Darlehen[3] mit einer Laufzeit von mehr als einem Jahr. In diesem Zusammenhang sind **regelmäßig Eintragungen in Zeile 17 notwendig** (ggf. auch mit einem Wert i.H.v. 0 €), wenn nicht gleichzeitig auch ein Antrag auf Günstigerprüfung gestellt wird, der zur Folge hat, dass alle Kapitalerträge anzugeben sind. Die Angabe wird zur Berücksichtigung des Sparer-Pauschbetrags benötigt. Ein **Eintrag in den Zeilen 5 und 6** ist in den Fällen, in denen **nur** Erträge in den Zeilen 18–26a erklärt werden, nicht erforderlich. Es handelt sich um Pflichtveranlagungsfälle (§ 32d Abs. 3 EStG). Der Antrag auf Günstigerprüfung (Zeile 4) wäre ggf. auch in diesen Fällen zu stellen. Hierzu sind alle Kapitalerträge zu erklären (auch die inl. Kapitalerträge, die bereits zutreffend dem inl. KapESt-Abzug unterlegen haben). Zu Kapitalerträgen im Zusammenhang mit dem Verzicht auf eine Beitragserstattung bei Krankenversicherungsbeiträgen → Rz. 1693.

Praxishinweis:
Der Wert ist der kumulierte Wert von positiven und negativen Erträgen. Verluste sind zusätzlich in den Zeilen 22 und/oder 23 und ggf. in Zeile 25 einzutragen. Steuererstattungszinsen, die vom FA gezahlt wurden, sind gesondert in Zeile 26 zu erklären.

Inhaltlich gelten die Ausführungen zu Zeile 7 (ab → Rz. 692) entsprechend.

Hierzu gehören z.B. Gewinne aus der Veräußerung von

- GmbH-Anteilen (soweit es sich nicht um einen i.R.d. § 17 EStG stpfl. Fall handelt, da diese Anteile nicht in einem Depot gehalten werden),
- Genossenschaften und stillen Gesellschaften, der (kapitalertragsteuerfreie) Verkauf von Lebensversicherungen oder Darlehen zwischen Privatpersonen,
- Diskontbeträgen aus Wechseln und Anweisungen (§ 20 Abs. 1 Nr. 8 EStG).

1) Vgl. auch BMF v. 13.6.2024, IV D 3 – S 1315/19/10030 :067, BStBl I 2024, 1037.
2) BFH v. 23.1.2024, IX R 36/21, BStBl II 2025, 488.
3) BFH v. 12.9.2011, VIII B 70/09, BFH/NV 2012, 229.

Ebenso besteht eine Pflicht zur Veranlagung in den Fällen, in denen eine Forderung aus einem entgeltlich erworbenen Anspruch auf Auszahlung eines **Körperschaftsteuerguthabens** (§ 37 Abs. 4 ff. EStG) besteht.

Beispiel:

Die stpfl. Person ist Gesellschafter einer GmbH, die über ein Körperschaftsteuerguthaben i.H.v. 8 000 € verfügt (§ 37 Abs. 4 Satz 1 KStG). In 2025 wird der Anspruch auf Auszahlung entgeltlich an die stpfl. Person abgetreten. Der zutreffend ermittelte Barwert beträgt 5 000 €. Die Zahlung des Guthabens erfolgt in zehn Jahresraten i.H.v. 800 €.

Der Zinsanteil unterliegt der Besteuerung nach § 20 Abs. 2 Nr. 7 EStG; die Veräußerung/Einlösung der Forderung steht einer Veräußerung gleich (§ 20 Abs. 2 Satz 2 EStG). Da mangels einer auszahlenden Stelle keine Pflicht zum Einbehalt der KapESt besteht, sind die Erträge i.R.d. ESt-Erklärung anzugeben.

Beratungshinweis:

Die Übergangsregelungen bei Finanzinnovationen und Zertifikaten → Rz. 701 sind insbesondere bei Wertpapieren, die im Ausland verwahrt worden sind, zu beachten.

Zinsen von Privatpersonen sind ebenfalls gesondert anzugeben. Der Rechtsgrund der Kapitalüberlassung ist ohne Bedeutung, ebenso wie der Umstand, ob die zu Grunde liegende Kapitalforderung selbst steuerbar ist.[1] Handelt es sich um Sachverhalte zwischen nahe stehenden Personen im Zusammenhang mit einem Beherrschungsverhältnis, haben Eintragungen in Zeile 28 zu erfolgen (→ Rz. 772). Verzichtet ein Kind ggü. seinen Eltern auf künftige Pflichtteilsansprüche und erhält es dafür einen fälligen Zahlungsanspruch, so führt die Verzinsung dieses Zahlungsanspruchs zu steuerpflichtigen Kapitalerträgen (§ 20 Abs. 1 Nr. 7 EStG).[2]

c) Ausländische Kapitalerträge – ohne Beträge lt. den Zeilen 26a und 52 (Zeile 19)

757 Die Ausführungen zu Zeile 18 (→ Rz. 756) gelten entsprechend.

Zu den Erträgen gehören z.B. die Dividenden und Zinsen eines ausl. Schuldners). Einkünfte aus einer ausl. Familienstiftung (§ 15 AStG), die nicht der tariflichen ESt unterliegen, sind ab Zeile 49 zu erklären.

Praxishinweis:

Die Finverw. erwartet weiterhin (trotz Belegvorhaltepflicht), dass gleichzeitig entsprechende Erträgnisaufstellungen mit eingereicht werden (vgl. amtliche Anleitung zu den Zeilen 18 und 19).

Wird ein **privates Darlehen** veräußert, sind ggf. Eintragungen in Zeile 28 (→ Rz. 778) notwendig.

d) Gewinne aus Kapitalanlagen i.S.d. § 20 Abs. 2 EStG

758 Ab dem VZ 2014 ist es nicht mehr notwendig, Einkünfte aus Veräußerungstatbeständen i.S.d. § 20 Abs. 2 EStG gesondert zu erklären, da der Erklärungswert lediglich Bedeutung für die Berücksichtigung von Altverlusten hatte, die ab dem VZ 2014 nicht mehr zur Verrechnung stehen (ab → Rz. 681).

e) In den Zeilen 18 und 19 enthaltene Gewinne aus Aktienveräußerungen i.S.d. § 20 Abs. 2 Satz 1 Nr. 1 EStG (Zeile 20)

759 **Hinweis zur Plausibilitätsbeurteilung:**

Dieser Wert ist in der Gesamtsumme in den Zeilen 18 und/oder 19 enthalten. Verluste sind zusätzlich in Zeile 23 einzutragen.

Gewinne aus der Veräußerung von Aktien sind gesondert zu erklären. Inhaltlich gelten die Ausführungen zu Zeile 8 (ab → Rz. 746) entsprechend.

f) In den Zeilen 18 und 19 enthaltene Einkünfte aus Stillhalterprämien und Gewinne aus Termingeschäften (Zeile 21)

760 **Beratungshinweis:**

Die besonderen Verlustverrechnungsregelungen des § 20 Abs. 6 Satz 5 EStG sind durch die Änderung im Rahmen des JStG 2024[3] in allen offenen Fällen nicht mehr anzuwenden (§ 52 Abs. 28 Satz 25 und 26 EStG). Sind Verlustbeträge dennoch in der Steuerbescheinigung enthalten, sind diese zu erklären und werden vom FA mit positiven Kapitalerträgen verrechnet (vgl. Amtliche Anleitung zu den Zeilen 154 und 15). Liegt keine (Steuer-)Bescheinigung aus ausl. Kreditinstituts vor, sind die Verluste aus den Abrechnungsunterlagen des Kreditinstituts/der depotführenden Stelle zu entnehmen. Die Verluste sind in die Zeilen 18 und/oder 19 und zusätzlich in Zeile 22 einzutragen. Wenn es sich um Verluste aus der wertlosen Ausbuchung von Aktien handelt, sind die Verluste nicht in Zeile 22, sondern zusätzlich in Zeile 23 einzutragen.

g) In den Zeilen 18 und 19 enthaltene Verluste ohne Verluste aus der Veräußerung von Aktien (Zeile 22)

761 Wurden Verluste aus der Veräußerung von Kapitalanlagen erzielt, sind diese Verluste gesondert in Zeile 22 einzutragen. Der Wert ist in den Zeilen 18 und/oder 19 enthalten und darf nicht Verluste aus der Veräußerung von Aktien enthalten, die gesondert in Zeile 23 einzutragen sind.

---

1) BFH v. 20.10.2015, VIII R 40/13, BStBl II 2016, 342.
2) BFH v. 6.8.2019, VIII R 22/17, BStBl II 2020, 92.
3) Jahressteuergesetz 204 (JStG 2024) v. 2.12.2024, BGBl. I 2024 Nr. 387 = BStBl I 2024, 1484.

Der gesonderte Eintrag von z.B. bei einer ausl. Bank erwirtschafteten Verlusten ist für die Verlustverrechnung notwendig, da die Regeln zur unterjährigen Verlustverrechnung des § 43a Abs. 3 EStG insoweit keine Anwendung finden. Zur Reihenfolge der Verlustberücksichtigung vgl. BMF.[1] **762**

Hinweis zur Plausibilitätsbeurteilung:
Werden positive und negative Erträge miteinander verrechnet und in den Zeilen 19 und 20 eingetragen, kann insoweit keine vorrangige Verlustverrechnung mit Verlusten aus privaten Veräußerungsgeschäften erfolgen.

h) In den Zeilen 18 und 19 enthaltene Verluste aus der Veräußerung von Aktien i.S.d. § 20 Abs. 2 Satz 1 Nr. 1 EStG (Zeile 23)

Aktienveräußerungsverluste sind bereits in den Zeilen 18 und/oder 19 – aber nicht in Zeile 19 – enthalten und sind für die zutreffende Verlustberücksichtigung gesondert zu erklären. Die Erläuterungen zu Zeile 13 (→ Rz. 751) gelten entsprechend. **763**

i) Verluste aus Termingeschäften (bisherige Zeile 24 der Anlage KAP 2024)

Beratungshinweis: **764**
Die besonderen Verlustverrechnungsregelungen des § 20 Abs. 6 Satz 5 EStG sind durch die Änderung im Rahmen des JStG 2024[2] in allen offenen Fällen nicht mehr anzuwenden (§ 52 Abs. 28 Satz 25 und 26 EStG). Sind Verlustbeträge dennoch in der Steuerbescheinigung enthalten, sind diese zu erklären und werden vom FA mit positiven Kapitalerträgen verrechnet (vgl. Amtliche Anleitung zu den Zeilen 14 und 15).

j) Verluste aus der ganzen oder teilweisen Uneinbringlichkeit einer Kapitalforderung, Ausbuchung, Übertragung wertlos gewordener Wirtschaftsgüter i.S.d. § 20 Abs. 1 EStG oder aus einem sonstigen Ausfall von Wirtschaftsgütern i.S.d. § 20 Abs. 1 EStG (bisherige Zeile 25 der Anlage KAP 2024)

Beratungshinweis: **765**
Die besonderen Verlustverrechnungsregelungen des § 20 Abs. 6 Satz 5 EStG sind durch die Änderung im Rahmen des JStG 2024[3] in allen offenen Fällen nicht mehr anzuwenden (§ 52 Abs. 28 Satz 25 und 26 EStG). Sind Verlustbeträge dennoch in der Steuerbescheinigung enthalten, müssen diese erklärt werden. Sind Verlustbeträge dennoch in der Steuerbescheinigung enthalten, sind diese zu erklären und werden vom FA mit positiven Kapitalerträgen verrechnet (vgl. Amtliche Anleitung zu den Zeilen 154 und 15).

k) Zinsen, die vom Finanzamt für Steuererstattungen gezahlt wurden – ohne an das Finanzamt zurückgezahlte Zinsen für Steuererstattungen (Zeile 26)

Zu den stpfl. Einnahmen zählen auch Zinsen, die vom FA für Steuererstattungsbeträge gezahlt werden (§ 20 Abs. 1 Nr. 7 Satz 3 EStG); der besondere Steuersatz (§ 34 EStG) ist nicht zu gewähren.[4] Der BFH bestätigte seine Rechtsauffassung, weil auch der Fachliteratur keine zusätzlichen Gesichtspunkte zu entnehmen waren.[5] Zu den stpfl. Einnahmen zählen Zinsen nach § 233a AO (Steuererstattungszinsen), § 236 AO (Prozesszinsen[6] auf Erstattungsbeträge) sowie Prozesszinsen auf erstattete Grunderwerbsteuer.[7] Nach BMF[8] sind Erstattungszinsen auf Antrag aus Gründen sachlicher Härte (§ 163 AO) nicht in die Steuer-BMG mit einzubeziehen, soweit ihnen nicht abziehbare Nachforderungszinsen gegenüberstehen, die auf ein- und demselben Ereignis (z.B. im Rahmen einer Betriebsprüfung) beruhen. **766**

Die pauschale Abgeltungsteuer nach dem **StraBEG** unterfällt als Steuerart „sui generis" nicht dem Regelbereich des § 233a Abs. 1 AO. Ein auf der Grundlage des StraBEG vom 23.12.2003[9] an das FA gezahlter und später teilweise wieder erstatteter Betrag unterliegt nicht der Verzinsung nach § 233a AO.[10]

Bei der ertragsteuerlichen Einordnung der Erstattungszinsen ist zu unterscheiden, ob es sich um Erstattungszinsen oder um **zurückgezahlte Nachzahlungszinsen** handelt. Auch wenn es sich bei der Abgrenzung nicht um ein neues steuerliches Problem handelte, wurde erstmalig in der amtlichen Anleitung für den VZ 2015 auf diese Unterscheidung hingewiesen. Werden Erstattungszinsen (§ 233a Abs. 1 AO) zugunsten der stpfl. Person festgesetzt und an diese ausgezahlt, und zahlt die stpfl. Person diese Zinsen auf Grund einer erneuten Zinsfestsetzung (§ 233a Abs. 5 Satz 1 AO) an das FA zurück, kann die Rückzahlung zu negativen Einnahmen aus Kapitalvermögen i.S.d. § 20 Abs. 1 Nr. 7 Satz 3 EStG führen. Das Entstehen negativer Einnahmen setzt voraus, dass die auf Grund der erneuten Zinsfestsetzung zu zahlenden Zinsen auf denselben Unterschiedsbetrag und denselben Verzinsungszeitraum entfallen wie die auf Grund der früheren Zinsfestsetzung erhaltenen Erstattungszinsen.[11]

1) BMF v. 14.5.2025, IV C 1 – S 2252/00075/016/070, BStBl I 2025, 1330, RZ. 118.
2) Jahressteuergesetz (JStG 2024) v. 2.12.2024, BGBl. I 2024 Nr. 387 = BStBl I 2024, 1484.
3) Jahressteuergesetz (JStG 2024) v. 2.12.2024, BGBl. I 2024 Nr. 387 = BStBl I 2024, 1484.
4) BFH v. 12.11.2013, VIII R 36/10, BStBl II 2014, 168. Die gegen die Entscheidung des BFH v. 12.11.2013, VIII R 1/11 eingelegte Verfbeschw wurde nicht zur Entscheidung angenommen, BVerfG v. 12.7.2023, 2 BvR 482/14, StEd 2023, 502.
5) BFH v. 24.6.2014, VIII R 29/12, BStBl II 2014, 998; Verfbeschw eingelegt, Az. BVerfG: 2 BvR 2674/14.
6) BFH v. 17.5.2021, VIII B 85/20, BB 2021, 2069 und VIII B 88/20, BFH/NV 2021, 1353; BFH v. 12.3.2024, VIII R 10/20, BFH/NV 2024, 911.
7) BFH v. 8.4.1986, VIII R 260/82, BStBl II 1986, 557.
8) BMF v. 16.3.2021, IV C 1 – S 2252/19/10012 :011, BStBl I 2021, 353.
9) StraBEG v. 23.12.2003, BGBl. I 2003, 2928.
10) BFH v. 4.2.2020, IX R 23/19, BStBl II 2020, 631.
11) BFH v. 1.8.2023, VIII R 8/21, HFR 2023, 1183.

Bei der Rückzahlung derartiger Zinsen handelt es sich nicht um stpfl. Zinsen, sondern um die Minderung zuvor festgesetzter Nachzahlungszinsen.[1]

Beispiel:

A erhält im VZ 2024 für den VZ 2017 Erstattungszinsen nach § 233a AO i.H.v. 5 000 €. Im Jahr 2025 kommt es zu einer Steuernachforderung für den VZ 2018. Auf Grund dieser Nachforderung werden Zinsen i.H.v. 6 000 € festgesetzt. Die Zahlung der Zinsen im VZ 2025 i.H.v. 6 000 € führt zu negativen Einnahmen i.H.v. 5 000 €.

l) Prozess- und Verzugszinsen (Zeile 26a)

767 Bereits ab dem VZ 2019 wurde in der amtlichen Anleitung darauf hingewiesen, dass auch erhaltene Prozesszinsen (z.B. aus Verfahren vor einem Landgericht) stpfl. Kapitaleinkünfte sind. Ab dem VZ 2024 wurde ein eigener Erklärungstatbestand aufgenommen. Zu erklären sind die Zinsen, die nicht den Einkünften aus Land- und Forstwirtschaft, Gewerbebetrieb, selbständiger Arbeit und/oder Vermietung und Verpachtung zuzurechnen sind. Prozesszinsen (§ 236 AO) sind steuerbare und steuerpflichtige Kapitalerträge.[2]

7. Kapitalerträge, die der tariflichen Einkommensteuer unterliegen (Zeilen 27–34)

Kapitalerträge, die der tariflichen Einkommensteuer unterliegen

(nicht in den Zeilen 7, 18 und 19 der Anlage KAP sowie in den Zeilen 8 und 16 der **Anlage KAP-BET** enthalten)

Zeile		Kz.	EUR
27	Hinzurechnungsbetrag nach § 10 AStG (ggf. Summe der Hinzurechnungsbeträge)	275/475	,—
27a	Minderung des Hinzurechnungsbetrags nach § 10 Abs. 6 AStG (ggf. der Hinzurechnungsbeträge)	664/864	,—
28	Laufende Einkünfte aus sonstigen Kapitalforderungen jeder Art, aus stiller Gesellschaft und partiarischen Darlehen (ohne Betrag laut Zeile 54)	270/470	,—
29	Gewinn aus der Veräußerung oder Einlösung von Kapitalanlagen aus sonstigen Kapitalforderungen jeder Art, aus stiller Gesellschaft und partiarischen Darlehen	271/471	,—
30	Kapitalerträge aus Lebensversicherungen i. S. d. § 20 Abs. 1 Nr. 6 Satz 2 EStG	268/468	,—
31	Ich beantrage für die Einkünfte laut Zeile 32b die Anwendung der tariflichen Einkommensteuer. *– Bitte Anleitung beachten. –*		1 = Ja
	Laufende Einkünfte aus einer unternehmerischen Beteiligung an einer Kapitalgesellschaft		
32	Gesellschaft		
32a	Finanzamt		
32b	Steuernummer	272/472	,—
32c	Ich widerrufe für die unternehmerische Beteiligung an einer Kapitalgesellschaft laut Zeile 32d den Antrag auf Anwendung der tariflichen Einkommensteuer.		1 = Ja
32d	Gesellschaft		
32e	Finanzamt		
32f	Steuernummer		
33	– Bezüge und Einnahmen i. S. d. § 32d Abs. 2 Nr. 4 EStG (ohne Betrag laut Zeile 54) – **Korrespondenzprinzip** – – Kapitalerträge nach § 11 StAbwG	277/477	,—
34	Ich habe Einkünfte aus Spezial-Investmentanteilen i. S. d. § 20 Abs. 1 Nr. 3a EStG erzielt (laut gesonderter Aufstellung).	209/409	1 = Ja

a) Vorbemerkung

768 § 32d Abs. 2 EStG legt als Ausnahme zu den Grundsätzen des § 32d Abs. 1 EStG den Kreis solcher Kapitalerträge fest, die nicht unter den abgeltenden Steuersatz von 25 % fallen, sondern für die gemeinsam mit den Einkünften aus den anderen Einkunftsarten **der persönliche progressive Einkommensteuertarif** gilt. Der Grund für die Ausnahmeregelung ist in der Tarifspreizung unterschiedlicher Einkünfte zu sehen (max. 25 % für Einkünfte aus Kapitalvermögen und bis zu 45 % bei den anderen Einkunftsarten). Hierdurch könnten Gestaltungen der stpfl. Personen provoziert werden, diese unterschiedlichen Tarife (sog. Steuersatzspreizung) für sich zu nutzen.

1) BayLfSt v. 18.9.2011, S 2252 1.1-6/4 St32, DStR 2011, 2726.
2) BFH v. 18.6.2024, VIII R 32/20, BStBl II 2025, 168.

Der Ausnahmeregelung des § 32d Abs. 2 EStG unterliegen Einkünfte, wenn

- Gläubiger und Schuldner der Kapitalerträge einander nahestehende Personen sind und wenn gleichzeitig der Schuldner die gezahlten Entgelte als WK/BA geltend machen kann (§ 32d Abs. 2 Nr. 1 Buchst. a Halbsatz 2 EStG[1]);
- sie von einer Kapitalgesellschaft oder Genossenschaft an einen Anteilseigner gezahlt werden, der zu mind. 10 % an der Gesellschaft oder Genossenschaft beteiligt ist, oder der Gläubiger der Kapitalerträge eine dem Anteilseigner nahestehende Person ist (zur Frage mittelbare oder unmittelbare Beteiligung → Rz. 773);
- ein Dritter die Kapitalerträge schuldet, der seinerseits Kapital an einen Betrieb des Gläubigers überlassen hat (Back-to-back-Finanzierung);
- es sich um eine unternehmerische Beteiligung oder um Erträge i.S.d. § 20 Abs. 1 Nr. 6 Satz 2 EStG handelt.

  Diese Sonderregelung gilt ebenfalls für sonstige Bezüge i.S.d. § 20 Abs. 1 Nr. 1 Satz 2 EStG und für Einnahmen i.S.d. § 20 Abs. 1 Nr. 9 Satz 1 zweiter Halbsatz EStG, soweit sie das Einkommen der leistenden Körperschaft gemindert haben. Sie findet hingegen keine Anwendung, soweit die verdeckte Gewinnausschüttung das Einkommen einer der stpfl. Person nahestehenden Person erhöht hat und § 32a KStG auf die Veranlagung dieser nahestehenden Person keine Anwendung findet.

In Fällen des § 32d Abs. 2EStG (nahestehende Personen, Anteilseigner an einer Kapitalgesellschaft, Back-to-back-Finanzierung) ist ein Verlustausgleich nach den allgemeinen einkommensteuerrechtlichen Regeln sowie die Berücksichtigung von WK möglich, da § 20 Abs. 6 und 9 EStG keine Anwendung finden (§ 32d Abs. 2 Nr. 1 Satz 2 EStG). Bei Lebensversicherungserträgen i.S.d. § 32d Abs. 1 Nr. 2 EStG finden die Regelungen zum Verlustausgleich keine Anwendung (§ 32d Abs. 2 Nr. 2 Satz 2 EStG); die WK sind auf den Sparer-Pauschbetrag beschränkt. In den Fällen des § 32d Abs. 2 Nr. 3 EStG (unternehmerische Beteiligung) finden § 3 Nr. 40 Satz 2 sowie § 20 Abs. 6 und Abs. 9 EStG keine Anwendung (§ 32d Abs. 2 Nr. 3 Satz 2 EStG).

Entscheidend sind die Verhältnisse im Zeitpunkt der Zahlung.

Die einbehaltene KapESt hat in diesen Fällen **keine Abgeltungswirkung** (§ 43 Abs. 5 Satz 2 EStG). Hierdurch wird u.a. vermieden, dass betriebliche Gewinne mit Hilfe der Abgeltungsteuer zu einem günstigen Abgeltungsteuersatz aus dem Unternehmen herausgeschleust werden können. Von der Wirkung der Abgeltung sind partiarische Darlehen, stille Beteiligungen und sonstige Kapitalforderungen (§ 20 Abs. 1 Nr. 4, 7 und Abs. 2 Satz 1 Nr. 4 und 7 EStG) ausgenommen, wenn eine sog. **Steuersatzspreizung** eintritt.[2]

Hinweis zur Plausibilitätsbeurteilung:
Unterlagen die in den Zeilen 28–32b eingetragenen Kapitalerträge bereits bei einem inl. Kreditinstitut der deutschen KapESt (und wären daher dem Grunde nach in Zeilen 7 zu erklären), sind die Einnahmen in Zeile 7 um diese entsprechenden Beträge zu kürzen. Die KapESt ist in den Zeilen 43–45 zu erklären, so dass eine Anrechnung auf die tarifliche ESt erfolgt (§ 36 Abs. 2 Nr. 2 EStG). Für die Berücksichtigung ausl. Quellensteuer sind als Folge der Nichtanwendung der Abgeltungsteuerregeln Eintragungen auf der Anlage AUS notwendig, soweit ausl. Quellensteuer einbehalten worden ist; Eintragungen in den Zeilen 40–42 sind entsprechend zu mindern.

b) Hinzurechnungsbetrag nach § 10 AStG – ggf. Summe der Hinzurechnungsbeträge (Zeile 27)

Sind unbeschränkt stpfl. Personen an einer Körperschaft, Personenvereinigung oder Vermögensmasse i.S.d. KStG, **769**
die weder Geschäftsleitung noch Sitz im Geltungsbereich dieses Gesetzes hat und die nicht gem. § 3 Abs. 1 KStG von der Körperschaftsteuerpflicht ausgenommen ist (ausl. Gesellschaft), zu mehr als der Hälfte beteiligt, so sind die Einkünfte, für die diese Gesellschaft Zwischengesellschaft ist, bei jedem von ihnen mit dem Teil stpfl., der auf die ihm zuzurechnende Beteiligung am Nennkapital der Gesellschaft entfällt (§ 7 Abs. 1 AStG). Tatsächlich werden aber nicht die Einkünfte der Gesellschaft beim Gesellschafter erfasst. Dieser wird vielmehr so gestellt, als habe die Gesellschaft die erzielten Gewinne an ihn ausgeschüttet. Diese fiktive Ausschüttung wird ermittelt, indem die nach § 7 AStG stpfl. Einkünfte um die auf sie entfallenden Steuern gemindert werden. Der sich danach ergebende **Hinzurechnungsbetrag** (§ 10 AStG) wird bei der stpfl. Person mit ihrem individuellen Steuersatz der Besteuerung unterworfen (§ 10 Abs. 2 Satz 3 AStG); die Regelungen der Abgeltungsteuer finden daher keine Anwendung. Der Hinzurechnungsbetrag gehört zu den Einkünften nach § 20 Abs. 1 Nr. 1 EStG und **gilt** unmittelbar **nach Ablauf des maßgebenden Wj. als zugeflossen** (ggf. Umrechnung der ausl. Währung zu diesem Stichtag). Der Hinzurechnungsbetrag ist die **Summe aller** nach § 7 Abs. 1 AStG stpfl. **Einkünfte** abzgl. der von diesen Einkünften und dem diesen Einkünften zu Grunde liegenden Vermögen zu Lasten der ausl. Gesellschaft gezahlten Steuern. Der Hinzurechnungsbetrag ist als Einkünfteerhöhungsbetrag zu berücksichtigen, der nicht um den Sparer-Pauschbetrag zu kürzen ist.[3]

Ergibt sich ein **negativer Betrag**, so entfällt die Hinzurechnung (§ 10 Abs. 1 Satz 3 AStG).

Auf den Hinzurechnungsbetrag sind § 3 Nr. 40 Satz 1 Buchst. d EStG und § 8b Abs. 1 KStG nicht anzuwenden (§ 10 Abs. 2 Satz 3 AStG). Für Aufwendungen, die im Zusammenhang mit einer solchen Beteiligung stehen, die zu einer Hinzurechnung führen, bleibt § 3c Abs. 2 EStG anwendbar (§ 10 Abs. 2 Satz 4 AStG).

1) JStG 2010 v. 8.12.2010, BStBl I 2010, 1394.
2) Ausführlich mit Fallgestaltungen Behrens/Renner, BB 2008, 2319.
3) Luckey in Strunk/Kaminski/Köhler, § 10 AStG Hinzurechnungsbetrag.

Beratungshinweis:
Im Falle der vermögensverwaltenden Zwischengesellschaft mit Kapitaleinkünften führt die Regelung zu einer Übermaßbesteuerung. Dies soll dem gesetzgeberischen Willen der Hinzurechnungsbesteuerung zuwiderlaufen und stößt auf verfassungsrechtliche sowie auf europarechtliche Bedenken.[1]

Für diese Kapitalerträge wird der Sparer-Pauschbetrag gewährt, obwohl es sich um tariflich zu besteuernde Einkünfte handelt (vgl. Zeilenverweis in der Zeile vor Zeile 17).

c) Minderung des Hinzurechnungsbetrags nach § 10 Abs. 6 AStG – ggf. Summe der Hinzurechnungsbeträge (Zeile 27a)

770 Die **Zeile 27a** wurde ab dem VZ 2022 neu eingefügt. Soweit die dem Hinzurechnungsbetrag zugrunde liegenden Einkünfte oder Einkunftsquellen zu Erträgen i.S.d. § 20 Abs. 1 Nr. 3 EStG i.V.m. § 16 Abs. 1 Nr. 2 InvStG oder i.S.d. § 20 Abs. 1 Nr. 3a EStG i.V.m. § 34 Abs. 1 Nr. 2 InvStG führen, ist der Hinzurechnungsbetrag in Höhe dieser Erträge zu mindern.

Durch das Unternehmenssteuerfortentwicklungsgesetz vom 20.12.2001[2] ist in § 7 Abs. 7 AStG eine Vorrangregelung zugunsten des InvStG aufgenommen worden. Hintergrund hierfür war, dass das Verhältnis der Hinzurechnungsbesteuerung zur Investmentbesteuerung klar abgegrenzt werden sollte, weil sowohl über die Hinzurechnungsbesteuerung als auch über die Investmentbesteuerung auf nicht ausgeschüttete Erträge zugegriffen werde. Grundsätzlich wird der Vorrang der Vorschriften des InvStG mit § 7 Abs. 5 Satz 1 AStG[3] weiter fortgeführt. Entsprechend den Vorgaben der ATAD gilt dieser Vorrang jedoch nicht mehr, wenn die Zwischengesellschaft ihre den Einkünften zugrunde liegenden Geschäfte zu mehr als einem Drittel mit der stpfl. Person oder ihr nahestehenden Personen betreibt (vgl. § 7 Abs. 5 Satz 2 AStG). In diesem Fall kommt es nunmehr zur gleichzeitigen Anwendung des AStG und des InvStG. Zur Vermeidung einer daraus resultierenden Doppelbesteuerung sieht § 10 Abs. 6 AStG eine Minderung des Hinzurechnungsbetrags vor. Dies gilt auch für die Vorabpauschale, die nach § 18 Abs. 3 InvStG erst zu einem späteren Zeitpunkt zufließt. Durch den Verweis auf die konkrete Vorschrift des InvStG wird klargestellt, dass § 10 Abs. 6 AStG lediglich der Vermeidung einer Doppelbesteuerung im Falle der Thesaurierung dient. Für die Vermeidung einer Doppelbesteuerung im Falle der Ausschüttung des Investmentfonds gilt § 11 AStG.[4]

Nach der Rechtsauffassung des BMF ist die Minderung des Hinzurechnungsbetrages nach § 10 Abs. 6 AStG nicht Teil des Feststellungsverfahrens (§ 18 AStG), sondern im Folgeverfahren zu ermitteln. Der ermittelte Betrag ist entsprechend zu erklären.

d) Laufende Einkünfte aus sonstigen Kapitalforderungen jeder Art, aus stiller Gesellschaft und partiarischen Darlehen – ohne Betrag lt. Zeile 54 (Zeile 28)

aa) Ermittlung der Einkünfte

771 Auf Grund der Nichtanwendung der abgeltenden Wirkung der KapESt besteht in den Fällen des § 32d Abs. 2 EStG die **Möglichkeit, WK geltend zu machen** (§ 32d Abs. 2 Nr. 1 Satz 2, Abs. 2 Nr. 3 Satz 2 EStG). Da jeweils die Einkünfte/Gewinne zu erklären sind, sollten entsprechende Berechnungen auf einem besonderen Blatt erfolgen und ggf. der Steuererklärung beigefügt werden. Zu erklären sind dementsprechend die Einkünfte und nicht nur die Einnahmen.

Hinweis zur Plausibilitätsbeurteilung:
Unterlag der Tatbestand bereits bei einem inl. Kreditinstitut der KapESt, sind die Einnahmen in Zeile 7 um die entsprechenden Beträge zu kürzen. Die KapESt ist dann in den Zeilen 43–45 zu erklären, so dass eine Anrechnung auf die tarifliche ESt erfolgt (soweit keine Beschränkung der Anrechenbarkeit der KapESt nach § 36a EStG erfolgt). Für die Berücksichtigung ausl. Quellensteuer sind zudem Eintragungen auf der Anlage AUS notwendig. Ein **Eintrag in den Zeilen 4–6** ist in den Fällen, in denen nur Erträge in den Zeilen 27–32b erklärt werden, nicht erforderlich.

bb) Nahestehende Personen (§ 32d Abs. 2 Nr. 1 EStG)

772 Der Begriff der „nahestehenden Personen" i.S.d. § 32d Abs. 2 Nr. 1 Buchst. a EStG war streitig und konnte z.B. unter Bezugnahme auf den reinen Wortlaut der Vorschrift i.S.d. Regelungen in § 1 Abs. 2 AStG verstanden werden. Entscheidend ist dabei jeweils der Zeitpunkt des Zuflusses der Kapitalerträge; die steuerliche Beurteilung kann sich daher im jeweiligen VZ ändern. Soweit kein Angehörigenverhältnis vorliegt, wird hinsichtlich des Fremdvergleichs auf das BMF-Schreiben v. 23.12.2009[5] zur steuerlichen Anerkennung von Darlehensverträgen zwischen Angehörigen Bezug genommen (Vertragsverhältnisse i.R.d. Fremdvergleichs). Auf Grund dieser Regelungen sind bestimmte Sachverhalte in jedem Fall von der Anwendung des besonderen Steuersatzes ausgenommen.

1) Jacob/Scheifele, SAN 2009, 48.
2) BGBl. I 2001, 3856.
3) I.d.F.d. ATAD-Umsetzungsgesetzes v. 25.6.2021, BGBl. I 2021, 2035.
4) Gesetzentwurf der Bundesregierung v. 26.3.2021, BT-Drucks. 245/21.
5) BMF v. 23.12.2010, IV C 6 – S 2144/07/10004, BStBl I 2011, 37 und BMF v. 29.4.2014, IV C 6 – S 2144/07/10004, BStBl I 2014, 809.

Beratungshinweis:
Der BFH hat in seinen Entscheidungen v. 29.4.2014[1] den Begriff unter Berücksichtigung der Gesetzesbegründung definiert. Ein lediglich aus der Familienzugehörigkeit abgeleitetes Interesse ist nicht ausreichend. Voraussetzung ist, dass ein Beherrschungsverhältnis vorliegt, das wiederum voraussetzt, dass der beherrschenden Person auf Grund eines absoluten Abhängigkeitsverhältnisses im Wesentlichen kein eigener Entscheidungsspielraum verbleibt. Der BFH führte in einer weiteren Entscheidung dann unter Bezugnahme auf seine ersten Entscheidungen zur Frage des „Nahestehens" aus, dass auch die Kreditunwürdigkeit eines Ehepartners ausreicht, um ein Beherrschungsverhältnis anzunehmen.[2] Die Finverw. folgt der Rechtsprechung des BFH.[3]

Zur Anerkennung von **Darlehensverhältnissen bei vermögensverwaltenden Personengesellschaften** vgl. OFD NRW v. 7.1.2016.[4]

Eine Steuersatzspreizung ist nur in den Fällen anzunehmen, in denen der Schuldner die gezahlten Entgelte als WK/BA geltend machen kann (§ 32d Abs. 2 Nr. 1 Buchst. a Halbsatz 2 EStG).[5]

cc) Gesellschafter-Fremdfinanzierung

Im Rahmen der Gesellschafter-Fremdfinanzierung sind die Ausnahmeregelungen ebenfalls zu berücksichtigen **773**
(§ 32d Abs. 2 Nr. 1 Buchst. b EStG). Zinserträge werden mit der tariflichen Steuer belastet, wenn der Gläubiger (oder eine ihm nahestehende Person) unmittelbar (eine mittelbare Beteiligung ist nicht ausreichend[6] [§ 32d Abs. 2 Nr. 1 Buchst. b Satz 1 EStG]) zu mind. 10 % (die ursprüngliche Schädlichkeitsgrenze lag zunächst bei einer Beteiligung von 1 %; aber erst ab der einer Höhe von 10 % kann von einem gestalterischen Wirken ausgegangen werden) an der Kapitalgesellschaft beteiligt ist. Abgrenzend von den Regelungen des § 32d Abs. 2 Nr. 1 Buchst. a EStG betreffen die Sachverhalte in § 32d Abs. 2 Nr. 1 Buchst. b EStG nur Darlehensverhältnisse bei Zinszahlungen einer Kapitalgesellschaft/Genossenschaft und nicht von einem Personenunternehmen (Einzelsteuerpflichtigen/Personengesellschaft).

Beratungshinweis:
Zur Frage der Berechnung der Beteiligungsgrenze bei einer nur mittelbaren Beteiligung vgl. BFH v. 20.10.2016.[7] Insoweit ist gleichzeitig immer auch zu prüfen, ob die mittelbar beteiligte Person einen beherrschenden Einfluss auf die Gesellschaft nehmen kann. In diesem Fall ist die stpfl. Person eine nahe stehende Person (§ 32d Abs. 2 Nr. 1 Buchst. b Satz 2 EStG), die über die Mehrheit der Stimmrechte in der Gesellschafterversammlung verfügt. § 32d Abs. 2 Nr. 1 Buchst. a EStG ist kein Auffangtatbestand für den Ausschluss von Kapitalerträgen gem. § 20 Abs. 1 Nr. 7 EStG aus dem gesonderten Tarif (§ 32d Abs. 1 EStG), wenn die Voraussetzungen des Ausschlussgrundes (§ 32d Abs. 2 Nr. 1 Buchst. b EStG) nicht erfüllt sind.[8] Auf Grund der Änderungen i.R.d. JStG 2020 (§ 32d Abs. 2 Satz 1 Nr. 1 Buchst. b EStG) gilt der Ausschluss von der Abgeltungsteuer nur noch, soweit die den Kapitalerträgen entsprechenden Aufwendungen beim Schuldner BA/WK im Zusammenhang mit Einkünften sind, die der inl. Besteuerung unterliegen, und § 20 Abs. 9 Satz 1 Halbsatz 2 EStG keine Anwendung findet. Darlehenszinsen, die von einer ausl. Kapitalgesellschaft geleistet werden, werden von der Vorschrift nicht mehr erfasst (zur Anwendungsregelungen hinsichtlich Alt-/Neuverträgen vgl. § 52 Abs. 33b Satz 2 EStG [Für Kapitalerträge, die vor dem 1.1.2021 begründet wurden, gelten die vorgenannten Regelungen ab dem VZ 2024]).

Ein Verzicht des Gesellschafters auf ein Gesellschafterdarlehen gegen Besserungsschein kann für Schuldzinsen, die auf ein Refinanzierungsdarlehen gezahlt werden, bis zum Eintritt des Besserungsfalls zu einem Wechsel des Veranlassungszusammenhangs der Aufwendungen hin zu den Beteiligungserträgen gem. § 20 Abs. 1 Nr. 1 EStG führen. Ein Wechsel des Veranlassungszusammenhangs tritt insbesondere ein, wenn der Gesellschafter durch den Verzicht auf Zins- und Tilgungsansprüche aus dem Gesellschafterdarlehen die Eigenkapitalbildung und Ertragskraft der Gesellschaft stärken will.[9]

Zu beachten sind in diesem Zusammenhang auch die im BMF-Schreiben v. 23.10.2013[10] festgehaltenen Regeln in Zusammenhang mit Gesellschafterdarlehen. Soweit refinanzierte Darlehen durch einen Gesellschafter an seine Kapitalgesellschaft zu fremdunüblichen Konditionen (Zins und Besicherung des Darlehens sind nicht angemessen) gewährt werden, kommt eine Berücksichtigung als WK im Teileinkünfteverfahren in Betracht.[11] Durch eine Umqualifizierung der Einkünfte von Zins- zu Dividendenerträgen liegen u.U. die Voraussetzungen für die Option i.S.d. § 32d Abs. 2 Nr. 3 EStG vor. Der BFH hat zur Darlehensgewährung eines Gesellschafters/Geschäftsführers (Beteiligung 100 %) zu fremdüblichen Konditionen[12] entschieden, dass die insoweit Verwaltungsauffassung zutreffend ist. Dies gilt auch für ein Darlehen eines zu 50 % beteiligten Gesellschafters.[13]

Beratungshinweis:
Zum Ausfall einer Forderung und der steuerlichen Berücksichtigung → Rz. 738.

1) BFH v. 29.4.2014, VIII R 9/13, BStBl II 2014, 986; VIII R 31/11, BStBl II 2014, 995; VIII R 35/13, BStBl II 2014, 990; VIII R 44/13, BStBl II 2014, 992.
2) BFH v. 28.1.2015, VIII R 8/14, BStBl II 2015, 397; Verfbeschw nicht angenommen, BVerfG v. 7.4.2016, 2 BvR 623/15.
3) BMF v. 14.5.2025, IV C 1 – S 2252/00075/016/070, BStBl I 2025, 1330, Rz. 136.
4) OFD NRW v. 7.1.2016, Besteuerung von Zinseinnahmen aus Darlehen an eine vermögensverwaltende Personengesellschaft beim Gesellschafter; Anwendung des Abgeltungssteuertarifs i.S.d. § 32d Absatz 1 EStG, kösdi 2/2016.
5) BMF v. 14.5.2025, IV C 1 – S 2252/00075/016/070, BStBl I 2025, 1330, Rz. 134.
6) BFH v. 20.1.2016, VIII R 27/15, BStBl II 2017, 441.
7) BFH v. 20.1.2016, VIII R 27/15, BStBl II 2017, 441.
8) BFH v. 16.6.2020, VIII R 5/17, BStBl II 2020, 807.
9) BFH v. 24.10.2018, VIII R 19/16, BStBl II 2019, 34.
10) BMF v. 23.10.2013, IV C 6 – S 2128/07/10001, BStBl I 2013, 1269.
11) Harle/Geiger BB 2011, 735 mit Beispielsfällen.
12) BFH v. 29.4.2014, VIII R 23/13, BStBl II 2014, 884; Verfbeschw nicht angenommen, BVerfG v. 7.4.2016, 2 BvR 2325/14.
13) FG Münster v. 22.1.2014, 12 K 3703/11 E, EFG 2014, 1005.

dd) Back-to-back-Finanzierungen

774 Soweit ein Dritter Kapitalerträge schuldet und diese Kapitalanlage im Zusammenhang mit einer Kapitalüberlassung an einen Betrieb des Gläubigers steht, findet die abgeltende Wirkung der 25 %-Besteuerung keine Anwendung (§ 32d Abs. 2 Nr. 1 Buchst. c EStG). Dies gilt entsprechend, wenn Kapital überlassen wird

- an eine dem Gläubiger der Kapitalerträge nahestehende Person oder
- an eine Personengesellschaft, bei der der Gläubiger der Kapitalerträge oder eine diesem nahestehende Person als Mitunternehmer beteiligt ist oder
- an eine Kapitalgesellschaft oder Genossenschaft, an der der Gläubiger der Kapitalerträge oder eine diesem nahestehende Person zu mind. 10 % beteiligt ist.

Es handelt sich hierbei um Sachverhalte, in denen einem Unternehmen Fremdkapital zugeführt wird, **obwohl Eigenkapital vorhanden** (und m.E. frei verfügbar) ist, das aber als private Kapitalanlage verwendet wird (§ 32d Abs. 2 Nr. 1 Buchst. c EStG). Aufwendungen sollen nicht dazu genutzt werden können – unter Zuhilfenahme Dritter (z.B. Kreditinstituten) – progressiv zu versteuernde Einkünfte zu senken.

Beratungshinweis:
Nach der Gesetzesbegründung soll es sich dabei um Sachverhalte handeln, in denen eine Kapitalanlage besteht und in gleicher Höhe ein Kredit vergeben wird.[1] Nur für diesen Fall kommt es zur Anwendung der Ausnahmeregelung. Soweit z.B. das Darlehen nur die Hälfte des Anlagebetrags ausmacht, wäre nur die Hälfte von der abgeltenden Wirkung der KapESt ausgenommen.

Insoweit könnten auf der betrieblichen Seite Schuldzinsen als BA genutzt werden, während die Kapitalerträge lediglich mit einem Steuersatz von 25 % der Besteuerung unterliegen. Ein solcher Zusammenhang ist dann anzunehmen, wenn die Kapitalüberlassung und die Kapitalanlage – als subjektives Tatbestandsmerkmal – auf einem einheitlichen Plan beruhen (z.B. die inhaltliche Verknüpfung der jeweiligen Zinsvereinbarungen). Als **objektive Abgrenzungskriterien** werden dabei der enge zeitliche Zusammenhang zwischen Kapitalanlage und Kapitalüberlassung oder die jeweilige Verknüpfung der Zinsvereinbarungen genannt (§ 32d Abs. 2 Nr. 1 Buchst. c Satz 4 EStG). Voraussetzung dürfte insoweit u.a. sein, dass die Kreditlaufzeit in etwa der Dauer der Kapitalanlage entspricht.

775 Es muss jedoch ein **Belastungsvorteil** für die stpfl. Person entstehen, der für jeden VZ neu zu berechnen sein dürfte und in einzelnen Jahren zu unterschiedlichen Ergebnissen führen kann. Kein Vorteil ist vorhanden, wenn die eingegangenen Konditionen den Zinssätzen der EWU-Zinsstatistik für den betreffenden Monat entsprechen (und es sich dabei um **marktübliche Konditionen** handelt) oder lediglich geringe Abweichungen vorliegen (§ 32d Abs. 2 Nr. 1 Buchst. c Satz 5 EStG). **Marktüblich** sind die Vereinbarungen, die das Kreditinstitut bei isolierter Kreditvergabe oder Kapitalanlage vereinbart hätte; insoweit besteht eine offensichtliche Nachweiserleichterung für das FA. Dieser Nachweis kann bei reinen Bankfinanzierungen unter Mithilfe des Kreditinstituts dadurch geführt werden, dass sowohl für die Kreditzinsen als auch für die Darlehenszinsen bankübliche Sätze vereinbart wurden.

Beratungshinweis:
Als schwierig könnten sich dabei die Konstellationen herausstellen, in denen die stpfl. Person für sich gute Konditionen bei der Bank heraushandeln konnte und was dabei unter der Aussage „geringe Abweichung" zu verstehen ist.

Betroffen sind dabei auch Sachverhalte mit mehreren Banken. Bei **langfristigen Kreditfinanzierungen** – z.B. von Investitionen – und der Anlage von kurzfristig verfügbaren Mitteln sind in der Regel außersteuerliche Gründe maßgebend, so dass nicht von Missbrauchsmöglichkeiten gesprochen werden kann.[2]

776 Die zuvor beschriebenen Regeln gelten entsprechend, wenn der Dritte **Kapital an eine Personengesellschaft**, bei der der Gläubiger als Mitunternehmer beteiligt ist, oder an eine Kapitalgesellschaft oder Genossenschaft überlassen hat, an der der Gläubiger oder eine diesem nahe stehende Person zu mind. 10 % beteiligt ist, sofern der Dritte auf den Gläubiger oder die diesem nahe stehende Person zurückgreifen kann. Die Gesetzesbegründung (zum UntStRefG 2008[3]) geht dabei von der Notwendigkeit eines rechtlichen **Rückgriffsanspruchs** (z.B. Bürgschaft) oder einer dinglichen Sicherheit (z.B. Grundschuld) aus.

777 Auch bei anderen **Überschusseinkünften** kann es grds. bei den zuvor beschriebenen Fällen zu einem Ausschluss der Abgeltungsteuer für Kapitalerträge kommen (§ 32d Abs. 2 Nr. 1 Buchst. c Satz 6 EStG).

Beratungshinweis:
Eine Prüfung durch das FA kann insoweit jedoch lediglich über die erklärten Schuldzinsen bei einer anderen Einkunftsart erfolgen, da inl. Kapitalerträge nicht zwingend in der Steuererklärung angegeben sein müssen und insoweit keinerlei Rückschluss auf einen möglichen schädlichen Einsatz der Guthaben gezogen werden kann.

Beispiel:
Trotz vorhandener liquider Mittel werden die Aufwendungen für die Renovierung einer vermieteten Immobilie durch ein Darlehen finanziert. Die Darlehenszinsen mindern als WK die progressiv besteuerten Einkünfte (§ 21 EStG), während die Kapitalerträge nur dem Abgeltungsteuersatz unterliegen. Diese Gestaltungen sollen durch § 32d Abs. 2 Nr. 1 Buchst. c Satz 6 EStG verhindert werden.

---
1) BT-Drucks. 16/5377, 14 v. 18.5.2007.
2) BT-Drucks. 16/7036, 18 v. 8.11.2007.
3) UntStRefG v. 14.8.2007, BStBl I 2007, 630; vgl. auch BR-Drucks. 16/4841 v. 27.3.2007, 107.

e) Gewinne aus der Veräußerung oder Einlösung von Kapitalanlagen aus sonstigen Kapitalforderungen jeder Art, aus stiller Gesellschaft und partiarischen Darlehen, Verluste aus der ganzen oder teilweisen Uneinbringlichkeit der Kapitalforderungen (Zeile 29)

Veräußerungstatbestände (Gewinne/Verluste) sind – neben den laufenden Einkünften (Zeile 28) – ebenfalls von den grds. Regelungen der Abgeltungsteuer ausgenommen (§ 32d Abs. 2 EStG) und sind entsprechend zu erklären. **778**

f) Kapitalerträge aus Lebensversicherungen i.S.d. § 20 Abs. 1 Nr. 6 Satz 2 EStG (Zeile 30)

Hinweis zur Plausibilitätsbeurteilung: **779**

Der Erklärungstatbestand wurde erstmalig ab dem VZ 2017 aufgenommen. Dabei ist jedoch zu beachten, dass die Formulierung „Kapitalerträge aus Lebensversicherungen" hinsichtlich der zu erklärenden Tatbestände nicht vollständig ist, sondern weitere als Kapitalerträge aus allgemeinen Versicherungen umfasst.

Kapitalerträge aus nach dem 31.12.2004 abgeschlossenen Lebensversicherungen, deren Leistung nach Vollendung des 60./62. Lebensjahres und nach Ablauf von zwölf Jahren seit Vertragsabschluss ausgezahlt werden, sind grds. steuerpflichtig. Erträge aus Kapitalversicherungen mit Sparanteil und Rentenversicherungen mit Kapitalwahlrecht, soweit nicht die Rentenzahlung gewählt wird, gehören ebenfalls zu den steuerpflichtigen Einnahmen.[1)]

Allerdings unterliegt nur die Hälfte des Unterschiedsbetrags zwischen der Versicherungsleistung und der Summe der auf sie entrichteten Beiträge der tariflichen ESt (§ 20 Abs. 1 Nr. 6 Satz 2 EStG i.V.m. § 32d Abs. 2 Nr. 2 EStG). Dem KapESt-Abzug unterliegt dagegen der volle Unterschiedsbetrag, so dass die Lebensversicherungsunternehmen in der Steuerbescheinigung auch den vollen Unterschiedsbetrag auszuweisen haben. Die Kürzung für die hälftige Steuerfreistellung des Unterschiedsbetrags erfolgt dabei von Amts wegen (vgl. amtliche Anleitung der Anlage KAP zu Zeile 30). Entsprechende Kapitalerträge aus in- und ausl. Lebensversicherungsverträgen sind in voller Höhe – bei inl. Erträgen lt. Steuerbescheinigung –zu erklären. § 20 Abs. 1 Nr. 6 Satz 1 EStG findet beim Rückkauf einer Sterbegeldversicherung auch auf negative Unterschiedsbeträge zwischen der Versicherungsleistung und der Summe der auf sie entrichteten Beiträge Anwendung.[2)]

Zur Besteuerung vermögensverwaltender Versicherungsverträge und der Dispositionsbefugnis bei standardisierten Anlagestrategien (§ 20 Abs. 1 Nr. 6 Satz 5 EStG) vgl. BFH.[3)]

Praxishinweis:

Als Ausgleich für die steuerliche Vorbelastung von Investmenterträgen durch die teilweise Besteuerung von Investmentfonds wurde ab dem VZ 2018 bei **fondsgebundenen Versicherungsverträgen eine Steuerbefreiung i.H.v. 15 % eingeführt** (§ 20 Abs. 1 Nr. 6 Satz 9 EStG).[4)] Es werden nur die Teile des Unterschiedsbetrags von der Besteuerung freigestellt, die aus Investmenterträgen erzielt wurden. Daher ist bei Versicherungsprodukten, bei denen das Versicherungsunternehmen für die stpfl. Person nicht nur Investmentanteile hält, sondern auch andere Kapitalanlagen tätigt (hybride Versicherungsprodukte), zwischen diesen Anlagegegenständen zu unterscheiden. Nur soweit der Unterschiedsbetrag auf Erträgen (Ausschüttungen sowie Gewinne/Verluste aus der Veräußerung des Investmentanteils) beruht, ist die Steuerbefreiung anzuwenden. In zeitlicher Hinsicht ist der steuerfrei zu stellende Teil des Unterschiedsbetrags auf die ab 2018 dem Versicherungsunternehmen zugeflossenen Ausschüttungen sowie auf die ab 2018 eingetretenen Wertveränderungen der Investmentanteile beschränkt (§ 52 Abs. 28 Satz 20 und 21 EStG). Damit fallen unter die Befreiungsregelung alle Investmentanteile, die vom Versicherungsunternehmen ab 2018 angeschafft wurden. Bei früher angeschafften Investmentanteilen ist der Wert am 31.12.2017 zu ermitteln und nur die ggü. diesem Stichtagswert entstehenden positiven oder negativen Wertveränderungen fallen unter die Befreiungsregelung. Vgl. zur Berechnung BMF v. 29.9.2017.[5)] Werden die Erträge in einem inl. Depot erzielt und wird eine Steuerbescheinigung ausgestellt und sind in dem Ertrag auch Erträge aus fondsgebundenen Lebensversicherungen enthalten, so sind nur die Erträge auszuweisen, die sich nach der teilweisen Steuerfreistellung i.S.d. § 20 Abs. 1 Nr. 6 Satz 9 EStG ergeben. Erträge nach § 20 Abs. 1 Nr. 6 Satz 2 EStG sind nicht in den Ausweis der „Höhe der Kapitalerträge Zeile 7 Anlage KAP" einzubeziehen.[6)] Maßgeblich für den **KapESt-Abzug** auf diese Erträge ist immer der volle Unterschiedsbetrag zwischen der Versicherungsleistung (im Erlebensfall) und der Summe der auf sie entrichteten Beiträge, ggf. nach Abzug der teilweisen Steuerfreistellung i.S.d. § 20 Abs 1 Nr. 6 Satz 9 EStG. Erst i.R.d. Veranlagung wird nur der hälftige Unterschiedsbetrag versteuert. Die einbehaltene KapESt/der Solidaritätszuschlag/die Kirchensteuer ist ausschließlich im Ausweis zu den Zeilen 43–45 anzugeben.[7)] Bei einem **ausl. Versicherungsvertrag** ist der gekürzte Betrag zu erklären.

Für die Fälle findet § 20 Abs. 6 EStG keine Anwendung, so dass die allgemeinen einkommensteuerrechtlichen Verlustverrechnungs- und -ausgleichsregeln gelten. Ein Abzug von WK ist nicht zulässig; bei der Ermittlung der Einkünfte ist lediglich der Sparer-Pauschbetrag (§ 20 Abs. 9 EStG) zu berücksichtigen. **780**

g) Ich beantrage für die Einkünfte lt. Zeile 32b die Anwendung der tariflichen Einkommensteuer (Zeilen 31–32b)

aa) Vorbemerkung

Im Rahmen des JStG 2008[8)] wurde nachträglich eine weitere **Optionsmöglichkeit** zur Anwendung des progressiven Einkommensteuertarifs bei typischerweise unternehmerischen Beteiligungen eingeführt (§ 32d Abs. 2 Nr. 3 EStG). Bezieht die stpfl. Person Ausschüttungen (i.S.d. § 20 Abs. 1 Nr. 1 und 2 EStG) von einer **Kapitalgesellschaft**, die nicht als bloße Kapitalanlage gehalten wird, sondern **unternehmerischen Zwecken** dient, können die erhalte- **781**

1) Vgl. zur Definition BMF v. 1.10.2009, IV C 1 – S 2252/07/0001, BStBl I 2009, 1188, Rz. 1.
2) BFH v. 14.3.2017, VIII R 25/14, BStBl II 2017, 1038.
3) BFH v. 26.3.2019, VIII R 36/15, BStBl II 2019, 399.
4) I.d.F.d. Gesetz zur Reform der Investmentbesteuerung (Investmentsteuerreformgesetz – InvStRefG) v. 19.7.2016, BStBl I 2016, 731.
5) BMF v. 29.9.2017, IV C 1 – S 2252/15/10008 :011, BStBl I 2017, 1314.
6) BMF v. 23.5.2022, IV C 1 – S 2401/19/10001 :006, BStBl I 2022, 860, Rz. 31; Anwendung für Erträge, die vor dem 1.1.2026 zufließen, BMF v. 16.5.2025, IV C 1 – S 2401/00008/014/051, BStBl I 2025, 1388, Rz. 31.
7) BMF v. 16.5.2025, IV C 1 – S 2401/00008/014/051, BStBl I 2025, 1388, Rz. 35.
8) JStG 2009 v. 19.12.2008, BStBl I 2009, 74.

nen Ausschüttungen nach dem progressiven Einkommensteuertarif – unter der Anwendung des neuen Teileinkünfteverfahrens zu 60 % (§§ 3 Nr. 40 Satz 2, 3c Abs. 2 EStG) – besteuert werden. Insoweit können dann auch wieder Aufwendungen für die Fremdfinanzierung steuerlich (i.R.d. Teileinkünfteverfahrens zu 60 %) geltend gemacht werden. Der Widerruf ist in den Zeilen 32c–32f zu erklären.

Beratungshinweis:
Die Option kann auch dann ausgeübt werden, wenn im VZ keine Erträge vorliegen, da das Vorhandensein von z.B. Ausschüttungen keine Voraussetzung darstellt. Die Antragsfrist (§ 32d Abs. 2 Nr. 3 Satz 4 EStG) gilt auch, wenn Kapitalerträge in Gestalt verdeckter Gewinnausschüttungen aus einer unternehmerischen Beteiligung erst durch die Außenprüfung festgestellt werden und die stpfl. Person in der unzutreffenden Annahme, keine Kapitalerträge aus der Beteiligung erzielt zu haben, in der ESt-Erklärung keinen Antrag gemäß § 32d Abs. 2 Nr. 3 EStG gestellt hat. Kennt die stpfl. Person das Antragsrecht, stellt aber gleichwohl keinen entsprechenden Antrag, weil sie wegen eines Irrtums über die zutreffende Qualifikation der Einkünfte annimmt, keine Kapitalerträge in Gestalt verdeckter Gewinnausschüttungen aus der Beteiligung zu erzielen, liegt darin kein Fall höherer Gewalt i.S.v. § 110 Abs. 3 AO.[1]

782 Die Optionsmöglichkeit kann von der stpfl. Person in Anspruch genommen werden, bei der von einer unternehmerischen Beteiligung (und nicht mehr von einer reinen Kapitalanlage) ausgegangen werden kann. Das ist in den Fällen anzunehmen, wenn die stpfl. Person zu mind. 25 % an der Kapitalgesellschaft beteiligt ist, oder zu mind. 1 % beteiligt und beruflich für diese Gesellschaft tätig ist. In den erstgenannten Fällen kann auf Grund der qualifizierten Höhe der Beteiligung ein wesentlicher Einfluss auf die unternehmerischen Entscheidungen ausgeübt werden. Im zweiten Fall muss auf Grund der Tätigkeit ein maßgeblicher Einfluss auf die Kapitalgesellschaft angenommen werden können. Nach einer wirksamen erstmaligen Antragstellung ist das Vorliegen der **materiell-rechtlichen Antragsvoraussetzungen in den folgenden vier VZ vom FA zu unterstellen**. Die Voraussetzungen müssen nur für das erste Antragsjahr vorliegen; ihr Wegfall in den folgenden vier VZ ist unerheblich.[2] Ein Antrag kann für denjenigen VZ, in dem eine Beteiligung veräußert wird, als erstes Antragsjahr gestellt werden, wenn der Antragsteller in diesem VZ bis zur Veräußerung zu irgendeinem Zeitpunkt in ausreichendem Umfang an der Gesellschaft beteiligt ist. Das Erzielen von Erträgen in diesem VZ ist nicht erforderlich; es genügt die abstrakte Möglichkeit, aus der Beteiligung Kapitalerträge erzielen zu können; Nachlaufende Beteiligungsaufwendungen sind unter Beachtung des Teilabzugsverbots als Werbungskosten auch dann abziehbar, wenn der Anteilseigner die Beteiligung im ersten Antragsjahr veräußert und in den folgenden vier VZ ausschließlich Aufwendungen anfallen.[3]

Beratungshinweis:
Es ist kein maßgeblicher Einfluss auf unternehmerische Entscheidungen erforderlich, die berufliche Tätigkeit reicht für die Wahlmöglichkeit aus.[4] Ab dem VZ 2017 wurden die Voraussetzungen für die Abwahl der Abgeltungsteuer verschärft (§ 32d Abs. 2 Nr. 3 Buchst. b EStG).[5] Erforderlich ist auch, dass die steuerpflichtige Person maßgeblichen unternehmerischen Einfluss auf die wirtschaftliche Tätigkeit der Kapitalgesellschaft nehmen kann. Nach der vorgenannten Entscheidung des BFH ergeben sich aus dem Wortlaut der gesetzlichen Regelung weder qualitative noch quantitative Anforderungen an die berufliche Tätigkeit des Anteilseigners für die Kapitalgesellschaft. Die Notwendigkeit eines maßgeblichen Einflusses auf die Kapitalgesellschaft sei dem Gesetz nicht zu entnehmen. Danach wären auch einfache berufliche Tätigkeiten (z.B. als Bürosachbearbeiter oder Lagerarbeiter) für eine Kapitalgesellschaft, an der eine mindestens 1 %ige Beteiligung besteht, ausreichend, um die Anwendung der tariflichen Besteuerung (verbunden mit dem höheren Abzug von Aufwendungen und der Anwendung des Teileinkünfteverfahrens) zu erreichen. Dies entspricht nicht dem dargestellten ursprünglichen Willen des Gesetzgebers. Mit der Neufassung von § 32d Abs. 2 Satz 1 Nr. 3 Buchst. b EStG wird dieser ursprüngliche Wille des Gesetzgebers nun auch im Wortlaut der Regelung verankert.

Gefordert ist wohl **keine Entgeltlichkeit** der Leistung. Auf die **Art und den Umfang** der Tätigkeit kommt es dabei aber nicht an.[6] Sobald die Aufgaben jedoch nur **untergeordnete Bedeutung** haben, dürfte eine Berücksichtigung ausscheiden.

Auch ein **Nießbraucher** hat die Möglichkeit der Optionsausübung, wenn diesem das wirtschaftliche Eigentum (§ 39 Abs. 2 AO) zuzurechnen ist.

bb) Ich beantrage für die Einkünfte lt. Zeile 32b die Anwendung der tariflichen Einkommensteuer (Zeile 31)

783 Der beteiligungsbezogene Antrag gilt – im Rahmen einer Fiktion – zunächst **für fünf VZ** als gestellt und **ist spätestens im Rahmen der ESt-Erklärung** für den entsprechenden VZ zu stellen (Ausschlussfrist, ggf. unter Anwendung des § 110 AO, wenn die entsprechenden Voraussetzungen vorliegen (→ Rz. 781). Es ist ausreichend, dass die notwendige Beteiligungsquote zu irgendeinem Zeitpunkt in dem Veranlagungszeitraum, für den der Antrag erstmals gestellt wird, vorliegt. Mit der wirksamen Antragstellung gilt der Antrag auch für die vier nachfolgenden Veranlagungszeiträume; das Vorliegen der Antragsvoraussetzungen wird insoweit unterstellt.[7]

1) BFH v. 14.5.2019, VIII R 20/16, BStBl II 2019, 586 (Verfbeschw nicht angenommen: BVerfG v. 25.10.2019, 2 BvR 1698/19).
2) BFH v. 12.12.2023, VIII R 2/21, BStBl II 2024, 350.
3) BFH v. 17.7.2024, VIII R 37/23, BStBl II 2024, 745.
4) BFH v. 25.8.2015, VIII R 3/14, BStBl II 2015, 892.
5) Gesetz zur Umsetzung der Änderungen der EU-Amtshilferichtlinie und von weiteren Maßnahmen gegen Gewinnverlagerungen und Gewinnkürzungen v. 20.12.2016, BStBl I 2017, 5.
6) Strahl, DStR 2008, 9.
7) BMF v. 14.5.2025, IV C 1 – S 2252/00075/016/070, BStBl I 2025, 1330, Rz. 139.

Beratungshinweis:
Grundsätzlich kann eine mit der Steuererklärung getroffene Wahl nur geändert werden (§ 172 Abs. 1 Satz 1 Nr. 2 Buchst. a AO), wenn die geänderte Wahlentscheidung vor Ablauf der Einspruchsfrist erklärt wird.[1] Der Antrag ist spätestens zusammen mit der Abgabe der ESt-Erklärung zu stellen.[2] Eine Nachholung im Einspruchsverfahren ist nicht möglich.[3] Wiedereinsetzung in die Antragsfrist wurde bei nicht fachkundig beratenen stpfl. Personen gewährt.[4]

Insoweit können sich auch nachteilige Auswirkungen ergeben, wenn Sachverhalte zum Zeitpunkt der Abgabe der Steuererklärung einer anderen Einkunftsart zugeordnet worden oder noch nicht bekannt sind. Die Option kann nur für die gesamte Beteiligung einheitlich ausgeübt werden.

Gestaltungshinweis:
Der Antrag kann auch Auswirkung auf den Abzug von Versorgungsleistungen i.S.d. § 10 Abs. 1a Nr. 2 EStG haben. Soweit ein begünstigter Anteil an einer GmbH übertragen und die Option nicht ausgeübt wird, werden die Erträge nicht i.R.d. Veranlagung berücksichtigt. Die Versorgungsleistungen wären daher nicht mehr berücksichtigungsfähig.

Wird der einmal gestellte **Antrag widerrufen** (ab Zeile 32c) , ist eine Rückkehr zur progressiven Einkommensbesteuerung nicht mehr möglich. Dies gelingt dann nur noch in den Fällen, in denen die (alte) Beteiligung zunächst verkauft und eine neue Beteiligung zu einem späteren Zeitpunkt erworben wird. So sollte das Wahlrecht nur noch bei einer entsprechenden Prüfung der Liquiditätssituation ausgeübt werden. Eine Rückkehr zum Abgeltungstarif bietet sich z.B. in den Fällen an, in denen keine Finanzierungsaufwendungen mehr vorliegen und/oder wegen der Höhe des individuellen Steuersatzes die Abgeltungsteuer das „günstigere" Modell darstellt. **784**

Der BFH hat entschieden, dass die Gesellschaftsanteile bis zur Löschung einer GmbH im Handelsregister bestehen, so dass der Antrag bis zu diesem Zeitpunkt gestellt werden könnte. Die GmbH bestand – trotz Eintragung der Eröffnung des Insolvenzverfahrens über das Vermögen – weiter fort. Insoweit würden auch die Gesellschaftsanteile bis zur Löschung wegen Vermögenslosigkeit weiter fortbestehen. Der BFH hat nach Revision des FA die Vorentscheidung im Rahmen einer teleologischen Auslegung aufgehoben. Zwar ist weiterhin die Beteiligung an einer aufgelösten, aber noch bestehenden Beteiligung zu bejahen, unter Bezugnahme auf den Willen des Gesetzgebers – nämlich die steuerliche Begünstigung von zufließenden Kapitalerträgen (und damit der Verhinderung einer Übermaßbesteuerung) – ist die Berücksichtigung von nachlaufenden Schuldzinsen jedoch nicht möglich, da es an dem Tatbestandsmerkmal der erforderlichen Kapitalerträge mangelt.[5] Die Option zur Regelbesteuerung ist damit ausgeschlossen, wenn nach den Gesamtumständen des Einzelfalls mit Sicherheit ausgeschlossen werden kann, dass Kapitalerträge noch zufließen werden. Hinsichtlich der Frage zu den Anwendungsregeln stellte sich die weitere Frage, ob der Abzug von nachträglich gezahlten Schuldzinsen nicht möglich ist, wenn die (veräußerte) Einkunftsquelle niemals in Zusammenhang mit der Abgeltungsteuer gestanden hat. Der BFH verneinte diese Rechtsfrage und bestätigte unter Hinweis auf den Willen des Gesetzgebers das umfassende Abzugsverbot für WK; an der Verfassungsmäßigkeit der Regelung bestehen keine Zweifel.[6]

cc) Laufende Einkünfte aus einer unternehmerischen Beteiligung an einer Kapitalgesellschaft (Zeilen 32–32b)

Zur eindeutigen Identifizierung der unternehmerischen Beteiligung verlangt die Finverw., dass die Gesellschaft mit zuständigem FA und der dazugehörenden StNr. benannt wird. **785**

Die unter Berücksichtigung von Aufwendungen ermittelten **laufenden Einkünfte** sind gesondert in Zeile 32b einzutragen.

Hinweis zur Plausibilitätsbeurteilung:
Unterlag der Tatbestand bereits bei einem inl. Kreditinstitut der KapESt, sind die Einnahmen in Zeile 7 um die entsprechenden Beträge zu kürzen. Die KapESt ist dann in den Zeilen 43–45 zu erklären, so dass eine Anrechnung auf die tarifliche ESt erfolgt (soweit keine Beschränkung der Anrechenbarkeit nach § 36a EStG vorliegt). Handelt es sich um eine ausl. Beteiligung bei der ggf. ausl. Quellensteuer einbehalten wurde, ist es insoweit notwendig, die Anlage AUS der Steuererklärung beizufügen, da die Sonderregelung des § 32d Abs. 5 EStG (→ Rz. 794) keine Anwendung findet.

h) Ich widerrufe für die unternehmerische Beteiligung lt. Zeile 32b den Antrag auf Anwendung der tariflichen Einkommensteuer (Zeilen 32c–32f)

Die Zeilen 32c–32f ergänzen den Antrag auf Abwahl der Abgeltungsteuer (§ 32 Abs. 2 Nr. 3 EStG) in Zeile 31. Die Widerrufserklärung des Antrags muss dem FA spätestens mit der Steuererklärung für den VZ zugehen, für den die besondere Regelung erstmals nicht mehr angewandt werden sollen. Nach einem Widerruf ist ein erneuter Antrag für diese Beteiligung an der Kapitalgesellschaft nicht mehr zulässig **786**

1) BFH v. 10.5.2010, IX B 220/09, BFH/NV 2010, 1415.
2) BFH v. 28.7.2015, VIII R 50/14, BStBl II 2015, 894 und v. 24.10.2018, VIII R 19/16, BStBl II 2019, 34. Verfbeschw nicht angenommen, BVerfG v. 8.8.2019, 2 BvR 2167/15, StEd 2019, 775.
3) So bereits FG Sachsen-Anhalt v. 19.12.2011, 1 K 1108/11, DStRE 2013, 18.
4) BFH v. 29.8.2017, VIII R 33/15, BStBl II 2018, 69.
5) BFH v. 21.10.2014, VIII R 48/12, BStBl II 2015, 270.
6) BFH v. 1.7.2014, VIII R 53/12, BStBl II 2014, 975.

i) Bezüge und Einnahmen i.S.d. § 32d Abs. 2 Nr. 4 EStG (ohne Betrag lt. Zeile 54) – Korrespondenzprinzip und Kapitalerträge nach § 11 StAbwG (Zeile 33)

787 **Praxishinweis:**
Eine Erklärung in Zeile 33 hat zur Folge, dass gleichzeitig auch eine Angabe zum in Anspruch genommenen Sparer-Pauschbetrag (Zeile 16) erforderlich ist, da für diese Erträge die Berücksichtigung des Pauschbetrags gesetzlich nicht ausgeschlossen wurde.

Im Rahmen der Einführung der Abgeltungsteuer bestand – anders als im Körperschaftsteuerrecht – zunächst keine materielle Korrespondenz zwischen der Abgeltungsteuer und der steuerlichen Behandlung bei der leistenden Körperschaft. Diese wurde durch eine Neuregelung im JStG 2010[1] hergestellt. Sofern die verdeckte Gewinnausschüttung das Einkommen der ausschüttenden Körperschaft nicht gemindert hat (§ 8 Abs. 3 Satz 2 KStG), findet beim Anteilseigner der Abgeltungsteuertarif Anwendung (§ 32d Abs. 1 Satz 1 EStG). Führte die verdeckte Gewinnausschüttung dagegen zu einer Einkommensminderung, kommt die tarifliche ESt zur Anwendung (§ 32d Abs. 2 Nr. 4 EStG).

Im Rahmen des AmtshilfeRLUmsG[2] wurde der Anwendungsbereich der Vorschrift weiter auf Bezüge aus Aktien und Genussrechte (über den Begriff der vGA hinaus handelt es sich um Dividendenerträge) bereits ab dem 1.1.2014 ausgeweitet. Ausweislich der Gesetzesbegründung[3] handelt es sich um die Feststellung, dass bei **grenzüberschreitenden Sachverhalten** Probleme bei hybriden Finanzierungen bekannt geworden sind, die dazu führen konnten, dass Zahlungen beim Anteilseigner als Dividende angesehen werden, obwohl die Gesellschaft diese bereits als BA abgezogen hat. Bei einer sog. hybriden Finanzierung handelt es sich um die Hingabe von Kapital, das wegen der Konditionen der Kapitalhingabe in einem Staat als Fremdkapital, im anderen Staat als Eigenkapital qualifiziert wird. Die unterschiedliche Einordnung führt dazu, dass die Vergütungen für die Kapitalüberlassung im Quellenstaat als BA (Fremdkapitalzinsen) abgezogen und im Empfängerstaat als Dividenden ermäßigt oder gar nicht besteuert werden. Qualifikationskonflikte dieser Art werden häufig zur Schaffung unbesteuerter, sog. „weißer Einkünfte", genutzt. Diese Finanzierungsinstrumente sind international bekannt und auch Gegenstand von Erörterungen von internationalen Gremien. So beschäftigt sich z.B. auch die Gruppe Verhaltenskodex des EU-Rats mit der Problematik. Die dortigen Erörterungen führten zu der Empfehlung, dass die Qualifikationskonflikte durch nationale Regelungen im Empfängerstaat gelöst werden sollten. Diese Empfehlung wird nun durch die Ausdehnung der korrespondierenden Besteuerung umgesetzt. Zahlungen, die nach deutscher Qualifizierung Dividenden darstellen, werden nur noch von der BMG freigestellt, wenn sie im Quellenstaat keine BA darstellen.[4] Auch in diesen Fällen werden die Regeln der Abgeltungsteuer nur dann angewendet, wenn die Zahlung beim Leistenden das Einkommen nicht gemindert hat. Sofern die Zahlung beim Leistenden als BA abgezogen wurde, unterliegen die Einkünfte der tariflichen Steuer.

Hinweis zur Plausibilitätsbeurteilung:
Ab dem VZ 2024 wurde der Erklärungstatbestand für Kapitalerträge nach § 11 StAbwG[5] ergänzt.

Nach **§ 11 Abs. 1 Satz 1 Nr. 1 StAbwG** ist die Steuerbefreiung nach § 8b Abs. 1 Satz 1 KStG für Gewinnausschüttungen und andere Bezüge i.S.d. § 20 Abs. 1 Nr. 1, 2, 9 und 10 Buchst. a EStG ausgeschlossen, die von einer in einem nicht kooperativen Steuerhoheitsgebiet ansässigen Körperschaft geleistet werden. Die Regelung findet erstmals ab dem Beginn des dritten Jahres nach Inkrafttreten derjenigen Fassung der StAbwV Anwendung, die das nicht kooperative Steuerhoheitsgebiet erstmalig (wieder) aufführt. In Bezug auf die StAbwV vom 20.12.2021[6] ist dies der 1.1.2024. Dabei muss das betreffende nicht kooperative Steuerhoheitsgebiet bis zu diesem Zeitpunkt durchgängig in der StAbwV genannt werden. Die Regelungen zur Abgeltungsteuer und zum Teileinkünfteverfahren sind gem. § 11 Abs. 2 StAbwG auf Einkünfte i.S.d. § 11 Abs. 1 StAbwG nicht anzuwenden. Die für die Anwendung der §§ 7–12 StAbwG als nicht kooperativ eingestuften Steuerhoheitsgebiete werden in der StAbwV veröffentlicht. Allein die in der StAbwV genannten Hoheitsgebiete sind für die Anwendung der Maßnahmen des StAbwG maßgebend. Eine gesonderte Prüfung der §§ 4–6 StAbwG durch die örtlich zuständigen Finanzbehörden erfolgt nicht.[7]

j) Ich habe Einkünfte aus Spezial-Investmentanteilen i.S.d. § 20 Abs. 1 Nr. 3a EStG erzielt – lt. gesonderter Aufstellung (Zeile 34)

788 **Praxishinweis:**
Die Erklärungsmöglichkeit besteht seit dem VZ 2018 und ist Folge der Reform der Besteuerung von Investmentfonds.[8] Wurden entsprechende Erträge erzielt, ist dies durch Ankreuzen des Auswahlfeldes zu erklären. Die Ermittlung der Erträge soll lt. einer gesonderten Aufstellung erfolgen. Besteuerungsgrundlagen sind ggü. dem Spezial-Investmentfonds und dem Anleger gesondert und einheitlich festzustellen (§ 51 Abs. 1 InvStG). In einer gesonderten Aufstellung sollen die Erträge unter Berücksichtigung der Steuerfreistellungen i.S.d. §§ 42, 43 und 49 Abs. 1 InvStG zu erläutert werden.

Die Neuregelung des § 20 Abs. 1 Nr. 3a erfasst Erträge aus Spezial-Investmentfonds i.S.d. § 34 InvStG, wenn in Ausnahmefällen natürliche Personen im PV Anteile an Spezial-Investmentfonds halten. Bei Vorliegen der entsprechenden Voraussetzungen hat der Spezial-Investmentfonds allen Anlegern eine Kopie der Steuerbescheinigung zur Verfügung zu stellen; die Steuerbescheinigung selbst verbleibt beim Spezial-Investmentfonds.[9] Bei den Erträgen findet das Teileinkünfteverfahren (§ 3 Nr. 40 EStG), vorbehaltlich der besonderen Regelungen i.S.d. § 43 InvStG, keine Anwendung (§ 34 Abs. 2 Satz 2 InvStG).

---

1) JStG 2010 v. 8.12.2010, BStBl I 2010, 1394.
2) AmtshilfeRLUmsG v. 26.6.2013, BStBl I 2013, 802.
3) Unterrichtung durch die Bundesregierung zum Entwurf eines Jahressteuergesetzes 2013, BT-Drucks. 17/10604, 44.
4) Stellungnahme des Bundesrates zum Entwurf eines JStG 2013, BR-Drucks. 302/12.
5) BGBl. I 2021, 2056.
6) BGBl. I 2021, 5236.
7) BMF v. 14.6.2024, IV B 5 – S 1308/22/10008 :004, BStBl I 2024,1086, Rz. 2.
8) Gesetz zur Reform der Investmentbesteuerung (Investmentsteuerreformgesetz – InvStRefG) v. 19.7.2016, BStBl I 2016, 731.
9) BMF v. 23.5.2022, IV C 1 – S 2401/19/10001 :006, BStBl I 2022, 860, Rz. 12; Anwendung für Erträge, die vor dem 1.1.2026 zufließen, BMF v. 16.5.2025, IV C 1 – S 2401/00008/014/051, BStBl I 2025, 1388, Rz. 71.

Praxishinweis:
Die **Anlagebestimmungen** eines Spezial-Investmentfonds sind **gesetzlich geregelt** (§ 26 InvStG). In § 26 Nr. 8 Satz 2 InvStG eng begrenzte Ausnahmefälle geregelt, in denen natürliche Personen an einem Spezial-Investmentfonds beteiligt sein dürfen. Dies betrifft zum einen die Beteiligung von natürlichen Personen, die die Anteile an dem Spezial-Investmentfonds im BV halten. Diese Ausnahme ist erforderlich, da Personenunternehmen, insb. große in der Rechtsform einer Personengesellschaft geführte Familienunternehmen, ihre betrieblichen Altersvorsorgeverpflichtungen durch Spezial-Investmentanteile abdecken. Darüber hinaus verwenden die Personenunternehmen die Anlage in Spezial-Investmentfonds auch dazu, größere Geldbeträge, die z.B. für spätere Investitionen oder Entwicklungsvorhaben zurückgestellt werden, zwischenzeitlich bis zu ihrer tatsächlichen Nutzung rentierlich anzulegen. Ein Ausschluss dieser Personengruppe würde zu einer nicht sachgerechten Beeinträchtigung der betrieblichen Altersvorsorge und der Anlagemöglichkeiten führen. Eine weitere Ausnahme besteht, wenn inl. oder ausl. aufsichtsrechtliche Regelungen zwingend eine Beteiligung einer natürlichen Person am Spezial-Investmentfonds voraussetzen. Hierunter fällt z.B. eine Regelung, nach der eine Vergütung der Fondsverwalter zumindest teilweise zwingend in Anteilen an dem Spezial-Investmentfonds zu erfolgen hat. Schließlich dürfen natürliche Personen beteiligt sein, wenn deren Beteiligung bestandsgeschützt ist (§ 26 Nr. 8 Buchst. c Satz 2 InvStG).

Auf Spezial-Investmenterträge die im PV gehalten werden, finden die Regeln der **Abgeltungsteuer keine Anwendung** (§ 34 Abs. 2 Satz 1 InvStG). Diese gesetzliche Regelung soll eine unangemessene Privilegierung gegenüber den Anlegern von Publikums-Investmentfonds verhindern, die durch die Möglichkeit zur steuerneutralen Thesaurierung von Veräußerungsgewinnen und Gewinnen aus Termingeschäften bei Spezial-Investmentfonds entstehen könnte. Als Folge kommt es zur Anwendung einer unbeschränkten Verlustverrechnung (keine Anwendung des § 20 Abs. 6 EStG) und zur Berücksichtigung tatsächlicher WK (keine Anwendung des § 20 Abs. 9 EStG).

Ausgeschüttete Erträge sind die nach den §§ 37–41 ermittelten Einkünfte, die von einem Spezial-Investmentfonds zur Ausschüttung verwendet werden (§ 35 Abs. 1 InvStG). **Ausschüttungsgleiche Erträge** sind die folgenden nach den §§ 37–41 ermittelten positiven Einkünfte, die von einem Spezial-Investmentfonds nicht zur Ausschüttung verwendet werden:

1. Kapitalerträge nach § 20 EStG mit Ausnahme der steuerfrei thesaurierbaren Kapitalerträge,
2. Erträge aus der Vermietung und Verpachtung von Grundstücken und grundstücksgleichen Rechten sowie Gewinne aus der Veräußerung von Grundstücken und grundstücksgleichen Rechten und
3. sonstige Erträge.

Keine ausschüttungsgleichen Erträge sind die inl. Beteiligungseinnahmen und die sonstigen inl. Einkünfte mit Steuerabzug, wenn die Transparenzoption nach § 30 wahrgenommen wurde (§ 36 Abs. 1 InvStG).

Enthalten die ausgeschütteten oder ausschüttungsgleichen Erträge Einkünfte aus einem ausl. Staat, die in diesem Staat zu einer Steuer herangezogen wurden, so ist grds. die Steuer anzurechnen oder abzuziehen (§ 47 Abs. 1 Satz 1 InvStG). Die sogenannte Per-fund-limitation ist zu beachten (§ 47 Abs. 3 InvStG).

8. Kapitalerträge, für die die ermäßigte Besteuerung nach § 34 Abs. 1 EStG anzuwenden ist (Zeilen 35–36)

Kapitalerträge, für die die ermäßigte Besteuerung nach § 34 Abs. 1 EStG anzuwenden ist

			EUR
35	In den Zeilen 7, 18, 19, 26, 26a und / oder 52 der Anlage KAP sowie in den Zeilen 8, 16 und / oder 24 der **Anlage KAP-BET** enthaltene Erträge	265/465	,–
36	In den Zeilen 27, 28 bis 30, 32b, 33 und / oder 54 der Anlage KAP sowie in den Zeilen 25 bis 28 der **Anlage KAP-BET** enthaltene Erträge	279/479	,–

2025AnlKAP052 **2025AnlKAP052**

Der Erklärungstatbestand wurde ab dem VZ 2020 neu aufgenommen, Es handelt sich dabei nicht um einen neuen 789
gesetzlichen Tatbestand, sondern um bestehende gesetzliche Regelungen.

Der Wortlaut des § 34 Abs. 2 Nr. 4 EStG beschränkt die Anwendung der ermäßigten Besteuerung nicht auf einzelne Einkunftsarten.[1] Die Ausdehnung der steuerlichen Privilegierung nach § 34 Abs. 2 Nr. 4 EStG auf andere Einkunftsarten als die nach § 19 EStG setzt voraus, dass eine Zusammenballung von Einkünften eingetreten ist, die nicht dem vertragsgemäßen oder dem typischen Ablauf entspricht. Der BFH lehnt eine Anwendung auf Erstattungszinsen (§ 233a AO) ab, da die Zinszahlung keine Tätigkeit vergüte, sondern eine zwangsweise Kapitalüberlassung ist.[2]

1) R 34.4 Abs. 1 Satz 1 EStR 2012.
2) BFH v. 12.11.2013, VIII R 36/10, BStBl II 2014, 168.

Leistet hingegen z.B. eine Bausparkasse im Rahmen einer gerichtlichen/außergerichtlichen Vergleichsvereinbarung nicht konkretisierte Zahlungen für den Zeitraum ab der Beendigung des Bausparvertrags, sind diese als Zahlungen für entgehende Zinsen zu behandeln und daher als Entschädigung für sonstige Kapitalforderungen zu erfassen (§§ 24 Nr. 1 Buchst. a, 20 Abs. 1 Nr. 7 EStG) und ermäßigt zu besteuern (§ 34 Abs. 1 i.V.m. Abs. 2 Nr. 2 EStG), wenn es sich dabei nach den Umständen des Einzelfalls tatsächlich um außerordentliche Einkünfte (zusammengeballte Einkünfte) handelt. Für diese Vergleichszahlungen ist i.R.d. Günstigerprüfung (§ 32d Abs. 6 EStG) die ermäßigte Besteuerung (§ 34 Abs. 1 i.V.m. Abs. 2 Nr. 2 EStG) anzuwenden.

In der **Zeile 35** sind die abgeltend zu besteuernden Kapitalerträgen (mit und ohne inl. Steuerabzug [Zeilen 7, 18, 19, 26, 26a und/oder 52 der Anlage KAP; Zeilen 8, 16 und/oder 24 der Anlage KAP-BET]) einzutragen, die nach § 34 EStG ermäßigt besteuert werden sollen. In der **Zeile 36** sind die Kapitalerträge einzutragen, die der tariflichen Einkommensteuer unterliegen [Zeilen 27, 28–30, 32b, 33 und/oder 54 der Anlage KAP; Zeilen 25–28 der Anlage KAP-BET] und die nach § 34 EStG ermäßigt besteuert werden sollen. Insoweit ist auch ein Bezug auf Beteiligungserträge enthalten, so dass auf der Anlage KAP-BET kein gesonderter Antrag gestellt werden muss.

Praxishinweis:
Leistet eine Bausparkasse im Rahmen einer gerichtlichen/außergerichtlichen Vergleichsvereinbarung Zahlungen für entgangene Zinsen, sind diese als „Entschädigungen, die als Ersatz für entgangene/entgehende Einnahmen gewährt wurden in der „Höhe der Kapitalerträge Zeile 7 Anlage KAP" und in Zeile 35 oder 36 Anlage KAP" im nachrichtlichen Teil des Musters I zu erfassen.[1)]

9. Steuerabzugsbeträge zu Erträgen in den Zeilen 7 bis 23 und zu Investmenterträgen lt. Anlage KAP-INV (Zeilen 37–42)

- 3 -

Steuerabzugsbeträge zu Erträgen in den Zeilen 7 bis 23 und zu Investmenterträgen laut Anlage KAP-INV

			laut Bescheinigung(en) EUR	Ct
37	Kapitalertragsteuer	280/480		
38	Solidaritätszuschlag	281/481		
39	Kirchensteuer zur Kapitalertragsteuer	282/482		
40	Angerechnete ausländische Steuern	283/483		
41	Anrechenbare noch nicht angerechnete ausländische Steuern	284/484		
42	Fiktive ausländische Quellensteuer (nicht in den Zeilen 40 und / oder 41 enthalten)	285/485		

a) Vorbemerkung

790 Ab dem VZ 2018 sind Steuerabzugsbeträge im Zusammenhang mit Erträgen aus Beteiligungen gesondert auf der Anlage KAP-BET zu erklären. Ergänzend zu den bisherigen Angaben sind Abzugsbeträge bei Investmenterträgen, die bisher nicht dem inl. Steuerabzug unterlegen haben, an dieser Stelle zu erklären.

Praxishinweis:
Die Anrechenbarkeit einbehaltener KapESt kann durch die Neuregelung des § 36a EStG (→ Rz. 802) beschränkt werden.

Die in den Zeilen 37–42 einzutragenden anrechenbaren Steuern betreffen die Einkünfte aus Kapitalvermögen und werden daher im Zusammenhang mit der abgeltenden Wirkung der KapESt berücksichtigt.

Hinweis zur Plausibilitätsbeurteilung:
Sind Tatbestände in den Zeilen 7–10 geändert worden, hat dies regelmäßig auch Auswirkung auf die Berücksichtigung von einbehaltenen Steuern. Diese sind ggf. zu korrigieren und in die Zeilen 43–45 einzutragen. Insoweit ist es zur Berücksichtigung von ausl. Quellensteuern auch notwendig, die Anlage AUS der Steuererklärung beizufügen.

Praxishinweis:
Falls (ausnahmsweise) noch Erträge im Rahmen des Anrechnungsverfahrens zu versteuern sind, sollte das FA auf diesen Sachverhalt zusätzlich hingewiesen werden. Die in diesen Fällen noch **anzurechnende Körperschaftsteuer** (oder die vergütete Körperschaftsteuer) ist im Rahmen der ESt-Erklärung weiterhin durch das FA zu berücksichtigen. Denkbar ist die Anwendung des Anrechnungsverfahrens weiterhin über Kaskadeneffekte i.R.v. Investmentfondserträgen. Die entsprechenden Steuerbescheinigungen für die Anrechnung der einbehaltenen Steuerbeträge sind der Steuererklärung beizufügen.

Das Wahlrecht zur Option bei unternehmerischen Beteiligungen kann nur i.R.d. ESt-Erklärung ausgeübt werden → Rz. 781.

1) BMF v. 23.5.2022, IV C 1 – S 2401/19/10001 :006, BStBl I 2022, 860, Rn. 35a; Anwendung für Erträge, die vor dem 1.1.2026 zufließen, BMF v. 16.5.2025, IV C 1 – S 2401/00008/014/051, BStBl I 2025, 1388, Rz. 71.

b) Kapitalertragsteuer (Zeile 37)

791 Die Höhe der einbehaltenen und zu berücksichtigenden KapESt ist der Bescheinigung der inl. Zahlstelle (z.B. Kreditinstitut) zu entnehmen. Für die Anrechnung wird ab dem VZ 2017 nicht mehr in allen Fällen die Vorlage der Steuerbescheinigung gefordert (§ 36 Abs. 2 Nr. 2 EStG); dies gilt entsprechend auch bei **Sparbüchern.**[1] Bei Anträgen in den Zeilen 4 und 5 der Anlage KAP ist die Steuerbescheinigung lediglich auf Anforderung des FA einzureichen.

Beratungshinweis:

Weist die **Steuerbescheinigung gravierende Mängel** (Datum der Ausstellung sowie Auszahlung) auf, kann diese keine Bindungswirkung entfalten.[2]

Im Zusammenhang mit **Leerverkäufen** von Aktien über den Dividendenstichtag besteht nicht die Möglichkeit der Anrechnung der in der Steuerbescheinigung ausgewiesenen KapESt, wenn zwischen dem Leerverkäufer und dem Käufer Absprachen, die einen wirtschaftlichen Zusammenhang zwischen dem Leerverkauf und dem Kauf begründen, bestehen. Insoweit wird die Steuerbescheinigung Zusatzinformationen enthalten.[3]

Korrekturen beim KapESt-Abzug können nur mit Wirkung für die Zukunft, nach den jeweiligen Verhältnissen im Zeitpunkt des Bekanntwerdens des Fehlers vorgenommen werden; dies ist z.B. bei Betriebseinnahmen nicht möglich; die Korrektur erfolgt dann i.R.d. Veranlagung zur ESt. Insoweit können auch Korrekturen in einem Jahr vorgenommen werden, wenn das Wertpapier bereits veräußert ist. Es besteht jedoch auch ein Karenzzeitraum bis zum 31.1. des Folgejahres um Korrekturen für das vorangegangene Kj. vorzunehmen. Weist die stpfl. Person durch eine Bescheinigung der auszahlenden Stelle nach, dass sie die Korrektur nicht vorgenommen hat und auch nicht vornehmen wird, kann z.B. das Veranlagungswahlrecht (§ 32d Abs. 4 EStG) ausgeübt werden. Wurden die **Kapitalanlagen im Ausland** verwahrt, kann eine Steuerbescheinigung nur auf Antrag vom inl. Kreditinstitut erteilt werden.[4] Zur Berechtigung der Ausstellung von Steuerbescheinigungen durch inl. Zweigstellen/Zweigniederlassungen ausl. Kreditinstitute vgl. OFD Frankfurt.[5]

Verwahrt die stpfl. Person einen **ausl. thesaurierenden Investmentfonds** im inl. Depot, unterliegen die thesaurierten (ausschüttungsgleichen) Erträge nicht dem KapESt-Abzug (§ 7 InvStG a.F.). Bei einer Veräußerung der Anteile ist von den kumulierten, als zugeflossen geltenden ausschüttungsgleichen Erträgen – auf die Besitzzeit der Anteile bei der stpfl. Person begrenzt – der Steuerabzug vorzunehmen (§ 7 Abs. 1 Satz 1 Nr. 3 InvStG). In der Steuerbescheinigung wird auf diesen Sachverhalt ausdrücklich hingewiesen. Sind die Kapitalerträge in den Vorjahren zutreffend erklärt worden, sind die Kapitalerträge der Steuerbescheinigung (Zeile 7) um diese (bereits versteuerten) Beträge zu kürzen. Die Anrechnung von KapESt kann nur dann erfolgen, wenn die entsprechenden Kapitalerträge beim Anleger (ggf. Rechtsvorgänger) als Einnahmen erfasst worden sind.[6] Zur Frage der Anrechnung von KapESt im Zusammenhang mit dem Verkauf/der Rückgabe von ausl. thesaurierenden Investmentfonds vgl. BMF v. 17.12.2012.[7] Eine Anrechnung kann nur dann erfolgen, wenn die entsprechenden („die während der Besitzzeit als zugeflossenen“) Kapitalerträge beim Anleger (ggf. Rechtsvorgänger) als Einnahmen erfasst worden sind.

Praxishinweis:

Bei Veräußerung/Rückgabe von vor dem 1.1.2018 erworbenen Anteilen an ausl. Investmentfonds (Alt-Anteile i.S.d. § 56 Abs. 2 Satz 1 InvStG) ist in der inl. Steuerbescheinigung die Summe der als zugeflossen geltenden, noch nicht dem Steuerabzug unterworfenen ausschüttungsgleichen Erträge aus Anteilen an ausl. Investmentfonds (§ 7 Abs. 1 Satz 1 Nr. 3 InvStG a.F. i.V.m. § 56 Abs. 3 Satz 6 InvStG) ausgewiesen. Die Summe der Erträge ist in der bescheinigten Höhe der Kapitalerträge (Zeile 7 der Bescheinigung) enthalten und in der Anlage KAP von der Höhe der Kapitalerträge abzuziehen.

c) Solidaritätszuschlag (Zeile 38)

792 Neben der KapESt wird der Solidaritätszuschlag erhoben. Bemessungsgrundlage für den Solidaritätszuschlag ist die festgesetzte Einkommensteuer, vermindert um die anzurechnende oder vergütete Körperschaftsteuer, wenn ein positiver Betrag verbleibt (§ 3 Abs. 1 SolZG). Kinderfreibeträge und der Freibetrag für den Betreuungs-, Erziehungs- und Ausbildungsbedarf (§ 32 Abs. 6 EStG; vgl. Ausführungen zur Anlage Kind, → Rz. 924 ff.) sind bei der Ermittlung der BMG immer zu berücksichtigen – auch in dem Fall, dass das Kindergeld im Einzelfall günstiger ist als die entsprechenden Freibeträge. Die Freigrenze im Rahmen des Solidaritätszuschlags wird lediglich im Rahmen der ESt-Veranlagung und nicht im Rahmen des KapESt-Abzugs durch die auszahlende Stelle (das Kreditinstitut) berücksichtigt. Der Zuschlag beträgt 5,5 % der BMG (§ 4 SolZG) und ist sowohl bei der Erhebung von Steuerabzugsbeträgen als auch bei Vorauszahlungen zur ESt zu leisten (§ 1 SolZG). Wird die Grenze des § 3 Abs. 4a SolZG nicht überschritten, entfällt der Zuschlag (§ 3 Abs. 4a SolZG). Zur Auswirkung im Rahmen einer Günstigerprüfung → Rz. 679.

1) OFD Frankfurt/M., Verfügung v. 26.6.2012, S 2401 A – 2 – St 54, DStR 2012, 1923.
2) BFH v. 24.2.2015, VIII R 50/11, 2015, 1029 (im Streitfall Bescheinigung nach § 27 Abs. 3 KStG).
3) BMF v. 5.5.2009, IV C 1 – S 2252/09/10003, BStBl I 2009, 631.
4) BMF v. 23.5.2022, IV C 1 – S 2401/19/10001 :006, BStBl I 2022, 860, Rz. 65 ff; Anwendung für Erträge, die vor dem 1.1.2026 zufließen, BMF v. 16.5.2025, IV C 1 – S 2401/00008/014/051, BStBl I 2025, 1388, Rz. 71.
5) OFD Frankfurt/M. v. 23.10.2017, S 2401 A – 17 – St 54, StEd 2017, 730.
6) BFH v. 8.9.2010, I R 90/09, BStBl II 2013, 11; Verfbeschw nicht angenommen, BVerfG v. 22.4.2011, 2 BvR 198/11, StEd 2011, 292.
7) BMF v. 17.12.2012, IV C 1 – S 1980-1/11/10004, BStBl I 2013, 54.

Praxishinweis:

Der BFH hat die Festsetzung des Zuschlags bis 2007 nicht als verfassungswidrig angesehen.[1] Die Ankündigung des Gesetzgebers den Zuschlag „mittelfristig zu überprüfen" begründet keinen verfassungsrechtlichen Vertrauensschutz dahingehend, dass der Zuschlag ab einer bestimmten Zeit herabzusetzen oder aufzuheben wäre. Ab dem VZ 2021 wird der Solidaritätszuschlag zurückgeführt.[2] Vielmehr dürfte davon auszugehen sein, dass eine Überprüfung seitens des Gesetzgebers i.R.d. bisherigen Änderungsgesetze erfolgte. Die Ankündigung erfolgte lediglich in Bezug auf die Überprüfung und nicht auf ein bestimmtes Ergebnis. Verfassungswidrig sei die Ergänzungsabgabe nur dann, wenn sie zur Finanzierung der Wiedervereinigung nicht mehr nötig ist, aber fortgeführt werden würde, um eine dauerhafte Finanzlücke zu schließen. Die Vollziehung eines Bescheids über den Solidaritätszuschlag für 2012 ist nicht deshalb aufzuheben, weil ein FG im Rahmen eines Vorlagebeschlusses das BVerfG zur Klärung der Verfassungsmäßigkeit des SolZG angerufen hat.[3] ESt-Bescheide ergehen seit dem BMF-Schreiben v. 26.5.2025 in diesem Punkt nicht mehr vorläufig.[4]

Der Solidaritätszuschlag war in den Jahren 2020 und 2021 noch nicht verfassungswidrig.[5] Eine Richtervorlage zum SolZG 1995 wurde als unzulässig verworfen.[6] Eine erhobene Verfassungsbeschwerde gegen die Fortführung des Solidaritätszuschlags über das Jahr 2019 wurde zurückgewiesen.[7] Für eine Klage fehlt es i.Ü. am Rechtsschutzbedürfnis, wenn die Steuerfestsetzung wegen dieses Punktes vorläufig und beim BVerfG bereits ein einschlägiges Musterverfahren anhängig ist.[8]

Die auf Kapitalerträge entfallende Steuer nach § 32d Abs. 3 und 4 EStG fließt in die festzusetzende ESt ein (§ 2 Abs. 6 Satz 1 EStG). Bei der Anwendung der Freigrenze des § 3 Abs. 3 SolZG war daher nach bisheriger Rechtslage die Summe der Steuer nach § 32a EStG und nach § 32d Abs. 3 und 4 EStG maßgebend. Für die KapESt nach § 32d Abs. 1 EStG als BMG des Solidaritätszuschlages (§ 1 Abs. 1 Nr. 5 SolZG) findet die Freigrenze (§ 3 Abs. 3 SolZG) keine Anwendung. Um im Einzelfall eine Schlechterstellung auf Grund der Ermittlung der ESt auf Kapitalerträge nach § 32d Abs. 3 und 4 EStG und Addition zur tariflichen ESt insoweit zu vermeiden, wird der auf stpfl. Kapitalerträge entfallende Erhöhungsbetrag der ESt von der Anwendung der Freigrenze ausgenommen.

Praxishinweis:

Durch eine Ergänzung des § 43 Abs. 5 EStG um einen neuen Satz 4 i.R.d. JStG 2010[9] wird bei den Einkünften, die der Abgeltungsteuer unterliegen, dafür Sorge getragen, dass im Falle anhängiger gerichtlicher Musterverfahren, die der Finverw. Anlass geben, die ESt teilweise vorläufig festzusetzen, der Steuerfall hinsichtlich dieser Einkünfte verfahrensrechtlich gleichermaßen offengehalten, wie hinsichtlich der Steuer, die auf Einkünfte entfällt, die bei der ESt-Festsetzung berücksichtigt wurden.

d) Kirchensteuer zur Kapitalertragsteuer (Zeile 39)

793 Wurde die Kirchensteuer auf Antrag der stpfl. Person seitens der inl. Kreditinstitute gleichzeitig mit der KapESt einbehalten, gilt auch diese als abgegolten. Eine Berücksichtigung i.R.d. Sonderausgabenabzugs (Zeile 4 der Anlage Sonderausgaben) ist nicht möglich (§ 10 Abs. 1 Nr. 4 Halbsatz 2 EStG).

e) Angerechnete ausländische Steuern (Zeile 40)

794 **Hinweis zur Plausibilitätsbeurteilung:**

Insoweit handelt es sich um einen Wert, der der amtlichen Steuerbescheinigung entnommen werden kann. Die Bezeichnung „angerechnete ausl. Steuer" bezieht sich dabei auf die Anrechnung i.R.d. Bemessung der inl. KapESt.

Ausländische Quellensteuer, die der deutschen ESt entspricht, wird i.R.d. abgeltenden Wirkung der KapESt berücksichtigt (§ 32d Abs. 5 EStG).[10] Die ausl. Steuern sind nur bis zur Höhe der auf die im VZ bezogenen Kapitalerträge entfallenden deutschen Steuer anzurechnen (§ 32d Abs. 5 Satz 3 EStG). Weder § 32d Abs. 5 Satz 1 EStG noch Art. 23 Abs. 2 Buchst. b Doppelbuchst. aa DBA-Norwegen enthalten eine Obliegenheit zur Inanspruchnahme eines nach ausl. Steuerrecht bestehenden Wahlrechts zwischen zwei Methoden zur Minderung der ausl. Quellensteuer dahingehend, dass ausl. Steuern in möglichst geringer Höhe zur Anrechnung kommen.[11] Dieser Grundsatz ist bei Erträgen aus einem Investmentfonds ebenso zu beachten.[12]

Es ist mit der Niederlassungs-/Kapitalverkehrsfreiheit vereinbar, dass ausl. Quellensteuerbeträge (§ 32d Abs. 5 Satz 1 und 2 EStG) nicht gem. § 32d Abs. 1 Satz 2 EStG auf die ESt zum gesonderten Tarif (§ 32d Abs. 1 EStG) anrechenbar sind und verfallen, wenn die zugrunde liegenden ausl. Kapitalerträge gem. § 20 Abs. 6 Satz 3 EStG mit inl. Verlusten aus Kapitalvermögen zu verrechnen sind.[13]

Entsprechendes gilt ebenfalls in den Fällen, in denen ein positiver Antrag auf Günstigerprüfung (→ Rz. 679) gestellt worden ist (§ 32d Abs. 6 Satz 2 EStG).

---

1) BFH v. 21.7.2011, II R 52/10, BStBl II 2012, 43; Verfbeschw nicht angenommen, BVerfG v. 10.6.2013, 2 BvR 2121/11.
2) Gesetz zur Rückführung des Solidaritätszuschlags 1995 v. 10.12.2019, BGBl. I 2019, 2115 = BStBl I 2020, 15.
3) BFH v. 15.6.2016, II B 91/15, BStBl II 2016, 846.
4) BMF v. 26.5.2025, IV D 1 – S 0338/00083/001/099, BStBl I 2025, 1178.
5) BFH v. 17.1.2023, IX R 15/20, BStBl II 2023, 351.
6) BVerfG v. 7.6.2023, 2 BvL 6/14, StEd 2023, 436.
7) BVerfG v. 26.3.2025, 2 BvR 1505/20, HFR 2025, 474.
8) BFH v. 26.9.2023, IX R 9/22, BStBl II 2024, 282; Verfbeschw, nicht zur Entscheidung angenommen, BVerfG v. 27.3.2025, 2 BvR 1712/23.
9) JStG 2010 v. 8.12.2010, BStBl I 2010, 1394.
10) OFD Frankfurt/M., Rundverfügung v. 12.4.2012, S 2400 A – 91 – St 513, IStR 2012, 440.
11) FG Rheinland-Pfalz v. 18.6.2021, 3 K 1688/19, EFG 2021, 1555.
12) Die Regelung § 4 Abs. 3 InvStG a.F. wurde nicht im aktuellen InvStG fortgeführt, so dass die allg. Grundsätze anzuwenden sind.
13) BFH v. 23.11.2021, VIII R 22/18, BStBl II 2023, 68.

Praxishinweis:

§ 34c Abs. 1 Satz 1 2. Halbsatz EStG schließt die Einrechnung von ausl. Einkünften, die in der BRD der Abgeltungsteuer unterliegen, in die länderspezifische Höchstbetragsberechnung (§ 34c Abs. 1 EStG) aus, da der Gesetzgeber auch für den Bereich der Steueranrechnung die Unterscheidung in zwei Arten von Einkünften aus Kapitalvermögen (tarifbesteuerte Einkünfte und Abgeltungssteuereinkünfte) geregelt und in § 32d Abs. 5 und 6 EStG für die Anrechnung ausl. Steuern auf diese Einkünfte eigene Anrechnungsregelungen geschaffen hat.[1]

Beispiel:

Summe der Einkünfte im VZ 2025: 16 000 €; zu versteuerndes Einkommen: 14 000 €; Kapitalerträge 1 000 € (nicht in der Summe der Einkünfte enthalten)

Lösung:

tarifliche ESt:	300 €
KapESt:	250 €
Gesamtsteuer:	550 €

Tarifliche ESt bei einem zu versteuernden Einkommen v. 15 000 € = 485 € (Grundtabelle). Die ausl. Steuer kann daher bis zu einem Betrag von 65 € (= 550 € ./. 485 €) berücksichtigt werden.

Beratungshinweis:

Eine Ausnahme von der Berücksichtigung der ausl. Quellensteuer liegt nicht vor, wenn es sich um den Fall einer (positiv entschiedenen) Günstigerprüfung handelt, da die besondere Regelung der Berücksichtigung von ausl. Steuer weiterhin Anwendung findet (§ 32d Abs. 6 Satz 2 EStG). In diesen Fällen kann die ausl. Quellensteuer nur anteilig berücksichtigt werden. Dies wird dadurch geregelt, dass die nach § 32d Abs. 5 EStG ermittelten ausl. Steuern auf die zusätzliche tarifliche ESt anzurechnen sind, die auf die hinzugerechneten Kapitaleinkünfte entfällt. So hat ein Vergleich zwischen der anrechenbaren ausl. Steuer i.R.d. § 32d Abs. 6 EStG mit der anteiligen Steuer nach der folgenden Formel zu erfolgen.

$$\text{Formel: } \frac{\text{Summe der EK aus KapV}}{\text{Summe der Einkünfte}} \times \text{tarifliche ESt}$$

Eine Liste über die Anrechenbarkeit ausl. Quellensteuern bei Einkünften aus Kapitalvermögen einer unbeschränkt stpfl. natürlichen Person, mit denen die BRD ein **DBA abgeschlossen** hat, ist auch im Internet verfügbar (Internetseite des BZSt oder www.steuerliches-info-center.de). In **Nicht-DBA-Fällen** wäre weiterhin gesondert zu prüfen, ob die ausl. Steuer eine der deutschen ESt entsprechende Steuer darstellt. Die **Anrechnung** der ausl. Quellensteuer **erfolgt** grds. **bei Zufluss der Erträge** durch das depotführende Kreditinstitut. Die **nicht verrechnete Quellensteuer** ist in der Steuerbescheinigung gesondert aufgeführt (→ Rz. 795).

Beispiel:

	Geschäftsvorfall	Ertrag	Verlusttopf	KapESt	anrechenbare ausl. Steuer	Verbleibende Steuerlast
(1)	Ausl. Div. Land 1	100		25	15	10
(2)	Ausl. Div. Land 2	200		50	50	0
(3)	Inl. Zinsertrag	300		75	–	75
(4)	Veräußerungsverlust		– 300			
	Summe Bruttobetrag	600	– 300	150	65	85
	Verlustverrechnung	– 300	300			
	Zwischensumme	300	0	150	65	85
	Steuererstattung			– 75		– 75
	Gesamtsumme	300	0	75	65	10

Beratungshinweis:

Anteilseignern mit Wohnsitz im EWR-Geltungsbereich wird einbehaltene **norwegische Quellensteuer** auf Antrag ganz oder teilweise erstattet („shielding deduction").[2]

Zur Anrechnung von Quellensteuern, die auf Ausschüttungen von **chinesischen Aktien** erhoben wird, vgl. BMF v. 31.3.2022.[3]

Zu beachten ist jedoch, dass die Verlustverrechnung Vorrang vor der Anrechnung ausl. Quellensteuer hat, so dass das Volumen für die Anrechnung ggf. zu gering ist (§ 43a Abs. 3 Satz 2 EStG). In diesen Fällen kann sich eine (Teil-)Veranlagung zur ESt i.S.d. § 32d Abs. 4 EStG (→ Rz. 680) anbieten – soweit noch andere Kapitalerträge vorliegen – um eine entsprechende Anrechnung zu erreichen.

Eine **Zuordnung der einzelnen ausl. Steuern** zum jeweiligen ausl. Kapitalertrag ist nicht erforderlich. Es wird lediglich eine kapitalertragsbezogene Betrachtungsweise vorgenommen (per-item-limitation). Ist z.B. auf eine ausl. Dividende mit 15 %iger Quellensteuer keine Abgeltungsteuer einzubehalten, kann die ausl. Steuer von späteren Kapitalerträgen abgezogen werden. Ein Quellensteuerüberhang (z.B. auf Grund von Verlusten) wird am Ende eines Jahres nicht in einen Verrechnungstopf eingestellt. Ggf. muss ein solcher im Rahmen der ESt-Veranlagung geltend gemacht werden.

1) BFH v. 30.11.2016, VIII R 11/14, BStBl II 2017, 443.
2) BMF v. 15.11.2011, IV C 1 – S 2406/10/10001 :002, BStBl I 2011, 1113. 1
3) BMF v. 31.3.2022, IV C 1 – S 2283-c/19/10012 :004, BStBl I 2022, 328.

Praxishinweis:
In den Fällen, in denen keine KapESt gezahlt wurde, aber grds. Volumen zur Verrechnung auf Grund anrechenbarer ausl. Quellensteuer besteht, ist eine Steuerbescheinigung abzurufen, wenn z.B. aus anderen Gründen ESt auf Kapitalerträge i.R.d. ESt-Erklärung festgesetzt wird. Nur insoweit kann eine Reduzierung der Steuer erfolgen. Anderenfalls ist eine Berücksichtigung nicht mehr möglich.[1]

f) Anrechenbare noch nicht angerechnete ausländische Steuern (Zeile 41)

795 **Hinweis zur Plausibilitätsbeurteilung:**
Insoweit handelt es sich um einen Wert, der regelmäßig der amtlichen Steuerbescheinigung entnommen werden kann. Jedoch sind an dieser Stelle auch die **ausl. Quellensteuern** einzutragen, die bei Kapitalerträgen einbehalten worden sind, die nicht in einem inl. Depot erzielt wurden (Auslandsfall mit Pflichtveranlagung i.S.d. § 32d Abs. 3 EStG ab → Rz. 755) und insoweit im Ausland Steuern einbehalten worden sind. Die Beschreibung der Zeile 41 bezieht sich daher auf die Ermittlung der inl. KapESt.

Ist i.R.d. unterjährigen Verrechnung ausl. Quellensteuer nicht seitens z.B. eines inl. Kreditinstituts berücksichtigt worden, stehen diese Beträge i.R.d. Veranlagung zur weiteren Verrechnung zur Verfügung. Vom ausl. Staat zu Unrecht einbehaltene Steuern können nicht angerechnet werden.[2]

Beratungshinweis:
Die (gezahlte) Quellensteuer hat jedoch keine Auswirkung, wenn die Kapitaleinnahmen unter dem Sparer-Pauschbetrag (→ Rz. 754) bleiben oder im Jahr insg. negative Einkünfte anfallen. Eine Verrechnung wie WK nicht möglich. Eine Verhältnisrechnung mit dem übrigen Einkommen erfolgt nur, wenn der Anleger auf Antrag die Besteuerung mit dem persönlichen Steuersatz über die Günstigerprüfung (→ Rz. 679) wählt. Sind bei einem Kreditinstitut insg. negative Erträge erzielt und ist bis zum 15.12.2024 nicht der Antrag auf Erteilung einer Verlustbescheinigung gestellt worden, sollte dennoch eine Steuerbescheinigung über noch nicht angerechnete ausl. Steuern beantragt werden, da insoweit eine Verrechnung mit anderen positiven Kapitalerträgen (und damit gezahlter KapESt) möglich ist. Ist keine KapESt gezahlt worden, verfällt die ausl. Quellensteuer.

g) Fiktive ausländische Quellensteuer – nicht in den Zeilen 40 und/oder 41 enthalten (Zeile 42)

796 **Hinweis zur Plausibilitätsbeurteilung:**
Ein Eintrag darf nur in den Fällen erfolgen, in denen die Beträge nicht bereits in den Zeilen 40 und 41 enthalten sind – also bereits durch ein inl. Kreditinstitut berücksichtigt wurde oder nicht angerechnet werden konnte, da kein Anrechnungsvolumen zur Verfügung stand.

Ausländische fiktive Quellensteuer wird **nicht in allen Fällen durch** die inl. **Kreditinstitute** i.R.d. KapESt-Abzugs **berücksichtigt** und ist gesondert zu erklären, wenn die Anrechnung nach dem DBA nicht an besondere Voraussetzungen gebunden ist; eine Berücksichtigung erfolgt insb. nicht in den Fällen, in denen die Berücksichtigung ausl. fiktiver Quellensteuer von **persönlichen Voraussetzungen** der stpfl. Person abhängig ist, da dies nicht durch das Kreditinstitut (abschließend mit abgeltender Wirkung) geprüft werden kann. Die Anrechnung erfolgt durch das FA i.R.d. Steuererklärung. Für die Berücksichtigung sind Nachweise beizufügen. Hierzu zählen regelmäßig entsprechende Abrechnungen der Banken und der Nachweis eines Steuerverzichts zur Förderung der wirtschaftlichen Entwicklung des Quellenstaats eine Bestätigung der nach dem jeweiligen Doppelbesteuerungsabkommen für die Abkommensanwendung zuständigen ausl. Behörde. Zum Nachweis über das Vorliegen der Voraussetzungen für die Anrechnung fiktiver Quellensteuern bei ausl. Zinseinkünften nach den DBA vgl. BMF.[3]

Fiktive Steuern werden z.B. für bestimmte Kapitalanlagen (Zinserträge und Dividenden) in Argentinien, Bangladesch, Bolivien (nur Zinsen), Ecuador (nur Zinsen), Indonesien (nur Zinsen), Mongolei, Portugal und Sri Lanka berücksichtigt.[4] Gemäß Art. 23 Abs. 2 Satz 2 DBA-Argentinien sind die (fiktiven) ausl. Quellensteuern nur bis zur Höhe der auf die im jeweiligen VZ bezogenen, um Veräußerungsverluste gekürzte Kapitalerträge entfallenden deutschen Abgeltungsteuer anzurechnen, wobei nach § 32d Abs. 5 Satz 1–3 EStG eine Einzelbetrachtung vorzunehmen ist.[5]

Beispiel:
Die stpfl. Person eröffnet bei der ausl. Tochtergesellschaft einer inl. (deutschen) Bank ein Festgeld i.H.v. 100 000 €. Das Festgeld wird mit 1,5 % verzinst. Bei Fälligkeit wird eine Zinsgutschrift i.H.v. 1 500 € erteilt. Hierauf fallen 375 € KapESt an. Das FA rechnet eine fiktive Quellensteuer in Höhe von 15 % der gutgeschriebenen Zinsen an (225 €). Es sind 150 € KapESt zu zahlen.

Eine Anrechnung der Steuer ist maximal in Höhe der Steuerschuld möglich.

Beispiel:
Die stpfl. Person kauft am 10.6.2024 nominal 100 000 € einer ausl. Staatsanleihe (Kupon 5 %, Laufzeit bis 15.6.2024, jährlicher Zinstermin am 15.6.). Bei Kauf der Anleihe sind Stückzinsen i.H.v. 4 900 € zu zahlen. Am 15.6.2024 werden Zinsen i.H.v. 5 000 € gutgeschrieben. Das fiktive Quellensteuerguthaben beträgt 750 € (= 15 % von 5 000 €). Werden keine weiteren Zins- und Kapitaleinkünfte erzielt, sind lediglich 100 € zu versteuern. Hierauf ist aber keine fiktive Quellensteuer anzurechnen, da die stpfl. Kapitaleinkünfte unterhalb des Sparer-Pauschbetrags liegen. Das vollständige fiktive Quellensteuerguthaben läuft also ins Leere.

1) BMF v. 14.5.2025, IV C 1 – S 2252/00075/016/070, BStBl I 2025, 1330, Rz. 241c.
2) BFH v. 2.3.2010, I R 75/08, BFH/NV 2010, 1820.
3) BMF v. 16.5.2025, IV C 1 – S 2401/00008/014/051, BStBl I 2025, 1388, Rz. 38.
4) Vgl. https://www.bzst.de/DE/Privatpersonen/Kapitalertraege/AuslaendischeQuellensteuer/auslaendischequellensteuer_node.
5) FG Münster v. 23.3.2023, 1 K 3593/19 E, EFG 2023, 841, vorläufig nicht rkr.

Die Gefahr des **Ausfalls der Forderung** ist bei dieser Art Wertpapiere dem Grunde nach aber höher als bei Anleihen von Emittenten mit hoher Bonität.

10. Anzurechnende Steuern zu Erträgen in den Zeilen 28 bis 34 sowie aus anderen Einkunftsarten (Zeilen 43–45)

Anzurechnende Steuern zu Erträgen in den Zeilen 28 bis 34 sowie aus anderen Einkunftsarten			laut Bescheinigung(en) EUR, Ct
43	Kapitalertragsteuer	286/486	,
44	Solidaritätszuschlag	287/487	,
45	Kirchensteuer zur Kapitalertragsteuer	288/488	,

a) Vorbemerkung

Praxishinweis: 797
Die Anrechenbarkeit einbehaltener KapESt kann durch die Regelung des § 36a EStG (→ Rz. 802) beschränkt werden.

Die in den Zeilen 43–45 einzutragenden anrechenbaren Steuern betreffen die Einkünfte, die mit der Tarifsteuer belastet sind (keine abgeltende Steuerbelastung mit 25 %), und werden daher im Zusammenhang mit der tariflichen Steuer (§ 32a EStG) berücksichtigt.

Hinweis zur Plausibilitätsbeurteilung:
Sind Tatbestände in den Zeilen 7 und 8 geändert worden (rechte Korrekturspalte), hat dies regelmäßig auch Auswirkung auf die Berücksichtigung von einbehaltenen Steuern. Diese sind ggf. zu korrigieren und in die Zeilen 43–45 einzutragen.

b) Kapitalertragsteuer (Zeile 43)

Die Ausführungen zu → Rz. 791 gelten entsprechend. Eine Anrechnung der Beträge erfolgt jedoch auf die tarifliche ESt (§ 36 Abs. 2 Nr. 2 EStG). 798

c) Solidaritätszuschlag (Zeile 44)

Die Ausführungen zu → Rz. 792 gelten entsprechend. Eine Anrechnung der Beträge erfolgt jedoch auf die tarifliche ESt. 799

d) Kirchensteuer zur Kapitalertragsteuer (Zeile 45)

Die Kirchensteuer ist entweder durch eine Steuerbescheinigung eines inl. Kreditinstituts belegt oder Teil der gesonderten und einheitlichen Feststellung, wird jedoch nicht i.R.d. abgeltenden Wirkung der KapESt berücksichtigt. Daher erfüllen diese Beträge auch die Voraussetzungen für den Abzug als Sonderausgabe (§ 10 Abs. 1 Nr. 4 EStG) und sind in Zeile 4 der Anlage Sonderausgaben einzutragen. 800

e) Nach der Zinsinformationsverordnung (ZIV) anzurechnende Quellensteuern

Ab dem VZ 2017 sind keine weiteren Erklärungen zu den nach der Zinsinformationsverordnung anzurechnenden Quellensteuern erforderlich, da zum 1.1.2017 die Aufhebung der Zinsrichtlinie erfolgte.[1] Die BRD sowie weitere Staaten haben sich darauf verständigt, durch gegenseitigen Informationsaustausch über Finanzkonten eine effektive Besteuerung sicherzustellen (Common Reporting Standard [CRS] sowie Gesetz zum automatischen Austausch von Informationen über Finanzkonten in Steuersachen [FKAustG]). Durch den Standard verpflichten sich die Vertragsparteien, die vereinbarten Daten von Finanzinstituten zu erheben und regelmäßig automatisch auszutauschen (→ Rz. 755). 801

11. Beschränkung der Anrechenbarkeit der Kapitalertragsteuer nach § 36a EStG und/oder § 31 Abs. 3 InvStG (Zeile 46)

Beschränkung der Anrechenbarkeit der Kapitalertragsteuer nach § 36a EStG und / oder § 31 Abs. 3 InvStG			
46	Ich habe Kapitalerträge erzielt, bei denen die Voraussetzungen für eine volle Anrechnung der Kapitalertragsteuer nach § 36a EStG und / oder § 31 Abs. 3 InvStG nicht erfüllt sind.	206/406	1 = Ja

Im Rahmen des InvStRefG[2] wurde eine gesetzliche Regelung zur Beschränkung der Anrechenbarkeit der KapESt (§ 36a EStG) eingefügt. Ab dem VZ 2021 wurde ein Verweis auf § 31 Abs. 3 InvStG ergänzend aufgenommen (Beteiligung an einem Spezialinvestmentfonds). 802

---

1) Dritte Verordnung zur Änderung steuerlicher Verordnungen v. 18.7.2016, BStBl I 2016, 725.
2) InvStRefG v. 19.7.2016, BGBl. I 2016, 1730.

Praxishinweis:

Zu erklären ist, ob die entsprechenden Voraussetzungen nach § 36a EStG erfüllt sind. Alle weiteren Berechnungen sind in einer gesonderten Aufstellung mit der ESt-Erklärung einzureichen. Die Korrekturen betreffen dabei lediglich die Anrechnung der KapESt und nicht den Solidaritätszuschlag (§ 1 Abs. 2 SolZG).[1] Zu den Anwendungsfragen vgl. BMF-Schreiben v. 3.4.2017[2] und v. 17.7.2017[3] sowie weitere Ergänzungen v. 20.2.2018[4] zur steuerlichen Behandlung von „Cum/Cum-Transaktionen". Die Regelungen des § 36a EStG ist bei natürlichen Personen mit Kapitaleinkünften im PV erzielen, nur in Ausnahmefällen anwendbar,[5] wenn

- i.R.d. Veranlagung (Wahlveranlagung oder Günstigerprüfung) eine Anrechnung der KapESt begehrt wird oder
- vom Steuerabzug Abstand genommen oder der Steuerabzug erstattet wurde.

Auch in diesen Ausnahmefällen ist regelmäßig von einer Anwendung des § 36a EStG abzusehen, da die eingeschränkte Verrechenbarkeit von Aktienveräußerungsverlusten nach § 20 Abs. 6 Satz 4 EStG und der Ausschluss des Ansatzes der tatsächlichen WK nach § 20 Abs. 9 Satz 1 Halbsatz 2 EStG eine Beteiligung an Gestaltungen zur Umgehung der Dividendenbesteuerung weitestgehend ausschließen.

Die Regelung des § 36a EStG erweitert die in § 36 Abs. 2 Nr. 2 EStG geregelten Voraussetzungen für eine Anrechnung der KapESt.[6] Diese erweiterten Voraussetzungen gelten – ungeachtet eines Abkommens zur Vermeidung der Doppelbesteuerung[7] – für Einkünfte i.S.d. § 43 Abs. 1 Nr. 1a EStG (Dividenden aus im Inland girosammelverwahrten Aktien und Genussrechten) sowie für Dividenden aus Aktien und Genussrechten inl. Emittenten, die im Ausland girosammelverwahrt werden. Die Vorschrift soll sicherstellen, dass die Besteuerung von Dividenden nicht mittels sog. Cum/Cum-Geschäfte umgangen werden kann.

Praxishinweis:

Die Vorschrift betrifft nicht alleine die sog. Cum/Cum-Geschäfte, auch wenn in der Gesetzesbegründung[8] auf diese Sachverhalte Bezug genommen wird, sondern betrifft jede stpfl. Person, die die Voraussetzungen erfüllt.

Für die Anrechnung der KapESt muss die stpfl. Person hinsichtlich der diesen Kapitalerträgen zu Grunde liegenden Anteile oder Genussscheine während eines Mindesthaltezeitraumes von 45 Tagen wirtschaftlicher Eigentümer sein. Das wirtschaftliche Eigentum muss ununterbrochen bestanden haben. Zudem muss die stpfl. Person ohne Unterbrechung ein bestimmtes Mindestwertänderungsrisiko (§ 36a Abs. 3 EStG → Rz. 803) getragen haben. Verbleibt das wirtschaftliche Risiko durch andere Rechtsgeschäfte (z.B. Optionen oder Future-Kontrakte) beim früheren Eigentümer oder wird das wirtschaftliche Risiko an Dritte weitergereicht, ist die Anrechnung steuerlich nicht gerechtfertigt.

Die Anrechnungsvoraussetzungen sind nicht erfüllt, wenn die stpfl. Person auf Grund von Rechtsgeschäften verpflichtet ist, den Vorteil aus den übertragenen Papieren an andere Personen weiterzureichen. Dies ist der Fall, wenn sie die erhaltenen Kapitalerträge ganz oder überwiegend (zu mehr als 50 %) direkt in Form von Ausgleichszahlungen oder Leihgebühren weiterreicht. In gleicher Weise erfasst ist auch die indirekte Weitergabe, wenn der Vorteil (z.B. im Rückkaufpreis oder in Derivaten) eingepreist wird. Gleiches würde bei einem gesonderten Ausgleich der Dividende zwischen den Vertragspartnern z.B. durch Swaps, Repo-(Buy-and-Sell-Back)Geschäfte und Sachdarlehen gelten. Ebenso schädlich ist der Abschluss von auf die betreffenden Anteile gerichteten Derivaten wie bspw. Aktienoptionen oder Futures.

Fehlen die Voraussetzungen, dann sind drei Fünftel der KapESt (15 % der Kapitalerträge) nicht anrechenbar. Dagegen bleiben zwei Fünftel des Steuerabzugs (10 % der Kapitalerträge) weiterhin anrechenbar. Diese Regelung soll Nachteile inl. Finanzmarktakteure ggü. Steuerausländern vermeiden, bei denen die DBA in der Regel einen Quellensteuerhöchstsatz von 15 % vorsehen. Die tatsächlich nicht angerechnete KapESt ist auf Antrag bei der Ermittlung der Einkünfte abzuziehen (§ 36a Abs. 1 Satz 3 EStG).

Beispiel:

Wurde auf eine Brutto-Dividende von 100 € KapESt i.H.v. 25 € erhoben und auf Grund § 36a EStG ein Betrag von 15 € tatsächlich nicht angerechnet, dann hat die stpfl. Person nur die nach Abzug der nicht anrechenbaren KapESt verbleibenden Dividendeneinkünfte i.H.v. 85 € zu versteuern.

Bei stpfl. Personen, die die Aktien und Genussrechte im PV halten, mindert sich auf Antrag die Höhe der zu versteuernden Kapitaleinkünfte. Die Minderung der Einkünfte fällt nicht unter das WK-Abzugsverbot (§ 20 Abs. 9 Satz 1 EStG).

Praxishinweis:

Der Antrag ist beim FA gesondert zu stellen, da hierfür auf der Anlage KAP kein gesondertes Erklärungsfeld vorhanden ist.

803 § 36a Abs. 3 EStG konkretisiert das von der stpfl. Person für eine Anrechnung zu tragende Wertänderungsrisiko. Danach muss die stpfl. Person ein Mindestwertänderungsrisiko i.H.v. 70 % innerhalb des Mindesthaltezeitraums tragen. Schädlich sind nicht nur Kurssicherungs- oder Termingeschäfte der stpfl. Person selbst, sondern auch

1) I.d.F.d. InvStRefG v. 19.7.2016, BStBl I 2016, 731.
2) BMF v. 3.4.2017, IV C 1 – S 2299/16/10002, BStBl I 2017, 726.
3) BMF v. 9.7.2021, IV C 1 – S 2252/19/10035 :014, BStBl I 2021, 995.
4) BMF v. 20.2.2018, IV C 1 – S 2299/16/10002, BStBl I 2018, 308.
5) BMF v. 3.4.2017, IV C 1 – S 2299/16/10002, BStBl I 2017, 726, Rz. 131.
6) Vgl. BT-Drucks. v. 8.6.2016, 18/8739.
7) Änderung durch das Wachstumschancengesetz v. 27.3.2024, BGBl. I 2024 Nr. 108 = BStBl I 2024, 666.
8) BT-Drucks. v. 8.6.2016, 18/8739, 117.

solche über eine nahestehende Person. Dies verhindert Umgehungsgestaltungen insbesondere bei verbundenen Unternehmen und Konzernstrukturen. Schädlich sind zudem sowohl die unmittelbare als auch die mittelbare Absicherung des Risikos. Eine unmittelbare Absicherung, bei der ein einzelnes Papier durch ein konkret zuzuordnendes Geschäft abgesichert ist, ist in der Praxis unüblich. Im Regelfall werden Risikopositionen im Rahmen einer dynamischen Absicherung fortlaufend auf Portfolioebene über einen bestimmten Zeitraum beurteilt und abhängig vom Zu- oder Abgang bestimmter Risikopositionen abgesichert (Macro-Hedging). In diesem Fall liegt eine mittelbare Absicherung vor, die eine Anrechnung aber ebenfalls ausschließt. Kurssicherungsgeschäfte über Wert- oder Preisindizes gelten gleichermaßen als mittelbare Absicherung.

§ 36a Abs. 4 Satz 1 EStG regelt die Anzeige-, Anmelde- und Zahlungspflicht. Zudem wurde i.R.d. sog. JStG 2019[1)] klargestellt, dass es sich um eine Steueranmeldung handelt. Damit steht sie einer Steuerfestsetzung unter Vorbehalt der Nachprüfung gleich. Als amtlicher Vordruck ist weiterhin die KapESt-Anmeldung zu verwenden. Die Nachentrichtung ist auf 15 % des Kapitalertrags begrenzt.

12. Kürzungsbetrag bei Beteiligung an ausländischer Gesellschaft nach § 11 AStG (Zeilen 47–48)

Zeile	Kürzungsbetrag bei Beteiligung an ausländischer Gesellschaft nach § 11 AStG		EUR
47	Kürzungsbetrag zu Erträgen, die dem gesonderten Steuertarif nach § 32d Abs. 1 EStG unterliegen	666/866	,—
48	Kürzungsbetrag zu Erträgen, die der tariflichen Einkommensteuer unterliegen	667/867	,—

Ausschüttungen aus einer Beteiligung an einer Zwischengesellschaft, Gewinne aus der Veräußerung von Anteilen an der Zwischengesellschaft sowie die Einlagenrückgewähr unterliegen ab dem 1.1.2022 dem Abgeltungsteuersatz (Zeile 47) oder dem Teileinkünfteverfahren (Zeile 48). Darüber hinaus ist ggf. ein Kürzungsbetrag i.S.d. § 11 Abs. 2 AStG bei der Summe der Einkünfte oder i.R.d. Berechnung der Abgeltungsteuer bei der Ermittlung der Summe der Kapitalerträge abziehbar. **804**

§ 11 Abs. 1 AStG bestimmt die Voraussetzungen, unter denen ein Kürzungsbetrag zu berücksichtigen ist. Die stpfl. Person muss eine Gewinnausschüttung von einer ausl. Gesellschaft erhalten, für die ihr in den Vorjahren oder im gleichen Jahr Hinzurechnungsbeträge zugerechnet worden sind.

Zur Vermeidung der Doppelbesteuerung erhalten unbeschränkt stpfl. Anteilseigner eines Investmentfonds die Möglichkeit, den auf sie entfallenden Hinzurechnungsbetrag um ihre damit korrespondierenden investmentsteuerpfl. Erträge zu mindern (§ 10 Abs. 6 AStG). Schüttet der Investmentfonds zu einem späteren Zeitpunkt tatsächlich Erträge aus, wird die Doppelbesteuerung durch Abzug eines Kürzungsbetrags aus dem Hinzurechnungskorrekturvolumens vermieden (§ 11 Abs. 1 AStG).

Beispiel:
Die stpfl. Person investiert als einziger Anleger 1 000 € in den Investmentfonds. Der Investmentfonds erzielt im VZ 01 Einkünfte i.H.v. 100 €, die der Hinzurechnungsbesteuerung unterliegen. Bevor es zu einer Ausschüttung oder zu einem Ansatz der Vorabpauschale kommt, veräußert die stpfl. Person ihren Anteil am Investmentfonds für 1 100 € und erzielt einen stpfl. Veräußerungsgewinn (§ 20 Abs. 1 Nr. 3 EStG i.V.m. § 16 Abs. 1 Nr. 3 InvStG) i.H.v. 100 €. Die stpfl. Person kann einen Kürzungsbetrag i.H.v. 100 € geltend machen (§ 11 Abs. 4 AStG).

13. Familienstiftungen nach § 15 AStG (Zeilen 49–54)

Zeile	Familienstiftungen nach § 15 AStG (laut Feststellung)		EUR	Ct
49	Bezeichnung			
50	Finanzamt			
51	Steuernummer			
52	Einkünfte einer ausländischen Familienstiftung, die **nicht** der tariflichen Einkommensteuer unterliegen	238/438	,—	
53	Anzurechnende ausländische Steuern (zu Zeile 52)	208/408	,	
54	Einkünfte einer ausländischen Familienstiftung, die der tariflichen Einkommensteuer unterliegen (siehe Zeile 28 der **Anlage AUS**)	278/478	,—	

1) Gesetz zur weiteren steuerlichen Förderung der Elektromobilität und zur Änderung weiterer steuerlicher Vorschriften v. 12.12.2019, BGBl. I 2019, 2451 = BStBl I 2020, 17.

805 Zu erklären sind Einkünfte aus einer ausl. Familienstiftung i.S.d. § 15 AStG, die der stpfl. Person zuzurechnen sind (§ 21 Abs. 21 Satz 3 AStG) sowie die anzurechnenden ausl. Steuern (§ 12 Abs. 1 AStG) lt. Feststellung, die bei der Ermittlung der Einkünfte der Stiftung nicht abgezogen werden (§ 15 Abs. 7 AStG). Die Einkünfte einer ausl. Familienstiftung sind Einkünfte aus Kapitalvermögen (§ 20 Abs. 1 Nr. 9 EStG), wenn diese nicht zu den Einkünften i.S.d. § 20 Abs. 8 EStG gehören (§ 15 Abs. 8 AStG). Dabei sind in der **Zeile 52** die Einkünfte zu erklären, die nicht der tariflichen ESt, sondern der abgeltenden Besteuerung (§ 32d Abs. 1 EStG) unterliegen (§ 15 Abs. 8 AStG). Die hierauf entfallenden anzurechnenden ausl. Steuern lt. Feststellung sind in **Zeile 53** zu erklären. Einkünfte aus Kapitalvermögen, die der tariflichen ESt (Ausnahmetatbestände des § 32d Abs. 2 EStG und Tatbestände der Günstigerprüfung [§ 32d Abs. 6 EStG]) unterliegen, sind gesondert in **Zeile 54** anzugeben.

14. Steuerstundungsmodelle (Zeile 55)

Steuerstundungsmodelle

Einkünfte aus Gesellschaften / Gemeinschaften / ähnlichen Modellen i. S. d. § 15b EStG (laut gesonderter Aufstellung)

	EUR
55	,—

806 Im Zusammenhang mit der Verlustberücksichtigung ist auch die Verlustverrechnungsbeschränkung des § 15b EStG zu beachten (§ 20 Abs. 7 EStG). Auf Grund der besonderen Regelungen der Abgeltungsteuer ist jedoch nicht klar, inwieweit Einkünfte aus Kapitalvermögen zu berücksichtigen sind.[1] Durch das JStG 2007[2] wurden die Regelungen des § 15b EStG – über die Verluste von typisch stillen Gesellschaftern an einem Handelsgewerbe hinaus (§ 20 Abs. 1 Nr. 4 Satz 2 EStG a.F.) – auf sämtliche Einkünfte aus Kapitalvermögen ausgedehnt, da Umgehungstatbestände insb. bei Kapitallebensversicherungen und sonstigen Kapitalforderungen jeder Art (§ 20 Abs. 1 Nr. 7 EStG) entwickelt worden waren (§ 20 Abs. 2b Satz 1 EStG a.F.). Gleichzeitig sollte bereits Steuerstundungsgestaltungen entgegengetreten werden, die aus einer Kombination von Verlusten vor Einführung einer Abgeltungsteuer und positiven Erträgen nach Einführung einer Abgeltungsteuer bestehen (§ 20 Abs. 2b Satz 2 EStG a.F.). In jedem Fall ist zu prüfen, ob ein vorgefertigtes Konzept – als Voraussetzung für die Anwendung des § 15b EStG – vorliegt.[3] Ein vorgefertigtes Konzept i.S.d. § 15b Abs. 2 Satz 2 EStG liegt auch vor, wenn die positiven Einkünfte nicht der tariflichen ESt unterliegen (§ 20 Abs. 2b Satz 2 EStG). Probleme kommen auf, wenn das Wertpapier kreditfinanziert angeschafft wird. Die Ausführungen zu Zeile 46 der Anlage G (→ Rz. 534) gelten entsprechend. Erzielt eine stpfl. Person negative Einkünfte aus Kapitalvermögen durch die Beteiligung an einer Gesellschaft im Wege einer sog. Einzelinvestition, erfordert das Ausnutzen einer modellhaften Gestaltung zur Verlusterzielung auf Grund eines vorgefertigten Konzepts, dass er sich bei der Entwicklung der Geschäftsidee, der Vertragsgestaltung und der Vertragsumsetzung wie ein passiver Kapitalanleger verhält.[4]

Negative Zwischengewinne stellen grds. keine Verluste i.S.d. § 15b Abs. 1 EStG dar.[5]

Vorrangig ist das Vorliegen der Einkünfteerzielungsabsicht zu prüfen.[6] Wird die Einkünfteerzielungsabsicht aus diesem Grund verneint, werden die Einkünfte nicht von § 15b EStG erfasst, selbst wenn es sich bei der Einkunftsquelle um ein Steuerstundungsmodell i.S.d. § 15b EStG handelt. Diese Auffassung wurde bereits bei Anwendung des § 2b EStG vertreten. Die Regeln der Verlustverrechnungsbeschränkung sind nicht anwendbar im Zusammenhang mit der Zahlung von Stückzinsen (bei festverzinslichen Wertpapieren) und Zwischengewinnen (bei Investmentfondsanteilen).[7] Zu weiteren Anwendungsfragen vgl. Vfg. der OFD Rheinland v. 13.7.2010.[8]

1) Gragert, NWB 31/2010, 2450.
2) JStG 2007 v. 13.12.2006, BStBl I 2007, 28.
3) BMF v. 17.7.2007, IV B 2 – S 2241-b/07/0001, BStBl I 2007, 542.
4) BFH v. 16.3.2023, VIII R 10/19, BStBl II 2023, 817.
5) BFH v. 7.5.2019, VIII R 29/15, BStBl II 2019, 751.
6) BMF v. 17.7.2007, IV B 2 – S 2241-b/07/0001, BStBl I 2007, 542, Rz. 2.
7) OFD Magdeburg v. 13.6.2008, S 2252 – 104 – St 214 V, DStR 2008, 1833.
8) OFD Rheinland v. 13.7.2010, S 2252 – 1045 – St 222, DStR 2010, 1625.

XII. Anlage KAP-BET – Einkünfte aus Kapitalvermögen/Anrechnung von Steuern – lt. gesonderter und einheitlicher Feststellung (Beteiligungen)

1. Allgemeines (Zeilen 1–3)

2025

Anlage KAP-BET

1 Name

2 Vorname

3 **Steuernummer**

X zur Einkommensteuererklärung

X zur Erklärung zur Festsetzung der Kirchensteuer auf Kapitalerträge

X Steuerpflichtige Person / Ehemann / Person A

X Ehefrau / Person B

Einkünfte aus Kapitalvermögen / Anrechnung von Steuern
laut gesonderter und einheitlicher Feststellung (Beteiligungen)

Zu erklären sind grds. die Beträge, die auch auf der Anlage FE-KAP angegeben worden sind. Im Zusammenhang **807**
mit der Erklärung von Erträgen aus Investmentfonds hat das zur Folge, dass die Erträge nach Berücksichtigung einer Teilfreistellung (§ 20 InvStG) zu erklären sind und damit bei der Inlandsverwahrung den Werten der inl. Steuerbescheinigung entsprechen.

In der Anlage KAP-BET sind die Kapitaleinkünfte und Steuerabzugsbeträge sowie anrechenbare Steuern aus Beteiligungen zu erklären, die im Rahmen einer gesonderten und einheitlichen Feststellung festgestellt werden.

Praxishinweis:
Kapitaleinkünfte gem. § 20 Abs. 2 EStG, die nach Anschaffung einer Kapitalanlage durch eine vermögensverwaltende GbR auf Grund einer Anteilsveräußerung durch einen Gesellschafter gem. § 20 Abs. 2 Satz 3 EStG entstehen, werden nicht gem. §§ 179 Abs. 1, 180 Abs. 1 Satz 1 Nr. 2 Buchst. a AO gemeinschaftlich erzielt. Kapitaleinkünfte, die auf Grund einer Anteilsveräußerung gem. § 20 Abs. 2 Satz 3 EStG entstehen und keinem abgeltenden Kapitalertragsteuerabzug (§ 43 Abs. 5 Satz 1 EStG) unterliegen, sind vom Gesellschafter zu erklären (§ 32d Abs. 3 Satz 1 EStG); über das Vorliegen und die Höhe dieser Einkünfte ist abschließend i.R.d. Veranlagung zu entscheiden.[1)]

1) BFH v. 20.11.2018, VIII R 39/15, BStBl II 2019, 239.

2. Erträge (Zeilen 4–28)

Erträge 54

1. Beteiligung

4 Gemeinschaft / Gesellschaft

5 Finanzamt | Steuernummer

2. Beteiligung

6 Gemeinschaft / Gesellschaft

7 Finanzamt | Steuernummer

Erträge mit inländischem Steuerabzug

Zeile		Kennzahl	EUR
8	Kapitalerträge	240/440	,—
9	In Zeile 8 enthaltene Gewinne aus Aktienveräußerungen	242/442	,—
10	In Zeile 8 enthaltene Einkünfte aus Stillhalterprämien und Gewinne aus Termingeschäften	641/841	,—
11	In Zeile 8 enthaltene Gewinne aus der Veräußerung bestandsgeschützter Alt-Anteile i. S. d. § 56 Abs. 6 Satz 1 Nr. 2 InvStG	249/449	,—
12	Nicht ausgeglichene Verluste **ohne** Verluste aus der Veräußerung von Aktien	245/445	,—
13	Nicht ausgeglichene Verluste aus der Veräußerung von Aktien	246/446	,—
14	Verluste aus Termingeschäften	645/845	,—
15	Verluste aus der ganzen oder teilweisen Uneinbringlichkeit einer Kapitalforderung, Ausbuchung, Übertragung wertlos gewordener Wirtschaftsgüter i. S. d. § 20 Abs. 1 EStG oder aus einem sonstigen Ausfall von Wirtschaftsgütern i. S. d. § 20 Abs. 1 EStG	646/846	,—

Erträge ohne inländischen Steuerabzug

Zeile		Kennzahl	EUR
16	Kapitalerträge (ohne Beträge laut den Zeilen 21 und 22 der Anlage KAP-BET sowie ohne Beträge der Zeile 52 der **Anlage KAP**)	250/450	,—
17	In Zeile 16 enthaltene Gewinne aus Aktienveräußerungen	252/452	,—
18	In Zeile 16 enthaltene Gewinne aus der Veräußerung bestandsgeschützter Alt-Anteile i. S. d. § 56 Abs. 6 Satz 1 Nr. 2 InvStG	259/459	,—
19	In Zeile 16 enthaltene Verluste **ohne** Verluste aus der Veräußerung von Aktien	255/455	,—
20	In Zeile 16 enthaltene Verluste aus der Veräußerung von Aktien	256/456	,—
21	Prozess- und Verzugszinsen	257/457	,—
22	Gewinn / Verlust aus der Veräußerung anteiliger Wirtschaftsgüter und / oder aus der Veräußerung einer unmittelbaren oder mittelbaren Beteiligung an einer Personengesellschaft	261/461	,—
23	In Zeile 22 enthaltene Gewinne / Verluste aus Aktienveräußerungen	262/462	,—
24	In Zeile 22 enthaltene Gewinne aus der Veräußerung bestandsgeschützter Alt-Anteile i. S. d. § 56 Abs. 6 Satz 1 Nr. 2 InvStG	263/463	,—

2025AnlKAP-BET351 - September 2025 - **2025AnlKAP-BET351**

- 2 -

Erträge, die der tariflichen Einkommensteuer unterliegen

Zeile		Kennzahl	EUR
25	Laufende Einkünfte aus sonstigen Kapitalforderungen jeder Art, aus stiller Gesellschaft und partiarischen Darlehen (ohne Betrag laut Zeile 54 der **Anlage KAP**)	273/473	,—
26	Gewinne aus der Veräußerung oder Einlösung von Kapitalanlagen aus sonstigen Kapitalforderungen jeder Art, aus stiller Gesellschaft und partiarischen Darlehen	274/474	,—
27	Kapitalerträge aus Lebensversicherungen i. S. d. § 20 Abs. 1 Nr. 6 Satz 2 EStG	269/469	,—
28	– Bezüge und Einnahmen i. S. d. § 32d Abs. 2 Nr. 4 EStG (ohne Betrag laut Zeile 54 der **Anlage KAP**) **– Korrespondenzprinzip –** – Kapitalerträge nach § 11 StAbwG	266/466	,—

In den Zeilen 4–28 sind die jeweiligen (Netto-)Erträge (nach Anwendung des Teilfreistellungsverfahrens → ab Rz. 819 [§ 20 InvStG]) aus einer gesonderten und einheitlichen Feststellung (Beteiligungen) zu erklären. Im Rahmen eines Feststellungverfahrens (§ 180 Abs. 1 Nr. 2 Buchst. a AO) werden alle Kapitalerträge an das Wohnsitz-FA weitergegeben, unabhängig davon, welche Wahlrechte die stpfl. Person i.R.d. ESt-Erklärung ausübt. **808**

Praxishinweis:
Bei Eintragungen auf der Anlage KAP-BET in den Zeilen 8–24, 27 und 28 sind auch Angaben zum Sparer-Pauschbetrag in den Zeilen 16 oder 17 der Anlage KAP erforderlich.

Sind mehrere Personen an Einkünften aus Kapitalvermögen beteiligt, z.B. aus einer Erben- oder anderen Bruchteilsgemeinschaft, so sind diese Einkünfte regelmäßig gesondert und einheitlich, d.h. mit Wirkung für und gegen alle beteiligten Personen festzustellen (§§ 179 ff. AO). In dem gesonderten und einheitlichen Feststellungsbescheid werden die Einkünfte entsprechend ihrer Beteiligungsquote zugerechnet. Die auf Grund der gesonderten und einheitlichen Feststellung ergangenen Grundlagenbescheide sind bindend für die Folgebescheide (§ 182 Abs. 1 Satz 1 AO).

Der Feststellungsbescheid entfaltet sowohl hinsichtlich der Frage der Inanspruchnahme der Veranlagungsoption als auch der Frage der Qualifizierung der Einkunftsart **keine Bindungswirkung** für den Steuerbescheid.[1] Daraus lässt sich herleiten, dass mit Ausnahme der Veranlagungsoption zur unternehmerischen Beteiligung (§ 32d Abs. 2 Nr. 3 EStG) und die Qualifizierung der Einkunftsart nachfolgende Konsequenzen durch den Feststellungsbescheid zu ziehen sind:

- Kapitalerträge, die dem inl. Steuerabzug unterlegen haben, werden abgeltend besteuert (§§ 32d Abs. 1, 43 Abs. 5 EStG) und sind grds. nicht in dem Folgebescheid zu erfassen.
- Kapitalerträge, die keinem inl. Steuerabzug unterlegen haben (z.B. ausl. Kapitalerträge), sind mit dem Abgeltungsteuersatz von 25 % (§ 32d Abs. 1 EStG) zu versteuern und unterliegen im Folgebescheid (ESt-Bescheid) der endgültigen Besteuerung (§ 32d Abs. 3 EStG).
- Kapitalerträge, die der tariflichen ESt unterliegen (§ 32d Abs. 2 Nr. 1 EStG), sind bei Erlass des Folgebescheids der Besteuerung zu unterwerfen.
- Der Antrag auf Günstigerprüfung (§ 32d Abs. 6 EStG) kann innerhalb der Festsetzungsverjährung (unter Berücksichtigung der Korrekturvorschriften der AO) ausschließlich i.R.d. ESt-Festsetzung gestellt werden.

Die festgestellten Verluste (z.B. auf Grund der erteilten Verlustbescheinigung) sind der ESt-Veranlagung des Gesellschafters zu Grunde zu legen.

Entsprechend ist in den Zeilen 8–28 der jeweilige Anteil an den gemeinschaftlichen in- und ausl. Kapitaleinnahmen einzutragen. Anrechenbare Steuern sind – je nach Sachverhaltsgestaltung – in den dafür vorgesehen Zeilen 29–34 (im Zusammenhang mit der abgeltenden Wirkung der KapESt [Abgeltungsteuer, § 32d Abs. 1 EStG]) oder in den Zeilen 35–37 (bei Anwendung des tariflichen Steuertarifs) einzutragen.

Der Feststellungsbescheid beinhaltet hinsichtlich der Qualifizierung der Einkunftsart keine Bindungswirkung.[2] **809**
Die verbindliche Entscheidung über die Einkünfte eines betrieblich an einer vermögensverwaltenden Gesellschaft beteiligten Gesellschafters (Anteile im Betriebsvermögen einer natürlichen Person oder Beteiligung durch eine Körperschaft) ist sowohl ihrer Art als auch ihrer Höhe nach durch das für die persönliche Besteuerung eines Gesellschafters zuständige FA zu treffen.[3] Hinsichtlich der Art der Einkünfte wäre anhand geeigneter Unterlagen zu erläutern, dass der Anteil der vermögensverwaltenden Gesellschaft nicht im Privat-, sondern im Betriebsvermögen gehalten wird. Die Art der Einkünfte kann sich jedoch bereits auch aus der Eigenschaft des Gesellschafters selbst (z.B. Gesellschafter ist eine GmbH) ergeben.

a) Beteiligungen (Zeilen 4–7)

Zu erklären sind zur eindeutigen Identifizierung der Beteiligung die erforderlichen Grundangaben zuständiges FA **810**
der Gemeinschaft/Gesellschaft, Steuernummer).

b) Erträge mit inländischem Steuerabzug (Zeilen 8–15)

Zu erklären sind die Erträge mit inl. Steuerabzug (Ausführungen zu den Zeilen 7–15 der Anlage KAP vgl. ab **811**
→ Rz. 690 gelten entsprechend). Ergänzende Angaben sind zum Sparer-Pauschbetrag auf der Anlage KAP (Zeilen 16 und/oder 17) erforderlich.

Der Antrag nach § 32d Abs. 2 Nr. 3 EStG (unternehmerische Beteiligung, Anwendung der tariflichen ESt) kann lediglich in der ESt-Erklärung gestellt werden und nicht bereits i.R.d. einheitlichen und gesonderten Feststellungserklärung. Wird der Antrag gestellt, sind die entsprechenden Erträge in den Zeilen 31–32b (ggf. der Widerruf in den Zeilen 32c–32f) der Anlage KAP (→ Rz. 783) zu erklären und nicht in Zeile 8 dieser Anlage.

1) BMF v. 14.5.2025, IV C 1 – S 2252/00075/016/070, BStBl I 2025, 1330, Rz. 72.
2) BMF v. 14.5.2025, IV C 1 – S 2252/00075/016/070, BStBl I 2025, 1330, Rz. 72.
3) BFH v. 11.4.2005, GrS 2/02, BStBl II 2005, 679.

Ab dem VZ 2019 ist zudem erforderlich, dass auf der **Anlage Sonstiges** (Zeile 20) eine Angabe erfolgt, soweit ein verbleibender Freibetrag zum 31.12.2024 festgestellt worden ist. Ab dem VZ 2020 ist die Zeile 15 hinsichtlich der Frage der Verlustberücksichtigung (§ 20 Abs. 6 Satz 6 EStG) ergänzt worden. Vgl. hierzu die Ausführungen zur Anlage KAP (Zeile 15 → Rz. 753). Ab dem VZ 2021 wurden zusätzlich die Zeilen 10 und 14 ergänzt (§ 20 Abs. 6 Satz 5 EStG); vgl. Ausführungen zur Zeile 14 der Anlage KAP (→ Rz. 752).

Für Kapitalerträge, für die die ermäßigte Besteuerung (§ 34 Abs. 1 EStG) anzuwenden ist, besteht keine gesonderte Erklärungszeile (anders als bei der Anlage KAP [Zeilen 35 und 36]). Insoweit ist ein gesonderter Antrag erforderlich (Hauptvordruck ESt 1 A, Zeile 37, ergänzende Angaben zur Steuererklärung).

c) Erträge ohne inländischen Steuerabzug (Zeilen 16–24)

812 Zu erklären sind die Kapitalerträge, die bisher nicht dem inl. Steuerabzug durch die die Erträge auszahlende Stelle (§ 43a EStG) unterlegen haben (Ausführungen zu den Zeilen 18–26a der Anlage KAP vgl. → Rz. 755 gelten entsprechend). Weitere Angaben sind zum Sparer-Pauschbetrag auf der Anlage KAP (Zeile 16 und/oder 17 vgl. → Rz. 754) erforderlich.

> **Hinweis zur Plausibilitätsbeurteilung:**
> Die bisherigen Zeilen 18, 22, 23, 27, 29 und 30 zur besonderen Verlustverrechnung wurden auf Grund der Änderungen durch das JStG 2024[1] entfernt; vgl. Anlage KAP (→ Rz. 752).

Ab dem VZ 2024 wurde der Erklärungstatbestand zu Prozess- und Verzugszinsen ergänzt (vgl. Zeile 26a der Anlage KAP).

> **Praxishinweis:**
> Der Antrag nach § 32d Abs. 2 Nr. 3 EStG (unternehmerische Beteiligung, Anwendung der tariflichen ESt) kann lediglich in der ESt-Erklärung gestellt werden und nicht bereits im Rahmen der einheitlichen und gesonderten Feststellungserklärung. Wird der Antrag gestellt, sind die entsprechenden Erträge in den Zeilen 31 und 32 der Anlage KAP (→ Rz. 783) zu erklären und nicht in der Anlage-KAP-BET.

Die Anschaffung oder Veräußerung einer unmittelbaren oder mittelbaren Beteiligung an einer vermögensverwaltenden Personengesellschaft gilt als Anschaffung oder Veräußerung der anteiligen WG (§ 20 Abs. 2 Satz 3 EStG **[Zeile 25]**).[2] **Tritt ein Gesellschafter der Personengesellschaft bei**, erwirbt er durch seine Einlage oder den Erwerb des Gesellschafteranteils eine Beteiligung an der Personengesellschaft. Der Erwerb der Beteiligung gilt zugleich als Anschaffung der von der Gesellschaft gehaltenen WG anteilig nach der Beteiligungsquote. Als AK der erworbenen WG gilt der Anteil der Einlage oder des Kaufpreises, der nach dem Verhältnis der Verkehrswerte der erworbenen WG zueinander auf das entsprechende WG entfällt. Durch den Neueintritt eines Gesellschafters veräußern zugleich die Altgesellschafter einen Anteil der WG an den neuen Gesellschafter. Als Gewinn aus der Veräußerung der einzelnen WG ist der dem Altgesellschafter zuzurechnende Anteil der Einlage oder des Verkaufspreises, der nach dem Verhältnis der Verkehrswerte der veräußerten WG zueinander auf das entsprechende WG entfällt, abzüglich des Anteils der Anschaffungskosten der an den Neugesellschafter veräußerten Wirtschaftsgüter, anzusetzen. **Verlässt ein Gesellschafter die Personengesellschaft** und lässt er sich den gegenwärtigen Wert der ihm anteilig zustehenden Wertpapiere auszahlen, liegt eine Veräußerung der Beteiligung an der Personengesellschaft vor. Die Veräußerung wird als Veräußerung der anteiligen Wertpapiere eingestuft. Gehören hierzu Wertpapiere i.S.d. § 23 EStG a.F., die vor dem 1.1.2009 erworben wurden, und war der Gesellschafter zu diesem Zeitpunkt bereits an der Gesellschaft beteiligt, findet § 20 Abs. 2 Satz 3 EStG keine Anwendung. Ein Kapitalertragsteuerabzug ist hinsichtlich dieses Veräußerungsvorgangs nicht durchzuführen. Der austretende Gesellschafter hat die Veräußerung in seiner ESt-Erklärung anzugeben (§ 32d Abs. 3 EStG).

Die **Anschaffung/Veräußerung einer unmittelbaren/mittelbaren Beteiligung** an einer Personengesellschaft gilt als Anschaffung oder Veräußerung der anteiligen WG (§ 20 Abs. 2 Satz 3 EStG). Im Rahmen der Veräußerung bestandsgeschützter Alt-Anteile haben diese Vorgänge Einfluss auf die zu gewährenden Freibeträge (§ 56 Abs. 6 Satz 1 Nr. 2 InvStG).

d) Erträge, die der tariflichen Einkommensteuer unterliegen (Zeilen 25–28)

813 Zu erklären sind die Kapitalerträge, die der tariflichen ESt (§ 32d Abs. 2 EStG) unterliegen (vgl. Ausführungen zu den Zeilen 27–34 der Anlage KAP vgl. → Rz. 768). Soweit eine Eintragung in den **Zeilen 8–24, 27 und 28** vorgenommen wird, ist eine ergänzende Angabe zum Sparer-Pauschbetrag auf der Anlage KAP (Zeile 16, vgl. → Rz. 754) erforderlich, da für den Hinzurechnungsbetrag der Sparer-Pauschbetrag gewährt wird.

> **Praxishinweis:**
> Der Antrag nach § 32d Abs. 2 Nr. 3 EStG (unternehmerische Beteiligung, Anwendung der tariflichen ESt) kann lediglich in der ESt-Erklärung gestellt werden und nicht bereits i.R.d. einheitlichen und gesonderten Feststellungserklärung. Wird der Antrag gestellt, sind die entsprechenden Erträge in den Zeilen 31 und 32 der Anlage KAP (→ Rz. 783) zu erklären und nicht in den Zeilen 31–34 dieser Anlage.

---

1) Jahressteuergesetz 2024 (JStG 2024) v. 5.12.2024, BGBl. I 2024 Nr. 387 = BStBl I 2024, 1484.
2) BMF v. 14.5.2025, IV C 1 – S 2252/00075/016/070, BStBl I 2025, 1330, Rz. 72 ff.

3. Steuerabzugsbeträge zu Erträgen in den Zeilen 8–24 (Zeilen 29–34)

	Steuerabzugsbeträge zu Erträgen in den Zeilen 8 bis 24		EUR	Ct
29	Kapitalertragsteuer	290/490		,
30	Solidaritätszuschlag	291/491		,
31	Kirchensteuer zur Kapitalertragsteuer	292/492		,
32	Angerechnete ausländische Steuern	293/493		,
33	Anrechenbare noch nicht angerechnete ausländische Steuern	294/494		,
34	Fiktive ausländische Quellensteuern (nicht in den Zeilen 32 und / oder 33 enthalten)	295/495		,

Die in den Zeilen einzutragenden anrechenbaren Steuern betreffen die Einkünfte aus Kapitalvermögen und werden daher im Zusammenhang mit der abgeltenden Wirkung der KapESt berücksichtigt (vgl. Ausführungen zu den Zeilen 37–42 der Anlage KAP → Rz. 790). 814

4. Anzurechnende Steuern zu Erträgen in den Zeilen 25–28 sowie aus anderen Einkunftsarten (Zeilen 35–37)

	Anzurechnende Steuern zu Erträgen in den Zeilen 25 bis 28 sowie aus anderen Einkunftsarten		EUR	Ct
35	Kapitalertragsteuer	296/496		,
36	Solidaritätszuschlag	297/497		,
37	Kirchensteuer zur Kapitalertragsteuer	298/498		,

…

2025AnlKAP-BET352 2025AnlKAP-BET352

Die in den Zeilen einzutragenden anrechenbaren Steuern betreffen die Einkünfte, die mit der tariflichen ESt belastet sind (keine abgeltende Steuerbelastung mit 25 %) und werden daher im Zusammenhang mit der tariflichen Steuer (§ 32a EStG) berücksichtigt (vgl. Ausführungen zu den Zeilen 43–45 der Anlage KAP → Rz. 797). 815

XIII. Anlage KAP-INV – Investmenterträge, die nicht dem inländischen Steuerabzug unterlegen haben

1. Kurzüberblick

816 **Praxishinweis:**

Es besteht eine Mitteilungspflicht (§ 138 Abs. 2 und § 138b AO) für Erwerbe und Veräußerungen unmittelbarer Beteiligungen an ausl. Investmentfonds.[1]

Die Anlage KAP-INV wird seit dem VZ 2018 auf Grund der Neuregelungen durch das InvStRefG[2] aufgelegt. Zu erklären sind Investmenterträge, die bisher nicht dem inl. Steuerabzug durch die die Erträge auszahlende Stelle (§ 43a EStG) unterlegen haben, im Regelfall daher bei einer ausl. Depotverwahrung. Bei einer Depotverwahrung im Inland nehmen die auszahlenden Stellen einen abgeltenden KapESt-Abzug vor (§§ 43 ff. EStG); die Erträge sind in der inl. Steuerbescheinigung[3] enthalten. Die Teilfreistellung wird bei Inlandsverwahrung bereits auf Ebene der KapESt berücksichtigt, im Fall der Auslandsverwahrung ist eine Erklärung i.R.d. ESt-Veranlagung erforderlich.

Ehemalige **Kapital-Investitionsgesellschaften** (§§ 18-20 InvStG i.d. bis zum 31.12.2017 geltenden Fassung) sind seit dem 1.1.2018 Investmentfonds, aus denen seit dem 1.1.2018 Investmenterträge erzielt werden können. Seit dem 1.1.2018 entstehende Veräußerungsgewinne/-verluste sind auf der Anlage KAP-INV zu erklären. Gewinne/Verluste aus der fiktiven Veräußerung von nicht bestandsgeschützten Alt-Anteilen (§ 56 Abs. 2 i.V.m. § 56 Abs. 3 Satz 1 InvStG) an einer Kapital-Investitionsgesellschaft sind in die Zeile 18 und/oder 19 und ggf. in Zeile 20, 22 und/oder 23 der Anlage KAP einzutragen. Anteile an diesen Gesellschaften, die zum 1.1.2018 erstmals in den Anwendungsbereich des InvStG 2018 fallen (Alt-Anteile an Investmentfonds) gelten ebenfalls mit Ablauf des 31.12.2017 als veräußert und mit Beginn des 1.1.2018 als angeschafft (§ 56 Abs. 2 Satz 1 InvStG).

Gegebenenfalls zu berücksichtigende Steuerabzugsbeträge sind in den Zeilen 37–42 der Anlage KAP (→ Rz. 790 ff.) zu erklären.

Soweit die Erträge aus Investmentfonds bisher nicht dem inl. Steuerabzug unterlegen haben, besteht eine Pflicht zur Erklärung der jeweiligen Einkünfte (§ 32d Abs. 3 EStG).

Die bisherige, auf dem Transparenzprinzip beruhende Besteuerung von Investmenterträgen hat der Gesetzgeber mit dem InvStRefG[4] neu geregelt. Die Neuregelungen traten zum 1.1.2018 in Kraft. Durch die Reform wurde die Besteuerung von in- und ausl. Fonds grundlegend geändert; das bisherige Transparenzprinzip, nach dem die Fondserträge direkt beim Anleger steuerlich erfasst wurden, wurde von einem intransparenten Steuersystem abgelöst. Investmentfonds wurden selbst partiell körperschaftsteuerpflichtig. Das (bisherige) transparente Besteuerungssystem, nach dessen Kerngedanken die Erträge des Fonds direkt beim Anleger steuerlich erfasst wurden, ist nur noch **Spezial-Investmentanteilen** ([§ 20 Abs. 1 Nr. 3a EStG] Zeile 34 der Anlage KAP) vorbehalten. Vorrangiges Ziel des neuen InvStG ist die Sicherstellung der Europarechtskonformität. Bislang werden ausl. Fonds hinsichtlich deutscher Erträge steuerlich schlechter gestellt als deutsche Fonds. Zudem wollte der Gesetzgeber das Besteuerungssystem für die Anleger einfacher und verständlicher gestalten. Durch das Gesetz zur Vermeidung von Umsatzsteuerausfällen im Internethandel und zur Änderung weiterer steuerlicher Vorschriften[5] sind weitere Anpassungen vorgenommen worden.

Zu den stpfl. Kapitalerträgen des Privatanlegers (§ 16 InvStG) gehören:

- **Ausschüttungen (§ 2 Abs. 11 InvStG)**

  Als Ausschüttungen gelten alle der stpfl. Person gezahlten oder gutgeschriebenen Beträge, einschließlich des Steuerabzugs auf den Kapitalertrag. Die Zusammensetzung der Beträge ist unerheblich, so dass auch Substanzausschüttungen stpfl. sind. Die erhaltenen Ausschüttungen sind – wie bisher – zum Zeitpunkt des Zuflusses zu versteuern.

- **Vorabpauschalen (§ 18 InvStG) (→ Rz. 826)**

  Investmentfonds müssen ihre Erträge nicht an die Anleger ausschütten, sondern können diese stattdessen thesaurieren. Nach dem InvStG in der bis zum VZ 2017 geltenden Fassung wurden thesaurierte Erträge als sog. ausschüttungsgleiche Erträge besteuert. Mit der Investmentsteuerreform werden die ausschüttungsgleichen Erträge durch eine Vorabpauschale ersetzt. Im Rahmen der Vorabpauschale werden die thesaurierten Erträge des Fonds nicht in der tatsächlichen Höhe, sondern (aus Vereinfachungsgründen) pauschal ermittelt. Grundlage für die Ermittlung der Vorabpauschale ist der **Basisertrag**. Dieser soll den Mindestertrag des Fonds abbilden. Für die Berechnung des Basisertrags wird der Rücknahmepreis des Fonds zu Beginn des Kj. mit 70 % des **Basiszinssatzes** multipliziert (§ 18 Abs. 4 InvStG). Den maßgeblichen Basiszinssatz für jedes Kj. veröffentlicht das BMF. Die Vorabpauschale ergibt sich aus der Korrektur des Basisertrags um die tatsächlich erfolgten Ausschüttungen. Der Basisertrag darf nicht höher sein als die Wertsteigerung zwischen dem ersten und dem letzten Rücknahmepreis des Kj. zzgl. der Ausschüttungen. Dadurch soll eine Überbesteuerung vermieden werden. Die **Vorabpauschale gilt am ersten Werktag des Folgejahres als zugeflossen** (§ 18 Abs. 3 InvStG).

1) BMF v. 26.4.2022, IV B 5 – S 0301/19/10009 :001, BStBl I 2022, 576.
2) Gesetz zur Reform der Investmentbesteuerung (Investmentsteuerreformgesetz – InvStRefG) v. 19.7.2016, BStBl I 2016, 731.
3) BMF v. 23.5.2022, IV C 1 – S 2401/19/10001 :006, BStBl I 2022, 860; Anwendung für Erträge, die vor dem 1.1.2026 zufließen, BMF v. 16.5.2025, IV C 1 – S 2401/00008/014/051, BStBl I 2025, 1388, Rz. 71.
4) Gesetz zur Reform der Investmentbesteuerung (Investmentsteuerreformgesetz – InvStRefG) v. 19.7.2016, BStBl I 2016, 731.
5) Gesetz zur Vermeidung von Umsatzsteuerausfällen beim Handel mit Waren im Internet und zur Änderung weiterer steuerlicher Vorschriften v. 11.12.2018, BGBl. I 2018, 2338 = BStBl I 2018, 1377.

Im Erwerbsjahr vermindert sich die Vorabpauschale um ein Zwölftel für jeden vollen Monat, der dem Monat des Erwerbs vorangeht. Im Veräußerungsjahr kommt es zu keinem (teilweisen) steuerlichen Ansatz der Vorabpauschale.

Die Vorabpauschale ermittelt sich wie folgt:

1		Rücknahmepreis zu Beginn des Kj.
2	×	Basiszins (§ 18 Abs. 4 InvStG)
3	×	0,7 (= pauschaler Abschlag für Werbungskosten i.H.v. 30 %)
4	=	Basisertrag (§ 18 Abs. 1 Satz 2 InvStG)
5		Begrenzung (§ 18 Abs. 1 Satz 2 InvStG) erster Rücknahmepreis im Kj. ./. letzter Rücknahmepreis im Kj. + Ausschüttungen innerhalb des Kj. = maßgeblicher Betrag für die Begrenzung
6		Anzusetzen ist der niedrigere Wert aus Zeile 4 oder 5
7	./.	Ausschüttungen im Kj. (§ 18 Abs. 1 Satz 1 InvStG)
8	=	Vorabpauschale für das Kj.
9	./.	bei unterjährigem Erwerb: 1/12 des Betrags lt. Zeile 8 für jeden vollen Monat vor Erwerb
10		Anzusetzende Vorabpauschale

– **Veräußerungsgewinne (§ 19 InvStG)**

Für Zwecke der Ermittlung des Veräußerungsgewinns sind die allgemeinen Ermittlungsregeln des § 20 Abs. 4 EStG entsprechend anzuwenden (§ 19 Abs. 1 Satz 1 InvStG). Zur Vermeidung einer Doppelbesteuerung ist der Gewinn um die während der Besitzzeit angesetzten Vorabpauschalen (ab dem VZ 2019; kein Ansatz im VZ 2022 und 2023) zu vermindern (§ 19 Abs. 1 Satz 3 InvStG). Die angesetzten Vorabpauschalen sind ungeachtet einer möglichen Teilfreistellung in voller Höhe zu berücksichtigen. Eine Vorabpauschale mindert den Veräußerungsgewinn auch dann, wenn diese zwar angesetzt, aber z.B. auf Grund des Sparer-Pauschbetrags nicht besteuert wurde.

2. Grundinformation (Zeilen 1–3)

Anleitung vorhanden

2025

Anlage KAP-INV

1 Name

2 Vorname

3 **Steuernummer** lfd. Nr. der Anlage

X Steuerpflichtige Person / Ehemann / Person A

X Ehefrau / Person B

Investmenterträge, die nicht dem inländischen Steuerabzug unterlegen haben

Jeder Ehegatte/Lebenspartner muss seine Angaben in einer eigenen Anlage KAP-INV machen. Bei Gemeinschaftskonten sind Investmenterträge auf beide Ehegatten/Lebenspartner aufzuteilen. **817**

3. Laufende Erträge aus Investmentanteilen, die nicht dem inländischen Steuerabzug unterlegen haben – z.B. bei im Ausland verwahrten Investmentanteilen (Zeilen 4–13)

Laufende Erträge aus Investmentanteilen, die nicht dem inländischen Steuerabzug unterlegen haben (z. B. bei im Ausland verwahrten Investmentanteilen) 54

Zeile		Kennziffer	EUR
	Ausschüttungen nach § 2 Abs. 11 InvStG (einschließlich des ausländischen Steuerabzugs auf den Kapitalertrag) aus		
4	– Aktienfonds i. S. d. § 2 Abs. 6 InvStG (vor Teilfreistellung)	310/510	,–
5	– Mischfonds i. S. d. § 2 Abs. 7 InvStG (vor Teilfreistellung)	311/511	,–
6	– Immobilienfonds i. S. d. § 2 Abs. 9 Satz 1 InvStG (vor Teilfreistellung und ohne Beträge laut Zeile 7)	312/512	,–
7	– Auslands-Immobilienfonds i. S. d. § 2 Abs. 9 Satz 2 InvStG (vor Teilfreistellung)	313/513	,–
8	– sonstigen Investmentfonds	314/514	,–
	Vorabpauschalen nach § 18 InvStG aus – Übertrag aus Zeile 45 oder laut Aufstellung des ausländischen Kreditinstituts –		
9	– Aktienfonds i. S. d. § 2 Abs. 6 InvStG (vor Teilfreistellung)	320/520	,–
10	– Mischfonds i. S. d. § 2 Abs. 7 InvStG (vor Teilfreistellung)	321/521	,–
11	– Immobilienfonds i. S. d. § 2 Abs. 9 Satz 1 InvStG (vor Teilfreistellung und ohne Beträge laut Zeile 12)	322/522	,–
12	– Auslands-Immobilienfonds i. S. d. § 2 Abs. 9 Satz 2 InvStG (vor Teilfreistellung)	323/523	,–
13	– sonstigen Investmentfonds	324/524	,–

a) Ausschüttungen nach § 2 Abs. 11 InvStG – einschließlich des ausl. Steuerabzugs auf den Kapitalertrag (Zeilen 4–8)

818 In den Zeilen 4–8 sind die laufenden Erträge (Ausschüttungen [§ 16 Abs. 1 Nr. 1 InvStG]) des Investmentfonds zu erklären, die zu den Einkünften aus Kapitalvermögen gehören (§ 20 Abs. 1 Nr. 3 EStG). Eine Unterscheidung nach der **Art des Fonds (Assetklasse)** ist auf Grund der in unterschiedlicher Höhe zu gewährenden Teilfreistellungen (→ Rz. 819) erforderlich. Ausschüttungen sind die dem Anleger gezahlten oder gutgeschriebenen Beträge einschließlich des Steuerabzugs auf den Kapitalertrag (§ 2 Abs. 11 InvStG). Zu erklären sind die laufenden Erträge einschließlich des ausl. Steuerabzugs und **vor Berücksichtigung einer zu gewährenden Teilfreistellung**. Zu den Erträgen zählen ebenfalls besondere Entgelte oder Vorteile (darunter fallen insbesondere z.B. Schadensersatz oder Kulanzleistungen, die stpfl. Personen als Ausgleich für Verluste erhalten, die auf Grund von Beratungsfehlern im Zusammenhang mit der Anlage in Investmentanteilen entstanden sind sowie Bestandsprovisionen, die Kreditinstitute gegenüber den Anlegern erstattet haben[1]), die gesondert gewährt werden (§ 20 Abs. 3 EStG).

Praxishinweis:
Auf der Anlage KAP-INV sind die Erträge vor Berücksichtigung einer Teilfreistellung (§ 20 InvStG) zu erklären. Für jeden Fonds ist daher jeweils zu prüfen, welche Teilfreistellung zu gewähren ist. Insoweit ist es erforderlich, den Investitionsschwerpunkt der Fondsgesellschaft zu kennen. Gegebenenfalls zu berücksichtigende Steuerabzugsbeträge sind in den Zeilen 37-42 der Anlage KAP zu erklären.

aa) Teilfreistellung

819 Erträge aus Investmentfonds, die gemäß ihren Anlagebedingungen fortlaufend überwiegend in Aktien und andere Kapitalbeteiligungen oder Immobilien investieren (Aktien- und Immobilienfonds), werden je nach Anlageschwerpunkt zu einem bestimmten Prozentsatz steuerfrei gestellt (Teilfreistellung [§ 20 InvStG]). Die Teilfreistellung ist dabei auf alle Erträge aus dem Investmentfonds anzuwenden.

Praxishinweis:
Beim inl. KapESt-Abzug ist bei zuzurechnenden Investmenterträgen aus Aktienfonds (§ 20 Abs. 1 InvStG) oder Mischfonds (§ 20 Abs. 2 InvStG) ausschließlich die Teilfreistellung für im PV gehaltene Investmentanteile zu berücksichtigen (§ 43a Abs. 2 Satz 1 Halbsatz 2 EStG). Ein darüber hinaus gehender Teilfreistellungssatz für betriebliche oder dem KStG unterliegende Anleger kann erst i.R.d. ESt-Veranlagung berücksichtigt werden.[2]

Neben der Ausschüttung kommt es daher auch zu einer Teilfreistellung (ab dem VZ 2019) der Vorabpauschale und des Gewinns aus der Veräußerung, Rückgabe, Abtretung, Entnahme oder verdeckten Einlage von Investmentanteilen. Die Teilfreistellung findet sowohl beim KapESt-Abzug als auch i.R.d. Veranlagung Anwendung. Durch die zu gewährende Teilfreistellung wird die Vorausbelastung mit inl. Steuer sowie die fehlende Anrechnungsmöglichkeit ausl. Steuer kompensiert. Die Freistellungshöhen basieren auf folgenden Erwägungen: Bei

1) BMF v. 21.5.2019, IV C 1 – S 1980-1/16/10010 :001, BStBl I 2019, 527, Rz. 16.2 unter Berücksichtigung diverser Ergänzungen/Änderungen letztmalig durch BMF v. 18.11.2024, IV C 1 – S 1980-1/19/10008 :031, BStBl I 2024, 1547.
2) BMF v. 23.5.2022, IV C 1 – S 2401/19/10001 :006, BStBl I 2022, 860, Rn. 59; Anwendung für Erträge, die vor dem 1.1.2026 zufließen, BMF v. 16.5.2025, IV C 1 – S 2401/00008/014/051, BStBl I 2025, 1388, Rz. 71.

- **Aktienfonds** werden auf Fondsebene nur die Dividenden, aber nicht die Veräußerungsgewinne aus Aktien besteuert;
- **Immobilienfonds** werden auf Fondsebene sowohl die Mieten und Pachten als auch die Gewinne aus der Veräußerung der Immobilie besteuert. Die Besteuerungslast der Immobilienfonds ist damit höher als bei Aktienfonds, so dass eine höhere Freistellung gewährt wird;
- **inl. Immobilien** erfolgt eine Besteuerung der Fondsebene mit 15 % Körperschaftsteuer. Diese deckt aber nicht vollumfänglich den Besteuerungsanspruch auf der Anlegerebene ab. Dagegen erfolgt bei ausl. Immobilien in der Regel eine umfassendere Besteuerung des Investmentfonds in dem ausl. Staat, in dem die Immobilie liegt. Zudem werden im gegenwärtigen Recht die ausl. Immobilienerträge auf Grund der umfänglichen ausl. Besteuerung in der Regel von der deutschen Besteuerung freigestellt. Bei einer überwiegenden Investition in ausl. Immobilien ist daher eine höhere Freistellung angemessen als bei einer überwiegenden Investition in inl. Immobilien;
- **Aktien- und Immobilienfonds** investieren nicht ausschließlich in Aktien oder Immobilien. Typischerweise werden auch andere Kapitalanlagen, insbesondere zinstragende Forderungen, im Vermögen gehalten. Die aus diesen anderen Kapitalanlagen resultierenden Erträge sind regelmäßig nicht steuerlich vorbelastet, profitieren aber gleichermaßen von der Teilfreistellung. Typisierend wurde bei der Ermittlung der Freistellungshöhen das anteilige Halten von derartigen Kapitalanlagen unterstellt.

Praxishinweis:

Eine Berücksichtigung der teilfreigestellten Beträge für die Festsetzung der Kirchensteuer oder für sonstige Zwecke erfolgt nicht, da insoweit die entsprechende gesetzliche Regelung (§ 51a Abs. 2 Satz 2 und Abs. 2b EStG, § 2 Abs. 5b EStG) nicht angepasst worden ist. Insoweit kann auch keine Berücksichtigung bei der Ermittlung der eigenen Einkünfte und Bezüge einer unterstützen Person (§ 33a EStG) erfolgen.

Freistellungssätze (§ 20 InvStG)[1]	Private Anleger	Betriebliche Anleger	Körperschaften
Aktienfonds (fortlaufend mehr als 50 % ihres Aktivvermögens in Kapitalbeteiligungen angelegt)	30 %	60 %	80 %
Mischfonds (fortlaufend mindestens 25 % ihres Aktivvermögens in Kapitalbeteiligungen angelegt)	15 %	30 %	40 %
Immobilienfonds (fortlaufend mehr als 50 % ihres Aktivvermögens in Immobilien angelegt)	60 %	60 %	60 %
Immobilienfonds mit überwiegend Auslandsimmobilien	80 %	80 %	80 %

Beratungshinweis:

Weist der Anleger nach, dass der Investmentfonds die Aktienfonds- oder Mischfonds-Kapitalbeteiligungsquote oder Immobilienfonds- oder Auslands-Immobilienfondsquote während des Geschäftsjahres tatsächlich durchgehend überschritten hat, so ist die Teilfreistellung auf Antrag des Anlegers in der ESt-Veranlagung anzuwenden (§ 20 Abs. 4 InvStG). Als Nachweisinstrumente kommen insb. Vermögensverzeichnisse des Investmentfonds und/oder schriftliche Bestätigungen des Fondsverwalters in Betracht.

Diese zur Vermeidung vermeintlicher EU-rechtlicher Risiken geschaffene Vorschrift entwickelt sich aktuell in der Praxis zu einem beträchtlichen Problem. Dies liegt u.a. daran, dass diverse (insb. ausländische) Kapitalverwaltungsgesellschaften die Anlagebedingungen ihrer Aktien-, Misch- und Immobilienfonds nicht entsprechend der Vorgaben i.S.d. § 2 Abs. 6–9a und § 20 Abs. 3 InvStG angepasst haben und stattdessen den Anlegern nach Ablauf eines jeden Jahres Bescheinigungen zur Verfügung stellen, wenn der jeweilige Investmentfonds die maßgeblichen Anlagegrenzen tatsächlich erfüllt hat. Die Anleger sollen damit die Anwendung der entsprechenden Teilfreistellung i.R.d. Veranlagung unter Berufung auf § 20 Abs. 4 InvStG beantragen können. Derartige Bescheinigungen werden den Anlegern derzeit auch von Investmentfonds zur Verfügung gestellt, die nach ihren Anlagebedingungen (nur) als Mischfonds zu qualifizieren sind, im abgelaufenen Jahr aber tatsächlich die Voraussetzungen für die volle Aktienteilfreistellung erfüllt haben. Darüber hinaus birgt § 20 Abs. 4 InvStG i.V.m. der Regelung des § 22 Abs. 1 Satz 2 InvStG ein enormes Gestaltungspotenzial. Die Anwendung von § 20 Abs. 4 InvStG setzt eine Antragstellung des Anlegers voraus. So hat er es in der Hand, ob es für das jeweilige Jahr zu einer Anwendung der entsprechenden Teilfreistellung kommt oder nicht. **In der Folge könnte ein Anleger einen Antrag auf Anwendung des § 20 Abs. 4 InvStG nur für die Jahre stellen, in denen es für ihn günstig ist, weil der Investmentfonds eine positive Wertentwicklung hatte**. In Verlustjahren verzichtet er hingegen darauf und kann so den Verlust in ungeminderter Höhe abziehen.[2] Eine Änderung ist bisher nicht vollzogen worden.

Anwendung der Immobilienteilfreistellung oder der Auslands-Immobilienteilfreistellung schließt die Anwendung der Aktienteilfreistellung aus (§ 20 Abs. 3 Satz 2 InvStG). Die Regelungen zur Teilfreistellung gelten auch für Investmentanteile, die mittelbar über Personengesellschaften gehalten werden (§ 20 Abs. 3a InvStG). Eine passive Grenzverletzung zwischen dem 1.3.2020 und 30.4.2020 stellt keinen Verstoß gegen die Vorgaben für die Vermögenszusammensetzung dar und wird nicht auf die 20-Geschäftstage-Grenze[3] angerechnet.[4]

---

1) I.d.F. des Gesetzes zur Vermeidung von Umsatzsteuerausfällen beim Handel mit Waren im Internet und zur Änderung weiterer steuerlicher Vorschriften v. 11.12.2018, BGBl. I 2018, 2672 = BStBl I 2019, 1377.

2) So die Stellungnahme des BR zum Entwurf eines Gesetzes zur weiteren steuerlichen Förderung der Elektromobilität und zur Änderung weiterer steuerlicher Vorschrift, BR-Drucks. 356/19 v. 20.9.2019.

3) Vgl. BMF v. 21.5.2019, IV C 1 – S 1980-1/16/10010 :001, BStBl I 2019, 527, Rz. 2.19 unter Berücksichtigung diverser Ergänzungen/Änderungen letztmalig durch BMF v. 18.11.2024, IV C 1 – S 1980-1/19/10008 :031, BStBl I 2024, 1547.

4) BMF v. 9.4.2020, IV C 1 – S 1910/19/10079 :002, StEd 2020, 255.

bb) Ausschüttungen nach § 2 Abs. 11 InvStG (einschließlich des ausländischen Steuerabzugs auf den Kapitalertrag)

820 Ausschüttungen sind die dem Anleger gezahlten oder gutgeschriebenen Beträge (einschließlich des Steuerabzugs auf den Kapitalertrag [§ 2 Abs. 11 InvStG]). Als Ausschüttungen kommen z.B. Barausschüttungen, die Wiederanlage der Erträge unter Ausgabe neuer Anteile und ggf. Sachausschüttungen in Betracht.

Für Ausschüttungen, die im Rahmen einer **Abwicklung eines Investmentfonds** vorgenommen werden, gelten besondere gesetzliche Regelungen. Sie gelten nicht als Ertrag, sondern als steuerfreie Kapitalrückzahlung, soweit der letzte in diesem Kj. festgesetzte Rücknahmepreis die fortgeführten AK unterschreitet. Während der Abwicklungsphase gelten Ausschüttungen nur insoweit als Ertrag, wie in ihnen der Wertzuwachs eines Kj. enthalten ist (§ 17 Abs. 1 Satz 1 InvStG).

Praxishinweis:
Die Eintragungen in den Zeilen 4–7 müssen vor Abzug der zu berücksichtigenden Teilfreistellung erfolgen, da diese automatisch vom FA berücksichtigt wird. Für Erträge lt. Zeile 8 wird keine Teilfreistellung gewährt.

cc) Aktienfonds i.S.d. § 2 Abs. 6 InvStG – vor Teilfreistellung (Zeile 4)

821 Aktienfonds sind Investmentfonds, die gemäß den Anlagebedingungen fortlaufend mehr als 50 % ihres Aktivvermögens in Kapitalbeteiligungen anlegen (Aktienfonds-Kapitalbeteiligungsquote). Für die Berechnung der Kapitalbeteiligungsquote kommt es nur auf den Wert der vom Investmentfonds gehaltenen Vermögensgegenstände an; Verbindlichkeiten des Investmentfonds bleiben unberücksichtigt. Zur Höhe der Teilfreistellung (→ Rz. 819).

dd) Mischfonds i.S.d. § 2 Abs. 7 InvStG – vor Teilfreistellung (Zeile 5)

822 Mischfonds sind Investmentfonds, die gemäß den Anlagebedingungen fortlaufend mindestens 25 % ihres Aktivvermögens in Kapitalbeteiligungen anlegen (Mischfonds-Kapitalbeteiligungsquote). Für die Berechnung der Kapitalbeteiligungsquote kommt es nur auf den Wert der vom Investmentfonds gehaltenen Vermögensgegenstände an; Verbindlichkeiten des Investmentfonds bleiben unberücksichtigt. Zur Höhe der Teilfreistellung (→ Rz. 819).

ee) Immobilienfonds i.S.d. § 2 Abs. 9 Satz 1 InvStG – vor Teilfreistellung und ohne Beträge lt. Zeile 7 (Zeile 6)

823 Immobilienfonds sind Investmentfonds, die gemäß den Anlagebedingungen fortlaufend mehr als 50 % ihres Aktivvermögens in Immobilien und Immobilien-Gesellschaften anlegen. Die Höhe des Aktivvermögens bestimmt sich nach dem Wert der Vermögensgegenstände des Investmentfonds ohne Berücksichtigung von Verbindlichkeiten des Investmentfonds (§ 2 Abs. 9a InvStG). Zur Höhe der Teilfreistellung (→ Rz. 819).

ff) Auslands-Immobilienfonds i.S.d. § 2 Abs. 9 Satz 2 InvStG – vor Teilfreistellung (Zeile 7)

824 Ein Auslands-Immobilienfonds liegt dann vor, wenn gemäß den Anlagebedingungen fortlaufend mindestens 51 % ihres Aktivvermögens in ausl. Immobilien und Auslands-Immobiliengesellschaften angelegt werden. Auslands-Immobiliengesellschaften sind Immobiliengesellschaften, die ausschließlich in ausl. Immobilien investieren. Zur Höhe der Teilfreistellung (→ Rz. 819).

gg) Sonstige Investmentfonds (Zeile 8)

825 Liegen die Voraussetzungen für einen der vorgenannten Fonds nicht vor, handelt es sich um einen sonstigen Investmentfonds, für den keine Teilfreistellung gewährt wird, so dass die Investmenterträge von den Anlegern in voller Höhe zu versteuern sind.

b) Vorabpauschalen nach § 18 InvStG aus (Zeilen 9–13)

826 Investmentfonds müssen ihre Erträge nicht an die Anleger ausschütten, sondern können diese stattdessen auch thesaurieren. Nach dem bisherigen InvStG werden diese thesaurierten Erträge als sog. Ausschüttungsgleiche Erträge grds. besteuert. Mit der Investmentsteuerreform werden die ausschüttungsgleichen Erträge durch die Vorabpauschale ersetzt. Im Rahmen der Vorabpauschale werden die thesaurierten Erträge des Fonds nicht in der tatsächlichen Höhe, sondern aus Vereinfachungsgründen pauschal ermittelt.

Beratungshinweis:
Zwar wird im Zeitraum der unbeschränkten Steuerpflicht ein Teil der thesaurierten Erträge bei Investmentfonds über das Instrument der Vorabpauschale und bei Spezial-Investmentfonds über die ausschüttungsgleichen Erträge einer jährlichen Besteuerung unterworfen. Diese Besteuerung erfasst meist aber nur einen geringeren Teil der Wertsteigerungen. Mit der ab dem VZ 2025 anzuwendenden Regelungen in §§ 19 Abs. 3, 49 Abs. 5 InvStG (→ Rz. 41) sollen die Vorschriften des § 6 AStG nachgebildet und an die Besonderheiten des Investmentsteuerrechts angepasst werden.[1]

1) Vgl. BT-Drucks. 20/13419, 222 zum Entwurf eines JStG 2024.

Grundlage für die Ermittlung der Vorabpauschale ist der Basisertrag. Dieser bildet den Mindestertrag des Fonds ab (Mindestbesteuerung). Für die Berechnung des Basisertrags wird der Rücknahmepreis des Fonds zu Beginn des Kj. mit 70 % des Basiszinssatzes nach § 18 Abs. 4 InvStG multipliziert. Der **Basiszinssatz** beträgt zum

- 2.1.2018: 0,87 %[1] (Zufluss: 2.1.2019),
- 2.1.2019: 0,52 %[2] (Zufluss: 2.1.2020),
- 2.1.2020: 0,07 %[3] (Zufluss: 2.1.2021),
- 2.1.2021: ./. 0,45 %[4] (Zufluss: 2.1.2022, keine Erhebung),
- 2.1.2022: ./. 0,05 %[5] (Zufluss: 2.1.2023, keine Erhebung),
- 2.1.2023: 2,55 %[6] (Zufluss: 2.1.2024),
- 2.1.2024: 2,29 %[7] (Zufluss: 2.1.2025),
- 2.1.2025: 2,53 %[8] (Zufluss: 2.1.2026).

Eine Vorabpauschale für 2021 und 2022 wurde auf Grund des negativen Basiszinses i.H.v. ./. 0,45 % (VZ 2022[9]) und i.H.v. 0,05 % (VZ 2023[10]) nicht erhoben.

Für den **VZ 2025** ist als laufender Ertrag der Prozentsatz zum 2.1.2024 maßgeblich. Der **Basiszinssatz** beträgt für den VZ 2025 1,603 %. Die Vorabpauschale gilt am ersten Werktag des Folgejahres als zugeflossen (§ 18 Abs. 3 InvStG); für das Jahr 2024 damit im VZ 2025.

Praxishinweis:

Für Investmentanteile, die bis zum 31.12.2024 veräußert wurden, ist die Berechnung nicht erforderlich. Die Berechnung der Vorabpauschale kann auf Grund des vorgegebenen Berechnungsschemas in den Zeilen 34–46 erfolgen; es ist aber ebenso möglich, die Werte der Aufstellung des ausl. Kreditinstituts zu entnehmen (vgl. Beschreibung vor Zeile 9).

Die Vorabpauschale gilt am ersten Werktag des Folgejahres als zugeflossen (§ 18 Abs. 3 InvStG). In diesem Monat besteht für das inl. Kreditinstitut die Möglichkeit der Berücksichtigung des Sparer-Pauschbetrags und ggf. vorhandener Verlustvorträge. Die Vorabpauschale ergibt sich schließlich aus der Korrektur des Basisertrags um die tatsächlich erfolgten Ausschüttungen. Zudem darf der Basisertrag nicht höher sein als die Wertsteigerung zwischen dem ersten und dem letzten Rücknahmepreis des Kj. zzgl. der Ausschüttungen. Dadurch soll eine Übermaßbesteuerung vermieden werden.

Vorabpauschalen sind **ausnahmsweise nicht als steuerpflichtiger Ertrag** anzusetzen (§ 16 Abs. 2 InvStG), wenn die Investmentanteile

- i.R.v. Altersvorsorge- oder Basisrentenverträgen gehalten werden, die nach §§ 5, 5a des Altersvorsorgeverträge-Zertifizierungsgesetzes zertifiziert wurden,
- i.R.d. betrieblichen Altersvorsorge nach dem Betriebsrentengesetz gehalten werden,
- von Versicherungsunternehmen i.R.v. Versicherungsverträgen nach § 20 Abs. 1 Nr. 6 Satz 1 und 4 EStG (klassische und fondsgebundene Lebens- und Rentenversicherungsverträge) gehalten werden oder
- von Kranken- und Pflegeversicherungsunternehmen zur Sicherung von Alterungsrückstellungen gehalten werden.

Die Ausnahme dient der Begünstigung der Anlagen i.R.d. privaten und betrieblichen Altersvorsorge und der Vermeidung ungewollter Beeinträchtigungen der Altersvorsorge.

Im **Erwerbsjahr** vermindert sich die Vorabpauschale um ein Zwölftel für jeden vollen Monat, der dem Monat des Erwerbs vorangeht. Im Veräußerungsjahr kommt es zu keinem (teilweisen) steuerlichen Ansatz der Vorabpauschale.

1) BMF v. 4.1.2018, IV C 1 – S 1980-1/14/10001, BStBl I 2018, 249.
2) BMF v. 9.1.2019, IV C 1 – S 1980-1/14/10001 :038, BStBl I 2019, 58.
3) BMF v. 29.1.2020, IV C 1 – S 1980-1/19/10038 :001, BStBl I 2020, 218.
4) BMF v. 6.1.2021, IV C 1 – S 1980-1/19/10038 :004, BStBl I 2021, 56.
5) BMF v. 7.1.2022, IV C 1 – S 1980-1/19/10038 :005, BStBl I 2022, 122.
6) BMF v. 4.1.2023, IV C 1 – S 1980-1/19/10038 :007, BStBl I 2023, 178.
7) BMF v. 5.1.2024, IV C 1 – S 1980-1/19/10038 :008, BStBl I 2024, 154.
8) BMF v. 10.1.2025, IV C 1 – S 1980/00230/009/002, BStBl I 2025, 273.
9) BMF v. 6.1.2021, IV C 1 – S 1980-1/19/10038 :004, BStBl I 2021, 56.
10) BMF v. 4.1.2023, IV C 1 – S 1980-1/19/10038 :007, BStBl I 2023, 178.

Die Vorabpauschale ermittelt sich wie folgt:

1		Rücknahmepreis zu Beginn des Kj.
2	×	Basiszins i.S.v. § 18 Abs. 4 InvStG n.F.
3	×	0,7 (= pauschaler Abschlag für Werbungskosten i.H.v. 30 %)
4	=	Basisertrag i.S.v. § 18 Abs. 1 Satz 2 InvStG n.F.
5		Begrenzung nach § 18 Abs. 1 Satz 3 InvStG n.F.: letzter Rücknahmepreis im Kj. ./. erster Rücknahmepreis im Kj. + Ausschüttungen innerhalb des Kj. = maßgeblicher Betrag für Begrenzung
6		anzusetzen ist der niedrigere Wert aus Zeile 4 oder 5
7	./.	Ausschüttungen im Kj. (§ 18 Abs. 1 Satz 1 InvStG n.F.)
8	=	Vorabpauschale für Kj. (kein Negativwert)
9	./.	ggf. bei unterjährigem Erwerb: 1/12 des Betrags laut Zeile 8 für jeden vollen Monat vor Erwerb
10	=	anzusetzende Vorabpauschale

Praxishinweis:
Die Höhe der Vorabpauschale kann daher schon grds. zu Beginn des Jahres ermittelt werden. Nicht bekannt sind zu diesem Zeitpunkt jedoch die Werte, die für die Deckelung des Basisertrags erforderlich sind.

Die Berücksichtigung der Ausschüttung (Schritte 5 und 7 der mathematischen Ermittlung der Vorabpauschale) ist nach der Gesetzessystematik nicht klar. Grundsätzlich könnte davon ausgegangen werden, dass eine Ausschüttung nur dann von der Vorabpauschale abzuziehen ist, wenn diese auch tatsächlich versteuert worden ist. Nach dem Gesetzeswortlaut (§ 18 Abs. 1 Satz 1 InvStG) und der Gesetzesbegründung[1] könnte aber auch die Auffassung vertreten werden, dass die Vorabpauschale in jedem Fall pauschal für das jeweilige Kj. zu ermitteln ist. Erst in einem zweiten Schritt wird die pauschal ermittelte Vorabpauschale bei unterjährigem Erwerb gekürzt. Nach der Gesetzesbegründung soll durch die Vorabpauschale verhindert werden, dass steuerlich unvorbelastete Erträge dauerhaft der Besteuerung entzogen werden. Diese Gefahr besteht bei einem grds. ausschüttenden Investmentfonds nicht. Ziel ist es, dass auf Anlegerebene jährlich fortlaufend immer mindestens der Basisertrag versteuert wird. Im Beispiel müsste der Erwerber eine Vorabpauschale versteuern, obwohl der Veräußerer eine Ausschüttung versteuert hat, die über dem Basisertrag lag. Diese Auslegung spricht dafür, eine Ausschüttung immer abzuziehen, auch wenn sie der Anleger nicht selbst versteuert hat. Schüttet der Investmentfonds mindestens den Basisertrag aus, käme es dann zu dem Ergebnis, dass Anleger, die ihre Anteile nach dieser Ausschüttung erworben haben, dennoch eine Vorabpauschale zu versteuern hätten.

aa) Aktienfonds i.S.d. § 2 Abs. 6 InvStG – vor Teilfreistellung (Zeile 9)

827 Zur Definition eines Aktienfonds → Rz. 805.

bb) Mischfonds i.S.d. § 2 Abs. 7 InvStG – vor Teilfreistellung (Zeile 10)

828 Zur Definition eines Mischfonds → Rz. 806.

cc) Immobilienfonds i.S.d. § 2 Abs. 9 Satz 1 InvStG – vor Teilfreistellung und ohne Beträge lt. Zeile 12 (Zeile 11)

829 Zur Definition eines Immobilienfonds → Rz. 807.

dd) Auslands-Immobilienfonds i.S.d. § 2 Abs. 9 Satz 2 InvStG – vor Teilfreistellung (Zeile 12)

830 Zur Definition eines Auslands-Immobilienfonds → Rz. 808.

ee) Sonstige Investmentfonds (Zeile 13)

831 Zur Definition eines sonstigen Investmentfonds → Rz. 809.

1) BT-Drucks. 119/16 v. 11.3.2016, 98 ff.

4. Gewinne und Verluste aus der Veräußerung von Investmentanteilen, die nicht dem inländischen Steuerabzug unterlegen haben – z.B. bei im Ausland verwahrten Investmentanteilen (Zeilen 14–28)

Gewinne und Verluste aus der Veräußerung von Investmentanteilen, die nicht dem inländischen Steuerabzug unterlegen haben (z. B. bei im Ausland verwahrten Investmentanteilen)

– Übertrag aus den Zeilen 54, 55 und / oder 56 oder laut Aufstellung des ausländischen Kreditinstituts –

Zeile		Kennzahl	EUR
14	**Aktienfonds** i. S. d. § 2 Abs. 6 InvStG (vor Teilfreistellung)	330/530	,—
15	In Zeile 14 enthaltene Gewinne aus der Veräußerung bestandsgeschützter Alt-Anteile i. S. d. § 56 Abs. 6 Satz 1 Nr. 2 InvStG (vor Teilfreistellung)	331/531	,—
16	Gewinne und Verluste aus der fiktiven Veräußerung von nicht bestandsgeschützten Alt-Anteilen i. S. d. § 56 Abs. 2 i. V. m. Abs. 3 Satz 1 InvStG (nicht in Zeile 14 enthalten)	332/532	,—
17	**Mischfonds** i. S. d. § 2 Abs. 7 InvStG (vor Teilfreistellung)	340/540	,—
18	In Zeile 17 enthalte Gewinne aus der Veräußerung bestandsgeschützter Alt-Anteile i. S. d. § 56 Abs. 6 Satz 1 Nr. 2 InvStG (vor Teilfreistellung)	341/541	,—
19	Gewinne und Verluste aus der fiktiven Veräußerung von nicht bestandsgeschützten Alt-Anteilen i. S. d. § 56 Abs. 2 i. V. m. Abs. 3 Satz 1 InvStG (nicht in Zeile 17 enthalten)	342/542	,—
20	**Immobilienfonds** i. S. d. § 2 Abs. 9 Satz 1 InvStG (vor Teilfreistellung und ohne Beträge laut Zeile 23)	350/550	,—
21	In Zeile 20 enthaltene Gewinne aus der Veräußerung bestandsgeschützter Alt-Anteile i. S. d. § 56 Abs. 6 Satz 1 Nr. 2 InvStG (vor Teilfreistellung)	351/551	,—
22	Gewinne und Verluste aus der fiktiven Veräußerung von nicht bestandsgeschützten Alt-Anteilen i. S. d. § 56 Abs. 2 i. V. m. Abs. 3 Satz 1 InvStG (nicht in Zeile 20 enthalten)	352/552	,—
23	**Auslands-Immobilienfonds** i. S. d. § 2 Abs. 9 Satz 2 InvStG (vor Teilfreistellung)	360/560	,—
24	In Zeile 23 enthaltene Gewinne aus der Veräußerung bestandsgeschützter Alt-Anteile i. S. d. § 56 Abs. 6 Satz 1 Nr. 2 InvStG (vor Teilfreistellung)	361/561	,—
25	Gewinne und Verluste aus der fiktiven Veräußerung von nicht bestandsgeschützten Alt-Anteilen i. S. d. § 56 Abs. 2 i. V. m. Abs. 3 Satz 1 InvStG (nicht in Zeile 23 enthalten)	362/562	,—

2025AnlKAP-INV361 - September 2025 - 2025AnlKAP-INV361

- 2 -

Zeile		Kennzahl	EUR
26	**Sonstige Investmentfonds**	370/570	,—
27	In Zeile 26 enthaltene Gewinne aus der Veräußerung bestandsgeschützter Alt-Anteile i. S. d. § 56 Abs. 6 Satz 1 Nr. 2 InvStG	371/571	,—
28	Gewinne und Verluste aus der fiktiven Veräußerung von nicht bestandsgeschützten Alt-Anteilen i. S. d. § 56 Abs. 2 i. V. m. Abs. 3 Satz 1 InvStG (nicht in Zeile 26 enthalten)	372/572	,—

a) Vorbemerkung

Soweit die Erträge aus Investmentfonds nicht dem inl. Steuerabzug unterlegen haben, besteht eine Pflicht zur Erklärung der Einkünfte (§ 32d Abs. 3 EStG). Eine Berechnung der Veräußerungsgewinne/-verluste kann mit Hilfe des in den Zeilen 50–57 aufgezeigten Berechnungsschemas erfolgen. Die Berechnung kann jedoch auch mit einer Aufstellung des ausl. Kreditinstituts nachgewiesen werden. 832

Hinweis zur Plausibilitätsbeurteilung:

Die Eintragungen in den Zeilen 14–25 müssen vor Abzug der zu berücksichtigende Teilfreistellung erfolgen, da diese automatisch vom FA berücksichtigt wird. Für Erträge lt. den Zeile 26–28 wird keine Teilfreistellung gewährt.

Gegebenenfalls zu berücksichtigende Steuerabzugsbeträge sind in den Zeilen 37–42 der Anlage KAP zu erklären.

b) Gewinne und Verluste aus der Veräußerung von Investmentanteilen

Gewinne und Verluste aus der Veräußerung von Anteilen gehören zu den Einkünften aus Kapitalvermögen (§ 20 Abs. 1 Nr. 3 EStG) und sind gesondert zu berechnen (ggf. unter Verwendung des zur Verfügung gestellten Berechnungsschemas ab Zeile 50 → Rz. 854). Für Zwecke der Ermittlung des Veräußerungsgewinns sind die Regelungen des § 20 Abs. 4 EStG entsprechend anzuwenden (§ 19 Abs. 1 Satz 1 InvStG). 833

Der persönliche **Freibetrag** i.H.v. 100 000 € (keine Übertragung auf den anderen Ehegatten/Lebenspartner i.R.d. Zusammenveranlagung, wenn der jeweils andere Ehegatte/Lebenspartner diesen bereits verbraucht hat), der für die Veräußerungsgewinne aus vor 2009 angeschafften Investmentanteilen (**bestandsgeschützte Alt-Anteile** → Rz. 748) gilt und nur die ab 2018 eintretenden Wertveränderungen betrifft, wird nur vom FA berücksichtigt. Insoweit ist eine Differenzierung hinsichtlich der erworbenen Investmentfondsanteile erforderlich. Der Freibetrag wird nur über die Eintragung in den Zeilen 15, 18, 21, 24 und/oder 27 (Unterscheidung nach der jeweiligen Fondsklasse) bei der Ermittlung der Höhe der Einkünfte abgezogen.

Für die Berücksichtigung des zutreffenden Teilfreistellungssatzes (→ Rz. 819) ist eine Differenzierung der einzelnen Fondsarten erforderlich. Die maßgeblichen Teilfreistellungen werden durch das FA (Erklärung „vor Teilfreistellung") berücksichtigt, so dass insoweit keine Kürzung vorzunehmen ist.

Beispiel:

Am 4.6.2024 erwirbt die stpfl. Person A 500 Anteile des Aktienfonds (i.S.d. § 2 Abs. 6 InvStG) zu 100,00 €/Anteil. Die Anteile wurden am 19.5.2025 für 105,90 €/Anteil veräußert. Die Ausschüttungen des Fonds betragen am 30.1.2024: 3,15 €/Anteil und am 30.1.2025: 4,05 €/Anteil.

Die jeweiligen Rücknahmepreise betragen:

Datum	Rücknahmepreis in €
1.1.2024	100,00
31.12.2024/1.1.2025	110,75
31.12.2025	104,10

Lösung VZ 2024

Im VZ 2024 sind keine Einkünfte aus dem Aktienfonds zu versteuern. Am Tag der Ausschüttung (30.1.2024) ist A nicht an dem Fonds beteiligt. Die Vorabpauschale fließt grds. erst am ersten Werktag des Folgejahres (2025) zu, kommt auf Grund des neg. Basiszins (→ Rz. 826) jedoch nicht zur Anwendung.

Lösung VZ 2025

Ermittlung der Vorabpauschale (Erträge des VZ 2024)

1		Rücknahmepreis zu Beginn des Kj.		100,00
2	×	Basiszins (§ 18 Abs. 4 InvStG)		× 2,29
3	×	0,7 (= pauschaler Abschlag für Werbungskosten i.H.v. 30 %)		× 0,7
4	=	Basisertrag (§ 18 Abs. 1 Satz 2 InvStG)		1,603
5		Begrenzung (§ 18 Abs. 1 Satz 3 InvStG):		
		letzter Rücknahmepreis im Kj.	110,75	
		./. erster Rücknahmepreis im Kj.	./. 100,00	
		+ Ausschüttungen innerhalb des Kj.	+ 0,00	
		= maßgeblicher Betrag für Begrenzung	10,75	10,7500
6		anzusetzen ist der niedrigere Wert aus Zeile 4 oder 5		1,603
7	./.	Ausschüttungen im Kj. (§ 18 Abs. 1 Satz 1 InvStG)		
8	=	Vorabpauschale für Kj. 2024		1,603
9	./.	Kürzung um 5/12		0,6679
10	=	anzusetzende Vorabpauschale		0,9351

Es ergibt sich eine Vorabpauschale i.H.v. 500 Anteilen × 0,9351 € = 467,55 €. Abzüglich der Teilfreistellung i.H.v. 30 % ergeben sich stpfl. Einkünfte i.H.v. 327,29 €.

Beachte:

Die Berücksichtigung der Ausschüttung (Schritte 5 und 7 der mathematischen Ermittlung der Vorabpauschale) ist nach der Gesetzessystematik nicht klar. Grundsätzlich könnte davon ausgegangen werden, dass eine Ausschüttung nur dann von der Vorabpauschale abzuziehen ist, wenn diese auch tatsächlich selbst versteuert worden sind. Nach dem Gesetzeswortlaut (§ 18 Abs. 1 Satz 1 InvStG) und der Gesetzesbegründung[1] könnte aber auch die Auffassung vertreten werden, dass die Vorabpauschale in jedem Fall pauschal für das jeweilige Kj. zu ermitteln ist. Erst in einem zweiten Schritt wird die pauschal nach § 18 Abs. 1 InvStG ermittelte Vorabpauschale bei unterjährigem Erwerb gekürzt (vgl. nachfolgende Alternativlösung zur Berechnung der Vorabpauschale).

Nach der Gesetzesbegründung soll durch die Vorabpauschale verhindert werden, dass steuerlich unvorbelastete Erträge dauerhaft der Besteuerung entzogen werden. Diese Gefahr besteht bei einem grds. ausschüttenden Investmentfonds nicht. Ziel ist es, dass auf Anlegerebene jährlich fortlaufend immer mindestens der Basisertrag versteuert wird. Im Beispiel müsste der Erwerber eine Vorabpauschale versteuern, obwohl der Veräußerer eine Ausschüttung versteuert hat, die über dem Basisertrag lag. Diese Auslegung spricht dafür, eine Ausschüttung immer abzuziehen, auch wenn sie der Anleger nicht selbst versteuert hat. Schüttet der Investmentfonds mindestens den Basisertrag aus, käme es dann zu dem Ergebnis, dass Anleger, die ihre Anteile nach dieser Ausschüttung erworben haben, dennoch eine Vorabpauschale zu versteuern hätten.

1) BT-Drucks. 119/16 v. 11.3.2016, 98 ff.

Alternativlösung (unter Berücksichtigung der Ausschüttung)

1		Rücknahmepreis zu Beginn des Kj.		100,00
2	×	Basiszins (§ 18 Abs. 4 InvStG)		× 2,55
3	×	0,7 (= pauschaler Abschlag für Werbungskosten i.H.v. 30 %)		× 0,7
4	=	Basisertrag (§ 18 Abs. 1 Satz 2 InvStG)		1,603
5		Begrenzung (§ 18 Abs. 1 Satz 3 InvStG):		
		letzter Rücknahmepreis im Kj.	110,75	
		./. erster Rücknahmepreis im Kj.	./. 100,00	
		+ Ausschüttungen innerhalb des Kj.	+ 3,15	
		= maßgeblicher Betrag für Begrenzung	13,90	13,9000
6		anzusetzen ist der niedrigere Wert aus Zeile 4 oder 5		1,603
7	./.	Ausschüttungen im Kj. (§ 18 Abs. 1 Satz 1 InvStG)		3,15
8	=	Vorabpauschale für Kj. 2024		0,0000
9	./.	Kürzung um 5/12		0,0000
10	=	anzusetzende Vorabpauschale		0,0000

Ausschüttung für das Jahr 2025

Am 30.1.2025 erfolgt eine Ausschüttung i.H.v. 4,05 €/Anteil, so dass eine Ausschüttung i.H.v. 4,05 € × 500 Anteile = 2 025,00 € vorliegt. Auf Grund der Teilfreistellung von 30 % ist ein Betrag i.H.v. 2 025 € × 70 % = 1 417,50 € zu versteuern.

Veräußerung im Jahr 2025

A hat einen Veräußerungsgewinn i.H.v. 2 950,00 € (105,90 € ./. 100,00 € × 500 Anteile) erzielt. Zu berücksichtigen ist abgleichend die Vorabpauschale 2024. Auf Grund der Höhe der Ausschüttung im Jahr 2025 kommt es zu keiner zusätzlichen Minderung des Veräußerungsertrages. Die Vorabpauschale 2024 mindert den Veräußerungsertrag unabhängig von einer Teilfreistellung. Für das Jahr 2024 ergibt sich eine Vorabpauschale i.H.v. 467,55 € (ohne Alternativlösung), so dass ein Betrag i.H.v. 2 482,45 € verbleibt. Für diesen Betrag ist eine Teilfreistellung von 30 % zu berücksichtigen: Zu versteuern ist insg. ein Betrag i.H.v. 1 737,72 € (= 2 482,45 € × 0,70 %).

Die zu versteuernden Beträge setzen sich wie folgt zusammen:

Vorabpauschale 2024	327,29 €
Ausschüttung 2025	1 417,50 €
Veräußerungsgewinn	2 482,45 €

In der Alternativlösung entfällt der Ansatz der Vorabpauschale.

aa) Aktienfonds i.S.d. § 2 Abs. 6 InvStG – vor Teilfreistellung (Zeilen 14–16)

Hinweis zur Plausibilitätsbeurteilung: 834

Der Gewinn, der ggf. auch nach dem Berechnungsschema in den Zeilen 47–57 ermittelt worden ist, ist in den Zeilen 14, 15 und/oder 16 einzutragen. Eine Kürzung auf Grund der zu berücksichtigenden Teilfreistellung erfolgt durch das FA, so dass der ermittelte Gewinn insoweit nicht zu kürzen ist. In Zeile 14 ist der Saldo sämtlicher Gewinne und Verluste zu erklären, während in Zeile 15 lediglich die in Zeile 14 enthaltenen – unsaldierten – Gewinne einzutragen sind.

Zur Definition eines Aktienfonds vgl. Zeile 4 (→ Rz. 821).

Bei Alt-Anteilen, die vor dem 1.1.2009 erworben wurden und seit der Anschaffung nicht im BV gehalten wurden (**bestandsgeschützte Alt-Anteile**), sind **Wertveränderungen, die ab dem 1.1.2018 eingetreten sind**, stpfl., soweit der Gewinn aus der Veräußerung von bestandsgeschützten Alt-Anteilen 100 000 € übersteigt (§ 56 Abs. 6 Satz 1 Nr. 2 InvStG). Der am Schluss des VZ verbleibende Freibetrag ist bis zu seinem vollständigen Verbrauch jährlich gesondert festzustellen (§ 56 Abs. 6 Satz 2 InvStG); es handelt sich dabei nicht um einen Pflicht-Veranlagungsgrund (vgl. Zeile 10 der Anlage KAP und Zeile 20 der Anlage Sonstiges). Zuständig für die gesonderte Feststellung des verbleibenden Freibetrags ist das FA, das für die Besteuerung der stpfl. Person nach dem Einkommen zuständig ist. Für die Veräußerungsgewinne ist die besondere Erklärung in **Zeile 15** erforderlich.

Es ist der gesamte Veräußerungsgewinn (vor Teilfreistellung [→ Rz. 819] und ohne fiktive Veräußerungsgewinne/- 835
verluste lt. Zeile 11) in **Zeile 14** zu erklären. Die erzielten Wertsteigerungen sind in voller Höhe stpfl., wobei die Teilfreistellung vom FA gewährt wird.

Der Veräußerungsgewinn aus bestandsgeschützten Alt-Anteilen (§ 56 Abs. 6 Satz 1 Nr. 2 InvStG) ist gesondert in **Zeile 15** zu erklären. Auf diese Gewinnanteile aus bestandsgeschützten Alt-Anteilen ist der personenbezogene Freibetrag i.H.v. 100 000 € zu berücksichtigen. Steuerpflichtig ist der nach der zu gewährenden Teilfreistellung verbleibende Gewinn, so dass auch nur der nach Teilfreistellung verbleibende Gewinn den Freibetrag mindert. Der am Schluss des VZ verbleibende Freibetrag ist bis zu seinem vollständigen Verbrauch jährlich gesondert festzustellen (§ 56 Abs. 6 Satz 2 InvStG); es handelt sich dabei nicht um einen Pflicht-Veranlagungsgrund (vgl. Zeile 10 der Anlage KAP und Zeile 20 der Anlage Sonstiges).

Gewinne/Verluste aus der Veräußerung (fiktiver Veräußerungsgewinn zum 31.12.2017) von nicht bestandsgeschützten Alt-Anteilen (§ 56 Abs. 2 i.V.m. § 56 Abs. 3 Satz 1 InvStG) sind gesondert in **Zeile 16** zu erklären. Für diese Gewinnanteile wird keine Teilfreistellung gewährt und der Freibetrag i.H.v. 100 000 € findet keine Berücksichtigung.

bb) Mischfonds i.S.d. § 2 Abs. 7 InvStG – vor Teilfreistellung (Zeilen 17–19)

836 **Hinweis zur Plausibilitätsbeurteilung:**
Der Gewinn, der ggf. auch nach dem Berechnungsschema in den Zeilen 47–57 ermittelt worden ist, ist in den Zeilen 17, 18 und/oder 19 einzutragen. Eine Kürzung auf Grund der zu berücksichtigenden Teilfreistellung erfolgt durch das FA, so dass der ermittelte Gewinn nicht zu kürzen ist. In Zeile 17 ist der Saldo sämtlicher Gewinne und Verluste zu erklären, während in Zeile 18 lediglich die in Zeile 17 enthaltenen (unsaldierten) Gewinne einzutragen sind.

Zur Definition eines Mischfonds vgl. Zeile 5 (→Rz. 822). Die Höhe der Teilfreistellung, die automatisch vom FA berücksichtigt wird, beträgt im PV 15 %. Die Ausführungen zu den Zeilen 14–16 (→Rz. 834) gelten entsprechend.

Es ist der gesamte Veräußerungsgewinn (vor Teilfreistellung [→Rz. 819] und ohne fiktive Veräußerungsgewinne/-verluste lt. Zeile 19) in **Zeile 17** zu erklären. Die erzielten Wertsteigerungen sind in voller Höhe stpfl., wobei die Teilfreistellung vom FA gewährt wird.

Der Veräußerungsgewinn aus bestandsgeschützten Alt-Anteilen (§ 56 Abs. 6 Satz 1 Nr. 2 InvStG) ist gesondert in **Zeile 18** zu erklären. Auf diese Gewinnanteile aus bestandsgeschützten Alt-Anteilen ist der Freibetrag i.H.v. 100 000 € zu berücksichtigen. Steuerpflichtig ist der nach Teilfreistellung verbleibende Gewinn, so dass auch nur der nach Teilfreistellung verbleibende Gewinn den Freibetrag mindert. Der am Schluss des VZ verbleibende Freibetrag ist bis zu seinem vollständigen Verbrauch jährlich gesondert festzustellen (§ 56 Abs. 6 Satz 2 InvStG); es handelt sich dabei nicht um einen Pflicht-Veranlagungsgrund (vgl. Zeile 10 der Anlage KAP und Zeile 20 der Anlage Sonstiges).

Gewinne/Verluste aus der Veräußerung (fiktiver Veräußerungsgewinn zum 31.12.2017) von nicht bestandsgeschützten Alt-Anteilen (§ 56 Abs. 2 i.V.m. § 56 Abs. 3 Satz 1 InvStG) sind gesondert in **Zeile 19** zu erklären. Für diese Gewinnanteile wird keine Teilfreistellung gewährt und der Freibetrag i.H.v. 100 000 € findet keine Berücksichtigung.

cc) Immobilienfonds i.S.d. § 2 Abs. 9 Satz 1 InvStG – vor Teilfreistellung und ohne Beträge lt. Zeile 23 (Zeilen 20–22)

837 **Hinweis zur Plausibilitätsbeurteilung:**
Der Gewinn, der ggf. auch nach dem Berechnungsschema in den Zeilen 47–57 ermittelt worden ist, ist in den Zeilen 20, 21 und/oder 22 einzutragen. Eine Kürzung auf Grund der zu berücksichtigenden Teilfreistellung erfolgt durch das FA, so dass der ermittelte Gewinn nicht zu kürzen ist. In Zeile 20 ist der Saldo sämtlicher Gewinne und Verluste zu erklären, während in Zeile 21 lediglich die in Zeile 20 enthaltenen (unsaldierten) Gewinne einzutragen sind.

Zur Definition eines Immobilienfonds vgl. Zeile 6 (→Rz. 823). Die Ausführungen zu den Zeilen 14–16 (→Rz. 834) gelten entsprechend.

Es ist der gesamte Veräußerungsgewinn (vor Teilfreistellung [→Rz. 819], ohne fiktive Veräußerungsgewinne/-verluste lt. Zeile 22 und ohne Gewinne/Verluste aus der Veräußerung von Auslands-Immobilienfonds [Zeile 23]) in **Zeile 20** zu erklären. Die erzielten Wertsteigerungen sind in voller Höhe stpfl., wobei die Teilfreistellung vom FA gewährt wird.

Der Veräußerungsgewinn aus bestandsgeschützten Alt-Anteilen (§ 56 Abs. 6 Satz 1 Nr. 2 InvStG) ist gesondert in **Zeile 21** zu erklären. Auf diese Gewinnanteile aus bestandsgeschützten Alt-Anteilen ist der Freibetrag i.H.v. 100 000 € zu berücksichtigen. Steuerpflichtig ist der nach Teilfreistellung verbleibende Gewinn, so dass auch nur der nach Teilfreistellung verbleibende Gewinn den Freibetrag mindert. Der am Schluss des VZ verbleibende Freibetrag ist bis zu seinem vollständigen Verbrauch jährlich gesondert festzustellen (§ 56 Abs. 6 Satz 2 InvStG); es handelt sich dabei nicht um einen Pflicht-Veranlagungsgrund (vgl. Zeile 10 der Anlage KAP und Zeile 20 der Anlage Sonstiges).

Gewinne/Verluste aus der Veräußerung (fiktiver Veräußerungsgewinn zum 31.12.2017) von nicht bestandsgeschützten Alt-Anteilen (§ 56 Abs. 2 i.V.m. § 56 Abs. 3 Satz 1 InvStG) sind gesondert in **Zeile 22** zu erklären. Für diese Gewinnanteile wird keine Teilfreistellung gewährt und der Freibetrag i.H.v. 100 000 € findet keine Berücksichtigung.

dd) Auslands-Immobilienfonds i.S.d. § 2 Abs. 9 Satz 2 InvStG – vor Teilfreistellung (Zeilen 23–25)

838 **Hinweis zur Plausibilitätsbeurteilung:**
Der Gewinn, der ggf. auch nach dem Berechnungsschema in den Zeilen 47–57 ermittelt worden ist, ist in den Zeilen 23, 24 und/oder 25 einzutragen. Eine Kürzung aufgrund der zu berücksichtigenden Teilfreistellung erfolgt durch das FA, so dass der ermittelte Gewinn nicht zu kürzen ist. In Zeile 23 ist der Saldo sämtlicher Gewinne und Verluste zu erklären, während in Zeile 24 lediglich die in Zeile 23 enthaltenen (unsaldierten) Gewinne einzutragen sind.

Zur Definition eines Auslands-Immobilienfonds vgl. Zeile 7 (→Rz. 824).

Die Ausführungen zu den Zeilen 14–16 (→Rz. 834) gelten entsprechend.

Es ist der gesamte Veräußerungsgewinn (vor Teilfreistellung [→Rz. 819] und ohne fiktive Veräußerungsgewinne/-verluste lt. Zeile 25) in **Zeile 23** zu erklären. Die erzielten Wertsteigerungen sind in voller Höhe stpfl., wobei die Teilfreistellung vom FA gewährt wird.

Der Veräußerungsgewinn aus bestandsgeschützten Alt-Anteilen (§ 56 Abs. 6 Satz 1 Nr. 2 InvStG) ist gesondert in **Zeile 24** zu erklären. Auf diese Gewinnanteile aus bestandsgeschützten Alt-Anteilen ist der Freibetrag i.H.v.

100 000 € zu berücksichtigen. Steuerpflichtig ist der nach Teilfreistellung verbleibende Gewinn, so dass auch nur der nach Teilfreistellung verbleibende Gewinn den Freibetrag mindert. Der am Schluss des VZ verbleibende Freibetrag ist bis zu seinem vollständigen Verbrauch jährlich gesondert festzustellen (§ 56 Abs. 6 Satz 2 InvStG); es handelt sich dabei nicht um einen Pflicht-Veranlagungsgrund (vgl. Zeile 10 der Anlage KAP und Zeile 20 der Anlage Sonstiges).

Gewinne/Verluste aus der Veräußerung (fiktiver Veräußerungsgewinn zum 31.12.2017) von nicht bestandsgeschützten Alt-Anteilen (§ 56 Abs. 2 i.V.m. § 56 Abs. 3 Satz 1 InvStG) sind gesondert in **Zeile 25** zu erklären. Für diese Gewinnanteile wird keine Teilfreistellung gewährt und der Freibetrag i.H.v. 100 000 € findet keine Berücksichtigung.

ee) Sonstige Investmentfonds (Zeilen 26–28)

Hinweis zur Plausibilitätsbeurteilung: 839

Der Gewinn, der ggf. auch nach dem Berechnungsschema in den Zeilen 47–57 ermittelt worden ist, ist in den Zeilen 26, 27 und/oder 28 einzutragen. Eine Teilfreistellung kommt für sonstige Investmentfonds nicht in Betracht. In Zeile 26 ist der Saldo sämtlicher Gewinne und Verluste zu erklären, während in Zeile 27 lediglich die in Zeile 26 enthaltenen (unsaldierten) Gewinne einzutragen sind.

Zur Definition eines sonstigen Investmentfonds vgl. Zeile 8 (→ Rz. 825). Die Ausführungen zu den Zeilen 14–16 (→ Rz. 819) gelten entsprechend.

Es ist der gesamte Veräußerungsgewinn (vor Teilfreistellung [→ Rz. 819] und ohne fiktive Veräußerungsgewinne/-verluste lt. Zeile 28) in **Zeile 26** zu erklären. Die erzielten Wertsteigerungen sind in voller Höhe stpfl., wobei die Teilfreistellung vom FA gewährt wird.

Der Veräußerungsgewinn aus bestandsgeschützten Alt-Anteilen (§ 56 Abs. 6 Satz 1 Nr. 2 InvStG) ist gesondert in **Zeile 27** zu erklären. Auf diese Gewinnanteile aus bestandsgeschützten Alt-Anteilen ist der Freibetrag i.H.v. 100 000 € zu berücksichtigen. Steuerpflichtig ist der nach Teilfreistellung verbleibende Gewinn, so dass auch nur der nach Teilfreistellung verbleibende Gewinn den Freibetrag mindert. Der am Schluss des VZ verbleibende Freibetrag ist bis zu seinem vollständigen Verbrauch jährlich gesondert festzustellen (§ 56 Abs. 6 Satz 2 InvStG); es handelt sich dabei nicht um einen Pflicht-Veranlagungsgrund (vgl. Zeile 10 der Anlage KAP und Zeile 20 der Anlage Sonstiges).

Gewinne/Verluste aus der Veräußerung (fiktiver Veräußerungsgewinn zum 31.12.2017) von nicht bestandsgeschützten Alt-Anteilen (§ 56 Abs. 2 i.V.m. § 56 Abs. 3 Satz 1 InvStG) sind gesondert in **Zeile 28** zu erklären. Für diese Gewinnanteile wird keine Teilfreistellung gewährt und der Freibetrag i.H.v. 100 000 € findet keine Berücksichtigung.

5. Zwischengewinne nach dem Investmentsteuergesetz 2004 (Zeile 29)

	Zwischengewinne nach dem Investmentsteuergesetz 2004		EUR
29	Bei Veräußerung von vor dem 1.1.2018 angeschafften Investmentanteilen: Zwischengewinne aus fiktiven Veräußerungen zum 31.12.2017 nach § 56 Abs. 2 i. V. m. Abs. 3 InvStG	380/580	,—

Nach der bestehenden Veräußerungsfiktion (§ 56 Abs. 1 Satz 1 InvStG) gelten die vor dem 1.1.2018 angeschafften Anteile zum 31.12.2017 als veräußert und zum 1.1.2018 als angeschafft. Der auf Grund der Veräußerungsfiktion anfallende Gewinn/Verlust ist in dem Zeitpunkt zu versteuern, in dem der Anteil tatsächlich veräußert wird. Zu erklären sind Zwischengewinne, die bei der fiktiven Veräußerung von Investmentfondsanteilen zum 31.12.2017 ermittelt, jedoch erst zum Zeitpunkt der tatsächlichen Veräußerung der Fondsanteile zu versteuern sind. Zwischengewinn ist das Entgelt für die dem Anleger noch nicht zugeflossenen oder als zugeflossen geltenden Zinsen (§ 1 Abs. 4 InvStG 2004). Nicht alle Zwischengewinnbestandteile nach § 1 Abs. 4 Nr. 1–4 InvStG 2004 wandeln sich auf Grund eines Rumpfgeschäftsjahres zum 31.12.2017 (§ 56 Abs. 1 Satz 3 InvStG) und der Zuflussfiktion für ordentliche Alterträge (§ 56 Abs. 7 Satz 1 InvStG) in ausschüttungsgleiche Erträge um. Der als Restgröße zu ermittelnde Zwischengewinn zum 31.12.2017 in Höhe der nicht realisierten Gewinne aus Kapitalforderungen, die nicht in § 1 Abs. 3 Satz 3 Nr. 1 Buchst. a–f InvStG 2004 genannt sind, ist bei der Ermittlung des fiktiven Veräußerungsgewinns zum 31.12.2017 abzuziehen (§ 8 Abs. 5 InvStG 2004), als Folge aber beim tatsächlichen Verkauf der Anteile, unabhängig ob es sich um bestandsgeschützte oder nicht bestandsgeschützte Alt-Anteile handelt, als Kapitalertrag zu versteuern. Der fiktive Veräußerungsgewinn ist nach den am 31.12.2017 geltenden Regelungen zu ermitteln. 840

6. Ermittlung der Vorabpauschalen zu den Zeilen 9 bis 13 (Zeilen 30–45)

Ermittlung der Vorabpauschalen zu den Zeilen 9 bis 13

– Investmentanteile, die im Jahr 2024 in unterschiedlichen Monaten angeschafft wurden, sind jeweils in einer eigenen Spalte zu erfassen. Für Investmentanteile, die bis zum 31.12.2024 veräußert wurden, ist keine Vorabpauschale zu berechnen. –

Zeile		1. Investmentfonds	2. Investmentfonds
	Allgemeine Angaben zum Investmentfonds		
30	ISIN		
31	Fondsbezeichnung		
32	Art des Investmentfonds	1 = Aktienfonds 2 = Mischfonds 3 = Immobilienfonds 4 = Auslands-Immobilienfonds 5 = sonstiger Investmentfonds	1 = Aktienfonds 2 = Mischfonds 3 = Immobilienfonds 4 = Auslands-Immobilienfonds 5 = sonstiger Investmentfonds
	Ermittlung des Basisertrags	EUR Ct	EUR Ct
33	Rücknahme-, Börsen- oder Marktpreis für einen Investmentanteil zu Beginn des Kalenderjahres 2024	,	,
34	Basisertrag (Zeile 33 × 1,603 %)	,	,
	Mehrbetrag je Investmentanteil nach § 18 Abs. 1 Satz 3 InvStG		
35	Letzter Rücknahmepreis 2024	,	,
36	abzüglich erster Rücknahmepreis 2024 (laut Zeile 33)	,	,
37	zuzüglich Ausschüttungen 2024	,	,
38	Mehrbetrag	,	,
	Ermittlung der Vorabpauschale je Investmentanteil		
39	Niedrigerer Wert aus Zeile 34 (Basisertrag) oder Zeile 38 (Mehrbetrag) (wenn Wert negativ, in Zeile 43 „0“ eintragen)	,	,
40	abzüglich Ausschüttungen 2024	,	,
41	Zwischenergebnis Zeile 39 abzüglich Zeile 40 (wenn Wert negativ, in Zeile 43 „0“ eintragen)	,	,
42	bei unterjährigem Erwerb im Jahr 2024: Kürzung Wert laut Zeile 41 um 1/12 für jeden vollen Monat vor Erwerb	,	,
43	Zwischenergebnis (Zeile 41 abzüglich Zeile 42)	,	,
	Ermittlung der Vorabpauschale für den Investmentfonds		
44	Anzahl der Anteile (mit Nachkommastellen)		
		EUR	EUR
45	Vorabpauschale (Zeile 43 x Zeile 44)	,—	,—

Summe der Eintragungen in Zeile 45 für jede Fondsart bilden und in die Zeilen 9, 10, 11, 12 und / oder 13 der ersten Anlage KAP-INV übertragen.

2025AnlKAP-INV362 2025AnlKAP-INV362

a) Vorbemerkung

841 Es besteht die Möglichkeit, auf jeder Anlage KAP-INV die Ermittlung des Veräußerungsgewinns für bis zu zwei Anteile an Investmentfonds vorzunehmen. In dem Fall, dass für mehr als zwei Investmentfonds die Vorabpauschale zu ermitteln ist, sind weitere Anlagen KAP-INV einzureichen und die laufende Nr. der Anlage in Zeile 3 anzugeben. Anteile an Investmentfonds, die im Jahr 2024 in unterschiedlichen Monaten angeschafft wurden, sind jeweils in einer eigenen Spalte zu erklären, um das zutreffende Ergebnis zu ermitteln.

Für Investmentanteile, die bis zum 31.12.2024 veräußert wurden, ist keine Vorabpauschale zu berechnen.

Um eine doppelte Besteuerung auszuschließen, werden die während der Besitzzeit angesetzten Vorabpauschalen vom Gewinn abgezogen (§ 19 Abs. 1 Satz 3 InvStG). Durch den Abzug der Vorabpauschalen kann es zu einem steuerwirksamen Verlust kommen oder ein bereits vorhandener Verlust kann sich erhöhen. Beim Ansatz einer Ersatzbemessungsgrundlage ist im Steuerabzugsverfahren keine Vorabpauschale abzuziehen.[1]

Das Berechnungsschema ist zu den Zeilen 9–13 dargestellt (→ Rz. 810).

b) ISIN (Zeile 30)

Die ISIN bezeichnet die „International Securities Identification Number". Die ersten beiden Stellen des ISIN-Codes sind eine Buchstabenkombination, die das jeweilige Herkunftsland identifiziert (Beispiele: DE = Deutschland, LU = Luxemburg; AT = Österreich; CH = Schweiz; US = USA; CA = Kanada). Im Anschluss folgt eine nationale Kennnummer mit bis zu neun weiteren Stellen. **842**

c) Fondsbezeichnung (Zeile 31)

Die Bezeichnung des Fonds, die sich regelmäßig aus Abrechnungen desselben ergeben, ist in Zeile 32 zur eindeutigen Identifizierung des Investmentfonds einzutragen. **843**

d) Art des Investmentfonds (Zeile 32)

Anzugeben ist die Art des Investmentfonds, der sich regelmäßig nach den Anlagebedingungen definiert (§ 2 InvStG). Nach der Art des Fonds bestimmt sich u.a. der jeweils anzuwendende Teilfreistellungssatz (→ Rz. 803) und damit die entsprechende Eintragungszeile in den Zeilen 9–13. **844**

e) Rücknahme-, Börsen- oder Marktpreis für einen Investmentanteil zu Beginn des Kalenderjahres 2023 (Zeile 33)

Wenn der Investmentfonds nicht mindestens monatlich fortlaufend einen Rücknahmepreis festsetzt, ist für die Zwecke der Vorabpauschale auf den Börsen- oder Marktpreis abzustellen. **845**

Bei in fremden Währungen notierenden Investmentanteilen sind für die Umrechnung in Euro die am jeweiligen Stichtag (Jahresanfang, Ausschüttungstermin, Jahresende) geltenden Referenzkurse der Europäischen Zentralbank (EZB) zu Grunde zu legen.[2]

f) Basisertrag – Zeile 33 × 1,603 % (Zeile 34)

Für die Ermittlung der Vorabpauschale ist ein Rechnungszins mit (mindestens) drei Nachkommastellen zu verwenden (Berechnung für den Basiszins (→ Rz. 826) für 2025 (1,603 %): 2,29 % × 70 % = 1,603 %). Der Basisertrag ist mit mindestens vier Nachkommastellen anzusetzen und erst nach der Multiplikation mit der Anzahl der mit Ablauf des 31.12. des Kj. verwahrten oder verwalteten Anteile an dem Investmentfonds ist eine kaufmännische Rundung auf zwei Nachkommastellen vorzunehmen. **846**

g) Mehrbetrag je Investmentanteil nach § 18 Abs. 1 Satz 3 InvStG (Zeilen 35–38)

Der Basisertrag wird auf den Mehrbetrag begrenzt, der sich zwischen dem ersten und dem letzten im Kj. festgesetzten Rücknahmepreis (hierbei handelt es sich um den in Zeile 34 erklärten Wert) zzgl. der Ausschüttungen innerhalb des Kj. ergibt (§ 18 Abs. 1 Satz 3 InvStG). **847**

Beispiel:

Der Basiszins beträgt vereinfacht 1,0 %. Da nur 70 % davon anzusetzen sind, beträgt der maßgebende Zinssatz 0,7 %.

Rücknahmepreis des Investmentanteils am Jahresanfang 01:	100 €
Rücknahmepreis des Investmentanteils am Jahresende 01:	100,50 €
Ausschüttung während des Jahres 01:	0,10 € pro Anteil

Für die Vorabpauschale kann höchstens der Basisertrag i.H.v. 0,70 € / Anteil angesetzt werden (100 € × 0,7 % = 0,70 €). Die Wertsteigerung während des Kj. (Mehrbetrag) beträgt 0,50 € + 0,10 € Ausschüttung = 0,60 €. Die tatsächliche Wertsteigerung von 0,60 € bildet die Obergrenze für die Vorabpauschale. Von dieser Obergrenze sind die Ausschüttungen des Jahres 01 i.H.v. 0,10 € abzuziehen, so dass eine zu versteuernde Vorabpauschale von 0,50 € verbleibt.[3]

h) Niedrigerer Wert aus Zeile 34 (Basisertrag) oder 38 (Mehrbetrag) – wenn Wert negativ, in Zeile 43 „0" eintragen (Zeile 39)

Der niedrigere Wert (Begrenzung der Vorabpauschale) aus den Zeilen 34 oder 38 ist Grundlage für die weiteren Berechnungen. **848**

1) BMF v. 21.5.2019, IV C 1 – S 1980-1/16/10010 :001, BStBl I 2019, 527, Rz. 19.4 unter Berücksichtigung diverser Ergänzungen/Änderungen letztmalig durch BMF v. 18.11.2024, IV C 1 – S 1980-1/19/10008 :031, BStBl I 2024, 1547.
2) BMF v. 21.5.2019, IV C 1 – S 1980-1/16/10010 :001, BStBl I 2019, 527, Rz. 18.4 unter Berücksichtigung diverser Ergänzungen/Änderungen letztmalig durch BMF v. 18.11.2024, IV C 1 – S 1980-1/19/10008 :031, BStBl I 2024, 1547.
3) BMF v. 21.5.2019, IV C 1 – S 1980-1/16/10010 :001, BStBl I 2019, 527, Rz. 18.3 unter Berücksichtigung diverser Ergänzungen/Änderungen letztmalig durch BMF v. 18.11.2024, IV C 1 – S 1980-1/19/10008 :031, BStBl I 2024, 1547.

i) Abzgl. Ausschüttungen 2023 (Zeile 40)

849 Die Vorabpauschale ist der Betrag, um den die Ausschüttungen eines Investmentfonds innerhalb eines Kj. den Basisertrag für dieses Kj. unterschreiten (§ 18 Abs. 1 Satz 1 InvStG). Die Ausschüttungen sind bei der Ermittlung abzuziehen, um eine Doppelbesteuerung zu vermeiden.

j) Zwischenergebnis Zeile 39 abzgl. Zeile 40 – wenn negativ, in Zeile 43 „0" eintragen (Zeile 41)

850 Der Basisertrag wird ermittelt durch Multiplikation des Rücknahmepreises des Investmentanteils zu Beginn des Kj. mit 70 % des Basiszinses nach § 18 Abs. 4 InvStG (§ 18 Abs. 1 Satz 2 InvStG). Nach § 18 Abs. 1 Satz 3 InvStG wird der Basisertrag auf den Mehrbetrag begrenzt, der sich zwischen dem ersten und dem letzten im Kj. festgesetzten Rücknahmepreis zuzüglich der Ausschüttungen innerhalb des Kj. ergibt.

Das Zwischenergebnis der gesetzlichen Berechnungsfolge ergibt sich aus dem Wert in Zeile 43, ist jedoch noch im Fall des unterjährigen Erwerbs (Zeile 42) zu kürzen.

k) Bei unterjährigem Erwerb im Jahr 2023: Kürzung Wert lt. Zeile 41 um 1/12 für jeden vollen Monat vor Erwerb (Zeile 42)

851 Im Jahr des Erwerbs der Investmentanteile vermindert sich die Vorabpauschale um ein Zwölftel für jeden vollen Monat, der dem Monat des Erwerbs vorangeht (§ 18 Abs. 2 InvStG).

Bei unterjähriger Neuauflage eines Investmentfonds ist der erste festgesetzte Rücknahmepreis oder falls dieser nicht vorhanden ist, der erste für diesen Investmentfonds ermittelte Börsen- oder Marktpreis, bei der Ermittlung der Vorabpauschale zu Grunde zu legen. Darüber hinaus ist die Vorabpauschale zeitanteilig anzusetzen (§ 18 Abs. 2 InvStG).[1]

l) Zwischenergebnis – Zeile 41 abzgl. Zeile 42 (Zeile 43)

852 Der Basisertrag wird ermittelt durch Multiplikation des Rücknahmepreises des Investmentanteils zu Beginn des Kj. mit 70 % des Basiszinses nach § 18 Abs. 4 InvStG (§ 18 Abs. 1 Satz 2 InvStG). Nach § 18 Abs. 1 Satz 3 InvStG wird der Basisertrag auf den Mehrbetrag begrenzt, der sich zwischen dem ersten und dem letzten im Kj. festgesetzten Rücknahmepreis zzgl. der Ausschüttungen innerhalb des Kj. ergibt.

m) Anzahl der Anteile – mit Nachkommastellen (Zeile 44)

853 Die Anzahl der gehaltenen Investmentfondsanteile ergeben sich z.B. aus dem Depotauszug der verwahrenden Stelle.

n) Vorabpauschale – Zeile 43 × Zeile 44 (Zeile 45)

854 Das Ergebnis der Berechnung ergibt die steuerlich als Ertrag (§ 16 Abs. 1 Nr. 2 InvStG, § 20 Abs. 1 Nr. 3 EStG) zu berücksichtigende Vorabpauschale und ist nach Fondsarten differenziert in die Zeilen 9, 10, 11, 12 und / oder 13 der ersten Anlage KAP-INV zu übertragen.

---

1) BMF v. 21.5.2019, IV C 1 – S 1980-1/16/10010 :001, BStBl I 2019, 527, Rz. 18.7 unter Berücksichtigung diverser Ergänzungen/Änderungen letztmalig durch BMF v. 18.11.2024, IV C 1 – S 1980-1/19/10008 :031, BStBl I 2024, 1547.

7. Ermittlung der Gewinne und Verluste aus der Veräußerung von Investmentanteilen zu Zeile 14 bis 28 (Zeilen 46–56)

- 3 -

Ermittlung der Gewinne und Verluste aus der Veräußerung von Investmentanteilen zu den Zeilen 14 bis 28

– Investmentanteile mit unterschiedlichen Anschaffungszeitpunkten sind jeweils in einer eigenen Spalte zu erfassen. –

Zeile		1. Investmentfonds	2. Investmentfonds
46	ISIN (Internationale Wertpapiernummer)		
47	Fondsbezeichnung		
48	Art des Investmentfonds	1 = Aktienfonds 2 = Mischfonds 3 = Immobilienfonds 4 = Auslands-Immobilienfonds 5 = sonstiger Investmentfonds	1 = Aktienfonds 2 = Mischfonds 3 = Immobilienfonds 4 = Auslands-Immobilienfonds 5 = sonstiger Investmentfonds
49	Anzahl der veräußerten Anteile (mit Nachkommastellen)		
		EUR	EUR
50	Veräußerungspreis	,–	,–
51	abzüglich Anschaffungskosten (bei Anschaffung vor dem 1.1.2018: fiktive Anschaffungskosten i. S. d. § 56 Abs. 2 InvStG)	,–	,–
52	abzüglich Veräußerungskosten	,–	,–
53	abzüglich während Besitzzeit angesetzter Vorabpauschalen (vor Teilfreistellung)	,–	,–
54	Veräußerungsgewinn / -verlust (Zeile 50 abzüglich Zeile 51 bis 53)	,–	,–

Summe der Eintragungen in Zeile 54 für jede Fondsart bilden und in die Zeilen 14, 17, 20, 23 und / oder 26 der ersten Anlage KAP-INV übertragen.

Veräußerung von vor dem 1.1.2018 angeschafften Investmentanteilen

Zeile		EUR	EUR
55	bei Anschaffung vor dem 1.1.2009: Wert laut Zeile 54	,–	,–

Summe der Gewinne in Zeile 55 für jede Fondsart bilden und in die Zeilen 15, 18, 21, 24 und / oder 27 der ersten Anlage KAP-INV übertragen.

Zeile			
56	bei Anschaffung nach dem 31.12.2008 und vor dem 1.1.2018: fiktiver Veräußerungsgewinn zum 31.12.2017	,–	,–

Summe der Eintragungen in Zeile 56 für jede Fondsart bilden und in die Zeilen 16, 19, 22, 25 und / oder 28 der ersten Anlage KAP-INV übertragen.

...

2025AnlKAP-INV363 2025AnlKAP-INV363

Hinweis zur Plausibilitätsbeurteilung: 855

Es besteht die Möglichkeit, auf jeder Anlage KAP-INV die Ermittlung des Veräußerungsgewinns für bis zu zwei Anteile (Papiervordruck) an Investmentfonds vorzunehmen. In dem Fall, dass mehr als zwei Investmentfonds veräußert worden sind, sind entsprechend weitere Anlagen KAP-INV einzureichen und die laufende Nr. der Anlage in Zeile 3 anzugeben. Anteile an Investmentfonds mit unterschiedlichen Anschaffungszeitpunkten sind jeweils in einer eigenen Spalte zu erklären, um das zutreffende Ergebnis zu ermitteln. Dies gilt insb. zur Abgrenzung bestandsgeschützter Alt-Anteilen von in voller Höhe stpfl. Veräußerungstatbeständen.

In der amtlichen Anleitung (zu den Zeilen 14, 17, 20, 23 und 26) wird darauf hingewiesen, dass bei der Realisierung Verluste aus der **Ausbuchung wertloser Investmentanteile**, aus der Übertragung wertloser Investmentanteile auf einen Dritten oder aus einem sonstigen Ausfall von Investmentanteilen erzielt, eine gesonderte Anlage mit der Überschrift „Ergänzende Angaben zur Steuererklärung" beigefügt werden soll und in Zeile 37 des Hauptvordrucks ESt 1 A eine „1" eingetragen werden soll. Eine gesonderte Erklärungsmöglichkeit für Verluste i.S.d. § 20 Abs. 6 Satz 6 EStG für wertlose Wirtschaftsgüter – analog der Anlage KAP (z.B, Zeile 15) – existiert nicht.

Gewinne aus der Veräußerung, Rückgabe, Abtretung, Entnahme oder verdeckten Einlage von Investmentanteilen sind Erträge aus Investmentfonds (§ 16 Abs. 1 Nr. 3 InvStG) und werden den laufenden Einkünften aus Kapitalvermögen (§ 20 Abs. 1 Nr. 3 EStG) zugeordnet. Als tatsächliche Veräußerung von Investmentanteilen gilt auch deren Rückgabe, Abtretung, Entnahme oder verdeckte Einlage in eine Kapitalgesellschaft (§ 2 Abs. 13 InvStG) sowie auch eine beendete Abwicklung/Liquidation des Investmentfonds. Damit sollen alle Realisationstatbestände erfasst und einheitlich behandelt werden. Für die **Ermittlung des Gewinns** aus der Veräußerung von Investmentanteilen, die nicht zu einem BV gehören, ist die Regelung des § 20 Abs. 4 EStG entsprechend anzuwenden (§ 19 Abs. 1 Satz 1 EStG). Gewinn ist der Unterschied zwischen den Einnahmen aus der Veräußerung nach Abzug der Aufwendungen, die in unmittelbarem sachlichen Zusammenhang mit dem Veräußerungsgeschäft stehen und den AK (§ 20 Abs. 4 EStG).

Erfüllt ein Investmentfonds nicht mehr die rechtlichen Voraussetzungen (§ 1 InvStG), gelten die Investmentanteile als veräußert (§ 19 Abs. 2 Satz 1 InvStG). Eine fiktive Veräußerung nach § 19 Abs. 2 oder § 52 Abs. 2 InvStG steht einer tatsächlichen Veräußerung gleich (§ 56 Abs. 3 InvStG). Nach § 19 Abs. 2 Satz 1 InvStG kommt es zu einer fiktiven Veräußerung, wenn ein Investmentfonds nicht mehr die Voraussetzungen eines Investmentfonds i.S.d. § 1 Abs. 2 InvStG erfüllt und daher aus dem Anwendungsbereich des Investmentsteuergesetzes herausfällt. Bei diesem Fall einer fiktiven Veräußerung sieht das Gesetz eine sofortige Versteuerung und nicht erst bei tatsächlicher Veräußerung vor.

a) ISIN – Internationale Wertpapiernummer (Zeile 46)

856 Die ISIN bezeichnet die „International Securities Identification Number". Die ersten beiden Stellen des ISIN-Code sind eine Buchstabenkombination, die das jeweilige Herkunftsland identifiziert (Beispiele: DE = Deutschland, LU = Luxemburg; AT = Österreich; CH = Schweiz; US = USA; CA = Kanada). Im Anschluss folgt eine nationale Kennnummer mit bis zu neun weiteren Stellen.

b) Fondsbezeichnung (Zeile 47)

857 Die Bezeichnung des Fonds, die sich regelmäßig aus Abrechnungen desselben ergeben, ist in Zeile 47 zur klaren Identifizierung des Investmentfonds einzutragen.

c) Art des Investmentfonds (Zeile 48)

858 Anzugeben ist die Art des Investmentfonds, der sich regelmäßig nach den Anlagebedingungen definiert (§ 2 InvStG). Nach der Art des Fonds bestimmt sich u.a. der jeweils anzuwendende Teilfreistellungssatz (→ Rz. 819) und damit die entsprechende Eintragungszeile der Zeilen 14–28.

d) Anzahl der veräußerten Anteile – mit Nachkommastellen (Zeile 49)

859 **Hinweis zur Plausibilitätsbeurteilung:**
Anteile an Investmentfonds mit unterschiedlichen Anschaffungszeitpunkten sind jeweils in einer eigenen Spalte zu erklären, da ansonsten bei Nutzung des Berechnungsschemas kein zutreffendes Ergebnis ermittelt werden kann.

Die Anzahl der veräußerten Investmentfondsanteile ist für die weitere Berechnung des Veräußerungsgewinns erforderlich. Bei der tatsächlichen Veräußerung gelten die zuerst angeschafften Anteile im PV dabei als zuerst veräußert (First In-First Out/FIFO-Methode) (§ 20 Abs. 4 Satz 7 EStG, § 56 Abs. 3 Satz 2 InvStG).

e) Veräußerungspreis (Zeile 50)

860 Zu den Einnahmen aus der Veräußerung gehören alle Güter in Geld oder Geldeswert, die die stpfl. Person bei Veräußerung erhält. Im Zeitpunkt der Tatbestandsverwirklichung errechnet sich die Höhe des Rückzahlungsverlusts als Unterschied zwischen den Einnahmen aus den Rückzahlungen nach Abzug der Aufwendungen, die im unmittelbaren sachlichen Zusammenhang mit dem Ausfall der Forderung stehen und den AK (§ 20 Abs. 4 EStG).

f) Abzgl. Anschaffungskosten – bei Anschaffung vor dem 1.1.2018: fiktive Anschaffungskosten i.S.d. § 56 Abs. 2 InvStG (Zeile 51)

861 Die AK sind vom Veräußerungspreis mindernd abzuziehen (§ 20 Abs. 4 Satz 1 EStG). Dabei ist bei dem zu erklärenden Wert danach zu differenzieren, ob die jeweiligen Anteile vor dem 1.1.2018 oder nach dem 31.12.2017 angeschafft worden sind. AK sind ggf. um erhaltene **steuerfreie Substanzausschüttungen** zu kürzen, die in Abwicklungsfällen eines Investmentfonds entstanden sein könnten (§ 17 Abs. 3 InvStG).

Anschaffung vor dem 1.1.2018 und dem 1.1.2008: Wurden Anteile an dem Investmentfonds auch vor dem 1.1.2008 erworben (bestandsgestützte Alt-Anteile) gelten diese mit Ablauf des 31.12.2017 als veräußert (§ 56 Abs. 2 Satz 1 InvStG) und mit Beginn des 1.1.2018 als angeschafft. Die ermittelten fiktiven AK zum 31.12.2017 ersetzen dabei die historischen AK. Zur Beispielsberechnung → Rz. 867.

Anschaffung nach dem 31.12.2017: Die tatsächlichen AK im Zusammenhang mit dem Erwerb der Investmentfondsanteile sind mindernd zu berücksichtigen.

g) Abzüglich Veräußerungskosten (Zeile 52)

862 Die im unmittelbaren sachlichen Zusammenhang mit der Veräußerung stehenden Aufwendungen (z.B. Bankgebühren für die Durchführung der Veräußerung, Provisionen, Courtagen, Beratungsgebühren) sind mindernd zu berücksichtigen. Eine Differenzierung zwischen Anschaffungsvorgängen der Investmentfondsanteile vor dem 1.1.2018 oder nach dem 31.12.2017 ist nicht erforderlich.

h) Abzüglich während Besitzzeit angesetzter Vorabpauschalen – vor Teilfreistellung (Zeile 53)

863 Um eine doppelte Besteuerung auszuschließen, ist der Gewinn um die während der Besitzzeit angesetzten Vorabpauschalen zu vermindern. Die angesetzten Vorabpauschalen sind dabei ungeachtet einer möglichen Teilfreistellung in voller Höhe zu berücksichtigen. Die Vorabpauschale mindert den Veräußerungsgewinn auch dann, wenn diese zwar angesetzt, aber zum Beispiel auf Grund des Sparer-Pauschbetrags nicht besteuert wurde. Durch den Abzug der Vorabpauschalen kann es auch zu einem Verlust kommen. Die Vorabpauschalen werden ungeachtet

einer möglichen Teilfreistellung nach § 20 InvStG in voller Höhe berücksichtigt (§ 19 Abs. 1 Satz 4 InvStG).[1] Bei einer Übertragung von Investmentanteilen durch Erbschaft oder Schenkung tritt der (Gesamt-)Rechtsnachfolger in die Position des Rechtsvorgängers ein. Die AK des Rechtsvorgängers sowie die in der Besitzzeit des Rechtsvorgängers angesetzten Vorabpauschalen sind bei der Ermittlung des Veräußerungsgewinns des (Gesamt-)Rechtsnachfolgers zu berücksichtigen.[2]

Wenn Investmentanteile im Ausland verwahrt wurden, hat der Anleger darzulegen, dass er die Vorabpauschale in den Veranlagungszeiträumen der Auslandsverwahrung in der Steuererklärung angegeben hat oder dass die gesamten Kapitaleinkünfte in den betreffenden Veranlagungszeiträumen den Sparer-Pauschbetrag nicht überschritten haben. Anderenfalls ist keine Vorabpauschale abzuziehen.[3]

i) Veräußerungsgewinn/-verlust – Zeile 50 abzgl. Zeile 51–53 (Zeile 54)

Das Ergebnis der Veräußerungsgewinnberechnung ist für jede Investmentfondsart zu bilden und nach der jeweiligen Asset-Klasse in die Zeilen 14, 17, 20, 23 und/oder 26 der ersten Anlage KAP-INV zu übertragen. **864**

Soweit die veräußerten Investmentfondsanteile nach dem 31.12.2017 erworben wurden, sind keine weiteren Berechnungsschritte in den Zeilen 55 und 56 erforderlich. Soweit Anteile vor dem 1.1.2018 erworben wurden und im VZ 2018 veräußert worden sind, sind weitere Berechnungen in den Zeilen 55 und/oder 56 erforderlich, um die zutreffende Berechnung der Steuer zu gewährleisten.

j) Veräußerung von vor dem 1.1.2018 angeschafften Investmentanteilen (Zeilen 55 und 56)

Hinweis zur Plausibilitätsbeurteilung: **865**

Der Erklärungstatbestand weist darauf hin, dass weitere Angaben in den Zeilen 55 und/oder 56 erforderlich sind, wenn Investmentfondsanteile veräußert wurden, die vor dem 1.1.2018 angeschafft worden sind. Insoweit wird die weitere Besteuerung der stpfl. Veräußerungsvorgänge gesteuert.

Wurden **vor dem 1.1.2018 angeschaffte** Investmentfondsanteile im Jahr 2023 veräußert, besteht für Wertveränderungen bis zu zum 31.12.2017 ein der Höhe nach begrenzter Bestandsschutz (Erklärungstatbestand in Zeile 55). Die Besteuerung von fiktiven Veräußerungsgewinnen ist zulässig.[4]

Gewinne aus der Veräußerung von Investmentfondsanteilen, die **nach dem 31.12.2008 und gleichzeitig vor dem 1.1.2018** angeschafft worden sind (Erklärungstatbestand Zeile 56) und im Jahr 2025 veräußert wurden, sind hingegen in jedem Fall und ohne Bestandsschutz stpfl.

aa) bei Anschaffung vor dem 1.1.2009: Wert lt. Zeile 54 (Zeile 55)

Wurden die im VZ 2018 veräußerten Investmentfondsanteile vor dem 1.1.2009 angeschafft und seit der Anschaffung nicht im BV gehalten, bleibt der erzielte Veräußerungsgewinn grds. steuerfrei, soweit der Gewinn aus der Veräußerung den Betrag von 100 000 € (**Freibetrag**) nicht übersteigt (bestandsgeschützte Alt-Anteile i.S.d. § 56 Abs. 6 Satz 1 Nr. 2 EStG). Der Freibetrag wird i.R.d. ESt-Veranlagung durch das FA gewährt. Soweit ein Gewinn aus der Veräußerung eines bestandsgeschützten Alt-Anteils von der Besteuerung freigestellt wird, ist der verbleibende Freibetrag durch das für die Veranlagung des Anlegers zuständige FA gesondert festzustellen (§ 56 Abs. 6 Satz 2 InvStG). **866**

Das Ergebnis der aufgeteilten Veräußerungsgewinnberechnung aus Zeile 54 (fiktive AK) ist – als gesonderter Wert und nach Fondsart differenziert – in den Zeilen 15, 18, 21, 24 und/oder 27 der ersten Anlage KAP-INV zu überragen. Das FA berücksichtigt von Amts wegen den Personen bezogenen Freibetrag.

bb) bei Anschaffung nach dem 31.12.2008 und vor dem 1.1.2018: fiktiver Veräußerungsgewinn zum 31.12.2017 (Zeile 56)

Die Investmentfondsanteile sind unter Geltung der Abgeltungsteuer erworben worden, nachdem bereits sämtliche Wertveränderungen steuerverhaftet sind. Nach § 56 Abs. 2 Satz 1 InvStG gelten die vor dem 1.1.2018 angeschafften Anteile zum 31.12.2017 als veräußert und zum 1.1.2018 als angeschafft. Diese Veräußerungs- und Anschaffungsfiktion sorgt auf Anlegerebene für einen einheitlichen Übergang auf das neue Investmentsteuerrecht. Die Veräußerungsfiktion führt nicht zu einer sofortigen Besteuerung von Veräußerungsgewinnen oder -verlusten, sondern sorgt lediglich dafür, dass die von der tatsächlichen Anschaffung der Anteile bis zum Übergangszeitpunkt angefallene steuerliche BMG einheitlich für alle Anleger nach den zum 31.12.2017 geltenden Regelungen zu ermitteln ist. Als Veräußerungserlös gilt der letzte im Kj. 2017 festgesetzte Rücknahmepreis (§ 56 Abs. 2 Satz 2 InvStG). Falls kein Rücknahmepreis festgesetzt wird, tritt der Börsen- oder Marktpreis an dessen Stelle (§ 56 Abs. 6 Satz 3 InvStG). Die BMG des fiktiven Veräußerungsgewinns ist nach den am 31.12.2017 geltenden Regelungen zu **867**

1) BMF v. 21.5.2019, IV C 1 – S 1980-1/16/10010 :001, BStBl I 2019, 527, Rz. 19.11 unter Berücksichtigung diverser Ergänzungen/Änderungen letztmalig durch BMF v. 18.11.2024, IV C 1 – S 1980-1/19/10008 :031, BStBl I 2024, 1547.
2) BMF v. 5.9.2023, IV C 1 – S 1980-1/19/10008 :028, BStBl I 2023, 1648.
3) BMF v. 21.5.2019, IV C 1 – S 1980-1/16/10010 :001, BStBl I 2019, 527, Rz. 19.9 unter Berücksichtigung diverser Ergänzungen/Änderungen letztmalig durch BMF v. 18.11.2024, IV C 1 – S 1980-1/19/10008 :031, BStBl I 2024, 1547.
4) FG Köln v. 8.9.2022, 15 K 2594/20, EFG 2022, 1931; Rev. Az. des BFH: VIII R 15/22. So auch: FG Niedersachsen v. 14.6.2023, 7 K 254/20, Rev., Az. des BFH: VIII R 22/23.

ermitteln. Wertveränderungen des Investmentanteils oder Ausschüttungen ab dem Jahr 2018 sind für den fiktiven Veräußerungsgewinn (einschließlich der zum Stichtag ermittelten Aktien und Abkommensgewinne) unbeachtlich.

Wurden die veräußerten Investmentanteile nach dem 31.12.2008 und vor dem 1.1.2018 erworben, ist im Zeitpunkt der tatsächlichen Veräußerung der Anteile der fiktive Veräußerungsgewinn (§ 56 Abs. 2 Satz 1 InvStG) zum 31.12.2017 stpfl. (§ 56 Abs. 3 Satz 1 InvStG). Der fiktive Veräußerungsgewinn (aller entsprechenden Veräußerungstatbestände) ist gesondert zu berechnen und das Ergebnis in Zeile 56 zu erklären. Dabei gelten im PV die zuerst angeschafften Anteile als zuerst veräußert – First In-First Out (§ 56 Abs. 3 Satz 2 InvStG).

Beispiel zur Berechnung:

	Anzahl Anteile	Rücknahmepreis in Euro	Wert in Euro
Anschaffung von Fondsanteilen zum			
– 22.5.2005	40	100	4 000
– 21.9.2014	60	200	12 000
fiktive Veräußerung 31.12.2017	100	210	21 000
„steuerpflichtige Anteile" (210 ./. 200)	60	10	600
tatsächliche Veräußerung: 4.10.2025	100	300	30 000
Ermittlung der stpfl. Einkünfte			
Anteile aus 2014 (300 ./. 210)	60	90	5 400
fiktiver Gewinn aus 2017 (210 ./. 200)	60	10	600
Anteile aus 2005	40	90	3 600
abzgl. Freibetrag (max. 100 000 €)			3 600
= steuerpflichtig			6 000

Die Höhe des Steuersatzes und das Verfahren der Steuerfestsetzung richten sich nach den Regelungen, die zum Zeitpunkt der tatsächlichen Veräußerung gelten. Das Gleiche gilt für die Besteuerungsmerkmale der stpfl. Person.[1)]

Das Ergebnis der aufgeteilten Veräußerungsgewinnberechnung aus Zeile 54 ist – als gesonderter Wert und nach Fondsart differenziert – in die Zeilen 16, 19, 22, 25 und/oder 28 der ersten Anlage KAP-INV zu übertragen. Die Wertsteigerungen bis zum 31.12.2017 sind in voller Höhe steuerpflichtig. Eine Teilfreistellung (§ 20 InvStG) wird für diese Erträge nicht gewährt.

Zu weiteren Anwendungsfragen im Zusammenhang mit der Besteuerung von Unterschiedsbeträgen i S.d. § 56 Abs. 1 Satz 2 InvStG i.V.m. § 5 Abs. 1 Nr. 5 Satz 5 ff. InvStG 2004 und § 13 Abs. 4a und 4b InvStG 2004 vgl. BMF v. 19.12.2019.[2)] Bei Privatanlegern ist der für den Stichtag 31.12.2017 ermittelte fiktive Veräußerungsgewinn im Zeitpunkt der tatsächlichen Veräußerung des Alt-Anteils nach § 56 Abs. 3 Satz 1 InvStG i.R.d. Veranlagung um die Unterschiedsbeträge zu korrigieren, für die nach § 8 Abs. 5 InvStG 2004 eine Korrektur erforderlich ist.[3)] Der fiktive Veräußerungsgewinn ist nicht zu korrigieren,

– bei einem bestandsgeschützten Alt-Anteil oder
– wenn eine Berücksichtigung der Unterschiedsbeträge im Veranlagungsverfahren unterblieben ist, z.B. weil die zu Lasten des Anlegers anzusetzenden Unterschiedsbeträge weniger als 500 € betragen (§ 5 Abs. 1 Satz 1 Nr. 5 Satz 10 und § 13 Abs. 4b Satz 3 InvStG 2004).

1) BMF v. 21.5.2019, IV C 1 – S 1980-1/16/10010 :001, BStBl I 2019, 527, Rz. 56.67 unter Berücksichtigung diverser Ergänzungen/Änderungen letztmalig durch BMF v.18.11.2024, IV C 1 – S 1980-1/19/10008 :031, BStBl I 2024, 1547.
2) BMF v. 19.12.2019, IV C 1 – S 1980-1/19/10008 :004, BStBl I 2020, 85, Rz. 56.3g.
3) Vgl. auch BMF v. 18.8.2009, IV C 1 – S 1980 – 1/08/10019, BStBl I 2009, 931, Rz. 196a und Anhang 6.

XIV. Anlage Kind – Angaben zu Kindern

1. Vorbemerkung

Die Anlage Kind dient der Berücksichtigung von Kindern i.R.d. sog. Familienleistungsausgleichs (Kindergeld und Freibeträge für Kinder) und dient auch der **Erklärung von Beiträgen zur gesetzlichen Kranken- und sozialen Pflegeversicherung** (Pflege-Pflichtversicherung für privat Versicherte), die die stpfl. Person oder die Eltern für das Kind als Versicherungsnehmer übernommen haben und Berücksichtigung finden (→ Rz. 912). Für jedes Kind ist eine eigene Anlage Kind der ESt-Erklärung beizufügen. Neben den für die Berücksichtigung von Kindern notwendigen Angaben sind auf dem Vordruck auch alle Tatbestände enthalten, die im Zusammenhang mit Kindern ertragsteuerlich mindernd geltend gemacht werden können. Eine Ausnahme besteht nur hinsichtlich der zu berücksichtigenden außergewöhnlichen Belastungen, die ab dem VZ 2019 auf der Anlage Außergewöhnliche Belastungen (agB) (→ Rz. 54 ff.) zu erklären sind. Familienbedingte Aufwendungen sind durch die Regelungen des Familienleistungsausgleichs abgegolten. So sind auch **trennungsbedingte Umgangskosten** (eines barunterhaltsverpflichteten Elternteils z.B. für Wochenendfahrten zu einem von ihm getrennt lebenden Kind) nicht zu berücksichtigen.[1] 868

Im Rahmen der ESt-Veranlagung wird durch Angaben auf der Anlage Kind von Amts wegen geprüft, ob der im gesamten VZ bestehende **Anspruch auf Kindergeld** oder die zu gewährenden **Freibeträge für Kinder günstiger** sind (§ 31 EStG). Diese Prüfung ist für jedes Kind gesondert vorzunehmen, unabhängig davon, ob ein Antrag auf Kindergeld gestellt wurde oder eine Zahlung erfolgt ist.[2] Diese Regelung besteht, um eine mehrfache Berücksichtigung für dasselbe Kind auszuschließen[3] und dient gleichermaßen der Verwaltungsvereinfachung.[4] Der Grund der Nichtzahlung von Kindergeld (z.B. auch in Fällen der Festsetzungsverjährung) soll dabei unerheblich sein.[5] Über die im Rahmen dieser Günstigerprüfung zu klärende Frage, ob der Anspruch auf Kindergeld bestanden hat, entscheidet das FA in eigener Zuständigkeit. Die Entscheidung der Familienkasse hat keine Bindungswirkung,[6] so dass z.B. geltend gemacht werden kann, dass zu Unrecht Kindergeld bezogen wurde und daher eine Anrechnung bei der Gewährung von Kinderfreibeträgen i.R.d. ESt-Erklärung nicht erfolgen darf.[7]

Zu Fragen von **Steuerstraftaten und Steuerordnungswidrigkeitenverfahren** im Zusammenhang mit dem steuerlichen Familienleistungsausgleich nach dem X. Abschnitt des EStG vgl. die Dienstanweisung zum Kindergeld (DA-KG).[8]

Der Prüfung wird das z.v.E. zu Grunde gelegt. Im Einkommensteuerrecht gilt i.R.d. Günstigerprüfung das Jahresprinzip, während im Kindergeldrecht grds. das Monatsprinzip gilt.

Praxishinweis:
Die Vergleichsrechnung (§ 31 EStG), bei der geprüft wird, ob das Kindergeld oder die Freibeträge für Kinder günstiger ist, ist für jedes Kind einzeln durchzuführen. Das gilt auch in den Fällen, in denen eine Zusammenfassung der Freibeträge für mehrere Kinder wegen der Besteuerung außerordentlicher Einkünfte (§ 34 Abs. 1 EStG) günstiger wäre.[9] Eine andere Rechtsgrundlage, von diesem Grundsatz abzuweichen und die für mehrere Kinder zu gewährenden Freibeträge zusammenzufassen, besteht nicht.[10] Entscheidend für die Hinzurechnung nach § 31 Satz 4 EStG ist allein, ob für ein Anspruch auf Kindergeld besteht.[11] Ob das Kindergeld tatsächlich gezahlt wurde, ist dagegen ohne Bedeutung.[12] Hinsichtlich der zu beachtenden Sechsmonatsfrist → Rz. 871. Da der Anspruch auf Kindergeld unabhängig von der Beurteilung durch die Kindergeldkasse besteht, kann eine geänderte Beurteilung der Kindergeldkasse zu keiner Änderung des ESt-Bescheides führen. Die fehlerhafte Beurteilung des Anspruchs durch das FA im Zeitpunkt der Veranlagung ist ein Rechtsfehler und lässt eine Änderung nicht zu.[13]

Die Freibeträge für Kinder bestehen aus den beiden Komponenten des Kinderfreibetrags (für das sächliche Existenzminimum i.H.v. 3 336 €[14] je Kind) und des Freibetrags für den Betreuungs-, Erziehungs- und Ausbildungsbedarf (1 464 € je Kind), § 32 Abs. 6 EStG. Bei Eltern, die zusammen veranlagt werden, verdoppeln sich die beiden Beträge auf 6 672 €[15] und 2 928 €.

Dies gilt auch, wenn der andere Elternteil verstorben oder nicht unbeschränkt einkommenstpfl. ist sowie wenn die stpfl. Person das Kind allein angenommen hat oder das Kind nur zu ihm in einem Kindschaftsverhältnis steht. Die steuerliche Freistellung eines Einkommensbetrags in Höhe des Existenzminimums eines Kindes einschließlich der Bedarfe für Betreuung und Erziehung oder Ausbildung wird im gesamten VZ entweder durch die Freibeträge (§ 32

1) BFH v. 15.5.2012, VI B 111/11, BFH/NV 2012, 1434; Verfbeschw nicht angenommen (BVerfG v. 29.5.2013, 2 BvR 1787/12).
2) R 31 Abs. 2 EStR 2012.
3) BFH v. 30.11.2004, VIII R 51/03, BStBl II 2008, 795.
4) BT-Drucks. 15/1798, 2, 17.
5) FG München v. 4.12.2009, 1 K 2871/07, EFG 2011, 63; NZB unzulässig, BFH v. 8.7.2011, III B 7/10, BFH/NV 2011, 1895.
6) BFH v. 15.3.2012, III R 82/09, BStBl II 2013, 226.
7) Selder, jurisPR-SteuerR 26/2012, Anm. 2.
8) DA-KG 2025, BZSt v. 28.4.2025, St II 2 – S 2280/25/0000024, BStBl I 2025, 1018, Kapitel S.
9) BFH v. 28.4.2010, III R 86/07, BStBl II 2011, 259.
10) BFH v. 19.4.2012, III R 50/08, BFH/NV 2012, 1429.
11) Vgl. auch BVerfG v. 13.7.2016, 2 BvR 2498/14, StEd 2016, 352.
12) BFH v. 13.9.2012, V R 59/10, BStBl II 2013, 228.
13) OFD Niedersachsen v. 15.5.2013 – S 0353 – 34 – St 144, StEd 2013, 398.
14) Die Erhöhung auf 3 306 € basiert auf dem Gesetz zur steuerlichen Freistellung des Existenzminimums 2024, Beschluss des BR v. 22.11.2024, BR-Drucks. 531/24.
15) Die Erhöhung auf 6 612 € basiert auf dem Gesetz zur steuerlichen Freistellung des Existenzminimums 2024, Beschluss des BR v. 22.11.2024, BR-Drucks. 531/24.

Abs. 6 EStG) oder durch das Kindergeld nach dem X. Abschnitt bewirkt (§ 31 Satz 1 EStG). Auch in diesen Fällen wird der gesamte Kindergeldanspruch dem Elternteil zugerechnet, der die Freibeträge für Kinder erhält.[1]

Bewirkt der Anspruch auf Kindergeld für den gesamten VZ die nach § 31 Satz 1 EStG **gebotene steuerliche Freistellung** nicht vollständig und werden deshalb bei der Veranlagung zur ESt die Freibeträge nach § 32 Abs. 6 EStG vom Einkommen abgezogen, erhöht sich die unter Abzug dieser Freibeträge ermittelte tarifliche ESt um den Anspruch auf Kindergeld für den gesamten VZ. Ist der Anspruch auf Kindergeld für den gesamten VZ günstiger als die zu berücksichtigenden Freibeträge, wirken sich diese bei der Bemessung der ESt nicht weiter aus. Lediglich bei der Bemessung der Kirchensteuer und des Solidaritätszuschlags werden die Freibeträge für Kinder abgezogen (§ 51a Abs. 2 EStG).

Beispiel:

Die Eheleute A und B haben ein gemeinsames Kind, für das sie den gesamten VZ 2025 Kindergeld i.H.v. 3 060 € (12 × 255 €) erhalten haben. Das zu versteuernde Einkommen beträgt 100 000 €.

zu versteuerndes Einkommen I	100 000 €	
ESt hierauf		21 382 €
Freibeträge für Kinder (6 672 € + 2 928 € =)	9 600 €	
zu versteuerndes Einkommen II	90 400 €	
ESt hierauf		18 058,00 €
Differenz		3 324,00 €

Die steuerliche Entlastung durch die Freibeträge für Kinder (3 344 €) ist größer als das bisher gewährte Kindergeld (3 060 €), so dass die Freibeträge für Kinder i.R.d. Festsetzung der ESt berücksichtigt werden.

Ein Kind wird ab dem Kalendermonat berücksichtigt, in dem es lebend geboren wurde, und in jedem weiteren Kalendermonat, zu dessen Beginn es das 18. Lebensjahr noch nicht vollendet hat, berücksichtigt (§ 32 Abs. 3 EStG).

Die Berücksichtigung eines **volljährigen Kindes** ist von **weiteren Voraussetzungen** abhängig, die in den Zeilen 16–21 (grds. Berücksichtigungsmöglichkeiten [→ Rz. 885]) und ggf. 22–25 (weitere Angaben zur Erwerbstätigkeit des volljährigen Kindes [→ Rz. 901]) zu erklären sind.

2. Angaben zum Kind (Zeilen 1–9)

Anleitung vorhanden

2025

Anlage Kind

Für jedes Kind bitte eine eigene Anlage Kind abgeben.

Daten für die mit ⓔ gekennzeichneten Zeilen liegen im Regelfall vor und müssen nicht eingetragen werden. – Bitte Anleitung beachten. –

1 Name

2 Vorname

3 Steuernummer — lfd. Nr. der Anlage

Angaben zum Kind 36 / 37

4 Identifikationsnummer 01

5 Vorname — ggf. abweichender Familienname

6 Geburtsdatum 16 T T M M J J J J — Anspruch auf Kindergeld oder vergleichbare Leistungen für 2025 15 EUR ,—

7 Für die Kindergeldfestsetzung zuständige Familienkasse

8 Wohnsitz im Inland: vom 00 T T M M bis T T M M — ggf. abweichende Adresse

9 Wohnsitz im Ausland: vom 07 T T M M bis T T M M — ggf. abweichende Adresse — Staat (Kz 14)

1) FG Baden-Württemberg v. 26.11.2010, 10 K 2352/10, EFG 2011, 712.

In den Zeilen 4 bis 6 sind Grundangaben (Vorname, ggf. abweichender Familienname, das Geburtsdatum und die Id-Nr. [→ Rz. 15]) einzutragen. **869**

Mit dem JStG 2022 ist in § 32 Abs. 6 Satz 12–14 EStG aufgenommen worden, dass die Angabe der Id-Nr. des Kindes materiell-rechtliche Voraussetzung für die Berücksichtigung der Freibeträge für Kinder ab dem VZ 2023 ist. Diese muss bei einem inl. Wohnsitz des Kindes daher zwingend eingetragen werden. Auf Grund großer Probleme in der Praxis ist seit der 30. Kalenderwoche 2024 die Angabe der Id Nr. eines Kindes in der Anlage Kind in ELSTER nicht mehr verpflichtend einzutragen. Die elektronische Abgabe der Steuererklärung ist somit auch ohne die Id-Nr. des Kindes möglich.

Praxishinweis:

In Zeile 7 ist eine Erklärung zur für das Kindergeld zuständigen Familienkasse erforderlich, was einen möglichen Informationsaustausch zwischen Familienkasse und FA erleichtern dürfte. Die Familienkassen erfassen zudem die Id-Nr. des Kindes, was die Kommunikation mit dem FA verbessern soll. Ab dem 1.1.2016 ist die Id-Nr. gesetzlich vorgeschriebene Anspruchsvoraussetzung für das Kindergeld (§ 62 Abs. 1 Satz 2 und 3, § 63 Abs. 1 Satz 3 bis 5 EStG und § 52 Abs. 49a EStG).[1] Die Anknüpfung des Kindergeldanspruchs an die Angabe der jeweiligen Identifikationsmerkmale von Antragstellern und Kindern als materielle Tatbestandsvoraussetzung verhindert ungerechtfertigte Doppelzahlungen, da dann nur für ein durch das steuerliche Identifikationsmerkmal eindeutig identifiziertes Kind Kindergeld gezahlt wird. Wenn an das Kind noch keine Id-Nr. vergeben worden ist oder deswegen nicht vergeben wird, weil es dauerhaft außerhalb Deutschlands wohnt oder sich aufhält und keiner inl. Steuerpflicht unterliegt, erfolgt die Identifizierung durch andere geeignete Nachweise, z.B. durch Ausweisdokumente, ausl. Urkunden oder die Angabe eines ausl. Personenkennzeichens. Weltweit werden Personenkennzeichen von den Verwaltungen der Staaten verwendet, um ihre Bürgerinnen und Bürger für einen bestimmten Zweck (Steuerverwaltung, Arbeitsverwaltung, Sozialversicherung etc.) eindeutig zu identifizieren. Dazu wird dort von einer staatlichen Stelle ein Dokument ausgestellt (Ausweis, Identitätskarte, Identitätsnachweis), in dem die betreffende Person dort von der staatlichen Stelle eindeutig identifiziert worden ist.[2]

Eine Berücksichtigung als Kind war bis zum VZ 2011 nur dann möglich, wenn das Einkommen des Ehegatten/Lebenspartners des Kindes so gering war, dass dieser zum Unterhalt des Kindes nicht in der Lage ist (z.B. Studentenehe) und die Eltern deshalb weiterhin für ihr Kind aufkommen müssen (sog. Mangelfall).[3] Ein **Mangelfall** war bei kinderlosen Ehen dann anzunehmen, wenn das verfügbare Nettoeinkommen des Kindes einschließlich der Unterhaltszahlungen des Ehepartners niedriger sind als das steuerrechtliche Existenzminimum (Grundfreibetrag, § 32a Abs. 1 Satz 2 Nr. 1 EStG) und die Eltern deshalb für das Kind aufkommen müssen. Ab dem 1.1.2012 schließt die Verheiratung eines Kindes die steuerliche Berücksichtigung als Kind nicht mehr aus, da es auf die Höhe der Einkünfte und Bezüge nicht mehr ankommt.[4] **870**

Zur Berücksichtigung der Freibeträge für Kinder bei Lebenspartnern (Stiefkindadoption; Kind ohne leibliches Verwandtschaftsverhältnis zu beiden oder nur zu einem Lebenspartner; Übertragung) vgl. BMF v. 17.1.2014.[5]

In **Zeile 6** ist grds. der Anspruch (nicht das tatsächlich gezahlte [Ausnahme bei Begrenzung der rückwirkenden Auszahlung, {§ 31 Satz 5 EStG}]) auf Kindergeld (§ 2 Abs. 6 Satz 3 i.V.m. § 31 Satz 4 EStG) oder vergleichbare Leistungen (§ 65 Abs. 1 Satz 1 EStG einzutragen. Der Anspruch auf Kindergeld beträgt seit dem 1.1.2025 einheitlich für alle Kinder 255 €/Monat [Jahresbetrag 3 060 €]); ein Betrag ist damit immer einzutragen (und wird für die Vergleichsberechnung zu Grunde gelegt), unabhängig davon, ob bereits ein Antrag auf Kindergeld gestellt wurde oder eine Zahlung erfolgt ist. **871**

Beratungshinweis:

Mit dem Gesetz gegen illegale Beschäftigung und Sozialleistungsmissbrauch[6] hat der Gesetzgeber die rückwirkende **Auszahlung** des Kindergeldes auf sechs Monate begrenzt (unter Aufhebung der bisherigen Regelung in § 66 Abs. 3 EStG).[7] Um zu verhindern, dass in Fällen, in denen der Kindergeldantrag nicht rechtzeitig gestellt wurde, bei der Einkommensteuer infolge der Hinzurechnung des Anspruchs auf Kindergeld das Existenzminimum eines Kindes nicht vollständig freigestellt wird, wurde eine Ausnahmeregelung eingeführt. In diesen Fällen wird nicht auf den Anspruch auf Kindergeld abgestellt, da dies zur Folge hätte, dass die Freibeträge für Kinder sich steuerlich nur in Höhe des Betrages auswirken würden, der das verrechnete, aber nicht erhaltene Kindergeld übersteigt. In diesen Fällen muss auf das ausgezahlte Kindergeld abgestellt werden. Trägt die stpfl. Person/die Eltern vor, dass die rückwirkende Auszahlung des Kindergeldes auf sechs Monate begrenzt wurde, ist dem FA der betreffende Kindergeldbescheid oder eine Bescheinigung der Familienkasse (§ 68 Abs. 3 EStG) vorzulegen.

Die Hinzurechnung wird auch nicht dadurch ausgeschlossen, dass der Anspruch auf Kindergeld verjährt ist.[8] Zum Ausschluss von Kindergeld bei Gewährung vergleichbarer Leistungen von zwischen- oder überstaatlichen Einrichtungen vgl. BFH.[9]

Das FA muss anhand der Regelungen zum Kindergeld prüfen, ob ein Kindergeldanspruch besteht. Zur Konkurrenz von Kindergeldansprüchen zwischen zwei EU-Staaten sowie zur Bindungswirkung der Entscheidungen ausländischer Behörden vgl. BFH.[10]

---

1) I.d.F.d. Gesetzes zur Änderung des Freizügigkeitsgesetzes/EZ und weiterer Vorschriften v. 2.12.2014, BGBl. I 2014, 1922.
2) Vgl. Gesetzentwurf der Bundesregierung, BT-Drucks. 18/2581 v. 22.9.2014.
3) BFH v. 2.3.2000, VI R 13/99, BStBl II 2003, 522; v. 19.4.2007, III R 65/06, BStBl II 2008, 756.
4) BFH v. 17.10.2013, III R 22/13, BStBl II 2014, 257; v. 5.3.2014, XI R 32/13, BFH/NV 2014, 1031.
5) BMF v. 17.1.2014, IV C 4 – S 2282-a/0 :004, BStBl I 2014, 109.
6) Gesetz gegen illegale Beschäftigung und Sozialleistungsmissbrauch v. 11.7.2019, BGBl. I 2019, 1066.
7) § 70 Abs. 1 Satz 2 EStG.
8) BFH v. 13.9.2012, V R 59/10, BStBl II 2013, 228.
9) BFH v. 13.7.2016, XI R 16/15, BStBl II 2016, 955.
10) BFH v. 26.7.2017, III R 18/16, BStBl II 2017, 1237.

Die Familienkasse hat eine Bescheinigung über das im Kj. ausgezahlte Kindergeld zu erstellen (§ 68 Abs. 3 EStG). Bescheinigt die Familienkasse, dass ein Anspruch auf Kindergeld besteht, soll das FA diese Entscheidung grds. übernehmen.[1] Eine unmittelbare Bindungswirkung tritt jedoch nicht ein. Das FA wird jedoch bei der Einkommensteuerveranlagung davon ausgehen, dass kein Kindergeldanspruch besteht, wenn die Familienkasse einen solchen bestandskräftig abgelehnt hat.[2] In **Zeile 7** ist die für die Kindergeldfestsetzung zuständige Familienkasse anzugeben, die sich z.B. aus dem entsprechenden Kindergeldfestsetzungsbescheid ergibt.

Kindergeld erhält grds. diejenige Person[3], die das Kind in seinem Haushalt aufgenommen hat; zur annähernd gleichwertigen Aufnahme in die Haushalte der getrennt lebenden Elternteile vgl. BFH.[4] Ist das Kind nicht in den Haushalt einer berechtigten Person aufgenommen, so erhält diejenige Person das Kindergeld, die dem Kind eine Unterhaltsrente zahlt (§ 64 Abs. 3 EStG).[5] Die Bestimmung erfolgt dabei anhand der regelmäßigen monatlichen Zahlungen.[6] Auch ein Anspruch auf Kindergeld, dessen Festsetzung aus verfahrensrechtlichen Gründen nicht erfolgt ist, ist zu berücksichtigen.[7]

Beratungshinweis:

Der BFH hat (für noch nicht bestandskräftige Kindergeldfestsetzungen) entschieden, dass einem Lebenspartner ein Kindergeldanspruch auch für die in den gemeinsamen Haushalt aufgenommenen Kinder (Zählkindvorteil) des Lebenspartners zusteht.[8]

Praxishinweis:

Beim Kindergeld handelt es sich um eine Art „Vorauszahlung", denn die Prüfung, ob die verfassungsgemäße Besteuerung durch den Anspruch auf Kindergeld oder durch den Abzug der Freibeträge für Kinder sichergestellt wird, erfolgt erst nach Ablauf des Kj. bei der Veranlagung zur ESt. Wurde die Freistellung des Existenzminimums eines Kindes dabei unterjährig nicht vollständig durch den Anspruch auf Kindergeld erreicht, werden bei der ESt-Veranlagung die Freibeträge für Kinder vom Einkommen abgezogen und die tarifliche ESt um den Anspruch auf Kindergeld erhöht (§ 31 Satz 4 EStG).

Zur **Verfassungsmäßigkeit** des Familienleistungsausgleichs vgl. auch BVerfG v. 1.12.2011.[9]

Wer anspruchsberechtigte Person für das Kindergeld ist, ergibt sich aus § 62 EStG. Dass Staatenlose keinen Anspruch auf Kindergeld haben, ist verfassungsrechtlich nicht zu beanstanden.[10] Auch geduldete Ausländer (§§ 55 f. AuslG) haben keinen Anspruch auf Kindergeld.[11] Zum Anspruch auf Kindergeld bei Ausländern ohne Erwerbsberechtigung vgl. BFH.[12]

872 Wird nachträglich bekannt, dass ein **Anspruch auf Kindergeld** tatsächlich nicht in der bisher angenommenen Höhe bestanden hat, kommt eine Änderung des Steuerbescheids (§ 173 AO) in Betracht. Wird der Anspruch auf Kindergeld nachträglich bejaht oder verneint, ist der Steuerbescheid, sofern sich eine Änderung der Steuerfestsetzung ergibt, auf Grund dieses rückwirkenden Ereignisses (§ 175 Abs. 1 Nr. 2 AO) zu ändern.[13]

873 **Vergleichbare Leistungen** i.S.d. § 65 Abs. 1 Satz 1 EStG sind ausländisches Kindergeld. Durch eine Änderung mit dem JStG 2022 wurde § 65 EStG insoweit geändert, dass Kinderzuschüsse aus der gesetzlichen Unfall- und Rentenversicherung keine vergleichbaren Leistungen mehr sind. Ab dem VZ 2023 sind diese daher nicht mehr als Kindergeld einzutragen. Die Berechnung des Differenzkindergelds hat nach dem EStG kindbezogen zu erfolgen. Eine Kürzung des Differenzkindergelds bei einzelnen Kindern durch Verrechnung eines übersteigenden Betrags bei anderen Kindern ist mangels gesetzlicher Grundlage ausgeschlossen.[14]

874 Die Berücksichtigung eines Kindes ist nicht davon abhängig, dass das Kind selbst unbeschränkt einkommenstpfl. ist. Bei einem Auslandsaufenthalt des Kindes ist zwischen einjährigen und mehrjährigen Auslandsaufenthalten zu unterscheiden.[15]

Die zu berücksichtigenden Freibeträge sind aber zu kürzen, soweit es nach den **Verhältnissen im Wohnsitzstaat** des Kindes notwendig ist (§ 32 Abs. 4 Satz 3 EStG; vgl. hierzu die Tabelle in → Rz. 1740.) Die Ländergruppeneinteilung ist rechtlich nicht zu beanstanden, da sie die Notwendigkeit und Angemessenheit von Aufwendungen nach den Verhältnissen des Wohnsitzstaates abbildet; abzustellen ist bei der Einordnung der Länder auf das von der OECD ermittelte Pro-Kopf-Einkommen.[16] Der Maßstab ist daher in allen Fällen anzuwenden, sofern nicht in einem Einzelfall die Einschränkung zu einem offensichtlich unzutreffenden Ergebnis führt. In diesem Fall müsste darge-

1) R 31 Abs. 4 Satz 3 EStR 2012.
2) Heuermann in Brandis/Heuermann, § 31 EStG Rz. 96.
3) Eine Verfassungsbeschwerde zur Regelung, wonach nur einer berechtigten Person Kindergeld gezahlt wird, wurde nicht zur Entscheidung angenommen, BVerfG v. 16.2.2015, 2 BvR 1615/12, StEd 2015, 151.
4) BFH v. 18.4.2013, V R 41/11, BStBl II 2014, 34.
5) BFH v. 2.6.2005, III R 66/04, BStBl II 2006, 184.
6) BFH v. 11.10.2018, III R 45/17, BStBl II 2019, 323.
7) R 31 Abs. 2 EStR 2012.
8) BFH v. 8.8.2013, VI R 76/12, BStBl II 2014, 36.
9) BVerfG v. 1.12.2011, 2 BvR 2480/11, StEd 2012, 2.
10) BFH v. 22.11.2007, III R 60/99, BStBl II 2009, 910.
11) BFH v. 15.3.2007, III R 93/03, BStBl II 2009, 905.
12) BFH v. 27.1.2011, III R 45/09, BStBl II 2011, 720.
13) R 31 Abs. 5 EStR 2012.
14) BFH v. 4.2.2016, III R 9/15, BStBl II 2017, 121.
15) BFH v. 21.6.2023, III R 11/21, DStZ 2023, 671.
16) BFH v. 25.11.2010, VI R 28/10, BStBl II 2011, 283.

legt werden, dass die Einteilung des BMF nicht mit dem von der OECD ermittelten Pro-Kopf-Einkommen übereinstimmt.[1] Abgezogen werden kann in allen Fällen aber maximal der inl. Höchstbetrag.

Angerechnet wird auch ein nach **ausl. Recht bezogenes Kindergeld** (§ 31 Satz 6 EStG). Wird nach ausl. Recht ein höheres Kindergeld als nach inl. Recht gezahlt, beschränkt sich die Verrechnung auf die Höhe des inl. Kindergelds (§ 31 Satz 7 EStG).

Der **Anspruch auf Kindergeld** ist derjenigen Person **zuzurechnen**, die für das Kind Anspruch auf einen Kinderfrei- 875
betrag hat, auch wenn das Kindergeld an das Kind selbst oder an einen Dritten ausgezahlt wird. Der Anspruch auf Kindergeld ist grds. beiden Elternteilen jeweils zur Hälfte zuzurechnen, unabhängig davon, ob ein barunterhaltspflichtiger Elternteil das halbe Kindergeld über den zivilrechtlichen Ausgleich (§ 1612b Abs. 1 BGB) von seinen Unterhaltszahlungen abzieht, nach § 1612b Abs. 2 BGB eine Anrechnung des Kindergelds auf den Kindesunterhalt unterbleibt oder ein zivilrechtlicher Ausgleich nicht in Anspruch genommen wird.[2] Verzichtet der zum Barunterhalt verpflichtete Elternteil durch gerichtlichen oder außergewöhnlichen Vergleich auf die Anrechnung des hälftigen Kindergelds auf den Kindesunterhalt, ist sein zivilrechtlicher Ausgleichsanspruch, gleichwohl in die Prüfung der Steuerfreistellung nach § 31 EStG einzubeziehen.[3]

3. Kindschaftsverhältnis zur steuerpflichtigen Person/Ehemann/Ehefrau/Person A oder B (Zeile 10)

	Kindschaftsverhältnis					
10	**Kindschaftsverhältnis zur steuerpflichtigen Person / Ehemann / Person A**	02	1 = leibliches Kind / Adoptivkind 2 = Pflegekind 3 = Enkelkind / Stiefkind	**Kindschaftsverhältnis zur Ehefrau / Person B**	03	1 = leibliches Kind / Adoptivkind 2 = Pflegekind 3 = Enkelkind / Stiefkind

Kinder können ertragsteuerlich nur dann berücksichtigt werden, wenn sie zu der unbeschränkt stpfl. Person oder 876
seinem von ihr nicht dauernd getrennt lebenden, ebenfalls unbeschränkt stpfl. Ehegatten in einem von § 32 EStG definierten **Kindschaftsverhältnis** stehen (Entsprechendes gilt für Lebenspartner). Als Kinder sind daher zu berücksichtigen:

– **leibliche Kinder** 877

Leibliche Kinder sind im ersten Grad mit der stpfl. Person verwandte Kinder (§ 32 Abs. 1 Nr. 1 EStG), sofern das Verwandtschaftsverhältnis nicht durch Annahme erloschen ist (→ Rz. 878). Zu den leiblichen Kindern zählen auch die Kinder, die für ehelich erklärt worden (§§ 1723 bis 1740 BGB) sind, sowie nicht eheliche Kinder.

– **Adoptivkinder** 878

Als Kind im ertragsteuerlichen Sinne sind auch die Kinder zu berücksichtigen, die von der stpfl. Person angenommen worden sind („Annahme" oder „**Adoption**"). Die Annahme als Kind wird vom Familiengericht ausgesprochen (§ 1752 Abs. 1, § 1768 Abs. 1 BGB) und ist ab dem Zeitpunkt der Zustellung des betreffenden Beschlusses rechtswirksam.

Hinweis zur Plausibilitätsbeurteilung:
Wird das Kind im Laufe des Jahres angenommen, sind – auf dem Papierformular – ergänzende Angaben erforderlich. Hierzu ist die Zeile 37 des Hauptvordrucks ESt 1 A (→ Rz. 28) auszufüllen.

Voraussetzung ist des Weiteren, dass die Adoption dem Wohle des Kindes dient und zu erwarten ist, dass ein Kind-Eltern-Verhältnis entsteht (§ 1741 BGB). Auch ist die Adoption eines volljährigen Kindes möglich (§ 1767 BGB). Die Kosten einer Adoption sind dabei nicht als außergewöhnliche Belastung zu berücksichtigen.[4]

Mit der Annahme eines minderjährigen Kindes **erlischt** das **Verwandtschaftsverhältnis zu den Eltern**, bei Annahme des Kindes des Ehegatten nur das Verwandtschaftsverhältnis zum anderen Elternteil. Die Annahme eines volljährigen Kindes lässt bestehende Verwandtschaftsverhältnisse unberührt (es bleibt mit den leiblichen Eltern verwandt), es sei denn, dass durch Beschluss des Familiengerichts die Wirkungen der Annahme eines Minderjährigen als Kind eintreten (§ 1772 BGB).

– **Pflegekinder** 879

Pflegekinder sind ebenfalls als Kinder i.S.d. EStG zu berücksichtigen (§ 32 Abs. 1 Nr. 2 EStG). Pflegekinder sind Kinder, die im Haushalt der Pflegeeltern ihr Zuhause haben (die stpfl. Person muss dabei Eigentum oder Besitz an der Wohnung haben[5] und diese zu den Kindern in einer familienähnlichen, auf längere Dauer[6] angelegten Beziehung wie zu einem eigenen Kind stehen [Aufsichts-, Betreuungs- und Erziehungsverhältnis]). Zur Abgrenzung zu einer sonstigen betreuten Wohnform i.S.d. § 34 SGB VIII vgl. BFH.[7] Die stpfl. Person und das Kind sind durch ein familienähnliches, auf Dauer angelegtes Band miteinander verbunden. Hierzu gehört z.B.,

---

1) Pfützenreuter, jurisPR-SteuerR 12/2011, Anm. 4.
2) R 31 Abs. 3 EStR 2012.
3) BFH v. 16.3.2004, VIII R 86/98, BStBl II 2005, 332.
4) BFH v. 10.3.2015, VI R 60/11, BStBl II 2015, 695; Verfbeschw nicht zur Entscheidung angenommen, BVerfG v. 13.6.2016, 2 BvR 1208/15, StEd 2016, 467.
5) BFH v. 22.12.2011, III R 70/09, BFH/NV 2012, 1446.
6) BFH v. 8.1.2014, XI B 120/13, BFH/NV 2014, 686.
7) BFH v. 19.10.2017, III R 25/15, BStBl II 2019, 469.

dass die stpfl. Person das Kind im Rahmen von Hilfe zur Erziehung in Vollzeitpflege oder im Rahmen von Eingliederungshilfe in seinen Haushalt aufnimmt, sofern das Pflegeverhältnis auf Dauer angelegt ist.[1] Voraussetzung ist weiterhin, dass ein Autoritätsverhältnis besteht.[2] Hieran fehlt es, wenn das Kind von Beginn an nur für eine begrenzte Zeit im Haushalt der stpfl. Person Aufnahme findet.[3] Im Einzelfall kann es auch möglich sein, dass das „Pflegekind" nicht in der Wohnung der pflegenden Person lebt. Entscheidend ist in diesem Fall, dass durch die erbrachten Betreuungsleistungen ein örtlich gebundenes Zusammenleben vorhanden ist.[4] Besteht der Kontakt zu einem leiblichen Elternteil an nur wenigen Tagen im Monat, hindert dieser Umstand nichts an der Berücksichtigung als Pflegekind.[5]

Beratungshinweis:

Zur Entstehung eines Pflegekindschaftsverhältnisses zu einer bereits volljährigen Person vgl. BFH v. 9.2.2012.[6] Danach kann nur eine Entscheidung im Einzelfall getroffen werden. Zu prüfen sind daher neben der Frage der Lebensverhältnisse und der familiären Lebensgestaltung (gemeinsame Aktivitäten innerhalb des Familienverbundes) inwieweit der Entwicklungsstand des Kindes dem eines minderjährigen Kindes entspricht und inwieweit die möglichen Pflegeeltern erzieherische Einwirkungsmöglichkeiten haben. Die Familienkasse und damit auch die Finverw. dürften weniger strenge Maßstäbe anwenden, so dass ein Pflegekindschaftsverhältnis u.U. auch dann angenommen wird, wenn bei dem Kind nicht eine solche Behinderung i.S.d. BFH-Rechtsprechung angenommen wird. Finanzgerichtliche Streitigkeiten könnten sich demnach neg. auswirken.

Ein zum Bezug von Kindergeld berechtigendes Pflegekindschaftsverhältnis voraus, dass der Kindergeldberechtigte das Pflegekind in seinen Haushalt aufgenommen hat.[7] Ein Pflegekindschaftsverhältnis besteht nicht bei einer Kurzzeitpflege, auch wenn es bei der weiteren Unterbringung des Kindes zu Verzögerungen kommt.[8] Ein Pflegekindschaftsverhältnis ist auch bei unbegleitet minderjährigen Flüchtlingen möglich.[9]

Voraussetzung für ein Pflegekindschaftsverhältnis zur stpfl. Person ist des Weiteren, dass das Obhuts- und Pflegeverhältnis zu den leiblichen Eltern nicht mehr besteht, d.h. die familiären Bindungen zu diesen auf Dauer aufgegeben sind. Gelegentliche Besuchskontakte allein stehen dem nicht entgegen. Haben noch schulpflichtige Kinder nach Aufnahme durch die Pflegeeltern über zwei Jahre und länger keine ausreichenden Kontakte zu ihren leiblichen Eltern, so reicht dies in der Regel aus, einen Abbruch des Obhuts- und Pflegeverhältnisses zwischen den Kindern und ihren leiblichen Eltern anzunehmen.[10]

Ein Altersunterschied wie zwischen Eltern und Kindern braucht nicht unbedingt zu bestehen. Eine solche Forderung ist aus der gesetzlichen Regelung nicht zu entnehmen.[11] Ein Pflegekindschaftsverhältnis kann daher auch zu jüngeren Geschwistern bestehen. Auch volljährige, behinderte Geschwister können grundsätzlich als Pflegekinder i.S.d. § 32 Abs. 1 Nr. 2 EStG anerkannt werden. Der hierfür erforderlichen Aufnahme im Haushalt des Pflegeelternteils steht nicht entgegen, dass die behinderte Person auch in einer eigenen Wohnung lebt und dort auch von der Lebenshilfe betreut wird, wenn die Aufenthalte im Haushalt des Pflegeelternteils von einer selbstverständlichen Regelmäßigkeit geprägt sind und in Häufigkeit und Dauer weit über bloße Besuche hinausgehen. Es ist allerdings nicht ausreichend, wenn das Kind umfangreich überwacht und unterstützt wird.[12]

880 – **Enkelkind**

Ein Großelternteil ist mit dem Kind im zweiten Grad in gerader Linie verwandt (§§ 1589, 1926 BGB) und entspricht § 63 Abs. 1 Nr. 3 EStG. Das (Enkel-)Kind kann bei einem Großelternteil berücksichtigt werden, wenn es in dessen Haushalt aufgenommen worden ist. Das gilt auch dann, wenn Mutter und Kind aus dem gemeinsamen Haushalt mit den Großeltern ausziehen, das Kind aber tatsächlich überwiegend nach wie vor im Haushalt der Großeltern betreut wird.[13]

881 – **Stiefkind**

Der Begriff des Stiefkinds wird im BGB nicht verwendet. Stiefkinder sind Kinder des anderen Ehegatten.[14] Ein Stiefelternteil kann dabei eine Stiefmutter oder ein Stiefvater sein. Dies entspricht dem allg. Sprachgebrauch, wonach unter Stiefmutter die zweite Frau des Vaters, unter Stiefvater der zweite Mann der Mutter und unter einem Stiefkind der Sohn oder die Tochter des Ehepartners verstanden wird.[15] Stirbt der leibliche Elternteil oder wird die Ehe geschieden/aufgelöst, und verbleibt das Kind im Haushalt des bisher Berechtigten, ist das Kind bei diesem als Pflegekind berücksichtigungsfähig.[16] Auf Grund der Gleichstellung von Lebenspartner (§ 2 Abs. 8 EStG) dürfte nunmehr hierunter auch der Lebenspartner eines Elternteils zu verstehen sein.

1) R 32.2 Abs. 1 EStR 2012.
2) BFH v. 9.2.2012, III R 15/09, BStBl II 2012, 739, 1043, mit Hinweis auf Entscheidung des BSG.
3) BZSt v. 28.4.2025, St II 2 – S 2280/25/0000024, BStBl I 2025, 1018, A 11.3.
4) BFH v. 31.1.2011, III B 86/10, BFH/NV 2011, 805.
5) FG München v. 25.10.2011, 7 K 2736/09, EFG 2012, 851.
6) BFH v. 9.2.2012, III R 15/09, BStBl II 2012, 739.
7) BFH v. 12.10.2016, XI R 1/16, BFH/NV 2017, 298.
8) FG Köln v. 20.2.2017, 5 K 2087/16.
9) BZSt v. 28.4.2025, St II 2 – S 2280/25/0000024, BStBl I 2025, 1018, A 11.4 Abs. 3.
10) BFH v. 7.9.1995, III R 95/93, BStBl II 1996, 63.
11) FG Münster v. 30.7.1998, 3 K 7530/97 Kg, EFG 1999, 74; FG Münster v. 26.10.2001, 11 K 6850/00 Kg, EFG 2002, 150.
12) BFH v. 17.3.2020, III R 9/19, juris.
13) FG Rheinland-Pfalz v. 29.8.2017, 4 K 2296/15.
14) BFH v. 31.1.1973, II R 10/68, BStBl II 1973, 454.
15) BFH v. 20.4.2004, VIII R 88/00, BFH/NV 2004, 1103.
16) BZSt v. 28.4.2025, St II 2 – S 2280/25/0000024, BStBl I 2025, 1018, A 12 Abs. 1 Satz 3.

Wird ein **Kind** lediglich **zu Erwerbszwecken (Kostkinder)** in den Haushalt aufgenommen, ist das familienähnliche Band zu verneinen.[1] Sind mehr als sechs Kinder im Haushalt der stpfl. Person aufgenommen, spricht eine Vermutung dafür, dass es sich um Kostkinder handelt.[2] Kinder, die mit dem Ziel der Annahme von der stpfl. Person in Pflege genommen werden (§ 1744 BGB), sind regelmäßig Pflegekinder. 882

Die den Eltern zustehenden Freibeträge können auf Antrag auch auf einen Stiefelternteil oder auf einen Großelternteil übertragen werden, wenn dieser das Kind in seinen Haushalt aufgenommen hat (§ 32 Abs. 6 Satz 7 EStG). Daher besteht in Zeile 10 die Möglichkeit, auch Angaben zu einem Enkel- oder Stiefkind zu machen. In diesem Fall sind weitere Angaben in den Zeilen 46 bis 48 erforderlich (→ Rz. 928). 883

4. Kindschaftsverhältnis zu einer anderen Person (Zeilen 11–15)

Kindschaftsverhältnis zu einer anderen Person

11 Name, Vorname | Geburtsdatum dieser Person T T M M J J J J | 04 Dauer des Kindschaftsverhältnisses (Zeitraum vom – bis) T T M M – T T M M

12 Letzte bekannte Adresse | Art des Kindschaftsverhältnisses 1 = leibliches Kind / Adoptivkind 2 = Pflegekind

13 Der andere Elternteil lebte im Ausland im Zeitraum | 37 vom T T M M bis T T M M

14 Das Kindschaftsverhältnis zum anderen Elternteil ist durch dessen Tod erloschen am | 06 T T M M J J J J

15 Der Wohnsitz oder gewöhnliche Aufenthalt des anderen Elternteils ist nicht zu ermitteln oder der Vater des Kindes ist amtlich nicht feststellbar | 05 1 = Ja

Liegen bei unbeschränkt stpfl. Eltern die Voraussetzungen für eine Zusammenveranlagung nicht vor oder leben die Eltern **dauernd getrennt** oder sind die Eltern **geschieden**, ist bei der Ermittlung des zu versteuernden Einkommens eines Elternteils für jedes zu berücksichtigende Kind jeweils der halbe Kinderfreibetrag und die hälftigen Freibeträge für den Betreuungs-, Erziehungs- oder Ausbildungsbedarf zu berücksichtigen. **Lebenspartner** erfüllen die Voraussetzungen nur in den Fällen, in denen eine Stiefkindadoption[3] vorliegt. Besteht bei einem angenommen Kind das Kindschaftsverhältnis zu den leiblichen Eltern weiter, ist es vorrangig als angenommenes Kind (Adoptivkind) zu berücksichtigen. Ist ein im ersten Grad mit der stpfl. Person verwandtes Kind zugleich ein Pflegekind, ist es vorrangig als Pflegekind zu berücksichtigen (§ 32 Abs. 2 EStG). Bestehende Konkurrenzen werden daher zu Gunsten der Adoptiv- und Pflegeeltern geregelt. 884

Die vollen Freibeträge für Kinder stehen einem einzelnen Elternteil zu, wenn der **andere Elternteil im Ausland** gewohnt hat und in Deutschland nicht unbeschränkt einkommenstpfl. war. Es handelt sich insoweit jedoch nicht um einen Übertragungsfall, sondern die Freibeträge sind kraft Gesetzes bei dem unbeschränkt stpfl. Elternteil zu berücksichtigen (§ 32 Abs. 6 Satz 3 EStG).

Praxishinweis:

Der stpfl. Person steht für ein nichteheliches Kind, das bei dem im Ausland lebenden Elternteil lebt, der doppelte Kinderfreibetrag und der doppelte Betreuungsfreibetrag zu, wenn im ausl. Staat Kindergeld gezahlt wird und die Gewährung der Freibeträge günstiger ist; das ausl. Kindergeld ist der ESt hinzuzurechnen.[4]

Die Abfrage, ob der andere Elternteil im Ausland lebte, ist zwar sachgerecht und allgemein verständlich, reicht aber in vielen Fällen nicht aus, da das entscheidende Kriterium die Frage nach der unbeschränkten Steuerpflicht ist, die sich nicht nach dem Wohnsitz im Ausland richten muss.

In diesem Fall ist der **Zeitraum** in dem der andere Elternteil im **Ausland** lebte, zusätzlich in Zeile 13 anzugeben. Dies ist erforderlich, da das Monatsprinzip zu beachten ist.

Ist der andere **Elternteil verstorben**, stehen der stpfl. Person die vollen Freibeträge für Kinder zu (§ 32 Abs. 6 Satz 3 Nr. 1 EStG). In diesem Fall ist das Todesdatum des anderen Elternteils in Zeile 14 einzutragen.

In **Zeile 15** zu erklären sind Sachverhalte, in denen der Wohnsitz/gewöhnliche Aufenthalt des anderen Elternteils nicht zu ermitteln oder der Vater des Kindes amtlich nicht feststellbar ist.

1) Zur Abgrenzung vgl. BMF v. 22.10.2018, IV C 3 – S 2342/07/0001, BStBl I 2019, 1109.
2) R 32.2 Abs. 1 Satz 5 EStR 2012.
3) BVerfG v. 19.2.2013, 1 BvL 1/11, 1 BvR 3247/09, BGBl. I 2013, 428.
4) BFH v. 28.6.2012, III R 86/09, BStBl II 2013, 855.

5. Angaben für ein volljähriges Kind (Zeilen 16–21)

Angaben für ein volljähriges Kind

Das Kind
- befand sich in Schul-, Hochschul- oder Berufsausbildung,
- befand sich in einer Übergangszeit von höchstens vier Monaten (z. B. zwischen zwei Ausbildungsabschnitten),
- konnte eine Berufsausbildung mangels Ausbildungsplatzes nicht beginnen oder fortsetzen und / oder
- hat ein freiwilliges soziales oder ökologisches Jahr (Jugendfreiwilligendienstegesetz), eine Freiwilligentätigkeit im Rahmen des Europäischen Solidaritätskorps, einen entwicklungspolitischen Freiwilligendienst, einen Freiwilligendienst aller Generationen (§ 2 Abs. 1a SGB VII), einen Internationalen Jugendfreiwilligendienst, Bundesfreiwilligendienst oder einen anderen Dienst im Ausland (§ 5 Bundesfreiwilligendienstgesetz) geleistet.

Folgen einzelne Abschnitte unmittelbar aufeinander, sind sie zu einem Zeitraum zusammenzufassen.

Zeile		Kz.	vom	bis
16	1. Zeitraum vom – bis	80	T T M M J J J J	T T M M J J J J
17	Erläuterungen zum 1. Berücksichtigungszeitraum			
18	2. Zeitraum vom – bis	81	T T M M J J J J	T T M M J J J J
19	Erläuterungen zum 2. Berücksichtigungszeitraum			
20	Das Kind war ohne Beschäftigung und bei einer Agentur für Arbeit als arbeitsuchend gemeldet (Zeitraum vom – bis)	82	T T M M J J J J	T T M M J J J J
21	Das Kind war wegen einer vor Vollendung des 25. Lebensjahres eingetretenen Behinderung außerstande, sich selbst finanziell zu unterhalten (Zeitraum vom – bis) – *Bitte Anleitung beachten.* –	83	T T M M J J J J	T T M M J J J J

2025AnlKind021 - September 2025 - **2025AnlKind021**

a) Allgemeines

885 Volljährige Kinder sind nur dann als Kinder i.S.d. EStG über das 18. Lebensjahr hinaus zu berücksichtigen, wenn weitere Voraussetzungen vorliegen (§ 32 Abs. 4 Satz 1 EStG). Diese Voraussetzungen werden seitens des FA über die erforderlichen Angaben in den Zeilen 16–19 geprüft. In diesen Fällen sind ggf. auch Angaben zur Erwerbstätigkeit in den Zeilen 22–25 (→ Rz. 901 ff.) erforderlich.

b) Gründe der Berücksichtigung eines volljährigen Kindes (Zeilen 16–19)

886 Die Gründe der Berücksichtigung sind ab dem VZ 2017 in der Beschreibung vor Zeile 16 aufgelistet. Hierbei handelt es sich um die gesetzlich unveränderten einzelnen gesetzlichen Tatbestände des § 32 Abs. 4 Nr. 2 EStG. Es besteht die Möglichkeit, zwei Zeiträume in Zeile 16 zu erklären. Folgen Ausbildungszeiträume unmittelbar aufeinander nach, sind diese zu einem Zeitraum zusammenzufassen.

aa) Das Kind befand sich in Schul-, Hochschul- oder Berufsausbildung (Zeilen 16 und 17)

887 Ein volljähriges Kind wird als Kind i.S.d. EStG berücksichtigt, wenn es das **25. Lebensjahr**[1] noch nicht vollendet hat und für einen Beruf ausgebildet wird (§ 32 Abs. 4 Satz 1 Nr. 2 Buchst. a EStG).

Unter dem steuerrechtlichen **Begriff der Berufsausbildung** ist jede Ausbildung für einen künftigen Beruf zu verstehen. In der Berufsausbildung befindet sich, wer sein Berufsziel noch nicht erreicht hat, sich aber ernsthaft darauf vorbereitet.[2] Hierzu gehören auch die konkreten Vorbereitungsmaßnahmen für eine Aufnahmeprüfung[3] und ein juristisches Repetitorium.[4] Auch die Teilnahme am Schulunterricht zur Erfüllung der Schulpflicht mit zehn Wochenstunden[5] kann ebenso eine Berufsausbildung darstellen wie die ernsthafte und nachhaltige Vorbereitung auf eine Wiederholungsprüfung.[6] Das Tatbestandsmerkmal einer Berufsausbildung i.S.v. § 32 Abs. 4 Satz 1 Nr. 2 Buchst. a EStG enthält kein einschränkendes Erfordernis eines **zeitlichen Mindestumfangs** von Ausbildungsmaßnahmen. Die Ernsthaftigkeit der Ausbildung ist entscheidend.[7] Wird das Kind während der Ausbildung freigestellt, fehlt es an der erforderlichen Ernsthaftigkeit auch dann, wenn z.B. die Bezüge weitergezahlt werden.[8] Zu den Indizien können auch Studiengebühren in nicht unerheblicher Höhe gehören. Die Grundsätze, die der BFH für die Anerkennung eines Sprachschulunterrichts im Rahmen eines Au-pair-Aufenthalts als Berufsausbildung aufgestellt hat, finden im Hinblick auf eine im Inland absolvierte Schul- oder Universitätsausbildung keine Anwendung.[9]

1) Eingefügt durch das StÄndG 2007 v. 19.7.2006, BStBl I 2007, 432.
2) BFH v. 9.6.1999, VI R 50/98, BStBl II 1999, 706 und v. 7.4.2011, III R 50/10, BFH/NV 2011, 1329.
3) FG Niedersachsen v. 13.7.2011, 9 K 50/10, EFG 2012, 525.
4) FG Rheinland-Pfalz v. 15.7.2013, 5 K 2293/12, EFG 2013, 1773.
5) BFH v. 28.4.2010, III R 93/08, BStBl II 2010, 1060.
6) BFH v. 2.4.2009, III R 85/08, BStBl II 2010, 298.
7) FG Schleswig-Holstein v. 18.1.2018, 3 K 154/16.
8) FG München v. 16.5.2019, 10 K 135/19.
9) BFH v. 8.9.2016, III R 27/15, BStBl II 2017, 278.

Das Tatbestandsmerkmal „für einen Beruf ausgebildet wird" i.S.d. § 32 Abs. 4 Satz 1 Nr. 2 Buchst. a EStG erfordert, dass der Erwerb der Kenntnisse regelmäßig einen konkreten Bezug zu dem angestrebten Beruf aufweisen muss. In Fällen, in denen der Ausbildungscharakter der Maßnahmen zweifelhaft ist, kommt diesem konkreten Bezug entscheidende Bedeutung zu. Der Besuch einer nicht allgemeinbildenden Schule, der nicht der Vorbereitung auf einen konkret angestrebten Beruf, sondern vorrangig der Erlangung sozialer Erfahrungen und der Stärkung des Verantwortungsbewusstseins für das Gemeinwohl sowie der Persönlichkeitsbildung und Charakterbildung i.S.d. Leitbilds der Schule dient, stellt keine Berufsausbildung dar.[1)]

Die Ausbildung zum Rettungssanitäter erfüllt diese Voraussetzungen.[2)] Keine Voraussetzung ist, dass die stpfl. Person in eine schulische Mindestorganisation eingebunden ist, die eine Lernkontrolle ermöglicht.[3)] Eine inhaltliche Wertung (z.B. Bibelschule eines Glaubenszentrums) ist nicht vorzunehmen, noch muss der angestrebte Beruf innerhalb bestimmter bildungspolitischer Zielvorstellungen des Gesetzgebers liegen.[4)] Die Vermittlung von Glaubensfragen und Charakterbildung alleine, ohne Abschluss der Ausbildung und Eröffnung des Zugangs zu einem Beruf ist daher nicht begünstigt.[5)] Nicht verlangt wird jedoch die Absicht, tatsächlich den erlernten Beruf auch auszuüben.

Beratungshinweis:
Der Begriff der Berufsausbildung (§ 32 Abs. 4 Satz 1 Nr. 2 Buchst. a EStG) und derjenige, welcher der Abgrenzung von Ausbildungskosten gem. § 10 Abs. 1 Nr. 7 EStG und als Werbungskosten oder Betriebsausgaben abzugsfähigen Fortbildungskosten zu Grunde liegt, sind nicht einheitlich auszulegen, weil dieser Begriff in den jeweiligen Bereichen unterschiedlichen Zwecken dient.[6)]

Der **Vorbereitung auf ein Berufsziel** dienen alle Maßnahmen, bei denen es sich um den Erwerb von Kenntnissen, Fähigkeiten und Erfahrungen handelt, die als Grundlagen für die Ausübung des angestrebten Berufs geeignet sind.[7)] Zur **Berufsausbildung** gehört damit neben berufsqualifizierenden betrieblichen Ausbildungsgängen und der Ausbildung für handwerkliche oder kaufmännische Berufe auch der Besuch von Allgemeinwissen vermittelnden Schulen wie Grund-, Haupt- und Oberschulen sowie von Fach- und Hochschulen.

Beratungshinweis:
Aufwendungen für den Besuch einer Schule für Hochbegabte können ggf. als außergewöhnliche Belastung i.S.d. § 33 EStG zu berücksichtigen sein, wenn dieser medizinisch angezeigt ist.[8)]

Wird ein Kind vom Studium **beurlaubt**, liegen die Voraussetzungen für die Berücksichtigung als Kind nicht mehr vor.[9)] Die Tätigkeit im Rahmen eines freiwilligen sozialen Jahres ist grds. nicht als Berufsausbildung zu beurteilen. Eine Ausnahme ist nur möglich bei Sozialarbeitern, bei deren Ausbildungsverhältnis eine dreijährige Bewährung im Beruf gefordert wird.[10)] Eine **Berufsausbildung ist beendet**, wenn das Kind einen Ausbildungsstand erreicht hat, der es zur Berufsausübung befähigt; spätestens mit Bekanntgabe des Prüfungsergebnisses[11)], es sei denn, das volljährige Kind nimmt schon vor Bekanntgabe des Prüfungsergebnisses eine Vollzeiterwerbstätigkeit im angestrebten Beruf auf.[12)] Das gilt auch für das Universitätsstudium.[13)] Wird die Abschlussprüfung nicht bestanden, ist das Kind weiterhin zu berücksichtigen, wenn ein erfolgreicher Prüfungsabschluss auch weiter verfolgt wird, was bei bestandener Prüfung unterstellt werden kann. Eine Berufsausbildung endet aber nicht bereits mit der Bekanntgabe des Ergebnisses der Abschlussprüfung, sondern erst mit Ablauf der Ausbildungszeit, wenn diese durch **Rechtsvorschrift** festgelegt wird.[14)]

Auch ein **Praktikum** stellt eine Ausbildung i.S.d. § 32 Abs. 4 Satz 1 Nr. 2 Buchst. a EStG dar, und zwar ohne Rücksicht darauf, ob der zunächst angestrebte Beruf oder Ausbildungsgang, dessen Förderung es dienen soll, später auch ergriffen und/oder beschritten wird.[15)] Jedoch muss die Praktikantentätigkeit nachweislich auf eine Ausbildung ausgerichtet sein und es sich nicht nur um ein gering bezahltes Arbeitsverhältnis handeln.[16)]

Auch bei einem **Au-pair-Aufenthalt** im Ausland kann von einer Berufsausbildung nur dann ausgegangen werden, wenn dieser von einem theoretisch-systematischen Sprachunterricht begleitet wird, der durchschnittlich zehn Wochenstunden beträgt, wobei Unterschreitungen (z.B. in Ferienzeiten) ausnahmsweise zulässig sein und durch ein mehr in Folgemonaten ausgeglichen werden können.[17)] Gegebenenfalls könnte die Teilnahme an einem Kurs mit einem fachlich anerkannten Abschluss zu einer Berufsausbildung führen, der Sprachkurs dient der Vorbereitung auf einen anerkannten Prüfungsabschluss, die Teilnahme an Vorlesungen oder das Halten von Vorträgen in

1) BFH v. 13.12.2018, III R 25/18, BStBl II 2019, 256.
2) Bering/Friedenberg, NWB 2013, 1560.
3) BFH v. 18.3.2009, III R 26/06, BStBl II 2010, 296.
4) FG Sachsen-Anhalt v. 12.10.2010, 4 K 1629/09, EFG 2011, 1000.
5) FG Baden-Württemberg v. 27.2.2013, 2 K 2760/11, EFG 2013, 1049.
6) BFH v. 10.12.2003, VIII B 151/03, BFH/NV 2004, 929.
7) BFH v. 13.6.2004, VIII R 23/02, BStBl II 2004, 999.
8) BFH v. 12.5.2011, VI R 37/10, BFH/NV 2011, 1605.
9) FG Rheinland-Pfalz v. 20.11.2009, 5 K 2456/08.
10) BFH v. 24.6.2004, III R 3/03, BStBl II 2006, 294.
11) BFH 28.1.2010, III B 165/09, BFH/NV 2010, 876.
12) FG Sachsen v. 17.6.2015, 4 K 357/11 Kg, NWB 39/2015, 2842.
13) BFH v. 26.4.2011, III B 191/10, BFH/NV 2011, 1139.
14) BFH v. 14.9.2017, III R 19/16, BStBl II 2018, 131.
15) BFH v. 15.7.2003, VIII R 105/01, BStBl II 2003, 847 und v. 22.10.2009, III R 50/07, BStBl II 2011, 38.
16) BFH v. 21.10.2015, XI R 17/14, BFH/NV 2016, 190, Verfbeschw nicht angenommen, BVerfG v. 19.1.2017, 2 BvR 797/16.
17) BFH v. 15.3.2012, III R 58/08, BStBl II 2012, 743.

der Fremdsprache.[1] Das gilt auch bei einer über den üblichen Zeitaufwand hinausgehenden Vor- und Nachbereitung z.B. bei der Vorbereitung von Vorträgen in ausl. Sprache.[2] Bei **Einzelunterricht** können in weiteren Fällen auch weniger Stunden ausreichend sein.[3] Die Teilnahme an den Veranstaltungen ist dabei aber erforderlich.[4] Beginnt ein entsprechender Aufenthalt auf Grund einer nicht vorhandenen Gastfamilie (deutlich) später, kann das Kind ebenfalls nicht berücksichtigt werden.[5]

888 Einzelfälle der Berufsausbildung:

- Anwaltspraktikum eines Jurastudenten,[6]
- Auslandsaufenthalte, die von einer Ausbildungsordnung oder Prüfungsordnung zwingend vorausgesetzt werden oder der Vorbereitung auf einen für die Zulassung zum Studium oder zu einer anderen Ausbildung erforderlichen Fremdsprachentest, auch bei weniger als zehn Wochenstunden Sprachunterricht,[7]
- Auslandspraktikum als Fremdsprachenassistent in einem Urlaubssemester bei einem Studenten der Anglistik,[8]
- ergänzende Semester im geprüften Fach zur Vertiefung weiterer Kenntnisse,[9]
- Ausbildung zum Meditationslehrer, wenn die Tätigkeit als Erwerbstätigkeit geeignet ist und eine berufliche Existenz sichern kann,[10]
- Besuch einer Jüngerschaftsschule mit einem festgelegten Studienplan,[11]
- 14 Monate lang ein einwöchiges **Praktikum** im Monat, ohne weitere Ausbildungstätigkeit,[12]
- Praktikum für den Beruf eines Tätowierers, bei 15 Stunden/Woche,[13]
- Sprachaufenthalte im Ausland. Dies gilt insbesondere dann, wenn der Erwerb der Fremdsprachenkenntnisse auch der Vorbereitung auf einen für die Zulassung zum Studium erforderlichen Fremdsprachentest dient und dieser nicht dem ausbildungswilligen Kind allein überlassen bleibt. Ausreichend kann insoweit auch ein allgemeinbildender fortlaufender theoretisch-systematischer Unterricht in englischer Sprache sein,[14]
- Vorkurs an einer Berufsoberschule mit sechs Wochenstunden, wenn das Kind daneben eine Vollzeiterwerbstätigkeit ausübt,[15]
- Promotionsvorbereitung, wenn diese im Anschluss an das Studium ernsthaft und nachhaltig durchgeführt wird,[16]
- Soldat auf Zeit, der zum Offizier[17] oder Reserveoffizier[18] ausgebildet wird; dies gilt auch für einen Unteroffizieranwärter (Soldat auf Zeit), wenn dieser zu Beginn der Dienstzeit tatsächlich eine Ausbildung erhält.[19] Auch die Tätigkeit im Mannschaftsdienstgrad ist Berufsausbildung, solange der Ausbildungscharakter im Vordergrund seiner Tätigkeit steht.[20] Auch die Zeit des freiwilligen Wehrdienstes kann als Berufsausbildung angesehen werden.[21]
- auch ein (befristetes) Trainee-Programm kann Berufsausbildung sein, sofern dieses zur Förderung des angestrebten Berufsziels geeignet ist.[22]

Beratungshinweis:

Befindet sich das Kind in einer **Übergangszeit** von höchstens vier (vollen) Kalendermonaten (→ Rz. 889) zwischen zwei Ausbildungsabschnitten, wird es weiterhin als Kind berücksichtigt, obwohl es wegen des bestimmenden Monatsprinzips nicht mehr berücksichtigungsfähig wäre (§ 32 Abs. 4 Satz 1 Nr. 2 Buchst. b EStG). Die vier vollen Kalendermonate (keine taggenaue Berechnung) können auch in zwei aufeinander folgende VZ fallen; es zählen jedoch nur zusammenhängende Kalendermonate.[23] In diesen Fällen sind die Zusatzangaben hinsichtlich des ersten und des zweiten Ausbildungsabschnittes in Zeile 16 und 18 erforderlich.

In Zeile 17 und 19 sind Erläuterungen zu den Berücksichtigungszeiträumen erforderlich. Hierzu gehören z.B. Angaben zur Schul-, Hochschul- oder Berufsausbildung.

1) BFH v. 15.3.2012, III R 59/08, BFH/NV 2012, 1427.
2) BFH v. 15.3.2012, III R 82/10, BFH/NV 2012, 1588.
3) BFH v. 26.10.2012, VI R 102/10, BFH/NV 2013, 366.
4) BFH v. 15.12.2011, III B 34/11, BFH/NV 2012, 728.
5) FG Niedersachsen v. 3.12.2010, 7 K 137/10, EFG 2011, 1261.
6) BFH v. 9.6.1999, VI R 16/99, BStBl II 1999, 713.
7) BFH v. 15.3.2012, III R 58/08, BStBl II 2012, 743.
8) BFH v. 14.1.2000, VI R 11/99, BStBl II 2000, 199.
9) BFH v. 24.2.2010, III R 80/08, BFH/NV 2010, 1431.
10) FG München v. 8.4.2009, 10 K 1309/08, EFG 2009, 1297.
11) FG Baden-Württemberg v. 11.10.2011, 11 K 1908/10, EFG 2012, 934.
12) BFH v. 22.11.2012, V R 60/10, BFH/NV 2013, 531.
13) FG Düsseldorf v. 4.10.2016, 10 K 1416/16 AO.
14) BFH v. 22.2.2017, III R 3/16, BFH/NV 2017, 1304.
15) FG München v. 14.4.2010, 9 K 211/10, EFG 2010, 1234; FG Baden-Württemberg v. 30.3.2011, 2 K 5243/09, EFG 2011, 1262.
16) BFH v. 9.6.1999, VI R 92/98, BStBl II 1999, 708.
17) BFH v. 16.4.2002, VIII R 58/01, BStBl II 2002, 523.
18) BFH v. 8.5.2014, III R 41/13, BStBl II 2014, 717.
19) BFH v. 15.7.2003, VIII R 19/02, BStBl II 2007, 247.
20) BFH v. 10.5.2012, VI R 72/11, BStBl II 2012, 895.
21) BFH v. 30.7.2009, III R 77/06, BFH/NV 2010, 28.
22) BFH v. 26.8.2010, III R 88/08, BFH/NV 2010, 26.
23) BFH v. 15.7.2003, VIII R 105/01, BStBl II 2003, 847.

Die **Ausbildung endet** mit einem zur Aufnahme einer Erwerbstätigkeit oder Berufsausbildung befähigenden Abschluss. Bei Juristen- und Lehramtsausbildung zählt auch der Vorbereitungsdienst zur Berufsausbildung.[1]

bb) Das Kind befand sich in einer Übergangszeit von höchstens vier Monaten (Zeile 16)

Für ein noch nicht 25 Jahre altes Kind besteht auch dann Anspruch auf Kindergeld, wenn es sich in einer **Übergangszeit zwischen zwei Ausbildungsabschnitten** von höchstens vier (vollen) Monaten befindet (§ 32 Abs. 4 Satz 1 Nr. 2 Buchst. b EStG); angebrochene Monate werden bei den weiteren Berücksichtigungstatbeständen z.B. im Rahmen der Berufsausbildung berücksichtigt. Ist der Zeitraum größer als vier Monate, entfällt die Berücksichtigung vollständig – auch für die ersten vier Monate. Die Übergangszeit beginnt mit dem Abschluss des unmittelbar vorangegangenen Ausbildungsabschnittes oder Dienstes, auch wenn das Kind zu diesem Zeitpunkt das 18. Lebensjahr noch nicht vollendet hat.[2] 889

Gegen die Beschränkung des Übergangszeitraums auf höchstens vier Monate bestehen **keine verfassungsrechtlichen Bedenken**. Dies gilt selbst dann, wenn das Kind nicht mit einem Überschreiten der Übergangszeit von vier Monaten rechnen musste.[3] Die Verbüßung einer Haftstrafe ist hingegen schädlich.[4] Ob die Überschreitung der Frist absehbar ist oder nicht, ist nicht entscheidungserheblich.[5]

Die Regelung stellt eine Auffangvorschrift für die Fälle dar, in denen dem Kind noch keine Zusage für einen Ausbildungsplatz vorliegt.[6] Der Grund der Überschreitung ist dabei unerheblich. Die Regelung stellt eine Begünstigung von Kindern zwischen zwei Ausbildungsabschnitten dar; der Anspruch auf Kindergeld soll während Zwangspausen innerhalb der Ausbildung nicht verlustig gehen. Eine Berücksichtigung des Kindes während der Übergangszeit erfolgt dann, wenn es entweder bereits einen Ausbildungsplatz hat oder sich um einen Platz im nachfolgenden Ausbildungsabschnitt, der innerhalb des **zeitlichen Rahmens von vier Monaten beginnt**, beworben hat.

Beispiel:
Für Kind A endete der erste Ausbildungsabschnitt im Mai 2025. Der zweite Ausbildungsabschnitt musste daher spätestens im Oktober 2025 begonnen haben.

Gleichermaßen ist zu verfahren, wenn der Berechtigte bei Beendigung der Ausbildung des Kindes an einer allgemein bildenden Schule oder in einem sonstigen Ausbildungsabschnitt glaubhaft erklärt, dass sich das Kind um einen solchen Ausbildungsplatz so bald wie möglich bewerben wird, und die Familienkasse unter Würdigung aller Umstände zu der Überzeugung gelangt, dass die Fortsetzung der Ausbildung zu dem angegebenen Zeitpunkt wahrscheinlich ist. Zeiträume zwischen einem Ausbildungsabschnitt und der Ableistung eines freiwilligen Dienstes (§ 32 Abs. 4 Satz 1 Nr. 2 Buchst. d EStG) sind ebenfalls gesetzliche Übergangszeiten, sofern im Anschluss daran eine Ausbildung aufgenommen oder fortgesetzt werden soll. Unter einem Ausbildungsabschnitt ist daher jeder Zeitraum zu verstehen, der nach § 32 Abs. 4 Satz 1 Nr. 2 Buchst. a EStG als Berufsausbildung zu berücksichtigen ist.[7]

Nach Rechtsprechung des BFH war ein Kind, das in der Übergangszeit zwischen zwei Ausbildungsabschnitten oder während des Wartens auf einen Ausbildungsplatz einer **Vollzeiterwerbstätigkeit** nachging, für die Monate der Vollzeiterwerbstätigkeit nicht als Kind zu berücksichtigen. Der BFH war der Auffassung, das Kind habe sich in diesen Monaten wegen der eigenen Einkünfte nicht in einer für eine Berufsausbildung typischen Unterhaltssituation befunden, die eine Entlastung der Eltern durch Kindergeld rechtfertige. Diese Rechtsprechung hatte zur Folge, dass dem Kindergeldberechtigten zwar für die Monate der Vollzeiterwerbstätigkeit kein Kindergeld zustand, das Kindergeld aber möglicherweise für die übrigen Monate zu gewähren war, wenn die in diesen Monaten erzielten Einkünfte und Bezüge (ab VZ 2012: Nettoeinkommen) den (anteiligen) Grenzbetrag nicht überschritten. Diese Rechtsprechung hat der BFH mit seiner Entscheidung v. 17.6.2010[8] wieder aufgegeben. Nunmehr ist ein Kind, das auf einen Ausbildungsplatz wartet oder sich zwischen zwei Ausbildungsabschnitten befindet, auch für die Monate als Kind zu berücksichtigen, in denen es einer Vollzeiterwerbstätigkeit nachgeht. Was unter dem Begriff der Vollzeiterwerbstätigkeit zu verstehen ist, ist ggf. unbedeutend geworden,[9] da zunächst zu prüfen ist, ob ein typischer Berücksichtigungstatbestand als Kind vorliegt. Dies gilt auch hinsichtlich der Frage einer zweimonatigen Vollzeiterwerbstätigkeit zwischen zwei Ausbildungsabschnitten/dem Warten auf einem Ausbildungsplatz.[10] 890

cc) Das Kind konnte eine Berufsausbildung mangels Ausbildungsplatzes nicht beginnen oder fortsetzen (Zeile 16)

Ein volljähriges Kind ist auch dann weiterhin zu berücksichtigen, wenn es eine Berufsausbildung mangels eines Ausbildungsplatzes nicht beginnen oder fortsetzen kann (§ 32 Abs. 4 Satz 1 Nr. 2 Buchst. c EStG). Eine Vollzeiterwerbstätigkeit schließt eine Berücksichtigung nicht zwangsläufig aus, wenn die Ausbildung aus schul-, studien- 891

1) BFH v. 13.7.2004, VIII R 20/02, BFH/NV 2005, 36.
2) BFH v. 16.4.2015, III R 54/13, BStBl II 2016, 25.
3) FG Münster v. 1.6.2011, 11 K 3869/10 Kg, EFG 2011, 1810.
4) BFH v. 23.1.2013, XI R 50/10, BStBl II 2013, 916.
5) BFH v. 24.5.2012, III R 59/10, BFH/NV 2012, 1951.
6) BFH v. 27.1.2011, III R 57/10, BFH/NV 2011, 1316.
7) BFH v. 25.1.2007, III R 23/06, BStBl II 2008, 664.
8) BFH v. 17.6.2010, III R 34/09, BStBl II 2010, 982; BFH v. 22.12.2011, III R 67/10, BFH/NV 2012, 930.
9) Vgl. zu Definitionen BFH v. 23.2.2006, III R 82/03, BStBl II 2008, 702; FG Berlin v. 12.4.2005, 10 K 10336/04, EFG 2006, 1849.
10) BFH v. 15.3.2012, III R 20/11, BFH/NV 2012, 1590.

oder betriebsorganisatorischen Gründen (z.B. Beginn des Schuljahrs) erst zu einem späteren Zeitpunkt begonnen werden kann.[1)] Die Unterbrechung der Suche während der Mutterschutzfrist ist unschädlich.[2)]

Beratungshinweis:
Voraussetzung für die Berücksichtigung ist, dass sich das Kind ernsthaft um einen Ausbildungsplatz bemüht.[3)]

Das FA wird verlangen, dass die **ernsthaften Bemühungen** des Kindes um einen Ausbildungsplatz durch geeignete Unterlagen nachgewiesen oder glaubhaft gemacht werden.[4)] Das Kind muss sich daher, um weiter berücksichtigt werden zu können, tatsächlich und ernsthaft am Arbeitsmarkt bemühen, eine Ausbildung zu beginnen; eine unverbindliche Aussicht auf einen Ausbildungsplatz genügt nicht,[5)] dieser muss vielmehr zum nächstmöglichen Zeitpunkt auch angestrebt werden.[6)] Eine Mindestanzahl von kontinuierlichen Bewerbungen bei einer Registrierung bei der Agentur für Arbeit ist nicht erforderlich.[7)] Im Rahmen einer eigenverantwortlichen Suche kann hingegen die geringe **Anzahl von Bewerbungen** schädlich sein.[8)]

Die Bewerbung um eine Stelle als **Zeitsoldat** ist ebenfalls eine Ausbildung in diesem Sinne.[9)]

Als Nachweis kommen insbesondere folgende Unterlagen in Betracht: die

- schriftlichen Bewerbungen unmittelbar an Ausbildungsstellen sowie deren Zwischennachricht oder Ablehnung,
- schriftliche Bewerbung bei der zentralen Vergabestelle von Studienplätzen (ggf. mit rechtzeitiger erneuter Bewerbung; eine Berücksichtigung ist nicht möglich, wenn eine Bewerbung nicht für den nächstmöglichen, sondern erst für einen späteren Studienbeginn erfolgt),
- schriftliche Zusage einer Ausbildungsstelle zum nächstmöglichen Ausbildungsbeginn,
- Registrierung als Bewerber für einen Ausbildungsplatz bei der Berufsberatung der Agentur für Arbeit,

Beratungshinweis:
Die Registrierung bei der Agentur für Arbeit gilt nicht zeitlich unbeschränkt als Nachweis. Der Registrierung (Beginn und Abmeldung) als ausbildungssuchendes Kind kommt für den Anspruch auf Kindergeld keine echte Tatbestandswirkung zu; damit steht auch der fehlenden Registrierung als Ausbildung- oder Arbeitsuchender alleine der Berücksichtigung als Kind nicht entgegen. Entscheidend ist die tatsächlich zu beurteilende Meldesituation (§ 38 SGB III).[10)] Auch bei einem Umzug wäre zu beachten, dass die Meldung nicht unverändert fortbesteht, da mit einem Umzug eine neue Sachlage eingetreten ist.[11)] Eine für den Rentenversicherungsträger bestimmte Bescheinigung von Zeiten der Ausbildungssuche (§ 58 Abs. 1 Satz 1 Nr. 3a SGB VI) ist kein Nachweis dafür, dass sich das Kind alle drei Monate erneut als ausbildungssuchend gemeldet hat.[12)] Die Meldung als Arbeitssuchender bleibt auch dann Voraussetzung für eine Berücksichtigung, wenn das Kind aufgrund einer Erkrankung arbeitsunfähig ist. Dies ergibt sich bereits aus dem eindeutigen Wortlaut der Vorschrift, wonach die Meldung als Arbeitssuchender bei einer Agentur für Arbeit zwingende Voraussetzung der Berücksichtigung ist.[13)] Der Ausbildungswille des Kindes ist dabei immer entscheidungserheblich.[14)]

- die Registrierung für eine berufsvorbereitende Ausbildungsmaßnahme zum nächstmöglichen Beginn.

Kein Mangel eines Ausbildungsplatzes liegt dagegen vor, wenn das Kind die objektiven Anforderungen an den angestrebten Ausbildungsplatz objektiv nicht erfüllt (auf die subjektive Kenntnis des Kindes, dass es die Voraussetzungen für den angestrebten Ausbildungsplatz nicht erfüllt, kommt es nicht an)[15)] oder wenn es im Fall des Bereitstehens aus anderen Gründen am Antritt verhindert ist.[16)] Auch ist ein volljähriges Kind, das sich wegen Betreuung des eigenen Kindes nicht ernsthaft um einen Ausbildungsplatz bemüht, steuerlich nicht als Kind zu berücksichtigen.[17)] Zur Sachaufklärungspflicht durch das FG vgl. BFH.[18)]

Hat ein Kind auf Grund **ausländerrechtlicher Hindernisse** keinen Anspruch auf eine Vermittlung durch die Agentur für Arbeit, sind auch die bestehenden Anspruchsvoraussetzungen zu verneinen. Die Aufnahme eines Ausbildungsverhältnisses scheitert insoweit nicht an dem Mangel der Verfügbarkeit eines Ausbildungsplatzes, sondern an der Nichterfüllung der ausländerrechtlichen Vorgaben. Die gesetzlichen Voraussetzungen liegen dann nicht vor, wenn das Kind die Ausbildung nicht antreten könnte, weil es die objektiven Anforderungen dafür nicht erfüllt oder es aus anderen Gründen am Antritt gehindert wäre.[19)] Die Unterbrechung der Ausbildung auf Grund einer

1) BFH v. 7.4.2011, III R 50/10, BFH/NV 2011, 1329.
2) BZSt v. 28.4.2025, St II 2 – S 2280/25/0000024, BStBl I 2025, 1018, A 14.2 Abs. 2.
3) BFH v. 26.8.2014, XI R 14/12, BFH/NV 2015, 322.
4) R 32.7 Abs. 1 EStR 2012.
5) BFH v. 21.1.2010, III R 17/07, BFH/NV 2010, 1423.
6) BZSt v. 28.4.2025, St II 2 – S 2280/25/0000024, BStBl I 2025, 1018, A 17.
7) BFH v. 19.6.2008, III R 66/05, BStBl II 2009, 1005.
8) FG Berlin-Brandenburg v. 3.12.2013, 6 K 6346/10, EFG 2014, 560.
9) FG Rheinland-Pfalz v. 18.5.2009, 5 K 2144/08, EFG 2009, 1467.
10) BFH v. 18.6.2015, VI R 10/14, BStBl II 2015, 940.
11) FG Sachsen-Anhalt v. 29.3.2012, 4 K 1417/10, EFG 2012, 1775.
12) BFH v. 3.3.2011, III R 58/09, BFH/NV 2011, 1127 und v. 22.9.2011, III R 30/08, BStBl II 2012, 411.
13) FG Köln v. 10.3.2016, 1 K 560/14, Rev. unbegründet, BFH v. 12.10.2017, V R 17/16.
14) FG Rheinland-Pfalz v. 20.2.2018, 2 K 2487/16.
15) BFH v. 15.7.2003, VIII R 71/99, BFH/NV 2004, 473.
16) BFH v. 15.7.2003, VIII R 79/99, BStBl II 2003, 843.
17) BFH v. 24.9.2009, III R 83/08, BFH/NV 2010, 619 und v. 18.3.2009, III R 33/07, BStBl II 2009, 1010.
18) BFH v. 17.12.2008, III R 62/06, BFH/NV 2009, 747.
19) BFH v. 7.4.2011, III R 24/08, BStBl II 2012, 210.

Haftstrafe führt zu einem Wegfall des Anspruchs.[1] Es darf sich nur um eine vorübergehende Unterbrechung der Ausbildung handeln (auch bei einer Untersuchungshaft).[2]

Praxishinweis:
Ein Kind, das erwerbstätig ist und sich auf einen (weiteren) Ausbildungsplatz bewirbt, gilt bei Hinausschieben des möglichen Ausbildungsbeginns auf eigenen Wunsch zu dem Zeitpunkt als ausbildungswillig, ab dem es eine Zusage für die Aufnahme einer Ausbildung erhalten hat.[3]

Nach Verwaltungsmeinung ist der Tatbestand der „Berufsausbildung" (§ 32 Abs. 4 Nr. 2 Buchst. a EStG) nicht inhaltsgleich mit dem Begriff der „Berufsausbildung" in § 32 Abs. 4 Satz 2 EStG, sondern ist enger gefasst. Es handelt sich bei einer „Berufsausbildung" i.S.d. Satzes 2 stets auch um eine Maßnahme, in der das Kind nach Satz 1 „für einen Beruf ausgebildet wird". Jedoch ist nicht jede allgemein berufsqualifizierende Maßnahme gleichzeitig auch eine „Berufsausbildung". So ist darauf zu achten, dass das Kind trotz Erwerbstätigkeit (→ Rz. 901) weiterhin als steuerliches Kind Berücksichtigung finden kann. **892**

Beispiel:
Nach dem Abitur absolvierte ein 20-jähriges Kind ein Praktikum. Danach kann es eine Berufsausbildung mangels Ausbildungsplatz nicht beginnen und geht zur Überbrückung einer Erwerbstätigkeit mit 30 Wochenstunden nach.

In der Zeit zwischen Praktikum und Beginn der Berufsausbildung ist das Kind steuerlich als Kind zu berücksichtigen (§ 32 Abs. 4 Nr. 2 Buchst. c EStG). Die Regeln des § 32 Abs. 4 Satz 2 und 3 EStG finden keine Anwendung, da das Praktikum zwar das Tatbestandsmerkmal des § 32 Abs. 4 Satz 1 Nr. 2 Buchst. a EStG („für einen Beruf ausgebildet werden") erfüllt, jedoch keine „Berufsausbildung" i.S.d. § 32 Abs. 4 Satz 2 EStG darstellt. Die Regelung gilt unabhängig davon, wie viele Stunden das Kind in der Woche arbeitet.

dd) Das Kind leistet ein freiwilliges soziales/ökologisches Jahr, Freiwilligendienst usw. (Zeile 16)

Ein Kind unter 25 Jahren[4] ist weiter ertragsteuerlich als Kind zu berücksichtigen, wenn es ein freiwilliges soziales oder ein freiwilliges ökologisches Jahr i.S.d. JFDG, eine Freiwilligenaktivität im Rahmen des Europäischen Solidaritätskorps i.S.d. Verordnung (EU) Nr. 2021/888 des Europäischen Parlaments und des Rates v. 20.5.2021 zur Aufstellung des Programms für das Europäische Solidarkorps und zur Aufhebung der Verordnungen (EU) 2018/1475 und (EU) Nr. 375/2014[5] oder einen anderen Dienst im Ausland i.S.v. § 5 des Bundesfreiwilligendienstgesetzes oder einen entwicklungspolitischen Freiwilligendienst „weltwärts" i.S.d. Förderleitlinie des Bundesministeriums für wirtschaftliche Zusammenarbeit und Entwicklung v. 1.1.2016 oder einen Freiwilligendienst aller Generationen i.S.v. § 2 Abs. 1a SGB VII oder einen Internationalen Jugendfreiwilligendienst i.S.d. Richtlinie des Bundesministeriums für Familie, Senioren, Frauen und Jugend v. 4.1.2021[6] oder einen Bundesfreiwilligendienst i.S.d. Bundesfreiwilligendienstgesetzes leistet (§ 32 Abs. 4 Satz 1 Nr. 2 Buchst. d EStG).[7] **893**

Dies gilt auch für ein Kind, das einen anderen **Dienst im Ausland** nach § 5 BFDG leistet. Nach dem JFDG kommt ebenfalls eine Berücksichtigung in Betracht.[8]

Beratungshinweis:
Das Aktionsprogramm „Jugend" wurde durch das Programm „Jugend in Aktion" abgelöst. Der entwicklungspolitische Freiwilligendienst wurde in die Begünstigungstatbestände aufgenommen, um eine Gleichbehandlung der Freiwilligen sicherzustellen. Das Programm „Jugend in Aktion" wird als anspruchsbegründender Dienst i.S.d § 32 Abs. 4 Satz 1 Nr. 2 Buchst. d EStG berücksichtigt.

Fraglich dürfte dabei sein, welche ausl. Dienste zu berücksichtigen sind. Ein Anhaltspunkt könnte dabei sein, wie ein vergleichbarer Dienst in Deutschland zu bewerten wäre.

Mit der Erweiterung des Katalogs der Freiwilligendienste wird dann sichergestellt, dass die an dem Internationalen Jugendfreiwilligendienst teilnehmenden Personen bei Vorliegen der übrigen gesetzlichen Voraussetzungen i.R.d. Familienleistungsausgleichs berücksichtigt werden können. Der **Internationale Jugendfreiwilligendienst** hat in der Richtlinie des Bundesministeriums für Familie, Senioren, Frauen und Jugend v. 20.12.2010[9] geregelte Rahmenbedingungen, die den gemeinwohlorientierten Lern- und Bildungsdienst strukturieren und qualitative Standards festsetzen, insbesondere eine umfassende pädagogische Begleitung sicherstellen. Eine Gleichstellung mit den bisher zu berücksichtigenden Freiwilligendiensten ist deshalb sachgerecht.

Praxishinweis:
Eine Verlängerung wegen der Ableistung eines sozialen Jahres über das 25. Lebensjahr hinaus, kommt nicht in Betracht.[10]

---

1) BFH v. 23.1.2013, XI R 50/10, BStBl II 2013, 916. Das FG Münster hat eine Berücksichtigung verneint, da das Kind auf Grund der mit der Haft verbundenen Freiheitsbeschränkung einen Ausbildungsplatz nicht erreichen kann (FG Münster v. 8.6.2011, 10 K 3649/09 Kg, EFG 2012, 339).
2) BFH v. 18.1.2018, III R 16/17, BStBl II 2018, 402.
3) BFH v. 28.5.2013, XI R 38/11, BFH/NV 2013, 1774.
4) Zur Übergangsregelung für Geburtsjahrgänge 1980 bis 1982 (§ 52 Abs. 40 Satz 4 EStG) → Rz. 890.
5) ABl.EU 2021 Nr. L 202, 32.
6) GMBl. 2021, 77.
7) I.d.F. des Jahressteuergesetzes 2022 v. 16.12.2022, BGBl. I 2022, 2294 = BStBl I 2023, 7.
8) JFDG v. 16.5.2008, BGBl. I 2008, 842.
9) GMBl. 2010, 1778.
10) FG Münster v. 22.4.2010, 8 K 2450/09 Kg, EFG 2010, 1706; FG Saarland v. 30.1.2014, 2 K 1346/13, EFG 2014, 1208.

Der Dienst muss in jedem Fall aber bei einer anerkannten Trägerorganisation abgeleistet werden, da ansonsten die gesetzlichen Voraussetzungen nicht vorliegen.[1]

Das **freiwillige soziale Jahr** und das **freiwillige ökologische Jahr** werden auf Grund einer schriftlichen Vereinbarung des oder der Freiwilligen mit einem anerkannten Träger bis zur Dauer von in der Regel 12 zusammenhängenden Monaten geleistet. Zu weiteren grds. Voraussetzungen vgl. auch FG München v. 26.9.2007.[2] Als Träger des freiwilligen sozialen Jahres im Inland sind gesetzlich zugelassen:[3]

- die in der Bundesarbeitsgemeinschaft der freien Wohlfahrtspflege zusammengeschlossenen Verbände und ihre Untergliederungen,
- Religionsgemeinschaften mit dem Status einer öffentlich-rechtlichen Körperschaft,
- die Gebietskörperschaften sowie nach näherer Bestimmung der Länder sonstige Körperschaften des öffentlichen Rechts.

Beratungshinweis:
Ohne entsprechende Zulassung besteht nicht die Möglichkeit der Berücksichtigung, da § 32 Abs. 4 Nr. 2 Buchst. d EStG eine Rechtsgrundverweisung enthält.[4] Ein Verstoß gegen Art. 3 GG wird nicht gesehen.

Ein kombinierter Jugendfreiwilligendienst im In- und Ausland kann vom Träger für eine Höchstdauer von bis zu 18 zusammenhängenden Monaten mit Einsatzabschnitten im Inland von mind. dreimonatiger Dauer und Einsatzabschnitten im Ausland von mind. drei- und höchstens zwölfmonatiger Dauer angeboten werden (§ 7 JFDG).

894 Eine **Freiwilligentätigkeit i.R.d. Europäischen Solidaritätskorps** wird auf der Grundlage eines privatrechtlichen Fördervertrags abgeleistet, der zwischen dem Freiwilligen, der (meist inl.) Entsendeorganisation, der (meist im EU- oder EWR-Gebiet sitzenden) Aufnahmeorganisation und der die Förderung bewilligenden Stelle geschlossen wird.

Der Nachweis des europäischen Freiwilligenaktivität ist zu erbringen durch

- eine Bescheinigung, die die deutsche Nationalagentur oder die Entsendeorganisation unter Bezugnahme auf das Aktionsprogramm und Angabe der Beteiligten (des Freiwilligen, der Entsendeorganisation und der Aufnahmeorganisation), der Dauer sowie der Projektnummer vor Beginn oder nach Abschluss der Tätigkeit dem Freiwilligen ausstellt oder
- das Zertifikat über die Ableistung des Dienstes, dass die Europäische Kommission nach Abschluss der Tätigkeit dem Freiwilligen ausstellt.

895 Im Rahmen des Bürgerentlastungsgesetzes Krankenversicherung[5] wurde eine weitere Fallgruppe der Berücksichtigungstatbestände um den **Freiwilligendienst aller Generationen** (§ 2a Abs. 1a SGB VII) hinzugefügt. Mit der Erweiterung wird sichergestellt, dass die an dem seit dem 1.1.2009 geltenden Freiwilligendienst aller Generationen teilnehmenden Personen bei Vorliegen der übrigen gesetzlichen Voraussetzungen im Rahmen des Familienleistungsausgleichs berücksichtigt werden können. Der Freiwilligendienst aller Generationen hat dabei gesetzlich geregelte Rahmenbedingungen, die die gemeinwohlorientierten Dienste strukturieren und insbesondere eine Fort- und Weiterbildung sicherstellen. Die Formerfordernisse müssen gewahrt sein.[6]

896 Seit der **Aussetzung der allgemeinen Wehrpflicht** kann auch ein anderer Dienst im Ausland nicht mehr als Ersatzdienst für den Zivildienst abgeleistet werden. Die Regelungen des § 5 BFDG führt nach Änderung durch das AmtshilfeRLUmsG[7] den anderen Dienst im Ausland als Auslandsfreiwilligendienst fort, da der Bundesfreiwilligendienst nicht im Ausland geleistet werden kann. Der bisher in diesem Zusammenhang stehende Verweis auf § 14b ZDG wird durch den Verweis auf § 5 BFDG ersetzt. Die fortgeltende Berücksichtigung des anderen Dienstes im Ausland ist nach der Gesetzesbegründung[8] vor dem Hintergrund der weiterhin bestehenden qualitativen Standards gerechtfertigt (§ 32 Abs. 4 Nr. 2 Buchst. d EStG). Der Bundesfreiwilligendienst ist ebenso wie die Jugendfreiwilligendienste und der Internationale Jugendfreiwilligendienst als gemeinwohlorientierter Lern- und Bildungsdienst ausgestaltet, für den auch gleiche hohe Anforderungen im Hinblick auf pädagogische Standards gelten. Die Grundausbildung im Rahmen eines **freiwilligen Wehrdienstes** (§ 58b SG) kann eine Berufsausbildung darstellen, wenn sich das Kind im Anschluss als Soldat auf Zeit verpflichtet.[9] Der Berücksichtigungszeitraum verlängert sich durch den freiwilligen Wehrdienst nicht.[10] Zu weiteren Fragen der Berücksichtigung von Kindern in einem geregelten Freiwilligendienst vgl. BZSt.[11]

1) BFH v. 9.2.2012, III R 78/09, BFH/NV 2012, 940.
2) FG München v. 26.9.2007, 10 K 3094/06, EFG 2008, 304.
3) BZSt v. 28.4.2025, St II 2 – S 2280/25/0000024, BStBl I 2025, 1018, A 18.2.
4) BFH v. 18.3.2009, III R 33/07, BStBl II 2009, 1010; FG Köln v. 12.3.2009, 10 K 4227/08, EFG 2009, 1238.
5) Gesetz zur verbesserten Berücksichtigung von Vorsorgeaufwendungen (Bürgerentlastungsgesetz Krankenversicherung) v. 16.7.2009, BStBl I 2009, 782.
6) BFH v. 24.5.2012, III R 68/11, BStBl II 2013, 864.
7) AmtshilfeRLUmsG v. 26.6.2013, BGBl. I 2013, 1809 = BStBl I 2013, 802.
8) Entwurf eines JStG 2013, BR-Drucks. 302/12 v. 25.5.2012.
9) FG Münster v. 13.11.2014, 11 K 2284/13 Kg, EFG 2015, 307.
10) FG Münster v. 27.10.2014, 5 K 2339/14 Kg, EFG 2015, 574.
11) BZSt v. 28.4.2025, St II 2 – S 2280/25/0000024, BStBl I 2025, 1018, A 18.

ee) Das Kind war ohne Beschäftigung und bei einer Agentur für Arbeit als arbeitsuchend gemeldet (Zeile 20)

War das Kind im VZ ganz oder teilweise ohne Beschäftigung und bei einer Agentur für Arbeit als arbeitsuchend gemeldet und hatte es das 21. Lebensjahr noch nicht vollendet, wird es weiterhin als Kind berücksichtigt (§ 32 Abs. 4 Satz 1 Nr. 1 EStG). Eine ausgeübte Erwerbstätigkeit (→ Rz. 901) ist dabei unbeachtlich, da das Kind nicht in einem Beschäftigungsverhältnis stehen darf. Eine z.B. geringfügige Beschäftigung ist unschädlich. Der Begriff des Beschäftigungsverhältnisses ist sozialrechtlich zu verstehen, so dass auch der (zeitliche) Umfang der Tätigkeit festzustellen ist; eine Beschäftigungslosigkeit wird nicht ausgeschlossen, wenn die Arbeits- und Tätigkeitszeit weniger als 15 Wochenstunden umfasst[1] und gilt auch für eine selbständige Betätigung.[2] **897**

Ein Kind, das in einem **EU-/EWR-Staat oder in der Schweiz** bei der staatlichen Arbeitsvermittlung arbeitsuchend gemeldet ist, kann ebenfalls berücksichtigt werden.[3] Als Arbeitsuchender gemeldet ist, wer gegenüber der zuständigen Agentur für Arbeit oder der Arbeitsgemeinschaft für die Grundsicherung Arbeitsuchender persönlich die Tatsache einer künftigen oder gegenwärtigen Arbeitslosigkeit anzeigt.[4] An die Arbeitslosmeldung als Tatsachenerklärung sind dabei keine übertriebenen Anforderungen zu stellen. Entscheidend ist jeweils die tatsächliche Meldung.[5] Die Meldung kann auch bei einer nach dem SGB II für die Grundsicherung für Arbeitsuchende zuständigen Stelle (z.B. einer ARGE) erfolgen.[6] Eine Berücksichtigung ist auch dann möglich, wenn das Kind wegen **Erkrankung oder eines Beschäftigungsverbots nach §§ 3, 6 MuSchG** nicht bei einer Agentur für Arbeit im Inland arbeitsuchend gemeldet ist. Ist das Kind jedoch wegen der Inanspruchnahme von Elternzeit nicht arbeitsuchend gemeldet, besteht während dieser Zeit kein Anspruch auf Kindergeld für dieses Kind.[7] Eine Berücksichtigung während einer Erkrankung oder während eines Beschäftigungsverbots setzt voraus, dass die Erkrankung oder das Beschäftigungsverbot durch eine ärztliche Bescheinigung nachgewiesen wird. Wirkt das Kind nicht ausreichend mit (z.B., wenn Vorsprachetermine nicht eingehalten werden [§ 38 Abs. 4 Satz 2, Abs. 3 Satz 2 SGB III]), können die Bemühungen seitens der Agentur für Arbeit auch bereits zu einem früheren Zeitpunkt eingestellt werden.

Als Nachweis gilt auch der **Bezug von Arbeitslosengeld** (§ 136 SGB III).

Nicht erforderlich ist es, dass sich das Kind jeden Monat neu um eine Ausbildungsstelle bewirbt, solange über die bisherigen Bewerbungen noch nicht entschieden ist.[8]

Praxishinweis:
In den Zeilen 18 und 19 können Angaben für einen zweiten Berücksichtigungsgrund eingetragen werden.

ff) Das Kind war wegen einer vor Vollendung des 25. Lebensjahres eingetretenen Behinderung außerstande, sich finanziell selbst zu unterhalten (Zeile 21)

Ein Kind, das wegen seiner Behinderung außerstande ist, sich selbst zu unterhalten, kann bei Vorliegen der sonstigen Voraussetzungen über das 25. Lebensjahr[9] hinaus ohne altersmäßige Begrenzung berücksichtigt werden (§ 32 Abs. 4 Satz 1 Nr. 3 EStG). Kinder, die vor dem 1.1.2007 in der Zeit ab ihrem 25. Geburtstag und vor ihrem 27. Geburtstag eine solche Behinderung erlitten haben, werden bei Vorliegen der weiteren Voraussetzungen auch ab dem VZ 2007 und darüber hinaus berücksichtigt (§ 52 Abs. 40 Satz 6 EStG a.F.). **898**

Als Kinder, die wegen körperlicher, geistiger oder seelischer Behinderung außerstande sind, sich selbst zu unterhalten, kommen insbesondere Kinder in Betracht, deren Schwerbehinderung (§ 2 Abs. 2 SGB IX) festgestellt ist oder die einem schwerbehinderten Menschen gleichgestellt sind (§ 2 Abs. 3 SGB IX)[10]; der Nachweis kann aber auch in anderer Form[11] geführt werden. „Schwerbehindert" ist eine Person z.B. dann, wenn ein Grad der Behinderung von mind. 50 vorliegt. Die Behinderung muss dabei jedoch nicht die alleinige Ursache für die Erwerbslosigkeit sein;[12] die Mitursächlichkeit muss allerdings erheblich sein.[13] In erheblichem Maße mitursächlich kann die Behinderung insb. dann sein, wenn das Kind einen hohen behinderungsbedingten Mehrbedarf hat, es in seiner Leistungsfähigkeit gemindert ist und deshalb keiner Vollzeitbeschäftigung nachgehen kann, oder auch, weil es auf einem besonders eingerichteten oder geförderten Arbeitsplatz tätig ist.[14] Zum Nachweis für das Vorliegen einer Behinderung vgl. auch DA-KG.[15]

1) Auch ein „1-Euro-Job" (Arbeitsgelegenheit mit Mehraufwandsentschädigung) schließen den Kindergeldanspruch als arbeitsuchendes Kind nicht aus.
2) BFH v. 18.12.2014, III R 9/14, BStBl II 2015, 653.
3) BZSt v. 28.4.2025, St II 2 – S 2280/25/0000024, BStBl I 2025, 1018, A 14.1 Abs. 1.
4) BFH v. 18.2.2016, V R 22/15, BFH/NV 2016, 914.
5) BFH v. 26.7.2012, III R 70/10, BFH/NV 2012, 1971.
6) BFH v. 22.9.2011, III R 78/08, BFH/NV 2012, 204.
7) BFH v. 15.7.2003, VIII R 47/00, BStBl II 2003, 848.
8) BFH v. 22.9.2011, III R 35/08, BFH/NV 2012, 232.
9) Zur Übergangsregelung für Geburtsjahrgänge 1980 bis 1982 (§ 52 Abs. 40 Satz 4 EStG a.F.) → Rz. 890.
10) R 32.9 Abs. 1 EStR 2012.
11) FG Niedersachsen v. 27.6.2012, 9 K 18/11, EFG 2012, 2291.
12) BFH v. 19.11.2008, III R 105/07, BStBl II 2010, 1057.
13) BFH v. 28.5.2009, III R 72/06, BFH/NV 2009, 1975.
14) BFH v. 15.3.2012, III R 29/09, BStBl II 2012, 892.
15) BZSt v. 28.4.2025, St II 2 – S 2280/25/0000024, BStBl I 2025, 1018, A 19.2.

Beratungshinweis:

Mit Urteil v. 2.6.2005[1] hat der BFH entschieden, dass die Behinderung eines Kindes vor Ablauf des 25. (oder ggf. des 27.) Lebensjahres eingetreten sein muss. Eine Verlängerung nach § 32 Abs. 5 Satz 1 EStG ist nicht möglich. Auch muss die mit der Behinderung verbundene Unfähigkeit des Kindes zum Selbstunterhalt vor dem 25. (oder ggf. 27.) Lebensjahr nicht eingetreten sein.[2] Die Voraussetzungen liegen auch vor, wenn ein Gendefekt erst nach Erreichen der Kindergeld-Altersgrenze diagnostiziert wird und das Kind davor seinen Lebensunterhalt selbst bestreiten konnte. Für die Frage des Vorliegens einer Behinderung kommt es auf den objektiven Befund der Erbkrankheit und nicht auf dessen Kenntnis an.[3]

Der jeweils gültige Grundfreibetrag des VZ soll aus Vereinfachungsgründen um den Pauschbetrag für Menschen mit Behinderungen (§ 33b Abs. 3 EStG) zu erhöhen sein.[4]

Dem Kind muss es **objektiv unmöglich sein**, seinen **Lebensunterhalt** durch eigene Erwerbstätigkeit zu bestreiten. Ein hoher Grad der Behinderung allein reicht dabei nicht aus. Die Behinderung muss auch nicht der alleinige Umstand dafür sein, dass ein Kind außerstande ist, sich selbst zu unterhalten. Eine Mitursächlichkeit ist ausreichend, wenn diese erheblich ist. Insoweit besteht auch die Möglichkeit, eine bestehende Arbeitsfähigkeit zu widerlegen.[5] Ein weiteres Indiz für die Fähigkeit des behinderten Kindes zum Selbstunterhalt kann die Feststellung in ärztlichen Gutachten (auch das Gutachten in einem sozialgerichtlichen Verfahren[6]) sein, dass das Kind nach Art und Umfang seiner Behinderung in der Lage ist, eine arbeitslosenversicherungspflichtige, mind. 15 Std. wöchentlich umfassende Beschäftigung unter den üblichen Bedingungen des Arbeitsmarkts auszuüben. Alleine die theoretische Möglichkeit, das Kind am allgemeinen Arbeitsmarkt zu vermitteln, ist aber nicht ausreichend, die Mitursächlichkeit der Behinderung auszuschließen.[7] Ferner kann eine nicht behinderungsspezifische Berufsausbildung als Indiz für die Vermittelbarkeit des Kindes auf dem allgemeinen Arbeitsmarkt sprechen. Behinderungsspezifische Ausbildungen und Praktika sprechen dagegen eher gegen eine Vermittelbarkeit, da sie den Schluss auf nur bedingte Einsatzmöglichkeiten am Arbeitsmarkt zulassen. Steht das behinderte Kind der Arbeitsvermittlung der Agentur für Arbeit zur Verfügung und kann diese in einem mittelfristigen Zeitraum keine Stellenangebote benennen, wird dies in der Regel gegen die Vermittelbarkeit des behinderten Kindes und damit für eine Ursächlichkeit der Behinderung sprechen. Für ein behindertes **Kind in Haft** besteht kein Anspruch.[8]

899 Ein Kind mit Behinderung **ist imstande, sich selbst (finanziell) zu unterhalten**, wenn es über eine wirtschaftliche Leistungsfähigkeit verfügt, die zur Bestreitung des gesamten notwendigen Lebensbedarfs ausreicht. Der notwendige Lebensbedarf des behinderten Kindes setzt sich aus einem allgemeinen Lebensbedarf (Grundbedarf) in Höhe des Grenzbetrags von 10 347 €und dem individuellen behinderungsbedingten Mehrbedarf zusammen.[9] Die Fähigkeit des Kindes zum Selbstunterhalt ist folglich anhand eines Vergleichs **zweier Bezugsgrößen**, nämlich des gesamten Lebensbedarfs des Kindes einerseits sowie der finanziellen Mittel des Kindes (nicht nur die eigenen Mittel, sondern auch Leistungen Dritter)[10] andererseits, zu prüfen. Erst wenn sich daraus eine ausreichende Leistungsfähigkeit des Kindes ergibt, kann davon ausgegangen werden, dass den Eltern kein zusätzlicher Aufwand erwächst, der ihre steuerliche Leistungsfähigkeit mindert.[11]

Praxishinweis:

Der Grundbedarf umfasst neben Ernährung, Unterkunft, Kleidung, Körperpflege, Hausrat und Heizung in vertretbarem Umfang auch persönliche Bedürfnisse des täglichen Lebens wie etwa Beziehungen zur Umwelt (Kontakte zur Familie, Besuchsfahrten zur Familie, Teilnahme am kulturellen Leben). Der Jahresgrenzbetrag ist aber dann nicht maßgebend, wenn auf Grund der tatsächlich gezahlten Hilfe zum Lebensunterhalt feststeht, dass der Grundbedarf des behinderten Kindes im konkreten Fall wegen der örtlichen Besonderheiten höher liegt.[12] Zum behinderungsbedingten Mehrbedarf (Aufwendungen, die gesunde Kinder nicht haben) zählen insbesondere die Kosten, für eine Heimunterbringung oder Pflegebedarf in Höhe des gezahlten Pflegegelds sowie die behinderungsbedingte Fahrtkostenpauschale → Rz. 948, unter bestimmten Voraussetzungen auch persönliche Betreuungsleistungen der Eltern, die mit 10 € pro Stunde zu bewerten sind.[13] Zur Bestimmung des maßgeblichen Grundbedarfs, wenn bei den Eltern Regress genommen wird vgl. Entscheidung des FG Berlin-Brandenburg.[14] Ohne Einzelnachweis ist ein behinderungsbedingter Mehrbedarf in Höhe des maßgeblichen Pauschbetrags für Menschen mit Behinderungen (§ 33b Abs. 3 EStG) zu berücksichtigen. Zur Problematik von Kindern in ambulant betreuten Wohneinrichtungen vgl. BZSt.[15]

Das eigene Vermögen des Kindes bleibt dabei unberücksichtigt.[16]

Die Ursächlichkeit der Behinderung hierfür ist grds. anzunehmen, wenn der Grad der Behinderung mind. 50 beträgt und insbesondere Umstände hinzutreten, auf Grund derer eine Erwerbstätigkeit unter den üblichen Bedingungen des Arbeitsmarkts ausgeschlossen erscheint, oder im Ausweis über die Eigenschaft als schwer behinderter

1) BFH v. 2.6.2005, III R 86/03, BStBl II 2005, 756.
2) BFH v. 9.6.2011, III R 61/08, BFH/NV 2011, 1947 und v. 4.8.2011, III R 24/09, BFH/NV 2012, 199.
3) BFH v. 27.11.2019, III R 44/17, BStBl II 2020, 558.
4) BFH v. 9.2.2012, III R 5/08, BStBl II 2012, 891.
5) BFH v. 28.5.2009, III R 16/07, BFH/NV 2009, 1639.
6) BFH v. 29.6.2012, III S 35/11 (PKH), BFH/NV 2012, 1596.
7) BFH v. 19.11.2008, III R 105/07, BFH/NV 2009, 638.
8) BFH v. 30.4.2014, XI R 24/13, BStBl II 2014, 1014.
9) BFH v. 15.10.1999, VI R 40/98, BStBl II 2000, 75; v. 15.10.1999, VI R 182/98, BStBl II 2000, 79.
10) BFH v. 12.12.2012, VI R 101/10, BStBl II 2015, 651.
11) BVerfG v. 29.5.1990, 1 BvL 20/84, BStBl II 1990, 653.
12) BFH v. 17.11.2004, VIII R 22/04, BFH/NV 2005, 541; bestätigend FG Berlin-Brandenburg v. 6.9.2010, 4 V 4226/09, EFG 2011, 471 und v. 14.2.2011, 4 K 4137/09, EFG 2011, 1264.
13) BZSt v. 28.4.2025, St II 2 – S 2280/25/0000024, BStBl I 2025, 1018, A 19.4 Abs. 5.
14) FG Berlin-Brandenburg v. 14.2.2011, 4 K 4137/09, EFG 2011, 1264.
15) BZSt v. 28.4.2025 – St II 2 – S 2280/25/0000024, BStBl I 2025, 1018 A 19.4 Abs. 6.
16) BFH v. 19.8.2002, VIII R 17/02, BStBl II 2003, 88; v. 19.8.2002, VIII R 51/01, BStBl II 2003, 91.

Mensch das Merkmal „H“ (hilflos) eingetragen ist.[1)] Mehrfache erfolglose Bewerbungen können dabei gegen die Vermittelbarkeit des Kindes sprechen, da regelmäßig auch zusätzliche Merkmale für die Teilnahme am Erwerbsleben hinzukommen müssen.[2)]

Auch **Suchtkrankheiten** (Drogenabhängigkeit oder Alkoholismus) können eine Behinderung darstellen, wenn ein entsprechendes gesundheitsschädliches Stadium erreicht ist.[3)] Hierzu ist es jedoch erforderlich, dass die Behinderung z.B. durch Einholung eines ärztlichen Gutachtens oder durch Zeugnis der behandelnden Ärzte belegt wird. Zur Berücksichtigung während der Zurückstellung der Strafverfolgung vgl. FG München.[4)] **900**

Der Nachweis der Behinderung kann geführt werden bei

- einer Behinderung, deren Grad auf mind. 50 festgestellt ist, durch einen Ausweis nach SGB IX oder eines Bescheides der nach § 152 Abs. 1 SGB IX zuständigen Behörde;
- einer Behinderung, deren Grad auf weniger als 50, aber mind. 20 festgestellt ist, durch eine Bescheinigung oder eines Bescheides der nach § 152 Abs. 1 SGB IX zuständigen Behörde;
- bei einer Einstufung in den Pflegegrad 4 oder 5 (bis 31.12.2016: in Pflegestufe III) nach dem SGB XI oder diesen entsprechenden Bestimmungen durch den entsprechenden Bescheid.[5)]

Der **Nachweis der Behinderung** kann auch in Form einer Bescheinigung, eines Zeugnisses des behandelnden Arztes oder eines ärztlichen Gutachtens erbracht werden.[6)]

Ein Kind ist dann weiterhin steuerlich als Kind zu berücksichtigen, wenn es wegen körperlicher, geistiger oder seelischer Behinderung außerstande ist, sich selbst zu unterhalten, wenn es daher mit den ihm zur Verfügung stehenden finanziellen Mitteln den gesamten notwendigen Lebensbedarf nicht bestreiten kann. Dieser notwendige Lebensbedarf setzt sich aus dem allgemeinen Lebensbedarf (Grundbedarf) und dem individuellen behinderungsbedingten Mehrbedarf zusammen. Als Grundbedarf ist bei der Prüfung der Voraussetzungen der Grundfreibetrag (§ 32a Abs. 1 Satz 2 Nr. 1 EStG) anzusetzen.

Übersteigt das Nettoeinkommen des behinderten Kindes im VZ nicht 11 784 €[7)] (Grundfreibetrag [§ 32a Abs. 1 Satz 2 Nr. 1 EStG]), ist davon auszugehen, dass das Kind außerstande ist, sich selbst zu unterhalten.

6. Angaben zur Erwerbstätigkeit eines volljährigen Kindes – nur bei Eintragungen in Zeile 16 (Zeilen 22–25)

- 2 -

Angaben zur Erwerbstätigkeit eines volljährigen Kindes

(nur bei Eintragungen in Zeile 16)

22 Das Kind hat bereits eine erstmalige Berufsausbildung oder ein Erststudium abgeschlossen — 84 — 1 = Ja, 2 = Nein

23 Falls Zeile 22 mit „Ja“ beantwortet wurde: Das Kind war erwerbstätig (kein Ausbildungsdienstverhältnis) — 1 = Ja, 2 = Nein

Falls Zeile 23 mit „Ja“ beantwortet wurde:

24	Das Kind übte eine / mehrere geringfügige Beschäftigung(en) i. S. d. §§ 8, 8a SGB IV (sog. Minijob) aus	1 = Ja 2 = Nein	Beschäftigungszeitraum vom - bis T T M M – T T M M	(Vereinbarte) regelmäßige wöchentliche Arbeitszeit der Tätigkeit(en) in Stunden
25	Das Kind übte andere Erwerbstätigkeiten aus	1 = Ja 2 = Nein	Erwerbszeitraum vom - bis T T M M – T T M M	(Vereinbarte) regelmäßige wöchentliche Arbeitszeit der Tätigkeit(en) in Stunden

a) Allgemeines

Auf Grund der Neuregelung i.R.d. Steuervereinfachungsgesetzes 2011[8)] haben Einkünfte und Bezüge der volljährigen Kinder ab dem VZ 2012 grds. keine Bedeutung mehr (Ausnahme behinderte Kinder). Ein volljähriges Kind wird grds. bis zum Abschluss der **erstmaligen Berufsausbildung** oder des **Erststudiums** steuerlich als Kind berücksichtigt, da es in dieser Lebensphase noch nicht alleine dazu in der Lage ist, durch die Ausübung eines Berufs ein Einkommen zu erzielen, mit dem es den Lebensunterhalt bestreiten kann (§ 1910 BGB). **901**

Darüber hinaus kommt eine Berücksichtigung als steuerliches Kind nur noch dann in Betracht, wenn einer der Grundtatbestände des § 32 Abs. 4 Satz 1 Nr. 2 EStG (→ Rz. 885) erfüllt ist und das Kind keiner die Ausbildung hindernden Erwerbstätigkeit nachgeht oder es sich um eine unschädliche Tätigkeit handelt. Für Kinder bis zur Vollendung des 21. Lebensjahrs, die bei einer Agentur für Arbeit als arbeitsuchend gemeldet sind (§ 32 Abs. 4 Satz 1 Nr. 1 EStG), sowie für behinderte Kinder, die nach § 32 Abs. 4 Satz 1 Nr. 3 EStG (→ Rz. 898) zu berücksichtigen sind, gilt

1) H 32.9 Außerstande sein, sich selbst zu unterhalten EStH 2018.
2) BFH v. 22.12.2011, III R 46/08, BFH/NV 2012, 730.
3) BFH v. 16.4.2002, VIII R 62/99, BStBl II 2002, 738.
4) FG München v. 27.8.2015, 10 K 3121/14, EFG 2015, 2187.
5) BZSt v. 28.4.2025, St II 2 – S 2280/25/0000024, BStBl I 2025, 1018 A 19.2.
6) BFH v. 16.4.2002, VIII R 62/99, BStBl II 2000, 738 sowie v. 9.2.2012, III R 47/08, BFH/NV 2012, 939.
7) Die Erhöhung auf 11 784 € basiert auf dem Gesetz zur steuerlichen Freistellung des Existenzminimums 2024, beschlossen vom BR am 22.11.2024, vgl. BR-Drucks. 531/24.
8) Steuervereinfachungsgesetz 2011 v. 1.11.2011, BStBl I 2011, 986.

die Neuregelung nicht, da Kinder i.S.d. § 32 Abs. 4 Satz 1 Nr. 1 EStG nicht in einem Beschäftigungsverhältnis stehen dürfen und für behinderte Kinder die bisherige Regelung (§ 32 Abs. 4 Satz 2 bis 10 EStG a.F.) keine Anwendung gefunden hat. Eintragungen sind daher immer in den Fällen vorzunehmen, in denen die Voraussetzungen für die Berücksichtigung eines Kindes i.S.d. § 32 Abs. 4 Nr. 2 EStG vorliegen. Hierbei handelt es sich um alle Tatbestände, unter denen ein Kind, dass das 25. Lebensjahr noch nicht vollendet hat, berücksichtigt wird (weitere Ausbildung, weiteres Studium, Übergangszeitraum von bis zu 4 Monaten, Freiwilligendienst sowie die mangels Ausbildungsplatz nicht antretbare oder nicht fortsetzbare Berufsausbildung). Die gesetzliche Neureglung dient dabei nach der Gesetzesbegründung der Verwaltungsvereinfachung, da sich die bisherige Berechnung als kompliziert und aufwändig erwiesen hat und des Weiteren nur von einer relativ kleinen Gruppe der steuerlich berücksichtigungsfähigen Kinder auch tatsächlich überschritten wird.[1)]

Beratungshinweis:

Andere Erträge (z.B. Kapitaleinkünfte) können durch das Kind in beliebiger Höhe steuerunschädlich bezogen werden. Da lediglich eine aktive Erwerbstätigkeit zu einer Schädlichkeit führen kann, könnte ein größerer Anreiz bestehen, Vermögen i.R.d. vorweggenommenen Erbfolge zu übertragen. Im Vordergrund soll aber der Vereinfachungsgedanke – offenbar mit allen Konsequenzen – und nicht die Einzelfallgerechtigkeit stehen.[2)] Es werden verfassungsrechtliche Probleme im Hinblick auf den allgemeinen Gleichbehandlungsgrundsatz (Art. 3 Abs. 1 GG) aufgeworfen, da die finanzielle Situation des Kindes insg. keine entscheidungserhebliche Rolle mehr spielt. Nach der neuen Regelung werden Eltern mit Kindern ggü. Partnern einer kinderlosen Ehe trotz in beiden Fällen nicht vorhandener Unterhaltsverpflichtung bessergestellt.[3)]

Nach Abschluss einer erstmaligen Berufsausbildung und eines Erststudiums wird ein Kind in den Fällen der Berufsausbildung nach der Neuregelung nur noch in den Fällen berücksichtigt, in denen es keiner Erwerbstätigkeit nachgeht (§ 32 Abs. 4 Satz 2 ff. EStG). Der in § 32 Abs. 4 Nr. 2 Buchst. a EStG verwendete Begriff „für einen Beruf ausgebildet" (→ Rz. 887) und der Begriff „erstmalige Berufsausbildung" (§ 32 Abs. 4 Satz 2 EStG) sind dabei nicht inhaltsgleich zu verwenden. „Für einen Beruf ausgebildet" wird die Person, die das Berufsziel noch nicht erreicht hat, sich aber ernstlich darauf vorbereitet. „Berufsausbildung" i.S.d. Neuregelung stellt hingegen den Erwerb von fachlichen Fertigkeiten und Kenntnissen dar, die zur Aufnahme eines Berufs befähigen. Es handelt sich danach bei einer „Berufsausbildung" immer auch um eine Maßnahme, in der das Kind „für einen Beruf ausgebildet wird". Umgekehrt ist aber nicht jede allgemein berufsqualifizierende Maßnahme gleichzeitig auch eine „Berufsausbildung". Der Schulbesuch oder ein Volontariat, freiwilliges Berufspraktikum etc. führen nicht zu einem Verbrauch der „erstmaligen Berufsausbildung" (§ 32 Abs. 4 Satz 2 EStG).

Beispiel:

Nach dem Abitur absolvierte das Kind ein Praktikum. Danach kann es eine Berufsausbildung mangels Ausbildungsplatz nicht beginnen und geht zur Überbrückung einer Erwerbstätigkeit nach (30 Wochenstunden).

In der Zeit zwischen Praktikum und Beginn der Berufsausbildung sind die Voraussetzungen (§ 32 Abs. 4 Satz 1 Nr. 2 Buchst. c EStG) zur Berücksichtigung als Kind erfüllt (→ Rz. 891). Das Kind ist daher steuerlich als Kind zu berücksichtigen, unabhängig davon, wie viele Stunden es in der Woche arbeitet. Die Regeln des § 32 Abs. 4 Satz 2 und 3 EStG finden keine Anwendung, da das Praktikum keine „Berufsausbildung" (§ 32 Abs. 4 Satz 2 EStG) darstellt.

Liegen die Anspruchsvoraussetzungen wenigstens an einem Tag im Kalendermonat vor (**Monatsprinzip**), besteht für diesen Monat Anspruch auf die Freibeträge für Kinder.

Der Abschluss einer Erstausbildung/des Erststudiums wird als widerlegbare Vermutung der wirtschaftlichen Unabhängigkeit des Kindes angesehen. Zur Definition der „erstmaligen Berufsausbildung/Erststudium" hat das BMF seine Verwaltungsanweisung aktualisiert.[4)] Eine erstmalige Berufsausbildung oder ein Erststudium sind grds. abgeschlossen, wenn sie das Kind zur Aufnahme eines Berufs befähigen.

902 Dabei kann es sein, dass das angestrebte Berufsziel mit dem ersten erlangten Berufsabschluss noch nicht erreicht ist. Setzt ein Kind nach erfolgreichem Abschluss eines Ausbildungsgangs seine Ausbildung fort, kann auch diese Fortsetzung als Teil einer **einheitlichen Erstausbildung** i.S.d. § 32 Abs. 4 Satz 2 EStG anzusehen sein.[5)] Nach der BFH-Rechtsprechung ist dies der Fall, wenn die Ausbildungsabschnitte in einem engen sachlichen Zusammenhang zueinander stehen und in engem zeitlichen Zusammenhang durchgeführt werden. Wird die weiterführende Ausbildung neben einer Erwerbstätigkeit durchgeführt, ist eine einheitliche erstmalige Berufsausbildung nur anzunehmen, wenn die weiterführende Ausbildung im Vergleich zur Erwerbstätigkeit im Vordergrund steht und sich nicht nur als eine auf Weiterbildung oder Aufstieg im bereits ausgeübten Beruf gerichtete Nebensache darstellt (→ Rz. 905). Wenn das Kind später eine weitere Ausbildung aufnimmt (z.B. Meisterausbildung nach mehrjähriger Berufstätigkeit auf Grund abgelegter Gesellenprüfung oder Masterstudium nach mehrjähriger Berufstätigkeit), handelt es sich um eine Zweitausbildung.

Die Immatrikulation eines vollzeitbeschäftigten Kindes kann damit auch nicht zu einer Berücksichtigung als Kind führen.

903 Eine **Berufsausbildung** (§ 32 Abs. 4 Satz 2 EStG) liegt dann vor, wenn das Kind durch eine berufliche Ausbildungsmaßnahme die notwendigen fachlichen Fertigkeiten und Kenntnisse erwirbt, die zur Aufnahme eines Berufs befähigen. Zur Berufsausbildung zählen z.B. Berufsausbildungsverhältnisse und die Berufsausbildung in einem öffent-

1) Gesetzentwurf der Bundesregierung, BT-Drucks. 17/5125, 41.
2) Bering/Friedenberger, NWB 2012, 278.
3) Felix, NJW 2012, 22.
4) BMF v. 8.2.2016, IV C 4 – S 2282/07/0001-01, BStBl I 2016, 226.
5) Vgl. BFH v. 3.7.2014, III R 52/13, BStBl II 2015, 152.

lich-rechtlichen Dienstverhältnis. Die Berufsausbildung ist als erstmalige Berufsausbildung anzusehen, wenn ihr keine andere abgeschlossene Berufsausbildung oder kein abgeschlossenes Hochschulstudium vorausgegangen ist. Bildungsmaßnahmen werden darüber hinaus einer Berufsausbildung gleichgestellt, wenn sie dem Nachweis einer Sachkunde dienen, die Voraussetzung zur Aufnahme einer fest umrissenen beruflichen Betätigung ist.[1] Die Ausbildung muss in einem geordneten Ausbildungsgang erfolgen und durch eine staatliche oder staatlich anerkannte Prüfung abgeschlossen werden, wobei der (erfolgreiche) Abschluss der Prüfung Voraussetzung für die Aufnahme der beruflichen Betätigung ist. Ausbildung und Abschluss müssen von Umfang und Qualität der Ausbildungsmaßnahmen und Prüfungen her grds. mit den Anforderungen vergleichbar sein, die bei typischen Berufsausbildungsmaßnahmen gestellt werden (z.B. die Ausbildung zu Berufspiloten auf Grund der JAR-FCL 1). Informationen zur Anerkennung ausl. Berufsqualifikationen sind im Internet verfügbar (www.anerkennung-in-deutschland.de und www.bg-portal.de).

Ein **Studium** stellt ein Erststudium (§ 32 Abs. 4 Satz 2 EStG) dar, wenn es sich um eine Erstausbildung handelt. Ein **904**
Studium (§ 32 Abs. 4 Satz 2 EStG) liegt vor, wenn es an einer Hochschule (§ 1 HRG) absolviert wird (Universitäten, Pädagogische Hochschulen, Kunsthochschulen, Fachhochschulen und sonstige Einrichtungen des Bildungswesens, die nach Landesrecht staatliche Hochschulen sind). Gleichgestellt sind private und kirchliche Bildungseinrichtungen sowie Hochschulen des Bundes, die nach Landesrecht als Hochschule anerkannt werden (§ 70 HRG). Eine Qualifizierung zum Rettungshelfer ist keine Berufsausbildung.[2]

b) Das Kind hat bereits eine erstmalige Berufsausbildung oder ein Erststudium abgeschlossen (Zeile 22)

Praxishinweis: **905**

Die Erklärungstatbestände der Zeilen 22 bis 25 richten sich in der Abfragesystematik danach, welcher Tatbestand zu einer Schädlichkeit (= Nichtberücksichtigung als steuerliches Kind) führen kann.

Die Frage, ob und zu welchem Zeitpunkt das Kind bereits eine erstmalige Berufsausbildung oder ein Erststudium abgeschlossen hat, ist entscheidend für die Berücksichtigung als Kind und stellt damit die notwendige Einstiegsfrage für die weiteren Entscheidungskriterien dar. Für die Zeit bis zum Abschluss der erstmaligen Ausbildung erfolgt eine Berücksichtigung ohne weitere Voraussetzungen.

Eine Ausbildung ist abgeschlossen, wenn das Kind einen Ausbildungsstand erreicht hat, der es zur Berufsausübung nach dem angestrebten Berufsziel befähigt. Ein Studium endet mit dem offiziellen **Semesterende**, es sei denn, das Kind legt vor diesem Zeitpunkt die Abschlussprüfung ab. Verzögert sich die Unterrichtung über das Prüfungsergebnis in unangemessener Weise, ist als Beendigung der Hochschulausbildung der Zeitpunkt der Leistung des letzten Prüfungsteils zugrunde zu legen.

Nach Abschluss der beruflichen Erstausbildung ist eine Berücksichtigung als Kind nur noch dann möglich, wenn das Kind keiner Erwerbstätigkeit nachgeht (§ 32 Abs. 4 Satz 2 EStG) oder es sich bei der Tätigkeit um eine unschädliche Erwerbstätigkeit handelt (§ 32 Abs. 4 Satz 3 EStG). Für diese Prüfung sind die weiteren Angaben erforderlich.

Beratungshinweis:

Die Frage, ob es sich bei nach dem Abschluss der Berufsausbildung anschließenden Ausbildungsabschnitten um einen weiteren Bestandteil einer mehraktigen erstmaligen Ausbildung handelt, ist in den letzten Jahren Gegenstand mehrerer Verfahren vor dem BFH gewesen.[3] In einem aktuellen Urteil[4] hatte der BFH zu einem dualen Studium einer Finanzbeamtin zu entscheiden, die danach ein Studium der Rechtswissenschaften aufnahm. Es handle sich dabei nicht um eine mehraktige Berufsausbildung, sondern vielmehr um eine Zweitausbildung. Es bestehe somit kein Anspruch auf Kindergeld.

Eine Eintragung ist nicht erforderlich, wenn das Kind ohne Beschäftigung ist (Zeile 20 → Rz. 897, da es in diesem **906**
Fall nicht in einem Beschäftigungsverhältnis stehen darf) oder es sich um ein behindertes Kind handelt (Zeile 21 → Rz. 898, da für das Kind die bisherige Regelung der Einkünfte und Bezüge [§ 32 Abs. 4 Satz 2 bis 10 EStG a.F.] keine Anwendung fand). Zur Frage der Zweitausbildung ist auch entscheidend, ob Eintragungen in Zeile 16 vorgenommen worden sind. Damit liegt auch dann eine schädliche Erwerbstätigkeit vor, wenn das Kind z.B. eine Ausbildung mangels Ausbildungsplatz nicht begonnen hat oder fortsetzen konnte.

Eine Erwerbstätigkeit stellt grds. den Lebensunterhalt des Kindes sicher.[5] Unter dem Begriff „Erwerbstätigkeit" ist nach Verwaltungsmeinung[6] nicht nur eine nichtselbständige Tätigkeit zu verstehen. Ein Kind ist vielmehr auch erwerbstätig, wenn es einer auf die Erzielung von Einkünften gerichteten Beschäftigung nachgeht, die den Einsatz seiner persönlichen Arbeitskraft erfordert. Hieraus folgt, dass der Begriff „Erwerbstätigkeit" auch durch eine land- und forstwirtschaftliche, eine gewerbliche und eine selbständige Tätigkeit erfüllt werden kann. Die Verwaltung eigenen Vermögens (Kapitalvermögen, Vermietung und Verpachtung) ist demgegenüber keine Erwerbstätigkeit; entsprechendes gilt für Renteneinkünfte. Keine Erwerbstätigkeit ist auch ein Au-pair-Verhältnis.[7]

Eine Erwerbstätigkeit bleibt grds. nur noch bis zum Abschluss der ersten Berufsausbildung und des Erststudiums außer Betracht.

---

1) BZSt v. 28.4.2025, St II 2 – S 2280/25/0000024, BStBl I 2025, 1018, A 20.2.1 Abs. 3.
2) FG Hessen v. 21.5.2015, 2 K 155/13, EFG 2015, 1613.
3) BFH v. 11.4.2018, III R 18/17, BStBl II 2018, 548; v. 11.12.2018, III R 26/18, BStBl II 2019, 765; v. 23.10.2019, III R 14/18, BStBl II 2020, 785.
4) BFH v. 7.4.2022, III R 22/21, HFR 2022, 832.
5) BFH v. 16.5.1975, VI R 143/73, BStBl II 1975, 537.
6) BMF v. 8.2.2016, IV C 4 – S 2282/07/0001-01, BStBl I 2016, 226.
7) BZSt v. 28.4.2025, St II 2 – S 2280/25/0000024, BStBl I 2025, 1018, A 20.3.

c) Das Kind war erwerbstätig – kein Ausbildungsdienstverhältnis – (Zeile 23)

907 **Hinweis zur Plausibilitätsbeurteilung:**

Die Frage hat nur dann Bedeutung, wenn das Kind bereits eine erstmalige Berufsausbildung oder ein Erststudium abgeschlossen hat und eine weitere Berufsausbildung/weiteres Studium aufgenommen hat.

Nur Kinder, die keiner (schädlichen) Erwerbstätigkeit nachgehen, sind steuerlich zu berücksichtigen (§ 32 Abs. 4 Satz 2 und 3 EStG).

Als unschädlich ist eine Erwerbstätigkeit zu beurteilen, wenn die Voraussetzungen des § 32 Abs. 4 Satz 3 EStG erfüllt sind. Diese Prüfung ist monatsweise vorzunehmen, wofür die weiteren Angaben in den Zeilen 24 und 25 erforderlich sind. Bei einer 40-Wochenstunden-Tätigkeit und gleichzeitig durchgeführtem Studium in Teilzeit besteht kein Anspruch auf Kinderfreibeträge.[1]

Zur Frage der Berücksichtigung eines Zeitsoldaten mit abgeschlossener Berufsausbildung vgl. BFH v. 16.9.2015.[2] Nimmt ein Kind nach Abschluss einer kaufmännischen Ausbildung ein Studium auf, das eine Berufstätigkeit voraussetzt, ist das Studium nicht integrativer Bestandteil einer einheitlichen Erstausbildung. Eine einheitliche Erstausbildung liegt mangels notwendigen engen Zusammenhangs regelmäßig nicht mehr vor, wenn der zweite Ausbildungsabschnitt eine Berufstätigkeit voraussetzt. Ist Bedingung für ein berufsbegleitendes Studium an einer Verwaltungsakademie eine berufspraktische Erfahrung von regelmäßig einem Jahr, handelt es sich um einen die berufliche Erfahrung berücksichtigenden Weiterbildungsstudiengang und damit um eine Zweitausbildung.[3]

Unschädlich für den Anspruch auf die Freibeträge für Kinder ist eine Erwerbstätigkeit mit bis zu 20 Stunden regelmäßiger wöchentlicher Arbeitszeit (auch eine geringfügige Überschreitung ist schädlich[4]), ein Ausbildungsdienstverhältnis oder grds. ein geringfügiges Beschäftigungsverhältnis (§§ 8 und 8a SGB IV). Eine Erwerbstätigkeit im Rahmen eines geregelten Freiwilligendienstes (§ 32 Abs. 4 Satz 1 Nr. 2 Buchst. d EStG ist ebenfalls unschädlich. Bei Werkstudenten ist, im Gegensatz zu dualen Studiengängen, die zeitliche Grenze zu beachten.

Praxishinweis:

Beginnt beispielsweise ein Kind, das nach einer Erstausbildung für einen weiteren Beruf ausgebildet wird, im November eines Jahres eine Vollzeiterwerbstätigkeit, aus der die Einkünfte zusammen mit dem übrigen Einkommen unter der bisherigen Einkommensgrenze, die als Jahresgrenzbetrag gestaltet ist, liegen, so bleibt der Anspruch auf die Freibeträge für Kinder oder das Kindergeld erhalten und fällt erst im Folgejahr weg. Nach der Neuregelung würde in dieser Konstellation der Anspruch schon ab November wegfallen, da das Kind voll erwerbstätig ist und vermutet wird, dass es nach Abschluss einer Erstausbildung für seinen Unterhalt selbst sorgen kann.[5]

Die Ausübung eines Ausbildungsdienstverhältnisses (z.B. Beamten- oder Lehramtsanwärter, Referendare, Soldaten während der militärischen oder zivilberuflichen Ausbildung[6]) führt nicht zur Steuerschädlichkeit. Zur Definition des Begriffs „Ausbildungsdienstverhältnis" vgl. R 9.2. LStR 2015 sowie H 9.2 <Ausbildungsdienstverhältnis> LStH 2019. Ein Kind, das innerhalb eines bestehenden Arbeits- oder Dienstverhältnisses an von seinem Arbeitgeber oder Dienstherrn angebotenen, verwendungsbezogenen Lehrgängen teilnimmt, wird nur dann i.S.d. § 32 Abs. 4 Satz 1 Nr. 2 Buchst. a EStG für einen Beruf ausgebildet, wenn die Erlangung beruflicher Qualifikationen, d.h. der Ausbildungscharakter, und nicht die Erbringung bezahlter Arbeitsleistungen, d.h. der Erwerbscharakter, im Vordergrund des Arbeits- oder Dienstverhältnisses steht.[7] Eine nebenbei ausgeübte geringfügige Beschäftigung ist unschädlich (→ Rz. 908). Die Tätigkeit als wissenschaftlicher Mitarbeiter reicht nicht für die Annahme aus, dass es sich um ein solches Dienstverhältnis handelt, auch wenn im Rahmen der Tätigkeit die Gelegenheit zur Promotion gegeben wird.[8]

Beispiel:

Nach dem Abitur schließt das Kind eine Berufsausbildung ab und studiert ab dem 1.10.2023. Ab 1.4.2025 arbeitet das Kind mit einer wöchentlichen Arbeitszeit von 20 Stunden als Bürokraft. In den Semesterferien arbeitet das Kind (auf Grund einer zusätzlichen vertraglichen Vereinbarung) vom 1.8. bis zum 30.9.2025 in Vollzeit mit 40 Stunden wöchentlich. Ab dem 1.11.2025 ist es wieder mit einer wöchentlichen Arbeitszeit von 15 Stunden (vertraglich vereinbart) als Aushilfe tätig. Es ergeben sich folgende Arbeitszeiten pro voller Woche: vom

1.4. bis 31.7.2025 (17 Wochen und 3 Tage): 20 Std./Woche

1.8. bis 30.9.2025 (8 Wochen und 5 Tage): 40 Std./Woche (= Ausweitung der Beschäftigung)

1.11. bis 31.12.2025 (8 Wochen und 5 Tage): 15 Std./Woche

Die durchschnittliche wöchentliche Arbeitszeit beträgt damit 15 Std. (17 Wochen × 20 Std.) + (8 Wochen × 40 Std.) + (8 Wochen × 15 Std.) / 52 Wochen = 15 Std.

Das Kind ist auf Grund des Studiums das gesamte Jahr als Kind zu berücksichtigen (§ 32 Abs. 4 Satz 1 Nr. 2 Buchst. a EStG). Das Studium wird jedoch nach Abschluss einer erstmaligen Berufsausbildung durchgeführt, so dass das Kind nur berücksichtigt werden kann, wenn die ausgeübte Erwerbstätigkeit anspruchsunschädlich ist (§ 32 Abs. 4 Satz 2 und 3 EStG). Da die Ausweitung der Beschäftigung lediglich vorübergehend ist und gleichzeitig während des Vorliegens des Grundtatbestandes zur Berücksichtigung als Kind (§ 32 Abs. 4 Satz 1 Nr. 2 EStG) die durchschnittliche wöchentliche Arbeitszeit 20 Stunden nicht übersteigt, ist die Erwerbstätigkeit anspruchsunschädlich.

---

1) FG Rheinland-Pfalz v. 28.1.2014, 5 K 2131/12, EFG 2014, 930.
2) BFH v. 16.9.2015, III 6/15, BStBl II 2016, 281.
3) BFH v. 4.2.2016, III R 14/15, BStBl II 2016, 615.
4) FG Düsseldorf v. 29.8.2013, 3 K 2231/12 Kg, EFG 2013, 1939.
5) BT-Drucks. 17/5422, 28.
6) BZSt v. 28.4.2025, St II 2 – S 2280/25/0000024, BStBl I 2025, 1018, A 20.3.2.
7) BFH v. 22.2.2017, III R 20/15, BStBl II 2017, 913.
8) FG Münster v. 12.9.2014, 4 K 2950/13 Kg, EFG 2014, 2051.

d) Das Kind übte eine/mehrere geringfügige Beschäftigung(en) i.S.d. §§ 8, 8a SGB IV (sog. Minijob) aus (Zeile 24)

Praxishinweis: 908

Die Frage hat nur dann Bedeutung, wenn das Kind bereits eine erstmalige Berufsausbildung oder ein Erststudium abgeschlossen hat und eine weitere Berufsausbildung/weiteres Studium aufgenommen hat.

Eine geringfügige Beschäftigung i.S.d. §§ 8, 8a SGB IV (sog. Minijob) ist unschädlich. Zum Vorliegen eines kindergeldunschädlichen geringfügigen Beschäftigungsverhältnisses vgl. BFH; abzustellen ist auf das Kj.[1] Die Regelung gilt nicht, wenn gleichzeitig mehrere geringfügige Beschäftigungsverhältnisse bestehen und das Entgelt hieraus insgesamt mehr als 556 € beträgt. Die wöchentliche Arbeitszeit und die Anzahl der monatlichen Arbeitseinsätze sind dabei unerheblich. Zu beachten ist dabei das Monatsprinzip (→ Rz. 901), nachdem das Kind ab dem Monat nicht mehr zu berücksichtigen ist, welcher dem Monat des Überschreitens der Grenzen folgt. Wird die Arbeitszeit überschritten, ist der Zeitraum der Überschreitungsmonate und nicht der gesamte Zeitraum der Erwerbstätigkeit schädlich.[2]

e) Das Kind übte andere Erwerbstätigkeiten aus (Zeile 25)

Zu erklären sind alle Tätigkeiten, die nicht als geringfügig (→ Rz. 907) anzusehen sind. Bei mehr als einer anderen Erwerbstätigkeit fordert das FA ergänzende Angaben auf einem besonderen Blatt. Ein Kind ist dann erwerbstätig, wenn es einer auf die Erzielung von Einkünften gerichteten Beschäftigung nachgeht, die den Einsatz der persönlichen Arbeitskraft erfordert.[3] Das ist dann der Fall bei einem Kind, das eine nichtselbständige Tätigkeit, eine land- und forstwirtschaftliche, eine gewerbliche oder eine selbständige Tätigkeit ausübt; die Verwaltung eigenen Vermögens stellt keine Erwerbstätigkeit dar. 909

Praxishinweis:

Ein Kind, das einer Teilzeittätigkeit von 20 Stunden nachgeht befindet sich noch in einer typischen Unterhaltssituation.[4] Eine Prüfung dieses Merkmals außerhalb der Einkünfte aus nichtselbständiger Arbeit, dürfte dabei schwierig sein.

Für die vorzunehmende Prüfung ist dabei für das FA erforderlich, die (ggf. auch vereinbarte) regelmäßige wöchentliche Arbeitszeit zu kennen, wobei sich die Abfrage regelmäßig auf die Einkünfte aus nichtselbständiger Arbeit (§ 19 EStG) beziehen dürfte. Zu beachten ist dabei das Monatsprinzip (→ Rz. 901), nachdem das Kind ab dem Monat nicht mehr zu berücksichtigen ist, welcher dem Monat des Überschreitens der Grenzen folgt. Wird die Arbeitszeit überschritten, ist der Zeitraum der Überschreitungsmonate und nicht der gesamte Zeitraum der Erwerbstätigkeit schädlich.[5]

f) (Vereinbarte) Regelmäßige wöchentliche Arbeitszeit der Tätigkeit(en) zur Zeile 24 und 25

Praxishinweis: 910

Der Erklärungstatbestand der vereinbarten regelmäßigen Arbeitszeit bezieht sich auf alle Erwerbstätigkeiten.

Für die Frage der Schädlichkeit einer geringfügigen Beschäftigung ist zunächst das Entgelt maßgebend.[6] Wird die Entgeltgrenze von 538 €/Monat überschritten, so ist die Dauer der Beschäftigung zu prüfen. Wird dabei auch die Grenze einer kurzfristigen Beschäftigung (drei Monate [bei einer Beschäftigung an bis zu 5 Tagen/Woche] oder 70 Arbeitstage [bei Beschäftigungen von regelmäßig weniger als 5 Tagen/Woche] in einem Kj.) in dem Zeitraum überschritten, in dem einer der Grundtatbestände des § 32 Abs. 4 Satz 1 Nr. 2 EStG erfüllt ist, ist die geringfügige Beschäftigung als regelmäßig ausgeübte Beschäftigung anzusehen.[7]

Praxishinweis:

Die vorübergehende Ausweitung der Beschäftigung auf mehr als 20 Std. wird nicht durch einen Jahreswechsel unterbrochen.[8]

Die wöchentliche Arbeitszeit wäre in den notwendigen Fällen durch geeignete Unterlagen wie z.B. den Arbeitsvertrag oder einer Bescheinigung des Arbeitgebers nachzuweisen.

Beratungshinweis:

Nach dem Gesetzeswortlaut ist nicht lediglich auf die „vereinbarte" wöchentliche Arbeitszeit, sondern auf die tatsächliche regelmäßige wöchentliche Arbeitszeit abzustellen. Das BMF führt dabei aus, dass bei der Prüfung, ob die regelmäßige wöchentliche Arbeitszeit insg. nicht mehr als 20 Stunden beträgt, von der vertraglich vereinbarten Arbeitszeit auszugehen ist und wie bei vorübergehender Ausweitung der vereinbarten Arbeitszeit zu verfahren ist.[9] Für die nach dem BMF-Schreiben vorzunehmende Prüfung ist dabei erforderlich, die (individuell) vereinbarte regelmäßige wöchentliche Arbeitszeit zu erklären, wobei die tatsächliche Arbeitszeit nicht geprüft werden soll.[10]

1) BFH v. 3.4.2014, III B 159/13, BFH/NV 2014, 1037.
2) BZSt v. 28.4.2025, St II 2 – S 2280/25/0000024, BStBl I 2025, 1018, A 20.3.1.
3) BFH v. 16.5.1975, VI R 143/73, BStBl II 1975, 537.
4) BFH v. 23.2.2006, III R 82/03, BStBl II 2008, 702.
5) BZSt v. 28.4.2025, St II 2 – S 2280/25/0000024, BStBl I 2025, 1018, A 20.3.1.
6) BMF v. 8.2.2016, IV C 4 – S 2282/07/0001-01, BStBl I 2016, 226, Rz. 26.
7) BMF v. 8.2.2016, IV C 4 – S 2282/07/0001-01, BStBl I 2016, 226, Rz. 24.
8) BZSt v. 28.4.2025, St II 2 – S 2280/25/0000024, BStBl I 2025, 1018, A 20.3.1 Abs. 3.
9) BMF v. 8.2.2016, IV C 4 – S 2282/07/0001-01, BStBl I 2016, 226, Rz. 24.
10) BMF v. 8.2.2016, IV C 4 – S 2282/07/0001-01, BStBl I 2016, 226, Rz. 29.

7. Angaben zur Kinderzulage bei steuerlicher Förderung von sog. Altersvorsorgebeiträgen (sog. Riester-Verträge) (Zeile 26)

Angaben zur Kinderzulage bei steuerlicher Förderung von Altersvorsorgebeiträgen (sog. Riester-Verträge) 39

– Eintragungen sind nur erforderlich, wenn Sie auf der **Anlage AV** einen zusätzlichen Sonderausgabenabzug für Altersvorsorgebeiträge beantragen. –

26 Welche Person hat für 2025 Anspruch auf die Kinderzulage für dieses Kind?
– Wurde die Kinderzulage im Antrag auf Altersvorsorgezulage beansprucht, müssen die Angaben übereinstimmen. – 501

1 = Steuerpflichtige Person / Ehemann / Person A
2 = Ehefrau / Person B
3 = andere Person
4 = keine Person (kein Anspruch auf Kinderzulage)

911 **Hinweis zur Plausibilitätsbeurteilung:**

Um das Erklärungsverhalten zu verbessern und die Zuordnung des Zulagenanspruchs zum Kind zu erleichtern, wurden die bisher im Abschnitt „Angaben zu Kindern, für die ein Anspruch auf Kinderzulage besteht“ vorhandenen Abfragen in der Anlage AV vollständig gestrichen und in einem neuen Abschnitt in der Anlage Kind aufgenommen. Um die Verlagerung kenntlich zu machen, wurde an der bisherigen Stelle der Abfragen zum Anspruch auf Kinderzulage ein Hinweis eingefügt.

Anspruch auf Kinderzulage besteht für jedes Kind, für das für mind. einen Monat des Beitragsjahres Kindergeld ggü. der zulageberechtigten Person tatsächlich festgesetzt worden ist und wird einmal je Kind gewährt (zum Datenabgleich zwischen den Familienkassen und der Zentralen Zulagenstelle für Altersvermögen vgl. BZSt v. 8.7.2013[1]). Berechtigt sind die leiblichen Eltern, Adoptiveltern aber auch Fälle des Pflegekindschaftsverhältnisses (§ 32 Abs. 1 Nr. 2 EStG).

Ab dem VZ 2018 wird darauf hingewiesen, dass für die Festsetzung der Kinderzulage entscheidend ist, ggü. welcher zulageberechtigten Person Kindergeld „festgesetzt“ – nicht mehr „ausgezahlt“ – worden ist (§ 85 EStG).[2] Entsprechend der Verwaltungspraxis wurde mit dem Änderungsgesetz klargestellt, dass es nicht auf den tatsächlichen Zahlungsstrom des Kindergelds ankommt, sondern darauf, welcher Person ggü. das Kindergeld festgesetzt wird. Dies ermöglicht den Abgleich mit bereits vorhandenen Daten anderer Verwaltungsträger, um ohne hohen Verwaltungsmehraufwand Prüfkriterien für die Gewähr von Altersvorsorgezulagen zu gewinnen. Müsste die zentrale Stelle ermitteln, an welche Person das Kindergeld tatsächlich geflossen ist, würde dieser Datenabgleich nicht mehr funktionieren.

Beispiel:

Für den kindergeldberechtigten Vater wird Kindergeld festgesetzt. Wegen der Unterbringung des Kindes in einem Heim stellt das Jugendamt einen Antrag auf Abzweigung des Kindergelds, dem stattgegeben wird. Das Kindergeld wird nicht an den Vater, sondern an das Jugendamt ausgezahlt. Anspruch auf Kinderzulage hat in diesem Fall der Vater.

Eine Aufteilung zwischen den Eltern ist nicht vorgesehen, so dass die Zulage grds. dem Elternteil zugeordnet wird, gegenüber dem das Kindergeld tatsächlich festgesetzt worden ist. Auf den Zeitpunkt der Auszahlung kommt es dabei nicht an. Für jedes Kind, das vor dem 1.1.2008 geboren wurde, wird eine Zulage i.H.v. 185 € gewährt (§ 85 Abs. 1 Satz 1 EStG). Wurde das Kind nach dem 31.12.2007 geboren, besteht ein Anspruch i.H.v. 300 € (§ 85 Abs. 1 Satz 2 EStG).

Dem Kindergeld stehen andere Leistungen für Kinder gleich (§ 65 Abs. 1 Satz 2 EStG [vgl. Anlage Kind → Rz. 873]). Ein lediger Vater, der nicht kindergeldberechtigt ist, erhält keine Kinderzulage.[3] Die Kinderzulage steht bei verheirateten (leiblichen) Eltern, Adoptiv- oder Pflegeeltern, die die Voraussetzungen des § 26 EStG erfüllen und die ihren Wohnsitz oder gewöhnlichen Aufenthalt in einem EU- oder EWR-Staat haben sowie im VZ 2025 nicht oder nur teilweise dauernd getrennt gelebt haben, grds. der Mutter zu (da unterstellt wird, dass die Haupterziehungsarbeit von der Mutter erbracht wird), unabhängig davon, ob ggü. der Mutter oder dem Vater das Kindergeld festgesetzt worden ist. Die Eltern können gemeinsam für den jeweiligen Anspruchszeitraum beantragen, dass der Vater die Zulage erhält (§ 85 Abs. 2 EStG), da dieser ansonsten nicht zulageberechtigt ist. Hat die berechtigte Person im Laufe des Kj. 2025 gewechselt, ist als Bezug für den ersten Anspruchszeitraum im Jahr 2025 i.d.R. der Januar 2025 maßgebend. Der Antrag auf Zuordnung der Kinderzulage kann für jedes Kind gesondert gestellt, aber für ein abgelaufenes Beitragsjahr nicht mehr zurückgenommen werden (§ 85 Abs. 2 Satz 3 EStG). Auch Eltern gleichen Geschlechts, die miteinander verheiratet sind, können gemeinsame Kinder haben. Bei Eltern, die miteinander eine Lebenspartnerschaft führen, und die die oben genannten Voraussetzungen zum Wohnsitz und zum Zusammenleben erfüllen, steht die Kinderzulage dem Elternteil zu, ggü. dem das Kindergeld festgesetzt worden ist. Auf Antrag beider Eltern kann die Kinderzulage vom anderen Elternteil (nicht der Mutter/der Person A) in Anspruch genommen werden. Die Übertragung der Kinderzulage muss auch in den Fällen beantragt werden, in denen die Mutter/der Lebenspartner, ggü. dem das Kindergeld festgesetzt wird, keinen Anspruch auf Altersvorsorgezulage hat, weil z.B. kein begünstigter Altersvorsorgevertrag abgeschlossen worden ist.

Zur weiteren Vereinfachung gibt es zur Beantragung der Kinderzulage nur noch eine Eintragungsmöglichkeit in der Zeile 26. Es ist einzutragen, wem die Kinderzulage zusteht. Dabei ist unbedingt zu beachten, dass es einen Gleichklang mit dem Zulagenantrag geben muss.

1) BZSt v. 8.7.2013, St II 2 – S 2495-PB/13/00001, BStBl I 2013, 848.
2) I.d.F. des Betriebsrentenstärkungsgesetzes v. 17.8.2017, BStBl I 2017, 1278.
3) FG Berlin-Brandenburg. v. 3.7.2014, 10 K 10238/13, EFG 2014, 1893.

8. Beiträge zur inländischen Kranken- und Pflegeversicherung (Zeilen 27–36)

Beiträge zur inländischen Kranken- und Pflegeversicherung 36 / 37

(Nicht in der Anlage Vorsorgeaufwand enthalten)

Zeile		Kz.	EUR
	Aufwendungen von mir / uns als Versicherungsnehmer geschuldet und von mir / uns getragen		
27	Beiträge zu Krankenversicherungen des Kindes (nur Basisabsicherung, keine Wahlleistungen)	66	,–
28	Beiträge zur sozialen Pflegeversicherung und / oder zur privaten Pflege-Pflichtversicherung	67	,–
29	Von den Versicherungen laut den Zeilen 27 und / oder 28 erstattete Beträge	68	,–
30	Über die Basisabsicherung hinausgehende Beiträge zu Kranken- und Pflegeversicherungen des Kindes (z. B. für Wahlleistungen, Zusatzversicherungen) abzüglich erstatteter Beiträge	69	,–
	Aufwendungen vom Kind als Versicherungsnehmer geschuldet und von mir / uns getragen		
31	Beiträge zu Krankenversicherungen des Kindes (nur Basisabsicherung, keine Wahlleistungen)	70	,–
32	In Zeile 31 enthaltene Beiträge, aus denen sich ein Anspruch auf Krankengeld ergibt	71	,–
33	Beiträge zur sozialen Pflegeversicherung und / oder zur privaten Pflege-Pflichtversicherung	72	,–
34	Von den Versicherungen laut den Zeilen 31 und / oder 33 erstattete Beträge	73	,–
35	In Zeile 34 enthaltene Beiträge, aus denen sich ein Anspruch auf Krankengeld ergibt	74	,–
36	Zuschuss von dritter Seite zu den Beiträgen laut den Zeilen 31 und / oder 33 (z. B. nach § 13a BAföG)	75	,–

a) Allgemeines

Zu allgemeinen Ausführungen zur Berücksichtigung von Basis-Kranken- und sozialen Pflegeversicherungsbeiträgen vgl. auch Ausführungen zur Anlage Vorsorgeaufwand (→ Rz. 1669). **912**

In den Zeilen 27 bis 30 sind die Aufwendungen zu erklären, die von der stpfl. Person/den Eltern als Versicherungsnehmer geschuldet werden. In den Zeilen 31 bis 36 sind die Aufwendungen zu erklären, die vom Kind als Versicherungsnehmer geschuldet werden, aber von der stpfl. Person/den Eltern getragen worden sind.

Grundsätzlich können von den stpfl. Personen nur die eigenen Sonderausgaben als Versicherungsnehmer für sich und für unterhaltsberechtigte Personen geltend gemacht werden. Durch eine besondere Regelung wird die Übernahme von Beiträgen zum Sonderausgabenabzug zugelassen, wenn es sich um ein Kind handelt, für das ein Anspruch auf einen Freibetrag für Kinder oder Kindergeld besteht (§ 10 Abs. 1 Nr. 3 Satz 2 EStG), ohne dass das Kindergeld tatsächlich an die stpfl. Person ausgezahlt wird, die die Versicherungsbeiträge zahlt. Dabei ist es dann unerheblich, ob die stpfl. Person (oder die Eltern) oder das Kind selbst Versicherungsnehmer ist. Für die Berücksichtigung bei den Eltern ist es ausreichend, wenn die Unterhaltsverpflichtung durch Sachleistungen (z.B. Unterhalt, Verpflegung) erbracht wurde.[1] Es kommt nicht darauf an, dass die Beiträge für die Basis-Krankenversicherung und gesetzliche Pflegeversicherung tatsächlich an das Kind erstattet wurden.

Die Aufwendungen, die auf der Lohnsteuerbescheinigung des Kindes ausgewiesen sind, dürften dabei von den Eltern steuerlich als eigener Aufwendungen geltend gemacht werden, wenn diese im Rahmen der bestehenden Unterhaltsverpflichtung getragen werden. Für eine zutreffende Berücksichtigung kann es erforderlich sein, in der Anlage Vorsorgeaufwand des Kindes (bei Abgabe einer eigenen Steuererklärung) in den entsprechenden Zeilen ggf. klarstellend „0 €“ einzutragen, um die Berücksichtigung im Rahmen der Veranlagung des Kindes zu verhindern.

Satz 2 gilt entsprechend, wenn der Stpfl. die Beiträge für ein unterhaltsberechtigtes Kind trägt, welches nicht selbst Versicherungsnehmer ist, sondern der andere Elternteil.

Praxishinweis:

Ob das Kind über eigene Einkünfte verfügt, ist insoweit ohne Bedeutung (R 10.4 Satz 2 EStR 2012). Das Kind ist in diesen Fällen ggf. verpflichtet, eine eigene Steuererklärung einzureichen (Pflichtveranlagung i.S.d. § 46 Abs. 2 Nr. 3 EStG).

Ist die stpfl. Person selbst Versicherungsnehmer und das steuerlich zu berücksichtigende Kind versicherte Person, erfolgt die Berücksichtigung der Aufwendungen nach § 10 Abs. 1 Nr. 3 Satz 1 EStG (Zahlung von Beiträgen als Versicherungsnehmer, da die Beiträge der zahlenden und zur Zahlung verpflichteten stpfl. Person nicht selbst zu Gute kommen müssen), während in dem Fall, in dem das Kind Versicherungsnehmer ist, die Beiträge als Sonderausgaben bei der stpfl. Person zu berücksichtigen sind (§ 10 Abs. 1 Nr. 3 Satz 2 EStG).

Hat das Kind z.B. die Altersgrenze zur Berücksichtigung als Kind bereits überschritten, können die Aufwendungen ggf. lediglich als außergewöhnliche Belastung (Anlage Unterhalt) Berücksichtigung finden, wenn das Kind selbst Versicherungsnehmer ist (§ 33a Abs. 1 Satz 2 EStG). Ist hingegen die stpfl. Person (oder die Eltern) Versicherungsnehmer und das Kind versicherte Person (z.B. das Kind, das auf Grund der Überschreitung der Altersgrenze, nicht mehr in der studentischen Kranken- und Pflegeversicherung abgesichert ist), können die gezahlten Beiträge als Sonderausgaben bei der stpfl. Person (oder den Eltern) berücksichtigt werden, wenn diese im Rahmen der Unterhaltsverpflichtung tatsächlich gezahlt werden (§ 10 Abs. 1 Nr. 3 Satz 2 EStG). Hierzu sind Angaben auf der Anlage Vorsorgeaufwand in den Zeilen 37 bis 42 erforderlich.

1) § 10 Abs. 1 Nr. 3 Satz 2 EStG.

Die Beiträge gelten i.R.d. bestehenden Unterhaltsverpflichtung als eigene Beiträge der stpfl. Person, das eine typische Voraussetzung für den Abzug von Sonderausgaben darstellt. Da das Kind selbst nicht wirtschaftlich belastet ist, kommt bei diesem kein Abzug mehr in Betracht. Es ist somit darauf zu achten, dass es zu keiner Doppelerklärung (bzw. Berücksichtigung) der Beiträge kommt.[1)]

Bei getrennt lebenden Elternteilen kann der Elternteil die Aufwendungen als Sonderausgaben berücksichtigen, der diese wirtschaftlich getragen hat, auch wenn diese vertragsrechtlich nicht die verpflichtete Person ist (§ 10 Abs. 1 Nr. 3 Satz 3 EStG).

Im Ergebnis besteht für die Eltern auch die Möglichkeit, die Aufwendungen für die Kinder, die im Rahmen einer **studentischen Krankenversicherung** selbst Versicherungsnehmer sind, sich die Beiträge aber bei diesen regelmäßig mangels eigener Erwerbstätigkeit nicht auswirken, in ihrer eigenen ESt-Erklärung mindernd als Sonderausgaben zu berücksichtigen, wenn sie tatsächlich auch von der stpfl. Person (den Eltern) gezahlt werden. Zum anderen sind dies die Fälle, in denen eine privat krankenversicherte stpfl. Person ihr von Geburt an **behindertes Kind** mit Blick auf die Leistungsausschlüsse der privaten Krankenversicherung in der gesetzlichen Krankenversicherung versichert hat (Versicherungsnehmer ist in diesem Fall das Kind). In diesen Fällen hat das Kind dann keine Möglichkeit mehr, die Aufwendungen zu berücksichtigen, obwohl sich diese Einschränkung nicht eindeutig aus dem Gesetzestext ergibt; lediglich i.R.d. Berücksichtigung von außergewöhnlichen Belastungen ist ein entsprechender Hinweis vorhanden (§ 33a Abs. 1 Satz 2 Halbsatz 2 EStG).

Das sächliche **Existenzminimum** wird i.R.d. Familienleistungsausgleichs von der steuerlichen Belastung verschont. In diesem Betrag sind aber die Aufwendungen für die Kranken- und Pflegeversicherung nicht enthalten, so dass über den Familienleistungsausgleich hinaus ein Abzug möglich ist.

Praxishinweis:
Vom Gesetzeswortlaut sind auch die Sachverhalte erfasst, in denen das Kind bereits selbst erwerbstätig ist und bereits Einkünfte erzielt. Jedoch muss es sich um ein steuerlich zu berücksichtigendes Kind handeln. In diesem Fall können die Aufwendungen nicht mehr bei dem Kind selbst berücksichtigt werden.

Berücksichtigungsfähig sind Aufwendungen für die Basisversorgung (im Rahmen sozialhilfegleichen Versorgungsniveaus).

b) Aufwendungen von mir/uns als Versicherungsnehmer geschuldet und von mir/uns getragen (Zeilen 27–30)

aa) Beiträge zu Krankenversicherungen des Kindes (nur Basisabsicherung, keine Wahlleistungen) (Zeile 27)

913 Berücksichtigungsfähig sind die Beiträge zur Basis-Krankenversicherungen → Rz. 912 (§ 10 Abs. 1 Nr. 3 Satz 1 Buchst. a EStG).

bb) Beiträge zur sozialen Pflegeversicherung und/oder privaten Pflege-Pflichtversicherung (Zeile 27)

914 Aufwendungen für die soziale Pflegeversicherung (und/oder private Pflege-Pflichtversicherung) sind als Sonderausgaben abzugsfähig (§ 10 Abs. 1 Nr. 3 Buchst. b EStG). Die Ausführungen zu den Zeilen 14 (→ Rz. 1692), 18 (→ Rz. 1697) – i.R.d. sozialen Pflegeversicherung – und 25 (→ Rz. 1704) der Anlage Vorsorgeaufwand – i.R.d. privaten Pflege-Pflichtversicherung – gelten entsprechend.

cc) Von den Versicherungen lt. den Zeilen 27 und/oder 28 erstattete Beiträge (Zeile 29)

915 Voraussetzung für den Sonderausgabenabzug ist die tatsächliche wirtschaftliche Belastung. Beitragsrückerstattungen mindern daher den als Sonderausgaben absetzbaren Betrag, ohne Rücksicht darauf, aus welchem Grund und in welcher Form eine Erstattung erfolgt.

dd) Über die Basisabsicherung hinausgehende Beiträge zu Kranken- und Pflegeversicherungen des Kindes (z.B. für Wahlleistungen, Zusatzversicherungen) abzüglich erstatteter Beiträge (Zeile 30)

916 Einzutragen sind die Beiträge, die nicht ggf. bereits in Zeile 27 erklärt wurden, somit die Beiträge, die nicht i.R.d. Basisabsicherung Berücksichtigung finden. Diese Wahlleistungen (z.B. Einbettzimmer) und Zusatzversicherungen sind i.R.d. § 10 Abs. 1 Nr. 3a EStG weiter zu berücksichtigen. Entsprechendes gilt für zusätzliche freiwillige Versicherungen. Sollten die Eltern als Versicherungsnehmer für ihre Kinder (als versicherte Person) eine zusätzliche Pflegeversicherung abgeschlossen haben, so sind diese Aufwendungen ebenfalls Wahlleistungen. Vgl. Ausführungen zu Zeile 22 der Anlage Vorsorgeaufwand (→ Rz. 1702).

Praxishinweis:
Die Wahlleistungen können nur als Sonderausgaben bei der stpfl. Person (Vater, Mutter oder den Eltern) abgezogen werden, wenn diese selbst Versicherungsnehmer ist. Ist das Kind Versicherungsnehmer, sind die Wahlleistungen nicht abziehbar, da die ergänzende Regelung nur für die Basisabsicherung und nicht für Wahlleistungen gilt (§ 10 Abs. 1 Satz 1 Nr. 3 Satz 2 EStG). In dem Bereich der Zeilen 31 bis 36 gibt es daher keine Abfrage analog der Zeile 30. In diesem Fall kann das Kind die nicht zu berücksichtigenden Wahlleistungen (inkl. des 4 %igen Abzugsbetrags) in der eigenen Steuererklärung (Anlage Vorsorgeaufwand) i.R.d. § 10 Abs. 1 Nr. 3a EStG berücksichtigen. Das dürfte auch in den Fällen gelten, in denen z.B. die Eltern die Aufwendungen in voller Höhe gezahlt haben. Insoweit muss von einer Schenkung von den Eltern an die Kinder ausgegangen werden.

1) BMF v. 24.5.2017, BStBl I 2017, 820, Rz. 81.

c) Aufwendungen vom Kind als Versicherungsnehmer geschuldet und von mir/uns getragen (Zeilen 31–36)

aa) Beiträge zu Krankenversicherungen des Kindes (nur Basisabsicherung, keine Wahlleistungen (Zeile 31)

Berücksichtigungsfähig sind die Beiträge zur Basis-Krankenversicherungen →Rz. 912 (§ 10 Abs. 1 Nr. 3 Satz 1 Buchst. a EStG). **917**

bb) In Zeile 31 enthaltene Beiträge, aus denen sich ein Anspruch auf Krankengeld ergibt (Zeile 32)

Regelmäßig dürfte bei Kindern kein Anspruch auf Krankengeld bestehen. Sollte dies dennoch der Fall sein, sind die Krankenversicherungsbeiträge, aus denen sich ein entsprechender Anspruch ergibt, gesondert zu erklären. Besteht ausnahmsweise ein Anspruch auf Krankengeld oder vergleichbare Leistungen, wird der in Zeile 31 erklärte Beitrag pauschal um 4 % gekürzt (§ 10 Abs. 1 Nr. 3 Buchst. a Satz 4 EStG), vgl. Ausführungen zu Zeile 17 der Anlage Vorsorgeaufwand (→Rz. 1629). Zur zutreffenden Berechnung der zu berücksichtigenden Aufwendungen sind gesondert die Erstattungen zu erklären, die sich auf die Beiträge beziehen, die auf Grund der Gewährung von Krankengeld oder entsprechenden Leistungen um 4 % zu kürzen sind. **918**

cc) Beiträge zur sozialen Pflegeversicherung und/oder privaten Pflege-Pflichtversicherung (Zeile 33)

Die Ausführungen zu Zeile 28 gelten entsprechend. **919**

dd) Von den Versicherungen lt. den Zeilen 31 und/oder 33 erstattete Beträge (Zeile 34)

Voraussetzung für den Sonderausgabenabzug ist die tatsächliche wirtschaftliche Belastung. Beitragsrückerstattungen mindern daher den als Sonderausgaben absetzbaren Betrag, ohne Rücksicht darauf, aus welchem Grund und in welcher Form eine Erstattung erfolgt. **920**

ee) In Zeile 34 enthaltene Beiträge, aus denen sich ein Anspruch auf Krankengeld ergibt (Zeile 35)

Die Ausführungen zu Zeile 32 gelten entsprechend. **921**

ff) Zuschuss von Dritter Seite zu den Beiträgen lt. den Zeilen 31 und/oder Zeile 33 (Zeile 36)

Zuschüsse von Dritter Seite mindern die eigenen Aufwendungen. Die Ausführungen zu Zeile 26 der Anlage Vorsorgeaufwand gelten entsprechend. Wird einem Studenten/Auszubildenden ein Zuschlag zur gesetzlichen/privaten Kranken- und sozialen/privaten Pflegeversicherung gezahlt (§ 13a BAföG), mindert dieser Betrag die zu berücksichtigenden Aufwendungen. Eintragungen sind nur in den Fällen erforderlich, in denen die Aufwendungen vom Kind als Versicherungsnehmer geschuldet werden (in Fällen, in denen das Kind die Aufwendungen in der eigenen Steuererklärung geltend macht, sind Eintragungen in der Anlage Vorsorgeaufwand [→Rz. 1600] erforderlich). **Seit dem VZ 2016 besteht eine Übermittlungspflicht der Daten (§ 10 Abs. 4b Satz 4 EStG).** **922**

9. Beiträge zur ausländischen Kranken- und Pflegeversicherung (Zeilen 37–38)

Beiträge zur ausländischen Kranken- und Pflegeversicherung

(Nicht in der Anlage Vorsorgeaufwand enthalten)

Aufwendungen von mir / uns / dem Kind als Versicherungsnehmer geschuldet und von mir / uns getragen

			EUR
37	Beiträge (abzüglich steuerfreier Zuschüsse und / oder Erstattungen) zu ausländischen Kranken- und Pflegeversicherungen des Kindes, die mit inländischen gesetzlichen Kranken- und Pflegeversicherungen vergleichbar sind (nur Basisabsicherung) – **Über die Basisabsicherung hinausgehende Beiträge, die von mir / uns als Versicherungsnehmer geschuldet und getragen wurden, in Zeile 30 eintragen –**	89	,—
38	In Zeile 37 enthaltene Beiträge, aus denen sich ein Anspruch auf Krankengeld ergibt	90	,—

2025AnlKind022 2025AnlKind022

923 Beiträge zur ausl. Kranken- und Pflegeversicherung des Kindes, die von den Eltern oder einem Elternteil getragen wurden, können als Sonderausgaben berücksichtigt werden. Die Daten liegen dem FA nicht elektronisch vor (§ 93c AO). Zu den Voraussetzungen der Abzugsfähigkeit und Vergleichbarkeit mit inl. gesetzlichen Versicherungen vgl. → Rz. 1708. Besteht ein Anspruch auf Krankengeld, erfolgt eine Kürzung der berücksichtigungsfähigen Aufwendungen (→ Rz. 932). Wahlleistungen sind in Zeile 30 zu erklären. In Zeile 37 sind die Beiträge nach Berücksichtigung von Erstattungen und Zuschüssen einzutragen.

10. Übertragung des Kinderfreibetrags/des Freibetrags für Betreuungs-, Erziehungs- und Ausbildungsbedarf (Zeilen 39–44)

- 3 -

Übertragung des Kinderfreibetrags / des Freibetrags für den Betreuungs- und Erziehungs- oder Ausbildungsbedarf

Zeile			
39	Ich beantrage den vollen Kinderfreibetrag und den vollen Freibetrag für den Betreuungs- und Erziehungs- oder Ausbildungsbedarf, weil der andere Elternteil – seiner Unterhaltsverpflichtung nicht zu mindestens 75 % nachkommt oder – mangels Leistungsfähigkeit nicht unterhaltspflichtig ist		36 ☐ 1 = Ja
40	Falls die Frage in Zeile 39 mit „Ja" beantwortet wurde: Es wurden Unterhaltsleistungen nach dem Unterhaltsvorschussgesetz gezahlt für den Zeitraum		38 vom T T M M bis T T M M
41	Ich beantrage den vollen Freibetrag für den Betreuungs- und Erziehungs- oder Ausbildungsbedarf, weil das minderjährige Kind bei dem anderen Elternteil nicht gemeldet war.	39 ☐ 1 = Ja	43 T T M M – T T M M
42	Nur beim Stief- / Großelternteil: Ich beantrage / Wir beantragen die Übertragung des Kinderfreibetrags und des Freibetrags für den Betreuungs- und Erziehungs- oder Ausbildungsbedarf, weil ich / wir das Kind in meinem / unserem Haushalt aufgenommen habe(n) oder ich / wir als Großelternteil gegenüber dem Kind unterhaltspflichtig bin / sind.	76 ☐ 1 = Ja	Zeitraum der Haushaltszugehörigkeit / Unterhaltsverpflichtung: 77 vom T T M M bis T T M M
43	Nur beim Stief- / Großelternteil: Der Kinderfreibetrag und der Freibetrag für den Betreuungs- und Erziehungs- oder Ausbildungsbedarf sind laut **Anlage K** zu übertragen.	41 ☐	1 = Zustimmung eines Elternteils liegt vor; 2 = Zustimmungen beider Elternteile liegen vor
44	Nur bei den berechtigten Elternteilen: Der Übertragung des Kinderfreibetrags und des Freibetrags für den Betreuungs- und Erziehungs- oder Ausbildungsbedarf auf den Stief- / Großelternteil wurde laut **Anlage K** zugestimmt.		40 ☐ 1 = Ja

a) Allgemeines

924 Auf Antrag ist die Übertragung des Kinderfreibetrags/des Freibetrags für Betreuungs-, Erziehungs- und Ausbildungsbedarf möglich (§ 32 Abs. 6 Satz 6 EStG). Diese Möglichkeit besteht für dauernd getrennt lebende oder geschiedene Ehegatten sowie für Eltern eines nicht ehelichen Kindes. Dabei ist zu unterscheiden, ob der Kinderfreibetrag oder der Freibetrag für Betreuungs-, Erziehungs- und Ausbildungsbedarf übertragen werden soll. Die Voraussetzungen hat die den Antrag stellende Person darzulegen (R 32.13 Abs. 4 EStR 2012). Zu Grundsätzen vgl. BMF v. 28.6.2013.[1]

b) Rechtsfolgen der Übertragung

925 Für den die Freibeträge für Kinder übertragenden Elternteil bedeutet die Übertragung ggf. den **Verlust von Steuervergünstigungen**, die davon abhängen, dass die stpfl. Person einen Kinderfreibetrag erhält, z.B. des Freibetrags zur Abgeltung eines Sonderbedarfs bei Berufsausbildung eines volljährigen Kindes (Zeilen 52–55), des Behinderten-Pauschbetrags (§ 33b Abs. 5 EStG, Zeilen 59–63) und der behinderungsbedingten Fahrtkostenpauschale (§ 33 Abs. 2a Satz 9 EStG, Zeilen 64–66).

Ferner wird das Kind bei der Berechnung der zumutbaren Belastung im Rahmen der außergewöhnlichen Belastungen (§ 33 Abs. 3 EStG, → Rz. 164) und bei der Ermäßigung der Zuschlagsteuern (Kirchensteuer sowie Solidaritätszuschlag [§ 51a EStG]) nicht weiter berücksichtigt.

c) Übertragung des vollen Kinderfreibetrags und des Freibetrags für den Betreuungs- und Erziehungs- oder Ausbildungsbedarf (Zeilen 39–40)

926 Eine Übertragung des Kinderfreibetrags ist dann möglich, wenn ein Elternteil seiner **Unterhaltsverpflichtung** ggü. dem Kind im Wesentlichen nachgekommen ist, der andere Elternteil – in dessen Obhut sich das Kind nicht befindet – jedoch nicht, obwohl dieser Elternteil zur Leistung von Barunterhalt verpflichtet ist (sog. Barunterhaltsverpflichtung, § 32 Abs. 6 Satz 6 1. Alt. EStG).

Im Rahmen des Steuervereinfachungsgesetzes 2011[2] wurden die Regeln zur Übertragung des Kinderfreibetrags ab dem VZ 2012 geändert. Danach ist eine Übertragung auf den anderen Elternteil auch dann möglich, wenn der andere Elternteil mangels Leistungsfähigkeit nicht unterhaltspflichtig ist, ein Elternteil den Unterhalt damit alleine bestreitet. Eine Übertragung ist nicht für Zeiträume möglich, für die Leistungen nach dem Unterhaltsvorschussgesetz (UVG) bezogen werden (§ 32 Abs. 6 Satz 6 2. Alternative und Satz 7 EStG), da das UVG den Unterhalt von Kindern, deren einer Elternteil seiner Unterhaltsverpflichtung nicht nachkommt, sichert. Auf die Höhe der Zahlungen kommt es nicht an. Die Übertragung scheidet aus, wenn der Elternteil, bei dem das Kind nicht gemeldet ist, der

1) BMF v. 28.6.2013, IV C 4 – S 2282-a/10/10002, BStBl I 2013, 845; ergänzt durch BMF v. 17.01.2014, IV C 4 – S 2282-a/0 :004, BStBl I 2014, 109.
2) Steuervereinfachungsgesetz v. 1.11.2011, BStBl I 2011, 986.

Übertragung widerspricht, weil dieser Kinderbetreuungskosten trägt oder das Kind regelmäßig in einem nicht unwesentlichen Umfang betreut (z.B., wenn eine außergerichtliche Vereinbarung über einen regelmäßigen Umgang an Wochenenden und in den Ferien vorliegt). Die Voraussetzungen für die Übertragung werden dabei für jeden Monat neu geprüft.[1] Die Übertragungstatbestände sind in **Zeile 39** formuliert.

Praxishinweis:

Wenn die Höhe der Barunterhaltsverpflichtung nicht durch gerichtliche Entscheidung, Verpflichtungserklärung, Vergleich oder anderweitig festgelegt ist, können die von den OLG als Leitlinien aufgestellten Unterhaltstabellen (z.B. „Düsseldorfer-Tabelle") einen Anhaltspunkt geben.

Die Düsseldorfer Tabelle ist eine Unterhaltsleitlinie des OLG Düsseldorf in Abstimmung mit den anderen OLG und dem Deutschen Familiengerichtstag. Die Düsseldorfer Tabelle nebst Anmerkungen beruht auf Koordinierungsgesprächen, die zwischen Richtern der Familiensenate der OLG Düsseldorf, Köln und Hamm sowie der Unterhaltskommission des Deutschen Familiengerichtstages e.V. unter Berücksichtigung des Ergebnisses einer Umfrage bei allen OLG stattgefunden haben. Die aktuelle Version der Düsseldorfer Tabelle sowie die vorherigen Werte können z.B. auf der Internetseite des OLG Düsseldorf abgerufen werden (www.olg-duesseldorf.nrw.de).

Der Elternteil, in dessen Obhut das Kind sich befindet, erfüllt seine Unterhaltsverpflichtung i.d.R. durch die Pflege und Erziehung des Kindes (**Betreuungsunterhalt** [§ 1606 Abs. 3 BGB]).

Ein Elternteil kommt seiner **Barunterhaltsverpflichtung** ggü. dem Kind im Wesentlichen nach, wenn er sie **mind. zu 75 % erfüllt**.[2] Dabei ist nicht entscheidend darauf abzustellen, dass ein Elternteil seiner Unterhaltsverpflichtung ggü. dem Kind im Kj. nachkommt, sondern für das Kj.

Beratungshinweis:

Allein der Umstand, dass ein sorgeberechtigter Elternteil, der sein minderjähriges Kind in seinen Haushalt aufgenommen hat, für sich und sein Kind Leistungen nach dem SGB II bezieht, rechtfertigt nicht die Übertragung der Freibeträge auf den anderen Unterhalt, der den Barunterhalt für das gemeinsame Kind leistet.[3]

Es ist somit nicht auf den Zeitpunkt abzustellen, zu dem der Unterhalt gezahlt worden ist, sondern es kommt vielmehr auf den Zeitraum an, für den der Unterhalt gezahlt wird.[4] Bestehen Unterhaltsrückstände für mehrere Jahre, so beurteilt sich die Frage, auf welche Jahre die Zahlungen zu verteilen sind, nach den Tilgungsregelungen der §§ 366, 367 BGB.

Praxishinweis:

§ 366 Abs. 2 BGB schreibt für den Fall, dass der Schuldner dem Gläubiger aus mehreren Schuldverhältnissen zu gleichartigen Leistungen verpflichtet ist und das von ihm Geleistete nicht zur Tilgung sämtlicher Schulden ausreicht, die Reihenfolge der Tilgung vor, wenn der Schuldner keine Bestimmung trifft oder wenn weder der Berechtigte noch der Verpflichtete bestimmungsberechtigt sind. Unter mehreren fälligen und durchsetzbaren Forderungen wird diejenige zuerst getilgt, die dem Gläubiger die geringere Sicherheit bietet. Von mehreren ungesicherten Forderungen ist diejenige weniger sicher, deren Verjährung früher eintritt, denn bei ihr besteht für den Gläubiger die größere Verlustgefahr.

Übernimmt ein Elternteil **gegen Entgelt die Unterhaltspflicht** des anderen, kommen beide ihrer Unterhaltspflicht i.S.d. § 32 Abs. 6 EStG nach. Eine Ausnahme besteht lediglich bei einer unentgeltlichen Freistellung.[5] Eine unentgeltliche Freistellung liegt nur dann vor, wenn sie nicht rechtlich abhängig ist von einer die Freistellung ausgleichenden Gegenleistung. Wird die Freistellung in einem Vergleich über die Scheidungsfolgen vereinbart, spricht schon der Wille zum Vergleich grds. für Entgeltlichkeit.

Hat aus Gründen, die in der Person des Kindes liegen, oder wegen des Todes des Elternteils die **Unterhaltsverpflichtung nicht während des ganzen Kj. bestanden**, ist für die Frage, inwieweit sie erfüllt worden ist, nur auf den Verpflichtungszeitraum abzustellen.[6]

Diese beiden Antragsalternativen (Unterhaltsverpflichtung/Leistungsfähigkeit) sind in **Zeile 38** genannt.

Zusätzlich ist eine Erklärung in **Zeile 40** erforderlich. Für die Übertragung des vollen Kinderfreibetrags ist die Frage entscheidend, ob und für welchen Zeitraum Leistungen nach dem UVG gezahlt worden sind, da in diesem Fall eine Übertragung nicht möglich ist (§ 32 Abs. 6 Satz 7 EStG). Damit wird im Ergebnis über die Kinderfreibeträge nur derjenige Elternteil entlastet, der tatsächlich auch (alleine) für den Unterhalt des Kindes aufgekommen ist. Der Elternteil, bei dem das Kind lebt, ist nicht mit (Unterhalts-)Aufwand belastet. Der andere Elternteil muss jedoch damit rechnen, dass die geleisteten Zahlungen zurückgefordert werden (§ 7 UVG), da Unterhaltsansprüche, die das unterstützte Kind gegen den Elternteil hat, bei dem es nicht lebt, und Ansprüche, die als Einkommen auf die zu bewilligenden Unterhaltsleistungen anzurechnen wären, auf das Bundesland übergehen, das die Unterhaltsleistungen erbracht hat.

---

1) R 32.13 Abs. 4 Satz 4 EStR 2012.
2) R 32.13 Abs. 2 EStR 2012.
3) BFH v. 15.6.2016, III R 18/15, BStBl II 2016, 893.
4) BFH v. 11.12.1992, III R 7/90, BStBl II 1993, 397.
5) BFH v. 24.3.2006, III R 57/00, BFH/NV 2006, 1815.
6) R 32.13 Abs. 3 EStR 2012 sowie Beispielsfälle in H 32.13 EStH 2018.

d) Übertragung des vollen Freibetrags für den Betreuungs-, Erziehungs- und Ausbildungsbedarf, weil das minderjährige Kind bei dem anderen Elternteil nicht gemeldet war (Zeile 41)

927 Der **halbe Kinderfreibetrag** wird bei unbeschränkt stpfl. Eltern, die nicht zusammen veranlagt werden (§ 26 Abs. 1 Satz 1 EStG), **auf den Elternteil übertragen**, bei dem das Kind gemeldet ist. Es handelt sich hierbei um nicht eheliche Kinder oder Kinder von getrennt lebenden oder geschiedenen Ehegatten. Nach dem Gesetzeswortlaut hängt die Übertragung eines Kinderfreibetrags davon ab, ob der Elternteil, dessen Kinderfreibetrag übertragen werden soll, seine **Unterhaltspflichten verletzt**. Dagegen reicht für die Übertragung des Betreuungsfreibetrags, der dem Elternteil zusteht, in dessen Wohnung das Kind nicht gemeldet ist, ein Antrag des anderen Elternteils auf Übertragung aus. Die Regelung, dass die Übertragung des Freibetrags für den Betreuungs-, Erziehungs- oder Ausbildungsbedarf allein auf den Antrag desjenigen Elternteils abstellte, bei dem das Kind gemeldet war, ist nicht verfassungswidrig, da dieser Elternteil regelmäßig den höheren Betreuungsaufwand hat.[1] Durch diese Regelung sollte eine Übertragung des Betreuungsfreibetrags abweichend vom Kinderfreibetrag ermöglicht werden.[2]

Im Rahmen des Steuervereinfachungsgesetzes 2011[3] wurden die Regeln zur Übertragung des Freibetrags ab dem VZ 2012 geändert. Eine Übertragung ist nicht möglich, wenn auch der andere Elternteil Aufwendungen hatte. Eine Übertragung des Freibetrags kommt nicht mehr in Betracht, wenn der Elternteil bei dem das Kind nicht gemeldet war, Aufwendungen (z.B. Kinderbetreuungskosten [hierzu zählen Aufwendungen für die Betreuung, Erziehung oder Ausbildung des Kindes bis zur Vollendung seines 18. Lebensjahres sowie z.B. Aufwendungen für die regelmäßige Unterbringung an Wochenenden[4]]) trägt oder das Kind regelmäßig in einem nicht unwesentlichen Umfang betreut und dieser Elternteil der Übertragung des Freibetrags widerspricht. Damit wird dem Umstand Rechnung getragen, dass beide Elternteile nach einer Trennung den Unterhalt für das gemeinsame Kind sicherstellen. Die Kriterien, um das bestehende **Widerspruchsrecht** ausüben zu können, müssen dabei seitens der Rechtsprechung noch entwickelt werden.[5] In der Praxis wird zunächst davon ausgegangen werden müssen, dass kein Widerspruch vorliegt. Bei vorliegendem Widerspruch hat das FA zu prüfen, ob dieser Einrede für das weitere Verfahren Bedeutung zukommt; Änderungen sollen dann nach § 175 Abs. 1 Nr. 2 AO erfolgen.[6]

Praxishinweis:

Der Übertragung des Freibetrags auf den anderen Elternteil kann nach § 32 Abs. 6 Satz 9 Alt. 2 EStG der Elternteil, bei dem das minderjährige Kind nicht gemeldet ist, regelmäßig erfolgreich widersprechen, wenn er das Kind nach einem – üblicherweise für einen längeren Zeitraum im Voraus festgelegten – weitgehend gleichmäßigen Betreuungsrhythmus tatsächlich in der vereinbarten Abfolge mit einem zeitlichen Betreuungsanteil von jährlich durchschnittlich 10 % betreut.[7]

Der BFH hat mit Urteilen vom 22.4.2020 (III R 61/18 und III R 25/19) entschieden, dass der dem anderen Elternteil zustehende BEA-Freibetrag **nach Volljährigkeit** des Kindes nicht übertragen werden kann. Die bisherige Verwaltungsauffassung, wonach die Übertragung des Kinderfreibetrags altersunabhängig auch gleichzeitig zur Übertragung des BEA-Freibetrags führt, steht damit nicht mehr im Einklang mit der BFH-Rechtsprechung. Zur Sicherstellung einer zutreffenden und altersunabhängigen Übertragung des BEA-Freibetrags ist ab dem VZ 2021 § 32 Abs. 6 EStG[8] geändert worden. Demnach führt die Übertragung des Kinderfreibetrags auch immer zur Übertragung des BEA-Freibetrags, unabhängig vom Alter des Kindes.

Gestaltungshinweis:

Bei Übertragung nur des besonderen, nicht des Kinderfreibetrags, kann der Empfänger besser gestellt sein, weil kein Kindergeld angerechnet wird.

e) Nur beim Stief-/Großelternteil: Übertragung des Kinderfreibetrags und des Freibetrags für den Betreuungs- und Erziehungs- oder Ausbildungsbedarfs auf den Stief-/Großelternteil lt. Anlage K (Zeilen 42–43)

928 Die den Eltern zustehenden Freibeträge können auch auf einen Stief- oder Großelternteil übertragen werden, wenn dieser das Kind in den eigenen Haushalt aufgenommen hat (§ 32 Abs. 6 Satz 9 EStG).

Überträgt ein Elternteil seinen Kinderfreibetrag auf einen Großelternteil, steht diesem auch regelmäßig das Kindergeld zu (§ 63 Abs. 1 Nr. 3 EStG). In diesem Fall ist durch die übertragenden Eltern das entsprechende Auswahlfeld auszufüllen und die Anlage K, die beim FA erhältlich ist, der Steuererklärung beizufügen.[9] In der ab dem VZ 2019 neu beschriebenen **Zeile 43** besteht nunmehr die Möglichkeit, zu erklären, dass beide Elternteile oder lediglich ein Elternteil der Übertragung zugestimmt hat/haben.

1) BFH v. 27.10.2011, III R 42/07, BStBl II 2013, 194.
2) BFH v. 18.5.2006, III R 71/04, BStBl II 2008, 352.
3) Steuervereinfachungsgesetz 2011 v. 1.11.2011, BStBl I 2011, 986.
4) BMF v. 28.6.2013, IV C 4 – S 2282-a/10/10002, BStBl I 2013, 845.
5) Greite, FR 2012, 684.
6) BMF v. 28.6.2013, IV C 4 – S 2282-a/10/10002, BStBl I 2013, 845.
7) BFH v. 8.11.2017, III R 2/16, BStBl II 2018, 266.
8) Abzugsteuerentlastungsmodernisierungsgesetz vom 2.6.2021, BGBl. I 2021, 1259; BMF v. 28.6.2013, Rz. 5, IV C 4 – S 2282-a/10/10002, BStBl I 2013, 845 ist dadurch überholt.
9) Die Anlage K kann auch über das Formular-Management-System der Bundesfinanzverwaltung abgerufen werden (Steuerformulare → Lohnsteuer (Arbeitnehmer) → 65 – Anlage K).

Gestaltungshinweis:
Die Übertragung der Freibeträge für Kinder auf die Großeltern empfiehlt sich z.B., wenn die Großeltern ihr Einkommen mit einem höheren Grenzsteuersatz versteuern und zudem die aus den Freibeträgen für Kinder erwachsende Steuerersparnis höher ist als das gezahlte Kindergeld.

Sind Groß- oder Stiefelternteil auch gleichzeitig Pflegeeltern des Kindes, so stehen ihnen aus diesem Grund bereits die Freibeträge für Kinder zu. Eine Übertragung ist in diesen Fällen nicht erforderlich (§ 32 Abs. 2 EStG).

f) Nur bei berechtigten Elternteilen: Der Übertragung des Kinderfreibetrags/Freibetrags für den Betreuungs-, Erziehungs- oder Ausbildungsbedarf auf einen Stief-/Großelternteil wurde lt. Anlage K zugestimmt (Zeile 44)

Befinden sich die Eltern des Kindes z.B. selbst in Ausbildung und sind ggü. ihrem eigenen Kind mangels Leistungs- 929
fähigkeit nicht selbst unterhaltspflichtig, besteht für die Großeltern eine entsprechende gesetzliche Verpflichtung (§ 1601 BGB) für den nicht durch Sozialleistungen abgedeckten Bedarf. In Zeile 42 erfolgt – entsprechend der gesetzlichen Änderung – bei einem Stief-/Großelternteil, der eine Übertragung des Kinderfreibetrages und des Freibetrages für den Betreuungs- und Erziehungs- oder Ausbildungsbedarfs beantragt, weil das Kind in seinen Haushalt aufgenommen wurde oder er dem Kind ggü. unterhaltspflichtig ist, die Abfrage des Zeitraums der Haushaltszugehörigkeit/Unterhaltsverpflichtung (§ 32 Abs. 6 Satz 10 EStG). Die Übertragung ist auch mit Zustimmung des berechtigten Elternteils möglich, die dann nur für zukünftige Kj. widerrufen werden kann (§ 32 Abs. 6 Satz 11 EStG). Ein entsprechendes Auswahlfeld hierfür ist nicht in der Steuererklärung enthalten, so dass ein gesonderter Antrag zu stellen wäre.

11. Entlastungsbetrag für Alleinerziehende (Zeilen 45–51)

Entlastungsbetrag für Alleinerziehende

					vom	bis
45	Das Kind war mit mir in der gemeinsamen Wohnung gemeldet im Zeitraum			42	T T M M	T T M M
46	Für das Kind wurde mir Kindergeld ausgezahlt im Zeitraum			44	T T M M	T T M M
47	Außer mir war(en) in der gemeinsamen Wohnung eine / mehrere volljährige Person(en) gemeldet, für die (zeitweise) kein Anspruch auf Kindergeld oder Freibeträge für Kinder bestand.	46	1 = Ja 2 = Nein	Falls „Ja“ (Zeitraum) 47	T T M M	T T M M
48	Es bestand eine Haushaltsgemeinschaft mit mindestens einer weiteren volljährigen Person, für die (zeitweise) kein Anspruch auf Kindergeld oder Freibeträge für Kinder bestand.	49	1 = Ja 2 = Nein	Falls „Ja“ (Zeitraum) 50	T T M M	T T M M
49	Name, Vorname (weitere Personen bitte in einer gesonderten Aufstellung angeben)					
50	Verwandtschaftsverhältnis			Beschäftigung / Tätigkeit		
	Nur bei Zusammenveranlagung im Jahr der Eheschließung, der Trennung oder des Todes eines Elternteils:					
51	Der Antrag auf einen Entlastungsbetrag für Alleinerziehende wird gestellt für				1 = Ehemann / Person A 2 = Ehefrau / Person B	

a) Allgemeines

Der Entlastungsbetrag soll die regelmäßig höheren Lebensführungskosten von (echten) **Alleinerziehenden**, die 930
einen gemeinsamen Haushalt nur mit ihren Kindern führen, ausgleichen (§ 24b EStG). Der Entlastungsbetrag ist damit „echten“ Alleinerziehenden vorbehalten, die den Haushalt ohne Unterstützung eines anderen Erwachsenen zu betreuen haben. Daraus, dass der andere Elternteil seiner Barunterhaltsverpflichtung nicht nachkommt, kann kein Anspruch auf einen höheren Entlastungsbetrag für Alleinerziehende abgeleitet werden.[1] Seit dem VZ 2023 beträgt der Entlastungsbetrag 4 260 €. Für jedes weitere Kind erhöht sich der Betrag um 240 €. Um Missbräuche zu erschweren, wurde der Entlastungsbetrag an die Angabe der Id-Nr. (§ 139b AO) des Kindes gekoppelt (§ 24b Abs. 1 Satz 3 EStG). Ist das Kind nicht nach einem Steuergesetz stpfl. (§ 139a Abs. 2 AO), ist es in anderer geeigneter Weise zu identifizieren.

Die Berücksichtigung erfolgt bereits im Lohnsteuerabzugsverfahren durch die Steuerklasse II.

Praxishinweis:
Der BFH sieht es als verfassungsrechtlich unbedenklich an, dass der Entlastungsbetrag nicht gewährt wird, wenn die stpfl. Person eine **Haushaltsgemeinschaft**[2] mit einer anderen erwachsenen Person bildet.[3]

Als alleinstehend gelten diejenigen Personen, die die Voraussetzungen für eine Ehegattenbesteuerung nach § 26 Abs. 1 EStG nicht erfüllen oder verwitwet sind und keine Haushaltsgemeinschaft mit einer anderen volljährigen Person bilden, es sei denn, für diese steht ihnen ein Freibetrag nach § 32 Abs. 6 EStG oder Kindergeld zu oder es

1) BFH v. 17.9.2015, III R 36/14, BFH/NV 2016, 545 = HFR 2016, 457.
2) Zur Definition der Haushaltsgemeinschaft vgl. auch BT-Drucks. 15/1516, 52 unter Bezugnahme auf § 9 Abs. 5 SGB II.
3) BFH v. 10.5.2007, III B 6/07, BFH/NV 2007, 1647.

handelt sich um ein Kind, das den gesetzlichen Grundwehr- oder Zivildienst leistet, sich stattdessen freiwillig für nicht mehr als drei Jahre zum Wehrdienst verpflichtet hat oder eine vom gesetzlichen Grundwehr-/Zivildienst befreiende Tätigkeit als Entwicklungshelfer ausübt (§ 24b Abs. 2 Satz 1 Halbs. 2 EStG). Das gemeinsame Wirtschaften kann auch in der Entlastung durch tatsächliche Hilfe und einer Zusammenarbeit bestehen.[1] Der Ausschluss des Entlastungsbetrags für stpfl. Personen, die eine Haushaltsgemeinschaft mit einer anderen volljährigen Person bilden, begegnet dabei keinen verfassungsrechtlichen Bedenken.[2] Die Besteuerung Alleinerziehender nach dem Grundtarif anstelle einer Besteuerung nach dem Splittingtarif ist verfassungsgemäß.[3]

Bei einem alleinerziehenden Elternteil kann im Jahr der Trennung bzw. im Jahr der Heirat ein anteiliger Entlastungsbetrag für Alleinerziehende berücksichtigt werden.[4] → Rz. 939.

931 Das Kind muss **zum Haushalt der stpfl. Person gehören** (§ 24b Abs. 1 Satz 1 EStG). Haushaltszugehörigkeit entsteht aus dem Zusammenwirken örtlicher Gegebenheiten sowie materieller (Versorgung, Unterhaltsgewährung) und immaterieller (Fürsorge, Betreuung) Faktoren. So verlangt der Begriff der Haushaltszugehörigkeit eine Familienwohnung, die von der stpfl. Person und der Person, die zu seinem Haushalt gehört, genutzt wird. Haushaltszugehörigkeit erfordert ferner, dass die stpfl. Person Verantwortung für das materielle Wohl des Haushaltsangehörigen trägt und dass zwischen den Personen familiäre Bindungen bestehen und unterhalten werden, was sich auch in der Fürsorge für den Haushaltszugehörigen niederschlägt.[5] Danach gehört ein Kind zum Haushalt der stpfl. Person, wenn es dauerhaft in deren Wohnung lebt oder mit ihrer Einwilligung vorübergehend auswärtig untergebracht ist. Bei **gleichwertiger Haushaltsaufnahme** bei beiden Elternteilen können die Eltern – unabhängig davon, an welche Person das Kindergeld ausgezahlt wird – eine Bestimmung treffen.[6]

932 Auch eine **Heimunterbringung** eines Kindes ist unschädlich. Die Zugehörigkeit eines behinderten Kindes zum Haushalt der Eltern könnte nur dann zu verneinen sein, wenn das behinderte Kind in einem Pflegeheim zur dauernden Pflege ohne die Aussicht, jemals das Heim verlassen zu können, untergebracht ist, seine Eltern ihm keinerlei persönliche Fürsorge mehr zuwenden und es infolgedessen an Aufenthalten in der Wohnung der Eltern fehlt.[7]

933 Der Entlastungsbetrag wird **zeitanteilig gewährt**. Für jeden vollen Kalendermonat, in dem die Voraussetzungen nicht vorliegen, ermäßigt sich der Entlastungsbetrag um ein Zwölftel (um jeweils 355 € [und/oder 20 € für jedes weitere zu berücksichtigende Kind]). Angebrochene Monate lösen daher keine Kürzung aus. Aus diesem Grund ist in den Zeilen 45 bis 48 jeweils der Zeitraum anzugeben, in dem die Voraussetzungen vorlagen.

b) Das Kind war mit in der gemeinsamen Wohnung der steuerpflichtigen Person gemeldet (Zeile 45)

934 Ein Kind gehört zum Haushalt der stpfl. Person, wenn es in der Wohnung der stpfl. Person gemeldet ist, **dauerhaft** in deren Wohnung lebt (§ 24b Abs. 1 Satz 2 EStG) oder mit ihrer Einwilligung vorübergehend, z.B. zu Ausbildungszwecken, auswärtig untergebracht ist. Haushaltszugehörigkeit erfordert ferner eine Verantwortung für das materielle (Versorgung, Unterhaltsgewährung) und immaterielle (Fürsorge, Betreuung) Wohl des Kindes.[8]

Die Zugehörigkeit zum Haushalt der stpfl. Person ist (unwiderlegbar) anzunehmen, wenn das Kind in der Wohnung derselben gemeldet ist (§ 24b Abs. 1 Satz 2 EStG), auch wenn das Kind tatsächlich in einer eigenen Wohnung lebt.[9] Ist das Kind bei **mehreren Stpfl. gemeldet** oder gehört es unstreitig zum Haushalt der stpfl. Person, ohne bei ihr gemeldet zu sein, ist es aber bei anderen Personen gemeldet, steht der Entlastungsbetrag demjenigen Alleinstehenden zu, zu dessen Haushalt das Kind tatsächlich gehört (→ Rz. 935).

Beratungshinweis:
Einem alleinstehenden Elternteil ist der Entlastungsbetrag zu gewähren, wenn das Kind dort mit Nebenwohnsitz gemeldet ist, sich regelmäßig dort aufhält, den Bedürfnissen entsprechend ein Zimmer eingerichtet und der andere Elternteil bereits wiederverheiratet ist; die Voraussetzungen für die Zahlung von Kindergeld müssen nicht vorliegen.[10]

c) Für das Kind wurde der steuerpflichtigen Person Kindergeld ausgezahlt (Zeile 46)

935 Ist das Kind bei **mehreren stpfl. Personen** gemeldet oder gehört es unstreitig zum Haushalt der stpfl. Person, ohne bei ihr gemeldet zu sein, ist es aber bei anderen stpfl. Personen gemeldet, steht der Entlastungsbetrag demjenigen Alleinerziehenden zu, zu dessen Haushalt das Kind tatsächlich gehört. Dies ist im Regelfall diejenige Person, die das Kindergeld erhält. Nach der Konkurrenzklausel steht derjenigen alleinstehenden Person der Entlastungsbetrag zu, die das Kind in ihren Haushalt aufgenommen hat; bei mehrfacher Aufnahme entscheidet, welche im Ergebnis überwiegt. Die Zeile 46 dient daher einer eindeutigen Zuordnung.

1) BFH v. 28.6.2012, III R 26/10, BStBl II 2012, 815.
2) BFH v. 25.10.2007, III R 104/06, BFH/NV 2008, 545.
3) BFH v. 29.9.2016, III R 62/13, BStBl II 2017, 259.
4) BMF 23.11.2022, IV C 8 – S 2265-a/22/10001 :001, BStBl I 2022, 1634, Rz. 25 und 25b.
5) BFH v. 14.11.2001, X R 24/99, BStBl II 2002, 244.
6) BFH v. 28.4.2010, III R 79/08, BStBl II 2011, 30.
7) BFH v. 14.11.2001, X R 24/99, BStBl II 2002, 244.
8) BMF 23.11.2022, IV C 8 – S 2265-a/22/10001 :001, BStBl I 2022, 1634, Rz. 17.
9) BFH v. 5.2.2015, III R 9/13, BStBl II 2015, 926.
10) FG Berlin-Brandenburg v. 13.8.2008, 7 K 7038/06 B, EFG 2008, 1959.

d) Meldung weitere Personen in der gemeinsamen Wohnung, für die (zeitweise) kein Anspruch auf Kindergeld oder Freibeträge für Kinder bestand (Zeile 47)

Die Abfragen in Zeile 47 (und auch Zeile 48) dienen offensichtlich dazu, dass die gesetzlichen Ausschlusstatbestände des § 24b EStG ausdrücklich erklärt werden müssen. **936**

Der Gewährung des Entlastungsbetrags steht es nicht entgegen, wenn eine **volljährige Person in der Wohnung gemeldet** ist, wenn es sich um ein leibliches Kind, Adoptiv-, Pflege-, Stief- oder Enkelkind handelt, für das der stpfl. Person ein Freibetrag für Kinder oder Kindergeld zusteht.

Durch die Angabe zum Zeitraum ist für das FA erkennbar, dass der Entlastungsbetrag für Alleinerziehende ggf. lediglich zeitanteilig zu berücksichtigen ist.

Die persönlichen Angaben zu der volljährigen Person sind in den Zeilen 49 und 50 ergänzend zu erklären.

e) Es bestand eine Haushaltsgemeinschaft mit mindestens einer weiteren volljährigen Personen, für die (zeitweise) kein Anspruch auf Kindergeld oder Freibeträge für Kinder bestand (Zeile 48)

Eine Haushaltsgemeinschaft liegt vor, wenn die stpfl. Person und die andere Person in der gemeinsamen Wohnung gemeinsam wirtschaften (sog. „Wirtschaften aus einem Topf"). Jedes Mitglied der Gemeinschaft leistet tatsächlich oder finanziell seinen Beitrag zur Haushalts- oder Lebensführung und partizipiert von ihr. Grundsätzlich wird bei jeder Art von Wohngemeinschaft vermutet, dass bei Meldung der anderen Person in der Wohnung der stpfl. Person auch eine Haushaltsgemeinschaft vorliegt. **937**

Mit sonstigen volljährigen Personen besteht **keine Haushaltsgemeinschaft**, wenn sie sich tatsächlich und finanziell nicht an der Haushaltsführung beteiligen. Die Fähigkeit, sich tatsächlich an der Haushaltsführung zu beteiligen, fehlt bei Personen, bei denen mind. ein Schweregrad der Pflegebedürftigkeit i.S.d. § 15 SGB XI (Pflegegrade 1 bis 5) besteht oder die blind ist; sie fehlt auch bei Personen, die kein oder nur geringes Vermögen (§ 33a Abs. 1 Satz 4 EStG)[1] von nicht mehr als 15 500 € besitzen.

Haushaltsgemeinschaften sind daher insb. gegeben bei **eheähnlichen** oder lebenspartnerschaftsähnlichen **Lebensgemeinschaften**, **Wohngemeinschaften** unter gemeinsamer Wirtschaftsführung mit einer sonstigen volljährigen Person, bei nicht dauernd getrennt lebenden Ehegatten/Lebenspartnern, bei denen keine Zusammenveranlagung in Betracht kommt. Durch die Angabe zum Zeitraum ist für das FA erkennbar, dass der Entlastungsbetrag für Alleinerziehende ggf. lediglich zeitanteilig zu berücksichtigen ist.

> **Praxishinweis:**
> Die Vermutung der Haushaltsgemeinschaft bei Meldung der anderen volljährigen Person kann widerlegt werden, wenn glaubhaft dargelegt wird, dass eine Haushaltsgemeinschaft mit der anderen Person nicht vorliegt. Bei nichtehelichen, aber eheähnlichen Gemeinschaften scheidet die Widerlegbarkeit jedoch aus.[2]

Eine Haushaltsgemeinschaft liegt jedoch nicht bei nur **kurzfristiger Anwesenheit** (z.B. Besuchszwecke, Aufenthalt aus Krankheitsgründen) in der Wohnung oder nicht nur vorübergehender Abwesenheit (z.B. Krankenhausaufenthalt, Auslandsreise, doppelte Haushaltsführung aus beruflichen Gründen) von der Wohnung vor.

Die persönlichen Angaben zu der volljährigen Person sind in den Zeilen 49 und 50 ergänzend zu erklären (→ Rz. 938).

f) Zusätzliche Angaben zu den weiteren Personen (Zeilen 49–50)

In den Zeilen sind ergänzende Angaben zu den Zeilen 47 und 48 zu erklären. Die Personen, die im Haushalt der stpfl. Person gemeldet sind oder mit denen eine Haushaltsgemeinschaft besteht, sind namentlich unter Angabe des Verwandtschaftsverhältnisses und der Beschäftigung oder Tätigkeit der weiteren Person aufzuführen. **938**

g) Die Voraussetzungen für den Entlastungsbetrag lagen auch im Jahr der Zusammenveranlagung vor (Zeile 51)

Nach den BFH-Urteilen v. 28.10.2021 (III R 17/20 und III R 57/20) kommt der Entlastungsbetrag für Alleinerziehende auch im Jahr der Trennung/Eheschließung ggf. zeitanteilig in Betracht. Demnach kann bei einer Zusammenveranlagung für jede Person ein Entlastungbetrag für Alleinerziehende in Betracht kommen. **939**

Die Zeile 51 dient der Zuordnung des Entlastungsbetrags für Alleinerziehende im Jahr der Eheschließung, der Trennung oder des Todes eines Elternteils.

Unter der Zwischenüberschrift „Nur bei Zusammenveranlagung im Jahr der Eheschließung, der Trennung oder des Todes eines Elternteils" wurde folgende Abfrage aufgenommen:

„Der Antrag auf einen Entlastungsbetrag für Alleinerziehende wird gestellt für

1 = Ehemann/Person A

2 = Ehefrau/Person B"

Damit wird erkennbar, welcher Person der Entlastungsbetrag für Alleinerziehende für das jeweilige Kind zuzuordnen ist.

---

1) R 33a.1 Abs. 2 EStR 2012.
2) BMF v. 23.11.2022, IV C 8 – S 2265-a/22/10001 :001, BStBl I 2022, 1634.

12. Freibetrag zur Abgeltung eines Sonderbedarfs bei Berufsausbildung eines volljährigen Kindes (Zeilen 52–55)

Freibetrag zur Abgeltung eines Sonderbedarfs bei Berufsausbildung eines volljährigen Kindes

		1. Zeitraum vom	1. Zeitraum bis	2. Zeitraum vom	2. Zeitraum bis
52	Das Kind war auswärtig untergebracht im Zeitraum	85 T T M M	T T M M	86 T T M M	T T M M
	Anschrift(en), Staat(en) – falls im Ausland				
53					
54	Es handelte sich zumindest zeitweise um eine auswärtige Unterbringung im Ausland			87	1 = Ja

Nur bei nicht zusammen veranlagten Eltern:

55 Laut gesondertem gemeinsamen Antrag ist der Freibetrag zur Abgeltung eines Sonderbedarfs bei Berufsausbildung in einem anderen Verhältnis als je zur Hälfte aufzuteilen. Der bei mir zu berücksichtigende Anteil beträgt (in %) 38

940 Der Ausbildungsbedarf eines volljährigen Kindes wird mit einem zusätzlichen Freibetrag i.H.v. 1 200 €[1] je Kj. berücksichtigt, der vom Gesamtbetrag der Einkünfte abgezogen werden kann (§ 33a Abs. 2 EStG). Gegen die Regelung, dass minderjährigen Kindern kein Freibetrag zugestanden wird, bestehen keine verfassungsrechtlichen Bedenken.[2] Auch die Höhe des sog. „Ausbildungsfreibetrags" ist verfassungsgemäß, da der Freibetrag nicht isoliert zu betrachten ist, sondern als Bestandteil des Familienleistungsausgleichs zu sehen ist.[3]

Beratungshinweis:
Es ist verfassungsrechtlich nicht zu beanstanden, dass der Ausbildungsfreibetrag nur für auswärtig untergebrachte volljährige und nicht auch für minderjährige Kinder gewährt wird.[4]

941 Für jeden vollen **Kalendermonat**, in dem die Voraussetzungen nicht vorliegen, ermäßigt sich der Freibetrag um je ein Zwölftel. Für nicht unbeschränkt einkommenstpfl. Kinder werden die Beträge nach Maßgabe der **Ländergruppeneinteilung** berücksichtigt, nach der die Verhältnisse des Wohnsitzstaates zu berücksichtigen sind (→ Rz. 874).

Den zusätzlichen Freibetrag kann nur erhalten, wer für das in Berufsausbildung (§ 32 Abs. 4 EStG) befindliche Kind auch tatsächlich einen Freibetrag für Kinder oder Kindergeld erhält.[5] Die Ableistung eines freiwilligen sozialen Jahres stellt keine Berufsausbildung i.d.S. dar.[6] Auf die Höhe der Aufwendungen kommt es nicht an. Ein Kind ist **auswärtig untergebracht**, wenn es außerhalb des Haushalts der Eltern wohnt. Dies ist nur anzunehmen, wenn für das Kind außerhalb der Wohnung der Eltern eine Wohnung ständig bereitgehalten und das Kind auch außerhalb des elterlichen Haushalts verpflegt wird.[7] Die Anschrift des Kindes, ggf. auch der ausl. Staat, ist in Zeile 53 zu erklären. In der Zeile 52 ist ergänzend eine Angabe zur auswärtigen Unterbringung im Ausland erforderlich, so dass eine Prüfung hinsichtlich der Ländergruppeneinteilung durch das FA leicht möglich ist.

Bei **geschiedenen/dauernd getrennt lebenden Elternteilen** oder bei Eltern eines nicht ehelichen Kindes, bei denen ein Freibetrag zur Abgeltung eines Sonderbedarfs bei Berufsausbildung zu berücksichtigen ist, wird dieser grds. der Person zugerechnet, die die Aufwendungen wirtschaftlich getragen hat, es sei denn, es liegt ein übereinstimmender Antrag vor, nach dem eine hälftige Berücksichtigung erfolgen soll (§ 26a Abs. 2 EStG).

1) Erhöht durch das JStG 2022 v. 16.12.2022, BGBl. I 2022, 2294.
2) FG Berlin-Brandenburg v. 25.3.2009, 2 K 1797/05, EFG 2009, 1118.
3) BFH v. 25.11.2010, III R 111/07, BStBl II 2011, 281; Verfbeschw nicht angenommen, BVerfG v. 23.10.2012, 2 BvR 451/11.
4) FG Rheinland-Pfalz v. 27.3.2018, 3 K 1651/16, EFG 2018, 1269; Rev. zurückgenommen, BFH v. 14.2.2019, VI R 20/18.
5) R 33a.2 Abs. 1 EStR 2012.
6) BFH v. 25.11.2014, VI B 1/14, BFH/NV 2015, 332.
7) R 33a.2 Abs. 3 EStR 2012.

13. Schulgeld an eine Privatschule oder Schule in freier Trägerschaft (Zeilen 56–58)

Schulgeld (Privatschule oder Schule in freier Trägerschaft)

– ohne Aufwendungen für die Beherbergung, Betreuung und Verpflegung des Kindes –

	Bezeichnung der Schule oder deren Träger		berücksichtigungsfähige Gesamtaufwendungen der Eltern EUR
56		24	,—

Nur bei nicht zusammen veranlagten Eltern:

			EUR
57	Das von mir übernommene Schulgeld beträgt	56	,—
58	Laut gesondertem gemeinsamen Antrag ist für das Kind der Höchstbetrag für das Schulgeld in einem anderen Verhältnis als je zur Hälfte aufzuteilen. Der bei mir zu berücksichtigende Anteil beträgt (in %)	57	

2025AnlKind023 2025AnlKind023

a) Zahlungen für den Besuch einer Privatschule (Zeile 56)

942 Berücksichtigungsfähig (§ 10 Abs. 1 Nr. 9 EStG) sind die Aufwendungen für den normalen Schulbetrieb[1] (auch freiwillige Beiträge und Anmeldegebühren nicht z.B. Aufwendungen für Schulbücher, da diese Aufwendungen auch an staatlichen Schulen anfallen und insoweit ein verfassungsrechtlicher Verstoß vorliegen würde) i.H.v. 30 % des gezahlten Entgelts für den Besuch einer Schule in freier Trägerschaft oder einer überwiegend privat finanzierten Schule bis zu einem (wohl jährlichen) Höchstbetrag von 5 000 €, wenn ein Anspruch auf einen Freibetrag nach § 32 Abs. 6 EStG oder auf Kindergeld besteht (es ist daher ausreichend, dass der stpfl. Person der Freibetrag für den Betreuungs- und Erziehungs- oder Ausbildungsbedarf zusteht). Es besteht kein verfassungsrechtlicher Anspruch auf den unbegrenzten Abzug von Schulgeld; ein Anspruch auf den Besuch einer Privatschule gehört nicht zu dem existentiellen Bedarf eines Schulkindes.[2] Der Abzug setzt in jedem Fall den Beginn der öffentlich-rechtlichen Schulpflicht voraus. Beträge für die **Betreuung und Verpflegung** sind nicht abzugsfähig und sind ggf. aus einer Gesamtsumme herauszurechnen und der Gesamtbetrag insoweit zu kürzen. Dies gilt ebenso wie für eine mögliche Unterbringung in der Schule.

> **Beratungshinweis:**
> Gegebenenfalls kommt insoweit eine Berücksichtigung der Aufwendungen als Unterhaltsleistungen in Betracht (§ 33a Abs. 2 EStG → Rz. 939). Zur Berücksichtigung von Schulgeldzahlungen als **Krankheitskosten** vgl. FG Düsseldorf.[3]

943 Aufwendungen für den **individuellen Privatunterricht** (z.B. in Musik- oder in vergleichbaren „Schulen", Schauspielschulen) können nicht als Sonderausgaben berücksichtigt werden. Das Gleiche gilt für Institute oder Einrichtungen, die kommerziell Nachhilfeunterricht erteilen (z.B. Schülerhilfe)[4] und Studienentgelte für ein Studium an eine private Fachhochschule[5], welche keinen allgemeinbildenden Abschluss vermittelt. Berücksichtigung finden daher Aufwendungen für

- allgemeinbildende und berufsbildende Ersatzschulen,
- allgemeinbildende Ergänzungsschulen,
- berufsbildende Ergänzungsschulen inkl. der Schule des Gesundheitswesens und
- Einrichtungen, die auf einen Beruf oder allgemeinbildenden Abschluss vorbereiten.

> **Beratungshinweis:**
> Die Prüfung und die Feststellung der schulrechtlichen Kriterien in Bezug auf die ordnungsgemäße Vorbereitung eines schulischen Abschlusses obliegt nicht den Schulbehörden, sondern ist Aufgabe der Finanzbehörden.[6]

Auch Aufwendungen im Zusammenhang mit Kursen an **Volkshochschulen** u.Ä. können Berücksichtigung finden, wenn diese Kurse hinsichtlich der angebotenen Fächer sowie in Bezug auf Umfang und Niveau des Unterrichts den Anforderungen und Zielsetzungen der für die angestrebte Prüfung maßgeblichen Prüfungsordnung entsprechen. Allgemeine Hochschulen/Fachhochschulen sind regelmäßig nicht erfasst, da diese nicht die entsprechenden Voraussetzungen erfüllen. Um den **Höchstbetrag** in voller Höhe nutzen zu können, können die stpfl. Personen

1) BFH v. 12.8.1999, XI R 65/98, BStBl II 2000, 65.
2) BFH v. 8.6.2011, X B 176/10, BFH/NV 2011, 1679.
3) FG Düsseldorf v. 14.3.2017, 13 K 4009/15 E, EFG 2017, 992.
4) BMF v. 9.3.2009, IV C 4 – S 2221/07/0007, BStBl I 2009, 487, Rz. 2.
5) BFH v. 10.10.2017, X R 32/15, BFH/NV 2018, 414 = HFR 2018, 365.
6) BFH v. 20.6.2017, X R 26/15, BStBl II 2018, 58 (gegen BMF v. 9.3.2009, BStBl I 2009, 487).

Schulgeld bis zu einem Betrag von 16 666 € an die begünstigte Schule entrichten. Der Sonderausgabenabzug an überwiegend privat finanzierte Schulen wird nunmehr auf Grund der EuGH-Rechtsprechung innerhalb des EU-/EWR-Raums gleichbehandelt. Ist das Kind bereits volljährig und selbst Vertragspartner der Schule, ist dieser Tatbestand unerheblich für die Berücksichtigung der Kosten. Es dürfte dabei keinen Unterschied machen, ob die Eltern das Schulgeld direkt an die Schule überweisen oder die Eltern ihren Kindern i.R.d. gesetzlichen Unterhaltsverpflichtung finanzielle Mittel zur Begleichung des Schulgeldes zur Verfügung stellen. Entscheidend ist lediglich, wer das Schulgeld wirtschaftlich getragen hat (R 10.10 EStR 2012).

Ob eine im **EU-/EWR-Ausland** belegene Schule die Voraussetzungen erfüllt, kann dabei regelmäßig erst nach Abschluss der Berufsausbildung beurteilt werden. Insoweit ist eine (wohl einmalige) Prognoseentscheidung z.B. der Zeugnisanerkennungsstelle erforderlich.

Beratungshinweis:
Die Berücksichtigung von Schulgeldzahlungen erfordert im Fall eines Auslandsstudiums eine formelle und verbindliche Entscheidung der nach Landesrecht zuständigen Stelle über den Abschluss.[1] Während eines mehrjährigen Auslandsaufenthalts wird ein Wohnsitz im Inland nur beibehalten, wenn die inl. Wohnung zumindest überwiegend in den ausbildungsfreien Zeiten genutzt wird; nicht erforderlich ist, dass das Kind den weit überwiegenden Teil der ausbildungsfreien Zeit im Inland verbringt.[2]

Schulgeldzahlungen an Schweizer Privatschulen sind nicht berücksichtigungsfähig, da es sich nicht um deutsche Schulen i.S.d. § 10 Abs. 1 Nr. 9 Satz 4 EStG handelt.[3]

Praxishinweis:
Hilfreich kann in diesem Zusammenhang die Datenbank www.anabin.kmk.org sein, die nicht nur Informationen über Schulabschlüsse und Einstufungen im Verhältnis zu inl. Hochschulabschlüssen enthält, sondern der auch eine Übersicht über die zuständigen Stellen für die Anerkennung der ausl. Abschlüsse zu entnehmen ist. Zur Anerkennung deutscher Schulen im Ausland vgl. auch www.kmk.org (Internetseite Ständige Konferenz der Kultusminister der Länder in der Bundesrepublik Deutschland. Beachte jedoch die Entscheidung des BFH v. 20.6.2016 → Rz. 943).

Ebenfalls Berücksichtigung finden deutsche Schulen in **Drittländern**. „Europäische Schulen" sind durch den deutschen Gesetzgeber in einer Weise anerkannt, die einer staatlichen Genehmigung gleichkommt.[4] Die Schulen müssen zu einem von der Kultusministerkonferenz (oder von den Kultusministerien einzelner Bundesländer) anerkannten allgemein bildenden Schulabschluss oder einem als gleichwertig anerkannten allgemein bildenden oder berufsbildenden Schul-, Jahrgangs- oder Berufsabschluss führen. Die Finverw. ist an diese Entscheidung gebunden. Eine Auflistung der Schulen, die von der Kultusministerkonferenz anerkannt sind sowie weitere Informationen über ausl. Hochschulabschlüsse, sind im Internet unter www.kmk.org zu finden. Studiengebühren für Hochschulen sind jedoch nicht berücksichtigungsfähig, da diese keine allgemein bildenden oder berufsbildenden Schulen sind. Aufwendungen für den Besuch einer Fachoberschule sind auch keine vorab entstandenen Werbungskosten, da diese nicht beruflich veranlasst sind.

Schulgeldzahlungen für den Besuch von Schulen außerhalb der o.a. Länder (§ 10 Abs. 1 Nr. 9 Satz 2 EStG), z.B. in den USA, sind nicht berücksichtigungsfähig.[5]

b) Zusatzangaben bei nicht zusammen veranlagten Eltern (Zeilen 57–58)

944 Werden die Eltern nicht zusammen veranlagt, sind Zusatzangaben zur Verteilung der Aufwendungen notwendig. Die eigenen Zahlungen der stpfl. Person sind in Zeile 57 einzutragen. Der Höchstbetrag i.H.v. 5 000 € ist dabei je Elternpaar aufzuteilen. Wird der entsprechende Anteil nicht zur Hälfte aufgeteilt, ist der entsprechende Anteil – in Prozent – in Zeile 58 einzutragen. Hierfür ist ein gemeinsamer Antrag – ggf. auf einem besonderen Blatt – der Steuererklärung beizufügen.

1) BFH v. 20.8.2014, X R 17/13, BFH/NV 2015, 320.
2) BFH v. 23.6.2015, III R 38/14, BStBl II 2016, 102.
3) BFH v. 9.5.2012, X R 3/11, BStBl II 2012, 585; v. 9.5.2012, X R 43/10, BFH/NV 2012, 1947.
4) BayLfSt v. 11.6.2018, S 2221.1.1-9/88 St36, StEd 2018, 575.
5) BFH v. 13.6.2013, X B 232/12, BFH/NV 2013, 1416.

14. Übertragung des Behinderten- und/oder Hinterbliebenen-Pauschbetrags (Zeilen 59–63)

- 4 -

Übertragung des Behinderten- und / oder Hinterbliebenen-Pauschbetrags

– bei erstmaliger Beantragung / Änderung bitte Nachweis in Kopie einreichen –

Die Übertragung des **Behinderten-Pauschbetrags** wird beantragt:

Ausweis / (Renten-)bescheid / Bescheinigung

59 gültig von M M J J gültig bis M M J J unbefristet gültig X 25 Grad der Behinderung

Das Kind ist

60 – erheblich gehbehindert (Merkzeichen „G") / außergewöhnlich gehbehindert (Merkzeichen „aG") 1 = Ja

61 – blind / taubblind / ständig hilflos (Merkzeichen „Bl", „TBl" und / oder „H"), schwerstpflegebedürftig (Pflegegrad 4 oder 5) 55 1 = Ja

62 Die Übertragung des **Hinterbliebenen-Pauschbetrags** wird beantragt: 26 1 = Ja

Nur bei nicht zusammen veranlagten Eltern:

63 Laut gesondertem gemeinsamen Antrag sind die für das Kind zu gewährenden Pauschbeträge für Behinderte / Hinterbliebene in einem anderen Verhältnis als je zur Hälfte aufzuteilen. Der bei mir zu berücksichtigende Anteil beträgt (in %) 28

Unter welchen Voraussetzungen ein Behinderten- oder Hinterbliebenen-Pauschbetrag zu berücksichtigen ist vgl. Ausführungen zu den Zeilen 4 bis 9 der Anlage Außergewöhnliche Belastungen (→ Rz. 152 ff.). Steht der Behinderten-Pauschbetrag oder der Hinterbliebenen-Pauschbetrag einem Kind der stpfl. Person zu, für das diese Freibeträge für Kinder oder Kindergeld erhält, so kann der Pauschbetrag auf Antrag auf die stpfl. Person übertragen werden, wenn ihn das Kind nicht in Anspruch nimmt (§ 33b Abs. 5 EStG). **945**

Eine Übertragung des vollen Pauschbetrags erfolgt auch dann, wenn der Kinderfreibetrag nur für einen Teil des Kj übertragen wurde.[1)]

Wird der Pauschbetrag auf die stpfl. Person übertragen, ist die Berücksichtigung **pflegebedingter Aufwendungen** i.R.d. „normalen" außergewöhnlichen Belastungen wie z.B. Kosten der Unterbringung des Kindes in einer Pflegeanstalt nach § 33 EStG, ausgeschlossen.[2)]

Praxishinweis:

Wird wegen der behinderungsbedingten Aufwendungen der Behinderten-Pauschbetrag in Anspruch genommen, kann daneben jedoch weiterhin geltend gemacht werden: Kosten einer Operation, Aufwendungen für Heilkuren, behinderungsbedingte Fahrtkostenpauschale.

Der **Nachweis der Behinderung** von in Deutschland nicht stpfl. Kindern bei Übertragung des Behinderten-Pauschbetrags kann nach BMF v. 8.8.1997[3)] im nachfolgend dargestellten Verfahren geführt werden. Das in einem EU-/EWR-Staat ansässige behinderte Kind oder sein Erziehungsberechtigter kann sich an das zuständige Auslandsversorgungsamt wenden und im förmlichen Verfahren nach dem SGB IX einen Antrag auf Feststellung über das Vorliegen einer Behinderung und den Grad der Behinderung stellen. Das Versorgungsamt wird den Antragsteller auffordern, ärztliche Befundberichte zu übersenden, wonach das Versorgungsamt den Grad der Behinderung bestimmen kann. Daraufhin wird dem Mensch mit Behinderung ein Feststellungsbescheid erteilt, der ggü. dem deutschen FA, bei dem der stpfl. Elternteil steuerlich geführt wird, als Nachweis dient. Für jedes Land gibt es ein zuständiges Auslandsversorgungsamt. Die Zuständigkeit der Auslandsversorgungsämter ist durch die Auslandszuständigkeitsverordnung (AuslZuStV) v. 28.5.1991[4)] geregelt. **946**

Eine **Übertragung des Pauschbetrags** für Menschen mit Behinderung **auf die Eltern eines Kindes mit Wohnsitz oder gewöhnlichem Aufenthalt im Ausland** ist nur möglich, wenn das Kind selbst als unbeschränkt stpfl. behandelt wird. Die Übertragung des Behinderten-Pauschbetrags setzt voraus, dass das Kind mit Behinderung selbst einen Anspruch auf diesen Pauschbetrag nach § 33b Abs. 1 EStG hat. Aus der Verknüpfung mit § 33 EStG (Wahl zwischen der Berücksichtigung der behinderungsbedingten Aufwendungen als außergewöhnliche Belastungen oder der Inanspruchnahme des Pauschbetrags) ergibt sich, dass der Mensch mit Behinderung „Steuerpflichtiger" sein muss. Da § 33b EStG nach § 50 Abs. 1 Satz 4 EStG auf beschränkt stpfl. Personen nicht anwendbar ist, hat nur derjenige behinderte Mensch Anspruch auf den Behinderten-Pauschbetrag, der unbeschränkt einkommenstpfl. oder als unbeschränkt einkommenstpfl. zu behandeln ist.[5)] **947**

1) BMF v. 28.6.2013, IV C 4 – S 2282-a/10/10002, BStBl I 2013, 845; ergänzt durch: BMF v. 17.1.2014, IV C 4 – S 2282a/0 :004, BStBl I 2014, 109.
2) R 33.3 Abs. 4 EStR 2012.
3) BMF v. 8.8.1997, IV B 1 – S 2286 – 60/97, BStBl I 1997, 1016.
4) Auslandszuständigkeitsverordnung (AuslZuStV) v. 28.5.1991, BGBl. I 1991, 1204.
5) BFH v. 2.6.2005, III R 15/04, BStBl II 2005, 828.

Praxishinweis:

Auf gemeinsamen Antrag der Eltern (§ 33b Abs. 5 Satz 3 EStG) ist eine andere Aufteilung als zur Hälfte möglich. In diesem Fall ist der entsprechende Prozentsatz in Zeile 63 einzutragen. Dies setzt voraus, dass nicht der Kinderfreibetrag auf den anderen Elternteil übertragen worden ist (§ 33b Abs. 5 Satz 2 EStG). Die Änderung stellt damit eine Folgewirkung der Neuregelung zur Übertragung des Kinderfreibetrags i.R.d. Steuervereinfachungsgesetzes 2011[1] dar, mit dem die Übertragungsregeln geändert wurden (§ 33b Abs. 2 Satz 2 EStG). Die Pauschbeträge werden immer in voller Höhe auf die Person übertragen, der auch der Kinderfreibetrag übertragen wurde.

15. Übertragung der behinderungsbedingten Fahrtkostenpauschale (Zeilen 64–66)

Übertragung der behinderungsbedingten Fahrtkostenpauschale

– bei erstmaliger Beantragung / Änderung bitte Nachweis in Kopie einreichen –
Die Übertragung der behinderungsbedingten Fahrtkostenpauschale wird beantragt.
Das Kind erfüllt die nachfolgenden Voraussetzungen:

64	Das Kind hat einen Grad der Behinderung von mindestens 80 oder einen Grad der Behinderung von mindestens 70 und Merkzeichen „G"	91	1 = Ja
65	Das Kind ist außergewöhnlich gehbehindert / blind / taubblind / ständig hilflos (Merkzeichen „aG" / „Bl" / „TBl" und / oder „H"), schwerstpflegebedürftig (Pflegegrad 4 oder 5)	92	1 = Ja

Nur bei nicht zusammen veranlagten Eltern:

66	Laut gesondertem gemeinsamen Antrag ist die für das Kind zu gewährende behinderungsbedingte Fahrtkostenpauschale in einem anderen Verhältnis als je zur Hälfte aufzuteilen. Der bei mir zu berücksichtigende Anteil beträgt (in %)	45	

948 Unter welchen Voraussetzungen die behinderungsbedingte Fahrtkostenpauschale zu berücksichtigen ist, vgl. Ausführungen zu den Zeilen 17 und 18 der Anlage Außergewöhnliche Belastungen (→ Rz. 160 ff). Steht die behinderungsbedingte Fahrtkostenpauschale einem Kind der stpfl. Person zu, für das diese Freibeträge für Kinder oder Kindergeld erhält, so kann die behinderungsbedingte Fahrtkostenpauschale auf Antrag auf die stpfl. Person übertragen werden, wenn sie das Kind nicht in Anspruch nimmt (§ 33 Abs. 2a Satz 9 EStG i.V.m. § 33b Abs. 5 EStG). Die behinderungsbedingte Entfernungspauschale wird nur auf Antrag gewährt und ist steuerlich nur dann zu berücksichtigen, wenn sie (ggf. mit anderen außergewöhnlichen Belastungen) über der zumutbaren Belastung liegt (→ Rz. 160 ff.).

Praxishinweis:

Auf gemeinsamen Antrag der Eltern (§ 33 Abs. 2a Satz 9 EStG i.V.m. § 33b Abs. 5 Satz 3 EStG) ist eine andere Aufteilung als zur Hälfte möglich. In diesem Fall ist der entsprechende Prozentsatz in Zeile 66 einzutragen. Dies setzt voraus, dass nicht der Kinderfreibetrag auf den anderen Elternteil übertragen worden ist (§ 33 Abs. 2a Satz 9 EStG i.V.m. § 33b Abs. 5 Satz 2 EStG). Die Änderung stellt damit eine Folgewirkung der Neuregelung zur Übertragung des Kinderfreibetrags i.R.d. Steuervereinfachungsgesetzes 2011[2] dar, mit dem die Übertragungsregeln geändert wurden (§ 33b Abs. 2 Satz 2 EStG). Die behinderungsbedingte Entfernungspauschale wird immer in voller Höhe auf die Person übertragen, der auch der Kinderfreibetrag übertragen wurde.

1) Steuervereinfachungsgesetz 2011 v. 1.11.2011, BStBl I 2011, 986.
2) Steuervereinfachungsgesetz 2011 v. 1.11.2011, BStBl I 2011, 986.

16. Kinderbetreuungskosten (Zeilen 67–73)

Kinderbetreuungskosten

– ohne Aufwendungen für die Verpflegung, den (Nachhilfe-) Unterricht, die Vermittlung besonderer Fähigkeiten, die sportlichen und anderen Freizeitbetätigungen des Kindes –

	Art der Dienstleistung, Name und Anschrift des Dienstleisters	vom	bis		berücksichtigungsfähige Gesamtaufwendungen der Eltern EUR
67		T T M M	T T M M	51	,–

Steuerfreier Ersatz / Erstattungen

		vom	bis		EUR
68	Steuerfreier Ersatz (z. B. vom Arbeitgeber), Erstattungen	T T M M	T T M M	79	,–

Angaben zum Haushalt

		vom	bis		vom	bis
69	Es bestand ein **gemeinsamer** Haushalt der Elternteile im Zeitraum	T T M M	T T M M	Das Kind gehörte zu **unserem** Haushalt im Zeitraum	T T M M	T T M M
70	Es bestand **kein gemeinsamer** Haushalt der Elternteile im Zeitraum	T T M M	T T M M	Das Kind gehörte zu **meinem** Haushalt im Zeitraum	T T M M	T T M M
71				Das Kind gehörte zum Haushalt des **anderen** Elternteils im Zeitraum	T T M M	T T M M

Nur bei nicht zusammen veranlagten Eltern:

		vom	bis	berücksichtigungsfähige Aufwendungen EUR
72	Ich habe Kinderbetreuungskosten in folgender Höhe getragen	T T M M	T T M M	,–
73	Laut übereinstimmendem Antrag ist für das Kind der Höchstbetrag für die Kinderbetreuung in einem anderen Verhältnis als je zur Hälfte aufzuteilen. Der bei mir zu berücksichtigende Anteil beträgt (in %)			

2025AnlKind024 2025AnlKind024

a) Einführung

Im Rahmen des Steuervereinfachungsgesetz 2011[1] wurde mit Wirkung ab 2012 neu geregelt, dass auf die Angabe 949
der persönlichen Anspruchsvoraussetzungen der Eltern bei der Absetzbarkeit von Kinderbetreuungskosten verzichtet wird (§ 10 Abs. 1 Nr. 5 EStG). Kinderbetreuungskosten sind einheitlich als Sonderausgaben abzugsfähig. Mit dem JStG 2024[2] wurde der Höchstbetrag für Kinderbetreuungskosten nach § 10 Abs. 1 Nr. 5 EStG auf 80 % der Aufwendungen, höchstens 4 800 € erhöht.

Aufwendungen für die Betreuung des Kindes können ab dem Zeitpunkt der Geburt des Kindes bis zur Vollendung des 14. Lebensjahres berücksichtigt werden. Für außersteuerliche Zwecke sind die Kinderbetreuungskosten aber weiterhin zu berücksichtigen und mindern daher z.B. den Gesamtbetrag der Einkünfte (wichtig u.a. für die Berechnung des maßgeblichen Einkommens bei der Gebührenberechnung).

Praxishinweis:
Das außersteuerliche Einkommen wird weiterhin unter Berücksichtigung der als Sonderausgaben abgezogenen Kinderbetreuungskosten ermittelt (§ 2 Abs. 5a Satz 2 EStG). So sollte bspw. bei Kindergarten-Gebührenberechnungen darauf geachtet werden, dass die Kinderbetreuungskosten mindernd berücksichtigt wurden und keine Erhöhung der Gebühren zur Folge hat, auch wenn sich der Gesamtbetrag der Einkünfte erhöht.

Ein Abzug als haushaltsnahe Dienstleistung kommt nicht in Betracht (§ 35a Abs. 5 Satz 1 EStG [Anlage Haushaltsnahe Aufwendungen]). Auf den tatsächlichen Abzug kommt es dabei nicht an. Dies gilt nicht nur für den nicht abziehbaren Teil der Aufwendungen, sondern auch für die Aufwendungen, die den Höchstbetrag von 4 800 € je Kind übersteigen.

1) Steuervereinfachungsgesetz 2011 v. 1.11.2011, BStBl I 2011, 986.
2) Jahressteuergesetz 2024 (JStG 2024) v. 5.12.2024, BGBl. I 2024 Nr. 387 = BStBl I 2024, 1484.

Gestaltungshinweis:

Haben die Stpfl. eine Haushaltshilfe angestellt, die sich sowohl um den Haushalt selbst als auch um die Betreuung des Kindes kümmert, wäre bei Ausschöpfung des Höchstbetrages der Kinderbetreuungskosten anzuregen, den Vertrag mit der Haushaltshilfe auf die reine Haushaltstätigkeit (ohne Kinderbetreuung) zu begrenzen, um i.R.d. weiteren Förderung (z.B. § 35a Abs. 1 EStG) die vollen Entgeltzahlungen als Bemessungsgrundlage für die Förderung berücksichtigen zu können.

Betreuen Eltern ihre Kinder selbst, fallen keine zu berücksichtigenden Aufwendungen an. Die erbrachten Leistungen der Eltern sind bereits mit den Freibeträgen für Kinder (§ 32 Abs. 6 EStG) abgegolten.

Anzugeben ist in **Zeile 67** auch der Zeitraum, in dem die einzelnen Voraussetzungen für die Inanspruchnahme vorliegen. Möglich ist dies auf dem Papiervordruck lediglich für einen Zeitraum. Liegen die Zeiträume nicht zusammenhängend vor (z.B. Kinderbetreuung vom 1.1.2025 bis 31.1.2025 und vom 1.6.2025 bis zum 30.9.2025) sollte das FA (bei Nutzung des Papiervordrucks) hierauf durch eine Anlage zusätzlich hingewiesen werden.

Das Kind muss **zum Haushalt der stpfl. Person** gehören. Dies ist der Fall, wenn das Kind auf Dauer in der Wohnung der stpfl. Person lebt oder mit deren Einwilligung vorübergehend auswärtig untergebracht ist.[1]

Praxishinweis:

Beschränkt stpfl. Personen können keine Aufwendungen für Kinderbetreuung wie Betriebsausgaben oder Werbungskosten oder als Sonderausgaben geltend machen (§ 50 Abs. 1 Satz 3 EStG).

950 Berücksichtigt werden 80 % **der Aufwendungen, max. 4 800 € je Kind**, weil bei Kinderbetreuungskosten stets auch eine private Veranlassung immanent ist. Aufwendungen sind bei dem Elternteil zu berücksichtigen, der sie getragen hat. Ausgaben sind in dem VZ zu berücksichtigen, in dem sie geleistet worden sind (§ 11 Abs. 2 EStG). Aus dem Gesetzestext ist **keine zeitanteilige Kürzung** des Höchstbetrags zu entnehmen, wenn zwar die Voraussetzungen zum Abzug der Kinderbetreuungskosten grds. für das gesamte Kj. vorgelegen haben, Aufwendungen aber erst im Laufe des Kj. entstanden sind.

Beispiel:

Zusammenlebende Eltern stellen ab Oktober 2025 eine Tagesmutter für ihren Sohn ein. Das monatliche Entgelt beträgt 1 000 €.

Von den Gesamtaufwendungen i.H.v. 3 000 € sind 80 %, also 2 400 € als Kinderbetreuungskosten zu berücksichtigen. Eine anteilige Kürzung des Höchstbetrags auf $^{3}/_{12}$ erfolgt nicht.

Für regelmäßig wiederkehrende Ausgaben, die innerhalb einer kurzen Zeit nach Beendigung eines Kj., zu dem sie gehören, geleistet worden sind, sind die Ausgaben noch dem vorangegangenen Jahr zuzurechnen (§ 11 Abs. 2 Satz 2 EStG).[2]

951 Ist das Kind nicht unbeschränkt einkommenstpfl., weil es im Ausland lebte (vgl. Ausführungen zu Zeile 9, → Rz. 874), sind die Verhältnisse des Wohnsitzstaats (Ländergruppeneinteilung → Rz. 874) zu berücksichtigen.

b) Berücksichtigungsfähige Aufwendungen (Zeilen 67–71)

952 Zu berücksichtigen sind alle Aufwendungen in Geld oder Geldeswert (Wohnung, Kost, Verpflegung, sonstige Sachleistungen) für die Dienstleistung zur Betreuung des Kindes.[3] Hierzu gehören auch Aufwendungen für die spielerische Vermittlung von Fremdsprachenkenntnissen (in Form einer pädagogisch sinnvollen Gestaltung, ohne organisatorisch, zeitlich und räumlich verselbständigten Rahmen) in einer Kindertagesstätte.[4] Die Betreuungsaufwendungen eines Kindes in einem **Internat** sind Betreuungsaufwendungen.[5]

Beratungshinweis:

Die Abgrenzung zwischen einer „Dienstleistung" und einer bloßen Hilfeleistung auf familiärer Grundlage oder auf der Grundlage bloßer Gefälligkeit hat danach zu erfolgen, ob zwischen den Beteiligten im Vorhinein eine wirksame rechtsgeschäftliche Vereinbarung erfolgt ist, die in Inhalt und Durchführung dem zwischen fremden Dritten Üblichen entspricht. Auch Fahrtkostenersatz an Angehörige kann als Aufwand Berücksichtigung finden, auch wenn die eigentliche Betreuungsleistung unentgeltlich erbracht wurde.[6]

Nicht berücksichtigt werden allgemein Aufwendungen für Unterricht (z.B. Nachhilfe) und die Vermittlung besonderer Fähigkeiten (z.B. Musikunterricht).[7] Ebenfalls keine Berücksichtigung finden Aufwendungen für **sportliche** und andere **Freizeitbeschäftigungen** (z.B. im Rahmen eines Sportvereins). Aufwendungen, die für die Beaufsichtigung des Kindes bei Erledigung seiner häuslichen Schulaufgaben entstehen, können jedoch als Betreuungskosten berücksichtigt werden.[8] Dies gilt ebenso für Nebenkosten, die nicht unmittelbar der Betreuung des Kindes dienen, z.B. Fahrtkosten des Kindes zur Betreuungsperson.[9] Keine Berücksichtigung finden Aufwendungen für ein Ferienlager, da es sich nicht um eine berücksichtigungsfähige Freizeitbetätigung handelt.[10]

---

1) BMF v. 14.3.2012, IV C 4 – S 2221/07/0012, BStBl I 2012, 307, Rz. 12 f.
2) H 11 Allgemeines EStH 2018.
3) BMF v. 14.3.2012, IV C 4 – S 2221/07/0012, BStBl I 2012, 307, Rz. 5.
4) BFH v. 19.4.2012, III R 29/11, BStBl II 2012, 862.
5) FG Thüringen v. 25.10.2016, 2 K 95/15, EFG 2016, 1940.
6) FG Stuttgart v. 9.5.2012, 4 K 3278/11, EFG 2012, 1439.
7) BMF v. 14.3.2012, IV C 4 – S 2221/07/0012 :0012, BStBl I 2012, 307, Rz. 8.
8) BFH v. 17.11.1978, VI R 116/78, BStBl II 1979, 142.
9) BFH v. 29.8.1996, III R 209/82, BStBl II 1987, 167.
10) FinMin Schleswig-Holstein v. 21.12.2017, ESt-Kurzinformation, DStR 2018, 414.

Der Gesamtbetrag der Aufwendungen ist in **Zeile 67** zu erklären; ebenfalls sind die Art der Dienstleistung und der Name des Dienstleisters anzugeben. Dies dürfte sich aber bereits regelmäßig aus der Rechnung ergeben. Eine unbare Zahlung ist auch bei einem Minijobber (§ 8a SGB IV) erforderlich, auch wenn das gesetzliche Erfordernis einer Rechnung durch andere Dokumente ersetzt werden kann.[1)]

Berücksichtigung können nur die **Aufwendungen** finden, die nicht von **dritter Seite steuerfrei ersetzt** worden sind. Steuerfreier Ersatz (z.B. vom Arbeitgeber) und/oder weitere Erstattungen (z.B. Erstattung von Elternbeiträgen für den Besuch von Kindertageseinrichtungen; nicht jedoch das sog. Betreuungsgeld[2)] [§ 4 BEEG]) sind daher in **Zeile 68** zu erklären.[3)] Auch die Anrechnung der steuerfreien Leistungen nach § 3 Nr. 33 EStG (Unterbringung und Betreuung nicht schulpflichtiger Kinder) auf die Sonderausgaben nach § 10 Abs. 1 Nr. 5 EStG steht im Einklang mit dem Gesetzeszweck. Der Arbeitnehmer hat dem Arbeitgeber die tatsächlichen Aufwendungen nachzuweisen.

Werden gezahlte und steuerlich bereits berücksichtigte Aufwendungen in einem späteren VZ erstattet, so ist der Erstattungsbetrag aus Vereinfachungsgründen im Erstattungsjahr mit den hier entstandenen Aufwendungen zu verrechnen. Die abziehbaren Kinderbetreuungskosten werden demnach im Erstattungsjahr entsprechend gemindert. Ist im Jahr der Erstattung ein Ausgleich nicht möglich, so ist der Sonderausgabenabzug des Jahres der Verausgabung der KBK um die nachträgliche Erstattung zu vermindern; ein bestandskräftiger Bescheid ist insoweit nach § 175 Abs. 1 Satz 1 Nr. 2 AO zu ändern.[4)]

Bei nicht zusammen veranlagten Eltern ist zusätzlich in **Zeile 72** der Anteil der Aufwendungen zu erklären, den die stpfl. Person selbst getragen hat.

c) Bestimmung der Haushaltszugehörigkeit des Kindes (Zeilen 69–71)

Bei nicht zusammenlebenden Eltern ist grds. die Meldung des Kindes maßgebend. Ist das Kind bei beiden Eltern- **953**
teilen gemeldet, kann diejenige Person Aufwendungen geltend machen, zu deren Haushalt das Kind tatsächlich gehört. Regelmäßig dürfte hier darauf abgestellt werden, wer das Kindergeld erhält.

d) Zusatzangaben bei nicht zusammen veranlagten Eltern (Zeilen 72–73)

Voraussetzung für den Abzug ist, dass der jeweilige Elternteil auch tatsächlich Aufwendungen getragen hat. **954**

Diese Verfahrensweise muss entsprechend bei Eltern eines nichtehelichen Kindes gelten. Der entsprechende Prozentsatz ist in Zeile 73 zu erklären.

e) Nachweise

Um zu bestimmen, wer von geschiedenen oder dauernd getrennt lebenden Elternteilen anspruchsberechtigt ist, **955**
die Kinderbetreuungskosten steuerlich geltend zu machen, erwartet die Finverw. in den Zeilen 68 bis 70 Angaben zur Haushaltszugehörigkeit des Kindes. Ein Kind gehört zum Haushalt der stpfl. Person, wenn es dauerhaft in dessen Wohnung lebt oder mit seiner Einwilligung vorübergehend auswärtig untergebracht ist. Zusätzliche Voraussetzung ist die Verantwortung des Elternteils für die materielle (Versorgung, Unterhalt) und immaterielle (Fürsorge) Wohl des Kindes. Auf die **Belegvorlage** als materiell rechtliche Voraussetzung wird seitens der Finverw. verzichtet. Es ist ausreichend, dass auf ein Konto der leistenden Person gezahlt wurde und die stpfl. Person eine Rechnung über diese Leistung besitzt (§ 10 Abs. 1 Nr. 5 Satz 4 EStG). Den Finanzämtern bleibt es jedoch unbenommen, i.R.d. Untersuchungsgrundsatzes Belege anzufordern (§ 88 AO). Es bestehen keine verfassungsrechtlichen Bedenken, dass lediglich unbare Zahlungsvorgänge steuerliche Berücksichtigung finden.[5)] Die gilt z.B. auch für aus dem Ausland stammende Au Pairs.[6)]

Erfolgt die Pflege des Kindes in dessen Familie nach den Weisungen der Personensorgeberechtigten, ist die Betreuungsperson in der Regel Arbeitnehmer, die Personensorgeberechtigten sind Arbeitgeber. Die Einnahmen führen damit grds. zu Einnahmen aus nichtselbständiger Arbeit (§ 19 EStG); ggf. handelt es sich bei einem monatlichen Entgelt um einen pauschal zu besteuernden sog. Minijob, der über das Haushaltsscheckverfahren abgewickelt wird.

Gegebenenfalls handelt es sich bei den Erträgen aus der Kindertagespflege um selbständige Einkünfte i.S.d. § 18 Abs. 1 Nr. 3 EStG →Rz. 888.

Beratungshinweis:
Die erforderlichen Nachweise sollen nicht erfüllt sein, wenn durch Vorlage eines Kontoauszuges belegt wird, dass die bar gezahlte Gegenleistung auf ein Konto eingezahlt worden ist.[7)] Der Ausschluss der Barzahlung bei der Gewährung der Steuerermäßigung ist nicht verfassungswidrig[8)], auch wenn der Leistungserbringer auf Barzahlung besteht (z.B. Au-Pair).[9)] Auch bei zur Kinderbetreuung beschäftigten geringfügig beschäftigten Betreuungspersonen ist eine unbare Zahlung erforderlich.[10)] Die Rechnung kann in bestimmten Fällen durch andere Dokumente ersetzt werden, z.B. bei einem sozialversicherungspflichtigen Beschäftigungsverhältnis oder einem Minijob durch den schriftlichen Arbeitsvertrag.[11)]

---

1) BFH v. 18.12.2014, III R 63/13, BStBl II 2015, 583.
2) FinMin Schleswig-Holstein, Kurzinformation ESt Nr. 2015/12 v. 27.5.2015, StEd 2015, 429.
3) Bestätigt durch BFH v. 14.4.2021, III R 30/20, HFR 2021, 859.
4) H 10.1 Abzugshöhe/Abzugszeitpunkt EStH 2018.
5) BFH v. 20.11.2008, VI R 14/08, BStBl II 2009, 307.
6) BFH v. 23.3.2012, III B 126/11, BFH/NV 2012, 1126.
7) FG Niedersachsen v. 22.1.2008, 13 K 330/07, EFG 2008, 1210 (im Streitfall i.R.v. haushaltsnahen Dienstleistungen).
8) BFH v. 8.5.2012, III B 2/11, BFH/NV 2012, 1305.
9) FG Köln v. 10.1.2014, 15 K 2882/13, EFG 2014, 1085.
10) BFH v. 18.12.2014, III R 63/13, BStBl II 2015, 583.
11) BMF v. 14.3.2012, IV C 4 – S 2221/07/0012, BStBl I 2012, 307, Rz. 21.

XV. Anlage L – Einkünfte aus Land- und Forstwirtschaft

1. Allgemeines (Zeilen 1–3)

2025

Anlage L

1 Name

2 Vorname

3 **Steuernummer** lfd. Nr. der Anlage

Für jeden Betrieb ist zusätzlich eine Bilanz, eine Anlage 13a oder eine Anlage EÜR elektronisch zu übermitteln.

Einkünfte aus Land- und Forstwirtschaft

956 **Praxishinweis:**

Der Antrag auf Festsetzung der Mobilitätsprämie ist mit der Anlage Mobilitätsprämie (→ Rz. 1048 ff.) zu stellen und betrifft u.a. Fahrten zur ersten Betriebsstätte alternativ zur erhöhten Entfernungspauschale.

Angaben zur Ermittlung des Gewinns aus Land- und Forstwirtschaft nach Durchschnittssätzen (§ 13a EStG) sind auf der Anlage 13a (→ Rz. 1013 ff.) ausgelagert. Angaben zur Tarifglättung bei Einkünften aus Land- und Forstwirtschaft (§ 32c EStG) sind ab dem VZ 2025 auf der neu aufgelegten Anlage 32c (→ Rz. 1006) erforderlich.

Wird der Gewinn nach § 4 Abs. 3 EStG durch den Überschuss der Betriebseinnahmen über die Betriebsausgaben ermittelt, ist der Steuererklärung eine **Gewinnermittlung nach amtlich vorgeschriebenem Vordruck** (§ 60 Abs. 4 EStDV) beizufügen – die **Anlage EÜR – und elektronisch zu übermitteln.** Auf die dortigen Ausführungen zur Gewinnermittlung wird verwiesen (→ Rz. 281 ff.). Alle stpfl. Personen, die ihren Gewinn durch Einnahmenüberschussrechnung (§ 4 Abs. 3 EStG) ermitteln, sind zur Übermittlung der standardisierten Anlage EÜR nach amtlich vorgeschriebenem Datensatz durch Datenfernübertragung verpflichtet. Die Regelungen zur Anlage EÜR (§ 60 EStDV) stellen dabei eine wirksame Rechtsgrundlage für die Pflicht zur Abgabe der Anlage EÜR dar.[1]

957 Ab dem VZ 2019 wurde die Anlage 34b für die Erklärung von Einkünften aus außerordentlichen Holznutzungen nach § 34b EStG aufgelegt und die bisherigen Erklärungstatbestände wurden folglich von der Anlage L entfernt.

958 Land- und Forstwirtschaft ist die **planmäßige Nutzung der Naturkräfte** des Bodens zur Erzeugung von Pflanzen und Tieren sowie die Verwertung der dadurch selbst gewonnenen Erzeugnisse. Als Boden gelten dabei auch Substrate und Wasser. Eine gewerbliche Tätigkeit liegt dagegen vor, wenn ein Land- und Forstwirt eine an sich land- und forstwirtschaftliche Betätigung für andere Land- und Forstwirte ohne Beziehung zum eigenen Betrieb ausübt.[2] Einkünfte aus Gewerbebetrieb liegen auch dann vor, wenn ein Landwirt Klärschlammtransporte unterhält und den Klärschlamm auf selbstbewirtschaftete Flächen ausbringt.[3] Zur Abgrenzung im Bereich des **Weinbaus** vgl. BMF v. 19.10.2017.[4]

Ein Betrieb der Land- und Forstwirtschaft im ertragsteuerlichen Sinne erfordert eine selbständige, nachhaltige Betätigung, die mit der Absicht, Gewinn zu erzielen, unternommen wird und sich als Beteiligung am allgemeinen wirtschaftlichen Verkehr darstellt.[5] Ob eine land- und forstwirtschaftliche Tätigkeit vorliegt, ist jeweils nach dem Gesamtbild der Verhältnisse zu entscheiden. So handelt es sich z.B. um einen Gewerbebetrieb, wenn Wirtschaftsgüter außerbetrieblich verwendet werden, die eigens zu diesem Zweck angeschafft worden sind.[6] Kein Gewerbebetrieb liegt auch dann vor, wenn der Betrieb **Pferde** zukauft, diese zu hochwertigen Reitpferden ausbildet und weiterverkauft, auch wenn die Aufenthaltsdauer nicht nur kurz ist.[7] Zur Einstufung einer über einen längeren Zeitraum defizitär betriebenen Pferdezucht als Liebhabereibetrieb vgl. BFH v. 10.1.2012.[8] Von einer gesonderten **gewerblichen Tätigkeit** ist auch dann auszugehen, wenn ein Land- und Forstwirt mit Wirtschaftsgütern seines Betriebsvermögens auch Dienstleistungen für fremde land- und forstwirtschaftliche Betriebe erbringt und die dadurch erzielten Umsätze nachhaltig mehr als ein Drittel des Gesamtumsatzes oder mehr als 51 500 € im Wj. betragen. Wenn diese Grenze unterschritten wird, hält der BFH die Zuordnung zu einem gewerblichen Betriebsvermögen erst dann für erforderlich, wenn der Einsatz für eigenbetriebliche Zwecke geringfügig ist und nachhaltig einen zeitlichen Umfang von 10 % unterschreitet.[9] Hier ist ein Beobachtungszeitraum von drei Jahren zu Grunde zu legen.[10] Liegt eine **teils gewerbliche** und **teils land- und forstwirtschaftliche Betätigung** vor, sind beide Betriebe selbst dann getrennt zu beurteilen, wenn eine zufällige, vorübergehende wirtschaftliche Verbindung zwischen

1) BFH v. 16.11.2011, X R 18/09, BStBl II 2012, 129.
2) BFH v. 29.11.2001, IV R 91/99, BStBl II 2002, 221.
3) BFH v. 8.11.2007, IV R 24/05, BStBl II 2008, 356.
4) BMF v. 19.10.2017, IV C 7 – S 2233/17/10002, BStBl I 2017, 1431.
5) BFH v. 8.5.2019, VI R 8/17, HFR 2020, 15.
6) BFH v. 23.1.1992, IV R 19/90, BStBl II 1992, 651.
7) BFH v. 17.12.2008, IV R 34/06, BStBl II 2009, 453.
8) BFH v. 10.1.2012, IV B 137/10, BFH/NV 2012, 732.
9) BFH v. 22.1.2004, IV R 45/02, BStBl II 2004, 512.
10) BFH v. 14.12.2006, IV R 10/05, BStBl II 2007, 516.

ihnen besteht, die ohne Nachteil für diese Betriebe gelöst werden kann. Grundstücksveräußerungen sind bei einem Landwirt erst dann Gegenstand eines gewerblichen Grundstückhandels (→ Rz. 514), wenn über die Parzellierung und Veräußerung hinausgehende Aktivitäten entfaltet werden, die dazu dienen, die Grundstücke besser verkaufen zu können.[1]

Zur Annahme eines **gewerblichen Grundstückshandels** im Zusammenhang mit der Veräußerung von Grundstücken, die zum Anlagevermögen des landwirtschaftlichen Betriebs gehörten vgl. FG Düsseldorf v. 4.11.2010.[2]

Landwirtschaft ist die Nutzung des Grund und Bodens zur Gewinnung pflanzlicher Erzeugnisse und deren Verwertung, soweit diese nicht einer anderen Einkunftsart zuzuordnen ist. **Forstwirtschaft** ist die planmäßige Nutzung des Grund und Bodens zur Gewinnung von Holz oder weiteren forstwirtschaftlichen Erzeugnissen und deren Verwertung. Ein forstwirtschaftlicher Betrieb erfordert eine selbständige nachhaltige Betätigung, die mit der Absicht, Gewinn zu erzielen, unternommen wird. Das Merkmal der Gewinnerzielungsabsicht als Voraussetzung für eine einkommensteuerrelevante betriebliche Tätigkeit ergibt sich aus § 15 Abs. 2 EStG, der auch auf die Einkünfte aus Land- und Forstwirtschaft i.S.d. § 13 EStG anzuwenden ist.[3] Auch eine **Jagd** stellt eine land- und forstwirtschaftliche Betätigung dar, wenn diese mit dem Betrieb einer Land- oder Forstwirtschaft in Zusammenhang steht (§ 13 Abs. 1 Nr. 3 EStG). Diese Voraussetzung ist erfüllt, wenn der Land- und Forstwirt Eigentümer zusammenhängender land- und forstwirtschaftlich genutzter Ländereien ist, die einen Eigenjagdbezirk bilden. Zusammenhängende Grundflächen mit einer land-, forst- oder fischereiwirtschaftlich nutzbaren Fläche ab 75 ha, die im Eigentum ein und derselben Person oder einer Personengemeinschaft stehen, bilden daher einen Eigenjagdbezirk (§ 7 BJagdG). 959

Die Annahme von Einkünften aus Land- und Forstwirtschaft setzt eine **Beteiligung am allgemeinen wirtschaftlichen Verkehr** voraus. Einkünfte aus Land- und Forstwirtschaft erzielt, wer mit der **Absicht der Gewinnerzielung** (→ Rz. 961) nachhaltig eine selbständige Tätigkeit ausübt, die sich als Beteiligung am allgemeinen wirtschaftlichen Verkehr darstellt und auf der planmäßigen Nutzung der natürlichen Kräfte des Bodens zur Gewinnung von Erzeugnissen sowie ihrer Verwertung beruht.[4] Auch die Erzeugung von Gras unter Nutzung eines Bewässerungssystems und der nachhaltigen planmäßigen Bearbeitung des Grund und Bodens und die damit zusammenhängende Gewinnung pflanzlicher Produkte stellt eine landwirtschaftliche Tätigkeit i.S.d. in § 13 Abs. 1 Nr. 1 Satz 1 EStG genannten Urproduktion dar.[5] Spargelschälen (z.B. mit Aushilfskräften) stellt keine typische land- und forstwirtschaftliche Arbeit dar, da diese nicht der Urproduktion entsprechen. Dazu zählen alle Arbeiten, die der Fertigstellung der landwirtschaftlichen Erzeugnisse einschließlich solcher Arbeiten dienen, die im Zusammenhang mit der Marktaufbereitung stehen. Nicht erfasst werden dagegen Tätigkeiten, die ein Produkt in der Weise verändern, dass ein anderes mit anderer Marktgängigkeit geschaffen wird. Ungeschälter Spargel ist bereits ein marktgängiges Urprodukt. Durch das Schälen des Spargels wird dieses Produkt verändert.[6] 960

Das subjektive **Tatbestandsmerkmal** der **Gewinnerzielungsabsicht** gilt auch bei den Einkünften aus Land- und Forstwirtschaft.[7] Die Absicht der Gewinnerzielung zeigt sich in dem Bestreben, während des Bestehens des Betriebs, d.h. von seiner Gründung bis zu seiner Veräußerung, Aufgabe oder Liquidation, aufs Ganze gesehen einen Gewinn zu erzielen. Hierzu ist u.a. erforderlich, dass der Betrieb **nach betriebswirtschaftlichen Grundsätzen** geführt wird.[8] Inwieweit die Voraussetzungen vorliegen, ist nach objektiven Verhältnissen zu prüfen. So hat der BFH eine kleine **Pferdezucht** als Liebhabereibetrieb eingestuft, der von Autodidakten – ohne fachliche Vorbildung – zunächst als Hobbybetrieb und nicht nach betriebswirtschaftlichen Grundsätzen geführt wurde.[9] Die bewertungsrechtliche Zuordnung von Wirtschaftsgütern zum land- und forstwirtschaftlichen Betriebsvermögen i.S.d. § 33 BewG rechtfertigt dabei nicht die Annahme eines Erwerbsbetriebs i.S.d. § 13 EStG.[10] 961

2. Art der Gewinnermittlung (Zeile 4)

Art der Gewinnermittlung			50
4 Bitte 1, 2, 3, 4 oder 6 eintragen.	70		1 = § 4 Abs. 1 EStG 2 = freiwillige befristete Buchführung nach § 13a Abs. 2 EStG 3 = § 4 Abs. 3 EStG 4 = freiwillige befristete Einnahmenüberschussrechnung nach § 13a Abs. 2 EStG 6 = § 13a Abs. 3 bis 7 EStG

Zu erklären ist (für das im Veranlagungsjahr beginnende Wj.) eine 962

„1“, bei einer Buchführung nach § 4 Abs. 1 EStG (bei bestehender Buchführungspflicht [§§ 140, 141 AO]),

„2“, bei einer freiwilligen befristeten Buchführung nach § 13a Abs. 2 Satz 1 EStG (bindendes Wahlrecht für vier Jahre auf schriftlichen Antrag),

1) BFH v. 8.11.2007, IV R 35/06, BStBl II 2008, 359.
2) FG Düsseldorf v. 4.11.2010, 16 K 4489/08 E, G, EFG 2011, 542.
3) BFH v. 9.3.2017, VI R 86/14, BStBl II 2017, 981.
4) BFH v. 13.12.2001, IV R 86/99, BStBl II 2002, 80.
5) BFH v. 26.8.2004, IV R 52/02, BFH/NV 2005, 674 (Urteil zum Verkauf von Gras auf dem Halm).
6) BFH v. 8.5.2008, VI R 76/04, BStBl II 2009, 40.
7) BFH v. 25.6.1984, GrS 4/82, BStBl II 1984, 751.
8) BFH v. 4.6.2009, IV B 69/08, BFH/NV 2009, 1644.
9) BFH v. 27.1.2000, IV R 33/99, BStBl II 2000, 227.
10) BFH v. 4.3.1987, II R 8/86, BStBl II 1987, 370.

„3", bei einer Gewinnermittlung durch Einnahmenüberschussrechnung nach § 4 Abs. 3 EStG,

„4", bei einer freiwilligen befristeten Einnahmenüberschussrechnung nach § 13a Abs. 2 Satz 1 EStG (bindendes Wahlrecht für vier Jahre auf schriftlichen Antrag) oder

„6", bei einer Gewinnermittlung nach Durchschnittssätzen nach § 13a Abs. 3 bis 7 EStG.

3. Gewinn (Zeilen 5–40)

Gewinn

(ohne die Beträge in den Zeilen 44, 49 und 55; bei ausländischen Einkünften: **Anlage AUS** beachten)

Gewinn als Einzelunternehmer

5 Steuernummer | Wirtschafts-Identifikationsnummer D E -

6 im Wirtschaftsjahr vom (Tag, Monat) bis (Tag, Monat) T T M M T T M M

				Steuerpflichtige Person / Ehemann / Person A		Ehefrau / Person B
	Gewinn nach § 4 Abs. 1 oder Abs. 3 EStG					
7	Gewinn 2024 / 2025 (2025) EUR ,—	**auf das Kalenderjahr 2025 entfallen:**	10	EUR ,—	11	EUR ,—
8	Gewinn 2025 / 2026 EUR ,—	**auf das Kalenderjahr 2025 entfallen:**	12	,—	13	,—
	Gewinn nach § 13a EStG					
9	Gewinn 2024 / 2025 (2025) EUR ,—	**auf das Kalenderjahr 2025 entfallen:**	73	,—	74	,—
10	Gewinn 2025 / 2026 EUR ,—	**auf das Kalenderjahr 2025 entfallen:**	75	,—	76	,—

Gewinn laut gesonderter Feststellung

Steuerpflichtige Person / Ehemann / Person A

Gewinn nach § 4 Abs. 1 oder Abs. 3 EStG

11 genaue Bezeichnung des Betriebs

12 Finanzamt

13 Steuernummer — 32 EUR ,—

Gewinn nach § 13a EStG

14 genaue Bezeichnung des Betriebs

15 Finanzamt

16 Steuernummer — 34 EUR ,—

2025AnlL071 - September 2025 - 2025AnlL071

- 2 -

Ehefrau / Person B

Gewinn nach § 4 Abs. 1 oder Abs. 3 EStG

17 genaue Bezeichnung des Betriebs

18 Finanzamt

19 Steuernummer — EUR 33 ,—

Gewinn nach § 13a EStG

20 genaue Bezeichnung des Betriebs

21 Finanzamt

22 Steuernummer — EUR 35 ,—

Gewinn als Mitunternehmer laut gesonderter und einheitlicher Feststellung

Steuerpflichtige Person / Ehemann / Person A

Gewinn nach § 4 Abs. 1 oder Abs. 3 EStG

23 genaue Bezeichnung der Gesellschaft

24 Finanzamt

25 Steuernummer — EUR 38 ,—

Gewinn nach § 13a EStG

26 genaue Bezeichnung der Gesellschaft

27 Finanzamt

28 Steuernummer — EUR 36 ,—

Gewinn aus Gesellschaften / Gemeinschaften / ähnlichen Modellen i. S. d. § 15b EStG

29 genaue Bezeichnung der Gesellschaft / Gemeinschaft / des ähnlichen Modells — EUR ,—

Ehefrau / Person B

Gewinn nach § 4 Abs. 1 oder Abs. 3 EStG

30 genaue Bezeichnung der Gesellschaft

31 Finanzamt

32 Steuernummer — EUR 39 ,—

Gewinn nach § 13a EStG

33 genaue Bezeichnung der Gesellschaft

34 Finanzamt

35 Steuernummer — EUR 37 ,—

Gewinn aus Gesellschaften / Gemeinschaften / ähnlichen Modellen i. S. d. § 15b EStG

36 genaue Bezeichnung der Gesellschaft / Gemeinschaft / des ähnlichen Modells — EUR ,—

2025AnlL072 2025AnlL072

- 3 -

		Steuerpflichtige Person / Ehemann / Person A EUR	Ehefrau / Person B EUR
37	In den Gewinnen des Kalenderjahres 2025 (Zeile 7 bis 28 und 30 bis 35) nicht enthaltener steuerfreier Teil der Einkünfte, für die das **Teileinkünfteverfahren** gilt	14 ,—	15 ,—
38	In den Zeilen 7 bis 28 und 30 bis 35 enthaltene positive Einkünfte i. S. d. § 2 Abs. 4 UmwStG	,—	,—
	Ich beantrage für den in den Zeilen 7, 8, 13, 19, 25, 32 und 49 enthaltenen Gewinn die Begünstigung nach § 34a EStG und / oder es wurde zum 31.12.2022 ein nachversteuerungspflichtiger Betrag festgestellt.		
39	Anzahl der einzureichenden **Anlagen 34a**		
40	Es wurden steuerfreie Sanierungserträge i. S. d. § 3a EStG erzielt.	1 = Ja	1 = Ja

a) Steuernummer und Wirtschafts-Identifikationsnummer (Zeile 5)

963 Ergänzend wurde ab dem VZ 2025 die Steuernummer als gesondertes Erklärungsfeld aufgenommen, da jeder Betrieb grundsätzlich unter einer eigenen Steuernummer geführt wird.

Ab dem VZ 2024 ist die Wirtschafts-Identifikationsnummer (W-Id-Nr. [§§ 139a, 139c AO]) zu erklären. Vgl. hierzu Ausführen zu Zeile 6 der Anlage S → Rz. 1329.

b) Gewinn als Einzelunternehmer/der Gemeinschaft/der Gesellschaft im Wirtschaftsjahr vom Tag/Monat bis Tag/Monat (Zeilen 6–10)

964 **Wirtschaftsjahr** ist bei Einkünften aus Land- und Forstwirtschaft der Zeitraum vom 1.7. bis zum 30.6. des Kj. (§ 4a Abs. 1 Nr. 1 EStG).

Bei Betrieben mit einem Futterbauanteil von 80 % und mehr der Fläche der landwirtschaftlichen Nutzung kann als Wj. der Zeitraum vom 1. Mai bis zum 30. April, bei reiner Forstwirtschaft der Zeitraum vom 1. Oktober bis zum 30. September und bei einem reinen Weinbaubetrieb der Zeitraum vom 1. September bis zum 31. August als Wj. bestimmt werden (§ 8c Abs. 1 EStDV). **Stellt** ein Land- und Forstwirt von einem **vom Kj. abweichenden Wj. auf** ein **mit dem Kj. übereinstimmendes Wj.** um, verlängert sich das letzte vom Kj. abweichende Wj. um den Zeitraum bis zum Beginn des ersten mit dem Kj. übereinstimmenden Wj.; ein Rumpfwirtschaftsjahr ist nicht zu bilden (§ 8c Abs. 2 Satz 2 EStDV). **Besteuert wird** jedoch das **Einkommen, das im Kj. erzielt** wird. Daher ist in den Zeilen 7 bis 10 jeweils der Gewinn der abweichenden Wj. zu erklären und dann der jeweils auf das Kj. 2025 entfallende Anteil gesondert auszuweisen. Zu den einzelnen Komponenten einer Gewinnermittlung wird auf die entsprechenden Ausführungen zur Anlage EÜR (§ 60 EStDV →Rz. 281 ff.) verwiesen. Die gesetzliche Regelung stellt dabei eine wirksame Rechtsgrundlage für die Pflicht zur Abgabe der Anlage EÜR dar.[1] Stimmt das **Wj. mit dem Kj. überein**, so ist der Gewinn nicht aufzuteilen und kann daher direkt in das vorgesehene Eintragungsfeld der Zeile 7 eingetragen werden.

Beratungshinweis:
In § 8c Abs. 2 Satz 1 EStDV wurde für Wj., die nach dem 31.12.2018 beginnen, die Möglichkeit geschaffen, neben den bisher zugelassenen Gewinnermittlungszeiträumen stets auch ein dem Kj. entsprechendes Wj. zu wählen.[2] Stellt ein Land- und Forstwirt von einem vom Kj. abweichenden Wj. nunmehr auf ein mit dem Kj. übereinstimmenden Wj. um, verlängert sich das letzte vom Kj. abweichende Wj. um den Zeitraum bis zum Beginn des ersten mit dem Kj. übereinstimmenden Wj.; ein Rumpfwirtschaftsjahr ist nicht zu bilden (§ 8c Abs. 2 Satz 2 EStDV).

965 Der **Buchführungspflicht** unterliegen Land- und Forstwirte, die einen land- und forstwirtschaftlichen Betrieb als Eigentümer, Pächter, Nießbraucher oder sonstiger Nutzungsberechtigter bewirtschaften, ferner Verpächter, die einen Betrieb im Ganzen verpachten, aber nicht aufgegeben haben, wenn die Voraussetzungen des § 140 AO erfüllt sind oder eine der in § 141 Abs. 1 AO festgelegten Buchführungsgrenzen überschritten wird.

Zur Führung von Büchern sind Land- und Forstwirte **verpflichtet**, wenn

- sie Umsätze einschließlich der steuerfreien Umsätze, ausgenommen die Umsätze nach § 4 Nr. 8 bis 10 UStG, von mehr als 8000 000 € im Kj. haben,
- sie selbst bewirtschaftete land- und forstwirtschaftliche Flächen mit einem Wirtschaftswert (§ 46 BewG) von mehr als 25 000 € haben oder
- einen Gewinn aus Land- und Forstwirtschaft von mehr als 80 000 € im Kj. überschritten haben

und der stpfl. Person vor Beginn des Wj. vom FA mitgeteilt wurde, dass sie Bücher zu führen und auf Grund jährlicher Bestandsaufnahmen Abschlüsse zu machen hat (§ 141 Abs. 2 AO). Zusätzlich ist ein **Anbauverzeichnis** zu führen (§ 142 AO). In dem Anbauverzeichnis ist nachzuweisen, mit welchen Fruchtarten die selbst bewirtschafteten Flächen im abgelaufenen Wj. bestellt waren. Hat die stpfl. Person einen Antrag nach § 13a Abs. 2 EStG (Gewinnermittlung nach **Durchschnittssätzen**) gestellt und für das Erstjahr Bücher geführt und einen Abschluss gemacht, so

1) BFH v. 16.11.2011, X R 18/09, BStBl II 2012, 129.
2) Fünfte Verordnung zur Änderung steuerlicher Verordnungen v. 25.6.2020, BGBl. I 2020, 1495 = BStBl I 2020, 555.

ist der Gewinn des Betriebs für vier aufeinander folgende Wj. durch Betriebsvermögensvergleich zu ermitteln. Zur Gewinnermittlung gem. § 13a EStG vgl. BMF v. 10.11.2015 (Anlage 13a → Rz. 1013).[1]

Für Einkünfte aus Land- und Forstwirtschaft ab dem VZ 2015[2] wird ein **personenbezogener Freibetrag** i.H.v. 900 € gewährt, der sich bei zusammen veranlagten Ehegatten/Lebenspartnern auf 1 800 € verdoppelt, und von Amts wegen berücksichtigt wird (§ 13 Abs. 3 EStG). Der Freibetrag wird von der Summe der Einkünfte zur Ermittlung des Gesamtbetrags der Einkünfte abgezogen. Der Freibetrag darf nicht höher sein als die Einkünfte und wird nur dann gewährt, wenn die Summe der Einkünfte 30 700 € – im Rahmen einer Zusammenveranlagung von Ehegatten/Lebenspartnern 61 400 € – nicht übersteigt. 966

Sind **mehrere Personen** an dem Betrieb **beteiligt** (Gesellschaft, Gemeinschaft), steht der Freibetrag jedem der Beteiligten zu.

Beratungshinweis:
Der Übergang der Gewinnermittlung von der Einnahmen-Überschussrechnung (§ 4 Abs. 3 EStG) zur Gewinnermittlung nach Durchschnittssätzen (§ 13a EStG) erfordert die Ermittlung eines Übergangsgewinns. Soweit für Teilbereiche des Durchschnittssatzgewinns die Grundsätze der Einnahmen-Überschussrechnung fortgelten, muss bei einem Wechsel von der Gewinnermittlung durch Einnahmen-Überschussrechnung zur Gewinnermittlung nach § 13a EStG kein Übergangsgewinn ermittelt werden.[3]

c) Gewinn lt. gesonderter Feststellung – für die steuerpflichtige Person/Ehemann/Person A (Zeilen 11–16)

Die Angaben zur Ehefrau/Person B sind in den Zeilen 17–19 und/oder 20–22 erforderlich.

aa) Gewinn nach § 4 Abs. 1 oder Abs. 3 EStG (Zeilen 7–10)

Ist die stpfl. Person an einem **Unternehmen** der Land- und Forstwirtschaft beteiligt, das den **Gewinn nach § 4 Abs. 1 oder Abs. 3 EStG** ermittelt, ist der anteilige Gewinn einzutragen. Der Gewinn ist vom Betriebsstätten-FA der Gesellschaft gesondert festzustellen. Daher sind neben der Bezeichnung der Gesellschaft auch das zuständige FA sowie die Steuernummer einzutragen. 967

bb) Gewinn nach § 13a EStG (Zeile 9–10)

Ist die stpfl. Person an einem Unternehmen der Land- und Forstwirtschaft beteiligt, das den Gewinn nach Durchschnittssätzen (§ 13a EStG) ermittelt, ist der anteilige Gewinn zu erklären. Der anteilige Gewinn ist vom Betriebsstätten-FA der Gesellschaft gesondert festzustellen. Daher sind hier neben der Bezeichnung der Gesellschaft auch das zuständige FA sowie die Steuernummer einzutragen. 968

Zur Definition einer Mitunternehmerschaft vgl. die entsprechenden Ausführungen (→ Rz. 966).

d) Gewinn lt. gesonderter Feststellung – für die Ehefrau/Person A (Zeilen 17–22)

Die Angaben zur stpfl. Person/Ehemann/Ehefrau sind in den Zeilen 11–13 und/oder 14–16 erforderlich.

aa) Gewinn nach § 4 Abs. 1 oder Abs. 3 EStG (Zeilen 17–19)

Die Ausführungen zu den Zeilen 7–10 gelten entsprechend. 969

bb) Gewinn nach § 13a EStG (Zeile 20–22)

Die Ausführungen zu den Zeilen 14–16 gelten entsprechend. 970

e) Gewinn als Mitunternehmer – für die steuerpflichtige Person/Ehemann/Person A (Zeilen 23–29)

Die Angaben zur Ehefrau/Person B sind in den Zeilen 23–25 und/oder 26–28 ggf. in Zeile 29 erforderlich.

aa) Gewinn nach § 4 Abs. 1 oder Abs. 3 EStG (Zeilen 23–25)

Ist die stpfl. Person als Mitunternehmer (lt. gesonderter und einheitlicher Feststellung) an einem Unternehmen der Land- und Forstwirtschaft beteiligt, das den Gewinn nach § 4 Abs. 1 oder Abs. 3 EStG ermittelt, ist der anteilige Gewinn einzutragen. Daher sind hier neben der Bezeichnung der Gesellschaft auch das zuständige FA sowie die Steuernummer einzutragen. 971

Eine **Mitunternehmerschaft** zwischen **Ehegatten/Lebenspartnern** kann nur dann bestehen, wenn zwischen ihnen ein Gesellschaftsverhältnis besteht, das durch schriftlichen oder mündlichen Vertrag begründet werden kann. Gehört ein land- und forstwirtschaftlicher Grundbesitz den Eheleuten gemeinsam oder gehört einem der Ehegatten/Lebenspartner ein erheblicher Teil des landwirtschaftlichen Grundbesitzes (nicht weniger als 20 % der selbst bewirtschafteten Eigentumsflächen), so ist eine Mitunternehmerschaft zwischen den Eheleuten zu bejahen, ohne dass entsprechende Vereinbarungen über ein Gesellschaftsverhältnis vorliegen müssen.[4] Ehegatten können in der

1) BMF v. 10.11.2015, IV C 7 – S 2149/15/10001, BStBl I 2015, 877 sowie v. 4.1.2023, IV C 7 – S 2230/21/10003 :008, BStBl I 2023, 175.
2) Zollkodex-Anpassungsgesetz v. 22.12.2014, BStBl I 2015, 58.
3) BFH v. 23.11.2022, VI R 31/20, BStBl II 2023, 852.
4) BFH v. 22.1.2004, IV R 44/02, BStBl II 2005, 500; zu weiteren Einzelheiten vgl. H 13.4 EStH 2024.

Landwirtschaft und Forstwirtschaft ohne ausdrücklichen Gesellschaftsvertrag eine Mitunternehmerschaft bilden, wenn jeder der Ehegatten einen erheblichen Teil der selbst bewirtschafteten landwirtschaftlichen und forstwirtschaftlichen Grundstücke zur Verfügung stellt. Dabei kommt es nicht darauf an, ob dem Ehegatten das Fruchtziehungsrecht an den zur Verfügung gestellten Grundstücken als Alleineigentümer, als Miteigentümer oder als Pächter zusteht.[1]

Pachtflächen sind dagegen nicht geeignet, eine Ehegatten-Mitunternehmerschaft ohne ausdrücklichen Gesellschaftsvertrag zu begründen.

bb) Gewinn nach § 13a EStG (Zeile 26–28)

972 Ist die stpfl. Person als Mitunternehmer (lt. gesonderter und einheitlicher Feststellung) an einem Unternehmen der Land- und Forstwirtschaft beteiligt, das den Gewinn nach Durchschnittssätzen (§ 13a EStG) ermittelt, ist der anteilige Gewinn einzutragen. Daher sind hier neben der Bezeichnung der Gesellschaft auch das zuständige FA sowie die Steuernummer einzutragen. Vgl. des Weiteren die Ausführungen zu den Zeilen 14–16.

cc) Gewinn aus Gesellschaften/Gemeinschaften/ ähnlichen Modellen i.S.d. § 15b EStG (Zeile 29)

973 Die Beschränkung der Verlustverrechnung aus Steuerstundungsmodellen (§ 15b EStG) gilt zur Vermeidung von Umgehungsgestaltungen auch bei Verlusten aus Land- und Forstwirtschaft entsprechend (§ 13 Abs. 7 EStG). Auf die Ausführungen zu Zeile 46 der Anlage G (→ Rz. 532) wird verwiesen.

f) Gewinn als Mitunternehmer – für die Ehefrau/Person B (Zeilen 30–36)

974 Die Angaben zur Ehefrau/Person A sind in den Zeilen 23–25 und/oder 26–28 ggf. in Zeile 29 erforderlich.

aa) Gewinn nach § 4 Abs. 1 oder Abs. 3 EStG (Zeilen 30–32)

975 Die Ausführungen zu den Zeilen 17–19 geltend entsprechend.

bb) Gewinn nach § 13a EStG (Zeile 33–35)

976 Die Ausführungen zu den Zeilen 20–22 geltend entsprechend.

cc) Gewinn aus Gesellschaften/Gemeinschaften/ ähnlichen Modellen i.S.d. § 15b EStG (Zeile 36)

977 Die Ausführungen zu Zeile 29 gelten entsprechend.

g) In den Gewinnen des Kj. 2025 (Zeile 7–28 und 30–35) nicht enthaltener steuerfreier Teil der Einkünfte, für die das Teileinkünfteverfahren gilt (Zeile 37)

978 Das zur Anlage G beschriebene Teileinkünfteverfahren (→ Rz. 535) ist auch i.R.d. Einkünfte aus Land- und Forstwirtschaft zu beachten, wenn sich Beteiligungen im Betriebsvermögen befinden, bei denen es zu Ausschüttungen unter den Regelungen des Teileinkünfteverfahrens kommen kann (z.B. Aktien, GmbH-Beteiligungen, Genossenschaftsanteile); vgl. Ausführungen zur Anlage G (→ Rz. 534).

h) In den Zeilen 7–28 und 30–35 enthaltene positive Einkünfte i.S.d. § 2 Abs. 4 UmwStG (Zeile 38)

979 Die Einkünfte müssen in den Zeilen 7–26 enthalten sein. Auf die Ausführungen zur Anlage G (Zeile 48 → Rz. 536) wird verwiesen.

i) Antrag auf Anwendung der Thesaurierungsbesteuerung nach § 34a EStG oder es wurde zum 31.12.2024 ein nachversteuerungspflichtiger Betrag festgestellt (Zeile 39)

980 Im Rahmen des UntStRefG 2008[2] wurde § 34a EStG mit dem Zweck eingefügt, dass Gewinne, die in ein Unternehmen investiert werden, lediglich mit einem Steuersatz von 28,25 % (zzgl. Solidaritätszuschlag 5,5 % = 29,80 %) besteuert werden. Hierfür ist ein entsprechender Antrag zu stellen. Wird der Antrag gestellt, ist zusätzlich die Anlage 34a (→ Rz. 612) der Erklärung beizufügen. Die Anlage 34a ist ebenfalls der Steuererklärung beizufügen, wenn zum 31.12.2024 ein nachversteuerungspflichtiger Betrag festgestellt worden ist (→ Rz. 636).

j) Steuerfreie Sanierungserträge i.S.d. § 3a EStG (Zeile 40)

981 Der Erklärungstatbestand wurde ab dem VZ 2022 neu aufgenommen. Der Erklärungstatbestand dient dem Fallaufgriff durch das FA.

---

1) BFH v. 25.9.2008, IV R 16/07, BStBl II 2009, 989; H 13.4 Mitunternehmerschaft zwischen Ehegatten EStH 2024.
2) UntStRefG 2008 v. 14.8.2007, BStBl I 2007, 630.

4. Sonstiges (Zeile 41)

Sonstiges 51

		Steuerpflichtige Person / Ehemann / Person A EUR		Ehefrau / Person B EUR
41	In den Zeilen 7 bis 36 enthaltene begünstigte sonstige Gewinne i. S. d. § 34 Abs. 2 Nr. 2 bis 4 EStG	26 ,—	27	,—

Hinsichtlich der einzutragenden begünstigten sonstigen Gewinne i.S.d. § 34 Abs. 2 Nr. 2 bis 4 EStG wird auf die Erläuterungen zu Zeile 99 der Anlage G (→ Rz. 602) verwiesen. 982

Beratungshinweis: 983
Die anzusetzende Zwangsentnahme ist dabei keine zu berücksichtigende Entnahme.[1)]

5. Kürzungsbetrag nach § 11 AStG (Zeile 42)

Kürzungsbetrag nach § 11 AStG 50

		Steuerpflichtige Person / Ehemann / Person A		Ehefrau / Person B
42	Kürzungsbetrag nach § 11 AStG (laut gesonderter Aufstellung)	44 ,—	45	,—

Der Erklärungstatbestand wurde ab dem VZ 2024 neu eingefügt. Bei Ausschüttungen aus einer Beteiligung an einer Zwischengesellschaft, bei Gewinnen aus der Veräußerung von Anteilen an der Zwischengesellschaft sowie bei Einlagenrückgewähr ist bei der Ermittlung der Summe der Einkünfte ein Kürzungsbetrag (§ 11 AStG) abzuziehen, soweit in den Vorjahren Hinzurechnungsbeträge als sog. Hinzurechnungskorrekturvolumen gesondert und einheitlich festgestellt wurden. 984

6. Antrag nach § 13a Abs. 2 EStG für die Wirtschaftsjahre 2025/2026 bis 2028/2029 (Zeile 43)

Antrag nach § 13a Abs. 2 EStG für die Wirtschaftsjahre 2025 / 2026 bis 2028 / 2029

Stellen Sie den Antrag und ermitteln Sie den Gewinn durch Betriebsvermögensvergleich, sind Sie auch für die Wirtschaftsjahre 2026 / 2027 bis 2028 / 2029 verpflichtet, den Gewinn in gleicher Weise zu ermitteln. Entsprechendes gilt bei einem Antrag auf Besteuerung des Gewinns, der durch Vergleich der Betriebseinnahmen mit den Betriebsausgaben ermittelt wird, es sei denn, dass Sie vorher buchführungspflichtig werden.

43	X Ich beantrage / Wir beantragen, den durch Betriebsvermögensvergleich ermittelten Gewinn der Besteuerung zugrunde zu legen.	X Ich beantrage / Wir beantragen, den durch Aufzeichnung und Vergleich der Betriebseinnahmen mit den Betriebsausgaben ermittelten Gewinn der Besteuerung zugrunde zu legen.

Nach § 13a Abs. 2 EStG kann sich der Inhaber eines land- und forstwirtschaftlichen Betriebs, dessen Gewinn nach Durchschnittssätzen zu ermitteln ist, – unter den Voraussetzungen des § 13a Abs. 1 EStG – auf Antrag für die Gewinnermittlung durch Bestandsvergleich (§ 4 Abs. 1 EStG) oder durch Vergleich der Betriebseinnahmen mit den Betriebsausgaben (§ 4 Abs. 3 EStG) entscheiden und insoweit **freiwillig Bücher führen**. Entschädigungszahlungen einer Versicherung für die Zerstörung eines Wirtschaftsguts des Anlagevermögens sind als Sondergewinne in den Durchschnittssatzgewinn einzubeziehen.[2)] 985

Praxishinweis:
Die entsprechenden Auswahlfelder sind anzukreuzen.

In diesen Fällen wird der so ermittelte Gewinn für die **vier folgenden Wj.** (damit bis zum Wj. 2028/2029, soweit sich die stpfl. Person im VZ 2025 für den Übergang entscheidet) der Besteuerung zu Grunde gelegt.

Der **Antrag** ist bis zur Abgabe der Steuererklärung, jedoch spätestens zwölf Monate nach Ablauf des ersten Wj., auf das er sich bezieht, schriftlich zu stellen (§ 13a Abs. 2 Satz 3 EStG). Es reicht auch die konkludente Handlung, z.B. durch Beifügung der Überschussrechnung, aus.[3)] Der Antrag kann auch innerhalb dieser Frist zurückgenommen werden.

Ein Land- und Forstwirt, der seinen Gewinn auf Antrag nach § 13a Abs. 2 EStG für vier aufeinander folgende Wj. nach § 4 Abs. 1 oder 3 EStG ermittelt, ist damit vorübergehend aus der Gewinnermittlung nach Durchschnittssätzen ausgeschieden. Liegen die Voraussetzungen für die Ermittlung des Gewinns nach Durchschnittssätzen nicht mehr vor, bedarf es zusätzlich einer Mitteilung, mit der die stpfl. Person auf den Wegfall der Voraussetzungen hingewiesen wird (§ 13a Abs. 1 Satz 4 EStG). Diese Regelung sieht dabei keine Frist vor, die im Hinblick auf den Zugang der Mitteilung seitens des FA einzuhalten wäre. Ist der stpfl. Person eine Umstellung der Gewinnermitt-

1) FG Niedersachsen v. 16.12.2009, 2 K 447/07, EFG 2010, 941.
2) BFH v. 25.9.2014, IV R 44/11, BStBl II 2015, 470.
3) BFH v. 4.6.1992, IV R 123-124/91, BStBl II 1993, 125.

lung zum vorgesehenen Stichtag auf Grund einer zu kurzfristigen Mitteilung nicht mehr rechtzeitig möglich, können in erforderlichem Umfang Erleichterungen bewilligt werden (§ 148 AO).[1)]

Praxishinweis:

Der Gewinn ist erneut nach Durchschnittssätzen zu ermitteln, wenn die Voraussetzungen des § 13a Abs. 1 Satz 1 EStG wieder gegeben sind und ein Antrag nach § 13a Abs. 2 EStG nicht gestellt wird oder vorher eine Mitteilung nach § 141 Abs. 2 AO oder § 13a Abs. 1 Satz 4 EStG bekannt gegeben worden ist. Die Finanzbehörde ist zur Schätzung der Besteuerungsgrundlagen (§ 162 AO) befugt, wenn die Voraussetzungen für eine Durchschnittsbesteuerung nach § 13a Abs. 1 Satz 1 EStG nicht mehr vorliegen und die stpfl. Person trotz Mitteilung des FA i.S.d. § 13a Abs. 1 Satz 2 EStG weder die nach § 4 Abs. 3 EStG erforderlichen Aufzeichnungen noch Bücher i.S.v. § 4 Abs. 1 EStG führt.[2)]

7. Veräußerungsgewinn (Zeilen 44–58)

Veräußerungsgewinn 51

bei Veräußerung / Aufgabe eines **ganzen Betriebs**, eines **Teilbetriebs** oder eines **ganzen Mitunternehmeranteils** (§§ 14, 16 EStG)

Veräußerungsgewinn, für den der Freibetrag nach den §§ 14, 16 Abs. 4 EStG wegen dauernder Berufsunfähigkeit oder Vollendung des 55. Lebensjahres beantragt wird

– Für nach dem 31.12.1995 erfolgte Veräußerungen / Aufgaben wurde der Freibetrag nach § 16 Abs. 4 EStG bei keiner Einkunftsart in Anspruch genommen. –

Zeile		Steuerpflichtige Person / Ehemann / Person A	Ehefrau / Person B
		EUR	EUR
44	Veräußerungsgewinn vor Abzug des Freibetrags nach § 16 Abs. 4 EStG	18 ,—	19 ,—
45	In Zeile 44 enthaltener steuerpflichtiger Teil, für den das **Teileinkünfteverfahren** gilt	68 ,—	69 ,—
46	Auf den Veräußerungsgewinn laut Zeile 44 wurde zumindest teilweise § 6b oder § 6b i. V. m. § 6c EStG angewendet. Die Übertragungen von aufgedeckten stillen Reserven und / oder die in Anspruch genommenen Rücklagen nach § 6b Abs. 1 bis 9 ggf. i. V. m. § 6c EStG betragen	57 ,—	58 ,—
47	Auf den Veräußerungsgewinn laut Zeile 44 wurde zumindest teilweise § 6b oder § 6b i. V. m. § 6c EStG angewendet. Die Übertragungen von aufgedeckten stillen Reserven und / oder die in Anspruch genommenen Rücklagen nach § 6b Abs. 10 ggf. i. V. m. § 6c EStG betragen	62 ,—	63 ,—
48	Veräußerungsgewinn laut Zeile 44, für den der **ermäßigte Steuersatz** des § 34 Abs. 3 EStG wegen dauernder Berufsunfähigkeit oder Vollendung des 55. Lebensjahres beantragt wird. Für nach dem 31.12.2000 erfolgte Veräußerungen / Aufgaben wurde der ermäßigte Steuersatz des § 34 Abs. 3 EStG bei keiner Einkunftsart in Anspruch genommen.	70 ,—	71 ,—
	Veräußerungsgewinn(e), für den / die der Freibetrag nach den §§ 14, 16 Abs. 4 EStG nicht beantragt wird oder nicht zu gewähren ist		
49	Veräußerungsgewinn(e)	60 ,—	61 ,—
50	In Zeile 49 enthaltener steuerpflichtiger Teil, für den das **Teileinkünfteverfahren** gilt	36 ,—	37 ,—
51	Auf den / die Veräußerungsgewinn(e) laut Zeile 49 wurde zumindest teilweise § 6b Abs. 1 bis 9 ggf. i. V. m. § 6c EStG angewendet.	22 (1 = Ja, für die / alle Veräußerung(en); 2 = Ja, aber nicht für alle Veräußerungen)	23 (1 = Ja, für die / alle Veräußerung(en); 2 = Ja, aber nicht für alle Veräußerungen)

2025AnlL073 2025AnlL073

1) BFH v. 29.3.2007, IV R 14/05, BStBl II 2007, 816.
2) FG München v. 21.11.2017, 2 K 154/16.

- 4 -

Zeile			Steuerpflichtige Person / Ehemann / Person A		Ehefrau / Person B
52	Auf den / die Veräußerungsgewinn(e) laut Zeile 49 wurde zumindest teilweise § 6b Abs. 10 ggf. i. V. m. § 6c EStG angewendet	72	1 = Ja	73	1 = Ja
			EUR		EUR
53	In Zeile 49 enthaltener Veräußerungsgewinn, für den der **ermäßigte Steuersatz** des § 34 Abs. 3 EStG wegen dauernder Berufsunfähigkeit oder Vollendung des 55. Lebensjahres beantragt wird. Für nach dem 31.12.2000 erfolgte Veräußerungen / Aufgaben wurde der ermäßigte Steuersatz des § 34 Abs. 3 EStG bei keiner Einkunftsart in Anspruch genommen.	38	,—	39	,—
54	In Zeile 53 enthaltener steuerpflichtiger Teil, für den das **Teileinkünfteverfahren** gilt	40	,—	41	,—
	Veräußerungsverlust(e) nach den §§ 14, 16 EStG				
55	Veräußerungsverlust(e)	42	,—	43	,—
56	In Zeile 55 enthaltener steuerpflichtiger Teil, für den das **Teileinkünfteverfahren** gilt	44	,—	45	,—
	Zu den Zeilen 44 bis 54:				
57	Erwerber ist eine Gesellschaft, an der die veräußernde Person oder eine ihr nahestehende Person beteiligt ist (laut gesonderter Aufstellung).		1 = Ja		1 = Ja
58	Die Betriebsaufgabe erstreckt sich über mehr als ein Kalenderjahr.		1 = Ja		1 = Ja

Gewinne aus der Veräußerung oder Aufgabe eines ganzen land- und forstwirtschaftlichen Betriebs, eines Teilbetriebs oder eines ganzen Mitunternehmeranteils sind in dem VZ zu erfassen, in dem sie entstanden sind (§ 4a Abs. 2 Nr. 1 Satz 2 EStG). Da die **Veräußerungsregeln** des § 14 EStG **weitgehend** denjenigen des **§ 16 EStG entsprechen**, vgl. die Ausführungen zur Anlage G (→ Rz. 545). Zu Besonderheiten der Besteuerung des Gewinns (Feldinventar, stehende Ernte) vgl. R 14 EStR 2012. Das Teileinkünfteverfahren (→ Rz. 535) ist zu beachten. Die Veräußerung von land- und forstwirtschaftlichen Flächen ist in den Fällen eine gewerbliche Tätigkeit, in denen vor der Veräußerung bereits ein Erschließungsplan erstellt wird.[1] **Veräußerung** ist die entgeltliche Übertragung eines Betriebs oder Teilbetriebs auf einen Erwerber.[2] **Betriebsaufgabe** ist die auf einem Entschluss beruhende Veräußerung der Wirtschaftsgüter innerhalb eines einheitlichen wirtschaftlichen Vorgangs, der wohl mit 15 Monaten anzusehen ist.[3] Sie liegt dann vor, wenn die stpfl. Person den Entschluss gefasst hat, die betriebliche Tätigkeit einzustellen und den Betrieb als selbständigen Organismus des Wirtschaftslebens aufzulösen. Ein landwirtschaftlicher Betrieb aber wird nicht allein dadurch aufgegeben, dass der Landwirt nur noch im Nebenerwerb tätig wird oder die Selbstbewirtschaftung einstellt.[4] Ein landwirtschaftlicher (Eigentums-)Betrieb wird mit der Übertragung sämtlicher landwirtschaftlicher Nutzflächen aufgegeben.[5] Zur Frage der Erhöhung des Betriebsaufgabegewinns auf Grund einer **Nachforderungsklausel** vgl. BFH.[6] 986

Beratungshinweis:

Zur Frage, ob einer Betriebsaufspaltung eine steuerbegünstigte Betriebsaufgabe vorangehen kann, vgl. BFH.[7] Die Veräußerung der Hofstelle eines verpachteten Betriebs führt nicht zu dessen zwangsweiser Aufgabe.[8]

Die **Verkleinerung eines land- und forstwirtschaftlichen Betriebs** führt nicht zu einer Betriebsaufgabe.[9]

Ein **Teilbetrieb** ist ein mit einer gewissen Selbständigkeit ausgestatteter, organisch geschlossener Teil des Gesamtbetriebs, der für sich allein lebensfähig ist. Lebensfähig ist ein Teil des Gesamtunternehmens dann, wenn dieser der Struktur nach, eine eigenständige, betriebliche Tätigkeit ausüben kann.[10] Dabei kommt es entscheidend auf die Verhältnisse beim Veräußerer an. Das lebende und tote Inventar eines land- und forstwirtschaftlichen Betriebs hingegen bildet für sich allein regelmäßig keinen Teilbetrieb.[11] Zur **Veräußerung gegen wiederkehrende Bezüge** und dem bestehenden Wahlrecht vgl. R 16 Abs. 11 EStR 2012. Zur **Erbauseinandersetzung** vgl. BMF v. 14.3.2006;[12] zur ertragsteuerlichen Behandlung der **vorweggenommenen Erbfolge** wird auf das BMF-Schreiben v. 13.1.1993[13] verwiesen.

1) FG Münster v. 27.4.2007, 11 K 1654/04 E, EFG 2007, 1435.
2) BFH v. 23.4.1971, IV 201/65, BStBl II 1971, 686.
3) BFH v. 17.12.2008, IV R 11/06, BFH/NV 2008, 854.
4) BFH v. 12.5.2010, IV B 137/08, BFH/NV 2010, 1850.
5) BFH v. 17.5.2018, VI R 66/15, HFR 2018, 452.
6) BFH v. 31.8.2006, IV R 53/04, BStBl II 2006, 906.
7) BFH v. 30.3.2006, IV R 31/03, BStBl II 2006, 652.
8) BFH v. 11.2.2021, VI R 17/19, BFH/NV 2021, 930.
9) BFH v. 12.11.1992, IV R 41/91, BStBl II 1993, 430.
10) BFH v. 4.7.1973, I R 154/71, BStBl II 1973, 838; BFH v. 19.2.1976, I V R 179/72, BStBl II 1976, 415.
11) BFH v. 19.2.1976, IV R 179/72, BStBl II 1976, 415.
12) BMF v. 14.3.2006, IV B 2 – S 2242-7/06, BStBl I 2006, 253, unter Berücksichtigung der Änderung durch BMF v. 27.12.2018, IV C 6 – S 2242/07/10004, BStBl I 2019, 11.
13) BMF v. 13.1.1993, IV B 3 – S 2190-37/92, BStBl I 1993, 80, unter Berücksichtigung der Änderungen durch BMF v. 26.2.2007, IV C 2 – S 2230-6/06, BStBl I 2007, 269.

Miterben eines land- und forstwirtschaftlichen Betriebs werden als Mitunternehmer angesehen.[1)]

987 Zum Veräußerungsgewinn gehören auch die Gewinne, die auf die **Veräußerung oder Entnahme des Grund und Bodens entfallen**, die zum Betriebsvermögen des Betriebs gehören. Auf die Sondervorschriften für die Gewinnermittlung bei vor dem 1.5.1970 angeschafften Grund und Boden (§ 55 EStG) wird hingewiesen. Der Zeitpunkt der Anschaffung landwirtschaftlicher Grundstücke kann auch dann nicht vor dem des Abschlusses entsprechender Verträge liegen, wenn ein früherer Übergang vereinbart worden ist.[2)]

Die i.R.d. Veräußerung des Betriebs gezahlte Entschädigung für das Feldinventar und die stehende Ernte gehört zum Veräußerungserlös. Hinsichtlich der **Berechnung des Veräußerungsgewinns** in diesen Fällen vgl. R 14 Abs. 1 EStR 2012.

988 Ist ein **Veräußerungsgewinn i.R.d. Durchschnittssatzermittlung** (§ 13a EStG) entstanden, ist dieser gesondert und zusätzlich zu ermitteln (§ 4 Abs. 1 EStG). Der Veräußerungsgewinn ist nicht in dem Grundbetrag enthalten.[3)]

989 Bei Betriebsveräußerungen nach dem 31.12.2003 ist ein **Freibetrag** i.H.v. 45 000 € zu gewähren. Der Freibetrag setzt voraus, dass die stpfl. Person im Zeitpunkt der Veräußerung oder Aufgabe des Betriebs das 55. Lebensjahr vollendet hat oder dauernd berufsunfähig ist. Der Freibetrag ist antragsgebunden und ermäßigt sich um den Betrag, um den der Veräußerungs- oder Aufgabegewinn den Betrag von 136 000 € übersteigt (§ 14 Satz 2 i.V.m. § 16 Abs. 4 EStG). Der Freibetrag nach § 14 Satz 2 i.V.m. § 16 Abs. 4 EStG ist ausgeschlossen, wenn der stpfl. Person für eine Veräußerung oder Aufgabe, die nach dem 31.12.1995 erfolgt ist, bereits ein Freibetrag nach § 14 Satz 2, § 16 Abs. 4 oder § 18 Abs. 3 EStG gewährt worden ist. Der verbleibende stpfl. Veräußerungsgewinn unterliegt der **ermäßigten Besteuerung** nach § 34 Abs. 1 oder Abs. 3 EStG.

Beratungshinweis:
Für die Anwendung des § 34 Abs. 3 Satz 4 EStG ist die Inanspruchnahme einer Steuerermäßigung nach § 34 EStG in VZ vor dem 1.1.2001 unbeachtlich (§ 52 Abs. 47 Satz 8 EStG a.F.).

990 Liegen i.R.d. Veräußerung **neben den Voraussetzungen der §§ 14, 16 EStG auch** die **Voraussetzungen des § 14a EStG** vor, hat die stpfl. Person ein **Wahlrecht**, welche der Freibeträge sie in Anspruch nehmen will. Werden zwei oder mehr Betriebe aufgegeben oder veräußert, kann das Wahlrecht für die einzelnen Betriebe unterschiedlich ausgeübt werden.

Beratungshinweis:
Zur Bilanzberichtigung bei einem zu Unrecht gewährten Freibetrag nach § 14a Abs. 4 EStG vgl. BFH v. 23.3.2011.[4)]

991 Veräußerungsverluste (§§ 14, 16 EStG) sind **gesondert in Zeile 55 zu erklären**. Auf die Ausführungen zur Anlage G (→ Rz. 570) wird verwiesen. Der in diesem Verlust enthaltene stpfl. Teil, für den das Teileinkünfteverfahren gilt, ist in Zeile 26 zu erklären. Ist im Rahmen eines Veräußerungsgeschäfts der Erwerber eine Gesellschaft, an der die veräußernde Person oder eine ihr nahestehende Person beteiligt ist, ist dieser Umstand in **Zeile 57** zu erklären. Die bei Verträgen unter fremden Dritten bestehende Vermutung für das Vorliegen eines entgeltlichen Geschäfts ist im Fall der Übertragung eines Kapitalgesellschaftsanteils, für den der Zuwendende hohe AK getragen hat, nicht alleine wegen eines Freundschaftsverhältnisses zwischen dem Zuwendenden und dem Empfänger als widerlegt anzusehen.[5)]

Dass sich die Betriebsaufgabe über mehr als ein Kj. erstreckt, ist ab dem VZ 2025 gesondert zu erklären (**Zeile 58**). Die Ausführungen zur Anlage G (Zeile 81, → Rz.626) gelten entsprechend.

1) BFH v. 5.7.1990, GrS 2/89, BStBl II 1990, 837.
2) BFH v. 11.5.2006, IV B 208/04, BFH/NV 2006, 1823.
3) BFH v. 23.2.1989, IV R 58/87, BStBl II 1989, 709.
4) BFH v. 23.3.2011, IV B 68/10, BFH/NV 2011, 1129.
5) BFH v. 9.5.2017, IX R 1/16, BStBl II 2018, 94.

8. Flächen zu Beginn des Wirtschaftsjahrs (Zeilen 59–66)

Die Angaben in den Zeilen 59 bis 114 sind für jeden land- und forstwirtschaftlichen Betrieb in einer eigenen Anlage L zu machen.
Die Angaben in den Zeilen 59 bis 77 sind nicht erforderlich, wenn sie sich aus der Gewinnermittlung ergeben.

Flächen zu Beginn des Wirtschaftsjahres

59 Eigentümer / Nutzender

Zeile		Verausgabte / Vereinnahmte Pachtzinsen EUR	Landwirtschaftliche Nutzung (in ha / a / m²)	Forstwirtschaftliche Nutzung (in ha / a / m²)	Übrige Nutzungen (in ha / a / m²)
60	Eigentumsflächen des Betriebsvermögens (ohne Flächen laut Zeile 61)		H A A R Q M	H A A R Q M	H A A R Q M
61	Hof- und Gebäudeflächen (ohne Grund und Boden für Wohngebäude)		+ H A A R Q M	+ H A A R Q M	+ H A A R Q M
62	In den Zeilen 60 und 61 nicht berücksichtigte **zugepachtete** oder unentgeltlich von Dritten überlassene Flächen	,—	+ H A A R Q M	+ H A A R Q M	+ H A A R Q M
63	Summe der Zeilen 60 bis 62		= H A A R Q M	= H A A R Q M	= H A A R Q M
64	In den Zeilen 60 bis 62 berücksichtigte **verpachtete** oder unentgeltlich an Dritte überlassene Flächen	,—	– H A A R Q M	– H A A R Q M	– H A A R Q M
65	Selbstbewirtschaftete Flächen insgesamt (Zeile 63 abzüglich Zeile 64)		= H A A R Q M	= H A A R Q M	= H A A R Q M

Zeile		Obstbau mit landwirtschaftlicher Unternutzung (in ha / a / m²)	Almen und Hutungen (in ha / a / m²)
66	Von der landwirtschaftlichen Nutzung (Zeile 65) entfallen auf	H A A R Q M	H A A R Q M

Die Angaben dienen der Übersicht über vorhandenen Grund und Boden. 992

Die Angaben in den Zeilen sind für jeden Betrieb in einer eigenen Anlage L – unabhängig von der Art der Gewinnermittlung – zu machen, also auch von denjenigen zur Buchführung verpflichteten Land- und Forstwirten, die freiwillig Bücher führen, aber nicht beantragt haben, das Buchführungsergebnis der Besteuerung zu Grunde zu legen. Angaben sind jedoch nicht erforderlich, wenn sich diese aus der jeweiligen Gewinnermittlung ergeben.

9. Flächenveränderungen nach Beginn des Wirtschaftsjahres (Zeilen 67–68)

Flächenveränderungen nach Beginn des Wirtschaftsjahres

Zeile		Landwirtschaftliche Nutzung (in ha / a / m²)	Forstwirtschaftliche Nutzung (in ha / a / m²)	Übrige Nutzungen (in ha / a / m²)
67	Zugänge (Kauf, Zupachtung, unentgeltliche Überlassung)	H A A R Q M	H A A R Q M	H A A R Q M
68	Abgänge (Verkauf, Verpachtung, unentgeltliche Überlassung)	H A A R Q M	H A A R Q M	H A A R Q M

2025AnlL074 2025AnlL074

Die Angaben zu den Flächenveränderungen ergänzen und vervollständigen die Angaben der Flächen zu Beginn des Wj. Die Angaben zu Flächenveränderungen im Laufe eines Wj. waren bisher für die Finverw. eine Angabe, die gezielt auf eine frühzeitige Überprüfung der Anwendungsvoraussetzungen des § 13a EStG gerichtet war. Stillgelegte Flächen gehören zu den selbst bewirtschafteten Flächen (R 13.2 Abs. 3 EStR 2012) und sind daher in den 993

Zeilen 60–66 zu erklären. Für Verkaufsfälle mit Waldflächen bis fünf Hektar wird eine Aufteilung im Verhältnis von 40 % (Grund und Boden) zu 60 % (stehendes Holz) als Vereinfachungsregel angenommen.[1] Angaben sind jedoch nicht erforderlich, wenn sich diese aus der jeweiligen Gewinnermittlung ergeben.

10. Betriebsverpachtung (Zeile 69)

- 5 -

Betriebsverpachtung

69 Der Betrieb ist verpachtet seit dem T T M M J J J J

994 Eine Betriebsverpachtung im Ganzen liegt vor, wenn die funktional wesentlichen Betriebsgrundlagen auf den Pächter übergehen. Zu den wesentlichen Betriebsgrundlagen gehören immer die selbst bewirtschafteten Nutzflächen. Angaben sind jedoch nicht erforderlich, wenn sich diese aus der jeweiligen Gewinnermittlung ergeben.

Beratungshinweis:

Die stpfl. Personen tragen die objektive Beweislast für die Behauptung, dass durch die Verpachtung der bisher selbst bewirtschafteten Flächen der Betrieb aufgegeben sei.[2] Die Bestellung von Erbbaurechten an land- und forstwirtschaftlich genutzten Grundstücken und die anschließende Bebauung durch die Berechtigten führt zur Entnahme der Grundstücke, falls die endgültige Nutzungsänderung mehr als 10 % der Gesamtfläche des Betriebs betrifft. Ist die Geringfügigkeitsgrenze von 10 % überschritten, kommt es für das Vorliegen einer Entnahme regelmäßig nicht auf einen Vergleich der Erträge aus der Vermögensverwaltung und der Land- und Forstwirtschaft oder auf die Anwendung anderer Abgrenzungskriterien an.[3] Diese Erklärung muss wegen der mit ihr verbundenen Rechtsfolgen, insb. der Verwirklichung eines Aufgabegewinns, eindeutig und klar ggü. dem FA abgegeben werden. Hierzu genügt nicht, dass Pachteinnahmen in einer Steuererklärung unter den Einkünften aus Vermietung und Verpachtung erklärt werden.

Die allgemeinen Grundsätze zur Betriebsverpachtung im gewerblichen Bereich gelten auch für die Einkünfte aus Land- und Forstwirtschaft mit der Besonderheit, dass Veräußerungen und Entnahmen von Grundstücken das Fortbestehen eines im Ganzen verpachteten land- und forstwirtschaftlichen Betriebs (nur) dann berühren, wenn die im Eigentum des Verpächters verbleibenden Flächen nicht mehr ausreichen, um nach Beendigung des Pachtverhältnisses einen land- und forstwirtschaftlichen Betrieb zu bilden. Das Schicksal der Wirtschaftsgebäude ist für die Annahme einer **Zwangsbetriebsaufgabe** unerheblich, da auch die Veräußerung oder Entnahme von einzelnen Flächen des Grund und Bodens – als wesentliche Betriebsgrundlage – unerheblich ist, sofern überhaupt ein Betrieb der Land- und Forstwirtschaft fortgeführt werden kann. Für die Annahme einer Zwangsbetriebsaufgabe im Rahmen einer Betriebsverpachtung im Ganzen ist damit im Bereich der Land- und Forstwirtschaft regelmäßig kein Raum mehr.[4] Die **parzellenweise Verpachtung** eines Betriebs stellt in der Regel eine Betriebsaufgabe dar. Der BFH[5] geht jedoch davon aus, dass die parzellenweise Verpachtung der bisher selbst bewirtschafteten Ländereien aus Rechtsgründen jedenfalls dann keine Betriebsaufgabe darstellt, wenn die wesentlichen Grundlagen des Betriebs in ihrer bisherigen Funktion erhalten bleiben. Die parzellenweise Verpachtung der Grundstücke steht der Annahme einer Betriebsverpachtung nicht grds. entgegen.[6]

995 Eine **Betriebsaufgabe** wird nur (noch) dann angenommen, wenn die stpfl. Person ihren Aufgabewillen ggü. dem FA in unmissverständlicher Weise durch Abgabe einer Aufgabeerklärung zum Ausdruck bringt.[7]

996 Zur Nutzungsüberlassung von Betrieben mit Substanzerhaltungspflicht des Berechtigten (sog. **eiserne Verpachtung**) vgl. BMF v. 21.2.2002.[8]

997 Durch das Gesetz zur Förderung der **Einstellung der landwirtschaftlichen Erwerbstätigkeit** (**FELEG**) wird die Einstellung der landwirtschaftlichen Erwerbstätigkeit durch Betriebsstillegung und Betriebsverpachtung oder Betriebsübergabe gefördert. Die Förderung erfolgt durch eine Produktionsaufgaberente (§§ 6 bis 8 FELEG) und durch ein Ausgleichsgeld (§§ 9 bis 13 FELEG). Das Ausgleichsgeld nach § 8 FELEG und Leistungen zur sozialen Sicherung nach § 15 FELEG sind als Entschädigungen den Einkünften aus Land- und Forstwirtschaft zuzuordnen, wenn sie als Ersatz für zuvor von einer Mitunternehmerschaft bezogene Tätigkeitsvergütungen gezahlt werden, die als Sondervergütungen zu den Einkünften aus Land- und Forstwirtschaft zählten.[9] Mangels Lohnsteuerabzug hat der Bezug von steuerpflichtigem Ausgleichsgeld sowie von den als Arbeitslohn zu erfassenden Beitragszahlungen des Bundes die Verpflichtung zur Abgabe einer ESt-Erklärung (§ 46 Abs. 2 Nr. 1 EStG) zur Folge. Im Rahmen der Veranlagung ist ergänzend zu prüfen, ob die gezahlten Gelder begünstigte Versorgungsbezüge (§ 19 Abs. 2 EStG) sind.

Praxishinweis:

Die entsprechenden Tatbestände sind in den dafür vorgesehenen Auswahlfeldern anzukreuzen und ggf. weitere Angaben zu machen.

1) BayLfSt v. 14.10.2014, S 2232 1.1-2/3 St32, StEd 2014, 730.
2) BFH v. 28.7.2006, IV B 39/05, BFH/NV 2006, 2073.
3) BFH v. 31.3.2021, VI R 30/18, BStBl II 2022, 312.
4) OFD Karlsruhe v. 23.4.2024, St13-S 2230-7/2-St 136, Lafo-Kartei BW Fach 8.
5) BFH v. 15.10.1987, IV R 66/86, BStBl II 1988, 260.
6) BFH v. 28.11.1991, IV R 58/91, BStBl II 1992, 521.
7) BFH v. 18.3.1999, IV R 65/98, BStBl II 1999, 398.
8) BMF v. 21.2.2002, IV A 6 – S 2132 – 4/02, BStBl I 2002, 262; vgl. OFD Karlsruhe v. 23.4.2024, OFDSt13-S 2230-7/2-St 136, OFDSt13-S 2230-7/2.
9) BFH v. 8.11.2007, IV R 30/06, BFH/NV 2008, 546.

Für Angaben zur Produktionsaufgabeernte ist der ESt-Erklärung eine gesonderte Anlage beizufügen. Die **Produktionsaufgaberente** ist eine Betriebseinnahme. Der Grundbetrag der Produktionsaufgaberente ist bis zu einem Höchstbetrag von 18 407 € steuerfrei (§ 3 Nr. 27 EStG). Der in diesem Zusammenhang **gezahlte Flächenzuschlag** ist in voller Höhe stpfl. 998

11. Veräußerung/Entnahme von Grundstücken und immateriellen Wirtschaftsgütern (Zeilen 70–77)

Veräußerung / Entnahme von Grundstücken und immateriellen Wirtschaftsgütern

70 X Bei Veräußerung von Grundstücken: Gewinnübertragung nach §§ 6b, 6c EStG wird beantragt.

Veräußerung (Umfang des mitveräußerten Eigenjagdrechts / Aufwuchses auf und Anlagen in und auf dem Grund und Boden gesondert erläutern)

Zeile	Katastermäßige Bezeichnung	Größe (in ha / a / m²)	Tag der Veräußerung	Erlös EUR	Entstandene Kosten EUR	Anschaffungskosten (ggf. Wert nach § 55 EStG) EUR
71		H A A R Q M		,—	,—	,—
72		H A A R Q M		,—	,—	,—

Entnahme (z. B. durch Schenkung, Nutzungsänderung, Bau einer eigengenutzten oder unentgeltlich überlassenen Wohnung)

Zeile	Katastermäßige Bezeichnung	Größe (in ha / a / m²)	Tag der Entnahme	Entnahmewert EUR	Entstandene Kosten EUR	Anschaffungskosten (ggf. Wert nach § 55 EStG) EUR
73		H A A R Q M		,—	,—	,—
74		H A A R Q M		,—	,—	,—

Veräußerung / Entnahme von immateriellen Wirtschaftsgütern

Zeile	Bezeichnung des immateriellen Wirtschaftsguts	Menge mit Einheit	Tag der Veräußerung / Entnahme	Erlös / Entnahmewert EUR	Entstandene Kosten EUR	Anschaffungskosten EUR
75				,—	,—	,—
76				,—	,—	,—
77	Veräußerung / Entnahme von Zahlungsansprüchen nach der GAP-Reform	Anzahl		,—	,—	,—

Wird ein Grundstück, das bisher zum Betriebsvermögen des land- und forstwirtschaftlichen Vermögens gehörte, veräußert oder entnommen, ist das jeweilige Grundstück näher zu bezeichnen und mit dem Entnahmewert oder Erlös in die Zeilen 73–77 einzutragen. Angaben sind jedoch nicht erforderlich, wenn sich diese aus der jeweiligen Gewinnermittlung ergeben. 999

Zur Ermittlung des anteilig auf ein bestehendes (Eigen-)Jagdrecht entfallenden Veräußerungserlöses sind ergänzende Erklärungen zu den **Zeilen 71–72** erforderlich.[1] Erfolgt z.B. eine Nutzungsänderung bei Grundstücken und führt diese zu einer Entnahme, ist der Vorgang gesondert in den **Zeilen 73–74** zu erklären.

Im Rahmen der GAP-Reform (Reform der Gemeinsamen Agrarpolitik der Europäischen Union[2]) wurde die Agrarförderung grundlegend geändert. Es erfolgen keine (produktionsabhängigen) Zahlungen mehr. Diese wurden durch flächenabhängige Direktzahlungen ersetzt. Zahlungsansprüche werden durch einen Bescheid festgesetzt, wodurch ein bedingter Zahlungsanspruch entsteht. Die Zahlungsansprüche sind unentgeltlich oder gegen Entgelt übertragbar sowie abtretbar. 1000

Beratungshinweis:
Die durch die GAP-Reform 2003 eingeführten Zahlungsansprüche sind abnutzbare immaterielle Wirtschaftsgüter; die betriebsgewöhnliche Nutzungsdauer der Zahlungsansprüche nach der GAP-Reform ist jedenfalls am Bilanzstichtag 30.6.2007 typisierend mit zehn Jahren zu schätzen.[3] Die produktionsunabhängige Förderung wurde zwischenzeitlich neu geregelt.[4] Die i.R.d. Betriebsprämienregelung erhaltenen Zahlungsansprüche verloren (für Wj., die nach dem 16.12.2013 enden) zum 31.12.2014 ihre Gültigkeit. Zu Abschreibungen auf nach dem 31.12.2014 entgeltlich erworbenen Zahlungsansprüchen in der Landwirtschaft nach der Reform der Gemeinsamen Agrarpolitik vgl. BayLfSt.[5]

1) Vgl. zur Ermittlung der Einkünfte auch OFD Niedersachsen v. 4.9.2013, S 2239-9-St 282, StEd 2013, 727.
2) BGBl. I 2004, 1763; zuletzt geändert durch Bekanntmachung der Neufassung des Dritten Gesetzes zur Änderung des BetrPrämDurchfGÄndG v. 28.3.2008, BGBl. I 2008, 495, die Verordnung zur Durchführung der einheitlichen Betriebsprämie (Betriebsprämiendurchführungsverordnung) v. 26.10.2006, BGBl. I 2006, 2376; zuletzt geändert durch Verordnung v. 8.5.2008, BGBl. I 2008, 801.
3) BFH v. 21.10.2015, IV R 6/12, BStBl II 2017, 45.
4) Art. 21 der Verordnung (EU) Nr. 1307/2013, ABl.EU 2013 Nr. L 347, 608 v. 20.12.2013.
5) BayLfSt, Vfg. v. 23.7.2017 – S 2124.2.1-33/2 St32, StuB 17/2017, 680.

Werden Zahlungsansprüche veräußert oder entnommen, ist die Anzahl dieser Zahlungsansprüche mit weiteren Angaben zum Tag der Veräußerung/Entnahme, dem Erlös/Entnahmewert sowie weiterer Kosten in den Zeilen 75–77 einzutragen. Zur unterschiedlichen ertragsteuerlichen Behandlung der Ansprüche i.R.d. Gewinnermittlung nach § 4 Abs. 1 und Abs. 3 EStG (oder § 13a EStG) vgl. BMF v. 25.6.2008[1] und 13.10.2008.[2]

Praxishinweis:
Auf Grund der Regelungen im Gesetz zur Veröffentlichung von Informationen über die Zahlung von Mitteln aus den Europäischen Fonds für Landwirtschaft und Fischerei[3] und der Durchführungsverordnung vom 10.12.2008 werden Zahlungsinformationen öffentlich gemacht und können auf der Internetseite der BLE www.agrar-fischerei-zahlungen.de abgefragt werden.

12. Tierhaltung (Zeilen 78–114)

Tierhaltung

einschließlich Pensionstierhaltung und Lohnaufzucht (Bitte stets ausfüllen.)

Jahresdurchschnittsbestand im Wirtschaftsjahr 2025 / 2026 (2025)

Zeile		Anzahl		VE gesamt
	Rindvieh			
78	Kälber und Jungvieh unter 1 Jahr einschließlich Mastkälber (0,3 VE)			
79	Jungvieh 1-2 Jahre (0,7 VE)		+	
80	Zuchtbullen und Zugochsen (1,2 VE)		+	
81	Masttiere (Mastrinder) – Mastdauer weniger als 1 Jahr – (1 VE)		+	
82	Färsen älter als 2 Jahre (1 VE)		+	
83	Kühe (1 VE)		+	
	Ziegen			
84	Ziegen (0,08 VE)		+	
	Pferde			
85	unter 3 Jahre und Kleinpferde (0,7 VE)		+	
86	3 Jahre alt und älter (1,1 VE)		+	
	Schafe			
87	unter 1 Jahr einschließlich Mastlämmer (0,05 VE)		+	
88	1 Jahr alt und älter (0,1 VE)		+	
	Schweine			
89	Zuchtschweine (0,33 VE)		+	

2025AnlL075 2025AnlL075

1) BMF v. 25.6.2008, IV C 6 – S 2134/07/10001, BStBl I 2008, 682; vgl. hierzu erläuternd auch Wiegand, NWB Fach 17, 2325 (Heft 50/2008).
2) BMF v. 13.10.2008, IV C 6 – S 2134/07/10001, BStBl I 2008, 939.
3) AFIG v. 26.11.2008, BGBl. I 2008, 2330.

Zeile		Anzahl		VE gesamt
	Kaninchen			
90	Zucht- und Angorakaninchen (0,025 VE)		+	
	Geflügel			
91	Legehennen (0,02 VE)		+	
92	Legehennen aus zugekauften Junghennen (0,0183 VE)		+	
93	Zuchtenten, Zuchtputen und Zuchtgänse (0,04 VE)		+	
	Sonstige (z. B. Damtiere, Alpakas, Lamas, Strauße)			
94	Tierart:		+	

Jahreserzeugung (verkauft oder verbraucht) im Wirtschaftsjahr 2025 / 2026 (2025)

Zeile	**Rindvieh**	Anzahl		VE gesamt
95	Masttiere – Mastdauer über 1 Jahr – (1 VE)		+	
	Schweine			
96	Leichte Ferkel bis etwa 12 kg (0,01 VE)		+	
97	Ferkel bis etwa 20 kg (0,02 VE)		+	
98	Schwere Ferkel und leichte Läufer bis etwa 30 kg (0,04 VE)		+	
99	Läufer bis etwa 45 kg (0,06 VE)		+	
100	Schwere Läufer bis etwa 60 kg (0,08 VE)		+	
101	Mastschweine (0,16 VE)		+	
102	Jungzuchtschweine bis etwa 90 kg (0,12 VE)		+	
	Die eingetragenen Tiere wurden zugekauft als:			
103	Tierart:		–	
	Kaninchen			
104	Mastkaninchen (0,0025 VE)		+	
	Geflügel			
105	Jungmasthühner – mehr als 6 Durchgänge je Jahr – (0,0013 VE)		+	
106	Jungmasthühner – bis zu 6 Durchgänge je Jahr –, Jungputen und -hennen (0,0017 VE)		+	
107	Mastputen aus zugekauften Jungputen (0,005 VE)		+	
108	Mastgänse, Mastputen aus selbst erzeugten Jungputen (0,0067 VE)		+	
	Mastenten			
109	VE pro Stück		+	
110	Summe der VE (Ergebnis der Zeilen 78 bis 109)		=	

Nur bei Pensionstierhaltung (z. B. Pferde, Rinder):

Zeile	Tierart	Anzahl
111		
112		

Folgende in Zeile 110 enthaltene Vieheinheiten wurden im Wirtschaftsjahr 2025 / 2026 (2025) auf Tierhaltungsgemeinschaften nach § 13b EStG übertragen:

Zeile	Tierhaltungsgemeinschaft, Steuernummer der Gesellschaft, Aktenzeichen laut Grundsteuermessbescheid – bisher Einheitswert-Aktenzeichen –	Vieheinheiten
113	1	
114	2	

2025AnlL076 2025AnlL076

1001 Zu den Einkünften aus Land- und Forstwirtschaft gehören auch die Erträge aus Tierhaltung und Tierzucht, soweit die entsprechenden **Grenzen** der **Vieheinheiten** nicht überschritten werden (§ 13 Abs. 1 Nr. 1 EStG).

> **Praxishinweis:**
> Zu unterscheiden sind dabei die Angaben zum Jahresdurchschnittsbestand im Wj 2025/2026 (2025) (Zeilen 78–94) und zur Jahreserzeugung – verkauft oder verbracht im Wj 2025/2026 (2025) (Zeilen 95–114).
>
> In den Fällen der Pensionstierhaltung sind ergänzende Angaben in den Zeile 111–112 erforderlich. Pferde, die in einem Pensionsbetrieb untergebracht werden, können vom Eigentümer in seinem Betrieb gehalten werden, wenn er das wirtschaftliche Risiko der Tierhaltung trägt. § 15 Abs. 4 Satz 1 EStG kann Vorrang ggü. einer organschaftlich eigenständigen Einkommenszurechnung zukommen. Der Zuordnung von Tieren zum Tierzweig „übriges Nutzvieh" steht nicht entgegen, dass die Tiere zum Verkauf bestimmt waren.[1]

Die Grenzen sind z.B. für die ersten 20 ha nicht mehr als zehn Vieheinheiten/ha, und für die nächsten zehn ha nicht mehr als sieben Vieheinheiten/ha der vom Inhaber des Betriebs regelmäßig landwirtschaftlich genutzten Fläche.

> **Beispiel:**
> Auf einer Putenfarm wird die Zahl der maßgeblichen Vieheinheiten nachhaltig überschritten.
>
> Der gesamte Tierbestand wird der gewerblichen Tierzucht und Tierhaltung zugerechnet. Eine Aufteilung ist nicht zulässig.

Zum Strukturwandel von landwirtschaftlicher zu gewerblicher Tierzucht, vgl. BFH v. 19.2.2009.[2] Für die **Berechnung** sind sowohl die selbst bewirtschafteten eigenen als auch die selbst bewirtschafteten zugepachteten Flächen sowie die Flächen, die auf Grund öffentlicher Förderungsprogramme stillgelegt werden, zu berücksichtigen. Nicht dazu gehören Abbau-, Geringst-, Unland, Hof- und Gebäudeflächen, weinbaulich und forstwirtschaftlich genutzte Flächen sowie innerhalb der gärtnerischen Nutzung die Nutzungsteile Gemüse-, Blumen- und Zierpflanzenbau und Baumschulen.[3] Mit dem hälftigen Wert sind obstbaulich genutzte Flächen, die so angelegt sind, dass eine regelmäßige landwirtschaftliche Unternutzung stattfindet, zu berücksichtigen. Mit einem Viertel sind Almen und Hutungen zu berücksichtigen.[4]

1002 Hierfür sind **Umrechnungsschlüssel für den tatsächlichen Viehbestand** aufgestellt worden. Die Tierbestände sind nach dem Futterbedarf in Vieheinheiten umzurechnen. Die Anzahl der Tiere und die entsprechenden Vieheinheiten sind in den Eintragungsfeldern zu erklären.

> **Praxishinweis:**
> Für Mastenten existieren verschiedene Werte (in der Aufzuchtphase 0,0011 VE, in der Mastphase 0,0022 VE und für die fertige Mastente 0,0033 VE). Hierauf ist das FA gesondert hinzuweisen, da entsprechende eindeutige Eintragungsmöglichkeiten fehlen.

1003 Der ermittelte Viehbestand ist zum Zwecke der **Abgrenzung der landwirtschaftlichen** Tierzucht und Tierhaltung von der **gewerblichen Tierzucht und Tierhaltung** in Vieheinheiten umzurechnen. Übersteigt die Zahl der Vieheinheiten nachhaltig den für die maßgebende Fläche angegebenen Höchstsatz, gehört der darüber hinausgehende Tierbestand zur gewerblichen Tierzucht und Tierhaltung (→ Rz. 605).

1004 In den **Zeilen 111–112** sind zusätzliche Angaben zur **Pensionstierhaltung** erforderlich, die offensichtlich hinsichtlich der Abgrenzung der gewerblichen von der landwirtschaftlichen Tierzucht und Tierhaltung seitens der Finverw. benötigt werden.[5] Die Frage, inwieweit Einkünfte aus diesen Tierbeständen dem Eigentümer der Tiere oder aber dem Aufzüchter zuzurechnen sind, stellt sich dann im Anschluss. Die Aufzucht ist dabei Bestandteil der landwirtschaftlichen Tierhaltung, wenn beim Eigentümer der Tiere eine ausreichende Futtergrundlage vorhanden ist. Einkünfte aus der Haltung und Ausbildung von Pferden gehören regelmäßig zu den Einkünften aus gewerblicher Tierhaltung, wenn der Betrieb nicht über eine hinreichende Futtergrundlage in Gestalt von landwirtschaftlichen Nutzflächen verfügt.[6] Zu weiteren Abgrenzungsfragen im Zusammenhang mit gewerblichen Einkünften vgl. R 15.5 Abs. 11 EStR 2012.

1005 Im Rahmen der Prüfung der Vieheinheitengrenze sind in den Zeilen 113–114 zusätzliche Angaben zu Vieheinheiten erforderlich, die im Wj. auf Tierhaltungsgemeinschaften nach § 13b EStG übertragen worden sind. Die entsprechenden Vieheinheiten müssen in Zeile 113 enthalten sein.

> **Hinweis zur Plausibilitätsbeurteilung:**
> Der bisherige Verweis auf „§ 51a BewG" vor Zeile 113 wurde auf „§ 13b EStG" angepasst. Grund ist die Änderung in § 13 Abs. 1 Nr. 1 Satz 5 EStG. Die gesetzliche Änderung übernimmt die bisherigen Grundsätze (§ 51a BewG) und führt diese einkommensteuerrechtlich fort. Die Vorschrift wurde des Weiteren im Bereich der landwirtschaftlichen Alterskasse an den europäischen Rechtsrahmen angepasst.[7] Die Regelungen des § 13b EStG wurde mit Wirkung zum 1.1.2025 (§ 52 Abs. 22b EStG) eingefügt.[8] Durch die Neuregelung soll die bis einschließlich des VZ 2024 gültige Regelung des § 51a BewG für einkommensteuerliche Zwecke fortgesetzt wer-

1) BFH v. 13.9.2022, XI R 33/20, BStBl II 2023, 578.
2) BFH v. 19.2.2009, IV R 18/06, BStBl II 2009, 654.
3) Zur Bewertung mehrjähriger Kulturen in Baumschulbetrieben vgl. BMF v. 13.12.2022, IV C 7 – S 2163/21/10001 :002, BStBl I 2022, 1673.
4) R 13.2 Abs. 3 EStR 2012.
5) R 13.2 Abs. 1 EStR 2012.
6) BFH v. 4.11.2022, VI R 26/19, HFR 2022, 517.
7) Vgl. BT-Drucks. 19/14909 v. 7.11.2019.
8) Gesetz zur weiteren steuerlichen Förderung der Elektromobilität und zur Änderung weiterer steuerlicher Vorschriften (JStG 2019) v. 12.12.2019, BGBl. I 2019, 2451.

den.[1] Die Neuregelung war notwendig, da § 51a BewG im Zuge der Reform der Grundsteuer[2] zum 31.12.2024 außer Kraft trat. Während § 13b EStG mit Blick auf die Grundkonzeption des § 51a BewG unverändert bleibt, wurden im Zuge der Neuregelung durch den Gesetzgeber Anpassungen vorgenommen. So wurde § 13b EStG an den europäischen Rechtsrahmen angepasst; im Übrigen wurden als Reaktion auf die Rechtsprechung des BFH zu den Anforderungen an die für die Inanspruchnahme der Regelung zu führenden Verzeichnisse[3] weitere Anforderungen normiert.

1) BT-Drucks. 19/14909, 47.
2) Gesetz zur Reform des Grundsteuer- und Bewertungsrechts (GrStRefG) v. 26.11.2019, BGBl. I 2019, 1794.
3) BFH v. 3.7.2019, VI R 49/16, BStBl II 2020, 86.

XV. Anlage 32c – Tarifermäßigung bei Einkünften aus Land- und Forstwirtschaft

1. Vorbemerkung (Zeilen 1–3)

2025

Anlage 32c

Diese Anlage ist bei Zusammenveranlagung von Ehegatten / Lebenspartnern gemeinsam auszufüllen.

1 Name

2 Vorname

3 **Steuernummer**

Tarifermäßigung bei Einkünften aus Land- und Forstwirtschaft

1006 **Hinweis zur Plausibilitätsbeurteilung:**

Die Anlage 32c wurde für den Antrag auf Gewährung einer Tarifermäßigung nach § 32c EStG ab **VZ 2025 neu** aufgelegt. Ziel der Tarifermäßigung für die Land- und Forstwirtschaft nach § 32c EStG ist eine Abmilderung von Gewinnschwankungen infolge des Klimawandels und allgemein schwankender Witterungsbedingungen.

Die Tarifglättung nach § 32c EStG wird um zwei Betrachtungszeiträume für die VZ 2023 bis 2025 und die VZ 2026 bis 2028 ausgedehnt.[1)]

1007 Zur allgemeinen Anwendung der Tarifermäßigung (§ 32c EStG) in der Fassung des Gesetzes zur Verlängerung der Tarifermäßigung für Einkünfte aus Land- und Forstwirtschaft hat das BMF umfangreich Stellung genommen.[2)]

Praxishinweis:

Zu den Besonderheit bei Todesfällen im Betrachtungszeitraum und zu den weiteren Voraussetzungen für die Gewährung der Tarifermäßigung bei vorhandenen negativen Einkünften vgl. Ausführungen des BMF.[3)]

2. Antrag (Zeilen 4–5)

Antrag 50

4 Ich / Wir beantrage(n) die Tarifermäßigung nach § 32c EStG bei Einkünften aus Land- und Forstwirtschaft. 62 1 = Ja

EUR

5 Nachrichtlich: Tarifermäßigung nach § 32c EStG **– laut beigefügter Berechnung –** ,—

1008 Die Tarifermäßigung wird auf **Antrag** gewährt und ist in **Zeile 4** zu stellen. Der Antrag kann bis zum Eintritt der Bestandskraft der Steuerfestsetzung gestellt (und auch zurückgenommen) werden.

Hinsichtlich der Einkünfte aus Land- und Forstwirtschaft im Betrachtungszeitraum wird neben der zutreffenden Abschnittsbesteuerung (tatsächliche tarifliche ESt) in einer fiktiven Steuerberechnung mit den gleichmäßig auf drei Jahre verteilten begünstigten Einkünften aus Land- und Forstwirtschaft die entsprechende jährliche auf die Einkünfte aus Land- und Forstwirtschaft entfallende tarifliche ESt ermittelt (fiktive tarifliche ESt). Dies gilt selbst dann, wenn in einem VZ des Betrachtungszeitraums keine ESt-Festsetzung durchgeführt wurde (z.B. bei Begründung einer persönlichen oder sachlichen Steuerpflicht erst innerhalb eines Betrachtungszeitraums). Gleiches gilt z.B. in den Fällen des § 46 EStG, wenn die stpfl. Person in einem VZ des Betrachtungszeitraums nicht zur Abgabe einer Steuererklärung verpflichtet war/waren.[4)]

Die für den jeweiligen Betrachtungszeitraum ermittelte Tarifermäßigung wird auch dann in voller Höhe gewährt, wenn sie höher als die tarifliche ESt für den VZ 2025 ist. In diesen Fällen wird der überschießende Betrag auf die festzusetzende ESt angerechnet (§ 36 Abs. 2 Nr. 4 EStG) und gem. § 36 Abs. 4 Satz 2 EStG erstattet.[5)] Nachrichtlich kann in **Zeile 5** die in einer gesonderten Berechnung ermittelte Tarifermäßigung erklärt werden.

1) Gesetz zur Verlängerung der Tarifermäßigung für Einkünfte aus Land- und Forstwirtschaft v. 29.10.2024, BGBl. I 2024 Nr. 321 = BStBl I 2024, 1418.
2) BMF v. 4.9.2025, IV D 4 – S 230/00036/003/151, BStBl I 2025, 1695.
3) BMF v. 4.9.2025, IV D 4 – S 230/00036/003/151, BStBl I 2025, 1695, Rz. 14 und 18.
4) BMF v. 4.9.2025, IV D 4 – S 230/00036/003/151, BStBl I 2025, 1695, Rz. 20.
5) BMF v. 4.9.2025, IV D 4 – S 230/00036/003/151, BStBl I 2025, 1695, Rz. 23.

3. Angaben zu land- und forstwirtschaftlichen Einkünften im Betrachtungszeitraum 2023 bis 2025 (Zeilen 6–12)

Zeile	Angaben zu land- und forstwirtschaftlichen Einkünften im Betrachtungszeitraum 2023 bis 2025	Kz	Eintrag
	– Bitte beantworten Sie mindestens eine der Zeilen 6, 7 und 10 mit „1 = Ja". –		
6	Es wurden im Betrachtungszeitraum 2023 bis 2025 insgesamt **keine** Einkünfte aus Forstwirtschaft **und** **keine** Einkünfte aus Binnenfischerei, Teichwirtschaft oder Fischzucht für Binnenfischerei und Teichwirtschaft erzielt (Angaben in den Zeilen 7 bis 12 sind dann nicht erforderlich).		1 = Ja
	Einkünfte aus Forstwirtschaft		
7	Es wurden im Betrachtungszeitraum 2023 bis 2025 Einkünfte aus Forstwirtschaft erzielt.		1 = Ja
	Falls Zeile 7 mit „1 = Ja" beantwortet wurde:		
8	Einkünfte aus Forstwirtschaft im Betrachtungszeitraum 2023 bis 2025	63	1 = bis 250.000 € 2 = über 250.000 €
	Falls Zeile 8 mit „2 = über 250.000 €" beantwortet wurde:		
9	Anteil der Einkünfte aus Forstwirtschaft an den gesamten Einkünften aus Land- und Forstwirtschaft im Betrachtungszeitraum 2023 bis 2025 (in %)	64	,
	Einkünfte aus Binnenfischerei, Teichwirtschaft oder Fischzucht für Binnenfischerei und Teichwirtschaft		
10	Es wurden im Betrachtungszeitraum 2023 bis 2025 Einkünfte aus Binnenfischerei, Teichwirtschaft oder Fischzucht für Binnenfischerei und Teichwirtschaft erzielt.		1 = Ja
	Falls Zeile 10 mit „1 = Ja" beantwortet wurde:		
11	Einkünfte aus Binnenfischerei, Teichwirtschaft oder Fischzucht für Binnenfischerei und Teichwirtschaft im Betrachtungszeitraum 2023 bis 2025	65	1 = bis 50.000 € 2 = über 50.000 €
	Falls Zeile 11 mit „2 = über 50.000 €" beantwortet wurde:		
12	Anteil der Einkünfte aus Binnenfischerei, Teichwirtschaft oder Fischzucht für Binnenfischerei und Teichwirtschaft an den gesamten Einkünften aus Land- und Forstwirtschaft im Betrachtungszeitraum 2023 bis 2025 (in %)	66	,

Aus beihilferechtlicher Sicht muss die stpfl. Person die vorgenannten Voraussetzungen für den Zeitraum der Inanspruchnahme der Beihilfe (d.h. für alle VZ des jeweiligen Betrachtungszeitraums) bis zum Zeitpunkt der Anspruchsentstehung (Ablauf des letzten VZ des Betrachtungszeitraums) erfüllen. Die Prüfung des Vorliegens der Voraussetzungen ist auf den Zeitpunkt der Anspruchsentstehung der Tarifermäßigung vorzunehmen. Daher ist ein Anspruch auf Tarifermäßigung zu versagen, wenn ein Unternehmen zu diesem Zeitpunkt als Unternehmen in Schwierigkeiten einzustufen ist. Die zwischenzeitliche Einstufung als Unternehmen in Schwierigkeiten innerhalb des Zeitraums der Inanspruchnahme der Beihilfe ist unschädlich. Nach der Beantragung hat die stpfl. Person Änderungen dem zuständigen FA unverzüglich mitzuteilen (§ 32c Abs. 5 Satz 3 EStG).[1] 1009

a) Keine entsprechenden Einkünfte erzielt (Zeile 6)

Hinweis zur Plausibilitätsbeurteilung: 1010
Es ist eine Angabe zu den begünstigten Einkünften erforderlich. Es ist nicht erforderlich, dass in allen VZ des Betrachtungszeitraums tatsächlich Einkünfte in diesem Sinne erzielt werden.

Es ist nicht notwendig, dass in allen drei VZ des Betrachtungszeitraums (begünstigte) Einkünfte aus Land- und Forstwirtschaft i.S.d. § 13 EStG erzielt werden. Eine Tarifermäßigung ist aber – bei Vorliegen der übrigen Voraussetzungen – nur dann zu gewähren, wenn in mindestens zwei VZ des Betrachtungszeitraums Einkünfte aus Land- und Forstwirtschaft erzielt werden und im letzten VZ des Betrachtungszeitraums eine ESt-Veranlagung erfolgt. Dies gilt unabhängig davon, ob im ersten, zweiten oder dritten VZ keine Einkünfte aus Land- und Forstwirtschaft erzielt werden. In Fällen der Zusammenveranlagung (§ 26b EStG) sind für die vorstehende Prüfung die zusammengerechneten Einkünfte aus Land- und Forstwirtschaft beider Ehegatten/Lebenspartner maßgebend.[2]

b) Einkünfte aus Forstwirtschaft/Binnenfischerei, Teichwirtschaft oder Fischzucht für Binnenfischerei und Teichwirtschaft (Zeilen 7–12)

Wurden im Betrachtungszeitraum begünstigte Einkünfte erzielt, ist das entsprechend in den Zeilen 8–12 anzugeben. Wurden im Begünstigungszeitraum insgesamt keine entsprechenden Einkünfte erzielt, ist das in Zeile 6 anzugeben; weitere Angaben erübrigen sich in diesem Fall. 1011

Soweit der Tarifermäßigungsbetrag auf Einkünfte aus Forstwirtschaft und/oder aus Binnenfischerei, Teichwirtschaft oder Fischzucht für Binnenfischerei und Teichwirtschaft entfällt, sind die Finanzbehörden der Länder verpflichtet, diese ab folgenden Beträgen zu veröffentlichen:

- 100 000 € bei Einkünften aus Forstwirtschaft,
- 10 000 € bei Einkünften aus Binnenfischerei, Teichwirtschaft oder Fischzucht für Binnenfischerei und Teichwirtschaft.

1) BMF v. 4.9.2025, IV D 4 – S 230/00036/003/151, BStBl I 2025, 1695, Rz. 7
2) BMF v. 4.9.2025, IV D 4 – S 230/00036/003/151, BStBl I 2025, 1695, Rz. 12

Zur Prüfung dieser Veröffentlichungspflicht haben die stpfl. Personen, die nicht nur (begünstigte) Einkünfte aus Landwirtschaft erzielen, den Anteil ihrer Einkünfte aus Forstwirtschaft und/oder aus Binnenfischerei, Teichwirtschaft, oder Fischzucht für Binnenfischerei und Teichwirtschaft an den gesamten land- und forstwirtschaftlichen Einkünften im Betrachtungszeitraum zu erklären, wenn im Betrachtungszeitraum die (gesamten) **Einkünfte aus Forstwirtschaft 250 000 € (Zeile 8)** und/oder aus **Binnenfischerei, Teichwirtschaft oder Fischzucht für Binnenfischerei und Teichwirtschaft 50 000 € (Zeile 11)** übersteigen. Die Betragsgrenzen gelten für jeden Betrachtungszeitraum gesondert.[1)]

Die Veröffentlichung erfolgt auf der Website https://webgate.ec.europa.eu/competition/transparency/public/search/home.

Folgende Informationen werden veröffentlicht[2)]:

- das die Tarifermäßigung gewährende FA,
- Name des/der die Tarifermäßigung erhaltenen stpfl. Person,
- nationale Kennung (z.B. Steuernummer) des/der die Tarifermäßigung erhaltenen stpfl. Person
- Angaben zum Regierungsbezirk (= Region gemäß NUTS-Ebene 2), in dem sich der/die land- und forstwirtschaftliche(n) Betrieb(e) befindet/befinden,
- die Höhe der gewährten Tarifermäßigung in folgenden Spannen (in Mio. €):
  - **Forstwirtschaft**:

    0,1 bis 0,5; über 0,5 bis 1; über 1 bis 2; über 2 bis 5; über 5 bis 10; über 10 bis 30; über 30 und mehr,
  - **Fischerei und Aquakultur**:

    0,01 bis 0,03; über 0,03 bis 0,5; über 0,5 bis 1; über 1 bis 2; über 2 und mehr,
- Datum des ESt-Bescheids, mit dem die Tarifermäßigung gewährt wurde,
- die Art des Unternehmens (KMU2/großes Unternehmen) und
- Hauptwirtschaftszweig, in dem die stpfl. Person/en tätig ist/sind (auf Ebene der NACE-Gruppe).

4. Erklärungen/Unterschrift (Zeilen 13–14)

Erklärungen

– Nur erforderlich, wenn Zeile 7 und / oder Zeile 10 mit „1 = Ja" beantwortet wurde(n) –

13 Ich / Wir erkläre(n), dass 1 = Ja

1. ich / wir für den Zeitraum der Inanspruchnahme der Steuerermäßigung kein Unternehmen in Schwierigkeiten i. S. d. Teils 1 Kapitel 2 Abschnitt 2.4 Abs. 33 Nr. 63 der Rahmenregelung der Europäischen Union für staatliche Beihilfen im Agrar- und Forstsektor und in ländlichen Gebieten (2022/C 485/01, ABl. C 485 vom 21. Dezember 2022, Seite 1) habe(n) (nähere Informationen siehe Infoblatt **„Erläuterungen und Unterrichtungen zur Anlage 32c"**, Tz. I.),

2. ich / wir für den Zeitraum der Inanspruchnahme der Steuerermäßigung der Rückforderungsanordnung vollständig nachgekommen bin / sind, sofern ich / wir zu einer Rückzahlung von Beihilfen auf Grund eines früheren Beschlusses der Europäischen Kommission zur Feststellung der Unzulässigkeit einer Beihilfe und ihrer Unvereinbarkeit mit dem Binnenmarkt verpflichtet worden bin / sind,

3. mir / uns zum Zeitpunkt der Abgabe dieser Erklärung die Beihilfen nicht zur Unterstützung von Fischereitätigkeiten gewährt wurden, die mit schweren Verstößen gem. Artikel 42 der Verordnung (EG) Nr. 1005/2008 des Rates vom 29. September 2008 über ein Gemeinschaftssystem zur Verhinderung, Bekämpfung und Unterbindung der illegalen, nicht gemeldeten und unregulierten Fischerei, zur Änderung der Verordnungen (EWG) Nr. 2847/93, (EG) Nr. 1936/2001 und (EG) Nr. 601/2004 und zur Aufhebung der Verordnungen (EG) Nr. 1093/94 und (EG) Nr. 1447/1999 (ABl. L 286 vom 29. Oktober 2008, Seite 1) oder Artikel 90 der Verordnung (EG) Nr. 1224/2009 des Rates vom 20. November 2009 zur Einführung einer gemeinschaftlichen Kontrollregelung zur Sicherstellung der Einhaltung der Vorschriften der gemeinsamen Fischereipolitik und zur Änderung der Verordnungen (EG) Nr. 847/96, (EG) Nr. 2371/2002, (EG) Nr. 811/2004, (EG) Nr. 768/2005, (EG) Nr. 2115/2005, (EG) Nr. 2166/2005, (EG) Nr. 388/2006, (EG) Nr. 509/2007, (EG) Nr. 676/2007, (EG) Nr. 1098/2007, (EG) Nr. 1300/2008, (EG) Nr. 1342/2008 sowie zur Aufhebung der Verordnungen (EWG) Nr. 2847/93, (EG) Nr. 1627/94 und (EG) Nr. 1966/2006 (ABl. L 343 vom 22. Dezember 2009, Seite 1) verbunden sind und illegale, nicht gemeldete und unregulierte Fischerei (IUU-Fischerei) darstellen oder unterstützen,

4. mir / uns wurden zum Zeitpunkt der Abgabe dieser Erklärung die Beihilfen nicht zur Unterstützung des Betriebs, des Managements oder des Besitzes eines Fischereifahrzeugs gewährt, das auf der Unionsliste von IUU-Schiffen gem. Artikel 40 Abs. 3 der Verordnung (EG) Nr. 1005/2008 geführt wird, oder des Betriebs, des Managements oder des Besitzes eines Schiffs, das unter der Flagge eines Landes fährt, das nach Artikel 33 der genannten Verordnung als nichtkooperierendes Drittland eingestuft wurde,

5. die Beihilfen mit einer Einhaltung der Vorschriften der Verordnung (EU) Nr. 1379/2013 des Europäischen Parlaments und des Rates vom 11. Dezember 2013 über die gemeinsame Marktorganisation für Erzeugnisse der Fischerei und der Aquakultur, zur Änderung der Verordnungen (EG) Nr. 1184/2006 und (EG) Nr. 1224/2009 des Rates und zur Aufhebung der Verordnung (EG) Nr. 104/2000 des Rates (ABl. L 354 vom 28. Dezember 2013, Seite 1) einhergehen,

2025Anl32c471 - September 2025 - **2025Anl32c471**

1) BMF v. 4.9.2025, IV D 4 – S 230/00036/003/151, BStBl I 2025, 1695, Rz. 9.
2) BMF v. 4.9.2025, IV D 4 – S 230/00036/003/151, BStBl I 2025, 1695, Rz. 10

- 2 -

6. die Beihilfen nicht mit einer Erhöhung der Fangkapazität oder dem Bau neuer Schiffe einhergehen, die unmittelbar und automatisch zu einem Verstoß des Mitgliedstaats gegen Artikel 22 Abs. 7 der Verordnung (EU) Nr. 1380/2013 des Europäischen Parlaments und des Rates vom 11. Dezember 2013 über die Gemeinsame Fischereipolitik und zur Änderung der Verordnungen (EG) Nr. 1954/2003 und (EG) Nr. 1224/2009 des Rates sowie zur Aufhebung der Verordnungen (EG) Nr. 2371/2002 und (EG) Nr. 639/2004 des Rates und des Beschlusses 2004/585/EG des Rates (ABl. L 354 vom 28. Dezember 2013, Seite 22) und die in Anhang II zu der Verordnung (EU) Nr. 1380/2013 festgelegten Obergrenzen für die Fangkapazität führen,

7. ich / wir, sofern ich / wir Einkünfte aus Binnenfischerei, Teichwirtschaft oder Fischzucht für Binnenfischerei und Teichwirtschaft erziele(n), für einen Zeitraum von fünf Jahren nach Bekanntgabe des Einkommensteuerbescheids, mit dem die Tarifermäßigung gewährt wird, die Bestimmungen der Gemeinsamen Fischereipolitik einhalten werde(n).

Im Falle von gesondert und einheitlich festzustellenden Einkünften aus Land- und Forstwirtschaft erkläre ich / erklären wir, dass die o. g. Punkte auch für die Mitunternehmerschaft erfüllt sind, an der ich / wir beteiligt bin / sind.

Ich versichere / Wir versichern, dass ich / wir die Angaben nach bestem Wissen und Gewissen vollständig und richtig gemacht habe(n). Mir / Uns ist bewusst, dass die Verpflichtung besteht,
– Änderungen zu den o. g. Erklärungen und
– einen Verstoß gegen Nr. 3 bis 7 oder die Nichteinhaltung der Voraussetzungen der Nr. 3 bis 7 nach dessen Feststellung

unverzüglich dem zuständigen Finanzamt anzuzeigen.

Die Unterrichtungen zum Schutz und zur Veröffentlichung der im Rahmen der Tarifermäßigung übermittelten personenbezogenen Daten (siehe **Infoblatt „Erläuterungen und Unterrichtungen zur Anlage 32c"**, Tz. II.) habe(n) ich / wir zur Kenntnis genommen und erkläre(n) mich / uns damit einverstanden.

14

Datum, Unterschrift(en) **Der Antrag ist eigenhändig – bei Ehegatten / Lebenspartnern von beiden – zu unterschreiben.**

…

2025Anl32c472

2025Anl32c472

Die stpfl. Person muss bei Beantragung der Tarifermäßigung für beihilferechtliche Zwecke erklären, dass bestimmte Voraussetzungen vorliegen, wenn u.a. Einkünfte aus Forstwirtschaft und/oder Binnenfischerei, Teichwirtschaft oder Fischzucht für Binnenfischerei und Teichwirtschaft erzielt werden. Werden nur landwirtschaftliche Einkünfte[1] erzielt, muss keine beihilferechtliche Erklärung abgegeben werden. Im Rahmen einer Zusammenveranlagung gilt dies für beide stpfl. Personen, wenn beide Personen Einkünfte aus Land- und Forstwirtschaft erzielen, die nicht nur solche aus Landwirtschaft sind.[2] 1012

In Zeile 14 ist zu bestätigen, dass die Unterrichtungen zum Schutz und zur Veröffentlichung der im Rahmen der Tarifermäßigung übermittelten personenbezogenen Daten (siehe Infoblatt „Erläuterungen und Unterrichtungen zur Anlage 32c", Tz. II.) zur Kenntnis genommen worden sind und sich einverstanden erklärt.

1) BMF v. 4.9.2025, IV D 4 – S 230/00036/003/151, BStBl I 2025, 1695, Rz. 2.
2) BMF v. 4.9.2025, IV D 4 – S 230/00036/003/151, BStBl I 2025, 1695, Rz. 6.

XVI. Anlage 13a – Ermittlung des Gewinns aus Land- und Forstwirtschaft nach § 13a EStG

1. Allgemeine Angaben zum Betrieb (Zeilen 1–9)

2025

Anlage 13a

Ermittlung des Gewinns aus Land- und Forstwirtschaft nach § 13a EStG

Bitte für jeden Betrieb eine gesonderte Anlage 13a abgeben.

— Eingangsstempel —

Allgemeine Angaben zum Betrieb 15

Zeile	Angabe	Kennzahl	Eintrag
1	(Betriebs-) Steuernummer		
2	Name der steuerpflichtigen Person/Gesellschaft/Gemeinschaft/Körperschaft		
3	Vorname		
4	Straße, Hausnummer		
5	Postleitzahl / Ort		
6	Betriebsinhaber	104	1 = Steuerpflichtige Person Ehemann/Person A/Gesellschaft/Gemeinschaft/Körperschaft 2 = Ehefrau/Person B 3 = Beide Ehegatten/Lebenspartner
7	Rechtsform des Betriebs		
7a	Wirtschafts-Identifikationsnummer	101	D E ... -
8	Beginn des Wirtschaftsjahres	131	T T M M 2025
8	Ende des Wirtschaftsjahres	132	T T M M J J J J
9	Wurde im Kalenderjahr/Wirtschaftsjahr der Betrieb beendet?	111	1 = Veräußerung oder Aufgabe (bitte Zeile 98 beachten) 2 = Unentgeltliche Übertragung

1013 Die Anlage ist elektronisch an die Finverw. zu übermitteln. Die Anlage AV13a ist notwendiger Bestandteil der Gewinnermittlung nach Durchschnittssätzen (→ Rz. 1039).

Zu den steuerlichen Maßnahmen zur Berücksichtigung der Schäden im Zusammenhang mit den Unwetterereignissen im Juli des Jahres 2021 vgl. BMF.[1] Zu Fragen in Zusammenhang mit den Hochwasserschäden 2023/2024 vgl. die Aufstellung von Nacke.[2]

Die Regelungen im Zusammenhang mit der Ermittlung des Gewinns aus Land- und Forstwirtschaft nach Durchschnittssätzen (§ 13a EStG) wurde ab dem VZ 2015 neu gefasst.[3] Zu der Regelung nimmt das BMF mit Schreiben v. 10.11.2015 für Wj., die nach dem 31.12.2015 beginnen, Stellung.[4] Die nachstehenden Ausführungen beinhalten die Ausführungen in diesem Schreiben der Finverw.[5]

Praxishinweis:

Der Übergang der Gewinnermittlung von der Einnahmen-Überschussrechnung (§ 4 Abs. 3 EStG) zur Gewinnermittlung nach Durchschnittssätzen gem. § 13a EStG erfordert die Ermittlung eines Übergangsgewinns. Soweit für Teilbereiche des Durchschnittssatzgewinns die Grundsätze der Einnahmen-Überschussrechnung fortgelten, muss bei einem Wechsel von der Gewinnermittlung durch Einnahmen-Überschussrechnung zur Gewinnermittlung nach § 13a EStG kein Übergangsgewinn ermittelt werden.[6]

Der nach § 13a Abs. 4 Satz 2 EStG i.V.m. Anlage 1a zu § 13a EStG i.d.F. des ZollkodexAnpG zu ermittelnde (Jahres-)Grundbetrag ist bei der Gewinnermittlung nach Durchschnittssätzen für ein Rumpfwirtschaftsjahr lediglich zeitanteilig anzusetzen.[7] Das BMF wendet diese Rechtsprechung an.[8]

Eingeführt wurde ein **elektronisches Mitteilungsverfahren für Agrarsubventionen** (§ 52 EStDV).[9] Der Zeitpunkt der erstmaligen Anwendung erfolgt durch Bekanntgabe des BMF im BStBl (§ 84 Abs. 3b EStDV).

1) MdF NRW v. 16.7.2021, S 1915 – 6/48 – V A 3, StEd 2021, 473.
2) Nacke, NWB 2024, 2536.
3) ZollkodexAnpG v. 22.12.2014, BStBl I 2015, 58.
4) BMF v. 10.11.2015, IV C 7 – S 2149/15/10001, BStBl I 2015, 877.
5) Vgl. hierzu auch Wiegand, NWB 2016, 103.
6) BFH v. 23.11.2022, VI R 31/20, BStBl II 2023, 852.
7) BFH v. 8.6.2022, VI R 30/20, BStBl II 2023, 80.
8) BMF v. 4.1.2023, IV C 7 – S 2230/21/10003 :008, BStBl I 2023, 175.
9) Fünfte Verordnung zur Änderung steuerlicher Verordnungen v. 25.6.2020, BGBl. I 2020, 1495 = BStBl I 2020, 555.

Für jeden Betrieb ist eine gesonderte Anlage 13a abzugeben. Angaben zum Betriebsinhaber (z.B. stpfl. Person, Ehemann, Ehefrau, Person A oder beide Ehegatten/Person B) sind in **Zeile 6** zu machen.

In **Zeile 7** ist die Rechtsform des Betriebs einzutragen.

Ab dem VZ 2024 ist in der neu aufgenommenen Zeile 7a die Wirtschafts-Identifikationsnummer (W-Id-Nr. [§§ 139a, 139c AO]) zu erklären. Vgl. hierzu Ausführen zu Zeile 6 der Anlage S → Rz. 1317.

In **Zeile 8** ist der Beginn und das Ende des Wj. anzugeben. Umfasst ein Rumpf-Wj. nicht den Stichtag 15. Mai (§ 13a Abs. 1 EStG), ist hinsichtlich der Zugangsvoraussetzungen anstelle dieses Stichtags auf die Verhältnisse am Ende des Wj. abzustellen. Liegen die Voraussetzungen des § 13a Abs. 1 Satz 1 oder 2 EStG zu Beginn des ersten Wj., aber nicht am 15. Mai dieses Wj. vor, besteht für das Wj. keine Berechtigung zur Gewinnermittlung nach Durchschnittssätzen. Es wird in diesen Fällen nicht beanstandet, wenn für dieses erste Wj. ein nach den Grundsätzen des § 13a EStG ermittelter Gewinn angesetzt wird. In diesen Fällen bedarf es keiner Mitteilung nach § 13a Abs. 1 Satz 4 EStG.

Beratungshinweis:

Einer Mitteilung nach § 13a Abs. 1 Satz 2 EStG bedarf es, wenn die Voraussetzungen für die Gewinnermittlung nach Durchschnittssätzen zunächst vorgelegen haben und sodann in einem späteren Wj. weggefallen sind. Dies gilt auch für den Fall, dass die Voraussetzungen für eine Besteuerung nach Durchschnittssätzen auf Grund einer Gesetzesänderung entfallen sind. Haben die Voraussetzungen zur Gewinnermittlung nach Durchschnittssätzen dagegen von Anfang an nicht vorgelegen, bedarf es auch dann keiner Mitteilung nach § 13a Abs. 1 Satz 2 EStG, wenn das FA die Gewinnermittlung nach § 13a EStG jahrelang nicht beanstandet hat. Ein schützenswertes Vertrauen in den (vorübergehenden) Fortbestand der für ihn günstigen, aber fehlerhaften Verwaltungspraxis besteht nicht.[1] Die Finanzbehörde ist zur Schätzung der Besteuerungsgrundlagen (§ 162 AO) befugt, wenn die Voraussetzungen für eine Durchschnittsbesteuerung nach § 13a Abs. 1 Satz 1 EStG nicht mehr vorliegen und die stpfl. Person trotz Mitteilung des FA i.S.d. § 13a Abs. 1 Satz 2 EStG weder die nach § 4 Abs. 3 EStG erforderlichen Aufzeichnungen noch Bücher i.S.v. § 4 Abs. 1 EStG führt.[2]

Wurde der Betrieb im Kj./Wj. beendet, ist eine Angabe in Zeile 9 erforderlich.

2. Landwirtschaftliche Nutzung (Zeilen 10–21)

1. Gewinnermittlung

Landwirtschaftliche Nutzung 20

Grundbetrag für die selbst bewirtschafteten Flächen der landwirtschaftlichen Nutzung

Zeile		Kz.		
10	Eigentumsflächen des Betriebsvermögens, die am 15. Mai des Wirtschaftsjahres der landwirtschaftlichen Nutzung dienen (ohne Sondernutzungen)	100		H A A R Q M
11	Hof-/Gebäudeflächen (ohne Grund und Boden für Wohngebäude), die am 15. Mai des Wirtschaftsjahres der landwirtschaftlichen Nutzung dienen oder ihr zugeordnet werden	101	+	H A A R Q M
12	In den Zeilen 10 und 11 nicht enthaltene, am 15. Mai des Wirtschaftsjahres zugepachtete oder unentgeltlich von Dritten überlassene Flächen der landwirtschaftlichen Nutzung	102	+	H A A R Q M
13	In den Zeilen 10 bis 12 enthaltene, am 15. Mai des Wirtschaftsjahres verpachtete oder unentgeltlich an Dritte überlassene Flächen der landwirtschaftlichen Nutzung	103	–	H A A R Q M
14	Selbst bewirtschaftete Flächen der landwirtschaftlichen Nutzung am 15. Mai des Wirtschaftsjahres			H A A R Q M
				EUR
15	Grundbetrag für die selbst bewirtschafteten Flächen der landwirtschaftlichen Nutzung (Fläche laut Zeile 14 x 350 € / ha x begonnene Monate des Wirtschaftsjahres / 12)			,—
	Zuschlag für Tierzucht und Tierhaltung			VE
16	Tierbestand des Betriebs - Gesamtsumme der Vieheinheiten (VE) laut Anlage L/FG-L/FE-L (gegebenenfalls "0")	110		,
17	Im Rahmen von Tätigkeiten laut Zeile 73 berücksichtigter Tierbestand	111	–	,
18	Maßgebender Tierbestand (Zeile 16 abzüglich Zeile 17)			,
19	Für den Zuschlag für Tierzucht und Tierhaltung maßgebender Tierbestand (Zeile 18 abzüglich 25,00 VE)			,
				EUR
20	Zuschlag für Tierzucht und Tierhaltung (Tierbestand laut Zeile 19 x 300 € / VE x begonnene Monate des Wirtschaftsjahres / 12)			,—
21	**Gewinn der landwirtschaftlichen Nutzung** (Zeile 15 zuzüglich Zeile 20; Übertrag in Zeile 91)			,—

2025Anl13a271 - Juli 2025 - 2025Anl13a271

1) BFH v. 23.8.2017, VI R 70/15, BStBl II 2018, 174.
2) FG München v. 21.11.2017, 2 K 154/16.

a) Grundbetrag für die selbst bewirtschafteten Flächen der landwirtschaftlichen Nutzung (Zeilen 10–15)

1014 Die Gewinnermittlung nach Durchschnittssätzen ist anwendbar, wenn die selbst bewirtschafteten Flächen der landwirtschaftlichen Nutzung am 15. Mai des laufenden Wj. nicht mehr als 20 Hektar betragen.

Zur Ermittlung der maßgeblichen Flächen der landwirtschaftlichen Nutzung sind alle selbst bewirtschafteten Flächen zu berücksichtigen. Dies gilt auch, soweit die Flächen als Grundvermögen bewertet wurden. Maßgeblich ist die für den Stichtag 15. Mai des laufenden Wj. auf der Grundlage des Automatisierten Liegenschaftskatasters nachgewiesene Flächengröße. Nicht zur landwirtschaftlichen Nutzung gehören die Sondernutzungen (§ 13a Abs. 6 EStG i.V.m. § 160 Abs. 2 Satz 1 Nr. 1 Buchst. a BewG). Ferner sind das Abbauland, Geringstland und Unland (§ 160 Abs. 2 Satz 1 Nr. 3 BewG) nicht zu berücksichtigen.

b) Zuschlag für Tierzucht und Tierhaltung (Zeilen 16–20)

1015 Der Zuschlag für Tierzucht und Tierhaltung je Wj. ist für im Betrieb der Land- und Forstwirtschaft gehaltene und erzeugte Tiere vorzunehmen. Tiere, die in einem gesonderten Gewerbebetrieb des Stpfl. oder im Zusammenhang mit einer dem Grunde nach gewerblichen Dienstleistung (§ 13a Abs. 7 Satz 1 Nr. 3 EStG) gehalten oder erzeugt werden, sind nicht zu berücksichtigen.

Maßgeblich sind bei Tieren des Umlaufvermögens die im Wj. erzeugten und bei Tieren des Anlagevermögens die im Durchschnitt des Wj. gehaltenen Tiere. Bei Mastrindern mit einer Mastdauer von weniger als einem Jahr, bei Kälbern und Jungvieh, bei Schafen unter einem Jahr und bei Damtieren unter einem Jahr ist der Jahresdurchschnittsbestand maßgeblich.

Die Umrechnung der Tierbestände in Vieheinheiten erfolgt unter Beachtung der bewertungsrechtlichen Vorschriften (§ 51 BewG). Der Umrechnungsschlüssel ergibt sich aus Anlage 1 zum BewG.

Eine Tierzucht und Tierhaltung bis insgesamt einschließlich 25 Vieheinheiten ist mit dem Ansatz des Grundbetrags der landwirtschaftlichen Nutzung (§ 13a Abs. 4 Satz 2 EStG) abgegolten. Für alle weiteren Vieheinheiten sind nach Nr. 1 der Anlage 1a zu § 13a EStG 300 € pro Vieheinheit als Tierzuschlag für das Wj. anzusetzen. Für angefangene Vieheinheiten ist ein entsprechender Anteil von 300 € zu berücksichtigen.

Zur Verifizierung der Angaben zum Viehbestand ist ab dem VZ 2018 erforderlich, dass in Zeile 16 ggf. auch der Wert „0" erklärt wird, wenn keine Viehhaltung besteht. Einzutragen ist in Zeile 19 der Zuschlag für Tierzucht und Tierhaltung. Der Zuschlag errechnet sich aus dem Betrag der Zeile 19 multipliziert mit 300 € pro Vieheinheit. Dieses Zwischenergebnis ist bei einem verkürzten oder verlängerten Wj. mit den begonnenen Monaten des Wj. zu multiplizieren und anschließend durch 12 Monate zu dividieren.

c) Gewinn der landwirtschaftlichen Nutzung (Zeile 21)

1016 Das ermittelte Gesamtergebnis in Zeile 21 ist in Zeile 91 zu übertragen.

3. Forstwirtschaftliche Nutzung – nach § 51 EStDV ermittelter Gewinn (Zeilen 31–39)

Steuernummer - 2 -

Forstwirtschaftliche Nutzung 21

(nach § 51 EStDV ermittelter Gewinn)

31	Selbst bewirtschaftete Flächen der forstwirtschaftlichen Nutzung am 15. Mai des Wirtschaftsjahres	120		H A A R Q M
				EUR
32	Betriebseinnahmen aus der Verwertung von Holz auf dem Stamm	121		,–
33	Pauschale Betriebsausgaben aus der Verwertung von Holz auf dem Stamm (Zeile 32 x 20 %)		–	,–
34	Betriebseinnahmen aus der Verwertung von eingeschlagenem Holz	122	+	,–
35	Pauschale Betriebsausgaben aus der Verwertung von eingeschlagenem Holz (Zeile 34 x 55 %)		–	,–
36	Wiederaufforstungskosten und Minderung des Buchwerts des Wirtschaftsguts Baumbestand	123	–	,–
37	Betriebseinnahmen aus der übrigen Forstwirtschaft	124	+	,–
38	Betriebsausgaben aus der übrigen Forstwirtschaft	125	–	,–
39	**Gewinn der forstwirtschaftlichen Nutzung** (Übertrag in Zeile 92)			,–

a) Selbst bewirtschaftete Flächen der forstwirtschaftlichen Nutzung am 15. Mai des Wirtschaftsjahres (Zeile 31)

Die Gewinnermittlung nach Durchschnittssätzen ist nicht anwendbar, wenn ausschließlich selbst bewirtschaftete Flächen der forstwirtschaftlichen Nutzung vorhanden sind. Bei der Prüfung, ob die Grenze von 20 Hektar der forstwirtschaftlichen Nutzung überschritten ist, ist die für den Stichtag 15. Mai des laufenden Wj. auf der Grundlage des Automatisierten Liegenschaftskatasters nachgewiesene Flächengröße maßgeblich. **1017**

b) Verwertung von Holz (Zeilen 32–36)

Bei der Gewinnermittlung nach Durchschnittssätzen ist der Gewinn aus forstwirtschaftlicher Nutzung nach den Grundsätzen des § 4 Abs. 3 EStG zu ermitteln. Dabei sind gem. § 13a Abs. 5 EStG zwingend die pauschalen Betriebsausgaben (§ 51 EStDV) zu berücksichtigen. **1018**

Die Einnahmen aus Holznutzungen umfassen die Erlöse aus der Verwertung des Holzes, die im Wj. zugeflossen sind. Hierzu gehören insb. die Erlöse für das veräußerte und der Teilwert für das entnommene Holz. Nicht dazu gehören die Einnahmen aus einer anderen Nutzung des Waldes, wie z.B. aus der Verpachtung einzelner Flächen, der Ausübung der Jagd, dem Verkauf von Früchten des Waldes (Beeren, Pilze, Bärlauch) oder von Reisholz und Grünschnitt. Zinsen aus der Kreditierung von Holzverkäufen gehören ebenfalls nicht zu den Einnahmen aus Holznutzungen, sondern zu den Einnahmen aus Kapitalvermögen (§ 13a Abs. 3 Satz 1 Nr. 6 EStG).

Zur Ermittlung des Gewinns aus Holznutzungen sind bei einer Verwertung von Holz auf dem Stamm 20 % **(Zeile 32)** und bei einer Verwertung von eingeschlagenem Holz 55 % **(Zeile 34)** der zugeflossenen Einnahmen als Betriebsausgaben abziehbar. Alle übrigen Einnahmen in sachlichem Zusammenhang mit Holznutzungen (z.B. Entschädigungen, Zuschüsse zur Abgeltung erhöhter Betriebsausgaben) sind in voller Höhe zu erfassen. Damit sind sämtliche Betriebsausgaben nach den Grundsätzen des § 4 Abs. 3 EStG abgegolten, die die forstwirtschaftlichen Flächen betreffen. Ausgenommen hiervon sind die Wiederaufforstungskosten und die Minderung des Buchwerts für das jeweilige Wirtschaftsgut Baumbestand.[1] Für Wj., die nach dem 31.12.2011 beginnen, gilt allein § 51 EStDV i.d.F. des Steuervereinfachungsgesetzes 2011. Die frühere Inanspruchnahme eines pauschalen Betriebsausgabenabzugs gem. § 51 EStDV in der zuvor geltenden Fassung steht einer gewinnmindernden Berücksichtigung von Wiederaufforstungskosten in diesen Wj. deshalb schon aus diesem Grund nicht entgegen.[2]

c) Übrige Forstwirtschaft (Zeilen 37–38)

Die pauschalen Betriebsausgaben von 20 % und/oder 55 % gelten nicht für die Ermittlung des Gewinns aus Waldverkäufen sowie für die übrigen Einnahmen (sog. forstwirtschaftliche Nebennutzungen, z.B. der Verkauf von Pilzen, Früchten, Kräutern) und die damit in unmittelbarem Zusammenhang stehenden Betriebsausgaben. Es sind die tatsächlichen Betriebsausgaben unter Berücksichtigung des Wj. der Zahlung (§ 11 Abs. 2 EStG) zu berücksichtigen. Der Gewinn aus Waldverkäufen wird entsprechend der Regelung des § 51 Abs. 5 EStDV grds. als Sondergewinn nach § 13a Abs. 7 Satz 1 Nr. 1 Buchst. a EStG und die Ermittlung des Gewinns für das übrige Anlagevermögen als Sondergewinn nach § 13a Abs. 7 Satz 1 Nr. 1 Buchst. b oder c EStG erfasst. Einnahmen aus der Verpachtung von Flächen der forstwirtschaftlichen Nutzung und der Jagdpacht sind nach § 13a Abs. 3 Satz 1 Nr. 5 EStG zu erfassen, ohne dass es darauf ankommt, ob sich die Jagd auf landwirtschaftliche oder forstwirtschaftliche Flächen bezieht. Für alle übrigen Einnahmen, die nicht in einem unmittelbaren Zusammenhang mit den Holznutzungen stehen und nicht nach § 13a Abs. 3 Satz 1 Nr. 5 und 6 EStG zu erfassen sind, gilt § 51 Abs. 5 EStDV. **1019**

d) Gewinn der forstwirtschaftlichen Nutzung (Zeile 39)

Das ermittelte Gesamtergebnis in Zeile 39 ist in Zeile 92 zu übertragen. **1020**

1) BMF v. 16.5.2012, IV D 4 – S 2232/0-01, BStBl I 2012, 595.
2) BFH v. 14.2.2019, VI R 47/16, BStBl II 2019, 743.

4. Sondernutzungen (Zeilen 40–59)

Sondernutzungen 22

Sondernutzungen nach Anlage 1a Nummer 2 zu § 13a EStG (pauschaler Gewinn nach § 13a Absatz 6 EStG)

Zeile		Kz	Am 15. Mai des Wirtschaftsjahres selbst bewirtschaftete Fläche	Gewinn der Sondernutzung
40	Weinbau	130	H A A R Q M	,—
41	Obstbau	131	H A A R Q M	,—
42	Gemüsebau Freiland	132	H A A R Q M	,—
43	Gemüsebau Unterglas	133	H A A R Q M	,—
44	Zierpflanzenbau Freiland	134	H A A R Q M	,—
45	Zierpflanzenbau Unterglas	135	H A A R Q M	,—
46	Baumschulen	136	H A A R Q M	,—
47	Hopfenbau	137	H A A R Q M	,—
48	Teichwirtschaft	138	H A A R Q M	,—
49	Spargelbau	139	H A A R Q M	,—
50	Fischzucht für Binnenfischerei und Teichwirtschaft	140	H A A R Q M	,—
51	Weihnachtsbaumkulturen	141	H A A R Q M	,—
			Jahresfang in kg	
52	Binnenfischerei	142		,—
			Anzahl der Völker	
53	Imkerei	143		,—
			Anzahl der Mutterschafe	
54	Wanderschäferei	144		,—
54a	Gewinn der Sondernutzungen nach Anlage 1a Nummer 2 zu § 13a EStG (Ergebnis der Zeilen 40 bis 54 x begonnene Monate des Wirtschaftsjahres / 12)			,—

Weitere Sondernutzungen (nach § 4 Absatz 3 EStG ermittelter Gewinn)

Zeile		Kz	EUR
55	Tabakanbau	151	,—
56	Kurzumtriebsplantagen	152	,—
57	Art	153	,—
58	Art	154	,—
59	**Gewinn der Sondernutzungen** (Ergebnis der Zeilen 54a bis 58; Übertrag in Zeile 93)		,—

2025Anl13a272 **2025Anl13a272**

a) Sondernutzungen nach Anlage 1a Nr. 2 zu § 13a EStG – pauschaler Gewinn nach § 13a Abs. 6 EStG (Zeilen 40–54a)

1021 Bei der Ermittlung der Gewinne aus Sondernutzungen (§ 13a Abs. 6 i.V.m. § 160 Abs. 2 Satz 1 Nr. 1 Buchst. c bis e BewG) ist für jede selbst bewirtschaftete Nutzung und für jeden selbst bewirtschafteten Nutzungsteil ein Sondergewinn zu ermitteln. Zu den Sondernutzungen (§ 13a Abs. 1 Satz 1 Nr. 5 und Abs. 6 EStG i.V.m. § 160 Abs. 2 Satz 1 Nr. 1 Buchst. c bis e BewG) gehören die weinbauliche Nutzung, die gärtnerischen Nutzungsteile Gemüsebau, Blumen/Zierpflanzenbau, Obstbau und Baumschulen, der Anbau von Hopfen, Spargel, Tabak und anderen Sonderkulturen sowie die sonstigen land- und forstwirtschaftlichen Nutzungen. Einzutragen ist die zur jeweiligen Sondernutzung (z.B. Obstbau) gehörende selbst bewirtschaftete Fläche zum Stichtag 15. Mai des Wj. (nach dem Schema Hektar/Ar/Quadratmeter). Eine Eintragung ist vorzunehmen, wenn die selbstbewirtschaftete Fläche der jeweiligen Sondernutzung die in der Spalte 3 der Anlage 1a (zu § 13a EStG) Nr. 2 genannte Flächengrenze überschreitet. In diesem Fall ist für jede Sondernutzung gesondert der pauschale Gewinn i.H.v. 1 000 € einzutragen.

Zu den sonstigen land- und forstwirtschaftlichen Nutzungen gehören insb. die Binnenfischerei, die Teichwirtschaft, die Fischzucht für Binnenfischerei und Teichwirtschaft, die Imkerei, die Wanderschäferei, die Saatzucht, der Pilzanbau, die Produktion von Nützlingen, die Weihnachtsbaumkulturen und die Kurzumtriebsplantagen.

Zeile 54a wurde ab dem VZ 2023 neu eingefügt. Einzutragen ist der summierte Gewinn der Sondernutzungen der Zeilen 40–54. Dieses Zwischenergebnis ist bei einem verkürzten oder verlängerten Wj. mit den begonnenen Monaten des Wj. zu multiplizieren und anschließend durch 12 Monate zu dividieren.

b) Weitere Sondernutzungen – nach § 4 Abs. 3 EStG ermittelter Gewinn (Zeilen 55–58)

Für Sondernutzungen, die nicht in der Anlage 1a Nr. 2 zu § 13a EStG aufgeführt sind, ist innerhalb des § 13a EStG **1022**
eine Gewinnermittlung nach § 4 Abs. 3 EStG erforderlich (§ 13a Abs. 6 Satz 3 EStG). Zu diesen Sondernutzungen gehören insb. der Anbau von Tabak, der Anbau von Energieholz auf Kurzumtriebsplantagen und die Produktion von Nützlingen. Für diese Sondernutzungen ist bei der i.R.d. Gewinnermittlung nach Durchschnittssätzen vorzunehmenden Gewinnermittlung nach § 4 Abs. 3 EStG für WG, die ausschließlich dieser Sondernutzung dienen, die Vornahme der Absetzung für Abnutzung nur in gleichen Jahresbeträgen zulässig; im Übrigen gilt die Absetzung für Abnutzung i.R.d. Durchschnittssatzgewinns als in Anspruch genommen (§ 13a Abs. 3 Satz 3 EStG).

c) Gewinn der Sondernutzungen (Zeile 59)

Das ermittelte Gesamtergebnis in Zeile 59 ist in Zeile 93 zu übertragen. **1023**

5. Sondergewinne (Zeilen 61–78)

Steuernummer - 3 -

Sondergewinne 23

Zeile	Bezeichnung	Kz	EUR	EUR
	Gewinne aus der Veräußerung/Entnahme von Grund und Boden, dazugehörigem Aufwuchs, Gebäuden, immateriellen Wirtschaftsgütern und Beteiligungen			
61	Veräußerungspreis/Entnahmewert	200	,–	
62	davon abziehbare Betriebsausgaben	201 –	,– =	,–
62a	darin nicht enthaltener steuerfreier Teil des Gewinns, für den das Teileinkünfteverfahren bzw. § 8b KStG gilt	213	,–	
	Gewinne aus der Veräußerung/Entnahme von übrigen Wirtschaftsgütern des Anlagevermögens und von Tieren (Veräußerungspreis/Entnahmewert je Wirtschaftsgut brutto mehr als 15.000 €)			
63	Veräußerungspreis/Entnahmewert	202	,–	
64	davon abziehbare Betriebsausgaben	203 –	,– =	,–
	Gewinne aus Entschädigungen für den Verlust, den Untergang oder die Wertminderung der in den Zeilen 61 bis 64 genannten Wirtschaftsgüter			
65	Entschädigungen	204	,–	
66	davon abziehbare Betriebsausgaben	205 –	,– =	,–
67	Bildung von Rücklagen, Übertragung von stillen Reserven (§ 6c EStG, R 6.6 EStR; Übertrag aus Zeile 102)	–		,–
68	Gewinne aus der Auflösung von Rücklagen (§ 6c EStG, R 6.6 EStR; Übertrag aus Zeile 102)	+		,–
69	Gewinnzuschlag § 6c in Verbindung mit § 6b Absatz 7 und 10 EStG	212 +		,–
70	Betriebseinnahmen nach § 9b Absatz 2 EStG	206 +		,–
71	Betriebsausgaben nach § 9b Absatz 2 EStG	207 –		,–
	Einnahmen aus dem Grunde nach gewerblichen Tätigkeiten, die der Land- und Forstwirtschaft zugerechnet werden		EUR	
72	Einnahmen aus dem Absatz von Erzeugnissen gemäß R 15.5 Absatz 3 bis 8 EStR	208	,–	
73	Einnahmen aus Dienstleistungen gemäß R 15.5 Absatz 9 und 10 EStR	209 +	,–	
73a	Vereinnahmte Umsatzsteuer zu Zeile 72 und 73	214 +	,–	
74	Summe der Einnahmen		,–	
75	Pauschale Betriebsausgaben (Zeile 74 x 60 %)	–	,– =	,–
76	Einnahmen des Betriebs im Sinne der R 15.5 Absatz 11 EStR (netto; nur erforderlich, wenn die Zeilen 72 bis 74 auszufüllen sind)	210	,–	
77	Rückvergütungen nach § 22 KStG aus Hilfs- und Nebengeschäften	211 +		,–
78	**Sondergewinne** (Ergebnis der Zeilen 62 bis 77; Übertrag in Zeile 94)			,–

1024 Alle Sondergewinne werden durch Gegenüberstellung von Betriebseinnahmen über die Betriebsausgaben nach § 4 Abs. 3 EStG ermittelt. Bitte beachten Sie dabei die damit verbundenen Aufzeichnungs- und Aufbewahrungspflichten.[1)]

a) Gewinne aus der Veräußerung/Entnahme von Grund und Boden, dazugehörigem Aufwuchs, Gebäuden, immateriellen Wirtschaftsgütern und Beteiligungen (Zeilen 61–62a)

1025 Die Ermittlung aller Sondergewinne (§ 13a Abs. 7 EStG) erfolgt einschließlich der damit verbundenen Aufzeichnungs- und Aufbewahrungspflichten nach § 4 Abs. 3 EStG. Betriebseinnahmen i.S.v. § 13a Abs. 7 Satz 1 EStG sind die zugeflossenen Erlöse einschließlich der gesetzlichen USt. Entsprechendes gilt im Falle der Entnahme für den an deren Stelle tretenden Wert und die daraus resultierende gesetzliche USt.

---

1) BMF v. 10.11.2015, 10.11.2015, IV C 7 – S 2149/15/10001, BStBl I 2015, 877, Rz. 86–89.

Der Gewinn oder Verlust aus der Veräußerung oder Entnahme des zum Betriebsvermögen gehörenden Grund und Bodens und des dazugehörigen Aufwuchses (z.B. stehendes Holz und Dauerkulturen) sowie der zum Betriebsvermögen gehörenden Gebäude, immateriellen WG und Beteiligungen ist stets als Sondergewinn zu erfassen und nicht mit dem Ansatz des Durchschnittssatzgewinns (§ 13a Abs. 3 Satz 1 Nr. 1 bis 3 und 5 bis 6 EStG) abgegolten. Leistungen, die ein Landwirt für die Bewilligung einer beschränkt persönlichen Dienstbarkeit zulasten eines Betriebsgrundstücks bezieht, mit der er das zeitlich nicht begrenzte Recht eingeräumt hat, auf dem Grundstück in 3–4 m Tiefe einen Regenwasserkanal zu verlegen und zu unterhalten, sind bei der Gewinnermittlung nach Durchschnittssätzen gem. § 13a EStG mit dem Grundbetrag gem. § 13a Abs. 4 EStG abgegolten.[1] Die Entschädigung zählt damit auf Grund der Änderungen durch das ZollkodexAnpG[2] zu den Sondergewinnen (§ 13a Abs. 7 Satz 1 Nr. 1 EStG). **1026**

Zu den Beteiligungen gehören insb. die zum BV gehörenden Anteile an Kapitalgesellschaften und Genossenschaften. Mitunternehmeranteile gehören nicht zu den Beteiligungen, wenn sie außerhalb der Gewinnermittlung nach § 13a EStG als gesondertes BV behandelt werden.

In der ab dem VZ 2023 neu eingefügten Zeile 62a ist der im Gewinn aus der Veräußerung/Entnahme nicht enthaltene steuerfreie Teil des Gewinns zu erklären, für den das Teileinkünfteverfahren und/oder § 8b KStG gilt.

b) Gewinne aus der Veräußerung/Entnahme von übrigen Wirtschaftsgütern des Anlagevermögens und von Tieren – Veräußerungspreis/Entnahmewert je Wirtschaftsgut brutto mehr als 15 000 € (Zeilen 63–64)

Die Veräußerung oder Entnahme der übrigen WG des Anlagevermögens und von Tieren ist unter den Voraussetzungen des § 13a Abs. 7 Nr. 1 Buchst. b EStG nicht mit dem Ansatz des Durchschnittssatzgewinns (§ 13a Abs. 3 Satz 1 Nr. 1 bis 3 EStG) abgegolten.[3] Die Grenze von 15 000 € gilt inkl. USt. **1027**

c) Gewinne aus der Entschädigung für den Verlust, den Untergang oder die Wertminderung der in den Zeilen 61–64 genannten Wirtschaftsgüter (Zeilen 65–66)

Gewährte Entschädigungen für den Verlust, den Untergang oder die Wertminderung von WG des Anlagevermögens und von Tieren i.S.d. § 13a Abs. 7 Satz 1 Nr. 1 Buchst. a oder b EStG sind als Sondergewinn zu erfassen (§ 13a Abs. 7 Satz 1 Nr. 1 Buchst. c EStG). Bei der Prüfung der Grenze von 15 000 € ist die für das jeweilige Wirtschaftsgut i.S.d. § 13a Abs. 7 Satz 1 Nr. 1 Buchst. b EStG gezahlte Entschädigung inkl. USt maßgebend. Entschädigungen, die als Ersatz für entgangene Einnahmen oder als Ersatz für erhöhte Betriebsausgaben gewährt werden, sind bei entsprechendem Veranlassungszusammenhang mit dem Gewinn der landwirtschaftlichen Nutzung (§ 13a Abs. 4 EStG) und dem Gewinn aus Sondernutzungen (§ 13a Abs. 6 Satz 2 EStG) abgegolten. Bei der forstwirtschaftlichen Nutzung sind diese Entschädigungen nach den Regelungen des § 51 EStDV zu erfassen. Pauschale Betriebsausgaben sind nur zu berücksichtigen, soweit die Zahlungen auf entgangene Einnahmen aus Holznutzungen entfallen. Einheitliche Entschädigungen sind aufzuteilen. **1028**

d) Bildung von Rücklagen, Übertragung von stillen Reserven – § 6c EStG, R 6.6 EStR – Übertrag aus Zeile 102 (Zeilen 67–69)

Für Gewinne aus der Veräußerung von Grund und Boden und des dazugehörigen Aufwuchses sowie von Gebäuden kann unter den Voraussetzungen des § 6c i.V.m. § 6b EStG eine Rücklage gebildet werden. Gleiches gilt unter den Voraussetzungen der R 6.6 EStR für die Bildung einer Rücklage für Ersatzbeschaffung. Soweit für das Wirtschaftsgut Grund und Boden und ggf. immaterielle WG ein Buchwert nach § 55 EStG anzusetzen ist, sind die Grundsätze dieser Vorschrift anzuwenden. **1029**

Soweit i.R.d. Gewinnermittlung für den land- und forstwirtschaftlichen Betrieb eine Rücklage gebildet wurde (z.B. §§ 6b, 6c EStG, R 6.6 EStR), ist die Auflösung der Rücklage als Sondergewinn zu erfassen.

e) Betriebseinnahmen/-ausgaben nach § 9b Abs. 2 EStG (Zeilen 70–71)

Betriebseinnahmen und Betriebsausgaben aus Vorsteuerberichtigungen (§ 15a UStG) sind im Zeitpunkt des Zuflusses oder Abflusses als Sondergewinn zu erfassen (§ 13a Abs. 7 Satz 1 Nr. 2 EStG). **1030**

f) Einnahmen aus dem Grunde nach gewerblichen Tätigkeiten, die der Land- und Forstwirtschaft zugerechnet werden (Zeilen 72–76)

Bestimmte, dem Grunde nach gewerbliche Tätigkeiten können unter gewissen Voraussetzungen noch dem Bereich der Land- und Forstwirtschaft zugerechnet werden (Abgrenzung zu Einkünften i.S.v. § 13 EStG [R 15.5 EStR]). Bei diesen Tätigkeiten besteht regelmäßig ein sachlicher oder wirtschaftlicher Bezugspunkt zur land- und forstwirtschaftlichen Tätigkeit, bspw., wenn neben eigenen Erzeugnissen auch fremde Erzeugnisse abgesetzt werden oder der Absatz eigener Erzeugnisse i.V.m. Dienstleistungen oder besonderen Leistungen erfolgt. Auch die Erbringung von Dienstleistungen, ggf. unter Verwendung land- und forstwirtschaftlichen BV, stellt eine gewerbliche Tätigkeit dar. Die Zurechnung der aus diesen Tätigkeiten i.S.d. R 15.5 Abs. 3 bis 10 EStR resultierenden Einnahmen zu den Einkünften aus Land- und Forstwirtschaft ist nur dann möglich, wenn die daraus erzielten **1031**

---

1) BFH v. 19.4.2021, VI R 49/18, BStBl II 2022, 316.
2) BGBl. I 2014, 2417.
3) BMF v. 10.11.2015, 10.11.2015, IV C 7 – S 2149/15/10001, BStBl I 2015, 877, Rz. 49–51.

Einnahmen (Erlöse und Entnahmen) die in R 15.5 Abs. 11 EStR genannten Grenzen nicht überschreiten. Weitere Erläuterungen vgl. BMF v. 10.11.2015.[1]

Der Ausschank von eigenerzeugten, der Land- und Forstwirtschaft zuzurechnenden Getränken ist eine Form der Vermarktung und als land- und forstwirtschaftliche Tätigkeit mit dem Ansatz des jeweiligen Gewinns nach § 13a Abs. 4 bis 6 EStG abgegolten. Dagegen ist der Absatz von Speisen und anderen Getränken (z.B. fremde Getränke, 2. Bearbeitungsstufe), die im Rahmen einer land- und forstwirtschaftlichen Tätigkeit abgegeben werden, nur unter den Voraussetzungen der R 15.5 Abs. 11 EStR der Land- und Forstwirtschaft zuzurechnen. Die hieraus erzielten Einnahmen sind unter Abzug der pauschalen Betriebsausgaben von 60 % als Sondergewinn zu erfassen.

Die Verwendung von WG sowie Dienstleistungen i.S.d. R 15.5 Abs. 9 und 10 EStR sind unabhängig vom Empfänger der Leistung (Landwirt oder Nichtlandwirt) dem Grunde nach gewerbliche Tätigkeiten, die unter den Voraussetzungen der R 15.5 Abs. 11 EStR dem Bereich der Land- und Forstwirtschaft zugerechnet werden können. Die hieraus erzielten Einnahmen sind unter Abzug der pauschalen Betriebsausgaben von 60 % als Sondergewinn zu erfassen.

Zeile 73a zur vereinnahmten USt wurde ab dem VZ 2024 eingefügt.

g) Rückvergütungen nach § 22 KStG aus Hilfs- und Nebengeschäften (Zeile 77)

1032 Zur Abgrenzung von Hilfs- und Nebengeschäften im Rahmen genossenschaftlicher Rückvergütungen ist R 5 Abs. 6 Nr. 3 und 4 KStR 2022 zu beachten.

h) Sondergewinne (Zeile 78)

1033 Das ermittelte Gesamtergebnis der Sondergewinne in Zeile 78 ist in Zeile 94 zu übertragen.

6. Einnahmen aus Vermietung und Verpachtung von Wirtschaftsgütern des Betriebsvermögens (Zeilen 79–82)

Einnahmen aus Vermietung und Verpachtung von Wirtschaftsgütern des Betriebsvermögens 24

			EUR
79	Einnahmen aus Vermietung von bebauten Grundstücken	220	,—
80	Einnahmen aus Vermietung und Verpachtung von unbebauten Grundstücken	221 +	,—
81	Einnahmen aus Vermietung und Verpachtung von übrigen Wirtschaftsgütern	222 +	,—
82	**Einnahmen aus Vermietung und Verpachtung von Wirtschaftsgütern des land- und forstwirtschaftlichen Betriebsvermögens** (Übertrag in Zeile 95)		,—

2025Anl13a273 2025Anl13a273

1034 Die Ermittlung der Einnahmen aus der Vermietung und Verpachtung von WG des land- und forstwirtschaftlichen BV erfolgt unter Berücksichtigung des § 11 Abs. 1 EStG. Vermietung und Verpachtung i.S.d. § 13a Abs. 3 Satz 1 Nr. 5 EStG ist die entgeltliche Nutzungsüberlassung von WG des BV. Auf die Bezeichnung des Vertrags über die Nutzungsüberlassung kommt es nicht an. Zu erfassen sind Einnahmen aus einer Nutzungsüberlassung, die ohne Zugehörigkeit der überlassenen WG zum land- und forstwirtschaftlichen BV als vermögensverwaltende Tätigkeit zu qualifizieren wäre. Hierzu gehört insb. die Nutzungsüberlassung von Grund und Boden, Gebäuden, beweglichen oder immateriellen WG und von Ferienzimmern/-wohnungen i.R.d. R 15.5 Abs. 13 EStR.

Die nach § 13a Abs. 3 Satz 1 Nr. 5 EStG anzusetzenden Nutzungsentgelte dürfen nicht um BV gemindert werden.[2] Bei einer Vermietung einer zum land- und forstwirtschaftlichen BV gehörenden Wohnung zählen auch zusätzlich zur Grundmiete vereinnahmte Umlagen und Nebenentgelte zu den anzusetzenden Nutzungsentgelten.[3] Dies gilt auch für die im Zusammenhang mit einer Nutzungsüberlassung von WG vereinnahmte gesetzliche USt.

Das ermittelte Gesamtergebnis in Zeile 82 ist in Zeile 95 zu übertragen.

---

1) BMF v. 10.11.2015, 10.11.2015, IV C 7 – S 2149/15/10001, BStBl I 2015, 877, Rz. 57–72.
2) BFH v. 5.12.2002, IV R 28/02, BStBl II 2003, 345.
3) BFH v. 14.5.2009, IV R 47/07, BStBl II 2009, 900.

7. Einnahmen aus Kapitalvermögen, soweit zum land- und forstwirtschaftlichen Betrieb gehörend (Zeilen 83–86)

Steuernummer — - 4 -

Einnahmen aus Kapitalvermögen, soweit zum land- und forstwirtschaftlichen Betrieb gehörend 25

Zeile		Kz	EUR		EUR
83	Einnahmen aus Kapitalvermögen, die nach § 3 Nummer 40 EStG oder § 8b KStG (teilweise) steuerfrei sind (Eintrag in voller Höhe)	230	,–		
84	Nach § 3 Nummer 40 EStG oder § 8b KStG steuerfreier Teil	231 –	,–	=	,–
85	Einnahmen aus Kapitalvermögen, die in voller Höhe steuerpflichtig sind	232 +			,–
86	**Einnahmen aus Kapitalvermögen, soweit sie zu den Einkünften aus Land- und Forstwirtschaft gehören** (§ 20 Absatz 8 EStG; Übertrag in Zeile 96)				,–

Nach § 13a Abs. 3 Satz 1 Nr. 6 EStG sind sämtliche Einnahmen aus Kapitalvermögen (§ 20 EStG) zu erfassen, die **1035**
den Einkünften aus Land- und Forstwirtschaft zuzurechnen sind (§ 20 Abs. 8 EStG). Die Ermittlung der Einnahmen aus Kapitalvermögen (§ 13a Abs. 3 Satz 1 Nr. 6 EStG) erfolgt unter Berücksichtigung des Zuflussprinzips (§ 11 Abs. 1 EStG). Ein Abzug von Betriebsausgaben im Zusammenhang mit Einnahmen aus Kapitalvermögen kommt nicht in Betracht.

Praxishinweis:
Unterliegen die Einnahmen dem Teileinkünfteverfahren (§ 3 Nr. 40 Satz 1 Buchst. d EStG), ist in Zeile 83 der Betrag in voller Höhe und in Zeile 84 der steuerfreie Anteil zu erklären.

Einnahmen aus Kapitalvermögen, die aus betrieblichen Mitteln stammen, können der Abgeltungsteuer nur dann unterworfen werden, wenn der sachliche Zusammenhang mit dem Betrieb der Land- und Forstwirtschaft gelöst und die dafür erforderliche Entnahme der Mittel nachweisbar dokumentiert wird.

Das ermittelte Gesamtergebnis in Zeile 86 ist in Zeile 96 zu übertragen.

8. Ermittlung des Gewinns nach Durchschnittssätzen (Zeilen 91–99)

Ermittlung des Gewinns nach Durchschnittssätzen 26

Zeile		Kz	EUR
91	Gewinn der landwirtschaftlichen Nutzung (Übertrag aus Zeile 21)		,–
92	Gewinn der forstwirtschaftlichen Nutzung (Übertrag aus Zeile 39)	+	,–
93	Gewinn der Sondernutzungen (Übertrag aus Zeile 59)	+	,–
94	Sondergewinne (Übertrag aus Zeile 78)	+	,–
95	Einnahmen aus Vermietung und Verpachtung von Wirtschaftsgütern des land- und forstwirtschaftlichen Betriebsvermögens (Übertrag aus Zeile 82)	+	,–
96	Einnahmen aus Kapitalvermögen, soweit sie zu den Einkünften aus Land- und Forstwirtschaft gehören (Übertrag aus Zeile 86)	+	,–
97	Nach Durchschnittssätzen ermittelter Gewinn (§ 13a EStG) für das Wirtschaftsjahr 2025/2026 (2025)		,–
98	Hinzurechnungen und Abrechnungen bei Wechsel der Gewinnermittlungsart **(Erläuterungen lt. gesonderter Aufstellung)**	290 +/–	,–
99	**Steuerpflichtiger Gewinn**		,–

Im Rahmen der Gewinnermittlung nach § 13a EStG wird der Gewinn der landwirtschaftlichen Nutzung (§ 13a **1036**
Abs. 3 Satz 1 Nr. 1 EStG) und der in Anlage 1a Nr. 2 zu § 13a EStG genannten Sondernutzungen (§ 13a Abs. 3 Satz 1 Nr. 3 i.V.m. Abs. 6 Satz 2 EStG) nach den Grundsätzen des § 4 Abs. 1 EStG ermittelt.

Alle übrigen Gewinne werden nach der Systematik des § 4 Abs. 3 EStG ermittelt. Bei der forstwirtschaftlichen Nutzung, den Sondernutzungen nach § 13a Abs. 6 Satz 3 i.V.m. § 4 Abs. 3 EStG und bei einzelnen Sondergewinntatbeständen können Verluste entstehen, die zu einem negativen Durchschnittssatzgewinn führen können. Bei Aufgabe/Veräußerung des Betriebes ist eine Schlussbilanz nach den Grundsätzen des BV-Vergleichs zu erstellen. Zu erklären ist ebenfalls ein Übergangsgewinn/-verlust bei Wechsel der Gewinnermittlungsart.

Der ermittelte steuerpflichtige Gewinn ist in Zeile 99 einzutragen.

9. Ergänzende Angaben – Rücklagen und stille Reserven (Zeilen 100–102)

2. Ergänzende Angaben

Rücklagen und stille Reserven 27

Zeile			Bildung/Übertragung EUR		Auflösung EUR
100	Rücklagen nach § 6c in Verbindung mit § 6b EStG, R 6.6 EStR	260	,–	262	,–
101	Übertragung von stillen Reserven nach § 6c in Verbindung mit § 6b EStG, R 6.6 EStR	261	,–		
102	Gesamtsumme		,– (Übertrag in Zeile 67)		,– (Übertrag in Zeile 68)

1037 Soweit i.R.d. Gewinnermittlung für den land- und forstwirtschaftlichen Betrieb eine Rücklage gebildet wurde (z.B. §§ 6b, 6c EStG, R 6.6 EStR), ist die Auflösung der Rücklage als Sondergewinn zu erfassen und in die Zeilen 67 und/oder 68 zu übertragen. Rücklagen, die steuerbegünstigte Körperschaften im ideellen Bereich gebildet haben (§ 58 Nr. 6 und 7 AO), mindern nicht den Gewinn und sind deshalb nicht einzutragen.

10. Datenschutzhinweis und Mitwirkung (Zeilen 103–110)

Datenschutzhinweis und Mitwirkung

Datenschutzhinweis: Die mit der Gewinnermittlung angeforderten Daten werden auf Grund der §§ 149 und 150 AO in Verbindung mit § 13a Absatz 3 Satz 4 und Absatz 7 Satz 4 EStG verlangt.
Informationen über die Verarbeitung personenbezogener Daten in der Steuerverwaltung und über Ihre Rechte nach der Datenschutz-Grundverordnung sowie über Ihre Ansprechpartner in Datenschutzfragen entnehmen Sie bitte dem allgemeinen Informationsschreiben der Finanzverwaltung. Dieses Informationsschreiben finden Sie unter www.finanzamt.de (unter der Rubrik „Datenschutz") oder erhalten Sie bei Ihrem Finanzamt.

Bei der Anfertigung dieser Gewinnermittlung hat mitgewirkt:

Zeile	
103	Name
104	Vorname
105	Straße, Hausnummer, Postfach
106	Postleitzahl, Ort
107	Telefon
108	zusätzliche Angaben
109	Mandantennummer
110	Bearbeiterkennzeichen

2025Anl13a274 2025Anl13a274

1038 Der Erklärungstatbestand wurde ab dem VZ 2022 neu eingefügt und beinhaltet grds. Informationen. Vgl. die Ausführungen zu den Zeilen 38–40 des Hauptvordrucks ESt 1 A.

XVII. Anlage AV13a zur Anlage 13a – Anlageverzeichnis für das Wirtschaftsjahr 2025/2026 (2025)

1. Allgemeines (Zeilen 1–3a)

2025

Anlage AV13a zur Anlage 13a

1 Name der steuerpflichtigen Person/Gesellschaft/Gemeinschaft/Körperschaft

2 Vorname

3 (Betriebs-) Steuernummer

3a Wirtschafts-Identifikationsnummer D E -

Anlageverzeichnis für das Wirtschaftsjahr 2025/2026 (2025)

Die seit dem VZ 2022 aufgelegte Anlage AV13a ist elektronisch an die Finverw. zu übermitteln und ist notwendiger **1039**
Bestandteil der Gewinnermittlung nach Durchschnittssätzen und ergänzt insoweit die Anlage 13a.

Die (Betriebs-)Steuernummer, unter der der Betrieb beim zuständigen FA geführt wird, ist in **Zeile 3** einzutragen.

Praxishinweis:
Ab dem VZ 2024 ist in der neu aufgenommenen Zeile 3a die Wirtschafts-Identifikationsnummer (W-Id-Nr. [§§ 139a, 139c AO]) zu erklären. Vgl. hierzu Ausführen zu Zeile 6 der Anlage S → Rz. 1329.

Die WG i.S.d. § 13a Abs. 7 Satz 1 Nr. 1 Buchst. a EStG sind unter Angabe des Tages der Anschaffung oder Herstellung und der AK/HK oder des an deren Stelle getretenen Werts in besondere, laufend zu führende Verzeichnisse aufzunehmen. Die Anlage AV13a ist Bestandteil der Gewinnermittlung nach Durchschnittssätzen und mit der Anlage 13a an das FA zu übermitteln. Im amtlich vorgeschriebenen Datensatz besteht die Möglichkeit, die WG einzeln zu bezeichnen.

Die Ermittlung aller Sondergewinne (§ 13a Abs. 7 EStG) erfolgt inkl. der damit verbundenen Aufzeichnungs-/Aufbewahrungspflichten nach den bestehenden gesetzlichen Regelungen für Gewinnermittlung durch Überschussrechnung (§ 4 Abs. 3 EStG). Betriebseinnahmen (§ 13a Abs. 7 Satz 1 EStG) sind die zugeflossenen Erlöse inkl. der USt. Entsprechendes gilt im Falle der Entnahme für den an deren Stelle tretenden Wert und die daraus resultierende USt.[1] Ein besonderes, laufend zu führendes Verzeichnis ist für zur Veräußerung oder Entnahme bestimmte WG (§ 13a Abs. 7 Satz 1 Nr. 1 Buchst. a EStG) zu führen (§ 13a Abs. 7 Satz 3 EStG). Hierbei handelt es sich um die WG, die in den **Zeilen 4–57** aufgelistet sind.

Bei der Ermittlung des Gewinns aus der Veräußerung oder Entnahme von sonstigen WG (§ 13a Abs. 7 Satz 1 Nr. 1 Buchst. b EStG) kann ein Restbuchwert nur abgezogen werden, wenn dieser nachgewiesen oder glaubhaft gemacht wird.[2]

In der jeweiligen Zeile

- „Anschaffungs-/Herstellungskosten oder an deren Stelle tretender Wert" (**Zeilen 4, 9, 14, 19, 24, 30, 36, 42 48 und/oder 53**) sind die ursprünglichen AK/HK und/oder Einlagewerte der zu Beginn des Wj. vorhandenen WG – ggf. vermindert um übertragene Rücklagen oder Zuschüsse – einzutragen. Nachträgliche Veränderungen der AK/HK und/oder Einlagewerte (insb. durch nachträgliche AK und nachträgliche Anschaffungspreisminderungen), die bereits in vorangegangenen Wj. eingetreten sind, sind zu berücksichtigen.
- „Zugänge" (**Zeilen 6, 11, 16, 21, 26, 32, 38, 44, 50 und/oder 55**) sind die im laufenden Wj. angeschafften/hergestellten/eingelegten WG mit den AK/HK oder dem Einlagewert – ggf. vermindert um übertragene Rücklagen oder Zuschüsse – einzutragen. Soweit für ein in einem vorangegangenen Wj. angeschafftes/hergestelltes/eingelegtes WG im laufenden Jahr nachträgliche AK/HK anfallen, sind diese ebenfalls in der Zeile „Zugänge" zu erfassen. Nachträgliche Minderungen der AK/HK im laufenden Wj. sind als negativer Zugangsbetrag einzutragen. Die Minderung durch einen Zuschuss ist als negativer Zugangsbetrag im Wj. der Bewilligung und nicht im Wj. der Vereinnahmung zu berücksichtigen.
- „Abgänge" (**Zeilen 7, 12, 17, 22, 28, 34, 40, 46, 51 und/oder 56**) sind die fortgeführten AK/HK der im laufenden Wj. aus dem BV ausgeschiedenen WG einzutragen. Abgänge sind erst in dem Wj. zu erfassen, in dem sie sich als BA auswirken (**Zeile 62 oder Zeile 66 der Anlage 13a**).
- „Absetzung für Abnutzung (AfA)" (**Zeilen 27, 33, 39 und/oder 45**) sind die Absetzungen für Abnutzungen einzutragen. Für die Dauer der Durchschnittssatzgewinnermittlung mindern sich die AK/HK bei WG des abnutzbaren Anlagevermögens um die AfA in gleichen Jahresbeträgen.

1) BMF v. 10.11.2015, IV C 7 – S 2149/15/10001, BStBl I 2015, 877.
2) BMF v. 10.11.2015, IV C 7 – S 2149/15/10001, BStBl I 2015, 877, Rz. 87.

2. Grund und Boden (Zeilen 4–18)

Grund und Boden 40

Bewertung nach § 55 Absatz 2 bis 4 EStG

Zeile		Kz.	EUR
4	Anschaffungs-/Herstellungskosten oder an deren Stelle tretender Wert	100	,—
5	Buchwert zu Beginn des Wirtschaftsjahres	101	,—
6	Zugänge	102 +	,—
7	Abgänge	104 –	,—
8	Buchwert am Ende des Wirtschaftsjahres		,—

Bewertung mit dem höheren Teilwert (§ 55 Absatz 5 EStG)

Zeile		Kz.	EUR
9	Anschaffungs-/Herstellungskosten oder an deren Stelle tretender Wert	110	,—
10	Buchwert zu Beginn des Wirtschaftsjahres	111	,—
11	Zugänge	112 +	,—
12	Abgänge	114 –	,—
13	Buchwert am Ende des Wirtschaftsjahres		,—

Ansatz mit den Anschaffungs-/Herstellungskosten oder an deren Stelle tretender Wert

Zeile		Kz.	EUR
14	Anschaffungs-/Herstellungskosten oder an deren Stelle tretender Wert	120	,—
15	Buchwert zu Beginn des Wirtschaftsjahres	121	,—
16	Zugänge	122 +	,—
17	Abgänge	124 –	,—
18	Buchwert am Ende des Wirtschaftsjahres		,—

1040 Hinsichtlich der Erklärungstatbestände vgl. die Ausführungen zu den Zeilen 1–3 (→ Rz. 1039).

Für Gewinne aus der Veräußerung von Grund und Boden und des dazugehörigen Aufwuchses sowie von Gebäuden kann unter den Voraussetzungen des § 6c i.V.m. § 6b EStG eine Rücklage gebildet werden. Gleiches gilt unter den Voraussetzungen der R 6.6 EStR für die Bildung einer Rücklage für Ersatzbeschaffung. Soweit für das WG Grund und Boden und ggf. immaterielle WG ein Buchwert nach § 55 EStG anzusetzen ist, sind die Grundsätze dieser Vorschrift anzuwenden.

3. Aufwuchs (Zeilen 19–29)

Aufwuchs

Baumbestände

Zeile		Kz.	EUR
19	Anschaffungs-/Herstellungskosten oder an deren Stelle tretender Wert	130	,—
20	Buchwert zu Beginn des Wirtschaftsjahres	131	,—
21	Zugänge	132 +	,—
22	Abgänge	134 –	,—
23	Buchwert am Ende des Wirtschaftsjahres		,—

2025AnlAV13a281 - Juli 2025 - 2025AnlAV13a281

Steuernummer - 2 -

Dauerkulturen

Zeile		Kz	EUR
24	Anschaffungs-/Herstellungskosten oder an deren Stelle tretender Wert	140	,—
25	Buchwert zu Beginn des Wirtschaftsjahres	141	,—
26	Zugänge	142 +	,—
27	Absetzung für Abnutzung (AfA)	143 –	,—
28	Abgänge	144 –	,—
29	Buchwert am Ende des Wirtschaftsjahres		,—

Hinsichtlich der Erklärungstatbestände vgl. die Ausführungen zu den Zeilen 1–3 (→ Rz. 1039) sowie zu den Zeilen 4–18 (→ Rz. 1040). 1041

4. Gebäude (Zeilen 30–41)

Gebäude

Zeile		Kz	EUR
	Wirtschaftsgebäude		
30	Anschaffungs-/Herstellungskosten oder an deren Stelle tretender Wert	150	,—
31	Buchwert zu Beginn des Wirtschaftsjahres	151	,—
32	Zugänge	152 +	,—
33	Absetzung für Abnutzung (AfA)	153 –	,—
34	Abgänge	154 –	,—
35	Buchwert am Ende des Wirtschaftsjahres		,—
	Wohngebäude		
36	Anschaffungs-/Herstellungskosten oder an deren Stelle tretender Wert	160	,—
37	Buchwert zu Beginn des Wirtschaftsjahres	161	,—
38	Zugänge	162 +	,—
39	Absetzung für Abnutzung (AfA)	163 –	,—
40	Abgänge	164 –	,—
41	Buchwert am Ende des Wirtschaftsjahres		,—

Hinsichtlich der Erklärungstatbestände vgl. die Ausführungen zu den Zeilen 1–3 (→ Rz. 1039) sowie zu den Zeilen 4–18 (→ Rz. 1040). 1042

5. Immaterielle Wirtschaftsgüter (Zeilen 42–52)

Immaterielle Wirtschaftsgüter

Zeile		Kz	EUR
	Abnutzbare immaterielle Wirtschaftsgüter		
42	Anschaffungs-/Herstellungskosten oder an deren Stelle tretender Wert	170	,–
43	Buchwert zu Beginn des Wirtschaftsjahres	171	,–
44	Zugänge	172 +	,–
45	Absetzung für Abnutzung (AfA)	173 –	,–
46	Abgänge	174 –	,–
47	Buchwert am Ende des Wirtschaftsjahres		,–
	Nicht abnutzbare immaterielle Wirtschaftsgüter		
48	Anschaffungs-/Herstellungskosten oder an deren Stelle tretender Wert	180	,–
49	Buchwert zu Beginn des Wirtschaftsjahres	181	,–
50	Zugänge	182 +	,–
51	Abgänge	184 –	,–
52	Buchwert am Ende des Wirtschaftsjahres		,–

2025AnlAV13a282 2025AnlAV13a282

1043 Hinsichtlich der Erklärungstatbestände vgl. die Ausführungen zu den Zeilen 1–3 (→Rz. 1039) sowie zu den Zeilen 4–18 (→Rz. 1040).

6. Beteiligungen (Zeilen 53–57)

Steuernummer - 3 -

Beteiligungen

Zeile		Kz	EUR
53	Anschaffungs-/Herstellungskosten oder an deren Stelle tretender Wert	190	,–
54	Buchwert zu Beginn des Wirtschaftsjahres	191	,–
55	Zugänge	192 +	,–
56	Abgänge	194 –	,–
57	Buchwert am Ende des Wirtschaftsjahres		,–

2025AnlAV13a283 2025AnlAV13a283

1044 Zu den Beteiligungen gehören insb. die zum BV gehörenden Anteile an Kapitalgesellschaften und Genossenschaften. Mitunternehmeranteile gehören nicht zu den Beteiligungen, wenn sie außerhalb der Gewinnermittlung nach § 13a EStG als gesondertes BV behandelt werden.

XVIII. Anlage 34b – Einkünfte aus außerordentlichen Holznutzungen

1. Allgemeines (Zeilen 1–5)

2025

Anlage 34b
Für jeden Betrieb ist eine eigene Anlage 34b abzugeben.

2025Anl34b421

1 Name
2 Vorname
3 **Steuernummer** lfd. Nr. der Anlage
4 Bezeichnung des Betriebs
5 Wirtschafts-Identifikationsnummer D E -

Für jeden Betrieb ist eine eigene Anlage 34b abzugeben. 1045

Ab dem VZ 2024 ist in der neu aufgenommenen **Zeile 5** die **Wirtschafts-Identifikationsnummer** (W-Id-Nr. [§§ 139a, 139c AO]) zu erklären. Vgl. hierzu Ausführen zu Zeile 6 der Anlage S → Rz. 1317

2. Berechnungsgrundlagen zur Ermittlung der Einkünfte aus außerordentlichen Holznutzungen nach § 34b EStG (Zeilen 6–26)

Einkünfte aus außerordentlichen Holznutzungen nach § 34b EStG

Berechnungsgrundlagen zur Ermittlung der Einkünfte aus außerordentlichen Holznutzungen nach § 34b EStG

Nutzungssatz (m³/F)

6 von der Finanzbehörde festgesetzt für den Zeitraum (vom - bis) T T M M J J J J T T M M J J J J

7 X pauschal mit 5 m³/F je Hektar forstwirtschaftlich genutzte Fläche (ha)

Holznutzungen, die aus volks- / staatswirtschaftlichen Gründen erfolgten

8 Im Wirtschaftsjahr 2025 / 2026 (2025) wurden folgende Holznutzungen verwertet: **– Übertrag nach Zeile 28 – – Erläuterung laut gesonderter Aufstellung –** m³/F

Holznutzungen infolge höherer Gewalt

		Wirtschaftsjahr des Nachweises 2025 / 2026 (2025) – 1 –	Wirtschaftsjahr des Nachweises 2024 / 2025 (2024) – 2 –	Wirtschaftsjahr des Nachweises 2023 / 2024 (2023) – 3 –	Wirtschaftsjahr des Nachweises 2022 / 2023 (2022) und früher – 4 –
9	Anerkennung der Finanzbehörde vom	T T M M J J J J	T T M M J J J J	T T M M J J J J	T T M M J J J J
		m³/F	m³/F	m³/F	m³/F
10	Anerkannte Holzmenge im Ganzen (m³/F)				
11	Davon besondere Schadensereignisse (m³/F)				
12	Verwertete Holzmenge in Vorjahren (m³/F)				
13	Verwertete Holzmenge im laufenden Wirtschaftsjahr 2025 / 2026 (2025) (m³/F)				
14	Verbleibende Holzmenge (m³/F) **– Zeile 10 abzüglich Zeile 12 und 13 –**				

15 Summe der Spalten 1 bis 4 aus Zeile 13 (m³/F) **– Übertrag nach Zeile 26; bei besonderen Schadensereignissen Übertrag nach Zeile 23 Spalte 4 –** m³/F

- September 2025 -

- 2 -

2025Anl34b422

Forstschäden-Ausgleichsgesetz (ForstSchAusglG)
Sonstige steuerliche Maßnahmen nach § 5 ForstSchAusglG

16 X Die angeordnete Einschlagsbeschränkung wurde eingehalten.

Befreiung von der Einschlagsbeschränkung

17 vom T T M M J J J J durch Forstbehörde X Vollständige Befreiung genehmigte Einschlagsmenge (m³/F) m³/F

Besondere Schadensereignisse (§ 5 ForstSchAusglG, § 34b Abs. 5 EStG, R 34b.7 EStR)

		Wirtschaftsjahr 2022 / 2023 (2022) und früher – 1 –	Wirtschaftsjahr 2023 / 2024 (2023) – 2 –	Wirtschaftsjahr 2024 / 2025 (2024) – 3 –	Wirtschaftsjahr 2025 / 2026 (2025) – 4 –
		m³/F	m³/F	m³/F	m³/F
18	Verbliebenes Begünstigungsvolumen aus dem Vorjahr (m³/F) **– laut Zeile 24 –**				
19	Aus besonderen Schadensereignissen anerkannt (m³/F) **– laut Spalte 1 bis 4 der Zeile 11 –**	+	+	+	+
20	Nicht nach R 34b.7 EStR / §§ 1, 5 ForstSchAusglG zu berücksichtigendes Begünstigungsvolumen (m³/F)	–	–	–	–
21	Gemäß § 5 ForstSchAusglG zu berücksichtigendes Begünstigungsvolumen (m³/F – soweit nicht in Zeile 18 enthalten)	+	+	+	+
22	Zwischensumme (Begünstigungsvolumen – m³/F)	=	=	=	=
23	Im Wirtschaftsjahr insgesamt verwertete Holznutzung infolge höherer Gewalt (m³/F)	–	–	–	–
24	Verbleibendes Begünstigungsvolumen (ggf. „0" – m³/F) **– Übertrag nach Zeile 18 des Folgejahres –**	=	=	=	=

Maßgebende Holznutzungen infolge höherer Gewalt

25 Im Wirtschaftsjahr 2025 / 2026 (2025) nach **§ 5 ForstSchAusglG, § 34b Abs. 5 EStG, R 34b.7 EStR** begünstigt **– nur bei besonderen Schadensereignissen; kleinerer Betrag aus Zeile 22 Spalte 4 oder Zeile 23 Spalte 4; Übertrag nach Zeile 31 –** m³/F

26 Im Wirtschaftsjahr 2025 / 2026 (2025) nach **§ 34b Abs. 3 EStG** begünstigt **– laut Zeile 15, außer bei besonderen Schadensereignissen, dann Zeile 23 Spalte 4 abzüglich Zeile 25; Übertrag nach Zeile 29 –**

1046 Einkünfte aus außerordentlichen Holznutzungen i.S.v. § 34b EStG sind unter den Voraussetzungen des § 180 Abs. 1 Satz 1 Nr. 2 Buchst. b AO als Teil der Einkünfte aus Land- und Forstwirtschaft gesondert festzustellen.[1]

Die Berechnungsgrundlagen für die Einkünfte aus außerordentlichen Holznutzungen (§ 34b EStG) sind in den Zeilen 6–26 zu erklären. Dabei sind die folgenden Sachverhalte zu unterscheiden:

- Zeile 8: Angaben zu Holznutzungen die aus volks-/staatswirtschaftlichen Gründen erfolgen.
- Zeilen 9–13: Angaben zu Holznutzungen infolge höherer Gewalt, unterschieden nach einzelnen Wj (Wj. des Nachweises).
- Zeilen 16–17: Angaben zum Forstschäden-Ausgleichsgesetz. Die Angaben sind auf Grund der Verordnung über die Beschränkung des ordentlichen Holzeinschlags in dem Forstwirtschaftsjahr erforderlich.[2] Zu steuerrechtlichen Zweifelsfragen vgl. BMF.[3]

  Auf Grund des ForstSchAusglG kann durch Rechtsverordnung der ordentliche Holzeinschlag der Forstwirtschaft für einzelne Holzartengruppen (Fichte, Kiefer, Buche, Eiche) oder Holzsorten beschränkt werden, wenn und soweit dies erforderlich ist, um erhebliche und überregionale Störungen des Rohholzmarkts durch außerordentliche Holznutzungen zu vermeiden, die infolge eines oder mehrerer besonderer Schadensereignisse, insbesondere Windwurf und Windbruch, Schnee- und Eisbruch, Pilzbefall, Insektenfraß oder sonstige Schädigungen auch unbekannter Ursache (Kalamitätsnutzungen), erforderlich werden.[4] Im Wj. einer Einschlagsbeschränkung gilt für jegliche Kalamitätsnutzung einheitlich der Steuersatz des § 34b Abs. 3 Nr. 2 EStG.
- Zeilen 18–24: Angaben zu besonderen Schadensereignissen (§ 34b Abs. 5 EStG, R 34b.7 EStR), unterschieden nach einzelnen Wj.
- Zeilen 25–26: Angaben zu den maßgebenden Holznutzungen infolge höherer Gewalt. Ab dem VZ 2021 sind die Regelungen des § 5 ForstSchAusglG zu beachten.[5]

Zu den steuerlichen Maßnahmen zur Berücksichtigung von Schäden in Bayern durch Unwetter mit Hochwasser Ende Juni und im Juli des Jahres 2021, vgl. Bayerisches FinMin 30.12.2021.[6] Zur Berücksichtigung der Beseitigung von **Hochwasserschäden** vgl. die Zusammenstellung von Nacke.[7]

Zur Abgrenzung und Anerkennung von Rotfäule als Holznutzung infolge höherer Gewalt vgl. BMF v. 18.11.2018.[8]

Die Ermittlung der Einkünfte erfolgt nach dem vorgegebenen Schema in den Zeilen 27–43.

3. Ermittlung der Einkünfte aus außerordentlichen Holznutzungen nach § 34b EStG (Zeilen 27–43)

Ermittlung der Einkünfte aus außerordentlichen Holznutzungen nach § 34b EStG 51

	Einnahmen aus der Verwertung sämtlicher Holznutzungen EUR		damit in sachlichem Zusammenhang stehende Betriebsausgaben EUR		Einkünfte aus sämtlichen Holznutzungen – nach Zeile 36 Spalte 1 übertragen – EUR
27	,—	–	,—	=	,—

2025Anl34b422

1) BFH v. 9.5.2023, VI R 12/21, BStBl II 2023, 850.
2) HolzEinschlBeschrV 2021 v. 14.4.2021, BGBl. I 2021, 808.
3) BMF v. 27.7.2021, IV C 7 – S 1916/20/10003 :002, BStBl I 2021, 1044.
4) Steuerberater Branchenhandbuch, H, Stand Juli 2025, Holzverarbeitung (Holzbe- und Holzverarbeitende Industrie), Teil C. Steuern.
5) Vgl. BMF v. 27.7.2021, IV C 7 – S 1916/20/10003 :002, BStBl I 2021, 1044.
6) Bayerisches FinMin v. 30.12.2021, 37–S 1915–14, mit weiteren Hinweisen.
7) Nacke, NWB 2024, 2536.
8) BMF v. 18.11.2018, IV C 7 – S 2291/18/10001, BStBl I 2018, 1214.

- 3 -

2025Anl34b423

Außerordentliche Holznutzungen

Zeile			m³/F
28	Holznutzungen aus volks- / staatswirtschaftlichen Gründen (m³/F)		
29	Holznutzungen infolge höherer Gewalt – ohne besondere Schadensereignisse i. S. d. § 34b Abs. 5 EStG – (m³/F)	+	
30	Summe der Holznutzungen aus volks- und staatswirtschaftlichen Gründen sowie infolge höherer Gewalt (m³/F) **– Übertrag nach Zeile 32 Spalte 3 und ggf. Spalte 4 –**	=	
31	Holznutzungen aus besonderen Schadensereignissen nach § 5 ForstSchAusglG, § 34b Abs. 5 EStG (m³/F) **– Übertrag nach Zeile 33 Spalte 5 –**		

Zeile		sämtliche Holznutzungen – 1 –	ordentliche Holznutzung – 2 –	außerordentliche Holznutzung ohne Nutzungssatz / bis zur Höhe des Nutzungssatzes – 3 –	außerordentliche Holznutzung über dem Nutzungssatz – 4 –	außerordentliche Holznutzung aus besonderen Schadensereignissen – 5 –
32	Holznutzungen aus volks- und staatswirtschaftlichen Gründen sowie infolge höherer Gewalt (m³/F) aus Zeile 30			m³/F	m³/F	
33	Holznutzungen aus besonderen Schadensereignissen nach § 5 ForstSchAusglG, § 34b Abs. 5 EStG (m³/F) aus Zeile 31					m³/F
34	**Maßgebende Holznutzungen** (verwertete Holzmengen – m³/F)	m³/F	m³/F			
35	Aufteilungsmaßstab nach dem Verhältnis der Holzmengen (maßgebende Holznutzungen) **– siehe Zeile 34 –**		%	%	%	%
36	**Einkünfte** aus den Holznutzungen des Wirtschaftsjahres 2025 / 2026 (2025)	EUR ,—	EUR ,—	EUR ,—	EUR ,—	EUR ,—
37	Einkünfte aus außerordentlichen Holznutzungen des Wirtschaftsjahres 2025 / 2026 (2025), die auf das Kalenderjahr 2025 entfallen			,—	,—	,—
38	Einkünfte aus außerordentlichen Holznutzungen des Wirtschaftsjahres 2024 / 2025, die auf das Kalenderjahr 2025 entfallen			+ ,—	+ ,—	+ ,—
39	**Einkünfte** aus außerordentlichen Holznutzungen im Kalenderjahr 2025 laut den Zeilen 37 und 38			= ,—	= ,—	= ,—
40	**Einkünfte** aus außerordentlichen Holznutzungen im Kalenderjahr 2025 laut gesonderter (und einheitlicher) Feststellung			+ ,—	+ ,—	+ ,—
41	Summe der Beträge aus Zeile 39 Spalte 3 und Zeile 40 Spalte 3			52 = ,—		
42	Summe der Beträge aus Zeile 39 Spalte 4 und Zeile 40 Spalte 4				51 = ,—	
43	Summe der Beträge aus Zeile 39 Spalte 5 und Zeile 40 Spalte 5					65 = ,—

2025Anl34b423

Zur Entlastung der Progressionswirkung bei Forstwirten beinhaltet die Regelung des § 34b EStG für außerordentli- 1047
che Einkünfte aus wirtschaftlichen Gründen und Holznutzungen infolge höherer Gewalt (Kalamitätsnutzungen) eine besondere Tarifvergünstigung. Für Wj., die nach dem 31.12.2011 beginnen, sind die Regelungen des § 34b EStG in der Fassung des Steuervereinfachungsgesetzes 2011[1] anzuwenden. Die Vereinfachung im Vergleich zur bisherigen Regelung wird dadurch erreicht, dass auf die bisher notwendige Vorlage eines „Gutachtens" zur Ermittlung eines Nutzungssatzes verzichtet wird. Die gesetzliche Regelung umschreibt konkret ein unvorhersehbares Ereignis, das zu außerordentlichen Holznutzungen führen kann. Dies sind insbesondere Holznutzungen infolge einer Enteignung oder einer drohenden Enteignung, z.B. beim Bau von Verkehrswegen (§ 34b Abs. 1 Nr. 1 EStG). Ebenso sind „natürliche Phänomene" erfasst, die als unvorhersehbare Ereignisse zu außerordentlichen Holznutzungen führen können (§ 34b Abs. 1 Nr. 2 EStG). Die Veräußerung des Grund und Bodens einschließlich des Aufwuchses ist keine Holznutzung in diesem Sinne. Zur weiteren Frage der Ermittlung der Einkünfte aus ordentlichen und außerordentlichen Holznutzungen vgl. die Ausführungen in R 34b.2 EStR.

Für die **Bemessung von Nutzungssätzen** zur Ermittlung der Steuersätze vgl. BMF v. 17.5.2017.[2]

Anknüpfungspunkt für die Ermittlung der begünstigten Einkünfte (§ 34b Abs. 2 EStG) ist eine Verhältnisrechnung anhand der Holzmengen. Die Holzmenge, die im Wj. zu Einnahmen geführt hat, ist den ordentlichen und außerordentlichen Holznutzungen (Holznutzungsarten) zuzuordnen. Die entsprechende Menge wird seit 2017 in m³/F berechnet. Die Zuordnung zu den außerordentlichen Holznutzungen erfolgt im Wj. der Trennung des Holzes vom Grund und Boden. Die ermäßigte Besteuerung der Einkünfte aus den außerordentlichen Holznutzungen wird nach den Verhältnissen im Wj. der Gewinnrealisierung vorgenommen. Zur Berechnung vgl. z.B. Wiegand.[3] Das im Rahmen einer planmäßigen Bewirtschaftung veräußerte Holz (ordentliche Holznutzung, ab Zeile 34, Spalte 2) führt zu laufenden Einkünften und unterliegt der regulären tariflichen Besteuerung. Soweit außerhalb der planmäßigen Bewirtschaftung Holznutzungen auf Grund unvorhersehbarer Ereignisse anfallen (außerordentliche Holznutzungen, ab Zeile 32, Spalten 3 bis 5) werden regelmäßig Gewinne realisiert, die sich bei normalem Geschehensablauf auf mehrere Wj. verteilt hätten.

Die Gewährung der Tarifvergünstigung ist von zwei Voraussetzungen abhängig. Die verschiedenen veräußerten oder entnommenen Holzmengen müssen getrennt nach ordentlichen und außerordentlichen Holznutzungen nachgewiesen werden (§ 34b Abs. 4 Nr. 1 EStG), um die Ermittlung der begünstigten Einkünfte aus außerordentlichen Holznutzungen zu gewährleisten. Weitere Voraussetzung ist, dass die entsprechenden Kalamitätsnutzungen unverzüglich der Finverw. gemeldet werden müssen, um eine forstfachliche Begutachtung der Schäden durch den Forstsachverständigen sicherzustellen (§ 34b Abs. 4 Nr. 2 EStG, Zeilen 9-13).

---

1) Steuervereinfachungsgesetz 2011 v. 1.11.2011, BStBl I 2011, 986.
2) BMF v. 17.5.2017, IV C 7 – S 2291/17/10001, BStBl I 2017, 783.
3) Wiegand, NWB 43/2011, 3606.

Gemäß § 34b Abs. 4 Nr. 2, 1. Halbsatz EStG ist unverzüglich nach Feststellung des Schadensfalls – d.h. nach Feststellung des beschädigten Baumbestandes infolge eines Sturmereignisses – die tatsächliche Schadensmenge zu melden, auch wenn § 34b Abs. 4 Nr. 2, 2. Halbsatz EStG einen mengenmäßigen Nachweis erst nach der Aufarbeitung ausdrücklich vorsieht.[1)]

Tarifvergünstigungen (Hälfte des durchschnittlichen Steuersatzes Steuersatz [§ 34b Abs. 3 Nr. 1 EStG]) werden unabhängig von den formalen Voraussetzungen einer Nutzungssatzfestsetzung gewährt (**Zeile 30**), wobei regelmäßig entstandene Schäden nicht begünstigt sind; der Wert ist in Zeile 32, Spalte 3 und ggf. Spalte 4 zu übertragen. Der darüber hinaus zu gewährende Viertelsteuersatz (**Zeile 31** [§ 34b Abs. 3 Nr. 2 EStG]) ist vom Vorliegen eines Nutzungssatzes abhängig, der von der Finverw. auf Grund eines Betriebswerks oder amtlich anerkannten Gutachten festgesetzt wird; der Wert ist in Zeile 33, Spalte 5 zu übertragen. Die relevanten Einkünfte für die Anwendung des besonderen Steuersatzes (§ 5 ForstSchAusglG, § 34b Abs. 5 Nr. 1 EStG [→ Rz. 1046] ergeben sich dann aus den Eintragungen ab Zeile 33, Spalte 5). Hinsichtlich der relevanten Einkünfte aus außerordentlichen Holznutzungen im laufenden Kj eine gesonderte Zeile für gesondert (und einheitlich) festgestellte Einkünfte aufgenommen worden (Zeile 40). Die ermittelten Einkünfte (Zeilen 39–40) sind entsprechend in die Zeilen 41–43 zu übertragen.

1) FG Niedersachsen v. 20.5.2021, 11 K 237/19, EFG 2021, 1644.

XIX. Anlage Mobilitätsprämie

1. Vorbemerkung (Zeilen 1–3)

2025

1	Name	**Anlage Mobilitätsprämie**
2	Vorname	**Diese Anlage ist bei Zusammenveranlagung von Ehegatten / Lebenspartnern gemeinsam auszufüllen.**
3	**Steuernummer** lfd. Nr. der Anlage	**– Die Eintragungen in den Zeilen 4 bis 6 sowie 13 und 14 sind nur in der ersten Anlage Mobilitätsprämie vorzunehmen. –**

Angaben zum Antrag auf Mobilitätsprämie

Hinweis zur Plausibilitätsprüfung: 1048

Die Anlage Mobilitätsprämie ist ab dem VZ 2021 aufgelegt worden. Sie stellt den Antrag zur Festsetzung der Mobilitätsprämie dar, welche durch das Klimaschutzprogramm 2030 für die VZ 2021–2026 eingeführt worden ist.[1] Hiernach können Pendlerinnen und Pendler mit einem zu versteuernden Einkommen bis zur Höhe des Grundfreibetrags von 12 096 € (bei zusammenveranlagten Ehegatten/Lebenspartnern 24 192 €), für Fahrten zu einer ersten Tätigkeitsstätte/Betriebsstätte sowie für wöchentliche Familienheimfahrten bei doppelter Haushaltsführung ab dem 21. Entfernungskilometer **alternativ zur erhöhten Entfernungspauschale** von 0,38 € eine Mobilitätsprämie erhalten.

Der Antrag auf Festsetzung der Mobilitätsprämie ist bis zum Ablauf des vierten Kj. zusammen mit der ESt-Erklärung zu stellen.

In den Zeilen 1 bis 3 sind die allgemeinen Angaben des Stpfl. einzutragen. Bei Ehegatten/Lebenspartnern ist die Anlage Mobilitätsprämie gemeinsam auszufüllen.

Die Festsetzung erfolgt im Rahmen einer ESt-Veranlagung. Daher ist es auch notwendig, dass auf dem Hauptvordruck ESt 1 A in der Zeile 3 angegeben wird, dass die Erklärung zur Festsetzung der Mobilitätsprämie abgegeben wird (→ Rz. 10 ff.).

Praxishinweis:

Bezieht sich der Antrag auf Mobilitätsprämie auf mehrere andere Einkunftsarten (ohne Einkünfte aus nichtselbständiger Arbeit), ist die Anlage Mobilitätsprämie mehrfach abzugeben. In diesem Fall ist in der Zeile 3 die lfd. Nummer der Anlage einzutragen.

2. Antrag auf Festsetzung der Mobilitätsprämie (Zeile 4)

Antrag auf Festsetzung der Mobilitätsprämie 18

– Ein Antrag ist nur für Pendlerinnen und Pendler erforderlich, die ein zu versteuerndes Einkommen bis zur Höhe des Grundfreibetrags von 12.096 € (bei Zusammenveranlagung 24.192 €) haben und die mindestens 21 km zur ersten Tätigkeitsstätte / ersten Betriebsstätte zurücklegen. –

4 Ich beantrage / Wir beantragen die Festsetzung der Mobilitätsprämie. 240 1 = Ja

Die Mobilitätsprämie ist nur auf Antrag zu gewähren (§ 104 Abs. 1 EStG). Dieser Antrag wird in Zeile 4 durch Eintragung einer „1" gestellt. Bei Ehegatten/Lebenspartnern ist der Antrag gemeinsam zu stellen. 1049

Bemessungsgrundlage für die Festsetzung der Mobilitätsprämie sind die in den WK oder Betriebsausgaben berücksichtigten Entfernungspauschalen ab dem 21. Kilometer (sog. erhöhte Entfernungspauschale), begrenzt auf den Betrag, um den das zu versteuernde Einkommen den Grundfreibetrag unterschreitet (§ 101 EStG). Die Mobilitätsprämie wird maschinell berechnet und beträgt 14 % der Bemessungsgrundlage. Eine Festsetzung erfolgt nur, wenn die Mobilitätsprämie mindestens 10 € beträgt. Die festgesetzte Mobilitätsprämie mindert die festgesetzte Einkommensteuer im Wege der Anrechnung (wie die Lohnsteuer) (§ 105 Abs. 1 Sätze 2 und 3 EStG). **Beträge oberhalb der festgesetzten Einkommensteuer werden als „Erstattung" ausgezahlt.**

Im Falle von Arbeitnehmerinnen und Arbeitnehmern gilt der Antrag auf Mobilitätsprämie zugleich als Antrag auf ESt-Veranlagung. Allerdings wird die Einkommensteuer mit 0 € festgesetzt, wenn keine Veranlagungspflicht besteht und der Antrag auf Erstattung zu viel bezahlter Lohnsteuer nicht gestellt wird. So ist gewährleistet, dass der Einkommensteuerbescheid nur die Erstattung der Mobilitätsprämie umfasst.

Die Entfernungspauschale wird sowohl für Fahrten zwischen Wohnung und erster Tätigkeitsstätte/Betriebsstätte als auch für Fahrten auf Grund wöchentlicher Familienheimfahrten bei doppelter Haushaltsführung gewährt.

1) §§ 101–109 EStG, eingeführt mit dem Gesetz zur Umsetzung des Klimaschutzprogramms 2030 im Steuerrecht v. 21.12.2019, BGBl. I 2019, 2886.

3. Angaben zur Mobilitätsprämie (Zeilen 5–12/13–20)

a) Arbeitnehmerinnen und Arbeitnehmer (Zeile 5)

Angaben zur Mobilitätsprämie

Steuerpflichtige Person / Ehemann / Person A

5 Der Antrag auf Mobilitätsprämie bezieht sich auf Einkünfte aus nichtselbständiger Arbeit. 1 = Ja 2 = Nein

– Falls „Ja", füllen Sie bitte die Anlage N aus. Liegen darüber hinaus weitere Einkünfte vor, füllen Sie bitte die folgenden Zeilen aus. –

1050 Bezieht sich der Antrag auf Mobilitätsprämie auf die Einkünfte aus nichtselbständiger Arbeit für die steuerpflichtige Person/Ehemann/Person A, ist in der Zeile 5 der Wert „1" einzutragen. Die Abfrage ist bei Zusammenveranlagung getrennt für die Ehegatten/Lebenspartner zu beantworten. Die Ehefrau/Person B hat den Antrag in Zeile 13 zu stellen. Die Angaben zur Berechnung der Entfernungspauschale sind dann auf der Anlage N bei den Werbungskosten vorzunehmen (→ Rz. 1109 ff.).

Zur Festsetzung der Mobilitätsprämie ist es bei Arbeitnehmerinnen und Arbeitnehmern notwendig, dass die Entfernungspauschale zusammen mit allen weiteren Werbungskosten auf der Anlage N den Arbeitnehmer-Pauschbetrag i.H.v. 1 230 € übersteigt (§ 101 Satz 3 EStG). Auf der Anlage N sind alle WK einzutragen, die mit dem Arbeitsverhältnis im Zusammenhang stehen, auch wenn sich diese bisher nicht ausgewirkt hätten.

Beispiel:

Arbeitnehmer A fährt in 2025 an 150 Tagen zwischen Wohnung und erster Tätigkeitsstätte. Die einfache Entfernung beträgt 40 km. Seine übrigen Werbungskosten betragen 500 €. Sein zu versteuerndes Einkommen beträgt 7 000 €.

1. Schritt: Berechnung der Werbungskosten			
Entfernungspauschale	150 Arbeitstage × 20 km × 0,30 €		900 €
erhöhte Entfernungspauschale	150 Arbeitstage × 20 km × 0,38 €		1 140 €
übrige Werbungskosten			500 €
Summe der Werbungskosten			2 540 €
abzüglich Arbeitnehmer-Pauschbetrag			1 230 €
Summe:			1 310 €
2. Schritt: Erster Höchstbetrag			
erhöhte Entfernungspauschale			1 140 €
3. Schritt: Zweiter Höchstbetrag			
Grundfreibetrag (hier VZ 2025)		12 096 €	
abzüglich zu versteuerndes Einkommen		7 000 €	
Summe:		5 096 €	
4. Schritt: Berechnung der Mobilitätsprämie			
niedrigerer Betrag (aus Werbungskosten oder erhöhter Entfernungspauschale)			1 140 €
vorstehender Betrag 1 140 € × 14 % =			**160 €**

Der Arbeitnehmer-Pauschbetrag nach § 9a Satz 1 Nr. 1 Buchst. a EStG von 1 230 € wird somit um 1 310 € überschritten. Von den Werbungskosten entfallen auf die erhöhte Entfernungspauschale (ab dem 21. Kilometer) 1 140 €. Das zu versteuernde Einkommen unterschreitet den Grundfreibetrag i.H.v. 12 096 € um 5 096 €. Die erhöhte Entfernungspauschale liegt somit innerhalb des Betrags, um den das zu versteuernde Einkommen den Grundfreibetrag unterschreitet und hat so zu keiner steuerlichen Entlastung geführt. Bemessungsgrundlage für die Mobilitätsprämie sind somit 1 140 €. Die Mobilitätsprämie beträgt 160 € und wird mit dem ESt-Bescheid 2025 ausbezahlt.

Die Mobilitätsprämie wird auch für **Familienheimfahrten im Rahmen einer doppelten Haushaltsführung** gewährt. Die Angaben zur Berechnung der Entfernungspauschale sind dann auf der Anlage N bei den Werbungskosten vorzunehmen (→ Rz. 1240 ff.).

b) Weitere Einkunftsarten (Zeilen 6–12)

6 Der Antrag auf Mobilitätsprämie bezieht sich auf andere Einkünfte (ohne Einkünfte aus nichtselbständiger Arbeit, siehe Einkunftsarten laut Zeile 8). 241 1 = Ja 2 = Nein

– Falls „Ja“, füllen Sie bitte die folgenden Zeilen aus. –

Bezeichnung des Betriebs / der Tätigkeit / des Vermietungsobjekts / ggf. Betriebssteuernummer

7

8 Einkunftsart
1 = Land- und Forstwirtschaft
2 = Gewerbebetrieb
3 = Selbständige Arbeit
4 = Vermietung und Verpachtung
5 = sonstige Einkünfte

Wege zwischen Wohnung und erster Betriebsstätte / erster Tätigkeitsstätte (Entfernungspauschale)
– sofern bei Behinderung keine tatsächlichen Fahrtkosten erklärt wurden –

erste Betriebsstätte / erste Tätigkeitsstätte (Postleitzahl, Ort und Straße)

9

10 aufgesucht an Tagen einfache Entfernung (auf volle Kilometer abgerundet) km

Wöchentliche Familienheimfahrten bei doppelter Haushaltsführung
– sofern bei Behinderung keine tatsächlichen Fahrtkosten erklärt wurden –

Beschäftigungsort (Postleitzahl, Ort und Straße)

11

12 Anzahl der Familienheimfahrten einfache Entfernung (auf volle Kilometer abgerundet) km

2025Anl-Mob451 - September 2025 - **2025Anl-Mob451**

Bezieht sich der Antrag auf Mobilitätsprämie auf andere Einkünfte (ohne Einkünfte aus nichtselbständiger Arbeit) **1051**
für die steuerpflichtige Person/Ehemann/Person A, ist in der Zeile 6 der Wert „1“ einzutragen. Die Abfrage ist bei Zusammenveranlagung getrennt für die Ehegatten/Lebenspartner zu beantworten. Die Ehefrau/Person B hat den Antrag in Zeile 14 zu stellen. Die Angaben zur Berechnung der Entfernungspauschale für die Berücksichtigung der Mobilitätsprämie sind dann auf der Anlage Mobilitätsprämie vorzunehmen.

In der Zeile 7 ist die Bezeichnung des Betriebs, der Tätigkeit, des Vermietungsobjekts (ggf. mit Angabe der **1052**
Betriebssteuernummer) und in Zeile 8 die dazugehörige Einkunftsart einzutragen, für welche die Mobilitätsprämie beantragt wird. Nach den Eintragungsmöglichkeiten auf der Anlage Mobilitätsprämie kann diese für folgende Einkunftsarten in Betracht kommen:

Wert 1 Einkunftsart § 13 EStG: Bezeichnung des Betriebs (ggf. Betriebssteuernummer)

Wert 2 Einkunftsart § 15 EStG: Bezeichnung des Betriebs (ggf. Betriebssteuernummer)

Wert 3 Einkunftsart § 18 EStG: Bezeichnung der Tätigkeit (ggf. Betriebssteuernummer)

Wert 4 Einkunftsart § 21 EStG: Bezeichnung des Vermietungsobjekts

Wert 5 Einkunftsart § 22 EStG: Bezeichnung der Tätigkeit

1053 In der Zeile 9 sind Angaben zum Ort der ersten Betriebsstätte oder ersten Tätigkeitsstätte bei den Einkünften aus Vermietung und Verpachtung notwendig. Die zur Berechnung der Entfernungspauschale notwendigen Angaben (Anzahl der Tage und Entfernungskilometer) sind in der Zeile 10 vorzunehmen, weil sich diese Angaben nicht aus der E-Bilanz, der Anlage EÜR, der Anlage V oder der Anlage SO ergeben.

Praxishinweis:
Kann die Entfernungspauschale für **mehrere** „andere" Einkunftsarten geltend gemacht werden, ist die Anlage Mobilitätsprämie mehrfach abzugeben.

Beispiel:
Der Gewerbetreibende G ist Inhaber einer Gaststätte. Er fährt im Jahr 2025 an 150 Tagen zu seinem 42 km entfernten Betrieb (= erste Betriebsstätte). Die Anlage Mobilitätsprämie ist wie folgt auszufüllen:

Zeile 4: Eintragung einer „1"

Zeile 6: Eintragung einer „1"

Zeile 7: Bezeichnung des Betriebs und Betriebssteuernummer: Gaststätte, St-Nr.: 12 345/67890

Zeile 8: Einkunftsart: Gewerbebetrieb „2"

Zeile 9: Adresse der ersten Betriebsstätte: An der Au 42, 71234 Au am Rhein

Zeile 10: aufgesucht an Tagen: 150, einfache Entfernung: 42 km

1054 Liegen bei dem Stpfl. die Voraussetzungen für die doppelte Haushaltsführung im Bereich der Gewinneinkunftsarten vor (→ Rz. 348 ff.), ist die Anzahl der wöchentlichen Familienheimfahrten und die einfache Entfernung in der Zeile 12 einzutragen.

Praxishinweis:
Die **Zeilen 13–20** sind für die Ehefrau/Person B auszufüllen (→ Rz. 1051). Es gelten die gleichen Grundsätze wie die Erläuterungen zu den Zeilen 6–12.

4. Menschen mit Behinderungen

1055 Menschen mit Behinderungen,

1. deren Grad der Behinderung mindestens 70 beträgt,

2. deren Grad der Behinderung weniger als 70, aber mindestens 50 beträgt und die in ihrer Bewegungsfähigkeit im Straßenverkehr erheblich beeinträchtigt sind,

können anstelle der Entfernungspauschale die **tatsächlichen Aufwendungen** für die Wege zwischen Wohnung und erster Tätigkeitsstätte ansetzen. Der Antrag für den Ansatz der tatsächlichen Aufwendungen ist auf der Anlage N zu stellen (→ Rz. 1121 ff.). Durch die Erhöhung der Entfernungspauschale ab dem VZ 2021 ist zu prüfen, ob dieser Antrag sinnvoll ist. Es werden somit die tatsächlichen Aufwendungen als WK/BA (ggf. nach Reisekostengrundsätzen) und nicht die (erhöhte) Entfernungspauschale berücksichtigt. Infolgedessen kann kein Antrag auf Festsetzung der Mobilitätsprämie gestellt werden.

Beratungshinweis:
Liegt das zu versteuernde Einkommen unter dem Grundfreibetrag, ist unbedingt darauf zu achten, dass die obigen Anträge auf Ansatz der tatsächlichen Aufwendungen nicht gestellt werden. Anderenfalls verliert der Stpfl. seinen Anspruch auf Mobilitätsprämie.

5. Beschränkt stpfl. Personen

1056 Der Antrag auf Festsetzung der Mobilitätsprämie für beschränkt stpfl. Personen ist durch Ausfüllen des Ankreuzfeldes in der Zeile 2 auf dem Hauptvordruck ESt 1 C zu stellen (→ Rz. 31 ff.). Daneben ist die Anlage Mobilitätsprämie auszufüllen. Es gelten die vorstehenden Ausführungen entsprechend.

XX. Anlage N – Einkünfte aus nichtselbständiger Arbeit

1. Vorbemerkung (Zeilen 1–3)

Anleitung vorhanden

2025

Anlage N

Jeder Ehegatte / Lebenspartner mit Einkünften aus nichtselbständiger Arbeit hat eine eigene Anlage N abzugeben.

1 Name

2 Vorname

3 **Steuernummer**

Daten für die mit ⓔ gekennzeichneten Zeilen liegen im Regelfall vor und müssen nicht eingetragen werden. – Bitte Anleitung beachten. –

X Steuerpflichtige Person / Ehemann / Person A

X Ehefrau / Person B

Einkünfte aus nichtselbständiger Arbeit

Hinweis zur Plausibilitätsbeurteilung: 1057

Daten für die mit „e" gekennzeichneten Zeilen liegen im Regelfall vor und müssen nicht eingetragen werden (→ Rz. 10).

Die Anlage N ist für die Erklärung der Einkünfte aus nichtselbständiger Arbeit (§ 19 EStG) vorgesehen. Die Anlage ist gesondert von jeder stpfl. Person einzureichen und entsprechend nach Zeile 3 zu markieren. Die Einkunftsart erfordert die für alle Einkunftsarten notwendige **Einkünfteerzielungsabsicht**.[1] Zu den Einkünften aus nichtselbständiger Arbeit gehören neben den Einkünften aus einer aktiven Tätigkeit auch die aus einer früheren nichtselbständigen Tätigkeit wie z.B. Versorgungsbezüge. Diese sind auf der Anlage N ebenso wie z.B. die jeweils einbehaltene LSt sowie Lohn-/Entgeltersatzleistungen und steuerfreie Arbeitslöhne für Auslandstätigkeiten einzutragen. Für ausl. Einkünfte aus nichtselbständiger Arbeit ist der Erklärung zusätzlich die Anlage N-AUS beizufügen (→ Rz. 1178 ff.).

Haben im Falle der Zusammenveranlagung beide Ehegatten/Lebenspartner Arbeitslohn, Versorgungsbezüge und/oder Lohn-/Entgeltersatzleistungen bezogen, ist für jeden Ehegatten/Lebenspartner eine eigene Anlage N auszufüllen. In der Regel werden die LSt-Bescheinigungen vom Arbeitgeber elektronisch an die Finverw. übermittelt. Die Arbeitnehmer erhalten zum Jahresende oder zum unterjährigen Beschäftigungsende von dem jeweiligen Arbeitgeber einen Ausdruck einer elektronischen LSt-Bescheinigung. Diese Ausfertigung muss der Arbeitnehmer seiner ESt-Erklärung nicht zwingend beifügen, da die elektronisch übermittelten Daten dem FA bereits vorliegen.

Nimmt der Arbeitgeber am elektronischen LSt-Abzugsverfahren teil, ist eine **eTIN** (electronic Taxpayer Identification Number) vergeben worden, die auf der elektronischen LSt-Bescheinigung enthalten war. Arbeitgeber müssen ab 2023 in den LSt-Bescheinigungen zwingend die Id-Nr. des jeweiligen Arbeitnehmers angeben. Auf Bund-/Länder-Ebene wurde aber beschlossen, dass Arbeitgeber in Ausnahmefällen die LSt-Bescheinigung in Papierform an die Finanzämter senden dürfen, wenn der Arbeitnehmer seinem Arbeitgeber seine Id-Nr. trotz mehrmaliger Aufforderung nicht mitteilt. Eine Anforderung der Id-Nr. durch die Arbeitgeber ist – ohne Einwilligung des Arbeitnehmers – aus datenschutzrechtlichen Gründen nicht möglich. Liegt einem Arbeitgeber für einen Arbeitnehmer keine Id-Nr. vor, ist es ihm nicht möglich, seinen Arbeitnehmer in der ELStAM-Datenbank anzumelden. Dies hat zur Folge, dass der Arbeitgeber verpflichtet ist, von dem Arbeitslohn die LSt nach der Steuerklasse VI einzubehalten.[2]

Wer Arbeitnehmer ist, ist unter Beachtung der Vorschriften des § 1 LStDV nach dem Gesamtbild der Verhältnisse 1058
zu beurteilen. Die arbeits- und sozialversicherungsrechtliche Behandlung ist jedenfalls nicht deckungsgleich.[3] Der steuerliche Arbeitnehmerbegriff lässt sich damit nicht durch Aufzählung bestimmter Merkmale abschließend festlegen, sondern wird im Einzelfall nach dem Gesamtbild der Verhältnisse bestimmt. Dabei sind die für und gegen ein Dienstverhältnis sprechenden Merkmale gegeneinander abzuwägen.[4] Danach können für eine Arbeitnehmereigenschaft insbesondere folgende Merkmale sprechen:

- persönliche Abhängigkeit,
- Weisungsgebundenheit hinsichtlich des Ortes, der Zeit und des Inhalts der Tätigkeit,
- feste Arbeitszeiten,
- Ausübung der Tätigkeit gleichbleibend an einem bestimmten Ort,
- feste Bezüge,
- Urlaubsanspruch,
- Anspruch auf sonstige Sozialleistungen,

1) BFH v. 28.8.2008, VI R 50/06, BStBl II 2009, 243 und BFH v. 20.11.2008, VI R 4/06, BStBl II 2009, 374.
2) FinBeh Hamburg v. 17.4.2023, S 2378 – 2022/004.
3) BFH v. 9.7.2012, VI B 38/12, BFH/NV 2012, 1968.
4) BFH v. 20.12.2004, VI B 137/03, BFH/NV 2005, 552.

- Fortzahlung der Bezüge im Krankheitsfall,
- Überstundenvergütung,
- zeitlicher Umfang der Dienstleistungen,
- Unselbständigkeit in Organisation und Durchführung der Tätigkeit,
- kein Unternehmerrisiko,
- keine Unternehmerinitiative,
- kein Kapitaleinsatz,
- keine Pflicht zur Beschaffung von Arbeitsmitteln,
- Notwendigkeit der engen ständigen Zusammenarbeit mit anderen Mitarbeitern,
- Eingliederung in den Betrieb,
- Schulden der Arbeitskraft und nicht eines Arbeitserfolges,
- Ausführung von einfachen Tätigkeiten, bei denen eine Weisungsabhängigkeit die Regel ist.

Zur Frage, ob ein **Gesellschafter-Geschäftsführer** einer Kapitalgesellschaft Arbeitnehmer ist vgl. BFH v. 23.4.2009.[1] Es ist anhand der allg. Merkmale im jeweiligen Einzelfall zu entscheiden, ob er die Geschäftsführungsleistung selbständig oder nichtselbständig erbringt.[2] Arbeitnehmer sind auch die Rechtsnachfolger dieser Personen, soweit sie Arbeitslohn aus dem früheren Dienstverhältnis ihres Rechtsvorgängers beziehen (§ 1 Abs. 1 Satz 2 LStDV).

Die Frage, ob ein **Arbeitnehmer im steuerrechtlichen Sinne** vorliegt, hat insb. Bedeutung für ertragsteuerliche Sonderregelungen. So ist nur bei Arbeitnehmern der inl. Arbeitgeber oder der ausl. Verleiher zum LSt-Abzug verpflichtet (§§ 38 ff. EStG) und nur bei Arbeitnehmern sind bestimmte (ggf. teilweise) Beträge steuerfrei (z.B. Reisekostenersatz [§ 3 Nr. 13 und/oder Nr. 16 EStG], unentgeltliche oder verbilligte Sammelbeförderung [§ 3 Nr. 32 EStG], Leistungen des Arbeitgebers zur Gesundheitsförderung[3] [§ 3 Nr. 34 EStG], Nutzungsvorteile aus betrieblichen Datenverarbeitungsgeräten [§ 3 Nr. 45 EStG], Trinkgelder [§ 3 Nr. 51 EStG] sowie Zuschläge für Sonntags-, Feiertags- oder Nachtarbeit [§ 3b EStG], der Rabattfreibetrag (§ 8 Abs. 3 EStG) und der Versorgungsfreibetrag sowie der Zuschlag zum Versorgungsfreibetrag [§ 19 Abs. 2 EStG]).

Der Arbeitnehmer kann neben den Einkünften aus einem aktiven Arbeitsverhältnis auch Einkünfte aus einem früheren Dienstverhältnis beziehen, genauso wie gleichzeitig Einnahmen aus zwei (oder mehr) bestehenden Dienst- oder Arbeitsverhältnissen bezogen werden können.

1) BFH v. 23.4.2009, VI R 81/06, BStBl II 2012, 262.
2) BMF v. 31.5.2007, IV A 5 – S 7100/07/0031, 2007/0222008, BStBl I 2007, 503 sowie mit weiteren Hinweisen BFH v. 20.10.2010, VIII R 34/08, BFH/NV 2011, 585.
3) Vgl. auch BMF v. 20.4.2021, IV C 5 – S 2342/20/10003 :003, BStBl I 2021, 700.

2. Angaben zum Arbeitslohn (Zeilen 4–26)

Angaben zum Arbeitslohn 47 / 48

Zeile		Summe Lohnsteuerbescheinigung(en) Steuerklasse 1-5	Summe Lohnsteuerbescheinigung(en) Steuerklasse 6 oder einer Urlaubskasse
4	Steuerklasse	168	
		EUR Ct	EUR Ct
5	Bruttoarbeitslohn einschließlich Sachbezüge	110 ,—	111 ,—
6	Lohnsteuer	140 ,	141 ,
7	Solidaritätszuschlag	150 ,	151 ,
8	Kirchensteuer des Arbeitnehmers	142 ,	143 ,
9	**Nur bei Konfessionsverschiedenheit:** Kirchensteuer für den Ehegatten / Lebenspartner	144 ,	145 ,
10	In Zeile 5 wurde ein von der Lohnsteuerbescheinigung abweichender Bruttoarbeitslohn wegen einer Korrektur der Firmenwagenbesteuerung erklärt.	197 1 = Ja	

Zeile		1. Versorgungsbezug	2. Versorgungsbezug
		EUR	EUR
11	**Steuerbegünstigte Versorgungsbezüge** laut Nr. 8 der Lohnsteuerbescheinigung (im Bruttoarbeitslohn laut Zeile 5 enthalten)	200 ,—	210 ,—
12	Bemessungsgrundlage für den Versorgungsfreibetrag laut Nr. 29 der Lohnsteuerbescheinigung	201 ,—	211 ,—
13	Maßgebendes Kalenderjahr des Versorgungsbeginns laut Nr. 30 der Lohnsteuerbescheinigung	206 J J J J	216 J J J J
14	Bei unterjähriger Zahlung: Erster und letzter Monat, für den Versorgungsbezüge gezahlt wurden, laut Nr. 31 der Lohnsteuerbescheinigung	Monat 202 M M – Monat 203 M M	Monat 212 M M – Monat 213 M M
		EUR	EUR
15	Sterbegeld, Kapitalauszahlungen / Abfindungen und Nachzahlungen von Versorgungsbezügen laut Nr. 32 der Lohnsteuerbescheinigung (in den Zeilen 5 und 11 enthalten)	204 ,—	214 ,—
16	Versorgungsbezüge für mehrere Kalenderjahre laut Nr. 9 der Lohnsteuerbescheinigung (im Bruttoarbeitslohn laut Zeile 5 enthalten)	209 ,—	219 ,—
17	**Arbeitslohn für mehrere Jahre, Entschädigungen** (z. B. Abfindungen) laut Nr. 10 der Lohnsteuerbescheinigung (im Bruttoarbeitslohn laut Zeile 5 enthalten)		165 ,—
18	Steuerpflichtiger Arbeitslohn, von dem kein Steuerabzug vorgenommen worden ist (soweit nicht in der Lohnsteuerbescheinigung enthalten)		115 ,—

Steuerfreie Aufwandsentschädigungen / Einnahmen

Zeile			EUR
19	aus der Tätigkeit als		118 ,—
20	**Kurzarbeitergeld, Zuschuss zum Mutterschaftsgeld, Verdienstausfallentschädigung (Infektionsschutzgesetz), Aufstockungsbeträge nach dem Altersteilzeitgesetz, Altersteilzeitzuschläge nach Besoldungsgesetzen, Qualifizierungsgeld (laut Nr. 15 der Lohnsteuerbescheinigung)**		119 ,—

Steuerfreier Arbeitslohn / steuerfreie Einkünfte laut Anlage(n) N-AUS

Zeile			EUR
21	Steuerfreier Arbeitslohn nach Doppelbesteuerungsabkommen / sonstigen zwischenstaatlichen Übereinkommen (**Summe** aus den Zeilen 47, 56 und / oder 63 **aller Anlagen N-AUS**)		139 ,—
22	Steuerfreier Arbeitslohn nach Auslandstätigkeitserlass (**Summe** aus den Zeilen 52 **aller Anlagen N-AUS**)		136 ,—
23	Steuerfreie Einkünfte (Besondere Lohnbestandteile) nach Doppelbesteuerungsabkommen / sonstigen zwischenstaatlichen Übereinkommen / Auslandstätigkeitserlass (**Summe** aus den Zeilen 62 **aller Anlagen N-AUS**)		178 ,—
24	Anzahl der beigefügten **Anlagen N-AUS**		

2025AnlN031 - September 2025 - **2025AnlN031**

- 2 -

	Ansässigkeit in Belgien (gemäß Artikel 4 des Doppelbesteuerungsabkommens mit Belgien)			
25	Adresse in Belgien	Arbeitslohn	127	EUR ,—
	Angaben zu Grenzgängern			
26	Grenzgänger nach 117	2 = Frankreich 3 = Schweiz, Arbeitslohn in CHF gezahlt 0 = Schweiz, Arbeitslohn in EUR gezahlt 4 = Österreich	116 Arbeitslohn in CHF / EUR ,—	135 Schweizerische Abzugsteuer in CHF / EUR ,

a) Arbeitslohn

1059 **Arbeitslohn** sind alle **Einnahmen** (in Geld oder Geldeswert), **die** dem Arbeitnehmer **aus dem Arbeits-/Dienstverhältnis zufließen** (§ 19 Abs. 1 Nr. 1 EStG und § 2 Abs. 1 LStDV). Dazu gehören nach der ständigen Rechtsprechung Vorteile, die für eine Beschäftigung gewährt werden. Ein einfacher Kausalzusammenhang für die Annahme von Arbeitslohn ist nicht ausreichend.[1)] Ein Vorteil wird für eine Beschäftigung gewährt, wenn er durch das individuelle Dienstverhältnis veranlasst ist und der einem Arbeitnehmer vom Arbeitgeber zugewandte Vorteil **Entlohnungscharakter** hat, z.B. Aktienoptionsrechte.[2)] Das ist der Fall, wenn sich die Leistung des Arbeitgebers im weitesten Sinne als Gegenleistung für das Zurverfügungstellen der individuellen Arbeitskraft des Arbeitnehmers erweist.[3)] Erhält eine wissenschaftliche Mitarbeiterin für ihre **Dissertation** ein Preisgeld, so gehört dieses zu den Einkünften aus nichtselbständiger Arbeit.[4)]

Der Vorteil beim Erwerb einer vergünstigten Jahresnetzkarte (Jobticket) ist ein Sachbezug (§ 8 Abs. 2 Satz 1 EStG).[5)] Die Überlassung eines **Jobtickets** als Teil eines Mobilitätskonzepts zur Verringerung der Parkplatznot stellt bei den Mitarbeitenden keinen lohnsteuerpflichtigen Sachbezug dar.[6)] Üblicher Endpreis i.S.v. § 8 Abs. 2 Satz 1 EStG ist der Endverbraucherpreis.[7)] Die **Überlassung eines Einsatzfahrzeugs** an den Leiter der Freiwilligen Feuerwehr während seiner – wenn auch „ständigen" – Bereitschaftszeiten führt nicht zu Arbeitslohn.[8)]

Geldzahlungen (auch in einer gängigen ausl. Währung[9)]) sind als Barlohn (§ 8 Abs. 1 EStG) mit dem Nennwert zu erfassen. Als Barlohn werden seit dem 1.1.2020 auch zweckgebundene Geldleistungen (nachträgliche Kostenerstattungen, Geldsurrogate und andere Vorteile, die auf einen Geldbetrag lauten) behandelt (§ 8 Abs. 1 Satz 2 EStG). Nicht als Barlohn gewertet werden Gutscheine zum Bezug von Waren oder Dienstleistungen vom Aussteller des Gutscheins. Sachzuwendungen sind nach besonderen Bewertungsvorschriften, die sich insb. aus § 8 Abs. 2 und Abs. 3 EStG ergeben, zu erfassen und zu bewerten. Zur steuerlichen Behandlung von Arbeitgeberdarlehen vgl. BMF v. 19.5.2015[10)] sowie die Ergänzungen der Finverw. zur Berücksichtigung von Darlehenskonditionen nach Vermittlung durch Internet-Vermittlungs- und -Vergleichsportale.[11)] Zur Abgrenzung zwischen Bar- und Sachlohn vgl. BMF.[12)]

Der aus einer **Managementbeteiligung** an einer Kapitalgesellschaft erzielte Veräußerungserlös stellt keine Vergütung für die ggü. einer Tochtergesellschaft erbrachte nichtselbständige Tätigkeit dar, wenn die Beteiligung als eine eigenständige Erwerbsgrundlage zur Erzielung von Einkünften anzusehen ist.[13)] Zur Frage der vom Arbeitgeber erhaltenen **Genussrechtserträge** vgl. FG Münster.[14)]

Die Eintragungen in den Zeilen 5 bis 9 entsprechen grds. den Nrn. 3 bis 7 der LSt-Bescheinigung. In der ersten Spalte sind die Werte aus dem Hauptbeschäftigungsverhältnis anzugeben (Steuerklasse I–V) und in der zweiten Spalte die Summe aller weiteren Dienstverhältnisse sowie einer Urlaubskasse. **Das FA ist an die ausgestellte Bescheinigung jedoch nicht gebunden.**[15)] Die Bescheinigung hat nicht den Charakter eines Grundlagenbescheids für die ESt.

Praxishinweis:

In der Regel entsprechen die in der Anlage N anzugebenden Werte den Beträgen lt. LSt-Bescheinigung. Zu Abweichungen von den Angaben auf der LSt-Bescheinigung kann es aber insb. dann kommen, wenn **im Rahmen der ESt-Veranlagung eine vom LSt-Abzugsverfahren abweichende steuerliche Behandlung eines Sachverhaltes** begehrt wird. So kann bei der ESt-Veranlagung z.B. die Fünftelungsregelung auf eine Entlassungsentschädigung beantragt werden, selbst wenn die Steuerermäßigung im LSt-Abzugsverfahren unberücksichtigt blieb (→ Rz. 1082). Auch kann ein Arbeitnehmer i.R.d. ESt-Erklärung die Höhe des Arbeitslohns anders

1) BFH v. 17.7.2014, VI R 69/13, BStBl II 2015, 41.
2) BFH v. 18.9.2012, VI R 90/10, BStBl II 2013, 289.
3) BFH v. 5.4.2006, IX R 109/00, BStBl II 2006, 541.
4) FG Köln v. 18.2.2020, 1 K 1309/18, EFG 2020, 1237.
5) BFH v. 14.11.2012, VI R 56/11, BStBl II 2013, 382.
6) FG Hessen v. 25.11.2020, 12 K 2283/17, B+P 2021, 153; NZB zurückgenommen.
7) BFH v. 6.6.2018, VI R 32/16, BStBl II 2018, 764.
8) BFH v. 1.4.2021, VI R 43/18, BStBl II 2021, 605.
9) BFH v. 27.10.2004, VI R 29/02, BStBl II 2005, 135.
10) BMF v. 19.5.2015, I V C 5 – S 2234/07/0009, BStBl I 2015, 484.
11) BayLfSt, Erlass v. 7.7.2015, S 2334.2.1-84/16 St 32, StEd 2015, 571.
12) BMF v. 15.3.2022, IV C 5 – S 2334/19/10007 :007, BStBl I 2022, 242.
13) BFH v. 1.12.2020, VIII R 40/18, BStBl II 2024, 384.
14) FG Münster v. 7.12.2018, 4 K 1366/17 E, DStZ 2019, 251.
15) BFH v. 18.8.2011, VII B 9/11, BFH/NV 2011, 2042.

als der Arbeitgeber ermitteln. Oftmals wendet der Arbeitgeber z.B. im LSt-Abzugsverfahren die sog. 1 %-Regelung zur Erfassung und Bewertung eines geldwerten Vorteils aus einer Dienstwagengestellung an. In der ESt-Erklärung kann der Arbeitnehmer unter Vorlage des Gesamtkostennachweises und eines **ordnungsgemäßen Fahrtenbuchs** auf die individuelle Wertermittlungsmethode (direkte Zuordnung von Fahrten zur beruflichen Sphäre) wechseln.[1] Die Fahrtenbuchmethode dürfte grds. in den Fällen günstiger sein, in denen der Anteil der Privatfahrten gering ist.[2]

Beispiel:

Dem Arbeitnehmer wird ein Dienstwagen mit einem inl. Listenpreis i.H.v. 40 000 € zur privaten Nutzung zur Verfügung gestellt. Fahrten zwischen Wohnung und erster Tätigkeitsstätte liegen nicht vor. Der elektronisch übermittelte stpfl. Arbeitslohn beträgt 54 800 €. Die Gesamtkosten für das Fahrzeug betragen insg. 10 000 € (brutto). Entsprechend einem ordnungsgemäß geführten Fahrtenbuch beläuft sich der private Nutzungsanteil des Fahrzeugs auf 20 % der Gesamtfahrleistung.

Bisheriger stpfl. Arbeitslohn	54 800,00 €
Abzüglich bislang erfasster geldwerter Vorteil aus einer Dienstwagengestellung	
(400 € × 12 Monate =)	– 4 800,00 €
Zuzüglich geldwerter Vorteil aus der Dienstwagengestellung nach der Fahrtenbuchmethode	
(10 000 € × 20 %)	+ 2 000,00 €
Korrigierter stpfl. Arbeitslohn	52 000,00 €

Beratungshinweis:

Die 1 %-Regelung auf Grundlage der Bruttolistenneupreise begegnet dabei keinen verfassungsrechtlichen Bedenken.[3] Arbeitgeber werden sich zur Verhinderung von Haftungsrisiken an dem Werkslistenpreis orientieren. Mit der ESt-Erklärung hat der Arbeitnehmer die Möglichkeit, den geldwerten Vorteil aus der Dienstwagengestellung abweichend vom Arbeitgeber zu ermitteln. So kann der Arbeitnehmer den geldwerten Vorteil aus der Dienstwagengestellung auf Grundlage des niedrigeren Händlerlistenpreises ermitteln.

Es ist verfassungsrechtlich nicht geboten, die ermittelte Nutzungsentnahme auf 50 % der Gesamtaufwendungen für das Kfz zu begrenzen.[4]

Zur Frage der Bewertung von Sachbezügen vgl. BMF v. 16.5.2013.[5] Im Rahmen der ESt-Veranlagung kann der geldwerte Vorteil wahlweise nach § 8 Abs. 2 oder Abs. 3 EStG besteuert werden.

b) Steuerklasse (Zeile 4)

Einzutragen ist die Steuerklasse, die auf dem Ausdruck der LSt-Bescheinigung für das erste Dienstverhältnis (Steuerklassen I–V) vermerkt ist. Weitere Dienstverhältnisse, die mit Steuerklasse VI abgerechnet werden, bleiben hierbei unberücksichtigt. **1060**

c) Bruttoarbeitslohn (Zeile 5)

Als Bruttoarbeitslohn ist grds. der auf dem Ausdruck der elektronischen LSt-Bescheinigung oder auf der Besonderen LSt-Bescheinigung[6] eingetragene Wert (Nr. 3 der Bescheinigung) zu übernehmen. Eine Bindungswirkung an den aufgeführten Wert besteht nicht (→ Rz. 1059). Mit dem Begriff „Bruttoarbeitslohn" ist der lohnsteuerbare und -pflichtige Arbeitslohn zu verstehen, der nicht der pauschalen Versteuerung unterworfen wird (→ Rz. 1062). Zum (Brutto-)**Arbeitslohn** gehören alle Güter, die in Geld/Geldeswert bestehen und die dem Arbeitnehmer aus dem Dienstverhältnis für das Zurverfügungstellen seiner individuellen Arbeitskraft zufließen (§ 19 Abs. 1 Satz 1 Nr. 1 i.V.m. § 8 Abs. 1 EStG).[7] Er umfasst damit einmalige und laufende Einnahmen in Geld/Geldeswert, z.B. Gehälter, Löhne, Gratifikationen, Tantiemen, die für die Beschäftigung gewährt werden. Zum Zufluss bei verspäteter Feststellung des Jahresabschusses vgl. BFH v. 28.4.2020.[8] Vorteile werden „für" eine Beschäftigung gewährt, wenn sie durch das individuelle Dienstverhältnis des Arbeitnehmers veranlasst sind. Das ist der Fall, wenn der Vorteil mit Rücksicht auf das Dienstverhältnis eingeräumt wird und sich die Leistung im weitesten Sinne als Gegenleistung für das Zurverfügungstellen der individuellen Arbeitskraft des Arbeitnehmers erweist. Übernimmt der Arbeitgeber **Bußgelder**, handelt es sich um Arbeitslohn.[9] Kein Arbeitslohn liegt allerdings u.a. vor, wenn die Zuwendung wegen anderer Rechtsbeziehungen oder wegen sonstiger, nicht auf dem Dienstverhältnis beruhender Beziehungen zwischen Arbeitnehmer und Arbeitgeber gewährt wird. **1061**

Zur Frage der steuerlichen Behandlung von **Rabatten (Preisvorteile)**, die dem Arbeitnehmer von dritter Seite eingeräumt werden, vgl. BMF.[10]

Der stpfl. Arbeitslohn ist in dem VZ zu versteuern, in dem er **zugeflossen** ist (§ 11 Abs. 1 EStG). Die Einnahmen sind dann zugeflossen, sobald die stpfl. Person über die Einnahmen wirtschaftlich verfügen kann und infolgedessen

1) R 8.1 Abs. 9 Nr. 3 Satz 5 LStR.
2) Zur Problemdarstellung Bilsdorfer, DStR 2012, 1477.
3) BFH v. 13.12.2012, VI R 51/11, BStBl II 2013, 385.
4) BFH v. 15.5.2018, X R 28/15, BStBl II 2018, 712; Verfbeschw nicht angenommen, BVerfG v. 21.03.2023, 2 BvR 2129/18.
5) BMF v. 16.5.2013, IV C 5 – S 2334/07/0011, BStBl I 2013, 729 und v. 11.2.2021, IV C 5 – S 2334/19/10024 :003, BStBl I 2021, 311.
6) BMF v. 8.3.2023, IV C 5 – S 2533/19/10030 :005, BStBl I 2023, 1653.
7) R 19.3 Abs. 1 LStR, H 19.3 Allgemeines zum Arbeitslohnbegriff LStH 2025.
8) BFH v. 28.4.2020, VI R 44/17, BStBl II 2021, 392.
9) BFH v. 14.11.2013, VI R 36/12, BStBl II 2014, 278.
10) BMF v. 20.1.2015, IV C 5 – S 2360/12/10002, BStBl I 2015, 143.

eine Vermögensmehrung eingetreten ist.[1] Zum Lohnzufluss an Gesellschafter/Geschäftsführer vgl. BMF v. 12.5.2014.[2]

In der ersten Spalte sind die Angaben zum ersten Dienstverhältnis zu machen (Hauptarbeitgeber). In der zweiten Spalte sind Eintragungen vorzunehmen, wenn der Arbeitnehmer bei mind. einem weiteren Arbeitgeber abhängig beschäftigt war (z.B. LSt-Bescheinigung[en] Steuerklasse VI). Eintragungen haben ebenso zu erfolgen, wenn die Arbeitslohnzahlungen ohne Bescheinigung für den LSt-Abzug abgerechnet wurden, da auch hierfür nach Steuerklasse VI abzurechnen ist (§ 39c EStG). In der Anlage N **nicht zu erklären** ist **Arbeitslohn**, der **pauschal versteuert** wurde (§§ 37a, 37b und 40 ff. EStG). Die 50 €-Grenze ist im Zusammenhang mit Zukunftssicherungsleistungen (z.B. private Pflegezusatzversicherung) nicht anzuwenden.[3]

1062 Im Rahmen des Zollkodex-Anpassungsgesetzes[4] wurde der Arbeitslohnbegriff im Hinblick auf Zuwendungen im Zusammenhang mit **Betriebsveranstaltungen** (Veranstaltungen auf betrieblicher Ebene, die allen Betriebsangehörigen offenstehen) konkretisiert. Insoweit wurde eine gesetzliche Regelung zur Besteuerung geschaffen, wenn dem Arbeitnehmer Vorteile gewährt werden (§ 19 Abs. 1 Nr. 1a EStG). Für zwei Veranstaltungen im Jahr kann der zu berücksichtigende Freibetrag i.H.v. 110 € (zur Berechnung siehe § 19 Abs. 1 Nr. 1a Satz 5 EStG) in Anspruch genommen werden. Bei der Bewertung von Arbeitslohn anlässlich einer Betriebsveranstaltung sind alle mit dieser in unmittelbarem Zusammenhang stehenden Aufwendungen des Arbeitgebers anzusetzen, ungeachtet dessen, ob sie beim Arbeitnehmer einen Vorteil begründen könne.[5]

d) Lohnsteuer (Zeile 6)

1063 Die LSt wird i.d.R. auf die ESt-Schuld angerechnet (§ 36 Abs. 2 Nr. 2 EStG). Ein LSt-Abzug setzt voraus, dass tatsächlich Arbeitslohn zugeflossen ist. Der LSt unterliegt grds. jeder von einem inl. Arbeitgeber oder ausl. Verleiher gezahlte Arbeitslohn, der dem Arbeitnehmer zugeflossen ist. Der Arbeitgeber hat die LSt unabhängig davon, ob der Arbeitnehmer zur ESt veranlagt wird, einzubehalten und abzuführen.[6] Die Angaben sind auf dem Ausdruck der elektronischen LSt-Bescheinigung (Nr. 4 der LSt-Bescheinigung). Maßgeblich ist der tatsächlich durchgeführte LSt-Abzug, nicht die zutreffende Entrichtungsschuld des Arbeitgebers.[7]

Beratungshinweis:
Lohnsteuerbeträge sind auch dann anzurechnen, wenn kein Arbeitslohn zugeflossen ist, da die zu Unrecht abgeführte LSt einen Anrechnungsanspruch des Arbeitnehmers und keinen Erstattungsanspruch des Arbeitgebers beinhaltet.[8]

e) Solidaritätszuschlag (Zeile 7)

1064 Neben der LSt wird auch der Solidaritätszuschlag erhoben, der ebenfalls angerechnet wird. **BMG für den Solidaritätszuschlag** ist die festgesetzte ESt, vermindert um die anzurechnende oder vergütete Körperschaftsteuer, wenn ein positiver Betrag verbleibt (§ 3 Abs. 1 SolZG). Freibeträge für Kinder und der Freibetrag für den Betreuungs-, Erziehungs- und Ausbildungsbedarf (§ 32 Abs. 6 EStG) sind bei der Ermittlung der BMG immer zu berücksichtigen – auch in dem Fall, dass das Kindergeld im Einzelfall günstiger ist als die entsprechenden Freibeträge. Ab 2021 wurde der Solidaritätszuschlag zurückgeführt.[9]

Die Angaben sind auf dem Ausdruck der elektronischen LSt-Bescheinigung oder auf der Besonderen LSt-Bescheinigung enthalten (Nr. 5 der Bescheinigung).

Der Zuschlag beträgt 5,5 % der BMG (§ 4 SolZG) und ist sowohl bei der Erhebung von Steuerabzugsbeträgen als auch bei Vorauszahlungen zur ESt zu leisten (§ 1 SolZG). Der Solidaritätszuschlag wird ab dem VZ 2023 nur dann erhoben, wenn die BMG bei Anwendung der Splittingtabelle (§ 32a Abs. 5 oder 6 EStG) 36 260 € und in anderen Fällen 18 130 € übersteigt (§ 3 Abs. 3 SolZG). Bereits gezahlter Solidaritätszuschlag wird entsprechend der Kapitalertragsteuer (KESt) als Vorauszahlung auf die ESt-Schuld berücksichtigt.

Beratungshinweis:
Zur Frage der Verfassungswidrigkeit des Solidaritätszuschlags → Rz. 792 (zur Anlage KAP).

f) Kirchensteuer (Zeilen 8–9)

1065 Nach den vorhandenen Angaben auf der LSt-Bescheinigung, aus denen sich ergibt, ob die stpfl. Person einer kirchensteuererhebungsberechtigten Religionsgemeinschaft angehört, sind vom Arbeitgeber Kirchensteuerabzugsbeträge einzubehalten.

1) BFH v. 12.4.2007, VI R 6/02, BStBl II 2007, 581. Zum Gesellschafter-Geschäftsführer, bei dem eine Vermögensmehrung mangels Erfassung in den Büchern der GmbH nicht stattgefunden hat, vgl. BFH v. 3.2.2011, VI R 4/10, BStBl II 2014, 493. Zum fingierten Zufluss bei beherrschenden Gesellschaftern, BFH v. 15.5.2013, VI R 24/12, BStBl II 2014, 495.
2) BMF v. 12.5.2014, IV C 2 – S 2743/12/10001, BStBl I 2014, 860.
3) BMF v. 15.3.2022, IV C 5 – S 2334/19/10007 :007, BStBl I 2022, 242.
4) Zollkodex-Anpassungsgesetz v. 22.12.2014, BStBl I 2015, 58.
5) BFH v. 20.9.2018, VI R 31/18, BStBl II 2021, 606.
6) R 38.1, 38.2 LStR.
7) BFH v. 30.10.2008, VI R 10/05, BStBl II 2009, 354.
8) FG Hamburg v. 15.6.2011, 3 K 135/10, EFG 2011, 1790.
9) Gesetz zur Rückführung des Solidaritätszuschlags 1995 v. 10.12.2019, BGBl. I 2019, 2115 = BStBl I 2020, 15.

Eintragungen haben in der **Zeile 8** für die stpfl. Person und in ggf. einer weiteren Anlage N für den Ehegatten/Lebenspartner zu erfolgen. In **Zeile 9** sind Angaben zu machen, wenn bei Eheleuten/Lebenspartnern die jeweils andere Person einer anderen Konfession (Fälle der Konfessionsverschiedenheit) angehörte, die dazu berechtigt war, Kirchensteuern zu erheben. Die Angaben sind auf dem Ausdruck der elektronischen LSt-Bescheinigung oder auf der Besonderen LSt-Bescheinigung enthalten (Nrn. 6 und 7 der LSt-Bescheinigung). Die gezahlte Kirchensteuer auf die Einkünfte aus nichtselbständiger Arbeit ist eine Sonderausgabe (§ 10 Abs. 1 Nr. 4 EStG) und in Zeile 4 der Anlage Sonderausgaben einzutragen.

g) In Zeile 5 wurde ein von der LSt-Bescheinigung abweichender Bruttoarbeitslohn wegen einer Korrektur der Firmenwagenbesteuerung erklärt (Zeile 10)

Wird ein **Dienstwagen** unentgeltlich oder verbilligt durch den Arbeitgeber an den Arbeitnehmer für dessen Privatnutzung überlassen, führt dies zu einer Bereicherung des Arbeitnehmers und damit zum Lohnzufluss (§ 19 Abs. 1 Satz 1 Nr. 1 EStG). Dieser geldwerte Vorteil ist für jeden Kalendermonat mit 1 % des inl. Listenpreises im Zeitpunkt der Erstzulassung zzgl. der Kosten für Sonderausstattungen einschl. USt zu bewerten – **sog. 1 %-Regelung** (§ 8 Abs. 2 Satz 2 i.V.m. § 6 Abs. 1 Nr. 4 Satz 2 EStG). Für Anschaffungen nach dem 31.12.2018 wurde die 1 %-Regelung halbiert (§ 6 Abs. 1 Nr. 4 Satz 2 und 3 EStG); vgl. gemeinsame Ländererlasse.[1)] **1066**

Ein Vorteil fließt erst dann zu, wenn das Fahrzeug tatsächlich überlassen wird; einer tatsächlichen Nutzung bedarf es nicht.[2)] Zur **lohnsteuerlichen Behandlung** von vom Arbeitnehmer selbst getragenen Aufwendungen bei der Überlassung eines betrieblichen Kfz vgl. BMF v. 3.3.2022.[3)] Eine Korrektur i.R.d. ESt-Erklärung ist möglich. Die für eine Garage getragene AfA kann den geldwerten Vorteil aus der Überlassung eines betrieblichen Arbeitgeber-Kfz zur außerdienstlichen Nutzung nicht mindern, wenn keine rechtliche Verpflichtung des Arbeitnehmers ggü. dem Arbeitgeber besteht, das Kfz in der Garage unterzustellen.[4)] Bei einer Verpflichtung ist der Wert zu mindern.[5)] Es können nur solche vom Arbeitnehmer getragenen Aufwendungen den geldwerten Vorteil aus der Überlassung des Fahrzeugs als Einzelkosten mindern, die bei einer (hypothetischen) Kostentragung durch den Arbeitgeber Bestandteil dieses Vorteils und somit von der Abgeltungswirkung der 1 %-Regelung erfasst wären. Vom Arbeitnehmer getragene Aufwendungen in Gestalt von Mautkosten, Fährkosten und Parkkosten sowie die Absetzung für Abnutzung (AfA) für einen Fahrradträger mindern nicht den Vorteil aus der Zurverfügungstellung des Dienstwagens auch zur privaten Nutzung.[6)]

Zur steuerlichen Behandlung der Überlassung von **(Elektro-)Fahrrädern** vgl. Erlass v. 13.3.2019.[7)]

Beratungshinweis:

Von der pauschalen Wertermittlung kann nur dann abgewichen werden, wenn ein Gesamtkostennachweis vorliegt und ein **„ordnungsgemäßes Fahrtenbuch“**[8)] geführt wird.[9)] Zuzahlungen des Arbeitnehmers mindern den geldwerten Vorteil,[10)] wobei ein negativer Wert[11)] nicht entstehen kann. Eigenleistungen des AN führen nicht zu WK.[12)] Die Aufzeichnungen sind zeitnah und in geschlossener Form (monatsweise Blätter sind nicht ausreichend[13)]) zu führen und müssen neben Angaben zu dem Datum und Fahrtziel (Ausgangs- und Endpunkte[14)]) grds. auch den Namen des aufgesuchten Geschäftspartners enthalten. Der Arbeitnehmer ist mit seiner ESt-Erklärung nicht an die vom Arbeitgeber gewählte Wertermittlung gebunden. Damit kann der Beschäftigte die Fahrtenbuch-Regelung wählen, obwohl der Arbeitgeber im LSt-Abzugsverfahren die sog. 1 %-Regelung angewandt hat.[15)] Die typisierende Regelung ist nicht verfassungswidrig.[16)] Der Beweis des ersten Anscheins (zur Entkräftung Anscheinsbeweis vgl. BFH[17)]) ist dann entkräftet, wenn für private Fahrten andere Fahrzeuge zur Verfügung stehen, die dem betrieblichen in Status/Gebrauchswert vergleichbar sind.[18)] Überlässt der Arbeitgeber mehr als ein Kfz auch zur privaten Nutzung, so ist der in der Überlassung des Fahrzeugs zur privaten Nutzung liegende geldwerte Vorteil für jedes Kfz nach der 1 %-Regelung zu berechnen.[19)] Nur durch ein Fahrtenbuch oder ein vertraglich vereinbartes Privatnutzungsverbot kann die Besteuerung des geldwerten Vorteils verhindert werden. Zur Reichweite des Anscheinsbeweises bei einem familienangehörigen Arbeitnehmer vgl. BFH.[20)]

Zeitraumbezogene (Einmal-)Zahlungen des Arbeitnehmers für die außerdienstliche Nutzung eines betrieblichen Kfz sind bei der Bemessung des geldwerten Vorteils (§ 8 Abs. 2 Satz 2 EStG i.V.m. § 6 Abs. 1 Nr. 4 Satz 2 EStG) auf den Zeitraum, für den sie geleistet werden, gleichmäßig zu verteilen und vorteilsmindernd zu berücksichtigen.[21)]

---

1) Gleich lautende Erlasse der obersten Finanzbehörden der Länder v. 9.1.2020 zur steuerlichen Behandlung der Überlassung von (Elektro-)Fahrrädern, BStBl I 2020, 174.
2) BFH v. 21.3.2013, VI R 26/10, BFH/NV 2013, 1396.
3) BMF v. 3.3.2022, IV C 5 – S 2334/21/10004 :001, BStBl I 2022, 232.
4) BFH v. 4.7.2023, VIII R 29/20, BStBl II 2023, 1005.
5) FG Niedersachsen v. 20.4.2023, 1 K 1234/22, EFG 2024, 150; Rev., Az. des BFH: VI R 7/23.
6) BFH v. 18.6.2024, VIII R 32/20, Rz. 19, 22, BStBl II 2025, 168.
7) Gleich lautende Erlasse der obersten Finanzbehörden der Länder v. 13.3.2019, BStBl I 2019, 216.
8) Zu formalen Voraussetzungen BMF v. 18.11.2009, IV C 6 – S 2177/07/10004, BStBl I 2009, 1326 sowie v. 5.11.2021, IV C 5 – S 2334/19/10009 :003, BStBl I 2021, 2205.
9) R 8.1 Abs. 9 Nr. 2 LStR und H 8.1 (9-10) LStH 2025.
10) BFH v. 30.11.2016, VI R 2/15, BStBl II 2017, 1014.
11) BFH v. 30.11.2016, VI R 49/14, BStBl II 2017, 1011.
12) BFH v. 18.2.2020, VI B 20/19, DStZ 2020, 514.
13) BFH v. 10.6.2013, X B 258/12, BFH/NV 2013, 1412.
14) BFH v. 13.11.2012, VI R 3/12, BFH/NV 2013, 526.
15) R 8.1 Abs. 9 Nr. 3 Satz 4 LStR.
16) BFH v. 13.12.2012, VI R 51/11, BStBl II 2013, 385.
17) BFH v. 21.3.2013, VI R 42/12, BFH/NV 2013, 1305; BFH v. 21.3.2013, VI R 31/10, BStBl II 2013, 700.
18) BFH v. 4.12.2012, VIII R 42/09, BStBl II 2013, 365.
19) BFH v. 13.6.2013, VI R 17/12, BStBl II 2014, 340; bestätigt BFH v. 24.5.2019, VI B 101/18, DStZ 2019, 643.
20) BFH v. 14.11.2013, VI R 25/11, BFH/NV 2014, 678.
21) BFH v. 16.12.2020, VI R 19/18, BStBl II 2021, 761.

Zur Frage der Nutzung eines Fahrzeugs für private Fahrten, Fahrten zwischen Wohnung und erster Tätigkeitsstätte und Familienheimfahrten im Zusammenhang mit der Nutzung von **Elektro- und Hybridelektrofahrzeugen** vgl. BMF v. 5.11.2021.[1] Zu Brennstofffahrzeugen vgl. BMF v. 24.1.2018.[2]

Der Pauschalwert erhöht sich grds. für jeden Kalendermonat um 0,03 % des genannten Listenpreises für jeden Kilometer der Entfernung zwischen Wohnung und erster Tätigkeitsstätte, wenn das Fahrzeug für solche Fahrten genutzt werden kann (§ 8 Abs. 2 Satz 3 EStG). Im **Rahmen der ESt-Erklärung ist der Arbeitnehmer nicht an die für die Erhebung der LSt gewählte Methode gebunden** und kann die Methode einheitlich für alle ihm überlassenen betrieblichen Kfz für das gesamte Kj. wechseln. Um im Veranlagungsverfahren zur Einzelbewertung der tatsächlichen Fahrten zwischen Wohnung und erster Tätigkeitsstätte wechseln zu können, muss der Arbeitnehmer fahrzeugbezogen darlegen, an welchen Tagen (Datumsangabe) das betriebliche Kfz tatsächlich für Fahrten zwischen Wohnung und erster Tätigkeitsstätte genutzt wurde. Zudem ist durch geeignete Belege glaubhaft zu machen, dass und in welcher Höhe der Arbeitgeber den Zuschlag mit 0,03 % des Listenpreises für jeden Kilometer der Entfernung zwischen Wohnung und erster Tätigkeitsstätte ermittelt und versteuert hat (z.B. Gehaltsabrechnung, die die Besteuerung des Zuschlags erkennen lässt; Bescheinigung des Arbeitgebers). Die Fahrtenbuchmethode kann nicht angewendet werden, wenn der Treibstoffverbrauch geschätzt wird.[3]

Sofern nachhaltig weniger als 15 Fahrten zwischen Wohnung und erster Tätigkeitsstätte im Monat durchgeführt werden (im Kj: 180 Fahrten), ist der geldwerte Vorteil im Wege der Einzelbewertung mit 0,002 % je tatsächlich durchgeführter Fahrt zu erfassen:[4]

Berechnung: 0,03 %: 15 Fahrten zur ersten Tätigkeitsstätte im Monat = 0,002 % je Einzelfahrt.

Die Finverw. wendet die BFH-Rechtsprechung u.a. nach den folgenden Grundsätzen an:[5]

- Der Arbeitnehmer hat ggü. dem Arbeitgeber kalendermonatlich fahrzeugbezogen schriftlich zu erklären, an welchen Tagen er das betriebliche Kfz tatsächlich für Fahrten zwischen Wohnung und Tätigkeitsstätte genutzt hat. Es ist aus Vereinfachungsgründen nicht zu beanstanden, wenn für den LSt-Abzug jeweils die Erklärung des Vormonats zu Grunde gelegt wird. Der Arbeitgeber hat auf Grund der Erklärungen des Arbeitnehmers den LSt-Abzug durchzuführen, sofern der Arbeitnehmer nicht erkennbar unrichtige Angaben macht. Für die Ermittlung des Zuschlags (§ 8 Abs. 2 Satz 3 EStG) anhand der Anzahl der tatsächlich durchgeführten Fahrten (sog. Einzelbewertung) ist nicht zwingend die Angabe der genauen Tage (Datumsangabe) erforderlich, an denen der Arbeitnehmer die Arbeitsstätte aufgesucht hat, wenn an der Anzahl der durchgeführten Tage keine Zweifel bestehen und das FA diese Anzahl der Entfernungspauschale (§ 9 Abs. 1 Satz 3 Nr. 4 EStG) unverändert zugrunde gelegt hat.[6]
- Wird im LSt-Abzugsverfahren eine Einzelbewertung der tatsächlichen Fahrten zwischen Wohnung und Tätigkeitsstätte vorgenommen, so hat der Arbeitgeber eine jahresbezogene Begrenzung auf 180 Fahrten vorzunehmen. Eine monatliche Begrenzung auf 15 Fahrten ist ausgeschlossen.

h) Steuerbegünstigte Versorgungsbezüge – im Bruttoarbeitslohn lt. Zeile 5 enthalten (Zeile 11)

1067 Zu den Einkünften aus nichtselbständiger Arbeit gehören auch **Einkünfte aus einer ehemaligen Tätigkeit,** und zwar auch dann, wenn diese der stpfl. Person als Rechtsnachfolger zufließen (§ 24 Nr. 2 i.V.m. § 19 Abs. 1 Satz 1 Nr. 2 und Abs. 2 EStG sowie § 1 Abs. 1 Satz 2 LStDV). Versorgungsbezüge sind Einkünfte oder Vorteile aus einem früheren Dienstverhältnis als Arbeitnehmer. Eine Versorgung nach beamtenrechtlichen Grundsätzen liegt vor, wenn dem Arbeitnehmer nach einer Ruhelohnordnung, Satzung, Dienstordnung oder einem (Tarif-)Vertrag von einer öffentlich-rechtlichen Körperschaft eine lebenslängliche Alters- oder Dienstunfähigkeits- und Hinterbliebenenversorgung auf der Grundlage seines Arbeitsentgelts und der Dauer seiner Dienstzeit gewährt wird. Die zugesagte Versorgung muss nach Voraussetzung, Art und Umfang ungeachtet gewisser Abweichungen einer beamtenrechtlichen Versorgung in wesentlichen Grundzügen gleichstehen.[7]

Erfolgt die Auszahlung des im Aufbaukonto der betrieblichen Altersversorgung über mehrere Jahre im Wege der Entgeltumwandlung angesammelten Versorgungsguthabens als Einmalzahlung, kann eine Vergütung für mehrjährige Tätigkeit (§ 34 Abs. 2 Nr. 4 EStG) anzunehmen sein.[8]

Die Angaben sind auf dem Ausdruck der elektronischen LSt-Bescheinigung oder auf der Besonderen LSt-Bescheinigung enthalten (Nr. 8 der Bescheinigung).

Versorgungsbezüge (§ 19 Abs. 2 EStG) sind:

- das Ruhegehalt, Witwen- oder Waisengeld, der Unterhaltsbeitrag oder ein gleichartiger Bezug auf Grund beamtenrechtlicher oder entsprechender gesetzlicher Vorschriften oder nach beamtenrechtlichen Grundsätzen

1) BMF v. 5.11.2021, IV C 5 – S 2334/19/10009 :003, BStBl I 2021, 2205.
2) BMF v. 24.1.2018, IV C 6 – S 2177/13/10002, BStBl I 2018, 272.
3) BFH v. 15.12.2022, VI R 44/20, BStBl II 2023, 442.
4) BFH v. 22.9.2010, VI R 57/09, BStBl II 2011, 359.
5) BMF v. 3.3.2022, IV C 5 – S 2334/21/10004 :001, BStBl I 2022, 232, Rz. 10.
6) So auch FG Nürnberg v. 23.1.2020, 4 K 1789/18, EFG 2020, 179.
7) BFH v. 16.2.2020, VI R 29/18, BStBl II 2021, 399.
8) BFH v. 23.4.2021, IX R 3/20, BStBl II 2021, 692.

von Körperschaften, Anstalten oder Stiftungen des öffentlichen Rechts oder öffentlich-rechtlichen Verbänden von Körperschaften oder

- in anderen Fällen Bezüge und Vorteile aus früheren Dienstleistungen wegen Erreichens einer Altersgrenze oder verminderter Erwerbsfähigkeit oder Hinterbliebenenbezüge; Bezüge wegen Erreichens einer Altersgrenze gelten erst dann als Versorgungsbezüge, wenn die stpfl. Person das 63. Lebensjahr oder, wenn diese schwerbehindert ist, dass 60. Lebensjahr vollendet hat. Zu berücksichtigen sind auch Beihilfeleistungen.[1]

Vor dem Erreichen der Altersgrenzen sind Leistungen nicht als Versorgungsbezüge anzusehen.[2] Zu den weiteren Versorgungsbezügen gehört eine Vielzahl von Leistungen. Eine umfassende Aufstellung hierzu ist in R 19.8 Abs. 1 LStR enthalten.

Bezüge und Vorteile aus früheren Dienstleistungen wegen **Erreichens einer Altersgrenze** setzen voraus, dass die stpfl. Person wegen Erreichens der Altersgrenze von der Verpflichtung zu Dienstleistungen entbunden ist.[3] Die Grundversorgung des Ruhegehalts eines ehemaligen Bediensteten des EPA ist in Einkünfte aus nichtselbständiger Arbeit (§ 19 Abs. 1 Satz 1 Nr. 2, Abs. 2 EStG [Versorgungsbezüge]) und sonstige Einkünfte (§ 22 Nr. 1 Satz 3 Buchst. a EStG [Leibrente]) aufzuteilen, sofern der Bedienstete von seinem Recht Gebrauch gemacht hat, eine zuvor aufgebaute Anwartschaft bei der deutschen gesetzlichen Rentenversicherung auf das Versorgungssystem des EPA zu übertragen und diese Übertragung vor dem 1.1.2011 erfolgt ist.[4]

Zur Frage der Besteuerung der Versorgungsbezüge internationaler und europäischer Organisationen vgl. BMF v. 1.6.2015.[5] Zu den Versorgungsbezügen gehören auch die Zahlungen, die i.R.v. Sonderurlaubsregelungen (**sog. 58er-Regelung**) gezahlt werden, da es sich insoweit um einen gleichartigen Bezug handelt.[6] Entscheidend ist dabei jedoch auch der Versorgungszweck, so dass Zahlungen im Rahmen einer Freistellungsphase nicht begünstigt sind.[7]

Arbeitslohn, der nach dem Tod des Arbeitnehmers gezahlt wird, darf grds. unabhängig vom Rechtsgrund der Zahlung nicht mehr nach den steuerlichen Merkmalen des Verstorbenen versteuert werden. Zahlt der Arbeitgeber den Arbeitslohn an einen Erben oder Hinterbliebenen aus, so ist der LSt-Abzug grds. nur nach dessen Besteuerungsmerkmalen durchzuführen. Die an die übrigen Anspruchsberechtigten weitergegebenen Beträge stellen im Kj. der Weitergabe negative Einnahmen dar. Handelt es sich dabei um Versorgungsbezüge (§ 19 Abs. 2 EStG), so ist für die Berechnung der negativen Einnahmen zunächst vom Bruttobetrag der an die anderen Anspruchsberechtigten weitergegebenen Beträge auszugehen; dieser Bruttobetrag ist sodann um den Unterschied zwischen den beim LSt-Abzug berücksichtigten Freibeträgen für Versorgungsbezüge und den auf den verbleibenden Anteil des Zahlungsempfängers entfallenden Freibeträgen für Versorgungsbezüge zu kürzen. Die Auseinandersetzungszahlungen sind bei den Empfängern – ggf. vermindert um die Freibeträge für Versorgungsbezüge (§ 19 Abs. 2 EStG) – als Einkünfte aus nichtselbständiger Arbeit im Rahmen einer Veranlagung zur ESt zu erfassen (§ 46 Abs. 2 Nr. 1 EStG). **1068**

Der **Arbeitnehmer-PB** (→ Rz. 1105) (§ 9a Satz 1 Nr. 1 Buchst. a EStG) findet auf Versorgungsbezüge keine Anwendung. Stattdessen wird ein besonderer WK-Pauschbetrag von 102 € berücksichtigt (§ 9a Satz 1 Nr. 1 Buchst. b EStG). Als Ausgleich für den Wegfall des (höheren) PB -Pauschbetrags wird ein Zuschlag von zunächst 900 € hinzugerechnet, der jedoch in Abhängigkeit von dem Jahr des Versorgungsbeginns bis 2058 auf 0 € abgeschmolzen wird (§ 19 Abs. 2 Satz 3 EStG). Die Höhe des Zuschlags zum Versorgungsfreibetrag sowie der Versorgungsfreibetrag richten sich immer nach dem Jahr des Versorgungsbeginns. Zum Zeitpunkt des Versorgungsbeginns z.B. bei einer Option, Versorgungsleistungen für einen Zeitraum ab dem Erreichen der maßgeblichen Altersgrenze zu beanspruchen vgl. BMF v. 10.4.2015.[8] **1069**

Beratungshinweis:

Bei einer nachträglich internen Teilung eines laufenden beamtenrechtlichen Versorgungsbezugs gilt für die Höhe der Versorgungsfreibeträge das Jahr des Eintritts des ausgleichspflichtigen Ehegatten in den Ruhestand auch als Versorgungsbeginn beim ausgleichsberechtigten Ehegatten.[9]

Maßgebliche Werte für die Veranlagungsjahre 2024 und 2025:

Jahr des Versorgungsbeginns	Versorgungsfreibetrag		Zuschlag zum Versorgungsfreibetrag in €
	in % der Versorgungsbezüge	Höchstbetrag in €	
2024	13,6	1 020	306
2025	13,2	990	297

1) BFH v. 6.2.2013, VI R 28/11, BStBl II 2013, 572.
2) BFH v. 7.2.2013, VI R 12/11, BStBl II 2013, 576.
3) BFH v. 11.3.2020, VI R 26/18, BStBl II 2020, 565.
4) BFH v. 15.12.2021, X R 2/20, HFR 2022, 635.
5) BMF v. 1.6.2015, IV C 5 – S 2345/15/10001, BStBl I 2015, 475.
6) BFH v. 12.2.2009, VI R 50/07, BStBl II 2009, 460.
7) BFH v. 21.3.2013, VI R 5/12, BStBl II 2013, 611.
8) BMF v. 10.4.2015, IV C 5 – S 2345/08/10001, BStBl I 2015, 256.
9) FG Hessen v. 5.6.2024, 4 K 1272/23, EFG 2024, 1902, Rev., Az. des BFH: VI R 19/24.

Werden in einem VZ gleichzeitig Einnahmen aus (aktiver) nichtselbständiger Arbeit (§ 19 Abs. 1 EStG) und Versorgungsbezügen (§ 19 Abs. 2 EStG) bezogen, kommen der Arbeitnehmer-PB (§ 9a Satz 1 Nr. 1a EStG) und Werbungskosten-PB (§ 9a Satz 1 Nr. 1b EStG) nebeneinander zur Anwendung.

i) Bemessungsgrundlage für den Versorgungsfreibetrag lt. Nr. 29 der Lohnsteuerbescheinigung (Zeile 12)

1070 Die Angabe ist erforderlich für die Berechnung des Versorgungsfreibetrags (§ 19 Abs. 2 EStG) und des Zuschlags zum Versorgungsfreibetrag (§ 9a Satz 1 Nr. 1 Buchst. b EStG; → Rz. 1069). Eine Bindungswirkung an – unrichtige – Arbeitgeberangaben tritt für das Besteuerungsverfahren nicht ein.

BMG für den Versorgungsfreibetrag ist

- bei Versorgungsbeginn vor 2005 das Zwölffache des Versorgungsbezugs für Januar 2005,
- bei Versorgungsbeginn ab 2005 das Zwölffache des Versorgungsbezugs für den ersten vollen Monat,

jeweils **zuzüglich** voraussichtlicher **Sonderzahlungen** im Kj., auf die zu diesem Zeitpunkt ein Rechtsanspruch besteht (§ 19 Abs. 2 Satz 4 EStG). Wird der Versorgungsbezug nicht für einen vollen Monat gezahlt, z.B. auf Grund des Todes der stpfl. Person, ist der Bezug des Teilmonats auf einen Monatsbetrag hochzurechnen.

Praxishinweis:

Bei einer nachträglichen Festsetzung von Versorgungsbezügen ist der Monat maßgebend, für den die Versorgungsbezüge erstmals festgesetzt werden; auf den Zahlungstermin kommt es nicht an.[1]

Die hierfür notwendigen Eintragungen ergeben sich regelmäßig aus den entsprechenden LSt-Bescheinigungen (lfd. Nr. 29).

Beispiel:

Die stpfl. Person erhält ab dem 1.1.2025 Versorgungsbezüge i.H.v. 2 000 €/Monat.

12 Monate × 2 000 € =	24 000 €
Versorgungsfreibetrag 13,2 % von 24 000 €, max. 990	990 €
Zuschlag zum Versorgungsfreibetrag	297 €
Werbungskosten-PB	102 €
zu versteuernde Versorgungsbezüge	22 611 €

Werden **Versorgungsbezüge nur für einen Teil des Kj.** gezahlt, so ermäßigen sich der Versorgungsfreibetrag und der Zuschlag zum Versorgungsfreibetrag für jeden vollen Kalendermonat, für den keine Versorgungsbezüge geleistet werden, in diesem Kj. um ein Zwölftel (§ 19 Abs. 2 Satz 12 EStG). Die Besteuerung der beamtenrechtlichen Versorgungsbezüge (**Bestandspensionären**) verstößt nicht gegen das GG.[2]

1071 Der **ermittelte Versorgungsfreibetrag** und der Zuschlag zum Versorgungsfreibetrag gelten grds. **für die gesamte Laufzeit des Versorgungsbezugs** (§ 19 Abs. 2 Satz 8 EStG). Die Besteuerung von Pensionen von Bestandspensionären ist nicht verfassungswidrig.[3] Zu einer **Neuberechnung** führen **nur** Änderungen des Versorgungsbezugs, die ihre Ursache in der Anwendung von Anrechnungs-, Ruhens-, Erhöhungs- oder Kürzungsregelungen haben (§ 19 Abs. 2 Satz 10 EStG), z.B. Wegfall, Hinzutreten oder betragsmäßige Änderungen. Dies ist insbesondere der Fall, wenn der Versorgungsempfänger neben seinen Versorgungsbezügen

- Erwerbs- oder Erwerbsersatzeinkommen (§ 53 BeamtVG), andere Versorgungsbezüge (§ 54 BeamtVG), Renten (§ 55 BeamtVG) oder Versorgungsbezüge aus zwischenstaatlicher und überstaatlicher Verwendung (§ 56 BeamtVG) erzielt, wenn sich die Voraussetzungen für die Gewährung des Familienzuschlags oder des Unterschiedsbetrags nach § 50 BeamtVG ändern oder wenn ein Witwen- oder Waisengeld nach einer Unterbrechung der Zahlung wieder bewilligt wird.[4]

1072 **Praxishinweis:**

Bei mehreren Versorgungsbezügen bestimmen sich der maßgebende Prozentsatz für den steuerfreien Teil der Versorgungsbezüge und der Höchstbetrag des Versorgungsfreibetrags sowie der Zuschlag zum Versorgungsfreibetrag nach dem Beginn des jeweiligen Versorgungsbezugs (§ 19 Abs. 2 Satz 6 EStG). Eine zeitanteilige Kürzung, wenn Versorgungsbezüge nur für einen Teil des Jahres gezahlt werden, erfolgt nur für Monate, für die keiner der Versorgungsbezüge geleistet wird.

j) Maßgebendes Kalenderjahr des Versorgungsbeginns – ggf. bei unterjähriger Zahlung (Zeilen 13–14)

1073 Der Versorgungsfreibetrag und der Zuschlag zum Versorgungsfreibetrag (Freibeträge für Versorgungsbezüge) berechnen sich auf der Grundlage des Versorgungsbezugs für den ersten vollen Monat bei Versorgungsbeginn ab 2005; wird der Versorgungsbezug insgesamt nicht für einen vollen Monat gezahlt (z.B. wegen Todes des Versorgungsempfängers), ist der Bezug des Teilmonats auf einen Monatsbetrag hochzurechnen. Bei einer nachträglichen Festsetzung von Versorgungsbezügen ist der Monat maßgebend, für den die Versorgungsbezüge erstmals festge-

---

1) BMF v. 19.8.2013, IV C 3 – S 2221/12/100100 :004, IV C 5 – S 2345/08/0001, BStBl I 2013, 1087, Rz. 171.
2) BFH v. 7.2.2013, VI R 83/10, BStBl II 2013, 573.
3) BFH v. 16.9.2013, VI R 67/12, BFH/NV 2014, 37.
4) BMF v. 19.8.2013, IV C 3 – S 2221/12/100100 :004, IV C 5 – S 2345/08/0001, BStBl I 2013, 1087, Rz. 173.

setzt werden; auf den Zahlungstermin kommt es nicht an.[1] Das Kj. des Versorgungsbeginns ergibt sich aus Nr. 30 und die Monatsangabe bei unterjähriger Zahlung aus Nr. 31 der LSt-Bescheinigung.

Werden Versorgungsbezüge nur **für einen Teil des Kj. gezahlt**, so ermäßigen sich der Versorgungsfreibetrag und der Zuschlag zum Versorgungsfreibetrag für jeden vollen Kalendermonat, für den keine Versorgungsbezüge geleistet werden, in diesem Kj. um ein Zwölftel (§ 19 Abs. 2 Satz 12 EStG). 1074

Beispiel:
A erhält ab dem 1.7.2025 Versorgungsbezüge i.H.v. 3 000 €/Monat

6 × 3 000 € =		18 000 €
Versorgungsfreibetrag 13,2 %, max. 990 € =	990 €	
Zuschlag zum Versorgungsfreibetrag	297 €	
Summe	1 287 €	
× 6/12	644 €	
Werbungskosten-PB	102 €	
Summe	746 €	– 746 €
zu versteuernde Versorgungsbezüge		17 254 €

Bei Zahlung mehrerer Versorgungsbezüge erfolgt eine Kürzung nur für Monate, für die keiner der Versorgungsbezüge geleistet wird. Der einzutragende Betrag ergibt sich regelmäßig aus Nr. 29 der LSt-Bescheinigung.

Beratungshinweis:
Beim BFH ist die Frage zur Frage des Versorgungsbeginns für die Ermittlung des Versorgungsfreibetrags und des Zuschlags zum Versorgungsfreibetrag bei Bezug von Versorgungsbezügen vom Dienstherrn des früheren Ehegatten auf Grund einer nachträglich erwirkten gerichtlichen Abänderung des Versorgungsausgleichs anhängig.[2]

k) Sterbegeld, Kapitalauszahlungen/Abfindungen und Nachzahlungen von Versorgungsbezügen lt. Nr. 32 der Lohnsteuerbescheinigung – in den Zeilen 5 und 11 enthalten (Zeile 15)

aa) Sterbegeld

Erhält ein Hinterbliebener Sterbegeld, stellt dieses ebenfalls einen Versorgungsbezug dar.[3] 1075

Beratungshinweis:
Das nach beamtenrechtlichen Grundsätzen gezahlte pauschale, nach den Dienstbezügen bzw. dem Ruhegehalt des Verstorbenen bemessene Sterbegeld ist nicht steuerfrei (§ 3 Nr. 11 EStG).[4]

Für das Sterbegeld gelten zur Berechnung der Freibeträge für Versorgungsbezüge ebenfalls der Prozentsatz, der Höchstbetrag und der Zuschlag zum Versorgungsfreibetrag des Verstorbenen. Das Sterbegeld darf als Leistung aus Anlass des Todes die Berechnung des Versorgungsfreibetrags für etwaige sonstige Hinterbliebenenbezüge nicht beeinflussen und ist daher nicht in deren Berechnungsgrundlage einzubeziehen. Das Sterbegeld ist vielmehr als zusätzlicher Versorgungsbezug zu behandeln.

Als BMG für die Freibeträge für Versorgungsbezüge ist die Höhe des Sterbegelds im Kj. anzusetzen, unabhängig von der Zahlungsweise und Berechnungsart.[5] Der einzutragende Betrag ergibt sich regelmäßig aus Nr. 32 der LSt-Bescheinigung.

Hinweis zur Plausibilitätsbeurteilung:
Versorgungsbezüge in diesen Sonderfällen sind auch in den Zeilen 5 und 11 enthalten, nicht jedoch in Zeile 12.

bb) Kapitalauszahlung/Abfindung

Wird anstelle eines monatlichen Versorgungsbezugs eine Kapitalauszahlung oder Abfindung an den Versorgungsempfänger gezahlt, so handelt es sich um einen sonstigen Bezug. Für die Ermittlung der Freibeträge für Versorgungsbezüge ist das Jahr des Versorgungsbeginns zu Grunde zu legen. Bemessungsgrundlage ist der Betrag der Kapitalauszahlung oder Abfindung im Kj.[6] Der einzutragende Betrag ergibt sich regelmäßig aus Nr. 32 der LSt-Bescheinigung. 1076

Beispiel:
Dem Versorgungsempfänger A wird im Jahr 2024 eine Abfindung i.H.v. 10 000 € gezahlt. Der Versorgungsfreibetrag beträgt (13,6 % von 10 000 € = 1 360 €, max. 1 020 €) 1 020 €; der Zuschlag zum Versorgungsfreibetrag beträgt 306 €.

Zu weiteren Beispielen vgl. BMF v. 10.4.2015.[7]

1) BMF v. 19.8.2013, IV C 3 – S 2221/12/100100 :004, IV C 5 – S 2345/08/0001, BStBl I 2013, 1087, Rz. 171.
2) FG Hessen v. 5.6.2024, 4 K 1272/23; Rev. Az. des BFH: VI R 19/24.
3) R 19.8 Abs. 1 Nr. 1 und R 19.9 Abs. 3 Nr. 3 LStR.
4) BFH v. 19.4.2021, VI R 8/19, BStBl II 2021, 909; vgl. auch BFH v. 15.6.2023, VI R 33/20, BStBl II 2023, 1031.
5) BMF v. 19.8.2013, IV C 3 – S 2221/12/100100 :004, IV C 5 – S 2345/08/0001, BStBl I 2013, 1087, Rz. 182.
6) BMF v. 19.8.2013, IV C 3 – S 2221/12/100100 :004, IV C 5 – S 2345/08/0001, BStBl I 2013, 1087, Rz. 184.
7) BMF v. 10.4.2015, IV C 5 – S 2345/08/10001 :006, BStBl I 2015, 256.

Praxishinweis:
Versorgungsbezüge in diesen Sonderfällen sind auch in den Zeilen 5 und 11 enthalten, nicht jedoch in Zeile 12.

cc) Nachzahlungen von Versorgungsbezügen

1077 Die gleichen Grundsätze gelten auch, wenn Versorgungsbezüge in einem späteren Kj. nachgezahlt oder berichtigt werden. Der einzutragende Betrag ergibt sich regelmäßig aus Nr. 32 der LSt-Bescheinigung.

Praxishinweis:
Versorgungsbezüge in diesen Sonderfällen sind auch in den Zeilen 5 und 11 enthalten, nicht jedoch in Zeile 12.

dd) Hinterbliebenenversorgung

1078 Folgt ein Hinterbliebenenbezug einem Versorgungsbezug, bestimmen sich der Prozentsatz, der Höchstbetrag des Versorgungsfreibetrags und der Zuschlag zum Versorgungsfreibetrag für den Hinterbliebenenbezug nach dem Jahr des Beginns des Versorgungsbezugs des Verstorbenen (§ 19 Abs. 2 Satz 7 EStG). Bei Bezug von Witwen- oder Waisengeld ist für die Berechnung der Freibeträge für Versorgungsbezüge das Jahr des Versorgungsbeginns des Verstorbenen maßgebend, der diesen Versorgungsanspruch zuvor begründete.

l) Versorgungsbezüge für mehrere Kalenderjahre laut Nr. 9 der Lohnsteuerbescheinigung (Zeile 16)

1079 Der einzutragende Betrag ergibt sich regelmäßig aus Nr. 9 der LSt-Bescheinigung.

Die Eintragung an dieser Stelle ist erforderlich, da Versorgungsbezüge für mehrere Jahre der sog. Fünftelungsregelung unterliegen (§ 34 Abs. 1, Abs. 2 Nr. 4 EStG). Es handelt sich insoweit um eine **ermäßigte Besteuerung (sog. Fünftelregelung)**, die auch anzuwenden ist, soweit Versorgungsbezüge nachgezahlt werden.[1] **Eine ermäßigte Besteuerung wird ab dem VZ 2025 nicht mehr beim Lohnsteuerabzug durch den Arbeitgeber, sondern ausschließlich i.R.d. Veranlagung zur Einkommensteuer berücksichtigt** (→ Rz. 1080).

Die ermäßigte Besteuerung des § 34 Abs. 1 EStG kommt auch dann zur Anwendung, wenn ein Versorgungsguthaben für eine mehrjährige nichtselbständige Tätigkeit in einem zur Auszahlung z.B. an die Witwe des regulär Begünstigten gelangt (i.S. eines Witwengeldes; keine Vereinbarung im Wege einer Einmalauszahlung, sondern originär vereinbarter Erfüllungsanspruch).[2] Die zu gewährenden Freibeträge für Versorgungsbezüge können im Kj. nur einmal abgezogen werden und sind zunächst bei den laufenden – nicht nach § 34 EStG begünstigten – Einkünften zu berücksichtigen. Ist ein Teil dieser Freibeträge nicht bei den laufenden Einkünften berücksichtigt worden, ist dieser bei den tarifbegünstigten Einkünften (§ 34 EStG) abzuziehen.[3] Diese Regelung gilt auch bei beschränkt einkommenstpfl. Arbeitnehmern. Als begünstigte Entschädigung ist die Ausgleichszahlung, vermindert um die darauf entfallenden **WK,** anzusetzen, wobei nur solche Ausgaben zu berücksichtigen sind, die mit der Ausgleichszahlung in unmittelbarem Zusammenhang stehen.[4]

Hinweis zur Plausibilitätsbeurteilung:
Werbungskosten, die mit diesen Einnahmen in Zusammenhang stehen, sind in Zeile 79 zu erklären.

m) Arbeitslohn für mehrere Jahre, Entschädigungen (z.B. Abfindungen) laut Nr. 10 der Lohnsteuerbescheinigung (Zeile 17)

aa) Grundsätze

1080 **Hinweis zur Plausibilitätsbeurteilung:**
Durch das Wachstumschancengesetz[5] wurde die Fünftelregelung bei Abfindungen ab dem VZ 2025 auf das Veranlagungsverfahren verlagert. Nach bis zum VZ 2024 geltendem Recht konnte die Tarifermäßigung (§ 34 Abs. 1 EStG, sog. **Fünftelungsregelung/-methode**) für bestimmte Arbeitslöhne (Entschädigungen, Vergütungen für mehrjährige Tätigkeiten) bereits bei der Berechnung der LSt berücksichtigt werden. Die Regelung erforderte eine komplizierte Berechnungsschleife im Programmablaufplan für die maschinelle Lohnsteuerberechnung der Arbeitgeber. In vielen Fällen macht der Arbeitgeber schon heute von der Möglichkeit der tarifermäßigten Lohnbesteuerung keinen Gebrauch, denn er kann oftmals nicht rechtssicher feststellen, ob die Voraussetzungen für die Tarifermäßigung überhaupt vorliegen. Insbesondere die Frage der Zusammenballung ist unterjährig oft nur schwer oder gar nicht zu beurteilen. Auch muss der Arbeitgeber gesondert prüfen, ob es überhaupt zu einer Lohnsteuerminderung kommt. Die Regelungen zur Berechnung der LSt im Zusammenhang mit tarifermäßigt zu besteuerndem Arbeitslohn wurden ersatzlos aufgehoben und damit als Beitrag zum Bürokratieabbau die Lohnsteuerberechnung vereinfacht. Die Arbeitgeber werden von Prüfungs- und Berechnungsaufwand entlastet. Für den Arbeitnehmer ergeben sich keine Nachteile, denn die Tarifermäßigung (§ 34 Abs. 1 EStG) kann – wie bisher – i.R.d. Veranlagung zur ESt geltend gemacht werden. Die zutreffende ESt kann in den Fällen des § 34 Abs. 1 EStG ohnedies nur punktgenau i.R.d. Veranlagung zur ESt ermittelt werden, weil nur hier alle Besteuerungsgrundlagen (weitere Einkünfte, Sonderausgaben, Steuerermäßigungen, Art der Veranlagung etc.) bekannt sind.[6]

Die Eintragungszeile beruht auf dem Umstand, dass für die Einkünfte der **ermäßigte Steuersatz** gilt (§ 34 Abs. 1 und Abs. 2 Nr. 2 EStG). Die Eintragung dient daher der Berücksichtigung des ermäßigten Steuersatzes. Die Rege-

1) H 34.4 Nachzahlung von Versorgungsbezügen EStH 2024.
2) FG München v. 25.3.2015, 1 K 2723/13, EFG 2015, 1200.
3) R 34.4 Ermittlung der Einkünfte EStR 2012.
4) BFH v. 29.10.1998, XI R 63/97, BStBl II 1999, 588.
5) Wachstumschancengesetz v. 27.3.2024, BGBl. I 2024 Nr. 108 = BStBl I 2024, 666.
6) Vgl. Gesetzesbegründung zum Wachstumschancengesetz, BT-Drucks. 20/8628.

lungen des § 34 Abs. 3 EStG finden auf Einkünfte eines Arbeitnehmers keine Anwendung.[1] Wird eine **begünstigt besteuerte Leistung zurückgezahlt**, ist die Rückzahlung auch dann im Abflussjahr zu berücksichtigen, wenn die Abfindung im Zuflussjahr begünstigt besteuert worden ist. Diese Regelung greift auch dann, wenn die streitigen Einkünfte besonderen Steuersätzen unterworfen waren. Eine Lohnrückzahlung ist regelmäßig kein rückwirkendes Ereignis, das zur Änderung des ESt-Bescheids des Zuflussjahres berechtigt.[2]

bb) Entschädigungen

Entschädigungen sind Zahlungen, die als Ersatz für entgangene oder entgehende Einnahmen oder für die Aufgabe oder Nichtausübung einer Tätigkeit gewährt werden (§ 24 Nr. 1 Buchst. a und b EStG). Durch die Regelung wird kein eigener Besteuerungstatbestand begründet, sondern weist die in ihm genannten Einnahmen nur der Einkunftsart zu, zu der die entgangenen oder künftig entgehenden Einnahmen gehört hätten, wenn sie erzielt worden wären. Ihrem Charakter als Zuweisungsregelung entsprechend schließt die Vorschrift des § 24 EStG die Ausweitung der Steuerpflicht über den Bereich der gesetzlich festgelegten Einkunftsarten hinaus aus. Kann die Entschädigung keiner bestimmten Einkunftsart zugeordnet werden, entfällt die Anwendbarkeit der Vorschrift; nur die Beziehung zu einer Vorschrift reicht nicht aus.[3] **1081**

Erhält ein im Zeitpunkt des schädigenden Ereignisses 12-jähriges Verkehrsunfallopfer von der Versicherung des Schädigers nach Schweizer Recht Ersatz für den verletzungsbedingt erlittenen, rein hypothetisch berechneten Erwerbs-/Fortkommensschaden, kommt eine Anwendung von § 24 Nr. 1 Buchst. a EStG nicht in Betracht, wenn die Vereinbarung der an der Schadensregulierung Beteiligten – trotz der Bezeichnung der gewährten Versicherungsleistung als „Verdienstausfall“– nicht dahin gedeutet werden kann, dass damit Ersatz für steuerbare Einnahmen aus einer konkreten, d.h. bestimmten oder jedenfalls hinreichend bestimmbaren Einkunftsquelle gezahlt werden sollte.[4] Dass die Geschädigte noch nie in einem Arbeitsverhältnis stand und demnach auch noch nie einen Anspruch auf Arbeitslohn hatte, führt zu keinem anderen Ergebnis. Maßgeblich ist nur, dass der Schädiger die Einnahmen (= das künftige Erwerbseinkommen) als hinreichend wahrscheinlich erachtet und deshalb Ersatz für zukünftigen Verdienstausfall geleistet hat.

Scheidet ein Arbeitnehmer auf Veranlassung des Arbeitgebers vorzeitig aus einem Dienstverhältnis aus, so können ihm folgende Leistungen des Arbeitgebers zufließen, die wegen ihrer unterschiedlichen steuerlichen Auswirkung gegeneinander abzugrenzen sind:

- normal zu besteuernder Arbeitslohn (§ 19 EStG, ggf. i.V.m. § 24 Nr. 2 EStG),
- steuerbegünstigte Entschädigungen (§ 24 Nr. 1 i.V.m. § 34 Abs. 1 und 2 EStG),
- steuerbegünstigte Leistungen für eine mehrjährige Tätigkeit i.S.d. § 34 EStG.[5]

Die an die Stelle der Einnahmen tretende Ersatzleistung muss auf einer **neuen Rechts- oder Billigkeitsgrundlage** beruhen. Dies kann z.B. durch Schaffung einer neuen Rechtsgrundlage in Form einer Vertragsänderung geschehen.[6] **1082**

Beratungshinweis:
Die Angaben in der ESt-Erklärung sind hinsichtlich der Besteuerung zunächst eindeutig, wenn sie den elektronisch übermittelten Werten entsprechen und keine Hinweise auf vereinbarte weitere Zahlungen enthalten. Allein die Erklärung einer Entschädigungszahlung soll nicht die Verpflichtung des FA auslösen, die diesen Zahlungen zu Grunde liegenden Vereinbarungen anzufordern. Eindeutigen Angaben braucht das FA nicht mit Misstrauen zu begegnen; es kann regelmäßig von deren Richtigkeit und Vollständigkeit ausgehen. Nur wenn sich Unklarheiten oder Zweifelsfragen in Bezug auf den verwirklichten Sachverhalt aufdrängen, ist das FA zu weiteren Ermittlungen verpflichtet. Wird die Auflösungsvereinbarung erst nach Bestandskraft des ESt-Bescheides bekannt, kommt eine Änderung des Steuerbescheids in Betracht (§ 173 Abs. 1 Nr. 1 AO);[7] die Änderung setzt aber die Rechtserheblichkeit einer neuen Tatsache und die Ursächlichkeit der Unkenntnis des FA von dieser Tatsache für die ursprüngliche Veranlagung voraus. Die Ursächlichkeit ist nicht gegeben, wenn das FA in Kenntnis des vollen Sachverhalts mit an Sicherheit grenzender Wahrscheinlichkeit nicht anders entschieden hätte.[8]

Zahlungen, die zur Erfüllung eines Anspruchs geleistet werden, sind keine Entschädigungen i.S.d. § 24 Nr. 1 Buchst. a EStG, wenn die vertragliche Grundlage bestehen geblieben ist und sich nur die Zahlungsmodalität geändert hat.[9]

Beispiel:
Im Rahmen eines Betriebsübergangs geht das Arbeitsverhältnis auf einen neuen Arbeitgeber über. Das Arbeitsverhältnis wird mit dem neuen Arbeitgeber und mit teilweise geänderten Konditionen fortgesetzt (§ 613a BGB). Gegebenenfalls in diesem Zusammenhang geleistete Zahlungen an den Arbeitnehmer sind nicht als Ersatz für eine dem Arbeitnehmer vertraglich zustehende Leistung, sondern als Leistung selbst anzusehen mit der Folge, dass keine steuerbegünstigte Entschädigung (§ 24 Nr. 1 Buchst. a, § 34 Abs. 1 und 2 EStG) vorliegt.

---

1) BFH v. 10.7.2012, IX B 71/12, BFH/NV 2012, 1602.
2) BFH v. 4.5.2006, VI R 33/03, BStBl II 2006, 911.
3) BFH v. 21.9.1982, VIII R 140/79, BStBl II 1983, 289; BFH v. 18.9.1986, IV R 228/83, BStBl II 1987, 25.
4) BFH v. 26.5.2020, IX R 15/19, BFH/NV 2020, 1331.
5) BFH v. 14.10.2004, VI R 46/99, BStBl II 2005, 289.
6) BFH v. 9.7.1992, XI R 5/91, BStBl II 1993, 27.
7) BFH v. 28.6.2006, XI R 58/05, BStBl II 2006, 835.
8) BFH v. 13.4.2010, IX R 10/09, BFH/NV 2010, 1604.
9) BFH v. 10.10.2001, XI R 54/00, BStBl II 2002, 181; BFH v. 6.3.2002, XI R 51/00, BStBl II 2002, 516.

Für den Begriff der Entschädigung ist nicht entscheidend, ob das zur Entschädigung führende Ereignis ohne oder gegen den Willen der stpfl. Person eingetreten ist. Eine Entschädigung kann vielmehr auch vorliegen, wenn die **stpfl. Person** bei dem zum **Einnahmeausfall führenden Ereignis selbst mitgewirkt** hat. Ist dies der Fall, muss die stpfl. Person bei Aufgabe ihrer Rechte aber unter erheblichen wirtschaftlichen, rechtlichen oder tatsächlichen Druck gehandelt haben; keinesfalls darf sie das Schaden stiftende Ereignis aus eigenem Antrieb herbeigeführt haben. Diesem Erfordernis liegt die Überlegung zu Grunde, dass die Steuerermäßigung nach § 34 Abs. 1, Abs. 2 Nr. 2 EStG nur in den Fällen gerechtfertigt ist, in denen sich z.B. der Arbeitnehmer in einer Zwangssituation befindet und sich dem zusammengeballten Zufluss der Einnahmen nicht entziehen kann. An einer Zwangslage fehlt es dann, wenn der Arbeitnehmer in seiner Sphäre freiwillig eine Ursachenkette in Gang gesetzt hat, die ihm später keinen Entscheidungsraum mehr belässt.[1]

Entschädigungen sind nach BFH z.B.:

- Abfindungen wegen Auflösung eines Dienstverhältnisses, wenn der Arbeitgeber die Beendigung veranlasst hat;[2] hierzu gehören auch Vorruhestandsgelder, die auf Grund eines Manteltarifvertrags vereinbart werden.[3] Erstreckt sich die Zahlung der Vorruhestandsgelder jedoch über mehr als einen VZ, ist mangels Zusammenballung eine begünstigte Besteuerung der Gesamtentschädigung zu versagen.[4]
- Abfindungen wegen Auflösung eines Dienstverhältnisses, auch wenn bereits bei Beginn des Dienstverhältnisses ein Ersatzanspruch für den Fall der betriebsbedingten Kündigung oder Nichtverlängerung des Dienstverhältnisses vereinbart wird.[5]

Keine Entschädigungen (§ 24 Nr. 1 Buchst. a EStG) sind:

- Abfindungen, die bei Abschluss oder während des Arbeitsverhältnisses für den Verlust späterer Pensionsansprüche infolge Kündigung vereinbart werden,[6]
- Streikunterstützungen; diese sind weder Arbeitslohn noch Gegenleistung für eine Leistung nach § 22 Nr. 3 EStG noch eine Entschädigung in der Form des Ersatzes entgangener Einnahmen,[7]
- Abfindungen nach vorausgegangener freiwilliger Umwandlung zukünftiger Pensionsansprüche.[8]

cc) Begünstigte Besteuerung nach § 34 EStG

1083 Die Abfindung wegen Entlassung aus dem Dienstverhältnis ist stpfl. Eine Entschädigung führt zu außerordentlichen Einkünften nach § 34 Abs. 2 EStG, wenn sie zusammengeballt zufließt, weil die stpfl. Person infolge der Beendigung des Arbeitsverhältnisses einschl. der Entschädigung in dem jeweiligen VZ insgesamt mehr erhält, als er bei ungestörter Fortsetzung des Arbeitsverhältnisses, also bei normalem Ablauf der Dinge, erhalten würde.[9] Die **ermäßigte Besteuerung** (§ 34 Abs. 1 und Abs. 2 EStG) **bezweckt**, die **Härten auszugleichen**, die sich aus der progressiven Besteuerung der Entschädigung ergeben.[10] Zahlt der Arbeitgeber einem Arbeitnehmer im Zuge der (einvernehmlichen) Auflösung des Arbeitsverhältnisses eine Abfindung, sind tatsächliche Feststellungen zu der Frage, ob der Arbeitnehmer dabei unter tatsächlichem Druck stand, regelmäßig entbehrlich.[11] Der Zufluss mehrerer Teilbeträge in unterschiedlichen VZ ist nur dann unschädlich, wenn der Zufluss in einem anderen VZ nur eine geringe Zahlung im Verhältnis zur Hauptleistung ist. Aus Vereinfachungsgründen wird es nicht beanstandet, eine geringe Zahlung anzunehmen, wenn diese nicht mehr als 10 % der Hauptleistung beträgt. Darüber hinaus kann eine Zahlung unter Berücksichtigung der konkreten individuellen Steuerbelastung als geringfügig anzusehen sein, wenn sie niedriger ist als die tarifliche Steuerbegünstigung der Hauptleistung.[12] Ausnahmen zu dieser Grundregel bestehen in den Fällen, in denen die Zahlung von vorneherein in einer Summe vorgesehen war, später aber aus Gründen, die nicht in der Person des Arbeitnehmers begründet sind, verteilt ausgezahlt werden (z.B. Liquidationsprobleme des Arbeitgebers).[13] Entsprechendes gilt bei Liquiditätsproblemen der stpfl. Person, wenn diese eine Vorauszahlung erhält.[14] Zahlungen in drei VZ sind hingegen als schädlich zu beurteilen, wenn auch die einzelnen Teilleistungen nicht als geringfügig zu qualifizieren sind.[15] Das gilt unabhängig davon, ob die Zahlung ursprünglich in einer Summe vereinbart war und die Auszahlung auf Gründen beruht, die der Gestaltungsfreiheit der stpfl. Person entzogen sind.[16]

1) BFH v. 4.9.2002, XI R 53/01, BStBl II 2003, 177.
2) BFH v. 22.1.1988, VI R 135/84, BStBl II 1988, 525.
3) BFH v. 16.6.2004, XI R 55/03, BStBl II 2004 1055.
4) BFH v. 16.6.2004, XI R 55/03, BStBl II 2004, 1055.
5) BFH v. 10.9.2003, XI R 9/02, BStBl II 2004, 349.
6) BFH v. 6.3.2002, XI R 51/00, BStBl II 2002, 516.
7) BFH v. 24.10.1990, X R 161/88, BStBl II 1991, 337.
8) BFH v. 6.3.2002, XI R 51/00, BStBl II 2002, 516.
9) BFH v. 27.1.2010, IX R 31/09, BStBl II 2011, 27.
10) BFH v. 25.8.2009, IX R 3/09, BStBl II 2010, 1030 sowie BMF v. 1.11.2013, IV C 4 – S 2290/13/10002, BStBl I 2013, 1326, Rz. 2.
11) BFH v. 13.3.2018, IX R 16/17, BStBl II 2018, 709.
12) BMF v. 4.3.2016, IV C 4 – S 2290/07/10007 :031, BStBl I 2016, 277 mit Bezug auf BFH v. 13.10.2015, IX R 46/14, BStBl II 2016, 214.
13) BFH v. 2.9.1992, XI R 63/89, BStBl II 1993, 831.
14) BFH v. 1.2.1957, VI 87/55 U, BStBl III 1957, 104.
15) BFH v. 20.6.2011, IX B 59/11, BFH/NV 2011, 1682.
16) BFH v. 15.12.2022, VI R 19/21, HFR 2023, 581.

Praxishinweis:
Die notwendige Vergleichsberechnung ist ohne steuerfreie Lohnersatzleistungen durchzuführen.[1] Zu außerordentlichen Einkünften führen des Weiteren nur solche Entschädigungen, deren zusammengeballter Zufluss zu einer Ausnahmesituation in der Progressionsbelastung führt.[2]

Was die stpfl. Person bei normalem Ablauf der Dinge erhalten würde, kann nur auf Grund einer Prognose ermittelt werden; dabei ist grds. auf die Verhältnisse des Vorjahres abzustellen. Von diesen Werten kann abgewichen werden, wenn die Einnahmesituation des Vorjahres durch außergewöhnliche Ereignisse geprägt ist und sich daraus keine Vorhersagen für den (unterstellten) normalen Verlauf bei Fortsetzung des Arbeitsverhältnisses ableiten lassen.[3] Erhält die stpfl. Person weniger oder ebenso viel, wie sie bei Fortsetzung des Arbeitsverhältnisses erhalten hätte, besteht für eine Milderung kein Anlass.[4]

Beratungshinweis:
Nach Auffassung des BFH können Arbeitgeber und Arbeitnehmer den Zeitpunkt des Zuflusses einer Abfindung oder eines Teilbetrags einer solchen in der Weise gestalten, indem sie deren ursprünglich vorgesehene Fälligkeit vor ihrem Eintritt auf einen späteren Zeitpunkt verschiebt. Gestaltungsmissbrauch soll hierin nicht liegen.[5] Bedeutsam ist aber, dass eine Vereinbarung, die aus Nachweisgründen schriftlich formuliert werden sollte, vor dem ursprünglich vorgesehenen Fälligkeitsdatum getroffen wird.

Der **Zufluss** des Entlassungsbetrags in **mehreren Teilbeträgen** in unterschiedlichen VZ ist deshalb grds. schädlich, da insoweit keine Zusammenballung der Einkünfte gegeben ist.[6]

Dies gilt jedoch nicht, wenn **zusätzliche Entschädigungsleistungen**, die Teil einer einheitlichen Entschädigung **1084**
sind, **aus Gründen der sozialen Fürsorge** oder wegen einer Existenzbedrohung des Empfängers für eine gewisse Übergangszeit in einem anderen VZ oder wegen wirtschaftlicher Schwierigkeiten des Zahlungsverpflichteten gewährt werden. Zusätzliche Entschädigungsleistungen sind für die Beurteilung der Hauptleistung nur dann für das Vorliegen zusammengeballter Entschädigungen unschädlich, wenn sie bis zu 5 % der Hauptleistung betragen. Zusatzleistungen aus Gründen der sozialen Fürsorge sind z.B. solche Leistungen, die der (frühere) Arbeitgeber dem (früheren Arbeitnehmer) zur Erleichterung des Arbeitsplatz- oder Berufswechsels oder als Anpassung an eine dauerhafte Berufsaufgabe und Arbeitslosigkeit erbringt.[7] Eine entsprechende Bedürftigkeit des entlassenen Arbeitnehmers ist keine Voraussetzung für die zusätzliche Leistung.

Beratungshinweis:
Soziale Fürsorge ist allg. i.S.d. Fürsorge des Arbeitgebers für seinen früheren Arbeitnehmer zu verstehen. Ob der Arbeitgeber zur Fürsorge arbeitsrechtlich verpflichtet ist, ist unerheblich. Derartige ergänzende Zusatzleistungen können z.B. die befristete Weiterbenutzung des Dienstwagens,[8] die befristete Übernahme von Versicherungsbeiträgen,[9] die befristete Zahlung von Zuschüssen zum ALG[10] und Zahlungen zur Verwendung für die Altersversorgung[11] sein.

Auch die Zahlung einer **Jubiläumszuwendung** im folgenden VZ, die der frühere Arbeitnehmer bei Fortsetzung des Arbeitsverhältnisses erhalten hätte, hat keine negativen Folgen auf die Tarifbegünstigung der Entschädigungsleistung.[12] Die begünstigte Besteuerung kommt auch dann in Betracht, wenn dem Arbeitnehmer i.R.d. Ausscheidensvereinbarung erstmals lebenslang laufende Versorgungsbezüge oder lebenslängliche Sachleistungen zugesagt werden.

Eine begünstigte Entschädigung liegt jedoch nicht vor, wenn eine Abfindung einen künftig entstehenden **Pensionsanspruch in kapitalisierter Form** abgilt und damit lediglich die Zahlungsmodalität für den Versorgungsausgleich geändert wird. Insoweit liegt eine nicht tarifbegünstigt zu besteuernde Erfüllungsleistung vor.[13]

dd) Arbeitslohn für mehrere Jahre

Zweck des § 34 EStG ist es, auch die Tarifprogression bei der Zusammenballung von Einkünften zu vermeiden, die **1085**
typischerweise bei einer nachträglichen Entlohnung für eine mehrjährige Tätigkeit eintritt. Zu den außerordentlichen Einkünften, die ermäßigt besteuert werden, gehören damit auch Vergütungen für mehrjährige Tätigkeiten (§ 34 Abs. 2 Nr. 4 i.V.m. § 34 Abs. 1 EStG). Hierzu gehört auch der Arbeitslohn für mehrere Jahre und die Nachzahlung von Versorgungsbezügen.[14]

1) FG Niedersachsen v. 20.3.2014, 1 K 130/13, EFG 2014, 1589.
2) BFH v. 8.4.2014, IX R 28/13, BFH/NV 2014, 1514.
3) BFH v. 27.1.2010, IX R 31/09, BStBl II 2011, 27 sowie BMF v. 1.11.2013, IV C 4 – S 2290/13/10002, BStBl I 2013, 1326.
4) BFH v. 4.3.1998, XI R 46/97, BStBl II 1998, 787.
5) BFH v. 11.11.2009, IX R 1/09, BStBl II 2010, 746.
6) BFH v. 3.7.2002, XI R 80/00, BStBl II 2004, 447; vgl. aber zu geringfügiger Zahlung in einem anderen Jahr BFH v. 25.8.2009, IX R 11/09, BStBl II 2011, 27 sowie BMF v. 1.11.2013, IV C 4 – S 2290/13/10002, BStBl I 2013, 1326.
7) BMF v. 1.11.2013, IV C 4 – S 2290/13/10002, BStBl I 2013, 1326.
8) BFH v. 3.7.2002, XI R 80/00, BStBl II 2004, 447.
9) BFH v. 11.12.2002, XI R 54/01, BFH/NV 2003, 607.
10) BFH v. 24.1.2002, XI R 43/99, BStBl II 2004, 442.
11) BFH v. 15.10.2003, XI R 17/02, BStBl II 2004, 264.
12) BFH v. 14.5.2003, XI R 23/02, BStBl II 2004, 446.
13) BFH v. 6.3.2002, XI R 51/00, BStBl II 2002, 516.
14) BFH v. 28.2.1958, VI 155/56 U, BStBl III 1958, 169.

Praxishinweis:
Mehrjährig ist eine Tätigkeit nur dann, soweit sie sich über mind. zwei VZ erstreckt und einen Zeitraum von mehr als 12 Monaten umfasst (§ 34 Abs. 2 Nr. 4 EStG).

Abzugrenzen von mehrjährigen Tätigkeiten sind erfolgsabhängige Zahlungen für einmalige Leistungen, z.B. Prämien für einen Verbesserungsvorschlag, die keine Entlohnung für eine mehrjährige Tätigkeit darstellen, wenn sie nicht nach dem Zeitaufwand des Arbeitnehmers, sondern ausschließlich nach der Kostenersparnis des Arbeitgebers in einem bestimmten künftigen Zeitraum berechnet werden. Dies gilt auch dann, wenn der Arbeitnehmer keinen Einfluss auf die Zahlungsmodalitäten hatte.[1]

Eine **mehrjährige Tätigkeit** i.S.d. § 34 Abs. 2 EStG ist eine Tätigkeit, die sich über mind. zwei VZ erstreckt. Es soll erreicht werden, dass die steuerliche Belastung für Einkünfte, die der stpfl. Person in einem VZ für die Tätigkeit mehrerer Jahre zufließen, möglichst nicht höher wird, als wenn ihm in jedem Jahr ein Anteil hiervon zugeflossen wäre. Vergütung „für" eine mehrjährige Tätigkeit kann insbesondere auch eine Lohnnachzahlung für vorangegangene VZ sein. Dabei steht der Umstand, dass sich die zugeflossene Vergütung aus mehreren Beträgen zusammensetzt, die jeweils einem bestimmten Einzeljahr zugerechnet werden können, der Annahme einer Vergütung für eine mehrjährige Tätigkeit nicht entgegen. Voraussetzung ist nur, dass der Zufluss insgesamt mehrere Jahre betrifft.[2]

Eine Vergütung für eine mehrjährige Tätigkeit liegt nicht bei einer bloßen **Nachzahlung** von im Vorjahr verdienten Vergütungen vor.[3]

Beratungshinweis:
Auf eine **Überstundenvergütung**, die aufgrund eines Aufhebungsvertrages für mehrere zurückliegende Jahre in einer Summe ausbezahlt wird, ist der ermäßigte Steuersatz für außerordentliche Einkünfte (sog. „Fünftel-Regelung") anwendbar. Werden Überstundenvergütungen für einen Zeitraum von mehr als 12 Monaten VZ-übergreifend geleistet, ist die Tarifermäßigung (§ 34 Abs. 2 Nr. 4 Halbsatz 2 EStG) zu gewähren.[4]

§ 34 Abs. 2 Nr. 4 EStG zur Annahme außerordentlicher Einkünfte in Form von Vergütungen für mehrjährige Tätigkeiten stellt allein auf die Tätigkeit ab. Es ist nicht erforderlich, dass die Tätigkeit nur für einen Arbeitgeber erfolgt.[5]

Bei **Unfallversicherungen** des Arbeitgebers steht die Ausübung der Rechte ausschließlich dem Arbeitgeber zu. Die vom Arbeitgeber aufgewendeten Beiträge stellen im Zeitpunkt der Zahlung keinen Arbeitslohn dar. Erhält ein Arbeitnehmer Leistungen aus einem entsprechenden Vertrag, führen die bis dahin entrichteten, auf den Versicherungsschutz des Arbeitnehmers entfallenden Beiträge im Zeitpunkt der Auszahlung oder Weiterleitung der Leistung an den Arbeitnehmer zu Arbeitslohn in Form von Barlohn. Dieser ist der Höhe nach begrenzt auf die dem Arbeitnehmer ausgezahlte Versicherungsleistung.[6] Bei den im Zuflusszeitpunkt zu besteuernden Beiträgen kann es sich um eine Vergütung für eine mehrjährige Tätigkeit handeln.[7]

Die Sonderregelung ist nicht anzuwenden bei zwischen Arbeitgeber und Arbeitnehmer vereinbarten und regelmäßig ausgezahlten **gewinnabhängigen Tantiemen**, deren Höhe erst nach Ablauf des Wj. festgestellt werden kann; es handelt sich hierbei nicht um die Abgeltung einer mehrjährigen Tätigkeit.[8] Fließen der stpfl. Person jedoch **Tantiemen für mehrere Jahre** in einem VZ zu, ist die Tarifermäßigung zu gewähren.[9]

ee) Werbungskosten

1086 Werbungskosten im Zusammenhang mit Entschädigungszahlungen und Arbeitslohn für mehrere Jahre sind gesondert zu kennzeichnen und in dem gesonderten Bereich ab Zeile 78 (→ Rz. 1177) zu erklären. Werden außerordentliche Einkünfte und laufende Einkünfte in einem VZ bezogen, wird der Arbeitnehmer-PB (§ 9 Satz 1 Nr. 1 Buchst. a EStG) insgesamt nur einmal berücksichtigt, wenn keine höheren WK nachgewiesen werden. Ist der Arbeitnehmer-PB zu berücksichtigen, so findet dieser zunächst Berücksichtigung bei den nicht tarifbegünstigt zu besteuernden Einkünften; es erfolgt insoweit keine prozentuale o.ä. Aufteilung der Beträge.[10]

n) Steuerpflichtiger Arbeitslohn, von dem kein Steuerabzug vorgenommen wurde – soweit nicht in der Lohnsteuerbescheinigung enthalten (Zeile 18)

1087 Von ausl. Arbeitgebern gezahlter Arbeitslohn unterliegt mangels Vorliegens eines „inl. Arbeitgebers" nicht der LSt-Abzugsverpflichtung, stellt aber eine stpfl. Einnahme (§ 19 EStG) dar. Dies gilt ebenso für von Dritten gezahlten Arbeitslohn/Verdienstausfallentschädigungen. Für diesen stpfl. Arbeitslohn kann das FA ESt-Vorauszahlungen festsetzen (§ 37 EStG). Ebenfalls gehören zum stpfl. Arbeitslohn, von dem kein LSt-Abzug vorgenommen wurde, die nach dem FELEG aus öffentlichen Kassen geleisteten Beiträge zur gesetzlichen Rentenversicherung

1) BFH v. 16.12.1996, VI R 51/96, BStBl II 1997, 222.
2) BFH v. 11.6.1970, VI R 338/67, BStBl II 1970, 639.
3) BFH v. 14.10 2004, VI R 46/99, BStBl II 2005, 289.
4) BFH v. 2.12.2021, VI R 23/19 BStBl II 2022, 422.
5) FG Berlin-Brandenburg v. 9.4.2019, 8 K 8153/15, EFG 2019, 1093; Rev. unzulässig, BFH v. 2.3.2020, IX R 17/19.
6) BFH v. 11.12.2008, VI R 9/05, BStBl II 2009, 385.
7) BMF v. 28.10.2009, IV C 5 – S 2332/09/10004, BStBl I 2009, 1275.
8) BFH v. 30.8.1966, VI 211/65, BStBl III 1966, 545.
9) BFH v. 11.6.1970, VI R 338/67, BStBl II 1970, 639.
10) BFH v. 29.10.1998, XI R 63/97, BStBl II 1999, 588; R 34.4 Abs. 3 EStR 2012.

und zu den Arbeitgeberanteilen an den Krankenkassenbeiträgen sowie die stpfl. Teile der entsprechenden Ausgleichsleistungen. Sind bereits Leistungen steuerfrei gezahlt worden, sollen diese auf einem besonderen Blatt erläutert werden. Die den Freibetrag (§ 3 Nr. 27 EStG) übersteigenden Beträge sind als Arbeitslohn zu erklären.

Beratungshinweis:

Streikunterstützungen sind weder Arbeitslohn – auch wenn eine mittelbare betragsmäßige Anbindung der Streikunterstützung an den Arbeitslohn gebunden ist – noch Gegenleistung für eine sonstige Leistung (§ 22 Nr. 3 EStG, vgl. Zeilen 16–17 der Anlage SO, → Rz. 1373 ff.) noch eine Entschädigung in der Form des Ersatzes entgangener Einnahmen (§ 24 Nr. 1 Buchst. a EStG).[1] Streikunterstützungen sind keine Gegenleistung für das Zurverfügungstellen der individuellen Arbeitskraft eines streikenden Arbeitnehmers.

o) Steuerfreie Aufwandsentschädigungen/Einnahmen (Zeile 19)

Der Begriff der steuerfrei erhaltenen Aufwandsentschädigungen/Einnahmen umfasst alle Einnahmen i.S.d. §§ 3 Nr. 12, Nr. 26 und 26a EStG. Zu Steuerbefreiungen für nebenberufliche Tätigkeiten nach § 3 Nr. 26 EStG vgl. auch OFD Frankfurt.[2] **1088**

Sind Aufwandsentschädigungen/Einnahmen i.R.d. Arbeitsverhältnisses gezahlt und vom Arbeitgeber als steuerfrei behandelt worden (§ 3 Nr. 12 EStG), sind diese Beträge diese zu erklären. Hierunter fallen **Zahlungen aus öffentlichen Kassen**, insbesondere die von einer inl. Bundes- oder Landeskasse (nicht einer anderen Gebietskörperschaft) geleisteten, die als Aufwandsentschädigung festgesetzt wurden und die im Haushaltsplan als solche ausgewiesen sind (**§ 3 Nr. 12 Satz 1 EStG**). Das Gleiche gilt für andere Bezüge, die als Aufwandsentschädigung aus öffentlichen Kassen an öffentliche Dienste leistende Personen gezahlt werden, soweit nicht festgestellt wird, dass sie für Verdienstausfall oder Zeitverlust gewährt werden oder den Aufwand, der dem Empfänger erwächst, offenbar übersteigen (§ 3 Nr. 12 Satz 2 EStG). Der bloße Ausweis eines Ausgabetitels im Haushaltsplan reicht in diesem Zusammenhang nicht aus; erforderlich ist vielmehr der Ausweis des konkret gezahlten Betrags.[3]

Praxishinweis:

Auf Grund der – im Vergleich zu den Regelungen des § 3 Nr. 12 Satz 1 EStG – weniger formalen Voraussetzungen des § 3 Nr. 12 Satz 2 EStG, besteht für die Finanzämter hier ein weitgehendes Prüfungsrecht, sodass die tatsächlich beruflich veranlassten Aufwendungen ggf. in Einzelfällen ggü. dem FA nachgewiesen werden müssen. Es ist jedoch nicht erforderlich, dass die stpfl. Person dienstliche Aufwendungen bis ins Kleinste nachweist.[4]

Aufwandsentschädigungen ehrenamtlicher Betreuer (§ 1835a BGB) sind ebenfalls steuerfrei (§ 3 Nr. 12 Satz 1 EStG).[5] Liegen die Voraussetzungen des § 3 Nr. 12 Satz 1 EStG nicht vor, ist **§ 3 Nr. 12 Satz 2 EStG** zu prüfen. Öffentliche Kassen sind die Kassen der inl. juristischen Personen des öffentlichen Rechts und solche Kassen, die einer Dienstaufsicht und Prüfung der Finanzgebarung durch die inl. öffentliche Hand unterliegen.[6] Zu ihnen gehören insb. z.B. die Kassen der öffentlich-rechtlichen Religionsgemeinschaften, die Ortskrankenkassen und Ersatzkassen sowie die Kassen des Bundeseisenbahnvermögens, der Deutschen Bundesbank, der öffentlich-rechtlichen Rundfunkanstalten, der Berufsgenossenschaften, Gemeindeunfallversicherungsverbände und der Träger der gesetzlichen Rentenversicherungen. Zur (steuerfreien) Zahlung von Aufwandsentschädigungen eines Versorgungswerks an ehrenamtliche Vorstandsmitglieder vgl. BFH.[7] Voraussetzung für die Anerkennung als steuerfreie Aufwandsentschädigung (§ 3 Nr. 12 Satz 2 EStG) ist, dass die gezahlten Beträge dazu bestimmt sind, **Aufwendungen abzugelten, die steuerlich als WK/BA** abziehbar **wären**. Eine steuerfreie Aufwandsentschädigung liegt deshalb insoweit nicht vor, als die Entschädigung für Verdienstausfall/Zeitverlust oder zur Abgeltung eines Haftungsrisikos gezahlt wird oder dem Empfänger ein Aufwand nicht oder offenbar nicht in Höhe der gewährten Entschädigung erwächst.

Beratungshinweis:

Bezüge, die als Aufwandsentschädigung aus öffentlichen Kassen an Personen im öffentlichen Dienst geleistet werden, soweit es sich nicht um Leistungen für Verdienstausfall handelt, Aufwandsentschädigungen, die für die Tätigkeit als ehrenamtliches Ratsmitglied oder als sachkundige Bürgerin gezahlt werden, sind jedoch stpfl. (§ 18 EStG).[8] Für ehrenamtliche Versicherungsberater der DRV sind die Freibeträge nicht zu gewähren.[9] Zu gezahlten Reisekostenvergütungen an politische Mandatsträger vgl. BFH v. 8.10.2008.[10]

Sind die Anspruchsberechtigten und der Betrag oder auch ein Höchstbetrag nicht durch Gesetz oder Rechtsverordnung bestimmt, so kann bei hauptamtlich tätigen Personen die gesamte Aufwandsentschädigung und bei ehrenamtlich tätigen Personen i.d.R. ohne weiteren Nachweis ein steuerlich anzuerkennender Aufwand von einem Drittel des Betrages, mind. 250 € monatlich (max. 3 000 € jährlich) steuerfrei angenommen werden.[11] Der mit diesen Tätigkeiten zusammenhängende Aufwand ist insoweit abgegolten und kann nicht mehr im Rahmen von **Werbungskosten** berücksichtigt werden.

---

1) BFH v. 24.10.1990, X R 161/88, BStBl II 1991, 337.
2) OFD Frankfurt, Rundvfg. v. 22.3.2018, S 2245 A – 2 – St 213, StEd 2018, 248.
3) FG Berlin v. 27.5.2002, 8 K 8658/99, EFG 2002, 1228.
4) R 3.12 Abs. 2 Satz 4 LStR.
5) BFH v. 17.10.2012, VIII R 57/09, BStBl II 2013, 799.
6) BFH v. 7.8.1986, IV R 228/82, BStBl II 1986, 848.
7) BFH v. 27.8.2013, VIII R 34/11, BStBl II 2014, 248.
8) FG Köln v. 2.9.2005, 5 K 1290/05, EFG 2008, 105.
9) FG Berlin-Brandenburg v. 1.7.2015, 7 K 7230/13, EFG 2015, 1598.
10) BFH v. 8.10.2008, VIII R 58/06, BStBl II 2009, 405.
11) R 3.12 Abs. 3 Satz 3 LStR, BStBl I 2021, 776.

1089 Einzutragen sind auch die Vergütungen für **nebenberufliche Tätigkeiten**, die im **Rahmen eines Arbeitsverhältnisses** bezogen werden (**§ 3 Nr. 26 EStG**). Hierzu gehören die Einnahmen

- aus einer nebenberuflichen Tätigkeit als Übungsleiter, Ausbilder, Erzieher, Betreuer oder einer hiermit vergleichbaren Tätigkeit,
- aus einer nebenberuflich künstlerischen Tätigkeit oder
- aus der nebenberuflichen Pflege alter, kranker oder behinderter Menschen

im Dienst oder im Auftrag einer inl. juristischen Person des öffentlichen Rechts oder einer unter § 5 Abs. 1 Nr. 9 KStG fallenden Einrichtung zur Förderung gemeinnütziger, mildtätiger und kirchlicher Zwecke (§§ 52 bis 54 AO). Durch die Änderung der §§ 3 Nr. 26, 26a EStG durch das JStG 2009[1] ist die entsprechende Pauschale und der zu gewährende Freibetrag auch für Nebentätigkeiten im Auftrag einer juristischen Person des öffentlichen Rechts im Gebiet der EU/des EWR zu gewähren. Im Rahmen einer gesetzlichen Änderung erfolgt – in allen offenen Fällen – eine weitere Ausdehnung auf die Schweiz.[2] Die sog. Übungsleiterpauschale erfasst nicht alle ehrenamtlichen oder gemeinnützigen Tätigkeiten. Tätigkeiten, die insgesamt nicht pädagogisch ausgerichtet sind, werden ggf. mit einem weiteren allg. Freibetrag berücksichtigt (→ Rz. 1091). Zu weiteren Einzelheiten vgl. BMF v. 21.11.2014.[3]

Eine Tätigkeit dient nicht mehr den vorgenannten begünstigten Zwecken, wenn diese nicht der Allgemeinheit, sondern einem in sich geschlossenen Personenkreis zugutekommt (z.B. im Rahmen einer innerbetrieblichen Ausbildung); dient die Tätigkeit wiederum unmittelbar gemeinnützigen Zwecken, ist diese begünstigt, z.B. im Rahmen der Ausbildung in der Gesundheitspflege.[4] Die Steuerbefreiung kommt für Einkünfte aus Vortragstätigkeiten im Auftrag privater Veranstalter nicht in Betracht, auch wenn die Teilnahme an den Vorträgen später zum Nachweis der Erfüllung einer Fortbildungspflicht i.S.d. Fachanwaltsordnung dienen kann.[5]

Einnahmen aus einer nebenberuflichen Tätigkeit **sind ab dem VZ 2021 bis** zu einer Höhe von insg. 3 000 € (Jahresbetrag) im Kj. **steuerfrei** (§ 3 Nr. 26 Satz 1 letzter Halbsatz EStG). Eine Tätigkeit wird **nebenberuflich** ausgeübt, wenn sie – bezogen auf das Kj. – nicht mehr als ein Drittel der Arbeitszeit eines vergleichbaren Vollzeiterwerbs in Anspruch nimmt.[6] Hinsichtlich der Grenzen wird auf eine „vergleichbare" zeitliche Komponente abgestellt, sodass auch Personen ohne Hauptberuf (z.B. Arbeitslose und Rentner oder pensionierte Lehrer, die einmal im Monat einen Vortrag an einer Volkshochschule halten) nebenberuflich tätig sein können.

Praxishinweis:

Wird die Tätigkeit nicht im Rahmen eines Arbeits- oder Dienstverhältnisses, sondern als selbständige Person ausgeübt, sind die entsprechenden Einnahmen nicht auf der Anlage N, sondern in den Zeile 57 und/oder 58 der Anlage S einzutragen. Nebenberuflich selbständig sind diejenigen, die ihre Tätigkeit eigenverantwortlich und ohne feste Eingliederung in die Organisation durchführen und keinen Arbeitsvertrag geschlossen haben.[7] Dies gilt z.B. für Übungsleiter, die lediglich die Einrichtungen eines Vereins nutzen, ansonsten aber auf eigene Rechnung arbeiten.

1090 **Überschreiten** die **Einnahmen** den Freibetrag i.H.v. 3 000 € **(ab VZ 2021)**, dürfen die hiermit im unmittelbaren wirtschaftlichen Zusammenhang stehenden Ausgaben nur insoweit als WK abgezogen werden, als sie den Betrag von 3 000 € übersteigen (§ 3 Nr. 26 Satz 2 EStG).

Beratungshinweis:

Erzielt ein Sporttrainer, der mit Einkünfteerzielungsabsicht tätig ist, steuerfreie Einnahmen unterhalb des sog. Übungsleiterfreibetrags nach § 3 Nr. 26 EStG, kann er die damit zusammenhängenden Aufwendungen insoweit abziehen, als sie die Einnahmen übersteigen. Die Prüfung der Einkünfteerzielungsabsicht hat nicht deshalb zu unterbleiben, weil die durch § 3 Nr. 26 EStG begünstigten nebenberuflichen Tätigkeiten häufig aus Liebhaberei ausgeübt werden. Eine Einkünfteerzielungsabsicht wird zumeist vorliegen, wenn die Einnahmen den Freibetrag nach § 3 Nr. 26 Satz 1 EStG deutlich übersteigen. Die Prüfung der Einkünfteerzielungsabsicht ist auch dann notwendig, wenn die mit der Übungsleitertätigkeit zusammenhängenden Ausgaben die Einnahmen deutlich übersteigen und ein steuerlicher Verlust geltend gemacht wird.[8] Entsprechend hat der BFH entschieden, dass Verluste aus einer nebenberuflichen Tätigkeit als Übungsleiter auch dann steuerlich berücksichtigt werden können, wenn die Einnahmen den Freibetrag nach § 3 Nr. 26 EStG nicht übersteigen.[9]

Bei Arbeitnehmern ist in jedem Fall der Arbeitnehmer-PB anzusetzen, soweit er nicht bei anderen Dienstverhältnissen verbraucht ist.[10]

1091 Es sind auch die durch das Gesetz zur Förderung des bürgerschaftlichen Engagements[11] eingefügten Steuerfreibeträge (sog. **Aufwandspauschalen**) für alle nebenberuflichen Tätigen im gemeinnützigen, mildtätigen und kirchlichen Bereich (§§ 52 bis 54 AO) einzutragen (**§ 3 Nr. 26a EStG** [Ehrenamtspauschale ab dem VZ 2021 i.H.v. 840 €]) zu erklären. Begünstigt werden z.B. Sanitäter, Dienste bei gemeinnützigen Hilfsorganisationen. **Schiedsrichter** im

1) JStG 2009 v. 19.12.2009, BStBl I 2009, 74.
2) Gesetz zur Vermeidung von Umsatzsteuerausfällen beim Handel mit Waren im Internet und zur Änderung weiterer steuerlicher Vorschriften v. 11.12.2018, BStBl I 2018, 1377.
3) BMF v. 21.11.2014, IV C 4 – S 2121/07/0010 :032, BStBl I 2014, 1581.
4) BFH v. 26.3.1992, IV R 34/91, BStBl II 1993, 20.
5) FG Köln v. 20.1.2022, 15 K 1317/19, EFG 2022, 572.
6) BFH v. 30.3.1990, VI R 188/87, BStBl II 1990, 854 und R 3.26 Abs. 2 LStR.
7) BFH v. 18.1.1991, VI R 122/87, BStBl II 1991, 409.
8) BFH v. 20.12.2017, III R 23/15, BStBl II 2019, 469.
9) BFH v. 20.11.2018, VIII R 17/16, BStBl II 2019, 422.
10) R 3.26 Abs. 9 LStR.
11) Gesetz zur weiteren Stärkung des bürgerlichen Engagements v. 10.10.2007, BStBl I 2007, 815.

Amateurbereich können ebenfalls die Steuerbefreiung in Anspruch nehmen, da diese „fremdnützig" handeln.[1] Tritt die stpfl. Person auf Grund eines förmlichen Bestellungsakts nach außen für eine jPöR als deren Vertreter im Aufsichtsrat einer kommunalen Gesellschaft auf, ist sie im Auftrag der jPöR tätig; die Steuerbefreiung der Tätigkeit im Dienst oder im Auftrag einer jPöR hat keine weiteren Voraussetzungen; sie muss insbesondere nicht gemeinnützige, mildtätige oder kirchliche Zwecke fördern.[2]

Mit dem Freibetrag wird pauschal der Aufwand, der den nebenberuflich tätigen Personen durch ihre Beschäftigung entsteht, abgegolten. Zur Besteuerung von Entschädigungen für ehrenamtliche Richterinnen und Richtern vgl. BFH.[3] Eine Entschädigung für Verdienstausfall (§ 18 JVEG) ist steuerbar (§ 19 Abs. 1 Satz 1 Nr. 1, § 24 Nr. 1 Buchst. a EStG), wenn sie als Ersatz für entgangene Einnahmen aus einer nichtselbständigen Tätigkeit gezahlt wird. Die Entschädigung für Zeitversäumnis (§ 16 JVEG) ist nicht steuerbar. Auf die Tätigkeit als ehrenamtlicher Richter findet die Steuerbefreiung des § 3 Nr. 26a EStG dann keine Anwendung, wenn nach § 3 Nr. 12 EStG steuerfreier Aufwendungsersatz gezahlt worden ist.

Sind die als WK abziehbaren Beträge höher als der Freibetrag, sind die gesamten Aufwendungen nachzuweisen oder glaubhaft zu machen, wofür eine besondere Anlage der Steuererklärung beizufügen ist. Der Freibetrag wird – bezogen auf die gesamten Einnahmen aus der jeweiligen nebenberuflichen Tätigkeit – nicht zusätzlich zu den Steuerbefreiungen nach § 3 Nr. 12 oder § 3 Nr. 26 EStG – gewährt. Ein Zusammentreffen mehrerer Vergünstigungen in derselben Person ist aber denkbar (z.B. Übungsleitertätigkeit und gleichzeitige Tätigkeit im Vorstand desselben Vereins).

Werden **keine Einnahmen** erzielt, kann die Steuervergünstigung nicht in Anspruch genommen werden.[4] Eine ehrenamtliche Tätigkeit wird dabei als ein nicht eigennütziges Erwerbsstreben definiert, weil sie keine Hauptberuflichkeit darstellt und der Einsatz für eine fremdnützig bestimmte Einrichtung erfolgt. Keine Voraussetzung ist dabei, dass der Leistungsempfänger gemeinnützige Zwecke (§ 52 AO) verfolgt.[5]

p) Lohnersatzleistungen – lt. Nr. 15 der Lohnsteuerbescheinigung (Zeile 20)

aa) Grundsätze

Lohnersatzleistungen sind in Zeile 20 zu erklären. Weitere **Einkommens**ersatzleistungen wie z.B. das Arbeitslosengeld sind auf dem Hauptvordruck ESt 1 A (Zeilen 35 und/oder 36) (→ Rz. 27) einzutragen. **1092**

Hinweis zur Plausibilitätsbeurteilung:
Die Leistungen sind ggf. elektronisch zu übermitteln (§ 32b Abs. 3 EStG), so dass die Finverw. darauf verzichtet, dass entsprechende Bescheinigungen der Steuererklärung beigefügt werden.

Diese Einnahmen sind grds. steuerfrei, unterliegen aber dem Progressionsvorbehalt (§ 32b EStG). **1093**

Werden **Lohnersatzleistungen zurückgezahlt** (z.B. Rückzahlung nach einem Prozess), sind sie von den im selben Kj. bezogenen Leistungsbeträgen abzusetzen, unabhängig davon, ob die gezahlten Beträge im Kj. ihres Bezugs dem Progressionsvorbehalt unterlegen haben.[6] Dies kann damit auch zu einem **neg. Progressionsvorbehalt** führen. **1094**

bb) Kurzarbeitergeld einschließlich Zuschuss des Arbeitgebers, Zuschuss zum Mutterschaftsgeld, Verdienstausfallentschädigung (Infektionsschutzgesetz), Aufstockungsbeträge nach dem Altersteilzeitgesetz, Altersteilzeitzuschläge nach Besoldungsgesetzen, Qualifizierungsentgelt (Zeile 20)

Die genannten Arten von **Ersatzleistungen** sind **auf der LSt-Bescheinigung** (Nr. 15) **enthalten**. Die Leistungen sind sämtlich steuerfrei nach § 3 Nr. 2 EStG (Kurzarbeitergeld), § 3 Nr. 1 Buchst. d EStG (Zuschuss zum Mutterschaftsgeld), § 3 Nr. 25 EStG (Entschädigung nach § 56 und § 65 IfSG), § 3 Nr. 28 EStG (Aufstockungsbeträge nach dem Altersteilzeitgesetz) und § 3 Nr. 28 EStG (Altersteilzeitzuschläge nach Besoldungsgesetzen). **1095**

Tarifvertragliche Zuschüsse einer Rundfunkanstalt an eine selbständige Journalistin anlässlich ihrer Schwangerschaft und Mutterschaft sind nicht steuerfrei (§ 3 Nr. 1 Buchst. d EStG).[7]

Unter die Steuerbefreiung des § 3 Nr. 28a EStG fallen die vom AG gezahlten **Zuschüsse zur Aufstockung des Kurzarbeitergeldes** (§ 95 ff. SGB III) und dem Saison-Kurzarbeitergeld (§ 101 SGB III) sowie die Zuschüsse des Arbeitgebers zum Transferkurzarbeitergeld (§ 111 SGB III), die dem Progressionsvorbehalt (§ 32b Abs. 1 Satz 1 Nr. 1 Buchst. g EStG) unterliegen.[8] Ebenso unterliegen bestimmte Leistungen nach dem Infektionsschutzgesetz dem Progressionsvorbehalt (§ 32b Abs. 1 Nr. 1 Buchst. e EStG).

Ab dem VZ 2025 wurde das **Qualifizierungsgelt** ergänzt (§ 3 Nr. 2 Buchst. a und § 3 Nr. 19 Satz 1 Buchst. a EStG).

---

1) R 3.26a Abs. 2 EStR 2012.
2) BFH v. 8.5.2024, VIII R 9/21, HFR 2024, 839.
3) BFH v. 31.1.2017, IX R 10/16, BStBl II 2018, 571.
4) BFH v. 5.4.2012, VIII B 202/11, BFH/NV 2012, 1330.
5) BFH v. 20.8.2009, V R 32/08, BStBl II 2010, 88.
6) BFH v. 12.10.1995, I R 153/94, BStBl II 1996, 201.
7) BFH v. 28.9.2022, VIII R 39/19, HFR 2023, 207.
8) Gesetz zur Umsetzung steuerlicher Hilfemaßnahmen zur Bewältigung der Corona-Krise (Corona-Steuerhilfegesetz) v. 19.6.2020, BGBl. I 2020, 1385 = BStBl I 2020, 550.

cc) Insolvenzgeld und andere Lohn-/Entgeltersatzleistungen

1096 Angaben zum Insolvenzgeld **und zu anderen Lohn-/Entgeltersatzleistungen** sind auf dem Hauptvordruck **ESt 1 A** (Zeilen 35 und/oder 36) erforderlich.

q) Steuerfreier Arbeitslohn/steuerfreie Einkünfte laut Anlage(n) N-AUS (Zeilen 21–24)

1097 Hat ein Arbeitnehmer seinen Wohnsitz/seinen gewöhnlichen Aufenthalt in Deutschland, unterliegt er als unbeschränkt stpfl. Person grds. mit dem gesamten Welteinkommen der inl. Besteuerung (§ 1 Abs. 1 EStG i.V.m. § 2 Abs. 1 EStG). Einkünfte aus einer Tätigkeit können jedoch unter bestimmten Voraussetzungen von der deutschen Besteuerung nach einem DBA, einem sonstigen zwischenstaatlichen Übereinkommen oder dem Auslandstätigkeitserlass (ATE) befreit werden. Der Arbeitgeber hat in der LSt-Bescheinigung zur lfd. Nr. 16 den steuerfreien Arbeitslohn nach einem DBA oder ATE entsprechend zu bescheinigen. Sind die Einkünfte einer unbeschränkt stpfl. Person nach einem DBA in Deutschland steuerfrei, wird diese Steuerfreiheit jedoch nur unter den Voraussetzungen von § 50d Abs. 8 EStG (nationalstaatliche Rückfallklausel [→ Rz. 1195 ff.])[1] gewährt.

Beratungshinweis:

Die Berücksichtigung der im Ausland erzielten Einkünfte aus nichtselbständiger Arbeit i.R.d. Progressionsvorbehalts führt nicht zu einer Beeinträchtigung der Arbeitnehmerfreizügigkeit, sondern beruht auf der erhöhten Leistungsfähigkeit einer stpfl. Person und beinhaltet als solche keine Diskriminierung.[2] Die Regelung des § 50d Abs. 8 EStG ist verfassungsgemäß.[3]

Praxishinweis:

Die Freistellung des vom Arbeitgeber gezahlten Arbeitslohns von der LSt kann bereits im LSt-Abzugsverfahren erfolgen (§ 39b Abs. 6 EStG). Der Verzicht auf die Lohnbesteuerung (Freistellungsbescheinigung) ist i.d.R. vom Arbeitgeber oder Arbeitnehmer beim zuständigen Betriebsstätten-FA zu beantragen.

Werbungskosten, die im Zusammenhang mit den begünstigten Tätigkeiten stehen, sind gesondert zu kennzeichnen und in dem gesonderten Bereich in Zeile 78 (→ Rz. 1177) zu erklären.

Die Eintragungen in den Zeilen 21–23 richten sich nach den Berechnungen, die auf der Anlage N-AUS zu erfolgen haben. Für jeden Ehegatten/Lebenspartner und Tätigkeitsstaat ist eine gesonderte Anlage N-AUS abzugeben. In Zeile 24 ist die Anzahl der beigefügten Anlagen N-AUS anzugeben.

r) Ansässigkeit in Belgien – gemäß Art. 4 DBA-Belgien (Zeile 25)

1098 Die Zeilen dienen u.a. dazu, dass sich die stpfl. Personen erklären können, die im Inland zu versteuernde Einkünfte erzielen, die auch bei der Festsetzung belgischer Gemeindesteuern berücksichtigt worden sind. Steuerpflichtige Personen mit Wohnsitzen in Deutschland und in Belgien, die jedoch nach den bestehenden DBA-Regelungen in Deutschland ansässig sind, können keine Eintragungen vornehmen. Zum Ausgleich für die belgische Gemeindesteuer wird die in Deutschland auf diese Einkünfte entfallende Steuer um 8 % gekürzt (Punkt 11 Ziffer 2 des Schlussprotokolls zu Art. 23 DBA-Belgien in der durch Art. 2 des Zusatzabkommens v. 5.11.2002 geänderten Fassung).[4] Betroffen sind Einkünfte i.S.d. Art. 15 und 19 DBA-Belgien, somit Leistungen aus der gesetzlichen Rentenversicherung oder Leistungen auf Grund von Kriegsschäden sowie laufende Gehälter und Pensionen. Zum Besteuerungsrecht bei Abfindungszahlungen vgl. BFH v. 2.9.2009.[5] Der entsprechende Minderungsbetrag wird bei der Ermittlung der festzusetzenden ESt noch vor den ausl. Steuern nach § 34c Abs. 1 und 6 EStG, § 12 AStG von der tariflichen ESt abgezogen.[6] Durch die Ausdehnung der zu erklärenden Sachverhalte auf alle weiteren Staaten ab dem VZ 2016 ist erkennbar, ob durch die Begründung des weiteren ausl. Wohnsitzes ein Ersatztatbestand des § 6 Abs. 1 Satz 2 Nr. 2 AStG ausgelöst worden ist, wenn hierdurch ein Wechsel der Ansässigkeit i.S.d. DBA vorliegt.

s) Angaben zu Grenzgängern (Zeile 26)

aa) Allgemeines

1099 Grenzgänger sind Arbeitnehmer, die i.d.R. im Grenzbereich eines der Vertragsstaaten arbeiten und regelmäßig nach Arbeitsende zu ihrem Wohnsitz im Grenzbereich des anderen Vertragsstaates zurückkehren. Für diese Personen gelten Besonderheiten nach den DBA mit Frankreich (Art. 13 Abs. 5 DBA Frankreich – in der Regel Wohnsitzprinzip),[7] Österreich (Art. 15 Abs. 6 DBA Österreich – in der Regel Wohnsitzprinzip) und der Schweiz (Art. 15a DBA Schweiz – begrenzte Besteuerung im Tätigkeitsstaat und Wohnsitzbesteuerung mit Anrechnungssystem;[8] zur Frage der Nichtrückkehr eines Grenzgängers auf Grund der Arbeitsausübung ab dem 1.1.2019 vgl. BMF v. 25.10.2018[9]). Zur Frage der verfassungsgemäßen Besteuerung eines Grenzgängers nach dem sog. Kassenstaatsprinzip vgl. BFH.[10]

1) Verfassungsgemäß: FG Rheinland-Pfalz v. 11.10.2007, 6 K 1611/07, EFG 2008, 385.
2) FG Hamburg v. 6.2.2014, 2 K 73/13, EFG 2014, 1000.
3) BFH v. 10.1.2012, I R 66/09, BFH/NV 2012, 1056; BVerfG v. 15.12.2015, 2 BvL 1/12, HFR 2016, 405.
4) BGBl. I 2003, 1615.
5) BFH v. 2.9.2009, I R 90/08, BStBl II 2010, 394.
6) R 2 EStR 2012.
7) Zur Berechnung der Nichtrückkehrtage siehe BFH v. 17.3.2010, I R 69/08, BFH/NV 2010, 1634.
8) BMF v. 12.12.2023, IV B 2 – S 1300/21/10024 :005, BStBl I 2023, 2179.
9) BMF v. 25.10.2018, IV B 2 – S 1301-CHE/07/10015-09, BStBl I 2018, 1103.
10) BFH v. 22.2.2023, I R 45/19, BFH/NV 2023, 947.

Der Grenzgängerbegriff (Art. 15a Abs. 2 DBA-Schweiz 1971/2010) setzt keine Mindestanzahl an Grenzüberquerungen pro Woche oder Monat voraus.[1] Zu Auslegungsfragen im Zusammenhang mit der Grenzgängereigenschaft in die Schweiz vgl. FG Baden-Württemberg.[2] Ab dem VZ 2017 ist ergänzend zu erklären, in welchem Land die Grenzgängertätigkeit ausgeübt wird. Die Grenzgängereigenschaft entfällt z.B. nach dem DBA-Schweiz, wenn der Arbeitnehmer bei einer Beschäftigung während des gesamten Jahres an mehr als 60 Arbeitstagen nicht an diesen Wohnsitz zurückkehrt; in diesen Fällen gilt Art. 15 DBA-Schweiz. Zur Frage der Berechnung der 60-Tage-Grenze bei einem unterjährigen Arbeitgeberwechsel vgl. BMF.[3] Zur Anwendung des § 1a EStG bei stpfl. Personen mit Wohnsitz in der Schweiz vgl. BMF v. 16.9.2013.[4]

Beratungshinweis:

Zur Frage der Regelungen in Art. 13b DBA-**Frankreich**, mit dem die sog. Künstler- und Sportlerklausel eingefügt worden ist; nach der Einkünfte, die eine in einem Vertragsstaat ansässige Person als Künstler (wie Bühnen-, Film-, Rundfunk- und Fernsehkünstler sowie Musiker), Sportler oder Model aus ihrer im anderen Vertragsstaat persönlich ausgeübten Tätigkeit bezieht, ungeachtet der Art 4, 12 und 13 im anderen Tätigkeitsstaat besteuert werden vgl. FG Saarland.[5] Zum Besteuerungsrecht betreffend einer Entschädigung für die Auflösung eines Dienstverhältnisses nach Art. 13 Abs. 1 DBA-Frankreich 1959/2001 vgl. BFH.[6]

Muss ein in Deutschland ansässiger Arbeitnehmer über mehrere Tage hinweg ohne Unterbrechung in der Schweiz tätig werden, so ist bei Anwendung der Grenzgängerregelung nicht jeder dieser Tage als ein Tag zu zählen, an dem der Arbeitnehmer aus beruflichen Gründen nicht an seinen Wohnsitz zurückkehrt.[7] Zu Fragen der mehrtätigen Rufbereitschaft vgl. BFH v. 13.11.2013.[8]

Arbeitstage, an denen eine Grenzgängerin/ein Grenzgänger i.S.d. Art.15a Abs. 2 Satz 1 DBA-Schweiz ganztägig am Wohnsitz im Ansässigkeitsstaat arbeitet, gelten nicht als Arbeitstage, an welchen die Person nach Arbeitsende auf Grund ihrer Arbeitsausübung nicht an den Wohnsitz zurückkehrt. Diese Arbeitstage gelten somit nicht als Nichtrückkehrtage i.S.d. Art. 15a Abs. 2 Satz 2 DBA.[9]

Austrittsleistungen aus einer schweizerischen Anlagestiftung sind nicht steuerbar.[10] Einkünfte aus nichtselbständiger Arbeit, die nach den Bestimmungen des anzuwendenden Abkommens im jeweils anderen Vertragsstaat (Tätigkeitsstaat) besteuert werden können, werden unter Berücksichtigung des Progressionsvorbehalts (§ 32b Abs. 1 Satz 1 Nr. 3 EStG) von der deutschen Besteuerung ausgenommen. Bei Grenzgängerfällen hat regelmäßig der Ansässigkeitsstaat das Besteuerungsrecht; insoweit kommt es zur Anwendung des Progressionsvorbehalts. Die Doppelbesteuerung kann auch durch Anwendung der **Freistellungsmethode** vermieden werden. Bei der Abgabe der ESt-Erklärung bei Finanzämtern in Baden-Württemberg kann des Weiteren die Anlage N-Gre genutzt werden.

Praxishinweis:

Werbungskosten im Zusammenhang mit den erklärten Einnahmen sind im Werbungskostenbereich besonders zu kennzeichnen, da die Aufwendungen von den entsprechenden Einnahmen abgezogen werden müssen und sind nicht in dem gesonderten Bereich ab Zeile 78 (→ Rz. 1177) zu erklären. Die tatsächlich angefallenen WK oder der Arbeitnehmer-PB sind jedoch auch dann zu berücksichtigen, wenn bei der Ermittlung des im Inland zu versteuernden Einkommens der Arbeitnehmer-PB (§ 9a Satz 1 Nr. 1 Buchst. a EStG) gewährt wurde.[11]

bb) Arbeitslohn in EUR/CHF

Besondere Grenzgängerregelungen bestehen mit Frankreich, Österreich und der Schweiz. Welcher Staat betroffen ist, ist durch die entsprechende Nummer zu kennzeichnen. Zur Umsetzung des Zusatzabkommens zum DBA Frankreich zur Einführung des sog. „Fiskalausgleichs zur Grenzgängerregelung" ist eine Unterscheidung der unterschiedlichen Regelungen erforderlich. Grundlage für die Durchführung des Grenzgängerfiskalausgleichs mit Frankreich[12] sind die Angaben der in Deutschland wohnenden und in Frankreich arbeitenden und dort steuerfrei gestellten Grenzgänger.[13] **1100**

Praxishinweis:

Deutschland hat bzgl. der deutschen Grenzgänger (in Deutschland wohnhafte und in Frankreich arbeitende Personen) eine Ausgleichsverpflichtung gegenüber Frankreich. Erstmalig war für das Ausgleichsjahr 2017 die Höhe des Anspruchs zu ermitteln, die Durchführung des Grenzgängerfiskalausgleichs erfolgte hierzu im Jahr 2018. Die Höhe der deutschen Ausgleichsverpflichtung (1,5 % der Bruttojahresvergütungen) ggü. Frankreich wird von der zuständigen französischen Behörde ermittelt. Die Ausgleichsverpflichtung ist ggü. dem BZSt bis 30.4. des jeweiligen Folgejahres geltend zu machen und am 30.6. desselben Jahres fällig (Art. 13a Abs. 4 und 5 DBA-Frankreich). Unbeschränkt einkommenstpfl. Personen, die als deutsche Grenzgänger von der französischen Einkommensteuer freigestellt worden sind, sind nach Maßgabe des § 25 EStG i.V.m. § 56 EStDV zur Abgabe einer ESt-Erklärung verpflichtet. Für die deutsche Ausgleichsverpflichtung ggü. Frankreich ermitteln die Länder Baden-Württemberg, Rheinland-Pfalz und das Saarland jeweils den Gesamtbetrag der in Frankreich erzielten Bruttoarbeitslöhne.

1) BFH v. 28.6.2022, I R 24/21, BFH/NV 2023, 57; teilweise inhaltsgleich mit BFH v. 1.6.2022, I R 32/19, HFR 2023, 108.
2) FG Baden-Württemberg v. 23.11.2022, 12 K 623/22, StEd 2023, 295 = DStZ 2023, 560; Rev., Az. des BFH: VI R 14/24.
3) BMF v. 18.12.2014, IV B 2 – S 1301-CHE/07/10015-02, BStBl I 2015, 22 sowie OFD Karlsruhe v. 12.2.2015, S 130.1/845 – St 217, IStR 2015, 331.
4) BMF v. 16.9.2013, IV C 3 – S 1325/11/10014, BStBl I 2013, 1325; unter Hinweis auf EuGH v. 28.2.2013, C-425/11, BStBl II 2013, 896.
5) FG Saarland v. 10.9.2020, 2 V 1007/20, EFG 2020, 1479.
6) BFH v. 24.10.2024, VI R 4/22, BStBl II 2025, 36.
7) BFH v. 27.8.2008, I R 10/07, BStBl II 2009, 94 und BFH v. 27.8.2008, I R 64/07, BStBl II 2009, 97.
8) BFH v. 13.11.2013, I R 23/12, BStBl II 2014, 508.
9) BMF v. 26.7.2022, IV B 2 – S 1301-CHE/21/10019 :016, BStBl I 2022, 1227.
10) BFH v. 2.12.2014, VIII R 40/11, BFH/NV 2015, 1154.
11) BFH v. 17.12.2003, I R 75/03, BStBl II 2005, 96.
12) Gesetz zu dem Zusatzabkommen v. 31.3.2015 zum Abkommen v. 21.7.1959 zwischen der BRD und der Französischen Republik zur Vermeidung der Doppelbesteuerungen, Art. 13a DBA-Frankreich.
13) BMF v. 30.3.2017, IV B 3 – S 1301 – FRA/16/10001 :001, BStBl I 2017, 753, Rz. 5.

Die Höhe der Einkünfte, die dem Progressionsvorbehalt unterliegen, ist nach deutschem Steuerrecht zu ermitteln[1] und in EUR oder CHF zu erklären. Die Umrechnung des Barlohns in einen Euro-Betrag hat nach Maßgabe des BFH-Urteils v. 3.12.2009[2] zu erfolgen. Umrechnungsmaßstab ist danach der auf den Umrechnungszeitpunkt bezogene Euro-Referenzkurs der EZB. Lohnzahlungen sind bei Zufluss des Arbeitslohns anhand der von der EZB veröffentlichten monatlichen Durchschnittsreferenzkurse umzurechnen. Damit sind die monatlich veröffentlichten Umsatzsteuer-Umrechnungskurse heranzuziehen.

cc) Schweizerische Abzugsteuer

1101 Bei den stpfl. Personen, die in Deutschland ansässig sind, aber in der Schweiz Arbeitslohn beziehen, wird nach den Regeln des DBA Schweiz vom Tätigkeitsstaat eine Abzugsteuer i.H.v. max. 4,5 % der BMG (Bruttobetrags der Vergütungen) erhoben, wenn es sich um einen Grenzgängerfall handelt. Wird eine höhere Steuer einbehalten, wird i.R.d. ESt-Veranlagung (§ 36 EStG) lediglich der Betrag von 4,5 % berücksichtigt; für den darüber hinaus gehenden Betrag ist eine Erstattung zu beantragen. Der Grenzgänger hat die Ansässigkeit durch eine amtliche Bescheinigung der zuständigen Finanzbehörde nachzuweisen. Hierfür ist der **Vordruck Gre-1** zu verwenden, der in seiner aktuell gültigen Fassung durch BMF v. 20.10.2006 bekannt gegeben wurde.[3] Die BMG bestimmt sich nach dem jeweiligen nationalen Steuerrecht. Sollten i.R.d. Einkünftekorrektur die Hinzurechnungen die Kürzungen übersteigen, kann maximal die tatsächlich in der Schweiz einbehaltene Quellensteuer berücksichtigt werden.[4] Die Abzugsteuer ist bei der ESt-Veranlagung anzurechnen, wenn eine gesonderte Steuerbescheinigung/ein Steuerausweis über die einbehaltene Abzugsteuer vorliegt. Der **Nachweis** ist auf Verlangen des Arbeitnehmers vom schweizerischen Arbeitgeber auszustellen; ohne eine solche Bescheinigung kann auch bei Schätzungsveranlagungen eine Abzugsteuer nicht berücksichtigt werden.[5] Für einen deutschen Grenzgänger hat der Lohnausweis (Bruttobetrag der Vergütungen) auf amtlichem Vordruck der schweizerischen Steuerverwaltung zu erfolgen, wobei Spesenvergütungen durch den Arbeitgeber stets im Detail aufzuführen sind.

> **Praxishinweis:**
> Entfällt die Grenzgängerregelung nachträglich, ist dieser Sachverhalt dem deutschen Betriebsstätten-FA mitzuteilen. Mittels des Vordrucks Gre-3 sind die berufsbedingten Nichtrückkehrtage mitzuteilen, sodass die volle Besteuerung des Arbeitslohns erfolgt.

3. Werbungskosten (Zeilen 27–77)

a) Grundsätze

1102 Werbungskosten sind alle Aufwendungen zur Erwerbung, Sicherung und Erhaltung der Einnahmen, die durch den Beruf veranlasst sind (Veranlassungszusammenhang zwischen Aufwendungen und Einnahmen [§ 9 Abs. 1 Satz 1 EStG]). Die WK werden vom erklärten Bruttoarbeitslohn abgezogen, um die stpfl. Einkünfte zu bestimmen. WK sind dabei grds. **alle Aufwendungen, die durch die entsprechenden Einnahmen veranlasst sind**. Aufwendungen können auch dann abgezogen werden, wenn mit dem Aufwand zusammenhängende Einnahmen noch nicht erzielt werden. Voraussetzung für die Berücksichtigung ist ein ausreichend bestimmter wirtschaftlicher Zusammenhang zwischen den Aufwendungen und der Einkunftsart (→ Rz. 1106).

Kosten, die mit **steuerfreien Einnahmen** im Zusammenhang stehen, können grds. nicht als WK abgezogen werden (§ 3c EStG). Allein die Möglichkeit, dass diese Berufstätigkeit später auch im Ausland ausgeübt werden könnte, begründet jedoch nach Auffassung des BFH[6] noch keinen unmittelbaren wirtschaftlichen Zusammenhang i.S.d. § 3c Abs. 1 1. Halbsatz EStG zwischen den Berufsausbildungskosten und später tatsächlich erzielten steuerfreien Auslandseinkünften.

> **Praxishinweis:**
> Werbungskosten, die in **Altersteilzeit** befindlichen Arbeitnehmern entstehen, sind auf Grund steuerfreier Aufstockungsbeträge (§ 3 Nr. 28 EStG) nicht nach Maßgabe des § 3c EStG zu kürzen. Ebenso wie bei Arbeitnehmern, die steuerfreie Zuschläge (§ 3b EStG) erhalten, besteht kein unmittelbarer wirtschaftlicher Zusammenhang zwischen den steuerfreien Einnahmen und den WK.[7]

Auf die **Notwendigkeit der Aufwendungen** kommt es nicht an. Stehen Aufwendungen in einem objektiven Zusammenhang mit dem Beruf, so ist es für den Begriff der WK ebenfalls nicht von Bedeutung, ob die Vorstellungen der stpfl. Person, den Beruf zu fördern, der Wirklichkeit entsprechen, d.h. geeignet sind, dieses Ziel zu erreichen.[8] So sind auch Aufwendungen eines Ruhestandsbeamten im Zusammenhang mit einer ehrenamtlichen Gewerkschaftstätigkeit bei den WK zu Versorgungsbezügen zu berücksichtigen.[9]

---

1) BFH v. 22.5.1991, I R 32/90, BStBl II 1992, 94.
2) BFH v. 3.12.2009, VI R 4/08, BStBl II 2010, 698.
3) BMF v. 7.12.2023, IV B 2 – S 1301-CHE/21/10019 :028, BStBl I 2023, 2150.
4) OFD Karlsruhe v. 20.3.2020, S 130.1/647-St 217.
5) BMF v. 19.9.1994, IV C 6 – S 1301 Schz – 60/94, BStBl I 1994, 683, Rz. 21. Änderungen durch BMF v. 7.7.1997, IV C 6 – S 1301 Schz – 37/97, BStBl I 1997, 723 und v. 30.9.2008, IV B 2 – S 1301-CHE/07/10015, BStBl I 2008, 935.
6) BFH v. 28.7.2011, VI R 5/10, BStBl II 2012, 553.
7) OFD Rheinland v. 21.5.2008, Kurzinformation Einkommensteuer 30/2008, DB 2008, 1408.
8) BFH v. 28.11.1980, VI R 193/77, BStBl II 1981, 368.
9) BFH v. 28.6.2023, VI R 17/21, BStBl II 2024, 274.

Aufwendungen werden bei den Einnahmen abgezogen, bei denen sie wirtschaftlich entstanden sind. **Ersparte Aufwendungen**, z.B. der Einsatz der eigenen Arbeitskraft an Stelle des Engagements einer dritten Person, stellen keine WK dar.

Als WK können z.B. Aufwendungen für die Verbesserung der Kommunikationsfähigkeit (NLP-Kurse),[1] für Seminare zur Persönlichkeitsentfaltung,[2] eines Zeitsoldaten für den Erwerb eines Verkehrsflugzeugführerscheins[3] sowie für einen Sprachkurs im Ausland[4] (soweit dieser beruflich veranlasst ist,[5] ggf. mit Aufteilung in beruflichen und privaten Anlass; wobei eine hälftige Aufteilung grds. in Betracht kommt; ggf. ist ein zeitlicher Aufteilungsmaßstab, vor dem Hintergrund des objektiven Nettoprinzips, näher an einer exakten Aufteilung[6]) Berücksichtigung finden.

Zu unterscheiden ist des Weiteren, ob es sich um Aufwendungen handelt, die in ursächlichem Zusammenhang mit laufenden Einnahmen (Bruttoarbeitslohn, Zeile 5) oder mit anderen (ggf. steuerbegünstigten) Einnahmen (z.B. Entlassungsentschädigungen, steuerfreier Arbeitslohn bei Auslandstätigkeit, Arbeitslohn ohne Steuerabzug,) stehen. Insoweit hat eine direkte Zuordnung der WK zu den entsprechenden Einnahmen zu erfolgen und ist entsprechend in der ESt-Erklärung zu kennzeichnen.

Beratungshinweis:

Erhält ein Arbeitnehmer steuerfreie Auslandsbezüge, so sind darauf entfallende WK zu dem Teil nicht abziehbar, der dem Verhältnis der steuerfreien Einnahmen zu den Gesamteinnahmen entspricht.[7]

Aufwendungen für **Ernährung, Kleidung** (→ Rz. 1108, → Rz. 1132) und **Wohnung** sowie **Repräsentationsaufwendungen** sind in der Regel Aufwendungen für die Lebensführung i.S.d. § 12 Nr. 1 EStG (→ Rz. 1103). Besteht bei diesen Aufwendungen ein Zusammenhang mit der beruflichen Tätigkeit des Arbeitnehmers, so ist zu prüfen, ob und in welchem Umfang die Aufwendungen beruflich veranlasst sind.

Gebühren für verbindliche Auskünfte (§ 89 Abs. 3 AO) sind vom Werbungskostenabzug ausgeschlossen, soweit sich die verbindliche Auskunft auf nicht abziehbare Steuern bezieht (§ 12 Nr. 3 EStG).[8] Die Tilgung von Haftungsschulden kann zu WK führen.[9]

Sind die **Aufwendungen nur zum Teil beruflich veranlasst** und lässt sich dieser Teil der Aufwendungen nach objektiven Merkmalen leicht und einwandfrei von den Aufwendungen trennen, die ganz oder teilweise der privaten Lebensführung dienen, so ist dieser Teil der Aufwendungen als WK abziehbar; er kann ggf. geschätzt werden (z.B. Zeit-, Mengen- oder Flächenanteile sowie Aufteilung nach Köpfen).[10] Lassen sich die Aufwendungen nach ihrer beruflichen (WK) und ihrer privaten Veranlassung (Aufwendungen für die Lebensführung) nicht nach objektiven Merkmalen leicht und eindeutig trennen oder ist die private Veranlassung nicht nur von untergeordneter Bedeutung, so gehören sie insg. zu den nach § 12 Nr. 1 EStG nicht abziehbaren Ausgaben. Zu Einzelkriterien zur einkommensteuerlichen Behandlung der Aufwendungen für **Studienreise und Fachkongresse** vgl. OFD Frankfurt/Main v. 13.4.2012.[11] Zur Frage des Aufteilungsverbots → Rz. 1139. **1103**

Gehören die Kosten der Anschaffung eines WG zu den in § 12 Nr. 1 Satz 2 EStG bezeichneten Aufwendungen für die Lebensführung, ist eine Aufteilung in nicht abziehbare Aufwendungen für die Lebensführung und in Betriebsausgaben oder WK nur zulässig, wenn objektive Merkmale und Unterlagen eine zutreffende und leicht nachprüfbare Trennung ermöglichen, und wenn außerdem der berufliche Nutzungsanteil nicht von untergeordneter Bedeutung ist.[12] Eine mögliche griffweise Schätzung ist hingegen keine geeignete Aufteilungsmethode.[13]

Beispiel 1:

Ein im steuerberatenden Beruf tätiger Arbeitnehmer begehrt die hälftige Anerkennung der Kosten eines Abonnements einer überregionalen Zeitung, die er neben der regionalen Tageszeitung bezieht, als WK, weil die überregionale Zeitung umfassend auch über die steuerrechtliche Entwicklung informiere. Eine Berücksichtigung der Kostenabzug ist nicht möglich.[14]

Beispiel 2:

Ein angestellter Steuerberater nimmt an einer von der örtlichen Sparkasse durchgeführten „Fachstudienreise" teil. Der Reiseplan umfasste u.a. Stadtrundfahrten, Ausflüge, eine Bootsfahrt, Theater- und Show-Besuche, den Vortrag eines Vertreters der Arbeitsgemeinschaft deutschsprachiger ausl. Unternehmer und eines Repräsentanten einer ausl. Bank sowie Besuche der Deutschen Botschaft. Der Abzug der Aufwendungen ist nicht möglich, da die Reise überwiegend privat veranlasst und insgesamt nicht aufteilbar ist.[15]

---

1) BFH v. 28.8.2008, VI R 44/04, BStBl II 2009, 106.
2) BFH v. 28.8.2008, VI R 35/05, BStBl II 2009, 108.
3) BFH v. 30.9.2008, VI R 4/07, BStBl II 2009, 111.
4) BFH v. 24.2.2011, VI R 12/10, BStBl II 2011, 796.
5) FG Köln v. 30.5.2012, 7 K 2764/08, EFG 2012, 2196.
6) Schwenke, FR 2011, 1051.
7) BFH v. 11.2.1993, VI R 66/91, BStBl II 1993, 450; BFH v. 13.8.1997, I R 65/95, BStBl II 1998, 21.
8) OFD Münster v. 10.4.2008, Kurzinformation Einkommensteuer 015/2008, DStR 2008, 1139.
9) BFH v. 8.3.2022, VI R 19/20, BStBl II 2022, 633.
10) BMF v. 6.7.2010, IV C 3 – S 2227/07/10003 :002, BStBl I 2010, 614.
11) OFD Frankfurt/Main v. 13.4.2012, S 2227 A – 3 – St 217, StEd 2012, 376.
12) BFH v. 19.10.1970, GrS 2/70, BStBl II 1971, 17.
13) BFH v. 19.10.1970, GrS 3/70, BStBl II 1971, 21.
14) BMF v. 6.7.2010, IV C 3 – S 2227/07/10003 :002, BStBl I 2010, 614.
15) BFH v. 5.2.2010, IV B 57/09, BFH/NV 2010, 880.

Beispiel 3:

A nimmt während einer 14-tägigen Urlaubsreise an einem eintägigen Fachseminar teil. Die Aufwendungen für die Urlaubsreise sind nicht abziehbar. Die Aufwendungen, die unmittelbar mit dem Fachseminar zusammenhängen (Seminargebühren, Fahrtkosten vom Urlaubsort zum Tagungsort, ggf. Pauschbetrag für Verpflegungsmehraufwendungen), sind als WK zu berücksichtigen.

Beispiel 4:

Der angestellte Arzt besucht einen Fachkongress in London. Er reist Samstagvormittag an. Die Veranstaltung findet ganztägig von Dienstag bis Donnerstag statt. Am Sonntagabend reist er nach Hause zurück.

Da Reisen nicht mehr in jedem Fall als Einheit zu betrachten sind, sind die Kosten für zwei Übernachtungen (von Dienstag bis Donnerstag) sowie die Kongressgebühren ausschließlich dem beruflichen Bereich zuzuordnen und vollständig als WK abziehbar.[1)]

Die Flugkosten sind gemischt veranlasst und entsprechend den Veranlassungsbeiträgen aufzuteilen. Sachgerechter Aufteilungsmaßstab ist das Verhältnis der betrieblichen und privaten Zeitanteile der Reise ($^3/_9$ sind betrieblich veranlasst). Ein Abzug der Verpflegungskosten ist nur in Höhe der Pauschbeträge für Verpflegungsmehraufwendungen für die betrieblich veranlassten Tage zulässig.

1104 Werbungskosten sind nur insoweit zu berücksichtigen, als der **Arbeitnehmer** auch tatsächlich durch den Aufwand **wirtschaftlich belastet** wird. Werden **Aufwendungen** durch den Arbeitgeber entweder **steuerfrei gezahlt** oder durch **pauschale Besteuerung** übernommen, kann dieser Betrag nicht als WK berücksichtigt werden.

Praxishinweis:

Der Arbeitgeber kann steuerfreien Werbungskostenersatz nur bei Reisekosten, Umzugskosten und doppelter Haushaltsleistung erbringen (§ 3 Nr. 16 EStG). Zudem besteht die Möglichkeit, Werkzeuggeld (§ 3 Nr. 30 EStG) und typische Berufskleidung (§ 3 Nr. 31 EStG) steuerfrei zu gewähren sowie Sammelbeförderungen von Arbeitnehmern zwischen Wohnung und erster Tätigkeitsstätte für den betrieblichen Einsatz (§ 3 Nr. 32 EStG) und ständig wechselnden Tätigkeitsstätten[2)] vorzunehmen. Werden hingegen Aufwendungen erstattet, die nicht im ganz überwiegenden Interesse des Arbeitgebers liegen, können insoweit stpfl. Einnahmen vorliegen.

Werbungskosten sind auch anzuerkennen, wenn

- ein Arbeitsmittel verloren geht, sofern nicht ausnahmsweise das die AfaA auslösende Ereignis dem privaten Bereich zuzuordnen ist,
- der Verlust bei einem Gegenstand, der kein Arbeitsmittel ist, bei dessen Verwendung für berufliche Zwecke eintritt,
- ein Gegenstand, der nicht beruflich genutzt wird, aus in der Berufssphäre des Arbeitnehmers liegenden Gründen entzogen wird.[3)]

Es kommt nicht darauf an, dass die WK notwendig sind. Die **Art und Höhe** der Aufwendungen steht **im** grds. **Ermessen der stpfl. Person**. Aufwendungen können auch dann abgezogen werden, wenn diese zwar ungewöhnlich hoch, aber bezogen auf die berufliche Stellung und die entsprechende Höhe der erzielten Einnahmen nicht unangemessen sind. **Wertveränderungen** bei Wirtschaftsgütern bleiben jedoch außer Betracht.[4)]

b) Arbeitnehmer-Pauschbetrag

1105 Werden keine höheren Werbungskosten als 1 230 € im Kj. nachgewiesen, wird von Amts wegen der Arbeitnehmer-PB berücksichtigt (§ 9a Nr. 1 EStG). Der Arbeitnehmer-PB (Werbungskosten-Pauschbetrag) ist ein **Jahresbetrag**, der nicht anteilig gekürzt wird, auch wenn die Arbeitnehmertätigkeit nur einen Monat im Jahr bestanden hat. Auf den Ansatz des ungekürzten Pauschbetrags hat die stpfl. Person einen Rechtsanspruch, selbst wenn feststeht, dass keine oder nur geringe WK angefallen sind.[5)] Wurden neben den laufenden Einnahmen auch begünstigte außerordentliche Einnahmen erzielt, so ist der Pauschbetrag vorrangig zu Gunsten des Arbeitnehmers von den laufenden Einnahmen abzuziehen.[6)]

Zur Frage der **Verfassungsmäßigkeit der Abgeordnetenpauschale** und einer entsprechenden Anwendung bei z.B. stpfl. Personen mit Lohneinkünften vgl. FG Niedersachsen v. 12.12.2018.[7)]

c) Vorab entstandene Werbungskosten

1106 Erzielt die stpfl. Person noch keine Einnahmen, liegen vorab entstandene WK vor, wenn die Aufwendungen in einem hinreichend konkreten, objektiv feststellbaren Zusammenhang mit späteren Einnahmen stehen[8)] und die **Einkünfteerzielungsabsicht**[9)] zu bejahen ist. Der **erforderliche Veranlassungszusammenhang** kann bei jedweder berufsbezogenen Bildungsmaßnahme erfüllt sein. Er wird häufig bei einer Umschulungs- oder Qualifizierungsmaßnahme gegeben sein, denn in diesen Fällen werden die Voraussetzungen dafür geschaffen, dass das hierdurch erworbene Berufswissen am Arbeitsmarkt eingesetzt werden kann, um künftig Einnahmen zu erzielen.[10)] Aufwen-

1) BFH v. 21.9.2010, GrS 1/06, BStBl II 2010, 672.
2) BMF v. 19.5.2015, IV C 5 – S 2353/15/10002, DB 2015, 1258.
3) BFH v. 9.12.2003, VI R 185/97, BStBl II 2004, 491.
4) BFH v. 10.11.2005, VI B 47/05, BFH/NV 2006, 296.
5) BFH v. 10.6.2008, VIII R 76/05, BStBl II 2008, 937.
6) BFH v. 29.10.1998, XI R 63/97, BStBl II 1999, 588.
7) FG Niedersachsen v. 12.12.2018, 7 K 128/15, EFG 2019, 912; NZB unzulässig, BFH v. 13.11.2019, VIII B 42/19, BFH/NV 2020, 234.
8) BFH v. 22.6.2006, VI R 71/04, BFH/NV 2006, 1654.
9) BFH v. 28.8.2008, VI R 50/06, BStBl II 2009, 243, zur Erlangung eines politischen Mandats.
10) BFH v. 22.7.2003, VI R 137/99, BStBl II 2004, 888.

dungen zum Erwerb einer Beteiligung an seinem (ggf. künftigen) Arbeitgeber sind regelmäßig auch dann nicht als (vorab entstandene) WK bei den Einkünften aus nichtselbständiger Arbeit abzugsfähig, wenn die Zahlung Voraussetzung für den Abschluss des Anstellungsvertrags ist. Derartige Aufwendungen sind abzugrenzen von solchen im Zusammenhang mit einer Bürgschaftsübernahme oder Darlehensgewährung eines Arbeitnehmers zu Gunsten seines Arbeitgebers.[1]

Beratungshinweis:

Durch das BeitrRLUmsG[2] erfolgt eine gesetzliche „Klarstellung" in Bezug auf die steuerliche Absetzbarkeit von Aus-/Fortbildungskosten. Danach sind solche Erstausbildungskosten außerhalb eines Dienstverhältnisses vom Werbungskostenabzug ausgeschlossen (zur Verfassungswidrigkeit der Rückwirkung siehe auch → Rz. 1115). Durch das Zollkodex-Anpassungsgesetz[3] wurde § 12 Nr. 5 EStG als Folgewirkung der weiteren engeren Fassung des § 9 Abs. 6 EStG ab dem VZ 2015 aufgehoben.

Aufwendungen, die nicht von der stpfl. Person, sondern von einem Dritten auf Grund eines **abgekürzten Vertragswegs** getragen wurden, sind bei richtiger Gestaltung berücksichtigungsfähig.[4]

Aufwendungen eines Arbeitnehmers zum Erwerb einer Beteiligung an seinem (ggf. künftigen) Arbeitgeber sind regelmäßig auch dann nicht als (vorab entstandene) WK bei den Einkünften aus nichtselbständiger Arbeit abzugsfähig, wenn die Zahlung Voraussetzung für den Abschluss des Anstellungsvertrags ist. Derartige Aufwendungen sind abzugrenzen von solchen im Zusammenhang mit einer Bürgschaftsübernahme oder Darlehensgewährung eines Arbeitnehmers zugunsten seines Arbeitgebers.[5]

In Betracht für den vorweggenommenen Werbungskostenabzug kommen daher auch z.B. **Bewerbungskosten** um einen neuen Arbeitsplatz und Reisekosten zu Vorstellungsgesprächen. Mit Eintritt in den Ruhestand fällt bei weiterer gleichartiger, nunmehr aber ehrenamtlicher Tätigkeit der zuvor gegebene Werbungskostenabzug weg (z.B. pensionierte Hochschullehrer, Pfarrer, Reservistendienst leistende Personen).[6] Aufwendungen für ein **Studium im altersbedingten Ruhestand** stellen nur dann vorweggenommene WK / BA dar, wenn nachvollziehbar und substantiiert dargelegt wird, dass im Anschluss eine nachhaltige Erwerbsquelle hieraus geschaffen wird. Im Zuge einer Gesamtwürdigung sind auch das Alter der stpfl. Person nach Beendigung des Studiums sowie die wirtschaftliche Notwendigkeit für die Schaffung einer (neuen) Erwerbsquelle einzubeziehen. Auch der Sonderausgabenabzug (§ 10 Abs. 1 Nr. 7 EStG → Rz. 1459) erfordert das Streben nach einer nachhaltigen berufsmäßigen Anwendung der erlernten Fähigkeiten zur Erzielung von Einkünften.[7]

Zu **Ausgleichszahlungen**, die ein zum **Versorgungsausgleich** verpflichteter Ehegatte/Lebenspartner an den anderen Ehegatten/Lebenspartner leistet, vgl. → Rz. 1470.

Der Berücksichtigung dieser WK steht es nicht entgegen, dass die stpfl. Person ALG oder sonstige für ihren Unterhalt bestimmte steuerfreie Leistungen erhält.[8] In diesen Fällen kommt u.U. eine Verlustberücksichtigung (§ 10d EStG) in Betracht (Zeilen 17 und 18 der Anlage Sonstiges).

d) Nachträgliche Werbungskosten

Ein Abzug von WK ist grds. auch in den Fällen möglich, in denen ein Arbeitsverhältnis nicht mehr besteht. Voraussetzung für den Abzug ist jedoch, dass ein **konkreter Zusammenhang mit der ehemaligen Tätigkeit** besteht.[9] Eine berufliche Veranlassung ist bei Einkünften aus nichtselbständiger Arbeit grds. anzunehmen, wenn objektiv ein Zusammenhang mit dem Beruf besteht und subjektiv die Aufwendungen zur Förderung des Berufs gemacht wurden. Diese Grundsätze gelten auch für nachträgliche WK, die entstehen können, wenn der Arbeitnehmer nach Beendigung des Dienstverhältnisses Aufwendungen im Zusammenhang mit diesem erbringen muss. In diesem Fall muss bereits zu dem Zeitpunkt, in dem der Grund für die Aufwendungen gelegt wird, der berufliche Zusammenhang bestehen.[10] Weisen Aufwendungen einen **erwerbsbezogenen Veranlassungszusammenhang** auf, kommt es nicht mehr darauf an, ob diese Aufwendungen durch einen schon ausgeübten Beruf oder durch einen erstmals angestrebten neuen Beruf veranlasst worden waren. So ist z.B. die **Vertragsstrafe**, die ein im öffentlichen Dienst beschäftigter Arzt zu zahlen hatte, weil er vor Ablauf von zehn Jahren aus dem Dienst ausscheiden wollte, als Aufwand berücksichtigt worden.[11] 1107

e) Keine Werbungskosten

Aufwendungen sind dann nicht als WK zu berücksichtigen, wenn sie durch die Lebensführung veranlasst sind (§ 12 Nr. 1 EStG). Hierzu rechnen die für den Haushalt und für den Unterhalt seiner Familienangehörigen aufgewendeten Beträge. Kosten der Lebensführung in diesem Sinne sind insb. Aufwendungen für Wohnung, Ernährung, Kleidung, allg. Schulausbildung, Kindererziehung, persönliche Bedürfnisse des täglichen Lebens (z.B. Hygienearti- 1108

1) BFH v. 17.5.2017, VI R 1/16, BStBl II 2017, 1073.
2) BeitrRLUmsG v. 7.12.2011, BStBl I 2011, 1171.
3) Zollkodex-Anpassungsgesetz v. 22.12.2014, BStBl I 2015, 58.
4) FG Niedersachsen v. 25.2.2016, 1 K 169/15, EFG 2016, 891.
5) BFH v. 17.5.2017, VI R 1/16, BStBl II 2017, 1073.
6) FG Berlin-Brandenburg v. 16.8.2017, 3 K 3118/17, EFG 2017, 1665.
7) FG Schleswig-Holstein v. 16.5.2017, 4 K 41/16, EFG 2017, 1422.
8) BFH v. 4.3.1977, VI R 213/75, BStBl II 1977, 507.
9) BFH v. 14.10.1960, VI 45/60 U, BStBl III 1961, 20.
10) BFH v. 18.8.1992, VIII R 22/89, BFH/NV 1993, 465.
11) BFH v. 22.6.2006, VI R 5/03, BFH/NV 2006, 1965.

kel), Zeitung, Rundfunk oder den Besuch kultureller und sportlicher Veranstaltungen. Nicht abziehbar und demzufolge nicht aufzuteilen sind ferner Aufwendungen für die Lebensführung, die zwar der Förderung des Berufs oder der Tätigkeit dienen können, die aber grds. die wirtschaftliche/gesellschaftliche Stellung der stpfl. Person mit sich bringt (§ 12 Nr. 1 Satz 2 EStG). Hierbei handelt es sich um Aufwendungen, die mit dem persönlichen Ansehen im Zusammenhang stehen, d.h. der Pflege der sozialen Verpflichtungen dienen (sog. **Repräsentationsaufwendungen**). Ob Aufwendungen Repräsentationsaufwendungen (§ 12 Nr. 1 Satz 2 EStG) oder (zumindest teilweise) WK darstellen, ist durch eine Gesamtwürdigung aller Umstände des Einzelfalls festzustellen. Bei Veranstaltungen, die von der stpfl. Person ausgerichtet werden, stellt ein persönlicher Anlass (z.B. Geburtstag, Trauerfeier) regelmäßig ein bedeutendes Indiz für die Annahme nicht abziehbarer Repräsentationsaufwendungen dar. Auch Aufwendungen für gesellschaftliche Veranstaltungen fallen in der Regel unter das Abzugsverbot.

Beratungshinweis:

Aufwendungen nach § 12 Nr. 1 EStG sind selbst im Falle einer beruflichen Mitveranlassung nicht als WK abziehbar. Solche Aufwendungen sind aber dann WK, soweit sie ausschließlich oder nahezu ausschließlich betrieblich/beruflich veranlasst sind (z.B. Arbeitsmittel oder typische Berufskleidung) oder ein abgegrenzter beruflicher Mehraufwand gegeben ist (→ Rz. 1103).[1] So können nach Auffassung des FG Köln[2] Aufwendungen für das Wohnen hinsichtlich der berufsbedingten Mehraufwendungen für die Wohnung bei doppelter Haushaltsführung oder die Kosten für eine beruflich veranlasste Übernachtung geltend gemacht werden. Aufwendungen für eine betriebsinterne Feier anlässlich eines **Dienstjubiläums** – als ein berufsbezogenes Ereignis – können (nahezu) ausschließlich beruflich veranlasst und damit als WK bei den Einkünften aus nichtselbständiger Arbeit zu berücksichtigen sein, wenn der Arbeitnehmer die Gäste nach abstrakten berufsbezogenen Kriterien einlädt.[3]

Aufwendungen für eine Feier anlässlich eines **Geburtstags** sind i.d.R. auch durch die gesellschaftliche Stellung des Arbeitnehmers veranlasst und im Allgemeinen nicht als WK anzuerkennen. Allerdings kann sich trotz des herausgehobenen persönlichen Ereignisses aus den übrigen Umständen des einzelnen Falls ergeben, dass die Kosten für eine solche Feier ausnahmsweise ganz oder teilweise beruflich veranlasst sind.[4] Die Abzugsbeschränkung gemäß § 9 Abs. 5 i.V.m. § 4 Abs. 5 Satz 1 Nr. 2 Satz 1 EStG kommt nicht zur Anwendung, wenn ein Arbeitnehmer aus beruflichem Anlass Aufwendungen für die Bewirtung von Arbeitskollegen trägt. Auch die Aufwendungen für ein Abonnement im **Pay-TV**-Sender Sky für die Pakete „Fußball Bundesliga", „Sport" und „Sky Welt" können WK sein, wenn tatsächlich eine berufliche Verwendung vorliegt.[5]

f) Einzeldarstellung der Werbungskosten

aa) Entfernungspauschale (Zeilen 27–50) – Wege zwischen Wohnung und erster Tätigkeitsstätte/Sammelpunkt/weiträumiges Tätigkeitsgebiet, 1. Angabe – (Zeilen 27–34)

Werbungskosten 87 / 88

– ohne Beträge laut den Zeilen 78 bis 81 –

Hinweis:
Mehraufwendungen für eine doppelte Haushaltsführung erklären Sie bitte in der Anlage N-Doppelte Haushaltsführung.

Entfernungspauschale

Wege zwischen Wohnung und erster Tätigkeitsstätte / Sammelpunkt / weiträumigem Tätigkeitsgebiet (1. Angabe)

Zeile				
27	1 = erste Tätigkeitsstätte 2 = Sammelpunkt / weiträumiges Tätigkeitsgebiet	PLZ, Ort und Straße	vom T T M M	bis T T M M
28	Arbeitstage je Woche	Urlaubs-, Krankheits-, Heimarbeits- und Dienstreisetage	Behinderungsgrad mindestens 70 oder mindestens 50 und Merkzeichen „G" 115	1 = Ja
29	aufgesucht an Tagen		110	
30	einfache Entfernung in Kilometern (auf volle Kilometer abgerundet)		111	km
31	davon mit eigenem oder zur Nutzung überlassenem PKW zurückgelegt		112	km
32	davon mit Sammelbeförderung des Arbeitgebers zurückgelegt		113	km
33	davon mit öffentlichen Verkehrsmitteln, Motorrad, Fahrrad oder Ähnlichem, als Fußgänger und / oder als Mitfahrer einer Fahrgemeinschaft zurückgelegt			km
34	Aufwendungen für Fahrten mit öffentlichen Verkehrsmitteln (ohne Fähr- und Flugkosten)		114	EUR ,—

1109 **Praxishinweis:**

Ab dem VZ 2023 wurde die Darstellung der Erklärungstatbestände zur Entfernungspauschale geändert. Insgesamt sind auf dem Papiervordruck der Anlage N drei Möglichkeiten zu Angaben der Wege zwischen Wohnung und erster Tätigkeitsstätte/Sammelpunkt/weiträumigen Arbeitsgebiet möglich.

In **Zeile 27** ist nunmehr zu durch das entsprechende Auswahlfeld zu erklären, ob die Entfernungspauschale im Zusammenhang mit einer ersten Tätigkeitsstätte (Angabe einer „1") oder mit einem Sammelpunkt/einem weiträumigen Tätigkeitsgebiet (Angabe einer „2") im Zusammenhang steht.

1) BFH v. 21.9.2010, GrS 1/06, BStBl II 2010, 672 und BMF v. 6.7.2010, IV C 3 – S 2227/07/10003 :002, BStBl I 2010, 614.
2) FG Köln v. 18.3.2010, 15 K 2441/08, EFG 2010, 1397.
3) BFH v. 20.1.2016, VI R 24/15, BStBl II 2016, 744.
4) BFH v. 10.11.2016, VI R 7/16, BStBl II 2017, 409.
5) BFH v. 16.1.2019, VI R 24/16, BStBl II 2019, 376.

Durch das Gesetz zur Umsetzung der Klimaschutzprogramms 2030 im Steuerrecht v. 21.12.2019[1] wurde ab dem VZ 2021 neben der Anhebung der Entfernungspauschale (ab dem VZ 2022:[2] 0,38 € ab dem 21. Entfernungskilometer [§ 9 Abs. 1 Satz 3 Nr. 4 Satz 8 EStG]) auch eine Mobilitätsprämie eingeführt. Damit soll stpfl. Personen, die mit ihrem z.v.E. innerhalb des Grundfreibetrags liegen, die Möglichkeit eingeräumt werden, alternativ zu den erhöhten Entfernungspauschalen ab dem 21. Entfernungskilometer eine **Mobilitätsprämie** i.H.v. 14 % dieser erhöhten Pauschalen zu wählen (§ 101 Satz 1 EStG). Dabei entspricht der Prozentsatz von 14 % dem Eingangssteuersatz im Einkommensteuertarif. Damit soll eine Entlastung derjenigen erreicht werden, bei denen ein höherer Werbungskosten- oder Betriebsausgabenabzug zu keiner entsprechenden steuerlichen Entlastung führt. Die Mobilitätsprämie wird auf Antrag gewährt. Hierzu steht ab dem VZ 2021 die Anlage Mobilitätsprämie → Rz. 1048 zur Verfügung.

Praxishinweis:
Es begegnet **keinen verfassungsrechtlichen Bedenken**, dass durch die Entfernungspauschale sämtliche gewöhnlichen, wie außergewöhnlichen Aufwendungen für Fahrten zwischen Wohnung und erster Tätigkeitsstätte abgegolten werden. Insbesondere ist in dem Umstand, dass der Gesetzgeber Benutzer öffentlicher Verkehrsmittel von der abzugsbeschränkenden Wirkung der Entfernungspauschale ausgenommen hat, kein Verstoß gegen den allgemeinen Gleichheitssatz (Art. 3 Abs. 1 GG) zu erblicken.[3] Die Differenzierung der Entfernungspauschale für die ersten 20 km und die darüber hinausgehende Wegstrecke zwischen Wohnung und Arbeitsstätte ist verfassungsgemäß.[4] Ein im Gelegenheitsverkehr genutztes Taxi zählt nicht zu den „öffentlichen Verkehrsmitteln" (§ 9 Abs. 2 Satz 2 EStG); Aufwendungen für Fahrten zwischen Wohnung und erster Tätigkeitsstätte sind daher in Höhe der Entfernungspauschale als WK in Ansatz zu bringen.[5]

Zu den Detailfragen zur Entfernungspauschale vgl. BMF v. 18.11.2021[6]. Für den WK-Abzug für die Wege zwischen Wohnung und erster Tätigkeitsstätte gilt Folgendes:

- Die Entfernungspauschale wird unabhängig vom gewählten Verkehrsmittel gewährt. Die Entfernungspauschale beträgt **0,30 €** (0,38 € ab dem 21. Entfernungskilometer [§ 9 Abs. 1 Satz 1 Nr. 4 Satz 8 EStG]) für jeden vollen Entfernungskilometer zwischen Wohnung und erster Tätigkeitsstätte/Sammelpunkt/weiträumigem Tätigkeitsgebiet. Von dem Abgeltungscharakter sind auch Leasingsonderzahlungen erfasst.[7]

Praxishinweis:
Die Entfernungspauschale für Wege zwischen Wohnung und erster Tätigkeitsstätte gilt arbeitstäglich zwei Wege (einen Hin- und einen Rückweg) ab. Legt ein Arbeitnehmer nur einen Weg zurück, so ist nur die Hälfte der Entfernungspauschale je Entfernungskilometer und Arbeitstag zu berücksichtigen.[8] Ab dem VZ 2019 mindern steuerfreie Leistungen (§ 3 Nr. 15 EStG) den abziehbaren Betrag (vgl. Zeilen 51 und/oder 53 → Rz. 1124).

Auch bei der Benutzung öffentlicher Verkehrsmittel wird die Entfernungspauschale angesetzt. Übersteigen die Aufwendungen hierfür die anzusetzende Entfernungspauschale, können die übersteigenden Aufwendungen zusätzlich angesetzt werden (§ 9 Abs. 2 Satz 2 EStG).

- Ausgenommen von der Entfernungspauschale sind Flugstrecken und Strecken mit steuerfreier Sammelbeförderung. Für die Flugstrecken sind die tatsächlichen Aufwendungen anzusetzen.[9] Bei einer entgeltlichen Sammelbeförderung durch den Arbeitgeber sind die vom Beschäftigten getragenen Aufwendungen abziehbar (§ 9 Abs. 1 Satz 1 EStG).
- Die anzusetzende Entfernungspauschale ist grds. auf einen Höchstbetrag von 4 500 € im Kj. begrenzt. Die Begrenzung greift jedoch nicht, wenn ein eigenes oder ein zur Nutzung überlassenes Kfz für den Weg zur ersten Tätigkeitsstätte genutzt wird. Auch wenn die tatsächlichen Aufwendungen in Ansatz gebracht werden, gilt dieser Höchstbetrag nicht.
- **Außergewöhnliche Aufwendungen** wie z.B. Unfallkosten auf dem Weg zur Arbeit (→ Rz. 1117) sind neben der Entfernungspauschale abziehbar (§ 9 Abs. 1 Satz 1 EStG). Aufwendungen in Zusammenhang mit der Beseitigung oder Linderung von Körperschäden, die durch einen Unfall auf einer beruflich veranlassten Fahrt zwischen Wohnung und erster Tätigkeitsstätte eingetreten sind, können abgezogen werden (§ 9 Abs. 1 Satz 1 EStG).[10] Sie werden von der Abgeltungswirkung der Entfernungspauschale nicht erfasst. Diese erstreckt sich nur auf fahrzeug- und wegstreckenbezogene Aufwendungen.

Das FA muss Angaben hinsichtlich der Entfernung nur dann nachgehen, wenn diese offenkundig sind. Falsche Kilometerangaben können auch als Steuerhinterziehung gewertet werden.[11]

Wird der vom Arbeitgeber dem Arbeitnehmer **für dienstliche Fahrten überlassene Pkw** allg. auch **für Privatfahrten** durch den Arbeitnehmer **unentgeltlich genutzt**, so ist der darin liegende geldwerte Vorteil als stpfl. Arbeitslohn zu versteuern. Zu den Bewertungsregelungen vgl. § 8 Abs. 2 Satz 2 bis 5 EStG. Neben einem geldwerten Vorteil für die Privatfahrten kann auch ein geldwerter Vorteil für die Wege zwischen Wohnung und erster Tätigkeitsstätte anzusetzen sein.

1) BGBl. I 2019, 2886.
2) Steuerentlastungsgesetz 2022, BStBl I 2022, 662.
3) BFH v. 15.11.2016, VI R 4/15, BStBl II 2017, 228, Verfbeschw nicht angenommen, BVerfG v. 7.7.2017, 2 BvR 308/17.
4) FG Berlin-Brandenburg v. 20.3.2024, 16 K 16092/23, EFG 2024, 1205.
5) BFH v. 9.6.2022, VI R 26/20, BStBl II 2023, 43.
6) BMF v. 18.11.2021, IV C 5 – S 2351/20/10001 :002, BStBl I 2021, 2315.
7) BFH v. 15.4.2010, VI R 20/08, BStBl II 2010, 805.
8) BFH v. 12.2.2020, VI R 42/17, BStBl II 2020, 473.
9) BFH v. 26.3.2009, VI R 42/07, BStBl II 2009, 724.
10) BFH v. 19.12.2019, VI R 8/18, BStBl II 2020, 291.
11) FG Rheinland-Pfalz v. 29.3.2011, 3 K 2635/08, DStRE 2012, 114.

Beratungshinweis:
Wird der Dienstwagen für die Fahrten zwischen Wohnung und erster Tätigkeitsstätte genutzt, wird zwar auf der einen Seite ein geldwerter Vorteil angesetzt, auf der anderen Seite kann der Arbeitnehmer für diese Wegstrecke WK nach den Regelungen der Entfernungspauschale geltend machen. Dieser Kostenabzug scheidet nur insoweit aus, als der Arbeitgeber eine LSt-Pauschalierung (§ 40 Abs. 2 Satz 2 EStG) durchführt. Selbst wenn der Arbeitnehmer die pauschale LSt hierfür trägt, besteht keine Abzugsmöglichkeit (§ 40 Abs. 3 Satz 3 EStG).

(1) Grundsätze

1110 Wege zwischen Wohnung und erster Tätigkeitsstätte/Sammelpunkt/weiträumigem Tätigkeitsgebiet können grds. nicht mit den tatsächlich entstandenen Kosten als WK **berücksichtigt** werden. Vielmehr wird die Entfernungspauschale i.H.v. 0,30 € (0,38 € ab dem 21. Entfernungskilometer [§ 9 Abs. 1 Satz 1 Nr. 4 Satz 8 EStG]) für jeden vollen Entfernungskilometer zwischen Wohnung und erster Tätigkeitsstätte/Sammelpunkt/weiträumigem Tätigkeitsgebiet berücksichtigt. Die einfache Entfernung ist auf volle Kilometer abzurunden ist.

Der Begriff der „**ersten Tätigkeitsstätte**" ist gesetzlich definiert (§ 9 Abs. 1 Satz 3 Nr. 4a, Abs. 4 EStG). Tätigkeitsstätte ist eine von der Wohnung getrennte, ortsfeste betriebliche Einrichtung, die räumlich zusammengefasste Sachmittel umfasst, die der Tätigkeit des Arbeitgebers, eines verbundenen Unternehmens oder eines vom Arbeitgeber bestimmten Dritten dienen und mit dem Erdboden verbunden oder dazu bestimmt sind, überwiegend standortgebunden genutzt zu werden.[1] So stellen auch Baucontainer, die z.B. auf einer Großbaustelle längerfristig fest mit dem Erdreich verbunden sind und in denen sich z.B. Baubüros, Aufenthaltsräume oder Sanitäreinrichtungen befinden, „ortsfeste" betriebliche Einrichtungen dar. Eine (großräumige) erste Tätigkeitsstätte liegt auch vor, wenn eine Vielzahl solcher Mittel, die für sich betrachtet selbständige betriebliche Einrichtungen darstellen können, räumlich abgrenzbar in einem organisatorischen, technischen oder wirtschaftlichen Zusammenhang mit der betrieblichen Tätigkeit des Arbeitgebers, eines verbundenen Unternehmens oder eines vom Arbeitgeber bestimmten Dritten stehen. Demgemäß kommt als eine solche erste Tätigkeitsstätte auch ein großflächiges und entsprechend infrastrukturell erschlossenes Gebiet (z.B. Werksanlage, Betriebsgelände, Zechengelände, Bahnhof oder Flughafen) in Betracht.[2] Fahrzeuge, Flugzeuge, Schiffe oder Tätigkeitsgebiete ohne ortsfeste betriebliche Einrichtungen sind keine Tätigkeitsstätten i.S.d. § 9 Abs. 4 Satz 1 EStG.[3] Die Annahme einer Tätigkeitsstätte erfordert nicht, dass es sich um eine ortsfeste betriebliche Einrichtung des lohnsteuerlichen Arbeitgebers handelt. Erfasst werden auch Sachverhalte, in denen der Arbeitnehmer statt beim eigenen Arbeitgeber in einer ortsfesten betrieblichen Einrichtung eines der in § 15 AktG genannten Unternehmen oder eines Dritten (z.B. eines Kunden) tätig werden soll. Von einem solchen Tätigwerden kann dann nicht ausgegangen werden, wenn der Arbeitnehmer bei dem Dritten oder verbundenen Unternehmen z.B. nur eine Dienstleistung des Dritten in Anspruch nimmt oder einen Einkauf tätigt.[4]

Beratungshinweis:
Im Fall einer Arbeitnehmerüberlassung nach dem AÜG ist (lohnsteuerrechtlicher) Arbeitgeber der Verleiher. Maßgebliches Arbeitsverhältnis für die Frage, ob der Arbeitnehmer einer betrieblichen Einrichtung (§ 9 Abs. 4 Satz 1–3 EStG) dauerhaft zugeordnet ist, ist das zwischen dem Arbeitgeber (Verleiher) und dem **(Leih-) Arbeitnehmer** bestehende Arbeitsverhältnis. Besteht der Einsatz des Arbeitnehmers bei dem Entleiher in wiederholten, aber befristeten Einsätzen, fehlt es an einer dauerhaften Zuordnung i.S.d. § 9 Abs. 4 Satz 3 EStG.[5]

Eine erste Tätigkeitsstätte liegt vor, wenn der Arbeitnehmer einer solchen Einrichtung (§ 9 Abs. 4 Satz 1 EStG) dauerhaft zugeordnet ist. Ist der Arbeitnehmer nur vorübergehend einer Tätigkeitsstätte zugeordnet, begründet er dort keine erste Tätigkeitsstätte. Die dauerhafte Zuordnung des Arbeitnehmers wird durch die dienst- oder arbeitsrechtlichen Festlegungen sowie die diese ausfüllenden Absprachen oder Weisungen bestimmt (§ 9 Abs. 4 Satz 2 EStG). Das gilt für einzelne Arbeitnehmer oder Arbeitnehmergruppen, unabhängig davon, ob diese schriftlich oder mündlich erteilt worden sind. Die Zuordnung muss sich auf die Tätigkeit des Arbeitnehmers beziehen; dies ergibt sich aus § 9 Abs. 4 Satz 3 EStG, der mit der beispielhaften Aufzählung darüber hinaus das Kriterium der Dauerhaftigkeit beschreibt. Die Zuordnung eines Arbeitnehmers zu einer betrieblichen Einrichtung allein aus tarifrechtlichen, mitbestimmungsrechtlichen oder organisatorischen Gründen (z. B. Personalaktenführung), ohne dass der Arbeitnehmer in dieser Einrichtung tätig werden soll, ist keine Zuordnung i.S.d. § 9 Abs. 4 EStG. Soll der Arbeitnehmer in einer vom Arbeitgeber festgelegten Tätigkeitsstätte zumindest in ganz geringem Umfang tätig werden, z. B. Hilfs- und Nebentätigkeiten (Auftragsbestätigungen, Stundenzettel abgeben etc.), kann der Arbeitgeber den Arbeitnehmer dieser Tätigkeitsstätte zuordnen. Dies gilt selbst dann, wenn für die Zuordnung tarifrechtliche, mitbestimmungsrechtliche oder organisatorische Gründe ausschlaggebend sind. Auf die Qualität des Tätigwerdens kommt es, anders als bei der Bestimmung anhand der quantitativen Zuordnungskriterien, nicht an. Vielmehr können, wie z.B. bei Festlegung einer Dienststelle/Dienststätte, auch Tätigkeiten von untergeordneter Bedeutung ausreichend sein (Vorrang des Dienst- oder Arbeitsrechts, BFH v. 4.4.2019).[6] Soll der Arbeitnehmer an mehreren Tätigkeitsstätten tätig werden und ist er einer bestimmten Tätigkeitsstätte dienst- oder arbeitsrechtlich dauerhaft zugeordnet, ist es unerheblich, in welchem Umfang er seine berufliche Tätigkeit an dieser oder an den anderen

1) BFH v. 11.4.2019, VI R 12/17, BStBl II 2019, 551.
2) BFH v. 11.4.2019, VI R 40/16 und VI R 12/17, BStBl II 2019, 546 und 551.
3) BMF v. 25.11.2020, IV C 5 –S 2353/19/10011 :006, BStBl I 2020, 1225, Rz. 3.
4) BMF v. 25.11.2020, IV C 5 – S 2353/19/10011 :006, BStBl I 2020, 1228, Rz. 5.
5) BFH v. 12.5.2022, VI R 32/20, BStBl II 2023, 35.
6) BFH v. 4.4.2019, VI R 27/17, BStBl II 2019, 536.

Tätigkeitsstätten ausüben soll. Auch auf die Regelmäßigkeit des Aufsuchens dieser Tätigkeitsstätten kommt es dann nicht mehr an. Nicht entscheidend ist, ob an der vom Arbeitgeber nach § 9 Abs. 4 Satz 1 EStG festgelegten Tätigkeitsstätte der qualitative Schwerpunkt der Tätigkeit liegt oder liegen soll. Für die Zuordnung ist lediglich entscheidend, ob der Arbeitnehmer bei einer in die Zukunft gerichteten Prognose nach den dienst- oder arbeitsrechtlichen Festlegungen an einer ortsfesten betrieblichen Einrichtung des Arbeitgebers, eines verbundenen Unternehmens oder eines vom Arbeitgeber bestimmten Dritten tätig werden soll. Erforderlich, aber ausreichend ist, dass der Arbeitnehmer am Ort der ersten Tätigkeitsstätte zumindest in geringem Umfang Tätigkeiten zu erbringen hat, die er arbeitsvertraglich oder dienstrechtlich schuldet und die zu dem von ihm ausgeübten Berufsbild gehören.[1)]

Beratungshinweis:

Der Arbeitgeber kann dienst- oder arbeitsrechtlich nicht festlegen, dass der Arbeitnehmer keine erste Tätigkeitsstätte hat (sog. Negativfestlegung); er kann lediglich darauf verzichten, eine erste Tätigkeitsstätte dienst- oder arbeitsrechtlich festzulegen. Er kann allerdings (ggf. auch ausdrücklich) darauf verzichten, eine erste Tätigkeitsstätte dienst- oder arbeitsrechtlich festzulegen, oder ausdrücklich erklären, dass organisatorische Zuordnungen keine erste Tätigkeitsstätte begründen sollen. In diesen Fällen erfolgt die Prüfung, ob eine erste Tätigkeitsstätte gegeben ist, anhand der quantitativen Zuordnungskriterien nach § 9 Abs. 4 Satz 4 EStG. Der Arbeitgeber kann zudem festlegen, dass sich die Bestimmung der ersten Tätigkeitsstätte nach den quantitativen Zuordnungskriterien des § 9 Abs. 4 Satz 4 EStG richtet. Im Ergebnis ist eine Zuordnungsentscheidung des Arbeitgebers mittels dienst- oder arbeitsrechtlicher Festlegung somit lediglich erforderlich, wenn er die erste Tätigkeitsstätte abweichend von den quantitativen Zuordnungskriterien festlegen will.[2)]Die Zuordnung muss dabei nicht speziell für Zwecke der Einkommensbesteuerung erfolgen und dokumentiert werden.[3)] Der Betriebshof ist keine erste Tätigkeitsstätte eines Müllwerkers, wenn er dort lediglich die Ansage der Tourenleitung abhört, das Tourenbuch, Fahrzeugpapiere und -schlüssel abholt sowie die Fahrzeugbeleuchtung kontrolliert.[4)]

Erste Tätigkeitsstätte bei grenzüberschreitender Arbeitnehmerentsendung ist die ortsfeste betriebliche Einrichtung des aufnehmenden Unternehmens, der der Arbeitnehmer im Rahmen eines eigenständigen Arbeitsvertrags mit dem aufnehmenden Unternehmen für die Dauer der Entsendung zugeordnet ist.[5)]

Fehlt es an einer dauerhaften Zuordnung des Arbeitnehmers zu einer betrieblichen Einrichtung durch dienst- oder arbeitsrechtliche Festlegung nach den vorstehenden Kriterien (z.B. weil der Arbeitgeber ausdrücklich auf eine Zuordnung verzichtet hat oder ausdrücklich erklärt, dass organisatorische Zuordnungen keine steuerliche Wirkung entfalten sollen) oder ist die getroffene Festlegung nicht eindeutig, ist von einer ersten Tätigkeitsstätte an der betrieblichen Einrichtung auszugehen (§ 9 Abs. 4 Satz 4 EStG), an der der Arbeitnehmer typischerweise arbeitstäglich oder je Arbeitswoche zwei volle Arbeitstage oder mind. Ein Drittel seiner vereinbarten regelmäßigen Arbeitszeit dauerhaft tätig werden soll.[6)] Der qualitative Schwerpunkt der Tätigkeit ist nicht entscheidend. Da es nur eine erste Tätigkeitstätte geben kann (§ 9 Abs. 4 Satz 5 EStG), löst § 9 Abs. 4 Satz 6 EStG den Konflikt, wenn bei einem Arbeitnehmer innerhalb eines Dienstverhältnisses die Voraussetzungen für **mehrere Tätigkeitstätten** vorliegen. Nach der gesetzlich vorgesehenen Reihenfolge kann zunächst der Arbeitgeber die erste Tätigkeitstätte aus dem Kreis der in Betracht kommenden Tätigkeitstätten bestimmen. Macht dieser von seinem Bestimmungsrecht keinen Gebrauch oder ist die Bestimmung nicht eindeutig, so bestimmt das Gesetz die der Wohnung nächstliegende Tätigkeitstätte als erste Tätigkeitsstätte (§ 9 Abs. 4 Satz 7 EStG). Ist der Arbeitnehmer weder unbefristet noch für die Dauer des Dienstverhältnisses einer bestimmten Tätigkeitsstätte zugeordnet, ist die 48-Monats-Grenze zu prüfen (§ 9 Abs. 4 Satz 3 EStG). Soll der Arbeitnehmer über einen Zeitraum von 48 Monaten hinaus an einer ortsfesten betrieblichen Einrichtung tätig werden (z.B. im Rahmen eines Projektes), ist dies die erste Tätigkeitsstätte. Eine Kettenabordnung ist keine dauerhafte Zuordnung zu einer Tätigkeitsstätte, wenn die einzelne Abordnung höchstens 48 Monate umfasst.[7)]

Zu Fragen der Abordnung/Versetzung ist Folgendes zu beachten:

- Abordnung ohne zeitliche Befristung (= neue erste Tätigkeitsstätte)
- Abordnung mit einer Befristung unter 48 Monaten (= keine neue erste Tätigkeitsstätte, auch wenn mit dem Ziel der Versetzung verbunden)
- Versetzung ohne zeitliche Befristung (= neue erste Tätigkeitsstätte)
- Versetzung mit einer Befristung unter 48 Monaten (= keine neue erste Tätigkeitsstätte)

Die wiederholte befristete Zuordnung zu einer Baustelle begründet keine erste Tätigkeitsstätte.[8)]

Liegt keine erste Tätigkeitsstätte vor, sondern ein **„Sammelpunkt"**,[9)] an dem sich der Arbeitnehmer dauerhaft einfinden soll, um von dort seine berufliche Tätigkeit aufzunehmen (z.B. das Busdepot [der Betrieb des Arbeitgebers], die betriebliche Einrichtung des Arbeitgebers [Abholung des Lkw[10)]] bei Bauarbeitern, nicht jedoch privat organisierte Treffpunkte, da es insoweit an einer dienst- und arbeitsrechtlichen Festlegung des Arbeitgebers fehlt) oder

1) BFH v. 4.4.2019, VI R 27/17, BStBl II 2019, 536 und BFH v. 11.4.2019, VI R 40/16, BStBl II 2019, 546.
2) BMF v. 25.11.2020, IV C 5-S 2353/19/10011 :006, BStBl I 2020, 1228, Rz. 13.
3) BFH v. 11.4.2019, VI R 40/16, BStBl II 2019, 546; VI R 6/17, BStBl II 2019, 539 und VI R 12/17, BStBl II 2019, 551.
4) BFH v. 2.9.2021, VI R 25/19, BFH/NV 2022, 18.
5) BFH v. 17.12.2020, VI R 21/18, BStBl II 2021, 506.
6) BMF v. 25.11.2020, IV C 5 – S 2353/19/10011 :006, BStBl I 2020, 1228, Rz. 26.
7) BMF v. 25.11.2020, IV C 5 – S 2353/19/10011 :006, BStBl I 2020, 1228, Rz. 19.
8) FG Münster v. 25.3.2019, 1 K 447/16 E, B+P 2019, 481.
9) BMF v. 25.11.2020, IV C 5 – S 2353/19/10011 :006, BStBl I 2020, 1228, Rz. 38.
10) FG Nürnberg v. 13.5.2016, 4 K 1536/15, EFG 2016, 124.

ein **„weiträumiges Arbeitsgebiet"**[1] (z.B. bei Zustellern, Hafen- oder Forstarbeitern, Werksgelände, nicht jedoch bspw. Bezirksleiter, die verschiedene Niederlassungen betreuen oder mobile Pflegekräfte, nicht jedoch der Kehrbezirk eines Schornsteinfegers[2]) so ist die Entfernungspauschale ebenfalls anzusetzen (§ 9 Abs. 1 Satz 3 Nr. 4a Satz 3 EStG). Die entsprechende Anwendung der Entfernungspauschale setzt voraus (§ 9 Abs. 1 Satz 3 Nr. 4a Satz 3 EStG), dass der Arbeitnehmer den Ort oder das weiträumige Gebiet zur Aufnahme der Arbeit auf Grund einer Weisung des Arbeitgebers zum einen typischerweise arbeitstäglich und zum anderen auch dauerhaft aufzusuchen hat. Ein „typischerweise arbeitstägliches" Aufsuchen erfordert kein ausnahmsloses Aufsuchen des vom Arbeitgeber festgelegten Orts oder Gebiets an sämtlichen Arbeitstagen des Arbeitnehmers. Ein nach Weisung „typischerweise fahrtägliches" Aufsuchen genügt aber nicht.[3]

Für die Frage, ob der **Gesamthafenarbeiter** über eine erste Tätigkeitsstätte verfügt, weil er einer ortsfesten betrieblichen Einrichtung dauerhaft zugeordnet ist, kommt es deshalb allein auf das jeweilige mit dem Hafeneinzelbetrieb begründete Arbeitsverhältnis an.[4] Wird das **weiträumige Tätigkeitsgebiet** immer von verschiedenen Zugängen aus betreten/befahren, ist die Entfernungspauschale nur auf die kürzeste Entfernung zum nächstgelegenen Zugang anzuwenden. Für die Fahrten zu einem von der Wohnung weiter weg gelegenen Zugang können die Kosten für die Fahrstrecke, die die kürzeste Entfernung von der Wohnung zum nächstgelegenen Zugang übersteigt, als Reisekosten berücksichtigt werden.

Zum Werbungskostenabzug bei fliegendem Personal und Flughafenmitarbeitern (z.B. Pilot, Flugbegleiter) vgl. auch z.B. BayLfSt v. 15.2.1016.[5]

Die Entfernungspauschale kann für Wege zu derselben ersten Tätigkeitsstätte für **jeden Arbeitstag nur einmal** angesetzt werden. Zusätzliche Wege an einem Arbeitstag wegen einer Arbeitszeitunterbrechung (z.B. atypische Arbeitszeiten) sind nicht zu berücksichtigen.[6]

Praxishinweis:

Hinsichtlich der Fragen zur Begründung einer ersten Tätigkeitsstätte sind die folgenden Entscheidungen ergangen:

- Ein Autoterminalgelände auf einem räumlich abgegrenzten, von Zäunen umgebenen, über Straßen infrastrukturell erschlossenes Gelände ist eine großräumige erste Tätigkeitsstätte.[7]
- Betriebssitz ist keine erste Tätigkeitsstätte, wenn ein an verschiedenen Baustellen tätiger Arbeitnehmer nur einmal wöchentlich zur betrieblichen Einrichtung seines Arbeitgebers kommt, um Hilfstätigkeiten und Nebentätigkeiten (hier: Beladen des Firmenautos, Abgabe von Stundenzetteln und Urlaubsanträgen) zu erledigen und der Arbeitgeber den Arbeitnehmer keiner Einrichtung zugeordnet hat.[8]
- Eine (stillschweigende) Zuordnung des Arbeitnehmers (im Streitfall: die „Anlaufstelle" eines Bauleiters, die dieser nicht arbeitstäglich, sondern nur gelegentlich aufsucht) zu einer ortsfesten betrieblichen Einrichtung des Arbeitgebers ergibt sich nicht allein daraus, dass der Arbeitnehmer die Einrichtung (aus der maßgeblichen Sicht ex ante) nur gelegentlich zur Ausübung seiner beruflichen Tätigkeit aufsuchen muss, im Übrigen aber seine Arbeitsleistung ganz überwiegend außerhalb der festen Einrichtung erbringt.[9]
- Geplante Tätigkeit eines Arbeitnehmers auf der Baustelle eines Auftraggebers des Arbeitgebers; Maßgeblichkeit einer auf die Zukunft gerichteten Prognose für die „dauerhafte Zuordnung" eines Arbeitnehmers.[10]
- Die entsprechende Anwendung der Entfernungspauschale setzt voraus, dass der Arbeitnehmer den Ort oder das weiträumige Gebiet zur Aufnahme der Arbeit auf Grund einer Weisung des Arbeitgebers zum einen typischerweise arbeitstäglich und zum anderen auch dauerhaft aufzusuchen hat. Ein „typischerweise arbeitstägliches" Aufsuchen erfordert kein ausnahmsloses Aufsuchen des vom Arbeitgeber festgelegten Orts oder Gebiets an sämtlichen Arbeitstagen des Arbeitnehmers".[11]
- Erste Tätigkeitsstätte eines Gerichtsvollziehers ist sein Amtssitz, bestehend aus den Dienstgebäuden des Amtsgerichts, dem er zugeordnet ist, und dem Geschäftszimmer, welches er am Sitz des Amtsgerichts auf eigene Kosten vorzuhalten hat.[12]
- Ein Tätigwerden in einem weiträumigen Tätigkeitsgebiet liegt nur vor, wenn der Arbeitnehmer die vertraglich vereinbarte Arbeitsleistung auf einer festgelegten Fläche und nicht innerhalb einer ortsfesten betrieblichen Einrichtung des Arbeitgebers, eines verbundenen Unternehmens (§ 15 AktG) oder bei einem vom Arbeitgeber bestimmten Dritten auszuüben hat.[13]
- Eine erste Tätigkeitsstätte liegt auch vor, wenn der Arbeitnehmer für die Dauer des befristeten Dienst- oder Arbeitsverhältnisses (**Leiharbeitnehmer**) an einer ortsfesten betrieblichen Einrichtung tätig werden soll. Erfolgt während der Befristung eine Zuordnung zu einer anderen Tätigkeitsstätte, stellt diese keine erste Tätigkeitsstätte dar.[14] Bei einem unbefristeten Leiharbeitsverhältnis kommt eine dauerhafte Zuordnung des Leiharbeitnehmers zu einer ersten Tätigkeitsstätte regelmäßig nicht in Betracht.[15]
- Eine überwiegend im Außendienst tätige Mitarbeiterin des allgemeinen Ordnungsdienstes hat im Ordnungsamt, dem sie zugeordnet ist, ihre erste Tätigkeitsstätte, wenn sie dort zumindest in geringem Umfang Tätigkeiten zu erbringen hat, die sie dienstrechtlich schuldet und die zu dem Berufsbild einer Mitarbeiterin des allgemeinen Ordnungsdienstes gehören.[16]

---

1) BMF v. 25.11.2020, IV C 5 – S 2353/19/10011 :006, BStBl I 2020, 1228, Rz. 41.
2) BMF v. 25.11.2020, IV C 5 – S 2353/19/10011 :006, BStBl I 2020, 1228, Rz. 42.
3) BFH v. 19.4.2021, VI R 6/19, BStBl II 2021, 727.
4) BFH v. 11.4.2019, VI R 36/16, BStBl II 2019, 543.
5) BayLfSt v. 15.2.2016, S 2353.1.1 – 16/1 St 32, StEd 2016, 250.
6) BFH v. 11.9.2003, VI B 101/03, BStBl I 2003, 893.
7) FG Bremen v. 6.2.2025, 1 K 39/23, EFG 2025, 1157.
8) FG Nürnberg v. 8.7.2016, 4 K 1836/15, EFG 2016, 1692.
9) BFH v. 14.9.2023, VI R 27/21, BStBl II 2024, 38.
10) FG Münster v. 25.3.2019, 1 K 447/16 E, B+P 2019, 481.
11) BFH v. 2.9.2021, VI R 14/19, HFR 2022, 17.
12) BFH v. 16.12.2020, VI R 2158, BStBl II 2021, 525.
13) BFH v. 15.2.2023, VI R 4/21, BStBl II 2023, 829.
14) BFH v. 10.4.2019, VI R 36/16, BStBl II 2019, 543 und VI R 6/17, BStBl II 2019, 539.
15) BFH v. 17.6.2025, VI R 22/23, StEd 2025, 486.
16) BFH v. 12.7.2021, VI R 9/19, HFR 2022, 130.

- Piloten/Flugbegleiter haben eine erste Tätigkeitsstätte, wenn diese einem Flughafen dauerhaft zugeordnet sind und auf dem Flughafengelände zumindest in geringem Umfang Tätigkeiten erbringen, die als Pilot arbeitsvertraglich geschuldet werden.[1]
- Ein räumlich geschlossenes Flughafengelände (1 560 ha) mit nicht mobilen Infrastruktureinrichtungen ist nach seinen infrastrukturellen Gegebenheiten mit einem Betriebssitz oder mit einer sonstigen betrieblichen Einrichtung vergleichbar (Einsatz an täglich wechselnden Kontrollstellen auf einem Flughafengelände).[2]
- Polizisten im Streifendienst begründen an ihrer Dienststelle (Polizeirevier) eine erste Tätigkeitsstätte.[3]
- Der Zustellpunkt (Zustellzentrum), dem ein Postzusteller zugeordnet ist und an dem er arbeitstäglich vor- und nachbereitende Tätigkeiten (z.B. Sortiertätigkeiten, Abschreibpost, Abrechnungen) ausübt, ist erste Tätigkeitsstätte.[4]
- Eine Rettungswache ist bei Zuordnung eine erste Tätigkeitsstätte.[5]
- Das firmeneigene Schienennetz, das ein Lokomotivführer mit der firmeneigenen Eisenbahn (Werksbahn) seines Arbeitgebers befährt, ist eine – wenn auch großräumige – erste Tätigkeitsstätte.[6]
- Ein Zeitsoldat kann an dem Bundeswehrstandort, dem er dauerhaft zugeordnet ist, eine erste Tätigkeitsstätte begründen. Der Umstand, dass ein Soldat (auf Zeit) unter Beachtung der dienstrechtlichen Vorschriften (jederzeit) auch einem anderen Bundeswehrstandort zugeordnet werden kann, steht einer dauerhaften Zuordnung nicht entgegen.[7]
- Eine Soldatin auf Zeit, die im Rahmen einer Förderung nach § 5 SVG während eines öffentlich-rechtlichen (Ausbildungs-)Dienstverhältnisses vom militärischen Dienst freigestellt ist, hat am Ausbildungsort eine erste Tätigkeitsstätte.[8]
- Lok- bzw. Triebwagenführer mit dauerhafter dienstlicher Festlegung eines Bahnhofs.[9]
- Lkw-Fahrer haben bei Zuordnung keine erste Tätigkeitsstätte, aber einen Sammelpunkt.[10]
- Der vom Arbeitnehmer selbst zu wählende Abstellplatz des Lkw auf einem öffentlichen Parkplatz innerhalb eines vorgegebenen räumlich begrenzten Bereichs ist kein vom Arbeitgeber bestimmter konkreter Ort.[11]
- Ein Versicherungsbezirk ist kein „weiträumiges Tätigkeitsgebiet".[12]
- Im Fall einer Arbeitnehmerüberlassung nach dem AÜG ist (lohnsteuerrechtlicher) Arbeitgeber der Verleiher. Maßgebliches Arbeitsverhältnis für die Frage, ob der Arbeitnehmer einer betrieblichen Einrichtung (§ 9 Abs. 4 Satz 1–3 EStG) dauerhaft zugeordnet ist, ist das zwischen dem Arbeitgeber (Verleiher) und dem (Leih-)Arbeitnehmer bestehende Arbeitsverhältnis. Besteht der Einsatz des Arbeitnehmers bei dem Entleiher in wiederholten, aber befristeten Einsätzen, fehlt es an einer dauerhaften Zuordnung i.S.d. § 9 Abs. 4 Satz 3 EStG.[13]

Bei Soldaten ist die Anordnung des Bundesministeriums der Verteidigung maßgebend. Bei Beamtenanwärtern stellt die Stammdienststelle eine erste Tätigkeitsstelle dar.[14] Die Ableistung von Arbeitsbereitschafts- und Bereitschaftsruhezeiten in einer Einrichtung des Arbeitgebers ist eine Tätigkeit i.S.d. § 9 Abs. 4 EStG.[15]

Die Entfernungspauschale gilt nicht für Strecken, die mittels **steuerfreier Sammelbeförderung** (§ 3 Nr. 32 EStG) 1111
zurückgelegt werden. Eine (unentgeltliche oder verbilligte) Sammelbeförderung ist dann steuerfrei, wenn die Sammelbeförderung mit einem vom Arbeitgeber gestellten oder im Auftrag des Arbeitgebers von einer dritten Person eingesetzten Kfz für den betrieblichen Einsatz notwendig ist (§ 3 Nr. 32 EStG). Für diesen Tatbestand ist eine Angabe in Zeile 32 erforderlich, um eine ordnungsgemäße Berechnung der Entfernungspauschale zu gewährleisten. Bei **entgeltlicher Sammelbeförderung** durch den Arbeitgeber sind die Aufwendungen als WK abziehbar.

Flugkosten sind im Rahmen der Entfernungspauschale zusätzlich zu berücksichtigen. Die zusätzliche Berücksich- 1112
tigung erfolgt durch Angabe der entsprechenden Aufwendungen in Zeile 61 (→ Rz. 1154). Entsprechendes gilt für Fährkosten, die für die Wegstrecke zur Arbeit anfallen.

(2) Maßgebliche Wohnung

Maßgeblich für die Berechnung der Entfernung (→ Rz. 1114) i.R.d. Wege zwischen Wohnung und erster Tätigkeits- 1113
stätte ist als Ausgangspunkt die Wohnung, die der Arbeitnehmer regelmäßig zur Übernachtung nutzt und von der aus er die Tätigkeitsstätte aufsucht. Als Wohnung ist z.B. auch ein möbliertes Zimmer, eine Schiffskajüte, ein Gartenhaus, ein auf eine gewisse Dauer abgestellter Wohnwagen oder ein Schlafplatz in einer Massenunterkunft anzusehen. Hat jedoch der Arbeitnehmer eine fremde Wohnung oder ein **Hotelzimmer** nur kurzfristig aufgesucht, z.B. nur für eine Nacht, so können diese Übernachtungsgelegenheiten als eigene Wohnung des Arbeitnehmers im vorgenannten Sinne nur angesehen werden, wenn die Nächtigung ausschließlich zu dem Zweck geschah, um von dort aus morgens zur ersten Tätigkeitsstätte zu gelangen.[16] Hat ein Arbeitnehmer **mehrere Wohnungen**, so sind die Wege von und zu einer Wohnung, die nicht der ersten Tätigkeitsstätte am nächsten liegt, nur zu berücksichtigen, wenn sie den Mittelpunkt der Lebensinteressen des Arbeitnehmers bildet und nicht nur gelegentlich aufgesucht wird (§ 9 Abs. 1 Satz 3 Nr. 4 Satz 6 EStG).[17]

---

1) BFH v. 11.4.2019, VI R 40/16, BStBl II 2019, 546 und BFH v. 10.4.2019, VI R 17/17, HFR 2019, 754.
2) BFH v. 11.4.2019, VI R 12/17, BStBl II 2019, 551.
3) BFH v. 4.4.2019, VI R 27/17, BStBl II 2019, 536.
4) BFH v. 30.9.2020, VI R 10/19, BStBl II 2021, 306 und VI R 12/19, DStZ 2021, 163.
5) BFH v. 30.9.2020, VI R 11/19, BStBl II 2021, 308.
6) BFH v. 1.10.2020, VI R 36/18, BFH/NV 2021, 30.
7) BFH v. 22.11.2022, VI R 6/21, HFR 2023, 536.
8) FG Nürnberg v. 8.3.2023, 5 K 211/22, EFG 2023, 1000.
9) FG Sachsen-Anhalt v. 26.2.2020, 1 K 629/19, EFG 2020, 912.
10) FG Nürnberg v. 13.5.2016, 4 K 1536/15, EFG 2016, 1240.
11) FG Mecklenburg-Vorpommern v. 1.9.2022, 2 K 104/19, EFG 2023, 186.
12) FG Berlin-Brandenburg v. 11.4.2019, 5 K 5269/17, EFG 2019, 1088.
13) BFH v. 12.5.2022, VI R 32/20, BStBl II 2023, 35.
14) OFD Nordrhein-Westfalen, Kurzinfo ESt 1/17 v. 10.1.2017, Beilage zu NWB 39/2017, 13.
15) BFH v. 26.10.2022, VI R 48/20, BStBl II 2023, 582.
16) BFH v. 25.3.1988, VI R 207/84, BStBl II 1988, 706.
17) R 9.10 Abs. 1 Satz 3 LStR.

(3) Bestimmung der maßgeblichen Entfernung

1114 In Zeile 30 ist die maßgebliche (einfache) Entfernung für die Wege zwischen Wohnung und erster Tätigkeitsstätte zu erklären. Die maßgebliche (einfache) Entfernung ist dabei die **kürzeste Straßenverbindung** zwischen Wohnung und der ersten Tätigkeitsstätte auch unter Einbeziehung einer Fährverbindung.[1] Maßgeblich ist dabei die benutzbare Straße und zwar auch in den Fällen, in denen die Straße nicht benutzt werden darf, da die „kürzeste Straßenverbindung" für alle Fahrzeuge einheitlich zu bestimmen ist.[2] Die kürzeste Straßenverbindung ist auch dann maßgeblich, wenn diese mautpflichtig ist.[3] Zu berücksichtigen sind i.R.d. Entfernungspauschale nur volle Kilometer; ein angefangener Kilometer bleibt unberücksichtigt. Die Entfernung bestimmt sich **unabhängig vom Verkehrsmittel** nach der Straßenverbindung. Insoweit hat auch die **Tarifentfernung** bei der Benutzung des öffentlichen Personennahverkehrs keine Bedeutung. Bei Benutzung eines Pkw kann eine andere als die kürzeste Straßenverbindung zu Grunde gelegt werden, wenn diese offensichtlich verkehrsgünstiger ist und vom Arbeitnehmer regelmäßig für die Wege zwischen Wohnung und erster Tätigkeitsstätte benutzt wird. Die Frage, ob eine Straßenverbindung offensichtlich **verkehrsgünstiger** ist, richtet sich nach dem jeweiligen Einzelfall und beinhaltet auch andere Umstände als die einer möglichen Zeitersparnis.[4] Die (leicht) feststellbare kürzeste Verbindung ist dabei mit der tatsächlich gefahrenen Strecke zu vergleichen. Eine besondere Zeitersparnis, die mit der Umwegstrecke gleichzeitig einhergeht, wird nicht (mehr) gefordert. Nicht eine mögliche Idealstrecke ist dabei das entscheidende Kriterium, sondern die Entscheidung des unvoreingenommenen, verständigen Verkehrsteilnehmers, der die Wahl der Strecke nach den gegebenen Verkehrsverhältnissen (z.B. Streckenführung, Ampelschaltung) wählt. Theoretisch möglich, aber tatsächlich nicht gefahrene Wege (und damit in Zusammenhang stehende Aufwendungen [z.B. Kosten für eine Fähre]), sind nicht zu berücksichtigen.[5]

Praxishinweis:

Der Arbeitnehmer muss ggü. dem FA ggf. durch entsprechende Aufzeichnungen (z.B. genauer Streckenverlauf, Staus) nachweisen, dass die verkehrsgünstigere Strecke tatsächlich gefahren wurde. Eine längere Strecke kann nicht (offensichtlich) verkehrsgünstiger sein, wenn sie bei ständig wechselnden Verkehrsverhältnissen nur unter bestimmten Umständen Vorteile bringt.[6] Bei einer geringen Zeitersparnis von unter 10 % dürfte es keinen ausschlaggebenden Anreiz geben, eine abweichende Route zu wählen; es ist aber zu berücksichtigen, dass das Merkmal der Verkehrsgünstigkeit auch andere Umstände als eine Zeitersparnis beinhaltet.[7]

Wird die Entfernungspauschale im Rahmen eines LSt-Ermäßigungsantrags im LSt-Abzugsverfahren berücksichtigt, besteht kein Anspruch darauf, dass die berücksichtigte Entfernung zwischen Wohnung und erster Tätigkeitsstätte auch bei der ESt-Veranlagung zu Grunde gelegt wird. Die Entscheidung im Ermäßigungsverfahren bindet das FA weder in rechtlicher noch in tatsächlicher Hinsicht.[8]

(4) Höchstbetrag der Entfernungspauschale

1115 Die Entfernungspauschale ist – verfassungsgemäß[9] – auf einen jährlichen **Höchstbetrag von 4 500 €** begrenzt; dieser Betrag wird nicht gekürzt, wenn der Arbeitnehmer lediglich in einem Teil des Jahres beschäftigt war. Ein **höherer Betrag** als 4 500 € wird bei der Benutzung eines eigenen Pkw oder eines zur Nutzung überlassenen Pkw (z.B. Dienstwagen) berücksichtigt. Der Arbeitnehmer muss dabei nachweisen oder glaubhaft machen, dass die Fahrten zwischen Wohnung und erster Tätigkeitsstätte mit dem eigenen oder ihm zur Nutzung überlassenen Pkw zurückgelegt worden sind. Ein Nachweis der tatsächlichen Aufwendungen ist für den Ansatz eines höheren Betrags als 4 500 € nicht erforderlich.[10] Ist die **Nutzung eines eigenen Pkw** nicht glaubhaft, können zum Nachweis der gefahrenen Kilometer z.B. Rechnungen von Inspektionen, aus denen sich der Kilometerstand ergibt, beigebracht werden.

Der Höchstbetrag von 4 500 € hat danach Auswirkung

- wenn Arbeitnehmer die Wege zwischen Wohnung und erster Tätigkeitsstätte mit einem Motorrad, Motorroller, Moped, Fahrrad oder zu Fuß zurückgelegt haben,
- bei Benutzung eines Pkw für die Teilnehmer an einer Fahrgemeinschaft und zwar für die Tage, an denen der Arbeitnehmer seinen eigenen oder zur Nutzung überlassenen Pkw nicht einsetzt, oder
- bei Benutzung öffentlicher Verkehrsmittel, soweit keine höheren Aufwendungen glaubhaft gemacht oder nachgewiesen werden (§ 9 Abs. 2 Satz 2 EStG) – zur Vergleichsrechnung → Rz. 1118.

Beratungshinweis:

Bei Fahrgemeinschaften ist die Umwegstrecke zum Abholen von Mitfahrern nicht in die Entfernungsermittlung einzubeziehen. Der Höchstbetrag von 4 500 € greift bei wechselseitigen Fahrgemeinschaften allerdings nur an den Mitfahrtagen, an denen das eigene Fahrzeug nicht eingesetzt wird.

---

1) BFH v. 19.4.2012, VI R 53/11, BStBl II 2012, 802.
2) BFH v. 24.9.2013, VI R 20/13, BStBl II 2014, 259.
3) BMF v. 18.11.2021, IV C 5 – S 2351/20/10001 :002, BStBl I 2021, 2315, Rz. 14.
4) BFH v. 16.11.2011, VI R 46/10, BStBl II 2012, 470 und VI R 19/11, BStBl II 2012, 520.
5) Vgl. auch Schneider, NWB 8/2012, 638.
6) FG Rheinland-Pfalz v. 21.2.2013, 4 K 1810/11, EFG 2013, 1100.
7) FG Niedersachsen v. 3.4.2024, 9 K 117/21 EFG 2024, 1748.
8) BFH v. 10.4.2007, VI B 134/06, BFH/NV 2007, 1309 m.w.N.
9) FG Nürnberg v. 11.8.2011, 4 K 258/10.
10) BMF v. 18.11.2021, IV C 5 – S 2351/20/10001 :002, BStBl I 2021, 2315, Rz. 1.3.

(5) Mehrere Dienstverhältnisse

Bei Arbeitnehmern, die in mehreren Dienstverhältnissen stehen und denen Aufwendungen für die Wege zu mehreren auseinander liegenden ersten Tätigkeitsstätten entstehen, ist die Entfernungspauschale für jeden Weg zur ersten Tätigkeitsstätte anzusetzen, wenn der Arbeitnehmer am Tag zwischenzeitlich in die Wohnung zurückkehrt.[1) **1116**

(6) Neben der Entfernungspauschale abzuziehende Aufwendungen

Durch die Entfernungspauschale sind sämtliche Aufwendungen abgegolten, die durch die Wege zwischen Wohnung und erster Tätigkeitsstätte sowie im Rahmen von Familienheimfahrten (→ Rz. 1110) entstanden sind. Dies gilt auch für die Parkgebühren für das Abstellen eines Fahrzeugs an dem Ort einer ersten Tätigkeitsstätte. Ebenso entfällt die Berücksichtigung tatsächlicher Fährkosten sowie der Gebühren für mautpflichtige Straßen und Parkgebühren. Eine Fährverbindung ist, soweit sie zumutbar erscheint und wirtschaftlich sinnvoll ist, mit in die Entfernungsberechnung einzubeziehen. Die Fahrtstrecke der Fähre selbst ist dann Teil der maßgebenden Entfernung.[2)] **1117**

Außergewöhnliche Aufwendungen sind als allg. WK (§ 9 Abs. 1 Satz 1 EStG) neben der Entfernungspauschale abziehbar. Hierzu zählen bspw. Auch **Unfallkosten**, die auf einer Fahrt zwischen Wohnung und erster Tätigkeitsstätten oder umgekehrt oder einer Familienheimfahrt entstanden sind. Dies gilt nicht, wenn der Unfall absichtlich oder unter Alkoholeinfluss verursacht worden ist. Die Verwaltungsmeinung zur Berücksichtigung von Unfallkosten wird von der Rechtsprechung in Frage gestellt.[3)] Aufwendungen in Zusammenhang mit der Beseitigung oder Linderung von Körperschäden, die durch einen Unfall auf einer beruflich veranlassten Fahrt zwischen Wohnung und erster Tätigkeitsstätte eingetreten sind, können gem. § 9 Abs. 1 Satz 1 EStG als WK abgezogen werden. Sie werden von der Abgeltungswirkung der Entfernungspauschale nicht erfasst. Diese erstreckt sich nur auf fahrzeug- und wegstreckenbezogene Aufwendungen.[4)] Durch eine Falschbetankung auf dem Weg vom Wohnort zur ersten Tätigkeitsstätte verursachte Reparaturaufwendungen sind nicht zusätzlich zu berücksichtigen.[5)] Zur Veräußerung des Unfallfahrzeugs im nicht reparierten Zustand vgl. BFH.[6)]

(7) Benutzung verschiedener Verkehrsmittel

Arbeitnehmer legen die Wege zwischen Wohnung und erster Tätigkeitsstätte oftmals auf unterschiedliche Weise zurück (**Teilstrecke** mit dem Pkw und weitere Teilstrecke mit öffentlichen Verkehrsmitteln [Park & Ride]) oder es werden für einen Teil des Jahres der eigene Pkw und für den anderen Teil öffentliche Verkehrsmittel (im Winter) benutzt. In derartigen Mischfällen ist zunächst die maßgebende Entfernung für die kürzeste Straßenverbindung zu ermitteln. Auf der Grundlage dieser Entfernung ist sodann die anzusetzende Entfernungspauschale für die Fahrten zwischen Wohnung und erster Tätigkeitsstätten zu berechnen. Die Teilstrecke, die mit dem eigenen Kfz zurückgelegt wird, ist in voller Höhe anzusetzen; für diese Teilstrecke kann die Regelung zur verkehrsgünstigeren Strecke angewandt werden. Der verbleibende Teil der maßgebenden Entfernung ist die Teilstrecke, die auf öffentliche Verkehrsmittel entfällt. Die anzusetzende Entfernungspauschale ist sodann für die Teilstrecke und Arbeitstage zu ermitteln, an denen der Arbeitnehmer seinen eigenen oder ihm zur Nutzung überlassenen Kfz eingesetzt hat. Anschließend ist die anzusetzende Entfernungspauschale für die Teilstrecke und Arbeitstage zu ermitteln, an denen der Arbeitnehmer öffentliche Verkehrsmittel benutzt. Beide Beträge ergeben die insgesamt anzusetzende Entfernungspauschale, so dass auch in Mischfällen ein höherer Betrag als 4 500 € angesetzt werden kann. **1118**

Die Vergleichsrechnung zwischen Entfernungspauschale und den tatsächlich entstandenen Kosten für die Benutzung von öffentlichen Verkehrsmitteln ist jahresbezogen vorzunehmen ist (§ 9 Abs. 2 Satz 2 EStG).

(8) Besonderheiten bei steuerfreier Sammelbeförderung

Die Entfernungspauschale gilt nicht für Flugstrecken (→ Rz. 1154) und Strecken mit steuerfreier Sammelbeförderung (→ Rz. 1111). Ein Abzug scheitert daran, dass der stpfl. Person wegen des vom Arbeitgeber kostenlos durchgeführten Sammeltransports **keine Kosten entstanden** waren, die einen Werbungskostenabzug rechtfertigten.[7)] **1119**

Daher ist Zeile 32 jeweils die Höhe der Kilometer anzugeben, die im Rahmen einer Sammelbeförderung zurückgelegt worden sind.

(9) Besonderheiten bei Fahrgemeinschaften

Unabhängig von der Art der Fahrgemeinschaft wird jedem Teilnehmer der Fahrgemeinschaft die Entfernungspauschale gewährt, wobei Umwegstrecken keine Berücksichtigung finden.[8)] Dies gilt ebenfalls für Fahrgemeinschaften von Ehegatten/Lebenspartnern, selbst wenn sie bei demselben Arbeitgeber beschäftigt sind. Bei wechselseitigen Fahrgemeinschaften kann zunächst der Höchstbetrag von 4 500 € durch die Wege an den Arbeitstagen ausgeschöpft werden, an denen der Arbeitnehmer mitgenommen wurde. **1120**

1) BMF v. 18.11.2021, IV C 5 – S 2351/20/10001 :002, BStBl I 2021, 2315, Rz. 1.8.
2) BMF v. 18.11.2021, IV C 5 – S 2351/20/10001 :002, BStBl I 2021, 2315, Rz. 1.4.
3) FG Rheinland-Pfalz v. 23.2.2016, 1 K 2078/15, EFG 2016, 819.
4) BFH v. 19.12.2019, VI R 8/18, BStBl II 2020, 291.
5) BFH v. 20.3.2014, VI R 29/13, BStBl II 2014, 849.
6) BFH v. 21.8.2012, VIII R 33/09, BStBl II 2013, 171.
7) BFH v. 11.5.2005, VI R 70/02, BStBl II 2005, 785.
8) BMF v. 18.11.2021, IV C 5 – S 2351/20/10001 :002, BStBl I 2021, 2315, Rz. 1.5.

Praxishinweis:
In diesen Fällen sind in Zeile 33 die Kilometer einzutragen (einfache Entfernung), die im Rahmen einer Fahrgemeinschaft zurückgelegt worden sind. Umwegstrecken, die zum Abholen der Mitfahrer zurückgelegt werden, sind nicht zu berücksichtigen.

(10) Besonderheiten bei behinderten Menschen

1121 Behinderte Menschen mit einem Grad der Behinderung von mind. 70 oder von weniger als 70, aber mind. 50 und gleichzeitigem Vorliegen einer erheblichen Beeinträchtigung der Bewegungsfähigkeit im Straßenverkehr (Merkzeichen „G" [Erklärung in **Zeile 28**]), können für die Wege zwischen Wohnung und erster Tätigkeitsstätte statt der Entfernungspauschale ihre nachgewiesenen tatsächlichen Kfz-Kosten als WK abziehen (§ 9 Abs. 2 Satz 3 EStG).

Beratungshinweis:
Es ist nur möglich, entweder die tatsächlichen Aufwendungen oder die Entfernungspauschale in Abzug zu bringen. Ein Wechsel zwischen beiden Abzugsregelungen ist nicht zulässig.[1)]

Der Nachweis der Behinderung ist durch Vorlage einer Bescheinigung der zuständigen Behörde zu führen (§ 65 EStDV).

Bei **Benutzung öffentlicher Verkehrsmittel** können die tatsächlichen Aufwendungen die Entfernungspauschale übersteigen. Diese Aufwendungen sind in Zeile 34 einzutragen.

Wird der **Einzelnachweis** hinsichtlich der Kfz-Kosten gewählt, so sind sämtliche Aufwendungen nachzuweisen. Es gelten insoweit die gleichen Grundsätze wie im Zusammenhang mit Reisekosten. Wird der besondere Kilometersatz zu Grunde gelegt, können zusätzlich Gebühren für einen Parkplatz an der ersten Tätigkeitsstätte/am Sammelpunkt oder im Zusammenhang mit Fahrten zum weiträumigen Tätigkeitsgebiet abgezogen werden. Die ESt-Erklärung enthält hierfür kein eigenes Eintragungsfeld. Eine Eintragung soll in den Zeilen 61–63 (weitere WK) erfolgen. Zuschüsse, die für die Beschaffung des Fahrzeugs sowie für eine behinderungsbedingte Zusatzausstattung erhalten wurden, sind bei der Ermittlung der Kosten mindernd zu berücksichtigen.[2)]

Falls kein Einzelnachweis beigebracht wird, können die **pauschalen Kilometersätze** berücksichtigt werden. Diese betragen je gefahrenem Kilometer bei einem Pkw 0,30 € (0,38 € ab dem 21. Entfernungskilometer [§ 9 Abs. 1 Satz 3 Nr. 4 Satz 8 EStG]), für jedes andere motorbetriebene Fahrzeug 0,20 €.[3)]

Beratungshinweis:
Aufwendungen für behinderungsbedingte Fahrtkosten können bei behinderten Menschen als außergewöhnliche Belastungen geltend gemacht werden („Behinderungsbedingte Fahrtkostenpauschale", Zeilen 21–22 der Anlage Außergewöhnliche Belastungen).

Mittagsheimfahrten sind auch bei körperbehinderten Menschen den allg. Kosten der Lebenshaltung zuzurechnen.[4)] Wird jedoch ein Arbeitnehmer mit Behinderung im eigenen oder ihm zur Nutzung überlassenen Pkw arbeitstäglich von einer dritten Person, z.B. dem Ehegatten/Lebenspartner, zur Tätigkeitsstätte gefahren und wieder abgeholt, so können auch die Kfz-Kosten, die durch die Ab- und Anfahrten des Fahrers – sog. Leerfahrten – entstehen, in tatsächlicher Höhe oder in pauschalierter Höhe als WK abgezogen werden.

bb) Wege zwischen Wohnung und erster Tätigkeitsstätte/Sammelpunkt/weiterräumigen Tätigkeitsgebiet – 2. Angabe (Zeilen 35–42)

Wege zwischen Wohnung und erster Tätigkeitsstätte / Sammelpunkt / weiträumigem Tätigkeitsgebiet (2. Angabe)

Zeile				
35	1 = erste Tätigkeitsstätte 2 = Sammelpunkt / weiträumiges Tätigkeitsgebiet	PLZ, Ort und Straße	vom T T M M	bis T T M M
36	Arbeitstage je Woche	Urlaubs-, Krankheits-, Heimarbeits- und Dienstreisetage	Behinderungsgrad mindestens 70 oder mindestens 50 und Merkzeichen „G"	135 1 = Ja
37	aufgesucht an Tagen			130
38	einfache Entfernung in Kilometern (auf volle Kilometer abgerundet)			131 km
39	davon mit eigenem oder zur Nutzung überlassenem PKW zurückgelegt			132 km
40	davon mit Sammelbeförderung des Arbeitgebers zurückgelegt			133 km
41	davon mit öffentlichen Verkehrsmitteln, Motorrad, Fahrrad oder Ähnlichem, als Fußgänger und / oder als Mitfahrer einer Fahrgemeinschaft zurückgelegt			km
42	Aufwendungen für Fahrten mit öffentlichen Verkehrsmitteln (ohne Fähr- und Flugkosten)			134 EUR ,—

1) BFH v. 5.5.2009, VI R 77/06, BStBl II 2009, 729.
2) BFH v. 14.6.2012, VI R 89/10, BStBl II 2012, 835.
3) BMF v. 25.11.2020, IV C 5 – S 2353/19/10011 :006, BStBl I 2020, 1228, Rz. 37.
4) BFH v. 2.4.1976, VI B 85/75, BStBl II 1976, 452.

Die Ausführungen zu den Zeilen 27–34 (→ Rz. 1109) zur ersten Angabe einer Tätigkeitsstätte, einem Sammelpunkt 1122
oder eines weiträumigen Tätigkeitsgebiets gelten entsprechend.

cc) Wege zwischen Wohnung und erster Tätigkeitsstätte/Sammelpunkt/weiterräumigen Tätigkeitsgebiet – 3. Angabe (Zeilen 43–50)

- 3 -

	Wege zwischen Wohnung und erster Tätigkeitsstätte / Sammelpunkt / weiträumigem Tätigkeitsgebiet (3. Angabe)				
43	1 = erste Tätigkeitsstätte 2 = Sammelpunkt / weiträumiges Tätigkeitsgebiet	PLZ, Ort und Straße		vom T T M M	bis T T M M
44	Arbeitstage je Woche	Urlaubs-, Krankheits-, Heimarbeits- und Dienstreisetage	Behinderungsgrad mindestens 70 oder mindestens 50 und Merkzeichen „G"	155	1 = Ja
45	aufgesucht an Tagen			150	
46	einfache Entfernung in Kilometern (auf volle Kilometer abgerundet)			151	km
47	davon mit eigenem oder zur Nutzung überlassenem PKW zurückgelegt			152	km
48	davon mit Sammelbeförderung des Arbeitgebers zurückgelegt			153	km
49	davon mit öffentlichen Verkehrsmitteln, Motorrad, Fahrrad oder Ähnlichem, als Fußgänger und / oder als Mitfahrer einer Fahrgemeinschaft zurückgelegt				km
50	Aufwendungen für Fahrten mit öffentlichen Verkehrsmitteln (ohne Fähr- und Flugkosten)			154	EUR ,—

Die Ausführungen zu den Zeilen 27–34 (→ Rz. 1109) zur ersten Angabe einer Tätigkeitsstätte, einem Sammelpunkt 1123
oder eines weiträumigen Tätigkeitsgebiets gelten entsprechend.

dd) Arbeitsgeberleistungen/Fahrtkostenzuschüsse (Zeilen 51–52)

	Arbeitgeberleistungen / Fahrtkostenzuschüsse					
51	Arbeitgeberleistungen laut Nr. 17 der Lohnsteuerbescheinigung **(steuerfrei ersetzt)**	290	EUR ,—	Arbeitgeberleistungen laut Nr. 18 der Lohnsteuerbescheinigung **(pauschal besteuert)**	295	EUR ,— ⓔ
52	Von der Agentur für Arbeit oder dem Jobcenter gezahlte Fahrtkostenzuschüsse				291	,—

(1) Arbeitgeberleistungen lt. Nr. 17 und 18 der Lohnsteuerbescheinigung (Zeile 51)

Vergütungen des Arbeitgebers zum Ersatz von Aufwendungen für Fahrten zwischen Wohnung und erster Tätig- 1124
keitsstätte gehören grds. zum individuell stpfl. Arbeitslohn.[1)] Der Arbeitgeber kann entsprechende Leistungen pauschal besteuern (§ 40 Abs. 2 Satz 2 EStG).

Beratungshinweis:
Wurden entsprechende Beträge vom Arbeitgeber erbracht, sollten auch die Fahrten zwischen Wohnung und erster Tätigkeitsstätte erklärt werden. Wird darauf verzichtet, z.B. da die WK insgesamt den Arbeitnehmer-PB i.H.v. 1 200 € nicht übersteigen, könnten die bereits versteuerten Fahrtkostenzuschüsse seitens des FA fälschlicherweise dem Bruttoarbeitslohn hinzugerechnet und im Ergebnis nochmals versteuert werden.

Mit dem UStAVermG[2)] sind ab 1.1.2019 zusätzlich zum ohnehin geschuldeten Arbeitslohn gezahlte Zuschüsse des Arbeitgebers zu den Aufwendungen des Arbeitnehmers für Fahrten zwischen Wohnung und erster Tätigkeitsstätte mit öffentlichen Verkehrsmitteln im Linienverkehr/im öffentlichen Personennahverkehr steuerfrei. Das Gleiche gilt für die unentgeltliche oder verbilligte Nutzung der vorgenannten öffentlichen Verkehrsmittel. Die steuerfreien Leistungen mindern den nach § 9 Abs. 1 Satz 3 Nr. 4 Satz 2 EStG abziehbaren Betrag (§ 3 Nr. 15 Satz 3 EStG). Die Steuerbefreiungsvorschrift ist vorrangig vor den Befreiungen bei der Bewertung von Sachbezügen anzuwenden. Die Arbeitgeberleistungen sind sozialversicherungsfrei (§ 1 Abs. 1 Satz 1 Nr. 1 SvEV). Das BMF hat mit Schreiben v. 15.8.2019[3)] zu Einzelfragen der Steuerbefreiung Stellung genommen. Eine Minderung der Entfernungspauschale nach § 3 Nr. 15 Satz 3 EStG erfolgt maximal bis auf 0 € und ist unabhängig von der tatsächlichen Nutzung der vom Arbeitgeber überlassenen oder bezuschussten Fahrberechtigung vorzunehmen; eine Kürzung der Entfernungspauschale erfolgt daher auch in den Fällen, in denen der Arbeitnehmer die nach § 3 Nr. 15 EStG steuerfreie Fahrberechtigung tatsächlich nicht oder ganz bzw. teilweise privat nutzt. Die Minderung unterbleibt hingegen, wenn der Arbeitnehmer wirksam auf die Fahrberechtigung verzichtet hat.[4)]

Im Rahmen der elektronischen LSt-Bescheinigungen hat der Arbeitgeber auch die **steuerfreien und pauschal besteuerten Arbeitgeberleistungen** für Fahrten zwischen Wohnung und erster Tätigkeitsstätte an die Finverw. zu übermitteln (§ 41b Abs. 1 Satz 2 Nr. 6 und 7 EStG). Hierfür ist in Zeile 51 ein entsprechendes Eintragungsfeld vorgesehen. Die notwendigen Angaben werden sich regelmäßig aus den Nrn. 17 und 18 auf der **LSt-Bescheinigung** ergeben.

1) R 19.3 Abs. 3 Nr. 2 LStR.
2) Gesetz zur Vermeidung von Umsatzsteuerausfällen beim Handel mit Waren im Internet und zur Änderung weiterer steuerlicher Vorschriften v. 11.12.2018, BGBl. I 2018, 2338 = BStBl I 2018, 1377.
3) BMF v. 15.8.2019, IV C 5 – S 2342/19/10007 :001, BStBl I 2019, 875, sowie Ergänzung: BMF v. 7.11.2023, IV C 5 – S 2342/19/10007 :009, BStBl I 2023, 1696.
4) BMF v. 15.8.2019, IV C 5 – S 2342/19/10007 :001, BStBl I 2019, 875, Rz. 31.

(2) Von der Agentur für Arbeit oder dem Jobcenter gezahlte Fahrtkostenzuschüsse (Zeile 52)

1125 Von der Agentur für Arbeit oder dem Jobcenter gezahlte Fahrtkostenzuschüsse sind ebenfalls zu erklären. Diese Daten liegen dem FA aber nicht in allen Fällen elektronisch vor und sind gesondert zu erklären. Die Ausführungen zu Zeile 51 gelten entsprechend.

ee) Beiträge zu Berufsverbänden – Bezeichnung der Verbände (Zeile 53)

	Beiträge zu Berufsverbänden Bezeichnung der Verbände		EUR
53		310	,–

1126 Beiträge zu Berufsverbänden, deren Zweck nicht auf einen wirtschaftlichen Geschäftsbetrieb gerichtet ist, sind als WK abzugsfähig (§ 9 Abs. 1 Nr. 3 EStG). Ein Berufsverband ist ein Zusammenschluss natürlicher oder juristischer Personen zur Wahrnehmung allgemeiner, aus der beruflichen oder unternehmerischen Tätigkeit erwachsender ideeller und wirtschaftlicher Interessen eines Berufsstands oder Wirtschaftszweigs. Berufsverbände sind daher alle Interessenvertretungen, die mit der Erzielung von Einnahmen aus einer beliebigen Erwerbstätigkeit im Zusammenhang stehen.[1] Ob diese Voraussetzungen bei Berufsverbänden vorliegen, ist nicht nur nach der Satzung, sondern auch nach der tatsächlichen Verbandstätigkeit zu beurteilen.[2] Keine Berücksichtigung haben die Aufwendungen eines leitenden Angestellten, der im Rahmen seiner ehrenamtlichen Tätigkeit für den Verband „Wirtschaftsjunioren Deutschland" tätig war, gefunden.[3] Berufsverbände sind z.B. Gewerkschaften, der Beamtenbund, der Marburger Bund, der Verband deutscher Ingenieure – VDI.[4] Kosten für die Teilnahme an **Veranstaltungen von Berufsverbänden** können ggf. als Berufsfortbildungskosten berücksichtigt werden, wenn die Teilnahme der Berufsförderung dient (→ Rz. 1152). Anderenfalls sind diese Art von Aufwendungen Kosten der privaten Lebensführung, die unter das Abzugsverbot (§ 12 Nr. 1 EStG) fallen (→ Rz. 1103). Reiseaufwendungen sind nicht zu berücksichtigen, wenn der Schwerpunkt der Reise allgemeintouristischen Zwecken dient.[5] Aufwendungen im Zusammenhang mit einer ehrenamtlichen Tätigkeit für den Berufsverband können WK sein, wenn die Aufwendungen durch den Beruf und nicht in einem erheblichen Maße durch die Privatsphäre zuzurechnende allg. Interessen mit veranlasst sind.[6]

ff) Aufwendungen für Arbeitsmittel – soweit nicht steuerfrei ersetzt/Art der Arbeitsmittel bitte einzeln angeben (Zeilen 54–56)

	Aufwendungen für Arbeitsmittel – soweit nicht steuerfrei ersetzt – Art der Arbeitsmittel		EUR
54			,–
55		+	,–
56		Summe 320 =	,–

(1) Allgemeines

1127 Die unter → Rz. 1102 dargestellten allg. Grundsätze bei der Berücksichtigung von WK gelten auch für die Berücksichtigung von Arbeitsmitteln.

Arbeitsmittel sind Gegenstände, die zur Erledigung der dienstlichen Aufgaben bestimmt sind (§ 9 Abs. 1 Nr. 6 EStG). Hierunter fallen alle Wirtschaftsgüter, **die unmittelbar der Erledigung beruflicher Aufgaben dienen**.[7] Ein WG kann daher nur dann als Arbeitsmittel (§ 9 Abs. 1 Nr. 6 EStG) berücksichtigt werden, wenn feststeht, dass der Arbeitnehmer den Gegenstand weitaus überwiegend beruflich verwendet, eine **private Mitbenutzung** also von **ganz untergeordneter Bedeutung** ist. Dies hängt grds. von der tatsächlichen Zweckbestimmung, d.h. von der Funktion des WG im Einzelfall ab.[8] Bei der Beweiswürdigung zur Feststellung des Verwendungszwecks spielt der objektive Charakter des WG eine große Rolle.[9] Ist nicht nachprüfbar oder nicht klar erkennbar, ob der Gegenstand weitaus überwiegend dem Beruf dient, so sind Aufwendungen für die Anschaffung schon aus Gründen der steuerlichen Gerechtigkeit zu den Kosten der Lebensführung zu rechnen.[10]

Auch die Aufwendungen für einen **Diensthund**[11] können berücksichtigt werden.

1) BFH v. 27.4.1990, VI R 35/86, BFH/NV 1990, 701.
2) BFH v. 13.8.1993, VI R 51/92, BStBl II 1994, 33.
3) BFH v. 1.7.1994, VI R 50/93, BFH/NV 1995, 22.
4) FG Baden-Württemberg v. 22.2.2002, 12 K 119/01, StEd 2002, 347.
5) BFH v. 25.3.1993, VI R 14/90, BStBl II 1993, 559.
6) BFH v. 2.10.1992, VI R 11/90, BStBl II 1993, 53.
7) BFH v. 31.1.1986, VI R 78/82, BStBl II 1986, 355.
8) BFH v. 19.10.1970, GrS 2/70, BStBl II 1971, 17.
9) BFH v. 21.11.1986, VI R 137/83, BStBl II 1987, 262.
10) BFH v. 16.10.1981, VI R 180/79, BStBl II 1982, 67 zu Kosten der Anschaffung von Büchern bei Lehrern.
11) BFH v. 30.6.2010, VI R 45/09, BStBl II 2011, 45.

Aufwendungen für einen sog. Schulhund können bis zu 50 % als WK bei den Einkünften einer Lehrerin abgezogen werden. Ein hälftiger Werbungskostenabzug ist nicht zu beanstanden, wenn der Hund innerhalb einer regelmäßig fünftägigen Unterrichtswoche arbeitstäglich in der Schule eingesetzt wird. Die Aufwendungen für die Ausbildung eines Schulhundes zum Therapiehund sind regelmäßig in voller Höhe beruflich veranlasst.[1)]

Zum Arbeitsmittel können auch **Zeitschriften** und **Bücher** zählen (→ Rz. 1136), wenn die Literatur ausschließlich oder zumindest weitaus überwiegend beruflich genutzt wird.[2)] Ein im Bereich Marketing und Applikation von Halbleiterbauteilen nichtselbstständig tätiger Diplomingenieur kann die Kosten der Börsen-Zeitschriften „Effekten Spiegel", „Depot-Optimierer", „Finanztip", „Wahrer Wohlstand" und „Oxford Club" als WK bei den nichtselbständigen Einkünften abziehen, wenn er schlüssig und glaubhaft vorträgt, dass jede einzelne Zeitschrift zur Vorbereitung von Entscheidungsgrundlagen für Firmeninvestitionen und damit als Arbeitsmittel genutzt wird.[3)] Neben der Anschaffung von Arbeitsmitteln ist auch die **Instandhaltung**, **Reparatur** und **Reinigung** derselben abzugsfähig.

Aufwendungen wären durch die Vorlage von Belegen nachzuweisen oder glaubhaft zu machen. Ein besonderer Pauschbetrag für die allg. Berücksichtigung von Arbeitsmitteln existiert nicht.

(2) Nutzung des Arbeitsmittels über einen Zeitraum von mehr als einem Jahr

Erstreckt sich die Nutzung eines Arbeitsmittels auf mehr als ein Jahr, sind die Aufwendungen auf die **voraussichtliche Nutzungsdauer** zu verteilen (§§ 9 Abs. 1 Nr. 6 Satz 2, Abs. 1 Nr. 7 EStG). In diesen Fällen können die Aufwendungen nicht im Erstjahr in voller Höhe als WK berücksichtigt werden.[4)] Die AK oder HK von Arbeitsmitteln (einschl. USt) können im Jahr der Anschaffung/Herstellung in voller Höhe abgesetzt werden, wenn sie ausschließlich USt für das einzelne Arbeitsmittel die Grenze für geringwertige Wirtschaftsgüter (GWG) und den **Betrag von 800 €** (§ 6 Abs. 2 EStG) nicht übersteigen. Für den Werbungskostenabzug gilt über § 9 Abs. 1 Satz 3 Nr. 7 Satz 2 EStG weiterhin, dass die Regelungen zum Sammelposten (§ 6 Abs. 2a EStG) nicht zur Anwendung kommen. Es gelten ausschließlich die Bestimmungen zur 800 €-Grenze. 1128

Beratungshinweis:

Für den WK-Abzug gilt eine Grenze von 800 € zzgl. 19 % USt. Bei AK/HK bis zu 952 € ist keine Verteilung auf die Nutzungsdauer im Wege der AfA erforderlich (§ 9 Abs. 1 Nr. 7 Satz 2 EStG).[5)] Die Absetzung über die Nutzungsdauer kann aber gewählt werden.

Bei einer **Umwidmung des WG**[6)] nach einer vorherigen privaten Nutzung sind die AK der betreffenden Wirtschaftsgüter auf die Gesamtnutzungsdauer einschl. der Zeit vor der Umwidmung zu verteilen. Als AfA in Form von WK ist nur der Teil der AK abziehbar, der auf die Zeit nach der Umwidmung entfällt. Im Zeitpunkt der Umwidmung beginnt keine neue AfA von einem fiktiven Einlagewert, sondern es ist weiter die fortlaufende AfA nach dem Umwidmungszeitpunkt von den ursprünglichen AK abzuziehen. Eine AfA kann als WK bei den Einkünften aus nichtselbständiger Arbeit auch für Arbeitsmittel angesetzt werden, die die stpfl. Person geschenkt bekommt und zunächst privat genutzt hat. Maßgebend für den sofortigen Abzug als GWG ist nicht der ursprüngliche Betrag der AK zzgl. USt, sondern der Teil davon, der auf die Zeit nach der Umwidmung des WG entfällt. Nur wenn dieser Restbetrag im Zeitpunkt der Umwidmung 800 € nicht übersteigt, ist der sofortige Abzug im Streitjahr als GWG zulässig. **Über 800 €** (ohne USt) hinausgehende Aufwendungen sind entsprechend auf die Gesamtnutzungsdauer zu verteilen (§ 7 Abs. 1 EStG). Zur Schätzung der betriebsgewöhnlichen Nutzungsdauer vgl. BMF v. 15.12.2000.[7)] Vgl. auch Ausführungen zur Anlage EÜR (→ Rz. 467).

(3) Verlust, Beschädigung oder Zerstörung eines Arbeitsmittels

Ist ein Arbeitsmittel zerstört worden, kann im Jahr des Schadenseintritts (spätestens jedoch in dem Jahr, in dem der Schaden entdeckt wurde) der Aufwand als außergewöhnliche oder wirtschaftliche Abnutzung berücksichtigt werden, soweit der Schaden nicht von einer Versicherung erstattet wird.[8)] 1129

(4) Veräußerung eines Arbeitsmittels

Wird ein als Arbeitsmittel genutztes WG veräußert, so ist ein sich eventuell ergebender Veräußerungserlös bei den Einkünften aus nichtselbständiger Arbeit nicht zu berücksichtigen.[9)] Eventuell werden sonstige Einkünfte nach Maßgabe eines privaten Veräußerungsgeschäfts (§ 23 Abs. 1 Nr. 2 EStG) begründet. 1130

(5) Benutzung eines Fahrzeugs als Arbeitsmittel zu Fahrten zwischen Wohnung und erster Tätigkeitsstätte

Bei Benutzung eines Fahrzeugs als Arbeitsmittel für Fahrten zwischen Wohnung und erster Tätigkeitsstätte geht die Regelung zur Entfernungspauschale der Abzugsfähigkeit als Arbeitsmittel voran.[10)] Damit ist auch eine abfließende Leasingsonderzahlung insoweit, wie sie auf Fahrten zwischen Wohnung und erster Tätigkeitsstätte entfällt, von der Abgeltungsregelung der Entfernungspauschale abgedeckt. 1131

1) BFH v. 14.1.2021, VI R 15/19, BStBl II 2021, 453.
2) BFH v. 20.5.2010, VI R 53/09, BStBl II 2011, 723.
3) FG München v. 3.3.2011, 5 K 3379/08.
4) FG München v. 29.3.2011, 13 K 2013/09.
5) R 9.12 LStR.
6) FG München v. 29.3.2011, 13 K 2013/09.
7) BMF v. 15.12.2000, IV D 2 – S 1551 – 188/00, BStBl I 2000, 1532.
8) BFH v. 29.4.1983, VI R 139/80, BStBl II 1983, 586.
9) R 9.12 Satz 3 LStR.
10) BFH v. 15.4.2010, VI R 20/08, BStBl II 2010, 805; Verfbeschw nicht angenommen, BVerfG v. 7.4.2011, 2 BvR 1683/10.

Beratungshinweis:
Nach den im BFH-Urteil v. 5.5.1994[1] genannten Voraussetzungen gehört die Leasingsonderzahlung in Höhe des auf die Auswärtstätigkeit entfallenden Nutzungsanteils grds. zu den sofort abziehbaren WK. Nach BFH v. 15.4.2010[2] scheidet dieser Abzug jedoch aus, soweit der Arbeitnehmer während der Laufzeit des Leasingvertrags die Kfz-Kosten nach pauschalen Kilometersätzen als WK geltend macht. Hierbei kommt es darauf an, ob während der Laufzeit des Leasingvertrags beabsichtigt wird, die Kfz-Kosten nach pauschalen Kilometersätzen geltend zu machen.

(6) Darstellung einzelner Arbeitsmittel von allgemeiner Bedeutung

(6.1) Berufskleidung

1132 Aufwendungen für typische Berufskleidung sind als WK abziehbar (§ 9 Abs. 1 Satz 3 Nr. 6 EStG). Kleidungsstücke gehören zur typischen Berufskleidung, wenn sie ihrer Beschaffenheit nach objektiv nahezu ausschließlich nur für die berufliche Nutzung bestimmt und geeignet sind und die wegen der Eigenart des Berufs nötig sind.[3] Damit scheidet die Qualifizierung eines Kleidungsstückes als typische Berufskleidung schon dann aus, wenn seine Benutzung als normale **bürgerliche Kleidung** i.R.d. Möglichen und Üblichen liegt; auch eine anteilige Berücksichtigung ist nicht möglich.[4] Allein dadurch, dass bürgerliche Kleidung durch den Arbeitgeber zur Dienstbekleidung bestimmt wird (Lodenmantel eines Forstbeamten), erlangt diese nicht den Charakter der typischen Berufskleidung.[5] Auch ein besonders hoher, beruflich veranlasster Verschleiß von bürgerlicher Kleidung kann grds. nicht zu einem WK-Abzug führen, es sei denn, dieser Verschleiß ist von dem normalen Kleidungsverschleiß nach objektiven Maßstäben zutreffend und in leicht nachprüfbarer Weise abgrenzbar.[6] Für als **außergewöhnlich hoch empfundene Aufwendungen** besteht die Abzugsmöglichkeit, wenn sich die Mehraufwendungen vom normalen Aufwand nach objektiven Maßstäben zuverlässig und in leicht nachprüfbarer Weise abgrenzen lassen.[7] Aufwendungen für die Anschaffung, Instandsetzung und Reinigung von Bekleidung sind grds. den nicht als WK berücksichtigungsfähigen Kosten der allg. Lebensführung zuzuordnen.[8] Aufwendungen für **typische Berufskleidung** stellen jedoch WK dar. Zur typischen Berufskleidung gehören Kleidungsstücke, die als Arbeitsschutzkleidung auf die jeweils ausgeübte Berufstätigkeit zugeschnitten sind oder nach ihrer Beschaffenheit oder dauerhaft angebrachten Kennzeichnung durch Firmenemblem objektiv eine berufliche Funktion erfüllen, wenn ihre private Nutzung so gut wie ausgeschlossen ist. Normale Schuhe und Unterwäsche sind **keine typische Berufskleidung**.[9] Aufwendungen für bürgerliche Kleidung sind als unverzichtbare Aufwendungen der Lebensführung (§ 12 Nr. 1 Satz 2 EStG) grds. nicht abziehbar. Sie sind nur dann zu berücksichtigen, wenn es sich um „typische Berufskleidung" (§ 9 Abs. 1 Satz 3 Nr. 6 EStG) handelt, die nicht auch zu privaten Anlässen getragen werden kann.[10] Allein die Anbringung eines völlig unauffälligen Emblems, das von der stpfl Person selbst angebracht wurde, um den Charakter einer Berufskleidung zu belegen, führt nicht zur Qualifizierung als Berufskleidung.[11] Auch die Größe des Emblems könnte entscheidend sein.[12]

Für den **Arbeitgeber** besteht die Möglichkeit, dem Arbeitnehmer typische Berufskleidung **unentgeltlich oder verbilligt** zu **überlassen**. Dies gilt auch für die Barablösung von Ansprüchen (§ 3 Nr. 31 EStG).

Ist ein Kleidungsstück als typische Berufskleidung zu qualifizieren, sind nicht nur die AK, sondern auch sonstige Aufwendungen zu seiner Instandhaltung oder Reinigung WK. Dabei kommt es nicht darauf an, dass Reinigungsaufwendungen in jedem Falle, also auch beim Tragen bürgerlicher Kleidung, angefallen wären.[13] Wird typische Berufskleidung mit der privaten Waschmaschine im eigenen Haushalt gewaschen, so können die hierdurch anfallenden Kosten anhand von Erfahrungswerten (z.B. Ermittlungen der Verbraucherzentrale oder Angaben des Herstellers) als WK geschätzt und berücksichtigt werden.[14]

(6.2) Bewirtungsaufwendungen

1133 Aufwendungen für die Bewirtung können WK darstellen (§ 4 Abs. 5 Nr. 2, § 9 Abs. 5 EStG). Bewirtungskosten eines Arbeitnehmers anlässlich persönlicher Ereignisse sind jedoch nicht abzugsfähig.[15]

Dabei ist eine variable Entlohnung nicht das alleinige Indiz für eine entsprechende Berücksichtigung der Aufwendungen. Für den entscheidenden Veranlassungszusammenhang der Kosten mit der Einkunftsart ist es ohne Bedeutung, ob sich die Aufwendungen konkret auf die Höhe des Arbeitslohnes auswirken.[16] Berücksichtigt wurden die

1) BFH v. 5.5.1994, VI R 100/93, BStBl II 1994, 643.
2) BFH v. 15.4.2010, VI R 20/08, BStBl II 2010, 805.
3) BFH v. 6.12.1990, IV R 65/90, BStBl II 1991, 348.
4) BFH v. 13.11.2013, VI B 40/13, BFH/NV 2014, 335.
5) BFH v. 19.1.1996, VI R 73/94, BStBl II 1996, 202.
6) BFH v. 24.7.1981, VI R 171/78, BStBl II 1981, 781.
7) BFH v. 6.7.1989, IV R 91-92/87, BStBl II 1990, 49.
8) BFH v. 29.6.1993, VI R 77/91, BStBl II 1993, 837.
9) R 3.31 Abs. 1 LStR.
10) BFH v. 16.30.2022, VIII R 33/18, BStBl II 2022, 614.
11) FG Rheinland-Pfalz v. 28.9.2010, 2 K 1638/09.
12) FG Baden-Württemberg v. 13.4.2000, 3 K 20/97, EFG 2000, 1113.
13) BFH v. 29.6.1993, VI R 77/91, BStBl II 1993, 837.
14) FG Nürnberg v. 24.10.2014, 7 K 1704/13, EFG 2015, 1162, mit Hinweis auf die Erhebung der Verbraucherzentrale Bundesverband e.V. (Stand 12/2002).
15) BFH v. 15.7.1994, VI R 70/93, BStBl II 1994, 896.
16) BFH v. 24.5.2007, VI R 78/04, BStBl II 2007, 721.

Aufwendungen bei Übergabe der Dienstgeschäfte und der Verabschiedung in den Ruhestand[1] und bei einem angestellten Geschäftsführer mit variablem Gehalt.[2] Auch die Bewirtungsaufwendungen eines Behördenleiters für eine Feier anlässlich des fünfjährigen Bestehens der Behörde im Anschluss an eine Dienstbesprechung (und als Ersatz für eine Weihnachtsfeier) sind als WK zu berücksichtigen, wenn kein privater Bezug (z.B. ein Geburtstag) besteht.[3] Dies gilt auch für Aufwendungen eines Arbeitnehmers für die Bewirtung ihm unterstellter Mitarbeiter.[4] Der Eintritt in den Ruhestand stellt den letzten Akt im aktiven Berufsleben einer stpfl. Person dar, so dass auch in diesen Fällen die Aufwendungen grds. Berücksichtigung finden können. Die materiellen Voraussetzungen für die Abzugsfähigkeit müssen vorliegen (§ 4 Abs. 5 Satz 1 Nr. 2 i.V.m. § 9 Abs. 5 EStG). Die Bewirtungsaufwendungen, die ein Arbeitnehmer aus beruflichem Anlass für eine **Bewirtung im Namen seines Arbeitgebers** übernimmt (z.B., weil keine ausreichenden Mittel für diesen Anlass zur Verfügung stehen) sind nicht zu kürzen.[5] Zur allg. Berücksichtigung vgl. OFD Niedersachsen v. 29.11.2011.[6]

Praxishinweis:

Aufwendungen für eine Feier aus beruflichem und privatem Anlass können teilweise als Aufwand abziehbar sein.[7] Aufwendungen für die Gäste einer Habilitationsfeier aus dem beruflichen Umfeld eines Arbeitnehmers können (nahezu) ausschließlich beruflich veranlasst und damit als WK zu berücksichtigen sein, wenn der Arbeitnehmer die Gäste nach abstrakten allgemeinen berufsbezogenen Kriterien eingeladen hat.[8]

(6.3) Brille

Aufwendungen, die ihrer Natur nach in erster Linie der Behebung körperlicher Mängel dienen, wie die Aufwendungen für die Beschaffung eines medizinischen Hilfsmittels, sind der privaten Lebenssphäre zuzurechnen und deshalb grds. den nicht abzugsfähigen Kosten der Lebensführung (§ 12 Nr. 1 EStG) zuzuordnen. Aufwendungen für die Anschaffung einer Brille, die der Korrektur einer Sehschwäche dient, sind selbst dann keine WK, wenn die Brille am Arbeitsplatz getragen wird. Aufwendungen für den Erwerb einer Bildschirmarbeitsplatzbrille sind nur dann WK, wenn die Sehbeschwerden auf die Tätigkeit am Bildschirm zurückgeführt werden können. Die Verordnung über Sicherheit und Gesundheitsschutz bei der Arbeit an Bildschirmgeräten[9] rechtfertigt keine abweichende Beurteilung.[10] Aufwendungen für Brillen, die eine Schutzfunktion ggü. den speziellen Gefahren einer Berufstätigkeit erfüllen, sind als WK anzuerkennen.[11] **1134**

(6.4) Computer

Ein privat angeschaffter und in der privaten Wohnung aufgestellter Computer kann ein Arbeitsmittel sein (§ 9 Abs. 1 Satz 3 Nr. 6 EStG), wenn er nahezu ausschließlich der Erledigung beruflicher Aufgaben dient und die private Mitbenutzung 10 % nicht übersteigt.[12] Aufwendungen sind in diesem Fall in voller Höhe abzugsfähig; der Computer ist im Wege der AfA zu berücksichtigen, wenn die AK mehr als 800 € (ohne USt [952 € inkl. USt]) betragen. Dabei ist nach der AfA-Tabelle für die allg. verwendbaren Anlagegüter von einer Nutzungsdauer von drei Jahren auszugehen.[13] **1135**

Durch die Änderung i.R.d. Gemeindefinanzreformgesetzes[14] sind die dem Arbeitnehmer gewährten Vorteile aus der privaten Nutzung von betrieblichen Datenverarbeitungs- und Telekommunikationsgeräten **steuerfrei** (§ 3 Nr. 45 EStG). Erfasst sind von der Regelung nicht nur der klassische PC, sondern auch Smartphones oder Tablets.

Wird der Computer in **nicht unwesentlichem Maße auch privat genutzt**, sind die Aufwendungen entsprechend aufzuteilen. § 12 Nr. 1 Satz 2 EStG steht einer Aufteilung nicht entgegen.

Praxishinweis:

Diese auf Arbeitnehmer beschränkte Steuerfreiheit für die gewährten Vorteile verstößt aus Sicht des BFH nicht gegen den Gleichheitssatz.[15]

Die Ansicht des BFH wird von der Finverw. geteilt.[16]

Peripherie-Geräte eines Computers (Monitor, Drucker, Scanner) sind regelmäßig keine geringwertigen Wirtschaftsgüter (§ 6 Abs. 2 Satz 1 EStG), da sie nicht selbständig nutzungsfähig sind. Eine Ausnahme bilden hierbei Kombinationsgeräte, die bspw. nicht nur als Drucker, sondern unabhängig vom Rechner und den übrigen Peripherie-Geräten auch als Fax und Kopierer genutzt werden können. Das Gleiche gilt für externe Datenspeicher, die unabhängig vom Rechner der Speicherung, dem Transport und der Sicherung von Daten dienen.

1) BFH v. 11.1.2007, VI R 52/03, BStBl II 2007, 317.
2) BFH v. 1.2.2007, VI R 25/03, BStBl II 2007, 459.
3) BFH v. 6.3.2008, VI R 68/06, BFH/NV 2008, 1316.
4) BFH v. 19.6.2008, VI R 33/07, BStBl I 2009, 11.
5) BFH v. 19.6.2008, VI R 48/07, BStBl II 2008, 870.
6) OFD Niedersachsen v. 29.11.2011, S 2350 – 32 – St 215, DB 2012, 714.
7) BFH v. 8.7.2015, VI R 46/14, BStBl II 2015, 1013.
8) BFH v. 18.8.2016, VI R 52/15, BFH/NV 2017, 151.
9) BildscharbV v. 4.11.1996, BGBl. I 1996, 1843.
10) BFH v. 20.7.2005, VI R 50/03, BFH/NV 2005, 2185.
11) BFH v. 23.10.1992, VI R 31/92, BStBl II 1992, 193.
12) BFH v. 19.2.2004, VI R 135/01, BStBl II 2004, 958.
13) BMF v. 15.12.2000, IV D 2 – S 1551 – 188/00, BStBl I 2000, 1532.
14) Gemeindefinanzreformgesetz v. 8.5.2012, BGBl. I 2012, 1030.
15) BFH v. 14.3.2007, XI R 1/06, BFH/NV 2007, 1481.
16) Z.B. FinMin NRW v. 8.12.2000, S 2354 – 1 – VB 3, DB 2001, 231.

Beratungshinweis:
Aufwendungen für einen Computerkurs sind in voller Höhe als WK abzugsfähig, wenn nach der Bescheinigung des Arbeitgebers die PC-Schulung (z.B. Windows-Office-Paket) zwingend erforderlich war.[1]

(6.5) Fachliteratur (Fachbücher/Fachzeitschriften)

1136 Zu den als WK zu berücksichtigenden Aufwendungen für Arbeitsmittel gehören auch Fachbücher und Fachzeitschriften. Aufwendungen sind zu berücksichtigen, wenn die Bücher und Zeitschriften **ausschließlich** oder ganz **überwiegend beruflichen Zwecken** dienen. Bücher eines Lehrers können nur dann Arbeitsmittel sein, wenn sie, wie z.B. die spezielle Fachliteratur, ausschließlich oder doch weitaus überwiegend für berufliche Zwecke benutzt werden.[2] Aufwendungen für Bücher, die allgemeinbildender Natur sind und ebenso von zahlreichen anderen Personen gekauft und gelesen werden, gehören, selbst wenn der Lehrer sie für seinen Unterricht verwendet, zu den nichtabsetzbaren Kosten der Lebensführung. So sind die Aufwendungen für ein **Universallexikon** nicht abzugsfähig, da es der Erweiterung des Allgemeinwissens dient und die persönliche Sphäre betrifft, auch wenn die aus einem allgemeinbildenden Nachschlagewerk gewonnenen Kenntnisse dem Beruf zugutekommen und berufliche Anregungen vermitteln können.[3] Aufwendungen für ein Nachschlagewerk können abziehbar sein, wenn die Fachliteratur ganz überwiegend beruflich genutzt wird, z.B. bei einem Englischlehrer der Anschaffung der „Encyclopaedia Britannica" und einer weiterer Anschaffung eines deutschsprachigen Lexikons.[4] Bei einem Lehrer wurden Aufwendungen für Literatur anerkannt, die die Fächer Geschichte und Biologie betrafen, sofern sie nachweislich im Unterricht verwendet wurden.[5] Mit Urteil v. 20.5.2011 hat der BFH auf die Unterscheidung zwischen Fachliteratur (= steuererhebliche WK) und schöngeistiger Literatur (= nicht abzugsfähige Lebenshaltungskosten) verzichtet, da auf die tatsächliche berufliche Verwendung des Gegenstands abzustellen ist; private Motive stehen dem Abzug nicht entgegen, wenn objektive Tatsachen den Schluss zulassen, dass eine nahezu ausschließlich berufliche Veranlassung vorliegt.[6] Dabei ist zu berücksichtigen, dass auch die Verwendung der Literatur zur Unterrichtsvor- und -nachbereitung oder die Anschaffung von Büchern und Zeitschriften für eine Unterrichtseinheit, die nicht abgehalten worden ist, eine ausschließliche oder zumindest weitaus überwiegende berufliche Nutzung der Literatur bei einem Pädagogen begründen könne. Gegebenenfalls könne auch eine **Aufteilung der Kosten** in einen beruflichen und privaten Anteil erfolgen.[7] Auch bei einem Publizisten sind grds. nur Aufwendungen für Fachbücher, nicht dagegen für Bücher allgemeinbildenden Inhalts zu berücksichtigen.[8]

Die Aufwendungen eines Kulturkritikers für den Bezug von regionalen wie überregionalen **Tageszeitungen**, von **Wochenzeitschriften** („Der Spiegel" und „Die Zeit") wurde nicht zum Abzug zugelassen.[9] Dies gilt ebenso für allg. Computerzeitschriften bei einem Netzwerkadministrator.[10] Wird eine Tageszeitung zweifach bezogen, können die Aufwendungen jedoch WK darstellen.[11]

(6.6) Schadensersatzzahlungen

1137 Auch strafbare Handlungen, die im Zusammenhang mit einer betrieblichen oder beruflichen Tätigkeit stehen, können Erwerbsaufwendungen begründen. Die Annahme von Erwerbsaufwendungen setzt auch in diesen Fällen voraus, dass die – die Aufwendungen auslösenden – schuldhaften Handlungen noch i.R.d. betrieblichen oder beruflichen Aufgabenerfüllung liegen und nicht auf privaten, den betrieblichen oder beruflichen Zusammenhang aufhebenden Umständen beruhen.[12] Schadensersatz wegen überhöhter ESt-Festsetzung stellt keinen Arbeitslohn dar, wenn dem Arbeitnehmer tatsächlich ein Schaden entstanden ist.[13]

(6.7) Telekommunikationsaufwendungen

1138 Telekommunikationsaufwendungen sind WK, soweit sie beruflich veranlasst sind. Weist der Arbeitnehmer den Anteil der beruflich veranlassten Aufwendungen an den Gesamtaufwendungen für einen **repräsentativen Zeitraum von drei Monaten** im Einzelnen nach, kann dieser berufliche Anteil für den gesamten VZ zu Grunde gelegt werden. Dabei können die Aufwendungen für das Nutzungsentgelt der Telefonanlage sowie für den Grundpreis der Anschlüsse entsprechend dem beruflichen Anteil der Verbindungsentgelte an den gesamten Verbindungsentgelten (Telefon und Internet) abgezogen werden. Fallen erfahrungsgemäß beruflich veranlasste Telekommunikationsaufwendungen an, können aus **Vereinfachungsgründen** ohne Einzelnachweis bis zu 20 % des Rechnungsbetrags, jedoch höchstens 20 € monatlich als WK anerkannt werden. Zur weiteren Vereinfachung kann der monatliche Durchschnittsbetrag, der sich aus den Rechnungsbeträgen für einen repräsentativen Zeitraum von drei Monaten ergibt, für den gesamten VZ zu Grunde gelegt werden. Vom Arbeitgeber steuerfrei ersetzte Telekommu-

1) FG Rheinland-Pfalz v. 24.10.2005, 5 K 1944/03, DStRE 2006, 136.
2) BFH v. 28.4.1972, VI R 305/69, BStBl II 1972, 723.
3) BFH v. 29.4.1977, VI R 208/75, BStBl II 1977, 716.
4) BFH v. 16.10.1981, VI R 180/79, BStBl II 1981, 67.
5) BFH v. 21.6.1989 VI R 138/86, BFH/NV 1990, 89; BFH v. 2.2.1990, VI R 112/87, BFH/NV 1990, 564.
6) BFH v. 20.5.2012, VI R 53/09, BStBl II 2011, 723.
7) BFH v. 21.9.2009, GrS 1/06, BStBl II 2010, 672.
8) BFH v. 21.5.1992, IV R 70/91, BStBl II 1992, 1015.
9) BFH v. 7.9.1989, IV R 128/88, BStBl II 1990, 19.
10) FG Münster v. 21.7.2014, 5 K 2767/13 E.
11) BFH v. 30.6.1983, IV R 2/81, BStBl II 1983, 715.
12) BFH v. 20.10.2016, VI R 27/15, BFH/NV 2017, 223.
13) BFH v. 25.4.2018, VI R 34/16, BStBl II 2018, 600.

nikationsaufwendungen[1] mindern den als WK abziehbaren Betrag. Während einer Auswärtstätigkeit von mind. einer Woche entstandene Telefongebühren (wohl begrenzt auf 15 Minuten, da der BFH Bezug auf die doppelte Haushaltsführung genommen hat) sind abzugsfähig.[2]

gg) Häusliches Arbeitszimmer, das den Mittelpunkt der gesamten betrieblichen und beruflichen Tätigkeit bildet (Zeile 57)

Häusliches Arbeitszimmer, das den Mittelpunkt der gesamten betrieblichen und beruflichen Tätigkeit bildet
Bitte nur ausfüllen, wenn für denselben Zeitraum **keine** Eintragungen zur Tagespauschale in den Zeilen 58 und 59 vorgenommen werden.
– tatsächliche Aufwendungen oder
– Jahrespauschale i. H. v. 1.260 € (bei nicht ganzjährig vorliegenden Voraussetzungen zeitanteilig)

57 | 325 | EUR ,–

(1) Grundsätze

Praxishinweis: 1139
Eintragungen zur Tagespauschale (bei beruflicher Tätigkeit im Homeoffice) sind in den Zeilen 58–59 vorzunehmen → Rz. 1148. Die Zeile ist daher nur dann ausfüllen, wenn für denselben Zeitraum keine Eintragungen zur Tagespauschale vorgenommen werden.

Aufwendungen für ein häusliches Arbeitszimmer sowie die Kosten der Ausstattung sind grds. nicht abzugsfähige Aufwendungen (§ 4 Abs. 5 Nr. 6b Satz 1 und § 9 Abs. 5 Satz 1 EStG). Die tatsächlich entstandenen Aufwendungen können jedoch abgezogen werden, wenn das häusliche Arbeitszimmer den Mittelpunkt der gesamten betrieblichen und beruflichen Betätigung bildet (§ 4 Abs. 5 Satz 1 Nr. 6b Satz 2 EStG). An Stelle der tatsächlichen Aufwendungen kann pauschal auch ein Betrag von 1 260 € (Jahrespauschale) für das Wj./Kj. abgezogen werden (Wahlrecht – § 4 Abs. 5 Satz 1 Nr. 6b Satz 3 EStG).

Von der **Abzugsbeschränkung nicht betroffen** sind die Aufwendungen für Arbeitsmittel (§ 9 Abs. 1 Satz 3 Nr. 6 EStG) wie z.B. Schreibtisch, Bürostuhl, Bücherregal, Bürolampen und Computer. **Luxus- oder Kunstgegenstände** können nicht als WK berücksichtigt werden, da diese vorrangig der Ausschmückung des Arbeitszimmers dienen und insoweit privat veranlasst sind.[3]

Fehlt es bei dem Arbeitszimmer an dem Begriff der Häuslichkeit, kommt ein Abzug der Aufwendungen in voller Höhe in Betracht, soweit die weiteren (räumlichen) Voraussetzungen (→ Rz. 1142) für die Anerkennung eines Arbeitszimmers vorliegen. So existiert in diesen Fällen keine Abzugsbeschränkung für außerhäusliche Arbeitszimmer und z.B. Praxis- und Bürogebäude.[4]

Für die **Berücksichtigung der Aufwendungen für ein Arbeitszimmer ist zunächst zu prüfen**, ob die **räumlichen Voraussetzungen** für einen Abzug **vorliegen**. So muss neben der räumlichen Trennung des Arbeitszimmers von den privaten Räumen auch weiterhin genügend Wohnraum zur Verfügung stehen. Muss das Arbeitszimmer ständig durchquert werden, um die anderen (privaten) Räume der Wohnung zu erreichen, ist das häusliche Arbeitszimmer nicht anzuerkennen, da insoweit eine private Mitbenutzung nicht nur von untergeordneter Bedeutung ist.[5] Das Durchqueren desselben, um in das eheliche Schlafzimmer zu gelangen, stellt dagegen in der Regel eine private Mitbenutzung von nur untergeordneter Bedeutung dar.[6] Auch ein häusliches „Übezimmer" einer (selbständig tätigen) Berufsmusikerin ist ein Arbeitszimmer in diesem Sinne.[7]

Bei untergeordneter Bedeutung der Arbeitszimmernutzung im Verhältnis zur eigentlichen Tätigkeit, z.B. Stewardess, wurde kein Abzug gewährt.[8] Der BFH führt jedoch aus, dass der Begriff des häuslichen Arbeitszimmers voraussetzt, dass der jeweilige Raum ausschließlich oder nahezu ausschließlich für betriebliche/berufliche Zwecke genutzt wird. Unerheblich ist, ob ein häusliches Arbeitszimmer für die Tätigkeit erforderlich ist. Für die Abzugsfähigkeit von Aufwendungen genügt die Veranlassung durch die Einkünfteerzielung.[9] Bei **gemischt genutzten Räumen** ist kein (anteiliger) Abzug der Aufwendungen möglich.[10] Renovierungs- und Umbaukosten, die für einen Raum anfallen, der ausschließlich oder mehr als in nur untergeordnetem Umfang privaten Wohnzwecken dient, erhöhen nicht die abziehbaren Aufwendungen für ein häusliches Arbeitszimmer. Sie sind auch nicht als allgemeine Gebäudekosten über den Flächenanteil des Arbeitszimmers bei den Betriebsausgaben zu berücksichtigen.[11]

Der **personenbezogene Höchstbetrag** abziehbarer Aufwendungen ist bei der Nutzung eines häuslichen Arbeitszimmers im Rahmen mehrerer Einkunftsarten nicht nach den zeitlichen Nutzungsanteilen in Teilhöchstbeträge

1) R 3.50 Abs. 2 LStR.
2) BFH v. 5.7.2012, VI R 50/10, BStBl II 2013, 282.
3) BFH v. 30.10.1990, VIII R 42/87, BStBl II 1991, 340.
4) BFH v. 26.3.2009, VI R 15/07, BStBl II 2009, 598 m.w.N.
5) BFH v. 18.10.1983, VI R 180/82, BStBl II 1984, 110.
6) BFH v. 19.8.1988, VI R 69/85, BStBl II 1988, 1000.
7) BFH v. 10.10.2012, VIII R 44/10, BFH/NV 2013, 359.
8) FG Düsseldorf v. 24.5.2017, 8 K 1262/15 E, B+P 7/2017, 441.
9) BFH v. 3.4.2019, VI R 46/17, BStBl II 2022, 358.
10) BFH v. 27.7.2015, GrS 1/14, BStBl II 2016, 265.
11) BFH v. 14.5.2019, VIII R 16/15, BStBl II 2019, 510.

aufzuteilen. Er kann durch die dem Grunde nach abzugsfähigen Aufwendungen in voller Höhe ausgeschöpft werden.[1] Der Betrag kann von jeder Person ausgeschöpft werden.[2]

Ob und in welchem Umfang die Aufwendungen für das Herrichten eines häuslichen Arbeitszimmers für eine nachfolgende berufliche Tätigkeit als WK abziehbar sind, bestimmt sich nach den zu erwartenden Umständen der späteren beruflichen Tätigkeit. Nicht entscheidend ist, ob die beabsichtigte berufliche Nutzung im Jahr des Aufwands bereits begonnen hat.[3]

(2) Abzugsfähige Aufwendungen

1140 Als WK kommen alle Aufwendungen für das Arbeitszimmer in Betracht, soweit die das Arbeitszimmer nutzende Person die Aufwendungen tatsächlich getragen hat. Der Betrag von 1 260 € ist kein Pauschbetrag. Zur Berücksichtigung eines häuslichen Arbeitszimmers im Rahmen einer doppelten Haushaltsführung → Rz. 1241. In **einem gemieteten Objekt** kommen als Aufwand die gezahlte Miete und weitere anteilige Raumkosten wie z.B. Strom, Heizung, Wasser, Müllabfuhr, Schornsteinfeger, Hausratversicherung und Reinigungskosten sowie Aufwendungen für Tapeten, Teppiche, Fenstervorhänge in Betracht. In **einem selbst genutzten Eigentum** sind neben den zuvor genannten Aufwendungen auch die anteiligen Schuldzinsen, Grundsteuer, Gebäudeversicherungen sowie Gebäude-AfA (→ Rz. 1563) und Reparaturaufwendungen für das Gebäude zu berücksichtigen.

Praxishinweis:
Die anteiligen Kosten des Arbeitszimmers sind dabei nach dem Verhältnis der Fläche des Arbeitszimmers zur gesamten Wohnfläche (inkl. des Arbeitszimmers) zu ermitteln (§§ 42 bis 44 der Zweiten Berechnungsverordnung oder nach der Wohnflächenverordnung berechneten Wohnfläche). Aufwendungen, die nur das Arbeitszimmer betreffen, z.B. Renovierungskosten, sind in voller Höhe abzugsfähig.

1141 Nutzen mehrere Personen, wie z.B. Ehegatten, ein häusliches Arbeitszimmer gemeinsam, sind die Voraussetzungen des § 4 Abs. 5 Satz 1 Nr. 6b Satz 2 EStG bezogen auf die einzelne stpfl. Person zu prüfen.[4] Liegen diese Voraussetzungen jeweils vor, kann jeder das häusliche Arbeitszimmer Nutzende die Aufwendungen abziehen, die dieser getragen hat oder die ihm im Wege des abgekürzten Zahlungsweges zuzurechnen sind, weil ein Dritter die Schuld des Nutzenden erfüllt.

Bei der Zahlung von einem gemeinsamen Konto sind die grundstücksorientierten Aufwendungen (z.B. Absetzung für Abnutzung, Schuldzinsen) beim Nutzenden als Betriebsausgaben oder Werbungskosten abziehbar, wenn sie von ihm geschuldet werden.[5] Dasselbe gilt für Mietzahlungen für eine gemeinsam gemietete Wohnung,[6] unabhängig davon, ob es sich um Ehegatten, Lebenspartner oder nichteheliche Lebensgemeinschaften handelt. Die nutzungsorientierten Aufwendungen (z.B. für Energie, Wasser- und Reinigung) sind in voller Höhe zu berücksichtigen, soweit sie auf die Nutzung des häuslichen Arbeitszimmers **entfallen**.[7]

(3) Begriff des häuslichen Arbeitszimmers

1142 Ein häusliches Arbeitszimmer ist – nach der Definition aus der Rechtsprechung, da dem Gesetz keine klare Definition zu entnehmen ist – **ein zur Wohnung** der stpfl. Person **gehörender Raum**, in dem betriebliche/berufliche Arbeiten gedanklicher, schriftlicher, verwaltungstechnischer oder verwaltungsorganisatorischer Art erledigt werden, wenn er eine bauliche Einheit mit dem Wohnteil bildet und damit grds. zum privaten Bereich der stpfl. Person gehört.[8] Die unmittelbare Verbindung mit der Wohnung ist nicht erforderlich.[9]

Praxishinweis:
Bei einem Raum in einem Mehrfamilienhaus, der nicht zur Privatwohnung gehört, handelt es sich im Regelfall um ein außerhäusliches Arbeitszimmer, wenn sich das Arbeitszimmer auf einer anderen Etage befindet und durch die Anmietung keine weitere häusliche Sphäre geschaffen wird. Die Abzugsbeschränkung entfällt daher.[10]

Ein häusliches Arbeitszimmer liegt dabei z.B. vor bei einem Handelsvertreter, einem Übersetzer oder einem selbständigen Journalisten sowie das ausschließlich beruflich genutzte Musikzimmer einer freiberuflich tätigen Konzertpianistin,[11] in dem Musikunterricht erteilt wird.[12] Insoweit ist ein „Übezimmer" eines Musikers einem „normalen" Arbeitszimmer bürotypischer Berufe vergleichbar und muss auch nicht mit bürotypischen Einrichtungsgegenständen[13] ausgestattet sein. **Zur häuslichen Sphäre gehören regelmäßig sämtliche Räume**, die sich innerhalb des selbst bewohnten Einfamilienhauses oder der Privatwohnung der stpfl. Person befinden. So wurde „Häuslich-

1) BFH v. 25.4.2017, VIII R 52/13, BStBl II 2017, 949.
2) BFH v. 15.12.2016, VI R 86/13, BStBl II 2017, 941.
3) BFH v. 23.5.2006, VI R 21/03, BStBl II 2006, 600.
4) BFH v. 15.12.2016, VI R 53/12, BStBl II 2017, 938 und VI R 86/13, BStBl II 2017, 941.
5) BFH v. 6.12.2017, VI R 41/15, BStBl II 2018, 355.
6) BFH v. 15.12.2016, VI R 86/13, BStBl II 2017, 941.
7) BMF v. 15.8.2023, IV C 6 – S 2145/19/10006 :027, BStBl I 2023, 1551, Rz. 19.
8) BFH v. 10.6.2008, VIII R 52/07, HFR 2009, 456.
9) BFH v. 16.10.2002, XI R 89/00, BStBl II 2003, 185.
10) BFH v. 18.8.2005, VI R 39/04, BStBl II 2006, 428.
11) BFH v. 9.6.2015, VIII R 8/13, HFR 2016, 13.
12) BMF v. 15.8.2023, IV C 6 – S 2145/19/10006 :027, BStBl I 2023, 1551, Rz. 6.
13) BFH v. 10.10.2012, VIII R 44/10, BFH/NV 2013, 359.

keit" eines Arbeitszimmers im Keller eines Einfamilienhauses grds. bejaht,[1] ebenso auch für ein Arbeitszimmer im Dachgeschoss eines Einfamilienhauses.[2]

Gestaltungshinweis:
Liegt kein häusliches Arbeitszimmer vor, sind die Aufwendungen für ein Arbeitszimmer in vollem Umfang als WK zu berücksichtigen.[3]

Kein häusliches Arbeitszimmer, sondern ein **Büro** liegt z.B. vor, wenn bei einer Arztpraxis das Arbeitszimmer direkt an das Einfamilienhaus angrenzt oder sich im selben Gebäude wie die Privatwohnung befindet, wenn dieser Raum für einen intensiven und dauerhaften Publikumsverkehr geöffnet und eingerichtet ist.[4] Entsprechendes gilt, wenn in den Räumlichkeiten z.B. fremdes Personal tätig wird.[5] Solche Räumlichkeiten unterscheiden sich im Hinblick auf ihre Ausstattung und ihre Widmung für den Publikumsverkehr von einem häuslichen Arbeitszimmer, für das der Gesetzgeber wegen der äußerlich nur schwer oder gar nicht erkennbaren Trennung der betrieblichen/beruflichen und der privaten Sphäre eine Abzugsbeschränkung schaffen wollte. Zum Arbeitszimmer in einem Zweifamilienhaus und die notwendige Trennung der Wohnbereiche vgl. BFH v. 20.6.2012.[6]

(4) Abzug der Aufwendungen

Ein unbegrenzter Abzug der Aufwendungen für ein häusliches Arbeitszimmer ist dann möglich, wenn das häusliche Arbeitszimmer den **Mittelpunkt der gesamten betrieblichen und beruflichen Betätigung** bildet. In anderen Fällen besteht die Möglichkeit der Berücksichtigung der Tagespauschale (Zeilen 58-59). **1143**

Der Mittelpunkt der Betätigung befindet sich dort, wo die stpfl. Person die Handlungen vornimmt und Leistungen erbringt, die für den konkret ausgeübten Beruf wesentlich und prägend sind. Der Mittelpunkt bestimmt sich somit nach dem inhaltlichen (qualitativen) Schwerpunkt der Betätigung der stpfl. Person und kann nur[7] im Rahmen einer umfassenden **Wertung der Gesamttätigkeit** festgestellt werden, wie Einzelurteile des BFH zeigen.[8] Dem zeitlichen (quantitativen) Umfang der Nutzung des häuslichen Arbeitszimmers kommt lediglich eine indizielle Bedeutung zu. Ist das Arbeitszimmer nicht Mittelpunkt der gesamten betrieblichen und beruflichen Betätigung, dürfen die Aufwendungen für ein häusliches Arbeitszimmer wieder insgesamt bis zu 1 260 € als BA abgezogen werden, wenn für die betriebliche oder für die berufliche Tätigkeit kein anderer Arbeitsplatz zur Verfügung steht (§ 4 Abs. 5 Satz 1 Nr. 6b i.V.m. § 9 Abs. 5 EStG).

Beratungshinweis:
Seitens des BFH wurde die grds. Intention des Gesetzgebers[9] bestätigt, nur einer bestimmten Gruppe von stpfl. Personen den vollen Abzug zu gewähren, indem einem Richter der unbeschränkte WK-Abzug versagt wurde, da die berufliche Tätigkeit schwerpunktmäßig im Gericht ausgeübt würde.[10] Der Umstand, dass ggf. eine Vor- oder Nachbereitung im Arbeitszimmer notwendig ist (z.B. im Rahmen einer Dozententätigkeit) genügt nicht den Anforderungen einer prägenden Bedeutung.[11] Es sind in der Gesamtbetrachtung zur Beurteilung des Mittelpunkts der gesamten und betrieblichen Tätigkeit nur die Einkünfte zu berücksichtigen, die ein Tätigwerden erfordern; passive Einkünfte (z.B. Pensionszahlungen) sind nicht mit einzubeziehen, da Tätigkeiten (z.B. Überprüfen von Kontoauszügen) in diesem Zusammenhang nicht ausgeübt werden um Einkünfte zu erzielen.[12] Aufwendungen für einen in die häusliche Sphäre eingebundenen Raum, der mit einem nicht unerheblichen Teil seiner Fläche auch privat genutzt wird (sog. „Arbeitsecke"), können nicht als Betriebsausgaben/WK berücksichtigt werden.[13] Entsprechend hat der BFH in seinem Urteil v. 13.12.2016 entschieden und die Verfassungsbeschwerde nicht zur Entscheidung angenommen.[14] Ab dem VZ 2023 besteht die Möglichkeit des Abzugs i.R.d. Tagespauschale (Zeilen 58–59).

(5) Nutzung des Arbeitszimmers zur Erzielung unterschiedlicher Einkünfte

Geht die stpfl. Person mehreren Tätigkeiten nach, ist der Mittelpunkt der gesamten betrieblichen und beruflichen Tätigkeit anhand einer **Gesamtbetrachtung** aller ausgeübten Tätigkeiten zu bestimmen.[15] Dieser Mittelpunkt bestimmt sich nach dem inhaltlichen (qualitativen) Schwerpunkt der betrieblichen und beruflichen Betätigung. Dem zeitlichen (**quantitativen**) Umfang der Nutzung des häuslichen Arbeitszimmers kommt lediglich eine **indizielle Bedeutung** zu. Geht die stpfl. Person mehreren selbständigen Tätigkeiten oder nichtselbständigen Teilzeitbeschäftigungen nach, kann das häusliche Arbeitszimmer aber auch den Betätigungsmittelpunkt bilden, obwohl der **qualitative Schwerpunkt** einzelner Tätigkeiten nicht im häuslichen Arbeitszimmer liegt. Es kann insoweit auch auf weitere Indizien wie den quantitativen Umfang der Nutzung zurückgegriffen werden, wenn z.B. der Mittelpunkt der Tätigkeit nicht konkret bestimmt werden kann.[16] Es wird nicht beanstandet, wenn die stpfl. Person auf eine **1144**

1) BFH v. 30.1.2014, VI B 125/13, BFH/NV 2014, 688, m.w.N.
2) BFH v. 26.2.2003, VI R 156/01, BStBl II 2004, 75.
3) BFH v. 26.3.2009, VI R 15/07, BStBl II 2009, 598.
4) BFH v. 5.12.2002, IV R 7/01, BStBl II 2003, 463.
5) BFH v. 16.10.2002, XI R 89/00, BStBl II 2003, 185.
6) BFH v. 20.6.2012, IX R 56/10, BFH/NV 2012, 1776 und v. 15.1.2013, VIII R 7/10, BStBl II 2013, 374.
7) BFH v. 20.4.2010, VI B 150/09, BFH/NV 2010, 1434 m.w.N.
8) Z.B. BFH v. 13.11.2002, VI R 82/01, BStBl II 2004, 62.
9) BT-Drucks. 13/1868.
10) BFH v. 8.12.2011, VI R 13/11, BStBl II 2012, 236.
11) BFH v. 9.8.2011, VIII R 5/09, StuB 2012, 523.
12) BFH v. 11.11.2014, VIII R 3/12, BStBl II 2015, 382.
13) BFH v. 17.2.2016, X R 32/11, BStBl II 2016 708.
14) BVerfG v. 27.9.2017, 2 BvR 949/17.
15) BFH v. 16.12.2004, IV R 19/03, BStBl II 2005, 212; BMF v. 15.8.2023, IV C 6 – S 2145/19/10006 :027, BStBl I 2023, 1551, Rz. 17.
16) BFH v. 21.2.2003, VI R 14/02, BStBl II 2004, 68.

Aufteilung der Aufwendungen oder der Jahrespauschale auf die verschiedenen Tätigkeiten verzichtet und diese insgesamt einer Tätigkeit zuordnet.[1]

Beratungshinweis:
Nutzen mehrere stpfl. Personen ein häusliches Arbeitszimmer gemeinsam, kann jeder Nutzende die Aufwendungen für das häusliche Arbeitszimmer, die er getragen hat, einkünftemindernd geltend machen, sofern die Voraussetzungen des § 4 Abs. 5 Satz 1 Nr. 6b Satz 2 EStG in seiner Person vorliegen. Der Abzug der Aufwendungen für das häusliche Arbeitszimmer setzt voraus, dass der jeweiligen stpfl. Person in dem Arbeitszimmer ein Arbeitsplatz in einer Weise zur Verfügung steht, dass sie ihn für ihre betriebliche/berufliche Tätigkeit in dem konkret erforderlichen Umfang und in der konkret erforderlichen Art und Weise tatsächlich nutzen kann.[2] Bei den zu berücksichtigenden Aufwendungen ist zwischen grundstücks- und nutzungsorientierten Aufwendungen zu unterscheiden.[3]

(6) Arbeitszimmer in Zeiten der Nichtbeschäftigung

1145 Für Phasen der Nichtbeschäftigung können Aufwendungen für ein Arbeitszimmer nur dann (als vorweggenommene WK) geltend gemacht werden, wenn und soweit der Abzug bei der späteren beruflichen Tätigkeit – **unter den zu erwartenden Umständen** – tatsächlich zustehen würde.[4] Insoweit sind die einschränkenden Voraussetzungen (§ 4b Abs. 5 Satz 1 Nr. 6b Satz 2 und 3 i.V.m. § 9 Abs. 5 EStG) unter Berücksichtigung des Beschlusses des BVerfG v. 6.7.2010[5] sowie des BMF-Schreibens v. 15.8.2023[6] zu berücksichtigen. Während der **Elternzeit** besteht auch weiterhin die Abzugsfähigkeit.[7]

(7) Telearbeitsplatz

1146 Auch ein Telearbeitsplatz kann dem Typus nach einem häuslichen Arbeitszimmer entsprechen (z.B., wenn ein Dienstzimmer zur Verfügung steht) und damit den Abzugsbeschränkungen unterliegen.[8] Steht einer stpfl. Person außer einem Teleheimarbeiter kein Arbeitsplatz im Unternehmen zur Verfügung, können die Aufwendungen für ein Arbeitszimmer in voller Höhe als WK berücksichtigt werden. Zu beachten ist, wo die stpfl. Person die für den Beruf prägenden und wesentlichen Tätigkeiten erbringt. Vorarbeiten z.B. bei einem Vertriebsmitarbeiter kommen dabei nur begleitende Funktion zu.[9] Bildet das Arbeitszimmer nicht den Mittelpunkt der beruflichen Tätigkeit, sind die Aufwendungen auf Grund des Abzugsverbotes nicht berücksichtigungsfähig (§ 12 Nr. 1 EStG).

Existiert sowohl ein Telearbeitsplatz als auch ein Arbeitsplatz im Unternehmen, befindet sich der Mittelpunkt der Tätigkeit im häuslichen Arbeitszimmer, wenn die stpfl. Person eine in qualitativer Hinsicht gleichwertige Arbeitsleistung wöchentlich an drei Tagen am Telearbeitsplatz und an zwei Tagen im Unternehmen verrichtet.[10]

(8) Häusliches Arbeitszimmer bei Arbeitsverhältnissen zwischen Ehegatten/Lebenspartnern

1147 Die Abzugseinschränkung für Aufwendungen zu Gunsten eines häuslichen Arbeitszimmers gilt auch in den Fällen, in denen nicht der den Abzug begehrende Arbeitnehmer selbst, sondern ein angestellter Ehegatte/Lebenspartner das Arbeitszimmer im gemeinsamen Haus beruflich nutzt. Etwas Anderes dürfte bei einer familien- oder haushaltsfremden Arbeitskraft gelten.[11]

hh) Tagespauschale – bei beruflicher Tätigkeit im Homeoffice (Zeilen 58–59)

Tagespauschale (bei beruflicher Tätigkeit im Homeoffice)
Bitte nur ausfüllen, wenn für denselben Zeitraum **keine** Eintragung zum häuslichen Arbeitszimmer in Zeile 57 vorgenommen wird.
– Die Tagespauschale wird von Ihrem Finanzamt anhand Ihrer Angaben zur Anzahl der Tage berechnet. –

58 Für die berufliche Tätigkeit steht **ein anderer Arbeitsplatz** zur Verfügung:
Anzahl der Kalendertage, an denen die berufliche Tätigkeit **ganz** oder **überwiegend** in der häuslichen Wohnung ausgeübt und **keine** erste Tätigkeitsstätte aufgesucht wurde
– Diese Kalendertage dürfen nicht in Zeile 59 enthalten sein. – 335

59 Für die berufliche Tätigkeit steht **dauerhaft kein anderer Arbeitsplatz** zur Verfügung:
Anzahl der Kalendertage, an denen die berufliche Tätigkeit (auch) in der häuslichen Wohnung ausgeübt wurde
– Diese Kalendertage dürfen nicht in Zeile 58 enthalten sein. – 336

1148 #### (1) Allgemeines

1149 **Praxishinweis:**
Eintragungen zum häuslichen Arbeitszimmer sind in Zeile 57 vorzunehmen → Rz. 1139. Die Zeilen 58–59 sind daher nur dann ausfüllen, wenn für denselben Zeitraum keine Eintragungen zum häuslichen Arbeitszimmer vorgenommen werden.

1) BMF v. 15.8.2023, IV C 6 – S 2145/19/10006 :027, BStBl I 2023, 1551, Rz. 17.
2) BFH v. 15.12.2016, VI R 53/12, BStBl II 2017, 938.
3) BMF v. 15.8.2023, IV C 6 – S 2145/19/10006 :027, BStBl I 2023, 1551, Rz. 19.
4) BFH v. 21.2.2005, VI R 63/03, BStBl II 2006, 329.
5) BVerfG v. 6.7.2010, 2 BvL 13/09, BFH/NV 2010, 1767.
6) BMF v. 15.8.2023, IV C 6 – S 2145/19/10006 :027, BStBl I 2023, 1551.
7) Schmidt, NWB 17/2013, 1294.
8) BFH v. 26.2.1014, VI R 40/12, BStBl II 2014, 568.
9) BFH v. 26.2.2003, VI R 156/01, BStBl II 2004, 75.
10) BFH v. 23.5.2006, VI R 21/03, BStBl II 2006, 600.
11) BFH v. 29.4.2010, VI B 153/09, BFH/NV 2010, 1442.

Mit dem JStG 2022[1] wurden die Regelungen zur sog. Homeoffice-Pauschale ab dem VZ 2023 neu geregelt. Auch stpfl. Personen die kein dem Typusbegriff entsprechendes häusliches Arbeitszimmer besitzen, sondern denen z.B. nur eine „Arbeitsecke" zur Verfügung steht, können entsprechende Aufwendungen steuerlich mindern geltend machen.[2] Die Tagespauschale beträgt **6 €/Kalendertag**, höchstens 1 260 €/Kj. Mit ihr sind alle Aufwendungen abgegolten, die der stpfl. Person durch die betriebliche/berufliche Betätigung in der häuslichen Wohnung entstehen. Die Aufwendungen für Arbeitsmittel sind davon nicht umfasst.[3]

(2) Für die berufliche Tätigkeit steht ein anderer Arbeitsplatz zur Verfügung – Anzahl der Kalendertage (Zeile 58)

Zur erklären ist die Anzahl der Kalendertage, an denen die berufliche Tätigkeit ganz oder überwiegend (mehr als 1150
die Hälfte der tatsächlichen Arbeitszeit muss in der häuslichen Wohnung verrichtet werden[4]) in der häuslichen Wohnung ausgeübt und keine erste Tätigkeitstätte aufgesucht wurde.

Beispiel:

Die stpfl Person P fährt an einem Tag zunächst zu einem Kunden (eine Stunde Fahrtzeit) und berät diesen in dessen Wohnung (Dauer: zwei Stunden). Anschließend fährt sie wieder nach Hause (eine Stunde Fahrtzeit). Von dort aus übt sie an ihrem Küchentisch weitere berufliche Tätigkeiten in der häuslichen Wohnung aus (drei Stunden). P steht im Büro des Arbeitgebers (erste Tätigkeitsstätte) ein anderer Arbeitsplatz zur Verfügung. P wird nicht überwiegend in der häuslichen Wohnung tätig.

Die Fahrtzeiten (Hin- und Rückweg insg. zwei Stunden) und die Beratung beim Kunden (zwei Stunden) übersteigen zusammen die Arbeitszeit in der häuslichen Wohnung (drei Stunden). Es besteht kein Anspruch auf die Tagespauschale.

Der BFH legt das Kriterium **„kein anderer Arbeitsplatz"** weit aus, so dass eine Berücksichtigung nur dann in Frage kommt, wenn dies für die Tätigkeit auch notwendig ist. Ob ein anderer Arbeitsplatz zur Verfügung steht, hängt danach nicht davon ab, in welchem Umfang ein Büroarbeitsplatz genutzt werden darf.[5] Ein anderer Arbeitsplatz steht erst dann zur Verfügung, wenn der Arbeitgeber dem Arbeitnehmer den Arbeitsplatz tatsächlich zugewiesen hat.[6] Die Aufwendungen für ein Arbeitszimmer sind auch abziehbar, wenn lediglich ein **Poolarbeitsplatz** vorliegt.[7] Eine „jederzeitige Zugriffsmöglichkeit" auf den anderen Arbeitsplatz ist nicht zwingend erforderlich. Ein Poolarbeitsplatz kann daher als ein anderer Arbeitsplatz (§ 4 Abs. 5 Satz 1 Nr. 6b Satz 2 EStG) zur Verfügung stehen, wenn bei diesem nach den tatsächlichen Gegebenheiten insb. durch eine ausreichende Anzahl an Poolarbeitsplätzen ggf. ergänzt durch arbeitgeberseitig organisierte, dienstliche Nutzungseinteilungen gewährleistet ist, dass der Arbeitnehmer seine beruflichen Tätigkeiten in dem konkret erforderlichen Umfang dort erledigen kann.[8] Der Mittelpunkt der beruflichen Tätigkeit eines Richters liegt im Gericht.[9]

Die Tagespauschale kann für jeden Kalendertag abgezogen werden, an dem die betriebliche oder berufliche Tätigkeit überwiegend in der häuslichen Wohnung ausgeübt und keine außerhalb der häuslichen Wohnung belegene erste Tätigkeitsstätte aufgesucht wird (§ 4 Abs. 5 Satz 1 Nr. 6c Satz 1 EStG). In diesen Fällen kommt es für den Abzug nicht darauf an, ob dem Stpfl. ein anderer Arbeitsplatz zur Verfügung steht. Eine Auswärtstätigkeit am selben Tag ist unschädlich, wenn der Stpfl. an diesem Tag seine betriebliche oder berufliche Tätigkeit überwiegend in der häuslichen Wohnung ausübt. „Überwiegend" ist eine zeitliche Bestimmung.

Es ist nicht zu beanstanden, wenn der Stpfl. auf eine Aufteilung der Tagespauschale auf die verschiedenen Tätigkeiten verzichtet und diese insg. einer Tätigkeit zuordnet, für die die Voraussetzungen für den Abzug der Tagespauschale vorliegen.[10]

(3) Für die berufliche Tätigkeit steht dauerhaft kein anderer Arbeitsplatz zur Verfügung – Anzahl der Kalendertage (Zeile 59)

Zu erklären ist die Anzahl der Kalendertage, an denen die berufliche Tätigkeit (auch) in der häuslichen Wohnung 1151
ausgeübt wurde. Steht für die betriebliche/berufliche Tätigkeit dauerhaft kein anderer Arbeitsplatz zur Verfügung und wird die stpfl. Person auch in der häuslichen Wohnung tätig, ist ein Abzug der Tagespauschale auch dann zulässig, wenn die Tätigkeit am selben Kalendertag auswärts oder an der ersten Tätigkeitsstätte ausgeübt wird (§ 4 Abs. 5 Satz 1 Nr. 6c Satz 2 EStG). In diesen Fällen ist zwar ein Tätigwerden, aber kein zeitlich überwiegendes Tätigwerden in der häuslichen Wohnung i.S.d. § 4 Abs. 5 Satz 1 Nr. 6c Satz 1 EStG für den Abzug der Tagespauschale erforderlich.

Beispiel:

Die stpfl. Person P ist Lehrer und unterrichtet täglich von 8:00–13:00 Uhr an der Schule und erledigt nachmittags von 15:00–18:00 Uhr in der häuslichen Wohnung die Vor- und Nachbereitung des Unterrichts und korrigiert Klassenarbeiten. Für die Unterrichtsvor- und -nachbereitung steht P in der Schule kein anderer Arbeitsplatz zur Verfügung.

Neben der Entfernungspauschale für die Fahrten zur Schule (erste Tätigkeitsstätte) kann auch die Tagespauschale für die berufliche Tätigkeit in der häuslichen Wohnung berücksichtigt werden.

---

1) Jahressteuergesetz 2022 (JStG 2022) v. 16.12.2022, BGBl. I 2022, 2294 = BStBl I 2023, 7.
2) Gesetzentwurf der Bundesregierung, BT-Drucks. 20/3879.
3) BMF v. 15.8.2023, IV C 6 – S 2145/19/10006 :027, BStBl I 2023, 1551.
4) BMF v. 15.8.2023, IV C 6 – S 2145/19/10006 :027, BStBl I 2023, 1551, Rz. 27.
5) BFH v. 5.10.2011, VI R 91/10, BStBl II 2012, 127.
6) BFH v. 26.2.2014, VI R 11/12, BStBl II 2014, 674.
7) BFH v. 26.2.2014, VI R 37/13, BStBl II 2014, 570.
8) FG Hessen v. 30.7.2020, 3 K 1220/19, B+P 2020, 766.
9) BFH v. 6.11.2014, VI R 4/14, BFH/NV 2015, 485.
10) BMF v. 15.8.2023, IV C 6 – S 2145/19/10006 :027, BStBl I 2023, 1551, Rz. 29.

Ein **anderer Arbeitsplatz** ist grds. jeder Arbeitsplatz, der zur Erledigung büromäßiger Arbeiten geeignet ist.[1] Weitere Anforderungen an die Beschaffenheit des Arbeitsplatzes werden nicht gestellt. Ein anderer Arbeitsplatz steht der stpfl. Person dann zur Verfügung, wenn diese ihn in dem konkret erforderlichen Umfang und in der konkret erforderlichen Art und Weise tatsächlich nutzen kann. Der Arbeitsplatz muss grds. so beschaffen sein, dass die stpfl. Person auf die häusliche Tätigkeit nicht angewiesen ist.[2] Ein anderer Arbeitsplatz steht auch dann zur Verfügung, wenn dieser außerhalb der üblichen Arbeitszeiten, wie z.B. am Wochenende oder in den Ferien, nicht zugänglich ist.[3]

Werden mehrere betriebliche/berufliche Tätigkeiten nebeneinander ausgeübt, sind die Voraussetzungen für den Abzug der Tagespauschale tätigkeitsbezogen zu prüfen. Eine Tagespauschale kann danach abgezogen werden, wenn die stpfl. Person bezogen auf die jeweilige Tätigkeit

- zeitlich überwiegend in der häuslichen Wohnung gearbeitet und keine erste Tätigkeitsstätte aufgesucht hat (§ 4 Abs. 5 Satz 1 Nr. 6c Satz 1 EStG) oder
- dauerhaft kein anderer Arbeitsplatz zur Verfügung steht und diese Tätigkeit in der häuslichen Wohnung ausgeübt hat (§ 4 Abs. 5 Satz 1 Nr. 6c Satz 2 EStG).

Die Tagespauschale kann auch bei mehreren betrieblichen oder beruflichen Tätigkeiten in der häuslichen Wohnung je Kalendertag nur einmal abgezogen werden.

ii) Fortbildungskosten – soweit nicht steuerfrei ersetzt (Zeile 60)

Fortbildungskosten
– soweit nicht steuerfrei ersetzt –

60 | 330 | EUR ,–

2025AnlN033 2025AnlN033

1152 Aufwendungen, die geleistet werden, um **Kenntnisse** und **Fertigkeiten** in einem **bereits ausgeübten Beruf** zu erhalten, zu verbessern oder den aktuellen Erfordernissen der Berufsgruppe anzupassen, sind Fortbildungskosten und damit als WK abzugsfähig; zum Abzug als Sonderausgabe mit einem Höchstbetrag von 6 000 € vgl. Zeilen 13–14 der Anlage Sonderausgaben (Berufsausbildungskosten) → Rz. 1459. Aufwendungen müssen in einem hinreichend konkreten, klar erkennbaren Zusammenhang mit späteren stpfl. Einnahmen stehen.[4] Als Aufwendungen kommen z.B. Prüfungsgebühren, Fachliteratur und Schreibmaterial in Betracht. Ersatzleistungen von dritter Seite, auch zweckgebundene Leistungen nach dem SGB III, nach dem BAföG oder Zuschüsse im Rahmen des sog. **Aufstiegs-BAföG** sind gegenzurechnen.

Der allein vom Bestehen der Abschlussprüfung abhängige Darlehensteilerlass bei der beruflichen Aufstiegsfortbildung ist Ersatz von WK aus in der Erwerbssphäre liegenden Gründen und führt daher zu Arbeitslohn.[5]

Zur lohnsteuerlichen Behandlung der Übernahme von Studiengebühren für ein **berufsbegleitendes Studium** durch den Arbeitgeber vgl. BMF.[6] Das FG Köln hat dabei für einen Studenten während eines **Auslandsstudiums** auch Verpflegungsmehraufwendungen zum Abzug zugelassen.[7]

WK in Form von Fortbildungskosten liegen auch vor, wenn die erstmalige Berufsausbildung oder das Erststudium Gegenstand eines Dienstverhältnisses ist (Ausbildungsdienstverhältnis). Zur Behandlung von **Stipendien** bei den Einkünften vgl. z.B. Ernst/Schill.[8] Das sog. „Berliner Lehramts-Stipendium" ist steuerbar.[9] Bezüge aus einem Heisenberg-Stipendium der DFG können steuerfrei sein.[10] Aufwendungen für ein Erststudium können auch ohne ein Ausbildungsdienstverhältnis als WK abgezogen werden, wenn das Studium nach einer abgeschlossenen Berufs-

1) BFH v. 7.8.2003, VI R 17/01, BStBl II 2004, 78.
2) BFH v. 7.8.2003, VI R 17/01, BStBl II 2004, 78.
3) BMF v. 15.8.2023, IV C 6 – S 2145/19/10006 :027, BStBl I 2023, 1551, Rz. 31–34.
4) FG Nürnberg v. 2.5.2016, 4 K 15/14, EFG 2016, 1008, NZB unbegründet (BFH v. 14.9.2016, X B 68/16 [staatlich geprüfter Skilehrer]).
5) BFH v. 23.11.2023, VI R 9/21, BStBl II 2024, 718.
6) BMF v. 13.4.2012, IV C 5 – S 2332/07/0001, BStBl I 2012, 531. Vgl. auch OFD Frankfurt/Main v. 20.8.2012, S 2332 A – 63 – St 211, StEd 2012, 620.
7) FG Köln v. 20.6.2012, 4 K 4118/09, EFG 2012, 1828.
8) Ernst/Schill, DStR 2008, 1461.
9) FG Berlin-Brandenburg v. 30.3.2022, 16 K 2083/20, EFG 2022, 1186; Rev. unzulässig, BFH v. 31.1.2024, VI R 13/22.
10) BFH v. 24.10.2023, VIII R 11/22, BFH/NV 2024, 316.

ausbildung absolviert wird (Erststudium nach Erstausbildung).[1] Das BMF[2] hat zu den Anwendungsgrundsätzen Stellung bezogen. Danach erkennt die Finverw. auch einen Kostenabzug von Aufwendungen für ein Erststudium **nach einer Erstausbildung** als vorweggenommene WK an. Durch das BeitrRLUmsG[3] erfolgt eine erste gesetzliche „Klarstellung" in Bezug auf die steuerliche Absetzbarkeit von Aus- und Fortbildungskosten (§ 12 Nr. 5 i.V.m. § 4 Abs. 9, § 9 Abs. 6 EStG in der bis zum VZ 2014 geltenden Fassung). Aufwendungen für die erstmalige Berufsausbildung oder für ein Erststudium, die zugleich eine **Erstausbildung** vermitteln, stellen keine WK dar. Eine Ausnahme gilt, sofern diese Berufsausbildung/das Erststudium im Rahmen eines Dienstverhältnisses stattfindet. Mit diesen Ergänzungen reagierte der Gesetzgeber auf die Entscheidungen des BFH v. 28.7.2011, wonach Aufwendungen als vorweggenommene WK Berücksichtigung gefunden hatten (Aufwendungen für ein im Anschluss an das Abitur durchgeführtes Medizinstudium[4] und für eine erstmalige Berufsausbildung zum Verkehrsflugzeugführer[5]). Durch die Änderung des § 9 Abs. 6 EStG i.R.d. Zollkodex-Anpassungsgesetzes[6] wurden die Regelungen zur Abzugsfähigkeit **ab dem VZ 2015** nochmals enger gefasst. Ausgeschlossen vom Abzug sind weiterhin Aufwendungen für die erstmalige Berufsausbildung. Der Begriff der Erstausbildung ist nunmehr gesetzlich geregelt und gleichzeitig an eine Mindestdauer von 12 Monaten gekoppelt (§ 9 Abs. 6 Satz 2 EStG). Als Erstausbildung gelten z.B. helfende Personen im Gesundheitswesen, nicht jedoch z.B. Kurse zur Erlangung einer Fahrerlaubnis für Nutzfahrzeuge.[7] Die Ausbildung zum Rettungshelfer i.R.d. Zivildienstes ist eine Erstausbildung.[8] Die Aufwendungen für die Ausbildung zum Verkehrsflugzeugführer sind nicht abzugsfähig, da die Ausbildung nicht im Rahmen eines Dienstverhältnisses (§ 9 Abs. 6 EStG) stattfindet.[9]

Praxishinweis:

Mit dem Abzugsverbot wurde die Grundentscheidung des Gesetzgebers verdeutlicht, dass die erste Berufsausbildung und das Erststudium als Erstausbildung der privaten Lebensführung zuzuordnen sind. Dies wurde ergänzend durch die Neufassung von § 12 Nr. 5 EStG a.F. deutlich. Dieses Abzugsverbot gilt, soweit bei den Sonderausgaben in § 10 Abs. 1 Nr. 7 EStG nichts anderes bestimmt ist; Aufwendungen für die Berufsausbildung sind bis zu einem Höchstbetrag abziehbar, wenn sie weder Betriebsausgaben noch WK sind. Der BFH bestätigte die Rechtsänderung.[10] Eine Erstausbildung/ein Erststudium soll bereits dann im Rahmen eines Dienstverhältnisses stattfinden, wenn die Teilnahme an einer berufsbezogenen Ausbildung/berufsbezogenem Studium Gegenstand des Ausbildungsvertrags ist; Lohnzahlungen sind nicht vorausgesetzt.[11] Das BVerfG hat die gesetzliche Regelung als verfassungsgemäß anerkannt.[12]

Beratungshinweis:

Aufwendungen für ein Erststudium, das eine Erstausbildung vermittelt, sind nicht als WK abziehbar (§ 9 Abs. 6 EStG), wenn das Studium nicht im Rahmen eines Dienstverhältnisses stattfindet.[13]

Die **Dauer einer vollzeitigen Bildungsmaßnahme** (im Streitfall Lehrgang in Vollzeit von September bis Dezember ohne laufendes Arbeitsverhältnis) ist für die Einordnung einer Bildungseinrichtung als erste Tätigkeitsstätte unerheblich (im Streitfall drei Monate und zehn Tage).[14] Sieht die Studienordnung einer Universität vor, dass Studierende einen Teil des Studiums an einer anderen (weiteren) Hochschule (hier Auslandssemester) absolvieren können/müssen, wird an der anderen Hochschule keine weitere erste Tätigkeitsstätte begründet.[15]

Durch die Zuordnung der Aufwendungen zu den Sonderausgaben kommt es nicht zu einer Berücksichtigung beim Verlustvortrag. Wirtschaftlich bedeutet dies, dass sich in einer Vielzahl von Fällen die Ausbildungsaufwendungen nicht steuerwirksam auswirken werden, weil in den maßgeblichen VZ der Studien-/Ausbildungszeit keine oder nur geringe Einkünfte erzielt werden.

Ist einer Berufsausbildung oder einem Studium eine abgeschlossene erstmalige Berufsausbildung oder ein abgeschlossenes Erststudium vorausgegangen (weitere Berufsausbildung oder weiteres Studium), handelt es sich dagegen bei den durch die weitere Berufsausbildung oder das weitere Studium veranlassten Aufwendungen um BA oder WK, wenn ein hinreichend konkreter, objektiv feststellbarer Zusammenhang mit späteren im Inland stpfl. Einnahmen aus der angestrebten beruflichen Tätigkeit besteht.[16] Entsprechendes gilt für ein Erststudium nach einer abgeschlossenen nichtakademischen Berufsausbildung.[17] Die Rechtsprechung des BFH zur Rechtslage vor der Neuordnung durch das Gesetz zur Änderung der AO und weiterer Gesetze ist insoweit weiter anzuwenden.[18]

1) BFH v. 18.6.2009, VI R 14/07, BStBl II 2010, 816.
2) BMF v. 22.9.2010, IV C 4 – S 2227/07/10002 :002, BStBl I 2010, 721.
3) BeitrRLUmsG v. 7.12.2011, BStBl I 2011, 1171.
4) BFH v. 28.7.2011, VI R 7/10, BStBl II 2012, 557.
5) BFH v. 28.7.2011, VI R 38/10, BStBl II 2012, 561 und VI R 8/09, BFH/NV 2011, 2038.
6) Zollkodex-Anpassungsgesetz v. 22.12.2014, BStBl I 2015, 58.
7) BT-Drucks. 18/3017, 43.
8) BFH v. 12.1.2023, VI R 41/20, HFR 2023, 645.
9) BFH v. 7.7.2020, VI R 18/20, BFH/NV 2021, 9.
10) BFH v. 5.11.2013, VIII R 22/12, BStBl II 2014, 165.
11) FG Münster v. 4.4.2014, 14 K 4281/11 F, EFG 2014, 1786; Rev. zurückgenommen, BFH v. 11.5.2020, VI R 5/20.
12) BVerfG v. 19.11.2019, 2 BvL 23, 24/14, HFR 2020, 174.
13) BFH v. 12.2.2020, VI R 17/20, BStBl II 2020, 719.
14) BFH v. 14.5.2020, VI R 24/18, BStBl II 2020, 770.
15) BFH v. 14.5.2020, VI R 3/18, BStBl II 2021, 302.
16) BMF v. 22.9.2010, IV C 4 – S 2227/07/10002 :002, BStBl I 2010, 721.
17) BFH v. 18.6.2009, VI R 14/07, BStBl II 2010, 816.
18) BFH v. 4.11.2003, VI R 96/01, BStBl II 2004, 891 mit weiteren Hinweisen.

Ein Vollzeitstudium (§ 9 Abs. 4 Satz 8 EStG) liegt nur vor, wenn das Studium nach der Studienordnung darauf ausgelegt ist, dass sich die Studierenden diesem – vergleichbar einem vollbeschäftigten Arbeitnehmer – zeitlich vollumfänglich widmen müssen.[1]

Zur Frage der **Entnahme von Stunden aus dem persönlichen Zeitkonto** als WK vgl. OFD NRW v. 20.3.2014; unentgeltlich zu erbringende Mehrarbeit führt nicht zu WK.[2] Fahrtkosten sind nur i.R.d. Entfernungspauschale berücksichtigungsfähig (§ 9 Abs. 4 Satz 8 EStG), da die Bildungseinrichtung, die außerhalb eines Dienstverhältnisses zum Zweck eines Vollzeitstudiums oder einer vollzeitigen Bildungsmaßnahme aufgesucht wird, als erste Tätigkeitsstätte gilt; die Dauer der Maßnahme ist unerheblich.[3] Fahrtkosten und Verpflegungsmehraufwendungen sind beim Besuch einer Bildungsstätte „außerhalb des Dienstverhältnisses" nicht zu berücksichtigen.[4]

Hinweis zur Plausibilitätsbeurteilung:
Zur Abgrenzung zwischen Berufsausbildungs- und Fortbildungskosten vgl. die Ausführungen zur Anlage Sonderausgaben (Zeilen 13-14 → Rz. 1459).

1153 Auch **Sprachreisen ins Ausland** können die Voraussetzungen für den Abzug als WK begründen. Dabei muss die Reise beruflich veranlasst (als Indiz z.B. Arbeits- oder Dienstbefreiung durch den Arbeitgeber) und darf nicht in erheblichem Umfang von privaten Motiven beeinflusst sein. Bei **gemischt veranlassten Reisen** können die nicht zuzuordnenden Kosten anteilig abgesetzt werden.[5] Kosten für **Auslandsgruppenreisen** sind abzugsfähig, wenn das Programm auf die besonderen beruflichen Bedürfnisse der teilnehmenden Personen zugeschnitten ist und der Teilnehmerkreis im Wesentlichen homogen ist; wobei nicht jede von einem Fachverband organisierte Reise als beruflich veranlasst anzusehen ist. Eine Aufteilung der Kosten ist grds. zulässig, wenn eine gewisse berufliche Bedeutung tatsächlich vorhanden ist.[6] Die Aufwendungen für einen **Deutschkurs** eines in Deutschland lebenden Ausländers sind hingegen keine WK, sondern nichtabzugsfähige Aufwendungen der privaten Lebensführung, auch wenn die Deutschkenntnisse für einen angestrebten Ausbildungsplatz förderlich sind.[7] Zum Besuch z.B. der **CeBIT** vgl. BFH v. 16.11.2011.[8]

jj) Weitere Werbungskosten – soweit nicht steuerfrei ersetzt (Zeilen 61–64)

- 4 -

Weitere Werbungskosten
– soweit nicht steuerfrei ersetzt –

Zeile			EUR
61	Fähr- und Flugkosten bei Wegen zwischen Wohnung und erster Tätigkeitsstätte / Sammelpunkt / weiträumigem Tätigkeitsgebiet		,—
62	Sonstiges (z. B. Bewerbungskosten, Kontoführungsgebühren)	+	,—
63		+	,—
64	Summe der weiteren Werbungskosten	380 =	,—

(1) Fähr- und Flugkosten bei Wegen zwischen Wohnung und erster Tätigkeitsstätte/Sammelpunkt/weiträumigem Tätigkeitsgebiet (Zeile 61)

1154 Für die Bestimmung der Entfernung zwischen Wohnung und erster Tätigkeitsstätte/Sammelpunkt/weiträumigem Tätigkeitsgebiet (Entfernungspauschale →Rz. 1109) ist grds. die kürzeste Straßenverbindung maßgebend. Die Entfernungspauschale findet jedoch keine Anwendung bei Flügen, da bei dem Verkehrsmittel Flugzeug die tatsächlichen Kosten oft erheblich niedriger sind als der Betrag, der sich durch den Ansatz der Entfernungspauschale ergibt. Für Flugstrecken sind die tatsächlichen Aufwendungen als WK zu berücksichtigen. Nutzt die stpfl. Person ein selbst gesteuertes Privatflugzeug für beruflich veranlasste Reisen, kann es sich bei den Flugkosten um Aufwendungen handeln, die die Lebensführung berühren.[9] Nur für die An- und Abfahrten zu und von den Flughäfen gelten die Regelungen der Entfernungspauschale. Eintragungen sind insoweit in den Zeilen 27–51 vorzunehmen.

Die Nichtberücksichtigung von Flugstrecken i.R.d. Entfernungspauschale begegnet keinen verfassungsrechtlichen Bedenken.[10]

Praxishinweis:
In Zeile 61 sind zudem die tatsächlichen Flug-/Fährkosten zu erklären.[11]

---

1) BFH v. 24.10.2024, VI R 7/22, BStBl II 2025, 354.
2) OFD NRW v. 20.3.2014, Kurzinformation ESt Nr. 11/2014, BB 2014, 1960.
3) BMF v. 25.11.2020, IV C 5 – S 2353/19/10011 :006, BStBl I 2020, 1225, Rz. 33.
4) FG Niedersachsen v. 20.9.2023, 4 K 20/23, EFG 2023, 1617; Rev. unzulässig, BFH v. 21.2.2024, VI R 18/23.
5) BMF v. 6.7.2010, IV C 3 – S 2227/07/10003, BStBl I 2010, 614; BFH v. 24.2.2011, VI R 12/10, BStBl II 2011, 796.
6) BFH v. 19.1.2012, VI R 3/11, BStBl II 2012, 416.
7) BFH v. 15.3.2007, VI R 14/04, BStBl II 2007, 814; so auch FG Hamburg v. 16.8.2017, 2 K 129/16, EFG 2017, 1787.
8) BFH v. 16.11.2011, VI R 19/11, BStBl II 2012, 520.
9) BFH v. 19.1.2017, VI R 37/15, BStBl II 2017, 526.
10) BFH v. 26.3.2009, VI R 42/07, BStBl II 2009, 724.
11) BMF v. 18.11.2021, IV C 5 – S 2351/20/10001 :002, BStBl I 2021, 2315, ab Rz. 12.

(2) Sonstiges – z.B. Bewerbungskosten, Kontoführungsgebühren (Zeilen 62–63)

Neben den bereits zuvor explizit aufgeführten WK können weitere Aufwendungen geltend gemacht werden. **1155**
Hierzu gehören z.B. **Kontoführungsgebühren**, die ohne weiteren Nachweis i.H.v. 16 € pro Jahr als WK anerkannt werden sowie Bewerbungskosten im Zusammenhang mit der Suche nach einem neuen Arbeitsplatz (z.B. Fahrtkosten, Porto, Telefon, Bewerbungsmappen). Die ratenweise Rückzahlung für ein früher während des Studiums erhaltenes **BAföG-Darlehen** kann nicht als WK berücksichtigt werden.[1] Aufwendungen für ein **Statusfeststellungsverfahren** können WK darstellen.[2] Anteilige **Steuerberatungskosten**, die als WK berücksichtigt werden können, sind ebenfalls an dieser Stelle einzutragen, vgl. BMF v. 21.12.2007.[3] Dem Antrag auf Aufteilung der Aufwendungen folgt die Finverw. danach, wenn Steuerberatungskosten bis zu einer Höhe von 100 € geltend gemacht werden. Diese Nichtbeanstandungsgrenze ist veranlagungs- und nicht z.B. ehegatten-/lebenspartnerbezogen anzuwenden.[4] Der BFH hat entschieden, dass die Abschaffung der Abzugsfähigkeit **privater Steuerberatungskosten** verfassungsgemäß ist.[5] Steuerberatungskosten, die für das Erstellen der ESt-Erklärung über die bloße Ermittlung der Einkünfte hinaus entstehen, gehören zu den nicht als WK abziehbaren Aufwendungen. Eine Aufteilung dieser Kosten in privat und beruflich veranlasste Teile hat auch nach der Entscheidung des Großen Senats zur Aufgabe des Aufteilungs- und Abzugsverbots nicht zu erfolgen.[6] Aufwendungen zur Wiederherstellung der Gesundheit können betrieblich oder beruflich veranlasst sein, wenn es sich um eine typische **Berufskrankheit** handelt oder der Zusammenhang zwischen der Erkrankung und dem Beruf eindeutig feststeht,[7] so die krankengymnastischen Behandlungen einer Geigerin.[8]

Aufwendungen im Zusammenhang mit einem **arbeitsgerichtlichen Vergleich** können Berücksichtigung finden, da alleine der Tatbestand, dass sich ein Gericht mit dem Streitgegenstand auseinandergesetzt hat, für einen hinreichenden konkreten Zusammenhang spricht.[9] Zur Frage der Berücksichtigung von Aufwendungen in Zusammenhang mit dem Verlust einer Darlehensforderung und zu Leistungen aus einer **Bürgschaftsverpflichtung** vgl. BFH.[10] Die Übernahme einer Bürgschaft durch den Arbeitnehmer zu Gunsten seines in der Rechtsform einer Kapitalgesellschaft tätigen Arbeitgebers kann durch das Arbeitsverhältnis veranlasst sein.[11] Liegen private Gründe vor (z.B. vorsätzliche Schädigung des Arbeitgebers), ist ein Abzug nicht möglich. Aufwendungen für eine **Strafverteidigung** können unter bestimmten Voraussetzungen als WK abzugsfähig sein;[12] sie müssen durch das berufliche Verhalten veranlasst sein.[13] Eine Berücksichtigung als außergewöhnliche Belastung (→ Rz. 184) kommt nicht in Betracht.

(2.1) Umzugskosten

Aufwendungen, die durch einen **beruflich veranlassten Wohnungswechsel** entstehen, sind als WK zu berücksich- **1156**
tigen.[14] Sie können als WK (§ 9 Abs. 1 Satz 1 EStG) nur abgezogen werden, wenn sie nahezu ausschließlich beruflich veranlasst sind, private Gründe also allenfalls eine ganz untergeordnete Rolle spielen.[15] Erstattet ein Arbeitgeber seinem Arbeitnehmer Umzugskosten, ist diese Erstattung steuerfrei, soweit keine höheren Beträge erstattet werden als WK abziehbar wären (§ 3 Nr. 16 EStG); insoweit entfällt die Möglichkeit des WK-Abzugs (§ 3c EStG).

Ein **Wohnungswechsel** ist z.B. beruflich veranlasst, wenn

– durch ihn eine **erhebliche Fahrzeitverkürzung** der Entfernung **zwischen Wohnung und erster Tätigkeitsstätte** eintritt und die verbleibende Wegezeit im Berufsverkehr als normal angesehen werden kann.[16] Es ist nicht erforderlich, dass der Wohnungswechsel mit einem Wohnortwechsel oder mit einem Arbeitsplatzwechsel verbunden ist. Eine erhebliche Verkürzung ist anzunehmen, wenn sich die Dauer der täglichen Hin- und Rückfahrt insg. wenigstens zeitweise arbeitstäglich um mindestens eine Stunde ermäßigt.[17] Wird der Arbeitsplatz vergleichsweise selten aufgesucht, ist das Gewicht der mit dem Umzug verbundenen Verkürzung der Wegezeit zwischen Wohnung und Arbeitsplatz bei der Abwägung der beruflichen und privaten Gründe für den Umzug deutlich gemindert. In diesen Fällen kann nicht ohne Weiteres davon ausgegangen werden, dass die durch den Umzug entstandene Zeitersparnis den maßgeblichen Gesichtspunkt für die Wahl des Wohnorts darstellt. Bei der Abgrenzung, ob Umzugskosten eines verheirateten Arbeitnehmers Aufwendungen für die Lebensführung oder nahezu ausschließlich beruflich veranlasst sind, weil sich die Fahrzeiten zwischen Wohnung und erster Tätigkeitsstätte regelmäßig arbeitstäglich um insg. mindestens eine Stunde verkürzen, sind die Fahrzeitveränderungen der Ehegatten/Lebenspartner nicht zu saldieren,[18]

---

1) BFH v. 7.2.2008, VI R 41/05, BFH/NV 2008, 1136.
2) BFH v. 6.5.2010, VI R 25/09, BStBl II 2010, 851.
3) BMF v. 21.12.2007, IV B 2 – S 2144/07/002, BStBl I 2008, 256.
4) OFD Koblenz v. 5.3.2008, Kurzinformation Einkommensteuer, S 2350 A – St 32 3, DB 2008, 896.
5) BFH v. 4.2.2010, X R 10/08, BStBl II 2010, 617.
6) BFH v. 18.5.2011, X B 124/10, BFH/NV 2011, 1838.
7) BFH v. 9.11.2015, VI R 36/13, BFH/NV 2016, 194; Verfbeschw nicht angenommen (BVerfG v. 18.1.2017, 2 BvR 1062/16).
8) BFH v. 17.7.2013, VI R 37/12, BStBl II 2013, 815.
9) BFH v. 9.2.2012, VI R 23/10, BStBl II 2012, 829.
10) BFH v. 7.5.2015, VI R 55/14, BFH/NV 2015, 1556.
11) BFH v. 3.9.2015, VI R 58/13, BStBl II 2016, 305.
12) BFH v. 18.10.2007, VI R 42/04, BStBl II 2008, 223; BFH v. 16.4.2013, IX R 5/12, BStBl II 2013, 806.
13) BFH v. 31.3.2022, VI B 88/21, BFH/NV 2022, 722.
14) R 9.9 Abs. 1 LStR.
15) BFH v. 23.3.2001, VI R 175/99, BStBl II 2001, 585.
16) BFH v. 6.11.1986, VI R 106/85, BStBl II 1987, 81.
17) BFH v. 7.5.2015, VI R 73/13, HFR 2015, 1025.
18) BFH v. 21.2.2006, IX R 79/01, BStBl II 2006, 598.

Beratungshinweis:

Aufwendungen für einen Umzug in eine andere Wohnung, um dort (erstmals) ein Arbeitszimmer einzurichten, sind nicht als WK abzugsfähig.[1)]

Die **Fahrtzeitverkürzung** kann auch mit Hilfe von Routenplanern geschätzt werden, wenn die tatsächliche Fahrzeit im Nachhinein nicht mehr ermittelt werden kann.[2)] Problematisch können die Fälle sein, in denen die verbleibende Fahrzeit die Zeitspanne deutlich übersteigt, die üblicherweise auf sich genommen wird und der Arbeitsplatz vergleichsweise selten aufgesucht wird (255 km Reststrecke). In diesem Fall ist die Fahrzeitersparnis nicht so bedeutsam, dass ein Umzug beruflich veranlasst ist; dementsprechend kann in solchen Fällen nicht ohne Weiteres davon ausgegangen werden, dass die durch den Umzug entstandene Zeitersparnis den maßgeblichen Gesichtspunkt für die Wahl des Wohnorts darstellt.[3)]

– der Umzug im ganz **überwiegenden betrieblichen Interesse** des Arbeitgebers durchgeführt wird, insb. beim Beziehen oder Räumen einer Dienstwohnung, die aus betrieblichen Gründen bestimmten Arbeitnehmern vorbehalten ist, um z.B. deren jederzeitige Einsatzmöglichkeit zu gewährleisten,[4)]
– der Umzug aus Anlass der **erstmaligen Aufnahme einer beruflichen Tätigkeit**, des Wechsels des Arbeitgebers oder im Zusammenhang mit einer Versetzung durchgeführt wird oder
– der **eigene Hausstand** zur Beendigung einer doppelten Haushaltsführung **an** den **Beschäftigungsort verlegt** wird,[5)]
– eine doppelte Haushaltsführung begründet oder beendet wird. (Kosten im Zusammenhang mit einer doppelten Haushaltsführung sind auf der Anlage N-Doppelte Haushaltsführung zu erklären → Rz. 1233 ff.).

Praxishinweis:

Der Nachweis der Umzugskosten (→ Rz. 1168) ist notwendig bei einem Umzug anlässlich der Begründung, Beendigung oder des Wechsels einer doppelten Haushaltsführung, weil dafür die Pauschalierung nicht gilt. Dasselbe gilt für die sonstigen Umzugsauslagen bei Beendigung einer doppelten Haushaltsführung durch den Rückumzug eines Arbeitnehmers in das Ausland.

Umzugskosten, die nach **Wegverlegung** des Lebensmittelpunkts vom Beschäftigungsort für den Umzug in eine andere, ausschließlich aus beruflichen Gründen genutzte Unterkunft am Beschäftigungsort entstehen, sind als WK abzugsfähig. Umzugskosten, die nach Wegverlegung des Lebensmittelpunktes vom Beschäftigungsort durch die endgültige Aufgabe der Zweitwohnung am Beschäftigungsort entstehen, sind entsprechend R 9.11 Abs. 9 LStR abziehbar, wenn die Auflösung ausschließlich beruflich veranlasst ist, wie z.B. im Falle eines Arbeitsplatzwechsels. In allen anderen Fällen der Auflösung, wie z.B. infolge des Eintritts in den Ruhestand, handelt es sich um Kosten der privaten Lebensführung, die dem Abzugsverbot (§ 12 Nr. 1 EStG) unterliegen. Die Berücksichtigung des Pauschbetrags für **sonstige Umzugsauslagen** (§ 10 Abs. 1 BUKG, § 18 AUV) kommt nicht in Betracht.[6)]

(2.2) Höhe der Umzugskosten

1157 Im Einvernehmen mit den obersten Finanzbehörden der Länder gilt nach BMF v. 28.12.2023[7)] zur Anwendung der §§ 6 bis 10 BUKG für Umzüge ab 1.4.2021 Folgendes: Maßgeblich für die Ermittlung der Pauschalen ist der Tag vor dem Einladen des Umzugsguts.

1. Der Höchstbetrag nach § 9 Abs. 2 BUKG, der für die Anerkennung von Auslagen für den durch den Umzug bedingten zusätzlichen Unterricht für ein Kind des Berechtigten (§ 6 Abs. 3 Satz 2 BUKG) maßgebend ist, beträgt ab dem 1.3.2024: 1 286 €.
2. Der Pauschbetrag für sonstige Umzugsauslagen beträgt:
   a) Für Berechtigte (§ 10 Abs. 1 Satz 2 Nr. 1 BUKG) ab dem 1.3.2024 964 €.
   b) Für jede andere Person – Ehegatte, Lebenspartner sowie ledige Kinder, Stief- und Pflegekinder, die auch nach dem Umzug mit dem Berechtigten in häuslicher Gemeinschaft leben (§ 10 Abs. 1 Satz 2 Nr. 2 BUKG) – ab dem 1.3.2024: 643 €.
3. Für Berechtigte, die am Tag vor dem Einladen des Umzugsguts keine Wohnung hatten oder nach dem Umzug keine eigene Wohnung eingerichtet haben, beträgt die Pauschvergütung nach § 10 Abs. 2 BUKG ab dem 1.3.2024: 193 €.

1158 **Einzelnachweis:** Werden höhere Umzugskosten im Einzelnen nachgewiesen, so prüft die Finverw. insgesamt, ob und inwieweit die Aufwendungen WK oder nicht abziehbare Kosten der Lebensführung sind (§ 12 EStG), z.B. bei Aufwendungen für die Neuanschaffung von Einrichtungsgegenständen.[8)] Zu den weiteren Aufwendungen gehören z.B. die Aufwendungen für Inserate zwecks Wohnungssuche am neuen Dienstort, Aufwendungen für den Anschluss des Herdes, Anbringen von Vorhängen etc. Wird die Umzugskostenpauschale in Anspruch genommen, können die tatsächlichen sonstigen Umzugskosten nicht zusätzlich berücksichtigt werden.[9)]

1) BFH v. 5.2.2025, VI R 3/23, BFH/NV 2025, 754.
2) FG Hamburg v. 9.10.2008, 5 K 33/08, EFG 2009, 244.
3) BFH v. 7.5.2015, VI R 73/13, HFR 2015, 1025.
4) BFH v. 28.4.1988, IV R 42/86, BStBl II 1988, 777.
5) BFH v. 21.7.1989, VI R 129/86, BStBl II 1989, 917.
6) R 9.11 Abs. 9 LStR.
7) BMF v. 28.12.2023, IV C 5 – S 2353/20/10004 :003, BStBl I 2024, 84.
8) R 9.9 Abs. 2 Satz 3 LStR.
9) FG Mecklenburg-Vorpommern v. 5.2020, 3 K 75/18, EFG 2020, 1491.

Auslandsumzüge: Für Auslandsumzüge gelten besondere Regelungen, die sich aus der AUV[1] ergeben. Verlegen 1159
Ehegatten/Lebenspartner, die bisher am selben Ort gearbeitet hatten, den Wohnsitz, weil sie – privat motiviert – am Heimatort z.B. eines der Ehegatten/**Lebenspartner** ein Eigenheim errichtet haben, so kann der Ehegatte/Lebenspartner, der infolge der Wegverlegung des Wohnsitzes am neuen Wohnort eine Tätigkeit aufnimmt, die Umzugskosten ebenso wenig als WK geltend machen wie der andere – nach wie vor an seiner bisherigen Tätigkeitsstelle tätige – Ehegatte/Lebenspartner seine Aufwendungen aus Anlass einer doppelten Haushaltsführung.[2]

(2.3) Winterbeschäftigungsumlage

Arbeitnehmer, die nach § 1 Abs. 2 Baubetriebs-Verordnung im **Bauhauptgewerbe** tätig sind, werden an der Finan- 1160
zierung der Winterbeschäftigungsumlage beteiligt (§ 356 SGB III i.V.m. § 3 Abs. 2 der Winterbeschäftigungs-Verordnung). Dieser Beitrag gehört zu den WK, da die Beteiligung aus zu versteuerndem Einkommen gezahlt wird und dazu dient, die Arbeitsplätze in der Schlechtwetterzeit zu erhalten.

> **Praxishinweis:**
> Dieser Betrag kann vom Arbeitgeber in einer freien Zeile der elektronischen LSt-Bescheinigung als freiwillige Angabe ausgewiesen werden. Die späteren Leistungen nach § 175a SGB III sind steuerfrei (§ 3 Nr. 2 EStG) und unterliegen nicht dem Progressionsvorbehalt.

Für Arbeitnehmer, die im **Baunebengewerbe**, z.B. Gerüstbau, Dachdecker, Garten- und Landschaftsbau beschäftigt sind, wird weiterhin nur der Arbeitgeber zur Umlage herangezogen.

(2.4) Anti-Mobbing-Selbsthilfegruppen

Aufwendungen für Fahrten zu Gruppenbesprechungen der Selbsthilfegruppen sowie die Mitgliedsbeiträge wur- 1161
den als WK anerkannt, da die Aufwendungen zur Stärkung der beruflichen Situation ganz überwiegend beruflich veranlasst sind.[3]

kk) Reisekosten bei beruflich veranlassten Auswärtstätigkeiten (Zeilen 65–69)

	Reisekosten bei beruflich veranlassten Auswärtstätigkeiten		
65	Die Fahrten wurden ganz oder teilweise mit einem Firmenwagen oder im Rahmen einer unentgeltlichen Sammelbeförderung des Arbeitgebers durchgeführt – Falls „Ja“: Für die Fahrten mit Firmenwagen oder Sammelbeförderung dürfen mangels Aufwands keine Eintragungen zu Fahrtkosten in Zeile 66 vorgenommen werden. –	401	1 = Ja 2 = Nein
			EUR
66	Fahrtkosten		,—
67	Übernachtungskosten	+	,—
68	Reisenebenkosten	+	,—
69	Gesamtsumme der Aufwendungen für Reisekosten	410 =	,—

(1) Grundsätze

> **Praxishinweis:** 1162
> Erstattungen des Arbeitgebers (steuerfreie Arbeitgeberleistungen/steuerfreier Ersatz) mindern die abzugsfähigen WK und sind gesondert in Zeile 71 einzutragen.
>
> Ob die Fahrten ganz oder teilweise mit einem Firmenwagen oder im Rahmen einer unentgeltlichen Sammelbeförderung des Arbeitgebers durchgeführt worden sind, ist entscheidend für die Frage der Abzugsfähigkeit der Aufwendungen. Wird der Dienstwagen für die beruflich veranlasste Tätigkeit verwendet, dann entstehen dem Arbeitnehmer keine Kosten; ein geldwerter Vorteil braucht nicht versteuert werden. Bei Nutzung der vorgenannten Möglichkeiten kommt der Ansatz der Entfernungspauschale nicht in Betracht.
>
> Der Ansatz der pauschalen Kilometersätze (§ 9 Abs. 1 Satz 3 Nr. 4a Satz 2 EStG) anstelle der tatsächlichen Aufwendungen (§ 9 Abs. 1 Satz 3 Nr. 4a Satz 1 EStG) für sonstige berufliche Fahrten kommt nicht in Betracht, wenn die stpfl. Person ein regelmäßig verkehrendes Beförderungsmittel (§ 4 Abs. 1 BRKG) benutzt.[4]

Reisekosten sind **Fahrtkosten** (→ Rz. 1164), **Verpflegungsmehraufwendungen** (→ Rz. 1171), **Übernachtungskosten** (→ Rz. 1166) und **Reisenebenkosten** (→ Rz. 1167), wenn diese so gut wie ausschließlich durch die beruflich veranlasste **Auswärtstätigkeit** veranlasst sind. Eine Auswärtstätigkeit ist gegeben, wenn der Arbeitnehmer vorübergehend **außerhalb** seiner **Wohnung** und einer ortsgebundenen **ersten Tätigkeitsstätte** tätig wird. Der Begriff der Auswärtstätigkeit fasst die unterschiedlichen Arten wie Dienstreise, Fahrtätigkeit und Einsatzwechseltätigkeit zu der beruflich veranlassten Auswärtstätigkeit zusammen. Bei einer stpfl. Person mit einer Auswärtstätigkeit ohne erste Tätigkeitsstätte sind sämtliche beruflich veranlassten Fahrten i.R.d. Reisekostenrechts zu berücksichtigen.

---

1) AUV v. 26.11.2012, BGBl. I 2012, 2349, Anhang 29 III LStH 2025.
2) BFH v. 21.2.2006, IX R 108/00, BFH/NV 2006, 1273.
3) FG Niedersachsen v. 8.6.2006, 14 K 57/03, EFG 2007, 1013; NZB unbegründet, BFH v. 1.3.2007, VI B 92/06, BFH/NV 2007, 1172.
4) BFH v. 11.2.2021, VI R 50/18, BStBl II 2021, 440.

Die beruflichen Gründe für eine Auswärtstätigkeit liegen vor, wenn dieser offensichtlich ein unmittelbarer konkreter **beruflicher Anlass** zu Grunde liegt.[1] Das ist z.B. der Fall, wenn die Auswärtstätigkeit auf einer Weisung des Arbeitgebers beruht. Dies kann bspw. der Besuch eines Kunden zur Vornahme von Geschäftsabschlüssen, Verhandlungen mit Geschäftspartnern,[2] der Besuch einer Fachmesse, aber auch das Halten eines Vortrags auf einer Fortbildungsveranstaltung sein.[3] Dabei ist aber nicht jede auf Weisung des Arbeitgebers unternommene Reise zwingend beruflich veranlasst. Reisekosten für die Begleitung zur Veranstaltung eines beruflichen Netzwerks durch den Ehegatten/Lebenspartner sollen nicht berücksichtigungsfähig sein, da diese allenfalls in unbedeutendem Maße beruflich veranlasst sind; eine besonders lange An-/Abreise muss dabei gesondert gewürdigt werden und ist dabei als neutral und nicht dem privaten Reiseanteil zuzurechnen.[4]

Gegen eine berufliche Veranlassung können in Einzelfällen u.a. die Art der Reise und das Reiseziel sprechen.[5] Für eine private Mitveranlassung kann auch sprechen, wenn der Arbeitgeber weder Sonderurlaub noch Dienstbefreiung gewährt hat. Andererseits reicht die Gewährung von Sonderurlaub oder Dienstbefreiung allein nicht aus, die berufliche Veranlassung einer Auslandsreise zu gewährleisten.

Zu den gemischt veranlassten Reisen → Rz. 1103.

1163 Voraussetzung für das Vorliegen einer Auswärtstätigkeit ist u.a., dass der Arbeitnehmer außerhalb seiner ersten Tätigkeitsstätte (→ Rz. 1110) tätig wird. Eine **Auswärtstätigkeit ist vorübergehend**, wenn der Arbeitnehmer voraussichtlich an die erste Tätigkeitsstätte zurückkehren und dort seine berufliche Tätigkeit fortsetzen wird.[6]

(2) Fahrtkosten

1164 **Praxishinweis:**

Bei Nutzung eines Firmenwagens und in Fällen der unentgeltlichen Sammelbeförderung des Arbeitgebers (§ 3 Nr. 32 EStG) können keine Fahrtkosten geltend gemacht werden (mit Ausnahme der Kosten für öffentliche Verkehrsmittel, entgeltlicher Sammelbeförderung sowie für Flug- und Fährkosten). Sammelbeförderung ist durch den Arbeitgeber organisierte (oder zumindest veranlasste) Beförderung mehrerer Arbeitnehmer. In diesem Fall sind Eintragungen in Zeile 66 nicht vorzunehmen.

Der Arbeitnehmer kann die Reisekosten „Fahrtkosten" entweder im Wege des Einzelnachweises oder mit individuellen oder pauschalen Kilometersätzen geltend machen. Bei einer Auswärtstätigkeit werden bei Benutzung öffentlicher Verkehrsmittel (auch Taxen und Flugzeuge) Fahrt- und Flugkosten in tatsächlicher Höhe anerkannt, wobei die Wahl des Verkehrsmittels und ggf. der Tarifklasse aus steuerlicher Sicht frei steht. Eine Einschränkung der Fahrtkosten ergibt sich jedoch für Ausnahmefälle, in denen die Fahrtkosten nach der Verkehrsauffassung als unangemessen anzusehen sind. Benutzt ein Arbeitnehmer z.B. sein Privatflugzeug für Auswärtstätigkeiten, so sind nur die Aufwendungen bis zur Höhe der Kosten für einen Linienflug abziehbar.[7] Nutzt der Arbeitnehmer seinen eigenen Pkw im Rahmen einer beruflich veranlassten Auswärtstätigkeit, so ist der Teilbetrag der jährlichen Gesamtkosten dieses Pkw als WK anzusetzen, der dem Anteil der zu berücksichtigenden Fahrten an der Jahresfahrleistung entspricht. Zu den Gesamtkosten gehören Versicherungen, Treibstoff, Öl, Inspektionen, Reifen, Kfz-Steuer, Zinsen für Darlehen zur Anschaffung des Pkw[8] sowie Garagenkosten und AfA-Beträge.

Praxishinweis:

Zur Ermittlung der tatsächlichen Kosten für sonstige berufliche Fahrten nach § 9 Abs. 1 Satz 3 Nr. 4a Satz 1 EStG ist eine Leasingsonderzahlung (und andere [Voraus-]Zahlungen, die sich wirtschaftlich auf die Dauer des Leasingvertrags erstrecken) den einzelnen VZ während der Laufzeit des Leasingvertrags zuzuordnen.[9] Bei der Ermittlung der Pkw-Kosten kann auch ein Teilnachweis der tatsächlich entstandenen Aufwendungen erbracht und es können weitere, dem Grunde nach feststehende Aufwendungen (z.B. Treibstoff), geschätzt werden. Dabei darf das FA von den für den Arbeitnehmer ungünstigsten Umständen ausgehen.[10] Zu weiteren abzugsfähigen Aufwendungen vgl. die Ausführungen zu Reisenebenkosten (→ Rz. 1167).

Die Höhe der AfA ist bei privaten Pkw grds. nach einer **Nutzungsdauer** von **sechs Jahren**[11] (Neufahrzeug) zu berechnen; bei einer höheren Fahrleistung kann aber auch von einer kürzeren Nutzungsdauer ausgegangen werden. Handelt es sich bei Kauf des Pkw nicht um ein Neufahrzeug, ist die Restnutzungsdauer des Pkw zu schätzen. Bemessungsgrundlage für die Abschreibung sind die gesamten AK des Pkw inkl. USt.

Für die zutreffende Ermittlung der Kosten empfiehlt es sich, ein **Fahrtenbuch** (→ Rz. 1059) zu führen. Es ist jedoch auch ausreichend, wenn der Teilbetrag der jährlichen Gesamtkosten des Fahrzeugs ermittelt wird, der dem Anteil der zu berücksichtigenden Fahrten an der Jahresfahrleistung entspricht. Der Arbeitnehmer kann auf Grund der für einen Zeitraum von zwölf Monaten ermittelten Gesamtkosten für das von ihm gestellte Fahrzeug einen Kilometersatz errechnen, der so lange angesetzt werden darf, bis sich die Verhältnisse wesentlich ändern. Anstelle der tatsächlichen Aufwendungen können auch **pauschale Kilometersätze** angesetzt werden. Insoweit entfällt die o.g.

1) BFH v. 22.1.1993, VI R 64/91, BStBl II 1993, 612.
2) BFH v. 18.8.2005, VI R 32/03, BStBl II 2006, 30.
3) BFH v. 27.7.2004, VI R 81/00, BFH/NV 2005, 42.
4) FG Münster v. 14.5.2019, 2 K 2355/18 E, EFG 2019, 1525; NZB unbegründet, BFH v. 12.11.2019, VIII B 127/19.
5) BFH v. 16.4.1993, VI R 6/89, BStBl II 1993, 640.
6) BFH v. 10.10.1994, VI R 2/92, BStBl II 1995, 137.
7) R 9.1 Abs. 1 Satz 3 LStR.
8) BFH v. 1.10.1982, VI R 192/79, BStBl II 1983, 17.
9) BFH v. 21.11.2024, VI R 9/22, BFH/NV 2025, 319 = HFR 2025, 228.
10) BFH v. 7.4.1992, VI R 113/88, BStBl II 1992, 847.
11) BMF v. 15.12.2000, IV D 2 – S 1551 – 188/00, BStBl I 2000, 1532.

Notwendigkeit des Einzelnachweises und der etwaigen Führung eines Fahrtenbuchs. Mit dem Ansatz der pauschalen Sätze sind alle mit dem Betrieb des Pkw in Zusammenhang stehende Aufwendungen abgegolten, soweit es sich nicht um außergewöhnliche Kosten handelt oder Reisenebenkosten (→ Rz. 1167) zu berücksichtigen sind.

Pauschal werden die folgenden Kilometersätze (Höchstwerte nach dem BRKG) berücksichtigt (§ 9 Abs. 1 Satz 3 Nr. 4a Satz 2 EStG):[1)]

- bei einem Kfz 0,30 € je Fahrtkilometer (0,38 € ab dem 21. Entfernungskilometer [§ 9 Abs. 1 Satz 3 Nr. 4 Satz 8 EStG]),
- für jedes andere motorbetriebene Fahrzeug 0,20 € je Fahrtkilometer.

Praxishinweis:

Dienstreisen mit dem Fahrrad können anhand der tatsächlichen Aufwendungen mit dem ermittelten persönlichen Kilometersatz uneingeschränkt geltend gemacht werden.[2)]

Möglicherweise nach Landesrecht höhere Entschädigungen finden keine Berücksichtigung.[3)] Für nicht motorbetriebene Fahrzeuge können nur die tatsächlichen Aufwendungen berücksichtigt werden.

Als **außergewöhnliche Kosten** zusätzlich – unter Anrechnung möglicher Schadensersatzleistungen – zu berück- **1165**
sichtigen sind nur die nicht voraussehbaren Aufwendungen für Reparaturen, die nicht auf Verschleiß[4)] beruhen, sowie **Unfallschäden** und Absetzungen für außergewöhnliche technische Abnutzung und Aufwendungen infolge eines Schadens, der durch den Diebstahl des Fahrzeugs entstanden ist.[5)] Aufwendungen für **Besuchsfahrten** des Ehegatten/Lebenspartners im Rahmen einer (auch längerfristigen) Auswärtstätigkeit (anders als im Rahmen einer doppelten Haushaltsführung → Rz. 75) stellen keine WK dar.[6)]

Eine Prüfung der tatsächlichen Kosten ist nicht erforderlich, wenn von der gesetzlichen Typisierung Gebrauch gemacht wird. Die Fragen zum Ansatz bei einer offensichtlich **unzutreffenden Besteuerung** sowie einer hohen Jahresfahrleistung sind nicht mehr aktuell.[7)]

Der Arbeitnehmer ist in seiner eigenen Steuererklärung nicht an den vom Arbeitgeber erstatteten Fahrtkostenersatz[8)] gebunden. Es besteht die Möglichkeit, Reisekosten in Form der Fahrtkosten nach einem individuellen Kilometersatz abzurechnen, obwohl der Arbeitgeber die Erstattung nach pauschalen Kilometersätzen vorgenommen hat. Hierdurch kann sich ein zusätzlicher Werbungskostenabzug ergeben.

Beispiel:

Der Arbeitnehmer legt mit seinem privaten Pkw insgesamt 25 000 km zurück. Hiervon entfallen 5 000 km auf Auswärtstätigkeitsfahrten. Der Arbeitgeber hat einen Betrag von 0,30 € je Fahrtkilometer erstattet. Die tatsächlichen Kfz-Kosten betragen insgesamt 12 500 €.

Individueller Kilometersatz	Gesamtkosten	12 500,00 €
	Gesamt-km	25 000
	Kosten / km	0,50 €
Kosten / km		0,50 €
berufliche km		5 000,00 €
Werbungskosten		**2 500,00 €**
abzüglich steuerfreie Arbeitgebererstattung	betriebliche km	5 000,00
	km-Satz	0,30 €
	Summe	**1 500,00 €**
verbleibende Werbungskosten		1 000,00 €

Beratungshinweis:

Nach den vom BFH[9)] genannten Voraussetzungen gehört die Leasingsonderzahlung i.H.d. auf die Auswärtstätigkeit entfallenden Nutzungsanteils grds. zu den sofort abziehbaren WK. Der Abzug scheidet aus, soweit der Arbeitnehmer während der Laufzeit des Leasingvertrags die Kfz-Kosten nach pauschalen Kilometersätzen als WK geltend macht.[10)] Für die Entscheidung, ob der pauschale oder individuell ermittelte Kilometersatz als WK angesetzt wird, ist die Leasingsonderzahlung in die Gesamtkosten einzubeziehen.

Soweit **behinderte Arbeitnehmer** ihre tatsächlichen Aufwendungen für die Benutzung eines eigenen Pkw zu Fahrten zwischen Wohnung und erster Tätigkeitsstätte oder zu Familienheimfahrten im Rahmen einer doppelten Haushaltsführung als WK geltend machen (§ 9 Abs. 2 EStG), können die Fahrtkosten mit den vorgenannten pauschalen Kilometersätzen je zurückgelegtem Kilometer angesetzt werden. Dasselbe gilt bei allen Arbeitnehmern für Fahrtkosten anlässlich des Wohnungswechsels zu Beginn und am Ende einer doppelten Haushaltsführung.

---

1) BMF v. 25.11.2020, IV C 5 – S 2353/19/10011 :006, BStBl I 2020, 1228, Rz. 37.
2) BT-Drucks. 20/7889, 20 f.
3) Nichtannahmebeschluss des BVerfG v. 20.8.2013, 2 BvR 1008/11 gegen BFH v. 15.3.2011, VI B 145/10, BFH/NV 2011, 983.
4) BFH v. 17.10.1973, VI R 26/73, BStBl II 1974, 186.
5) BFH v. 25.5.1992, VI R 171/88, BStBl II 1993, 44.
6) BFH v. 22.10.2015, VI R 22/14, BStBl II 2016, 179.
7) BFH v. 25.10.1985, VI R 15/81, BStBl II 1986, 200; v. 26.7.1991, VI R 114/88, BStBl II 1992, 105.
8) Zur Dienstreise-Kaskoversicherung des Arbeitgebers vgl. BMF v. 9.9.2015, IV C 5 – S 2353/11/10003, BStBl I 2015, 734.
9) BFH v. 5.5.1994, VI R 100/93, BStBl II 1994, 643.
10) BFH v. 15.4.2010, VI R 20/08, BStBl II 2010, 805.

(3) Übernachtungskosten

1166 Beruflich veranlasste Unterkunftskosten im Rahmen einer längerfristigen Auswärtstätigkeit an ein und derselben auswärtigen Tätigkeitsstätte sind für einen Zeitraum von 48 Monaten unbeschränkt als WK abzugsfähig. Nach diesem Zeitraum werden sie nur noch bis zur Höhe der vergleichbaren Aufwendungen im Rahmen einer doppelten Haushaltsführung als WK berücksichtigt (§ 9 Abs. 1 Satz 3 Nr. 5 EStG). Von einer längerfristigen Auswärtstätigkeit an derselben Tätigkeitsstätte ist nicht nur dann auszugehen, wenn diese länger als 48 Monate arbeitstäglich aufzusuchen ist. Vielmehr ist es ausreichend, wenn an der Tätigkeitsstätte über einen Zeitraum von 48 Monaten hinaus regelmäßig infolge der beruflichen Tätigkeit z.B. einmal oder mehrmals wöchentlich übernachtet wird. Das gilt für jede Tätigkeitsstätte, die nicht erste Tätigkeitsstätte ist. Gleichzeitig wird (analog der Dreimonatsfrist der Verpflegungspauschalen) typisierend festgelegt, dass eine Unterbrechung der beruflichen Tätigkeit an ein und derselben Tätigkeitsstätte von sechs Monaten zu einem Neubeginn dieses 48-Monats-Zeitraums führt. Der Grund der Unterbrechung (z,B. Krankheit, Urlaub, Tätigkeit an einer anderen Tätigkeitsstätte) ist unerheblich.[1)]

Eine Berücksichtigung von Pauschalen als WK kommt – anders als bei steuerfreien Erstattungen durch den Arbeitgeber – nicht in Betracht.[2)] Notwendig sind **Einzelbelege** des Hotels etc. Steht fest, dass einem Arbeitnehmer dem Grunde nach Übernachtungskosten entstanden sind, deren Höhe nicht nachgewiesen sind, können die entsprechenden WK (z.B. Dusche, Toilette, Nebenleistungen [z.B. Tourismusabgaben[3)]] Reinigung der Schlafkabine) geschätzt werden;[4)] der Ansatz der Pauschalen scheidet aus, wenn dies zu einer unzutreffenden Besteuerung führt, z.B. bei Lkw-Fahrern, die in der Schlafkabine übernachten.[5)] Wird der Arbeitnehmer bei seiner Auswärtstätigkeit von Familienangehörigen begleitet, sind Aufwendungen für Übernachtungen nur anteilig als WK zu berücksichtigen.[6)]

Enthält die Hotelrechnung sowohl einen Anteil für die Übernachtung als auch die Verpflegung, sind die letztgenannten Kosten bereits durch die Tagegeldpauschale abgegolten. Der Verpflegungsanteil ist aus der Hotelgesamtkostenrechnung zur Ermittlung des Übernachtungsanteils entweder im Wege des Einzelnachweises oder pauschal herauszurechnen. Ist nur ein Gesamtpreis für Unterkunft und Verpflegung nachgewiesen und lässt sich der Preis für die Verpflegung nicht feststellen, so ist der Gesamtpreis zur Ermittlung der Übernachtungskosten zu kürzen:[7)]

- für ein Frühstück um 20 %,
- für Mittag- und Abendessen um jeweils 40 %

des für den Unterkunftsort maßgebenden Pauschbetrags für Verpflegungsmehraufwendungen bei einer Abwesenheitsdauer von mind. 24 Stunden.

Hat ein Arbeitnehmer beruflich veranlasste Aufwendungen dadurch erspart, dass er entsprechende Sachbezüge erhalten hat (z.B. Angehörige der Bundeswehr), steht der Wert der Sachbezüge entsprechenden Aufwendungen gleich; die Sachbezüge sind vorbehaltlich der Abzugsbeschränkungen (§ 9 Abs. 1 Satz 3 Nr. 5, 7 und Abs. 5 EStG) mit dem Wert als WK abziehbar, mit dem sie als stpfl. Arbeitslohn (**geldwerter Vorteil**) erfasst worden sind.[8)]

(4) Reisenebenkosten

1167 Reisenebenkosten können in **tatsächlicher Höhe** als WK berücksichtigt werden, soweit sie nicht bereits vom Arbeitgeber steuerfrei erstattet worden sind. **Zu den Reisenebenkosten gehören** Aufwendungen für

- die Beförderung, Aufbewahrung, Aufgabe und Versicherung von Gepäck,
- Telefon und Schriftverkehr beruflichen Inhalts mit dem Arbeitgeber und dessen Geschäftspartnern,
- Zusatzgebühren für Straßenbenutzung (z.B. Mautgebühren), Parkplätze sowie Aufwendungen für Insassen- und Unfallversicherung,
- Kosten für Reisepapiere (z.B. Visa und ggf. auch der Reisepass/Passbilder[9)] und Kreditkartengebühren[10)] (soweit anteilig auf auswärtige Tätigkeiten entfallend),
- Aufwendungen für medizinische Notwendigkeiten wie Schutzimpfungen,
- Schadensersatzleistungen infolge von Verkehrsunfällen anlässlich einer beruflich veranlassten Auswärtstätigkeit.

1) BT-Drucks. 17/10774 v. 25.9.2012.
2) R 9.7 Abs. 2, 3 LStR.
3) BMF v. 25.11.2020, IV C 5 – S 2353/19/10011 :006, BStBl I 2020, 1228, Rz. 117.
4) BFH v. 9.5.2005, VI B 3/05, BFH/NV 2005, 1550.
5) BFH v. 28.3.2012, VI R 48/11, BStBl II 2012, 926; BMF v. 4.12.2012, IV C 5 – S 2353/12/10009, BStBl I 2012, 1249.
6) BFH v. 3.7.2018, VI R 55/16, HFR 2018, 870.
7) BMF v. 25.11.2020, IV C 5 – S 2353/19/10011 :006, BStBl I 2020, 1228, Rz. 47.
8) R 9.1 Abs. 4 Satz 2 LStR.
9) FG Saarland v. 22.1.2014, 1 K 1441/12, EFG 2014, 828.
10) BMF v. 29.9.1998, IV C 5 – S 2334 – 1/98, DB 1999, 1586 (Aufhebung durch BMF v. 29.3.2007, IV C 6 – O 1000/07/0018, BStBl I 2007, 369).

Beratungshinweis:

Zur steuerlichen Behandlung von **Unfallversicherungen** vgl. BMF v. 28.10.2009.[1] Der Arbeitnehmer kann danach auch die freiwilligen Unfallversicherungsbeiträge als WK oder Sonderausgaben geltend machen. Sofern Aufwendungen des Arbeitnehmers für eine Unfallversicherung anfallen, die das Unfallrisiko sowohl im beruflichen als auch im außerberuflichen Bereich abdeckt, wird eine Aufteilung in WK und in Sonderausgaben zugelassen. Der Gesamtbeitrag einschl. Versicherungssteuer für beide Risiken ist entsprechend aufzuteilen.[2] Für die Aufteilung sind die Angaben des Versicherungsunternehmens darüber maßgebend, welcher Anteil des Gesamtbeitrags das berufliche Unfallrisiko abdeckt. Fehlen derartige Angaben, lässt die Finverw. eine Aufteilung im Schätzungswege zu (ggf. Schätzung der Anteile auf jeweils 50 %).[3]

ll) Pauschbeträge für Berufskraftfahrer bei Übernachtung im Kfz – Anzahl der Tage (Zeile 70)

70	**Pauschbeträge für Berufskraftfahrer bei Übernachtung im Kraftfahrzeug (Anzahl der Tage)**	411

Berufskraftfahrer können anstelle der tatsächlich entstandenen Kosten innerhalb einer mehrtägigen beruflichen Tätigkeit i.V.m. einer Übernachtung im Kfz einen Pauschbetrag i.H.v. 9 €/Tag geltend machen (§ 9 Abs. 1 Satz 3 Nr. 5b EStG). Voraussetzung hierfür ist, dass für diesen Tag eine Pauschale für Verpflegungsmehraufwendungen beanspruchen werden kann. **1168**

Beratungshinweis:

Die Übernachtungspauschale wird nicht für solche Tage gewährt, für die die stpfl. Person zwar einen Anspruch auf eine Verpflegungspauschale hat, an denen sie aber nicht im Kraftfahrzeug übernachtet hat.[4]

Für Kalendertage, an denen der Arbeitnehmer eine Verpflegungspauschale bei einer eintägigen Auswärtstätigkeit ohne Übernachtung mit Abwesenheit von mehr als acht Stunden beanspruchen kann, kommt der Pauschbetrag nicht zur Anwendung. Das Wahlrecht zwischen tatsächlichen Kosten und der Pauschale kann im Kj nur einheitlich ausgeübt werden.

Mit § 9 Abs. 1 Satz 3 Nr. 5b EStG wurde typisierend eine gesetzliche Pauschale – i.H.v. 9 €/Kalendertag – für die den **1169** Arbeitnehmern, die ihre berufliche Tätigkeit vorwiegend auf Kfz ausüben (z.B. Berufskraftfahrer) üblicherweise während einer mehrtägigen beruflichen Tätigkeit im Zusammenhang mit einer Übernachtung in dem Kfz des Arbeitgebers entstehenden Mehraufwendungen festgelegt. Zum vereinfachten Nachweis von Reisenebenkosten vgl. BMF.[5] Die Entscheidung, die tatsächlich entstandenen Mehraufwendungen oder den Pauschbetrag geltend zu machen, kann nur einheitlich im Kj. erfolgen. Üblicherweise handelt es sich bei den entstehenden Mehraufwendungen um Aufwendungen, die bei anderen Arbeitnehmern mit Übernachtung anlässlich einer beruflichen Auswärtstätigkeit, typischerweise in den als WK abziehbaren Übernachtungskosten mit enthalten sind. Als Aufwendungen kommen z.B. in Betracht:

- Gebühren für die Benutzung der sanitären Einrichtungen (Toiletten, Dusch-/Waschgelegenheit) auf Raststätten,
- Park-/Abstellgebühren auf Raststätten,
- Aufwendungen für die Reinigung der Schlafkabine.

Wird anstelle der tatsächlichen Mehraufwendungen der Pauschbetrag geltend gemacht, ist die Höhe der tatsächlichen Aufwendungen unbeachtlich; es müssen dem Grunde nach tatsächliche Aufwendungen entstanden sein. Der Pauschbetrag kann zusätzlich zu den gesetzlichen Verpflegungspauschalen für folgende Tage beansprucht werden:

- den An-/Abreisetag sowie
- jeden Kalendertag mit einer Abwesenheit von 24 Stunden

im Rahmen einer Auswärtstätigkeit im In-/Ausland (§ 9 Abs. 4a Satz 3 Nr. 1 und 2 EStG, § 9 Abs. 4a Satz 5 Nr. 1 und 2 EStG).

mm) Vom Arbeitgeber steuerfrei ersetzt (Zeile 71)

			EUR
71	**Vom Arbeitgeber steuerfrei ersetzt**	420	,–

Die Erstattungen des Arbeitgebers (steuerfreie Arbeitgeberleistungen/steuerfreier Ersatz) mindern die abzugsfähigen WK und sind gesondert zu erklären. Führen Zuwendungen des Arbeitgebers, durch die sich der Arbeitnehmer eigene Aufwendungen erspart, beim Arbeitnehmer zu stpfl. Einnahmen, können in Höhe der Zuwendungen abziehbare WK vorliegen, wenn die Zahlungen durch den Arbeitnehmer zu abziehbaren WK geführt hätte.[6] **1170**

1) BMF v. 28.10.2009, IV C 5 – S 2332/09/10004, BStBl I 2009, 1275.
2) BFH v. 22.6.1990, VI R 2/87, BStBl II 1990, 901.
3) BFH v. 15.10.2013, VI B 20/13, BFH/NV 2014, 327.
4) FG Thüringen v. 18.6.2024, 2 K 534/22, EFG 2025, 849; Rev. Zulassung durch BFH, Az: VI R 6/25.
5) BMF v. 4.12.2012, IV C 5 – S 2353/12/10009, BStBl I 2012, 1249.
6) BFH v. 28.4.2020, VI R 5/18, BStBl II 2021, 725.

Eine Übermittlung auf der LSt-Bescheinigung erfolgt für die einzutragenden Arbeitgeber-Erstattungen nicht.

nn) Pauschbeträge für Mehraufwendungen für Verpflegung (Zeilen 72–77)

	Pauschbeträge für Mehraufwendungen für Verpflegung		
	Bei einer Auswärtstätigkeit im Inland:		
72	Anzahl der Tage mit einer Abwesenheit von mehr als 8 Stunden (bei Auswärtstätigkeit ohne Übernachtung)	470	
73	Anzahl der An- und Abreisetage (bei einer mehrtägigen Auswärtstätigkeit mit Übernachtung)	471	
74	Anzahl der Tage mit einer Abwesenheit von 24 Stunden	472	
			EUR
75	Kürzungsbeträge wegen Mahlzeitengestellung (eigene Zuzahlungen sind ggf. gegenzurechnen)	473	,–
76	Bei einer Auswärtstätigkeit im Ausland (Berechnung bitte in einer gesonderten Aufstellung):	474	,–
77	**Vom Arbeitgeber steuerfrei ersetzt**	490	,–

1171 Mehraufwendungen für Verpflegung, die unmittelbar durch eine Auswärtstätigkeit (das Tätigwerden außerhalb der eigenen Wohnung/der ersten Tätigkeitsstätte) beruflich veranlasst und tatsächlich entstanden sind, können im Rahmen von Pauschbeträgen berücksichtigt werden (§ 9 Abs. 4a EStG). Ein Ansatz der Pauschalen ist nicht möglich, falls der Arbeitnehmer durch den Arbeitgeber „verpflegt wird", da es insoweit an einem eigenen Aufwand scheitert.[1] Chipstüte, Salzgebäck, Schokowaffeln etc. im Flugzeug, Zug oder Schiff erfüllen nicht die Kriterien für eine Mahlzeit.[2] Ein **Einzelnachweis** von Aufwendungen ist **nicht möglich**. Entscheidend für die Höhe des inl. Pauschbetrags für Verpflegungsmehraufwendungen ist die Abwesenheit des Arbeitnehmers von seiner Wohnung und – sofern vorhanden – seiner ersten Tätigkeitsstätte (→ Rz. 1110) an dem jeweiligen Kalendertag.

Für **eintägige auswärtige Tätigkeiten** im Inland (ohne Übernachtung) kann ab einer Abwesenheit von mehr als acht Stunden von der Wohnung und der ersten Tätigkeitsstätte eine **Pauschale von 14 €** (ab VZ 2024[3]) berücksichtigt werden (§ 9 Abs. 4a Satz 3 Nr. 3 EStG), wenn Aufwendungen tatsächlich entstanden sind (zur Kürzung der Aufwendungen → Rz. 1173). Dies gilt auch, wenn der Arbeitnehmer seine auswärtige berufliche Tätigkeit über Nacht (also an zwei Kalendertagen) ausübt – somit nicht übernachtet – und dadurch ebenfalls insg. mehr als acht Stunden von der Wohnung und der ersten Tätigkeitsstätte abwesend ist. Ist der Arbeitnehmer an einem Kalendertag mehrfach oder über Nacht (an zwei Kalendertagen ohne Übernachtung) auswärts tätig, können die Abwesenheitszeiten dieser Tätigkeiten zusammengerechnet und im Fall der Tätigkeit über Nacht für den Kalendertag berücksichtigt werden, an dem der Arbeitnehmer den überwiegenden Teil der insgesamt mehr als acht Stunden abwesend ist.[4] Die Anzahl der Tage (bei Auswärtstätigkeit ohne Übernachtung) ist in **Zeile 75** zu erklären.

Bei einer **mehrtägigen Auswärtstätigkeit** (im Inland) ist eine **Pauschale i.H.v. 28 €** ([ab VZ 2020[5]]§ 9 Abs. 4a Satz 3 Nr. 1 EStG) für jeden Tag zu gewähren, an dem der Arbeitnehmer mind. 24 Stunden von seiner Wohnung abwesend war (Anzahl der Abwesenheitstage in **Zeile 74**). Für den An- und Abreisetag (Erklärung in **Zeile 73**) einer mehrtägigen auswärtigen Tätigkeit (mit Übernachtung, unabhängig von tatsächlich angefallenen Übernachtungskosten) außerhalb der Wohnung kann ohne Prüfung einer Mindestabwesenheitszeit eine **Pauschale von jeweils 14 €** als WK berücksichtigt werden (§ 9 Abs. 4a Satz 3 Nr. 2 EStG).

1172 Nach der gesetzlichen Regelung dürfen **Tagegelder drei Monate**[6] für ein und dieselbe (nämliche) Auswärtstätigkeit abgezogen (oder steuerfrei vom Arbeitgeber erstattet) werden (§ 9 Abs. 4a Satz 6 EStG); diese Frist gilt (grds.) auch für Leiharbeitnehmer.[7] Hierbei handelt es sich um ein rein zeitliches Merkmal. Danach führt eine Unterbrechung der beruflichen Tätigkeit an derselben Tätigkeitsstätte zu einem **Neubeginn der Dreimonatsfrist**, wenn sie mind. vier Wochen dauert (§ 9 Abs. 4a Satz 7 EStG). Der Grund der Unterbrechung (privat oder beruflich [z.B. Urlaub, Krankheit[8]]) ist unerheblich.[9] Von einer längerfristigen beruflichen Tätigkeit an derselben Tätigkeitsstätte ist erst dann auszugehen, sobald der Arbeitnehmer an dieser mind. an drei Tagen in der Woche tätig wird.[10]

1173 Die **Verpflegungspauschalen sind tageweise zu kürzen**, wenn dem Arbeitnehmer durch den Arbeitgeber oder auf dessen Veranlassung von einem Dritten während einer Auswärtstätigkeit eine Mahlzeit zur Verfügung gestellt wird (§ 9 Abs. 4a Satz 8 bis 10 EStG). Der Kürzungsbetrag beträgt 20 % für ein Frühstück (= 5,60 €) und jeweils 40 %

1) BMF v. 25.11.2020, IV C 5 – S 2353/19/10011 :006, BStBl I 2020, 1228, Rz. 73.
2) BFH v. 3.7.2019, VI R 36/17, BStBl I 2020, 788.
3) Gesetz zur weiteren steuerlichen Förderung der Elektromobilität und zur Änderung weiterer steuerlicher Vorschriften v. 12.12.2019, BStBl I 2020, 17.
4) BMF v. 25.11.2020, IV C 5 – S 2353/19/10011 :006, BStBl I 2020, 1228, Rz. 47.
5) Gesetz zur weiteren steuerlichen Förderung der Elektromobilität und zur Änderung weiterer steuerlicher Vorschriften v. 12.12.2019, BStBl I 2020, 17.
6) Bestätigung der Dreimonatsfrist durch BFH v. 28.2.2013, III R 94/10, BStBl II 2013, 725.
7) BFH v. 15.5.2013, VI R 41/12, BStBl II 2013, 704.
8) Beispielsfälle siehe auch Harder-Buschner/Schramm, NWB 2014, 175; Seifert, DStZ 2013, 903.
9) BMF v. 25.11.2020, IV C 5 – S 2353/19/10011 :006, BStBl I 2020, 1228, Rz. 54.
10) BMF v. 25.11.2020, IV C 5 – S 2353/19/10011 :006, BStBl I 2020, 1228, Rz. 55.

für ein Mittag- und Abendessen (je 11,20 €). Die Kürzung des Werbungskostenabzugs ist auch dann vorzunehmen, wenn der Arbeitgeber die dem Arbeitnehmer zustehende Reisekostenvergütung lediglich gekürzt ausbezahlt. Die Verpflegungspauschalen sind auch dann zu kürzen, wenn der AG dem Arbeitnehmer Mahlzeiten zur Verfügung stellt, diese vom Arbeitnehmer aber nicht eingenommen werden.[1)]

Eine Kürzung erfolgt auch bei Arbeitnehmern, die nicht über eine erste Tätigkeitsstätte verfügen.[2)] Nur ein für die Gestellung der Mahlzeit vereinbartes und vom Arbeitnehmer tatsächlich gezahltes Entgelt mindert dabei den Kürzungsbetrag. Zu Beispielen bei Kürzung der Verpflegungspauschalen bei Mahlzeitengestellung vgl. BMF.[3)] Die unentgeltliche Mahlzeitengestellung auf Flügen von über 6 Stunden ist kein Arbeitslohn.[4)] Der **Kürzungsbetrag** ist in **Zeile 75** gesondert zu erklären, wobei nur ein tatsächlich gezahltes Entgelt zu berücksichtigen ist. **Zuzahlungen des Arbeitnehmers** sind jeweils vom Kürzungsbetrag derjenigen Mahlzeit abzuziehen, für die der Arbeitnehmer das Entgelt zahlt. Übersteigt das vom Arbeitnehmer für die Mahlzeit gezahlte Entgelt den Kürzungsbetrag, entfällt für diese Mahlzeit die Kürzung des Werbungskostenabzugs. Eine Verrechnung etwaiger Überzahlungen des Arbeitnehmers mit Kürzungsbeträgen für andere Mahlzeiten ist nicht zulässig. Übersteigt das vom Arbeitnehmer für die Mahlzeit gezahlte Entgelt den Kürzungsbetrag, entfällt für diese Mahlzeit die Kürzung des WK-Abzugs. Eine Verrechnung etwaiger Überzahlungen des Arbeitnehmers mit Kürzungsbeträgen für andere Mahlzeiten ist nicht zulässig.[5)] Eine Kürzung hat nicht zu erfolgen, wenn der Arbeitnehmer an einem geschäftlich veranlassten Arbeitsessen eines Dritten oder an einer geschäftlich veranlassten Bewirtung durch einen Dritten teilnimmt. Abzugrenzen sind diese Fälle von der Bewirtung, die durch den Arbeitgeber oder auf dessen Veranlassung erfolgt, da insoweit die Kürzung – unabhängig davon, ob die Mahlzeiten zum Arbeitslohn zählen – zu beachten ist.[6)]

Praxishinweis:

Hat der Arbeitgeber oder auf dessen Veranlassung ein Dritter dem Arbeitnehmer während seiner beruflichen Tätigkeit außerhalb seiner Wohnung und seiner ersten Tätigkeitsstätte oder im Rahmen einer doppelten Haushaltsführung eine mit dem amtlichen Sachbezugswert zu bewertende Mahlzeit zur Verfügung gestellt, muss im Lohnkonto der Großbuchstabe „M" aufgezeichnet und in der elektronischen Lohnsteuerbescheinigung ausgewiesen werden (§ 41b Abs. 1 Satz 2 Nr. 8 EStG). Diese Aufzeichnungs- und Bescheinigungspflicht gilt unabhängig von der Anzahl der Mahlzeitengestellungen an den Arbeitnehmer im Kj. Es kommt nicht darauf an, ob eine Besteuerung der Mahlzeiten ausgeschlossen ist (§ 8 Abs. 2 Satz 9 EStG) oder die Mahlzeit pauschal (§ 40 Abs. 2 Satz 1 Nr. 1a EStG) oder individuell besteuert wurde. Im Fall der Gewährung von Mahlzeiten, die keinen Arbeitslohn darstellen oder deren Preis 60 € übersteigt und die daher nicht mit dem amtlichen Sachbezugswert zu bewerten sind, besteht keine Pflicht im Lohnkonto den **Großbuchstaben „M"** aufzuzeichnen und zu bescheinigen. Sofern das Betriebsstätten-FA für die nach § 3 Nr. 13 oder Nr. 16 EStG steuerfrei gezahlten Vergütungen nach § 4 Abs. 3 LStDV eine andere Aufzeichnung als im Lohnkonto zugelassen hat, ist für eine Übergangszeit eine Bescheinigung des Großbuchstabens „M" nicht zwingend erforderlich. Die zur programmtechnischen Umsetzung gewährte Übergangsregelung lief bis zum 31.12.2018 aus. **Ab 1.1.2019 ist „M" zwingend einzutragen.**

Für **Auslandsauswärtstätigkeiten** gelten die für Inlandsreisen dargestellten Grundsätze entsprechend. Für Tätig- 1174
keiten im Ausland existieren ab dem VZ 2014 noch zwei Pauschalen i.H.v. 120 % und 80 % der Auslandstagegelder nach dem BRKG (§ 9 Abs. 4a Satz 5 EStG). Die Beträge für den VZ 2025 wurden durch BMF[7)] bekannt gemacht. Im Hinblick auf die bei auswärtigen beruflichen Tätigkeiten im Ausland oftmals über Nacht oder mehrere Tage andauernden An- und Abreisen genügt es für die Qualifizierung als An- und Abreisetag, wenn der Arbeitnehmer unmittelbar nach der Anreise oder vor der Abreise auswärtig übernachtet. Der Gesamtbetrag der Verpflegungspauschalen für Auslandreisen ist in **Zeile 76** einzutragen. Die Berechnung selbst soll dabei in einer gesonderten Aufstellung vorgenommen werden, die als Anlage der Erklärung beigefügt werden soll. Auf folgende Besonderheiten ist zu achten:

- **Reisen vom Inland ins Ausland**

  Der anzusetzende Pauschbetrag richtet sich bei Reisen vom Inland ins Ausland nach dem Land, das die stpfl. Person vor 24 Uhr Ortszeit zuletzt erreicht hat. Zwischenstationen im Laufe eines Tages sind somit für die Höhe des Tagegeldsatzes unerheblich. Auch ist unerheblich, wo im Laufe des Tages die längste Aufenthaltsdauer bestand. Entscheidend ist allein, welchen Staat oder welche gesondert in der Reisekostentabelle aufgeführte Stadt eines Landes der Arbeitnehmer zuletzt vor 24 Uhr Ortszeit erreicht hat.

  Bei Flugreisen gilt ein Land in dem Zeitpunkt als erreicht, in dem das Flugzeug dort landet; Zwischenlandungen (Flugunterbrechung ohne Verlassen des Flughafens) bleiben regelmäßig unberücksichtigt. Bei Flugreisen, die sich über mehr als zwei Kalendertage erstrecken, ist für die Tage, die zwischen dem Tag des Abflugs und dem Tag der Landung liegen, das für Österreich geltende Tagegeld maßgebend.[8)] Eine Auslandsübernachtungspauschale wird für derart lange Reisen nicht anerkannt. Der Ansatz des österreichischen Tagegeldsatzes gilt nach den LStR dann nicht, wenn durch die Zwischenlandung eine Übernachtung notwendig wird. Bei Zwischenlandungen mit Übernachtung gilt in diesen Fällen der Ort der Zwischenlandung als Reiseziel, für das die nach der Auslandsreisekostentabelle geltende Tagegeldpauschale gewährt werden kann. Entsprechendes gilt, wenn am Ort der Zwischenlandung z.B. eine Besprechung oder Bewirtung mit einem Geschäftsfreund stattfindet.

---

1) BFH v. 7.7.2020, VI R 16/18, BStBl II 2020, 783.
2) BFH v. 12.7.2021, VI R 27/19, BStBl II 2021, 642.
3) BMF v. 25.11.2020, IV C 5 –S 2353/19/10011 :006, BStBl I 2020, 1228, Rz. 73 ff.
4) FG Düsseldorf v. 13.8.2020, 14 K 2158/16 L, EFG 2021, 1130.
5) BMF v. 25.11.2020, IV C 5 – S 2353/19/10011 :006, BStBl I 2020, 1228, Rz. 78.
6) BMF v. 25.11.2020, IV C 5 – S 2353/19/10011 :006, BStBl I 2020, 1228, Rz. 78 f.
7) BMF v. 2.12.2024, IV C 5 – S 2353/19/10010 :006, BStBl I 2024, 1549.
8) R 9.6 Abs. 3 Satz 4 Nr. 1 LStR.

Bei mehrtätigen Schiffsreisen ist das für Luxemburg geltende Tagegeld maßgebend. Für das Schiffspersonal der Bundesmarine und Schiffspersonal auf Schiffen der Handelsmarine unter deutscher Flagge auf Hoher See gilt das Inlandstagegeld. Für die Tage der Einschiffung und Ausschiffung ist das für den Hafenort geltende Tagegeld maßgebend.

– **Reisen von einem ausl. Staat in einen anderen ausl. Staat**

Der anzusetzende Tagegeldsatz richtet sich nach dem Land, das vor 24 Uhr Ortszeit zuletzt erreicht wurde. Bei Flugreisen, die sich über mehr als zwei Kalendertage erstrecken, ist für die Tage, die zwischen dem Tag des Abflugs und dem Tag der Landung liegen, dass für Österreich geltende Tagegeld maßgebend.[1)]

– **Reisen vom Ausland ins Inland**

Liegt der vor 24 Uhr zuletzt erreichte Ort im Inland und liegt eine Reise vom Ausland ins Inland vor, richtet sich der Verpflegungssatz nach dem letzten Tätigkeitsort im Ausland.

1175 Liegen die Tatbestände für die Berücksichtigung von Pauschbeträgen vor, hat die stpfl. Person einen **Rechtsanspruch auf die Gewährung der gesetzlichen Pauschbeträge**. Die Begründung einer offensichtlich unzutreffenden Besteuerung durch die Berücksichtigung von Pauschbeträgen wurde vom BFH verworfen.[2)] Ein Abzug ist ausgeschlossen, wenn der Arbeitgeber steuerfreie Reisekostenvergütungen ausgezahlt hat.[3)] Es besteht auch dann ausnahmsweise kein Anspruch auf Berücksichtigung der in Verwaltungsanweisungen vorgesehenen Pauschalen für Auslandsübernachtungen, wenn deren Anwendung nach den Umständen des Einzelfalls zu einer offensichtlich unzutreffenden Besteuerung führen würde.[4)]

1176 Bei einer stpfl. Person mit einer Auswärtstätigkeit ohne erste Tätigkeitsstätte sind sämtliche **beruflich veranlasste Fahrten** unter den vorgenannten Grundsätzen als Reisekosten zu berücksichtigen und können vom Arbeitgeber unter Beachtung dieser Grundsätze steuerfrei erstattet werden. Bei der Gestellung eines Fahrzeugs durch den Arbeitgeber ist eine Versteuerung eines geldwerten Vorteils – ggf. mit Ausnahme des geldwerten Vorteils für die Privatnutzung – nicht vorzunehmen. Ohne Arbeitgebererstattung kann der Arbeitnehmer die Aufwendungen ebenfalls unter Beachtung der nachfolgenden Grundsätze als WK abziehen. Bei einer stpfl. Person mit einer Auswärtstätigkeit mit erster Tätigkeitsstätte stellen dagegen die (Teil-)Strecken, die an der Wohnung beginnen und an der ersten Tätigkeitsstätte enden oder umgekehrt, keine Reisekosten dar. Erstattet der Arbeitgeber Aufwendungen für diesen Bereich, stellen diese stpfl. Arbeitslohn dar, der pauschal versteuert werden kann (§ 40 Abs. 2 Satz 2 EStG). Bei Gestellung eines Fahrzeugs durch den Arbeitgeber ist insoweit ein geldwerter Vorteil – ggf. neben dem geldwerten Vorteil für die Privatnutzung – anzusetzen, der ebenfalls pauschalierungsfähig ist. Durch den Arbeitgeber pauschal besteuerter Arbeitslohn ist auf die abzugsfähige Entfernungspauschale anzurechnen (§ 40 Abs. 2 Satz 3 EStG). Die übrigen (Teil-)Strecken sind dem Reisekostenbereich zuzuordnen. Sind **Reisenebenkosten** angefallen, so können diese der stpfl. Person in der nachgewiesenen/glaubhaft gemachten Höhe vom Arbeitgeber steuerfrei ersetzt werden (§ 3 Nr. 16 EStG, R 9.8 Abs. 2 LStR).

Übernachtungskosten können vom Arbeitgeber entweder mit den tatsächlichen Aufwendungen, die die stpfl. Person auch als WK geltend machen könnte, oder mit einem einheitlichen Pauschbetrag i.H.v. 20 € bei Inlandsübernachtungen erstattet werden. Bei Übernachtungen während einer auswärtigen beruflichen Tätigkeit im Ausland können die nachgewiesenen Übernachtungskosten oder ohne Einzelnachweis die mit BMF-Schreiben bekannt gemachten Pauschbeträge steuerfrei erstattet werden.[5)] Der Pauschbetrag bleibt auch dann steuerfrei, wenn tatsächlich geringere Übernachtungskosten angefallen sind.[6)] Die steuerfreie Erstattung des Pauschbetrags ist auch danach möglich, wenn der Arbeitnehmer privat übernachtet – jedoch nur, soweit die Unterkunft nicht unentgeltlich oder teilweise unentgeltlich zur Verfügung gestellt wurde. Bei einer Übernachtung in einem Fahrzeug ist die steuerfreie Zahlung der Pauschbeträge nicht zulässig.[7)] Wird für die Übernachtung ein Schlafwagen oder eine Schiffskabine genutzt, so kommt eine steuerfreie Erstattung von Pauschbeträgen dabei nur in Betracht, wenn die Übernachtung in einer anderen Unterkunft begonnen oder beendet worden ist.[8)]

Die vom Arbeitgeber geleisteten **steuerfreien Erstattungen (§ 3 Nr. 13, 16 EStG)** sind in **Zeile 77** zu erklären und mindern den Werbungskostenabzug. Der Wert ergibt sich grds. aus Nr. 20 der LSt-Bescheinigung. Da die Beträge „auf Grund der Eintragungen im Lohnkonto" zu bescheinigen sind, ist ihre Aufnahme in die LSt-Bescheinigung jedoch nicht zwingend, wenn das Betriebsstätten-FA eine andere Aufzeichnung als im Lohnkonto zugelassen hat (§ 4 Abs. 2 Nr. 4 Satz 2 LStDV).[9)] Aus einer fehlenden Eintragung in der LSt-Bescheinigung kann nicht zwingend geschlossen werden, dass der Arbeitgeber keine steuerfreien Leistungen erbracht hat. Alle übrigen steuerfreien Erstattungen zu Reisekosten sind gesondert zu erklären, da diese nicht auf der LSt-Bescheinigung ausgewiesen sind.

1) R 9.6 Abs. 3 Satz 4 Nr. 1 LStR; zur Problematik von Zwischenlandungen mit Übernachtung vgl. die vorherigen Ausführungen.
2) BFH v. 4.4.2006, VI R 44/03, BStBl II 2006, 567.
3) BFH v. 13.12.2007, VI R 73/06, BFH/NV 2008, 936.
4) BFH v. 9.5.2005, VI B 3/05, BFH/NV 2005, 1550.
5) BMF v. 25.11.2020, IV C 5 – S 2353/19/10011 :006, BStBl I 2020, 1228, Rz. 128.
6) BFH v. 12.9.2001, VI R 72/97, BStBl II 2001, 775.
7) R 9.7 Abs. 3 Satz 7 LStR.
8) R 9.7 Abs. 3 Satz 8 LStR.
9) BMF v. 27.1.2004, IV C 5 – S 2000 – 2/04, BStBl I 2004, 173, Rz. 7 zum StÄndG 2003 und HBeglG 2004.

oo) Werbungskosten in Sonderfällen (Zeilen 78–83)

Zeile	**Werbungskosten in Sonderfällen**	Kennzahl	EUR
	– Die in den Zeilen 78 bis 81 erklärten Werbungskosten dürfen nicht in den Zeilen 27 bis 77 und in der **Anlage N-Doppelte Haushaltsführung** enthalten sein. –		
	Werbungskosten zu steuerbegünstigten Versorgungsbezügen laut Zeile 11		
78	Art der Aufwendungen	682	,—
	Werbungskosten zu steuerbegünstigten Versorgungsbezügen für mehrere Jahre laut Zeile E0201606.Vordruckzeile		
79	Art der Aufwendungen	659	,—
	Werbungskosten zu Arbeitslohn für mehrere Jahre, Entschädigungen laut Zeile 17		
80	Art der Aufwendungen	660	,—
81	Werbungskosten zu steuerfreiem Arbeitslohn laut den Zeilen 21 und 22 (**Summe** aus den Zeilen 59 und 64 **aller Anlagen N-AUS**)	657	,—
	Werbungskosten zu steuerpflichtigem Arbeitslohn, von dem kein Steuerabzug vorgenommen worden ist laut Zeile 18 – in den Zeilen 27 bis 77 und in der **Anlage N-Doppelte Haushaltsführung** enthalten –		EUR
82	Art der Aufwendungen	656	,—
83	Werbungskosten zu Arbeitslohn für eine Tätigkeit im Inland, wenn die Ansässigkeit in Belgien gegeben ist – in den Zeilen 27 bis 77 und in der **Anlage N-Doppelte Haushaltsführung** enthalten –	675	EUR ,—

2025AnlN034 **2025AnlN034**

In den in den Zeilen 78–83 beschriebenen Sonderfällen sind Besonderheiten bei der Erklärung von WK auf Grund **1177**
der Zuordnung der Aufwendungen zu beachten. Die jeweiligen Einnahmen sind in den folgenden Zeilen zu erklären:

WK zu steuerbegünstigten Versorgungsbezügen (Zeile 11 → Rz. 1067) und steuerbegünstigten Versorgungsbezügen für mehrere Kalenderjahre (Zeile 16 → Rz. 1080), Arbeitslöhne für mehrere Jahre und Entschädigungen (Zeile 17 → Rz. 1081) sowie steuerfreien Arbeitslöhnen (Zeilen 21 und 22 → Rz. 1097) sind in einer Gesamtsumme gesondert zu erklären, wobei die jeweiligen Kosten nicht in den Zeilen 27–77 und nicht in der Anlage N-Doppelte Haushaltsführung (→ Rz. 1233 ff.) zu erklären sind. Insoweit besteht auf Grund der erklärten Gesamtsumme keine sofortige Erkennbarkeit der Art der jeweiligen Aufwendungen.

WK zu stpfl. Arbeitslöhnen, von denen kein Steuerabzug vorgenommen worden ist (Zeile 18 → Rz. 1099) müssen hingegen in den Zeilen 27–77 und in der Anlage N-Doppelte Haushaltsführung enthalten sein und sind als Gesamtsumme in Zeile 82 zu übernehmen.

WK im Zusammenhang mit einer Tätigkeit als **Grenzgänger** sind – wie die Grundfälle – in den Zeilen 27–77 sowie der Anlage N-Doppelte Haushaltsführung zu erklären.

WK zu Arbeitslöhnen für eine Tätigkeit im Inland, wenn jedoch eine weitere DBA-rechtliche Ansässigkeit (ab dem VZ 2022 nicht mehr „Wohnsitz" i.S.d. § 8 AO) in Belgien gegeben ist (vgl. den Erklärungstatbestand in Zeile 25), sind sowohl in den Einzelpositionen der Zeilen 27–77 und in der Anlage N-Doppelte Haushaltsführung als auch in einer Gesamtsumme in Zeile 83 zu erklären.

XXI. Anlage N-AUS – Ausländische Einkünfte aus nichtselbständiger Arbeit

1. Vorbemerkung (Zeilen 1–4)

Anleitung vorhanden

2025

1 Name

2 Vorname

3 **Steuernummer** lfd. Nr. der Anlage

Anlage N-AUS

Steuerpflichtige Person / Ehemann / Person A

Ehefrau / Person B

Ausländische Einkünfte aus nichtselbständiger Arbeit

Bei Auslandssachverhalten besteht eine erhöhte Mitwirkungspflicht. Bitte reichen Sie Belege in Kopie ein.

4 in (Staat)

(Für jeden Staat ist eine gesonderte Anlage N-AUS abzugeben.)

1178 **Praxishinweis:**

In der amtlichen Anleitung wird ab dem VZ 2025 darauf hingewiesen, dass bei Auslandssachverhalten erhöhte Mitwirkungspflichten gesetzlich vorgeschrieben sind (§ 90 Abs. 2 AO). Aus diesem Grund sollen alle Unterlagen in Kopie vollständig mit der Steuererklärung eingereicht werden (ggf. bei elektronischer Abgabe auch eine digitale Verknüpfung mit den jeweiligen Eingabefeldern), die benötigt werden, um den Auslandssachverhalt zu überprüfen (z.B. Bescheinigung des Arbeitgebers über die Auslandstätigkeit und die Besteuerung des Arbeitslohns im Ausland, Reisekalender, arbeitsvertragliche Grundlagen im Zusammenhang mit der Auslandstätigkeit).[1]

Ist die stpfl. Person Grenzgänger (→ Rz. 1099), ist nicht die Anlage N-AUS auszufüllen. Eintragungen haben in diesem Fall auf der Anlage N in Zeile 26 zu erfolgen. Die Anlage N-AUS ist im Falle einer Zusammenveranlagung von Ehegatten/Lebenspartnern je stpfl. Person und Staat abzugeben.

Die Steuerfreiheit bestimmter Einnahmen nach § 3 EStG ist vorrangig zu beachten. Zahlungen, die der Arbeitgeber im Hinblick auf einen künftigen internationalen Einsatz des Arbeitnehmers aufwendet, stellen insoweit i.d.R. Arbeitslohn dar, der direkt dem Tätigkeitsstaat zuzuordnen ist.[2] Liegt kein stpfl. Arbeitslohn vor, ist eine entsprechende Zuordnung des Besteuerungsrechts obsolet. Aus praktischer Sicht sollte diese Prüfung vor einer DBA-rechtlichen Zuordnung erfolgen.[3]

Die Anlage N-AUS ist als ergänzende Anlage einzureichen, wenn **unbeschränkt stpfl.** Personen eine nichtselbständige Arbeit in einem ausl. Staat ausüben. Die notwendigen Angaben zu Auslandssachverhalten der Anlage N sind um typischerweise auslandsbezogene Daten ergänzt. Bei den auf der Anlage N-AUS angeforderten Angaben handelt es sich um Informationen, die offensichtlich seitens des FA benötigt werden, um eine Entscheidung über die mögliche Steuerfreiheit sowie über die Anwendung des Progressionsvorbehalts treffen zu können. Für jeden Staat ist der ESt-Erklärung dabei eine eigene gesonderte Anlage N-AUS beizufügen. Die erweiterten Mitwirkungspflichten bei Auslandssachverhalten gilt es zu beachten (§ 90 AO).

Sollten die Regelungen in den DBA eine Steueranrechnung vorsehen (z.B. Leiharbeitnehmer nach dem DBA Frankreich), sind die anrechenbaren ausl. Steuern in der Anlage AUS zu erklären. Unterlagen, wie z.B. Bescheinigungen des Arbeitgebers über die Auslandstätigkeit und die Besteuerung des Arbeitslohns im Ausland sind daher vollständig beizufügen.

Die Angaben in den **Zeilen 1 und 2** sind zur eindeutigen Identifikation erforderlich. Zudem ist in Zeile 2 und/oder 3 auszufüllen, ob die Anlage für den Ehemann/Person A oder die Ehefrau/Person B bestimmt ist. In **Zeile 3** sind die Steuernummer der stpfl. Person sowie die lfd. Nummer der Anlage N-AUS einzutragen. Zudem wird in **Zeile 4** die Angabe des Staates angefordert, in dem ausl. Einkünfte aus nichtselbständiger Tätigkeit erzielt wurden. Da die Anlage N-AUS je ausl. Tätigkeitsstaat einzureichen ist, kann sich die Verpflichtung zur Abgabe mehrerer Anlagen N-AUS je stpfl. Person ergeben.

2. Allgemeine Angaben (Zeilen 5–31)

1179 § 50d Abs. 8 Satz 1 EStG bestimmt, falls Einkünfte einer unbeschränkt stpfl. Person aus nichtselbständiger Arbeit nach einem DBA von der BMG der deutschen Steuer auszunehmen sind, dass die Freistellung bei der Veranlagung ungeachtet des DBA nur gewährt wird, soweit nachgewiesen wird, dass der Staat, dem das Besteuerungsrecht nach DBA zusteht, auf dieses verzichtet hat oder dass die in diesem Staat auf die Einkünfte festgesetzten Steuern entrichtet wurden.

1) BMF v. 12.12.2023, IV B 2 – S 1300/21/10024 :005, BStBl I 2023, 2179.
2) BMF v. 12.12.2023, IV B 2 – S 1300/21/10024 :005, BStBl I 2023, 2179, Rz. 340.
3) Schmitt/Meyen, DB 2015, 1190.

Beratungshinweis:
Die Regelung des § 50d Abs. 8 Satz 1 EStG i.d.F. vom 15.12.2003 ist verfassungsgemäß.[1] Im Rahmen der Freistellung von Einkünften nach § 50d Abs. 8 EStG ist unerheblich, ob Einkünfte aus nichtselbständiger Arbeit (§ 19 EStG) nachweislich in vollem Umfang oder nur teilweise (hier: keine Besteuerung von Pauschalspesen) von der Besteuerung erfasst werden. Maßgeblich ist allein, dass das jeweilige Land die Einkünfte besteuert, nicht, inwieweit dies erfolgt.[2]

DBA können unterschiedliche Regelungen enthalten, um zu verhindern, dass die Abkommensanwendung zur Nichtbesteuerung von Einkünften oder zur ungerechtfertigten Inanspruchnahme von Abkommensvorteilen führt. Je nach Ausgestaltung dieser Bestimmungen unterscheidet man hauptsächlich zwischen Rückfall- oder Subject-to-tax-Klauseln (Besteuerungsvorbehalten), Remittance-base-Klauseln (Überweisungsklauseln) und Switch-over-Klauseln (Umschaltklauseln). Diese Klauseln sind vorrangig vor den nationalen Vorschriften (u.a. § 50d Abs. 8 und 9 EStG) anzuwenden.[3]

Bei stpfl. Personen, deren ausl. Einkünfte im Ausland nicht besteuert werden, wird durch § 50 Abs. 9 EStG ermöglicht, anstelle der von einem DBA vorgesehenen Freistellung eine deutsche Besteuerung unter Anrechnung etwaiger ausl. Steuern zu erlangen. Dies gilt, wenn die Nichtbesteuerung im Ausland darauf beruht, dass der andere Staat die betreffenden Einkünfte nicht seiner beschränkten Steuerpflicht unterwirft (§ 50d Abs. 9 Satz 1 Nr. 2 EStG). Soweit das Besteuerungsrecht nicht durch eine im DBA einschlägige Regelung an Deutschland zurückfällt, sind Einkünfte nach § 50d Abs. 9 Satz 1 Nr. 2 EStG nicht von der Besteuerung auszunehmen, soweit die Nichtbesteuerung darauf zurückzuführen ist, dass sich der andere Vertragsstaat an der Ausübung seines DBA-Besteuerungsrechts durch sein innerstaatliches Recht, das diese Einkünfte ganz oder teilweise i.R.d. beschränkten Steuerpflicht nicht erfasst, gehindert sieht. Als Nichtbesteuerung gilt auch, wenn Einkünfte oder Einkunftsteile nur deshalb im anderen Vertragsstaat besteuert werden, weil die stpfl. Person es versäumt, einen Antrag auf Erstattung der erstattungsfähigen Steuer zu stellen. § 50d Abs. 9 EStG verhindert auch dann eine vom DBA angeordnete Steuerfreistellung, wenn der andere Vertragsstaat das ihm abkommensrechtlich zugewiesene Besteuerungsrecht an den Einkünften i.R.d. beschränkten Steuerpflicht nur für einen Teil der Einkünfte wahrnimmt.

Die stpfl. Person muss für die Freistellung regelmäßig nachweisen, dass sämtliche ausl. Einkünfte und Einkunftsteile im ausl. Staat besteuert wurden und die ausl. Steuern entrichtet wurden. Weist die stpfl. Person nach, dass die Einkünfte, die im ausl. Staat erzielt wurden, der ausl. Staat wegen der dortigen beschränkten Steuerpflicht nicht erfassen kann, der ausl. Staat die entsprechenden Einkünfte aber bei unbeschränkt stpfl. Personen ebenfalls nicht besteuert, ist § 50 Abs. 9 Satz 1 Nr. 2 EStG nicht anwendbar. In diesen Fällen bleibt es bei der Freistellung der ausl. Einkünfte und Einkunftsteile von der deutschen ESt.[4] Die Regelungen sind kumulativ anzuwenden (§ 50d Abs. 9 Satz 3 EStG). Wurde im Jahr 2025 Arbeitslohn bezogen, kann dieser aus unterschiedlichen Gründen (Doppelbesteuerungsabkommen [DBA], sonstigen zwischenstaatlichen Übereinkommen [ZÜ] oder Auslandstätigkeitserlass [ATE]) steuerfrei behandelt werden. In **Zeile 5** ist daher der Grund für die Steuerentlastung anzugeben. Zur stl. Behandlung des Arbeitslohns nach den DBA vgl. BMF v. 12.12.2023[5]. Zur Frage der Übernahme von Steuerberatungskosten bei Auslandssachverhalten vgl. BMF v. 12.12.2023 .[6] Zur Steuerfreiheit nach ATE vgl. BMF v. 10.6.2022[7] sowie v. 8.10.2024[8]. Die Steuerbefreiung nach einem ZÜ kommt auch für unbeschränkt stpfl. Personen in Betracht, die im Inland eine nichtselbständige Tätigkeit ausgeübt haben.

a) Im Kalenderjahr 2025 habe ich steuerfreien Arbeitslohn bezogen (Zeile 5)

Allgemeine Angaben

5	Im Kalenderjahr 2025 habe ich steuerfreien Arbeitslohn bezogen		1 = nach Doppelbesteuerungsabkommen (DBA) 2 = nach dem Auslandstätigkeitserlass (ATE) 3 = aufgrund eines sonstigen zwischenstaatlichen Übereinkommens (ZÜ)

aa) Steuerfreiheit nach Doppelbesteuerungsabkommen (DBA)

Vergütungen aus nichtselbständiger Arbeit, die ausschließlich im Ansässigkeitsstaat des Arbeitnehmers besteuert 1180
werden, werden im Ansässigkeitsstaat besteuert, es sei denn, die Tätigkeit wird in einem anderen Staat ausgeübt (Art. 15 Abs. 1 OECD-MA). Wird die nichtselbständige Arbeit in einem anderen Staat ausgeübt, steht grds. dem Tätigkeitsstaat das Besteuerungsrecht für die bezogenen Vergütungen zu.[9]

Beratungshinweis:
Die Berücksichtigung erzielter Einkünfte i.R.d. Progressionsvorbehalts soll nicht zu einer Beeinträchtigung der Arbeitnehmerfreizügigkeit führen, sondern beruht auf der erhöhten Leistungsfähigkeit der stpfl. Person und beinhaltet als solche keine Diskriminierung.[10]

---

1) BVerfG v. 15.12.2015, 2. BvL 1/12, HFR 2016, 405.
2) FG Münster v. 21.3.2019, 6 K 2185/17 E, EFG 2019, 958; Rev., Az. des BFH: I R 23/19, zurückgenommen.
3) BMF v. 20.6.2013, IV B 2 – S 1300/09/10006, BStBl I 2013, 980.
4) BMF v. 12.12.2023, IV B 2 – S 1300/21/10024 :005, BStBl I 2023, 2179, Rz. 89.
5) BMF v. 12.12.2023, IV B 2 – S 1300/21/10024 :005, BStBl I 2023, 2179.
6) BMF v. 12.12.2023, IV B 2 – S 1300/21/10024 :005, BStBl I 2023, 2179, Rz. 344.
7) BMF v. 10.6.2022, IV C 5 – S 2293/19/10012 :001, BStBl I 2022, 997.
8) BMF v. 8.10.2024, IV C 5 – S 2367/23/10001 :001, BStBl I 2023, 1308.
9) Vgl. weiter BMF v. 12.12.2023, IV B 2 – S 1300/21/10024 :005, BStBl I 2023, 2179, Rz. 25.
10) FG Hamburg v. 6.2.2014, 2 K 73/13, EFG 2014, 1000.

(1) Berechnung der 183-Tage-Regelung

(1.1) Ermittlung der 183-Tage-Regelung nach den Aufenthalts-/Ausübungstagen

1181 Eine Zuweisung des Besteuerungsrechts an den Ansässigkeitsstaat ist davon abhängig, dass sich der Empfänger der Vergütungen im anderen Staat nicht länger als 183 Tage (grds.) innerhalb eines Zeitraums von 12 Monaten aufhält (Art. 15 Abs. 2 OECD). Die 183-Tage-Regelung bezieht sich regelmäßig auf den **Aufenthalt im Tätigkeitsstaat** (körperliche Anwesenheit im Tätigkeitsstaat).[1] Nach einigen DBA ist jedoch die Dauer der Ausübung der nichtselbständigen Arbeit im Tätigkeitsstaat maßgebend.[2] Die Regelung kann sich entweder auf das **Steuerjahr** beziehen oder auf das **Kj.**[3] oder auch auf einen Zeitraum von zwölf Monaten.[4]

Tage, an denen der Arbeitnehmer im Tätigkeitsstaat auch ansässig war, gelten nicht als Zähltage i.S.d. 183-Tage-Regelung.

(1.2) 183-Tage-Regelung – Ermittlung nach dem Aufenthalt im Tätigkeitsstaat

1182 Wird in einem DBA zur Ermittlung der Aufenthalts-/Ausübungstage auf den **Aufenthalt** im Tätigkeitsstaat abgestellt, ist hierbei nicht die Dauer der beruflichen Tätigkeit maßgebend, sondern allein die körperliche Anwesenheit im Tätigkeitsstaat. Es kommt darauf an, dass der Arbeitnehmer an mehr als 183 Tagen im Tätigkeitsstaat anwesend war. Dabei ist auch eine nur kurzfristige Anwesenheit an einem Tag als voller Aufenthaltstag im Tätigkeitsstaat zu berücksichtigen. Es muss sich nicht um einen zusammenhängenden Aufenthalt im Tätigkeitsstaat handeln; mehrere Aufenthalte im selben Tätigkeitsstaat sind zusammenzurechnen.

Als volle Tage des Aufenthalts im Tätigkeitsstaat werden u.a. mitgezählt:

- der Ankunfts- und Abreisetag (d.h. nur teilweise im Tätigkeitsstaat verbrachte Anwesenheitszeiten werden bei der Prüfung der 183-Tage-Regelung als volle Anwesenheitstage gerechnet),
- alle Tage der Anwesenheit im Tätigkeitsstaat unmittelbar vor, während und unmittelbar nach der Tätigkeit, z.B. Samstage, Sonntage, öffentliche Feiertage im Tätigkeitsstaat,
- Tage des Aufenthalts im Tätigkeitsstaat während Arbeitsunterbrechungen, z.B. bei Streik, Aussperrung, Ausbleiben von Lieferungen oder Krankheit, es sei denn, die Krankheit steht der Abreise des Arbeitnehmers entgegen und er hätte ohne sie die Voraussetzungen für die Steuerbefreiung im Tätigkeitsstaat erfüllt,
- Urlaubstage, die unmittelbar oder in einem engen zeitlichen Zusammenhang vor, während und nach der Tätigkeit im Tätigkeitsstaat verbracht werden.[5]

1183 **Beispiel:**

Die stpfl. Person ist für den Arbeitgeber mehrere Monate lang in den Niederlanden tätig. Die Wochenenden verbringt diese bei der Familie in Deutschland. Sie fährt jeden Freitag nach Arbeitsende nach Deutschland und verlässt Deutschland jeweils am Montagmorgen, um in den Niederlanden ihrer Berufstätigkeit nachzugehen.

Die Tage von Montag bis Freitag sind jeweils als volle Anwesenheitstage in den Niederlanden zu berücksichtigen, weil sich die stpfl. Person zumindest zeitweise dort aufgehalten hat. Dagegen können die Samstage und Sonntage mangels Aufenthalts in den Niederlanden nicht als Anwesenheitstage i.S.d. 183-Tage-Klausel berücksichtigt werden.

1184 Tage, die ausschließlich außerhalb des Tätigkeitsstaats verbracht werden, unabhängig davon, ob aus beruflichen oder privaten Gründen, werden nicht mitgezählt. Auch zählen Tage des Transits in einem Durchreisestaat nicht als Aufenthaltstage für diesen Staat.

1185 Kehrt der Arbeitnehmer täglich zu seinem Wohnsitz im Ansässigkeitsstaat zurück, so ist er täglich im Tätigkeitsstaat anwesend.[6]

Beratungshinweis:

Zur Ermittlung der Aufenthaltstage nach dem DBA-Frankreich vgl. Verständigungsvereinbarung v. 16.2.2006.[7] Der BFH hatte in diesem Zusammenhang entschieden, dass die abgeschlossene Verständigungsvereinbarung die Rechtsprechung nicht bindet. Zu berücksichtigen sind daher tatsächlich nur die Tage, an denen sich der Arbeitnehmer auch physisch im Tätigkeitsstaat aufhält.[8] Insoweit sollte auch im Zusammenhang mit Verständigungsvereinbarungen geprüft werden, ob diese mit dem Abkommenswortlaut in Einklang stehen.

(1.3) 183-Tage-Regelung – Ermittlung nach der Dauer der Ausübung der unselbständigen Arbeit im Tätigkeitsstaat

1186 Die 183-Tage-Regelung ist für jeden Tätigkeitsstaat gesondert zu prüfen. Dabei sind mehrere Aufenthalte in dem gleichen Tätigkeitsstaat innerhalb des maßgeblichen Bezugszeitraums zusammen zu rechnen. Wird in einem DBA zur Ermittlung der Aufenthalts-/Ausübungstage auf die Dauer der Ausübung der unselbständigen Arbeit im Tätigkeitsstaat abgestellt, so ist hierbei jeder Tag zu berücksichtigen, an dem sich der Arbeitnehmer, sei es auch nur für kurze Zeit, in dem anderen Vertragsstaat zur Arbeitsausübung tatsächlich aufgehalten hat.

---

1) Z.B. DBA Frankreich, Italien und Österreich; BMF v. 12.12.2023, IV B 2 – S 1300/21/10024 :005, BStBl I 2023, 2179, Rz. 107.
2) Z.B. Art. 15 Abs. 2 DBA Belgien und Dänemark.
3) Z.B. DBA Italien, Schweiz oder Luxemburg.
4) Z.B. DBA Kanada, Russische Föderation oder Norwegen.
5) Im Zusammenhang mit DBA Portugal vgl. BFH v. 23.2.2005, I R 13/04, BFH/NV 2005, 1242.
6) BFH v. 10.7.1996, I R 4/96, BStBl II 1997, 15.
7) BMF v. 3.4.2006, IV B 6 – S 1301 FRA – 26/06, BStBl I 2006, 304.
8) BFH v. 12.10.2011, I R 15/11, BStBl II 2012, 548.

Beispiel:

Die stpfl. Person ist für den Arbeitgeber mehrere Monate lang jeweils von Montag bis Freitag in Dänemark tätig. Die Wochenenden werden zusammen mit der Familie in Deutschland verbracht, so dass die stpfl. Person an jedem Samstag von Dänemark nach Deutschland und an jedem Sonntag zurück nach Dänemark fährt.

Die Tage von Montag bis Freitag sind jeweils als volle Tage in Dänemark zu berücksichtigen, weil an diesen Tagen dort die berufliche Tätigkeit ausgeübt wird. Die Samstage und Sonntage sind mangels Ausübung der Tätigkeit in Dänemark nicht als Tage i.S.d. 183-Tage-Klausel zu berücksichtigen.

Tage der Anwesenheit im Tätigkeitsstaat, an denen eine Ausübung der beruflichen Tätigkeit ausnahmsweise nicht möglich ist, werden mitgezählt, z.B. bei Streik, Aussperrung, Ausbleiben von Lieferungen oder Krankheit, es sei denn, die Krankheit steht der Abreise des Arbeitnehmers entgegen und er hätte ohne sie die Voraussetzungen für die Steuerbefreiung im Tätigkeitsstaat erfüllt.

Alle arbeitsfreien Tage der Anwesenheit im Tätigkeitsstaat vor, während und nach der Tätigkeit, z.B. Samstage, **1187**
Sonntage, öffentliche Feiertage, Urlaubstage, sind insoweit nicht zu berücksichtigen. Im Verhältnis zu Belgien gilt die Besonderheit, dass für die Berechnung der Tage der Arbeitsausübung übliche Arbeitsunterbrechungen mitgezählt werden. Daraus folgt, dass z.B. Tage wie Samstage, Sonntage, Krankheits- und Urlaubstage, auch wenn sie nicht im Tätigkeitsstaat verbracht werden, mitzuzählen sind, soweit sie auf den Zeitraum der Auslandstätigkeit entfallen (Art. 15 Abs. 2 Nr. 1 DBA-Belgien).

(1.4) Anwendung der 183-Tage-Regelung auf das Steuerjahr/Kalenderjahr

Für die Anwendung der Regelung ist es von elementarer Bedeutung, in welchem Bezugszeitraum sich die stpfl. **1188**
Person wie lange im Tätigkeitsstaat aufgehalten hat. Bestimmt ist dabei ein 12-Monats-Zeitraum (Art. 15 Abs. 2 OECD-MA). Die einzelnen DBA sehen davon abweichend vor, dass auf Steuer- oder Kj. abgestellt wird. Aufenthalts-/Ausübungstage sind daher für jedes Steuer- oder Kj. gesondert zu ermitteln. Weicht das Steuerjahr des anderen Vertragsstaats vom (Kalender-)Steuerjahr Deutschlands ab, ist jeweils das Steuerjahr des Vertragsstaats maßgebend, in dem die Tätigkeit ausgeübt wird.

Es sind alle denkbaren 12-Monats-Zeiträume in Betracht zu ziehen, auch wenn sich diese ggf. überschneiden sollten. Der 183-Tage-Zeitraum kann sich daher auf das Kj. (z.B. Abkommen mit Italien, Österreich, Schweiz), auf einen Zeitraum von 12 Monaten oder auf ein abweichendes Steuerjahr beziehen.

Beispiel 1:

Die stpfl. Person hält sich in der Zeit vom 1.4.2023 bis 31.3.2025 an 150 Tagen und zwischen dem 1.8.2023 und 31.7.2025 an 210 Tagen im anderen Vertragsstaat auf.

Das Besteuerungsrecht für den Zeitraum 1.8.2024 bis 31.7.2025 steht dem anderen Vertragsstaat zu.

Beispiel 2:

Die stpfl. Person X ist für den Arbeitgeber zwischen dem 1.1.2024 und dem 28.2.2024 sowie vom 1.5.2024 bis zum 30.4.2025 für jeweils monatlich 20 Tage in Norwegen tätig.

Das Besteuerungsrecht für die Vergütungen, die innerhalb des Zeitraums 1.5.2024 bis 30.4.2025 auf Tage entfallen, an denen sich X in Norwegen aufhält, hat Norwegen, da sich X innerhalb eines 12-Monats-Zeitraums dort an insg. mehr als 183 Tagen (= 240 Tage) aufgehalten hat. Gleiches gilt für den Zeitraum 1.1.2025 bis 28.2.2025, da sich X auch innerhalb des 12-Monats-Zeitraums vom 1.1.2025 bis zum 31.12.2025 an insg. mehr als 183 Tagen (= 200 Tage) in Norwegen aufgehalten hat.

Folgende Vertragsstaaten haben ein vom Kj. abweichendes Steuerjahr (Stand 1.1.2023)[1]:

– Bangladesch	1.7. – 30.6.
– Indien	1.4. – 31.3.
– Iran	21.3. – 20.3.
– Namibia	1.3. – 28./29.2.
– Neuseeland	1.4. – 31.3.
– Pakistan	1.7. – 30.6.
– Sri Lanka	1.4. – 31.3.
– Südafrika	1.3. – 28./29.2.

Das Kj. wurde z.B. mit folgenden Staaten (Stand: 1.1.2023) vereinbart:

- Belgien
- Dänemark
- Island
- Österreich
- Portugal
- Schweden
- Schweiz
- USA

1) BMF v. 12.12.2023, IV B 2 – S 1300/21/10024 :005, BStBl I 2023, 2179, Rz. 129.

(1.5) Anwendung der 183-Tage-Regelung auf einen 12-Monats-Zeitraum

1189 Wird in einem DBA nicht auf das Steuer- oder Kalenderjahr, sondern auf einen „Zeitraum von zwölf Monaten" abgestellt, so sind hierbei alle möglichen 12-Monats-Zeiträume in Betracht zu ziehen, auch wenn sie sich zum Teil überschneiden. Hält sich die stpfl. Person in einem beliebigen 12-Monats-Zeitraum an mehr als 183 Tagen in dem anderen Vertragsstaat auf, steht diesem für die Einkünfte, die auf diese Tage entfallen, das Besteuerungsrecht zu. Mit jedem Aufenthaltstag des Arbeitnehmers in dem anderen Vertragsstaat ergeben sich somit neue zu beachtende 12-Monats-Zeiträume. Der 12-Monats-Zeitraum kommt auch in Bezug auf Großbritannien zur Anwendung.[1)]

Beispiel:

Die stpfl. Person ist für den Arbeitgeber vom 1.4.01 bis 20.4.01, zwischen dem 1.8.01 und dem 31.3.02 für 90 Tage sowie vom 25.4.02 bis zum 31.7.02 für 97 Tage in Norwegen tätig.

Für die Vergütungen, die innerhalb des Zeitraums 1.8.01 bis 31.7.02 auf Tage entfallen, an denen sich die stpfl. Person in Norwegen aufhält, hat Norwegen das Besteuerungsrecht, da sie sich innerhalb eines 12-Monats-Zeitraums dort an insgesamt mehr als 183 Tagen aufgehalten hat. Deutschland stellt insoweit die erhaltenen Vergütungen frei (Art. 23 Abs. 2 DBA-Norwegen). Das Besteuerungsrecht für die Einkünfte, die auf den Zeitraum 1.4. bis 20.4.01 entfallen, steht Deutschland zu, da sich die stpfl. Person in allen auf diesen Zeitraum bezogenen denkbaren 12-Monats-Zeiträumen an nicht mehr als 183 Tagen in Norwegen aufgehalten hat.

(1.6) Ermittlung der 183-Tage-Regelung je Tätigkeitsstaat

1190 Die 183-Tage-Regelung ist für jeden Tätigkeitsstaat gesondert zu prüfen. Dabei sind mehrere Aufenthalte in dem gleichen Tätigkeitsstaat innerhalb des maßgeblichen Bezugszeitraums zusammenzurechnen.

Beispiel:

Der Arbeitnehmer ist in Deutschland wohnhaft und war für den Arbeitgeber im maßgeblichen Bezugszeitraum (Kj.) zweimal im Staat B tätig. In B hat er sich aufgehalten vom 1.2. bis zum 30.5. und vom 1.7. bis zum 15.9.

Während des ersten Aufenthalts war er vom 10.5. bis zum 20.5. erkrankt. Seine Tätigkeit hat A mit einem Urlaub vom 15.8. bis zum 15.9. abgeschlossen.

Das Besteuerungsrecht steht dem Tätigkeitsstaat B zu. Berechnung:

	Anwesenheitstage
1.2. – 30.5.	119
1.7. – 15.9.	77
Summe	**196**

(2) Zahlung durch einen im Tätigkeitsstaat ansässigen Arbeitgeber

(2.1) Allgemeines

1191 Eine Zuweisung des Besteuerungsrechts an den Ansässigkeitsstaat setzt voraus, dass die Vergütungen von einem Arbeitgeber oder für einen Arbeitgeber gezahlt werden, der nicht im anderen Staat ansässig ist (Art. 15 Abs. 2 Buchst. b OECD-MA). Gelder der EU, die an einen Polizeibeamten mit Wohnsitz im Inland für dessen Tätigkeit im Rahmen von **Frontex**-Einsätzen in Griechenland gezahlt werden, unterliegen der inl. Steuerpflicht.[2)]

Praxishinweis:

Diese Regelung verfolgt den Zweck, die Einkünfte aus nichtselbständiger Arbeit in dem Vertragsstaat der Besteuerung zu unterwerfen, in dem die Unternehmensgewinne des Arbeitgebers versteuert werden.

Beispiel:

Die stpfl. Person wohnt im Vertragsstaat A und arbeitet ab dem 1.12.2025 im Vertragsstaat B (20 Aufenthaltstage in 2025 in B) für den dort ansässigen Arbeitgeber. Das DBA sieht als Bezugszeitraum für die 183-Tage-Frist das Kj. vor.

Die stpfl. Person hat sich nicht mehr als 183 Tage in B aufgehalten. Die Voraussetzung nach Art. 15 Abs. 2 Buchst. a OECD-MA sind erfüllt. Auf Grund des Unternehmenssitzes des Arbeitgebers im Tätigkeitsstaat B ist die Voraussetzung des Art. 15 Abs. 2 Buchst. b OECD-MA nicht erfüllt. Das Besteuerungsrecht ist daher dem Vertragsstaat B zuzuweisen (Art. 15 Abs. 1 OECD-MA).

Die deutschen DBA enthalten eine Regelung zur Ansässigkeit des Arbeitgebers mit Ausnahme der DBA Indien, Norwegen und Österreich. Nach den in den vorgenannten DBA enthaltenen Regelungen ist eine Zuweisung des Besteuerungsrechts an den Ansässigkeitsstaat davon abhängig, dass der Arbeitgeber seinen Sitz im Ansässigkeitsstaat des Arbeitnehmers hat.

---

1) Bekanntmachung über das Inkrafttreten des deutsch-britischen Abkommens v. 12.4.2011, BGBl. I 2011, 536; BMF v. 12.12.2023, IV B 2 – S 1300/21/10024 :005, BStBl I 2023, 2179, Rz. 134.
2) BFH v. 16.5.2024, VI R 31/21, BStBl II 2024, 646.

Beispiel:

Die stpfl. Person ist in der BRD ansässig. Im Auftrag des in Japan ansässigen Arbeitgebers wird sie in

1) Norwegen (10 Aufenthaltstage) und
2) den NL (12 Aufenthaltstage) tätig.

Lösung zu 1):

Der Sitz des Arbeitgebers ist nicht im Ansässigkeitsstaat der stpfl. Person, so dass die in Art. 15 Abs. 2 Nr. 2 DBA Norwegen enthaltene Voraussetzung nicht erfüllt ist. Das Besteuerungsrecht ist dem Tätigkeitsstaat Norwegen zuzuweisen (Art. 15 Abs. 1 DBA Norwegen).

Lösung zu 2):

Der Sitz des Arbeitgebers befindet sich in Japan und damit nicht im Tätigkeitsstaat NL. Die in Art. 10 Abs. 2 Nr. 2 DBA NL normierte Voraussetzung für eine Zuweisung des Besteuerungsrechts an den Ansässigkeitsstaat BRD ist damit erfüllt.

(2.2) Definition des Arbeitgeberbegriffs nach DBA

Arbeitgeber i.S.d. DBA-Regelungen kann zunächst jede natürliche oder juristische Person sein. Die im Ausland ausgeübte unselbständige Tätigkeit eines Arbeitnehmers kann **1192**

- für seinen zivilrechtlichen Arbeitgeber,

Praxishinweis:

Sofern die stpfl. Person für den eigenen zivilrechtlichen Arbeitgeber bei einem nicht verbundenen Unternehmen tätig geworden ist, kann davon ausgegangen werden, dass dieser auch Arbeitgeber i.S.d. DBA ist.

- im Rahmen einer Arbeitnehmerentsendung zwischen verbundenen Unternehmen oder

Praxishinweis:

Arbeitgeber kann auch ein Unternehmen sein, das die Vergütungen für die geleistete Arbeit wirtschaftlich trägt. Bei der Prüfung ist auf den wirtschaftlichen Gehalt und die Durchführung der zu Grunde liegenden Vereinbarungen abzustellen.[1] Das BMF-Schreiben v. 12.12.2024[2] zur Prüfung der Einkunftsabgrenzung zwischen international verbundenen Unternehmen in Fällen der Arbeitnehmerentsendung ist hinsichtlich einzeln abgrenzbarer Leistungen gesondert zu beachten.

- für einen fremden dritten Arbeitgeber erfolgen.

Als Arbeitgeber kommt eine Personengesellschaft in Betracht. Die Ansässigkeit des Unternehmens bestimmt sich in diesem Fall nach dem Ort der Geschäftsleitung. Entsprechendes gilt für eine Personengesellschaft, die im anderen Staat wie eine Kapitalgesellschaft besteuert wird.

Eine **Betriebsstätte** ist zivilrechtlich keine Arbeitgeberin.[3] Als Arbeitgeber i.S. eines DBA kommt nur ein im Tätigkeitsstaat vorhandenes rechtlich selbständiges Steuersubjekt in Betracht. Hieraus folgt für die Prüfung (Art. 15 Abs. 2 Buchst. b OECD-MA), dass die Voraussetzung für die Zuweisung des Besteuerungsrechts an den Ansässigkeitsstaat stets erfüllt ist. In diesen Fällen kommt der Prüfung der in Art. 15 Abs. 2 Buchst. c OECD-MA enthaltenen Voraussetzung besondere Bedeutung zu. Die Regelungen des Art. 15 Abs. 2 OECD-MA kommen nicht zur Anwendung, wenn die Vergütungen von einer Betriebsstätte getragen werden, die der Arbeitgeber im anderen Staat (Tätigkeitsstaat) hat. Die ausl. Betriebsstätte einer im Inland ansässigen rechtlich selbständigen Person kann nicht Arbeitgeber gem. Art. 15 Abs. 2 Buchst. b OECD-MustAbk sein.[4]

Zur Frage der Ansässigkeit eines Arbeitgebers, der in beiden Vertragsstaaten als ansässig gilt vgl. BFH v. 5.6.2007.[5]

bb) Zahlung des Arbeitslohns zu Lasten einer Betriebsstätte des Arbeitgebers im Tätigkeitsstaat

(1) Allgemein

Eine Zuweisung des Besteuerungsrechts an den Tätigkeitsstaat erfolgt, wenn die Vergütungen von einer Betriebsstätte getragen werden, die der Arbeitgeber im Tätigkeitsstaat unterhält (Art. 15 Abs. 2 Buchst. c OECD-MA). **1193**

(2) Betriebsstätte

Maßgebend für den Begriff der „Betriebsstätte" ist die Definition in dem jeweiligen Abkommen (Art. 5 OECD-MA). **1194**
Nach mehreren DBA ist z.B. eine Bau- oder Montagestelle (anders als nach § 12 AO – 6 Monate) erst ab einem Zeitraum von mehr als 12 Monaten eine Betriebsstätte. Arbeitgeber kann dabei grds. jede natürliche, juristische Person oder auch eine Personengesellschaft sein. Eine rechtlich unselbständige Betriebsstätte ist dagegen kein Arbeitgeber.[6] Als Arbeitgeber im Sinne eines DBA (Art. 15 Abs. 2 OECD-MA) kommt nur ein im Tätigkeitsstaat vorhandenes rechtlich selbständiges Steuersubjekt in Betracht. **Räumlichkeiten** können dann eigene Betriebsstätten darstellen, wenn es sich hierbei um eine eingeschaltete Managementgesellschaft handelt und hierüber kein ver-

1) BFH v. 23.2.2005, I R 46/03, BStBl II 2005, 547.
2) BMF v. 12.12.2024, IV B 3 – S 1341/19/10017 :004, BStBl I 2025, 207.
3) BFH v. 29.1.1986, I R 109/85, BStBl II 1986, 442 und 513.
4) BFH v. 12.12.2024, VI R 25/22, BStBl II 2025, 507.
5) BFH v. 5.6.2007, I R 1/06, BStBl II 2007, 810.
6) BFH v. 29.1.1986, I R 109/85, BStBl II 1986, 442.

traglich eingeräumtes eigenes Nutzungsrecht besteht.[1] Die Betriebsstätte eines **Subunternehmers** ist dann als eine solche des Hauptunternehmers anzusehen, wenn dieser die Tätigkeit des Subunternehmers im Rahmen der betreffenden Einrichtung fortlaufend überwacht.[2] Das bloße Tätigwerden in den Räumlichkeiten des Vertragspartners ist dabei nicht alleine ausreichend. Neben der zeitlichen Komponente müssen zusätzliche Umstände auf eine auch örtliche Verfestigung der Tätigkeit schließen lassen.[3] Ein **Verkaufsstand**, den ein Unternehmen einmal im Jahr vier Wochen lang auf einem Weihnachtsmarkt unterhält, begründet keine Betriebsstätte.[4]

(3) Tragen der Vergütung

1195 Der Arbeitslohn wird zu Lasten einer Betriebsstätte gezahlt, wenn die Zahlungen wirtschaftlich der Betriebsstätte zuzuordnen sind. Nicht entscheidend ist, wer die Vergütungen ausbezahlt oder wer die Vergütungen in seiner Teilbuchführung abrechnet. Entscheidend ist allein, ob und ggf. in welchem Umfang die ausgeübte Tätigkeit des Arbeitnehmers nach dem jeweiligen DBA der Betriebsstätte zuzuordnen ist und die Vergütung deshalb wirtschaftlich zu Lasten der Betriebsstätte geht.[5] Wenn der Arbeitslohn lediglich Teil von Verrechnungen für Lieferungen oder Leistungen im Verhältnis zur Betriebsstätte ist, wird der Arbeitslohn als solcher nicht von der Betriebsstätte getragen.

Praxishinweis:

Praktische Relevanz hat insb. auch die Auslegung des Tatbestandsmerkmals „Gehaltstragung". Insbesondere in den Fällen, in denen für die Einkünfte aus nichtselbständiger Tätigkeit dem ausl. Tätigkeitsstaat das Besteuerungsrecht zugewiesen wird, könnte nach der sog. Tie-Breaker-Regelung (Art. 15 Abs. 2 OECD-MA) das Besteuerungsrecht Deutschland als Ansässigkeitsstaat zustehen.

Beispiel:

Die stpfl. Person ist vom 1.1.2025 bis 31.3.2025 bei einer Betriebsstätte des Arbeitgebers in Frankreich tätig. Der Lohnaufwand ist der Betriebsstätte als BA zuzuordnen.

Das Besteuerungsrecht für den Arbeitslohn steht Frankreich zu. Die Voraussetzungen der 183-Tage-Regelung sind zwar in Frankreich nicht erfüllt, da aber der Arbeitslohn zu Lasten der französischen Betriebsstätte des Arbeitgebers geht, bleibt das Besteuerungsrecht für Deutschland nicht erhalten (Art. 13 Abs. 4 DBA Frankreich). Frankreich kann als Tätigkeitsstaat den Arbeitslohn besteuern (Art. 13 Abs. 1 DBA Frankreich). Entscheidend ist der Ort der Arbeitsausübung.[6] In Deutschland sind die Einkünfte steuerfrei, unterliegen jedoch dem Progressionsvorbehalt (Art. 20 Abs. 1 Buchst. a DBA Frankreich; § 50d Abs. 8 EStG).

Praxishinweis:

Nach einigen DBA ist weitere Voraussetzung, dass der Arbeitgeber im selben Staat wie der Arbeitnehmer ansässig ist (z.B. Art. 15 Abs. 2 Buchst. b DBA-Norwegen).

Artikel 13b DBA Frankreich dürfte bei summarischer Prüfung nicht einschränkend dahingehend auszulegen sein, dass die Sportler, die zugleich Grenzgänger i.S.d. Art. 13 Abs. 5 DBA Frankreich sind, der Regelung des Art. 13b DBA Frankreich nicht unterfallen. Eine derartige Auslegung dürfte dem Abkommenswortlaut widersprechen und damit unzulässig sein.[7]

1196 Lediglich in den Fällen, in denen alle drei Voraussetzungen zusammen vorliegen, steht dem jeweiligen Ansässigkeitsstaat des Arbeitnehmers das Besteuerungsrecht für Vergütungen, die für eine im Ausland ausgeübte Tätigkeit gezahlt werden, zu. Liegen dagegen nicht sämtliche Voraussetzungen des Art. 15 Abs. 2 OECD-MA zusammen vor, steht dem Tätigkeitsstaat das Besteuerungsrecht für die vom Arbeitnehmer dort ausgeübte unselbständige Arbeit zu (Art. 15 Abs. 1 OECD-MA). Ist in einem solchen Fall Deutschland der Ansässigkeitsstaat des Arbeitnehmers, sind die Vergütungen unter Beachtung des § 50d Abs. 8 EStG im Inland freizustellen und nur i.R.d. Progressionsvorbehalts zu berücksichtigen. Ist in einem solchen Fall Deutschland der Tätigkeitsstaat, ist nach den Vorschriften des nationalen Rechts zu prüfen, ob die Vergütungen des Arbeitnehmers aus seiner im Inland ausgeübten Tätigkeit im Wege der unbeschränkten oder der beschränkten Steuerpflicht der inl. Besteuerung unterliegen.

b) Steuerfreiheit nach dem Auslandstätigkeitserlass (ATE)

aa) Allgemein

1197 Besteht mit dem Staat, in dem die nichtselbständige Tätigkeit ausgeübt oder verwertet wird, kein DBA, so hat nach dem Welteinkommensprinzip grds. eine Erfassung im Inland zu erfolgen (z.B. Hongkong, Nigeria, Saudi-Arabien). Die obersten Finanzbehörden der Länder oder die von ihnen beauftragten Finanzbehörden können mit Zustimmung des BMF die auf ausl. Einkünfte entfallende deutsche Einkommensteuer ganz oder zum Teil erlassen oder in einem Pauschbetrag festsetzen, wenn es aus volkswirtschaftlichen Gründen[8] zweckmäßig ist oder die Anwendung der Steuerermäßigung bei ausl. Einkünften (§ 34c Abs. 1 EStG) besonders schwierig ist (§ 34c Abs. 5 EStG). Die Regelung ist ein Auffangtatbestand. Der Erlass stellt dabei eine ermessensleitende Verwaltungsvorschrift für besondere Billigkeitsmaßnahmen dar. Ist es zweifelhaft, ob die Tatbestandsvoraussetzungen erfüllt sind, obliegt die Entscheidung über die Anwendbarkeit der Behörde. Dieser steht es frei, im Zweifelsfall von der Anwendung

1) BFH v. 24.8.2011, I R 46/10, BStBl II 2014, 764.
2) BFH v. 23.2.2011, I R 52/10, BFH/NV 2011, 1354.
3) BFH v. 14.7.2004, I R 106/03, BFH/NV 2005, 154.
4) BFH v. 17.9.2003, I R 12/02, BStBl II 2004, 396.
5) BFH v. 24.2.1988, I R 143/84, BStBl II 1988, 819.
6) BFH v. 16.1.2019, I R 66/17, BFH/NV 2019, 1067.
7) FG Saarland v. 10.9.2020, 2 V 1007/20, EFG 2020, 1479.
8) BVerfG v. 19.4.1978, 2 BvL 2/75, BStBl II 1978, 548.

Abstand zu nehmen.[1] Rechtsgrundlage für beschränkt stpfl. Personen ist die Regelung in § 50 Abs. 7 EStG. Hierbei handelt es sich um eine einseitige Regelung des deutschen Staates und stellt keinen bilateralen Vertrag dar. Die Anwendung des § 50d Abs. 8 EStG kommt in den Fällen des ATE nicht in Betracht so dass eine Freistellung von der inl. Besteuerung unabhängig davon in Betracht kommt, ob und inwieweit der ausl. Staat eine tatsächliche Besteuerung durchführt.[2] Ausfluss aus dieser Rechtsvorschrift ist der sog. ATE,[3] der bei Arbeitnehmern eines inl. Arbeitgebers von einer Besteuerung absieht, wenn eine nach diesem Erlass begünstigte Tätigkeit für eine bestimmte Dauer in einem Nicht-DBA-Staat ausgeübt wird. Der BFH[4] hatte sich mit der Frage der Anwendung des ATE bei einer ansonsten begünstigten Tätigkeit in der Antarktis (Niemandsland) auseinanderzusetzen und verneinte die Anwendung des ATE. Zur Frage der sog. „Freizeitblöcke" als Urlaub i.S.d. ATE vgl. FG Schleswig-Holstein.[5]

Praxishinweis:

Sind Einkünfte einer unbeschränkt stpfl. Person nach einem DBA von der BMG der deutschen Steuer auszunehmen, so wird die Freistellung der Einkünfte (§ 50d Abs. 8 EStG) ungeachtet des DBA nicht gewährt, wenn

1. der andere Staat die Bestimmungen des Abkommens so anwendet, dass die Einkünfte in diesem Staat von der Besteuerung auszunehmen sind oder nur zu einem durch das Abkommen begrenzten Steuersatz besteuert werden können, oder
2. die Einkünfte in dem anderen Staat nur deshalb nicht stpfl. sind, weil sie von einer Person bezogen werden, die in diesem Staat nicht auf Grund ihres Wohnsitzes, ständigen Aufenthalts, des Ortes ihrer Geschäftsleitung, des Sitzes oder eines ähnlichen Merkmals unbeschränkt stpfl. ist.

Wendet der Arbeitgeber die sich aus dem ATE ergebende Steuerfreiheit im LSt-Abzugsverfahren nicht an, kann diese mit der ESt-Veranlagung nachträglich beantragt werden. **Der Antrag auf Anwendung des ATE kann auch noch nach Eintritt der Bestandskraft gestellt werden.**[6]

Praxishinweis:

Liegen die Voraussetzungen für die Anwendung des ATE vor, ist das FA im Rahmen einer gebundenen Ermessensentscheidung (Ermessensreduzierung auf „Null") verpflichtet, den Verzicht auf die Besteuerung auszusprechen.[7] Wenn eine der Voraussetzungen des ATE nicht erfüllt ist, kann dennoch ein Steuererlass aus volkswirtschaftlichen Gründen in Betracht kommen (§ 34c Abs. 5 EStG [→ Rz. 116]).[8]

bb) Inländischer Arbeitgeber

Bei einem Arbeitnehmer eines Arbeitgebers mit Sitz, Geschäftsleitung, Betriebsstätte oder einem ständigen Ver- **1198**
treter in einem Mitgliedsstaat der EU oder einem Staat, auf den das Abkommen über den EWR Anwendung findet (EU-/EWR-Arbeitgeber), wird von der Besteuerung des Arbeitslohns, den der Arbeitnehmer auf Grund eines gegenwärtigen Dienstverhältnisses für eine begünstigte Tätigkeit im Ausland erhält, abgesehen.

Zur Frage der Anwendbarkeit des ATE bei Arbeitgebern, die ihren Sitz nicht in einem Mitgliedsstaat der EU haben vgl. EuGH v. 28.2.2013.[9]

cc) Begünstigte Tätigkeit

Begünstigt ist die Auslandstätigkeit für einen inl. Lieferanten, Hersteller, Auftragnehmer oder Inhaber ausl. Mine- **1199**
ralaufsuchungs- oder -gewinnungsrechte im Zusammenhang mit

1. der Planung, Errichtung, Einrichtung, Inbetriebnahme, Erweiterung, Instandsetzung, Modernisierung, Überwachung oder Wartung von Fabriken, Bauwerken, ortsgebundenen großen Maschinen oder ähnlichen Anlagen; außerdem ist das Betreiben der Anlagen bis zur Übergabe an den Auftraggeber begünstigt; nicht begünstigt sind insb. Sanierungs-, Restaurierungs-, Reinigungs- und Sicherungsarbeiten an Bauwerken ohne industrielle bzw. technische Nutzung,
2. dem Einbau, der Aufstellung, der Instandsetzung oder Wartung sonstiger WG; diese WG müssen ausschließlich von EU-/EWR-Arbeitgebern hergestellt oder instandgesetzt bzw. gewartet werden; zu den sonstigen WG zählen auch Militärflugzeuge und Militärfahrzeuge,
3. dem Aufsuchen oder der Gewinnung von Bodenschätzen,
4. der Beratung ausl. Auftraggeber oder Organisationen im Hinblick auf Vorhaben i.S.d. Nrn. 1, 2 oder 3 oder
5. der deutschen öffentlichen Entwicklungshilfe i.R.d. technischen oder finanziellen Zusammenarbeit, wenn eine Projektförderung unmittelbar oder mittelbar aus inl. öffentlichen Mitteln zu mindestens 75 %. (Verschärfung ab dem VZ 2023) vorliegt.

---

1) FG Köln v. 19.6.2020, 15 K 609/18, EFG 2020, 1621.
2) BMF v. 12.12.2023, IV B 2 – S 1300/21/10024 :005, BStBl I 2023, 2179, Rz. 59.
3) BMF v. 10.6.2022, IV C 5 – S 2293/19/10012 :001, BStBl I 2022, 997.
4) BFH v. 14.6.1991, VI R 185/87, BStBl II 1991, 926.
5) FG Schleswig-Holstein v. 23.12.2013, 3 V 101/12, EFG 2014, 643.
6) BFH v. 17.2020, I R 7/18, BStBl II 2021, 211.
7) FG Köln v. 22.3.2001, 7 K 1709/99, EFG 2001, 974.
8) BFH v. 18.8.1987, VIII R 297/82, BStBl II 1988, 139.
9) EuGH v. 28.2.2013, C-544/11, IStR 2013, 279.

Nicht begünstigt sind

- die Tätigkeit des Bordpersonals auf Seeschiffen und

Beratungshinweis:

Art. 4 Abs. 3 EUV und Art. 208 i.V.m. Art. 210 AEUV sind dahin auszulegen, dass sie einer nationalen Steuerpraxis nicht entgegenstehen, wonach die Befreiung des Arbeitslohns, den ein Arbeitnehmer für eine Tätigkeit im Zusammenhang mit der öffentlichen Entwicklungshilfe erzielt, von der ESt versagt wird, wenn diese Tätigkeit aus einem Europäischen Entwicklungsfonds finanziert wird, während die Befreiung gewährt wird, wenn eine solche Tätigkeit zu mindestens 75 % durch ein für die Entwicklungszusammenarbeit zuständiges Ministerium oder durch eine dem betreffenden Mitgliedstaat gehörende private Entwicklungshilfegesellschaft finanziert wird.[1]

Zur Frage der Tätigkeit einer stpfl. Person, die Einkünfte an Bord eines Seeschiffes erzielt, wenn der Arbeitgeber seinen Sitz auf Zypern hat, vgl. FG Hamburg.[2]

- die Produktion von Schiffen im Ausland,
- die finanzielle Beratung mit Ausnahme der Tätigkeit im Zusammenhang mit der deutschen öffentlichen Entwicklungshilfe i.R.d. technischen oder finanziellen Zusammenarbeit, wenn eine Projektförderung unmittelbar oder mittelbar aus inl. Mitteln zu mind. 75 % vorliegt,
- das Einholen von Aufträgen (Akquisition), ausgenommen die Beteiligung an Ausschreibungen sowie
- die Tätigkeit im Bereich der humanitären Hilfe.

Zur Eintragung des Wirtschaftszweigs des Arbeitgebers siehe Zeile 15; zur Eintragung der Art des im Ausland begünstigten Vorhabens desselben siehe Zeile 16.

(1) Dauer der begünstigten Tätigkeit

1200 Die Auslandstätigkeit muss mind. drei Monate ununterbrochen in Staaten ausgeübt werden, mit denen kein Abkommen zur Vermeidung der Doppelbesteuerung besteht, in das Einkünfte aus nichtselbständiger Arbeit einbezogen sind. Sie beginnt mit Antritt der Reise ins Ausland und endet mit der endgültigen Rückkehr ins Inland. Eine vorübergehende Rückkehr ins Inland oder ein kurzer Aufenthalt in einem Staat, mit dem ein DBA besteht, in das Einkünfte aus nichtselbständiger Arbeit einbezogen sind, gelten bis zu einer Gesamtaufenthaltsdauer von zehn vollen Kalendertagen innerhalb der Mindestfrist nicht als Unterbrechung der Auslandstätigkeit, wenn sie zur weiteren Durchführung oder Vorbereitung eines begünstigten Vorhabens notwendig sind. Dies gilt bei längeren Auslandstätigkeiten entsprechend für die jeweils letzten drei Monate. Eine Unterbrechung der Tätigkeit im Falle eines Urlaubs oder einer Krankheit ist unschädlich, unabhängig davon, wo sich der Arbeitnehmer während der Unterbrechung aufhält. Zeiten der unschädlichen Unterbrechung sind bei der Dreimonatsfrist nicht mitzurechnen. Als unschädliche Unterbrechung gelten auch Freizeitblöcke (inkl. eingeschlossener arbeitsfreier Wochenenden und Feiertage) während einer begünstigten Auslandstätigkeit, wenn die Auslandstätigkeit insg. mindestens drei Monate in Staaten ausgeübt wird, mit denen kein DBA besteht, in das Einkünfte aus nichtselbständiger Arbeit einbezogen sind.

Beispiel:

Die stpfl. Person beginnt eine nach dem ATE begünstigte Tätigkeit am 4.10.2024. Sie wird bis zum 30.1.2025 in dem ausl. Staat, mit dem kein DBA besteht, ausgeübt. Die Dauer der Tätigkeit in dem Nicht-DBA-Staat beträgt mind. drei Monate. Bei der Dreimonatsfrist wird nicht auf das jeweilige Kj. abgestellt, so dass die Verteilung über mehrere Kj. unschädlich ist.

(2) Nichtanwendung

1201 Diese Regelung gilt nicht, wenn

- der Arbeitslohn aus inl. öffentlichen Kassen – einschließlich der Kassen der Deutschen Bundesbank – gezahlt wird,

Beratungshinweis:

Eine Steuerfreistellung kommt auch dann nicht in Betracht, wenn der Arbeitnehmer in einem Dienstverhältnis zur BRD steht und den Arbeitslohn von einer Besoldungsstelle bezieht. Dies gilt selbst in den Fällen, in denen die finanziellen Mittel in voller Höhe aus dem Haushalt der EU stammen.[3]

- die Tätigkeit in einem Staat ausgeübt wird, mit dem ein Abkommen zur Vermeidung der Doppelbesteuerung besteht, in das Einkünfte aus nichtselbständiger Arbeit einbezogen sind. Ist ein Abkommen für die Zeit vor seinem Inkrafttreten anzuwenden, so verbleibt es bis zum Zeitpunkt des Inkrafttretens bei den vorstehenden Regelungen, soweit sie für den Arbeitnehmer günstiger sind.

1) EuGH v. 7.9.2023, C-15/22, StEd 2023, 557; Verfahren wird weitergeführt, Az. des BFH: I R 51/23.
2) FG Hamburg v. 16.4.2019, 6 K 206/18, EFG 2019, 1366; Rev. Az. des BFH: I R 28/19 (ausgesetzt auf Grund des beim BVerfG anhängigen Verfahrens, Az. 2 BvL 21/14).
3) BFH v. 23.11.2005, I B 100/05, BFH/NV 2006, 298.

(3) Verfahrensvorschriften

Der Verzicht auf die Besteuerung im Steuerabzugsverfahren (Freistellungsbescheinigung) ist vom Arbeitgeber oder Arbeitnehmer beim Betriebsstätten-FA zu beantragen. Dabei ist glaubhaft zu machen, dass die nach deutschem Recht ermittelten Einkünfte im Tätigkeitsstaat voraussichtlich einer der deutschen ESt entsprechenden Steuer unterliegen; der Nachweis über die Höhe der Besteuerung ist erst im Veranlagungsverfahren erforderlich. Wurde glaubhaft gemacht, dass die Voraussetzungen der Steuerbefreiung vorliegen, so kann die Freistellungsbescheinigung erteilt werden, solange dem Arbeitgeber eine Änderung des LSt-Abzugs möglich ist (§ 41c EStG). Außerdem muss sich der Arbeitgeber verpflichten, das folgende Verfahren einzuhalten: 1202

1. Der begünstigte Arbeitslohn ist im Lohnkonto gesondert aufzuzeichnen und in der elektronischen LSt-Bescheinigung, ggf. der besonderen LSt-Bescheinigung, sowie der Gehaltsbescheinigung, dem Entgeltnachweis etc. jeweils getrennt vom übrigen Arbeitslohn anzugeben.
2. Die Freistellungsbescheinigung ist als Beleg zum Lohnkonto des Arbeitnehmers zu nehmen.
3. Für Arbeitnehmer, die während des Kj. begünstigten Arbeitslohn bezogen haben, darf der Arbeitgeber weder die Lohnsteuer nach dem vss. Jahresarbeitslohn ermitteln (§ 39b Abs. 2 Satz 12 EStG, sog. permanenter Jahresausgleich) noch einen LSt-Jahresausgleich (§ 42b EStG) durchführen.

Die Berechtigung oder Verpflichtung zur Änderung des LSt-Abzugs und eine verpflichtende Anzeige ggü. dem Betriebsstätten-FA richten sich nach § 41c EStG und R 41c.1 LStR. § 42d EStG bleibt unberührt (siehe auch R 42d.1 LStR und H 42d.1 LStH 2025).

Die abschließende Prüfung der Steuerfreistellung des Arbeitslohns erfolgt i.R.d. Veranlagung zur ESt. Soweit auf Grund der Freistellungsbescheinigung bereits i.R.d. Steuerabzugsverfahrens auf die Besteuerung verzichtet wurde, sind insb. Nachweise i.R.d. Veranlagung zu erbringen.[1] Soweit nicht bereits vom Steuerabzug abgesehen worden ist, hat der Arbeitnehmer den Verzicht auf die Besteuerung bei seinem Wohnsitz-FA i.R.d. Veranlagung zu beantragen. Der Antrag auf Anwendung des ATE ist spätestens bis zum Eintritt der Bestandskraft des Steuerbescheids zu stellen.

Praxishinweis:
Die Freistellungsbescheinigung des Betriebsstätten-FA entfaltet keine Bindungswirkung für das Wohnsitz-FA der stpfl. Person. Das Wohnsitz-FA ist nicht daran gehindert, im ESt-Veranlagungsverfahren in eigener Zuständigkeit zu entscheiden.[2] Die Freistellungsbescheinigung ist rückwirkend nur so lange zu erteilen, solange der Arbeitgeber den LSt-Abzug noch ändern kann (siehe § 41c EStG). Ansonsten besteht die Möglichkeit, einen entsprechenden Antrag i.R.d. ESt-Veranlagung zu beantragen (§ 46 Abs. 2 Nr. 8 EStG). Wird Arbeitslohn nach Maßgabe des ATE steuerfrei gestellt und fallen inl. Sozialversicherungsbeiträge an, so ist darauf zu achten, dass Versorgungsaufwendungen dem Grunde nach nur insoweit abziehbar sind, wie sie nicht mit steuerfreien Einnahmen im unmittelbaren Zusammenhang stehen (§ 10 Abs. 2 Nr. 1 EStG).

Der Arbeitgeber ist bis zur Ausschreibung der Lohnsteuerbescheinigung sowie des Lohnzettels berechtigt, bei der jeweils nächstfolgenden Lohnzahlung bisher noch nicht erhobene LSt nachträglich einzubehalten, wenn er erkennt, dass die Voraussetzungen für den Verzicht auf die Besteuerung nicht vorgelegen haben. Macht er von dieser Berechtigung keinen Gebrauch oder kann die LSt nicht nachträglich einbehalten werden, so ist er zu einer Anzeige an das Betriebsstätten-FA verpflichtet.

c) Steuerbefreiung auf Grund sonstiger zwischenstaatlicher Übereinkunft (ZÜ)

Sonstige zwischenstaatliche Übereinkommen (z.B. NATO-Truppenstatut,[3] UN, EU) sehen für Personen, Personen- 1203
vereinigungen, Körperschaften, internationale Organisationen oder ausl. Staaten Befreiungen von der deutschen Steuer vom Einkommen und Vermögen vor. Zu Fragen einer technischen Hilfskraft vgl. BFH v. 18.9.2012.[4] **Ruhegeldzahlungen** der NATO sind stpfl.[5] Zur einkommensteuerrechtlichen Behandlung der Pensionen ehemaliger Bediensteter der koordinierten Organisationen und der Europäischen Patentorganisationen vgl. OFD Frankfurt.[6] Zur Steuerfreiheit für „technische Fachkräfte" der NATO-Truppen vgl. BFH.[7] Zur Frage der Steuerbarkeit von Gehaltszahlungen der NATO für eine Tätigkeit bei der ISAF vgl. FG Rheinland-Pfalz.[8] Zur Steuerbefreiung nach Art. X Abs. 1 NATO-Truppenstatut für die Besteuerung von Mitgliedern einer Truppe gem. Art. I Abs. 1 Buchst. a NATO-Truppenstatut, Mitgliedern eines zivilen Gefolges gem. Art. I Abs. 1 Buchst. b NATO-Truppenstatut und Fachkräften i.S.v. Art. 71 Abs. 5, Art. 72 Abs. 5 und Art. 73 Zusatzabkommen zum NATO-Truppenstatut, die wie Mitglieder eines zivilen Gefolges i.S.v. Art. I Abs. 1 Buchst. b NATO-Truppenstatut zu behandeln sind, die sich in der Bundesrepublik Deutschland aufhalten, vgl. BMF.[9] Der für eine Tätigkeit als International Civilian Consultant bei der ISAF (International Security Assistance Force) in Afghanistan gezahlte Arbeitslohn unterliegt der ESt. Aus

1) Vgl. BMF v. 10.6.2022, IV C 5 – S 2293/19/10012 :001, BStBl I 2022, 997, Abschnitt V Nr. 3 (Rz. 11).
2) FG Köln v. 22.3.2001, 7 K 1709/99, EFG 2001, 974.
3) Abkommen zwischen den Parteien des Nordatlantikvertrags über die Rechtsstellung ihrer Truppen v. 19.6.1951 (NATO-Truppenstatut – NATOTrStat), BGBl. II 1961, 1190.
4) BFH v. 18.9.2012, I B 10/12, BFH/NV 2013, 27.
5) BFH v. 22.11.2006, X R 29/05, BStBl II 2007, 402.
6) OFD Frankfurt/M v. 2.2.2015, S 1311 A – 5 – St 56, IStR 2015, 290.
7) BFH v. 21.9.2015, I R 72/14, BFH/NV 2016, 28.
8) FG Rheinland-Pfalz v. 30.7.2019, 5 K 1077/17, EFG 2019, 1515.
9) BMF v. 26.7.2023, IV B 4 – S 1311/20/10002 :009, BStBl I 2023, 1565.

völkerrechtlichen Vereinbarungen ergibt sich kein Anspruch auf eine Steuerbefreiung. Der im Zusammenhang mit einer Tätigkeit für die ISAF gezahlte Gefahren- und Erschwerniszuschlag ist nicht nach § 3 Nr. 64 EStG steuerfrei.[1]

d) Bestand neben dem Wohnsitz im Inland ein Wohnsitz im Ausland (Zeilen 6–10)

Zeile		
6	Bestand neben dem Wohnsitz im Inland ein Wohnsitz im Ausland? **Falls „Ja", bitte die Zeilen 7 bis 10 ausfüllen.**	1 = Ja 2 = Nein
7	Straße und Hausnummer	
8	Postleitzahl	Ort
9	Staat	
10	Haben Sie zu diesem Staat die engeren persönlichen und wirtschaftlichen Beziehungen (Mittelpunkt der Lebensinteressen)? **Falls „Ja", bitte in gesonderter Aufstellung angeben.**	1 = Ja 2 = Nein

1204 **Praxishinweis:**

Die Angaben zielen auf die Prüfung einer Doppelansässigkeit im Sinne eines DBA und damit auf die Frage des Besteuerungsrechts ab.

In der **Zeile 6** ist anzugeben, ob neben dem im Inland belegenen Wohnsitz ein weiterer Wohnsitz im Ausland unterhalten wurde. Ist dies der Fall (Auswahlfeld = „ja"), ist auch die Anschrift des ausl. Wohnsitzes in den Zeilen 7–10 zu erklären.

Praxishinweis:

Ein weiterer Wohnsitz im Kj. 2025 im Ausland ist auch in den Zeilen 23 oder 24 der Anlage WA-ESt zu erklären, wenn dieser abweichend von den Angaben auf dem Hauptvordruck ESt 1 A ist.

In **Zeile 10** ist ergänzend anzugeben, ob zu dem ausl. Staat die engere persönliche und wirtschaftliche Beziehung (Mittelpunkt der Lebensinteressen) bestand. Hintergrund für diese Frage ist insb., ob der ausl. Staat als Ansässigkeitsstaat i.S.d. DBA zu beurteilen ist.

Für die Anwendung eines DBA ist die Bestimmung der Ansässigkeit des Arbeitnehmers und ggf. des Arbeitgebers entsprechend Art. 1 i.V.m. Art. 4 OECD-MA erforderlich. Der abkommensrechtliche Begriff der Ansässigkeit entspricht nicht dem im innerstaatlichen Recht verwendeten Begriff der unbeschränkten Steuerpflicht. Während die unbeschränkte Steuerpflicht eine umfassende Steuerpflicht begründet, führt die Ansässigkeit einer Person in einem der Vertragsstaaten zu ihrer **Abkommensberechtigung** (Art. 1 OECD-MA).

Maßgeblich ist die Ansässigkeit in einem der Vertragsstaaten; die Staatsangehörigkeit ist i.d.R. unbeachtlich.

Zugleich wird mit der Bestimmung der Ansässigkeit einer Person in einem Vertragsstaat dieser Staat für die Anwendung des Abkommens zum **Ansässigkeitsstaat**; der andere Vertragsstaat ist **Quellen- oder Tätigkeitsstaat**.

Beispiel:

Ein Arbeitnehmer mit Wohnsitz in den Niederlanden (= Ansässigkeitsstaat i.S.d. DBA) ist für einen Arbeitgeber teils in den Niederlanden und teils in Belgien tätig.

Die Besteuerung des Arbeitslohns für die Tätigkeit in den Niederlanden bestimmt sich nach dem DBA Niederlande. Für die Lohneinkünfte des Arbeitnehmers aus der Tätigkeit in Belgien kann das DBA-Belgien keine Anwendung finden. Der Arbeitnehmer ist weder in Deutschland noch in Belgien ansässig.

Die Besteuerung dieser Einkünfte richtet sich ebenfalls nach dem DBA-Niederlande. Dabei braucht aber i.d.R. nicht untersucht zu werden, ob Deutschland nach DBA das Besteuerungsrecht zusteht, da der Verwertungstatbestand regelmäßig nicht erfüllt sein wird.

1205 Eine Person kann zwar in beiden Vertragsstaaten z.B. auf Grund doppelten Wohnsitzes unbeschränkt stpfl. sein (**Doppelansässigkeit**), dagegen kann sie nur in einem der beiden Vertragsstaaten als ansässig i.S. eines DBA gelten. Eine natürliche Person ist in einem Staat ansässig, wenn sie dort auf Grund ihres Wohnsitzes, ihres ständigen Aufenthaltes oder eines anderen ähnlichen Merkmals stpfl. ist (Art. 4 Abs. 1 OECD-MA). Besteht eine Ansässigkeit in beiden Vertragsstaaten, ist nach einer festgelegten Prüfungsreihenfolge festzustellen, in welchem Vertragsstaat die stpfl. Person als ansässig gilt (Art. 4 Abs. 2 OECD-MA). Regelmäßig gilt dabei der Arbeitnehmer in dem Staat als ansässig, zu dem er die engeren persönlichen und wirtschaftlichen Beziehungen unterhält (Mittelpunkt der Lebensinteressen). Kann dieser Mittelpunkt der Lebensinteressen nicht bestimmt werden, ist der gewöhnliche Aufenthalt entscheidend.

Praxishinweis:

Eine Bestimmung des Ansässigkeitsstaats nach dem Mittelpunkt der Lebensinteressen ist insb. im Falle der Unterhaltung eines doppelten Hausstands vorzunehmen. Liegt eine vorübergehende Zweitwohnung im Tätigkeitsstaat und befindet sich ein Familienwohnsitz in einem anderen Staat, ist abkommensrechtlich der Familienwohnsitzstaat der Ansässigkeitsstaat.[2]

1) BFH v. 24.11.2021, I R 17/20, HFR 2022, 706.
2) Zum DBA Portugal, BFH v. 23.2.2005, I R 13/04, BFH/NV 2005, 1242.

Beispiel:

Die verheiratete stpfl. Person wohnt mit der Familie in dem Vertragsstaat A. Seine nichtselbständige Tätigkeit wird im Vertragsstaat B ausgeübt. Da die Entfernung zwischen dem Familienwohnsitz und der Tätigkeitsstätte nicht tagtäglich zurückgelegt wird, hat sie in B eine doppelte Haushaltsführung (Zweitwohnung) begründet. Die Wohnung wird während der Arbeitswoche genutzt; das Wochenende wird zusammen mit der Familie in A verbracht.

Die stpfl. Person ist in A ansässig, da dieser Vertragsstaat den Mittelpunkt der Lebensinteressen bildet (Ansässigkeitsstaat). B ist der Tätigkeitsstaat.

Zu berücksichtigen ist, dass eine Ansässigkeit in einem Staat nicht begründet wird, wenn die Person in diesem Staat nur mit Einkünften aus Quellen in diesem Staat oder mit in diesem Staat gelegenem Vermögen stpfl. ist, die Person nach deutschem Rechtsverständnis dort also nur der beschränkten Steuerpflicht unterliegt (Art. 4 Abs. 1 Satz 2 OECD-MA).

e) Name und Anschrift des Arbeitgebers/Sitz der Geschäftsleitung (Zeilen 11–16)

Name und Anschrift des Arbeitgebers / Sitz der Geschäftsleitung

11 Name (Bezeichnung)

12 Straße und Hausnummer

13 Postleitzahl Ort

14 Staat

15 Wirtschaftszweig des Arbeitgebers (nur bei ATE)

16 Art des begünstigten Vorhabens des Arbeitgebers (nur bei ATE)

Anzugeben ist die Anschrift oder der Sitz der Geschäftsleitung des (zivilrechtlichen) Arbeitgebers. In den Zeilen 15-16 sind auch der Wirtschaftszweig und die Art der nach dem ATE begünstigten Vorhaben des Arbeitgebers einzutragen. Diese Zeilen müssen beim steuerfreien Arbeitslohn nach DBA oder sonstigen zwischenstaatlichen Übereinkommen nicht angesprochen werden. 1206

Für die Anwendung des ATE muss es sich um einen Arbeitgeber handeln mit Sitz, Geschäftsleitung, Betriebsstätte oder einem ständigen Vertreter in einem Mitgliedstaat der EU oder einem Staat, auf den das Abkommen über den EWR Anwendung findet (EU-/EWR-Arbeitgeber).[1)]

f) Im ausländischen Staat ausgeübte Tätigkeit (Zeilen 17–18)

Im ausländischen Staat ausgeübte Tätigkeit

Art der Auslandstätigkeit des Arbeitnehmers — vom — bis

17 T T M M J J J J — T T M M J J J J

18 T T M M J J J J — T T M M J J J J

Es ist die Art der ausgeübten Tätigkeit im Ausland (z.B. Berufskraftfahrer, Personal auf Schiffen oder Flugzeugen, Tätigkeit als Organ einer Kapitalgesellschaft) einzutragen. Die Art der jeweils ausgeübten Tätigkeit ist ggf. für die Befreiung des Arbeitslohns bedeutsam. 1207

Nach Auffassung der Finverw stellen – in Übereinstimmung mit der geltenden völkerrechtlichen Sichtweise – **Schiffe auf hoher See** abkommensrechtlich kein Staats- oder Hoheitsgebiet eines Vertragsstaats dar (um ggf. im Einzelfall eintretende Härten abzumildern, ist die geänderte Verwaltungsauffassung erstmals für VZ/LSt-Zeiträume anzuwenden, die mit Ablauf des 31.12.2025 beginnen.).[2)]

g) Anzahl der Kalendertage im ausländischen Staat – siehe Anleitung (Zeilen 19–21)

19 Anzahl der Kalendertage im ausländischen Staat (siehe Anleitung)

Unterbrechung der Tätigkeit

Grund — vom — bis

20 T T M M J J J J — T T M M J J J J

21 T T M M J J J J — T T M M J J J J

1) BMF v. 10.6.2022, IV C 5 – S 2293/19/10012 :001, BStBl I 2022, 997, Rz. 1.
2) BMF v. 15.4.2025, IV B 2 – S 1301/01408/007/001, BStBl I 2025, 1008; vgl. Urbahns, Stbg 2025, 206.

1208 Zu erklären sind die Tage, an denen ein Aufenthalt im ausl. Staat vorlag. Es muss sich nicht um zusammenhängende Aufenthalte handeln; mehrere Aufenthalte in dem jeweiligen Land sind zusammenzurechnen. Auch kurzfristige Anwesenheitszeiten sind dabei als volle Tage zu zählen. Wenn der Aufenthalt mehrere Kj. betrifft, ist der gesamte Zeitraum des Auslandsaufenthalts anzugeben. Tage, die ausschließlich außerhalb des Tätigkeitsstaats verbracht werden, sind nicht mitzuzählen. Mit der Anlage N-AUS ist zur Erläuterung i.d.R. eine gesonderte Aufstellung über die Auslandsaufenthaltstage einzureichen. Hierzu können als Nachweis z.B. auch Reisekostenabrechnungen herangezogen werden. Bei Berufskraftfahrern ist stets eine Aufstellung mit stundenweiser Auflistung der Auslandstätigkeit erforderlich. Zum Besteuerungsrecht für Arbeitslohn eines grenzüberschreitend tätigen Berufskraftfahrers vgl. BFH v. 16.2022.[1)]

Praxishinweis:

Die Abfrage dient zur Prüfung, ob die Voraussetzungen für die Steuerbefreiung des Arbeitslohns vorliegen. Insbesondere nach dem DBA muss für die Steuerfreiheit im Ansässigkeitsstaat die 183-Tage-Regelung erfüllt sein (→ Rz. 1181 ff.).

h) Angaben zur ausgeübten Tätigkeit und zum aufnehmenden Unternehmen, z.B. zu verbundenen Unternehmen/Betriebsstätte/Entleiher (Zeilen 22–31)

Die Tätigkeit erfolgte

22 X im Rahmen eines Werkvertrags / einer Werkleistungsverpflichtung des Arbeitgebers.

23 X im Rahmen einer gewerblichen Arbeitnehmerüberlassung.

24 X bei einem mit dem Arbeitgeber verbundenen Unternehmen.

25 X für eine Betriebsstätte des Arbeitgebers i. S. d. DBA.

26 X für einen ausländischen Arbeitgeber, mit dem ein Dienstverhältnis besteht / bestand.

27 X

2025AnlN-AUS261 - September 2025 - **2025AnlN-AUS261**

- 2 -

Angaben zum aufnehmenden Unternehmen (z. B. verbundenes Unternehmen / Betriebsstätte / Entleiher)

28 Name (Bezeichnung)

29 Straße und Hausnummer

30 Postleitzahl Ort

31 Staat

1209 In den **Zeilen 22–27** sind die den steuerfreien Arbeitslohn auslösenden Tätigkeiten anzugeben, während in den **Zeilen 28–31** weitere Angaben zum aufnehmenden Unternehmen erforderlich sind. Dem Begriff des Arbeitgebers kommt für eine mögliche Steuerbefreiung besondere Bedeutung zu. Die im Ausland ausgeübte Tätigkeit kann für den zivilrechtlichen Arbeitgeber, im Rahmen einer Arbeitnehmerentsendung zwischen verbundenen Unternehmen oder aber für einen fremden dritten Arbeitgeber erfolgen. Arbeitgeber kann dabei grds. jede natürliche, juristische Person oder auch eine Personengesellschaft sein. Eine rechtlich unselbständige Betriebsstätte ist dagegen kein Arbeitgeber.[2)] Als Arbeitgeber z.B. im Sinne eines DBA (Art. 15 Abs. 2 OECD-MA) kommt daher nur ein im Tätigkeitsstaat vorhandenes rechtlich selbständiges Steuersubjekt in Betracht.

Im Zusammenhang mit dem ATE erfolgt die Definition des Begriffs „inländischer Arbeitgeber" über das Einkommensteuerrecht (§ 38 Abs. 1 Nr. 1 EStG). Inländischer Arbeitgeber ist demnach derjenige, der im Inland einen Wohnsitz, seinen gewöhnlichen Aufenthalt, seine Geschäftsleitung, seinen Sitz, eine Betriebsstätte oder einen ständigen Vertreter (§§ 8 bis 13 AO) hat. Der ATE wird nur auf inl. Arbeitgeber angewendet. Das Regelungsziel des ATE (in erster Linie Förderung der deutschen Exportwirtschaft) rechtfertigt diese Beschränkung der Steuerbegünstigung auf Arbeitnehmer eines inl. Arbeitgebers.[3)]

1) BFH v. 1.6.2022, I R 45/18, BStBl II 2022, 646.
2) BFH v. 29.1.1986, I R 109/85, BStBl II 1986, 442.
3) BFH v. 8.12.2010, I B 98/10, BFH/NV 2011, 596.

aa) Im Rahmen eines Werkvertrags/einer Werkleistungsverpflichtung des Arbeitgebers (Zeile 22)

Sofern gelegentlich ein Arbeitnehmer bei einem fremden Dritten eingesetzt wird, kann entweder eine Arbeitnehmerüberlassung oder eine Tätigkeit zur Erfüllung einer Lieferungs- oder Werkleistungsverpflichtung vorliegen. Eine gelegentliche Arbeitnehmerüberlassung liegt dann vor, wenn der zivilrechtliche Arbeitgeber, dessen Unternehmenszweck nicht die Arbeitnehmerüberlassung ist, mit einem nicht verbundenen Unternehmen vereinbart, den Arbeitnehmer für eine befristete Zeit bei dem anderen Unternehmen tätig werden zu lassen und das aufnehmende Unternehmen entweder eine arbeitsrechtliche Vereinbarung (Arbeitsverhältnis) mit dem Arbeitnehmer schließt oder als **wirtschaftlicher Arbeitgeber**[1] anzusehen ist. Bezogen auf die vom Entleiher gezahlten Vergütungen ist in diesen Fällen regelmäßig der Entleiher als Arbeitgeber i.S.d. DBA anzusehen.[2] Im Fall einer konzerninternen internationalen Arbeitnehmerentsendung wird das aufnehmende inl. Unternehmen zum wirtschaftlichen Arbeitgeber (§ 38 Abs. 1 Satz 2 EStG), wenn es den Arbeitslohn für die ihm geleistete Arbeit wirtschaftlich trägt, der Einsatz des Arbeitnehmers bei dem aufnehmenden Unternehmen in dessen Interesse erfolgt, der Arbeitnehmer in den Arbeitsablauf des aufnehmenden Unternehmens eingebunden und dessen Weisungen unterworfen ist. Das wirtschaftliche Tragen des Arbeitslohns ersetzt in den Fällen des § 38 Abs. 1 Satz 2 EStG die für den zivilrechtlichen Arbeitgeberbegriff erforderliche arbeits-/dienstvertragliche Bindung zwischen Arbeitgeber und Arbeitnehmer, auf der die Zahlung des lohnstpfl. Arbeitslohns (zivilrechtlich) im Regelfall beruht. Unbeschadet dessen muss die entsandte Person nach allg. Grundsätzen als Arbeitnehmer des wirtschaftlichen Arbeitgebers anzusehen sein.[3] 1210

bb) Im Rahmen einer gewerblichen Arbeitnehmerüberlassung (Zeile 23)

Eine gewerbliche Arbeitnehmerüberlassung[4] ist dann anzunehmen, wenn Verleiher Dritten (Entleiher) Arbeitnehmer (Leiharbeitnehmer) gewerbsmäßig zur Arbeitsleistung überlassen. In Deutschland wird für ansässige Unternehmen eine Erlaubnis der zuständigen Regionaldirektion der Agentur für Arbeit für den gewerbsmäßigen Arbeitnehmerverleih (§ 1 Abs. 3 AÜG) benötigt. 1211

Die Arbeitnehmer sind in den Betrieb des Entleihers eingebunden, so dass bei einer grenzüberschreitenden Arbeitnehmerüberlassung der Entleiher die wesentlichen Arbeitgeberfunktionen wahrnimmt. Der Entleiher ist damit Arbeitgeber i.S.d. DBA.

Unter besonderen Gesichtspunkten (z.B. bei nur kurzfristiger Überlassung), verbleiben wesentliche Arbeitgeberfunktionen beim Verleiher,[5] so dass regelmäßig zu prüfen sein wird, ob nach dem Gesamtbild der Verhältnisse der Verleiher oder der Entleiher überwiegend die wesentlichen Arbeitgeberfunktionen wahrnimmt und damit als Arbeitgeber anzusehen ist. Abzugrenzen sind Fälle der gewerblichen Arbeitnehmerüberlassung z.B. zu Fällen der Entsendung innerhalb eines Konzerns.

cc) Bei einem mit dem Arbeitgeber verbundenen Unternehmen (Zeile 24)

Die im Ausland ausgeübte unselbständige Tätigkeit eines Arbeitnehmers kann für seinen zivilrechtlichen Arbeitgeber, im Rahmen einer Arbeitnehmerentsendung zwischen verbundenen Unternehmen oder aber für einen fremden dritten Arbeitgeber erfolgen. Sofern der im Inland ansässige Arbeitnehmer für seinen zivilrechtlichen Arbeitgeber z.B. im Rahmen einer Lieferung- oder Werkleistung bei einem nicht verbundenen Unternehmen im Ausland tätig ist, ist regelmäßig davon auszugehen, dass der zivilrechtliche Arbeitgeber auch der Arbeitgeber i.S.d. DBA ist. Wird die unselbständige Tätigkeit der stpfl. Person bei einem im Ausland ansässigen verbundenen Unternehmen (Art. 9 OECD-MA) ausgeübt, ist zu prüfen, welches dieser Unternehmen als Arbeitgeber i.S.d. DBA anzusehen ist. Hierbei ist auf den wirtschaftlichen Gehalt und die tatsächliche Durchführung der zugrunde liegenden Vereinbarungen abzustellen.[6] Zur Frage der ersten Tätigkeitsstätte in Zusammenhang mit der Gewährung der Entfernungspauschale (§ 9 Abs. 1 Satz 3 Nr. 4a EStG) vgl. BMF v. 25.11.2020.[7] 1212

dd) Für eine Betriebsstätte des Arbeitgebers i.S.d. DBA (Zeile 25)

Maßgebend für den Begriff der Betriebsstätte ist die Definition in dem jeweiligen Abkommen (Art. 5 OECD-MA). Eine selbständige Tochtergesellschaft (z.B. GmbH) ist nicht Betriebsstätte der Muttergesellschaft, kann aber ggf. eine Vertreterbetriebsstätte begründen oder selbst Arbeitgeber sein. Nach mehreren DBA ist z.B. eine Bau- oder Montagestelle erst ab einem Zeitraum von mehr als 12 Monaten eine Betriebsstätte (z.B. Art. 5 Abs. 2 Buchst. g DBA Schweiz). 1213

Der Arbeitslohn wird zu Lasten einer Betriebsstätte gezahlt, wenn die Zahlungen wirtschaftlich der Betriebsstätte zuzuordnen sind. Nicht entscheidend ist, wer die Vergütungen ausbezahlt oder die Vergütungen in seiner Teilbuchführung abgerechnet hat. Entscheidend ist allein, in welchem Umfang die ausgeübte Tätigkeit der stpfl. Person der Betriebsstätte zuzuordnen ist (z.B. Art. 7 DBA Schweiz) und die Vergütung deshalb wirtschaftlich[8] zu Las-

1) BMF v. 12.12.2023, IV B 2 – S 1300/21/10024 :005, BStBl I 2023, 2179, Rz. 151.
2) BMF v. 12.12.2023, IV B 2 – S 1300/21/10024 :005, BStBl I 2023, 2179, Rz. 189.
3) BFH v. 4.11.2021, VI R 22/19, BStBl II 2022, 562.
4) BMF v. 12.12.2023, IV B 2 – S 1300/21/10024 :005, BStBl I 2023, 2179, Rz. 188.
5) BFH v. 4.9.2002, I R 21/01, BStBl II 2003, 306.
6) BMF v. 12.12.2023, IV B 2 – S 1300/21/10024 :005, BStBl I 2023, 2179, Rz. 151.
7) BMF v. 25.11.2020, IV C 5 – S 2353/19/10011 :006, BStBl I 2020, 1228.
8) BFH v. 24.2.1988, I R 143/84, BStBl II 1988, 819.

ten der Betriebsstätte geht.[1] Der Arbeitslohn wird zu Lasten einer Betriebsstätte gezahlt, wenn die Zahlungen **wirtschaftlich** der Betriebsstätte **zuzuordnen** sind. Nicht entscheidend ist, wer die Vergütungen auszahlt oder wer die Vergütungen in seiner Teilbuchführung abrechnet. Wenn der Arbeitslohn lediglich Teil von Verrechnungen für Lieferungen oder Leistungen im Verhältnis zur Betriebsstätte ist, wird der Arbeitslohn als solcher nicht von der Betriebsstätte getragen.[2] Eine selbständige **Tochtergesellschaft** (z.B. GmbH) ist nicht Betriebsstätte der Muttergesellschaft, kann aber ggf. eine Vertreterbetriebsstätte begründen oder selbst Arbeitgeberin sein.

Vgl. auch die „Verwaltungsgrundsätze – Arbeitnehmerentsendung" in BMF v. 12.12.2024.[3]

ee) Für einen ausländischen Arbeitgeber, mit dem ein Dienstverhältnis besteht/bestand (Zeile 26)

1214 Soweit die Arbeitsleistung in einem Sich-zur-Verfügung-Halten (z.B. Bereitschaftsdienst, Zeiträume der Arbeitsfreistellung im Zusammenhang mit der Beendigung des Dienstverhältnisses) besteht, ohne dass es zu einer Tätigkeit kommt, wird die Arbeitsleistung dort erbracht, wo sich der Arbeitnehmer während der Dauer des Sich-zur-Verfügung-Haltens tatsächlich aufhält.[4]

Der geldwerte Vorteil aus der Gewährung von Kaufoptionsrechten ist den Einkünften aus unselbständiger Arbeit (Art. 15 OECD-MA) zuzuordnen. Ungeachtet dessen sind die Einkünfte, die der Arbeitnehmer nach Ausübung des Optionsrechts aus dem Halten der erworbenen Anteile oder ihrer späteren Veräußerung erzielt, gesondert zu beurteilen. Entscheidend ist, dass die Zuwendung des Dritten sich für den Arbeitnehmer als Lohn für seine Arbeit für seinen Arbeitgeber darstellt und aus Sicht des Zuwendenden im Zusammenhang mit diesem Dienstverhältnis erbracht wird.[5]

ff) Freizeile für sonstige Angaben zur Tätigkeit (Zeile 27)

1215 Sachverhalte, die nicht unter die zuvor angeführten Hauptanwendungsfälle fallen, sind gesondert zu erklären. Schließen sich z.B. verbundene Unternehmen zu einem Pool zusammen, handelt es sich steuerlich um eine Innengesellschaft. Das gegebene zivilrechtliche Arbeitsverhältnis bleibt in diesen Fällen unverändert bestehen. Maßgeblich für die Anwendung des DBA ist dieses Arbeitsverhältnis.[6]

Beispiel:
Mehrere europäische Landesgesellschaften eines Konzerns schließen sich zusammen, um für Notfälle eine Einsatzgruppe von Technikern zusammen zu stellen, die je nach Bedarf in Notfällen in den einzelnen Ländern tätig werden sollen. Jede Landesgesellschaft stellt hierfür drei Techniker; die Kosten der Gruppe werden nach einem Umsatzschlüssel auf die Gesellschaften verteilt. Arbeitgeber i.S.d. DBA ist der jeweilige zivilrechtliche Arbeitgeber (Landesgesellschaft) des Technikers.

gg) Angaben zum aufnehmenden Unternehmen (Zeilen 28–31)

1216 In den Zeilen 28–31 sind weitere Angaben zum aufnehmenden Unternehmen (z.B. verbundenes Unternehmen, zur ausl. Betriebsstätte [der wirtschaftliche Arbeitgeber] oder zum Entleiher) vorzunehmen.

---

1) BMF v. 12.12.2023, IV B 2 – S 1300/21/10024 :005, BStBl I 2023, 2179, Rz. 213.
2) Vgl. BFH v. 24.2.1988, I R 143/84, BStBl II 1988, 819.
3) BMF v. 12.12.2024, IV B 3 – S 1341/19/10017 :004, BStBl I 2025, 207.
4) BMF v. 12.12.2023, IV B 2 – S 1300/21/10024 :005, BStBl I 2023, 2179, Rz. 361.
5) BFH v. 24.1.2001, I R 100/98, BStBl II 2001, 509.
6) BMF v. 12.12.2023, IV B 2 – S 1300/21/10024 :005, BStBl I 2023, 2179, Rz. 186.

3. Angaben zum Arbeitslohn (Zeilen 32–42)

Angaben zum Arbeitslohn

– Ohne besondere Lohnbestandteile laut Zeile 60 –

Zeile			EUR
32	Bruttoarbeitslohn laut Nr. 3 der Lohnsteuerbescheinigung(en)		,—
33	Bruttoarbeitslohn, von dem kein inländischer Steuerabzug vorgenommen worden ist (z. B. Bruttoarbeitslohn von einem ausländischen Arbeitgeber oder einer ausländischen Betriebsstätte)	+	,—
34	Steuerfreier Bruttoarbeitslohn laut Nr. 16 a / b der Lohnsteuerbescheinigung(en)	+	,—
35	Zwischensumme	=	,—
	abzüglich darin enthaltener nach ausländischem Recht steuerpflichtiger und nach deutschem Recht steuerfreier Arbeitslohn (ohne nach DBA oder ATE steuerfreien Arbeitslohn)		
36	Bezeichnung	–	,—
	zuzüglich nicht enthaltener nach ausländischem Recht steuerfreier und nach deutschem Recht steuerpflichtiger Arbeitslohn (ohne nach DBA oder ATE steuerpflichtigen Arbeitslohn)		
37	Bezeichnung	+	,—
38	Summe in- und ausländischer Arbeitslohn	=	,—
	Aufteilung des Arbeitslohns laut Zeile 38		
	abzüglich direkt zuzuordnender Arbeitslohn im Inland		
39	Bezeichnung	–	,—
	abzüglich direkt zuzuordnender Arbeitslohn, der auf den ausländischen Staat laut Zeile 4 entfällt		
40	Bezeichnung	–	,—
	abzüglich direkt zuzuordnender Arbeitslohn laut Zeile 40 der übrigen Anlage(n) N-AUS		
41	Bezeichnung	–	,—
42	**Verbleibender Arbeitslohn**	=	,—

Praxishinweis: 1217

Angaben in den Zeilen 32 ff. sind in DBA- (weitere Angaben in den Zeilen 43–47) und ATE-Fällen (weitere Angaben in den Zeilen 48–52) erforderlich.

Die Anlage N-AUS ist lediglich auf ganzjährige Auslandseinsätze in einem einzelnen Staat ausgelegt. Unterjährig begonnene oder beendete Auslandseinsätze und Vergütungen mit abweichenden Erdienungszeiträumen (z.B. Jahresboni) lassen sich nicht darstellen und sind daher gesondert zu erläutern. Hat sich das vereinbarte Gehalt während des Kj verändert (z.B. bei unterjährig beginnenden oder endenden Auslandstätigkeiten), muss der nach DBA steuerfreie Arbeitslohn nach dem jeweiligen Erdienungszeitraum ermittelt werden. Hierzu ist eine gesonderte Aufstellung erforderlich. Entsprechendes gilt auch für Lohnbestandteile mit abweichendem Erdienungszeitraum (z.B. Jahresbonus). Vergleiche hierzu die amtliche Anleitung.

Die im Ausland erzielten und in Deutschland steuerfreien Einkünfte sind nach deutschem Steuergesetz zu ermitteln. Eine Erklärung ist damit in den Fällen erforderlich, in denen nach deutschem Steuergesetz steuerfreier (**Zeile 36** [ohne nach DBA oder ATE steuerfreien Arbeitslohn]) oder steuerpflichtiger (**Zeile 37** [ohne nach DBA oder ATE steuerpflichtigen Arbeitslohn]) Arbeitslohn vorliegt, nicht jedoch entsprechende Lohnbestandteile, die sich auf Grund eines DBA ergeben, da diese erst im Folgenden berechnet werden. Der Bruttoarbeitslohn sollte der Lohnsteuerbescheinigung lt. Nr. 3 entnommen werden, um das rechnerisch richtige Ergebnis herzuleiten. Die weiteren Rechenschritte ergeben sich aus den Zeilen 33–42. den Grundsätzen bei der Ermittlung des stpfl./steuerfreien Arbeitslohns vgl. die Ausführungen im BMF-Schreiben v. 12.12.2023.[1)]

1) BMF v. 12.12.2023, IV B 2 – S 1300/21/10024 :005, BStBl I 2023, 2179, Rz. 225.

4. Ermittlung des nach DBA steuerfreien Arbeitslohns (Zeilen 43–47)

Ermittlung des nach DBA steuerfreien Arbeitslohns

43	Tatsächliche Arbeitstage im Kalenderjahr im In- und Ausland		Tage
44	davon entfallen auf die Tätigkeit, für die der ausländische Staat das Besteuerungsrecht hat		Tage
45	verbleibender Arbeitslohn (Zeile 42) × Auslandsarbeitstage (Zeile 44) / tatsächliche Arbeitstage (Zeile 43)	= verbleibender ausländischer Arbeitslohn	EUR ,—
46	direkt zuzuordnender Arbeitslohn laut Zeile 40	+	,—
47	Summe steuerfrei zu stellender ausländischer Arbeitslohn (Summe der Zeilen 45 und 46; Betrag übertragen in Zeile 21 der **Anlage N**)	=	,—

Hinweis: Der steuerpflichtige Arbeitslohn (Ergebnis aus Zeile 42 zuzüglich Zeile 39 abzüglich Zeile 45 sämtlicher Anlagen N-AUS) ist – ggf. abweichend von dem Wert laut Nr. 3 der Lohnsteuerbescheinigung(en) – in Zeile 5 der **Anlage N** einzutragen.

Hinweis bei Freistellung nach einem DBA:
Eine Freistellung der ausländischen Einkünfte nach einem DBA ist davon abhängig, dass Sie nachweisen, dass der Staat, dem nach dem Abkommen das Besteuerungsrecht zusteht, auf dieses Besteuerungsrecht verzichtet hat oder dass die in diesem Staat auf die Einkünfte festgesetzten Steuern entrichtet wurden. Zum Nachweis dieser Voraussetzungen reichen Sie bitte geeignete Unterlagen in Kopie ein. Sind Sie verpflichtet, im Ausland eine Steuererklärung abzugeben, reichen Sie bitte eine Kopie des ausländischen Steuerbescheids und des entsprechenden Zahlungsbelegs ein. Sofern der andere Staat ein Selbstveranlagungsverfahren vorsieht und daher keinen Steuerbescheid erteilt, reicht die Vorlage des Zahlungsbelegs und einer Kopie der Steuererklärung aus. Besteht im Ausland keine Verpflichtung zur Abgabe einer Steuererklärung, reichen Sie bitte eine behördliche Bescheinigung (z. B. der ausländischen Finanzbehörde) oder eine Bescheinigung Ihres zivilrechtlichen oder wirtschaftlichen Arbeitgebers ein, aus der sich die Dauer der Tätigkeit im Ausland, die darauf entfallenden Vergütungen und die Höhe der im Ausland abgeführten Steuerbeträge ergeben.
Unter bestimmten Voraussetzungen wird dem anderen Staat die Höhe des in Deutschland steuerfrei erklärten Arbeitslohns mitgeteilt. Einwände gegen eine Weitergabe machen Sie bitte auf einem besonderen Blatt geltend.

2025AnlN-AUS262 **2025AnlN-AUS262**

1218 Bei Anwendung des ATE erfolgt für Lohnzahlungszeiträume nach dem 31.12.2018 die direkte Zuordnung des verbleibenden Arbeitslohns nach der Zahl der tatsächlichen Arbeitstage innerhalb des Kj. Danach ist der nicht direkt zuordenbare, verbleibende Arbeitslohn bei der Veranlagung zur ESt und im Lohnsteuerabzugsverfahren nach der Zahl der tatsächlichen Arbeitstage innerhalb eines Kj. aufzuteilen.[1]

Erhält der Arbeitnehmer Arbeitslohn, der nicht direkt zugeordnet werden kann (z.B. der laufende Lohn sowie Zusatzvergütungen [z.B. Weihnachts-, Urlaubsgeld]), so ist für die Berechnung der steuerfreien Einkünfte eine Aufteilung des Arbeitslohns im Verhältnis der tatsächlichen Arbeitstage im Ausland (Arbeitstage im Jahr abzgl. der Tage, an denen lt. Arbeitsvertrag keine Verpflichtung zur Arbeit besteht [z.B. Urlaubstage, Wochenendtage, gesetzliche Feiertage]) zu den übrigen Arbeitstagen vorzunehmen.[2] Wird der Aufenthalt im ausl. Staat verlängert, haben diese weiteren Tage keine Auswirkung auf die Berechnungsmodalitäten des zu versteuernden Betrags. Der nach der vorgesehenen Berechnung ermittelte stpfl. Arbeitslohn (ggf. sämtlicher Anlagen N-AUS) ist dann in Zeile 6 der Anlage N zu übernehmen. **Grundlage** für die Berechnung des steuerfreien Arbeitslohns ist die Zahl der tatsächlichen Arbeitstage innerhalb eines Erhebungszeitraums (**Zeile 45**). Das aufzuteilende Arbeitsentgelt ist in Bezug zu den tatsächlichen Arbeitstagen zu setzen. Daraus ergibt sich ein Arbeitsentgelt pro tatsächlichen Arbeitstag. Das aufzuteilende Arbeitsentgelt pro tatsächlichen Arbeitstag ist mit den tatsächlichen Arbeitstagen zu multiplizieren, an denen der Arbeitnehmer seine Tätigkeit im anderen Staat ausgeübt hat. **Gehaltsbestandteile**, die auf Grund einer konkreten inl. oder ausl. Arbeitsleistung (Auslandszulagen, Überstundenvergütungen) gewährt worden sind, sind vorab direkt zuzuordnen.

In den Zeilen 43–47 sind nähere Angaben zur Ermittlung des nach DBA steuerfreien Arbeitslohns vorzunehmen.

Der stpfl. Arbeitslohn ist dann in Zeile 6 (ggf. auch abweichend von dem Wert lt. Nr. 3 der Lohnsteuerbescheinigung) der Anlage N zu übernehmen. Die Anlage N-AUS ist für jedes Land gesondert einzureichen. Damit sind bei den Eintragungen die Besonderheiten des mit dem Tätigkeitsstaat jeweils abgeschlossenen DBA zu berücksichtigen.

In Zeile 43 sind die tatsächlichen Arbeitstage im Kj. im In- und Ausland einzutragen. In Zeile 44 sind die Tage zu erklären, die auf die Tätigkeit im ausl. Besteuerungsstaat entfallen. Die Eintragungen in **Zeile 43 und 44** dienen dem Zweck der Aufteilung des im Ausland stpfl. Arbeitslohns, der nicht direkt zuzuordnen ist. In **Zeile 46** ist der direkt zuzuordnende Arbeitslohn, der im Ausland der Besteuerung unterliegt, einzutragen. Ist der Arbeitslohn in Deutschland nach einem DBA freizustellen, ist zunächst zu prüfen, inwieweit die Vergütungen unmittelbar der Auslandstätigkeit oder unmittelbar der Inlandstätigkeit zugeordnet werden können. Soweit eine derartige Zuordnung nicht möglich ist, ist der verbleibende, nicht unmittelbar zuzuordnende Arbeitslohn aufzuteilen. Kein Arbeitslohn fließt zu, soweit vom Arbeitgeber eine Hypo-Tax berücksichtigt wird.[3]

Darüber hinaus ist der steuerfrei belassene Arbeitslohn in der Lohnsteuerbescheinigung anzugeben. Im Hinblick auf den vorläufigen Charakter des Lohnsteuerabzugsverfahrens ist das FA nicht gehindert, im ESt-Veranlagungsverfahren die Aufteilung zu überprüfen.

1) BMF v. 8.10.2024, IV C 5 – S 2367/23/10001 :001, BStBl I 2023, 1308.
2) BMF v. 8.10.2024, IV C 5 – S 2367/23/10001 :001, BStBl I 2023, 1308.
3) BMF v. 8.10.2024, IV C 5 – S 2367/23/10001 :001, BStBl I 2023, 1308.

a) Direkte Zuordnung

Teile des Arbeitslohns, die unmittelbar auf Grund einer in Deutschland stpfl. oder steuerfreien konkreten inl. oder ausl. Arbeitsleistung gewährt werden, sind vorab direkt zuzuordnen. Zum verbleibenden Arbeitslohn gehören z.B. neben den laufenden Vergütungen auch Zusatzvergütungen, die auf die nichtselbständige Arbeit des Arbeitnehmers innerhalb des gesamten Berechnungszeitraums entfallen (z. B. Weihnachts- und Urlaubsgeld). Dazu können auch z.B. Reisekosten, Überstundenvergütungen, Zuschläge für Sonntags-, Feiertags- und Nachtarbeit, Auslandszulagen, projektbezogene Erfolgsprämien oder die Gestellung einer Wohnung im Tätigkeitsstaat gehören. Der Gesamtarbeitslohn abzgl. der direkt zugeordneten Gehaltsbestandteile ist der verbleibende Arbeitslohn. **1219**

b) Rechnerische Aufteilung

Soweit eine direkte Aufteilung nicht erfolgen kann, ist der Arbeitslohn aufzuteilen.[1] Grundlage für die Berechnung des steuerfreien Arbeitslohns ist die Zahl der tatsächlichen Arbeitstage. Die tatsächlichen Arbeitstage sind alle Tage innerhalb eines Kj., an denen der Arbeitnehmer seine Tätigkeit tatsächlich ausübt und für die er Arbeitslohn bezieht. Urlaubstage z.B. sind keine Arbeitstage. Krankheitstage werden als volle Tage des Aufenthalts im Tätigkeitsstaat mitgezählt, wenn sie im Tätigkeitsstaat verbracht werden. Eine Ausnahme gilt jedoch dann, wenn die Krankheit der Abreise des Arbeitnehmers entgegensteht und er ohne sie die Voraussetzungen für die Steuerbefreiung im Tätigkeitsstaat erfüllt hätte.[2] **1220**

Den tatsächlichen Arbeitstagen ist das für die entsprechende Zeit nicht direkt zugeordnete Arbeitsentgelt gegenüberzustellen. Hierzu gehören neben den laufenden Vergütungen (z.B. Lohn, Gehalt, sonstige Vorteile) auch Zusatzvergütungen, die auf die unselbständige Arbeit des Arbeitnehmers innerhalb des gesamten Berechnungszeitraums entfallen (z.B. Weihnachtsgeld, Urlaubsgeld). Das aufzuteilende Arbeitsentgelt ist in Bezug zu den tatsächlichen Arbeitstagen zu setzen. Daraus ergibt sich ein Arbeitsentgelt pro tatsächlichen Arbeitstag.

Das aufzuteilende Arbeitsentgelt pro tatsächlichen Arbeitstag ist mit den tatsächlichen Arbeitstagen zu multiplizieren, an denen der Arbeitnehmer seine Tätigkeit tatsächlich im anderen Staat ausgeübt hat.

Abgeleistete **Überstunden** sind gesondert zu berücksichtigen, soweit der Arbeitgeber für sie tatsächlich einen Ausgleich leistet. Tage, die ausschließlich außerhalb des Tätigkeitsstaats verbracht werden, unabhängig davon, ob aus beruflichen oder privaten Gründen, werden nicht mitgezählt. Auch Tage des Transits in einem Durchreisestaat zählen nicht als Aufenthaltstage für diesen Staat. Eine Ausnahme hiervon gilt für Berufskraftfahrer.[3]

c) Besonderheiten bei der Aufteilung bestimmter Lohnbestandteile

Eine **einmalige Zahlung** (z.B. Jubiläumszahlung), die eine Nachzahlung für eine frühere aktive Tätigkeit darstellt und anteilig auf die Auslands- und Inlandstätigkeit entfällt, ist nach den vorgenannten Grundsätzen aufzuteilen. Für die Zuweisung des Besteuerungsrechts kommt es nicht darauf an, zu welchem Zeitpunkt und wo die Vergütung bezahlt wird, sondern allein darauf, dass sie für eine Auslandstätigkeit gezahlt wird.[4] Eine Nachzahlung für eine frühere aktive Tätigkeit liegt nicht vor, wenn die einmalige Zahlung ganz oder teilweise der Versorgung dient.[5] **1221**

Urlaubsentgelte sind in die Aufteilung einzubeziehen. Dies gilt sowohl für Urlaubsgeld als auch für Bezüge, die für den Verzicht auf den Urlaub gezahlt werden (Urlaubsabgeltung für nicht genommenen Urlaub). Der auf Urlaub entfallende Teil des Arbeitslohns ist dabei im Inland freizustellen, soweit er der im Ausland ausgeübten Tätigkeit entspricht.

Wird die Tätigkeit an Tagen ausgeübt, die gemäß dem Arbeitsvertrag den tatsächlichen Tagen nicht zuzuordnen sind und wird für diese Tätigkeit kein gesondert berechnetes übliches Entgelt gezahlt (sondern Freizeitausgleich gewährt), sind diese Tage bei den Arbeitstagen zu berücksichtigen.

Bei Einkünften aus nichtselbständiger Arbeit (§ 19 EStG), die nach einem DBA in einem ausl. Staat besteuert werden können, wird die unter Progressionsvorbehalt (§ 32b Abs. 1 Nr. 3 EStG) erfolgende Freistellung von der deutschen Steuer einer unbeschränkt stpfl. Person im Rahmen der Einkommensteuerveranlagung nur unter bestimmten Voraussetzungen gewährt (§ 50d Abs. 8 EStG). Für die Freistellung ist nachweisen, dass die in dem ausl. Staat festgesetzten Steuern entrichtet wurden oder dass dieser Staat auf sein Besteuerungsrecht verzichtet hat. Minimalvoraussetzung für den Nachweis der im Ausland entrichteten Steuern ist der Nachweis einer betragsmäßig konkretisierten Steuerabführung.[6] Die Finverw. führt hierzu aus (nach Zeile 47; Änderungen ab dem VZ 2024 sind durch „Unterstreichung" hervorgehoben[7]): *„Eine Freistellung der ausländischen Einkünfte nach einem DBA ist davon abhängig, dass Sie nachweisen, dass der Staat, dem nach dem Abkommen das Besteuerungsrecht zusteht, auf dieses Besteuerungsrecht verzichtet hat oder dass die in diesem Staat auf die Einkünfte festgesetzten Steuern entrichtet wurden. Zum Nachweis dieser Voraussetzungen reichen Sie bitte geeignete Unterlagen ein. Sind Sie verpflichtet, im Ausland eine Steuererklärung abzugeben, reichen Sie bitte den ausländischen Steuerbescheid und den*

1) BFH v. 19.1.1986, I R 22/85, BStBl II 1986, 479, BFH v. 29.1.1986, I R 109/85, BStBl II 1986, 442, sowie I R 296/82, BStBl II 1986, 513.
2) Vgl. hierzu auch Kempermann, FR 2015, 126.
3) BMF v. 8.10.2024, IV C 5 – S 2367/23/10001 :001, BStBl I 2023, 1308.
4) BFH v. 5.2.1992, I R 158/90, BStBl II 1992, 660.
5) BFH v. 5.2.1992, I R 158/90, BStBl II 1992, 660; BFH v. 12.10.1978, I R 69/75, BStBl II 1979, 64.
6) FG Köln v. 16.6.2016, 13 K 3649/13, EFG 2016, 1711.
7) Vgl. BMF v. 12.12.2023, IV B 2 – S 1300/21/10024 :005, BStBl I 2023, 2179, Rz. 67.

entsprechenden Zahlungsbeleg ein. Sofern der andere Staat ein Selbstveranlagungsverfahren vorsieht und daher keinen Steuerbescheid erteilt, reicht die Vorlage des Zahlungsbelegs und einer Kopie der Steuererklärung aus. Besteht im Ausland keine Verpflichtung zur Abgabe einer Steuererklärung, reichen Sie bitte eine behördliche Bescheinigung (z.B. der ausl. Finanzbehörde) oder eine Bescheinigung Ihres zivilrechtlichen oder wirtschaftlichen Arbeitgebers ein, aus der sich die Dauer der Tätigkeit im Ausland, die darauf entfallenden Vergütungen und die Höhe der im Ausland abgeführten Steuerbeträge ergeben." Soweit auf Grund der vorgelegten Belege keine begründeten Zweifel daran bestehen, dass der durch die Tätigkeit im ausl. Staat erzielte Bruttolohn im Tätigkeitsstaat mit LSt belastet wurde, ist die Vorlage eines Jahressteuerbescheides und Zahlungsbelegs nach Sinn und Zweck des § 50d Abs. 8 EStG nicht zwingend geboten.[1]

Die Regelung des § 50d Abs. 8 EStG enthält keinen Verstoß gegen das GG.[2]

Praxishinweis:
Die Regelung des § 50d Abs. 8 EStG ist auch in den Fällen nicht anzuwenden, in denen das einschlägige DBA der BRD das Besteuerungsrecht zuweist, weil der ausl. Staat von seinem Besteuerungsrecht keinen Gebrauch macht oder die Besteuerung von der Überweisung der Einkünfte in den Tätigkeitsstaat abhängig macht.

Die Nachweispflicht besteht für das Veranlagungsverfahren und nicht i.R.d. LSt-Abzugsverfahrens.[3]

Aus Vereinfachungsgründen gewährt die Finverw. die Freistellung unter Progressionsvorbehalt von der deutschen ESt auch ohne das Erbringen von Nachweisen, wenn der maßgebende, nach deutschem Recht ermittelte Arbeitslohn in dem jeweiligen VZ insg. nicht mehr als 10 000 € beträgt. Diese Vereinfachungsregelung bezieht sich auf den einzelnen VZ, nicht auf den jeweiligen ausl. Tätigkeitsstaat.

5. Ermittlung des nach ATE steuerfreien Arbeitslohns (Zeilen 48–52)

- 3 -

Ermittlung des nach ATE steuerfreien Arbeitslohns

– Der Nachweis über die Höhe der Besteuerung im Tätigkeitsstaat ist in Kopie einzureichen. –

48	Tatsächliche Arbeitstage im Kalenderjahr im In- und Ausland	Tage
49	davon entfallen auf die Tätigkeit, für die der ausländische Staat das Besteuerungsrecht hat	Tage
50	verbleibender Arbeitslohn (Zeile 42) x Auslandsarbeitstage (Zeile 49) / tatsächliche Arbeitstage (Zeile 48) = verbleibender ausländischer Arbeitslohn	EUR ,—
51	direkt zuzuordnender Arbeitslohn laut Zeile 40 +	,—
52	Summe steuerfrei zu stellender ausländischer Arbeitslohn (Summe der Zeilen 50 und 51; Betrag übertragen in Zeile 22 der **Anlage N**) =	,—

Hinweis: Der steuerpflichtige Arbeitslohn (Ergebnis aus Zeile 42 zuzüglich Zeile 39 abzüglich Zeile 50 sämtlicher Anlagen N-AUS) ist – ggf. abweichend von dem Wert laut Nr. 3 der Lohnsteuerbescheinigung(en) – in Zeile 5 der **Anlage N** einzutragen.

1222 Der Nachweis über die Höhe der Besteuerung im Tätigkeitsstaat ist in Kopie einzureichen. Die abschließende Prüfung der Steuerfreistellung des Arbeitslohns erfolgt i.R.d. Veranlagung zur ESt.[4]

Der ATE bezweckt die Förderung der inl. Exportwirtschaft, so dass bestimmte Tätigkeiten z.B. von Arbeitnehmern inl. Arbeitgeber steuerlich besonders gefördert werden. Es sind nur bestimmte Tätigkeiten begünstigt (→ Rz. 1199).[5] Rechtsgrundlage für den ATE sind die gesetzlich normierten Regelungen in § 34c Abs. 5 EStG.

Praxishinweis:
Beim BFH ist die Rechtsfrage anhängig, ob der ATE über das Abkommen zwischen der EG und ihren Mitgliedstaaten einerseits und der Schweiz andererseits über die Freizügigkeit vom 21.6.1999[6] eine Anwendung findet, wenn ein unbeschränkt est-pflichtiger Arbeitnehmer von seinem Arbeitgeber in der Schweiz zu einer Baustelle ins Drittland, mit dem es kein DBA gibt, entsandt wird.[7]

Wurde seitens des FA eine Bescheinigung über die Freistellung des Arbeitslohns vom Steuerabzug erteilt, besteht eine Verpflichtung, eine ESt-Erklärung einzureichen.

Besteht mit dem Staat, in dem die nichtselbständige Tätigkeit ausgeübt oder verwertet wird, kein DBA, so kommt eine Freistellung des ausl. Arbeitslohns nach dem ATE in Betracht. Unter den im BMF-Schreiben v. 8.10.2024[8] genannten Voraussetzungen werden die ausl. Einkünfte aus nichtselbständiger Tätigkeit unter Anwendung des Progressionsvorbehalts freigestellt.

---

1) FG Münster v. 17.4.2020, 1 K 1035/11 E, StEd 2020, 479.
2) BVerfG v. 15.12.2015, 2 BvL 1/12, HFR 2016, 405.
3) BMF v. 12.12.2023, IV B 2 – S 1300/21/10024 :005, BStBl I 2023, 2179, Rz. 63.
4) BMF v. 10.6.2022, IV C 5 – S 2293/19/10012 :001, BStBl I 2022, 997, Rz. 19.
5) BMF v. 14.3.2017, IV C 5 – S 2369/10/10002, BStBl I 2017, 473; ab dem VZ 2023 beachte BMF v. 10.6.2022, IV C 5 – S 2293/19/10012 :001, BStBl I 2022, 997.
6) BGBl. I 2001, 811.
7) FG Hessen v. 13.11.2024, 1 K 792/21, EFG 2025, 1230; Rev. Az. des BFH: VI R 3/25.
8) BMF v. 8.10.2024, IV C 5 – S 2367/23/10001 :001, BStBl I 2023, 1308.

Beratungshinweis:

Der Antrag auf Steuererlass nach § 34c Abs. 5 EStG i.V.m. den Regelungen des ATE wird zeitlich durch die Festsetzungsverjährung und nicht bereits durch die Bestandskraft der Steuerfestsetzung begrenzt.[1)]

Es sind dabei nur die **Lohnbestandteile begünstigt**, wenn sie für die Auslandstätigkeit gezahlt werden. Zum begünstigten Arbeitslohn gehören auch folgende stpfl. Einnahmen, soweit sie für eine begünstigte Auslandstätigkeit gezahlt werden:

1. Zulagen, Prämien oder Zuschüsse des Arbeitgebers für Aufwendungen des Arbeitnehmers, die durch eine begünstigte Auslandstätigkeit veranlasst sind, oder die entsprechende unentgeltliche Ausstattung oder Bereitstellung durch den Arbeitgeber,
2. Weihnachtszuwendungen, Erfolgsprämien oder Tantiemen,
3. Arbeitslohn, der auf den Urlaub – einschließlich eines angemessenen Sonderurlaubs auf Grund einer begünstigten Tätigkeit – entfällt, Urlaubsgeld oder Zahlungen als Urlaubsabgeltung,
4. Lohnfortzahlungen auf Grund einer Erkrankung während einer begünstigten Auslandstätigkeit bis zur Wiederaufnahme dieser oder einer anderen begünstigten Tätigkeit oder bis zur endgültigen Rückkehr ins Inland. Werden solche Zuwendungen nicht gesondert für die begünstigte Tätigkeit geleistet, so sind sie entsprechend dem BMF-Schreibens v. 14.3.2017[2)] aufzuteilen. Für Aufwendungen, die mit dem begünstigten Arbeitslohn in unmittelbarem wirtschaftlichem Zusammenhang stehen, gelten die Abzugsverbote nach § 3c Abs. 1 EStG und § 10 Abs. 2 Satz 1 Nr. 1 1. Halbsatz EStG.

Sonderzahlungen wie z.B. Zulagen oder Prämien sind damit nur in den Fällen in voller Höhe begünstigt, in denen sie gesondert gezahlt werden; ansonsten erfolgt eine Aufteilung nach dem Verhältnis der Arbeitstage. Der nach der vorgesehenen Berechnung ermittelte stpfl. Arbeitslohn ist in Zeile 6 (ggf. abweichend von dem Wert lt. Nr. 3 der Lohnsteuerbescheinigung) der Anlage N zu übernehmen.

Diese **Regelung des ATE gilt nicht,**[3)] soweit

- der Arbeitslohn unmittelbar oder mittelbar aus inl. öffentlichen Kassen – einschließlich der Kassen des Bundeseisenbahnvermögens und der Deutschen Bundesbank – gezahlt wird; für das Merkmal der Zahlung aus einer inl. öffentlichen Kasse gelten die Grundsätze von Abschnitt I i.V.m. Abschnitt III des BMF v. 13.11.2019,[4)] oder
- die Tätigkeit in einem Staat ausgeübt wird, mit dem ein DBA besteht, in das Einkünfte aus nichtselbständiger Arbeit einbezogen sind; ist ein Abkommen für die Zeit vor seinem Inkrafttreten anzuwenden, so verbleibt es bis zum Zeitpunkt des Inkrafttretens bei den vorstehenden Regelungen, soweit sie für den Arbeitnehmer günstiger sind, oder
- die stpfl. Person nicht nachweist, dass die Einkünfte aus nichtselbständiger Arbeit (Arbeitslohn abzgl. der damit in unmittelbarem wirtschaftlichen Zusammenhang stehenden WK) in dem Staat, in dem die Tätigkeit ausgeübt wird, einer der deutschen ESt entsprechenden Steuer in einer durchschnittlichen Höhe von mind. 10 % unterliegen, und dass die auf die Einkünfte festgesetzte Steuer entrichtet wurde; zur Ermittlung der durchschnittlichen Steuerbelastung sind die Einkünfte aus nichtselbständiger Arbeit im Tätigkeitsstaat nach deutschem Steuerrecht zu ermitteln.

Eine Anwendung des § 50d Abs. 8 EStG kommt dabei in Fällen des ATE nicht in Betracht.[5)]

Eine **Unterbrechung der Tätigkeit** im Falle eines Urlaubs oder einer Krankheit ist unschädlich, unabhängig davon, wo sich der Arbeitnehmer während der Unterbrechung aufhält. Zeiten der unschädlichen Unterbrechung sind bei der Dreimonatsfrist nicht mitzurechnen.

Beispiel:

Die stpfl. Person beginnt die begünstigte Auslandstätigkeit am 1.11.01. Vom 15.11. bis 17.11.01 und vom 25.1. bis 10.2.02 kehrt sie zur Klärung von Montageproblemen ins Inland zurück und reist am 11.2.02 wieder zur Montagestelle.

Die 10-Tage-Frist gilt für sämtliche Unterbrechungen gemeinsam, so dass die Unterbrechungstage zusammengerechnet werden müssen. Die 3-Monats-Frist ist erfüllt, da der 11. Unterbrechungstag (der 1.2.02) außerhalb der 3-Monats-Frist liegt. Der Arbeitslohn für die Zeit vom 1.11.01 bis 31.1.02 ist steuerfrei, der Arbeitslohn ab 1.2.02 ist stpfl. Die neue 3-Monats-Frist beginnt mit dem Abreisetag am 11.2.02.

In den Zeilen 48 und 49 erfolgt eine Zuordnung der tatsächlichen Arbeitstage. Der nicht direkt zuzuordnende Arbeitslohn ist in der Zeile 50 aufgeteilt einzutragen; der direkt zuzuordnende Arbeitslohn ergibt sich aus Zeile 51.

Die Gesamtsumme des steuerfrei zu stellenden ausl. Arbeitslohns ist in Zeile 22 der Anlage N zu übertragen. Der stpfl. Arbeitslohn ist in Zeile 6 (ggf. abweichend von dem Wert lt. Nr. 3 der LSt-Bescheinigung) der Anlage N zu übernehmen.

1) BFH v. 17.6.2020, I R 7/18, BStBl II 2021, 211.
2) BMF v. 8.10.2024, IV C 5 – S 2367/23/10001 :001, BStBl I 2023, 1308.
3) BMF v. 10.6.2022, IV C 5 – S 2293/19/10012 :001, BStBl I 2022, 997, Rz. 11.
4) BMF v. 13.11.2019, IV C 5 – S 2300/19/10009 :003, BStBl I 2019, 1082.
5) BMF v. 12.12.2023, IV B 2 – S 1300/21/10024 :005, BStBl I 2023, 2179, Rz. 59.

a) Direkt zuzuordnender Arbeitslohn

1223 Zum direkt zuzuordnenden Arbeitslohn zählen Zulagen, Prämien oder Zuschüsse des Arbeitgebers für Aufwendungen des Arbeitnehmers, die durch eine begünstigte Auslandstätigkeit veranlasst sind, oder die entsprechende unentgeltliche Ausstattung oder Bereitstellung durch den Arbeitgeber. Zu den direkt zuzuordnenden Arbeitslohnteilen zählen auch Arbeitslöhne, die einem Arbeitnehmer i.R.d. Altersteilzeit (Blockmodell) in der Freistellungsphase gezahlt werden, soweit der Beschäftigte den Anspruch durch eine Tätigkeit in der Beschäftigungsphase erdient hat, die die Voraussetzungen des ATE erfüllte.

b) Aufzuteilende Arbeitslöhne

1224 Einnahmen, die auf den gesamten Lohnzahlungszeitraum bezogen und nicht gesondert für die begünstigte Tätigkeit gezahlt werden, sind im Verhältnis der Auslandsarbeitstage, die auf die begünstigte Tätigkeit entfallen, zu den übrigen tatsächlichen Arbeitstagen, aufzuteilen. Allein auf den Zuflusszeitpunkt kommt es damit nicht an. Zu den aufzuteilenden Einnahmen gehören:

1. Weihnachtszuwendungen, Erfolgsprämien oder Tantiemen,
2. Arbeitslohn, der auf den Urlaub – einschließlich eines angemessenen Sonderurlaubs auf Grund einer begünstigten Tätigkeit – entfällt, Urlaubsgeld oder Urlaubsabgeltung,
3. Lohnfortzahlung auf Grund einer Erkrankung während einer begünstigten Auslandstätigkeit bis zur Wiederaufnahme dieser oder einer anderen begünstigten Tätigkeit oder bis zur endgültigen Rückkehr ins Inland.

Der begünstigte Arbeitslohn ist steuerfrei (§§ 3c und 10 Abs. 2 Nr. 2 EStG), unterliegt jedoch dem Progressionsvorbehalt (§ 32b EStG).

Beispiel:

Die in der BRD ansässige stpfl. Person arbeitet als für die in BRD ansässigen Arbeitgeber. In der Zeit vom 1.2. bis 30.6.2025 hat sie sich zur Arbeitsausübung in Nigeria (kein DBA-Staat) aufgehalten. Dort war sie mit der Erschließung von neuen Erdölfeldern beschäftigt. Der auf die Tätigkeit in Nigeria entfallende monatliche Arbeitslohn beträgt 10 000 €. Darüber wurde ein Weihnachtsgeld i.H.v. 12 000 € gezahlt.

Die Voraussetzungen für die Anwendung des ATE liegen vor.

Steuerfrei verbleiben:

Laufender mtl. Arbeitslohn 2 bis 6/2025	50 000 €
$^{5}/_{12}$ des Weihnachtsgeldes	5 000 €
Summe	55 000 €

6. Steuerbefreiung auf Grund eines sonstigen zwischenstaatlichen Übereinkommens – ZÜ (Zeilen 53–56)

Steuerbefreiung aufgrund eines sonstigen zwischenstaatlichen Übereinkommens (ZÜ)

Auf welchem sonstigen zwischenstaatlichen Übereinkommen beruht die Tätigkeit?

53

Für welche Organisation erfolgt die Tätigkeit (genaue Bezeichnung)?

54

Art der ausgeübten Tätigkeit

55

56 Höhe des Arbeitslohns (Betrag übertragen in Zeile 21 der **Anlage N**, sofern das ZÜ den Progressionsvorbehalt vorsieht.) EUR ,—

1225 Das BMF-Schreiben v. 18.3.2013[1] enthielt eine Zusammenstellung der Fundstellen der sonstigen zwischenstaatlichen Vereinbarungen, Zustimmungsgesetze und Rechtsverordnungen, auf Grund derer Personen, Personenvereinigungen, Körperschaften, internationale Organisationen oder ausl. Staaten Befreiungen von deutschen Steuern vom Einkommen gewährt werden (z.B. NATO-Truppenstatut, diplomatischer oder konsularischer Dienst, Europäisches Patentamt).

Für die danach steuerfrei zu belassende Einkünfte greift der Progressionsvorbehalt (§ 32b Abs. 1 Nr. 4 EStG) nur dann, sofern dies in der sonstigen zwischenstaatlichen Vereinbarung ausdrücklich geregelt ist (z.B. Übereinkommen zur Errichtung der Europäischen Bank für Wiederaufbau und Entwicklung.[2]

In den Zeilen 53–55 sind die Gründe zu erklären, aus welchen eine Steuerbefreiung erfolgen soll. Die Höhe des Arbeitslohns ist in Zeile 56 zu erklären und auf die Anlage N in Zeile 21 zu übertragen.

1) BMF v. 18.3.2013, IV B 4 – S 1311/07/10039, 2013/0234331, BStBl I 2013, 404.
2) BGBl. II 1991, 184.

7. Werbungskosten zu steuerfreiem Arbeitslohn nach DBA/ATE/ZÜ (Zeilen 57–59)

	Werbungskosten zu steuerfreiem Arbeitslohn nach DBA / ATE / ZÜ		EUR
	– Nur soweit vom Arbeitgeber nicht steuerfrei erstattet –		
57	Werbungskosten, die dem steuerfreien Arbeitslohn direkt zugeordnet werden können		,–
58	Werbungskosten, die dem steuerfreien Arbeitslohn nicht direkt zugeordnet werden können; diese sind im Verhältnis der steuerfreien Einnahmen zu den Gesamteinnahmen aufzuteilen	+	,–
59	Summe (Betrag übertragen in Zeile 81 der **Anlage N**)	=	,–

Neben der Aufteilung des Arbeitslohns sind auch die dazugehörigen WK auf die steuerfreien und stpfl. Einnahmen aufzuteilen (Grundsatz des § 3c Abs. 1 EStG).[1] Dabei ist ebenfalls zuerst eine direkte Zuordnung vorzunehmen (z.B. Verpflegungsmehraufwendungen). Möglicherweise nicht direkt zuordenbare WK (z.B. Arbeitsmittel, Berufsbekleidung) sind im Verhältnis der steuerfreien Einnahmen zu den Gesamteinnahmen aufzuteilen. Der Arbeitnehmer-Pauschbetrag (§ 9 Satz 1 Nr. 1 Buchst. a EStG) wird bei der Ermittlung der Einkünfte, die dem Progressionsvorbehalt unterliegen, nur insoweit berücksichtigt, als er nicht schon bei der Ermittlung der Einkünfte aus nichtselbständiger Arbeit berücksichtigt wurde (§ 32b Abs. 2 EStG). **1226**

Zur Berücksichtigung von WK in DBA-Fällen im Allgemeinen vgl. BMF v. 12.12.2023.[2]

In der Zeile 58 sind die WK zu erklären, die unmittelbar dem steuerfreien Arbeitslohn zuzuordnen sind.

Hinweis zur Plausibilitätsbeurteilung:
Die Gesamtsumme der WK ist in Zeile 81 der Anlage N zu übertragen.

Der Gesamtbetrag bedarf der Erläuterung als Anlage zur Anlage N-AUS; diese ist ggf. auf Anforderung des FA nachzureichen. Hierunter fallen beispielsweise Reisekosten (→ Rz. 1162 ff.) wie Mehraufwendungen für Verpflegung, Übernachtungskosten und Aufwendungen in Zusammenhang mit einer doppelten Haushaltsführung (→ Rz. 1233), die unmittelbar mit der Auslandstätigkeit im Zusammenhang stehen.

Beispiel:
Die stpfl. Person mit Wohnort in Aachen unternimmt zunächst vormittags eine 5-stündige Auslandsdienstreise und am Nachmittag eine Inlandsauswärtstätigkeit von 4 Stunden Dauer.

Die Abwesenheitszeiten sind zusammen zu rechnen, so dass sich eine Gesamtabwesenheitsdauer von 9 Stunden ergibt. Maßgebend ist der Pauschbetrag (8 bis 14 Stunden) des ausl. Staates.

Auch Umzugskosten können in Höhe der tatsächlichen Aufwendungen Berücksichtigung finden. Alternativ kommt eine Berücksichtigung nach dem BUKG oder bei Umzügen mit Auslandsberührung nach der AUV (Anhang 29 III LStH 2025) in Betracht. Zu beachten ist dabei, dass eine pauschale Berücksichtigung (§ 10 AUV) bei Beendigung einer doppelten Haushaltsführung durch den Rückumzug der stpfl. Person in das Ausland nicht in Betracht kommt, da hierfür die Pauschalierung nicht angewendet werden kann. Bei einer von vornherein, lediglich befristeten Tätigkeit im Inland, ist der Rückumzug ins Ausland beruflich veranlasst.[3] Die **nicht direkt zuzuordnenden WK** sind im Verhältnis der steuerfreien Einnahmen zu den Gesamteinnahmen aufzuteilen.

Hintergrund für die Aufführung der im Zusammenhang mit dem steuerfreien Arbeitslohn angefallenen WK ist, dass die Einkünfte dem Progressionsvorbehalt unterliegen. Diese dem Progressionsvorbehalt unterliegenden Einkünfte sind nach deutschem Steuerrecht zu ermitteln, so dass z.B. ausl. Pauschalen oder Steuerbefreiungsvorschriften nicht zu berücksichtigen sind.[4]

Die steuerfreien ausl. Einkünfte aus nichtselbständiger Arbeit sind als Überschuss der Einnahmen über die WK zu berechnen. Es sind die tatsächlich angefallenen WK zu berücksichtigen. Dies gilt allerdings nur insoweit, als sie zusammen mit den bei der Ermittlung der Einkünfte aus nichtselbständiger Arbeit abziehbaren WK den Arbeitnehmer-Pauschbetrag übersteigen (§ 32b Abs. 2 Nr. 2 Buchst. b EStG). Bei der Ermittlung des Progressionsvorbehalts sind die im Ausland erzielten und in Deutschland steuerfreien Einkünfte nach deutschen Regelungen zu ermitteln. Stehen Sozialversicherungsausgaben im Zusammenhang mit in Deutschland steuerfreien Einkünften, sind diese nicht als Sonderausgaben abziehbar (§ 10 Abs. 2 Nr. 1 EStG).

1) Vgl. FG Hessen v. 1 9.2010, 10 K 989/10, EFG 2011, 647.
2) BMF v. 12.12.2023, IV B 2 – S 1300/21/10024 :005, BStBl I 2023, 2179.
3) BFH v. 4.12.1992, VI R 11/92, BStBl II 1993, 722.
4) BFH v. 22.5.1991, I R 32/90, BStBl II 1992, 94.

Beispiel:

Die im Inland mit der Familie wohnhafte stpfl. Person wird vom inl. Arbeitgeber für 4 Monate auf einer Baubetriebsstätte in Spanien eingesetzt.

Entsprechend den Regelungen des DBA erfolgte eine Lohnversteuerung in Spanien. Die Sozialversicherungsbeiträge wurden zulässigerweise während des Auslandseinsatzes weiterhin an deutsche Einzugsstellen gezahlt (Höhe: 3 300 €).

Auf Grund der unbeschränkten Steuerpflicht ist das Welteinkommen im Inland stpfl.

Der nach DBA im Tätigkeitsstaat Spanien zu erfassende Arbeitslohn wird in Deutschland steuerfrei gestellt. Im Veranlagungsverfahren setzt die Steuerfreiheit den Nachweis der Entrichtung ausl. Steuer voraus (§ 50d Abs. 8 EStG). Die nach deutschem Steuerrecht ermittelten steuerfreien Einkünfte unterliegen dem Progressionsvorbehalt (§ 32b Abs. 1 Nr. 3 EStG).

Sozialversicherungsaufwendungen i.H.v. 3 300 € sind – selbst, wenn sie vom Arbeitgeber auf der Lohnsteuerbescheinigung aufgezeichnet wurden – nicht als Vorsorgeaufwendungen abziehbar, da sie im Zusammenhang mit steuerfreien Einkünften stehen (§ 10 Abs. 2 Nr. 1 EStG). Diese Aufwendungen mindern auch die dem Progressionsvorbehalt unterliegenden Einkünfte nicht.

8. Besondere Lohnbestandteile – mit Anwendung der sog. Fünftel-Regelung (Zeilen 60–62)

Besondere Lohnbestandteile

– mit Anwendung der sog. Fünftel-Regelung –

			EUR
60	Entschädigungen, Vergütungen für mehrjährige Tätigkeiten (laut gesonderter Aufstellung) – nicht in Zeile 38 enthalten –		,—
61	Werbungskosten zu Zeile 60	–	,—
62	Verbleibender Betrag (Betrag übertragen in Zeile 23 der **Anlage N**)	=	,—

Hinweis: Sofern sich aufgrund DBA-Regelung die Steuerfreiheit im Inland ergibt, werden die Einkünfte i. S. d. § 34 EStG mit der sog. Fünftel-Regelung im Rahmen des Progressionsvorbehalts berücksichtigt. Aufgrund von DBA-Regelungen im Inland steuerpflichtige besondere Lohnbestandteile sind in Zeile 17 der **Anlage N** einzutragen. Werbungskosten laut Zeile 61 dürfen **nicht** in die **Anlage N** eingetragen werden.

1227 Zur Behandlung von besonderen Lohnbestandteilen wie z.B. Abfindungen, Vergütungen für mehrere Tätigkeiten, Tantiemen, Stock Options vgl. BMF v. 12.12.2023.[1)] Besondere Lohnbestandteile werden dabei mit der sog. Fünftel-Regelung (§ 34 EStG) besteuert (→ Rz. 1080), wobei bei ausl. Sachverhalten die Progressionsreglungen zu beachten sind. Diese Lohnbestandteile dürfen daher nicht in dem Ausgangswert der Zeile 38 enthalten sein. Auf Grund von DBA-Regelungen im Inland stpfl. besondere Lohnbestandteile sind in Zeile 17 der Anlage N zu erklären.

Die mit den besonderen Lohnbestandteilen im Zusammenhang stehenden WK sind für die Zurechnung gesondert von weiteren WK (→ Rz. 47) in Zeile 61 zu erklären und dürfen nicht in der Anlage N eingetragen werden.

a) Abfindung

1228 Eine Abfindung, die Arbeitnehmer aus Anlass der Auflösung eines Dienstverhältnisses erhalten, können grds. nur im Ansässigkeitsstaat besteuert werden (Art. 15 Abs. 1 Satz 1 OECD-MA). Maßgeblich hierfür ist grds. der Zeitpunkt der Auszahlung. Unter Abfindungen i.d.S. sind Zahlungen zu verstehen, die der Arbeitnehmer als Ausgleich für die mit der Auflösung des Dienstverhältnisses verbundenen Nachteile, insb. für den Verlust des Arbeitsplatzes, erhält. Nach dem ab VZ 2017 anzuwendenden § 50d Abs. 12 EStG gelten Abfindungen, die anlässlich der Beendigung eines Dienstverhältnisses gezahlt werden, für Zwecke der Anwendung eines DBA als für eine frühere Tätigkeit geleistetes zusätzliches Entgelt. Abfindungen sind daher insoweit im ehemaligen Tätigkeitsstaat des Arbeitnehmers zu besteuern, als diesem das Besteuerungsrecht für die aktive Tätigkeit zustand. Maßgeblich für die Anwendung des § 50d Abs. 12 EStG ist der Zuflusszeitpunkt (§ 11 EStG i.V.m. § 38a Abs. 1 Satz 3 EStG). Trifft das einschlägige DBA für Abfindungen, die anlässlich der Beendigung eines Dienstverhältnisses gezahlt werden, in einer gesonderten Vorschrift ausdrücklich eine von § 50d Abs. 12 Satz 1 EStG abweichende Regelung, wird durch §50d Abs. 12 Satz 2 EStG sichergestellt, dass die DBA-Regelung anzuwenden ist. § 50d Abs. 12 Satz 3 EStG regelt insb. den Rückfall des Besteuerungsrechts an Deutschland in entsprechender Anwendung des § 50d Abs. 9 Satz 1 Nr. 1 EStG, soweit die Abfindungen im vormaligen Tätigkeitsstaat auf Grund eines abweichenden DBA-Verständnisses nicht besteuert werden. Auf Grund von DBA-Regelungen im Inland stpfl. besondere Lohnbestandteile sind dabei in die Zeilen 17 und/oder 18 der Anlage N zu erklären.

Zur Behandlung von Abfindungen nach dem DBA **Schweiz** vgl. Vereinbarung v. 25.3.2010[2)] sowie auch die Ausführungen im BMF-Schreiben v. 2.12.2011 zum DBA **Großbritannien** (Verständigungsvereinbarung über die Zuordnung des Besteuerungsrechts von Abfindungen).[3)] Mit Schreiben v. 15.1.2024[4)] wurde eine Verständigungsvereinbarung zwischen der BRD und dem Großherzogtum Luxemburg veröffentlicht. Zur Besteuerung von Abfindungszahlungen aus Anlass der Auflösung des Arbeitsverhältnisses bei Bestehen einer **Konsultationsvereinbarung** mit einem anderen DBA-Staat vgl. BMF v. 31.3.2016.[5)] Die steuerliche Behandlung von Abfindungszahlungen kann allerdings von den bislang dargestellten Grundsätzen abweichen, wenn in einem DBA hierzu eine Sonderre-

1) BMF v. 12.12.2023, IV B 2 – S 1300/21/10024 :005, BStBl I 2023, 2179.
2) BMF v. 25.3.2010, IV B 2 – S 1301 – CHE/07/10015, 2010/0229750, BStBl I 2010, 268.
3) BMF v. 2.12.2011, IV B 3 – S 1301-GB/10/10001, BStBl I 2011, 1221.
4) BMF v. 15.1.2024, IV B 3 – S 1301-LUX/23/10001 :001, BStBl I 2024, 201.
5) BMF v. 31.3.2016, IV B 2 – S 1304/09/10004, BStBl I 2016, 474 mit Hinweis auf BFH v. 10.6.2015, I R 79/13, BStBl II 2016, 326 sowie BMF v. 12.12.2023, IV B 2 – S 1300/21/10024 :005, BStBl I 2023, 2179, Rz. 263.

gelung enthalten ist oder mit dem jeweils betroffenen Vertragsstaat eine Konsultationsvereinbarung bzgl. der Besteuerung von Abfindungen vereinbart wurde oder aus der Besonderheit der Fassung des im Abkommen einschlägigen Artikels eine andere Zuordnung abzuleiten ist (z.B. DBA-Frankreich.[1]

Zur Frage der Rechtmäßigkeit einer Verständigungsvereinbarung vgl. BFH v. 12.10.2011.[2]

Keine Abfindungen im vorstehenden Sinne stellen Zahlungen zur Abgeltung bereits vertraglich erdienter Ansprüche dar (z.B. Ausgleichszahlungen für Urlaubs- oder Tantiemeansprüche). Diese sind entsprechend den Aktivbezügen zu behandeln. Bei Abfindungen zur Ablösung eines Pensionsanspruchs handelt es sich um laufende Vergütungen aus unselbständiger Arbeit i.S.d. Art. 15 Abs. 1 OECD-MA, für die dem Tätigkeitsstaat das Besteuerungsrecht zusteht. Dagegen fallen Einmalzahlungen mit Versorgungscharakter, die bei Beendigung des Arbeitsverhältnisses an die Stelle einer Betriebspension gezahlt werden, unter Art. 18 OECD-MA. Im Ausnahmefall kann eine Abfindung auch ein Ruhegehalt i.S.d. Art. 18 OECD-MA darstellen. Bei der Abgrenzung zwischen einer Vergütung gem. Art. 15 und Art. 18 OECD-MA ist nicht auf den Zeitpunkt, sondern auf den Grund der Zahlung abzustellen. Ein Ruhegehalt liegt vor, wenn eine laufende Pensionszahlung kapitalisiert und in einem Betrag ausgezahlt wird.[3]

b) Konkurrenz- oder Wettbewerbsverbot

Bei Vergütungen für ein Konkurrenz- oder Wettbewerbsverbot erfolgt die Zuordnung i.R.d. Art. 15 OECD-MA und 1229
diese stellen nicht – wie bei innerstaatlichem Recht – sonstige Einkünfte dar. Die Arbeitsleistung, das Nicht-Tätig-Werden, wird in dem Staat erbracht, in dem sich die stpfl. Person während der Dauer des Verbotes aufhält. Bei einem Aufenthalt in mehreren Staaten, ist das Entgelt entsprechend aufzuteilen. Zu Zahlungen von Karenzentschädigungen vgl. BFH v. 9.11.1977,[4] zur Besteuerung von Zeitwertguthaben FG Köln v. 11.9.2008[5] und zu Erfindervergütungen BFH v. 21.10.2009.[6]

Der BFH[7] geht davon aus, dass die Zahlungen für ein Konkurrenz- oder Wettbewerbsverbot auf die Zukunft gerichtet sind. Außerdem hat der BFH die Fiktion eines Tätigkeitsorts unabhängig von der körperlichen Anwesenheit des Arbeitnehmers abgelehnt.[8] Nach diesen Grundsätzen steht dem Ansässigkeitsstaat das Besteuerungsrecht zu.

c) Tantiemen und andere jahresbezogene Erfolgsvergütungen

Unabhängig vom Zuflusszeitpunkt ist eine nachträglich gewährte Erfolgsvergütung nach den Verhältnissen des 1230
Zeitraums zuzuordnen, für den sie gewährt wird[9] und ggf. unter Beachtung des § 50d Abs. 8 EStG und des Progressionsvorbehalts von der inl. Besteuerung freizustellen.

9. Steuerfreier Arbeitslohn nach DBA in Sonderfällen (Zeilen 63–65)

Steuerfreier Arbeitslohn nach DBA in Sonderfällen

(z. B. aus ausländischen öffentlichen Kassen)

		EUR
63	Höhe des Arbeitslohns (Betrag übertragen in Zeile 21 der **Anlage N**)	,–
64	Werbungskosten zu Zeile 63 (Betrag übertragen in Zeile 81 der **Anlage N**)	,–
65	Staatsangehörigkeit(en)	

Hinweis: Die Angaben zum Arbeitslohn laut den Zeilen 32 bis 62 sind nicht erforderlich. Erläuterungen zur Art des Sonderfalls bitte in gesondertem Beiblatt angeben.

2025AnlN-AUS263 2025AnlN-AUS263

1) BMF v. 12.12.2023, IV B 2 – S 1300/21/10024 :005, BStBl I 2023, 2179, Rz. 262.
2) BFH v. 12.10.2011, I R 15/11, BStBl II 2012, 548.
3) BFH v. 19.9.1975, VI R 61/73, BStBl II 1976, 65.
4) BFH v. 9.11.1977, I R 254/75, BStBl II 1978, 195.
5) FG Köln v. 11.9.2008, 10 K 1133/05, EFG 2009, 29.
6) BFH v. 21.10.2009, I R 70/08, BFH/NV 2010, 350.
7) BFH v. 12.6.1996, XI R 43/94, BStBl II 1996, 516.
8) BFH v. 5.10.1994, I R 67/93, BStBl II 1995, 95.
9) BFH v. 27.1.1972, I R 37/70, BStBl II 1972, 459.

1231 Bei steuerfreiem Arbeitslohn nach DBA in Sonderfällen sind keine Angaben zum Arbeitslohn laut den Zeilen 32–62 erforderlich. Wird die Auffassung vertreten, dass die Angaben der Zeilen 32–62 nicht erforderlich sind, weil eine Sonderregelung greift (z.B. Bordpersonal auf Seeschiffen, Ortskräfte oder Entwicklungshelfer, Sonderregelung für geschäftsführende Organe) sollte dies gesondert erläutert werden.

Werden z.B. Pensionszahlungen von einer ausl. öffentlichen Kasse an unbeschränkt stpfl. Personen geleistet, sind die entsprechenden Einkünfte gesondert zu erklären. Das Besteuerungsrecht hat in diesen Fällen der ausl. Staat (Kassenstaat), so dass die BRD die Einkünfte lediglich dem Progressionsvorbehalt unterwerfen darf. Zur Anwendung des Kassenstaatsprinzips auf ehemalige staatliche Pensionsfonds (DBA-NL [Algemeen Burgerlijk Pensionensfonds – ABP]) vgl. BMF v. 26.10.2021.[1)]

Abzugrenzen sind damit die Fälle, bei denen Deutschland das Besteuerungsrecht für die nichtselbständigen Einkünfte hat und bisher kein Steuereinbehalt erfolgte. In diesem Fall muss die stpfl. Person die Einnahmen in Zeile 18 der Anlage N erklären.

Werbungskosten sind gesondert in Zeile 63 zu erklären und zusätzlich in der Anlage N (Zeile 81 → Rz. 1177) anzugeben.

Für die Frage der Zuständigkeit ist auch die Frage der **Staatsangehörigkeit** entscheidend (Art. 19 OECD-MA), so dass auch eine Angabe hierzu in Zeile 65 erforderlich ist.

1) BMF v. 26.10.2021, IV B 3 – S 1301-NDL/19/10006 :004, BStBl I 2021, 2019.

XXII. Anlage N – Doppelte Haushaltsführung

1. Mehraufwendungen für doppelte Haushaltsführung bei Einkünften aus nichtselbständiger Arbeit (Zeilen 1–3)

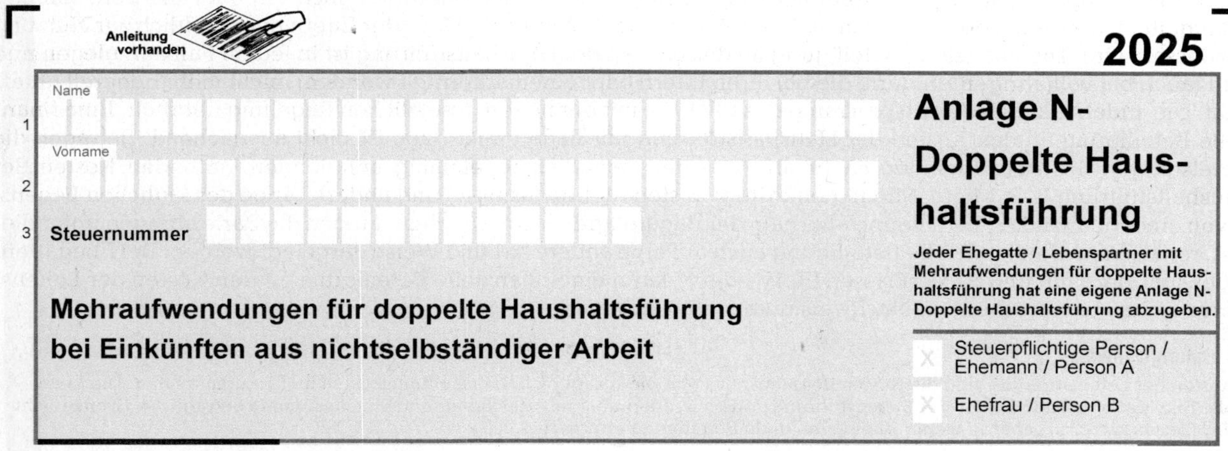
Anleitung vorhanden

2025

Anlage N-Doppelte Haushaltsführung

Jeder Ehegatte / Lebenspartner mit Mehraufwendungen für doppelte Haushaltsführung hat eine eigene Anlage N-Doppelte Haushaltsführung abzugeben.

1 Name

2 Vorname

3 Steuernummer

Mehraufwendungen für doppelte Haushaltsführung bei Einkünften aus nichtselbständiger Arbeit

Steuerpflichtige Person / Ehemann / Person A

Ehefrau / Person B

Die Anlage N-Doppelte Haushaltsführung wird seit dem VZ 2023 aufgelegt. Die Erklärungstatbestände waren bis einschließlich des VZ 2022 auf der Anlage N enthalten. Jeder Ehegatte/Lebenspartner hat eine eigene Anlage abzugeben. 1232

2. Allgemeine Angaben (Zeilen 4–12)

a) Allgemeines

Werbungskosten sind – ohne zeitliche Befristung – auch notwendige Aufwendungen, die einem Arbeitnehmer wegen einer aus beruflichem Anlass begründeten doppelten Haushaltsführung entstehen (§ 9 Abs. 1 Satz 3 Nr. 5 EStG). Eine doppelte Haushaltsführung liegt nur vor, wenn der Arbeitnehmer außerhalb des Ortes seiner ersten Tätigkeitsstätte einen eigenen Haushalt unterhält (Hauptwohnung) und auch am Ort der ersten Tätigkeitsstätte wohnt (Zweitwohnung). Die Anzahl der Übernachtungen ist unerheblich. 1233

Eine **Hauptwohnung** (§ 9 Abs. 1 Satz 3 Nr. 5 Satz 2 EStG) ist am Ort der ersten Tätigkeitsstätte belegen, wenn die stpfl. Person von dieser Wohnung ihre erste Tätigkeitsstätte in zumutbarer Weise täglich erreichen kann.[1] Eine Fahrzeit von bis zu einer Stunde je Wegstrecke unter Zugrundelegung individueller Verkehrsverbindungen und Wegezeiten kann i.d.R. als zumutbar angesehen werden.[2] Aus Vereinfachungsgründen kann für die Frage, ob die Hauptwohnung am Ort der ersten Tätigkeitsstätte belegen ist oder nicht, z.B. wenn sie innerhalb derselben politischen Gemeinde, Stadt oder in deren unmittelbaren Umkreis liegen, die Entfernung der kürzesten Straßenverbindung (§ 9 Abs. 1 Satz 3 Nr. 4 Satz 4 EStG) zwischen Hauptwohnung und erster Tätigkeitsstätte herangezogen werden. Beträgt die Entfernung zwischen Hauptwohnung und erster Tätigkeitsstätte mehr als 50 km, ist davon auszugehen, dass sich die Hauptwohnung außerhalb des Orts der ersten Tätigkeitsstätte befindet. Eine **Zweitwohnung** oder -unterkunft in der Nähe des Orts der ersten Tätigkeitsstätte steht einer Zweitwohnung am Ort der ersten Tätigkeitsstätte gleich. Aus Vereinfachungsgründen kann davon ausgegangen werden, dass die Zweitwohnung noch am Ort der ersten Tätigkeitstätte belegen ist, wenn die Entfernung der kürzesten Straßenverbindung (§ 9 Abs. 1 Satz 3 Nr. 4 Satz 4 EStG) zwischen Zweitwohnung oder -unterkunft und erster Tätigkeitsstätte nicht mehr als 50 km beträgt.[3] Liegt die Zweitwohnung mehr als 50 km von dem Ort der ersten Tätigkeitsstätte entfernt, ist zu prüfen, ob die erste Tätigkeitsstätte von der Zweitwohnung oder -unterkunft noch in zumutbarer Weise täglich erreicht werden kann. Eine Fahrzeit von bis zu einer Stunde je Wegstrecke unter Zugrundelegung individueller Verkehrsverbindungen und Wegezeiten ist dabei als zumutbar anzusehen.[4]

Voraussetzung ist, dass neben der Zweitwohnung ein anderswo liegender Erst- oder Haupthausstand unterhalten wird. Das Vorliegen eines eigenen Hausstands setzt neben dem Innehaben einer Wohnung aus eigenem Recht als Eigentümer/Mieter oder aus gemeinsamem oder abgeleitetem Recht als Ehegatte/Lebenspartner/Lebensgefährte sowie Mitbewohner auch eine **finanzielle Beteiligung** an den laufenden Kosten der Haushaltsführung voraus (§ 9 Abs. 1 Satz 3 Nr. 5 Satz 3 EStG).

Beratungshinweis:

„Kosten der Lebensführung" meint Kosten einer gemeinsamen Haushaltsführung. Eine nur anteilige Kostentragung an den Wohnnebenkosten führt nicht zu einem eigenen Hausstand des im Haushalt der Eltern wohnenden Kindes.[5] Führt die stpfl. Person im Rahmen einer doppelten Haushaltsführung am Ort des Lebensmittelpunkts einen Ein-Personen-Haushalt, stellt sich die Frage nach der finanziellen Beteiligung an den Kosten der Lebensführung nicht.[6]

1) BMF v. 25.11.2020, IV C 5 – S 2353/19/10011 :006, BStBl I 2020, 1228, Rz. 102.
2) BFH v. 16.11.2017, VI R 31/16, BStBl II 2018, 404.
3) BMF v. 25.11.2020, IV C 5 – S 2353/19/10011 :006, BStBl I 2020, 1228, Rz. 103.
4) BFH v. 19.4.2012, VI R 59/11, BStBl II 2012, 833.
5) FG Düsseldorf v. 28.5.2020, 9 K 719/17 E, EFG 2020, 1233.
6) BFH v. 29.4.2025, VI R 12/23, HFR 2025, 842.

Die für eine doppelte Haushaltsführung erforderliche finanzielle Beteiligung an den Kosten der Lebensführung muss bei Fällen mit **Auslandsbezug** nicht unterstellt werden, nur weil der Arbeitnehmer verheiratet ist.[1]

Nicht ausreichend ist, wenn der Arbeitnehmer z.B. im Haushalt der Eltern lediglich ein oder mehrere Zimmer unentgeltlich bewohnt oder wenn dem Arbeitnehmer eine Wohnung im Haus der Eltern unentgeltlich zur Nutzung überlassen wird. Die finanzielle Beteiligung an den Kosten der Haushaltsführung ist in jedem Fall darzulegen und wird (auch bei volljährigen Kindern, die bei ihren Eltern oder einem Elternteil wohnen), nicht mehr generell unterstellt. Die anderslautende Rechtsprechung des BFH[2] ist mit der neuen gesetzlichen Regelung überholt. Eine finanzielle Beteiligung an den Kosten der Haushaltsführung mit Bagatellbeträgen ist nicht ausreichend. Betragen die Barleistungen des Arbeitnehmers mehr als 10 % der monatlich regelmäßig anfallenden laufenden Kosten der Haushaltsführung (z.B. Miete, Mietnebenkosten, Kosten für Lebensmittel und andere Dinge des täglichen Lebens) ist von einer finanziellen Beteiligung oberhalb der Bagatellgrenze auszugehen. Liegen die Barleistungen unter dieser Grenze, kann die finanzielle Beteiligung auch auf eine andere Art und Weise dargelegt werden. Bei Ehegatten/Lebenspartnern mit den Steuerklassen III, IV oder V kann eine finanzielle Beteiligung an den Kosten der Lebensführung ohne entsprechenden Nachweis unterstellt werden.[3]

Beratungshinweis:

Kosten der Lebensführung sind die Kosten des Haushalts und die sonstigen Lebenshaltungskosten im Haupthausstand. Die finanzielle Beteiligung an den Kosten der Lebensführung darf nicht erkennbar unzureichend sein. Eine **bestimmte betragliche Grenze** sieht das Gesetz nicht vor, ebenso wenig ist eine laufende Beteiligung erforderlich.[4]

Das Beziehen der Zweitwohnung oder -unterkunft muss aus **beruflichen Gründen erforderlich** sein. Das ist insb. der Fall, wenn dadurch die Fahrtstrecke/Fahrzeit zur ersten Tätigkeitsstätte wesentlich verkürzt wird. Aus Vereinfachungsgründen kann von einer beruflichen Veranlassung des Beziehens der Zweitwohnung oder -unterkunft ausgegangen werden, wenn die kürzeste Straßenverbindung von der Zweitwohnung oder -unterkunft zur ersten Tätigkeitsstätte weniger als die Hälfte der kürzesten Straßenverbindung zwischen der Hauptwohnung (Mittelpunkt der Lebensinteressen) und der ersten Tätigkeitsstätte beträgt oder die Fahrzeit zur ersten Tätigkeitsstätte für eine Wegstrecke halbiert wird. Sind die Voraussetzungen dieser Vereinfachungsregelung nicht erfüllt, ist das Vorliegen einer beruflich veranlassten doppelten Haushaltsführung auf andere Weise anhand der konkreten Umstände des Einzelfalls darzulegen.[5]

Steuerpflichtige Personen, die eine Auswärtstätigkeit ausüben und am Ort der Tätigkeit übernachten, begründen keine doppelte Haushaltsführung.[6] Sie sind nach den Grundsätzen der Auswärtstätigkeit (= Reisekosten) abzurechnen.

Eine doppelte Haushaltsführung liegt nicht vor, wenn die auswärtige Beschäftigung als Auswärtstätigkeit anzuerkennen ist (→ Rz. 1163).[7] Im Falle einer **zeitlich befristeten Entsendung** liegt eine doppelte Haushaltsführung und keine Auswärtstätigkeit vor, wenn das mit dem bisherigen Arbeitgeber abgeschlossene Beschäftigungsverhältnis für die Dauer der Entsendung mit dem verbundenen Unternehmen ruht und der Beschäftigte für die Dauer der Entsendung einen eigenständigen Arbeitsvertrag abschließt.[8] Auf die Häufigkeit der Übernachtung kommt es nicht an.[9] Welche privaten Gründe den Arbeitnehmer veranlassen, von einem Umzug abzusehen, ist ebenfalls irrelevant. Zweck der ertragsteuerlichen Berücksichtigung derartiger Aufwendungen ist es, dadurch die Mobilität des Arbeitnehmers zu fördern, dass durch die steuerliche Berücksichtigung der Kosten des Wohnens am Arbeitsplatz das Beibehalten des bisherigen Lebensmittelpunkts erleichtert wird.

Werbungskosten sind die einer stpfl. Person aus einer aus beruflichem Anlass begründeten doppelten Haushaltsführung **notwendig entstandenen Mehraufwendungen** (begrenzt auf einen mtl. Höchstbetrag von 1 000 € → Rz. 1241; im Ausland ist eine qm-Größe von 60 zu beachten), unabhängig davon, aus welchen Gründen die doppelte Haushaltsführung beibehalten wird.

Als notwendige Mehraufwendungen wegen einer doppelten Haushaltsführung kommen in Betracht:

- Fahrtkosten aus Anlass des Wohnungswechsels zu Beginn und am Ende der doppelten Haushaltsführung (Zeilen 13–16, → Rz. 1239),
- Fahrtkosten (ggf. Flug-Fährkosten) für wöchentliche Heimfahrten an den Ort des eigenen Hausstands oder Aufwendungen für wöchentliche Familien-Ferngespräche (Zeilen 17–22, → Rz. 1240),
- Aufwendungen für die (zweite) Unterkunft (Zeilen 23–24, → Rz. 1241),
- Pauschbeträge für Mehraufwendung für Verpflegung (Zeilen 25–31, → Rz. 1242),
- sonstige Aufwendungen (Reisenebenkosten wie z.B. Umzugskosten (Zeile 32, → Rz. 1156).

Diese Aufwendungen wirken sich aber nur insoweit aus, als sie vom Arbeitgeber nicht steuerfrei erstattet wurden (§ 3 Nr. 12, 13 oder Nr. 16 EStG – Zeile 34, → Rz. 1245).

1) FG Niedersachsen v. 21.9.2022, 9 K 309/20, EFG 2023, 109.
2) BFH v. 16.1.2013, VI R 46/12, BStBl II 2013, 627.
3) BMF v. 25.11.2020, IV C 5 – S 2353/19/10011 :006, BStBl I 2020, 1228, Rz. 101.
4) BFH v. 12.1.2023, VI R 39/19, BStBl II 2023, 747.
5) BMF v. 25.11.2020, IV C 5 – S 2353/19/10011 :006, BStBl I 2020, 1228, Rz. 104.
6) BFH v. 11.5.2005, VI R 7/02, BStBl II 2005, 782; BFH v. 11.5.2005, VI R 34/04, BStBl II 2005, 793.
7) R 9.11 Abs. 1 Satz 2 LStR.
8) OFD Rheinland, Kurzinformation ESt Nr. 34/2010 v. 12.7.2010, DB 2010, 1856.
9) R 9.11 Abs. 1 Satz 1 LStR.

Beratungshinweis:
Fährt der Arbeitnehmer hingegen täglich an den Ort des eigenen Hausstands, so handelt es sich nicht um Aufwendungen im Rahmen einer doppelten Haushaltsführung, sondern um Aufwendungen, die i.R.d. Entfernungspauschale zu berücksichtigen sind (Wege zwischen Wohnung und erster Tätigkeitsstätte).

Führt der Arbeitnehmer mehr als eine Heimfahrt wöchentlich durch, besteht ein Wahlrecht. Es können entweder die Aufwendungen nach den Grundsätzen der doppelten Haushaltsführung oder ein Ansatz aller Heimfahrten als Fahrten zwischen Wohnung und erster Tätigkeitsstätte geltend gemacht werden. Dieses Wahlrecht kann der Arbeitnehmer bei ein und derselben doppelten Haushaltsführung jedes Kj. nur einmal ausüben.[1]

b) Allgemeine Angaben (Zeilen 4–12)

Allgemeine Angaben 87 / 88

4 Der doppelte Haushalt wurde aus beruflichem Anlass begründet am 501 T T M M J J J J

Grund

5

6 Der doppelte Haushalt hat seitdem ununterbrochen bestanden bis 502 T T M M 2025

Beschäftigungsort (PLZ, Ort, sowie zusätzlich den Staat - falls im Ausland und abweichend vom Staat, in dem der doppelte Haushalt liegt -)

7

8 Der doppelte Haushalt liegt im Ausland 507 1 = Ja — Ausländischer Staat, in dem der doppelte Haushalt liegt

9 Es liegt ein **eigener Hausstand** am Lebensmittelpunkt vor 503 1 = Ja 2 = Nein

– Falls Zeile 9 mit „Nein" beantwortet wird, sind in den Zeilen 10 bis 32 keine Eintragungen vorzunehmen. –

PLZ, Ort des eigenen Hausstandes — seit

10 504 T T M M J J J J

11 Der Begründung des doppelten Haushalts ist eine Auswärtstätigkeit am selben Beschäftigungsort unmittelbar vorausgegangen 505 1 = Ja

12 Anstelle der Mehraufwendungen für doppelte Haushaltsführung werden bei den Wegen zwischen Wohnung und erster Tätigkeitsstätte in den Zeilen 27 bis 50 der **Anlage N** Fahrtkosten für **mehr** als eine Heimfahrt wöchentlich geltend gemacht 506 1 = Ja

– Falls Zeile 12 mit „Ja" beantwortet wird, sind in den Zeilen 13 bis 32 keine Eintragungen vorzunehmen. –

aa) Doppelter Haushalt wurde aus beruflichem Anlass begründet am ... (Zeilen 4–8)

Voraussetzung für die Berücksichtigung von Aufwendungen im Rahmen einer doppelten Haushaltsführung ist, **1234**
dass die Begründung des doppelten Haushalts durch eine berufliche Beschäftigung veranlasst ist und der zweite Haushalt konkreten beruflichen Zwecken dient (**Zeilen 4-7**). Eine berufliche Veranlassung ist z.B. gegeben, wenn der Arbeitnehmer versetzt wird oder einen neuen Arbeitgeber findet, den Zweithaushalt begründet (unter Beibehaltung des Haupthausstandes), um von dort aus seinen Arbeitsplatz aufsuchen zu können. Unerheblich ist, ob die stpfl. Person den zweiten Haushalt allein führt oder gemeinsam mit Freunden oder Arbeitskollegen.[2] In Ausnahmefällen stellt der BFH die **Eheschließung/Begründung einer Lebenspartnerschaft** einem beruflichen Anlass gleich, wenn z.B. beide Ehegatten/Lebenspartner im Zeitpunkt der Eheschließung/Begründung einer Lebenspartnerschaft an verschiedenen Orten berufstätig waren, jeweils an ihren Beschäftigungsorten wohnten und auf Grund der Eheschließung/Begründung einer Lebenspartnerschaft eine der beiden Wohnungen zur Familienwohnung gemacht haben.[3]

Beratungshinweis:
Auch bei nichtehelichen Lebensgemeinschaften gelten die vom BFH entwickelten Grundsätze entsprechend. Eine doppelte Haushaltsführung ist damit auch beruflich begründet, wenn ein gemeinsamer Familienwohnsitz anlässlich oder im zeitlichen Zusammenhang mit der Geburt eines Kindes begründet wird.[4] Zur Frage einer doppelten Haushaltsführung bei gemeinsam mit einem Kind am Beschäftigungsort lebenden Ehegatten vgl. FG Münster.[5]

Auch in sog. **Wegverlegungsfällen** (Verlegung des Lebensmittelpunktes außerhalb des bisherigen Beschäftigungsortes) wird eine doppelte Haushaltsführung begründet. Beziehen z.B. beiderseits berufstätige Ehegatten/Lebenspartner am gemeinsamen Beschäftigungsort eine gemeinsame Zweitwohnung, kann ebenfalls eine beruflich veranlasste doppelte Haushaltsführung vorliegen. Auch die Mitnahme des nicht berufstätigen Ehegatten/**Lebenspartners** und/oder der Familie an den Beschäftigungsort steht der beruflichen Veranlassung einer doppelten Haushaltsführung nicht entgegen. Für beiderseits berufstätige Ehegatten/Lebenspartner, die mit ihren Kindern am Beschäftigungsort in einer familiengerechten Wohnung leben, ist der Mittelpunkt der Lebensinteressen im Rahmen einer Gesamtwürdigung der Umstände des Einzelfalls zu bestimmen. Danach gilt die Vermutung, dass

1) R 9.11 Abs. 5 Sätze 2 bis 3 LStR.
2) BFH v. 28.3.2012, VI R 25/11, BStBl II 2012, 831.
3) BFH v. 13.3.1996, VI R 58/95, BStBl II 1996, 315.
4) BFH v. 15.3.2007, VI R 31/05, BStBl II 2007, 533.
5) FG Münster v. 26.9.2018, 7 K 3215/16 E, EFG 2018, 1793.

sich der Mittelpunkt der Lebensinteressen unter diesen Umständen i.d.R. an den Beschäftigungsort verlagert, auch wenn die frühere Familienwohnung beibehalten und zeitweise noch genutzt wird.[1] Zur Anerkennung einer doppelten Haushaltsführung bei zusammen am gemeinsamen Beschäftigungsort lebenden Ehegatten mit Kindern vgl. FG Köln.[2]

Hierbei liegt bei der stpfl. Person die **Feststellungslast**, dass die bisherige Wohnung nicht aufgegeben wurde. Sollte diese aufgegeben worden sein (z.B. Vermietung der bisherigen Eigenwohnung) und unterhält der Arbeitnehmer seine einzige Wohnung am neuen Beschäftigungsort, liegt nach der Verwaltungsauffassung keine „doppelte" Haushaltsführung vor. Unterkunftskosten sind als typische Lebenshaltungskosten nicht abziehbar (§ 12 Nr. 1 Satz 1 EStG).[3] Aufwendungen für die **Beendigung** einer doppelten Haushaltsführung müssen beruflich veranlasst sein, um den Abzug von Kosten zu gewährleisten. Endet diese bereits vor einem Umzug z.B. durch Verlust der Familienwohnung (Gründung eines eigenen Hausstandes am Beschäftigungsort), ist der Umzug nicht mehr beruflich veranlasst.[4] Wird die Wohnung am Beschäftigungsort anlässlich der Beendigung einer aus beruflichem Anlass begründeten doppelten Haushaltsführung veräußert, ist eine dabei anfallende **Vorfälligkeitsentschädigung** nicht als WK bei den Einkünften aus nichtselbständiger Arbeit zu berücksichtigen.[5] Entsteht diese jedoch im Rahmen einer Umschuldung und die doppelte Haushaltsführung besteht weiter, sind die Aufwendungen berücksichtigungsfähig.

Beratungshinweis:
Aufwendungen für eine Wohnung sind nur dann als vorab entstandene WK einer doppelten Haushaltsführung abziehbar, wenn die stpfl. Person endgültig den Entschluss gefasst hat, die Wohnung zukünftig im Rahmen einer steuerlich anzuerkennenden doppelten Haushaltsführung zu nutzen.[6]

In **Zeile 7** ist zusätzlich der Staat – falls im Ausland und abweichend vom Staat, in dem der doppelte Haushalt liegt – zu erklären. Die Angabe ist notwendig für die Berechnung der Mehraufwendungen für Verpflegung für den jeweiligen Anreisetag (Berücksichtigung der inl. Pauschalsätze[7]). Der doppelte Haushalt kann noch in Deutschland liegen, während der Beschäftigungsort bereits im Ausland liegt. Für die Berechnung der Mehraufwendungen ist dabei der Beschäftigungsort maßgeblich. Liegt der doppelte Haushalt im Ausland (**Zeile 8**), erfolgt keine Begrenzung der berücksichtigungsfähigen Aufwendungen auf 1 000 €, sondern es gelten die allgemein anzuwendenden Grundsätze. Mietaufwendungen für eine Wohnung stellen notwendige Mehraufwendungen dar, soweit sie den durchschnittlichen Mietzins einer 60 qm-Wohnung am Beschäftigungsort nicht überschreiten.[8]

Bei einer doppelten Haushaltsführung im **Ausland** ist im Einzelfall zu prüfen, welche Unterkunftskosten notwendig sind (entgegen BMF[9]). Bei einer beamtenrechtlich zugewiesenen Dienstwohnung sind die Unterkunftskosten am ausl. Beschäftigungsort stets in tatsächlicher Höhe im Rahmen einer doppelten Haushaltsführung abzugsfähig.[10] Kosten für eine Dienstwohnung im Ausland, die der Dienstherr für Zwecke des Mietzuschusses (§ 54 BBesG) als notwendig anerkennt, sind in tatsächlicher Höhe als Unterkunftskosten abzugsfähig.[11] Der Durchschnittsmietzins kann nach dem im fraglichen Zeitraum gültigen Mietspiegel bemessen werden.[12]

bb) Angaben zum eigenen Hausstand am Lebensmittelpunkt (Zeilen 9–10)

1235 Der Begriff des eigenen Hausstands ist ab dem VZ 2014 (→ Rz. 1233) gesetzlich definiert (§ 9 Abs. 1 Satz 3 Nr. 5 Satz 3 EStG). Durch die gesetzliche Konkretisierung des Begriffs des „eigenen Hausstandes" wird zusätzliche Rechtssicherheit geschaffen und Streitpotenzial vermieden. Das Vorliegen eines eigenen Hausstands außerhalb des Orts der ersten Tätigkeitsstätte erfordert ab dem VZ 2014 neben dem Innehaben einer Wohnung aus eigenem Recht oder als Mieter auch eine angemessene finanzielle Beteiligung an den Kosten der Lebensführung. Für das Vorliegen eines eigenen Hausstands genügt es somit nicht, wenn der Arbeitnehmer z.B. im Haushalt seiner Eltern lediglich ein (oder mehrere Zimmer) bewohnt oder wenn dem Arbeitnehmer eine Wohnung im Haus der Eltern unentgeltlich zur Nutzung überlassen wird.[13] Junge stpfl. Pers., die nach Beendigung ihrer Ausbildung eine eigene Wohnung am Tätigkeitsort anmieten und weiterhin – wenn auch gegen Kostenbeteiligung – im elterlichen Haushalt ihr Kinder-/Jugendzimmer bewohnen, unterhalten regelmäßig keine doppelte Haushaltsführung.[14]

Praxishinweis:
Wird das Auswahlfeld mit einer „2" gefüllt, existiert kein eigener Hausstand, so dass die gesetzlichen Voraussetzungen für eine doppelte Haushaltsführung nicht vorliegen. Weitere Erklärungen sind bei „Nein" in den nachfolgenden Zeilen 10–32 nicht vorzunehmen.

---

1) BFH v. 1.10.2019, VIII R 29/16, BFH/NV 2020, 349.
2) FG Köln v. 22.6.2023, 11 K 3123/18, EFG 2023, 1753.
3) OFD Rheinland, Kurzinformation ESt Nr. 34/2010 v. 12.7.2010, DB 2010, 1856.
4) FG Köln v. 14.7.2011, 6 K 4781/07, EFG 2012, 403.
5) BFH v. 3.4.2019, VI R 15/17, BStBl II 2019, 446.
6) BFH v. 23.10.2019, VI R 1/18, HFR 2020, 342.
7) BMF v. 25.11.2020, IV C 5 – S 2353/19/10011 :006, BStBl I 2020, 1228, Rz. 51.
8) BMF v. 25.11.2020, IV C 5 – S 2353/19/10011 :006, BStBl I 2020, 1228, Rz. 112.
9) BMF v. 25.11.2020, IV C 5 – S 2353/19/10011 :006, BStBl I 2020, 1228, Rz 112.
10) BFH v. 9.8.2023, VI R 20/21, StEd 2023, 697.
11) BFH v. 17.6.2025, VI R 21/23.
12) BFH v. 12.7.2017, VI R 42/15, BStBl II 2018, 13.
13) BT-Drucks 17/10774 v. 25.9.2012.
14) FG Münster v. 7.10.2020, 13 K 1756/18 E, EFG 2021, 29.

cc) Der Begründung des doppelten Haushalts ist eine Auswärtstätigkeit am selben Beschäftigungsort unmittelbar vorausgegangen (Zeile 11)

Die doppelte Haushaltsführung wird nicht dadurch ausgeschlossen, dass die stpfl. Person auch am Ort des (bisherigen) Hauptwohnsitzes beschäftigt ist.[1] Unmittelbar vorangegangene Auswärtstätigkeiten am Beschäftigungsort werden auf den 3-Monats-Zeitraum für die Gewährung von Mehraufwand für Verpflegung angerechnet (§ 9 Abs. 4a Satz 13 EStG). Auch in sog. **Wegverlegungsfällen** (Verlegung des Lebensmittelpunktes außerhalb des bisherigen Beschäftigungsortes) wird eine doppelte Haushaltsführung begründet.[2] Von einer beruflich begründeten doppelten Haushaltsführung wird aber nicht ausgegangen, wenn der (neue) Lebensmittelpunkt nur in den Sommermonaten an den Ort einer Ferienwohnung verlegt wird.[3] Mit dem Zeitpunkt der Umwidmung beginnt in sog. Wegverlegungsfällen die Dreimonatsfrist für die Abzugsfähigkeit von Verpflegungsmehraufwendungen.[4] 1236

Beratungshinweis:

Zieht die stpfl. Person in die dem Lebenspartner gehörende Wohnung, in der sie nicht nur als Gast in den Haushalt des Lebenspartners eingegliedert ist und mietet sie sich aus beruflichen Gründen eine (kleinere) Wohnung am Beschäftigungsort an, ist vom Lebensmittelpunkt beim Lebenspartner und somit von einem eigenen Hausstand auszugehen. Die finanzielle Beteiligung ist nicht erforderlich.[5]

In den Fällen, in denen bereits zum Zeitpunkt der Wegverlegung des Lebensmittelpunktes vom Beschäftigungsort ein Rückumzug an den Beschäftigungsort geplant ist oder feststeht, handelt es sich hingegen nicht um eine doppelte Haushaltsführung.

dd) Anstelle der Mehraufwendungen für doppelte Haushaltsführung werden bei den Wegen zwischen Wohnung und erster Tätigkeitsstätte in den Zeilen 27–50 der Anlage N Fahrtkosten für mehr als eine Heimfahrt wöchentlich geltend gemacht (Zeile 12)

Es besteht die Möglichkeit, vom bestehenden Wahlrecht (pro Kj. einmal, vgl. R 9.11 Abs. 5 Satz 2 LStR) Gebrauch zu machen, anstelle der Mehraufwendungen für doppelte Haushaltsführung die Fahrtkosten für **mehr als eine Heimfahrt wöchentlich** geltend zu machen. In diesen Fällen erübrigen sich Eintragungen in den Zeilen 13–32; die durchgeführten Fahrten sind in den Zeilen 27–50 der Anlage N zu erklären. Folgeauswirkungen ergeben sich bei der Gestellung einer Unterkunft sowie bei den abziehbaren Fahrtkosten (R 9.11 Abs. 5 Satz 4 LStR). 1237

3. Fahrtkosten (Zeilen 13–22)

Fahrtkosten

13 Die Fahrten wurden mit einem **Firmenwagen** oder im Rahmen einer unentgeltlichen **Sammelbeförderung** des Arbeitgebers durchgeführt — 510 — 1 = Ja, insgesamt; 2 = Nein; 3 = Ja, teilweise

– Falls Zeile 13 mit „Ja, insgesamt" beantwortet wird, sind in den Zeilen 14, 15, 17 und 19 keine Eintragungen vorzunehmen. Bei „Ja, teilweise" sind in diesen Zeilen nur Eintragungen für die mit dem eigenen oder zur Nutzung überlassenen privaten Fahrzeug durchgeführten Fahrten vorzunehmen. –

Erste Fahrt zum Ort der ersten Tätigkeitsstätte und letzte Fahrt zum eigenen Hausstand

14 mit privatem Kfz gefahrene km — 511 — Kilometersatz bei Einzelnachweis (Berechnung laut gesonderter Aufstellung) — 512 — EUR , Ct

15 mit privatem Motorrad / Motorroller gefahrene km — 522 — Kilometersatz bei Einzelnachweis (Berechnung laut gesonderter Aufstellung) — 523 — ,

16 mit öffentlichen Verkehrsmitteln oder entgeltlicher Sammelbeförderung — 513 — EUR ,—

Wöchentliche Familienheimfahrten

17 einfache Entfernung in km (ohne Flugstrecken) — 514 — Anzahl der Familienheimfahrten — 515

18 Kosten für öffentliche Verkehrsmittel (ohne Fähr- und Flugkosten) — 516 — EUR ,—

Nur bei Behinderungsgrad von mindestens 70 oder mindestens 50 und Merkzeichen „G"

19 Einfache Entfernung in km (ohne Flugstrecken) — 524 — davon mit privatem Kfz zurückgelegt in km — 517 — Anzahl der Familienheimfahrten — 518

20 Kilometersatz bei Einzelnachweis (Berechnung laut gesonderter Aufstellung) — 519 — EUR , Ct

21 Kosten für öffentliche Verkehrsmittel (ohne Fähr- und Flugkosten) — 520 — EUR ,—

22 Fähr- und Flugkosten (zu den wöchentlichen Heimfahrten laut den Zeilen 17 bis 21) oder Kosten für entgeltliche Sammelbeförderung für Heimfahrten — 521 — ,—

2025AnlN-DHF481 - September 2025 - 2025AnlN-DHF481

1) BFH v. 24.5.2007, VI R 47/03, BStBl II 2007, 609.
2) BFH v. 5.3.2009, VI R 58/06, BStBl II 2009, 1012 und VI R 23/07, BStBl II 2009, 1016; vgl. auch BMF v. 10.12.2009, IV C 5 – S 2352/0, BStBl I 2009, 1599.
3) OFD Münster, Kurzinfo v. 16.9.2009, Nr. 26/2009, DStR 2009, 2009.
4) BFH v. 8.10.2014, VI R 7/13, BStBl I 2015, 336.
5) FG Münster v. 20.12.2011, 1 K 4150/08 E, EFG 2012, 504.

a) Die Fahrten wurden mit einem Firmenwagen oder im Rahmen einer unentgeltlichen Sammelbeförderung des Arbeitgebers durchgeführt (Zeile 13)

1238 Bei Nutzung des Firmenwagens und in Fällen der unentgeltlichen Sammelbeförderung des Arbeitgebers (§ 9 Abs. 1 Satz 3 Nr. 5 Satz 8 EStG) können keine Fahrtkosten geltend gemacht werden (mit Ausnahme der Kosten für öffentliche Verkehrsmittel, entgeltlicher Sammelbeförderung sowie für Flug- und Fährkosten).

Falls Zeile 13 mit „Ja, insgesamt" beantwortet wird, sind in den Zeilen 14, 15, 17 und 19 keine Eintragungen vorzunehmen, da Aufwendungen für Familienheimfahrten mit einem vom Arbeitgeber überlassenen Dienstwagen nicht zum WK-Abzug berechtigen.[1] Bei „Ja, teilweise" sind in diesen Zeilen nur Eintragungen für die mit dem eigenen oder zur Nutzung überlassenen privaten Fahrzeug durchgeführte Fahrten vorzunehmen.

b) Erste Fahrt zum Ort der ersten Tätigkeitsstätte und letzte Fahrt zum eigenen Hausstand (Zeilen 14–16)

1239 Die Aufwendungen für die Fahrten anlässlich des Wohnungswechsels zu Beginn (erste Fahrt zum Beschäftigungsort) und am Ende der doppelten Haushaltsführung (letzte Fahrt zum Ort des eigenen Hausstands) sind mit den **tatsächlich entstandenen Aufwendungen** – wie im Falle des Vorliegens einer Auswärtstätigkeit – zu berücksichtigen.[2] Bei Benutzung eines privaten Fahrzeugs können die nachgewiesenen Aufwendungen angesetzt werden. Werden die Aufwendungen nicht nachgewiesen, können je gefahrenem Kilometer bei einem Kfz 0,30 € (0,38 € ab dem 21. Entfernungskilometer [§ 9 Abs. 1 Satz 3 Nr. 5 Satz 9 EStG]), für jedes andere motorbetriebene Fahrzeug 0,20 € geltend gemacht werden (vgl. Zeile 66 der Anlage N → Rz. 1164). Insoweit handelt es sich um einen gesetzlichen Pauschbetrag, auf den ein Anspruch der Höhe nach besteht.[3]

Wurden die Fahrten mit öffentlichen Verkehrsmitteln oder im Rahmen einer **entgeltlichen** Sammelbeförderung durchgeführt, sind die tatsächlichen und im Einzelfall nachgewiesenen Aufwendungen gesondert in den Zeilen 21 und/oder 22 zu erklären.

c) Wöchentliche Heimfahrten (Zeilen 17–22)

1240 Im Gegensatz zur Berücksichtigung von tatsächlichen Aufwendungen für die erste und die letzte Fahrt im Rahmen einer doppelten Haushaltsführung sind Aufwendungen für eine wöchentliche Familienheimfahrt lediglich nach den Grundsätzen der Entfernungspauschale (→ Rz. 1109) abziehbar (§ 9 Abs. 1 Satz 3 Nr. 5 Satz 6 EStG) und damit aufwandsunabhängig.[4] Die Begrenzung auf den Höchstbetrag von 4 500 € gilt nicht. Die Jahresvergleichsrechnung für die Familienheimfahrt und der für die Fahrten zwischen der Zweitwohnung am Beschäftigungsort und der ersten Tätigkeitsstätte sind getrennt durchzuführen.

Praxishinweis:
Für wöchentliche Familienheimfahrten ist kein Werbungskostenabzug möglich, wenn die Familienheimfahrt mit einem Firmenwagen durchgeführt wurde (R 9.11 Abs. 10 Satz 7 Nr. 1 LStR). Der Arbeitgeber hat für diese Familienheimfahrten keinen geldwerten Vorteil zu erfassen (§ 8 Abs. 2 Satz 5 EStG), so dass als Folge der Werbungskostenabzug entfällt.[5] Nutzt der Arbeitnehmer ein ihm von seinem Arbeitgeber auch zur außerdienstlichen Nutzung überlassenes Kfz für Familienheimfahrten, so scheidet ein Werbungskostenabzug auch dann aus, wenn der Arbeitnehmer hierfür ein Nutzungsentgelt leisten muss oder individuelle Kfz-Kosten zu tragen hat.[6]

In **Zeile 17** sind die einfache Entfernung und die entsprechende Anzahl der Fahrten einzutragen. Weitere Kosten für öffentliche Verkehrsmittel (ohne Flug- und Fährkosten) sind in **Zeile 18** zu erklären. Wurde bei der stpfl. Person ein Behinderungsgrad von mind. 70 oder mind. 50 und das Merkzeichen „G" festgestellt, müssen die Erklärungen in **Zeile 19** erfolgen, so dass die Aufwendungen mit den tatsächlichen Aufwendungen berücksichtigt werden. Ab dem VZ 2023 können ebenfalls Angaben zu Familienheimfahrten erklärt werden; der Kilometersatz bei Einzelnachweis ist gesondert in **Zeile 20** anzugeben. Die Berechnung erfolgt laut gesonderter Aufstellung durch die stpfl. Person.

Praxishinweis:
Aufwendungen für die Benutzung von öffentlichen Verkehrsmitteln, die die Pauschbeträge übersteigen, sind zum Abzug zugelassen, selbst wenn diese über der Entfernungspauschale liegen.

In **Zeile 21** sind – für die notwendige Vergleichsrechnung[7] – die tatsächlichen Aufwendungen für öffentliche Verkehrsmittel einzutragen (→ Rz. 1115), die Arbeitnehmern entstanden sind, bei denen ein Grad der Behinderung von mind. 70 oder weniger als 70, aber mindestens 50 beträgt (§ 9 Abs. 2 Satz 3 EStG). Für diesen Personenkreis besteht die Möglichkeit des Einzelnachweises der tatsächlichen Aufwendungen.

Für Flugstrecken[8] und bei entgeltlichen Sammelbeförderungen durch den Arbeitgeber sind die tatsächlichen Aufwendungen, nicht aber die Entfernungspauschale, absetzbar. Da hierfür keine Vergleichsberechnung gilt, sind

1) BFH v. 28.2.2013, VI R 33/11, BStBl II 2013, 629.
2) R 9.11 Abs. 6 LStR.
3) BFH v. 4.4.2006, VI R 44/03, BStBl II 2006, 567.
4) BFH v. 18.4.2013, VI R 29/12, BStBl II 2013, 735.
5) BFH v. 28.2.2013, VI R 33/11, BStBl II 2013, 629.
6) BFH v. 4.8.2022, VI R 35/20, BStBl II 2022, 802.
7) BMF v. 18.11.2021, IV C 5 – S 2351/20/10001 :002, BStBl I 2021, 2315.
8) BFH v. 26.3.2009, VI R 42/07, BStBl II 2009, 724.

diese Aufwendungen in **Zeile 22** zu erklären. Entsprechendes gilt für Fährkosten[1] (→ Rz. 1115). Die entsprechenden Nachweise über die entstandenen Kosten (z.B. der Flugschein) sind beizufügen.

Praxishinweis:
Die Entfernungspauschale gilt jedoch nicht für Strecken mit steuerfreier Sammelbeförderung (→ Rz. 1109).

Gesetzlich nicht geregelt ist die Frage, ob auch Aufwendungen anzuerkennen sind, die dem am Ort des eigenen Hausstands lebenden Ehegatten/Lebenspartner für Fahrten zum Arbeitsort des anderen Ehegatten/Lebenspartners und zurück entstehen (sog. umgekehrte Familienheimfahrt). Der BFH erkennt diese Fahrten (anders als bei einer Auswärtstätigkeit → Rz. 1165) als allg. WK (§ 9 Abs. 1 Satz 1 EStG) an, wenn der Arbeitnehmer aus beruflichen Gründen oder wegen einer Erkrankung an einer Familienheimfahrt gehindert ist.[2] Tritt z.B. der den doppelten Haushalt führende Ehegatte/Lebenspartner die wöchentliche Familienheimfahrt allerdings aus privaten Gründen nicht an, sind die Aufwendungen für die stattdessen durchgeführte Besuchsfahrt des anderen Ehegatten/Lebenspartners zum Beschäftigungsort keine WK.[3]

Anstelle der Aufwendungen für eine Familienheimfahrt kann der Arbeitnehmer die Gebühr für ein Ferngespräch von max. 15 Minuten mit Angehörigen, die zum Haupthausstand gehören, als WK abziehen (Zeile 32 → Rz. 1243).

4. Kosten der Unterkunft am Ort der ersten Tätigkeitsstätte (Zeilen 23–24)

- 2 -

Kosten der Unterkunft am Ort der ersten Tätigkeitsstätte

			EUR
23	Aufwendungen (z. B. Miete einschließlich Stellplatz- / Garagenkosten, Nebenkosten)	530	,—
24	Größe der Zweitwohnung des doppelten Haushalts im Ausland in m²	531	

Zu den notwendigen Mehraufwendungen, die einem Arbeitnehmer wegen einer aus beruflichem Anlass begründeten doppelten Haushaltsführung entstehen können, gehören auch die Unterkunftskosten (z.B. Zweitwohnung, Hotelzimmer, Nebenkosten). Die Aufwendungen können, unter Beachtung des Abflussprinzips (§ 11 EStG), bis zu einem Höchstbetrag von **1 000 €/Monat** berücksichtigt werden (§ 9 Abs. 1 Satz 3 Nr. 5 Satz 4 EStG). **1241**

Praxishinweis:
Die gesetzliche Festsetzung des Betrags von 1 000 € orientiert sich dabei an einer von der Rechtsprechung herangezogenen, nach Lage und Ausstattung durchschnittlichen, ca. 60 qm großen Wohnung. Nach Angaben des Statistischen Bundesamtes (Mikrozensus 2010) zahlen unter 6,2 % aller Hauptmieterhaushalte in Deutschland eine monatliche Bruttokaltmiete von 1 000 € und mehr. Bei weniger als 5,5 % aller Hauptmieterhaushalte liegt die mtl. Bruttokaltmiete bei 16,67 €/qm oder mehr. Bei mehr als 98,8 % derjenigen Personen, die in einem 1-Personen-Haushalt leben, liegt die Bruttokaltmiete unter 1 000 € monatlich. Die breite Masse der in Deutschland genutzten Mietwohnungen liegt somit innerhalb der 1 000 €.[4] Bis zu einem Betrag von 1 000 € geht die Finverw. von einer ausschließlich beruflichen Veranlassung aus; des Weiteren wären die Aufwendungen nur insoweit zu berücksichtigen, als sie durch die berufliche Veranlassung und alleinige Nutzung des Arbeitnehmers veranlasst sind.[5]

Mietaufwendungen, die ein Ehegatte auf Grund eigener vertraglicher Verpflichtung getragen hat, kann der andere Ehegatte, ohne selbst vertraglich verpflichtet zu sein, grundsätzlich nicht im Wege des Drittaufwands einkünftemindernd geltend machen. Auch Zahlungen von einem gemeinsamen Konto von Ehegatten gelten unabhängig davon, aus wessen Mitteln das Guthaben auf dem Konto stammt, als jeweils für Rechnung desjenigen geleistet, der den Betrag schuldet, sofern keine besonderen Vereinbarungen getroffen wurden.[6]

Maklerkosten z.B. für die Anmietung einer Zweitwohnung sind als Umzugskosten zusätzlich abziehbar und nicht in die betragsmäßige Grenze einzubeziehen. Zu den abzugsfähigen Aufwendungen und unter den Höchstbetrag fallenden Aufwendungen gehören die Wohnungsmiete inkl. Nebenkosten wie z.B. Heizung, Strom, Wasser, Reinigung. Bei **Wohnungseigentümern** unterliegen neben diesen Kosten auch die AfA auf die AK/HK sowie die Zinsen für eingesetztes Fremdkapital. Aufwendungen für Haushaltsartikel und Einrichtungsgegenstände einschließlich AfA zählen nicht zu den Aufwendungen für die Nutzung der Unterkunft. Diese Aufwendungen trägt die stpfl. Person für die Anschaffung bestimmter WG oder sie dienen, wie die AfA, der Verteilung der AK auf die Nutzungsdauer der entsprechenden WG. Daran ändert auch der Umstand nichts, dass die stpfl. Person die WG in der Unterkunft nutzt.

Soweit der monatliche Höchstbetrag von 1 000 € nicht ausgeschöpft wurde, ist eine Übertragung des nicht ausgeschöpften Volumens in andere Monate des Bestehens der doppelten Haushaltsführung im selben Kj. möglich.[7] Erhält der Arbeitnehmer Erstattungen (z.B. für Nebenkosten) mindern diese im Zeitpunkt des Zuflusses die Unterkunftskosten der doppelten Haushaltsführung. Die Prüfung der Notwendigkeit und Angemessenheit ist hingegen entfallen.

1) BMF v. 18.11.2021, IV C 5 – S 2351/20/10001 :002, BStBl I 2021, 2315.
2) BFH v. 29.1.1965, VI 209/64, HFR 1965, 373.
3) BFH v. 2.2.2011, VI R 15/10, BStBl II 2011, 456.
4) BT-Drucks. 17/10774 v. 25.9.2012.
5) BMF v. 25.11.2020, IV C 5 – S 2353/19/10011 :006, BStBl I 2020, 1228, Rz. 122.
6) BFH v. 9.9.2025, VI R 16/23.
7) BMF v. 25.11.2020, IV C 5 – S 2353/19/10011 :006, BStBl I 2020, 1228, Rz. 110.

Beratungshinweis:

Die Gesetzesbegründung selbst stellt keine Rechtfertigung dafür dar, dass sämtliche mit der Zweitwohnung in Zusammenhang stehenden Aufwendungen unter die 1 000 €-Grenze fallen sollen. Aufwendungen, die neben der Bruttokaltmiete zu entrichten sind (z.B. Betriebskosten, Kosten der Wohnungseinrichtung, Stellplatz-/Garagenkosten), sind als WK abziehbar. Kosten für Einrichtungsgegenstände und Hausrat gehören nicht zu den Aufwendungen für die Nutzung der Unterkunft, die mit höchstens 1 000 € im Monat angesetzt werden können. Es handelt sich vielmehr um sonstige Mehraufwendungen einer doppelten Haushaltsführung, die unter den allgemeinen Voraussetzungen als WK abziehbar sind. Übersteigen die AK des Arbeitnehmers für Einrichtung und Ausstattung der Zweitwohnung (ohne Arbeitsmittel) insgesamt nicht den Betrag von 5 000 € einschließlich USt, ist aus Vereinfachungsgründen davon auszugehen, dass es sich um notwendige Mehraufwendungen der doppelten Haushaltsführung handelt.[1] Hat die stpfl. Person eine möblierte oder teilmöblierte Wohnung angemietet, ist –-soweit der Mietvertrag keine Aufteilung der Miete für die Überlassung der Wohnung und der Möbelstücke enthält – die Miete im Schätzwege aufzuteilen.[2]

Das FG Münster hat entschieden, dass die Miete für eine ursprünglich für eine doppelte Haushaltsführung genutzte Wohnung **nach Beendigung des Arbeitsverhältnisses** für die Dauer einer neuen Arbeitsplatzsuche und nicht nur bis zum Ablauf der Kündigungsfrist als vorweggenommene WK abgezogen werden kann.[3]

Die qm-Größe in **Zeile 24** (Auslandsfall) kann größer sein als 60 qm, da in Auslandsfällen der durchschnittliche Mietzins entscheidend ist.[4]

Zur Berücksichtigung der Aufwendungen für ein **Arbeitszimmer** vgl. BMF v. 15.8.2023.[5]

Umzugsbedingt geleistete **doppelte Mietzahlungen** eines beruflich veranlassten Umzugs (Arbeitsplatzwechsel) sind beruflich veranlasst und können als WK geltend gemacht werden (allg. WK [§ 9 Abs. 1 Satz 1 EStG]).[6] Die Kosten sind bis zum Einzug der Familie in die neue Wohnung zu berücksichtigen. Eine Begrenzung ist i.R.d. ordentlichen Kündigungsfrist des bisherigen Mietverhältnisses zu sehen. Die **Zweitwohnungsteuer** ist Aufwand für die Nutzung der Unterkunft und unterfällt daher der Abzugsbeschränkung (§ 9 Abs. 1 Satz 3 Nr. 5 Satz 4 EStG).[7]

Als **Zweitwohnung** kommt insoweit jede entgeltlich/unentgeltlich zur Verfügung stehende Unterkunft in Betracht.[8] Dabei kann es sich auch um ein möbliertes Zimmer oder ein Hotelzimmer handeln. Einem Ehegatten/Lebenspartner als Eigentümer einer Wohnung steht es frei, ob er dem Partner die Wohnung, die nicht die gemeinsame Familienwohnung ist, unentgeltlich überlässt oder ob er seine Beziehungen zu ihm auf vertraglicher Grundlage regelt. Abziehbar ist daher auch die Miete für eine vom Ehegatten/Lebenspartner angemietete Wohnung.[9]

Handelt es sich bei der **Zweitwohnung um eine selbst genutzte Eigentumswohnung**, gelten die gleichen Grundsätze wie im Rahmen einer gemieteten Wohnung. Die Aufwendungen sind insoweit zu berücksichtigen, als sie nicht überhöht sind.[10] Zu berücksichtigen sind alle mit der Anschaffung des Objekts zusammenhängenden Aufwendungen, z.B. Abschreibungen nach § 7 Abs. 4 oder 5 EStG (vgl. ab Zeile 33 der Anlage V → Rz. 1563 ff.), Schuldzinsen, Erhaltungsaufwendungen und die laufenden Betriebskosten (Strom, Gas, Heizöl, Wasser etc.). Berücksichtigungsfähig ist auch die AfA auf die zum täglichen Leben notwendigen **Einrichtungsgegenstände einer Wohnung**, z.B. Geschirr, Bett, Tisch, Stühle und Kühlschrank. Ein Fernseher, Fernsehgebühren und Fernseh-Programmzeitschriften wurden nicht als Aufwand anerkannt.[11]

Gegenstände, deren Aufwendungen nicht mehr als 800 € betragen, können dabei sofort in voller Höhe berücksichtigt werden, ansonsten nur i.R.d. AfA. Eine Regelung zur Bildung eines Sammelpostens für Wirtschaftsgüter, soweit die AK 250 €, aber nicht 1 000 € übersteigen (§ 6 Abs. 2a EStG), findet im Bereich der Überschusseinkünfte keine Anwendung.

Ausgeschlossen ist allerdings der Ansatz von **Übernachtungspauschalen** als WK.[12] Die Übernachtungspauschalen können nur in Bezug auf die steuerfreie Erstattung durch den Arbeitgeber an den Mitarbeiter zur Anwendung kommen. Dies gilt sowohl für die Abrechnung von Inlands- als auch von Auslandsübernachtungen. Zu berücksichtigen sind auch die Aufwendungen für einen separat angemieteten **Stellplatz oder eine Garage**.[13]

Beratungshinweis:

Stellplatzkosten gehören nach einer FG-Entscheidung[14] auch nach der gesetzlichen Neufassung des § 9 Abs. 1 Nr. 5 EStG zu den sonstigen (in voller Höhe abziehbaren) Mehraufwendungen (entgegen BMF[15]).

Mietaufwendungen für eine **Wohnung im Ausland** stellen notwendige Mehraufwendungen dar, soweit sie (wie bisher) den durchschnittlichen Mietzins einer 60 qm-Wohnung am Beschäftigungsort nicht überschreiten, so dass insoweit auch Angaben zur Größe der Wohnung (Zeile 24) erforderlich sind.[16] Insoweit ist auch eine Angabe in Zeile 7 (→ Rz. 1234) erforderlich. Die im Inland anzuwendende betragsmäßige Grenze von 1 000 € findet bei einem doppelten Haushalt im Ausland keine Berücksichtigung.

---

1) BMF v. 25.11.2020, IV C 5 – S 2353/19/10011 :006, BStBl I 2020, 1228, Rz. 108.
2) BFH v. 4.4.2019, VI R 18/17, BStBl II 2019, 449.
3) FG Münster v. 15.7.2019, 7 K 57/18 E, EFG 2019, 1278.
4) BMF v. 25.11.2020, IV C 5 – S 2353/19/10011 :006, BStBl I 2020, 1228, Rz. 112.
5) BMF v. 15.8.2023, IV C 6 – S 2145/19/10006 :027, BStBl I 2023, 1551, Rz. 38.
6) BFH v. 13.7.2011, VI R 2/11, BStBl II 2012, 104.
7) BFH v. 13.12.2023, VI R 30/21, BStBl II 2024, 404.
8) BFH v. 3.10.1985, VI R 129/82, BStBl II 1986, 369.
9) BFH v. 11.3.2003, IX R 55/01, BStBl II 2003, 627.
10) BFH v. 24.5.2000, VI R 28/97, BStBl II 2000, 474.
11) FG Berlin-Brandenburg v. 22.6.2011, 9 K 9079/08, EFG 2012, 35; a.A. FG Saarland v. 20.5.20220, 2 K 1251/17, EFG 2020, 1408.
12) BFH v. 8.7.2010, VI R 24/09, BStBl II 2011, 288.
13) BFH v. 13.11.2012, VI R 50/11, BStBl II 2013, 286; FG Mecklenburg-Vorpommern v. 21.9.2022, 3 K 48/22, EFG 2023, 114.
14) FG Niedersachsen v. 16.3.2023, 10 K 202/22, DStR 2023, 1879; Rev., Az. des BFH: VI R 4/23.
15) BMF v. 25.11.2020, IV C 5 – S 2353/19/10011 :006, BStBl I 2020, 1228.
16) BFH v. 9.8.2007, VI R 10/06, BStBl II 2007, 820; und VI R 23/05, BFH/NV 2007, 1994.

Beratungshinweis:
Die besondere Bestimmung zur steuerlichen Berücksichtigung von Unterkunftskosten i.H.v. max. 1 000 €/Monat bei einer doppelten Haushaltsführung im Inland (§ 9 Abs. 1 Satz 3 Nr. 5 Satz 4 EStG) ist auf einen im Ausland belegenen Zweithaushalt nicht anwendbar. Auch eine Typisierung dahingehend, dass Unterkunftskosten, die den Durchschnittsmietzins einer 60 m²-Wohnung am Beschäftigungsort nicht überschreiten, notwendig in diesem Sinne sind, kommt für Auslandssachverhalte nicht in Betracht.[1]

5. Pauschbeträge für Mehraufwendungen für Verpflegung (Zeilen 25–31)

Pauschbeträge für Mehraufwendungen für Verpflegung

Die Verpflegungsmehraufwendungen laut den Zeilen 25 bis 31 können nur für einen Zeitraum von 3 Monaten nach Bezug der Unterkunft am Ort der ersten Tätigkeitsstätte geltend gemacht werden; geht der doppelten Haushaltsführung eine Auswärtstätigkeit voraus, ist dieser Zeitraum auf den Dreimonatszeitraum anzurechnen.

Bei einer doppelten Haushaltsführung im Inland

Zeile		Kz	EUR
25	Anzahl der An- und Abreisetage	541	
26	Anzahl der Tage mit einer Abwesenheit von 24 Stunden	542	
27	Kürzungsbetrag wegen Mahlzeitengestellung (eigene Zuzahlungen sind ggf. gegenzurechnen)	544	,–

Bei einer doppelten Haushaltsführung im Ausland

Zeile					EUR		EUR
28	Anzahl der An- und Abreisetage		X	Pauschbetrag für An- und Abreisetage	,–	=	,–
29	Anzahl der Tage mit einer Abwesenheit von 24 Stunden		X	Pauschbetrag bei Abwesenheit von 24 Stunden	,–	=	+ ,–
30	Kürzungsbetrag wegen Mahlzeitengestellung (eigene Zuzahlungen sind ggf. gegenzurechnen)						– ,–
31	Summe der Verpflegungsmehraufwendungen bei einer doppelten Haushaltsführung im Ausland				543	=	,–

Für die ersten drei Monate nach Begründung der doppelten Haushaltsführung können Mehraufwendungen für Verpflegung (zur Höhe → Rz. 1171) berücksichtigt werden (§ 9 Abs. 4a Satz 12 und 13 EStG). Die Dreimonatsfrist ist verfassungsgemäß.[2] **1242**

Ab dem VZ 2023 ist bei einer doppelten Haushaltsführung im Ausland ein Berechnungsschema vorgegeben. Die Summe der Mehraufwendungen ist in Zeile 31 einzutragen.

6. Sonstige Aufwendungen (Zeile 32)

Sonstige Aufwendungen

(z. B. Kosten für den Umzug, die Einrichtung und den Hausrat, jedoch ohne Kosten der Unterkunft laut Zeile 23)

Zeile		Kz	EUR
32		550	,–

Sonstige Aufwendungen, die nicht explizit im Vordruck genannt sind, sind gesondert zu erklären. Zu den Aufwendungen gehören z.B. tatsächlich entstandene Umzugskosten, die im Einzelnen nachgewiesen werden müssen, da die Umzugskostenpauschalen nach § 10 BUKG und § 18 AUV (Zeilen 65–68 der Anlage N → Rz. 1156 ff.) im Rahmen einer doppelten Haushaltsführung keine Anwendung finden. In Wegverlegungsfällen stellen die Umzugskosten zum neuen Familienwohnsitz jedoch keine WK dar. Es kann eine Steuerermäßigung (§ 35a EStG) beantragt werden. Hingegen sind die Kosten für den Umzug in eine andere Wohnung am Beschäftigungsort in Wegverlegungsfällen abziehbar.[3] Wird hinsichtlich der Fragestellung, ob ein Umzug eines nichtselbständig Tätigen nahezu ausschließlich beruflich veranlasst ist, auf die Wegezeitverkürzung abgestellt, so kommt es auf eine Gesamtbewertung der ursprünglichen Fahrzeit, der Wegezeitverkürzung und der nach dem Umzug verbleibenden Fahrzeit an.[4] **1243**

Anstelle einer Familienheimfahrt können auch die Kosten für ein Ferngespräch von max. 15 Minuten abgezogen werden. Ebenfalls sind Reisenebenkosten zu erklären (→ Rz. 1167). Aufwendungen für die Einrichtung und den Haushalt können zusätzlich berücksichtigt werden.[5]

7. Weitere doppelte Haushaltsführungen (Zeile 33)

Weitere doppelte Haushaltsführungen

Zeile		Kz	EUR
33	Summe der Mehraufwendungen für **weitere** doppelte Haushaltsführungen (Berechnung laut gesonderter Aufstellung)	551	,–

1) BFH v. 17.6.2025, VI R 21/23.
2) BFH v. 8.7.2010, VI R 10/08, BStBl II 2011, 32.
3) OFD Münster, Kurzinfo v. 16.9.2009, Nr. 26/2009, DStR 2009, 2009.
4) FG Sachsen v. 13.6.2024, 4 K 926/21; NZB, Az. des BFH: VI B 41/24.
5) Vgl. auch FG Saarland v. 20.5.2020, 2 K 1251/17, EFG 2020, 1408.

1244 Bei mehr als einer doppelten Haushaltsführung im VZ soll eine Berechnung der Gesamtsumme der Aufwendungen in einer gesonderten Aufstellung (nur auf dem Papiervordruck) erfolgen.

8. Steuerfreie Arbeitgeberleistungen/Zuschüsse (Zeile 34)

Steuerfreie Arbeitgeberleistungen / Zuschüsse		
		EUR
34 Vom Arbeitgeber / von der Agentur für Arbeit insgesamt steuerfrei ersetzt	590	,—

2025AnlN-DHF482 2025AnlN-DHF482

1245 Aufwendungen sind nur insoweit abziehbar, als kein steuerfreier Ersatz erfolgt (R 9.11 Abs. 10 LStR). Führen Zuwendungen des Arbeitgebers, durch die sich der Arbeitnehmer eigene Aufwendungen erspart, beim Arbeitnehmer zu stpfl. Einnahmen, können in Höhe der Zuwendungen abziehbare WK vorliegen, wenn die Zahlungen durch den Arbeitnehmer zu abziehbaren WK geführt hätte.[1] Keine Berücksichtigung finden die Aufwendungen, wenn Auslandstrennungsgeld gezahlt wird.[2] Der Arbeitgeber kann zeitlich unbefristet die Mehraufwendungen für eine doppelte Haushaltsführung steuerfrei erstatten (§§ 3 Nr. 12, 13 und Nr. 16 EStG). Diese steuerfreien Leistungen sind auf die geltend gemachten WK anzurechnen (§ 3c Abs. 1 EStG).

Der WK-Abzug ist um die Höhe einer gem. § 3 Nr. 12 Satz 2 EStG steuerfreien Dienstaufwandsentschädigung (Streitfall: § 7 Abs. 1 LKomBesG BW) zu mindern, da die Aufwendungen für die doppelte Haushaltsführung in einem unmittelbaren wirtschaftlichen Zusammenhang (§ 3c Abs. 1 EStG) zur erhaltenen Dienstaufwandsentschädigung stehen.[3]

Der zu erklärende Wert ergibt sich grds. aus Nr. 21 der LSt-Bescheinigung. Da die Beträge „auf Grund der Eintragungen im Lohnkonto" zu bescheinigen sind, ist ihre Aufnahme in die LSt-Bescheinigung allerdings nicht zwingend, wenn das Betriebsstätten-FA eine andere Aufzeichnung als im Lohnkonto zugelassen hat (§ 4 Abs. 2 Nr. 4 Satz 2 LStDV). Aus einer LSt-Bescheinigung, die keine derartigen Leistungen aufführt, kann damit nicht geschlossen werden, dass der Arbeitgeber keine steuerfreien Leistungen erbracht hat. Erhaltene Erstattungen sind an dieser Stelle ggf. zu ergänzen.

Die **Agenturen für Arbeit leisten** Zahlungen zur Abgeltung von Fahrtkosten und anderer Aufwendungen (z.B. im Rahmen einer doppelten Haushaltsführung), nachdem diese eine Beschäftigung außerhalb des Orts ihres Wohnsitzes angenommen haben. Es handelt sich hierbei um Förderungsmaßnahmen (als eine aktive Arbeitsförderung i.R.d. §§ 53 ff. SGB III). Entsprechende Aufwendungen der stpfl. Person, die als WK geltend gemacht werden, sind um diese steuerfreien Leistungen zu kürzen.

1) BFH v. 28.4.2020, VI R 5/18, BFH/NV 2020, 132.
2) BFH v. 14.11.1986, VI R 226/80, BStBl II 1987, 385.
3) FG Baden-Württemberg v. 21.9.2022, 2 K 842/20, EFG 2023, 974; NZB unzulässig, BFH v. 1.9.2023, VI B 22/23.

XXIII. Anlage R – Renten und andere Leistungen aus dem Inland

1. Vorbemerkung (Zeilen 1–3)

Anleitung vorhanden

2025

Anlage R

Jeder Ehegatte / Lebenspartner mit Renten und Leistungen hat eine eigene Anlage R abzugeben.

1 Name

2 Vorname

3 **Steuernummer** lfd. Nr. der Anlage

Daten für die mit ⓔ gekennzeichneten Zeilen liegen im Regelfall vor und müssen nicht eingetragen werden. – Bitte Anleitung beachten. –

Renten und andere Leistungen aus dem Inland

– Ohne Leistungen aus Altersvorsorgeverträgen und aus der betrieblichen Altersversorgung –

X Steuerpflichtige Person / Ehemann / Person A

X Ehefrau / Person B

Ab dem VZ 2020 wurde die bis dahin einheitliche Anlage R getrennt. Renten und andere Leistungen aus ausl. Versicherungen/ausl. Rentenverträgen und ausl. betrieblichen Versorgungseinrichtungen sind – wenn das Besteuerungsrecht im Inland ist (hat der ausl. Staat/Zahlstaat das Besteuerungsrecht für Sozialversicherungsrenten, sind die Einkünfte in Deutschland steuerfrei, unterliegen jedoch dem Progressionsvorbehalt [§ 32b Abs. 1 Nr. 3 EStG] und sind auf der Anlage AUS zu erklären) – auf der Anlage R-AUS (→ Rz. 1280), Leistungen aus inl. Altersvorsorgeverträgen und aus der inl. betrieblichen Altersversorgung auf der Anlage R-AV/bAV (→ Rz. 1287) zu erklären. **1246**

Praxishinweis:

Daten für die mit „e" gekennzeichneten Zeilen liegen im Regelfall vor und müssen nicht eingetragen werden (→ Rz. 10).

Das FA Neubrandenburg ist das Zentrale FA für Rentenempfänger mit Wohnsitz im Ausland. Grundsätzlich sind Empfänger einer Rente mit Wohnsitz im Ausland verpflichtet, in Deutschland eine Steuererklärung einzureichen. Das FA Neubrandenburg verzichtet bei Rentenempfängern im Ausland jedoch i.d.R. auf die Vorlage einer Steuererklärung. In diesem Fall wird das FA die ESt anhand der vorliegenden Informationen des Rententrägers eigenständig festsetzen (Amtsveranlagungsverfahren). Der Verzicht kann mit einem online zur Verfügung gestellten Antwortformular[1] mitgeteilt werden. Anschließend wird der Steuerbescheid übersandt, der u.a. Angaben zur Höhe der festgesetzten Steuer und die Zahlungsfrist enthält.

Die Anlage R dient der Erfassung von Einkünften aus Renten (und anderen Leistungen). Hierzu zählen z.B. Leibrenten aus gesetzlichen Rentenversicherungen, Leibrenten aus umlagefinanzierten Zusatzversorgungseinrichtungen oder privaten Rentenversicherungen sowie Leistungen aus Altersvorsorgeverträgen und aus der betrieblichen Altersversorgung.

Beratungshinweis:

Der Hinweis z.B. in der Anlage zu einem ESt-Bescheid, dass zukünftig keine Steuererklärung einzureichen ist, stellt keine verbindliche Zusage dar und ihm kommt keine Verbindlichkeit für Folgejahre bei geänderter Sach- oder Rechtslage zu.[2]

Jeder Ehegatte/Lebenspartner muss dabei seine Angaben zu Renteneinkünften in einer eigenen Anlage R erklären.

Praxishinweis:

Alle weiteren Einkünfte aus sonstigen Leistungen (§ 22 EStG), z.B. auch private Veräußerungsgeschäfte, sind auf der Anlage SO zu erklären.

Die bis 2004 geltende unterschiedliche steuerliche Behandlung von Altersbezügen (z.B. Arbeitnehmer in der gesetzlichen Rentenversicherung und Beamte) war nach dem Urteil des BVerfG[3] verfassungswidrig. Die Verpflichtung, eine Neuregelung zu schaffen, hat der Gesetzgeber durch das AltEinkG v. 5.7.2004[4] erfüllt. Schrittweise wird in den Jahren 2005 bis 2058[5] zur **nachgelagerten Besteuerung** in voller Höhe übergegangen. Die Umstellung auf eine nachgelagerte Besteuerung ist dabei verfassungsrechtlich unbedenklich und nicht mehr klärungsbedürftig.[6] So führen alle Leistungen – auch z.B. Kapitalabfindungen einer berufsständischen Versorgungseinrichtung[7] – (ggf. unter Berücksichtigung der ermäßigten Besteuerung [§ 34 EStG]) zu sonstigen Einkünften. **1247**

1) www.finanzamt-rente-im-ausland.de/de/formulare/.
2) FG Düsseldorf v. 24.10.2012, 7 K 2010/12, EFG 2013, 262; NZB zurückgewiesen, BFH v. 9.10.2013, X B 239/12, BFH/NV 2014, 65.
3) BVerfG v. 6.3.2002, 2 BvL 17/99, BStBl II 2002, 618.
4) AltEinkG v. 5.7.2004, BStBl I 2004, 554.
5) Nach der Änderung durch das Gesetz zur Stärkung von Wachstumschancen, Investitionen und Innovationen sowie Steuervereinfachung und Steuerfairness (Wachstumschancengesetz), BGBl. I 2024 Nr. 108 = BStBl I 2023, 666.
6) BFH v. 26.11.2008, X R 15/07, BStBl II 2009, 710; Bestätigung, BFH v. 6.3.2013, X B 113/11, BFH/NV 2013, 929.
7) BFH v. 23.10.2013, X R 21/12, BFH/NV 2014, 330, Verfbeschw. nicht angenommen, BVerfG v. 12.7.2016, 2 BvR 143/14, StEd 2016, 534.

Steuerfrei sind z.B.[1)]

- Leistungen aus der **gesetzlichen Unfallversicherung** (§ 3 Nr. 1 Buchst. a EStG), auch wenn die Leistungen an Hinterbliebene gezahlt werden,

Praxishinweis:
Die Rente aus einer privaten Unfallversicherung ist hingegen steuerbar.[2)]

- Sachleistungen und Kinderzuschüsse (§ 3 Nr. 1 Buchst. b EStG),

Praxishinweis:
Kinderzuschüsse zu einer Rente aus einem berufsständischen Versorgungswerk sind steuerpflichtig (§ 22 Nr. 1 Satz 3 Buchst. a Doppelbuchst. aa EStG). Kinderzuschüsse aus der gesetzlichen Rentenversicherung sind steuerfrei (§ 3 Nr. 1 Buchst. b EStG). Diese Regelung verstößt nicht gegen das Gleichbehandlungsgebot (Art. 3 GG).[3)]

- die Erstattung von freiwilligen Beiträgen im Zusammenhang mit Nachzahlungen von Beiträgen in besonderen Fällen (§§ 204, 205 und 207 SGB VI) sowie die Erstattung der vom Versicherten zu Unrecht geleisteten Beiträge nach § 26 SGB IV (§ 3 Nr. 3 Buchst. b EStG),[4)]
- der Abfindungsbetrag einer Witwen- oder Witwerrente wegen Wiederheirat des Berechtigten nach § 107 SGB VI (§ 3 Nr. 3 Buchst. a EStG),
- Leistungen an **Wehrdienst- und Zivildienstbeschädigte** oder ihre Hinterbliebenen, soweit es sich nicht um Leistungen handelt, die auf Grund der Dienstzeit gewährt werden (§ 3 Nr. 6 EStG),
- Renten, die auf Grund gesetzlicher Vorschriften zur Wiedergutmachung **nationalsozialistischen Unrechts** gewährt werden (§ 3 Nr. 8 EStG). Bei diesen Renten handelt es sich nicht um Renten nach dem SGB IV, sondern um Renten, die unmittelbar auf Grund von Entschädigungsgesetzen geleistet werden.

Beratungshinweis:
Mit dem BeitrRLUmsG wurde eine Steuerbefreiungsvorschrift für Renten aus der gesetzlichen Rentenversicherung eingeführt (§ 3 Nr. 8a EStG), die an Verfolgte nationalsozialistischer Gewaltherrschaft i.S.d. § 1 BEG oder deren Rechtsnachfolger gezahlt werden, wenn in der Rentenberechnung rentenrechtliche Zeiten auf Grund der Verfolgung berücksichtigt wurden. Diese Steuerbefreiung gilt für alle noch offenen Fälle. Wenn die stpfl. Person als Verfolgte nationalsozialistischer Gewaltherrschaft i.S.d. § 1 BEG anerkannt wurde und bei der Berechnung der Rente aus der gesetzlichen Rentenversicherung rentenrechtliche Zeiten auf Grund der Verfolgung berücksichtigt wurden, soll dieser Tatbestand dem FA formlos mitgeteilt werden. Zeiten können z.B. nach dem ZRBG, dem WGSVG oder nach dem FRG berücksichtigt worden sein. Entsprechendes gilt für Witwen-/Witwerrenten, wenn die verstorbene Person als Verfolgte i.S.d. § 1 BEG anerkannt war und die Rentenleistung entsprechende rentenrechtliche Zeiten enthält. Das FA wird prüfen, ob diese Rente steuerfrei ist.

- **der Grundrentenzuschlag ist steuerfrei (§ 3 Nr. 14a EStG).**
- **Schadensersatzrenten** unterliegen nur dann der Einkommensteuer, wenn Ersatz für andere, bereits steuerbare Einkünfte geleistet wird.[5)] Schadensersatzrenten zum Ausgleich vermehrter Bedürfnisse (§ 843 Abs. 1 2. Alt. BGB), die bei Verletzung höchstpersönlicher Güter im Bereich der privaten Vermögenssphäre geleistet werden (sog. Mehrbedarfsrenten), sind weder als Leibrenten, noch als sonstige wiederkehrende Bezüge (§ 22 Nr. 1 EStG) steuerbar, obwohl sie ihrer äußeren Form nach wiederkehrende Leistungen sind. Dies gilt auch für die Zahlung von **Schmerzensgeldrenten** (§ 253 Abs. 2 BGB). Ebenso wie die Mehrbedarfsrente ist die Schmerzensgeldrente Ersatz für den durch die Verletzung höchstpersönlicher Güter eingetretenen Schaden. Die geschädigte Person soll durch das Schmerzensgeld in die Lage versetzt werden, sich Erleichterungen und Annehmlichkeiten an Stelle derer zu verschaffen, deren Genuss ihm durch die Verletzung unmöglich gemacht wurde. Wird die Schmerzensgeldleistung in Form einer Rente erbracht, sollen hierdurch insb. dauernde Nachteile ausgeglichen werden, deren zukünftige Entwicklung noch nicht absehbar ist. Die **Unterhaltsrente** nach § 844 Abs. 2 BGB ist ebenfalls nicht steuerbar, da sie lediglich den durch das schädigende Ereignis entfallenden, nicht steuerbaren Unterhaltsanspruch ausgleicht.

Nicht der Besteuerung unterliegen die Leistungen, die auf Grund einer **freiwillig begründeten Rechtspflicht** gezahlt werden (§ 22 Nr. 1 Satz 2 Halbsatz 1 EStG).

Jeder Ehegatte/Lebenspartner mit Renten und Leistungen aus Altersvorsorgeverträgen hat eine eigene Anlage R i.R.d. ESt-Erklärung einzureichen.

Die **Anlage R** – für inl. Renten und andere Leistungen – ist ab dem VZ 2020 in die folgenden **wesentlichen Teilbereiche** untergliedert:

- Teilbereich 1, Zeilen 4–12: Besteuerung nach § 22 Nr. 1 Satz 3 Buchst. a Doppelbuchst. aa EStG (= nachgelagerte Besteuerung, sog. Kohortenbesteuerung) und die dazu gehörenden Werbungskosten (Zeilen 25 und 26),
- Teilbereich 2, Zeilen 13–18: Besteuerung nach § 22 Nr. 1 Satz 3 Buchst. a Doppelbuchst. bb EStG (= Ertragsanteilsbesteuerung) und die dazu gehörenden Werbungskosten (Zeilen 25 und 26),
- Teilbereich 3, Zeilen 19–24: Leibrenten aus sonstigen Verpflichtungsgründen (z.B. Renten aus Veräußerungsgeschäften) und die dazu gehörenden Werbungskosten (Zeilen 25 und 26).

1) BMF v. 28.9.2021, IV C 3 – S 2221/19/10050 :002, Rz. 197, BStBl I 2021, 1831.
2) BFH v. 12.4.2011, X B 132/10, BFH/NV 2011, 1136.
3) BFH v. 31.8.2011, X R 11/10, BStBl II 2012, 312.
4) Neu aufgenommen durch BMF v. 28.9.2021, IV C 3 – S 2221/21/10016 :001, BStBl I 2021, 1833.
5) BMF v. 15.7.2009, IV C 3 – S 2255/08/10012, BStBl I 2009, 836.

Renten und andere Leistungen aus ausl. Versicherungen/ausl. Rentenverträgen und ausl. betriebliche Versorgungseinrichtungen sind auf der **Anlage R-AUS** (→ Rz. 1280), Leistungen aus inl. Altersvorsorgeverträgen und aus der inl. betrieblichen Altersversorgung auf der **Anlage R-AV/bAV** (→ Rz. 1287) zu erklären.

Im **Ausland lebende Rentner**, die z.B. eine Rente von einem inl. Rentenversicherungsträger beziehen, sind eben- **1248**
falls mit diesen Einkünften (§ 1 Abs. 4 i.V.m. § 49 Abs. 1 Nr. 7 EStG) in Deutschland beschränkt steuerpflichtig (ab → Rz. 31). Dies gilt auch für Rentenzahlungen aus den inl. berufsständischen Versorgungseinrichtungen, aus der landwirtschaftlichen Alterskasse, aus inl. Versicherungsunternehmen oder aus sonstigen inl. Zahlstellen. In diesen Fällen ist eine ESt-Erklärung für beschränkt stpfl. Personen (ESt 1 C) einzureichen; ggf. kann ein Antrag auf unbeschränkte Steuerpflicht (§ 1 Abs. 3 EStG [Anlage WA-ESt → Rz. 1735]) gestellt werden.

Die Träger der gesetzlichen Rentenversicherung und weitere Träger der jeweiligen Einrichtungen haben der Deut- **1249**
schen Rentenversicherung Bund (als zentrale Stelle [§ 81 EStG]) eine nach amtlich vorgeschriebenem Datensatz auf amtlich vorgeschriebenen automatisiert verarbeitbaren Datenträgern oder durch Datenfernübertragung eine **förmliche Rentenbezugsmitteilung** zu übermitteln (§ 22a Abs. 1 EStG). Zur verspäteten Übermittlung einer Rentenbezugsmitteilung vgl. BFH.[1] Der Leistungsempfänger ist darüber zu unterrichten, dass die Leistung der zentralen Stelle mitgeteilt wird (§ 22a Abs. 3 EStG).

Die **Rentenbezugsmitteilung** betrifft nicht das Verhältnis zwischen der Rentenversicherung etc. und der stpfl. Person, sondern stellt ein **umfassendes Mitteilungsverfahren** zwischen den Rentenversicherungsträgern und der zentralen Stelle dar. Zu Fragen und Inhalten der Rentenbezugsmitteilung vgl. BMF v. 7.12.2011.[2]

2. Leibrenten/Leistungen aus gesetzlichen Rentenversicherungen, landwirtschaftlicher Alterskasse, berufsständischen Versorgungseinrichtungen, eigenen zertifizierten Basisrentenverträgen (Zeilen 4–12)

Leibrenten / Leistungen aus gesetzlichen Rentenversicherungen, landwirtschaftlicher Alterskasse, berufsständischen Versorgungseinrichtungen, eigenen zertifizierten Basisrentenverträgen 71 / 72

Zeile			1. Rente		2. Rente	
			EUR		EUR	
4	Rentenbetrag (einschließlich Einmalzahlung und Leistungen)	101	,—	151	,—	e
5	Rentenanpassungsbetrag (in Zeile 4 enthalten)	102	,—	152	,—	e
6	Beginn der Rente	103	T T M M J J J J	153	T T M M J J J J	e
	Vorhergehende Rente:					
7	Beginn der Rente	105	T T M M J J J J	155	T T M M J J J J	e
8	Ende der Rente	106	T T M M J J J J	156	T T M M J J J J	e
			EUR		EUR	
9	Nachzahlungen für mehrere vorangegangene Jahre / Kapitalauszahlung (in Zeile 4 enthalten)	111	,—	161	,—	e
	Öffnungsklausel					
10	Prozentsatz (laut Bescheinigung Ihres Versorgungsträgers)	112	, %	162	, %	
11	die Rente erlischt / wird umgewandelt spätestens am	113	T T M M J J J J	163	T T M M J J J J	
			EUR		EUR	
12	bei Einmalzahlung: Betrag	114	,—	164	,—	

a) Gesamtdarstellung der Einkünfte

Die Eintragungsfelder in den Zeilen 4–9 betreffen die Renten und Leistungen aus allen **Basis-Altersversorgungs-** **1250**
systemen, die unterschiedslos in das System der nachgelagerten Besteuerung überführt werden. Merkmal dieser Renten ist, dass Beitragszahlungen die Voraussetzungen des § 10 EStG erfüllen, grds. also Werbungskosten darstellen, aber gesetzlich dem Bereich der Sonderausgaben zugeordnet sind.

Der Besteuerung nach § 22 Nr. 1 Satz 3 Buchst. a Doppelbuchst. aa EStG unterliegen Leibrenten und andere Leistungen aus den gesetzlichen Rentenversicherungen, der landwirtschaftlichen Alterskasse, den berufsständischen Versorgungseinrichtungen und Rentenversicherungen i.S.d. § 10 Abs. 1 Nr. 2 Buchst. b EStG.

Praxishinweis:

Die begrenzte Abzugsfähigkeit der Altersvorsorgeaufwendungen als Sonderausgaben, die durch das AltEinkG normiert wurde, verstößt weder gegen das Gleichbehandlungsgebot des Art. 3 GG noch gegen das objektive und subjektive Nettoprinzip. Das gilt dabei nicht nur für die endgültige Regelung, sondern auch für die bis zum Jahr 2025 geltende Übergangsregelung.[3] Ab dem VZ 2023 ist der vollständige Abzug der Vorsorgeaufwendungen geregelt (§ 10 Abs. 1 Nr. 2, Abs. 3 EStG).

1) BFH v. 20.2.2019, X R 29/16, BStBl II 2019, 425.
2) BMF v. 7.12.2011, IV C 3 – S 2257-c/10/10005 :003, BStBl I 2011, 1223.
3) BFH v. 18.11.2009, X R 9/07, BFH/NV 2010, 412.

Das BVerfG hat Beschwerden gegen das AltEinkG nicht zur Entscheidung angenommen.[1] Der BFH[2] hatte zunächst entschieden, dass die Neuregelung der Besteuerung von Altersrenten verfassungsmäßig ist, wenn das Verbot der Doppelbesteuerung beachtet wird.[3] Wie im Einzelnen die **Doppelbesteuerung** zu ermitteln ist, war dabei nicht entscheidungserheblich, da im Entscheidungsfall keine Doppelbesteuerung – unter Berücksichtigung der statistischen Lebenserwartung des Klägers (auch wenn diese nicht erreicht wird)[4] – vorlag. Eine Möglichkeit, eine Doppelbesteuerung zu ermitteln, bestünde darin, die rentenversicherungspflichtigen Beiträge aus versteuertem Einkommen den (prognostizierten) steuerfreien Renteneinkünften – unter Berücksichtigung des Nominalwertprinzips, also ohne zwischenzeitlich eingetretene Wertveränderungen – gegenüberzustellen. Eine solche Berechnung wurde zumindest in dem vorab genannten BFH-Urteil angesprochen.

Das Verbot der Doppelbesteuerung ist dabei erst bei Rentenbezug rügbar. Diese Entscheidung liegt auf einer Linie mit bereits zu einem früheren Zeitpunkt entschiedenen Sachverhalten.[5] Zwar entschied das oberste FG, dass die pauschalierende und nicht symmetrische Übergangsregelung die stpfl. Personen belastet, bei denen – statistisch betrachtet – sicher davon auszugehen ist, dass ihre Rente erst nach dem Jahr 2039 beginnen und daher voll zu versteuern sein wird. Dass i.R.d. Übergangsregelung Vorsorgeaufwendungen dennoch nur in beschränktem Umfang abgezogen werden können, ist verfassungsrechtlich gerechtfertigt, weil die gesamte Übergangsregelung konsequent und folgerichtig ausnahmslos für alle gilt, sowohl für die Abziehbarkeit der Vorsorgeaufwendungen als auch für die Besteuerung der Renten und unabhängig davon, ob in früheren Jahren Aufwendungen geleistet oder Renten bezogen wurden. Die beschriebene Rechtslage sei für die stpfl. Personen, deren Rente voraussichtlich nach dem Jahr 2039 beginnen wird, solange hinnehmbar, solange das Verbot der doppelten Besteuerung beachtet ist.

Der BFH hat mit Entscheidungen vom 19.5.2021[6] zur Frage der Doppelbesteuerung von Renten Stellung genommen und dabei den zum 1.1.2005 eingeleiteten Systemwechsel grds. als verfassungsgemäß angesehen. Einer stpfl. Person, die nachweisen kann, dass es in seinem konkreten Einzelfall zu einer doppelten Besteuerung von Altersvorsorgeaufwendungen und Altersbezügen kommt, kann allerdings aus verfassungsrechtlichen Gründen ein Anspruch auf eine Milderung des Steuerzugriffs in der Rentenbezugsphase zustehen. Eine solche doppelte Besteuerung ist nicht gegeben, wenn die Summe der voraussichtlich steuerfrei bleibenden Rentenzuflüsse mindestens ebenso hoch ist wie die Summe der aus versteuertem Einkommen aufgebrachten Altersvorsorgeaufwendungen. Die erforderliche Vergleichs- und Prognoserechnung ist auf der Grundlage des Nominalwertprinzips vorzunehmen.

Die Ermittlung muss auf Grundlage des Nominalwertprinzips erfolgen und damit ohne Berücksichtigung von Inflation und Zins. Zum steuerfreien Rentenbezug gehören nicht nur die jährlichen Rentenfreibeträge des Rentenbeziehers, sondern auch die eines etwaig länger lebenden Ehegatten aus dessen Hinterbliebenenrente (durchschnittliche statistische Lebenserwartung nach der letzten Sterbetafel). Diese Berechnung ist nicht jedes Jahr neu vorzunehmen. Alle anderen Beträge, die die Finverw. ebenfalls als „steuerfreien Rentenbezug" in die Vergleichsrechnung einbezogen hat, müssen unberücksichtigt bleiben. Sie dienten anderen – überwiegend verfassungsrechtlich gebotenen und daher für den Gesetzgeber nicht dispositiven – Zwecken und könnten daher nicht nochmals herangezogen werden, um eine doppelte Besteuerung von Renten rechnerisch zu vermeiden. Nicht einbezogen werden damit:

- der Grundfreibetrag (§ 32a Abs. 1 EStG),
- die als Sonderausgaben abziehbaren vom Rentner geleisteten Kranken- und Pflegeversicherungsbeiträge,
- der steuerfrei gestellte Krankenversicherungsbeitrag des Trägers der gesetzlichen Rentenversicherung gem. § 249a Satz 1 SGB V (§ 3 Nr. 14 EStG),
- der Werbungskosten-Pauschbetrag (§ 9a Satz 1 Nr. 3 EStG) und
- der Sonderausgaben-Pauschbetrag (§ 10c EStG).

Zum aktuell von einer Doppelbesteuerung betroffenen Personenkreis gehören die früher selbständig tätigen Personen (ggf. schon ab der Kohorte 2018) auf Grund des fehlenden steuerfreien Arbeitgeberanteils; „gut Verdienende" häufiger als „weniger gut Verdienende".

Die **Steuerbescheide wurden zunächst vorläufig erlassen**.[7] Gleichzeitig hat das BMF darauf hingewiesen, dass das FA für eine mögliche Änderung zu Gunsten der stpfl. Person weitere Unterlagen benötigt („Von Amts wegen kann ich Ihren Steuerbescheid nicht ändern, weil mir nicht alle erforderlichen Informationen vorliegen"). Die Feststellungslast trifft die stpfl. Person. Die Einreichung einer Erwerbsbiografie und des Rentenversicherungsverlaufs reicht dabei aus, so dass es nicht zwingend erforderlich ist, dass alle ESt-Bescheide der Zeit der Anspar-/Beitragsphase einzureichen sind. Das FA/FG hat ggf. nach sachgerechten Maßstäben zu schätzen.[8] Rechtsbehelfe sind zulässig, wenn andere Aspekte einer möglichen Doppelbesteuerung betroffen sind, z.B. in Bezug auf eine Hinterbliebenenrente.[9] Eine mathematische Formel zur Berechnung des relativen Anteils von aus versteuerten Beiträgen erdienten Renten-Entgeltpunkten (§ 63 Abs. 2 SGB VI) zu dem gesetzlich angeordneten Steuerfreistellungsanteil der Rente stellt keine geeignete Methode zur Berechnung einer doppelten Besteuerung dar.[10] Ab dem 10.3.2025 ergehen **Steuerbescheide nicht mehr vorläufig**.[11] Bund und Länder beschlossen, die bisher getroffene Anweisung zur vorläufigen Festsetzung der Einkommensteuer wegen der Frage der Verfassungsmäßigkeit der Besteuerung aufzuheben.

Zu Leistungen i.R.d. **Versorgungsausgleichs** vgl. BMF v. 31.3.2023.[12]

1251 In den Zeilen 4–9 sind die folgenden Leibrenten/Leistungen einzuordnen:

- aus der inl. gesetzlichen Rentenversicherung:

  Hierzu gehören nicht nur **Altersrenten** des jeweiligen Versorgungsträgers, sondern auch Berufs- (bis 2000) und Erwerbsminderungsrenten (ab 2001) **sowie Zusatzleistungen und andere Leistungen** wie z.B. Rentenabfindungen bei Wiederheirat von Witwen und Witwern oder Zinsen. Renten i.S.d **§ 9 AAÜG** unterliegen der Besteue-

1) BVerfG v. 1.12.2015, 2 BvR 2683/11, BStBl II 2016, 310; BVerfG v. 1.12.2015, 2 BvR 1066/10, HFR 2016, 72 und BVerfG v. 1.12.2015, 2 BvR 1961/10, HFR 2016, 77.
2) BFH v. 4.2.2010, X R 52/08, BFH/NV 2010, 1253.
3) Förster, DStR 2009, 141.
4) BFH v. 18.8.2010, X B 50/09, BFH/NV 2010, 2270.
5) Z.B. BFH v. 18.11.2009, X R 34/07, BStBl II 2010, 414.
6) BFH v. 19.5.2021, X R 33/19, HFR 2021, 648 und X R 20/19, HFR 2021, 659. Die eingelegten Verfbeschw. gegen die BFH-Entscheidungen wurden nicht zur Entscheidung angenommen, BVerfG v. 7.11.2023, 2 BvR 1143/21, StEd 2024, 22 und 2 BvR 1140/21, StEd 2024, 22.
7) BMF v. 28.3.2022, IV A 3 – S 0388/19/10006 :001, BStBl I 2022, 203.
8) Nöcker, NWB 2021, 2340.
9) BFH v. 30.3.2023, X B 58/23, BFH/NV 2023, 1327.
10) FG Saarland v. 27.3.2024, 3 K 1072/20, EFG 2024, 1315, Rev., Az. des BFH: X R 9/24.
11) BMF v. 10.3.2025, IV C 4 – S 2255/00236/011/001, BStBl I 2025, 654; das BMF-Schreiben enthält eine detaillierte Begründung dieser Rechtsauffassung.
12) BMF v. 21.3.2023, IV C 3 – S 2221/19/10035 :001, BStBl I 2023, 611.

rung mit dem Ertragsanteil.[1] Auch Rentennachzahlungen sind von den Regelungen des AltEinkG erfasst, wenn es sich um Zahlungen handelt, die nach dem 31.12.2004 zugeflossen sind. Eine verfassungsrechtliche Einschränkung wurde vom BFH nicht gesehen.[2] Rechtfertigungsgrund für die Entscheidung ist u.a. das zu Grunde liegende Zuflussprinzip, dass eine Abschnittsbesteuerung ermöglicht. Auch der in der Vergangenheit mögliche freiwillige Eintritt in die Pflichtversicherung führt zur gleichen Besteuerung (ggf. unter Berücksichtigung der Regeln zur Öffnungsklausel → Rz. 1259).[3]

Beratungshinweis:

Einnahmen, die zu sonstigen Einkünften führen, sind in dem Jahr zu berücksichtigen, in dem sie der stpfl. Person zugeflossen sind (§ 11 Abs. 1 Satz 1 EStG). Die stpfl. Person muss wirtschaftlich über die Einnahmen verfügen können. Dazu ist erforderlich, dass die Einnahmen in das eigene Vermögen übergegangen sind. An der Verfügungsmöglichkeit und damit dem Zufluss ändert sich nichts dadurch, dass die stpfl. Person im Zusammenhang mit dem Erhalt der Rentennachzahlung das bereits für den mit der Rentennachzahlung abgegoltenen Zeitraum (im Streitfall: 1.8.2013 bis 12.12.2013) erhaltene Krankentagegeld zurückzahlen musste. Auch sind die Vorgänge der Rentennachzahlung und der Krankentagegeldrückzahlung nicht zusammen zu betrachten und die Zahlungen sind auch nicht zu verrechnen. Jeder dieser Geldflüsse hat einen eigenen Rechtsgrund. Es besteht kein Grund, die Zahlungen von Sozialleistungen und die Zahlungen aus privaten Verträgen trotz der abweichenden Zahlungswege gleich zu behandeln. Zur Sicherung des Sozialsystems erscheint es gerechtfertigt, auf die Nachzahlung der einen Sozialleistung und die Rückzahlung der anderen Sozialleistung an den Empfänger zu verzichten und stattdessen eine Erstattungspflicht der Sozialleistungsträger untereinander anzuordnen. Im System der privaten, auf einzelnen Verträgen beruhenden Versicherungen hat dieser Schutzgedanke keinen Platz. Es gilt die Vertragsautonomie, in der der Gesetzgeber keine auf Verträgen beruhenden Verpflichtungen zwischen Versicherungsgesellschaften anordnen kann.[4]

Die Einbeziehung der Erwerbsminderungsrente ist dabei nicht verfassungswidrig.[5] Die aus der gesetzlichen Rentenversicherung gezahlte Erziehungsrente unterliegt ebenfalls der Kohortenbesteuerung.[6]

Steuerfrei sind der Abfindungsbetrag einer Witwen- oder Witwerrente wegen Wiederheirat der berechtigten Person, die Erstattung von Versicherungsbeiträgen, wenn das mit der Einbeziehung in die Rentenversicherung verfolgte Ziel eines Rentenanspruchs nicht (oder voraussichtlich nicht) vollständig erreicht werden kann, die Erstattung von freiwilligen Beiträgen im Zusammenhang mit Nachzahlungen von Beiträgen in besonderen Fällen, die Erstattung der von der versicherten Person zu Unrecht geleisteten Beiträge sowie die Zahlung eines Nachteilsausgleiches an eine verbeamtete Person oder einen Soldaten (die Zahlung einer Abfindung an einen Soldaten ist ebenfalls steuerfrei).

Durch Einführung einer Steuerbefreiung für Renten aus der gesetzlichen Rentenversicherung an Verfolgte der nationalsozialistischen Gewaltherrschaft (§ 1 BEG; z.B. nach dem ZRBG, dem WGSVG oder nach dem FRG) i.R.d. BeitrRLUmsG[7] sind Zahlungen an die Verfolgten und deren Rechtsnachfolger steuerfrei (§ 3 Nr. 8a EStG). Auf entsprechende Zahlungen wäre formlos bei Abgabe der Erklärung hinzuweisen.

Ausgenommen von der Besteuerung sind auch Ausgleichzahlungen nach § 86 BVG (§ 3 Nr. 8 EStG), Zuschüsse zur freiwilligen und privaten Krankenversicherung (§ 3 Nr. 14 EStG) und Leistungen für die Kindererziehung an Mütter der Geburtsjahrgänge vor 1921 (§ 3 Nr. 67 EStG).

– aus inl. landwirtschaftlicher Alterskasse:

Renten wegen Alters, wegen **Erwerbsminderung** und **wegen Todes** nach dem ALG gehören zu den Leistungen, die hier einzutragen sind. Ausgleichsleistungen der Zusatzversorgungskasse für Arbeitnehmer in der Land- und Forstwirtschaft werden mit dem Ertragsanteil erfasst (§ 22 Nr. 1 Satz 3 Buchst. a Doppelbuchst. bb EStG). Bestimmte Leistungen der landwirtschaftlichen Alterskasse sind hingegen steuerfrei.[8]

Praxishinweis:

Ausgleichzahlungen aus der ZVK für Arbeitnehmer in der Land- und Forstwirtschaft sind als wiederkehrende Bezüge i.S.d. § 22 Nr. 1 Satz 3 Buchst. b EStG zu erfassen und unterliegen mit ihrem vollen Betrag der Besteuerung, da die Leistungen nicht auf einem Rentenstammrecht beruhen, sondern gesetzliche Sozialleistungen darstellen, die dazu dienen, ein Mindereinkommen auszugleichen.[9]

– aus inl. berufsständischen Versorgungseinrichtungen:

Leistungen aus berufsständischen Versorgungseinrichtungen werden nach § 22 Nr. 1 Satz 3 Buchst. a Doppelbuchst. aa EStG besteuert. Die Besteuerung erfolgt auch dann nach § 22 Nr. 1 Satz 3 Buchst. a Doppelbuchst. aa EStG, wenn die berufsständische Versorgungseinrichtung keine den gesetzlichen Rentenversicherungen vergleichbaren Leistungen erbringt. Auch ein einmaliges **Sterbegeld** unterliegt – ohne ermäßigten Steuersatz – der Besteuerung.[10] Steuerfrei sind nach § 3 Nr. 3 Buchst. c EStG[11] die Leistungen aus berufsständischen Versor-

1) BMF v. 19.8.2013, IV C 3 – S 2221/12/10010 :004, IV C 5 – S 2345/08/0001, BStBl I 2013, 1087, Rz. 198.
2) BFH v. 13.4.2011, X R 1/10, BStBl II 2011, 915 (sowie weiterer Parallelentscheidungen).
3) BFH v. 24.8.2011, VIII R 23/08, BFH/NV 2012, 560.
4) FG Berlin-Brandenburg v. 7.11.2018, 7 K 7277/16, EFG 2019, 355.
5) BFH v. 13.4.2011, X R 54/09, BStBl II 2011, 910. Die gegen die Parallelentscheidung v. 13.4.2011, X R 33/09, BFH/NV 2011, 1496, eingereichte Verfbeschw wurde nicht zur Entscheidung angenommen (BVerfG v. 5.6.2013, 2 BvR 1808/11).
6) BFH v. 19.8.2013, X R 35/11, BStBl II 2014, 557; Verfbeschw nicht angenommen, BVerfG v. 25.10.2017, 2 BvR 2315/13.
7) BeitrRLUmsG v. 7.12.2011, BGBl. I 2011, 2592.
8) BMF 19.8.2013, IV C 3 – S 2221/12/10010 :004, IV C 5 – S 2345/08/0001, BStBl I 2013, 1087, Rz. 201.
9) OFD Münster v. 14.2.2008, Kurzinformation Einkommensteuer Nr. 005/2008, DB 2008, 378.
10) BFH v. 23.11.2016, X R 13/14, BFH/NV 2017, 445.
11) JStG 2007 v. 13.12.2006, BStBl I 2007, 28.

gungseinrichtungen, die den Leistungen nach § 3 Nr. 3 Buchst. a und b EStG entsprechen. Auch die **Teilkapitalisierung** von Leistungen ist – ohne Anwendung von Tarifbegünstigungen (§ 34 EStG) – als eine „andere Leistung" steuerpflichtig.[1]

Beratungshinweis:
Wiederkehrende Bezüge, die eine stpfl. Person auf Grund eines Vermächtnisses von einer gemeinnützigen, vom Erblasser mit Vermögen ausgestatteten Stiftung erhält, sind steuerbar (§ 22 Nr. 1 Satz 2 Halbsatz 2 Buchst. a EStG). Der Höhe nach ist die Besteuerung auf den Ertragsanteil begrenzt.[2] Zu erklären sind die Einkünfte in den Zeilen 13–18.

Steuerfrei sind z.B. Sachleistungen nach dem Gesetz über die Alterssicherung der Landwirte (ALG) (§ 3 Nr. 1 Buchst. b EStG) und Geldleistungen nach §§ 10, 36 bis 39 ALG (§ 3 Nr. 1 Buchst. c EStG) sowie Beitragserstattungen nach den §§ 75 und 117 ALG (§ 3 Nr. 3 Buchst. b EStG). Hierbei handelt es sich um Leistungen für eine Betriebs- und Haushaltshilfe bei Arbeitsunfähigkeit, Schwangerschaft und Kuren, Leistungen für eine Betriebs- und Haushaltshilfe bei Tod des Landwirts, Überbrückungsgelder beim Tod versicherter Landwirte und Betriebs- und Haushaltshilfen in anderen Fällen (z.B., wenn die Leistung zur Aufrechterhaltung des Unternehmens erforderlich ist).

- aus inl. berufsständischen Versorgungseinrichtungen:

  Berufsständische Versorgungseinrichtungen sind **Pflichtversicherungssysteme für bestimmte Berufsgruppen** wie z.B. Ärzte, Notare und Rechtsanwälte. Leistungen aus diesen Einrichtungen werden besteuert, unabhängig davon, ob die Beiträge als Sonderausgaben berücksichtigt worden sind.

- aus eigenen zertifizierten Basisrentenverträgen (bisher: inl. kapitalgedeckten Rentenversicherungen, wenn die Laufzeit dieser Versicherung nach dem 31.12.2004 begonnen hat):

  Leistungen aus Rentenversicherungen i.S.d. § 10 Abs. 1 Nr. 2 Buchst. b EStG (→ Rz. 1679) – sog. Rürup-Rentenversicherungen, unterliegen ebenfalls der Kohortenbesteuerung, wenn die Voraussetzungen zum Sonderausgabenabzug vorliegen. Sind diese nicht erfüllt, erfolgt die Besteuerung entweder mit dem Ertragsanteil (§ 22 Nr. 1 Satz 3 Buchst. a Doppelbuchst. bb EStG), dem Unterschiedsbetrag (§ 20 Abs. 1 Nr. 6 EStG), oder dem Ertrags-, Besteuerungsanteil oder in voller Höhe (§ 22 Nr. 5 EStG). Vergleiche hierzu und zu den ertragsteuerlichen Folgen einer Vertragsumwandlung auch die Ausführungen im BMF-Schreiben v. 19.8.2013.[3]

Praxishinweis:
Weitere Informationen zu einzelnen Arten von Renten sind auch im Internet[4] abrufbar.

1252 Für Leibrenten und andere Leistungen aus den berufsständischen Versorgungseinrichtungen gelten die Regelungen zur Steuerfreiheit zur gesetzlichen Rentenversicherung entsprechend,[5] so dass z.B. auch die Abfindungen an Witwen und Witwer bei der ersten Wiederheirat steuerfrei sind (§ 3 Nr. 3 Buchst. c i.V.m. § 3 Nr. 3 Buchst. a EStG).[6] Beitragserstattungen (§ 3 Nr. 3 Buchst. c EStG i.V.m. § 3 Nr. 3 Buchst. b EStG) im Falle der Beendigung der Mitgliedschaft in der berufsständischen Versorgungseinrichtung, wenn höchstens die Beiträge abzüglich des steuerfreien Arbeitgeberanteils bzw. -zuschusses (§ 3 Nr. 62 EStG) nominal erstattet werden. Dies gilt auch für Beitragserstattungen, die nach Begründung einer erneuten Versicherungspflicht in einer berufsständischen Versorgungseinrichtung aufgrund der Beendigung dieser Mitgliedschaft geleistet werden. Werden bis zu 60 % der für den Versicherten geleisteten Beiträge erstattet, kann die Erstattung aus Vereinfachungsgründen insgesamt als steuerfreie Beitragserstattung behandelt werden. Werden mehr als 60 % der für den Versicherten geleisteten Beiträge erstattet, ist die Beitragserstattung bei Vorlage eines Nachweises in dem Umfang steuerfrei, in dem sie auf eigenen Beiträgen des Versicherten beruht. Basiert die Beitragserstattung ganz oder teilweise auf freiwilligen Beiträgen des Versicherten, ist dies unschädlich.[7]

Da die **nachgelagerte Besteuerung auch für Bestandsrenten** (Beginn der Rente vor dem 1.1.2005) gilt,[8] sind in den Zeilen 4–9 auch Eintragungen für alle Renten und Leistungen, die bereits vor 2005 bezogen worden sind (sog. Bestandsrenten), sowie auch erstmalig im Jahr 2005 gezahlte Renten und Leistungen, vorzunehmen.

Zu den Leistungen aus der **gesetzlichen Rentenversicherung gehören** z.B. auch Berufsunfähigkeits-, Witwen-, Witwer- und Waisenrenten sowie Renten wegen Erwerbsunfähigkeit. Die für die Eintragungen erforderlichen Angaben werden sich aus den Rentenbescheiden ergeben müssen.

Praxishinweis:
Der Antrag auf Gewährung des Hinterbliebenen-Pauschbetrags (§ 33 Abs. 4 EStG) ist in Zeile 10 der Anlage Außergewöhnliche Belastungen zu stellen.

1) BFH v. 23.10.2013, X R 3/12, BStBl II 2014, 58 und BMF v. 10.1.2014, IV C 3 – S 2221/12/10010, BStBl I 2014, 70, Rz. 204.
2) BFH v. 15.7.2014, X R 41/12, BFH/NV 2014, 1945.
3) BMF v. 19.8.2013, IV C 3 – S 2221/12/10010 :004, IV C 5 – S 2345/08/0001, BStBl I 2013, 1087, ab Rz. 207.
4) www.deutsche-rentenversicherung-bund.de.
5) BMF v. 19.8.2013, IV C 3 – S 2221/12/10010 :004, IV C 5 – S 2345/08/0001, BStBl I 2013, 1087, Rz. 204.
6) Die bisherige Grenze von 60 Monaten wird im BMF-Schreiben v. 28.9.2021, IV C 3 – S 2221/19/10050 :002, BStBl I 2021, 1831, Rz. 197 nicht mehr aufgeführt.
7) Neufassung der Rz. 205 des BMF-Schreibens v. 28.9.2021, IV C 3 – S 2221/19/10050 :002, BStBl I 2021, 1831.
8) BFH v. 6.3.2012, X B 113/11, BFH/NV 2013, 929.

Die **Höhe der Besteuerung** bestimmt sich nach § 22 Nr. 1 Satz 3 Buchst. a Doppelbuchst. aa Satz 3 EStG (Auszug): 1253

Bei Rentenbeginn im Jahr	
2005 oder früher	50 %
2006	52 %
2007	54 %
2008	56 %
2009	58 %
2010	60 %
2011	62 %
2012	64 %
2013	66 %
2014	68 %
2015	70 %
2016	72 %
2017	74 %
2018	76 %
2019	78 %
2020	80 %
2021	81 %
2022	82 %
2023	82,5 %[1]
2024	83,0 %
2025	83,5 %

Der Besteuerungsanteil von 50 % richtete sich dabei nach dem sozialversicherungspflichtigen Arbeitnehmer, der in der Beitragsphase die Hälfte der Altersvorsorgeaufwendungen (den Arbeitgeberanteil) steuerlich unbelastet erhalten hat. Der Besteuerungsanteil erhöht sich jährlich bis dieser 100 % im Jahr 2058[2] erreicht hat. Der **steuerfreie Teil der Rente**, also der Unterschiedsbetrag zwischen dem Jahresbetrag der Rente und dem der Besteuerung unterliegenden Anteil der Rente, wird für jede Rente auf Dauer ihrer gesamten Laufzeit festgeschrieben (§ 22 Nr. 1 Satz 3 Buchst. a Doppelbuchst. bb Satz 4 und 5 EStG). Der **steuerfreie Teil** der Rente wird (mit Ausnahme von Bestandsrentnern) in dem Jahr ermittelt, das dem Jahr des Rentenbeginns folgt – damit **dem ersten Jahr, in dem die Rente für das gesamte Kj. bezogen wurde** (→ Rz. 1145). Das – für die Höhe des Besteuerungsanteils maßgebliche – „Jahr des Rentenbeginns" ist das Jahr, in dem der Rentenanspruch entstanden ist, also seine Voraussetzungen erfüllt sind.[3]

Bei **Renten**, deren Auszahlung **vor** dem **1.1.2005 begonnen** hat, ist der steuerfreie Teil der Rente des Jahres 2005 maßgebend.

b) Rentenbetrag – einschließlich Einmalzahlung und Leistungen (Zeile 4)

Bemessungsgrundlage für die Ermittlung des der Besteuerung unterliegenden Anteils der Rente ist der Jahresbetrag der Rente. Der **Jahresbetrag der Rente** ist die Summe der im Kj. zugeflossenen Rentenbeträge einschließlich der bei der Auszahlung einbehaltenen eigenen Beitragsanteile zur Kranken- und Pflegeversicherung. **Steuerfreie Zuschüsse** zu den Kranken- und Pflegeversicherungsbeiträgen sind nicht Bestandteil des Jahresbetrags der Rente. Der Grundrentenzuschlag ist steuerfrei (§ 3 Nr. 14a EStG → Rz. 1247). 1254

Praxishinweis:

Ist wegen rückwirkender Zubilligung einer Rente der Anspruch auf eine bisher gewährte Sozialleistung (z.B. Krankengeld) rückwirkend ganz oder teilweise weggefallen und steht dem Leistenden deswegen ggü. dem Rentenversicherungsträger ein Erstattungsanspruch zu, sind die bisher gezahlten Sozialleistungen in Höhe dieses Erstattungsanspruchs als Rentenzahlungen anzusehen. Die Rente gilt in dieser Höhe im Zeitpunkt der Zahlung der ursprünglichen Leistung als dem Leistungsempfänger zugeflossen (Austausch des sozialrechtlichen Rechtsgrunds, ohne Gewährung des ermäßigten Steuersatzes).[4] Diese Erfüllungsfiktion tritt auch dann ein, wenn die Sozialleistungen ggf. zu Unrecht gewährt sein sollten, sofern die Leistungen auf wirksamen und nicht offensichtlich fehlerhaften Bescheiden beruhen und tatsächlich eine Erstattung zwischen den beteiligten Sozialleistungsträgern vorgenommen wurde.[5]

1) Gesetz zur Stärkung von Wachstumschancen, Investitionen und Innovationen sowie Steuervereinfachung und Steuerfairness (Wachstumschancengesetz), BGBl. I 2024 Nr. 108 = BStBl I 2023, 666.
2) Gesetz zur Stärkung von Wachstumschancen, Investitionen und Innovationen sowie Steuervereinfachung und Steuerfairness (Wachstumschancengesetz), BGBl. I 2024 Nr. 108 = BStBl I 2023, 666.
3) BFH v. 31.8.2022, X R 29/20, HFR 2023, 37; Verfbeschw eingelegt, Az. des BVerfG: 2 BvR 2212/22.
4) BFH v. 9.12.2015, X R 30/14, BStBl II 2016, 624.
5) BFH v. 15.5.2018, X R 18/16, BFH/NV 2018, 1281.

Der **Jahresbetrag** ist gleichzeitig auch die **Bemessungsgrundlage** für die **Ermittlung des steuerfreien Teils** der Rente. Der steuerfreie Teil der Rente wird dabei in dem Jahr festgehalten, dass dem Jahr der ersten Rentenzahlung folgt (Erstfolgejahr). Insoweit wird verhindert, dass in Abhängigkeit vom Renteneintrittsmonat ein unterschiedlicher steuerfreier Teil der Rente festgehalten wird. Es erfolgt keine formale Feststellung des steuerfreien Teils, so dass eine Korrektur i.R.d. Änderungsvorschriften möglich ist. Auch eine Neuberechnung ist im ersten offenen Jahr möglich.

Praxishinweis:
Es ist möglich bei der Deutschen Rentenversicherung Bund eine Bescheinigung für steuerliche Zwecke zu beantragen, da der Anpassungsbetrag nicht einfach zu berechnen ist. Nach der erstmaligen Anforderung wird die jährliche Bescheinigung zukünftig automatisch übersandt.[1]

c) Rentenanpassungsbetrag – in Zeile 4 enthalten (Zeile 5)

1255 Ändert sich der Jahresbetrag der Rente und handelt es sich hierbei nicht um eine regelmäßige Anpassung, ist der steuerfreie Teil der Rente auf Basis des bisher maßgebenden Prozentsatzes mit der veränderten BMG neu zu ermitteln. Eine außerordentliche (unregelmäßige, individuelle) Rentenanpassung stellt z.B. eine durch Einkommensanrechnungen bei Witwen-, Witwerrenten oder beim Wechsel von Teil- zu Vollrenten – im Gegensatz zu einer regelmäßigen Rentenerhöhung – dar. Rentennachzahlungen oder -rückzahlungen, der Wegfall des Kinderzuschusses zur Rente aus einer berufsständischen Versorgungseinrichtung usw. können ebenfalls zu einer Neuberechnung des steuerfreien Teils der Rente führen.

Praxishinweis:
Der erstmals für das Jahr, das dem Jahr des Rentenbeginns folgt, zu ermittelnde steuerfreie Teilbetrag der Rente hat für Folgejahre keine Bindungswirkung. Ein eventueller Fehler, der dem FA in einem bestandskräftig veranlagten Vorjahr bei der Ermittlung des steuerfreien Rententeilbetrags unterlaufen ist, ist daher nicht in die Folgejahre zu übernehmen.[2]

Ab dem 1.7.2014 wird Müttern/Vätern für die Erziehungszeiten ihrer vor 1992 geborenen Kindern die sog. „**Mütterrente**“ gezahlt. Hierbei handelt es sich um einen Teil der Leibrente aus der gesetzlichen Rentenversicherung, bei der es sich nicht um eine regelmäßige Rentenanpassung handelt (§ 22 Nr. 1 Satz 3 Buchst. a Doppelbuchst. bb Satz 7 EStG). Vielmehr ist der steuerfreie Teil der Rente neu zu berechnen (§ 22 Nr. 1 Satz 3 Buchst. a Doppelbuchst. bb Satz 6 EStG). Hierzu wird der bisherige steuerfreie Teil der Rente um den steuerfreien Teil der sog. „Mütterrente“ erhöht. Der BFH hat hierzu entschieden, dass die Erhöhung einer bereits laufenden gesetzlichen Altersrente durch einen Zuschlag an persönlichen Rentenentgeltpunkten für Kindererziehungszeiten („Mütterrente“) zu einer Anpassung des bisherigen steuerfreien Teils der Rente (Rentenfreibetrag) führt; hierbei bleiben zwischenzeitliche regelmäßige Rentenanpassungen außer Betracht.[3]

Wird z.B. eine Rente seit dem Jahr 2004 bezogen, wurde in 2005 auf Grundlage des Besteuerungsanteils von 50 % ein persönlicher Kohortenfreibetrag für diese Rente ermittelt. Dieser bisherige persönliche Kohortenfreibetrag wurde um 50 % der sog. „Mütterrente“ mit Wirkung auf den 1.7.2014 erhöht.

Die für die Ermittlung des Rentenanpassungsbetrags zu berücksichtigenden Rentenerhöhungen (gesetzliche Rentenversicherung) betrugen zum:

1.7.2007	0,54 %
1.7.2008	1,1 %
1.7.2009	2,41 % (alte Bundesländer)
	3,38 % (neue Bundesländer)
1.7.2010	keine Rentenerhöhung
1.7.2011	0,99 %
1.7.2012	2,18 % (alte Bundesländer)
	2,26 % (neue Bundesländer)
1.7.2013	0,25 % (alte Bundesländer)
	3,29 % (neue Bundesländer)
1.7.2014	1,67 % (alte Bundesländer)
	2,53 % (neue Bundesländer)
1.7.2015	2,1 % (alte Bundesländer)
	2,5 % (neue Bundesländer)
1.7.2016	4,25 % (alte Bundesländer)
	5,95 % (neue Bundesländer

1) www.deutsche-rentenversicherung-bund.de.
2) BFH v. 31.8.2022, X R 29/20, HFR 2023, 37; Verfbeschw eingelegt, Az. des BVerfG: 2 BvR 2212/22.
3) BFH v. 14.12.2022, X R 24/20, BStBl II 2023, 953; Verfbeschw. nicht zur Entscheidung angenommen, BVerfG v. 31.10.2023, 2 BvR 953/23, StEd 2024, 39.

1.7.2017	1,9 % (alte Bundesländer)
	3,59 % (neue Bundesländer)
1.7.2018	3,22 % (alte Bundesländer)
	3,37 % (neue Bundesländer)
1.7.2019	3,18 % (alte Bundesländer)
	3,91 % (neue Bundesländer)
1.7.2020	3,45 % (alte Bundesländer)
	4,2 % (neue Bundesländer)
1.7.2021	0,00 % (Rentenwert West)
	0,72 % (Rentenwert Ost)
1.7.2022	5,35 % (Rentenwert West)
	6,12 % (Rentenwert Ost)
1.7.2023	4,39 % (Rentenwert West)
	5,86 % (Rentenwert Ost)
1.7.2024	4,57 % (einheitlich Ost und West)
1.7.2025	3,74 % (einheitlich Ost und West)

Praxishinweis:

Der Rentenanpassungsbetrag muss auch im Rentenbruttobetrag der Zeile 4 enthalten sein. Einzutragen ist die Summe aller Rentenanpassungsbeträge seit dem Jahr der Ermittlung des steuerfrei verbleibenden Teils der Rente. Das bedeutet, dass allgemeine Rentenerhöhungen in voller Höhe steuerpflichtig sind und keine Anpassung des steuerfreien Teils der Rente (= „Rentenfreibetrag") auslösen. Der Rentenanpassungsbetrag wird in der Rentenbezugsmitteilung ausgewiesen.

Regelmäßige Rentenanpassungen führen **nicht zu** einer **Neuberechnung** des steuerfreien Teils der Rente (§ 22 Nr. 1 Satz 3 Buchst. a Doppelbuchst. aa Satz 7 EStG). Die Herausnahme der regelmäßigen Anpassungen aus der Neuberechnung des steuerfreien Teils ist dabei unter Berücksichtigung verfassungsrechtlicher Vorgaben zu sehen, da die regelmäßigen Erhöhungen von Versorgungsbezügen immer schon in voller Höhe steuerpflichtig waren und nach wie vor sind. Rentenerhöhungen würden jedoch nur mit einem stpfl. Besteuerungsanteil von 50 % bis zu 99 % erfasst, was wieder zu einer Ungleichbesteuerung zwischen Renten und Versorgungsbezügen führen könnte. Regelmäßige Anpassungen führen daher zu in voller Höhe stpfl. Einkünften. Auch **Wechselkursschwankungen bei Renten** in ausl. Währung führen nach Auffassung der Finverw. zu einer Neuanpassung des Rentenfreibetrags.[1] Eine Neuberechnung ist danach vorzunehmen, wenn sich auf Grund von Änderungen des Wechselkurses ein höherer oder niedriger Rentenbruttobetrag (in Euro) ergibt, obwohl sich die Höhe der Rente in ausl. Währung nicht geändert hat. Daraus folgt, dass bei Kursverlusten der Rentenfreibetrag sinkt, während dieser sich bei einer Kurssteigerung erhöht.

Die für die Berechnung erforderlichen Angaben ergeben sich aus der Rentenbezugsmitteilung nach § 22a EStG, die jedoch nur für die Finverw. bestimmt sind.

Praxishinweis:

Für Rentenempfänger der Deutschen Rentenversicherung Bund besteht dabei die Möglichkeit eine Bescheinigung für steuerliche Zwecke anzufordern, die dann in den Folgejahren unaufgefordert zugesandt wird.

Wird bei weiteren Rentenerhöhungen lediglich die letzte Rentenerhöhung als regelmäßiger Rentenanpassungsbetrag erklärt, führt dies zu einer unzutreffenden Berechnung des Rentenfreibetrags. Grundsätzlich dürfte bei der Berechnung unterstellt werden können, dass als Rentenanpassungsbetrag der Unterschiedsbetrag zwischen dem im Jahr 2025 bezogenen und der berücksichtigten Rentenbeträge des Vorjahres zzgl. bisheriger Rentenanpassungsbeträge der Vorjahre zu berücksichtigen ist, wenn der Rentenfreibetrag bereits ermittelt und festgeschrieben wurde.

Ändert sich der Jahresbetrag der Rente z.B. auf Grund von Einkommensanrechnungen bei **Witwen-/Witwerrenten**, ist der bisher festgeschriebene Freibetrag anzupassen.

Praxishinweis:

Bei Anpassungen des Jahresbetrags einer Witwenrente auf Grund von Einkommensanrechnungen hat stets eine Neuberechnung des steuerfreien Teils der Rente zu erfolgen. Die jährliche Neuberechnung einer (Hinterbliebenen-)Rente auf Grund vorgenommener Einkommensanrechnung aus anderen Einkunftsquellen stellt keine regelmäßige Rentenanpassung (§ 22 Nr. 1 Satz 3 Buchst. a Doppelbuchst. aa Satz 7 EStG) dar. Bei Rentenanpassungen auf Grund regulärer Rentenerhöhungen handelt es sich um regelmäßige Anpassungen.[2] Auch die reguläre Anpassung der Renten anhand des aktuellen Rentenwertes (Ost) gem. § 255a SGB VI stellt eine regelmäßige Anpassung dar und führt nicht zur Neuberechnung des steuerfreien Teils der Altersrente.[3] Auch Renten eines ausl. Versicherungsträgers sind zu berücksichtigen.[4]

1) BayLfSt v. 4.5.2009, S 2255.1.1 – 3/2 St 32/St 33, StEd 2009, 361.
2) FG Köln v. 7.4.2017, 8 K 1489/15, Rev.-Verfahren nach Rücknahme der Revision eingestellt, BFH v. 29.6.2017, X R 18/17.
3) BFH v. 3.12.2019, X R 12/18, BStBl II 2020, 386.
4) FG München v. 2.10.2018, 2 K 494/17.

Der steuerfreie Teil der Rente ist dabei in dem Verhältnis anzupassen, in dem der veränderte Jahresbetrag der Rente zum Jahresbetrag der Rente steht, der der Ermittlung des bisherigen steuerfreien Teils der Rente zu Grunde gelegen hat. Zur beispielhaften Berechnung vgl. BMF v. 19.8.2013.[1)]

Es kann sich auch ein **negativer Rentenanpassungsbetrag** z.B. in den Fällen ergeben, in denen eine Sozialversicherungsrente zurückgezahlt werden muss und in den Beträgen regelmäßige Anpassungsbeträge enthalten sind.[2)]

d) Beginn der Rente (Zeile 6)

1256 Für die Bestimmung des der Besteuerung zu Grunde liegenden Anteils (→ Rz. 1253) ist der Beginn der Rente einzutragen. Unter **Beginn der Rente ist der Zeitpunkt** zu verstehen, ab dem die **Rente** (ggf. nach rückwirkender Zubilligung) **tatsächlich bewilligt** wird. Dieses Datum ergibt sich aus dem entsprechenden Rentenbescheid.

Praxishinweis:
Neben dem eigentlichen Rentenbetrag sind in Zeile 4 auch Einmalzahlungen (z.B. Sterbegelder oder die Abfindung von Kleinbetragsrenten) sowie Nachzahlungen einzutragen. Die Nachzahlungen für mehrere vorangegangene Jahre/Kapitalauszahlungen müssen zusätzlich in Zeile 9 erklärt werden (→ Rz. 1258).

e) Vorhergehende Rente – Beginn und Ende (Zeilen 7–8)

1257 **Folgen** nach dem 31.12.2004 **Renten** aus **derselben Versicherung** (demselben Vertrag) **einander nach (Folgerente)**, wird bei der Ermittlung des Prozentsatzes für die Besteuerung der Rente nicht der tatsächliche Beginn der Folgerente herangezogen. Eine aus einem berufsständischen Versorgungswerk bezogene Rente ist in Bezug auf die bereits in einem früheren Jahr begonnene gesetzliche Rente keine „Folgerente“ (§ 22 Nr. 1 Satz 3 Buchst. a Doppelbuchst. aa Satz 3 EStG). Der Sinn und Zweck des § 22 Nr. 1 Satz 3 Buchst. a Doppelbuchst. aa Satz 3 EStG besteht nicht darin, einen Anreiz dafür zu schaffen, über das gesetzliche Renteneintrittsalter hinaus tätig zu sein.[3)]

Eine Identität des Rentenempfängers ist darüber hinaus nicht erforderlich (z.B. Altersrente mit nachfolgender Hinterbliebenenversorgung). Die Ermittlung des Prozentsatzes nach § 22 Nr. 1 Satz 3 Buchst. a Doppelbuchst. aa Satz 8 EStG richtet sich nach dem Jahr, das sich ergibt, wenn die Laufzeit der vorhergehenden Rente von dem Jahr des Beginns der späteren Rente abgezogen wird, mind. jedoch 50 %.

Es ist in diesen Fällen ein **fiktives Jahr des Rentenbeginns** zu ermitteln, indem vom tatsächlichen Rentenbeginn (monatsgenau) der Folgejahre die Laufzeiten vorhergehender Renten abgezogen werden. Nur hinsichtlich der Berechnung des steuerfreien Teils der Rente wird die Rente als eine eigenständige Rente behandelt. Der ermittelte Prozentsatz darf dabei jedoch 50 % nicht unterschreiten.[4)]

Praxishinweis:
Eine Änderung des Besteuerungssatzes (Kohorte) ergibt sich daher regelmäßig bei einer sog. Rentenpause, d.h., wenn eine Folgerente nicht direkt der vorhergehenden Rente folgt (nach einer Rente wegen teilweiser Erwerbsminderungsrente folgt eine Zeit der Erwerbstätigkeit und darauf erhält die stpfl. Person die Altersrente). Renten, die vor dem 1.1.2005 geendet haben, werden nicht als vorhergehende Rente berücksichtigt und wirken sich daher nicht auf die Höhe des Prozentsatzes für die Besteuerung der nachfolgenden Rente aus.

Die Erwerbsminderungsrente unterliegt bereits im Zeitpunkt des Zuflusses der Leistungen nach dem SGB II im Umfang der Erfüllungsfiktion mit ihrem Besteuerungsanteil der ESt.[5)]

Lebt eine wegen **Wiederheirat** des Berechtigten weggefallene **Witwen- oder Witwerrente** wegen Auflösung oder Nichtigerklärung der erneuten Ehe oder der erneuten Lebenspartnerschaft wieder auf, ist bei Wiederaufleben der Witwen- oder Witwerrente (§ 46 Abs. 3 SGB VI)[6)] für die Ermittlung des Prozentsatzes nach § 22 Nr. 1 Satz 3 Buchst. a Doppelbuchst. aa Satz 3 EStG der Rentenbeginn des erstmaligen Bezugs maßgebend (tatsächlicher ursprünglicher Rentenbeginn).

f) Nachzahlungen für mehrere vorangegangene Jahre/Kapitalauszahlung – in Zeile 4 enthalten (Zeile 9)

1258 Auch die Rentennachzahlungen für mehrere vorangegangene Jahre sind mit dem entsprechenden Besteuerungsanteil (→ Rz. 1253) der Rente nach § 22 Nr. 1 Satz 3 Buchst. a Doppelbuchst. aa EStG zu versteuern.[7)] Ob es sich dabei um eine **Nachzahlung für einen Zeitraum vor 2005** handelt, in dem die Rente aus der gesetzlichen Rentenversicherung noch mit dem Ertragsanteil besteuert wurde, ist unbeachtlich. Rentennachzahlungen für frühere Jahre sind ebenfalls nach den Regelungen des AltEinkG i.R.d. Kohortenbesteuerung zu versteuern.[8)] Dabei sind die Nachzahlungen für das laufende Jahr nicht mit zu erklären.

1) BMF v. 19.8.2013, IV C 3 – S 2221/12/10010 :004, IV C 5 – S 2345/08/0001, BStBl I 2013, 1087, Rz. 232 f.
2) BMF v. 7.12.2011, IV C 3 – S 2257-c/10/10005 :003, BStBl I 2011, 1223.
3) FG Hamburg v. 12.5.2022, 5 K 46/21.
4) BMF v. 19.8.2013, IV C 3 – S 2221/12/10010 :004, IV C 5 – S 2345/08/001, BStBl I 2013, 1087, Rz. 225.
5) BFH v. 15.5.2018, X R 18/16, BFH/NV 2018, 1281.
6) Z.B. der überlebende Ehegatte, der wieder geheiratet hat, hat unter bestimmten Voraussetzungen wieder Anspruch auf eine kleine/große Witwenrente/Witwerrente, wenn die erneute Ehe aufgelöst/für nichtig erklärt ist (Witwen-/Witwerrente nach dem vorletzten Ehegatten).
7) BMF v. 7.12.2011, IV C 3 – S 2257-c/10/10005 :003, BStBl I 2011, 1223, Rz. 63.
8) BFH v. 13.4.2011, X R 17/10, BFH/NV 2011, 1501.

Soweit Nachzahlungszinsen geleistet werden, unterliegen auch diese der Besteuerung nach § 22 Nr. 1 Satz 3 Buchst. a Doppelbuchst. aa EStG.[1] Der Prozentsatz bestimmt sich unabhängig von der Zahlung der Leistung nach dem Beginn der Rente.

Beispiel:

A bezieht ab Mai 2018 eine Altersrente aus der gesetzlichen Rentenversicherung i.H.v. 1 000 €/Monat (brutto). Nach einem Rechtsstreit wird im VZ 2025 die Rente rückwirkend neu berechnet. A erhält eine Nachzahlung i.H.v. 5 400 € (einschließlich der einbehaltenen Kranken- und Pflegeversicherungsbeiträge) sowie Nachzahlungszinsen i.H.v. 234 €.

Die laufenden Rentenzahlungen als auch die Nachzahlung inkl. der Nachzahlungszinsen sind nach § 22 Nr. 1 Satz 3 Buchst. a Doppelbuchst. aa EStG zu versteuern. Im Zusammenhang mit Rentennachzahlungen von der Deutschen Rentenversicherung gezahlte Zinsen (§ 44 SGB I) sind steuerpflichtige Zinseinkünfte (§ 20 Abs. 1 Nr. 7 EStG).[2] Dass ein Teil der Nachzahlung für das Jahr 2018 gezahlt wird, d.h., für einen Zeitraum, in dem Renten aus der gesetzlichen Rentenversicherung mit dem Ertragsanteil besteuert werden, ist unerheblich. Der Prozentsatz beträgt 76 % (Rentenbeginn 2018).

Beratungshinweis:

Die stpfl. Person erhielt nach der Kündigung ihrer Kapitalversorgung im Streitjahr einen Einmalbetrag ausgezahlt. Entsprechend der ausgestellten „Bescheinigung" sollte ein Betrag dieser Leistungen nach der sog. Öffnungsklausel behandelt werden. Ist eine zur Basisversorgung hinzutretende und von dieser getrennte Kapitalversorgung aus einem berufsständischen Versorgungswerk als Kapitallebensversicherung ausgestaltet, sind auf entsprechende Kapitalauszahlungen nicht die Regelungen über die Leistungen aus einer Basis-Altersversorgung (§ 22 Nr. 1 Satz 3 Buchst. a EStG), sondern die Regelungen über Erträge aus Kapitallebensversicherungen (§ 20 Abs. 1 Nr. 6 EStG) anzuwenden.[3]

Nachzahlungen von Renten führen zu einer **Erhöhung des Jahresbetrags** der Rente und somit zu einer Neuberechnung des steuerfreien Teils der Rente. Da keine regelmäßige Rentenanpassung erfolgt ist, kann im Ergebnis der bisherige Prozentsatz auf den tatsächlichen Jahresbetrag der Rente angewandt werden.[4]

Rentennachzahlungen für vorangegangene Jahre z.B. aus den gesetzlichen Rentenversicherungen und den berufsständischen Versorgungseinrichtungen, die im VZ 2025 zugeflossen sind, sind ermäßigt zu besteuern und werden daher gesondert in Zeile 9 abgefragt. Für diese Einnahmen gilt die besondere Fünftel-Regelung (§ 34 Abs. 2 Nr. 4 i.V.m. Abs. 1 EStG).[5]

Praxishinweis:

Betrifft die erhaltene Nachzahlung lediglich ein Jahr, kommt eine ermäßigte Besteuerung nicht in Betracht. Daher haben in diesem Fall keine Eintragungen zu erfolgen.

Zahlt ein berufsständisches Versorgungswerk die vor dem 1.1.2005 entstandenen Anwartschaften in zwei Teilkapitalbeträgen über zwei Veranlagungszeiträume verteilt aus, kommt eine Gewährung des ermäßigten Steuersatzes nach § 34 Abs. 2 Nr. 4 EStG nicht in Betracht, sofern die eine Zahlung nicht lediglich als geringfügige Zusatzleistung zu der anderen (Haupt-)Zahlung angesehen werden kann. Bei der Anwendung und Auslegung des § 34 Abs. 2 Nr. 4 EStG differenziert die höchstrichterliche Rechtsprechung zwischen den Einkünften aus nichtselbständiger Arbeit einerseits und den anderen Einkunftsarten andererseits. Die zur Begünstigung von Aktienoptionen bei Arbeitnehmern geltende Rechtsprechung kann daher nicht auf den Bezug von Kapitalauszahlungen von Versorgungswerken übertragen werden.[6]

g) Öffnungsklausel (Zeilen 10–12)

aa) Allgemeines

Die Öffnungsklausel (§ 22 Nr. 1 Satz 3 Buchst. a Doppelbuchst. bb Satz 2 EStG) dient der **Vermeidung ungerechtfertigter Steuernachteile.** sie ist (nur) auf Antrag,[7] unabhängig davon anzuwenden, ob es im konkreten Einzelfall zu einer Doppelbesteuerung kommen kann.[8] Betroffen sind Selbständige, die in der gesetzlichen Rentenversicherung pflichtversichert oder Selbständige, die freiwillig in der gesetzlichen Rentenversicherung versichert waren. Im Rahmen der Beurteilung der Frage, in welchem Umfang eine stpfl. Person ihre Altersvorsorgeaufwendungen nach der bis 2004 geltenden Rechtslage aus versteuertem Einkommen geleistet hat, gelten Beiträge zu privaten Rentenversicherungen und kapitalbildenden Lebensversicherungen im Verhältnis zu den Beiträgen zur gesetzlichen Sozialversicherung als lediglich nachrangig abziehbar.[9] 1259

Versorgungsanwartschaften eines Beamten bleiben genauso unberücksichtigt wie Nachversicherungen durch den ehemaligen Dienstherrn, da gesetzliche Voraussetzung ist, dass die stpfl. Person zumindest zum Teil eigene Bei-

1) BMF v. 19.8.2013, IV C 3 – S 2221/12/10010 :004, IV C 5 – S 2345/08/0001, BStBl I 2013, 1087, Rz. 196.
2) BFH v. 9.6.2015, VIII R 18/12, BStBl II 2016, 523 sowie BMF v. 4.7.2016, IV C 3 – S 2255/15/10001, BStBl I 2016, 645.
3) BFH v. 12.12.2017, X R 39/15, BStBl II 2018, 579.
4) OFD Frankfurt v. 21.9.2011, S 2255 A – 23 – St 218.
5) BFH v. 14.12.2006, IV R 57/05, BStBl II 2007, 180.
6) BFH v. 19.8.2019, X B 155/18, HFR 2020, 238.
7) BFH v. 19.5.2021, X R 20/19, HFR 2021, 659.
8) BFH v. 4.2.2010, X R 58/08, BStBl II 2011, 579 unter B.IV.3.
9) BFH v. 23.08.2017, X R 33/15, BStBl II 2018, 62.

tragsleistungen erbracht hat.[1] Auch „fiktive" Beiträge sind daher ohne Relevanz.[2] Zu den Beiträgen zur gesetzlichen Rentenversicherung zählen auch Beiträge an **ausl. gesetzliche Rentenversicherungsträger**.[3]

Die Regeln zur Öffnungsklausel sind bei Witwenrenten (als Folgerenten) entsprechend anzuwenden.[4]

Bei der Anwendung der Öffnungsklausel kommt es darauf an, für – und nicht in – welche(n) Jahre(n) Beiträge geleistet worden sind.[5] Weist die stpfl. Person nach, dass für mind. zehn Jahre (ohne verfassungsrechtliche Bedenken und für den Zweck Zufälligkeiten einzelner Jahre unberücksichtigt zu lassen[6]) bis zum 31.12.2004 eigene Beitragsleistungen (Pflichtbeiträge, freiwillige Beiträge oder Beiträge zur Höherversicherung; Beiträge zu einer Nachversicherung sind jedoch nicht zu berücksichtigen)[7] oberhalb des Höchstbetrags zur gesetzlichen Rentenversicherung der Arbeiter und Angestellten (Beitragsgrenze West[8] und nicht Ost, was zu entsprechenden Nachteilen führen kann) entrichtet worden sind, werden auf formlosen Antrag hin **Teile der Leibrenten** oder anderen Leistungen nach § 22 Nr. 1 Satz 3 Buchst. a Doppelbuchst. bb EStG mit dem **Ertragsanteil** und nicht nach den Regelungen des § 22 Nr. 1 Satz 3 Buchst. a Doppelbuchst. aa EStG (nachgelagerte Besteuerung) **besteuert**.

Praxishinweis:

Die Beiträge sind grds. dem Jahr zuzurechnen, in dem sie gezahlt oder für das sie bescheinigt werden. Sofern Beiträge jedoch rentenrechtlich (als Nachzahlung) in einem anderen Jahr wirksam werden, sind diese dem Jahr zuzurechnen, in dem sie rentenrechtlich wirksam werden. Rentenrechtlich möglich ist – entgegen der Ansicht der Finverw.[9] – nicht gleichzusetzen mit „rentenrechtlich wirksam", d.h., ab wann die Einzahlung tatsächlich rentenerhöhend wirkt.[10]

Bezieht eine stpfl. Person Altersrenten sowohl aus einer berufsständischen Versorgungseinrichtung als auch aus der gesetzlichen Rentenversicherung und kann sie wegen Beitragszahlungen oberhalb des Höchstbeitrags zur gesetzlichen Rentenversicherung hinsichtlich der Rente aus der berufsständischen Versorgungseinrichtung zum Teil die Ertragsanteilsbesteuerung beanspruchen (sog. Öffnungsklausel), erstreckt sich dieses Recht nicht auch auf die Besteuerung der gesetzlichen Rente.[11]

Bei der Berechnung sind auch die Anteile berücksichtigungsfähig, die lediglich mittelbar beitragsabhängig sind; die Bescheinigung des Versorgungswerks hat dabei keine Bindungswirkung.[12]

Beiträge, die nach dem 31.12.2004 entrichtet werden, sind in die Berechnung nicht einzubeziehen. Für jedes Kj. ist der Teil der Leistung, der auf Beiträgen oberhalb des Höchstbetrags beruht, gesondert zu ermitteln, so dass eine Zusammenfassung aller Beiträge und eine daraus resultierende Durchschnittsbildung nicht möglich ist. Bei berufsständischen Versorgungseinrichtungen ist eine Verhältnisrechnung zwischen den geleisteten Beiträgen und den den Höchstbetrag übersteigenden Beiträgen möglich.[13] Die Öffnungsklausel findet auch i.R.d. **Versorgungsausgleichs** unter Ehegatten/Lebenspartnern Anwendung, soweit die Ehe/Lebenspartnerschaft vor dem 1.1.2005 geschlossen wurde.[14] Voraussetzung ist hierbei ein Antrag der ausgleichberechtigten Person.

1) FG Schleswig-Holstein v. 15.9.2011, 1 K 97/10, EFG 2012, 695.
2) BFH v. 18.5.2010, X R 29/09, BStBl II 2011, 591.
3) BFH v. 24.6.2009, X R 57/06, BStBl II 2009, 1000 und BMF v. 19.8.2013, IV C 3 – S 2221/12/10010 :004, IV C 5 – S 2345/08/0001, BStBl I 2013, 1087, Rz. 4.
4) BMF v. 19.8.2013, IV C 3 – S 2221/12/10010 :004, IV C 5 – S 2345/08/0001, BStBl I 2013, 1087, Rz. 242.
5) BFH v. 19.1.2010, X R 53/08, BStBl II 2011, 579; Verfbeschw nicht angenommen (BVerfG v. 8.4.2011, 2 BvR 844/10); Entscheidung bestätigt durch BFH v. 24.8.2011, VIII R 23/08, BFH/NV 2012, 560; BMF v. 19.8.2013, IV C 3 – S 2221/12/10010 :004, IV C 5 – S 2345/08/0001, BStBl I 2013, 1087, Rz. 240.
6) BFH v. 4.2.2010, X R 58/08, BStBl II 2011, 579.
7) BMF v. 19.8.2013, IV C 3 – S 2221/12/10010 :004, IV C 5 – S 2345/08/0001, BStBl I 2013, 1087, Rz. 244.
8) BMF v. 19.8.2013, IV C 3 – S 2221/12/10010 :004, IV C 5 – S 2345/08/0001, BStBl I 2013, 1087, Rz. 241.
9) BMF v. 19.8.2013, IV C 3 – S 2221/12/10010 :004, IV C 5 – S 2345/08/0001, BStBl I 2013, 1087, Rz. 240.
10) BFH v. 4.9.2019, X R 43/17, HFR 2020, 356.
11) BFH v. 14.12.2022, X R 24/20, BStBl II 2023, 953; Verfbeschw. nicht zur Entscheidung angenommen, BVerfG v. 31.10.2023, 2 BvR 953/23.
12) FG Düsseldorf v. 29.10.2009, 16 K 3002/09 E, EFG 2010, 793.
13) BMF v. 19.8.2013, IV C 3 – S 2221/12/10010 :004, IV C 5 – S 2345/08/0001, BStBl I 2013, 1087, Rz. 249.
14) BMF v. 19.8.2013, IV C 3 – S 2221/12/10010 :004, IV C 5 – S 2345/08/0001, BStBl I 2013, 1087, Rz. 258.

Die jährlichen Höchstbeträge in der gesetzlichen Rentenversicherung betrugen seit 1986:[1])

Jahr	tatsächlich geleistete Beiträge in DM / €	Höchstbeitrag zur gesetzlichen Rentenversicherung (HB) in DM / €	übersteigende Beiträge in DM / €	tatsächlich geleistete Beiträge in % des HB	übersteigende Beiträge in % des HB
1986	18 360,00 DM	12 902,40 DM	5 457,60 DM	142,30	42,30
1987	17 730,00 DM	12 790,80 DM	4 939,20 DM	138,62	38,62
1988	12 510,00 DM	13 464,00 DM	0 DM	92,91	0,00
1989	14 310,00 DM	13 688,40 DM	621,60 DM	104,54	4,54
1990	16 740,00 DM	14 137,20 DM	2 602,80 DM	118,41	18,41
1991	18 000,00 DM	14 001,00 DM	3 999,00 DM	128,56	28,56
1992	16 110,00 DM	14 443,20 DM	1 666,80 DM	111,54	11,54
1993	16 020,00 DM	15 120,00 DM	900,00 DM	105,95	5,95
1994	17 280,00 DM	17 510,40 DM	0 DM	98,68	0,00
1995	16 020,00 DM	17 409,60 DM	0 DM	92,02	0,00
1996	20 340,00 DM	18 432,00 DM	1 908,00 DM	110,35	10,35
1997	22 140,00 DM	19 975,20 DM	2 164,80 DM	110,84	10,84
1998	23 400,00 DM	20 462,40 DM	2 937,60 DM	114,36	14,36
1999	22 500,00 DM	20 094,00 DM	2 406,00 DM	111,97	11,97
2000	24 210,00 DM	19 917,60 DM	4 292,40 DM	121,55	21,55
2001	22 230,00 DM	19 940,40 DM	2 289,60 DM	111,48	11,48
2002	12 725,00 €	10 314,00 €	2 411,00 €	123,38	23,38
2003	14 721,80 €	11 934,00 €	2 787,80 €	123,36	23,36
2004	14 447,00 €	12 051,00 €	2 396,00 €	119,88	19,88
2005	13 274,50 €	12 168,00 €	0,00 €	109,09	0,00
			Summe	**5 165,63**	**1 542,07**
			Entspricht	**100 %**	**29,85 %**

Jedes Kj. ist dabei gesondert zu betrachten, wobei die einzelnen Jahre nicht aufeinander folgen müssen. Eine Kürzung des jährlichen Höchstbeitrags um die Monate, in denen keine Versicherungspflicht oder nur für einen Teil des Jahres Beiträge geleistet worden sind, dürfte dabei nicht erfolgen, da es sich um Jahresbeträge handelt. Kürzungsmonate werden nicht erwähnt.

Für die Anwendung der Öffnungsklausel ist ein entsprechender **Antrag** erforderlich (§ 22 Nr. 1 Satz 3 Buchst. a Doppelbuchst. bb Satz 2 EStG). Der Antrag ist gestellt, wenn die entsprechenden Zeilen 10–12 werden. Der weitere Nachweis ist durch eine entsprechende Bescheinigung des jeweiligen Versorgungsträgers zu erbringen, der einen prozentualen Anteil mitteilen wird, der in Zeile 10 einzutragen ist. Der inl. Versorgungsträger erstellt auf Antrag eine entsprechende Bescheinigung. Bei ausl. Versorgungsträgern sind die tatsächlich geleisteten Beiträge nachzuweisen. Dieser prozentuale Anteil unterliegt dann der Ertragsanteilsbesteuerung nach § 22 Nr. 1 Satz 3 Buchst. a Doppelbuchst. bb EStG. Die Bescheinigung hat keine Bindungswirkung.[2]) 1260

Die **Voraussetzungen für die Anwendung der Öffnungsklausel** hat die stpfl. Person (oder der Rechtsnachfolger) durch eine Bescheinigung des Versorgungsträgers nachzuweisen. Aus dieser muss sich zumindest der Prozentsatz der Rente ergeben, der der Öffnungsklausel und damit der günstigeren Ertragsanteilsbesteuerung unterliegt. Enthält die Bescheinigung des Versorgungsträgers darüber hinaus auch Angaben darüber, in wie vielen Jahren Beiträge oberhalb der Beitragsbemessungsgrenze gezahlt wurden,[3]) wird die Öffnungsklausel voraussichtlich ohne weitere Prüfung seitens der Finverw. angewendet werden. Eine Überprüfung der Berechnung wird ggf. bei mehreren Versorgungsträgern erfolgen.[4])

Bezieht die stpfl. Person **mehrere Renten**, reicht es für die Anwendung der Öffnungsklausel auf alle Renten aus, wenn die Versorgungsträger jeweils den für die Öffnungsklausel maßgebenden Prozentsatz für die Ertragsanteilsbesteuerung bescheinigen und darüber hinaus zumindest ein Versorgungsträger zusätzlich bestätigt, dass bei ihm mindestens zehn Jahre lang Beiträge oberhalb der Beitragsbemessungsgrenze eingezahlt wurden.

1) Die Werte der Jahre 1969 bis 1985 können dem BMF-Schreiben v. 19.8.2013, IV C 3 – S 2221/12/10010 :004, IV C 5 – S 2345/08/0001, BStBl I 2013, 1087, Rz. 250 entnommen werden.
2) FG Düsseldorf v. 29.10.2009, 16 K 3002/09 E, EFG 2010, 793.
3) BMF v. 19.8.2013, IV C 3 – S 2221/12/10010 :004, IV C 5 – S 2345/08/0001, BStBl I 2013, 1087, Rz. 247.
4) OFD Frankfurt a.M. v. 26.3.2014, S 2255 A – 37 – St 220, DStR 2014, 1112.

Praxishinweis:
Hat eine stpfl. Person Beiträge an mehrere Versorgungseinrichtungen geleistet, bezieht sie aber zunächst nur Renteneinnahmen aus einem einzigen Versorgungswerk, sind in die Prüfung der Voraussetzungen der Öffnungsklausel gemäß § 22 Nr. 1 Satz 3 Buchst. a Doppelbuchst. bb Satz 2 EStG alle geleisteten Beiträge an Versorgungseinrichtungen einzubeziehen, die zu Leibrenten und anderen Leistungen i.S.v. § 22 Nr. 1 Satz 3 Buchst. a Doppelbuchst. aa EStG führen können.[1] Wurden Beiträge an die gesetzliche Rentenversicherung und an berufsständische Versorgungseinrichtungen geleistet, dann sind die Beiträge bis zum jeweiligen Höchstbetrag i.S.d. § 22 Nr. 1 Satz 3 Buchst. a Doppelbuchst. bb Satz 2 EStG vorrangig der gesetzlichen Rentenversicherung zuzuordnen.[2]

Ergibt sich aus den Bescheinigungen der Versorgungsträger, dass bei keinem Träger zehn Jahre lang Beiträge oberhalb des Höchstbetrags eingezahlt wurden, die Summe der durch die Versorgungsträger bescheinigten Beitragsjahre aber nur geringfügig über der Zehnjahresgrenze liegt, hat das FA in diesen Grenzfällen von Amts wegen die Voraussetzungen für die Anwendung der Öffnungsklausel zu überprüfen.

1261 Für Renten, die auf Beiträgen zur **Freiwilligen Zusatzrentenversicherung der DDR** (FZR) beruhen, ist die Öffnungsklausel dem Grunde nach anzuwenden, da diese Leistungen der gesetzlichen Rentenversicherung zugeordnet wurden. Bei der Prüfung, ob Beiträge oberhalb des Betrags des Höchstbeitrags geleistet wurden, ist grds. der Höchstbeitrag zur gesetzlichen Rentenversicherung der Arbeiter und Angestellten (West) im Jahr der Zahlung heranzuziehen. Die Öffnungsklausel wird jedoch regelmäßig nicht zur Anwendung kommen, da es unter Berücksichtigung des Gehaltsniveaus in der DDR sehr unwahrscheinlich sein dürfte, dass im Beitrittsgebiet bis zum 30.6.1990 Beiträge oberhalb des Höchstbetrags (West) gezahlt wurden.[3] Zur Berücksichtigung von Entgeltpunkten für Beitragszeiten im Beitrittsgebiet vgl. auch das anhängige BFH-Verfahren.[4]

bb) Prozentsatz – lt. Bescheinigung Ihres Versorgungsträgers (Zeile 10)

1262 Der Versorgungsträger hat der stpfl. Person auf deren Verlangen den prozentualen Anteil der Leistung zu bescheinigen/bestätigen, der auf bis zum 31.12.2004 geleisteten Beiträgen beruht, die oberhalb des Höchstbetrags zur gesetzlichen Rentenversicherung gezahlt wurden.[5] Einzutragen ist der Wert mit zwei Nachkommastellen.

cc) Die Rente erlischt/wird umgewandelt spätestens am ... (Zeile 11)

1263 Handelt es sich bei den Leistungen um eine abgekürzte Leibrente, erfolgt die **Besteuerung nach § 55 Abs. 2 EStDV**. Zur Bestimmung des zutreffenden Besteuerungsanteils ist die Laufzeit der Rente (Löschungszeitpunkt oder Umwandlungszeitpunkt) anzugeben.

dd) Bei Einmalzahlung: Betrag (Zeile 12)

1264 Einmalige Leistungen (z.B. Sterbegelder) unterliegen nicht der Besteuerung, soweit auf sie die Öffnungsklausel Anwendung findet. Insoweit handelt es sich nicht um eine Leibrente oder eine abgekürzte Leibrente. Dies gilt auch für Einmalleistungen die von Versorgungswerken ausgezahlt werden.[6]

Beispiel:
Nach der Bescheinigung der Versicherung beruhen 12 % der Leistungen auf Beiträgen, die oberhalb des Betrags des Höchstbeitrags zur gesetzlichen Rentenversicherung geleistet wurden. Nach dem Tod des Stpfl. erhält die Witwe A ein einmaliges Sterbegeld und eine monatliche Witwenrente.

Von der Witwenrente unterliegt ein Anteil von 88 % der nachgelagerten Besteuerung (§ 22 Nr. 1 Satz 3 Buchst. a Doppelbuchst. aa EStG) und ein Anteil von 12 % der Besteuerung mit dem Ertragsanteil (§ 22 Nr. 1 Satz 3 Buchst. a Doppelbuchst. bb EStG). Der Ertragsanteil bestimmt sich nach dem Lebensjahr der rentenberechtigten Witwe A bei Beginn der Witwenrente; die Regelung zur Folgerente findet bei der Ertragsanteilsbesteuerung keine Anwendung. Das Sterbegeld unterliegt zu einem Anteil von 88 % der nachgelagerten Besteuerung (§ 22 Nr. 1 Satz 3 Buchst. a Doppelbuchst. aa EStG). 12 % des Sterbegelds unterliegen nicht der Besteuerung.

Auch ein einmaliges **Sterbegeld**, das ein berufsständisches Versorgungswerk neben der laufenden Hinterbliebenenrente an den überlebenden Ehegatten des Mitglieds zahlt, unterliegt als „andere Leistung" (§ 22 Nr. 1 Satz 3 Buchst. a Doppelbuchst. aa EStG) mit dem Besteuerungsanteil der Einkommensteuer. In Bezug auf das Sterbegeld ist der für „Vergütungen für mehrjährige Tätigkeiten" geltende ermäßigte Steuersatz nicht zu gewähren. Ein gezahlter einmaliger Zuschuss zu Bestattungskosten wurde vom FG nicht als steuerpflichtig angesehen, da es sich nicht um wiederkehrende Bezüge handelt.[7]

Beratungshinweis:
Die Beitragserstattungen der DRV Bund (i.S.d. § 210 SGB VI) sind als „andere Leistungen" steuerbare Einkünfte (§ 22 Nr. 1 Satz 3 Buchst. a EStG). Sie können deshalb nicht zugleich „negative Sonderausgaben" sein. Die Erstattung der Rentenversicherungsbeiträge (§ 210 Abs. 1a SGB VI) ist steuerfrei (§ 3 Nr. 3 Buchst. b EStG).[8]

1) BFH v. 3.5.2017, X R 12/14, BFH/NV 2017, 1485.
2) BFH v. 17.11.2015, X R 40/13, BFH/NV 2016, 388.
3) FG Sachsen-Anhalt v. 9.7.2008, 4 V 1114/07, EFG 2008, 1707.
4) FG Sachsen v. 25.5.2022, 6 K 449/20; Rev.,Az. des BFH: X R 18/23.
5) BMF v. 19.8.2013, IV C 3 – S 2221/12/10010 :004, IV C 5 – S 2345/08/0001, BStBl I 2013, 1087, Rz. 266.
6) BFH v. 23.10.2013, X R 11/12, BFH/NV 2014, 328.
7) BFH v. 23.11.2016, X R 13/14, BFH/NV 2017, 445.
8) BFH v. 7.7.2020, X R 35/18, BStBl II 2021, 750.

3. Leibrenten aus privaten Rentenversicherungen – auf Lebenszeit/mit zeitlich befristeter Laufzeit (Zeilen 13–18)

Leibrenten aus privaten Rentenversicherungen (auf Lebenszeit / mit zeitlich befristeter Laufzeit)

(ohne Renten laut den Zeilen 4 bis 12)

Zeile			1. Rente		2. Rente
			EUR		EUR
13	Rentenbetrag	131	,—	181	,—
14	Beginn der Rente	132	T T M M J J J J	182	T T M M J J J J
15	Geburtsdatum einer anderen Person, von deren Lebenszeit die Laufzeit der Rente (auch) abhängt; bei Garantiezeitrenten das Geburtsdatum der verstorbenen versicherten Person	136	T T M M J J J J	186	T T M M J J J J
16	Die Rente erlischt mit dem Tod von				
17	Die Rente erlischt / wird umgewandelt spätestens am	133	T T M M J J J J	183	T T M M J J J J
			EUR		EUR
18	Nachzahlungen für mehrere vorangegangene Jahre (in Zeile 13 enthalten)	134	,—	184	,—

2025AnlR121 - September 2025 - 2025AnlR121

a) Grundsätze

Nicht die Systematik der bisherigen Ertragsanteilsbesteuerung hatte sich mit dem AltEinkG verändert, sondern der **Anwendungsbereich der Ertragsanteilsbesteuerung**. 1265

Eintragungen haben in den Zeilen 13–18 zu erfolgen, wenn es sich um Leibrenten oder sonstige Leistungen handelt, die nicht unter den Anwendungsbereich des § 22 Nr. 1 Satz 3 Buchst. a Doppelbuchst. aa EStG (Zeilen 4–13) oder des § 22 Nr. 5 Satz 1 und 3 bis 6 EStG (Anlage R-AV/bAV) einzuordnen sind.

Praxishinweis:
Leibrenten aus sonstigen Verpflichtungsgründen (z.B. Renten aus Veräußerungsgeschäften) sind gesondert ab Zeile 19 zu erklären.

Hierzu gehören Leibrenten aus:

- inl. Rentenversicherungen, die **nicht** den Voraussetzungen **des § 10 Abs. 1 Nr. 2 Buchst. b EStG** (→ Rz. 1679) **entsprechen**, weil sie z.B. eine Teilkapitalisierung oder Einmalkapitalauszahlung (Kapitalwahlrecht) oder einen Rentenbeginn vor Vollendung des 60. Lebensjahres vorsehen oder die Laufzeit der Versicherung vor dem 1.1.2005 begonnen hat und mind. ein Versicherungsbeitrag bis zum 31.12.2004 entrichtet wurde,
- Verträgen i.S.d. § 10 Abs. 1 Nr. 3 Buchst. b EStG (eigene Beiträge zu einer kapitalgedeckten Altersvorsorge, Rentenversicherungen ohne Kapitalwahlrecht, die die Voraussetzungen des § 10 Abs. 1 Satz 1 Nr. 2 EStG nicht erfüllen, **Rentenversicherungen mit Kapitalwahlrecht** gegen laufende Beitragsleistung, wenn das Kapitalwahlrecht nicht vor Ablauf von zwölf Jahren nach Vertragsabschluss ausgeübt werden kann).

Beratungshinweis:
Rentenzahlungen, die auf einem begünstigten Versicherungsvertrag (§ 10 Abs. 1 Nr. 2 Buchst. b EStG 2004) beruhen, sind insg. den Einkünften aus Kapitalvermögen (§ 20 Abs. 1 Nr. 6 EStG 2004) zuzuordnen und unter den Voraussetzungen des § 20 Abs. 1 Nr. 6 Satz 2 EStG 2004 steuerfrei, soweit die Summe der ausgezahlten Rentenbeträge das in der Ansparzeit angesammelte Kapitalguthaben einschließlich der Überschussanteile nicht übersteigt.[1]

Bei einer Leibrente handelt es sich um die typischste Art der Rente. Der besondere Charakter dieser Rente liegt in der lebenslangen Versorgung der die Leistung empfangenden Person und dem für alle Beteiligten bestehenden Risiko, dass die Rente auf eine unbekannte (unkalkulierbare) Lebenszeit zugesagt wird. Nebenbestimmungen zu

1) BFH v. 1.7.2021, VIII R 4/18, HFR 2021, 1169. Änderung durch JStG 2024; vgl. Az. 4 K 151/24, 6 K 1408/24, 15 K 15051/25.

einer Leibrente zur Verkürzung oder Verlängerung der Laufzeit sind möglich und beeinflussen nicht den Charakter der Leibrente.

Der Anwendungsbereich der Ertragsanteilsbesteuerung umfasst nur diejenigen stpfl. Leibrenten, die nicht bereits unter die sog. Kohortenbesteuerung (§ 22 Nr. 1 Satz 3 Buchst. a Doppelbuchst. aa EStG) oder den Altersvorsorgeverträgen etc. (§ 22 Nr. 5 EStG) einzuordnen sind. Auszunehmen sind ab VZ 2008 auch die Versorgungsleibrenten, die als Versorgungsleistungen insoweit sonstige Einkünfte (§ 22 Nr. 1b EStG, → Rz. 1361) darstellen, als sie beim Zahlungsverpflichteten als Sonderausgaben (§ 10 Abs. 1a Nr. 2 EStG) abgezogen (→ Rz. 1461) werden können. Die Anwendung des § 22 Nr. 1b und Nr. 5 EStG geht als „lex specialis" der Ertragsanteilsbesteuerung (§ 22 Nr. 1 Satz 3 Buchst. a Doppelbuchst. bb EStG) vor. Die Ertragsanteilsbesteuerung gilt somit für alle Leibrenten außerhalb der sog. „Basisversorgung", soweit keine Vollbesteuerung nach § 22 Nr. 5 EStG erfolgt und keine Versorgungsleistungen i.S.d. § 22 Nr. 1b EStG vorliegen.

Zu den Leibrenten, die danach mit dem Ertragsanteil der Besteuerung unterliegen, gehören u.a.

- Renten aus nicht nach § 10 Abs. 1 Nr. 2b EStG begünstigten („nicht zertifizierten") privaten Rentenversicherungsverträgen,
- Renten aus nach § 10 Abs. 1 Nr. 3b EStG begünstigten Rentenversicherungsverträgen,
- private selbständige Erwerbsminderungsrenten/Berufsunfähigkeitsrente (auch wenn vor dem 1.1.2005 abgeschlossen und mit Mindestlaufzeit 12 Jahren)[1] und
- private selbständige Waisenrenten.

Praxishinweis:
Werden Rentenleistungen auf Grund einer Überschussbeteiligung erhöht, sind die der Überschussbeteiligung dienenden Erhöhungsbeträge keine eigenständigen Renten.[2]

Zu Leistungen i.R.d. **Versorgungsausgleichs** vgl. BMF v. 21.3.2023.[3]

1266 Zu dieser Art von Renten gehören auch **abgekürzte Leibrenten**, die nicht unter § 22 Nr. 1 Satz 3 Buchst. a Doppelbuchst. aa EStG fallen (z.B. private selbständige Erwerbsminderungsrente, Waisenrente aus einer privaten Versicherung, die die Voraussetzungen des § 10 Abs. 1 Nr. 2 Buchst. b EStG nicht erfüllt).

Beratungshinweis:
Wird ein nach dem 31.12.2004 beginnender Rentenversicherungsvertrag, der die Voraussetzungen des § 10 Abs. 1 Nr. 2 Buchst. b EStG nicht erfüllt, in einen begünstigten Vertrag umgewandelt, führt dies zur Beendigung des bestehenden und Abschluss eines neuen Vertrags.[4]

Versorgungsbezüge, die vom früheren Arbeitgeber gezahlt werden, stellen keine Einkünfte i.S.d. § 22 EStG, sondern Einkünfte aus nichtselbständiger Arbeit (§ 19 EStG) dar.

Praxishinweis:
Der Versorgungs-Freibetrag (§ 19 Abs. 2 EStG) ist nicht in analoger Anwendung des § 19 Abs. 2 EStG für Einnahmen aus einer Betriebsrente wegen einer früheren selbständigen Tätigkeit zu gewähren.[5]

Diese Renten unterliegen mit dem Ertragsanteil der Besteuerung, wobei sich die Höhe des Ertragsanteils weiterhin nach dem Lebensjahr bemisst, das der Rentenempfänger bei Beginn der Rente vollendet hat (§ 22 Nr. 1 Satz 3 Buchst. a Doppelbuchst. bb EStG). Abzugrenzen von Leibrenten sind die **Zeitrenten.** Zeitrenten sind Renten, die unabhängig von der Lebensdauer der berechtigten Person für eine bestimmte Zeit vereinbart werden. Sie sind danach zu unterscheiden, ob sie entgeltlich oder unentgeltlich eingeräumt werden. Entgeltlich sind sie typischerweise dann eingeräumt, wenn sie als feste Gegenleistung für die Hingabe eines Vermögensgegenstands vereinbart werden. Sie sind in diesem Fall grds. unabhängig von der Laufzeit nicht als wiederkehrende Bezüge i.S.d. § 22 Nr. 1 Satz 1 EStG, sondern als Kaufpreisraten zu behandeln. Der Empfänger der Bezüge besteuert als Veräußerer den in den „Raten" enthaltenen Zinsanteil (vorbehaltlich der Regelungen des § 20 Abs. 8 EStG im Zusammenhang mit der Abgeltungsteuer) als Zinseinnahmen (§ 20 Abs. 1 Nr. 7 EStG; insoweit besteht mangels Kapitalertragsteuerabzugs eine Veranlagungspflicht [§ 32d Abs. 3 EStG]). Zur Ermittlung des Zinsanteils ist die jeweilige Rate nach dem BewG in einen Zins- und Tilgungsanteil aufzuteilen.[6] Daneben kann zusätzlich entweder im Betriebsvermögen ein Veräußerungsgewinn (ggf. auch i.S.d. § 16 EStG) oder im Privatvermögen ein Veräußerungsgewinn anfallen. Insoweit liegt daher eine Vermögensumschichtung vor.

1) BFH v. 27.9.2011, X B 241/10, BFH/NV 2012, 31.
2) BFH v. 22.8.2012, X R 47/09, BStBl II 2013, 158.
3) BMF v. 21.3.2023, IV C 3 – S 2221/19/10035 :001, BStBl I 2023, 611.
4) BFH v. 19.8.2013, IV C 3 – S 2221/12/10010 :004, IV C 5 – S 2345/08/0001, BStBl I 2013, 1087, Rz. 207.
5) BFH v. 18.10.2006, XI R 45/05, BFH/NV 2007, 880.
6) Gleich lautende Erlasse der obersten Finanzbehörden der Länder v. 10.10.2010, BStBl I 2010, 810.

Beratungshinweis:
Die Frage, ob die Besteuerung des Ertragsanteils von Bezügen aus Leibrenten ohne die Berücksichtigung eines Sparer-Freibetrags mit dem allgemeinen Gleichheitssatz vereinbar ist, wurde seitens des BVerfG aus formalen Gründen nicht zur Entscheidung angenommen.[1]

Die Höhe der **maßgeblichen Ertragsanteile** sind der Tabelle in § 22 Nr. 1 Satz 3 Buchst. a Doppelbuchst. bb Satz 4 EStG zu entnehmen (Auszug):

bei Beginn der Rente vollendetes Lebensjahr des Rentenberechtigten	Ertragsanteil in %
58	24
59	23
60	22
61	22
62	21
63	20
64	19
65	18
66	18
67	17

Praxishinweis:
Eintragungen sind auch dann vorzunehmen, wenn es sich um abgekürzte Leibrenten handelt, die nach § 22 Nr. 1 Satz 3 Buchst. a Doppelbuchst. bb Satz 5 EStG i.V.m. § 55 EStDV versteuert werden.

b) Rentenbetrag (Zeile 13)

Einzutragen ist der von der Zusatzversorgungseinrichtung/Versicherung mitgeteilte **Jahresbruttorentenbetrag**, der je nach Art der Rente nicht mit dem ausgezahlten Betrag identisch sein muss. Bei Auszahlung der Rente ggf. einbehaltene Beiträge zur Kranken- und Pflegeversicherung sind nicht vom Rentenbetrag abzuziehen, sondern in der Anlage Vorsorgeaufwand einzutragen (→ Rz. 1695). 1267

Praxishinweis:
Rentennachzahlungen für mehrere vorangegangene Jahre sind an dieser Stelle und zusätzlich auch in Zeile 18 einzutragen.

c) Beginn der Rente (Zeile 14)

Beginn der Rente ist bei Renten auf Grund von Versicherungsverträgen der Zeitpunkt, ab dem **versicherungsrechtlich** die Rente zu laufen beginnt.[2] 1268

Bei **Rentennachzahlungen** ist unter Beginn der Rente nur der Zeitpunkt zu verstehen, in dem der Rentenanspruch entstanden ist. Auf den Zeitpunkt der Zahlung der einzelnen Renten kommt es nicht an. Dieser Zeitpunkt ist nur für den Zufluss (§ 11 Abs. 1 EStG) maßgebend; auch der Zeitpunkt des Rentenantrags ist insoweit nicht entscheidend.[3]

Weder das EStG noch § 55 EStDV beziehen in die Ertragsanteilsberechnung zukünftige Ereignisse ein, wie die, ob die einzelnen **Rentenansprüche tatsächlich geleistet** werden, ob auf diese **zeitweise verzichtet** oder ob der Anspruch auf die einzelnen Rentenzahlungen überhaupt geltend gemacht wird. Diese Verhältnisse haben keinen Einfluss auf das Entstehen der Anspruchsgrundlage (das Entstehen des Rentenstammrechts) und damit auf seinen abstrakt für maßgeblich bestimmten Wert. Das kommt auch in der Überschrift der Tabelle durch die Worte „bei Beginn der Rente" zum Ausdruck, denn dort sind nicht die Worte gewählt „bei Beginn der Rentenzahlungen". 1269

Die **Verjährung einzelner Rentenansprüche** beeinflusst daher nicht den Wert des Rentenstammrechts.[4]

d) Geburtsdatum einer anderen Person, von deren Lebenszeit die Laufzeit der Rente (auch) abhängt; bei Garantiezeitrenten das Geburtsdatum der verstorbenen versicherten Person (Zeile 15)

Ab dem VZ 2022 wird darauf hingewiesen, dass für die Ermittlung des Ertragsanteils das Geburtsdatum der verstorbenen versicherten Person maßgeblich ist und nicht alleine das Geburtsdatum des Erblassers. Bei privaten Leibrenten, deren Dauer von der Lebenszeit einer anderen Person als der rentenberechtigten Person oder von der Lebenszeit mehrerer Personen abhängt (§ 55 Abs. 1 Nr. 2 und 3 EStDV), ist das für die Ermittlung des Ertragsanteils maßgebliche Geburtsdatum dieser Person einzutragen; bei Garantiezeitrenten das Geburtsdatum der verstorbenen Person. 1270

1) BVerfG v. 22.9.2009, 2 BvL 3/02, BFH/NV 2009, 2119.
2) H 22.4 „Beginn der Rente" EStH 2024.
3) BFH v. 6.4.1976, VIII R 184/72, BStBl II 1976, 452.
4) BFH v. 30.9.1980, VIII R 13/79, BStBl II 1981, 151.

Das Geburtsdatum des Erblassers ist bei Garantiezeitrenten einzutragen; dies sind Renten mit einer Mindestlaufzeit, bei denen eine Rentengarantiezeit vereinbart wurde. Im Fall des Todes der ursprünglich rentenberechtigten Person (= Erblasser) wird die Rente bis zum Ablauf der Garantiezeit an den Erben weitergezahlt. Die Besteuerung erfolgt nach dem für den Erblasser geltenden Ertragsanteil (§ 22 Nr. 1 Satz 3 Buchst. a Doppelbuchst. bb EStG).[1] Die Besteuerung der Renten erfolgt sowohl für den garantierten Teil als auch für die nicht garantierte Überschussbeteiligung einheitlich.[2]

e) Die Rente erlischt mit dem Tod von/wird umgewandelt spätestens am (Zeilen 16–17)

1271 Ist die Dauer der Leibrente (auch) von der Lebenszeit einer anderen Person abhängig, ist zusätzlich in Zeile 16 der Name dieser Person anzugeben. In diesen Fällen bestimmt sich der Ertragsanteil nach § 55 Abs. 1 Nr. 3 EStDV. Das gilt auch dann, wenn die Rente mehreren Personen (z.B. Ehegatten) gemeinsam mit der Maßgabe zusteht, dass sie beim Ableben der zuerst sterbenden Person herabgesetzt wird. In diesem Fall ist bei der **Ermittlung des Grundbetrags** der Rente, d.h. des Betrags, auf den sie später ermäßigt wird, das **Lebensjahr der jüngsten Person** zu Grunde zu legen. Für den Ertragsanteil des über den Grundbetrag hinausgehenden Rentenanteils ist das Lebensjahr der ältesten Person maßgeblich.

Praxishinweis:
In den entsprechenden Fällen sollten der ESt-Erklärung die jeweiligen Verträge beigefügt werden, so dass eine zutreffende Bestimmung des Grundbetrags und des Ertragsanteils erfolgen kann.

1272 Für **abgekürzte Leibrenten**, z.B. aus einer **privaten selbständigen Erwerbsminderungsversicherung** (gesetzliche Erwerbsminderungsrenten sind in den Zeilen 4–9 zu erklären, → Rz. 1251), die nur bis zum 65. Lebensjahr gezahlt wird, bestimmen sich die Ertragsanteile nach § 55 Abs. 2 EStDV. Der Ertrag aus Leibrenten, die auf eine bestimmte Zeit beschränkt sind, ist nach der Lebenserwartung unter Berücksichtigung der zeitlichen Begrenzung zu ermitteln. Daher ist das entsprechende Datum in Zeile 17 zu erklären. Die nachfolgende Tabelle des § 55 Abs. 2 EStDV stellt die nach der zeitlichen Begrenzung (Spalten 1 und 2) und der Lebenserwartung (Spalte 3) ermittelten Ertragsanteile ggü. Anzusetzen ist jeweils der niedrige Prozentsatz. Liegt hingegen bei abgekürzten Leibrenten mit **Mindestlaufzeit** die Mindestdauer der Rente erheblich über der durchschnittlichen Lebenserwartung, sind die wiederkehrenden Leistungen regelmäßig als Kaufpreisraten zu behandeln, da es sich insoweit um eine Vermögensumschichtung handelt.[3]

Beschränkung der Laufzeit der Rente auf … Jahre ab Beginn des Rentenbezugs	**Der Ertragsanteil beträgt vorbehaltlich der Spalte 3 … %**	**Der Ertragsanteil ist der Tabelle in § 22 Nr. 1 Satz 3 Buchst. a Doppelbuchst. bb (→ Rz. 1287) zu entnehmen, wenn der Rentenberechtigte zu Beginn des Rentenbeginns das … te Lebensjahr vollendet hatte.**
1	2	3
1	0	entfällt
2	1	entfällt
3	2	97
4	4	92
5	5	88
6	7	83
7	8	81
8	9	80
9	10	78
10	12	75
11	13	74
12	14	72
13	15	71
14–15	16	69

Bei privaten Renten wegen **teilweiser oder voller Erwerbsminderung** sowie wegen Berufs- oder Erwerbsunfähigkeit handelt es sich stets um abgekürzte Leibrenten, während Leistungen aus den gesetzlichen Systemen immer der Kohortenbesteuerung unterliegen.

Wird eine **Rente** wegen desselben Versicherungsfalls **mehrfach hintereinander auf Zeit bewilligt** und schließen sich die Bezugszeiten unmittelbar aneinander an, so liegt eine einzige abgekürzte Leibrente vor, deren voraussichtliche Laufzeit unter Berücksichtigung der jeweiligen Verlängerung und des ursprünglichen Beginns für jeden VZ neu zu bestimmen ist.[4]

1) BMF v. 1.10.2009, IV C 1 – S 2252/07/0001, BStBl I 2009, 1172, Rz. 20.
2) BFH v. 17.4.2013, X R 18/11, BStBl II 2014, 15.
3) BFH v. 29.10.1974, VIII R 131/70, BStBl II 1975, 173.
4) BFH v. 22.1.1991, X R 97/89, BStBl II 1991, 686.

f) Nachzahlungen für mehrere vorangegangene Jahre – in Zeile 13 enthalten (Zeile 18)

Rentennachzahlungen für mehrere vorangegangene Jahre **z.B. aus den gesetzlichen Rentenversicherungen und den berufsständischen Versorgungseinrichtungen**, die im VZ 2023 zugeflossen sind, sind **ermäßigt zu besteuern** und daher gesondert in Zeile 18 zu erklären. Für diese Einnahmen gilt der besondere Steuersatz in Form der Fünftel-Regelung (§ 34 Abs. 2 Nr. 4 EStG).[1] 1273

Betrifft die erhaltene **Nachzahlung lediglich ein Jahr**, kommt eine ermäßigte Besteuerung nicht in Betracht. Daher ist in diesem Fall keine gesonderte Erklärung erforderlich.

4. Leibrenten aus sonstigen Verpflichtungsgründen – z.B. Renten aus Veräußerungsgeschäften (Zeilen 19–24)

- 2 -

Leibrenten aus sonstigen Verpflichtungsgründen (z. B. Renten aus Veräußerungsgeschäften)
(ohne Renten laut den Zeilen 4 bis 18)

Zeile			1. Rente		2. Rente
			EUR		EUR
19	Rentenbetrag	141	,—	191	,—
20	Beginn der Rente	142	T T M M J J J J	192	T T M M J J J J
21	Geburtsdatum einer anderen Person, von deren Lebenszeit die Laufzeit der Rente (auch) abhängt; bei Garantiezeitrenten das Geburtsdatum der verstorbenen versicherten Person	146	T T M M J J J J	196	T T M M J J J J
22	Die Rente erlischt mit dem Tod von				
23	Die Rente erlischt / wird umgewandelt spätestens am	143	T T M M J J J J	193	T T M M J J J J
			EUR		EUR
24	Nachzahlungen für mehrere vorangegangene Jahre (in Zeile 19 enthalten)	144	,—	194	,—

Praxishinweis: 1274

Besteuerungsgrundlagen zu den Leibrenten aus sonstigen Verpflichtungsgründen werden nicht elektronisch an die Finverw. übermittelt und müssen immer erklärt werden.

Zu dieser Art von Renten gehören auch **abgekürzte Leibrenten**, die nicht unter § 22 Nr. 1 Satz 3 Buchst. a Doppelbuchst. aa EStG fallen (z.B. private selbständige Erwerbsminderungsrente, Waisenrente aus einer privaten Versicherung, die die Voraussetzungen des § 10 Abs. 1 Nr. 2 Buchst. b EStG nicht erfüllt, Veräußerungsleibrenten, Renten in Zusammenhang mit einer Vermögensübergabe.

Die Besteuerung erfolgt mit dem Ertragsanteil. Auf die Ausführungen zu den Zeilen 13–18 wird verwiesen (→ Rz. 1265).

5. Werbungskosten (Zeilen 25–26)

Werbungskosten
Die Eintragungen in den Zeilen 25 und 26 sind nur in der ersten Anlage R vorzunehmen.

Zeile			EUR
	Werbungskosten zu den Zeilen 4, 13 und 19 – ohne Werbungskosten laut Zeile 26 –		
25	Art der Aufwendungen	800	,—
	Werbungskosten zu den Zeilen 9, 18 und Zeile 24		
26	Art der Aufwendungen	801	,—

Werbungskosten sind in der tatsächlich entstandenen Höhe zu berücksichtigen. Ein Abzug von Aufwendungen als WK nach § 9 Abs. 1 EStG setzt stets voraus, dass die **Aufwendungen wirtschaftlich mit** der Erzielung von **Einkünften in Zusammenhang** stehen; es muss ausgeschlossen sein, dass sie der Vermögensbildung dienen. Voraussetzung für den Abzug von Werbungskosten ist die vorhandene Einkünfteerzielungsabsicht.[2] Da bei Rentenverträgen die individuelle Alterssicherung im Vordergrund steht, könnte auch auf einen Totalgewinn abgestellt werden.[3] 1275

Die Finanzierungskosten für den Erwerb einer Sicherheits-Kompakt-Rente, die den Abschluss einer Rentenversicherung als Versorgungskomponente und einer Lebensversicherung als Tilgungskomponente zum Gegenstand hat, sind auch nach der Einführung des WK-Abzugsverbots (§ 20 Abs. 9 EStG) zum 1.1.2009 aufzuteilen in WK, die

1) BFH v. 14.12.2006, IV R 57/05, BStBl II 2007, 180.
2) BFH v. 19.1.2010, X R 2/07, BFH/NV 2010, 1251.
3) Weber-Grellet, DStR 2012, 1253.

anteilig den Einkünften aus Kapitalvermögen (§ 20 Abs. 1 Nr. 6 EStG) und den sonstigen Einkünften (§ 22 Nr. 1 EStG) zuzuordnen sind.[1)]

Unmittelbare Aufwendungen wie Einzelprämien und laufende Beitragsleistungen für den Erwerb von Rentenrechten stellen keine Werbungskosten dar.[2)] Werden keine höheren WK als 102 € geltend gemacht, so wird der WK-Pauschbetrag in dieser Höhe berücksichtigt (§ 9a Satz 1 Nr. 3 EStG).

Praxishinweis:
Der Pauschbetrag gilt für alle wiederkehrenden Bezüge i.S.d. § 22 Nr. 1, 1a und 5 EStG.

Der Werbungskosten-Pauschbetrag ist ein Jahresbetrag, der nicht anteilig ermäßigt wird, wenn nur für einen Teil des Kj. entsprechende Einnahmen vorliegen.

Praxishinweis:
Differenzierung bei den WK ist erforderlich, um den zu gewährenden Altersentlastungsbetrag (§ 24a EStG) zu berechnen. Bei der Berechnung des Altersentlastungsbetrags bleiben bestimmte sonstige Einkünfte außer Betracht (§ 24a Satz 2 EStG). Leibrenten i.S.d. § 22 Nr. 1 Satz 3 Buchst. a EStG sind wiederkehrende Bezüge, die mit dem Ertragsanteil versteuert werden. Einkünfte i.S.d. § 22 Nr. 5 Satz 1 EStG sind Leistungen aus Altersvorsorgeverträgen, Pensionsfonds, Pensionskassen und Direktversicherungen, bei denen bereits der Versorgungsfreibetrag (§ 52 Abs. 34c EStG) und der Zuschlag zum Versorgungsfreibetrag (§ 19 Abs. 2 EStG) berücksichtigt wird. Einkünfte i.S.d. § 22 Nr. 5 Satz 2 Buchst. a EStG sind lebenslange Renten sowie Berufsunfähigkeits-, Erwerbsminderungs- und Hinterbliebenenrenten, die mit dem Ertragsanteil besteuert werden (§ 22 Nr. 1 Satz 3 Buchst. a Doppelbuchst. bb EStG) und die ebenfalls nicht in die Berechnung des Altersentlastungsbetrags einzubeziehen sind.

a) Werbungskosten zu den Zeilen 4, 13 und 19 (ohne Werbungskosten lt. Zeile 26) – Art der Aufwendungen (Zeile 25)

1276 Einzutragen sind hier die WK zu den Zeilen 4, 13 und 19. Die WK im Zusammenhang mit erhaltenen Nachzahlungen für mehrere vorangegangene Jahre sind nicht hier, sondern in Zeile 26 zu erklären. Für diese Einnahmen wird ein Pauschbetrag i.H.v. 102 € gewährt, soweit keine höheren WK nachgewiesen werden (§ 9a Satz 1 Nr. 3 EStG).

Rentenversicherungsbeiträge sind nicht als Werbungskosten, sondern als Sonderausgaben berücksichtigungsfähig (→ Rz. 1675).

Unter den grds. Voraussetzungen für den Abzug von WK sind **Beratungs-, Prozess- und ähnliche Kosten (ggf. auch Rechtsverfolgungskosten)**[3)] im Zusammenhang mit Rentenansprüchen aus der gesetzlichen Rentenversicherung als Werbungskosten anzuerkennen, gleichgültig, ob sie während des Bezugs der Rentenleistungen oder schon vorher erwachsen. Sie sind bei der Einkunftsart abzuziehen, zu der die Einkünfte aus den betreffenden Leistungen gehören, und zwar Aufwendungen im Zusammenhang mit Ansprüchen aus der gesetzlichen Rentenversicherung auch dann, wenn sie während einer rentenversicherungspflichtigen Tätigkeit erwachsen. Die Voraussetzung eines wirtschaftlichen Zusammenhangs mit der Erzielung von Einkünften ist bei Aufwendungen im Zusammenhang mit Ansprüchen aus einer **privaten Rentenversicherung mit Kapitalwahlrecht** oder Kündigungsrecht – deren Ausübung der späteren Erzielung von Einkünften entgegenstehen würde – nicht gegeben. Bei **privaten Rentenversicherungen, die ausschließlich ein Risiko** absichern, wie auch Erwerbs- und Berufsunfähigkeitsversicherungen, ist stets vom Vorliegen dieser Voraussetzung auszugehen, weil eine Vermögensbildung ausgeschlossen ist.[4)]

Beratungshinweis:
Versicherungsleistungen aus einer privaten Berufsunfähigkeitsversicherung, die aus einem mit einer Rentenversicherung kombinierten Vertrag stammen, sind nach § 22 Nr. 1 Satz 3 Buchst. a Doppelbuchst. bb Satz 5 EStG i.V.m. § 55 Abs. 2 EStDV mit dem Ertragsanteil zu versteuern, wenn der einheitliche Vertrag nicht i.S.d. § 10 Abs. 1 Nr. 2 Buchst. b Doppelbuchst. aa EStG die „ergänzende Absicherung des Eintritts der Berufsunfähigkeit (Berufsunfähigkeitsrente)" vorsieht.[5)]

Kreditvermittlungsgebühren für komplexe Produkte wie z.B. eine sog. Kombi-Rente, bestehend aus einer sofort beginnenden Leibrente gegen Einmalbeitrag, einem langfristigen Darlehen, einer Kapitalanlage in Investmentfondsanteilen und einer Risiko-Lebensversicherung sind regelmäßig i.H.v. 2 % des Darlehensbetrags als Aufwand zu berücksichtigen.[6)] Die Finverw. verfährt entsprechend.[7)]

b) Werbungskosten zu den Zeilen 9, 18 und 24 – Art der Aufwendungen (Zeile 26)

1277 Rentennachzahlungen für mehrere vorangegangene Jahre, die nach § 34 EStG **ermäßigt besteuert** werden, sind in den Zeilen 9, 18 und 24 zu erklären. Die dazu gehörenden WK sind diesen Einnahmen direkt zuzuordnen und entsprechend einzutragen.

1) BFH v. 11.12.2018, VIII R 7/15, BStBl II 2019, 231.
2) BFH v. 12.6.2012, X B 51/11, BFH/NV 2012, 1442.
3) BMF v. 20.11.1997, IV B 5 – S 2255 – 356//97, BStBl I 1998, 126.
4) BMF v. 20.11.1997, IV B 5 – S 2255 – 356/97, BStBl I 1998, 126.
5) FG Münster v. 30.1.2018, 5 K 3324/16 E, EFG 2018, 552.
6) BFH v. 16.9.2004, X R 19/03, BStBl II 2006, 238 und BFH v. 29.12.2006, VIII R 15/05, BFH/NV 2007, 704.
7) OFD Münster v. 26.4.2007, Kurzinformation Einkommensteuer 11/2007, DB 2007, 1716.

6. Ansässigkeit in Belgien – gem. Art. 4 DBA-Belgien (Zeilen 27–28)

Ansässigkeit in Belgien (gemäß Artikel 4 des Doppelbesteuerungsabkommens mit Belgien)		EUR
27 Renteneinnahmen nach DBA Belgien (in Zeile 4 enthalten)	702	,—
28 Werbungskosten zu Zeile 27 (in den Zeilen 25 und 26 enthalten)	807	,—

Hinweis zur Plausibilitätsbeurteilung: 1278
Der Erklärungstatbestand ist auf dem Papiervordruck erstmalig ab dem VZ 2023 enthalten.

Steuerpflichtige Personen, die in Belgien ansässig sind (Art. 4 Abs. 1 oder 2 DBA Belgien) und einen weiteren Wohnsitz im Inland haben, tragen die Renteneinnahmen ein, die aus einer deutschen gesetzlichen Rentenversicherung, inl. landwirtschaftlichen Alterskasse oder inl. berufsständischen Versorgungseinrichtung stammen und für die Deutschland grds. das Besteuerungsrecht hat. Die Einnahmen müssen auch in Zeile 4 enthalten sein. Das FA prüft eine Minderung von 8 % der tariflichen ESt auf Grund der belgischen Gemeindesteuer. Die mit den Renteneinnahmen im Zusammenhang stehenden WK sind in Zeile 28 zu erklären, die auch betragsmäßig entsprechend in den Zeilen 25 und/oder 26 enthalten sein müssen.

7. Steuerstundungsmodelle (Zeile 29)

Steuerstundungsmodelle	EUR
Einkünfte aus Gesellschaften / Gemeinschaften / ähnlichen Modellen i. S.d. § 15b EStG (laut gesonderter Aufstellung)	
29	,—

2025AnlR122 2025AnlR122

Die Regelungen zur Beschränkung der Verlustverrechnung im Zusammenhang mit Steuerstundungsmodellen 1279
(§ 15b EStG) gelten auch bei Verlusten aus sonstigen Einkünften (§ 22 Nr. 1 Satz 1 Halbsatz 2 EStG). Von der Regelung sind insb. sog. **Renten-/Lebensversicherungsmodelle gegen fremdfinanzierten Einmalbetrag** betroffen, bei denen sich die steuerlichen Verluste aus der günstigen Besteuerung und der Ansammlung sofort abziehbarer Werbungskosten ergeben. In diesen Fällen ist zu prüfen, ob ein vorgefertigtes Konzept – als Voraussetzung für die Anwendung des § 15b EStG – vorliegt.[1)]

Die Ausführungen zu Zeile 46 der Anlage G (→ Rz. 534) gelten entsprechend.

1) BMF v. 17.7.2007, IV B 2 – S 2241-b/07/0001, BStBl I 2007, 542.

XXIV. Anlage R-AUS – Renten und andere Leistungen aus ausländischen Versicherungen/ausländischen Rentenverträgen/ausländischen betrieblichen Versorgungseinrichtungen

1. Vorbemerkung (Zeilen 1–3)

Anleitung vorhanden

2025

1 Name

2 Vorname

3 **Steuernummer** lfd. Nr. der Anlage

Anlage R-AUS

Jeder Ehegatte / Lebenspartner mit Renten und Leistungen hat eine eigene Anlage R-AUS abzugeben.

X Steuerpflichtige Person / Ehemann / Person A

X Ehefrau / Person B

Renten und andere Leistungen aus ausländischen Versicherungen / ausländischen Rentenverträgen / ausländischen betrieblichen Versorgungseinrichtungen

Bei Auslandssachverhalten besteht eine erhöhte Mitwirkungspflicht. Bitte reichen Sie Belege in Kopie ein.

1280 **Hinweis zur Plausibilitätsbeurteilung:**

Die Anlage R-AUS wurde ab dem VZ 2020 erstmalig aufgelegt. Zu erklären sind Renten und andere Leistungen aus ausl. Versicherungen/einem ausl. Rentenvertrag. Liegt das Besteuerungsrecht für aus dem Ausland bezogene Renten ausschließlich im ausl. Quellenstaat und unterliegen dem Progressionsvorbehalt (§ 32b Abs. 1 Nr. 3 EStG), sind Angaben in den Zeilen 34–38 der Anlage AUS erforderlich. Die Darstellung entspricht den Erklärungen auf der Anlage R. Da es keine Übermittlungspflicht (§ 93c AO → Rz. 1246) für ausl. Rentenversicherungsträger gibt, sind alle Zeilen der Anlage R-AUS auszufüllen.

Seit der punktuellen Wandlung der Belegvorlage- in **Belegvorhaltepflichten** im Jahr 2017[1] sind grds. keine Belege mehr mit Abgabe der Steuererklärung einzureichen. Bei Auslandssachverhalten sind die Belege weiterhin direkt mit der ESt-Erklärung einzureichen (ggf. bei elektronischer Abgabe auch eine digitale Verknüpfung mit den jeweiligen Eingabefeldern). Weiterhin ist geregelt, dass der Nachweis über die Höhe der ausl. Einkünfte und über die Festsetzung und Zahlung der ausl. Steuern durch Vorlage entsprechender Urkunden zu führen ist (§ 68b EStDV) und es besteh in Fällen mit Auslandsbezug eine erhöhte Mitwirkungspflicht (§ 90 Abs. 2 AO). Auf diesen Umstand wird ab dem VZ 2025 ergänzend unterhalb der Formularüberschrift durch einen Zusatztext hingewiesen.

Im **Ausland lebende Rentner**, die z.B. eine Rente von einem inl. Rentenversicherungsträger beziehen, sind ebenfalls mit diesen Einkünften (§ 1 Abs. 4 i.V.m. § 49 Abs. 1 Nr. 7 EStG) in Deutschland beschränkt steuerpflichtig (ab → Rz. 31). Dies gilt auch für Rentenzahlungen aus den inl. berufsständischen Versorgungseinrichtungen und der landwirtschaftlichen Alterskasse, inl. Versicherungsunternehmen oder sonstigen inl. Zahlstellen. In diesen Fällen ist eine ESt-Erklärung für beschränkt stpfl. Personen (ESt 1 C) einzureichen; ggf. kann ein Antrag auf unbeschränkte Steuerpflicht (§ 1 Abs. 3 EStG [Anlage WA-ESt → Rz. 1735]) gestellt werden.

Jeder Ehegatte/Lebenspartner mit Renten und Leistungen hat eine eigene Anlage R-AUS abzugeben.

1) Gesetz zur Modernisierung des Besteuerungsverfahrens (StModernG) v. 18.7.2016, BGBl. I 2016, 1679 = BStBl I 2016, 694.

2. Ausländische Leibrenten und Leistungen, die mit Leistungen eines inländischen Versorgungsträgers (gesetzliche Rentenversicherungen, landwirtschaftliche Alterskasse und berufsständischen Versorgungseinrichtungen) vergleichbar sind (Zeilen 4–13)

Ausländische Leibrenten und Leistungen, die mit Leistungen eines inländischen Versorgungsträgers (gesetzliche Rentenversicherungen, landwirtschaftliche Alterskasse und berufsständische Versorgungseinrichtungen) vergleichbar sind 71 / 72

Zeile		Kz.	1. Rente	Kz.	2. Rente
4	Staat des Leistungsbezugs				
5	Rentenbetrag (einschließlich Einmalzahlung und Leistungen)	351	EUR ,—	401	EUR ,—
6	Rentenanpassungsbetrag (in Zeile 5 enthalten)	352	,—	402	,—
7	Beginn der Rente	353	T T M M J J J J	403	T T M M J J J J
	Vorhergehende Rente:				
8	Beginn der Rente	355	T T M M J J J J	405	T T M M J J J J
9	Ende der Rente	356	T T M M J J J J	406	T T M M J J J J
10	Nachzahlungen für mehrere vorangegangene Jahre / Kapitalauszahlung (in Zeile 5 enthalten)	361	EUR ,—	411	EUR ,—
	Öffnungsklausel:				
11	Prozentsatz (laut Bescheinigung Ihres ausländischen Versorgungsträgers / laut gesonderter Ermittlung)	362	, %	412	, %
12	die Rente erlischt / wird umgewandelt spätestens am	363	T T M M J J J J	413	T T M M J J J J
13	bei Einmalzahlung: Betrag	364	EUR ,—	414	EUR ,—

In Zeile 4 ist der (ausl.) Staat, aus dem die ausl. Renteneinkünfte stammen, einzutragen. 1281

Die Ausführungen zu den Zeilen 4–12 der Anlage R (→ Rz. 1264) gelten entsprechend. Es existiert jedoch keine elektronische Übermittlungsverpflichtung.

Auch **ausl. Renten** und andere Leistungen (z.B. der Vorbezug aus einer **privaten schweizerischen Pensionskasse**[1)]) sind in die Basisversteuerung mit einzubeziehen, soweit die Leistungen mit der deutschen gesetzlichen Rentenversicherung vergleichbar sind.[2)] Mit Schreiben v. 27.7.2016 hat das BMF zur steuerlichen Behandlung der schweizerischen Altersvorsorge Stellung genommen.[3)] Die Schweizer Abzugsteuer ist entsprechend § 36 EStG anzurechnen.[4)]

Eine Prüfung des Besteuerungsrechts kann nur anhand der jeweils einschlägigen DBA erfolgen. Für Ruhegehälter früherer **französischer Staatsbediensteter** gilt nach dem DBA Frankreich das Kassenstaatsprinzip.[5)] Zur Lösung eines bestehenden Qualifikationskonflikts vgl. BMF.[6)]

Für die Beurteilung, ob eine (ggf. stpfl.) Rente aus einer **ausl. gesetzlichen Rentenversicherung** empfangen wird, hat das BMF eine Übersicht über ausl. gesetzliche Rentenversicherungen (§ 10 Abs. 1 Nr. 2 Buchst. a EStG und § 22 Nr. 1 Satz 3 Buchst. a Doppelbuchst. aa EStG) erstellt. Steht das Besteuerungsrecht der BRD zu, so ist die Rente nach den allgemeinen inl. Vorgaben (§ 22 Nr. 1 Satz 3 Buchst. a Doppelbuchst. aa EStG) zu versteuern. In sämtlichen ausl. Rentenversicherungssystemen der Nachbarstaaten der BRD bestehen derartige Pflichtversicherungen. Zu Versorgungsleistungen einer **Schweizer Pensionskasse** und zur Abgrenzung zwischen einer Leibrente und Einkünften aus nichtselbständiger Arbeit vgl. BFH v. 8.12.2010.[7)]

Ist die Rente hingegen steuerfrei, unterliegt aber dem Progressionsvorbehalt, ist die Rente ebenfalls nach deutschem Steuerrecht[8)] zu ermitteln, und unterliegt regelmäßig der Kohortenbesteuerung.

1) BFH v. 26.11.2014, VIII R 31/10, BStBl II 2016, 653; BFH v. 26.11.2014, VIII R 38/10, BStBl II 2016, 657; BFH v. 26.11.2014, VIII R 39/10, BStBl II 2016, 665; BFH v. 2.12.2014, VIII R 40/11, BStBl II 2016, 675; BFH v. 16.9.2015, I R 83/11, BStBl II 2016, 684 und BFH v. 1.10.2015, X R 43/11, BStBl II 2016, 685.
2) BFH v. 14.7.2010, X R 37/08, BStBl II 2011, 628.
3) BMF v. 27.7.2016, IV C 3 – S 2255/07/10005 :004, BStBl I 2016, 759.
4) BMF v. 8.2.2018, IV B 2 – S 1301 – CHE/07/10015-02, BStBl I 2018, 270.
5) FG Köln v. 28.10.2020, 1 K 3020/19, EFG 2021, 852; Rev., Az. des BFH: I R 51/20, wurde zurückgenommen.
6) BMF v. 19.5.2025, IV B 2 – S 1301-FRA/01040/002/106, BStBl I 2025, 1179.
7) BFH v. 8.12.2010, I R 92/09, BStBl II 2011, 488.
8) H 32b Ausländische Einkünfte EStH 2024.

Beratungshinweis:

Beim BFH war ein Revisionsverfahren anhängig,[1] in dem darüber zu entscheiden war, mit welchem Anteil (Besteuerungsanteil nach § 22 Nr. 1 Satz 3 Buchst. a Doppelbuchst. aa EStG „sog. Kohorte" oder Ertragsanteil nach § 22 Nr. 1 Satz 3 Buchst. a Doppelbuchst. bb EStG) die ausl. Renten i.R.d. Progressionsvorbehalts zu berücksichtigen sind. Im entschiedenen Fall einer dänischen Rente kam der BFH zu dem Ergebnis, dass diese mit einer Rente aus dem deutschen Versorgungssystem vergleichbar ist und daher der Kohortenbesteuerung unterliegt. Die gegen die Entscheidung eingelegte Verfassungsbeschwerde wurde nicht zur Entscheidung angenommen.[2]

Auch Sozialversicherungsrenten von ausl. Versorgungsträgern sind unabhängig davon zu erfassen, ob diese laufend oder in einem Einmalbetrag ausgezahlt werden Auszahlungen einer Schweizer Vorsorgeeinrichtung zur Förderung des Wohneigentums gehören zu den stpfl. Einkünften, da diese den deutschen Grundätzen entspricht.[3]

Zur Frage der Vermeidung einer Doppelbesteuerung von Renten vgl. Ausführungen zur Anlage R → Rz. 1250.

1282 – aus ausl. Versicherungen/Rentenverträgen:

Erfasst werden z.B. auch Sozialversicherungsrenten von ausl. Versorgungsträgern, unabhängig davon, ob sie laufend oder in einem Einmalbetrag ausbezahlt werden, sofern Deutschland das Besteuerungsrecht als Ansässigkeitsstaat zusteht. Verschiedene DBA enthalten jedoch Sonderregelungen für Zahlungen aus der Sozialversicherung (z.B. DBA Frankreich,[4] Italien, Niederlande, Österreich). Die Finverw. hat eine Liste der ausl. Rentenversicherungsträger erstellt.[5] Von internationalen Organisationen gezahlte Altersbezüge sind nach deutschem Recht rechtsvergleichend zu qualifizieren. Bei der Besteuerung von Altersbezügen im deutschen Einkommensteuerrecht ist zum einen zwischen den Einkünften nach § 19 EStG und nach § 22 EStG, zum anderen zwischen den verschiedenen Besteuerungssystemen innerhalb des § 22 EStG zu unterscheiden.[6]

Wechselkursschwankungen bei Renten in ausl. Währung führen nach Auffassung der Finverw. zu einer Neuanpassung des Rentenfreibetrags.[7] Eine Neuberechnung ist danach vorzunehmen, wenn sich auf Grund von Änderungen des Wechselkurses ein höherer oder niedriger Rentenbruttobetrag (in Euro) ergibt, obwohl sich die Höhe der Rente in ausl. Währung nicht geändert hat. Daraus folgt, dass bei Kursverlusten der Rentenfreibetrag sinkt, während dieser sich bei einer Kurssteigerung erhöht.

Bei Rentenanpassungen auf Grund regulärer Rentenerhöhungen handelt es sich um regelmäßige Anpassungen.[8] Auch Renten eines ausl. Versicherungsträgers sind zu berücksichtigen.[9]

Zu den Beiträgen zur gesetzlichen Rentenversicherung zählen auch Beiträge an **ausl. gesetzliche Rentenversicherungsträger**.[10]

Für die Anwendung der **Öffnungsklausel** ist ein entsprechender **Antrag** erforderlich (§ 22 Nr. 1 Satz 3 Buchst. a Doppelbuchst. bb Satz 2 EStG). Der Antrag ist gestellt, wenn die entsprechenden Zeilen 11–13 ausgefüllt werden. Der weitere Nachweis ist durch eine entsprechende Bescheinigung des jeweiligen Versorgungsträgers zu erbringen (oder ggf. lt. gesonderter Ermittlung, wenn von dem ausl. Versorgungsträger keine Bescheinigung ausgestellt worden ist), der einen prozentualen Anteil mitteilen wird, der in Zeile 11 einzutragen ist. Der inl. Versorgungsträger erstellt auf Antrag eine entsprechende Bescheinigung. Bei ausl. Versorgungsträgern sind die tatsächlich geleisteten Beiträge nachzuweisen. Dieser prozentuale Anteil unterliegt dann der Ertragsanteilsbesteuerung nach § 22 Nr. 1 Satz 3 Buchst. a Doppelbuchst. bb EStG. Die Bescheinigung hat keine Bindungswirkung.[11]

Zu Fragen der Besteuerung von US-Renten in Deutschland vgl. Scheller.[12] Vgl. auch → Rz. 1260.

1) BFH v. 14.7.2010, X R 37/08, BStBl II 2011, 628.
2) BVerfG v. 1.12.2015, 2 BvR 1066/10, HFR 2016, 72.
3) FG Baden-Württemberg v. 23.10.2009, 11 K 4308/08, EFG 2010, 220.
4) Zum Rentenfiskalausgleich vgl. BMF v. 18.1.2018, IV B 3 – S 1301 – FRA/16/10001 :002, BStBl I 2018, 266.
5) OFD Frankfurt/Main v. 10.7.2008, S 2255 A – 36 – St 218.
6) BFH v. 5.4.2017, X R 50/14, BStBl II 2017, 1187.
7) BayLfSt v. 4.5.2009, S 2255.1.1 – 3/2 St 32/St 33, StEd 2009, 361.
8) FG Köln v. 7.4.2017, 8 K 1489/15, Rev.-Verfahren nach Rücknahme der Revision eingestellt, BFH v. 29.6.2017, X R 18/17.
9) FG München v. 2.10.2018, 2 K 494/17.
10) BFH v. 24.6.2009, X R 57/06, BStBl II 2009, 1000 und BMF v. 19.8.2013, IV C 3 – S 2221/12/10010 :004, IV C 5 – S 2345/08/0001, BStBl I 2013, 1087, Rz. 4.
11) FG Düsseldorf v. 29.10.2009, 16 K 3002/09 E, EFG 2010, 793.
12) Scheller, Besteuerung von US-Renten in Deutschland, ISR 2019, 32.

3. Leibrenten aus privaten Rentenversicherungen (auf Lebenszeit/mit zeitlich befristeter Laufzeit), sonstigen Verpflichtungsgründen – z.B. Renten aus Veräußerungsgeschäften (Zeilen 14–20)

Leibrenten aus privaten Rentenversicherungen (auf Lebenszeit / mit zeitlich befristeter Laufzeit), sonstigen Verpflichtungsgründen (z. B. Renten aus Veräußerungsgeschäften)

(ohne Renten laut den Zeilen 4 bis 13)

Zeile			1. Rente		2. Rente
14	Staat des Leistungsbezugs				
15	Rentenbetrag	381	EUR ,–	431	EUR ,–
16	Beginn der Rente	382	T T M M J J J J	432	T T M M J J J J
17	Geburtsdatum einer anderen Person, von deren Lebenszeit die Laufzeit der Rente (auch) abhängt; bei Garantiezeitrenten das Geburtsdatum der verstorbenen versicherten Person	386	T T M M J J J J	436	T T M M J J J J
18	Die Rente erlischt mit dem Tod von				
19	Die Rente erlischt / wird umgewandelt spätestens am	383	T T M M J J J J	433	T T M M J J J J
20	Nachzahlungen für mehrere vorangegangene Jahre (in Zeile 15 enthalten)	384	EUR ,–	434	EUR ,–

2025AnlR-AUS331 - September 2025 - **2025AnlR-AUS331**

In Zeile 14 ist der (ausl.) Staat, aus dem die ausländischen Renteneinkünfte stammen (Staat des Leistungsbezugs), einzutragen. **1283**

Die Ausführungen zu den Zeilen 13–18 der Anlage R (→ Rz. 1264) gelten für die Zeilen 15–20 der Anlage R-AUS entsprechend. Es existiert jedoch für die Renten keine elektronische Übermittlungsverpflichtung.

4. Leistungen aus ausländischen betrieblichen Altersvorsorgeeinrichtungen, die mit inländischen betrieblichen Altersversorgungseinrichtungen vergleichbar sind (Zeilen 21–31)

- 2 -

Leistungen aus ausländischen betrieblichen Altersversorgungseinrichtungen, die mit inländischen betrieblichen Altersversorgungseinrichtungen vergleichbar sind

Zeile			1. Rente		2. Rente
21	Staat des Leistungsbezugs				
22	Leistungen aus einer ausländischen betrieblichen Altersversorgungseinrichtung, soweit diese auf im Inland oder im Ausland geförderten Beiträgen beruhen	721	EUR ,—	741	EUR ,—
23	Lebenslange Leibrente aus einer ausländischen betrieblichen Altersversorgungseinrichtung, soweit diese auf im Inland oder im Ausland nicht geförderten Beiträgen beruht	722	,—	742	,—
24	Beginn der Rente	723	T T M M J J J J	743	T T M M J J J J
25	Geburtsdatum einer anderen Person, von deren Lebenszeit die Laufzeit der Rente (auch) abhängt; bei Garantiezeitrenten das Geburtsdatum der verstorbenen versicherten Person	724	T T M M J J J J	744	T T M M J J J J
26	Abgekürzte Leibrente aus einer ausländischen betrieblichen Altersversorgungseinrichtung, soweit diese auf im Inland oder im Ausland nicht geförderten Beiträgen beruht	725	EUR ,—	745	EUR ,—
27	Beginn der Rente	726	T T M M J J J J	746	T T M M J J J J
28	Die Rente erlischt / wird umgewandelt spätestens am	727	T T M M J J J J	747	T T M M J J J J
29	Einmalleistungen aus einer ausländischen betrieblichen Altersversorgungseinrichtung, soweit diese auf im Inland oder im Ausland nicht geförderten Beiträgen beruhen	728	EUR ,—	748	EUR ,—
30	Datum des Vertragsabschlusses	729	T T M M J J J J	749	T T M M J J J J
31	Nachzahlungen für mehrere vorangegangene Jahre (in den Zeilen 22, 23 und / oder 26 enthalten)	792	EUR ,—	793	EUR ,—

1284 Auf Grund der Aufteilung der Abfragen der bisherigen Anlage R auf die drei Anlagen R, R-AUS und R-AV/bAV ab dem VZ 2020 wurde die Struktur geschaffen, sämtliche Leistungen mit Auslandsbezug, für die keine eDaten übermittelt werden, in einer einzigen Anlage zusammenzufassen. Entsprechend wurden auch auf der Anlage R-AUS Eintragungsmöglichkeiten zur Erklärung der in der Entwurfsfassung bislang nur in der Anlage R-AV/bAV (→ Rz. 1287) zu erfassenden ausl. Leistungen aus Altersvorsorgeverträgen und aus einer ausl. betrieblichen Altersversorgung geschaffen, soweit die Leistungen mit den entsprechenden inl. Leistungen vergleichbar sind.

Praxishinweis:
Werden Renten aus dem Ausland bezogen und das Besteuerungsrecht steht ausschließlich dem ausl. (Quellen-)Staat zu, sind nur die Zeilen 34–38 der Anlage AUS auszufüllen (z.B. im Inland steuerfreie Sozialversicherungsrenten aus dem Ausland, die dem Progressionsvorbehalt unterliegen).

Bei Beiträgen an ausl. betriebliche Altersversorgungssysteme ist zu entscheiden, ob das ausl. Altersversorgungssystem mit einem Durchführungsweg der betrieblichen Altersversorgung **nach dem deutschen Betriebsrentengesetz vergleichbar** ist oder einem der Durchführungswege als vergleichbar zugeordnet werden können.[1)] Diese Beiträge sind steuerfrei (§ 3 Nr. 63 EStG), wenn

- das ausl. betriebliche Altersversorgungssystem vergleichbar mit dem Pensionsfonds, der Pensionskasse oder der Direktversicherung ist und
- auch die weiteren wesentlichen Kriterien für die steuerliche Anerkennung einer betrieblichen Altersversorgung im Inland erfüllt werden (u.a. Absicherung mindestens eines biometrischen Risikos, enger Hinterbliebenenbegriff, keine Vererblichkeit, begünstigte Auszahlungsformen) und
- die ausl. Versorgungseinrichtung in vergleichbarer Weise den für inl. Versorgungseinrichtungen maßgeblichen Aufbewahrungs-, Mitteilungs- und Bescheinigungspflichten nach dem EStG und der Altersvorsorge-Durchführungsverordnung zur Sicherstellung der Besteuerung der Versorgungsleistungen im Wesentlichen nachkommt.

Darüber hinaus kann sich die unmittelbare Anwendbarkeit des § 3 Nr. 63 EStG aus einer völkerrechtlichen Vereinbarung ergeben (z.B. Nr. 16 des Protokolls zum DBA USA). In Entsendungsfällen hat für die Beiträge des Arbeitgebers zur kapitalgedeckten betrieblichen Altersversorgung die Regelung des § 3 Nr. 63 EStG ggü. den Regelungen eines **DBA** Vorrang.

1) BMF v. 12.8.2021, IV C 5 – 2333/19/10008 :0017, BStBl I 2021, 1050, Rz. 36.

Nach § 22 Nr. 5 Satz 1 EStG gehören zu den sonstigen Einkünften auch Leistungen aus Altersvorsorgeplänen, Pensionsfonds, Pensionskassen und Direktversicherungen. Dabei erstreckt sich der Begriff „Leistungen" auch auf (Teil-)Kapitalauszahlungen und umfasst wirtschaftlich die im Auszahlungsbetrag verkörperten früheren Beitragsleistungen, Zulagen und erwirtschafteten Erträge.[1)] Ihrem insoweit offenen Wortlaut zufolge enthält die Regelung keine Beschränkungen auf Auszahlungen aus inl. Plänen und Einrichtungen der o.g. Art; allerdings muss die ausl. Pensionskasse oder sonstige Einrichtung nach ihrer Struktur und den von ihr im Versorgungsfall zu erbringenden Leistungen aufgrund einer rechtsvergleichenden Qualifizierung mit der Absicherung über eine inl. Einrichtung vergleichbar sein.[2)]

Einnahmen aus einer betrieblichen ausl. Altersversorgung (z.B. ausl. Pensionsfonds/Pensionskassen) können i.d.R. nicht nach § 22 Nr. 5 Satz 1 EStG erfasst werden, da in der Ansparphase weder § 3 Nr. 63, § 10a, Abschnitt XI noch § 3 Nr. 66 und § 3 Nr. 56 EStG anwendbar waren und insoweit kein steuerlich gefördertes Kapital darstellt. Die Besteuerung erfolgt demnach i.R.d. § 22 Nr. 5 Satz 2 EStG.

Im Ergebnis dasselbe – Besteuerung nur der Differenz zwischen Leistung und Summe der Beiträge – gilt für die in § 22 Nr. 5 Satz 2 Buchst. c EStG als „andere Leistungen" bezeichneten sonstigen Fällen wie etwa (Teil-)Auszahlungen aus Altersvorsorgeverträgen (ohne Versicherungsvertrag) in der Form eines zertifizierten Bank- oder Fondssparplans.

In **Zeile 21** ist der Staat des Leistungsbezugs einzutragen.

Beratungshinweis:
Leistungen aus einem **US-amerikanischen Altersvorsorgeplan „401(k) pension plan"** sind sonstige Einkünfte (§ 22 Nr. 5 Satz 1 EStG). Die Einkünfte sind i.H.d. Unterschiedsbetrags zwischen Kapitalauszahlung und Einzahlungen zu besteuern (§ 22 Nr. 5 Satz 2 EStG), sofern die stpfl. Person während der Ansparphase nicht der inl. Besteuerung unterlag, so dass die in dieser Vorschrift abschließend aufgezählten steuerrechtlichen Freistellungen oder sonstigen Förderungen von Beiträgen nicht gewährt werden konnten.[3)]

Die **Zeilen 22–25** entsprechen den Angaben der Zeilen 15–17 der Anlage R-AV/bAV.

Hinweis zur Plausibilitätsbeurteilung:
In den Zeilen 22, 23, 26 und 29 wurde auf Grund der Änderung des § 22 Nr. 5 Satz 2 EStG durch das JStG 2024[4)] ein Hinweis auf „im Ausland nicht geförderte Beträge" ergänzt.[5)] Nach bisherigem Recht unterliegen Leistungen aus ausl. betrieblichen Altersversorgungseinrichtungen (Pensionsfonds, Pensionskassen und Direktversicherungen) auch dann nicht der vollen nachgelagerten Besteuerung (§ 22 Nr. 5 Satz 1 EStG), wenn die zu besteuernden Leistungen auf Beiträgen beruhen, die im Ausland begünstigt oder steuerfrei gestellt wurden. In diesen Konstellationen kann es zu einer Besserstellung gegenüber dem inl. Standardfall kommen, wenn z.B. bei der ausl. Besteuerung eine Steuerbefreiung von Beiträgen gewährt wurde und in Deutschland bei der Rentenleistung nur der Ertrag (§ 22 Nr. 5 Satz 2 EStG) besteuert wird.[6)] Um diese Besserstellung zu vermeiden, wurde gesetzlich klargestellt, dass nicht nur eine Steuerbefreiung von Beiträgen bei der deutschen Besteuerung, sondern auch eine vergleichbare steuerliche Freistellung oder Begünstigung von Beiträgen bei einer ausl. Besteuerung zu Leistungen i.S.d. § 22 Nr. 5 Satz 1 EStG führt.[7)]

Die **Zeilen 26–28** entsprechen den Angaben der Zeilen 18–20 der Anlage R-AV/bAV. Zur **Zeile 29** vgl. die Ausführungen zu Zeile 21 der Anlage R-AV/bAV.

Das Datum des Vertragsabschlusses (**Zeile 30**) ist erforderlich, um die zutreffende Anwendung des § 20 Abs. 1 Nr. 6 EStG sicher zu stellen. Wird die Leistung nach Vollendung des 60. Lebensjahres der stpfl. Person und nach Ablauf von zwölf Jahren nach dem Vertragsabschluss ausgezahlt, ist die Hälfte des Unterschiedsbetrags anzusetzen (§ 22 Nr. 5 Satz 2 Buchst. b und c i.V.m. § 20 Abs. 1 Nr. 6 Satz 2 EStG). Der Umfang der (nachgelagerten) Besteuerung der Leistungen in der Auszahlungsphase richtet sich somit danach, ob, inwieweit und in welcher Weise die Beiträge in der Ansparphase steuerfrei gestellt bzw. steuerlich gefördert worden sind.

Zeile 31 wurde ab dem VZ 2021 neu aufgenommen. Die Ausführungen zu Zeile 10 der Anlage R (→ Rz. 1258) gelten entsprechend. Es besteht jedoch keine elektronische Übermittlungspflicht.

1) BFH v. 26.11.2014 VIII R 38/10, BStBl II 2016, 657, m. w. N.
2) BFH v. 26.11.2014, VIII R 38/10, BStBl II 2016, 657.
3) BFH v. 28.10.2020, X R 29/18, BStBl II 2021, 675.
4) Jahressteuergesetz 2024 (JStG 2024) v. 2.12.2024, BGBl. I 2024 Nr. 387 = BStBl I 2024, 1484.
5) Vgl. NWB 45/2024, 3112.
6) Vgl. BFH v. 28.10.2020, X R 29/18, BStBl II 2021, 675.
7) JStG 2024, Gesetzentwurf der Bundesregierung, BT-Drucks. 20/12780, 136.

5. Werbungskosten (Zeilen 32–36)

Werbungskosten

Die Eintragungen in den Zeilen 32 bis 36 sind nur in der ersten Anlage R-AUS vorzunehmen.

Zeile	Werbungskosten	Kz	EUR
32	Werbungskosten zu den Zeilen 5 und 15 – ohne Werbungskosten laut Zeile 33 – Art der Aufwendungen	812	,–
33	Werbungskosten zu den Zeilen 10, 20 und zu Nachzahlungen (Zeile 31), die in den Einnahmen der Zeilen 23 und 26 enthalten sind Art der Aufwendungen	813	,–
34	Werbungskosten zu den Zeilen 22 und 29 Art der Aufwendungen	814	,–
35	Werbungskosten zu den Zeilen 23 und 26 Art der Aufwendungen	815	,–
36	Werbungskosten zu Nachzahlungen (Zeile 31), die in den Einnahmen der Zeile 22 enthalten sind Art der Aufwendungen	816	,–

1285 Die Ausführungen zum Werbungskostenabzug der Anlage R (Zeilen 25 und 26) sowie den Zeilen 29 [Zeile 33 der Anlage R-AUS] und 32 [Zeile 34 der Anlage R-AUS] der Anlage R-AV/bAV gelten entsprechend.

6. Steuerstundungsmodelle (Zeile 37)

Steuerstundungsmodelle

Zeile		EUR
37	Einkünfte aus Gesellschaften / Gemeinschaften / ähnlichen Modellen i. S. d. § 15b EStG (laut gesonderter Aufstellung)	,–

2025AnlR-AUS332 2025AnlR-AUS332

1286 Die Ausführungen zu Zeile 29 der Anlage R (→ Rz. 1279) gelten entsprechend.

XXV. Anlage R-AV/bAV – Leistungen aus zertifizierten Altersvorsorgeverträgen und aus der inländischen betrieblichen Altersversorgung

1. Vorbemerkung (Zeilen 1–3)

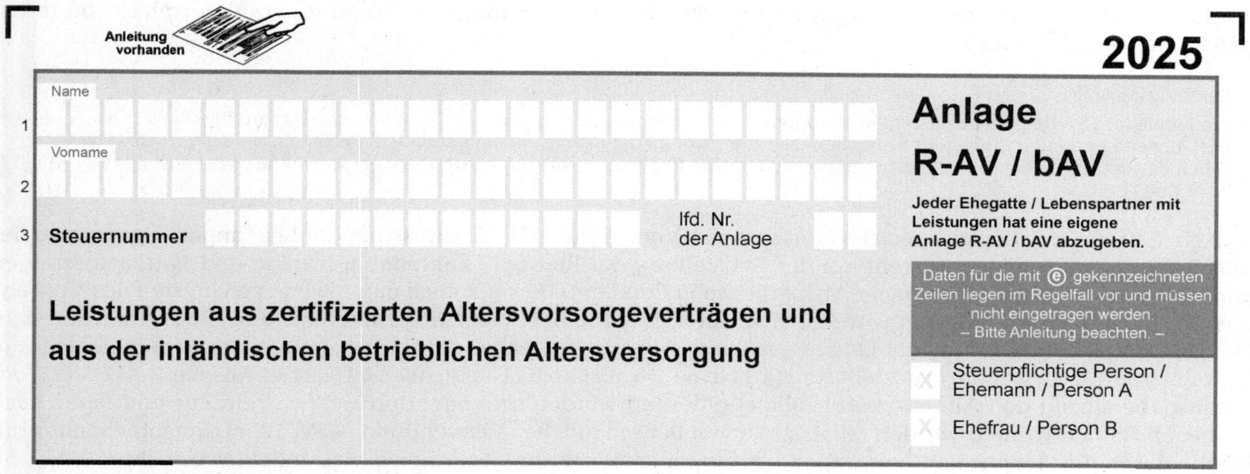
Anleitung vorhanden

2025

1 Name

2 Vorname

3 Steuernummer lfd. Nr. der Anlage

Anlage R-AV / bAV

Jeder Ehegatte / Lebenspartner mit Leistungen hat eine eigene Anlage R-AV / bAV abzugeben.

Daten für die mit (e) gekennzeichneten Zeilen liegen im Regelfall vor und müssen nicht eingetragen werden. – Bitte Anleitung beachten. –

Leistungen aus zertifizierten Altersvorsorgeverträgen und aus der inländischen betrieblichen Altersversorgung

X Steuerpflichtige Person / Ehemann / Person A

X Ehefrau / Person B

Praxishinweis: 1287

Daten für die mit „e" gekennzeichneten Zeilen liegen im Regelfall vor und müssen nicht eingetragen werden (→ Rz. 10). Soll von den elektronischen Daten abgewichen werden, sind die Eintragungen weiterhin vorzunehmen. Die Abgabe der Anlage kann entfallen, wenn die Daten elektronisch übermittelt wurden und die WK den Pauschbetrag von 102 € oder 1 200 € bei Einnahmen aus einem Pensionsfonds nicht übersteigen. Im Zusammenhang mit der Leistungsmitteilung[1] weist das BMF darauf hin, dass die Anlage R-AV/bAV nur ausgefüllt werden soll, wenn von den dort bescheinigten Daten abgewichen wird oder Ergänzungen vorgenommen werden sollen.

Offensichtlich ungeachtet und in Ermangelung einer bestehenden Rechtsgrundlage[2] hatte das Land Mecklenburg-Vorpommern bereits im Jahr 2017 einen eigenständigen Ansatz zur Erleichterung des Besteuerungsverfahrens präsentiert. Unter Verzicht auf die Geltendmachung von Aufwendungen reicht es aus, eine Amtsveranlagung[3] anhand der dem FA vorliegenden elektronischen Daten vornehmen zu lassen. Die Länder Brandenburg, Bremen, Mecklenburg-Vorpommern und Sachsen haben nun mit Unterstützung des BMF ein Pilotprojekt gestartet, um Steuererklärungen für Rentner und Pensionäre zu vereinfachen. Der zusätzliche Service einer „Erklärung zur Veranlagung von Alterseinkünften" richtet sich gezielt an Rentner und Pensionäre in Brandenburg, Bremen, Mecklenburg-Vorpommern und Sachsen, bei denen das FA bereits die überwiegende Anzahl von steuerlich relevanten Informationen von dritter Seite elektronisch erhalten hat. Dazu gehören z.B. die elektronisch an die Finverw. übermittelten Renteneinkünfte oder/und Pensionen und die Krankenversicherungsbeiträge. Auf dem neuen Papiervordruck können dann ergänzend Spenden und Mitgliedsbeiträge, Kirchensteuer oder außergewöhnliche Belastungen und Steuerermäßigungen für haushaltsnahe Dienstleistungen und Handwerkerleistungen geltend gemacht werden. Damit sind alle steuerlichen Pflichten erledigt. Wenn allerdings noch zusätzliche Einkünfte wie z.B. aus Vermietung und Verpachtung oder Gewerbe vorliegen, dann müssen die vollumfänglichen Steuererklärungsvordrucke genutzt werden. Die „Erklärung zur Veranlagung von Alterseinkünften" wird seit dem 2.5.2019 in den Finanzämtern der teilnehmenden Länder Brandenburg, Bremen, Mecklenburg-Vorpommern und Sachsen angenommen.[4]

Die Anlage R-AV/bAV dient der Erfassung von Leistungen aus zertifizierten Altersvorsorgeverträgen und aus der inl. betrieblichen Altersversorgung.

Beratungshinweis:

Der Hinweis z.B. in der Anlage zu einem ESt-Bescheid, dass zukünftig keine Steuererklärung einzureichen ist, stellt keine verbindliche Zusage dar, und ihm kommt keine Verbindlichkeit für Folgejahre bei geänderter Sach- oder Rechtslage zu.[5]

Jeder Ehegatte/Lebenspartner mit Leistungen hat seine Angaben zu den bezogenen Leistungen in einer eigenen Anlage erklären.

Praxishinweis:

Inländische Renten sind auf der Anlage R, Renten und andere Leistungen aus ausl. Versicherungen/ausl. Rentenverträgen/ausl. betrieblichen Versorgungseinrichtungen auf der Anlage R-AUS zu erklären. Alle weiteren Einkünfte aus sonstigen Leistungen (§ 22 EStG), z.B. auch private Veräußerungsgeschäfte, sind auf der Anlage SO zu erklären.

1) BMF v. 9.11.2020, IV C 3 – S 2257-b/19/10005 :002, BStBl I 2020, 1061.
2) Sowinski, NWB 29/2017, 2170.
3) Formulare unter: https://www.bundesfinanzministerium.de/Web/DE/Themen/Steuern/Steuerliche_Themengebiete/Rentenbesteuerung/rentenbesteuerung.html.
4) Mader, B+P 2019, 442.
5) FG Düsseldorf v. 24.10.2012, 7 K 2010/12, EFG 2013, 262; NZB zurückgewiesen, BFH v. 9.10.2013, X B 239/12, BFH/NV 2014, 65.

2. Leistungen aus inländischen Altersvorsorgeverträgen und aus der inländischen betrieblichen Altersversorgung (Zeilen 4–26)

a) Allgemeines

1288 Nach § 22 Nr. 5 EStG werden Leistungen aus Altersvorsorgeverträgen (i.S.d. § 82 EStG), Pensionsfonds und Pensionskassen und Direktversicherungen (betriebliche Altersversorgung) erst in der Auszahlungsphase besteuert (**nachgelagerte Besteuerung**).

Beratungshinweis:
Ein einmaliges Sterbegeld aus einer betrieblichen Altersversorgung (Pensionskasse) ist auch dann steuerpflichtig (§ 22 Nr. 5 Satz 1 EStG), wenn es mangels lebender Bezugsberechtigter nicht an die Bezugsberechtigten i.S.d. BetrAVG, sondern ersatzweise an die Erben gezahlt wird. Sollte es sich beim Sterbegeld um eine Kapitalisierung handeln, könnte der Anwendungsbereich des § 34 Abs. 2 Nr. 4 EStG eröffnet sein.[1)]

§ 22 Nr. 5 EStG ist dabei lex specialis ggü. anderen Vorschriften für die Erfassung der Leistungen. Das Prinzip der nachgelagerten Besteuerung steht mit der Freistellung der Beiträge, Zahlungen, Erträge und Wertsteigerungen von steuerlichen Belastungen in der Ansparphase in Einklang. Dies gilt auch dann, wenn zu Gunsten des Vertrags ausschließlich Beiträge geleistet wurden, die nicht nach § 10a EStG oder Abschnitt XI EStG gefördert worden sind. Der Umfang der Besteuerung der Leistungen in der Auszahlungsphase richtet sich danach, inwieweit die Beiträge in der Ansparphase steuerfrei gestellt sind (§ 3 Nr. 55, 56, 63 und 66 EStG), nach § 10a oder Abschnitt XI EStG (Sonderausgabenabzug und Altersvorsorgezulage) gefördert worden sind oder durch steuerfreie Zuwendungen nach § 3 Nr. 56 EStG erworben wurden (zu Ausnahmen bei schädlicher Verwendung → Rz. 1297). Entsprechendes gilt für die durch die steuerfreien Leistungen aus einem im Versorgungsausgleich begründeten Anrecht (§ 3 Nr. 55b Satz 1 EStG).[2)]

Praxishinweis:
Leistungen aus einer umlagefinanzierten Zusatzversorgungskasse (z.B. VBL, ZVK) unterliegen der Besteuerung nach § 22 Nr. 5 EStG, unabhängig davon, wann Beginn der Leistungsphase war. Durch die Neuaufnahme dieser Leistungen in den Katalog des § 22 Nr. 5 EStG wird sichergestellt, dass die gesamten Leistungen aus der betrieblichen Altersversorgung insg. in der Leistungsmitteilung nach § 22 Nr. 5 Satz 7 EStG aufgenommen werden und nicht über die Leistungen aus dem umlagefinanzierten und dem kapitalgedeckten Bereich jeweils gesonderte Mitteilungen an die stpfl. Personen ergehen. Soweit die Leistungen auf gefördertem Kapital i.S.d. § 22 Nr. 5 Satz 1 EStG beruhen, unterliegen sie vollständig der nachgelagerten Besteuerung; soweit sie auf nicht gefördertem Kapital beruhen, erfolgt die Besteuerung nach § 22 Nr. 5 Satz 2 Buchst. a EStG.[3)]

Dies gilt auch, wenn zu Gunsten des Vertrags ausschließlich Beiträge geleistet worden sind, die nicht durch einen zusätzlichen Sonderausgabenabzug (vgl. Ausführungen zur Anlage Vorsorgeaufwand, → Rz. 198 ff.) oder durch eine Altersvorsorgezulage nach Abschnitt XI. EStG gefördert worden sind. Die Besteuerung richtet sich in allen Fällen nach den Regelungen des § 22 Nr. 5 EStG.

1289 **Zu den geförderten Beiträgen gehören** die geleisteten Eigenbeiträge zzgl. der für das Beitragsjahr zustehenden Altersvorsorgezulage, soweit sie den Höchstbetrag nach § 10a EStG nicht übersteigen, mind. jedoch die gewährten Zulagen und die geleisteten Sockelbeträge (§ 86 Abs. 1 Satz 4 EStG). Zahlungen i.R.d. betrieblichen Altersversorgung an einen Pensionsfonds, eine Pensionskasse oder eine Direktversicherung (betriebliche Altersversorgung) können als Altersvorsorgebeiträge durch Sonderausgabenabzug nach § 10a EStG und Zulage nach Abschnitt XI. EStG gefördert werden (§ 82 Abs. 2 EStG). Ebenfalls zu den geförderten Beträgen i.S.d. § 22 Nr. 5 EStG gehören steuerfreie Leistungen nach § 3 Nr. 66 und Nr. 55b Satz 1 EStG oder steuerfreie Zuwendungen nach § 3 Nr. 56 EStG. Zahlungen aus einer reinen Sterbekasse erfüllen regelmäßig nicht die Voraussetzungen des § 22 Nr. 5 EStG, sondern es handelt sich um kapitalbildende Versicherungen (§ 20 Abs. 1 Nr. 6 EStG), die damit bei einer Leistung im Todesfall nicht steuerbar sind. Sollten die Voraussetzungen des § 22 Nr. 5 EStG dennoch erfüllt sein, weil z.B. die geleisteten Beiträge steuerlich gefördert worden sind, gehen diese Regelungen vor.

Die Steuerbefreiung nach § 3 Nr. 56 EStG gilt für Beiträge des Arbeitgebers, die nach dem 31.12.2007 geleistet werden (§ 52 Abs. 5 EStG).

Leistungen, die ausschließlich auf geförderten Altersvorsorgebeiträgen beruhen, unterliegen in der Auszahlungsphase in vollem Umfang der Besteuerung.

Zu den **nicht geförderten Beiträgen** gehören Beträge

- die zu Gunsten eines Altersvorsorgevertrags in einem Beitragsjahr eingezahlt werden, in dem der Anleger nicht zum begünstigten Personenkreis gehört,
- für die er keine Altersvorsorgezulage und keinen steuerlichen Vorteil aus dem Sonderausgabenabzug nach § 10a EStG erhalten hat oder
- die den Höchstbetrag nach § 10a EStG abzüglich der individuell für das Beitragsjahr zustehenden Zulage übersteigen („Überzahlungen"), sofern es sich nicht um den Sockelbetrag handelt.

1) BFH v. 5.11.2019, X R 38/18, BFH/NV 2020, 673.
2) BMF v. 21.3.2023, IV C 3 – S 2221/19/10035 :001, BStBl I 2023, 611.
3) BMF v. 12.8.2021, IV C 5 – S 2333/19/10018:017, BStBl I 2021, 1050.

Ausdrücklich erfasst sind durch die Änderung durch das JStG 2007[1)] auch die Leistungen aus Pensionsfonds, Pensionskassen und Direktversicherungen (§ 22 Nr. 5 Satz 1 EStG) unabhängig von der Finanzierungsart.

Erfasst werden auch diejenigen Ansprüche, die durch steuerfreie Zuwendungen i.S.d. § 3 Nr. 56 EStG erworben wurden.

Die Besteuerung von Leistungen, die auf nicht geförderten Beiträgen beruhen, richtet sich nach der Art der Leistung:

- Leistungen in Form einer lebenslangen Rente oder einer Berufsunfähigkeits-, Erwerbsminderungs- und Hinterbliebenenrente (§ 22 Nr. 5 Satz 2 Buchst. a EStG),
- andere Leistungen aus Altersvorsorgeverträgen (zertifizierten Versicherungsverträgen), Pensionsfonds, Pensionskassen und Direktversicherungen (§ 22 Nr. 5 Satz 2 Buchst. b EStG),
- übrige Leistungen (§ 22 Nr. 5 Satz 2 Buchst. c EStG).

Hat die stpfl. Person in der Ansparphase sowohl **geförderte als** auch **nicht geförderte Beiträge** zu Gunsten des Vertrags geleistet, sind die Leistungen in der Auszahlungsphase aufzuteilen. Ein Aufteilungsfall liegt z.B. in den Fällen vor, wenn ein Vertrag, der die Voraussetzungen des AltZertG bisher nicht erfüllt hat, in einen zertifizierten Altersvorsorgevertrag umgewandelt worden ist (§ 1 Abs. 1 AltZertG) oder die begünstigte Person höhere Beiträge eingezahlt hat als im einzelnen Beitragsjahr nach § 10a EStG begünstigt waren. Die Aufteilung erfolgt nach Maßgabe des BMF-Schreibens v. 11.11.2004.[2)] Die Besteuerungsform gilt auch, soweit es sich um Leistungen handelt, die auf den gutgeschriebenen Zulagen sowie Erträgen und Wertsteigerungen beruhen.

Zweifelsfragen zur steuerlichen Behandlung der privaten Altersvorsorge und der betrieblichen Altersversorgung regeln die BMF-Schreiben v. 5.10.2023[3)] und 12.8.2021.[4)]

Die Erklärungssystematik der Zeilen 4–26 richtet sich dabei nach der Mitteilung über steuerpflichtige Leistungen aus einem Vorsorgevertrag oder aus einer betrieblichen Altersversorgung ab dem Kj. 2020.[5)]

Zur Frage der **Bindungswirkung der Mitteilungen** der ZfA und der Änderungsverpflichtung des FA vgl. auch Ausführungen zur Anlage AV (→ Rz. 201).

Wird das Altersvorsorgevermögen nicht nach den Regelungen des AltZertG und des § 93 EStG ausgezahlt (z.B. **1290**
Auszahlung vor Vollendung des 60. Lebensjahrs [62. Lebensjahr bei vor dem 1.1.2012 abgeschlossenen Verträgen] oder [Teil]Kapitalauszahlung[6)]), liegt eine **schädliche Verwendung** vor, die eine Rückzahlung der in der Ansparphase gewährten Altersvorsorgezulagen und die nach § 10a Abs. 4 EStG gesondert festgestellten Steuerermäßigungen zur Folge haben (§ 93 Abs. 1 Satz 3 EStG).[7)] Lässt sich der überlebende Ehegatte nach dem Tod des anderen Ehegatten dessen gefördertes Altersvorsorgevermögen gemäß § 93 Abs. 1 Satz 4 Buchst. c EStG auf einen eigenen Altersvorsorgevertrag übertragen, rückt er hinsichtlich der dem Vertrag des verstorbenen Ehegatten gutgeschriebenen Zulagen in die Position des Zulageberechtigten ein.[8)]

In diesen Fällen stellt der Anbieter der zulageberechtigten Person (§ 94 Abs. 1 Satz 4 EStG) eine entsprechende Bescheinigung aus und fertigt eine Kontrollmitteilung (§ 22a EStG) für das FA. Die Bescheinigung – die nicht für die ESt-Erklärung verwendet werden soll (hierfür ist die Bescheinigung nach § 22 Nr. 5 EStG erforderlich → Rz. 1291) – wurde mit BMF-Schreiben v. 8.5.2014 veröffentlicht.[9)]

---

1) JStG 2007 v. 13.12.2006, BStBl I 2007, 28.
2) BMF v. 11.11.2004, IV C 3 – S 2257b – 47/04, BStBl I 2004, 1061 mit Ergänzung durch BMF v. 14.3.2012, IV C 3 – S 2257-b/11/10003, BStBl I 2012, 311.
3) BMF v. 5.10.2023, IV C 3 – S 2015/17/10001 :001, BStBl I 2023, 1726.
4) BMF v. 12.8.2021, IV C 5 – S 2333/19/10018 :017, BStBl I 2021, 1050.
5) BMF v. 9.11.2020, IV C 3 – S 2257-b/19/10005 :002, BStBl I 2020, 1061.
6) BMF v. 5.10.2023, IV C 3 – S 2015/22/10001 :001, BStBl I 2023, 1726, Rz. 197.
7) BMF v. 5.10.2023, IV C 3 – S 2015/22/10001 :001, BStBl I 2023, 1726, Rz. 217.
8) BFH v. 15.1.2019, X R 11/18, BFH/NV 2019, 683.
9) BMF v. 8.5.2014, IV C 3 – S 2497/10/10002 :001, BStBl I 2014, 810; Muster ab VZ 2024 vgl. BMF v. 23.7.2024, IV C 3 – S 2497/23/10001 :001, BStBl I 2024, 1127.

b) Die einzelnen Erklärungstatbestände (Zeilen 4–26)

Leistungen 71 / 72

Zeile			1. Rente		2. Rente	
			EUR		EUR	
4	Leistungen aus einem Altersvorsorgevertrag, einem Pensionsfonds, einer Pensionskasse oder aus einer Direktversicherung laut Nummer 1 der Leistungsmitteilung	500	,—	550	,—	e
5	Leistungen aus einem Pensionsfonds laut Nummer 2 der Leistungsmitteilung	501	,—	551	,—	e
6	Bemessungsgrundlage für den Versorgungsfreibetrag	502	,—	552	,—	
7	Maßgebendes Kalenderjahr des Versorgungsbeginns	524	J J J J	574	J J J J	
8	Bei unterjähriger Zahlung: Erster und letzter Monat, für den Versorgungsbezüge gezahlt wurden	522	M M - 523 M M	572	M M - 573 M M	
			EUR		EUR	
9	Leistungen zur Abfindung einer Kleinbetragsrente laut Nummer 3 der Leistungsmitteilung	525	,—	575	,—	e
10	Leistungen aus einer betrieblichen Altersversorgung laut Nummer 4 der Leistungsmitteilung	505	,—	555	,—	e
11	In Zeile 10 enthaltener Rentenanpassungsbetrag	526	,—	576	,—	e
12	Beginn der Leistung	506	T T M M J J J J	556	T T M M J J J J	e
13	Beginn der vorhergehenden Leistung	518	T T M M J J J J	568	T T M M J J J J	e
14	Ende der vorhergehenden Leistung	519	T T M M J J J J	569	T T M M J J J J	e
			EUR		EUR	
15	Leibrente aus einem Altersvorsorgevertrag oder aus einer betrieblichen Altersversorgung laut Nummer 5 oder Leistungen wegen schädlicher Verwendung laut Nummer 9a der Leistungsmitteilung	507	,—	557	,—	e
16	Beginn der Rente	508	T T M M J J J J	558	T T M M J J J J	e
17	Geburtsdatum einer anderen Person, von deren Lebenszeit die Laufzeit der Rente (auch) abhängt; bei Garantiezeitrenten das Geburtsdatum der verstorbenen versicherten Person	530	T T M M J J J J	580	T T M M J J J J	
			EUR		EUR	
18	Abgekürzte Leibrente aus einem Altersvorsorgevertrag oder aus einer betrieblichen Altersversorgung laut Nummer 6 oder Leistungen wegen schädlicher Verwendung laut Nummer 9b der Leistungsmitteilung	509	,—	559	,—	e
19	Beginn der Rente	510	T T M M J J J J	560	T T M M J J J J	e
20	Die Rente erlischt / wird umgewandelt spätestens am	511	T T M M J J J J	561	T T M M J J J J	e

2025AnlR-AVbAV341 - September 2025 - 2025AnlR-AVbAV341

- 2 -

			1. Rente		2. Rente	
21	Andere Leistungen laut den Nummern 7, 8 und 10 oder Leistungen wegen schädlicher Verwendung laut den Nummern 9c und 9d der Leistungsmitteilung oder der Auflösungsbetrag bei Aufgabe der Selbstnutzung oder der Reinvestitionsabsicht vor dem Beginn der Auszahlungsphase oder der Verminderungsbetrag laut Bescheid der Zentralen Zulagenstelle für Altersvermögen	512	EUR ,–	562	EUR ,–	e
22	Auflösungsbetrag bei Wahl der Einmalbesteuerung des Wohnförderkontos laut Bescheid der Zentralen Zulagenstelle für Altersvermögen	535	,–	585	,–	e
23	Auflösungsbetrag bei Aufgabe der Selbstnutzung oder der Reinvestitionsabsicht nach dem Beginn der Auszahlungsphase laut Bescheid der Zentralen Zulagenstelle für Altersvermögen	536	,–	586	,–	e
24	Beginn der Auszahlungsphase	537	T T M M J J J J	587	T T M M J J J J	
25	Zeitpunkt der Aufgabe der Selbstnutzung oder Reinvestitionsabsicht	538	T T M M J J J J	588	T T M M J J J J	e
26	Nachzahlungen für mehrere vorangegangene Jahre (laut Nummer 11 der Leistungsmitteilung)	516	EUR ,–	566	EUR ,–	e

aa) Einzeldarstellung

Die Erklärungstatbestände in den Zeilen 4–26 richten sich inhaltlich nach der Leistungsmitteilung des § 22 Nr. 5 Satz 7 EStG (Bescheinigungspflicht des Anbieters: Mitteilung über stpfl. Leistungen aus einem Altersvorsorgevertrag oder aus einer betrieblichen Altersversorgung).[1] Nach § 22 Nr. 5 Satz 7 EStG hat der Anbieter beim erstmaligen Bezug von Leistungen, bei Änderung der im Kj. auszuzahlenden Leistungen sowie bei schädlicher Verwendung der stpfl. Person nach amtlich vorgeschriebenem Vordruck den Betrag der im abgelaufenen Kj. zugeflossenen Leistungen zu bescheinigen (**Leistungsmitteilung**). In dieser Bescheinigung sind die zugeflossenen Leistungen differenziert nach den Arten der Besteuerung auszuweisen. **1291**

Von der Bescheinigung kann grds. auch abgewichen werden, da es sich nicht um einen typischen Grundlagenbescheid (§ 171 Abs. 10 AO) handelt. Notwendig wäre hierfür wohl eine entsprechende versicherungsmathematische Berechnung, aus der sich die einzelnen Berechnungen der Höhe der Einnahmen ergeben.

Die Anbieter haben die Möglichkeit, unter der entsprechenden Zeile des Vordrucks einen Hinweis auf die entsprechende Eintragungszeile der Anlage aufzunehmen. Zudem können weitere für die Besteuerung erforderliche Daten aufgenommen werden (z.B. Beginn der Rente), so dass sich sämtliche Daten, die in die Anlage einzutragen sind, aus der Bescheinigung ergeben können. Es besteht insoweit jedoch keine Verpflichtung.

Praxishinweis:

Eine gesetzliche Verpflichtung, die Mitteilung nach § 22 Nr. 5 Satz 7 EStG dem FA i.R.d. ESt-Erklärung vorzulegen, besteht nicht. Die Bescheinigung dient jedoch als Nachweis von erhaltenen Leistungen und sollte klarstellend der Steuererklärung beigefügt werden. Der in der Bescheinigung zusätzlich enthaltene Hinweis, dass die bescheinigten Leistungen gem. § 22a EStG auch der zentralen Stelle (§ 81 EStG) zur Übermittlung an die Landesfinanzbehörden mitgeteilt werden, (sog. Rentenbezugsmitteilungsverfahren) dürfte an dieser Stelle lediglich deklaratorischen Charakter haben.

Im Rahmen einer ab dem VZ 2014 zu berücksichtigenden gesetzlichen Änderung (§ 22 Nr. 5 Satz 7 EStG[2]), besteht nur noch für die Leistungen i.S.d. § 22 Nr. 5 Satz 1 bis 3 EStG eine Mitteilungspflicht. Keine Verpflichtung besteht mehr hinsichtlich des Verminderungsbetrags (§ 22 Nr. 5 Satz 4 i.V.m. § 92a Abs. 2 Satz 5 EStG) und des Auflösungsbetrags (§ 22 Nr. 5 Satz 5 i.V.m. § 92a Abs. 2 Satz 5 EStG), die bereits von der Deutschen Rentenversicherung Bund der zentralen Stelle mitgeteilt werden (§ 92b Abs. 3 EStG). Das aktuelle Muster für die Bescheinigung nach § 92 EStG ab dem Beitragsjahr 2024 wurde vom BMF veröffentlicht.[3] Sollten Einwände gegen die Höhe der gezahlten Zulage geltend machen, kann das innerhalb eines Jahres nach Erteilung der Bescheinigung erfolgen, in dem ein Antrag auf Festsetzung der Zulage gestellt wird (§ 90 Abs. 4 Satz 1 Nr. 3 EStG), sofern nicht bereits ein Festsetzungsbescheid für das entsprechende Beitragsjahr erlassen wurde. Einwände gegen den Stand des Wohnförderkontos, können innerhalb eines Jahres nach Erteilung der Bescheinigung die Feststellung des Wohnförderkontos beantragt werden (§ 92b Abs. 3 Satz 4 EStG). Die jeweiligen Anträge sind schriftlich oder elektronisch an die zentrale Stelle (ZfA) zu richten.

Der in der Mitteilung enthaltene Wert kann auch negativ sein. **Negative Werte** können sich z.B. bei einem frühzeitigen Rückkauf der Versicherung dadurch ergeben, dass in der Anfangszeit der abgeschlossenen Versicherung der Rückkaufswert (auf Grund der Berücksichtigung von Abschluss- und Vertriebskosten) regelmäßig niedriger ist als die Summe der geleisteten Beiträge.

Eine Leistungsmitteilung wird – differenziert nach der Art der Besteuerung – nur erstellt bei:

- erstmaligem Bezug von Leistungen,
- Fällen der steuerschädlichen Verwendung nach § 93 EStG,
- Änderungen des Leistungsbetrags im Vergleich zum Vorjahr.

1) Amtlicher Vordruck für die Jahre ab dem Kj. 2020: BMF v. 9.11.2020, IV C 3 – S 2257-b/19/10005 :002, BStBl I 2020, 1061.
2) Gesetz zur Anpassung des nationalen Steuerrechts an den Beitritt Kroatiens zur EU und zur Änderung weiterer steuerlicher Vorschriften v. 25.7.2014, BGBl. I 2014, 1266.
3) BMF v. 23.7.2024, IV C 3 – S 2495/23/10001 :001, BStBl I 2024, 1126.

Hinweis zur Plausibilitätsbeurteilung:
Die amtlichen Mitteilungen sehen zwar den Ausweis in Euro und Cent vor, dies wird aber nicht verlangt.

Praxishinweis:
Ohne die Bescheinigung nach § 22 Nr. 5 Satz 7 EStG dürfte es schwerfallen, die richtige ertragsteuerliche Einordnung der erzielten Einnahmen zu bestimmen, da im Einzelfall immer die Art der Zahlung sowie die Ansparphase zu prüfen ist. Anbieter gehen vermehrt dazu über – über die gesetzliche Verpflichtung zur Ausstellung einer Mitteilung hinaus –, den stpfl. Personen jährliche Mitteilungen auszustellen.

bb) Leistungen aus einem Altersvorsorgevertrag, einem Pensionsfonds, einer Pensionskasse oder aus einer Direktversicherung lt. Nr. 1 der Leistungsmitteilung (Zeile 4)

1292 Die bezogenen **Leistungen unterliegen in vollem Umfang der Besteuerung** (§ 22 Nr. 5 Satz 1 EStG), wenn die Altersvorsorgebeiträge in der Ansparphase steuerlich gefördert worden sind (lfd. Nr. 1 der Leistungsmitteilung). Die volle Besteuerung tritt daher ein, soweit die Leistungen auf Beiträgen beruhen, auf die § 3 Nr. 63, § 10a oder Abschnitt XI EStG angewendet wurde, oder steuerfreie Leistungen (§ 3 Nr. 66, Nr. 55b Satz 1 EStG) erbracht worden sind. Für steuerfreie Zuwendungen (§ 3 Nr. 56 EStG) gilt das zuvor Gesagte. Dies gilt auch insoweit, als die Leistungen auf gutgeschriebenen Zulagen sowie den erzielten Erträgen und Wertsteigerungen beruhen.

Praxishinweis:
Im Fall von Teil- oder Einmalkapitalauszahlungen handelt es sich nach BMF nicht um außerordentliche Einkünfte (§ 34 Abs. 2 EStG), da weder eine Entschädigung noch eine Vergütung für eine mehrjährige Tätigkeit vorliegt.[1)] Die einmalige Kapitalabfindung laufender Ansprüche gegen eine der betrieblichen Altersversorgung dienende Pensionskasse unterliegt jedenfalls dann dem regulären Einkommensteuertarif, wenn das Kapitalwahlrecht schon in der ursprünglichen Versorgungsregelung enthalten war. Es handelt sich nicht um ermäßigt zu besteuernde außerordentliche Einkünfte.[2)]

Der Abzug des Werbungskosten-Pauschbetrags i.H.v. 102 € kommt in Betracht (§ 9a Satz 1 Nr. 3 EStG).

Praxishinweis:
Es handelt sich um Leistungen aus einem zertifizierten Altersvorsorgevertrag i.S.d. § 82 EStG, einem Pensionsfonds, einer Pensionskasse oder aus einer Direktversicherung (betriebliche Altersversorgung), soweit die Leistungen auf gefördertem Kapital beruhen. Die bescheinigten Leistungen unterliegen in vollem Umfang der Besteuerung. Leistungen aus zertifizierten Fonds- oder Banksparplänen, die auf nicht geförderten Beiträgen beruhen, werden nicht nach § 22 Nr. 5 Satz 2 Buchst. b EStG, sondern grds. nach § 22 Nr. 5 Satz 2 Buchst. c EStG besteuert.

cc) Leistungen aus einem Pensionsfonds lt. Nr. 2 der Leistungsmitteilung (Zeilen 5–8)

1293 Die in der lfd. Nr. 2 der Leistungsmitteilung bescheinigten **Leistungen unterliegen in vollem Umfang der Besteuerung** (§ 22 Nr. 5 Satz 1 i.V.m. § 52 Abs. 34c EStG). Es wird jedoch der Pauschbetrag für Werbungskosten (§ 9a Satz 1 Nr. 1 EStG) sowie der Versorgungsfreibetrag und der Zuschlag zum Versorgungsfreibetrag nach § 19 Abs. 2 EStG gewährt, soweit diese nicht anderweitig aufgebraucht sind. Werden die Leistungen an eine hinterbliebene Person gezahlt (Hinterbliebenenbezüge) handelt es sich um sonstige Einkünfte, für die der Versorgungsfreibetrag zu gewähren ist. Im Jahr des Todes ist dieser jedoch zu zwölfteln (§ 19 Abs. 2 Satz 7 und 12 EStG).

Es handelt sich um Leistungen aus einem Pensionsfonds (die ehemals als aktiver Arbeitnehmer beschäftigte Person bezog bereits eine Rente), wenn laufende Versorgungsleistungen auf Grund einer Versorgungszusage in Form einer Direktzusage oder aus einer Unterstützungskasse bezogen wurden und die Ansprüche steuerfrei nach § 3 Nr. 66 EStG auf einen Pensionsfonds übertragen wurden. Die bescheinigten Leistungen unterliegen in vollem Umfang der Besteuerung. Das FA gewährt jedoch einen Pauschbetrag für Werbungskosten (§ 9a Satz 1 Nr. 1 EStG) sowie den Versorgungsfreibetrag und den Zuschlag zum Versorgungsfreibetrag (§ 19 Abs. 2 EStG), wenn die entsprechenden Voraussetzungen vorliegen; die Abzugsbeträge werden einkunftsübergreifend im Verhältnis der Einnahmen berücksichtigt. Unterbleibt eine solche Angabe durch den Anbieter, hat der Rentenempfänger die dem FA elektronisch übermittelten Daten dieser Mitteilung um die BMG des Versorgungsfreibetrags, um das maßgebende Kj des Versorgungsbeginns und um den Beginn und das Ende einer unterjährigen Zahlung in der Anlage R-AV/bAV der ESt-Erklärung zu ergänzen.

Zur Berechnung des Versorgungsfreibetrags sind die Angaben in den Zeilen 6–8 erforderlich. Der Anbieter kann auf freiwilliger Basis zusätzlich die Bemessungsgrundlage für den Versorgungsfreibetrag, das maßgebende Kj. des Versorgungsbeginns und den Beginn und das Ende einer unterjährigen Zahlung angeben.

dd) Leistungen zur Abfindung einer Kleinbetragsrente lt. Nr. 3 der Leistungsmitteilung (Zeile 9)

1294 Die Besteuerung der in der lfd. Nr. 3 der Leistungsmitteilung bescheinigten Leistungen erfolgt nach § 22 Nr. 5 Satz 1 i.V.m. § 22 Nr. 5 Satz 13 EStG. Der Betrag ist nicht in der lfd. Nr. 1 der Leistungsmitteilung (Zeile 4 → Rz. 1292) enthalten. Es handelt sich um Leistungen zur Abfindung einer Kleinbetragsrente (i.S.d. § 18 SGB IV) aus zertifizierten Altersvorsorgeverträgen (§ 93 Abs. 3 EStG). Auf die bescheinigte Leistung ist der gesonderte Steuersatz (§ 34 Abs. 1 EStG) anzuwenden.

1) BMF v. 12.8.2021, IV C 5 – S 2333/19/10018 :017, BStBl I 2021, 1050, Rz. 64 f.
2) BFH v. 20.9.2016, X R 23/15, BStBl II 2017, 347.

Beratungshinweis:

Als „Vergütung für mehrjährige Tätigkeiten" kommen alle Vorteile von wirtschaftlichem Wert in Betracht, die die stpfl. Person i.R.d. jeweiligen Einkunftsart erzielt. Die „Tätigkeit" besteht bei Alterseinkünften in der früheren Leistung von Beiträgen. Die Geltendmachung der Kapitalabfindung ist nicht vertragsgemäß, wenn sie im Jahr des Vertragsabschlusses (im Streitfall: 2003) keine Rechtsgrundlage gehabt hat. Die Anwendung des ermäßigten Steuersatzes auf Vergütungen für mehrjährige Tätigkeiten erfordert zusätzlich die Außerordentlichkeit dieser Einkünfte. Hierfür ist im Falle der Kapitalisierung von Altersbezügen entscheidend, dass eine solche Zusammenballung der Einkünfte in dem betreffenden Lebens-, Wirtschafts- und Regelungsbereich nicht dem typischen Ablauf entspricht. Ob darüber hinaus in dem konkreten Vertrag die Möglichkeit einer Kapitalabfindung bereits von Anfang an vorgesehen war oder nicht, hat demgegenüber nur indizielle Bedeutung.[1]

Die ermäßigte Besteuerung gilt erstmalig ab dem VZ 2018 und wurde i.R.d. Betriebsrentenstärkungsgesetzes[2] gesetzlich geregelt.

ee) Leistungen aus einer betrieblichen Altersversorgung lt. Nr. 4 der Leistungsmitteilung (Zeilen 10–14)

Die Besteuerung der in der lfd. Nr. 4 der Leistungsmitteilung bescheinigten Leistungen erfolgt – wie die Besteuerung einer Altersrente aus der gesetzlichen Rentenversicherung – nach § 22 Nr. 5 Satz 2 Buchst. a EStG i.V.m. § 22 Nr. 1 Satz 3 Buchst. a Doppelbuchst. aa EStG (**Kohortenbesteuerung**, → Rz. 1253). **1295**

Praxishinweis:

Die Erklärungszeile 11 wurde mit dem VZ 2018 erstmalig eingefügt. Rentenanpassungsbeträge sind für die Neuberechnung des steuerfreien Teils der Rente erforderlich. Ändert sich der Jahresbetrag der Rente und handelt es sich hierbei nicht um eine regelmäßige Anpassung, ist der steuerfreie Teil der Rente auf Basis des bisher maßgebenden Prozentsatzes mit der veränderten BMG neu zu ermitteln (vgl. auch → Rz. 1255).

Es handelt sich um Leistungen aus einer Direktversicherung (betriebliche Altersversorgung), einem Pensionsfonds oder einer Pensionskasse, soweit sie auf nicht gefördertem Kapital beruhen. Die der Leistung zu Grunde liegende Versorgungszusage wurde nach dem 31.12.2004 erteilt (Neuzusage) und erfüllt die Voraussetzungen des § 10 Abs. 1 Nr. 2 Buchst. b EStG (→ Rz. 1679, Rürup-Rente in Form einer lebenslangen Rente, oder einer Berufsunfähigkeits-, Erwerbsminderungs- sowie Hinterbliebenenrente).

Die Angaben in den Zeilen 12 und 13 sind für die Bestimmung eines fiktiven Rentenbeginns erforderlich. Sie sind jedoch nicht in der entsprechenden Leistungsmitteilung[3] enthalten. In den Fällen, in denen nach dem 31.12.2004 eine Rente einer anderen Rente aus derselben Versicherung folgt, in denen die Leistung ganz oder teilweise der Besteuerung (§ 22 Nr. 5 Satz 2 Buchst. a EStG i.V.m. § 22 Nr. 1 Satz 3 Buchst. a Doppelbuchst. aa EStG) unterliegt, ist auf Grund der vorhergehenden Rente ein fiktiver Rentenbeginn zur Bestimmung des Besteuerungsanteils der nachfolgenden Rente zu ermitteln. Für diese Berechnung ist die Angabe zum Beginn und zum Ende der vorhergehenden Renten erforderlich.[4]

Beispiel:[5]

A wird zunächst vom 1.1.1999 bis 31.12.2001 eine Erwerbsminderungsrente aus der gesetzlichen Rentenversicherung gewährt. Die Gewährung der Erwerbsminderungsrente wird Ende 2001 bis zum 31.12.2004 und noch einmal vom 1.1.2005 bis 30.9.2007 verlängert. Sodann wird festgestellt, dass ab dem 1.10.2007 die Voraussetzungen für die Gewährung einer Erwerbsminderungsrente nicht mehr vorliegen. Die Rentenzahlung wird eingestellt. Ab 1.10.2010 erhält A seine Altersrente aus der gesetzlichen Rentenversicherung.

Da die Erwerbsminderungsrente wegen desselben Versicherungsfalles mehrfach hintereinander auf Zeit bewilligt wird, liegt eine einzige Rente mit einer Laufzeit vom 1.1.1999 bis 30.9.2007 vor. In den Rentenbezugsmitteilungen (Rechtsgrund 01) für 2005, 2006 und 2007 ist als Rentenbeginn der 1.1.1999 auszuweisen. Als Ende der Rente ist für die Erwerbsminderungsrente der 30.9.2007 mitzuteilen.

Für die Altersrente (Folgerente) ist in der Rentenbezugsmitteilung (Rechtsgrund 01) für 2010 als Vorzeitraum der 1.1.1999 bis 30.9.2007 und als Rentenbeginn der 1.10.2010 auszuweisen.

ff) Leibrente aus einem Altersvorsorgevertrag oder aus einer betrieblichen Altersversorgung lt. Nr. 5 oder Leistungen wegen schädlicher Verwendung lt. Nr. 9a der Leistungsmitteilung (Zeilen 15–17)

Durch die Änderung des § 22 Nr. 5 Satz 3 EStG i.R.d. JStG 2007[6] wird die auf geförderten Beiträgen beruhende und steuerschädlich verwendete Leistung (§ 93 EStG) – auf Grund der Rückzahlung der Beträge der steuerlichen Förderung – wie eine Leistung aus ungeförderten Beiträgen behandelt. Daraus folgt, dass in Fällen der schädlichen Verwendung die Besteuerung von der Art der jeweiligen Leistung abhängt. Die Leistungen unterliegen daher entweder mit dem Ertragsanteil oder mit dem (ggf. hälftigen) Unterschiedsbetrag zu den Eigenbeträgen der Besteuerung. Da eine Übergangsregelung zur Anwendung des § 22 Nr. 5 EStG i.R.d. Änderungen durch das JStG 2007 nicht eingefügt wurde, kommt es i.R.d. Besteuerung auf den Zeitpunkt der Leistung an, so dass bei Auszahlungen ab dem 1.1.2007 die Neuregelungen des § 22 Nr. 5 EStG zu berücksichtigen sind. **1296**

1) BFH v. 11.6.2019, X R 7/18, BStBl II 2019, 583.
2) Gesetz zur Stärkung der betrieblichen Altersversorgung und zur Änderung anderer Gesetze (Betriebsrentenstärkungsgesetz) v. 17.8.2017, BStBl I 2017, 1278.
3) BMF v. 9.11.2020, IV C 3 – S 2257-b/19/10005 :002, BStBl I 2020, 1061.
4) BMF v. 7.12.2011, IV C 3 – S 2257-c/10/10005 :003, BStBl I 2011, 1223, Rz. 92.
5) Nach BMF v. 7.12.2011, IV C 3 – S 2257-c/10/10005 :003, BStBl I 2011, 1223, Rz. 92.
6) JStG 2007 v. 13.12.2006, BStBl I 2007, 28.

Die Rente unterliegt der **Besteuerung mit dem Ertragsanteil** (§ 22 Nr. 5 Satz 2 Buchst. a EStG i.V.m. § 22 Nr. 1 Satz 3 Buchst. a Doppelbuchst. bb EStG; liegt der Rentenbeginn vor dem 1.1.2005 i.V.m. § 55 Abs. 1 Nr. 1 EStDV). Im Falle der schädlichen Verwendung richtet sich die Besteuerung nach § 22 Nr. 5 Satz 3 i.V.m. Satz 2 Buchstabe a i.V.m. § 22 Nr. 1 Satz 3 Buchst. a Doppelbuchst. bb EStG, bei Rentenbeginn vor dem 1.1.1955 i.V.m. § 55 Abs. 1 Nr. 1 EStDV.

Praxishinweis:

Zur Bestimmung des zutreffenden Ertragsanteils ist der Beginn der Rente in Zeile 16 zu erklären. Zusätzlich ist ggf. – in allen Fällen, da es sich nicht um sogenannte e-Daten handelt – das für den Ertragsanteil maßgebliche Geburtsdatum des Erblassers (der verstorbenen versicherten Person) bei Rentengarantiezeit anzugeben (Zeile 17). Erfolgt die Auszahlung des geförderten Altersvorsorgevermögens, z.B. als Rentenzahlung im Rahmen einer vereinbarten Rentengarantiezeit im Falle des Todes der zulageberechtigten Person (Hinterbliebenenversorgung an bestimmte Person wie z.B. der überlebende Ehegatte/Lebenspartner oder Kinder i.S.d. § 32 EStG), so stellt jede Teilauszahlung eine anteilige schädliche Verwendung dar. Die Besteuerung erfolgt dabei mit dem für die versicherte Person maßgebenden Ertragsanteil; die Leistungsmitteilung[1] wird in diesen Fällen regelmäßig einen Hinweis „Leistungen an den Rechtsnachfolger" enthalten. Insoweit ist immer eine Ergänzung der Angaben erforderlich.

Es handelt sich um eine lebenslange Leibrente aus einem Altersvorsorgevertrag i.S.d. § 82 EStG (einschließlich Direktversicherungen, Pensionsfonds und Pensionskassen), **soweit** sie **auf nicht gefördertem Kapital** und den darauf entfallenden Erträgen und Wertsteigerungen beruht. Die Leibrente fließt aus einem zertifizierten Altersvorsorgevertrag zu oder die der Leibrente zu Grunde liegende Versorgungszusage wurde vor dem 1.1.2005 erteilt (Altzusage; § 10 Abs. 1 Nr. 3 Buchst. b EStG) oder die Versorgungszusage erfüllt nicht die Voraussetzungen des § 10 Abs. 1 Nr. 2 Buchst. b EStG.

1297 § 22 Nr. 5 Satz 3 EStG regelt die Besteuerung in den Fällen, in denen das ausgezahlte geförderte Altersvorsorgevermögen steuerschädlich verwendet wird (§ 93 EStG). Der Umfang der steuerlichen Erfassung richtet sich dabei nach der Art der ausgezahlten Leistung (§ 22 Nr. 5 Satz 2 EStG). Als ausgezahlte Leistung gilt dabei das geförderte Altersvorsorgevermögen nach Abzug der Zulagen i.S.d. Abschnitts XI. EStG. Die nach § 10a Abs. 4 EStG gesondert festgestellten, zurückgezahlten Beträge sind dabei nicht in Abzug zu bringen. Die Auszahlung von Altersvorsorgevermögen, das aus nicht geförderten Beiträgen stammt, stellt keine schädliche Verwendung i.S.v. § 93 EStG dar. Bei Teilauszahlungen aus einem zertifizierten Altersvorsorgevertrag gilt das nicht geförderte Kapital als zuerst ausgezahlt.

Tatbestände einer **schädlichen Verwendung** sind:

- i.S.d. § 93 Abs. 1 EStG (bei vorzeitiger [Teil-]Kapitalauszahlung während der Ansparphase oder nach Beginn der Auszahlungsphase)

Beratungshinweis:

Eine förderschädliche Auszahlung von Altersvorsorgevermögen liegt auf Grund der gebotenen objektiven Betrachtungsweise vor, wenn der Anbieter Zahlungen entgegen den in § 93 Abs. 1 Satz 1 EStG genannten Voraussetzungen – wenn auch irrtümlich – vorgenommen hat.[2]

Die Übertragung von gefördertem Vermögen auf die gesetzliche Rentenversicherung oder die Versorgungsausgleichskasse i.R.d. **VersAusglG** (→ Rz. 1470) löst nicht die Rechtsfolgen einer schädlichen Verwendung aus (§ 93 Abs. 1a EStG).

oder § 95 EStG (Wohnsitz der zulageberechtigten Person befindet sich außerhalb der EU- oder EWR-Staaten und es besteht entweder keine Zulageberechtigung oder der Vertrag ist in der Auszahlungsphase [zum Wohnsitz in Großbritannien/Nordirland vgl. BMF]);[3]

Beratungshinweis:

Der EuGH hatte die Regelungen zur Altersvorsorgezulage insoweit als europarechtswidrig erklärt, als bei Grenzgängern und deren Ehegatten/Lebenspartnern die Zulageberechtigung verweigert wird, falls diese in Deutschland nicht unbeschränkt einkommensteuerpflichtig sind oder Grenzarbeitnehmern nicht gestattet wird, gefördertes Altersvorsorgevermögen aus einem Riester-Vertrag für die Anschaffung oder Herstellung einer zu eigenen Wohnzwecken dienenden Wohnung zu verwenden, falls diese nicht in Deutschland liegt.[4] Eine entsprechende gesetzliche Änderung erfolgte durch das Gesetz zur Umsetzung steuerlicher EU-Vorgaben sowie zur Änderung steuerlicher Vorschriften.[5]

- nach § 92a Abs. 3 oder Abs. 4 Satz 1 und 2 EStG (die Nutzung einer zu eigenen Wohnzwecken dienenden Wohnung nicht nur vorübergehend endet),
- Erträge aus einer vor dem 1.1.2005 abgeschlossenen Versicherung auf den Erlebens- oder Todesfall, bei der im Zeitpunkt der schädlichen Verwendung die Laufzeit des Versicherungsvertrags insgesamt weniger als 12 Jahre betragen hat oder Ansprüche aus dem Versicherungsvertrag entgeltlich erworben worden sind, oder um Erträge aus einem zertifizierten Altersvorsorgevertrag, bei dem die in diesem Vertrag angesammelten Erträge nicht bereits nach anderen Vorschriften des EStG besteuert wurden.

1) BMF v. 9.11.2020, IV C 3 – S 2257-b/19/10005 :002, BStBl I 2020, 1061.
2) BFH v. 16.12.2020, X R 21/19, BStBl II 2021, 527.
3) BMF v. 5.10.2023, IV C 3 – S 2015/22/10001 :001, BStBl I 2023, 1726, Rz. 232, 238.
4) EuGH v. 10.9.2009, C-269/07, BFH/NV 2009, 1930.
5) Gesetz zur Umsetzung steuerlicher EU-Vorgaben sowie zur Änderung steuerlicher Vorschriften v. 8.4.2010, BStBl I 2010, 334.

Geht das Eigentum an einer geförderten Immobilie i.R.d. Regelung von **Scheidungsfolgen** auf den Ehegatten/Lebenspartner über, folgt auch die damit verbundene nachgelagerte Besteuerung (§ 92a Abs. 2a EStG). Mit der i.R.d. JStG 2010[1] eingeführten Regelung wird vermieden, dass eine schädliche Verwendung im Zeitpunkt der Übertragung des geförderten Objekts erfolgt. Seitens der zentralen Stelle wird eine Information über den jeweils zugewiesenen Stand des Wohnförderkontos weitergegeben (§ 92b Abs. 2 EStG).

Eine schädliche Verwendung kann dabei sowohl in der Anspar- als auch in der Auszahlungsphase auftreten.[2]

Nach § 22 Nr. 5 Satz 4 EStG gilt im Fall der schädlichen Verwendung das ausgezahlte geförderte Altersvorsorgevermögen nach Abzug der Eigenbeiträge (einschließlich der Beitragsanteile für die Absicherung der verminderten Erwerbsfähigkeit und der zusätzlichen Hinterbliebenenabsicherung ohne Kapitalbildung) und der Beträge der steuerlichen Förderung nach Abschnitt XI. EStG als stpfl. Leistung nach § 22 Nr. 5 Satz 1 EStG.

Praxishinweis:

Wird gefördertes Altersvorsorgevermögen aus einem vor dem 1.1.2005 abgeschlossenen Lebensversicherungsvertrag schädlich verwendet, gilt eine Ausnahmeregelung. Hat die Laufzeit des Versicherungsvertrags im Zeitpunkt der schädlichen Verwendung mind. 12 Jahre betragen, war eine vorzeitige Ausübung des Kapitalwahlrechts vor Ablauf von 12 Jahren nach Vertragsabschluss ausgeschlossen und sind die Ansprüche aus dem Versicherungsvertrag nicht entgeltlich erworben worden, unterliegen die rechnungsmäßigen und außerrechnungsmäßigen Zinsen nicht der Besteuerung (Umkehrschluss aus § 22 Nr. 5 Satz 6 EStG in der am 31.12.2004 geltenden Fassung).

gg) Abgekürzte Leibrente aus einem Altersvorsorgevertrag oder aus einer betrieblichen Altersversorgung lt. Nr. 6 oder Leistungen wegen schädlicher Verwendung lt. Nr. 9b der Leistungsmitteilung (Zeilen 18–20)

Die Leistung unterliegt der **Besteuerung mit dem Ertragsanteil** (§ 22 Nr. 5 Satz 2 Buchst. a i.V.m. § 22 Nr. 1 Satz 3 **1298**
Buchst. a Doppelbuchst. bb Satz 5 EStG i.V.m. § 55 Abs. 2 EStDV). Der Ertragsanteil ergibt sich aus der Tabelle in § 55 Abs. 2 EStDV (→ Rz. 1272). Im Falle der schädlichen Verwendung (→ Rz. 1297) bestimmen sich die zu versteuernden Leistungen nach § 22 Nr. 5 Satz 3 i.V.m. Satz 2 Buchst. a i.V.m. § 22 Nr. 1 Satz 3 Buchst. a Doppelbuchst. bb Satz 5 EStG i.V.m. § 55 Abs. 2 EStDV.

Zur Bestimmung des zutreffenden Ertragsanteils ist der Beginn der Leistung in Zeile 19 und der Erlöschungszeitpunkt oder der Zeitpunkt der Umwandlung der Rente in Zeile 20 einzutragen.

Es handelt sich um eine abgekürzte Leibrente (Berufsunfähigkeits-, Erwerbsminderungs- oder nicht lebenslang gezahlte Hinterbliebenenrente) aus einem Lebensversicherungsvertrag (einschließlich Direktversicherungen, Pensionsfonds und Pensionskassen), soweit sie auf nicht gefördertem Kapital beruht. Die abgekürzte Leibrente fließt aus einem Altersvorsorgevertrag i.S.d. § 82 EStG zu oder die der Leibrente zu Grunde liegende Versorgungszusage wurde vor dem 1.1.2005 erteilt (Altzusage; § 10 Abs. 1 Nr. 3a EStG) oder die Versorgungszusage erfüllt nicht die Voraussetzungen des § 10 Abs. 1 Nr. 2 Buchst. b EStG. Die abgekürzte Leibrente unterliegt der Besteuerung mit dem Ertragsanteil (§ 22 Nr. 5 Satz 2 Buchst. a EStG i.V.m. § 22 Nr. 1 Satz 3 Buchst. a Doppelbuchst. bb EStG, bei einem Rentenbeginn vor dem 1.1.1955 i.V.m. § 55 Abs. 1 Nr. 1 EStDV). Der Ertragsanteil ergibt sich aus der Tabelle in § 55 Abs. 2 EStDV.

hh) Andere Leistungen lt. den Nrn. 7, 8 und 10 oder Leistungen wegen schädlicher Verwendung lt. Nrn. 9c und 9d der Leistungsmitteilung oder der Verminderungsbetrag oder der Auflösungsbetrag bei Aufgabe der Selbstnutzung oder Reinvestitionsabsicht vor dem Beginn der Auszahlung lt. Bescheid der Zentralen Zulagenstelle für Altersvermögen (Zeile 21)

Der bescheinigte **Betrag unterliegt in diesem Umfang der Besteuerung** (§ 22 Nr. 5 Satz 2 Buchst. b oder Satz 3 **1299**
i.V.m. § 20 Abs. 1 Nr. 6 EStG ggf. i.V.m. § 52 Abs. 36 Satz 5 EStG). Im Fall der schädlichen Verwendung (→ Rz. 1297) richtet sich die Besteuerung nach § 22 Nr. 5 Satz 3 i.V.m. Satz 2 Buchst. b i.V.m. § 20 Abs. 1 Nr. 6 EStG ggf. i.V.m. § 52 Abs. 36 Satz 5 EStG. Es handelt sich um andere Leistungen (insb. Kapitalauszahlungen) aus einem versicherungsförmigen Altersvorsorgevertrag i.S.d. § 82 EStG, einem Pensionsfonds, einer Pensionskasse oder einer Direktversicherung (Versicherungsvertrag), soweit sie auf nicht gefördertem Kapital beruhen. Wenn der Versicherungsvertrag, der die Voraussetzungen des § 10 Abs. 1 Nr. 2 Buchst. b EStG in der am 31.12.2004 geltenden Fassung erfüllt, vor dem 1.1.2005 abgeschlossen wurde und die Auszahlung vor Ablauf von 12 Jahren seit Vertragsabschluss erfolgt, werden die rechnungsmäßigen und außerrechnungsmäßigen Zinsen bescheinigt. Wenn der Versicherungsvertrag nach dem 31.12.2004 abgeschlossen wurde, enthält die Mitteilung den Unterschiedsbetrag zwischen der Versicherungsleistung und der Summe der auf sie entrichteten Beiträge oder – wenn die Auszahlung erst nach Vollendung des 60. Lebensjahres (bei Vertragsabschluss nach dem 31.12.2011: nach Vollendung des 62. Lebensjahres) erfolgt und der Vertrag im Zeitpunkt der Auszahlung mind. 12 Jahre bestanden hat – die Hälfte dieses Unterschiedsbetrags (§ 22 Nr. 5 Satz 2 Buchst. b oder Satz 3 i.V.m. § 20 Abs. 1 Nr. 6 EStG ggf. i.V.m. § 52 Abs. 36 Satz 5 EStG).

Praxishinweis:

Ebenfalls zu erklären sind die sukzessiv zu versteuernden Beträge aus dem **Wohnförderkonto** (**Verminderungsbetrag**). Als Leistung wird der Betrag bescheinigt, der sich ergibt, wenn der zu Beginn der Auszahlungsphase im Wohnförderkonto eingestellte Gesamtbetrag einschließlich des darin enthaltenen Erhöhungsbetrages zu gleichen Teilen auf die Jahre bis zur Vollendung des 85. Lebensjahres verteilt wird (§ 22 Nr. 5 Satz 4 i.V.m. § 92a Abs. 2 Satz 5 EStG). Zu erklären ist zudem der **Auflösungsbetrag** (§ 92a Abs. 3 Satz 5

1) JStG 2010 v. 13.12.2010, BStBl I 2010, 1394.
2) BMF v. 5.10.2023, IV C 3 – S 2015/22/10001 :001, BStBl I 2023, 1726, Rz. 217.

EStG). Insoweit liegt eine **steuerschädliche Verwendung** vor, weil die stpfl. Person die Selbstnutzung der geförderten Wohnung nicht nur vorübergehend aufgegeben hat (dies gilt auch, wenn die stpfl. Person gestorben ist und das Wohnförderkonto nicht nach § 92a Abs. 3 Satz 9 Nr. 3 EStG für den überlebenden Ehegatten/Lebenspartner fortgeführt wird) oder die Reinvestitionsabsicht i.S.d. § 92a Abs. 3 Satz 9 Nr. 1 und 2 EStG i.V.m. Satz 10 EStG aufgegeben hat (§ 22 Nr. 5 Satz 4 i.V.m. § 92a Abs. 3 Satz 5 EStG). Zur Frage der wohnwirtschaftlichen Verwendung im Erbfall vgl. das anhängige BFH-Verfahren.[1)]

Im Rahmen des JStG 2010[2)] wurde klargestellt, dass die überlebende Person nicht Eigentümer der Wohnung werden muss. Entscheidend ist lediglich der Anteil an der Wohnung, der auch tatsächlich steuerlich gefördert wurde (§ 92a Abs. 3 Satz 9 Nr. 3 EStG). Im Zeitpunkt des Todes der zulageberechtigten Person dürfen die Ehegatten/Lebenspartner nicht dauernd getrennt gelebt haben und mussten ihren Wohnsitz/gewöhnlichen Aufenthalt im Inland, oder EU-/EWR-Ausland haben. Gibt der überlebende die Selbstnutzung auf, treten dann dieselben Rechtsfolgen ein, als wenn die ursprünglich zulageberechtigte Person die Eigennutzung aufgegeben hätte. Heiratet die überlebende Person erneut, ist § 92a Abs. 3 Satz 10 EStG zu beachten.

1300 Im Rahmen des EigRentG v. 29.7.2008[3)] wurde § 92a EStG neu gefasst und ermöglicht durch die neue Ausgestaltung eine verbesserte Einbeziehung von selbst genutztem Wohneigentum (Wohnung im eigenen Haus, eigene Eigentumswohnung oder Genossenschaftswohnung einer eingetragenen Genossenschaft) und selbst genutzten Genossenschaftswohnungen in die steuerlich geförderte private Altersvorsorge. Die Regelung findet ebenfalls für Dauerwohnrechte i.S.d. § 33 WEG Anwendung (§ 92a Abs. 1 Satz 4 EStG). Die Wohnung muss dabei „Hauptwohnung“ i.S.d. Melderechts sein; hierbei dürfte es sich regelmäßig um den Mittelpunkt der Lebensinteressen handeln. Die zulageberechtigte Person kann dabei bis zu 75 % oder das gesamte in einem zertifizierten Altersvorsorgevertrag angesparte und mit der Altersvorsorgezulage nach Abschnitt XI EStG oder dem zusätzlichen Sonderausgabenabzug (§ 10a EStG) geförderte Kapital bis zum Beginn der Auszahlungsphase unmittelbar für die Anschaffung/Herstellung einer Wohnung, oder zu Beginn der Auszahlungsphase zur Entschuldung einer Wohnung, oder für den Erwerb von Geschäftsanteilen an einer eingetragenen Genossenschaft für die Selbstnutzung einer Genossenschaftswohnung verwenden (Altersvorsorge-Eigenheimrentenbetrag). Der Förderung des Wohneigentums in der Ansparphase (Zulage und Sonderausgabenabzug) folgt die nachgelagerte Besteuerung in Form eines Wohnförderkontos in der dann („fiktiven“) Auszahlungsphase. Auf dem **Wohnförderkonto** werden die steuerlich geförderten Beträge erfasst und stellen die Grundlage für die spätere Besteuerung dar (Entnahmebeträge, Tilgungsleistungen, Zulagen zzgl. einer Verzinsung i.H.v. 2 % [§ 92a Abs. 2 Satz 3 EStG]).

Praxishinweis:

Das im Wohneigentum gebundene steuerlich geförderte Altersvorsorgekapital wird nachgelagert besteuert (§ 22 Nr. 5 EStG) und zu diesem Zweck in einem vertragsbezogenen Wohnförderkonto erfasst (Altersvorsorgevertrag mit Wohnförderkonto). Das Wohnförderkonto wird unabhängig vom Zeitpunkt der Eröffnung durch die ZfA geführt. Im Wohnförderkonto hat die ZfA die geförderten Tilgungsbeiträge, die hierfür gewährten Zulagen sowie den entnommenen Altersvorsorge-Eigenheimbetrag zu erfassen. Die ZfA teilt dem Anbieter eines Altersvorsorgevertrags, zu dem sie ein Wohnförderkonto führt, jährlich den Stand des Wohnförderkontos mit.[4)]

Zu Beginn der Auszahlungsphase besteht ein einmaliges Wahlrecht, ob die Besteuerung jährlich (nachgelagert) oder sofort (mit einem Steuerbonus von 25 %) erfolgen soll. Bei der jährlichen Versteuerung (über einen Zeitraum bis zu 25 Jahren) unterliegt ein gleich hoher Betrag der Besteuerung, und zwar mit dem eigenen individuellen Steuersatz. Der Beginn der Auszahlungsphase liegt dabei zwischen dem 60. und 68. Lebensjahr und endet mit der Vollendung des 85. Lebensjahrs. Der Berechtigte hat dabei zu beachten, dass weder in der Ansparphase noch in der „Auszahlungsphase“ die Wohnung förderschädlich verwendet werden darf, da das angesammelte Kapital zwingend im Alter für eine Rentenzahlung eingesetzt werden soll (§ 93 EStG). Jede Verfügung über das vorhandene Kapital, die nicht den Voraussetzungen des § 1 Abs. 1 AltZertG entspricht, führt daher zu einer Rückzahlung der bisher gewährten Steuervorteile. Auch der Tod des Zulageberechtigten ist eine schädliche Verwendung (außer in dem Fall eines überlebenden Ehegatten/Lebenspartners). Die Rechtsfolgen richten sich an die Erben. Um die nachgelagerte Besteuerung zu vermeiden, existieren fünf Sonderregelungen (§ 92a Abs. 3 Satz 9 EStG). Auch der berufsbedingte Wegfall der Eigennutzung kann dazu führen, dass keine Nachversteuerung durchzuführen ist (§ 92a Abs. 4 EStG). Gefördertes Altersvorsorgevermögen kann auch dann förderunschädlich für die Anschaffung oder Herstellung einer **„Wohnung in einem eigenen Haus“** verwendet werden, wenn diese im Eigentum einer vermögensverwaltenden GbR steht, an der die zulageberechtigte Person beteiligt ist. Steht die Wohnung im Eigentum einer mitunternehmerischen GbR, setzt die förderunschädliche Verwendung von Altersvorsorgevermögen für die Anschaffung oder Herstellung dieser Wohnung voraus, dass sie zum ertragsteuerlichen Privatvermögen der GbR gehört, weil nur dann die Anwendung des § 39 Abs. 2 Nr. 2 AO möglich ist.[5)] Der nachträgliche Anschluss eines Wohngrundstücks mit einer Abwassergrube an das öffentliche Abwassernetz führt hingegen nicht zu nachträglichen Anschaffungskosten, für die der Altersvorsorge-Eigenheimbetrag verwendet werden kann.[6)]

1) FG Berlin-Brandenburg v. 18.12.2023, 15 K 15045/23, EFG 2024, 1010; Rev., Az. des BFH: X R 3/24.
2) JStG 2010 v. 13.12.2010, BStBl I 2010, 1394.
3) EigRentG v. 29.7.2008, BStBl I 2008, 818.
4) BMF v. 5.10.2023, IV C 3 – S 2015/22/10001 :001, BStBl I 2023, 1726, Rz. 169.
5) BFH v. 27.1.2016, X R 23/14, BFH/NV 2016, 1018.
6) BFH v. 6.4.2016, X R 29/14, BFH/NV 2016, 1541.

Praxishinweis:
§ 92a EStG begünstigt nicht die Verwendung von Altersvorsorgekapital zur Tilgung eines Darlehens, das der Finanzierung der Kosten für die Erweiterung einer bereits bestehenden Wohnung dient. Soweit das Gesetz in § 92a Abs. 1 Satz 1 Nr. 1 EStG an die „Anschaffung oder Herstellung einer Wohnung" anknüpft, gelten allgemeine einkommensteuerrechtliche Grundsätze.[1] Auch im Fall der Verwendung des geförderten Altersvorsorgekapitals zur Tilgung eines Darlehens muss ein unmittelbarer Zusammenhang zwischen der Auszahlung des geförderten Kapitals und der Darlehenstilgung bestehen;[2] die 12-Monats-Frist[3] sollte nicht überschritten werden. Die Einzahlung von gefördertem Altersvorsorgevermögen auf einen nicht zertifizierten Bausparvertrag stellt auch dann eine förderschädliche wohnungswirtschaftliche Verwendung (§ 92a Abs. 1 Satz 1 Nr. 1 Alternative 2 EStG) dar, wenn infolge der hierdurch ermöglichten früheren Zuteilung der Bausparsumme erreicht werden soll, ein Darlehen zur Immobilienfinanzierung zinsersparend früher abzulösen.[4] Weder reine Zinszahlungen noch Sparleistungen sind als „Tilgung eines Darlehens" (§ 92a Abs. 1 Satz 1 Nr. 1 EStG) anzusehen.[5] Ein Darlehen kann auch dann i.S.v. § 92a Abs. 1 Satz 1 Nr. 1 Alt. 2 EStG „unmittelbar" für die Anschaffung/Herstellung einer Wohnung aufgenommen worden sein, wenn es ursprünglich für die Anschaffung/Herstellung eines Erstobjekts aufgenommen worden war und später für die Anschaffung/Herstellung eines Zweitobjekts umgewidmet worden ist.[6]

Die Steuerpflicht bezieht sich des Weiteren im bescheinigten Umfang auf die erhaltenen **Provisionserstattungen** (Abschluss- und Vertriebskosten) bei geförderten Altersvorsorgeverträgen. (§ 22 Nr. 5 Satz 9 EStG). 1301

Beratungshinweis:
Grundsätzlich führen Erstattungen von Versicherungsbeiträgen zu einer entsprechenden Minderung von Sonderausgaben.[7] Aus Vereinfachungsgründen – Änderung des bisherigen Sonderausgabenabzugs inkl. der entsprechenden Auswirkung auf einen bereits gestellten Zulageantrag – erfolgt eine Versteuerung der Beträge als Einnahmen.[8]

Da es sich begrifflich um Einkünfte nach § 22 EStG handelt, findet der Sparer-Pauschbetrag (§ 20 Abs. 9 EStG) keine Anwendung.

Praxishinweis:
Die Ertragsermittlung nach § 20 Abs. 1 Nr. 6 EStG kann z.B. im Rahmen einer frühzeitigen Kündigung (Rückkauf) des Altersvorsorgevertrages dazu führen, dass ein negativer Unterschiedsbetrag bescheinigt wird.[9]

ii) Auflösungsbetrag bei Wahl der Einmalbesteuerung des Wohnförderkontos lt. Bescheid der Zentralen Zulagenstelle für Altersvermögen (Zeile 22)

Es handelt sich um die Einmalbesteuerung der Beträge aus dem Wohnförderkonto zu Beginn der Auszahlungsphase. Als Leistung ist der im Wohnförderkonto eingestellte Gesamtbetrag (einschließlich des darin enthaltenen Erhöhungsbetrages) seitens der Zentralen Zulagenstelle für Altersvermögen zu bescheinigen, wenn die stpfl. Person spätestens zu Beginn der Auszahlungsphase einen Antrag auf Einmalbesteuerung anstelle der sukzessiven Besteuerung bis zum 85. Lebensjahr stellt. Der bescheinigte Betrag unterliegt zu 70 % der Besteuerung (§ 22 Nr. 5 Satz 5 EStG). 1302

Zur Frage der Wahl der Einmalbesteuerung und Aufgabe der Selbstnutzung in einem VZ vgl. BMF v. 5.10.2023.[10]

jj) Auflösungsbetrag bei Aufgabe der Selbstnutzung oder der Reinvestitionsabsicht nach dem Beginn der Auszahlungsphase lt. Bescheid der Zentralen Zulagenstelle für Altersvermögen (Zeilen 23–25)

Das in der Wohnung gebundene geförderte Kapital wurde steuerschädlich verwendet, weil die stpfl. Person innerhalb einer Frist von 20 Jahren nach der Einmalbesteuerung (§ 92a Abs. 2 Satz 6 EStG) – die Selbstnutzung der geförderten Wohnung nicht nur vorübergehend aufgegeben hat oder – seine Reinvestitionsabsicht i.S.d. § 92a Abs. 3 Satz 9 Nr. 1 und 2 EStG i.V.m. Satz 10 EStG aufgegeben hat. In diesen Fällen wird 1303

- innerhalb eines Zeitraums von 10 Jahren nach dem Beginn der Auszahlungsphase das Eineinhalbfache oder
- innerhalb eines Zeitraums zwischen dem 10. und 20. Jahr nach dem Beginn der Auszahlungsphase das Einfache

des vor der Einmalbesteuerung nicht erfassten Gesamtbetrages einschließlich des darin enthaltenen Erhöhungsbetrages nachbesteuert.

Es ist der vor der Einmalbesteuerung im Wohnförderkonto eingestellte Gesamtbetrag einschließlich des darin enthaltenen Erhöhungsbetrages zu bescheinigen. Die Berechnung des nachzubesteuernden Anteils erfolgt durch das FA.

Praxishinweis:
Der bescheinigte Betrag wird daher entweder mit 1 (wenn schädliche Verwendung innerhalb des 10. und 20. Jahres nach Beginn der Auszahlungsphase erfolgte) oder mit 1,5 (wenn schädliche Verwendung innerhalb von 10 Jahren nach Beginn der Auszahlungsphase erfolgte) multipliziert.

1) BFH v. 20.3.2019, X R 4/18, BFH/NV 2019, 808.
2) BFH v. 16.2.2022, X R 26/20, BStBl II 2022, 611.
3) BMF v. 5.10.2023, IV C 3 – S 2015/22/10001 :001, BStBl I 2023, 1726, Rz. 258.
4) BFH v. 12.2.2020, X R 28/18, BStBl II 2020, 426.
5) BFH v. 16.2.2022, X R 20/20, BStBl II 2022, 622 und BMF v. 5.10.2023, IV C 3 – S 2015/22/10001 :001, BStBl I 2023, 1726, Rz. 257.
6) BFH v. 27.11.2024, X R 24/23, BStBl II 2025, 681.
7) BFH v. 2.3.2004, IX R 68/02, BStBl II 2004, 506.
8) BT-Drucks. 16/10189 v. 2.9.2008.
9) BMF v. 1.10.2009, IV C 1 – S 2252/07/0001, BStBl I 2009, 1172, Rz. 82.
10) BMF v. 5.10.2023, IV C 3 – S 2015/22/10001 :001, BStBl I 2023, 1726, Rz. 284..

Der Rentenempfänger muss in diesem Fall den Beginn der Auszahlungsphase und den Zeitpunkt der Aufgabe der Selbstnutzung oder der Reinvestitionsabsicht in den Zeilen 24 oder 25 erklären. Ab dem VZ 2021 wird darauf hingewiesen, dass die Eintragung in **Zeile 24** zwingend erforderlich ist, da es sich nicht (mehr) um einen elektronisch übermittelten Wert handelt. Entfällt die Selbstnutzung oder die Reinvestitionsabsicht wegen Todes der stpfl. Person werden hingegen keine Leistungen bescheinigt.

kk) Nachzahlungen für mehrere vorangegangene Jahre – lt. Nr. 11 der Leistungsmitteilung (Zeile 26)

1304 **Nachzahlungen** für vorangegangene Jahre (nicht für das laufende Jahr) sind gesondert zu erklären. Nachzahlungen von Leistungen sind als außerordentliche Einkünfte (§ 34 EStG) ermäßigt zu besteuern, wobei das FA über die Anwendung der ermäßigten Besteuerung die Entscheidung trifft; ein Bezug auf die Leistungsmitteilung kann nicht erfolgen.

3. Werbungskosten (Zeilen 27–33)

Werbungskosten

Die Eintragungen in den Zeilen 27 bis 33 sind nur in der ersten Anlage R-AV / bAV vorzunehmen.

Zeile		Kz.	EUR
27	Werbungskosten zu den Zeilen 4 und 21 Art der Aufwendungen	802	,–
28	Werbungskosten zu Zeile 5 Art der Aufwendungen	803	,–
29	Werbungskosten zu den Zeilen 10, 15 und 18 Art der Aufwendungen	806	,–
30	Werbungskosten zu Zeile 22 Art der Aufwendungen	808	,–
31	Werbungskosten zu Zeile 23 Art der Aufwendungen	809	,–
32	Werbungskosten zu Zeile 9 sowie zu Nachzahlungen (Zeile 26), die in den Einnahmen der Zeile 4 enthalten sind Art der Aufwendungen	805	,–
33	Werbungskosten zu Nachzahlungen (Zeile 26), die in den Einnahmen der Zeilen 5, 10, 15 und 18 enthalten sind Art der Aufwendungen	811	,–

2025AnlR-AVbAV342 2025AnlR-AVbAV342

1305 Die grds. Ausführungen zum Werbungskostenabzug auf der Anlage R (Zeilen 25 und 26 → Rz. 1275) gelten entsprechend.

a) Werbungskosten zu Altersvorsorgeverträgen/betrieblicher Altersversorgung (zu den Zeilen 4 und 21) – Art der Aufwendungen (Zeile 27)

Aufwendungen, die **in Zusammenhang** mit Leistungen (auch Kapitalauszahlungen) aus Altersvorsorgeverträgen, einem Pensionsfonds, einer Pensionskasse, einer Direktversicherung, aus zertifizierten Bank- oder Investmentfondssparplänen oder aus einem Versicherungsvertrag und aus der **betrieblichen Altersversorgung** stehen sowie dem Wohnförderkonto (inkl. Auflösungsbeträge, Zeilen 4 und 21), sind an dieser Stelle zu erklären. 1306

Praxishinweis:
Beim Erwerb von Fondsanteilen gezahlte Einrichtungsgebühren sind wie Ausgabeaufschläge (Eintrittsgelder) Aufwendungen, die für den Erhalt der Verfügungsmacht über die Fondsanteile erbracht werden.[1] Bei Depotgebühren z.B. im Zusammenhang mit einem Riester-Fondssparplan dürfte es sich jedoch um berücksichtigungsfähige vorweggenommene Werbungskosten handeln.

Werden keine höheren Werbungskosten nachgewiesen, ist ein Pauschbetrag von 102 € zu gewähren (§ 9a Satz 1 Nr. 3 EStG).

b) Werbungskosten zu Leistungen aus einem Pensionsfonds (zu Zeile 5) – Art der Aufwendungen (Zeile 28)

Bei den Einnahmen in Zeile 5 handelt es sich auch um **Versorgungsbezüge** (§ 19 Abs. 2 EStG) und Leistungen aus einem Pensionsfonds, die ebenfalls eine direkte Zuordnung von Werbungskosten verlangen. Werden keine Aufwendungen geltend gemacht, wird der Werbungskosten-Pauschbetrag i.H.v. 1 230 € berücksichtigt (§ 9a Satz 1 Nr. 1 Buchst. a EStG), wenn die Voraussetzungen für die Gewährung des Versorgungsfreibetrags nicht vorliegen.[2] 1307

c) Werbungskosten zu weiteren Erträgen (zu den Zeilen 10, 15 und 18) – Art der Aufwendungen (Zeile 29)

Die direkte Zuordnung von Werbungskosten hinsichtlich der in den Zeilen 10, 15 und 18 zu erklärenden Einnahmen werden für die Ermittlung des Altersentlastungsbetrags (§ 24a EStG) benötigt. Versorgungsbezüge (§ 19 Abs. 2 EStG) und Leibrenten (§ 22 Nr. 1 Satz 3 Buchst. a EStG) werden bei der Bemessung des Altersentlastungsbetrages nicht berücksichtigt (§ 24a Satz 2 EStG). 1308

d) Werbungskosten im Zusammenhang mit dem Wohnförderkonto (zu Zeile 22) – Art der Aufwendungen (Zeile 30)

Der Auflösungsbetrag ist zu 70 % stpfl. Die auf diese Leistungen entfallenden Werbungskosten sind gesondert zu erklären. 1309

e) Werbungskosten im Zusammenhang mit dem Auflösungsbetrag beim Altersvorsorge-Eigenheimbetrag (zu Zeile 23) – Art der Aufwendungen (Zeile 31)

Die Berechnung des nachzubesteuernden Anteils erfolgt durch das FA. Die auf diesen (noch zu ermittelnden) Betrag entfallenden Aufwendungen sind gesondert zu erklären. 1310

f) Werbungskosten zu Zeile 9 sowie zu Nachzahlungen (Zeile 26), die in den Einnahmen der Zeile 4 enthalten sind – Art der Aufwendungen (Zeile 32)

Erhält die stpfl. Person Nachzahlungen für mehrere vorangegangene Jahre, die **ermäßigt zu besteuern** sind, und sind in diesem Zusammenhang Werbungskosten (z.B. Rechtsberatungskosten) entstanden, sind diese Aufwendungen direkt den Einnahmen zuzuordnen und an dieser Stelle zu berücksichtigen. 1311

g) Werbungskosten zu Nachzahlungen (Zeile 26), die in den Einnahmen der Zeilen 5, 10, 15 und 18 enthalten sind – Art der Aufwendungen (Zeile 33)

Für die zutreffende Berechnung des Altersentlastungsbetrags (§ 24a EStG [→ Rz. 1275]) wurde ab dem VZ 2018 eine weitere Eintragungsmöglichkeit für Werbungskosten zu Nachzahlungen aus Altersvorsorgeverträgen und aus der betrieblichen Altersvorsorge eingeführt. Bei der Berechnung des Altersentlastungsbetrags bleiben bestimmte sonstige Einkünfte außer Betracht (§ 24a Satz 2 EStG). 1312

1) FG Niedersachsen v. 13.7.2006, 11 K 579/03, EFG 2006, 1749.
2) BMF v. 12.8.2021, IV C 5 – S 2333/19/10018 :017, BStBl I 2021, 1050, Rz. 160.

XXVI. Anlage S – Einkünfte aus selbständiger Arbeit

1. Gewinn (Zeilen 1–31)

2025

Anlage S

Jeder Ehegatte / Lebenspartner mit Einkünften aus selbständiger Arbeit hat eine eigene Anlage S abzugeben.

X Steuerpflichtige Person / Ehemann / Person A

X Ehefrau / Person B

1 Name

2 Vorname

3 **Steuernummer**

Für jeden Betrieb ist zusätzlich eine Bilanz oder – soweit keine Bilanz erstellt wird – eine Anlage EÜR elektronisch zu übermitteln.

Einkünfte aus selbständiger Arbeit

Gewinn 22

(ohne die Beträge in den Zeilen 35, 43 und 52; bei ausländischen Einkünften: **Anlage AUS** beachten)

Gewinn aus freiberuflicher Tätigkeit

4 genaue Berufsbezeichnung oder Tätigkeit

5 Steuernummer

6 Wirtschafts-Identifikationsnummer D E - 100/300 EUR ,–

Gewinn aus einer weiteren freiberuflichen Tätigkeit

7 genaue Berufsbezeichnung oder Tätigkeit

8 Steuernummer

9 Wirtschafts-Identifikationsnummer D E - 101/301 EUR ,–

Gewinn laut gesonderter Feststellung

10 genaue Berufsbezeichnung oder Tätigkeit

11 Finanzamt

12 Steuernummer 110/310 ,–

Gewinn aus Beteiligung laut gesonderter und einheitlicher Feststellung – 1. Beteiligung

13 genaue Bezeichnung der Gesellschaft

14 Finanzamt

15 Steuernummer 120/320 ,–

16 **Gewinn aus allen weiteren Beteiligungen laut gesonderter und einheitlicher Feststellung** (laut gesonderter Aufstellung) 130/330 ,–

Gewinn aus Gesellschaften / Gemeinschaften / ähnlichen Modellen i. S. d. § 15b EStG laut gesonderter und einheitlicher Feststellung

17 genaue Bezeichnung der Gesellschaft / Gemeinschaft / des ähnlichen Modells ,–

Gewinn aus sonstiger selbständiger Arbeit (z. B. als Aufsichtsratsmitglied)

18 genaue Berufsbezeichnung oder Tätigkeit

19 Steuernummer

20 Wirtschafts-Identifikationsnummer D E - 140/340 ,–

Gewinn aus allen weiteren Tätigkeiten

21 genaue Berufsbezeichnung oder Tätigkeit 150/350 ,–

22 In den Zeilen 6 bis 16, 20 und 21 nicht enthaltener steuerfreier Teil der Einkünfte, für die das **Teileinkünfteverfahren** gilt 160/360 ,–

2025AnlS221 - September 2025 - **2025AnlS221**

- 2 -

		EUR
23	In den Zeilen 6 bis 16, 20 und 21 enthaltene positive Einkünfte i. S. d. § 2 Abs. 4 UmwStG	,—
	Steuerpflichtiger Teil der Leistungsvergütungen als Beteiligter einer Wagniskapitalgesellschaft, die **vor** dem 1.1.2009 gegründet wurde (§ 18 Abs. 1 Nr. 4 EStG)	
24	genaue Bezeichnung der Gesellschaft	
25	Finanzamt	
		EUR
26	Steuernummer 170/370	,—
	Steuerpflichtiger Teil der Leistungsvergütungen als Beteiligter einer Wagniskapitalgesellschaft, die **nach** dem 31.12.2008 gegründet wurde (§ 18 Abs. 1 Nr. 4 EStG)	
27	genaue Bezeichnung der Gesellschaft	
28	Finanzamt	
		EUR
29	Steuernummer 180/380	,—
	Ich beantrage für den in den Zeilen 6 bis 16 und 43 enthaltenen Gewinn die Begünstigung nach § 34a EStG und / oder es wurde zum 31.12.2024 ein nachversteuerungspflichtiger Betrag festgestellt.	
30	Anzahl der einzureichenden **Anlagen 34a**	
31	Es wurden steuerfreie Sanierungserträge i. S. d. § 3a EStG erzielt.	1 = Ja

a) Allgemeines

Praxishinweis: 1313

Der **Antrag auf Festsetzung der Mobilitätsprämie** ist mit der **Anlage Mobilitätsprämie** (→ Rz. 1048) zu stellen und betrifft u.a. Fahrten zur ersten Betriebsstätte alternativ zur erhöhten Entfernungspauschale.

Die Anlage S ist von jedem Ehegatten/Lebenspartner mit Einkünften aus selbständiger Arbeit getrennt einzureichen. Zur Zuordnung ist das entsprechende Auswahlfeld auszufüllen (**Zeilen 1–3**).

Wird der Gewinn nach § 4 Abs. 3 EStG durch den Überschuss der Betriebseinnahmen über die Betriebsausgaben ermittelt, ist der Steuererklärung eine **Gewinnermittlung nach amtlich vorgeschriebenem Vordruck** (§ 60 Abs. 4 EStDV) beizufügen – die **Anlage EÜR – und grds. elektronisch zu übermitteln.** Auf die dortigen Ausführungen zur Gewinnermittlung wird verwiesen (→ Rz. 281 ff.). Die Regelungen zur Anlage EÜR (§ 60 EStDV) stellen dabei eine wirksame Rechtsgrundlage für die Pflicht zur Abgabe der Anlage EÜR dar.[1)]

Beratungshinweis:

Die Verpflichtung zur Abgabe der ESt-Erklärung nach amtlich vorgeschriebenem Datensatz durch Datenfernübertragung (§ 25 Abs. 4 Satz 1 EStG) ist wirtschaftlich unzumutbar i.S.v. § 150 Abs. 8 Sätze 1 und 2 AO, wenn der finanzielle Aufwand für die Einrichtung und Aufrechterhaltung einer Datenfernübertragungsmöglichkeit in keinem wirtschaftlich sinnvollen Verhältnis zu den Einkünften nach § 2 Abs. 1 Satz 1 Nrn. 1 bis 3 EStG steht.[2)]

Grundsätzlich sind alle stpfl. Personen, die ihren Gewinn durch Einnahmeüberschussrechnung (§ 4 Abs. 3 EStG) ermitteln, zur Übermittlung der standardisierten Anlage EÜR nach amtlich vorgeschriebenem Datensatz durch Datenfernübertragung verpflichtet. Die Verwaltung schränkt den Bereich der verpflichtenden Angaben der Anlage EÜR jedoch ein. Bleiben die Entschädigungen/Einnahmen nach §§ 3 Nr. 12, 26, 26a, 26b EStG insg. steuerfrei, ist die Abgabe einer Anlage EÜR nicht erforderlich; bei einer Antragsveranlagung (§ 46 Abs. 2 Nr. 8 EStG) und bei Unterschreiten der 410 €-Grenze (§ 46 Abs. 2 Nr. 8 EStG) reicht die Anlage EÜR in Papierform aus.[3)] 1314

Neben der **Abgrenzung** zu den Einkünften aus Gewerbebetrieb (→ Rz. 511) sind die selbständigen Einkünfte (freiberufliche Tätigkeiten) noch zusätzlich ggü. den Einkünften aus nichtselbständiger Arbeit (→ Rz. 1061) abzugrenzen. Zur einkommensteuerrechtlichen Behandlung von **Preisgeldern** vgl. BMF v. 5.9.1996,[4)] BFH v. 23.4.2009[5)] und die Ausführungen zur Anlage SO (→ Rz. 1376). 1315

Die Frage, ob eine selbständige oder nichtselbständige Tätigkeit ausgeübt wird, ist anhand einer Vielzahl in Betracht kommender Merkmale nach dem Gesamtbild der Verhältnisse zu beurteilen. Die Beteiligungsquote kann Anlass geben, dass die Tätigkeit als eine aus selbständiger Arbeit zu beurteilen ist. GmbH-Gesellschafter sind regelmäßig Selbständige, wenn sie zugleich Geschäftsführer der Gesellschaft sind und mind. 50 % des Stammkapi-

1) BFH v. 16.11.2011, X R 18/09, BStBl II 2012, 129.
2) BFH v. 16.6.2020, VIII R 29/19, BStBl II 2021, 290 und VIII R 29/17, BStBl II 2021, 288.
3) OFD NRW v. 20.4.2018, Kurzinfomation ESt, NWB 19/2018, 1360.
4) BMF v. 5.9.1996, IV B 1 – S 2121 – 34/96, BStBl I 1996, 1150.
5) BFH v. 23.4.2009, VI R 39/08, BStBl II 2009, 668.

tals innehaben.[1] **Selbständig tätig** ist, wer den Weisungen eines Dritten nicht zu folgen verpflichtet ist und auf eigene Rechnung und Gefahr arbeitet.[2] Arbeitnehmer ist derjenige, der im Rahmen eines Dienstverhältnisses seine Arbeitskraft schuldet (§ 1 Abs. 1 Satz 1 i.V.m. Abs. 2 LStDV). Diese Voraussetzung ist erfüllt, wenn die tätige Person in der Ausübung ihres geschäftlichen Willens unter der Leitung des Arbeitgebers steht oder im geschäftlichen Organismus des Arbeitgebers dessen Weisungen zu folgen verpflichtet ist, ohne ein Unternehmerrisiko zu tragen. Der EuGH definiert solche Tätigkeiten als Tätigkeiten, die ausgesprochen intellektuellen Charakter haben, eine hohe Qualifikation verlangen und gewöhnlich einer genauen und strengen berufsständischen Regelung unterliegen.[3]

Praxishinweis:

Sozialversicherungsrechtliche Regelungen (z.B. die sog. Scheinselbständigkeit) haben keine unmittelbare Auswirkung auf die ertragsteuerliche Beurteilung; eine Bindung an das Arbeits- oder Sozialrecht besteht daher nicht. Zwar kann es i.R.d. steuerlichen Beurteilung als Indiz gewertet werden, wenn das Arbeitsrecht oder das Sozialversicherungsrecht ein nichtselbständiges Beschäftigungsverhältnis annimmt. Es besteht jedoch in dieser Frage keine Bindung zwischen Arbeits- und Sozialversicherungsrecht einerseits und Steuerrecht andererseits.[4]

1316 Der **Begriff der selbständigen Arbeit** verlangt – neben den Abgrenzungskriterien einer freiberuflichen Tätigkeit auch die Erfüllung der vier positiven Merkmale eines Gewerbebetriebs (Nachhaltigkeit, Gewinnerzielungsabsicht, Beteiligung am allgemeinen wirtschaftlichen Verkehr und Gewinnerzielungsabsicht; → Rz. 512).[5]

Dauerhafte Verluste sind ein Indiz gegen eine Einkunftserzielungsabsicht. Daraus auf eine steuerrechtlich unbeachtliche Liebhaberei zu schließen, ist aber nur gerechtfertigt, wenn aus weiteren Beweisanzeichen die Feststellung möglich ist, dass die stpfl. Person die verlustbringende Tätigkeit nur aus im Bereich ihrer Lebensführung liegenden persönlichen Gründen oder Neigungen ausübt (subjektiver Liebhabereibegriff). Bei den Katalogberufen (§ 18 Abs. 1 Nr. 1 Satz 2 EStG) müssen allerdings zusätzliche Anhaltspunkte dafür vorliegen, dass die Verluste aus persönlichen Gründen oder Neigungen hingenommen werden; eine Vermutung für das Fehlen einer Gewinnerzielungsabsicht lässt sich jedenfalls nicht schon aus dem Umstand herleiten, dass eine solche Tätigkeit häufig aus Passion betrieben wird.[6] Langjährige Verluste eines selbständig tätigen Rechtsanwalts, dessen Einnahmen ohne plausible Gründe auf niedrigstem Niveau stagnieren und der seinen Lebensunterhalt aus erheblichen anderweitigen Einkünften bestreitet, sprechen regelmäßig dafür, dass er seine Tätigkeit nur aus persönlichen Gründen fortführt (**Liebhaberei**).[7]

b) Gewinn aus freiberuflicher und einer weiteren freiberuflichen Tätigkeit – genaue Berufsbezeichnung oder Tätigkeit (Zeilen 4–9)

aa) Allgemeines

1317 Ab dem VZ 2024 ist in den **Zeilen 6 und/oder 9** die **Wirtschafts-Identifikationsnummer** (W-Id-Nr. [§§ 139a, 139c AO]) zu erklären. Da die W-Id-Nr. stufenweise vergeben wird, ist die Angabe der W-Id-Nr. und des Unterscheidungsmerkmals in den elektronischen Vordrucken vorerst bis zum 31.12.2026 nicht verpflichtend.[8] Die W-Id-Nr. wird zeitlich in mehreren Stufen an wirtschaftlich Tätige vergeben. Betroffen sind natürliche Personen, die wirtschaftlich tätig sind, juristische Personen und Personenvereinigungen (Gesellschaften/Gemeinschaften). „Wirtschaftlich tätig" bedeutet eine Tätigkeit, die im Austausch von Gütern oder Dienstleistungen besteht. Perspektivisches Ziel der Einführung der W-Id-Nr. ist die Vereinfachung der Kommunikation zwischen den wirtschaftlich Tätigen und Behörden sowie zwischen den Behörden untereinander. Die W-Id-Nr. besteht aus den Buchstaben „DE" und 9 Ziffern sowie einem 5-stelligen Unterscheidungsmerkmal. Für jede wirtschaftliche Tätigkeit wird eine eigene W-Id-Nr. vergeben.

Jeder wirtschaftlich Tätige erhält zur eindeutigen Identifizierung im Besteuerungs- und Verwaltungsverfahren eine W-Id-Nr. Sofern der wirtschaftlich Tätige über mehrere wirtschaftliche Tätigkeiten, Betriebe oder Betriebsstätten verfügt, wird die W-Id-Nr. lediglich durch weitere Unterscheidungs-Merkmale (U-Merkmal) ergänzt. Mit der Verordnung zur Vergabe steuerlicher W-Id-Nr. (WIdV[9]) wurden weitere Einzelheiten geregelt.

Die Erteilung weiterer U-Merkmale erfolgt wegen der stufenweisen Vergabe voraussichtlich ab 2026.[10] Die für die Vermietung/Verpachtung vergebene W-Id-Nr. ist einzutragen, sofern diese vom BZSt bereits zugeteilt wurde.

Zur freiberuflichen Tätigkeit gehören insb. die **selbständig ausgeübte wissenschaftliche, künstlerische, schriftstellerische, unterrichtende oder erzieherische Tätigkeit**, die selbständige Berufstätigkeit der Ärzte, Zahnärzte, Tierärzte, Rechtsanwälte, Notare, Patentanwälte, Vermessungsingenieure, Ingenieure, Architekten, Handelschemiker, Wirtschaftsprüfer, Steuerberater, beratenden Volks- und Betriebswirte, vereidigten Buchprüfer, Steuerbevollmächtigten, Heilpraktiker (Die Führung eines Unternehmens, das ambulant betreutes Wohnen als Gesamt-

1) BFH v. 20.10.2010, VIII R 34/08, BFH/NV 2011, 585.
2) BFH v. 16.5.2002, IV R 94/99, BStBl II 2002, 565.
3) EuGH v. 11.10.2001, Adam, Urbing, C-267/99, BFH/NV 2002, Beilage 1-2, 21-25, Leitsatz 4.
4) BFH v. 23.10.1992, VI R 59/91, BStBl II 1993, 303.
5) BFH v. 30.3.1994, I R 54/93, BStBl II 1994, 864.
6) BFH v. 13.5.1993, IV R 131/92, BFH/NV 1994, 93.
7) BFH v. 14.12.2004, XI R 6/02, BStBl II 2005, 392.
8) Vgl. www.bzst.de; Verordnung zur Vergabe steuerlicher Wirtschafts-Identifikationsnummern v. 30.9.2024, BStBl I 2024, 1267.
9) BGBl. I 2024 Nr. 293.
10) Vgl. www.bzst.de.

leistung anbietet, erfüllt nicht die Kriterien einer selbständigen/heilenden oder heilpraktischen Tätigkeit[1]), Dentisten, Krankengymnasten, Journalisten,[2] Bildberichterstatter, Dolmetscher, Übersetzer, Lotsen und ähnlicher Berufe (§ 18 Abs. 1 Nr. 1 Satz 1 EStG). Zu Beratungsleistungen im Zusammenhang mit Rundfunksendern (beratende Tätigkeit, Journalismus) vgl. BFH v. 5.4.2011.[3] Auch ein **DJ** kann eine künstlerische Tätigkeit ausüben.[4] Einkünfte eines **Tätowierers** können Einkünfte aus selbständiger künstlerischer Tätigkeit sein.[5]

Es ist in der Rechtsprechung geklärt, dass nicht jede mit dem Berufsrecht vereinbare Tätigkeit eines Rechtsanwalts als freiberufliche Tätigkeit zu beurteilen ist. Für die Auslegung des Begriffs der freiberuflichen Tätigkeit kommt es auf die Rechtsprechung des BGH zu Art und Umfang der berufsrechtlich zulässigen Rechtsanwaltstätigkeit danach nicht an.[6]

Betriebswirte sind nur dann dem Bereich der selbständigen Einkünfte zuzuordnen, wenn diese eine beratende Tätigkeit durchführen; nicht zum Berufsbild gehört die Umsetzung unternehmerischer Entscheidungen selbst.[7]

Die erforderliche „**unterrichtende**" oder „**erzieherische Tätigkeit**" (§ 18 Abs. 1 Nr. 1 EStG) erfordert ein Tätigwerden ggü. Menschen, so dass die Ausbildung und der Verkauf von Blindenhunden zu gewerblichen Einkünften führt.[8] Eine erzieherische Tätigkeit ist auf die umfassende Schulung des menschlichen Charakters und die Bildung der Persönlichkeit im Ganzen gerichtet.[9] Eine im Bereich der Planung, Durchführung und Evaluation klinischer Studien tätige Fachkrankenschwester ist gewerblich tätig.[10] Gewerbliche Einkünfte liegen bei fehlender Eigenverantwortlichkeit vor.[11]

Ingenieur ist, wer nach den landesrechtlichen Ingenieurgesetzen auf Grund seiner Ausbildung berechtigt ist, diese Berufsbezeichnung zu führen und umfasst auch die beratende Tätigkeit, soweit sie nicht auf die bloße Absatzförderung gerichtet ist.[12] Eine einem **Ingenieur vergleichbare Tätigkeit** liegt nicht vor, wenn die praktische Tätigkeit nicht die volle Breite des Ingenieurberufs abdeckt, sondern nur gelegentlich erhebliche mathematische Kenntnisse voraussetzt.[13] Prüfingenieure, die Hauptuntersuchungen und Sicherheitsprüfungen durchführen, üben eine freiberufliche Tätigkeit aus.[14] Zur Darlegungsanforderung und Beweiserhebung durch einen Sachverständigen vgl. BFH.[15] Erbringt ein als Architekt tätiger Ingenieur über die originäre Architektenleistung hinaus Leistungen, wurde die freiberufliche Tätigkeit vom BFH verneint; auch eine Trennung der Tätigkeiten wurde als nicht zulässig erachtet, da ein einheitlicher Leistungserfolg geschuldet wird.[16]

Die selbständige Tätigkeit eines EDV-Beraters im Bereich der **Systemsoftwareentwicklung** ist eine freiberufliche. Voraussetzung war hierfür bisher jedoch, dass die stpfl. Person qualifizierte Software durch eine **klassische ingenieurmäßige Vorgehensweise** (Analyse des Ist-Zustands, Planung und Erarbeitung eines Entwurfs, Konstruktion und Überwachung) entwickelt und über eine Ausbildung (z.B. ein Hochschulstudium als Diplom-Informatiker, Diplom-Ingenieur oder Diplom-Mathematiker) verfügt, die der eines Ingenieurs vergleichbar ist.[17] Ein **Autodidakt** kann über entsprechende Kenntnisse für die Einqualifizierung eines freien Berufs verfügen.[18] Auch die Entwicklung von **Anwendersoftware** wurde damit dem Tätigkeitsbereich eines Ingenieurs zugerechnet. Ein externer **Datenschutzbeauftragter** übt auch dann keinen Katalogberuf aus, wenn er zugleich als Rechtsanwalt tätig ist.[19]

Praxishinweis:

Die Rechtsgrundsätze ob die stpfl. Person eine selbständige Tätigkeit ausübt, ist höchstrichterlich geklärt. Zum Nachweis wäre ggf. ein Sachverständigengutachten[20] notwendig oder in Form einer Wissensprüfung[21] zu führen. Eine erfolgreich bestandene Wissensprüfung führt nur dann zur Anerkennung einer freiberufsähnlichen Tätigkeit, wenn sie den Rückschluss auf den Kenntnisstand der stpfl. Person in früheren Jahren zulässt; ob insoweit Zweifel bestehen, hat die Tatsacheninstanz unter Würdigung aller Umstände des Einzelfalls zu beurteilen.[22] Zur unterbliebenen Einholung eines Sachverständigengutachtens bei Streit um die künstlerische Tätigkeit vgl. BFH.[23]

Die Einordnung der Einkünfte aus **Heil- oder Heilhilfsberufen** als Einkünfte aus freiberuflicher Tätigkeit (§ 18 **1318**
Abs. 1 Nr. 1 EStG) oder als Einkünfte aus Gewerbebetrieb (§ 15 EStG) ist im BMF-Schreiben v. 20.11.2019[24] gere-

1) FG Köln v. 19.5.2022, 6 K 1883/21, EFG 2022, 1389.
2) Zur Abgrenzung vgl. BFH v. 14.5.2014, VIII R 18/11, BStBl II 2015, 128.
3) BFH v. 5.4.2011, VIII B 103/10, BFH/NV 2011, 1133.
4) FG Düsseldorf v. 12.8.2021, 11 K 2430/18 G, EFG 2021, 1727.
5) FG Düsseldorf v. 18.2.2025, 4 K 1875/23 G, AO, EFG 2025, 573, vrl. nicht rkr.
6) BFH v. 8.8.2023, VIII B 22/22, BFH/NV 2023, 1186.
7) FG Düsseldorf v. 24.4.2018, 14 K 2347/15 G, EFG 2018, 1287.
8) BFH v. 9.5.2017, VIII R 11/15, BStBl II 2017, 911.
9) BFH v. 29.9.2020, VIII R 10/17, BStBl II 2021, 387.
10) BFH v. 25.4.2017, VIII R 24/14, BStBl II 2017, 908.
11) FG Köln v. 23.5.2019, 1 K 1430/16, EFG 2019, 1989.
12) BFH v. 17.1.2007, XI R 5/06, BStBl II 2007, 519.
13) BFH v. 9.7.1992, IV R 116/90, BStBl II 1993, 100.
14) BFH v. 14.5.2019, VIII R 35/16, BStBl II 2019, 580.
15) BFH v. 11.11.2014, VIII R 17/12.
16) BFH v. 18.10.2006, XI R 10/06, BStBl II 2008, 54.
17) BFH v. 4.5.2004, XI R 9/03, BStBl II 2004, 989.
18) BFH v. 22.9.2009, VIII R 31/07, BStBl II 2010, 467, VIII R 79/06, BStBl II 2010, 404 und VIII R 63/06, BStBl II 2010, 466.
19) BFH v. 14.1.2020, VIII R 27/17, BStBl II 2020, 222.
20) BFH v. 9.3.2012, III B 244/11, BFH/NV 2012, 1119.
21) BFH v. 7.3.2012, III B 134/12, BFH/NV 2013, 930.
22) BFH v. 20.10.2016, VIII R 2/14, BStBl II 2017, 882.
23) BFH v. 11.2.2021, VIII B 30/20, BFH/NV 2021, 789.
24) BMF v. 20.11.2019, IV 6 – S 2246/19/100001, BStBl I 2019, 1298.

gelt. Zur steuerlichen Behandlung **der Gutachtentätigkeit von Klinikärzten** vgl. FinMin Schleswig-Holstein v. 7.12.2012.[1] Einen Heil- oder Heilhilfsberuf übt derjenige aus, dessen Tätigkeit der Feststellung, Heilung oder Linderung von Krankheiten, Leiden oder Körperschäden beim Menschen dient. Dazu gehören auch **Leistungen der vorbeugenden Gesundheitspflege**. Zur einkommensteuerlichen Behandlung der Tätigkeiten im Rahmen einer **ambulanten Kranken-/Altenpflege** vgl. OFD Frankfurt.[2] Soweit Heil- oder Heilhilfsberufe nicht zu den Katalogberufen zählen, ist ein solcher Beruf einem der in § 18 Abs. 1 Nr. 1 Satz 2 EStG genannten **Katalogberufe ähnlich**, wenn das typische Bild des Katalogberufs mit seinen wesentlichen Merkmalen dem Gesamtbild des zu beurteilenden Berufs vergleichbar ist.

Dazu gehört die **Vergleichbarkeit** der jeweils ausgeübten Tätigkeit nach den sie charakterisierenden Merkmalen, die Vergleichbarkeit der Ausbildung und die Vergleichbarkeit der Bedingungen, an die das Gesetz die Ausübung des zu vergleichenden Berufs knüpft. Zur Annahme eines ähnlichen Berufs reicht die Ähnlichkeit zum „Freiberufler an sich" oder zu einer bestimmten Gruppe freiberuflicher Tätigkeit (sog. Gruppenähnlichkeit) nicht aus.[3] Die rechtliche Gleichstellung des Qualifikationsniveaus eines **Kfz-Meisters** mit einem Bachelorabschluss im Europäischen Qualifikationsrahmen (EQR) oder im Deutschen Qualifikationsrahmen (DQR) erbringt für sich betrachtet nicht den Nachweis, dass der Stpfl. über eine einem abgeschlossenen Ingenieurstudium in Breite und Tiefe vergleichbare Vorbildung verfügt.[4]

Die Tätigkeit eines **Insolvenzverwalters** ist auch dann regelmäßig als selbständige Arbeit zu qualifizieren, wenn diese im Rahmen größerer personeller Zusammenschlüsse erfolgt.[5] Insoweit wurde die bisherige Vervielfältigungstheorie bei stpfl. Personen, die eine sonstige selbständige Tätigkeit ausüben, aufgegeben. Damit gilt auch die Regelung des § 18 Abs. 1 Nr. 1 Satz 3 und Satz 4 EStG entsprechend. Zu beachten ist jedoch, dass auch weitere Voraussetzungen für die Annahme einer selbständigen Tätigkeit vorliegen müssen. Hierzu zählen die persönliche Arbeitsleistung des Berufsträgers, die leitende und eigenverantwortliche Tätigkeit sowie die Tätigkeit auf Grund eigener Fachkenntnisse. Eine leitende und eigenverantwortliche Ausübung des Berufs dürfte dann gegeben sein, wenn dieselbe über eine Festlegung der Organisation und der Aufsicht hinaus durch die jeweilige Planung, Überwachung und Kompetenz in Zweifelsfällen gekennzeichnet ist. Der **Laborarzt** erzielt Einkünfte aus freiberuflicher Tätigkeit (§ 18 Abs. 1 Nr. 1 Satz 2 EStG), wenn er – ggf. unter Mithilfe fachlich vorgebildeter Arbeitskräfte – auf Grund der eigenen Fachkenntnisse leitend und eigenverantwortlich tätig wird. Dies ist nach den Umständen des Einzelfalls zu beurteilen. Zur ertragsteuerlichen Beurteilung von ärztlichen Laborleistungen, vgl. BMF v. 12.2.2009.[6] **Rentenberater** sind gewerblich tätig.[7]

Eine freiberufliche **Übersetzertätigkeit** ist nur dann anzunehmen, wenn der Übersetzer auf Grund eigener Sprachkenntnisse in der Lage ist, die beauftragte Übersetzungsleistung entweder selbst zu erbringen oder aber i.R.d. zulässigen Mitarbeit fachlich vorgebildeter Personen leitend und eigenverantwortlich tätig zu werden.[8]

Ein **Arzt** ist nicht eigenverantwortlich, wenn er nach dem betrieblichen Arbeitsablauf solche Untersuchungsvorgänge und deren Ergebnisse weder zur Kenntnis nimmt noch auf Plausibilität überprüft, die nach einem Vorscreening der fachlich vorgebildeten Mitarbeiter zu einem unauffälligen Befund führen; die gesamte Tätigkeit ist dann als gewerblich zu beurteilen.[9] Heileurythmisten (mit integr. Versorgungsvertrag nach § 140a ff. SGB V zwischen Berufsverband und gesetzl. Krankenkasse) üben eine freiberufliche Tätigkeit aus.[10]

Beratungshinweis:
Für bereits veranlagte Fälle ist darauf zu achten, dass unter bestehenden verfahrensrechtlichen Voraussetzungen GewSt-Messbescheide geändert werden müssen oder aufzuheben sind (§ 35b GewStG).[11]

1319 Daneben üben auch die folgenden Berufsgruppen eine freiberufliche Tätigkeit aus:[12]

- Altenpfleger, soweit keine hauswirtschaftliche Versorgung der Patienten erfolgt,
- Diätassistenten,
- Ergotherapeuten,
- medizinische Fußpfleger,
- Hebammen und Entbindungspfleger,
- Krankenpfleger und Krankenschwestern, soweit keine hauswirtschaftliche Versorgung der Patienten erfolgt,

1) FinMin Schleswig-Holstein v. 7.12.2012 – VI 302 – S 2246 – 225, StEd 2013, 42.
2) OFD Frankfurt am Main, Vfg. v. 26.7.2019, S 2246 A – 023 – St 21, StEd 2019, 548.
3) BFH v. 14.2.2013, III B 67/12, BFH/NV 2013, 920.
4) BFH v. 22.4.2025, VIII B 88/24, BFH/NV 2025, 864.
5) BFH v. 15.12.2010, VIII R 50/09, BStBl II 2011, 506 und VIII R 12/10, BFH/NV 2011, 1306; BFH v. 26.1.2011, VIII R 3/10, BStBl II 2011, 498.
6) BMF v. 12.2.2009, IV C 6 – S 2246/08/10001, BStBl I 2009, 398.
7) BFH v. 7.5.2019, VIII R 2/16, BStBl II 2019 sowie VIII R 26/16, BStBl II 2019, 532.
8) BFH v. 21.2.2017, VIII R 45/13, BStBl II 2018, 4; Verfbeschw nicht angenommen, BVerfG v. 12.9.2018, 1 BvR 2668/17, StEd 2018, 617.
9) BFH v. 12.6.2018, VIII B 154/17, BFH/NV 2018, 945.
10) BFH v. 20.11.2019, VIII R 26/15, BStBl II 2019, 776.
11) Vgl. auch BFH v. 23.6.2004, BStBl II 2004, 901, BStBl II 2004, 901.
12) Vgl. auch BMF v. 20.11.2019, IV C 6 – S 2246/9/10001, BStBl I 2019, 1298.

- Logopäden,
- staatlich geprüfte Masseure, Heilmasseure, soweit diese nicht lediglich oder überwiegend kosmetische oder Schönheitsmassagen durchführen,
- medizinische Bademeister, soweit diese auch zur Feststellung des Krankheitsbefunds tätig werden oder persönliche Heilbehandlungen am Körper des Patienten vornehmen,
- medizinisch-technische Assistenten,
- Orthoptisten,
- psychologische Psychotherapeuten, Kinder- und Jugendlichenpsychotherapeuten,[1]
- Podologen,
- Rettungsassistenten und
- Zahnpraktiker.

Praxishinweis:
Der programmverantwortliche Arzt im Rahmen eines Mammographie-Screenings ist freiberuflich.[2] Auch die Tätigkeit eines Fachkrankenpflegers für Krankenhaushygiene ist dem Katalogberuf des Krankengymnasten ähnlich.[3]

Schließen sich **Ärzte zu Laborgemeinschaften** in Form einer Gesellschaft bürgerlichen Rechts zusammen, ist zu unterscheiden, ob die Laborleistungen ausschließlich an Mitglieder oder zusätzlich auch an Nichtmitglieder erbracht werden. Im ersten Fall werden die Einnahmen aus einer Laborgemeinschaft und/oder aus den Laborleistungen den Einnahmen aus selbständiger Arbeit der beteiligten Ärzte zugerechnet. Im zweiten Fall ist zu prüfen, ob auf Grund des Umfangs noch eine eigenverantwortliche Tätigkeit der Laborgemeinschaft gegeben ist.[4] Zu **Berufsausübungsgemeinschaften, Teilgemeinschaftspraxen, Zweitpraxen** und bei Verträgen im Rahmen einer **ambulanten, integrierten** oder **hausarztzentrierten Versorgung** vgl. Gragert/Wichert.[5] Einkünfte aus einem ambulanten Pflegedienst sind grds. keine aus selbständiger Arbeit.[6] **1320**

Ob ein **ähnlicher Beruf** vorliegt, ist durch Vergleich mit einem bestimmten Katalogberuf festzustellen.[7] Ein Beruf ist einem der Katalogberufe ähnlich, wenn er in wesentlichen Punkten mit ihm verglichen werden kann. Dazu gehört die Vergleichbarkeit der Ausbildung und der beruflichen Tätigkeit.[8] Die Tätigkeit eines staatlich anerkannten Sozialpädagogen im Bereich der Eingliederungshilfe ist keine sonstige selbständige Tätigkeit.[9] **1321**

Im Rahmen von **künstlerischen Tätigkeiten** ist die Abgrenzung in Einzelfällen schwierig und erfordert besondere Sachkunde, über die Finanzgerichte nicht unbedingt verfügen. Holt das Gericht jedoch kein Sachverständigengutachten ein, so muss dies für die Verfahrensbeteiligten erkennbar sein und die besondere Sachkunde des Gerichts in den Urteilsgründen auch nachprüfbar dargelegt werden.[10] Eine künstlerische Tätigkeit liegt vor, wenn die Arbeiten nach ihrem Gesamtbild eigenschöpferisch sind und über eine hinreichende Beherrschung der Technik hinaus eine bestimmte künstlerische Gestaltungshöhe erreichen.[11] Dabei ist nicht jedes einzelne von dem Künstler geschaffene Werk für sich, sondern die gesamte von ihm im VZ ausgeübte Tätigkeit – inkl. der Entwürfe für Werke – zu würdigen. Allein entscheidend ist, ob die schaffende Person schöpferische Leistungen vollbringt, d.h. Leistungen, in denen sich seine individuelle Anschauungsweise und Gestaltungskraft widerspiegeln und die neben einer hinreichenden Beherrschung der Technik der betreffenden Kunstart eine gewisse künstlerische Gestaltungshöhe erreichen.[12] **1322**

Ein Off-Sprecher von TV-Entertainment-Formaten kann eine künstlerische und damit freiberufliche Tätigkeit ausüben.[13] Keine solche Tätigkeit ist die Teilnahme an einem Doku-Entertainment-Format, wobei die Wertung der Künstlersozialversicherung für die steuerliche Beurteilung unerheblich ist.[14]

Ein **Schriftsteller** erzielt Einkünfte aus selbständiger Arbeit. Der Begriff des Schriftstellers ist wie folgt definiert: Er muss für die Öffentlichkeit schreiben und es muss sich um den Ausdruck eigener Gedanken handeln, mögen sich diese auch auf rein tatsächliche Vorgänge beziehen.[15] Nach dieser Rechtsprechung ist es nicht erforderlich, dass das Geschriebene einen wissenschaftlichen oder künstlerischen Inhalt hat.[16] Der Schriftsteller braucht weder ein Dichter noch ein Künstler noch ein Gelehrter zu sein. **1323**

1) BMF v. 27.12.1999, IV C 2 – S 2246 – 69/99, BStBl I 2000, 42.
2) Gragert/Wichert, NWB Fach 3, 15083.
3) BFH v. 6.9.2006, XI R 64/05, BStBl II 2007, 177.
4) BMF v. 12.2.2009, IV C 6 – S 2246/08/10001, BStBl I 2009, 398.
5) Gragert/Wichert, NWB Fach 3, 15083.
6) BFH v. 5.9.2011, VIII B 135/10, BFH/NV 2011, 2062.
7) BFH v. 5.7.1973, IV R 127/69, BStBl II 1973, 730.
8) BFH v. 12.10.1989, IV R 118-119/87, BStBl II 1990, 64.
9) BFH v. 4.6.2024, VIII B 7/23, BFH/NV 2024, 915.
10) BFH v. 1.6.2006, IV B 200/04, BStBl II 2006, 709.
11) BFH v. 11.7.1991, IV R 33/90, BStBl II 1992 353.
12) BFH v. 11.7.1960, V 96/59 S, BStBl III 1960, 453.
13) FG Köln v. 27.4.2022, 2 K 553/18, EFG 2023, 130.
14) FG Düsseldorf v. 21.3.2023, 10 K 306/17 G, EFG 2023, 1015; Rev., Az. des BFH: VIII R 10/23, zurückgenommen.
15) BFH v. 29.7.1981, I R 183/79, BStBl II 1982, 22.
16) BFH v. 14.5.1958, IV 278/56 U, BStBl III 1958, 316.

Praxishinweis:
Der Begriff der „Öffentlichkeit" ist dabei kaum zu definieren, denn bei jeder schriftstellerischen oder journalistischen Tätigkeit wird nicht die gesamte Öffentlichkeit angesprochen, sondern nur eine mehr oder weniger große und sich von Fall zu Fall ändernde Anzahl von Menschen.[1)]

Das **Verfassen von Anleitungen** zum Umgang mit technischen Geräten ist eine schriftstellerische Tätigkeit, wenn der auf der Grundlage mitgeteilter Daten erstellte Text als eine eigenständige gedankliche Leistung des Autors erscheint. Dies ist sowohl dann anzunehmen, wenn der Text den Umgang mit einem technischen Gerät beschreibt, als auch in den Fällen, wenn sich der Text auf das reine Beschreiben der Eigenschaften eines Geräts beschränkt.[2)]

1324 Der **Betrieb einer Unterrichtsanstalt** ist dann als Ausübung eines freien Berufs anzusehen, wenn der Inhaber über entsprechende Fachkenntnisse verfügt und den Betrieb der Schule eigenverantwortlich leitet. Eine eigenverantwortliche Unterrichtstätigkeit liegt vor, wenn die für diese Tätigkeit charakteristische Beziehung des Unterrichtenden zum Schüler hergestellt wird. Diese Voraussetzung ist immer dann erfüllt, wenn der Unterrichtende einen Teil des Unterrichts selbst erteilt, aber auch das regelmäßige Eingreifen in den Unterricht der mitarbeitenden Lehrer kann eine solche Beziehung begründen. Für eine spezifisch individuelle Leistung, wie es die Lehrtätigkeit ist, gelten dabei besonders enge Maßstäbe.[3)]

1325 Der **Begriff der Wissenschaften** ist in besonderem Maße mit den Disziplinen verbunden, die an den Hochschulen gelehrt werden. Wissenschaftlich tätig ist nicht nur, wer schöpferische oder forschende Arbeit leistet (reine Wissenschaft), sondern auch, wer das aus der Forschung hervorgegangene Wissen und Erkennen auf konkrete Vorgänge anwendet (angewandte Wissenschaft). Von wissenschaftlichen Arbeiten kann aber nur dann gesprochen werden, wenn grds. Fragen oder konkrete Vorgänge methodisch in ihren Ursachen erforscht, begründet und in einen Sinnzusammenhang gebracht werden, wie z.B. in einem wissenschaftlichen Gutachten über schwierige Fragen.[4)] Zur Tätigkeit eines **Promotionsberaters** vgl. BFH v. 8.10.2008.[5)]

Zu weiteren Abgrenzungsbeispielen zwischen den Einkünften aus selbständiger Arbeit und Gewerbebetrieb vgl. H 15.6 EStH 2024.

bb) Gemischte Tätigkeiten

1326 Übt eine stpfl. Person sowohl eine freiberufliche als auch eine gewerbliche Tätigkeit aus, so sind die Tätigkeiten zu trennen, sofern dies nach der Verkehrsauffassung möglich ist.[6)] Das gilt auch dann, wenn sachliche und wirtschaftliche Bezugspunkte zwischen den verschiedenen Tätigkeiten bestehen.

Eine **einheitliche Tätigkeit** liegt nur dann vor, wenn die verschiedenen Tätigkeiten derart miteinander verflochten sind, dass sie sich gegenseitig unlösbar bedingen.[7)] Diese einheitliche Tätigkeit ist dann steuerlich danach zu qualifizieren, ob das freiberufliche oder das gewerbliche Element vorherrscht.

cc) Fortführung durch den Erben

1327 Wird eine Praxis durch einen Erben weitergeführt, liegt eine gewerbliche Tätigkeit vor, wenn **dem Erben** einer freiberuflich tätigen Person die **fachliche Qualifikation** zur Ausübung desselben Berufs fehlt. Auch die Fortführung eines freiberuflichen Büros durch eine teilweise aus Berufsfremden bestehende Erbengemeinschaft führt zur **Umqualifikation** in einen Gewerbebetrieb.[8)] Die Erben erzielen, sofern nicht lediglich Entgelte für i.R.d. ehemaligen freiberuflichen Tätigkeit erbrachte Leistungen bezogen werden,[9)] auch keine Einkünfte aus einer ehemaligen Tätigkeit des Erblassers i.S.d. § 24 Nr. 2 EStG, sondern Einkünfte kraft vollständiger eigener Verwirklichung des Einkünftetatbestands.[10)]

Einkünfte aus einer **ehemaligen Tätigkeit** (§ 24 Nr. 2 EStG) liegen jedoch vor, wenn die Einkünfte in wirtschaftlichem Zusammenhang mit der ehemaligen Tätigkeit stehen, insb. ein Entgelt für die i.R.d. ehemaligen Tätigkeit erbrachten Leistungen darstellen. So sind die Einkünfte, die die Witwe eines Kunstmalers aus der Veräußerung der geerbten Bilder erzielt hatte, als nachträgliche Einkünfte aus der künstlerischen Tätigkeit des verstorbenen Ehemanns berücksichtigt worden.[11)]

dd) Gewinnermittlung durch Einnahmenüberschussrechnung

1328 Angehörige der freien Berufe können ihren Gewinn immer nach § 4 Abs. 3 EStG ermitteln. Die Ausführungen zu den gewerblichen Einkünften (→ Rz. 525) gelten entsprechend. Zu den einzelnen Komponenten einer Gewinnermittlung wird auf die entsprechenden Ausführungen zur Anlage EÜR (→ Rz. 255 ff.) hingewiesen. Die Anlage EÜR

1) FG Nürnberg v. 2.7.1979, V 193/79, EFG 1980, 599.
2) BFH v. 25.4.2002, IV R 4/01, BStBl II 2002, 475.
3) BFH v. 1.4.1982, IV R 130/79, BStBl II 1982, 589.
4) BFH v. 27.2.1992, IV R 27/90, BStBl II 1992, 826.
5) BFH v. 8.10.2008, VIII R 74/05, BStBl II 2009, 238.
6) BFH v. 2.10.2003, IV R 48/01, BStBl II 2004, 363.
7) BFH v. 11.7.1991, IV R 102/90, BStBl II 1992, 413.
8) BFH v. 14.12.1993, VIII R 13/93, BStBl II 1994, 922.
9) BFH v. 29.4.1993, IV R 16/92, BStBl II 1993, 716.
10) BFH v. 5.7.1990, GrS 2/89, BStBl II 1990, 837.
11) BFH v. 29.4.1993, IV R 16/92, BStBl II 1993, 716.

ist dabei grds. **elektronisch zu übermitteln**. Die Regelungen zur Anlage EÜR (§ 60 EStDV) stellen dabei eine wirksame Rechtsgrundlage für die Pflicht zur Abgabe der Anlage EÜR dar.[1)]

ee) Betriebsausgabenpauschalen

Bei **hauptberuflicher selbständiger schriftstellerischer oder journalistischer Tätigkeit**, wissenschaftlicher, künstlerischer und schriftstellerischer Nebentätigkeit sowie **nebenamtlicher Lehr- und Prüfungstätigkeit** können die Betriebsausgaben wie folgt ab dem VZ 2023 pauschaliert werden, wenn keine höheren Aufwendungen im Einzelnen nachgewiesen werden:[2)] 1329

- bei hauptberuflicher selbständiger schriftstellerischer oder journalistischer Tätigkeit auf 30 % der Betriebseinnahmen aus dieser Tätigkeit, höchstens jedoch 3 600 € jährlich,
- bei wissenschaftlicher, künstlerischer oder schriftstellerischer Nebentätigkeit (auch Vortrags- oder nebenberufliche Lehr- und Prüfungstätigkeit), soweit es sich nicht um eine Tätigkeit i.S.d. § 3 Nr. 26 EStG handelt, auf 25 % der Betriebseinnahmen aus dieser Tätigkeit, höchstens jedoch 900 € jährlich. Der Höchstbetrag von 900 € kann für alle Nebentätigkeiten, die unter die Vereinfachungsregelung fallen, nur einmal gewährt werden.

Es ist nicht zu beanstanden, dass die Finverw. für eine hauptberufliche selbständige schriftstellerische Tätigkeit i.S.d. H 18.2 Betriebsausgabenpauschale Buchst. a EStH verlangt, dass die stpfl. Person mind. im zeitlichen Umfang von mehr als einem Drittel eines vergleichbaren Vollzeiterwerbs im VZ schriftstellerisch tätig werden muss.[3)]

Bei **Hebammen** bestehen seitens der Finverw. offensichtlich keine Bedenken, als Pauschbetrag für Betriebsausga- 1330
ben 25 % der Einnahmen aus freiberuflicher Tätigkeit, höchstens jedoch 1 534 € jährlich, zuzulassen, soweit nicht im Einzelfall höhere Betriebsausgaben nachgewiesen werden.

Tagesmütter und -väter, die vom Jugendamt oder von der Gemeinde bezahlt werden, erzielen aus dieser **Tages-** 1331
pflegetätigkeit Einkünfte aus selbständiger Arbeit (§ 18 Abs. 1 Nr. 1 EStG).[4)] Hinsichtlich der einkommensteuerrechtlichen Beurteilung der bezogenen Geldleistungen ist zu unterscheiden, welcher Art diese Leistungen sind.[5)]

Erstattungen zur Unfallversicherung und Altersvorsorge der Pflegeperson sind steuerfrei (§ 3 Nr. 9 EStG). Zu angemessenen Aufwendungen für die Kranken- und Pflegeversicherung und Erstattungstatbestände → Rz. 1698.

Die zu berücksichtigende **Betriebsausgabenpauschale** beträgt ab dem VZ 2023 400 € pro vollzeitbetreutem Kind/pro Monat und kann abgezogen werden, wenn die Betreuung im Haushalt der betreuenden Person vorgenommen wird; die Pauschale darf nicht zu negativen Einkünften führen. Die Pauschale bezieht sich auf eine wöchentliche (vereinbarte) Betreuungszeit von 40 Stunden (acht Stunden an fünf Tagen, zehn Stunden an vier Tagen in der Woche). Bei weniger Stunden verringert sie sich anteilig.[6)]

Eine Aufzeichnungspflicht über die (tatsächlich) geleisteten Betreuungszeiten besteht daher nicht. In der Urlaubszeit und in Zeiten von Krankheit oder Fortbildung kann die Pauschale weiterhin berücksichtigt werden, wenn das Betreuungsentgelt in diesen Zeiträumen weiterhin gezahlt wird. Gebäudeaufwendungen können nicht neben den Pauschalen berücksichtigt werden.[7)]

Werden z.B. Mietzuschüsse des Jugendamtes gezahlt, sind diese als Einnahmen zu berücksichtigen, da insoweit auch ein entsprechender Mietkostenanteil abgegolten wird.

Es können alternativ auch die **tatsächlichen Betriebskosten** nachgewiesen werden. Der Nachweis der tatsächlichen Betriebsausgaben ist immer in den Fällen vorzunehmen, in denen keine stpfl. Einnahmen in einem VZ vorliegen.

Als Ausgaben kommen z.B. in Betracht: Mobiliar, Spiel- und Bastelmaterialien, Nahrungsmittel, Hygieneartikel, Fachliteratur, Weiterbildungskosten und Kommunikationskosten, etwa Telefon und Internet. Auch die Miete und Betriebskosten für die zur Kinderbetreuung genutzten Räumlichkeiten zählen dazu. Kosten für die Freizeitgestaltung mit den Kindern sowie Fahrtkosten können ebenfalls berücksichtigt werden. Bei Einzelnachweis der Betriebsausgaben ist der zusätzliche Abzug der Betriebsausgabenpauschale nicht zulässig.

Erfolgt eine **Vollzeitpflege** i.S.d. § 33 SGB VIII handelt es sich insg. um steuerfreie Leistungen (§ 3 Nr. 11 EStG), 1332
soweit keine Erwerbstätigkeit (Aufnahme von mehr als sechs Kindern in einen Haushalt) vorliegt.[8)] Werden Kinder in eine Fachfamilie oder in eine Familiengruppe mit Betreuer gegeben (§ 34 SGB VIII), sind die vereinnahmten Betreuungsentgelte stpfl. (§ 18 Abs. 1 Nr. 1 EStG).[9)] Entscheidend sind der Inhalt und die Durchführung des Pflegeverhältnisses. Leistungen, die als „in einer (anderen) Einrichtung betreuten Wohnens" i.S.d. § 34 SGB VIII erbracht anzusehen sind, sind nicht nach § 3 Nr. 11 EStG steuerbefreit.[10)] Diese Gelder gehören auch nicht zu den steuerfreien Einnahmen (§ 3 Nr. 10 EStG). Eine „Fachfamilie" kann nicht als „Gastfamilie" i.S.d. Gesetzes bezeichnet

1) BFH v. 16.11.2011, X R 18/09, BStBl II 2012, 129.
2) BMF v. 6.4.2023, IV C 6 – S 2246/20/10002 :001, BStBl I 2023, 671.
3) BFH v. 4.7.2023, VIII R 29/20, BStBl II 2023, 1005.
4) BMF v. 6.4.2023, IV C 6 – S 2246/19/10004 :004, BStBl I 2023, 669.
5) BMF v. 31.8.2021, IV C 3 – S 2342/20/10001 :003, BStBl I 2021, 1802, mit weiteren Unterscheidungen.
6) BMF v. 6.4.2023, IV C 6 – S 2246/19/10004 :004, BStBl I 2023, 669.
7) FG Baden-Württemberg v. 7.5.2019, 8 K 751/17, DStZ 2019, 722.
8) Vgl. auch FG Düsseldorf v. 19.8.2005, 18 K 3149/04 Kg, EFG 2006, 433.
9) Vgl. auch BFH v. 23.9.1998, XI R 9/98, BFH/NV 1999, 600.
10) FG Schleswig-Holstein v. 27.2.2019, 2 K 8/19, EFG 2019, 766.

werden, da es sich bei einer Fachfamilie um qualifizierte Fachkräfte handelt, die eine Betriebserlaubnis benötigt (§ 45 SGB VIII). Zahlungen von **Jugendämtern** an eine auf Grundlage der §§ 22, 23 SGB VIII tätigen Tagesmutter sind nicht ausschließlich für Zwecke der Erziehung bestimmt und damit nicht nach § 3 Nr. 11 EStG steuerfrei.[1]

Ein Pflegekindschaftsverhältnis scheidet dann aus, wenn ein Trägerverein einer Pflegeperson Zahlungen für die Erziehung und Unterbringung (Erstattung von Personal- und Sachkosten) eines fremden Kindes zahlt.[2]

Gegen die Entscheidung des BFH wurde u.a. wegen der Frage der steuerrechtlichen Tatbestandswirkung der sozialrechtlichen Einordnung Verfassungsbeschwerde eingelegt, die jedoch nicht zur Entscheidung angenommen wurde.[3]

c) Gewinn lt. gesonderter Feststellung – Finanzamt und Steuernummer (Zeilen 10–12)

1333 Einzutragen ist der nach § 180 Abs. 1 AO gesondert festgestellte Gewinn (→ Rz. 529) eines selbständigen (freiberuflich) tätigen Einzelunternehmers unter Angabe der Steuernummer, des zuständigen FA und der Gesellschaft, an der die stpfl. Person beteiligt ist. Die verfahrensrechtlichen Ausführungen zum gewerblichen Bereich (→ Rz. 529) gelten entsprechend.

In einer **Personengesellschaft** sind nicht nur die Merkmale eines Betriebs (Selbständigkeit, Nachhaltigkeit, Teilnahme am allgemeinen wirtschaftlichen Verkehr und Gewinnerzielungsabsicht; → Rz. 510) zu erfüllen, sondern **alle Gesellschafter** müssen die **persönlichen Voraussetzungen** einer freiberuflichen Tätigkeit **erfüllen**.[4] Zu beachten ist des Weiteren, dass die Personengesellschaft selbst nicht auch gewerblich tätig werden darf, da andernfalls die Abfärbetheorie des § 15 Abs. 3 Nr. 1 EStG greift, so dass die Einkünfte der Gesellschaft in vollem Umfang gewerblich sind.

Praxishinweis:

Durch die Regelung des § 15 Abs. 3 Nr. 1 EStG durch das JStG 2007[5] soll die Abfärbewirkung auch durch die Beteiligung einer vermögensverwaltenden Personengesellschaft an einer gewerblichen Mitunternehmerschaft eintreten. Hiermit wurde aus Gründen der Rechtssicherheit auf eine BFH-Entscheidung reagiert. Der BFH hat im Wege einer typisierenden Beurteilung Umsatzgrenzen festgelegt (Bagatellgrenze bei Abfärbung).[6] Unschädlich sind gewerbliche Nettoumsatzerlöse, die weder 3 % der gesamten Nettoumsatzerlöse der Gesellschaft noch den absoluten Betrag von 24 500 € im VZ übersteigen. Zu beachten ist eine zusätzliche Betrachtungsperspektive bei der Einkünfteermittlung, indem die Erlöse zusätzlich mit Ausgaben saldiert werden.[7] Diese Rechtsprechung stand nicht im Einklang mit dem (bisherigen) Gesetzeswortlaut: danach kommt es nur darauf an, dass auch eine gewerbliche Tätigkeit ausgeübt wird, nicht jedoch darauf, dass aus der gewerblichen Tätigkeit ein Gewinn erzielt wird. Auf Grund der BFH-Rechtsprechung wurde eine entsprechende Klarstellung vorgenommen (§ 15 Abs. 3 Nr. 1 EStG,[8] die sicherstellt, dass auch zukünftig eine gewerbliche Abfärbung eintritt, wenn die gewerbliche Tätigkeit isoliert betrachtet zu einem Verlust führt. Die Änderung stellt sicher, dass – mit Ausnahme der von der Rechtsprechung entwickelten und von der Finverw. angewandten Bagatellgrenzen im Rahmen der Seitwärtsabfärbung (§ 15 Abs. 3 Nr. 1 Satz 1 Alt. 1 EStG) – nicht in jedem Jahr erneut zu prüfen ist, ob eine gewerbliche Abfärbung der Einkünfte anzunehmen ist.

§ 15 Abs. 3 Nr. 1 Satz 1 Alt. 2 EStG (Aufwärtsabfärbung) ist in einkommensteuerrechtlicher Hinsicht auch ohne Berücksichtigung einer Geringfügigkeitsgrenze, bis zu deren Erreichen die gewerblichen Beteiligungseinkünfte nicht auf die übrigen Einkünfte abfärben, verfassungsgemäß.[9]

d) Gewinn aus Beteiligungen (1. Beteiligung) und aus allen weiteren Beteiligungen – Gesellschaft, Finanzamt und Steuernummer (Zeilen 13–16)

1334 Besteht eine Beteiligung an einer freiberuflichen Gesellschaft, ist die Gesellschaft näher zu bezeichnen und die Steuernummer sowie das zuständige FA für die Gesellschaft anzugeben. Auch diese Einkünfte werden vom Betriebsstätten-FA gesondert (und ggf. einheitlich) festgestellt. Zur grds. Frage, in welchen Fällen eine freiberufliche Tätigkeit auch bei Beteiligungen vorliegen kann → Rz. 1333.

e) Gewinn aus Gesellschaften/Gemeinschaften/ähnlichen Modellen i.S.d. § 15b EStG (Zeile 17)

1335 Die in § 15b EStG vorgesehene Verlustverrechnungsbeschränkung von gewerblichen Steuerstundungsmodellen wurde zur Vermeidung von Umgehungsgestaltungen auch auf Verluste aus selbständiger Arbeit ausgedehnt (§ 18 Abs. 4 Satz 2 EStG).

Die Ausführungen zu Zeile 46 der Anlage G (→ Rz. 534) gelten daher entsprechend.

1) FG Münster v. 10.10.2019, 6 K 3334/17 E, EFG 2020, 248.
2) BFH v. 2.4.2009, III R 92/06, BStBl II 2010, 345.
3) BVerfG v. 22.10.2012, 2 BvR 2157/09.
4) BFH v. 7.9.1991, IV R 17/90, BStBl II 1993, 324.
5) JStG 2007 v. 13.12.2006, BStBl I 2007, 28.
6) BFH v. 27.8.2014, VIII R 6/12, BStBl II 2015, 1002 u. VIII R 16/11, BStBl II 2015, 996 u. VIII R 41/11, BStBl II 2015, 999.
7) BFH v. 12.4.2018, IV R 5/15, BFH/NV 2018, 881.
8) Gesetz zur weiteren steuerlichen Förderung der Elektromobilität und zur Änderung weiterer steuerlicher Vorschriften v. 12.12.2019, BGBl. I 2019, 2451 = BStBl I 2020, 17.
9) BFH v. 5.9.2023, IV R 24/20, HFR 2024, 114; Verfassungsbeschw eingelegt, Az. des BVerfG: 2 BvR 45/24; BFH v. 11.7.2024, IV R 18/22, BStBl II 2024, 765.

f) Gewinn aus sonstiger selbständiger Tätigkeit (z.B. als Aufsichtsratsmitglied) und Gewinn aus allen weiteren Tätigkeiten – genaue Berufsbezeichnung oder Tätigkeit (Zeilen 18–21)

Zur Angabe der W-Id-Nr. in Zeile 20 → Rz. 1317. 1336

Die sonstige selbständige Tätigkeit ist im EStG nicht näher definiert. In Anlehnung an die im Gesetz ausdrücklich als Beispiele benannten Tätigkeiten bestimmt der BFH, dass sonstige selbständige Tätigkeiten nur die genannten ähnlichen Tätigkeiten sein können.[1] Für die Anwendung des § 18 Abs. 1 Nr. 3 EStG reicht es danach aus, ist andererseits aber auch erforderlich, dass die Tätigkeit den im Gesetz genannten Tätigkeiten ähnlich ist (Grundsatz der sog. Gruppenähnlichkeit), denn die dort angeführten Beispiele sollen den Begriff der sonstigen selbständigen Tätigkeit charakterisieren.[2] Zu den Einkünften aus sonstiger selbständiger Tätigkeit gehören z.B. Einkünfte aus der Vollstreckung von Testamenten, der Vermögensverwaltung und der Tätigkeit als Aufsichtsratsmitglied (§ 18 Abs. 1 Nr. 3 EStG). Zur steuerlichen Beurteilung der Entschädigungszahlungen der ehrenamtlichen Mitglieder der Gutachterausschüsse für Grundstückswerte und sonstige Wertermittlungen äußert sich die OFD Frankfurt.[3] Zu Aufwandsentschädigungen der freiwilligen Feuerwehr in Schleswig-Holstein vgl. FinMin Schleswig-Holstein v. 26.11.2012.[4]

Leistungen der häuslichen Pflegehilfe führen auch dann zu Einkünften aus Gewerbebetrieb, wenn die Hilfeleistungen die Gesundheitsvorsorge und Aufrechterhaltung von Vitalfunktionen einschließen.[5] **Berufsbetreuer** und **Verfahrenspfleger** erzielen ebenfalls Einkünfte aus sonstiger selbständiger Arbeit.[6] Zur Versteuerung von Einnahmen ehrenamtlicher Betreuer ab → Rz. 1353.

g) Zusatzangaben zum Teileinkünfteverfahren (Zeile 22)

Auf die Ausführungen zu Zeile 47 der Anlage G (→ Rz. 535) wird verwiesen. Einzutragen sind die in den Zeilen 6–16, 20 und 21 enthaltenen steuerfreien Teile der Einkünfte, für die das Teileinkünfteverfahren gilt. 1337

h) Positive Einkünfte i.S.d. § 2 Abs. 4 UmwStG (Zeile 23)

Auf die Ausführungen zu Zeile 48 der Anlage G (→ Rz. 536) wird verwiesen. Einzutragen sind die positiven Einkünfte, die in den Zeilen 6–16, 20 und 21 enthalten sind. 1338

i) Steuerpflichtiger Teil der Leistungsvergütungen als Beteiligter einer Wagniskapitalgesellschaft (Zeilen 24–29)

Auf Grund der Einfügung des § 18 Abs. 1 Nr. 4 EStG durch das Gesetz zur Förderung von Wagniskapital[7] bestehen die Erklärungstatbestände auch für sog. Wagniskapitalgesellschaften. 1339

Erfasst werden die Fälle, in denen die Gesellschafter eines solchen Fonds (Anwendung für den disproportionalen Gewinnanteil aus **vermögensverwaltenden Gesellschaften**, deren Zweck im Erwerb, Halten und in der Veräußerung von Anteilen an Kapitalgesellschaften besteht, wenn der Anspruch auf die Vergütung unter der Voraussetzung eingeräumt worden ist, dass die Gesellschafter ihr eingezahltes Kapital zuvor vollständig zurückerhalten haben) einen von ihrem Kapitaleinsatz abweichenden (höheren) Gewinnanteil als Leistungsvergütung erhalten. In Höhe dieses überproportionalen Gewinnanteils wird für den **sog. carried interest** (Gewinnvorzug) eine nicht gewerbliche Dienstleistung erbracht. Eine gesetzliche Definition des Begriffs „Leistung“ existiert jedoch nicht.[8]

Empfänger des carried interest kann nur ein Beteiligter an einer vermögensverwaltenden Gesellschaft oder Gemeinschaft sein. Der von einem Private Equity Fonds in der Rechtsform einer Kapitalgesellschaft gezahlte carried interest kann auch zu Einkünften aus Gewerbebetrieb führen.[9]

Die **einzutragenden Leistungsvergütungen** sind bereits **um steuerfreie Teile zu kürzen**, wenn die Voraussetzungen hierfür vorliegen (§ 3 Nr. 40a EStG). Eine Korrektur der Bemessungsgrundlage für Annexsteuern um die ggf. nach § 3 Nr. 40a EStG steuerfreien Teile erfolgt nicht, da § 51a Abs. 2 EStG nicht mit angepasst wurde. Entsprechendes gilt für die Korrekturregelung des § 2 Abs. 5a EStG. Der steuerfreie Anteil beträgt hierbei – auch ab 2009 – 50 %. Wurde die Gesellschaft vor dem 1.1.2009 gegründet, sind die Angaben in den **Zeilen 24–26** erforderlich, so dass der zutreffende stpfl. Betrag berücksichtigt wird.

Hinsichtlich des **zeitlichen Anwendungsbereichs** ist das BMF-Schreiben v. 16.12.2003[10] zu beachten. Durch das mit den anderen Bundesländern abgestimmten Schreiben des Bayerischen Staatsministeriums der Finanzen v. 21.6.2004[11] wurde klargestellt, dass es für die Veräußerung der Anteile an früher erworbenen Portfoliogesellschaften durch Altfonds auch nach dem In-Kraft-Treten des Gesetzes zur Förderung von Wagniskapital weiterhin die Steuerbegünstigung oder Steuerbefreiung nach dem BMF-Schreiben v. 16.12.2003 geben kann.

---

1) BFH v. 26.10.1977, I R 110/76, BStBl II 1978, 137.
2) BFH v. 4.11.2004, IV R 26/03, BStBl II 2005, 288.
3) OFD Frankfurt am Main v. 24.9.2018, S 2248 A – 012 – St 213, StEd 45/2018, 687.
4) FinMin Schleswig-Holstein v. 26.11.2012, VI 311 – S 2337 – 096, StEd 2013, 29.
5) BFH v. 22.1.2004, IV R 51/01, BStBl II 2004, 509.
6) BFH v. 15.6.2010, VIII R 14/09, BStBl II 2010, 909 u. VIII R 10/09, BStBl II 2010, 906.
7) Gesetz zur Förderung von Wagniskapital v. 30.7.2004, BStBl I 2004, 846.
8) Elser/Dürrschmidt, FR 2010, 1075.
9) BayLfSt v. 29.8.2008, S 2241 – 17 St 32/St 33, DB 2008, 2166.
10) BMF v. 16.12.2003, IV A 6 – S 2240 – 153/03, BStBl I 2004, 40, Rz. 26.
11) FinMin Bayern, v. 21.6.2004, 31 – S 2241 – 101 – 25 618/04, DB 2004, 1642.

Durch das MoRaKG[1] wurde die bezeichnungsgeschützte Wagniskapitalbeteiligungsgesellschaft eingeführt (Wagniskapitalbeteiligungsgesetz = WKBG), die durch die BaFin anzuerkennen ist. Die **Steuerfreiheit für nach dem 31.12.2008 gegründete Fonds (Zeilen 27–29)** beträgt 40 % (§ 3 Nr. 40a EStG).

j) Antrag auf Anwendung der Thesaurierungsbesteuerung nach § 34a EStG/festgestellter nachversteuerungspflichtiger Betrag zum 31.12.2024 – Anzahl der einzureichenden Anlagen 34a (Zeile 30)

1340 Im Rahmen des UntStRefG 2008[2] wurde § 34a EStG mit dem Zweck eingefügt, dass Gewinne, die in ein Unternehmen investiert werden, lediglich mit einem Steuersatz von 28,25 % (zzgl. SolZ 5,5 % = 29,80 %) besteuert werden. Hierfür ist ein entsprechender Antrag zu stellen. Wird der Antrag gestellt, ist zusätzlich die Anlage 34a (→ Rz. 1587) der ESt-Erklärung beizufügen.

Die Anlage 34a ist ebenfalls der Steuererklärung beizufügen, wenn zum 31.12.2024 ein nachversteuerungspflichtiger Betrag festgestellt worden ist (→ Rz. 636).

k) Es wurden steuerfreie Sanierungserträge i.S.d. § 3a EStG erzielt (Zeile 31)

1341 Der Erklärungstatbestand wurde ab dem VZ 2022 neu aufgenommen und dient dem Fallaufgriff durch das FA.

2. Veräußerungsgewinn (Zeilen 32–55)

31	Es wurden steuerfreie Sanierungserträge i. S. d. § 3a EStG erzielt.		1 = Ja
	Veräußerungsgewinn		
	bei Veräußerung / Aufgabe eines **ganzen Betriebs**, eines **Teilbetriebs** oder eines ganzen **Mitunternehmeranteils** (§ 16 EStG)		
	Veräußerungsgewinn, für den der Freibetrag nach § 16 Abs. 4 EStG wegen dauernder Berufsunfähigkeit oder Vollendung des 55. Lebensjahres beantragt wird – Für nach dem 31.12.1995 erfolgte Veräußerungen / Aufgaben wurde der Freibetrag nach § 16 Abs. 4 EStG bei keiner Einkunftsart in Anspruch genommen. –		
32	genaue Bezeichnung des Betriebs / Teilbetriebs / Mitunternehmeranteils		
33	Finanzamt		
34	Steuernummer		
			EUR
35	Veräußerungsgewinn vor Abzug des Freibetrags nach § 16 Abs. 4 EStG	200/400	,–
36	In Zeile 35 enthaltener steuerpflichtiger Teil, für den das **Teileinkünfteverfahren** gilt	210/410	,–
37	Auf den Veräußerungsgewinn laut Zeile 35 wurde zumindest teilweise § 6b oder § 6b i. V. m. § 6c EStG angewendet. Die Übertragungen von aufgedeckten stillen Reserven und / oder die in Anspruch genommenen Rücklagen nach § 6b Abs. 1 bis 9 ggf. i. V. m. § 6c EStG betragen	202/402	,–
38	Auf den Veräußerungsgewinn laut Zeile 35 wurde zumindest teilweise § 6b oder § 6b i. V. m. § 6c EStG angewendet. Die Übertragungen von aufgedeckten stillen Reserven und / oder die in Anspruch genommenen Rücklagen nach § 6b Abs. 10 ggf. i. V. m. § 6c EStG betragen	203/403	,–
39	Veräußerungsgewinn laut Zeile 35, für den der **ermäßigte Steuersatz** des § 34 Abs. 3 EStG wegen dauernder Berufsunfähigkeit oder Vollendung des 55. Lebensjahres beantragt wird. Für nach dem 31.12.2000 erfolgte Veräußerungen / Aufgaben wurde der ermäßigte Steuersatz nach § 34 Abs. 3 EStG bei keiner Einkunftsart in Anspruch genommen.	220/420	,–

1) Gesetz zur Modernisierung der Rahmenbedingungen für Kapitalbeteiligungen (MoRaKG) v. 12.8.2008, BStBl I 2008, 854.
2) UntStRefG 2008 v. 14.8.2007, BStBl I 2007, 630.

Veräußerungsgewinn(e), für den / die der Freibetrag nach § 16 Abs. 4 EStG nicht beantragt wird oder nicht zu gewähren ist

Zeile		Kennzahl	EUR
40	genaue Bezeichnung des Betriebs / Teilbetriebs / Mitunternehmeranteils		
41	Finanzamt		
42	Steuernummer		
43	Veräußerungsgewinn(e)	230/430	,—
44	In Zeile 43 enthaltener steuerpflichtiger Teil, für den das **Teileinkünfteverfahren** gilt	240/440	,—

2025AnlS222 2025AnlS222

- 3 -

Zeile		Kennzahl	
45	Auf den / die Veräußerungsgewinn(e) laut Zeile 43 wurde zumindest teilweise § 6b Abs. 1 bis 9 ggf. i. V. m. § 6c EStG angewendet	231/431	1 = Ja, für die / alle Veräußerung(en) 2 = Ja, aber nicht für alle Veräußerungen
46	Auf den / die Veräußerungsgewinn(e) laut Zeile 43 wurde zumindest teilweise § 6b Abs. 10 ggf. i. V. m. § 6c EStG angewendet	204/404	1 = Ja
47	In Zeile 43 enthaltener Veräußerungsgewinn, für den der **ermäßigte Steuersatz** des § 34 Abs. 3 EStG wegen dauernder Berufsunfähigkeit oder Vollendung des 55. Lebensjahres beantragt wird. Für nach dem 31.12.2000 erfolgte Veräußerungen / Aufgaben wurde der ermäßigte Steuersatz des § 34 Abs. 3 EStG bei keiner Einkunftsart in Anspruch genommen.	250/450	EUR ,—
48	In Zeile 47 enthaltener steuerpflichtiger Teil, für den das **Teileinkünfteverfahren** gilt	260/460	,—

Veräußerungsverlust(e) nach § 16 EStG

Zeile		Kennzahl	EUR
49	genaue Bezeichnung des Betriebs / Teilbetriebs / Mitunternehmeranteils		
50	Finanzamt		
51	Steuernummer		
52	Veräußerungsverlust(e)	270/470	,—
53	In Zeile 52 enthaltener steuerpflichtiger Teil, für den das **Teileinkünfteverfahren** gilt	280/480	,—

Zu den Zeilen 32 bis 48:

54 Erwerber ist eine Gesellschaft, an der die veräußernde Person oder eine ihr nahestehende Person beteiligt ist (laut gesonderter Aufstellung).

55 Die Betriebsaufgabe erstreckt sich über mehr als ein Kalenderjahr.

a) Allgemeines

Zu den Einkünften aus selbständiger Arbeit gehört auch der Gewinn aus der Veräußerung oder Aufgabe des Vermögens oder eines selbständigen Teils des Vermögens oder eines Anteils am Vermögen, das der selbständigen Arbeit dient (§ 18 Abs. 3 Satz 1 EStG). Neben dem ggf. zu gewährenden Freibetrag i.R.d. Veräußerung oder Aufgabe des Unternehmens (§ 18 Abs. 3 Satz 2 i.V.m. § 16 Abs. 4 EStG) kann auch eine Tarifermäßigung oder der ermäßigte Steuersatz in Betracht kommen (§ 34 EStG). **1342**

Beratungshinweis:

Für die Anwendung des § 34 Abs. 3 Satz 4 EStG ist die Inanspruchnahme einer Steuerermäßigung nach § 34 EStG in VZ vor dem 1.1.2001 unbeachtlich. Für nach dem 31.12.2000 erfolgte Veräußerungen/Aufgaben durfte der ermäßigte Steuersatz daher bei keiner Einkunftsart in Anspruch genommen werden.

Eine **Veräußerung** i.S.d. § 18 Abs. 3 EStG liegt vor, wenn die für die Ausübung wesentlichen wirtschaftlichen Grundlagen, insb. die immateriellen WG wie Mandantenstamm und Praxiswert, entgeltlich auf einen anderen übertragen werden. Die freiberufliche Tätigkeit in dem bisherigen örtlichen Wirkungskreis muss wenigstens für eine gewisse Zeit eingestellt werden.

Die Fortführung einer **freiberuflichen Nebentätigkeit** steht der tarifbegünstigten Veräußerung einer Praxis nicht entgegen, wenn diese Nebentätigkeit nur in geringem Umfang ausgeübt worden ist. Eine Tätigkeit von geringem Umfang nimmt der BFH dann an, wenn die darauf entfallenden Umsätze in den letzten drei Jahren vor Veräußerung weniger als 10 % der gesamten Einnahmen ausmachen[1] oder der Wert der nicht übertragenen Betriebsgrundlagen weniger als 10 % der durchschnittlichen Jahreseinnahmen aus den drei VZ vor der Betriebsveräußerung ausmacht.[2] Diese Grundsätze sind nicht nur dann anwendbar, wenn die zurückbehaltenen Patienten- oder Kundenbeziehungen ggü. den veräußerten nach sachlichen Gesichtspunkten abgrenzbar sind, sondern auch dann, wenn die zurückbehaltenen (geringfügigen) Kundenbeziehungen von den veräußerten nicht getrennt werden können.[3]

Beratungshinweis:

Die tarifbegünstigte Veräußerung setzt voraus, dass die stpfl. Person die wesentlichen vermögensmäßigen Grundlagen der bisherigen Tätigkeit entgeltlich und definitiv auf einen anderen überträgt. Hierzu muss der Veräußerer seine freiberufliche Tätigkeit in dem bisherigen örtlichen Wirkungskreis wenigstens für eine gewisse Zeit einstellen. Wann eine „definitive" Übertragung der wesentlichen Betriebsgrundlagen vorliegt, hängt jeweils von den Umständen des Einzelfalls ab. Eine starre zeitliche Grenze, nach der die Tätigkeit steuerunschädlich wieder aufgenommen werden kann, besteht nicht. Dementsprechend ist auch keine „Wartezeit" von mindestens drei Jahren einzuhalten.[4]

b) Veräußerung eines Teilbetriebs

1343 Die Veräußerung eines Teilbetriebs stellt eine tarifbegünstigte Teilpraxisveräußerung dar, sofern den einzelnen Praxisteilen eine notwendige organisatorische Selbständigkeit zukommt.[5] Nach Rechtsprechung des BFH kann eine steuerbegünstigte Teilpraxisveräußerung auch dann vorliegen, wenn ein Teilbetrieb veräußert wurde, der (neben anderen Praxen) als völlig selbständiger Betrieb erworben und bis zu seiner Veräußerung im Wesentlichen unverändert fortgeführt wurde.[6] Die erforderliche Selbständigkeit kann damit nur dann angenommen werden, wenn sich die freiberufliche Arbeit entweder auf wesensmäßig verschiedene Tätigkeiten in den Teilpraxen mit zugehörigen unterschiedlichen Kunden-(Patienten-)kreisen erstreckt oder bei gleichartiger Tätigkeit in den Teilpraxen in voneinander getrennten örtlich abgegrenzten Bereichen ausgeübt wird.[7]

c) Veräußerung eines ganzen Mitunternehmeranteils

1344 Wird der **ganze** Mitunternehmeranteil an einer Personengesellschaft veräußert, so muss die Tätigkeit im bisherigen Wirkungskreis auch tatsächlich für eine gewisse Zeit eingestellt werden, denn die Überleitung eines Mandanten- oder Patientenstammes ist nicht gesichert, wenn der Veräußerer mit der bisherigen Tätigkeit in räumlicher Nähe zu dem veräußerten Unternehmen freiberuflich tätig bleibt und damit zum Erwerber zumindest bzgl. der bisherigen Kunden in Konkurrenz tritt.[8] Insoweit wären nicht alle **wesentlichen Grundlagen** der freiberuflichen Tätigkeit auf den Praxiserwerber übertragen oder in das Privatvermögen überführt worden. Der Gewinn, der aus der Veräußerung eines **Teils eines Mitunternehmeranteils** entstanden ist, ist als laufender Gewinn zu versteuern.

d) Veräußerungsgewinn, für den der Freibetrag nach § 16 Abs. 4 EStG wegen dauernder Berufsunfähigkeit oder Vollendung des 55. Lebensjahres beantragt wird (Zeilen 32–39)

1345 In den **Zeilen 32–34** ist die genaue Bezeichnung des veräußerten Betriebs/Teilbetriebs/Mitunternehmeranteils unter Angabe des zuständigen Finanzamtes und der Steuernummer anzugeben.

Ein Veräußerungs- oder Aufgabegewinn wird nur zur ESt herangezogen, soweit er 45 000 € übersteigt (§ 18 Abs. 3 Satz 2 i.V.m. § 16 Abs. 4 EStG). Die Gewährung des **Freibetrags** ist **antragsgebunden** und wird der stpfl. Person nur einmal im Leben (nicht je Einkunftsart) gewährt. Die Gewährung des Freibetrags ist ausgeschlossen, wenn für eine Veräußerung oder Aufgabe, die nach dem 31.12.1995 erfolgt ist, bereits ein Freibetrag nach §§ 14 Satz 2, 16 Abs. 4 oder 18 Abs. 3 EStG gewährt worden ist.

Praxishinweis:

Hat die stpfl. Person bereits vor dem 1.1.1996 einen Freibetrag erhalten, so bleibt dieser jedoch unberücksichtigt (§ 52 Abs. 34 Satz 5 Halbsatz 2 EStG a.F.).

Der **Antrag** auf Gewährung des Freibetrags (§ 16 Abs. 4 EStG) wird gestellt, indem der Veräußerungs- oder Aufgabegewinn in **Zeile 35** eingetragen wird. Für die Anwendung des ermäßigten Steuersatzes (§ 34 Abs. 3 EStG) wegen dauernder Berufsunfähigkeit oder Vollendung des 55. Lebensjahres ist eine Eintragung in **Zeile 37** erforderlich. Eine Beantragung ist nur möglich, wenn für nach dem 31.12.2000 erfolgte Veräußerungen/Aufgaben der ermäßigte Steuersatz noch nicht in Anspruch genommen worden ist. Vgl. hierzu auch Zeile 58 der Anlage G (→ Rz. 566). Ist das Teileinkünfteverfahren zu berücksichtigen, ist der entsprechende stpfl. Teil in Zeile 36 zu erklären; vgl. Zeile 62 der Anlage G (→ Rz. 586).

Praxishinweis:

Soll kein Freibetrag berücksichtigt werden, ist der Gewinn ab der Zeile 40 zu erklären.

1) BFH v. 20.1.2009, VIII B 58/08, BFH/NV 2009, 756.
2) BFH v. 6.8.2001, XI B 5/00, BFH/NV 2001, 1561.
3) BFH v. 7.11.1991, IV R 14/90, BStBl II 1992, 457; v. 29.10.1992, IV R 16/91, BStBl II 1993, 182.
4) BFH v. 11.2.2020, VIII B 131/19, HFR 2020, 521; SH FinMin v. 15.6.2020, VI 307 – S 2249-007.
5) BFH v. 4.11.2004, IV R 17/03, BStBl II 2005, 208.
6) BFH v. 26.6.2012, VIII R 22/09, BStBl II 2012, 777.
7) FG München v. 29.11.2017, 1 K 311/16, EFG 2019, 615; Rev., Az. des BFH: VIII R 36/18 wurde zurückgenommen.
8) BFH v. 23.1.1997, IV R 36/95, BStBl II 1997, 498.

Der **Freibetrag ermäßigt sich** um den Betrag, um den der Veräußerungs- oder Aufgabegewinn 136 000 € übersteigt.

Für die Höhe des Freibetrags ist es unerheblich, ob ein ganzer Betrieb, ein Teilbetrieb oder ein gesamter Mitunternehmeranteil veräußert oder aufgegeben wird. Der Freibetrag ist jedoch auch in den Fällen verbraucht, in denen er nicht in voller Höhe ausgeschöpft werden kann, weil der entsprechende Gewinn geringer ist als der zu gewährende Freibetrag.

aa) Auf den Veräußerungsgewinn lt. Zeile 35 wurde zumindest teilweise § 6b oder § 6b i.V.m. § 6c EStG angewendet (Zeilen 37–38)

Wenn auf den Veräußerungsgewinn (Veräußerungsgewinne mit beantragtem/gewährtem Freibetrag ([§ 16 Abs. 4 EStG]) zumindest teilweise § 6b/§ 6c EStG angewendet wurde, erfolgt in der Zeile 37 die ergänzende Abfrage zur Höhe der Übertragungen von aufgedeckten stillen Reserven und/oder die in Anspruch genommenen Rücklagen (§ 6b Abs. 1 bis 9 ggf. i.V.m. § 6c EStG) und in der Zeile 38 eine Erklärung zur Höhe der Übertragungen von aufgedeckten stillen Reserven und/oder die in Anspruch genommenen Rücklagen (§ 6b Abs. 10 ggf. i.V.m. § 6c EStG). **1346**

Auf die Ausführungen zu den Zeilen 63--64 der Anlage G (→ Rz. 565) wird verwiesen. In den Fällen des § 6c EStG ist § 6b Abs. 10 EStG entsprechend anzuwenden.[1]

bb) Veräußerungsgewinn laut Zeile 35, für den der ermäßigte Steuersatz des § 34Abs. 3 EStG beantragt wird (Zeile 39)

Auf die Ausführungen zu Zeile 65 der Anlage G (→ Rz. 588) wird verwiesen. **1347**

e) Veräußerungsgewinn(e), für den/die der Freibetrag nach § 16 Abs. 4 EStG nicht beantragt wird oder nicht zu gewähren ist (Zeilen 40–48)

Wird der Antrag auf Gewährung eines Freibetrags (§ 16 Abs. 4 EStG) nicht gestellt, wird der Veräußerungsgewinn **ohne Berücksichtigung des Freibetrags** (→ Rz. 1345) versteuert. Der Freibetrag ist dann noch nicht verbraucht und kann im Zusammenhang mit der Veräußerung eines weiteren Betriebs, Teilbetriebs der Mitunternehmeranteils geltend gemacht werden. Der Gewinn ist in diesen Fällen in Zeile 43 einzutragen; der in dem Gewinn enthaltene stpfl. Teil, für den das Teileinkünfteverfahren gilt, ist zusätzlich in Zeile 44 auszuweisen. Die Erläuterungen zum gewerblichen Teil gelten entsprechend (→ Rz. 534). Wurde für den Veräußerungsgewinn lt. Zeile 43 zumindest teilweise § 6b oder § 6c EStG angewendet (Zeilen 45–46) ist eine zusätzliche Angabe erforderlich, vgl. die Erläuterungen zu den Zeilen 71-72 der Anlage G (→ Rz. 569). **1348**

Der **ermäßigte Steuersatz** nach **§ 34 Abs. 3 EStG** (→ Rz. 566) ist auch in diesen Fällen anzuwenden. Der entsprechende Anteil am Gewinn ist in Zeile 45 einzutragen. Der in diesem Gewinnanteil enthaltene stpfl. Teil, für den das Teileinkünfteverfahren gilt, ist in Zeile 48 zusätzlich auszuweisen. Die Erläuterungen zu den gewerblichen Einkünften gelten entsprechend (→ Rz. 535).

Beratungshinweis:
Für die Anwendung des § 34 Abs. 3 Satz 4 EStG ist die Inanspruchnahme einer Steuerermäßigung nach § 34 EStG in VZ vor dem 1.1.2001 unbeachtlich (§ 52 Abs. 47 Satz 8 EStG a.F.).

f) Veräußerungsverlust(e) nach § 16 EStG (Zeilen 49–53)

Veräußerungsverluste i.S.d. § 18 EStG sind gesondert zu erklären. Die Ausführungen zu den Zeilen 75–79 der Anlage G (→ Rz. 570) gelten entsprechend. Der in diesem Verlust enthaltene stpfl. Teil, für den das Teileinkünfteverfahren gilt, ist in Zeile 51 zu erklären. **1349**

g) Erwerber ist eine Gesellschaft, an der die veräußernde Person oder ein Angehöriger beteiligt ist – lt. gesonderter Aufstellung (Zeile 54)

Veräußerungsgewinne werden als laufende Gewinne besteuert, soweit auf der Seite des Veräußerers und auf der Seite des Erwerbers dieselben Personen Unternehmer oder Mitunternehmer sind (§ 18 Abs. 3 Satz 2 i.V.m. § 16 Abs. 2 Satz 3 und Abs. 3 Satz 5 EStG). Wird der freiberufliche Betrieb in eine Gesellschaft eingebracht, an der die stpfl. Person oder eine ihr nahestehende Person beteiligt ist, ist § 24 UmwStG anwendbar. **1350**

Hinweis zur Plausibilitätsbeurteilung:
Ab dem VZ 2025 wird die Formulierung „nahestehende Person" und nicht mehr „Angehöriger" verwendet. Nach der Entscheidung des BFH v. 9.5.2017[2] sind „nahestehende Personen" nicht ausschließlich „Angehörige". Was unter „einander nahestehenden Personen" zu verstehen ist, ist gesetzlich nicht definiert. Maßgebend ist, ob unter Berücksichtigung der Gesamtheit der objektiven Gegebenheiten ein den Gleichklang wirtschaftlicher Interessen indizierendes, den Einzelfall bestimmendes Näheverhältnis angenommen werden kann.

---

1) R 6c Abs. 3 EStR 2012.
2) Vgl. BFH v. 9.5.2017, IX R 1/16, BStBl II 2018, 94.

h) Die Betriebsaufgabe erstreckt sich über mehr als ein Kalenderjahr (Zeile 55)

1351 Erstreckt sich die Betriebsaufgabe über mehrere Jahre, ist eine zusätzliche Erklärung erforderlich. Es liegt keine begünstigte Betriebsaufgabe vor, wenn die WG nach und nach im Laufe mehrerer Wj. an Dritte veräußert oder in das PV überführt werden.[1] Die Ausführungen zu Zeile 81 der Anlage G gelten entsprechend.

3. Sonstiges (Zeilen 56–58)

Sonstiges

Zeile			EUR
56	In den Zeilen 6 bis 21 enthaltene begünstigte sonstige Gewinne i. S. d. § 34 Abs. 2 Nr. 2 bis 4 EStG	190/390	,—

Einnahmen aus nebenberuflicher Tätigkeit

– Eine Anlage EÜR ist nicht zu übermitteln, wenn die Einnahmen nach § 3 Nr. 12, 26, 26a und / oder 26b EStG ganz oder teilweise steuerfrei sind und keine Betriebsausgaben geltend gemacht werden. –

Zeile			Gesamtbetrag EUR		davon als steuerfrei behandelt EUR	Rest enthalten in Zeile(n)
57	aus der Tätigkeit als	191/391	,—	192/392	,—	
58	aus allen weiteren Tätigkeiten	193/393	,—	194/394	,—	

a) Begünstigte sonstige Gewinne i.S.d. § 34 Abs. 2 Nr. 2 bis 4 EStG (Zeile 56)

1352 Die Ausführungen zu Zeile 99 der Anlage G (→ Rz. 602) hinsichtlich bestimmter außerordentlicher Einkünfte i.S.d. § 34 Abs. 2 Nr. 2 bis 4 EStG gelten entsprechend für die außerordentlichen Einkünfte im Zusammenhang mit selbständigen Einkünften. Die Vereinnahmung eines berufsüblichen Honorars führt nicht zu außerordentlichen Einkünften, wenn es sich um eine mehrjährige Tätigkeit handelt.[2] Eine Nachzahlung, die insg. mehrere Jahre betrifft, ist eine mehrjährige Vergütung i.S.d. § 34 Abs. 2 Nr. 4 EStG. Erfolgt die Auszahlung der Gesamtvergütung in zwei VZ in etwa gleich großen Teilbeträgen, kommt eine Tarifbegünstigung nach § 34 Abs. 1 EStG nicht in Betracht.[3]

b) Einnahmen aus nebenberuflicher Tätigkeit (Zeilen 57–58)

1353 Die Eintragungen betreffen Tatbestände des § 3 Nr. 12, Nr. 26 und Nr. 26a EStG[4] soweit diese nicht in Zusammenhang mit einer nichtselbständigen Tätigkeit stehen. Gegebenenfalls ist auch eine Anlage EÜR der Steuererklärung beizufügen. Das gilt nicht, wenn die Einnahmen nach § 3 Nr. 12, 26, 26a und/oder 26b EStG ganz oder teilweise steuerfrei sind und keine Betriebsausgaben geltend gemacht werden.

Ist die Tätigkeit Ausfluss einer nichtselbständigen Tätigkeit, haben die Eintragungen auf der Anlage N in Zeile 20 (→ Rz. 1088) zu erfolgen. Mitglieder von **Gemeinderäten** erzielen Einkünfte aus selbständiger Arbeit.[5] Diese Einnahmen sind weder nach § 3 Nr. 12 Satz 1 noch nach Satz 2 EStG steuerfrei.[6] Zu Einzelbereichen der Steuerbefreiung für nebenberufliche Tätigkeiten vgl. OFD Frankfurt v. 2.9.2019.[7]

Zu Aufwandsentschädigungen für ehrenamtliche Betreuer (§ 1878 BGB) vgl. FinMin Thüringen v. 9.1.2023.[8]

Aufwandsentschädigungen eines Versorgungswerks sind steuerfrei, wenn sich das Versorgungswerk als juristische Person des öffentlichen Rechts im Rahmen seiner gesetzlichen Aufgabenzuweisung auf die Gewährleistung der Alters-, Invaliden- und Hinterbliebenenversorgung für seine Zwangsmitglieder beschränkt und dabei die insoweit bestehenden Anlagegrundsätze beachtet.[9]

Bestimmte nebenberufliche Tätigkeiten sind ab dem VZ 2021 bis zu einer Höhe von 3 000 € im VZ steuerfrei (§ 3 Nr. 26 EStG). Hierunter fallen Einkünfte für

- nebenberufliche Tätigkeiten als Übungsleiter, Ausbilder, Erzieher, Betreuer oder für vergleichbare nebenberufliche Tätigkeiten,
- nebenberufliche künstlerische Tätigkeiten oder

Beratungshinweis:
Eine künstlerische Tätigkeit kann auch dann vorliegen, wenn sie die eigentliche künstlerische Haupttätigkeit unterstützt und ergänzt, sofern sie Teil des gesamten künstlerischen Geschehens ist. Somit können – im Gegensatz zur Tätigkeit eines Bühnenarbeiters – auch die Leistungen eines Komparsen als eine künstlerische Tätigkeit angenommen werden.[10]

- nebenberufliche Pflege alter, kranker oder behinderter Menschen

1) BFH v. 10.9.1957, I 294/56 U, BStBl II 1957, 414.
2) BFH v. 30.1.2013, III R 84/11, BFH/NV 2013, 829; Verfbeschw nicht angenommen, BVerfG v. 20.7.2015, 2 BvR 971/13.
3) BFH v. 2.8.2016, VIII R 37/14, BStBl II 2017, 258.
4) Zur Abgrenzung vgl. Wesley, DStR 2015, 2257.
5) BFH v. 8.8.1996, XI B 187/95, BFH/NV 1996, 897.
6) FG Köln v. 2.9.2005, 5 K 1290/05, EFG 2008, 105.
7) OFD Frankfurt a.M., Vfg. v. 2.9.2019, S 2245 A – 002 – St 29, StEd 2019, 617.
8) FinMin Thüringen v. 9.1.2023, 1040-21 – S 2121/18-2-2898/2023.
9) BFH v. 27.8.2013, VIII R 34/11, BStBl II 2014, 248.
10) BFH v. 18.4.2007, XI R 21/06, BStBl II 2007, 702.

zur Förderung gemeinnütziger, mildtätiger oder kirchlicher Zwecke (§§ 52 bis 54 AO) **im Dienst oder** im **Auftrag einer inl. juristischen Person** des öffentlichen Rechts (z.B. im Auftrag von Bund, Ländern, Gemeinden, Gemeindeverbänden, Industrie- und Handelskammern, Handwerkskammern, Rechtsanwaltskammern, Steuerberaterkammern, Wirtschaftsprüferkammern, Ärztekammern, Universitäten oder den Trägern der Sozialversicherung) **oder einer unter § 5 Abs. 1 Nr. 9 KStG fallenden Einrichtung** (z.B. Körperschaften, Personenvereinigungen, Stiftungen und Vermögensmassen, die nach der Satzung oder dem Stiftungsgeschäft und nach der tatsächlichen Geschäftsführung ausschließlich und unmittelbar gemeinnützige, mildtätige oder kirchliche Zwecke verfolgen). Im Rahmen des JStG 2009[1] wurde der Tatbestand des § 3 Nr. 26 EStG rückwirkend auf Tätigkeiten ausgedehnt, die für in EU-Mitgliedstaaten ansässige juristische Personen des öffentlichen Rechts erbracht worden sind.[2] In diesem Sinne hatte bereits der BFH entschieden.[3] Zur Steuerfreiheit von Vergütungen für Fahrer einer Einrichtung der teilstationären Tagespflege für alte Menschen vgl. FG Baden-Württemberg.[4]

Fehlt es an einem begünstigten Auftraggeber/Arbeitgeber, so kann der Freibetrag nicht in Anspruch genommen werden.[5]

Praxishinweis:

Nicht zu den begünstigten Einrichtungen gehören beispielsweise Berufsverbände (Arbeitgeberverband, Gewerkschaft) oder Parteien. Dies gilt ebenso für die ehrenamtliche Tätigkeit als Versichertenberater und Mitglied eines Widerspruchsausschusses.[6]

Die nebenberuflich ausgeübte Tätigkeit der Geschäftsführung einer als gemeinnützig anerkannten Stiftung, deren Zweck es vornehmlich ist, Bedürftige zu unterstützen, stellt keine gem. § 3 Nr. 26 EStG begünstigte Pflegeleistung oder Betreuungsleistung dar.[7]

Eine **Tätigkeit wird nebenberuflich ausgeübt**, wenn sie – bezogen auf das Kj. – nicht mehr als ein Drittel der Arbeitszeit eines vergleichbaren Vollzeiterwerbs in Anspruch nimmt. Es können deshalb auch solche Personen nebenberuflich tätig sein, die im steuerrechtlichen Sinne keinen Hauptberuf ausüben, z.B. Hausfrauen und Hausmänner, Vermieter, Studenten, Rentner oder Arbeitslose. Übt eine stpfl. Person mehrere verschiedenartige Tätigkeiten i.S.d. § 3 Nr. 26 EStG aus, ist die Nebenberuflichkeit für jede Tätigkeit getrennt zu beurteilen.

Nebenberuflich bezogene Honorare für die Tätigkeit als gerichtlich bestellte **Dolmetscherin** und **Übersetzerin** einer Büroleiterin einer Anwaltskanzlei stellen keine steuerfreien Einnahmen i.S.d. § 3 Nr. 26 EStG dar.[8]

Der Freibetrag nach § 3 Nr. 26 EStG ist ein **Jahresbetrag** und nicht zeitanteilig aufzuteilen, wenn die begünstigte Tätigkeit lediglich wenige Monate ausgeübt wird. Er wird auch dann nur einmal gewährt, wenn mehrere begünstigte Tätigkeiten ausgeübt werden. **1354**

Praxishinweis:

Das Abzugsverbot (§ 3 Nr. 26 Satz 2 EStG) ist auch dann auf die Höhe der noch steuerfreien Einnahmen begrenzt, wenn die Einnahmen ab dem VZ 2021 den Betrag i.H.v. 3 000 € nicht erreichen und ein Ansatz der die Einnahmen übersteigenden Aufwendungen abweichend von § 3c EStG auch in dieser Konstellation in Betracht kommt.

Zu den **begünstigten Tätigkeiten** gehört z.B. die Tätigkeit eines Sporttrainers, eines Chorleiters oder Orchesterdirigenten, die Lehr- und Vortragstätigkeit i.R.d. allgemeinen Bildung und Ausbildung (z.B. Kurse und Vorträge an Schulen und Volkshochschulen, Mütterberatung, Erste-Hilfe-Kurse, Schwimm-Unterricht oder Kurse i.R.d. beruflichen Ausbildung und Fortbildung). Zu weiteren begünstigten Tätigkeiten, vgl. OFD Frankfurt/Main.[9] Zu den Entschädigungen für ehrenamtliche Mitglieder in Gutachtenausschüssen für Grundstückswerte und sonstige Wertermittlungen vgl. OFD Frankfurt/M.[10] **1355**

Die **Pflege alter, kranker oder behinderter Menschen** umfasst außer der Dauerpflege auch Hilfsdienste bei der häuslichen Betreuung durch ambulante Pflegedienste, z.B. Unterstützung bei der Grund- und Behandlungspflege, bei häuslichen Verrichtungen und Einkäufen, beim Schriftverkehr, bei der Altenhilfe entsprechend § 71 SGB XII, z.B. Hilfe bei der Wohnungs- und Heimplatzbeschaffung, in Fragen der Inanspruchnahme altersgerechter Dienste und bei Sofortmaßnahmen ggü. Schwerkranken und Verunglückten, z.B. durch Rettungssanitäter und Ersthelfer.

Nicht begünstigt ist die Ausbildung von Tieren, z.B. von Rennpferden und Diensthunden. **1356**

Die Möglichkeit, **Betriebsausgaben** im Zusammenhang mit den Einnahmen aus nebenberuflicher Tätigkeit zu erklären, ist in der Anlage S nicht vorgesehen. Erzielt eine stpfl. Person, die mit Einkünfteerzielungsabsicht tätig ist, steuerfreie Einnahmen unterhalb des Übungsleiterfreibetrags (§ 3 Nr. 26 EStG), kann sie die damit zusammen- **1357**

---

1) JStG 2009 v. 19.12.2008, BStBl I 2009, 74.
2) BayLfSt v. 8.7.2011, S 2121.1.1-1/27 St 32, DB 2011, 1832.
3) BFH v. 22.7.2008, VIII R 101/02, BStBl II 2010, 265.
4) FG Baden-Württemberg v. 8.3.2018, 3 K 888/16, EFG 2018, 1058; Rev., Az. des BFH VI R 9/18, wurde zurückgenommen; vgl. weitergehend Geserich, Steuerfreiheit für nebenberuflich tätige Fahrer im Bereich der teilstationären Tagespflege, NWB 2020, 2596.
5) R 3.26 Abs. 3 LStR.
6) BFH v. 3.7.2018, VIII R 28/15, BStBl II 2018, 715.
7) BFH v. 1.6.2004, XI B 117/02, BFH/NV 2004, 1405.
8) BFH v. 11.5.2005, VI R 25/04, BStBl II 2005, 791.
9) OFD Frankfurt/Main v. 4.10.2018, S 2245 A – 2 – St 213, StEd 2018, 757.
10) OFD Frankfurt/Main v. 4.7.2018, S 2248 A – 012 – St 213, StEd 2018, 503.

hängenden Aufwendungen insoweit abziehen, als sie die Einnahmen übersteigen.[1] Diese Grundregelung gilt ebenfalls, wenn die Einnahmen unterhalb des Freibetrags liegen.[2]

1358 In den Zeilen ist auch der durch das Gesetz zur Förderung des bürgerschaftlichen Engagements[3] eingefügte Steuerfreibetrag (**sog. Aufwandspauschale**) für alle nebenberuflichen Tätigen im gemeinnützigen, mildtätigen und kirchlichen Bereich zu erklären (§ 3 Nr. 26a EStG [Ehrenamtspauschale i.H.v. 720 €]). Mit dem Freibetrag wird pauschal der Aufwand, der den nebenberuflich tätigen Personen durch ihre Beschäftigung entsteht, abgegolten. Wenn die als Werbungskosten abziehbaren Aufwendungen höher sind als der Freibetrag, sind die gesamten Aufwendungen nachzuweisen oder glaubhaft zu machen, wofür eine Anlage der Steuererklärung beizufügen ist. Der Freibetrag wird – bezogen auf die gesamten Einnahmen aus der jeweiligen nebenberuflichen Tätigkeit – jedoch nicht zusätzlich zu den Steuerbefreiungen nach § 3 Nr. 12 oder § 3 Nr. 26 EStG gewährt. Die Anwendung des § 3 Nr. 26a EStG ist daher ausgeschlossen, wenn für die erzielten Einnahmen (ggf. auch teilweise) bereits eine Steuerbefreiung nach § 3 Nr. 12 oder Nr. 26 EStG gewährt wurde. Im Rahmen des JStG 2009[4] wurde der Tatbestand des § 3 Nr. 26a EStG auf Tätigkeiten ausgedehnt, die für in EU-Mitgliedsstaaten ansässige juristische Personen des öffentlichen Rechts erbracht worden sind.

Ehrenamtliche Betreuer üben eine sonstige vermögensverwaltende Tätigkeit aus.[5] Die als Aufwendungsersatz gezahlten Vergütungen für ehrenamtliche Rechtsbetreuungen sollen aber – entgegen dem vorgenannten BFH-Urteil v. 17.10.2012 – steuerfrei sein.[6] Aufwandsentschädigungen (§ 1835a BGB) sind steuerfrei (§ 3 Nr. 12 Satz 1 EStG).[7]

4. Kürzungsbetrag nach § 11 AStG – lt. gesonderter Aufstellung (Zeile 59)

Kürzungsbetrag nach § 11 AStG			
			EUR
59	Kürzungsbetrag nach § 11 AStG (laut gesonderter Aufstellung)	185/385	,–

2025AnlS223 2025AnlS223

1359 Der Erklärungstatbestand wurde ab dem VZ 2024 neu eingefügt. Bei Ausschüttungen aus einer Beteiligung an einer Zwischengesellschaft, bei Gewinnen aus der Veräußerung von Anteilen an der Zwischengesellschaft sowie bei Einlagenrückgewähr ist bei der Ermittlung der Summe der Einkünfte ein Kürzungsbetrag (§ 11 AStG) abzuziehen, soweit in den Vorjahren Hinzurechnungsbeträge als sog. Hinzurechnungskorrekturvolumen gesondert und einheitlich festgestellt wurden.

1) BFH v. 20.12.2017, III R 23/15, BStBl II 2019, 469.
2) BFH v. 20.11.2018, VIII R 17/16, BStBl II 2019, 422.
3) Gesetz zur weiteren Stärkung des bürgerschaftlichen Engagements v. 10.10.2007, BStBl I 2007, 815.
4) JStG 2009 v. 19.12.2008, BStBl I 2009, 74.
5) BFH v. 17.10.2012, VIII R 57/09, BStBl II 2013, 799.
6) FG Baden-Württemberg v. 6.3.2019, 2 K 317/17, EFG 2019, 1262; Rev., Az. des BFH: VIII R 20/19 zurückgenommen.
7) OFD NRW v. 2.9.2013, Kurzinformation ESt Nr. 014/2013, StEd 2013, 649.

XXVII. Anlage SO – Sonstige Einkünfte (ohne Renten und ohne Leistungen aus Altersvorsorgeverträgen)

1. Vorbemerkung (Zeilen 1–3)

Anleitung vorhanden **2025**

1	Name	**Anlage SO**
2	Vorname	Diese Anlage ist bei Zusammenveranlagung von Ehegatten / Lebenspartnern gemeinsam auszufüllen.
3	**Steuernummer**	

Sonstige Einkünfte
(ohne Renten und ohne Leistungen aus Altersvorsorgeverträgen)

Die Anlage SO dient der Erfassung eines Teils der sonstigen Leistungen i.S.d. § 22 EStG. Die Erklärung der sonstigen Einkünfte erfolgt dabei entweder auf der Anlage R (ggf. R-AUS, R-AV/bAV) oder der Anlage SO. **1360**

Zu den sonstigen Einkünften gehören die in § 22 EStG abschließend aufgezählten Tatbestände:

- Einkünfte aus wiederkehrenden Bezügen. Handelt es sich bei den wiederkehrenden Bezügen um Renten, sind diese auf der Anlage R und/oder R-AUS zu erklären (→ Rz. 1250 ff. und → Rz. 1281 ff.),
- Einkünfte aus Ausgleichsleistungen zur Vermeidung des Versorgungsausgleichs (→ Rz. 1369 ff.),
- Einkünfte aus Unterhaltsleistungen (vom geschiedenen Ehegatten, Lebenspartner einer aufgehobenen Lebenspartnerschaft oder dauernd getrennt lebenden Ehegatten/Lebenspartner, → Rz. 1367),
- Einkünfte aus privaten Veräußerungsgeschäften mit Grundstücken (→ Rz. 1399 ff.) oder anderen WG (→ Rz. 1431 ff.),
- Einkünfte aus sonstigen Leistungen und/oder gelegentliche Vermittlungen (→ Rz. 1375 ff.),
- Zahlungen auf Grund des AbgG oder EuAbgG (→ Rz. 1383 ff.),
- Leistungen aus Altersvorsorgeverträgen – Riester-Rente und kapitalgedeckte betriebliche Altersversorgung (→ Rz. 1288 ff.).

2. Wiederkehrende Bezüge (Zeile 4)

Wiederkehrende Bezüge 55

	Bezeichnung der Einnahmen aus wiederkehrenden Bezügen	Steuerpflichtige Person / Ehemann / Person A EUR	Ehefrau / Person B EUR
4		158 ,—	159 ,—

Wiederkehrende Bezüge (z.B. Zeitrenten, Vermögensübertragungen, schuldrechtlicher Versorgungsausgleich) sind als sonstige Einkünfte (§ 22 Nr. 1 Satz 1 EStG) zu versteuern, wenn sie nicht zu anderen Einkunftsarten (z.B. aus Gewerbebetrieb) gehören und sich bei wirtschaftlicher Betrachtung nicht als Kapitalrückzahlung (z.B. Kaufpreisraten) darstellen. Eintragungen haben unterschieden nach den Einnahmen für die stpfl. Person/Ehemann/Person A und für die Ehefrau/Person B in Zeile 4 zu erfolgen. **1361**

Wiederkehrende Bezüge i.R.d. vorweggenommenen Erbfolge führen ebenso zu stpfl. Einkünften wie die Leistungen auf Grund eines **schuldrechtlichen Versorgungsausgleichs** (§ 22 Nr. 1a EStG). Die Steuerpflicht von Einkünften aus Ausgleichszahlungen auf Grund eines schuldrechtlichen Versorgungsausgleichs korrespondiert mit dem Sonderausgabenabzug (§ 10 Abs. 1a Nr. 3 EStG → Rz. 1470). Soweit die Leistungen bei der leistenden Person als Sonderausgaben Berücksichtigung finden, sind die Leistungen auch bei der empfangenden Person als sonstige Einkünfte stpfl. Der WK-Pauschbetrag findet entsprechend Anwendung.[1] Die Steuerpflicht von **Versorgungsleistungen** – in Abgrenzung zu nicht steuerbaren Unterhaltsleistungen (§ 12 Nr. 2 EStG) – nach § 22 Abs. 1 Nr. 1a EStG korrespondiert mit § 10 Abs. 1a Nr. 2 EStG (→ Rz. 1461). Soweit die Leistungen bei der leistenden Person als Sonderausgaben Berücksichtigung finden, sind die Leistungen auch bei der empfangenden Person als sonstige Einkünfte stpfl. Zur einkommensteuerlichen Behandlung von wiederkehrenden Leistungen im Zusammenhang mit der Übertragung von Privat- oder Betriebsvermögen vgl. BMF v. 11.3.2010.[2]

Bei Einkünften aus Versorgungsleistungen sowie Ausgleichszahlungen i.R.d. Versorgungsausgleichs und Ausgleichsleistungen zur Vermeidung des Versorgungsausgleichs (§ 22 Nr. 1 und Nr. 1a EStG) wird ein WK-Pauschbetrag i.H.v. 102 € gewährt (§ 9a Satz 1 Nr. 3 EStG).

1) BMF v. 21.3.2023, IV C 3 – S 2221/19/10035 :001, BStBl I 2023, 611, Rz. 14.
2) BMF v. 11.3.2010, IV C 3 – S 2221/09/10004, BStBl I 2010, 227.

Beratungshinweis:

Wurden die Versorgungsleistungen auf Grund einer Vermögensübertragung bis zum 31.12.2007 zugesagt, findet das alte Recht Anwendung. Wiederkehrende Leistungen sind lediglich mit dem Ertragsanteil anzusetzen.

1362 Zu den wiederkehrenden Bezügen gehören bspw. auch **Schadensersatzrenten**, die auf Grund des § 844 Abs. 2 BGB für den Verlust von Unterhaltsansprüchen gewährt werden sowie als Ersatz für andere steuerbare Einkünfte, und sog. Zeitrenten, die entgeltlich erworben sind,[1] die auf einen festen Zeitraum bezogen und nicht von dem Leben einer anderen Person abhängig sind.

Beratungshinweis:

Hierunter fallen jedoch nicht Schadensersatzrenten zum Ausgleich vermehrter Bedürfnisse (sog. Mehrbedarfsrenten).[2] Auch Schadensersatzrenten gem. § 844 Abs. 2 BGB, die zum Ausgleich des durch den Tod einer unterhaltsverpflichteten Person eingetretenen materiellen Unterhaltsschadens und des Haushaltsführungsschadens gezahlt wird, stellen keine stpfl. Einkünfte i.S.d. § 22 Nr. 1 EStG dar.[3]

1363 Ebenfalls nicht zu den steuerbaren wiederkehrenden Bezügen gehören z.B. **Schmerzensgeldrenten** nach § 847 BGB[4] und der Höhe nach begrenzte laufende Zahlungen an Stelle eines Einmalbetrags bei Verzicht des zur gesetzlichen Erbfolge Berufenen auf einen künftigen Erb- und Pflichtteil.[5] Zur einkommensteuerlichen Behandlung von wiederkehrenden Bezügen im Zusammenhang mit der Übertragung von PV oder BV vgl. BMF v. 11.3.2010.[6]

1364 Die Leistungen – in Geld oder Geldeswert – beruhen auf einer **einheitlichen Rechtsgrundlage** oder einem einheitlichen Entschluss des Gebers. Die Bezüge müssen wiederkehrend sein; **einmalige Zahlungen** (z.B. Schenkungen, auch wenn diese wiederholt getätigt werden) sind nicht einzutragen. Es ist aber nicht erforderlich, dass die wiederkehrenden Bezüge stets in derselben Höhe geleistet werden.

Wiederkehrende Bezüge sind nicht nur mit dem Ertragsanteil, sondern **in voller Höhe stpfl.**; dies gilt nicht für Leibrenten, die von der Lebenszeit eines Menschen abhängig sind.

1365 Wiederkehrende Bezüge, die **freiwillig** oder auf Grund einer freiwillig begründeten Rechtspflicht oder zur Erfüllung einer gesetzlichen Unterhaltspflicht **gewährt** werden, sind dem Empfänger der Leistung jedoch nicht zuzurechnen. Eine Ausnahme besteht insoweit nur bei Unterhaltsleistungen vom geschiedenen Ehegatten, Lebenspartner einer aufgehobenen Lebenspartnerschaft oder dauernd getrennt lebenden Ehegatten/Lebenspartner (→ Rz. 1367).

1366 **Werbungskosten** können in tatsächlich gezahlter Höhe in Zeile 11 geltend gemacht werden. Mindestens wird vom FA der WK-Pauschbetrag i.H.v. 102 € berücksichtigt (§ 9a Nr. 3 EStG).

Praxishinweis:

Der Pauschbetrag bezieht sich jedoch auf alle Einnahmen i.S.d. § 22 Nr. 1, 1a und 5 EStG (Anlage R-AV/bAV → Rz. 1281 ff.).

Die entsprechenden WK, die in Zusammenhang mit den Einnahmen stehen, sind in Zeile 11 einzutragen und nicht bereits von den zu erklärenden Einnahmen abzuziehen.

3. Unterhaltsleistungen (Zeilen 5–7)

Unterhaltsleistungen

– Bitte Anleitung beachten. –

			EUR		EUR
5	Unterhaltsleistungen, soweit sie vom Geber als Sonderausgaben abgezogen werden können, laut **Anlage U**	146	,—	147	,—
6	In Zeile 5 enthaltene Beiträge (abzüglich Erstattungen und Zuschüsse) zur Basis-Kranken- und gesetzlichen Pflegeversicherung laut **Anlage U**	148	,—	149	,—
7	Davon entfallen auf Krankenversicherungsbeiträge mit Anspruch auf Krankengeld laut **Anlage U**	150	,—	151	,—

1367 **Hinweis zur Plausibilitätsbeurteilung:**

Ab dem VZ 2025 wurde die Darstellung des Erklärungstatbestands ausgeweitet, um Defizite beim Korrespondenzprinzip der Transferleistungen zu verringern. Bei den Unterhaltsleistungen ist nunmehr nicht alleine die Gesamtsumme von erhaltenen Unterhaltsleistungen zu erklären. Ergänzend ist zu erklären, in welcher Höhe Beiträge zur Basis-Kranken und gesetzlicher Pflegeversicherung enthalten sind (Zeile 6 [führt zur Erhöhung des Höchstbetrags von 13 805 €]) und ob insoweit auch ein Anspruch auf Krankengeld besteht (Zeile 7 [führt zu einer 4-prozentigen Kürzung; vgl. Anlage Sonderausgaben zu den Zeilen 32 und 36]). Gleichzeitig wurde der explizite Hinweis aufgenommen, dass die Ausführungen in der amtlichen Anleitung zu diesem Bereich zu beachten sind.

---

1) BFH v. 25.11.1980, VIII R 71/76, BStBl II 1981, 358.
2) BMF v. 15.7.2009, IV C 3 – S 2255/08/10012, BStBl I 2009, 836.
3) BFH v. 26.11.2008, X R 31/07, BStBl II 2009, 651.
4) BMF v. 15.7.2009, IV C 3 – S 2255/08/10012, BStBl I 2009, 836.
5) BFH v. 20.10.1999, X R 132/95, BStBl II 2000, 82.
6) BMF v. 11.3.2010, IV C 3 – S 2221/09/10004, BStBl I 2010, 227 unter Berücksichtigung der Änderungen durch BMF v. 6.5.2016, IV C 3 – S 2221/15/10011 :004, BStBl I 2016, 476.

Unterhaltsleistungen, die die stpfl. Person/Lebenspartner vom geschiedenen Ehegatten, Lebenspartner einer aufgehobenen Lebenspartnerschaft oder dauernd getrennt lebenden Ehegatten/Lebenspartner erhält, gehören zu den sonstigen Einnahmen (§ 22 Nr. 1a EStG), soweit der Leistende diese **(Unterhalts-)Leistungen** als Sonderausgaben abziehen kann (sog. Realsplitting; die Sonderausgaben sind auf der Anlage Sonderausgaben (Zeilen 29-36 →Rz. 1444) geltend zu machen). Die Empfängerperson muss dem Sonderausgabenabzug zustimmen (z.B. mit der Anlage U →Rz. 1483 ff.) und hat entsprechend die erhaltenen Einnahmen zu versteuern. Eine Versteuerung als Einkünfte kommt nur insoweit in Betracht, als die zur Zahlung verpflichtete Person den Betrag auch als Sonderausgaben abzieht; insoweit ist der Höchstbetrag von 13 805 € zu beachten, der ggf. um übernommene Beiträge zur Basis-Kranken- und Pflegepflichtversicherung erhöht wird. Die Steuerpflicht der Einnahmen ist nicht davon abhängig, ob und inwieweit der beantragte Sonderausgabenabzug tatsächlich zu einer Steuerermäßigung geführt hat. Diese Typisierung ist verfassungsgemäß und bedarf keiner einschränkenden Auslegung; eine weitgehende Günstigerprüfung ist verfassungsrechtlich nicht geboten.[1] Die zahlende Person ist grds. zivilrechtlich verpflichtet, dem Empfänger die aus der Versteuerung der Unterhaltsleistungen entstehenden steuerlichen Belastungen zu ersetzen, um so den Nettounterhalt zu gewährleisten.[2] Es ist nicht unbillig, Unterhaltsleistungen beim Empfänger zu besteuern, wenn dieser seinen zivilrechtlichen Ausgleichsanspruch (**Nachteilsausgleich**) ggü. dem Unterhaltsleistenden verspätet geltend macht und infolge der Eröffnung des Insolvenzverfahrens über dessen Vermögen nicht mehr durchsetzen kann.[3]

Die Stellung des Antrags auf Berücksichtigung der Unterhaltsleistungen durch den Geber samt Einreichung der Zustimmungserklärung des Empfängers ist das rückwirkende Ereignis (§ 175 Abs. 1 Satz 1 Nr. 2 Satz 2 AO), das zur Änderung der ESt-Festsetzung des Empfängers der Unterhaltsleistung führt. Auf die tatsächliche Anerkennung der Leistungen als Sonderausgaben[4] beim Geber kommt es nicht an.[5] **Unterhaltsleistungen**, die eine unbeschränkt stpfl. Person z.B. **von** ihrem **nicht unbeschränkt stpfl. geschiedenen oder dauernd getrennt lebenden Ehegatten/Lebenspartner erhält**, sind jedoch nicht steuerbar.[6] Die steuerliche Erfassung von Unterhaltsleistungen ist in § 22 EStG abschließend geregelt; eine Besteuerung der Unterhaltsbezüge kann mangels Erfüllung der Voraussetzungen für den korrespondierenden Sonderausgabenabzug daher nicht erfolgen.

Praxishinweis:
Werbungskosten im Zusammenhang mit erhaltenen Unterhaltsleistungen sind in Zeile 11 zu erklären; sie sind nicht direkt von den Einnahmen abzuziehen. Prozessführungskosten, die mit dem Ziel aufgewendet werden, zukünftig (höhere) steuerbare Einkünfte in Form von Unterhaltsleistungen durch den geschiedenen Ehegatten zu erhalten, können ggf. Berücksichtigung finden.[7]

4. Versorgungsleistungen, die auf besonderen Verpflichtungsgründen beruhen (Zeile 8)

Versorgungsleistungen, die auf besonderen Verpflichtungsgründen beruhen

			EUR		EUR
8	Versorgungsleistungen, die auf besonderen Verpflichtungsgründen beruhen	140	,—	141	,—

Hinweis zur Plausibilitätsbeurteilung: 1368
Der Erklärungstatbestand wurde ab dem VZ 2025 neu aufgenommen.

Zu erklären sind lebenslange und wiederkehrende Versorgungsleistungen, die auf besonderen Verpflichtungsgründen beruhen. Eine begünstigte Vermögensübertragung liegt nur vor bei Versorgungsleistungen im Zusammenhang mit der Übertragung eines Mitunternehmeranteils an einer Personengesellschaft, die eine Tätigkeit i.S.d. §§ 13, 15 Abs. 1 Satz 1 Nr. 1 oder § 18 Abs. 1 EStG ausübt, eines Betriebs oder Teilbetriebs sowie eines mindestens 50 % betragenden Anteils an einer GmbH, wenn der Übergeber als Geschäftsführer tätig war und der Übernehmer diese Tätigkeit nach der Übertragung übernimmt (§ 10 Abs. 1a Nr. 2 EStG). Die Einkünfte unterliegen im Rahmen des Korrespondenzprinzips der Besteuerung (§ 22 Nr. 1a EStG).

5. Ausgleichsleistungen zur Vermeidung des Versorgungsausgleichs (Zeile 9)

Ausgleichsleistungen zur Vermeidung des Versorgungsausgleichs

			EUR		EUR
9	Ausgleichsleistungen zur Vermeidung des Versorgungsausgleichs, soweit sie vom Geber als Sonderausgaben abgezogen werden können, laut **Anlage U**	144	,—	145	,—

Auf Grund der Änderungen durch das Zollkodex-Anpassungsgesetz[8]) besteht erstmalig ab dem VZ 2015 die Not- 1369
wendigkeit, Ausgleichsleistungen steuerlich als sonstige Einkünfte (§ 22 Nr. 1a EStG) zu erklären, soweit sie vom

---

1) BFH v. 9.12.2009, X R 49/07, BFH/NV 2010, 1790.
2) BFH v. 25.10.1988, IX R 53/84, BStBl II 1989, 192; BGH v. 11.5.2005, XII ZR 108/02, BFH/NV 2005, Beilage 4, 391.
3) FG Baden-Württemberg v. 26.4.2017, 4 K 202/16.
4) Zum Auslandssachverhalt vgl. auch OFD Frankfurt a.M., Vfg. V. 1.2022, S 2221a A-001-St 21, DStR 2022, 1112.
5) BFH v. 28.7.2021, X R 15/19, BStBl II 2023, 312.
6) BFH v. 31.3.2004, X R 18/03, BStBl II 2004, 1047.
7) FG Münster v. 3.12.2019, 1 K 494/18 E, EFG 2020, 185; Rev., Az. des BFH: VI R 7/20 zurückgenommen.
8) Zollkodex-Anpassungsgesetz v. 22.12.2014, BStBl I 2015, 58.

Geber als Sonderausgaben abgezogen werden können. Die Besteuerung erfolgt unabhängig davon, in welcher Höhe die beantragten Aufwendungen auch tatsächlich als Sonderausgaben abgezogen wurden.

Zu erklären sind Einkünfte aus Versorgungsausgleichsleistungen (§ 22 Nr. 1a EStG) nach § 23 VersAusglG, wonach die ausgleichsberechtigte Person für ein noch nicht ausgeglichenes Anrecht von der ausgleichspflichtigen Person eine zweckgebundene Abfindung verlangen kann. Auch Ausgleichsleistungen, die auf Grund eines Vertrags oder gerichtlichen Vergleichs zur Vermeidung eines Versorgungsausgleichs gezahlt werden, sind einzubeziehen. Geregelt ist einheitlich die steuerliche Behandlung der in § 10 Abs. 1a EStG (→ Rz. 1471) genannten Einkünftetransfers beim Empfänger (Korrespondenzprinzip). Das Korrespondenzprinzip wird durch den Abzug der Zahlung als Sonderausgabe bei der ausgleichsverpflichteten Person und durch die Versteuerung als sonstige Einkünfte bei der ausgleichsberechtigten Person ertragsteuerlich geregelt. Werbungskosten im Zusammenhang mit Ausgleichsleistungen sind in Zeile 11 zu erklären; sie sind nicht direkt von den Einnahmen abzuziehen. Vgl. zu weiteren Einzelheiten BMF v. 9.4.2023.[1]

6. Ausgleichszahlungen im Rahmen des Versorgungsausgleichs (Zeile 10)

Ausgleichszahlungen im Rahmen des Versorgungsausgleichs

			EUR		EUR
10	Ausgleichszahlungen im Rahmen des Versorgungsausgleichs	142	,—	143	,—

1370 **Hinweis zur Plausibilitätsbeurteilung:**
Der Erklärungstatbestand wurde ab dem VZ 2025 neu aufgenommen.

Zu erklären sind Ausgleichszahlungen i.R.d. Versorgungsausgleichs (§ 10 Abs. 1a Nr. 4 EStG). Schuldrechtliche Ausgleichszahlungen von der ausgleichspflichtigen an die ausgleichsberechtigte Person führen im Ergebnis zu einem Transfer steuerbarer und steuerpflichtiger Einnahmen. Während § 10 Abs. 1a Nr. 4 EStG regelt, unter welchen Voraussetzungen und inwieweit bei der ausgleichspflichtigen Person ein Sonderausgabenabzug in Betracht kommt, bestimmt § 22 Nr. 1a EStG dementsprechend die Besteuerung dieser Leistungen bei der ausgleichsberechtigten Person (Korrespondenzprinzip).[2] Vgl. Zeilen 37-39 der Anlage Sonderausgaben.

7. Werbungskosten (Zeile 11)

Werbungskosten

			EUR		EUR
11	Werbungskosten zu den Zeilen 4 bis 10	160	,—	161	,—

1371 Aufwendungen in Zusammenhang mit den Einnahmen aus wiederkehrenden Bezügen (→ Rz. 1361), Ausgleichsleistungen zur Vermeidung des Versorgungsausgleichs (→ Rz. 1379) und Unterhaltsleistungen (→ Rz. 1367) können in tatsächlicher Höhe als WK erklärt werden. Hierzu gehören z.B. Beratungs- /Prozesskosten in Zusammenhang mit den bezeichneten Einnahmen. Vom FA wird mind. der Pauschbetrag i.H.v. 102 € berücksichtigt (§ 9a Nr. 3 EStG).

Erst der mit Zustimmung des Empfängers gestellte Antrag des Gebers (§ 10 Abs. 1a Satz 1 Nr. 1 EStG) bewirkt eine Umqualifizierung der Unterhaltsleistungen zu Sonderausgaben beim Geber und steuerbaren Einkünften beim Empfänger und überführt sie rechtsgestaltend in den steuerrechtlich relevanten Bereich. Die Umqualifizierung markiert die zeitliche Grenze für das Vorliegen abzugsfähiger Erwerbsaufwendungen; zuvor verursachte Aufwendungen des Unterhaltsempfängers können keine WK darstellen.[3]

8. Andere wiederkehrende Bezüge/Unterhaltsleistungen – Teileinkünfteverfahren (Zeilen 12–13)

Andere wiederkehrende Bezüge / Unterhaltsleistungen (Teileinkünfteverfahren)

			EUR		EUR
12	Bezüge i. S. d. § 22 Nr. 1 Satz 2 EStG	180	,—	181	,—
13	Werbungskosten zu den Bezügen i. S. d. § 22 Nr. 1 Satz 2 EStG	182	,—	183	,—

1372 Werden wiederkehrende Bezüge freiwillig, ohne Rechtsanspruch der Empfänger, oder auf Grund einer freiwillig begründeten Rechtspflicht oder einer gesetzlich unterhaltsberechtigten Person gewährt, so sind sie (korrespondierend zur Nichtabziehbarkeit nach § 12 Nr. 1 und 2 und § 10 Nr. 1 KStG) nicht steuerbar (§ 22 Nr. 1, 2. EStG). Durch stpfl. Körperschaften, Personenvereinigungen oder Vermögensmassen (§ 1 KStG) außerhalb der Erfüllung steuerbegünstigter Zwecke (§§ 52–54 AO) geleistete wiederkehrende Bezüge unterliegen der KSt: Um dem Prinzip der

1) BMF v. 21.3.2023, IV C 3 – S 2221/19/10035 :001, BStBl I 2023, 611.
2) BMF v. 21.3.2023, IV C 3 – S 2221/19/10035 :001, BStBl I 2023, 611.
3) BFH v. 18.10.2023, X R 7/20, BStBl I 2024, 288.

Einmalbesteuerung zu folgen, werden diese Bezüge i.R.d. Teileinkünfteverfahrens besteuert (§ 3 Nr. 40 Buchst. i EStG).

Die Einnahmen sind in Zeile 12 und die entsprechenden WK in Zeile 13 gesondert zu erklären. Zum zu berücksichtigenden Pauschbetrag → Rz. 1366.

9. Leistungen (Zeilen 14–22)

Leistungen

Angaben zu Tätigkeiten im Zusammenhang mit Kryptowerten

– Angaben sind hier nur erforderlich, sofern es sich nicht um Einkünfte aus anderen Einkunftsarten handelt (z. B. aus Gewerbebetrieb oder Kapitalvermögen). –

Hinweis: Angaben zu privaten Veräußerungsgeschäften machen Sie bitte in den Zeilen 45 bis 51 sowie 58 und 59.

Zeile			
14	Haben Sie Einkünfte aus Mining, Forging, (passivem) Staking, Lending und / oder der Teilnahme an Airdrops oder ähnlichen Vorgängen erzielt?	162 1 = Ja	163 1 = Ja
	Falls „Ja":		
	Einnahmen im Zusammenhang mit Kryptowerten:	EUR	EUR
15		,—	,—

Angaben zu weiteren Leistungen

Zeile			
	Einnahmen aus:		
16		+ ,—	+ ,—
17		+ ,—	+ ,—
18	Summe der Einnahmen laut den Zeilen 15 bis 17	164 = ,—	165 = ,—

2025AnlSO131 - September 2025 - 2025AnlSO131

- 2 -

Zeile		EUR	EUR
19	Werbungskosten zu den Einnahmen laut den Zeilen 15 bis 17	176 – ,—	177 – ,—
20	Einkünfte	= ,—	= ,—

Wirtschafts-Identifikationsnummer zu den Zeilen 16 und 17

Zeile	Steuerpflichtige Person / Ehemann / Person A	Ehefrau / Person B
21	D E -	D E -

Zeile			
22	Ich beantrage von einem Verlustrücktrag nach § 10d EStG in das Jahr 2024 abzusehen.	804 1 = Ja	805 1 = Ja

a) Allgemeines

Einkünfte aus Leistungen gehören zu den sonstigen Einkünften i.S.d. § 22 Nr. 3 EStG, wenn sie nicht bereits bei **1373** einer anderen Einkunftsart berücksichtigt worden sind. Einkünfte aus Leistungen sind steuerfrei, wenn sie weniger als 256 € im Kj. betragen haben (→ Rz. 1377).

b) Angaben zu Tätigkeiten im Zusammenhang mit Einheiten virtueller Währungen und/oder sonstigen Token (Zeilen 14–15)

In den Zeilen 12–13 sind Einkünfte aus Leistungen (§ 22 Nr. 3 EStG), in den Zeilen 45–51 sowie 58 und 59 die Ein- **1374** künfte aus privaten Veräußerungsgeschäften (§ 23 Abs. 1 Nr. 2 EStG) zu erklären.

Der explizite Erklärungstatbestand, ob Einkünfte aus Mining, Forging, (passivem) Staking, Lending und/oder der Teilnahme an Airdrops oder ähnlichen Vorgängen erzielt wurden, wurde ab dem VZ 2023 neu aufgenommen.[1] Im Zusammenhang z.B. mit virtuellen Währungen können unterschiedliche Einkunftsarten angesprochen sein. In Betracht kommen insb. Einkünfte aus Gewerbebetrieb (§ 15 EStG), Einkünfte aus nichtselbständiger Arbeit (§ 19 EStG), Einkünfte aus Kapitalvermögen (§ 20 EStG), Einkünfte aus privaten Veräußerungsgeschäften (§ 22 Nr. 2 i.V.m. § 23 EStG) oder sonstige Einkünfte (§ 22 Nr. 3 EStG).

Einkünfte aus der Blockerstellung, die keiner anderen Einkunftsart zugerechnet werden können, sind als Leistung steuerbar. Das kann z.B. der Fall sein, wenn mangels Nachhaltigkeit keine gewerbliche Tätigkeit (§ 15 Abs. 2 EStG) vorliegt.[2] Sie sind nicht est-pflichtig, wenn sie zusammen mit anderen Einkünften aus Leistungen weniger als 256 € im Kj. betragen haben (§ 22 Nr. 3 Satz 2 EStG).

---

1) Vgl. BMF v. 6.3.2025, IV C 1 – S 2256/00042/064/043, BStBl I 2025, 658.
2) BMF v. 6.3.2025, IV C 1 – S 2256/00042/064/043, BStBl I 2025, 658, Rd. 45.

c) Angaben zu weiteren Leistungen (Zeilen 16–18)

1375 Sonstige Leistungen i.S.d. § 22 Nr. 3 EStG sind **Einkünfte aus gelegentlichen Vermittlungen** und der **Vermietung beweglicher Gegenstände**. Da § 22 Nr. 3 EStG ggü. den anderen Einkunftsarten subsidiär ist, dürfen die Einkünfte weder bei den anderen Einkunftsarten (Land- und Forstwirtschaft, Gewerbebetrieb, selbständige Arbeit, nichtselbständige Arbeit, Kapitalvermögen, Vermietung und Verpachtung) noch bei anderen sonstigen Einkünften i.S.d. § 22 Nr. 1 (→ Rz. 1361), Nr. 1a (→ ab Rz. 1314), Nr. 2 (→ Rz. 1395) oder Nr. 4 (→ Rz. 1383) EStG berücksichtigt sein.

1376 Eine (sonstige) Leistung i.S.d. § 22 Nr. 3 EStG ist **jedes Tun, Dulden oder Unterlassen, das Gegenstand eines entgeltlichen Vertrags** sein kann – unabhängig von der Dauer und Häufigkeit der Leistung – und das eine Gegenleistung auslöst, sofern es sich nicht um ein Veräußerungsgeschäft oder einen veräußerungsähnlichen Vorgang im privaten Bereich handelt, Gegenstand eines entgeltlichen Vertrags sein kann und eine Gegenleistung auslöst. Zahlungen für einen erlittenen Substanzverlust sind nicht steuerbar. Entscheidend ist, dass es sich um Leistungen handelt, die dem Nutzungs- oder Tätigkeitsbereich zuzuordnen sind.[1] Als sonstige Leistung kommt danach jedes wie auch immer geartete aktive, passive oder nichtwirtschaftliche Verhalten der stpfl. Person in Betracht. Dabei ist unerheblich, ob sich das Verhalten mit oder ohne Mühe zeigt, mit welcher Qualität es erbracht wird, ob eine gute, schlechte oder gar keine schauspielerische Leistung gegeben ist, sozialadäquates oder -untypisches, natürliches, alltägliches oder indifferentes Verhalten vorliegt oder ob mit Blick auf das Veranstalterinteresse und/oder das anstehende Publikumsvotum telegenes, taktisches oder sonstiges Verhalten an den Tag gelegt wird.[2] Diese Grundsätze dürften dazu führen, dass es sich bei Zahlungen für sog. „**Reality-Shows**" insg. um stpfl. Einnahmen handelt. Wird Edelmetall aus dem PV im Wege eines echten **Edelmetall-Pensionsgeschäfts** übertragen und zurückübertragen, liegt mangels eines marktoffenbaren Vorgangs kein privates Veräußerungsgeschäft vor. Dies gilt auch für im Gegenzug übertragene Fremdwährungsguthaben. Der Pensionsgeber erzielt insoweit sonstige Einkünfte aus Leistungen.[3]

Bei der Prüfung, ob Einkünfte aus Leistungen vorliegen, ist eine objektivierende, wertende Betrachtung des wirtschaftlichen Zusammenhangs zwischen Leistung und Gegenleistung erforderlich, wonach die Leistung die Gegenleistung „ausgelöst" haben muss (verneint bei einer „**Break Fee**", die nach Abbruch einer exklusiven Verkaufsverhandlung über die Mehrheitsbeteiligung an einer Aktiengesellschaft vom bisherigen Kaufinteressenten an die verkaufsbereiten Aktionäre gezahlt wurde).[4] Es erzielt auch diejenige Person Einkünfte aus Leistungen, deren Tätigkeit zwar zunächst nicht auf Erwerb gerichtet war, die aber eine damit im wirtschaftlichen Zusammenhang erbrachte Gegenleistung (Geld oder Sachwerte) als solche entgegennimmt. Ausreichend ist vielmehr, dass die stpfl. Person eine im wirtschaftlichen Zusammenhang mit ihrem Tun, Dulden oder Unterlassen gewährte Gegenleistung als solche annimmt. Auf diese Weise wird das Verhalten der erwerbswirtschaftlichen und damit auch steuerrechtlich bedeutsamen Sphäre zugeordnet.[5]

Einnahmen aus Leistungen sind z.B.:

- Entgelt für die regelmäßige **Mitnahme eines Arbeitskollegen** auf der Fahrt zwischen Wohnung und erster Tätigkeitsstätte,[6]
- **Eigenprovisionen**, wenn sie aus einmaligem Anlass und für die Vermittlung von Eigenverträgen wegen eines begründeten sachlichen und wirtschaftlichen Zusammenhangs zu der geschuldeten und erbrachten Leistung gezahlt werden. Ob weitere Vermittlungen geplant waren oder zu Stande kamen, ist unbeachtlich,[7]
- Leistungen aus einem **Gastarztstipendium**, das einem ausländischen Mediziner (Gastarzt) von seinem Heimatland für dessen Facharztweiterbildung in Deutschland gewährt wird, können steuerbare wiederkehrende Bezüge sein,[8]
- Entgelt für die zeitweise **Vermietung eines Wohnmobils** an wechselnde Mieter,[9] wenn nicht eine gewerbliche Wohnmobilvermietung vorliegt,

Praxishinweis:
Die Vermietung eines Wohnmobils (inkl. Erwerb und Veräußerung) könnte als gewerbliche Tätigkeit allenfalls dann angesehen werden, wenn der Vermieter im Zusammenhang mit der Vermietung Sonderleistungen in einem solchen Umfang erbringt, dass die Erbringung der Gesamtleistung eine einem gewerblichen Autovermieter vergleichbare unternehmerische Organisation erfordert. Der Erwerb, die Vermietung und Veräußerung von Wohnmobilen sind gewerblich, wenn die einzelnen Tätigkeiten sich gegenseitig bedingen und derart miteinander verflochten sind, dass sie nach der Verkehrsanschauung als einheitlich anzusehen sind.[10]

1) BFH v. 19.2.2013, IX R 35/12, BStBl II 2013, 578.
2) BFH v. 24.4.2012, IX R 6/10, BStBl II 2012, 581; Verfbeschw nicht angenommen, BVerfG v. 24.4.2015, 2 BvR 1503/12, 2015, 307.
3) BFH v. 23.4.2021, IX R 20/19, BStBl II 2021, 687.
4) BFH v. 13.3.2018, IX R 18/17, BStBl II 2018, 527.
5) BFH v. 21.9.2004, IX R 13/02, BStBl II 2005, 44.
6) BFH v. 15.3.1994, X R 58/91, BStBl II 1994, 516.
7) BFH v. 27.5.1998, X R 94/96, BStBl II 1998, 619.
8) BFH v. 8.7.2020, X R 6/19, BStBl II 2021, 557.
9) BFH v. 12.11.1997, XI R 44/95, BStBl II 1998, 774.
10) BFH v. 22.1.2003, X R 37/00, BStBl II 2003, 464.

- **Bestechungsgelder** sind – da sie z.B. ohne Wissen und entgegen den Interessen des Arbeitgebers gezahlt werden – nicht durch das Dienstverhältnis veranlasst und deshalb kein steuerbarer Arbeitslohn, wohl aber eine sonstige Einnahme,[1)]

Beratungshinweis:

Werden Einnahmen aus Leistungen in einem späteren VZ zurückgezahlt, ist die Rückzahlung im Abflusszeitpunkt in voller Höhe steuermindernd zu berücksichtigen. Das Verlustausgleichsverbot und Verlustabzugsverbot (§ 22 Nr. 3 Satz 3 EStG) steht dem nicht entgegen.[2)] § 22 Nr. 3 Satz 3 EStG ist schon nach seinem Wortlaut nicht anwendbar; denn dieser setzt voraus, dass die WK die Einnahmen übersteigen.

- Zahlungen aus dem Programm zur Förderung von umweltgerechter Landwirtschaft, Erhaltung der Kulturlandschaft (**KULAP**) im Rahmen eines Fortbildungsprogramms,[3)]
- Zahlungen im Zusammenhang mit Informationen zum **Nachweis einer Straftat** an den Informanten,[4)]
- Zahlungen und Aufwandsentschädigungen an **Schiedsrichter**, wenn der Einsatz ausschließlich auf nationaler Ebene vom Verband bestimmt wird.[5)] Andere Einkünfte zählen zu den gewerblichen (→ Rz. 511). Zum Verhältnis zu den Einkünften i.S.d. § 3 Nr. 26a EStG und Berücksichtigung der Freibeträge vgl. BMF v. 21.11.2015 (alle Schiedsrichterentgelte im Amateurbereich fallen nicht in den Anwendungsbereich des § 3 Nr. 26 EStG).[6)]

Beratungshinweis:

Eine Tätigkeit als Turnier-/Wertungsrichter im Pferdesport ist nicht mit einer Tätigkeit als Übungsleiter, Ausbilder oder Erzieher vergleichbar und daher nur gem. § 3 Nr. 26a EStG, nicht aber gem. § 3 Nr. 26 EStG steuerbegünstigt.[7)]

Rettungsschwimmer der DLRG erzielen sonstige Einkünfte, da sie im Regelfall nicht im Rahmen eines abhängigen lohnsteuerpfl. Beschäftigungsverhältnisses tätig werden.[8)] Zur einkommensteuerlichen Behandlung von **Preisgeldern** vgl. BMF v. 5.9.1996[9)] und v. 23.12.2002.[10)] Erfolgsabhängige „Preisgelder" sind als sonstige Einkünfte steuerbar, wenn sie nach den Gesamtumständen des Falls als Entgelt für eine erwerbsgerichtete schauspielerische Leistung zu qualifizieren sind. Preisgelder für die Teilnahme an einer **Fernsehshow** sind unter bestimmten Umständen dann stpfl. (§ 22 Nr. 3 EStG), wenn das gewonnene Preisgeld und der Auftritt in der Fernsehshow in einem gegenseitigen Leistungsverhältnis stehen.[11)] Entscheidend ist dabei die Frage, ob das Preisgeld in einem gegenseitigen Leistungsverhältnis besteht. Bei typischen Rateshows liegt kein Leistungs-Gegenleistungs-Verhältnis vor, das zu stpfl. Einkünften führen würde. Bestreiten die stpfl. Personen die Sendung jedoch mit (nicht nur die Beantwortung gestellter Fragen), handelt es sich um ein Erfolgshonorar, das zu stpfl. Einkünften führt. Steuerpflichtig sind auch Projektgewinne für ein Mitwirken an TV-Sendeformaten.[12)] Die Renovierungsleistungen bei den Teilnehmern am Fernsehformat „Zuhause im Glück" (Doku-Reality-Show) sind steuerpflichtig.[13)] Zur Abgrenzung zwischen den Einkunftsarten vgl. FG Nürnberg.[14)]

Praxishinweis:

Der BFH hält nicht mehr an seiner Auffassung fest, dass selbständig tätige **Prostituierte** sonstige Einkünfte (so die bisherige Rechtsauffassung des BFH) erzielen; vielmehr handelt es sich um Einkünfte aus Gewerbebetrieb.[15)] Zur Schätzung der Einkünfte vgl. FG Hamburg v. 20.2.2013.[16)]

Zur Besteuerung der Gegenleistungen an einen sog. **räuberischen Aktionär** vgl. FG Köln.[17)] Entschädigungen, die für **ehrenamtliche Schöffen** gezahlt werden, sollen insg. keine stpfl. Leistung darstellen.[18)] Bei Einkünften aus sog. **Container-Leasing-Modellen** handelt es sich um sonstige Einkünfte.[19)] Provision, die als Entgelt für eine Vermittlungstätigkeit entgegengenommen wird, zählt zu den sonstigen Einkünften.[20)] Hierzu zählen dann auch z.B. Gutscheine, die von Kreditinstituten für die Eröffnung eines Girokontos gezahlt werden. Auch der Bezug von monatlichen Zahlungen aus einem **Forschungsstipendium** können zu den sonstigen Einkünften zählen (§ 22 Nr. 1 Satz 3 Buchst. b EStG), wenn eine objektive Steigerung der wirtschaftlichen Leistungsfähigkeit vorliegt.[21)] Leistungen auf

---

1) BFH v. 26.1.2000, IX R 87/95, BStBl II 2000, 396.
2) BFH v. 26.1.2000, IX R 87/95, BStBl II 2000, 396.
3) BFH v. 13.2.2008, IX R 63/06, BFH/NV 2008, 1138.
4) FG Nürnberg v. 10.12.2015, 4 K 1449/14, EFG 2016, 198.
5) BayLfSt v. 15.1.2010, S 2257.2.1-5/3 St32, DB 2010.
6) BMF v. 21.11.2014, IV C 4 – S 2121/07/0010 :032, BStBl I 2014, 1581.
7) FG Nürnberg v. 15.4.2015, 5 K 1723/12, EFG 2015, 1425.
8) OFD Frankfurt/M. v. 14.5.2014, S 2257 A – 11 St 200.
9) BMF v. 5.9.1996, IV B 1 – S 2121 – 34/96, BStBl I 1996, 1150 und v. 23.12.2002, IV A 5 – S 2121-8/02 I, BStBl I 2003, 76.
10) BMF v. 23.12.2002, IV A 5 – S 2121 – 8/02, BStBl I 2003, 76.
11) BFH v. 28.11.2007, IX R 39/06, BStBl II 2008, 469 und BMF v. 30.5.2008, IV C 3 – S 2257/08/10001, BStBl I 2008, 645.
12) BFH v. 24.4.2012, IX R 6/10, BStBl II 2012, 581; BVerfG v. 8.10.2012, 2 BvR 1503/12, StEd 2015, 307; Verfbeschw nicht angenommen, BVerfG v. 24.4.2015, 2 BvR 1503/12; zur Fernsehshow „Die Farm", BFH v. 16.6.2014, IX B 22/14, BFH/NV 2014, 1540.
13) FG Köln. v. 28.2.2019, 1 V 2304/18, EFG 2019, 895.
14) FG Nürnberg v. 25.2.2014, 1 K 1718/12, EFG 2014, 1187,
15) BFH v. 20.2.2013, GrS 1/12, BStBl II 2013, 441.
16) FG Hamburg v. 20.2.2013, 2 K 169/11, EFG 2013, 907.
17) FG Köln v. 11.6.2015, 13 K 3023/13, EFG 2015, 1540, NZB unzulässig, BFH v. 6.11.2015, IX B 83/15.
18) Pfab/Schießl, FR 2011, 795.
19) FG Baden-Württemberg v. 23.11.2009, 10 K 206/07, EFG 2010, 486 sowie BayLfSt v. 15.5.2012, S 2257.1.1 – 2/3 St32, DB 2012, 1179.
20) BFH v. 17.7.2007, IX R 1/06, BFH/NV 2007, 2263.
21) FG Düsseldorf v. 8.5.2018, 13 K 614/17 E, EFG 2018, 1372.

Grund eines Fördervertrags mit der „Stiftung zur Förderung der ambulanten ärztlichen Versorgung im Freistaat Thüringen" sind unter bestimmten Umständen nicht steuerbar.[1] Zu einer weiteren Auflistung der Steuerfreiheit von Stipendien vgl. OFD Frankfurt/Main.[2]

1377 Einkünfte aus Leistungen bleiben **steuerfrei**, **wenn** sie **weniger als 256 € im Kj. betragen** haben (§ 22 Nr. 3 Satz 2 EStG). Übersteigen die Einkünfte den Betrag von 256 €, ist der gesamte Betrag stpfl., da der Betrag von 256 € eine Freigrenze und keinen Freibetrag darstellt. Haben **zusammen veranlagte Ehegatten/Lebenspartner** beide Einkünfte aus sonstigen Leistungen, so ist bei jedem Ehegatten/Lebenspartner die Freigrenze – höchstens bis zum Betrag seiner Einkünfte i.S.d. § 22 Nr. 3 EStG – zu berücksichtigen.[3]

1378 **Keine Einnahmen** aus sonstigen Leistungen sind z.B.:

- Entgelt für wertmindernde **Beschränkung des Grundstückseigentums** zur Vermeidung eines anderenfalls zulässigen Enteignungsverfahrens,[4]

Beratungshinweis:
Entgelte für wertmindernde Einschränkungen der Rechte eines Grundstückseigentümers werden nach der Rechtsprechung unter bestimmten Voraussetzungen nach § 22 Nr. 3 EStG erfasst, z.B. die Entschädigung für eine faktische Bausperre.[5]

- Erlöse aus der Veräußerung einer **Zufallserfindung**,[6]

Beratungshinweis:
Einkünfte aus privaten Veräußerungsgeschäften, die nicht den Tatbestand des § 23 EStG erfüllen, sind auch nicht nach § 22 Nr. 3 EStG steuerbar.

- Entgelt für den **Verzicht auf Nachbarrechte** im Zusammenhang mit der Veräußerung des betreffenden Grundstücks,[7]

Beratungshinweis:
Wird ein Entgelt dafür erbracht, dass ein Vermögensgegenstand in seiner Substanz endgültig aufgegeben wird, so handelt es sich nicht um sonstige Einkünfte.[8] Eine nach § 22 Nr. 3 EStG steuerbare Leistung auf Grund der Wertminderung eines Grundstücks wird angenommen, wenn der Grundstückseigentümer gegen Entgelt Einschränkungen in seinen subjektiven öffentlichen Rechten hinnimmt (so z.B. entgeltlicher Verzicht auf die Einhaltung eines Grenzabstands bei der Bebauung eines angrenzenden Grundstücks, Ausgleich von Beeinträchtigungen durch eine beabsichtigte Bebauung oder Verzicht auf den Widerspruch gegen Immissionen, die von einem Nachbargrundstück ausgehen oder wenn sich ein Grundstückseigentümer verpflichtet, der gegen den Bebauungsplan verstoßenden Bauausführung seines Grundstücksnachbarn gegen Entgelt zuzustimmen.[9]

- Provision an den Erwerber eines Grundstücks, wenn der Provision keine eigene Leistung des Erwerbers ggü. steht,[10]
- Vereinnahmung eines Reugeldes für den Rücktritt vom Kaufvertrag über ein Grundstück des PV, wenn dieses lediglich einen Mindererlös in der Vermögenssphäre ersetzen soll,[11]
- Verkauf einer **Internet-Domain**.[12]

In **Zeile 18** ist die Summe aller Einnahmen aus sonstigen Leistungen i.S.d. § 22 Nr. 3 EStG zu erklären.

d) Werbungskosten zu den Zeilen 15 bis 17 (Zeile 19)

1379 Werbungskosten sind alle durch die Einnahmen **objektiv veranlassten Aufwendungen**. Ein Pauschbetrag ist nicht im Gesetz geregelt. Werbungskosten sind bei den Einkünften aus einmaligen (sonstigen) Leistungen auch dann **im Jahr des Zuflusses der Einnahme abziehbar**, wenn sie vor diesem Jahr angefallen sind oder nach diesem Jahr mit Sicherheit anfallen werden. Entstehen künftig WK, die im Zuflussjahr noch nicht sicher vorhersehbar waren, ist die Veranlagung des Zuflussjahres zu ändern (§ 175 Abs. 1 Nr. 2 AO).[13]

e) Einkünfte (Zeile 20)

1380 Als Berechnungsergebnis (Einnahmen abzgl. WK) sind die Einkünfte einzutragen.

---

1) BFH v. 11.12.2020, IX R 33/18, BStBl II 2021, 488.
2) OFD Frankfurt/Main v. 23.7.2018, S 2121 A – 013 – St 213, StEd 2018, 504.
3) R 22.6 EStR 2012.
4) BFH v. 17.5.1995, X R 64/92, BStBl II 1995, 640.
5) BFH v. 12.9.1985, VIII R 306/81, BStBl II 1986, 252.
6) BFH v. 10.9.2003, XI R 26/02, BStBl II 2004, 218.
7) BFH v. 18.5.2004, IX R 63/02, BStBl II 2004, 874.
8) BFH v. 29.5.2008, IX R 97/07, BFH/NV 2009, 9.
9) BFH v. 22.8.2003, IX B 85/03, BFH/NV 2004, 41.
10) BFH v. 16.3.2004, IX R 46/03, BStBl II 2004, 1046.
11) BFH v. 24.8.2006, IX R 32/04, BStBl II 2007, 44.
12) FG Köln v. 20.4.2010, 8 K 3038/08, EFG 2010, 1216.
13) H 22.8 Zeitpunkt des Werbungskostenabzugs EStH 2024.

f) Wirtschafts-Identifiktionsnummer zu den Zeilen 16 und 17 (Zeile 21)

	Wirtschafts-Identifikationsnummer zu den Zeilen 16 und 17	
	Steuerpflichtige Person / Ehemann / Person A	Ehefrau / Person B
21	D E -	D E -

Ab dem VZ 2024 ist in der neu aufgenommenen Zeile 21 die Wirtschafts-Identifikationsnummer (W-Id-Nr. [§§ 139a, 139c AO]) zu erklären. Vgl. hierzu Ausführen zu Zeile 6 der Anlage S → Rz. 1317. **1381**

g) Ich beantrage von einem Verlustrücktrag nach § 10d EStG in das Jahr 2024 abzusehen (Zeile 22)

22	Ich beantrage von einem Verlustrücktrag nach § 10d EStG in das Jahr 2024 abzusehen.	804	1 = Ja	805	1 = Ja

Verluste aus Leistungen, die im Jahr 2025 nicht mit Gewinnen aus Leistungen ausgeglichen wurden, sind rück- oder vortragsfähig (nach Maßgabe des § 10d EStG). Sie mindern die erzielten Gewinne aus Leistungen im Jahr 2024 oder in den folgenden Jahren. Auf die Anwendung des Verlustrücktrags kann ab dem VZ 2022 nicht mehr teilweise verzichtet werden. Die stpfl. Person kann sich nur insg. gegen die Anwendung des Verlustrücktrags – zugunsten des Verlustvortrags (§ 10d Abs. 2 EStG) – entscheiden (Antrag in Zeile 22). Ab dem VZ 2024 wurde die Prozentgrenze bei der Mindestgewinnbesteuerung für vier Jahre (VZ 2024–2027) von 60 % auf 70 % angehoben (§ 10d Abs. 2 Satz 1 EStG). Vgl. weiter zur Verlustberücksichtigung die Hinweise auf der Anlage Sonstiges (→ Rz. 1476). **1382**

Im Rahmen des § 2b EStG, § 15 Abs. 4 Satz 1 bis 8 EStG, §§ 22 Nr. 2, 3 und 23 EStG gelten gesonderte Verlustverrechnungsbeschränkungen (**besondere Verrechnungskreise**). Dabei mindern die negativen Einkünfte jeweils „nach Maßgabe des § 10d EStG“ die positiven Einkünfte.

Der Beschluss des GrS des BFH hinsichtlich der Vererbbarkeit von Verlusten (→ Rz. 1478) hat auch für die Verluste aus sonstigen Einkünften Auswirkung.[1)]

Praxishinweis:

Die Einkünfte aus gewerblicher Tierzucht oder gewerblicher Tierhaltung sowie aus gewerblichen Termingeschäften (§ 15 Abs. 4 Satz 1 bis 8 EStG, vgl. die Ausführungen zu den Zeilen 105-108 der Anlage G → Rz. 605 ff.) stellen jeweils gesonderte besondere Verrechnungskreise dar.

Für Verluste im Zusammenhang mit Steuerstundungsmodellen gilt, dass diese Verluste nicht nach Maßgabe des § 10d EStG abziehbar sind, sondern die Einkünfte mindern, die in den folgenden Wj. aus derselben Einkunftsquelle erzielt werden.

10. Abgeordnetenbezüge (Zeilen 23–32)

Abgeordnetenbezüge

		Steuerpflichtige Person / Ehemann / Person A		Ehefrau / Person B	
			EUR		EUR
23	Steuerpflichtige Einnahmen ohne Vergütungen für mehrere Jahre	200	,—	201	,—
24	In Zeile 23 enthaltene Versorgungsbezüge	202	,—	203	,—
25	Bemessungsgrundlage für den Versorgungsfreibetrag	204	,—	205	,—
26	Maßgebendes Kalenderjahr des Versorgungsbeginns	216	J J J J	217	J J J J
27	**Bei unterjähriger Zahlung:** Erster und letzter Monat, für den Versorgungsbezüge gezahlt wurden	206 Monat M M – 208 Monat M M		207 Monat M M – 209 Monat M M	
			EUR		EUR
28	Sterbegeld, Kapitalauszahlungen / Abfindungen und Nachzahlungen von Versorgungsbezügen (in Zeile 23 enthalten)	210	,—	211	,—
29	In Zeile 23 **nicht** enthaltene Vergütungen für mehrere Jahre (laut gesonderter Aufstellung)	212	,—	213	,—
30	In Zeile 29 enthaltene Versorgungsbezüge	214	,—	215	,—
31	Werbungskosten **– Eintragungen sind nur vorzunehmen, sofern zur Abgeltung der durch das Mandat veranlassten Aufwendungen keine Aufwandsentschädigung gezahlt wird. –**	218	,—	219	,—
32	Aufgrund der vorgenannten Tätigkeit als Abgeordnete(r) bestand eine Anwartschaft auf Altersversorgung ganz oder teilweise ohne eigene Beitragsleistung	242	1 = Ja 2 = Nein	243	1 = Ja 2 = Nein

1) BFH v. 17.12.2007, GrS 2/04, BStBl II 2008, 608.

a) Steuerpflichtige Einnahmen ohne Vergütung für mehrere Jahre (Zeile 23)

1383 Entschädigungen, Amtszulagen, Zuschüsse zu Kranken- und Pflegeversicherungsbeiträgen, Übergangsgelder, Überbrückungsgelder, Sterbegelder, Versorgungsabfindungen und Versorgungsbezüge, die auf Grund des AbgG oder EuAbgG (→ Rz. 1384) gezahlt werden, gehören zu den sonstigen Einkünften (§ 22 Nr. 4 EStG).

> **Praxishinweis:**
> Hierzu gehören auch vergleichbare Leistungen, die auf Grund der entsprechenden Gesetze der Länder gezahlt werden.

1384 Durch das JStG 2009[1)] wurde die Besteuerung von Abgeordneten geändert, da mit Beginn der Legislaturperiode in 2009 das neue Abgeordnetenstatut des **Europäischen Parlaments** in Kraft getreten ist, mit dem sich auch die steuerliche Situation für die Abgeordneten des Europäischen Parlaments geändert hat. Sie enthalten die auf Grund des neuen Abgeordnetenstatuts erforderlichen nationalen Regelungen zur Besteuerung der Einkünfte, die Abgeordnete und ehemalige Abgeordnete sowie ihre Hinterbliebenen aus dem Haushalt der Europäischen Union beziehen. Zur Berücksichtigung der von den Abgeordneten gezahlten Gemeinschaftssteuer sind in entsprechender Anwendung des § 34c Abs. 1 EStG Einnahmen wie ausl. Einkünfte und die gezahlte Gemeinschaftssteuer wie eine der deutschen ESt entsprechende Steuer zu behandeln (§ 22 Nr. 4 Satz 4 Buchst. d EStG). Eintragungen müssen auch auf der Anlage AUS vorgenommen werden.

Keine sonstigen Einkünfte, sondern Einkünfte aus selbständiger Arbeit erzielen **ehrenamtliche Mitglieder kommunaler Vertretungen**.

> **Praxishinweis:**
> Enthalten sein müssen in dem Gesamtbetrag auch die im VZ 2025 gezahlten Versorgungsbezüge. Vergütungen für mehrere Jahre sind nicht hier, sondern in Zeile 29 und ggf. Zeile 30 einzutragen.

b) In Zeile 23 enthaltene Versorgungsbezüge (Zeile 24)

1385 Sind in den im VZ 2025 zugeflossenen Einnahmen Versorgungsbezüge enthalten, sind die Bestandteile zusätzlich auszuweisen. Dies ist erforderlich, da der entsprechende Versorgungsfreibetrag zu berechnen ist.

Ein **Zuschlag zum Versorgungsfreibetrag** wird nicht berücksichtigt, da kein Arbeitnehmer-Pauschbetrag zu gewähren ist (§ 22 Nr. 4 Satz 4 Buchst. b EStG).

c) Bemessungsgrundlage für den Versorgungsfreibetrag (Zeile 25)

1386 Bemessungsgrundlage für den Versorgungsfreibetrag ist

- bei Versorgungsbeginn vor 2005 das Zwölffache des Versorgungsbezugs für Januar 2005,
- bei Versorgungsbeginn ab 2005 das Zwölffache des Versorgungsbezugs für den ersten vollen Monat,

jeweils zuzüglich voraussichtlicher Sonderzahlungen im Kj., auf die zu diesem Zeitpunkt ein Rechtsanspruch besteht.

Ein Zuschlag zum Versorgungsfreibetrag wird nicht berücksichtigt. Die Ausführungen zu Zeile 12 der Anlage N (→ Rz. 1070) gelten entsprechend.

d) Maßgebliches Kalenderjahr des Versorgungsbeginns; Zusatzangaben (Zeilen 26–27)

1387 Die Angaben in den Zeilen 26 und 27 sind für die Berechnung des Versorgungsfreibetrags erforderlich. Der Versorgungsfreibetrag beträgt 13,2 % der Versorgungsbezüge, höchstens jedoch 990 €, wenn das Kj. 2025 das Jahr des Versorgungsbeginns ist (§ 19 Abs. 2 Satz 3 EStG).

Maßgebliche Werte für die weiteren Jahre:

Jahr des Versorgungsbeginns	Versorgungsfreibetrag		Zuschlag zum Versorgungsfreibetrag in Euro
	in % der Versorgungsbezüge	Höchstbetrag in Euro	
ab 2013	27,2	2 040	612
2014	25,6	1 920	576
2015	24,0	1 800	540
2016	22,4	1 680	504
2017	20,8	1 560	468
2018	19,2	1 440	432
2019	17,6	1 320	396
2020	16,0	1 200	360
2021	15,2	1 140	342
2022	14,4	1 080	324
2023	14,0	1 050	315
2024	13,6	1 020	306
2025	13,2	990	297
2026	12,8	960	288

1) JStG 2009 v. 19.12.2008, BStBl I 2009, 74.

Bei Beginn im Jahr 2005 beträgt der Prozentsatz 40 %, höchstens jedoch 3 000 € (§ 22 Nr. 4 Satz 4 Buchst. b i.V.m. § 19 Abs. 2 EStG). Werden Versorgungsbezüge nur **für einen Teil des Kj.** gezahlt, ermäßigen sich die Beträge um je ein Zwölftel für jeden Monat, für den keine Versorgungsbezüge gezahlt worden sind (§ 22 Nr. 4 Satz 4 Buchst. b i.V.m. § 19 Abs. 2 Satz 12 EStG). Einzutragen ist in Zeile 27 sowohl der **Monat des Auszahlungsbeginns** des Versorgungsbezugs im VZ 2025 sowie ggf. auch der Monat, in dem die Auszahlung des Versorgungsbezugs im VZ endet.

e) Sterbegeld, Kapitalauszahlungen/Abfindungen und Nachzahlungen von Versorgungsbezügen – in Zeile 23 enthalten (Zeile 28)

Wird anstelle eines monatlichen Versorgungsbezugs eine Kapitalauszahlung/Abfindung gezahlt, so handelt es 1388
sich um einen sonstigen Bezug. Für die Ermittlung des Freibetrags ist das Jahr des Versorgungsbeginns zu Grunde zu legen. Bemessungsgrundlage ist in diesen Fällen der Betrag der Kapitalauszahlung/Abfindung.

Erhält ein Hinterbliebener **Sterbegeld**, stellt dies ebenfalls einen Versorgungsbezug dar. Für das Sterbegeld gelten 1389
zur Berechnung des Freibetrags für Versorgungsbezüge ebenfalls der Prozentsatz und der Höchstbetrag der Versorgungsbezüge des Verstorbenen. Das Sterbegeld darf als Leistung aus Anlass des Todes die Berechnung des Versorgungsfreibetrags für etwaige sonstige Hinterbliebenenbezüge nicht beeinflussen und ist daher nicht in deren Berechnungsgrundlage einzubeziehen. Das Sterbegeld ist vielmehr als eigenständiger – zusätzlicher – Versorgungsbezug zu behandeln. Als Bemessungsgrundlage für die Freibeträge für Versorgungsbezüge ist die Höhe des Sterbegelds im Kj. anzusetzen, unabhängig von der Zahlungsweise und Berechnungsart.

f) In Zeile 23 nicht enthaltene Vergütungen für mehrere Jahre – lt. gesonderter Aufstellung (Zeile 29)

Sind im VZ 2025 Vergütungen für mehrere Jahre zugeflossen, wird hierfür die **Tarifermäßigung** in Form der Fünf- 1390
tel-Regelung gewährt (§ 34 Abs. 1 EStG). Daher hat der Eintrag in einer gesonderten Zeile zu erfolgen. Die Auflistung der Beträge soll in einer gesonderten Aufstellung erfolgen.

g) In Zeile 29 enthaltene Versorgungsbezüge (Zeile 30)

Vergleiche die Ausführungen zu Zeile 24 (→ Rz. 1385). 1391

h) Werbungskosten – sofern keine Aufwandsentschädigung gezahlt wird (Zeile 31)

Sofern zur Abgeltung der durch das Mandat veranlassten Aufwendungen keine Aufwandentschädigung gezahlt 1392
wird, können entsprechende Aufwendungen erklärt werden.

Sind nach dem jeweiligen **Abgeordnetengesetz (AbgG)** WK (z.B. Fahrtkosten, Mehraufwendungen für Verpflegung, Übernachtungskosten, Fachliteratur, Kinderbetreuungskosten) zu berücksichtigen (insoweit keine Abgeltung durch entsprechende Aufwandsentschädigungen [§ 22 Nr. 4 Satz 2 EStG]), so sollte dies in einer gesonderten Aufstellung erläutert werden.

Erfolglose Bewerber um ein Mandat im EU-Parlament können ihre Wahlkampfkosten nicht abziehen.[1)]

i) Angaben zur Anwartschaft auf Altersversorgung ganz oder teilweise ohne eigene Beitragsleistung (Zeile 32)

Für die Berechnung der zustehenden Sonderausgaben ist es notwendig, dass erklärt wird, ob auf Grund der Tätig- 1393
keit als Abgeordneter eine Anwartschaft auf Altersversorgung ganz oder teilweise ohne eigene Beitragsleistung bestand. Haben Abgeordnete auf Grund ihrer Abgeordnetentätigkeit keine Anwartschaft auf Altersversorgung ohne eigene Beitragsleistung mehr, sondern erhalten einen stpfl. Zuschuss, mit dem die Altersversorgung zu finanzieren ist, erfolgt keine Kürzung des Höchstbetrags (§ 10 Abs. 3 Satz 3 Nr. 2 EStG).

11. Steuerstundungsmodelle (Zeile 33)

Steuerstundungsmodelle

		Steuerpflichtige Person / Ehemann / Person A EUR	Ehefrau / Person B EUR
33	Einkünfte aus Gesellschaften / Gemeinschaften / ähnlichen Modellen i. S. d. § 15b EStG (laut gesonderter Aufstellung)	,—	,—

Bei den Einkünften aus wiederkehrenden Bezügen ist § 15b EStG sinngemäß anzuwenden (§ 22 Nr. 1 Satz 1 Halb- 1394
satz 2 EStG). Von dieser Regelung sind insbesondere die **Renten- und Lebensversicherungsmodelle gegen fremdfinanzierten Einmalbetrag** betroffen, bei denen sich die steuerlichen Verluste aus der günstigen Besteuerung von Leibrenten und der Ansammlung sofort abziehbarer WK ergeben. Die gleichzeitig angebotenen Modelle sind als Bestandteil des Modells zu prüfen.

Des Weiteren vgl. Ausführungen zu Zeile 46 der Anlage G (→ Rz. 534).

1) BFH v. 10.12.2019, IX R 32/17, BStBl II 2020, 389.

12. Private Veräußerungsgeschäfte (Zeilen 34–66)

a) Vorbemerkung

1395 In den Zeilen 34–66 sind die Tatbestände zu erklären, die für eine Versteuerung von privaten Veräußerungsgeschäften (§ 23 EStG) notwendig sind. Einkünfte aus privaten Veräußerungsgeschäften gehören zu den sonstigen Einkünften (§ 22 Nr. 2 EStG) und unterliegen unter bestimmten weiteren Voraussetzungen der Einkommensteuer.

> **Praxishinweis:**
> Zu beachten ist bei privaten Veräußerungsgeschäften in Zusammenhang mit Wertpapieren, dass diese nur dann als privates Veräußerungsgeschäft – mit der tariflichen Einkommensteuer – zu versteuern sind, wenn der Anschaffungsvorgang vor dem 1.1.2009 erfolgt. Ansonsten handelt es sich um Tatbestände, die auf der Anlage KAP zu erklären sind.

Sinn und Zweck der Besteuerung nach § 23 EStG ist es, innerhalb der sog. Spekulationsfrist realisierte Werterhöhungen oder Wertminderungen aus verhältnismäßig kurzfristigen Wertdurchgängen eines bestimmten WG im PV der stpfl. Person der Einkommensteuer zu unterwerfen.[1] **Voraussetzung ist ein Ankauf** (oder gleichgestellte Vorgänge, die in Zeile 52 zu erklären sind, → Rz. 1437) im PV **und ein Verkauf im PV**. Eine aus welchen Gründen auch immer gescheiterte Grundstücksveräußerung und damit in Zusammenhang stehende Aufwendungen sind ertragsteuerlich ohne Belang.[2]

§ 23 EStG erfasst als privates Veräußerungsgeschäft nur die Veräußerung von WG, die eine gewisse Zeit vorher angeschafft worden sind. Die **Motivation** oder die **Art der Veräußerung** ist ohne Belang; insoweit ist auch eine Einkunftserzielungsabsicht nicht erforderlich, da die Wertsteigerung als solche erfasst wird. Eine **Grundstücksenteignung** stellt kein steuerpflichtiges Veräußerungsgeschäft dar.[3]

Aus einer **Zwangsversteigerung** resultiert ein stpfl. Veräußerungsgeschäft (→ Rz. 1403).

1396 Gewinne aus privaten Veräußerungsgeschäften bleiben **steuerfrei**, wenn der aus den privaten Veräußerungsgeschäften erzielte Gesamtgewinn im Kj. **weniger als 1 000 €** (ab dem VZ 2024) betragen hat (§ 23 Abs. 3 Satz 5 EStG). Es handelt sich insoweit um eine **Freigrenze**. Beträgt der Gewinn aus allen privaten Veräußerungsgeschäften mehr als 1 000 €, ist der Betrag in voller Höhe zu versteuern. Bei einem **Verkauf in Raten** ist für denselben Vorgang die Freigrenze von 1 000 € jährlich zu beachten und wird daher mehrfach gewährt. Die in den Raten enthaltenen Zinsanteile sind herauszurechnen und nach § 20 Abs. 1 Nr. 7 EStG zu versteuern.

1397 Gehören **WG zu** einem **BV**, so ist im Fall einer Veräußerung von WG der sich daraus ergebende Gewinn oder Verlust i.R.d. betreffenden Einkunftsart zu erfassen (Anlagen L, G und S).

> **Praxishinweis:**
> Im Rahmen der gewerblichen oder freiberuflichen Einkünfte sind die Gewinne oder Verluste immer stpfl., ohne dass es insoweit auf die Einhaltung von Fristen ankommt.

1398 Private Veräußerungsgeschäfte i.S.d. § 22 Nr. 2 i.V.m. § 23 EStG sind:

- **Veräußerungsgeschäfte** bei **Grundstücken und Rechten**, die den Vorschriften des bürgerlichen Rechts über Grundstücke unterliegen (z.B. Erbbaurecht, Mineralgewinnungsrecht), bei denen der Zeitraum zwischen Anschaffung und Veräußerung nicht mehr als zehn Jahre beträgt. Gebäude und Außenanlagen sind einzubeziehen, soweit sie innerhalb dieses Zeitraums errichtet, ausgebaut oder erweitert werden; dies gilt entsprechend für Gebäudeteile, die selbständige unbewegliche WG sind, sowie für Eigentumswohnungen und im Teileigentum stehende Räume. Ausgenommen sind WG, die im Zeitraum zwischen Anschaffung oder Fertigstellung und Veräußerung ausschließlich zu eigenen Wohnzwecken oder im Jahr der Veräußerung und in den beiden vorangegangenen Jahren zu eigenen Wohnzwecken genutzt wurden (Zeilen 34–42, → Rz. 1399 ff.);
- **Veräußerungsgeschäfte** bei **anderen WG** (und zur Einkünfteerzielung genutzte WG).

---

1) BFH v. 30.11.1976, VIII R 202/72, BStBl II 1977, 384; BFH v. 25.8.1987, IX R 65/88, BStBl II 1988, 248.
2) BFH v. 1.8.2012, IX R 8/12, BStBl II 2012, 781.
3) BFH v. 23.7.2019, IX R 28/18, BStBl II 2019, 701.

b) Private Veräußerungsgeschäfte/ Grundstücke und grundstücksgleiche Rechte – z.B. Erbbaurecht (Zeilen 34–44)

Private Veräußerungsgeschäfte

Grundstücke und grundstücksgleiche Rechte (z. B. Erbbaurecht)
– In den Zeilen 38 bis 44 bitte nur den steuerpflichtigen Anteil erklären. –

Zeile			
34	Bezeichnung des Grundstücks (Lage) / des Rechts		
35	Zeitpunkt der Anschaffung (z. B. Datum des Kaufvertrags, Zeitpunkt der Entnahme aus dem Betriebsvermögen) TTMMJJJJ	Zeitpunkt der Veräußerung (z. B. Datum des Kaufvertrags, auch nach vorheriger Einlage ins Betriebsvermögen) TTMMJJJJ	
36	X Nutzung des Grundstücks bis zur Veräußerung zu eigenen Wohnzwecken	vom TTMMJJJJ	bis TTMMJJJJ m²
37	X Nutzung des Grundstücks bis zur Veräußerung zu anderen Zwecken (z. B. Vermietung)	vom TTMMJJJJ	bis TTMMJJJJ m²
			EUR
38	Veräußerungspreis oder an dessen Stelle tretender Wert (z. B. Teilwert, gemeiner Wert)		,—
39	Anschaffungs- / Herstellungskosten oder an deren Stelle tretender Wert (z. B. Teilwert, gemeiner Wert) ggf. zuzüglich nachträglicher Anschaffungs- / Herstellungskosten	–	,—
40	Absetzungen für Abnutzung / Erhöhte Absetzungen / Sonderabschreibungen	+	,—
41	Werbungskosten im Zusammenhang mit dem Veräußerungsgeschäft	–	,—
42	Gewinn / Verlust (zu übertragen nach Zeile 43)	=	,—

2025AnlSO132 2025AnlSO132

- 3 -

Zeile			Steuerpflichtige Person / Ehemann / Person A EUR		Ehefrau / Person B EUR
43	**Zurechnung des Betrags aus Zeile 42**	110	,—	111	,—
44	Gewinne / Verluste aus weiteren Veräußerungen von Grundstücken und grundstücksgleichen Rechten (laut gesonderter Aufstellung)	112	,—	113	,—

aa) Grundsätze

Zu Zweifelsfragen zur Besteuerung privater Grundstücksveräußerungsgeschäfte vgl. BMF v. 5.10.2000.[1)] 1399

Für die **Berechnung des Zehn-Jahres-Zeitraums** zwischen Anschaffung und Veräußerung eines Grundstücks oder grundstücksgleichen Rechts sind grds. die Zeitpunkte des Abschlusses der **obligatorischen Verträge** maßgebend.[2)] Das ist regelmäßig der notarielle Kaufvertrag und nicht der Zeitpunkt des Eigentumsübergangs. Als Zeitpunkt der Anschaffung ist demgemäß bei Bestellung eines **Erbbaurechts** grds. der Zeitpunkt des Abschlusses des Erbbaurechtsvertrags anzusehen.

Beratungshinweis:

Wird von der stpfl. Person ein Gebäude errichtet und veräußert sie dieses zusammen mit einem zu einem früheren Zeitpunkt erworbenen Grund und Boden, liegt ein privates Veräußerungsgeschäft sowohl hinsichtlich des Grund und Bodens als auch hinsichtlich des Gebäudes vor, wenn die Frist zwischen Anschaffung des Grund und Bodens und Veräußerung des bebauten Grundstücks nicht mehr als zehn Jahre beträgt (§ 23 Abs. 1 Nr. 1 Satz 2 EStG).[3)]

Der BFH[4)] hat entschieden, dass die Fiktion des § 23 Abs. 1 Satz 2 EStG und deren Zurechnung nach § 23 Abs. 1 Satz 3 EStG nicht für Entnahmen vor dem 1.1.1999 gilt. Die Verwaltung wendet die BFH-Grundsätze an.[5)]

In Änderung seiner Rechtsprechung zu § 23 EStG hat der BFH[6)] entschieden, den entgeltlichen Erwerb des **Anteils an einer Erbengemeinschaft** nicht mehr als anteilige Anschaffung eines zur Gesamthand dieser Erbengemeinschaft gehörenden Grundstücks nebst Immobilie zu bewerten. Somit wären bestimmte Anschaffungs- und Veräußerungsvorgänge entgegen der bisherigen Rechtsprechung und Verwaltungsauffassung nicht mehr vom Tatbestand der privaten Veräußerungsgeschäfte umfasst. Daher wurde im Rah-

1) BMF v. 5.10.2000, IV C 3 – S 2256 – 263/00, BStBl I 2000, 1383; Änderungen v. 29.11.2004, IV C 8 – S 2225 – 5/04, BStBl I 2004, 1097 und v. 7.2.2007, IV C 3 – S 2256 – 11/07, BStBl I 2007, 262.
2) BFH v. 15.12.1993, X R 49/91, BStBl II 1994, 687.
3) BMF v. 5.10.2000, IV C 3 – S 2256 – 263/00, BStBl I 2000, 1383, Rz. 9.
4) BFH v. 18.10.2006, IX R 5/06, BStBl II 2007, 179.
5) BMF v. 7.2.2007, IV C 3 – S 2256 – 11/07, BStBl I 2007, 262.
6) BFH v. 26.9.2023, IX R 13/22, BStBl II 2025, 78.

men des JStG 2024[1] „klargestellt", dass § 23 EStG die Anschaffung / Veräußerung von Anteilen an Gesamthandsgemeinschaften (und damit insbesondere von Anteilen an Erbengemeinschaften) der Anschaffung und Veräußerung zur Gesamthand gehörenden WG gleichstellt (hierzu wurde § 23 Abs. 1 Satz 4 EStG um eine Nennung der Gesamthandsgemeinschaft [neben der Personengesellschaft] ergänzt).

Die Veräußerung von einem **in Spanien belegenen Grundstück** kann sowohl in Spanien als auch im Ansässigkeitsstaat Deutschland zu einem stpfl. Veräußerungsvorgang führen.[2]

bb) Abgrenzung zum gewerblichen Grundstückshandel

1400 Beim An- und Verkauf von Grundstücken kann **sowohl** die Einkunftsart der **privaten Veräußerungsgeschäfte als auch** ein **Gewerbebetrieb** vorliegen. Veräußern Privatpersonen Grundstücke, ist bei der Prüfung, ob ein gewerblicher Grundstückshandel vorliegt, wesentlich auf die Dauer der Nutzung vor Veräußerung und die Zahl der veräußerten Objekte abzustellen. In Fällen, in denen ein gewerblicher Grundstückshandel zu verneinen ist, bleibt jedoch zu prüfen, ob der Gewinn aus der Veräußerung nach § 23 EStG zu besteuern ist.[3]

Die bloße **Verwaltung** des **eigenen Vermögens** stellt regelmäßig keine gewerbliche Tätigkeit dar. Vermögensverwaltung liegt vor, wenn sich die Betätigung noch als Nutzung von Vermögen im Sinne einer Fruchtziehung aus zu erhaltenden Substanzwerten darstellt und die Ausnutzung substanzieller Vermögenswerte durch Umschichtung nicht entscheidend in den Vordergrund tritt. Ein **Gewerbebetrieb liegt dagegen vor**, wenn eine selbständige nachhaltige Betätigung mit Gewinnabsicht unternommen wird, sich als Beteiligung am allgemeinen wirtschaftlichen Verkehr darstellt und über den Rahmen einer Vermögensverwaltung hinausgeht.[4]

Die Grenze, ab der ein **gewerblicher Grundstückshandel** vorgenommen wird, liegt nach der bisherigen Rechtsprechung und Verwaltungsmeinung beim Verkauf von **mehr als drei Grundstücken innerhalb** eines **Fünf-Jahres-Zeitraums**.[5] Grundsätzlich ist dabei jedes zivilrechtliche Wohnungseigentum auch steuerrechtlich ein Objekt i.S.d. Drei-Objekt-Grenze.[6]

Beratungshinweis:
Nach der BFH-Rechtsprechung kann auch ein gewerblicher Grundstückshandel bei der Veräußerung von nur einem Objekt vorliegen. Dies ist dann der Fall, wenn das einzige Veräußerungsgeschäft eine Vielzahl zahlreicher und unterschiedlicher Einzeltätigkeiten erfordert, die in der Gesamtheit die Würdigung rechtfertigt, dass die stpfl. Person nachhaltig tätig geworden ist.[7]

Zu weiteren Ausführungen zum gewerblichen Grundstückshandel vgl. Anlage G (→ Rz. 510 ff.).

cc) Bezeichnung des Grundstücks (Lage)/des Rechts (Zeile 34)

1401 Steuerlich erfasst sind sowohl der Grund und Boden, als auch die mit diesem fest verbundene wesentliche Bestandteile (§ 94 BGB), insbesondere die aufstehenden Gebäude. Auf eine bestimmte Grundstücks- oder Gebäudeart wird nicht abgestellt. Zu den grundstücksgleichen Rechten gehören die Rechte, auf die die Vorschriften der §§ 873 ff. BGB Anwendung finden, das sind insb. die Vorschriften über das Erbbaurecht, Erbpachtrecht, Mineralgewinnungsrecht, Wohnungseigentum und das Bergwerkseigentum. Keine grundstücksgleichen Rechte sind z.B. das Wohnungsrecht (§ 1093 BGB) und der Nießbrauch (§§ 1030 ff. BGB). Für die Annahme eines stpfl. Veräußerungsgeschäfts ist die teilweise wirtschaftliche Identität erforderlich (z.B. lastenfreie Veräußerung eines bei Anschaffung mit einem Erbbaurecht belasteten Grundstücks).[8]

Bodenschätze zählen zu den anderen WG (§ 23 Abs. 1 Nr. 2 EStG), da Grund und Boden sowie die Bodenschätze zwei selbständige WG sind.[9] Einnahmen aus sog. Ausbeuteverträgen stellen regelmäßig Einnahmen aus Vermietung und Verpachtung und nur in Ausnahmefällen private Veräußerungsgeschäfte dar.[10]

Sonstige **dingliche Rechte** an Grundstücken oder an Grundstücksrechten fallen nicht unter die Vorschrift des § 23 Abs. 1 Nr. 1 EStG. Hierzu gehören z.B. **Nießbrauch**, Dauerwohnrechte nach § 31 WEG, Reallasten, Hypotheken sowie Grund- und Rentenschulden.

Sind **Grundstück und aufstehendes Gebäude getrennt handelbar** (Art. 231 und 233 EGBGB), können sowohl Grundstück als auch Gebäude gesondert Gegenstand eines privaten Veräußerungsgeschäfts nach § 23 Abs. 1 Nr. 1 EStG sein. Wird ein Gebäude in Ausübung eines **Nutzungsrechts am Grund und Boden** errichtet und der Grund und Boden nach Fertigstellung des Gebäudes erworben, ist bei einer späteren Veräußerung des bebauten Grundstücks das Gebäude nicht in das private Veräußerungsgeschäft einzubeziehen.[11]

1) Jahressteuergesetz 2024 (JStG 2024) v. 2.12.2024, BGBl. I 2024 Nr. 387 = BStBl I 2024, 1484.
2) OFD Rheinland und Münster v. 26.5.2011, S 1301 – 35 – St 45 (Ms), S 1301 – 2009/0016/ – St 123 (Rhld), IStR 2011, 518.
3) BMF v. 26.3.2004, IV A 6 – S 2240 – 46/04, BStBl I 2004, 434.
4) R 15.7 Abs. 1 EStR 2012.
5) BFH v. 10.12.2001, GrS 1/98, BStBl II 2002, 291; BFH v. 18.9.1991, XI R 23/90, BStBl II 1992, 135.
6) BFH v. 16.5.2002, III R 9/98, BStBl II 2002, 571.
7) BFH v. 1.12.2005, IV R 65/04, BStBl II 2006, 259 m.w.N.
8) BFH v. 4.9.2013, IX R 31/12, BStBl II 2013, 1011.
9) BFH v. 4.12.2006, GrS 1/05, BStBl II 2007, 508.
10) BFH v. 24.10.2012, IX R 6/12, BFH/NV 2013, 907.
11) BMF v. 5.10.2000, IV C 3 – S 2256 – 263/00, BStBl I 2000, 1383, Rz. 15.

Beispiel:

An einem unbebauten Grundstück wird im Jahr 2012 ein Erbbaurecht zu Gunsten von A bestellt. A errichtet auf dem Grundstück im Jahr 2012 ein zur Vermietung bestimmtes Gebäude. Im Jahr 2014 erwirbt er das Grundstück und veräußert es im Jahr 2024 mit dem aufstehenden Gebäude.

Hinsichtlich des Grundstücks liegt ein privates Veräußerungsgeschäft i.S.d. § 23 Abs. 1 Satz 1 Nr. 1 EStG vor. Das Gebäude ist nicht einzubeziehen, weil es vor der Anschaffung des Grundstücks in Ausübung des Erbbaurechts errichtet wurde und somit nicht das private Veräußerungsgeschäft betrifft, dessen Gegenstand das Grundstück und nicht das Erbbaurecht ist.

Zur Frage der Veräußerung eines unentgeltlich bestellten Erbbaurechts vgl. BFH.[1] Die „Anschaffung" eines Erbbaurechts setzt voraus, dass das Recht im Zeitpunkt der Übertragung bereits bestellt war und der Inhaber des bestehenden Rechts dieses auf den Erwerber entgeltlich überträgt. Erbbauzinsen sind keine Anschaffungskosten i.S.d. § 255 Abs. 1 HGB für den Erwerb des Erbbaurechts, sondern Entgelt für die Nutzung des erbbaurechtsbelasteten Grundstücks.

Gebäude und Außenanlagen sind einzubeziehen, soweit diese innerhalb des Zeitraums von zehn Jahren errichtet, ausgebaut oder erweitert worden sind (§ 23 Abs. 1 Nr. 1 Satz 2 EStG). Dies gilt entsprechend für Gebäudeteile, die selbständige unbewegliche WG sind, sowie für Eigentumswohnungen und für im Teileigentum stehende Räume.

Beispiel:

A erwirbt im Jahr 2012 ein unbebautes Grundstück und errichtet darauf im Jahr 2014 ein Einfamilienhaus, das ab dem Zeitpunkt der Fertigstellung fremd vermietet wurde. Im Jahr 2024 wird das bebaute Grundstück veräußert.

Da die zehnjährige Behaltensfrist für das Grundstück bereits abgelaufen ist, liegt insg. kein stpfl. privates Veräußerungsgeschäft vor.

Ein Gebäude ist ein Bauwerk auf eigenem oder fremdem Grund und Boden, dass Menschen oder Sachen durch räumliche Umschließung Schutz gegen äußere Einflüsse gewährt, den Aufenthalt von Menschen gestattet, fest mit dem Grund und Boden verbunden, von eigener Beständigkeit und standfest ist.

Praxishinweis:

Betriebsvorrichtungen und Scheinbestandteile gehören nicht zum Gebäude, so dass der entsprechende Anteil des Kaufpreises, der auf diese Teile entfällt, nicht der Besteuerung nach § 23 Abs. 1 Nr. 1 EStG unterliegt.

Ein privates Veräußerungsgeschäft i.S.d. § 23 Abs. 1 Nr. 1 EStG liegt auch bei Veräußerung eines **„bebauten" Erbbaurechts** vor, wenn der Zeitraum zwischen 1402

- dem Abschluss des Erbbaurechtsvertrags und der Veräußerung des „bebauten" Erbbaurechts oder
- der Anschaffung und der Veräußerung des „bebauten" Erbbaurechts

nicht mehr als zehn Jahre beträgt.[2] Der **Veräußerungspreis entfällt insgesamt** auf das Gebäude oder die Außenanlage, wenn der Erwerber dem bisherigen Erbbauberechtigten nachweislich nur etwas für das Gebäude oder die Außenanlage gezahlt hat und ggü. dem Erbbauverpflichteten nur zur Zahlung des laufenden Erbbauzinses verpflichtet ist.[3]

Beispiel:

Erwerb des Erbbaurechts an einem unbebauten Grundstück im Jahr 2014. Auf diesem Grundstück wird im Jahr 2015 ein zur Vermietung bestimmtes Gebäude erbaut. Im Jahr 2016 wird der Grund und Boden erworben. Die Grundstücksveräußerung erfolgt im Jahr 2024 (einschl. Gebäude).

Hinsichtlich des Grund und Bodens liegt ein privates Veräußerungsgeschäft vor. Das Gebäude ist nicht einzubeziehen, da es vor der Anschaffung des Grund und Bodens in Ausübung des Erbbaurechts errichtet wurde.

dd) Zeitpunkt der Anschaffung/Zeitpunkt der Veräußerung (Zeile 35)

(1) Anschaffungstatbestände

Die Angabe des **Zeitpunkts der Anschaffung und der Veräußerung** ist erforderlich, da von § 23 EStG lediglich Werterhöhungen innerhalb einer bestimmten Frist erfasst werden. 1403

Praxishinweis:

Eine Anschaffung i.S.d. § 23 Abs. 1 Nr. 1 EStG liegt nur vor, wenn das WG entgeltlich erworben worden ist. Unentgeltliche Vorgänge (wie z.B. Erbschaft, Schenkung oder Zugewinnausgleich) sind keine Anschaffungsvorgänge. Dies gilt ebenso im Rahmen einer Realteilung ohne Ausgleichzahlungen. Bei einem teilweise entgeltlichen Erwerb führt nur die Veräußerung des entgeltlich erworbenen Teils zum Tatbestand eines privaten Veräußerungsgeschäfts. Wird ein Grundstücksverkauf vor dem Übergang des wirtschaftlichen Eigentums rückgängig gemacht, liegt darin kein Veräußerungsgeschäft. Der infolge einer Vertragsauflösung zu leistende Schadensersatz kann inkl. angefallener Rechtsanwalts- und Notarkosten als Aufwand berücksichtigt werden.[4] Es handelt sich nicht um einen Anschaffungsvorgang, wenn kraft Hoheitsakts Grundbesitz entzogen und hierfür Ersatzland zugewiesen wird.[5]

1) BFH v. 8.11.2017, IX R 25/15, BStBl II 2018, 518.
2) BFH v. 30.11.1976, VIII R 202/72, BStBl II 1977, 384.
3) BFH v. 15.11.1994, IX R 73/92, BStBl II 1995, 374.
4) BFH v. 7.6.2006, IX R 45/05, BStBl II 2006, 803.
5) BFH v. 13.4.2010, IX R 36/09, BStBl II 2010, 792.

Hat die stpfl. Person die Veräußerung eines Grundstücks angebahnt, liegt ein Missbrauch rechtlicher Gestaltungsmöglichkeiten grds. nicht vor, wenn das Grundstück unentgeltlich auf die Kinder übertragen wird und diese das Grundstück an den Erwerber veräußern; der Veräußerungsgewinn ist dann bei den Kindern nach deren steuerlichen Verhältnissen zu erfassen.[1)]

Bei Grundstücken und Grundstücksrechten beträgt die **Frist zwischen Anschaffung** im PV (oder Entnahme aus dem Betriebsvermögen) und **Veräußerung** im PV/BV oder **verdeckter Einlage** in eine Kapitalgesellschaft **zehn Jahre**. Entscheidend ist der Übergang des wirtschaftlichen Eigentums. Für die Berechnung der Fristen sind daher die Zeitpunkte der schuldrechtlichen Verpflichtungsgeschäfte maßgeblich.[2)] Sowohl bei der Übertragung des hälftigen Miteigentumsanteils auf den anderen Ehegatten/Lebenspartner, als auch bei der Veräußerung der Wohnung an einen Dritten kann sich hinsichtlich des überlassenen Anteils ein stpfl. Veräußerungsgewinn gem. § 23 EStG ergeben. Zur Anschaffung gehören auch Fälle der Anwachsung eines weiteren Anteil an einer Gesellschaft.[3)]

Wird ein WG i.R.d. **Gesamtrechtsnachfolge** oder durch **Einzelrechtsnachfolge unentgeltlich erworben**, ist dieser Vorgang nicht als Anschaffungsvorgang zu würdigen. Die Nutzung durch den Rechtsvorgänger ist jedoch dem Rechtsnachfolger zuzurechnen. Zur Anschaffung i.R.d. vorweggenommenen Erbfolge und bei Erbauseinandersetzung hat die Finverw. ausführlich Stellung genommen.[4)]

Beispiel:

Der Vater hat mit Kaufvertrag v. 1.12.2025 ein unbebautes Grundstück zu Anschaffungskosten i.H.v. 600 000 € erworben. Mit notariellem Vertrag v. 10.1.2025 wird das Grundstück mit Wirkung zum 1.2.2025 i.R.d. vorweggenommenen Erbfolge auf die Tochter T übertragen. T muss als Gegenleistung für den Erwerb des Grundstücks, das zum Übertragungszeitpunkt einen Verkehrswert von 1 Mio. € hat, Schulden v. Vater i.H.v. 400 000 € übernehmen.

Der Vater überträgt das Grundstück zu $^4/_{10}$ entgeltlich (400 000 €/1 Mio.<€) und zu $^6/_{10}$ unentgeltlich.[5)] Da somit zu $^4/_{10}$ eine Veräußerung innerhalb von 10 Jahren nach Erwerb des unbebauten Grundstücks vorliegt, ist ein privater Veräußerungsgewinn zu ermitteln.

Veräußerungspreis	400 000 €
./. Anschaffungskosten (600 000 € × $^4/_{10}$ =)	240 000 €
= Gewinn	160 000 €

Ergänzung:

T veräußert das Grundstück durch Vertrag v. 1.11.2025 mit Wirkung zum 1.12.2025 für 1,2 Mio. €.

Entgeltlich erworbener Teil ($^4/_{10}$):

Hinsichtlich des entgeltlich erworbenen Teils liegt in der Person der T ein privates Veräußerungsgeschäft (§ 23 Nr. 1 Satz 1 Nr. 1 EStG) vor.

Veräußerungspreis (1,2 Mio. € × $^4/_{10}$)	480 000 €
./. Anschaffungskosten	400 000 €
= Gewinn	80 000 €

Unentgeltlich erworbener Teil ($^6/_{10}$):

Bei unentgeltlichem Erwerb ist dem Einzelrechtsnachfolger die Anschaffung durch den Rechtsvorgänger zuzurechnen (§ 23 Abs. 1 Satz 3 EStG). Auch hinsichtlich dieses Teils liegt somit ein privates Veräußerungsgeschäft innerhalb eines Zeitraums von 10 Jahren vor. Maßgebend ist das Datum des Kaufvertrags des Vaters (1.12.2015) und das Datum des Vertrages über den Verkauf durch T (1.11.2025).

Veräußerungspreis (1,2 Mio. € × $^6/_{10}$)	720 000 €
abzüglich Anschaffungskosten des Rechtsvorgängers: 600 000 € × $^6/_{10}$ =	360 000 €
= Gewinn	360 000 €

Ist ein **Grundstück** von der stpfl. Person in ein **Umlageverfahren eingebracht** worden und wird ihr dafür ein anderes Grundstück zugeteilt, dann ist diese Zuteilung keine Anschaffung i.S.d. § 23 EStG. Die Frist beginnt in einem solchen Fall mit dem Erwerb des in das Umlageverfahren eingebrachten Grundstücks.[6)] Die Abgabe eines **Meistgebots** im Rahmen einer Versteigerung stellt eine Anschaffung dar[7)] ebenso wie die Abgabe eines Meistgebots bei einer **Zwangsversteigerung** die Merkmale eines Anschaffungsgeschäfts[8)] erfüllt, da diese in ihrer Wirkung dem Abschluss eines schuldrechtlichen Kaufvertrages über ein Grundstück entspricht.[9)] Der Eigentumsverlust auf Ggrund einer Zwangsversteigerung ist als Veräußerungsvorgang zu werten.[10)] Die Frage, ob der Verlust einer Immobilie im Wege der Zwangsversteigerung den Begriff des „Veräußerungsgeschäfts" erfüllt, ist erneut (nach

1) BFH v. 23.4.2021, IX R 8/20, BStBl II 2021, 743.
2) BFH v. 8.4.2014, IX R 18/13, BStBl II 2014, 826.
3) FG Niedersachsen v. 25.5.2023, 4 K 186/20, EFG 2023, 1537.
4) BMF v. 14.3.2006, IV B 2 – S 2242-7/06, BStBl I 2006, 253 unter Berücksichtigung der Änderungen durch BMF v. 27.12.20018, IV C 6 – S 2242/07/10004, BStBl I 2029, 11.
5) BMF v. 13.1.1993, IV B 3 – S 2190 –37/92, BStBl I 1993, 80, Tz. 9 und 14, unter Berücksichtigung der Änderungen durch BMF v. 26.2.2007, IV C 2 – S 2230 – 46/06, BStBl I 2007, 269.
6) BFH v. 15.1.1974, VIII R 63/68, BStBl II 1974, 606.
7) BFH v. 28.6.1977, VIII R 30/74, BStBl II 1977, 827.
8) BFH v. 27.8.1997, X R 26/95, BStBl II 1998, 135.
9) BFH v. 28.6.1977, VIII R 30/74, BStBl II 1977, 827.
10) BFH v. 12.11.2024, IX R 6/24, BStBl II 2025, 350.

NZB) beim BFH anhängig.[1] Die Anschaffungskosten stellen dabei das Bargebot (ohne mögliche Zinsen wegen verspäteter Zahlung) dar.[2]

(2) Keine Anschaffungsvorgänge

Ein privates Veräußerungsgeschäft setzt die Veräußerung eines Grundstücks innerhalb von zehn Jahren nach sei- **1404**
ner Anschaffung voraus. Als Anschaffung kommt auch eine **Erwerbshandlung** in Betracht, die wesentlich vom Willen der stpfl. Person abhängt. Keine Anschaffung ist daher der **Erwerb kraft Gesetzes** oder eines auf Grund gesetzlicher Vorschriften ergehenden Hoheitsakts.[3] Erfolgt der **Rücktritt** (oder auch die Rückgängigmachung[4]) vom Kaufvertrag vor Übergang des wirtschaftlichen Eigentums, wird kein Veräußerungsgeschäft realisiert, da der ursprüngliche Vertrag nicht erfüllt wurde und der Rücktritt keine Veräußerung darstellt.[5]

Der **unentgeltliche Erwerb** von WG, z.B. durch Erbschaft, Vermächtnis oder Schenkung, stellt keinen Anschaffungsvorgang dar (§ 23 Abs. 1 Satz 3 EStG). Der Erwerb eines Grundstücks in Erfüllung eines Vermächtnisses ist ein **teilentgeltlicher** und aufteilbarer Vorgang, wenn der Vermächtnisnehmer für den Erwerb des vermachten Gegenstandes eine Gegenleistung erbringen muss, deren Wert die vermächtnisweise Zuwendung nicht ausgleicht.[6] Zum unentgeltlichen Erwerb bei Übertragungen ohne Übernahmen der Darlehen vgl. BFH.[7]

Beratungshinweis:
Im Fall der teilentgeltlichen Übertragung von WG erfolgt für Zwecke der Ermittlung des Gewinns aus einem privaten Veräußerungsgeschäft eine Aufteilung in einen voll entgeltlichen und einen voll unentgeltlichen Teil nach dem Verhältnis der Gegenleistung zum Verkehrswert des übertragenen WG. Dies gilt auch bei einem unter den AK liegenden Entgelt. Die AK und die Veräußerungskosten sind entsprechend der „Entgeltlichkeitsquote" aufzuteilen.[8]

Bei einer **gemischten Schenkung** kann daher nur hinsichtlich des entgeltlich erworbenen Teils ein ertragstpfl. Veräußerungsgewinn anfallen. Setzt sich eine Gesamthandsgemeinschaft über ein Grundstück durch Realteilung mit Spitzenausgleich auseinander, so liegt ein entgeltliches Rechtsgeschäft für den über die Gesamthandsbeteiligung des Erwerbers hinausgehenden Anteil vor. Die nachfolgende Veräußerung des Grundstücks innerhalb der Frist führt nur bezüglich dieses Anteils zu einem Spekulationsgewinn.[9]

Bringen **Bruchteilseigentümer** Grundstücke zu unveränderten Anteilen **in eine personenidentische** Gesellschaft bürgerlichen Rechts mit Vermietungseinkünften ein, liegt steuerrechtlich kein Anschaffungsvorgang vor, weil die Gesellschafter gem. § 39 Abs. 2 Nr. 2 AO weiterhin im bisherigen Umfang als Bruchteilseigentümer der Grundstücke anzusehen sind.[10]

Bei der **Rückabwicklung** eines Anschaffungsgeschäfts wegen irreparabler Vertragsstörungen liegt kein stpfl. Veräußerungsgeschäft vor, da die Herausgabe des zuvor angeschafften WG keinen gesonderten marktoffenbaren Vorgang, sondern nur einen notwendigen Teilakt i.R.d. Rückabwicklung darstellt.[11]

Beratungshinweis:
Dieses Urteil kann Auswirkung i.R.d. Besteuerung bei **Schrottimmobilien** haben.[12] Handelt es sich bei der Rückübertragung um ein privates Veräußerungsgeschäft und werden dabei von der übernehmenden Person (z.B. die bisher i.R.d. Finanzierung auftretende Bank) weitere Verbindlichkeiten übernommen, erhöht dies den Veräußerungspreis. Erstattet die Bank in diesem Zusammenhang bisher gezahlte Kreditzinsen, die bisher als WK bei den Einkünften aus Vermietung und Verpachtung geltend gemacht worden sind, führen die Zahlungen zu Einkünften aus Vermietung und Verpachtung.[13] Werden als Schadensersatz bezeichnete Leistungen erbracht, wäre zu prüfen, ob es sich um einen Ausgleich für einen Vermögensschaden handelt. Zum Veräußerungspreis gehört auch ein Schuldenerlass vor Veräußerung des Objekts, wenn der Schuldenerlass und das eigentliche Veräußerungsgeschäft in einem wirtschaftlichen Zusammenhang stehen.[14] Zur Frage, ob eine Veräußerung oder Rückabwicklung vorliegt, vgl. BFH: Für den Fall, dass die als Kaufpreis bezeichnete Gegenleistung teilweise auch für andere Verpflichtungen des Veräußerers erbracht worden ist (hier: Verzicht auf Schadensersatzansprüche, Rücknahme von Klagen), die nicht den Tatbestand des § 23 Abs. 1 EStG erfüllen, ist der vereinbarte Kaufpreis insoweit aufzuteilen. Für Zwecke der Aufteilung ist das veräußerte WG zu bewerten; übersteigt die Gegenleistung den Wert des veräußerten WG, spricht dies dafür, dass der übersteigende Teil der Gegenleistung nicht zum Veräußerungspreis gehört, sondern dass insoweit eine andere Verpflichtung entgolten oder ein Teil der Gegenleistung unentgeltlich zugewendet werden soll.[15] Die zivilrechtliche Rückwirkung wird bei der Einkommensteuer – im Gegensatz zu einmalig festzusetzenden Steuern wie Erbschaftsteuern und Grunderwerbsteuern – nicht nachvollzogen, weil insoweit der Grundsatz der Unabänderlichkeit des verwirklichten Einkunftserzielungstatbestands gilt.[16]

1) FG Niedersachsen v. 7.12.2023, 10 K 239/20, EFG 2025, 1227; Rev., Az. des BFH: VIII R 25/24.
2) BFH v. 18.12.2015, IX B 101/15, BFH/NV 2016, 400.
3) BFH v. 19.4.1977, VIII R 23/75, BStBl II 1977, 712.
4) BFH v. 20.1.1987, IX R 147/83, BFH/NV 1987, 428.
5) BFH v. 27.6.2006, IX R 47/04, BStBl II 2007, 162.
6) BFH v. 29.6.2011, IX R 63/10, BStBl II 2011, 873.
7) BFH v. 3.9.2019, IX R 8/18, BStBl II 2020, 122; Verfbeschw nicht zur Entscheidung angenommen, BVerfG v. 1.7.2022, 2 BvR 216/20, StEd 2022, 598.
8) BFH v. 11.3.2025, IX R 17/24, BStBl II 2025, 550.
9) BFH v. 22.9.1987, IX R 15/84, BStBl II 1988, 250.
10) BFH v. 6.10.2004, IX R 68/01, BStBl II 2005, 324.
11) BFH v. 27.6.2006, IX R 47/04, BStBl II 2007, 162.
12) BGH v. 25.4.2006, XI ZR 29/05, BB 2006, 1295.
13) BFH v. 28.3.1995, IX R 41/93, BStBl II 1995, 704; BFH v. 14.12.1999, IX R 69/98, BStBl II 2000, 197.
14) FG Hessen v. 3.5.2010, 3 K 299/10, EFG 2011, 52.
15) BFH v. 6.9.2016, IX R 45/14, BFH/NV 2017, 197.
16) BayLfSt v. 16.7.2008, S 2256.1.1 – 1/3 St32/St33, DB 2008, 2110.

(3) Veräußerungstatbestände

1405 Veräußerung ist die entgeltliche Übertragung eines WG auf einen anderen.[1] Die Abgabe eines **bindenden Verkaufsangebots** kann – selbst bei Befristung auf einen erst nach der Spekulationsfrist beginnenden Zeitraum – als Veräußerung i.S.d. § 23 EStG angesehen werden, wenn das Angebot durch Hinzutreten weiterer Umstände wie z.B. die Verschaffung wirtschaftlichen Eigentums durch den Verkäufer und die wirtschaftliche Vertragserfüllung seitens des Käufers als endgültig betrachtet werden muss. Auch in den Fällen, in denen der Verkauf unter einer aufschiebenden Bedingung erfolgt, kann die Frist nicht ausgehebelt werden.[2] Eine „Anschaffung"/„Veräußerung" liegt vor, wenn die übereinstimmenden rechtsgeschäftlichen Verpflichtungserklärungen beider Vertragspartner innerhalb der Zehn-Jahres-Frist bindend abgegeben worden sind.[3] Die Abgabe eines Verkaufsangebots zusammen mit einer Darlehensgewährung in Höhe des späteren Kaufpreises und dem Abschluss eines auf eine Eigentumsverschaffung am Grundstück gerichteten „Erbbauvertrags" kann zu einer so starken Bindung führen, dass dies als stpfl. Veräußerung anzusehen ist.[4] Ist der Veräußerungsvertrag schwebend unwirksam, liegt noch keine Veräußerung vor, da sich jede Vertragspartei ohne weiteres vom Vertrag lösen kann.[5]

Eine Veräußerung liegt nicht vor, wenn der Verlust des Eigentums am Grundstück ohne maßgeblichen Einfluss der stpfl. Person stattfindet (z.B. Entzug des Eigentums durch Sonderungsbescheid nach dem Bodensonderungsgesetz).[6]

Zum Ausscheiden aus einer vermögensverwaltenden Personengesellschaft vgl. BFH.[7]

1406 **Keine Veräußerung ist die Einlage** eines Grundstücks

- in das BV eines Einzelunternehmens,
- in das Sonder-BV der stpfl. Person bei einer Personengesellschaft oder
- in das Gesamthandsvermögen einer Personengesellschaft ohne Gewährung von Gesellschaftsrechten und sonstigen Gegenleistungen.

Die Vereinbarung eines **Vorkaufsrechts** steht einer Veräußerung nicht gleich.[8]

1407 Die **Einlage** eines Grundstücks **in das BV** ist dann nachträglich als Veräußerung zu werten, wenn das Grundstück innerhalb von zehn Jahren nach seiner Anschaffung aus dem BV veräußert wird (§ 23 Abs. 1 Satz 5 Nr. 1 EStG).

Beispiel:

Die stpfl. Person hat in 2016 für 50 000 € ein verpachtetes unbebautes Grundstück erworben und dieses zunächst als PV behandelt. In der Absicht es zukünftig für eigenbetriebliche Zwecke zu nutzen wird das Grundstück im Jahr 2020 zum Teilwert von 150 000 € in das BV eingelegt. Im Zuge der Veräußerung des Betriebs in 2024 wird das Grundstück für 280 000 € veräußert.

Die Veräußerung des Grundstücks im Zuge der Betriebsveräußerung führt dazu, dass die Einlage als Veräußerung (§ 23 Abs. 1 Satz 1 Nr. 1 EStG) zu beurteilen ist, da die Veräußerung aus dem BV innerhalb von zehn Jahren nach dessen Anschaffung erfolgt. Der Gewinn i.H.v. 100 000 € (150 000 € ./. 50 000 €) aus der Veräußerung ist im Zuflussjahr zu berücksichtigen.[9]

Die Wertsteigerungen eines Grundstücks sind auch dann zu versteuern, wenn dieses in PV angeschafft und aus diesem veräußert wurde, auch wenn es zeitweise im BV (→ Rz. 1418) gehalten wurde.[10]

Zur ertragsteuerliche Beurteilung von Umwandlungen und Einbringungen vgl. BMF v. 2.1.2025 (Umwandlungssteuererlass).[11]

Wird entsprechend den handelsrechtlichen Regelungen (z.B. bei einer OHG [§ 120 Abs. 2, §§ 121, 122, 155 HGB]) nur ein (handelsrechtliches) Kapitalkonto geführt, liegt regelmäßig eine Erhöhung des Kapitalanteils in diesem Sinne vor, da das Kapitalkonto letztlich sowohl für die Verteilung des Gewinns oder für Entnahmerechte als auch für die Auseinandersetzungsansprüche von Bedeutung ist.

Beispiel:

A und B beschließen zum 1.7.2016 die Gründung einer OHG. Nach dem Gesellschaftsvertrag haben A und B bei Gründung Einlagen i.H.v. jeweils 200 000 € zu leisten. Die Einlage des A soll lt. Gesellschaftsvertrag durch Übertragung eines bislang für fremdbetriebliche Zwecke verpachteten unbebauten Grundstücks des PV auf die Gesellschaft erfolgen (Teilwert 200 000 €, die Anschaffungskosten im Januar 2008 betrugen 190 000 €). Hinsichtlich der Gewinnverteilung, der Entnahmen und der Auseinandersetzungsansprüche wird im Gesellschaftsvertrag auf die Vorschriften des HGB verwiesen.

Mangels abweichender gesellschaftsrechtlicher Vereinbarungen gelten hinsichtlich der Gewinnverteilung, der Entnahmerechte sowie der Auseinandersetzungsansprüche die Regelungen der §§ 120 Abs. 2, 122, 155 HGB mit der Folge, dass der auf dem einzigen Kapitalkonto gebuchte Kapitalanteil für die vorstehenden Ansprüche maßgebend ist. Insoweit stellt die Einbringung des Grundstücks eine stpfl. Veräußerung dar. Der Gewinn beträgt 200 000 € ./. 190 000 € = 10 000 €.

---

1) BFH v. 18.10.2006, IX R 7/04, BStBl II 2007, 258.
2) BFH v. 10.2.2015, IX R 23/13, BStBl II 2015, 487.
3) BFH v. 25.3.2021, IX R 10/20, BStBl II 2021, 758.
4) BFH v. 15.1.1974, VIII R 63/68, BStBl II 1974, 606.
5) BFH v. 2.10.2001, IX R 45/99, BStBl II 2002, 10.
6) BFH v. 23.7.2019, IX R 28/18, BStBl II 2019, 701.
7) BFH v. 19.11.2019, IX R 24/18, BStBl II 2020, 225.
8) FG Hamburg v. 10.1.1985, I 182/81, EFG 1985, 501.
9) BMF v. 5.10.2000, IV C 3 – S 2256 – 263/00, BStBl I 2000, 1383, Rz. 36; Änderungen v. 29.4.2004, IV C 8 – S 2225 – 5/04, BStBl I 2004, 1097 und v. 7.2.2007, IV C 3 – S 2256 – 11/07, BStBl I 2007, 262.
10) BFH v. 23.8.2011, IX R 66/10, BStBl II 2013, 1002.
11) BMF v. 2.1.2025, IV C 2 – S 1978/00035/020/040, BStBl I 2025, 92.

Werden die handelsrechtlichen Vorschriften abbedungen und stattdessen nach den gesellschaftsvertraglichen Vereinbarungen **mehrere Kapital(unter)konten** geführt, ist entscheidend, ob das jeweilige Unterkonto, auf dem die Gegenbuchung des WG erfolgt, der übertragenden Person individuelle Rechte vermittelt. Regelmäßig richtet sich die vermögensmäßige Beteiligung (die Beteiligung am Gewinn/Verlust und an etwaigen Auseinandersetzungsansprüchen) von Gesellschaftern an einer Personengesellschaft nach dem Verhältnis der Kapitalkonten I der Gesellschafter zueinander. Diese werden grds. als Festkapitalkonten geführt und beinhalten die vertraglich vereinbarte Kapitaleinlage (bei einer KG die Pflichteinlage des Kommanditisten). Eine Gegenbuchung des übertragenen WG bei Gründung der Gesellschaft oder im Zuge der Vereinbarung einer Kapitalerhöhung auf dem Kapitalkonto I führt dementsprechend zu einer Übertragung gegen Gewährung von Gesellschaftsrechten. Dies gilt auch bei Vereinbarung einer Kapitalerhöhung für den alleinigen Kommanditisten einer GmbH & Co. KG, wenn dieser bereits zu 100 % vermögensmäßig an der Gesellschaft beteiligt ist. Eine gesetzlich oder gesellschaftsrechtlich bestehende Entnahmebeschränkung steht dem nicht entgegen.

Erfolgt die Gegenbuchung auf einem variablen Kapitalkonto der Gesellschafter (Kapitalkonto II, Gesellschafterverrechnungskonto, Gesellschafterdarlehenskonto) und vermittelt dieses Kapitalkonto der einbringenden Person ein individuelles Entnahmerecht, so liegt auch insoweit eine Übertragung gegen Gewährung von Gesellschaftsrechten vor. Handelt es sich bei dem Konto, auf dem die Gegenbuchung erfolgt, nach den gesellschaftsrechtlichen Vereinbarungen dagegen um ein echtes Fremdkapitalkonto (Verbindlichkeit ggü. dem Gesellschafter), so liegt kein tauschähnlicher Vorgang, sondern eine stpfl. Veräußerung gegen Entgelt vor. Die Abgrenzung erfolgt nach BMF v. 30.5.1997.[1)] Von einem echten Fremdkapitalkonto ist danach regelmäßig dann auszugehen, wenn das Guthaben nicht zur Verlustverrechnung zur Verfügung steht.

Beispiel:

A und B beschließen die Gründung einer Handwerks GmbH & Co KG. Laut Gesellschaftsvertrag haben A und B bei Gründung Einlagen i.H.v. jeweils 100 000 € zu leisten. A und B sollen danach zu je 50 % vermögensmäßig an der Gesellschaft beteiligt sein. Die Einlage des A soll lt. Gesellschaftsvertrag durch Übertragung eines bislang für fremdbetriebliche Zwecke verpachteten unbebauten Grundstücks des PV auf die Gesellschaft erfolgen.

Laut Gesellschaftsvertrag werden für die Gesellschafter jeweils zwei Gesellschafterkonten eingerichtet. Das Kapitalkonto I wird als Festkapitalkonto geführt und weist die gesellschaftsvertraglich vereinbarten Pflichteinlagen aus. Das Kapitalkonto II ist ein variables Kapitalkonto, auf dem Gewinne, Verluste, Entnahmen und Einlagen verbucht werden. Etwaige nicht entnahmefähige gesamthänderisch gebundene Kapitalrücklagen werden auf einem Rücklagenkonto verbucht. Die Gegenbuchung der Einlage des Grundstücks erfolgt i.H.v. 100 000 € zu Gunsten des Kapitalkontos I und in identischer Höhe zu Gunsten des Kapitalkontos II.

Wertsteigerungen des Grundstücks, die in der Zeit von der Anschaffung bis zur Einlage eingetreten sind, sind in dem Kj. als privates Veräußerungsgeschäft zu erfassen, in dem der Preis für die Veräußerung aus dem BV der stpfl. Person zugeflossen ist (§ 23 Abs. 3 Satz 7 EStG). Bei der Berechnung des Veräußerungsgewinns ist in diesem Fall an Stelle des Veräußerungspreises auf den für die betriebliche Gewinnermittlung tatsächlich angesetzten Einlagewert abzustellen (§ 23 Abs. 3 Satz 2 EStG); diese Regelung gilt für alle Einlagen, die nach dem 31.12.1999 vorgenommen worden sind. Mit Beschluss v. 7.7.2010[2)] hat das BVerfG entschieden, dass die mit dem am 31.3.1999 verkündeten Steuerentlastungsgesetz 1999/2000/2002[3)] gesetzlich normierte Verlängerung der Frist von zwei auf zehn Jahre für die Veräußerung von WG als solche grds. nicht zu beanstanden ist. Auch soweit die früher geltende zweijährige Veräußerungsfrist im Zeitpunkt der Verkündung des StEntlG 1999/2000/2002 am 31.3.1999 noch nicht abgelaufen war, begegnet ihre Verlängerung **keinen verfassungsrechtlichen Bedenken**, da die bloße Möglichkeit, Gewinne später steuerfrei zu vereinnahmen, keine vertrauensrechtlich geschützte Position begründet. Die Anwendung der verlängerten Veräußerungsfrist ist jedoch insoweit verfassungswidrig, als mit der Neuregelung Wertzuwächse besteuert werden, die bis zum Zeitpunkt der Verkündung der Gesetzesänderung am 31.3.1999 eingetreten sind und die nach Maßgabe der zuvor geltenden Rechtslage hätten steuerfrei realisiert werden können. Das BMF hat mit Schreiben v. 20.12.2010[4)] zur Anwendung des Beschlusses des BVerfG Stellung genommen. Eine Berücksichtigung von nachträglichen Schuldzinsen nach Veräußerung ist bei Objekten, die vor dem 1.1.1999 angeschafft worden sind, ist nach Verwaltungsmeinung nicht möglich.[5)]

Eine **verdeckte Einlage in** eine **Kapitalgesellschaft** auf gesellschaftsrechtlicher Basis ist stets als Veräußerung des Grundstücks zu behandeln (§ 23 Abs. 1 Satz 5 Nr. 2 EStG) und stellt damit keine Veräußerung i.S.d. § 17 Abs. 1 EStG[6)] dar. Eine verdeckte Einlage stellt eine unentgeltliche Übertragung eines Grundstücks auf eine Kapitalgesellschaft sowie die Veräußerung des Grundstücks an die Kapitalgesellschaft unterhalb des Verkehrswerts dar. Für die Berechnung des Veräußerungsgewinns ist der Verkehrswert anzusetzen (§ 23 Abs. 3 Satz 2 EStG); der „Veräußerungsgewinn" unterliegt im VZ der verdeckten Einlage der Besteuerung.

---

1) BMF v. 30.5.1997, IV B 2 – S 2241a – 51/93 II, BStBl I 1997, 627.
2) BVerfG v. 7.7.2010, 2 BvL 14/02, 2 BvL 2/04, 2 BvL 13/05, BStBl II 2011, 76.
3) StEntlG 1999/2000/2002 v. 24.3.1999, BStBl I 1999, 304.
4) BMF v. 20.12.2010, IV C 1 – S 2256/07/10001 :006, BStBl I 2011, 14 unter Berücksichtigung der Neufassung Ziffer II.1 durch BMF v. 18.5.2015, IV C 1 – S 2256/07/10001 :009, BStBl I 2015, 464.
5) BMF v. 27.7.2015, IV C 1 – S 2211/11/10001, BStBl I 2015, 581.
6) BFH v. 27.7.1988, I R 147/83, BStBl II 1989, 271.

1408 Als **Veräußerung** des Grundstücks **aus dem BV** gilt für die Anwendung des § 23 Abs. 1 Satz 5 Nr. 1 EStG z.B. auch

- die Veräußerung des Grundstücks im Rahmen der Veräußerung des gesamten Betriebs oder eines Teilbetriebs. Bei einer Personengesellschaft gilt dies bei Veräußerung
  - des Betriebs, eines Teilbetriebs oder eines Mitunternehmeranteils,
  - wenn das Grundstück zum Sonder-BV des Mitunternehmers gehört oder ohne Gewährung von Gesellschaftsrechten in das Gesamthandsvermögen eingelegt worden ist;
- die Überführung eines zuvor in das BV eingelegten Grundstücks in eine Kapitalgesellschaft im Wege einer verschleierten Sachgründung oder einer verschleierten Sacheinlage im Zusammenhang mit einer Kapitalerhöhung;
- die Einbringung des zuvor eingelegten Grundstücks zusammen mit einem Betrieb, Teilbetrieb oder Mitunternehmeranteil in eine Kapitalgesellschaft oder in das Gesamthandsvermögen einer Personengesellschaft gegen Gewährung von Gesellschaftsrechten;
- die Übertragung eines Grundstücks aus dem betrieblichen Gesamthandsvermögen einer Personengesellschaft in das PV oder das Sonder-BV eines Gesellschafters, soweit das Grundstück vorher in das Vermögen der Gesellschaft ohne Gewährung von Gesellschaftsrechten eingelegt wurde;
- die verdeckte Einlage des Grundstücks in eine Kapitalgesellschaft, wenn die Anteile an der Kapitalgesellschaft zum BV der stpfl. Person gehören; hier ist kein Fall des § 23 Abs. 1 Satz 5 Nr. 2 EStG gegeben, weil das Grundstück gleichzeitig in das BV der stpfl. Person eingelegt wird.

Praxishinweis:
Wird das in das BV eingelegte Grundstück wieder ins PV überführt, liegt keine Veräußerung aus dem BV i.S.d. § 23 Abs. 1 Satz 5 Nr. 1 EStG vor.

Kein Fall des § 23 Abs. 1 Satz 5 Nr. 1 EStG, sondern eine Veräußerung i.S.d. § 23 Abs. 1 Satz 1 Nr. 1 EStG ist die **Übertragung eines Grundstücks aus dem PV in das betriebliche Gesamthandsvermögen** einer Personengesellschaft oder in das Vermögen einer Kapitalgesellschaft, soweit sie gegen Gewährung von Gesellschaftsrechten erfolgt.

Praxishinweis:
Zur steuerlichen Behandlung der Übertragung von Grundstücken aus dem PV in das betriebliche Gesamthandsvermögen einer Personengesellschaft und zur Übertragung eines Grundstücks aus dem betrieblichen Gesamthandsvermögen einer Personengesellschaft in das PV vgl. im Übrigen das BMF-Schreiben v. 29.3.2000.[1)]

Entsprechendes gilt bei der Übertragung eines Grundstücks in das Vermögen einer Gemeinschaft mit betrieblichem Vermögen oder aus dem betrieblichen Gemeinschaftsvermögen in das Vermögen eines Mitglieds der Gemeinschaft.

1409 Die **Übertragung** eines Grundstücks **auf** eine **Personengesellschaft**/Gemeinschaft ohne BV gegen Entgelt oder gegen Gewährung von Gesellschaftsrechten ist insoweit nicht als Veräußerung anzusehen, als der bisherige Eigentümer nach der Übertragung am Vermögen der Gesellschaft oder Gemeinschaft beteiligt ist. Entsprechendes gilt, wenn das Grundstück von der Personengesellschaft oder Gemeinschaft auf einen Gesellschafter oder ein Mitglied der Gemeinschaft übertragen wird.

1410 Die nachträgliche **Genehmigung eines** zunächst **schwebend unwirksamen Vertrags** durch einen der Vertragspartner wirkt für die Fristberechnung nicht auf den Zeitpunkt der Vornahme des Rechtsgeschäfts zurück.[2)] Eine notwendige behördliche Genehmigung wirkt ggf. rückwirkend; wird diese nicht erteilt, stellt der Abschluss des Vertrags von Beginn an keine Veräußerung dar.[3)] Liegt daher ein rechtlich bindendes Verkaufsangebot innerhalb der Spekulationsfrist vor, kann darin auch eine Veräußerung i.S.d. § 23 EStG gesehen werden, wenn mit dem Angebot der Verkauf durch den Übergang von Besitz, Gefahr sowie Nutzungen und Lasten vollzogen ist.

ee) Nutzung des Grundstücks bis zur Veräußerung (Zeile 36–37)

(1) Grundsätze

1411 Wurde das veräußerte Grundstück im Zeitraum zwischen Anschaffung oder Fertigstellung und Veräußerung ausschließlich zu eigenen Wohnzwecken (→ Rz. 1412) oder im Jahr der Veräußerung und in den beiden vorangegangenen Jahren ununterbrochen zu eigenen Wohnzwecken genutzt (→ Rz. 1412), ist die Veräußerung des Grundstücks steuerfrei (§ 23 Abs. 1 Nr. 1 Satz 3 EStG). Die unentgeltliche Wohnraumüberlassung an **Kriegsflüchtlinge aus der Ukraine** wird in den Jahren 2022 bis 2025 als eine solche Nutzung zu eigenen Wohnzwecken gewertet.[4)]

Ein **Leerstand vor Beginn der Nutzung** zu eigenen Wohnzwecken ist unschädlich, wenn der Leerstand mit der beabsichtigten Nutzung des WG zu eigenen Wohnzwecken in Zusammenhang steht; dies gilt ebenso, wenn zwi-

---

1) BMF v. 29.3.2000, IV C 2 – S 2178 – 4/00, BStBl I 2000, 462.
2) BFH v. 2.10.2001, IX R 45/99, BStBl II 2002, 10.
3) BFH v. 17.3.1967, VI R 259/66, BStBl III 1967, 370.
4) Vgl. Fragen und Antworten zu den steuerlichen Maßnahmen zur Unterstützung der vom Krieg in der Ukraine Geschädigten, https://www.bundesfinanzministerium.de/Content/DE/FAQ/faq-ukraine-steuern.html, Stand: 22.4.2025.

schen der Beendigung der Nutzung zu eigenen Wohnzwecken und der Veräußerung des Gebäudes die Veräußerungsabsicht nachgewiesen wird.[1] Von der Besteuerung des Veräußerungsgewinns sind damit WG ausgenommen, die in einem zusammenhängenden Zeitraum innerhalb der letzten drei Kj. – der nicht die vollen drei Kj. umfassen muss – zu eigenen Wohnzwecken genutzt wurden.

Zu dem begünstigten Grundstück gehörte das Gebäude selbst, selbständige Gebäudeteile, Eigentumswohnungen und in Teileigentum stehende Räume sowie der zugehörige Grund und Boden. **Zum Grund und Boden gehören** jedoch nur die Flächen, die für eine entsprechende Gebäudenutzung erforderlich und üblich sind. Die **steuerfreie Veräußerung weiterer Flächen** ist selbst dann ausgeschlossen, wenn diese im Veräußerungszeitpunkt als Hausgarten genutzt werden. Der Umfang der Flächen kann daher nicht selbst bestimmt werden.[2] Dies gilt insbesondere, soweit Teilflächen parzelliert werden und dadurch ein verkehrsfähiges Grundstück entstanden ist, dass in absehbarer Zeit einer anderen Nutzung (z.B. als Bauland) zugeführt werden kann.

(2) Wohnzwecke

Das **Grundstück dient eigenen Wohnzwecken** (§ 23 Abs. 1 Nr. 1 Satz 3 EStG), wenn es dazu bestimmt und geeignet **1412**
ist, Menschen auf Dauer Aufenthalt und Unterkunft zu ermöglichen. Eine Besteuerung des auf das häusliche Arbeitszimmer entfallenden Veräußerungsgewinns erfolgt nicht.[3] Ertragsteuerlich bilden das Wohngebäude und der dazugehörende Grund und Boden unterschiedliche Wirtschaftsgüter. Begrifflich kann nur das Wohngebäude zu eigenen Wohnzwecken genutzt werden. Gleichwohl erstreckt sich die Ausnahme auch auf den Grund und Boden, auf dem das Wohngebäude steht, soweit ein einheitlicher Nutzungs- und Funktionszusammenhang zwischen der Nutzung des Gebäudes zu eigenen Wohnzwecken und der Nutzung des Grundstücks (zum Beispiel als Garten) besteht.[4] Dieser Zusammenhang muss grundsätzlich im Zeitpunkt der Veräußerung noch vorliegen.

Wirtschaftsgüter, die zur vorübergehenden Beherbergung von Personen bestimmt sind (z.B. Ferienwohnungen), dienen nicht Wohnzwecken. Auch bei einem baurechtlich nicht dauerhaft bewohnbaren **Gartenhaus** liegen die Voraussetzungen für den Ausnahmetatbestand vor, wenn das Grundstück, das mit einem „Gartenhaus" bebaut ist, nach seiner Beschaffenheit dazu bestimmt und geeignet ist, Menschen auf Dauer Aufenthalt und Unterkunft zu gewähren.[5] Die Veräußerung eines auf einem Campingplatz aufgestellten Mobilheims (Wohneinheit aus einer Holzkonstruktion mit 60 qm Wohnfläche), das auf einer angemieteten Campingplatz-Parzelle steht, ist ein privates Veräußerungsgeschäft als anderes WG (§ 23 Abs. 1 Nr. 2 EStG).[6] Wird ein zu eigenen Wohnzwecken genutztes Reihenhaus innerhalb der zehnjährigen Haltefrist veräußert, ist der Veräußerungsgewinn insoweit nicht gem. § 23 Abs. 1 Satz 1 Nr. 1 Satz 3 EStG von der Besteuerung ausgenommen, als er auf tageweise (im Streitfall: zwischen 12 und 25 Tagen/Jahr) an Dritte vermietete Räume entfällt. Eine räumliche oder zeitliche Bagatellgrenze für eine unschädliche Nutzungsüberlassung an Dritte besteht nicht. Aufteilungsmaßstab für die Ermittlung des steuerbaren Anteils am Veräußerungsgewinn ist das Verhältnis der Wohnflächen zueinander.[7]

Eine Wohnung, die die stpfl. Person unentgeltlich an (leibliche) Kinder überlässt, die im maßgeblichen Zeitraum des § 23 Abs. 1 Satz 1 Nr. 1 Satz 3 2. Alt. EStG nicht (mehr) nach § 32 EStG berücksichtigungsfähig sind, wird nicht „zu eigenen Wohnzwecken" genutzt.[8] Eine Nutzung zu eigenen Wohnzwecken liegt allerdings nicht vor, wenn das WG an andere – auch **unterhaltsberechtigte Angehörige** (§ 15 AO) – zu Wohnzwecken überlassen wird.[9] Eigennutzung liegt auch dann vor, wenn die stpfl. Person das Objekt nur zeitweilig bewohnt, sofern es ihr in der übrigen Zeit zur Verfügung steht. Unter den Ausnahmetatbestand können deshalb auch Zweitwohnungen, nicht zur Vermietung bestimmte Ferienwohnungen und Wohnungen fallen, die im Rahmen einer doppelten Haushaltsführung genutzt werden.[10] Eine Nutzung zu eigenen Wohnzwecken liegt nicht vor, wenn die Wohnung der stpfl. Person nicht als Wohnung zur Verfügung steht, sondern von einem Dritten zu Wohnzwecken genutzt wird und sich die stpfl. Person dort nur gelegentlich besuchsweise aufhält.[11] Hinsichtlich der **zeitlichen Nutzung** legt der BFH die Regelung dahin aus, dass im Jahr der Veräußerung und im zweiten Jahr vor der Veräußerung die Nutzung zu eigenen Wohnzwecken nicht während des gesamten Kalenderjahres vorgelegen haben muss.[12] Wird eine Wohnimmobilie im Jahr der Veräußerung kurzzeitig vermietet, ist dies für die Anwendung der Ausnahmevorschrift (§ 23 Abs. 1 Satz 1 Nr. 1 Satz 3 2. Alternative EStG) unschädlich, wenn die stpfl. Person das Immobilienobjekt – zusammenhängend – im Veräußerungsjahr zumindest an einem Tag, im Vorjahr durchgehend sowie im zweiten Jahr vor der Veräußerung zumindest einen Tag lang zu eigenen Wohnzwecken genutzt hat.[13] Eine Nutzung zu eigenen Wohnzwecken liegt vor, wenn damit begonnen wird, diese zu beziehen.[14]

1) BMF v. 5.10.2000, IV C 3 – S 2256 – 263/00, BStBl I 2000, 1383, Rz. 25.
2) BFH v. 24.10.1996, IV 43/95, BStBl II 1997, 50.
3) BFH v. 1.3.2022, IX R 27/19, BStBl II 2021, 680.
4) BFH v. 25.5.2011, IX R 48/10, BStBl II 2011, 868, Rz. 13 ff.
5) BFH v. 26.10.2021, IX R 5/21, BStBl II 2022, 403.
6) BFH v. 24.5.2022, IX R 22/21, BStBl II 2023, 105.
7) BFH v. 19.7.2022, IX R 20/21, BStBl II 2023, 234.
8) BFH v. 24.5.2022, IX R 28/21, HFR 2023, 146.
9) BMF v. 5.10.2000, IV C 3 – S 2256 – 263/00, BStBl I 2000, 1383, Rz. 23; Änderungen v. 29.4.2004, IV C 8 – S 2225 – 5/04, BStBl I 2004, 1097 und v. 7.2.2007, IV C 3 – S 2256 – 11/07, BStBl I 2007, 262.
10) BFH v. 27.6.2017, IX R 37/16, BStBl II 2017, 1192.
11) BFH v. 29.5.2018, IX B 106/17, BFH/NV 2018, 951.
12) BFH v. 27.6.2017, IX R 37/16, BStBl II 2017, 1192.
13) BFH v. 3.9.2019, IX R 10/19, BStBl I 2020, 310; BMF v. 17.6.2020, IV C 1 – S 2256/08/10006 :006, BStBl I 2020, 576.
14) BFH v. 18.1.2006, IX R 18/03, BFH/NV 2006, 936 f.

Praxishinweis:

Gegen die Nutzung zu eigenen Wohnzwecken können z.B. die Zählerstände über den Verbrauch von Strom, Gas und Wasser, Zeugenaussagen der Nachbarn, erhebliche Abrissarbeiten (Entfernung von Türen und Fensterbänken) und die Beibehaltung der fußläufig zu erreichenden gemieteten Erstwohnung mit vollständiger und gehobener Einrichtung einschließlich Telefon- und Fernsehanschluss sprechen.[1]

Bewohnt ein Miteigentümer eines Zwei- oder Mehrfamilienhauses eine Wohnung allein, liegt eine Nutzung zu eigenen Wohnzwecken insoweit vor, soweit er die Wohnung auf Grund eigenen Rechts nutzt. Inwieweit eine Grundstücksteilfläche „Garten" den Begriff der „Nutzung zu eigenen Wohnzwecken" (z.B. im Zusammenhang mit Teilungserklärungen; unmittelbar angrenzende Grundstücke) erfüllt, vgl. BFH.[2] Zwischen dem angeschafften bebauten Grundstück und dem veräußerten, durch Teilung entstandenen unbebauten (Teil-)Grundstück besteht wirtschaftliche (Teil-)Identität. Die Tatbestandsausnahme in § 23 Abs. 1 Satz 1 Nr. 1 Satz 3 EStG erstreckt sich nicht nur auf das zu eigenen Wohnzwecken genutzte Gebäude, sondern auch auf den dazugehörenden Grund und Boden, sofern ein einheitlicher Nutzungs- und Funktionszusammenhang zwischen dem Gebäude und dem Grundstück besteht. Ein einheitlicher Nutzungs- und Funktionszusammenhang zwischen dem zu eigenen Wohnzwecken genutzten Gebäude und dem dazugehörenden Grund und Boden entfällt, soweit von dem bisher ungeteilten Wohngrundstück ein (unbebauter) Teil abgetrennt wird. Die beiden dadurch entstandenen Grundstücke sind in Bezug auf ihre „Nutzung zu eigenen Wohnzwecken" jeweils getrennt zu betrachten.[3]

Die unentgeltliche Überlassung an andere – auch unterhaltsberechtigte – Angehörige stellt keine Nutzung zu eigenen Wohnzwecken dar (FinMin Schleswig-Holstein v. 29.7.2016).

Die Überlassung der Wohnung an die (Schwieger-)Mutter ist keine „Nutzung zu eigenen Wohnzwecken".[4]

Die persönliche Nutzung muss als rechtlicher und wirtschaftlicher Eigentümer erfolgen. Die Nutzung als Mieter reicht nicht aus.[5] Hierzu gehört auch die unentgeltliche Überlassung des WG an ein Kind, für das die stpfl. Person Anspruch auf Kindergeld oder Freibeträge für Kinder hat.

Praxishinweis:

Die unentgeltliche Überlassung an andere Angehörige (z.B. an die ehemalige Lebensgefährtin und ein gemeinsames minderjähriges, unterhaltsberechtigtes Kind[6]) ist keine Nutzung zu eigenen Wohnzwecken, auch wenn die Angehörigen unterhaltsberechtigt sind. Eine (willentliche) stpfl. Veräußerung kann auch dann vorliegen, wenn der Ehegatte seinen Miteigentumsanteil an dem im Miteigentum beider Ehepartner stehenden EFH vor dem Hintergrund der drohenden Zwangsvollstreckung im Rahmen einer Scheidungsfolgenvereinbarung (entgeltlich) auf seinen geschiedenen Ehepartner innerhalb der Haltefrist überträgt. Der Ehegatte nutzt seinen Miteigentumsanteil nach dem Auszug aus dem Familienheim nicht mehr zu eigenen Wohnzwecken, wenn der geschiedene Ehepartner und das gemeinsame minderjährige Kind weiterhin dort wohnen.[7] Eine Nutzung zu eigenen Wohnzwecken liegt nicht vor, wenn eine Nutzungsüberlassung (auch) an den geschiedenen Ehegatten erfolgt.[8]

ff) Veräußerungspreis oder an dessen Stelle tretender Wert – z.B. Teilwert, gemeiner Wert (Zeile 38)

(1) Veräußerungspreis bei einem vollentgeltlichen Rechtsgeschäft

1413 Gewinn oder Verlust im Rahmen eines privaten Veräußerungsgeschäfts ist der Unterschied zwischen dem Veräußerungspreis einerseits und den AK/HK andererseits (§ 23 Abs. 3 Satz 1 EStG). Wird eine **Photovoltaikanlage** im Zusammenhang mit einem Grundstück veräußert, unterliegt der anteilige Veräußerungspreis, der auf diese Anlage entfällt nicht der Besteuerung (§ 3 Nr. 72 EStG). Der Kaufpreis ist entsprechend aufzuteilen.

Veräußerungspreis ist jede Gegenleistung, die der Veräußerer in **Geld oder Geldeswert** für das WG erhält. Der Gesetzeswortlaut deckt auch die Einbeziehung eines Entgeltbestandteils ab, der nach Ablauf der Spekulationsfrist vereinbart wird und nachträglich den Veräußerungspreis erhöht, jedenfalls bei einer vorherigen Begründung.[9]

Beratungshinweis:

Veräußert die stpfl. Person das Grundstück an einen Nachbarn, der mit dem Eigentumserwerb zugleich erreichen möchte, dass der Veräußerer öffentlich-rechtliche Abwehrrechte gegen dessen Bauvorhaben nicht (mehr) geltend macht, so ist das Entgelt dem nicht nach § 22 Nr. 3 EStG steuerbaren Veräußerungsvorgang auch dann zuzuordnen, wenn sich die stpfl. Person im Kaufvertrag ausdrücklich zum Verzicht auf seine Nachbarrechte verpflichtet.[10]

Bei zeitlich gestreckter Zahlung des Veräußerungserlöses in verschiedenen VZ fällt der Veräußerungsverlust anteilig nach dem Verhältnis der Teilzahlungsbeträge zu dem Gesamtveräußerungserlös in den jeweiligen VZ der Zahlungszuflüsse an.[11]

1) FG Münster v. 18.6.2007, 1 K 3749/05 E, EFG 2007, 1605.
2) BFH v. 25.5.2011, IX R 48/10, BStBl II 2011, 868.
3) BFH v. 26.9.2023, IX R 14/22, BStBl II 2024, 256.
4) BFH v. 14.11.2023, IX R 13/23, BStBl II 2024, 173.
5) BFH v. 8.4.2003, IX R 1/01, BFH/NV 2003, 1171.
6) FG Hessen v. 30.9.2015, 1 K 1654/14, EFG 2016, 201.
7) BFH v. 14.2.2023, IX R 11/21, BStBl II 2023, 642.
8) BFH v. 14.11.2023, IX R 10/22, BFH/NV 2024, 278.
9) BFH v. 15.12.1993, X R 49/91, BStBl II 1994, 687.
10) BFH v. 18.5.2004, IX R 63/02, BStBl II 2004, 874.
11) BFH v. 6.12.2016, IX R 18/16, BStBl II 2017, 676.

Beispiel:

Der Veräußerungserlös beträgt 200 000 €, der in drei Raten aufgeteilt wurde (VZ 2024: 50 000 €, VZ 2025: 50 000 €, VZ 2026: 100 000 €). Die stpfl. Person hat insgesamt einen zu berücksichtigenden Gesamtverlust von 100 000 € erzielt.

Die jeweiligen Verlustanteile sind wie folgt zu berücksichtigen.

25 % von 100 000 €	25 000 € im VZ 2024
25 % von 100 000 €	25 000 € im VZ 2025
50 % von 100 000 €	50 000 € im VZ 2026
Summe des Gesamtverlusts	100 000 €

Wird ein Gesamtgewinn erzielt, sind die Einnahmen erst zu dann berücksichtigen, wenn durch die zugeflossenen Raten die Summe der gesamten AK/WK überschritten sind, da Einnahmen erst mit dem Zufluss (§ 8 Abs. 1 EStG) vorliegen, während ein anteiliger Verlust schon mit Vertragsschluss feststeht.[1]

Beratungshinweis:

Auch bei der teilentgeltlichen Übertragung eines Grundstücks und Gebäudes des PV gegen eine Veräußerungszeitrente fließen dem Veräußerer von Beginn an steuerpflichtige Zinseinkünfte (§ 20 Abs. 1 Nr. 7 EStG) zu, soweit die Rentenzahlungen nicht auf den Unterschiedsbetrag zwischen dem Barwert der Rentenforderung zu Beginn und zum Ende des Streitjahres (sog. Tilgungsanteil) entfallen.[2] Die Stundung der Kaufpreisforderung aus der Veräußerung eines zum PV gehörenden Grundstücks im Wege einer Ratenzahlungsabrede ist als Einräumung eines Darlehens zu qualifizieren, welches zu Einkünften aus Kapitalvermögen (§ 20 Abs. 1 Nr. 7 EStG) führen kann. Dies gilt auch dann, wenn die Vertragsparteien eine Verzinsung ausdrücklich ausgeschlossen haben.[3]

Zum Veräußerungspreis kann auch ein Schuldenerlass vor Veräußerung des Objekts gehören, wenn der **Schuldenerlass** und das eigentliche Veräußerungsgeschäft in einem wirtschaftlichen Zusammenhang stehen, z.B. im Zusammenhang mit sog. **Schrottimmobilien**.[4]

(2) Besonderheiten bei teilweise zu eigenen Wohnzwecken, teilweise zu anderen Zwecken genutzten Gebäuden

Die **AK/HK** und der **Veräußerungspreis des gesamten Gebäudes** sind auf den zu eigenen Wohnzwecken und auf **1414** den zu anderen Zwecken genutzten Gebäudeteil **aufzuteilen**. Für die Aufteilung ist das **Verhältnis der Nutzfläche** des zu anderen Zwecken genutzten Gebäudeteils zur Nutzfläche des gesamten Gebäudes maßgebend, es sei denn, die Aufteilung nach dem Verhältnis der Nutzflächen führt zu einem **unangemessenen Ergebnis**. Die Nutzfläche ist in sinngemäßer Anwendung der §§ 43 und 44 II. BV oder der Wohnflächenverordnung (→ Rz. 1542) zu ermitteln. Für die Aufteilung der Anschaffungskosten und des **Veräußerungspreises des Grund und Bodens**, der zu dem zu anderen Zwecken genutzten Gebäudeteil gehört, ist das Verhältnis der Nutzfläche des zu anderen Zwecken genutzten Gebäudeteils zur Nutzfläche des gesamten Gebäudes maßgebend.

(3) Besonderheiten im Wege der Erbauseinandersetzung

Bei der Veräußerung eines **teilweise entgeltlich, teilweise unentgeltlich** oder im Wege der Erbauseinanderset- **1415** zung mit Abfindungszahlung erworbenen Grundstücks berechnet sich der Veräußerungsgewinn (§ 23 Abs. 3 EStG) für den entgeltlich erworbenen Teil durch Gegenüberstellung des anteiligen Veräußerungserlöses zu den tatsächlichen AK. Der **anteilige Veräußerungserlös** bestimmt sich nach dem Verhältnis der aufgewendeten AK zum Verkehrswert des Grundstücks im Zeitpunkt des Erwerbs.

Zur ertragsteuerlichen Behandlung der Erbengemeinschaft und ihrer Auseinandersetzung ist eine neue Verwaltungsanweisung ergangen.[5]

Beratungshinweis:

Soweit die Erbauseinandersetzung vor dem 1.1.2001 durchgeführt worden ist, gelten weiterhin die in den BMF-Schreiben v. 11.1.1993[6] und v. 11.8.1994[7] genannten Grundsätze (einschließlich Übergangsregelungen) unter Berücksichtigung der Gesetzesänderungen in § 6 Abs. 5 Satz 3 und § 16 Abs. 3 Satz 2 EStG i.d.F. des StEntlG 1999/2000/2002 für Vorgänge in der Zeit vom 1.1.1999 bis 31.12.2000. Für Erbfälle ab dem 1.1.2001 sind die Grundsätze nach BMF v. 14.3.2006 zu beachten.[8]

Die **WK** sind, soweit sie nicht eindeutig dem entgeltlichen oder unentgeltlichen Teil zugeordnet werden können, im Verhältnis des Entgelts (ohne Anschaffungsnebenkosten) zum Verkehrswert des Grundstücks im Zeitpunkt des Erwerbs aufzuteilen.[9]

Wird ein teilweise entgeltlich oder im Wege der Erbauseinandersetzung gegen **Abfindungszahlung** erworbenes Grundstück während der Zehn-Jahres-Frist nach Anschaffung bebaut und veräußert, ist der auf das Gebäude entfallende Teil des Veräußerungserlöses in die Berechnung des Veräußerungsgewinns einzubeziehen, soweit das Grundstück als entgeltlich erworben gilt.

1) BFH v. 3.6.1992, X R 91/90, BStBl II 1992, 1017.
2) BFH v. 14.7.2020, VIII R 3/17, BStBl II 2020, 813.
3) FG Schleswig-Holstein v. 17.9.2024, 4 K 34/24, EFG 2024, 2046; Rev. Az. des BFH: VIII R 30/24.
4) FG Hessen v. 3.5.2011, 3 K 299/10, EFG 2011, 52.
5) BMF v. 14.3.2006, IV B 2 – S 2242 – 7/06, BStBl I 2006, 253.
6) BMF v. 11.1.1993, IV B 2 – S 2242 – 86/92, BStBl I 1993, 62.
7) BMF v. 11.8.1994, IV B 2 – S 2242 – 33/94, BStBl I 1994, 603.
8) BMF v. 14.3.2006, IV B 2 – S 2242 – 7/06, BStBl I 2006, 253.
9) BFH v. 24.3.1993, X R 25/91, BStBl II 1993, 704; BFH v. 1.10.1997, X R 149/94, BStBl II 1998, 247.

(4) Veräußerung gegen wiederkehrende Leistungen

1416 Bei Veräußerungsgeschäften gegen wiederkehrende Leistungen (Renten oder dauernde Lasten) ist als **Veräußerungspreis der Barwert** der wiederkehrenden Leistungen zu ermitteln. Veräußerungspreis ist dabei der Unterschiedsbetrag zwischen der Summe der jährlichen Zahlungen und dem zu ermittelnden Zinsanteil. Der Zinsanteil bei Veräußerungsleibrechten ist nach § 22 Nr. 1 Satz 3 Buchst. a EStG i.V.m. § 55 Abs. 1 EStDV zu ermitteln; der **Zinsanteil von dauernden Lasten** ermittelt sich in entsprechender Anwendung. Der Zinsanteil von dauernden Lasten kann auch nach finanzmathematischen Grundsätzen berechnet werden. Bei dieser Berechnung ist die voraussichtliche Laufzeit nach der zum jeweiligen Berechnungsstand geltenden Sterbetafel zu bemessen.[1)]

Praxishinweis:
Ein Gewinn aus dem privaten Veräußerungsgeschäft entsteht erstmalig in dem VZ, in dem der die Summe der jährlichen Zahlungen enthaltene Veräußerungspreis die ggf. um die AfA, erhöhten Absetzungen und Sonderabschreibungen verminderten AK/HK sowie die zugehörigen WK übersteigt.[2)]

gg) Anschaffungs- oder Herstellungskosten oder an deren Stelle tretender Wert – z.B. Teilwert, gemeiner Wert ggf. zzgl. nachträglicher AK/HK (Zeile 39)

(1) Begriffsbestimmung

1417 Anschaffungs-/Herstellungskosten i.S.d. § 23 Abs. 3 Satz 1 EStG sind die von der stpfl. Person getragenen Aufwendungen i.S.d. § 255 HGB. Dazu gehören auch nachträgliche AK/HK, die für das WG aufgewendet worden sind. Werden auf die AK/HK **Zuschüsse von dritter Seite** geleistet, die keine Mieterzuschüsse[3)] sind, sind die AK/HK bei der Ermittlung des Veräußerungsgewinns um diese Zuschüsse zu kürzen. Die **erhaltene Eigenheimzulage und die Investitionszulage** mindern die AK/HK nicht (§ 9 InvZulG; § 16 EigZulG). Zur Berücksichtigung von AfA bei der Ermittlung des Gewinns aus der Veräußerung einer im Ausland belegenen Immobilie vgl. BFH.[4)]

Die Übertragung von Vermögen gegen Versorgungsleistungen ist nur im Anwendungsbereich des § 10 Abs. 1a Nr. 2 EStG unentgeltlich; wird nach dieser Vorschrift nicht begünstigtes Vermögen übertragen, liegt eine entgeltliche/teilentgeltliche Übertragung vor.[5)]

(2) Besonderheiten bei Entnahme des Grundstücks aus dem Betriebsvermögen und anschließendem Verkauf

1418 Wird ein Grundstück veräußert, das vorher aus einem BV in das PV überführt worden ist, **tritt an die Stelle der AK/HK der Wert,** mit dem das **Grundstück bei der Überführung** angesetzt worden ist (§ 23 Abs. 3 Satz 3 i.V.m. § 6 Abs. 1 Nr. 4 EStG). Entsprechendes gilt für den Fall, in dem das Grundstück anlässlich der **Betriebsaufgabe** in das PV überführt worden ist (§ 23 Abs. 3 Satz 3 i.V.m. § 16 Abs. 3 Satz 5 EStG). Dies gilt auch dann, wenn bei einer vorangegangenen Überführung des Grundstücks in das PV der Entnahmegewinn nicht zur Einkommensteuer herangezogen worden ist (§§ 14, 14a, 16 Abs. 4, 18 Abs. 3 EStG). „Angesetzter" Wert ist der Wert, der der Steuerfestsetzung zugrunde gelegt worden ist. Ist die Entnahme steuerlich nicht erfasst worden, ist der „angesetzte" Wert der Buchwert.[6)]

Bleibt bei der Überführung eines WG in das PV der Entnahmegewinn kraft gesetzlicher Regelung bei der Besteuerung außer Ansatz, tritt an die Stelle der AK/HK der Buchwert des WG im Zeitpunkt der Entnahme.

Beratungshinweis:
Bei der Ermittlung eines Veräußerungsgewinns i.R.d. Einkünfte aus privaten Veräußerungsgeschäften (§ 23 Abs. 1 Satz 1 Nr. 1, Abs. 3 EStG) ist als fiktive Anschaffungskosten der Teilwert (§ 6 Abs. 1 Nr. 4 EStG) im Zeitpunkt der durch Abwahl der Nutzungswertbesteuerung ausgelösten Entnahme nach § 13 Abs. 4 EStG zu Grunde zu legen und nicht der Buchwert (entgegen BMF v. 5.10.2000[7)]).[8)] Die Finverw. wendet die BFH-Rspr. an.[9)]

Praxishinweis:
Bei einer Überführung eines WG in das PV vor dem 1.1.1999 gilt das zuvor Ausgeführte entsprechend.

hh) Absetzung für Abnutzung/Erhöhte Absetzungen/Sonderabschreibungen (Zeile 40)

1419 Die AK/HK im Rahmen eines privaten Veräußerungsgeschäfts mindern sich um AfA, erhöhte Absetzungen und Sonderabschreibungen, soweit sie bei der Ermittlung der Einkünfte während des Zeitraums der ertragsteuerlichen Nutzung (z.B. im Rahmen der Vermietung oder Verpachtung des WG) abgezogen worden sind (§ 23 Abs. 3 Satz 4 EStG). In Anspruch genommene Abschreibungen gehen daher im Ergebnis durch einen entsprechend höheren Veräußerungsgewinn wieder verloren. Zur Berücksichtigung von AfA bei der Gewinnermittlung aus der Veräußerung einer im Ausland belegenen Immobilie vgl. BFH.[10)]

---

1) BMF v. 11.3.2010, IV C 3 – S 2221/09/10004, BStBl I 2010, 227 und Änderung durch BMF v. 6.5.2016, IV C 3 – S 2221/15/10011 :004, BStBl I 2016, 476.
2) BMF v. 16.9.2004, IV C 3 – S 2255 – 354/04, BStBl I 2004, 922, Rz. 56. Für Vermögensübertragungen nach dem 31.12.2007: BMF v. 11.3.2010, IV C 3 – S 2221/09/10004, BStBl I 2010, 227, Rz. 74.
3) R 21 Abs. 3 EStR 2012.
4) BFH v. 14.7.2020, VIII R 37/16, BStBl II 2021, 95.
5) BFH v. 29.9.2021, IX R 11/19, BStBl II 2022, 229.
6) BFH v. 6.12.2021, IX R 3/21, BStBl II 2022, 406.
7) BMF v. 5.10.2000, IV C 3 – S 2256 – 263/00, BStBl I 2000, 1383, Rz. 33.
8) FG Niedersachsen v. 20.2.2019, 9 K 139/16, EFG 2019, 1283; Rev., Az. des BFH: IX R 12/19, zurückgenommen.
9) BMF v. 3.9.2019, IV C 1 – S 2256/19/10002 :001, BStBl I 2019, 888.
10) BFH v. 14.7.2020, VIII R 37/16, BStBl II 2021, 95.

Praxishinweis:

Dies gilt nur für WG, die nach dem 31.7.1995 angeschafft und veräußert oder nach dem 31.12.1998 fertiggestellt und veräußert worden sind. Als Zeitpunkt der Anschaffung gilt der Zeitpunkt des Abschlusses des obligatorischen Vertrags oder des gleichstehenden Rechtsakts.

Beispiel:

Die Betriebsaufgabe wurde zum 31.12.2019 erklärt (vorher Betriebsverpachtung im Ganzen). Das bis zu diesem Zeitpunkt zum BV gehörende Grundstück (Ladenlokal) ist weiterhin verpachtet. Das Betriebsgrundstück, das in 2011 bebaut erworben wurde, wurde bei der Ermittlung des Aufgabegewinns (§ 16 Abs. 3 EStG) mit einem Wert i.H.v. 600 000 € (Grund und Boden-Anteil 20 %) ermittelt. Der Einkommensteuerbescheid 2019 ist bestandskräftig. Mit Vertrag v. 1.2.2024 wird das Grundstück für 1 Mio. € verkauft (Übergang von Nutzen und Lasten am 1.3.2024). Der gemeine Wert des Grundstücks betrug zum 31.12.2019 tatsächlich 600 000 €.

Die Überführung des Betriebsgrundstücks in das PV infolge der Betriebsaufgabe gilt als Anschaffung (§ 23 Abs. 1 Satz 2 EStG). Da der Zeitraum zwischen Betriebsaufgabe und Veräußerung nicht mehr als zehn Jahre beträgt, ist ein privater Veräußerungsgewinn zu ermitteln (§ 23 Abs. 1 Satz 1 Nr. 1 EStG). Der Veräußerungsgewinn in 2024 ermittelt sich aus dem Unterschied zwischen dem Veräußerungspreis einerseits und dem nach § 16 Abs. 3 EStG angesetzten Wert (= gemeiner Wert = 600 000 €) und den WK andererseits (§ 23 Abs. 3 Satz 1 bis 4 EStG, (→ Rz. 1418). Die AK (der an deren Stelle tretende gemeine Wert) mindert sich um die AfA, soweit sie bei der Ermittlung der Einkünfte i.S.d. § 2 Abs. 1 Satz 1 Nr. 4 bis 7 EStG abgezogen worden sind (§ 52 Abs. 31 EStG). Die im BV entstandenen und bei der Ermittlung des Aufgabegewinns nicht erfassten stillen Reserven i.H.v. 200 000 € werden i.R.d. § 23 EStG erfasst.

Veräußerungspreis		1 000 000 €
./. gemeiner Wert	600 000 €	
./. AfA (§ 7 Abs. 4 Satz 1 Nr. 2a EStG) 480 000 × 2 % × $^{38}/_{12}$ =	30 400 €	569 600 €
		430 400 €

Nicht rückgängig werden **Absetzungen** gemacht[1], die **wie Sonderausgaben** abgezogen worden sind. Hierzu gehören Abzugsbeträge nach §§ 10e, 10f, 10h EStG und § 7 FördG sowie die Eigenheim- und Investitionszulage nach dem InvZulG; dies gilt ebenso für Erhaltungsaufwand, der z.B. nach § 82b EStDV (→ Rz. 1627) auf mehrere Jahre verteilt worden ist.

Beratungshinweis:

WK sind bei den Einkünften aus einmaligen (sonstigen) Leistungen (§ 22 Nr. 3 EStG) auch dann im Jahr des Zuflusses der Einnahme abziehbar, wenn sie vor diesem Jahr angefallen sind oder nach diesem Jahr mit Sicherheit anfallen werden. Entstehen künftig WK, die im Zuflussjahr noch nicht sicher vorhersehbar waren, ist die Veranlagung des Zuflussjahres zu ändern (§ 175 Abs. 1 Satz 1 Nr. 2 AO).[2]

Bei Veräußerung eines von der stpfl. Person errichteten WG mindern sich die HK um AfA, erhöhte Absetzungen und Sonderabschreibungen, wenn die stpfl. Person das **WG nach dem 31.12.1998 fertig gestellt** hat und veräußert.

ii) Werbungskosten im Zusammenhang mit dem Veräußerungsgeschäft (Zeile 41)

Werbungskosten sind grds. alle durch ein privates Veräußerungsgeschäft veranlassten Aufwendungen, die weder **1420**
zu (nachträglichen) AK/HK des veräußerten WG gehören, einer vorrangigen Einkunftsart zuzuordnen sind, noch wegen privater Nutzung unter das Abzugsverbot des § 12 EStG fallen. **Planungskosten** zur Baureifmachung eines unbebauten Grundstücks (Baugenehmigungsverfahren, Architektenhonorare) können als WK berücksichtigt abziehbar sein, wenn von Anfang an Veräußerungsabsicht bestanden hat.[3] Abbruchkosten des Veräußerers können Berücksichtigung finden.[4]

Wird ein Gebäude, das zu eigenen Wohnzwecken genutzt werden sollte, **vor dem Selbstbezug** und innerhalb der maßgeblichen Frist für die Annahme eines privaten Veräußerungsgeschäfts wieder veräußert, mindern nur solche **Schuldzinsen** aus der Fremdfinanzierung des Grundstückserwerbs und andere Grundstücksaufwendungen den Spekulationsgewinn, die auf die Zeit entfallen, in welcher die stpfl. Person bereits zum Verkauf des Objekts entschlossen war.[5] Zur engen Abgrenzung der Abzugsfähigkeit vgl. BFH v. 29.10.2019.[6] Eine Vorfälligkeitsentschädigung ist zu berücksichtigen.[7] Abziehbar können z.B. auch **Erhaltungsaufwendungen** sein, soweit sie allein oder ganz überwiegend durch die Veräußerung des Mietobjekts veranlasst sind.[8] Zur Berücksichtigung von nachträglichen Schuldzinsen nach Veräußerung eines Mietobjekts vgl. BMF v. 27.7.2015.[9]

Werbungskosten sind – abweichend von den Regelungen des § 11 Abs. 2 EStG – im **Zeitpunkt der Veräußerung** abziehbar. Dies gilt auch in den Fällen, in denen die Aufwendungen vor dem VZ abfließen oder erst mit Sicherheit später anfallen werden.

---

1) BMF v. 5.10.2000, IV C 3 – S 2256 – 263/00, BStBl I 2000, 1383, Rz. 40.
2) BFH v. 3.6.1992, X R 91/90, BStBl II 1992, 1017.
3) BFH v. 12.12.1996, X R 65/95, BStBl II 1997, 603.
4) FG Düsseldorf v. 2.2.2021, 10 K 3253/17 E, EFG 2021, 743.
5) BFH v. 16.6.2004, X R 22/00, BStBl II 2005, 91.
6) BFH v. 29.10.2019, IX R 22/18, BFH/NV 2020, 194.
7) BFH v. 11.2.2014, IX R 42/13, BFH/NV 2014, 1254.
8) BFH v. 14.12.2004, IX R 34/03, BStBl II 2005, 343.
9) BMF v. 27.7.2015, IV C 1 – S 2211/11/10001, BStBl I 2015, 581.

> **Beratungshinweis:**
> Entstehen künftig WK, die im Zuflussjahr noch nicht sicher vorhersehbar waren, ist die Veranlagung des Zuflussjahres zu ändern (§ 175 Abs. 1 Satz 1 Nr. 2 AO).[1]

jj) Gewinn/Verlust – zu übertragen nach Zeile 43 (Zeile 42)

1421 Der Gewinn ist das Ergebnis aus dem Veräußerungspreis, zzgl. möglicher Abschreibungen abzgl. der AK/HK sowie der WK (§ 23 Abs. 3 Satz 1 EStG). Verluste aus privaten Veräußerungsgeschäften dürfen nur mit Gewinnen aus privaten Veräußerungsgeschäften ausgeglichen werden (§ 23 Abs. 3 Satz 8 EStG). Die Verlustausgleichsbeschränkung ist dabei verfassungsgemäß.[2] Der besondere Steuersatz (§ 34 EStG) ist nicht zu gewähren.[3]

Verluste im Rahmen von privaten Veräußerungsgeschäften werden gesondert behandelt und sind ggf. in Zeile 66 einzutragen (→ Rz. 1442; Verlustbegrenzung).

kk) Zurechnung des Betrags aus Zeile 42 (Zeile 43)

1422 Der in Zeile 42 ermittelte Gewinn/Verlust aus dem privaten Veräußerungsgeschäft ist in Zeile 43 entweder der stpfl. Person oder bei einer Zusammenveranlagung dem Ehemann/der Ehefrau/Person A oder Person B (bei gleichgeschlechtlichen Ehen oder Lebenspartner i.S.d. LPartG) zuzurechnen.

ll) Gewinne/Verluste aus weiteren Veräußerungen von Grundstücken und grundstücksgleichen Rechten – lt. gesonderter Aufstellung (Zeile 44)

1423 Da nach der Systematik der Anlage SO für jedes WG, das veräußert worden ist, eine gesonderte Anlage SO der ESt-Erklärung beizufügen ist, ist in einer Anlage SO die Summe aus allen weiteren Veräußerungstatbeständen in Zeile 44 einzutragen.

Analog der Zeile 43 hat auch hier eine direkte Zuordnung (→ Rz. 1422) auf die stpfl. Person, den Ehemann/die Ehefrau/Person A/Person B zu erfolgen.

c) Kryptowerte (Zeilen 45–51)

Zeile	Kryptowerte		
		Steuerpflichtige Person / Ehemann / Person A	Ehefrau / Person B
45	Haben Sie Einkünfte aus der Veräußerung von Kryptowerten erzielt?	108 1 = Ja	109 1 = Ja
	Falls „Ja":		
46	Bezeichnung		
47	Zeitpunkt der Anschaffung (z. B. der auf der verwendeten Handelsplattform aufgezeichnete Zeitpunkt) T T M M J J J J	Zeitpunkt der Veräußerung (z. B. der auf der verwendeten Handelsplattform aufgezeichnete Zeitpunkt) T T M M J J J J	
			EUR
48	Veräußerungspreis oder an dessen Stelle tretender Wert (z. B. gemeiner Wert)		,—
49	Anschaffungskosten oder an deren Stelle tretender Wert (z. B. Teilwert, gemeiner Wert)	–	,—
50	Werbungskosten im Zusammenhang mit dem Veräußerungsgeschäft	–	,—
51	Gewinn / Verlust (zu übertragen nach Zeile 58) – Erläutern Sie bitte die Ermittlung des Gewinns / Verlusts zusätzlich in einer gesonderten Aufstellung. –	=	,—

aa) Grundsätze

1424 Der explizite Erklärungstatbestand wurde ab dem VZ 2023 neu aufgenommen. Zu den (anderen) WG, die Gegenstand eines privaten Veräußerungsgeschäfts (§ 23 Abs. 1 Satz 1 Nr. 2 EStG) sein können, gehören auch virtuelle Währungen (z.B. Bitcoin, Ethereum und Monero) in der Gestalt von Currency Token. Diese werden i.S.v. § 23 Abs. 1 Satz 1 Nr. 2 EStG angeschafft, wenn sie im Tausch gegen Euro, gegen eine Fremdwährung oder gegen andere virtuelle Währungen erworben werden; sie werden veräußert i.S.d. Vorschrift, wenn sie in Euro oder gegen eine Fremdwährung zurückgetauscht oder in andere Currency Token umgetauscht werden. Bei der Erfassung und Besteuerung von Veräußerungsgeschäften mit Currency Token lag im Jahr 2017 kein normatives Vollzugsdefizit vor.[4]

Zu Einzelfragen zur ertragsteuerrechtlichen Behandlung bestimmter Kryptowerte vgl. BMF v. 10.5.2022.[5]

---

1) BFH v. 3.6.1992, X R 91/90, BStBl II 1992, 1017.
2) BFH v. 18.10.2006, IX R 28/05, BStBl II 2007, 259, BFH v. 28.5.2015, X B 171/14, BFH/NV 2015, 1243.
3) BFH v. 8.10.2012, IX B 83/12, BFH/NV 2013, 31.
4) BFH v. 14.2.2023, IX R 3/22, BStBl II 2023, 571.
5) BMF v. 6.3.2025, IV C 1 – S 2256/00042/064/043, BStBl I 2025, 658.

bb) Haben Sie Einkünfte aus der Veräußerung von Kryptowerten erzielt (Zeilen 45-46)

Wurden im VZ entsprechende Einkünfte erzielt, ist das durch das entsprechende Auswahlfeld zu erklären und gleichzeitig zu ergänzen, welche Art von Einkünften erzielt worden sind (z.B. Veräußerungen von Kryptowährungen). **1425**

cc) Zeitpunkt der Anschaffung/Veräußerung (Zeile 47)

Gewinne aus der Veräußerung von im Privatvermögen gehaltenen Einheiten einer virtuellen Währung und sonstigen Token können stpfl. Einkünfte darstellen, wenn der Zeitraum zwischen der Anschaffung und der Veräußerung nicht mehr als ein Jahr beträgt. Erforderlich sind ein Anschaffungs- und ein Veräußerungsvorgang. Unter einer Anschaffung ist der entgeltliche Erwerb von Dritten zu verstehen, vgl. zur Definition BMF.[1] Als Zeitpunkt der Anschaffung/Veräußerung kann z.B. der auf der verwendeten Handelsplattform aufgezeichnete Zeitpunkt gelten. **1426**

dd) Veräußerungspreis oder an deren Stelle tretender Wert, z.B. gemeiner Wert (Zeile 48)

Als Veräußerungserlös ist bei einer Veräußerung in Euro das vereinbarte Entgelt zu berücksichtigen.[2] Werden Einheiten einer virtuellen Währung und sonstige Token im Tausch gegen eine Dienstleistung oder eine Ware hingegeben, ist als Veräußerungserlös aus den hingegebenen Einheiten einer virtuellen Währung und sonstiger Token das in Euro vereinbarte Entgelt anzusetzen. Wurde ein Entgelt nicht ausdrücklich beziffert, ist als Veräußerungserlös der Marktkurs der hingegebenen Einheiten einer virtuellen Währung und sonstigen Token anzusetzen. **1427**

ee) Anschaffungskosten oder an deren Stelle tretender Wert, z.B. Teilwert, gemeiner Wert (Zeile 49)

Als Veräußerungserlös ist bei einer Veräußerung in Euro der vereinbarte Kaufpreis zu berücksichtigen. Werden Kryptowerte gegen andere Kryptowerte getauscht, ist als Veräußerungserlös der hingegebenen Kryptowerte der Marktkurs der erlangten Kryptowerte im Tauschzeitpunkt anzusetzen. Der Marktkurs der hingegebenen Kryptowerte – zzgl. eventuell gezahlter Anschaffungsnebenkosten – stellt zugleich die AK der erhaltenen Kryptowerte dar.[3] Werden Einheiten einer virtuellen Währung und sonstige Token im Tausch gegen eine Dienstleistung oder eine Ware hingegeben, ist als Veräußerungserlös der hingegebenen Einheiten einer virtuellen Währung und sonstigen Token das in Euro vereinbarte Entgelt anzusetzen. Wurde ein Entgelt nicht ausdrücklich beziffert, ist als Veräußerungserlös der Marktkurs der hingegebenen Einheiten einer virtuellen Währung und sonstigen Token anzusetzen. **1428**

ff) Werbungskosten im Zusammenhang mit dem Veräußerungsgeschäft (Zeile 50)

Die im Zusammenhang mit der Veräußerung entstandenen Aufwendungen sind als WK zu berücksichtigen (z.B. Transaktionsgebühren). **1429**

gg) Gewinn/Verlust – zu übertragen nach Zeile 58 (Zeilen 51)

Der Gewinn/Verlust aus der Veräußerung von Einheiten einer virtuellen Währung und sonstigen Token ermittelt sich aus dem Veräußerungserlös abzüglich der AK und der WK. Der Gewinn/Verlust soll zusätzlich in einer gesonderten Aufstellung erläutert werden. **1430**

d) Andere Wirtschaftsgüter – Veräußerungen von Gegenständen des täglichen Bedarfs sind ausgenommen (Zeilen 52–57)

Zeile				
	Andere Wirtschaftsgüter – Veräußerungen von Gegenständen des täglichen Gebrauchs sind ausgenommen. – Art des Wirtschaftsguts			
52				
53	Zeitpunkt der Anschaffung (**z. B. Datum des Kaufvertrags**)	T T M M J J J J	Zeitpunkt der Veräußerung (**z. B. Datum des Kaufvertrags**)	T T M M J J J J
				EUR
54	Veräußerungspreis oder an dessen Stelle tretender Wert (z. B. gemeiner Wert)			,–
55	Anschaffungskosten (ggf. gemindert um Absetzung für Abnutzung) oder an deren Stelle tretender Wert (z. B. Teilwert, gemeiner Wert)	–		,–
56	Werbungskosten im Zusammenhang mit dem Veräußerungsgeschäft	–		,–
57	Gewinn / Verlust (zu übertragen nach Zeile 58)	=		,–

1) BMF v. 6.3.2025, IV C 1 – S 2256/00042/064/043, BStBl I 2025, 658, Rz. 54.
2) Vgl. weitergehend BMF v. 6.3.2025, IV C 1 – S 2256/00042/064/043, BStBl I 2025, 658.
3) BMF v. 6.3.2025, IV C 1 – S 2256/00042/064/043, BStBl I 2025, 658, Rz. 59.

aa) Grundsätze

1431 In den Zeilen sind alle Veräußerungsgeschäfte mit „anderen" WG als mit Grundstücken etc. (→ Rz. 1401) einzutragen; ausgenommen sind WG des täglichen Bedarfs (vgl. FG Münster[1]). Ab dem VZ 2018 wird darauf hingewiesen, dass zu den zu erklärenden Tatbeständen z.B. auch Veräußerungsgeschäfte im Zusammenhang mit Fremdwährungen (→ Rz. 1433) gehören. Währungsgewinne/-verluste aus der Veräußerung oder Rückzahlung einer verbrieften oder unverbrieften verzinslichen Kapitalforderung oder eines verzinslichen Fremdwährungsguthabens (verzinsliches Fremdwährungskonto) sind bei den Einkünften aus Kapitalvermögen zu berücksichtigen (§ 20 Abs. 2 Satz 1 Nr. 7, Abs. 4 Satz 1 EStG).[2]

Gestaltungshinweis:
Die Frist von 10 Jahren soll auf Grund einer bestehenden Gesetzeslücke auf drei Jahre verkürzt werden können, wenn das entsprechende WG nicht veräußert, sondern in ein BV eingelegt wird.[3]

Auf die Einnahmen aus der Rückgabe oder der Veräußerung von ausl. Investmentanteilen sind die Regelungen des Halbeinkünfteverfahrens (§ 3 Nr. 40 EStG; § 8b Abs. 2 KStG) nicht anzuwenden (§ 17 Abs. 2b AuslInvG; § 8 Abs. 1 InvStG).

bb) Einzeldarstellung der Zeilen (Zeilen 52–57)

1432 **Praxishinweis:**
Auch Veräußerungstatbestände mit Wertpapieren können im Jahr 2025 noch von den Regelungen eines privaten Veräußerungsgeschäftes i.S.d. § 23 Abs. 1 Nr. 2 EStG a.F. erfasst sein (§ 52 Abs. 31 EStG), wenn der Kauf des WG am 30.12.2008 und der Verkauf am 29.12.2009, die Auszahlung des Veräußerungserlöses jedoch erst zu späteren Zeitpunkten erfolgt. Denkbar ist in diesem Zusammenhang auch die Veräußerung einer nicht i.S.d. § 17 EStG (→ Rz. 573) steuerverhafteten Beteiligung (unter 1 %) und Vereinbarung einer entsprechenden Ratenzahlung.

(1) Art des Wirtschaftsguts (Zeile 52)

1433 Die Veräußerung von WG, die keine Grundstücke oder grundstücksgleiche Rechte sind, führt in den zeitlichen Grenzen des § 23 Abs. 1 Satz 1 Nr. 2 EStG zu stpfl. Veräußerungsgewinnen. Gegenstand eines privaten Veräußerungsgeschäfts kann jedes WG sein. Hierbei kann es sich um jeden vermögenswerten Vorteil handeln, der selbständig bewertbar ist. Kapitalanlagen werden von der Veräußerungsvorschrift im Bereich der Abgeltungsteuer (→ Rz. 705) erfasst (§ 20 Abs. 2 EStG). Die Veräußerung von Schuldverschreibungen, die einen Anspruch auf Lieferung eines physischen WG abbilden, stellen ein privates Veräußerungsgeschäft dar.[4]

Der BFH[5] hat entschieden, dass auch die Veräußerung von privaten WG (**WG des täglichen Gebrauchs:** im Urteilsfall ein privat genutzter PKW) zu stpfl. Erträgen i.S.d. § 23 Abs. 1 Nr. 2 EStG führt. Da Gebrauchsgegenstände regelmäßig mit dem Ziel der Nutzung und nicht mit dem Ziel der zeitnahen gewinnbringenden Veräußerung angeschafft werden, wurde i.R.d. JStG 2010[6] gesetzlich klargestellt (§ 23 Abs. 1 Satz 1 Nr. 2 Satz 2 EStG), dass die Veräußerung derartiger Gegenstände nicht steuerbar ist. Die Regelung gilt für Veräußerungsgeschäfte, bei denen die WG auf Grund eines nach dem 13.12.2010 rechtswirksam abgeschlossenen Vertrags oder gleichstehenden Rechtsakts angeschafft wurden (§ 52 Abs. 31 EStG).

Eine Definition für den Begriff der WG des täglichen Gebrauchs enthält die Vorschrift nicht. Aus der Gesetzesbegründung[7] lässt sich entnehmen, dass es sich um WG handeln muss, die kein objektives Wertsteigerungspotenzial besitzen und die nicht als Einkunftsquelle genutzt werden. Die Veräußerung von anderen WG, die auf Grund eines nach dem 13.12.2010 rechtswirksam abgeschlossenen Vertrags oder gleichstehenden Rechtsakts angeschafft wurden, führt demnach nur dann noch zu einem steuerbaren Vorgang, wenn

- die WG ein objektives Wertsteigerungspotenzial besitzen (z.B. Antiquitäten, Edelmetalle, Kunstgegenstände und Oldtimer) oder
- es sich um WG handelt, die im Rahmen einer Nutzungsüberlassung i.S.d. § 21 Nr. 1 bis 3 EStG (Ausnahme: Grundstücke und/oder grundstücksgleiche Rechte) oder i.S.d. § 22 Nr. 3 EStG (z.B. Container [Einkünfte aus der Vermietung und Veräußerung von Containern können nach der Verklammerungsrechtsprechung des BFH den Rahmen der privaten Vermögensverwaltung überschreiten und damit gewerblich sein[8]]) als Einkunftsquelle genutzt werden.

Problematisch dürften danach die Fälle werden, in denen die WG lediglich temporär zur Erzielung von Einkünften genutzt werden (z.B. gelegentliche Überlassung von Kunstgegenständen an Museen), inkl. einer Verlängerung der Veräußerungsfrist auf zehn Jahre. Die Vorschrift § 23 Abs. 1 Satz 1 Nr. 2 Satz 4 EStG schafft keinen eigenständigen Besteuerungstatbestand gegenüber § 23 Abs. 1 Satz 1 Nr. 2 Satz 1 EStG, sondern bewirkt nur eine Verlängerung der Frist bei bestimmten (als Einkunftsquelle genutzten) WG.[9]

1) FG Münster v. 3.8.2020, 5 K 2493/18 E, DStZ 2020, 733.
2) BMF v. 14.5.2025, IV C 1 – S 2252/00075/016/070, BStBl I 2025, 1330, Rz. 131.
3) Dinkelbach, DStR 2011, 941.
4) BFH v. 16.6.2020, VIII R 7/17, BStBl II 2021, 9.
5) BFH v. 22.4.2008, IX R 29/06, BStBl II 2009, 296.
6) JStG 2010 v. 13.12.2010, BStBl I 2010, 1394.
7) BR-Drucks. 318/10 v. 9.7.2010.
8) FG München v. 5.6.2024, 9 K 1512/22, EFG 2024, 1488; Rev., Az. des BFH: III R 23/24.
9) Vgl. FG Münster v. 3.8.2020, 5 K 2493/18 E, DStZ 2020, 733.

Champions League-Tickets (**Eintrittskarten**) zählen zu den „anderen Wirtschaftsgütern", die Gegenstand eines privaten Veräußerungsgeschäfts sein können. § 23 Abs. 1 Satz 1 Nr. 2 EStG erfasst auch Einkünfte aus der Veräußerung von Wertpapieren, soweit sie nicht zu § 20 EStG gehören. Champions League-Tickets sind keine Gegenstände des täglichen Gebrauchs i.S.d. § 23 Abs. 1 Satz 1 Nr. 2 Satz 2 EStG. § 23 Abs. 1 Satz 1 Nr. 2 EStG ist nicht im Hinblick auf Art. 3 Abs. 1 GG wegen eines strukturellen Vollzugsdefizits bei der Besteuerung des Gewinns aus privaten Veräußerungsgeschäften der vorliegenden Art verfassungsrechtlich zu beanstanden.[1] Ein Wohnmobil ist von der Besteuerung ausgenommen.[2]

Die Prämien aus der **Treibhausgasminderungs-Quote** (THG-Quote) bei Haltern von Elektrofahrzeugen im PV unterliegt als nicht steuerbare Leistung nicht der ESt.[3]

(2) Zeitpunkt der Anschaffung/Veräußerung (Zeile 53)

Für die Beurteilung, ob es sich um ein privates Veräußerungsgeschäft handelt, sind Anschaffungszeitpunkt und Veräußerungszeitpunkt entscheidend. Die Frist von einem Jahr beginnt in dem Zeitpunkt, in dem das der Anschaffung zu Grunde liegende obligatorische Rechtsgeschäft abgeschlossen wird.[4] **1434**

Bis einschließlich zum VZ 2008 regelte § 23 Abs. 1 Satz 1 Nr. 3 EStG a.F., dass auch private Veräußerungsgeschäfte zu erfassen sind, bei denen die **Veräußerung des WG früher erfolgt als dessen Erwerb**. Mit der Einführung der Abgeltungsteuer ab dem VZ 2009 wurde § 23 Abs. 1 Satz 1 Nr. 3 EStG abgeschafft, da vorgesehen war, dass „die Besteuerung nach § 20 EStG erfolge". Fremdwährungsgeschäfte unterliegen jedoch grds. weiterhin der privaten Veräußerungsgewinnbesteuerung (§ 23 EStG) und nicht dem § 20 Abs. 2 Satz 1 Nr. 3 Buchst. a EStG. Fremdwährungsgeschäfte, bei denen die Veräußerung früher erfolgt als der Erwerb (Leerverkäufe), wurden damit steuerlich nicht erfasst. Gleiches gilt auch bei anderen WG, die dem Grunde nach unter § 23 EStG fallen, z.B. bei Leerverkäufen mit Gold oder anderen Edelmetallen. Mit der Wiederaufnahme der Regelung des § 23 Abs. 1 Satz 1 Nr. 3 EStG wird eine Besteuerungslücke geschlossen.[5] **1435**

Beispiel:

Die stpfl. Person A investiert einen Teil des Vermögens in ausl. Währung und tauscht hierzu Euro in Schweizer Franken (CHF). Zu diesem Zweck hat sie bei seiner Bank ein CHF-Konto einrichten lassen. Der Bestand des CHF-Kontos beträgt am 15.10.01 2 000 000 CHF; die AK betrugen 1 642 440,66 € (Kurs am 20.3.01: 1 € = 1,2177 CHF).

Am 15.11.01 veräußert A 2 500 000 CHF (Tausch gegen Euro) und erhält hierfür eine Gutschrift von 2 368 321,33 € (Kurs am 15.11.01: 1 € = 1,0556 CHF) auf seinem Euro-Konto. Nach Abschluss des Geschäfts weist das CHF-Konto einen negativen Saldo von ./ . 500 000 CHF auf. Der negative Saldo wird am 5.1.2002 ausgeglichen. Dem CHF-Konto wurden 500 000 CHF gutgeschrieben und das Euro-Konto mit 415 938,77 € belastet (Kurs am 5.1.02: 1 € = 1,2021 CHF).

Veräußerungserlös Fremdwährungsguthaben 2 Mio. CHF	1 894 657 €
abzüglich Anschaffungskosten 2 Mio. CHF	1 642 440 €
= Gewinn § 23 Abs. 1 Satz 1 Nr. 2 EStG	252 217 €
Veräußerungserlös Leerverkauf Fremdwährungsguthaben 500 000 CHF	473 664 €
abzüglich Anschaffungskosten 500 000 CHF	415 938 €
= bisher nicht zu versteuernder Gewinn aus Leerverkauf	57 726 €

(3) Veräußerungspreis oder an dessen Stelle tretender Wert, z.B. gemeiner Wert (Zeile 54)

Veräußerungspreis ist jede Gegenleistung, die der Veräußerer in Geld oder Geldeswert für das veräußerte WG erhält. **1436**

(4) Anschaffungskosten (ggf. gemindert um AfA) oder an deren Stelle tretender Wert, z.B. Teilwert, gemeiner Wert (Zeile 55)

Welche Vorgänge als Anschaffung angesehen werden müssen, ist wirtschaftlich zu verstehen.[6] Anschaffungskosten sind dabei alle Aufwendungen, die getätigt worden sind, um das WG zu erwerben und in die eigene Verfügungsmacht zu überführen. Zum weiteren Begriff der Anschaffungskosten wird auf die im Zusammenhang mit dem Zeitpunkt der Anschaffung (Zeile 53 → Rz. 1434 ff.) dargestellten Hinweise verwiesen. **1437**

Praxishinweis:

Nach § 23 Abs. 3 Satz 4, § 52 Abs. 31 EStG sind auch die AfA-Beträge, die bei der Ermittlung der sonstigen Einkünfte (z.B. Container-Leasing) abgezogen worden sind, i.R.d. § 23 EStG gewinnerhöhend zu berücksichtigen, wenn das WG nach dem 31.12.2008 angeschafft worden ist. Durch den fiktiven Buchwertansatz wird auch bei beweglichen WG verhindert, dass regelmäßig Verluste generiert werden.

1) BFH v. 29.10.2019, IX R 10/18, BStBl II 2020, 258.
2) FG Sachsen v. 20.12.2024, 5 K 960/24, EFG 2025, 1229; Rev., Az. des BFH: IX R 4/25.
3) LfSt Rheinland-Pfalz, Kurzinfo v. 29.3.2022, S 2240/S 2256/S 2257A – St 32 1, St 31 4, St 31 5, ESt-Nr. ST 3_2022K029, DStZ 2022, 465.
4) BFH v. 8.12.1981, VIII R 125/79, BStBl II 1982, 618.
5) Gesetz zur Umsetzung der Änderungen der EU-Amtshilferichtlinie und von weiteren Maßnahmen gegen Gewinnkürzungen und -verlagerungen v. 20.12.2016, BStBl I 2017, 5.
6) BFH v. 20.4.2004, IX R 5/02, BStBl II 2004, 987.

(5) Werbungskosten im Zusammenhang mit dem Veräußerungsgeschäft (Zeile 56)

1438 WK sind alle Aufwendungen zur Erwerbung, Sicherung und Erhaltung des Veräußerungspreises, wenn diese nicht bereits zu den Anschaffungskosten zählen (§ 23 Abs. 3 Satz 1 EStG i.V.m. § 9 Abs. 1 Satz 1 EStG).

> **Praxishinweis:**
> Werbungskosten sind abweichend vom Abflussprinzip (§ 11 Abs. 2 EStG) im Zeitpunkt der Veräußerung abziehbar.

Als WK kommen im Rahmen eines privaten Veräußerungsgeschäfts z.B. Provisionen, Maklergebühren und dem Kreditinstitut in Rechnung gestellte und an die stpfl. Person weiterberechnete Spesen in Betracht.

(6) Gewinn/Verlust – zu übertragen nach Zeile 58 (Zeile 57)

1439 Der Gewinn ist der Unterschiedsbetrag zwischen dem Veräußerungspreis einerseits und den Anschaffungskosten und WK andererseits (§ 23 Abs. 3 Satz 1 EStG). Dieser Unterschiedsbetrag kann sowohl neg. als auch pos. sein. Verluste aus privaten Veräußerungsgeschäften dürfen nur mit Gewinnen aus privaten Veräußerungsgeschäften ausgeglichen werden (§ 23 Abs. 3 Satz 8 EStG). Die Verlustausgleichsbeschränkung ist dabei verfassungsgemäß.[1] Verluste i.R. von privaten Veräußerungsgeschäften werden gesondert behandelt; zum Verlustrücktrag vgl. Erklärung in Zeile 66 einzutragen (→ Rz. 1442).

e) Zurechnung der Beträge aus den Zeilen 51 und 57 (Zeilen 58 und 59)

			Steuerpflichtige Person / Ehemann / Person A EUR		Ehefrau / Person B EUR
58	**Zurechnung der Beträge aus den Zeilen 51 und 57**	114	,—	115	,—
59	Gewinne / Verluste aus weiteren Veräußerungen von Kryptowerten sowie anderen Wirtschaftsgütern (laut gesonderter Aufstellung)	116	,—	117	,—

1440 Der in den Zeilen 51 und 57 ermittelte Gewinn/Verlust aus dem privaten Veräußerungsgeschäft ist in Zeile 58 entweder der stpfl. Person oder bei zusammen veranlagten Ehegatten/Lebenspartnern entweder dem Ehemann/der Ehefrau/dem Lebenspartner zuzurechnen. Entsprechendes gilt für weitere Vorgänge, die lt. gesonderter Aufstellung in Zeile 59 als Gesamtsumme zu erklären sind, da nach der Systematik der Anlage SO für jedes WG, das veräußert worden ist, eine gesonderte Anlage auszufüllen ist.

f) Anteile an gesondert und einheitlich festgestellten Einkünften (Zeilen 60–65)

	Anteile an gesondert und einheitlich festgestellten Einkünften		
	Steuerpflichtige Person / Ehemann / Person A		
60	Gemeinschaft / Gesellschaft		
61	Finanzamt	Steuernummer	
62	Anteil am Gewinn / Verlust	134	EUR ,—
	Ehefrau / Person B		
63	Gemeinschaft / Gesellschaft		
64	Finanzamt	Steuernummer	
65	Anteil am Gewinn / Verlust	135	EUR ,—

1441 Sind an Einkünften aus privaten Veräußerungsgeschäften **mehrere Personen** beteiligt (z.B. Grundstücks- oder Erbengemeinschaften), werden die **Einkünfte gesondert und einheitlich festgestellt** (§§ 179 ff. AO). Die entsprechenden Bescheide über die einheitliche und gesonderte Feststellung sind für Folge-Einkommensteuerbescheide bindend (§ 182 AO).

In Zeile 60 (und/oder 63) sind die Bezeichnung der Gemeinschaft und das örtlich für die Feststellung der Einkünfte zuständige FA(Zeile 61 und/oder 64) sowie die entsprechende Steuernummer einzutragen. Die in den Zeilen 62 (stpfl. Person/Ehemann/Person A) und 65 (Ehefrau/Person B) einzutragenden Werte ergeben sich regelmäßig aus dem entsprechenden Feststellungsbescheid (Grundlagenbescheid) und sind zu übernehmen. Liegt ein Feststellungsbescheid noch nicht vor, könnte die Eintragung auch mit „von Amts wegen ergänzen" gekennzeichnet werden.

1) BFH v. 18.10.2006, IX R 28/05, BStBl II 2007, 259.

g) Ich beantrage von einem Verlustausgleich nach § 10d EStG in das Jahr 2024 abzusehen (Zeile 66)

		Steuerpflichtige Person / Ehemann / Person A		Ehefrau / Person B	
66	Ich beantrage von einem Verlustrücktrag nach § 10d EStG in das Jahr 2024 abzusehen.	806	1 = Ja	807	1 = Ja

2025AnlSO133 2025AnlSO133

Der Erklärungstatbestand bezieht sich auf alle Zeilen zu den privaten Veräußerungsgeschäften. 1442

Verluste aus privaten Veräußerungsgeschäften dürfen nicht mit anderen Einkünften, sondern nur bis zur Höhe des Gewinns, den die stpfl. Person im gleichen VZ aus privaten Veräußerungsgeschäften erzielt hat, ausgeglichen werden (§ 23 Abs. 3 Satz 8 EStG). Die Verlustausgleichsbeschränkung ist dabei verfassungsgemäß.[1] Vgl. Ausführungen zu Zeile 22 (→ Rz. 1382)

Bei einer **Zusammenveranlagung von Ehegatten/Lebenspartnern** ist der Gesamtgewinn aus privaten Veräußerungsgeschäften zunächst für jede Person getrennt zu ermitteln. Dabei ist die für den Gewinn eines jeden Einzelnen zu berücksichtigende **Freigrenze** i.H.v. 1 000 € (→ Rz. 1396) jeweils gesondert zu berücksichtigen. Die bei einem Ehegatten/Lebenspartner nicht ausgeschöpfte Freigrenze kann nicht bei der anderen Person berücksichtigt werden. Nicht ausgeglichene Verluste des einen Ehegatten/Lebenspartners sind mit Gewinnen der anderen Person auszugleichen. Ein Ausgleich ist nicht vorzunehmen, wenn der erzielte Gesamtgewinn aus privaten Veräußerungsgeschäften des anderen Ehegatten/Lebenspartners steuerfrei bleibt, weil er im Kj. weniger als 1 000 € betragen hat.[2] 1443

Beispiel:

A erzielt im VZ 2025 einen Verlust aus privaten Veräußerungsgeschäften i.H.v. 3 000 €. Im VZ 2024 der Gewinn aus privaten Veräußerungsgeschäften noch 3 500 € betragen. A beantragt, den Verlust aus dem VZ 2025 in voller Höhe in den VZ 2023 zurückzutragen.

Durch den Verlustrücktrag von 3 000 € in den VZ 2024 verbleibt ein Gewinn i.H.v. 500 €. Dieser Gewinn ist stpfl., da die Freigrenze i.H.v. 1 000 € nicht auf die nach einem Verlustvor- oder -rücktrag verbleibenden Einkünfte anzuwenden ist.[3]

Ist ein gesondertes Feststellungsverfahren über die Verrechenbarkeit von Verlusten aus privaten Veräußerungsgeschäften von vornherein nicht statthaft, kommt es nicht auf die Frage an, ob die Bestandskraft eines Einkommensteuerbescheids für das Verlustentstehungsjahr einer Verlustfeststellung nach § 10d Abs. 4 Satz 4 EStG in der Fassung des Streitjahres entgegenstünde.

1) BFH v. 18.10.2006, IX R 28/05, BStBl II 2007, 259.
2) BMF v. 5.10.2000, IV C 3 – S 2256 – 263/00, BStBl I 2000, 1383, Rz. 41.
3) BFH v. 11.1.2005, IX R 27/04, BStBl II 2005, 433.

XXVIII. Anlage Sonderausgaben – Angaben zu Sonderausgaben – ohne Versicherungsaufwendungen und Altersvorsorgebeiträge

1. Allgemeines (Zeilen 1–3)

Anleitung vorhanden

2025

Anlage Sonderausgaben

Diese Anlage ist bei Zusammenveranlagung von Ehegatten / Lebenspartnern gemeinsam auszufüllen.

1 Name

2 Vorname

3 Steuernummer

Angaben zu Sonderausgaben

– Ohne Versicherungsaufwendungen und Altersvorsorgebeiträge –

1444 Bei der Ermittlung des Einkommens sind vom Gesamtbetrag der Einkünfte neben den außergewöhnlichen Belastungen und den Steuerbegünstigungen der zu eigenen Wohnzwecken genutzten Wohnungen, Gebäude und Baudenkmale sowie schutzwürdigen Kulturgütern (§ 10g EStG, vgl. Ausführungen zur Anlage Sonstiges → Rz. 1472) die Sonderausgaben abzuziehen. Diese Abzugsbeträge befinden sich in unterschiedlichen Teilen der Vordrucke. Zu den Sonderausgaben gehören:

- Sonderausgaben im engeren Sinne (§ 10 EStG) in den Zeilen 4 und 13 bis 41 der Anlage Sonderausgaben sowie Angaben zu Vorsorgeaufwendungen auf der Anlage Vorsorgeaufwand (→ Rz. 1669),
- die steuerliche Förderung von Altersvorsorgebeiträgen (§ 10a EStG, sog. Riester-Verträge) auf der Anlage AV (→ Rz. 195),
- steuerbegünstigte Zwecke – Zuwendungen (§ 10b EStG) in den Zeilen 5 bis 12 und der
- Spendenvortrag (§ 10b EStG) und Verlustabzug (§ 10d EStG) in den Zeilen 16 bis 18 der Anlage Sonstiges (→ Rz. 1472).

Erstattungsüberhänge werden im Jahr des Zuflusses erfasst, um das Wiederaufgreifen von Steuerfestsetzungen aus den Vorjahren zu vermeiden (§ 10 Abs. 4b EStG i.d.F. des Steuervereinfachungsgesetz 2011[1)]). Erhält die stpfl. Person für von ihr getragene Aufwendungen, die als Sonderausgaben (§ 10 Abs. 1 Nr. 2 bis 3a EStG) zu berücksichtigen sind, in einem anderen VZ einen steuerfreien Zuschuss, ist dieser den erstatteten Aufwendungen gleichzustellen (§ 10 Abs. 4b Satz 1 EStG). Werden Vorsorgeaufwendungen und Kirchensteuern (§ 10 Abs. 1 Satz 1 Nr. 2 bis 4 EStG) im VZ 2023 erstattet, ist der Erstattungsbetrag zunächst mit gleichartigen Aufwendungen zu verrechnen und ein nach der Verrechnung verbleibender Erstattungsüberhang bei der Ermittlung des Einkommens hinzuzurechnen. Etwaige Zuschüsse sind den Erstattungen gleichzustellen. Durch die Hinzurechnung im Jahr des Zuflusses wird vermieden, dass das Jahr der Zahlung zu ändern ist.

1445 Im Rahmen des Abzugs von Vorsorgeaufwendungen als Sonderausgaben ist zwischen Beiträgen zur Altersvorsorge, zu Kranken- und Pflegeversicherung und weiteren sonstigen Vorsorgeaufwendungen zu unterscheiden. Eintragungen zu diesen Aufwendungen sind auf der Anlage Vorsorgeaufwand (→ Rz. 1669) vorzunehmen. Sind die Daten elektronisch an die Finanzverwaltung übermittelt worden (z.B. mittels Lohnsteuerbescheinigung), kann auf die Eintragung auf der Anlage Vorsorgeaufwand verzichtet werden. Die Anlagen AV sind immer abzugeben, soweit Angaben zu Altersvorsorgebeiträgen erforderlich sind.

2. Kirchensteuer – soweit diese nicht als Zuschlag zur Abgeltungsteuer einbehalten oder gezahlt wurde (Zeile 4)

Kirchensteuer 52

		2025 gezahlt EUR		2025 erstattet EUR
4 soweit diese nicht als Zuschlag zur Abgeltungsteuer einbehalten oder gezahlt wurde	103	,—	104	,—

1446 Die im Kj. gezahlte Kirchensteuer ist als Sonderausgabe im Jahr der Zahlung zu berücksichtigen (§ 10 Abs. 1 Nr. 4 EStG). Zahlungen auf offene Kirchensteuern des Erblassers durch den Erben sind zu berücksichtigen.[2)] Die **Bemessungsgrundlage** für die Kirchensteuer bestimmt sich nach § 51a Abs. 2 EStG.[3)] Zur Bemessung der Kirchensteuer wird das zu versteuernde Einkommen um den einkommensteuerfreien Teil der Teileinkünfte (§ 3 Nr. 40 EStG) erhöht oder ggf. auch vermindert. Die ungemilderte Erfassung von **Veräußerungs- und Übergangsgewinnen** in die Bemessungsgrundlage für die Kirchensteuer führt nicht zu einer systemwidrigen Überbesteuerung, da bei der Besteuerung zuvor entstandene, aber bisher nicht besteuerte Vermögensmehrungen erfasst werden.[4)]

1) Steuervereinfachungsgesetz 2011 v. 1.11.2011, BStBl I 2011, 986.
2) BFH v. 21.7.2016, X R 43/13, BStBl II 2017, 256.
3) Zu verfahrensrechtlichen Fragen vgl. BFH v. 15.11.2011, I R 29/11, BFH/NV 2012, 921.
4) BFH v. 1.7.2009, I R 81/08, BFH/NV 2009, 1908.

Praxishinweis:

Die im Zusammenhang mit der KapESt (Abgeltungsteuer) erhobene Kirchensteuer ist nicht als Sonderausgabe abzugsfähig (§ 10 Abs. 1 Nr. 4 Halbsatz 2 EStG) und nicht hier, sondern auf der Anlage KAP (Zeile 39) und Zeile 38 der Anlage KAP-BET bei Beteiligungseinkünften einzutragen. Insoweit wird eine Doppelbegünstigung vermieden, da die Kirchensteuer bereits bei Einbehalt der KapESt mindernd berücksichtigt worden ist (§ 32d Abs. 1 EStG). Wird über einen Antrag auf Günstigerprüfung (§ 32d Abs. 6 EStG) seitens des FA positiv entschieden oder kommt es nicht zur Anwendung der abgeltenden Wirkung der KapESt (Abgeltungsteuer), sind die entsprechenden Beträge als Sonderausgaben zu berücksichtigen. Erfolgen hingegen Eintragungen in Zeile 45 der Anlage-KAP und Zeile 44 der Anlage KAP-BET, können diese Beträge als Sonderausgaben abgezogen werden. Die im Zusammenhang mit der Besteuerung von Erträgen aus Investmentanteilen zu gewährenden Teilfreistellungen haben keine Auswirkung auf die BMG für die Kirchensteuer.

Kirchensteuerzahlungen und -erstattungen können damit nur insoweit als Sonderausgaben abgezogen werden, als sie auf die tarifliche Einkommensteuer entfallen.

Einwendungen gegen die Berechnung sind dabei ggü. der zur Kirchensteuerfestsetzung zuständigen Kirchenbehörde zu machen.[1)]

Beratungshinweis:

Liegen Streitpunkte bei der Festsetzung der Kirchensteuer vor (z.B. Hinzurechnung auf Grund des Teileinkünfteverfahrens, Verlustabzüge), obwohl die ESt selbst zutreffend festgesetzt worden ist, muss gegen die Berechnung bei der zuständigen Landeskirchenbehörde Einspruch eingelegt werden.

Der Zeitraum, für den die Kirchensteuer bezahlt wurde, ist unerheblich, da das Abflussprinzip (§ 11 Abs. 1 EStG) zu beachten ist. Berücksichtigungsfähig sind daher die Beträge, die **tatsächlich im VZ 2025** gezahlt worden sind. Die **Umbuchung** von Kirchensteuer seitens der Finverw. in einen dem Zahlungsjahr folgenden VZ kommt einer Erstattung der Kirchensteuer gleich, die mit der im Jahr der Gutschrift gezahlten Kirchensteuer zu verrechnen ist.[2)] Kirchensteuern können dabei als Steuern vom Einkommen, vom Vermögen, vom Grundbesitz und als Kirchgeld (z.B. bei der evangelischen Landeskirche, den jüdischen Gemeinden und der altkatholischen Kirche des Landes NRW) erhoben werden. **Willkürliche Zahlungen**, für die kein begründeter Anlass bestand, sind nicht abziehbar. Die stpfl. Person kann nicht durch Zahlungen, für die nach Grund und Höhe keine vernünftigen wirtschaftlichen Gründe vorliegen, die Höhe seines Einkommens innerhalb verschiedener VZ manipulieren.[3)] Zu erklären sind ebenfalls die Kirchensteuern, die im selben Jahr erstattet und gutgeschrieben worden sind.

Kirchensteuerkappungsbeträge, die im VZ 2025 vereinnahmt wurden, sind als Erstattungsbetrag zu erklären. Eine Kirchensteuerkappung beinhaltet die Begrenzung der Kirchensteuer auf einen bestimmten Höchstsatz in Abhängigkeit des zu versteuernden Einkommens. Regelmäßig erfolgt auf Antrag bei der kirchensteuererhebenden Gemeinschaft eine Kappung der Kirchensteuer auf 2,75 % bis 4 % des zu versteuernden Einkommens. In Bayern ist eine entsprechende Kappung der Kirchensteuer nicht vorgesehen.[4)]

Kirchensteuern sind Geldleistungen, die von den als Körperschaften des öffentlichen Rechts anerkannten Religionsgemeinschaften von ihren Mitgliedern auf Grundlage gesetzlicher Vorschriften erhoben werden. Alle öffentlich-rechtlichen Religionsgemeinschaften haben das Besteuerungsrecht, wobei nicht alle Religionsgemeinschaften die Erhebung der Kirchensteuer der staatlichen Finverw. übertragen haben. **Freiwillige Beiträge** an öffentlich-rechtliche Religionsgemeinschaften oder religiöse Gemeinschaften sind jedoch keine Kirchensteuern i.S.d. § 10 Abs. 1 Nr. 4 EStG. Berücksichtigung finden nur Zahlungen an inl. Religionsgemeinschaften.[5)]

Praxishinweis:

Beiträge der Mitglieder von Religionsgemeinschaften (Kirchenbeiträge), die mind. in einem Land als Körperschaft des öffentlichen Rechts anerkannt sind (vgl. z.B. unter www.personenstandsrecht.de), aber während des ganzen Jahres keine Kirchensteuer erheben, sind aus Billigkeitsgründen wie Kirchensteuern abziehbar.[6)] Zur praktischen Umsetzung vgl. OFD Frankfurt/M. v. 12.4.2017.[7)] In einigen Ländern werden neben den Landeskirchensteuern auch Ortskirchensteuern, das sog. Kirchgeld, erhoben Die Ortskirchensteuern sind ebenfalls als Sonderausgaben abziehbar, da das Kirchgeld auch explizit in H 10.7 „Kirchensteuern i.S.d. § 10 Abs. 1 Nr. 4" EStH aufgeführt wird.

Das BMF hat bekanntgegeben, dass auch **an Religionsgemeinschaften in EU-/EWR-Staaten** gezahlte **Kirchensteuer** als Sonderausgabe Berücksichtigung finden kann.[8)]

Das **besondere Kirchgeld** für Kirchenmitglieder, die in glaubensverschiedener Ehe leben (z.B. KiStG NRW, BW) verstößt nicht gegen Verfassungsrecht.[9)] Weitere Verfassungsbeschwerden gegen diese Regelungen (betreffend der Bundesländer Bayern, Niedersachsen, Nordrhein-Westfalen und Thüringen) wurde seitens des BVerfG nicht zur Entscheidung angenommen.[10)] Der BFH hat bestätigt, dass die Erhebung verfassungsgemäß ist.[11)]

1) BFH v. 28.11.2007, I R 99/06, BStBl II 2011, 40.
2) BFH v. 18.5.2000, IV R 28/98, BFH/NV 2000, 1455; v. 26.6.1996, X R 73/94, BStBl II 1996, 646.
3) BFH v. 25.1.1963, VI 69/61 U, BStBl III 1963, 141.
4) Vgl. zu den unterschiedlichen Kirchensteuersätzen z.B. www.steuer-forum-kirche.de.
5) BFH v. 4.6.1975, I R 150/73, BStBl II 1975, 708.
6) R 10.7 Abs. 1 EStR 2012.
7) OFD Frankfurt am Main, Vfg. v. 12.4.2017, S 2221 A – 46 – St 218, StEd 2017, 313.
8) BMF v. 16.11.2010, IV C 4 – S 2221/07/0004 :001, BStBl I 2010, 1311.
9) BFH v. 19.10.2005, I R 76/04, BStBl II 2006, 274.
10) BVerfG v. 12.11.2010, 2 BvR 591/06 und weitere, StEd 2010, 770.
11) BFH v. 12.10.2011, I B 64/11, BFH/NV 2012, 452.

Im Rahmen des Steuervereinfachungsgesetzes 2011[1] wurden die Regelungen von **Erstattungsüberhängen** ab dem VZ 2012 geändert (§ 10 Abs. 4b EStG). Ein Erstattungsüberhang aus Beiträgen (§ 10 Abs. 1 Nr. 3 EStG) ist im Jahr der Erstattung bei der Ermittlung des Gesamtbetrags der Einkünfte hinzuzurechnen. Insoweit wird der Rückgriff auf vergangene VZ weitestgehend vermieden.[2] Vgl. hierzu auch →Rz. 1444. Ein sich aus einer Erstattung von nicht veranlagter Kirchensteuer zum Kapitalertrag ergebender Erstattungsüberhang ist nicht steuererhöhend zu berücksichtigen.[3] Der Hinzurechnungsbetrag nach § 10 Abs. 4b Satz 3 EStG erhöht nicht den Gesamtbetrag der Einkünfte (§ 2 Abs. 3 EStG). Die Hinzurechnung findet auch statt, wenn sich die erstattete Zahlung im Zahlungsjahr nicht steuermindernd ausgewirkt hat.[4] Diese „negative Sonderausgabe" folgt in der Reihenfolge der Berücksichtigung dem Verlustabzug nach. Danach sind Kirchensteuer-Erstattungsüberhänge erst nach dem Gesamtbetrag der Einkünfte anzusetzen.

3. Zuwendungen/Spenden und Mitgliedsbeiträge (Zeilen 5–12)

Zuwendungen (Spenden und Mitgliedsbeiträge)

Spenden und Mitgliedsbeiträge (ohne Spenden in das zu erhaltende Vermögen einer Stiftung)

Zeile			laut Bestätigungen EUR		laut Betriebsfinanzamt EUR
5	– zur Förderung steuerbegünstigter Zwecke an Empfänger im Inland	123	,—	124	,—
6	– zur Förderung steuerbegünstigter Zwecke an Empfänger im EU- / EWR-Ausland	133	,—	134	,—
7	– an politische Parteien (§§ 34g, 10b EStG)	127	,—	128	,—
8	– an unabhängige Wählervereinigungen (§ 34g EStG)	129	,—	130	,—

Spenden in das zu erhaltende Vermögen (Vermögensstock) einer Stiftung

Zeile			Steuerpflichtige Person / Ehemann / Person A EUR		Ehefrau / Person B EUR
9	2025 geleistete Spenden an Empfänger im Inland (laut Bestätigungen / laut Betriebsfinanzamt)	208	,—	209	,—
10	2025 geleistete Spenden an Empfänger im EU- / EWR-Ausland (laut Bestätigungen / laut Betriebsfinanzamt)	224	,—	225	,—
11	Von den Spenden in den Zeilen 9 und 10 sollen 2025 berücksichtigt werden	212	,—	213	,—
12	2025 zu berücksichtigende Spenden aus Vorjahren in das zu erhaltende Vermögen (Vermögensstock) einer Stiftung, die bisher noch nicht berücksichtigt wurden	214	,—	215	,—

a) Allgemeines

1447 Zuwendungen sind in Form von Spenden und Mitgliedsbeiträgen zur Förderung steuerbegünstigter Zwecke (§§ 52 bis 54 AO) an eine inl. juristische Person des öffentlichen Rechts oder an eine inl. öffentliche Dienststelle oder an eine nach § 5 Abs. 1 Nr. 9 KStG steuerbefreite Körperschaft, Personenvereinigung oder Vermögensmasse in bestimmter und begrenzter Höhe als Sonderausgaben abzugsfähig (§ 10b Abs. 1 EStG). Im Rahmen des JStG 2009[5] wurde § 5 Abs. 2 Nr. 2 KStG insoweit geändert, dass eine ausl. steuerbegünstigte Körperschaft, die im Inland lediglich beschränkt stpfl. ist, den inl. steuerbegünstigten Körperschaften gleichgestellt wird.

Zu den steuerbegünstigten Zuwendungen gehören Spenden und Mitgliedsbeiträge. Als Spenden kommen nur solche Aufwendungen in Betracht, die die stpfl. Person freiwillig und unentgeltlich i.S.v. fremdnützig geleistet hat.[6] Zu den Mitgliedsbeiträgen gehören auch Umlagen und Aufnahmegebühren. Mitgliedsbeiträge an sog. Kulturfördervereine sind auch dann begünstigt, wenn den Mitgliedern Vergünstigungen gewährt werden (§ 10b Abs. 1 Satz 2 EStG). Zur spendenrechtlichen Beurteilung des Crowdfunding vgl. BMF.[7]

Zuwendungen, die **mit** der **Auflage** geleistet werden, sie an eine bestimmte natürliche Person weiterzuleiten, sind dagegen nicht abzugsfähig.

Zuwendungen können des Weiteren nur dann als Sonderausgaben berücksichtigt werden, wenn der Zuwendende **endgültig wirtschaftlich** belastet ist. Eine endgültige wirtschaftliche Belastung liegt nicht vor, soweit der Wertabgabe aus dem Vermögen der stpfl. Person ein entsprechender Zufluss gegenübersteht.[8]

Für Zuwendungen nach dem 31.12.1999 ist das **Durchlaufspendenverfahren** keine zwingende Voraussetzung mehr für die steuerliche Begünstigung von Spenden. Ab dem 1.1.2000 sind alle gemeinnützigen Körperschaften (§ 5 Abs. 1 Nr. 9 KStG), die spendenbegünstigte Zwecke verfolgen, zum unmittelbaren Empfang und zur Bestäti-

1) Steuervereinfachungsgesetz 2011 v. 1.11.2011, BStBl I 2011, 986.
2) BR-Drucks. 54/11.
3) FG Niedersachsen v. 21.11.2018, 2 K 25/17, StEd 2019, 405.
4) BFH v. 12.3.2019, IX R 34/17, StEd 2019, 483.
5) JStG 2009 v. 19.12.2008, BStBl I 2009, 74.
6) BFH v. 2.8.2006, XI R 6/03, BStBl II 2007, 8.
7) BMF v. 15.12.2017, IV C 4 – S 2223/17/10001, BStBl I 2018, 246.
8) BFH v. 20.2.1991, X R 191/87, BStBl II 1991, 690.

gung von Spenden berechtigt. Dennoch dürfen öffentlich-rechtliche Körperschaften oder öffentliche Dienststellen auch weiterhin als Durchlaufstelle auftreten und Zuwendungsbestätigungen ausstellen. Für den Abzug von **Sachspenden** (→ Rz. 1450) im Rahmen des Durchlaufspendenverfahrens ist erforderlich, dass der Durchlaufstelle das Eigentum an der Sache verschafft wird. Bei Eigentumserwerb durch Einigung und Übergabeersatz (§§ 930, 931 BGB) ist die körperliche Übergabe der Sache an die Durchlaufstelle nicht erforderlich; es sind aber eindeutige Gestaltungsformen zu wählen, die die tatsächliche Verfügungsfreiheit der Durchlaufstelle über die Sache sicherstellen und eine Überprüfung des Ersterwerbs der Durchlaufstelle und des Zweiterwerbs der begünstigten gemeinnützigen Körperschaft ermöglichen.

Zur Frage des Spendenabzugs bei Schenkung eines Geldbetrags vgl. BFH v. 15.1.2019.[1] Danach ist zu unterscheiden, ob es sich um eine Schenkung unter Auflage oder eine „Treuhand/durchlaufender Posten" handelt.

Abgezogen werden können Spenden und Mitgliedsbeiträge zur Förderung steuerbegünstigter Zwecke i.S.d. §§ 52 bis 54 EStDV. **1448**

Nur Spenden (§ 10b Abs. 1 Satz 2 EStG) und nicht auch Mitgliedsbeiträge sind **abziehbar** bei der Förderung

- des Sports (§ 52 Abs. 2 Nr. 21 AO),
- kultureller Betätigungen, die in erster Linie der Freizeitgestaltung dienen,
- der Heimatpflege und Heimatkunde (§ 52 Abs. 2 Nr. 22 AO),
- der Tier- oder Pflanzenzucht, der Kleingärtnerei, des traditionellen Brauchtums einschl. des Karnevals, der Fastnacht und des Faschings, der Soldaten- und Reservistenbetreuung, des Modellflugs und des Hundesports (§ 52 Abs. 2 Nr. 23 AO).

Praxishinweis:

Seit dem VZ 2020 erfolgt eine Erweiterung der nicht zu berücksichtigenden Mitgliedsbeiträge als Spende (§ 10b Abs. 1 Satz 8 EStG[2]). Die Regelung beseitigt eine unbeabsichtigte, planwidrige Regelungslücke. Sie bezweckt eine Gleichbehandlung von Körperschaften, die einen gemeinnützigen Zweck i.S.d. Nr. 1 bis 4 verfolgen und Körperschaften, deren Zweck nach § 52 Abs. 2 Satz 2 AO für gemeinnützig erklärt worden ist, weil deren Zweck die Allgemeinheit auf materiellem, geistigem oder sittlichem Gebiet entsprechend einem Zweck nach den Nr. 1 bis 4 fördert. So hat beispielweise der BFH mit Urteil v. 9.2.2017, V R 70/14, BStBl II 2017, 1106 entschieden, Turnierbridge sei nach § 52 Abs. 2 Satz 2 AO als gemeinnützig anzuerkennen, weil es die Allgemeinheit auf materiellem, geistigem oder sittlichem Gebiet entsprechend selbstlos fördere wie Schach. Schach ist nach § 52 Abs. 2 Satz 1 Nr. 21 AO gemeinnützig. Mitgliedsbeiträge an einen Schachverein sind nach § 10b Abs. 1 Satz 8 Nr. 1 EStG nicht als Sonderausgaben abziehbar. Hingegen können Mitglieder eines Turnierbridgevereins nach derzeitiger Rechtslage ihre Mitgliedsbeiträge als Sonderausgaben abziehen. Durch die Rechtsänderung ist es zukünftig auch Mitgliedern des Turnierbridgevereins nicht mehr möglich, Mitgliedsbeiträge als Sonderausgaben abzuziehen.

Auch der **Verzicht auf die Erstattung** von entstandenen Aufwendungen kann unter bestimmten Voraussetzungen berücksichtigt werden (sog. **Aufwandsspende**), soweit der zuwendenden Person tatsächlich auch ein finanzieller Aufwand entstanden ist. Unter Aufwandsspenden versteht man Aufwendungen, die z.B. einem Vereinsmitglied für eine Tätigkeit zu Gunsten eines spendenempfangsberechtigten Vereins entstehen. Dies ist nicht der Fall bei **unentgeltlichen Nutzungen und Leistungen** (z.B. im Rahmen einer ehrenamtlichen Tätigkeit). Auch die unentgeltliche Zurverfügungstellung der eigenen Arbeitskraft ist daher keine zu berücksichtigende Zuwendung.

Wurde aber eine Leistung entgeltlich erbracht, und wurde auf den entstandenen Vergütungsanspruch ersatzlos verzichtet, kann es sich insoweit um eine Geldspende handeln.

Praxishinweis:

Bei dem Verzicht auf den Ersatz der Aufwendungen handelt es sich nicht um eine Spende des Aufwands, sondern um eine Geldspende, bei der entbehrlich ist, dass Geld zwischen dem Zuwendungsempfänger und dem Zuwendenden tatsächlich hin und her fließt. In der Zuwendungsbestätigung ist deshalb eine Geldzuwendung zu bescheinigen.

In Betracht kommt z.B. der Verzicht auf Erstattung von Fahrt- und Telefonkosten und die Vergütung für die erbrachte Arbeitsleistung. **Aufwendungsersatzansprüche** (§ 670 BGB) können Gegenstand sog. Aufwandsspenden[3] gem. § 10b Abs. 3 Satz 4 und 5 EStG sein, wenn ein Anspruch auf die Erstattung der Aufwendungen durch Vertrag oder Satzung ernsthaft eingeräumt und auf die Erstattung verzichtet worden ist. Der Anspruch darf nicht unter der Bedingung des Verzichts eingeräumt worden sein. Für die Anerkennung eines Aufwendungsersatzanspruchs auf Grund eines Vorstandsbeschlusses ist zusätzlich erforderlich, dass der entsprechende Beschluss den Mitgliedern in geeigneter Weise bekannt gemacht worden ist. Eine nachträgliche rückwirkende Begründung von Ersatzpflichten durch den Zuwendungsempfänger, zum Beispiel durch eine **rückwirkende Satzungsänderung**, reicht nicht aus. Wesentliches Indiz für die Ernsthaftigkeit von Aufwendungsersatzansprüchen ist die wirtschaftliche Leistungsfähigkeit des Zuwendungsempfängers. Dieser muss ungeachtet des späteren Verzichts in der Lage sein, den geschuldeten Aufwendungsersatz zu leisten. Die spendende Person muss **frei entscheiden** können, ob sie auf den bestehenden Vergütungsanspruch besteht oder zu Gunsten der steuerbefreiten Körperschaft auf eine Auszahlung verzichtet. Der Verzicht muss in unmittelbarem Anschluss an die Entstehung des Vergütungs- oder Aufwendungsersatzanspruchs ausgesprochen werden. **1449**

1) BFH v. 15.1.2019, X R 6/17, BStBl II 2019, 318.
2) Gesetz zur weiteren steuerlichen Förderung der Elektromobilität und zur Änderung weiterer steuerlicher Vorschriften v. 12.12.2019, BGBl. I 2019, 2451 = BStBl I 2020, 17.
3) BMF v. 25.11.2014, IV C 4 – S 2223/07/0010 :005, BStBl I 2014, 1584 (für Zusagen ab dem 1.1.2015) sowie Ergänzung durch BMF v. 24.8.2016, IV C 4 – S 2223/07/0010 :007, BStBl I 2016, 994 (zu Aufwandsspenden/Rückspenden), BMF v. 7.6.1999, IV C 4 – S 2223 – 111/99, BStBl I 1999, 591 (für Zusagen, die bis zum 31.12.2014 erteilt worden sind).

1450 Auch **Sachspenden** sind neben den typischen Geldzuwendungen steuerbegünstigt. Begünstigt sind insoweit WG jeder Art. Die spendende Person muss der **steuerbegünstigten Körperschaft** aber eindeutig das Eigentum an dem WG verschaffen, was regelmäßig durch eine entsprechende Einigung und Übergabe erfolgen wird. Sachspenden sind mit dem **gemeinen Wert** des zugewendeten WG abzugsfähig, wenn die Veräußerung des WG im Zeitpunkt der Zuwendung keinen Besteuerungsumstand erfüllen würde (§ 10b Abs. 3 Satz 3 EStG).[1] In allen weiteren Fällen dürfen bei der Ermittlung der Höhe der Zuwendung die fortgeführten AK oder HK nur dann überschritten werden, soweit eine Gewinnrealisierung erfolgt ist (§ 10b Abs. 3 Satz 4 EStG). Der gemeine Wert ist der Preis, der im gewöhnlichen Geschäftsverkehr nach der Beschaffenheit des WG bei einer Veräußerung zu erzielen wäre. Bei **neu erworbenen WG** kann der Nachweis durch den Kaufbeleg geführt werden; bei älteren bereits gebrauchten WG ist der Wert nach der allgemeinen Beschaffenheit zu bestimmen. Aus diesem Grund sind bei Sachzuwendungen (Sachspenden) in die Zuwendungsbestätigung auch genaue Angaben über die zugewendeten Gegenstände aufzunehmen (z.B. Alter, Zustand, historischer Kaufpreis). Handelt es sich um eine **Sachspende aus dem Privatvermögen** der zuwendenden Person, so hat der Zuwendungsempfänger anzugeben, welche Unterlagen er zur Ermittlung des angesetzten Wertes herangezogen hat. In Betracht kommt in diesem Zusammenhang z.B. ein Gutachten über den aktuellen Wert der zugewendeten Sache oder der sich aus der ursprünglichen Rechnung ergebende historische Kaufpreis unter Berücksichtigung einer Absetzung für Abnutzung.[2] Insoweit gilt es bei Sachspenden aus dem steuerverstrickten Privatvermögen zu beachten, dass auch eine richtige Zuwendungsbestätigung vorliegt.[3]

Bei Sachzuwendungen aus dem Betriebsvermögen darf zzgl. zu dem Entnahmewert i.S.d. § 6 Abs. 1 Nr. 4 EStG (Teilwert) auch die bei Entnahme angefallene Umsatzsteuer geltend gemacht werden.[4] Ist das WG unmittelbar vor seiner Zuwendung einem Betriebsvermögen entnommen worden, so darf bei der Ermittlung der Zuwendungshöhe der bei der Entnahme angesetzte Wert nicht überschritten werden (§ 10b Abs. 3 Satz 2 EStG). Durch die Änderung des § 10b Abs. 1 Satz 1 EStG ist auch der Anwendungsbereich dieses Buchwertprivilegs erweitert worden.

Gebrauchte WG können Gegenstand einer Sachspende sein, deren Höhe sich nach dem gemeinen Wert des zugewendeten WG richtet. Soweit gebrauchte Kleidung überhaupt einen gemeinen Wert (Marktwert) hat, sind die für eine Schätzung des Werts maßgeblichen Faktoren wie Neupreis, Zeitraum zwischen Anschaffung und Weggabe und der tatsächliche Erhaltungszustand im Einzelnen durch die zuwendende Person nachzuweisen.[5]

1451 Zuwendungen sind grds. durch eine vom Empfänger **nach amtlich vorgeschriebenem Vordruck** (§ 50 Abs. 1 EStDV) erstellte Zuwendungsbestätigung nachzuweisen,[6] die eine unverzichtbare sachliche Voraussetzung für den Zuwendungsabzug darstellt. Die grds. zu verwendenden Muster für die Zuwendungsbestätigungen sind vom BMF veröffentlicht worden.[7] Eine Zuwendungsbestätigung, die lediglich ein nicht korrektes Ausstellungsdatum enthält, kann gleichwohl Grundlage für einen Sonderausgabenabzug der Zuwendung beim Zuwendenden sein, sofern die Körperschaft zum tatsächlichen Zeitpunkt der Erstellung dem Grunde nach zur Ausstellung von Zuwendungsbestätigungen befugt ist.[8]

Bei Zuwendungen genügt unter Umständen als **vereinfachter Spendennachweis** der Bareinzahlungsbeleg oder die Buchungsbestätigung eines Kreditinstituts, wenn die Zuwendung zur Hilfe in **Katastrophenfällen** innerhalb eines Zeitraums, den die obersten Finanzbehörden der Länder im Einvernehmen mit dem BMF bestimmen, auf ein für den Katastrophenfall eingerichtetes Sonderkonto einer inl. juristischen Person des öffentlichen Rechts, einer inl. öffentlichen Dienststelle oder eines inl. amtlich anerkannten Verbands der freien Wohlfahrtspflege einschließlich seiner Mitgliedsorganisationen eingezahlt worden ist (§ 50 Abs. 2 Satz 1 Nr. 1 EStDV).

Dieses **vereinfachte Verfahren** wird des Weiteren anerkannt, **wenn die Zuwendung 300 €[9] nicht übersteigt** und der Empfänger der Zuwendung

- eine inl. juristische Person des öffentlichen Rechts oder eine inl. Dienststelle ist oder
- eine Körperschaft, Personenvereinigung oder Vermögensmasse i.S.d. § 5 Abs. 1 Nr. 9 KStG ist, wenn der steuerbegünstigte Zweck, für den die Zuwendung verwendet wird, und die Angaben über die Freistellung des Empfängers von der Körperschaftsteuer auf einem von ihm hergestellten Beleg aufgedruckt sind und darauf angegeben ist, ob es sich bei der Zuwendung um eine Spende oder einen Mitgliedsbeitrag handelt (§ 50 Abs. 2 Satz 1 Nr. 2 EStDV).

Aus der **Buchungsbestätigung** müssen Name und Kontonummer des Auftraggebers und Empfängers, der Betrag sowie der Buchungstag ersichtlich sein. Wird die Spende an eine steuerbegünstigte Körperschaft (§ 5 Abs. 1 Nr. 9 KStG) überwiesen, hat die die Spende zuwendende Person zusätzlich den vom Zuwendungsempfänger hergestellten Beleg vorzulegen, da lediglich aus diesem Beleg zu erkennen ist, inwieweit der Empfänger der Leistung steuerbegünstigt ist (§ 50 Abs. 2 Satz 2 und 3 EStDV). Zahlungen über das **Online-Bezahlsystem PayPal** sind unter Berücksichtigung des Ausdrucks der Transaktionsdetails berücksichtigungsfähig (§ 50 Abs. 2 Satz 2 EStDV).[10]

---

1) BMF v. 7.11.2013, IV C 4 – S 2223/07/0018 :005, BStBl I 2013, 1333.
2) BMF v. 7.11.2013, IV C 4 – S 2223/07/0018 :005, BStBl I 2013, 1333.
3) Zur Frage von falschen Zuwendungsbestätigungen vgl. Müller/Tolksdorf, DStR 2015, 2116.
4) R 10b.1 Abs. 1 Satz 5 EStR 2012.
5) BFH v. 23.5.1989, X R 17/85, BStBl II 1989, 879.
6) R 10b.1 Abs. 3 EStR 2012.
7) BMF v. 7.11.2013, IV C 4 – S 2223/07/0018 :005, BStBl I 2013, 1333.
8) BFH v. 12.12.2017, X R 46/16, BFH/NV 2018, 717 = HFR 2018, 543.
9) Von 200 € auf 300 € erhöht durch das JStG 2020 v. 21.12.2020, BGBl. I 2020, 3096.
10) LFD Thüringen, Vfg. v. 24.9.2012, S 2223 A – 111 – A 3.15, DStR 2013, 143.

Die **Bestätigung** hat jedoch **nur den Zweck einer Beweiserleichterung** hinsichtlich der Verwendung der Zuwendung und ist nicht bindend.[1] Der (gutgläubige) Spender – und das zuständige FA – müssen daher die entsprechenden Abzugsvoraussetzungen grds. nicht noch einmal prüfen. Der Abzug von Zuwendungen an steuerbegünstigte Körperschaften i.S.v. § 5 Abs. 1 Nr. 9 KStG ist nur zuzulassen, wenn die Steuerbegünstigung der Körperschaft zeitnah überprüft worden ist. Zuwendungsbestätigungen, in denen das angegebene Datum des Steuerbescheids (i.d.R. der Körperschaftsteuerfreistellungsbescheid) länger als fünf Jahre oder das Datum der vorläufigen Bescheinigung länger als drei Jahre seit dem Tag der Ausstellung der Zuwendungsbestätigung zurückliegt, werden vom FA grds. nicht mehr als ausreichender Nachweis für die Zuwendung anerkannt. 1452

Praxishinweis:

Die stpfl. Person, die eine entsprechende Bestätigung über die Zuwendung erhalten hat, darf auf die Richtigkeit der Bestätigung über Spenden und Mitgliedsbeiträge vertrauen, es sei denn, dass sie die Bestätigung durch unlautere Mittel oder falsche Angaben erwirkt hat oder ihr die Unrichtigkeit der Bestätigung bekannt oder infolge grober Fahrlässigkeit nicht bekannt war (§ 10b Abs. 4 Satz 1 EStG). Eine Spendenbescheinigung kann einen Vertrauensschutz dann nicht begründen, wenn es für die leistende Person und den Empfänger der Zahlung angesichts der Begleitumstände klar erkennbar war, dass die Zahlung in einem Gegenleistungsverhältnis stand.[2] In diesen Fällen kann eine Zahlung nicht auf Grund der Vertrauensschutzregelung als Spende abgezogen werden und der Steuerbescheid ist ggf. nach Erkennen nach § 173 Abs. 1 Nr. 1 EStG zu ändern. Im Rahmen des JStG 2009[3] wurde eine Ablaufhemmung für Spendenhaftungsbescheide eingeführt, nach der die Festsetzungsfrist für den Haftungsbescheid i.S.d. § 10b Abs. 4 Satz 2 EStG an den Ablauf der Festsetzungsfrist für die Steuerfestsetzung der die Steuerbegünstigung begehrenden Körperschaft gekoppelt ist (§ 10b Abs. 4 Satz 4 EStG).

Wenn ein Verein **vorsätzlich** oder **grob fahrlässig eine falsche Bestätigung ausstellt**, haftet er für den durch den Spendenabzug eingetretenen Steuerausfall bei der Einkommen- und Körperschaftsteuer mit 30 % (§ 10b Abs. 4 Satz 3 EStG) und bei der Gewerbesteuer mit 10 % (§ 9 Nr. 5 Satz 10 GewStG) des Spendenbetrags. Zu weiteren Einzelfragen vgl. OFD Frankfurt/Main v. 17.3.2014.[4]

b) Zur Förderung steuerbegünstigter Zwecke an Empfänger im Inland (Zeile 5)

Abzugsfähig sind Ausgaben bis zur Höhe von **20 %** des **Gesamtbetrags der Einkünfte** oder **vier Promille der Summe der gesamten Umsätze** und der im Kj. aufgewendeten **Löhne und Gehälter**. Der Begriff der „gesamten Umsätze" bezieht sich auch beim vom Kj. abweichenden Wj. auf die in dem Kj. des Spendenabzugs getätigten Umsätze.[5] Übersteigen die Zuwendungen die vorgenannten Grenzen und konnten diese daher nicht im VZ steuerlich berücksichtigt werden, werden die übersteigenden Beträge ohne Begrenzung auf spätere VZ vorgetragen (§ 10b Abs. 1 Satz 3 EStG). Die Regelungen des § 10d Abs. 4 EStG hinsichtlich der gesonderten Feststellung der verbleibenden – nicht ausgenutzten Beträge – gelten entsprechend. 1453

Berücksichtigungsfähig sind Spenden für alle in § 52 Abs. 2 AO genannten gemeinnützigen Zwecke. Die Aufzählung ist nicht abschließend, da bei Bedarf eine Erweiterung zulässig ist (§ 52 Abs. 2 Satz 2 und 3 AO).

Mitgliedsbeiträge an gemeinnützige Vereine, die in erster Linie der **Freizeitgestaltung** ihrer Mitglieder dienen (z.B. Theater- und Gesangsvereine), sind weiterhin vom Spendenabzug ausgeschlossen. Ebenfalls nicht abzugsfähig sind Mitgliedsbeiträge an Körperschaften, die den Sport fördern (§ 52 Abs. 2 Nr. 21 AO) – wobei das Schachspiel ebenfalls als Sport in diesem Sinne gilt –, die Förderung der Heimatpflege und Heimatkunde (§ 52 Abs. 2 Nr. 22 AO) und weitere in § 52 Abs. 2 Nr. 23 AO genannte Zwecke wie die Förderung der Tier- und Pflanzenzucht, der Kleingärtnerei, des traditionellen Brauchtums einschließlich des Karnevals, der Fastnacht und des Faschings, der Soldaten- und Reservistenbetreuung, des Amateurfunkens, des Modellflugs und des Hundesports (§ 10b Abs. 1 Satz 2 EStG).

Körperschaften zur **Förderung kultureller Einrichtungen** fördern grds. Kunst und Kultur (§ 52 Abs. 2 Nr. 5 AO). Eine eventuelle Gewährung von Vergünstigungen für den Besuch der geförderten Einrichtung (in Form von Gegenleistungen wie z.B. verbilligter Eintritt, Veranstaltung für Mitglieder oder Jahresgaben) steht dem nicht entgegen. Daher sind Mitgliedsbeiträge an diese Körperschaften als Sonderausgaben abziehbar.[6]

Nicht ertragsteuerlich als Zuwendung zu berücksichtigen sind Spenden im Rahmen einer **Straßensammlung** oder als **sonntägliches Opfer in der Kirche**. Sonderzuschläge, die ein Käufer von **Wohlfahrtsbriefmarken** über den Gebührenwert der Briefmarken hinaus entrichtet, sind ebenfalls keine Zuwendung i.S.d. § 10b EStG.[7] Dies gilt ebenso für Zahlungen an eine steuerbegünstigte Körperschaft zur Erfüllung einer Auflage nach § 153a Abs. 1 Nr. 2 StPO (wenn die Staatsanwaltschaft von der Erhebung einer öffentlichen Klage absieht und zugleich der beschuldigten Person Auflagen und Weisungen erteilt, die geeignet sind, das öffentliche Interesse an der Strafverfolgung zu beseitigen) oder § 56b StGB (wenn das Gericht einer verurteilten Person Auflagen erteilt, die der Genugtuung für das begangene Unrecht dienen), da nur Aufwendungen in Betracht kommen, die von der stpfl. Person (unentgeltlich) und freiwillig geleistet worden sind.[8] Aus diesem Grund ist auch die der stpfl. Person **von einem Gericht auferlegte Verpflichtung,** einen Geldbetrag zu Gunsten einer gemeinnützigen Einrichtung zu zahlen, nicht als Spende abziehen.[9]

1) BFH v. 23.5.1989, X R 17/85, BStBl II 1989, 879.
2) BFH v. 29.1.2003, XI B 132/01, BFH/NV 2003, 908.
3) JStG 2009 v. 19.12.2008, BStBl I 2009, 74.
4) OFD Frankfurt am Main v. 14.11.2014 – S 2223 A – 95 – St 53.
5) FG Saarland v. 23.8.2018, 1 K 1121/16, EFG 2018, 1901.
6) Gesetz zur weiteren Stärkung des bürgerschaftlichen Engagements v. 10.10.2007, BGBl. I 2007, 2332.
7) BFH v. 13.6.1969, VI R 12/67, BStBl II 1969, 701.
8) BFH v. 19.12.1990, X R 40/86, BStBl II 1991, 234.
9) BFH v. 8.4.1964, VI 83/63 U, BStBl III 1964, 333.

c) Zur Förderung steuerbegünstigter Zwecke an Empfänger im EU-/EWR-Ausland (Zeile 6)

1454 Durch das Gesetz zur Umsetzung steuerlicher EU-Vorgaben sowie zur Änderung steuerlicher Vorschriften[1] wurde der Anwendungsbereich des Spendenabzugs auf Grund der Entscheidung des EuGH in der Rechtssache „Persche"[2] ausgeweitet. Danach sind Zuwendungen auch an ausl. juristische Personen des öffentlichen Rechts und öffentliche Dienststellen, die in einem Mitgliedstaat der EU oder in einem Staat des EWR – in allen noch nicht bestandskräftigen Fällen – abzugsfähig (§ 10b Abs. 1 Satz 2 Nr. 1 EStG), wenn diese Staaten gegenseitig zwischenstaatliche Amtshilfe im Bereich der Steuerfestsetzung und Unterstützung bei der zwischenstaatlichen Beitreibung von Steuerforderungen leisten. Zum begünstigten Kreis zählen aber auch die ausl. Körperschaften, Personenvereinigungen oder Vermögensmassen, die steuerbefreit wären (§ 5 Abs. 1 Nr. 9, Abs. 2 Nr. 2 Halbsatz 2 KStG), wenn sie inl. Einkünfte erzielen würden (§ 10b Abs. 1 Satz 2 Nr. 3 EStG).

Zuwendungen an einen nicht im Inland ansässigen Zuwendungsempfänger dürfen nach § 10b Abs. 1 Satz 2 Nr. 1 und 3 EStG[3] nur abgezogen werden, wenn dieser eine Zuwendungsbestätigung nach amtlich vorgeschriebenem Vordruck ausgestellt hat. Der nicht im Inland ansässige Zuwendungsempfänger darf eine Zuwendungsbestätigung nur ausstellen, wenn er im Zuwendungsempfängerregister nach § 60b AO aufgenommen ist. Durch die gesetzliche Änderung wird das Nachweisverfahren nunmehr über das Zuwendungsempfängerregister in der Zuständigkeit des BZSt abgebildet.

Werden die steuerbegünstigten Zwecke im Ausland verwirklicht, so ist Voraussetzung, dass entweder natürliche Personen gefördert werden, die ihren Wohnsitz oder gewöhnlichen Aufenthalt im Geltungsbereich der Abgabenordnung haben oder die Tätigkeit der Körperschaft neben der Verwirklichung der steuerbegünstigten Zwecke auch zum Ansehen der BRD beitragen. Damit wird der strukturelle Inlandsbezug (§ 51 Abs. 2 AO) festgelegt.[4]

Beratungshinweis:

Das Ansehen Deutschlands kann gem. § 10b Abs. 1 Satz 6 EStG gefördert werden, wenn im Kernbereich der religiösen Tätigkeit einer ausl. Kirche ein gemeinnütziges Engagement erkennbar wird, das Deutschland mittelbar zuzurechnen ist. Eine Spende, die eine inl. stpfl. Person unmittelbar einer im EU-/EWR-Ausland belegenen Einrichtung zuwendet, die die Voraussetzungen der §§ 51 ff. AO erfüllt oder bei der es sich um eine Körperschaft des öffentlichen Rechts handelt, darf nicht anders behandelt werden als eine Spende an eine inl. gemeinnützige Körperschaft, die ihre Mittel einer im Ausland ansässigen Einrichtung zur Erfüllung eines bestimmten gemeinnützigen Zwecks überlässt.[5] Im zweiten Rechtszug hat das FG Köln[6] entschieden, dass die griechisch-katholische Kirche in Rumänien einer inl. Körperschaft des öffentlichen Rechts vergleichbar konstituiert ist. Dementsprechend hat das FG auf die Vorlage weiterer Unterlagen (die im Falle eines privatrechtlich organisierten Zuwendungsempfängers hätten angefordert werden können, z.B. Mittelverwendungsrechnung, Rücklagenentwicklung etc.) verzichtet und den begehrten Spendenabzug gewährt.[7]

Zuwendungen an Drittstaaten sind weiterhin vom Spendenabzug ausgeschlossen.[8] Zu den nicht zu berücksichtigenden Aufwendungen gehören auch Spenden an den Papst („Heiliger Stuhl").[9]

d) Spenden und Mitgliedsbeiträge an politische Parteien (Zeile 7)

1455 Zuwendungen an politische Parteien i.S.d. § 2 PartG sind bis zu einer Höhe von insg. 1 650 € als Sonderausgaben abzugsfähig (§ 10b Abs. 2 EStG). Ab dem 29.7.2017 ist dabei zu beachten, dass Zuwendungen an **verfassungsfeindliche Parteien**, die nach ihren Zielen oder dem Verhalten ihrer Anhänger darauf ausgerichtet sind, die freiheitliche demokratische Grundordnung zu beeinträchtigen oder zu beseitigen oder den Bestand der BRD zu gefährden, ab dem Zeitpunkt der dies feststellenden Entscheidung des BVerfG nach Art. 21 Abs. 4 GG steuerlich nicht mehr zu berücksichtigen sind (§§ 10b Abs. 2 Satz 1, 34g Satz 1 Nr. 1 EStG[10]). Spenden an kommunale Wählervereinigungen sind nicht nach § 10b Abs. 2 EStG begünstigt.[11] Die begünstigten Parteien sind für den jeweiligen VZ auf der nachfolgenden Website aufgelistet: (https://www.bundestag.de/parteienfinanzierung → „Festsetzung staatlicher Mittel"). Die fehlende Begünstigung von Spenden und Beiträgen an kommunale Wählervereinigungen ist verfassungsrechtlich zulässig. Die Chancengleichheit von Parteien und diesen politischen Organisationen auf kommunaler Ebene wird nicht verletzt. Im Falle der Zusammenveranlagung von Ehegatten/Lebenspartnern verdoppelt sich der Höchstbetrag auf 3 300 €. Abzugsfähig sind Spenden und Mitgliedsbeiträge.

Ein Abzug als Sonderausgaben erfolgt jedoch erst, nachdem bereits eine Steuerermäßigung bei Zuwendungen an politische Parteien erfolgt ist (§ 34g Satz 1 Nr. 1 EStG). Die Steuerermäßigung beträgt 50 % der Ausgaben, höchstens 825 €. Der Höchstbetrag verdoppelt sich im Falle der Zusammenveranlagung von Ehegatten/Lebenspartnern auf 1 650 €.

---

1) Gesetz zur Umsetzung steuerlicher EU-Vorgaben sowie zur Änderung steuerlicher Vorschriften v. 8.4.2010, BStBl I 2010, 334.
2) EuGH v. 27.1.2009, Persche, C-318/07, DStZ 2009, 142.
3) Durch das Wachstumschancengesetz v. 27.3.2024 (BGBl. I 2024 Nr. 108) wurde § 50 Abs. 1 EStDV mit Wirkung ab dem 1.1.2025 um die Sätze 2 und 3 erweitert.
4) BMF v. 7.11.2013, IV C 4 – S 2223/07/0018 :005, BStBl I 2013, 1333; Förster, DStR 2013, 1516.
5) BFH v. 22.3.2018, X R 5/16, BStBl II 2018, 651.
6) FG Köln v. 8.5.2019, 9 K 1652/18, EFG 2019, 1445.
7) Vgl. auch FinMin Schleswig-Holstein, Kurzinformation ESt Nr. 2016/16 v. 13.6.2019, StEd 2019, 440.
8) Gegen diese Auffassung, Geserich, NWB 18/2010, 1408.
9) FG Köln v. 15.1.2014, 13 K 3735/10, EFG 2014, 667; vgl. auch Deumeland, IStR 2014, 405.
10) I.d.F. des Gesetzes zum Ausschluss verfassungsrechtlicher Parteien von der Parteienfinanzierung v. 18.7.2017, BGBl. I 2017, 2730 = BStBl I 2017, 1218.
11) BFH v. 20.3.2017, X R 55/14, BStBl II 2017, 1122.

Beispiel:

A und B werden gemeinsam zur ESt veranlagt. Sie haben im Kj. 2025 Zuwendungen an eine politische Partei i.S.d. § 2 PartG i.H.v. 6 000 € geleistet.

Nach § 34g EStG erhalten die Eheleute eine Steuerermäßigung i.H.v. max. 1 650 € (50 % des Höchstbetrags von 3 300 €). Als Sonderausgabe verbleibt ein Betrag von 6 000 € ./. 3 300 € = 2 700 €. Dieser Betrag ist in voller Höhe als Sonderausgabe zu berücksichtigen.

Tatsächliche **Obergrenze** für den Abzug der Aufwendungen ist zwangsläufig die tarifliche ESt (abzgl. der in R 2 EStR 2012 dargestellten Steuerermäßigungen).

Praxishinweis:

Die Höchstbeträge gelten für Mitgliedsbeiträge und Zuwendungen an politische Parteien nach § 34g Nr. 1 EStG und für Spenden und Mitgliedsbeiträge an unabhängige Wählervereinigungen (→ Rz. 1457) nach § 34g Nr. 2 EStG gesondert und nebeneinander.

Spenden und Mitgliedsbeiträge dürfen nur abgezogen werden, wenn der Zuwendende eine **Zuwendungsbestätigung**, die der Zuwendungsempfänger nach amtlich vorgeschriebenen Vordruck ausgestellt hat, oder die in § 50 Abs. 4 bis 6 EStDV bezeichneten Unterlagen (z.B. Bareinzahlungsbeleg) erhalten hat (§ 50 Abs. 1 EStDV). Die grds. zu verwendenden Muster für die Zuwendungsbestätigungen sind mit BMF-Schreiben v. 7.11.2013 veröffentlicht worden.[1]

Praxishinweis: 1456

Die Unterlagen sind ab dem VZ 2017 vom Zuwendenden nur auf Verlangen der Finanzbehörde vorzulegen. Zuwendungsbestätigungen und Nachweise (Bareinzahlungsbeleg oder Buchungsbestätigung), die nicht vom FA angefordert worden sind und nicht elektronisch übermittelt wurden, sind von Ihnen bis zum Ablauf eines Jahres nach Bekanntgabe des Steuerbescheids oder i.R.d. gesetzlichen Fristen des § 147 AO aufzubewahren (§ 50 Abs. 3 und Abs. 8 EStDV[2]).

e) Spenden und Mitgliedsbeiträge an unabhängige Wählervereinigungen (Zeile 8)

Für Spenden und Mitgliedsbeiträge an unabhängige Wählervereinigungen kann eine Steuerermäßigung i.H.v. 1457
50 % der Aufwendungen, höchstens 825 € geltend gemacht werden. Im Fall der **Zusammenveranlagung** erhöht sich der Betrag auf 1 650 €. Ein zusätzlicher Sonderausgabenabzug wie bei den Spenden und Mitgliedsbeiträge an politische Parteien i.S.d. § 2 PartG für die über den berücksichtigungsfähigen Betrag hinausgehenden Beträge (§ 10b EStG) ist nicht vorgesehen. Die Höchstbeträge gelten für Zuwendungen an politische Parteien (→ Rz. 1455) nach § 34g Nr. 1 EStG und für Zuwendungen an unabhängige Wählervereinigungen nach § 34g Nr. 2 EStG gesondert und nebeneinander.

Die Steuerermäßigung wird nur für Mitgliedsbeiträge und Zuwendungen an unabhängige Wählervereinigungen in der Rechtsform des eingetragenen oder des nicht rechtsfähigen Vereins gewährt, deren Zweck ausschließlich darauf gerichtet ist, durch Teilnahme mit eigenen Wahlvorschlägen **an** Wahlen auf Bundes-, Landes- oder Kommunalebene bei der politischen Willensbildung mitzuwirken. Eine **Teilnahme an einer Wahl** liegt nur vor, wenn die Wähler die Möglichkeit haben, die Wählervereinigung zu wählen. Der Wahlvorschlag der Wählervereinigung muss daher auf dem Stimmzettel enthalten sein. Zudem muss die unabhängige Wählervereinigung bei der letzten Wahl (wenigstens) ein Mandat errungen haben, oder dem zuständigen Wahlorgan angezeigt haben, dass sie mit eigenen Wahlvorschlägen auf Bundes-, Landes- oder Kommunalebene an der jeweils nächsten Wahl teilnehmen will.

Der Zweck ist auch dann als ausschließlich auf die zuvor genannten politischen Zwecke gerichtet anzusehen, wenn sie **gesellige Veranstaltungen** durchführt, die im Vergleich zu ihrer politischen Tätigkeit von untergeordneter Bedeutung sind, und wenn eine etwaige wirtschaftliche Betätigung ihre politische Tätigkeit nicht überwiegt. Ihr Zweck ist dagegen z.B. nicht ausschließlich auf die politische Tätigkeit gerichtet, wenn sie neben dem politischen Zweck einen anderen Satzungszweck z.B. gemeinnütziger oder wirtschaftlicher Art hat.[3]

Zu den Nachweiserfordernissen ab dem VZ 2017 → Rz. 1456. Der Nachweis der Zuwendungen ist über eine entsprechende Bestätigung der unabhängigen Wählervereinigung zu führen. Die grds. zu verwendenden Muster für die Zuwendungsbestätigungen sind mit BMF-Schreiben v. 7.11.2013 veröffentlicht worden.[4]

f) Spenden in das zu erhaltene Vermögen (Vermögensstock) einer Stiftung (Zeilen 9–12)

Spenden in das zu erhaltene Vermögen (Vermögensstock) einer Stiftung des öffentlichen Rechts oder einer nach 1458
§ 5 Abs. 1 Nr. 9 KStG steuerbefreiten Stiftung des privaten Rechts, die steuerbegünstigte Zwecke i.S.d. §§ 52–54 AO fördert, können im Jahr der Zuwendung und in den neun folgenden VZ bis zu einem Betrag von 1 000 000 € zusätzlich zu den Höchstbeträgen nach § 10b Abs. 1 EStG als Sonderausgaben abgezogen werden (§ 10b Abs. 1a EStG). Spenden in den Vermögensstock einer ausl. Stiftung mit Sitz in einem EU-/EWR-Staat sind ebenfalls begünstigt.

1) BMF v. 7.11.2013, IV C 4 – S 2223/07/0018 :005, BStBl I 2013, 1333.
2) Gesetz zur Modernisierung des Besteuerungsverfahrens (StModernG) v. 18.7.2016, BStBl I 2016, 694.
3) BMF v. 16.6.1989, IV B 4 – S 2293d – 4/89, BStBl I 1989, 239.
4) BMF v. 7.11.2013, IV C 4 – S 2223/07/0018 :005, BStBl I 2013, 1333.

Die Begünstigung nach § 10b Abs. 1a EStG setzt eine Zuwendung in das zu erhaltene Vermögen (Vermögensstock) einer Stiftung voraus; Spenden in das verbrauchbare Vermögen einer Stiftung sind nicht abzugsfähig, da der Zweck der Regelung die dauerhafte Verwirklichung des Stiftungszwecks darstellt.[1] Zur Definition vgl. BMF v. 15.9.2014.[2] Es besteht eine Bindung des Vermögens nach dem bestehenden Grundsatz der Vermögenserhaltung, mit der Folge, dass das Vermögen nicht zur Erfüllung der satzungsmäßigen Zwecke der Stiftung verwendet werden darf. Unter Zuwendungen sind alle Wertabgaben zu verstehen, die aus dem geldwerten Vermögen des Spenders abfließen und zu einer endgültigen wirtschaftlichen Belastung führen, also die stpfl. Person die Verfügungsmacht z.B. über das Geld verliert. Der Abfluss muss daher zu Lebzeiten erfolgen.[3]

Praxishinweis:
Zuwendungen an eine rechtsfähige Stiftung sind vor deren Anerkennung nicht als Sonderausgaben abziehbar.[4]

Der Sonderausgabenabzug ist nur **auf Antrag** der stpfl. Person vorzunehmen.[5] Dieser entspricht dem Vermögen i.S.d. § 58 Nr. 11 AO, für das keine Pflicht zur zeitnahen Mittelverwendung besteht. Bei einem vorbestimmten Verbrauch dieses Vermögens mangelt es daher an der für die Begünstigung nach § 10b Abs. 1a EStG erforderlichen Dauerhaftigkeit, die dem Vermögensstock immanent ist, so dass Zuwendungen in das verbrauchbare Vermögen einer Stiftung nicht begünstigt sind (§ 10b Abs. 1a Satz 2 EStG).

Begünstigt sind auch Zuwendungen in das Vermögen bestehender Stiftungen (sog. Zustiftungen). Nicht begünstigt sind hingegen Mitgliedsbeiträge.

Der Betrag kann unabhängig vom Gründungsjahr der Stiftung steuermindernd abgezogen werden.

Beratungshinweis:
Ein Wechsel zwischen den Abzugsmöglichkeiten des § 10b Abs. 1 und Abs. 1a EStG ist nicht möglich, so dass der 1 000 000 € übersteigende Anteil nicht als Sonderausgabe (§ 10b Abs. 1 EStG) abgezogen werden kann. Diese Aussage soll nicht mit dem Wortlaut und dem Zweck der gesetzlichen Regelung vereinbar sein, da § 10b Abs. 1a EStG eine zusätzliche Abzugsmöglichkeit eröffnet, gleichzeitig aber nicht die Anwendung des § 10b Abs. 1 EStG ausschließt.[6]

Der Abzug erfolgt neben den steuerbegünstigten Zuwendungen (Zeile 5) und über die dort beschriebenen Höchstbeträge hinaus und dient der gezielten Förderung von Stiftungen.

Praxishinweis:
In welcher Höhe Zuwendungen an Stiftungen im VZ 2023 berücksichtigt werden sollen, ist in Zeile 11 zu erklären. In Zeile 12 sind die Zuwendungen aus Vorjahren einzutragen, die bisher noch nicht berücksichtigt worden sind. Da § 10d EStG entsprechend gilt, hat am Ende des VZ eine entsprechende Feststellung der noch nicht berücksichtigten Zuwendungen zu erfolgen (§ 10b Abs. 1a Satz 4 EStG). Bei Spenden in den Vermögensstock einer Stiftung erfolgt dies mittels eigenem Vordruck und somit neben dem Steuerbescheid.

Der besondere Abzugsbetrag i.H.v. 1 000 000 € kann innerhalb des Zehnjahreszeitraums nur einmal in Anspruch genommen werden (§ 10b Abs. 1a Satz 3 EStG). Bei Zuwendungen von zusammen veranlagten Ehegatten/Lebenspartnern (§§ 26, 26b EStG) an eine begünstigte Stiftung steht der **zusätzliche Höchstbetrag jedem der Ehegatten/Lebenspartner eigenständig** zu.[7] Im Fall der Zusammenveranlagung erfolgt nach der Änderung durch das Ehrenamtsstärkungsgesetz[8] ein Abzug bis zu einem Gesamtbetrag von 2 000 000 €.

Wurde eine Spende an Empfänger im EU-/EWR-Ausland geleistet, ist dieser Betrag gesondert in Zeile 10 zu erklären.

4. Berufsausbildungskosten (Zeilen 13–14)

Aufwendungen für die eigene Berufsausbildung

	Steuerpflichtige Person / Ehemann / Person A		
	Bezeichnung der Ausbildung, Art der Aufwendungen		EUR
13		200	,—
	Ehefrau / Person B		
	Bezeichnung der Ausbildung, Art der Aufwendungen		EUR
14		201	,—

1459 Aufwendungen für die eigene Berufsausbildung können als Sonderausgaben oder als BA/WK Berücksichtigung finden.

1) Gesetz zur Stärkung des Ehrenamtes (Ehrenamtsstärkungsgesetz) v. 21.3.2013, BGBl. I 2013, 556.
2) BMF v. 15.9.2014, IV C 4 – S 2223/07/0006 :005, BStBl I 2014, 1278.
3) BFH v. 16.2.2011, X R 46/09, BStBl II 2011, 685.
4) BFH v. 11.2.2015, X R 36/11, BStBl II 2015, 545; vgl. hierzu auch Fiand, NWB 2015, 2061.
5) OFD Rheinland, Kurzinformation ESt Nr. 12 v. 17.2.2009, DB 2009, 428.
6) Hüttemann, DB 2008, 2164.
7) LfSt Bayern v. 19.7.2006, S 2223 – 15 St32/St33, DStZ 2006, 638 auf Grundlage BFH v. 3.8.2005, IX R 76/03, BStBl II 2006, 121.
8) Gesetz zur Stärkung des Ehrenamtes (Ehrenamtsstärkungsgesetz) v. 21.3.2013, BGBl. I 2013, 556.

Praxishinweis:

Ist der ESt-Bescheid des Verlustentstehungsjahres bestandskräftig und berücksichtigt er keinen Verlust, ist der erstmalige Erlass eines Feststellungsbescheids über den verbleibenden Verlustvortrag nach § 10d Abs. 4 Satz 4 EStG i.d.F. des JStG 2010 nur zulässig, soweit eine Korrektur dieses Steuerbescheides nach den Vorschriften der AO hinsichtlich der bei der Ermittlung des Gesamtbetrags der Einkünfte nicht ausgeglichenen negativen Einkünfte möglich ist und diese der Steuerfestsetzung tatsächlich zu Grunde gelegt worden sind.[1] Anders als bei Betriebsausgaben oder Werbungskosten ist ein Verlustvortrag und somit eine spätere Verrechnung mit stpfl. Einkünften nicht möglich. Zur zeitlichen Geltendmachung von Verlustvorträgen vgl. → Rz. 1480.

Kosten der Allgemeinbildung sind nicht abzugsfähig. Zu den nicht abzugsfähigen Aufwendungen gehören z.B. Führerscheinkosten (ggf. Abzug, wenn die Aufwendungen unmittelbare Voraussetzung für eine beabsichtigte Berufsausbildung sind[2]) und **Volkshochschulkurse**. Die entstandenen Aufwendungen müssen objektiv erkennen lassen, dass die auf Grund der Ausbildung entstandenen Kosten dazu dienen, (später) eine Erwerbstätigkeit auszuüben.

Aufwendungen für die eigene Berufsausbildung sind solche, die geleistet werden, um die für die Ausübung eines Berufs notwendigen fachlichen Fertigkeiten und Kenntnisse zu erwerben. Ab dem VZ 2015[3] wurden die Abzugsregeln für einen WK-/BA-Abzug weiter verschärft (§ 9 Abs. 6 EStG). Die erstmalige Berufsausbildung wird konkret definiert und es sind Mindestanforderungen festgelegt.[4] Eine **Berufsausbildung als Erstausbildung** liegt vor, wenn eine geordnete Ausbildung mit einer Mindestdauer von 12 Monaten bei vollzeitiger Ausbildung und mit einer Abschlussprüfung durchgeführt wird. Die Ausbildung muss die Vermittlung der erforderlichen beruflichen Handlungsfähigkeit zum Ziel und zum Gegenstand haben. Neben staatlich anerkannten oder staatlich geregelten Ausbildungen kommen auch solche Berufsausbildungen in Betracht, die nach Richtlinien von Berufs- oder Wirtschaftsverbänden oder internen Vorschriften der Bildungsträger geordnet sind. Letztere enthalten dabei insbesondere Ausführungen zu den beruflichen Fertigkeiten, Kenntnissen und Fähigkeiten, die in der Berufsausbildung vermittelt oder vom Auszubildenden erworben werden sollen, und zu der sachlichen und zeitlichen Gliederung der Ausbildung. Ferner können sie auch Ausführungen zu den Prüfungen enthalten. Weitere Voraussetzung ist, dass die Berufsausbildung die zur Ausübung einer qualifizierten beruflichen Tätigkeit notwendigen beruflichen Fertigkeiten, Kenntnisse und Fähigkeiten zu vermitteln hat. Die Ausbildung zeichnet sich weiter dadurch aus, dass die Ausbildungsziele definiert sind, ein feststehender Lehrplan existiert sowie Beginn und Abschluss festgelegt sind. Weiterhin muss eine Berufsausbildung abgeschlossen sein, damit sie als erstmalige Berufsausbildung anerkannt werden kann. Ein Abschluss kann dabei durch Abschlussprüfung oder mittels planmäßiger Beendigung erfolgen. Eine abgebrochene Berufsausbildung ist damit keine abgeschlossene Berufsausbildung. Berufsvorbereitende Maßnahmen oder Ausbildungen, die die gesetzliche Mindestausbildungsdauer von 12 Monaten unterschreiten (insoweit wird auch die kürzere Ausbildung als Helferinnen und Helfer im Gesundheits- und Sozialwesen bei der Definition nicht unberücksichtigt gelassen[5]), sind nach der Intention der vorliegenden Änderung keine Erstausbildungen, weil sie nicht auf eine hinreichend qualifizierte berufliche Tätigkeit vorbereiten. Diese kurzen Ausbildungen erfolgen zwar auch oft auf der Grundlage von Rechts- und Verwaltungsvorschriften; es werden aber nur begrenzte berufliche Fähigkeiten für einfache Tätigkeiten erworben. Die Regelung geht bei diesen kurzen Ausbildungen typisierend davon aus, dass die auf eine solche Ausbildung folgende Berufsausbildung keine „Zweitausbildung" ist, für die ein Werbungskosten- oder Betriebsausgabenabzug gewährt werden kann. Keine erste Berufsausbildung im Sinne dieser Regelung sind auch: z.B. ein Kurs zur Berufsorientierung oder -vorbereitung, Kurse zur Erlangung der Fahrerlaubnis für Nutzfahrzeuge oder der Berechtigung zum Fahren von Flurförderfahrzeugen (Gabelstapler), ein Betriebspraktikum, eine Maßnahme zur Vermittlung einfachster Berufstätigkeiten (Anlerntätigkeiten, kurzfristige Einweisungen) oder die Grundausbildung bei der Bundeswehr. Auch der Abschluss mehrerer unabhängiger Kurse stellt keine erste Berufsausbildung dar; dies gilt auch dann, wenn die Kurse inhaltlich aufeinander aufbauen.

Beratungshinweis:

Das BVerfG hat mit Beschluss vom 19.11.2019 in mehreren Verfahren (2 BvL 22/14, 2 BvL 23/14, 2 BvL 24/14, 2 BvL 25/14, 2 BvL 26/14, 2 BvL 27/14[6]) entschieden, dass der Ausschluss des WK-Abzugs für Aufwendungen für eine Erstausbildung i.S.d. § 9 Abs. 6 EStG sowie die Begrenzung des Sonderausgabenabzugs für Berufsausbildungskosten nach § 10 Abs. 1 Nr. 7 EStG verfassungsgemäß sind. Die Zuordnung der Aufwendungen für die erste Berufsausbildung durch den Gesetzgeber zu den Kosten der allgemeinen Lebensführung ist nach Auffassung des Bundesverfassungsgerichts nicht zu beanstanden.

Der BFH hat in den Nachfolgeverfahren den BVerfG-Beschluss umgesetzt und einheitlich entschieden, dass die Aufwendungen für das Erststudium nicht als WK abziehbar sind, wenn das Studium nicht im Rahmen eines Dienstverhältnisses stattfindet. Der BFH hat sich dabei auf das obenstehende Urteil des BVerfG berufen.

Einkommensteuerbescheide ergehen in diesem Punkt nicht mehr **vorläufig**. Ungeklärt wäre zudem auch die Frage, was mit stpfl. Personen ist, deren Einnahmen aus steuerfreien Stipendien (§ 3 Nr. 44 EStG) oder dem BAföG (§ 3 Nr. 11 EStG) bestehen.[7] Unterkunftskosten (z.B. doppelte Haushaltsführung) für eine auswärtige Unterbringung können dabei vorab entstandene WK sein, wobei die Berücksichtigung als Sonderausgabe ausscheidet, wenn die Voraussetzungen des § 9 EStG nicht erfüllt sind.[8]

1) BFH v. 11.10.2017, IX R 15/17, BFH/NV 2018, 433 = HFR 2018, 197.
2) FG Münster v. 25.2.1998, 7 K 5197/96 E, EFG 1998, 941 zum Erwerb der Lkw-Fahrerlaubnis.
3) Zollkodex-Anpassungsgesetz v. 22.12.2014, BStBl I 2015, 58.
4) Vgl. Gesetzentwurf v. 3.11.2014, BT-Drucks. 18/3017.
5) Beschlussempfehlung und Bericht v. 3.12.2014, BT-Drucks. 18/3441.
6) HFR 2020, 174 mit Anm. Bopp.
7) Trossen, Anmerkung zu FG Münster v. 20.12.2011, 5 K 3975/09 F, EFG 2012, 612.
8) BFH v. 19.9.2012, VI R 78/10, BStBl II 2013, 284.

Jedoch besteht die Möglichkeit, diese Aufwendungen i.H.v. bis zu 6 000 € als Sonderausgaben geltend zu machen (§ 10 Abs. 1 Nr. 7 EStG). Sind die zu berücksichtigenden Aufwendungen **fremdfinanziert**, sind die Schuldzinsen auch nach Abschluss der Berufsausbildung abziehbar. Abzugsfähig sind auch die Aufwendungen für eine **Zweitwohnungssteuer**.[1)]

Erststudium i.S.d. BFH-Rechtsprechung ist ein Studium, das zugleich eine Erstausbildung vermittelt und nicht im Rahmen eines Dienstverhältnisses stattfindet.[2)] Eine Begrenzung der Abzugsfähigkeit der Aufwendungen besteht daher nicht in den Fällen, in denen ein Studium berufsbegleitend oder in anderer Form als Zweitausbildung aufgenommen wurde. Bei den i.R.d. Grundausbildung bei der Bundeswehr erlangten Kenntnissen (Navigation und nachfolgend Pilotenausbildung) handelt es sich nicht um eine Erstausbildung.[3)]

Bei Ehegatten/Lebenspartnern, die die Voraussetzungen der Zusammenveranlagung erfüllen, steht der Betrag beiden Ehegatten/Lebenspartnern zu. Für den Ehemann/Person A sind die Aufwendungen in Zeile 13, für die Ehefrau/Person B in Zeile 14 einzutragen.

Praxishinweis:
Eine Ausbildung findet im Rahmen eines Ausbildungsdienstverhältnisses statt, wenn die Ausbildungsmaßnahme Gegenstand des Dienstverhältnisses ist.[4)] Ausbildungsdienstverhältnisse sind daher z.B. das Referendariat zur Vorbereitung auf das zweite Staatsexamen, Beamtenanwärter, für ein Promotionsstudium beurlaubte Geistliche.

Ein **Studium** stellt dann ein erstmaliges Studium dar, wenn ihm kein anderes durch einen berufsqualifizierenden Abschluss beendetes Studium vorangegangen ist. Ein Studium wird durch eine Hochschulprüfung oder eine staatliche oder kirchliche Prüfung abgeschlossen (§§ 15, 16 HRG). Der Sonderausgabenabzug erfordert das Streben nach einer nachhaltigen berufsmäßigen Anwendung der erlernten Fähigkeiten zur Erzielung von Einkünften (zu Aufwendungen für ein **Studium im altersbedingten Ruhestand** → Rz. 1106).[5)]

Die **Aufwendungen** müssen tatsächlich entstanden sein und endgültig die stpfl. Person **wirtschaftlich belasten**. Erhält diese zur unmittelbaren Förderung ihrer Ausbildung z.B. steuerfreie Bezüge, mit denen Aufwendungen i.S.d. § 10 Abs. 1 Nr. 7 EStG abgegolten werden, entfällt der Sonderausgabenabzug.[6)] Das gilt auch dann, wenn die **zweckgebundenen Bezüge** nach Ablauf des Kj. gezahlt werden. Gelten die steuerfreien Bezüge dagegen Aufwendungen für den Lebensunterhalt ab (z.B. Berufsausbildungsbeihilfen nach § 59 SGB III oder Leistungen nach §§ 12 und 13 BAföG), sind die als Sonderausgaben geltend gemachten Aufwendungen nicht zu kürzen. Die vorgenannte Vereinfachungsregelung gilt dabei auch für Stipendien.[7)]

1460 Zu den als Sonderausgaben abzugsfähigen Aufwendungen gehören z.B.:

- Lehrgangsgebühren,
- Fachliteratur und andere Arbeitsmittel (Erläuterungen → Rz. 1127),
- Fahrtkosten zwischen Wohnung und Vollzeit-Bildungseinrichtung (nicht Teilzeit) i.R.d. Entfernungspauschale (§ 9 Abs. 4 Satz 8 EStG, vgl. BMF v. 25.11.2020),[8)]
- Mehraufwendungen für Verpflegung (→ Rz. 1171),
- Mehraufwendungen wegen auswärtiger Unterbringung (die Voraussetzungen einer doppelten Haushaltsführung müssen nicht vorliegen; → Rz. 1162),
- Kosten für ein häusliches Arbeitszimmer (→ Rz. 1139 ff.).

Durch den Beruf veranlasste Weiterbildungskosten sind als WK oder BA abzugsfähig und stellen insoweit keine Sonderausgaben dar; diese Aufwendungen sind ggf. in Zeile 63 der Anlage N zu erklären (→ Rz. 1152). Aufwendungen für ein **Promotionsstudium** und die Promotion stellen BA oder WK dar, sofern ein berufsbezogener Veranlassungszusammenhang zu bejahen ist.[9)] Die Promotion selbst stellt keinen berufsqualifizierenden Abschluss eines Studiengangs dar. Studien- und Prüfungsleistungen, die von Staatsangehörigen eines Mitgliedstaates der EU oder von Vertragsstaaten des EWR und der Schweiz an Hochschulen dieser Staaten erbracht werden, sind den inl. Studien- und Prüfungsleistungen gleichzustellen.[10)] Eine Auflistung der in Deutschland anerkannten ausl. Studienabschlüsse kann dem Informationsportal zu ausl. Bildungsabschlüssen (Datenbank „anabin“[11)]) entnommen werden.

Zu weiteren Einzelheiten insb. zu Fragen des Erststudiums (bei mehreren Studiengängen, **Bachelor- und Masterstudiengängen, Berufsakademien** und **Ergänzungs-** und **Aufbaustudien**) vgl. BMF v. 22.9.2010.[12)] Zur steuerlichen

1) Kanzler, NWB 17/2011, 1459.
2) BFH v. 18.6.2009, VI R 14/07, BStBl II 2010, 816.
3) FG Berlin-Brandenburg v. 6.1.2014, 14 K 14312/10, EFG 2014, 987, Rev. BFH, Az. VI R 2/14: Verfahren bis zur Entscheidung des BVerfG in der Rechtssache 2 BvL 23, 24/14 ausgesetzt.
4) BMF v. 22.9.2010, IV C 4 – S 2227/07/10002, BStBl I 2010, 721, Rz. 27.
5) FG Schleswig-Holstein v. 16.5.2017, 4 K 41/16, EFG 2017, 1422.
6) BFH v. 4.3.1977, VI R 168/75, BStBl II 1977, 503 und R 10.9 EStR 2012.
7) Zur steuerlichen Behandlung von Stipendien vgl. auch Ernst/Schill, DStR 2008, 1461.
8) BMF v. 25.11.2020, IV C 5 – S 2353/19/10011, BStBl I 2020, 1228.
9) BFH v. 4.11.2003, VI R 96/01, BStBl II 2004, 891.
10) BMF v. 22.9.2010, IV C 4 – S 2227/07/10002, BStBl I 2010, 721, Rz. 11.
11) www.anabin.kmk.org.
12) BMF v. 22.9.2010, IV C 4 – S 2227/07/10002, BStBl I 2010, 721.

Berücksichtigung von gemischten Aufwendungen auf Grund des BMF-Schreiben v. 6.7.2010[1] vgl. Ausführungen zu Zeile 63 der Anlage N (→ Rz. 1152). **Privat veranlasste Kosten** sind aufzuteilen. Ist kein Aufteilungsmaßstab nachzuweisen (Stundenplan, Programmablauf etc.), kommt ggf. eine hälftige Aufteilung in Betracht.[2]

5. Weitere Aufwendungen (Zeilen 15–41)

a) Gezahlte Versorgungsleistungen/Renten und dauernde Lasten (Zeilen 15–28)

Weitere Aufwendungen

Gezahlte Versorgungsleistungen aus Renten laut Vertrag

Angaben zur 1. empfangsberechtigten Person

Zeile			
15	Rechtsgrund, Datum des Vertrags	abziehbar in % 102	tatsächlich gezahlt EUR 101 ,—
16	Name und Geburtsdatum der empfangsberechtigten Person		
17	Identifikationsnummer der empfangsberechtigten Person 136	Die empfangsberechtigte Person hat ihren Wohnsitz / gewöhnlichen Aufenthalt im Inland	153 (1 = Ja, 2 = Nein)

Angaben zur 2. empfangsberechtigten Person

Zeile			
18	Rechtsgrund, Datum des Vertrags	abziehbar in % 138	tatsächlich gezahlt EUR 137 ,—
19	Name und Geburtsdatum der empfangsberechtigten Person		
20	Identifikationsnummer der empfangsberechtigten Person 139	Die empfangsberechtigte Person hat ihren Wohnsitz / gewöhnlichen Aufenthalt im Inland	154 (1 = Ja, 2 = Nein)

2025AnlSonderausgaben401 - September 2025 - **2025AnlSonderausgaben401**

- 2 -

Zeile			
21	**Gezahlte Versorgungsleistungen aus Renten laut gesonderter und einheitlicher Feststellung**	150 %	EUR 151 ,—

Gezahlte und erbrachte Versorgungsleistungen aus Dauernden Lasten laut Vertrag

Angaben zur 1. empfangsberechtigten Person

Zeile			
22	Rechtsgrund, Datum des Vertrags	tatsächlich gezahlte Geldleistungen	EUR 100 ,—
23	Name und Geburtsdatum der empfangsberechtigten Person	tatsächlich erbrachte Sachleistungen	161 ,—
24	Identifikationsnummer der empfangsberechtigten Person 144	Die empfangsberechtigte Person hat ihren Wohnsitz / gewöhnlichen Aufenthalt im Inland	155 (1 = Ja, 2 = Nein)

Angaben zur 2. empfangsberechtigten Person

Zeile			
25	Rechtsgrund, Datum des Vertrags	tatsächlich gezahlte Geldleistungen	EUR 145 ,—
26	Name und Geburtsdatum der empfangsberechtigten Person	tatsächlich erbrachte Sachleistungen	162 ,—
27	Identifikationsnummer der empfangsberechtigten Person 146	Die empfangsberechtigte Person hat ihren Wohnsitz / gewöhnlichen Aufenthalt im Inland	156 (1 = Ja, 2 = Nein)
28	**Gezahlte und erbrachte Versorgungsleistungen aus Dauernden Lasten laut gesonderter und einheitlicher Feststellung**		152 ,—

aa) Vorbemerkung

Für Vermögensübertragungen, die nach dem 31.12.2007 erfolgen, sind die Neuregelungen auf Grund des JStG 2008[3] zu beachten. Für Vermögensübertragungen, die vor dem 1.1.2008 vollzogen worden sind, bleibt daher die ursprüngliche Rechtslage bestehen. 1461

1) BMF v. 6.7.2010, IV C 3 – S 2227/07/10003, BStBl I 2010, 614.
2) BFH v. 24.2.2011, VI R 12/10, BStBl II 2011, 796.
3) JStG 2008 v. 20.12.2007, BStBl I 2008, 218.

Beratungshinweis:

Zum Bestandsschutz für Altübergabeverträge vgl. BMF v. 6.5.2016.[1] Maßgeblicher Zeitpunkt für die Anwendung der jeweiligen Rechtslage ist der Zeitpunkt des Übergabevertrags.

Maßgeblich für die Anwendungsregelung ist der Zeitpunkt, an dem der Verpflichtungsgrund für die Versorgungsleistung entstanden ist.

Ist die Vermögensübertragung lediglich vor dem 1.1.2008 vereinbart worden, gilt dies nicht, wenn das übertragene Vermögen nur deshalb einen ausreichenden Ertrag bringt, weil ersparte Aufwendungen mit Ausnahme des Nutzungsvorteils eines zu eigenen Zwecken (ersparte Nettomiete) der das Vermögen übernehmenden Person genutzten Grundstücks zu den Erträgen des Vermögens zugerechnet werden. Für diese Fälle bleibt es bei der Anwendung der Neuregelung und damit des Ausschlusses des Sonderausgabenabzugs. Vorübergehende nicht schwerwiegende Reduzierungen der Zahlungen (im Streitfall in Absprache mit dem Übergeber; die Sicherung des finanziellen Lebensunterhalts des Vermögensübergebers war zudem nicht gefährdet) sind im Gegensatz zu willkürlichen Aussetzungen während eines längeren Zeitraums[2] unschädlich, wenn Abweichungen dokumentiert werden.[3] Die schriftliche Dokumentation ist für die Nachprüfung der Änderung der tatsächlichen Verhältnisse erforderlich. Unregelmäßigkeiten für sich alleine behindern ebenso nicht den Abzug als Sonderausgaben.[4] Werden hingegen Barleistungen nicht erbracht, kann dies in der Gesamtwürdigung auf einen mangelnden Rechtsbindungswillen schließen lassen, so dass auch die Sachleistungen nicht als Sonderausgaben abziehbar sind, da das Verhalten auf einen fehlenden Rechtsbindungswillen schließen lässt.[5] Liegen die Voraussetzungen nicht vor, hat dies die Nichtabziehbarkeit der Zahlungen zur Folge. Gleichzeitig hat die vermögensübergebende Person die Leistungen nicht als sonstige Einkünfte zu versteuern. Durch die amtliche Veröffentlichung des BFH-Urteils v. 15.9.2011 am 29.7.2011 im BStBl, ist zudem zu beachten, dass ab diesem Zeitpunkt die geänderten Formerfordernisse[6] der BFH-Entscheidung zu berücksichtigen sind. Versorgungsrenten sind nur dann als Sonderausgaben (§ 10 Abs. 1a Nr. 2 Satz 2 Buchst. c EStG) abziehbar, wenn der Übergeber nach der Übertragung der Anteile an einer GmbH nicht mehr Geschäftsführer der Gesellschaft ist.[7] Nur in diesem Fall hat der neue Gesellschafter tatsächlich „übernommen".

Vermögensübertragungen gegen wiederkehrende Leistungen sind entgeltliche oder teilentgeltliche Rechtsgeschäfte (Anschaffung/Veräußerung), wenn die Beteiligten Leistung und Gegenleistung nach kaufmännischen Gesichtspunkten gegeneinander abgewogen haben und subjektiv von der Gleichwertigkeit der beiderseitigen Leistungen ausgegangen sind oder die Beteiligten zwar eine Vermögensübertragung gegen Versorgungsleistungen im Auge hatten, aber die Voraussetzungen des Versorgungsvertrags nicht erfüllt sind. Versorgungsleistungen sind, wenn sie gleichgewichtig und gleichwertig sind, steuerlich als Einheit zu beurteilen.[8] Zu den Folgen der Veräußerung des überlassenen Vermögens und der unentgeltlichen Zuwendung an eine dritte Person vgl. BFH v. 8.12.2010.[9] Bei der Ertragsprognose für den übergebenden Betrieb sind auch zukünftige Faktoren zu berücksichtigen.[10]

Zu den Nichtbeanstandungsgrenzen für unbare **Altenteilsleistungen in der Land- und Forstwirtschaft** vgl. BayLfSt.[11]

bb) Vermögensübertragungen vor dem 1.1.2008

(1) Allgemeines

1462 **Wiederkehrende Leistungen** im Zusammenhang mit einer **Vermögensübertragung** können Versorgungsleistungen, Unterhaltsleistungen oder wiederkehrende Leistungen im Austausch mit einer Gegenleistung sein. **Versorgungsleistungen** sind beim Verpflichteten Sonderausgaben nach § 10 Abs. 1a Nr. 2 EStG und beim Berechtigten wiederkehrende Bezüge nach § 22 Nr. 1a EStG (Renten oder dauernde Lasten). Versorgungsleistungen sind wiederkehrende Leistungen im Zusammenhang mit einer Vermögensübertragung zur vorweggenommenen Erbfolge (Vermögensübergabe).

Praxishinweis:

Versorgungsleistungen sind durch den Versorgungsgedanken des Vermögensübergebers gekennzeichnet. Dieser behält sich typischerweise die Erträge seines bisherigen Vermögens vor, die nun vom Vermögensübernehmer zu erwirtschaften sind. Versorgungsleistungen stellen dabei weder ein Veräußerungsentgelt auf der Seite des Übertragenden noch AK auf der Seite des Übernehmenden dar.[12] Die Übertragung und der Erwerb des Vermögens erfolgen insoweit unentgeltlich.

1) BMF v. 6.5.2016, IV C 3 – S 2221/15/10011 :004, BStBl I 2016, 476 zur Anwendung des BFH-Urteils v. 12.5.2015, IX R 32/14, BStBl II 2016, 331.
2) BFH v. 15.9.2010, X R 13/09, BStBl II 2011, 641; BMF v. 11.3.2010, IV C 3 – S 2221/09/10004, BStBl I 2010, 227, Rz. 63.
3) BFH v. 15.9.2010, X R 31/09, BFH/NV 2011, 583.
4) BFH v. 15.9.2010, X R 10/09, BFH/NV 2011, 581.
5) BFH v. 15.9.2010, X R 16/09, BFH/NV 2011, 428.
6) BFH v. 15.9.2010, X R 13/09, BStBl II 2011, 641, Rz. 29; vgl. OFD Frankfurt/Main v. 19.8.2011, S 2221 A – 82 – St 218, DB 2011, 2349.
7) BFH v. 20.3.2017, X R 35/16, BStBl II 2017, 985 und Bestätigung der Verwaltungsmeinung in BMF v. 11.3.2010, IV C 3 – S 2221/09/10004, BStBl I 2010, 227, Rz. 18.
8) BFH v. 19.1.2005, X R 23/04, BStBl II 2005, 434 und v. 15.9.2010, X R 16/09, BFH/NV 2011, 428.
9) BFH v. 8.12.2010, X R 35/10, BFH/NV 2011, 782.
10) FG Niedersachsen v. 27.9.2017, 4 K 318/15, EFG 2018, 828, Erledigung in der Hauptsache, BFH v. 30.10.2018, X R 40/17.
11) BayLfSt v. 28.12.2020, S 2221.1.1-10/56 St 32.
12) BFH v. 5.7.1990, GrS 4–6/89, GrS 4/89, GrS 5/89, GrS 6/89, BStBl II 1990, 847.

Vermögensübergabe ist die Vermögensübertragung kraft einzelvertraglicher Regelung unter Lebenden mit Rücksicht auf die künftige Erbfolge, bei der sich der Übergeber in Gestalt der Versorgungsleistungen typischerweise Erträge seines Vermögens vorbehält, die nunmehr allerdings vom Übernehmer erwirtschaftet werden müssen.[1] **Unterhaltsleistungen** (Zuwendungen) bei nur geringer oder ohne Gegenleistung dürfen in der Regel nicht abgezogen werden (§ 12 Nr. 2 EStG).

Praxishinweis:
Wiederkehrende Leistungen, die freiwillig gezahlt werden und weder Versorgungsleistungen noch Gegenleistungen für etwas sind, werden als Unterhaltsleistungen bezeichnet. Sie sind steuerlich nicht abzugsfähig (§ 12 Nr. 2 EStG). Das gilt auch, wenn sie auf einer besonderen Vereinbarung (z.B. Vertrag) beruhen.

Als Veräußerungsleistungen werden wiederkehrende Leistungen im **Austausch mit einer Gegenleistung** bezeichnet. Sie können vollentgeltlich oder teilentgeltlich sein. Veräußerungsleistungen führen beim Leistenden zu Anschaffungskosten und stellen beim Empfänger Veräußerungserlös dar. Eine nachträgliche **Vermögensumschichtung** ist in alle WG – und nicht alleine in die in § 10 Abs. 1a Nr. 2 EStG genannten – möglich.[2]

Zur Abgrenzungsproblematik vgl. BMF v. 11.3.2010[3] unter Berücksichtigung der Änderung im BMF-Schreiben v. 6.5.2016.[4] Wurde auf Grund eines vor dem 1.1.2008 abgeschlossenen Übertragungsvertrags Vermögen unter Nießbrauchsvorbehalt auf den Vermögensübernehmer übertragen und wird dieses Nießbrauchsrecht nach dem 31.12.2007 im Zusammenhang mit wiederkehrenden Leistungen abgelöst, gilt Rz. 81. Grundsätzlich ist Rz. 85 in der Fassung dieses BMF-Schreibens in allen offenen Fällen anzuwenden. Für **VZ nach 2015** gilt Rz. 85 des BMF-Schreibens v. 11.3.2010 sowohl für die Veranlagung des Vermögensübernehmers als auch für die Veranlagung des Vermögensübergebers fort, wenn die Ablösung des Nießbrauchsrechts vor dem 1.6.2016 (1. des Kalendermonats nach Bekanntgabe des BMF-Schreibens v. 6.5.2016) vereinbart wurde sowie Vermögensübernehmer und Vermögensübergeber übereinstimmend an der Fortgeltung festhalten. An die einmal getroffene, korrespondierende Entscheidung sind die Beteiligten für die Zukunft gebunden. Die vorstehenden Regelungen gelten nicht, wenn die Ablösung des Nießbrauchsrechts gegen Versorgungsleistungen und deren Zeitpunkt bereits im Übertragungsvertrag verbindlich vereinbart wurden.

(2) Renten (Zeilen 15–21)

Auf **besondere Verpflichtungsgründe** (z.B. laufend zu erbringende Versorgungsleistungen wegen des Erhalts eines Mietwohngrundstücks i.R.d. vorweggenommenen Erbfolge) beruhende Rentenzahlungen und dauernde Lasten können als Sonderausgaben berücksichtigt werden, wenn sie nicht mit Einkünften in wirtschaftlichem Zusammenhang stehen, die bei der ESt-Veranlagung außer Betracht bleiben (§ 10 Abs. 1a Nr. 2 EStG). Renten können nur dann als Sonderausgaben berücksichtigt werden, **wenn** sie weder **Betriebsausgaben noch Werbungskosten** sind. **1463**

Beispiel:
A erwirbt entgeltlich einen gewerblichen Betrieb. Hierfür zahlt er dem Veräußerer eine Rente.

Die Aufwendungen des Käufers sind Betriebsausgaben, da sie im wirtschaftlichen Zusammenhang mit dem Erwerb des Betriebs stehen. Ein Abzug als Sonderausgaben ist daher nicht möglich.

Abzugsfähig sind z.B. die laufend zu erbringenden Versorgungsleistungen im Rahmen einer **vorweggenommenen Erbfolge**. Zu beachten ist, dass Zuwendungen auf Grund einer **freiwillig begründeten Rechtspflicht** an nicht unterhaltsberechtigte Personen nicht abzugsfähig sind (§ 12 Nr. 2 EStG). Das Abzugsverbot gilt auch für Zuwendungen an lediglich dem Ehegatten/Lebenspartner ggü. gesetzlich unterhaltsberechtigte Personen. Jedoch besteht in diesen Fällen die grds. Möglichkeit, Unterstützungsleistungen als außergewöhnlichen Belastungen geltend zu machen. Die Eintragungen haben dann entsprechend auf der Anlage Unterhalt zu erfolgen.

Leibrenten können nur mit dem entsprechenden Ertragsanteil (→Rz. 1265) abgezogen werden (§ 22 Nr. 1 Satz 3 Buchst. a Doppelbuchst. bb EStG). Bei verschiedenen Versorgungsleistungen ist auf Grund der unterschiedlichen steuerlichen Auswirkung für jede einzelne Leistung getrennt zu prüfen, ob es sich um eine dauernde Last oder eine Rente handelt. Der **Begriff der Leibrente** setzt gleichbleibende Bezüge voraus, die für die Dauer der Lebenszeit einer Bezugsperson gezahlt werden.[5] Werden anlässlich einer auf die Lebenszeit einer Bezugsperson zeitlich gestreckten entgeltlichen privaten Vermögensumschichtung gleichbleibende wiederkehrende Leistungen (Leibrente) vereinbart, ist deren Ertragsanteil (Zinsanteil) nicht als Sonderausgaben abziehbar.[6]

Stehen Zuwendungen einer **Gegenleistung** ggü., so ist ein Sonderausgabenabzug nur dann möglich, wenn der Unterhaltscharakter der Zuwendungen oder der Gesichtspunkt der Gegenleistung überwiegt.

Seit dem VZ 2021 ist nach § 10 Abs. 1 Nr. 2 Satz 4 EStG Voraussetzung für den Sonderausgabenabzug, dass die Id-Nr. der empfangsberechtigten Person in der Steuererklärung des Leistenden anzugeben ist. Diese ist in den Zeilen 17 bzw. 20 einzutragen.

1) BFH v. 15.7.1991, GrS 1/90, BStBl II 1992, 78.
2) BMF v. 11.3.2010, IV C 3 – S 2221/09/10004, BStBl I 2010, 227, Rz. 88.
3) BMF v. 11.3.2010, IV C 3 – S 2221/09/10004, BStBl I 2010, 227.
4) BMF v. 6.5.2016, IV C 3 – S 2221/15/10011 :004, BStBl I 2016, 476.
5) BFH v. 15.7.1991, GrS 1/90, BStBl II 1992, 78.
6) BFH v. 14.11.2001, VI R 49/98, BStBl II 2001, 246.

(3) Dauernde Lasten (Zeile 22–28)

1464 **Hinweis zur Plausibilitätsbeurteilung:**
Da auch bei Versorgungsleistungen aus dauernden Lasten nicht nur Barleistungen, sondern auch Sachleistungen vorliegen können, wurden die bestehenden Abfragen in den Zeilen 22 und 25 geändert in „tatsächlich gezahlte Barleistungen" und zusätzliche Abfragen in den Zeilen 23 und 26 für „tatsächlich erbrachte Sachleistungen" aufgenommen.

Dauernde Lasten sind wiederkehrende, nach Zahl oder Wert abänderbare Aufwendungen, die eine stpfl. Person in Geld oder Sachwerten für längere Zeit einem anderen ggü. auf Grund einer rechtlichen Verpflichtung zu erbringen hat.[1]

Dauernden Lasten fehlt damit im Ergebnis das Merkmal der Gleichmäßigkeit. Dauernde Lasten können (im Gegensatz zu Rentenzahlungen, → Rz. 1463) in voller Höhe als Sonderausgaben geltend gemacht werden. Entsprechend hat der Berechtigte die Einnahmen in voller Höhe zu versteuern und auf der Anlage SO in Zeile 4 (→ Rz. 1361) zu erklären (§ 22 Nr. 1a EStG; zur Abgrenzungsproblematik vgl. BMF v. 11.3.2010[2]).

Beerdigungskosten können als dauernde Last Berücksichtigung finden;[3] dies gilt nicht in dem Fall, in dem der geschiedene Ehegatte oder Lebenspartner einer aufgehobenen Lebenspartnerschaft die Aufwendungen zahlt.[4] **Schuldzinsen zur Finanzierung** von als Sonderausgaben abziehbaren privaten Versorgungsleistungen sind nicht als dauernde Last abziehbar, da private Schuldzinsen insg. dem Abzugsverbot unterliegen.[5]

cc) Vermögensübertragungen nach dem 31.12.2007

1465 Erfolgt die Vermögensübertragung nach dem 31.12.2007, ist die Regelung des § 10 Abs. 1 Nr. 1a EStG a.F. (ab dem VZ 2015: § 10 Abs. 1a Nr. 2 EStG) durch das JStG 2008[6] zu beachten. Versorgungsleistungen sind nur noch im Zusammenhang mit der Übertragung eines

- **Mitunternehmeranteils an einer Personengesellschaft**, die eine Tätigkeit i.S.d. § 13, § 15 Abs. 1 Nr. 1, § 18 Abs. 1 EStG ausübt (damit nicht gewerblich geprägte Personengesellschaften, vgl. § 15 Abs. 2 Nr. 3 EStG). Zugelassen wird sowohl die vollständige Übertragung (inkl. Sonderbetriebsvermögen) auf einen oder mehrere Übernehmer als auch die Übertragung eines Teils eines Mitunternehmeranteils.
- **Betriebs** oder **Teilbetriebs** oder
- mind. 50 % betragenden **Anteils an einer GmbH**, wenn der Übergeber als Geschäftsführer tätig war und der Übernehmer diese Tätigkeit übernimmt,

als Sonderausgaben abzugsfähig.

Praxishinweis:
Teilanteilsübertragungen sind getrennt zu beurteilen. Auch die Übertragung einer vergleichbaren Rechtsform eines anderen Mitgliedsstaates der EU oder eines EWR-Staates sind begünstigt. Zu den Forderungen einer Geschäftsführertätigkeit vgl. Ausführungen von Risthaus.[7]

Der Sonderausgabenabzug wurde dabei auf Fälle von betrieblichen Übertragungen reduziert und insoweit der familiäre Versorgungsvertrag weitgehend eliminiert.[8]

Eine begünstigte Vermögensübertragung ist auch unter Fremden oder nahestehenden Dritten möglich. Die Versorgungsleistungen dürfen des Weiteren nicht mit Einkünften in Zusammenhang stehen, die bei der Veranlagung außer Betracht bleiben (§ 10 Abs. 1a Nr. 2 EStG a.F.). Anders als die vorgenannten Vermögen können diese nicht im Rahmen einer steuerbegünstigten Vermögensübertragung übergeben werden. Wird nicht begünstigtes Vermögen übertragen, handelt es sich um ein ggf. teilentgeltliches Recht und damit aus Sicht des Vermögensübergebers um ein Veräußerungsgeschäft. Bei **Vermögensumschichtungen** kann eine Anpassung nicht steuerlich wirksam an die Erträge des neu angeschafften WG angepasst werden.[9]

Beratungshinweis:
Daher dürfen z.B. unter dem Regime der Abgeltungsteuer keine Versorgungsleistungen abgezogen werden, wenn ein GmbH-Anteil gegen Versorgungsleistungen übertragen wird und die Option des § 32d Abs. 2 Nr. 3 EStG nicht ausgeübt wird, da insoweit die Einkünfte nicht in die Veranlagung einbezogen werden.

Durch diese Neuregelung entfällt die bisherige Unterscheidung zwischen Renten und dauernden Lasten. Begrifflich handelt es sich nur noch um Versorgungsleistungen, die in vollem Umfang als Sonderausgaben abgezogen werden können. Auch eine Bezugnahme auf § 323 ZPO ist nicht mehr relevant, da auch bei Ausschluss des § 323 ZPO Versorgungsleistungen vorliegen. So dürfte es als eine Vereinfachung angesehen werden, dass zivilrechtliche

1) BFH v. 4.4.1989, X R 14/85, BStBl II 1989, 779.
2) BMF v. 11.3.2010, IV C 3 – S 2221/09/10004, BStBl I 2010, 227.
3) BFH v. 19.1.2010, X R 17/09, BStBl I 2010, 544.
4) BFH v. 20.8.2014, X R 26/12, BFH/NV 2015, 14.
5) BFH v. 14.11.2001, X R 120/98, BStBl II 2002, 413.
6) JStG 2008 v. 20.12.2007, BStBl I 2008, 218.
7) Risthaus, DB 2010, 803.
8) Spiegelberger, DB 2008, 1063.
9) BFH v. 18.8.2010, X R 55/09, BStBl II 2011, 633.

Forderungen (z.B. unabänderliche Leistungen) keine steuerrechtlichen Folgen mehr beinhalten. Wird die Anpassung einer grundsätzlich als gem. § 323 ZPO abänderbar vereinbarten Geldleistung im Zusammenhang mit einer Hofübergabe dahingehend eingeschränkt, dass eine Anpassung für den Fall des Auszugs der Übergeber aus der von ihnen bisher bewohnten Wohnung gleich aus welchem Grund ausgeschlossen ist, liegt bereits darin eine so wesentliche Einschränkung, dass es sich um eine nur in Höhe des Ertragsanteils abziehbare Rentenleistung, nicht um eine dauernde Last handelt.[1)]

Seit dem VZ 2021 ist nach § 10 Abs. 1a Nr. 2 Satz 4 EStG Voraussetzung für den Sonderausgabenabzug, dass die Id-Nr. der empfangsberechtigten Person in der Steuererklärung des Leistenden angegeben wird. Dementsprechend ist in den Zeilen 24 und 27 eine Abfrage für die Eintragung der Id-Nr. der empfangsberechtigten Person aufgenommen worden.

b) Unterhaltsleistungen lt. Anlage U an den geschiedenen/dauernd getrennt lebenden Ehegatten/Lebenspartner sowie Lebenspartner einer aufgehobenen Lebenspartnerschaft (Zeilen 29–36)

Unterhaltsleistungen laut Anlage U – ohne Kindesunterhalt – an den
- geschiedenen Ehegatten, Lebenspartner einer aufgehobenen Lebenspartnerschaft
- dauernd getrennt lebenden Ehegatten / Lebenspartner

Angaben zur 1. unterstützten Person
– Bitte Anleitung beachten. –

Zeile		Kz	tatsächlich erbracht EUR
29	Name und Geburtsdatum der unterstützten Person	116	,—
30	117 Identifikationsnummer der unterstützten Person; Die unterstützte Person hat ihren Wohnsitz / gewöhnlichen Aufenthalt im Inland	157	1 = Ja 2 = Nein
31	In Zeile 29 enthaltene Beiträge (abzüglich Erstattungen und Zuschüsse) zur Basis-Kranken- und gesetzlichen Pflegeversicherung	118	,—
32	Davon entfallen auf Krankenversicherungsbeiträge mit Anspruch auf Krankengeld	119	,—

Angaben zur 2. unterstützten Person
– Bitte Anleitung beachten. –

Zeile		Kz	tatsächlich erbracht EUR
33	Name und Geburtsdatum der unterstützten Person	140	,—
34	141 Identifikationsnummer der unterstützten Person; Die unterstützte Person hat ihren Wohnsitz / gewöhnlichen Aufenthalt im Inland	158	1 = Ja 2 = Nein
35	In Zeile 33 enthaltene Beiträge (abzüglich Erstattungen und Zuschüsse) zur Basis-Kranken- und gesetzlichen Pflegeversicherung	142	,—
36	Davon entfallen auf Krankenversicherungsbeiträge mit Anspruch auf Krankengeld	143	,—

aa) Unterhaltszahlungen (Zeile 29 und 33)

Hinweis zur Plausibilitätsbeurteilung: 1466
Um im Zusammenhang mit den Empfehlungen des BRH[2)] und der daraus resultierenden Anpassung der Anlage U und der Anlage SO eine bessere Nutzerunterstützung anzubieten, wurden in den betreffenden Bereichen einige sprachliche Änderungen vorgenommen.

Unterhaltsleistungen sind grds. vom Sonderausgabenabzug ausgeschlossen (§ 12 Nr. 2 EStG). Eine Ausnahme bilden dabei jedoch Unterhaltsleistungen an den geschiedenen oder dauernd getrennt lebenden Ehegatten und/oder an den dauernd getrennt lebenden Lebenspartner sowie Lebenspartner einer aufgehobenen Lebenspartnerschaft. Diese Aufwendungen sind beim Geber grds. bis zu einem – verfassungsrechtlich nicht zu beanstandenden[3)] – **Höchstbetrag von 13 805 €** im Kj. als Sonderausgaben abzugsfähig (§ 10 Abs. 1a Nr. 1 EStG); der Betrag wurde um den Betrag angehoben (→ Rz. 1468), der von der unterhaltsverpflichteten Person tatsächlich für eine Basis-Kranken- und gesetzliche Pflegeversicherung für die zu unterstützende Person aufgewendet wird (§ 10 Abs. 1 Nr. 3 Satz 3 EStG), wenn es sich um eigene Beiträge der stpfl. Person als Versicherungsnehmer handelt. Das Realsplitting gilt nicht für **Unterhaltsleistungen an Kinder**. Der Sonderausgabenabzug bei der leistenden Person beruht auf einem steuerlichen Wahlrecht, für dessen wirksame Ausübung es der Zustimmung des FA nicht bedarf. Die Möglichkeit des Abzugs besteht auch dann, wenn die dauernde Trennung oder Scheidung der Eheleute erst im Laufe des Kj. erfolgt; eine zeitanteilige Kürzung des Höchstbetrags erfolgt nicht. Unter den Begriff „Unterhaltsleistungen“ werden die typischen Aufwendungen zur Bestreitung der Lebensführung, z.B. für Ernährung, Kleidung gefasst.[4)] Eine unentgeltliche Wohnungsüberlassung kann ebenfalls als Unterhaltsleistung berücksichtigt werden,

1) FG Rheinland-Pfalz v. 30.7.2019, 5 K 2332/17, EFG 2019, 1540; Rev., Az. des BFH: X R 29/19.
2) Siehe Prüfungsmitteilung v. 20.3.2024 über die Prüfung der Einkünfte aus Unterhaltsleistungen, Versorgungsleistungen und Ausgleichszahlungen, Teil 2: steuerliche Behandlung der sonstigen Einkünfte.
3) BFH v. 26.10.2011, X B 4/11, BFH/NV 2012, 214.
4) BFH v. 18.10.2006, XI R 42/04, BFH/NV 2007, 1283.

wenn sie zu einer Minderung des Anspruchs der unterhaltsberechtigten Person führt (sog. abgekürzte Sachunterhaltsleistung).[1] Auch die erstattete ESt zählt dabei als Unterhaltsleistung.[2]

Zusätzlich wird die Angabe der Id-Nr. des geschiedenen Ehegatten, Lebenspartners einer aufgehobenen Lebenspartnerschaft, des dauernd getrennt lebenden Ehepartners/Lebenspartners erwartet. Dies kann nur unter dem Gesichtspunkt der elektronischen Übermittlung der Kranken- und Pflegeversicherungsbeiträge (§ 10 Abs. 2a EStG) erforderlich sein. Ab dem VZ 2016 ist die Angabe der Id-Nr. der unterstützten Person materiell-rechtliche Voraussetzung für den Abzug als Sonderausgabe (§ 10 Abs. 1a Nr. 1 Satz 7 EStG).[3]

Hinweis zur Plausibilitätsbeurteilung:

Bei den Unterhaltsleistungen lt. Anlage U und den Ausgleichsleistungen zur Vermeidung des Versorgungsausgleichs wurde bislang der „tatsächlich gezahlte" Betrag abgefragt. Diese Formulierung im Spaltenkopf bezieht sich nur auf Geldleistungen. Als Unterhaltsleistungen oder Ausgleichsleistungen können auch Sachleistungen (z.B. der Mietwert einer unentgeltlich überlassenen Wohnung[4]) geltend gemacht werden. Daher wurde die Formulierung „tatsächlich gezahlt" jeweils durch „tatsächlich erbracht" ersetzt. Damit wird auch ein Gleichklang mit der Zeile 1 der Anlage U (2025) „Im Kalenderjahr tatsächlich erbrachte Unterhaltsleistungen ..." hergestellt.

Voraussetzung für die Berücksichtigung der Zahlungen als Sonderausgabe ist jedoch, dass der **Empfänger der Leistung dem Abzug zustimmt**. Stimmt z.B. der geschiedene/dauernd getrennt lebende Ehegatte oder der dauernd getrennt lebende Lebenspartner sowie Lebenspartner einer aufgehobenen Lebenspartnerschaft dem der Höhe nach beschränkten Antrag auf Abzug der Unterhaltszahlungen als Sonderausgaben zu, beinhaltet dies keine der Höhe nach unbeschränkte Zustimmung für die Folgejahre.[5] Die Unterhalt leistende Person ist jedoch an einen einmal gestellten Antrag insoweit gebunden, als sie diesen nicht zurücknehmen kann, denn der Antrag kann jeweils nur für ein Kj. gestellt und nicht zurückgenommen werden (§ 10 Abs. 1a Nr. 1 Satz 3 EStG). Für den erstmaligen Antrag kann die von der Finverw. zur Verfügung gestellte Anlage U (→ Rz. 1483) verwendet werden. Die Anlage enthält alle notwendigen Angaben für den Abzug und Hinweise zur Versteuerung. Sie ist vom Geber und vom Unterhaltsempfänger zu unterschreiben. Aus Vorsorgegesichtspunkten und wegen der zivilrechtlichen Folgen eines unberechtigten Widerrufs der Zustimmung sollte die Zustimmung zum Sonderausgabenabzug jährlich eingeholt werden.[6]

Beratungshinweis:

Zwar ist die nachträgliche Einschränkung der Zustimmung für den Sonderausgabenabzug nicht möglich (§ 10 Abs. 1a Nr. 1 Satz 2 EStG);[7] zulässig ist jedoch die **betragsmäßige Erweiterung** eines bereits vorliegenden begrenzten Antrags. Der danach grds. zulässige Antrag auf Erweiterung des Betrags der Unterhaltsleistungen, der als Sonderausgaben abziehbar ist, kann auch noch gestellt werden, nachdem der jeweilige ESt-Bescheid bestandskräftig geworden war. Der erweiterte Antrag stellt i.V.m. der erweiterten Zustimmungserklärung z.B. des geschiedenen Ehegatten/Lebenspartners einer aufgehobenen Lebenspartnerschaft ein rückwirkendes Ereignis (§ 175 Abs. 1 Satz 1 Nr. 2 AO) dar.[8] Der Antrag ist mit Eingang beim FA bindend und kann nicht (auch nicht in Übereinstimmung mit der unterhaltsempfangenden Person) zurückgenommen oder in der Höhe **nachträglich begrenzt** werden.

Ein nach Bestandskraft des ESt-Bescheids gestellter Antrag ist kein rückwirkendes Ereignis, wenn die Zustimmung des Unterhaltsempfängers bereits vor Bestandskraft vorlag.[9]

Durch den Antrag werden alle in dem betreffenden VZ geleisteten Unterhaltsaufwendungen zu Sonderausgaben umqualifiziert. Das FA ist verpflichtet, die Steuerfestsetzung entsprechend vorzunehmen.

Ist ein Antrag auf Abzug der Leistungen als Sonderausgaben gestellt worden, kommt es für die Besteuerung bei der die Unterhaltsleistungen empfangenden Person nicht darauf an, ob sich die von der der Unterhalt zahlenden Person geltend gemachten Unterhaltsleistungen auch tatsächlich steuermindernd auswirken.[10]

Beispiel:

Es wird ein Antrag auf Abzug von Sonderausgaben i.H.v. 10 000 € gestellt, obwohl tatsächlich 12 000 € gezahlt worden sind (ohne Beiträge zur Basis-Kranken und Pflege-Pflichtversicherung). Die Zustimmung der den Unterhalt empfangenden Person liegt vor. Das FA berücksichtigt antragsgemäß 10 000 €. Im folgenden VZ wird lediglich der Abzug von 6 000 € Unterhaltsaufwendungen als Sonderausgaben begehrt, obwohl tatsächlich 12 000 € gezahlt wurden und die Zustimmung i.H.v. 10 000 € nicht widerrufen wurde. Obwohl die den Unterhalt leistende Person 10 000 € als Sonderausgaben geltend machen könnte, muss die die Leistung empfangende Person nur 6 000 € Unterhaltsleistungen versteuern, weil die leistende Person den Sonderausgabenabzug auf 6 000 € beschränkt hat.

Praxishinweis:

Die empfangenen Geldbeträge sind bei dieser Person als sonstige Einkünfte zu versteuern (§ 22 Nr. 1a EStG; vgl. hierzu Ausführungen zur Zeile 6 der Anlage SO). Durch die steuerliche Zurechnung der Unterhaltseinkünfte kann nicht nur eine ESt-Belastung entstehen; sie kann auch zum **Verlust von staatlichen Leistungen** führen (z.B. der Wohnungsbauprämie, der Arbeitnehmer-Sparzulage für vermögenswirksame Leistungen, der Gewährung von Waisen-, Eltern- und Ausgleichsrenten nach dem BVG sowie von Leistungen nach dem BAföG). Gleicht der Geber die Nachteile durch zusätzliche Zahlungen an den Empfänger aus, sind diese Mehrleistungen ebenfalls Unterhaltsleistungen. Durch die Zurechnung dieser Mehrbeträge können sich weitere Nachteile ergeben.

1) BFH v. 12.4.2000, XI R 127/96, BStBl II 2002, 130.
2) BFH v. 28.11.2007, XI B 68/07, BFH/NV 2008, 372.
3) Änderung durch das Steueränderungsgesetz 2015 v. 2.11.2015, BStBl I 2015, 846.
4) Vgl. BFH v. 29.6.2022, X R 33/20, BStBl II 2023, 237.
5) BFH v. 14.4.2005, XI R 33/03, BStBl II 2005, 825.
6) BFH v. 14.11.2007, XI R 48/06, BFH/NV 2008, 367.
7) BFH v. 22.9.1999, XI R 121/96, BStBl II 2000, 218.
8) BFH v. 28.6.2006, XI R 32/05, BStBl II 2007, 5.
9) BFH v. 20.8.2014, X R 33/12, BStBl II 2015, 138.
10) OFD Koblenz, Kurzinformation der Steuergruppe St 3 v. 30.7.2007, S 2221a, S 2255 A – St 321, DB 2007, 1949; BFH v. 9.12.2009, X R 49/07, BFH/NV 2010, 1790.

Ein **Abzug ist nicht möglich,** wenn die Ehegatten/Lebenspartner im Jahr der Trennung noch eine Zusammenveranlagung wählen.[1)]

Beim sog. Realsplitting ist es **unerheblich**, ob die **Leistung freiwillig oder auf Grund einer gesetzlichen Unterhaltspflicht erbracht wurde**; unerheblich ist auch, ob es sich um einmalige oder laufende Leistungen, Nachzahlungen oder Vorauszahlungen handelt.

Beratungshinweis:
Eine Berücksichtigung der Zahlungen ist damit auch nach Wiederheirat möglich, da freiwillige Leistungen ausdrücklich zugelassen sind.[2)]

Der **Erbe** hingegen kann die Unterhaltsleistungen, die er nach § 1586b BGB z.B. an den geschiedenen Ehegatten/Lebenspartner einer aufgehobenen Lebenspartnerschaft des Erblassers zu erbringen hat, nicht als Sonderausgaben abziehen, da der Abzug der Aufwendungen höchstpersönlich mit der Person des Erblassers verknüpft ist.[3)]

Ein Abzug des den als Sonderausgaben abzugsfähigen Höchstbetrag übersteigenden Betrags **als außergewöhnliche Belastung** ist nicht möglich. Nach § 33 Abs. 2 Satz 2 EStG bleiben Aufwendungen, die u.a. zu den Sonderausgaben gehören, bei den außergewöhnlichen Belastungen außer Betracht.[4)] Ein Abzug ist nur insg. entweder als Sonderausgabe oder als außergewöhnliche Belastung möglich. **1467**

Beratungshinweis:
Wird ein Antrag auf Sonderausgabenabzug aber nicht gestellt oder fehlt die notwendige Zustimmung des Empfängers, kommt ein Abzug als außergewöhnliche Belastung in Betracht; der Abzug ist mit der Anlage Unterhalt (→ Rz. 1506) zu beantragen. Vereinbaren z.B. Ehegatten/Lebenspartner im Zusammenhang mit einer Scheidung/Aufhebung der Lebenspartnerschaft statt laufender Unterhaltszahlungen eine einmalige Abfindung, kann der unterhaltsverpflichtete Ehegatte/Lebenspartner den Abfindungsbetrag nur betragsmäßig begrenzt nach § 33a EStG oder im Wege des Realsplittings und nicht nach § 33 EStG abziehen, wenn die Abfindungszahlung für den typischen Unterhalt geleistet worden ist.[5)]

Der unterhaltsberechtigte Partner muss dem begrenzten Realsplitting zustimmen. Der Anspruch folgt aus dem Unterhaltsrechtsverhältnis (§ 242 BGB). Dies gilt auch, wenn Streit darüber besteht, ob der unterhaltsverpflichtete Ehegatte/Lebenspartner alle Nachteile aus dem vorhergehenden Realsplitting ausgeglichen hat.[6)] **Verweigert der Unterhaltsempfänger** missbräuchlich die **Zustimmung** zum Abzug als Sonderausgaben beim Geber, kann dieser auf dem zivilrechtlichen, nicht abgaberechtlichen, Weg ein entsprechendes Urteil nach § 894 ZPO erzwingen. Die Zustimmung gilt grds. dann als abgegeben, wenn die Verurteilung zu ihrer Abgabe rechtskräftig geworden ist.[7)]

Praxishinweis:
Ohne Zustimmung des Empfängers ist ein Sonderausgabenabzug nicht möglich.[8)] Wurde die Zustimmung zum Realsplitting widerrufen, besteht aber die Möglichkeit der Berücksichtigung als außergewöhnliche Belastung.

bb) Beiträge zur Basis-Kranken- und gesetzlichen Pflegeversicherung (Zeile 31)

Im Rahmen des begrenzten Realsplittings wirkt sich die Erhöhung um die Basis-Kranken- und Pflege-Pflichtversicherung (→ Rz. 1466) erst dann aus, wenn die unterhaltsverpflichtete Person den grds. max. Betrag i.H.v. 13 805 € leistet und daneben tatsächlich noch weitere Leistungen für die Basis-Kranken- und gesetzlichen Pflegeversicherung (soziale Pflegeversicherung und private Pflege-Pflichtversicherung) erbringt (§ 10 Abs. 1 Nr. 3 EStG). Ist der dauernd getrennt lebende Ehepartner/Lebenspartner noch mit in einer bestehenden beitragsfreien Familienversicherung versichert, scheidet der Erhöhungsbetrag aus. Entsprechendes gilt, wenn keine Beiträge zu einer Pflegepflichtversicherung erbracht worden sind. Im Rahmen des Realsplittings ist es zudem unerheblich, welcher Ehegatte/Lebenspartner Versicherungsnehmer ist, da eine Doppelberücksichtigung der Beiträge bereits gesetzlich ausgeschlossen ist (§ 10 Abs. 1 Nr. 3 Satz 3 EStG). Erstattungen sind mindernd zu berücksichtigen. **1468**

Gestaltungshinweis:
Die Widmung – begrenzt auf die jeweiligen tatsächlichen Aufwendungen – der entsprechenden Unterhaltszahlung durch die unterhaltsverpflichtete Person ist entscheidendes Kriterium.[9)]

Das Korrespondenzprinzip ist weiter zu beachten, so dass der Empfänger der Unterhaltsleistungen diese entsprechend in voller Höhe als Einnahmen zu versteuern hat (§ 22 Nr. 1a EStG) und die ihm zugerechneten Beiträge als Sonderausgaben (§ 10 Abs. 1 Nr. 3 Satz 1 EStG) – zu erklären auf der Anlage Vorsorgeaufwand – abziehen kann.

Beispiel:
Die unterhaltsverpflichtete Person erbringt Unterhalt i.H.v. 12 000 € und zahlt zusätzlich 3 000 € für eine angemessene Basis-Kranken- und Pflegeversicherung.

---

1) Vgl. hierzu BFH v. 31.5.1989, III R 16/86, BStBl II 1989, 658.
2) H 10.2 Unterhaltsleistungen EStH.
3) BFH v. 12.11.1997, X R 83/94, BStBl II 1998, 148.
4) BFH v. 7.11.2000, III R 23/98, BStBl II 2001, 338.
5) BFH v. 19.6.2008, III R 57/05, BStBl II 2009, 365.
6) NJW-Spezial 2014, 5.
7) BFH v. 25.10.1988, IX R 53/84, BStBl II 1989, 192 und v. 2.7.2003, XI R 8/03, BStBl II 2003, 803.
8) BFH v. 9.12.2009, X R 49/07, BFH/NV 2010, 1790.
9) Myßen/Wolter, NWB 50/2009, 3900.

Es können insg. 15 000 € (12 000 € [§ 10 Abs. 1a Nr. 1 Satz 1 EStG] und 3 000 € [§ 10 Abs. 1a Nr. 1 Satz 2 EStG]) als Sonderausgaben abgezogen werden. Einnahmen sind i.H.v. 15 000 € zu versteuern (§ 22 Nr. 1a EStG); Sonderausgaben sind i.H.v. 3 000 € zu berücksichtigen (§ 10 Abs. 1 Nr. 3 Satz 1 EStG).

Hinweis zur Plausibilitätsbeurteilung:

Berücksichtigungsfähig sind nur die Aufwendungen, die tatsächlich wirtschaftlich getragen werden. Daher sind Erstattungen/Zuschüsse von den Aufwendungen abzuziehen. Zusätzlich sind die Krankenversicherungsbeiträge, aus denen sich ein Anspruch auf Krankengeld ergibt, gesondert zu erklären (vgl. auch Zeile 20 der Anlage Vorsorgeaufwand).

Eine einmal erteilte begrenzte Zustimmung auf einen bestimmten Betrag gilt auch für den Erhöhungsbetrag, so dass sich ein dem Grunde nach höherer abzugsfähiger Betrag nicht auswirkt.

Liegt **keine Zustimmung zum Realsplitting** vor, können die Aufwendungen als außergewöhnliche Belastung auf der Anlage Unterhalt – i.R.d. Erhöhungsbetrags (§ 33a Abs. 1 Satz 2 EStG) – geltend gemacht werden. Wurde die Zustimmung bereits in einem früheren Jahr der Höhe nach begrenzt, bestimmt sich insoweit auch weiterhin die Höhe der abzugsfähigen Sonderausgaben.

cc) Davon entfallen auf Krankenversicherungsbeiträge mit Anspruch auf Krankengeld (Zeile 32)

32	Davon entfallen auf Krankenversicherungsbeiträge mit Anspruch auf Krankengeld	119	,–

1469 Die Beiträge in die Basis-Krankenversicherung sind bei Anspruch auf Krankengeld um 4 % zu kürzen. Daher ist bei einem vorhandenen Anspruch der Gesamtbetrag der Krankenversicherungsbeiträge in Zeile 32 einzutragen.

Praxishinweis:

In die Zeilen 33–36 sind die Unterhaltsleistungen laut Anlage U (ohne Kindesunterhalt) an eine weitere Person einzutragen.

c) Ausgleichszahlungen im Rahmen des schuldrechtlichen Versorgungsausgleichs (Zeilen 37–39)

	Ausgleichszahlungen im Rahmen des schuldrechtlichen Versorgungsausgleichs		tatsächlich gezahlt EUR
37	Rechtsgrund, Datum der erstmaligen Zahlung	121	,–
38	Name und Geburtsdatum der empfangsberechtigten Person		
39	132 Identifikationsnummer der empfangsberechtigten Person	Die empfangsberechtigte Person hat ihren Wohnsitz / gewöhnlichen Aufenthalt im Inland	159 (1 = Ja, 2 = Nein)

1470 Zahlungen auf Grund eines schuldrechtlichen Versorgungsausgleichs (§ 10 Abs. 1a Nr. 4 EStG) können unter bestimmten Voraussetzungen als Sonderausgaben Berücksichtigung finden. Im Rahmen eines schuldrechtlichen Versorgungsausgleichs verpflichtet sich ein Ehegatte/Lebenspartner, dem anderen Ehegatten/Lebenspartner eine Ausgleichsrente zu zahlen (§ 1587g BGB). Die Abzugsfähigkeit ist davon abhängig, zu welchem Zeitpunkt der Versorgungsausgleich abgewickelt worden ist. Abzugsfähig sind die Aufwendungen insoweit sie bei der empfangenden Person der Leistung als Einnahmen zu berücksichtigen sind, z.B. Leibrente (§ 22 Nr. 1a EStG). Durch diese Regelung will der Gesetzgeber die Leistungsfähigkeit steuerrechtlich abbilden.

In Zeile 38 wird zusätzlich eine Angabe zur empfangsberechtigten Person sowie die Id-Nr. derselben Person in der Zeile 39 eingefordert. Nach § 10 Abs. 1a Nr. 4 Satz 2 EStG i.V.m. § 10 Abs. 1a Nr. 3 Satz 3 EStG handelt es sich hierbei um eine materiell-rechtliche Voraussetzung für den Sonderausgabenabzug.

Praxishinweis:

Es ist unerheblich, wann es zum Versorgungsausgleich gekommen ist. Das BMF-Schreiben v. 21.3.2023[1)] verweist sowohl auf die aktuellen Regelungen als auch ggf. auf die entsprechenden Vorgängervorschriften.

Ausgleichszahlungen sind denkbar bei:

- Ehegatten/Lebenspartnern, die vor Einführung des Gesetzes zur Strukturreform des Versorgungsausgleichs v. 3.4.2009[2)] bis zum 1.9.2009 geschieden wurden/Lebenspartnerschaft aufgehoben wurde;
- Ehegatten/Lebenspartnern, die nach dem 1.9.2009 geschieden wurden (oder die Lebenspartnerschaft aufgehoben wurde) und eine interne oder externe Teilung nicht möglich ist (z.B. verfallbare Ansprüche aus Leistungen einer betrieblichen Altersversorgung).

Nach dem Grundsatz der **internen Teilung** werden die von den Ehegatten/Lebenspartnern in den Versorgungssystemen erworbenen Anrechte innerhalb des jeweiligen Systems (z.B. Sozialversicherung, betriebliche Altersversorgung) geteilt und für die ausgleichsberechtigte Person eigenständige Versorgungsansprüche geschaffen, die gesondert weitergeführt werden (§ 10 VersAusglG). Im Rahmen einer **externen Teilung** begründet das zuständige Familiengericht für die ausgleichsberechtigte Person ein Anrecht i.H.d. Ausgleichswerts bei einem Versorgungsträger (§ 14 Abs. 1 VersAusglG).

Ein Abzug der Ausgleichszahlungen im Rahmen eines schuldrechtlichen Versorgungsausgleichs als Werbungskosten ist damit nicht möglich.[3)]

1) BMF v. 21.3.2023, IV C 3 – S 2221/19/10035, BStBl I 2023, 611.
2) VersAusglG, BGBl. I 2009, 700.
3) FG Köln v. 14.2.2019, 15 K 2800/17, NWB 20/2019, 1432.

Berücksichtigungsfähig sind die schuldrechtlichen Ausgleichszahlungen an die ausgleichberechtigte Person in Form einer Ausgleichsrente,[1] die Abtretung von Versorgungsansprüchen[2] sowie die Ausgleichszahlungen in Form von Kapitalauszahlungen.[3] Dabei hat die stpfl. Person, die die Einnahmen bezieht, diese in voller Höhe (ggf. mit dem Ertragsanteil) zu versteuern und kann z.B. die an den geschiedenen Ehegatten geleisteten Zahlungen dann wiederum als Sonderausgabe geltend machen; dies gilt entsprechend, wenn Versorgungsansprüche abgetreten werden (Korrespondenzprinzip). Zahlungen, die eine stpfl. Person für den Ausschluss eines schuldrechtlichen Versorgungsausgleichs leistet und die beim Empfänger der Zahlung keine Steuerpflicht auslösen, können nicht steuermindernd berücksichtigt werden. Der Abzug bei der verpflichteten Person und der Ansatz bei der berechtigten Person korrespondieren in materiell-rechtlicher, aber nicht in verfahrensrechtlicher Hinsicht.[4]

Zu den Auswirkungen im Zusammenhang mit **Altersvorsorgevermögen** (→ Rz. 1297).

d) Ausgleichleistungen zur Vermeidung des Versorgungsausgleichs lt. Anlage U (Zeilen 40–41)

Ausgleichsleistungen zur Vermeidung des Versorgungsausgleichs laut Anlage U
– Bitte Anleitung beachten. –

40	Name und Geburtsdatum der empfangsberechtigten Person	131	tatsächlich erbracht EUR ,–
41	135 Identifikationsnummer der empfangsberechtigten Person	Die empfangsberechtigte Person hat ihren Wohnsitz / gewöhnlichen Aufenthalt im Inland	160 1 = Ja 2 = Nein

2025AnlSonderausgaben402 2025AnlSonderausgaben402

Die mit der materiell-rechtlichen Neuregelung i.R.d. Zollkodex-Anpassungsgesetzes ab dem VZ 2015 geschaffene Abzugsmöglichkeit der Aufwendungen zur Vermeidung des Versorgungsausgleichs (§ 10 Abs. 1a Nr. 3 EStG) bezieht sich auf Leistungen nach § 6 Abs. 1 Satz 2 Nr. 2 VersAusglG und § 1408 Abs. 2, § 1587 BGB. Nach dieser Regelung hat die ausgleichspflichtige Person die Möglichkeit, zur Vermeidung der Durchführung eines Versorgungsausgleichs, Ausgleichsleistungen an den Versorgungsberechtigten zu leisten oder zu vereinbaren und diese Zahlungen als Sonderausgaben geltend zu machen. Die Berücksichtigung erfolgt auf Antrag des Ausgleichsverpflichteten mit Zustimmung des Ausgleichsberechtigten (z.B. mit der Anlage U → Rz. 1483). Eine steuerliche Berücksichtigung des nicht von der Zustimmung umfassten Teils der Ausgleichsleistungen in einem vom Leistungsjahr abweichenden VZ ist nicht möglich.[5] Die Ausgleichsmöglichkeit besteht versorgungsrechtlich unabhängig davon, ob sie eine beamtenrechtliche, eine öffentlich-rechtliche, eine private, eine geförderte oder eine betriebliche Altersversorgung betrifft. Die bisherige steuerliche Einordnung dieser Zahlungen als Werbungskosten (vgl. BFH[6]), zu den Ausgleichsleistungen eines Beamten und damit zusammenhängender Schuldzinsen zur Vermeidung einer Kürzung seiner Versorgungsbezüge) oder als Vorgang auf der privaten Vermögensebene ist damit ab dem VZ 2015 unbeachtlich. Der steuerliche Abzug der Aufwendungen des Ausgleichsverpflichteten als Sonderausgaben korrespondiert mit der Besteuerung der Leistungen bei der ausgleichsberechtigten Person (§ 22 Nr. 1a EStG, → Rz. 1369).[7] Nach BFH[8] sind Zahlungen, die ein zum Versorgungsausgleich verpflichteter Ehegatte/Lebenspartner auf Grund einer Entscheidung des Familiengerichts zum Ausgleich seines Anspruchs auf betriebliche Altersversorgung vor Inkrafttreten des AltEinkG an einen Rentenversicherungsträger leistet, sind bis zum VZ 2014 weder als Werbungskosten noch als außergewöhnliche Belastungen zu berücksichtigen, unterliegen ab dem VZ 2015 jedoch dem Sonderausgabenabzug. **1471**

Ab dem VZ 2020 ist die Angabe der Id-Nr. (§ 139b AO) der empfangsberechtigten Person in der Steuererklärung des Verpflichteten nunmehr weitere materiell-rechtliche Voraussetzung für den Sonderausgabenabzug von Ausgleichszahlungen zur Vermeidung des Versorgungsausgleichs (§ 10 Abs. 1a Nr. 3 Satz 2 EStG).[9] Die Id-Nr. ist in Zeile 4 zu erfassen.

Beratungshinweis:
Wiederauffüllungszahlungen nach einem durchgeführten Versorgungsausgleich sind nur als Sonderausgaben i.R.d. Höchstbeträge nach § 10 Abs. 3 EStG abzugsfähig.[10]

1) BMF v. 21.3.2023, IV C 3 – S 2221/19/10035 :001, BStBl I 2023, 611.
2) BMF v. 21.3.2023, IV C 3 – S 2221/19/10035 :001, BStBl I 2023, 611.
3) BMF v. 21.3.2023, IV C 3 – S 2221/19/10035 :001, BStBl I 2023, 611.
4) BFH v. 10.1.2007, X B 51/06, BFH/NV 2007, 718.
5) Beschlussempfehlung und Bericht des Finanzausschusses v. 3.12.2014, BT-Drucks. 18/3441.
6) BFH v. 8.3.2006, IX R 107/00, BStBl II 2006, 446 u. IX R 78/01, BStBl II 2006, 448; Bestätigung durch BFH v. 24.3.2011, VI R 59/10, BFH/NV 2011, 1130.
7) Bestätigt durch FG Köln v. 14.2.2019, 15 K 2800/17.
8) BFH v. 5.11.2014, X B 223/13, BFH/NV 2015, 202.
9) Gesetz zur weiteren steuerlichen Förderung der Elektromobilität und zur Änderung weiterer steuerlicher Vorschriften v. 12.12.2019, BGBl. I 2019, 2451 = BStBl I 2020, 17.
10) Bestätigt durch BFH v. 19.8.2021, X R 4/19, BStBl II 2022, 256.

XXIX. Anlage Sonstiges – Sonstige Angaben und Anträge

1. Allgemeines (Zeilen 1–3)

Anleitung vorhanden

2025

1	Name	**Anlage Sonstiges**
2	Vorname	Diese Anlage ist bei Zusammenveranlagung von Ehegatten / Lebenspartnern gemeinsam auszufüllen.
3	Steuernummer	

Sonstige Angaben und Anträge

1472 Die Anlage Sonstiges ist im Rahmen einer Zusammenveranlagung von beiden Ehegatten/Lebenspartnern zu verwenden.

2. Steuerermäßigung bei Belastung mit Erbschaftsteuer (Zeile 4–8)

Steuerermäßigung bei Belastung mit Erbschaftsteuer 18

Zeile		Kz	
4	Ich beantrage eine Steuerermäßigung nach § 35b EStG, weil in dieser Steuererklärung Einkünfte erklärt worden sind, die als Erwerb von Todes wegen ab 2021 der Erbschaftsteuer unterlegen haben.	185	1 = Ja
	– Falls Zeile 4 mit „Ja" beantwortet wurde, füllen Sie bitte die folgenden Zeilen aus. –		EUR
5	Einkünfte, für die eine Steuerermäßigung nach § 35b EStG beantragt wird (ohne Einkünfte, die der Abgeltungsteuer nach § 32d Abs. 1 EStG unterliegen)	187	,—
6	Insgesamt festgesetzte Erbschaftsteuer	188	,—
7	Erbschaftsteuerpflichtiger Erwerb zuzüglich der Freibeträge nach den §§ 16, 17 ErbStG und des steuerfreien Betrags nach § 5 ErbStG	189	,—
8	In Zeile 5 sind Einkünfte enthalten, die bei der Einkommensteuer ermäßigt besteuert werden.		1 = Ja

1473 Durch das Erbschaftsteuerreformgesetz[1] wurde auf Antrag eine besondere Regelung zur Steuerermäßigung bei Belastung mit Erbschaftsteuer eingeführt, die i.R.d. ESt-Erklärung gestellt werden kann, jedoch nicht fristgebunden ist (§ 35b EStG), da auf Grund der Bewertung für die Erbschaft- und Schenkungsteuer – die weitestgehend unabhängig von ertragsteuerlichen Werten erfolgt – auch stille Reserven der Erbschaftsteuer unterworfen werden. Auf Grund des Stichtagsprinzips bei der Erbschaftsteuer finden latente Ertragsteuerbelastungen jedoch keine Berücksichtigung. Um dieser „Bereicherung"[2] entgegenzuwirken, die tatsächlich nicht vorhanden ist, wird die Doppelbelastung der stillen Reserven im Falle der Realisierung derselben abgemildert. Die für die Milderung notwendigen weiteren Angaben (entsprechende doppelbelastete Einkünfte, festgesetzte Erbschaftsteuer und der erbschaftsteuerliche Erwerb zuzüglich der Freibeträge (§§ 16, 17 ErbStG) und der steuerfreien Beträge (§ 5 ErbStG) sind gesondert zu ermitteln und dem FA mitzuteilen.

Praxishinweis:

Die begünstigten Einkünfte müssen aus der Veräußerung eines Vermögensgegenstandes herrühren, der sowohl von Todes wegen erworben worden ist, als auch tatsächlich der Erbschaftsteuer unterlegen hat; der in Anspruch genommene persönliche Freibetrag (§ 16 ErbStG) ist anteilig abzuziehen. Die auf die begünstigten Einkünfte anteilig entfallende ESt ist nach dem Verhältnis der begünstigten Einkünfte zur Summe der Einkünfte (§ 2 Abs. 3 EStG) zu ermitteln. Beim Zusammentreffen von Erwerben von Todes wegen und Vorerwerben ermittelt sich der Ermäßigungsprozentsatz (§ 35b Satz 2 EStG) durch Gegenüberstellung der anteiligen, auf die von Todes wegen erworbenen Vermögensteile entfallenden Erbschaftsteuer und des Betrags, der sich ergibt, wenn dem anteiligen steuerpflichtigen Erwerb (§ 10 Abs. 1 ErbStG) der anteilige Freibetrag nach § 16 ErbStG hinzugerechnet wird.[3]

Durch diese Regelung soll die Doppelbelastung mit Erbschaftsteuer und ESt im gleichen VZ oder in den vorangegangenen vier VZ gemildert werden, soweit der Erbfall nach dem 31.12.2008 eingetreten ist.[4] Für den VZ 2025 sind lediglich noch Erbfälle ab dem VZ 2021 relevant. Die Regelung entspricht dabei den Regelungen des § 35 EStG in der bis 1998 geltenden Fassung. Die Steuerermäßigung betrifft lediglich die Belastung mit Erbschaftsteuer bei Erwerben von Todes wegen (§ 3 ErbStG i.V.m. §§ 4–6 ErbStG), nicht aber Zuwendungen unter Lebenden. Eine Erbschaftsteueranrechnung soll dabei nicht in Betracht kommen. Die ESt für Einkünfte aus Kapitalvermögen (§ 32d

1) Erbschaftsteuerreformgesetz v. 24.12.2008, BGBl. I 2008, 3018.
2) Herzig/Joisten/Vossel, DB 2009, 584.
3) BFH v. 13.3.2018, IX R 23/17, BStBl II 2018, 593.
4) BT-Drucks. 16/11107 v. 26.11.2008.

Abs. 1 EStG) ist keine tarifliche Steuer i.S.d. § 32a Abs. 1 EStG.[1] Insoweit müsste daher eine Doppelbesteuerung hingenommen werden. Mindestens im Fall der Veranlagung von Kapitalerträgen (§ 32d Abs. 3 EStG) sollte eine Berücksichtigung möglich sein.[2] Zur **Altregelung** vgl. BFH v. 18.1.2011.[3]

3. Steuerbegünstigung für schutzwürdige Kulturgüter (Zeile 9–15)

Steuerbegünstigung für schutzwürdige Kulturgüter

9 Abzugsbetrag bei Steuerbegünstigung nach § 10g EStG für schutzwürdige Kulturgüter, die weder zur Einkunftserzielung noch zu eigenen Wohnzwecken genutzt werden 151 EUR ,—

Anteile an der Steuerbegünstigung nach § 10g EStG laut gesonderter und einheitlicher Feststellung

Steuerpflichtige Person / Ehemann / Person A

10 Gemeinschaft / Gesellschaft

11 Finanzamt Steuernummer

12 Gesondert und einheitlich festgestellter Betrag nach § 10g EStG 198 EUR ,—

Ehefrau / Person B

13 Gemeinschaft / Gesellschaft

14 Finanzamt Steuernummer

15 Gesondert und einheitlich festgestellter Betrag nach § 10g EStG 199 EUR ,—

Die Steuerbegünstigung nach § 10g EStG[4] kann – ohne Objektbegrenzung – nur für im Inland belegene und expli- **1474**
zit aufgezählte Kulturgüter beantragt werden (§ 10g Abs. 1 Satz 2 Nr. 1 bis 4 EStG), die weder zur Erzielung von Einkünften noch zu eigenen Wohnzwecken dienen oder nach weiteren Vergünstigungsvorschriften (§§ 10e Abs. 6, 10h Satz 3, 10i EStG) abgezogen wurden. Die Kulturgüter müssen in einem angemessenen Verhältnis der wissenschaftlichen Forschung oder der Öffentlichkeit zugänglich gemacht werden, sofern dem nicht zwingende Gründe des Denkmal- oder Archivschutzes entgegenstehen (§ 10g Abs. 1 Satz 2 Halbsatz 2 EStG).

Die gesetzliche Regelung dient sowohl der Förderung schutzwürdiger Baudenkmäler, als auch der Erhaltung schutzwürdiger Kulturgüter (z.B. Kunst- oder wissenschaftlicher Sammlungen). Begünstigungsfähig sind auch gärtnerische, bauliche und sonstige Anlagen (§ 10g Abs. 1 Satz 2 Nr. 3 EStG), die keine Gebäude oder Gebäudeteile darstellen und nach den jeweiligen landesrechtlichen Vorschriften geschützt sind. Auch für bewegliche Kulturgüter, deren Erhaltung im öffentlichen Interesse liegt (§ 10g Abs. 1 Satz 2 Nr. 4 EStG), besteht die Abzugsmöglichkeit. Zu berücksichtigen sind z.B. Mobiliar und Kunstgegenstände, wissenschaftliche Sammlungen, Bibliotheken oder Archive, die sich seit mind. 20 Jahren im Besitz der Familie der stpfl. Person befinden oder als nationales Kulturgut in ein Verzeichnis national wertvollen Kulturgutes nach § 7 Abs. 1 des Kulturschutzgesetzes[5] und deren Erhaltung somit im öffentlichen Interesse liegen (§ 10g Abs. 1 Satz 2 Nr. 4 EStG).

Zum Abzug kommen **Aufwendungen für Herstellungs- und Erhaltungsmaßnahmen** (§ 10g Abs. 1 Satz 1 EStG). Anschaffungskosten sind – ebenso wie auch nachträgliche Anschaffungskosten – nicht begünstigt. Keine Berücksichtigung finden auch laufende Aufwendungen, z.B. für Versicherungen oder Zinsen für entsprechende Darlehen. Die begünstigten Herstellungs- und Erhaltungsmaßnahmen müssen nach den geltenden Bestimmungen der Denkmal- und Archivpflege erforderlich und in Abstimmung mit der zuständigen Stelle (§ 10g Abs. 3 EStG) durchgeführt worden sein. Die beabsichtigten Maßnahmen sind vor Beginn mit der zuständigen Stelle abzustimmen und von der zuständigen Stelle zu bescheinigen; die **Bescheinigung** ist materiell-rechtliche Abzugsvoraussetzung. Eine Übersicht der anzuwendenden länderspezifischen Bescheinigungsrichtlinien enthält das BMF-Schreiben v. 21.1.2020.[6]

Auf Gebäudeteile, die selbständige unbewegliche WG sind, sowie auf Eigentumswohnungen und im Teileigentum stehende Räume sind die Regelungen entsprechend anzuwenden (§ 10g Abs. 4 EStG). Gegebenenfalls ist eine gesonderte und einheitliche Feststellung durchzuführen (§ 10g Abs. 4 Satz 2 EStG mit Verweis auf die sinngemäße Anwendung des § 10e Abs. 7 EStG).

1) BMF v. 19.5.2022, IV C 1 – S 2252/19/10003 :009, BStBl I 2022, 742, Rz. 132.
2) Gauß/Schwarz, BB 2009, 1387; vgl. auch Bron/Seidel, ErbStB 2/2010, 48.
3) BFH v. 18.1.2011, X R 63/08, BStBl II 2011, 680 und v. 17.2.2010, II R 23/09, BStBl II 2010, 641; Verfbeschw. nicht angenommen, BVerfG v. 7.4.2015, 1 BvR 1432/10, StEd 2015, 325.
4) I.d.F. des Gesetzes zur Neuregelung des Kulturschutzrechts (KultgSchRNRG) v. 31.7.2016, BGBl. I 2016, 1914.
5) Vgl. zur Definition BR-Drucks 538/15 zum Gesetz zur Neuregelung des Kulturschutzrechts.
6) BMF v. 21.1.2020, IV C 1 – S 2198-a/19/10004 :001, BStBl I 2020, 169.

Die Aufwendungen für die Herstellungs- und Erhaltungsmaßnahmen können, gekürzt um Zuschüsse und aus dem Kulturgut erzielte Einnahmen, innerhalb eines **10-jährigen Begünstigungszeitraumes** jeweils bis zu 9 % wie Sonderausgaben abgezogen werden, wenn die Baumaßnahmen nach dem 31.12.2003 begonnen haben. Für Baumaßnahmen vor diesem Stichtag beträgt der Abzugsbetrag 10 % jährlich. Der Begünstigungszeitraum beginnt in dem Kj. des Abschlusses der jeweiligen Maßnahme. Zuschüsse zu den Herstellungs- und Erhaltungsmaßnahmen mindern die Bemessungsgrundlage entsprechend ab dem Zuflusszeitpunkt mit Wirkung für das noch nicht abgeschlossene und die folgenden Kj.; der bereits in einem früheren VZ gewährte Sonderausgabenabzug bleibt dabei unberührt.

Bei einem **Wechsel zur Einkunftserzielung** sind die noch nicht abgesetzten Erhaltungsaufwendungen im Jahr des Übergangs abzuziehen (§ 10g Abs. 2 Satz 3 EStG). Bei Herstellungskosten sind die Abschreibungsvorschriften zu beachten.

4. Spendenvortrag (Zeile 16)

	Spendenvortrag	Steuerpflichtige Person / Ehemann / Person A	Ehefrau / Person B
16	Es wurde ein verbleibender Spendenvortrag nach § 10b EStG zum 31.12.2024 festgestellt.	1 = Ja	1 = Ja

1475 Der Abzug der Spenden ist der Höhe nach begrenzt, übersteigende Beträge gehen jedoch nicht verloren und sind i.R.d. allgemeinen Höchstbeträge in den folgenden VZ weiterhin als Sonderausgabe abziehbar. Gerade bei einem Steuernummernwechsel (z.B. Wechsel von einer Einzelveranlagung zu einer Zusammenveranlagung) werden verwaltungsseitig die Spendenvorträge nicht automatisch auf die neue Steuernummer übertragen. Die Zeile 16 dient damit als Aufgriff für die Finverw. Am Jahresende sind die entsprechenden Beträge gesondert festzustellen (§ 10b Abs. 1 Satz 9 und 10 i.V.m. § 10d Abs. 4 EStG). Vgl. die Ausführungen zum Verlustabzug → Rz. 106.

5. Verlustabzug (Zeilen 17–18)

	Verlustabzug	Steuerpflichtige Person / Ehemann / Person A	Ehefrau / Person B
17	Es wurde ein verbleibender Verlustvortrag nach § 10d EStG zum 31.12.2024 festgestellt.	1 = Ja	1 = Ja
18	Ich beantrage / Wir beantragen von einem Verlustrücktrag nach § 10d EStG in die Jahre 2024 und 2023 abzusehen.		802 1 = Ja

a) Negative Einkünfte

1476 Negative Einkünfte, die bei den einzelnen Einkunftsarten entstanden sind, können unbegrenzt mit positiven Einkünften desselben Kj. – auch aus anderen Einkunftsarten – ausgeglichen werden. Zur Berücksichtigung bei Unterbrechung der (un-)beschränkten Steuerpflicht vgl. R 10d Abs. 8 EStR 2012. § 56 Satz 2 EStDV verpflichtet die stpfl. Person zur Abgabe einer ESt-Erklärung, wenn zum Schluss des vorangegangenen VZ ein verbleibender Verlustabzug festgestellt worden ist, so dass der Anlauf der Festsetzungsfrist (§ 170 Abs. 2 Satz 1 Nr. 1 AO) gehemmt ist.[1)]

> **Praxishinweis:**
> Ausnahmen bestehen lediglich bei Verlusten aus gewerblicher Tierzucht- und Tierhaltung, gewerblichen Termingeschäften (vgl. hierzu Ausführungen zu den Zeilen 63–66 der Anlage G; → Rz. 607 f.) sowie bei sonstigen Einkünften (vgl. Ausführungen zu den Zeilen 18 und 62 der Anlage SO; → Rz. 1373 ff.). Für Einkünfte aus Kapitalvermögen besteht i.R.d. Abgeltungsteuer ein Verlustverrechnungs- und -ausgleichsverbot (§ 20 Abs. 6 EStG).

Negative Einkünfte, die bei der Ermittlung des Gesamtbetrags der Einkünfte nicht ausgeglichen werden, sind bis zu einem Betrag von 1 000 000 € vom Gesamtbetrag der Einkünfte des unmittelbar vorangegangenen VZ vorrangig vor Sonderausgaben, außergewöhnlichen Belastungen und sonstigen Abzugsbeträgen abzuziehen (sog. Verlustrücktrag). Der Gesetzgeber hat mit dem Vierten Corona-Steuerhilfegesetz[2)] neue Regelungen zur Verlustverrechnung verabschiedet. Demnach ist ab dem VZ 2022 der Verlustrücktrag auf zwei Jahre ausgeweitet worden.

Der ggü. den Sonderausgaben und außergewöhnlichen Belastungen vorrangige Abzug ist verfassungsgemäß.[3)] In Folge dessen können negative Einkünfte auch nicht mit einem Erstattungsüberhang (→ Rz. 1446) verrechnet werden. Somit ist es möglich, dass es trotz einer negativen Summe der Einkünfte auf Grund eines Erstattungsüberhangs (oftmals aus Kirchensteuer-Zahlungen) zu einer Nachzahlung kommt.

Der Betrag der negativen Einkünfte, der bei der Ermittlung des Gesamtbetrags der Einkünfte nicht ausgeglichen wird, entspricht der negativen Summe der Einkünfte.[4)] Der Altersentlastungsbetrag (§ 24a EStG),[5)] der Freibetrag für Land- und Forstwirte (§ 13 Abs. 3 EStG) und der Entlastungsbetrag für Alleinerziehende (§ 24b EStG) werden bei der Ermittlung des Verlustabzugs nicht berücksichtigt.

1) BFH v. 30.3.2017, VI R 43/15, BStBl II 2017, 1046.
2) Viertes Corona-Steuerhilfegesetz v. 19.6.2022, BGBl. I 2022, 911.
3) BFH v. 9.4.2010, IX B 191/09, BFH/NV 2010, 1270.
4) R 2 Abs. 1 Nr. 3 EStR 2012.
5) Bestätigt durch BFH v. 30.6.2020, IX R 3/19, BStBl II 2021, 859.

Sollte die unbeschränkte Steuerpflicht der stpfl. Person zeitweise unterbrochen werden, gehen die einmal festgestellten Verluste nicht unter. Für die Zeit der (un)beschränkten Steuerpflicht besteht dann keine Erklärungspflicht des Einkommens. Die Verluste sind nach der gesetzlichen Systematik in den folgenden VZ abzuziehen (§ 10d Abs. 2 Satz 1 EStG).

Bei **Ehegatten/Lebenspartnern** verdoppelt sich der berücksichtigungsfähige Betrag auf 20 000 0 € (§ 10d Abs. 1 Satz 1 EStG). Der Höchstbetrag kann von beiden Ehegatten/Lebenspartnern unabhängig davon, wer von ihnen die positiven oder die negativen Einkünfte erzielt hat, ausgeschöpft werden.[1)]

Zur Mindestbesteuerung (§ 10d Abs. 2 EStG) und den verfassungsrechtlichen Anforderungen vgl. BMF v. 19.10.2011.[2)]

b) Verlustabzug im Erbfall

aa) Verluste, die bis zum 17.8.2008 entstanden sind

Sind Verluste beim Erblasser nicht aufgebraucht worden, können diese im VZ des Erbfalls bei der Ermittlung des Gesamtbetrags der Einkünfte des Erben mit dessen Einkünften ausgeglichen werden. Ist ein Verlustausgleich nicht möglich, sind die Verluste im Wege des Verlustabzugs zu berücksichtigen. Eine Berücksichtigung erfolgt nur dann, wenn der Erbe durch die Verluste wirtschaftlich belastet ist. Wirtschaftlich belastet ist der Erbe nicht, wenn er für die Nachlassverbindlichkeiten gar nicht oder nur beschränkt haftet. **1477**

bb) Verluste, die ab dem 18.8.2008 entstanden sind

Der Große Senat des BFH hat die Praxis, dass der Erbe einen vom Erblasser nicht ausgenutzten Verlustvortrag bei der eigenen Veranlagung zur ESt geltend machen kann, soweit der Erblasser den Verlust noch hätte geltend machen können und soweit der Erbe den Verlust des Erblassers wirtschaftlich zu tragen hatte (→ Rz. 1477), verneint und lässt diesen Abzug nicht zu.[3)] Höchstpersönliche Verhältnisse – und dazu gehört auch der nicht ausgenutzte Verlustvortrag – sind unlösbar mit der Person des Rechtsvorgängers verknüpft und daher nicht auf den Gesamtrechtsnachfolger zu übertragen. Zur Verlustberücksichtigung wird daher jeweils an die einzelne Person angeknüpft. Zur Berücksichtigung von Verlusten auch auf andere Bereiche des ESt-Rechts vgl. Rickert.[4)] Soweit es sich um einen Verlustausgleich zwischen zusammenveranlagten Ehegatten/Lebenspartnern handelt, muss ein Verlustausgleich möglich sein.[5)] Im Rahmen einer Zusammenveranlagung ist im Todeszeitpunkt eines Ehegatten/Lebenspartners der noch nicht ausgeglichene Verlust des Erblassers bei der Veranlagung für das Todesjahr mit positiven Einkünften des überlebenden Ehegatten/Lebenspartners auszugleichen, soweit er Erbe ist. Die Finverw. wendet die Rechtsprechung des BFH an.[6)] Aus Vertrauensschutzgründen sind die Regeln mit Ablauf des Tages der Veröffentlichung (18.8.2008) der Entscheidung im BStBl anzuwenden. Liegt im Einzelfall kein ungewollter Überhang des gesetzlichen Steuertatbestandes vor, scheiden sachliche Billigkeitsmaßnahmen aus.[7)] **1478**

Gestaltungshinweis:

Soweit absehbar ist, dass Verlustvorträge entstehen werden und beim möglichen Erblasser voraussichtlich nicht mehr vollständig genutzt werden können, kann daran gedacht werden, ggf. die Einkunftsquelle vorzeitig auf Erben zu übertragen. Hierbei sind allerdings die schenkungsteuerlichen Konsequenzen zu beachten. Ein Betrieb kann auch entgeltlich veräußert oder aufgegeben sowie werthaltige WG aus dem Betriebsvermögen entnommen werden. Erben können auch (nach dem Tod des Erblassers) bestehende Bilanzierungswahlrechte ausnutzen und damit Einkommenserhöhungen bewusst in Kauf nehmen. Im Bereich der Überschusseinkünfte könnten Verluste aus Vermietung und Verpachtung durch Anhebung der Miete ausgeglichen werden, während im Bereich der Einkünfte aus Kapitalvermögen (zusätzliche) Gewinnausschüttungen im Bereich von Beteiligungen nach § 17 EStG vorgetragene Verluste aufbrauchen könnten.

c) Besonderheit bei Arbeitnehmern

Ist bei einem Arbeitnehmer ein Verlustabzug zu berücksichtigen, so hat er dies gesondert in Zeile 2 des Hauptvordrucks ESt 1 A zu beantragen, es sei denn, er wird bereits aus anderen Gründen zur ESt veranlagt (Regelungen des § 46 Abs. 2 EStG). Ist das FA durch Abgabe der ESt-Erklärung in die Lage versetzt, die Verlustfeststellung ordnungsgemäß durchzuführen, so ist die Abgabe einer eigenständigen Feststellungserklärung nicht notwendig (hier fehlendes Ankreuzen des möglichen Eintrags „Erklärung zur Feststellung des verbleibenden Verlustvortrages" auf dem Hauptvordruck der ESt-Erklärung) um die Feststellungsfrist in Gang zu setzen.[8)] Erfolgt für einen VZ keine Veranlagung, kann der in diesem VZ berücksichtigungsfähige Verlustabzug nicht in einem anderen VZ geltend gemacht werden. Für den VZ der Verlustentstehung erfolgt jedoch keine Minderung des verbleibenden Verlustvortrags, soweit der Arbeitnehmer auf den Verlustrücktrag verzichtet hat.[9)] **1479**

---

1) R 10d Abs. 2 Satz 2 EStR 2012.
2) BMF v. 19.10.2011, IV C 2 – S 2741/10/10002, BStBl I 2011, 974.
3) BFH v. 17.12.2007, GrS 2/04, BStBl II 2008, 608.
4) Rickert, DStR 2010, 410.
5) Moog, DStR 2010, 1122.
6) BMF v. 24.7.2008, IV C 4 – S 2225/07/0006, BStBl I 2008, 809; R 10d Abs. 9 EStR 2012.
7) BFH v. 17.4.2018, IX R 24/17, HFR 2018, 685.
8) FG Sachsen-Anhalt v. 11.11.2014, 5 K 180/11, EFG 2015, 434.
9) R 10d Abs. 4 EStR 2012.

d) Festgestellter verbleibender Verlustvortrag zum 31.12.2024 (Zeile 17)

1480 Der am Schluss eines VZ verbleibende **Verlustvortrag** wird vom FA für die Zukunft **gesondert festgestellt** (§ 10d Abs. 4 Satz 1 EStG). Die Feststellungsfrist endet dabei nicht, bevor die Festsetzungsfrist für den VZ abgelaufen ist, auf dessen Schluss der verbleibende Verlustvortrag gesondert festzustellen ist; § 181 Abs. 5 AO ist nur dann anzuwenden, wenn die zuständige Finanzbehörde die Feststellung des Verlustvortrags pflichtwidrig unterlassen hat (§ 10d Abs. 4 Satz 6 EStG). Pflichtwidrigkeit ist z.B. dann zu bejahen, wenn das FA trotz abgegebener Steuererklärung die Verlustfeststellung unterlässt.[1]

Praxishinweis:
Erstmalige oder korrigierte Verlustfeststellungen dürfen nach Bestandskraft des Steuerbescheids für nachträglich erklärte Verluste nur dann festgestellt werden, wenn auch der Steuerbescheid noch geändert werden kann.[2] Beide Bescheide sind aneinander gekoppelt. So ist es in den entsprechenden Fällen notwendig, gegen den Festsetzungsbescheid Einspruch einzulegen, wenn Verluste keine Berücksichtigung gefunden haben, da der Steuerbescheid für den Verlustfeststellungsbescheid Bindungswirkung entfaltet.[3] Eine Ausnahme von der Bindungswirkung ist dann vorhanden, wenn der Bescheid dem Grunde nach zwar geändert werden könnte, das aber allein deshalb unterbleibt, weil sich die Höhe der festzusetzenden Steuer nicht ändert (§ 10d Abs. 4 Satz 5 EStG). Zu Verfahrensfragen vgl. OFD Frankfurt.[4]

Der Verlust ist auch dann festzustellen, wenn alle Verluste aufgezehrt worden sind. In diesem Fall hat eine Verlustfeststellung auf 0 € zu erfolgen. Der Feststellungsbescheid nach § 10d Abs. 4 EStG ist Grundlagenbescheid (§ 182 Abs. 1 AO) für die ESt-Festsetzung des Folgejahres und für den auf den nachfolgenden Feststellungszeitpunkt zu erlassenden Feststellungsbescheid. Er ist kein Grundlagenbescheid für den Steuerbescheid eines Verlustrücktragjahres (§ 10d Abs. 1 EStG).[5]

Beratungshinweis:
Ein verbleibender Verlustvortrag ist auch dann erstmals gesondert festzustellen, wenn ein ESt-Bescheid für das Verlustentstehungsjahr wegen Eintritts der Festsetzungsverjährung nicht mehr erlassen werden kann.[6] Insoweit besteht z.B. Potenzial zur Feststellung von Verlusten i.R.d. Berufsausbildungskosten.

In Zeile 17 ist das entsprechende Feld mit dem Wert „1“ zu befüllen, wenn eine Verlustfeststellung für die stpfl. Person/Ehemann/Person A oder die Ehefrau/Person B zum 31.12.2024 erfolgt ist.

Der Verlustvortrag darf nicht mit einem Erstattungsüberhang verrechnet werden.[7]

e) Antrag auf Beschränkung des Verlustrücktrags in die Jahre 2024 und 2023 (Zeile 18)

1481 Durch eine Änderung ab dem VZ 2022 kann auf den **Verlustrücktrag nur noch ganz verzichtet werden** (§ 10d Abs. 1 Satz 4 EStG). Durch eine Eintragung der Zahl „1“ in die Zeile 18 wird auf den Verlustrücktrag in die Jahre 2024 und 2023 ganz verzichtet. Ein teilweiser Verzicht ist nicht mehr möglich. Wird i.R.d. ESt-Erklärung 2025 kein entsprechender Antrag gestellt, so wird der Verlust von Amts wegen in das Jahr 2024zurückgetragen und dort mit der positiven Summe der Einkünfte verrechnet. Ein eventuell verbleibender Restverlust wird zwingend in das Jahr 2023 zurückgetragen.

Beratungshinweis:
Der **Antrag, vom Verlustrücktrag** abzusehen, kann nur bis zum Eintritt der Bestandskraft des Bescheids über die gesonderte Feststellung des zum Schluss des Verlustentstehungsjahres verbleibenden Verlustvortrags geändert oder widerrufen werden.[8] Der ggü. Sonderausgaben und außergewöhnlichen Belastungen vorrangige Verlustabzug (§ 10d Abs. 2 EStG) begegnet keinen verfassungsrechtlichen Bedenken.[9]

Nicht ausgeglichene negative Einkünfte, die nicht im aktuellen VZ und auch nicht im unmittelbar vorangegangen VZ abgezogen worden sind, sind in den folgenden VZ bis zu einem Gesamtbetrag der Einkünfte von 1 000 000 € unbeschränkt, darüber hinaus bis zu 70 % des 1 000 000 € übersteigenden Gesamtbetrags der Einkünfte vorrangig vor Sonderausgaben, außergewöhnlichen Belastungen und sonstigen Abzugsbeträgen abzuziehen. Bei zusammen veranlagten Ehegatten/Lebenspartnern verdoppelt sich der Betrag auf 2 000 000 €.

Der **Antrag** nach § 10d Abs. 1 Satz 4 EStG kann bis zur **Bestandskraft des auf Grund des Verlustrücktrags** geänderten Steuerbescheids gestellt werden.

Beispiel:
Die Steuererklärung 2025 wird am 20.3.2026 eingereicht. Es wurden Einkünfte aus Gewerbebetrieb i.H.v. 40 000 € erklärt. Der hiernach erlassene Steuerbescheid mit einem positiven Gesamtbetrag der Einkünfte wird bestandskräftig. Nach Bestandskraft wird die erstmalige Berücksichtigung eines Auflösungsverlustes aus der Insolvenz einer GmbH i.H.v. 60 000 € geltend gemacht. Eine Änderung des Steuerbescheides nach den Vorschriften der Abgabenordnung ist nicht mehr möglich. Da die dem ESt-Bescheid zugrunde gelegten Besteuerungsgrundlagen Bindungswirkung entfalten, kann der Verlust nicht im Rahmen eines Verlustfeststellungsbescheides berücksichtigt werden.

1) BT-Drucks. 16/2712, 44.
2) JStG 2010 v. 8.12.2010, BStBl I 2010, 1394.
3) Vgl. zu weiteren verfahrensrechtlichen Problemen, Meyer/Ball, DStR 2011, 345.
4) OFD Frankfurt/M. v. 8.5.2018, S 2225 A – 009 – St 213, StEd 2018, 607.
5) R 10d Abs. 7 EStR 2012.
6) BFH v. 13.1.2015, IX R 22/14, BStBl II 2015, 829.
7) BFH v. 12.3.2019, IX R 34/17, BStBl II 2019, 658.
8) BFH v. 17.9.2009, IX R 72/06, BStBl II 2009, 639.
9) BFH v. 9.4.2010, IX B 191/09, BFH/NV 2010, 1270; Verfbeschw. nicht angenommen, BVerfG v. 13.4.2012, 2 BvR 1175/10; OFD Rheinland, Kurzinfo ESt Nr. 998/2012 v. 6.2.2012, DStR 2012, 907.

6. Negative Einkünfte mit Bezug zu Drittstaaten (Zeile 19)

Negative Einkünfte mit Bezug zu Drittstaaten

		Steuerpflichtige Person / Ehemann / Person A	Ehefrau / Person B
19	Es wurden verbleibende negative Einkünfte nach § 2a Abs. 1 Satz 5 EStG zum 31.12.2024 festgestellt.	1 = Ja	1 = Ja

Negative Einkünfte mit Bezug zu Drittstaaten (§ 2a EStG → Rz. 124 ff) dürfen nur mit positiven Einkünften derselben Art und desselben Staates verrechnet werden. Ist eine Verrechnung nicht möglich, sind die Einkünfte mit Verlustfeststellungsbescheid festzustellen und können in den Folgejahren berücksichtigt werden. Die Feststellung erfolgt nicht mit dem (maschinellen) ESt-Bescheid des entsprechenden Jahres. Vielmehr ist ein personeller Bescheid durch den Bearbeiter im FA zu erstellen. Mit der neuen Abfrage soll sichergestellt werden, dass die Verluste des Vorjahres in der ESt-Erklärung berücksichtigt werden, da diese nicht maschinell berücksichtigt werden können. 1482

7. Freibetrag für bestandsgeschützte Alt-Anteile an Investmentfonds (Zeile 20)

Freibetrag für bestandsgeschützte Alt-Anteile an Investmentfonds

		Steuerpflichtige Person / Ehemann / Person A	Ehefrau / Person B
20	Es wurde ein verbleibender Freibetrag für bestandsgeschützte Alt-Anteile an Investmentfonds nach § 56 Abs. 6 Satz 2 InvStG zum 31.12.2024 festgestellt.	1 = Ja	1 = Ja

2025AnlSonstiges411 - September 2025 - **2025AnlSonstiges411**

Die ab dem 1.1.2018 eintretenden Wertveränderungen von bestandsgeschützten Alt-Anteilen sind stpfl., soweit sie einen einmalig zu gewährenden Freibetrag i.H.v. 100 000 € überschreiten (§ 56 Abs. 6 Satz 1 Nr. 2 InvStG). Der Freibetrag ist nur in der Veranlagung und nicht bei der Erhebung der Kapitalertragsteuer anzuwenden. Im Veranlagungsverfahren ist von Amts wegen auf die Gewinne aus der Veräußerung von bestandsgeschützten Alt-Anteilen der Freibetrag anzuwenden. Steuerpflichtig ist nur der nach einer Teilfreistellung verbleibende Gewinn, so dass auch nur der nach einer Teilfreistellung verbleibende Gewinn den Freibetrag mindert. Soweit ein Gewinn aus der Veräußerung eines bestandsgeschützten Alt-Anteils von der Besteuerung freigestellt wird, ist der verbleibende Freibetrag durch das FA gesondert festzustellen (§ 56 Abs. 6 Satz 2 und 3 InvStG).[1] 1483

Die Ausführungen zu Zeile 10 der Anlage KAP → Rz. 711 gelten entsprechend. Wurde zum 31.12.2024 der Freibetrag vom FA festgestellt, ist eine entsprechende Angabe erforderlich. Wurde der Freibetrag zum 31.12. des Vorjahrs festgestellt, handelt es sich im Folgejahr nicht um einen Pflichtveranlagungstatbestand, so dass der Betrag nicht fortlaufend festgestellt werden muss.

8. Antrag zur Aufteilung der Abzugsbeträge bei Einzelveranlagung von Ehegatten/Lebenspartnern (Zeile 21)

- 2 -

Antrag zur Aufteilung der Abzugsbeträge bei Einzelveranlagung von Ehegatten / Lebenspartnern

21 Laut übereinstimmendem Antrag sind die Sonderausgaben, außergewöhnlichen Belastungen, die Steuerermäßigung für haushaltsnahe Beschäftigungsverhältnisse, Dienstleistungen und Handwerkerleistungen, sowie die Steuerermäßigung für energetische Maßnahmen bei zu eigenen Wohnzwecken genutzten Gebäuden je zur Hälfte aufzuteilen. 222 1 = Ja

(Der Antrag auf Aufteilung in einem anderen Verhältnis als je zur Hälfte
– des Freibetrages zur Abgeltung eines Sonderbedarfs bei Berufsausbildung eines gemeinsamen volljährigen Kindes ist in Zeile 55 der **Anlage Kind**,
– bei Übertragung des Behinderten- oder Hinterbliebenen-Pauschbetrags eines gemeinsamen Kindes ist in Zeile 63 der **Anlage Kind**,
– bei Übertragung der behinderungsbedingten Fahrtkostenpauschale eines gemeinsamen Kindes ist in Zeile 66 der **Anlage Kind** zu stellen.)

Der Antrag auf Einzelveranlagung (§ 26a EStG) ist in Zeile 19 des Hauptvordrucks ESt 1 A zu stellen. 1484

Die in Zeile 21 genannten Aufwendungen (für Sonderausgaben, außergewöhnliche Belastungen, die Steuerermäßigung für haushaltsnahe Beschäftigungsverhältnisse, Dienstleistungen und Handwerkerleistungen sowie die Steuerermäßigung für energetische Maßnahmen bei zu eigenen Wohnzwecken genutzten Gebäuden) sind dem Ehegatten/Lebenspartner zuzurechnen, der sie getragen hat (§ 26a Abs. 2 EStG). Auf übereinstimmenden Antrag ist auch die hälftige Zurechnung möglich. Die Anträge auf Aufteilung der Freibeträge im Zusammenhang mit gemeinsamen Kindern sind in den Zeilen 54, 62 und 72 der Anlage Kind zu stellen.

Werden Ehegatten/Lebenspartner einzeln zur ESt veranlagt, so werden nach übereinstimmendem Antrag die als Sonderausgaben, außergewöhnliche Belastungen abzuziehenden Beträge sowie die Steuerermäßigung nach § 35a EStG und § 35c EStG je zur Hälfte aufgeteilt. Dies gilt auch für den einem Ehegatten zustehende Behinderten-Pauschbetrag (vgl. § 33b Abs. 1–3 EStG).[2]

1) BMF v. 21.5.2019, IV C 1 – S 1980-1/16/10010 :001, 527, BStBl I 2019, 527, Rz. 56.106.
2) BFH v. 20.12.2017, III R 2/17, BStBl II 2018, 468.

Der Antrag gilt für alle vorgenannten Bereiche; eine gesonderte Zuordnung einzelner Kosten ist nicht möglich. Bei der Regelung handelt es sich daher um eine reine Verteilungsvorschrift, wobei die Ermittlung der Abzugsbeträge (auch im Zusammenhang mit Beitragsrückerstattungen) noch nicht geklärt ist. Die einzelnen (rechtlichen) Voraussetzungen müssen nicht bei der jeweils anderen Person vorgelegen haben.

Beratungshinweis:
Wird beantragt, die Sonderausgaben, die außergewöhnlichen Belastungen sowie die Steuerermäßigung nach § 35a EStG und § 35c EStG hälftig aufzuteilen, sind nach Auffassung der Finverw. die Abzugsbeträge (Höchstbeträge) und nicht die Aufwendungen bei den Ehegatten jeweils hälftig zu berücksichtigen. Dieser Berechnungsweise hat das FG Baden-Württemberg[1] eine klare Absage erteilt. In dem dagegen geführten Revisionsverfahren[2] bestätigte der BFH die Rechtsauffassung des FG. Als Begründung gab der BFH an, dass der § 26a Abs. 2 Satz 1 EStG von **Aufwendungen** spricht und in Folge dessen die im Satz 2 genannte Verteilung auch für die Aufwendungen und eben nicht für die Abzugsbeträge (Höchstbeträge) gilt. Die Finverw. hat über die Anwendung dieses Urteils noch nicht entschieden.

9. Forschungszulage (Zeile 22)

	Forschungszulage			
22	Es wird beantragt, die Festsetzung der Einkommensteuer bis zur Festsetzung der Forschungszulage oder bis zur gesonderten und einheitlichen Feststellung von Anteilen an der festgesetzten Forschungszulage zurückzustellen. – **Bei einer anspruchsberechtigten Personengesellschaft: Erläuterungen laut gesonderter Aufstellung** –	860		1 = Ja

1485 Mit dem Gesetz zur steuerlichen Förderung von Forschung und Entwicklung (Forschungszulagengesetz – FZulG)[3] wurde eine steuerliche Forschungs- und Entwicklungsförderung eingeführt, die am 1.1.2020 in Kraft getreten ist. Hiernach können Unternehmen, die forschend oder entwickelnd tätig sind, pro Wj. eine Forschungszulage beantragen. Die Forschungszulage wird nicht direkt an die Unternehmen ausgezahlt, sondern im Wege der Anrechnung bei der nächsten erstmaligen Veranlagung zur ESt/KSt berücksichtigt.

Hinweis zur Plausibilitätsbeurteilung:
Um eine zeitnahe Möglichkeit der Anrechnung der Forschungszulage sicherzustellen, kann der Stpfl. die Festsetzung der ESt zurückstellen lassen, bis der Antrag auf Festsetzung der Forschungszulage vom zuständigen FA bearbeitet worden ist. Zur Aussteuerung ist das Feld in der Zeile 22 mit dem Wert „1" zu befüllen.

10. Bauabzugsteuer (Zeile 23)

	Steuerabzug bei Bauleistungen (Bauabzugsteuer)		
23	Es liegt anrechenbare Bauabzugsteuer nach §§ 48 ff. EStG vor.		1 = Ja

2025AnlSonstiges412 **2025AnlSonstiges412**

1486 Um in der ESt-Erklärung eine strukturierte Erklärungsmöglichkeit zu haben, dass eine anrechenbare Bauabzugsteuer nach § 48 ff. EStG vorliegt und damit verwaltungsseitig einen zusätzlichen Aufgriff zu haben, wurde analog zur KSt-Erklärung ab dem VZ 2025 eine entsprechende Abfrage aufgenommen. Die Abfrage erfolgt nur mit einem „1=Ja"-Feld und ohne Betragsabfrage, da auf Grund der Anrechnungsreihenfolge (§ 48c Abs. 1 EStG) ohnehin geprüft werden muss, ob und wenn ja in welcher Höhe ein Guthaben überhaupt besteht, das in der Veranlagung noch angerechnet werden kann.

---

1) FG Baden-Württemberg v. 29.11.2017, 2 K 1032/16, EFG 2018.
2) BFH v. 28.11.2019, III R 11/18, n.v., HFR 2020, 621.
3) Forschungszulagengesetz v. 14.12.2019, BGBl. I 2019, 2763.

XXX. Anlage U – für Unterhaltsleistungen und Ausgleichsleistungen zur Vermeidung des Versorgungsausgleichs an den geschiedenen Ehegatten/Lebenspartner einer aufgehobenen Lebenspartnerschaft oder dauernd getrennt lebenden Ehegatten/Lebenspartner

1. Grundsätze

Hinweis zur Plausibilitätsbeurteilung: 1487

Für den VZ 2025 wurde die grds. jahresneutrale Anlage überarbeitet und trägt nunmehr den **Stand 2025**. Überarbeitet wurde das vorgegebene Berechnungsschema, das im Ergebnis zu den abzugsfähigen Unterhaltsleistungen führt. Hierzu wurde eine Zeilenreferenzierung (Zeilen 1–7) eingefügt. Die tatsächlich erbrachten Unterhaltsleistungen sind nunmehr in Zeile 1 zu erklären. Hierbei ist zu unterscheiden, ob es sich bei den Unterhaltsleistungen um Geld- oder Sachleistungen handelt. Abzuziehen sind die in Zeile 1 erbrachten Unterhaltsleistungen für Kinder (Zeile 2). Die sich ergebenden gesamten Unterhaltsleistungen (Geld- und Sachleistungen [Zeile 3]) sind zu ermitteln und als Gesamtsumme in Zeile 4 zu erklären. Die Zeilen 5–7 waren bereits in der Anlage U (2019) enthalten.

Unterhaltsleistungen (Bar- und/oder Naturalunterhalt) an den geschiedenen Ehegatten, Lebenspartner einer aufgehobenen Lebenspartnerschaft oder dauernd getrennt lebenden, unbeschränkt einkommenstpfl. Ehegatten/ Lebenspartner können mit dessen Zustimmung (→ Rz. 1491) von der stpfl. Person als Sonderausgaben bis zu einem Höchstbetrag von 13 805 € zzgl. tatsächlich geleisteter Beiträge für eine Basis-Kranken- und gesetzliche Pflegeversicherung berücksichtigt werden (§ 10 Abs. 1a Nr. 1 EStG). Die Angabe der erteilten Id-Nr. (→ Rz. 15) der unterhaltenen Person ist ab dem VZ 2016[1] materiell-rechtliche Voraussetzung (§ 10 Abs. 1a Nr. 1 Satz 7 EStG). Ohne die Zustimmung des Empfängers kommt der Sonderausgabenabzug beim Geber nicht in Betracht. Die Zustimmung wirkt auch für die Erhöhung des Höchstbetrags (Kranken- und Pflegeversicherung [§ 10 Abs. 1a Nr. 1 Satz 2 EStG]).[2] Eine Ausweitung des Sonderausgabenabzugs auf Unterhaltsleistungen an ehemalige Lebensgefährten und Eltern eines gemeinsamen Kindes ist verfassungsrechtlich nicht geboten.[3] Durch den übereinstimmenden Antrag ändert sich der Rechtscharakter der im Kj. erbrachten Unterhaltsleistungen. Diese Zahlungen sind auf der Anlage Sonderausgaben (Zeilen 29-36) zu erklären. Als weitere Folge sind die Leistungen beim Empfänger als sonstige Einkünfte (§ 22 Nr. 1a EStG [Zeilen 5–7 der Anlage SO → Rz. 1367]) zu erfassen.

Zur Höhe und zum weiteren Abzug der Aufwendungen vgl. Ausführungen auf der Anlage Sonderausgaben zu den Zeilen 29–36 (→ Rz. 1466). Wird der Antrag auf Sonderausgabenabzug nicht gestellt, die Zustimmung vom Empfänger wirksam widerrufen oder nicht erteilt, können die für den Lebensunterhalt notwendigen Unterhaltsleistungen (z.B. Wohnungsmiete, Ernährung und Kleidung) als außergewöhnliche Belastung berücksichtigt werden.

Der Antrag auf Abzug der Aufwendungen entfaltet mit Eingang beim FA Bindungswirkung und kann nicht zurückgenommen werden und zwar auch dann nicht, wenn sich die beteiligten Personen hierüber einig sein sollten.[4] Die Verwirklichung der Abzugsvoraussetzungen (Zustimmung des Empfänger von Unterhalt und der Antrag des Gebers) mit ihrer unmittelbaren Gestaltungswirkung und Bindungswirkung ist nicht Folge, sondern Voraussetzung für den Erlass von Steuerbescheiden, in denen das FA den Abzug der Aufwendungen als Sonderausgaben beim Geber vornimmt und den entsprechenden Betrag beim Empfänger der Besteuerung unterwirft. Die Wahlrechtsausübung bindet die Betroffenen damit bereits vor der Unanfechtbarkeit der jeweiligen Steuerbescheide. Somit scheidet auch die jederzeitige Änderbarkeit der Erklärungen bis zur Unanfechtbarkeit der betreffenden Steuerbescheide aus.

Gestaltungshinweis:

Sowohl der zahlenden Person als auch dem Unterhaltsempfänger wird damit bereits vor Ausübung des Wahlrechts zugemutet, die möglichen Auswirkungen des Realsplittings auf die jeweilige Steuerschuld zu prüfen, und entspricht damit auch dem gesetzgeberischen Willen.[5]

Praxishinweis:

Für die Wirksamkeit des nicht fristgebundenen Antrags auf Sonderausgabenabzug ist nicht erforderlich, die Anlage U der Steuererklärung beizufügen. Da der amtliche Vordruck jedoch alle notwendigen formalen Angaben enthält (kein Abzug von Unterhaltsleistungen für Kinder, Bestätigungsvermerk, Zustimmung des Abzugs des Unterhaltsempfängers dem Grunde nach oder begrenzt auf einen Teilbetrag), ist die Abgabe zweckdienlich. Wird die Anlage erst nach Bestandskraft des ESt-Bescheids eingereicht, kommt eine Änderung in Betracht (§ 175 Abs. 1 Nr. 2 AO).[6] Stellt die Unterhalt leistende Person bei zuvor für den VZ erteilter wirksamer Zustimmung z.B. des Ehegatten/Lebenspartners den Antrag auf Realsplitting erst nach bestandskräftiger Veranlagung, ist die Antragstellung kein rückwirkendes Ereignis, wenn die Zustimmungserklärung des Unterhaltsempfängers dem Geber bereits vor Eintritt der Bestandskraft vorlag.[7] Die Stellung des Antrags auf Berücksichtigung der Unterhaltsleistungen durch den Geber samt Einreichung der Zustimmungserklärung des Empfängers ist bereits das rückwirkende Ereignis (§ 175 Abs. 1 Satz 1 Nr. 2, Satz 2 AO), das zur Änderung der ESt-Festsetzung des Empfängers der Unterhaltsleistung (§ 22 Nr. 1a EStG) führt. Auf die tatsächliche Anerkennung der Leistungen als Sonderausgaben beim Geber kommt es nicht an.[8]

1) Änderung durch das StÄndG 2015 v. 2.11.2015, BStBl I 2015, 846.
2) R 10.2 Abs. 2 EStR 2012.
3) BFH v. 9.6.2022, X B 15/21, HFR 2022, 1116.
4) BFH v. 22.9.1999, XI R 121/96, BStBl II 2000, 218.
5) BT-Drucks. 8/2201, 8.
6) BFH v. 17.7.1989, X R 8/84, BStBl II 1989, 957.
7) BFH v. 20.8.2014, X R 33/12, BStBl II 2015, 138.
8) BFH v. 28.7.2021, X R 15/19, BStBl II 2023, 312.

Grundsätzlich muss der Geber der Unterhaltsleistungen **unbeschränkt stpfl.** sein. Entsprechendes gilt für den Empfänger der Unterhaltsleistungen. Für **beschränkt stpfl.** Unterhaltsleistende finden die Regelungen keine Anwendung (§ 50 Abs. 1 Satz 3 EStG). Bei **Staatsangehörigen eines Mitgliedstaates der EU oder eines Staates, auf den das Abkommen über den EWR** Anwendung findet, können Unterhaltsleistungen jedoch abgezogen werden, wenn der Empfänger der Leistung nicht unbeschränkt stpfl. ist. Voraussetzung ist, dass der Unterhaltsempfänger seinen Wohnsitz oder gewöhnlichen Aufenthalt im Hoheitsgebiet eines anderen Mitgliedstaates der EU oder eines Staates, auf den das Abkommen über den EWR Anwendung findet oder in der Schweiz, hat. Die Besteuerung der Unterhaltsleistung beim Empfänger muss durch eine Bescheinigung der zuständigen ausl. Steuerbehörde nachgewiesen werden.

Unterhaltszahlungen i.R.d. Realsplittings an z.B. den in Österreich lebenden geschiedenen Ehegatten oder den Lebenspartner einer aufgehobenen Lebenspartnerschaft sind nicht abzugsfähig, da dieser die Zahlungen nicht versteuern muss und demgemäß keine Bescheinigung über die Besteuerung der Unterhaltszahlungen vorlegen kann. Diese Regelung verstößt nicht gegen EU-Recht.[1] Weitere Ausnahmen hinsichtlich der Abzugsfähigkeit der Unterhaltsleistungen als Sonderausgaben können sich auf Grund eines DBA (Dänemark, Kanada, USA) sowie aus der mit der Schweiz getroffenen Verständigungsvereinbarung ergeben.[2]

1488 Im Rahmen des Zollkodex-Anpassungsgesetzes[3] wurde gesetzlich geregelt, dass **Ausgleichsleistungen zur Vermeidung eines Versorgungsausgleichs** nach einer Ehescheidung/der Auflösung einer Lebenspartnerschaft (§ 6 Abs. 1 Satz 2 Nr. 2 VersAusglG) lediglich als Sonderausgaben zu berücksichtigen sind, soweit die zur Zahlung verpflichtete Person mit Zustimmung der berechtigten Person einen Antrag auf Berücksichtigung stellt (§ 10 Abs. 1a Nr. 3 EStG). Auf Grund der EG-vertraglich garantierten Freizügigkeit ist er – wie bei den übrigen Tatbeständen des § 10 Abs. 1a EStG – auch für solche Ausgleichszahlungen an nicht unbeschränkt stpfl. Leistungsempfänger zu gewähren, die ihren Wohnsitz oder gewöhnlichen Aufenthalt im Hoheitsgebiet eines anderen Mitgliedstaats der EU oder eines EWR-Staats haben. Diese Erweiterung gilt jedoch nur, wenn der Empfänger der Leistung oder Zahlung die Besteuerung durch eine Bescheinigung der zuständigen ausl. Steuerbehörde nachweist. Die steuerliche Einordnung dieser Zahlungen als WK[4] oder als Vorgang auf der privaten Vermögensebene ist unbeachtlich. Auf diese Weise wird eine steuerliche Gleichbehandlung aller Ausgleichszahlungen erreicht. Der steuerliche Abzug der Aufwendungen des Ausgleichsverpflichteten als Sonderausgaben korrespondiert mit der Besteuerung der Leistungen beim Ausgleichsberechtigten (§ 22 Nr. 1a EStG).

1) EuGH v. 12.7.2005, C-403/03, BFH/NV 2005, Beilage 4, 294; BFH v. 13.12.2005, XI R 5/02, HFR 2006, 568.
2) H 10.2 nicht unbeschränkt stpfl. Empfänger EStH 2024.
3) Zollkodex-Anpassungsgesetz v. 22.12.2014, BStBl I 2015, 58.
4) BFH v. 8.3.2006, IX R 107/00, BStBl II 2006, 446 u. IX R 78/01, BStBl II 2006, 448.

2. Antrag (Kopf und Teil A)

Finanzamt

Steuernummer

Identifikationsnummer

Bitte beachten Sie die Erläuterungen auf der letzten Seite.

Anlage U

für Unterhaltsleistungen und Ausgleichsleistungen zur Vermeidung des Versorgungsausgleichs an den geschiedenen Ehegatten / Lebenspartner einer aufgehobenen Lebenspartnerschaft oder dauernd getrennt lebenden Ehegatten / Lebenspartner

☐ **zum Antrag auf Lohnsteuer-Ermäßigung**

☐ **zur Einkommensteuererklärung**

☐ **zum Antrag auf Anpassung der Einkommensteuer-Vorauszahlungen**

20____

A. Antrag auf Abzug von Unterhaltsleistungen und Ausgleichsleistungen zur Vermeidung des Versorgungsausgleichs als Sonderausgaben

Antragsteller

Name, Vorname | Geburtsdatum

Anschrift

Ich beantrage, folgende Unterhaltsleistungen nach § 10 Abs. 1a Nr. 1 EStG und / oder Ausgleichsleistungen zur Vermeidung des Versorgungsausgleichs nach § 10 Abs. 1a Nr. 3 EStG an meinen in Abschnitt B genannten geschiedenen Ehegatten / Lebenspartner einer aufgehobenen Lebenspartnerschaft oder dauernd getrennt lebenden Ehegatten / Lebenspartner als Sonderausgaben abzuziehen.

Zeile		Geldleistungen	Sachleistungen
1	Im Kalenderjahr tatsächlich erbrachte Unterhaltsleistungen oder – bei Anträgen vor Ablauf des Kalenderjahres – voraussichtliche Unterhaltsleistungen:	€	€
2	Abzüglich der in Zeile 1 enthaltenen Unterhaltsleistungen für Kinder:	– €	– €
3	Unterhaltsleistungen (ohne Unterhaltsleistungen für Kinder):	= €	= €
4	Unterhaltsleistungen, die zum Abzug als Sonderausgaben geltend gemacht werden (Summe der Geld- und Sachleistungen aus Zeile 3):	= €	
5	In den o. g. Geldleistungen enthaltene Beiträge (abzgl. Erstattungen und Zuschüsse) für eine Basis-Kranken- und gesetzliche Pflegeversicherung meines geschiedenen Ehegatten / Lebenspartners einer aufgehobenen Lebenspartnerschaft oder dauernd getrennt lebenden Ehegatten / Lebenspartners:	€	
6	Davon entfallen auf Krankenversicherungsbeiträge mit Anspruch auf Krankengeld:	€	
7	Im Kalenderjahr tatsächlich erbrachte Ausgleichsleistungen zur Vermeidung des Versorgungsausgleichs oder – bei Anträgen vor Ablauf des Kalenderjahres – voraussichtliche Ausgleichsleistungen	Ausgleichsleistungen €	

Mir ist bekannt, dass eine **Rücknahme** dieses Antrags **nicht** zulässig ist und dass ein im Lohnsteuer-Ermäßigungs- oder Einkommensteuer-Vorauszahlungsverfahren gestellter Antrag auch bei der Einkommensteuerveranlagung für dasselbe Kalenderjahr bindend ist.

Datum und Unterschrift

Der Antrag auf Abzug der Unterhaltsleistungen/der Ausgleichsleistung zur Vermeidung des Versorgungsausgleichs als Sonderausgabe kann jeweils nur für ein Jahr gestellt und grds. nicht zurückgenommen werden. Er ist nur für das Kj bindend, für das der Sonderausgabenabzug in der Anlage Sonderausgaben beantragt wird. Der Sonderausgabenabzug muss für jedes Kj neu beantragt werden. Der Antrag ist betragsbezogen, so dass die Bindungswirkung auch für einen bestimmten Teilbetrag der Unterhaltsleistungen gilt, der unter dem Höchstbetrag liegen kann. Wurde der Antrag vor Ablauf des Kj. gestellt, sind die voraussichtlichen Unterhaltsleistungen/Ausgleichsleistungen anzugeben. Die zulässige Beschränkung des Antrags auf einen bestimmten Betrag unterhalb des Höchstbetrags soll es den Betroffenen ermöglichen, die für sie günstigste Steuerbelastung zu erreichen.[1] Der Antrag darf nicht an eine Bedingung geknüpft werden. 1489

Eine im Laufe eines Kj. widerrufene Zustimmung wirkt bis zum Ablauf dieses Kj. fort und entfaltet frühestens ab Beginn eines nachfolgenden Kj. keine Wirkung mehr.[2]

Beratungshinweis:

Es ist damit nicht möglich, im Jahr 2026 die Zustimmung für das Jahr 2025 zu erteilen, ohne sich dadurch gleichzeitig auch für das Jahr 2026 zu binden.

Eine erteilte Zustimmung zum Abzug von Unterhaltsleistungen als Sonderausgaben kann vom Unterhaltsempfänger auch ggü. dem FA des Antragstellers widerrufen werden.[3] Sind verschiedene Veranlagungsbezirke desselben FA für die Veranlagung z.B. geschiedener Ehegatten zuständig, so gilt der **Widerruf der Zustimmung** des Unterhaltsempfängers zum Realsplitting dem für die Besteuerung des Unterhaltsleistenden zuständigen Veranlagungs-

1) BFH v. 22.9.1999, XI R 121/96, BStBl II 2000, 218.
2) BFH v. 8.2.2007, XI B 124/06, BFH/NV 2007, 903.
3) BFH v. 2.7.2003, XI R 8/03, BStBl II 2003, 803.

bezirk nur dann als bekannt, wenn entweder der Vorsteher oder – wenn derselbe Sachgebietsleiter für beide Veranlagungsbezirke zuständig ist – der Sachgebietsleiter positive Kenntnis von dem Widerruf erlangt hat.[1)]

Beispiel:

Der Unterhaltsempfänger hat dem Abzug als Sonderausgaben im Kj. 2023 zugestimmt. Am 20.3.2026 wird die ESt-Erklärung 2025 eingereicht und gleichzeitig die Zustimmung zum Abzug widerrufen.

Der Widerruf wirkt erst ab dem VZ 2027. Im VZ 2026 sind die Einkünfte weiterhin zu versteuern.

Die in der Anlage U abgegebene Zustimmungserklärung ist eine öffentlich-rechtliche Willenserklärung,[2)] die im Hinblick auf ihre Gestaltungswirkung bedingungsfeindlich ist und nicht zurückgenommen werden kann. Die nicht vorhandene Möglichkeit der Rücknahme ergibt sich aus der entsprechenden Anwendung der im BGB enthaltenen Regelungen zur Wirksamkeit von Willenserklärungen, die eine „Rücknahme" nur im Ausnahmefall des § 130 Abs. 1 Satz 2 BGB kennt.[3)]

Erfolgte die Zustimmung als Ergebnis aus einem **zivilgerichtlichen Verfahren**, entfaltet die rechtskräftige Verurteilung zur Erteilung der Zustimmung (§ 894 Abs. 1 ZPO) nur Wirkung für das Kj., das Gegenstand des Rechtsstreits war.[4)]

Stimmt der geschiedene oder dauernd getrennt lebende Ehegatte oder der Lebenspartner einer aufgehobenen Lebenspartnerschaft oder der dauernd getrennt lebende Lebenspartner dem der **Höhe nach beschränkten Antrag** (auf einen Teilbetrag) auf Abzug der Unterhaltsleistungen/Ausgleichsleistungen zur Vermeidung des Versorgungsausgleichs als Sonderausgaben zu, beinhaltet dies keine der Höhe nach unbeschränkte Zustimmung für die Folgejahre.[5)] Die Beschränkung auf einen Teilbetrag der Unterhaltszahlungen, führt zur Steuerpflicht nur für den Teil des Unterhalts, den der Verpflichtete tatsächlich als Sonderausgabe abzieht. Wurde der Antrag betragsmäßig begrenzt und liegt die Begrenzung unterhalb des Höchstbetrags, kann der Antrag auch nach Bestandskraft des ESt-Bescheides noch erweitert werden.[6)] Ein erweiterter Antrag stellt i.V.m. der erweiterten Zustimmungserklärung ein rückwirkendes Ereignis (§ 175 Abs. 1 Satz 1 Nr. 2 AO) dar. Ein einmal gestellter Antrag kann hingegen nicht wieder eingeschränkt werden, da eine Rücknahme des gestellten Antrags nicht zulässig ist (§ 10 Abs. 1a Nr. 1 Satz 2 EStG).

Beratungshinweis:

Eine Beschränkung erscheint aus Sicht des Unterhaltsempfängers dann sinnvoll, wenn durch die Leistungen der Verlust von einkommensabhängigen Leistungen droht (→ Rz. 1466).

Auf Grund der Dauerwirkung der Zustimmung des Empfängers bis zum Widerruf (§ 10 Abs. 1a Nr. 1a Satz 3, Abs. 1a Nr. 3 Satz 2 EStG) steht es dem Geber frei, im jeweiligen VZ die tatsächlich erbrachten Leistungen bis zur zugestimmten Höhe (max. bis zum Höchstbetrag) als Sonderausgaben abzuziehen. Die grds. Dispositionsfreiheit wird der leistenden Person durch die auf Dauer angelegte Zustimmung nicht genommen, denn sie kann für jedes Kj. neu entscheiden, ob die Unterhaltszahlungen als Sonderausgaben abgezogen werden sollen und ggf. in welcher Höhe. Nur soweit die leistende Person den Antrag auf Berücksichtigung der Zahlungen als Sonderausgaben stellt und diese tatsächlich auch als Sonderausgaben berücksichtigt werden, sind die Zahlungen als sonstige Einkünfte beim Empfänger zu berücksichtigen. Erst in diesem Moment ist der gesetzliche Besteuerungstatbestand erfüllt. Übt der Geber das bestehende Wahlrecht nicht aus, hat der Empfänger die Leistungen entsprechend nicht zu versteuern.

Beispiel:

VZ 2024: Die Anlage U liegt vor. Unterhaltsleistungen 10 000 €, Unterhaltsempfänger hat die Zustimmung erteilt, Unterhaltsgeber erklärt Sonderausgaben i.H.v. 10 000 €.

VZ 2025: Anlage U, Unterhaltsleistungen 6 000 €, tatsächlich gezahlt wie im Vorjahr 10 000 €; durch den Unterhaltsempfänger ist keine erneute Zustimmung erforderlich, da diese im Vorjahr erteilt und nicht widerrufen wurde. Unterhaltsgeber erklärt Sonderausgaben i.H.v. 6 000 €.

Obwohl der Geber im VZ 2025 die Unterhaltsleistungen i.H.v. 10 000 € geltend machen könnte, muss der Unterhaltsempfänger 6 000 € versteuern, weil der Geber seinen Antrag entsprechend beschränkt hat.

1) BFH v. 14.11.2007, XI R 48/06, BFH/NV 2008, 367.
2) BFH v. 25.10.1988, IX R 53/84, BStBl II 1989, 192.
3) FG Hessen v. 9.8.1996, 7 K 4328/89, EFG 1996, 273.
4) BFH v. 25.10.1988, IX R 53/84, BStBl II 1989, 192.
5) BFH v. 14.4.2005, XI R 33/03, BStBl II 2005, 825.
6) BFH v. 28.6.2006, GrS 1/05, BStBl II 2007, 5.

3. Zustimmung (Teil B)

B. Zustimmung zum Antrag A

Die Zustimmung ist erstmals für das oben eingetragene Kalenderjahr gültig. Sie gilt – solange sie nicht widerrufen wird – auch für alle darauf folgenden Kalenderjahre. Mir ist bekannt, dass ich die Zustimmung nur vor Beginn des Kalenderjahres, für das sie erstmals nicht gelten soll, gegenüber dem für mich oder dem für den Antragsteller zuständigen Finanzamt widerrufen kann.

Empfänger der Leistung(en)

Name, Vorname	Geburtsdatum
Anschrift	
Zuständiges Finanzamt, Steuernummer und Identifikationsnummer	

Ich stimme hiermit dem Antrag auf Abzug von **Unterhaltsleistungen** als Sonderausgaben

☐ dem Grunde nach zu. ☐ begrenzt auf einen Teilbetrag in Höhe von ____________________ € zu.

Mir ist bekannt, dass ich **Unterhaltsleistungen** bis zum Höchstbetrag von 13.805 € (zuzüglich tatsächlich geleisteter Beiträge für eine Basis-Kranken- und gesetzliche Pflegeversicherung) abzüglich der Werbungskosten (mindestens Pauschbetrag von 102 €) als sonstige Einkünfte **versteuern** muss, soweit sie vom Geber als Sonderausgaben abgezogen werden können.

Ich stimme hiermit dem Antrag auf Abzug von **Ausgleichsleistungen** zur Vermeidung des Versorgungsausgleichs als Sonderausgaben

☐ dem Grunde nach zu. ☐ begrenzt auf einen Teilbetrag in Höhe von ____________________ € zu.

Mir ist bekannt, dass ich die **Ausgleichsleistungen** zur Vermeidung des Versorgungsausgleichs abzüglich der Werbungskosten (mindestens Pauschbetrag von 102 €) als sonstige Einkünfte **versteuern** muss, soweit sie vom Geber als Sonderausgaben abgezogen werden können.

Nur bei in einem anderen Mitgliedstaat der Europäischen Union (EU)/des Europäischen Wirtschaftsraumes (EWR) oder in der Schweiz ansässigen Empfänger der Leistung(en):

☐ Ich bestätige, dass die empfangenen Unterhaltsleistungen / Ausgleichsleistungen in dem Staat, in dem ich ansässig bin, besteuert werden. Die entsprechende Bescheinigung der zuständigen ausländischen Steuerbehörde ist beigefügt.

Datum und Unterschrift

☐ Die Zustimmung des Empfängers der Leistung(en) vom ____________________ liegt dem Finanzamt bereits vor.

Anlage U (2025) für Unterhaltsleistungen und Ausgleichsleistungen – September 2025 **– 1. Ausfertigung für das Finanzamt –**

Das Wahlrecht zum **Realsplitting** (zu Ausgleichsleistungen zur Vermeidung des Versorgungsausgleichs) ist einvernehmlich zwischen den beteiligten Personen auszuüben, da ohne Zustimmung des Empfängers der Sonderausgabenabzug beim Geber nicht möglich ist. Die für den Sonderausgabenabzug zwingend geforderte Zustimmungserklärung des Empfängers der Zahlungen kann nicht durch behördliche oder gerichtliche Wertungen und Willensbekundungen ersetzt, sondern allenfalls (zivil-)gerichtlich erzwungen werden. Der Unterhaltsempfänger muss dem begrenzten Realsplitting zustimmen, wenn der Unterhaltsleistende diese Person gleichzeitig von allen rechtlichen Nachteilen (→ Rz. 1367), die hieraus entstehen könnten, freistellt. Gibt der Ehegatte/Lebenspartner, der die Unterhaltszahlungen erhalten hat, die Zustimmung nicht ab, kann der zahlende Ehegatte/Lebenspartner eine zivilrechtliche Klage (Familiengericht) anstreben. Das Ertragsteuerrecht sieht dagegen keine Möglichkeit vor, die Zustimmung des Unterhaltsempfängers zu erzwingen. Die Finanzbehörde ist auch nicht verpflichtet, zu prüfen, ob die Verweigerung der Zustimmung rechtsmissbräuchlich ist.[1] 1490

Praxishinweis:

Insoweit hat der Unterhaltsempfänger die Möglichkeit, sich vor steuerlichen und außersteuerlichen Nachteilen zu schützen und zu diesem Zweck die Zustimmung zur Inanspruchnahme des Sonderausgabenabzugs durch den Unterhaltsverpflichteten z.B. auch davon abhängig machen zu dürfen, dass dieser beim Unterhaltsempfänger infolge der Unterhaltsleistung anfallende Steuern übernimmt.

Beratungshinweis:

Der unterhaltspflichtige, dauernd getrennt lebende Ehegatte/Lebenspartner, geschiedene Ehegatte oder der Lebenspartner einer aufgehobenen Lebenspartnerschaft hat gegen den Unterhaltsberechtigten grds. einen Rechtsanspruch auf Zustimmung zum begrenzten Realsplitting, wenn er die finanziellen Nachteile ausgleicht, die dem Unterhaltsberechtigten daraus erwachsen.[2]

Antrag und Zustimmung können nachträglich erweitert (betragsmäßige Veränderung) werden. Bei einer Erweiterung nach Bestandskraft der ESt-Bescheide sind diese zu ändern (§ 175 Abs. 1 Nr. 2 AO). Geber und Empfänger können den Antrag und die Zustimmung nicht – auch nicht übereinstimmend – zurücknehmen. Als Rücknahme gilt dabei auch die nachträgliche Verminderung des Betrags an Unterhaltsleistungen, für den der Antrag ursprünglich gestellt wurde. Eine nachträgliche betragsmäßige Beschränkung von Antrag und Zustimmung ist damit auch nicht zulässig.

Die Ausführungen zu Unterhaltsleistungen gelten für die Zustimmung auf Abzug von **Ausgleichsleistungen** zur Vermeidung des Versorgungsausgleichs entsprechend. 1491

1) BFH v. 25.7.1990, X R 137/88, BStBl II 1990, 1022.
2) BGH v. 23.3.1983, IVb ZR 369/81, NJW 1983, 1545.

XXXI. Anlage Unterhalt – Angaben zu Unterhaltsleistungen an bedürftige Personen

1. Vorbemerkung (Zeilen 1–3)

Anleitung vorhanden

2025

1 Name

2 Vorname

3 **Steuernummer** lfd. Nr. der Anlage

Anlage Unterhalt

Diese Anlage ist bei Zusammenveranlagung von Ehegatten / Lebenspartnern gemeinsam auszufüllen.

Für jeden unterstützten Haushalt bitte eine eigene Anlage Unterhalt abgeben.

Angaben zu Unterhaltsleistungen an bedürftige Personen

1492 **Praxishinweis:**
Auf Grund der Gesetzesänderung im Rahmen des JStG 2024[1] ist ab dem VZ 2025 Voraussetzung für den Abzug von Unterhaltsleistungen in Form von Geldzuwendungen, dass die Unterhaltsleistungen durch Überweisung auf das Konto der unterstützten Person erfolgt sind (§ 33a Abs. 1 Satz 12 EStG). Zum Nachweis von Geldzuwendungen vgl. BMF v. 15.10.2025.[2]

Erwachsen einer stpfl. Person Aufwendungen für den Unterhalt einer anderen Person oder ihrem Ehegatten/Lebenspartner ggü. **gesetzlich unterhaltsberechtigten Personen**, so wird auf Antrag – auf Grund des Transfers von wirtschaftlicher Leistungsfähigkeit – die Einkommensteuer dadurch ermäßigt, dass die Aufwendungen (im VZ 2025) bis zu einem Betrag i.H.v. 12 096 € (Ländergruppe 2: 9 072 €; Ländergruppe 3: 6 048 €; Ländergruppe 4: 3 024 €) im Kj. vom Gesamtbetrag der Einkünfte abgezogen werden können (§ 33a Abs. 1 Satz 1 EStG), da der Unterhalt leistenden Person weniger Einkommen zur Verfügung steht, das erwirtschaftet wurde (Minderung der steuerlichen Leistungsfähigkeit). Voraussetzung ist (§ 33a Abs. 1 Satz 3 EStG), dass weder die stpfl. Person noch eine andere Person **Anspruch auf Freibeträge für Kinder oder auf Kindergeld** für die unterhaltene Person hat und die unterhaltene Person selbst kein oder nur ein geringes Vermögen besitzt. Bei der Berechnung des Unterhaltshöchstbetrags sind **keine fiktiven Einkünfte** einer nach § 33a Abs. 1 Satz 3 EStG gesetzlich Unterhaltsberechtigten gleichgestellten Person anzusetzen.[3] Eine **Aufteilung in Unterhalts- und Krankheitskosten** (z.B. im Rahmen einer altersbedingten Heimunterbringung) kommt dabei nicht in Betracht.[4] Die wirtschaftliche Belastung durch die bestehende Unterhaltspflicht ist für die stpfl. Person ein besonderer und unvermeidbarer, die Leistungsfähigkeit mindernder Umstand, der nach § 33a EStG bei der Einkommensteuer dadurch berücksichtigt wird, dass die stpfl. Person Aufwendungen für den Unterhalt der ihr ggü. gesetzlich unterhaltsberechtigten Person (im Rahmen einer konkreten Betrachtungsweise[5]) unter Anrechnung von deren eigenen Einkünften und Bezügen bis zu einem Höchstbetrag im Kj. vom Gesamtbetrag der Einkünfte abziehen kann.

Praxishinweis:
Aufwendungen für die krankheitsbedingte Unterbringung von Angehörigen in einem Altenpflegeheim fallen unter den allgemeinen Begriff der außergewöhnlichen Belastungen (§ 33 EStG), während Aufwendungen für deren altersbedingte Heimunterbringung nur als Unterhaltsleistungen (§ 33a Abs. 1 EStG) berücksichtigt werden können. Eine hiergegen gerichtete Verfassungsbeschwerde wurde nicht zur Entscheidung angenommen.[6]

Hat die **unterhaltene Person andere Einkünfte oder Bezüge**, die zur Bestreitung des Unterhalts bestimmt oder geeignet sind, so vermindert sich der Betrag von 12 096 € um den Betrag, um den diese Einkünfte und Bezüge den Betrag von 624 € (ggf. Kürzung auf Grund der Ländergruppen: 624 €, 468 €, 312 €, 156 €) im Kj. übersteigen, sowie um die von der unterhaltenen Person als Ausbildungsbeihilfe aus öffentlichen Mitteln oder von Förderungseinrichtungen, die hierfür öffentliche Mittel erhalten, bezogenen Zuschüsse (§ 33a Abs. 1 Satz 5 EStG). Die Einkünfte und Bezüge der (ersten) unterhaltenen Person sind in den Zeilen 31–40 (→ Rz. 1513 ff.) detailliert zu erklären. Insgesamt besteht mit der Anlage Unterhalt die Möglichkeit, ab dem VZ 2023 Unterstützungsleistungen an zwei Personen (Papiervordruck) in einem Haushalt als außergewöhnliche Belastungen geltend zu machen. Die weiteren Ausführungen beziehen sich lediglich auf die erste unterstützte Person.

1493 Aufwendungen für den Unterhalt an Personen im Inland und Ausland dürfen nur abgezogen werden, wenn die unterstützten Personen ggü. der stpfl. Person oder ihrem Ehegatten/Lebenspartner nach **inl. Recht unterhaltsberechtigt** sind. Zuwendungen an die z.B. in der Türkei lebende Schwester und deren Kinder sind nicht als außergewöhnliche Belastungen abzuziehen, da insoweit keine gesetzliche Unterhaltspflicht nach dem BGB besteht.[7] Die hiergegen gerichtete Verfassungsbeschwerde wurde nicht zur Entscheidung angenommen.[8] Personen mit einer

---

1) Jahressteuergesetz 2024 (JStG 2024) v. 2.12.2024, BGBl. I 2024 Nr. 387 = BStBl I 2024, 1484.
2) BMF v. 15.10.2025, IV C 3 – S 2285/00031/001/025, BStBl I 2025, 1772.
3) BFH v. 9.3.2017, VI R 16/16, BStBl II 2017, 890.
4) BFH v. 30.6.2011, VI R 14/10, BStBl II 2012, 876.
5) BFH v. 5.5.2010, VI R 29/09, BStBl II 2011, 116.
6) BVerfG v. 9.8.2015, 2 BvR 84/13, StEd 2015, 550.
7) BFH v. 4.7.2002, III R 8/01, BStBl II 2002, 760.
8) BVerfG v. 24.5.2005, 2 BvR 1683/02, BFH/NV 2005, Beilage 4, 361.

Aufenthaltserlaubnis nach § 23 AufenthG sind zu berücksichtigen.[1] Unterhaltszahlungen und Sachleistungen an einen ausl. (nichtehelichen) Lebenspartner, der sich auf Grundlage eines Schengen-Visums nach § 6 Abs. 1 Nr. 1 AufenthG (kurzzeitiger Aufenthaltstitel) in Deutschland aufhält, sind nicht abziehbar, da der Lebenspartner keinen Sozialhilfeanspruch nach § 23 SGB XII oder anderweitige zum Unterhalt bestimmte inl. öffentliche Mittel hat. Die (freiwillig) nach § 68 AufenthG abgegebene Verpflichtungserklärung zur Tragung der Kosten für den Lebensunterhalt reicht für einen steuerlichen Abzug nicht aus.[2]

Bei **Personen im erwerbstätigen Alter** ist davon auszugehen, dass sie ihren Lebensunterhalt durch eigene Arbeit verdienen; hierzu hat die unterhaltsberechtigte Person ihre Arbeitskraft in ausreichendem Maße auszuschöpfen (sog. **Erwerbsobliegenheit**).[3] Bei **unbeschränkt stpfl. Personen,** die unterstützt werden sollen und die dem Grunde nach gesetzlich unterhaltsberechtigt sind, hatte eine Prüfung der Erwerbsobliegenheit bisher nicht zu erfolgen, da die Bedürftigkeit typisierend unterstellt werden konnte, denn sie war nach der Rechtsprechung des BFH Ausfluss der Bedürftigkeitsprüfung nach § 1602 Abs. 1 BGB.[4] Nach der neuen Rechtsprechung erfolgt diese Unterstellung nicht mehr. Die Voraussetzungen sind vollständig zu prüfen.[5] Diese Regelung gilt für Unterhaltszahlungen im Inland und in das Ausland.[6] Der **Einsatz der eigenen Arbeitskraft** (Erwerbsobliegenheit) darf nicht gefordert werden, wenn die unterhaltsberechtigte Person aus gewichtigen Gründen keiner oder nur in geringem Umfang einer Beschäftigung gegen Entgelt nachgehen kann.[7] Als Gründe kommen z.B. das fortgeschrittene Alter (ab 65. Lebensjahr), Behinderung, schlechter Gesundheitszustand, die Erziehung oder Betreuung von Kindern unter 6 Jahren, die Pflege behinderter Angehöriger, ein ernsthaft und nachhaltig betriebenes Studium oder eine Berufsausbildung sowie Leistungen an Angehörige in Kriegs- und Katastrophengebieten[8] in Betracht. Die Finverw. legt die Aussage „aus gewichtigem Grund" insoweit aus, dass **Arbeitslosigkeit** im Ausland – außerhalb des EU-/EWR-Raums – in keinem Fall als gewichtiger Grund anzuerkennen sei. Die BFH-Rechtsprechung erlaubt einen Berücksichtigungstatbestand, wenn sich die unterstützte Person ernsthaft um eine Beschäftigung bemüht.[9] Zur weiteren Präzisierung des Erfordernisses entschied der BFH in einem weiteren Fall (60-jährige Mutter im Ausland).[10] Diesen Nachweis hat die stpfl. Person zu führen. Bei **Unterhaltszahlungen ins Ausland** ist die erhöhte Mitwirkungspflicht (§ 90 Abs. 2 AO) zu beachten. 1494

Beratungshinweis:

Der BFH hat entschieden, dass bei Unterhaltszahlungen an die im Ausland lebende Ehefrau – anders als bei volljährigen Kindern – weder die Bedürftigkeit, noch die Erwerbsobliegenheit zu prüfen ist, da eine gesetzliche Unterhaltsverpflichtung besteht und eine Erwerbsverpflichtung nur dann besteht, wenn die Arbeitskraft eines **Ehegatten/Lebenspartners** zur Deckung des Familienunterhalts nicht ausreicht.[11] Eine Ausnahme besteht lediglich in den Fällen, in denen die Einkünfte des (arbeitenden) Ehegatten/Lebenspartners nicht zur Deckung des Familienunterhalts ausreichen. Bei landwirtschaftlich tätigen Angehörigen greift dabei die widerlegbare Vermutung, dass diese nicht unterhaltsbedürftig sind, wenn der Betrieb in einem landestypischen Umfang betrieben wird und sich die Angehörigen damit selbst versorgen können, so lange kein Nachweis erbracht wird, dass es nicht der Fall ist.[12] Nach dieser Entscheidung könnte die Verwaltung auch von ihrer bisherigen Auffassung, dass das Einbringen der eigenen Arbeitskraft bei Vorliegen der unbeschränkten Steuerpflicht nicht zu prüfen ist, zukünftig abweichen. Nach der BFH-Entscheidung müsste es – insb. bei volljährigen Kindern – zur Feststellung der Erwerbsobliegenheit kommen. Zur Feststellung der Erträge des landwirtschaftlichen Betriebs erlaubt der BFH einen Rückgriff auf die Regelungen in § 13a EStG.[13]

Gesetzlich unterhaltsberechtigt sind insb. der Ehegatte und **in gerader Linie verwandte Angehörige** (§§ 1601, 1606, 1608 BGB) wie z.B. Kinder, Enkel, Eltern. 1495

Praxishinweis:

In gerader Linie sind Personen verwandt, die voneinander abstammen (§ 1589 Satz 1 BGB). Hierzu zählen z.B. weder die Schwester der stpfl. Person noch deren Kinder (vgl. § 1589 Satz 2 BGB).

Eine gesetzliche Unterhaltspflicht kann sich des Weiteren aus einer Trennung oder Scheidung ergeben (§§ 1361, 1569 BGB). Die Tatsache, dass die stpfl. Person nur **nachrangig unterhaltsverpflichtet** ist, steht dem Abzug tatsächlich geleisteter Unterhaltsaufwendungen nicht entgegen. Für den Abzug reicht es aus, dass die unterhaltsberechtigte Person dem Grunde nach gesetzlich unterhaltsberechtigt ist.[14]

Beratungshinweis:

Auch Unterhaltszahlungen an die Schwiegereltern sind in den Fällen als außergewöhnliche Belastungen abzugsfähig, wenn z.B. die Ehegatten bei dauerndem Getrenntleben nicht splittingberechtigt (§ 26 EStG) sind.[15] Insoweit wird lediglich auf den zivilrechtlichen Stand des Eheverhältnisses abgestellt.

1) BMF v. 27.5.2015, IV C 4 – S 2285/07/0003 :006, BStBl I 2015, 474.
2) FG Köln v. 31.1.2017, 15 K 1305/16, EFG 2017, 1100.
3) BMF v. 15.10.2025, IV C 3 – S 2285/00031/001/024, BStBl I 2025, 1779, Rz. 2.
4) BFH v. 18.5.2006, III R 26/05, BStBl II 2007, 108.
5) BFH v. 5.5.2010, VI R 29/09, BStBl II 2011, 116.
6) Loschelder, EStB 2011, 151.
7) BFH v. 13.3.1987, III R 206/82, BStBl II 1987, 599.
8) Schmidt/Loschelder, 2025, § 33a EStG Rz. 14.
9) BFH v. 5.5.2010, VI R 29/09, BStBl II 2011, 116.
10) BFH v. 15.4.2015, VI R 5/14, BStBl II 2016, 148.
11) BFH v. 5.5.2010, VI R 5/09, BStBl II 2011, 115.
12) BFH v. 5.5.2010, VI R 29/09, BStBl II 2011, 116.
13) BFH v. 5.5.2010, VI R 40/09, BStBl II 2011, 164.
14) R 33a.1 Abs. 1 EStR 2012.
15) BFH v. 27.7.2011, VI R 13/10, BStBl II 2011, 965.

Ferner bestehen Unterhaltsverpflichtungen zwischen Ehegatten und nach näherer Maßgabe des § 1615l BGB Ansprüche der Mutter eines nichtehelichen Kindes gegen den Kindsvater und umgekehrt.

1496 Der **Jahreshöchstbetrag für Unterhaltsleistungen** im VZ 2025 beträgt 12 096 € (§ 33a Abs. 1 Satz 1 EStG) für jede unterhaltene Person, zzgl. tatsächlich geleisteter Beiträge für eine Basis-Kranken- und gesetzliche Pflegeversicherung (§ 33a Abs. 1 Satz 2 EStG). Hat die unterhaltene Person eigene Einkünfte und Bezüge, so werden diese auf den Höchstbetrag angerechnet, soweit sie 624 € (→ Rz. 1513) im Kj übersteigen. Des Weiteren vermindert sich der Höchstbetrag in voller Höhe um die von der unterhaltenen Person als Ausbildungsbeihilfe aus öffentlichen Mitteln oder Förderungseinrichtungen, die hierfür öffentliche Mittel erhalten, bezogenen Zuschüsse.

Praxishinweis:
Zu den Einkünften und Bezügen vgl. Ausführungen zu den Zeilen 31–40 (→ Rz. 1513 ff.).

Der BFH hat diesen **begrenzten Abzug von Unterhaltsleistungen** an Personen, die nach inl. Maßstäben gesetzlich unterhaltsberechtigt sind, als verfassungsgemäß und europarechtskonform angesehen.[1)]

2. Eigene Einnahmen und Zahlungen der unterhaltsleistenden Person (Zeilen 4–9)

Eigene Einnahmen und Zahlungen der unterhaltsleistenden Person(en)

– Diese Angaben sind nicht erforderlich, wenn Unterhalt an einen (ggf. auch geschiedenen) Ehegatten / Lebenspartner gezahlt wird. –

Die Eintragungen in den Zeilen 4 bis 9 sind nur in der ersten Anlage Unterhalt erforderlich.

		EUR
4	Öffentliche Ausbildungshilfen (z. B. BAföG-Zuschüsse)	,—
5	Sozialleistungen (z. B. Wohngeld)	,—
6	Übrige Bezüge (z. B. aus Minijobs)	,—
7	Einkommensteuerzahlungen (einschließlich Kirchensteuer und Solidaritätszuschlag)	,—
8	Einkommensteuererstattungen (einschließlich Kirchensteuer und Solidaritätszuschlag)	,—
	Weitere steuerfreie Einnahmen (z. B. Arbeitnehmer-Sparzulage, Baukindergeld)	
9	Bezeichnung	,—

1497 **Hinweis zur Plausibilitätsprüfung:**
Die Zeilen 4–9 wurden ab dem VZ 2025 neu eingefügt und dienen der **Berechnung der Opfergrenze** bei Unterhaltsleistungen. Eine Beschränkung der Abziehbarkeit von Aufwendungen für den Unterhalt kann sich durch die Berücksichtigung der Verhältnisse der stpfl. Person selbst ergeben. Es ist zu prüfen, inwieweit die stpfl. Person zu Unterhaltsleistungen unter Berücksichtigung ihrer persönlichen Einkommensverhältnisse verpflichtet ist bzw. bis zu welcher Höhe ihm die Übernahme der Unterhaltsleistungen überhaupt möglich ist. Hierfür ist es notwendig, das verfügbare Nettoeinkommen der stpfl Person zu ermitteln.[2)]

In diesem Zusammenhang ist der bisherige Erklärungstatbestand in Zeile 20 (Anlage Unterhalt 2024) zum Nettomonatslohn der unterstützenden stpfl. Person entfallen. Die Abziehbarkeit von Aufwendungen für den Unterhalt ist ggf. beschränkt. Dies richtet sich danach, ob die unterstützende Person unter Berücksichtigung Ihrer persönlichen Einkommensverhältnisse zu Unterhaltsleistungen verpflichtet ist und/oder bis zu welcher Höhe die Übernahme der Unterhaltsleistungen überhaupt möglich ist. Maßgebend hierfür ist das verfügbare Nettoeinkommen.

Zu erklären ist der **Nettomonatslohn** der stpfl. Person, die die Unterstützungsleistungen erbringt. Abzugrenzen davon ist das **Nettoeinkommen** der stpfl. Person.

Das Nettoeinkommen dient der Prüfung, inwieweit die stpfl. Person zur Unterhaltsleistung unter Berücksichtigung seiner persönlichen Verhältnisse verpflichtet ist. Die Berechtigung, eine **sog. Opfergrenze** (die vom BFH anerkannt ist [das FG Sachsen stellte hingegen auf die tatsächliche Unterhaltsberechtigung {Unterhaltsleitlinien des jeweiligen OLG-Bezirks} ab[3)]]) zu ziehen, wird aus § 1603 Abs. 1 BGB hergeleitet. Nach dieser Vorschrift ist nicht unterhaltspflichtig, wer bei Berücksichtigung seiner sonstigen Verpflichtungen außerstande ist, Unterhalt ohne Gefährdung seines eigenen angemessenen Unterhalts zu gewähren.[4)] Bei einer Haushaltsgemeinschaft sind für die abziehbaren Unterhaltsaufwendungen die verfügbaren Nettoeinkommen der Unterhalt leistenden Person und der unterhaltenen Personen zusammenzurechnen und nach Köpfen auf die Personen zu verteilen.[5)] Für die Berechnung ist eine monatsweise Betrachtungsweise vorzunehmen.[6)]

1) BFH v. 4.7.2002, III R 8/01, BStBl II 2002, 760.
2) BMF v. 15.10.2025, IV C 3 – S 2285/00031/001/025, BStBl I 2025, 1772, Rz. 16.
3) FG Sachsen v. 29.4.2015, 8 K 1580/14, EFG 2016, 824.
4) BFH v. 4.4.1986, III R 245/83, BStBl II 1986, 852.
5) BMF v. 15.10.2025, IV C 3 – S 2285/00031/001/025, BStBl I 2025, 1772, Rz. 24 ff.; BFH v. 17.12.2009, VI R 64/08, BStBl II 2010, 343.
6) BFH v. 14.12.2016, VI R 15/16, BStBl II 2017, 454.

In Anlehnung an die Rechtsprechung des BFH[1] sind Unterhaltsaufwendungen im Allgemeinen höchstens insoweit als außergewöhnliche Belastung anzuerkennen, als sie einen bestimmten **Prozentsatz des Nettoeinkommens** nicht übersteigen. Der zu berücksichtigende Satz beträgt 1 % je volle 500 € des Nettoeinkommens, höchstens 50 %, und ist um je 5 % für den Ehegatten/Lebenspartner und für jedes Kind, für das die stpfl. Person Freibeträge für Kinder, Kindergeld oder andere Leistungen für Kinder erhält, zu kürzen. Diese Kürzung darf jedoch 25 % nicht übersteigen.[2]

Bei der **Ermittlung des Nettoeinkommens** sind alle stpfl. und steuerfreien Einnahmen sowie etwaige Steuererstattungen/-zahlungen (auch wenn sie andere Jahre betreffen und damit in dem Jahr zu berücksichtigen in dem sie gezahlt wurden) anzusetzen. Abzuziehen sind Lohn- und Kirchensteuern, der Solidaritätszuschlag und Sozialabgaben sowie Werbungskosten (mind. jedoch ist der Arbeitnehmer-Pauschbetrag [1 230 €] zu berücksichtigen). Das Nettoeinkommen ist um den Investitionsabzugsbetrag (§ 7g EStG) zu erhöhen.[3]

Beratungshinweis:
Im Falle von stpfl. Personen mit schwankenden Einkünften (im Entscheidungsfall: Einkünfte aus Gewerbebetrieb) ist ein längerer Zeitraum von drei Jahren für die Berechnung zu Grunde zu legen. Richtet sich die Unterhaltsberechtigung nach zivilrechtlichen und unterhaltsrechtlichen (§ 1603 BGB) Grundsätzen, sind diese auch bei der Ermittlung der abzugsfähigen Aufwendungen zu berücksichtigen.[4] Führen Steuerzahlungen für mehrere Jahre jedoch zu nicht unerheblichen Verzerrungen des unterhaltsrechtlich maßgeblichen Einkommens im Streitjahr, sind die im maßgeblichen Dreijahreszeitraum geleisteten durchschnittlichen Steuerzahlungen zu ermitteln und vom „Durchschnittseinkommen" des Streitjahres abzuziehen.[5]

In die Berechnung der Opfergrenze sind auch die Einkünfte aus Kapitalvermögen einzubeziehen. Hat die unterstützende Person die Anlage KAP (ggf. auch die Anlagen KAP-BET und/oder KAP-INV) nicht der Steuererklärung beigefügt, wären dem FA die Kapitaleinkünfte gesondert mitzuteilen, so dass die Opfergrenze zutreffend ermittelt werden kann. Die Opfergrenze ist für Unterhaltsleistungen für den Ehegatten/Lebenspartner nicht anzuwenden. Ebenfalls gilt dies für Unterhaltsleistungen an den Lebenspartner, wenn dieser wegen einer eheähnlichen Lebensgemeinschaft keine Sozialhilfe erhält.[6] Auch sind die Unterhaltsleistungen an den in Haushaltsgemeinschaft lebenden, mittellosen Lebenspartner ohne Berücksichtigung der Opfergrenze abziehbar.[7] Das Gleiche gilt gegenüber volljährigen unverheirateten Kindern vor Vollendung des 21. Lebensjahrs, wenn sie im Haushalt der Eltern leben und sich in der allgemeinen Schulausbildung befinden (§ 1602 Abs. 2 Sätze 1 und 2 BGB).

1) BFH v. 27.9.1991, III B 42/91, BStBl II 1992, 35.
2) BMF v. 15.10.2025, IV C 3 – S 2285/00031/001/025, BStBl I 2025, 1772, Rz. 23.
3) BFH v. 6.2.2014, VI R 34/12, BStBl II 2014, 619.
4) BFH v. 28.3.2012, VI R 31/11, BStBl II 2012, 769.
5) BFH v. 28.4.2016, VI R 21/15, BStBl II 2016, 742.
6) BFH v. 29.5.2008, III R 23/07, BStBl II 2009, 363.
7) BFH v. 17.12.2009, VI R 64/08, BStBl I 2010, 343.

3. Angaben zum Haushalt der unterstützten Person(en) und zu Unterhaltsleistungen (Zeilen 10–18)

Angaben zum Haushalt der unterstützten Person(en) und zu Unterhaltsleistungen

Haushalt, in dem die unterstützte(n) Person(en) lebte(n)

Anschrift dieses Haushaltes

10

Wohnsitzstaat, wenn Ausland

11

Die Eintragungen in den Zeilen 12 bis 18 sind nur in der ersten Anlage Unterhalt je Haushalt erforderlich.

		Anzahl
12	Anzahl der Personen, die in dem Haushalt laut Zeile 10 lebten	

Aufwendungen für den Unterhalt

1. Unterhaltszeitraum (1. Angabe)

		vom	bis
13	Unterstützungszeitraum, für den Unterhalt geleistet wurde	T T M M	T T M M
14	Zeitraum, in dem die Zahlungen für den Unterhalt geleistet wurden (Tag der ersten Zahlung bis Tag der letzten Zahlung)	T T M M	T T M M

		EUR
15	Höhe der Unterhaltszahlung – ohne Bargeldzahlung – (einschließlich Beiträge zu Basis-Kranken- und Pflegeversicherungen laut den Zeilen 41 und / oder 72, die von der unterstützten Person als Versicherungsnehmer geschuldet und von mir getragen wurden oder von mir als getragen gelten)	,—

2. Unterhaltszeitraum

		vom	bis
16	Unterstützungszeitraum, für den Unterhalt geleistet wurde	T T M M	T T M M
17	Zeitraum, in dem die Zahlungen für den Unterhalt geleistet wurden (Tag der ersten Zahlung bis Tag der letzten Zahlung)	T T M M	T T M M

		EUR
18	Höhe der Unterhaltszahlung – ohne Bargeldzahlung – (einschließlich Beiträge zu Basis-Kranken- und Pflegeversicherungen laut den Zeilen 43 und / oder 74, die von der unterstützten Person als Versicherungsnehmer geschuldet und von mir getragen wurden oder von mir als getragen gelten)	,—

2025AnlUnterhalt191 - September 2025 - **2025AnlUnterhalt191**

1498 **Praxishinweis:**

Die persönlichen Daten zu den unterstützten Personen (Name, Vorname, Geburtsdatum, Familienstand, Beruf und Verwandtschaftsverhältnis) sind erst in dem Bereich „Allgemeine Angaben zur unterstützten Person" (Zeilen 19–22) zu erklären.

Hat die **unterhaltene Person** ihren **Wohnsitz** oder **gewöhnlichen Aufenthalt** (→ Rz. 1493) im **Ausland (Zeile 11)**, so können Unterhaltsaufwendungen nur abgezogen werden, soweit sie nach den Verhältnissen des Wohnsitzstaats der unterhaltenen Person notwendig und angemessen sind. Zurzeit geltende Eingruppierung, die nicht gegen EU-Recht verstößt → Rz. 874.

1499 Werden Unterhaltsaufwendungen für mehrere Personen, die in einem gemeinsamen Haushalt lebten, zur Berücksichtigung als außergewöhnliche Belastungen geltend gemacht (**Zeile 12**), so sind die insg. (nachgewiesenen oder glaubhaft gemachten) tatsächlichen **Unterhaltszahlungen** unterschiedslos **nach Köpfen aufzuteilen**, und zwar auch dann, soweit unterhaltene Personen nicht unterhaltsberechtigt sind.[1] Im Fall des Zusammenlebens mehrerer unterstützter Personen in einem Haushalt ist grds. nicht darauf abzustellen, an welchen Angehörigen Beträge überwiesen wurden. Dies gilt auch, soweit unterhaltene Personen nicht unterhaltsberechtigt sind.[2]

Die Verteilung der Unterhaltsaufwendungen nach Köpfen ist auch in den Fällen vorzunehmen, in denen unterhaltsberechtigte eigene Kinder oder Enkelkinder unterhalten werden, für die ein Anspruch auf Freibeträge für Kinder/Kindergeld oder eine andere Leistung i.S.d. § 65 EStG besteht.

---

1) BFH v. 12.11.1993, III R 39/92, BStBl II 1994, 731.
2) BFH v. 19.6.2002, III R 28/99, BStBl II 2002, 753.

Beispiel:

A unterstützt im Jahr 2025 seine Ehefrau, sein minderjähriges Kind, für das Kindergeld gewährt wird, und seine Schwester im Heimatland (Ländergruppe 1) mit insg. 4 500 €.

Auf jede unterstützte Person entfallen Aufwendungen i.H.v. 1 500 €. Die Aufwendungen für die Schwester können nicht berücksichtigt werden, da der Bruder ggü. seiner Schwester nach inl. Recht nicht gesetzlich unterhaltsverpflichtet ist. Grundsätzlich abzugsfähig sind daher die Aufwendungen für die Ehefrau und das Kind i.H.v. jeweils 1 500 €.

In der **Zeile 13** ist die Dauer des ersten Unterstützungszeitraums und in **Zeile 14** der Zeitraum, in dem die Zahlun- **1500**
gen für den Unterhalt geleistet wurden (Tag der ersten Zahlung bis zum Tag der letzten Zahlung) anzugeben. Diese Daten sind entscheidend für die mögliche zeitanteilige Kürzung des Höchstbetrags. Unterhaltszahlungen können dabei auch nach der Rechtsprechung nicht auf Monate des Jahres der Zahlung, die vor dem Zahlungsmonat liegen, zurückbezogen werden.[1)]

Hinweis zur Plausibilitätsbeurteilung:

Ab dem VZ 2025 wurde im Rahmen des JStG 2024[2)] neu geregelt, dass Geldzahlungen nur noch dann steuerlich anerkannt werden, wenn sie auf das Konto der unterhaltenen Person überwiesen werden (§ 33a Abs. 1 Satz 12 EStG). **Die bisherigen Abfragen zu Unterhaltszahlungen durch Bargeldübergaben und Bargeldmitnahmen bei Familienheimfahrten in den Zeilen 14–19 (Anlage Unterhalt 2024) sind daher ersatzlos entfallen.**

Gerade bei Sachverhalten im Ausland führt der Nachweis geleisteter Barzahlungen neben den sonstigen Prüfungen u.a. der Bedürftigkeit der unterhaltenen Person in der Praxis zu einem nicht mehr vertretbaren Erörterungs- und Prüfaufwand für die Finanzämter in einem solchen „Massenverfahren". Bei baren Unterhaltszahlungen sind Abhebungsnachweise und detaillierte Empfängerbestätigungen zum Nachweis der Aufwendungen erforderlich. Die Durchführung der Reise ist in diesen Fällen zudem anhand von Fahrkarten, Tankquittungen, Grenzübertrittsvermerken, Flugscheinen, Visa usw. nachzuweisen. Mit der Neuregelung wird ein **Abzug von Unterhaltsleistungen nur bei Zahlung durch Banküberweisung anerkannt**. Hierdurch wird in hinreichendem Maße bewiesen, wann und wie viel Geld aus dem Vermögensbereich der stpfl. Person abgeflossen ist, und es kann im Allgemeinen unterstellt werden, dass diese Beträge auch in den Verfügungsbereich des Adressaten gelangen, nämlich auf dessen Bankkonto im Ausland verbucht worden sind. **Nachweiserleichterungen können nach allgemeinen Billigkeitsgrundsätzen bei Vorliegen besonderer Verhältnisse (etwa im Falle eines Krieges) im Wohnsitzsaat der unterhaltenen Person auf Grund einer darauf beruhenden Verwaltungsregelung gewährt werden.** Die Neuregelung wird in der Praxis einen erheblichen Beitrag zur Verbesserung des Steuervollzugs durch Steuervereinfachung und zum Abbau von Bürokratie für die Finanzämter und die anderen Beteiligten leisten. Hiermit wird zugleich eine rechtssystematische Vereinheitlichung der Steuerermäßigungstatbestände erreicht. Denn auch bei den Kinderbetreuungskosten (§ 10 Abs. 1 Nr. 5 Satz 4 EStG und den Steuerermäßigungen für haushaltsnahe Dienstleistungen und Handwerkerleistungen (§ 35a Abs. 5 Satz 3 EStG) wurde die steuerliche Berücksichtigung der geltend gemachten Aufwendungen an die Zahlung per Überweisung angeknüpft. Ziel soll sein, dass für die genannten Steuerermäßigungstatbestände dieselben Nachweisvoraussetzungen gelten, und zwar auch, um einem Missbrauch der Steuervergünstigungen vorzubeugen. Diese Grundsätze werden auf die Berücksichtigung von Unterhaltsleistungen als außergewöhnliche Belastungen übertragen.[3)]

Die Höhe der Unterhaltszahlung ist in **Zeile 15** einzutragen. Überweisungen sind grds. durch Belege (Buchungsbestätigungen/Kontoauszüge) nachzuweisen, die die unterhaltene Person als Empfänger ausweisen. Durch solche Unterlagen wird in der Regel in hinreichendem Maße bewiesen, wann und wie viel Geld aus dem Vermögensbereich der stpfl. Person abgeflossen ist, und es kann im Allgemeinen unterstellt werden, dass diese Beträge auch in den Verfügungsbereich des Adressaten gelangt, nämlich auf dessen Bankkonto im Ausland verbucht worden sind. Für die Überweisung anfallende Aufwendungen sind keine Unterhaltsaufwendungen. Überweisungen auf ein nicht auf den Namen der unterhaltenen Person lautendes Konto erfüllen nicht die Voraussetzungen. Eine Ausnahme gilt für Zahlungen der stpfl. Person, die zur Erfüllung einer Verbindlichkeit der unterhaltenen Person für typische Unterhaltsaufwendungen in deren Namen direkt auf das Bankkonto eines Dritten überwiesen werden (sog. abgekürzter Zahlungsweg). Diese Zahlungen gelten als Zahlungen an die unterhaltene Person und erfüllen damit die Voraussetzungen, wenn das Bestehen der Verbindlichkeit von der stpfl. Person in hinreichender Form (z.B. durch Vorlage des Mietvertrages) nachgewiesen werden kann. Zahlungen über Zahlungsdienstleister auf das Konto des Unterhaltsempfängers sind berücksichtigungsfähige Zahlungen.

Zahlungen über Zahlungsdienstleister an eine „digitale Geldbörse" (E-Wallet) der unterhaltenen Person (z.B. Versenden von Geld an eine Mobilfunknummer/E-Mail-Adresse) – ohne eindeutige Zuordnung zu einem Bankkonto – sind regelmäßig nicht begünstigt, da die Identität des Empfängers in diesen Fällen nicht ausreichend nachgewiesen werden kann.[4)]

Wird die Person – nach einer Unterbrechung – in einem weiteren Zeitraum unterstützt, sind Angaben in den weiteren **Zeilen 16–18** (2. Unterhaltszeitraum/Papiervordruck) erforderlich.

Beispiel:

A unterstützt seine Mutter im Zeitraum Januar bis Mai 2025 und dann wieder ab Dezember 2025.

Für jeden Monat, in dem die entsprechenden Voraussetzungen nicht vorliegen, ermäßigt sich der in Betracht kommende Höchstbetrag um ein Zwölftel (§ 33a Abs. 4 EStG). Die Prüfung der einzelnen Voraussetzungen erfolgt in den Zeilen 23–30 (→ Rz. 1417 ff.).

Unterhaltsleistungen können nur dann abgezogen werden, soweit sie dem laufenden Lebensunterhalt des Empfängers der Leistung dienen. **Gelegentliche oder einmalige Zahlungen** stehen dieser Voraussetzung nicht entge-

1) BFH v. 30.11.2007, III B 111/07; bestätigt v. BFH v. 5.5.2010, VI R 40/09, BStBl II 2011, 116.
2) Jahressteuergesetz 2024 (JStG) v. 5.12.2024, BGBl. I 2024 Nr. 387 = BStBl I 2024, 1484.
3) So die Gesetzesbegründung, vgl. BT-Drucks. 20/13157.
4) BMF v. 15.10.2025, IV C 3 – S 2285/00031/001/024, BStBl I 2025, 1779, Rz. 14 ff.

gen. Solche Zahlungen dürfen aber regelmäßig nicht als Unterhaltsleistungen für Vormonate und auch nicht zur Deckung des Unterhaltsbedarfs für das Folgejahr berücksichtigt werden.[1]

Beratungshinweis:
Liegen die Voraussetzungen des § 33a Abs. 1 EStG nur für einige Monate des Jahres der Unterhaltszahlung vor, muss der Unterhaltshöchstbetrag entsprechend aufgeteilt werden. Eine Rückbeziehung der Zahlung auf einen vor dem Monat der Zahlung liegenden Zeitraum ist grds. ausgeschlossen. Etwas anderes kann allenfalls bei einer erstmaligen Unterhaltsleistung der stpfl. Person gelten. Die stpfl. Personen haben es selbst in der Hand, durch die Wahl des Zahlungszeitpunkts die Abziehbarkeit ihrer Unterhaltsleistungen in voller Höhe sicherzustellen.[2]

4. Allgemeine Angaben zur (ersten) unterstützten Person (Zeilen 19–30)

- 2 -

Angaben zur 1. unterstützten Person

Allgemeine Angaben zur unterstützten Person

19 Identifikationsnummer | Name, Vorname

20 Geburtsdatum (T T M M J J J J) | Sterbedatum, wenn 2025 verstorben (T T M M J J J J) | Beruf, Familienstand

21 Verwandtschaftsverhältnis zur unterstützenden Person

22 Name, Vorname des im selben Haushalt lebenden Ehegatten / Lebenspartners der unterstützten Person

Lebensort / Unterhaltsberechtigung

			Falls „Ja" (wenn nicht ganzjährig) vom	bis
23	Die unterstützte Person lebte in meinem inländischen Haushalt.	1 = Ja 2 = Nein	T T M M	T T M M
24	Hatte jemand für die unterstützte Person Anspruch auf Kindergeld oder Freibeträge für Kinder?	1 = Ja 2 = Nein	T T M M	T T M M
25	Die unterstützte Person ist mein geschiedener Ehegatte, Lebenspartner einer aufgehobenen Lebenspartnerschaft oder dauernd getrennt lebender Ehegatte / Lebenspartner (kein Abzug von Sonderausgaben nach § 10 Abs. 1a Nr. 1 EStG, keine Zusammenveranlagung).	1 = Ja 2 = Nein	T T M M	T T M M
26	Die unterstützte Person ist mein nicht dauernd getrennt lebender und nicht unbeschränkt einkommensteuerpflichtiger Ehegatte / Lebenspartner.	1 = Ja 2 = Nein	T T M M	T T M M
27	Die unterstützte Person ist als Kindesmutter / Kindesvater gesetzlich unterhaltsberechtigt (bis zur Vollendung des dritten Lebensjahres des Kindes).	1 = Ja 2 = Nein	T T M M	T T M M
28	Die unterstützte Person ist nicht unterhaltsberechtigt, jedoch wurden oder würden bei ihr wegen der Unterhaltszahlungen öffentliche Mittel gekürzt oder nicht gewährt.	1 = Ja 2 = Nein	T T M M	T T M M

Vermögen der unterstützten Person

29 Hatte die unterstützte Person im Unterhaltszeitraum Vermögen? 1 = Ja 2 = Nein | Falls „Ja": Gesamtwert des Vermögens der unterstützten Person (z. B. PKW, Bargeld, Grundstücke mit Ausnahme eines angemessenen, selbst bewohnten Hausgrundstücks) EUR ,—

Bei Unterhaltsempfängern im Ausland

30 Die von der Heimatbehörde und der unterstützten Person bestätigte Unterhaltserklärung über die Bedürftigkeit liegt mir vor. 1 = Ja 2 = Nein

1501 **Praxishinweis:**
Die Angaben zu weiteren unterstützten Personen im Haushalt (zweite Person ab der Zeile 50) werden analog den Zeilen 19–30 verlangt. Auf diese wird insoweit hingewiesen.

a) Allgemeine Angaben (Zeilen 19–22)

1502 Neben dem Namen/Vornamen ist die Id-Nr. (→ Rz. 15) der unterstützen Person in Zeile 19 und ab dem VZ 2023 neben dem Geburtsdatum auch ggf. das Sterbedatum der unterstützen Person zu erklären, wenn die unterstützte Person im VZ verstorben ist. Voraussetzung für den Abzug der Aufwendungen, dass die Angabe der IdNr. der unterhaltenen Person in der Steuererklärung der Unterhalt leistenden Person erklärt wurde. Die unterhaltene Person ist für diese Zwecke verpflichtet, der Unterhalt leistenden Person ihre erteilte IdNr. mitzuteilen. Kommt die unterhaltene Person dieser Verpflichtung nicht nach, ist der Unterhaltsleistende berechtigt, bei der für ihn zuständigen Finanzbehörde die IdNr. der unterhaltenen Person zu erfragen (§ 33a Abs. 1 Satz 9 ff. EStG[3]). Eine IdNr. existiert aber nicht für jede unterstützte Person, insbesondere i.R.d. Unterstützung von Personen im Ausland (Aus-

1) H 33a.1 Allgemeines zum Abzug von Unterhaltsaufwendungen EStH 2024.
2) BFH v. 25.4.2018, VI R 35/16, BStBl II 2018, 643.
3) Gesetz zur Anpassung des nationalen Steuerrechts an den Beitritt Kroatiens zur EU und zur Änderung weiterer steuerlicher Vorschriften v. 25.7.2014, BStBl I 2014, 1126.

nahme z.B., wenn Renteneinkünfte aus Deutschland bezogen werden). Entsprechendes gilt auch, wenn Personen sowohl im Ausland als auch – während eines kurzfristigen Urlaubaufenthalts (und damit ohne inl. Wohnsitz/ gewöhnlichen Aufenthalt [§ 9 Satz 3 AO]) – im Inland unterstützt werden.

Die Angaben dienen offensichtlich der **Prüfung**, ob die grds. **Voraussetzungen** für die Gewährung von Unterhaltsleistungen vorliegen. Hierfür sind neben dem Geburtsdatum und ggf. dem Sterbedatum (entscheidend für die mögliche Dauer des Unterstützungszeitraums) auch der Familienstand (ist eine weitere Person zum Unterhalt verpflichtet?) und das Verwandtschaftsverhältnis (besteht tatsächlich eine gesetzliche Unterhaltsverpflichtung ggü. der unterstützten Person oder ist diese einer gesetzlich unterhaltsberechtigten Person[1] gleichgestellt?) anzugeben.

b) Lebensort/Unterhaltsberechtigung (Zeilen 23–30)

Die einzutragenden Zusatzangaben ergeben sich zum Teil (z.B. Verwandtschaftsverhältnis, welche Person ebenfalls zum Unterhalt beigetragen hat) aus der Bescheinigung der Heimatbehörde, soweit es sich um eine Unterstützungsleistung ins Ausland handelt, die entsprechend übernommen werden können. Wird eine Person im Inland unterstützt, existiert eine solche Bescheinigung nicht. **1503**

aa) Unterstützte Person lebte in meinem inländischen Haushalt (Zeile 23)

Gehört die unterhaltsberechtigte Person zum Haushalt der stpfl. Person, kann regelmäßig davon ausgegangen werden, dass ihr dafür Unterhaltsaufwendungen in Höhe des maßgeblichen Höchstbetrags erwachsen.[2] **1504**

Das Auswahlfeld ist mit der entsprechenden Entscheidung auszufüllen. Zudem ist der Zeitraum anzugeben, wenn die unterstützte Person nicht im gesamten VZ im inl. Haushalt der leistenden Person lebte.

bb) Hatte jemand für diese Person Anspruch auf Kindergeld oder Freibeträge für Kinder (Zeile 24)

Voraussetzung für die Berücksichtigung von Unterstützungsleistungen ist, dass weder die stpfl. Person, die unterstützt, noch eine andere Person Anspruch auf einen Freibetrag für Kinder oder auf Kindergeld für die unterhaltene Person hat (§ 33a Abs. 1 Satz 4 EStG). Besteht ein solcher Anspruch, ist der Zeitraum anzugeben; insoweit entfällt eine Berücksichtigung der Aufwendungen (→Rz. 1492). Soweit eine weitere Person Anspruch auf Kindergeld/ Freibeträge für Kinder im Laufe des Jahres – und nicht ganzjährig – hatte, ist der entsprechende Zeitraum zusätzlich anzugeben. **1505**

cc) Unterstützte Person ist mein geschiedener Ehegatte/Lebenspartner einer aufgehobenen Lebenspartnerschaft/dauernd getrennt lebender Ehegatte/Lebenspartner (Zeile 25)

Unterhaltsleistungen an den geschiedenen Ehegatten, Lebenspartner einer aufgehobenen Lebenspartnerschaft oder dauernd getrennt lebenden Ehegatten/Lebenspartner können nur nachrangig als außergewöhnliche Belastungen berücksichtigt werden, wenn nicht bereits der Abzug als Sonderausgaben (Realsplitting [§ 10 Abs. 1a Nr. 1 EStG]) in der Anlage Sonderausgaben (ab Zeile 29, →Rz. 1467) beantragt wurde. **1506**

> **Beratungshinweis:**
> Der Abzug der Aufwendungen als Sonderausgabe dürfte sich regelmäßig stärker auswirken, da keine Berücksichtigung der Einkünfte und Bezüge und des Vermögens der unterhaltenen Person erfolgt.

Ist die **unterstützte andere Person nicht unbeschränkt stpfl.**, so kommt jedoch nur ein Abzug als außergewöhnliche Belastung in Betracht.[3]

Sind für das Kj. der Trennung oder Scheidung/Aufhebung der Lebenspartnerschaft die Vorschriften über die Ehegattenbesteuerung anzuwenden, können die Aufwendungen für den Unterhalt z.B. des dauernd getrennt lebenden oder geschiedenen Ehegatten nicht als außergewöhnliche Belastungen berücksichtigt werden, die die stpfl. Person für den üblichen Lebensunterhalt erbringt.[4] Diese Rechtsauffassung wird damit begründet, dass die allgemeine Vorschrift über den Unterhaltsabzug (§ 33a Abs. 1 EStG) bei Unterhaltsleistungen zwischen nicht dauernd getrennt lebenden, unbeschränkt stpfl. Ehegatten durch die Sondervorschriften über die Ehegattenbesteuerung verdrängt würden.

> **Praxishinweis:**
> Ein Abzug als außergewöhnliche Belastung ist auch dann nicht möglich, soweit sie den für das Realsplitting geltenden Höchstbetrag übersteigen. § 33 Abs. 2 Satz 2 EStG schließt aus, dass Aufwendungen, die ihrer Art nach u.a. zu den Sonderausgaben gehören, zusätzlich hinsichtlich der den Höchstbetrag übersteigenden Summe noch nach § 33 oder § 33a Abs. 1 EStG steuermindernd berücksichtigt werden können.[5]

dd) Unterstützte Person ist mein nicht dauernd getrennt lebender und nicht unbeschränkt steuerpflichtiger Ehegatte/Lebenspartner (Zeile 26)

Unterhaltsleistungen an den nicht dauernd getrennt lebenden, nicht unbeschränkt einkommenstpfl. Ehegatten/ Lebenspartner können als außergewöhnliche Belastung abziehbar sein.[6] **1507**

---

1) BMF v. 15.10.2025, IV C 3 – S 2285/00031/001/025, BStBl I 2025, 1772, Rz. 1.
2) R 33a.1 Abs. 1 EStR 2012.
3) BFH v. 25.3.1986, IX R 4/83, BStBl II 1986, 603.
4) BFH v. 31.5.1989, III R 166/86, BStBl II 1989, 658.
5) BFH v. 7.11.2000, III R 23/98, BStBl II 2001, 338.
6) BFH v. 28.11.1989, GrS 1/87, BStBl II 1989, 164.

Praxishinweis:
Ist die stpfl. Person Staatsangehöriger eines EU-/EWR-Staates und wohnt der Ehegatte/Lebenspartner in einem EU-/EWR-Staat kommt ggf. eine Zusammenveranlagung nach § 1a EStG in Betracht, die in der Anlage WA-ESt zu beantragen ist.

Beratungshinweis:
Unterhaltsleistungen der stpfl. Person für den bedürftigen ausl. Lebenspartner können nach § 33a Abs. 1 Satz 3 EStG als außergewöhnliche Belastung abziehbar sein, wenn der Partner bei Inanspruchnahme von Sozialhilfe damit rechnen müsste, keine Aufenthaltsgenehmigung zu erhalten und ausgewiesen zu werden.[1] Insoweit liegt eine einer gesetzlich unterhaltsverpflichteten Person vergleichbare Zwangslage vor.

ee) Unterstützte Person ist als Kindsmutter/Kindsvater gesetzlich unterhaltsberechtigt – bis zur Vollendung des dritten Lebensjahres des Kindes (Zeile 27)

1508 Der Vater hat der Mutter eines gemeinsamen Kindes für die Dauer von sechs Wochen vor und acht Wochen nach Geburt des Kindes Unterhalt zu gewähren.

Der Vater/die Mutter eines nichtehelichen Kindes ist darüber hinaus nach bürgerlichem Recht verpflichtet, der Mutter/dem Vater des Kindes Unterhalt zu gewähren, soweit von ihr/ihm wegen der Pflege oder Erziehung des Kindes eine Erwerbstätigkeit nicht erwartet werden kann (§ 1615l Abs. 2 und 4 BGB). Die Unterhaltspflicht beginnt frühestens vier Monate vor und endet drei Jahre nach der Geburt, sofern es nicht unter Berücksichtigung der Belange des Kindes grob unbillig wäre, einen Unterhaltsanspruch nach Ablauf dieser Frist zu versagen. Dabei sind insb. die Belange des Kindes und die bestehenden Möglichkeiten der Kinderbetreuung zu berücksichtigen.[2] Den Unterhaltsanspruch hat derjenige Elternteil, der das Kind betreut. Ob es, insb. unter Berücksichtigung der Belange des Kindes, grob unbillig ist, einen Unterhaltsanspruch nach Ablauf von drei Jahren nach der Geburt zu versagen, ist dabei in verfassungskonformer Auslegung unter Berücksichtigung kind- wie elternbezogener Gründe zu entscheiden.[3]

Insoweit besteht ein gesetzlicher Unterhaltsanspruch nach § 33a Abs. 1 Satz 1 EStG.

ff) Unterstützte Person ist nicht unterhaltsberechtigt, jedoch wurden oder würden bei ihr wegen der Unterhaltsleistungen öffentliche Mittel gekürzt oder nicht gewährt (Zeile 28)

1509 Der Erklärungstatbestand betrifft stpfl. Personen, die in einer eheähnlichen Gemeinschaft leben und die Partnerin/den Partner gleichzeitig finanziell unterstützt oder für die unterstützte Person eine Verpflichtungserklärung abgegeben wurde und diese eine Aufenthalts- oder Niederlassungserlaubnis in Deutschland hat (§§ 23 und 68 Aufenthaltsgesetz).

Beratungshinweis:
Unterhaltsleistungen an in Deutschland (lediglich) geduldete (= Aussetzung der Abschiebung), nicht unterhaltsberechtigte Angehörige sind weder nach § 33a EStG noch nach § 33 EStG als außergewöhnliche Belastungen zu berücksichtigen. Dies gilt auch dann, wenn sich die stpfl. Person gem. § 68 AufenthG ggü. der Ausländerbehörde/Auslandsvertretung verpflichtet hat, die Kosten für den Lebensunterhalt der Angehörigen zu tragen).[4]

Ab dem VZ 2018 wird seitens der Finverw. nicht mehr verlangt, dass Nachweise der Sozialbehörden, der Agentur für Arbeit oder eine schriftliche Versicherung der unterhaltenen Person mit der Steuererklärung eingereicht werden. Unterlagen sind nur auf Anforderung des FA einzureichen (Vorhaltepflicht).

Den gesetzlich Unterhaltsberechtigten stehen die Personen gleich, bei denen die inl. öffentliche Hand ihre Leistungen (z.B. Grundsicherung im Alter) wegen der Unterhaltszahlungen der stpfl. Person ganz oder teilweise nicht gewährt oder, wenn ein entsprechender Antrag gestellt würde, ganz oder teilweise nicht gewähren würde.[5] Auf die Höhe der Kürzung kommt es nicht an.

Wird seitens des FA auf die **Vorlage eines** entsprechenden **Kürzungs- oder Ablehnungsbescheids** verzichtet, so ist **dennoch Voraussetzung** für eine steuermindernde Berücksichtigung der Unterhaltsleistungen **eine schriftliche Versicherung** der unterstützten Person erforderlich, in der darlegt wird,

- dass sie für den jeweiligen VZ keine zum Unterhalt bestimmten Mittel aus inl. öffentlichen Kassen erhalten und auch keinen entsprechenden Antrag gestellt hat,
- dass eine nichteheliche Lebensgemeinschaft mit der stpfl. Person besteht oder sie mit dem Stpfl. verwandt oder verschwägert ist und mit ihm eine Haushaltsgemeinschaft bildet und
- über welche anderen zum Unterhalt bestimmte Einkünfte und Bezüge sowie über welches Vermögen sie verfügt.

Unterhaltsaufwendungen an nicht gesetzlich unterhaltsberechtigte Personen sind damit in diesen Fällen in derselben Höhe abziehbar wie die Unterhaltsleistungen an gesetzlich unterhaltsberechtigte Personen; eine Begrenzung des Abzugsbetrags auf den Kürzungsbetrag der öffentlichen Mittel erfolgt nicht.

1) BFH v. 20.4.2006, III R 23/05, BStBl II 2007, 41.
2) H 33a.1 Unterhaltsanspruch der Mutter bzw. des Vaters eines nichtehelichen Kindes EStH 2024.
3) BGH v. 5.7.2006, XII ZR 11/04, NJW 2006, 2687.
4) BFH v. 2.12.2021, VI R 40/19, BStBl I 2022, 321.
5) BMF v. 15.10.2025, IV C 3 – S 2285/00031/001/025, BStBl I 2025, 1772, Rz. 2.

Als **Personen**, die **gesetzlich unterhaltsberechtigten Personen gleichstehen, kommen** nur Partner einer nichtehelichen Gemeinschaft oder in Haushaltsgemeinschaft mit der stpfl. Person lebende Verwandte oder Verschwägerte in Betracht.[1]

gg) Vermögen der unterstützten Person (Zeile 29)

Voraussetzung für die Berücksichtigung von Unterstützungsleistungen ist, dass die unterhaltene Person kein oder nur geringes Vermögen[2] besitzt (§ 33a Abs. 1 Satz 4 EStG). Als geringfügig kann – seit mehr als zwanzig Jahren unverändert – i.d.R. ein Vermögen bis zu einem Verkehrswert i.H.v. 15 500 € (ggf. unter Kürzung der Regelungen der Ländergruppeneinteilung[3] [§ 33a Abs. 1 Satz 6 EStG]) angesehen werden. Hierzu zählt, wie in der Anlage ab dem VZ 2022 hingewiesen wird, z.B. ein Pkw, Bargeld und Grundstücke mit Ausnahme eines angemessenen, selbst bewohnten Hausgrundstücks).Die Wertgrenze i.H.v. 15 500 € für „ein geringes Vermögen" ist (für das Jahr 2019) nicht zu beanstanden.[4] **1510**

Ob der Wert für künftige VZ anzupassen ist, wurde vom BFH offengelassen, er wurde aktuell aber noch einmal bestätigt.[5] Zur Ermittlung des Werts des Vermögens unter Berücksichtigung von Verbindlichkeiten und ggf. Verwertungshindernissen vgl. BFH.[6] Durch die Änderung i.R.d. AmtshilfeRLUmsG ist bei der Ermittlung des eigenen Vermögens ein angemessenes Hausgrundstück unberücksichtigt zu lassen.[7] Nicht auf Euro lautende Beträge sind umzurechnen (§ 33a Abs. 1 Satz 8 EStG).

Die zivilrechtliche Würdigung, ob es zumutbar ist, das **eigene Vermögen** einzusetzen, ist nicht für das Steuerrecht bindend.[8] Hinsichtlich der Frage nach der Höhe des Vermögens sind auch Verträge mit fester Laufzeit wie Prämien-, Wachstums- und Bausparverträge einzubeziehen; es ist auch zumutbar, Verträge zu kündigen, auch wenn damit wirtschaftliche Nachteile verbunden sind.[9] Außer Betracht bleiben dabei jedoch **Vermögensgegenstände**, deren Veräußerung offensichtlich eine Verschleuderung bedeuten würde und Vermögensgegenstände, die einen besonderen persönlichen (Erinnerungs-)Wert haben oder zum Hausrat gehören, sowie ein angemessenes Hausgrundstück i.S.d. § 90 Abs. 2 Nr. 8 SGB XII,[10] wenn der Unterhaltsempfänger das Hausgrundstück allein oder zusammen mit Angehörigen bewohnt, denen es nach seinem Tod weiter als Wohnung dienen soll.

c) Bei Unterhaltsempfängern im Ausland (Zeile 30)

Die stpfl. Person trifft eine erhöhte Mitwirkungspflicht (§ 90 Abs. 2 AO), wenn Unterstützungsleistungen an im Ausland lebende Angehörige erfolgen. Voraussetzung für den Abzug der Aufwendungen als außergewöhnliche Belastung ist, dass die **Unterhaltsbedürftigkeit** der im Ausland lebenden unterstützten Person nachgewiesen wird. Die stpfl. Person hat die objektive Beweislast (Feststellungslast) für die Tatsachen, die die Steuerermäßigung begründen. Um dieser erhöhten Mitwirkungspflicht bei Auslandssachverhalten nachzukommen und um den Sachverhalt vollständig aufzuklären, wurde vom BMF eine zweisprachige **Unterhaltserklärung** in den gängigsten Sprachen nach amtlichem Muster aufgelegt. Das Erfordernis der Vorlage wurde durch den BFH bestätigt; der Nachweis der Bedürftigkeit ist nicht erbracht, wenn die Bescheinigung widersprüchliche oder unvollständige Angaben enthält.[11] **1511**

Diese muss von der den Unterhalt empfangenden Person ausgefüllt und unterschrieben werden. Die Unterhaltserklärungen sind in diversen Sprachen auf der Internetseite des BMF abrufbar (www.formulare-bfinv.de).

Die Formerfordernisse lt. BMF v. 15.10.2025[12] sind zu beachten. Demnach ist für die Anerkennung von Unterstützungsleistungen an im Ausland lebende Personen – für jede unterhaltene Person gesondert – eine Unterhaltserklärung zusammen mit der Einkommensteuererklärung – auf Anforderung des FA – einzureichen. Ist eine Unterhaltserklärung (eine Bestätigung der Heimatbehörde der unterhaltenen Person) nur unvollständig ausgefüllt, so wird grds. die Bedürftigkeit der sie betreffenden Person nicht anerkannt werden.

Praxishinweis:
Ist eine Unterhaltserklärung nur unvollständig ausgefüllt, so ist grds. die Bedürftigkeit der sie betreffenden Person nicht anzuerkennen. Weigert sich die Heimatbehörde entsprechende Dokumente auszustellen, kann der Nachweis auch mit anderen Dokumenten geführt werden.[13] Im Rahmen von Unterhaltsleistungen in die **Republik Türkei** erfolgt keine Bestätigung durch die Meldebehörden, sondern entweder durch den Verwaltungsbezirkspräsidenten (Vali) oder den Landrat (Kayamakam).[14]

---

1) BFH v. 23.10.2002, III R 57/99, BStBl II 2003, 187.
2) Im Rahmen einer konkreten Betrachtungsweise, vgl. BFH v. 5.5.2010, VI R 29/09, BStBl II 2011, 116.
3) Vgl. FG München v. 1.6.2015, 10 K 1123/13, EFG 2015, 1948.
4) BFH v. 29.2.2024, VI R 21/21, BStBl II 2024, 594.
5) BFH v. 28.4.2010, VI B 142/09, BFH/NV 2010, 1441 und v. 30.6.2010, VI R 35/09, BStBl II 2011, 267.
6) BFH v. 11.2.2010, VI R 65/08, BStBl II 2010, 628.
7) Amtshilferichtlinie-Umsetzungsgesetz (AmtshilfeRLUmsG) v. 26.6.2013, BGBl. I 2013, 1809 = BStBl I 2013, 802.
8) FG Hamburg v. 5.12.2007, 7 K 112/07, EFG 2008, 686.
9) FG Münster v. 10.6.2015, 9 K 3230/14 E, EFG 2015, 1534.
10) „Die Sozialhilfe darf nicht abhängig gemacht werden vom Einsatz oder von der Verwertung eines angemessenen Hausgrundstücks. Die Angemessenheit bestimmt sich nach der Zahl der Bewohner, dem Wohnbedarf, der Grundstücksgröße, der Hausgröße, dem Zuschnitt und der Ausstattung des Wohngebäudes sowie dem Wert des Grundstücks einschließlich des Wohngebäudes."
11) BFH v. 2.12.2004, III R 49/03, BStBl II 2005, 483; BFH v. 11.11.2010, VI R 16/09, BStBl II 2011, 966.
12) BMF v. 15.10.2025, IV C 3 – S 2285/00031/001/024, BStBl I 2025, 1779, Rz. 3.
13) BMF v. 15.10.2025, IV C 3 – S 2285/00031/001/024, BStBl I 2025, 1779, Rz. 8.
14) BayLfSt v. 5.11.2010, S 2285-34 St 32/St 33.

Ein allgemeiner Grundsatz, dass die stpfl. Person für den Lebensunterhalt von Eltern, Schwiegereltern und Geschwistern aufkommen muss, weil sie unterstützungsbedürftig seien, ist für die Berücksichtigung von außergewöhnlichen Belastungen nicht ausreichend.

Wird nicht die amtliche Unterhaltserklärung genutzt, müssen die **amtlichen Bescheinigungen enthalten**:

- das Verwandtschaftsverhältnis der unterhaltenen Person zur stpfl. Person oder des Ehegatten/Lebenspartners,
- Name, Geburtsdatum und -ort, berufliche Tätigkeit, Anschrift, Familienstand der unterhaltenen Person sowie eine Aussage, ob zu ihrem Haushalt noch weitere Personen gehören; diese Angaben sind durch eine Bestätigung der Heimatbehörde (Gemeinde-/Meldebehörde) der unterhaltenen Person nachzuweisen,
- Angaben über Art und Umfang der eigenen Einnahmen (einschließlich Unterhaltsleistungen von dritter Seite) und des eigenen Vermögens der unterhaltenen Person im Kj. der Unterhaltsleistung sowie eine Aussage darüber, ob die unterhaltene Person nicht, gelegentlich oder regelmäßig beruflich tätig war und ob Unterstützungsleistungen aus öffentlichen Mitteln erbracht worden sind. Bei erstmaliger Antragstellung sind außerdem detaillierte Angaben darüber zu machen, wie der Unterhalt bisher bestritten worden ist, welche jährlichen Einnahmen vor der Unterstützung bezogen worden sind, ob eigenes Vermögen vorhanden war und welcher Wert davon auf Hausbesitz entfällt. Die Einnahmen sind durch Vorlage geeigneter Unterlagen (z.B. Steuerbescheide, Rentenbescheide, Verdienstbescheinigungen, Bescheide der ausl. Arbeits- oder Sozialverwaltung) zu belegen,
- Angaben darüber, ob noch andere Personen zum Unterhalt beigetragen haben, welche Unterhaltsbeiträge sie geleistet haben und ab wann und aus welchen Gründen die unterhaltene Person nicht selbst für ihren Lebensunterhalt aufkommen konnte.

Ob die entsprechende Bescheinigung der Heimatbehörde für die ESt-Erklärung vorliegt, ist im Auswahlfeld der Zeile 30 anzugeben. Die Bescheinigung ist nur auf Anforderung des FA einzureichen.

5. Einkünfte und Bezüge der unterstützten Person (Zeilen 31–40)

Einkünfte und Bezüge der unterstützten Person

31 Die unterstützte Person hat Einkünfte, Bezüge und / oder öffentliche Ausbildungshilfen im Kalenderjahr erzielt. [ ] 1 = Ja 2 = Nein

Falls Sie Zeile 31 mit „Ja“ beantwortet haben, füllen Sie bitte die Zeilen 32 bis 40 aus.

Einkünfte aus nichtselbständiger Arbeit

Zeile	vom	bis	Bruttoarbeitslohn (ohne Einnahmen aus Minijobs) EUR	Werbungskosten zum Bruttoarbeitslohn (ohne Werbungskosten zu Versorgungsbezügen) EUR		
32	T T M M	T T M M	,–	,–		
33	T T M M	T T M M	,–	,–		
	vom	**bis**	**Versorgungsbezüge – im Arbeitslohn enthalten – EUR**	**Werbungskosten zu Versorgungsbezügen EUR**	**Bemessungsgrundlage für den Versorgungsfreibetrag EUR**	**Maßgebendes Kalenderjahr des Versorgungsbeginns**
34	T T M M	T T M M	,–	,–	,–	J J J J

Sonstige Einkünfte

Zeile	vom	bis	Renten EUR	steuerpflichtiger Teil der Rente EUR	Werbungskosten zu Renten EUR
35	T T M M	T T M M	,–	,–	,–
36	T T M M	T T M M	,–	,–	,–

Einkünfte aus Kapitalvermögen

Zeile	vom	bis	Einkünfte aus Kapitalvermögen (tarifliche Einkommensteuer) EUR	vom	bis	Kapitalerträge (Abgeltungsteuer) EUR
37	T T M M	T T M M	,–	T T M M	T T M M	,–

Übrige Einkünfte

Zeile	vom	bis	EUR
38	T T M M	T T M M	,–

2025AnlUnterhalt192 2025AnlUnterhalt192

- 3 -

	Sozialleistungen / übrige Bezüge (z. B. aus Minijobs) vom	bis	EUR	Öffentliche Ausbildungshilfen (z. B. BAföG-Zuschüsse) vom	bis	EUR
39	T T M M	T T M M	,—	T T M M	T T M M	,—

	Kosten zu allen Bezügen vom	bis	EUR
40	T T M M	T T M M	,—

Praxishinweis: 1512

Die Angaben zu den Einkünften und Bezügen zur zweiten unterstützten Personen im Haushalt (Zeilen 62–71) werden analog den Zeilen 31–40. Auf diese wird verwiesen. Vgl. hierzu auch BMF v. 15.10.2025.[1)]

a) Allgemeines (Zeile 31)

Der **Höchstbetrag** der abzuziehenden außergewöhnlichen Belastungen **vermindert sich** um den Betrag, um den diese Einkünfte und Bezüge[2)] den Betrag von 624 € ([anrechnungsfreier Betrag] bei Ländergruppe 1; bei Ländergruppe 2: 468 €; bei Ländergruppe 3: 312 €; bei Ländergruppe 4: 156 €) im Kj. übersteigen. 1513

Für die Ermittlung der Einkünfte und Bezüge der unterhaltenen Person sind in den Zeilen 32–40 – ggf. unterschieden nach den in den Zeilen 13 und 16 (→ Rz. 1500) angegebenen Unterstützungszeiträumen – die entsprechenden Angaben erforderlich. Für jede Einkunftsart und für jede Unterteilung der Bezüge ist der Zeitraum erneut anzugeben in dem die entsprechenden Einkünfte und/oder Bezüge erzielt worden sind.

Eine Kürzung von Einkünften der Eltern um Unterhaltsleistungen an Kinder kommt nur dann in Betracht, wenn eine gesetzliche Pflicht zu entsprechenden Zahlungen besteht.[3)]

Praxishinweis:

Bei der Ermittlung der abzugsfähigen Unterhaltsleistungen sind die anrechenbaren Einkünfte nicht um die Arbeitnehmerbeiträge zur gesetzlichen Renten- und Arbeitslosenversicherung sowie um die Beiträge zur gesetzlichen Krankenversicherung für Leistungen, die über das sozialhilferechtliche Niveau der Krankenversorgung hinausgehen, zu mindern.[4)]

b) Einkünfte aus nichtselbständiger Arbeit (Zeilen 32–34)

aa) Bruttoarbeitslohn – ohne Einnahmen aus Minijobs (Zeilen 32–33)

Anrechenbare Einkünfte (§ 33a Abs. 1 Satz 5 EStG) sind die nach einkommensteuerrechtlichen Vorschriften zu ermittelnden Einkünfte i.S.d. § 2 Abs. 2 EStG. Negative Einkünfte der unterhaltenen Person mindern die gem. § 33a Abs. 1 Satz 5 EStG anrechenbaren Ausbildungshilfen (im Streitfall: BAföG-Zuschüsse) nicht.[5)] 1514

Hat die unterstützte Person im Laufe des Unterstützungszeitraums Arbeitslohn (§ 19 Abs. 1 EStG) bezogen, so ist dieser in voller Höhe zu berücksichtigen. Vom Arbeitslohn werden die angefallenen Werbungskosten, die zusätzlich in der dafür vorgesehenen Spalte einzutragen sind, abgezogen. Gegebenenfalls ist der **Arbeitnehmer-Pauschbetrag** i.H.v. 1 230 € zu berücksichtigen (§ 9a Satz 1 Nr. 1 Buchst. a EStG). Die Werte können der LSt-Bescheinigung entnommen werden. Einnahmen aus Minijobs sind in der Zeile 39 (ggf. Zeile 70) zu erklären.

Zu weiteren Informationen zu den Einnahmen und Werbungskosten vgl. Ausführungen zur Anlage N (→ Rz. 1057 ff.).

Seit 2010 besteht nicht mehr die Möglichkeit, Sozialversicherungs-/Kranken- und Pflegeversicherungsbeiträge zu erklären und damit Einkünfte und Bezüge zu mindern. Die (damalige) Erklärungsmöglichkeit beruhte auf dem Beschluss des BVerfG v. 11.1.2005[6)] zur Ermittlung der Einkünfte und Bezüge von Kindern. Die Möglichkeit der Erklärung ist entfallen, da der bisher in § 33a Abs. 1 Satz 4 EStG enthaltene Verweis auf die entsprechende Regelung bei der Ermittlung der Einkünfte und Bezüge von steuerlich zu berücksichtigenden Kindern (§ 32 Abs. 4 Satz 2 EStG a.F.) entfallen ist. Unvermeidbare Versicherungsbeiträge der unterhaltenen Person sind i.R.d. Ermittlung der eigenen Einkünfte und Bezüge nicht mehr zu berücksichtigen, da die Kranken- und Pflegeversicherungsbeiträge, die der Mindestversorgung dienen, bereits bei der Bemessung des Höchstbetrags (§ 33a Abs. 1 Satz 2 EStG,) berücksichtigt werden und daher zur Vermeidung einer Doppelberücksichtigung nicht zusätzlich die Einkünfte und Bezüge der unterhaltenen Person mindern dürfen.[7)]

---

1) BMF v. 15.10.2025, IV C 3 – S 2285/00031/001/025, BStBl I 2025, 1772, Rz. 29.
2) Zur Definition vgl. auch R 33a.1 Abs. 3 EStR 2012.
3) BFH v. 16.4.2012, VI B 136/11, BFH/NV 2012, 1429.
4) BFH v. 18.6.2015, VI R 45/13, BStBl II 2015, 928; Verfbeschw nicht angenommen, BVerfG v. 16.8.2017, 2 BvR 1853/15.
5) BFH v. 8.6.2022, VI R 45/20, BStBl II 2023, 23.
6) BVerfG v. 11.1.2005, 2 BvR 167/02, DStR 2005, 911; siehe hierzu auch BFH v. 14.12.2006, III R 24/06, BStBl II 2007, 530; BFH v. 16.11.2006, III R 74/05, BStBl II 2007, 527.
7) BMF v. 15.10.2025, IV C 3 – S 2285/00031/001/025, BStBl I 2025, 1772, Rz. 34.

bb) Versorgungsbezüge – im Arbeitslohn enthalten (Zeile 34)

1515 Hat die unterstützte Person im Laufe des Unterstützungszeitraums Versorgungsbezüge i.S.d. § 19 Abs. 2 EStG bezogen, sind diese in voller Höhe zu berücksichtigen. Von den Versorgungsbezügen abzuziehen sind mit den Einkünften in Zusammenhang stehende Werbungskosten. Es wird mind. der **Pauschbetrag** i.H.v. 102 € abgezogen (§ 9a Satz 1 Nr. 1 Buchst. b EStG). Der maßgebende Prozentsatz für den **steuerfreien Teil der Versorgungsbezüge** und der Höchstbetrag des Versorgungsfreibetrags sowie der Zuschlag zum Versorgungsfreibetrag bestimmen sich ab 2005 nach dem Jahr des Versorgungsbeginns (§ 19 Abs. 2 Satz 3 EStG). Aus diesem Grund ist zusätzlich das maßgebliche Kj. des Versorgungsbeginns einzutragen.

Zu weiteren Informationen zu den Einnahmen und Werbungskosten vgl. Ausführungen zur Anlage N (→ Rz. 1057 ff.).

cc) Sonstige Einkünfte (Zeilen 35–36)

1516 Hat die unterstützte Person im Unterstützungszeitraum Renteneinkünfte bezogen, zählen diese Einnahmen sowohl zu den Einkünften als auch zu den Bezügen. Zu den Einkünften zählt der jeweils **stpfl. Teil der Rentenzahlung**.

Zu diesen Bezügen (→ Rz. 1519) gehören die **nicht der Besteuerung unterliegenden Teile der Leistungen** (§ 22 Nr. 1 Satz 3 Buchst. a Doppelbuchst. aa EStG) und die Teile von Leibrenten, die den Ertragsanteil nach § 22 Nr. 1 Satz 3 Buchst. a Doppelbuchst. bb EStG übersteigen. Der Umstand, dass die Altersbezüge ggf. auf Veranlassung des Trägers der Sozialhilfe zur Finanzierung der Heimunterbringung der unterstützten Person verwendet worden sind, schließt die Anrechnung nicht aus. Die Anrechnung hängt davon ab, ob die konkrete Mittelverwendung den Lebensunterhalt des Unterhaltsempfängers betrifft.[1]

Der der **Besteuerung unterliegende Teil von Renten** (sog. Kohortenbesteuerung, → Rz. 1250, und/oder Ertragsanteilsbesteuerung, → Rz. 1265) sind als Einkünfte zu berücksichtigen. Die **nicht der Besteuerung unterliegenden Teile der Leistungen** (§ 22 Nr. 1 Satz 3 Buchst. a Doppelbuchst. bb EStG) und die Teile von Leibrenten, die den Ertragsanteil nach § 22 Nr. 1 Satz 1 Buchst. a Doppelbuchst. bb EStG überstiegen, **sind als Bezüge** zu berücksichtigen. Eine **Rentennachzahlung** (z.B. eine Waisenrente, obwohl diese auch Unterhaltsersatzfunktion hat)[2] für das Vorjahr an ein in Ausbildung befindliches Kind ist bei der Ermittlung des Jahresgrenzbetrags mit dem Nachzahlungsbetrag im Jahr des Zuflusses zu berücksichtigen.[3] Zu den Einkünften zählen insb. auch Renten wegen verminderter **Erwerbsfähigkeit** und **Hinterbliebenenrenten** (hierunter fallen auch Waisenrenten[4] aus einer gesetzlichen Rentenversicherung mit ihrem nach § 55 EStDV ermittelten Ertragsanteil).

> **Praxishinweis:**
> Renten aus der **gesetzlichen Unfallversicherung und Leistungen** nach dem **BVG** sind ausschließlich als Bezüge anzusetzen.

dd) Einkünfte aus Kapitalvermögen (Zeile 37)

1517 Ab dem VZ 2012 ist auf Grund des Wegfalls der Regelungen des § 2 Abs. 5b EStG i.R.d. Steuervereinfachungsgesetzes 2011[5] zwischen Einkünften aus Kapitalvermögen i.R.d. tariflichen Steuer und der Abgeltungsteuer zu unterscheiden. Einzutragen sind alle Einnahmen aus Kapitalvermögen, soweit diese nicht der abgeltenden Wirkung der Kapitalertragsteuer (Abgeltungsteuer) unterlegen haben. Soweit es sich um Ausnahmetatbestände des § 32d Abs. 2 EStG (ab Zeile 27 der Anlage KAP und ab Zeile 25 der Anlage KAP-BET) handelt und Werbungskosten zu berücksichtigen sind, sollte das FA hierauf mit einem gesonderten Schreiben hingewiesen werden. In der Gesetzesentwicklung zum Steuervereinfachungsgesetz 2011[6] wird darauf hingewiesen, dass nach der Änderung des § 2 Abs. 5b Satz 2 EStG abgeltend besteuernde Einkünfte nicht mehr als eigene Einkünfte zu berücksichtigen sind, es aber sachgerecht wäre, die Kapitalerträge über den Begriff „eigene Bezüge" weiterhin zu berücksichtigen, so dass sichergestellt ist, dass Unterhaltsleistungen nur dann steuerlich geltend gemacht werden können, wenn die Person, die Unterhaltsleistungen erhält, auch tatsächlich bedürftig ist.

Durch die Änderung des § 2 Abs. 5b EStG i.R.d. Steuervereinfachungsgesetzes 2011[7] sind abgeltend besteuerte Kapitalerträge nicht mehr bei der Ermittlung der Einkünfte, der Summe der Einkünfte, des Gesamtbetrags der Einkünfte, des Einkommens oder des zu versteuernden Einkommens einzubeziehen. Aus diesem Grund sind abgeltend besteuerte Kapitalerträge ohne Abzug des Sparerpauschbetrags (§ 20 Abs. 9 EStG) ab 2012 als Bezüge der unterstützten Person anzusetzen (→ Rz. 1517).[8]

ee) Übrige Einkünfte (Zeile 38)

1518 Einzeln aufgeführt in der Anlage Unterhalt sind die Einkünfte aus nichtselbständiger Arbeit inkl. Versorgungsbezügen, Renten und Kapitalvermögen. Einkünfte stellen jedoch auch alle weiteren Einkunftsarten dar. Bezieht die

1) BFH v. 26.3.2009, VI R 60/08, BFH/NV 2009, 1418.
2) BFH v. 17.9.2008, III B 97/07, BFH/NV 2009, 144.
3) BFH v. 16.4.2002, VIII R 76/01, BStBl II 2002, 525.
4) BFH v. 14.11.2000, VI R 52/98, BStBl II 2001, 489.
5) Steuervereinfachungsgesetz 2011 v. 1.11.2011, BStBl I 2011, 986.
6) Stellungnahme des Bundesrats zum Steuervereinfachungsgesetz 2011, BR-Drucks. 54/11.
7) Steuervereinfachungsgesetz 2011 v. 1.11.2011, BStBl I 2011, 986.
8) R 33a.1 Abs. 3 Satz 4 Nr. 1 EStR 2012.

unterhaltene Person daher Einkünfte aus Land- und Forstwirtschaft, Gewerbebetrieb, selbständiger Arbeit, Vermietung und Verpachtung oder sonstige Einkünfte, sind diese an dieser Stelle einzutragen.

Einzutragen sind die Einkünfte; somit sind die erzielten Einnahmen um die Betriebsausgaben oder Werbungskosten zu mindern und in das entsprechende Feld einzutragen.

Da mit dem Begriff der Einkünfte alle Einkünfte i.S.d. § 2 Abs. 1 EStG gemeint sind, sind die Einkunftsarten, die nicht explizit aufgeführt worden sind, unter den übrigen Einkünften zu erklären. Hierzu gehören damit die Einkünfte aus **Land- und Forstwirtschaft, Gewerbebetrieb** (auch Verluste aus der Beteiligung als Kommanditist;[1] wohl auch dann, wenn diese bewusst herbeigeführt werden; auch sind Rücklagen nach § 7g EStG nicht hinzuzurechnen[2]), **selbständiger Arbeit, Vermietung und Verpachtung**, sowie **sonstige Einkünfte** (z.B. private Veräußerungsgeschäfte, Einnahmen aus Leistungen).

Praxishinweis:

Zu den Bezügen gehören die steuerfreien Gewinne nach den §§ 14, 16 Abs. 4, 17 Abs. 3 und 18 Abs. 3 EStG sowie Sonderabschreibungen und erhöhte Absetzungen, soweit sie die höchstmöglichen Absetzungen für Abnutzung nach § 7 EStG übersteigen (§ 33a Abs. 1 Satz 5 EStG).

ff) Sozialleistungen/übrige Bezüge – z.B. aus Minijobs –; Öffentliche Ausbildungsbeihilfe – z.B. BAföG-Zuschüsse (Zeile 39)

Bezüge sind alle Einnahmen in Geld oder Geldeswert, die nicht i.R.d. einkommensteuerrechtlichen Einkunftsermittlung erfasst werden, z.B. Einnahmen aus geringfügigen Beschäftigungsverhältnissen, soweit nicht bereits eine Eintragung in den Zeilen 32–33 erforderlich war (→ Rz. 1514). Eine Aufstellung der anrechenbaren Bezüge ist in der Anlage Kind enthalten. **1519**

Praxishinweis:

Das Elterngeld zählt bei der Berechnung des abzugsfähigen Unterhaltshöchstbetrags in vollem Umfang und damit einschließlich des Sockelbetrags (§ 2 Abs. 4 BEEG) zu den anrechenbaren Bezügen des Unterhaltsempfängers.[3]

Des Weiteren wird hinsichtlich der Sozialleistungen auf die Ausführungen in der Anlage Kind verwiesen.

Da mit dem Begriff der Einkünfte alle Einkünfte i.S.d. § 2 Abs. 1 EStG gemeint sind, sind die Einkunftsarten, die nicht explizit aufgeführt worden sind, unter den übrigen Einkünften zu erklären. Hierzu gehören damit die Einkünfte aus **Land- und Forstwirtschaft, Gewerbebetrieb** (auch Verluste aus der Beteiligung als Kommanditist;[4] wohl auch dann, wenn diese bewusst herbeigeführt werden; auch sind Rücklagen nach § 7g EStG nicht hinzuzurechnen[5]), **selbständiger Arbeit, Vermietung und Verpachtung**, sowie **sonstige Einkünfte** (z.B. private Veräußerungsgeschäfte, Einnahmen aus Leistungen).

Praxishinweis:

Zu den Bezügen gehören die steuerfreien Gewinne nach den §§ 14, 16 Abs. 4, 17 Abs. 3 und 18 Abs. 3 EStG sowie Sonderabschreibungen und erhöhte Absetzungen, soweit sie die höchstmöglichen Absetzungen für Abnutzung nach § 7 EStG übersteigen (§ 33a Abs. 1 Satz 5 EStG).

Zu den Bezügen gehören auch **öffentliche Ausbildungsbeihilfen**. Bezüge i.S.d. § 33a Abs. 1 EStG sind auch **alle** **1520**
als Zuschuss gewährten Zuwendungen in Geld oder Geldeswert, die einem Auszubildenden selbst für seinen Lebensunterhalt sowie zur Deckung von Aufwendungen im Zusammenhang mit seiner Ausbildung (z.B. Lernmittel) zufließen. Auf die Herkunft dieser Mittel kommt es nicht an. Zu berücksichtigen sind demnach auch Studienbeihilfen und Stipendien, die von Privatpersonen/von Stiftungen des privaten Rechts gezahlt werden z.B.

- Leistungen nach dem BAföG, die als Zuschuss –nicht als Darlehen – gewährt werden. BAföG-Leistungen für die Internatsunterbringung eines Kindes sind nur mit dem Wert der Sachbezugsverordnung anzusetzen,
- Leistungen der Berufsausbildungsbeihilfe oder dem Unterhaltsgeld vergleichbare Leistungen aus öffentlichen Mitteln (z.B. landesrechtliche Leistungen, Europäischer Sozialfonds).

Nicht erfasst werden Leistungen, die dem Träger einer Bildungsmaßnahme unmittelbar als Kostenerstattung für die Ausbildungsleistung **überwiesen** werden (sog. betriebsbezogene Maßnahmekosten oder Lehrgangsgebühren sowie Fernunterrichtsgebühren nach §§ 69, 82 und 109 Abs. 1 SGB III). Dagegen werden **Leistungen für Unterkunft und Verpflegung** nach den Werten der Sachbezugsverordnung als Bezug angerechnet. Zuschussweise Zuwendungen an Träger von Bildungsmaßnahmen, die ihnen zur Förderung der Berufsausbildung von Jugendlichen unmittelbar rechtlich zustehen, bleiben außer Ansatz. Das gilt für darlehensweise gezahlte Ausbildungshilfen ebenso, wenn ihre Rückzahlung nicht an den Eintritt einer Bedingung (z.B. Verpflichtung zur Tätigkeit für gewährende Körperschaft) gebunden ist. Außer Betracht bleiben Leistungen, die wegen eines **individuellen Sonderbedarfs** des Kindes gewährt werden und nicht zur Bestreitung des Unterhalts- und Ausbildungsbedarfs bestimmt oder geeignet sind, z.B. Fahrtkosten nach §§ 67, 81 Abs. 1 Nr. 2 i.V.m. § 83 SGB III sowie nach §§ 419 Abs. 1, 420 Abs. 3 i.V.m. § 83 SGB III.

1) BFH v. 18.5.2006, III R 1/06, BFH/NV 2006, 1825.
2) BFH v. 28.5.2006, III R 8/06, BStBl II 2010, 346.
3) BFH v. 20.10.2016, VI R 57/15, BStBl II 2017, 194.
4) BFH v. 18.5.2006, III R 1/06, BFH/NV 2006, 1825.
5) BFH v. 28.5.2006, III R 8/06, BStBl II 2010, 346.

1521 **Beispiel:**

A unterhält seine alleinstehende, im Inland lebende Mutter vom 10.6. bis 10.11.2025 (Unterhaltszeitraum) mit insg. 3 000 €. Die Mutter bezieht ganzjährig eine monatliche, private Rente von 200 € (Ertragsanteil 25 %). Außerdem hat sie im Kj. Einkünfte aus Vermietung und Verpachtung i.H.v. 1 050 €.

A trägt in Zeile 35 den Rentenbetrag und den stpfl. Teil der Rente und in Zeile 38 die Einkünfte aus Vermietung und Verpachtung (übrige Einkünfte) ein.

Der im Rahmen des Einkommensteuerbescheids zu berücksichtigende Betrag errechnet sich wie folgt:

Höchstbetrag für das Kj. (§ 33a Abs. 1 EStG)			12 096 €
anteiliger Höchstbetrag für April bis September ($^{6}/_{12}$ von 12 096 € =)			6 048 €
eigene Einkünfte der Mutter im Unterhaltszeitraum:			
Leibrenten (stpfl. Ertragsanteil) 25 % von 2 400 € =	600 €		
./. Werbungskosten-Pauschbetrag (§ 9a Satz 1 Nr. 3 EStG)	102 €		
Einkünfte	498 €		
auf den Unterhaltszeitraum entfallen davon $^{6}/_{12}$	249 €	249 €	
Einkünfte aus Vermietung und Verpachtung	1 050 €		
auf den Unterhaltszeitraum entfallen davon $^{6}/_{12}$	525 €	525 €	
S.d.E. im Unterhaltszeitraum		774 €	
eigene Bezüge der Mutter im Unterhaltszeitraum:			
steuerlich nicht erfasster Teil der Rente	1 800 €		
./. Kostenpauschale	180 €		
verbleibende Bezüge	1 620 €		
auf den Unterhaltszeitraum entfallen davon $^{6}/_{12}$	810 €		
Summe der eigenen Einkünfte und Bezüge im Unterhaltszeitraum (774 € + 810 €)	1 584 €		
./. anteiliger anrechnungsfreier Betrag ($^{6}/_{12}$ von 624 € =)	312 €		
./. anzurechnende Einkünfte und Bezüge	1 272 €		1 272 €
abzuziehender Betrag			4 776 €

Sollten in der Gesamtsumme auch Beiträge für die Basis-Kranken- und gesetzliche Pflegeversicherung enthalten sein, hätte dies keine steuerliche Auswirkung, da der Höchstbetrag nicht überschritten ist.

gg) Kosten zu allen Bezügen (Zeile 40)

1522 Bei der Feststellung der anzurechnenden Bezüge sind aus Vereinfachungsgründen insg. **180 € im Kj. abzuziehen, wenn nicht tatsächlich höhere Aufwendungen**, die im Zusammenhang mit dem Zufluss der entsprechenden Einnahmen stehen (z.B. Aufwendungen im Zusammenhang mit einem Rechtsstreit, aber auch Kontoführungsgebühren), nachgewiesen oder glaubhaft gemacht werden.

6. Beiträge zu Basis-Kranken- und gesetzlichen Pflegeversicherungen (Zeilen 41–44)

Beiträge zu Basis-Kranken- und gesetzlichen Pflegeversicherungen

Zeile		EUR
41	In Zeile 15 enthaltene übernommene Beiträge zu Basis-Kranken- und gesetzlichen Pflegeversicherungen für die unterstützte Person, die von ihr als Versicherungsnehmer geschuldet und von mir getragen wurden oder von mir als getragen gelten	,—
42	In der vorstehenden Zeile enthaltene Beiträge, aus denen sich ein Anspruch auf Krankengeld ergibt	,—
43	In Zeile 18 enthaltene übernommene Beiträge zu Basis-Kranken- und gesetzlichen Pflegeversicherungen für die unterstützte Person, die von ihr als Versicherungsnehmer geschuldet und von mir getragen wurden oder von mir als getragen gelten	,—
44	In der vorstehenden Zeile enthaltene Beiträge, aus denen sich ein Anspruch auf Krankengeld ergibt	,—

1523 Der grds. zu berücksichtigende Höchstbetrag (VZ 2025 i.H.v. 12 096 €) wird um den Betrag angehoben, der tatsächlich für eine Basisabsicherung der unterhaltsberechtigten Person für Basis-Kranken- und gesetzliche Pflegeversicherungsbeiträge (soziale Pflegeversicherung und Pflege-Pflichtversicherung) aufgewendet wurde (§ 33a Abs. 1 Satz 2 EStG). Voraussetzung ist dabei, dass die Leistungen von der **unterstützten Person als Versicherungsnehmer** geschuldet werden und von der stpfl. Person (leistende Person) auch tatsächlich getragen wurden. Unerheblich ist, ob die Zahlungen direkt an die unterhaltsberechtigte Person geleistet werden, damit diese die Versicherungsbeiträge zahlen kann, oder ob die Zahlungen i.R.d. abgekürzten Zahlungswegs direkt an die Versicherung entrichtet werden. Auch ist die Gewährung von Sachunterhalt (z.B. Unterhalt, Verpflegung) ausreichend.[1] Soweit für andere Personen Kranken- und Pflegeversicherungsbeiträge als Versicherungsnehmer übernommen werden, sind diese als Sonderausgaben (§ 10 Abs. 1 Nr. 3 Satz 1 EStG) zu berücksichtigen und in der Anlage Vorsorgeaufwand (Zeilen 37–42) zu erklären. Eine zusätzliche Erhöhung des Unterhaltshöchstbetrags ergibt sich in diesen Fällen nicht (§ 33a Abs. 1 Satz 2 Halbsatz 2 EStG).

1) R 33a.a Abs. 5 EStR 2012.

Praxishinweis:

In den Fällen, in denen die **unterhaltsverpflichtete Person selbst Versicherungsnehmer** ist, erfolgt die Berücksichtigung der Aufwendungen grds. i.R.d. Sonderausgabenabzugs (§ 10 Abs. 1 Nr. 3 Satz 1 EStG) und nicht als außergewöhnliche Belastung (§ 33a Abs. 1 Satz 2 EStG). Insoweit sind Eintragungen auf der Anlage Vorsorgeaufwand erforderlich. Entsprechendes gilt, wenn die zahlende Person auf Grund eigener Verpflichtung Aufwendungen hat (Vertrag zu Gunsten Dritter). Besteht ein Anspruch auf einen Freibetrag für Kinder oder Kindergeld, haben Eintragungen in der Anlage Kind zu erfolgen, da die Aufwendungen als Sonderausgaben zu berücksichtigen sind (§ 10 Abs. 1 Nr. 3 Satz 1 oder 2 EStG).

In **Zeile 41** sind die übernommenen Beiträge zur Basis-Kranken- (d.h. sozialhilferechtliches Leistungsniveau [= Pflichtleistungen der gesetzlichen Krankenversicherung]) und gesetzlichen Pflegeversicherung (d.h. soziale Pflegeversicherung für gesetzlich Versicherte und Pflege-Pflichtversicherung für privat Versicherte) zur ersten unterstützten Person zu erklären (unterstützte Person lt. Zeile 19). Wurden steuerfreie Zuschüsse gezahlt oder sind Beiträge erstattet worden, ist diese Minderung der Belastung zu berücksichtigen. Berücksichtigung finden keine Aufwendungen für Wahlleistungen, z.B. Chefarztbehandlung und Einbettzimmer.

Hinweis zur Plausibilitätsbeurteilung:

Da in Zeile 41 sowohl die Beiträge zur gesetzlichen als auch zur privaten Krankenversicherung einzutragen sind, darf aus diesem Grund alleine keine pauschale Kürzung um einen 4 %igen Anteil (Krankengeld) erfolgen.

Sind in den Aufwendungen Beiträge enthalten, aus denen sich ein **Anspruch auf Krankengeld** ergibt – was den Ausnahmefall darstellen dürfte – sind die entsprechenden Beitragsanteile gesondert in **Zeile 42** zu erklären, da insoweit eine Kürzung um 4 % der Aufwendungen erfolgt. Lediglich der Restbetrag wird als Basisaufwand berücksichtigt. Vgl. hierzu auch die Ausführungen zu Zeile 20 (→ Rz. 1696) der Anlage Vorsorgeaufwand.

Besteht **mehr als ein Unterstützungszeitraum** (→ Rz. 1500), sind die Aufwendungen aufzuteilen. Für einen zweiten Unterstützungszeitraum sind in den Zeilen 16–18 entsprechende Eintragungsmöglichkeiten vorgesehen. Ab einem dritten Unterstützungszeitraum ist eine gesonderte Anlage mit der weiteren Zu- und Aufteilung der Steuererklärung beizufügen.

Da die übernommenen Beiträge zur Basis-Kranken- und gesetzlichen Pflegeversicherung den Höchstbetrag lediglich entsprechend erhöhen, ist neben der Gesamtsumme der getragenen Aufwendungen in den Zeilen 15 und 18 der Anteil, der auf die Versicherungsbeiträge entfällt, gesondert in den **Zeilen 41–44** zu erklären. Soweit sich ein Anspruch auf Krankengeld ergibt, ist der jeweilige Betrag nochmals gesondert auszuweisen.

Unterhalten mehr als eine Person die bedürftige Person, hat eine Aufteilung der Beträge zu erfolgen (§ 33a Abs. 1 Satz 7 EStG). Dabei gilt es entsprechend zu unterscheiden, welcher anteilige Geldbetrag auf die Basis-Kranken- und gesetzlichen Pflegeversicherungsbeiträge entfällt.

Beispiel:

A und B unterstützen gemeinsam eine Person. A leistet insg. 5 000 € und B 6 000 €. Beiträge zur Basis-Kranken- und gesetzlichen Pflegeversicherung sind i.H.v. 1 000 € in der Gesamtsumme enthalten.

Als außergewöhnliche Belastung kommt der Gesamtbetrag i.H.v. 12 096 € zzgl. 1 000 € in Betracht. Für A besteht die Möglichkeit $^5/_{11}$ (= 5 498 €) und für B $^6/_{11}$ (= 6 598 €) der Aufwendungen abzuziehen, unabhängig davon, wer die Beiträge zur Kranken- und Pflegeversicherung tatsächlich geleistet hat.

7. Weitere zum Unterhalt beitragende Personen (Zeilen 45–49)

Weitere zum Unterhalt beitragende Personen

45	Hat mindestens eine weitere Person zum Unterhalt der unterstützten Person beigetragen?	1 = Ja 2 = Nein
	Falls Sie Zeile 45 mit „Ja" beantwortet haben, füllen Sie bitte die Zeilen 46 bis 49 aus.	
	Zum Unterhalt der bedürftigen Person haben auch beigetragen (Name, Anschrift)	
46		
47	vom T T M M bis T T M M Betrag	EUR ,—
48	In Zeile 47 enthaltene Beiträge zur Basis-Kranken- und gesetzlichen Pflegeversicherung für die unterstützte Person, die von ihr als Versicherungsnehmer geschuldet und von der / den Person(en) laut Zeile 46 getragen wurden	,—
49	In Zeile 48 enthaltene Beiträge, aus denen sich ein Anspruch auf Krankengeld ergibt	,—

Ab dem VZ 2023 wurde die Zeile 45 neu aufgenommen. Eine Eintragung in den Zeilen 46–49 ist nur erforderlich, wenn die Zeile 45 mit „ja" beantwortet wurde. 1524

Tragen mehrere Personen zum Unterhalt derselben Person bei, so ermäßigt sich für jede stpfl. Person der Höchstbetrag i.H.v. 12 096 € auf den Betrag, der ihrem Anteil am Gesamtbetrag der Leistungen entspricht (§ 33a Abs. 1 Satz 7 EStG). Voraussetzung ist nicht, dass alle Personen einen entsprechenden Antrag auf Berücksichtigung gestellt haben.[1)]

1) FG Münster v. 28.11.2014, 14 K 2477/12 E, U, EFG 2015, 453.

Beratungshinweis:

Der BFH hat sich gegen eine Kürzung des Unterhaltshöchstbetrags bei Unterhaltsleistungen (im Streitfall der Eltern) an ein mit dem Lebensgefährten zusammenlebenden Kind ausgesprochen.[1]

Unterhaltsleistungen an die Lebensgefährtin sind nicht zu berücksichtigen, wenn diese nicht wegen der Unterhaltsleistungen, sondern wegen des Bezugs von BAföG keinen Anspruch auf Sozialleistungen hat.[2]

8. Angaben zur 2. unterstützten Person (Zeilen 50–80)

1525 Mit der Anlage Unterhalt (Papiererklärung) besteht ab dem VZ 2023 die Möglichkeit, für eine weitere Person (die ggf. im Haushalt der stpfl. Person lebt) Unterhaltsleistungen als außergewöhnliche Belastung zu erklären. Unterhält die stpfl. Person mehrere Personen, die einen gemeinsamen Haushalt führen, so ist der als außergewöhnliche Belastung abziehbare Betrag für jede unterhaltsberechtigte oder gleichgestellte Person getrennt zu ermitteln. Der insgesamt nachgewiesene Betrag ist unterschiedslos nach Köpfen aufzuteilen. Handelt es sich bei den unterhaltenen Personen um in Haushaltsgemeinschaft lebende Ehegatten/Lebenspartner, z.B. die Eltern, so sind die Einkünfte und Bezüge zunächst für jeden Ehegatten/Lebenspartner gesondert festzustellen und sodann zusammenzurechnen. Die zusammengerechneten Einkünfte und Bezüge sind um 2 × 624 € (= 1 248 €) zu kürzen. Der verbleibende Betrag ist von der Summe der beiden Höchstbeträge abzuziehen.

Die Ausführungen zu der ersten unterstützen Person (Zeilen 19–53) gelten entsprechend für die zweite unterstützte Person (Zeilen 50–80).

Angaben zur 2. unterstützten Person

Allgemeine Angaben zur unterstützten Person

50 Identifikationsnummer | Name, Vorname

51 Geburtsdatum T T M M J J J J | Sterbedatum, wenn 2025 verstorben T T M M J J J J | Beruf, Familienstand

52 Verwandtschaftsverhältnis zur unterstützenden Person

53 Name, Vorname des im selben Haushalt lebenden Ehegatten / Lebenspartners der unterstützten Person

Lebensort / Unterhaltsberechtigung

			Falls „Ja“ (wenn nicht ganzjährig) vom	bis
54	Die unterstützte Person lebte in meinem inländischen Haushalt.	1 = Ja 2 = Nein	T T M M	T T M M
55	Hatte jemand für die unterstützte Person Anspruch auf Kindergeld oder Freibeträge für Kinder?	1 = Ja 2 = Nein	T T M M	T T M M
56	Die unterstützte Person ist mein geschiedener Ehegatte, Lebenspartner einer aufgehobenen Lebenspartnerschaft oder dauernd getrennt lebender Ehegatte / Lebenspartner (kein Abzug von Sonderausgaben nach § 10 Abs. 1a Nr. 1 EStG, keine Zusammenveranlagung).	1 = Ja 2 = Nein	T T M M	T T M M
57	Die unterstützte Person ist mein nicht dauernd getrennt lebender und nicht unbeschränkt einkommensteuerpflichtiger Ehegatte / Lebenspartner.	1 = Ja 2 = Nein	T T M M	T T M M
58	Die unterstützte Person ist als Kindesmutter / Kindesvater gesetzlich unterhaltsberechtigt (bis zur Vollendung des dritten Lebensjahres des Kindes).	1 = Ja 2 = Nein	T T M M	T T M M
59	Die unterstützte Person ist nicht unterhaltsberechtigt, jedoch wurden oder würden bei ihr wegen der Unterhaltszahlungen öffentliche Mittel gekürzt oder nicht gewährt.	1 = Ja 2 = Nein	T T M M	T T M M

Vermögen der unterstützten Person

60 Hatte die unterstützte Person im Unterhaltszeitraum Vermögen? 1 = Ja 2 = Nein | Falls „Ja“: Gesamtwert des Vermögens der unterstützten Person (z. B. PKW, Bargeld, Grundstücke mit Ausnahme eines angemessenen, selbst bewohnten Hausgrundstücks) EUR ,–

Bei Unterhaltsempfängern im Ausland

61 Die von der Heimatbehörde und der unterstützten Person bestätigte Unterhaltserklärung über die Bedürftigkeit liegt mir vor. 1 = Ja 2 = Nein

2025AnlUnterhalt193 2025AnlUnterhalt193

1) BFH v. 28.4.2020, VI R 43/17, BStBl II 2021, 209.
2) BFH v. 31.3.2021, VI R 2/19, BStBl II 2021, 572.

- 4 -

Einkünfte und Bezüge der unterstützten Person

62 Die unterstützte Person hat Einkünfte, Bezüge und / oder öffentliche Ausbildungshilfen im Kalenderjahr erzielt. (1 = Ja, 2 = Nein)

Falls Sie Zeile 62 mit „Ja" beantwortet haben, füllen Sie bitte die Zeilen 63 bis 71 aus.

Einkünfte aus nichtselbständiger Arbeit

Zeile	vom	bis	Bruttoarbeitslohn (ohne Einnahmen aus Minijobs) EUR	Werbungskosten zum Bruttoarbeitslohn (ohne Werbungskosten zu Versorgungsbezügen) EUR
63	T T M M	T T M M	,—	,—
64	T T M M	T T M M	,—	,—

Zeile	vom	bis	Versorgungsbezüge – im Arbeitslohn enthalten – EUR	Werbungskosten zu Versorgungsbezügen EUR	Bemessungsgrundlage für den Versorgungsfreibetrag EUR	Maßgebendes Kalenderjahr des Versorgungsbeginns
65	T T M M	T T M M	,—	,—	,—	J J J J

Sonstige Einkünfte

Zeile	vom	bis	Renten EUR	steuerpflichtiger Teil der Rente EUR	Werbungskosten zu Renten EUR
66	T T M M	T T M M	,—	,—	,—
67	T T M M	T T M M	,—	,—	,—

Einkünfte aus Kapitalvermögen

Zeile	vom	bis	Einkünfte aus Kapitalvermögen (tarifliche Einkommensteuer) EUR	vom	bis	Kapitalerträge (Abgeltungsteuer) EUR
68	T T M M	T T M M	,—	T T M M	T T M M	,—

Übrige Einkünfte

Zeile	vom	bis	EUR
69	T T M M	T T M M	,—

Zeile	**Sozialleistungen / übrige Bezüge (z. B. aus Minijobs)** vom	bis	EUR	**Öffentliche Ausbildungshilfen (z. B. BAföG-Zuschüsse)** vom	bis	EUR
70	T T M M	T T M M	,—	T T M M	T T M M	,—

Kosten zu allen Bezügen

Zeile	vom	bis	EUR
71	T T M M	T T M M	,—

Beiträge zu Basis-Kranken- und gesetzlichen Pflegeversicherungen

Zeile		EUR
72	In Zeile 15 enthaltene übernommene Beiträge zu Basis-Kranken- und gesetzlichen Pflegeversicherungen für die unterstützte Person, die von ihr als Versicherungsnehmer geschuldet und von mir getragen wurden oder von mir als getragen gelten	,—
73	In der vorstehenden Zeile enthaltene Beiträge, aus denen sich ein Anspruch auf Krankengeld ergibt	,—
74	In Zeile 18 enthaltene übernommene Beiträge zu Basis-Kranken- und gesetzlichen Pflegeversicherungen für die unterstützte Person, die von ihr als Versicherungsnehmer geschuldet und von mir getragen wurden oder von mir als getragen gelten	,—
75	In der vorstehenden Zeile enthaltene Beiträge, aus denen sich ein Anspruch auf Krankengeld ergibt	,—

Weitere zum Unterhalt beitragende Personen

76 Hat mindestens eine weitere Person zum Unterhalt der unterstützten Person beigetragen? (1 = Ja, 2 = Nein)

Falls Sie Zeile 76 mit „Ja" beantwortet haben, füllen Sie bitte die Zeilen 77 bis 80 aus.

Zum Unterhalt der bedürftigen Person haben auch beigetragen (Name, Anschrift)

77

Zeile	vom	bis		EUR
78	T T M M	T T M M	Betrag	,—
79			In Zeile 78 enthaltene Beiträge zur Basis-Kranken- und gesetzlichen Pflegeversicherung für die unterstützte Person, die von ihr als Versicherungsnehmer geschuldet und von der / den Person(en) laut Zeile 77 getragen wurden	,—
80			In Zeile 79 enthaltene Beiträge, aus denen sich ein Anspruch auf Krankengeld ergibt	,—

2025AnlUnterhalt194 2025AnlUnterhalt194

XXXII. Anlage V – Einkünfte aus Vermietung und Verpachtung

1. Vorbemerkung (Zeilen 1–3)

Anleitung vorhanden

2025

Anlage V

Diese Anlage ist bei Zusammenveranlagung von Ehegatten / Lebenspartnern gemeinsam auszufüllen.

1 Name

2 Vorname

3 **Steuernummer** lfd. Nr. der Anlage

Einkünfte aus Vermietung/Verpachtung bebauter Grundstücke

1526 Die Anlage V dient der steuerlichen Erklärung der Einkünfte aus Vermietung und Verpachtung (§ 21 EStG) und ist nur dann nicht auszufüllen, wenn es sich um eine ausschließlich privat genutzte Immobilie handelt oder das Objekt eigenen gewerblichen/beruflichen Zwecken dient. Für jedes Vermietungsobjekt ist eine eigene Anlage V einzureichen; im Rahmen einer Zusammenveranlagung sind die Einkünfte zwischen den Ehegatten/Lebenspartnern aufzuteilen.

Ab dem VZ 2023 wurde die Anlage V aufgeteilt. Bei Einkünften aus der Vermietung und/oder Verpachtung von Ferienwohnungen und/oder kurzfristiger Vermietung ist zusätzlich zur Anlage V die **Anlage V-FeWo** auszufüllen. Die **Anlage V-Sonstige** ist zusätzlich auszufüllen für Einkünfte aus Beteiligungen, z.B. Grundstücks-/Erbengemeinschaften, aus der Untervermietung von gemieteten Räumen, aus unbebauten Grundstücken (z.B. Parkplatz), anderem unbeweglichen Vermögen (z.B. Schiffe) und Sachinbegriffen (z.B. Geschäftseinrichtung) sowie aus der Überlassung von Rechten, z.B. Erbbau-, Urheber- und/oder Kiesausbeuterechte und für Einkünfte für die die ermäßigte Besteuerung (§ 34 Abs. 1 EStG) anzuwenden ist.

Die Vermietungstätigkeit stellt dann nicht mehr die Nutzung von Vermögen i.S.d. Fruchtziehung aus zu erhaltenden Substanzwerten dar, wenn die Vermietungstätigkeit mit dem An- und Verkauf auf Grund eines einheitlichen Geschäftskonzepts verklammert ist. Das hat zur Folge, dass die gesamte Tätigkeit gewerblichen Charakter besitzt.[1] Die Unterverpachtung landwirtschaftlicher Nutzflächen führt bei einem land- und forstwirtschaftlichen Pachtbetrieb grundsätzlich zu Einkünften aus Vermietung und Verpachtung.[2]

Beratungshinweis:
Zur Abgrenzung zur **gewerblichen Vermietung** bei dem sog. „betreuten Wohnen" vgl. FG Baden-Württemberg.[3] Im Bereich der Vermietungseinkünfte können auch **Entschädigungen** (§ 24 Abs. 1 Nr. 1 Buchst. a EStG) vorliegen.[4]

Werden Teile einer selbst genutzten Eigentumswohnung, eines selbst genutzten Einfamilienhauses oder insg. selbst genutzten anderen Hauses vorübergehend vermietet und **übersteigen** die **Einnahmen** hieraus **nicht 520 €** im VZ, kann aus Vereinfachungsgründen von der Besteuerung der Einkünfte abgesehen werden.[5]

Gehört das vermietete Objekt **Ehegatten/Lebenspartnern** gemeinsam, ist nicht von jedem Ehegatten/Person A/B eine eigene Anlage V mit dem entsprechenden Miteigentumsanteil einzureichen, sondern die auf der Anlage V ermittelten Einkünfte sind innerhalb der Anlage auf die Ehegatten/Lebenspartner zu verteilen. Auf die in diesen Fällen grds. gesonderte und einheitliche Feststellung der Einkünfte verzichtet das FA regelmäßig, wenn kein Streit über Höhe und Aufteilung der daraus resultierenden Einkünfte besteht (→ Rz. 1559).

Ein Darlehenserlass im Rahmen eines Vergleichs zur Beilegung eines Rechtsstreits bzgl. einer „drückervermittelten **Schrottimmobilienfinanzierung**" wirkt sich nur unter bestimmten Voraussetzungen steuererhöhend aus.[6] Im Zusammenhang mit den Einkünften aus privaten Veräußerungsgeschäften vgl. die Ausführungen zur Anlage SO (→ Rz. 1404).

2. Allgemeines

1527 Die unterschiedlichen Arten von Einkünften aus Vermietung und Verpachtung sind i.R.d. ESt-Erklärung in der Anlage V zu erklären. Es ist in Einzelfällen auch eine Abgrenzung zu gewerblichen Einkünften (§ 15 Abs. 1 Nr. 1 EStG) erforderlich. Werden über das bloße ertragbringende Halten von Immobilien hinaus auf der Grundlage eines einheitlichen Geschäfts- und Betriebskonzepts bestimmte Marktchancen gezielt genutzt, die sich aus der Ausstattung der Immobilien und den besonderen wirtschaftlichen Rahmenbedingungen der Region ergeben, ist eine Vermietungstätigkeit als gewerbliche Vermietung anzusehen.[7]

1) BMF v. 1.4.2009, IV C 6 – S 2240/08/10008, BStBl I 2009, 515.
2) BFH v. 9.5.2023, VI R 38/20, DStZ 2023, 635.
3) FG Baden-Württemberg v. 17.2.2016, 4 K 1349/15, EFG 2016, 820.
4) FG Hessen v. 22.4.2024, 10 K 436/22, EFG 2024, 1137, Rev., Az. des BFH: IX R 9/24.
5) R 21.2 Abs. 1 EStR 2012.
6) BFH v. 10.11.2020, IX R 32/19, BStBl II 2023, 169.
7) FG Münster v. 13.5.2015, 10 K 1207/13 E, G, EFG 2015, 1435.

Für jedes vermietete bebaute Grundstück und für jede vermietete Eigentumswohnung ist eine eigene Anlage V auszufüllen.

Bei **Mietverhältnissen zwischen Arbeitgeber und Arbeitnehmer** ist zu unterscheiden, ob es sich um stpfl. Arbeits- **1528**
lohn (Einkünfte aus nichtselbständiger Arbeit, Anlage N, bei entsprechender Weisungsbefugnis), um Mieterträge aus Vermietung und Verpachtung oder aber um gewerbliche Einkünfte (bei reinem betrieblichem Interesse[1] und ohne typisierende Unterstellung der Überschusserzielungsabsicht) beim Arbeitnehmer handelt. Die Unterscheidung zwischen Arbeitslohn und Einkünften aus Vermietung und Verpachtung ist danach vorzunehmen, in wessen vorrangigem Interesse die Nutzung des Büros erfolgt. Voraussetzung für die Qualifizierung als Vermietungseinkünfte ist nach der Rechtsprechung des BFH:

- die Nutzung des Arbeitszimmers erfolgt vorrangig im betrieblichen Interesse des Arbeitgebers,
- das betriebliche Interesse des Arbeitgebers geht über die Entlohnung oder über die Erbringung der Arbeitsleistung hinaus.

Indizien für ein betriebliches Interesse sind:

- für den/die Arbeitnehmer sind im Unternehmen keine geeigneten Arbeitszimmer **vorhanden**; die Versuche des Arbeitgebers, entsprechende Räume von fremden Dritten anzumieten, sind erfolglos geblieben,
- der Arbeitgeber hat für andere Arbeitnehmer des Betriebs, die über keine für ein **Arbeitszimmer** geeignete Wohnung verfügen, entsprechende Rechtsbeziehungen mit fremden Dritten, die nicht in einem Dienstverhältnis zu ihm stehen, begründet,
- es wurde eine ausdrückliche, schriftliche Vereinbarung über die Bedingungen der Nutzung des überlassenen Raums abgeschlossen.

Die **Einkunftserzielungsabsicht** (→ Rz. 1529) muss ggf. geprüft werden. Das BMF-Schreiben v. 8.10.2004[2] findet – für **vor dem 1.1.2019 abgeschlossene Mietverträge** – entsprechend Anwendung.[3] Nach der BFH-Entscheidung v. 17.4.2018[4] ist jedoch in jedem Einzelfall zu entscheiden, ob die Einkunftserzielungsabsicht vorliegt. Der BFH hat damit seine bisherige Rechtsprechung aufgegeben, dass unter vergleichbaren Umständen bei einer auf Dauer angelegten Vermietung von Büroräumen an den Arbeitgeber grds. und typisierend davon auszugehen ist, dass die stpfl. Person einen Einnahmenüberschuss erwirtschaftet.[5] **Für nach dem 31.12.2018 abgeschlossene Mietverträge** sind die vom BFH aufgestellten Grundsätze zu beachten.[6] Gegen die Forderung einer Überschussprognose kann sich die stpfl. Person nicht in Anwendung des koordinierten Ländererlasses des BMF[7] auf die insoweit anders lautende Auffassung im Schreiben des BMF vom 13.12.2005[8] berufen, der für die Vermietung eines im Haus oder der Wohnung des Arbeitnehmers gelegenen Büros an den Arbeitgeber typisierend vom Vorliegen der Einkünfteerzielungsabsicht ausgeht.[9]

Indizien für den Arbeitslohncharakter sind dagegen, dass der Arbeitnehmer im Betrieb des Arbeitgebers über einen weiteren Arbeitsplatz verfügt und die Nutzung des häuslichen Arbeitszimmers vom Arbeitgeber lediglich gestattet oder geduldet wird.

Praxishinweis:
Dient die Anmietung des Arbeitszimmers daher vorrangig den Interessen des Arbeitnehmers, handelt es sich bei den Zahlungen um stpfl. Arbeitslohn, der auch sozialversicherungspflichtig ist.

3. Einkunftserzielungsabsicht

Die Frage nach der Prüfung der Einkunftserzielungsabsicht dürfte grds. durch den BFH beantwortet sein. Danach **1529**
geht der BFH typisierend davon aus, dass bei einer auf Dauer angelegten Vermietungstätigkeit von der Einkunftserzielungsabsicht auszugehen ist. Beim Eintritt in einen bestehenden Mietvertrag ist der Umgang des Erwerbers entscheidend.[10] Die Diskussion war jedoch wieder aufgeflammt, wie die gegenteiligen Darstellungen in der Literatur zeigten. So soll eine Vermietung stets und wesentlich auf die Erzielung von positiven Einkünften gezielt sein.[11]

Einkünfte aus Vermietung und Verpachtung erzielt, wer ein Grundstück gegen Entgelt zur Nutzung überlässt und **1530**
beabsichtigt, auf die voraussichtliche Dauer der Nutzung des Grundstücks einen Überschuss der Einnahmen über die WK zu erzielen (= Definition der Einkunftserzielungsabsicht); bei einem konkret beabsichtigten Verkauf (z.B. nach einer durchgeführten Renovierung) besteht daher keine Vermietungsabsicht.[12] Ebenso kann eine lange

1) BFH v. 17.4.2018, IX R 9/17, BStBl II 2019, 219, sowie FG Köln v. 12.2.2020, 5 K 2225/18, StEd 2020, 582 und BMF v. 18.4.2019, IV C 1 – S 2211/16/10003 :005, BStBl I 2019, 461.
2) BMF v. 8.10.2004, IV C 3 – S 2253 – 91/04, BStBl I 2004, 933.
3) BMF v. 13.12.2005, IV C 3 – S 2253 – 112/05, BStBl I 2006, 4.
4) BFH v. 17.4.2018, IX R 9/17, BStBl II 2019, 219.
5) So noch BFH v. 20.3.2002, VI R 147/00, BStBl II 2003, 519.
6) BMF v. 18.4.2019, IV C 1 – S 2211/16/10003 :005, BStBl I 2019, 461.
7) BMF v. 18.4.2019, IV C 1 – S 2211/16/10003 :005, BStBl I 2019, 461.
8) BMF v. 13.12.2005, IV C 3 – S 2253 – 112/05, BStBl I 2006, 4.
9) FG Köln v. 12.2.2020, 5 K 2225/18, DStZ 2020, 729.
10) BFH v. 22.1.2013, IX R 13/12, BStBl II 2013, 533.
11) Leisner-Egensperger, DStZ 2010, 790; Ablehnung Heuermann, DStZ 2010, 825; vgl. auch weitergehend Stein, DStZ 2011, 442.
12) BFH v. 17.2.2010, IX B 180/09, BFH/NV 2010, 883.

Sanierung zur Verneinung der Einkunftserzielungsabsicht führen.[1] Nach dem **Regelungszweck** des § 21 EStG ist bei einer auf Dauer angelegten Vermietungstätigkeit nach der Rechtsprechung des BFH grds. davon auszugehen, dass die stpfl. Person beabsichtigt, letztlich einen Einnahmeüberschuss zu erwirtschaften, selbst wenn sich über längere Zeiträume Werbungskostenüberschüsse ergeben. Auch **vergebliche (vorweggenommene) Aufwendungen** können zu berücksichtigen sein, wenn die Aufwendungen nachweislich in einem ausreichend bestimmten Zusammenhang zu einer beabsichtigten Vermietung stehen.[2] Die Feststellungslast hinsichtlich des Entschlusses zur Vermietung trägt die stpfl. Person, die dies durch objektive Umstände belegen muss.[3] Bei vorheriger Selbstnutzung ist diese zuvor endgültig zu beenden.[4] Schädlich ist, wenn der Vermietungsentschluss zu einem Zeitpunkt gefasst wird, in dem das Scheitern der Investition bereits vorhersehbar ist. Die Ungewissheit einer behaupteten Vermietungsabsicht wird beseitigt, wenn das Grundstück vermietet wird oder wenn eine zukünftige Vermietung dauerhaft ausgeschlossen ist, weil die stpfl. Person das Grundstück tatsächlich oder rechtlich nicht mehr einem anderen zur Nutzung überlassen kann. Kommt es nach **Ablauf von mehr als zehn Jahren** nicht zur Vermietung, ist es regelmäßig nicht zu beanstanden, wenn die Vermietungsabsicht verneint wird.[5] Untätigkeit führt zum Verlust der Einkunftserzielungsabsicht.[6] Eine dauerhafte Vermietungsabsicht kann auch dann zu bejahen sein, wenn sich der Vermieter eine Kündigung zu einem bestimmten Zeitpunkt wegen Eigenbedarfs vorbehält, um das Mietobjekt einem Angehörigen zu überlassen, sofern davon auszugehen ist, dass diese Überlassung nicht unentgeltlich erfolgen soll.[7]

Beratungshinweis:
Wurde der ESt-Bescheid seitens der Finverw. in diesem Punkt vorläufig (§ 165 Abs. 1 Satz 1 AO) erlassen, ist bei späteren Änderungen zu prüfen, ob nicht die Ungewissheit bereits entfallen ist. Die Ungewissheit ist beseitigt, wenn das FA positive Kenntnis von der Beendigung erlangt. Insoweit beginnt durch die Kenntnis die Frist des § 171 Abs. 8 AO.[8] Die Art der Nutzung ist keine Ungewissheit.[9] Bei der **Vermietung von Gewerbeimmobilien** ist die Einkunftserzielungsabsicht stets konkret festzustellen.[10]

Aufwendungen für eine **leerstehende Wohnung** können nur in den Fällen berücksichtigt werden, in denen der Entschluss zur Vermietung (endgültig) gefasst worden ist. Insoweit ist zunächst die Vermietungsabsicht nachzuweisen, was z.B. durch die Schaltung von Vermietungsanzeigen, Beauftragung eines Maklers (ggf. auch mit Ausweitung des potenziellen Mieterkreises[11]) oder durch Einstellen von Anzeigen auf einschlägigen Internetseiten erfolgen kann.[12] Die Ernsthaftigkeit der Bemühungen ist daher zwingend Voraussetzung, wozu u.a. auch Zugeständnisse bei der Miethöhe- und Mietdauer sowie bei den als Mieter akzeptablen Personen gehören.[13] Gelegentliche Vermietungsanzeigen sind nicht ausreichend; theoretisch erzielbare Ergebnisse und ein möglicher Einnahmeüberschuss nicht entscheidungserheblich.[14] Diese Grundsätze sind auch auf den Leerstand einzelner Räume innerhalb einer Wohnung, die von der stpfl. Person im Übrigen anderweitig genutzt wird, anzuwenden.[15]

Der **Verkauf** einer **nach Leerstand** renovierten Immobilie kann zudem den Werbungskostenabzug gefährden, wenn das Objekt kurze Zeit nach einem Vermittlungsauftrag zur Vermietung und alternativer Veräußerung veräußert wird.[16] Ergibt sich zudem bereits aus dem Mietvertrag, dass das Objekt verkauft werden soll – auch wenn Jahre vergehen – ist nicht von einer auf Dauer angelegten Vermietung auszugehen.[17] Die **Dauer einer Renovierung und der damit verbundene Leerstand** ist unbeachtlich, soweit die Arbeiten mit einer späteren Vermietung in Zusammenhang stehen; eine vorangegangene Vermietung entfaltet dabei aber keine Indizwirkung.[18] Bei einem längeren Leerstand spricht diese Dauer (wohl ab zehn Jahre) gegen die Einkunftserzielungsabsicht.[19]

Gestaltungshinweis:
Der BFH gewährt einen gewissen Spielraum hinsichtlich der Frage der Art und Weise der Vermarktung.[20] Eine zufällige Vermietungschance dürfte jedenfalls nicht ausreichend sein, wenn das Objekt vordergründig verkauft werden soll.[21] In einem Fall wurde die Vermietungsabsicht u.a. verneint, weil für Außenstehende (z.B. Einschaltung eines Maklers) nicht erkennbar war, dass die Ver-

1) FG Niedersachsen v. 6.5.2010, 11 K 12069/08, EFG 2010, 1199.
2) BFH v. 16.2.2016, IX R 1/15, BFH/NV 2016, 1261.
3) Z.B. FG Baden-Württemberg v. 16.5.2011, 10 K 4499/08, EFG 2011, 2073 m.w.N.
4) FG München v. 24.7.2018, 2 K 2058/17.
5) BFH v. 16.6.2015, IX R 27/14, BStBl II 2016, 144.
6) FG Münster v. 22.2.2017, 7 K 860/14 F, EFG 2017, 727.
7) FG Hamburg v. 12.9.2018, 2 K 151/17, kösdi 2019, 21218.
8) BFH v. 4.9.2008, IV R 1/07, BStBl II 2009, 335.
9) FG Münster v. 21.2.2018, 7 K 288/16 E, EFG 2018, 613.
10) BFH v. 20.7.2010, IX R 49/09, BStBl II 2010, 1038; SenFin. Berlin, Erlass v. 19.12.2012 – III B – S 2252 – 1/2012 – 1, DB 2013, 259.
11) BFH v. 25.6.2009, IX R 54/08, BStBl II 2010, 124.
12) FG München v. 22.10.2008, 1 K 77/07, EFG 2009, 250; zu Nachweisen der Vermietungsabsicht vgl. Stein, DStR 2009, 1079.
13) BFH v. 11.12.2012, IX R 14/12, BStBl II 2013, 279.
14) BFH v. 17.10.2012, VIII R 51/09, BFH/NV 2013, 365.
15) BFH v. 12.6.2013, IX R 38/12, BStBl II 2013, 1013.
16) FG München v. 19.5.2010, 10 K 288/09, DStRE 2011, 1189.
17) BFH v. 17.2.2010, IX B 180/09, BFH/NV 2010, 883.
18) BFH v. 11.8.2010, IX R 3/10, BStBl I 2011, 166 und v. 21.12.2010, IX B 117/10, BFH/NV 2011, 598.
19) BFH v. 18.8.2010, X R 30/07, BFH/NV 2011, 215.
20) BFH v. 11.12.2012, IX R 68/10, BStBl II 2013, 367.
21) BFH v. 11.12.2012, IX R 9/12, BFH/NV 2013, 718.

mietung aus nicht von der stpfl. Person zu vertretenden Gründen nicht möglich war.[1] Auch bei unvermietbaren Immobilien ist ein vermietbarer Zustand herbeizuführen.[2] Auch ausstehende Miete muss beigetrieben werden.[3]

Zur Frage der Anforderungen an die Vermietungsabsicht bei einem **strukturell bedingten Leerstand** hat der BFH entschieden, dass zielgerichtet darauf hinzuwirken sei, ggf. unter Zuhilfenahme von baulichen Umgestaltungen, einen vermietbaren Zustand zu erreichen; die stpfl. Person muss also tatsächlich aktiv tätig werden.[4] Auch das Nicht-Tätigwerden im Rahmen eines Zahlungsverzugs kann die Einkünfteerzielungsabsicht in Frage stellen.[5] In einem **Gebiet mit niedriger Leerstandsquote** dürfte der Nachweis der Vermietungsabsicht zumindest bei längerem Leerstand schwer zu führen sein.[6]

Praxishinweis:

Kann eine stpfl. Person eine in ihrem Eigentum stehende Wohnung aus tatsächlichen oder rechtlichen Gründen (im Streitfall: **Wohnungseigentümergemeinschaft**) dauerhaft nicht in einen betriebsbereiten Zustand versetzen und zur Vermietung bereitstellen, ist es nicht zu beanstanden, wenn das FG nach einer Gesamtwürdigung aller Tatsachen vom Fehlen der Einkünfteerzielungsabsicht ausgeht.[7]

Hat die stpfl. Person sich **noch nicht endgültig entschieden**, die Wohnung zu vermieten oder zu verkaufen, besteht noch kein Zusammenhang mit der Einkunftsart, so dass Aufwendungen keine Berücksichtigung finden können.[8]

Die Überprüfung der Einkunftserzielung ist für jede einzelne vermiete Immobilie[9] (und nicht grundstücksbezogen) zu prüfen und steht grds. an erster Stelle. Sie hat Vorrang vor den möglichen Erwägungen, ob ein Mietverhältnis u.U. aus anderen Gründen (z.B. Missbrauch von Gestaltungsmöglichkeiten i.S.d. § 42 AO oder sog. Fremdvergleich) steuerliche Berücksichtigung finden kann. Sowohl der objektive als auch der subjektive Tatbestand des § 21 Abs. 1 Satz 1 Nr. 1 EStG sind objektbezogen zu prüfen.[10]

Es muss sich jedoch tatsächlich um eine Vermietungstätigkeit i.S.d. § 21 EStG handeln. So ist zunächst auch zu prüfen, ob es sich um ein **Scheingeschäft/Scheinmietverhältnis** i.S.d. § 41 Abs. 2 AO i.V.m. § 117 BGB handelt. Ein Mietvertrag zwischen **Lebensgefährten** über die hälftige Nutzung der gemeinsam bewohnten Wohnung ist steuerlich nicht anzuerkennen.[11]

Danach wird bei der auf **Dauer angelegten Vermietungstätigkeit** bei einem bebauten Grundstück grds. die **Einkunftserzielungsabsicht unterstellt**. Eine Vermietungstätigkeit ist auf Dauer angelegt, wenn sie nach den bei Beginn der Vermietung ersichtlichen Umständen keiner Befristung unterliegt.[12] Dies schließt mehrere aufeinander folgende (befristete) Mietverträge nicht aus. Für die Annahme einer nicht auf Dauer angelegten Vermietung müssen vielmehr weitere Umstände hinzutreten, die zusammen mit dem auf bestimmte Zeit abgeschlossenen Vertrag diese Annahme rechtfertigen. Sprechen Beweisanzeichen u.a. gegen eine dauerhafte Vermietungstätigkeit, ist eine von der stpfl. Person zu erstellende **Totalüberschussprognose über 30 Jahre** der ESt-Erklärung beizufügen.[13] Mit Rücksicht auf einen Verkauf wäre der Zeitraum zu kürzen, wenn bereits bei Erwerb der Verkauf ernsthaft in Betracht gezogen wurde.[14] Wird hingegen erst in späteren Jahren wegen fehlender Ertragsaussichten versucht, das Objekt zu verkaufen, lässt dies den Zeitraum unberührt.[15]

Beratungshinweis:

Im Rahmen der Einkunftsart ist die Einkunftserzielungsabsicht aber nicht allein deshalb zu prüfen, weil die AK oder HK des Objekts sowie anfallende Schuldzinsen mittels Darlehen finanziert worden sind, die zwar nicht getilgt werden, aber bei Fälligkeit durch den Einsatz von parallel laufenden Lebensversicherungen abgelöst werden. Das Finanzierungskonzept bildet insoweit keinen objektiven Umstand, der als Indiz gegen die Einkunftserzielungsabsicht spricht. Allein ein krasses Missverhältnis zwischen den Mieteinnahmen und den Schuldzinsen ist nicht geeignet, die grds. anzunehmende Einkunftserzielungsabsicht in Frage zu stellen. In Abgrenzung zu der im Bereich der Finanzierung ergangenen Rechtsprechung hat der BFH jedoch die Einkunftserzielungsabsicht verneint, wenn kein i.R.d. Finanzierung vorhandenes Konzept erkennbar ist und insoweit Zinsen „auflaufen".[16] Von Beginn der Fremdfinanzierung an, sollte daher die Ablösung der bestehenden Darlehen geregelt sein, um nicht in die Falle der Überprüfung der Einkunftserzielungsabsicht zu geraten.

Bei der Ermittlung des Totalüberschusses ist von den Ergebnissen auszugehen, die sich nach den einkommensteuerrechtlichen Vorschriften voraussichtlich ergeben werden.

1) BFH v. 11.12.2012, IX R 41/11, BFH/NV 2013, 543.
2) BFH v. 9.7.2013, IX R 48/12, BStBl II 2013, 693.
3) FG Köln v. 26.6.2013, 7 K 1166/12, EFG 2013, 1663.
4) BFH v. 25.6.2009, IX R 54/08, BStBl II 2010, 124.
5) FG Sachsen-Anhalt v. 24.2.2010, 2 K 894/05, EFG 2011, 974; im nachfolgenden Revisionsverfahren wurde dabei der Mietvertrag zwischen den nahestehenden Personen nicht anerkannt, BFH v. 22.1.2013, IX R 70/10, BFH/NV 2013, 1067.
6) FG Sachsen v. 8.7.2009, 2 K 509/09.
7) BFH v. 31.1.2017, IX R 17/16, BStBl II 2017, 633.
8) BFH v. 28.10.2008, IX R 1/07, BStBl II 2009, 848.
9) BFH v. 1.4.2009, IX R 39/08, BStBl II 2009, 776.
10) BFH v. 19.2.2019, IX R 16/18, BFH/NV 2019, 804.
11) FG Baden-Württemberg v. 6.6.2019, 1 K 699/19, kösdi 2019, 21341 (Heft 8).
12) BMF v. 8.10.2004, IV C 3 – S 2253 – 91/04, BStBl I 2004, 933.
13) BMF v. 8.10.2004, IV C 3 – S 2253 – 91/04, BStBl I 2004, 933.
14) BFH v. 6.11.2001, IX R 44/99, BFH/NV 2002, 773.
15) BFH v. 14.1.2003, IX R 74/00, BFH/NV 2003, 752.
16) BFH v. 10.5.2007, IX R 7/07, BStBl II 2007, 873.

Mögliche private Veräußerungsgewinne (§ 23 Abs. 1 Nr. 2 EStG) sind nicht in die Prognose mit einzubeziehen, unabhängig davon, ob und ggf. in welcher Höhe sie der Besteuerung unterliegen. Dies gilt aus Sicht der Verwaltung auch dann, wenn von einem Prognosezeitraum von weniger als zehn Jahren auszugehen ist.[1] Das dürfte zumindest dann gelten, wenn die Veräußerung außerhalb des Zehnjahreszeitraums erfolgte.[2] So ist nicht zu prüfen, ob Werbungskostenüberschüsse durch steuerfreie Veräußerungserlöse ausgeglichen werden können. Im Rahmen der Prognoserechnung sind auch geplante Mieterhöhungen zu berücksichtigen, wenn sie mit hinreichender Sicherheit zu erwarten oder bereits eingetreten sind.[3] In die Prognoserechnung sind alle objektiven erkennbaren Umstände einzubeziehen, zukünftig eintretende Faktoren jedoch nur dann, wenn sie bei objektiver Betrachtung vorhersehbar waren. Hinsichtlich der ortsüblichen Miete ist jeder der Mietwerte (nicht nur der Mittelwert) als ortsüblich anzusehen, den der Mietspiegel im Rahmen einer Spanne zwischen mehreren Mietwerten für vergleichbare Wohnungen ausweist.[4] Zu weiteren Einzelheiten vgl. auch BMF v. 8.10.2004.[5]

Beratungshinweis:

Sind Mieteinnahmen geringer ausgefallen (Mietausfälle z.B. durch sog. Mietnomaden), ist dies wohl ein i.R.d. Prognose ebenfalls zu berücksichtigender Tatbestand wie die Tatsache, dass WK durch Einzelumstände höher ausgefallen sind, als zunächst bei der Prognoseaufstellung erwartet werden konnte. In seinem Beschluss v. 26.7.2006[6] erläutert der BFH, dass unvorhergesehene Kostensteigerungen bei der Prognose zu berücksichtigen sind. Es handelte sich in dem entschiedenen Fall um eine notwendig gewordene Dachsanierung in einem 200 Jahre alten Ferienhaus, das auch selbst genutzt wurde. Der entschiedene Fall ist m.E. jedoch von den zuvor beschriebenen Mietausfällen abzugrenzen; bei einem 200 Jahre alten Objekt müssen objektive Gegebenheiten (Bausubstanz) als bekannt vorausgesetzt werden; insoweit muss die stpfl. Person entsprechend – im Vorfeld – die Höhe der Einnahmen kalkulieren.

Die **Einkunftserzielungsabsicht kann auch zu einem späteren Zeitpunkt** sowohl **begründet** werden als auch **wegfallen**. Bei einer mehrjährigen Vermietungstätigkeit kann die Einkunftserzielungsabsicht auch später einsetzen und damit die einkommensteuerrechtlich relevante Tätigkeit später beginnen. Die Einkunftserzielungsabsicht **endet**, wenn die Absicht der Einkunftserzielung endgültig aufgegeben worden ist, z.B. wenn der Kaufvertrag endgültig unterschrieben wurde.

Zur Einkunftserzielungsabsicht bei mehrjähriger Untervermietung vgl. FG Berlin-Brandenburg.[7]

1531 Bei besonders **aufwendig gestalteten und überteuerten Objekten** (sog. Luxuswohnungen) lassen sich regelmäßig keine positiven Erträge i.R.d. Marktmiete erzielen. Die Einkunftserzielungsabsicht ist bei der Vermietung von besonders aufwendig gestaltetem Wohnraum an Angehörige zu prüfen, wenn die Marktmiete den besonderen Wohnwert nicht angemessen widerspiegelt.[8] Dann ist trotz Anwendung von § 21 Abs. 2 EStG ausnahmsweise die Einkunftserzielungsabsicht zu prüfen. Der BFH geht in derartigen Fällen von einer privaten Veranlassung der Herstellung aus und wertet dies als Indiz gegen das Vorliegen der Einkunftserzielungsabsicht. Die Annahme, dass die Vorschrift typisierend davon ausgeht, dass die langfristige Vermietung letztendlich zu positiven Einkünften führt, bezieht sich nur auf Wohnungen, die üblicherweise vermietet werden. Wird aber eine Wohnung überlassen, bei der die Marktmiete keine angemessene Gegenleistung für die Übernahme darstellt, fehlt die Grundlage für die typisierende Annahme der Rechtsprechung. Die am Wohnungsmarkt erzielbare Miete entspricht nicht dem Gebrauchswert des Objekts.

Um eine aufwendig gestaltete oder ausgestattete Wohnung handelt es sich, wenn:[9]

- die nach §§ 42 bis 44 WoFlV[10] ermittelte Wohnfläche der vermieteten Wohnung 250 qm übersteigt, oder
- eine Schwimmhalle vorhanden ist, oder
- besonders gewichtige objektive Gestaltungs- oder Ausstattungsmerkmale für ein persönliches Wohnbedürfnis des Wohnungsinhabers vorliegen. Auf Grund dieser Merkmale kann ohne Weiteres darauf geschlossen werden, dass die Marktmiete den besonderen Wohnwert nicht angemessen widerspiegelt. Hierunter fallen z.B.[11] Gebäude mit besonders aufwändiger architektonischer Gestaltung, besonders wertvolle Bau- und Ausstattungsmerkmale in erheblichem Umfang sowie Grundstücke mit einer Größe von mehr als 1 600 qm in Gebieten mit weit überdurchschnittlichen Grundstückspreisen.

Ob ein Gebäude besonders gestaltet oder ausgestattet ist, richtet sich demnach nach denselben Kriterien, die für den Ansatz der Kostenmiete bei selbst genutztem Wohneigentum vom BFH entwickelt worden sind.[12] Die historische Bausubstanz allein ist kein Beweisanzeichen gegen die Einkunftserzielungsabsicht.[13]

1) OFD Niedersachsen v. 18.6.2010, S 2254 – 52 – St 233/St 234, DB 2010, 1729.
2) FG Münster v. 8.3.2012, 9 K 1189/09 F, EFG 2012, 1661.
3) BFH v. 5.11.2002, IX R 48/01, BStBl II 2003, 646.
4) BFH v. 27.12.2010, IX B 107/10.
5) BMF v. 8.10.2004, IV C 3 – S 2253 – 91/04, BStBl I 2004, 933, Rz. 34.
6) BFH v. 26.7.2006, IX B 162/05, BFH/NV 2007, 878.
7) FG Berlin-Brandenburg v. 15.1.2010, 9 K 7050/06 B, EFG 2010, 1128.
8) BFH v. 6.10.2004, IX R 30/03, BStBl II 2005, 386 und vgl. Fn. 1 zu BMF v. 8.10.2004, IV C 3 – S 2253 – 91/04, BStBl I 2004, 933, Rz. 2 und Rz. 14.
9) OFD Düsseldorf v. 18.8.2005, S 2253 A – St 214, DB 2005, 1879.
10) WoFlV v. 25.11.2003, BGBl. I 2003, 2346.
11) Fn. 1 zu BMF v. 8.10.2004, IV C 3 – S 2253 – 91/04, BStBl I 2004, 933, Rz. 2.
12) BFH v. 22.10.1993, IX R 35/92, BStBl II 1995, 98.
13) BFH v. 27.10.2005, IX R 3/05, BFH/NV 2006, 525.

Wird eine **Luxuswohnung** z.B. an Angehörige vermietet, ist eine zweistufige Prüfung vorzunehmen.[1] Daher ist die Überlassung zunächst in einen entgeltlichen und in einen unentgeltlichen Teil aufzuteilen. Die WK sind nur i.H.d. entgeltlichen Teils in die Prognoserechnung einzubeziehen, der dem Verhältnis der vereinbarten zur marktüblichen Miete entspricht.

Beratungshinweis:

Richtigerweise wird man auf die Marktgängigkeit als Maßstab der Betrachtung abstellen müssen und die Frage zu beantworten haben, ob sich das Objekt marktgerecht vermieten lässt. In exklusiven Lagen von Städten dürfte eine entsprechende Rendite leichter zu erwirtschaften sein als z.B. in ländlichen Gebieten.

Bei der Vermietung eines Objekts mit einer Wohnfläche von mehr als 250 qm besteht eine Ausnahme von der typisierten Annahme der Einkünfteerzielungsabsicht bei einer auf Dauer angelegten Vermietungstätigkeit, die Anlass zu deren Überprüfung mittels einer Totalüberschussprognose gibt. An den von der Rechtsprechung entwickelten Grundsätzen zur typisierten Annahme der Einkünfteerzielungsabsicht bei einer auf Dauer angelegten Vermietungstätigkeit und den diesbzgl. Ausnahmen, insbesondere bei der Vermietung eines Objekts mit mehr als 250 qm Wohnfläche, hält der BFH auch nach der Einfügung von § 21 Abs. 2 Satz 2 EStG durch das Steuervereinfachungsgesetz 2011 fest.[2]

Erfolgt die **Veräußerung des Objekts** in einem Zeitraum von **bis zu fünf Jahren nach Anschaffung**/Herstellung, **1532**
liegt ein **gegen die Einkünfteerzielung sprechendes** (widerlegbares) **Indiz** vor, wenn in dieser Zeit lediglich ein Werbungskostenüberschuss erzielt wird.[3] Unschädlich ist nach Ansicht des BFH ein allgemeiner Verkaufsvorbehalt.[4] Entsprechendes gilt auch für die Einräumung eines Vorbehaltsnießbrauchs.[5] Eine auf Dauer angelegte Vermietung liegt ebenfalls nicht vor, wenn ein **Wohnrecht** so ausgestaltet ist, dass dieses zehn Jahre lang entgeltlich und sodann bis zum Tod der Eltern unentgeltlich eingeräumt wird. Ist für die Ausübung eines grundsätzlich lebenslangen dinglichen Wohnungsrechts ein Entgelt nur für eine zeitlich begrenzte Dauer zu entrichten, ist die Einkunftserzielungsabsicht anhand einer Totalüberschussprognose zu überprüfen. Der Prognosezeitraum ist hierbei auf die Dauer der (voraussichtlichen) entgeltlichen Nutzungsüberlassung begrenzt.[6] Zahlungen für den Verzicht auf ein Wohnungsrecht sind sofort abziehbare WK.[7]

In diesen Fällen entspricht der Prognosezeitraum der tatsächlichen Dauer der Vermietungstätigkeit.[8] Zur Berücksichtigung von Sonderabschreibungen nach dem FördG vgl. BFH.[9] Wird das Grundstück an eine auch teilweise personenidentische gewerbliche Personengesellschaft veräußert, können die Einkünfte dieser Ebene nicht in die Beurteilung der Einkunftserzielungsabsicht einbezogen werden.[10] Zusätzlich ist das Veräußerungsdatum/Übertragungszeitpunkt/Eigentumsübergang des Grundstücks/der Wohnung in Zeile 8 anzugeben, obwohl diese Information bereits auf Grund der zwingenden Veräußerungsmitteilungen der Notare bei Grundstücksveräußerungen dem FA bekannt sein dürfte (§ 18 GrEStG). Rechtsprechung und Finverw. gehen gemeinsam davon aus, dass im Rahmen eines engen zeitlichen Zusammenhangs die **bedingte Veräußerungsabsicht** anzunehmen sei. Diese bedingte Veräußerungsabsicht kann grds. nicht entkräftet werden. Gelingt es der stpfl. Person mittels (positiver) Beweisführung (eine reine Behauptung reicht insoweit nicht aus), die schädliche Vermutung der anfänglichen Verkaufsabsicht zu widerlegen, ist bei der Beurteilung, ob sie mit Einkunftserzielungsabsicht gehandelt hat, von einer – liebhabereiunschädlichen – auf Dauer angelegten Vermietungstätigkeit auszugehen.

4. Allgemeine Angaben (Zeilen 4–12)

a) Lage des Grundstücks/der Eigentumswohnung (Zeilen 4–9)

Allgemeine Angaben 25

Lage des Grundstücks / der Eigentumswohnung

4 Straße, Hausnummer

5 Postleitzahl | Ort

6 00 | Aktenzeichen laut Grundsteuermessbescheid (ohne Sonderzeichen) – bisher Einheitswert-Aktenzeichen –

7 Notar- / Kaufvertrag vom T T M M J J J J | Eigentumsübergang am T T M M J J J J | Bauantrag / Bauanzeige / Baubeginnsanzeige vom T T M M J J J J | Fertig gestellt am T T M M J J J J

8 53 | Veräußert / Übertragen am T T M M J J J J | Eigentumsübergang bei Veräußerung / Übertragung am T T M M J J J J

9 Wirtschafts-Identifikationsnummer D E -

---

1) OFD Düsseldorf v. 18.8.2005, S 2253 A – St 214, DB 2005, 1879.
2) BFH v. 20.6.2023, IX R 17/21, BStBl II 2024, 35.
3) BFH v. 22.1.2013, IX R 13/12, BFH/NV 2013, 1151.
4) BFH v. 4.12.2001, IX R 70/98, BFH/NV 2002, 635; BFH v. 14.9.1999, IX R 59/96, BStBl II 2000, 67.
5) FG Münster v. 16.12.2016, 4 K 2628/14 F, EFG 2017, 407.
6) BFH v. 29.5.2018, IX R 8/17, HFR 2019, 373.
7) BFH v. 20.9.2022, IX R 9/21, HFR 2023, 325.
8) BFH v. 27.5.2009, X R 39/06, BFH/NV 2009, 1790.
9) BFH v. 25.6.2009, IX R 24/07, BStBl II 2010, 127.
10) BFH v. 9.3.2011, IX R 50/10, BStBl II 2011, 704.

1533 Für jedes bebaute Grundstück ist eine eigene Anlage V auszufüllen. Die Lage des Grundstücks ist in den Zeilen 4 und 5 zu beschreiben. Zusätzlich ist in Zeile 6 das Aktenzeichen des Grundsteuermessbescheids (ohne Sonderzeichen) anzugeben (bis zum VZ 2023 war das Einheitswert-Aktenzeichen zu erklären).

Hinweis zur Plausibilitätsbeurteilung:

Für die Anwendung der zutreffenden AfA-Methode ist regelmäßig das Datum des Kaufvertrags maßgeblich oder es wird auf das Datum des Bauantrags oder der Bauanzeige abgestellt. Für die AfA-Berechnung (pro rata temporis.) ist zudem der Übergang des wirtschaftlichen Eigentums/der Fertigstellungszeitpunkt erforderlich. Diese Angaben wurden bislang nicht auf der Anlage V abgefragt. In der **Zeile 7** wurde das Datumsfeld „Angeschafft am" in „Notar-/Kaufvertrag vom" umformuliert und die Datumsfelder „Eigentumsübergang am" und „Bauantrag/Bauanzeige vom" neu aufgenommen. Zusätzlich wurde in der neuen **Zeile 8** das Datumsfeld „Eigentumsübergang bei Veräußerung/Übertragung am" aufgenommen. Das bisher in der Zeile 7 enthaltene Datumsfeld „Veräußert/Übertragen am" wurde in die neue Zeile 8 verschoben.

In **Zeile 8** ist die Wirtschafts-Identifikationsnummer (W-Id-Nr. [§§ 139a, 139c AO]) zu erklären. Vgl. hierzu Ausführen zu Zeile 6 der Anlage S → Rz. 1317.

b) Nutzung des Objekts und Gesamtwohnfläche/eigengenutzter oder unentgeltlich an Dritte überlassener Wohnraum/als Ferienwohnung genutzter Wohnraum/Wohnfläche (Zeilen 10–12)

	Das in Zeile 4 bezeichnete Objekt wird ganz oder teilweise			
10	als Ferienwohnung genutzt 61 [ ] 1 = Ja 2 = Nein	kurzfristig vermietet 63 [ ] 1 = Ja 2 = Nein	an Angehörige zu Wohnzwecken vermietet 62 [ ] 1 = Ja 2 = Nein	
	– Bei Nutzung als Ferienwohnung oder bei kurzfristiger Vermietung ist zusätzlich die **Anlage V-FeWo** zu übermitteln. –			
11	Gesamtwohnfläche (in m²)			54
12	in Zeile 11 enthaltener eigengenutzter / unentgeltlich an Dritte überlassener Wohnraum (in m²)	55	in Zeile 11 enthaltener als Ferienwohnung genutzter Wohnraum (in m²)	56

1534 Ab dem VZ 2023 ist bei einer Erklärung zu Vermietung einer Ferienwohnung oder einer kurzfristigen Vermietung zusätzlich die neue **Anlage V-FeWo** mit einzureichen.

Offensichtlich, um aus Sicht der Finverw. steuerliche Problemfälle im Zusammenhang zu erkennen, ist anzugeben, ob das Objekt ganz oder teilweise als Ferienwohnung (→ Rz. 1536) genutzt, oder ganz oder teilweise an Angehörige (→ Rz. 1544) vermietet wurde (**Zeile 10**). Ab dem VZ 2019 wurde der Erklärungstatbestand um ein zusätzliches Erklärungsfeld für den Bereich „kurzfristig vermietet" aufgenommen (→ Rz. 1536).

Eine vorübergehende unentgeltliche Überlassung einer (Ferien-)Wohnung an **Kriegsflüchtlinge aus der Ukraine** in den Jahren 2022–2025 führt nicht zu einer Kürzung der WK.[1]

1535 Die Miete orientiert sich u.a. an der Fläche des Objekts. Weitere Tatbestände sind Lage, Zustand und Ausstattung. Zu Fragen einer möglichen Flächenabweichung (Feststellung/Ermittlung der Mietfläche, Rechtsfolgen und ggf. prozessuales Vorgehen) vgl. Skusa.[2] Die Angaben in den **Zeilen 10–12** werden für die Durchführung einer zutreffenden Besteuerung benötigt. Daher ist die qm-Zahl des eigengenutzten oder unentgeltlich an Dritte überlassenen oder als Ferienwohnung genutzten Wohnraums anzugeben. Offensichtlich wird aus Gründen der Plausibilität auch die Angabe der Gesamtwohnfläche des Objektes gefordert.

1536 Zu den Einkünften aus Vermietung und Verpachtung zählt auch die Vermietung von Ferienwohnungen. Es stellt sich bei der Vermietung von **Ferienwohnungen** jedoch die grds. Frage, ob die **Vermietungstätigkeit** der Einkunftsart Vermietung und Verpachtung zuzurechnen ist. Dies ist dann der Fall, wenn der Vermieter die Absicht hat, auf die Dauer der Vermögensnutzung einen Totalüberschuss der Einnahmen über die WK zu erwirtschaften. Für die (ggf. kurzfristige) Einnahmeerzielung z.B. über Internetplattformen wie **„Airbnb", „Wimdu", „9flats"** dürften die gleichen Grundsätze (die Steuerbefreiung für die Teilüberlassung i.H.v. 520 € ist zu beachten → Rz. 1658) gelten.[3]

Praxishinweis:

Mit dem PStTG[4] wurde eine **Meldepflicht für Betreiber digitaler Plattformen** und der grenzüberschreitende, automatische Informationsaustausch zwischen den Steuerbehörden der EU-Mitgliedstaaten eingeführt. Das BMF hat mit Schreiben v. 2.2.2023[5] Anwendungsfragen veröffentlicht. Nach § 14 PStTG sind alle wesentlichen Informationen (z.B. Name, Adresse des Vermieters, Steuer-Id-Nr. des Anbieters, Kennung des Finanzkontos, gezahlte oder gutgeschriebene Vergütungen etc.) für 2025 spätestens bis zum 31.12.2026 dem BZSt auf elektronischem Weg mitzuteilen. Ein von der Meldepflicht freigestellter Anbieter liegt vor, wenn dieser im Meldezeitraum unter Inanspruchnahme derselben Plattform in weniger als 30 Fällen Waren verkauft und dadurch insg. weniger als 2 000 € als Vergütung gezahlt oder gutgeschrieben bekommen hat (§ 4 Abs. 5 Satz 1 Nr. 4 PStTG). Beide Grenzen müssen kumulativ unterschritten sein.

Die Vermietung kann auch im Rahmen eines Gewerbebetriebs erfolgen. Kriterien für einen Gewerbebetrieb können dabei z.B. die Werbung für eine kurzfristige Vermietung an laufend wechselnde Mieter oder die Übertragung der Vermietung an eine Organisation sein. Zur Berücksichtigung von hoteltypischen Zusatzleistungen, auch wenn

1) Vgl. www.bundesfinanzministerium.de/Content/DE/FAQ/faq-ukraine-steuern.html, Stand: 22.4.2025.
2) Skusa, NJW 2012, 184.
3) Vgl. BFH v. 2.7.2019, IX R 18/18, HFR 2020, 125.
4) Plattformen-Steuertransparenzgesetz (PStTG) v. 20.12.2022, BGBl. I 2022, 2730.
5) BMF v. 2.2.2023, IV B 6 – S 1316/21/10019 :025, BStBl I 2023, 241.

diese nicht vom Eigentümer der Immobilie erbracht werden vgl. BFH.[1] Der Vermieter einer Ferienwohnung erzielt keine Einkünfte aus Gewerbebetrieb, wenn der von ihm mit der treuhänderischen Vermietung beauftragte Vermittler diese hotelmäßig anbietet, aber ein eigenes wirtschaftliches Interesse an der Treuhandstellung hat, insbesondere weil er hoteltypische Zusatzleistungen auf eigene Rechnung oder für Rechnung Dritter erbringt.[2] Entschließt sich die stpfl. Person, nach einer vorangegangenen dauerhaften Vermietung eine „andere Form der Vermietung" aufzunehmen, ist der subjektive Tatbestand in diesem Zeitpunkt neu zu bewerten.[3]

Die Verlustausgleichs- und Abzugsbeschränkungen für Verluste aus in EU- oder EWR-Staaten (ohne Liechtenstein) belegenen Immobilien sind rückwirkend entfallen, so dass ein Ausgleich möglich ist (§ 2a EStG).

Die Grundsätze des BFH-Urteils v. 30.9.1997[4] (→ Rz. 1530) zur Vermietung von Immobilien sind seit dem Urteil v. 6.11.2001[5] zunächst auch bei der Vermietung von Ferienwohnungen zu beachten, wenn die Wohnungen von der stpfl. Person in Eigenregie oder durch Beauftragung eines Dritten ausschließlich an wechselnde Feriengäste vermietet und in der übrigen Zeit hierfür bereitgehalten werden. **1537**

Beratungshinweis:

Daher ist die **Einkunftserzielungsabsicht stets zu prüfen**, wenn die Wohnung zeitweise vermietet und zeitweise selbst genutzt oder zur zeitweisen Selbstnutzung vorgehalten wird.[6] Entschließt sich die stpfl. Person dazu, nach einer vorangegangenen dauerhaften Vermietung und sich anschließender Sanierungsphase eine andere Form der Vermietung – wie etwa die Nutzung als Ferienimmobilie – aufzunehmen, ist der subjektive Tatbestand des § 21 Abs. 1 Satz 1 Nr. 1 EStG in diesem Zeitpunkt neu zu bewerten.[7] Dies gilt unabhängig davon, ob und inwieweit tatsächlich von dem Eigennutzungsrecht Gebrauch gemacht wird.[8] Eine Prüfung hat auch dann zu erfolgen, wenn – unabhängig von der tatsächlichen Nutzung – eine Zeit der Selbstnutzung vorbehalten ist.[9] Das FG Niedersachsen folgte der Rechtsprechung des BFH nicht und sieht (auch bei Selbstnutzung von 21 Tagen) keinen Anlass für eine Prognose, wenn die tatsächlichen Vermietungstage die ortsüblichen Vermietungstage nicht um mind. 25 % unterschreiten; der BFH verlangte im nachfolgenden Revisionsverfahren jedoch die Überprüfung, unabhängig davon, ob tatsächlich eine Eigennutzung vorlag, da das Vorbehalten ausreichend ist.[10] Zur Prüfung der Einkunftserzielungsabsicht bei Ferienwohnungen, wenn eine ortsübliche Vermietungszeiten nicht feststellbar sind vgl. BFH.[11] Zur Prüfung der Auslastung einer Ferienwohnung müssen die individuellen Vermietungszeiten des jeweiligen Objekts an Feriengäste mit denen verglichen werden, die bezogen auf den gesamten Ort im Durchschnitt erzielt werden. Dabei kann die stpfl. Person auf Vergleichsdaten eines Statistikamts auch dann zurückgreifen, wenn diese Werte für den betreffenden Ort nicht allgemein veröffentlicht, sondern nur auf Nachfrage zugänglich gemacht werden.[12]

Steht ausdrücklich fest, dass die stpfl. Person die Ferienwohnung nicht auch selbst nutzt, ist – auch beim **Vermieten in Eigenregie – grds.** ohne weitere Prüfung von dem Vorliegen einer Überschusserzielungsabsicht auszugehen.[13]

Gestaltungshinweis:

Daher könnte es Erfolg versprechend sein, eine neu erworbene Wohnung in der Zeit der Anfangsverluste ausschließlich fremd zu vermieten und zu einem späteren Zeitpunkt erst mit einer Eigennutzung zu beginnen. In diesen Fällen entfällt dann zunächst die Prognoserechnung, so dass entstandene Aufwendungen in voller Höhe zu berücksichtigen sind. Insoweit könnte eine möglicherweise zu einem späteren Zeitpunkt vom FA eingeforderte Überschussprognose positiver ausfallen.

Der BFH hat seine Rechtsprechung zur Einkunftserzielungsabsicht jedoch bei Ferienwohnungen in Richtung der Verwaltungsauffassung lt. BMF v. 8.10.2004[14] modifiziert.[15]

Nach der Entscheidung des BFH v. 26.10.2004[16] ist aber auch bei einer **ausschließlichen** Vermietung **an wechselnde Feriengäste** (in Eigenregie oder durch Beauftragung eines Dritten) die Einkunftserzielungsabsicht des Vermieters anhand der Überschussprognose zu überprüfen, wenn ohne Vorliegen von Vermietungshindernissen das Vermieten die ortsübliche Vermietungszeit der Wohnungen erheblich unterschreitet. **Vermietungshindernisse** sind notwendige Renovierungen oder höhere Gewalt (z.B. Umweltkatastrophen[17]), nicht jedoch eine allgemein schlechte Vermietbarkeit. **1538**

Beratungshinweis:

Diese Maßstäbe sind grds. auch auf die Vermietung von Messezimmern oder Messewohnungen anwendbar.[18]

Der BFH hat damit seine bisherige Rechtsprechung zur grds. Unterstellung der Einkunftserzielungsabsicht bei einer auf Dauer angelegten Vermietung an wechselnde Feriengäste eingeschränkt. Danach ist nunmehr aus Vereinfachungsgründen, und um den bei der Prüfung der Einkunftserzielungsabsicht gegebenen Unsicherheiten

1) BFH v. 28.5.2020, IV R 10/18, BFH/NV 2020, 1055, HFR 2020, 1126.
2) BFH v. 14.1.2004, X R 7/02, BFH/NV 2004, 945.
3) BFH v. 2.7.2019, IX R 18/18, HFR 2020, 125.
4) BFH v. 30.9.1997, IX R 80/94, BStBl II 1998, 771.
5) BFH v. 6.11.2001, IX R 97/00, BStBl II 2002, 726.
6) BFH v. 28.7.2005, IX B 21/05, BFH/NV 2006, 267.
7) BFH v. 8.1.2019, IX R 37/17, HFR 2019, 374.
8) BFH v. 9.3.2006, IX B 143/05, BFH/NV 2006, 1281.
9) BFH v. 16.4.2013, IX R 26/11, BStBl II 2013, 613.
10) BFH v. 16.4.2013, IX R 22/12, BFH/NV 2013, 1552.
11) BFH v. 31.1.2017, IX R 23/16, BFH/NV 2017, 897 (die Einkünfteerzielungsabsicht muss durch eine Prognose überprüft werden).
12) BFH v. 26.5.2020, IX R 33/19, BStBl II 2020, 548.
13) BFH v. 3.5.2006, IX B 16/06, BFH/NV 2006, 1471.
14) BMF v. 8.10.2004, IV C 3 – S 2253 – 91/04, BStBl I 2004, 933.
15) Vgl. auch OFD Niedersachsen v. 18.6.2010, S 2254 – 52 – St 233/St 234, DB 2010, 1729.
16) BFH v. 26.10.2004, IX R 57/02, BStBl II 2005, 388.
17) FG Baden-Württemberg v. 16.12.2003, 2 K 367/01, EFG 2005, 112.
18) BFH v. 4.3.2008, IX R 11/07, BFH/NV 2008, 1462.

Rechnung zu tragen, die zur Prognose führende Unterschreitungsgrenze bei mind. 25 % anzusetzen. Wenn die **durchschnittlichen Vermietungszeiten mind. 25 % unter den ortsüblichen** liegen und es hierfür keine besonderen – von der stpfl. Person nicht zu vertretenden Gründe gibt – wird eine Totalüberschussprognose nach den vom BFH aufgestellten Grundsätzen gefordert, auch wenn keine Eigennutzung vorliegt, oder lediglich an weniger Tagen im Jahr genutzt wird.[1] Die Unterschreitung dieser Grenze könnte der Ausdruck dafür sein, dass außersteuerliche Motive für die Vermietung vorliegen.

Die Finverw. hatte die Rz. 16 und 17 des BMF-Schreibens v. 8.10.2004[2] um die Fn. 1 und 2 (Anhang 30 II EStH 2024) ergänzt.

Beratungshinweis:

Zunächst muss ermittelt werden, ob mit der tatsächlichen Vermietung die ortsübliche Vermietungszeit (→ Rz. 1540) von Ferienwohnungen um mind. 25 % unterschritten wird: Im folgenden Schritt ist dann – in Abhängigkeit von dem gefundenen ersten Teilergebnis – entweder die Einkunftserzielungsabsicht ohne weitere Prüfung zu unterstellen oder sie ist anhand der aufgestellten Grundsätze des BFH zu überprüfen. Fehlt die Einkunftserzielungsabsicht auf Grund einer Prognoserechnung, so kommt eine vorläufige Steuerfestsetzung nicht in Betracht.[3]

Das Vermieten einer Ferienwohnung ist einer **auf Dauer angelegten Vermietung** aber nur dann **vergleichbar**, wenn die Ferienwohnung im ganzen Jahr – bis auf die üblicherweise vorkommenden Leerstandszeiten – an wechselnde Feriengäste vermietet wird. Je mehr das Vermieten der Ferienwohnung die ortsübliche Vermietungszeit unterschreitet, umso mehr wird die Frage an Bedeutung gewinnen, warum die Wohnung leer stand. Dabei ist es unerheblich, ob die Ferienwohnung in Eigenregie oder mit den Vermietungen eine dritte Person beauftragt wird.[4] Ist die Wohnung besonders ausgestaltet (→ Rz. 1531) ist eine Prognose auch bei Überschreiten der ortsüblichen Vermietungszeit erforderlich.[5] Der stpfl. Person obliegt die **Feststellungslast**, dass ausschließlich eine Vermietung der Ferienwohnung vorliegt und sie nicht auch selbst genutzt wird. Es scheint nur sehr schwierig zu sein, die „Nichtselbstnutzung" nachzuweisen. Dies kann ggf. dadurch erfolgen, dass schlüssig dargelegt wird, dass andere Urlaube bevorzugt werden (dafür wären dann wohl die entsprechenden Buchungsbelege aufzubewahren).

1539 Eine **ausschließliche Fremdvermietung** liegt auch dann noch vor, wenn die stpfl. Person die Wohnung gelegentlich für kurze Zeit aufsucht, z.B. um Reparaturen durchzuführen.

Dabei können die folgenden Umstände glaubhaft gemacht werden:

- Entscheidung über die Vermietung obliegt einer nicht nahestehenden Person, sondern einem Vermittler (z.B. Kurverwaltung, Reiseveranstalter) und die Eigennutzung ist vertraglich für das gesamte Jahr ausgeschlossen,
- Wohnung befindet sich im ansonsten selbst genutzten Mehrfamilienhaus, wobei die selbst genutzte Wohnung nach Größe und Ausstattung den Wohnbedürfnissen der stpfl. Person entspricht,
- stpfl. Person hat an demselben Ort mehr als eine Ferienwohnung und nutzt nur eine dieser Ferienwohnungen für eigene Wohnzwecke,
- Dauer der Vermietung der Ferienwohnung entspricht zumindest dem Durchschnitt der Vermietungen in der am Ferienort üblichen Saison, die (natürlich) regional unterschiedlich sein kann.

Praxishinweis:

Nicht als Selbstnutzung werden kurzfristige Aufenthalte der stpfl. Person gewertet, die der Durchführung von Arbeiten oder der Wahrnehmung von Verwaltungsaufgaben dienen. Der Charakter der Wohnungsnutzung bleibt insoweit unberührt.

Unschädliche Aufenthalte und damit nicht der Selbstnutzung zuzurechnen sind danach z.B. Wartungsarbeiten, Schlüsselübergabe an Feriengäste, Reinigung bei Mieterwechsel, allgemeine Kontrolle, Durchführung von Schönheitsreparaturen, Teilnahme an Eigentümerversammlungen.

Praxishinweis:

Die Aussage „kurzfristig" im Zusammenhang mit dem Aufenthalt in der Ferienwohnung wird nicht näher erläutert. Aus dem Wort „kurzfristig" dürfte zu erkennen sein, dass sich die stpfl. Person nicht länger mit Arbeiten aufhalten soll als unbedingt erforderlich. Dauert der Aufenthalt dagegen länger als einen Tag, ist nachzuweisen, dass der Aufenthalt während der normalen Arbeitszeit vollständig mit Arbeiten für die Wohnung ausgefüllt war.

Die Nachweispflicht gilt ebenfalls bei der **Begleitung durch Angehörige**. Hier muss die stpfl. Person glaubhaft machen, dass hierfür sachliche, wohnungsbezogene Gründe maßgeblich sind. Hierunter dürften auch Erläuterungen wie z.B. das Alter der stpfl. Person und die Belastungen einer längeren Fahrtstrecke und auch der Reparaturarbeiten, die alleine nicht zu bewerkstelligen sind, fallen. Indizwirkung kann auch die Festsetzung der **Zweitwohnungssteuer** sein. Wird die Wohnung ausschließlich zu Vermietungszwecken genutzt, so entsteht keine Zweitwohnungssteuer.

1) FG Niedersachsen v. 25.2.2010, 11 K 100/08, EFG 2010, 1038.
2) BMF v. 8.10.2004, IV C 3 – S 2253 – 91/04, BStBl I 2004, 933.
3) BFH v. 22.9.2009, IX B 82/09, BFH/NV 2010, 36.
4) BFH v. 28.7.2005, IX B 21/05, BFH/NV 2006, 267.
5) BFH v. 4.3.2016, IX B 114/15, BFH/NV 2016, 917.

Da auf Grund der BFH-Rechtsprechung[1] eine Totalüberschussprognose gefordert wird, wenn die **durchschnittliche ortsübliche individuelle Vermietungszeit** 25 % der ortsüblichen unterschreitet (= Mindestzeit der Vermietung) – ohne dass Vermietungshindernisse gegeben sind – sollte in diesen Fällen Beweismaterial gesichert werden. 1540
Eine Prognose wird auch dann gefordert, wenn ortsübliche Vermietungszeiten nicht ermittelt werden können.[2] Die individuellen Vermietungszeiten müssen dabei mit denen verglichen werden, die bezogen auf den gesamten Ort im Durchschnitt erzielt werden. Dabei ist „Ort" nicht identisch mit dem Gebiet einer Gemeinde, sondern kann je nach Struktur des Ferienwohnungsmarktes das Gebiet mehrerer vergleichbarer Gemeinden sowie lediglich Teile davon umfassen. Auch bei einer lediglich halbjährigen Vermietung gelten die vorgenannten Grundsätze.[3]

Ein **Vermietungshindernis** liegt vor, wenn eine Ferienwohnung aus tatsächlichen Gründen (z.B. wegen einer notwendigen Renovierung oder wegen höherer Gewalt) eine Zeitlang nicht vermietet werden kann. Eine (allgemein) schlechte Vermietbarkeit ist kein solches Kriterium.[4] So wären z.B. Aufzeichnungen über die ortsüblichen Belegungsquoten zu sichern oder ggf. die Gründe für die lange Leerstandszeit (z.B. Bauarbeiten oder sonstige Beeinträchtigungen) festzuhalten. Zudem sollte geprüft werden, ob Kosten im Zusammenhang mit der schlechten Vermietungslage der Immobilie zurückgefahren werden können, z.B. im Rahmen der Fremdfinanzierung. Um zu dokumentieren, dass eine umfassende Fremdvermietung angestrebt wurde, sollten daher alle aufgegebenen Inserate, erteilte Makleraufträge und sonstige Werbemaßnahmen korrekt aufbewahrt werden. So lässt sich in den streitbefangenen Fällen nachweisen, dass ein möglicher **hoher Leerstand** nicht auf das Verhalten der stpfl. Person zurückzuführen ist. Hierzu gehört auch der Nachweis der Unbenutzbarkeit der Wohnung wegen möglicher Instandsetzungsarbeiten oder anderer Vermietungshindernisse.

5. Einnahmen (Zeilen 13–32)

a) Mieteinnahmen für Wohnungen/für andere Räume – ohne Umlagen, ohne Umsatzsteuer (Zeilen 13–18)

Einnahmen

(Bei ausländischen Einkünften: **Anlage AUS** beachten)

Zeile				EUR
	Mieteinnahmen für Wohnungen (ohne Umlagen / ohne Umsatzsteuer)			
13	Bezeichnung der Wohneinheit (z. B. Stockwerk, Nummer der Wohnung)	Wohnfläche (in m²)		,—
14	Bezeichnung weiterer Wohneinheiten (z. B. Stockwerk, Nummer der Wohnung)	Wohnfläche (in m²)	+	,—
15		Summe	01 =	,—
	Einnahmen für andere Räume (ohne Umlagen / ohne Umsatzsteuer)			
16	Bezeichnung der Einheit (z. B. Stockwerk, Nummer der Einheit)	Nutzfläche (in m²)		,—
17	Bezeichnung weiterer Einheiten (z. B. Stockwerk, Nummer der Einheit)	Nutzfläche (in m²)	+	,—
18		Summe	02 =	,—

Praxishinweis: 1541
Werden die Einkünfte im Ausland erzielt, ist zusätzlich die **Anlage AUS** einzureichen.

Einnahmen sind im Zeitpunkt des Zuflusses zu versteuern. § 11 Abs. 1 Satz 3, Abs. 2 Satz 3 EStG setzt nicht voraus, dass die genaue Zeitdauer der Nutzungsüberlassung im Vorauszahlungszeitpunkt bereits fest vereinbart ist. Die Zeitdauer muss jedoch anhand objektiver Umstände – ggf. im Wege einer Schätzung – zumindest bestimmbar sein.[5]

Mieteinnahmen werden grds. in Geld entrichtet (§ 8 Abs. 1 EStG). Zu den Einnahmen zählen aber auch Sachwerte (§ 8 Abs. 1, Abs. 2 EStG), wenn der Mieter z.B. Mietrückstände durch Dienstleistungen (z.B. Übernahme von Beratungsleistungen) begleicht. Die Bewertung erfolgt in diesen Fällen mit dem gemeinen Wert (= üblicher Endpreis am Abgabeort). Die Einkünfte werden durch Gegenüberstellung der Einnahmen und der WK ermittelt. Die stpfl. Personen haben für jedes Vermietungsobjekt einzeln selbständig unter Berücksichtigung der vorgegebenen Rechenschritte der Anlage V die Einkünfte zu ermitteln. Zur **verbilligten Vermietung zu Nicht-Wohnzwecken** vgl. Kurzinformation der OFD Rheinland.[6]

Werden Teile einer selbstgenutzten Eigentumswohnung, eines selbstgenutzten Einfamilienhauses oder insg. selbstgenutzten anderen Hauses vorübergehend vermietet und übersteigen die Einnahmen nicht 520 € im VZ (→ Rz. 1658), kann im (gegenseitigen) Einverständnis zwischen FA und der stpfl. Person aus Vereinfachungsgrün-

1) BFH v. 26.10.2004, IX R 57/02, BStBl II 2005, 388.
2) BFH v. 19.8.2008, IX R 39/07, BStBl II 2009, 138.
3) BFH v. 28.10.2009, IX R 30/08, BFH/NV 2010, 850.
4) BFH v. 29.11.2005, IX B 109/05, BFH/NV 2006, 719.
5) BFH v. 12.12.2023, IX R 18/22, BStBl II 2024, 402.
6) OFD Rheinland v. 18.12.2009, Kurzinformation Ertragsteuer Nr. 63/2009, DStR 2010, 651.

den von der Besteuerung der Einkünfte abgesehen werden.[1] Entsprechendes gilt bei vorübergehender Untervermietung von Teilen einer angemieteten Wohnung, die im Übrigen selbst genutzt wird.

Eine einmalige Entschädigung, die für das mit einer immerwährenden Dienstbarkeit gesicherte und zeitlich nicht begrenzte Recht auf Überspannung eines zum Privatvermögen gehörenden Grundstücks mit einer **Hochspannungsleitung** gezahlt wird, zählt nicht zu den nach dem EStG steuerbaren Einkünfte.[2] Die Entscheidung zur Steuerfreiheit hängt von einer zeitlichen Befristung ab. Wird das Recht begrenzt eingeräumt, ist die gezahlte Entschädigung steuerpflichtig.[3] Eine Zahlung, welche von einem Bergbauunternehmen als Ersatz für an einer zum Privatvermögen gehörenden, vermieteten Immobilie festgestellte bergbaubedingte reparable Schäden geleistet wird, zählt – ebenso wie die Immobilie selbst – zur Vermögenssphäre.[4]

Zu den Einnahmen zählen auch Einkünfte aus der Veräußerung von **Miet- und Pachtforderungen** (§ 21 Abs. 1 Nr. 4 EStG). Hierunter sind die Tatbestände einzuordnen, die Gegenstand der ursächlichen Mieteinkünfte (§ 21 Abs. 1 Nr. 1 bis 3 EStG) sind, z.B. bei der Abtretung von rückständigen Mietforderungen im Zusammenhang mit der Veräußerung eines Gebäudes. Bei einem Gesamtkaufpreis ist ggf. eine Aufteilung für das Grundstück und die Forderung vorzunehmen. Beim Veräußerer der Forderung liegen dann entsprechend Einkünfte aus Vermietung und Verpachtung vor. Beim Empfänger der Mietforderung liegt der Erwerb einer Forderung vor, die bei ihm nicht zu Einnahmen aus Vermietung und Verpachtung führt.

Die **Einnahmen sind für einzelne Wohneinheiten – unter Angabe z.B. des Stockwerks, der Nummer der Wohnung/Einheit)** – in den Zeilen 13–19 gesondert auszuweisen. Werden **Mieten zurückerstattet**, z.B. im Rahmen der Rückabwicklung eines Grundstückskaufvertrags, führt dieser Vorgang zu negativen Einnahmen.[5] Ebenfalls ist zu erklären, wie groß die Wohnfläche der Wohnungen oder die Nutzfläche der Einheiten ist. In den **Zeilen 16–18** sind Einnahmen aus der Vermietung von gewerblichen, freiberuflichen oder anderen nicht Wohnzwecken dienenden Räumen zu erklären; in diesen Fällen ist ein Eintrag in Zeile 9 nicht erforderlich. Die ortsübliche Vergleichsmiete kann nicht auf der Grundlage statistischer Annahmen mit der sog. EOP-Methode bestimmt werden. Lassen sich vergleichbare Objekte nicht finden, muss das Gericht einen erfahrenen und mit der konkreten örtlichen Marktsituation vertrauten Sachverständigen, z.B. einen erfahrenen Makler, beurteilen lassen, welchen Miet- oder Pachtzins er für angemessen hält.[6]

Praxishinweis:

Wird eine Wohnung an Angehörige zu Wohnzwecken vermietet, sind die Mieteinnahmen in Zeile 19 (ohne Umlagen und USt) und die entsprechenden Umlagen in den Zeilen 22-23 und ggf. in Zeile 24 einzutragen (→ Rz. 1551).

1542 Die **Wohnfläche** bestimmt sich nach der Verordnung zur Berechnung der Wohnfläche (WoFlV).[7] Die Wohnfläche einer Wohnung umfasst danach die Grundflächen der Räume, die ausschließlich zur Wohnung gehören. Zur Wohnfläche gehören auch die Grundflächen von Wintergärten, Schwimmbädern und ähnlichen nach allen Seiten geschlossenen Räumen sowie Balkonen, Loggien, Dachgärten und Terrassen, wenn sie ausschließlich zu der Wohnung gehören.

Praxishinweis:

Zur Wohnfläche gehören nicht die Grundflächen von Zubehörräumen (insb. Kellerräume, Abstellräume und Kellerersatzräume außerhalb der Wohnung, Waschküchen, Bodenräume, Trockenräume, Heizungsräume und Garagen), Räume, die nicht den an ihre Nutzung gestellten Anforderungen des Bauordnungsrechts der Länder genügen, sowie Geschäftsräume (§ 2 WoFIV).

Zur **Berechnung der Wohnfläche** sind die zur Wohnfläche gehörenden Grundflächen zu ermitteln und ggf. prozentual auf die Wohnfläche anzurechnen. Eine prozentuale Anrechnung hat bei Räumen und Raumteilen mit einer lichten Höhe von mind. einem Meter und weniger als zwei Meter mit 50 % zu erfolgen. Grundflächen von unbeheizten Wintergärten, Schwimmbädern und ähnlichen nach allen Seiten geschlossenen Räumen sind ebenfalls zu 50 % anzurechnen. Balkone, Loggien, Dachgärten und Terrassen sind in der Regel mit 25 %, höchstens jedoch zu 50 % anzurechnen. Räume und Raumteile mit einer lichten Höhe von mind. zwei Metern fließen vollständig in die Berechnung der Wohnfläche ein (§ 4 WoFIV).

Praxishinweis:

Bis zum 31.12.2003 ist die Wohnfläche nach der Zweiten Berechnungsverordnung[8] berechnet worden. Die Wohnflächenberechnung bleibt insoweit bestehen, als dass nach dem 31.12.2003 keine baulichen Veränderungen an dem Wohnraum vorgenommen worden sind. Ist eine Neuberechnung der Wohnfläche jedoch erforderlich, hat diese nach der WoFlV zu erfolgen (§ 5 WoFIV).

Die ggf. vereinnahmten Umlagen sind gesondert in den Zeilen 20–24 zu erklären. Die vereinnahmte USt im Rahmen einer umsatzstpfl. Vermietung ist gesondert in Zeile 27, die vom FA erstattete und ggf. verrechnete USt in Zeile 28 zu erklären.

1) R 21.2 Abs. 1 EStR 2012.
2) BFH v. 2.7.2018, IX R 31/16, BStBl II 2018, 759.
3) BFH v. 20.7.2018, IX R 3/18, BFH/NV 2018, 1266.
4) BFH v. 9.7.2021, IX R 11/20, BFH/NV 2022, 104.
5) BayLfSt v. 16.7.2008, S 2256.1.1 – 1/3 St 32/St 33, DB 2008, 2110,
6) BFH v. 10.10.2018, IX R 30/17, BStBl II 2019, 200.
7) WoFlV v. 25.11.2003, BGBl. I 2003, 2346.
8) Zweiten Berechnungsverordnung i.d.F. der Bekanntmachung v. 12.10.1990, BGBl. I 1990, 2178, zuletzt geändert durch Art. 3 der Verordnung v. 25.11.2003, BGBl. I 2003, 2346.

Die detaillierten Forderungen erscheinen erforderlich, um aus Sicht der Finverw. eine **verbilligte Vermietung** (→ Rz. 1544) erkennen zu können. Wird eine Wohnung – aus welchen Gründen auch immer – verbilligt überlassen (z.B. an Angehörige) ist die Einkunftserzielungsabsicht gesondert zu prüfen.

Zu den Einkünften aus Vermietung und Verpachtung gehören nicht nur die für die Überlassung eines Gegenstands gezahlten Miet- oder Pachtzinsen, sondern auch alle sonstigen Entgelte, die in einem objektiven wirtschaftlichen oder tatsächlichen Zusammenhang mit der Einkunftsart stehen und damit durch sie veranlasst sind.[1] 1543

Praxishinweis:
Vereinnahmte Mieten für frühere Jahre sind nicht in den Zeilen 13–19, sondern in Zeile 25 einzutragen.

b) Einnahmen für an Angehörige zu Wohnzwecken vermietete Wohnungen – ohne Umlagen/ohne Umsatzsteuer (Zeile 19)

	Einnahmen für an Angehörige vermietete Wohnungen (ohne Umlagen / ohne Umsatzsteuer)		
	Bezeichnung der Wohneinheit (z. B. Stockwerk, Nummer der Wohnung)	Wohnfläche (in m²)	
19			03 ,—

Wird ein Vermietungsobjekt erworben/errichtet, besteht zumeist die Absicht, eine entsprechende Rendite zu erzielen. Sollte das Objekt jedoch **verbilligt z.B. an Angehörige überlassen** werden, verzichtet die stpfl. Person – ggf. aus privaten Gründen – auf diese Rendite. Getrennt von anderen Mieteinnahmen sind daher die Einnahmen aus der Vermietung einer Wohnung an Angehörige in Zeile 19 einzutragen. 1544

Diese gesonderte Abfrage dient der Prüfung einer verbilligten Überlassung (§ 21 Abs. 2 EStG). In dieser grds. zulässigen Gestaltungsmöglichkeit, die Einkommensteuerbelastung zu mindern, sieht die Finverw. offensichtlich erhöhtes Prüfungspotenzial. Daher ist neben der Anzahl der Wohnung auch wiederum die Wohnfläche anzugeben.

Praxishinweis:
Die bei den Einkünften aus Vermietung und Verpachtung wegen verbilligter Vermietung vorzunehmende Aufteilung der Nutzungsüberlassung in einen entgeltlichen und einen unentgeltlichen Teil gilt auch für die vorab entstandenen WK.[2]

Mietverträge zwischen nahen Angehörigen genießen steuerlich eine besondere Aufmerksamkeit. Verträge unter Angehörigen sind steuerlich nur dann anzuerkennen, wenn sie bürgerlich-rechtlich wirksam geschlossen sind und die Gestaltung und Durchführung des Vereinbarten dem zwischen Fremden Üblichen entspricht (sog. Fremdvergleich[3]); nur in dieser Weise ist klar, dass Vertragsbeziehungen ernsthaft gewollt sind.[4] Diese Regelungen gelten auch für alle weiteren Verträge.[5] Ernsthaft vereinbart ist ein Mietverhältnis, wenn in dem Kaufvertrag die Höhe des Mietzinses festgesetzt und die Mietsache selbst bezeichnet wurde, da dies die Hauptinhalte eines Mietvertrags sind. Die Erfüllung der Vertragspflichten muss ggf. auch mit rechtlichen Maßnahmen eingefordert werden.[6] Mietrechtliche Gestaltungen sind unangemessen, wenn derjenige, der einen Gebäudeteil für eigene Zwecke benötigt, einem anderen daran die wirtschaftliche Verfügungsmacht einräumt, um ihn anschließend wieder zurück zu mieten.[7] Unregelmäßigkeiten bei den Nebenkosten hingegen müssen nicht in allen Fällen schädlich sein, obwohl die finanzielle Bedeutung mittlerweile sehr hoch ist. Die nicht ordnungsgemäße Abrechnung ist jedoch im Gesamtkontext zu beurteilen.[8] Dies gilt ebenso im Zusammenhang mit einer möglichen und/oder erforderlichen Beendigung eines des Mietverhältnisses, wobei eine sofortige Kündigung eines Mietverhältnisses nicht erforderlich ist; eine zeitnahe Beendigung muss ca. innerhalb eines halben Jahres erfolgen.[9] 1545

Praxishinweis:
Bei der steuerrechtlichen Anerkennung von Verträgen zwischen nahen Angehörigen ist der zivilrechtlichen Unwirksamkeit des Vertragsabschlusses nur indizielle Bedeutung beizumessen.[10] So gilt es, regelmäßig die Ernsthaftigkeit der Verträge zu prüfen. Die Finverw. hat hierzu eine Anweisung erlassen, die im Bereich der zivilrechtlichen Wirksamkeit über die Forderungen des BFH in seinem Urteil v. 12.5.2009[11] hinausgeht.[12] Eine großzügige Beurteilung erfolgt in den Fällen, in denen es um wirtschaftlich unabhängige volljährige Angehörige geht und trotz Abweichungen zum Fremdvergleich der Darlehensvertrag (wegen einer Anschaffung/Herstellung eines Vermögensgegenstandes [nicht laufende Aufwendungen]) tatsächlich vollzogen wurde. Eine schenkweise begründete Darlehensforderung und wirtschaftlich gleichwertige Gestaltungen werden nicht anerkannt. Zum weiteren Vergleichsmaßstab vgl. auch BFH[13], in der zur Frage der Intensität des Fremdvergleichs nach dem Anlass der Darlehensgewährung zu differenzieren ist.

Ein Mietvertrag ist grds. kein steuerlich unbeachtliches Scheingeschäft, wenn der **Mieter-Ehegatte** die Miete von seinem betrieblichen Konto auf ein dem **Vermieter-Ehegatten** allein zuzurechnendes Mietkonto überweist und zuvor oder anschließend Einlagen von einem Konto mit den gemeinschaftlich erwirtschafteten Einnahmen und Ersparnissen der Ehegatten auf das betriebliche Konto des Mieter-Ehegatten geleistet werden.[14]

---

1) BFH v. 14.12.1999, IX R 69/98, BStBl II 2000, 197.
2) FG Nürnberg v. 27.1.2017, 4 K 764/16, EFG 2017, 568.
3) Keine Anerkennung bei einer Vorbehaltsklausel, vgl. BFH v. 1.8.2012, IX R 18/11, DStZ 2013, 331.
4) BFH v. 19.8.2008, IX R 78/07, BStBl II 2009, 299.
5) R 4.8 EStR 2012 und ausführlich Tiedtke/Möllmann, DStR 2007, 1940.
6) BFH v. 22.1.2013, IX R 70/10, BFH/NV 2013, 1067.
7) BFH v. 9.10.2013, IX R 2/13, BStBl II 2014, 527.
8) FG Niedersachsen v. 7.12.2010, 3 K 251/08, EFG 2011, 628.
9) BFH v. 11.7.2017, IX R 42/15, BFH/NV 2017, 1422.
10) BFH v. 7.6.2006, IX R 4/04, BStBl II 2007, 294.
11) BFH v. 12.5.2009, IX R 46/08, BStBl II 2011, 24.
12) BMF v. 23.12.2010, IV C 6 – S 2144/07/10004, BStBl I 2011, 37 unter Berücksichtigung der Änderungen durch BMF v. 29.4.2014, IV C 6 – S 2144/07/10004, 2014/0061930, BStBl I 2014, 809.
13) BFH v. 22.10.2013, X R 26/11, BStBl II 2014, 374.
14) BFH v. 22.7.2025, VIII R 23/23, BFH/NV 2025, 1283.

Der sog. Fremdvergleich dient bei Rechtsverhältnissen unter Angehörigen der Feststellung, ob der zu beurteilende Sachverhalt dem privaten Bereich (§ 12 EStG) oder dem Bereich der Einkunftserzielung dient. Dementsprechend schließt nicht jede Abweichung vom Üblichen notwendigerweise die steuerliche Anerkennung des Vertragsverhältnisses aus. Dabei sind an den Nachweis, dass es sich um ein ernsthaftes Vertragsverhältnis handelt, umso strengere Anforderungen zu stellen, je mehr die Umstände auf eine private Veranlassung hindeuten.

Zu Ermittlungsmethoden der Finverw. und mögliche Gegenargumente vgl. Stein.[1)]

Maßgeblich für die Beurteilung ist die **Gesamtheit der objektiven Gegebenheiten**. Dabei kann einzelnen dieser Beweisanzeichen je nach Lage des Falles i.R.d. Gesamtbetrachtung eine unterschiedliche Bedeutung zukommen. **Nicht jede Abweichung vom Üblichen** schließt damit notwendigerweise die steuerliche Anerkennung aus. Voraussetzung ist aber, dass die Hauptpflichten (typische Streitthemen zwischen Mieter und Vermieter: gegenseitige Rechte und Pflichten) der Mietvertragsparteien – wie Überlassen einer konkret bestimmten Mietsache und Höhe der zu entrichtenden Miete – stets klar und eindeutig vereinbart sowie entsprechend dem Vereinbarten durchgeführt werden.[2)] Diese Anforderungen sind auch an nachträgliche Vertragsänderungen zu stellen.[3)]

Kritisch zu beurteilen dürften z.B. hinsichtlich des Fremdvergleichs mit Kreditinstituten regelmäßig **langfristige Darlehensverträge** mit einer regelmäßigen Laufzeit von vier Jahren sein.[4)] Zum Missbrauch einer Generalvollmacht vgl. FG Köln.[5)]

Praxishinweis:

Es muss feststehen, dass der Vertrag nicht nur zum Schein abgeschlossen wurde (§ 41 Abs. 2 AO). Schließlich muss auch eine rechtsmissbräuchliche Gestaltung ausgeschlossen sein (§ 42 AO). Ein Mietverhältnis ist gem. § 41 Abs. 2 AO für die Besteuerung unerheblich, wenn der Vermieter dem Mieter die Miete im Vorhinein zur Verfügung stellt oder die Miete nach Eingang auf seinem Konto alsbald wieder an den Mieter zurückzahlt, ohne hierzu aus anderen Rechtsgründen verpflichtet zu sein.[6)]

1546 Ein Mietverhältnis kann daher regelmäßig nicht steuerlich anerkannt werden, wenn

- die tatsächliche Mietzahlung nicht der vertraglich vereinbarten entspricht, z.B. statt der regelmäßigen Zahlung eine Zahlung in einem späteren Jahr in einem Betrag erfolgt,[7)]
- nicht feststeht, dass die gezahlte Miete tatsächlich endgültig aus dem Vermögen des Mieters in das des Vermieters gelangt. Ein Beweisanzeichen dafür kann sich insb. daraus ergeben, dass der Mieter wirtschaftlich nicht oder nur schwer in der Lage ist, die Miete aufzubringen,[8)]
- Wohnräume im Haus der Eltern, die keine abgeschlossene Wohnung bilden, an volljährige unterhaltsberechtigte Kinder vermietet werden.[9)]

Vermieten Eltern ihrem unterhaltsberechtigten Kind eine ihnen gehörende Wohnung, dann ist der Mietvertrag nicht deshalb rechtsmissbräuchlich i.S.d. § 42 AO, weil das Kind die Miete aus dem Barunterhalt der Eltern zahlt.[10)]

Beispiel:

Die Eltern erwerben im Jahr 2025 eine 30 qm große Wohnung für 70 000 €, die sie an ihre dort studierende Tochter vermieten. Die monatliche Miete i.H.v. 250 € zzgl. 60 € Nebenkosten beträgt 80 % der ortsüblichen Miete. Die Tochter überweist die Miete monatlich pünktlich von ihrem Konto auf das Konto der Eltern. Die Tochter erhält dagegen von ihren Eltern eine monatliche Studienbeihilfe i.H.v. 600 €. Aus der Vermietung der Wohnung erklären die Eltern einen WK-Überschuss i.H.v. 6 000 €.

Hält der Mietvertrag dem Vergleich zwischen fremden Dritten stand, erkennt der BFH diese Gestaltungsmöglichkeit an. Der BFH führt aus,[11)] dass die Tochter den Barunterhalt für ihren Wohnbedarf benötigt. Den unterhaltsverpflichteten Eltern steht aber die Möglichkeit frei, die Art der Unterhaltsgewährung zu bestimmen (§ 1612 Abs. 2 Satz 1 BGB). Die Kosten für eine Wohnung entstehen, gleichgültig, ob das unterhaltsberechtigte Kind sie bei den Eltern oder bei Dritten mietet. Der Umfang der Unterhaltsverpflichtung verringert sich im Falle des Anmietens einer elterlichen Wohnung nicht, auch nicht im Falle der Verrechnung der Geldrente mit dem Mietzins; es mindert sich lediglich der Barbetrag der Rente. Es existiert kein Unterschied, ob den Eltern die Miete aus dem Vertrag mit einem Dritten oder mit ihrem studierenden Kind zufließt. Ihr Vermögen erhöht sich in beiden Fällen um die empfangene Miete und vermindert sich um den gezahlten Unterhalt.

Wegen der ggf. steuerschädlichen **wechselseitigen Vermietung** zwischen Angehörigen vgl. des Weiteren H 21.4 wechselseitige Vermietung EStH 2024.

1547 Leben **Partner** einer **nichtehelichen Lebensgemeinschaft** zusammen in einer Eigentumswohnung, die einem von ihnen gehört, kann dieser seine Wohnung nicht steuerrechtlich wirksam zur Hälfte dem anderen Partner vermieten. Ein Mietvertrag über einen Teil der Wohnung des Partners, in der beide Partner gemeinsam wohnen, geht daher jedenfalls steuerrechtlich ins Leere, solange die Lebensgemeinschaft besteht.[12)] Als „Mieteinnahmen" erklärte Zahlungen sind als Beiträge zur gemeinsamen Haushaltsführung zu werten.[13)]

---

1) Stein, Gestaltende Steuerberatung 5/2009, 160.
2) Zu typischen Fehlern in Mietverträgen mit nahen Angehörigen Krüger, StBp 2001, 97; zusammenfassend, Bruschke, DStZ 2017, 732.
3) BFH v. 20.10.1997, IX R 38/97, BStBl II 1998, 106.
4) BFH v. 7.11.1990, X R 126/87, BStBl II 1991, 291.
5) FG Köln v. 14.10.2020, 14 K 1414/19; NZB, Az. des BFH: IX B 6/21.
6) BFH v. 28.1.1997, IX R 23/94, BStBl II 1997, 655.
7) BFH v. 25.5.1993, IX R 17/90, BStBl II 1993, 834; BFH v. 19.6.1991, IX R 306/87, BStBl II 1992, 75.
8) BFH v. 28.1.1997, IX R 23/94, BStBl II 1997, 655.
9) BFH v. 16.1.2003, IX B 172/02, BStBl II 2003, 301.
10) BFH v. 19.10.1999, IX R 39/99, BStBl II 2000, 224.
11) BFH v. 19.10.1999, IX R 39/99, BStBl II 2000, 224.
12) BFH v. 30.1.1996, IX R 100/93, BStBl II 1996, 359.
13) FG Baden-Württemberg v. 6.6.2019, 1 K 699/19.

Nicht ausgeschlossen ist die Anerkennung des Mietverhältnisses dadurch, dass **1548**

- die Mieterin, nachdem der Vermieter sein Konto aufgelöst hat, die Miete wie mündlich vereinbart vorschüssig bar bezahlt,[1]
- keine schriftliche Vereinbarung hinsichtlich der Nebenkosten getroffen worden ist und z.B. der Umfang der auf die Wohnung entfallenden Nebenkosten unter Berücksichtigung der sonstigen Pflichten unbedeutend ist,[2]
- ein Mietvertrag mit einem Angehörigen nach seinem Inhalt oder in seiner Durchführung Mängel aufweist, die auch bei einem mit einem Fremden abgeschlossenen Mietverhältnis aufgetreten sind,[3]
- ein Ehegatte/Lebenspartner dem anderen seine an dessen Beschäftigungsort belegende und im Rahmen einer doppelten Haushaltsführung genutzte Wohnung zu fremdüblichen Bedingungen vermietet.[4]

Zudem ist in den Fällen der Vermietung an Angehörige im Zusammenhang mit einer **verbilligten Überlassung** ggf. **1549** auch die **Einkunftserzielungsabsicht gesondert zu prüfen**. Für die Beurteilung der Einkunftserzielungsabsicht ist es ohne Belang, ob an fremde Dritte oder an Angehörige verbilligt vermietet wird. Regelmäßig wird es sich bei der Vermietungssituation um eine Vermietung an Angehörige handeln, da fremde Dritte einander kaum ein Objekt günstiger überlassen werden.

Praxishinweis:

Bezieht sich ein Mietspiegel nicht auf möbliert oder teilmöbliert vermietete Wohnungen, ist für die Möblierung i.R.d. Ermittlung der ortsüblichen Marktmiete (§ 21 Abs. 2 EStG) ein Zuschlag zu berücksichtigen, soweit sich auf dem örtlichen Mietmarkt für möblierte Wohnungen hierfür ein Zuschlag ermitteln lässt. Ein solcher Möblierungszuschlag kann nicht aus dem Monatsbetrag der linearen AfA für die überlassenen Möbel und Einrichtungsgegenstände abgeleitet werden. Der Ansatz eines prozentualen Mietrenditeaufschlags ist nicht zulässig.[5]

Im Rahmen des Steuervereinfachungsgesetzes 2011[6] sind für die VZ ab 2012 die Regeln für die verbilligte Mietraumüberlassung neu gefasst worden (§ 21 Abs. 2 EStG). Die Wohnraumvermietung gilt als voll entgeltlich, wenn die Miete mind. 66 % der ortsüblichen Miete beträgt. In diesem Fall können WK im Zusammenhang mit der verbilligten Vermietung vollständig abgezogen werden. Liegt die Miete unter der Grenze von 66 %, handelt es sich um eine teilentgeltliche Vermietung, so dass nur eine anteilige Berücksichtigung bei den WK möglich ist.

Ab dem VZ 2021 wurde durch das JStG 2020 die Grenze von 66 % auf 50 % herabgesetzt. Beträgt hingegen das Entgelt mindestens 50 % und mehr, jedoch weniger als 66 % der ortsüblichen Miete, ist nunmehr (wieder) eine Totalüberschussprognoseprüfung vorzunehmen. Fällt diese Prüfung der Totalüberschussprognose positiv aus, ist für die verbilligte Wohnraumüberlassung Einkünfteerzielungsabsicht zu unterstellen und der volle Werbungskostenabzug möglich. Führt die Totalüberschussprognoseprüfung hingegen zu einem negativen Ergebnis, ist von einer Einkünfteerzielungsabsicht nur für den entgeltlich vermieteten Teil auszugehen. Für den entgeltlich vermieteten Teil können die WK wie bei der Typisierungsregel des Satzes 1 anteilig berücksichtigt werden.

Abgestellt wird auf die vereinbarte Miete.[7] Mietausfälle, z.B. auf Grund einer Zahlungsunfähigkeit des Mieters führen nicht zu einer anteiligen Kürzung. Im Zusammenhang mit dem Ausbleiben von Mieteinnahmen auf Grund der Corona-Krise vgl. OFD NRW.[8]

Unter ortsüblicher Miete für Wohnungen vergleichbarer Art, Lage und Ausstattung ist die ortsübliche Bruttomiete – d.h. die Kaltmiete zzgl. der nach der Betriebskostenverordnung umlagefähigen Kosten – zu verstehen.[9] Die Vergleichsmiete kann sich dabei z.B. sowohl an den ortsüblichen Mieten als auch nach individuellen Sachverständigengutachten richten.[10]

Praxishinweis:

Der **Mietspiegel** ist eine Übersicht der ortsüblichen Vergleichsmiete (§ 558 Abs. 2 BGB [einfacher Mietspiegel, § 558c BGB, qualifizierter Mietspiegel, § 558d BGB]) im frei finanzierten Wohnungsbau, die von Städten (regelmäßig in Zusammenarbeit mit Mieter- und Vermieterverbänden sowie Immobilienmaklern) aufgestellt wird. Die Werte beziehen sich daher auf die jeweilige Stadt oder Gemeinde und werden zudem in unterschiedliche Kategorien (z.B. Lage, Zustand und Baujahr des Hauses, Qualität der Ausstattung) aufgeteilt. Die **ortsübliche Marktmiete** ist grds. auf der Basis des Mietspiegels zu bestimmen. Kann ein Mietspiegel nicht zu Grunde gelegt werden oder ist er nicht vorhanden, kann die ortsübliche Marktmiete z.B. mit Hilfe eines mit Gründen versehenen Gutachtens eines öffentlich bestellten und vereidigten Sachverständigen i.S.d. § 558a Abs. 2 Nr. 3 BGB, durch die Auskunft aus einer Mietdatenbank i.S.d. § 558a Abs. 2 Nr. 2 BGB i.V.m. § 558e BGB oder unter Zugrundelegung der Entgelte für zumindest drei vergleichbare Wohnungen i.S.d. § 558a Abs. 2 Nr. 4 BGB ermittelt werden.[11] Jeder dieser Ermittlungswege ist grundsätzlich gleichrangig; einzubeziehen sind auch solche Nebenkosten, die unmittelbar vom Mieter getragen wurden.[12]

1) BFH v. 7.5.1996, IX R 69/94, BStBl II 1997, 196.
2) BFH v. 21.10.1997, IX R 57/96, BStBl II 1998, 108; BFH v. 17.2.1998, IX R 30/96, BStBl II 1998, 349.
3) BFH v. 28.6.2002, IX R 68/99, BStBl II 2002, 699.
4) BFH v. 11.3.2003, IX R 55/01, BStBl II 2003, 627.
5) BFH v. 6.2.2018, IX R 14/17, BStBl II 2018, 522.
6) Steuervereinfachungsgesetz 2011 v. 1.11.2011, BStBl I 2011, 986.
7) BFH v. 28.1.1997, IX R 88/94, BStBl II 1197, 605.
8) OFD NRW v. 2.12.2020, S 2253 – 2020/0025 – St 231.
9) BFH v. 10.5.2016, IX R 44/15, BStBl I 2016, 835.
10) BFH v. 11.9.2007, IX B 4/07, BFH/NV 2007, 2291.
11) Vgl. zur Ermittlung auch OFD Frankfurt/M v. 17.6.2025, S 2253 A – 00115 – 0357 – St 24.
12) BFH v. 22.2.2021, IX R 7/20, BStBl II 2021, 479.

Die Einkunftserzielungsabsicht ist dann wie bei einer dauernden Vermietung nicht zu prüfen. Dies gilt m.E. auch dann, wenn der Vermieter auf Grund der bestehenden gesetzlichen Regelungen bewusst die Miete senkt.

Beträgt die erzielte Miete weniger als 50 % der ortsüblichen Miete, ist die Nutzungsüberlassung in einen entgeltlichen und in einen unentgeltlichen Teil aufzuteilen (§ 21 Abs. 2 Satz 1 EStG). In diesen Fällen entfällt die Prüfung der Einkunftserzielungsabsicht in Bezug auf die verbilligte Miete.

Praxishinweis:

Eine Unterschreitung der maßgeblichen Grenzen kann im Ergebnis auch dann eintreten, wenn im Laufe der Vermietungsjahre die Miete nicht entsprechend den Marktgegebenheiten angepasst wird oder angepasst werden kann. Es besteht keine Verpflichtung für das FA auf eine Mietpreiserhöhung zur Vermeidung steuerlicher Nachteile hinzuweisen.[1]

Die mit der Vermietung in Zusammenhang stehenden WK sind nur zu dem Teil zu berücksichtigen, wie die vereinbarte Miete unterhalb von 50 % der ortsüblichen Miete liegt. Insoweit können die WK nur abgezogen werden, als sie **auf den entgeltlichen Teil entfallen**. Keine Aufteilung in einen entgeltlichen und einen unentgeltlichen Teil ist erforderlich, wenn die Vergleichsmiete mehr als 66 % beträgt.

Beispiel:

A vermietet das EFH auf Dauer an seinen Sohn S. Die ortsübliche Marktmiete beträgt 1 000 €. Die abzugsfähigen WK betragen 1 500 €/Monat.

Variante 1: Der monatliche Mietzins beträgt 400 €.

Variante 2: Der monatliche Mietzins beträgt 800 €.

Variante 3: Der monatliche Mietzins beträgt 600 €.

Lösung Variante 1:

Die 50 %-Grenze ist unterschritten, da der monatliche Mietzins lediglich 40 % der ortsüblichen Miete beträgt. Die Vermietung ist in einen entgeltlichen und einen unentgeltlichen Teil aufzuteilen. Die WK sind lediglich zu 40 % (= 7 200 €) abzugsfähig. Die negativen Einkünfte betragen 2 400 €.

Eine rückwirkende Erhöhung dürfte steuerlich nicht anzuerkennen sein.[2]

Lösung Variante 2:

Die vereinbarte Miete beträgt 80 % der ortsüblichen Miete. Die WK können in voller Höhe berücksichtigt werden. Eine Aufteilung in einen entgeltlichen und einen unentgeltlichen Teil unterbleibt. Die negativen Einkünfte betragen 8 400 €.

Lösung Variante 3:

Die vereinbarte Miete beträgt 60 % der ortsüblichen Miete. Die Einkunftserzielungsabsicht ist auf Grund einer Überschussprognose zu bestimmen. Führt diese zu einem positiven Ergebnis, sind die gesamten WK zu berücksichtigen. Die negativen Einkünfte betragen in diesem Fall 10 800 €.

Ist die Überschussprognose negativ, ist die Nutzungsüberlassung in einen entgeltlichen und einen unentgeltlichen Teil aufzuteilen. Die WK sind lediglich zu 60 % (= 10 800 €) abzugsfähig. Die negativen Einkünfte betragen 3 600 €.

1550 Nach § 558 Abs. 3 BGB darf die Miete grds. innerhalb von drei Jahren **nicht um mehr als 20 % erhöht werden**. Kann die Miete aus diesem Grund nicht auf die ortsübliche Miete angehoben werden und ist die Überschussprognose neg., hat nach Auffassung der Verwaltung trotzdem eine Aufteilung in einen entgeltlichen und einen unentgeltlichen Teil zu erfolgen. Die Finverw.[3] führt aus, dass die **Aufteilung auch dann** vorzunehmen ist, **wenn das vereinbarte Entgelt** aus vertraglichen oder tatsächlichen Gründen **nicht erhöht werden kann** und bezieht sich dabei auf den BFH[4], in dem der BFH entschieden hatte, dass eine Aufteilung in einen entgeltlichen und in einen unentgeltlichen Teil auch dann zu erfolgen hat, wenn der Vermieter das vereinbarte Entgelt aus vertraglichen Gründen nicht erhöhen konnte, da dies für die typisierende Regelung des § 21 Abs. 2 EStG unerheblich sei. Allein das Verhältnis der vereinbarten Miete zur ortsüblichen Miete sei entscheidend. In dem entschiedenen Fall konnte die Miete durch den Rechtsnachfolger nicht erhöht werden, weil der Erblasser eine Vereinbarung mit den Mietern getroffen hatte, das Mietverhältnis nicht zu kündigen und auch das Mietentgelt nicht zu erhöhen.[5]

Diese Verwaltungspraxis wird mit der Begründung abgelehnt, dass der (Steuer-)Gesetzgeber nicht das gebieten kann, was der (Mietrechts-)Gesetzgeber verbietet.[6] Die Miete kann – anders als in dem vom BFH entschiedenen Fall – aus gesetzlichen und nicht aus vertraglichen Gründen nicht erhöht werden. Die Verfügung der OFD Münster[7] könnte folglich nur für neu abgeschlossene Mietverträge gelten, anderenfalls ist die Kappungsgrenze (§ 558 Abs. 3 BGB) zu beachten. Sollte aber bei der Vermietung unter nahen Angehörigen tatsächlich eine über die Kappungsgrenze hinausgehende Mieterhöhung vereinbart und auch tatsächlich vollzogen worden sein, ist hieraus alleine kein Umstand gegeben, der zu einem Ausschluss der steuerlichen Anerkennung des Mietverhältnisses führt (§ 42 AO). Was dies aber im Ergebnis für die Mieterhöhung bedeutet, steht noch offen. Die Mieterhöhung alleine ist kein solcher Tatbestand, jedoch u.U. im Zusammenhang mit einem weiteren Tatbestand, z.B. der langen Laufzeit eines Mietvertrags. Dann könnte doch wieder auf einen Missbrauch von Gestaltungsmöglichkeiten geschlossen werden.

Abzugrenzen ist diese Art der Mieterhöhung zu Index- oder Staffelmieten.

1) FG München v. 4.12.2009, 1 K 3948/07.
2) FG Hamburg v. 26.8.1998, V 217/95, EFG 1999, 27; vgl. aber Steck, Stbg 2021, 271.
3) OFD Münster v. 13.2.2004, S 2253 – 60 – St 22 – 31, DStR 2004, 957.
4) BFH v. 28.1.1997, IX R 88/94, BStBl II 1997, 605.
5) BFH v. 28.1.1997, IX R 88/94, BStBl II 1997, 605.
6) Sauren, DStZ 2004, 943.
7) OFD Münster v. 13.2.2004, S 2253 – 60 – St 22 – 31, DStR 2004, 957.

c) Einnahmen aus umgelegten Neben-/Betriebskosten – z.B. Wasser, Allgemeinstrom, Müllabfuhr, Zentralheizung (Zeilen 20–24)

Einnahmen aus umgelegten Neben- / Betriebskosten (z. B. Wasser, Allgemeinstrom, Müllabfuhr, Zentralheizung)

Zeile		Kz	EUR
20	auf die Zeilen 15 und 18 entfallende laufende Neben- / Betriebskosten	04	,–
21	auf die Zeilen 15 und 18 entfallende und im Jahr 2025 erhaltene Nachzahlungen / geleistete Erstattungen (negativen Betrag mit vorangestelltem Minuszeichen eintragen)	11	,–
22	auf Zeile 19 entfallende laufende Neben- / Betriebskosten	05	,–
23	auf Zeile 19 entfallende und im Jahr 2025 erhaltene Nachzahlungen / geleistete Erstattungen (negativen Betrag mit vorangestelltem Minuszeichen eintragen)	12	,–
24	Neben- / Betriebskosten wurden nicht gesondert vereinbart.	13	1 = Ja

2025AnlV101 - September 2025 - 2025AnlV101

Umlagen und Nebenentgelte, die der Vermieter für die Nebenkosten oder Betriebskosten erhebt, z.B. Wassergeld, Flur- und Kellerbeleuchtung, Müllabfuhr, Zentralheizung usw., sind durch das jeweilige Mietverhältnis veranlasst und gehören zu den Einnahmen bei der Einkunftsart Vermietung und Verpachtung. Unbeachtlich ist, dass damit ein entsprechender Aufwand des Vermieters abgegolten wird und Überzahlungen ggf. an die Mieter zurückzuzahlen sind. **1551**

Dass die stpfl. Person die Umlagen oder Nebenentgelte zweckgebunden zur Zahlung der WK verwendet, ist ebenfalls ohne Bedeutung, denn der Zufluss einer Einnahme setzt nicht voraus, dass der stpfl. Person der zugeflossene Vermögensvorteil auf Dauer (endgültig) verbleibt.[1)]

Ab dem VZ 2023 wurden die Erklärungstatbestände im Zusammenhang mit zu erklärenden Umlagen ausgeweitet. Hinsichtlich der erhaltenen Umlagen ist danach zu differenzieren, ob es sich um Einnahmen aus einer „normalen" Vermietung (Zeilen 15 und 18) oder um eine an Angehörige vermietete Wohnung (Zeile 19) handelt. Die entsprechenden Erklärungen erfolgen entsprechend in den Zeilen 20/21 („normale" Vermietung) und 22/23 (an Angehörige vermietete Wohnungen). Darüber hinaus wird danach differenziert, ob es sich um laufende Neben-/Betriebskosten (Zeilen 20/22) oder um im Jahr 2025 erhaltene Nachzahlungen/geleistete Erstattungen (Zeilen 21/23) handelt.

Zudem besteht über die ab dem VZ 2023 eingefügte **Zeile 24** die Möglichkeit zu erklären, dass Neben-/Betriebskosten nicht gesondert vereinbart worden sind. Es handelt sich insoweit um eine ergänzende Angabe zur Bruttokaltmiete. Eine Bruttokaltmiete liegt vor, wenn die Miete neben der Grundmiete die (kalten) Betriebskosten wie z.B. Grundsteuer, Straßenreinigung, Müllbeseitigung, Hausmeisterservice, Kabelanschluss beinhaltet und die warmen Betriebskosten (Heizung, Warmwasser) gesondert gezahlt werden.

d) Sonstige Einnahmen (Zeilen 25–32)

aa) Vereinnahmte Mieten für frühere Jahre/verrechnete Mietkautionen/auf das Kalenderjahr entfallende Mietvorauszahlungen aus Baukostenzuschüssen (Zeile 25)

- 2 -

Sonstige Einnahmen

Zeile		Kz	EUR
25	Vereinnahmte Mieten für frühere Jahre / verrechnete Mietkautionen / auf das Kalenderjahr entfallende Mietvorauszahlungen aus Baukostenzuschüssen	06	,–

Einzutragen sind Mieten inkl. Umlagen, die bereits fällig waren, aber erst im VZ 2025 vereinnahmt worden sind, z.B. Mietrückstände. Die Zahlung einer Mietkaution durch den Mieter führt nicht zu stpfl. Einnahmen. Behält der Vermieter diese Kaution jedoch am Ende des Mietverhältnisses ein, liegen Einnahmen vor, denen ggf. auch WK gegenüberstehen können (z.B. für die Beseitigung von durch den Mieter verursachten Schäden, eine Verrechnung mit noch abzurechnenden Nebenkosten oder ausstehenden Mieten).[2)] **1552**

Ebenfalls zu erklären sind an dieser Stelle Mietvorauszahlungen aus Baukostenzuschüssen (Mieterzuschüsse). **1553**

Vereinbaren die Parteien eines Mietverhältnisses eine **Beteiligung des Mieters an den Kosten der Herstellung des Gebäudes** oder der Mieträume oder lässt der Mieter die Mieträume auf seine Kosten wieder herrichten und einigt er sich mit dem Vermieter, dass die Kosten ganz oder teilweise verrechnet werden, entsteht dem Mieter ein Rückzahlungsanspruch, der in der Regel durch Anrechnung des von ihm aufgewandten Betrags (Mieterzuschuss) auf den Mietzins wie eine Mietvorauszahlung befriedigt wird.[3)]

Zuschüsse sind nur dann als Einnahme zu berücksichtigen, wenn sie eine Gegenleistung für die Überlassung des Gebrauchs oder der Nutzung des Grundstücks darstellen, nicht aber, wenn sie ausschließlich aus städtebaulichen

1) BFH v. 14.12.1999, IX R 69/98, BStBl II 2000, 197.
2) BFH v. 11.7.2000, IX R 48/96, BStBl II 2001, 784.
3) R 21.5 Abs. 3 EStR 2012.

Gründen gezahlt werden.[1] Bei der **ertragsteuerlichen Behandlung der Mieterzuschüsse** sind beim Vermieter unterschiedliche Sachverhalte zu unterscheiden:

- Mieterzuschüsse sind in dem VZ als Einnahmen zu berücksichtigen, in dem sie zugeflossen sind. Für Mieterzuschüsse ist § 11 Abs. 1 Satz 3 EStG zu beachten, wonach die Einnahmen insgesamt auf den Zeitraum gleichmäßig zu verteilen sind, für den die Vorauszahlung geleistet wird.

  Somit ist im VZ 2025 die tatsächlich gezahlte Miete zzgl. des anteiligen Vorauszahlungsbetrags anzusetzen. Dies gilt jedoch nur für die vereinnahmte Nettomiete, nicht für vereinnahmte USt-Beträge.
- Wird ein **Gebäude während des Verteilungszeitraums veräußert**, in ein BV eingebracht oder nicht mehr zur Erzielung von Einkünften genutzt, ist der noch nicht als Mieteinnahme berücksichtigte Teil der Mietvorauszahlung in dem betreffenden VZ als Einnahme bei den Einkünften aus Vermietung und Verpachtung anzusetzen.

  Die Absetzungen für Abnutzung (→ Rz. 1584) sind von den gesamten HK zu berechnen. Die **Mieterzuschüsse erhöhen daher die BMG** für die Absetzung.
- Hat ein Mieter Kosten getragen, die als Erhaltungsaufwendungen zu berücksichtigen sind, können aus Vereinfachungsgründen lediglich die eigenen Kosten des Vermieters als WK berücksichtigt werden.

bb) Einnahmen aus der Vermietung von Garagen, Werbeflächen, Grund und Boden für Kioske usw. (Zeile 26)

26	Einnahmen aus Vermietung von Garagen, Werbeflächen, Grund und Boden für Kioske usw.	07	,—

1554 **Sämtliche Einnahmen,** die **in Zusammenhang mit** der **Vermietung** von Objekten stehen, **stellen Einnahmen dar.** Hierzu zählt auch die in der Anlage V explizit genannte Vermietung von Garagen, Werbeflächen, Grund und Boden und von Kiosken. Dazu gehören auch die Einnahmen aus der Vermietung von Dachflächen für Mobilfunkantennen sowie die Vermietung von WLAN-Hotspots usw.

Zu erklären sind die Bruttoeinnahmen; WK sind in den Zeilen 33–84 einzutragen.

> **Beratungshinweis:**
> Anders als Garagen von Ein- oder Zweifamilienhäusern sind Garagen, die auf dem Gelände eines großen Mietwohnungskomplexes nachträglich errichtet werden, jedenfalls dann als selbständige Wirtschaftsgüter gesondert abzuschreiben, wenn ihre Errichtung nicht Bestandteil der Baugenehmigung für das Mietwohngebäude war und kein enger Zusammenhang zwischen der Nutzung der Wohnungen und der Garagen besteht, weil die Zahl der Garagen hinter der Zahl der Wohnungen deutlich zurückbleibt und die Garagen zum Teil an Dritte vermietet sind. Insoweit besteht die Möglichkeit, die nachträglich errichteten Garagen degressiv abzuschreiben.[2]

cc) Vereinnahmte Umsatzsteuer/Vom Finanzamt erstattete und ggf. verrechnete Umsatzsteuer (Zeilen 27–28)

27	Vereinnahmte Umsatzsteuer	09	,—
28	Vom Finanzamt erstattete und ggf. verrechnete Umsatzsteuer	10	,—

1555 Vereinnahmte USt ist als Einnahmen zu berücksichtigen; diese ist gesondert in Zeile 27 und nicht in den Zeilen 13–19 einzutragen. Hat die stpfl. Person (der Vermieter) zur USt optiert und erhält sie im VZ 2025 vom FA eine USt-Erstattung (z.B. Vorsteuerüberhang) oder kommt es auf Grund einer Verrechnung des FA zu einer Erstattung, so stellt diese eine Einnahme bei den Einkünften aus Vermietung und Verpachtung dar, die in Zeile 28 zu erklären ist.

dd) Öffentliche Zuschüsse nach dem Wohnraumförderungsgesetz oder zu Erhaltungsaufwendungen, Aufwendungszuschüsse, Guthabenzinsen aus Bausparverträgen und sonstigen Einnahmen (Zeilen 29–31)

			EUR
29	Öffentliche Zuschüsse nach dem Wohnraumförderungsgesetz oder zu Erhaltungsaufwendungen, Aufwendungszuschüsse, Guthabenzinsen aus Bausparverträgen und sonstige Einnahmen		,—
30	davon entfallen auf eigengenutzte oder unentgeltlich an Dritte überlassene Wohnungen laut Zeile 12	–	,—
31	Ergebnis der Zeilen 29 und 30	08 =	,—

(1) Öffentliche Zuschüsse

1556 Zuschüsse aus öffentlichen Mitteln zur **Finanzierung von Erhaltungsaufwendungen** sowie **Aufwendungszuschüsse**, z.B. zur Minderung der Zins- und Mietbelastung sind ebenfalls als Einnahmen zu berücksichtigen; insoweit handelt es sich nicht um Mieterzuschüsse (→ Rz. 1553), die in Zeile 29 einzutragen sind. Handelte es sich bei den bezuschussten Aufwendungen um Erhaltungsaufwendungen oder Schuldzinsen, sind nur die um den

1) BFH v. 7.12.2010, IX R 46/09, BStBl II 2012, 310.
2) BFH v. 22.9.2005, IX R 26/04, BStBl II 2006, 169.

Zuschuss verminderten Teile dieser Aufwendungen als WK zu berücksichtigen; dies gilt auch dann, wenn eine gleichmäßige Verteilung der Aufwendungen nach §§ 11a, 11b EStG (→ Rz. 1626 f.) oder § 82b EStDV (→ Rz. 1627) gewählt wird. Fallen die Zahlung des Zuschusses und der Abzug als WK nicht gleichzeitig in denselben VZ, rechnet der Zuschuss im Jahr der Zahlung zu den Einnahmen aus Vermietung und Verpachtung.[1]

Werden **Zuschüsse zurückgezahlt**, sind sie im Jahr der Rückzahlung als WK zu berücksichtigen.

Zuschüsse, die eine Gegenleistung für eine Mietpreisbindung oder Nutzung durch einen bestimmten Personenkreis darstellen (z.B. Zuschüsse nach dem Wohnraumförderungsgesetz), können auf die Jahre des Bindungszeitraums verteilt werden.

Praxishinweis:
Handelt es sich bei den Zuschüssen jedoch um Zuschüsse zur Finanzierung von AK oder HK, sind sie in Zeile 89 (→ Rz. 1638) zu erklären und mindern die BMG für die AfA.

(2) Guthabenzinsen aus Bausparverträgen

Guthabenzinsen aus Bausparverträgen, die in einem **engen zeitlichen Zusammenhang mit** einem **der Einkunftserzielung** dienenden Grundstück stehen, sind ebenso wie entsprechende Schuldzinsen bei der Einkunftsart Vermietung und Verpachtung zu berücksichtigen.[2] Die Verdrängung der Einkunftsart Kapitalvermögen durch die Einkunftsart Vermietung und Verpachtung tritt ein, wenn ein Sachverhalt den Tatbestand der Erzielung von Einkünften aus Vermietung und Verpachtung verwirklicht; sie tritt auch ein, wenn Einnahmen oder WK mit einer Verwirklichung des Tatbestands der Erzielung von Einkünften aus Vermietung und Verpachtung in wirtschaftlichem Zusammenhang stehen. 1557

Ein **enger wirtschaftlicher Zusammenhang** besteht beim Erwerb, dem Bau, der Umschuldung oder der Erhaltung eines Objekts. Die Art der Finanzierung (Vorfinanzierung über ein Bankvorausdarlehen, Umschuldung, Einsatz des Bauspardarlehens zur Ablösung eines weiteren Darlehens, Zwischenfinanzierung) ist unerheblich.

Praxishinweis:
Die im VZ 2025 erhaltenen Guthabenzinsen aus Bauspardarlehen sind daher (inkl. möglicher Sonderzinsen) als Einnahme in Zeile 29 einzutragen. Der Anteil, der auf eine eigen genutzte oder unentgeltlich an Dritte überlassene Wohnung sowie auf als Ferienwohnung genutzten Wohnraum entfällt, ist in Zeile 30 gesondert auszuweisen. Wurde KapESt einbehalten, ist diese in Zeile 43 der Anlage KAP zu erklären. Gegebenenfalls kann durch eine besondere Bescheinigung (§ 43 Abs. 2 Satz 3 Nr. 2 EStG) der Einbehalt von KapESt vermieden werden.[3]

Erstattet ein Kreditinstitut oder ein Dritter (z.B. der Erwerber) **Damnumbeträge**, die als WK abgezogen worden sind, liegen im Zeitpunkt der Erstattung Einnahmen aus Vermietung und Verpachtung vor.[4] Dies gilt auch, wenn die Damnumbeträge i.R.d. Nutzungswertbesteuerung abgezogen worden sind.[5] Keine Einnahmen aus Vermietung und Verpachtung liegen vor, wenn das Damnum nur einen unselbständigen Rechnungsposten für die Bemessung einer Vorfälligkeitsentschädigung darstellt.[6]

(3) Sonstige Einnahmen

Zu den sonstigen Einnahmen gehören: 1558

- Zahlungen, die wegen übermäßiger Beanspruchung, vertragswidriger Vernachlässigung oder Vorenthaltung einer Miet- oder Pachtsache geleistet werden,[7]
- Abstandszahlungen eines Mietinteressenten an Vermieter für Entlassung aus Vormietvertrag,[8]
- Einbehalt einer Mieterkaution,[9]

Praxishinweis:
Wurde die Kaution zu Recht als Einnahme erfasst, sind auch die damit finanzierten Aufwendungen bis zu diesem Betrag als WK berücksichtigungsfähig.

- Entgelte für die Inanspruchnahme eines Grundstücks im Zuge baulicher Maßnahmen auf dem Nachbargrundstück, selbst wenn das Grundstück mit einem zu eigenen Wohnzwecken genutzten Gebäude bebaut ist,[10]
- Mietentgelte, die der Restitutionsberechtigte vom Verfügungsberechtigten nach § 7 Abs. 7 Satz 2 VermG erlangt.[11]

---

1) R 215 Abs. 1 Satz 6 EStR 2012.
2) BFH v. 9.11.1982, VIII R 188/79, BStBl II 1983, 172; BMF v. 28.2.1990, IV B 4 – S 2252 – 49/90, BStBl I 1990, 124.
3) BMF v. 14.5.2025, IV C 1 – S 2252/00075/016/070, BStBl I 2025, 1330..
4) BFH v. 22.9.1994, IX R 13/93, BStBl II 1995, 118.
5) BFH v. 28.3.1995, IX R 41/93, BStBl II 1995, 704.
6) BFH v. 19.2.2002, IX R 36/98, BStBl II 2003, 126.
7) BFH v. 22.4.1966, VI 264/65, BStBl III 1966, 395; BFH v. 29.11.1968, VI R 316/66, BStBl II 1969, 184; BFH v. 5.5.1971, I R 166/69, BStBl II 1971, 624.
8) BFH v. 21.8.1990, VIII R 17/86, BStBl II 1991, 76.
9) BFH v. 14.12.1999, IX R 69/98, BStBl II 2000, 197 betreffend Umlagen für Nebenkosten.
10) BFH v. 2.3.2004, IX R 43/03, BStBl II 2004, 507.
11) BFH v. 11.1.2005, IX R 66/03, BStBl II 2005, 450.

ee) Summe der Einnahmen aus den Zeilen 15, 18–28, 31 (Zeile 32)

		EUR
32	Summe der Einnahmen aus den Zeilen 15, 18 bis 28 und 31	,—

1559 Die Summe der Einnahmen ist zu ermitteln und einzutragen. Das Ergebnis ist Teil der Ermittlung der Einnahmen und für die Berechnung der Einkünfte (Zeile 85) erforderlich.

6. Werbungskosten (Zeilen 33–84)

a) Grundsätze

1560 **Praxishinweis:**

Ab dem VZ 2023 wurde die Darstellung der durch verhältnismäßige Zuordnung von WK abzugsfähige Teil geändert. Bei den einzelnen Arten von WK ist jeweils zu unterscheiden, ob die Aufwendungen der Höhe nach direkt oder verhältnismäßig zugeordnet werden. Der aufzuteilende Gesamtbetrag ist dabei in Euro und Cent zu erklären.

WK bei den Einkünften aus Vermietung und Verpachtung sind alle Aufwendungen, die durch die mit dieser Einkunftsart verbundene Tätigkeit **wirtschaftlich veranlasst** und nicht der privaten Lebensführung zuzuordnen sind (§ 9 Abs. 1 Satz 1 EStG). Werbungskosten sind nach der BFH-Rechtsprechung nicht nur die Aufwendungen zur Erwerbung, Sicherung und Erhaltung der Einnahmen, sondern auch solche Aufwendungen, die durch die Vermietung und Verpachtung veranlasst sind.[1] Der Eigentümer kann Aufwendungen für sein mit einem lebenslänglichen Nutzungsrecht eines Dritten belastetes Grundstück regelmäßig nicht als vorab entstandene WK abziehen, solange ein Ende der Nutzung durch den Dritten nicht absehbar ist. Gründe, die eine unterschiedliche Behandlung von Erhaltungsaufwand und Schuldzinsen im Rahmen des WK-Abzugs rechtfertigen könnten, bestehen insoweit nicht.[2]

Werbungskosten bei den Einkünften aus Vermietung und Verpachtung **müssen im Einzelnen tatsächlich entstanden sein**. Eine bei den Einkünften aus nichtselbständiger Arbeit oder Kapitalvermögen analoge Regelung hinsichtlich eines Pauschbetrags existiert nicht. Voraussetzung zum Abzug von WK ist, dass die Einkunftserzielungsabsicht bejaht werden kann (→ Rz. 1530). Berücksichtigungsfähig sind dann alle Aufwendungen, die der Bewirtschaftung des Objekts dienen. Dazu gehören die Kosten des Betriebs und der Verwaltung genauso wie auf dem Haus lastende Realsteuern, öffentliche Abgaben, Versicherungen, Reparaturen und Zinsen, nicht aber die eigene Arbeitsleistung für die Verwaltung, da insoweit kein Aufwand entstanden ist.[3] Zu den Einzelpositionen vgl. die nachfolgenden Erläuterungen (→ Rz. 1563 ff.).

Soweit einzelne Aufwendungen bei einem teilweise selbst genutzten und teilweise fremd vermieteten Mehrfamilienhaus **nicht direkt dem vermieteten Teil zugeordnet werden können** (z.B. eine Dachreparatur), hat eine Zuordnung in anderer Weise zu erfolgen (z.B. nach dem Verhältnis der Nutzflächen). Dabei handelt es sich um eine Frage der Sachverhaltsfeststellung, ob Aufwendungen ausschließlich der vermieteten Wohnung zugeordnet werden können.[4] Der so ermittelte Prozentsatz ist jeweils in der Zeile „durch verhältnismäßige Zuordnung ermittelt" zu erklären.

Beratungshinweis:

Rechtsprechung und Finverw. lassen einen Abzug von **nachträglichen WK** bei Überschusseinkünften nur in Ausnahmefällen zu. Im Bereich der Schuldzinsen können unter bestimmten Voraussetzungen Aufwendungen, die erst nach Aufgabe der Vermietungstätigkeit entstanden sind, berücksichtigt werden (→ Rz. 1616). Der ursprüngliche Veranlassungszusammenhang zur Einkunftsart muss jedoch bestanden haben.[5] Wurde das Mietverhältnis faktisch beendet (z.B. auch bei Übergang zur Selbstnutzung) ist eine Berücksichtigung nicht mehr möglich.[6]

1561 Wird ein Objekt nur **teilentgeltlich vermietet** kann ggf. nur der Teil als WK berücksichtigt werden, der dem entgeltlichen Teil der Vermietung entspricht (→ Rz. 1549).

1562 **Aufwendungen für eine Wohnung**, die nach auf Dauer angelegter Vermietung **leer steht**, sind als WK abziehbar, solange die stpfl. Person ihre Einkunftserzielungsabsicht nicht endgültig aufgegeben hat. Solange sie sich ernsthaft und nachhaltig um eine Vermietung der leerstehenden Wohnung bemüht, kann regelmäßig nicht von einer endgültigen Aufgabe der Einkunftserzielungsabsicht ausgegangen werden, selbst wenn die Wohnung zugleich zum Verkauf angeboten wird.

Beispiel:

A ist Eigentümer einer Eigentumswohnung, die bis Juni 2025 vermietet war und anschließend leer stand. A bemühte sich durch Schaltung entsprechender Zeitungsanzeigen sowohl um eine erneute Vermietung als auch um den Verkauf der Wohnung und erzielte im Jahr 2025 einen WK-Überschuss i.H.v. 12 856 €.

1) BFH v. 6.3.1979, VIII R 110/74, BStBl II 1979, 551.
2) BFH v. 19.2.2019, IX R 20/17, BFH/NV 2019, 540.
3) BFH v. 23.10.1985, VII R 196/82, BStBl II 1986, 124.
4) BFH v. 25.9.2007, IX R 43/06, BFH/NV 2008, 208.
5) BFH v. 24.1.2012, IX R 16/11, BFH/NV 2012, 1108.
6) FG Berlin-Brandenburg v. 8.11.2017, 7 K 7252/15.

Der BFH hat[1] den WK-Überschuss anerkannt. Solange die stpfl. Person ihre Einkunftserzielungsabsicht nicht endgültig aufgegeben hat, sind WK zu berücksichtigen. Von einer endgültigen Aufgabe der Einkunftserzielungsabsicht kann aber nicht ausgegangen werden, solange man sich ernsthaft und nachhaltig um eine Vermietung bemüht. Dies gilt auch dann, wenn die Wohnung gleichzeitig zum Verkauf angeboten wird.

b) Absetzung für Abnutzung für Gebäude – ohne Beträge in den Zeilen 36-41 (Zeilen 33–35)

Werbungskosten

Bitte füllen Sie die Zeilen zu den **verhältnismäßig zugeordneten Werbungskosten** nur aus, wenn die Aufwendungen für das Gebäude nur **teilweise** Werbungskosten sind (siehe Anleitung zu den Zeilen 33 bis 84).
Im Falle einer **verbilligten Vermietung zu Wohnzwecken** tragen Sie bitte die **Aufwendungen** in die Zeilen 33 bis 84 **in voller Höhe** ein. Hinsichtlich der vorzunehmenden **Kürzung der Werbungskosten** nutzen Sie bitte **ausschließlich die Zeilen 87 und 88** (siehe Anleitung zu den Zeilen 33 bis 84 sowie 87 und 88).

Absetzung für Abnutzung für Gebäude (ohne Beträge in den Zeilen 36 bis 41)
durch direkte Zuordnung ermittelt

Zeile					EUR
33	1 = linear 2 = degressiv	, %	1 = wie Vorjahr 2 = laut Erläuterung		,—

durch verhältnismäßige Zuordnung ermittelt

Zeile				Gesamtbetrag in EUR, Ct	abzugsfähiger Anteil (in %)		
34	1 = linear 2 = degressiv	, %	1 = wie Vorjahr 2 = laut Erläuterung	,		+	,—
35				Abzugsfähige Werbungskosten		30 =	,—

aa) Grundsätze

AfA ist vorzunehmen für Gebäude und Gebäudeteile, die zur Erzielung von Einkünften verwendet werden und einer wirtschaftlichen oder technischen Abnutzung unterliegen (§§ 7 Abs. 1, Abs. 4, Abs. 5 und Abs. 5a EStG). Das Gebäude ist grds. **ein einheitliches WG**, so dass für das Gebäude mit seinen sämtlichen Bestandteilen nur eine einheitliche AfA in Betracht kommt.[2] 1563

Praxishinweis:
Zur Berücksichtigung der AfA für Gebäude mit Auslandsbezug, vgl. Cloer/Vogel.[3]

Von dem dargestellten Grundsatz ist jedoch insoweit eine Abweichung gegeben, als **selbständige Gebäudeteile gesondert abgeschrieben** werden können. Maßgebend ist der jeweilige Nutzungs- und Funktionszusammenhang des Bauteils. Unselbständige Gebäudeteile liegen vor bei einheitlichem Nutzungs- und Funktionszusammenhang mit dem Gebäude.[4]

Selbständige Gebäudeteile liegen dagegen vor, wenn das Wirtschaftsgut einen von der eigentlichen Gebäudenutzung verschiedenen Nutzungs- und Funktionszusammenhang hat, z.B. Betriebsvorrichtungen, Scheinbestandteile (wirtschaftlicher Verbrauch innerhalb der Mietdauer), Ladeneinbauten, Schaufensteranlagen. Die Wirtschaftsgüter sind gesondert vom Gebäude abzuschreiben.[5]

Besteht das Gebäude aus verschiedenen selbständigen Gebäudeteilen, so kann jedes dieser verschiedenen WG gesondert abgeschrieben werden.

Bei der Berücksichtigung von AfA ist zwischen der linearen und degressiven AfA (Zeile 33–35), der Sonderabschreibung für Mietwohnungsneubau (Zeile 36–38) sowie Sondertatbeständen zu unterscheiden (Zeilen 39–41 und 42–45).
Wurde ein Objekt im VZ 2025 neu angeschafft oder gebaut, ist eine Einzelaufstellung der AK oder HK einzureichen. Dies gilt ebenso in den Fällen, in denen sich die (bisherige) BMG für das Objekt ändert (z.B. auf Grund nachträglicher HK oder AK).

bb) Werbungskosten in Form der Absetzung für Abnutzung

WK sind gem. § 9 Abs. 1 Satz 1 Nr. 7 EStG auch die AfA. Hinsichtlich der Höhe der AfA sind unterschiedliche Tatbestände zu unterscheiden. Zur steuerlichen Behandlung (Unterscheidung zwischen Stromerzeugung und Wärmeproduktion) von **Blockheizkraftwerken** vgl. das anhängige BFH-Verfahren.[6] 1564

BMG für die AfA sind dabei grds. die AK oder HK des WG.[7] Ist für ein Objekt ein Gesamtkaufpreis gezahlt worden, dann ist der Kaufpreis zur Ermittlung der AfA-BMG aufzuteilen.[8] Zunächst sind dabei Boden- und Gebäudewert

1) BFH v. 9.7.2003, IX R 102/00, BStBl I 2003, 940.
2) R 4.2 Abs. 5 EStR 2012, H 4.2 Abs. 5 EStH 2024.
3) Cloer/Vogel, DB 2010, 1901.
4) R 4.2 Abs. 4 EStR 2012.
5) R 7.1 Abs. 3 und 4 EStR 2012, H 7.1 EStH 2024.
6) FG Berlin-Brandenburg v. 9.4.2025, 16 K 16145/23, EFG 2025, 1225; Rev., Az. des BFH: X R 15/25.
7) R 7.3 Abs. 1 EStR 2012.
8) BFH v. 15.1.1985, IX R 81/83, BStBl II 1985, 252.

gesondert zu ermitteln und sodann die AK nach dem Verhältnis der beiden Wertanteile in AK für den Grund- und Bodenanteil und den Gebäudeanteil aufzuteilen.

Die AK eines Objekts sind grds. nach dem Verhältnis der Verkehrswerte des Grund und Bodens und des Gebäudes aufzuteilen. Dabei sind die Verkehrswerte des Grund und Bodens und des Gebäudes gesondert zu ermitteln. Die Aufteilung erfolgt nach dem Verhältnis der Verkehrswerte, wobei diese im Schätzungsweg erfolgen kann.[1] Bei Mietwohngrundstücken im Privatvermögen kommt bei der **Kaufpreisaufteilung** grds. das Sachwertverfahren zur Anwendung; bei zu Büro- oder anderen gewerblichen Zwecken vermieteten Grundstücken (sog. Geschäftsgrundstücke) bejaht die Rechtsprechung eher einen Vorrang des Ertragswertverfahrens.[2] Die Wahl der Ermittlungsmethode entzieht sich einer Verallgemeinerung; ein Vorrang bestimmter Wertermittlungsverfahren für bestimmte Gebäudearten besteht nicht.[3]

Zur Frage der Unangemessenheit des Sachwertverfahrens unter Berücksichtigung des sog. Marktanpassungsfaktors vgl. FG Düsseldorf.[4] Ob bei der Aufteilung des Gesamtkaufpreises einer Immobilie der Bodenwert und der Gebäudewert mit Hilfe des Vergleichswertverfahrens, des Ertragswertverfahrens oder des Sachwertverfahrens zu ermitteln sind, ist nach den tatsächlichen Gegebenheiten des jeweiligen Einzelfalls zu entscheiden.[5]

Der Bodenwert kann über die folgenden Auskunftssysteme ermittelt werden:

- Baden-Württemberg: www.gutachterausschuesse-bw.de
- Bayern: www.boris-bayern.de
- Berlin: www.berlin.de/gutachterausschuss/
- Brandenburg: www.gutachterausschuss-bb.de
- Bremen: www.gutachterausschuss.bremen.de
- Hamburg: www.sapos.geonord.de
- Hessen: www.geoportal.hessen.de
- Mecklenburg-Vorpommern: www.laiv-mv.de
- Niedersachsen: www.gag.niedersachsen.de
- Nordrhein-Westfalen: www.boris.nrw.de
- Rheinland-Pfalz: www.gutachterausschuesse.rlp.de
- Saarland: http://geoportal.saarland.de
- Sachsen: www.bauen-wohnen.sachsen.de
- Sachsen-Anhalt: www.lvermgeo.sachsen-anhalt.de
- Schleswig-Holstein: www.gutachterausschuesse-sh.de
- Thüringen: https://tlbg.thueringen.de/wertermittlung/bodenrichtwerte

Die im Internet frei zugängliche „Arbeitshilfe" des BMF gewährleistet die von der Rechtsprechung geforderte Aufteilung nach den realen Verkehrswerten von Grund und Gebäuden im Hinblick auf die Verengung der zur Verfügung stehenden Bewertungsverfahren auf das (vereinfachte) Sachwertverfahren und die Nichtberücksichtigung eines sog. Orts- oder Regionalisierungsfaktors bei der Ermittlung des Gebäudewerts nicht.[6] Das BMF reagierte mit der überarbeiteten „Arbeitshilfe zur Aufteilung eines Gesamtkaufpreises für ein bebautes Grundstück (Kaufpreisaufteilung)[7]" auf die Beanstandungen des BFH. So stehen nun – wie vom BFH gefordert – drei Bewertungsmethoden zur Verfügung (Vergleichswertverfahren, Ertragswertverfahren und Sachwertverfahren). Ebenso soll die Entscheidung über das typisierte Verfahren auch von den Verhältnissen des Einzelfalls (von der Datenlage) abhängig sein. So soll das Vergleichsverfahren angewandt werden, wenn Vergleichsfaktoren vorliegen, das Ertragswertverfahren, wenn tatsächliche oder ortsübliche Mieten vorliegen, oder das Sachwertverfahren in den anderen Fällen. Die Kritik des BFH an dem bisher vom BMF angewandten Sachwertverfahren (Fehlen der Regionalfaktoren) wurde dergestalt berücksichtigt, dass die Regionalfaktoren dann zu berücksichtigen sind, wenn der örtlich zuständige Gutachterausschuss sie festgelegt hat.

Beratungshinweis:
Eine vertragliche Kaufpreisaufteilung von Grundstück und Gebäude ist der Berechnung der AfA auf das Gebäude zu Grunde zu legen, sofern sie zum einen nicht nur zum Schein getroffen wurde sowie keinen Gestaltungsmissbrauch darstellt und zum anderen das Finanzgericht auf der Grundlage einer Gesamtwürdigung von den das Grundstück und das Gebäude betreffenden Einzelumständen nicht zu dem Ergebnis gelangt, dass die vertragliche Kaufpreisaufteilung die realen Wertverhältnisse in grds. Weise verfehlt

1) BFH v. 11.2.2003, IX R 13/00, BFH/NV 2003, 769.
2) BFH v. 29.5.2008, IX R 36/06, BFH/NV 2008, 1668.
3) BFH v. 20.9.2022, IX R 12/21, BStBl II 2024, 61.
4) FG Düsseldorf v. 19.1.2016, 13 K 1496/13 E, EFG 2016, 711; NZB unbegründet, BFH v. 28.10.2016, IX B 37/16.
5) BFH v. 27.11.2017, IX B 144/16, BFH/NV 2018, 218.
6) BFH v. 21.7.2020, IX R 26/19, BStBl II 2021, 372. Zur Kritik vgl. Graf/Nacke, NWB 2022, 822.
7) www.bundesfinanzministerium.de.

und wirtschaftlich nicht haltbar erscheint.[1] Ein Abschlag auf den Wert des Grund und Bodens bei dem Erwerb eines **Denkmals** kann nicht berücksichtigt werden.[2]

Der Gesetzgeber beabsichtigte eine Festschreibung der Kaufpreisaufteilung für bebaute Grundstücke im Rahmen des § 9b EStDV.[3] Danach sollte die BMF-Arbeitshilfe festgeschrieben werden, kann jedoch durch ein Gutachten eines öffentlich bestellten und vereidigten Sachverständigen i.S.d. §§ 36, 36a GewO widerlegt werden. Eine Umsetzung erfolgte im Laufe des parlamentarischen Verfahrens jedoch nicht (Stand: BR-Drucks 626/25 v. 5.11.2025).

Wird im Rahmen einer vorweggenommenen Erbfolge (oder gemischten Schenkung) ein teilweise selbst genutztes und teilweise vermietetes Grundstück teilentgeltlich übertragen, können die Vertragsparteien den Kaufpreis auf die einzelnen WG aufteilen.[4]

Wird ein Grundstück unentgeltlich übertragen, behält sich jedoch die übergebende Person einen **Vorbehaltsnießbrauch**[5] am gesamten Grundstück vor, verbleibt wirtschaftlich die Nutzungs- und Verfügungsmöglichkeit weiterhin bei der übergebenden Person.[6] Abschreibungen kann nur die Person geltend machen, die aus dem Grundstück Einkünfte erzielt. Wird der Nießbrauch zu einem späteren Zeitpunkt abgelöst, stellen diese Aufwendungen AK dar, die in einer eigenen AfA-Reihe abzuschreiben sind. Bei im Wege eines unentgeltlich erworbenen Vermächtnisnießbrauchs fehlt es an der Berechtigung für die AfA.[7] **1565**

(1) Anschaffungskosten

Nach der Rechtsprechung des BFH richtet sich der **Begriff der AK** nach der Definition i.S.d. § 255 Abs. 1 HGB.[8] **1566**
Danach sind AK Aufwendungen für

- den Erwerb eines Gegenstands (Kaufpreis, Gleichstellungsgelder),
- das Versetzen in einen betriebsbereiten Zustand sowie
- Nebenkosten (z.B. Maklergebühr, Provisionen, Notarkosten, Grundbuchgebühren, Grunderwerbsteuer [auch Säumniszuschläge], Erschließungs-, Gerichts-, Gutachter-, Reise- (wenn in Zusammenhang mit dem konkret erworbenen Objekt[9]) und Vermessungskosten [sofern diese notwendigerweise im Zusammenhang mit der Anschaffung des Grundstücks/der Herstellung des Gebäudes anfallen und die Benutzbarkeit oder den Wert des angeschafften Grundstücks erhöhen]) und nachträgliche AK; bei einer schenkweisen Übertragung unter Nießbrauchsvorbehalt ist keine Berücksichtigung möglich.[10]

Beim rechtsgeschäftlichen Erwerb von Teileigentum ist der vereinbarte Kaufpreis als BMG der Grunderwerbsteuer nicht um die anteilige Instandhaltungsrückstellung zu mindern.[11] Wurde beim Erwerb von Wohneigentum eine **Erhaltungsrücklage** (§ 19 Abs. 2 Nr. 4 WEG [vormals Instandhaltungsrückstellung]) miterworben, gehört diese zur BMG für die AfA.[12]

Zur Berücksichtigung von Ausgleichsbeträgen nach § 154 BauGB vgl. BMF v. 8.9.2003.[13]

Praxishinweis:

Der Grunderwerbsteuersatz ist in den Bundesländern unterschiedlich und beträgt:

Baden-Württemberg: 5,0 %; Bayern: 3,5 %; Berlin: 6,0 %; Brandenburg: 6,5 %; Bremen: 5,0 %; Hamburg: 5,5 % (für alle Erwerbsvorgänge, die nach dem 31.12.2022 verwirklicht worden sind); Hessen: 6,0 %; Mecklenburg-Vorpommern: 6,0 %; Niedersachsen: 5,0 %; Nordrhein-Westfalen: 6,5 %; Rheinland-Pfalz: 5,0 %; Saarland: 6,5 %; Sachsen: 5,5 %; Sachsen-Anhalt: 5,0 %; Schleswig-Holstein: 6,5 %; Thüringen: 5 %. So sollte darauf geachtet werden, dass die Bestandteile eines Kaufvertrags, die keine Grunderwerbsteuer auslösen, gesondert ausgewiesen und berechnet werden (z.B. Inventar, Möbel, miterworbenes Heizöl in einem Tank). Beim rechtsgeschäftlichen Erwerb von Teileigentum ist der vereinbarte Kaufpreis als BMG der Grunderwerbsteuer nicht um die anteilige Instandhaltungsrückstellung/Erhaltungsrücklage zu mindern.[14]

Zur Frage der vertraglichen Kaufpreishöhe bei dem **Erwerb zwischen nahestehenden Personen** vgl. BFH v. 29.10.2019.[15] Die **Betriebsbereitschaft** ist abhängig von der bestimmungsgemäßen Nutzungsmöglichkeit des Gebäudes. Diese wird vom Erwerber des Gebäudes mit der Zweckbestimmung des Gebäudes – mit der konkreten Art und Weise – der beabsichtigten Nutzung festgelegt. Hierzu gehört z.B. die Entscheidung, welcher Nutzung das Objekt zugeführt wird (Wohnzwecke oder Nutzung zu betrieblichen Zwecken). Die Betriebsbereitschaft ist für jeden selbständig nutzbaren Teil eines Gebäudes gesondert zu beurteilen.

---

1) BFH v. 16.9.2015, IX R 12/14, BStBl II 2016, 397.
2) Vgl. FG Köln v. 7.9.2016, 5 K 925/08, EFG 2018, 456.
3) Referentenentwurf einer Siebten Verordnung zur Änderung steuerlicher Verordnungen v. 4.8.2025.
4) BFH v. 27.7.2004, IX R 54/02, BStBl II 2006, 9; bestätigt durch BFH v. 1.4.2009, IX R 35/08, BStBl II 2009, 663.
5) BMF v. 30.9.2013, IV C 1 – S 2252/07/10004, BStBl I 2013, 1184.
6) BFH v. 28.7.1981, VIII R 124/76, BStBl II 1982, 378.
7) FG Hamburg v. 17.3.2021, 2 K 2/19, DStRE 2022, 200.
8) BFH v. 12.9.2001, IX R 52/00, BStBl II 2003, 574.
9) BFH v. 10.3.1981, VIII R 195/77, BStBl II 1981, 470.
10) FG Baden-Württemberg v. 15.11.2019, 11 K 322/18, EFG 2020, 1406.
11) BFH v. 16.9.2020, II R 49/17, BStBl II 2021, 339.
12) Koordinierte Erlasse der obersten Finanzbehörden der Länder v. 19.3.2021, BStBl I 2021, 621.
13) BMF v. 8.9.2003, IV A 6 – S 2171-7/03, BStBl I 2003, 489.
14) BFH v. 16.9.2020, II R 49/17, BStBl II 2021, 339.
15) BFH v. 29.10.2019, IX R 38/17, BStBl II 2021, 202.

1567 Ist ein Objekt **unentgeltlich** (i.R.d. Gesamtrechtsnachfolge oder Einzelrechtsnachfolge) **erworben** worden, ist die Abschreibung von der BMG und nach dem Prozentsatz, der für den Rechtsvorgänger im selben VZ gelten würde, vorzunehmen. Insoweit liegt keine Anschaffung i.S.d. § 255 Abs. 1 HGB vor.

Beratungshinweis:
Im Rahmen eines unentgeltlichen Erwerbs (z.B. Erbauseinandersetzung) sind Aufwendungen für die Überführung ins Alleineigentum als Anschaffungsnebenkosten zu berücksichtigen.[1]

1568 Bei einem **teilentgeltlichen Erwerb** können AK auf den entgeltlich erworbenen Teil vorliegen. Hinsichtlich des unentgeltlichen Teils liegen mangels eines entsprechenden Anschaffungsvorgangs regelmäßig keine AK, sondern grds. Erhaltungsaufwendungen vor. Liegen die Voraussetzungen des § 255 Abs. 2 HGB vor, handelt es sich um HK.

Werden WG einer **gewerblich geprägten Personengesellschaft wegen des Wegfalls dieser Prägung** in das PV überführt und von der nunmehr vermögensverwaltenden Gesellschaft weiterhin zur Erzielung von Einkünften aus Vermietung und Verpachtung genutzt, sind als BMG für die AfA die im Zuge der Ermittlung des Gewinns oder Verlusts aus der Betriebsaufgabe steuerlich erfassten gemeinen Werte dieser WG anzusetzen.[2]

(2) Herstellungskosten

1569 HK eines Gebäudes sind nach § 255 Abs. 2 Satz 1 HGB Aufwendungen für

- die Herstellung eines Gebäudes,
- die Erweiterung (Anbau, Aufstockung, Vergrößerung der nutzbaren Fläche oder Substanzvermehrung) sowie

Beratungshinweis:
Der BFH hat es für die Annahme von HK ausreichen lassen, dass durch den Austausch des Flachdachs gegen ein Satteldach lediglich Speicherraum geschaffen wurde, weil die Holzdecke ohne statische Ertüchtigung keinen Ausbau des Dachgeschosses zu Wohnzwecken zuließ.[3]

- die über den ursprünglichen Zustand hinausgehende wesentliche Verbesserung eines Gebäudes.

HK sind damit Aufwendungen, die durch den Verbrauch von Gütern und die Inanspruchnahme von Diensten für die Herstellung eines Wirtschaftsguts, einer Erweiterung oder für eine über den ursprünglichen Zustand hinausgehende wesentliche Verbesserung entstehen.

Auch die Aufwendungen für eine Feier zur **Grundsteinlegung** sind als HK zu beurteilen.[4] Zur Berücksichtigung von **Bauzeitzinsen** vgl. BFH v. 23.5.2012,[5] das zum Ergebnis gekommen ist, dass diese Zinsen als HK zu berücksichtigen sind, wenn ein Abzug als vorweggenommene WK ausscheidet. Zur Berücksichtigung von **Ausgleichsbeträgen nach § 154 BauGB** vgl. BMF v. 8.9.2003.[6]

Betragen die Aufwendungen nach Fertigstellung eines Gebäudes für die einzelne Baumaßnahme nicht mehr als 4 000 € (ohne USt) je Gebäude, so ist auf Antrag dieser Aufwand als Erhaltungsaufwand zu behandeln. Auf Aufwendungen, die der endgültigen Fertigstellung eines neu errichteten Gebäudes dienen, ist diese Vereinfachung nicht anzuwenden.[7]

Beratungshinweis:
Liegen mehrere unterschiedlich genutzte Gebäudeteile vor, darf hinsichtlich der Prüfung, ob Herstellungsaufwand vorliegt, nicht auf das gesamte Gebäude abgestellt werden.[8]

(2.1) Anschaffungsnahe Herstellungskosten

1570 Die Entscheidung, ob anschaffungsnahe HK vorliegen, hat nach § 255 Abs. 2 HGB zu erfolgen. Die typisierende Annahme erfasst auch versteckte Mängel.[9] Die Ausführungen zu → Rz. 1569 gelten entsprechend.

(2.2) Herstellungskosten durch Neuerrichtung

1571 Die Aufwendungen für die Neuerrichtung eines Gebäudes oder eines Gebäudeteils führen stets zu HK, auch wenn ein hinsichtlich seiner Größe und Funktion bedeutsamer Gebäudeteil abgerissen und neu errichtet wird.[10]

---

1) BFH v. 9.7.2013, IX R 43/11, BStBl I 2014, 878.
2) BFH v. 3.6.2025, IX R 18/24, StEd 2025, 406.
3) BFH v. 15.5.2013, IX R 36/12, BStBl II 2013, 732.
4) FG Berlin-Brandenburg v. 14.12.2010, 6 K 2428/04 B, EFG 2011, 1143.
5) BFH v. 23.5.2012, IX R 2/12, BStBl II 2012, 674.
6) BMF v. 8.9.2003, IV A 6 – S 2171 – 7/03, BStBl I 2003, 489.
7) R 21.1 Abs. 2 EStR 2012.
8) BFH v. 25.9.2007, IX R 28/07, BStBl II 2008, 218.
9) FG Münster v. 20.1.2010, 10 K 526/08 E, DStRE 2011, 205.
10) BFH v. 7.12.2010, IX R 14/10, BFH/NV 2011, 1302.

(2.3) Herstellungskosten durch Neuherstellung nach Vollverschleiß

Instandhaltungs- und Modernisierungsaufwendungen können zu einer Neuherstellung eines Gebäudes führen, wenn das Gebäude **so sehr abgenutzt** ist, dass es **unbrauchbar** ist (sog. Vollverschleiß).[1] 1572

Praxishinweis:
Ein Vollverschleiß liegt vor, wenn das Gebäude schwere Substanzschäden an den für die Nutzbarkeit als Bau und die Nutzungsdauer des Gebäudes bestimmenden Teilen hat.

Ein **Indiz für die Unbrauchbarkeit** liegt z.B. dann vor, wenn die Bewertungsstelle das Grundstück als unbebautes Grundstück eingruppiert hat. Instandsetzungsaufwendungen und Modernisierungsaufwendungen für ein Gebäude sind aber nicht allein deshalb als HK zu beurteilen, weil die Wohnungen wegen Abnutzung und Verwahrlosung nicht mehr zeitgemäßen Wohnvorstellungen entsprechen und deshalb nicht mehr vermietbar sind.[2]

(2.4) Herstellungskosten durch Wesensänderung des Gebäudes

Wird ein Gebäude in seiner bisherigen Nutzung unter erheblichem Bauaufwand **in seinem Wesen dauerhaft verändert** und so **tiefgreifend umgestaltet oder** in einem solchen Ausmaß **erweitert**, dass die eingefügten Teile dem Gesamtgebäude das Gepräge geben, so kann ein neuer Vermögensgegenstand hergestellt worden sein.[3] Die Aufwendungen führen dann zu HK eines anderen Wirtschaftsguts. 1573

Praxishinweis:
Es handelt sich insoweit nicht um ein neues Wirtschaftsgut, sondern um ein anderes Wirtschaftsgut, was Bedeutung für die möglichen Abschreibungsvarianten hat.

Hierzu gehört z.B. der Umbau
- einer Mühle[4] oder eines Getreidespeichers[5] zu einem Wohnhaus,
- von zwei nebeneinander gelegenen Zweifamilienhäusern zu einem Mehrfamilienhaus mit sieben Wohnungen,[6]
- eines Zweifamilienhauses zu einem Einfamilienhaus.[7]

(2.5) Herstellungskosten durch Erweiterung

Unabhängig von der Höhe der Aufwendungen liegen HK vor, wenn diese im Rahmen einer Erweiterung i.S.d. § 255 Abs. 2 Satz 1 HGB entstanden sind. Eine Erweiterung liegt vor, wenn 1574

- **es sich um eine Aufstockung oder einen Anbau handelt**;

  Aufwendungen für die Aufstockung oder den Anbau[8] an einem bestehenden Gebäude führen zu nachträglichen HK.[9]

- **die nutzbare Fläche vergrößert wird**;

  Der Umfang der Vergrößerung ist unbeachtlich, da nach der BFH-Rechtsprechung selbst geringe oder unwesentliche Veränderungen bei der Nutzfläche ausreichend sind.[10]

  Die nutzbare Fläche wird z.B. durch die Vergrößerung der Dachgaube, durch den Anbau eines Balkons oder einer Terrasse oder durch den Umbau von Kellerräumen zu Wohn- oder Hobbyräumen vergrößert.[11]

Beratungshinweis:
Für die Annahme von HK ist es ausreichend, dass bei Austausch eines Flachdachs gegen ein Satteldach lediglich Speicherraum geschaffen wird.[12]

- **die Substanz vermehrt wird**.

  Ein Gebäude wird in seiner Substanz vermehrt, ohne dass zugleich seine nutzbare Fläche vergrößert wird, z.B. bei Einsetzen von zusätzlichen Trennwänden, bei Errichtung einer Außentreppe, bei Einbau einer Alarmanlage,[13] einer Sonnenmarkise,[14] einer Treppe zum Spitzboden, eines Kachelofens oder eines Kamins.

1) BMF v. 18.7.2003, IV C 3 – S 2211 – 94/03, BStBl I 2003, 386, Rz. 18.
2) BFH v. 13.10.1998, IX R 61/95, BStBl II 1999, 282.
3) R 7.3 Abs. 5 EStR 2012.
4) BFH v. 31.3.1992, IX R 175/87, BStBl II 1992, 808.
5) BFH v. 12.3.1996, IX R 48/95, BStBl II 1996, 514.
6) BFH v. 28.6.1977, VIII R 115/73, BStBl II 1977, 725.
7) BFH v. 12.3.1997, X R 52/94, BFH/NV 1997, 480.
8) BFH v. 9.5.1995, IX R 116/92, BStBl II 1996, 632.
9) BMF v. 18.7.2003, IV C 3 – S 2211 – 94/03, BStBl I 2003, 386, Rz. 20.
10) BFH v. 9.5.1995, IX R 69/92, BStBl II 1995, 630.
11) BMF v. 18.7.2003, IV C 3 – S 2211 – 94/03, BStBl I 2003, 386, Rz. 21.
12) BFH v. 15.5.2013, IX R 36/12, BFH/NV 2013, 1696.
13) BFH v. 16.2.1993, IX R 85/88, BStBl II 1993, 544.
14) BFH v. 29.8.1989, IX R 176/84, BStBl II 1990, 430.

Der neue Gebäudebestandteil darf nicht in vergleichbarer Form vorgelegen haben. Erfüllt der neue Gebäudebestandteil dagegen die Funktion des bisherigen Gebäudebestandteils in vergleichbarer, dem technischen Fortschritt angepasster Weise, liegen keine HK, sondern Erhaltungsaufwand vor.[1)]

(3) Wesentliche Verbesserung

1575 Aufwendungen für die Instandhaltung, Modernisierung und für die Errichtung von bereits vorhandenen Gebäudeteilen, Einrichtungen oder Anlagen sind regelmäßig Erhaltungsaufwendungen. Der Zustand oder die Brauchbarkeit der erneuerten Teile ist unbeachtlich.

Instandsetzungs- oder Modernisierungsaufwendungen können aber, ohne dass eine entsprechende Erweiterung des Gebäudes vorliegt, zu den HK gehören (§ 255 Abs. 2 Satz 1 HGB), wenn eine **über den ursprünglichen Zustand hinausgehende wesentliche Verbesserung** vorliegt und die Aufwendungen nicht als Folge der Herstellung der Betriebsbereitschaft (→ Rz. 1566) bereits zu den AK gehören.

Beratungshinweis:
Hierfür ist entscheidend, den ursprünglichen Zustand vor Beginn der entscheidenden Baumaßnahmen festzuhalten.

Aus der Höhe der Aufwendungen im Verhältnis zum Kaufpreis kann keine Qualifikation der Aufwendungen abgeleitet werden.[2)]

1576 **Instandsetzungs- und Modernisierungsmaßnahmen**, die für sich allein noch als Erhaltungsmaßnahmen zu beurteilen wären, können in ihrer Gesamtheit zu einer wesentlichen Verbesserung gem. § 255 Abs. 2 Satz 1 HGB führen, wenn dadurch der **Gebrauchswert** (das Nutzungspotenzial) eines Wohngebäudes ggü. dem Zustand im Zeitpunkt des Erwerbs **deutlich erhöht** wird.

Der Gebrauchswert eines Wohngebäudes wird insbesondere durch die Modernisierung derjenigen Einrichtungen erhöht, die ihn maßgeblich bestimmen: Das sind vor allem die Heizungsinstallationen, Sanitärinstallationen und Elektroinstallationen sowie die Fenster. Eine deutliche Erhöhung des Gebrauchswerts ist immer dann gegeben, wenn durch die Modernisierung ein Wohngebäude von einem sehr einfachen auf einen mittleren oder von einem mittleren auf einen sehr anspruchsvollen Standard gehoben wird.

Aufwendungen für Baumaßnahmen, die das Gebäude insgesamt auf einen höheren Standard bringen, führen zu AK des Gebäudes. Der Standard einer Wohnung bestimmt sich dabei nach den wesentlichen Ausstattungskriterien einer Wohnung, wobei sich der Standard nach den – vom BFH bestimmten[3)] – **vier zentralen Ausstattungskriterien** richtet:

- Heizungsinstallation,
- Sanitärinstallation,
- Elektroinstallation,
- Fenster.

Führt ein **Bündel von Baumaßnahmen** bei mind. drei Bereichen der zentralen Ausstattungsmerkmale zu einer Erhöhung und Erweiterung des Gebrauchswerts, hebt sich der Standard eines Gebäudes.[4)]

Es handelt sich aber auch dann um AK, wenn bei zwei Ausstattungsmerkmalen eine Standardverbesserung vorgenommen wurde und zudem typische HK (z.B. eine Erweiterung, → Rz. 1574) vorliegen, die einen weiteren der vier zentralen Ausstattungsbereiche betreffen.[5)]

(3.1) Sehr einfacher Standard

1577 Ein sehr einfacher Wohnungsstandard liegt vor, wenn **die zentralen Ausstattungsmerkmale** im Zeitpunkt der Anschaffung nur im nötigen Umfang, in sehr **sparsamer Ausführung** oder in einem technisch überholten Zustand vorhanden sind.

Zum einfachen Standard dürften nur wenige Fälle zählen, z.B. diejenigen Objekte, die stark renovierungsbedürftig oder extrem veraltet sind. Alle anderen Objekte werden zum mittleren Standard gezählt.

(3.2) Mittlerer Standard

1578 Ein mittlerer Standard liegt vor, wenn **die zentralen Ausstattungsmerkmale durchschnittlichen und selbst höheren Ansprüchen** genügen. In die Kategorie des mittleren Standards fällt auch das Ausstattungsmerkmal „einfache Ausstattung". Dies ergibt sich zwangsläufig aus der vom BMF gewählten Formulierung des „sehr einfachen Standards". Damit sind alle diejenigen Ausstattungen, die weder als „sehr einfach" noch als mittlerer Standard qualifiziert werden, im Sinne einer ertragsteuerlichen Würdigung anzunehmen. Dies gilt ebenso bei der Definition des

---

1) BMF v. 18.7.2003, IV C 3 – S 2211 – 94/03, BStBl I 2003, 386, Rz. 23 mit weiteren Beispielen.
2) BFH v. 22.9.2009, IX R 21/08, BFH/NV 2010, 846.
3) BFH v. 12.9.2001, IX R 39/97, BStBl II 2003, 569.
4) BMF v. 18.7.2003, IV C 3 – S 2211 – 94/03, BStBl I 2003, 386, Rz. 10.
5) BMF v. 18.7.2003, IV C 3 – S 2211 – 94/03, BStBl I 2003, 386, Rz. 14.

anspruchsvollen Standards. Nur der „sehr anspruchsvolle Standard" gilt als herausragend und ist eigenständig zu beurteilen.

Die meisten Gebäude werden in den mittleren Standard einzuordnen sein, da dieser Korridor der mit Abstand größte ist.

(3.3) Anspruchsvoller Standard

Sehr anspruchsvoller Standard liegt vor, wenn beim Einbau der zentralen Ausstattungsmerkmale nicht nur das 1579
Zweckmäßige, sondern das Mögliche, vor allem durch den Einbau **außergewöhnlich hochwertiger Materialien**, verwendet wurde.

Beispiel:

A hat ein im Jahr 1948 erbautes, leerstehendes Objekt erworben. A lässt die einfach verglasten Fenster gegen Isolierglasfenster austauschen, das Badezimmer wird auf den aktuellen Stand gebracht und eine Dusche und Badewanne eingebaut; zudem werden die Wände gefliest. Erstmalig wird des Weiteren eine Zentralheizung eingebaut. Gleichzeitig werden Fassade und Treppenhaus neu gestrichen.

Die Aufwendungen führen zu AK, da in drei zentralen Bereichen der Standard von einem sehr einfachen auf einen mittleren Standard gebracht wird. Die Aufwendungen für den Anstrich der Fassade und des Treppenhauses sind sofort abzugsfähige Erhaltungsaufwendungen.

(3.4) Objektive und subjektive Funktionstüchtigkeit

AK sind neben den typischen Erwerbs- und Erwerbsnebenkosten auch die Aufwendungen, die geleistet wurden, 1580
um das Objekt in einen betriebsbereiten Zustand zu versetzen (§ 255 Abs. 1 Satz 1 HGB). Die objektive Funktionstüchtigkeit ist nicht gegeben, wenn für den Gebrauch des Gebäudes wesentliche Teile objektiv nicht nutzbar sind. Hierzu zählt z.B.:

- Die Heizung eines Wohngebäudes ist nicht funktionstüchtig;
- das Dach ist größtenteils abgedeckt;
- die Wohnung ist durch einen Brand- oder Wasserschaden verwüstet.

Beispiel:

Die stpfl. Person erwirbt ein Gebäude. Die Heizungsanlage ist bei Erwerb nicht funktionstüchtig, so dass diese für insgesamt 25 000 € repariert wird.

Eine Heizung gehört zu den für die Nutzung eines Wohngebäudes wesentlichen Teilen. Die Baumaßnahme war für die objektive Betriebsbereitschaft erforderlich, die Aufwendungen führen daher zu AK.

Wurde das Gebäude z.B. im Rahmen der **vorweggenommenen Erbfolge** teilentgeltlich erworben, liegt hinsichtlich des unentgeltlichen Anteils kein Anschaffungsvorgang vor, so dass AK nicht entstanden sein können. Dieser Anteil an den Gesamtaufwendungen stellt sofort abzugsfähigen Erhaltungsaufwand dar. Die Prüfung, ob bei einem teilentgeltlichen Erwerb AK vorliegen, erfolgt somit nur für den entgeltlichen Teil.

Bei einem voll **unentgeltlichen Erwerb** können mangels Anschaffungsvorgang keine AK anfallen. Auch Aufwendungen für die Reparatur von nicht funktionsfähigen Bestandteilen sind in diesen Fällen, sofern es sich nicht um HK handelt, sofort abzugsfähige Erhaltungsaufwendungen.

Von der **objektiven Funktionsuntüchtigkeit** abzugrenzen sind die Fälle, in denen am Gebäude- oder Gebäudeteil zwar Mängel vorliegen, diese jedoch durch den laufenden Gebrauch (Verschleiß) entstanden sind und durch laufende Reparaturen beseitigt werden.

Die objektive Funktionstüchtigkeit ist grds. unabhängig davon zu prüfen, ob das Gebäude oder der Gebäudeteil bei Anschaffung bereits genutzt wird oder leer steht.

Wurde das Gebäude nach dem Erwerb noch nicht genutzt, ist unerheblich, ob der Schaden bereits bei Erwerb vorhanden war oder nach dem Erwerb (aber vor der erstmaligen Nutzung) eingetreten ist. Die Entscheidung hat dabei insoweit praktische Bedeutung, da z.B. kein Nachweis erforderlich ist, ob die Heizung des Gebäudes bereits beim Erwerb **funktionsuntüchtig** war oder ob der Schaden „zufällig" eine Woche nach dem Erwerb eingetreten ist. Aufwendungen für die (Erst- oder Zweit-)Herstellung von Zuleitungsanlagen eines Gebäudes zum öffentlichen Kanal gehören zu den HK des Gebäudes, soweit die Kosten für Anlagen auf privatem Grund und nicht für Anlagen der Gemeinde außerhalb des Grundstücks entstanden sind.[1)]

Zu AK führen auch Folgeschäden (z.B. Frostschäden durch die funktionsuntüchtige Heizung) und Aufwendungen, die in einem bautechnischen Zusammenhang stehen (z.B. Putz- und Fliesenarbeiten auf Grund einer weiteren Reparaturmaßnahme).

Die Funktionstüchtigkeit insgesamt setzt auch voraus, dass das Gebäude subjektiv, d.h. nach den Vorstellungen der stpfl. Person (damit des Erwerbers), nutzbar ist. Der Erwerber bestimmt hierbei den Zweck des Gebäudes und legt die konkrete Art und Weise der Nutzung fest, z.B. ob eine Nutzung als Büroräume oder zu Wohnzwecken erfolgen soll.

---

1) BFH v. 3.9.2019, IX R 2/19, BStBl II 2020, 191.

Die **subjektive Funktionstüchtigkeit** ist immer gegeben, wenn das Gebäude ab dem Anschaffungszeitpunkt genutzt wird, der Erwerber also bestehende Mietverträge übernimmt und fortführt. Mit der Fortführung der Mietverträge nutzt die stpfl. Person das Gebäude nach der von ihm gewollten Bestimmung. Instandsetzungs- und Modernisierungsarbeiten können dann, abgesehen von Fällen der objektiven Funktionstüchtigkeit, nicht zu AK führen. Kündigt der Erwerber die Mietverträge jedoch umgehend nach dem Erwerb, ist wie bei einem leerstehenden Gebäude auch die subjektive Funktionstüchtigkeit zu prüfen. Der Erwerber hat durch die Kündigung der Mietverträge deutlich gemacht, dass das Gebäude für ihn, nach seinen Vorstellungen (noch) nicht nutzbar oder auch noch nicht funktionstüchtig ist. Hierbei ist unerheblich, dass es tatsächlich eine kurze Zeitlang genutzt wurde, die konkrete Absicht des Erwerbers ist entscheidend.

Beispiel:

Ein bisher zu Wohnzwecken genutztes, beim Erwerb leerstehendes Gebäude soll nach dem Erwerb zu Bürozwecken vermietet werden. Hierzu wird die Elektroinstallation erweitert, da diese für Bürozwecke nicht ausreichend war. Zusätzlich werden zur besseren Nutzung der Räumlichkeiten als Büroräume Wände versetzt.

Die Baumaßnahmen dienen dazu, dass Gebäude zu Bürozwecken nutzbar zu machen. Die subjektive Zweckbestimmung ist erst durch die Umbauten erreicht. Die Aufwendungen führen daher zu AK.

Bei einem zu Wohnzwecken genutzten Gebäude gehört zur subjektiven Nutzungsbereitschaft auch die Entscheidung der stpfl. Person, welchem Standard das Gebäude entsprechen soll (sehr einfach, mittel oder sehr anspruchsvollen Standard). Aufwendungen für Baumaßnahmen, die das Gebäude auf einen höheren Standard bringen, führen zu AK des Gebäudes.

Baumaßnahmen, die im Anschluss an die Anschaffung eines leerstehenden Gebäudes vor der erstmaligen Nutzung durch den Erwerber durchgeführt werden, führen zu AK, wenn das Objekt durch die Baumaßnahmen einen höheren Standard erlangt.

Eine Standardverbesserung liegt nicht bereits in den Fällen vor, in denen der Erwerber in einem einzelnen der vier möglichen Bereiche Modernisierungen durchgeführt hat. Vielmehr muss ein Bündel von Maßnahmen vorliegen, bei denen mind. in drei der vier zentralen Ausstattungskriterien Verbesserungen des einzelnen Standards durchgeführt worden sind.

Zusätzlich zu der „drei von vier-Regelung" liegen auch AK vor, wenn

- bei zwei Ausstattungsmerkmalen eine Standardverbesserung vorgenommen wurde und
- typische HK (z.B. Erweiterung) vorliegen, die noch einen weiteren der vier zentralen Ausstattungsbereiche betreffen.

Schönheitsreparaturen, Instandhaltungs- oder Modernisierungsmaßnahmen, die nicht zu einer Standardverbesserung führen, sind nicht mit einzubeziehen. Ebenso sind Baumaßnahmen, die an anderen Ausstattungsbereichen oder Gebäudeteilen durchgeführt werden, für die Prüfung einer Standardverbesserung unerheblich.

cc) Beginn der Abschreibung für Absetzung

1581 Abschreibungen sind ab dem Zeitpunkt vorzunehmen, in dem ein Wirtschaftsgut angeschafft oder hergestellt ist.[1]

Der AfA-Zeitraum beginnt **im Anschaffungsfall** mit dem Zeitpunkt, in dem der Erwerber das wirtschaftliche Eigentum erlangt. Das ist regelmäßig der Zeitpunkt, zu dem Besitz, Nutzen, Lasten und Gefahr auf den Erwerber übergehen; als spätester Zeitpunkt ist wohl die Zahlung des Kaufpreises ggf. auf das Notaranderkonto anzunehmen. **Im Herstellungsfall** beginnt die AfA ab dem Zeitpunkt, in dem das Wirtschaftsgut fertig gestellt ist. Fertig gestellt ist das Wirtschaftsgut dann, wenn es einen baulichen Zustand erreicht hat, der eine seiner Bestimmung gemäße Nutzung ermöglicht. Eine Wohnung ist daher fertig gestellt, wenn sie bezugsfertig ist.

Die **Bezugsfertigkeit** ist dann anzunehmen, wenn die wesentlichen Arbeiten abgeschlossen sind und der Bezug der Wohnung zuzumuten ist. Sie ist fertig gestellt, wenn sie in all ihren wesentlichen Teilen und entsprechend der ursprünglichen Planung dem Betrieb zur Verfügung steht.[2] Die Frage der Bezugsfertigkeit einer Wohnung bestimmt sich nach objektiven Merkmalen; der tatsächliche Bezug lässt allenfalls eine nicht zwingende, jederzeit widerlegbare Vermutung der Bezugsfertigkeit zu. Stehen jedoch noch geringe Restarbeiten (Streichen, Tapezieren etc.) aus, ist dies unschädlich.[3] Die **baurechtliche Schlussabnahme** ist keine zwingende Voraussetzung für die Annahme der Fertigstellung.[4] Gegen die Annahme der Bezugsfertigkeit kann aber sprechen, dass die zuständige Behörde ausdrücklich ein Nutzungsverbot ausgesprochen hat.[5]

Zur Frage, ab wann und in welcher Höhe die Berechtigung zur AfA bei einem Rohbau besteht, vgl. FG Saarland v. 9.5.2012.[6]

Werden im Erstjahr Abschreibungen geltend gemacht, so erwartet die Finverw. eine Einzelaufstellung (vgl. amtliche Anleitung), aus der sich alle Positionen ergeben. So sind die einzelnen Rechnungsbeträge, das Rechnungsda-

1) R 7.4 Abs. 1 EStR 2012.
2) BFH v. 21.7.1989, III R 89/85, BStBl II 1989, 906.
3) BFH v. 25.7.1980, III R 46/78, BStBl II 1981, 152.
4) BFH v. 26.6.1970, III R 56/69, BStBl II 1970, 769.
5) BFH v. 21.7.1989, III R 89/85, BStBl II 1989, 906.
6) FG Saarland v. 9.5.2012, 2 K 1073/10, EFG 2012, 1630.

tum, der Gegenstand der Leistung und das Unternehmen, das die Arbeiten durchgeführt hat, in eine Einzelaufstellung aufzunehmen. Werden nachträgliche HK geltend gemacht, ist eine solche gesonderte Aufstellung ebenfalls erforderlich.

dd) Anschaffungsnaher Aufwand

Zu den HK eines Gebäudes gehören nach § 6 Abs. 1 Nr. 1a EStG auch Aufwendungen für **Instandsetzungs- und Modernisierungsmaßnahmen**, die **innerhalb von drei Jahren** (taggenau) nach der Anschaffung des Gebäudes durchgeführt werden, wenn die Aufwendungen ohne USt **15 % der AK** des Gebäudes (ohne den Anteil für Grund und Boden) übersteigen (sog. anschaffungsnahe Aufwendungen). Die Regelung gilt nur für solche Aufwendungen, die innerhalb von drei Jahren „nach" der Anschaffung getragen werden. Vor der Anschaffung des Grundstücks getätigte Aufwendungen sind nach den allgemeinen handelsrechtlichen Abgrenzungskriterien als AK, HK oder Erhaltungsaufwand zu berücksichtigen.[1] Unter den Instandsetzungs- und Modernisierungsmaßnahmen sind alle baulichen Maßnahmen zu verstehen, durch die Mängel an den vorhandenen Gebäuden beseitigt werden. Der BFH legt die Gesetzesnorm weit aus.[2] Die Überführung eines WG vom BV in das PV ist keine Anschaffung i.S.d. § 6 Abs. 1 Nr. 1a Satz 1 EStG.[3] In die Überprüfung sind auch die Aufwendungen für die Beseitigung altersbedingter Schäden einzubeziehen.[4] In die Dreijahresfrist sind auch solche Baumaßnahmen einzubeziehen, mit deren Durchführung vor Ablauf der Frist begonnen wurde und die erst nach Ablauf der drei Jahre beendet wurden, wenn mit der Baumaßnahme bereits im Erwerbszeitpunkt vorhandene Mängel beseitigt werden, welche die Höhe des Kaufpreises beeinflusst haben.[5] 1582

Beratungshinweis:

Aufwendungen für nicht innerhalb von drei Jahren nach Anschaffung abgeschlossene Maßnahmen sind nach Verwaltungsmeinung auch dann zu berücksichtigen, wenn sie auf innerhalb des Dreijahreszeitraums getätigte Leistungen entfallen.[6] Möglich wäre jedoch auch ein Abstellen auf den bautechnischen Zusammenhang.[7] Angeschafft ist ein Gebäude zu dem Zeitpunkt, zu dem Besitz, Gefahr, Nutzungen und Lasten übergehen. Aufwendungen, die vor diesem Zeitpunkt getätigt werden, sind unabhängig von ihrer Höhe nach allgemeinen Grundsätzen entweder als sofort abzugsfähiger Erhaltungsaufwand oder als HK zu qualifizieren.[8]

Eine **Abfindung**, die der Vermieter für die vorzeitige Kündigung des Mietvertrags und die Räumung der Wohnung an Mieter zahlt, um das Gebäude umfangreich renovieren zu können, gehört nicht zu diesen Aufwendungen.[9] Bei der Errichtung einer Lärmschutzwand auf einem (teilweise) vermieteten Grundstück handelt es sich um nachträgliche HK des Gebäudes.[10]

Einzubeziehen sind auch Aufwendungen, für die eine Bescheinigung für erhöhte Absetzungen (§§ 7i, 11b EStG) vorliegt[11] sowie Aufwendungen, die durch gesetzlichen oder behördlichen Zwang entstehen, z.B. durch die jeweils gültigen Vorschriften der EnEV (z.B. eine **energetische Sanierung** der Hausfassade).[12] Nicht mit in die Prüfung der 15 %-Grenze werden üblicherweise jährlich anfallende Aufwendungen genauso wie typische nachträgliche HK für Erweiterungen einbezogen. Aufwendungen zur Herstellung der Funktionstüchtigkeit sind jedoch bei der Prüfung der 15 %-Grenze nicht ausgenommen und deshalb unabhängig davon, dass sie als nachträgliche AK zu beurteilen sind, mit in die Prüfung einzubeziehen. Aufwendungen für Instandsetzungs- und Modernisierungsmaßnahmen zur Beseitigung **verdeckter Mängel** führen bei Überschreitung der 15 %-Grenze zu anschaffungsnahen HK[13], soweit diese nicht für die Beseitigung versteckter Mängel vom Verkäufer im Wege des Schadensersatzes[14] geleistet werden. Aufwendungen im Zusammenhang mit der Anschaffung eines Gebäudes sind – unabhängig davon, ob sie auf jährlich üblicherweise anfallenden Erhaltungsarbeiten i.S.d. § 6 Abs. 1 Nr. 1a Satz 2 EStG beruhen – nicht als Erhaltungsaufwand sofort abziehbar, wenn sie im Rahmen einheitlich zu würdigender Instandsetzungs- und Modernisierungsmaßnahmen i.S.d. § 6 Abs. 1 Nr. 1a Satz 1 EStG anfallen.[15]

Beratungshinweis:

Es ist gleichzeitig immer zu prüfen, ob nachträgliche AK zur Herstellung der Betriebsbereitschaft vorliegen. Zu den Kosten zur Herstellung der Betriebsbereitschaft gehören alle Aufwendungen zur Herstellung der objektiven Betriebsbereitschaft (z.B. die Reparatur einer funktionsuntüchtigen Heizungsanlage) und der subjektiven Betriebsbereitschaft (z.B. Aufwendungen für die Nutzungsänderung eines Gebäudes). Fallen Aufwendungen im Rahmen einer umfassenden Instandsetzung und Modernisierung an, sind sie insgesamt als HK (§ 6 Abs. 1 Nr. 1a EStG) zu behandeln.[16] Zu berücksichtigen sind alle baulichen Maßnahmen, die im Rahmen einer im Zusammenhang mit der Anschaffung des Gebäudes vorgenommenen werden, soweit diese nicht ausdrücklich von der gesetzlichen

---

1) BFH v. 28.4.2020, IX B 121/19, BFH/NV 2020, 870.
2) BFH v. 14.6.2016, IX R 22/15, BStBl II 2016, 999.
3) BFH v. 3.5.2022, IX R 7/21, BStBl II 2023, 104.
4) FG Düsseldorf v. 30.8.2016, 10 K 398/15 F, EFG 2016, 1774.
5) BFH v. 30.7.1991, IX R 123/90, BStBl II 1992, 30.
6) Senatsverwaltung für Finanzen Berlin, Erlass v. 5.4.2017, III B – S 2211 – 2/2005 – 2, StEd 2017, 473, auch zu weiteren Zweifelsfragen zur Anwendung des § 6 Abs. 1 Nr. 1a EStG.
7) Schmidt/Kulosa, EStG 2025, § 6 EStG Rn. 387 u.a. mit Hinweis auf OFD NRW, DB 2017, 817 (Berücksichtigung auch von solchen Leistungen, die bis zum Fristablauf noch nicht abgeschlossen, aber erbracht wurden).
8) FG Rheinland-Pfalz v. 13.11.2019, 2 K 2304/17, EFG 2020, 1499.
9) BFH v. 20.9.2022, IX R 29/21, BStBl II 2023, 1087.
10) FG Münster v. 26.8.2020, 13 K 2056/16 E; NZB unbegründet, BFH v. 8.12.2021, IX B 81/20, BFH/NV 2022, 231.
11) OFD Frankfurt/M. v. 2.8.2012, S 2198b A – 19 – St 215.
12) FG Münster v. 17.11.2014, 13 K 3335/12 E, EFG 2015, 1177.
13) FG Münster v. 20.1.2010, 10 K 526/08, DStRE 2011, 205.
14) BFH v. 20.8.2013, IX R 5/13, BFH/NV 2014, 312.
15) BFH v. 25.8.2009, IX R 20/08, BStBl II 2010, 125; BFH v. 27.5.2013, IX B 3/13, BFH/NV 2013, 1408.
16) BFH v. 25.8.2009, IX R 20/08, BStBl II 2010, 125.

Regelung (§ 6Abs. 1 Nr. 1a Satz 2 EStG) ausgenommen sind.[1] Die Prüfung ist wirtschaftsgutbezogen vorzunehmen.[2] Der BFH rechnet auch **Schönheitsreparaturen**, wie Tapezieren, Anstreichen oder Kalken der Wände etc. zu den anschaffungsnahen HK, wenn sie innerhalb von drei Jahren nach der Anschaffung durchgeführt werden und die hierfür angefallenen Aufwendungen ggf. zusammen mit weiteren Aufwendungen für bauliche Maßnahmen die prozentuale Grenze übersteigen.[3] Kosten für (**unvermutete**) **Instandsetzungsmaßnahmen** zur Beseitigung eines Substanzschadens, der nachweislich erst nach Anschaffung des Gebäudes durch das schuldhafte Handeln eines Dritten verursacht worden ist, sind auch dann nicht den anschaffungsnahen HK zuzuordnen, wenn die Maßnahmen innerhalb von drei Jahren seit Anschaffung zur Wiederherstellung der Betriebsbereitschaft des Gebäudes durchgeführt werden.[4] Eine Berücksichtigung erfolgt auch bei Sanierungsbedarf, z.B. bei dem plötzlichen Tod des Mieters (unvermutete Aufwendungen).[5]

1583 Die Regelung des § 6 Abs. 1 Nr. 1a EStG ist auf Baumaßnahmen anzuwenden, mit denen nach dem 31.12.2003 begonnen wurde. Als Beginn gilt bei Baumaßnahmen, für die eine Baugenehmigung erforderlich ist, der Zeitpunkt, in dem der Bauantrag gestellt worden ist, bei baugenehmigungsfreien Bauvorhaben, für die Bauunterlagen einzureichen sind, der Zeitpunkt, in dem die Bauunterlagen eingereicht werden. Ist für ein Bauvorhaben weder ein Bauantrag noch eine Bauanzeige erforderlich, gilt als Beginn der Herstellung der Zeitpunkt, in dem der Bauherr seine Entscheidung zu bauen für sich bindend und unwiderruflich nach außen erkennbar gemacht hat. Das ist unter anderem der Fall, wenn auf dem Bauplatz eine nicht unerhebliche Menge von Baumaterial und/oder auf das konkrete Bauvorhaben zugeschnittene Bauteile angeliefert worden sind.[6]

Ob und wie i.R.d. AK oder HK eine Standardhebung oder wesentliche Verbesserung (→Rz. 1576) über den ursprünglichen Zustand hinaus vorliegt, muss bei Unterschreiten der 15 %-Grenze im Regelfall nicht geprüft werden.[7]

Bei einem teilentgeltlichen Erwerb können anschaffungsnahe Aufwendungen nur hinsichtlich des entgeltlichen Anteils vorliegen; der andere Teil stellt sofort abziehbaren Erhaltungsaufwand dar.

Praxishinweis:

Wird nachträglich die 15 %-Grenze i.S.d. § 6 Abs. 1 Nr. 1a EStG überschritten, so stellt dies aus Sicht der Finverw. ein rückwirkendes Ereignis dar.[8]

ee) Abschreibungsmöglichkeiten im Einzelnen

(1) Allgemeines

1584 Grundsätzlich besteht ein Wahlrecht, ob das Objekt nach der degressiven oder der linearen Abschreibung vorgenommen werden soll. Sind Ehegatten/Lebenspartner Eigentümer eines Objekts, können sie ein Wahlrecht zur Bemessung der Abschreibung nur gemeinsam ausüben. Die **AfA** ist immer **bis zur vollen Absetzung** der AK oder HK vorzunehmen. Wird das Objekt im Laufe eines Kj. veräußert oder dient es nicht mehr der Erzielung von Einkünften, kann für dieses Jahr nur der Teil des auf ein Jahr entfallenden AfA-Betrags abgesetzt werden, der dem Zeitraum zwischen dem Beginn des Jahres und der Veräußerung oder Nutzungsänderung entspricht. Das gilt entsprechend, wenn im Laufe eines Jahres ein Wirtschaftsgebäude künftig Wohnzwecken dient oder ein nach § 7 Abs. 5 Satz 1 Nr. 3 EStG abgeschriebener Mietwohnneubau künftig nicht mehr Wohnzwecken dient.[9]

(2) Lineare AfA

1585 Die Höhe der linearen AfA ist zunächst davon abhängig, ob das Gebäude zu einem BV gehört und nicht Wohnzwecken dient (sog. **Wirtschaftsgebäude**) oder ob es sich um ein sonstiges Gebäude handelt. **Sonstige Gebäude** sind Gebäude des Privatvermögens und Gebäude des BV, soweit diese Wohnzwecken dienen. Es besteht ein Anspruch auf die Anwendung der Abschreibungstabelle.[10]

Die **Anlage V** betrifft **nur Objekte des Privatvermögens**, so dass sich die Abschreibungshöhe nach den entsprechenden Vorschriften des § 7 Abs. 4 EStG richtet. Die Abschreibungen erfolgen grds. nach einem festen Prozentsatz (§ 7 Abs. 4 Satz 1 EStG).

Die lineare AfA beträgt bei Gebäuden, die

- vor dem 1.1.1925 fertig gestellt worden sind, 2,5 % und
- nach dem 31.12.1924 fertig gestellt worden sind, 2 %
- nach dem 31.12.2022 fertig gestellt worden sind, 3 %[11]

der AK oder HK, bis das Objekt in voller Höhe auf einen Wert von Null € abgeschrieben worden ist (§ 7 Abs. 4 Satz 1 Nr. 2 Buchst. a und b EStG).

1) BFH v. 14.6.2016, IX R 25/14, BStBl II 2016, 992.
2) Vgl. zur bestehenden Übergangsregelung für vor dem 1.1.2017 abgeschlossene Kaufverträge gleichgestellte Rechtsakte BMF v. 20.10.2017, IV C 1 – S 2171-c/09/10004 :006, BStBl I 2017.
3) BFH v. 14.6.2016, IX R 15/15, BStBl II 2016, 996.
4) BFH v. 9.5.2017, IX R 6/16, BStBl II 2018, 9.
5) BFH v. 13.3.2018, IX R 41/17, BStBl II 2018, 533.
6) BFH v. 30.9.2003, III R 51/01, BStBl II 2004, 209.
7) BMF v. 18.7.2003, IV C 3 – S 2211 – 94/03, BStBl I 2003, 386, Rz. 38 (Nichtaufgriffsgrenze).
8) AEAO zu § 175 Rz. 2.4.
9) R 7.4 Abs. 8 EStR 2012.
10) FG Saarland v. 8.11.2006, 1 K 336/03, EFG 2007, 1000.
11) JStG 2022 v. 16.12.2022, BStBl I 2023, 71.

Der BFH hat darüber entschieden, auf welche Weise **zu hohe AfA** bei Gebäuden im PV berichtigt werden können, wenn keine verfahrensrechtlichen Änderungsmöglichkeiten für die entsprechenden Steuerbescheide bestehen. Kann die fehlerhafte Abschreibung nicht mehr rückgängig gemacht werden, steht der stpfl. Person die lineare AfA auf die Restnutzungsdauer zu.[1] Bestandskräftig zu Unrecht als sofort abziehbarer Erhaltungsaufwand geltend gemachte AK führen zu einer Minderung des AfA-Volumens und stehen insoweit einer Weiterführung der AfA entgegen.[2]

Ist die Nutzungsdauer des Objekts kürzer als durch die typisierende Betrachtungsweise angenommen, können die Absetzungen anhand der tatsächlichen Nutzungsdauer vorgenommen werden (§ 7 Abs. 4 Satz 2 EStG). Eine höhere Absetzung als die typisierten Werte des § 7 Abs. 4 EStG wird nur dann möglich sein, wenn besondere Umstände vorliegen, z.B. wegen einer besonderen technischen oder wirtschaftlichen Abnutzung des Gebäudes. Zur Darlegung der verkürzten tatsächlichen Nutzungsdauer kann sich die stpfl. Person jeder Darlegungsmethode bedienen, die im Einzelfall zur Führung des erforderlichen Nachweises geeignet erscheint. Die Vorlage eines Bausubstanzgutachtens ist nicht Voraussetzung für die Anerkennung einer verkürzten tatsächlichen Nutzungsdauer.[3] Die Verwaltung wendet die Entscheidung des BFH grds. an, wobei ein Verkehrswertgutachten nicht ausreichend sein soll.[4] Die FG folgen den Grundaussagen des BFH, da sich die formellen Voraussetzungen des BMF nicht aus dem Gesetz ergeben.[5] 1586

Beratungshinweis:

Der Gesetzgeber beabsichtigte im Rahmen des § 11c Abs. 1a EStDV[6] einen verschärften Nachweis einer verkürzten Nutzungsdauer und wollte den Gutachterkreis einschränken. Die Änderung sollte bereits ab dem VZ 2025 Anwendung finden. Eine Umsetzung erfolgte im Laufe des parlamentarischen Verfahrens jedoch nicht (Stand: BR-Drucks 626/25 v. 5.11.2025).

Beispiel:

A hat am 1.4.2025 ein Mietwohngrundstück erworben. Der anteilige Gebäudekaufpreis beträgt 200 000 €. Das Gebäude wurde am 1.2.1897 fertig gestellt und hat laut vorliegendem Gutachten noch eine Restnutzungsdauer von 20 Jahren.

Die AfA ist jährlich mit 5 % von 200 000 € = 10 000 € und im Anschaffungsjahr zeitanteilig mit $^9/_{12}$ = 7 500 € zu berücksichtigen.

Die AfA ist entsprechend der tatsächlichen Restnutzungsdauer aus dem Restwert (zum Stichtag der Neuberechnung der AfA) zu berechnen.

Besteht dagegen lediglich die Absicht, ein **Gebäude abzureißen**, rechtfertigt dieser Umstand es nicht, die Nutzungsdauer als verkürzt anzunehmen.[7] Anscheinsbeweis für den Erwerb mit Abbruchabsicht ist, wenn innerhalb eines Zeitraums von drei Jahren mit dem Abbruch begonnen wird.[8] Eine **Verkürzung** der **Nutzungsdauer** kann **erst dann angenommen werden**, wenn die Gebäudeabbruchvorbereitungen soweit gediehen sind, dass die weitere Nutzung in der bisherigen oder einer anderen Weise so gut wie ausgeschlossen ist.[9] Die der tatsächlichen Nutzungsdauer entsprechende AfA kann erst vorgenommen werden, wenn der Zeitpunkt der Nutzungsbeendigung des Gebäudes fest steht, z.B. weil sich die stpfl. Person verpflichtet hat, das Gebäude zu einem bestimmten Zeitpunkt abzubrechen.[10] Zur Aufteilung von Abbruchkosten und Restwert eines zuvor zeitweise vollständig fremdvermieteten und zeitweise teilweise selbst genutzten Gebäudes vgl. das anhängige BFH-Verfahren.[11] 1587

(3) Degressive AfA

Statt der linearen AfA kann unter bestimmten Voraussetzungen **auch die degressive AfA** in Anspruch genommen werden. Ein Wechsel von der in Anspruch genommenen degressiven AfA gem. § 7 Abs. 5 EStG zur AfA nach der tatsächlichen Nutzungsdauer gem. § 7 Abs. 4 Satz 2 EStG ist nicht möglich.[12] 1588

Die Prozentsätze der degressiven Abschreibungsmöglichkeiten sind immer wieder verändert worden, so dass die zeitliche Abfolge zu prüfen ist. Auch ältere Regelungen haben aktuell auf Grund der Langfristigkeit der Abschreibungsmodalitäten immer noch Auswirkung.

Grundsätzlich kann **nur der Bauherr** eines im Inland belegenen Gebäudes die **degressive AfA in Anspruch nehmen**. Der entgeltliche Erwerber ist nur unter eingeschränkten Voraussetzungen begünstigt, wenn der Erwerb bis zum Ende des Jahres der Herstellung (Übergang von Nutzungen und Lasten) erfolgte und der Hersteller des Objekts selbst weder degressive noch erhöhte AfA oder Sonderabschreibungen in Anspruch genommen hat. Die Regelung gilt auch für Zweiterwerber und folgende Erwerber, wenn die zeitlichen Voraussetzungen erfüllt sind, also die Anschaffung bis zum Ende des Jahres der Fertigstellung erfolgte. Bei **unentgeltlich erworbenen Wirtschaftsgütern** des Privatvermögens wird durch § 11d Abs. 1 EStDV die Berechtigung des Rechtsnachfolgers zum

1) BFH v. 21.11.2013, IX R 12/13, BStBl II 2014, 563.
2) BFH v. 28.4.2020, IX R 14/19, BStBl II 2020, 545.
3) BFH v. 28.7.2021, IX R 25/19, BFH/NV 2022, 108.
4) BMF v. 22.2.2023, IV C 3 – S 2196/22/10006 :005, BStBl I 2023, 332. Hiergegen FG Münster v. 14.2.2023, 1 K 3840/19 F, EFG 2023, 528 und 1 K 3841/19 F, wonach jede geeignete Darlegungsmethode anwendbar ist.
5) Vgl. FG Münster v. 2.4.2025, 14 K 654/23 E, EFG 2025, 1153, vorl. nicht rkr; FG Hamburg v. 1.4.2025, 3 K 60/23.
6) Referentenentwurf einer Siebten Verordnung zur Änderung steuerlicher Verordnungen v. 4.8.2025.
7) BFH v. 15.12.1981, VIII R 116/79, BStBl II 1982, 385.
8) BFH v. 13.4.2010, IX R 16/09, BFH/NV 2010, 1799.
9) BFH v. 8.7.1980, VIII R 176/78, BStBl II 1980, 743.
10) BFH v. 22.8.1984, I R 198/80, BStBl II 1985, 126.
11) FG Münster v. 21.8.2020, 4 K 855/19 E, EFG 2020, 1507.
12) BFH v. 29.5.2018, IX R 33/16, BStBl II 2018, 646.

Abzug der AfA vorausgesetzt, nicht jedoch auch die Verwirklichung eines Tatbestands der Einkunftsart durch den Rechtsvorgänger.[1] Entscheidend ist damit die Einkunftserzielung durch den Rechtsnachfolger.

Durch die Änderungen durch das EU-Umsetzungsgesetz v. 8.4.2010[2] kann die degressive AfA auch für Gebäude, die in einem EU-/EWR-Staat belegen sind, in Anspruch genommen werden.

§ 7 Abs. 5 Satz 2 EStG schließt die Inanspruchnahme der degressiven AfA durch den **Erwerber nur für das Jahr der Fertigstellung** aus. Im folgenden Jahr kann der Erwerber zur degressiven AfA übergehen.[3] Im Erstjahr (Jahr der Herstellung oder des entgeltlichen Erwerbs) ist die AfA i.H.d. vollen Jahresbetrags anzusetzen, es sei denn, dass das Gebäude in diesem Jahr nicht ausschließlich zur Erzielung von Einkünften verwendet wird. Also erfolgt grds. im Erstjahr keine zeitanteilige Berechnung der AfA. **Im Jahr der Veräußerung** kann die AfA nur noch zeitanteilig gewährt werden.

Praxishinweis:

Mit dem **Wachstumschancengesetz** wurde die **degressive AfA für Wohngebäude** wieder eingeführt (§ 7 Abs. 5a EStG).[4] Begünstigt sind Gebäude, die Wohnzwecken dienen und mit deren Herstellung nach dem 30.9.2023 und vor dem 1.10.2029 begonnen wird. Als Beginn der Herstellung bei Gebäuden gilt das Datum in der nach den jeweiligen landesrechtlichen Vorschriften einzureichenden Baubeginnsanzeige. Sollten landesrechtlich im Einzelfall keine Baubeginnsanzeigen vorgeschrieben sein, hat die stpfl. Person zu erklären, dass sie den Baubeginn ggü. der zuständigen Baubehörde freiwillig angezeigt hat. Im Fall der Anschaffung ist die Inanspruchnahme der degressiven AfA nur dann möglich, wenn der obligatorische Vertrag nach dem 30.9.2023 und vor dem 1.10.2029 rechtswirksam abgeschlossen wird. Damit auch in Fällen der Anschaffung nur neue Gebäude von der Regelung umfasst werden, muss die stpfl. Person das Gebäude zudem bis zum Ende des Jahres der Fertigstellung anschaffen. Ein Gebäude ist grds. fertiggestellt, wenn es entsprechend seiner Zweckbestimmung genutzt werden kann. Der Zeitpunkt der Anschaffung des Gebäudes ist der Zeitpunkt der Erlangung der wirtschaftlichen Verfügungsmacht. Das ist regelmäßig der Fall, wenn Eigenbesitz, Gefahr, Nutzen und Lasten auf den Erwerber übergehen. Für die Inanspruchnahme der degressiven AfA im Fall der Anschaffung müssen also Fertigstellung und Erlangung der wirtschaftlichen Verfügungsmacht in einem Kj. liegen. Anders als bei der degressiven AfA (§ 7 Abs. 5 EStG) ist für die hier geregelte geometrisch-degressive Abschreibung § 7 Abs. 1 Satz 4 EStG anzuwenden. Solange die AfA in fallenden Jahresbeträgen (§ 7 Abs. 5a EStG) vorgenommen wird, sind Absetzungen für außergewöhnliche technische oder wirtschaftliche Abnutzungen nicht zulässig.

Soweit diese eintreten, kann zur linearen AfA (§ 7 Abs. 4 Nr. 2 Buchst. a EStG) gewechselt werden. Es besteht ein Wahlrecht, zur linearen AfA zu wechseln. Die lineare AfA ist nach dem Wechsel zur AfA nach § 7 Abs. 4 Nr. 2 Buchst. a EStG vom Restwert vorzunehmen. Der Restwert ermittelt sich dabei von den um die bisherigen Abschreibungen geminderten ursprünglichen AK/HK; ggf. kommt die Anwendung von § 7 Abs. 4 Satz 2 EStG in Betracht, soweit die Voraussetzungen vorliegen.

Die degressive AfA kann für alle Wohngebäude in Anspruch genommen werden, die in einem Mitgliedstaat der EU/des EWR liegen.

(4) Absetzungen für außergewöhnliche Abnutzung

1589 Ein bestehendes Gebäude ist wirtschaftlich abgenutzt, wenn die Nutzungsmöglichkeiten durch Einwirken im Zusammenhang mit seiner Nutzung eingeschränkt werden. Absetzungen für außergewöhnliche technische oder wirtschaftliche Abnutzung (AfaA) sind nur bei Gebäuden zulässig, bei denen die AfA nach § 7 Abs. 4 EStG bemessen wird.[5] Die Finverw. beanstandet es nicht, dass AfaA bei Gebäuden vorgenommen wird, bei denen AfA nach § 7 Abs. 5 EStG vorgenommen wird. Abrisskosten und AfaA sind beim Abriss eines ohne **Abrissabsicht** erworbenen Objekts anhand der bisherigen Nutzung des Objekts zeit- und flächenanteilig zwischen sofort abziehbaren WK und HK aufzuteilen, wenn es an einer singulären, zeitlich zuordenbaren Abrissursache fehlt.[6] Die Berücksichtigung der AfaA (§ 7 Abs. 1 Satz 7 EStG) setzt voraus, dass entweder eine erhebliche Substanzeinbuße (= technische Abnutzung) oder ein wirtschaftlicher Verbrauch des Wirtschaftsguts vorliegt. Dieser Vorgang wurde als Sonderfall entsprechend nicht bei der Bemessung der Nutzungsdauer berücksichtigt. Das Wirtschaftsgut muss tatsächlich in seiner Nutzung beeinträchtigt sein, während eine reine Wertminderung alleine nicht ausreichend ist.[7] Der Gebäudeabbruch ist der typische Fall der außergewöhnlichen Abschreibung. Eine AfaA kommt ebenfalls in Betracht, wenn sich nach Beendigung des Mietverhältnisses herausstellt, dass das Gebäude nur noch beschränkt vermietbar ist.[8] Maßstab ist das bestehende WG in dem Zustand, in dem es sich bei Erwerb befindet; eine marktbedingte Beeinträchtigung der Nutzungsmöglichkeit rechtfertigt grds. keine AfaA.[9] Leistungen einer Versicherung sind als Einnahme zu berücksichtigen.[10]

Absetzungen für außergewöhnliche Abnutzung aus wirtschaftlichen Gründen können als WK bei der Einkunftsart abgezogen werden, wenn sich nach der Kündigung des Mietverhältnisses herausstellt, dass das auf die Bedürfnisse des Mieters ausgerichtete Gebäude nicht mehr oder nur noch eingeschränkt nutzbar ist und auch durch eine (nicht steuerbare) Veräußerung nicht mehr sinnvoll verwendet werden kann.[11]

1) BFH v. 7.2.2012, IX R 27/10, BFH/NV 2012, 736.
2) Gesetz zur Umsetzung steuerlicher EU-Vorgaben sowie zur Änderung steuerlicher Vorschriften v. 8.4.2010, BStBl I 2010, 334.
3) BFH v. 3.4.2001, IXR 16/98, BStBl II 2001, 599.
4) Gesetz zur Stärkung von Wachstumschancen, Investitionen und Innovationen sowie Steuervereinfachung und Steuerfairness (Wachstumschancengesetz) v. 27.3.2024, BStBl I 2024, 666.
5) R 7.4 Abs. 11 EStR 2012.
6) FG Münster v. 21.8.2020, 4 K 855/19 E, EFG 2020, 1507.
7) BFH v. 9.12.2003, VI R 185/97, BStBl II 1997, 491.
8) BFH v. 4.3.2008, IX R 16/07, BFH/NV 2008, 1310; vgl. hierzu auch Grube, FR 2011, 633 m.w.N.
9) BFH v. 8.4.2014, IX R 7/13, BFH/NV 2014, 1202.
10) BFH v. 2.12.2014, IX R 1/14, BStBl II 2015, 493.
11) BFH v. 17.9.2008, IX R 64/07, BStBl II 2009, 301.

(5) Sonderabschreibung für Mietwohnungsneubau nach § 7b EStG (Zeilen 36–38)

	Sonderabschreibung für Mietwohnungsneubau nach § 7b EStG durch direkte Zuordnung ermittelt		EUR
36	1 = wie Vorjahr 2 = laut Erläuterung		,—
	durch verhältnismäßige Zuordnung ermittelt		
37	1 = wie Vorjahr 2 = laut Erläuterung	Gesamtbetrag in EUR, Ct , / abzugsfähiger Anteil (in %)	+ ,—
38		Abzugsfähige Werbungskosten 70 =	,—

(5.1) Allgemeines zur bis zum 31.12.2021 geltenden gesetzlichen Regelung

Praxishinweis: 1590

Der Erklärungstatbestand besteht aus lediglich einer Zeile, die nicht für die erforderlichen, umfangreichen Angaben für die Beantragung der Sonderabschreibung ausreichend ist. In allen Fällen ist zusätzlich auch die Checkliste „Angaben zur Inanspruchnahme einer Sonderabschreibung nach § 7b EStG“ der Steuererklärung beizufügen.[1)]

Bei den grundsätzlichen Voraussetzungen sind die zwei gesetzlichen Anwendungsregelungen zu unterscheiden

a) Baumaßnahmen mit Bauantrag/Bauanzeige nach dem 31.8.2018 und vor dem 1.1.2022 und

b) Baumaßnahmen mit Bauantrag/Bauanzeige nach dem 31.12.2022 und vor dem 1.1.2029 (→ Rz. 1597).

Voraussetzungen für die Gewährung der Sonderabschreibung nach § 7b EStG (**Bauantrag/Bauanzeige nach dem 31.8.2018 und vor dem 1.1.2022**) sind:

- Der Bauantrag/die Bauanzeige muss nach dem 31.8.2018 und vor dem 1.1.2022 gestellt worden sein (für die Herstellung/Anschaffung neuer Mietwohnungen), um Anreize für eine zeitnahe Investitionsentscheidung zu schaffen;
- gefördert wird die Anschaffung/Herstellung neuer Mietwohnungen in Neubauten oder bestehenden Gebäuden;
- die AK/HK dürfen 3 000 €/m² Wohnfläche nicht übersteigen (Baukostenobergrenze);
- BMG für die AfA sind die AK/HK der begünstigten Wohnung, begrenzt auf 2 000 €/m² Wohnfläche (Förderhöchstgrenze);
- die Sonderabschreibung kann für vier Jahre mit jährlich bis zu 5 % in Anspruch genommen werden;
- die Mietwohnung muss im Jahr der Anschaffung/Herstellung und in den folgenden neun Jahren entgeltlich zu fremden Wohnzwecken vermietet werden (Nutzungszeitraum).

Die Sonderabschreibung wird nur gewährt, soweit die folgenden Voraussetzungen der Verordnung auf De-minimis-Beihilfen eingehalten werden:

- Der Gesamtbetrag der einem einzelnen Unternehmen gewährten De-minimis-Beihilfen darf in einem Zeitraum von drei VZ 200 000 € nicht übersteigen;
- bei dieser Höchstgrenze sind auch andere in diesem Zeitraum an das Unternehmen gewährte De-minimis-Beihilfen gleich welcher Art und Zielsetzung zu berücksichtigen;
- die AfA wird erst dann berücksichtigt, wenn der Nachweis erbracht wurde, in welcher Höhe in den beiden vorangegangenen sowie im laufenden VZ De-minimis-Beihilfen gewährt worden sind und die erforderlichen Voraussetzungen eingehalten werden.

Die Sonderabschreibung kann letztmalig im VZ 2026 in Anspruch genommen werden (§ 52 Abs. 15a Satz 1 EStG).[2)]

Die Sonderabschreibung (§ 7b EStG) wurde mit dem Gesetz zur steuerlichen Förderung des Mietwohnungsneubaus[3)] eingeführt und kann für jede neue Mietwohnung im Inland in Anspruch genommen werden. Die Regelung findet auch Anwendung für eine neue Mietwohnung, die in einem anderen Mitgliedstaat der EU oder einem Staat belegen ist, der auf Grund vertraglicher Verpflichtung Amtshilfe entsprechend dem EU-Amtshilfegesetz in einem Umfang leistet, der für die Überprüfung der Voraussetzungen dieser Vorschrift erforderlich ist. Soweit es sich um einen Drittstaat handelt, ist anhand der jeweiligen vertraglichen Vereinbarungen mit diesem Staat zu prüfen, ob die entsprechenden Voraussetzungen vorliegen.

Die Inanspruchnahme der Sonderabschreibungen kann dabei letztmalig für den VZ 2026, in den Fällen des § 4a EStG letztmalig für die Wirtschaftsjahre, die vor dem 1.1.2017 enden, geltend gemacht werden. Das gilt auch dann, wenn der Abschreibungszeitraum (§ 7b Abs. 1 EStG) noch nicht abgelaufen ist (§ 52 Abs. 15a EStG).

(5.2) Begünstigte Baumaßnahme

Die Sonderabschreibung kann nur in Anspruch genommen werden, wenn der Bauantrag oder – wenn eine Baugenehmigung nicht erforderlich ist – die Bauanzeige nach dem 31.8.2018 und vor dem 1.1.2022 gestellt/getätigt worden ist. Für Mietwohnungen, die nach den baurechtlichen Vorschriften ohne Bauantrag/Bauanzeige errichtet werden können, kann auf den Zeitpunkt des Beginns der Bauausführung abgestellt werden.[4)] Es gilt der Eingangsstempel der nach Landesrecht zuständigen Behörde. Auch für Fälle der Anschaffung eines neuen Gebäudes wird auf das Datum des Bauantrags/der Bauanzeige abgestellt. 1591

1) BMF v. 21.5.2025, IV C 3 – S 2197/00009/011/024, BStBl I 2025, 1419.
2) Vgl. auch BMF v. 21.5.2025, IV C 3 – S 2197/00009/011/024, BStBl I 2025, 1419, Rz. 16.
3) Gesetz zur steuerlichen Förderung des Mietwohnungsbaus v. 4.8.2019, BGBl. I 2019, 1122.
4) BMF v. 21.5.2025, IV C 3 – S 2197/00009/011/024, BStBl I 2025, 1419, Rz. 9.

Beratungshinweis:
Geht ein Bauantrag vor Beginn des Förderzeitraums bei der zuständigen Bauordnungsbehörde ein oder wird eine Bauanzeige dort vor Beginn des Förderzeitraums getätigt, so scheidet die Sonderabschreibung für das Bauvorhaben auch dann aus, wenn der tatsächliche Baubeginn innerhalb des Förderzeitraums erfolgt.[1)]

Für die Inanspruchnahme der Sonderabschreibung ist es nicht erforderlich, dass die Wohnung ein selbständiges unbewegliches Wirtschaftsgut darstellt. Begünstigt sind Wohnungen in neuen oder vorhandenen Gebäuden und andere Gebäudeteile, die selbständige unbewegliche Wirtschaftsgüter sind (Gebäude) sowie Eigentumswohnungen und im Teileigentum stehende Räume. Teileigentum ist das Sondereigentum an nicht zu Wohnzwecken dienenden Räumen eines Gebäudes in Verbindung mit dem Miteigentum an dem gemeinschaftlichen Eigentum, zu dem es gehört. Dabei kommt es nicht darauf an, in welchem Nutzungs- und Funktionszusammenhang die Wohnung zu dem restlichen Gebäude steht. Somit ist eine Wohnung auch dann begünstigt, wenn in einem bisher nicht ausgebauten Dachgeschoss eine Wohnung entsteht, die in einem einheitlichen Nutzungs- und Funktionszusammenhang mit dem übrigen Gebäude steht (d.h. in dem Gebäude gibt es bereits Wohnungen, die der entgeltlichen Überlassung zu Wohnzwecken dienen). Eine förderfähige neue Wohnung entsteht auch durch Baumaßnahmen an einem bestehenden Gebäude, wenn dadurch erstmals Wohnungen entstehen, z.B. durch Umbaumaßnahmen an einem bisher betrieblichen Gebäude.

Begünstigt sind nur die AK/HK, soweit sie zur Anschaffung/Herstellung einer neuen Wohnung, einschließlich der zur Wohnung gehörenden Nebenräume entstehen. Aufwendungen für das Grundstück und für die Außenanlagen sind – auch im Falle der Anschaffung – nicht begünstigt. Die AK/HK werden gemäß § 255 HGB und den für die Einkommensbesteuerung maßgebenden Grundsätzen ermittelt. Wird ein Gebäude neu errichtet und dient dieses neue Gebäude ausschließlich der entgeltlichen Überlassung zu Wohnzwecken, dann sind die gesamten, der linearen AfA zugrundeliegenden AK/HK des Gebäudes grds. förderfähig. Eine Aufteilung der Kosten auf die einzelnen Wohnungen ist nicht erforderlich. Aus der förderfähigen BMG sind prozentual nur die Flächen herauszunehmen, die eigen- oder fremdbetrieblichen Zwecken oder eigenen Wohnzwecken dienen.

Eine Wohnung dient Wohnzwecken, wenn sie dazu bestimmt und geeignet ist, Menschen auf Dauer Aufenthalt und Unterkunft zu ermöglichen. Wohnungen dienen nicht Wohnzwecken, soweit sie zur vorübergehenden Beherbergung von Personen bestimmt sind, wie z.B. Ferienwohnungen. Wohnzwecken dienen auch Wohnungen, die aus besonderen betrieblichen Gründen an Betriebsangehörige überlassen werden, z.B. Wohnungen für den Hausmeister, für das Fachpersonal, für Angehörige der Betriebsfeuerwehr und für andere Personen, auch wenn diese aus betrieblichen Gründen unmittelbar im Werksgelände ständig zum Einsatz bereit sein müssen. Zu den Wohnzwecken dienenden Räumen gehören z.B. Wohn- und Schlafräume, Küchen und Nebenräume einer Wohnung, die zur räumlichen Ausstattung einer Wohnung gehörenden Räume, wie Bodenräume, Waschküchen, Kellerräume, Trockenräume, Speicherräume, Vorplätze, Bade- und Brauseräume, Fahrrad- und Kinderwagenräume usw., gleichgültig, ob sie zur Benutzung durch den einzelnen oder zur gemeinsamen Benutzung durch alle Hausbewohner bestimmt sind, und die zu einem Wohngebäude gehörenden Garagen.

Räume, die sowohl Wohnzwecken als auch betrieblichen/beruflichen Zwecken dienen, sind je nachdem, welchem Zweck sie überwiegend dienen, entweder ganz den Wohnzwecken oder ganz den betrieblichen/beruflichen Zwecken dienenden Räumen zuzurechnen. Das häusliche Arbeitszimmer des Mieters ist aus Vereinfachungsgründen den den Wohnzwecken dienenden Räumen zuzurechnen.

(5.3) Rückgängigmachung der Sonder-AfA

1592 Die Sonderabschreibungen sind rückgängig zu machen (§ 7b Abs. 4 Satz 1 EStG), wenn im Jahr der Anschaffung oder Herstellung oder in den folgenden neun Jahren ein schädliches Ereignis eintritt. Schädliche Ereignisse liegen vor, wenn

- die begünstigte Wohnung im Jahr der Anschaffung oder Herstellung und in den folgenden neun Jahren nicht der entgeltlichen Überlassung zu Wohnzwecken dient (§ 7b Abs. 4 Satz 1 Nr. 1 EStG),
- die begünstigte Wohnung oder ein Gebäude mit begünstigten Wohnungen im Jahr der Anschaffung oder Herstellung oder in den folgenden neun Jahren veräußert wird und der Veräußerungsgewinn nicht der Einkommen- oder Körperschaftsteuer unterliegt (§ 7b Abs. 4 Satz 1 Nr. 2 EStG) oder
- die Baukostenobergrenze nach Abs. 2 Nr. 2 innerhalb der ersten drei Jahre nach Ablauf des Jahres der Anschaffung oder Herstellung der begünstigten Wohnung durch nachträgliche AK/HK überschritten wird (§ 7b Abs. 4 Satz 1 Nr. 3 EStG).

Steuer- und Feststellungsbescheide (Bescheide hinsichtlich der möglichen Gewerbesteuer sind nach § 35b GewStG zu ändern), in denen Sonderabschreibungen berücksichtigt wurden, sind insoweit aufzuheben oder zu ändern (eigene Korrekturvorschrift des § 7b Abs. 4 Satz 2 EStG). Das gilt auch dann, wenn die Steuer- oder Feststellungsbescheide bestandskräftig geworden sind; die Festsetzungsfristen für das Jahr der Anschaffung/Herstellung und für die folgenden drei Kalenderjahre beginnen insoweit mit Ablauf des Kj., in dem das Ereignis eingetreten ist (§ 7b Abs. 4 Satz 3 EStG).

1) FG Rheinland-Pfalz v. 20.4.2023, 4 K 1614/22, EFG 2023, 916.

Praxishinweis:
Die Anlaufhemmung der Festsetzungsverjährung orientiert sich am Eintritt des schädlichen Ereignisses. Die Verjährungsfrist beginnt mit Ablauf des Jahres, in dem das Ereignis (§ 7 Abs. 4 Satz 1 Nr. 1 bis 3 EStG) eingetreten ist. Wird eine begünstigte Wohnung, für die die Sonderabschreibung in Anspruch genommen wurde, innerhalb des zehnjährigen Nutzungszeitraums dem Mietwohnungsmarkt entzogen oder veräußert, ohne dass der Veräußerungsgewinn der Einkommen- oder Körperschaftsteuer unterliegt, oder wird die Baukostenobergrenze nachträglich innerhalb der ersten drei Kj. nach Ablauf des Jahres der Anschaffung/Herstellung der begünstigten Wohnung durch nachträgliche AK/HK überschritten, ist die in Anspruch genommene Sonderabschreibung nach § 7b Abs. 4 EStG in voller Höhe verzinslich rückgängig zu machen und die bisher in Anspruch genommene lineare AfA (ohne Berücksichtigung von § 7a Abs. 9 EStG) entsprechend anzupassen (Berichtigungszeitraum). Für diese Fälle sieht § 7b Abs. 4 Satz 3 EStG eine Anlaufhemmung der Festsetzungsfrist vor. Die Änderung erfolgt nach § 7b Abs. 4 Satz 2 EStG. Die Verzinsung erfolgt gem. § 233a Abs. 2 i.V.m. Abs. 5 AO. § 233a Abs. 2a AO ist insoweit nicht anzuwenden (§ 7b Abs. 4 Satz 4 EStG).[1]

(5.4) Abschreibungsfähige Anschaffungs- oder Herstellungskosten

Die grds. förderfähige Wohnung muss zusätzlich und erstmalig und damit neu geschaffen werden. Baumaßnahmen, die zu einer Verlegung von Wohnraum/Erweiterung der Wohnfläche innerhalb eines Gebäudes führen, erfüllen die Fördervoraussetzungen nicht. 1593

Die neu geschaffene Wohnung muss die bewertungsrechtlichen Anforderungen an eine Wohnung (§ 181 Abs. 9 BewG) erfüllen.

Praxishinweis:
Danach ist eine Wohnung die Zusammenfassung einer Mehrheit von Räumen, die in ihrer Gesamtheit so beschaffen sein müssen, dass die Führung eines selbständigen Haushalts möglich ist.

Die Zusammenfassung einer Mehrheit von Räumen muss eine von anderen Wohnungen/Räumen, insb. Wohnräumen, baulich getrennte, in sich abgeschlossene Wohneinheit bilden und einen selbständigen Zugang haben. Außerdem ist erforderlich, dass die für die Führung eines selbständigen Haushalts notwendigen Nebenräume (Küche, Bad oder Dusche, Toilette) vorhanden sind. Die Wohnfläche soll nach dem überarbeiteten BMF-Schreiben mindestens 20 m² betragen.[2] AK/HK, die auf nicht zu Wohnzwecken dienende Räume, die der Wohnung zuzurechnen sind, entfallen, sind in die BMG für die Sonderabschreibungen einzubeziehen.

Begünstigt sind nur die AK/HK, soweit sie zur AK/HK einer neuen Wohnung, einschließlich der zur Wohnung gehörenden Nebenräume entstehen. Aufwendungen für das Grundstück und für die Außenanlagen sind – auch im Falle der Anschaffung – nicht begünstigt. Die AK/HK werden gemäß § 255 HGB und den für die Einkommensbesteuerung maßgebenden Grundsätzen ermittelt. Wird ein Gebäude neu errichtet und dient dieses neue Gebäude ausschließlich der entgeltlichen Überlassung zu Wohnzwecken, dann sind die gesamten, der linearen AfA zugrundeliegenden AK/HK des Gebäudes grds. förderfähig. Eine Aufteilung der Kosten auf die einzelnen Wohnungen ist nicht erforderlich. Aus der förderfähigen BMG sind prozentual nur die Flächen herauszunehmen, die eigen-/fremdbetrieblichen Zwecken oder eigenen Wohnzwecken dienen.

Kosten, die im Zusammenhang mit der Erschließung des Grundstücks (Erdarbeiten, Straßen, Versorgungsleitungen etc.)[3] anfallen, sind nicht in die BMG einzubeziehen, da diese dem Grund und Boden zuzuordnen sind.

Von der Inanspruchnahme der Förderung ausgeschlossen ist die Anschaffung und Herstellung von Wohnungen jedoch dann, wenn die abschreibungsfähigen AK/HK mehr als 3 000 €/m² Wohnfläche betragen. Fallen höhere AK/HK an, führt dies ohne weiteren Ermessensspielraum zum **vollständigen Ausschluss der Förderung**. Mit dieser Begrenzung soll die Anschaffung oder Herstellung hochpreisigen Mietwohnraums vermieden werden. Ziel der Förderung ist es, Investoren zum Bau von Mietwohnungen im unteren und mittleren Mietpreissegment zu bewegen. Mietwohnungen mit hohem Standard (Luxusausstattung) bedürfen keiner staatlichen Förderung und werden somit vollständig von der Förderung ausgeschlossen. Die Toleranzgrenze zwischen förderfähiger BMG und maximalen AK/HK dient zum einen dem Härteausgleich bei Kostensteigerungen z.B. während der Bauphase. Mit dem höheren Ansatz einer Kappungsgrenze im Vergleich zur maximal förderfähigen BMG (§ 7g Abs. 3 EStG) sollen insb. auch regionale Unterschiede in den Baupreisen berücksichtigt werden.[4]

Praxishinweis:
Bei Überschreitung der Baukostenobergrenze (§ 7g Abs. 2 Satz 1 Nr. 3 EStG) innerhalb der ersten drei Jahre nach Anschaffung/Herstellung durch nachträgliche AK/HK sind die bereits in Anspruch genommenen Sonderabschreibungen rückgängig zu machen.

(5.5) Baukostenobergrenze

Für die Prüfung der Baukostenobergrenze müssen die gesamten AK/HK auf die gesamte Fläche, für die diese Kosten aufgewendet wurden, verteilt werden. Die dabei zu Grunde zu legende Fläche ist bei der Anschaffung/Herstellung eines neuen Gebäudes die Nutzfläche des gesamten Gebäudes, bei Aufstockungen, Aus-, Um-, An- oder Aufbauten die durch die Baumaßnahme insg. neu geschaffene Nutzfläche und bei der Anschaffung oder Herstellung einer Eigentumswohnung die den Eigentumsrechten entsprechende Nutzfläche des erworbenen Anteils. Die Nutz- 1594

1) BMF v. 21.5.2025, IV C 3 – S 2197/00009/011/024, BStBl I 2025, 1419, Rz. 72.
2) BMF v. 21.5.2025, IV C 3 – S 2197/00009/011/024, BStBl I 2025, 1419, Rz. 20.
3) Vgl. auch H 6.4 EStH 2024.
4) So Gesetzentwurf der Bundesregierung zum Entwurf eines Gesetzes zur steuerlichen Förderung des Mietwohnungsneubaus, BT-Drucks. 19/4949 v. 12.10.2018.

fläche wird in sinngemäßer Anwendung der Wohnflächenverordnung in der jeweils geltenden Fassung ermittelt.[1] Bei der Ermittlung der Nutzfläche sind – in Abweichung zu § 2 Abs. 3 WoFlV – auch Nebenräume, wie Bodenräume, Waschküchen, Kellerräume, Trockenräume, Speicherräume, Bade- und Brauseräume, Fahrrad- und Kinderwagenräume usw., soweit sie zur Benutzung durch den einzelnen oder zur gemeinsamen Benutzung durch alle Hausbewohner bestimmt sind, und die zur begünstigten Wohnung gehörenden Garagen einzubeziehen. Für Zwecke einer sachgerechten Ermittlung der Baukosten je m² (Wohn-)Fläche kann alternativ die Bruttogrundfläche (BGF) des auf Grund der Baumaßnahme entstandenen Gebäudes herangezogen werden. Die BGF ermittelt sich als Gesamtfläche aller Grundrissebenen eines Bauwerks, die nach der DIN 277 ermittelt werden. Die entsprechenden Angaben müssen anhand der Bauunterlagen nachgewiesen werden können.[2]

(5.6) Berechnung der Sonderabschreibung

1595 Die BMG für die Sonderabschreibungen wird auf maximal 2 000 €/m² Wohnfläche begrenzt. Liegen die AK/HK darunter, sind diese in der tatsächlich angefallenen Höhe den Sonderabschreibungen zu Grunde zu legen.

Die Sonderabschreibungen sollen im Jahr der Anschaffung/Herstellung und in den folgenden drei Jahren bis zu jährlich 5 % betragen. Somit können innerhalb des Abschreibungszeitraums insgesamt bis zu 28 % der förderfähigen AK/HK steuerlich berücksichtigt werden. Nach Ablauf des Begünstigungszeitraums richtet sich die AfA nach den allgemeinen Regelungen (§ 7a Abs. 9 EStG).

(5.7) De-minimis-Verordnung

1596 Die Sonderabschreibungen werden nur gewährt, soweit die Voraussetzungen der Verordnung (EU) Nr. 1407/2013 der Kommission v. 18.12.2013 über die Anwendung der Art. 107 und 108 des Vertrags über die Arbeitsweise der EU auf De-minimis-Beihilfen[3] in der jeweils geltenden Fassung eingehalten sind.Zur Prüfung der Beihilfehöchstbeträge vgl. BMF.[4]

Praxishinweis:
In der Steuererklärung sind Angaben über die Höhe weiterer De-minimis-Beihilfen, die die stpfl. Personen in den beiden vorangegangenen sowie im laufenden VZ erhalten hat, erforderlich. Diese sind in dem Vordruck „Angaben zur Inanspruchnahme einer Sonderabschreibung nach § 7b EStG"[5] einzutragen und dann zusätzlich der ESt-Erklärung beizufügen.

(5.8) Baumaßnahmen mit Bauantrag/Bauanzeige nach dem 31.12.2022 und vor dem 1.1.2029

1597 Gegenüber der gesetzlichen Regelung bis zum 31.12.2021 (→ Rz. 1590) sind folgende Unterschiede zu beachten: Voraussetzung für die Inanspruchnahme ist, dass

- sich die Wohnung in einem Mitgliedsstaat der EU befindet,
- die Wohnung in einem Gebäude liegt, das die Kriterien eines „Effizienzhaus 40" mit Nachhaltigkeits-Klasse erfüllt und dies durch das „Qualitätssiegel Nachhaltiges Gebäude (QNG)" nachgewiesen wird (Das QNG-Siegel ist ein staatliches Gütesiegel des Bundesministeriums für Wohnen, Stadtentwicklung und Bauwesen für Gebäude, das durch akkreditierte Zertifizierungsstellen vergeben wird. Das QNG stellt die Erfüllung von Anforderungen an die ökologische, soziokulturelle und ökonomische Qualität von Gebäuden sowie an die Qualität der Planungs- und Bauprozesse sicher. Voraussetzung für die Vergabe des QNG durch die akkreditierte Zertifizierungsstelle ist eine Zertifizierung mit einem Bewertungssystem für nachhaltiges Bauen und die Einhaltung von besonderen Anforderungen im öffentlichen Interesse, die aktuelle Ziele in den Bereichen Klimaschutz, Ressourcenschonung, Gesundheitsschutz und Teilhabe aufgreifen),
- die AK/HK dieser Wohnung max. 5 200 € pro qm Wohnfläche betragen und
- die Wohnung im Jahr der Anschaffung/Herstellung und in den folgenden 9 Jahren entgeltlich zu Wohnzwecken vermietet wird.

Die BMG für die Sonderabschreibung darf maximal 4 000 € pro qm Wohnfläche betragen.

Die Regelungen zur Einhaltung der De-Minimis-Verordnung (→ Rz. 1596) werden auf Anspruchsberechtigte beschränkt, die Gewinneinkünfte erzielen und damit unternehmerisch tätig sind. Damit entfällt für Anspruchsberechtigte mit Einkünften aus Vermietung und Verpachtung i.S.d. § 21 EStG die Einhaltung beihilferechtlicher Voraussetzungen für die Neuförderung.[6]

§ 7b Abs. 5 i.d.F. des JStG 2022[7] gilt für Sonderabschreibungen, die für neue Wohnungen in Anspruch genommen werden, die auf Grund eines nach dem 31.12.2022 und vor dem 1.1.2029[8] gestellten Bauantrags oder einer in diesem Zeitraum getätigten Bauanzeige hergestellt werden (§ 52 Abs. 15a Satz 3 EStG).

1) Vgl. R 4.2 Abs. 6 Satz 4 EStR.
2) BMF v. 21.5.2025, IV C 3 – S 2197/00009/011/024, BStBl I 2025, 1419, Rz. 51.
3) ABl.EU 2013 Nr. L 352, 1, De-minimis-Verordnung.
4) BMF v. 21.5.2025, IV C 3 -S 2197/00009/011/024, BStBl I 2025, 1419, Rz. 83.
5) BMF v. 21.5.2025, IV C 3 – S 2197/00009/011/024, BStBl I 2025, 1419, Anlage 1 und/oder 2.
6) Vgl. BT-Drucks. 20/4729, 137.
7) JStG 2022 v. 16.12.2022, BGBl. I 2022, 2294.
8) Vgl. Wachstumschancengesetz v. 27.3.2024, BStBl I 2024, 666.

(6) Erhöhte Absetzungen nach den §§ 7h, 7i EStG und/oder nach dem Schutzbaugesetz (Zeilen 39–41)

	Erhöhte Absetzungen nach den §§ 7h, 7i EStG und / oder nach dem Schutzbaugesetz durch direkte Zuordnung ermittelt			EUR
39	1 = wie Vorjahr 2 = laut Erläuterung			,—
	durch verhältnismäßige Zuordnung ermittelt	Gesamtbetrag in EUR, Ct	abzugsfähiger Anteil (in %)	
40	1 = wie Vorjahr 2 = laut Erläuterung	,		+ ,—
41			Abzugsfähige Werbungskosten 31 =	,—

Nach den §§ 7h, 7i EStG können erhöhte Absetzungen für begünstigte Baumaßnahmen an Sanierungsobjekten und Baudenkmalen in Anspruch genommen werden. Die Regelung des § 6 Abs. 1 Nr. 1a EStG zu anschaffungsnahen HK ist auch im Bereich der Steuerbegünstigungen nach §§ 7h, 7i, 10f, 11a, 11b EStG zu beachten.[1)] **1598**

Die folgenden Grundsätze zu den erhöhten Absetzungen nach § 7i EStG gelten für die Absetzungen nach § 7h EStG entsprechend. Neubauten sind nicht begünstigt (§ 7h Abs. 1a Satz 1 EStG). Die Prüfung, ob Maßnahmen zur Herstellung eines neuen Gebäudes führen, obliegt der Finanzbehörde. **1599**

Begünstigt sind Maßnahmen auf Grund von Modernisierungs- und Instandsetzungsgeboten der Städte und Gemeinden i.S.d. § 177 BauGB in **förmlich festgelegten Sanierungsgebieten** sowie die Förderung von Maßnahmen, die der Erhaltung, Erneuerung und funktionsgerechten Verwendung von Gebäuden (Gebäude, Gebäudeteile, Eigentumswohnungen, im Teileigentum stehende Räume) dienen, die wegen ihrer geschichtlichen, künstlerischen oder städtebaulichen Bedeutung erhalten bleiben sollen und zu deren Durchführung sich der Eigentümer ggü. der Gemeinde verpflichtet hat. Grunderwerbsteuer kann nicht zu den begünstigten Aufwendungen hinzugezählt werden, da insoweit kein Bezug zu den Modernisierungs- und Instandsetzungsgeboten besteht; entsprechendes gilt auch für entstandene Gebühren. Im Fall eines **Wohnungsneubaus** soll dabei kein Anspruch auf eine Förderung bestehen.[2)]

Beratungshinweis:

Die Inanspruchnahme der erhöhten AfA für ein im europäischen **Ausland belegenes Baudenkmal** setzt zumindest voraus, dass nachgewiesen wird, dass das ausl. Denkmalgebäude zum deutschen kulturgeschichtlichen Erbe zählt.[3)]

Die Steuerbegünstigung gem. § 7i oder § 10f EStG für Baumaßnahmen an einem im EU-Ausland belegenen, aber auch zum kulturgeschichtlichen Erbe Deutschlands gehörenden Baudenkmal ist ausgeschlossen, wenn die Baumaßnahmen nicht vorher mit der für den Denkmalschutz zuständigen ausl. Behörde abgestimmt worden sind. Auf die Frage, ob die Beschränkung auf im Inland belegene Gebäude mit dem Unionsrecht vereinbar ist, kommt es dann nicht an.[4)]

Anstelle der nach § 7 Abs. 4 oder Abs. 5 EStG abzusetzenden Abschreibungsbeträge können bei Beginn der Modernisierungs- oder Instandsetzungsarbeiten

- vor dem 1.1.2004 zehn Jahre jeweils 10 % und
- nach dem 31.12.2003 acht Jahre bis zu jeweils 9 % und vier Jahre bis zu jeweils 7 %

der BMG als Absetzungen berücksichtigt werden.

Abweichend von § 7 Abs. 4 und Abs. 5 EStG können unter bestimmten Voraussetzungen im Jahr der Herstellung und in den folgenden neun Jahren jeweils bis zu 10 % der HK für begünstigte Baumaßnahmen abgesetzt werden, wenn mit der **Baumaßnahme vor dem 1.1.2004 begonnen** wurde (§ 7i EStG). Bei **Baumaßnahmen**, mit denen **nach dem 31.12.2003** begonnen wurde, können im Jahr der Herstellung und in den sieben folgenden Jahren jeweils 9 % und in den folgenden vier Jahren jeweils bis zu 7 % der HK abgezogen werden. Begünstigt sind Gebäude, Gebäudeteile sowie Eigentumswohnungen und im Teileigentum stehende Räume. Als Beginn gilt für Baumaßnahmen, für die eine Baugenehmigung erforderlich ist, der Zeitpunkt, in dem der Bauantrag gestellt wird, bei baugenehmigungsfreien Vorhaben, für die Bauunterlagen einzureichen sind, der Zeitpunkt, in dem die Bauunterlagen eingereicht werden. **1600**

Des Weiteren müssen die Objekte im Inland belegen sein und entweder selbst nach den jeweils landesrechtlichen Vorschriften **ein Baudenkmal** oder, sofern sie nicht für sich allein die Voraussetzungen für ein Baudenkmal erfüllen, Teil einer Gebäudegruppe oder Gesamtanlage sein, die nach den jeweiligen landesrechtlichen Vorschriften als Einheit geschützt ist.

Zu den **begünstigten Aufwendungen** gehören gem. § 7i Abs. 1 Satz 1 EStG HK für Baumaßnahmen, die nach Art und Umfang zur Erhaltung des Gebäudes oder des Gebäudeteils als Baudenkmal und zu seiner sinnvollen Nutzung erforderlich sind. Weiterhin ist erforderlich, dass eine wirtschaftliche Belastung der stpfl. Person vorliegt.[5)]

1) OFD Frankfurt v. 22.12.2015, S 2198b A – 4 – St 214.
2) FG Berlin-Brandenburg v. 17.11.2010, 2 K 3060/06 B, EFG 2011, 955.
3) FG Düsseldorf v. 4.4.2019, 9 K 2480/17 E, EFG 2019, 771.
4) BFH v. 26.4.2023, X R 4/21, BStBl II 2023, 870.
5) BFH v. 20.6.2007, X R 13/06, BStBl II 2007, 879.

Nach § 7i Abs. 1 EStG können bei einem im Inland belegenen, denkmalgeschützten Gebäude erhöhte Absetzungen auf HK für eine einzelne Baumaßnahme (Teilherstellungskosten) auch dann vorgenommen werden, wenn die einzelne Maßnahme Teil einer Gesamtbaumaßnahme ist. Voraussetzung ist insoweit, dass die einzelne **Baumaßnahme sachlich abgrenzbar und** als solche abgeschlossen ist. Das gilt auch dann, wenn die einzelne begünstigte Baumaßnahme Teil einer einheitlichen Gesamtbaumaßnahme ist.[1] Der Wiederaufbau oder die völlige Neuerrichtung eines Denkmals ist nicht begünstigt, da es in diesen Fällen nicht um die Erhaltung eines bestehenden Baudenkmals geht.[2] Unschädlich ist damit der bautechnische Neubau.

AK sind grds. nicht nach § 7i EStG **begünstigt**. Erhöhte Absetzungen können **nur dann** für AK in Anspruch genommen werden, soweit diese auf Baumaßnahmen entfallen, die nach dem rechtswirksamen Abschluss des Kaufvertrags (= einheitliches Vertragswerk) durchgeführt werden (§ 7i Abs. 1 Satz 5 EStG). Zur Berücksichtigung von AfA auf **nachträgliche AK** bei vorheriger Inanspruchnahme von Denkmal-AfA vgl. BFH.[3]

Beratungshinweis:
Wird ein Grundstückskaufvertrag rückabgewickelt, ist die AfA insoweit zu korrigieren.[4]

Die BMG wird durch die begünstigten HK oder AK, vermindert um gewährte Zuschüsse, gebildet.[5]

Im Jahr des Abschlusses der begünstigten Baumaßnahme können die erhöhten Absetzungen mit dem vollen Jahresbetrag in Anspruch genommen werden. Im Jahr der Veräußerung des Baudenkmals kann die stpfl. Person die erhöhten Absetzungen mit dem vollen Jahresbetrag in Anspruch nehmen.[6]

1601 Erhöhte Abschreibungen können nur in Anspruch genommen werden, wenn durch eine **Bescheinigung**[7] der nach Landesrecht zuständigen Stelle (z.B. die Untere Denkmalbehörde) nachgewiesen wird, dass

- die Baumaßnahmen nach Art und Umfang zur Erhaltung des Gebäudes/Gebäudeteils als Baudenkmal oder zu seiner sinnvollen Nutzung erforderlich sind (§ 7i Abs. 1 Satz 1 EStG),
- die Arbeiten vor Beginn und bei Planungsänderungen vor Beginn der geänderten Vorhaben mit der Bescheinigungsbehörde abgestimmt waren (§7i Abs. 1 Satz 6 EStG),
- Aufwendungen in der von der Bescheinigungsbehörde anzugebenden Höhe angefallen sind, die die vorstehenden Voraussetzungen erfüllen (§ 7i Abs. 2 Satz 2 EStG),
- das Gebäude oder der Gebäudeteil nach den landesrechtlichen Vorschriften ein Baudenkmal ist (§ 7i Abs. 2 Satz 1 EStG),
- Zuschüsse (ggf. Angaben zur Höhe) aus öffentlichen Mitteln durch eine für den Denkmalschutz oder Denkmalpflege zuständige Behörde bewilligt worden sind oder nach Ausstellung der Bescheinigung bewilligt werden (§ 7i Abs. 2 Satz 2 EStG).[8]

Eine Übersicht über die länderspezifischen Bescheinigungsrichtlinien enthält das BMF-Schreiben v. 20.1.2020.[9]

1602 Bei der Bescheinigung handelt es sich um einen Verwaltungsakt in Form eines Grundlagenbescheids mit Bindungswirkung für steuerliche Folgebescheide (§ 171 Abs. 10, § 175 Abs. 1 Nr. 1 AO)

Praxishinweis:
Zur Vermeidung der Begünstigung von Modernisierungs- und Instandsetzungsarbeiten, die zu einem nicht der Intention des § 7h EStG entsprechenden steuerrechtlichen Neubau führen, bedurfte es aus Sicht des Gesetzgebers infolge der BFH-Rechtsprechung[10] zum einen der gesetzlichen Klarstellung, dass Neubauten nicht begünstigt sind und zum anderen der gesetzlichen Korrektur der gegebenen Kompetenzverteilung im Interesse der Gesetzmäßigkeit der Besteuerung, dass insoweit seitens der Finanzbehörde ein eigenes steuerrechtliches Prüfungsrecht für Baumaßnahmen besteht, mit denen nach dem 31.12.2018 begonnen wurde (§ 7h Abs. 1a EStG). Die Bescheinigung der Bescheinigungsbehörde (§ 7h Abs. 2 EStG) umfasst die in § 7h Abs. 1a genannte Voraussetzung nicht. Mit der Bescheinigung der Bescheinigungsbehörde muss auch die Erforderlichkeit der Aufwendungen nachgewiesen werden (§ 7h Abs. 2 Satz 1 EStG). Nach der BFH-Entscheidung v. 22.10.2014[11] hatte die Gemeinde das alleinige Prüfungsrecht, ob Modernisierungs- und Instandsetzungsmaßnahmen vorliegen und/oder Maßnahmen i.S.d. § 7h Abs. 1 Satz 2 EStG durchgeführt wurden und ob unter diese Begriffe im konkreten Einzelfall auch ein Neubau im bautechnischen Sinne zu subsumieren ist.

Liegen die Voraussetzungen nicht vor, erfolgt eine Berücksichtigung i.R.d. regulären AfA-Beträge.

Nach dem **SchBauG**[12] können von den für die Schutzräume aufgewendeten HK, soweit sie durch Zuschüsse nicht gedeckt sind, an Stelle der nach § 7 EStG zu bemessenden Absetzungen für Abnutzung im Jahr der Fertigstellung

1) BFH v. 20.8.2002, IX R 40/97, BStBl II 2003, 582.
2) BFH v. 24.6.2009, X R 8/08, BStBl II 2009, 960.
3) BFH v. 15.11.2022, IX R 14/20, BStBl II 2023, 374.
4) BFH v. 19.12.2007, IX R 50/06, BStBl II 2008, 480 und H 7.4 Rückgängigmachung des Anschaffungsvorgangs EStH 2024 sowie BayLfSt v. 16.7.2008, S 2256.1.1 – 1/3 St 32/St 33, DB 2008, 2110.
5) §§ 7i Abs. 2 Satz 2, 7a Abs. 1 Satz 3 EStG, R 7a Abs. 4 EStR 2012 sowie die Beispiele 2 und 3 in H 7a Anzahlungen auf Anschaffungskosten EStH 2024.
6) BFH v. 18.6.1996, IX R 40/95, BStBl II 1996, 645.
7) FG Köln v. 25.2.2016, 11 K 1423/14, EFG 2016, 803.
8) R 7i Abs. 2 Satz 1 Nr. 5 EStR 2012.
9) BMF v. 21.1.2020, IV C 1 – S 2198-a/19/10004 :001, BStBl I 2020, 169.
10) BFH v. 22.10.2014, X R 15/13, BStBl II 2015, 367.
11) BFH v. 22.10.2014, X R 15/13, BStBl II 2015, 367.
12) SchBauG v. 9.9.1965, BGBl. I 1965, 1232.

des Gebäudes und in den elf folgenden Jahren bis zur vollen Absetzung erhöhte Absetzungen bis zu jeweils 10 % der HK vorgenommen werden. BMG für die erhöhten Absetzungen sind die tatsächlichen HK, vermindert um gewährte öffentliche oder private Zuschüsse.

Die Vorschriften der § 7 Abs. 1 bis 3 SchBauG gelten für **Schutzräume**, die **nach dem 31.12.1974 fertig gestellt** worden sind und mit deren Herstellung **vor dem 1.1.1992 begonnen** worden ist. Als Beginn der Herstellung gilt bei Baumaßnahmen, für die eine Baugenehmigung erforderlich ist, der Zeitpunkt, in dem der Bauantrag gestellt wird (§ 7 Abs. 4 SchBauG).

Sonderabschreibungen nach dem FördG[1] konnten für Gebäude im Privatvermögen nur unter bestimmten Voraus- **1603**
setzungen gewährt werden. Nach dem 31.12.1998 bestehen keine Begünstigungen nach dem FördG mehr.

Neubauten und Anschaffungen: Sonderabschreibungen nach §§ 3, 4 FördG kamen **für HK und AK** in Betracht, in **1604**
Anschaffungsfällen jedoch **nur**, wenn das Gebäude im Jahr der Fertigstellung angeschafft oder mind. fünf Jahre zu eigenbetrieblichen Zwecken verwendet wurde. Die Sonder-AfA konnte innerhalb des jeweiligen Begünstigungszeitraums (fünf Jahre) beliebig verteilt werden. Sie war zusätzlich zur normalen Abschreibung nach § 7 Abs. 4 EStG zulässig.

Nach Fertigstellung oder Anschaffung und Ablauf des fünfjährigen Begünstigungszeitraums ist der verbleibende Restwert auf die **Restnutzungsdauer** (bei § 7 Abs. 4 Nr. 1 EStG: 20 Jahre; bei § 7 Abs. 4 Nr. 2 a EStG: 45 Jahre) gleichmäßig zu verteilen.

begünstigte Kosten bis zum 31.12.1996:	50 % Sonder-AfA
begünstigte Kosten vom 1.1.1997 bis 31.12.1998:	
fünf Jahre eigenbetriebliche Nutzung im verarbeitenden Gewerbe:	40 % Sonder-AfA
fünf Jahre Wohnzwecken dienend:	25 % Sonder-AfA
übrige unbewegliche Wirtschaftsgüter:	20 % Sonder-AfA

Die Höhe der Restwertabschreibung nach Ablauf des fünfjährigen Begünstigungszeitraums ab Anschaffung oder Fertigstellung berechnet sich wie folgt:

begünstigte Kosten (HK oder AK des Gebäudes)
./. in Anspruch genommene Sonder-AfA
./. lineare AfA
= Restwert

Modernisierungsmaßnahmen an Gebäuden: Sonderabschreibungen nach §§ 3, 4 FördG kamen für **Modernisie-** **1605**
rungsmaßnahmen und andere nachträgliche HK nur soweit in Betracht, als sie auf Modernisierungsmaßnahmen und andere nachträgliche Herstellungsarbeiten entfielen, die **nach Abschluss des Kaufvertrags** oder eines gleichstehenden Rechtsakts durchgeführt worden sind. Zu Abgrenzkriterien zwischen Modernisierungsmaßnahmen/nachträglichen HK und neuen Wirtschaftsgütern vgl. BFH.[2]

Beratungshinweis:
Eine vom Kaufvertrag abweichende Kaufpreisaufteilung ist nur in den Fällen vorzunehmen, in denen der Grund und Boden nicht unwesentlich unter dem Bodenrichtwert und/oder die Altbausubstanz unter dem Einstandswert vom Bauträger/Initiator veräußert wurde.[3]

Sonderabschreibungen konnten auch für **geleistete Anzahlungen auf AK** und für entstandene Teil-HK in Anspruch genommen werden. Die Sonder-AfA konnte innerhalb des jeweiligen Begünstigungszeitraums beliebig verteilt werden. Sie ist war zusätzlich zur normalen Abschreibung nach § 7 Abs. 4 EStG zulässig.

Nach Anschaffung oder Fertigstellung und vollständiger Inanspruchnahme der Sonder-AfA ist der verbleibende Restwert auf die folgenden Jahre bis zum neunten Jahr nach dem Jahr der Fertigstellung gleichmäßig zu verteilen. Lineare AfA kommt ab Beginn der Restwertabschreibung für begünstigte Modernisierungsmaßnahmen nicht mehr in Betracht.

begünstigte Aufwendungen bis zum 31.12.1996:	50 % Sonder-AfA
begünstigte Aufwendungen vom 1.1.1997 bis 31.12.1998:	40 % Sonder-AfA

Die **Restwertabschreibung** berechnet sich nach vollständiger Inanspruchnahme der Sonder-AfA spätestens ab dem fünften Jahr nach Anschaffung oder Abschluss der nachträglichen Modernisierungsmaßnahmen wie folgt:

begünstigte Modernisierungskosten
./. in Anspruch genommene Sonder-AfA
./. lineare AfA
= Restwert

1) Gesetz über Sonderabschreibungen und Abzugsbeträge im Fördergebiet v. 23.9.1993, BGBl. I 1993, 1654 letztmalig geändert durch die Siebente Zuständigkeitsanpassungsverordnung v. 29.10.2001, BGBl. I 2001, 2785.
2) BFH v. 22.2.2012, IX B 143/11, BFH/NV 2012, 942.
3) OFD Koblenz v. 31.3.2009, S 1988 A – St 31 2/St 31 4, DB 2009, 1046.

(7) Absetzung für Abnutzung für Wirtschaftsgüter, die keine Gebäude sind – z.B. für bewegliche Wirtschaftsgüter (Zeilen 42–45)

Absetzung für Abnutzung für Wirtschaftsgüter, die keine Gebäude sind (z. B. bewegliche Wirtschaftsgüter)

durch direkte Zuordnung ermittelt

42 1 = wie Vorjahr 2 = laut Erläuterung | Einzelangaben (z. B. Bezeichnung, Anschaffungskosten und -datum, Nutzungsdauer) | EUR ,—

durch verhältnismäßige Zuordnung ermittelt

43 1 = wie Vorjahr 2 = laut Erläuterung | Einzelangaben (z. B. Bezeichnung, Anschaffungskosten und -datum, Nutzungsdauer)

44 Gesamtbetrag in EUR, Ct , | abzugsfähiger Anteil (in %) | + ,—

45 Abzugsfähige Werbungskosten 60 = ,—

2025AnlV102 2025AnlV102

1606 Angaben zu den Absetzungsbeträgen für bewegliche Wirtschaftsgüter (z.B. Inventar für Ferienwohnungen) gesondert erforderlich. Zur Schätzung der betriebsgewöhnlichen Nutzungsdauer vgl. BMF.[1] WG, die nicht mehr als 800 € (ohne USt) kosten, können im Jahr der Bezahlung voll angesetzt werden (§ 6 Abs. 2 EStG). Vgl. Ausführungen zur Anlage EÜR (→ Rz. 467). Ab dem VZ 2024 wurden Zeilen zu Einzelangaben (z.B. Angaben zur Bezeichnung des WG, zu den AK, dem Anschaffungsdatum, der Nutzungsdauer) neu aufgenommen.

c) Schuldzinsen – ohne Tilgungsbeträge (Zeilen 46–48)

- 3 -

Schuldzinsen (ohne Tilgungsbeträge)

durch direkte Zuordnung ermittelt

46 Einzelangaben (z. B. Kreditinstitut) | EUR ,—

durch verhältnismäßige Zuordnung ermittelt

47 Einzelangaben (z. B. Kreditinstitut) | Gesamtbetrag in EUR, Ct , | abzugsfähiger Anteil (in %) | + ,—

48 Abzugsfähige Werbungskosten 33 = ,—

aa) Allgemeine Zuordnung

1607 Schuldzinsen sind dann als WK zu berücksichtigen, wenn zwischen Darlehen und der Einkunftsart ein wirtschaftlicher Zusammenhang besteht und somit der Kaufpreis tatsächlich mit der Darlehensvaluta bezahlt worden ist. Der wirtschaftliche Zusammenhang kann hingegen nicht durch einen bloßen Willensakt der stpfl. Person begründet werden.

Überträgt der bisherige Alleineigentümer an einem Vermietungsobjekt einen Miteigentumsanteil unentgeltlich und behält dabei die aus der Anschaffung resultierenden Verbindlichkeiten vollständig zurück, sind die auf den übertragenen Miteigentumsanteil entfallenden Schuldzinsen nicht als (Sonder-)WK berücksichtigungsfähig.[2]

Der Verwendungszweck hat dabei für sich allein keine entscheidende Bedeutung.[3] Ein einer **vermögensverwaltenden Personengesellschaft** gewährtes Gesellschafterdarlehen ist steuerrechtlich insoweit nicht anzuerkennen, als die Darlehensverbindlichkeit der Gesellschaft ihrem Gesellschafter nach § 39 Abs. 2 Nr. 2 AO steuerrechtlich zuzurechnen ist. Das Darlehensverhältnis führt in diesem Umfang weder beim Darlehensnehmer zu abzugsfähigen Werbungskosten noch beim Darlehensgeber zu Einnahmen aus Kapitalvermögen, sondern ist als eine steuerneutrale Einlage zu behandeln.[4] Schuldzinsen sind alle Leistungen in Geld oder Geldeswert, die ein Schuldner für die Überlassung (Nutzung) von Kapital an den Gläubiger zu erbringen hat. Unter den (weit zu verstehenden) Begriff der Schuldzinsen können auch Kosten für das sog. Projektcontrolling fallen, wenn sie als Finanzierungskosten zu beurteilen sind, weil die Auszahlung der Darlehensraten durch die Bank davon abhängt, dass i.R.d. Controllings für die Bank relevante Unterlagen vorbereitet und Controlling-Reports erstellt werden.[5]

Zu berücksichtigen sind auch Aufwendungen im Rahmen eines **Swapgeschäfts**; Ausgleichzahlungen aus der Auflösung von Zinsswap-Geschäften gehören hingegen nicht zu den Einkünften aus Vermietung und Verpachtung (vom BFH aber hinsichtlich der Frage offen gelassen, wie Zahlungen am Ende der jeweiligen Zinsperiode zuzuord-

1) BMF v. 15.12.2000, IV D 2 – S 1551 – 188/00, BStBl I 2000, 1532.
2) BFH v. 3.12.2024, IX R 2/24, BStBl II 2025, 453.
3) FG Düsseldorf v. 13.4.2011, 13 K 2442/07 F, EFG 2011, 567.
4) BFH v. 27.11.2024, I R 19/21, BFH/NV 2025, 756.
5) BFH v. 6.12.2021, IX R 8/21, HFR 2022, 629.

nen sind, da laufende Einnahmen und Ausgaben übereinstimmend vom FA und der Klägerin den Einkünften aus Vermietung und Verpachtung zugeordnet wurden).[1] Die Zahlungen am Ende einer Vereinbarung sind berücksichtigungsfähig.[2] Beendet die stpfl. Person einen Zinsswap, der im Zusammenhang mit der Finanzierung einer vermieteten Immobilie zur Begrenzung des Zinsänderungsrisikos abgeschlossen worden ist, wird ein bis dahin bestehender wirtschaftlicher Veranlassungszusammenhang zu den Einkünften gelöst.[3] Währungsschwankungen führen nicht zu WK.[4] Bei einem von Ehegatten/Lebenspartnern gemeinsam aufgenommenen gesamtschuldnerischen Darlehen zur Finanzierung eines Gebäudes, das einem der Ehegatten/Lebenspartner gehört, können dabei die Zins-(und Tilgungs-)aufwendungen des Nichteigentümer-Ehegatten/Lebenspartners dem Eigentümer-Ehegatten/Lebenspartner zugerechnet werden.[5] In Zeile 46 sind ebenfalls Darlehensabgelder (Damnum, Disagio) und auch zu zahlende Erbbauzinsen zu erklären.

Beratungshinweis:

Aufwendungen, die im Zusammenhang mit der Veräußerung eines nicht der Einkunftserzielung dienenden Grundstücks stehen, sind WK aus VuV, wenn und soweit der Erlös aus der Veräußerung zur Finanzierung des Erwerbs eines vermieteten oder verpachteten Objektes tatsächlich verwendet wird und sich anhand objektiver Umstände feststellen lässt, dass der Stpfl. den Entschluss zu dieser Verwendung bereits bei der Veräußerung endgültig gefasst hatte. Veräußert der Stpfl. eine private, zuvor nicht vermietete Immobilie, um sich die nötigen Geldmittel für die Anschaffung eines Vermietungsobjekts zu verschaffen, sind die Veräußerungskosten grundsätzlich nicht als vorab entstandene WK bei den Einkünften aus Vermietung und Verpachtung abziehbar.[6]

Praxishinweis:

Zu den Schuldzinsen gehören auch Nebenkosten der Darlehensaufnahme, wie z.B. Bereitstellungszinsen und Geldbeschaffungskosten. Diese sind in Zeile 49 und/oder 50 (→ Rz. 1618) zu erklären.

Schuldzinsen, die in wirtschaftlichem Zusammenhang mit dem Grundstück oder Gebäude stehen, stellen WK dar, die in Zeile 46 und/oder 47 einzutragen sind. Voraussetzung ist, dass das **Objekt tatsächlich zur Erzielung von Einkünften** genutzt wird. Auch Zinsen zur Finanzierung von **Kapitallebensversicherungsbeiträgen** sind berücksichtigungsfähig.[7] Bei nur teilweiser Vermietung und teilweiser Selbstnutzung ist nur der entsprechende Teil abziehbar, der auf den vermieteten Teil entfällt. Daher hat eine entsprechende Aufteilung in den Spalten eins bis vier zu erfolgen. Auch die auf gezahlte **Vorsteuern** (→ Rz. 1631) gezahlten Schuldzinsen sind abzugsfähig.[8]

Wird der ursprüngliche Darlehensvertrag in der Vergleichsvereinbarung in seiner zivilrechtlichen Wirksamkeit ausdrücklich anerkannt, führt der Darlehensverzicht des Kreditinstituts nicht zur Erstattung von durch den Darlehensnehmer geleisteten und als WK i.R.d. Einkünfte aus Vermietung und Verpachtung abgezogenen Schuldzinsen.[9] Wurden Mieteinnahmen genutzt, um z.B. **Optionsgeschäfte** durchzuführen, sind diese Verluste nicht bei der Einkunftsart Vermietung und Verpachtung zu berücksichtigen.[10]

Wurde ein **teilweise vermietetes und teilweise selbst genutztes** Objekt sowohl mit Eigenkapital als auch mit **1608**
Fremdmitteln erworben oder erbaut, richtet sich die Berücksichtigung von Schuldzinsen nach dem BMF-Schreiben v. 16.4.2004.[11] Der Abzug von Schuldzinsen setzt dabei die konkrete Zuordnung (z.B. durch Aufteilung des zivilrechtlich einheitlichen Kaufpreises) der Darlehen voraus. Eine Aufteilung ist nach dem Verhältnis der Wohnflächen und/oder Nutzflächen als auch ggf. nach den Verkehrswerten der Grundstücksteile möglich.[12] Eine spätere „Auswechslung" des Darlehens ist unerheblich, da maßgeblich alleine die tatsächlich vollzogenen Vorgänge sind.[13] Die anteilige Zuordnung von Darlehen zu den HK eines Gebäudes, das teilweise vermietet und teilweise veräußert werden soll, ist nach denjenigen Kriterien zu beurteilen, die die Rechtsprechung zu anteilig fremdvermieteten und anteilig selbstgenutzten Gebäuden entwickelt hat.[14] Eine unangemessene Verteilung der Aufwendungen ist nicht zulässig. Die tatsächliche Verwendung der Darlehensmittel zur Finanzierung der AK eines Vermietungsobjekts ist trotz Vermischung mit privaten Geldmitteln nachgewiesen bei taggleicher und betragsidentischer Durchleitung durch ein privates Kontokorrentkonto.[15]

Gestaltungshinweis:

Das o.g. BMF-Schreiben[16] ermöglicht im Ergebnis eine vollständige Zuordnung von Schuldzinsen auf den vermieteten Teil eines Hauses.

1) BFH v. 13.1.2015, IX R 13/14, BStBl II 2015, 827.
2) FG Rheinland-Pfalz v. 9.4.2019, 4 K 1734/17, EFG 2019, 901.
3) BFH v. 19.11.2024, VIII R 26/21, BStBl II 2025, 153.
4) BFH v. 20.6.2023, IX R 15/21, BStBl II 2023, 1103.
5) BFH v. 19.8.2008, IX R 78/07, BStBl II 2009, 299.
6) BFH v. 29.10.2019, IX R 22/18, HFR 2020, 232.
7) BFH v. 25.2.2009, IX R 62/07, BStBl II 2009, 459.
8) FG Düsseldorf v. 7.8.2001 (AdV-Beschluss), 7 V 3067/01 A (E), EFG 2001, 1604.
9) BFH v. 31.1.2017, IX R 26/16, BStBl II 2018, 341.
10) BFH v. 18.9.2007, IX R 42/05, BStBl II 2008, 26.
11) BMF v. 16.4.2004, IV C 3 – S 2211 – 36/04, BStBl I 2004, 464.
12) BFH v. 1.4.2009, IX R 35/08, BStBl II 2009, 663.
13) BFH v. 12.3.2019, IX R 2/18, HFR 2019, 851.
14) BFH v. 4.2.2020, IX R 1/18, BStBl II 2020, 311.
15) BFH v. 25.1.2001, IX R 27/97, BStBl II 2001, 573; BFH v. 3.5.2022, IX R 34/19, HFR 2022, 1113.
16) BMF v. 16.4.2004, IV C 3 – S 2211 – 36/04, BStBl I 2004, 464.

Führt die Aufteilung des Kaufpreises zu einer unangemessenen wertmäßigen Berücksichtigung der Gebäudeteile, ist dieser jedoch steuerrechtlich keine Folge zu leisten.[1] Die einmal vorgenommene Zuordnung bleibt auch dann maßgebend, wenn die zunächst selbst genutzte Wohnung später vermietet wird. Zu Problemfällen vgl. Schoor.[2]

1609 Nehmen **Eheleute** gemeinsam ein **gesamtschuldnerisches Darlehen** zur Finanzierung der Aufwendungen für ein vermietetes Objekt auf, das im Alleineigentum eines der Ehegatten/Lebenspartner steht, sind die Schuldzinsen in vollem Umfang als WK abzugsfähig. Dieser Abzug erfolgt gleichgültig, aus welchen Mitteln die Aufwendungen gezahlt worden sind.[3] Nimmt **ein Ehegatte/Lebenspartner** dagegen allein **ein Darlehen zur Finanzierung** eines vermieteten **Gebäudes** auf, **das dem anderen gehört**, sind die vom Nichteigentümer gezahlten Schuldzinsen nicht abziehbar. Dies gilt selbst dann, wenn der Eigentümerehegatte/-lebenspartner für das Darlehen eine selbstschuldnerische Bürgschaft übernimmt und die auf seinem Gebäude lastenden Grundpfandrechte als Sicherheit einsetzt. Die Schuldzinsen können jedoch abgezogen werden, wenn der Eigentümer(-ehegatte/-lebenspartner) sie aus eigenen Mitteln bezahlt, z.B. wenn er seine Mieteinnahmen mit der Maßgabe auf das Konto des anderen überweist, dass dieser daraus die Schuldzinsen entrichten soll.[4]

bb) Einzelfälle von Schuldzinsen

1610 In erster Linie sind die gezahlten Schuldzinsen in Zeilen 46 und/oder 47 einzutragen, die im Zusammenhang mit der Anschaffung des vermieteten Gebäudes oder Grundstücks entstanden sind (z.B. Annuitäten- oder Tilgungsdarlehen).

Praxishinweis:

Geldbeschaffungskosten sind nicht an dieser Stelle, sondern in Zeile 49 und/oder 50 einzutragen.

Wie Schuldzinsen sind auch ein Darlehensabgeld (Damnum, Disagio), die Abschlussgebühren eines Bausparvertrags für ein zukünftiges Bauspardarlehen[5] und Erbbauzinsen abzugsfähig. Die Disagio-Erstattung ggü. dem Verkäufer einer Wohnung kann zu sofort abzugsfähigem Aufwand führen.[6]

Beratungshinweis:

Hat sich der Erwerber einer Wohnung verpflichtet, dem Veräußerer bei dessen Darlehensaufnahme einbehaltene Damnumbeträge zu erstatten, so gehört der Erstattungsbetrag nicht zu den Finanzierungskosten und damit nicht zu den sofort abziehbaren WK, sondern zu den AK des Erwerbers.[7]

Die **Zweckbestimmung der Aufwendungen**, ein Darlehen zu erlangen oder zu sichern, ist im Rahmen des § 9 Abs. 1 Satz 3 Nr. 1 EStG das maßgebliche Kriterium zur Definition des Begriffs der Schuldzinsen. Der Begriff der Schuldzinsen umfasst auch Notargebühren zur Besicherung eines Darlehens.[8] Schuldzinsen, die der Erwerber eines zum Vermieten bestimmten Grundstücks vereinbarungsgemäß für den Zeitraum nach dem Übergang von Besitz, Nutzen, Lasten und Gefahren bis zur später eintretenden Fälligkeit des Kaufpreises an den Veräußerer erstattet, sind als WK abziehbar.[9]

cc) Vorauszahlung von Schuldzinsen

1611 Der BFH[10] hatte entschieden, dass **Erbbauzinsen** auch dann als WK sind, wenn diese in einem Einmalbetrag vorausgezahlt werden. Mit dem EURLUmsG[11] wurde (für nach dem 31.12.2004 geleistete Vorauszahlungen) § 11 EStG dahingehend geändert, dass bei den Überschusseinkunftsarten im Voraus geleistete **Ausgaben für eine langfristige Nutzungsüberlassung** (mehr als fünf Jahre) auf den Zeitraum **gleichmäßig zu verteilen** sind, für den die Vorauszahlung vereinbart ist. In einem weiteren Verfahren entschied der BFH, dass Erbbauzinsen, die im Jahr 2005 auf Grund eines nach dem 15.12.2004 (= Datum der Verkündung des EURLUmsG) zustande gekommenen Kaufvertrags in einer Summe für die gesamte Laufzeit des Erbbaurechts im Voraus geleistet werden, beim Werbungskostenabzug auf die 99-jährige Laufzeit (§ 11 Abs. 2 Satz 3 EStG) aufgeteilt werden können, ohne dass gegen ein Rückwirkungsverbot verstoßen wird.[12] Diese Regelung des § 11 Abs. 1 Satz 3 und Abs. 2 Satz 3 EStG findet auch für andere Vorauszahlungen als für eine Grundstücksnutzung Anwendung.[13]

1612 Zudem regelte das BMF-Schreiben v. 5.4.2005[14], dass ein Damnum oder Disagio, das vor dem 1.1.2006 abgeflossen ist, weiterhin nach den bisherigen Grundsätzen[15] zu beurteilen ist. Ein **Damnum ist als marktüblich zu betrachten**, wenn für ein Darlehen mit einem Zinsfestschreibungszeitraum von mind. fünf Jahren ein Damnum i.H.v. bis zu 5 %

1) BMF v. 16.4.2004, IV C 3 – S 2211 – 36/04, BStBl I 2004, 464, Rz. 1 Buchst. a.
2) Schoor, StBp 2009, 293.
3) BFH v. 2.12.1999, IX R 45/95, BStBl II 2002, 310.
4) BFH v. 2.12.1999, IX R 45/95, BStBl II 2000, 310; BFH v. 2.12.2000, IX R 21/96, BStBl II 2000, 312.
5) BFH v. 1.10.2002, IX R 12/00, BStBl II 2002, 398.
6) BFH v. 12.5.2009, IX R 40/08, BFH/NV 2009, 1629.
7) BFH v. 17.2.1981, VIII R 95/80, BStBl II 1981, 466.
8) BFH v. 1.10.2002, IX R 72/99, BStBl II 2002, 399.
9) BFH v. 27.7.2004, IX R 32/01, BStBl II 2004, 1002.
10) BFH v. 23.9.2003, IX R 65/02, BStBl II 2005, 159.
11) EURLUmsG v. 9.12.2004, BStBl I 2004, 1158.
12) BFH v. 7.12.2010, IX R 48/07, BStBl II 2011, 345.
13) BMF v. 5.4.2005, IV A 3 – S 2259 – 7/05, BStBl I 2005, 617 sowie BMF v. 15.12.2005, IV C 3 – S 2253a-19/05, BStBl I 2005, 1052.
14) BMF v. 5.4.2005, IV A 3 – S 2259 – 7/05, BStBl I 2005, 617 sowie BMF v. 15.12.2005, IV C 3 – S 2253a-19/05, BStBl I 2005, 1052
15) BMF v. 20.10.2003, IV C 3 – S 2253a – 48/03, BStBl I 2003, 546, Rz. 15.

vereinbart worden ist. Das BMF-Schreiben v. 15.12.2005[1] entnimmt die zeitliche Komponente und lässt den Abzug ohne zeitliche Begrenzung – entgegen dem Wortlaut des Gesetzes – auch ab dem 1.1.2006 zu. **Durch die Einführung des § 11 Abs. 2 Satz 4 EStG durch das JStG 2007[2] wurde die (damalige) Verwaltungsauffassung in das Gesetz übernommen worden.**

Beratungshinweis:

Ein Disagio ist nur dann nicht sofort als WK abziehbar, wenn es sich nicht i.R.d. am aktuellen Kreditmarkt Üblichen hält. Wann dies der Fall ist, ist eine Frage der tatrichterlichen Würdigung. Wird eine Disagiovereinbarung mit einer Geschäftsbank wie unter fremden Dritten geschlossen, indiziert dies die Marktüblichkeit.[3] Die Marktüblichkeit kann insoweit nicht an einen festen Zinssatz gekoppelt werden, sondern ist bezogen auf das konkret finanzierte Objekt zu entscheiden.

dd) Fremdwährungsdarlehen

Zinszahlungen in fremder Währung sind entsprechend den allgemeinen Umrechnungskursen umzurechnen und stellen insoweit WK dar. **Kursverluste** bei Fremdwährungsdarlehen (z.B. wechselkursbedingte Erhöhung von Darlehensständen) sind nicht als WK zu berücksichtigen, sondern stellen nicht realisierte Vermögensverluste dar. Die Mehraufwendungen zur Tilgung eines ausl. Darlehens, die durch Kursänderungen entstehen können, stellen kein Entgelt für die Nutzung oder Beschaffung des Kapitals dar, sondern dienen der Tilgung des Darlehens. Die dadurch entstandenen Mehraufwendungen führen zudem nicht zu einer Erhöhung der AK des mit dem Darlehen finanzierten Grundstücks und damit zu einer Erhöhung der AfA i.R.d. § 9 Abs. 1 Satz 3 Nr. 7 EStG; der Mehraufwand entsteht nicht im Zusammenhang mit dem Erwerb des Grundstücks, sondern für die Rückzahlung des Darlehens. Kursverluste bei Fremdwährungsdarlehen stellen ebenfalls keine WK dar.[4] **1613**

Beratungshinweis:

BMG bei Anschaffungsgeschäften in ausl. Währung ist der zum Kurs im Anschaffungszeitpunkt in Euro umgerechnete Anschaffungspreis.[5] Nimmt die stpfl. Person ein Darlehen auf, um ein Fremdwährungsdarlehen abzulösen, welches sie zur Anschaffung eines Vermietungsobjekts verwendet hat, sind die Schuldzinsen nicht als WK abzuziehen, soweit das Darlehen zur Bezahlung des bei der Umschuldung realisierten Währungskursverlusts verwendet worden ist.[6]

ee) Schuldzinsen bei einem unbebauten Grundstück

Finanzierungskosten für ein unbebautes Grundstück sind als vorab entstandene WK abziehbar, wenn ein wirtschaftlicher Zusammenhang mit der späteren Bebauung und Vermietung des Gebäudes besteht.[7] Ein vorsichtiges, auf das Ansparen von Eigenkapital gerichtetes Finanzierungsverhalten spricht nicht gegen die behauptete Bebauungsabsicht. In diesem Fall muss sich aber aus weiteren Umständen ergeben, dass sich die stpfl. Person. ihren Angaben entsprechend verhalten und entsprechende Mittel tatsächlich angesammelt hat. Dafür kann die spätere Verwendung der angesparten Mittel rückwirkend von Bedeutung sein. Bei bebauten Grundstücken ist eine abschließende (negative) Beurteilung der Vermietungsabsicht mit Rücksicht auf den bloßen Zeitablauf regelmäßig erst dann nicht zu beanstanden, wenn ein Mietvertrag über mehr als zehn Jahre nicht zustande gekommen ist. Bei einem unbebauten Grundstück muss dieser Zeitrahmen im Hinblick auf die vor der Vermietung erforderliche Bebauung großzügiger gehandhabt werden.[8] **1614**

ff) Nachträgliche Schuldzinsen

Wird eine selbst genutzte und durch ein Darlehen finanzierte Immobilie veräußert und wird unter Aufrechterhaltung des Darlehens nur ein **Teil des Verkaufserlöses** dazu **verwendet**, durch die **Anschaffung einer anderen Immobilie** Einkünfte aus Vermietung und Verpachtung zu erzielen, so können von den aus dem fortgeführten Darlehen entstandenen Schuldzinsen nicht mehr als WK abgezogen werden, als dem Anteil der AK der neuen Immobilie an dem gesamten Verkaufserlös entsprechen. Es kommt dabei nicht darauf an, ob die stpfl. Person die Schuldzinsen in vollem Umfang hätte abziehen können, wenn sie – anstatt das Darlehen fortzuführen – einen neuen Kredit aufgenommen hätte.[9] Bei Verzicht auf den sofortigen Zufluss des Veräußerungserlöses wird der bisherige Zusammenhang mit der Einkunftsart gelöst.[10] **1615**

Ein zunächst begründeter wirtschaftlicher Zusammenhang mit einer Einkunftsart endet, sobald das mit Kredit finanzierte Wirtschaftsgut nicht mehr zur Erzielung von Einkünften bestimmt ist. Daher sind Schuldzinsen, die noch nach der **Zwangsversteigerung** eines zuvor vermieteten Grundstücks entstehen, weil der Versteigerungserlös nicht zur Tilgung des ursprünglichen Kredits ausreichte, nicht weiter als nachträgliche WK zu berücksichtigen.[11]

1) BMF v. 15.12.2005, IV C 3 – S 2253a – 19/05, BStBl I 2005, 1052.
2) JStG 2007 v. 13.12.2006, BStBl I 2007, 28.
3) BFH v. 8.3.2016, IX R 38/14, BStBl II 2016, 646.
4) BFH v. 4.3.2016, IX B 85/15, BFH/NV 2016, 917.
5) BFH v. 16.12.1977, III R 92/75, BStBl II 1978, 233.
6) BFH v. 12.3.2019, IX R 36/17, BStBl II 2019, 606.
7) BFH v. 8.2.1983, VIII R 130/79, BStBl II 1983, 554.
8) BFH v. 1.12.2015, IX R 9/15, BStBl II 2016, 335.
9) BFH v. 8.4.2003, IX R 36/00, BStBl II 2003, 706.
10) FG Düsseldorf v. 10.7.2018, 10 K 1911/17 F, EFG 2018, 1541.
11) BFH v. 12.11.1991, IX R 15/90, BStBl II 1992, 289.

1616 Schuldzinsen nach Veräußerung eines Vermietungsobjekts sind als nachträgliche Schuldzinsen berücksichtigungsfähig, wenn und soweit der Veräußerungserlös nicht zur Tilgung einer bestehenden Darlehensverbindlichkeit (Darlehen zur Anschaffung des Objekts; fremdfinanzierte Erhaltungsaufwendungen) ausreicht.[1] Bei Grundstücksveräußerungen, bei denen die Veräußerung auf einem vor dem 1.1.1999 rechtswirksam abgeschlossenen obligatorischen Vertrag oder gleichstehenden Rechtsakt beruht, ist für Schuldzinsen, die auf die Zeit nach der Veräußerung oder den Wegfall der Einkünfteerzielungsabsicht entfallen, kein nachträglicher Werbungskostenabzug bei den Einkünften aus Vermietung und Verpachtung zulässig. Der Grundsatz des Vorrangs der Schuldentilgung ist weiterhin zu beachten. Vorfälligkeitsentschädigungen sind lediglich i.R.d. Ermittlung eines steuerbaren Veräußerungserlöses (§ 23 Abs. 1 Nr. 1 EStG, → Rz. 1401) zu berücksichtigen.

Praxishinweis:

Wurde das obligatorische Veräußerungsgeschäft des Mietobjekts vor dem 1.1.2014 rechtswirksam abgeschlossen, bleiben die BMF-Schreiben v. 3.5.2006[2] und 15.1.2014[3] weiter anwendbar.

1617 Für Schuldzinsen, die in der Zeit nach Aufgabe der Einkunftserzielungsabsicht (→ Rz. 1529) gezahlt werden, ist kein nachträglicher Werbungskostenabzug zulässig.[4] Voraussetzung für die Berücksichtigung von WK ist damit ein ausreichend bestimmter wirtschaftlicher Zusammenhang zwischen den Aufwendungen und der Einkunftsart. Der durch die Absicht der Einkünfteerzielung begründete Veranlassungszusammenhang wirkt fort, solange er nicht durch eine der Vermögenssphäre zuzuweisende neue Veranlassung (z.B. dem Zusammenhang mit einem nicht steuerbaren Veräußerungsgewinn) überlagert wird.[5] Somit sind auch nach Aufgabe der Einkunftserzielungsabsicht (vorab entstandene) **vergebliche WK** zu berücksichtigen, wenn diese getätigt worden sind, um sich aus einer gescheiterten Investition zu lösen und so die Höhe der vergeblich aufgewendeten Kosten zu begrenzen.[6] Voraussetzung für die Abziehbarkeit der Aufwendungen ist nur, dass sich die stpfl. Person zum Erwerb und zur Vermietung endgültig entschlossen hat.

Beratungshinweis:

Für die Berücksichtigung nachträglicher Schuldzinsen ist maßgeblich, was mit dem Erlös aus der Veräußerung des mit einem Darlehen fremdfinanzierten Vermietungsobjekts geschieht. Die nicht durch eine tatsächliche Verwendung begründete (angebliche) Reinvestitionsabsicht des Veräußerungserlöses in ein noch zu erwerbendes Vermietungsobjekt reicht nicht aus, um der Surrogationsbetrachtung zu genügen und den notwendigen wirtschaftlichen Zusammenhang der Schuldzinsen mit der Einkunftsart Vermietung und Verpachtung zu begründen.[7]

Abziehbar sind die verlorenen Aufwendungen nur, soweit sie auf den vermieteten Anteil des Gebäudes entfallen wären. Soweit sie auf die Anschaffung von Grund und Boden entfallen wären, können sie dagegen nicht angesetzt werden.[8]

d) Geldbeschaffungskosten – z.B. Schätz-, Notar-, Grundbuchgebühren (Zeilen 49–51)

Zeile	Geldbeschaffungskosten (z. B. Schätz-, Notar-, Grundbuchgebühren)				EUR
	durch direkte Zuordnung ermittelt				
49	Einzelangaben				,–
	durch verhältnismäßige Zuordnung ermittelt				
50	Einzelangaben	Gesamtbetrag in EUR, Ct ,	abzugsfähiger Anteil (in %)	+	,–
51		Abzugsfähige Werbungskosten		34 =	,–

1618 Bei Geldbeschaffungskosten handelt es sich um Finanzierungskosten, z.B. Schätz-, Notar- und Grundbuchgebühren, Kreditprovisionen, Bereitstellungszinsen, Vermittlungsgebühren für Bürgschaften und Hypotheken, Bankverwaltungsgebühren, Gebühren für die Prüfung von Beleihungsunterlagen etc. Diese Aufwendungen sind als WK abzugsfähig.

Beratungshinweis:

Unter die sofort als WK abziehbaren Finanzierungskosten fallen nicht alle Aufwendungen, die ihrem ursprünglichen Charakter nach Geldbeschaffungskosten darstellen. Mit der Aufwendung muss vielmehr bezweckt werden, dem Erwerber die zur Begleichung der für die Anschaffung erforderlichen Geldmittel zu beschaffen.[9]

---

1) BMF v. 27.7.2015, IV C 1 – S 2211/11/10001, BStBl I 2015, 581.
2) BMF v. 3.5.2006, IV C 3 – S 2211 – 11/06, BStBl I 2006, 363.
3) BMF v. 27.7.2015, IV C 1 – S 2211/11/10001, BStBl I 2015, 581.
4) BMF v. 27.7.2015, IV C 1 – S 2211/11/10001, BStBl I 2015, 581.
5) BFH v. 15.11.2005, IX R 3/04, BStBl II 2006, 258.
6) BFH v. 7.6.2006, IX R 45/05, BStBl II 2006, 803.
7) BFH v. 6.12.2017, IX R 4/17, BStBl II 2018, 268.
8) BFH v. 9.5.2017, IX R 24/16, BStBl II 2018, 168.
9) BFH v. 11.12.1973, VIII R 11/71, BStBl II 1974, 476.

Im Zusammenhang mit der Beschaffung von Fremdkapital angefallene **Fahrtkosten und Mehraufwendungen für Verpflegung** können nach Reisekostengrundsätzen (→ Rz. 1162 ff.) als WK berücksichtigt werden. Eine gezahlte **Vorfälligkeitsentschädigung** kann dann zu WK führen, wenn das eine Objekt verkauft und ein anderes gekauft wird. In allen anderen Fällen – Verkauf des Objekts ohne Kauf eines anderen Objekts[1] – sind die gezahlten Vorfälligkeitsentschädigungen nicht abzugsfähig, da sie begrifflich Kreditnebenkosten darstellen.[2] Eine Vorfälligkeitsentschädigung ist nicht zu berücksichtigen, wenn diese entrichtet wird, um ein bisher vermietetes Objekt lastenfrei übertragen zu können.[3]

Eine gezahlte **Nichtabnahmeentschädigung** (echter Schadensersatz auf Grund der Nichtannahme eines Darlehens trotz gültigen Abschlusses eines Vertrags) gehört zu den Schuldzinsen.[4]

Beratungshinweis:

Der Abzug von **nachträglichen Schuldzinsen** (auch im Zusammenhang mit Refinanzierungs- oder Umschuldungsdarlehen) ist auch dann möglich, wenn die Veräußerung der Immobilie selbst nicht steuerbar ist.[5] Die Einkunftserzielungsabsicht muss vorhanden sein[6] und ist auch bei einer Vielzahl von unterschiedlichen Grundstücken objektbezogen[7] zu prüfen. Es besteht keine Verpflichtung zur Kündigung einer Kapitallebensversicherung, wenn diese die Rückführung eines verbliebenen Darlehensrestbetrags absichert, da keine Verpflichtung besteht, sich wirtschaftlich unsinnig zu verhalten.[8] Eine (angebliche) Reinvestitionsabsicht des Veräußerungserlöses in ein noch zu erwerbendes Vermietungsobjekt reicht nicht aus, um den notwendigen wirtschaftlichen Zusammenhang herzustellen.[9] Der (teilweise) Einsatz des Erlöses für eine andere Einkunftsquelle löst den wirtschaftlichen Zusammenhang zur ursprünglichen Darlehensverbindlichkeit.[10]

Nicht zu den Geldbeschaffungskosten (WK), **sondern zu den Anschaffungsnebenkosten** gehören die bei Erwerb eines Grundstücks anfallenden Notariatskosten und Maklergebühren. Sie können jedoch dann als WK zu berücksichtigen sein, wenn im Rahmen eines Verkaufs Darlehen getilgt werden.[11] **1619**

e) Renten, dauernde Lasten (Zeilen 52–54)

	Renten, dauernde Lasten durch direkte Zuordnung ermittelt				
	Einzelangaben				EUR
52					,—
	durch verhältnismäßige Zuordnung ermittelt				
	Einzelangaben	Gesamtbetrag in EUR, Ct	abzugsfähiger Anteil (in %)		
53		,		+	,—
54		Abzugsfähige Werbungskosten		35 =	,—

Soweit Renten und dauernde Lasten wirtschaftlich mit dem Grundstück in Zusammenhang stehen, stellen sie WK dar und sind in Zeile 52 und/oder 53 einzutragen. Werden beim Kauf eines zum Vermieten bestimmten Grundstücks als Entgelt laufende monatliche Zahlungen vereinbart, die als **dauernde Last** zu beurteilen sind, so liegen i.H.d. Barwerts der dauernden Last (§ 14 BewG i.V.m. Anlage 9 zum BewG) AK vor, die nach Maßgabe des § 7 EStG im Wege der AfA anteilig auf die Gesamtnutzungsdauer zu verteilen sind. Sofort als WK abziehbar sind lediglich die in den wiederkehrenden Zahlungen enthaltenen Zinsanteile (§ 9 Abs. 1 Satz 3 Nr. 1 EStG).[12] **1620**

Kommt es im Rahmen einer Leibrentenverpflichtung auf Grund einer **Wertsicherungsklausel** zu einer Erhöhung der Zahlungen, so ist dieser erhöhte Betrag direkt als WK zu berücksichtigen. Die **Rentenerhöhung** führt nicht zu nachträglichen AK und damit nicht zu einer Erhöhung der AfA-BMG.[13] Die Erhöhung wirkt sich nur insoweit steuermindernd aus, als der Ertragsanteil auf den höheren Rentenbetrag anzuwenden ist.[14] Der Ertragsanteil ergibt sich aus § 55 Abs. 1 Nr. 3 EStDV. Die z.B. an eine gesetzliche Altersrente gekoppelte Erhöhungsklausel begründet keine schwankenden Leistungen im Sinne einer dauernden Last.[15]

Bei Übertragung eines Vermietungsobjekts des Privatvermögens gegen Leibrente führen die wiederkehrenden Leistungen des Übernehmers an den Übergeber in Höhe ihres Barwerts zu AK.[16]

1) BFH v. 23.1.1990, IX R 8/85, BStBl II 1990, 464; BFH v. 2.3.2005, IX B 184/03, BFH/NV 2005, 1067.
2) BFH v. 23.4.1996, IX R 5/94, BStBl II 1996, 595.
3) BFH v. 11.2.2014, IX R 42/13, BStBl II 2015, 633.
4) BFH v. 5.11.2001, IX B 92/01, BStBl II 2002, 144.
5) BFH v. 8.4.2014, IX R 45/13, BStBl II 2015, 635.
6) BFH v. 21.1.2014, IX R 37/12, BStBl II 2015, 631.
7) FG München v. 26.9.2022, 7 K 169/20.
8) BFH v. 16.9.2015, IX R 40/14, BStBl II 2016, 78.
9) BFH v. 20.12.2017, IX R 4/17, BStBl II 2018, 268.
10) FG Münster v. 11.3.2016, 4 K 173/13 E, EFG 2016, 805.
11) BFH v. 11.2.2014, IX R 22/13, BFH/NV 2014, 1195.
12) BFH v. 9.2.1994, IX R 110/90, BStBl II 1995, 47.
13) BFH v. 29.11.1983, VIII R 231/80, BStBl II 1984, 109; v. 23.5.1991, IV R 48/90, BStBl II 1991, 796.
14) BFH v. 11.8.1967, VI R 80/66, BStBl III 1967, 699.
15) H 22.3 Begriff der Leibrente EStH 2024.
16) BFH v. 29.9.2021, IX R 11/19, BStBl II 2022, 229.

f) 2025 voll abzuziehende Erhaltungsaufwendungen – einschließlich Entnahmen aus der Erhaltungsrücklage (Zeilen 55–56)

	2025 voll abzuziehende Erhaltungsaufwendungen (einschließlich Entnahmen aus der Erhaltungsrücklage)	Gesamtbetrag in EUR, Ct	abzugsfähiger Anteil (in %)		EUR
55	durch direkte Zuordnung ermittelt			36	,—
56	durch verhältnismäßige Zuordnung ermittelt	,		37	,—

aa) Grundsätze

1621 Als WK **sofort abzugsfähige** Erhaltungsaufwendungen sind von den im Wege der AfA zu berücksichtigenden HK- oder AK abzugrenzen. Aufwendungen für die Instandhaltung und Instandsetzung (Reparaturen) von bereits vorhandenen Teilen, Einrichtungen oder Anlagen sind regelmäßig Erhaltungsaufwand. Auf den Zustand der erneuerten Teile kommt es nicht an. Auch wenn sie noch nicht verbraucht waren, liegt Erhaltungsaufwand vor. Die Aufwendungen sind in dem Jahr als WK zu berücksichtigen, in dem sie gezahlt worden sind. Werden durch die stpfl. Person Erhaltungsaufwendungen in Eigenleistung erbracht, trägt diese die Feststellungslast in welcher Höhe und ggf. an welchem Objekt die Aufwendungen erbracht wurden und zu berücksichtigen wären.[1)] Zur steuerlichen Absetzbarkeit von Aufwendungen für die Erneuerung einer **Einbauküche** vgl. BMF.[2)]

Können die Aufwendungen dem Vermietungsobjekt **direkt zugeordnet** werden, sind diese entsprechenden Beträge in Zeile 55 einzutragen. Ist eine direkte Zuordnung der entstandenen Aufwendungen nicht möglich (z.B. die Neueindeckung eines Dachs im sowohl vermieteten als auch selbst genutzten Mehrfamilienhaus), können diese verhältnismäßig (z.B. nach dem Verhältnis der Nutzfläche) zugeordnet werden. Der Anteil der als WK zu berücksichtigenden Aufwendungen ist in Zeile 56 einzutragen.

Größerer Erhaltungsaufwand wie z.B. die Dachneudeckung, der Neuverputz der Fassade, das Herrichten des Treppenhauses etc. kann unter bestimmten Voraussetzungen auf zwei bis fünf Jahre verteilt werden (→ Rz. 1627) um ggf. die steuerliche Progressionswirkung optimal nutzen zu können. Zur Berücksichtigung der Beseitigung von **Hochwasserschäden** vgl. die Zusammenstellung von Nacke.[3)]

1622 Die geleisteten Beiträge zur Erhaltungsrücklage (§ 19 Abs. 2 Nr. 4 WEG [alt: Instandhaltungsrücklage]) nach dem Wohnungseigentumsgesetz können beim Wohnungseigentümer erst dann als WK abgezogen werden, wenn der Verwalter sie für die Wohnungseigentümergemeinschaft tatsächlich für die Erhaltung des gemeinschaftlichen Eigentums oder für andere Maßnahmen, die die Erzielung von Einnahmen aus Vermietung und Verpachtung bezwecken oder durch sie veranlasst sind, verausgabt hat.[4)]

Beratungshinweis:
Der BFH bestätigte diese Rechtsauffassung, wird hierfür kritisiert, da er übersähe, dass seit der Novellierung des WEG der Wohnungseigentümer nicht mehr an der Instandhaltungsrücklage (§ 19 Abs. 2 Nr. 4 WEG) beteiligt sei.[5)] Die Zuführung von Hausgeldzahlungen eines Wohnungseigentümers zur Erhaltungsrücklage einer Wohnungseigentümergemeinschaft rechtfertigt auch unter Beachtung der seit dem 1.12.2020 geltenden Neuregelungen im Wohnungseigentumsgesetz keinen Werbungskostenabzug bei den Einkünften aus Vermietung und Verpachtung. Der hierfür erforderliche Veranlassungszusammenhang zur Vermietungstätigkeit besteht erst, wenn und soweit die Wohnungseigentümergemeinschaft die zurückgelegten Mittel für Erhaltungsmaßnahmen verausgabt..[6)]

Beim rechtsgeschäftlichen Erwerb von Teileigentum ist der vereinbarte Kaufpreis als BMG der Grunderwerbsteuer nicht um die anteilige Erhaltungsrücklage/Instandhaltungsrückstellung zu mindern.[7)]

Die **Veruntreuung von Rücklagen** durch den Hausverwalter kann zu WK führen.[8)] Zinsen aus der Instandhaltungsrücklage (§ 19 Abs. 2 Nr. 4 WEG) sind Einkünfte aus Kapitalvermögen (→ Rz. 699).

Wird die **Rücklage** (§ 19 Abs. 2 Nr. 4 WEG) für **Maßnahmen verwendet**, die zu **HK führen**, so sind nur die entsprechenden Absetzungen für Abnutzung als WK abziehbar (§ 9 Abs. 1 Satz 3 Nr. 7 EStG).

1623 Der BFH hatte die Frage zu beantworten, ob der Aufwand für einen Werkvertrag über Erhaltungsaufwendungen auch dann als WK bei den Einkünften aus Vermietung und Verpachtung abgezogen werden kann, wenn **ein Dritter eigene Zahlungsverpflichtungen der stpfl. Person aus den entsprechenden Werkverträgen erfüllt**, um dieser Person Aufwendungen für das Grundstück zuzuwenden (abgekürzter Vertragsweg). Diese Frage wurde seitens des BFH bejaht.[9)] Die entstandenen Erhaltungsaufwendungen sind der stpfl. Person nicht nur im Fall des **abgekürzten Zahlungswegs** zuzurechnen, sondern auch dann, wenn der Dritte im eigenen Namen für die stpfl. Person einen Vertrag abschließt und die geschuldete Leistung auch selbst leistet (Drittaufwand). Auch in diesem Fall wen-

1) BFH v. 27.1.2011, IX B 149/10, BFH/NV 2011, 791.
2) BMF v. 16.5.2017, IV C 1 – S 2211/07/10005 :001, BStBl I 2017, 775 unter Bezugnahme auf BFH v. 3.8.2016, IX R 14/15, BStBl II 2017, 437.
3) Nacke, NWB 37/2024, 2536.
4) BFH v. 26.1.1988, IX R 119/83, BStBl II 1988, 577.
5) BFH v. 5.10.2011, I R 94/10, BStBl II 2012, 244; kritisch, NJW-Spezial 2012, 193; Rechtsprechung bestätigend hingegen wiederum BFH v. 8.10.2012, IX B 131/12, BFH/NV 2013, 32.
6) BFH v. 14.1.2025, IX R 19/24, BStBl II 2025, 291.
7) BFH v. 16.9.2020, II R 49/17, BStBl II 2021, 339.
8) FG Rheinland-Pfalz v. 24.1.2013, 6 K 1973/10, EFG 2013, 609.
9) BFH v. 15.11.2005, IX R 25/03, BStBl II 2006, 623 und BFH v. 15.1.2008, IX R 45/07, BStBl II 2008, 572.

det der Dritte der stpfl. Person Geld zu und bewirkt dadurch zugleich dessen Entreicherung, indem er mit der Zahlung an den Leistenden den Vertrag erfüllt. Die Finverw. lässt auch den **Drittaufwand** zu, soweit es sich nicht um Kreditverbindlichkeiten und andere Dauerschuldverhältnisse handelt.[1] Im Fall von Dauerschuldverhältnissen kommt – unter dem Gesichtspunkt der Abkürzung des Vertragswegs – eine Berücksichtigung der Aufwendungen nicht in Betracht.

Aufwendungen kann die stpfl. Person auch in den Fällen als eigene WK geltend machen, wenn eine dritte Person zunächst den entsprechenden Betrag geschenkt hat oder (ohne vorherige unmittelbare Zuwendung) die Schuld direkt tilgt.

Zu Schuldzinsen beim Nichteigentümer-Ehegatten/Lebenspartner vgl. z.B. BFH.[2] Zur Mittelzuwendung hat der BFH erneut entschieden: Übernimmt der Eigentümer-Ehegatte/Lebenspartner einer vermieteten Immobilie die gesamtschuldnerische persönliche Mithaftung für ein der Finanzierung der Immobilie dienendes Darlehen des Nichteigentümer-Ehegatten/Lebenspartners, sind Schuldzinsen als für Rechnung des Eigentümer-Ehegatten/Lebenspartners aufgewendet anzusehen und damit abziehbar.[3]

bb) Aufwendungen im Zusammenhang mit einer einbehaltenen Mieterkaution

Die Einbehaltung einer **Mieterkaution** führt zu einer Einnahme i.R.d. Einkünfte aus Vermietung und Verpachtung. **1624**
Die mit Mitteln der einbehaltenen Kaution durchgeführten Reparaturen führen damit grds. zu WK.[4]

> **Beratungshinweis:**
> Renovierungen, die für eine Wohnung vorgenommen werden, die alsbald selbst bewohnt wird, sind privat veranlasst. Daher ist eine Berücksichtigung der Aufwendungen als WK nicht möglich.[5] Handelt es sich jedoch um Aufwendungen zur Beseitigung eines Schadens, der die mit dem gewöhnlichen Gebrauch der Mietsache verbundene Nutzung deutlich übersteigt (z.B. bei einem mutwillig verursachten Schaden), liegen berücksichtigungsfähige WK vor.

g) Auf bis zu fünf Jahre zu verteilende Erhaltungsaufwendungen – einschließlich Entnahmen aus der Erhaltungsrücklage – §§ 11a, 11b EStG, § 82b EStDV (Zeilen 57–60)

Auf bis zu 5 Jahre zu verteilende Erhaltungsaufwendungen (einschließlich Entnahmen aus der Erhaltungsrücklage) – §§ 11a, 11b EStG, § 82b EStDV –

Zeile					
57	Gesamtaufwand **2025**	57 ,– €	davon **2025** abzuziehen		,– €
					EUR
58	durch direkte Zuordnung ermittelt				,–
59	durch verhältnismäßige Zuordnung ermittelt	Gesamtbetrag in EUR, Ct ,	abzugsfähiger Anteil (in %)	+	,–
60			Abzugsfähige Werbungskosten	38 =	,–

aa) Gesamtaufwand im Veranlagungszeitraum 2025 – davon 2025 abzuziehen (Zeile 57)

(1) Erhaltungsaufwand bei Gebäuden in Sanierungsgebieten und städtebaulichen Entwicklungsbereichen (§ 11a EStG)

Führen Baumaßnahmen an Objekten i.S.d. § 7h EStG – Gebäude in Sanierungsgebieten und städtebaulichen Ent- **1625**
wicklungsbereichen (→ Rz. 1599) nicht zu HK oder AK, sondern zu Erhaltungsaufwand, kann die stpfl. Person den angefallenen Erhaltungsaufwand auf zwei bis fünf Jahre verteilen. Verteilt werden kann jedoch nur der Erhaltungsaufwand, der durch Zuschüsse aus Sanierungs- oder Entwicklungsförderungsmitteln nicht gedeckt ist. Wird das Gebäude während des Verteilungszeitraums veräußert, ist der noch nicht berücksichtigte Teil des Erhaltungsaufwands im Jahr der Veräußerung als Betriebsausgaben oder WK abzusetzen (§ 11a Abs. 2 Satz 1 EStG).

(2) Erhaltungsaufwand bei Baudenkmalen (§ 11b EStG)

Führen Baumaßnahmen an Objekten i.S.d. § 7i EStG – Baudenkmale (→ Rz. 1600) nicht zu HK oder AK, sondern zu **1626**
Erhaltungsaufwand, kann die stpfl. Person den angefallenen **Erhaltungsaufwand auf zwei bis fünf Jahre verteilen**. Verteilt werden kann jedoch nur der Erhaltungsaufwand, der nicht durch Zuschüsse aus Sanierungs- oder Entwicklungsförderungsmitteln gedeckt ist. Zum Verhältnis der Norm zum anschaffungsnahen Aufwand (§ 6 Abs. 1 Nr. 1a EStG) vgl. Götz.[6]

Wird das **Gebäude** während des Verteilungszeitraums **veräußert**, ist der noch nicht berücksichtigte Teil des Erhaltungsaufwands im Jahr der Veräußerung als Betriebsausgaben oder WK abzusetzen (§ 11b Satz 3 i.V.m. § 11a Abs. 2 Satz 1 EStG).

1) BMF v. 7.7.2008, IV C 1 – S 2211/07/10007, BStBl I 2008, 717.
2) BFH v. 21.10.2010, IX B 61/10, BFH/NV 2011, 40.
3) BFH v. 20.6.2012, IX R 29/11, BFH/NV 2012, 1952.
4) BFH v. 11.7.2000, IX R 48/96, BStBl II 2001, 784.
5) BFH v. 21.6.1994, IX R 62/91, BFH/NV 1995, 108.
6) Götz, DStR 2011, 1016.

(3) Erhaltungsaufwand nach § 82b EStDV

1627 Größerer Erhaltungsaufwand für die Erhaltung von **Gebäuden, die nicht zu einem BV gehören** und **überwiegend Wohnzwecken dienen**, kann auf zwei bis fünf Jahre gleichmäßig verteilt werden (§ 82b EStDV). Erhaltungsmaßnahmen, die auf nach dem 31.12.2003 begonnenen und innerhalb von drei Jahren nach Anschaffung des Gebäudes durchgeführten Baumaßnahmen beruhen, erhöhen als anschaffungsnahe HK die BMG für die Abschreibung des Gebäudes, wenn sie insg. mehr als 15 % (Rechnungsbetrag ohne USt) der auf das Gebäude entfallenden AK betragen. Nicht hierzu gehören Erweiterungsaufwendungen und jährlich üblicherweise anfallender Erhaltungsaufwand (§ 6 Abs. 1 Nr. 1a EStG). Einer Verteilung ist nur der Aufwand zugänglich, der tatsächlich angefallen ist, von der stpfl. Person getragen wurde und ihre individuelle wirtschaftliche Leistungsfähigkeit gemindert hat.[1]

Beratungshinweis:

Hat die stpfl. Person größere Erhaltungsaufwendungen im Jahr ihrer Entstehung **nicht als WK abgezogen** und vor Bestandskraft der Veranlagung dieses Jahres auch keine Verteilung nach § 82b EStDV gewählt, so kann sie die Aufwendungen anteilig gleichmäßig auf die folgenden Jahre des Verteilungszeitraums verteilen. Der auf das Jahr der Entstehung entfallende Anteil der Aufwendungen ist dabei nicht zu berücksichtigen.[2]

Ein Abzug von Aufwand durch einen **Einzelrechtsnachfolger** ist nicht möglich.[3] Hat der die Einkünfte aus Vermietung und Verpachtung erzielende Nießbraucher größere Erhaltungsaufwendungen auf mehrere Jahre verteilt und wird der Nießbrauch durch den Tod des Nießbrauchers innerhalb des Verteilungszeitraums beendet, kann der Eigentümer den verbliebenen Teil der Erhaltungsaufwendungen nicht als WK im Rahmen seiner Einkünfte aus Vermietung und Verpachtung abziehen.[4] Hat die stpfl. Person größere Erhaltungsaufwendungen auf mehrere Jahre verteilt und verstirbt sie innerhalb des Verteilungszeitraums, ist der noch nicht berücksichtigte Teil der Erhaltungsaufwendungen im Veranlagungsjahr des Versterbens als WK im Rahmen seiner Einkünfte abzusetzen (entgegen R 21.1 Abs. 6 Sätze 2 und 3 EStR 2012.[5]

Das **Gebäude dient überwiegend Wohnzwecken, wenn** die Grundfläche der Wohnzwecken dienenden Räume des Gebäudes mehr als die Hälfte der gesamten Nutzfläche beträgt. Zum Gebäude gehörende **Garagen** sind ohne Rücksicht auf ihre tatsächliche Nutzung als Wohnzwecken dienend zu behandeln, soweit in ihnen nicht mehr als ein PKW für jede im Gebäude befindliche Wohnung untergestellt werden kann. Räume für die Unterstellung weiterer PKW sind stets als nicht Wohnzwecken dienend zu behandeln.

Der Gesamtaufwand des Jahres 2025 ist in Zeile 57 einzutragen; ebenso ist zu erklären, welcher Anteil an den Aufwendungen im laufenden VZ 2024 berücksichtigt werden. Bei **erstmaliger Geltendmachung** der Erhaltungsaufwendungen ist auf Anforderung des FA eine gesonderte Einzelaufstellung einzureichen, aus der sich neben dem Rechnungsbetrag auch das Rechnungsdatum, der Gegenstand der Leistung sowie das ausführende Unternehmen ergibt.

h) Zu berücksichtigender Anteil der Erhaltungsaufwendungen nach den §§ 11a, 11b EStG, § 82b EStDV (Zeilen 61–72)

2025 zu berücksichtigender Anteil der Erhaltungsaufwendungen nach den §§ 11a, 11b EStG, § 82b EStDV

Zeile		Gesamtbetrag in EUR, Ct	abzugsfähiger Anteil (in %)		EUR
61	**aus 2021** durch direkte Zuordnung ermittelt				,—
62	**aus 2021** durch verhältnismäßige Zuordnung ermittelt	,		+	,—
63	Abzugsfähige Werbungskosten			39 =	,—
64	**aus 2022** durch direkte Zuordnung ermittelt				,—
65	**aus 2022** durch verhältnismäßige Zuordnung ermittelt	,		+	,—
66	Abzugsfähige Werbungskosten			40 =	,—
67	**aus 2023** durch direkte Zuordnung ermittelt				,—
68	**aus 2023** durch verhältnismäßige Zuordnung ermittelt	,		+	,—
69	Abzugsfähige Werbungskosten			41 =	,—

2025AnlV103 2025AnlV103

1) BFH v. 28.4.2020, IX R 14/19, BStBl II 2020, 545.
2) BFH v. 27.10.1992, IX R 152/89, BStBl II 1993, 589.
3) FG Münster v. 15.4.2016, 4 K 442/15 E, EFG 2016, 896.
4) BFH v. 13.3.2018, IX R 22/17, BFH/NV 2018, 824.
5) BFH v. 10.11.2020, IX R 31/19, BStBl II 2021, 474.

- 4 -

				EUR
70	**aus 2024** durch direkte Zuordnung ermittelt			,—
71	**aus 2024** durch verhältnismäßige Zuordnung ermittelt	Gesamtbetrag in EUR, Ct ,	abzugsfähiger Anteil (in %)	+ ,—
72		Abzugsfähige Werbungskosten	42 =	,—

Die Zeilen 61–72 betreffen Erhaltungsaufwendungen aus früheren Jahren, die in den Jahren 2021-2024 entstanden und geleistet und von denen bereits in früheren Jahren Anteile (z.B. ein Fünftel oder die Hälfte) berücksichtigt worden sind (→ Rz. 1627). Wird das Gebäude während des Verteilungszeitraums **veräußert** (oder in ein BV eingebracht oder nicht mehr zur Einkunftserzielung genutzt), ist der noch nicht berücksichtigte Teil des Erhaltungsaufwands im Jahr der Veräußerung als WK abzuziehen. **Verstirbt der Nießbraucher** vor Ablauf des Verteilungszeitraums, sind die noch nicht berücksichtigten Teile der Erhaltungsaufwendungen noch beim Nießbraucher zu berücksichtigen. Eine spätere Verteilung durch den Rechtsnachfolger ist ausgeschlossen.[1] **1628**

i) Umgelegte Kosten – z.B. Grundsteuer (Zeilen 73–75)

Umgelegte Kosten (z. B. Grundsteuer, Straßenreinigung, Müllabfuhr, Wasserversorgung, Entwässerung, Hausbeleuchtung, Heizung, Warmwasser, Schornsteinreinigung, Hausversicherungen, Hauswart, Treppenhausreinigung, Fahrstuhl)

					EUR
73	durch direkte Zuordnung ermittelt Einzelangaben				,—
74	durch verhältnismäßige Zuordnung ermittelt Einzelangaben	Gesamtbetrag in EUR, Ct ,	abzugsfähiger Anteil (in %)		+ ,—
75		Abzugsfähige Werbungskosten		52 =	,—

Analog zur Darstellung der vereinnahmten Umlagen (Zeilen 20–24) ist bei den WK zu unterscheiden, ob es sich um umgelegte Kosten (Zeilen 73–75) oder nicht umgelegte Kosten (Zeilen 76/78 → Rz. 1630) handelt. **1629**

Es handelt sich um **typische Werbungskostenpositionen** im Bereich der Einkünfte aus Vermietung und Verpachtung. Die in Zeile 73 dargestellten Positionen Grundsteuer, Straßenreinigung und Müllabfuhr sind regelmäßig dem Bescheid über die Grundbesitzabgaben zu entnehmen.

Beratungshinweis:

Bei vorliegender wesentlicher Ertragsminderung kann die Grundsteuer auf Antrag erlassen werden (§ 33 GrStG).[2] Dies gilt sowohl für Mietausfälle (auch auf Grund behördlicher Auflagen) sowie aus strukturellen Gründen, wie z.B. einer schrumpfenden Bevölkerung.[3] Vermietungsbemühungen sind in der Regel durch Urkunden (Rechnungen für Zeitungsannoncen, Rechnungen für Internetportal-Annoncen, Maklerverträge, Ausdrucke/Belegexemplare von Annoncen) zu belegen.[4] Leerstand auf Grund eigener Entscheidungen[5] sind selbst zu vertreten; auf die persönlichen Verhältnisse und Wirtschaftslage des Grundstückseigentümers kommt es nicht an.[6]

Die Aufwendungen für die Wasserversorgung, Entwässerung und Hausbeleuchtung sowie Heizung und Warmwasser und weitere nicht genannte Positionen wie bspw. Wartungsarbeiten für Rauchmelder sind ebenfalls als die Einkünfte mindernde Positionen zu berücksichtigen. Diese Aufwendungen können auf den Mieter umgelegt werden.

Praxishinweis:

Die vereinnahmten Umlagen sind in den Zeilen 20-24 zu erklären (→ Rz. 1551).

Zu Hausversicherungen gehören z.B. die Gebäudebrandversicherung, die Bauherren-Haftpflichtversicherung und die Bauwesenversicherung. Rechtsschutzversicherungen[7] können WK darstellen.

1) BFH v. 23.6.1997, IX B 43/97, BFH/NV 1997, 843; vgl. auch BMF v. 30.9.2013, IV C 1 – S 2252/07/10004, BStBl I 2013, 1184.
2) Zur Frage der Verfassungsmäßigkeit vgl. BFH v. 18.4.2012, II R 36/10, BStBl II 2012, 867; Verfbeschw zurückgewiesen, BVerfG v. 1.9.2014, 1 BvR 1375/12, StEd 2014, 597.
3) BFH v. 26.2.2007, II R 5/05, BStBl I 2008, 384.
4) VG Potsdam v. 17.1.2017, 11 K 4147/15.
5) BFH v. 17.12.2014, II R 41/12, BStBl II 2015, 663.
6) FG Berlin-Brandenburg v. 22.8.2012, 3 K 3318/07, EFG 2013, 146.
7) FinMin Niedersachsen v. 10.12.1984, S 2221 – 21 – 313, DB 1985, 20.

j) Nicht umgelegte Kosten – z.B. Verwaltungskosten, Bank- und Kontoführungsgebühren, ohne Erhaltungsrücklage (Zeilen 76–78)

Nicht umgelegte Kosten (z. B. Verwaltungskosten, Bank- und Kontoführungsgebühren – ohne Erhaltungsrücklage –)
durch direkte Zuordnung ermittelt

Zeile	Einzelangaben	Gesamtbetrag in EUR, Ct	abzugsfähiger Anteil (in %)		EUR
76					,–
	durch verhältnismäßige Zuordnung ermittelt				
77		,		+	,–
78			Abzugsfähige Werbungskosten	48 =	,–

1630 Zu den WK gehören auch die **Verwaltungskosten**, z.B. wegen der umfangreichen Grundbesitzverwaltung. Diese sind gesondert von den übrigen Aufwendungen zu erklären. Ebenfalls finden Zahlungen wegen der Ablösung eines Erbbaurechts Berücksichtigung, wenn hierdurch die Möglichkeit besteht, das Objekt wieder selbst als Eigentümer nutzen zu können, um höhere Vermietungseinkünfte zu erzielen.[1)]

Beiträge für Risikolebensversicherungen, die der Absicherung von Darlehen dienen, die zur Finanzierung der Anschaffungskosten einer Immobilie aufgenommen worden sind, sind auch dann nicht als WK zu berücksichtigen, wenn der Versicherungsvertragsabschluss durch das finanzierende Kreditinstitut vorgegeben war; auch eine Aufteilung der Beträge kommt nicht in Betracht.[2)]

Zur Berücksichtigung eines **Arbeitszimmer** (sowohl der Abzug für ein häusliches Arbeitszimmer als auch der Abzug der Tagespauschale [§ 4 Abs. 5 Satz 1 Nr. 6b und 6c, § 9 Abs. 5 Satz 1 EStG]) vgl. BMF v. 15.8.2023[3)].

k) Nur bei umsatzsteuerpflichtiger Vermietung: an das Finanzamt gezahlte und ggf. verrechnete Umsatzsteuer (Zeile 79)

Nur bei umsatzsteuerpflichtiger Vermietung:
an das Finanzamt gezahlte und ggf. verrechnete Umsatzsteuer

Zeile			EUR
79	durch direkte Zuordnung ermittelt	58	,–

1631 Zu erklären sind – durch direkte Zuordnung ermittelt – im Rahmen einer umsatzstpfl. Vermietung z.B. die Vorsteuern auf HK im Fall der USt-Option und an das FA abgeführte USt. Wird das Vermietungsobjekt insg. umsatzsteuerfrei vermietet, scheidet ein Vorsteuerabzug aus. Wird das Objekt nicht einheitlich genutzt, sind Aufteilungen erforderlich. Bei Gebäuden existiert jedoch nicht nur ein einziger Vorsteuerschlüssel, da die jeweilige Eingangsleistung entscheidend ist.[4)] Zum Vorsteuerabzug bei der Anschaffung/Herstellung von Gebäuden, die sowohl zur Erzielung vorsteuerunschädlicher als auch vorsteuerschädlicher Umsätze verwendet werden, vgl. UStAE Abschnitt 15.16 (Grundsätze zur Aufteilung der Vorsteuerbeträge). Wird das **Objekt veräußert** und sind Vorsteuerbeträge zurückzuzahlen (§ 15a UStG) sind diese weiterhin als WK berücksichtigungsfähig.[5)]

Praxishinweis:
Eine weitere, gesonderte Angabe zur umsatzstpfl. Vermietung (Vorsteuerbeträge) ist in Zeile 84 erforderlich (→ Rz. 1635).

Zur Frage der Option (§ 9 Abs. 2 UStG) nach einer Altbausanierung unter Ausnutzung der bestehenden Übergangsregelung (§ 27 Abs. 2 UStG) vgl. Sterzinger.[6)]

l) Sonstige Kosten (Zeilen 80–82)

Sonstige Kosten
durch direkte Zuordnung ermittelt

Zeile	Einzelangaben	Gesamtbetrag in EUR, Ct	abzugsfähiger Anteil (in %)		EUR
80					,–
	durch verhältnismäßige Zuordnung ermittelt				
81		,		+	,–
82			Abzugsfähige Werbungskosten	49 =	,–

1) BFH v. 26.1.2011, IX R 24/10, BFH/NV 2011, 1480.
2) BFH v. 13.10.2015, IX R 35/14, BStBl II 2016, 210.
3) BMF v. 15.8.2023, IV C 6 – S 2145/19/10006 :027, BStBl I 2023, 1551.
4) BFH v. 10.8.2016, XI R 31/09, BFH/NV 2016, 1654.
5) BFH v. 8.12.1992, IX R 105/89, BStBl II 1993, 656.
6) Sterzinger, DStR 2013, 167.

Nicht in den Zeilen 33–79 einzeln aufgeführte sonstige Aufwendungen können als Summe geltend gemacht werden. **1632**

Zu den sonstigen Aufwendungen gehören z.B.:

- **Abschlussgebühren für Bausparverträge**, wenn der Abschluss des Bausparvertrags in einem engen wirtschaftlichen Zusammenhang mit dem Kauf oder Bau sowie der Ablösung eines Darlehens steht,[1)]
- **Abstandszahlungen** (und Prozesskosten), die der Ersteigerer eines Vermietungsobjekts dafür aufwendet, dass ein Mieter seine Wohnung vorzeitig für den neuen Eigentümer freimacht[2)] oder um Räume zu anderen als Wohnzwecken vermieten zu dürfen,[3)]
- Kosten einer **Dauertestamentsvollstreckung** nach dem Anteil der Einkunftsquelle,[4)]
- Aufwendungen für den **Garten**, wenn die Mieter den Garten mitbenutzen dürfen. Dürfen die Mieter die Gartenanlage oder den Nutzgarten nicht nutzen, sind die Aufwendungen nicht abzugsfähig,[5)]

Praxishinweis:

Kosten für die gärtnerische Gestaltung der Grundstücksfläche bei einem Wohngebäude gehören nur zu den HK des Gebäudes, soweit diese Kosten für das Anpflanzen von Hecken, Büschen und Bäumen an den Grundstücksgrenzen („lebende Umzäunung") entstanden sind. Im Übrigen bildet die bepflanzte Gartenanlage ein selbständiges Wirtschaftsgut. Bei Gartenanlagen, die die Mieter mitbenutzen dürfen, und bei Vorgärten sind die HK der gärtnerischen Anlage gleichmäßig auf deren regelmäßig zehn Jahre betragende Nutzungsdauer zu verteilen.[6)]

- Gebühren für einen **Kabelanschluss**,
- **Steuerberatungskosten,** soweit diese mit den Einkünften aus Vermietung und Verpachtung in Zusammenhang stehen,
- **vergebliche Planungskosten** (z.B. gesondertes Honorar für tatsächlich nicht erbrachte Architektenleistung),[7)]
- Prozesskosten, um **rückständige Mieten** einzuklagen,
- **Reisekosten** zum Vermietungsobjekt (Fahrtkosten, Verpflegungsmehraufwendungen – vgl. Ausführungen auf der Anlage N ab Zeile 65, → Rz. 1162); **der Antrag auf Festsetzung der Mobilitätsprämie ist ab dem VZ 2021 mit der Anlage Mobilitätsprämie (→ Rz. 1048) zu stellen und betrifft u.a. Fahrten zur ersten Betriebsstätte alternativ zur erhöhten Entfernungspauschale.**

Praxishinweis:

Der Abzug von Kosten für Fahrten zu einem Vermietungsobjekt ist auf die Entfernungspauschale beschränkt, wenn sich an dem Objekt der ortsgebundene Mittelpunkt der dauerhaft und auf Überschusserzielung angelegten Vermietungstätigkeit befindet.[8)] Die Frage der ersten Tätigkeitsstätte bestimmt sich ausschließlich nach der entsprechenden Anwendung des § 9 Abs. 4 EStG und dem Grundsatz der Gleichstellung von Arbeitnehmern und Nichtarbeitnehmern. Bei den Einkünften sind die quantitativen Elemente des § 9 Abs. 4 Satz 4 Nr. 1 und 2 EStG maßgeblich. Bei einem Vermieter stellt sich bei Übertragung der Grundsätze eines Arbeitnehmers der Ort als erste Tätigkeitsstätte dar, an dem er mindestens 1/3 der für das entsprechende Objekt erbrachten Tätigkeiten ausübt.[9)]

- gezahlte **Zweitwohnungssteuer** mit dem auf die Vermietung des Objekts an wechselnde Feriengäste entfallenden zeitlichen Anteil.[10)]

Aufwendungen für den **Umzug des Eigentümers** in die eigengenutzte Wohnung gehören zur privaten Lebensführung und sind daher nicht als WK zu berücksichtigen.[11)] Dagegen können WK vorliegen, wenn der Vermieter Umzugskosten trägt, damit der Mieter die Wohnung frei macht, um diese dann neu zu vermieten.[12)]

Praxishinweis:

Aufwendungen zur (im Ergebnis gescheiterten) Abwehr einer Rückforderung des Miteigentumsanteils an einem vermieteten Grundstück auf Grund eines Widerrufs der Schenkung nach § 530 BGB stellen weder (nachträgliche) AK noch sofort abziehbare (Sonder-)WK dar.[13)]

Beratungskosten für **Steuererklärungen nach ausl. Recht** sind keine WK.[14)]

1) BFH v. 1.10.2002, IX R 12/00, BStBl II 2003, 398.
2) BFH v. 17.1.1978, VIII R 97/75, BStBl II 1978, 337.
3) BFH v. 24.10.1979, VIII R 92/77, BStBl II 1980, 187.
4) BFH v. 8.11.2017, IX R 32/16, BStBl II 2018, 191.
5) R 21.1 Abs. 3 Satz 4 und 6 EStR 2012.
6) R 21.1 Abs. 3 Satz 1 EStR 2012.
7) BFH v. 8.9.1998, IX R 75/95, BStBl II 1999, 20.
8) BFH v. 1.12.2015, IX R 18/15, BStBl II 2016, 532.
9) FG Köln v. 19.2.2020, 1 K 1209/18, EFG 2020, 1068; so auch FG Münster v. 15.5.2025, 12 K 1916/21 F, EFG 2025, 1281, vrl. nicht rkr.
10) BFH v. 15.10.2002, IX R 58/01, BStBl II 2003, 287.
11) BFH v. 18.10.1983, VIII R 199/82, BStBl II 1984, 297.
12) Anmerkung zu BFH v. 18.10.1983, VIII R 199/82, BStBl II 1984, 297 in HFR 1984, 267.
13) BFH v. 10.12.2019, IX R 19/19, BStBl II 2020, 452.
14) FG Münster v. 14.3.2018, 3 K 2271/16 E, F, EFG 2018, 846.

m) Nicht als Werbungskosten zu berücksichtigende Aufwendungen

1633 Aufwendungen, die nicht in der Absicht entstanden sind, Einkünfte aus Vermietung und Verpachtung zu erzielen, können als WK zwangsläufig keine Berücksichtigung finden.

Nicht abzugsfähig sind z.B.

- Aufwendungen zur **Schadensbeseitigung**, zu denen sich der Verkäufer im Kaufvertrag über sein Mietwohngrundstück verpflichtet hat,[1)]
- **Aufwendungen**, die **auf** eine **Zeit** entfallen, in der die stpfl. Person die Absicht hatte, die angeschaffte oder hergestellte **Wohnung selbst zu beziehen**, auch wenn er sich anschließend zu deren Vermietung entschlossen hat,[2)]
- **Abstandszahlungen** an den Mieter zur vorzeitigen Räumung der Wohnung, wenn der Vermieter deren Nutzung zu eigenen Wohnzwecken beabsichtigt,[3)]
- Aufwendungen für Schönheitsreparaturen und zur Beseitigung kleinerer Schäden und Abnutzungserscheinungen, die die stpfl. Person an einer bisher vermieteten Wohnung vor deren eigener Nutzung durchführt,[4)]

Beratungshinweis:
Aufwendungen zur Beseitigung eines Schadens, der die mit dem gewöhnlichen Gebrauch der Mietsache verbundene Abnutzung (§ 548 BGB) deutlich übersteigt, insbesondere eines mutwillig verursachten Schadens, sind WK. In diesen Fällen tritt die Veranlassung der Aufwendungen durch die Vermietung so offenkundig in den Vordergrund, dass die Mitveranlassung durch die zukünftige private Nutzung von untergeordneter Bedeutung ist.

- **Prozesskosten** zur Frage der Steuerbarkeit (z.B. hinsichtlich der Frage einer bestehenden **Einkunftserzielungsabsicht**),[5)]
- **Prozesskosten,** die zur Abwehr eines **Antrags auf Grundbuchberichtigung** für ein nicht genutztes Vermietungsobjekt aufgewendet werden,[6)]
- Aufwendungen, die auf eine Zeit entfallen, in der die stpfl. Person die Absicht hatte, die angeschaffte oder hergestellte Wohnung selbst zu beziehen, auch wenn er sich anschließend zu deren Vermietung entschlossen hat.[7)]

n) Summe der Werbungskosten (Zeile 83)

83	**Summe der Werbungskosten** (Summe der Zeilen 35, 38, 41, 45, 48, 51, 54, 55, 56, 60, 63, 66, 69, 72, 75, 78, 79 und 82)	EUR ,–

1634 Die Summe der ermittelten WK ist in Zeile 83 anzugeben. Zur Ermittlung der Einkünfte sind dann die WK von den Einnahmen abzuziehen und der ermittelte Überschuss in Zeile 85 zu übernehmen.

o) Nur bei umsatzsteuerpflichtiger Vermietung: in den Werbungskosten laut Zeile 83 enthaltene abziehbare Vorsteuerbeträge (Zeile 84)

84	Nur bei umsatzsteuerpflichtiger Vermietung: in den Werbungskosten laut Zeile 83 enthaltene abziehbare Vorsteuerbeträge	59 ,–

1635 Offensichtlich zur Vermeidung von Fehleintragungen im Zusammenhang mit der umsatzstpfl. Vermietung sollen nochmals die bereits in Zeile 83 erklärten (ab dem VZ 2017: „abziehbare“) Vorsteuern angegeben werden. Zu erklären sind die abziehbaren Vorsteuerbeträge und nicht der volle in den als WK zu berücksichtigende enthaltene Vorsteuerbetrag. Dabei ist zu beachten, dass Vorsteuerbeträge im Zusammenhang mit HK (→ Rz. 1569), im Zeitpunkt der Zahlung abgezogen werden können, während entsprechende AfA-Beträge erst im Zeitpunkt der Fertigstellung abgezogen werden können. Wird Erhaltungsaufwand auf mehrere Jahre verteilt, ist insoweit der Nettoaufwand aufzuteilen. Ordnet die stpfl. Person ein gemischt genutztes Gebäude rechtzeitig seinem Unternehmen zu, so ist die auf die HK des umsatzsteuerpfl. vermieteten Teils entfallende Vorsteuer (§ 9b Abs. 1 EStG) als WK bei den Einkünften aus Vermietung und Verpachtung abziehbar. Dies gilt jedoch nicht für Vorsteuerbeträge, die vor Fassung des Entschlusses zur Vermietung angefallen sind.[8)]

1) BFH v. 23.1.1990, IX R 17/85, BStBl II 1990, 465.
2) BFH v. 23.7.1997, X R 106/94, BStBl II 1998, 15.
3) BFH v. 7.7.2005, IX R 38/03, BStBl II 2005, 760.
4) BFH v. 11.7.2000, IX R 48/96, BStBl II 2001, 784.
5) FG Saarland v. 29.10.2018, 1 K 1251/15, EFG 2019, 1298.
6) FG Münster v. 26.3.2021, 4 K 424/19 E, EFG 2021, 1295.
7) BFH v. 23.7.1997, X R 106/94, BStBl II 1998, 15.
8) FG Köln v. 9.12.2015, 3 K 2557/11, EFG 2016, 624.

7. Ermittlung und Zuordnung der Einkünfte (Zeilen 85–86)

Ermittlung und Zuordnung der Einkünfte

– Bitte füllen Sie die Zeilen 85 und 86 immer aus. –

85	Überschuss (Einnahmen laut Zeile 32 abzüglich Werbungskosten laut Zeile 83) – negativen Betrag mit vorangestelltem Minuszeichen eintragen –		EUR ,—
		Steuerpflichtige Person / Ehemann / Person A	Ehefrau / Person B
86	Zurechnung des Betrags aus Zeile 85	20 EUR ,—	21 EUR ,—

Die ermittelten negativen/positiven Einkünfte (Überschuss lt. Zeile 32 abzgl. Zeile 83) sind immer in Zeile 85 zu erklären zu ermitteln und in Zeile 86 der jeweiligen Person zuzuordnen. **1636**

Gehört das vermietete Objekt den Ehegatten/Lebenspartnern gemeinsam, hat eine entsprechende verhältnismäßige Aufteilung der Einkünfte zu erfolgen. In diesen Fällen liegen die grds. Voraussetzungen für eine **gesonderte und einheitliche Feststellung der Besteuerungsgrundlagen** vor (§§ 179 ff. AO). Eine Feststellung ist jedoch dann nicht erforderlich, wenn es sich um einen Fall von geringerer Bedeutung handelt.[1] Ein solcher Fall ist z.B. auch bei Mieteinkünften von zusammen veranlagten Eheleuten gegeben, wenn die Einkünfte verhältnismäßig einfach zu ermitteln sind und die Aufteilung feststeht.[2] Dass allein die Frage der Überschusserzielungsabsicht streitig ist, führt nicht zur Durchführung einer gesonderten und einheitlichen Feststellung.[3]

8. Verbilligte Vermietung zu Wohnzwecken – § 21 Abs. 2 Satz 1 EStG (Zeilen 87–88)

Verbilligte Vermietung zu Wohnzwecken (§ 21 Abs. 2 Satz 1 EStG)

– Bitte nehmen Sie die Eintragung zur Kürzung der Werbungskosten entweder in Zeile 87 **oder** in Zeile 88 vor. Aufgrund dieser Eintragung kürzt Ihr Finanzamt die Werbungskosten entsprechend. –

87	Kürzung der Werbungskosten wegen verbilligter Vermietung (in %)	50 ,
88	Betragsmäßige Kürzung der Werbungskosten wegen verbilligter Vermietung eines Teils des Objekts	51 EUR ,—

Sofern nach den vorstehenden Ausführungen für das gesamte verbilligt vermietete Objekt eine Aufteilung erforderlich ist, ist in Zeile 87 der entsprechende Prozentsatz eintragen. Wird nur ein Teil des Objekts verbilligt vermietet, ist die betragsmäßige Kürzung der WK in Zeile 88 zu erklären. **1637**

9. 2025 vereinnahmte oder bewilligte Zuschüsse aus öffentlichen Mitteln zu den Anschaffungs-/Herstellungskosten – laut gesonderter Aufstellung (Zeile 89)

2025 vereinnahmte oder bewilligte Zuschüsse aus öffentlichen Mitteln zu den Anschaffungs- / Herstellungskosten (laut gesonderter Aufstellung)

89	Steuerpflichtige Person / Ehemann / Person A	EUR ,—	Ehefrau / Person B	EUR ,—

2025AnlV104 2025AnlV104

Zu erklären ist ergänzend, ob aus **öffentlichen Mitteln Zuschüsse zu AK oder HK** vereinnahmt oder bewilligt worden sind (z.B. der Zuschuss einer Flughafengesellschaft für den Einbau von Lärmschutzfenstern). **1638**

Praxishinweis:
Insoweit liegen keine Mieterzuschüsse vor (vgl. Zeile 25, → Rz. 1553).

Öffentliche Zuschüsse zu HK sind nicht als Einnahmen aus Vermietung und Verpachtung (wenn diese Zahlungen nicht Ausfluss eines Nutzungsverhältnisses sind) zu berücksichtigen, sondern mindern die HK ab dem Jahr der Bewilligung[4] (Zeitpunkt der Subventionsentscheidung). Werden Subventionen zunächst als Darlehen gewährt und dann in einem späteren VZ in einen verlorenen Zuschuss umgewandelt, so führt diese (endgültige) Entscheidung in diesem VZ, nicht aber rückwirkend auf den Zeitpunkt der Gewährung der Vorauszahlung zu einer Minderung der HK.[5] Wird dieser Zuschuss **zurückgezahlt**, ist vom Jahr des Entstehens der Rückzahlungsverpflichtung die AfA von der um den Rückzahlungsbetrag erhöhten BMG vorzunehmen.[6]

1) Vgl. auch Schoor, StBP 2010, 143.
2) AEAO zu § 180 AO Rz. 4 mit Hinweisen auf weitere BFH-Rechtsprechung.
3) BFH v. 4.7.2018, IX B 114/17, BFH/NV 2018, 1088.
4) R 21.5 Abs. 1 Satz 2 EStR 2012; BFH v. 16.3.1991, IX R 104/86, BStBl II 1992, 999.
5) BFH v. 7.12.2010, IX R 46/09, BStBl II 2012, 310.
6) R 21.5 Abs. 1 Satz 4 EStR 2012.

1639 Werden **Erhaltungsaufwendungen oder Schuldzinsen bezuschusst**, sind die Erhaltungsaufwendungen oder Schuldzinsen nur um den um den Zuschuss verminderten Betrag als WK abzugsfähig.[1] Fallen die Zahlung des Zuschusses und der Abzug der WK nicht in einen VZ, rechnet der Zuschuss im Jahr der Zahlung zu den Einnahmen aus Vermietung und Verpachtung.[2] Werden diese Zuschüsse **zurückgezahlt**, sind sie im Jahr der Zahlung als WK abzugsfähig.

Zuschüsse, die eine **Gegenleistung für die Gebrauchsüberlassung** des Grundstücks darstellen, sind im Jahr des Zuflusses als Einnahme aus Vermietung und Verpachtung zu behandeln. Hierunter fallen z.B. Zuschüsse als Gegenleistung für eine Mietpreisbindung oder Nutzung durch einen bestimmten Personenkreis. Wird der Zuschuss in Form eines Einmalbetrags zu den HK geleistet, ist er auf die Jahre des Bindungszeitraums zu verteilen.[3]

1) R 21.5 Abs. 1 Satz 5 EStR 2012.
2) R 21.5 Abs. 1 Satz 6 EStR 2012.
3) R 21.5 Abs. 2 EStR 2012.

XXXIII. Anlage V-FeWo – Einkünfte aus Vermietung und Verpachtung von Ferienwohnungen und aus kurzfristiger Vermietung

1. Vorbemerkung (Zeilen 1–3)

Anleitung vorhanden

2025

1 Name

2 Vorname

3 **Steuernummer** lfd. Nr. der Anlage

Anlage V-FeWo

zur Anlage V

Diese Anlage ist bei Zusammenveranlagung von Ehegatten / Lebenspartnern gemeinsam auszufüllen.

Einkünfte aus Vermietung und Verpachtung von Ferienwohnungen und aus kurzfristiger Vermietung

Wird eine Ferienwohnung vermietet oder handelt es sich um eine kurzfristige Vermietung von Immobilien, ist auf der Anlage V (Zeile 10) dieser Tatbestand zu erklären und gleichzeitig die Anlage V-FeWo (bei einer Zusammenveranlagung von Ehegatten/Lebenspartnern gemeinsam) auszufüllen. Angaben zu Einnahmen und Werbungskosten sind weiterhin auf der Anlage V erforderlich. **1640**

2. Erste Ferienwohnung/kurzfristig vermietete Wohnung (Zeilen 4–13)

1. Ferienwohnung / kurzfristig vermietete Wohnung

Allgemeine Angaben

4 zur **Anlage V** mit der laufenden Nummer

5 Aktenzeichen laut Grundsteuermessbescheid (ohne Sonderzeichen) – bisher Einheitswert-Aktenzeichen –

6 ggf. nähere Bezeichnung der Ferienwohnung / kurzfristigen Vermietung

7 Wohnfläche (in m²)

Angaben zur Nutzung

8 Wurde die Wohnung im Jahr 2025 auch selbst genutzt (hierzu zählt auch die unentgeltliche Überlassung an Dritte) und / oder war eine Selbstnutzung vorbehalten? 1 = Ja 2 = Nein

9 Tage der Selbstnutzung (Anzahl) Vermietungstage (Anzahl) Leerstandstage (Anzahl)

Falls die Wohnung ausschließlich an wechselnde Feriengäste vermietet und in der übrigen Zeit hierfür bereit gehalten wurde:

10 Ortsübliche Vermietungstage (Anzahl)

11 Wurde die Vermietung einem nicht nahe stehenden Vermittler (z. B. überregionaler Reiseveranstalter, Kurverwaltung) übertragen und ist eine Eigennutzung vertraglich für das gesamte Jahr ausgeschlossen? 1 = Ja 2 = Nein

12 Befindet sich die Ferienwohnung in Ihrem ansonsten selbst genutzten Zwei- oder Mehrfamilienhaus oder in unmittelbarer Nähe zur selbst genutzten Wohnung? 1 = Ja 2 = Nein

13 Befindet sich die Ferienwohnung in einem Ort, in dem sich eine oder weitere eigene Ferienwohnungen befinden, welche selbst genutzt wurden? 1 = Ja 2 = Nein

a) Allgemeine Angaben (Zeilen 4–7)

Die Anlage V-FeWo dient der Ergänzung der Anlage V, so dass bei Vorliegen der entsprechenden Sachverhalte in Zeile 4 der Bezug zur Anlage V hergestellt wird, um das Objekt eindeutig zu identifizieren. In Zeile 5 ist das Aktenzeichen laut Grundsteuermessbescheid (ohne Sonderzeichen) – nicht mehr das Einheitswert-Aktenzeichen (→ Rz. 1533) – anzugeben. Zur genaueren Identifizierung des Objekts ist in Zeile 6 eine nähere Bezeichnung zum Vermietungsobjekt möglich. Die Angabe der Wohnfläche (die Wohnfläche, die auf die an wechselnde Feriengäste vermietete Fläche oder auf den zur kurzfristigen Vermietung genutzten Wohnraum entfällt [Zeile 7]) dient der weiteren Verifizierung der Zuordnung u.a. von Einnahmen/Werbungskosten. **1641**

b) Angaben zur Nutzung (Zeilen 8–9)

Die Angaben zur Nutzung sind für die Prüfung der bestehenden Einkunftserzielungsabsicht (→ Rz. 1644) erforderlich. **1642**

c) Falls die Wohnung ausschließlich an wechselnde Feriengäste vermietet und in der übrigen Zeit hierfür bereit gehalten wurde (Zeile 10–13)

1643 Bei einer ausschließlich an wechselnde Feriengäste vermieteten und in der übrigen Zeit hierfür bereit gehaltenen Ferienwohnung ist ohne weitere Prüfung von der Einkunftserzielungsabsicht auszugehen. Diese Grundsätze gelten unabhängig davon, ob die Ferienwohnung in Eigenregie oder durch Einschalten eines fremden Dritten vermietet wird.[1] Die Erklärungstatbestände in den Zeilen 11–13 entsprechen der Systematik des BMF-Schreibens v. 8.10.2004. Der stpfl. Person obliegt die Feststellungslast, dass ausschließlich eine Vermietung der Ferienwohnung vorliegt. Davon kann ausgegangen werden, wenn eine der folgenden Umstände glaubhaft gemacht wird:[2] Zu den Voraussetzungen der Einkunftserzielungsabsicht (→ Rz. 1644).

d) Einkunftserzielungsabsicht

1644 Zur grds. Frage nach der Prüfung der Einkunftserzielungsabsicht vgl. die Ausführungen zu Anlage V (→ Rz. 1529). Im Zusammenhang mit den Einkünften aus der Vermietung von Ferienwohnungen und der kurzfristigen Vermietung sind Besonderheiten zu beachten.

1645 Zu den Einkünften aus Vermietung und Verpachtung zählt auch die Vermietung von Ferienwohnungen. Es stellt sich bei der Vermietung von **Ferienwohnungen** jedoch die grds. Frage, ob die **Vermietungstätigkeit** der Einkunftsart Vermietung und Verpachtung zuzurechnen ist. Dies ist dann der Fall, wenn der Vermieter die Absicht hat, auf die Dauer der Vermögensnutzung einen Totalüberschuss der Einnahmen über die Werbungskosten zu erwirtschaften. Für die (ggf. kurzfristige) Einnahmeerzielung z.B. über Internetplattformen wie **„Airbnb", „Wimdu", „9flats"** dürften die gleichen Grundsätze (die Steuerbefreiung für die Teilüberlassung i.H.v. 520 € ist zu beachten → Rz. 1520) gelten.[3]

> **Praxishinweis:**
> Mit dem PStTG[4] wurde eine Meldepflicht für Betreiber digitaler Plattformen und der grenzüberschreitende, automatische Informationsaustausch zwischen den Steuerbehörden der EU-Mitgliedstaaten eingeführt. Das BMF hat mit Schreiben v. 2.2.2023[5] Anwendungsfragen veröffentlicht.

Die Vermietung kann auch im Rahmen eines Gewerbebetriebs erfolgen. Kriterien für einen Gewerbebetrieb können dabei z.B. die Werbung für eine kurzfristige Vermietung an laufend wechselnde Mieter oder die Übertragung der Vermietung an eine Organisation sein. Zur Berücksichtigung von hoteltypischen Zusatzleistungen, auch wenn diese nicht vom Eigentümer der Immobilie erbracht werden, vgl. BFH.[6] Der Vermieter einer Ferienwohnung erzielt keine Einkünfte aus Gewerbebetrieb, wenn der von ihm mit der treuhänderischen Vermietung beauftragte Vermittler diese hotelmäßig anbietet, aber ein eigenes wirtschaftliches Interesse an der Treuhandstellung hat, insb. weil er hoteltypische Zusatzleistungen auf eigene Rechnung oder für Rechnung Dritter erbringt.[7] Entschließt sich die stpfl. Person, nach einer vorangegangenen dauerhaften Vermietung eine „andere Form der Vermietung" aufzunehmen, ist der subjektive Tatbestand in diesem Zeitpunkt neu zu bewerten.[8]

Die Verlustausgleichs- und Abzugsbeschränkungen für Verluste aus in EU- oder EWR-Staaten (ohne Liechtenstein) belegenen Immobilien sind rückwirkend entfallen, so dass ein Ausgleich möglich ist (§ 2a EStG).

1646 Die Grundsätze des BFH-Urteils v. 30.9.1997[9] zur Vermietung von Immobilien sind seit dem Urteil v. 6.11.2001[10] zunächst auch bei der Vermietung von Ferienwohnungen zu beachten, wenn die Wohnungen von der stpfl. Person in Eigenregie oder durch Beauftragung eines Dritten ausschließlich an wechselnde Feriengäste vermietet und in der übrigen Zeit hierfür bereitgehalten werden.

Daher ist die **Einkunftserzielungsabsicht stets zu prüfen** (vgl. Anlage V → Rz. 1530), wenn die Wohnung zeitweise vermietet und zeitweise selbst genutzt oder zur zeitweisen Selbstnutzung vorgehalten wird.[11] Entschließt sich die stpfl. Person dazu, nach einer vorangegangenen dauerhaften Vermietung und sich anschließender Sanierungsphase eine andere Form der Vermietung – wie etwa die Nutzung als Ferienimmobilie – aufzunehmen, ist der subjektive Tatbestand des § 21 Abs. 1 Satz 1 Nr. 1 EStG in diesem Zeitpunkt neu zu bewerten.[12] Dies gilt unabhängig davon, ob und inwieweit tatsächlich von dem Eigennutzungsrecht Gebrauch gemacht wird.[13] Eine Prüfung hat auch dann zu erfolgen, wenn – unabhängig von der tatsächlichen Nutzung – eine Zeit der Selbstnutzung vorbehalten ist.[14] Das FG Niedersachsen folgte der Rechtsprechung des BFH nicht und sieht (auch bei Selbstnutzung von 21 Tagen) keinen Anlass für eine Prognose, wenn die tatsächlichen Vermietungstage die ortsüblichen Vermietungstage nicht um mind. 25 % unterschreiten; der BFH verlangte im nachfolgenden Revisionsverfahren jedoch die Überprüfung, unabhängig davon, ob tatsächlich eine Eigennutzung vorlag, da das Vorbehalten ausreichend ist.[15]

1) BMF v. 8.10.2004, IV C 3 – S 2253 – 91/04, BStBl I 2004, 933, Rz. 16.
2) BMF v. 8.10.2004, IV C 3 – S 2253 – 91/04, BStBl I 2004, 933, Rz. 17.
3) Vgl. BFH v. 2.7.2019, IX R 18/18, HFR 2020, 125.
4) Plattformen-Steuertransparenzgesetz (PStTG) v. 20.12.2022, BGBl. I 2022, 2730.
5) BMF v. 2.2.2023, IV B 6 – S 1316/21/10019 :025, BStBl I 2023, 241.
6) BFH v. 28.5.2020, IV R 10/18, BFH/NV 2020, 1055, HFR 2020, 1126.
7) BFH v. 14.1.2004, X R 7/02, BFH/NV 2004, 945.
8) BFH v. 2.7.2019, IX R 18/18, HFR 2020, 125.
9) BFH v. 30.9.1997, IX R 80/94, BStBl II 1998, 771.
10) BFH v. 6.11.2001, IX R 97/00, BStBl II 2002, 726.
11) BFH v. 28.7.2005, IX B 21/05, BFH/NV 2006, 267.
12) BFH v. 8.1.2019, IX R 37/17, HFR 2019, 374.
13) BFH v. 9.3.2006, IX B 143/05, BFH/NV 2006, 1281.
14) BFH v. 16.4.2013, IX R 26/11, BStBl II 2013, 613.
15) BFH v. 16.4.2013, IX R 22/12, BFH/NV 2013, 1552.

Zur Prüfung der Einkunftserzielungsabsicht bei Ferienwohnungen, wenn eine ortsübliche Vermietungszeiten nicht feststellbar sind vgl. BFH.[1] Zur Prüfung der Auslastung einer Ferienwohnung müssen die individuellen Vermietungszeiten des jeweiligen Objekts an Feriengäste mit denen verglichen werden, die bezogen auf den gesamten Ort im Durchschnitt erzielt werden. Dabei kann die stpfl. Person auf Vergleichsdaten eines Statistikamts auch dann zurückgreifen, wenn diese Werte für den betreffenden Ort nicht allgemein veröffentlicht, sondern nur auf Nachfrage zugänglich gemacht werden.[2] Um den Einfluss temporärer Faktoren möglichst gering zu halten und ein einheitliches Bild zu erlangen, ist auf die durchschnittliche Auslastung der Ferienwohnung über einen zusammenhängenden Zeitraum von drei bis fünf Jahren abzustellen.[3]

Steht ausdrücklich fest, dass die stpfl. Person die Ferienwohnung nicht auch selbst nutzt, ist – auch beim **Vermieten in Eigenregie – grds.** ohne weitere Prüfung von dem Vorliegen einer Überschusserzielungsabsicht auszugehen.[4]

Gestaltungshinweis:
Daher könnte es Erfolg versprechend sein, eine neu erworbene Wohnung in der Zeit der Anfangsverluste ausschließlich fremd zu vermieten und zu einem späteren Zeitpunkt erst mit einer Eigennutzung zu beginnen. In diesen Fällen entfällt dann zunächst die Prognoserechnung, so dass entstandene Aufwendungen in voller Höhe zu berücksichtigen sind. Insoweit könnte eine möglicherweise zu einem späteren Zeitpunkt vom FA eingeforderte Überschussprognose positiver ausfallen.

Nach der Entscheidung des BFH v. 26.10.2004[5] ist auch bei einer **ausschließlichen** Vermietung **an wechselnde** 1647
Feriengäste (in Eigenregie oder durch Beauftragung eines Dritten) die Einkunftserzielungsabsicht des Vermieters anhand der Überschussprognose zu überprüfen, wenn ohne Vorliegen von Vermietungshindernissen das Vermieten die ortsübliche Vermietungszeit der Wohnungen erheblich unterschreitet. **Vermietungshindernisse** sind notwendige Renovierungen oder höhere Gewalt (z.B. Umweltkatastrophen[6]), nicht jedoch eine allgemein schlechte Vermietbarkeit.

Beratungshinweis:
Diese Maßstäbe sind grds. auch auf die Vermietung von Messezimmern oder Messewohnungen anwendbar.[7]

Der BFH hat damit seine bisherige Rechtsprechung zur grds. Unterstellung der Einkunftserzielungsabsicht bei einer auf Dauer angelegten Vermietung an wechselnde Feriengäste eingeschränkt. Danach ist nunmehr aus Vereinfachungsgründen, und um den bei der Prüfung der Einkunftserzielungsabsicht gegebenen Unsicherheiten Rechnung zu tragen, die zur Prognose führende Unterschreitungsgrenze bei mind. 25 % anzusetzen. Wenn die **durchschnittlichen Vermietungszeiten mind. 25 % unter den ortsüblichen** liegen und es hierfür keine besonderen – von der stpfl. Person nicht zu vertretenden Gründe gibt – wird eine Totalüberschussprognose nach den vom BFH aufgestellten Grundsätzen gefordert, auch wenn keine Eigennutzung vorliegt, oder lediglich an weniger Tagen im Jahr genutzt wird.[8] Die Unterschreitung dieser Grenze könnte der Ausdruck dafür sein, dass außersteuerliche Motive für die Vermietung vorliegen.

Die Finverw. hatte die Rz. 16 und 17 des BMF-Schreibens v. 8.10.2004[9] um die Fn. 1 und 2 (Anhang 30 II EStH 20) ergänzt.

Beratungshinweis:
Zunächst muss ermittelt werden, ob mit der tatsächlichen Vermietung die ortsübliche Vermietungszeit (→ Rz. 1540) von Ferienwohnungen um mind. 25 % unterschritten wird: Im folgenden Schritt ist dann – in Abhängigkeit von dem gefundenen ersten Teilergebnis – entweder die Einkunftserzielungsabsicht ohne weitere Prüfung zu unterstellen oder sie ist anhand der aufgestellten Grundsätze des BFH zu überprüfen. Fehlt die Einkunftserzielungsabsicht auf Grund einer Prognoserechnung, so kommt eine vorläufige Steuerfestsetzung nicht in Betracht.[10]

Das Vermieten einer Ferienwohnung ist einer **auf Dauer angelegten Vermietung** aber nur dann **vergleichbar**, wenn die Ferienwohnung im ganzen Jahr – bis auf die üblicherweise vorkommenden Leerstandszeiten – an wechselnde Feriengäste vermietet wird. Je mehr das Vermieten der Ferienwohnung die ortsübliche Vermietungszeit unterschreitet, umso mehr wird die Frage an Bedeutung gewinnen, warum die Wohnung leer stand. Dabei ist es unerheblich, ob die Ferienwohnung in Eigenregie oder mit den Vermietungen eine dritte Person beauftragt wird.[11] Ist die Wohnung besonders ausgestaltet (→Rz. 1531) ist eine Prognose auch bei Überschreiten der ortsüblichen Vermietungszeit erforderlich.[12] Der stpfl. Person obliegt die **Feststellungslast**, dass ausschließlich eine Vermietung der Ferienwohnung vorliegt und sie nicht auch selbst genutzt wird. Es scheint nur sehr schwierig zu sein, die „Nichtselbstnutzung" nachzuweisen. Dies kann ggf. dadurch erfolgen, dass schlüssig dargelegt wird, dass andere Urlaube bevorzugt werden (dafür wären dann wohl die entsprechenden Buchungsbelege aufzubewahren).

1) BFH v. 31.1.2017, IX R 23/16, BFH/NV 2017, 897 (Einkünfteerzielungsabsicht muss durch eine Prognose überprüft werden).
2) BFH v. 26.5.2020, IX R 33/19, BStBl II 2020, 548.
3) BFH v. 12.8.2025, IX R 23/24, StEd 2025, 511.
4) BFH v. 3.5.2006, IX B 16/06, BFH/NV 2006, 1471.
5) BFH v. 26.10.2004, IX R 57/02, BStBl II 2005, 388.
6) FG Baden-Württemberg v. 16.12.2003, 2 K 367/01, EFG 2005, 112.
7) BFH v. 4.3.2008, IX R 11/07, BFH/NV 2008, 1462.
8) FG Niedersachsen v. 25.2.2010, 11 K 100/08, EFG 2010, 1038.
9) BMF v. 8.10.2004, IV C 3 – S 2253 – 91/04, BStBl I 2004, 933.
10) BFH v. 22.9.2009, IX B 82/09, BFH/NV 2010, 36.
11) BFH v. 28.7.2005, IX B 21/05, BFH/NV 2006, 267.
12) BFH v. 4.3.2016, IX B 114/15, BFH/NV 2016, 917.

1648 Eine **ausschließliche Fremdvermietung** liegt auch dann noch vor, wenn die stpfl. Person die Wohnung gelegentlich für kurze Zeit aufsucht, z.B. um Reparaturen durchzuführen.

Dabei können die folgenden Umstände glaubhaft gemacht werden:

– Die Entscheidung über die Vermietung obliegt einer nicht nahestehenden Person, einem Vermittler (z.B. Kurverwaltung, Reiseveranstalter) und die Eigennutzung ist vertraglich für das gesamte Jahr ausgeschlossen,
– die Wohnung befindet sich im ansonsten selbst genutzten Mehrfamilienhaus, wobei die selbst genutzte Wohnung nach Größe und Ausstattung den Wohnbedürfnissen der stpfl. Person entspricht,
– die stpfl. Person hat an demselben Ort mehr als eine Ferienwohnung und nutzt nur eine dieser Ferienwohnungen für eigene Wohnzwecke,
– die Dauer der Vermietung der Ferienwohnung entspricht zumindest dem Durchschnitt der Vermietungen in der am Ferienort üblichen Saison, die (natürlich) regional unterschiedlich sein kann.

Praxishinweis:
Nicht als Selbstnutzung werden kurzfristige Aufenthalte der stpfl. Person gewertet, die der Durchführung von Arbeiten oder der Wahrnehmung von Verwaltungsaufgaben dienen. Der Charakter der Wohnungsnutzung bleibt insoweit unberührt.

Unschädliche Aufenthalte und damit nicht der Selbstnutzung zuzurechnen sind danach z.B. Wartungsarbeiten, Schlüsselübergabe an Feriengäste, Reinigung bei Mieterwechsel, allgemeine Kontrolle, Durchführung von Schönheitsreparaturen, Teilnahme an Eigentümerversammlungen.

Praxishinweis:
Die Aussage „kurzfristig" im Zusammenhang mit dem Aufenthalt in der Ferienwohnung wird nicht näher erläutert. Aus dem Wort „kurzfristig" dürfte zu erkennen sein, dass sich die stpfl. Person nicht länger mit Arbeiten aufhalten soll als unbedingt erforderlich. Dauert der Aufenthalt dagegen länger als einen Tag, ist nachzuweisen, dass der Aufenthalt während der normalen Arbeitszeit vollständig mit Arbeiten für die Wohnung ausgefüllt war.

Die Nachweispflicht gilt ebenfalls bei der **Begleitung durch Angehörige**. Hier muss die stpfl. Person glaubhaft machen, dass hierfür sachliche, wohnungsbezogene Gründe maßgeblich sind. Hierunter dürften auch Erläuterungen wie z.B. das Alter der stpfl. Person und die Belastungen einer längeren Fahrtstrecke und auch der Reparaturarbeiten, die alleine nicht zu bewerkstelligen sind, fallen. Indizwirkung kann auch die Festsetzung der **Zweitwohnungssteuer** sein. Wird die Wohnung ausschließlich zu Vermietungszwecken genutzt, so entsteht keine Zweitwohnungssteuer.

3. Zweite Ferienwohnung/kurzfristig vermietete Wohnung (Zeilen 14–23)

2. Ferienwohnung / kurzfristig vermietete Wohnung

Allgemeine Angaben

14 zur **Anlage V** mit der laufenden Nummer

15 Aktenzeichen laut Grundsteuermessbescheid (ohne Sonderzeichen) – bisher Einheitswert-Aktenzeichen –

16 ggf. nähere Bezeichnung der Ferienwohnung / kurzfristigen Vermietung

17 Wohnfläche (in m²)

Angaben zur Nutzung

18 Wurde die Wohnung im Jahr 2025 auch selbst genutzt (hierzu zählt auch die unentgeltliche Überlassung an Dritte) und / oder war eine Selbstnutzung vorbehalten? 1 = Ja 2 = Nein

19 Tage der Selbstnutzung (Anzahl) Vermietungstage (Anzahl) Leerstandstage (Anzahl)

Falls die Wohnung ausschließlich an wechselnde Feriengäste vermietet und in der übrigen Zeit hierfür bereit gehalten wurde:

20 Ortsübliche Vermietungstage (Anzahl)

21 Wurde die Vermietung einem nicht nahe stehenden Vermittler (z. B. überregionaler Reiseveranstalter, Kurverwaltung) übertragen und ist eine Eigennutzung vertraglich für das gesamte Jahr ausgeschlossen? 1 = Ja 2 = Nein

22 Befindet sich die Ferienwohnung in Ihrem ansonsten selbst genutzten Zwei- oder Mehrfamilienhaus oder in unmittelbarer Nähe zur selbst genutzten Wohnung? 1 = Ja 2 = Nein

23 Befindet sich die Ferienwohnung in einem Ort, in dem sich eine oder weitere eigene Ferienwohnungen befinden, welche selbst genutzt wurden? 1 = Ja 2 = Nein

2025AnlV-FeWo491 - September 2025 - 2025AnlV-FeWo491

1649 Die Ausführungen zu den Zeilen 4–7, 8 und 9 sowie 10–13 gelten für die zweite Ferienwohnung entsprechend.

4. Dritte Ferienwohnung/kurzfristig vermietete Wohnung (Zeilen 24–33)

- 2 -

3. Ferienwohnung / kurzfristig vermietete Wohnung

Allgemeine Angaben

24 zur **Anlage V** mit der laufenden Nummer

25 Aktenzeichen laut Grundsteuermessbescheid (ohne Sonderzeichen) – bisher Einheitswert-Aktenzeichen –

26 ggf. nähere Bezeichnung der Ferienwohnung / kurzfristigen Vermietung

27 Wohnfläche (in m²)

Angaben zur Nutzung

28 Wurde die Wohnung im Jahr 2025 auch selbst genutzt (hierzu zählt auch die unentgeltliche Überlassung an Dritte) und / oder war eine Selbstnutzung vorbehalten? 1 = Ja 2 = Nein

29 Tage der Selbstnutzung (Anzahl) Vermietungstage (Anzahl) Leerstandstage (Anzahl)

Falls die Wohnung ausschließlich an wechselnde Feriengäste vermietet und in der übrigen Zeit hierfür bereit gehalten wurde:

30 Ortsübliche Vermietungstage (Anzahl)

31 Wurde die Vermietung einem nicht nahe stehenden Vermittler (z. B. überregionaler Reiseveranstalter, Kurverwaltung) übertragen und ist eine Eigennutzung vertraglich für das gesamte Jahr ausgeschlossen? 1 = Ja 2 = Nein

32 Befindet sich die Ferienwohnung in Ihrem ansonsten selbst genutzten Zwei- oder Mehrfamilienhaus oder in unmittelbarer Nähe zur selbst genutzten Wohnung? 1 = Ja 2 = Nein

33 Befindet sich die Ferienwohnung in einem Ort, in dem sich eine oder weitere eigene Ferienwohnungen befinden, welche selbst genutzt wurden? 1 = Ja 2 = Nein

Die Ausführungen zu den Zeilen 4–7, 8 und 9 sowie 10–13 gelten für die dritte Ferienwohnung entsprechend. **1650**

5. Vierte Ferienwohnung/kurzfristig vermietete Wohnung (Zeilen 34–43)

4. Ferienwohnung / kurzfristig vermietete Wohnung

Allgemeine Angaben

34 zur **Anlage V** mit der laufenden Nummer

35 Aktenzeichen laut Grundsteuermessbescheid (ohne Sonderzeichen) – bisher Einheitswert-Aktenzeichen –

36 ggf. nähere Bezeichnung der Ferienwohnung / kurzfristigen Vermietung

37 Wohnfläche (in m²)

Angaben zur Nutzung

38 Wurde die Wohnung im Jahr 2025 auch selbst genutzt (hierzu zählt auch die unentgeltliche Überlassung an Dritte) und / oder war eine Selbstnutzung vorbehalten? 1 = Ja 2 = Nein

39 Tage der Selbstnutzung (Anzahl) Vermietungstage (Anzahl) Leerstandstage (Anzahl)

Falls die Wohnung ausschließlich an wechselnde Feriengäste vermietet und in der übrigen Zeit hierfür bereit gehalten wurde:

40 Ortsübliche Vermietungstage (Anzahl)

41 Wurde die Vermietung einem nicht nahe stehenden Vermittler (z. B. überregionaler Reiseveranstalter, Kurverwaltung) übertragen und ist eine Eigennutzung vertraglich für das gesamte Jahr ausgeschlossen? 1 = Ja 2 = Nein

42 Befindet sich die Ferienwohnung in Ihrem ansonsten selbst genutzten Zwei- oder Mehrfamilienhaus oder in unmittelbarer Nähe zur selbst genutzten Wohnung? 1 = Ja 2 = Nein

43 Befindet sich die Ferienwohnung in einem Ort, in dem sich eine oder weitere eigene Ferienwohnungen befinden, welche selbst genutzt wurden? 1 = Ja 2 = Nein

...

2025AnlV-FeWo492 **2025AnlV-FeWo492**

Die Ausführungen zu den Zeilen 4–7, 8 und 9, 10–13 gelten für die vierte Ferienwohnung entsprechend. **1651**

XXXIV. Anlage V-Sonstige – Weitere Einkünfte aus Vermietung und Verpachtung

1. Vorbemerkung (Zeilen 1–3)

2025

1	Name	**Anlage V-Sonstige**
2	Vorname	**Diese Anlage ist bei Zusammenveranlagung von Ehegatten / Lebenspartnern gemeinsam auszufüllen.**
3	**Steuernummer**	

Weitere Einkünfte aus Vermietung und Verpachtung

1652 Die Anlage V-Sonstige wurde ab dem VZ 2023 neu aufgelegt und teilweise aus der bisherigen Anlage V ausgegliedert und weiter ergänzt. Die Anlage ist bei einer Zusammenveranlagung von Ehegatten/Lebenspartnern gemeinsam auszufüllen.

2. Anteile an Einkünften laut gesonderter und einheitlicher Feststellung aus (Zeilen 4–29)

Anteile an Einkünften laut gesonderter und einheitlicher Feststellung aus 25

Steuerpflichtige Person / Ehemann / Person A

Zeile		Kz.	EUR
	1. Grundstücksgemeinschaft		
4	Bezeichnung		
5	Finanzamt		
6	Steuernummer	856	,—
	2. Grundstücksgemeinschaft		
7	Bezeichnung		
8	Finanzamt		
9	Steuernummer	858	,—
10	weiteren Grundstücksgemeinschaften (laut gesonderter Aufstellung)	854	,—
	geschlossenen Immobilienfonds		
11	Bezeichnung		
12	Finanzamt		
13	Steuernummer	874	,—
	Bauherren- / Erwerbsgemeinschaften		
14	Bezeichnung		
15	Finanzamt		
16	Steuernummer	876	,—

Ehefrau / Person B

1. Grundstücksgemeinschaft

Zeile			
17	Bezeichnung		
18	Finanzamt		
19	Steuernummer	857	EUR ,—

2. Grundstücksgemeinschaft

Zeile			
20	Bezeichnung		
21	Finanzamt		
22	Steuernummer	859	EUR ,—
23	weiteren Grundstücksgemeinschaften (laut gesonderter Aufstellung)	855	,—

2025AnlV-Sonstige501 - September 2025 - **2025AnlV-Sonstige501**

- 2 -

geschlossenen Immobilienfonds

Zeile			
24	Bezeichnung		
25	Finanzamt		
26	Steuernummer	875	EUR ,—

Bauherren- / Erwerbsgemeinschaften

Zeile			
27	Bezeichnung		
28	Finanzamt		
29	Steuernummer	877	EUR ,—

a) Vorbemerkung

Sind mehrere Personen an Einkünften aus Vermietung und Verpachtung beteiligt, so sind diese Einkünfte regelmäßig gesondert und einheitlich, d.h. mit Wirkung für und gegen alle beteiligten Personen festzustellen (§§ 179 ff. AO). Im gesonderten und einheitlichen Feststellungsbescheid werden die Einkünfte entsprechend ihrer Beteiligungsquote zugerechnet. 1653

Praxishinweis:

Für eine gesonderte und einheitliche Feststellung ist eine eigene Feststellungserklärung beim örtlich zuständigen FA einzureichen. Hierzu wird i.R.v. reinen Grundstücksgemeinschaften der Vordruck ESt 1 B sowie die Anlage FB und FE 1 benötigt.

b) Anteile an Grundstücksgemeinschaften (Zeilen 4–10 und/oder 17–23)

Die Aufteilung von Einnahmen und Werbungskosten aus der gemeinsamen Vermietung und Verpachtung von Grundstücken erfolgt grds. nach dem Verhältnis der nach bürgerlichem Recht anzusetzenden Anteile. 1654

Abweichende Vereinbarungen zwischen den Miteigentümern hinsichtlich der Verteilung von Einnahmen und Ausgaben sind anzuerkennen, wenn sie bürgerlich-rechtlich wirksam sind und hierfür wirtschaftlich vernünftige Gründe vorliegen.[1] Einer **nutzungsberechtigten Person** sind die Einkünfte zuzurechnen, wenn ihr die volle Besitz- und Verwaltungsbefugnis zusteht, sie die Nutzungen tatsächlich zieht, das Grundstück in Besitz hat und es verwaltet. Das kann insb. im Wege eines zivilrechtlich zulässigen schuldrechtlichen Nießbrauchs (Nutzungsrechts) geschehen. Ein Nutzungsrecht, das den Nutzungsberechtigten im Innenverhältnis zum Eigentümer zur Vermietung des Objekts berechtigt, kann auch konkludent vereinbart werden.[2] Abweichende Vereinbarungen zwischen nahen Angehörigen sind jedoch nur dann anerkannt, wenn sie in Gestaltung und Durchführung dem zwischen

1) R 21.6 Abs. 1 EStR 2012.
2) BFH v. 29.9.2021, IX R 2/21, HFR 2022, 229.

fremden Dritten Üblichen entsprechen. Eine **unzutreffende Verteilung der Einnahmen** und **Werbungskosten** kann im gerichtlichen Verfahren auch dann noch korrigiert werden, wenn der Gesamtüberschuss bestandskräftig festgestellt ist.[1)]

Hierfür wird eine gesonderte und einheitliche Feststellung durch das zuständige FA erfolgen, die für und gegen alle Beteiligten wirkt (§§ 179 ff. AO). Dazu ist eine gesonderte und einheitliche Feststellungserklärung abzugeben (Vordruck ESt 1 B und weitere Anlagen). Hier sind auch entsprechende Sonderwerbungskosten geltend zu machen, die nicht die Gemeinschaft, sondern lediglich einen Mitgesellschafter betreffen. **AfA** oder **erhöhte Absetzungen** und **Sonderabschreibungen** können nur demjenigen Miteigentümer zugerechnet werden, der die AK oder HK getragen hat.[2)] Dies ist z.B. bei einer unterschiedlich hohen Beteiligungsquote an der Baufinanzierung entscheidend.

Wird eine Wohnung eines im Miteigentum stehenden Wohnhauses an einen Miteigentümer vermietet und nutzt dieser das gemeinschaftliche Wohnhaus insg. über seinen Miteigentumsanteil hinaus, so erzielt der andere Miteigentümer anteilig Einkünfte aus Vermietung und Verpachtung.[3)]

Ist der Anteil noch nicht bekannt, z.B. weil die Feststellungserklärung wegen einer bestehenden Fristverlängerung noch nicht eingereicht worden ist, empfiehlt es sich ggf., die Gemeinschaft genau zu bezeichnen und mit einem Eintrag z.B. „Bitte von Amts wegen einsetzen" zu versehen. Zum Verfahren beim Wohnsitz-FA im Zusammenhang mit der Geltendmachung von negativen Einkünften aus der Beteiligung an Verlustzuweisungsgesellschaften und vergleichbaren Modellen vgl. BMF.[4)]

Über die Höhe der entsprechenden Einkünfte wird das FA einen **Feststellungsbescheid** erlassen. Das Wohnsitz-FA ist an die Angaben in diesem Bescheid gebunden (Grundlagenbescheid).

c) Anteile an geschlossenen Immobilienfonds (Zeilen 11–13 und/oder 24–26)

1655 Geschlossene Immobilienfonds sind in der Rechtsform einer Personengesellschaft organisiert und dadurch gekennzeichnet, dass sie stets nur eine begrenzte Anzahl von Anlegern (Gesellschaftern) aufnehmen. Einen bestimmten Anteil des Fonds-Eigenkapitals übernimmt jeder Anleger und erbringt eine Bareinlage in entsprechender Höhe. Zur Erreichung des vertraglichen Gesellschaftszwecks und zum Erwerb der Fondsimmobilie werden diese Mittel, ggf. unter Hinzuziehung einer Fremdfinanzierung, benutzt. Nach dem Beschluss des BFH v. 2.7.2008 ist die Einkunftserzielungsabsicht auf der Ebene der Personengesellschaft sowie auf der Ebene des Gesellschafters zu überprüfen.[5)] Zum Prognosezeitraum vgl. Urteil des FG Hamburg.[6)] Zur Auswirkung i.R.d. § 15a Abs. 3 Satz 2 EStG, vgl. Eckert.[7)]

Die Einkünfte der Beteiligten werden gesondert und einheitlich mit Wirkung für und gegen alle festgestellt und den Beteiligten entsprechend ihrer Beteiligungsquote zugerechnet (§§ 179 ff. AO). Hierfür ist eine Feststellungserklärung abzugeben (Vordruck ESt 1 B und entsprechende Anlagen).

Ist der Anteil noch nicht bekannt, z.B. weil die Feststellungserklärung wegen einer bestehenden Fristverlängerung noch nicht eingereicht worden ist, empfiehlt es sich, bereits die Gemeinschaft genau zu bezeichnen und mit einem Eintrag z.B. „Bitte von Amts wegen einsetzen" zu versehen. Zum Verfahren beim Wohnsitz-FA im Zusammenhang mit der Geltendmachung von negativen Einkünften aus der Beteiligung an Verlustzuweisungsgesellschaften und vergleichbaren Modellen vgl. BMF.[8)]

d) Bauherren-/Erwerbergemeinschaften (Zeilen 14–16 und/oder 27–29)

1656 Anteile an einer Bauherren-/Erwerbergemeinschaft sind gesondert zu erklären. Es handelt sich um eine private Immobilieninvestition, bei der die konzeptionellen, betreuenden oder verwaltenden Tätigkeiten von einem Bauträger für den Bauherrn übernommen werden. Der Investor erwirbt die Immobilie durch Übernahmen der üblichen Bau-, Vertrags-, Finanzierungs- und Kostenrisiken, so dass der Investor als Bauherr auftritt und auf diese Art bestimmte, gesondert ausgewiesene Baunebenkosten als sofort abzugsfähige Werbungskosten i.R.d. Einkommensteuer geltend machen kann. Welche Aufwendungen als Werbungskosten von der Finverw. berücksichtigt werden, ist im sog. Bauherrenerlass geregelt.[9)]

1) BFH v. 31.3.1992, IX R 245/87, BStBl II 1992, 890.
2) R 21.6 Satz 3 EStR 2012.
3) BFH v. 18.5.2004, IX R 49/02, BStBl II 2004, 929.
4) BMF v. 13.7.1992, IV A 5 – S 0361 – 19/92, BStBl I 1992, 404, geändert durch BMF v. 28.6.1994, IV A 4 – S 0361 – 14/94, BStBl I 1994, 420.
5) BFH v. 2.7.2008, IX B 46/08, BStBl II 2008, 815.
6) FG Hamburg v. 15.12.2009, 2 K 247/08, EFG 2010, 842.
7) Eckert, BB 2011, 1055.
8) BMF v. 13.7.1992, IV A 5 – S 0361 – 19/92, BStBl I 1992, 404, geändert durch BMF v. 28.6.1994, IV A 4 – S 0361 – 14/94, BStBl I 1994, 420.
9) BMF v. 20.10.2003, IV C 3 – S 2253a – 48/03, BStBl I 2003, 546.

3. Wirtschafts-Identifikationsnummer zu den Zeilen 31 bis 36 (Zeile 30)

Wirtschafts-Identifikationsnummer zu den Zeilen 31 bis 36

	Steuerpflichtige Person / Ehemann / Person A	Ehefrau / Person B
30	D E -	D E -

Ab dem VZ 2024 ist in der neu aufgenommenen die **Wirtschafts-Identifikationsnummer** (W-Id-Nr. [§§ 139a, 139c AO]) zu erklären. Vgl. hierzu Ausführungen zu Zeile 6 der Anlage S → Rz. 1317. **1657**

4. Einkünfte aus Untervermietung von gemieteten Räumen (Zeile 31)

Einkünfte aus Untervermietung von gemieteten Räumen

	Bezeichnung	Steuerpflichtige Person / Ehemann / Person A EUR	Ehefrau / Person B EUR
31		866 ,—	867 ,—

Werden Teile einer selbst genutzten Eigentumswohnung, eines selbst genutzten Einfamilienhauses oder insgesamt selbst genutzten anderen Hauses, für das ein Nutzungswert nicht zu versteuern ist, **vorübergehend vermietet und übersteigen die Einnahmen hieraus nicht 520 € im VZ**, kann aus Vereinfachungsgründen von der Besteuerung der Einkünfte abgesehen werden. Entsprechendes gilt bei der vorübergehenden Untervermietung von Teilen einer angemieteten Wohnung, die im Übrigen selbst genutzt wird.[1] Zur Frage des vorübergehenden Leerstands vgl. BFH;[2] diese sind ggf. der Vermietungstätigkeit zuzurechnen. **1658**

Einzutragen sind die Einkünfte, also die Bruttoeinnahmen abzgl. der Werbungskosten. Als Werbungskosten kommen alle Aufwendungen in Betracht, die auch im Rahmen einer üblichen Vermietung zu berücksichtigen sind. Dazu gehören z.B. die (anteiligen) Strom- und Reinigungskosten sowie Absetzungen für Abnutzung (auch für vermietete Einrichtungsgegenstände).

Zur Einkunftserzielungsabsicht bei mehrjähriger Untervermietung vgl. FG Berlin-Brandenburg.[3]

5. Einkünfte aus Vermietung und Verpachtung unbebauter Grundstücke, von anderem unbeweglichem Vermögen, von Sachinbegriffen sowie aus Überlassung von Rechten (Zeilen 32–36)

Einkünfte aus Vermietung und Verpachtung unbebauter Grundstücke, von anderem unbeweglichen Vermögen, von Sachinbegriffen sowie aus Überlassung von Rechten

	Bezeichnung	Steuerpflichtige Person / Ehemann / Person A EUR	Ehefrau / Person B EUR
	Vermietung und Verpachtung unbebauter Grundstücke		
32		,—	,—
	Vermietung und Verpachtung von anderem unbeweglichen Vermögen		
33		+ ,—	+ ,—
	Vermietung und Verpachtung von Sachinbegriffen		
34		+ ,—	+ ,—
	Einkünfte aus Überlassung von Rechten		
35		+ ,—	+ ,—
36	Summe	852 = ,—	853 = ,—

a) Vorbemerkung

Zu erklären sind die Einkünfte (Einnahmen abzüglich Werbungskosten [z.B. nach dem Muster der Anlage V]) aus allen weiteren Vermietungstatbeständen (unbebaute Grundstücke, anderes unbewegliches Vermögen, Sachinbegriffe [z.B. die Möbel einer möbliert vermieteten Wohnung; das bewegliche BV im Fall der Verpachtung eines aufgegebenen Gewerbebetriebs[4]], Überlassung von Rechten [insb. die zeitlich befristete entgeltliche Überlassung von schriftstellerischen, künstlerischen/gewerblichen Urheberrechten wie Patente, Gebrauchsmuster, Geschmacksmuster]) zu erklären, die die Voraussetzungen des § 21 EStG erfüllen. **1659**

1) R 21.2 Abs. 1 EStR 2012.
2) BFH v. 22.1.2013, IX R 19/11, BStBl II 2013, 376.
3) FG Berlin-Brandenburg v. 15.1.2010, 9 K 7050/06 B, EFG 2010, 1128.
4) BFH v. 28.10.2008, IX R 51/07, BFH/NV 2009, 157.

Praxishinweis:
Die gelegentliche Vermietung von beweglichen Gegenständen im Privatvermögen (z.B. Wohnmobil) stellen keine Einkünfte aus Vermietung und Verpachtung dar, sondern es handelt sich insoweit um sonstige Einkünfte, die auf der Anlage SO (Zeilen 16–17) zu erklären sind, soweit es sich nicht um eine Vermietung im Rahmen eines Betriebs oder freien Berufs handelt. In diesem Fall sind die Vermietungseinkünfte i.R.d. Unternehmens entstanden und dort zu erklären.

b) Vermietung und Verpachtung unbebauter Grundstücke (Zeile 32)

aa) Grundsätze

1660 Einkünfte (Einnahmen abzüglich der Werbungskosten) aus der Vermietung von unbebauten Grundstücken sind gesondert zu erklären. Hierunter fällt z.B. die **Vermietung eines Grundstücks als Lager- oder Sportplatz**. Voraussetzung für die Einordnung zu den Einkünften aus Vermietung und Verpachtung ist, dass die Einkunftserzielungsabsicht vorhanden ist.[1)]

Der Eigentümer eines unbebauten Grundstücks hat **vorab entstandene Werbungskosten** bei den Einkünften aus Vermietung und Verpachtung (Finanzierungsaufwand, Grundsteuer), wenn ein wirtschaftlicher Zusammenhang mit einer späteren Bebauung und der Vermietung, Verpachtung oder Selbstnutzung des Gebäudes besteht. Das gilt ebenfalls im Zusammenhang mit einer jahrelangen Umbauphase.[2)] Der (enge) zeitliche Zusammenhang mit der späteren Bebauung ist kein zusätzliches Tatbestandsmerkmal, sondern ein Umstand, der den wirtschaftlichen Zusammenhang offenkundig machen und dessen Nachweis erleichtern kann.[3)] Vergebliche Aufwendungen für AK auf Grund und Boden stellen keine Werbungskosten dar.[4)] Anlässlich des **Erwerbs von Bauerwartungsland** angefallene Finanzierungskosten können vorab entstandene Werbungskosten sein, wenn der Erwerber schon bei der Anschaffung des Grundstücks konkret damit rechnen konnte, das Grundstück in überschaubarer Zeit bebauen zu dürfen und wenn er seine erkennbare Bauabsicht auch nachhaltig zu verwirklichen sucht. Indizien für einen wirtschaftlichen Zusammenhang von Aufwendungen mit künftigen Einnahmen können z.B. der Abschluss von Bausparverträgen zur Mittelansparung, Beauftragung eines Architekten oder eine Bauvoranfrage sein.[5)]

bb) Einkunftserzielungsabsicht

1661 Zu den Grundsätzen der Einkunftserzielungsabsicht vgl. die Ausführungen zu Anlage V → Rz. 1529. Anders als bei der Vermietung und Verpachtung von bebauten Grundstücken wird bei der Vermietung und Verpachtung von **unbebauten Grundstücken nicht die Einkunftserzielungsabsicht zu Gunsten der stpfl. Person unterstellt**. Für unbebaute Grundstücke ist, wenn Wertsteigerungen und Steuervorteile außer Acht bleiben, auf Grund fehlender Instandhaltungsarbeiten von vornherein erkennbar, ob trotz Fremdfinanzierung eine Rendite zu erwirtschaften ist. Ein vorsichtiges Finanzierungsverhalten spricht nicht gegen die Vermietungsabsicht, wenn aus anderen Umständen die tatsächliche Verwendung ersichtlich ist; eine abschließende negative Beurteilung der Vermietungsabsicht kann nach dem Ablauf von mehr als zehn Jahren erfolgen.[6)]

Diese Aussage steht in Übereinstimmung mit der Ansicht des BFH. So hat der BFH entschieden, dass seine aufgestellte Fiktion jedenfalls nicht für die dauerhafte Vermietung von unbebauten Grundstücken gilt.[7)] Die Finverw. verlangt eine **Überschussprognose auf einen Zeitraum von 30 Jahren.** Ist diese neg., sind die entsprechenden Verluste nicht zu berücksichtigen.[8)]

Beim **Erwerb von Bauerwartungsland** könnte zudem zu berücksichtigen sein, dass die Absicht verfolgt wird, das Grundstück möglichst bald zu bebauen und dann entsprechend durch Vermietung zu nutzen. Ausgeschlossen werden müsste aber, dass das Objekt lediglich aus Spekulationsgründen erworben wurde. Die wahrscheinliche Bebaubarkeit sollte daher nachgewiesen werden, z.B. durch die Einleitung zur Aufstellung eines Bebauungsplans.[9)]

Die Überschussprognose dürfte dann wegen der geplanten Fremdvermietung entbehrlich sein, da die Einkunftserzielungsabsicht zu unterstellen ist.[10)] Aber auch hier trägt die stpfl. Person die objektive Beweislast für das Vorliegen der Einkunftserzielungsabsicht.

c) Vermietung und Verpachtung von anderem unbeweglichem Vermögen (Zeile 33)

1662 Das Vermieten eines in die Luftfahrzeugrolle eingetragenen Flugzeugs **ohne Sonderleistungen** des Vermieters führt zu Einkünften aus Vermietung und Verpachtung (§ 21 Abs. 1 Nr. 1 EStG). Im Wege der Auslegung von § 21 Abs. 1 Nr. 1 EStG wird die Analogie von im Schiffsregister eingetragenen Schiffen und in Luftfahrtrollen eingetragenen Flugzeugen hergestellt; dies führt zur Einordnung beider Verkehrsmittel als unbewegliches Vermögen i.S.d. Norm. Ein sachlicher Grund für die steuerrechtliche Gleichstellung von bestimmten beweglichen Sachen mit

1) BFH v. 19.12.2007, IX R 30/07, BFH/NV 2008, 1300.
2) BFH v. 16.6.2015, IX R 21/14, BFH/NV 2015, 1567.
3) BFH v. 8.2.1983, VIII R 130/79, BStBl II 1983, 554.
4) BFH v. 28.9.2010, IX R 37/09, BFH/NV 2011, 36.
5) BFH v. 4.6.1991, IX R 30/89, BStBl II 1991, 761.
6) BFH v. 1.12.2015, IX R 9/15, BStBl II 2016, 335.
7) BFH v. 25.3.2003, IX B 2/03, BStBl II 2003, 479; BFH v. 26.11.2008, IX R 67/07, BStBl II 2009, 370.
8) BFH v. 28.11.2007, IX R 9/06, BStBl II 2008, 515.
9) Stein, INF 2006, 349.
10) Paus, NWB Fach 3, 13493, 13525.

Immobilien liegt darin, dass in ein öffentliches Register eingetragene bewegliche Sachen ähnlich wie Immobilien auf Dauer als Einkunftsquellen geeignet und für Zwecke der Besteuerung einfach zu erfassen sind.[1] Dies gilt für eingetragene Schiffe gleichermaßen.

Als Pachtverträge sind die Verträge anzusehen, durch die ein Grundstückseigentümer einem Dritten gegen Entgelt die Entnahme von Bodenschätzen (z.B. Kohle, Sand, Kies, Mineralien) gestattet. **1663**

Praxishinweis:

Dies gilt insoweit, als es sich hierbei nicht um Einkünfte aus Land- und Forstwirtschaft oder Gewerbebetrieb handelt. Die Unterverpachtung landwirtschaftlicher Nutzflächen führt bei einem land- und forstwirtschaftlichen Pachtbetrieb grundsätzlich zu Einkünften aus Vermietung und Verpachtung, denn sie ist nicht darauf gerichtet, die natürlichen Kräfte des Bodens zur Erzeugung und Verwertung von lebenden Pflanzen und Tieren zu nutzen.[2]

Privatvermögen ist der Bodenschatz, wenn er in einem land- und forstwirtschaftlich genutzten Grundstück entdeckt, aber nicht überwiegend für land- und forstwirtschaftliche Zwecke des Grundstückseigentümers verwertet wird. Privatvermögen ist der Bodenschatz auch dann, wenn ein zum land- und forstwirtschaftlichen BV gehörendes Grundstück veräußert wird und ein besonderes Entgelt für den Bodenschatz zu entrichten ist.[3]

Ein **Kaufvertrag über** die **im Boden befindlichen Bestandteile** kann grds. nur angenommen werden, **wenn** der **Grund und Boden mitveräußert** wird oder die einmalige Lieferung einer fest begrenzten Menge von Bodenbestandteilen Gegenstand des Vertrags ist. In allen anderen Fällen wird das Entgelt aus der Veräußerung von Bodenschätzen – unabhängig davon, ob diese zum BV gehören oder nicht, ob der Eigentümer sie selbst gewinnt oder nicht und ob das Grundstück bis zur Erschöpfung der Bodenschätze ausgebeutet wird – als Nutzungsentgelt behandelt.[4]

Wird ein Grundstück bürgerlich-rechtlich übereignet, aber gleichzeitig auch die **Rückübertragung nach Beendigung der Ausbeute** vereinbart, so handelt es sich ebenfalls um Einkünfte aus Vermietung und Verpachtung, da der wirtschaftliche Inhalt entscheidend ist und die Begriffe „Vermietung und Verpachtung" im einkommensteuerlichen Sinne umfassender als die vergleichbaren bürgerlich-rechtlichen Begriffe sind;[5] dies gilt auch bei zusätzlicher Vereinbarung einer Steuerklausel, wenn keine rechtzeitige Offenbarung der Zusatzvereinbarung erfolgt.[6]

Zur Frage der Einordnung von Einnahmen aus einem Substanzausbeutevertrag vgl. BFH v. 24.10.2012.[7]

d) Vermietung und Verpachtung von Sachinbegriffen (Zeile 34)

Einkünfte aus der Vermietung und Verpachtung von **beweglichen Wirtschaftsgütern** werden im Privatvermögen dagegen nach § 22 Nr. 3 EStG der Besteuerung unterworfen (sonstige Einkünfte, z.B. die zeitweise Vermietung eines Wohnmobils an wechselnde Mieter).[8] **1664**

Einkünfte aus Vermietung und Verpachtung von **Sachinbegriffen** (Mehrheit beweglicher Sachen, die durch einen gemeinsamen Zweck zu einer Einheit verbunden sind), insb. von beweglichem BV (§ 21 Abs. 1 Satz 1 Nr. 2 EStG) führen jedoch zu Einkünften nach § 21 EStG. Dazu gehört z.B. die Überlassung:

- von Möbeln i.R.d. Vermietung eines möblierten Zimmers,
- von Maschinen und Einrichtungsgegenständen etc. im Rahmen der Verpachtung eines Gewerbebetriebs im Ganzen,
- der Praxiseinrichtung eines Freiberuflers.

Beratungshinweis:

Einkünfte aus Vermietung und Verpachtung liegen aber nur dann vor, wenn der Sachinbegriff nicht mehr zum BV des Vermieters gehört.

e) Einkünfte aus der Überlassung von Rechten (Zeile 35)

Unter § 21 Abs. 1 Nr. 3 EStG fällt die **zeitlich begrenzte Überlassung** von Rechten (regelmäßig die Überlassung von schriftstellerischen, künstlerischen oder gewerblichen Urheberrechten, wie z.B. Patenten) sowie von gewerblichen Erfahrungen und von Gerechtigkeiten (z.B. Fischerei- oder Apothekengerechtigkeit) und Gefällen (z.B. Holzbezugsberechtigung). Zur Abgrenzung zwischen Nutzungsüberlassung und Veräußerung von Salzabbaugerechtigkeiten vgl. BFH.[9] **1665**

Die ausdrücklich aufgeführten Rechte in § 21 Abs. 1 Nr. 3 EStG bestimmen den Kreis der ihr unterfallenden Rechte aber **nicht abschließend**. Die Aufzählung in § 21 Abs. 1 Nr. 3 EStG ist nur beispielhaft, was sich vor allem aus dem Wort „insbesondere" ergibt. Die unter die Vorschrift fallenden Rechte müssen aber den ausdrücklich im Gesetzestext erwähnten Rechten ähnlich sein.[10]

1) BFH v. 2.5.2000, IX R 71/96, BStBl II 2000, 467.
2) BFH v. 9.5.2023, VI R 38/20, BFH/NV 2023, 1057.
3) BMF v. 7.10.1998, IV B 2 – S 2134 – 67/98, BStBl I 1998, 1221.
4) BFH v. 19.7.1994, VIII R 75/91, BStBl II 1994, 846.
5) BFH v. 5.10.1973, VIII R 78/70, BStBl II 1974, 130.
6) BFH v. 24.11.1992, IX R 30/88, BStBl II 1993, 296.
7) BFH v. 24.10.2012, IX R 6/12, BFH/NV 2013, 907.
8) H 22.8 EStH 2024.
9) BFH v. 11.2.2014, IX R 25/13, BStBl II 2014, 566.
10) BFH v. 12.12.1969, VI R 301/67, BStBl II 1970, 212.

Es ist aber die **Subsidiarität** des § 21 Abs. 3 EStG zu beachten. Die Einkünfte sind nur dann unter die Vorschrift des § 21 Abs. 1 Nr. 3 EStG zu subsumieren, wenn sie nicht bereits im Rahmen von Gewinneinkünften zu erfassen sind. Die Nutzungsüberlassung durch den Urheber des Rechts führt dagegen regelmäßig zu Einkünften i.S.d. §§ 15, 18 EStG.

Beispiel:
Ein freier Erfinder vergibt für eigens entwickelte Patente Lizenzen.

Unter § 21 Abs. 1 Nr. 3 EStG sind des Weiteren die Fälle einzuordnen, die als „**Zufallserfindungen**" zu bezeichnen sind.

Zu erklären sind auch Einkünfte aus Vermietung und Verpachtung von **grundstücksgleichen Rechten** einzutragen Hierzu zählen z.B. Erbbau-, Erbpacht-, Mineralgewinnungs-, Berg- und Fischereirechte. Insoweit liegen aber Einkünfte i.S.d. § 21 Abs. 1 Nr. 1 EStG vor.

6. Vereinnahmte Prozess- und Verzugszinsen (Zeile 37)

Vereinnahmte Prozess- und Verzugszinsen

	Bezeichnung	Steuerpflichtige Person / Ehemann / Person A EUR	Ehefrau / Person B EUR
37		864 ,—	865 ,—

1666 Der Erklärungstatbestand wurde ab dem VZ 2024 neu aufgenommen (vgl. Ausführen zur Anlage KAP [Zeile 26a] → Rz. 784).

7. Einkünfte, für die die ermäßigte Besteuerung nach § 34 Abs. 1 EStG anzuwenden ist (Zeile 38)

Einkünfte, für die die ermäßigte Besteuerung nach § 34 Abs. 1 EStG anzuwenden ist

In der **Anlage V** und / oder der Anlage V-Sonstige enthaltene Einkünfte, für die die ermäßigte Besteuerung nach § 34 Abs. 1 EStG anzuwenden ist

	Bezeichnung	Steuerpflichtige Person / Ehemann / Person A EUR	Ehefrau / Person B EUR
38		862 ,—	863 ,—

1667 Bei einer Zusammenballung von Einkünften innerhalb eines VZ kann es zur Anwendung einer ermäßigten Besteuerung kommen (§ 24 Nr. 1, § 34 Abs. 1 EStG). Betroffen sind Leistungen, die als Ersatz für entgangene oder entgehende Einnahmen gewährt werden. Eine Entschädigung setzt voraus, dass der Ausfall der Einnahmen entweder von dritter Seite veranlasst wurde oder, wenn diese Leistung von der stpfl. Person selbst oder mit ihrer Zustimmung herbeigeführt worden ist, dass die stpfl. Person selbst unter rechtlichem, wirtschaftlichem oder tatsächlichem Druck stand.[1] Diesem Erfordernis liegt die Überlegung zu Grunde, dass die Steuerermäßigung (§ 34 Abs. 1, Abs. 2 Nr. 2 EStG) nur in den Fällen gerechtfertigt ist, in denen sich die stpfl. Person in einer Zwangssituation befindet und sich dem zusammengeballten Zufluss der Einnahmen nicht entziehen kann.

8. Steuerstundungsmodelle (Zeile 39)

Steuerstundungsmodelle

Einkünfte aus Gesellschaften / Gemeinschaften / ähnlichen Modellen i. S. d. § 15b EStG (laut gesonderter Aufstellung)

	Bezeichnung	Steuerpflichtige Person / Ehemann / Person A EUR	Ehefrau / Person B EUR
39		,—	,—

2025AnlV-Sonstige502 2025AnlV-Sonstige502

1668 Zu erklären sind Einkünfte aus Gesellschaften/Gemeinschaften/ähnlichen Modellen i.S.d. § 15b EStG. Hierfür ist ergänzend eine gesonderte Aufstellung über die Art und Höhe erforderlich. Die in § 15b EStG vorgesehene Verlustverrechnungsbeschränkung für gewerbliche Verluste gilt auch für Verluste bei den Einkünften aus Vermietung und Verpachtung (§ 21 Abs. 1 Satz 2 EStG).

1) BFH v. 11.1.2005, IX R 67/02, HFR 2005, 756.

Vorrangig ist dabei das Vorliegen der Einkunftserzielungsabsicht zu prüfen. Wird die Einkunftserzielungsabsicht aus diesem Grund verneint, werden die Einkünfte nicht von § 15b EStG erfasst, selbst wenn es sich bei der Einkunftsquelle um ein Steuerstundungsmodell i.S.d. § 15b EStG handelt. Diese Auffassung wurde bereits bei Anwendung des § 2b EStG vertreten.

Nicht betroffen sind jedoch Bauträgergestaltungen, in denen ein Bauträger ein Objekt im Sanierungsgebiet oder ein Denkmal saniert und für diese Objekte erhöhte Absetzungen geltend gemacht werden können oder bei denen vor Beginn der Sanierung die Grundstücke/Eigentumswohnungen an Erwerber außerhalb einer Fondskonstruktion veräußert werden. Hier liegt grds. keine modellhafte Gestaltung vor. Die Erwerber können die erhöhten Absetzungen nach §§ 7h, 7i EStG für die Sanierungsaufwendungen weiterhin steuerlich geltend machen.[1)]

Beratungshinweis:

Sofern ein Bauträger neben der Sanierung und dem Verkauf auch noch weitere Dienstleistungen (z.B. Finanzierungsvermittlung) erbringen sollte, kann eine modellhafte Gestaltung vorliegen, die die Anwendung des § 15b EStG dann nicht mehr ausschließt. Zur weiteren Anwendbarkeit des § 15b EStG wird auf die ergänzend dazu ergangene Verwaltungsanweisung verwiesen.[2)] Die offenen Probleme im Zusammenhang mit dem Anwendungsschreiben werden von Fleischmann/Gragert aufgezeigt.[3)]

Zum Verfahren beim Wohnsitz-FA im Zusammenhang mit der Geltendmachung von negativen Einkünften aus der Beteiligung an Verlustzuweisungsgesellschaften und vergleichbaren Modellen vgl. BMF.[4)]

Die weiteren Ausführungen zu Zeile 46 der Anlage G (→ Rz. 534) gelten entsprechend.

1) BT-Drucks. 16/07; BMF v. 17.7.2007, IV B 2 – S 2241-b/07/0001, BStBl I 2007, 542.
2) BMF v. 17.7.2007, IV B 2 – S 2241-b/07/0001, BStBl I 2007, 542.
3) Fleischmann/Gragert, NWB Fach 3, 15165.
4) BMF v. 13.7.1992, IV A 5 – S 0361 – 19/92, BStBl I 1992, 404, geändert durch BMF v. 28.6.1994, IV A 4 – S 0361 – 14/94, BStBl I 1994, 420.

XXXV. Anlage Vorsorgeaufwand

1. Überblick zum Abzug von Versicherungsbeiträgen

a) Vorbemerkung (Zeilen 1–3)

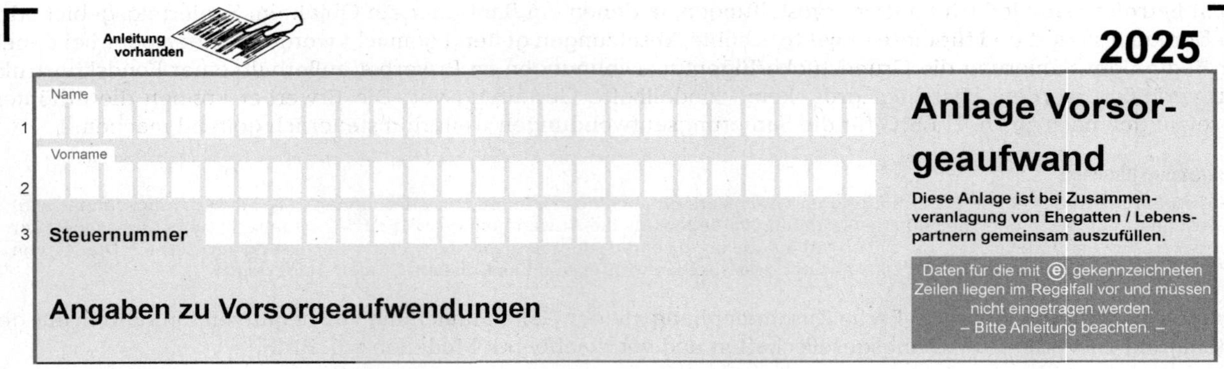
Anleitung vorhanden

2025

1 Name

2 Vorname

3 Steuernummer

Angaben zu Vorsorgeaufwendungen

Anlage Vorsorgeaufwand

Diese Anlage ist bei Zusammenveranlagung von Ehegatten / Lebenspartnern gemeinsam auszufüllen.

Daten für die mit ⓔ gekennzeichneten Zeilen liegen im Regelfall vor und müssen nicht eingetragen werden. – Bitte Anleitung beachten. –

1669 Daten für die mit „e" gekennzeichneten Zeilen liegen im Regelfall vor und müssen nicht eingetragen werden (→ Rz. 10). Die Zeilen/Bereiche sind weiterhin vollständig auszufüllen, wenn bekannt ist, dass die eDaten nicht übermittelt wurden. Im Zusammenhang mit der Berücksichtigung der Aufwendungen bei den Eltern des Kindes ist ggf. auch eine Eintragung von „0 €" erforderlich (Anlage Kind (→ Rz. 912).

Die Anlage Vorsorgeaufwand kann im Rahmen einer Zusammenveranlagung von beiden Ehegatten/Lebenspartner gemeinsam genutzt werden.

Die Beiträge zur Basiskranken- und gesetzlichen Pflegeversicherung sind per LSt-Bescheinigung, Rentenbezugsmitteilung oder mit Datensatz an die zentrale Stelle zu übermitteln (§ 10 Abs. 2a EStG). Auf die Erklärung von der Finverw. grds. bereits vorliegenden Daten wird verzichtet, soweit diese Daten zutreffend sind (→ Rz. 10). Die mitteilungspflichtige Stelle hat die stpfl. Person über die Höhe der an die Finverw. übermittelten Daten zu unterrichten (§ 93c Abs. 1 Nr. 3 AO). Im Rahmen des 2. DSAnpUG-EU wurde die Berücksichtigung von Aufwendungen an die Datenschutzrichtlinie angepasst. Bislang wurden die Daten zu den bestimmten Vorsorgeaufwendungen nur dann von den mitteilungspflichtigen Stellen übermittelt, wenn die stpfl. Person in die **Datenübermittlung eingewilligt** hat. Erfolgt die Übermittlung der Daten zu Vorsorgeaufwendungen (§ 10 Abs. 1 Nr. 3 EStG) mit der elektronischen Lohnsteuerbescheinigung/Rentenbezugsmitteilung, war eine Einwilligung bisher nicht erforderlich. Die Datenübermittlung war dabei zugleich Voraussetzung für den ertragsteuerlichen Sonderausgabenabzug. Die Verarbeitung personenbezogener Daten durch die Finanzbehörden ist rechtmäßig, wenn sie für die Wahrnehmung einer im öffentlichen Interesse liegenden Aufgabe erforderlich ist. Eine gesonderte, zusätzliche Einwilligung ist danach nicht erforderlich. Somit können Daten zu den genannten Vorsorgeaufwendungen ohne Einwilligung rechtmäßig verarbeitet werden. Um sicherzustellen, dass die Finverw. die Vorsorgeaufwendungen in zutreffender Höhe berücksichtigen kann und um eine Gleichbehandlung aller stpfl. Personen zu erreichen, wird künftig in den genannten Fällen auf eine Einwilligung verzichtet. Die mitteilungspflichtigen Stellen haben die erforderlichen Daten seit dem VZ 2019 auf Grund dieser rechtlichen Verpflichtung in allen Fällen unabhängig vom Vorliegen einer Einwilligung zu übermitteln. Grundvoraussetzung hierfür ist allerdings, dass der Stpfl. die Id-Nr. mitgeteilt hat. Bei Vorsorgeaufwendungen (§ 10 Abs. 1 Nr. 2 Buchst. b EStG) hat der Anbieter als mitteilungspflichtige Stelle nach Maßgabe des § 93c AO und unter Angabe der Vertrags- oder der Versicherungsdaten die Höhe der im jeweiligen Beitragsjahr geleisteten Beiträge und die Zertifizierungsnummer an die zentrale Stelle (§ 81 EStG) zu übermitteln (§ 10 Abs. 2a EStG). Eintragungsmöglichkeiten für nicht elektronisch übermittelte Beiträge sind ab dem VZ 2019 weggefallen.

Die Anlage Vorsorgeaufwand beinhaltet nicht die Angaben zum Antrag eines zusätzlichen Sonderausgabenabzugs im Zusammenhang mit der zusätzlichen Altersvorsorge (sog. Riester-Rente [§ 10a EStG]). Diese Angaben sind auf der **Anlage AV** erforderlich.

Praxishinweis:

Das BVerfG hat Verfassungsbeschwerden[1] mit der Begründung nicht zur Entscheidung angenommen, die angegriffenen behördlichen und fachgerichtlichen Entscheidungen und die diesen zu Grunde liegenden Regelungen des EStG verletzten die Beschwerdeführer nicht in ihrem Grundrecht aus Art. 3 Abs. 1 GG, die vorgesehene höhenmäßige Beschränkung des Sonderausgabenabzugs für Altersvorsorgeaufwendungen sei verfassungsrechtlich nicht zu beanstanden und auch die Übergangsregelung des § 10 Abs. 3 Satz 4 bis 6 EStG stehe mit verfassungsrechtlichen Anforderungen in Einklang.

Ein Verstoß gegen das Verbot der Doppelbesteuerung könne erst in den Veranlagungszeiträumen der Rentenbesteuerung zum Gegenstand der verfassungsrechtlichen Prüfung gemacht werden (→ Rz. 1253).

1) BVerfG v. 14.6.2016, 2 BvR 290/10, BStBl II 2016, 801 und 2 BvR 323/10, HFR 2016, 829.

b) Allgemeines

Die i.R.d. Anlage Vorsorgeaufwand zu erklärenden Versicherungsbeiträge stellen in jedem Fall Sonderausgaben dar, da diese ein allgemeines Lebensrisiko abdecken. Aufwendungen die speziell ein berufliches Risiko betreffen, können ggf. als Werbungskosten Berücksichtigung finden.[1) **1670**

Krankenversicherungsbeiträge werden der Höhe nach unbegrenzt abgezogen, soweit diese eine Grundversorgung im Krankheitsfall abdecken – Basiskrankenversicherungsbeiträge – (§ 10 Abs. 1 Satz 1 Nr. 3 Buchst. a EStG) und sofern auf die Leistungen ein Anspruch besteht (erforderlich ist daher, dass ein Rechtsanspruch auf Erstattung von Krankheitskosten besteht, was z.B. bei sog. Solidargemeinschaften [z.B. Unterstützungseinrichtungen im Gesundheitswesen] nicht der Fall ist).[2)] Zudem werden Beiträge zur gesetzlichen Pflegeversicherung (soziale Pflegeversicherung und private Pflege-Pflichtversicherung) in tatsächlich geleisteter Höhe als Sonderausgaben abgezogen (§ 10 Abs. 1 Satz 1 Nr. 3 Buchst. b EStG).

Die Umqualifizierung der Leistung (z.B. rückwirkende Anerkennung einer Erwerbsminderungsrente anstatt Lohnersatzleistungen) führt auch zu einer entsprechenden Umqualifizierung von Versicherungsleistungen im ursprünglichen Zuflusszeitpunkt.[3)]

Vorschüssige Beitragszahlungen (Vorauszahlungen für nach Ablauf des VZ beginnende Beitragsjahre[4)]) sind lediglich zu berücksichtigen, wenn diese nicht größer als die 3,0-Fache Beitragshöhe sind (§ 10 Abs. 1 Nr. 3 Satz 5 EStG).

Gestaltungshinweis:

Die Vorauszahlung der Beiträge kann z.B. genutzt werden, um das verbleibende zu versteuernde Einkommen zu reduzieren. Arbeitgeberzuschüsse zur privaten Krankenversicherung, die auf über den Basisschutz hinausgehende Beiträge entfallen, mindern den Sonderausgabenabzug auch dann, wenn im Zuflussjahr keine derartigen Beiträge geleistet wurden.[5)]

Diese Grenze übersteigende Beiträge sind in dem VZ zu berücksichtigen, für den sie geleistet wurden. Beiträge zum Erwerb eines Basiskranken- und gesetzlichen Pflegeversicherungsschutzes im Alter können unbegrenzt im Jahr des Abflusses abgezogen werden, soweit die stpfl. Person wirtschaftlich endgültig mit ihnen belastet ist und sie nicht zurückgefordert werden können (kein Rückzahlungsanspruch). Die gesetzliche Regelung bezieht sich dabei nur auf Fallgestaltungen, in denen Beiträge für künftige VZ gezahlt werden. Nicht erfasst sind hingegen Zahlungen für zurückliegende Zeiträume. Für diese gilt weiterhin das Abflussprinzip (§ 11 Abs. 2 EStG).[6)]

Steuerfreie Zuschüsse sind zudem in voller Höhe auf die Beiträge zur Basisabsicherung abzuziehen.

Praxishinweis:

Die Aufwendungen für die Basisabsicherung sind nicht mit dem Basistarif gleichzusetzen, der von den Versicherungen angeboten werden muss. Aufwendungen für einen Basistarif dürften aus steuerlicher Sicht dabei immer in voller Höhe abzugsfähig sein, weil der Tarif den Pflichtleistungen der gesetzlichen Krankenversicherung entspricht. Ab dem VZ 2016 müssen auch Behörden und insb. die Leistungsträger, die für geleistete Beiträge steuerfreie Zuschüsse gewähren oder Vorsorgeaufwendungen erstatten, der zentralen Stelle jährlich die zur Gewährung und Prüfung des Sonderausgabenabzugs erforderlichen Daten nach amtlich vorgeschriebenem Datensatz per Datenfernübertragung übermitteln (§§ 10 Abs. 4b Satz 4, 52 Abs. 18 EStG).

Darüber hinaus werden i.R.d. sog. Realsplittings (§ 10 Abs. 1a Nr. 1 EStG →Rz. 1466) die Basis-Kranken- und gesetzlichen Pflegeversicherungsbeiträge über den bisherigen Höchstbetrag hinaus als Sonderausgaben berücksichtigt (§ 10 Abs. 1a Nr. 1 Satz 2 EStG). Für Beiträge zur Basis-Kranken- und gesetzlichen Pflegeversicherung für unterhaltsberechtigte Personen wurden die Regelungen der außergewöhnlichen Belastungen (§ 33a Abs. 1 Satz 2 EStG) ebenfalls angepasst.

Sollten Daten jedoch nicht elektronisch übermittelt worden sein und hat die stpfl. Person dieses nicht zu vertreten (z.B. technische Probleme), kann es auch ein Nachweis in Papierform geführt werden.[7)] Das Muster der Bescheinigung wurde veröffentlicht.[8)]

Die Beiträge dürfen dabei nicht in Zusammenhang mit **steuerfreien Einnahmen** stehen (§ 10 Abs. 2 Satz 1 Nr. 1 EStG). Hierunter fallen z.B. die steuerfreien Zuschüsse zur Kranken- und Pflegeversicherung, ausl. Beiträge bei nach einem DBA steuerfreien Arbeitslohn und auch Pflichtbeiträge, die gezahlt werden, die jedoch auf steuerfreie Einnahmen wie z.B. Lohnersatzleistungen[9)] entfallen. **1671**

Nach der Änderung durch das JStG 2024[10)] gilt dies für alle Einnahmen (z.B Einnahmen aus nichtselbständiger Tätigkeit, Einnahmen aus einer **gesetzlichen Altersrente**). Allerdings darf im anderen Staat „keinerlei" steuerliche

1) BFH v. 3.11.2010, I R 73/09, BFH/NV 2011, 773.
2) Seit der Neuregelung durch das Bürgerentlastungsgesetz Krankenversicherung v. 16.7.2009, BStBl I 2009, 782.
3) R 32b Abs. 4 EStR 2012.
4) BMF v. 24.5.2017, IV C 3 – S 2221/16/10001 :004, BStBl I 2017, 820, Rz. 134.
5) FG Münster v. 20.9.2018, 6 K 4122/14 E, EFG 2018, 2016.
6) BT-Drucks. 17/3549 v. 28.10.2010.
7) BMF v. 24.5.2017, IV C 3 – S 2221/16/10001 :004, BStBl I 2017, 820, Rz. 193 ff.
8) BMF v. 18.8.2011, IV C 3 – S 2222/09/10057 :003, BStBl I 2011, 788.
9) Das FG Köln hat mit Urteil v. 25.5.2023, 11 K 1306/20, EFG 2023, 1302, die Rechtsauffassung bestätigt und Beiträge zur Rentenversicherung nicht als Sonderausgaben zugelassen.
10) § 10 Abs. 2 Satz 1 Nr. 1 i.d.F. des Art. 3 des Jahressteuergesetzes 2024 (JStG 2024) v. 2.12.2024 (BGBl. I 2024 Nr. 387) ist in allen offenen Fällen anzuwenden.

Berücksichtigung von Vorsorgeaufwendungen i.R.d. Besteuerung dort bezogener Einnahmen zugelassen worden sein. Die **einzelnen Sparten der Vorsorgeaufwendungen sind getrennt zu beurteilen.**[1)]

Der EuGH hat entschieden, dass die unionsrechtliche Arbeitnehmerfreizügigkeit nach Art. 45 AEUV der Regelung des § 10 Abs. 2 Satz 1 Nr. 1 EStG entgegensteht, nach der die Sozialversicherungsbeiträge von in einem **EU-Mitgliedstaat tätigen**, aber in Deutschland wohnenden Arbeitnehmern, deren Arbeitslohn nach einem DBA von der inl. Besteuerung freigestellt ist, vom Sonderausgabenabzug ausgenommen sind, während für vergleichbare Beiträge eines in Deutschland tätigen Arbeitnehmers zur deutschen Sozialversicherung dieser Abzug gestattet wird.[2)] Dieser Entscheidung wurde mit einer Änderung des § 10 Abs. 2 Satz 1 Nr. 1 EStG[3)] Rechnung getragen. Im Zusammenhang mit steuerfreiem Arbeitslohn aus der **Schweiz** hat der BFH mit Urteil v. 5.11.2019[4)] entschieden, dass die Einschränkung des Sonderausgabenabzugs nicht mit dem Freizügigkeitsabkommen vereinbar ist. In der Folge wurde § 10 Abs. 2 Satz 1 Nr. 1 EStG um die Schweiz ergänzt.[5)]

Im Zusammenhang mit **Drittstaaten** gewährt die Finverw. weiterhin keinen Abzug. Derzeit ist kein Verfahren vor dem BFH anhängig.

1672 Die Beiträge, die nicht zu den Basisaufwendungen (§ 10 Abs. 1 Nr. 3 EStG) gehören, können über die Sonderregelungen des § 10 Abs. 1 Nr. 3a EStG Berücksichtigung finden (sonstige weitere Vorsorgeaufwendungen). Hierzu zählen z.B. die Wahltarife (die zu einer 4 %-Kürzung bei der Berücksichtigung der Basis-Kranken-Versicherungsbeiträge führen → Rz. 1690), freiwillige Pflegezusatzversicherungen, Erwerbs- und Berufsunfähigkeitsversicherungen sowie Unfall- und Haftpflichtversicherungen, die in den Zeilen 45 bis 50 (→ Rz. 1721) gesondert zu erklären sind. Für diese Beiträge gilt ebenfalls, dass sie nicht im **unmittelbaren wirtschaftlichen Zusammenhang mit steuerfreien Einnahmen** stehen dürfen. Diese Voraussetzung ist erfüllt, wenn steuerfreie Einnahmen erzielt und der Tatbestand gleichzeitig Pflichtbeiträge an einen Sozialversicherungsträger auslöst. Ob die Vorsorgeaufwendungen zu steuerfreien oder steuerpflichtigen Einnahmen führen, ist nicht entscheidend.[6)]

Für die Höhe des Abzugs als Sonderausgaben gelten die Regelungen des § 10 Abs. 4 EStG (→ Rz. 1721).

Praxishinweis:
Die dem Grunde nach zusätzlich zu berücksichtigenden Beiträge dürften sich voraussichtlich nicht in vielen Fällen auswirken, da durch die Beiträge zur Basis-Kranken- und sozialen Pflegeversicherung die Höchstbeträge bereits ausgeschöpft sind.

c) Vorsorgepauschale

1673 Im Rahmen der Einkommensteuerveranlagung wird die Vorsorgepauschale (§ 10c Abs. 2 bis Abs. 5 EStG a.F.) nicht mehr berücksichtigt, da diese dem Personenkreis ungerechtfertigte Steuervorteile bringen würde, der tatsächlich geringere Versicherungsbeiträge geleistet hat. Lediglich i.R.d. LSt-Abzugsverfahrens wird diese noch angesetzt (§ 39b Abs. 2 Satz 5 Nr. 3 EStG). Zu Berechnung, Mitteilungs- und Bescheinigungspflichten vgl. BMF v. 26.11.2013.[7)] Die Vorsorgepauschale entspricht den Kranken- und Pflegeversicherungen zzgl. des abziehbaren Teils zur Rentenversicherung.

Beratungshinweis:
Es besteht ein Pflichtveranlagungstatbestand (§ 46 Abs. 2 Nr. 3 EStG), wenn die Summe der beim Lohnsteuerabzug berücksichtigten Teilbeträge für die Kranken- und Pflegeversicherung höher ist als die i.R.d. Veranlagung zu berücksichtigenden Vorsorgeaufwendungen (§ 10 Abs. 1 Satz 1 Nr. 3 und Nr. 3a EStG). Ab dem VZ 2023 ist die Arbeitslohngrenze weggefallen.

2. Beiträge zur Altersvorsorge (Zeilen 4–10)

1674 Altersvorsorgebeiträge werden i.R.d. Abzugsfähigkeit der Sonderausgaben besonders berücksichtigt, da diese im Zusammenhang mit der **vollen nachgelagerten Besteuerung** später zufließender Erträge stehen (§ 22 Nr. 1 Satz 3 Buchst. a EStG). Im Rahmen der Änderungen durch das Zollkodex-Anpassungsgesetz[8)] wurde die Förderhöchstgrenze für das Abzugsvolumen im Alter dynamisch ausgestaltet. Seit dem VZ 2015 besteht eine Kopplung an den auf volle Euro aufgerundeten Höchstbetrag zur knappschaftlichen Rentenversicherung (§ 10 Abs. 3 Satz 1 EStG). Für das Jahr 2025 ergibt sich damit ein Betrag von 29 344 € (118 800 × 24,7 % [im Rahmen einer Zusammenveranlagung 58 6880 €]). Die Beitragsbemessungsgrenze in der knappschaftlichen Rentenversicherung wird i.d.R. jährlich angehoben, so dass sich der Wert selbst nicht aus dem EStG ergibt.[9)]

Durch die Änderung im JStG 2022 können seit dem VZ 2023 100 % der Aufwendungen steuerlich berücksichtigt werden.

---

1) BFH v. 27.10.2021, X R 11/20, BStBl II 2025, 221.
2) EuGH v. 22.6.2017, C-20/16 „Bechtel", BStBl II 2017, 1271.
3) Gesetz zur Vermeidung von Umsatzsteuerausfällen beim Handel mit Waren im Internet und zur Änderung weiterer steuerlicher Vorschriften v. 11.12.2018, BGBl. I 2018, 2338, BStBl I 2018, 1377.
4) BFH v. 5.11.2019, X R 23/17, DStR 2020, 774, HFR 2020, 514.
5) JStG 2020 v. 21.12.2020, BGBl. I 2020, 3096.
6) BFH v. 16.9.2015, I R 62/13, BStBl II 2016, 205.
7) BMF v. 26.11.2013, IV C 5 – S 2367/13/10001, BStBl I 2013, 1532.
8) Zollkodex-Anpassungsgesetz v. 22.12.2014, BStBl I 2015, 58.
9) Die Beitragsbemessungsgrenze wird jährlich i.R.d. Sozialversicherungs-Rechengrößenverordnung (SVBez-GrV), der Beitragssatz wird jährlich i.R.d. Beitragssatzverordnung (BSV) bekannt gegeben.

Zu den Beiträgen zur Altersvorsorge gehören Beiträge zu gesetzlichen Rentenversicherungen, zur landwirtschaftlichen Alterskasse, zu berufsständischen Versorgungseinrichtungen, die Leistungen erbringen, die den gesetzlichen Rentenversicherungen vergleichbar sind, zu zertifizierten Rentenverträgen (sog. Rürup- oder Basisrentenverträge) und zu einer ausl. Gesetzlichen Rentenversicherung.

Beratungshinweis:
Für freiwillige Zahlungen in die gesetzliche Rentenversicherung (z.B. auf Grund der Flexi-Rente oder Zahlungen in Zusammenhang mit einer Abfindung) gelten keine anderen Höchstbeträge.

a) Arbeitnehmeranteil lt. Nr. 23a/b der Lohnsteuerbescheinigung (Zeile 4)

Beiträge zur Altersvorsorge 52

		Steuerpflichtige Person / Ehemann / Person A EUR		Ehefrau / Person B EUR
4 Arbeitnehmeranteil laut Nr. 23 a / b der Lohnsteuerbescheinigung	300	,—	400	,— ⓔ

Einzutragen ist der von den Arbeitnehmern geleistete Arbeitnehmeranteil (§ 10 Abs. 1 Nr. 2 Buchst. a EStG), ggf. 1675
getrennt nach Ehegatten/Lebenspartner, wenn beide entsprechende Einkünfte bezogen haben. Dieser Betrag ist regelmäßig der LSt-Bescheinigung 2025 (lt. Nr. 23a/b) zu entnehmen und fließt in die Höchstbetragsberechnung für Vorsorgeaufwendungen ein (§ 10 Abs. 3 EStG). Der Arbeitgeber übermittelt die Daten auf elektronischem Weg an die Finverw. (§ 41b Abs. 1 Nr. 11 EStG).

Einzutragen ist lediglich der **Arbeitnehmeranteil zur gesetzlichen Rentenversicherung**. Der nach § 3 Nr. 62 EStG freigestellte entsprechende **Arbeitgeberanteil** wird zwar zunächst den Sonderausgaben hinzugerechnet (§ 10 Abs. 1 Nr. 2 Satz 2 EStG), dann aber beim Sonderausgabenabzug wieder gekürzt (§ 10 Abs. 3 Satz 5 EStG).

Bei **berufsständischen Versorgungseinrichtungen** handelt es sich um öffentlich-rechtliche Versicherungs- oder Versorgungseinrichtungen für Beschäftigte und selbständig tätige Angehörige der kammerfähigen freien Berufe, die den gesetzlichen Rentenversicherungen vergleichbare Leistungen erbringen.

Hinweis zur Plausibilitätsbeurteilung:
Der Arbeitgeberanteil/-zuschuss zur gesetzlichen Rentenversicherung ist gesondert in Zeile 9 zu erklären.

Enthalten in den Werten sind auch die Zahlungen, die zum Ausschluss einer Minderung der Altersrente (§ 187a SGB VI) gezahlt werden. Dies gilt nicht, wenn steuerfreie Beiträge im Rahmen einer Altersteilzeit zur gesetzlichen Rentenversicherung i.S.d. § 3 Nr. 28 EStG i.V.m. § 187a SGB VI geleistet wurden.

b) Beiträge zur landwirtschaftlichen Alterskasse; zu berufsständischen Versorgungseinrichtungen, die den gesetzlichen Rentenversicherungen vergleichbare Leistungen erbringen – abzgl. Steuerfreier Zuschüsse lt. Nr. 22b der Lohnsteuerbescheinigung (Zeile 5)

5 Beiträge zur landwirtschaftlichen Alterskasse; zu berufsständischen Versorgungseinrichtungen, die den gesetzlichen Rentenversicherungen vergleichbare Leistungen erbringen (abzüglich steuerfreier Zuschüsse laut Nr. 22 b der Lohnsteuerbescheinigung) **– ohne Beiträge, die in Zeile 4 geltend gemacht werden –**	301	,—	401	,—

Berufsständische Versorgungsleistungen müssen ein auf öffentlich-rechtlicher Grundlage beruhendes Ersatzsys- 1676
tem gewährleisten. Welche berufsständischen Versorgungseinrichtungen (für Ärzte, Apotheker, Architekten, Ingenieure, Mitglieder des nordrhein-westfälischen Landtags, Notare, psychologische Psychotherapeuten, Rechtsanwälte, Steuerberater, Tierärzte, Wirtschaftsprüfer und Zahnärzte) die den gesetzlichen Rentenversicherungen vergleichbare Leistungen i.S.d. § 10 Abs. 1 Nr. 2 Buchst. a EStG erbringen, wurde mit BMF-Schreiben v. 19.6.2020[1] bekannt gegeben. Nicht zu den berufsständischen Versorgungseinrichtungen gehören z.B. die

- Versorgungsanstalt des Bundes und der Länder (VBL),
- Zusatzversorgungskassen im öffentlichen Dienst,
- Zusatzversorgungswerk für Arbeitnehmer in der Land- und Forstwirtschaft,
- Zusatzversorgungskasse des Baugewerbes (SOKA-Bau),
- Deutsche Steuerberater-Versicherung,
- das Versorgungswerk der Presse.

Beispiel:
Ein zunächst selbständig tätiger Jurist wechselt in eine abhängige Beschäftigung, zahlt jedoch weiter freiwillig Beiträge zur berufsständischen Versorgungseinrichtung.

1) BMF v. 19.6.2020, IV C 3 – S 2221/19/10058 :001, BStBl I 2020, 617.

Die Erstattung von Pflichtbeiträgen zu einer berufsständischen Versorgungseinrichtung ist auch vor Ablauf einer Wartezeit von 24 Monaten nach dem Ende der Beitragspflicht steuerfrei (§ 3 Nr. 3 EStG).[1] In diesen Fällen mindert sich der Sonderausgabenabzug nicht.[2]

Steuerfreie **Zuschüsse des Arbeitgebers** (oder z.B. auch der Beitragszuschuss der landwirtschaftlichen Alterskasse) sind nicht hier zu erklären, da diese die anzusetzenden Beiträge mindern und entsprechend abzuziehen sind. Die zu berücksichtigenden Beträge fließen in die Höchstbetragsberechnung für Vorsorgeaufwendungen nach § 10 Abs. 3 EStG ein.

Praxishinweis:
Bitte beachten Sie, dass die in Zeile 5 einzutragenden Beiträge **nicht** elektronisch an die Finverw. übermittelt werden. Die Zahlungen sind der Beitragsbescheinigung zu entnehmen. Handelt es sich um einen Arbeitnehmer, welcher als Selbstzahler die Beiträge an das berufsständische Versorgungswerk überweist, ist der Zuschuss des Arbeitgebers (Nr. 22 a/b der LSt-Bescheinigung) von den bescheinigten Beiträgen abzuziehen und nur der geminderte Wert in Zeile 5 einzutragen. Andernfalls würde es zu einer Doppelberücksichtigung im ESt-Bescheid kommen.

c) Beiträge zu gesetzlichen Rentenversicherungen (Zeile 6)

6	Beiträge zu gesetzlichen Rentenversicherungen – ohne Beiträge, die in Zeile 4 geltend gemacht werden –	302	,—	402	,—

1677 **Hinweis zur Plausibilitätsbeurteilung:**
Beträge lt. LSt-Bescheinigung sind nicht hier, sondern in Zeile 4 zu erklären.

In die Zeile 6 sind Beiträge an die Träger der gesetzlichen Rentenversicherung (ohne Beiträge auf der Lohnsteuerbescheinigung) einzutragen. Hierzu gehören die Deutsche Rentenversicherung Bund, Deutsche Rentenversicherung Knappschaft-Bahn-See und Deutsche Rentenversicherung Regionalträger. Die an die Künstlersozialkasse (Einzugsstelle) gezahlten Beiträge sind hier ebenfalls einzutragen. Zu den Beiträgen gehören auch Beiträge an ausl. Gesetzliche Rentenversicherungsträger.[3] Als Nachweis kann eine Beitragsbescheinigung des Rentenversicherungsträgers beigefügt werden.

Verbleibt bei den Aufwendungen i.S.d. § 10 Abs. 1 Nr. 2 und Nr. 3a EStG ein Erstattungsüberhang, ist ein Rückgriff auf frühere VZ (Altjahr) weiterhin notwendig.

d) Erstattete Beiträge und/oder steuerfreie Zuschüsse zu den Zeilen 4 bis 6 – ohne Zuschüsse, die von den Beiträgen lt. Zeile 8 abzuziehen sind und ohne Zuschüsse lt. Zeilen 9 und 10 (Zeile 7)

7	Erstattete Beiträge und / oder steuerfreie Zuschüsse zu den Zeilen 4 bis 6 (ohne Zuschüsse, die von den Beiträgen laut Zeile 8 abzuziehen sind und ohne Zuschüsse laut den Zeilen 9 und 10)	309	,—	409	,— ⓔ

1678 Mit dem AmtshilfeRLUmsG[4] wurde ab dem VZ 2016 ein elektronisches Datenübermittlungsverfahren eingeführt (§ 10 Abs. 4b EStG). Danach haben Behörden (§ 6 Abs. 1 AO) und andere öffentliche Stellen, die einer stpfl. Person für die geleisteten Vorsorgeaufwendungen (Beiträge i.S.d. § 10 Abs. 1 Nr. 2, Nr. 3 und Nr. 3a EStG) steuerfreie Zuschüsse gewähren oder Vorsorgeaufwendungen erstatten, der zentralen Stelle jährlich die zur Gewährung und Prüfung des Sonderausgabenabzugs erforderlichen Daten nach amtlich vorgeschriebenem Datensatz durch Datenfernübertragung zu übermitteln.

e) Beiträge zu zertifizierten Basisrentenverträgen (sog. Rürup-Verträge) mit Laufzeitbeginn nach dem 31.12.2004 (Zeile 8)

8	Beiträge zu zertifizierten Basisrentenverträgen (sog. Rürup-Verträge) mit Laufzeitbeginn nach dem 31.12.2004 (abzüglich steuerfreier Zuschüsse) – ohne Altersvorsorgebeiträge, die in der Anlage AV geltend gemacht werden –	303	,—	403	,— ⓔ

1679 Beiträge für den Aufbau einer privaten Altersvorsorge i.S.d. § 10 Abs. 1 Nr. 2 Buchst. b EStG **(sog. Rürup-Rente)** sind ebenfalls i.R.d. Höchstbeträge als Sonderausgaben abzugsfähig. Leistungen, die in der Auszahlungsphase bezogen werden, werden i.R.d. Kohortenbesteuerung (→ Rz. 1250) wie gesetzliche Renten besteuert (§ 22 Abs. 1 Nr. 1 Buchst. a Doppelbuchst. aa Satz 1 EStG). Es ist ab dem VZ 2014 zwischen der sog. Basisrente-Alter und der Basisrente-Erwerbsminderung (ggf. mit Berufsunfähigkeitsschutz) zu unterscheiden.[5] Bei Basisrenten kann es nicht zu einer Beitragsrückerstattung kommen, da eine Kapitalisierung nicht zulässig ist.[6] Zur **Rückabwicklung eines Basisrenten-Vertrags** vgl. Urteil des FG Düsseldorf v. 11.6.2021.[7]

1) BFH v. 10.10.2017, X R 3/17, BFH/NV 2018, 485.
2) BMF v. 28.9.2021, IV C 3 – S 2221/21/10016 :001, BStBl I 2021, 1833.
3) BMF v. 24.5.2017, IV C 3 – S 2221/16/10001 :004, BStBl I 2017, 820, Rz. 4.
4) AmtshilfeRLUmsG v. 26.6.2013, BStBl I 2013, 802.
5) BMF v. 24.5.2017, IV C 3 – S 2221/16/10001 :004, BStBl I 2017, 820, Rz. 10.
6) BMF v. 6.11.2017, IV C 3 – S 2221/17/10006 :001, BStBl I 2017, 1455.
7) FG Düsseldorf v. 11.6.2021, 1 K 292/19 E.

Praxishinweis:
Erstattungen sind z.B. im Zusammenhang mit Geldleistungen für Kinder in Vollzeitpflege, für die Erziehung in einer Tagesgruppe, für Heimerziehung und für die intensive sozialpädagogische Einzelbetreuung möglich.[1]

Zu berücksichtigen sind Basisrentenverträge, die zertifiziert werden müssen (§ 5a AltZertG), um steuerlich als Sonderausgabe berücksichtigt werden zu können. Insoweit erübrigt sich dem Grunde nach auch der Hinweis, dass es sich um Produkte handeln muss, deren Laufzeit nach dem 31.12.2004 beginnt. „Zertifizierung" bedeutet dabei, dass die Voraussetzungen des § 10 Abs. 1 Nr. 2 Buchst. b EStG erfüllt sind.

Praxishinweis:
Steuerlich können nur die Beiträge berücksichtigt werden, die die stpfl. Person als Versicherungsnehmer zum Aufbau einer eigenen Altersversorgung als versicherte Person geleistet hat. Ist zu Gunsten des Alleingesellschafter-Geschäftsführers eine Direktversicherung abgeschlossen worden, gehört dieser zum Personenkreis des § 10 Abs. 3 Satz 3 Nr. 1 EStG.[2] Beiträge für eine sog. Rürup-Rente können daher nicht in vollem Umfang abgezogen werden, da eine pauschale Kürzung um den fiktiven Gesamtbetrag zur allgemeinen Rentenversicherung zu erfolgen hat.

Eine **Auflistung der zertifizierten Produkte** kann einer Liste auf der Internetseite des BZSt entnommen werden (https://www.bzst.de/DE/Unternehmen/RenteVorsorge/ZertifizierungAltersvorsorgeprodukte/ListeZertifikate/listezertifikate_node.html#js-toc-entry1).

Hinweis zur Plausibilitätsbeurteilung:
Einzutragen sind nicht die Altersvorsorgebeiträge, die i.R.d. sog. Riester-Förderung auf der Anlage AV geltend gemacht werden müssen.

Die entsprechenden Beiträge können im Rahmen der engen Voraussetzungen als Sonderausgaben i.S.d. § 10 Abs. 1 Nr. 2 Buchst. b EStG berücksichtigt werden.

Praxishinweis:
Ausreichend für die Berücksichtigung der gezahlten Beiträge ist, wenn der Basisrentenvertrag im Laufe des Kj. zertifiziert wurde (§ 5a AltZertG). Insoweit handelt es sich um einen Grundlagenbescheid (§ 171 Abs. 10 AO). Sollte der Anbieter die Daten nicht bis zum vorgegebenen Übermittlungstermin übertragen haben, besteht die Möglichkeit, nach einem vorgeschriebenen Vordruckmuster die notwendigen Angaben ergänzend zu bescheinigen.[3] Die Bescheinigung entbindet den Anbieter dabei nicht von der Verpflichtung der Datenübermittlung; diese ist vielmehr unverzüglich nachzuholen. Erhält die stpfl. Person die Papierbescheinigung erst nach Abgabe der Einkommensteuererklärung, sollte diese nachgereicht werden.

Eine **Berücksichtigung** der Aufwendungen als Sonderausgaben ist **nur** dann **möglich**, wenn der **Vertrag** – mit einem Versicherungs- oder Vertragsbeginn nach dem 31.12.2004 – nur **die Zahlung einer monatlichen**, gleich bleibenden oder steigenden, auf das Leben der stpfl. Person bezogenen (eigene kapitalgedeckte) **lebenslangen Leibrente** nicht vor Vollendung des 60. Lebensjahrs oder die ergänzende Absicherung von Berufs- oder Erwerbsunfähigkeit oder von Hinterbliebenen vorsieht (bei nach dem 31.12.2011 abgeschlossenen Verträgen gilt regelmäßig das 62. Lebensjahr). Im Fall einer ergänzenden Hinterbliebenenabsicherung ist insoweit ein abweichender Leistungsempfänger zulässig.

Die **ergänzende Absicherung des Eintritts der Berufsunfähigkeit**, der **verminderten Erwerbsfähigkeit und** von **Hinterbliebenen** (ausschließlich im Hinblick auf die entfallende Versorgungsbedürftigkeit[4]) ist nur dann unschädlich, wenn mehr als 50 % der Beiträge (im Verhältnis der zu zahlenden Gesamtbeiträge) auf die eigene Altersversorgung der stpfl. Person entfallen. Sowohl die Altersversorgung als auch die ergänzenden Absicherungen müssen in einem einheitlichen Vertrag geregelt sein. Anderenfalls sind die Aufwendungen für die ergänzenden Absicherungen unter den Voraussetzungen des § 10 Abs. 1 Nr. 3a EStG als weitere sonstige Vorsorgeaufwendungen zu berücksichtigen.

Eine zulässige Hinterbliebenenabsicherung liegt auch dann vor, wenn im Vertrag geregelt ist, dass das (Rest-)Kapital beim Tod der primär versicherten Person für eine Rentenzahlung an den zu diesem Zeitpunkt Hinterbliebenen verwendet wird. Die Vereinbarung einer Rentengarantiezeit verstößt gegen das Kriterium der Nichtvererblichkeit. Zu den **Hinterbliebenen**, die zusätzlich abgesichert werden können, gehören nur der Ehegatte/Lebenspartner der stpfl. Person und Kinder i.S.d. § 32 EStG.[5] Wurde der Vertrag vor dem 1.1.2007 abgeschlossen, gilt die Altersgrenze des § 32 EStG in der bis zum 31.12.2006 geltenden Fassung (§ 52 Abs. 32 EStG). Kinder in Berufsausbildung sind bis zur Vollendung des 27. Lebensjahrs zu berücksichtigen. Ab dem 1.1.2007 liegt die maßgebliche Altersgrenze bei 25 Jahren.

In den vertraglichen Vereinbarungen muss geregelt sein, dass die Ansprüche aus dem Vertrag nicht vererblich, nicht übertragbar, nicht beleihbar, nicht veräußerbar und nicht kapitalisierbar sind. Des Weiteren darf kein Anspruch auf Auszahlung bestehen. Zudem muss eine nachträgliche Änderung dieser Voraussetzungen ausgeschlossen sein. Die Altersrente darf nicht vor Vollendung des 60. Lebensjahrs des Versicherungsnehmers beginnen.

1) BMF v. 31.8.2021, IV C 3 –- S 2342/20/10001 :003, BStBl I 2021, 1802, zu Rz. F.
2) BFH v. 15.7.2014, X R 35/12, BStBl II 2015, 213.
3) BMF v. 18.8.2011, IV C 3 – S 2222/09/10057, BStBl I 2011, 788.
4) BMF v. 24.5.2017, IV C 3 – S 2221/16/10001 :004, BStBl I 2017, 820, Rz. 23.
5) BMF v. 24.5.2017, IV C 3 – S 2221/16/10001 :004, BStBl I 2017, 820, Rz. 30 ff.

1680 Wird eine **Tagespflegeperson** (→ Rz. 1331) im Auftrag des Jugendamts tätig, werden die hälftigen tatsächlichen Aufwendungen zu einer angemessenen Alterssicherung[1] vom zuständigen Jugendamt, in dessen Auftrag die stpfl. Person tätig wird (§ 86 SGB VIII), erstattet (§ 23 Abs. 2 Satz 1 Nr. 3 SGB VIII).

Ein Erstattungsüberhang aus Kranken- und Pflegeversicherungsbeiträgen (§ 10 Abs. 1 Nr. 3 EStG) ist im Jahr der Erstattung bei der Ermittlung des Gesamtbetrags der Einkünfte hinzuzurechnen (§ 10 Abs. 4b EStG). Insoweit wird der Rückgriff auf vergangene VZ weitestgehend vermieden. Verbleibt bei den Aufwendungen i.S.d. § 10 Abs. 1 Nr. 2 und Nr. 3a EStG ein Erstattungsüberhang, ist ein Rückgriff auf frühere VZ (Altjahre) weiterhin notwendig.

f) Arbeitgeberanteil/-zuschuss lt. Nr. 22a und 22b der Lohnsteuerbescheinigung (Zeile 9)

9	Arbeitgeberanteil / -zuschuss laut Nr. 22 a / b der Lohnsteuerbescheinigung	304	,—	404	,—

1681 Die Arbeitgeberbeiträge/-zuschüsse sind in die Höchstbetragsberechnung einzubeziehen. Die Daten werden dabei auf elektronischem Weg vom Arbeitgeber an die Finverw. übermittelt (§ 41b Abs. 1 Nr. 13 EStG). Einzutragen ist der Arbeitgeberanteil/-zuschuss zu gesetzlichen Rentenversicherungen und zu berufsständischen Versorgungseinrichtungen, der sich aus Nr. 22 a/b der LSt-Bescheinigung ergibt. Voraussetzung für die Berücksichtigung von Vorsorgeaufwendungen i.S.d. § 10 Abs. 1 Nr. 2 EStG ist, dass sie nicht in unmittelbarem wirtschaftlichem Zusammenhang mit steuerfreien Einnahmen stehen. Der nach § 3 Nr. 62 EStG von der **Besteuerung freigestellte Arbeitgeberanteil/-zuschuss** zur gesetzlichen Rentenversicherung wird zunächst den Beiträgen nach § 10 Abs. 1 Nr. 2 Buchst. a und b EStG hinzugerechnet. Gleichzeitig wird dieser Betrag als steuerfreier Arbeitgeberanteil/-zuschuss bei der Ermittlung des Höchstbetrags der abzugsfähigen Vorsorgeaufwendungen wieder gekürzt (§ 10 Abs. 3 Satz 5 EStG). Der Arbeitnehmeranteil zur gesetzlichen Rentenversicherung ist in Zeile 4 einzutragen.

Praxishinweis:
In Fällen, in denen der Arbeitgeber die Beiträge unmittelbar an eine berufsständische Versorgungseinrichtung abführt (sog. Firmenzahler), ist der Arbeitgeberzuschuss unter Nr. 22b (LSt-Bescheinigung) und der Arbeitnehmeranteil unter Nr. 23b (LSt-Bescheinigung) auszuweisen. Führt der Arbeitnehmer den gesamten Beitrag selbst an die berufsständische Versorgungseinrichtung ab (sog. Selbstzahler) und zahlt der Arbeitgeber dem Arbeitnehmer hierfür einen zweckgebundenen Zuschuss, ist unter Nr. 22b (LSt-Bescheinigung) der Zuschuss zu bescheinigen.

1682 Die steuerfreien Arbeitgeberanteile gehören zu den berücksichtigungsfähigen Altersvorsorgebeiträgen. In den Fällen, in denen ein Arbeitnehmer seine Beiträge an ein berufsständisches Versorgungswerk selbst zahlt, überweist der Arbeitgeber den zweckgebundenen und steuerfreien Zuschuss an den Arbeitnehmer aus und dieser zahlt dann den vollen Betrag an das Versorgungswerk. Hierüber erhält der Arbeitnehmer eine entsprechende Bescheinigung.

g) Arbeitgeberanteil zu gesetzlichen Rentenversicherungen im Rahmen einer pauschal besteuerten geringfügigen Beschäftigung (Zeile 10)

10	Arbeitgeberanteil zu gesetzlichen Rentenversicherungen im Rahmen einer pauschal besteuerten geringfügigen Beschäftigung	306	,—	406	,—

1683 Der pauschalierte Arbeitgeberbeitrag zur gesetzlichen Rentenversicherung kann eine Leistung zur Zukunftssicherung geringfügig beschäftigter Arbeitnehmer sein, die zur Kürzung des Vorwegabzugs führt.[2] Der nach § 3 Nr. 62 EStG steuerfreie Arbeitgeberanteil zur gesetzlichen Rentenversicherung wird nach § 10 Abs. 1 Nr. 2 Satz 2 EStG zu den nach § 10 Abs. 1 Nr. 2 Buchst. a und b EStG als Sonderausgaben zu berücksichtigenden Altersvorsorgeaufwendungen hinzugerechnet. Der sich ergebende Betrag wird nach § 10 Abs. 3 Satz 4 EStG mit dem entsprechenden Prozentsatz berücksichtigt. Der steuerfreie Arbeitgeberanteil zur gesetzlichen Rentenversicherung wird zudem wiederum abgezogen. Die Berücksichtigung dieser Rentenversicherungsbeiträge führt im Ergebnis dazu, dass ggf. – i.R.d. Günstigerprüfung (§ 10 Abs. 4a EStG) – ein geringerer Betrag an Sonderausgaben abgezogen werden kann. Eine Kürzung darf aber nur dann erfolgen, wenn sie „für" die Zukunftssicherung erbracht werden. Ohne Auswirkung ist dabei, ob es sich um einen Fall der Pauschalbesteuerung nach § 40a EStG handelt. Insoweit ist lediglich anzumerken, dass der nach § 40a EStG besteuerte Arbeitslohn nicht als Arbeitslohn bei der Ermittlung des Kürzungsbetrags zu berücksichtigen ist (§ 40 Abs. 3 EStG). Ausreichend für eine Kürzung ist, dass sich ein bereits bestehender Versicherungsanspruch erhöht. Steht jedoch von vornherein fest, dass die Zahlungen der stpfl. Person nicht mehr zugutekommen können, hat eine Kürzung zu unterbleiben. Dies gilt z.B. bei Altersrentnern und Vorsorgeempfängern, weil bei diesem Personenkreis keine zusätzlichen Leistungsansprüche mehr erwachsen können. Der nach § 172 Abs. 1 Nr. 3 SGB VI zu entrichtende Beitrag bei Beziehern von Altersrente ist auch kein steuerfreier Arbeitgeberanteil nach § 3 Nr. 62 EStG, da der Beitrag nicht für die Zukunftssicherung eines Arbeitnehmers entrichtet wird.[3] Im Rahmen des JStG 2008 wurde § 10 Abs. 1 Nr. 2 Satz 3 EStG dahingehend ergänzt, dass Beiträge von geringfügig versicherungspflichtig beschäftigten Personen (§ 168 Abs. 1 Nr. 1b und 1c SGB VI) oder bei versicherungsfrei geringfügig beschäftigten Personen (§ 172 Abs. 3 oder Abs. 3a SGB VI) nur dann den

1) BVerwG v. 23.2.2010, 5 C 29/08, DÖV 2010, 664.
2) BFH v. 8.11.2006, X R 9/06, BFH/NV 2007, 432.
3) BayLfSt v. 10.11.2008, S 2221.1.1-6/4 St 32/St 33, DStR 2008, 2420.

begünstigten Altersvorsorgeaufwendungen hinzugerechnet werden, wenn ein entsprechender Antrag vorliegt. Von einem solchen Antrag kann die stpfl. Person dann profitieren, wenn sie sich für die Entrichtung der Regelbeiträge zur Sozialversicherung entschieden hat.[1]

Praxishinweis:
Soweit der Arbeitslohn pauschal versteuert wird, sind außer den originär beizufügenden Unterlagen zur Steuererklärung keine entsprechenden Daten vorhanden, so dass das FA auf diesen Sachverhalt zusätzlich hingewiesen werden muss. Der stpfl. Person liegt insoweit jedoch regelmäßig keine entsprechende Bescheinigung des Arbeitgebers vor, so dass wohl eine Selbstberechnung des Betrags erfolgen müsste.

3. Beiträge zur inländischen gesetzlichen Kranken- und Pflegeversicherung (Zeilen 11–22)

a) Vorbemerkung

Beiträge zu einer Basis-Kranken- und sozialen Pflegeversicherung sind in voller Höhe abziehbar, soweit diese zur Erlangung eines sozialhilfegleichen Versorgungsniveaus (SGB XII) erforderlich sind (§ 10 Abs. 1 Nr. 3 Buchst. a und Buchst. b i.V.m. Abs. 2 EStG). 1684

Beratungshinweis:
Nach Auffassung des BFH[2] können Beiträge an einen nicht der Versicherungsaufsicht unterliegenden Solidarverein, der Leistungen in Krankheitsfällen gewährt, als Sonderausgaben abzugsfähig sein, wenn auf die Leistungen des Vereins ein Rechtsanspruch besteht. Dies ist im Einzelfall nach der jeweiligen Vertragsgestaltung zu prüfen.[3]

Vorschüssige Beitragszahlungen sind lediglich zu berücksichtigen, wenn diese nicht größer als die 3,0-fache Beitragshöhe sind (§ 10 Abs. 1 Nr. 3 Satz 5 EStG; → Rz. 1670). Das sozialhilferechtliche Leistungsniveau (= Pflichtleistungen der gesetzlichen Krankenversicherung) wird vom Gesetzgeber mit Ausnahme spezieller Leistungselemente (z.B. Krankengeld) im Wesentlichen an das der gesetzlichen Kranken- und Pflegeversicherung angekoppelt.[4] Dies gilt auch dann, wenn die stpfl. Person faktisch oder rechtlich zu höheren Aufwendungen verpflichtet ist.

Hinweis zur Plausibilitätsbeurteilung:
Die Zeilen 11 bis 15 betreffen die in der Regel pflichtversicherten Arbeitnehmer, die Zeilen 16 bis 21 z.B. Rentner und freiwillig in der gesetzlichen Krankenversicherung versicherte Personen.

Darüber hinausgehende Kranken- und Pflegeversicherungsbeiträge, Beiträge zu Versicherungen gegen Arbeitslosigkeit, zu Erwerbs- und Berufsunfähigkeitsversicherungen – die nicht Bestandteil einer Basisversorgung sind –, zu Unfall- und Haftpflichtversicherungen, zu Risikolebensversicherungen, die nur für den Todesfall eine Leistung vorsehen, und zu Kapital- und Rentenversicherungen, deren Laufzeit vor 2005 begonnen hat, sind im Rahmen eines besonderen Höchstbetrags (2 800 €/1 900 €) ggf. als weitere sonstige Vorsorgeaufwendungen abziehbar (§ 10 Abs. 1 Nr. 3a EStG), soweit diese nicht bereits vorrangig durch Kranken- und Pflegeversicherungsbeiträge zur Erlangung eines sozialhilfegleichen Versorgungsniveaus ausgeschöpft sind. Diese Aufwendungen sind in den Zeilen 45 bis 50 (→ Rz. 1721) zu erklären.

Nicht zum Leistungsumfang der Sozialhilfe zählen Prämien zu **Wahltarifen**, die Versicherte selbst zahlen müssen und die auch nicht vom Sozialhilfeträger übernommen werden. Dies sind z.B. Zusatzprämien für ein Ein-Bett-Zimmer im Krankenhaus oder für eine Chefarztbehandlung.

Auch Leistungen für eine **Reisekrankenversicherung** sind keine Beiträge für eine Basis-Krankenversicherung.

b) Unterscheidung zwischen Versicherungsnehmer und versicherter Person

Zu den abzugsfähigen Beiträgen gehören die Aufwendungen, die von der stpfl. Person als Versicherungsnehmer für sich selbst, seinem Ehegatten/Lebenspartner, steuerlich zu berücksichtigenden Kindern (→ Rz. 913) oder den eingetragenen Lebenspartner (→ Rz. 1715) gezahlt wurden. Der Versicherungsnehmer ist der Vertragspartner der Versicherung, der zur Beitragszahlung verpflichtet ist und ein Kündigungsrecht besitzt. Werden Beiträge durch eine dritte Person erbracht, ist eine Berücksichtigung der Aufwendungen mangels wirtschaftlicher Belastung beim Versicherungsnehmer nicht möglich. Diejenige Person, die den Versicherungsschutz genießt, ist die versicherte Person. 1685

Ist die stpfl. Person gleichzeitig Versicherungsnehmer und versicherte Person, sind die Beiträge als Sonderausgaben zu berücksichtigen und in der Anlage Vorsorgeaufwand zu erklären.

1) BMF v. 24.5.2017, IV C 3 – S 2221/16/10001 :004, BStBl I 2017, 820, Rz. 74.
2) BFH v. 12.8.2020, X R 12/19, HFR 2021, 356.
3) Bezüglich der Voraussetzungen wird auf die Erläuterungen in den nicht veröffentlichten BFH-Urteilen v. 23.8.2022, R 10/22, 11/22 und X R 15/22 verwiesen..
4) BVerfG v. 13.2.2008, 2 BvL 1/06, Rz. 128, BFH/NV 2008, Beilage 3, 228.

c) Fallgestaltungen

1686 Auf Grund der zuvor dargestellten Unterscheidung zwischen Versicherungsnehmer, versicherter Person (→ Rz. 1685) und ggf. der Beitragstragung durch eine weitere (dritte) Person sind unterschiedliche Fallgestaltungen möglich, die ertragsteuerlich zu beurteilen sind:

aa) Versicherungsnehmer und versicherte Person sind identisch

1687 Der Standardfall, dass der Versicherungsnehmer (= stpfl. Person) die Beiträge tatsächlich gezahlt hat, führt dazu, dass die Aufwendungen als Sonderausgaben (§ 10 Abs. 1 Nr. 3 EStG) zu berücksichtigen sind. Die Beiträge sind auf der Anlage Vorsorgeaufwand zu erklären.

bb) Beiträge werden durch eine andere Person entrichtet

1688 Werden die Beiträge nicht durch den Versicherungsnehmer entrichtet, sondern durch eine dritte Person, ist grds. Ein Abzug der Aufwendungen nicht möglich, da keine wirtschaftliche Belastung vorliegt. Dabei gilt es u.a. folgende Sachverhaltskonstellationen zu unterscheiden:

1. Ehegatten/Lebenspartner im Rahmen einer Zusammenveranlagung (§ 26b EStG)

   Im Rahmen einer Zusammenveranlagung ist es unerheblich, wer Versicherungsnehmer oder versicherte Person ist und welcher Ehegatte/Lebenspartner die Beiträge entrichtet hat (R 10.1 EStR 2012).

2. Elternteil ist Versicherungsnehmer, ein leibliches Kind zahlt die Beiträge

   Die Aufwendungen sind ggf. als außergewöhnliche Belastung (§ 33a Abs. 1 EStG) zu berücksichtigen. Hierzu ist die Anlage Unterhalt auszufüllen.

3. Leibliches Kind ist Versicherungsnehmer, die Eltern zahlen die Beiträge

   Unter der Voraussetzung, dass es sich um ein ertragsteuerlich zu berücksichtigendes Kind handelt, können die Aufwendungen als eigene Aufwendungen bei den Eltern berücksichtigt werden (§ 10 Abs. 1 Nr. 3 Satz 2 EStG). Hierzu sind die Aufwendungen auf der Anlage Kind zu erklären.

4. Elternteil ist Versicherungsnehmer, das Kind ist versicherte Person

   Die Aufwendungen sind bei dem Elternteil zu berücksichtigen und zwar auch in den Fällen, in denen das Kind nicht mehr im ertragsteuerlichen Sinne als Kind gilt. Die Aufwendungen sind auf der Anlage Vorsorgeaufwand zu erklären.

d) Arbeitnehmeranteile zu Krankenversicherungen lt. Nr. 25 der Lohnsteuerbescheinigung (Zeile 11)

	Beiträge zur inländischen gesetzlichen Kranken- und Pflegeversicherung		EUR		EUR	
11	Arbeitnehmerbeiträge zu Krankenversicherungen laut Nr. 25 der Lohnsteuerbescheinigung	320	,—	420	,—	e

aa) Allgemeines

1689 Der Arbeitgeber übermittelt die Daten auf elektronischem Weg an die Finverw. (§ 41b Abs. 1 Nr. 13 EStG). Beiträge zu einer Krankenversicherung sind grds. Unbegrenzt abzugsfähig. Eine Begrenzung der Höhe nach erfolgt jedoch insoweit, dass nur die Bestandteile, die zur Erlangung eines **sozialhilfegleichen Versorgungsniveaus** in voller Höhe abgezogen werden können (§ 10 Abs. 1 Nr. 3 Buchst. a Satz 2 i.V.m. Abs. 2 EStG). Abzugsfähig sind die allgemeinen Beiträge (§ 241 SGB V). Nicht bescheinigt sind Beiträge an ausl. Sozialversicherungsträger.

Besteht ein **Anspruch auf Zahlung von Krankengeld**, erfolgt eine Kürzung i.H.v. 4 % der Aufwendungen. Insoweit sind weitere Abgrenzungen in Zeile 12 (→ Rz. 1691) zur eindeutigen Zuordnung erforderlich. Wurden weitere Wahl- oder Zusatztarife in Anspruch genommen, kommt ebenfalls keine Berücksichtigung in Betracht. Wurde ein steuerfreier Arbeitgeberzuschuss gezahlt, der in Zeile 37 gesondert zu erklären ist, sind die als Sonderausgaben zu berücksichtigenden Beiträge zur gesetzlichen Krankenversicherung entsprechend zu kürzen.

> **Praxishinweis:**
> Zahlungen für Krankheitskosten, die die stpfl. Person wegen eines im Krankenversicherungsvertrag vereinbarten Selbstbehalts zu tragen hat, sind keine Beiträge zu Krankenversicherungen.[1]

bb) Anspruch auf Krankengeld

1690 Hat die stpfl. Person Anspruch auf Krankengeld oder eine vergleichbare Leistung, ist der geleistete Betrag zur gesetzlichen Krankenversicherung typisierend um 4 % zu kürzen. Ein Anspruch auf Krankengeld besteht erst mit Eintritt der Arbeitsunfähigkeit (§ 44 Abs. 1 SGB V). Zum Zeitpunkt der Erstellung der Einkommensteuererklärung ist dabei bereits bekannt, ob ein solcher Anspruch bestanden hat.

---

1) BFH v. 8.10.2013, X B 110/13, BFH/NV 2014, 154; Verfbeschw nicht angenommen, BVerfG v. 16.2.2015, 2 BvR 49/14, StEd 2015, 150; so auch BFH v. 1.6.2016, X R 43/14, BStBl II 2017, 55.

Praxishinweis:

Nach der Gesetzesbegründung orientiert sich dieser Prozentsatz an den durchschnittlichen Ausgaben der gesetzlichen Krankenversicherung für das Krankengeld. Dieser Beitragsanteil wird nicht der Absicherung des sozialhilfegleichen Versorgungsniveaus zugerechnet, weil das BVerfG in seiner Entscheidung angeführt hat, dass das Krankengeld dem Ausgleich des krankheitsbedingten Verdienstausfalls dienen soll. Damit stellt der Beitragsanteil eine Vermögenssicherung und keine existenznotwendige Absicherung von gesundheitsbedingten Risiken dar.

Anspruch auf Krankengeld haben die versicherten Personen – regelmäßig Arbeitnehmer – deren Entgelt auf Grund von Arbeitsunfähigkeit ausfällt. Ein Krankengeldanspruch besteht z.B. nicht bei den Personen, die eine Vollrente wegen Alters oder eine Rente wegen voller Erwerbsminderung neben einer Beschäftigung beziehen (vgl. hierzu auch die Darstellung von einzelnen Personengruppen im BMF-Schreiben v. 24.5.2017[1)]). Keinen Anspruch auf Krankengeld haben auch die Personen, bei denen ein zeitlich befristetes Arbeitsverhältnis besteht, das von vornherein kürzer als zehn Wochen ausgelegt war.

Eine pauschale Kürzung kommt indes nicht in Betracht, wenn die versicherte Person keinen Anspruch auf Krankengeld hat.

e) In Zeile 11 enthaltene Beiträge, aus denen sich kein Anspruch auf Krankengeld ergibt (Zeile 12)

12	In Zeile 11 enthaltene Beiträge, aus denen sich kein Anspruch auf Krankengeld ergibt	322	,—	422	,—

Einzutragen sind die Beiträge, aus denen sich kein Anspruch auf Krankengeld ergibt. Hierbei handelt es sich um den **Ausnahmefall des Personenkreises**, der sich in Zeile 11 zu erklären hat, da Arbeitnehmer regelmäßig einen entsprechenden Anspruch ggf. auf vergleichbare Leistungen haben werden, wenn deren Arbeitsentgelt wegen Arbeitsunfähigkeit ausfällt (Entgeltsausfallprinzip). Eintragungen in Zeile 12 haben zur Folge, dass die 4 %-Kürzung nicht vorgenommen wird. **1691**

Der auf das Krankengeld entfallende Beitragsanteil ist nicht als unbeschränkt abziehbarer Beitrag zur Basiskrankenversorgung (§ 10 Abs. 1 Nr. 3 Buchst. a EStG) abzugsfähig, hierfür ist ein Abschlag von 4 % vorzunehmen.

Praxishinweis:

Nicht zu den berücksichtigungsfähigen Basiskrankenversicherungsbeiträgen, sondern zu einer Krankenversicherung gehören die Aufwendungen zur Finanzierung des Krankengeldes. Dies gilt entsprechend für Wahl- und Zusatztarife. Diese Beiträge sind zusätzlich in Zeile 22 (→ Rz. 1702) einzutragen.

f) Arbeitnehmerbeiträge zu sozialen Pflegeversicherungen lt. Nr. 26 der Lohnsteuerbescheinigung (Zeile 13)

13	Arbeitnehmerbeiträge zu sozialen Pflegeversicherungen laut Nr. 26 der Lohnsteuerbescheinigung	323	,—	423	,—	e

Pflegeversicherungen dienen der Abdeckung des Kostenrisikos bei Pflegebedürftigkeit. Die Beiträge des Arbeitnehmers zur sozialen Pflegeversicherung sind unter Nr. 26 des Ausdrucks der LSt-Bescheinigung ausgewiesen und sind nach § 10 Abs. 1 Nr. 3 Buchst. b EStG zu berücksichtigen. Nicht bescheinigt sind Beiträge an ausl. Sozialversicherungsträger.[2)] Beschränkt ist der Sonderausgabenabzug auf die soziale Pflegeversicherung (§ 1 Abs. 1 SGB XI). Freiwillige (zusätzliche) Pflegeversicherungen sind lediglich i.R.d. § 10 Abs. 1 Nr. 3a EStG abzugsfähig (→ Rz. 1707). **1692**

g) Zu den Zeilen 11–13: Von der Kranken- und/oder sozialen Pflegeversicherung erstattete Beiträge (Zeile 14)

	Zu den Zeilen 11 bis 13:					
14	Von der Kranken- und / oder sozialen Pflegeversicherung erstattete Beiträge	324	,—	424	,—	e

Voraussetzung für den Sonderausgabenabzug ist die tatsächliche wirtschaftliche Belastung. **Beitragsrückerstattungen** mindern daher den als Sonderausgaben absetzbaren Betrag, ohne Rücksicht darauf, aus welchem Grund und in welcher Form eine Erstattung erfolgt. Es sind jedoch nur die Erstattungsbeiträge zu erklären, die sich auf die Basisleistungen beziehen, die auch tatsächlich als Sonderausgaben Berücksichtigung finden können. Selbst getragene Krankheitskosten können nicht i.R.d. Sonderausgabenabzugs für Krankenversicherungsbeiträge berücksichtigt werden.[3)] **1693**

Erstattungen im Zusammenhang mit **Wahlleistungen** sind gesondert in dem Gesamtbetrag in Zeile 22 (→ Rz. 1702) zu berücksichtigen.

1) BMF v. 24.5.2017, IV C 3 – S 2221/16/10001 :004, BStBl I 2017, 820, ab Rz. 162.
2) BMF v. 26.11.2013, IV C 5 – S 2367/13/10001, BStBl I 2013, 1532, Rz. 6.
3) BFH v. 29.11.2017, X R 3/16, BStBl II 2018, 384.

Aus Gründen der Praktikabilität wird der Erstattungsbetrag primär mit den gleichartigen Beiträgen in dem jeweiligen Erstattungsjahr verrechnet. Dies hat zur Folge, dass die abziehbaren Beiträge des Erstattungsjahres entsprechend gemindert werden.[1]

Zur Überprüfung der geflossenen Beitragsrückerstattungen, werden diese von den Versicherungsunternehmen ebenfalls auf elektronischem Weg an die Finverw. übermittelt.

Beratungshinweis:
Die dem Grunde nach wirtschaftlich vernünftige Entscheidung einer Beitragsrückerstattung kann sich (in Abhängigkeit jeweils vom persönlichen Steuersatz) unter dem ertragsteuerlichen Gesichtspunkt der Minderung der – unbegrenzt – abzugsfähigen Sonderausgaben umkehren. Der „Verzicht" auf einen (möglichen) Erstattungsanspruch der **selbst getragenen Krankheitskosten** zur Erlangung der Rückerstattung von Krankenversicherungsbeiträgen kann nicht als Sonderausgabe berücksichtigt werden.[2] Das gilt ebenfalls bei einer pflichtversicherten Person; auch kommt ein Abzug als außergewöhnliche Belastung nicht in Betracht.[3]

Bonusleistungen bis zu einer Höhe von 150 € pro versicherter Person gelten nicht als Beitragsrückerstattung.[4] Eine Übermittlung an die Finanzverw. findet nicht statt. Bei darüberhinausgehenden Beträgen kann der Stpfl. nachweisen, dass diese nicht als Beitragserstattung zu qualifizieren sind.

Prämienzahlungen der gesetzlichen Krankenkassen auf Grund von § 53 Abs. 1 SGB V mindern den Sonderausgabenabzug. Hierfür gibt es keine Vereinfachungsregelung.

Ergibt sich im Rahmen einer Zusammenveranlagung bei einem Ehegatten/Lebenspartner ein Erstattungsüberhang, muss dieser mit den gleichartigen Beiträgen des anderen verrechnet werden (§ 10 Abs. 4 Satz 3 EStG). Eine darüber hinaus gehende Verrechnung mit weiteren sonstigen Vorsorgeaufwendungen (§ 10 Abs. 1 Nr. 3a EStG → Rz. 1720) dürfte nicht möglich sein, da insoweit nach der Rechtssystematik nicht von einer Gleichartigkeit der Sonderausgaben ausgegangen werden kann.

Ein Erstattungsüberhang aus Beiträgen (§ 10 Abs. 1 Nr. 3 EStG) ist im Jahr der Erstattung bei der Ermittlung des Gesamtbetrags der Einkünfte hinzuzurechnen (§ 10 Abs. 4b EStG). Insoweit wird der Rückgriff auf vergangene VZ weitestgehend vermieden.[5] Verbleibt bei den Aufwendungen i.S.d. § 10 Abs. 1 Nr. 2 und Nr. 3a EStG (Beiträge in die Rentenversicherung [Zeile 4 bis 10] und sonstige Vorsorgeaufwendungen [Zeile 45 bis 50]) ein Erstattungsüberhang, ist ein Rückgriff auf frühere VZ (Altjahre) weiterhin notwendig.

h) In Zeile 14 enthaltene Beiträge zur Krankenversicherung, aus denen sich kein Anspruch auf Krankengeld ergibt, und zur sozialen Pflegeversicherung (Zeile 15)

15	In Zeile 14 enthaltene Beiträge zur Krankenversicherung, aus denen sich kein Anspruch auf Krankengeld ergibt, und zur sozialen Pflegeversicherung	325	,–	425	,–

1694 Hinsichtlich der Erstattungen ist danach zu differenzieren, ob ein Anspruch auf Krankengeld besteht oder nicht, da die Grundaufwendungen in diesem Fall pauschal um 4 % gekürzt werden. Aus diesem Grund sind die Erstattungen, aus denen sich kein Anspruch auf Krankengeld ergibt, gesondert zu erklären. Dieser Wert kann mit Erstattungen zusammengefasst werden, die auf die soziale Pflegeversicherung entfallen, da auch diese nicht zu einer 4 %igen Kürzung führen.

i) Beiträge zu Krankenversicherungen (ohne Beiträge, die in Zeile 11 geltend gemacht werden), z.B. bei Rentnern; bei freiwillig gesetzlich versicherten Selbstzahlern (Zeile 16)

16	Beiträge zu Krankenversicherungen – ohne Beiträge, die in Zeile 11 geltend gemacht werden – (z. B. bei Rentnern, bei freiwillig gesetzlich versicherten Selbstzahlern)	326	EUR ,–	426	EUR ,–

1695 **Hinweis zur Plausibilitätsbeurteilung:**
Zu erklären sind nicht die Beiträge, die auf der LSt-Bescheinigung ausgewiesen sind, da entsprechende Eintragungen in Zeile 11 (→ Rz. 1689) erfolgen.

Beiträge zu gesetzlichen Krankenversicherungen von stpfl. Personen, deren Beiträge nicht auf der LSt-Bescheinigung ausgewiesen sind, müssen gesondert erklärt werden. Hierzu gehören z.B. die i.R.d. Krankenversicherung der **pflichtversicherten Rentner** erhobenen Beiträge. Der Rentenversicherungsträger übermittelt i.R.d. Rentenbezugsmitteilung die Daten an die Finverw. (§ 22a Abs. 1 Nr. 5 EStG).

Für Beiträge an die **landwirtschaftliche Krankenkasse** gelten die Regelungen für die gesetzliche Krankenversicherung entsprechend, denn auch insoweit handelt es sich um eine gesetzliche Krankenversicherung. Auch für diesen Personenkreis gilt die Grundregel, dass Aufwendungen für die Finanzierung von Wahlleistungen keine Berücksichtigung finden.

1) Risthaus, DStZ 2009, 669, 676; zum Diskussionsstand bei der Kirchensteuer vgl. Demuth, NWB Fach 2, 9271.
2) FG Düsseldorf v. 6.6.2014, 1 K 2873/13 E, EFG 2014, 1789.
3) FG Berlin-Brandenburg v. 19.4.2017, 11 K 11327/16, EFG 2017, 1765.
4) § 10 Abs. 2b Satz 2 und 3 EStG, eingefügt durch Jahressteuergesetz 2024 (JStG 2024) v. 2.12.2024. Anzuwenden ab 1.1.2025.
5) Entwurf eines Steuervereinfachungsgesetzes 2011, BR-Drucks. 54/11 v. 4.2.2011.

Keine zu berücksichtigenden Aufwendungen stellen die Beiträge zu einer **Auslandskrankenversicherung** (Reisekrankenversicherung) dar, die zusätzlich zu einem bestehenden Versicherungsschutz ohne eingehende persönliche Risikoprüfung abgeschlossen werden.[1)]

j) In Zeile 16 enthaltene Beiträge zur Krankenversicherung, aus denen sich ein Anspruch auf Krankengeld ergibt (Zeile 17)

Zeile					
17	In Zeile 16 enthaltene Beiträge zur Krankenversicherung, aus denen sich ein Anspruch auf Krankengeld ergibt	328	,—	428	,—

Hierbei handelt es sich um den Ausnahmefall des Personenkreises, der sich in Zeile 16 zu erklären hat, da sich regelmäßig **kein** entsprechender Anspruch, oder ggf. auf vergleichbare Leistungen ergibt. Ergibt sich ausnahmsweise **ein Anspruch** auf Krankengeld oder Leistungen, die anstelle von Krankengeld gewährt werden, ist der bereits in Zeile 16 erklärte Betrag nochmals – ggf. anteilig – anzugeben. Eine Kürzung kann z.B. bei **freiwillig in der gesetzlichen Krankenversicherung versicherten Rentnern** bestehen, die neben der Rente noch weitere Einkünfte beziehen. **1696**

Eine zu Zeile 12 beschriebene typisierende Beitragskürzung kommt bei Rentnern nicht in Betracht, da dieser Personengruppe kein Anspruch auf Krankengeld zusteht. Sollte dennoch ein Anspruch auf Krankengeld bestehen, ist dieser Betrag in Zeile 20 einzutragen, so dass die typisierende Beitragskürzung um 4 % der Beitragszahlungen (→ Rz. 1690) erfolgt.

Bezieht ein freiwillig versicherter Rentner neben der Rente noch andere Einkünfte und besteht mit den zusätzlichen Einkünften ein Anspruch auf Krankengeld, ist bei dem Gesamtbetrag eine entsprechende Kürzung um 4 % vorzunehmen.[2)]

Beispiel:

Die stpfl. Person ist freiwillig in der gesetzlichen Krankenversicherung versichert und zahlt hierfür Beiträge i.H.v. 2 000 €. Im Zusammenhang mit weiteren nichtselbständigen Einkünften wird ein Arbeitnehmeranteil i.H.v. 500 € erbracht, aus dem sich ein Anspruch auf Krankengeld ergibt.

k) Beiträge (ohne Beiträge, die in Zeile 13 geltend gemacht werden) zur sozialen Pflegeversicherung, z.B. bei Rentnern; bei freiwillig gesetzlich versicherten Selbstzahlern (Zeile 18)

Zeile						
18	Beiträge zu sozialen Pflegeversicherungen – ohne Beiträge, die in Zeile 13 geltend gemacht werden – (z. B. bei Rentnern, bei freiwillig gesetzlich versicherten Selbstzahlern)	329	,—	429	,—	e

Hinweis zur Plausibilitätsbeurteilung: **1697**

Zu erklären sind nicht die Beiträge, die auf der LSt-Bescheinigung ausgewiesen sind, da entsprechende Eintragungen in Zeile 13 (→ Rz. 1692) erfolgen.

Beiträge zur sozialen Pflegeversicherung und zur privaten Pflege-Pflichtversicherung sind als weitere Vorsorgeaufwendungen abzugsfähig (§ 10 Abs. 1 Nr. 3 Buchst. b EStG). Freiwillige (zusätzliche) Pflegeversicherungen sind lediglich i.R.d. § 10 Abs. 1 Nr. 3a EStG abzugsfähig (→ Rz. 1707).

l) Von der Kranken- und/oder sozialen Pflegeversicherung erstattete Beiträge (Zeile 19)

Zeile						
	Zu den Zeilen 16 bis 18:					
19	Von der Kranken- und / oder sozialen Pflegeversicherung erstattete Beiträge	330	,—	430	,—	e

Hat die stpfl. Person Erstattungen erhalten, sind diese gesondert zu erklären, da insoweit keine Belastung vorliegt (vgl. Ausführungen zu Zeile 14 → Rz. 1693). Es sind jedoch die Erstattungsbeiträge zu erklären, die sich auf die Basisleistungen beziehen. Erstattungen im Zusammenhang mit **Wahlleistungen** sind gesondert in Zeile 22 (→ Rz. 1702) anzugeben. **1698**

Wird eine **Tagespflegeperson** (→ Rz. 1331) im Auftrag des Jugendamts tätig, werden die hälftigen tatsächlichen Aufwendungen zu einer Versicherung vom zuständigen Jugendamt, in dessen Auftrag die stpfl. Person tätig wird (§ 86 SGB VIII), erstattet (§ 23 Abs. 2 Satz 1 Nr. 4 SGB VIII). Diese Beträge sind in Zeile 22 (→ Rz. 1701) gesondert zu erklären. **1699**

m) In Zeile 19 enthaltene Beiträge zur Krankenversicherung, aus denen sich ein Anspruch auf Krankengeld ergibt (Zeile 20)

Zeile					
20	In Zeile 19 enthaltene Beiträge zur Krankenversicherung, aus denen sich ein Anspruch auf Krankengeld ergibt	331	,—	431	,—

1) BMF v. 24.5.2017, IV C 3 – S 2221/16/10001 :004, BStBl I 2017, 820, Rz. 84.
2) BMF v. 24.5.2017, IV C 3 – S 2221/16/10001 :004, BStBl I 2017, 820, Rz. 109.

1700 Zur zutreffenden Ermittlung des Abzugsbetrags unter Berücksichtigung des Ausnahmefalls, dass **ein Anspruch** auf Krankengeld oder vergleichbare Leistungen besteht, sind entsprechende Erstattungsanteile gesondert zu erklären (vgl. Ausführungen zu Zeile 18 → Rz. 1696).

n) Zuschuss zu den Beiträgen lt. Zeilen 16 und/oder 18, z.B. von der Deutschen Rentenversicherung (Zeile 21)

21	Zuschuss zu den Beiträgen laut den Zeilen 16 und / oder 18 – ohne Beträge laut den Zeilen 34 und 36 – (z. B. von der Deutschen Rentenversicherung)	332	,–	432	,– ⓔ

1701 Beiträge, für die steuerfreie Zuschüsse gezahlt werden, sind nicht als Vorsorgeaufwand zu berücksichtigen (§ 10 Abs. 2 Satz 1 Nr. 1 2. Halbsatz EStG). Hierzu gehören auch die Zuschüsse, die Rentner aus der gesetzlichen Rentenversicherung (§ 3 Nr. 14 EStG) oder Personen von der Künstlersozialkasse (§ 3 Nr. 57 EStG) steuerfrei erhalten. Ebenso sind die steuerfreien Zuschüsse zu erklären, die von der Besoldungsstelle während der Elternzeit oder an Wehrpflichtige gewährt werden.

Wurde ein **Beitragszuschuss zur gesetzlichen Krankenversicherung** z.B. von der Deutschen Rentenversicherung Bund **zurückgefordert**, weil z.B. zu Unrecht Zuschüsse gezahlt wurden, da zu einem späteren Zeitpunkt bekannt wurde, dass noch weitere Einkünfte vorgelegen haben, ist dieser Betrag mindernd zu berücksichtigen und kann daher auch neg. sein. Diese Daten können Teil der Rentenbezugsmitteilung sein (§ 22a Abs. 1 EStG).

Hinweis zur Plausibilitätsbeurteilung:

Bitte beachten Sie, wenn der Stpfl. privat versichert ist, sind diese steuerfreien Zuschüsse in der Zeile 26 der Anlage Vorsorgeaufwand zu erklären (→ Rz. 1706).

o) Über die Basisabsicherung hinausgehende Beiträge zu Krankenversicherungen (z.B. für Wahlleistungen, Zusatzversicherung) abzüglich erstatteter Beiträge (Zeile 22)

			EUR		EUR
22	Über die Basisabsicherung hinausgehende Beiträge zu Krankenversicherungen (z. B. für Wahlleistungen, Zusatzversicherungen) abzüglich erstatteter Beiträge	338	,–	438	,–

2025AnlVor241 - September 2025 - 2025AnlVor241

1702 **Hinweis zur Plausibilitätsbeurteilung:**

Die Angaben beziehen sich auf die beiden vorgenannten Abfrageblöcke (Zeile 11 bis 15 und 16 bis 21).

Entgegen der meisten anderen Angaben in der Anlage Vorsorgeaufwand, stellen die zu erklärenden Beiträge in Zeile 22 die Differenz zwischen gezahlten Beiträgen abzgl. steuerfreier Zuschüsse und erstatteter Beiträge dar. Eine elektronische Übermittlung dieser Beitragsanteile ist nicht vorgesehen (§ 10 Abs. 2a Satz 1 EStG) und sie müssen ggf. auch nicht nach der KVBEVO (→ Rz. 1703) aufgeteilt werden.

Die **erklärten Beiträge gehören nicht** zu den Aufwendungen i.R.d. sozialversicherungsrechtlichen **Basisabsicherung** (z.B. Behandlung durch den Chefarzt oder einen Heilpraktiker, Einbettzimmer, Leistungen für Zahnersatz und kieferorthopädische Maßnahmen) und waren daher nicht in den Zeilen 12 bis 22 zu erklären (weder Beitragsleistungen noch Erstattungsbeträge), sondern können lediglich als weitere sonstige Sonderausgaben (§ 10 Abs. 1 Nr. 3a EStG) i.R.d. besonderen „kleinen" Höchstbetrags von 2 800 €/1 900 € Berücksichtigung finden (§ 10 Abs. 4 EStG), soweit dieser noch nicht ausgeschöpft ist (→ Rz. 1721).

Übersteigen die geleisteten Beiträge für die Basisabsicherung (Basis-Krankenversicherung und soziale Pflegeversicherung) den Höchstbetrag von 2 800 €/1 900 €, sind bei Vorliegen der entsprechenden Voraussetzungen diese Beiträge für die Basisabsicherung als Sonderausgaben zu berücksichtigen. Eine Begrenzung auf den Höchstbetrag erfolgt in diesen Fällen nicht. Ein zusätzlicher Abzug von Beiträgen, die über die Basisabsicherung hinausgehen oder von weiteren sonstigen Vorsorgeaufwendungen (z.B. Arbeitslosen-, Unfall- oder Haftpflichtversicherungen → Rz. 1723 f.) ist daneben der Höhe nach nicht möglich.

Praxishinweis:

Zu beachten ist, dass der Sonderausgabenabzug für Beiträge zur Basiskranken- und Pflegeversicherung auf den Sonderausgabenhöchstbetrag gem. § 10 Abs. 4 EStG „angerechnet" wird. In vielen Fällen werden die Sonderausgaben i.S.d. § 10 Abs. 3 EStG über dem Höchstbetrag liegen.

4. Beiträge zur inländischen privaten Kranken- und Pflegeversicherung (Zeilen 23–27)

a) Beiträge zu Krankenversicherungen – nur Basisabsicherung, keine Wahlleistungen (Zeile 23)

- 2 -

Beiträge zur inländischen privaten Kranken- und Pflegeversicherung		Steuerpflichtige Person / Ehemann / Person A		Ehefrau / Person B
		EUR		EUR
23 Beiträge zu privaten Krankenversicherungen (nur Basisabsicherung, keine Wahlleistungen)	350	,—	450	,—

Aufwendungen für eine private Krankenversicherung sind in voller Höhe als Sonderausgaben berücksichtigungs- **1703**
fähig (§ 10 Abs. 1 Nr. 3 Buchst. a EStG), soweit sie dem Basistarif entsprechen, also in Art, Umfang und Höhe den Leistungen der gesetzlichen Versicherung (SGB V) vergleichbar sind. Zu übernommenen Krankheitskosten i.R.d. Selbstbeteiligung →Rz. 1689. Beiträge für Wahl- und Zusatzleistungen, die über die Basisabsicherung hinausgehen, sind nicht berücksichtigungsfähig (z.B. Behandlung durch den Chefarzt oder einen Heilpraktiker, Einbettzimmer, Leistungen für Zahnersatz und kieferorthopädische Maßnahmen). Vorschüssige Beitragszahlungen sind lediglich zu berücksichtigen, wenn diese nicht größer als die dreifache Beitragshöhe sind (§ 10 Abs. 1 Nr. 3 Satz 5 EStG) (→Rz. 1670).

Die abziehbaren Anteile sind seitens der Versicherungsunternehmen nach der **KVBEVO** zu ermitteln.[1] Zweifel an der Rechtmäßigkeit der KVBEVO bestehen nicht.[2] Die Ermittlung des Abschlags wird pauschal auf der Basis des Anteils der Aufwendungen für Leistungen an den gesamten Leistungsaufwendungen der privaten Krankenversicherer vorgenommen. Die Aufteilung erfolgt nach einem festgelegten Punktesystem. Für bestimmte Leistungen werden Punkte vergeben und dann in ein Verhältnis gesetzt (§ 3 Abs. 2 KVBEVO). So umfasst der Tarif z.B. für

- ein Einbettzimmer 3,64 Punkte,
- die Chefarztbehandlung 9,24 Punkte und
- zahnärztliche Basisleistung 9,88 Punkte.

Ambulante Basisleistungen werden mit 54,60 und stationäre Basisleistungen mit 15,11 Punkte bewertet. Die angegebenen Punkte bleiben unabhängig davon, welche Leistungen in einem Tarif konkret abgesichert wurden, stets gleich. Deckt ein **Tarif ausschließlich Wahlleistungen** ab, ist dieser Anteil nicht berücksichtigungsfähig. Eine Aufteilung nach der KVBEVO ist dann nicht erforderlich.

Auch bei der privaten Krankenversicherung erfolgt eine Kürzung um 4 % für das versicherte Krankentagegeld, wenn lediglich ein Basistarif abgeschlossen wurde, und entspricht damit den Regelungen für gesetzlich versicherte Personen (→Rz. 1690).

Beratungshinweis:

Dem Krankengeld bei sozialversicherungspflichtigen Arbeitnehmern entspricht im Bereich der privaten Krankenversicherung das Krankentagegeld. Hierbei handelt es sich um eine Leistung, die durch Arbeitsunfähigkeit verursachten Verdienstausfall ausgleichen soll. Jedoch ist die Situation bei Arbeitnehmern und z.B. Gewerbetreibenden unterschiedlich. Krankengeld wird bei Arbeitnehmern erst nach Ablauf der Lohnfortzahlung im Krankheitsfall gezahlt. Gewerbetreibende tragen hingegen das Verdienstausfallrisiko vom ersten Tag an; diesem Umstand sollte Rechnung getragen werden.[3]

Erstattete Beiträge seitens der Versicherung sind gesondert in Zeile 25 zu erklären.

Um Tarifgestaltungen mit dem vorgenannten Punktesystem entgegenzuwirken, erfolgt eine Berücksichtigung der Beiträge lediglich mit einem Wert von 1 %, wenn Wahlleistungen dem gewählten Tarif das Gepräge geben.

Beispiel:

Die stpfl. Person hat in einem Tarif nur Hospizleistungen als stationäre Basisleistungen und daneben die Behandlung durch den Chefarzt versichert. Die Hospizleistungen wären mit dem Wert für stationäre Basisleistungen zu gewichten und entsprechend dem Berechnungsschema wäre ein Abschlag für die Chefarztbehandlung vorzusehen.

Tatsächlich entfällt jedoch nur ein sehr geringer Anteil des geleisteten Beitrags auf die stationären Leistungen (ohne Chefarztbehandlung), weil die Hospizleistungen hier im Gesamtbeitrag nur ein geringes Gewicht haben. Es erfolgt ein Abschlag von 99 %.

Bei einer bestehenden Basisabsicherung durch die gesetzliche Krankenversicherung (GKV) ist eine zeitgleiche zusätzliche private Krankenversicherung (PKV) zur Basisabsicherung nicht erforderlich. In diesen Fällen sind bei Pflichtversicherten ausschließlich die Beiträge zur GKV und bei freiwillig Versicherten die höheren Beiträge als Beiträge für eine Basisabsicherung anzusetzen.

Praxishinweis:

Ist die stpfl. Person sowohl Pflichtmitglied in einer gesetzlichen Krankenkasse als auch freiwillig privat krankenversichert, können lediglich die Beiträge gem. § 10 Abs. 1 Nr. 3 Satz 1 Buchst. a EStG abgezogen werden, die an die gesetzliche Krankenversicherung

1) KVBEVO v. 11.8.2009, BGBl. I 2009, 2730.
2) BFH v. 29.11.2017, X R 26/16, BFH/NV 2018, 424.
3) Gunter, DStR 2009, 565.

entrichtet wurden.[1] Dies gilt auch dann, wenn der Arbeitgeber des Stpfl. diesen rechtsirrig nicht zur gesetzlichen Kranken- und Pflegeversicherung angemeldet hat und der Stpfl. daher einen bestehenden privaten Kranken- und Pflegeversicherungsvertrag nicht mit Wirkung auf den Tag des Eintritts in das Beschäftigungsverhältnis gekündigt hat.[2]

Aus verwaltungsökonomischen Gründen ist der Sonderausgabenabzug für Beiträge an eine PKV als Basisabsicherung zu gewähren, wenn zeitgleich eine beitragsfreie Familienversicherung in der GKV gegeben ist.[3]

Beiträge zu **Anwartschaftsversicherungen** werden bis zu einer Höhe von 100 € als Basisaufwendungen behandelt.[4]

b) Beiträge zur Pflege-Pflichtversicherung (Zeile 24)

24	Beiträge zu Pflege-Pflichtversicherungen	351	,—	451	,—

1704 Beiträge zur Pflege-Pflichtversicherung (§ 10 Abs. 1 Nr. 3 Buchst. b EStG) können in voller Höhe steuerlich geltend gemacht werden und werden unbegrenzt als Sonderausgaben abgezogen. Vorschüssige Beitragszahlungen sind lediglich zu berücksichtigen, wenn diese nicht größer als die Dreifache Beitragshöhe sind (§ 10 Abs. 1 Nr. 3 Satz 5 EStG [→ Rz. 1670]). Erstattete Beiträge sind gesondert in Zeile 25 zu erklären.

Hinweis zur Plausibilitätsbeurteilung:
Werden über die Pflege-Pflichtversicherungsbeiträge hinaus Beiträge zu zusätzlichen Pflegeversicherungen geleistet, sind diese gesondert in Zeile 27 (→ Rz. 1707 zu erklären, da diese lediglich i.R.d. § 10 Abs. 1 Nr. 3a EStG Berücksichtigung finden können.

c) Von der privaten Kranken- und/oder Pflege-Pflichtversicherung erstattete Beiträge (Zeile 25)

	Zu den Zeilen 23 und 24:				
25	Von der privaten Kranken- und / oder Pflege-Pflichtversicherung erstattete Beiträge	352	,—	452	,—

1705 Voraussetzung für den Sonderausgabenabzug ist die tatsächliche wirtschaftliche Belastung. **Beitragsrückerstattungen** mindern daher den als Sonderausgaben absetzbaren Betrag, ohne Rücksicht darauf, aus welchem Grund und in welcher Form eine Erstattung erfolgt. Es sind jedoch nur die Erstattungsbeiträge zu erklären, die sich auf die Basisleistungen (Kranken- und Pflege-Pflichtversicherung) beziehen, die auch tatsächlich als Sonderausgaben Berücksichtigung finden können.

d) Zuschuss von dritter Seite zu den Beiträgen lt. Zeile 23 und/oder 24 (Zeile 26)

26	Zuschuss von dritter Seite zu den Beiträgen laut den Zeilen 23 und / oder 24 (z. B. von der Deutschen Rentenversicherung)	353	,—	453	,—

1706 Wurden Zuschüsse von dritter Seite gezahlt (z.B. von der Deutschen Rentenversicherung), sind diese zwecks Kürzung der Aufwendungen gesondert zu erklären. Ein steuerfreier Arbeitgeberzuschuss wird in jedem Fall als Zuschuss zur Basisabsicherung behandelt (§ 10 Abs. 2 Nr. 1 Halbsatz 2 EStG). Der Zuschuss mindert bei privat versicherten Arbeitnehmern in vollem Umfang die Beiträge zur Basisabsicherung.[5] Zuschüsse für Polizeibeamte des Landes Baden-Württemberg sind mindernd zu berücksichtigen.[6]

Zu steuerfreien Erstattungen des **Jugendhilfeträgers** zu Kranken- und Pflegeversicherungsbeiträgen (→ Rz. 1699). Einzutragen sind – mangels gesonderter Erklärungsmöglichkeiten – auch Leistungen, die vom ausl. Arbeitgeber gezahlt worden sind. Ab dem VZ 2016 besteht eine Übermittlungspflicht der Daten (§§ 10 Abs. 4b Satz 4, 52 Abs. 24b EStG).

Wurde ein **Beitragszuschuss zur gesetzlichen Krankenversicherung** z.B. von der Deutschen Rentenversicherung Bund **zurückgefordert**, ist dieser Betrag mindernd an dieser Stelle zu berücksichtigen.

e) Über die Basisabsicherung hinausgehende Beiträge zu Krankenversicherungen (z.B. für Wahlleistungen, Zusatzversicherung) abzüglich erstatteter Beiträge (Zeile 27)

27	Über die Basisabsicherung hinausgehende Beiträge zu Krankenversicherungen (z. B. für Wahlleistungen, Zusatzversicherungen) und / oder zu zusätzlichen Pflegeversicherungen abzüglich erstatteter Beiträge	354	,—	454	,—

1) BFH v. 29.11.2017, X R 5/17, BStBl II 2018, 230.
2) BFH v. 29.8.2019, X B 56/19.
3) BMF v. 24.5.2017, IV C 3 – S 2221/16/10001 :004, BStBl I 2017, 820, Rz. 83
4) BMF v. 24.5.2017, IV C 3 – S 2221/16/10001 :004, BStBl I 2017, 820, Rz. 114.
5) BMF v. 24.5.2017, IV C 3 – S 2221/16/10001 :004, BStBl I 2017, 820, Rz. 115.
6) Ministerium für Finanzen und Wirtschaft Baden-Württemberg v. 14.8.2015, 3-5233.3/81, StEd 2015, 603.

Die Beiträge, die nicht die Basisversorgung umfassen, sind auch nicht in voller Höhe als Sonderausgaben zu berücksichtigen (§ 10 Abs. 1 Nr. 3 Buchst. a EStG). Sind daher weitere Absicherungen, wie z.B. Chefarztbehandlung (→ Rz. 1702), in dem Vertrag enthalten, können diese lediglich i.R.d. Berücksichtigung von übrigen Vorsorgeaufwendungen (§ 10 Abs. 1 Nr. 3a EStG) steuerlich einen Abzug darstellen (→ Rz. 1721). Vorschüssige Beitragszahlungen sind lediglich zu berücksichtigen, wenn diese nicht größer als die Dreifache Beitragshöhe sind (§ 10 Abs. 1 Nr. 3 Satz 5 EStG [→ Rz. 1670]). **1707**

Zur Aufteilung der Beitragszahlungen nach dem Punktesystem der Krankenversicherungsbeitragsanteil-Ermittlungsverordnung (§ 3 Abs. 2 KVBEVO) → Rz. 1703. Die Ermittlung der abzugsfähigen Anteile erfolgt durch die Versicherung, und die Anteile werden den versicherten Personen mitgeteilt.

Beratungshinweis:

Vor dem BFH ist unter dem Az.: X R 10/20 ein Verfahren anhängig, in dem es um die Frage geht, ob Beiträge zur freiwilligen privaten Pflegeversicherung entsprechend den Beiträgen zur Basis-Krankenversicherung und den Zahlungen an die gesetzliche Pflegeversicherung als unbeschränkt abzugsfähige Sonderausgaben i.S.d. § 10 Abs. 1 Nr. 3 Buchst. b, Nr. 3a EStG zu berücksichtigen sind, so dass sie sich über den Höchstbetrag i.S.d. § 10 Abs. 4, Abs. 4a EStG hinaus auswirken können, weil nur so im Bedarfsfall im Pflegebereich der Leistungsumfang erhalten werden kann, der dem verfassungsrechtlich garantierten/angeordneten Sozialhilfeniveau oder Existenzminimum entspricht[1].

5. Beiträge zur ausländischen gesetzlichen oder privaten Kranken- und Pflegeversicherung (Zeilen 28–33)

Zeile	Beiträge zur ausländischen gesetzlichen oder privaten Kranken- und Pflegeversicherung		EUR		EUR
28	Beiträge (abzüglich steuerfreier Zuschüsse – **ohne Beträge laut Zeile 34** –) zur Krankenversicherung, die mit einer inländischen Krankenversicherung vergleichbar ist (nur Basisabsicherung, keine Wahlleistungen)	333	,—	433	,—
29	In Zeile 28 enthaltene Beiträge zur Krankenversicherung, aus denen sich kein Anspruch auf Krankengeld ergibt	334	,—	434	,—
30	Beiträge (abzüglich steuerfreier Zuschüsse – **ohne Beträge laut Zeile 36** –) zur sozialen Pflegeversicherung / Pflege-Pflichtversicherung, die mit einer inländischen Pflegeversicherung vergleichbar ist	335	,—	435	,—
	Zu den Zeilen 28 bis 30:				
31	Von der Kranken- und / oder sozialen Pflegeversicherung / Pflege-Pflichtversicherung erstattete Beiträge	336	,—	436	,—
32	In Zeile 31 enthaltene Beiträge zur Krankenversicherung, aus denen sich kein Anspruch auf Krankengeld ergibt, und zur sozialen Pflegeversicherung	337	,—	437	,—
33	Über die Basisabsicherung hinausgehende Beiträge zu Krankenversicherungen und zusätzlichen Pflegeversicherungen (z. B. für Wahlleistungen, Zusatzversicherungen) abzüglich erstatteter Beiträge	339	,—	439	,—

a) Beiträge (abzgl. steuerfreier Zuschüsse) zur Krankenversicherung, die mit einer inländischen Krankenversicherung vergleichbar ist – nur Basisabsicherung, keine Wahlleistungen (Zeile 28)

Zu den abzugsfähigen Vorsorgeaufwendungen gehören auch vergleichbare Beiträge zur ausl. gesetzlichen oder privaten Kranken- und Pflegeversicherung, da nach der gesetzlichen Formulierung eine Unterscheidung, ob es sich um einen inl. oder ausl. Sozialversicherungsträger handelt, nicht erfolgt.[2] Voraussetzung für den Abzug von Vorsorgebeiträgen (§ 10 Abs. 1 Nr. 3 und 3a EStG) ist, dass die gezahlten Beiträge nicht in unmittelbarem wirtschaftlichen Zusammenhang mit **steuerfreien Einnahmen** stehen (§ 10 Abs. 2 Satz 1 Nr. 1 EStG) und des Weiteren auch an einen Sozialversicherungsträger geleistet werden müssen (§ 10 Abs. 2 Satz 1 Nr. 2 Buchst. c EStG). **1708**

Beispielsweise sind steuerfreie Einnahmen nach einem DBA, die lediglich dem Progressionsvorbehalt (§ 32b Abs. 1 Nr. 3 EStG) unterliegen (z.B. nichtselbständige Einkünfte, die im Ausland erzielt werden vgl. Anlage N-AUS → Rz. 1178) und damit in Zusammenhang stehende Beiträge an den ausl. Sozialversicherungsträger nicht als Sonderausgaben zu berücksichtigen.[3] Auch ist eine Berücksichtigung bei der Bemessung des Steuersatzes („negativer Progressionsvorbehalt") nicht möglich.[4] Nicht betroffen sind daher z.B. Grenzgänger und Rentner, die Einkünfte aus der Schweiz beziehen, da diese Einkünfte in Deutschland steuerpflichtig sind (Art. 15a, 21 DBA-Schweiz).[5]

Praxishinweis:

Zur Frage der steuerlichen Berücksichtigung der Beiträge in eine schweizerische Vorsorgeeinrichtung vgl. BMF v. 27.7.2016.[6] Zur einkommensteuerlichen Behandlung der Beiträge und Leistungen an Vorsorgeeinrichtungen der zweiten Säule der liechtensteinischen Altersvorsorge vgl. Vfg. des Bayerischen Landesamt für Steuern.[7]

Ein Abzug weiterer Zusatzaufwendungen (z.B. Zusatzversicherungen im Ausland, um ein höheres Absicherungsniveau zu erhalten) für eine stpfl. Person, die im Inland in der gesetzlichen Krankenversicherung versichert ist,

1) Vgl. BVerfG v. 13.2.2008, 2 BvL 1/06, DStZ 2008, 234.
2) BFH v. 24.6.2009, X R 57/06, BStBl II 2009, 1000.
3) BFH v. 29.4.1992, I R 102/91, BStBl II 1993, 149.
4) BFH v. 16.11.2011, X R 15/09, BStBl II 2012, 325; Verfbeschw nicht angenommen, BVerfG v. 27.9.2017, 2 BvR 598/12, StEd 2018, 164.
5) Vgl. auch BFH v. 18.4.2012, X R 62/09, BStBl II 2012, 721.
6) BMF v. 27.7.2016, IV C 3 – S 2255/07/10005 :004, IV C 5 – S 2333/13/10003, BStBl I 2016, 759.
7) BayLfSt v. 31.1.2025, S 2333.1.1-39/20 St36.

kommt nicht in Betracht, da auch diese Leistungen über die Basisabsicherung (§ 10 Abs. 1 Nr. 3 Satz 1 EStG) hinausgehen und folglich nicht zur Erlangung eines sozialhilfegleichen Versorgungsniveaus erforderlich sind. Die für die gesonderte Zusatzversicherung eines gesetzlich Krankenversicherten geleisteten (zusätzlichen) Beiträge sind damit insg. nicht den Beiträgen i.S.d. § 10 Abs. 1 Nr. 3 Satz 1 Buchst. a EStG zuzurechnen

Beratungshinweis:
Die vorgenannte Rechtsprechung wurde seitens des BFH – auch für die Rechtslage nach Inkrafttreten des AltEinkG und damit für die aktuelle Rechtslage – bestätigt.[1)]

Eine Berücksichtigung kann auch in diesem Fall nur hinsichtlich der Basisabsicherung erfolgen (§ 10 Abs. 1 Nr. 3 Buchst. a EStG); soweit diese Voraussetzungen nicht vorliegen, können die Aufwendungen lediglich i.R.d. § 10 Abs. 1 Nr. 3a EStG Berücksichtigung finden. Bei Beiträgen an ein ausl. Versicherungsunternehmen oder den Träger einer ausl. GKV werden die Daten nicht elektronisch an die (deutsche) Finverw. übermittelt. Hat die stpfl. Person ihre Beiträge in geeigneter Form nachgewiesen, werden die nach § 10 Abs. 1 Nr. 3 Buchst. a EStG abziehbaren Beiträge nach den Regelungen der KVBEVO ermittelt.[2)] Eine ausl. Versicherung muss daher nach Art, Umfang und Höhe der inl. vergleichbar sein, es muss zudem ein Anspruch auf die Leistung bestehen. Eine Vergleichbarkeit ist anhand des Leistungskatalogs in § 11 SGB V zu prüfen; hierzu gehören z.B. Früherkennung von Krankheiten und deren Behandlung. Zusätzlich muss die Versicherung ihren Sitz/die Geschäftsleitung in einem EU-/EWR-Staat haben und darf das Versicherungsgeschäft auch im Inland betreiben (§ 10 Abs. 2 Nr. 2a EStG). Berücksichtigungsfähig sind auch Aufwendungen zum Erwerb eines Basiskrankenversicherungsschutzes an Unternehmen außerhalb der EU/EWR. Wird von der ausl. Sozialversicherung ein einheitlicher Sozialversicherungsbeitrag erhoben (**Globalbeitrag**, u.a. für Alter, Arbeitslosigkeit, Arbeitsunfälle, Familienleistungen, Hinterbliebene, Invalidität, Krankheit, Mutterschutz, Pflege und Tod), ist dieser aufzuteilen.[3)] Derzeit gibt es in Belgien, Irland, Lettland, Malta, Norwegen, Portugal, Spanien und Zypern entsprechende staatenbezogene Globalbeiträge. Zur Prüfung steht hierfür das Informationssystem der Europäischen Kommission für soziale Sicherheit (MISSOC[4)]) als Grundlage zur Verfügung. Die Aufteilungen von Globalbeiträgen, die an Sozialversicherungsträger in Ländern außerhalb Europas geleistet werden, sind im jeweiligen Einzelfall zu prüfen. Gleiches gilt auch für das Vereinigte Königreich (GB).

Praxishinweis:
Da die Systeme der ausl. Kranken- und Pflegeversicherung in den meisten Fällen mit denen in Deutschland nicht vergleichbar sind, ist es z.B. auch dem Arbeitgeber der stpfl. Person oftmals nicht möglich, eine entsprechende Zuordnung vorzunehmen. Die Aufwendungen sind bei der Ermittlung der Vorsorgepauschale nur zu berücksichtigen, wenn der Arbeitnehmer Beiträge zur deutschen gesetzlichen Krankenversicherung und sozialen Pflegeversicherung oder – bei einer privaten Versicherung – an ein Versicherungsunternehmen aus Deutschland leistet. Bei Sozialversicherungspflicht in Deutschland und parallel in einem anderen Staat (insb. Fälle der sog. sozialversicherungsrechtlichen Ausstrahlung bei Beschäftigung im vertragslosen Ausland) sind bei der Ermittlung der Vorsorgepauschale die Teilbeträge Rentenversicherung, gesetzliche Krankenversicherung und soziale Pflegeversicherung anzusetzen. Die daneben an ausl. Sozialversicherungsträger geleisteten Beiträge bleiben hingegen im LSt-Abzugsverfahren unberücksichtigt. Diese sind i.R.d. Einkommensteuererklärung nachträglich zu berücksichtigen.

Für die Kranken- und Pflegeversicherungsbeiträge ist die Mindestvorsorgepauschale anzusetzen, soweit keine anderen Werte angegeben werden. Die die Mindestvorsorgepauschale übersteigenden Versicherungsbeiträge (z.B. Beiträge für eine private Basis-Kranken- und Pflege-Pflichtversicherung) können erst bei einer Veranlagung zur Einkommensteuer geltend gemacht werden.

Für die Ausschreibung der LSt-Bescheinigung gilt in den vorstehenden Fällen Folgendes: Altersvorsorgeaufwendungen, die auf Grund einer nach ausl. Gesetzen bestehenden Verpflichtung an ausl. Sozialversicherungsträger geleistet werden, die den inl. Sozialversicherungsträgern vergleichbar sind, sind unter Nr. 22 und 23 der LSt-Bescheinigung bescheinigt.[5)]

b) In Zeile 28 enthaltene Beiträge zur Krankenversicherung, aus denen sich kein Anspruch auf Krankengeld ergibt (Zeile 29)

1709 Die Angaben sind notwendig zur Ermittlung der pauschalen 4 %-Kürzung der Aufwendungen. Auf die Ausführungen zu Zeile 12 (→ Rz. 1691) wird verwiesen. Zur Berechnung ist es erforderlich, dass die Gesamtleistung aufgeteilt wird.

Hinweis zur Plausibilitätsbeurteilung:
Eintragungen sind nur dann erforderlich, soweit diese nicht bereits auf der LSt-Bescheinigung lt. Nr. 24a (Zeile 34) ausgewiesen und enthalten sind.

c) Beiträge (abzgl. steuerfreier Zuschüsse) zu einer sozialen Pflegeversicherung/Pflege-Pflichtversicherung, die mit einer inländischen Pflegeversicherung vergleichbar ist (Zeile 30)

1710 Zu den berücksichtigungsfähigen Aufwendungen gehören auch Beiträge an ausl. gesetzliche Versicherungsträger, da nach der gesetzlichen Formulierung eine Unterscheidung, ob es sich um einen inl. oder ausl. Sozialversicherungsträger handelt, nicht erfolgt.[6)]

---

1) BFH v. 18.4.2012, X R 62/09, BStBl II 2012, 721.
2) BMF v. 24.5.2017, IV C 3 – S 2221/16/10001 :004, BStBl I 2017, 820, Rz. 192.
3) BMF v. 28.11.2024, IV C 4 – S 2221/20/10002 :006, BStBl I 2024, 1430 (für den VZ 2025).
4) http://ec.europa.eu/social.
5) BMF v. 8.9.2023, IV C 5 – S 2533/19/10030 :005, BStBl I 2023, 1653.
6) BFH v. 24.6.2009, X R 57/06, BStBl II 2009, 1000.

Hinweis zur Plausibilitätsbeurteilung:
Eintragungen sind nur dann erforderlich, soweit diese nicht bereits auf der LSt-Bescheinigung lt. Nr. 24c (Zeile 36) ausgewiesen und enthalten sind.

d) Zu den Zeilen 28 bis 30: Von der Kranken- und/oder sozialen Pflegeversicherung/Pflege-Pflichtversicherung erstattete Beiträge (Zeile 31)

Sind von der ausl. Versicherung Beiträge (die in den Zeilen 28–30 erklärt wurden) oder ähnliche Leistungen erstat- **1711**
tet worden, sind diese zur Ermittlung der tatsächlichen Aufwendungen gesondert anzugeben. Auf die Ausführungen zu Zeile 14 (→ Rz. 1693) wird verwiesen. Es sind jedoch die Erstattungsbeiträge zu erklären, die sich auf die Basisleistungen beziehen. Erstattungen im Zusammenhang mit **Wahlleistungen** sind gesondert in Zeile 33 (→ Rz. 1702) anzugeben.

e) Zu den Zeilen 28 bis 30: In Zeile 31 enthaltene Beiträge zur Krankenversicherung, aus denen sich kein Anspruch auf Krankengeld ergibt, und zur sozialen Pflegeversicherung (Zeile 32)

Die Angaben sind notwendig zur Ermittlung der pauschalen 4 %-Kürzung der Aufwendungen. Auf die Ausführun- **1712**
gen zu Zeile 15 (→ Rz. 1691) wird verwiesen.

f) Zu den Zeilen 28 bis 30: Über die Basisabsicherung hinausgehende Beiträge (abzgl. erstatteter Beiträge) zu Krankenversicherungen und zusätzlichen Pflegeversicherung – z.B. für Wahlleistungen, Zusatzversicherung (Zeile 33)

Die erklärten Beiträge gehören nicht zu den Aufwendungen im Rahmen der sozialversicherungsrechtlichen **Basis-** **1713**
absicherung und sind nicht in den Zeilen 28 bis 30 zu erklären und können lediglich als weitere sonstige Sonderausgaben (§ 10 Abs. 1 Nr. 3a EStG) i.R.d. besonderen „kleinen" Höchstbetrags von 2 800 €/1 900 € Berücksichtigung finden (§ 10 Abs. 4 EStG), soweit dieser noch nicht ausgeschöpft ist. Auf die Ausführungen zu Zeile 22 (→ Rz. 1692) wird verwiesen.

6. Steuerfreie Arbeitgeberzuschüsse (Zeilen 34–36)

Steuerfreie Arbeitgeberzuschüsse

			EUR		EUR	
34	Gesetzliche Krankenversicherung laut Nr. 24 a der Lohnsteuerbescheinigung	360	,—	460	,—	e
35	Private Krankenversicherung laut Nr. 24 b der Lohnsteuerbescheinigung	361	,—	461	,—	e
36	Gesetzliche Pflegeversicherung laut Nr. 24 c der Lohnsteuerbescheinigung	362	,—	462	,—	e

Regelmäßig nach § 3 Nr. 62 EStG steuerfreie Zuschüsse des Arbeitgebers zur Krankenversicherung und zur Pflege- **1714**
versicherung eines nicht krankenversicherungspflichtigen Arbeitnehmers, der in der gesetzlichen Krankenversicherung freiwillig versichert ist, soweit der Arbeitgeber zur Zuschussleistung gesetzlich verpflichtet ist, sind in Nr. 24 des Ausdrucks der elektr. LSt-Bescheinigung enthalten. Gleiches gilt für Zuschüsse des Arbeitgebers zur Kranken- und Pflegeversicherung eines nicht krankenversicherungspflichtigen Arbeitnehmers, der eine private Kranken- und Pflegeversicherung abgeschlossen hat. Der Arbeitgeber übermittelt die Daten auf elektronischem Weg an die Finverw. (§ 41b Abs. 1 Nr. 12 EStG).

Praxishinweis:
Die steuerfreien Zuschüsse des Arbeitgebers zur gesetzlichen Krankenversicherung bei freiwillig in der gesetzlichen Krankenversicherung versicherten Arbeitnehmern sind, soweit der Arbeitgeber zur Zuschussleistung gesetzlich verpflichtet ist, unter Nr. 24a der Bescheinigung enthalten. Zuschüsse zur privaten Krankenversicherung sind unter Nr. 24b bescheinigt. Unter Nr. 24c sind steuerfreie Zuschüsse des Arbeitgebers zur sozialen Pflegeversicherung und zur privaten Pflege-Pflichtversicherung einzutragen. Bei Beziehern von Kurzarbeitergeld ist der gesamte vom Arbeitgeber gewährte Zuschuss bescheinigt. Bescheinigt sind auch Zuschüsse des Arbeitgebers an ausl. Versicherungsunternehmen und an ausl. Sozialversicherungsträger. Werden von ausl. Sozialversicherungsträgern Globalbeiträge erhoben, ist eine Aufteilung der Zuschüsse vorzunehmen.

Hat ein Arbeitnehmer mit dem Lohn einen steuerfreien Zuschuss erhalten, steht dieser insg. in unmittelbarem Zusammenhang mit Vorsorgeaufwendungen (§ 10 Abs. 1 Nr. 3 EStG und § 10 Abs. 2 Satz 1 Nr. 1 EStG).[1] Dies gilt auch, wenn der Arbeitnehmer Wahlleistungen abgesichert hat. Für die Absicherung der Wahlleistungen wird kein steuerfreier Zuschuss geleistet.

Beratungshinweis:
Nach der zuvor beschriebenen Verwaltungsanweisung mindern die Zuschüsse in vollem Umfang die Beiträge zur Basisabsicherung, obwohl auch Wahlleistungen abgedeckt sein können.[2] Damit besteht u.U. lediglich ein (anteiliger) kausaler Zusammenhang mit Beiträgen zur Basisabsicherung. Die Beiträge zur Basiskranken- und Pflege-Pflichtversicherung wären dann nur in der Höhe zu mindern, in der der steuerfreie Zuschuss auf diese Beiträge entfällt. Die Regelungen sind verfassungskonform.[3] Der Gesetzgeber begründete die bestehende Regelung damit, dass bei gesetzlich pflichtversicherten Arbeitnehmern der Arbeitgeber einen Zuschuss

1) BMF v. 24.5.2017, IV C 3 – S 2221/16/10001 :004, BStBl I 2017, 820, Rz. 115.
2) R 3.62 Abs. 2 Nr. 3 Satz 4 LStR 2015.
3) BFH v. 2.9.2014, IX R 43/13, BStBl II 2015, 257.

i.H.d. hälftigen Beitragssatzes zur gesetzlichen Krankenversicherung leistet. Zusatzleistungen sind hiervon nicht betroffen. Bei privat Versicherten ist der Arbeitgeberzuschuss i.H.d. Betrags zu leisten, der als Arbeitgeberanteil bei einer Versicherungspflicht in der gesetzlichen Krankenversicherung zu zahlen wäre; eine Begrenzung erfolgt insoweit auf die Hälfte der tatsächlichen Aufwendungen. Die Zuordnung zu den Basisaufwendungen soll eine Gleichbehandlung der beiden Gruppen gewährleisten.[1]

Bei nicht in der gesetzlichen Krankenversicherung pflichtversicherten Arbeitnehmern ist der Arbeitgeberzuschuss bis zu 50 % der vom Arbeitnehmer tatsächlich geleisteten Beiträge zur Krankenversicherung steuerfrei, jedoch begrenzt auf den Betrag, der als Arbeitgeberanteil bei einer Versicherungspflicht in der gesetzlichen Krankenversicherung zu zahlen wäre (§ 3 Nr. 62 Satz 3 EStG).

7. Als Versicherungsnehmer für andere Personen übernommene Kranken- und Pflegeversicherungsbeiträge (Zeilen 37–42)

Als Versicherungsnehmer für andere Personen übernommene Kranken- und Pflege-Versicherungsbeiträge

– „Andere Personen" sind z. B. Kinder, für die **kein** Anspruch auf Kindergeld / Kinderfreibetrag besteht (bei Anspruch auf Kindergeld / Kinderfreibetrag sind die Eintragungen in den Zeilen 26 bis 37 der **Anlage Kind** vorzunehmen). –

37 600 Identifikationsnummer der mitversicherten Person

38 Name, Vorname, Geburtsdatum der mitversicherten Person

Zeile		Kz.	Steuerpflichtige Person / Ehegatten / Lebenspartner EUR
39	Beiträge (abzüglich steuerfreier Zuschüsse) zu privaten Krankenversicherungen (nur Basisabsicherung, keine Wahlleistungen)	601	,— e
40	Beiträge (abzüglich steuerfreier Zuschüsse) zu Pflege-Pflichtversicherungen	602	,— e
	Zu den Zeilen 39 und 40:		
41	Von der privaten Kranken- und / oder Pflege-Pflichtversicherung erstattete Beiträge	603	,— e
42	Beiträge (abzüglich erstatteter Beiträge) zu privaten Kranken- und / oder Pflegeversicherungen (ohne Basisabsicherung, z. B. für Wahlleistungen, Zusatzversicherungen)	604	,—

2025AnlVor242 **2025AnlVor242**

a) Vorbemerkung

1715 **Praxishinweis:**

Die Abzugsfähigkeit ist dem Grunde nach von der stpfl. Person als Versicherungsnehmer abhängig. Zahlt die stpfl. Person als Versicherungsnehmer für eine andere versicherte (dritte) Person die Beiträge, sind diese als Sonderausgaben bei der stpfl. Person abzugsfähig (§ 10 Abs. 1 Nr. 3 Buchst. a Satz 1 EStG). „Andere Personen" sind insb. Kinder, die ertragsteuerlich nicht als Kind zu berücksichtigen sind. Die Beiträge müssen nicht der zahlenden und zur Zahlung verpflichteten stpfl. Person selbst zugutekommen, so dass auch ein Dritter begünstigt sein kann. Es besteht insoweit kein Wahlrecht, diese Aufwendungen i.R.v. außergewöhnlichen Belastungen geltend zu machen, da es sich zwingend um Sonderausgaben der stpfl. Person handelt (§ 33a Abs. 1 Satz 2 Halbsatz 2 EStG), die entsprechend auf der Anlage Vorsorgeaufwand zu erklären sind.

Ist ein steuerlich zu berücksichtigendes Kind im Krankenversicherungsvertrag eines Elternteils (oder der stpfl. Person) mitversichert oder werden die Beiträge von der stpfl. Person (den Eltern) auf Grund einer eigenen vertraglichen Verpflichtung gezahlt, sind die Beiträge in der Anlage Kind einzutragen, da diese Sonderausgaben der Eltern i.S.d. § 10 Abs. 1 Nr. 3 Buchst. a Satz 1 EStG darstellen.

Ist das **Kind selbst Versicherungsnehmer** (z.B. studentische Krankenversicherung) und zahlt auch selbst die Beiträge, die Eltern erstatten die Beiträge jedoch i.R.d. bestehenden Unterhaltsverpflichtung, sind diese Beiträge auf der Anlage Kind zu erklären.

Von den Beiträgen zur Krankenversicherung kann nur der Anteil abgezogen werden, der zur Erlangung eines **sozialhilfegleichen Versorgungsniveaus** erforderlich ist. Vermittelt die private Krankenversicherung lediglich einen der gesetzlichen Krankenversicherung entsprechenden Versicherungsschutz, sind die Beiträge grds. in voller Höhe als Sonderausgaben absetzbar (§ 10 Abs. 1 Nr. 3 Buchst. a EStG). Die typisierende Kürzung i.H.v. 4 % der geleisteten Beiträge erfolgt, wenn die versicherte Person einen Anspruch auf Kranken(tage)geld hat, da dieser Leistungsbaustein nicht zum sozialhilfegleichen Versorgungsniveau zählt. Insoweit wird auf die Ausführungen zu

1) BT-Drucks. 16/13429 v. 17.6.2009.

Zeile 23 (→ Rz. 1703) verwiesen. Ein darüber hinaus gehender Beitragsanteil für weitere Leistungsabsicherungen wirkt sich ggf. nach § 10 Abs. 1 Nr. 3a EStG aus; hierzu sind Eintragungen in Zeile 42 (→ Rz. 1720) erforderlich. Die erforderliche Aufteilung der Beiträge auf die einzelnen Leistungsbestandteile erfolgt nach der KVBEVO → Rz. 1703.

b) Id-Nr., Name, Vorname und Geburtsdatum der mitversicherten Person (Zeile 37 und 38)

Zur eindeutigen Bestimmung soll die Id-Nr. (→ Rz. 15) sowie Name, Vorname und Geburtsdatum der mitversicherten Person angegeben werden. Die Angabe dürfte für die eindeutige Zuordnung der elektronisch an die Finverw. zu übermittelten Daten erforderlich sein, da die Übermittlung der Id-Nr. einen Teil des Datensatzes darstellt (§ 93c Abs. 1 Nr. 2 AO). **1716**

c) Beiträge (abzgl. steuerfreier Zuschüsse) zu privaten Krankenversicherungen – nur Basisabsicherung, keine Wahlleistungen (Zeile 39)

Abzugsfähig sind die Aufwendungen i.R.d. Basisabsicherung. Die Beiträge sind direkt um steuerfreie Zuschüsse zu kürzen. **1717**

Hinweis zur Plausibilitätsbeurteilung:
Erstattungen von der Kranken- und/oder Pflege-Pflichtversicherung sind gesondert in Zeile 41 (→ Rz. 1719) zu erklären; Wahlleistungen zu Kranken- und/oder Pflege-Pflichtversicherungen, die über das Basisniveau hinausgehen (z.B. Chefarztbehandlung [→ Rz. 1702]) sind in Zeile 42 (→ Rz. 1720) zu erklären.

Auf die Ausführungen zu Zeile 24 (private Krankenversicherungsbeiträge, → Rz. 1703) wird verwiesen. Denkbar sind nur Beiträge zu privaten Versicherungen. Einzutragen ist die unter Berücksichtigung von steuerfreien Zuschüssen verbleibende endgültige Belastung.

d) Beiträge (abzgl. steuerfreier Zuschüsse) zu Pflege-Pflichtversicherungen (Zeile 40)

Einzutragen sind die entsprechenden Beiträge abzgl. steuerfreier Zuschüsse. Denkbar sind nur Beiträge zu privaten Versicherungen. **1718**

Hinweis zur Plausibilitätsbeurteilung:
Erstattungen von der privaten Kranken- und/oder Pflegeversicherung sind gesondert in Zeile 41 (→ Rz. 1719) zu erklären.

e) Von der privaten Kranken- und/oder Pflege-Pflichtversicherung erstattete Beiträge (Zeile 41)

Nur die tatsächlich bei den stpfl. Personen verbleibenden Aufwendungen stellen Sonderausgaben dar. Wurden von den Kranken- oder Pflegeversicherungsunternehmen Beiträge erstattet, sind diese gesondert in Zeile 41 zu erklären. **1719**

f) Beiträge (abzgl. erstatteter Beiträge) zu privaten Kranken- und/oder Pflegeversicherungen – ohne Basisabsicherung, z.B. für Wahlleistungen, Zusatzversicherung (Zeile 42)

Beiträge, die über die Basisabsicherung hinausgehen, finden lediglich als weitere sonstige Vorsorgeaufwendungen i.R.d. Höchstbeträge bis zu 2 800/1 900 € Berücksichtigung (§ 10 Abs. 4 EStG). **1720**

8. Weitere sonstige Vorsorgeaufwendungen (Zeilen 43–48)

Weitere sonstige Vorsorgeaufwendungen (§ 10 Abs. 1 Nr. 3a EStG, z.B. Beiträge zu Arbeitslosen-, Erwerbs- und Berufsunfähigkeitsversicherungen, zu Unfall- und Haftpflicht- sowie zu Renten- und Lebensversicherungen) können nur bis zu einem Betrag i.H.v. 1 900 €/2 800 € steuerlich berücksichtigt werden (§ 10 Abs. 4 EStG), da es sich begrifflich nicht um Aufwendungen für das steuerlich freizustellende Existenzminimum handeln soll. Beiträge zu Versicherungen gegen Arbeitslosigkeit, zu Erwerbs- und Berufsunfähigkeitsversicherungen, die nicht Bestandteil einer Basisversorgung (§ 10 Abs. 1 Nr. 2 Buchst. b EStG [Rürup-Rente]) sind, zu Unfall- und Haftpflichtversicherungen, zu Risikoversicherungen, die nur für den Todesfall eine Leistung vorsehen, sowie zu Kapital- und Rentenversicherungen, deren Laufzeit vor 2005 begonnen hat, sind vom Grundsatz her weiter begünstigt. Gegebenenfalls sind die Aufwendungen auch als Werbungskosten/Betriebsausgaben zu berücksichtigen.[1] **1721**

Zu den begünstigten Beiträgen gehören außerdem die Beitragsanteile zu Kranken- und Pflegeversicherungen, die nicht bereits i.R.d. Basisvorsorge (§ 10 Abs. 1 Nr. 3 Buchst. a und Buchst. b EStG) als Sonderausgaben berücksichtigt wurden. Hierzu gehören z.B. der pauschale Kürzungsbetrag von 4 % für Beiträge zur gesetzlichen Krankenversicherung oder zum privaten Basistarif, wenn ein Krankentagegeldanspruch besteht, oder Zusatzprämien zur gesetzlichen Krankenversicherung, z.B. für Chefarztbehandlung (→ Rz. 1702). Die Aufzählung der weiteren sonstigen Vorsorgeaufwendungen ist abschließend, so dass Aufwendungen für andere als die genannten Versicherungen nicht in Betracht kommen (z.B. Hausrat-, Kasko- und weitere Sachversicherungen).

Beiträge zu einer Basis-Kranken- und Pflege-Pflichtversicherung bleiben vorrangig berücksichtigungsfähig und sind in jedem Fall in voller Höhe abziehbar. Durch die Berücksichtigung des „kleinen" Höchstbetrags sollen sich für Arbeitnehmer mit kleinen und mittleren Einkommen Spielräume für die steuerliche Berücksichtigung von sonstigen Vorsorgeaufwendungen ergeben.

1) BFH v. 15.10.2013, VI B 20/13, BFH/NV 2014, 327.

Praxishinweis:
Allerdings dürften sich diese Beiträge in vielen Fällen auf Grund des Höchstbetrags für übrige Vorsorgeaufwendungen, der vorrangig durch Kranken- und Pflegeversicherungsbeiträge ausgeschöpft wird, im Ergebnis nicht weiter auswirken.

Gegebenenfalls kommt eine Berücksichtigung als Betriebsausgaben/Werbungskosten in Betracht. Die Abzugsfähigkeit ist davon abhängig, ob das versicherte Risiko in den privaten oder betrieblichen Bereich fällt.[1]

Beratungshinweis:
Zur Änderung von ESt-Bescheiden (§ 175 Abs. 1 Satz 1 Nr. 2 AO) bei Rückzahlung von ursprünglich als Sonderausgaben berücksichtigten Beiträgen für einen Basisrentenvertrag vgl. FG Düsseldorf.[2]

a) Arbeitnehmerbeiträge zur Arbeitslosenversicherung lt. Nr. 27 der Lohnsteuerbescheinigung (Zeile 43)

- 3 -

Weitere sonstige Vorsorgeaufwendungen

		Steuerpflichtige Person / Ehemann / Person A	Ehefrau / Person B
		EUR	EUR
43	Arbeitnehmerbeiträge zur Arbeitslosenversicherung laut Nr. 27 der Lohnsteuerbescheinigung	370 ,—	470 ,—

1722 Die an die Bundesagentur für Arbeit entrichteten Beiträge sind dem Ausdruck der LSt-Bescheinigung lt. Nr. 27 zu entnehmen. Da die Absicherung gegen Arbeitslosigkeit nicht Bestandteil des sozialhilferechtlichen Leistungskataloges sein soll, können die Aufwendungen lediglich in begrenzter Höhe und nicht als Basisaufwendungen berücksichtigt werden.[3]

Praxishinweis:
Die Regelung über die beschränkte Abziehbarkeit von sonstigen Vorsorgeaufwendungen (§ 10 Abs. 1 Nr. 3a EStG i.d.F. des BürgEntlG KV) ist verfassungsrechtlich nicht zu beanstanden.[4] Es besteht kein verfassungsrechtlicher Anspruch darauf, die Beiträge zur Arbeitslosenversicherung einkommensteuerlich in voller Höhe oder zumindest im Wege eines negativen Progressionsvorbehalts zu berücksichtigen.[5] Keine Berücksichtigung fanden die Aufwendungen auch nach einer weiteren Entscheidung des BFH.[6]

b) Beiträge (abzüglich steuerfreier Zuschüsse und erstatteter Beiträge) zu Versicherungen gegen Arbeitslosigkeit – ohne Beiträge, die in Zeile 43 geltend gemacht werden (Zeile 44)

		Steuerpflichtige Person / Ehegatten / Lebenspartner
	Beiträge (abzüglich steuerfreier Zuschüsse und erstatteter Beiträge) zu	EUR
44	– Versicherungen gegen Arbeitslosigkeit – **ohne Beiträge, die in Zeile 43 geltend gemacht werden** –	500 ,—

1723 Beiträge für freiwillige Versicherungen gegen Arbeitslosigkeit, Beiträge an eine Versicherung gegen Erwerbs- und Berufsunfähigkeit sowie Kranken- und Pflegeversicherungen sind als Sonderausgaben i.R.d. „kleinen" Höchstbeträge zu berücksichtigen (§ 10 Abs. 1 Nr. 3a EStG).

Erfolgen **Beitragsrückvergütungen**, andere Erstattungen oder Zuschüsse von Dritter Seite, sind sie von den gezahlten Beiträgen abzuziehen und nur der verbleibende Betrag als Sonderausgaben geltend zu machen.

Praxishinweis:
Leistungen aus privaten Versicherungen gegen Arbeitslosigkeit sind steuerlich – im Gegensatz zu Leistungen der Bundesagentur für Arbeit (§ 32b Abs. 1 Nr. 1 Buchst. a EStG) – unbeachtlich.

In den Fällen, in denen die stpfl. Person bei einem ausl. Arbeitgeber beschäftigt, aber im Inland sozialversicherungspflichtig ist, werden ggf. keine Daten elektronisch übermittelt. Die Beiträge sind daher zusätzlich in Zeile 44 zu erklären. Zum Nachweis der gezahlten Beiträge vgl. BMF.[7]

c) Beiträge (abzüglich steuerfreier Zuschüsse und erstatteter Beiträge) zu freiwilligen eigenständigen Erwerbs- und Berufsunfähigkeitsversicherungen (Zeile 45)

45	– freiwilligen eigenständigen Erwerbs- und Berufsunfähigkeitsversicherungen	501 ,—

1) BFH v. 15.6.2005, VI B 64/04, BFH/NV 2005, 1796 m.w.N. auf die bisherige Rechtsprechung des BFH.
2) FG Düsseldorf v. 6.11.2021, 1 K 292/19 E, Rev. unzulässig, BFH v. 17.2.2022, X B 84/21.
3) Myßen/Wolter, NWB 2009, 2313.
4) BFH v. 9.9.2015, X R 5/13, BStBl II 2015, 1043; Verfbeschw nicht angenommen, BVerfG v. 21.9.2017, 2 BvR 2445/15, StEd 12/2018, 164.
5) BFH v. 16.11.2011, X R 15/09, BStBl II 2012, 325.
6) BFH v. 18.11.2009, X R 6/08, BStBl II 2010, 282; Verfbeschw nicht angenommen, BVerfG v. 13.7.2016, 2 BvR 289/10, StEd 2016, 486.
7) BMF v. 24.5.2017, IV C 3 – S 2221/16/10001 :004, BStBl I 2017, 820, ab Rz. 193.

Beiträge (abzgl. steuerfreier Zuschüsse und erstatteter Beiträge) in entsprechende Versicherungen sind berücksichtigungsfähig (§ 10 Abs. 1 Nr. 3a EStG), soweit es sich nicht um eine Versicherung i.S.d. § 10 Abs. 1 Nr. 2 Satz 1 Buchst. b EStG handelt. **Beiträge sind alle erbrachten Beitragsleistungen**; dazu gehören ggf. geleistete Vorauszahlungen, laufende Prämien sowie Sonderzahlungen und Abschluss- und Ausfertigungsgebühren, Versicherungssteuer; vom Versicherungsunternehmen gewährte Rückvergütungen (die geleisteten Beiträge sind um die Rückvergütungen zu kürzen). 1724

d) Beiträge (abzüglich steuerfreier Zuschüsse und erstatteter Beiträge) zu Unfall- und Haftpflichtversicherungen sowie Risikoversicherungen, die nur für den Todesfall eine Leistung vorsehen (Zeile 46)

46	– Unfall- und Haftpflichtversicherungen sowie Risikoversicherungen, die nur für den Todesfall eine Leistung vorsehen	502	,–

Beiträge (abzgl. steuerfreier Zuschüsse, erstatteter Beiträge und Schadensfreiheitsrabatte) sind alle erbrachten Beitragsleistungen zu gesetzlichen und/oder privaten Versicherungen; dazu gehören ggf. geleistete Vorauszahlungen, laufende Prämien sowie Sonderzahlungen und Abschluss- und Ausfertigungsgebühren, Versicherungsteuer; vom Versicherungsunternehmen gewährte Rückvergütungen (die geleisteten Beiträge sind um die Rückvergütungen zu kürzen). 1725

Beratungshinweis:

Die Regelung über die beschränkte Abziehbarkeit von sonstigen Vorsorgeaufwendungen (§ 10 Abs. 1 Nr. 3a EStG i.d.F. des BürgEntlG KV) ist verfassungsrechtlich nicht zu beanstanden. Der Gesetzgeber war im Hinblick auf die Neuregelung (§ 10 Abs. 1 Nr. 3 i.V.m. § 10 Abs. 4 EStG) nicht verpflichtet, die in § 10 Abs. 1 Nr. 3a EStG genannten Vorsorgeaufwendungen überhaupt (als Sonderausgaben) zum Abzug zuzulassen. Eine Verpflichtung des Gesetzgebers zur steuerlichen Freistellung von Beiträgen besteht nur für Versicherungen, die den Schutz des Lebensstandards der stpfl. Person in Höhe des Existenzminimums gewährleisten.[1]

Praxishinweis:

Wird eine Versicherung abgeschlossen, die ausschließlich das Risiko beruflicher Unfälle abdeckt, und werden hierfür Beiträge entrichtet, stellen diese Aufwendungen Betriebsausgaben oder Werbungskosten bei der entsprechenden Einkunftsart dar. Beiträge für eine Versicherung, die außerberufliche Risiken abdecken soll, stellen dagegen Sonderausgaben dar.[2] Erfolgte eine pauschale Versteuerung durch den Arbeitgeber (§ 40b Abs. 3 EStG), kommt ein Sonderausgabenabzug nicht mehr in Betracht (§ 10 Abs. 2 Satz 1 Nr. 1 EStG).

Aufwendungen des Arbeitnehmers für eine **Unfallversicherung**, die das Unfallrisiko sowohl im beruflichen als auch im außerberuflichen Bereich abdeckt, sind zum einen Teil Werbungskosten und zum anderen Teil Sonderausgaben. Der Gesamtbeitrag einschließlich Versicherungsteuer für beide Risiken ist entsprechend aufzuteilen.[3] Fehlen derartige Angaben, ist der Gesamtbeitrag durch Schätzung aufzuteilen. Nach BMF[4] bestehen jedoch keine Bedenken, wenn die Anteile auf jeweils 50 % des Gesamtbeitrags geschätzt werden.

Wird ein **Kraftfahrzeug** teils für berufliche und teils für private Zwecke genutzt, können die Teile der Aufwendungen für die **Haftpflichtversicherung**, die dem Anteil der privaten Nutzung entsprechen, als Sonderausgaben berücksichtigt werden. Aus Vereinfachungsgründen sind die Aufwendungen aber in voller Höhe den Sonderausgaben zuzuordnen, wenn die Aufwendungen für Wege zwischen Wohnung und erster Tätigkeitsstätte nach den Regeln der Entfernungspauschale steuerlich geltend gemacht werden (§ 9 Abs. 1 Nr. 4 EStG).

Bei den Beiträgen zu Sachversicherungen (z.B. **Hausrat- oder Rechtsschutzversicherung**, **Feuer**- oder **Diebstahlversicherungen**) handelt es sich um nichtabziehbare Aufwendungen der privaten Lebensführung (§ 12 Nr. 1 EStG).

Beratungshinweis:

Ein Abzug von Beiträgen zu Rechtsschutzversicherungen als BA oder WK lässt sich dann rechtfertigen, wenn im Einzelfall angenommen werden kann, dass die Kosten, von denen die versicherte Person durch die Rechtsschutzversicherung befreit wird, im Nichtversicherungsfall BA oder WK darstellen würden.[5]

So können Aufwendungen zu Hausversicherungen als WK bei den Einkünften aus Vermietung und Verpachtung zu berücksichtigen sein.

Beiträge zu Risikoversicherungen, die nur für den Todesfall eine Leistung vorsehen (sog. **Risikolebensversicherungen**), sind in voller Höhe als Sonderausgaben zu berücksichtigen und in Zeile 50 einzutragen.

Praxishinweis:

Davon abzugrenzen sind die entsprechenden Rentenversicherungen mit und ohne Kapitalwahlrecht.

1) BFH v. 9.9.2015, X R 5/13, BStBl II 2015, 1043.
2) BMF v. 28.10.2009, IV C 5 – S 2332/09/10004, BStBl I 2009, 1275 zur einkommen- und lohnsteuerrechtlichen Behandlung von freiwilligen Unfallversicherungen bei Arbeitnehmern.
3) BFH v. 22.6.1990, VI R 2/87, BStBl II 1990, 901.
4) BMF v. 28.10.2009, IV C 5 – S 2332/09/10004, BStBl I 2009, 1275.
5) FinMin Niedersachsen v. 10.12.1984, S 2221 – 21 – 313, DB 1984, 20.

e) Beiträge zu Rentenversicherungen (Zeilen 47–48)

47	– Rentenversicherungen mit Kapitalwahlrecht und / oder Kapitallebensversicherungen mit einer Laufzeit von mindestens 12 Jahren sowie einem Laufzeitbeginn und der ersten Beitragszahlung vor dem 1.1.2005	503	,–
48	– Rentenversicherungen ohne Kapitalwahlrecht mit Laufzeitbeginn und erster Beitragszahlung vor dem 1.1.2005 (auch steuerpflichtige Beiträge zu Versorgungs- und Pensionskassen) **– ohne Altersvorsorgebeiträge, die in der Anlage AV geltend gemacht werden –**	504	,–

aa) Allgemeines

1726 Beiträge zu Kapitallebensversicherungen und zu Rentenversicherungen mit Kapitalwahlrecht sind ab dem Jahr 2005 nur noch dann als sonstige Vorsorgeaufwendungen im Rahmen der Höchstbeträge nach § 10 Abs. 4 EStG als Sonderausgaben zu berücksichtigen, wenn die Laufzeit des Vertrags vor dem 1.1.2005 begonnen hat und mind. ein Versicherungsbeitrag bis zum 31.12.2004 geleistet wurde (sog. Altverträge). Gleichzeitig bleibt es für diese Verträge unter den Voraussetzungen des § 20 Abs. 1 Nr. 6 EStG a.F. bei der Freistellung der Erträge. Zu den Regelungen bei Vertragsänderungen bei Versicherungen auf den Erlebens- oder Todesfall vgl. BMF v. 22.8.2002[1] sowie bei nachträglicher Laufzeitverlängerung eines Lebensversicherungsvertrags BFH v. 6.7.2005.[2]

> **Praxishinweis:**
> Beiträge für eine Risikolebensversicherung, die nur für den Todesfall eine Leistung vorsehen, sind weiterhin in voller Höhe abzugsfähig, vgl. Ausführungen zu Zeile 46 (→ Rz. 1729).

bb) Beiträge zu Rentenversicherungen mit Kapitalwahlrecht(abzüglich steuerfreier Zuschüsse und erstatteter Beiträge) und/oder Kapitallebensversicherungen mit einer Laufzeit von mind. zwölf Jahren sowie einem Laufzeitbeginn und der ersten Beitragszahlung vor dem 1.1.2005 (Zeile 47)

1727 Für die Berücksichtigung von Beiträgen nach § 10 Abs. 1 Nr. 3a EStG gelten außerdem die bisherigen Regelungen zu § 10 Abs. 1 Nr. 2 Satz 2 bis 5 und Abs. 2 Satz 2 EStG in der am 31.12.2004 geltenden Fassung. Danach sind Beiträge zu

- Rentenversicherungen mit Kapitalwahlrecht gegen laufende Beitragszahlung mit Sparanteil, wenn das Kapitalwahlrecht nicht vor Ablauf von zwölf Jahren ab Vertragsabschluss ausgeübt werden kann, und
- Kapitalversicherungen gegen laufende Beitragsleistung mit Sparanteil, wenn der Vertrag für die Dauer von mind. zwölf Jahren abgeschlossen worden ist,

lediglich i.H.v. 88 % als Vorsorgeaufwendungen zu berücksichtigen. Einzutragen sind die gesamten Beiträge; das FA wird die Kürzung von Amts wegen vornehmen.

> **Praxishinweis:**
> Die Aufwendungen für eine Kapitallebensversicherung sind nicht i.R.d. Basisvorsorge zu berücksichtigen, da es sich um eine besondere Vorsorgezweckbindung mit Kapitalanlagecharakter handelt.[3]

1728 Als Sonderausgaben können Beiträge zu den Versicherungen **nicht** abgezogen werden, wenn die **Ansprüche** aus Versicherungsverträgen während deren Dauer im Erlebensfall **der Tilgung oder Sicherung eines Darlehens dienen, dessen Finanzierungskosten Betriebsausgaben oder Werbungskosten sind, es sei denn,**

- das Darlehen dient unmittelbar und ausschließlich der Finanzierung von AK oder HK eines WG, das dauernd zur Erzielung von Einkünften bestimmt und keine Forderung ist, und

> **Beratungshinweis:**
> Es ist unschädlich, wenn die Voraussetzungen bei Darlehen oder bei zur Tilgung oder Sicherung verwendeten Ansprüchen aus Versicherungsverträgen jeweils insgesamt für einen Teilbetrag bis zu 2 556 € nicht erfüllt sind (§ 10 Abs. 2 Satz 2 EStG a.F.).

- die ganz oder zum Teil zur Tilgung oder Sicherung verwendeten Ansprüche aus Versicherungsverträgen übersteigen nicht die mit dem Darlehen finanzierten AK oder HK oder
- die Ansprüche aus dem Versicherungsvertrag dienen insg. nicht länger als drei Jahre der Sicherung betrieblich veranlasster Darlehen; in diesen Fällen können die Versicherungsbeiträge in den VZ nicht als Sonderausgaben abgezogen werden, in denen die Ansprüche aus Versicherungsverträgen der Sicherung des Darlehens dienen.

> **Praxishinweis:**
> Das Abzugsverbot des § 10 Abs. 2 Satz 2 EStG greift nur, wenn die Finanzierungskosten Betriebsausgaben oder Werbungskosten sind. Die Finanzierung eines WG, das nicht zur Erzielung von Einkünften i.S.d. § 2 EStG eingesetzt wird (= persönliche Zwecke), fällt somit nicht unter dieses Verbot.[4] Bei einer steuerschädlichen Verwendung sind auch dann die gesamten Zinsen stpfl., wenn während der Vertragslaufzeit der Versicherungsnehmer gewechselt hat.[5]

1) BMF v. 22.8.2002, IV C 4 – S 2221 – 211/02, BStBl I 2002, 827.
2) BFH v. 6.7.2005, VIII R 71/04, BStBl II 2006, 53.
3) BVerfG v. 13.2.2008, 2 BvR 1220/04 und 2 BvR 410/05, BFH/NV 2008, Beilage 3, 240.
4) BMF v. 15.6.2000, IV C 4 – S 2221 – 86/00, BStBl I 2000, 1118, Rz. 8.
5) BFH v. 23.4.2010, VIII B 48/08, BFH/NV 2010, 1439.

Für **Lebensversicherungen, die nach dem 31.12.2004 abgeschlossen worden sind**, kommt ein Sonderausgabenabzug nicht mehr in Betracht. Die Erträge sind nach § 20 Abs. 1 Nr. 6 EStG zu versteuern. Es ist damit ertragsteuerlich unerheblich, ob eine Lebensversicherung der Tilgung oder Sicherung eines Darlehens dient. Bei Neuverträgen ist daher eine Unterscheidung zwischen steuerschädlicher und steuerunschädlicher Verwendung nicht mehr erforderlich.

Für die steuerrechtliche Beurteilung ist unter dem **Zeitpunkt des Vertragsabschlusses** grundsätzlich das Datum der Ausstellung des Versicherungsscheins zu verstehen. Wenn die stpfl. Person geltend macht, der Vertragsschluss sei vor dem Datum der Ausstellung des Versicherungsscheins erfolgt, hat sie dies durch geeignete Dokumente (z.B. Annahmeerklärung des Versicherers) nachzuweisen. Aus Vereinfachungsgründen ist es nicht erforderlich, dass die stpfl. Person den Zeitpunkt des Zugangs der Annahmeerklärung nachweist, sondern es ist auf das Datum der Annahmeerklärung abzustellen.[1] Bei vereinbarten Beitragsanpassungen ist in besonderen Fällen zu prüfen, ob weiterhin ein in vollem Umfang begünstigter Altvertrag vorliegt.[2]

Für Lebensversicherungen, die nach dem 31.12.2004 abgeschlossen worden sind, kommt ein Sonderausgabenabzug nicht mehr in Betracht. Die Erträge sind nach § 20 Abs. 1 Nr. 6 EStG zu versteuern. Damit ist es ertragsteuerlich unerheblich geworden, ob eine Lebensversicherung der Tilgung oder Sicherung eines Darlehens dient.

cc) Beiträge zu Rentenversicherungen ohne Kapitalwahlrecht (abzüglich steuerfreier Zuschüsse und erstatteter Beiträge) mit Laufzeitbeginn und erster Beitragszahlung vor dem 1.1.2005 (Zeile 48)

Die Beiträge für „Altverträge" zu diesen Rentenversicherungen stellen Sonderausgaben (§ 10 Abs. 1 Nr. 3a EStG) **1729**
dar. Hierbei handelt es sich um reine **Risikoversicherungen**, die nur im Todesfall eine Leistung vorsehen und in denen regelmäßig kein Sparanteil enthalten ist. Altersvorsorgebeiträge sind nicht hier, sondern auf der Anlage AV zu erklären.

Ein Versicherungsbeitrag ist bis zum 31.12.2004 entrichtet, wenn nach § 11 Abs. 2 EStG der Beitrag einem Kj. vor 2005 zuzuordnen ist. Der **Zeitpunkt des Vertragsabschlusses** ist insoweit **unmaßgeblich**. Für die Berücksichtigung von Beiträgen nach § 10 Abs. 1 Nr. 3a EStG gelten außerdem die bisherigen Regelungen zu § 10 Abs. 1 Nr. 2 Satz 2 bis 5 und Abs. 2 Satz 2 EStG in der am 31.12.2004 geltenden Fassung.

Die Aufwendungen für eine Risikoversicherung auf den Todesfall sind auch weiterhin in voller Höhe als Sonderausgaben berücksichtigungsfähig und in Zeile 48 einzutragen.

Werden von den stpfl. Personen über den Rahmen der pauschal versteuerten Beiträge hinaus **Zahlungen an Versorgungs- und Pensionskassen** geleistet (z.B. umlagefinanzierte Zusatzversorgungseinrichtungen wie die VBL), sind diese ebenfalls als Sonderausgaben abzugsfähig. Steuerfreie Beiträge sind nach § 3 Nr. 63 EStG jedoch nicht als Sonderausgaben zu berücksichtigen.

Bei Risikolebensversicherungen, die an den Bestand eines Basisrentenvertrags anknüpfen, können die erbrachten Leistungen nur unter bestimmten Voraussetzungen im Zusammenhang mit der Kalkulation berücksichtigt werden.[3]

1) BMF v. 1.10.2009, IV C 1 – S 2252/07/0001, BStBl I 2009, 1172, Rz. 89.
2) BMF v. 1.10.2009, IV C 1 – S 2252/07/0001, BStBl I 2009, 1172, Rz. 92, unter Berücksichtigung der Änderung durch BMF v. 6.3.2012, IV C 3 – S 2220/11/10002, BStBl I 2012, 238. Beachte bei Vertragsänderungen BFH v. 27.9.2016, VIII R 66/13, BStBl II 2017, 626.
3) BayLfSt v. 27.2.2009, S 2221.1.1-12/2 St 32/St 33, DStR 2009, 1262.

9. Ergänzende Angaben zu Vorsorgeaufwendungen (Zeilen 49–55)

Zeile	Ergänzende Angaben zu Vorsorgeaufwendungen	Steuerpflichtige Person / Ehemann / Person A		Ehefrau / Person B	
49	Haben Sie zu Ihrer Krankenversicherung oder Ihren Krankheitskosten Anspruch auf steuerfreie Zuschüsse, steuerfreie Arbeitgeberbeiträge oder steuerfreie Beihilfen?	307	2 = Nein	407	2 = Nein
	Es bestand 2025 keine gesetzliche Rentenversicherungspflicht aus dem **aktiven** Dienstverhältnis / aus der Tätigkeit				
50	– als Beamter / Beamtin	380	1 = Ja	480	1 = Ja
51	– als Vorstandsmitglied / GmbH-Gesellschafter-Geschäftsführer/in	381	1 = Ja	481	1 = Ja
52	– als (z. B. Praktikant/in, Student/in im Praktikum)	382	1 = Ja	482	1 = Ja
53	Tätigkeitsbezeichnung zu Zeile 52				
54	Aufgrund des genannten Dienstverhältnisses / der Tätigkeit bestand hingegen eine Anwartschaft auf Altersversorgung	383	1 = Ja 2 = Nein	483	1 = Ja 2 = Nein
55	Es wurde Arbeitslohn aus einem **nicht aktiven** Dienstverhältnis – insbesondere Betriebsrente / Werkspension – bezogen, bei dem es sich nicht um steuerbegünstigte Versorgungsbezüge (Zeile 11 bis E0201606.Vordruckzeile der **Anlage N**) handelt. Bei Altersteilzeit ist hier keine Eintragung vorzunehmen.	385	1 = Ja	485	1 = Ja

…

2025AnlVor243 **2025AnlVor243**

a) Vorbemerkung

1730 Die Angaben zu den ergänzenden Vorsorgeaufwendungen werden u.a. für die Kürzungstatbestände der Beiträge zur Altersvorsorge benötigt (§ 10c EStG a.F.; Neuregelung: § 10 Abs. 3 EStG). So führt auch weiterhin jede Form der betrieblichen Altersversorgung bei einem beherrschenden Gesellschafter-Geschäftsführer zu einer Kürzung des Höchstbetrags für die Basisversorgung; ohne Bedeutung ist die Art der Finanzierung und die Art des Durchführungswegs, die Höhe der Versorgungszusage oder ob die Versorgungszusage ruhend gestellt wurde. Entscheidend für die Frage der Kürzung des Vorwegabzugs ist der Charakter des Beschäftigungsverhältnisses (z.B. bei Auflösung).[1] Zur Frage der Kürzung im Fall einer arbeitnehmerfinanzierten Unterstützungskassenzusage vgl. BFH.[2]

b) Haben Sie zu Ihrer Krankenversicherung oder Ihren Krankheitskosten Anspruch auf steuerfreie Zuschüsse, steuerfreie Arbeitgeberanteile oder steuerfreie Beihilfen (Zeile 49)

1731 Der Erklärungstatbestand „Abfrage zur Überprüfung des Abzugsbetrags nach § 10 Abs. 1 Nr. 3 und 3a, Abs. 4 EStG" war bis zum VZ 2018 in Zeile 11 im Bereich der Beiträge zur Altersversorgung verortet. Eine Angabe, ob ein Anspruch auf steuerfreie Zuschüsse, steuerfreie Arbeitgeberbeiträge oder steuerfreie Beihilfen bestand war dabei in jedem Fall erforderlich. Seit dem VZ 2019 ist eine Erklärung nur noch in den Fällen vorzunehmen, in denen kein Anspruch besteht (es besteht die Möglichkeit das Auswahlfeld mit einer „2" [= Nein] zu beantworten). In allen anderen Fällen wird das FA von einem bestehenden Anspruch ausgehen und die weiteren sonstigen Vorsorgeaufwendungen mit dem (geringen) Höchstbetrag von 1 900 € berücksichtigen.

Die Angabe, ob zur Krankenversicherung oder zu Krankheitskosten Ansprüche auf steuerfreie Zuschüsse, steuerfreie Arbeitgeberbeiträge oder steuerfreie Beihilfe bestehen, ist für die Qualifizierung und damit zutreffende Berücksichtigung der Abzugsbeträge nach § 10 Abs. 4 EStG notwendig.

Vorsorgeaufwendungen i.S.d. § 10 Abs. 1 Nr. 3 und 3a EStG können grds. bis zu einer Höhe von 2 800 € abgezogen werden. Bis zu dieser Höhe sind Beiträge aber nur bei stpfl. Personen zu berücksichtigen, die Aufwendungen für ihre Krankenversicherung und Krankheitskosten vollständig aus eigenen Mitteln tragen oder bei Angehörigen von Beihilfeberechtigten, die nach den beihilferechtlichen Bestimmungen nicht über einen eigenen Beihilfeanspruch verfügen.

Zu dem Personenkreis der stpfl. Personen, die **die Frage (früher) mit „ja" beantworteten** und damit seit dem VZ 2019 keine Angabe mehr machen müssen, gehören z.B.

- Rentner, die aus der gesetzlichen Rentenversicherung nach § 3 Nr. 14 EStG steuerfreie Zuschüsse zu den Krankenversicherungsbeiträgen erhalten,
- Rentner, bei denen der Träger der gesetzlichen Rentenversicherung Beträge an eine gesetzliche Krankenversicherung zahlt,

---

1) BFH v. 6.3.2013, X B 139/12, BFH/NV 2013, 978.
2) BFH v. 20.3.2013, X R 30/11, BFH/NV 2013, 1393.

- sozialversicherungspflichtige Arbeitnehmer, für die der Arbeitgeber nach § 3 Nr. 62 EStG steuerfreie Beiträge zur Krankenversicherung leistet, das gilt auch dann, wenn der Arbeitslohn aus einer Auslandstätigkeit auf Grund eines DBA steuerfrei gestellt wird,
- Besoldungsempfänger oder gleichgestellte Personen, die von ihrem Arbeitgeber nach § 3 Nr. 11 EStG steuerfreie Beihilfen zu Krankheitskosten erhalten,
- Beamte, die in der gesetzlichen Krankenversicherung freiwillig versichert sind und deshalb keine Beihilfe zu ihren Krankheitskosten – trotz eines grundsätzlichen Anspruchs – erhalten,
- Versorgungsempfänger im öffentlichen Dienst mit Beihilfeanspruch oder gleichgestellte Personen,
- in der gesetzlichen Krankenversicherung ohne eigene Beiträge familienversicherte Angehörige (Ehegatte/Lebenspartner),
- Personen, für die steuerfreie Leistungen der Künstlersozialkasse nach § 3 Nr. 57 EStG erbracht werden,

vermindert sich der zu berücksichtigende **Höchstbetrag** auf **1 900 €** (ohne zeitanteilige Aufteilung), wenn ohne Aufwendungen bereits „ganz oder teilweise" ein Anspruch auf Erstattung der Aufwendungen besteht. Mit „ja" ist die Frage auch von sozialversicherungspflichtigen Arbeitnehmern zu beantworten, da diese Gruppe ebenfalls Zuschüsse vom Arbeitgeber erhält, die steuerfrei sind. Für die Antwort, ob der geringere Betrag zu berücksichtigen ist, ist dabei der jeweils bestehende Leistungsanspruch maßgebend.

Ist die Frage mit „nein" zu beantworten und damit eine Erklärung auch seit dem VZ 2019 weiterhin erforderlich, da kein Anspruch auf steuerfreie Zuschüsse, Arbeitgeberbeiträge oder Beihilfen besteht, wird i.R.d. Abzugsbeträge der höhere Betrag von 2 800 € berücksichtigt. Zu dieser Gruppe gehören z.B. sozialversicherungsfreie Arbeitnehmer (Gesellschafter/Geschäftsführer, die die Beiträge zur Krankenversicherung vollständig in Eigenleistung erbringen müssen, Selbständige und Gewerbetreibende sowie Landwirte und deren mitarbeitende Familienangehörige).

Im Rahmen einer **Zusammenveranlagung** (§ 26b EStG) sind die persönlichen Verhältnisse eines jeden Ehegatten/Lebenspartners zu berücksichtigen und führen zu einem gemeinsamen Höchstbetrag (§ 10 Abs. 4 Satz 3 EStG).

Beratungshinweis:

Der ermäßigte Höchstbetrag gilt für den Fall eines Arbeitgeberzuschusses zur privaten Krankenversicherung.[1] Dies gilt entsprechend in den Fällen eines beihilfeberechtigten Ehegatten/Lebenspartners, wobei sich der BFH ausdrücklich gegen die ursprüngliche Auffassung des BMF stellte. Die Verwaltung wendet die Rechtsprechung an.[2] Entsprechendes gilt, wenn ein nicht berufstätiger Ehegatte/Lebenspartner eines privat versicherten Arbeitnehmers selbst ebenfalls privat krankenversichert ist; ist der nicht berufstätige Ehegatte/Lebenspartner dagegen freiwillig in der gesetzlichen Krankenversicherung versichert, erhält diese Person den erhöhten Abzugsbetrag.[3]

Bei **geringfügig Beschäftigten** (sog. Minijobs) erbringt der Arbeitgeber einen Pauschalbeitrag zur gesetzlichen Krankenversicherung, durch den die stpfl. Person keine Ansprüche aus der gesetzlichen Krankenversicherung erwirbt. Insoweit kommt es nicht zum Ansatz des verminderten Höchstbetrags. Dies gilt nur insoweit, als keine Mitversicherung über die gesetzliche Krankenversicherung des Ehegatten/Lebenspartners vorliegt.

Praxishinweis:

Durch diese Erklärung wird zusätzlich das mögliche Abzugsvolumen im Zusammenhang mit der Nichtausschöpfung der Beiträge für die Basis-Kranken- und Pflege-Pflichtversicherung gesteuert, da eine vergleichende Berechnung bei den Vorsorgeaufwendungen durchzuführen ist (§ 10 Abs. 4 Satz 4 EStG). Das Abzugsvolumen steht zunächst für die Beiträge zu Gunsten der Basis-Kranken- und Pflege-Pflichtversicherung zur Verfügung. Sollten die Beträge nicht ausgeschöpft sein, können diese mit weiteren sonstigen Vorsorgeaufwendungen (Zeilen 43 bis 48) „aufgefüllt" werden. Dies dürfte sich insb. bei kleinen und mittleren Einkommen auf Grund der geringeren Höhe der Beiträge zur Basis-Kranken- und Pflege-Pflichtversicherung auswirken. Insoweit können dann die Aufwendungen gegen andere Lebensrisiken Berücksichtigung finden.

c) Es bestand 2025 keine gesetzliche Rentenversicherungspflicht aus dem aktiven Dienstverhältnis/aus der Tätigkeit (Zeilen 50–53)

Praxishinweis: 1732

Besteht eine Sozialversicherungspflicht, sind Eintragungen in den Zeilen 50 bis 53 nicht erforderlich.

Beiträge zur Altersvorsorge (Vorsorgeaufwendungen i.S.d. § 10 Abs. 1 Nr. 2 Satz 2 EStG) sind in den Zeilen 4 bis 10 zu erklären (Höchstbetrag → Rz. 1675). Damit die Kürzung zutreffend erfolgen kann, sind die Angaben in den Zeilen 50 bis 53 erforderlich. Erforderlich ist das aktive Dienstverhältnis/Tätigkeit, wobei es nicht Voraussetzung ist, dass z.B. das Dienstverhältnis das gesamte Kj. über vorliegen muss. So erfolgt die Kürzung auch in einem Übergangsjahr zur Rente/Pension.

Praxishinweis:

Daher ist in den Zeilen 50 und 53 auch dann eine „1" einzutragen, wenn die stpfl. Person bereits im Februar die aktive Beschäftigung beendet und in den Ruhestand wechselt. Befindet sich die stpfl. Person bereits z.B. im Ruhestand, sind keine Angaben in den Zeilen 50 bis 53 erforderlich.

---

1) BFH v. 23.1.2013, X R 43/09, BStBl II 2013, 608.
2) BMF v. 24.5.2017, IV C 3 – S 2221/16/10001 :004, BStBl I 2017, 820, Rz. 127.
3) Vgl. hierzu auch BSG v. 20.3.2013, B 12 KR 14/11 R, BSGE 113, 160.

Hierdurch wird erklärt, ob die stpfl. Person zum Personenkreis des § 10 Abs. 3 Satz 3 Nr. 1 Buchst. a und b EStG gehört, bei der der Höchstbetrag zu kürzen ist. Der Höchstbetrag ist dabei um den Betrag zu kürzen, der dem Gesamtbeitrag (Arbeitgeber- und Arbeitnehmeranteil) zur allgemeinen Rentenversicherung (Bemessungsgrenze Ost) entspricht. Der Gesamtbeitrag ist dabei anhand der Einnahmen aus der Tätigkeit zu ermitteln, die die Zugehörigkeit zum genannten Personenkreis begründen. Der Höchstbetrag wird um einen fiktiven Gesamtbeitrag zur allgemeinen Rentenversicherung gekürzt. BMG für den Kürzungsbetrag sind die erzielten stpfl. Einnahmen aus der Tätigkeit, die die Zugehörigkeit zu diesem Personenkreis begründen, einheitlich – aus Vereinfachungsgründen – höchstens bis zum Betrag der Beitragsbemessungsgrenze Ost in der allgemeinen Rentenversicherung.[1)]

Hinsichtlich der Beurteilung, ob eine Kürzung vorzunehmen ist, ist auf das konkrete Dienstverhältnis in dem jeweiligen VZ abzustellen. Nicht einzubeziehen sind Anwartschaftsrechte aus einer im gesamten VZ privat fortgeführten Direktversicherung, bei der der Arbeitnehmer selbst Versicherungsnehmer ist. Bei Ehegatten/Lebenspartnern ist die Prüfung jeweils gesondert durchzuführen.

Die Anwartschaft auf Altersversorgung wurde selbst finanziert, wenn die Aufwandsquote der Pensionszusage der Beteiligungsquote entspricht, oder kleiner ist, oder wenn die Aufwandsquote nur bis zu 10 % höher als die Beteiligungsquote (Bagatellgrenze) ist.[2)]

1733 Die Angabe in Zeile 55 ist für die Kürzung des Höchstbetrags (§ 10 Abs. 3 EStG) in der aktuellen Gesetzesfassung von Bedeutung. Bestand keine Anwartschaft auf eine Altersversorgung (Pensionszusage, Beiträge zu einer Versicherung i.S.d. § 3 Nr. 63 EStG oder § 3 Nr. 56 EStG), ist in Zeile 55 das Auswahlfeld mit „nein" zu füllen. In diesen Fällen erfolgt eine ungekürzte Berücksichtigung des Höchstbetrags (§ 10 Abs. 3 Satz 3 EStG). Besteht eine Anwartschaft auf Altersversorgung ist der Höchstbetrag um den fiktiven Gesamtbeitrag zur gesetzlichen Rentenversicherung zu kürzen. Für die Frage, ob es zu einer Kürzung des Vorwegabzugs kommt, ist bei der nachträglichen Zahlung von Arbeitslohn auf die Art der Tätigkeit abzustellen.[3)]

Kurzzusammenfassung der Eintragungsregeln:

Zeile 55 = ja: Der Höchstbetrag (§ 10 Abs. 3 Satz 3 EStG) wird um einen fiktiven Gesamtbeitrag zur gesetzlichen Rentenversicherung gekürzt.

Zeile 55 = nein: Der Höchstbetrag (§ 10 Abs. 3 Satz 3 EStG) wird nicht gekürzt.

d) Bezug von Arbeitslohn aus einem nicht aktiven Dienstverhältnis – insbesondere Betriebsrente/Werkspension –, bei dem es sich nicht um steuerbegünstigte Versorgungsbezüge (Zeilen 11–16 der Anlage N) handelt; keine Eintragung vorzunehmen bei Altersteilzeit (Zeile 55)

1734 Zu erklären haben sich die stpfl. Personen, die nicht aktive Einnahmen aus nichtselbständiger Arbeit beziehen (z.B. Frühpensionäre, Betriebsrentner und Vorruheständler). Auf der LSt-Bescheinigung sind dabei keine **Sozialversicherungsbeiträge** ausgewiesen (und Eintragungen in den Zeilen 50 bis 53 nicht erforderlich).

Beispiel:
Die stpfl. Person erzielte als Arbeitnehmer aus einem aktiven Dienstverhältnis bis 6/2025 Einkünfte. Ab 7/2025 erhält die Person den Status als Frühpensionär (ohne Versorgungsbezüge).

Entsprechendes dürfte auch für weiterbeschäftigte Frühpensionäre, die Bezüge aus einer passiven Tätigkeit erzielen (keine Versorgungsbezüge) und gleichzeitig noch im Rahmen einer geringfügigen Beschäftigung (mit LSt-Bescheinigung) tätig sind, gelten. Gezahlte Arbeitgeberbeiträge stellen keine **Zukunftssicherungsleistungen** i.S.d. § 3 Nr. 62 EStG dar, da die Personen keine rentenrechtlichen Vorteile mehr aus der Zahlung der Beiträge erwerben.[4)] Zukunftssicherungsleistungen sind dabei Ausgaben, die der Arbeitgeber leistet, um einen Arbeitnehmer für den Fall der Krankheit, des Unfalls, der Invalidität, des Alters oder des Todes abzusichern, soweit der Arbeitnehmer die Ansprüche selbst gegen den Versicherer geltend machen kann.[5)]

Die beiden Tätigkeiten sind jeweils einzeln zu betrachten. Während die Einnahmen als Frühpensionär nicht bei der Kürzung des Vorwegabzugs zur berücksichtigen sind, führen die Einnahmen aus der weiteren Tätigkeit (als Aushilfe) zu einer Kürzung, da der Rentner im Hinblick auf die Weiterbeschäftigung versicherungspflichtig ist und der Arbeitgeber verpflichtet ist (§ 249 Abs. 1 SGB V), die Beiträge zur Krankenversicherung mitzutragen. Der Arbeitslohn aus diesem Dienstverhältnis führt entsprechend zu einer Kürzung des Vorwegabzugs.

---

1) BMF v. 24.5.2017, IV C 3 – S 2221/16/10001 :004, BStBl I 2017, 820, Rz. 63.
2) BMF v. 22.5.2007, IV C 8 – S 2221/07/0002, BStBl I 2007, 493.
3) BFH v. 20.12.2006, X R 38/05, BStBl II 2007, 823; Verfbeschw nicht angenommen: BVerfG v. 25.2.2008, 2 BvR 805/07.
4) BFH v. 14.12.2005, XI R 25/04, BFH/NV 2006, 1073.
5) Z.B. FG Baden-Württemberg v. 7.12.2007, 2 K 299/04, EFG 2008, 446.

XXXVI. Anlage WA-ESt – Weitere Angaben und Anträge in Fällen mit Auslandsbezug

1. Allgemeines (Zeilen 1–3)

Anleitung vorhanden

2025

Anlage WA-ESt

Diese Anlage ist bei Zusammenveranlagung von Ehegatten / Lebenspartnern gemeinsam auszufüllen.

1 Name

2 Vorname

3 **Steuernummer**

Weitere Angaben und Anträge in Fällen mit Auslandsbezug

Bei Auslandssachverhalten besteht eine erhöhte Mitwirkungspflicht. Bitte reichen Sie Belege in Kopie ein.

In der Anlage WA-ESt sind weitere Angaben zu machen oder Anträge zu stellen, die im Zusammenhang mit Auslandssachverhalten stehen (z.B. Beginn oder Beendigung der unbeschränkten Steuerpflicht, erweiterte unbeschränkte Steuerpflicht, weiterer Wohnsitz im Ausland). Die Anlage ist im Rahmen einer Zusammenveranlagung (§ 26b EStG) gemeinschaftlich auszufüllen. **1735**

Hinweis zur Plausibilitätsbeurteilung:

Seit der Einführung der allgemeinen Belegvorhaltepflicht im Jahr 2017 sind grundsätzlich keine Belege mehr mit Abgabe der Steuererklärung einzureichen. Bei Auslandssachverhalten sind hingegen die Belege weiterhin direkt mit der ESt-Erklärung einzureichen (Belegvorlagepflicht). Im § 68b der ESt-DV ist weiterhin geregelt, dass der Nachweis über die Höhe der ausländischen Einkünfte und über die Festsetzung und Zahlung der ausländischen Steuern durch Vorlage entsprechender Urkunden zu führen ist. Zudem bestehen in Fällen mit Auslandsbezug erhöhte Mitwirkungspflichten gemäß § 90 Abs. 2 AO.

Daher wurde unterhalb der Formularüberschrift folgende Ergänzung aufgenommen: „Bei Auslandssachverhalten besteht eine erhöhte Mitwirkungspflicht. Bitte reichen Sie Belege in Kopie ein."

2. Nur bei zeitweiser unbeschränkter Steuerpflicht im Kalenderjahr 2024 (Zeilen 4–7)

Angaben bei zeitweiser unbeschränkter Steuerpflicht im Kalenderjahr 2025 18

				vom		bis
4	Wohnsitz oder gewöhnlicher Aufenthalt im Inland	Steuerpflichtige Person / Ehemann / Person A	140	T T M M	142	T T M M
5		Ehefrau / Person B	141	T T M M	143	T T M M
						Steuerpflichtige Person / Ehegatten / Lebenspartner EUR
6	Ausländische Einkünfte, die außerhalb der in den Zeilen 4 und / oder 5 genannten Zeiträume bezogen wurden und nicht der deutschen Einkommensteuer unterlegen haben				122	,—
7	In Zeile 6 enthaltene außerordentliche Einkünfte i. S. d. §§ 34, 34b EStG				177	,—

Es ist zwischen der unbeschränkten und der beschränkten Steuerpflicht zu unterscheiden. Bei einem **Wechsel von der unbeschränkten Steuerpflicht zur beschränkten Steuerpflicht** – und umgekehrt – (z.B. bei einer Auswanderung eines deutschen Staatsbürgers oder dem Zuzug ins Inland aus beruflichen Gründen) ist für den VZ 2025 nur eine Veranlagung zur unbeschränkten Steuerpflicht durchzuführen (§ 2 Abs. 7 Satz 3 EStG). Der Zeitraum des inl. Wohnsitzes oder gewöhnlichen Aufenthalts ist in den Zeilen 4 und 5 getrennt nach Ehegatten/Lebenspartnern einzutragen. Die **unbeschränkte Steuerpflicht** erstreckt sich auf alle steuerbaren Einkünfte im In- und Ausland. Die Einkünfte sind dabei aus dem Zeitraum der beschränkten Steuerpflicht (§ 49 EStG [beschränkt stpfl. Einkünfte]) zu ermitteln und in die Veranlagung zur unbeschränkten ESt-Pflicht einzubeziehen. **1736**

Die während der Zeit der **beschränkten Steuerpflicht** erzielten und nicht der deutschen ESt unterliegenden Einkünfte sind i.R.d. Progressionsvorbehalts zu berücksichtigen (§ 32b Abs. 1 Nr. 2 EStG), soweit deren Summe positiv ist. Dies gilt auch in den Fällen, in denen die unbeschränkte Steuerpflicht im Laufe des VZ endet oder beginnt, ohne dass inl. Einkünfte i.S.d. § 49 EStG bezogen werden.[1] Hiermit kommt es zu dem Ergebnis, dass eine ganzjährig und eine nur zeitweilig unbeschränkt stpfl. Person gleichbehandelt werden. Bei beiden sind entsprechende Auslandseinkünfte in den Progressionsvorbehalt einzubeziehen. Die Höhe der **ausl. Einkünfte ist nach deutschem Steuerrecht** zu ermitteln.[2]

1) BFH v. 19.11.2003, I R 19/03, BStBl II 2004, 549.
2) BFH v. 22.5.1991, I R 32/90, BStBl II 1992, 94.

Praxishinweis:
Verluste können nur nach Maßgabe des § 2a EStG berücksichtigt werden; entsprechende Eintragungen haben in den Zeilen 29 bis 33 der Anlage AUS zu erfolgen (→ Rz. 124 ff.). In Fällen des § 2a EStG ist der negative Progressionsvorbehalt ausgeschlossen.

Sind in der Zeile 6 auch außerordentliche Einkünfte enthalten, sind diese zusätzlich in Zeile 7 gesondert zu erklären. Die außerordentlichen Einkünfte werden bei der Berechnung des Progressionsvorbehalts lediglich mit einem Fünftel berücksichtigt (§ 32b Abs. 2 Nr. 2 EStG).

3. Bei Beendigung der unbeschränkten Steuerpflicht (Zeilen 8–11)

Bei Beendigung der unbeschränkten Steuerpflicht

Zeile		Steuerpflichtige Person / Ehemann / Person A			Ehefrau / Person B		
8	Mir gehörte im Zeitpunkt der Beendigung der unbeschränkten Steuerpflicht (Wegzug) eine Beteiligung i. S. d. § 17 EStG an einer in- oder ausländischen Kapitalgesellschaft / Genossenschaft / optierenden Gesellschaft i. S. d. § 1a KStG (zur Ermittlung des fiktiven Veräußerungsgewinns bitte die Zeilen 82 bis 95 der **Anlage G** ausfüllen).	171		1 = Ja 2 = Nein	172		1 = Ja 2 = Nein
9	Mir gehörten im Zeitpunkt der Beendigung der unbeschränkten Steuerpflicht (Wegzug) Investmentanteile i. S. d. § 19 Abs. 3 InvStG (zur Erfassung und Ermittlung des fiktiven Veräußerungsgewinns bitte die Zeilen 14 bis 28 und 46 bis 56 der **Anlage KAP-INV** ausfüllen).	101		1 = Ja 2 = Nein	102		1 = Ja 2 = Nein
10	Ich beabsichtige innerhalb von 7 Jahren nach dem Zeitpunkt der Beendigung der unbeschränkten Steuerpflicht wieder ins Inland zurückzukehren.			1 = Ja 2 = Nein			1 = Ja 2 = Nein
11	Im Zeitraum zwischen Beendigung der unbeschränkten Steuerpflicht bis zur Abgabe der Einkommensteuererklärung 2025 lag mein Wohnsitz zumindest zeitweise in einem niedrig besteuernden Gebiet i. S. d. § 2 Abs. 2 AStG.	169		1 = Ja 2 = Nein	170		1 = Ja 2 = Nein

1737 **Hinweis zur Plausibilitätsbeurteilung:**
Zu den Anteilen i.S.d. § 17 Abs. 1 Satz 1 EStG zählen gem. § 17 Abs. 1 Satz 3 EStG auch Anteile an einer optierenden Gesellschaft i.S.d. § 1a KStG.[1] Daher wurde die Formulierung der Zeile 8 entsprechend ergänzt.

Wird eine inl. und/oder ausl. Beteiligung i.S.d. § 17 EStG (→ Rz. 573) im Privatvermögen gehalten, kann in den Fällen, in denen der Besteuerungsstatus von „unbeschränkter Steuerpflicht" (→ Rz. 12) auf „beschränkte Steuerpflicht" (→ Rz. 13) wechselt (Wegzug ins Ausland), ein Besteuerungstatbestand (§ 6 Abs. 1 Satz 1 AStG) vorliegen. Besteht während eines Kj. sowohl unbeschränkte als auch beschränkte ESt-Pflicht, so sind die während der beschränkten ESt-Pflicht erzielten inl. Einkünfte in eine Veranlagung zur unbeschränkten ESt-Pflicht einzubeziehen (§ 2 Abs. 7 Satz 3 EStG). Der nach § 6 Abs. 1 AStG zu berechnende Veräußerungsgewinn ist nicht auf der Anlage WA-ESt, sondern auf der Anlage G (→ Rz. 590) zu erklären.

Eine natürliche Person, die in den letzten zwölf Jahren vor dem Ende ihrer unbeschränkten Steuerpflicht nach § 1 Abs. 1 Satz 1 EStG als Deutscher insg. mind. sieben Jahre unbeschränkt einkommenstpfl. war und in einem ausl. Gebiet ansässig ist, in dem sie mit ihrem Einkommen nur einer niedrigen Besteuerung unterliegt, oder in keinem ausl. Gebiet ansässig ist und wesentliche wirtschaftliche Interessen im Geltungsbereich dieses Gesetzes hat, ist bis zum Ablauf von zehn Jahren nach Ende des Jahres, in dem ihre unbeschränkte Steuerpflicht geendet hat, über die beschränkte Steuerpflicht i.S.d. EStG hinaus beschränkt einkommenstpfl. mit allen Einkünften i.S.d. § 2 Abs. 1 Satz 1 erster Halbsatz EStG, die bei unbeschränkter ESt-Pflicht nicht ausl. Einkünfte i.S.d. § 34d EStG sind.

Beratungshinweis:
Ab dem VZ 2025[2] ist die Besteuerung des Vermögenszuwachses nach § 6 AStG (Wegzugsbesteuerung) auf Investmentanteile und Anteile an Spezial-Investmentfonds ausgedehnt worden. Bislang unterfallen Anteile, die eine Privatperson an einem Investmentfonds oder Spezial-Investmentfonds in der Rechtsform eines Sondervermögens hält, nicht dem Tatbestand der Wegzugsbesteuerung für Anteile an Kapitalgesellschaften (§ 6 Abs. 1 Satz 1 AStG i.V.m. § 17 Abs. 1 Satz 1 EStG), weil ein Anteil an einem Sondervermögen kein Anteil i.S.d. § 17 EStG ist. Der Wegzug des Investors führte daher bis einschließlich 2024 nicht zu einer Wegzugs- oder Entstrickungsbesteuerung der stillen Reserven in den Fondsanteilen. Zudem war in der Vergangenheit unklar, ob Investmentfonds-Anteile oder Spezial-Investmentfonds in der Rechtsform einer Kapitalgesellschaft von der Wegzugsbesteuerung erfasst sind.

Durch die Änderungen der §§ 19, 49 InvStG unterliegen jetzt auch die von Privatpersonen gehaltene Anteile an Investmentfonds bzw. Spezial-Investmentfonds der Wegzugsbesteuerung. Erfasst werden dabei Anteile an inländischen und ausländischen Fonds. Als veräußert gelten diese Anteile angelehnt an § 6 Abs. 1 Satz 1 AStG dann, wenn die unbeschränkte Steuerpflicht aufgrund der Aufgabe des Wohnsitzes oder des gewöhnlichen Aufenthalts im Inland endet, die Investmentanteile unentgeltlich auf eine nicht unbeschränkt steuerpflichtige Person übertragen werden oder wenn das Besteuerungsrecht der Bundesrepublik aus sonstigen Gründen beschränkt oder ausgeschlossen wird. . In diesen Fällen ist gem. § 19 Abs. 3 Satz 5 InvStG i.d. F. des JStG 2024 keine Kapitalertragsteuer zu erheben und die entsprechenden Veräußerungsgewinne sind in der Anlage KAP-INV (→ Rz. 833) zu erfassen. In Anlehnung an die bestehende Zeile 8 der Anlage WA-ESt wurde die **Zeile 9** zur Abfrage des neuen Tatbestands der „Wegzugsbesteuerung" aufgenommen, in der ein Enumerationsfeld (1=Ja / 2=Nein) eingefügt wurde.

Der Steueranspruch aus der Vermögenszuwachsbesteuerung nach § 6 Abs. 1 AStG u.a. entfällt nach § 6 Abs. 3 AStG, wenn die Beendigung der unbeschränkten Steuerpflicht auf einer nur vorübergehenden Abwesenheit beruht und die stpfl. Person innerhalb von sieben Jahren seit Beendigung der unbeschränkten Steuerpflicht wieder unbeschränkt stpfl. wird (sog. Rückkehrerregelung).[3] Nach der Verwaltungsauffassung setzt die Inanspruch-

1) Vgl. BMF v. 22.12.2023, BStBl I, Sondernummer 1/2023, S. 3, Rz. 76
2) § 19 Abs. 3 InvStG i.d F. des JStG 2024, BGBl. I 2024 Nr. 387, mit Wirkung ab dem 1.1.2025 (vgl. § 57 Abs. 10 Nr. 7 InvStG i.d.F. des JStG 2024).
3) Zur alten Regelung siehe hierzu auch BFH v. 21.12.2022, I R 55/19, HFR 2023, 530.

nahme der Rückkehrerregelung voraus, dass bereits bei Wegzug ein Rückkehrwille bestand. Hierbei handelt es sich um eine „innere" Tatsache, die nur durch äußere Merkmale oder objektive Umstände belegt werden kann. Da es in der Praxis bei der späteren Entscheidung darüber, ob alle Voraussetzungen für die Inanspruchnahme der Rückkehrregelung vorliegen, oft schwer zu ermitteln und nachzuweisen ist, ob im Zeitpunkt des Wegzugs ein Rückkehrwille bestand, führt dies zu zahlreichen Auseinandersetzungen. Dieser Rückkehrwille ist durch eine Eintragung in **Zeile 10** zum Ausdruck zu bringen.

Zusätzlich ist in **Zeile 11** eine Angabe zu der Frage erforderlich, ob im Zeitraum zwischen Beendigung der unbeschränkten Steuerpflicht bis zur Abgabe dieser Steuererklärung der Wohnsitz zumindest zeitweise in einem niedrig besteuernden Gebiet i.S.d. § 2 Abs. 2 AStG lag.[1] Die Frage steht im Zusammenhang mit der Erklärung zur beschränkten Steuerpflicht (→ Rz. 73).

Zu den persönlichen Voraussetzungen der **erweiterten beschränkten Steuerpflicht** gehört, dass die stpfl. Person in den letzten zehn Jahren (Fristberechnung nach § 108 Abs. 1 AO i.V.m. §§ 187 ff. BGB) vor Ende seiner unbeschränkten Steuerpflicht als Deutscher insgesamt mind. fünf Jahre unbeschränkt einkommenstpfl. war. Es ist nur eine unbeschränkte Steuerpflicht nach § 1 Abs. 1 Satz 1 EStG zu berücksichtigen; eine unbeschränkte Steuerpflicht i.S.d. § 1 Abs. 2 und 3 und § 1a Abs. 1 Nr. 2 EStG ist unbeachtlich. Im Einzelnen ist Folgendes zu beachten:[2] **1738**

1. War die stpfl. Person während des maßgebenden Zehnjahreszeitraums mehrere Male im Inland unbeschränkt stpfl., sind die Zeiträume zusammenzurechnen, in denen unbeschränkte Steuerpflicht bestand. Inlandsaufenthalte, die die unbeschränkte Steuerpflicht nicht begründeten (z.B., weil diese Aufenthalte nicht länger als sechs Monate dauerten, weil sie Besuchs-, Erholungs-, Kur- oder ähnlichen privaten Zwecken dienten oder weil die stpfl. Person diplomatische oder sonstige völkerrechtliche Privilegien genoss), sind nicht mitzuzählen. Andererseits sind kurzfristige Unterbrechungen eines Inlandsaufenthalts nicht abzuziehen.
2. Deutscher ist, wer die deutsche Staatsangehörigkeit besitzt oder zu den in Art. 116 Abs. 1 GG genannten Flüchtlingen, Vertriebenen und deren Angehörigen zählt. Die erweiterte beschränkte Steuerpflicht wird nicht dadurch ausgeschlossen, dass die stpfl. Person gleichzeitig die Staatsangehörigkeit eines anderen Staates besaß. Es ist unerheblich, dass sie die deutsche Staatsangehörigkeit aufgegeben hat, nachdem sie während des maßgeblichen Zehnjahreszeitraums als Deutscher fünf Jahre unbeschränkt stpfl. war.
3. Verlegt die stpfl. Person ihren Wohnsitz mehrmals vom Inland in das Ausland und von dort in das Inland zurück, so ist bei jeder Beendigung der unbeschränkten Steuerpflicht zu prüfen, ob die persönlichen Voraussetzungen der erweiterten beschränkten Steuerpflicht nach den für diesen Wohnsitzwechsel maßgeblichen Verhältnissen gegeben sind.

Ein **ausl. Gebiet besteuert niedrig**, wenn eine der beiden nachstehend bezeichneten Voraussetzungen gegeben ist:[3] **1739**

1. Das ausl. Gebiet erhebt von einer unverheirateten Person bei einem Einkommen von 77 000 € eine ESt, die um mehr als ein Drittel geringer ist als die deutsche ESt (vgl. § 2 Abs. 2 Nr. 1 AStG). Nach dem Stand von 2003 trifft dies bei einem ausl. Steuersatz von weniger als 23,78 % zu. Der Betrag von 77 000 € ist für den Steuerbelastungsvergleich nach dem Kurs am Anfang eines Jahres in die maßgebliche ausl. Währung umzurechnen. Auf Antrag des Stpfl. kann auch der Jahresdurchschnittskurs für die Umrechnung zu Grunde gelegt werden, wenn er nachweist, dass dies für ihn günstiger ist.

   Bei der in dem ausl. Gebiet erhobenen ESt sind die von dem ausl. Staat oder seinen politischen Untergliederungen erhobenen Steuern vom Einkommen zu berücksichtigen. Zur deutschen Einkommensteuer zählt nicht der Solidaritätszuschlag (vgl. das zur Ergänzungsabgabe ergangene BFH-Urteil[4]).
2. In dem ausl. Gebiet kann dem Stpfl. eine wesentliche Vorzugsbesteuerung gewährt werden (vgl. § 2 Abs. 2 Nr. 2 AStG). Dies ist z.B. gegeben, wenn dort
   - aus dem Ausland zuziehende Personen einkommensteuerfrei sind;
   - Steuervergünstigungen (z.B. Besteuerung auf Grund ihres Verbrauchs, begünstigende Steuerverträge, Erlasse oder Steuerstundungen ohne Rücksicht auf die steuerliche Leistungsfähigkeit) erlangt werden können;
   - die Einkünfte aus den im Inland verbliebenen Wirtschaftsinteressen ggü. anderen Einkünften bevorzugt besteuert werden.

Es genügt, wenn die in Nummer 2 genannten Vorteile für wesentliche Teile des Einkommens gewährt werden.

1) BMF v. 22.12.2023, IV B 5 – S 1340/23/10001 :001, BStBl I 2023 Sondernummer 1/2023, 2.
2) BMF v. 22.12.2023, IV B 5 – S 1340/23/10001 :001, BStBl I 2023 Sondernummer 1/2023, 2., Tz. 2.
3) BMF v. 22.12.2023, IV B 5 –- S 1340/23/10001 :001, BStBl I 2023 Sondernummer 1/2023, 2, Tz. 2.2.
4) BFH v. 30.11.1988, I R 84/85, BStBl II 1989, 365.

4. Nur bei Personen ohne Wohnsitz oder gewöhnlichen Aufenthalt im Inland, die beantragen, als unbeschränkt steuerpflichtig behandelt zu werden (Zeilen 12–16)

Angaben zum Antrag auf unbeschränkte Steuerpflicht (§ 1 Abs. 3 EStG)

– Nur bei Personen ohne Wohnsitz oder gewöhnlichen Aufenthalt im Inland, die beantragen, als unbeschränkt steuerpflichtig behandelt zu werden –

12 X Ich beantrage für die Anwendung personen- und familienbezogener Steuervergünstigungen als unbeschränkt steuerpflichtig behandelt zu werden. Ein Nachweis ist einzureichen (z. B. „Bescheinigung EU / EWR" oder „Bescheinigung außerhalb EU / EWR").

Zeile		Steuerpflichtige Person / Ehemann / Person A EUR		Ehefrau / Person B EUR	
13	Summe der nicht der deutschen Einkommensteuer unterliegenden Einkünfte und der inländischen Einkünfte, die nach DBA nur der Höhe nach beschränkt besteuert werden dürfen (ggf. „0")	124	,–	129	,–
14	In Zeile 13 enthaltene Kapitalerträge, die dem besonderen Steuersatz für Kapitalerträge nach § 32d Abs. 1 EStG (Abgeltungsteuer) unterliegen oder – im Fall von ausländischen Kapitalerträgen – unterliegen würden	131	,–	133	,–
15	Summe der Kapitalerträge, die der deutschen Einkommensteuer unterliegen und auf die der besondere Steuersatz für Kapitalerträge nach § 32d Abs. 1 EStG anzuwenden ist (ohne Kapitalerträge, die im Inland nach DBA nur der Höhe nach beschränkt besteuert werden dürfen)	103	,–	104	,–
				Steuerpflichtige Person / Ehegatten / Lebenspartner EUR	
16	In Zeile 13 enthaltene außerordentliche Einkünfte i. S. d. §§ 34, 34b EStG			177	,–

1740 Mit BFH-Urteil v. 6.5.2015[1] wurde die Prüfung der Grenzen des § 1 Abs. 3 Satz 2 EStG in ein einstufiges Verfahren geändert. Bei beschränkt stpfl. Ehegatten/Lebenspartnern, die einen Antrag auf eine unbeschränkte ESt-Veranlagung i.S.d. § 1 Abs. 3 Satz 2 EStG stellen, werden die Grenzen des § 1 Abs. 3 EStG für die Stpfl. zusammen geprüft. Somit erfüllen zusammenveranlagte Stpfl. die Grenzen auch, wenn nur einer der beiden Ehegatten/Lebenspartner Einkünfte erzielt, die Grenzen für zusammenveranlagte Stpfl. jedoch nicht überschritten werden.[2]

Gestaltungshinweis:

Die Ausübung des Wahlrechts kann z.B. in den Fällen sinnvoll sein, in denen die Abzugsbeträge des § 2 Abs. 3 EStG berücksichtigt werden sollen, da ansonsten keine Berücksichtigung erfolgt (§ 50 Abs. 1 Satz 3 EStG).

Auf Antrag werden auch natürliche Personen als unbeschränkt einkommenstpfl. behandelt, die im Inland weder einen Wohnsitz noch einen gewöhnlichen Aufenthalt haben, soweit sie inl. Einkünfte (§ 49 EStG) erzielen – Grenzpendlerbesteuerung i.R.d. fiktiven unbeschränkten Steuerpflicht – (§ 1 Abs. 3 EStG). Ohne Antrag erfolgt eine Besteuerung als beschränkt stpfl. Person (§ 49 EStG; → Rz. 31 ff.). Der Antrag wird durch das Ankreuzen des Auswahlfelds in **Zeile 12** gestellt. Gegebenenfalls kann auch die Bescheinigung EU/EWR oder Bescheinigung außerhalb EU/EWR (§ 90 Abs. 2 AO) der Steuererklärung beigefügt werden.

Praxishinweis:

Auf Grund aktueller Verwaltungsanweisungen ist es den Finanzämtern künftig freigestellt, welche Art von Bescheinigung der zuständigen ausländischen Steuerbehörde zur Höhe der ausländischen Einkünfte sie zur Prüfung der Anspruchsvoraussetzungen des § 1 Abs. 3 EStG heranziehen wollen. Die vorgelegte Bescheinigung muss jedoch die Voraussetzungen des § 1 Abs. 3 Satz 5 EStG erfüllen. Die bundeseinheitlichen Vordrucke „Bescheinigung EU/EWR" sowie „Bescheinigung außerhalb EU/EWR" werden weiterhin zur Verfügung stehen; müssen jedoch nicht zwingend verwendet werden. Die Formulierungen zur Einreichung der „Bescheinigung EU/EWR" / der „Bescheinigung außerhalb EU/EWR" ist daher offener formuliert worden.

Voraussetzung für den **Antrag** ist, dass die gesamten in- und ausl. Einkünfte im Kj. mind. zu 90 % der deutschen ESt unterliegen (relative Begrenzung, inklusive der Einkünfte aus Kapitalvermögen, die unter die Regelungen der Abgeltungsteuer [§ 32d Abs. 1 EStG] fallen oder [bei ausl. Einkünften] unterliegen würden) oder die nicht der deutschen ESt unterliegenden Einkünfte den Grundfreibetrag (§ 32a Abs. 1 Satz 2 Nr. 1 EStG i.H.v. 11 784 € [absolute Begrenzung]) im Kj. nicht übersteigen. Werden sowohl die relative als auch die absolute Grenze überschritten, entfällt die unbeschränkte Steuerpflicht und damit auch das Wahlrecht (§ 1 Abs. 3 EStG). Die Einkünfte für die Wesentlichkeitsgrenze sind dabei allein nach deutschem Steuerrecht zu ermitteln.[3]

Beispiel:

Die ledige stpfl. Person wohnt und arbeitet in Frankreich. Aus nichtselbständiger Arbeit bezieht sie bis zum 30.6.2025 Einkünfte i.H.v. 40 000 € aus einem Arbeitsverhältnis mit einem französischen Arbeitgeber. Ab dem 1.7.2025 arbeitet sie für einen deutschen Arbeitgeber in Aachen und erzielt Einkünfte i.H.v. 40 000 €. Die Voraussetzungen des § 1 Abs. 3 Satz 2 EStG sind nicht erfüllt, da lediglich 50 % (= 40 000 €) der deutschen ESt unterliegen. Zudem ist die absolute Grenze i.H.v. 11 604 € ebenfalls überschritten.

Unbeschränkt stpfl. Personen (Wohnsitz im Inland/Staatsangehörigkeit EU-/EWR-Ausland) können eine Zusammenveranlagung mit dem nicht dauernd getrennt lebenden und im EU-/EWR-Ausland oder der Schweiz ansässi-

1) BFH v. 6.5.2015, I R 16/14, BStBl II 2015, 957.
2) Vgl. OFD Niedersachsen v. 16.8.2016, S 2104-3-St 213.
3) BFH v. 20.8.2008, I R 78/07, BStBl II 2009, 708.

gen Ehegatten/Lebenspartner auch dann beantragen, wenn die Voraussetzungen der 90 %-Grenze in der unbeschränkt stpfl. Person alleine nicht vorliegen.[1]

Bei der Berechnung bleiben solche ausl. Einkünfte außer Betracht, die im Ausland besteuert werden (§ 1 Abs. 3 Satz 4 EStG). Dies gilt jedoch nur, wenn vergleichbare inl. Einkünfte steuerfrei sind, weil die Berücksichtigung von nach deutschem Recht stpfl. Einkünften bei der Berechnung der Einkommensgrenzen weiterhin gerechtfertigt ist. Die Berechnung der vorgenannten Grenzwerte richtet sich nach den in Deutschland steuerbaren Einkünften.[2]

Praxishinweis:

Ausländische Kapitalerträge, die im Inland der Abgeltungsteuer unterlägen, sind nicht beim Progressionsvorbehalt anzusetzen; sie dürfen daher nicht in den erklärten Werten der Zeile 12–14 enthalten sein. Für Zwecke der Grenzberechnung nach § 1 Abs. 3 Satz 2 EStG sind diese Erträge und der Abgeltungsteuer unterliegende Kapitalerträge allerdings zu berücksichtigen, je nachdem ob es sich um inländische oder ausländische Erträge handelt. § 1 Abs. 3 Satz 3 EStG ordnet aber die Einkünfte, für die im Inland nach einem DBA nur ein eingeschränktes Besteuerungsrecht besteht, den Einkünften zu, die nicht der deutschen ESt unterliegen. Hier dürfte es sich meist um Dividenden mit eingeschränktem Quellenbesteuerungsrecht handeln. Damit fehlte eine Erfassung der Kapitalerträge, die der deutschen ESt unterliegen und abgeltend besteuert werden; diese sind bei der Berechnung der Einkunftsgrenzen des § 1 Abs. 3 EStG relevant (**Zeile 14**).

Der Betrag von 12 096 € (VZ 2025) ist an inl. Werte ausgerichtet, so dass bei Wohnsitz in Ländern der Ländergruppe 2 um ein Viertel (auf 9 072 €), bei Ländern der Ländergruppe 3 um die Hälfte (auf 6 048 €) und bei Ländern der Ländergruppe 4 um drei Viertel (auf 3 024 €) zu kürzen ist, da in diesen Staaten mit wesentlich niedrigeren Aufwendungen zu rechnen ist. Auf die konkreten Lebenshaltungskosten am Wohnort ist nicht abzustellen.[3]

Beratungshinweis:

Hat einer der Ehegatten/Lebenspartner einen Doppelwohnsitz, so ist der Grundfreibetrag für beide Ehegatten/Lebenspartner nach dem Länderschlüssel des Staates zu bemessen, in dem der gemeinsame Familienwohnsitz begründet ist. Ohne gemeinsamen Wohnsitz sind die Grundfreibeträge der jeweiligen beiden Staaten zusammenzurechnen.[4]

Die – nicht unionsrechtswidrige[5] – **Ländergruppeneinteilung (gültig ab 1.1.2024)** richtet sich nach der folgenden **1741**
Tabelle:[6] Abzustellen ist bei der Einordnung der Länder auf das von der OECD ermittelte Pro-Kopf-Einkommen.[7] Der Maßstab ist daher in allen Fällen anzuwenden, sofern nicht in einem Einzelfall die Einschränkung zu einem offensichtlich unzutreffenden Ergebnis führt. In diesem Fall müsste dargelegt werden, dass die Einteilung des BMF nicht mit dem von der OECD ermittelten Pro-Kopf-Einkommen übereinstimmt.[8] Abgezogen werden kann in allen Fällen aber maximal der inl. Höchstbetrag.

in voller Höhe	mit $^1/_2$	mit $^3/_4$	mit $^1/_4$
Wohnsitzstaat der stpfl. Person oder der unterhaltenen Person			
1	**2**	**3**	**4**
Amerikanische Jungferninseln	Antigua und Barbuda	Albanien	Afghanistan
Andorra	Aruba	Amerikanisch-Samoa	Ägypten
Australien	**Bahamas**	Argentinien	Algerien
Belgien	Bahrain	**Armenien**	Angola
Bermuda	Barbados	**Aserbaidschan**	**Äquatorialguines**
Britische Jungferninseln	**Brunei Darussalam**	Belarus	Äthiopien
Dänemark	Cookinseln	**Belize**	Bangladesch
Färöer	Curacao	Bosnien-Herzegowina	Benin
Finnland	Estland	Botsuana	Bhutan
Frankreich	Französisch-Polynesien	Brasilien	Bolivien, Plurinationaler Staat
Gibraltar	Griechenland	Bulgarien	Burkina Faso
Grönland	Kroatien	**Chile**	Burundi
Guam	Lettland	China	Cabo Verde
Hong Kong	Litauen	Costa Rica	Côte d'Ivoire
Insel Man (Isle of Man)	**Nauru**	Dominica	Dschibuti
Irland	Nördliche Marianen	Dominikanische Republik	El Salvador
Island	Oman	Ecuador	Eritrea

1) BFH v. 8.9.2010, I R 28/10, BStBl II 2011, 269.
2) BFH v. 1.10.2014, I R 18/13, BStBl II 2015, 474.
3) So bereits BFH v. 22.2.2006, I R 60/05, BStBl II 2007, 106.
4) OFD Frankfurt/M. v. 27.2.2012, S 2303 A – 23 – St 56, DB 2012, 1239.
5) BFH v. 22.2.2006, I R 60/05, BStBl II 2007, 106; FG Rheinland-Pfalz v. 11.3.2010, 6 K 2559/09, EFG 2010, 855.
6) BMF v. 18.12.2023, IV D 5 – S 2285/19/10001 :004, BStBl I 2023, 2236. Für den VZ 2025 wurde keine Anpassung der Ländergruppeneinteilung vorgenommen.
7) BFH v. 25.11.2010, VI R 28/10, BStBl II 2011, 283.
8) Pfützenreuter, jurisPR-SteuerR 12/2011, Anm. 4.

in voller Höhe	mit 1/2	mit 3/4	mit 1/4
Wohnsitzstaat der stpfl. Person oder der unterhaltenen Person			
1	2	3	4
Israel	Panama	Gabun	Eswatini
Italien	Polen	**Georgien**	**Fidschi**
Japan	Portugal	Grenada	Gambia
Kaimaninseln	Puerto Rico	**Guatemala**	Ghana
Kanada	Saudi-Arabien	Guyana	Guinea
Kanalinseln	Slowakei	Jamaika	Guinea-Bissau
Katar	Slowenien	Kasachstan	Haiti
Korea, Republik	**Spanien**	Kolumbien	Honduras
Kuwait	St. Kitts und Nevis	**Kosovo**	Indien
Liechtenstein	St. Martin (französischer Teil)	Kuba	Indonesien
Luxemburg	St. Martin (niederländischer Teil)	Lybien	**Irak**
Macau	Trinidad Tobago	Malaysia	**Iran, Islamische Republik**
Malta	Tschechien	Malediven	Jemen
Monaco	Turks- und Caocosinseln	Marshallinslen	Jordanien
Neukaledonien	Ungarn	Mauritius	Kambodscha
Neuseeland	Uruguay	Mexiko	Kamerun
Niederlande	Zypern	**Moldau, Republik**	Kenia
Norwegen		Montenegro	Kirgisistan
Österreich		Niue	Kiribati
Palästinensische Gebiete		Nordmazedonien	Komoren
San Marino		**Palau**	Kongo
Schweden		Paraguay	Kongo, Demokratische Republik
Schweiz		Peru	Korea, Demokratische Volksrepublik
Singapur		Rumänien	Laos, Demokratische Volksrepublik
Taiwan		Russische Föderation	Lesotho
Vatikanstadt		Serbien	**Libanon**
Vereinigte Arabische Emirate		**Sychellen**	Liberia
Vereinigte Staaten		St. Lucia	Madagaskar
Vereinigtes Königreich		St. Vincent	Malawi
		Südafrika	Mali
		Thailand	Marokko **(einschließlich Westsahara)**
		Türkei	Mauretanien
		Turkmenistan	Mikronesien, Föderierte Staaten von
		Tuvalu	Mongolei
			Mosambik
			Myanmar
			Namibia
			Nepal
			Nicaragua
			Niger
			Nigeria
			Pakistan
			Papua-Neuguinea
			Philippinen
			Ruanda
			Salomonen
			Sambia

in voller Höhe	mit 1/2	mit 3/4	mit 1/4
Wohnsitzstaat der stpfl. Person oder der unterhaltenen Person			
1	2	3	4
			Samoa
			São Tomé und Principe
			Senegal
			Sierra Leone
			Simbabwe
			Somalia
			Sri Lanka
			Sudan
			Südsudan
			Suriname
			Syrien, Arabische Republik
			Tadschikistan
			Tansania, Vereinigte Republik
			Timor-Leste
			Togo
			Tonga
			Tschad
			Tunesien
			Uganda
			Ukraine
			Usbekistan
			Vanuatu
			Venezuela, Bolivianische Republik
			Vietnam
			Zentralafrikanische Republik

Dem Antrag ist des Weiteren eine **Bescheinigung über die Höhe** der nicht der deutschen ESt unterliegenden Einkünfte, die im Ausland nicht besteuert werden, soweit vergleichbare Einkünfte im Inland steuerfrei wären, der zuständigen ausl. Steuerbehörde einzureichen (§ 1 Abs. 3 Satz 2 EStG).

Sind vergleichbare Einkünfte im Inland stpfl., sind diese weiterhin einzurechnen. Hierdurch wird der Forderung des EuGH Rechnung getragen, dass es mit dem AEUV nicht vereinbar ist, wenn Einkünfte in die Berechnung einbezogen werden, obwohl diese in einem anderen Mitgliedstaat nicht der ESt unterlagen (z.B. Lohnersatzleistungen).[1]

In den **Progressionsvorbehalt** sind auch **negative Einkünfte** mit einzubeziehen (§ 32b Abs. 1 Nr. 5 EStG). Diese Änderung durch das JStG 2008[2] war Folgewirkung des EuGH-Urteils v. 18.7.2007.[3] Danach steht es den EG-Regelungen entgegen, wenn einer gemeinschaftsangehörigen Person, die in dem Mitgliedsstaat, in dem sie den wesentlichen Teil ihrer Einkünfte bezieht, gebietsfremd ist, kein Anspruch darauf eingeräumt wird, dass negative Einkünfte, die aus einem anderen Mitgliedsstaat stammen, bei der Bestimmung des auf ihre Einkünfte anwendbaren Steuersatzes berücksichtigt werden, während eine gebietsansässige Person die Berücksichtigung dieser negativen Einkünfte verlangen kann. **1742**

Der **Nachweis** erfolgt bei Staatsangehörigen eines EU-/EWR-Staates und bei Angehörigen des deutschen öffentlichen Dienstes, die im dienstlichen Auftrag außerhalb der EU/EWR tätig sind, durch die „Bescheinigung EU/EWR". Bei allen anderen Personen, die in Nicht-EU-/EWR-Staaten ansässig sind, durch die „Bescheinigung außerhalb EU/EWR". **1743**

Beratungshinweis:
Sollten diese Bescheinigung nicht in allen Bereichen seitens der ausl. Behörde zutreffend ausgefüllt sein, besteht die Möglichkeit darzulegen, dass in der von der ausl. Steuerverwaltung bescheinigten Summe Einkünfte enthalten sind, die der deutschen ESt uneingeschränkt unterliegen.[4]

1) EuGH v. 25.1.2007, Meindl, C-329/05, BFH/NV 2007, Beilage 4, 153.
2) JStG 2008 v. 20.12.2007, BStBl I 2008, 218.
3) EuGH v. 18.7.2007, Lakebrink, C-182/06, DStR 2007, 1339.
4) OFD Frankfurt/M. v. 27.2.2012, S 2303 A – 23 – St 56, DB 2012, 1239.

Praxishinweis:
EU-Mitgliedsstaaten sind neben der BRD, Belgien, Bulgarien, Dänemark, Estland, Finnland, Frankreich, Griechenland, Irland, Italien, Kroatien, Lettland, Litauen, Luxemburg, Malta, die Niederlande, Österreich, Polen, Portugal, Rumänien, Schweden, die Slowakei, Slowenien, Spanien, Tschechien, Ungarn und Zypern. **EWR-Staaten** sind die Mitgliedstaaten der EU sowie: Island, Liechtenstein und Norwegen.

Inländische Einkünfte, die nach einem DBA nur der Höhe nach beschränkt besteuert werden dürfen (z.B. Dividenden, Lizenzgebühren), gelten für die Berechnung der 90 %-Grenze und der betragsmäßigen Grenze als nicht der deutschen ESt unterliegend. Diese Einkünfte sind jedoch in die inl. ESt-Veranlagung einzubeziehen.[1)]

Die entsprechende **positive Summe** (ggf. auch „0" €) **der nicht der deutschen ESt unterliegenden Einkünfte** ist in **Zeile 13** einzutragen.

Sind in der Summe der Einkünfte auch außerordentliche Einkünfte enthalten, so sind diese zusätzlich in **Zeile 16** einzutragen, da sie bei der Berechnung des Progressionsvorbehalts nur mit einem Fünftel berücksichtigt werden (§ 32b Abs. 2 Nr. 2 EStG).

Beratungshinweis:
Es ist nach der vorliegenden Formulierung auch der Nachweis zu erbringen, dass keine ausl. Einkünfte („Nullbescheinigung") erzielt worden sind.[2)]

5. Nur bei im EU-/EWR-Ausland oder in der Schweiz lebenden Ehegatten/Lebenspartnern (Zeile 17)

Angaben zum in einem EU- / EWR-Staat oder in der Schweiz lebenden Ehegatten / Lebenspartner

17 X Ich beantrage als Staatsangehöriger eines EU- / EWR-Staates die Anwendung familienbezogener Steuervergünstigungen. Ein Nachweis ist einzureichen (z. B. „Bescheinigung EU / EWR"). Die nicht der deutschen Besteuerung unterliegenden Einkünfte beider Ehegatten / Lebenspartner sind in Zeile 13 enthalten.

1744 **Praxishinweis:**
Die Angaben in der Zeile 17 beziehen sich sowohl auf die Fälle des § 1 Abs. 3 (Grenzpendlerbesteuerung) i.V.m. § 1a EStG (fiktive unbeschränkte Steuerpflicht) als auch auf Fälle des § 1 Abs. 1 (unbeschränkte Steuerpflicht) i.V.m. § 1a (fiktive unbeschränkte Steuerpflicht) EStG.

In Zeile 17 kann der Antrag gestellt werden, dass im Rahmen der ESt-Veranlagung **familienbezogene Steuervergünstigungen** berücksichtigt werden sollen (§ 1a EStG). § 1a EStG ergänzt die Vorschriften des § 1 Abs. 1 bis 3 EStG, mit denen Grenzpendlern, die keinen Wohnsitz oder gewöhnlichen Aufenthalt im Inland haben, die Möglichkeit eröffnet wird, personen- und familienbezogene Vergünstigungen zu beantragen. Hierzu gehört der Abzug von Unterhaltszahlungen an geschiedene Ehegatten, Lebenspartner einer aufgehobenen Lebenspartnerschaft, oder an den dauernd getrennt lebenden Ehegatten/Lebenspartner und die Möglichkeit der Zusammenveranlagung.

Beratungshinweis:
Der BFH hat entschieden, dass auch in den Fällen eine Bescheinigung der ausl. Steuerbehörde erforderlich ist, wenn die Einkünfte 0 € betragen. Eine „Bescheinigung EU/EWR" ist hierfür jedoch nicht erforderlich, sondern hat sich inhaltlich lediglich nach dieser zu richten.[3)] Der Vordruck dient daher der Verfahrenserleichterung. Die Angaben sind durch die stpfl. Person glaubhaft zu machen.

Hierzu sind das Auswahlfeld anzukreuzen und die entsprechenden Nachweise (z.B. die Bescheinigung EU/EWR) der ESt-Erklärung beizufügen. Insoweit werden die familienbezogenen Steuerbegünstigungen gewährt. Die entsprechenden ausl. Einkünfte des Ehegatten/Lebenspartners sind in Zeile 13 zu erklären. Die ausl. Einkünfte des Ehegatten/Lebenspartners sind nur dann ohne Bedeutung, wenn der Ehegatte/Lebenspartner kraft eigenen Wohnsitzes unbeschränkt stpfl. ist. Voraussetzung für die Berücksichtigung ist (§ 1a Abs. 1 Nr. 2 EStG), dass die stpfl. Person selbst als unbeschränkt stpfl. (§ 1 Abs. 3 EStG) zu behandeln ist.

Beratungshinweis:
Bei der Frage, ob Ehegatten/Lebenspartner die Einkunftsgrenzen (relative oder absolute Wesentlichkeitsgrenze) für das Wahlrecht zur Zusammenveranlagung wahren, ist im Rahmen einer einstufigen Prüfung (§ 1a Abs. 1 Nr. 2 EStG) auf die Einkünfte beider Ehegatten/Lebenspartner abzustellen und der Grundfreibetrag zu verdoppeln. Eine Zusammenveranlagung ist auch dann möglich, wenn zwar der antragstellende Ehegatte/Lebenspartner für sich alleine die Einkunftsgrenze (§ 1 Abs. 3 EStG) nicht erfüllt, jedoch die gemeinsamen Einkünfte der Ehegatten/Lebenspartner die doppelten Grenzen des § 1a Abs. 1 Nr. 2 Satz 3 EStG einhalten.[4)]

Auch die Angehörigen müssen ihren Wohnsitz oder gewöhnlichen Aufenthalt in einem EU-/EWR-Staat oder der Schweiz[5)] haben (§ 1a Abs. 1 Nr. 1 Satz 2, Nr. 2 Satz 2 EStG).

Zur Berücksichtigung von negativen Einkünften → Rz. 1742.

1) BFH v. 13.11.2002, I R 67/01, BStBl II 2003, 587.
2) BFH v. 8.9.2010, I R 80/09, BStBl II 2011, 447.
3) BFH v. 8.9.2010, I R 80/09, BStBl II 2011, 447.
4) BFH v. 6.5.2015, I R 16/14, BStBl II 2015, 957.
5) EuGH v. 28.2.2013, Ettwein, C-425/11, BStBl II 2013, 896; vgl. BMF v. 16.9.2013, IV C 3 – S 1325/11/10014, BStBl I 2013, 1325.

Praxishinweis:

Der Grad einer Körperbehinderung ist durch einen Bescheid des Versorgungsamts nachzuweisen. Das in einem EU-/EWR-Mitgliedstaat ansässige behinderte Kind oder die erziehungsberechtigte Person kann sich an das zuständige Auslandsversorgungsamt wenden und im förmlichen Verfahren nach § 69 Abs. 1 SGB IX einen Antrag auf Feststellung über das Vorliegen einer Behinderung und den Grad der Behinderung stellen.[1] Zuständig sind jeweils die folgenden Versorgungsämter:

Staat	Versorgungsamt
Belgien	Aachen
Bulgarien	Ravensburg
Dänemark	Schleswig
Estland	Ravensburg
Finnland	Schleswig
Frankreich	Saarland
Griechenland	München I
Großbritannien	Hamburg
Irland	Hamburg
Island	Schleswig
Italien	München I
Lettland	Ravensburg
Liechtenstein	Freiburg, Außenstelle Radolfzell
Litauen	Ravensburg
Luxemburg	Trier

Staat	Versorgungsamt
Malta	Hamburg
Niederlande	Aachen
Norwegen	Schleswig
Österreich	München I
Polen	Münster
Portugal	Karlsruhe
Rumänien	Gelsenkirchen
Schweden	Schleswig
Slowakische Republik	Fulda
Slowenien	Fulda
Spanien	Karlsruhe
Tschechische Republik	Fulda
Ungarn	Münster
Zypern (griech. Teil)	München I

6. Nur bei Angehörigen des deutschen öffentlichen Dienstes ohne Wohnsitz oder gewöhnlichen Aufenthalt im Inland, die im dienstlichen Auftrag außerhalb der EU oder des EWR tätig sind (Zeile 18)

Angaben bei Angehörigen des deutschen öffentlichen Dienstes ohne Wohnsitz oder gewöhnlichen Aufenthalt im Inland, die im dienstlichen Auftrag außerhalb der EU oder des EWR tätig sind

18 X Ich beantrage die Anwendung familienbezogener Steuervergünstigungen.
Ein Nachweis ist einzureichen (z. B. „Bescheinigung EU / EWR“).

2025AnlWA-ESt291 - September 2025 - 2025AnlWA-ESt291

Angehörige des deutschen öffentlichen Dienstes, die im dienstlichen Auftrag außerhalb der EU oder des EWR an einem ausl. Dienstort tätig sind und dort wohnen, können ebenfalls die oben beschriebenen familienbezogenen Steuerbegünstigungen beantragen (§ 1a Abs. 2 EStG). Mitarbeiter des Goethe-Instituts mit Wohnsitz im Ausland stehen aber nicht zu einer inl. juristischen Person des öffentlichen Rechts in einem Dienstverhältnis und sind somit nicht nach § 1 Abs. 2 EStG stpfl.[2] Voraussetzung ist insoweit, dass die ins Ausland entsandten Angehörigen des öffentlichen Dienstes unbeschränkt einkommenstpfl. nach § 1 Abs. 2 EStG oder auf Antrag einkommenstpfl. nach § 1 Abs. 3 EStG zu behandeln sind. Durch die Änderung des § 1a EStG durch das JStG 2008[3] ist der Sonderausgabenabzug und/oder die Zusammenveranlagung nicht mehr von der Voraussetzung abhängig, dass nahezu alle Einkünfte der deutschen ESt unterliegen. Die Anlage EU/EWR kann zur Erläuterung in diesen Fällen beigefügt werden; eine gesetzliche Verpflichtung diese Anlagen der Steuererklärung beizufügen, besteht nicht (→ Rz. 1744). 1745

Beratungshinweis:

Zur Frage der erweiterten unbeschränkten Steuerpflicht bei deutschen Botschaftsbeschäftigten deutscher Auslandsvertretungen ohne völkerrechtlichen Status (sog. Ortskräfte) vgl. BFH.[4]

1) BMF v. 8.8.1997, IV B 1 – S 2286 – 60/97, BStBl I 1997, 1016.
2) BFH v. 22.2.2006, I R 60/05, BStBl II 2007, 106.
3) JStG 2008 v. 20.12.2007, BStBl I 2008, 218.
4) BFH v. 19.9.2013, V R 9/12, BStBl II 2014, 715.

7. Anzurechnende Steuern (Zeilen 19–22)

- 2 -

Anzurechnende Steuern

Zeile			Steuerpflichtige Person / Ehemann / Person A EUR	Ct		Ehefrau / Person B EUR	Ct
19	Steuerabzugsbeträge nach § 50a EStG (ohne Betrag in Zeile 21)	149	,		146	,	
20	Solidaritätszuschlag zu Zeile 19	148	,		145	,	
21	Steuerabzugsbeträge nach § 50a Abs. 7 EStG laut Rentenbezugsmitteilung	105	,		107	,	
22	Solidaritätszuschlag zu Zeile 21	106	,		108	,	

1746 Gezahlte Steuerabzugsbeträge sind nach § 50a EStG (Steuerabzug bei beschränkt stpfl. Personen) anzurechnen, wenn die Voraussetzungen der Grenzpendlerbesteuerung vorliegen. Auf Antrag wird die stpfl. Person als unbeschränkt stpfl. behandelt, die im Inland weder einen Wohnsitz oder ihren gewöhnlichen Aufenthalt hat (§ 1 Abs. 3 EStG [Grenzpendlerbesteuerung]). In die Zeilen 19 und 20 sind die Steuerabzugsbeträge nach § 50a Abs. 1 EStG einzutragen, die jeweils auf die ESt-Schuld angerechnet werden.

Die Anrechnung von Steuerabzugsbeträgen nach § 50a Abs. 1 EStG betrifft neben den Fällen des § 1 Abs. 3 EStG aber auch die Fälle, in denen in dem VZ sowohl eine unbeschränkte als auch beschränkte Steuerpflicht vorgelegen hat. Da keine weitere Erklärungsmöglichkeit in den Erklärungsvordrucken für Fälle des § 2 Abs. 7 EStG vorgesehen ist, wären die Abzugsbeträge ebenfalls in diesen Zeilen zu erklären.

Durch das JStG 2020[1] wurde der § 22a Abs. 1 Satz 1 EStG um eine neue Nr. 8 ergänzt. Dadurch werden die durch Steuerabzug gem. § 50a Abs. 7 EStG einbehaltenen Beträge elektronisch an die Finverw. übermittelt, so dass diese Daten dann auch im Datensatz der Rentenbezugsmitteilung enthalten sein werden und damit auch als eDaten zur Verfügung stehen. Nach dem reinen Gesetzeswortlaut ist nur der reine Steuerabzug nach § 50a Abs. 7 EStG als eDaten zu übermitteln, nicht aber der darauf einzubehaltende Solidaritätszuschlag. Um ein einheitliches Erscheinungsbild zu gewährleisten, wurden die Zeilen 21 und 22 nicht als eDaten-Felder gekennzeichnet.

Der Steuerabzug nach § 50a Abs. 7 EStG ist zwar grds. nur für beschränkt stpfl. Einkünfte relevant und wird daher auch in der Erklärung für die beschränkte Steuerpflicht (Hauptvordruck ESt 1 C, →Rz. 58) abgebildet. Für sog. Wechselfälle des § 1 Abs. 3 EStG sowie die Zuzugsfälle des § 2 Abs. 7 Satz 3 EStG (hier sind die Einkünfte in der Anlage R zu erklären) wird die Information jedoch auch in der Erklärung für die unbeschränkte Steuerpflicht benötigt.

8. Wohnsitz im Ausland im Kalenderjahr 2025 (Zeilen 23–24)

Wohnsitz im Ausland im Kalenderjahr 2025 (wenn abweichend von den Zeilen 13 bis 29 des Hauptvordrucks ESt 1 A)

Zeile	Anschrift	Staat	vom		bis	
	Steuerpflichtige Person / Ehemann / Person A					
23			191	T T M M	192	T T M M
	Ehefrau / Person B					
24			193	T T M M	194	T T M M

1747 Der Erklärungstatbestand wurde ab dem VZ 2017 insoweit ausgeweitet, als dass sich nunmehr beide stpfl. Personen im Rahmen einer Zusammenveranlagung getrennt erklären können. Die Angabe ist erforderlich, wenn es sich um einen vom in den Zeilen 13 bis 17 und ggf. den Zeilen 25 bis 29 des Hauptvordrucks ESt 1 A abweichenden Wohnsitz handelt.

Die Zeilen dienen u.a. dazu, dass sich die unbeschränkt stpfl. Personen erklären können, die im Inland zu versteuernden Einkünfte erzielen, die auch bei der Festsetzung **belgischer Gemeindesteuern** berücksichtigt worden sind. Steuerpflichtige Personen mit Wohnsitzen in Deutschland und in Belgien, die jedoch nach den bestehenden DBA-Regelungen in Deutschland ansässig sind, können keine Eintragungen vornehmen. Zum Ausgleich für die belgische Gemeindesteuer wird die in Deutschland auf diese Einkünfte entfallende Steuer um 8 % gekürzt (Punkt 11 Ziffer 2 des Schlussprotokolls zu Art. 23 DBA Belgien in der durch Art. 2 des Zusatzabkommens v. 5.11.2002 geänderten Fassung).[2] Betroffen sind Einkünfte i.S.d. Art. 15 und 19 DBA Belgien, somit Leistungen aus der gesetzlichen Rentenversicherung oder Leistungen auf Grund von Kriegsschäden sowie laufende Gehälter und Pensionen. Zum Besteuerungsrecht bei Abfindungszahlungen vgl. BFH v. 2.9.2009.[3] Der entsprechende Minderungsbetrag

1) JStG 2020 v. 21.12.2020, BGBl. I 2020, 3096.
2) BGBl. I 2003, 1615.
3) BFH v. 2.9.2009, I R 90/08, BStBl II 2010, 394.

wird bei der Ermittlung der festzusetzenden ESt noch vor den ausl. Steuern nach § 34c Abs. 1 und 6 EStG, § 12 AStG von der tariflichen ESt abgezogen.[1)]

Durch die Ausdehnung der zu erklärenden Sachverhalte auf **alle weiteren Staaten** ab dem VZ 2016 ist erkennbar, ob durch die Begründung des Weiteren ausl. Wohnsitzes ein Ersatztatbestand des § 6 Abs. 1 Satz 2 Nr. 2 AStG ausgelöst worden ist, wenn hierdurch ein Wechsel der Ansässigkeit i.S.d. DBA vorliegt.

9. Grenzüberschreitende Steuergestaltungen (Zeile 25–27)

Mitteilung von grenzüberschreitenden Steuergestaltungen

Ich bin / Wir sind Nutzer einer grenzüberschreitenden Steuergestaltung nach den §§ 138d ff. AO, deren steuerlicher Vorteil sich erstmals im Jahr 2025 auswirken soll. Für diese wurden mir / uns folgende Registriernummer und Offenlegungsnummer zugeteilt:

25 Registriernummer 195

26 Offenlegungsnummer 196

27 Ich habe / Wir haben im Jahr 2025 mindestens eine grenzüberschreitende Steuergestaltung verwirklicht, für die mir / uns noch keine Registriernummer und Offenlegungsnummer vorliegt. 197 1 = Ja

– Erläuterungen zur Steuergestaltung nehmen Sie bitte in einer formlosen Anlage mit der Überschrift „Ergänzende Angaben zur Steuererklärung“ vor und tragen in Zeile 37 des Hauptvordrucks ESt 1 A eine „1“ ein. –

...

2025AnlWA-ESt292 2025AnlWA-ESt292

Durch das Gesetz zur Einführung einer Pflicht zur Mitteilung von Steuergestaltungen v. 21.12.2019[2)] ist eine Mitteilungspflicht eingeführt worden, deren Ziel es ist, Steuervermeidungspraktiken und Gewinnverlagerungen zeitnah zu identifizieren und zu verringern, um die Erosion des deutschen Steuerrechts zu verhindern. Mit § 138d ff. AO ist eine Mitteilungspflicht für grenzüberschreitende Steuergestaltungen eingeführt worden, um die auf der Empfehlung des OECD-BEPS Aktionspunkts 12 aufbauende Richtlinie 2018/822/EU[3)] in nationales Recht umzusetzen. Das BMF-Schreiben v. 29.3.2021[4)] dient der Auslegung und der Anwendung des Gesetzes. **1748**

§ 138d Abs. 2 Satz 1 AO definiert die mitteilungspflichtige grenzüberschreitende Steuergestaltung, wobei die in den Nr. 1 bis 3 genannten Voraussetzungen kumulativ vorliegen, die Anforderungen innerhalb der Nrn. 2 (Buchst. A–e) und 3 (Buchst. a und b) jeweils nur alternativ erfüllt sein müssen. Der Begriff „Gestaltung“ ist weit zu verstehen. Er umfasst unter anderem die Schaffung, die Zuordnung, den Erwerb oder die Übertragung von Einkünften oder deren Quellen auf einen bestehenden Rechtsträger. Unter dem Begriff „Gestaltung“ sind auch die Gründung oder der Erwerb einer die Einkünfte erzielenden juristischen Person zu verstehen. Beispielsweise gründet eine Gesellschaft eine neue Tochtergesellschaft und stattet diese mit Kapital aus, um dann Anteile auf diese Tochtergesellschaft zu übertragen. Nicht erfasst von einer Gestaltung ist es hingegen, wenn eine stpfl. Person lediglich den Ablauf einer gesetzlichen Frist oder eines gesetzlichen Zeitraums abwartet, nachdem sie eine Transaktion steuerfrei realisieren kann. Ein Beispiel dafür ist der Ablauf der Spekulationsfrist (§ 23 Abs. 1 Nr. 1 Satz 1 EStG).

Wirkt sich der steuerliche Vorteil einer grenzüberschreitenden Steuergestaltung allerdings ausschließlich im Inland aus und ist dieser unter Berücksichtigung aller Umstände der Steuergestaltung gesetzlich vorgesehen, gilt dieser nach § 138d Abs. 3 Satz 3 AO nicht als steuerlicher Vorteil i.S.d. § 138d Abs. 2 Satz 1 Nr. 3 Buchst. a AO. Ein steuerlicher Vorteil einer **grenzüberschreitenden Steuergestaltung** ist v.a. dann nicht als vom Gesetz vorgesehen anzusehen, wenn er bei objektivierter Betrachtung den systemtragenden Grundsätzen der Besteuerung wie dem Leistungsfähigkeitsprinzip widerspricht. Das ist z.B. der Fall, wenn ein grenzüberschreitender Vorgang zu einem Doppelabzug von Aufwendungen oder Verlusten oder zu einem Abzug von Aufwendungen ohne Besteuerung der korrespondierenden Erträge führt. Gleiches gilt, wenn ein grenzüberschreitender Sachverhalt günstiger besteuert werden soll als er ohne grenzüberschreitendes Element bei voller Verwirklichung in dem einen oder dem anderen Staat besteuert worden wäre. Ob ein steuerlicher Vorteil für den konkreten Fall ausdrücklich im Gesetz vorgesehen ist, ergibt sich im Einzelfall nicht nur aus dem Wortlaut der Norm, sondern unter Berücksichtigung aller Umstände der konkreten Gestaltung und vorrangig aus der Teleologie der gesetzlichen Regelung. Nur auf Grund der Übereinstimmung mit dem gesetzgeberischen Willen, bestimmte Konstellationen einer von der Regelbesteuerung abweichenden „günstigeren“ Besteuerung zu unterwerfen, kann eine Gestaltung vom Anwendungsbereich ausgenommen werden. Demnach können auch legale steuerliche Vorteile eine Mitteilungspflicht auslösen, wenn sie durch solche Gestaltungen erzielt werden, die in einer Gesamtbetrachtung der gesetzgeberischen Intention

1) R 2 EStR 2012.
2) Gesetz zur Einführung einer Pflicht zur Mitteilung von Steuergestaltungen v. 21.12.2019, BGBl. I 2019, 2875 = BStBl I 2020, 127.
3) Richtlinie (EU) 2018/822 des Rates zur Änderung der Richtlinie 2011/16/EU bezüglich des verpflichtenden automatischen Informationsaustauschs im Bereich der Besteuerung über meldepflichtige grenzüberschreitende Gestaltungen (RL EU 2018/822).
4) BMF v. 29.3.2021, IV A 3 – S 0304/19/10006 :010, BStBl I 2021, 582, ergänzt durch BMF v. 26.7.2022, IV A 3 – S 0304/19/10006 :012, IV B 1 – S 1317/19/10058 :023, BStBl I 2022, 1224; ferner geändert durch BMF v. v. 23.1.2023, BStBl I 2023, 183, und BMF v. 7.6.24, BStBl I 2024, 926.

nicht gerecht werden. Dieses Verständnis des steuerlichen Vorteils orientiert sich an der Definition des „aggressive tax planning" durch die EU-Kommission.[1)]

Die Nutzer einer verwirklichten grenzüberschreitenden Steuergestaltungen i.S.d. §§ 138d ff. AO haben die vom Bundeszentralamts für Steuern (BZSt) vergebenen Registrierungs- und Offenlegungsnummer auf der Anlage WA-ESt anzugeben (§ 138k Satz 2 AO).

1) Vgl. Commission Recommendation of 6.12.2012 on Aggressive Tax Planning, COM (2012) 8806 final (June 12, 2012).

XXXVII. Anlage Zinsschranke – Betriebsausgabenabzug für Zinsaufwendungen (§ 4h EStG)

1. Grundsätze (Zeilen 1–3)

2025

Anlage Zinsschranke

Für jeden Betrieb ist eine eigene Anlage Zinsschranke abzugeben.

1 Name

2 Vorname

3 **Steuernummer** lfd. Nr. der Anlage

Betriebsausgabenabzug für Zinsaufwendungen (§ 4h EStG)

Die Anlage ist nur auszufüllen, wenn die Nettozinsaufwendungen (Zinsaufwendungen zuzüglich eines ggf. vorhandenen Zinsvortrags abzüglich Zinserträge) mindestens 3.000.000 € betragen, ein Zinsvortrag festgestellt wurde und / oder zur Feststellung eines EBITDA-Vortrags.

X Steuerpflichtige Person / Ehemann / Person A

X Ehefrau / Person B

Die Anlage Zinsschranke ist von der stpfl. Person und ggf. jedem Ehegatten/jeder Person A/Person B gesondert auszufüllen. Durch die Änderungen i.R.d. Wachstumsbeschleunigungsgesetzes[1] wurden Regelungen zum EBITDA ergänzt. Danach erhöht das verrechenbare EBITDA, das die um die Zinserträge geminderten Zinsaufwendungen eines Betriebs übersteigt, in den folgenden Wj. die Abzugsmöglichkeit für Zinsaufwendungen. Bestimmte Vergütungen für Darlehen, die auf Grund von allgemeinen Förderbedingungen vergeben werden, sind keine Zinsaufwendungen/Zinserträge in diesem Sinne.[2] **1749**

Die Verwaltungsgrundsätze sind im BMF-Schreiben v. 4.7.2008[3] und 24.3.2025[4] veröffentlicht.

Nach der Zinsschranke sind die Nettozinsaufwendungen eines Betriebs (Zinsaufwendungen abzüglich Zinserträge) grundsätzlich nur bis zur Höhe von 30 % des um die Zinsen und Abschreibungen bereinigten maßgeblichen Gewinns („verrechenbares EBITDA") abziehbar; nicht abziehbare Nettozinsaufwendungen werden in nachfolgende Wj. vorgetragen (Zinsvortrag). Nicht genutztes EBITDA-Volumen wird in die folgenden fünf Wj. vorgetragen (EBITDA-Vortrag). Die Zinsschranke kommt bislang nur bei konzernzugehörigen Betrieben zur Anwendung (Stand-alone-Klausel), deren Nettozinsaufwendungen im Wj. 3 Mio. € oder mehr betragen (Freigrenze). Zudem sieht die Regelung den sog. Eigenkapital-Escape (EK-Escape) für konzernzugehörige Betriebe vor. Danach kommt die Zinsschranke nicht zur Anwendung, wenn die Eigenkapitalquote des Betriebs am Ende des vorangegangenen Abschlussstichtages nicht niedriger als die des Konzerns ist (wobei ein unwesentliches Unterschreiten um bis zu zwei Prozentpunkte toleriert wird).

Neben den auf Grund der ATAD erforderlichen Änderungen werden drei systematisch erforderliche Korrekturen hinsichtlich des Zinsvortrags und des EBITDA-Vortrags vorgenommen.[5]

Beratungshinweis: **1750**

Der BFH hat einem Antrag auf Gewährung vorläufigen Rechtsschutzes überwiegend stattgegeben, den die Antragstellerin auf verfassungsrechtliche Zweifel an der sog. Zinsschranke stützte.[6] Aussetzung der Vollziehung wird außer in Fällen einer sog. Back-to-back-Finanzierung gewährt.[7] Nach dem BFH[8] bestehen ernstliche Zweifel, ob die beschränkte Abzugsfähigkeit mit Art. 3 Abs. 1 GG vereinbar ist. Eine Ablehnung der AdV kann nicht damit gerechtfertigt werden, dass zu erwarten ist, dass das BVerfG lediglich eine Nachbesserungspflicht für die Zukunft aufgeben und keine rückwirkende Nichtigkeit der Vorschrift erklären wird. Die Finverw. wendet den Beschluss nicht über den entschiedenen Einzelfall hinaus an; Aussetzung der Vollziehung wird nur dann gewährt, wenn eine unbillige Härte vorliegt.[9] Nach Auffassung des FG München verstößt die Zinsschrankenregelung auch bei einem reinen Inlandssachverhalt nicht gegen das GG.[10]

Die Regelungen der Zinsschranke (§ 4h EStG) wurden i.R.d. UntStRefG 2008[11] eingefügt und regeln die Abziehbarkeit von Zinsaufwendungen als Betriebsausgaben in Abhängigkeit vom Gewinn. **Übersteigen die Zinsaufwendungen** die Zinserträge, darf der übersteigende Betrag nur bis zur Höhe von 30 % des EBITDA (= maßgeblicher Gewinn vor Zinsaufwendungen und Zinserträgen und regulären Abschreibungen [**E**arnings **B**efore **I**nterests, **T**axes, **D**epreciation and **A**mortization]) abgezogen werden.

---

1) Wachstumsbeschleunigungsgesetz v. 22.12.2009, BGBl. I 2009, 3950 = BStBl I 2010, 2.
2) OFD Nordrhein-Westfalen v. 11.7.2013, S 2742a – 2003 – St 137, DStR 2013, 1947 m.w.H.
3) BMF v. 4.7.2008, IV C 7 – S 2742-a/07/10001, BStBl I 2008, 718.
4) BMF v. 24.3.2025, IV C 2 – S 2742-a/00028/012/001, BStBl I 2025, 683.
5) Vgl. BT-Drucks. 20/9782 v. 13.12.2023.
6) BFH v. 13.3.2012, I B 111/11, BStBl II 2012, 611.
7) OFD Nordrhein-Westfalen v. 11.7.2013, S 2742a – 2003 – St 137, DStR 2013, 1947.
8) BFH v. 18.12.2013, I B 85/13, BStBl II 2014, 947.
9) BMF v. 13.11.2014, IV C 2 – S 2742-a/07/10001, BStBl I 2014, 1516.
10) FG München v. 6.3.2015, 7 K 680/12, EFG 2015, 1126, Vorlage an das BVerfG durch BFH v. 14.10.2015, I R 20/15, Az. des BVerfG: 2 BvL 1/16; FG München v. 6.3.2015, 7 K 3431/12, EFG 2015, 1127, Rev., Az. des BFH: I R 21/15; FG München v. 2.3.2015, 7 K 2372/13, EFG 2015, 1127, Rev., Az. des BFH: I R 18/15 (die Rev.-Verfahren wurden ausgesetzt, bis eine Entscheidung in dem beim BVerfG anhängigen Verfahren 2 BvL 1/16 ergangen ist).
11) UntStRefG 2008 v. 14.8.2007, BStBl I 2007, 630.

Berechnung zur Ermittlung der (betriebsbezogenen) Bemessungsgrundlage der abzugsfähigen Zinsen:

Ertragsteuerlicher Gewinn

\+ Zinsaufwendungen

./. Zinserträge

\+ AfA nach § 6 Abs. 2 Satz. 1 EStG (GWG)

\+ AfA nach § 6 Abs. 2a Satz. 2 EStG (Sammelposten)

\+ AfA/AfS nach § 7 EStG

= EBITDA

Die Regelung dient u.a. der Sicherung des Steueraufkommens sowie der Vermeidung missbräuchlicher Steuergestaltungen, hat jedoch auf Grund der bestehenden Escape-Klausel wahrscheinlich nur eine geringe praktische Auswirkung im Bereich der ESt-Erklärung.[1)]

Beratungshinweis:

Gegen die Regeln des Betriebsausgabenabzugsverbots werden sowohl verfassungsrechtliche Bedenken geltend gemacht, als auch die Unvereinbarkeit mit dem Europarecht gesehen.[2)]

Die **Anlage Zinsschranke** ist **nur dann auszufüllen**, wenn die Zinsaufwendungen die Zinserträge um mind. 3 Mio. € übersteigen und/oder ein Zinsvortrag vorhanden ist. Hierbei handelt es sich um eine Freigrenze, d.h. bei Erreichen der Grenze fällt der gesamte neg. Zinssaldo unter die Abzugsbeschränkung. Die Freigrenze gilt für Zinsaufwendungen, die Teil einer inl. Gewinnermittlung sind.[3)]

Die Zinsschranke ist grundsätzlich auf alle Unternehmensformen, für Einzelunternehmen, Mitunternehmerschaften und Körperschaften, anzuwenden. Die Art der Gewinnermittlung ist hierbei unbeachtlich.[4)]

1751 Bei mehreren Betrieben sind Angaben für jeden einzelnen Betrieb auf einer gesonderten Anlage Zinsschranke erforderlich. Die Freigrenze von 3 Mio. € wurde rückwirkend ab Einführung der Zinsschranke und zunächst letztmalig für Wj., die vor dem 1.1.2010 endeten durch das Bürgerentlastungsgesetz Krankenversicherung[5)] eingeführt (§ 4h Abs. 2 S. 1 Buchst. a EStG). Danach sollte die Freigrenze (wieder) 1 Mio. € betragen. Durch das Wachstumsbeschleunigungsgesetz[6)] wurde die Freigrenze unbefristet auf 3 Mio. € festgesetzt. Dadurch ist der Anwendungsbereich auf Dauer eingeschränkt.

Unter die Zinsschranke fallende Zinsaufwendungen sind nach § 4h Abs. 3 S. 2 EStG alle „Vergütungen für Fremdkapital, […] die den maßgeblichen Gewinn gemindert haben". Maßgebliche Zinserträge sind demgegenüber gem. § 4h Abs. 3 S. 3 EStG alle „Erträge aus Kapitalforderungen […], die den maßgeblichen Gewinn erhöht haben".

1752 Betroffen sind somit grds. nur Erträge und Aufwendungen aus der **Überlassung von Geldkapital** und nicht aus der Überlassung von Sachkapital. Erbbauzinsen begründen keine Zinsaufwendungen und keine Zinserträge. Bei Zinsen auf Steuern i.S.d. § 233a AO und den in Pensionsrückstellungen enthaltenen Zinsanteilen fehlt es an einer entsprechenden Kapitalüberlassung. Dies gilt unabhängig davon, ob der Gewinn des Betriebs durch Bestandsvergleich (§ 4 Abs. 1 i.V.m. § 5 EStG) oder durch Einnahmen-Überschussrechnung nach (§ 4 Abs. 3 EStG) ermittelt wird.

Die Abzugsbeschränkung greift dagegen nicht ein, wenn

- der Zinssaldo (Zinsaufwand abzgl. Zinsertrag) weniger als 3 Mio. € beträgt (§ 4h Abs. 2 Satz 1 Buchst. a EStG),
- die stpfl. Person keiner Person i.S.d. § 1 Abs. 2 AStG nahesteht (insb. Beteiligungen i.H.v. mindestens 25 %) und über keine Betriebsstätte außerhalb des Staates verfügt, in dem sich sein Wohnsitz, gewöhnlicher Aufenthalt, Sitz oder seine Geschäftsleitung befindet (§ 4h Abs. 2 Satz 1 Buchst. b EStG),
- eine Konzernzugehörigkeit i.S.v. § 4h Abs. 3 Satz 4 EStG vorliegt und die Eigenkapitalquote des Betriebs der Eigenkapitalquote des Konzerns entspricht oder unterschreitet.

Es wird für die Anwendung der Zinsschrankenregelung ein erweiterter Konzernbegriff zu Grunde gelegt (§ 4h Abs. 3 S. 4 EStG). Ein **Konzern** kann auch dann vorliegen, wenn eine **natürliche Person** an der Spitze steht (z.B., wenn die stpfl. natürliche Person ein Einzelunternehmen betreibt und zusätzlich eine GmbH als Gesellschafter beherrscht).[7)] Zur Frage der Konzernzugehörigkeit hat das FG München entschieden, dass ein Beherrschungsverhältnis vorliegen muss.[8)]

1) BT-Drucks. 16/4841, 48.
2) Goebel/Ellinghoff, DStZ 2010, 550.
3) BT-Drucks. 16/4841, 48.
4) Seiler in Kirchhof/Seer, 24. Aufl.2025, § 4h EStG Rz. 7.
5) Bürgerentlastungsgesetz Krankenversicherung v. 16.7.2009, BStBl I 2009, 782.
6) Wachstumsbeschleunigungsgesetz v. 22.12.2009, BGBl. I 2009, 3950.
7) BT-Drucks. 16/4841, 50.
8) FG München v. 14.12.2011, 7 V 2442/11, EFG 2012, 453.

Beratungshinweis:
Zur Frage, ob auch Erträge aus der erstmaligen Abzinsung unverzinslicher Verbindlichkeiten zu den Erträgen i.S.d. § 4h Abs. 3 Satz 3 und 4 EStG gehören, vgl. das anhängige BFH-Verfahren.[1] Ein Entgelt, mit dem nicht die Möglichkeit zur Nutzung von Fremdkapital, sondern eine andere Leistung des Kreditgebers vergütet wird, ist keine Zinsaufwendung i.S.d. § 4h Abs. 3 Satz 2 EStG. Eine sog. „arrangement fee", mit der gesonderte, über die Kapitalüberlassung hinausgehende Leistungen einer Konsortialführerin vergütet werden und die sich nach der vertraglich vereinbarten (und nicht nach der tatsächlich in Anspruch genommenen) Darlehenssumme bemisst, unterfällt nicht der Abzugsbeschränkung des § 4h EStG.[2]

2. Bezeichnung des Betriebs/Wirtschaftsidentifikationsnummer (Zeilen 4-5)

4 Bezeichnung des Betriebs

5 Wirtschafts-Identifikationsnummer: D E -

1753 Für jeden im Inland stpfl. Betrieb mit Gewinneinkünften ist eine eigene Anlage Zinsschranke einzureichen. Dieser Betrieb ist genau zu bezeichnen, da für jeden Betrieb jeweils eine gesonderte Feststellung des EBITDA-Vortrags und des Zinsvortrags vorzunehmen ist (§ 4h Abs. 4 EStG).

Von den Regelungen der Zinsschranke sind im Grundsatz (z. B.) vor allem Einzelunternehmer, die keine weiteren Beteiligungen halten, sowie die im Mittelstand weit verbreitete Betriebsaufspaltung nicht betroffen.

Ab dem VZ 2024 ist in der neu aufgenommenen Zeile 5 die Wirtschafts-Identifikationsnummer (W-Id-Nr. [§§ 139a, 139c AO]) zu erklären. Vgl. hierzu Ausführen zu Zeile 6 der Anlage S → Rz. 1329.

3. Zinsvortrag nach § 4h Abs. 1 Satz 5 EStG (Zeilen 6–16)

Zinsvortrag nach § 4h Abs. 1 Satz 5 EStG

Zeile		EUR
6	**Zinsvortrag** zum Schluss des vorangegangenen Wirtschaftsjahres	,—
7	Verringerung des Zinsvortrags, z. B. durch Aufgabe oder Übertragung eines Betriebs oder Teilbetriebs oder Ausscheiden eines Mitunternehmers aus einer Gesellschaft (§ 4h Abs. 5 EStG), Ausscheiden einer Organgesellschaft aus dem Organkreis (§ 15 Satz 1 Nr. 3, § 8a Abs. 1 KStG i. V. m. § 4h Abs. 5 EStG), Sanierungsertrag (§ 3a Abs. 3 Satz 2 Nr. 13 Buchst. a EStG)	,—
8	**Zinsaufwendungen des laufenden Wirtschaftsjahres** i. S. d. § 4h Abs. 3 Satz 2 EStG ohne Zinsaufwendungen i. S. d. § 4h Abs. 6 EStG (Bei Organträgern: einschließlich der entsprechenden Beträge der Organgesellschaften)	,—
9	Nach Anwendung des § 4h EStG **abziehbare Beträge** (bei der Ermittlung des Gewinns berücksichtigt) (Bei Organträgern: einschließlich der entsprechenden Beträge der Organgesellschaften) – **Berechnung laut gesonderter Aufstellung** –	,—
10	X Die Voraussetzungen des § 4h Abs. 2 Satz 1 EStG zum uneingeschränkten Abzug der Zinsaufwendungen liegen vor: § 4h Abs. 2 Satz 1 Buchst. a EStG (Nettozinsaufwendungen weniger als 3.000.000 €)	
11	X Die Voraussetzungen des § 4h Abs. 2 Satz 1 EStG zum uneingeschränkten Abzug der Zinsaufwendungen liegen vor: § 4h Abs. 2 Satz 1 Buchst. b EStG (Stand-alone-Klausel)	
12	X Die Voraussetzungen des § 8a KStG i. V. m. § 4h Abs. 2 Satz 1 EStG zum uneingeschränkten Abzug der Zinsaufwendungen liegen vor: § 4h Abs. 2 Satz 1 Buchst. c EStG (Escape-Klausel)	
13	Nichtabziehbare Zinsaufwendungen = **Zinsvortrag zum Schluss des Wirtschaftsjahres** (ggf. nach Minderung um den Sanierungsertrag nach § 3a Abs. 3 Satz 2 Nr. 13 Buchst. a EStG)	EUR ,—
14	Zinserträge des laufenden Wirtschaftsjahres nach § 4h Abs. 3 Satz 3 EStG ohne Zinserträge i. S. d. § 4h Abs. 6 EStG (Bei Organträgern: einschließlich der entsprechenden Beträge der Organgesellschaften)	,—
15	Nach § 6 Abs. 2 Satz 1, § 6 Abs. 2a Satz 2 und 7 EStG abgesetzte Beträge (Bei Organträgern: einschließlich der entsprechenden Beträge der Organgesellschaften)	,—
16	Vergütungen für Fremdkapital an wesentlich beteiligte Anteilseigner, diesen nahestehende Personen und rückgriffsberechtigte Dritte – § 4h Abs. 2 Satz 2 EStG, § 8a Abs. 3 KStG – (Bei Organträgern: einschließlich der entsprechenden Beträge der Organgesellschaften)	,—

a) Vorbemerkung

Hinweis zur Plausibilitätsbeurteilung: 1754
In der Anlage Zinsschranke waren für den VZ 2024 zwei unterschiedliche Erklärungsbereiche vorgesehen. Es wurde danach unterschieden, ob die Wj. vor dem 15.12.2023 begonnen haben (bisherige Zeilen 6–16 der Anlage Zinsschranke 2024) oder Wj., die nach dem 14.12.2023 begonnen haben. Der bisherige Abschnitt zum Zinsvortrag nach § 4h Abs. 1 Satz 5 EStG für Wirtschaftsjahre, die vor dem 15.12.2023 beginnen (Zeilen 6–16) wurde ab dem VZ 2025 entfernt, da die oben geschilderte Problematik im VZ 2025 nicht mehr gegeben ist.

---

1) Az. des BFH: IV R 16/17, Vorinstanz FG Münster v. 17.11.2017, 4 K 3523/14 F, EFG 2018, 98. Das Verfahren ist bis zur Entscheidung des BVerfG in dem Verfahren 2 BvL 1/16 ausgesetzt.
2) BFH v. 22.3.2023, XI R 45/19, BStBl II 2024, 643.

b) Zinsvortrag zum Schluss des vorangegangenen Wirtschaftsjahres (Zeile 6)

1755 Die durch das Kreditzweitmarktförderungsgesetz eingefügte gesetzliche Regelung des § 4h Abs. 1 Satz 7 EStG regelt, dass die Ausnahmeregelung (§ 4h Abs. 2 EStG) keine Anwendung findet, soweit Zinsaufwendungen auf Grund eines Zinsvortrags erhöht wurden. Dadurch wird sichergestellt, dass Zinsvorträge nicht allein deshalb uneingeschränkt verrechnet werden können, weil in einem späteren Wj. eine der drei Ausnahmen (Freigrenze/De-minimis, Stand-alone und EK-Escape) erfüllt ist, sondern ein Abzug von Zinsvorträgen nur möglich ist, soweit ausreichend verrechenbares EBITDA (§ 4h Abs. 1 Satz 2 EStG) vorhanden ist. Die nicht abziehbaren Zinsaufwendungen eines Wj. sind in die folgenden Wj. vorzutragen (Zinsvortrag [§ 4h Abs. 1 Satz 5 EStG]). Sie erhöhen die Zinsaufwendungen dieser Wj. und können dazu führen, dass im Vortragsjahr die Freigrenze nach § 4h Abs. 2 Satz 1 Buchst. a EStG überschritten wird.[1)]

Zinsaufwendungen, die nicht als Betriebsausgaben abgezogen werden konnten (§ 4h Abs. 1 Satz 1 EStG), sind in die folgenden Wj. vorzutragen – Zinsvortrag (§ 4h Abs. 1 Satz 2 EStG). Der Zinsvortrag selbst ist zeitlich und betragsmäßig nicht begrenzt.

Insoweit soll dem Prinzip der Besteuerung nach der wirtschaftlichen Leistungsfähigkeit periodenübergreifend entsprochen werden.

Ein bestehender Zinsvortrag erhöht den Zinsaufwand des Vortragsjahres, nicht jedoch den maßgeblichen Gewinn (§ 4h Abs. 1 Satz 3 EStG).

Der Zinsvortrag ist nach § 4h Abs. 4 EStG i.V.m. § 10d Abs. 4 EStG zum Schluss des Wj. (nicht VZ) gesondert festzustellen. Die Regelungen der Zinsschranke gehen dabei als Gewinnermittlungsvorschrift dem Verlustabzug vor.

> **Gestaltungshinweis:**
> Der bestehende Zinsvortrag wirkt sich in mehreren Bereichen aus. Er sollte und kann in unterschiedlicher Weise genutzt werden.[2)]

c) Verringerung des Zinsvortrags (Zeile 7)

1756 Der Zinsvortrag wird **betriebsbezogen** ermittelt und festgestellt. Dieser – noch nicht verbrauchte Zinsvortrag – geht mit Aufgabe oder Übertragung des Betriebs (ggf. anteilig lt. Beteiligungsquote) unter (§ 4h Abs. 5 EStG). Dies ist z.B. im Rahmen der folgenden Sachverhalte anzunehmen:

– Aufgabe, Veräußerung oder Übertragung des Betriebs bei Einzelunternehmen und Personengesellschaften (§ 4h Abs. 5 Satz 1 EStG),

> **Beratungshinweis:**
> Bei Aufgabe oder Übertragung eines Teilbetriebs geht der Zins-/EBITDA-Vortrag anteilig unter; § 15 Abs. 3 UmwStG gilt hier entsprechend (§ 4h Abs. 5 Satz 4 EStG).

– Ausscheiden eines Mitunternehmers in Höhe der Beteiligungsquote des ausgeschiedenen Mitunternehmers (§ 4h Abs. 5 S. 2 EStG),

– bei Einbringung eines Betriebs in eine Kapitalgesellschaft (§ 20 Abs. 9 UmwStG),

– bei Einbringung eines Betriebs in eine Personengesellschaft (§ 24 Abs. 6 UmwStG). Organträger und Organgesellschaft gelten als ein Betrieb (§ 15 S. 1 Nr. 3 KStG). Die Prüfung der Kleinbetriebsklausel (§ 4h Abs. 2 Satz 1 Buchst. a EStG) und/oder die für die Anwendung der Zinsschranke erforderlichen Berechnungen sind bei der Organträgerin durchzuführen. Die Zinsaufwendungen undZinserträge der Organgesellschaften sind mit in die Berechnung einzubeziehen.[3)] Entsprechendes gilt für das steuerliche EBITDA. Zur Berechnung und Weiterentwicklung des entsprechenden Zinsvortrags sind daher die weiteren Angaben erforderlich.

> **Praxishinweis:**
> § 34a Abs. 5 EStG regelt bislang u.a., dass im Fall der Aufgabe oder Übertragung des Betriebs ein nicht verbrauchter EBITDA-Vortrag und ein nicht verbrauchter Zinsvortrag untergeht. Keine Regelung enthielt § 34a Abs. 5 EStG bislang zum Fall der Aufgabe oder Übertragung eines Teilbetriebs. Als Teilbetriebsaufgabe gilt auch das Ausscheiden einer Organgesellschaft aus dem Organkreis. Durch die Ergänzung § 34a Abs. 5 Satz 4 wird zum einen klargestellt, dass es im Fall der Aufgabe und/oder der Übertragung eines Teilbetriebs zu einem anteiligen Untergang des Zins-/EBITDA-Vortrags kommt, und zum anderen (durch Verweis auf § 15 Abs. 3 UmwStG) die Aufteilung anhand des Verhältnisses des gemeinen Wertes der Teilbetriebe angeordnet wird.

1757 Ab dem VZ 2019 wurden ergänzende Angaben zu Sanierungserträgen i.S.d. § 3a EStG[4)] ergänzt. Eine Minderung des Zins- und/oder des EBITDA-Vortrages ist erforderlich, um eine Gleichbehandlung mit den Fällen herzustellen, in denen ein Verlustvortrag durch den Sanierungsertrag gemindert wird. Denn stpfl. Personen, bei denen Verlustvorträge in Höhe des steuerfreien Sanierungsertrags gemindert werden, sollten nicht schlechter gestellt werden, als jene stpfl. Personen, bei denen Zinsaufwendungen im Fall ihrer Abzugsfähigkeit ebenfalls zu einem Verlustvortrag geführt hätten.[5)]

---

1) BMF v. 24.3.2025, IV C 2 – S 2742-a/00028/012/001, BStBl I 2025, 683, Rz. 55.
2) Schiffers/Köster, DStZ 2008, 830.
3) BMF v. 24.3.2025, IV C 2 – S 2742-a/00028/012/001, BStBl I 2025, 683, Rz. 51.
4) Gesetz gegen schädliche Steuerpraktiken im Zusammenhang mit Rechteüberlassungen v. 27.6.2017, BGBl. I 2017, 2074.
5) BT-Drucks. 18/12128.

Die nicht abziehbaren Beträge i.S.d. § 3c Abs. 4 EStG, die im VZ vor dem Sanierungsjahr und im Sanierungsjahr anzusetzen sind, dürfen den Sanierungsertrag nicht mindern. Auf Grund der Regelungen in § 3a Abs. 3 Satz 2 Nr. 13 Buchst. a EStG mindert dieser Betrag den zum Ende des Vorjahrs festgestellten und den im Sanierungsjahr entstehenden Zinsvortrag (§ 4h Abs. 1 Satz 5 EStG). Nach § 3a Abs. 3 Satz 2 Nr. 13 Buchst. b EStG mindert dieser Betrag auch den zum Ende des Vorjahrs festgestellten und den im Sanierungsjahr entstehenden EBITDA-Vortrag (§ 4h Abs. 1 Satz 3 EStG). Die Minderung des EBITDA-Vortrags des Sanierungsjahrs und der EBITDA-Vorträge aus vorangegangenen Wj. erfolgt in ihrer zeitlichen Reihenfolge.

d) Zinsaufwendungen des laufenden Wirtschaftsjahres (Zeile 8)

Zinsaufwendungen i.S.d. Zinsschranke sind Vergütungen für Fremdkapital, wirtschaftlich gleichwertige Aufwendungen und sonstige Aufwendungen im Zusammenhang mit der Beschaffung von Fremdkapital i.S.d. Art. 2 Abs. 1 ATAD (§ 4h Abs. 3 Satz 2 EStG), die den maßgeblichen Gewinn gemindert haben. Dazu zählt auch die Auf- und/oder Abzinsung bei Darlehen. Die Höhe des Entgelts muss nicht feststehen. Zinsaufwendungen sind typischerweise Aufwendungen für Darlehen. Skonti, Boni und Dividenden fallen nicht unter diese Regelungen, genauso wie Teilwertberichtigungen auf eine Kapitalforderung. 1758

Eine Hinzurechnung ist nur in den Fällen vorzunehmen, in denen die Regelungen zur Zinsschranke auch tatsächlich zur Anwendung kommen (Zinsaufwendungen übersteigen die Zinserträge um mind. 3 Mio. € und/oder es besteht bereits ein Zinsvortrag).

Beratungshinweis:
Nach der Auffassung des BMF erfasst der Wortlaut des § 4h Abs. 3 Satz 2 EStG sämtliche Fälle der Abzinsung/Aufzinsung und damit auch Erträge aus der erstmaligen Abzinsung von Verbindlichkeiten.[1)] [2)]

§ 4h EStG enthielt bislang keine gesetzliche Ausnahme für Finanzierungen öffentlicher Infrastrukturprojekte. Nach Art. 4 Abs. 4 Unterabs. 1 Buchst. b, Unterabs. 2 und 3 ATAD können EU-Mitgliedstaaten überschüssige Fremdkapitalkosten von der Zinsschranke ausnehmen, die zur Finanzierung eines Projekts zur Bereitstellung, zum Ausbau, zum Betrieb und/oder zur Erhaltung eines umfangreichen Vermögenswerts, der von einem Mitgliedstaat als im allgemeinen öffentlichen Interesse stehend betrachtet wird („langfristiges öffentliches Infrastrukturprojekt"), verwendet werden, sofern der Projektbetreiber, die Fremdkapitalkosten, die Vermögenswerte und die Einkünfte alle in der EU ansässig und/oder belegen sind und/oder erzielt werden. Von der Möglichkeit der Anpassung wurde von der Ausnahmemöglichkeit in dem neu eingefügten § 34a Abs. 6 EStG Gebrauch gemacht. Dieser berücksichtigt neben den Vorgaben der ATAD auch die in Tz. 111 f. des BMF-Schreibens v. 24.3.2025[3)] aufgestellten Kriterien für die steuerliche Behandlung bestimmter Darlehen, die auf Grund von allgemeinen Förderkriterien vergeben werden. Konsequenterweise bleiben die auf das Infrastrukturprojekt i.S.d. Satzes 1 entfallenden Aufwendungen und Erträge bei der Ermittlung des verrechenbaren EBITDA i.S.d. § 34a Abs. 1 Satz 2 EStG außer Ansatz.[4)]

Die betriebsbezogene Zinsschranke ist nicht bei der **Organgesellschaft**, sondern erst beim **Organträger** zu berücksichtigen, weil Organkreise als eigener Betrieb gelten (§ 15 Satz 1 Nr. 3 KStG). Der Organträger hat daher die Zinsaufwendungen aller Organgesellschaften zu berücksichtigen. Entsprechendes gilt für Abschreibungen nach § 6 Abs. 2 Satz 1, § 6 Abs. 2a Satz 2 und § 7 EStG. Bei Organträgern sind daher zusätzlich die entsprechenden Beträge der Organgesellschaften mit anzugeben. Zu weiteren organschaftlichen Besonderheiten vgl. Herzig/Liekenbrock.[5)] Verlässt eine Organgesellschaft den Organkreis, geht die Finverw. vom anteiligen Wegfall des Zinsvortrags aus.[6)] Zu den Besonderheiten des EBITDA-Vortrags vgl. auch Bohn/Loose.[7)] 1759

e) Nach Anwendung des § 4h EStG abziehbare Beträge (Zeile 9)

Der Zinsschranke unterliegen nur solche Zinsaufwendungen und Zinserträge, die den maßgeblichen Gewinn/das Einkommen gemindert oder erhöht haben. Insbesondere nicht abziehbare Zinsen gem. § 3c Abs. 1 und 2 EStG, § 4 Abs. 4a EStG, § 4 Abs. 5 Satz 1 Nr. 8a EStG, §§ 233 ff. AO i.V.m. § 12 Nr. 3 EStG und/oder § 10 Nr. 2 KStG und Zinsen, die gem. § 8 Abs. 3 Satz 2 KStG als verdeckte Gewinnausschüttungen das Einkommen einer Körperschaft nicht gemindert haben oder bereits auf Grund spezieller Betriebsausgabenabzugsverbote nicht abziehbar sind (z. B. §§ 4i, 4k EStG), unterliegen nicht der Zinsschranke, weil sie das Einkommen nicht mindern. Stpfl. Erstattungszinsen fallen hingegen unter den Begriff der Zinserträge.[8)] 1760

Zinsaufwendungen sind bei Anwendung der Zinsschranke grds. nur bis zur Höhe der im selben Wj. erzielten Zinserträge als Betriebsausgabe abziehbar (§ 4h Abs. 1 Satz 1 EStG), wodurch eine Art Mindestbesteuerung sichergestellt ist.[9)] Die die Zinserträge übersteigenden Zinsaufwendungen (negativer Zinssaldo) können nur i.H.v. 30 % des

1) FG Münster v. 17.11.2017, 4 K 3523/14 F, EFG 2018, 98, Rev., Az. des BFH: IV R 16/17; das Verfahren ist bis zur Entscheidung des BVerfG in dem Verfahren 2 BvL 1/16 ausgesetzt.
2) BMF v. 24.3.2025, IV C 2 – S 2742-a/00028/012/001, BStBl I 2025, 683, Rz. 18.
3) BMF v. 24.3.2025, IV C 2 – S 2742-a/00028/012/001, BStBl I 2025, 683.
4) BMF v. 24.3.2025, IV C 2 – S 2742-a/00028/012/001, BStBl I 2025, 683, Rz. 113.
5) Herzig/Liekenbrock, DB 2009, 1949.
6) BMF v. 24.3.2025, IV C 2 – S 2742-a/00028/012/001, BStBl I 2025, 683, Rz. 56.
7) Bohn/Loose, DStR 2011, 1009.
8) BMF v. 24.3.2025, IV C 2 – S 2742-a/00028/012/001, BStBl I 2025, 683, Rz. 21.
9) Herzig/Bohn, DB 2007, 1.

maßgeblichen Gewinns, des sog. steuerlichen EBITDA → Rz. 1750, als Betriebsausgaben abgezogen werden. Zur Ermittlung des EBITDA ist der maßgebliche Gewinn um die Zinsaufwendungen, die Zinserträge, die Berücksichtigung geringwertiger WG (§ 6 Abs. 2 S. 1 EStG), die Pool-Abschreibung für geringwertige WG nach § 6 Abs. 2a EStG sowie die Abschreibungen nach § 7 EStG zu bereinigen.

Die Ausführungen zu Organträgern gelten entsprechend (→ Rz. 1759).

f) Voraussetzungen des § 8a KStG i.V.m. § 4h Abs. 2 Satz 1 EStG zum uneingeschränkten Abzug der Zinsaufwendungen (Zeilen 10–12)

1761 Ein weiterer Abzug der Zinsaufwendungen ist nur unter den Voraussetzungen des § 4h Abs. 2 Satz 1 Buchst. a bis c EStG möglich:[1]

- **Freigrenze**: Zinssaldo (Zinsaufwand abzgl. Zinsertrag) ist weniger als 3 Mio. € (§ 4h Abs. 2 Satz 1 Buchst. a EStG).

Liegen die Voraussetzungen zum eingeschränkten Abzug der Zinsaufwendungen vor, ist dies in **Zeile 10** anzukreuzen. Die Zinsschranke kommt nicht zur Anwendung, wenn die Nettozinsaufwendungen des Betriebs weniger als 3 Mio. € betragen (Freigrenze [§ 4h Abs. 2 Satz 1 Buchst. a EStG). Die Freigrenze ist betriebsbezogen und wird für den Organkreis nur einmal gewährt. Die Freigrenze bezieht sich auf das jeweilige Wj. des Betriebs. Gleichartige Betriebe, die unter einer einheitlichen Leitung stehen, werden zusammengefasst, so dass die Freigrenze nur einmal genutzt werden kann und auf diese Betriebe entsprechend dem Verhältnis der Nettozinsaufwendungen aufzuteilen ist. Hinsichtlich des Begriffs „gleichartig" verweist die Gesetzesbegründung auf die gesetzliche Regelung in § 4 Abs. 6 Satz 1 Nr. 1 KStG, für das Merkmal des beherrschenden Einflusses des Weiteren auf § 290 Abs. 2 HGB.[2]

- **Stand-alone-Klausel**: Die stpfl. Person steht keiner Person i.S.d. § 1 Abs. 2 AStG nahe (insb. Beteiligungen i.H.v. mindestens 25 %) und verfügt über keine Betriebsstätte außerhalb des Staates, in dem sich ihr Wohnsitz, gewöhnlicher Aufenthalt, Sitz oder ihre Geschäftsleitung befindet (§ 4h Abs. 2 Satz 1 Buchst. b EStG).

In **Zeile 11** sind Angaben zur **Stand-alone-Klausel** vorgesehen. Die Stand-alone-Klausel kommt zur Anwendung, wenn die stpfl. Person keiner Person i.S.d. § 1 Abs. 2 AStG nahesteht (insb. Beteiligungen i.H.v. mindestens 25 %) und über keine Betriebsstätte außerhalb des Staates verfügt, in dem sich der Wohnsitz, der gewöhnliche Aufenthalt, der Sitz oder die Geschäftsleitung befindet (Stand-alone-Klausel, § 4h Abs. 2 Satz 1 Buchst. b EStG). Nahestehende Personen können nach § 1 Abs. 1 Satz 2 AStG auch Personengesellschaften sein, sofern sie die Voraussetzungen des § 1 Abs. 2 AStG erfüllen. Zur Inanspruchnahme der Stand-alone-Klausel müssen diese Voraussetzungen während des gesamten Wj. vorliegen. An die Stelle der stpfl. Person tritt für Zwecke des § 4h Abs. 2 Satz 1 Buchst. b EStG bei Personengesellschaften/Mitunternehmerschaften die Personengesellschaft oder Mitunternehmerschaft (§ 4h Abs. 2 Satz 3 EStG).[3] Damit wird im Ergebnis klargestellt, dass bei Betrieben von Personengesellschaften/Mitunternehmerschaften für Zwecke der Stand-alone-Klausel an die Stelle der stpfl. Person die Personengesellschaft/Mitunternehmerschaft tritt.

- **Eigenkapital-Escape**: Konzernzugehörigkeit i.S.v. § 4h Abs. 3 Satz 4 EStG und Eigenkapitalquote des Betriebs entspricht der Eigenkapitalquote des Konzerns oder unterschreitet diese bis zu einem (für Wj., die nach dem 31.12.2009 enden zwei [§ 52 Abs. 12d Satz 4 EStG a.F.]) Prozentpunkt(e) (Escape-Klausel, [§ 4h Abs. 2 Satz 1 Buchst. c EStG]). Das Eigenkapital des Betriebs, dessen negatives Ergebnis die 30 %-Grenze überschreitet, ist um die Anteile an anderen Konzerngesellschaften (inkl. Personengesellschaften[4]) zu kürzen.

Die Beweislast trägt die stpfl. Person.

Die **Eigenkapitalquote** ist das Verhältnis des Eigenkapitals zur Bilanzsumme unter Berücksichtigung von Korrekturtatbeständen (§ 4h Abs. 2 Satz 1 Buchst. c Satz 5 bis 7 EStG):

Bilanzielles Eigenkapital (ermittelt nach den **I**nternational **F**inancial **R**eporting **S**tandards [IFRS])

\+ in der Konzernbilanz ausgewiesener Firmenwert (anteilig für den Betrieb)

\+ Sonderbetriebsvermögen (ist dem Betrieb der Mitunternehmerschaft zuzuordnen)

./. Anteile an anderen Konzerngesellschaften, zu denen keine Organschaft besteht

./. Eigenkapital, das keine Stimmrechte vermittelt

./. Einlagen der letzten sechs Monate vor dem Stichtag, soweit ihnen Entnahmen/Ausschüttungen innerhalb der ersten sechs Monate nach dem Stichtag gegenüberstehen

Die Begriffe Zinsaufwendungen und Zinserträge sind deckungsgleich zu verstehen.[5] Da der Begriff „Nettozinsaufwendungen" bislang nicht definiert wird, wurde i.R.d. Kreditzweitmarktförderungsgesetzes[6] in § 4h Abs. 1 S. 3 EStG hinter der Formulierung „die um die Zinserträge geminderten Zinsaufwendungen" der Klammerzusatz „(Nettozinsaufwendungen)" eingefügt. Zudem wurde klargestellt, dass ein EBITDA-Vortrag nicht in einem Wj.

1) BMF v. 24.3.2025, IV C 2 – S 2742-a/00028/012/001, BStBl I 2025, 683, Rz. 68.
2) BT-Drucks. 20/9782 v. 13.12.2023.
3) BMF v. 24.3.2025, IV C 2 – S 2742-a/00028/012/001, BStBl I 2025, 683, Rz. 75.
4) BMF v. 24.3.2025, IV C 2 – S 2742-a/00028/012/001, BStBl I 2025, 683, Rz. 88.
5) BMF v. 24.3.2025, IV C 2 – S 2742-a/00028/012/001, BStBl I 2025, 683, Rz. 11.
6) Kreditzweitmarktförderungsgesetz v. 22.12.2023, BGBl. I 2023 Nr. 411.

entsteht, in dem die Zinsaufwendungen die Zinserträge nicht übersteigen. Entsprechend der gesetzlichen Änderung wurde in der Zeile 10 ab dem VZ 2024 der Begriff „Nettozinsaufwendungen" ergänzt.

Nach § 4h Abs. 2 Satz 1 Buchst. c Satz 2 EStG (**Zeile 12**) unterliegt der Zinsabzug nicht den Beschränkungen des § 4h Abs. 1 EStG, wenn die Eigenkapitalquote des Betriebs die Eigenkapitalquote des Konzerns um nicht mehr als 2 % unterschreitet. Die Eigenkapitalquote ermittelt sich als Verhältnis des Eigenkapitals zur Bilanzsumme (§ 4h Abs. 2 Satz 1 Buchst. c Satz 3 EStG).

g) Nichtabziehbare Zinsaufwendungen = Zinsvortrag zum Schluss des Wirtschaftsjahres (Zeile 13)

Ab dem VZ 2019 wurde ein Hinweis auf den Sanierungsertrag (§ 3a Abs. 3 Satz 2 Nr. 13 Buchst. a EStG) aufgenommen → Rz. 1758. Nicht abziehbare Zinsaufwendungen i.S.d. § 4h EStG dürfen das zu versteuernde Einkommen des Betriebs nicht mindern. Diese Beträge können aber über den Zinsvortrag in den Folgejahren abgezogen werden → Rz. 1756 (ggf. nach Minderung um den Sanierungsertrag nach § 3a Abs. 3 Satz 2 Nr. 13 Buchst. a EStG). **1762**

Da die Zinsaufwendungen und/oder -erträge den maßgeblichen Gewinn beeinflusst haben, fallen darunter zum einen nur solche Zinsen, die **Bestandteile der inl. Gewinnermittlung** sind.

Der Zinsschranke unterliegen nur solche Zinsaufwendungen und Zinserträge, die den maßgeblichen Gewinn / das maßgebliche Einkommen gemindert oder erhöht haben. Insbesondere nicht abziehbare Zinsen gem. § 3c Abs. 1 und 2 EStG, § 4 Abs. 4a EStG, § 4 Abs. 5 Satz 1 Nr. 8a EStG, §§ 233 ff. AO i.V.m. § 12 Nr. 3 EStG und/oder § 10 Nr. 2 KStG und Zinsen, die gem. § 8 Abs. 3 Satz 2 KStG als verdeckte Gewinnausschüttungen das Einkommen einer Körperschaft nicht gemindert haben oder bereits auf Grund spezieller Betriebsausgabenabzugsverbote nicht abziehbar sind (z.B. §§ 4i, 4k EStG), unterliegen nicht der Zinsschranke, weil sie das Einkommen nicht mindern. Steuerpflichtige Erstattungszinsen fallen hingegen unter den Begriff der Zinserträge.[1] Die nicht abziehbaren Zinsaufwendungen sind nach Minderung um den Sanierungsertrag nach § 3a Abs. 3 Satz 2 Nr. 13 Buchst. a EStG zu erklären.

h) Zinserträge des laufenden Wirtschaftsjahrs nach § 4h Abs. 3 Satz 3 EStG ohne Zinserträge i.S.d. § 4h Abs. 6 EStG (Zeile 14)

Zinserträge im Sinne der Zinsschranke sind Erträge aus Kapitalforderungen jeder Art (§ 4h Abs. 3 Satz 3 EStG). **1763**

Die Begriffe Zinsaufwendungen und Zinserträge sind deckungsgleich zu verstehen.[2] Da der Begriff „Nettozinsaufwendungen" bislang nicht definiert wird, wurde i.R.d. Kreditzweitmarktförderungsgesetzes[3] in § 4h Abs. 1 Satz 3 EStG hinter der Formulierung „die um die Zinserträge geminderten Zinsaufwendungen" der Klammerzusatz „(Nettozinsaufwendungen)" eingefügt.

Hierzu gehören auch Zinsen zu einem festen oder variablen Zinssatz, aber auch Gewinnbeteiligungen (Vergütungen für partiarische Darlehen, typisch stille Beteiligungen, Genussrechte und Gewinnschuldverschreibungen) und Umsatzbeteiligungen. Zinsaufwendungen und/oder Zinserträge sind auch Vergütungen, die zwar nicht als Zins berechnet werden, aber Vergütungscharakter haben (z.B. Damnum, Disagio, Vorfälligkeitsentschädigungen, Provisionen und Gebühren, die an den Geber des Fremdkapitals gezahlt werden).[4] Auf die Dauer der Überlassung des Fremdkapitals kommt es nicht an.

Nach § 4h Abs. 6 EStG von der Zinsschranke ausgenommene Darlehen können insb. sein:[5]

- Förderdarlehen der Förderinstitute (i.S.d. Verständigung zwischen der EU-Kommission und der BRD über die Ausrichtung rechtlich selbstständiger Förderinstitute in Deutschland vom 1.3.2002),
- öffentliche und nicht öffentliche Baudarlehen,
- Wohnungsfürsorgemittel,
- Mittel, die mit Auflagen (z.B. Belegungsrechten oder Mietpreisbindungen) verbunden sind.

Bei Organträgern sind die Beträge einschließlich der Beträge der Organgesellschaften zu erklären.

Die geforderten Angaben sind m. E. für eine Berechnung der abzugsfähigen Zinsaufwendungen oder des Zinsvortrags nicht notwendig. Jedoch wurde die Bundesregierung seitens des Parlaments gebeten, die Wirkungen der Zinsschranke nach deren Einführung zu evaluieren und nach einer angemessenen Zeit einen Erfahrungsbericht vorzulegen.[6] Die geforderten Eintragungen scheinen diesem Umstand geschuldet zu sein. Diese Daten sollten im Jahr 2015 zur Verfügung gestellt werden.[7] **1764**

i) Nach § 6 Abs. 2 Satz 1, § 6 Abs. 2a Satz 2 und 7 EStG abgesetzte Beträge (Zeile 15)

Zinsaufwendungen sind bei Anwendung der Zinsschranke grundsätzlich nur bis zur Höhe der **im selben Wj.** erzielten Zinserträge als Betriebsausgabe abziehbar (§ 4h Abs. 1 Satz 1 EStG). **1765**

---

1) BMF v. 24.3.2025, IV C 2 – S 2742-a/00028/012/001, BStBl I 2025, 683, Rzn. 21.
2) BMF v. 24.3.2025, IV C 2 – S 2742-a/00028/012/001, BStBl I 2025, 683, Rz. 11.
3) Kreditzweitmarktförderungsgesetz v. 22.12.2023, BGBl. I 2023 Nr. 411.
4) BMF v. 24.3.2025, IV C 2 – S 2742-a/00028/012/001, BStBl I 2025, 683, Rz. 16.
5) BMF v. 24.3.2025, IV C 2 – S 2742-a/00028/012/001, BStBl I 2025, 683, Rz. 112.
6) BT-Drucks. 16/5491, 13 v. 24.5.2007.
7) BT-Drucks. 17/10354 v. 18.7.2012.

Darüber hinaus ist der Abzug auf 30 % des um die Zinsaufwendungen und um die nach § 6 Abs. 2 Satz 1, § 6 Abs. 2a Satz 2 und § 7 EStG abgesetzten Beträge erhöhten und um die Zinserträge verminderten maßgeblichen Gewinns/des maßgeblichen Einkommens begrenzt (sog. steuerliches EBITDA). Laufende Zinsaufwendungen, die auf Grund von § 4h Abs. 2 EStG von den Aufwendungen der Zinsschranke ausgenommen sind, mindern das EBITDA nicht. Zinsaufwendungen sind bei Anwendung der Zinsschranke grundsätzlich nur bis zur Höhe der im selben Wj. erzielten Zinserträge als Betriebsausgabe abziehbar (Nettozinsaufwendungen [§ 4h Abs. 1 Satz 1 EStG]). Die die Zinserträge übersteigenden Zinsaufwendungen (negativer Zinssaldo) können nur i.H.v. 30 % des maßgeblichen Gewinns, des steuerlichen EBITDA, als Betriebsausgaben abgezogen werden. Zur Ermittlung des EBITDA ist der maßgebliche Gewinn um die Zinsaufwendungen, die Zinserträge, die Berücksichtigung geringwertiger WG (§ 6 Abs. 2 Satz 1 EStG), die Pool-Abschreibung für geringwertige WG (§ 6 Abs. 2a EStG) sowie die Abschreibungen nach § 7 EStG zu bereinigen.

Beratungshinweis:
Nach § 4h EStG und/oder § 8a KStG nicht abziehbare Zinsaufwendungen unterliegen nicht der Hinzurechnung nach § 8 Nr. 1 GewStG.

1766 Die Ausführungen zu Organträgern gelten entsprechend (→ Rz. 1759).

j) Vergütungen für Fremdkapital an wesentlich beteiligte Anteilseigner, diesen nahestehende Personen und rückgriffberechtigte Dritte (Zeile 16)

1767 Bei **konzernzugehörigen Körperschaften** und einer Körperschaft nachgeschalteten Mitunternehmerschaft kann die Escape-Klausel (§ 4h Abs. 2 Satz 1 Buchst. c EStG) die Anwendung der Zinsschranke gem. § 8a Abs. 3 Satz 1 KStG verhindern („§ 4h Abs. 2 Satz 1 Buchst. c EStG ist nur anzuwenden […]").

1768 § 8a Abs. 3 Satz 1 KStG gilt nur für Fremdfinanzierungen, die durch einen zu mehr als einem Viertel am Grund- oder Stammkapital (irgend)einer **Konzerngesellschaft** unmittelbar oder mittelbar beteiligten konzernfremden Gesellschafter, eine einem solchen konzernfremden Gesellschafter nahestehende Person oder einen gegen einen solchen konzernfremden und/oder eine einem solchen konzernfremden Gesellschafter nahestehende Person rückgriffsberechtigten Dritten erfolgen (§ 8a Abs. 3 Satz 2 KStG). **Konzerninterne Finanzierungen** führen nicht zu einer schädlichen Gesellschafterfremdfinanzierung i.S.v. § 8a Abs. 3 KStG.

Eine Gesellschafterfremdfinanzierung ist schädlich, wenn die auf sie entfallene Vergütung mehr als 10 % des Nettozinsaufwands der Gesellschaft beträgt.

Der Nachweis, dass die gesellschaftsrechtlich veranlassten Zinszahlungen die 10 %-Grenze nicht übersteigen, trägt dabei der von der Zinsschranke betroffene Betrieb. Der konzernzugehörige „Rechtsträger" i.S.d. § 8a Abs. 3 KStG (= Körperschaft, Organkreis, eine einer Körperschaft nachgeschaltete Mitunternehmerschaft) hat insoweit für jede einzelne Konzerngesellschaft die entsprechende Nachweispflicht.

Bei der Prüfung der 10 %-Grenze, ob zur Anwendung der sog. Zinsschranke eine „schädliche" Gesellschafter-Fremdfinanzierung vorliegt (Rückausnahme zum sog. Eigenkapital- und Konzernvergleich), sind Vergütungen für Fremdkapital der einzelnen qualifiziert beteiligten Gesellschafter bezogen auf den jeweiligen Rechtsträger zusammenzurechnen (Gesamtbetrachtung).[1)] Zur Anwendung der Escape-Klause und den Anforderungen an den Nachweis des Nichtvorliegens einer schädlichen Beteiligung durch die stpfl. Person bei Gesellschaftsanteilen im Streubesitz vgl. das anhängige BFH-Verfahren.[2)]

1769 Die Ausführungen zu Organträgern gelten entsprechend (→ Rz. 1759).

1) BMF v. 24.3.2025, IV C 2 – S 2742-a/00028/012/001, BStBl I 2025, 683, Rz. 98,.
2) FG Sachsen-Anhalt v. 27.11.2024, 3 K 725/23, EFG 2025, 883; Rev. Az. des BFH: IX R 37/24.

4. EBITDA-Vortrag nach § 4h Abs. 1 Satz 3 EStG (Zeilen 17–23)

EBITDA-Vortrag nach § 4h Abs. 1 Satz 3 EStG

Zeile			EUR
17	EBITDA-Vortrag zum Schluss des vorangegangenen Wirtschaftsjahres		,—
18	Verringerung des EBITDA-Vortrags, z. B. durch Aufgabe oder Übertragung eines Betriebs oder Teilbetriebs oder Ausscheiden eines Mitunternehmers aus einer Gesellschaft (§ 4h Abs. 5 EStG), Ausscheiden einer Organgesellschaft aus dem Organkreis (§ 15 Satz 1 Nr. 3, § 8a Abs. 1 KStG i. V. m. § 4h Abs. 5 EStG), Sanierungsertrag (§ 3a Abs. 3 Satz 2 Nr. 13 Buchst. b EStG)	–	,—
19	Verrechenbares EBITDA des laufenden Wirtschaftsjahres (wenn Wert negativ, „0“ eintragen) – nur, wenn im Wirtschaftsjahr kein Anwendungsfall des § 4h Abs. 2 EStG vorliegt – (Bei Organträgern: einschließlich der entsprechenden Beträge der Organgesellschaften)	+	,—
20	**Berücksichtigungsfähiges verrechenbares EBITDA** – **Eintragung nur, wenn Wert positiv** –	=	,—
21	Verbrauch von verrechenbarem EBITDA des laufenden Wirtschaftsjahres	–	,—
22	Verbrauch von zum Schluss des vorangegangenen Wirtschaftsjahres gesondert festgestelltem verrechenbaren EBITDA im laufenden Wirtschaftsjahr	–	,—
23	Verbleibendes verrechenbares EBITDA = **EBITDA-Vortrag zum Schluss des Wirtschaftsjahres** (ggf. nach Minderung um den Sanierungsertrag nach § 3a Abs. 3 Satz 2 Nr. 13 Buchst. b EStG)	=	,—

2025AnlZins251 - September 2025 - **2025AnlZins251**

a) Vorbemerkung

Durch das Wachstumsbeschleunigungsgesetz[1] wurde ein fünfjähriger betriebsbezogener EBITDA-Vortrag eingeführt (§ 4h Abs. 1 Satz 3 und 4 EStG). Durch diese Regelung werden Nachteile durch ein schwankendes EBITDA verhindert, indem das EBITDA über mehrere Jahre hinweg berücksichtigt wird. Der EBITDA-Vortrag erhöht in den folgenden Wj. die Abzugsmöglichkeit für Zinsaufwendungen, soweit nicht bereits das EBITDA des laufenden Wj. einen vollständigen Abzug von Zinsaufwendungen zulässt. Anders als der Zinsvortrag ist der EBITDA-Vortrag zeitlich auf fünf Jahre befristet (§ 4h Abs. 1 Satz 3 1. Halbs. EStG); der jeweils älteste EBITDA-Vortrag ist zuerst zu verbrauchen (Fifo-Methode). Für Jahre, in denen ein Betrieb wegen der Escape-Klausel (§ 4h Abs. 2 EStG → Rz. 1751) nicht unter die Zinsschranke fällt, kann auch kein EBITDA-Vortrag gebildet werden. § 4h Abs. 1 Satz 3 Halbs. 2 EStG n.F. normiert nunmehr, dass es in Wj. mit positivem Zinssaldo zu keinem EBITDA-Vortrag kommen kann. **1770**

Beispiel:
Der EBITDA-Vortrag, der im Jahr 2025 entstanden ist, kann daher in den Wj. 2026–2030 ausgeschöpft werden. Zu Rumpf-Wj. vgl. Lenz/Dörfler/Adrian.[2] Rumpf-Wj. verkürzen den Berücksichtigungszeitraum, während verlängerte Wj. diesen erweitern.

Der EBITDA-Vortrag erfolgt von Amts wegen; ein Wahlrecht der stpfl. Person besteht nicht. Ein bis zum Ende des fünften Wj. nach Entstehen noch nicht verbrauchter EBITDA-Vortrag verfällt. Die Regelung des § 4h EStG ist eine Gewinnermittlungsvorschrift; ein EBITDA-Vortrag wird deshalb für das Wj. ermittelt. In Fällen, in denen der Betrieb seinen Gewinn nicht für ein Wj. ermittelt, tritt an die Stelle des Wj. der jeweilige Gewinnermittlungszeitraum.

Gestaltungshinweis:
Im Rahmen der vierjährigen Festsetzungsfrist kann ein unterbliebener EBITDA-Vortrag nachgeholt werden (§§ 169 ff. AO).

Die Regelungen zum EBITDA-Vortrag bewirken, dass in Jahren, in denen der Betrieb mit seinen Zinsaufwendungen den Abzugsrahmen der Zinsschranke nicht ausschöpft, der nicht ausgeschöpfte Teil dieses Abzugsrahmens in künftige Wj. vorgetragen wird (EBITDA-Vortrag). Ein EBITDA-Vortrag erhöht sich nur dann, wenn der Betrieb in dem betreffenden Wj. nicht auf Grund des § 4h Abs. 2 EStG von der Anwendung der Zinsschranke ausgenommen ist (sog. Zinsschranken-escape). Der EBITDA-Vortrag erhöht in den folgenden Wj. die Abzugsmöglichkeit für Zinsaufwendungen, soweit nicht bereits das EBITDA des laufenden Wj. einen vollständigen Abzug von Zinsaufwendungen zulässt.

Zur Frage der Feststellung eines EBITDA-Vortrags in den Fällen eines positiven Zinsüberschusses vgl. OFD Frankfurt/M. v. 17.7.2012.[3] § 4h Abs. 1 Satz 3 Halbs. 2 EStG n.F. regelt nunmehr, dass es in Wj. mit positiven Nettozinsaufwendungen zu keinem EBITDA-Vortrag kommen kann.

1) Wachstumsbeschleunigungsgesetz v. 22.12.2009, BGBl. I 2009, 3950.
2) Lenz/Dörfler/Adrian, Ubg 2010, 1, 3.
3) OFD Frankfurt/M. v. 17.7.2012, S 2742a A- 4 - St 51, DStR 2012, 1660.

b) EBITDA-Vortrag zum Schluss des vorangegangenen Wirtschaftsjahrs (Zeile 17)

1771 Der zum Schluss des vorangegangenen Wj. (nicht VZ) entsprechend § 10d Abs. 4 Satz 1 EStG festgestellte EBITDA-Vortrag (§ 4h Abs. 4 EStG) bildet den Anfangswert für die Ermittlung des verbleibenden verrechenbaren EBITDA-Vortrags.

> **Hinweis zur Plausibilitätsbeurteilung:**
> Im Rahmen des Anwendungsbereichs des EBITDA-Vortrags bestand eine Sonderregelung, nachdem die Grundsätze nicht erst auf Vorträge anzuwenden sind, die in einem nach dem 31.12.2009 geendeten Wj., sondern – auf Antrag – bereits für ermittelte (fiktive) Vorträge aus Wj. anzuwenden sind, die nach dem 31.12.2006 begonnen haben und vor dem 1.1.2010 endeten (§ 52 Abs. 12d Satz 4 ff. EStG a.F.). Wird ein Vortrag geltend gemacht, muss gleichzeitig vorliegen, dass der Zinssaldo von 3 Mio. € erreicht wurde.

Übersteigen in einem Wj. die Zinsaufwendungen (nach Abzug der Zinserträge) das verrechenbare EBITDA, vermindern oder verbrauchen sich eventuelle EBITDA-Vorträge der vorangegangen Wj. nicht.[1] Der fünfjährige Vortragszeitraum beginnt in diesen Fällen ab 2025.

Gegen die Regelung bestehen verfassungsrechtliche Bedenken, weil der Vortrag erst für entsprechende Beträge der Wj. nach dem 31.12.2006 gilt, obwohl auch schon in früheren Jahren bereits unausgeschöpfte Vorträge erzielt worden sein können.[2]

Bei Aufgabe oder Übertragung des Betriebs geht ein nicht verbrauchter Zinsvortrag unter (§ 4h Abs. 5 EStG); bei einem Teilbetrieb entsprechend der anteilige Zinsvortrag. Als Aufgabe eines Teilbetriebs gilt auch das Ausscheiden einer Organgesellschaft aus dem Organkreis.[3]

c) Verringerung des EBITDA-Vortrags (Zeile 18)

1772 Ab dem VZ 2019 wurde ein Hinweis auf den Sanierungsertrag (§ 3a Abs. 3 Satz 2 Nr. 13 Buchst. a EStG) aufgenommen. → Rz. 1757. Entfällt der EBITDA-Vortrag (vollständig oder anteilig) auf Grund eines schädlichen Ereignisses, ist dieses Ereignis gesondert zu erklären (ggf. nach Minderung um den Sanierungsertrag nach § 3a Abs. 3 Satz 2 Nr. 13 Buchst. b EStG). Ein solch schädliches Ereignis ist z. B. die Aufgabe oder Übertragung des Betriebs/Teilbetriebs oder Ausscheidens eines Mitunternehmers aus der Gesellschaft (§ 4h Abs. 5 EStG). Siehe auch → Rz. 1756.

Der Zinsvortrag wird **betriebsbezogen** ermittelt und festgestellt. Dieser – noch nicht verbrauchte Zinsvortrag – geht mit Aufgabe oder Übertragung des Betriebs (ggf. anteilig lt. Beteiligungsquote) unter (§ 4h Abs. 5 EStG). Dies ist z.B. im Rahmen der folgenden Sachverhalte anzunehmen:

– Aufgabe, Veräußerung oder Übertragung des Betriebs bei Einzelunternehmen und Personengesellschaften (§ 4h Abs. 5 Satz 1 EStG),

> **Beratungshinweis:**
> Der Zinsvortrag geht auch bei Aufgabe oder Übertragung eines Teilbetriebs anteilig unter.[4]

– Ausscheiden eines Mitunternehmers i.H.d. Beteiligungsquote des ausgeschiedenen Mitunternehmers (§ 4h Abs. 5 Satz 2 EStG),

– bei Einbringung eines Betriebs in eine Kapitalgesellschaft (§ 20 Abs. 9 UmwStG),

– bei Einbringung eines Betriebs in eine Personengesellschaft (§ 24 Abs. 6 UmwStG).

Zum Wegfall des Zinsvortrags bei einem **unterjährigen Ereignis** vgl. auch FinMin Schleswig-Holstein v. 27.6.2012.[5]

Organträger und Organgesellschaft gelten als ein Betrieb (§ 15 S. 1 Nr. 3 KStG). Die Prüfung der Freigrenze (§ 4h Abs. 2 Satz 1 Buchst. a EStG) und/oder die für die Anwendung der Zinsschranke erforderlichen Berechnungen sind bei der Organträgerin durchzuführen. Die Zinsaufwendungen, Zinserträge der Organgesellschaften sind mit in die Berechnung einzubeziehen.[6] Entsprechendes gilt für das steuerliche EBITDA. Zur Berechnung und Weiterentwicklung des entsprechenden Zinsvortrags sind daher die weiteren Angaben erforderlich.

d) Verrechenbares EBITDA des laufenden Wirtschaftsjahrs (Zeile 19)

1773 Das verrechenbare EBITDA ist betriebsbezogen zu ermitteln. Zinsaufwendungen, Zinserträge, Abschreibungen und Anteile am maßgeblichen Gewinn, die in das steuerliche EBITDA einer Mitunternehmerschaft einfließen, finden deshalb beim Mitunternehmer nicht nochmals Berücksichtigung.[7]

Ein negatives EBITDA des laufenden Jahres mindert nicht den EBITDA-Vortrag aus den Vorjahren (§ 4h Abs. 1 Satz 4 EStG).

1) BT-Drucks. 17/147 v. 3.12.2009.
2) Nacke, DB 2009, 2507.
3) BMF v. 24.3.2025, IV C 2 – S 2742-a/00028/012/001, BStBl I 2025, 683, Rz. 56.
4) BMF v. 24.3.2025, IV C 2 – S 2742-a/00028/012/001, BStBl I 2025, 683, Rzn. 56.
5) FinMin Schleswig-Holstein v. 27.6.2012, VI 3011 – S 2741 – 109, DB 2012, 1897.
6) BMF v. 24.3.2025, IV C 2 – S 2742-a/00028/012/001, BStBl I 2025, 683, Rz. 51.
7) BMF v. 24.3.2025, IV C 2 – S 2742-a/00028/012/001, BStBl I 2025, 683, Rz. 64.

Praxishinweis:
Der verrechenbare EBITDA deckt sich nicht mit dem betriebswirtschaftlichen Begriff, da der steuerliche Begriff auf den stpfl. Gewinn aufbaut (§ 4h Abs. 3 Satz 1 EStG).

Die Ausführungen zu Organträgern gelten entsprechend (→ Rz. 1759).

Die betriebsbezogene Zinsschranke ist nicht bei der **Organgesellschaft**, sondern erst beim **Organträger** zu berücksichtigen, weil Organkreise als eigener Betrieb gelten (§ 15 Satz 1 Nr. 3 KStG). Der Organträger hat daher die Zinsaufwendungen aller Organgesellschaften zu berücksichtigen. Bei Organträgern sind daher zusätzlich die entsprechenden Beträge der Organgesellschaften mit anzugeben. Zu weiteren organschaftlichen Besonderheiten vgl. Herzig/Liekenbrock.[1] Verlässt eine Organgesellschaft den Organkreis, geht die Finverw. vom anteiligen Wegfall des Zinsvortrags aus.[2] Zu den Besonderheiten des EBITDA-Vortrags vgl. auch Bohn/Loose.[3]

e) Berücksichtigungsfähiges verrechenbares EBITDA (Zeile 20)

Die EBITDA-Vorträge werden in einem Wert zusammengefasst und berücksichtigt. Ein Wert ist nur in den Fällen einzutragen, wenn dieser pos. ist. Es entsteht kein EBITDA-Vortrag, wenn eine Escape-Vorschrift (§ 4h Abs. 2 EStG), die Anwendung der Zinsschranke dem Grunde nach ausschließt. **1774**

f) Verbrauch von verrechenbarem EBITDA des laufenden Wirtschaftsjahrs (Zeile 21)

Für die zutreffende Berechnung des EBITDA-Vortrags ist der Verbrauch von EBITDA anzugeben. Der eingetragene Betrag führt entsprechend zu einer Minderung. Zunächst ist das EBITDA des laufenden Wj. zu verbrauchen. Erst im nächsten Schritt kommt es zum Verbrauch der Werte aus dem Vorjahr. **1775**

g) Verbrauch von zum Schluss des vorangegangenen Wirtschaftsjahrs gesondert festgestelltem verrechenbarem EBITDA im laufenden Wirtschaftsjahr (Zeile 22)

Der Verbrauch von verrechenbarem EBITDA ist für die Fortentwicklung des weiterhin zu berücksichtigenden Wertes gesondert zu erklären. Als maximaler Betrag kommt der Wert lt. Zeile 13 in Betracht. **1776**

h) Verbleibendes verrechenbares EBITDA = EBITDA-Vortrag zum Schluss des Wirtschaftsjahrs (Zeile 23)

Ab dem VZ 2019 wurden ergänzende Angaben zu Sanierungserträgen i.S.d. § 3a EStG[4] in den Zeilen 7 (sowie in den Zeilen 13, 18 und 23) ergänzt. Eine Minderung des Zins- und/oder des EBITDA-Vortrages ist erforderlich, um eine Gleichbehandlung mit den Fällen herzustellen, in denen ein Verlustvortrag durch den Sanierungsertrag gemindert wird. Denn stpfl. Personen, bei denen Verlustvorträge i.H.d. steuerfreien Sanierungsertrags gemindert werden, sollten nicht schlechter gestellt werden, als jene stpfl. Personen, bei denen Zinsaufwendungen im Fall ihrer Abzugsfähigkeit ebenfalls zu einem Verlustvortrag geführt hätten.[5] **1777**

Die nicht abziehbaren Beträge i.S.d. § 3c Abs. 4 EStG, die im VZ vor dem Sanierungsjahr und im Sanierungsjahr anzusetzen sind, dürfen den Sanierungsertrag nicht mindern. Auf Grund der Regelungen in § 3a Abs. 3 Satz 2 Nr. 13 Buchst. a EStG mindert dieser Betrag den zum Ende des Vorjahrs festgestellten und den im Sanierungsjahr entstehenden Zinsvortrag (§ 4h Abs. 1 Satz 5 EStG). Nach § 3a Abs. 3 Satz 2 Nr. 13 Buchst. b EStG mindert dieser Betrag auch den zum Ende des Vorjahrs festgestellten und den im Sanierungsjahr entstehenden EBITDA-Vortrag (§ 4h Abs. 1 Satz 3 EStG). Die Minderung des EBITDA-Vortrags des Sanierungsjahrs und der EBITDA-Vorträge aus vorangegangenen Wj. erfolgt in ihrer zeitlichen Reihenfolge.

Analog des Zinsvortrags ist auch der EBITDA-Vortrag gesondert zum Ende des Wj. in einer Summe festzustellen (§ 4h Abs. 4 Satz 1 EStG). In die Feststellung einzubeziehen ist der EBITDA-Vortrag des laufenden Wj. und der zum Ende des vorangegangenen Wj. festgestellte und im aktuellen Jahr nicht verbrauchte EBITDA-Vortrag (ggf. nach Minderung um den Sanierungsertrag nach § 3a Abs. 3 Satz 2 Nr. 13 Buchst. a EStG). Mit Ablauf des fünften Wj. nach dem Jahr der Entstehung, verfällt dieser Vortrag.

Der EBITDA-Vortrag erfolgt von Amts wegen; ein Wahlrecht der stpfl. Person besteht nicht.

Der verbleibende EBITDA-Vortrag zum Schluss des Wj. ist der festgestellte verbleibende EBITDA-Vortrag zum Schluss des vorangegangenen Wj.,

- erhöht um einen EBITDA-Vortrag des laufenden Wj.,
- vermindert insoweit, als ein zum Ende des vorangegangenen Wj. festgestellter verbleibender EBITDA-Vortrag den Abzug von Zinsaufwendungen im laufenden Wj. erhöht hat, und
- vermindert um einen festgestellten verbleibenden EBITDA-Vortrag des vorangegangenen Wj. insoweit, als dieser aus dem fünften, dem Wj. vorangegangenen Wj. stammt und nicht den Abzug von Zinsaufwendungen erhöht hat.

1) Herzig/Liekenbrock, DB 2009, 1949.
2) BMF v. 24.3.2025, IV C 2 – S 2742-a/00028/012/001, BStBl I 2025, 683, Rz. 56.
3) Bohn/Loose, DStR 2011, 1009.
4) Gesetz gegen schädliche Steuerpraktiken im Zusammenhang mit Rechteüberlassungen v. 27.6.2017, BGBl. I 2017, 2074.
5) BT-Drucks. 18/12128.

Teil 2:
Materialien

Benutzerhinweise:

Der Materialienteil enthält die relevanten Vorschriften des Einkommensteuergesetzes im Auszug sowie die Grund- und Splittingtabelle zur Einkommensteuer für den Veranlagungszeitraum 2025. Am Ende findet der Benutzer noch einmal alle amtlichen Vordrucke abgebildet.

Einkommensteuergesetz (EStG)

– für den Veranlagungszeitraum 2025 –

in der Fassung der Bekanntmachung vom 8.10.2009 (BGBl. I 2009, 3366, 3862, BStBl I 2009, 1346) unter Berücksichtigung der für den **VZ 2025** ergangenen Änderungen durch

das Gesetz zur Reform des Grundsteuer- und Bewertungsrechts (Grundsteuer-Reformgesetz – GrStRefG) v. 26.11.2019, BGBl. I 2019 1794 = BStBl I 2019, 1319,

das Gesetz zur weiteren steuerlichen Förderung der Elektromobilität und zur Änderung weiterer steuerlicher Vorschriften v. 12.12.2019, BGBl. I 2019, 2451 = BStBl I 2020, 17,

das Gesetz über die Entschädigung der Soldatinnen und Soldaten und zur Neuordnung des Soldatenversorgungsrechts v. 20.8.2021, BGBl. I 2021, 3932,

das Steuerentlastungsgesetz 2022 v. 23.5.2022, BGBl. I 2022, 749 = BStBl I 2022, 662,

das Gesetz zur Regelung eines Sofortzuschlages und einer Einmalzahlung in den sozialen Mindestsicherungssystemen sowie zur Änderung des Finanzausgleichsgesetzes und weiterer Gesetze v. 23.5.2022, BGBl. I 2022, 760,

das Vierte Gesetz zur Umsetzung steuerlicher Hilfemaßnahmen zur Bewältigung der Corona-Krise (Viertes Corona-Steuerhilfegesetz) v. 19.6.2022, BGBl. I 2022, 911 = BStBl I 2022, 931,

das Gesetz zur temporären Senkung des Umsatzsteuersatzes auf Gaslieferungen über das Erdgasnetz v. 19.10.2022, BGBl. I 2022, 1743 = BStBl I 2022, 1435,

das Gesetz zum Ausgleich der Inflation durch einen fairen Einkommensteuertarif sowie zur Anpassung weiterer steuerlicher Regelungen (Inflationsausgleichsgesetz) v. 8.12.2022, BGBl. I 2022, 2230 = BStBl I 2023, 3,

das Jahressteuergesetz 2022 (JStG 2022) v. 16.12.2022, BGBl. I 2022, 2294 = BStBl I 2023, 7,

Achtes Gesetz zur Änderung des Regionalisierungsgesetzes und zur Änderung des Einkommensteuergesetzes v. 16.12.2022, BGBl. I 2022, 2352 = BStBl I 2023, 40,

Gesetz zur Umsetzung der Richtlinie (EU) 2021/514 des Rates vom 22. März 2021 zur Änderung der Richtlinie 2011/16/EU über die Zusammenarbeit der Verwaltungsbehörden im Bereich der Besteuerung und zur Modernisierung des Steuerverfahrensrechts (EURL2021/514UmsG) v. 20.12.2022, BGBl. I 2022, 2730,

Gesetz zur Finanzierung von zukunftssichernden Investitionen (Zukunftsfinanzierungsgesetz – ZuFinG) v. 11.12.2023, BGBl. I 2023 Nr. 354 = BStBl I 2024, 2,

Gesetz zur Umsetzung der Richtlinie (EU) 2022/2523 des Rates zur Gewährleistung einer globalen Mindestbesteuerung und weiterer Begleitmaßnahmen v. 21.12.2023, BGBl. I 2023 Nr. 397 = BStBl I 2024, 99,

Gesetz zur Förderung geordneter Kreditzweitmärkte und zur Umsetzung der Richtlinie (EU) 2021/2167 über Kreditdienstleister und Kreditkäufer sowie zur Änderung weiterer finanzrechtlicher Bestimmungen (Kreditzweitmarktfinanzierungsgesetz) v. 22.12.2023, BGBl. I 2023 Nr. 411 = BStBl I 2024, 144,

Gesetz zur Stärkung von Wachstumschancen, Investitionen und Innovationen sowie Steuervereinfachung und Steuerfairness (Wachstumschancengesetz) v. 27.3.2024, BGBl. I 2024 Nr. 108 = BStBl I 2024, 666,

Gesetz zur Verlängerung der Tarifermäßigung für Einkünfte aus Land- und Forstwirtschaft v. 23.10.2024, BGBl. I 2024 Nr. 321 = BStBl I 2024, 1418,

Gesetz zur steuerlichen Freistellung des Existenzminimums 2024 v. 2.12.2024, BGBl. I 2024 Nr. 386 = BStBl I 2024, 1482,

Jahressteuergesetz 2024 (JStG 2024) v. 2.12.2024, BGBl. I 2024 Nr. 387 = BStBl I 2024, 1484,

Gesetz zur Fortentwicklung des Steuerrechts und zur Anpassung des Einkommensteuertarifs (Steuerfortentwicklungsgesetz – SteFeG) v. 23.12.2024, BGBl. I 2024 Nr. 449 = BStBl I 2025, 2,

Gesetz für ein steuerliches Investitionssofortprogramm zur Stärkung des Wirtschaftsstandorts Deutschland v. 14.7.2025, BGBl. I 2025 Nr. 161 = BStBl I 2025, 1486 sowie

Steueränderungsgesetz 2025, Stand: Unterrichtung durch die Bundesregierung v. 29.10.2025, BT-Drucks. 21/2470,

Entwurf eines Gesetzes zur Förderung privater Investitionen und des Finanzstandorts (Standortfördergesetz – StoFöG), Stand: Empfehlung der Ausschüsse v. 21.11.2025, BR-Drucks 550/25,

Entwurf eines Zweiten Gesetzes zur Stärkung der betrieblichen Altersversorgung und zur Änderung anderer Gesetze (Zweites Betriebsrentenstärkungsgesetz), Stand: BT-Drucks. 21/2455 v. 29.10.2025.

– Auszug –

I. Steuerpflicht

§ 1

(1) [1]Natürliche Personen, die im Inland einen Wohnsitz oder ihren gewöhnlichen Aufenthalt haben, sind unbeschränkt einkommensteuerpflichtig. [2]Zum Inland im Sinne dieses Gesetzes gehört auch der der Bundesrepublik Deutschland zustehende Anteil

1. an der ausschließlichen Wirtschaftszone, soweit dort
   a) die lebenden und nicht lebenden natürlichen Ressourcen der Gewässer über dem Meeresboden, des Meeresbodens und seines Untergrunds erforscht, ausgebeutet, erhalten oder bewirtschaftet werden,
   b) andere Tätigkeiten zur wirtschaftlichen Erforschung oder Ausbeutung der ausschließlichen Wirtschaftszone ausgeübt werden, wie beispielsweise die Energieerzeugung aus Wasser, Strömung und Wind oder
   c) künstliche Inseln errichtet oder genutzt werden und Anlagen und Bauwerke für die in den Buchstaben a und b genannten Zwecke errichtet oder genutzt werden, und
2. am Festlandsockel, soweit dort
   a) dessen natürliche Ressourcen erforscht oder ausgebeutet werden; natürliche Ressourcen in diesem Sinne sind die mineralischen und sonstigen nicht lebenden Ressourcen des Meeresbodens und seines Untergrunds sowie die zu den sesshaften Arten gehörenden Lebewesen, die im nutzbaren Stadium entweder unbeweglich auf oder unter dem Meeresboden verbleiben oder sich nur in ständigem körperlichen Kontakt mit dem Meeresboden oder seinem Untergrund fortbewegen können; oder
   b) künstliche Inseln errichtet oder genutzt werden und Anlagen und Bauwerke für die in Buchstabe a genannten Zwecke errichtet oder genutzt werden.

(2) [1]Unbeschränkt einkommensteuerpflichtig sind auch deutsche Staatsangehörige, die

1. im Inland weder einen Wohnsitz noch ihren gewöhnlichen Aufenthalt haben und
2. zu einer inländischen juristischen Person des öffentlichen Rechts in einem Dienstverhältnis stehen und dafür Arbeitslohn aus einer inländischen öffentlichen Kasse beziehen,

sowie zu ihrem Haushalt gehörende Angehörige, die die deutsche Staatsangehörigkeit besitzen oder keine Einkünfte oder nur Einkünfte beziehen, die ausschließlich im Inland einkommensteuerpflichtig sind. [2]Dies gilt nur für natürliche Personen, die in dem Staat, in dem sie ihren Wohnsitz oder ihren gewöhnlichen Aufenthalt haben, lediglich in einem der beschränkten Einkommensteuerpflicht ähnlichen Umfang zu einer Steuer vom Einkommen herangezogen werden.

(3) [1]Auf Antrag werden auch natürliche Personen als unbeschränkt einkommensteuerpflichtig behandelt, die im Inland weder einen Wohnsitz noch ihren gewöhnlichen Aufenthalt haben, soweit sie inländische Einkünfte im Sinne des § 49 haben. [2]Dies gilt nur, wenn ihre Einkünfte im Kalenderjahr mindestens zu 90 Prozent der deutschen Einkommensteuer unterliegen oder die nicht der deutschen Einkommensteuer unterliegenden Einkünfte den Grundfreibetrag nach § 32a Absatz 1 Satz 2 Nummer 1 nicht übersteigen; dieser Betrag ist zu kürzen, soweit es nach den Verhältnissen im Wohnsitzstaat des Steuerpflichtigen notwendig und angemessen ist. [3]Inländische Einkünfte, die nach einem Abkommen zur Vermeidung der Doppelbesteuerung nur der Höhe nach beschränkt besteuert werden dürfen, gelten hierbei als nicht der deutschen Einkommensteuer unterliegend. [4]Unberücksichtigt bleiben bei der Ermittlung der Einkünfte nach Satz 2 nicht der deutschen Einkommensteuer unterliegende Einkünfte, die im Ausland nicht besteuert werden, soweit vergleichbare Einkünfte im Inland steuerfrei sind. [5]Weitere Voraussetzung ist, dass die Höhe der nicht der deutschen Einkommensteuer unterliegenden Einkünfte durch eine Bescheinigung der zuständigen ausländischen Steuerbehörde nachgewiesen wird. [6]Der Steuerabzug nach § 50a ist ungeachtet der Sätze 1 bis 4 vorzunehmen.

(4) Natürliche Personen, die im Inland weder einen Wohnsitz noch ihren gewöhnlichen Aufenthalt haben, sind vorbehaltlich der Absätze 2 und 3 und des § 1a beschränkt einkommensteuerpflichtig, wenn sie inländische Einkünfte im Sinne des § 49 haben.

§ 1a

(1) Für Staatsangehörige eines Mitgliedstaates der Europäischen Union oder eines Staates, auf den das Abkommen über den Europäischen Wirtschaftsraum anwendbar ist, die nach § 1 Absatz 1 unbeschränkt einkommensteuerpflichtig sind oder die nach § 1 Absatz 3 als unbeschränkt einkommensteuerpflichtig zu behandeln sind, gilt bei Anwendung von § 10 Absatz 1a und § 26 Absatz 1 Satz 1 Folgendes:

1. [1]Aufwendungen im Sinne des § 10 Absatz 1a sind auch dann als Sonderausgaben abziehbar, wenn der Empfänger der Leistung oder Zahlung nicht unbeschränkt einkommensteuerpflichtig ist. [2]Voraussetzung ist, dass
   a) der Empfänger seinen Wohnsitz oder gewöhnlichen Aufenthalt im Hoheitsgebiet eines anderen Mitgliedstaates der Europäischen Union oder eines Staates hat, auf den das Abkommen über den Europäischen Wirtschaftsraum Anwendung findet und
   b) die Besteuerung der nach § 10 Absatz 1a zu berücksichtigenden Leistung oder Zahlung beim Empfänger durch eine Bescheinigung der zuständigen ausländischen Steuerbehörde nachgewiesen wird;
2. [1]der nicht dauernd getrennt lebende Ehegatte ohne Wohnsitz oder gewöhnlichen Aufenthalt im Inland wird auf Antrag für die Anwendung des § 26 Absatz 1 Satz 1 als unbeschränkt einkommensteuerpflichtig behandelt. [2]Nummer 1 Satz 2 Buchstabe a gilt entsprechend. [3]Bei Anwendung des § 1 Absatz 3 Satz 2 ist auf die Einkünfte beider Ehegatten abzustellen und der Grundfreibetrag nach § 32a Absatz 1 Satz 2 Nummer 1 zu verdoppeln.

(2) Für unbeschränkt einkommensteuerpflichtige Personen im Sinne des § 1 Absatz 2, die die Voraussetzungen des § 1 Absatz 3 Satz 2 bis 5 erfüllen, und für unbeschränkt einkommensteuerpflichtige Personen im Sinne des § 1 Absatz 3, die die Voraussetzungen des § 1 Absatz 2 Satz 1 Nummer 1 und 2 erfüllen und an einem ausländischen Dienstort tätig sind, gilt die Regelung des Absatzes 1 Nummer 2 entsprechend mit der Maßgabe, dass auf Wohnsitz oder gewöhnlichen Aufenthalt im Staat des ausländischen Dienstortes abzustellen ist.

II. Einkommen

1. Sachliche Voraussetzungen für die Besteuerung

§ 2
Umfang der Besteuerung, Begriffsbestimmungen

(1) [1]Der Einkommensteuer unterliegen

1. Einkünfte aus Land- und Forstwirtschaft,
2. Einkünfte aus Gewerbebetrieb,
3. Einkünfte aus selbständiger Arbeit,
4. Einkünfte aus nichtselbständiger Arbeit,
5. Einkünfte aus Kapitalvermögen,
6. Einkünfte aus Vermietung und Verpachtung,
7. sonstige Einkünfte im Sinne des § 22,

die der Steuerpflichtige während seiner unbeschränkten Einkommensteuerpflicht oder als inländische Einkünfte während seiner beschränkten Einkommensteuerpflicht erzielt. [2]Zu welcher Einkunftsart die Einkünfte im einzelnen Fall gehören, bestimmt sich nach den §§ 13 bis 24.

(2) [1]Einkünfte sind

1. bei Land- und Forstwirtschaft, Gewerbebetrieb und selbständiger Arbeit der Gewinn (§§ 4 bis 7k und 13a),
2. bei den anderen Einkunftsarten der Überschuss der Einnahmen über die Werbungskosten (§§ 8 bis 9a).

[2]Bei Einkünften aus Kapitalvermögen tritt § 20 Absatz 9 vorbehaltlich der Regelung in § 32d Absatz 2 an die Stelle der §§ 9 und 9a.

(3) Die Summe der Einkünfte, vermindert um den Altersentlastungsbetrag, den Entlastungsbetrag für Alleinerziehende und den Abzug nach § 13 Absatz 3, ist der Gesamtbetrag der Einkünfte.

(4) Der Gesamtbetrag der Einkünfte, vermindert um die Sonderausgaben und die außergewöhnlichen Belastungen, ist das Einkommen.

(5) [1]Das Einkommen, vermindert um die Freibeträge nach § 32 Absatz 6 und um die sonstigen vom Einkommen abzuziehenden Beträge, ist das zu versteuernde Einkommen; dieses bildet die Bemessungsgrundlage für die tarifliche Einkommensteuer. [2]Knüpfen andere Gesetze an den Begriff des zu versteuernden Einkommens an, ist für deren Zweck das Einkommen in allen Fällen des § 32 um die Freibeträge nach § 32 Absatz 6 zu vermindern.

(5a) [1]Knüpfen außersteuerliche Rechtsnormen an die in den vorstehenden Absätzen definierten Begriffe (Einkünfte, Summe der Einkünfte, Gesamtbetrag der Einkünfte, Einkommen, zu versteuerndes Einkommen) an, erhöhen sich für deren Zwecke diese Größen um die nach § 32d Absatz 1 und nach § 43 Absatz 5 zu besteuernden Beträge sowie um die nach § 3 Nummer 40 steuerfreien Beträge und mindern sich um die nach § 3c Absatz 2 nicht abziehbaren Beträge. [2]Knüpfen außersteuerliche Rechtsnormen an die in den Absätzen 1 bis 3 genannten Begriffe (Einkünfte, Summe der Einkünfte, Gesamtbetrag der Einkünfte) an, mindern sich für deren Zwecke diese Größen um die nach § 10 Absatz 1 Nummer 5 abziehbaren Kinderbetreuungskosten.

(5b) Soweit Rechtsnormen dieses Gesetzes an die in den vorstehenden Absätzen definierten Begriffe (Einkünfte, Summe der Einkünfte, Gesamtbetrag der Einkünfte, Einkommen, zu versteuerndes Einkommen) anknüpfen, sind Kapitalerträge nach § 32d Absatz 1 und § 43 Absatz 5 nicht einzubeziehen.

(6) [1]Die tarifliche Einkommensteuer, vermindert um den Unterschiedsbetrag nach § 32c Absatz 1 Satz 2, die anzurechnenden ausländischen Steuern und die Steuerermäßigungen, vermehrt um die Steuer nach § 32d Absatz 3 und 4, die Steuer nach § 34c Absatz 5 und den Zuschlag nach § 3 Absatz 4 Satz 2 des Forstschäden-Ausgleichsgesetzes in der Fassung der Bekanntmachung vom 26. August 1985 (BGBl. I S. 1756), das zuletzt durch Artikel 412 des Gesetzes vom 31. August 2015 (BGBl. I S. 1474) geändert worden ist, in der jeweils geltenden Fassung, ist die festzusetzende Einkommensteuer. [2]Wurde der Gesamtbetrag der Einkünfte in den Fällen des § 10a Absatz 2 um Sonderausgaben nach § 10a Absatz 1 gemindert, ist für die Ermittlung der festzusetzenden Einkommensteuer der Anspruch auf Zulage nach Abschnitt XI der tariflichen Einkommensteuer hinzuzurechnen; bei der Ermittlung der dem Steuerpflichtigen zustehenden Zulage bleibt die Erhöhung der Grundzulage nach § 84 Satz 2 außer Betracht. [3]Wird das Einkommen in den Fällen des § 31 um die Freibeträge nach § 32 Absatz 6 gemindert, ist der Anspruch auf Kindergeld nach Abschnitt X der tariflichen Einkommensteuer hinzuzurechnen; nicht jedoch für Kalendermonate, in denen durch Bescheid der Familienkasse ein Anspruch auf Kindergeld festgesetzt, aber wegen § 70 Absatz 1 Satz 2 nicht ausgezahlt wurde.

(7) [1]Die Einkommensteuer ist eine Jahressteuer. [2]Die Grundlagen für ihre Festsetzung sind jeweils für ein Kalenderjahr zu ermitteln. [3]Besteht während eines Kalenderjahres sowohl unbeschränkte als auch beschränkte Einkommensteuerpflicht, so sind die während der beschränkten Einkommensteuerpflicht erzielten inländischen Einkünfte in eine Veranlagung zur unbeschränkten Einkommensteuerpflicht einzubeziehen.

(8) Die Regelungen dieses Gesetzes zu Ehegatten und Ehen sind auch auf Lebenspartner und Lebenspartnerschaften anzuwenden.

2. Steuerfreie Einnahmen

§ 3

Steuerfrei sind

1. a) Leistungen aus einer Krankenversicherung, aus einer Pflegeversicherung und aus der gesetzlichen Unfallversicherung,
   b) Sachleistungen und Kinderzuschüsse aus den gesetzlichen Rentenversicherungen einschließlich der Sachleistungen nach dem Gesetz über die Alterssicherung der Landwirte,
   c) Übergangsgeld nach dem Sechsten Buch Sozialgesetzbuch und Geldleistungen nach den §§ 10, 36 bis 39 des Gesetzes über die Alterssicherung der Landwirte,

d) das Mutterschaftsgeld nach dem Mutterschutzgesetz, der Reichsversicherungsordnung und dem Gesetz über die Krankenversicherung der Landwirte, die Sonderunterstützung für im Familienhaushalt beschäftigte Frauen, der Zuschuss zum Mutterschaftsgeld nach dem Mutterschutzgesetz sowie der Zuschuss bei Beschäftigungsverboten für die Zeit vor oder nach einer Entbindung sowie für den Entbindungstag während einer Elternzeit nach beamtenrechtlichen Vorschriften;

2. a) das Arbeitslosengeld, das Teilarbeitslosengeld, das Kurzarbeitergeld, der Zuschuss zum Arbeitsentgelt, das Übergangsgeld, der Gründungszuschuss, das Qualifizierungsgeld nach dem Dritten Buch Sozialgesetzbuch sowie die übrigen Leistungen nach dem Dritten Buch Sozialgesetzbuch und den entsprechenden Programmen des Bundes und der Länder, soweit sie Arbeitnehmern oder Arbeitsuchenden oder zur Förderung der Aus- oder Weiterbildung oder Existenzgründung der Empfänger gewährt werden,

b) das Insolvenzgeld, Leistungen auf Grund der in § 169 und § 175 Absatz 2 des Dritten Buches Sozialgesetzbuch genannten Ansprüche sowie Zahlungen des Arbeitgebers an einen Sozialleistungsträger auf Grund des gesetzlichen Forderungsübergangs nach § 115 Absatz 1 des Zehnten Buches Sozialgesetzbuch, wenn ein Insolvenzereignis nach § 165 Absatz 1 Satz 2 auch in Verbindung mit Satz 3 des Dritten Buches Sozialgesetzbuch vorliegt,

c) die Arbeitslosenbeihilfe nach dem Soldatenversorgungsgesetz,

d) Leistungen zur Sicherung des Lebensunterhalts und zur Eingliederung in Arbeit nach dem Zweiten Buch Sozialgesetzbuch,

e) mit den in den Nummern 1 bis 2 Buchstabe d und Nummer 67 Buchstabe b genannten Leistungen vergleichbare Leistungen ausländischer Rechtsträger, die ihren Sitz in einem Mitgliedstaat der Europäischen Union, in einem Staat, auf den das Abkommen über den Europäischen Wirtschaftsraum Anwendung findet oder in der Schweiz haben;

3. a) Rentenabfindungen nach § 107 des Sechsten Buches Sozialgesetzbuch, nach § 21 des Beamtenversorgungsgesetzes, nach § 9 Absatz 1 Nummer 3 des Altersgeldgesetzes oder entsprechendem Landesrecht und nach § 59 des Soldatenversorgungsgesetzes in Verbindung mit § 21 des Beamtenversorgungsgesetzes,

b) Beitragserstattungen an den Versicherten nach den §§ 210 und 286d des Sechsten Buches Sozialgesetzbuch sowie nach den §§ 204, 205 und 207 des Sechsten Buches Sozialgesetzbuch, Beitragserstattungen nach den §§ 75 und 117 des Gesetzes über die Alterssicherung der Landwirte und nach § 26 des Vierten Buches Sozialgesetzbuch,

c) Leistungen aus berufsständischen Versorgungseinrichtungen, die den Leistungen nach den Buchstaben a und b entsprechen,

d) Kapitalabfindungen und Ausgleichszahlungen nach § 48 des Beamtenversorgungsgesetzes oder entsprechendem Landesrecht und nach den §§ 43 bis 50 und 53 des Soldatenversorgungsgesetzes;

4. bei Angehörigen der Bundeswehr, der Bundespolizei, der Zollverwaltung, der Bereitschaftspolizei der Länder, der Vollzugspolizei und der Berufsfeuerwehr der Länder und Gemeinden und bei Vollzugsbeamten der Kriminalpolizei des Bundes, der Länder und Gemeinden

a) der Geldwert der ihnen aus Dienstbeständen überlassenen Dienstkleidung,

b) Einkleidungsbeihilfen und Abnutzungsentschädigungen für die Dienstkleidung der zum Tragen oder Bereithalten von Dienstkleidung Verpflichteten und für dienstlich notwendige Kleidungsstücke der Vollzugsbeamten der Kriminalpolizei sowie der Angehörigen der Zollverwaltung,

c) im Einsatz gewährte Verpflegung oder Verpflegungszuschüsse,

d) der Geldwert der auf Grund gesetzlicher Vorschriften gewährten Heilfürsorge;

5. a) die Geld- und Sachbezüge, die Wehrpflichtige während des Wehrdienstes nach § 4 des Wehrpflichtgesetzes erhalten,

b) die Geld- und Sachbezüge, die Zivildienstleistende nach § 35 des Zivildienstgesetzes erhalten,

c) die Heilfürsorge, die Soldaten nach § 16 des Wehrsoldgesetzes und Zivildienstleistende nach § 35 des Zivildienstgesetzes erhalten,

d) das an Personen, die einen in § 32 Absatz 4 Satz 1 Nummer 2 Buchstabe d genannten Freiwilligendienst leisten, gezahlte Taschengeld oder eine vergleichbare Leistung,

e) Leistungen nach § 5 des Wehrsoldgesetzes;

6. [1]Bezüge, die auf Grund gesetzlicher Vorschriften aus öffentlichen Mitteln versorgungshalber an Wehrdienstbeschädigte, im Freiwilligen Wehrdienst Beschädigte, Zivildienstbeschädigte und im Bundesfreiwilligendienst Beschädigte oder ihre Hinterbliebenen, Kriegsbeschädigte, Kriegshinterbliebene und ihnen gleichgestellte Personen gezahlt werden, soweit es sich nicht um Bezüge handelt, die auf Grund der Dienstzeit gewährt werden. [2]Gleichgestellte im Sinne des Satzes 1 sind auch Personen, die Anspruch auf Leistungen nach dem Vierzehnten Buch Sozialgesetzbuch oder auf Unfallfürsorgeleistungen nach dem Soldatenversorgungsgesetz, Soldatenentschädigungsgesetz, Beamtenversorgungsgesetz oder vergleichbarem Landesrecht haben;

7. Ausgleichsleistungen nach dem Lastenausgleichsgesetz, Leistungen nach dem Flüchtlingshilfegesetz, dem Bundesvertriebenengesetz, dem Reparationsschädengesetz, dem Vertriebenenzuwendungsgesetz, dem NS-Verfolgtenentschädigungsgesetz sowie Leistungen nach dem Entschädigungsgesetz und nach dem Ausgleichsleistungsgesetz, soweit sie nicht Kapitalerträge im Sinne des § 20 Absatz 1 Nummer 7 und Absatz 2 sind;

8. [1]Geldrenten, Kapitalentschädigungen und Leistungen im Heilverfahren, die auf Grund gesetzlicher Vorschriften zur Wiedergutmachung nationalsozialistischen Unrechts gewährt werden. [2]Die Steuerpflicht von Bezügen aus einem aus Wiedergutmachungsgründen neu begründeten oder wieder begründeten Dienstverhältnis sowie von Bezügen aus einem früheren Dienstverhältnis, die aus Wiedergutmachungsgründen neu gewährt oder wieder gewährt werden, bleibt unberührt;

8a. [1]Renten wegen Alters und Renten wegen verminderter Erwerbsfähigkeit aus der gesetzlichen Rentenversicherung, die an Verfolgte im Sinne des § 1 des Bundesentschädigungsgesetzes gezahlt werden, wenn rentenrechtliche Zeiten auf Grund der Verfolgung in der Rente enthalten sind. [2]Renten wegen Todes aus der gesetzlichen Rentenversicherung, wenn der verstorbene Versicherte Verfolgter im Sinne des § 1 des Bundesentschädigungsgesetzes war und wenn rentenrechtliche Zeiten auf Grund der Verfolgung in dieser Rente enthalten sind;

9. Erstattungen nach § 23 Absatz 2 Satz 1 Nummer 3 und 4 sowie nach § 39 Absatz 4 Satz 2 des Achten Buches Sozialgesetzbuch;

10. [1]Einnahmen einer Gastfamilie für die Aufnahme eines Menschen mit Behinderungen oder von Behinderung bedrohten Menschen nach § 2 Absatz 1 des Neunten Buches Sozialgesetzbuch zur Pflege, Betreuung, Unterbringung und Verpflegung, die auf Leistungen eines Leistungsträgers nach dem Sozialgesetzbuch beruhen. [2]Für Einnahmen im Sinne des Satzes 1, die nicht auf Leistungen eines Leistungsträgers nach dem Sozialgesetzbuch beruhen, gilt Entsprechendes bis zur Höhe der Leistungen nach dem Zwölften Buch Sozialgesetzbuch. [3]Überschreiten die auf Grund der in Satz 1 bezeichneten Tätigkeit bezogenen Einnahmen der Gastfamilie den steuerfreien Betrag, dürfen die mit der Tätigkeit in unmittelbarem wirtschaftlichen Zusammenhang stehenden Ausgaben abweichend von § 3c nur insoweit als Betriebsausgaben abgezogen werden, als sie den Betrag der steuerfreien Einnahmen übersteigen;

11. [1]Bezüge aus öffentlichen Mitteln oder aus Mitteln einer öffentlichen Stiftung, die wegen Hilfsbedürftigkeit oder als Beihilfe zu dem Zweck bewilligt werden, die Erziehung oder Ausbildung, die Wissenschaft oder Kunst unmittelbar zu fördern. [2]Darunter fallen nicht Kinderzuschläge und Kinderbeihilfen, die auf Grund der Besoldungsgesetze, besonderer Tarife oder ähnlicher Vorschriften gewährt werden. [3]Voraussetzung für die Steuerfreiheit ist, dass der Empfänger mit den Bezügen nicht zu einer bestimmten wissenschaftlichen oder künstlerischen Gegenleistung oder zu einer bestimmten Arbeitnehmertätigkeit verpflichtet wird. [4]Den Bezügen aus öffentlichen Mitteln wegen Hilfsbedürftigkeit gleichgestellt sind Beitragsermäßigungen und Prämienrückzahlungen eines Trägers der gesetzlichen Krankenversicherung für nicht in Anspruch genommene Beihilfeleistungen;

11a. zusätzlich zum ohnehin geschuldeten Arbeitslohn vom Arbeitgeber in der Zeit vom 1. März 2020 bis zum 31. März 2022 auf Grund der Corona-Krise an seine Arbeitnehmer in Form von Zuschüssen und Sachbezügen gewährte Beihilfen und Unterstützungen bis zu einem Betrag von 1 500 Euro;

11b. zusätzlich zum ohnehin geschuldeten Arbeitslohn vom Arbeitgeber in der Zeit vom 18. November 2021 bis zum 31. Dezember 2022 an seine Arbeitnehmer zur Anerkennung besonderer Leistungen während der Corona-Krise gewährte Leistungen bis zu einem Betrag von 4 500 Euro. [2]Voraussetzung für die Steuerbefreiung ist, dass die Arbeitnehmer in Einrichtungen im Sinne des § 23 Absatz 3 Satz 1 Nummer 1 bis 4, 8, 11 oder Nummer 12 des Infektionsschutzgesetzes oder § 36 Absatz 1 Nummer 2 oder Nummer 7 des Infektionsschutzgesetzes tätig sind; maßgeblich ist jeweils die am 22. Juni 2022 gültige Fassung des Infektionsschutzgesetzes. [3]Die Steuerbefreiung gilt entsprechend für Personen, die in den in Satz 2 genannten Einrichtungen im Rahmen einer Arbeitnehmerüberlassung oder im Rahmen eines Werk- oder Dienstleistungsvertrags eingesetzt werden. [4]Nummer 11a findet auf die Leistungen im Sinne der Sätze 1 bis 3 keine Anwendung. [5]Abweichend von Satz 1 gilt die Steuerbefreiung für Leistungen nach § 150c des Elften Buches Sozialgesetzbuch in der Fassung des Gesetzes zur Stärkung des Schutzes der Bevölkerung und insbesondere vulnerabler Personengruppen vor COVID-19 vom 16. September 2022 (BGBl. I S. 1454) auch dann, wenn sie in der Zeit bis zum 31. Mai 2023 gewährt werden;

11c. zusätzlich zum ohnehin geschuldeten Arbeitslohn vom Arbeitgeber in der Zeit vom 26. Oktober 2022 bis zum 31. Dezember 2024 in Form von Zuschüssen und Sachbezügen gewährte Leistungen zur Abmilderung der gestiegenen Verbraucherpreise bis zu einem Betrag von 3 000 Euro;

12. aus einer Bundeskasse oder Landeskasse gezahlte Bezüge, die zum einen

    a) in einem Bundesgesetz oder Landesgesetz,

    b) auf Grundlage einer bundesgesetzlichen oder landesgesetzlichen Ermächtigung beruhenden Bestimmung oder

    c) von der Bundesregierung oder einer Landesregierung

    als Aufwandsentschädigung festgesetzt sind und die zum anderen jeweils auch als Aufwandsentschädigung im Haushaltsplan ausgewiesen werden. [2]Das Gleiche gilt für andere Bezüge, die als Aufwandsentschädigung aus öffentlichen Kassen an öffentliche Dienste leistende Personen gezahlt werden, soweit nicht festgestellt wird, dass sie für Verdienstausfall oder Zeitverlust gewährt werden oder den Aufwand, der dem Empfänger erwächst, offenbar übersteigen;

13. die aus öffentlichen Kassen gezahlten Reisekostenvergütungen, Umzugskostenvergütungen und Trennungsgelder. [2]Die als Reisekostenvergütungen gezahlten Vergütungen für Verpflegung sind nur insoweit steuerfrei, als sie die Pauschbeträge nach § 9 Absatz 4a nicht übersteigen; Trennungsgelder sind nur insoweit steuerfrei, als sie die nach § 9 Absatz 1 Satz 3 Nummer 5 und Absatz 4a abziehbaren Aufwendungen nicht übersteigen;

14. Zuschüsse eines Trägers der gesetzlichen Rentenversicherung zu den Aufwendungen eines Rentners für seine Krankenversicherung und von dem gesetzlichen Rentenversicherungsträger getragene Anteile (§ 249a des Fünften Buches Sozialgesetzbuch) an den Beiträgen für die gesetzliche Krankenversicherung;

14a. der Anteil der Rente aus der gesetzlichen Rentenversicherung, der auf Grund des Zuschlags an Entgeltpunkten für langjährige Versicherung nach dem Sechsten Buch Sozialgesetzbuch geleistet wird;

15. Zuschüsse des Arbeitgebers, die zusätzlich zum ohnehin geschuldeten Arbeitslohn zu den Aufwendungen des Arbeitnehmers für Fahrten mit öffentlichen Verkehrsmitteln im Linienverkehr (ohne Luftverkehr) zwischen Wohnung und erster Tätigkeitsstätte und nach § 9 Absatz 1 Satz 3 Nummer 4a Satz 3 sowie für Fahrten im öffentlichen Personennahverkehr gezahlt werden. [2]Das Gleiche gilt für die unentgeltliche oder verbilligte Nutzung öffentlicher Verkehrsmittel im Linienverkehr (ohne Luftverkehr) für Fahrten zwischen Wohnung und erster Tätigkeitsstätte und nach § 9 Absatz 1 Satz 3 Nummer 4a Satz 3 sowie für Fahrten im öffentlichen Personennahverkehr, die der Arbeitnehmer auf Grund seines Dienstverhältnisses zusätzlich zum ohnehin geschuldeten Arbeitslohn in Anspruch nehmen kann. [3]Die nach den Sätzen 1 und 2 steuerfreien Leistungen mindern den nach § 9 Absatz 1 Satz 3 Nummer 4 Satz 2 abziehbaren Betrag;

16. die Vergütungen, die Arbeitnehmer außerhalb des öffentlichen Dienstes von ihrem Arbeitgeber zur Erstattung von Reisekosten, Umzugskosten oder Mehraufwendungen bei doppelter Haushaltsführung erhalten, soweit sie die nach § 9 als Werbungskosten abziehbaren Aufwendungen nicht übersteigen;

17. Zuschüsse zum Beitrag nach § 32 des Gesetzes über die Alterssicherung der Landwirte;

18. das Aufgeld für ein an die Bank für Vertriebene und Geschädigte (Lastenausgleichsbank) zugunsten des Ausgleichsfonds (§ 5 des Lastenausgleichsgesetzes) gegebenes Darlehen, wenn das Darlehen nach § 7f des Gesetzes in der Fassung der Bekanntmachung vom 15. September 1953 (BGBl. I S. 1355) im Jahr der Hingabe als Betriebsausgabe abzugsfähig war;

19. Weiterbildungsleistungen des Arbeitgebers oder auf dessen Veranlassung von einem Dritten

    a) für Maßnahmen nach § 82 Absatz 1 und 2 und 82a des Dritten Buches Sozialgesetzbuch oder

    b) die der Verbesserung der Beschäftigungsfähigkeit des Arbeitnehmers dienen.

[2]Steuerfrei sind auch Beratungsleistungen des Arbeitgebers oder auf dessen Veranlassung von einem Dritten zur beruflichen Neuorientierung bei Beendigung des Dienstverhältnisses. [3]Die Leistungen im Sinne der Sätze 1 und 2 dürfen keinen überwiegenden Belohnungscharakter haben;

20. die aus öffentlichen Mitteln des Bundespräsidenten aus sittlichen oder sozialen Gründen gewährten Zuwendungen an besonders verdiente Personen oder ihre Hinterbliebenen;

21. und 22. (*weggefallen*)

23. Leistungen nach
    a) dem Häftlingshilfegesetz,
    b) dem Strafrechtlichen Rehabilitierungsgesetz,
    c) dem Verwaltungsrechtlichen Rehabilitierungsgesetz,
    d) dem Beruflichen Rehabilitierungsgesetz,
    e) dem Gesetz zur strafrechtlichen Rehabilitierung der nach dem 8. Mai 1945 wegen einvernehmlicher homosexueller Handlungen verurteilten Personen und
    f) dem Gesetz zur Rehabilitierung der wegen einvernehmlicher homosexueller Handlungen, wegen ihrer homosexuellen Orientierung oder wegen ihrer geschlechtlichen Identität dienstrechtlich benachteiligten Soldatinnen und Soldaten;

24. Leistungen, die auf Grund des Bundeskindergeldgesetzes gewährt werden;

25. Entschädigungen nach dem Infektionsschutzgesetz vom 20. Juli 2000 (BGBl. I S. 1045);

26. [1)]*Einnahmen aus nebenberuflichen Tätigkeiten zur Förderung gemeinnütziger, mildtätiger und kirchlicher Zwecke (§§ 52 bis 54 der Abgabenordnung) als Übungsleiter, Ausbilder, Erzieher, Betreuer oder vergleichbaren nebenberuflichen Tätigkeiten, aus nebenberuflichen künstlerischen Tätigkeiten oder der nebenberuflichen Pflege alter, kranker Menschen oder Menschen mit Behinderungen im Dienst oder Auftrag einer juristischen Person des öffentlichen Rechts, die in einem Mitgliedstaat der Europäischen Union, in einem Staat, auf den das Abkommen über den Europäischen Wirtschaftsraum Anwendung findet, oder in der Schweiz belegen ist, oder einer unter § 5 Absatz 1 Nummer 9 des Körperschaftsteuergesetzes fallenden Einrichtung bis zur Höhe von insgesamt 3 000 Euro im Jahr.* [2]Überschreiten die Einnahmen für die in Satz 1 bezeichneten Tätigkeiten den steuerfreien Betrag, dürfen die mit den nebenberuflichen Tätigkeiten in unmittelbarem wirtschaftlichen Zusammenhang stehenden Ausgaben abweichend von § 3c nur insoweit als Betriebsausgaben oder Werbungskosten abgezogen werden, als sie den Betrag der steuerfreien Einnahmen übersteigen;

26a. [2)]*Einnahmen aus nebenberuflichen Tätigkeiten zur Förderung gemeinnütziger, mildtätiger und kirchlicher Zwecke (§§ 52 bis 54 der Abgabenordnung) im Dienst oder Auftrag einer juristischen Person des öffentlichen Rechts, die in einem Mitgliedstaat der Europäischen Union, in einem Staat, auf den das Abkommen über den Europäischen Wirtschaftsraum Anwendung findet, oder in der Schweiz belegen ist, oder einer unter § 5 Absatz 1 Nummer 9 des Körperschaftsteuergesetzes fallenden Einrichtung bis zur Höhe von insgesamt 840 Euro im Jahr.* [2]Die Steuerbefreiung ist ausgeschlossen, wenn für die Einnahmen aus der Tätigkeit – ganz oder teilweise – eine Steuerbefreiung nach § 3 Nummer 12, 26 oder 26b gewährt wird. [3]Überschreiten die Einnahmen für die in Satz 1 bezeichneten Tätigkeiten den steuerfreien Betrag, dürfen die mit den nebenberuflichen Tätigkeiten in unmittelbarem wirtschaftlichen Zusammenhang stehenden Ausgaben abweichend von § 3c nur insoweit als Betriebsausgaben oder Werbungskosten abgezogen werden, als sie den Betrag der steuerfreien Einnahmen übersteigen;

26b. Aufwandsentschädigungen nach § 1835a des Bürgerlichen Gesetzbuchs, soweit sie zusammen mit den steuerfreien Einnahmen im Sinne der Nummer 26 den Freibetrag nach Nummer 26 Satz 1 nicht überschreiten. [2]Nummer 26 Satz 2 gilt entsprechend;

27. der Grundbetrag der Produktionsaufgaberente und das Ausgleichsgeld nach dem Gesetz zur Förderung der Einstellung der landwirtschaftlichen Erwerbstätigkeit bis zum Höchstbetrag von 18 407 Euro;

28. die Aufstockungsbeträge im Sinne des § 3 Absatz 1 Nummer 1 Buchstabe a sowie die Beiträge und Aufwendungen im Sinne des § 3 Absatz 1 Nummer 1 Buchstabe b und des § 4 Absatz 2 des Altersteilzeitgesetzes, die Zuschläge, die versicherungsfrei Beschäftigte im Sinne des § 27 Absatz 1 Nummer 1 bis 3 des Dritten Buches Sozialgesetzbuch zur Aufstockung der Bezüge bei Altersteilzeit nach beamtenrechtlichen Vorschriften oder Grundsätzen erhalten sowie die Zahlungen des Arbeitgebers zur Übernahme der Beiträge im Sinne des § 187a des Sechsten Buches Sozialgesetzbuch, soweit sie 50 Prozent der Beiträge nicht übersteigen;

28a. Zuschüsse des Arbeitgebers zum Kurzarbeitergeld und Saison-Kurzarbeitergeld, soweit sie zusammen mit dem Kurzarbeitergeld 80 Prozent des Unterschiedsbetrags zwischen dem Soll-Entgelt und dem Ist-Entgelt nach § 106 des Dritten Buches Sozialgesetzbuch nicht übersteigen und sie für Lohnzahlungszeiträume, die nach dem 29. Februar 2020 beginnen und vor dem 1. Juli 2022 enden, geleistet werden;

29. das Gehalt und die Bezüge,
    a) [1]die die diplomatischen Vertreter ausländischer Staaten, die ihnen zugewiesenen Beamten und die in ihren Diensten stehenden Personen erhalten. [2]Dies gilt nicht für deutsche Staatsangehörige oder für im Inland ständig ansässige Personen;
    b) [1]der Berufskonsuln, der Konsulatsangehörigen und ihres Personals, soweit sie Angehörige des Entsendestaates sind. [2]Dies gilt nicht für Personen, die im Inland ständig ansässig sind oder außerhalb ihres Amtes oder Dienstes einen Beruf, ein Gewerbe oder eine andere gewinnbringende Tätigkeit ausüben;

30. Entschädigungen für die betriebliche Benutzung von Werkzeugen eines Arbeitnehmers (Werkzeuggeld), soweit sie die entsprechenden Aufwendungen des Arbeitnehmers nicht offensichtlich übersteigen;

31. die typische Berufskleidung, die der Arbeitgeber seinem Arbeitnehmer unentgeltlich oder verbilligt überlässt; dasselbe gilt für eine Barablösung eines nicht nur einzelvertraglichen Anspruchs auf Gestellung von typischer Berufskleidung, wenn die Barablösung betrieblich veranlasst ist und die entsprechenden Aufwendungen des Arbeitnehmers nicht offensichtlich übersteigt;

---

1) Nr. 26 Satz 1 soll durch Art. 1 des Steueränderungsgesetzes 2025 geändert werden.
2) Nr. 26a Satz 1 soll durch Art. 1 des Steueränderungsgesetzes 2025 geändert werden.

32. die unentgeltliche oder verbilligte Sammelbeförderung eines Arbeitnehmers zwischen Wohnung und erster Tätigkeitsstätte sowie bei Fahrten nach § 9 Absatz 1 Satz 3 Nummer 4a Satz 3 mit einem vom Arbeitgeber gestellten Beförderungsmittel, soweit die Sammelbeförderung für den betrieblichen Einsatz des Arbeitnehmers notwendig ist;

33. zusätzlich zum ohnehin geschuldeten Arbeitslohn erbrachte Leistungen des Arbeitgebers zur Unterbringung und Betreuung von nicht schulpflichtigen Kindern der Arbeitnehmer in Kindergärten oder vergleichbaren Einrichtungen;

34. zusätzlich zum ohnehin geschuldeten Arbeitslohn erbrachte Leistungen des Arbeitgebers zur Verhinderung und Vermeidung von Krankheitsrisiken und zur Förderung der Gesundheit in Betrieben, die hinsichtlich Qualität, Zweckbindung, Zielgerichtetheit und Zertifizierung den Anforderungen der §§ 20 und 20b des Fünften Buches Sozialgesetzbuch genügen, soweit sie 600 Euro im Kalenderjahr nicht übersteigen;

34a. zusätzlich zum ohnehin geschuldeten Arbeitslohn erbrachte Leistungen des Arbeitgebers

a) an ein Dienstleistungsunternehmen, das den Arbeitnehmer hinsichtlich der Betreuung von Kindern oder pflegebedürftigen Angehörigen berät oder hierfür Betreuungspersonen vermittelt sowie

b) zur kurzfristigen Betreuung von Kindern im Sinne des § 32 Absatz 1, die das 14. Lebensjahr noch nicht vollendet haben oder die wegen einer vor Vollendung des 25. Lebensjahres eingetretenen körperlichen, geistigen oder seelischen Behinderung außerstande sind, sich selbst zu unterhalten oder pflegebedürftigen Angehörigen des Arbeitnehmers, wenn die Betreuung aus zwingenden und beruflich veranlassten Gründen notwendig ist, auch wenn sie im privaten Haushalt des Arbeitnehmers stattfindet, soweit die Leistungen 600 Euro im Kalenderjahr nicht übersteigen;

35. die Einnahmen der bei der Deutsche Post AG, Deutsche Postbank AG oder Deutsche Telekom AG beschäftigten Beamten, soweit die Einnahmen ohne Neuordnung des Postwesens und der Telekommunikation nach den Nummern 11 bis 13 und 64 steuerfrei wären;

36. Einnahmen für Leistungen zu körperbezogenen Pflegemaßnahmen, pflegerischen Betreuungsmaßnahmen oder Hilfen bei der Haushaltsführung bis zur Höhe des Pflegegeldes nach § 37 des Elften Buches Sozialgesetzbuch, mindestens aber bis zur Höhe des Entlastungsbetragsnach § 45b Absatz 1 Satz 1 des Elften Buches Sozialgesetzbuch, wenn diese Leistungen von Angehörigen des Pflegebedürftigen oder von anderen Personen, die damit eine sittliche Pflicht im Sinne des § 33 Absatz 2 gegenüber dem Pflegebedürftigen erfüllen, erbracht werden. [2]Entsprechendes gilt, wenn der Pflegebedürftige vergleichbare Leistungen aus privaten Versicherungsverträgen nach den Vorgaben des Elften Buches Sozialgesetzbuch oder nach den Beihilfevorschriften für häusliche Pflege erhält;

37. zusätzlich zum ohnehin geschuldeten Arbeitslohn vom Arbeitgeber gewährte Vorteile für die Überlassung eines betrieblichen Fahrrads, das kein Kraftfahrzeug im Sinne des § 6 Absatz 1 Nummer 4 Satz 2 ist;

38. Sachprämien, die der Steuerpflichtige für die persönliche Inanspruchnahme von Dienstleistungen von Unternehmen unentgeltlich erhält, die diese zum Zwecke der Kundenbindung im allgemeinen Geschäftsverkehr in einem jedermann zugänglichen planmäßigen Verfahren gewähren, soweit der Wert der Prämien 1 080 Euro im Kalenderjahr nicht übersteigt;

39. der Vorteil des Arbeitnehmers im Rahmen eines gegenwärtigen Dienstverhältnisses aus der unentgeltlichen oder verbilligten Überlassung von Vermögensbeteiligungen im Sinne des § 2 Absatz 1 Nummer 1 Buchstabe a, b und f bis l und Absatz 2 bis 5 des Fünften Vermögensbildungsgesetzes in der Fassung der Bekanntmachung vom 4. März 1994 (BGBl. I S. 406), zuletzt geändert durch Artikel 2 des Gesetzes vom 7. März 2009 (BGBl. I S. 451), in der jeweils geltenden Fassung, am Unternehmen des Arbeitgebers, soweit der Vorteil insgesamt 2 000 Euro im Kalenderjahr nicht übersteigt. [2]Voraussetzung für die Steuerfreiheit ist, dass die Beteiligung mindestens allen Arbeitnehmern offensteht, die im Zeitpunkt der Bekanntgabe des Angebots ein Jahr oder länger ununterbrochen in einem gegenwärtigen Dienstverhältnis zum Unternehmen stehen. [3]Als Unternehmen des Arbeitgebers im Sinne des Satzes 1 gilt auch ein Unternehmen im Sinne des § 18 des Aktiengesetzes. [4]Als Wert der Vermögensbeteiligung ist der gemeine Wert anzusetzen;

40. 40 Prozent

a) [1]der Betriebsvermögensmehrungen oder Einnahmen aus der Veräußerung oder der Entnahme von Anteilen an Körperschaften, Personenvereinigungen und Vermögensmassen, deren Leistungen beim Empfänger zu Einnahmen im Sinne des § 20 Absatz 1 Nummer 1 und 9 gehören, oder an einer Organgesellschaft im Sinne des § 14 oder § 17 des Körperschaftsteuergesetzes, oder aus deren Auflösung oder Herabsetzung von deren Nennkapital oder aus dem Ansatz eines solchen Wirtschaftsguts mit dem Wert, der sich nach § 6 Absatz 1 Nummer 2 Satz 3 ergibt, soweit sie zu den Einkünften aus Land- und Forstwirtschaft, aus Gewerbebetrieb oder aus selbständiger Arbeit gehören. [2]Dies gilt nicht, soweit der Ansatz des niedrigeren Teilwertes in vollem Umfang zu einer Gewinnminderung geführt hat und soweit diese Gewinnminderung nicht durch Ansatz eines Wertes, der sich nach § 6 Absatz 1 Nummer 2 Satz 3 ergibt, ausgeglichen worden ist. [3]Satz 1 gilt außer für Betriebsvermögensmehrungen aus dem Ansatz mit dem Wert, der sich nach § 6 Absatz 1 Nummer 2 Satz 3 ergibt, ebenfalls nicht, soweit Abzüge nach § 6b oder ähnliche Abzüge voll steuerwirksam vorgenommen worden sind,

b) [1]des Veräußerungspreises im Sinne des § 16 Absatz 2, soweit er auf die Veräußerung von Anteilen an Körperschaften, Personenvereinigungen und Vermögensmassen entfällt, deren Leistungen beim Empfänger zu Einnahmen im Sinne des § 20 Absatz 1 Nummer 1 und 9 gehören, oder an einer Organgesellschaft im Sinne des § 14 oder § 17 des Körperschaftsteuergesetzes. [2]Satz 1 ist in den Fällen des § 16 Absatz 3 entsprechend anzuwenden. [3]Buchstabe a Satz 3 gilt entsprechend,

c) [1]des Veräußerungspreises oder des gemeinen Wertes im Sinne des § 17 Absatz 2. [2]Satz 1 ist in den Fällen des § 17 Absatz 4 entsprechend anzuwenden,

d) [1]der Bezüge im Sinne des § 20 Absatz 1 Nummer 1 und der Einnahmen im Sinne des § 20 Absatz 1 Nummer 9. [2]Dies gilt nur, soweit sie das Einkommen der leistenden Körperschaft nicht gemindert haben. [3]Sofern die Bezüge in einem anderen Staat auf Grund einer vom deutschen Recht abweichenden steuerlichen Zurechnung einer anderen Person zugerechnet werden, gilt Satz 1 nur, soweit das Einkommen der anderen Person oder ihr nahestehender Personen nicht niedriger ist als bei einer dem deutschen Recht entsprechenden Zurechnung. [4]Satz 1 Buchstabe d Satz 2 gilt nicht, soweit eine verdeckte Gewinnausschüttung das Einkommen einer dem Steuerpflichtigen nahe stehenden Person erhöht hat und § 32a des Körperschaftsteuergesetzes auf die Veranlagung dieser nahe stehenden Person keine Anwendung findet,

e) der Bezüge im Sinne des § 20 Absatz 1 Nummer 2,

f) der besonderen Entgelte oder Vorteile im Sinne des § 20 Absatz 3, die neben den in § 20 Absatz 1 Nummer 1 und Absatz 2 Satz 1 Nummer 2 Buchstabe a bezeichneten Einnahmen oder an deren Stelle gewährt werden,

g) des Gewinns aus der Veräußerung von Dividendenscheinen und sonstigen Ansprüchen im Sinne des § 20 Absatz 2 Satz 1 Nummer 2 Buchstabe a,

h) des Gewinns aus der Abtretung von Dividendenansprüchen oder sonstigen Ansprüchen im Sinne des § 20 Absatz 2 Satz 1 Nummer 2 Buchstabe a in Verbindung mit § 20 Absatz 2 Satz 2,

i) der Bezüge im Sinne des § 22 Nummer 1 Satz 2, soweit diese von einer nicht von der Körperschaftsteuer befreiten Körperschaft, Personenvereinigung oder Vermögensmasse stammen.

[2]Dies gilt für Satz 1 Buchstabe d bis h nur in Verbindung mit § 20 Absatz 8. [3]Satz 1 Buchstabe a, b und d bis h ist nicht anzuwenden auf Anteile, die bei Kreditinstituten, Finanzdienstleistungsinstituten und Wertpapierinstituten dem Handelsbestand im Sinne des § 340e Absatz 3 des Handelsgesetzbuchs zuzuordnen sind; Gleiches gilt für Anteile, die bei Finanzunternehmen im Sinne des Kreditwesengesetzes, an denen Kreditinstitute, Finanzdienstleistungsinstitute und Wertpapierinstitute unmittelbar oder mittelbar zu mehr als 50 Prozent beteiligt sind, zum Zeitpunkt des Zugangs zum Betriebsvermögen als Umlaufvermögen auszuweisen sind. [3]Sofern die Bezüge in einem anderen Staat auf Grund einer vom deutschen Recht abweichenden steuerlichen Zurechnung einer anderen Person zugerechnet werden, gilt Satz 1 nur, soweit das Einkommen der anderen Person oder ihr nahestehender Personen nicht niedriger ist als bei einer dem deutschen Recht entsprechenden Zurechnung. [4]Satz 1 ist nicht anzuwenden bei Anteilen an Unterstützungskassen;

40a. 40 Prozent der Vergütungen im Sinne des § 18 Absatz 1 Nummer 4;

41. *(weggefallen)*

42. die Zuwendungen, die auf Grund des Fulbright-Abkommens gezahlt werden;

43. der Ehrensold für Künstler sowie Zuwendungen aus Mitteln der Deutschen Künstlerhilfe, wenn es sich um Bezüge aus öffentlichen Mitteln handelt, die wegen der Bedürftigkeit des Künstlers gezahlt werden;

44. [1]Stipendien, die aus öffentlichen Mitteln oder von zwischenstaatlichen oder überstaatlichen Einrichtungen, denen die Bundesrepublik Deutschland als Mitglied angehört, zur Förderung der Forschung oder zur Förderung der wissenschaftlichen oder künstlerischen Ausbildung oder Fortbildung gewährt werden. [2]Das Gleiche gilt für Stipendien, die zu den in Satz 1 bezeichneten Zwecken von einer Einrichtung, die von einer Körperschaft des öffentlichen Rechts errichtet ist oder verwaltet wird, oder von einer Körperschaft, Personenvereinigung oder Vermögensmasse im Sinne des § 5 Absatz 1 Nummer 9 des Körperschaftsteuergesetzes gegeben werden. [3]Voraussetzung für die Steuerfreiheit ist, dass

a) die Stipendien einen für die Erfüllung der Forschungsaufgabe oder für die Bestreitung des Lebensunterhalts und die Deckung des Ausbildungsbedarfs erforderlichen Betrag nicht übersteigen und nach den von dem Geber erlassenen Richtlinien vergeben werden,

b) der Empfänger im Zusammenhang mit dem Stipendium nicht zu einer bestimmten wissenschaftlichen oder künstlerischen Gegenleistung oder zu einer bestimmten Arbeitnehmertätigkeit verpflichtet ist;

45. [1]die Vorteile des Arbeitnehmers aus der privaten Nutzung von betrieblichen Datenverarbeitungsgeräten und Telekommunikationsgeräten sowie deren Zubehör, aus zur privaten Nutzung überlassenen System- und Anwendungsprogrammen, die der Arbeitgeber auch in seinem Betrieb einsetzt, und aus den im Zusammenhang mit diesen Zuwendungen erbrachten Dienstleistungen. [2]Satz 1 gilt entsprechend für Steuerpflichtige, denen die Vorteile im Rahmen einer Tätigkeit zugewendet werden, für die sie eine Aufwandsentschädigung im Sinne des § 3 Nummer 12 erhalten;

46. zusätzlich zum ohnehin geschuldeten Arbeitslohn vom Arbeitgeber gewährte Vorteile für das elektrische Aufladen eines Elektrofahrzeugs oder Hybridelektrofahrzeugs im Sinne des § 6 Absatz 1 Nummer 4 Satz 2 zweiter Halbsatz an einer ortsfesten betrieblichen Einrichtung des Arbeitgebers oder eines verbundenen Unternehmens (§ 15 des Aktiengesetzes) und für die zur privaten Nutzung überlassene betriebliche Ladevorrichtung;

47. Leistungen nach § 14a Absatz 4 und § 14b des Arbeitsplatzschutzgesetzes;

48. Leistungen nach dem Unterhaltssicherungsgesetz mit Ausnahme der Leistungen nach § 6 des Unterhaltssicherungsgesetzes;

49. *(weggefallen)*

50. die Beträge, die der Arbeitnehmer vom Arbeitgeber erhält, um sie für ihn auszugeben (durchlaufende Gelder), und die Beträge, durch die Auslagen des Arbeitnehmers für den Arbeitgeber ersetzt werden (Auslagenersatz);

51. Trinkgelder, die anlässlich einer Arbeitsleitung dem Arbeitnehmer von Dritten freiwillig und ohne dass ein Rechtsanspruch auf sie besteht, zusätzlich zu dem Betrag gegeben werden, der für diese Arbeitsleistung zu zahlen ist;

52. *(weggefallen)*

53. die Übertragung von Wertguthaben nach § 7f Absatz 1 Satz 1 Nummer 2 des Vierten Buches Sozialgesetzbuch auf die Deutsche Rentenversicherung Bund. [2]Die Leistungen aus dem Wertguthaben durch die Deutsche Rentenversicherung Bund gehören zu den Einkünften aus nichtselbständiger Arbeit im Sinne des § 19. [3]Von ihnen ist Lohnsteuer einzubehalten;

54. Zinsen aus Entschädigungsansprüchen für deutsche Auslandsbonds im Sinne der §§ 52 bis 54 des Bereinigungsgesetzes für deutsche Auslandsbonds in der im Bundesgesetzblatt Teil III, Gliederungsnummer 4139-2, veröffentlichten bereinigten Fassung, soweit sich die Entschädigungsansprüche gegen den Bund oder die Länder richten. [2]Das Gleiche gilt für die Zinsen aus Schuldverschreibungen und Schuldbuchforderungen, die nach den §§ 9, 10 und 14 des Gesetzes zur näheren Regelung der Entschädigungsansprüche für Auslandsbonds in der im Bundesgesetzblatt Teil III, Gliederungsnummer 4139-3, veröffentlichten bereinigten Fassung vom Bund oder von den Ländern für Entschädigungsansprüche erteilt oder eingetragen werden;

55. der in den Fällen des § 4 Absatz 2 Nummer 2 und Absatz 3 des Betriebsrentengesetzes vom 19. Dezember 1974 (BGBl. I S. 3610), das zuletzt durch Artikel 8 des Gesetzes vom 5. Juli 2004 (BGBl. I S. 1427) geändert worden ist, in der jeweils geltenden Fassung geleistete Übertragungswert nach § 4 Absatz 5 des Betriebsrentengesetzes, wenn die betriebliche Altersversorgung beim ehemaligen und neuen Arbeitgeber über einen Pensionsfonds, eine Pensionskasse oder ein Unternehmen der Lebensversicherung durchgeführt wird; dies gilt auch, wenn eine Versorgungsanwartschaft aus einer betrieblichen Altersversorgung auf Grund vertraglicher Vereinbarung ohne Fristerfordernis unverfallbar ist. [2]Satz 1 gilt auch, wenn der Übertragungswert vom ehemaligen Arbeitgeber oder von einer Unterstützungskasse an den neuen Arbeitgeber oder eine andere Unterstützungskasse geleistet wird. [3]Die Leistungen des neuen Arbeitgebers, der Unterstützungskasse, des Pensionsfonds, der Pensionskasse oder des Unternehmens der Lebensversicherung auf Grund des Betrages nach Satz 1 und 2

gehören zu den Einkünften, zu denen die Leistungen gehören würden, wenn die Übertragung nach § 4 Absatz 2 Nummer 2 und Absatz 3 des Betriebsrentengesetzes nicht stattgefunden hätte;

55a. [1]die nach § 10 des Versorgungsausgleichsgesetzes vom 3. April 2009 (BGBl. I S. 700) in der jeweils geltenden Fassung (interne Teilung) durchgeführte Übertragung von Anrechten für die ausgleichsberechtigte Person zu Lasten von Anrechten der ausgleichspflichtigen Person. [2]Die Leistungen aus diesen Anrechten gehören bei der ausgleichsberechtigten Person zu den Einkünften, zu denen die Leistungen bei der ausgleichspflichtigen Person gehören würden, wenn die interne Teilung nicht stattgefunden hätte;

55b. [1]der nach § 14 des Versorgungsausgleichsgesetzes (externe Teilung) geleistete Ausgleichswert zur Begründung von Anrechten für die ausgleichsberechtigte Person zu Lasten von Anrechten der ausgleichspflichtigen Person, soweit Leistungen aus diesen Anrechten zu steuerpflichtigen Einkünften nach den §§ 19, 20 und 22 führen würden. [2]Satz 1 gilt nicht, soweit Leistungen, die auf dem begründeten Anrecht beruhen, bei der ausgleichsberechtigten Person zu Einkünften nach § 20 Absatz 1 Nummer 6 oder § 22 Nummer 1 Satz 3 Buchstabe a Doppelbuchstabe bb führen würden. [3]Der Versorgungsträger der ausgleichspflichtigen Person hat den Versorgungsträger der ausgleichsberechtigten Person über die für die Besteuerung der Leistungen erforderlichen Grundlagen zu informieren. [4]Dies gilt nicht, wenn der Versorgungsträger der ausgleichsberechtigten Person die Grundlagen bereits kennt oder aus den bei ihm vorhandenen Daten feststellen kann und dieser Umstand dem Versorgungsträger der ausgleichspflichtigen Person mitgeteilt worden ist;

55c.[1)] [1]Übertragungen von Altersvorsorgevermögen im Sinne des § 92 auf einen anderen auf den Namen des Steuerpflichtigen lautenden Altersvorsorgevertrag (§ 1 Absatz 1 Satz 1 Nummer 10 Buchstabe b des Altersvorsorgeverträge-Zertifizierungsgesetzes), soweit die Leistungen zu steuerpflichtigen Einkünften nach § 22 Nummer 5 führen würden. [2]Dies gilt entsprechend

a) wenn Anwartschaften aus einer betrieblichen Altersversorgung, die über einen Pensionsfonds, eine Pensionskasse oder ein Unternehmen der Lebensversicherung (Direktversicherung) durchgeführt wird, lediglich auf einen anderen Träger einer betrieblichen Altersversorgung in Form eines Pensionsfonds, einer Pensionskasse oder eines Unternehmens der Lebensversicherung (Direktversicherung) übertragen werden, soweit keine Zahlungen unmittelbar an den Arbeitnehmer erfolgen,

b) *wenn Anwartschaften der betrieblichen Altersversorgung abgefunden werden, soweit das Altersvorsorgevermögen zugunsten eines auf den Namen des Steuerpflichtigen lautenden Altersvorsorgevertrages geleistet wird, und in den Fällen des § 3 Absatz 2a des Betriebsrentengesetzes,*

c) wenn im Fall des Todes des Steuerpflichtigen das Altersvorsorgevermögen auf einen auf den Namen des Ehegatten lautenden Altersvorsorgevertrag übertragen wird, wenn die Ehegatten im Zeitpunkt des Todes des Zulageberechtigten nicht dauernd getrennt gelebt haben (§ 26 Absatz 1) und ihren Wohnsitz oder gewöhnlichen Aufenthalt in einem Mitgliedstaat der Europäischen Union oder einem Staat hatten, auf den das Abkommen über den Europäischen Wirtschaftsraum anwendbar ist; dies gilt auch, wenn die Ehegatten ihren vor dem Zeitpunkt, ab dem das Vereinigte Königreich Großbritannien und Nordirland nicht mehr Mitgliedstaat der Europäischen Union ist und auch nicht wie ein solcher zu behandeln ist, begründeten Wohnsitz oder gewöhnlichen Aufenthalt im Vereinigten Königreich Großbritannien und Nordirland hatten und der Vertrag vor dem 23. Juni 2016 abgeschlossen worden ist;

55d. Übertragungen von Anrechten aus einem nach § 5a Altersvorsorgeverträge-Zertifizierungsgesetz zertifizierten Vertrag auf einen anderen auf den Namen des Steuerpflichtigen lautenden nach § 5a Altersvorsorgeverträge-Zertifizierungsgesetz zertifizierten Vertrag;

55e. [1]die auf Grund eines Abkommens mit einer zwischen- oder überstaatlichen Einrichtung übertragenen Werte von Anrechten auf Altersversorgung, soweit diese zur Begründung von Anrechten auf Altersversorgung bei einer zwischen- oder überstaatlichen Einrichtung dienen. [2]Die Leistungen auf Grund des Betrags nach Satz 1 gehören zu den Einkünften, zu denen die Leistungen gehören, die die übernehmende Versorgungseinrichtung im Übrigen erbringt;

56. [1]Zuwendungen des Arbeitgebers nach § 19 Absatz 1 Satz 1 Nummer 3 Satz 1 aus dem ersten Dienstverhältnis an eine Pensionskasse zum Aufbau einer nicht kapitalgedeckten betrieblichen Altersversorgung, bei der eine Auszahlung der zugesagten Alters-, Invaliditäts- oder Hinterbliebenenversorgung entsprechend § 82 Absatz 2 Satz 2 vorgesehen ist, soweit diese Zuwendungen im Kalenderjahr 2 Prozent der Beitragsbemessungsgrenze in der allgemeinen Rentenversicherung nicht übersteigen. [2]Der in Satz 1 genannte Höchstbetrag erhöht sich ab 1. Januar 2020 auf 3 Prozent und ab 1. Januar 2025 auf 4 Prozent der Beitragsbemessungsgrenze in der allgemeinen Rentenversicherung. [3]Die Beträge nach den Sätzen 1 und 2 sind jeweils um die nach § 3 Nummer 63 Satz 1, 3 oder Satz 4 steuerfreien Beträge zu mindern;

57. die Beträge, die die Künstlersozialkasse zugunsten des nach dem Künstlersozialversicherungsgesetz Versicherten aus dem Aufkommen von Künstlersozialabgabe und Bundeszuschuss an einen Träger der Sozialversicherung oder an den Versicherten zahlt;

58. das Wohngeld nach dem Wohngeldgesetz, die sonstigen Leistungen aus öffentlichen Haushalten oder Zweckvermögen zur Senkung der Miete oder Belastung im Sinne des § 11 Absatz 2 Nummer 4 des Wohngeldgesetzes sowie öffentliche Zuschüsse zur Deckung laufender Aufwendungen und Zinsvorteile bei Darlehen, die aus öffentlichen Haushalten gewährt werden, für eine zu eigenen Wohnzwecken genutzte Wohnung im eigenen Haus oder eine zu eigenen Wohnzwecken genutzte Eigentumswohnung, soweit die Zuschüsse und Zinsvorteile die Vorteile aus einer entsprechenden Förderung mit öffentlichen Mitteln nach dem Zweiten Wohnungsbaugesetz, dem Wohnraumförderungsgesetz oder einem Landesgesetz zur Wohnraumförderung nicht überschreiten, der Zuschuss für die Wohneigentumsbildung in innerstädtischen Altbauquartieren nach den Regelungen zum Stadtumbau Ost in den Verwaltungsvereinbarungen über die Gewährung von Finanzhilfen des Bundes an die Länder nach Artikel 104a Absatz 4 des Grundgesetzes zur Förderung städtebaulicher Maßnahmen;

59. die Zusatzförderung nach § 88e des Zweiten Wohnungsbaugesetzes und nach § 51f des Wohnungsbaugesetzes für das Saarland und Geldleistungen, die ein Mieter zum Zwecke der Wohnkostenentlastung nach dem Wohnraumförderungsgesetz oder einem Landesgesetz zur Wohnraumförderung erhält, soweit die Einkünfte dem Mieter zuzurechnen sind, und die Vorteile aus einer mietweisen Wohnungsüberlassung im Zusammenhang mit einem Arbeitsverhältnis, soweit sie die Vorteile aus einer entsprechenden Förderung nach dem Zweiten Wohnungsbaugesetz, nach dem Wohnraumförderungsgesetz oder einem Landesgesetz zur Wohnraumförderung nicht überschreiten;

---

1) Nr. 55c Satz 2 Buchst. b) soll durch Art. 2 des Zweiten Betriebsrentenstärkungsgesetzes geändert werden, Stand: BT-Drucks. 21/2455 v. 29.10.2025.

60. das Anpassungsgeld für Arbeitnehmer der Braunkohlekraftwerke und -tagebaue sowie Steinkohlekraftwerke, die aus Anlass einer Stilllegungsmaßnahme ihren Arbeitsplatz verloren haben;

61. Leistungen nach § 4 Absatz 1 Nummer 2, § 7 Absatz 3, §§ 9, 10 Absatz 1, §§ 13, 15 des Entwicklungshelfer-Gesetzes;

62. Ausgaben des Arbeitgebers für die Zukunftssicherung des Arbeitnehmers, soweit der Arbeitgeber dazu nach sozialversicherungsrechtlichen oder anderen gesetzlichen Vorschriften oder nach einer auf gesetzlicher Ermächtigung beruhenden Bestimmung verpflichtet ist, und es sich nicht um Zuwendungen oder Beiträge des Arbeitgebers nach den Nummern 56, 63 und 63a handelt. [2]Den Ausgaben des Arbeitgebers für die Zukunftssicherung, die auf Grund gesetzlicher Verpflichtung geleistet werden, werden gleichgestellt Zuschüsse des Arbeitgebers zu den Aufwendungen des Arbeitnehmers

    a) für eine Lebensversicherung,

    b) für die freiwillige Versicherung in der gesetzlichen Rentenversicherung,

    c) für eine öffentlich-rechtliche Versicherungs- oder Versorgungseinrichtung seiner Berufsgruppe,

    wenn der Arbeitnehmer von der Versicherungspflicht in der gesetzlichen Rentenversicherung befreit worden ist. [3]Die Zuschüsse sind nur insoweit steuerfrei, als sie insgesamt bei Befreiung von der Versicherungspflicht in der allgemeinen Rentenversicherung die Hälfte und bei Befreiung von der Versicherungspflicht in der knappschaftlichen Rentenversicherung zwei Drittel der Gesamtaufwendungen des Arbeitnehmers nicht übersteigen und nicht höher sind als der Betrag, der als Arbeitgeberanteil bei Versicherungspflicht in der allgemeinen Rentenversicherung oder in der knappschaftlichen Rentenversicherung zu zahlen wäre;

63. Beiträge des Arbeitgebers aus dem ersten Dienstverhältnis an einen Pensionsfonds, eine Pensionskasse oder für eine Direktversicherung zum Aufbau einer kapitalgedeckten betrieblichen Altersversorgung, bei der eine Auszahlung der zugesagten Alters-, Invaliditäts- oder Hinterbliebenenversorgungsleistungen entsprechend § 82 Absatz 2 Satz 2, soweit die Beiträge im Kalenderjahr 8 Prozent der Beitragsbemessungsgrenze in der allgemeinen Rentenversicherung nicht übersteigen. [2]Dies gilt nicht, soweit der Arbeitnehmer nach § 1a Absatz 3 des Betriebsrentengesetzes verlangt hat, dass die Voraussetzungen für eine Förderung nach § 10a oder Abschnitt XI erfüllt werden. [3]Aus Anlass der Beendigung des Dienstverhältnisses geleistete Beiträge im Sinne des Satz 1 sind steuerfrei, soweit sie 4 Prozent der Beitragsbemessungsgrundlage in der allgemeinen Rentenversicherung, vervielfältigt mit der Anzahl der Kalenderjahre, in denen das Dienstverhältnis der Arbeitnehmers zu dem Arbeitgeber bestanden hat, höchstens jedoch zehn Kalenderjahre, nicht übersteigen. [4]Beiträge im Sinne des Satzes 1, die für Kalenderjahre nachgezahlt werden, in denen das erste Dienstverhältnis ruhte und vom Arbeitgeber im Inland kein steuerpflichtiger Arbeitslohn bezogen wurde, sind steuerfrei, soweit sie 8 Prozent der Beitragsbemessungsgrenze in der allgemeinen Rentenversicherung, vervielfältigt mit der Anzahl dieser Kalenderjahre, höchstens jedoch zehn Kalenderjahre, nicht übersteigen;

63a. Sicherungsbeiträge des Arbeitgebers nach § 23 Absatz 1 des Betriebsrentengesetzes, soweit sie nicht unmittelbar dem einzelnen Arbeitnehmer gutgeschrieben oder zugerechnet werden;

64. bei Arbeitnehmern, die zu einer inländischen juristischen Person des öffentlichen Rechts in einem Dienstverhältnis stehen und dafür Arbeitslohn aus einer inländischen öffentlichen Kasse beziehen, die Bezüge für eine Tätigkeit im Ausland insoweit, als sie den Arbeitslohn übersteigen, der dem Arbeitnehmer bei einer gleichwertigen Tätigkeit am Ort der zahlenden öffentlichen Kasse zustehen würde. [2]Satz 1 gilt auch, wenn das Dienstverhältnis zu einer anderen Person besteht, die den Arbeitslohn entsprechend den im Sinne des Satzes 1 geltenden Vorschriften ermittelt, der Arbeitslohn aus einer öffentlichen Kasse gezahlt wird und ganz oder im Wesentlichen aus öffentlichen Mitteln aufgebracht wird. [3]Bei anderen für einen begrenzten Zeitraum in das Ausland entsandten Arbeitnehmern, die dort einen Wohnsitz oder gewöhnlichen Aufenthalt haben, ist der ihnen von einem inländischen Arbeitgeber gewährte Kaufkraftausgleich steuerfrei, soweit er den für vergleichbare Auslandsdienstbezüge nach § 55 des Bundesbesoldungsgesetzes zulässigen Betrag nicht übersteigt;

65. a) Beiträge des Trägers der Insolvenzsicherung (§ 14 des Betriebsrentengesetzes) zugunsten eines Versorgungsberechtigten und seiner Hinterbliebenen an eine Pensionskasse oder ein Unternehmen der Lebensversicherung zur Ablösung von Verpflichtungen, die der Träger der Insolvenzsicherung im Sicherungsfall gegenüber dem Versorgungsberechtigten und seinen Hinterbliebenen hat,

    b) Leistungen zur Übernahme von Versorgungsleistungen oder unverfallbaren Versorgungsanwartschaften durch eine Pensionskasse oder ein Unternehmen der Lebensversicherung in den in § 4 Absatz 4 des Betriebsrentengesetzes bezeichneten Fällen,

    c) der Erwerb von Ansprüchen durch den Arbeitnehmer gegenüber einem Dritten im Falle der Eröffnung des Insolvenzverfahrens oder in den Fällen des § 7 Absatz 1 Satz 4 des Betriebsrentengesetzes, soweit der Dritte neben dem Arbeitgeber für die Erfüllung von Ansprüchen auf Grund bestehender Versorgungsverpflichtungen oder Versorgungsanwartschaften gegenüber dem Arbeitnehmer und dessen Hinterbliebenen einsteht; dies gilt entsprechend, wenn der Dritte für Wertguthaben aus einer Vereinbarung über die Altersteilzeit nach dem Altersteilzeitgesetz vom 23. Juli 1996 (BGBl. I S. 1078), zuletzt geändert durch Artikel 234 der Verordnung vom 31. Oktober 2006 (BGBl. I S. 2407), in der jeweils geltenden Fassung oder auf Grund von Wertguthaben aus einem Arbeitszeitkonto in den im ersten Halbsatz genannten Fällen für den Arbeitgeber einsteht und

    d) der Erwerb von Ansprüchen durch den Arbeitnehmer im Zusammenhang mit dem Eintritt in die Versicherung nach § 8 Absatz 3 des Betriebsrentengesetzes.

    [2]In den Fällen nach Buchstabe a, b und c gehören die Leistungen der Pensionskasse, des Unternehmens der Lebensversicherung oder des Dritten zu den Einkünften, zu denen jene Leistungen gehören würden, die ohne Eintritt eines Falles nach Buchstabe a, b und c zu erbringen wären. [3]Soweit sie zu den Einkünften aus nichtselbständiger Arbeit im Sinne des § 19 gehören, ist von ihnen Lohnsteuer einzubehalten. [4]Für die Erhebung der Lohnsteuer gelten die Pensionskasse, das Unternehmen der Lebensversicherung oder der Dritte als Arbeitgeber und der Leistungsempfänger als Arbeitnehmer. Im Fall des Buchstaben d gehören die Versorgungsleistungen des Unternehmens der Lebensversicherungen oder der Pensionskasse, soweit sie auf Beiträgen beruhen, die bis zum Eintritt des Arbeitnehmers in die Versicherung geleistet wurden, zu den sonstigen Einkünften im Sinne des § 22 Nummer 5 Satz 1; soweit der Arbeitnehmer in den Fällen des § 8 Absatz 3 des Betriebsrentengesetzes die Versicherung mit eigenen Beiträgen fortgesetzt hat, sind die auf diesen Beiträgen beruhenden Versorgungsleistungen sonstige Einkünfte im Sinne des § 22 Nummer 5 Satz 1 oder Satz 2;

66. Leistungen eines Arbeitgebers oder einer Unterstützungskasse an einen Pensionsfonds zur Übernahme bestehender Versorgungsverpflichtungen oder Versorgungsanwartschaften durch den Pensionsfonds, wenn ein Antrag nach § 4d Absatz 3 oder § 4e Absatz 3 gestellt worden ist;

67. a) das Erziehungsgeld nach dem Bundeserziehungsgeldgesetz und vergleichbare Leistungen der Länder,

b) das Elterngeld nach dem Bundeselterngeld- und Elternzeitgesetz und vergleichbare Leistungen der Länder,

c) Leistungen für Kindererziehung an Mütter der Geburtsjahrgänge vor 1921 nach den §§ 294 bis 299 des Sechsten Buches Sozialgesetzbuch sowie

d) Zuschläge, die nach den §§ 50a bis 50e des Beamtenversorgungsgesetzes oder nach den §§ 96 bis 100 des Soldatenversorgungsgesetzes oder nach vergleichbaren Regelungen der Länder für ein vor dem 1. Januar 2015 geborenes Kind oder für eine vor dem 1. Januar 2015 begonnene Zeit der Pflege einer pflegebedürftigen Person zu gewähren sind; im Falle des Zusammentreffens von Zeiten für mehrere Kinder nach § 50b des Beamtenversorgungsgesetzes oder § 97 des Soldatenversorgungsgesetzes oder nach vergleichbaren Regelungen der Länder gilt dies, wenn eines der Kinder vor dem 1. Januar 2015 geboren ist;

68. die Hilfen nach dem Gesetz über die Hilfe für durch Anti-D-Immunprophylaxe mit dem Hepatitis-C-Virus infizierte Personen vom 2. August 2000 (BGBl. I S. 1270);

69. die von der Stiftung „Humanitäre Hilfe für durch Blutprodukte HIV-infizierte Personen" nach dem HIV-Hilfegesetz vom 24. Juli 1995 (BGBl. I S. 972) gewährten Leistungen;

70.[1] die Hälfte

a) der Betriebsvermögensmehrungen oder Einnahmen aus der Veräußerung von Grund und Boden und Gebäuden, die am 1. Januar 2007 mindestens fünf Jahre zum Anlagevermögen eines inländischen Betriebsvermögens des Steuerpflichtigen gehören, wenn diese auf Grund eines nach dem 31. Dezember 2006 und vor dem 1. Januar 2010 rechtswirksam abgeschlossenen obligatorischen Vertrages an eine REIT-Aktiengesellschaft oder einen Vor-REIT veräußert werden,

b) der Betriebsvermögensmehrungen, die auf Grund der Eintragung eines Steuerpflichtigen in das Handelsregister als REIT-Aktiengesellschaft im Sinne des REIT-Gesetzes vom 28. Mai 2007 (BGBl. I S. 914) durch Anwendung des § 13 Absatz 1 und 3 Satz 1 des Körperschaftsteuergesetzes auf Grund und Boden und Gebäude entstehen, wenn diese Wirtschaftsgüter vor dem 1. Januar 2005 angeschafft oder hergestellt wurden, und die Schlussbilanz im Sinne des § 13 Absatz 1 und 3 des Körperschaftsteuergesetzes auf einen Zeitpunkt vor dem 1. Januar 2010 aufzustellen ist.

[2]Satz 1 ist nicht anzuwenden,

a) wenn der Steuerpflichtige den Betrieb veräußert oder aufgibt und der Veräußerungsgewinn nach § 34 besteuert wird,

b) soweit der Steuerpflichtige von den Regelungen der §§ 6b und 6c Gebrauch macht,

c) soweit der Ansatz des niedrigeren Teilwerts in vollem Umfang zu einer Gewinnminderung geführt hat und soweit diese Gewinnminderung nicht durch den Ansatz eines Werts, der sich nach § 6 Absatz 1 Nummer 1 Satz 4 ergibt, ausgeglichen worden ist,

d) [1]wenn im Falle des Satzes 1 Buchstabe a der Buchwert zuzüglich der Veräußerungskosten den Veräußerungserlös oder im Falle des Satzes 1 Buchstabe b der Buchwert den Teilwert übersteigt. [2]Ermittelt der Steuerpflichtige den Gewinn nach § 4 Absatz 3, treten an die Stelle des Buchwerts die Anschaffungs- oder Herstellungskosten verringert um die vorgenommenen Absetzungen für Abnutzung oder Substanzverringerung,

e) soweit vom Steuerpflichtigen in der Vergangenheit Abzüge bei den Anschaffungs- oder Herstellungskosten von Wirtschaftsgütern im Sinne des Satzes 1 nach § 6b oder ähnliche Abzüge voll steuerwirksam vorgenommen worden sind,

f) wenn es sich um eine Übertragung im Zusammenhang mit Rechtsvorgängen handelt, die dem Umwandlungssteuergesetz unterliegen und die Übertragung zu einem Wert unterhalb des gemeinen Werts erfolgt.

[3]Die Steuerbefreiung entfällt rückwirkend, wenn

a) innerhalb eines Zeitraums von vier Jahren seit dem Vertragsschluss im Sinne des Satzes 1 Buchstabe a der Erwerber oder innerhalb eines Zeitraums von vier Jahren nach dem Stichtag der Schlussbilanz im Sinne des Satzes 1 Buchstabe b die REIT-Aktiengesellschaft den Grund und Boden oder das Gebäude veräußert,

b) der Vor-REIT oder ein anderer Vor-REIT als sein Gesamtrechtsnachfolger den Status als Vor-REIT gemäß § 10 Absatz 3 Satz 1 des REIT-Gesetzes verliert,

c) die REIT-Aktiengesellschaft innerhalb eines Zeitraums von vier Jahren seit dem Vertragsschluss im Sinne des Satzes 1 Buchstabe a oder nach dem Stichtag der Schlussbilanz im Sinne des Satzes 1 Buchstabe b in keinem Veranlagungszeitraum die Voraussetzungen für die Steuerbefreiung erfüllt,

d) die Steuerbefreiung der REIT-Aktiengesellschaft innerhalb eines Zeitraums von vier Jahren seit dem Vertragsschluss im Sinne des Satzes 1 Buchstabe a oder nach dem Stichtag der Schlussbilanz im Sinne des Satzes 1 Buchstabe b endet,

e) das Bundeszentralamt für Steuern dem Erwerber im Sinne des Satzes 1 Buchstabe a den Status als Vor-REIT im Sinne des § 2 Satz 4 des REIT-Gesetzes vom 28. Mai 2007 (BGBl. I S. 914) bestandskräftig aberkannt hat.

[4]Die Steuerbefreiung entfällt auch rückwirkend, wenn die Wirtschaftsgüter im Sinne des Satzes 1 Buchstabe a vom Erwerber an den Veräußerer oder eine ihm nahe stehende Person im Sinne des § 1 Absatz 2 des Außensteuergesetzes überlassen werden und der Veräußerer oder eine ihm nahe stehende Person im Sinne des § 1 Absatz 2 des Außensteuergesetzes nach Ablauf einer Frist von zwei Jahren seit Eintragung des Erwerbers als REIT-Aktiengesellschaft in das Handelsregister an dieser mittelbar oder unmittelbar zu mehr als 50 Prozent beteiligt ist. [5]Der Grundstückserwerber haftet für die sich aus dem rückwirkenden Wegfall der Steuerbefreiung ergebenden Steuern;

71. der aus einer öffentlichen Kasse gezahlte Zuschuss

a) für den Erwerb eines Anteils an einer Kapitalgesellschaft oder einer eingetragenen Genossenschaft in Höhe von 25 Prozent der Anschaffungskosten, höchstens jedoch 100 000 Euro. [2]Voraussetzung ist, dass

aa) der Anteil an der Kapitalgesellschaft oder der eingetragenen Genossenschaft länger als drei Jahre gehalten wird,

1) Die Regelungen des § 3 Nr. 70 EStG finden für Sachverhalte ab dem Jahr 2010 keine Anwendung mehr und sollen ersatzlos gestrichen werden (Entwurf eines Gesetzes zur Förderung privater Investitionen und des Finanzstandorts, Stand: BT-Drucks. 21/2507 v. 3.11.2025).

bb) die Kapitalgesellschaft oder die eingetragene Genossenschaft, deren Anteil erworben wird,

aaa) nicht älter ist als sieben Jahre, wobei das Datum der Eintragung der Gesellschaft in das Handelsregister oder in das Genossenschaftsregister maßgeblich ist,

bbb) weniger als 50 Mitarbeiter (Vollzeitäquivalente) hat,

ccc) einen Jahresumsatz oder eine Jahresbilanzsumme von höchstens 10 Millionen Euro hat und

ddd) nicht an einem regulierten Markt notiert ist und keine solche Notierung vorbereitet,

cc) der Zuschussempfänger das 18. Lebensjahr vollendet hat oder eine GmbH oder Unternehmergesellschaft ist, bei der mindestens ein Gesellschafter das 18. Lebensjahr vollendet hat und

dd) für den Erwerb des Anteils kein Fremdkapital eingesetzt wird. [2]Wird der Anteil von einer GmbH oder Unternehmergesellschaft im Sinne von Doppelbuchstabe cc erworben, gehören auch solche Darlehen zum Fremdkapital, die der GmbH oder Unternehmergesellschaft von ihren Anteilseignern gewährt werden und die von der GmbH oder Unternehmergesellschaft zum Erwerb des Anteils eingesetzt werden.

b) anlässlich der Veräußerung eines Anteils an einer Kapitalgesellschaft oder einer eingetragenen Genossenschaft im Sinne von Buchstabe a in Höhe von 25 Prozent des Veräußerungsgewinns, wenn

aa) der Veräußerer eine natürliche Person ist,

bb) bei Erwerb des veräußerten Anteils bereits ein Zuschuss im Sinne von Buchstabe a gezahlt und nicht zurückgefordert wurde,

cc) der veräußerte Anteil frühestens drei Jahre (Mindesthaltedauer) und spätestens zehn Jahre (Höchsthaltedauer) nach Anteilserwerb veräußert wurde,

dd) der Veräußerungsgewinn nach Satz 2 mindestens 2 000 Euro beträgt und

ee) der Zuschuss auf 25 Prozent der Anschaffungskosten begrenzt ist.

[2]Veräußerungsgewinn im Sinne von Satz 1 ist der Betrag, um den der Veräußerungspreis die Anschaffungskosten einschließlich eines gezahlten Agios übersteigt. [3]Erwerbsneben- und Veräußerungskosten sind nicht zu berücksichtigen.

72.[1)] die Einnahmen und Entnahmen im Zusammenhang mit dem Betrieb von auf, an oder in Gebäuden (einschließlich Nebengebäuden) vorhandenen Photovoltaikanlagen, wenn die installierte Bruttoleistung laut Marktstammdatenregister bis zu 30 Kilowatt (peak) je Wohn- oder Gewerbeeinheit und insgesamt höchstens 100 Kilowatt (peak) pro Steuerpflichtigem oder Mitunternehmerschaft beträgt. [2]Werden Einkünfte nach § 2 Absatz 1 Satz 1 Nummer 2 erzielt und sind die aus dieser Tätigkeit erzielten Einnahmen insgesamt steuerfrei nach Satz 1, ist kein Gewinn zu ermitteln. [3]In den Fällen des Satzes 2 ist § 15 Absatz 3 Nummer 1 nicht anzuwenden.

§ 3a
Sanierungserträge

(1) [1]Betriebsvermögensmehrungen oder Betriebseinnahmen aus einem Schuldenerlass zum Zwecke einer unternehmensbezogenen Sanierung im Sinne des Absatzes 2 (Sanierungsertrag) sind steuerfrei. [2]Sind Betriebsvermögensmehrungen oder Betriebseinnahmen aus einem Schuldenerlass nach Satz 1 steuerfrei, sind steuerliche Wahlrechte in dem Jahr, in dem ein Sanierungsertrag erzielt wird (Sanierungsjahr) und im Folgejahr im zu sanierenden Unternehmen gewinnmindernd auszuüben. [3]Insbesondere ist der niedrigere Teilwert, der nach § 6 Absatz 1 Nummer 1 Satz 2 und Nummer 2 Satz 2 angesetzt werden kann, im Sanierungsjahr und im Folgejahr anzusetzen.

(2) Eine unternehmensbezogene Sanierung liegt vor, wenn der Steuerpflichtige für den Zeitpunkt des Schuldenerlasses die Sanierungsbedürftigkeit und die Sanierungsfähigkeit des Unternehmens, die Sanierungseignung des betrieblich begründeten Schuldenerlasses und die Sanierungsabsicht der Gläubiger nachweist.

(3) [1]Nicht abziehbare Beträge im Sinne des § 3c Absatz 4, die in Veranlagungszeiträumen vor dem Sanierungsjahr und im Sanierungsjahr anzusetzen sind, mindern den Sanierungsertrag. [2]Dieser Betrag mindert nacheinander

1. den auf Grund einer Verpflichtungsübertragung im Sinne des § 4f Absatz 1 Satz 1 in den dem Wirtschaftsjahr der Übertragung nachfolgenden 14 Jahren verteilt abziehbaren Aufwand des zu sanierenden Unternehmens, es sei denn, der Aufwand ist gemäß § 4f Absatz 1 Satz 7 auf einen Rechtsnachfolger übergegangen, der die Verpflichtung übernommen hat und insoweit der Regelung des § 5 Absatz 7 unterliegt. [2]Entsprechendes gilt in Fällen des § 4f Absatz 2;
2. den nach § 15a ausgleichsfähigen oder verrechenbaren Verlust des Unternehmers (Mitunternehmers) des zu sanierenden Unternehmens des Sanierungsjahrs;
3. den zum Ende des dem Sanierungsjahr vorangegangenen Wirtschaftsjahrs nach § 15a festgestellten verrechenbaren Verlust des Unternehmers (Mitunternehmers) des zu sanierenden Unternehmens;
4. den nach § 15b ausgleichsfähigen oder verrechenbaren Verlust derselben Einkunftsquelle des Unternehmers (Mitunternehmers) des Sanierungsjahrs; bei der Verlustermittlung bleibt der Sanierungsertrag unberücksichtigt;
5. den zum Ende des dem Sanierungsjahr vorangegangenen Jahrs nach § 15b festgestellten verrechenbaren Verlust derselben Einkunftsquelle des Unternehmers (Mitunternehmers);
6. den nach § 15 Absatz 4 ausgleichsfähigen oder nicht abziehbaren Verlust des zu sanierenden Unternehmens des Sanierungsjahrs;
7. den zum Ende des dem Sanierungsjahr vorangegangenen Jahrs nach § 15 Absatz 4 festgestellten in Verbindung mit § 10d Absatz 4 verbleibenden Verlustvortrag, soweit er auf das zu sanierende Unternehmen entfällt;
8. den Verlust des Sanierungsjahrs des zu sanierenden Unternehmens;
9. den ausgleichsfähigen Verlust aus allen Einkunftsarten des Veranlagungszeitraums, in dem das Sanierungsjahr endet;

1) Nr. 72 wurde durch Art. 3 des JStG 2024 geändert und ist auf Grund Art. 3 Nr. 25 des JStG 2024/§ 52 Abs. 4 EStG erstmals für Photovoltaikanlagen anzuwenden, die nach dem 31.12.2024 angeschafft, in Betrieb genommen oder erweitert werden.

10. im Sanierungsjahr ungeachtet des § 10d Absatz 2 den nach § 10d Absatz 4 zum Ende des Vorjahrs gesondert festgestellten Verlustvortrag;
11. in der nachfolgenden Reihenfolge den zum Ende des Vorjahrs festgestellten und den im Sanierungsjahr entstehenden verrechenbaren Verlust oder die negativen Einkünfte
    a) nach § 15a,
    b) nach § 15b anderer Einkunftsquellen,
    c) nach § 15 Absatz 4 anderer Betriebe und Mitunternehmeranteile,
    d) nach § 2a,
    e) nach § 2b,
    f) nach § 23 Absatz 3 Satz 7 und 8,
    g) nach sonstigen Vorschriften;
12. ungeachtet der Beträge des § 10d Absatz 1 Satz 1 die negativen Einkünfte nach § 10d Absatz 1 Satz 1 des Folgejahrs und die negativen Einkünfte nach § 10d Absatz 1 Satz 2 des zweiten Folgejahrs. [2]Ein Verlustrücktrag nach § 10d Absatz 1 Satz 1 und 2 ist nur möglich, soweit die Beträge nach § 10d Absatz 1 Satz 1 und 2 durch den verbleibenden Sanierungsertrag im Sinne des Satzes 4 nicht überschritten werden;
13. den zum Ende des Vorjahrs festgestellten und den im Sanierungsjahr entstehenden
    a) Zinsvortrag nach § 4h Absatz 1 Satz 5,
    b) EBITDA-Vortrag nach § 4h Absatz 1 Satz 3. [2]Die Minderung des EBITDA-Vortrags des Sanierungsjahrs und der EBITDA-Vorträge aus vorangegangenen Wirtschaftsjahren erfolgt in ihrer zeitlichen Reihenfolge.

[3]Übersteigt der geminderte Sanierungsertrag nach Satz 1 die nach Satz 2 mindernden Beträge, mindern sich insoweit nach Maßgabe des Satzes 2 auch der verteilt abziehbare Aufwand, Verluste, negative Einkünfte, Zinsvorträge oder EBITDA-Vorträge einer dem Steuerpflichtigen nahestehenden Person, wenn diese die erlassenen Schulden innerhalb eines Zeitraums von fünf Jahren vor dem Schuldenerlass auf das zu sanierende Unternehmen übertragen hat und soweit der entsprechende verteilt abziehbare Aufwand, die Verluste, negativen Einkünfte, Zinsvorträge oder EBITDA-Vorträge zum Ablauf des Wirtschaftsjahrs der Übertragung bereits entstanden waren. [4]Der sich nach den Sätzen 2 und 3 ergebende Betrag ist der verbleibende Sanierungsertrag. [5]Die nach den Sätzen 2 und 3 mindernden Beträge bleiben endgültig außer Ansatz und nehmen an den entsprechenden Feststellungen der verrechenbaren Verluste, verbleibenden Verlustvorträge und sonstigen Feststellungen nicht teil.

(3a) Bei Zusammenveranlagung sind auch die laufenden Beträge und Verlustvorträge des anderen Ehegatten einzubeziehen.

(4) [1]Sind Einkünfte aus Land- und Forstwirtschaft, Gewerbebetrieb oder selbständiger Arbeit nach § 180 Absatz 1 Satz 1 Nummer 2 Buchstabe a oder b der Abgabenordnung gesondert festzustellen, ist auch die Höhe des Sanierungsertrags nach Absatz 1 Satz 1 oder Absatz 5 sowie die Höhe der nach Absatz 3 Satz 2 Nummer 1 bis 6 und 13 mindernden Beträge gesondert festzustellen. [2]Zuständig für die gesonderte Feststellung nach Satz 1 ist das Finanzamt, das für die gesonderte Feststellung nach § 180 Absatz 1 Satz 1 Nummer 2 der Abgabenordnung zuständig ist. [3]Wurden verrechenbare Verluste und Verlustvorträge ohne Berücksichtigung des Absatzes 3 Satz 2 bereits festgestellt oder ändern sich die nach Absatz 3 Satz 2 mindernden Beträge, ist der entsprechende Feststellungsbescheid insoweit zu ändern. [4]Das gilt auch dann, wenn der Feststellungsbescheid bereits bestandskräftig geworden ist; die Feststellungsfrist endet insoweit nicht, bevor die Festsetzungsfrist des Einkommensteuerbescheids oder Körperschaftsteuerbescheids für das Sanierungsjahr abgelaufen ist.

(5) [1]Erträge aus einer nach den §§ 286 ff. der Insolvenzordnung erteilten Restschuldbefreiung, einem Schuldenerlass auf Grund eines außergerichtlichen Schuldenbereinigungsplans zur Vermeidung eines Verbraucherinsolvenzverfahrens nach den §§ 304 ff. der Insolvenzordnung oder auf Grund eines Schuldenbereinigungsplans, dem in einem Verbraucherinsolvenzverfahren zugestimmt wurde oder wenn diese Zustimmung durch das Gericht ersetzt wurde, sind, soweit es sich um Betriebsvermögensmehrungen oder Betriebseinnahmen handelt, ebenfalls steuerfrei, auch wenn die Voraussetzungen einer unternehmensbezogenen Sanierung im Sinne des Absatzes 2 nicht vorliegen. [2]Absatz 1 Satz 2 und die Absätze 3 und 3a gelten entsprechend.

…

§ 3c
Anteilige Abzüge

(1) Ausgaben dürfen, soweit sie mit steuerfreien Einnahmen in unmittelbarem wirtschaftlichen Zusammenhang stehen, nicht als Betriebsausgaben oder Werbungskosten abgezogen werden; Absatz 2 bleibt unberührt.

(2) [1]Betriebsvermögensminderungen, Betriebsausgaben, Veräußerungskosten oder Werbungskosten, die mit den dem § 3 Nummer 40 zugrunde liegenden Betriebsvermögensmehrungen oder Einnahmen oder mit Vergütungen nach § 3 Nummer 40a in wirtschaftlichem Zusammenhang stehen, dürfen unabhängig davon, in welchem Veranlagungszeitraum die Betriebsvermögensmehrungen oder Einnahmen anfallen, bei der Ermittlung der Einkünfte nur zu 60 Prozent abgezogen werden; Entsprechendes gilt, wenn bei der Ermittlung der Einkünfte der Wert des Betriebsvermögens oder des Anteils am Betriebsvermögen oder die Anschaffungs- oder Herstellungskosten oder der an deren Stelle tretende Wert mindernd zu berücksichtigen sind. [2]Satz 1 ist auch für Betriebsvermögensminderungen oder Betriebsausgaben im Zusammenhang mit einer Darlehensforderung oder aus der Inanspruchnahme von Sicherheiten anzuwenden, die für ein Darlehen hingegeben wurden, wenn das Darlehen oder die Sicherheit von einem Steuerpflichtigen gewährt wird, der zu mehr als einem Viertel unmittelbar oder mittelbar am Grund- oder Stammkapital der Körperschaft, der das Darlehen gewährt wurde, beteiligt ist oder war. [3]Satz 2 ist insoweit nicht anzuwenden, als nachgewiesen wird, dass auch ein fremder Dritter das Darlehen bei sonst gleichen Umständen gewährt oder noch nicht zurückgefordert hätte; dabei sind nur die eigenen Sicherungsmittel der Körperschaft zu berücksichtigen. [4]Die Sätze 2 und 3 gelten entsprechend für Forderungen aus Rechtshandlungen, die einer Darlehensgewährung wirtschaftlich vergleichbar sind. [5]Gewinne aus dem Ansatz des nach § 6 Absatz 1 Nummer 2 Satz 3 maßgeblichen Werts bleiben bei der Ermittlung der Einkünfte außer Ansatz, soweit auf die vorangegangene Teilwertabschreibung Satz 2 angewendet worden ist. [6]Satz 1 ist außerdem ungeachtet eines wirtschaftlichen Zusammenhangs mit den dem § 3 Nummer 40 zugrunde liegenden Betriebsvermögensmehrungen oder Einnahmen oder mit Vergütungen nach § 3 Nummer 40a auch auf Betriebsvermögensminderungen, Betriebsausgaben oder Veräußerungskosten eines Gesellschafters einer Körperschaft anzuwenden, soweit diese mit einer im Gesellschaftsverhältnis veranlassten unentgeltlichen Überlassung von Wirtschaftsgütern an diese Körperschaft oder bei einer teilentgeltlichen Überlassung von Wirtschaftsgütern mit dem unentgeltlichen Teil in Zusammenhang stehen und der Steuerpflichtige zu mehr als einem

Viertel unmittelbar oder mittelbar am Grund- oder Stammkapital dieser Körperschaft beteiligt ist oder war. [7]Für die Anwendung des Satzes 1 ist die Absicht zur Erzielung von Betriebsvermögensmehrungen oder Einnahmen im Sinne des § 3 Nummer 40 oder von Vergütungen im Sinne des § 3 Nummer 40a ausreichend. [8]Satz 1 gilt auch für Wertminderungen des Anteils an einer Organgesellschaft, die nicht auf Gewinnausschüttungen zurückzuführen sind. [9]§ 8b Absatz 10 des Körperschaftsteuergesetzes gilt sinngemäß.

(3) Betriebsvermögensminderungen, Betriebsausgaben oder Veräußerungskosten, die mit den Betriebsvermögensmehrungen oder Einnahmen im Sinne des § 3 Nummer 70 in wirtschaftlichem Zusammenhang stehen, dürfen unabhängig davon, in welchem Veranlagungszeitraum die Betriebsvermögensmehrungen oder Einnahmen anfallen, nur zur Hälfte abgezogen werden.

(4) [1]Betriebsvermögensminderungen oder Betriebsausgaben, die mit einem steuerfreien Sanierungsertrag im Sinne des § 3a in unmittelbarem wirtschaftlichem Zusammenhang stehen, dürfen unabhängig davon, in welchem Veranlagungszeitraum der Sanierungsertrag entsteht, nicht abgezogen werden. [2]Satz 1 gilt nicht, soweit Betriebsvermögensminderungen oder Betriebsausgaben zur Erhöhung von Verlustvorträgen geführt haben, die nach Maßgabe der in § 3a Absatz 3 getroffenen Regelungen entfallen. [3]Zu den Betriebsvermögensminderungen oder Betriebsausgaben im Sinne des Satzes 1 gehören auch Aufwendungen im Zusammenhang mit einem Besserungsschein und vergleichbare Aufwendungen. [4]Satz 1 gilt für Betriebsvermögensminderungen oder Betriebsausgaben, die nach dem Sanierungsjahr entstehen, nur insoweit, als noch ein verbleibender Sanierungsertrag im Sinne von § 3a Absatz 3 Satz 4 vorhanden ist. [5]Wurden Betriebsvermögensminderungen oder Betriebsausgaben im Sinne des Satzes 1 bereits bei einer Steuerfestsetzung oder einer gesonderten Feststellung nach § 180 Absatz 1 Satz 1 der Abgabenordnung gewinnmindernd berücksichtigt, ist der entsprechende Steuer- oder Feststellungsbescheid insoweit zu ändern. [6]Das gilt auch dann, wenn der Steuer- oder Feststellungsbescheid bereits bestandskräftig geworden ist; die Festsetzungsfrist endet insoweit nicht, bevor die Festsetzungsfrist für das Sanierungsjahr abgelaufen ist.

3. Gewinn

§ 4
Gewinnbegriff im Allgemeinen

(1) [1]Gewinn ist der Unterschiedsbetrag zwischen dem Betriebsvermögen am Schluss des Wirtschaftsjahres und dem Betriebsvermögen am Schluss des vorangegangenen Wirtschaftsjahres, vermehrt um den Wert der Entnahmen und vermindert um den Wert der Einlagen. [2]Entnahmen sind alle Wirtschaftsgüter (Barentnahmen, Waren, Erzeugnisse, Nutzungen und Leistungen), die der Steuerpflichtige dem Betrieb für sich, für seinen Haushalt oder für andere betriebsfremde Zwecke im Laufe des Wirtschaftsjahres entnommen hat. [3]Einer Entnahme für betriebsfremde Zwecke steht der Ausschluss oder die Beschränkung des Besteuerungsrechts der Bundesrepublik Deutschland hinsichtlich des Gewinns aus der Veräußerung oder der Nutzung eines Wirtschaftsguts gleich; dies gilt auf Antrag auch in den Fällen, in denen die Beschränkung des Besteuerungsrechts der Bundesrepublik Deutschland hinsichtlich des Gewinns aus der Veräußerung eines Wirtschaftsguts entfällt und in einem anderen Staat eine Besteuerung auf Grund des Ausschlusses oder der Beschränkung des Besteuerungsrechts dieses Staates hinsichtlich des Gewinns aus der Veräußerung des Wirtschaftsguts erfolgt. [4]Ein Ausschluss oder eine Beschränkung des Besteuerungsrechts hinsichtlich des Gewinns aus der Veräußerung eines Wirtschaftsguts liegt insbesondere vor, wenn ein bisher einer inländischen Betriebsstätte des Steuerpflichtigen zuzuordnendes Wirtschaftsgut einer ausländischen Betriebsstätte zuzuordnen ist. [5]Satz 3 gilt nicht für Anteile an einer Europäischen Gesellschaft oder Europäischen Genossenschaft in den Fällen

1. einer Sitzverlegung der Europäischen Gesellschaft nach Artikel 8 der Verordnung (EG) Nr. 2157/2001 des Rates vom 8. Oktober 2001 über das Statut der Europäischen Gesellschaft (SE) (ABl. EG Nr. L 294 S. 1), zuletzt geändert durch die Verordnung (EG) Nr. 885/2004 des Rates vom 26. April 2004 (ABl. EU Nr. L 168 S. 1), und
2. einer Sitzverlegung der Europäischen Genossenschaft nach Artikel 7 der Verordnung (EG) Nr. 1435/2003 des Rates vom 22. Juli 2003 über das Statut der Europäischen Genossenschaft (SCE) (ABl. EU Nr. L 207 S. 1).

[6]Ein Wirtschaftsgut wird nicht dadurch entnommen, dass der Steuerpflichtige zur Gewinnermittlung nach § 13a übergeht. [7]Eine Änderung der Nutzung eines Wirtschaftsguts, die bei Gewinnermittlung nach Satz 1 keine Entnahme ist, ist auch bei Gewinnermittlung nach § 13a keine Entnahme. [8]Einlagen sind alle Wirtschaftsgüter (Bareinzahlungen und sonstige Wirtschaftsgüter), die der Steuerpflichtige dem Betrieb im Laufe des Wirtschaftsjahres zugeführt hat; einer Einlage steht die Begründung des Besteuerungsrechts der Bundesrepublik Deutschland hinsichtlich des Gewinns aus der Veräußerung eines Wirtschaftsguts gleich. [9]In den Fällen des Satzes 3 zweiter Halbsatz gilt das Wirtschaftsgut als unmittelbar nach der Entnahme wieder eingelegt. [10]Bei der Ermittlung des Gewinns sind die Vorschriften über die Betriebsausgaben, über die Bewertung und über die Absetzung für Abnutzung oder Substanzverringerung zu befolgen.

(2) [1]Der Steuerpflichtige darf die Vermögensübersicht (Bilanz) auch nach ihrer Einreichung beim Finanzamt ändern, soweit sie den Grundsätzen ordnungsmäßiger Buchführung unter Befolgung der Vorschriften dieses Gesetzes nicht entspricht; diese Änderung ist nicht zulässig, wenn die Vermögensübersicht (Bilanz) einer Steuerfestsetzung zugrunde liegt, die nicht mehr aufgehoben oder geändert werden kann. [2]Darüber hinaus ist eine Änderung der Vermögensübersicht (Bilanz) nur zulässig, wenn sie in einem engen zeitlichen und sachlichen Zusammenhang mit einer Änderung nach Satz 1 steht und soweit die Auswirkung der Änderung nach Satz 1 auf den Gewinn reicht.

(3) [1]Steuerpflichtige, die nicht auf Grund gesetzlicher Vorschriften verpflichtet sind, Bücher zu führen und regelmäßig Abschlüsse zu machen, und die auch keine Bücher führen und keine Abschlüsse machen, können als Gewinn den Überschuss der Betriebseinnahmen über die Betriebsausgaben ansetzen. [2]Hierbei scheiden Betriebseinnahmen und Betriebsausgaben aus, die im Namen und für Rechnung eines anderen vereinnahmt und verausgabt werden (durchlaufende Posten). [3]Die Vorschriften über die Bewertungsfreiheit für geringwertige Wirtschaftsgüter (§ 6 Absatz 2), die Bildung eines Sammelpostens (§ 6 Absatz 2a) und über die Absetzung für Abnutzung oder Substanzverringerung sind zu befolgen. [4]Die Anschaffungs- oder Herstellungskosten für nicht abnutzbare Wirtschaftsgüter des Anlagevermögens, für Anteile an Kapitalgesellschaften, für Wertpapiere und vergleichbare nicht verbriefte Forderungen und Rechte, für Grund und Boden sowie Gebäude des Umlaufvermögens sind erst im Zeitpunkt des Zuflusses des Veräußerungserlöses oder bei Entnahme im Zeitpunkt der Entnahme als Betriebsausgaben zu berücksichtigen. [5]Die Wirtschaftsgüter des Anlagevermögens und Wirtschaftsgüter des Umlaufvermögens im Sinne des Satzes 4 sind unter Angabe des Tages der Anschaffung oder Herstellung und der Anschaffungs- oder Herstellungskosten oder des an deren Stelle getretenen Werts in besondere, laufend zu führende Verzeichnisse aufzunehmen.

(4) Betriebsausgaben sind die Aufwendungen, die durch den Betrieb veranlasst sind.

(4a) [1]Schuldzinsen sind nach Maßgabe der Sätze 2 bis 4 nicht abziehbar, wenn Überentnahmen getätigt worden sind. [2]Eine Überentnahme ist der Betrag, um den die Entnahmen die Summe des Gewinns und der Einlagen des Wirtschaftsjahres übersteigen. [3]Die nicht abziehbaren Schuldzinsen werden typisiert mit 6 Prozent der Überentnahme des Wirtschaftsjahres zuzüglich der

Überentnahmen vorangegangener Wirtschaftsjahre und abzüglich der Beträge, um die in den vorangegangenen Wirtschaftsjahren der Gewinn und die Einlagen die Entnahmen überstiegen haben (Unterentnahmen), ermittelt; bei der Ermittlung der Überentnahme ist vom Gewinn ohne Berücksichtigung der nach Maßgabe dieses Absatzes nicht abziehbaren Schuldzinsen auszugehen. [4]Der sich dabei ergebende Betrag, höchstens jedoch der um 2 050 Euro verminderte Betrag der im Wirtschaftsjahr angefallenen Schuldzinsen, ist dem Gewinn hinzuzurechnen. [5]Der Abzug von Schuldzinsen für Darlehen zur Finanzierung von Anschaffungs- oder Herstellungskosten von Wirtschaftsgütern des Anlagevermögens bleibt unberührt. [6]Die Sätze 1 bis 5 sind bei Gewinnermittlung nach § 4 Absatz 3 sinngemäß anzuwenden; hierzu sind Entnahmen und Einlagen gesondert aufzuzeichnen.

(5) [1]Die folgenden Betriebsausgaben dürfen den Gewinn nicht mindern:

1. [1]Aufwendungen für Geschenke an Personen, die nicht Arbeitnehmer des Steuerpflichtigen sind. [2]Satz 1 gilt nicht, wenn die Anschaffungs- oder Herstellungskosten der dem Empfänger im Wirtschaftsjahr zugewendeten Gegenstände insgesamt 50 Euro nicht übersteigen;

2. [1]Aufwendungen für die Bewirtung von Personen aus geschäftlichem Anlass, soweit sie 70 Prozent der Aufwendungen übersteigen, die nach der allgemeinen Verkehrsauffassung als angemessen anzusehen und deren Höhe und betriebliche Veranlassung nachgewiesen sind. [2]Zum Nachweis der Höhe und der betrieblichen Veranlassung der Aufwendungen hat der Steuerpflichtige schriftlich die folgenden Angaben zu machen: Ort, Tag, Teilnehmer und Anlass der Bewirtung sowie Höhe der Aufwendungen. [3]Hat die Bewirtung in einer Gaststätte stattgefunden, so genügen Angaben zu dem Anlass und den Teilnehmern der Bewirtung; die Rechnung über die Bewirtung ist beizufügen;

3. Aufwendungen für Einrichtungen des Steuerpflichtigen, soweit sie der Bewirtung, Beherbergung oder Unterhaltung von Personen, die nicht Arbeitnehmer des Steuerpflichtigen sind, dienen (Gästehäuser) und sich außerhalb des Orts eines Betriebs des Steuerpflichtigen befinden;

4. Aufwendungen für Jagd oder Fischerei, für Segeljachten oder Motorjachten sowie für ähnliche Zwecke und für die hiermit zusammenhängenden Bewirtungen;

5. [1]Mehraufwendungen für die Verpflegung des Steuerpflichtigen. [2]Wird der Steuerpflichtige vorübergehend von seiner Wohnung und dem Mittelpunkt seiner dauerhaft angelegten betrieblichen Tätigkeit entfernt betrieblich tätig, sind die Mehraufwendungen für Verpflegung nach Maßgabe des § 9 Absatz 4a abziehbar;

6. [1]Aufwendungen für die Wege des Steuerpflichtigen zwischen Wohnung und Betriebsstätte und für Familienheimfahrten, soweit in den folgenden Sätzen nichts anderes bestimmt ist. [2]Zur Abgeltung dieser Aufwendungen ist § 9 Absatz 1 Satz 3 Nummer 4 Satz 2 bis 6 und Nummer 5 Satz 5 bis 7 und Absatz 2 entsprechend anzuwenden. [3]Bei der Nutzung eines Kraftfahrzeugs dürfen die Aufwendungen in Höhe des positiven Unterschiedsbetrags zwischen 0,03 Prozent des inländischen Listenpreises im Sinne des § 6 Absatz 1 Nummer 4 Satz 2 des Kraftfahrzeugs im Zeitpunkt der Erstzulassung je Kalendermonat für jeden Entfernungskilometer und dem sich nach § 9 Absatz 1 Satz 3 Nummer 4 Satz 2 bis 6 oder Absatz 2 ergebenden Betrag sowie Aufwendungen für Familienheimfahrten in Höhe des positiven Unterschiedsbetrags zwischen 0,002 Prozent des inländischen Listenpreises im Sinne des § 6 Absatz 1 Nummer 4 Satz 2 für jeden Entfernungskilometer und dem sich nach § 9 Absatz 1 Satz 3 Nummer 5 Satz 5 bis 7 oder Absatz 2 ergebenden Betrag den Gewinn nicht mindern; ermittelt der Steuerpflichtige die private Nutzung des Kraftfahrzeugs nach § 6 Absatz 1 Nummer 4 Satz 1 oder Satz 3, treten an die Stelle des mit 0,03 oder 0,002 Prozent des inländischen Listenpreises ermittelten Betrags für Fahrten zwischen Wohnung und Betriebsstätte und für Familienheimfahrten die auf diese Fahrten entfallenden tatsächlichen Aufwendungen; § 6 Absatz 1 Nummer 4 Satz 3 zweiter Halbsatz gilt sinngemäß. [4]§ 9 Absatz 1 Satz 3 Nummer 4 Satz 8 und Nummer 5 Satz 9 gilt entsprechend;

6a. die Mehraufwendungen für eine betrieblich veranlasste doppelte Haushaltsführung, soweit sie die nach § 9 Absatz 1 Satz 3 Nummer 5 Satz 1 bis 4 abziehbaren Beträge und die Mehraufwendungen für betrieblich veranlasste Übernachtungen, soweit sie die nach § 9 Absatz 1 Satz 3 Nummer 5a abziehbaren Beträge übersteigen;

6b. [1]Aufwendungen für ein häusliches Arbeitszimmer sowie die Kosten der Ausstattung. [2]Dies gilt nicht, wenn das Arbeitszimmer den Mittelpunkt der gesamten betrieblichen und beruflichen Betätigung bildet. [3]Anstelle der Aufwendungen kann pauschal ein Betrag von 1 260 Euro (Jahrespauschale) für das Wirtschafts- oder Kalenderjahr abgezogen werden. [4]Für jeden vollen Kalendermonat, in dem die Voraussetzungen nach Satz 2 nicht vorliegen, ermäßigt sich der Betrag von 1 260 Euro um ein Zwölftel;

6c. [1]für jeden Kalendertag, an dem die betriebliche oder berufliche Tätigkeit überwiegend in der häuslichen Wohnung ausgeübt und keine außerhalb der häuslichen Wohnung belegene erste Tätigkeitsstätte aufgesucht wird, kann für die gesamte betriebliche und berufliche Betätigung ein Betrag von 6 Euro (Tagespauschale), höchstens 1 260 Euro im Wirtschafts- oder Kalenderjahr, abgezogen werden. [2]Steht für die betriebliche oder berufliche Tätigkeit dauerhaft kein anderer Arbeitsplatz zur Verfügung, ist ein Abzug der Tagespauschale zulässig, auch wenn die Tätigkeit am selben Kalendertag auswärts oder an der ersten Tätigkeitsstätte ausgeübt wird. [3]Der Abzug der Tagespauschale ist nicht zulässig, soweit für die Wohnung Unterkunftskosten im Rahmen der Nummer 6a oder des § 9 Absatz 1 Satz 3 Nummer 5 abgezogen werden können oder soweit ein Abzug nach Nummer 6b vorgenommen wird;

7. andere als die in den Nummern 1 bis 6 und 6b bezeichneten Aufwendungen, die die Lebensführung des Steuerpflichtigen oder anderer Personen berühren, soweit sie nach allgemeiner Verkehrsauffassung als unangemessen anzusehen sind;

8. [1]Geldbußen, Ordnungsgelder und Verwarnungsgelder, die von einem Gericht oder einer Behörde im Geltungsbereich dieses Gesetzes oder von einem Mitgliedstaat oder von Organen der Europäischen Union festgesetzt wurden sowie damit zusammenhängende Aufwendungen. [2]Dasselbe gilt für Leistungen zur Erfüllung von Auflagen oder Weisungen, die in einem berufsgerichtlichen Verfahren erteilt werden, soweit die Auflagen oder Weisungen nicht lediglich der Wiedergutmachung des durch die Tat verursachten Schadens dienen. [3]Die Rückzahlung von Ausgaben im Sinne der Sätze 1 und 2 darf den Gewinn nicht erhöhen. [4]Das Abzugsverbot für Geldbußen gilt nicht, soweit der wirtschaftliche Vorteil, der durch den Gesetzesverstoß erlangt wurde, abgeschöpft worden ist, wenn die Steuern vom Einkommen und Ertrag, die auf den wirtschaftlichen Vorteil entfallen, nicht abgezogen worden sind; Satz 3 ist insoweit nicht anzuwenden;

8a. Zinsen auf hinterzogene Steuern nach § 235 der Abgabenordnung und Zinsen nach § 233a der Abgabenordnung, soweit diese nach § 235 Absatz 4 der Abgabenordnung auf die Hinterziehungszinsen angerechnet werden;

9. Ausgleichszahlungen, die in den Fällen der §§ 14 und 17 des Körperschaftsteuergesetzes an außenstehende Anteilseigner geleistet werden;

10. [1]die Zuwendung von Vorteilen sowie damit zusammenhängende Aufwendungen, wenn die Zuwendung der Vorteile eine rechtswidrige Handlung darstellt, die den Tatbestand eines Strafgesetzes oder eines Gesetzes verwirklicht, das die Ahndung mit einer Geldbuße zulässt. [2]Gerichte, Staatsanwaltschaften oder Verwaltungsbehörden haben Tatsachen, die sie

dienstlich erfahren und die den Verdacht einer Tat im Sinne des Satzes 1 begründen, der Finanzbehörde für Zwecke des Besteuerungsverfahrens und zur Verfolgung von Steuerstraftaten und Steuerordnungswidrigkeiten mitzuteilen. [3]Die Finanzbehörde teilt Tatsachen, die den Verdacht einer Straftat oder einer Ordnungswidrigkeit im Sinne des Satzes 1 begründen, der Staatsanwaltschaft oder der Verwaltungsbehörde mit. [4]Diese unterrichten die Finanzbehörde von dem Ausgang des Verfahrens und den zugrundeliegenden Tatsachen;

11. Aufwendungen, die mit unmittelbaren oder mittelbaren Zuwendungen von nicht einlagefähigen Vorteilen an natürliche oder juristische Personen oder Personengesellschaften zur Verwendung in Betrieben in tatsächlichem oder wirtschaftlichem Zusammenhang stehen, deren Gewinn nach § 5a Absatz 1 ermittelt wird;
12. Zuschläge nach § 162 Absatz 4 der Abgabenordnung;
13. Jahresbeiträge nach § 12 Absatz 2 des Restrukturierungsfondsgesetzes.

[2]Das Abzugsverbot gilt nicht, soweit die in den Nummern 2 bis 4 bezeichneten Zwecke Gegenstand einer mit Gewinnabsicht ausgeübten Betätigung des Steuerpflichtigen sind. [3]§ 12 Nummer 1 bleibt unberührt.

(5a) (*weggefallen*)

(5b) Die Gewerbesteuer und die darauf entfallenden Nebenleistungen sind keine Betriebsausgaben.

(6) Aufwendungen zur Förderung staatspolitischer Zwecke (§ 10b Absatz 2) sind keine Betriebsausgaben.

(7) [1]Aufwendungen im Sinne des Absatzes 5 Satz 1 Nummer 1 bis 4, 6b und 7 sind einzeln und getrennt von den sonstigen Betriebsausgaben aufzuzeichnen. [2]Soweit diese Aufwendungen nicht bereits nach Absatz 5 vom Abzug ausgeschlossen sind, dürfen sie bei der Gewinnermittlung nur berücksichtigt werden, wenn sie nach Satz 1 besonders aufgezeichnet sind.

(8) Für Erhaltungsaufwand bei Gebäuden in Sanierungsgebieten und städtebaulichen Entwicklungsbereichen sowie bei Baudenkmalen gelten die §§ 11a und 11b entsprechend.

(9) [1]Aufwendungen des Steuerpflichtigen für seine Berufsausbildung oder für sein Studium sind nur dann Betriebsausgaben, wenn der Steuerpflichtige zuvor bereits eine Erstausbildung (Berufsausbildung oder Studium) abgeschlossen hat. [2]§ 9 Absatz 6 Satz 2 bis 5 gilt entsprechend.

(10) § 9 Absatz 1 Satz 3 Nummer 5b ist entsprechend anzuwenden.

§ 4a
Gewinnermittlungszeitraum, Wirtschaftsjahr

(1) [1]Bei Land- und Forstwirten und bei Gewerbetreibenden ist der Gewinn nach dem Wirtschaftsjahr zu ermitteln. [2]Wirtschaftsjahr ist

1. [1]bei Land- und Forstwirten der Zeitraum vom 1. Juli bis zum 30. Juni. [2]Durch Rechtsverordnung kann für einzelne Gruppen von Land- und Forstwirten ein anderer Zeitraum bestimmt werden, wenn das aus wirtschaftlichen Gründen erforderlich ist;
2. [1]bei Gewerbetreibenden, deren Firma im Handelsregister eingetragen ist, der Zeitraum, für den sie regelmäßig Abschlüsse machen. [2]Die Umstellung des Wirtschaftsjahres auf einen vom Kalenderjahr abweichenden Zeitraum ist steuerlich nur wirksam, wenn sie im Einvernehmen mit dem Finanzamt vorgenommen wird;
3. [1]bei anderen Gewerbetreibenden das Kalenderjahr. [2]Sind sie gleichzeitig buchführende Land- und Forstwirte, so können sie mit Zustimmung des Finanzamts den nach Nummer 1 maßgebenden Zeitraum als Wirtschaftsjahr für den Gewerbebetrieb bestimmen, wenn sie für den Gewerbebetrieb Bücher führen und für diesen Zeitraum regelmäßig Abschlüsse machen.

(2) Bei Land- und Forstwirten und bei Gewerbetreibenden, deren Wirtschaftsjahr vom Kalenderjahr abweicht, ist der Gewinn aus Land- und Forstwirtschaft oder aus Gewerbebetrieb bei der Ermittlung des Einkommens in folgender Weise zu berücksichtigen:

1. Bei Land- und Forstwirten ist der Gewinn des Wirtschaftsjahres auf das Kalenderjahr, in dem das Wirtschaftsjahr beginnt, und auf das Kalenderjahr, in dem das Wirtschaftsjahr endet, entsprechend dem zeitlichen Anteil aufzuteilen. [2]Bei der Aufteilung sind Veräußerungsgewinne im Sinne des § 14 auszuscheiden und dem Gewinn des Kalenderjahres hinzuzurechnen, in dem sie entstanden sind;
2. bei Gewerbetreibenden gilt der Gewinn des Wirtschaftsjahres als in dem Kalenderjahr bezogen, in dem das Wirtschaftsjahr endet.

...

§ 4h
Betriebsausgabenabzug für Zinsaufwendungen (Zinsschranke)

(1) [1]Zinsaufwendungen eines Betriebs sind abziehbar in Höhe des Zinsertrags, darüber hinaus nur bis zur Höhe des verrechenbaren EBITDA. [2]Das verrechenbare EBITDA ist 30 Prozent des um die Zinsaufwendungen und um die nach § 6 Absatz 2 Satz 1 abzuziehenden, nach § 6 Absatz 2a Satz 2 gewinnmindernd aufzulösenden und nach § 7 abgesetzten Beträge erhöhten und um die Zinserträge verminderten maßgeblichen Gewinns. [3]Soweit das verrechenbare EBITDA die um die Zinserträge geminderten Zinsaufwendungen des Betriebs (Nettozinsaufwendungen) übersteigt, ist es in die folgenden fünf Wirtschaftsjahre vorzutragen (EBITDA-Vortrag); ein EBITDA-Vortrag entsteht nicht in Wirtschaftsjahren, in denen die Zinsaufwendungen die Zinserträge nicht übersteigen oder Absatz 2 die Anwendung von Satz 1 ausschließt. [4]Zinsaufwendungen, die nach Satz 1 nicht abgezogen werden können, sind bis zur Höhe der EBITDA-Vorträge aus vorangegangenen Wirtschaftsjahren abziehbar und mindern die EBITDA-Vorträge in ihrer zeitlichen Reihenfolge. [5]Danach verbleibende nicht abziehbare Zinsaufwendungen sind in die folgenden Wirtschaftsjahre vorzutragen (Zinsvortrag). [6]Sie erhöhen die Zinsaufwendungen dieser Wirtschaftsjahre, nicht aber den maßgeblichen Gewinn. [7]Absatz 2 findet keine Anwendung, soweit Zinsaufwendungen aufgrund eines Zinsvortrags erhöht wurden.

(2) [1]Absatz 1 Satz 1 ist nicht anzuwenden, wenn

a) die Nettozinsaufwendungen des Betriebs weniger als drei Millionen Euro betragen,

b) der Steuerpflichtige keiner Person im Sinne des § 1 Absatz 2 (gegebenenfalls in Verbindung mit § 1 Absatz 1 Satz 2) des Außensteuergesetzes nahesteht und über keine Betriebsstätte außerhalb des Staates verfügt, in dem sich sein Wohnsitz, gewöhnlicher Aufenthalt, Sitz oder seine Geschäftsleitung befindet, oder

c) der Betrieb zu einem Konzern gehört und seine Eigenkapitalquote am Schluss des vorangegangenen Abschlussstichtages gleich hoch oder höher ist als die des Konzerns (Eigenkapitalvergleich). [2]Ein Unterschreiten der Eigenkapitalquote des Konzerns um bis zu zwei Prozentpunkte ist unschädlich. [3]Eigenkapitalquote ist das Verhältnis des Eigenkapitals zur Bilanzsumme; sie bemisst sich nach dem Konzernabschluss, der den Betrieb umfasst, und ist für den Betrieb auf der Grundlage des Jahresabschlusses oder Einzelabschlusses zu ermitteln. [4]Wahlrechte sind im Konzernabschluss und im Jahresabschluss oder Einzelabschluss einheitlich auszuüben; bei gesellschaftsrechtlichen Kündigungsrechten ist insoweit mindestens das Eigenkapital anzusetzen, das sich nach den Vorschriften des Handelsgesetzbuchs ergeben würde. [5]Bei der Ermittlung der Eigenkapitalquote des Betriebs ist das Eigenkapital um einen im Konzernabschluss enthaltenen Firmenwert, soweit er auf den Betrieb entfällt, zu erhöhen sowie um das Eigenkapital, das keine Stimmrechte vermittelt – mit Ausnahme von Vorzugsaktien –, die Anteile an anderen Konzerngesellschaften und um Einlagen der letzten sechs Monate vor dem maßgeblichen Abschlussstichtag, soweit ihnen Entnahmen oder Ausschüttungen innerhalb der ersten sechs Monate nach dem maßgeblichen Abschlussstichtag gegenüberstehen, zu kürzen. [6]Die Bilanzsumme ist um Kapitalforderungen zu kürzen, die nicht im Konzernabschluss ausgewiesen sind und denen Verbindlichkeiten im Sinne des Absatzes 3 in mindestens gleicher Höhe gegenüberstehen. [7]Sonderbetriebsvermögen ist dem Betrieb der Mitunternehmerschaft zuzuordnen, soweit es im Konzernvermögen enthalten ist. [8]Die für den Eigenkapitalvergleich maßgeblichen Abschlüsse sind einheitlich nach den International Financial Reporting Standards (IFRS) zu erstellen. [9]Hiervon abweichend können Abschlüsse nach dem Handelsrecht eines Mitgliedstaats der Europäischen Union verwendet werden, wenn kein Konzernabschluss nach den IFRS zu erstellen und offen zu legen ist und für keines der letzten fünf Wirtschaftsjahre ein Konzernabschluss nach den IFRS erstellt wurde; nach den Generally Accepted Accounting Principles der Vereinigten Staaten von Amerika (US-GAAP) aufzustellende und offen zu legende Abschlüsse sind zu verwenden, wenn kein Konzernabschluss nach den IFRS oder dem Handelsrecht eines Mitgliedstaats der Europäischen Union zu erstellen und offen zu legen ist. [10]Der Konzernabschluss muss den Anforderungen an die handelsrechtliche Konzernrechnungslegung genügen oder die Voraussetzungen erfüllen, unter denen ein Abschluss nach den §§ 291 und 292 des Handelsgesetzbuchs befreiende Wirkung hätte. [11]Wurde der Jahresabschluss oder Einzelabschluss nicht nach denselben Rechnungslegungsstandards wie der Konzernabschluss aufgestellt, ist die Eigenkapitalquote des Betriebs in einer Überleitungsrechnung nach den für den Konzernabschluss geltenden Rechnungslegungsstandards zu ermitteln. [12]Die Überleitungsrechnung ist einer prüferischen Durchsicht zu unterziehen. [13]Auf Verlangen der Finanzbehörde ist der Abschluss oder die Überleitungsrechnung des Betriebs durch einen Abschlussprüfer zu prüfen, der die Voraussetzungen des § 319 des Handelsgesetzbuchs erfüllt. [14]Ist ein dem Eigenkapitalvergleich zugrunde gelegter Abschluss unrichtig und führt der zutreffende Abschluss zu einer Erhöhung der nach Absatz 1 nicht abziehbaren Zinsaufwendungen, ist ein Zuschlag entsprechend § 162 Absatz 4 Satz 1 und 2 der Abgabenordnung festzusetzen. [15]Bemessungsgrundlage für den Zuschlag sind die nach Absatz 1 nicht abziehbaren Zinsaufwendungen. [16]§ 162 Absatz 4 Satz 5 bis 7 der Abgabenordnung gilt sinngemäß.

[2]Ist eine Gesellschaft, bei der der Gesellschafter als Mitunternehmer anzusehen ist, unmittelbar oder mittelbar einer Körperschaft nachgeordnet, gilt für die Gesellschaft § 8a Absatz 3 des Körperschaftsteuergesetzes entsprechend. [3]An die Stelle des Steuerpflichtigen tritt für Zwecke des Satzes 1 Buchstabe b bei Personengesellschaften oder Mitunternehmerschaften die Personengesellschaft oder Mitunternehmerschaft.

(3) [1]Maßgeblicher Gewinn ist der nach den Vorschriften dieses Gesetzes mit Ausnahme des Absatzes 1 ermittelte steuerpflichtige Gewinn. [2]Zinsaufwendungen sind Vergütungen für Fremdkapital, wirtschaftlich gleichwertige Aufwendungen und sonstige Aufwendungen im Zusammenhang mit der Beschaffung von Fremdkapital im Sinne des Artikels 2 Absatz 1 der Richtlinie (EU) 2016/1164 des Rates vom 12. Juli 2016 mit Vorschriften zur Bekämpfung von Steuervermeidungspraktiken mit unmittelbaren Auswirkungen auf das Funktionieren des Binnenmarkts (ABl. L 193 vom 19.7.2016, S. 1), die den maßgeblichen Gewinn gemindert haben. [3]Zinserträge sind Erträge aus Kapitalforderungen jeder Art und wirtschaftlich gleichwertige Erträge im Zusammenhang mit Kapitalforderungen, die den maßgeblichen Gewinn erhöht haben. [4]Ein Betrieb gehört zu einem Konzern, wenn er nach dem für die Anwendung des Absatzes 2 Satz 1 Buchstabe c zugrunde gelegten Rechnungslegungsstandard mit einem oder mehreren anderen Betrieben konsolidiert wird.

(4) [1]Der EBITDA-Vortrag und der Zinsvortrag sind gesondert festzustellen. [2]Zuständig ist das für die gesonderte Feststellung des Gewinns und Verlusts der Gesellschaft zuständige Finanzamt, im Übrigen das für die Besteuerung zuständige Finanzamt. [3]§ 10d Absatz 4 gilt sinngemäß. [4]Feststellungsbescheide sind zu erlassen, aufzuheben oder zu ändern, soweit sich die nach Satz 1 festzustellenden Beträge ändern.

(5) [1]Bei Aufgabe oder Übertragung des Betriebs gehen ein nicht verbrauchter EBITDA-Vortrag und ein nicht verbrauchter Zinsvortrag unter. [2]Scheidet ein Mitunternehmer aus einer Gesellschaft aus, gehen der EBITDA-Vortrag und der Zinsvortrag anteilig mit der Quote unter, mit der der ausgeschiedene Gesellschafter an der Gesellschaft beteiligt war. [3]§ 8c des Körperschaftsteuergesetzes ist auf den Zinsvortrag einer Gesellschaft entsprechend anzuwenden, soweit an dieser unmittelbar oder mittelbar eine Körperschaft als Mitunternehmer beteiligt ist. [4]Bei Aufgabe oder Übertragung eines Teilbetriebs gehen ein nicht verbrauchter EBITDA-Vortrag und ein nicht verbrauchter Zinsvortrag anteilig unter; § 15 Absatz 3 des Umwandlungssteuergesetzes gilt entsprechend.

(6) [1]Zinsaufwendungen oder Zinserträge aus Darlehen, die zur Finanzierung langfristiger öffentlicher Infrastrukturprojekte verwendet und auf Grund von allgemeinen Förderbedingungen vergeben werden, stellen keine Zinsaufwendungen oder Zinserträge im Sinne des Absatzes 3 Satz 2 und 3 dar, sofern es sich um mittelbar oder unmittelbar aus öffentlichen Haushalten gewährte Mittel der Europäischen Union, von Bund, Ländern, Gemeinden oder Mittel anderer öffentlich-rechtlicher Körperschaften oder einer nach § 5 Absatz 1 Nummer 2, 17 oder 18 des Körperschaftsteuergesetzes steuerbefreiten Einrichtung handelt. [2]Satz 1 gilt nur, sofern sämtliche geschaffenen Vermögenswerte in einem Mitgliedstaat der Europäischen Union belegen sind, der Projektbetreiber in einem Mitgliedstaat der Europäischen Union ansässig ist und die Einkünfte aus dem Infrastrukturprojekt in einem Mitgliedstaat der Europäischen Union der Besteuerung unterliegen. [3]Bei der Ermittlung des verrechenbaren EBITDA im Sinne des Absatzes 1 Satz 2 bleiben Aufwendungen und Erträge, die auf das Infrastrukturprojekt im Sinne des Satzes 1 entfallen, außer Ansatz.

§ 4i
Sonderbetriebsausgabenabzug bei Vorgängen mit Auslandsbezug

[1]Aufwendungen dürfen nicht als Sonderbetriebsausgaben abgezogen werden, soweit sie auch die Steuerbemessungsgrundlage in einem anderen Staat mindern. [2]Satz 1 gilt nicht, soweit diese Aufwendungen Erträge desselben Steuerpflichtigen mindern, die bei ihm sowohl der inländischen Besteuerung unterliegen als auch nachweislich der tatsächlichen Besteuerung in dem anderen Staat.

…

§ 5
Gewinn bei Kaufleuten und bei bestimmten anderen Gewerbetreibenden

(1) [1]Bei Gewerbetreibenden, die auf Grund gesetzlicher Vorschriften verpflichtet sind, Bücher zu führen und regelmäßig Abschlüsse zu machen, oder die ohne eine solche Verpflichtung Bücher führen und regelmäßig Abschlüsse machen, ist für den Schluss des Wirtschaftsjahres das Betriebsvermögen anzusetzen (§ 4 Absatz 1 Satz 1), das nach den handelsrechtlichen Grundsätzen ordnungsmäßiger Buchführung auszuweisen ist, es sei denn, im Rahmen der Ausübung eines steuerlichen Wahlrechts wird oder wurde ein anderer Ansatz gewählt. [2]Voraussetzung für die Ausübung steuerlicher Wahlrechte ist, dass die Wirtschaftsgüter, die nicht mit dem handelsrechtlich maßgeblichen Wert in der steuerlichen Gewinnermittlung ausgewiesen werden, in besondere, laufend zu führende Verzeichnisse aufgenommen werden. [3]In den Verzeichnissen sind der Tag der Anschaffung oder Herstellung, die Anschaffungs- oder Herstellungskosten, die Vorschrift des ausgeübten steuerlichen Wahlrechts und die vorgenommenen Abschreibungen nachzuweisen.

(1a) [1]Posten der Aktivseite dürfen nicht mit Posten der Passivseite verrechnet werden. [2]Die Ergebnisse der in der handelsrechtlichen Rechnungslegung zur Absicherung finanzwirtschaftlicher Risiken gebildeten Bewertungseinheiten sind auch für die steuerliche Gewinnermittlung maßgeblich.

(2) Für immaterielle Wirtschaftsgüter des Anlagevermögens ist ein Aktivposten nur anzusetzen, wenn sie entgeltlich erworben wurden.

(2a) Für Verpflichtungen, die nur zu erfüllen sind, soweit künftig Einnahmen oder Gewinne anfallen, sind Verbindlichkeiten oder Rückstellungen erst anzusetzen, wenn die Einnahmen oder Gewinne angefallen sind.

(3) [1]Rückstellungen wegen Verletzung fremder Patent-, Urheber- oder ähnlicher Schutzrechte dürfen erst gebildet werden, wenn

1. der Rechtsinhaber Ansprüche wegen der Rechtsverletzung geltend gemacht hat oder
2. mit einer Inanspruchnahme wegen der Rechtsverletzung ernsthaft zu rechnen ist.

[2]Eine nach Satz 1 Nummer 2 gebildete Rückstellung ist spätestens in der Bilanz des dritten auf ihre erstmalige Bildung folgenden Wirtschaftsjahres gewinnerhöhend aufzulösen, wenn Ansprüche nicht geltend gemacht worden sind.

(4) Rückstellungen für die Verpflichtung zu einer Zuwendung anlässlich eines Dienstjubiläums dürfen nur gebildet werden, wenn das Dienstverhältnis mindestens zehn Jahre bestanden hat, das Dienstjubiläum das Bestehen eines Dienstverhältnisses von mindestens 15 Jahren voraussetzt, die Zusage schriftlich erteilt ist und soweit der Zuwendungsberechtigte seine Anwartschaft nach dem 31. Dezember 1992 erwirbt.

(4a) [1]Rückstellungen für drohende Verluste aus schwebenden Geschäften dürfen nicht gebildet werden. [2]Das gilt nicht für Ergebnisse nach Absatz 1a Satz 2.

(4b) [1]Rückstellungen für Aufwendungen, die in künftigen Wirtschaftsjahren als Anschaffungs- oder Herstellungskosten eines Wirtschaftsguts zu aktivieren sind, dürfen nicht gebildet werden. [2]Rückstellungen für die Verpflichtung zur schadlosen Verwertung radioaktiver Reststoffe sowie ausgebauter oder abgebauter radioaktiver Anlagenteile dürfen nicht gebildet werden, soweit Aufwendungen im Zusammenhang mit der Bearbeitung oder Verarbeitung von Kernbrennstoffen stehen, die aus der Aufarbeitung bestrahlter Kernbrennstoffe gewonnen worden sind und keine radioaktiven Abfälle darstellen.

(5) [1]Als Rechnungsabgrenzungsposten sind nur anzusetzen

1. auf der Aktivseite Ausgaben vor dem Abschlussstichtag, soweit sie Aufwand für eine bestimmte Zeit nach diesem Tag darstellen;
2. auf der Passivseite Einnahmen vor dem Abschlussstichtag, soweit sie Ertrag für eine bestimmte Zeit nach diesem Tag darstellen.

[2]Der Ansatz eines Rechnungsabgrenzungspostens kann unterbleiben, wenn die jeweilige Ausgabe oder Einnahme im Sinne des Satzes 1 den Betrag des § 6 Absatz 2 Satz 1 nicht übersteigt; das Wahlrecht ist einheitlich für alle Ausgaben und Einnahmen im Sinne des Satzes 1 auszuüben. [3]Auf der Aktivseite sind ferner anzusetzen

1. als Aufwand berücksichtigte Zölle und Verbrauchsteuern, soweit sie auf am Abschlussstichtag auszuweisende Wirtschaftsgüter des Vorratsvermögens entfallen,
2. als Aufwand berücksichtigte Umsatzsteuer auf am Abschlussstichtag auszuweisende Anzahlungen.

(6) Die Vorschriften über die Entnahmen und die Einlagen, über die Zulässigkeit der Bilanzänderung, über die Betriebsausgaben, über die Bewertung und über die Absetzung für Abnutzung oder Substanzverringerung sind zu befolgen.

(7) [1]Übernommene Verpflichtungen, die beim ursprünglich Verpflichteten Ansatzverboten, -beschränkungen oder Bewertungsvorbehalten unterlegen haben, sind zu den auf die Übernahme folgenden Abschlussstichtagen bei dem Übernehmer und dessen Rechtsnachfolger so zu bilanzieren, wie sie beim ursprünglich Verpflichteten ohne Übernahme zu bilanzieren wären. [2]Dies gilt in Fällen des Schuldbeitritts oder der Erfüllungsübernahme mit vollständiger oder teilweiser Schuldfreistellung für die sich aus diesem Rechtsgeschäft ergebenden Verpflichtungen sinngemäß. [3]Satz 1 ist für den Erwerb eines Mitunternehmeranteils entsprechend anzuwenden. [4]Wird eine Pensionsverpflichtung unter gleichzeitiger Übernahme von Vermögenswerten gegenüber einem Arbeitnehmer übernommen, der bisher in einem anderen Unternehmen tätig war, ist Satz 1 mit der Maßgabe anzuwenden, dass bei der Ermittlung des Teilwertes der Verpflichtung der Jahresbetrag nach § 6a Absatz 3 Satz 2 Nummer 1 so zu bemessen ist, dass zu Beginn des Wirtschaftsjahres der Übernahme der Barwert der Jahresbeträge zusammen mit den übernommenen Vermögenswerten gleich dem Barwert der künftigen Pensionsleistungen ist; dabei darf sich kein negativer Jahresbetrag ergeben. [5]Für einen Gewinn, der sich aus der Anwendung der Sätze 1 bis 3 ergibt, kann jeweils in Höhe von vierzehn Fünfzehntel eine gewinnmindernde Rücklage gebildet werden, die in den folgenden 14 Wirtschaftsjahren jeweils mit mindestens einem Vierzehntel gewinnerhöhend aufzulösen ist (Auflösungszeitraum). [6]Besteht eine Verpflichtung, für die eine Rücklage gebildet wurde, bereits vor Ablauf des maßgebenden Auflösungszeitraums nicht mehr, ist die insoweit verbleibende Rücklage erhöhend aufzulösen.

...

§ 5b
Elektronische Übermittlung von Bilanzen sowie Gewinn- und Verlustrechnungen

(1) [1]Wird der Gewinn nach § 4 Absatz 1, § 5 oder § 5a ermittelt, so ist der Inhalt der Bilanz, der Gewinn- und Verlustrechnung jeweils einschließlich der unverdichteten Kontennachweise mit Kontensalden sowie der Anlagenspiegel und das diesem zugrun-

deliegende Anlagenverzeichnis nach amtlich vorgeschriebenem Datensatz durch Datenfernübertragung zu übermitteln. [2]Enthält die Bilanz Ansätze oder Beträge, die den steuerlichen Vorschriften nicht entsprechen, so sind diese Ansätze oder Beträge durch Zusätze oder Anmerkungen den steuerlichen Vorschriften anzupassen und nach amtlich vorgeschriebenem Datensatz durch Datenfernübertragung zu übermitteln. [3]Der Steuerpflichtige kann auch eine den steuerlichen Vorschriften entsprechende Bilanz nach amtlich vorgeschriebenem Datensatz durch Datenfernübertragung übermitteln; Satz 1 gilt insoweit entsprechend. [4]Im Fall der Eröffnung des Betriebs sind die Sätze 1 bis 3 entsprechend anzuwenden; dies gilt auch für solche Bilanzen, die für andere steuerliche Zwecke zu erstellen sind. [5]Liegt ein Anhang, ein Lagebericht, ein Prüfungsbericht oder ein Verzeichnis nach § 5 Absatz 1 Satz 2 vor, so sind diese nach amtlich vorgeschriebenem Datensatz durch Datenfernübertragung zu übermitteln. [6]Bei der Gewinnermittlung nach § 5a ist das besondere Verzeichnis nach § 5a Absatz 4 nach amtlich vorgeschriebenem Datensatz durch Datenfernübertragung zu übermitteln.

(2) [1]Auf Antrag kann die Finanzbehörde zur Vermeidung unbilliger Härten auf eine elektronische Übermittlung verzichten. [2]§ 150 Absatz 8 der Abgabenordnung gilt entsprechend.

§ 6
Bewertung

(1) Für die Bewertung der einzelnen Wirtschaftsgüter, die nach § 4 Absatz 1 oder nach § 5 als Betriebsvermögen anzusetzen sind, gilt das Folgende:

1. Wirtschaftsgüter des Anlagevermögens, die der Abnutzung unterliegen, sind mit den Anschaffungs- oder Herstellungskosten oder dem an deren Stelle tretenden Wert, vermindert um die Absetzungen für Abnutzung, erhöhte Absetzungen, Sonderabschreibungen, Abzüge nach § 6b und ähnliche Abzüge, anzusetzen. [2]Ist der Teilwert auf Grund einer voraussichtlich dauernden Wertminderung niedriger, so kann dieser angesetzt werden. [3]Teilwert ist der Betrag, den ein Erwerber des ganzen Betriebs im Rahmen des Gesamtkaufpreises für das einzelne Wirtschaftsgut ansetzen würde; dabei ist davon auszugehen, dass der Erwerber den Betrieb fortführt. [4]Wirtschaftsgüter, die bereits am Schluss des vorangegangenen Wirtschaftsjahres zum Anlagevermögen des Steuerpflichtigen gehört haben, sind in den folgenden Wirtschaftsjahren gemäß Satz 1 anzusetzen, es sei denn, der Steuerpflichtige weist nach, dass ein niedrigerer Teilwert nach Satz 2 angesetzt werden kann.

1a. [1]Zu den Herstellungskosten eines Gebäudes gehören auch Aufwendungen für Instandsetzungs- und Modernisierungsmaßnahmen, die innerhalb von drei Jahren nach der Anschaffung des Gebäudes durchgeführt werden, wenn die Aufwendungen ohne die Umsatzsteuer 15 Prozent der Anschaffungskosten des Gebäudes übersteigen (anschaffungsnahe Herstellungskosten). [2]Zu diesen Aufwendungen gehören nicht die Aufwendungen für Erweiterungen im Sinne des § 255 Absatz 2 Satz 1 des Handelsgesetzbuchs sowie Aufwendungen für Erhaltungsarbeiten, die jährlich üblicherweise anfallen.

1b. [1]Bei der Berechnung der Herstellungskosten brauchen angemessene Teile der Kosten der allgemeinen Verwaltung sowie angemessene Aufwendungen für soziale Einrichtungen des Betriebs, für freiwillige soziale Leistungen und für die betriebliche Altersversorgung im Sinne des § 255 Absatz 2 Satz 3 des Handelsgesetzbuchs nicht einbezogen zu werden, soweit diese auf den Zeitraum der Herstellung entfallen. [2]Das Wahlrecht ist bei Gewinnermittlung nach § 5 in Übereinstimmung mit der Handelsbilanz auszuüben.

1c. *Leistet der Steuerpflichtige über den Nennbetrag seiner Anteile hinaus Einzahlungen in das Kapital einer Kapitalgesellschaft, einer optierenden Gesellschaft im Sinne des § 1a des Körperschaftsteuergesetzes oder einer Genossenschaft (einschließlich der Europäischen Genossenschaft), sind die Einzahlungen bei der Ermittlung der Anschaffungskosten gleichmäßig auf alle Anteile, die der Steuerpflichtige in einem Betriebsvermögen hält oder die im Gesamthandsvermögen einer Mitunternehmerschaft gehalten werden, soweit der Steuerpflichtige unmittelbar oder mittelbar beteiligt ist, einschließlich seiner im Rahmen von Kapitalerhöhungen erhaltenen neuen Anteile aufzuteilen.*[1)]

2. [1]Andere als die in Nummer 1 bezeichneten Wirtschaftsgüter des Betriebs (Grund und Boden, Beteiligungen, Umlaufvermögen) sind mit den Anschaffungs- oder Herstellungskosten oder dem an deren Stelle tretenden Wert, vermindert um Abzüge nach § 6b und ähnliche Abzüge, anzusetzen. [2]Ist der Teilwert (Nummer 1 Satz 3) auf Grund einer voraussichtlich dauernden Wertminderung niedriger, so kann dieser angesetzt werden. [3]Nummer 1 Satz 4 gilt entsprechend.

2a. [1]Steuerpflichtige, die den Gewinn nach § 5 ermitteln, können für den Wertansatz gleichartiger Wirtschaftsgüter des Vorratsvermögens unterstellen, dass die zuletzt angeschafften oder hergestellten Wirtschaftsgüter zuerst verbraucht oder veräußert worden sind, soweit dies den handelsrechtlichen Grundsätzen ordnungsmäßiger Buchführung entspricht. [2]Der Vorratsbestand am Schluss des Wirtschaftsjahres, das der erstmaligen Anwendung der Bewertung nach Satz 1 vorangeht, gilt mit seinem Bilanzansatz als erster Zugang des neuen Wirtschaftsjahres. [3]Von der Verbrauchs- oder Veräußerungsfolge nach Satz 1 kann in den folgenden Wirtschaftsjahren nur mit Zustimmung des Finanzamts abgewichen werden.

2b. [1]Steuerpflichtige, die in den Anwendungsbereich des § 340 des Handelsgesetzbuchs fallen, haben die zu Handelszwecken erworbenen Finanzinstrumente, die nicht in einer Bewertungseinheit im Sinn des § 5 Absatz 1a Satz 2 abgebildet werden, mit dem beizulegenden Zeitwert abzüglich eines Risikoabschlages (§ 340e Absatz 3 des Handelsgesetzbuchs) zu bewerten. [2]Nummer 2 Satz 2 ist nicht anzuwenden.

3. [1]Verbindlichkeiten sind unter sinngemäßer Anwendung der Vorschriften der Nummer 2 anzusetzen.

3a. [1]Rückstellungen sind höchstens insbesondere unter Berücksichtigung folgender Grundsätze anzusetzen:

    a) bei Rückstellungen für gleichartige Verpflichtungen ist auf der Grundlage der Erfahrungen in der Vergangenheit aus der Abwicklung solcher Verpflichtungen die Wahrscheinlichkeit zu berücksichtigen, dass der Steuerpflichtige nur zu einem Teil der Summe dieser Verpflichtungen in Anspruch genommen wird;

    b) Rückstellungen für Sachleistungsverpflichtungen sind mit den Einzelkosten und den angemessenen Teilen der notwendigen Gemeinkosten zu bewerten;

    c) künftige Vorteile, die mit der Erfüllung der Verpflichtung voraussichtlich verbunden sein werden, sind, soweit sie nicht als Forderung zu aktivieren sind, bei ihrer Bewertung wertmindernd zu berücksichtigen;

    d) Rückstellungen für Verpflichtungen, für deren Entstehen im wirtschaftlichen Sinne der laufende Betrieb ursächlich ist, sind zeitanteilig in gleichen Raten anzusammeln. [2]Rückstellungen für gesetzliche Verpflichtungen zur Rücknahme und Verwertung von Erzeugnissen, die vor Inkrafttreten entsprechender gesetzlicher Verpflichtungen in Verkehr gebracht worden sind, sind zeitanteilig in gleichen Raten bis zum Beginn der jeweiligen Erfüllung anzusammeln; Buchstabe e ist

1) Entwurf eines Gesetzes zur Förderung privater Investitionen und des Finanzstandorts, Stand BR-Drucks. 550/25 v. 21.11.2025.

insoweit nicht anzuwenden. [3]Rückstellungen für die Verpflichtung, ein Kernkraftwerk stillzulegen, sind ab dem Zeitpunkt der erstmaligen Nutzung bis zum Zeitpunkt, in dem mit der Stilllegung begonnen werden muss, zeitanteilig in gleichen Raten anzusammeln; steht der Zeitpunkt der Stilllegung nicht fest, beträgt der Zeitraum für die Ansammlung 25 Jahre;

e) Rückstellungen für Verpflichtungen sind mit einem Zinssatz von 5,5 Prozent abzuzinsen; ausgenommen von der Abzinsung sind Rückstellungen für Verpflichtungen, deren Laufzeit am Bilanzstichtag weniger als zwölf Monate beträgt, und Rückstellungen für Verpflichtungen, die verzinslich sind oder auf einer Anzahlung oder Vorausleistung beruhen. [2]Für die Abzinsung von Rückstellungen für Sachleistungsverpflichtungen ist der Zeitraum bis zum Beginn der Erfüllung maßgebend. [3]Für die Abzinsung von Rückstellungen für die Verpflichtung, ein Kernkraftwerk stillzulegen, ist der sich aus Buchstabe d Satz 3 ergebende Zeitraum maßgebend; und

f) bei der Bewertung sind die Wertverhältnisse am Bilanzstichtag maßgebend; künftige Preis- und Kostensteigerungen dürfen nicht berücksichtigt werden.

4. [1]Entnahmen des Steuerpflichtigen für sich, für seinen Haushalt oder für andere betriebsfremde Zwecke sind mit dem Teilwert anzusetzen; die Entnahme ist in den Fällen des § 4 Absatz 1 Satz 3 erster Halbsatz mit dem gemeinen Wert und in den Fällen des § 4 Absatz 1 Satz 3 zweiter Halbsatz mit dem Wert anzusetzen, den der andere Staat der Besteuerung zugrunde legt, höchstens jedoch mit dem gemeinen Wert. 2Die private Nutzung eines Kraftfahrzeugs, das zu mehr als 50 Prozent betrieblich genutzt wird, ist für jeden Kalendermonat mit 1 Prozent des inländischen Listenpreises im Zeitpunkt der Erstzulassung zuzüglich der Kosten für Sonderausstattung einschließlich Umsatzsteuer anzusetzen; bei der privaten Nutzung von Fahrzeugen mit Antrieb ausschließlich durch Elektromotoren, die ganz oder überwiegend aus mechanischen oder elektrochemischen Energiespeichern oder aus emissionsfrei betriebenen Energiewandlern gespeist werden (Elektrofahrzeuge), oder von extern aufladbaren Hybridelektrofahrzeugen, ist der Listenpreis dieser Kraftfahrzeuge

1. soweit die Nummern 2, 3 oder 4 nicht anzuwenden sind und bei Anschaffung vor dem 1. Januar 2023 um die darin enthaltenen Kosten des Batteriesystems im Zeitpunkt der Erstzulassung des Kraftfahrzeugs wie folgt zu mindern: für bis zum 31. Dezember 2013 angeschaffte Kraftfahrzeuge um 500 Euro pro Kilowattstunde der Batteriekapazität, dieser Betrag mindert sich für in den Folgejahren angeschaffte Kraftfahrzeuge um jährlich 50 Euro pro Kilowattstunde der Batteriekapazität; die Minderung pro Kraftfahrzeug beträgt höchstens 10 000 Euro; dieser Höchstbetrag mindert sich für in den Folgejahren angeschaffte Kraftfahrzeuge um jährlich 500 Euro, oder

2. soweit Nummer 3 nicht anzuwenden ist und bei Anschaffung nach dem 31. Dezember 2018 und vor dem 1. Januar 2022 nur zur Hälfte anzusetzen; bei extern aufladbaren Hybridelektrofahrzeugen muss das Fahrzeug die Voraussetzungen des § 3 Absatz 2 Nummer 1 oder 2 des Elektromobilitätsgesetzes erfüllen, oder

3. bei Anschaffung nach dem 31. Dezember 2018 und vor dem 1. Januar 2031 nur zu einem Viertel anzusetzen, wenn das Kraftfahrzeug keine Kohlendioxidemission je gefahrenen Kilometer hat und der Bruttolistenpreis des Kraftfahrzeugs nicht mehr als 100 000 Euro beträgt, oder

4. soweit Nummer 3 nicht anzuwenden ist und bei Anschaffung nach dem 31. Dezember 2021 und vor dem 1. Januar 2025 nur zur Hälfte anzusetzen, wenn das Kraftfahrzeug

   a) eine Kohlendioxidemission von höchstens 50 Gramm je gefahrenen Kilometer hat oder

   b) die Reichweite des Fahrzeugs unter ausschließlicher Nutzung der elektrischen Antriebsmaschine mindestens 60 Kilometer beträgt, oder

5. soweit Nummer 3 nicht anzuwenden ist und bei Anschaffung nach dem 31. Dezember 2024 und vor dem 1. Januar 2031 nur zur Hälfte anzusetzen, wenn das Kraftfahrzeug

   a) eine Kohlendioxidemission von höchstens 50 Gramm je gefahrenen Kilometer hat oder

   b) die Reichweite des Fahrzeugs unter ausschließlicher Nutzung der elektrischen Antriebsmaschine mindestens 80 Kilometer beträgt,

die maßgebliche Kohlendioxidemission sowie die Reichweite des Kraftfahrzeugs unter ausschließlicher Nutzung der elektrischen Antriebsmaschine ist der Übereinstimmungsbescheinigung nach Anhang IX der Richtlinie 2007/46/EG oder aus der Übereinstimmungsbescheinigung nach Artikel 38 der Verordnung (EU) Nr. 168/2013 zu entnehmen.3Die private Nutzung kann abweichend von Satz 2 mit den auf die Privatfahrten entfallenden Aufwendungen angesetzt werden, wenn die für das Kraftfahrzeug insgesamt entstehenden Aufwendungen durch Belege und das Verhältnis der privaten zu den übrigen Fahrten durch ein ordnungsgemäßes Fahrtenbuch nachgewiesen werden; bei der privaten Nutzung von Fahrzeugen mit Antrieb ausschließlich durch Elektromotoren, die ganz oder überwiegend aus mechanischen oder elektrochemischen Energiespeichern oder aus emissionsfrei betriebenen Energiewandlern gespeist werden (Elektrofahrzeuge), oder von extern aufladbaren Hybridelektrofahrzeugen, sind

1. soweit die Nummern 2, 3 oder 4 nicht anzuwenden sind und bei Anschaffung vor dem 1. Januar 2023 die der Berechnung der Entnahme zugrunde zu legenden insgesamt entstandenen Aufwendungen um Aufwendungen für das Batteriesystem zu mindern; dabei ist bei zum Betriebsvermögen des Steuerpflichtigen gehörenden Elektro- und Hybridelektrofahrzeugen die der Berechnung der Absetzungen für Abnutzung zugrunde zu legende Bemessungsgrundlage um die nach Satz 2 in pauschaler Höhe festgelegten Aufwendungen zu mindern, wenn darin Kosten für ein Batteriesystem enthalten sind, oder

2. soweit Nummer 3 nicht anzuwenden ist und bei Anschaffung nach dem 31. Dezember 2018 und vor dem 1. Januar 2022 bei der Ermittlung der insgesamt entstandenen Aufwendungen die Anschaffungskosten für das Kraftfahrzeug oder vergleichbare Aufwendungen nur zur Hälfte zu berücksichtigen; bei extern aufladbaren Hybridelektrofahrzeugen muss das Fahrzeug die Voraussetzungen des § 3 Absatz 2 Nummer 1 oder 2 des Elektromobilitätsgesetzes erfüllen, oder

3. bei Anschaffung nach dem 31. Dezember 2018 und vor dem 1. Januar 2031 bei der Ermittlung der insgesamt entstandenen Aufwendungen die Anschaffungskosten für das Kraftfahrzeug oder vergleichbare Aufwendungen nur zu einem Viertel zu berücksichtigen, wenn das Kraftfahrzeug keine Kohlendioxidemission je gefahrenen Kilometer hat, und der Bruttolistenpreis des Kraftfahrzeugs nicht mehr als 100 000 Euro beträgt oder

4. soweit Nummer 3 nicht anzuwenden ist und bei Anschaffung nach dem 31. Dezember 2021 und vor dem 1. Januar 2025 bei der Ermittlung der insgesamt entstandenen Aufwendungen die Anschaffungskosten für das Kraftfahrzeug oder vergleichbare Aufwendungen nur zur Hälfte zu berücksichtigen, wenn das Kraftfahrzeug

   a) eine Kohlendioxidemission von höchstens 50 Gramm je gefahrenen Kilometer hat oder

   b) die Reichweite des Kraftfahrzeugs unter ausschließlicher Nutzung der elektrischen Antriebsmaschine mindestens 60 Kilometer beträgt, oder

5. soweit Nummer 3 nicht anzuwenden ist und bei Anschaffung nach dem 31. Dezember 2024 und vor dem 1. Januar 2031 bei der Ermittlung der insgesamt entstandenen Aufwendungen die Anschaffungskosten für das Kraftfahrzeug oder vergleichbare Aufwendungen nur zur Hälfte zu berücksichtigen, wenn das Kraftfahrzeug
   a) eine Kohlendioxidemission von höchstens 50 Gramm je gefahrenen Kilometer hat oder
   b) die Reichweite des Kraftfahrzeugs unter ausschließlicher Nutzung der elektrischen Antriebsmaschine mindestens 80 Kilometer beträgt,

die maßgebliche Kohlendioxidemission sowie die Reichweite des Kraftfahrzeugs unter ausschließlicher Nutzung der elektrischen Antriebsmaschine ist der Übereinstimmungsbescheinigung nach Anhang IX der Richtlinie 2007/46/EG oder aus der Übereinstimmungsbescheinigung nach Artikel 38 der Verordnung (EU) Nr. 168/2013 zu entnehmen. 4Wird ein Wirtschaftsgut unmittelbar nach seiner Entnahme einer nach § 5 Absatz 1 Nummer 9 des Körperschaftsteuergesetzes von der Körperschaftsteuer befreiten Körperschaft, Personenvereinigung oder Vermögensmasse oder einer juristischen Person des öffentlichen Rechts zur Verwendung für steuerbegünstigte Zwecke im Sinne des § 10b Absatz 1 Satz 1 unentgeltlich überlassen, so kann die Entnahme mit dem Buchwert angesetzt werden. 5Satz 4 gilt nicht für die Entnahme von Nutzungen und Leistungen. 6Die private Nutzung eines betrieblichen Fahrrads, das kein Kraftfahrzeug im Sinne des Satzes 2 ist, bleibt außer Ansatz.

5. [1]Einlagen sind mit dem Teilwert für den Zeitpunkt der Zuführung anzusetzen; sie sind jedoch höchstens mit den Anschaffungs- oder Herstellungskosten anzusetzen, wenn das zugeführte Wirtschaftsgut
   a) innerhalb der letzten drei Jahre vor dem Zeitpunkt der Zuführung aus dem Privatvermögen angeschafft oder hergestellt worden ist,
   b) ein Anteil an einer Kapitalgesellschaft ist und der Steuerpflichtige an der Gesellschaft im Sinne des § 17 Absatz 1 oder Absatz 6 beteiligt ist; § 17 Absatz 2 Satz 5 gilt entsprechend, oder
   c) ein Wirtschaftsgut im Sinne des § 20 Absatz 2 oder im Sinne des § 2 Absatz 4 des Investmentsteuergesetzes ist.

   [2]Ist die Einlage ein abnutzbares Wirtschaftsgut, so sind die Anschaffungs- oder Herstellungskosten um Absetzungen für Abnutzung zu kürzen, die auf den Zeitraum zwischen der Anschaffung oder Herstellung des Wirtschaftsguts und der Einlage entfallen. [3]Ist die Einlage ein Wirtschaftsgut, das vor der Zuführung aus einem Betriebsvermögen des Steuerpflichtigen entnommen worden ist, so tritt an die Stelle der Anschaffungs- oder Herstellungskosten der Wert, mit dem die Entnahme angesetzt worden ist, und an die Stelle des Zeitpunkts der Anschaffung oder Herstellung der Zeitpunkt der Entnahme.

5a. In den Fällen des § 4 Absatz 1 Satz 8 zweiter Halbsatz ist das Wirtschaftsgut mit dem gemeinen Wert anzusetzen; unterliegt der Steuerpflichtige in einem anderen Staat einer Besteuerung auf Grund des Ausschlusses oder der Beschränkung des Besteuerungsrechts dieses Staates, ist das Wirtschaftsgut mit dem Wert anzusetzen, den der andere Staat der Besteuerung zugrunde legt, höchstens jedoch mit dem gemeinen Wert.

5b. Im Fall des § 4 Absatz 1 Satz 9 ist das Wirtschaftsgut jeweils mit dem Wert anzusetzen, den der andere Staat der Besteuerung zugrunde legt, höchstens jedoch mit dem gemeinen Wert.

6. Bei Eröffnung eines Betriebs ist Nummer 5 entsprechend anzuwenden.

7. Bei entgeltlichem Erwerb eines Betriebs sind die Wirtschaftsgüter mit dem Teilwert, höchstens jedoch mit den Anschaffungs- oder Herstellungskosten anzusetzen.

(2) [1]Die Anschaffungs- oder Herstellungskosten oder der nach Absatz 1 Nummer 5 bis 6 an deren Stelle tretende Wert von abnutzbaren beweglichen Wirtschaftsgütern des Anlagevermögens, die einer selbständigen Nutzung fähig sind, können im Wirtschaftsjahr der Anschaffung, Herstellung oder Einlage des Wirtschaftsguts oder der Eröffnung des Betriebs in voller Höhe als Betriebsausgaben abgezogen werden, wenn die Anschaffungs- oder Herstellungskosten, vermindert um einen darin enthaltenen Vorsteuerbetrag (§ 9b Absatz 1), oder der nach Absatz 1 Nummer 5 bis 6 an deren Stelle tretende Wert für das einzelne Wirtschaftsgut 800 Euro nicht übersteigen. [2]Ein Wirtschaftsgut ist einer selbständigen Nutzung nicht fähig, wenn es nach seiner betrieblichen Zweckbestimmung nur zusammen mit anderen Wirtschaftsgütern des Anlagevermögens genutzt werden kann und die in den Nutzungszusammenhang eingefügten Wirtschaftsgüter technisch aufeinander abgestimmt sind. [3]Das gilt auch, wenn das Wirtschaftsgut aus dem betrieblichen Nutzungszusammenhang gelöst und in einen anderen betrieblichen Nutzungszusammenhang eingefügt werden kann. [4]Wirtschaftsgüter im Sinne des Satzes 1, deren Wert 250 Euro übersteigt, sind unter Angabe des Tages der Anschaffung, Herstellung oder Einlage des Wirtschaftsguts oder der Eröffnung des Betriebs und der Anschaffungs- oder Herstellungskosten oder des nach Absatz 1 Nummer 5 bis 6 an deren Stelle tretenden Werts in ein besonderes, laufend zu führendes Verzeichnis aufzunehmen. [5]Das Verzeichnis braucht nicht geführt zu werden, wenn diese Angaben aus der Buchführung ersichtlich sind.

(2a) [1]Abweichend von Absatz 2 Satz 1 kann für die abnutzbaren beweglichen Wirtschaftsgüter des Anlagevermögens, die einer selbständigen Nutzung fähig sind, im Wirtschaftsjahr der Anschaffung, Herstellung oder Einlage des Wirtschaftsguts oder der Eröffnung des Betriebs ein Sammelposten gebildet werden, wenn die Anschaffungs- oder Herstellungskosten, vermindert um einen darin enthaltenen Vorsteuerbetrag (§ 9b Absatz 1), oder der nach Absatz 1 Nummer 5 bis 6 an deren Stelle tretende Wert für das einzelne Wirtschaftsgut 250 Euro, aber nicht 1 000 Euro übersteigen. [2]Der Sammelposten ist im Wirtschaftsjahr der Bildung und den folgenden vier Wirtschaftsjahren mit jeweils einem Fünftel gewinnmindernd aufzulösen. [3]Scheidet ein Wirtschaftsgut im Sinne des Satzes 1 aus dem Betriebsvermögen aus, wird der Sammelposten nicht vermindert. [4]Die Anschaffungs- oder Herstellungskosten oder der nach Absatz 1 Nummer 5 bis 6 an deren Stelle tretende Wert von abnutzbaren beweglichen Wirtschaftsgütern des Anlagevermögens, die einer selbständigen Nutzung fähig sind, können im Wirtschaftsjahr der Anschaffung, Herstellung oder Einlage des Wirtschaftsguts oder der Eröffnung des Betriebs in voller Höhe als Betriebsausgaben abgezogen werden, wenn die Anschaffungs- oder Herstellungskosten, vermindert um einen darin enthaltenen Vorsteuerbetrag (§ 9b Absatz 1), oder der nach Absatz 1 Nummer 5 bis 6 an deren Stelle tretende Wert für das einzelne Wirtschaftsgut 250 Euro nicht übersteigen. [5]Die Sätze 1 bis 3 sind für alle in einem Wirtschaftsjahr angeschafften, hergestellten oder eingelegten Wirtschaftsgüter einheitlich anzuwenden.

(3) [1]Wird ein Betrieb, ein Teilbetrieb oder der Anteil eines Mitunternehmers an einem Betrieb unentgeltlich übertragen, so sind bei der Ermittlung des Gewinns des bisherigen Betriebsinhabers (Mitunternehmers) die Wirtschaftsgüter mit den Werten anzusetzen, die sich nach den Vorschriften über die Gewinnermittlung ergeben, sofern die Besteuerung der stillen Reserven sichergestellt ist; dies gilt auch bei der unentgeltlichen Aufnahme einer natürlichen Person in ein bestehendes Einzelunternehmen sowie bei der unentgeltlichen Übertragung eines Teils eines Mitunternehmeranteils auf eine natürliche Person. [2]Satz 1 ist auch anzuwenden, wenn der bisherige Betriebsinhaber (Mitunternehmer) Wirtschaftsgüter, die weiterhin zum Betriebsvermögen derselben Mitunternehmerschaft gehören, nicht überträgt, sofern der Rechtsnachfolger den übernommenen Mitunternehmeranteil über einen Zeitraum von mindestens fünf Jahren nicht veräußert oder aufgibt. [3]Der Rechtsnachfolger ist an die in Satz 1 genannten Werte gebunden.

(4) Wird ein einzelnes Wirtschaftsgut außer in den Fällen der Einlage (§ 4 Absatz 1 Satz 8) unentgeltlich in das Betriebsvermögen eines anderen Steuerpflichtigen übertragen, gilt sein gemeiner Wert für das aufnehmende Betriebsvermögen als Anschaffungskosten.

(5) [1]Wird ein einzelnes Wirtschaftsgut von einem Betriebsvermögen in ein anderes Betriebsvermögen desselben Steuerpflichtigen überführt, ist bei der Überführung der Wert anzusetzen, der sich nach den Vorschriften über die Gewinnermittlung ergibt, sofern die Besteuerung der stillen Reserven sichergestellt ist; § 4 Absatz 1 Satz 4 ist entsprechend anzuwenden. [2]Satz 1 gilt auch für die Überführung aus einem eigenen Betriebsvermögen des Steuerpflichtigen in dessen Sonderbetriebsvermögen bei einer Mitunternehmerschaft und umgekehrt sowie für die Überführung zwischen verschiedenen Sonderbetriebsvermögen desselben Steuerpflichtigen bei verschiedenen Mitunternehmerschaften. [3]Satz 1 gilt entsprechend, soweit ein Wirtschaftsgut

1. unentgeltlich oder gegen Gewährung oder Minderung von Gesellschaftsrechten aus einem Betriebsvermögen des Mitunternehmers in das Gesamthandsvermögen einer Mitunternehmerschaft und umgekehrt,
2. unentgeltlich oder gegen Gewährung oder Minderung von Gesellschaftsrechten aus dem Sonderbetriebsvermögen eines Mitunternehmers in das Gesamthandsvermögen derselben Mitunternehmerschaft oder einer anderen Mitunternehmerschaft, an der er beteiligt ist, und umgekehrt,
3. unentgeltlich zwischen den jeweiligen Sonderbetriebsvermögen verschiedener Mitunternehmer derselben Mitunternehmerschaft oder
4. unentgeltlich zwischen den Gesamthandsvermögen verschiedener Mitunternehmerschaften derselben, identisch beteiligten Mitunternehmer

übertragen wird.[1)] [4]Wird das nach Satz 3 übertragene Wirtschaftsgut innerhalb einer Sperrfrist veräußert oder entnommen, ist rückwirkend auf den Zeitpunkt der Übertragung der Teilwert anzusetzen, es sei denn, die bis zur Übertragung entstandenen stillen Reserven sind durch Erstellung einer Ergänzungsbilanz dem übertragenden Gesellschafter zugeordnet worden; diese Sperrfrist endet drei Jahre nach Abgabe der Steuererklärung des Übertragenden für den Veranlagungszeitraum, in dem die in Satz 3 bezeichnete Übertragung erfolgt ist. [5]Der Teilwert ist auch anzusetzen, soweit in den Fällen des Satzes 3 der Anteil einer Körperschaft, Personenvereinigung oder Vermögensmasse an dem Wirtschaftsgut unmittelbar oder mittelbar begründet wird oder dieser sich erhöht. [6]Soweit innerhalb von sieben Jahren nach der Übertragung des Wirtschaftsguts nach Satz 3 der Anteil einer Körperschaft, Personenvereinigung oder Vermögensmasse an dem übertragenen Wirtschaftsgut aus einem anderen Grund unmittelbar oder mittelbar begründet wird oder dieser sich erhöht, ist rückwirkend auf den Zeitpunkt der Übertragung ebenfalls der Teilwert anzusetzen. [7]Eine unmittelbare oder mittelbare Begründung oder Erhöhung eines Anteils einer Körperschaft, Personenvereinigung oder Vermögensmasse an dem übertragenen Wirtschaftsgut im Sinne von Satz 5 und 6 liegt auch vor, wenn dieser Anteil an die Stelle eines unmittelbaren oder mittelbaren Anteils einer anderen Körperschaft, Personenvereinigung oder Vermögensmasse tritt.

(6) [1]Wird ein einzelnes Wirtschaftsgut im Wege des Tausches übertragen, bemessen sich die Anschaffungskosten nach dem gemeinen Wert des hingegebenen Wirtschaftsguts. [2]Erfolgt die Übertragung im Wege der verdeckten Einlage, erhöhen sich die Anschaffungskosten der Beteiligung an der Kapitalgesellschaft um den Teilwert des eingelegten Wirtschaftsguts. [3]In den Fällen des Absatzes 1 Nummer 5 Satz 1 Buchstabe a erhöhen sich die Anschaffungskosten im Sinne des Satzes 2 um den Einlagewert des Wirtschaftsguts. [4]Absatz 5 bleibt unberührt.

(7) Im Fall des § 4 Absatz 3 sind

1. bei der Bemessung der Absetzungen für Abnutzung oder Substanzverringerung die sich bei der Anwendung der Absätze 3 bis 6 ergebenden Werte als Anschaffungskosten zugrunde zu legen und
2. die Bewertungsvorschriften des Absatzes 1 Nummer 1a und der Nummern 1c, 4 bis 7 entsprechend anzuwenden.

…

§ 7
Absetzung für Abnutzung oder Substanzverringerung

(1) [1]Bei Wirtschaftsgütern, deren Verwendung oder Nutzung durch den Steuerpflichtigen zur Erzielung von Einkünften sich erfahrungsgemäß auf einen Zeitraum von mehr als einem Jahr erstreckt, ist jeweils für ein Jahr der Teil der Anschaffungs- oder Herstellungskosten abzusetzen, der bei gleichmäßiger Verteilung dieser Kosten auf die Gesamtdauer der Verwendung oder Nutzung auf ein Jahr entfällt (Absetzung für Abnutzung in gleichen Jahresbeträgen). [2]Die Absetzung bemisst sich hierbei nach der betriebsgewöhnlichen Nutzungsdauer des Wirtschaftsguts. [3]Als betriebsgewöhnliche Nutzungsdauer des Geschäfts- oder Firmenwerts eines Gewerbebetriebs oder eines Betriebs der Land- und Forstwirtschaft gilt ein Zeitraum von 15 Jahren. [4]Im Jahr der Anschaffung oder Herstellung des Wirtschaftsguts vermindert sich für dieses Jahr der Absetzungsbetrag nach Satz 1 um jeweils ein Zwölftel für jeden vollen Monat, der dem Monat der Anschaffung oder Herstellung vorangeht. [5]Bei Wirtschaftsgütern, die nach einer Verwendung zur Erzielung von Einkünften im Sinne des § 2 Absatz 1 Satz Nummer 4 bis 7 in ein Betriebsvermögen eingelegt worden sind, mindert sich der Einlagewert um die Absetzungen für Abnutzung oder Substanzverringerung, Sonderabschreibungen oder erhöhte Absetzungen, die bis zum Zeitpunkt der Einlage vorgenommen worden sind, höchstens jedoch bis zu den fortgeführten Anschaffungs- oder Herstellungskosten; ist der Einlagewert niedriger als dieser Wert, bemisst sich die weitere Absetzung für Abnutzung vom Einlagewert. [6]Bei beweglichen Wirtschaftsgütern des Anlagevermögens, bei denen es wirtschaftlich begründet ist, die Absetzung für Abnutzung nach Maßgabe der Leistung des Wirtschaftsguts vorzunehmen, kann der Steuerpflichtige dieses Verfahren statt der Absetzung für Abnutzung in gleichen Jahresbeträgen anwenden, wenn er den auf das einzelne Jahr entfallenden Umfang der Leistung nachweist. [7]Absetzungen für außergewöhnliche technische oder wirtschaftliche Abnutzung sind zulässig; soweit der Grund hierfür in späteren Wirtschaftsjahren entfällt, ist in den Fällen der Gewinnermittlung nach § 4 Absatz 1 oder nach § 5 eine entsprechende Zuschreibung vorzunehmen.

(2) [1]Bei beweglichen Wirtschaftsgütern des Anlagevermögens, die nach dem 30. Juni 2025 und vor dem 1. Januar 2028 angeschafft oder hergestellt worden sind, kann der Steuerpflichtige statt der Absetzung für Abnutzung in gleichen Jahresbeträgen die Absetzung für Abnutzung in fallenden Jahresbeträgen bemessen. [2]Die Absetzung für Abnutzung in fallenden Jahresbeträgen kann nach einem unveränderlichen Prozentsatz vom jeweiligen Buchwert (Restwert) vorgenommen werden; der dabei anzuwendende Prozentsatz darf höchstens das Dreifache des bei der Absetzung für Abnutzung in gleichen Jahresbeträgen in Betracht kommenden Prozentsatzes betragen und 30 Prozent nicht übersteigen. [3]Absatz 1 Satz 4 und § 7a Absatz 8 gelten entsprechend. [4]Bei Wirtschaftsgütern, bei denen die Absetzung für Abnutzung in fallenden Jahresbeträgen bemessen wird, sind Absetzungen für außergewöhnliche technische oder wirtschaftliche Abnutzung nicht zulässig.

---

1) In § 6 Abs. 5 Satz 3 wird die Angabe „übertragen wird." durch die Angabe „übertragen wird; erfolgt die Übertragung gegen ein Entgelt, das niedriger ist als der gemeine Wert, wird dem entgeltlichen Teil der Übertragung der Anteil des Buchwerts zugeordnet, der sich aus dem Verhältnis des Entgelts zum gemeinen Wert ergibt." ersetzt. (Entwurf eines Gesetzes zur Förderung privater Investitionen und des Finanzstandorts, Stand BR-Drucks. 550/25 v. 21.11.2025.)

(2a) [1]Bei Elektrofahrzeugen nach § 9 Absatz 2 des Kraftfahrzeugsteuergesetzes, die zum Anlagevermögen gehören und nach dem 30. Juni 2025 und vor dem 1. Januar 2028 angeschafft worden sind, können abweichend von Absatz 1 oder 2 als Absetzung für Abnutzung die folgenden Beträge in Prozent der Anschaffungskosten abgezogen werden: im Jahr der Anschaffung 75 Prozent, im ersten darauf folgenden Jahr zehn Prozent, im zweiten und dritten darauf folgenden Jahr jeweils fünf Prozent, im vierten darauf folgenden Jahr drei Prozent und im fünften darauf folgenden Jahr zwei Prozent. [2]Satz 1 kann nur angewendet werden, wenn der Steuerpflichtige keine Sonderabschreibungen für das Wirtschaftsgut in Anspruch genommen hat. [3]Absatz 1 Satz 4 gilt nicht.

(3) [1]Der Übergang von der Absetzung für Abnutzung in fallenden Jahresbeträgen zur Absetzung für Abnutzung in gleichen Jahresbeträgen ist zulässig. [2]In diesem Fall bemisst sich die Absetzung für Abnutzung vom Zeitpunkt des Übergangs an nach dem dann noch vorhandenen Restwert und der Restnutzungsdauer des einzelnen Wirtschaftsguts. [3]Der Übergang von der Absetzung für Abnutzung in gleichen Jahresbeträgen zur Absetzung für Abnutzung in fallenden Jahresbeträgen ist nicht zulässig.

(4) [1]Bei Gebäuden sind abweichend von Absatz 1 als Absetzung für Abnutzung die folgenden Beträge bis zur vollen Absetzung abzuziehen:

1. bei Gebäuden, soweit sie zu einem Betriebsvermögen gehören und nicht Wohnzwecken dienen und für die der Bauantrag nach dem 31. März 1985 gestellt worden ist, jährlich 3 Prozent,
2. bei Gebäuden, soweit sie die Voraussetzungen der Nummer 1 nicht erfüllen und die
   a) nach dem 31. Dezember 2022 fertiggestellt worden sind, jährlich 3 Prozent,
   b) vor dem 1. Januar 2023 und nach dem 31. Dezember 1924 fertiggestellt worden sind, jährlich 2 Prozent,
   c) vor dem 1. Januar 1925 fertiggestellt worden sind, jährlich 2,5 Prozent

der Anschaffungs- oder Herstellungskosten; Absatz 1 Satz 5 gilt entsprechend. [2]Beträgt die tatsächliche Nutzungsdauer eines Gebäudes in den Fällen des Satzes 1 Nummer 1 und Nummer 2 Buchstabe a weniger als 33 Jahre, in den Fällen des Satzes 1 Nummer 2 Buchstabe b weniger als 50 Jahre, in den Fällen des Satzes 1 Nummer 2 Buchstabe c weniger als 40 Jahre, so können anstelle der Absetzungen nach Satz 1 die der tatsächlichen Nutzungsdauer entsprechenden Absetzungen für Abnutzung vorgenommen werden.[3]Absatz 1 letzter Satz bleibt unberührt. [4]Bei Gebäuden im Sinne der Nummer 2 rechtfertigt die für Gebäude im Sinne der Nummer 1 geltende Regelung weder die Anwendung des Absatzes 1 letzter Satz noch den Ansatz des niedrigeren Teilwerts (§ 6 Absatz 1 Nummer 1 Satz 2).

(5) [1]Bei Gebäuden, die in einem Mitgliedstaat der Europäischen Union oder einem anderen Staat belegen sind, auf den das Abkommen über den Europäischen Wirtschaftsraum (EWR-Abkommen) angewendet wird, und die vom Steuerpflichtigen hergestellt oder bis zum Ende des Jahres der Fertigstellung angeschafft worden sind, können abweichend von Absatz 4 als Absetzung für Abnutzung die folgenden Beträge abgezogen werden:

1. bei Gebäuden im Sinne des Absatzes 4 Satz 1 Nummer 1, die vom Steuerpflichtigen auf Grund eines vor dem 1. Januar 1994 gestellten Bauantrags hergestellt oder auf Grund eines vor diesem Zeitpunkt rechtswirksam abgeschlossenen obligatorischen Vertrags angeschafft worden sind,
   - im Jahr der Fertigstellung und in den folgenden 3 Jahren jeweils 10 Prozent,
   - in den darauf folgenden 3 Jahren jeweils 5 Prozent,
   - in den darauf folgenden 18 Jahren jeweils 2,5 Prozent,
2. bei Gebäuden im Sinne des Absatzes 4 Satz 1 Nummer 2, die vom Steuerpflichtigen auf Grund eines vor dem 1. Januar 1995 gestellten Bauantrags hergestellt oder auf Grund eines vor diesem Zeitpunkt rechtswirksam abgeschlossenen obligatorischen Vertrags angeschafft worden sind,
   - im Jahr der Fertigstellung und in den folgenden 7 Jahren jeweils 5 Prozent,
   - in den darauf folgenden 6 Jahren jeweils 2,5 Prozent,
   - in den darauf folgenden 36 Jahren jeweils 1,25 Prozent,
3. bei Gebäuden im Sinne des Absatzes 4 Satz 1 Nummer 2, soweit sie Wohnzwecken dienen, die vom Steuerpflichtigen
   a) auf Grund eines nach dem 28. Februar 1989 und vor dem 1. Januar 1996 gestellten Bauantrags hergestellt oder nach dem 28. Februar 1989 auf Grund eines nach dem 28. Februar 1989 und vor dem 1. Januar 1996 rechtswirksam abgeschlossenen obligatorischen Vertrags angeschafft worden sind,
      - im Jahr der Fertigstellung und in den folgenden 3 Jahren jeweils 7 Prozent,
      - in den darauf folgenden 6 Jahren jeweils 5 Prozent,
      - in den darauf folgenden 6 Jahren jeweils 2 Prozent,
      - in den darauf folgenden 24 Jahren jeweils 1,25 Prozent,
   b) auf Grund eines nach dem 31. Dezember 1995 und vor dem 1. Januar 2004 gestellten Bauantrags hergestellt oder auf Grund eines nach dem 31. Dezember 1995 und vor dem 1. Januar 2004 rechtswirksam abgeschlossenen obligatorischen Vertrags angeschafft worden sind,
      - im Jahr der Fertigstellung und in den folgenden 7 Jahren jeweils 5 Prozent,
      - in den darauf folgenden 6 Jahren jeweils 2,5 Prozent,
      - in den darauf folgenden 36 Jahren jeweils 1,25 Prozent,
   c) auf Grund eines nach dem 31. Dezember 2003 und vor dem 1. Januar 2006 gestellten Bauantrags hergestellt oder auf Grund eines nach dem 31. Dezember 2003 und vor dem 1. Januar 2006 rechtswirksam abgeschlossenen obligatorischen Vertrags angeschafft worden sind,
      - im Jahr der Fertigstellung und in den folgenden 9 Jahren jeweils 4 Prozent,
      - in den darauf folgenden 8 Jahren jeweils 2,5 Prozent,
      - in den darauf folgenden 32 Jahren jeweils 1,25 Prozent,

der Anschaffungs- oder Herstellungskosten. [2]Im Fall der Anschaffung kann Satz 1 nur angewendet werden, wenn der Hersteller für das veräußerte Gebäude weder Absetzungen für Abnutzung nach Satz 1 vorgenommen noch erhöhte Absetzungen oder Sonderabschreibungen in Anspruch genommen hat. [3]Absatz 1 Satz 4 gilt nicht.

(5a) [1]Bei Gebäuden, die in einem Mitgliedstaat der Europäischen Union oder einem anderen Staat belegen sind, auf den das Abkommen über den Europäischen Wirtschaftsraum (EWR-Abkommen) angewendet wird, soweit sie Wohnzwecken dienen und vom Steuerpflichtigen hergestellt oder bis zum Ende des Jahres der Fertigstellung angeschafft worden sind, kann statt der Absetzung für Abnutzung in gleichen Jahresbeträgen nach Absatz 4 Nummer 2 Buchstabe a die Absetzung für Abnutzung in fallenden Jahresbeträgen erfolgen, wenn mit der Herstellung nach dem 30. September 2023 und vor dem 1. Oktober 2029 begonnen wurde oder die Anschaffung auf Grund eines nach dem 30. September 2023 und vor dem 1. Oktober 2029 rechtswirksam abgeschlossenen obligatorischen Vertrags erfolgt. [2]Als Beginn der Herstellung gilt das Datum in der nach den jeweiligen landesrechtlichen Vorschriften einzureichenden Baubeginnsanzeige. [3]Sollten landesrechtlich im Einzelfall keine Baubeginnsanzeigen vorgeschrieben sein, hat der Steuerpflichtige zu erklären, dass er den Baubeginn gegenüber der zuständigen Baubehörde freiwillig angezeigt hat. [4]Die Absetzung für Abnutzung in fallenden Jahresbeträgen kann nach einem unveränderlichen Prozentsatz in Höhe von 6 Prozent vom jeweiligen Buchwert (Restwert) vorgenommen werden. [5]Absatz 1 Satz 4 gilt entsprechend. [6]Bei Gebäuden, bei denen die Absetzung für Abnutzung in fallenden Jahresbeträgen bemessen wird, sind Absetzungen für außergewöhnliche technische oder wirtschaftliche Abnutzung nicht zulässig. [7]Der Übergang von der Absetzung für Abnutzung in fallenden Jahresbeträgen zur Absetzung für Abnutzung in gleichen Jahresbeträgen ist zulässig. [8]Die weitere Absetzung für Abnutzung erfolgt nach dem Übergang zur Absetzung für Abnutzung nach Absatz 4 Nummer 2 Buchstabe a vom Restwert und dem nach Absatz 4 unter Berücksichtigung der Restnutzungsdauer maßgebenden Prozentsatz.

(5b) Die Absätze 4 bis 5a sind auf Gebäudeteile, die selbständige unbewegliche Wirtschaftsgüter sind, sowie auf Eigentumswohnungen und auf im Teileigentum stehende Räume entsprechend anzuwenden.

(6) Bei Bergbauunternehmen, Steinbrüchen und anderen Betrieben, die einen Verbrauch der Substanz mit sich bringen, ist Absatz 1 entsprechend anzuwenden; dabei sind Absetzungen nach Maßgabe des Substanzverzehrs zulässig (Absetzung für Substanzverringerung).

§ 7a
Gemeinsame Vorschriften für erhöhte Absetzungen und Sonderabschreibungen

(1) [1]Werden in dem Zeitraum, in dem bei einem Wirtschaftsgut erhöhte Absetzungen oder Sonderabschreibungen in Anspruch genommen werden können (Begünstigungszeitraum), nachträgliche Herstellungskosten aufgewendet, so bemessen sich vom Jahr der Entstehung der nachträglichen Herstellungskosten an bis zum Ende des Begünstigungszeitraums die Absetzungen für Abnutzung, erhöhten Absetzungen und Sonderabschreibungen nach den um die nachträglichen Herstellungskosten erhöhten Anschaffungs- oder Herstellungskosten. [2]Entsprechendes gilt für nachträgliche Anschaffungskosten. [3]Werden im Begünstigungszeitraum die Anschaffungs- oder Herstellungskosten eines Wirtschaftsguts nachträglich gemindert, so bemessen sich vom Jahr der Minderung an bis zum Ende des Begünstigungszeitraums die Absetzungen für Abnutzung, erhöhten Absetzungen und Sonderabschreibungen nach den geminderten Anschaffungs- oder Herstellungskosten.

(2) [1]Können bei einem Wirtschaftsgut erhöhte Absetzungen oder Sonderabschreibungen bereits für Anzahlungen auf Anschaffungskosten oder für Teilherstellungskosten in Anspruch genommen werden, so sind die Vorschriften über erhöhte Absetzungen und Sonderabschreibungen mit der Maßgabe anzuwenden, dass an die Stelle der Anschaffungs- oder Herstellungskosten die Anzahlungen auf Anschaffungskosten oder die Teilherstellungskosten und an die Stelle des Jahres der Anschaffung oder Herstellung das Jahr der Anzahlung oder Teilherstellung treten. [2]Nach Anschaffung oder Herstellung des Wirtschaftsguts sind erhöhte Absetzungen oder Sonderabschreibungen nur zulässig, soweit sie nicht bereits für Anzahlungen auf Anschaffungskosten oder für Teilherstellungskosten in Anspruch genommen worden sind. [3]Anzahlungen auf Anschaffungskosten sind im Zeitpunkt der tatsächlichen Zahlung aufgewendet. [4]Werden Anzahlungen auf Anschaffungskosten durch Hingabe eines Wechsels geleistet, so sind sie in dem Zeitpunkt aufgewendet, in dem dem Lieferanten durch Diskontierung oder Einlösung des Wechsels das Geld tatsächlich zufließt. [5]Entsprechendes gilt, wenn anstelle von Geld ein Scheck hingegeben wird.

(3) Bei Wirtschaftsgütern, bei denen erhöhte Absetzungen in Anspruch genommen werden, müssen in jedem Jahr des Begünstigungszeitraums mindestens Absetzungen in Höhe der Absetzungen für Abnutzung nach § 7 Absatz 1 oder 4 berücksichtigt werden.

(4) Bei Wirtschaftsgütern, bei denen Sonderabschreibungen in Anspruch genommen werden, sind die Absetzungen für Abnutzung nach § 7 Absatz 1 oder 4 vorzunehmen.

(5) Liegen bei einem Wirtschaftsgut die Voraussetzungen für die Inanspruchnahme von erhöhten Absetzungen oder Sonderabschreibungen auf Grund mehrerer Vorschriften vor, so dürfen erhöhte Absetzungen oder Sonderabschreibungen nur auf Grund einer dieser Vorschriften in Anspruch genommen werden.

(6) Erhöhte Absetzungen oder Sonderabschreibungen sind bei der Prüfung, ob die in § 141 Absatz 1 Nummer 4 und 5 der Abgabenordnung bezeichneten Buchführungsgrenzen überschritten sind, nicht zu berücksichtigen.

(7) [1]Ist ein Wirtschaftsgut mehreren Beteiligten zuzurechnen und sind die Voraussetzungen für erhöhte Absetzungen oder Sonderabschreibungen nur bei einzelnen Beteiligten erfüllt, so dürfen die erhöhten Absetzungen und Sonderabschreibungen nur anteilig für diese Beteiligten vorgenommen werden. [2]Die erhöhten Absetzungen oder Sonderabschreibungen dürfen von den Beteiligten, bei denen die Voraussetzungen dafür erfüllt sind, nur einheitlich vorgenommen werden.

(8) [1]Erhöhte Absetzungen oder Sonderabschreibungen sind bei Wirtschaftsgütern, die zu einem Betriebsvermögen gehören, nur zulässig, wenn sie in ein besonderes, laufend zu führendes Verzeichnis aufgenommen werden, das den Tag der Anschaffung oder Herstellung, die Anschaffungs- oder Herstellungskosten, die betriebsgewöhnliche Nutzungsdauer und die Höhe der jährlichen Absetzungen für Abnutzung, erhöhten Absetzungen und Sonderabschreibungen enthält. [2]Das Verzeichnis braucht nicht geführt zu werden, wenn diese Angaben aus der Buchführung ersichtlich sind.

(9) Sind für ein Wirtschaftsgut Sonderabschreibungen vorgenommen worden, so bemessen sich nach Ablauf des maßgebenden Begünstigungszeitraums die Absetzungen für Abnutzung bei Gebäuden und bei Wirtschaftsgütern im Sinne des § 7 Absatz 5b nach dem Restwert und dem nach § 7 Absatz 4 unter Berücksichtigung der Restnutzungsdauer maßgebenden Prozentsatz oder dem nach § 7 Absatz 5a maßgebenden Prozentsatz, bei anderen Wirtschaftsgütern nach dem Restwert und der Restnutzungsdauer.

§ 7b
Sonderabschreibung für Mietwohnungsneubau

(1) [1]Für die Anschaffung oder Herstellung neuer Wohnungen, die in einem Mitgliedstaat der Europäischen Union belegen sind, können nach Maßgabe der nachfolgenden Absätze im Jahr der Anschaffung oder Herstellung und in den folgenden drei Jahren

Sonderabschreibungen bis zu jährlich 5 Prozent der Bemessungsgrundlage neben der Absetzung für Abnutzung nach § 7 Absatz 4 oder 5a in Anspruch genommen werden. [2]Im Fall der Anschaffung ist eine Wohnung neu, wenn sie bis zum Ende des Jahres der Fertigstellung angeschafft wird. [3]In diesem Fall können die Sonderabschreibungen nach Satz 1 nur vom Anschaffenden in Anspruch genommen werden. [4]Bei der Anwendung des Satzes 1 sind den Mitgliedstaaten der Europäischen Union Staaten gleichgestellt, die auf Grund vertraglicher Verpflichtung Amtshilfe entsprechend dem EU-Amtshilfegesetz in einem Umfang leisten, der für die Überprüfung der Voraussetzungen dieser Vorschrift erforderlich ist.

(2) [1]Die Sonderabschreibungen können nur in Anspruch genommen werden, wenn

1. durch Baumaßnahmen auf Grund eines nach dem 31. August 2018 und vor dem 1. Januar 2022 oder nach dem 31. Dezember 2022 und vor dem 1. Oktober 2029 gestellten Bauantrags oder einer in diesem Zeitraum getätigten Bauanzeige neue, bisher nicht vorhandene, Wohnungen hergestellt werden, die die Voraussetzungen des § 181 Absatz 9 des Bewertungsgesetzes erfüllen; hierzu gehören auch die zu einer Wohnung gehörenden Nebenräume,
2. Wohnungen, die aufgrund eines nach dem 31. Dezember 2022 und vor dem 1. Oktober 2029 gestellten Bauantrags oder einer in diesem Zeitraum getätigten Bauanzeige hergestellt werden, in einem Gebäude liegen, das die Kriterien eines „Effizienzhaus 40" mit Nachhaltigkeits-Klasse erfüllt und dies durch Qualitätssiegel Nachhaltiges Gebäude nachgewiesen wird,
3. die Wohnung im Jahr der Anschaffung oder Herstellung und in den folgenden neun Jahren der entgeltlichen Überlassung zu Wohnzwecken dient; Wohnungen dienen nicht Wohnzwecken, soweit sie zur vorübergehenden Beherbergung von Personen genutzt werden.

[2]Die Anschaffungs- oder Herstellungskosten dürfen für Wohnungen,

1. die aufgrund eines nach dem 31. August 2018 und vor dem 1. Januar 2022 gestellten Bauantrags oder einer in diesem Zeitraum getätigten Bauanzeige hergestellt werden, 3 000 Euro je Quadratmeter Wohnfläche nicht übersteigen,
2. die aufgrund eines nach dem 31. Dezember 2022 und vor dem 1. Oktober 2029 gestellten Bauantrags oder einer in diesem Zeitraum getätigten Bauanzeige hergestellt werden, 5 200 Euro je Quadratmeter Wohnfläche nicht übersteigen.

(3) Bemessungsgrundlage für die Sonderabschreibungen nach Absatz 1 sind die Anschaffungs- oder Herstellungskosten der nach Absatz 2 begünstigten Wohnung, jedoch

1. maximal 2 000 Euro je Quadratmeter Wohnfläche für Wohnungen im Sinne des Absatzes 2 Satz 2 Nummer 1 und
2. maximal 4 000 Euro je Quadratmeter Wohnfläche für Wohnungen im Sinne des Absatzes 2 Satz 2 Nummer 2.

(4) [1]Die nach Absatz 1 in Anspruch genommenen Sonderabschreibungen sind rückgängig zu machen, wenn

1. die begünstigte Wohnung im Jahr der Anschaffung oder Herstellung und in den folgenden neun Jahren nicht der entgeltlichen Überlassung zu Wohnzwecken dient,
2. die begünstigte Wohnung oder ein Gebäude mit begünstigten Wohnungen im Jahr der Anschaffung oder der Herstellung oder in den folgenden neun Jahren veräußert wird und der Veräußerungsgewinn nicht der Einkommen- oder Körperschaftsteuer unterliegt oder
3. die Baukostenobergrenze nach Absatz 2 Satz 2 innerhalb der ersten drei Jahre nach Ablauf des Jahres der Anschaffung oder Herstellung der begünstigten Wohnung durch nachträgliche Anschaffungs- oder Herstellungskosten überschritten wird.

[2]Steuer- oder Feststellungsbescheide, in denen Sonderabschreibungen nach Absatz 1 berücksichtigt wurden, sind insoweit aufzuheben oder zu ändern. [3]Das gilt auch dann, wenn die Steuer- oder Feststellungsbescheide bestandskräftig geworden sind; die Festsetzungsfristen für das Jahr der Anschaffung oder Herstellung und für die folgenden drei Kalenderjahre beginnen insoweit mit Ablauf des Kalenderjahres, in dem das Ereignis im Sinne des Satzes 1 eingetreten ist. [4]§ 233a Absatz 2a der Abgabenordnung ist insoweit nicht anzuwenden.

[1)]*(5) [1]Die Sonderabschreibungen nach Absatz 1 werden nur gewährt, soweit die Voraussetzungen der Verordnung (EU) 2023/2831 eingehalten sind und dies durch den Anspruchsberechtigten in geeigneter Weise nachgewiesen wird. [2]Satz 1 ist auf Sonderabschreibungen für neue Wohnungen, die aufgrund eines nach dem 31. Dezember 2022 und vor dem 1. Oktober 2029 gestellten Bauantrags oder einer in diesem Zeitraum getätigten Bauanzeige hergestellt werden, nur bei Anspruchsberechtigten mit Einkünften im Sinne der §§ 13, 15 und 18 anzuwenden.*

§ 7c
Sonderabschreibung für Elektronutzfahrzeuge und elektrisch betriebene Lastenfahrräder[2)]

(1) Bei neuen Elektronutzfahrzeugen im Sinne des Absatzes 2 sowie elektrisch betriebenen Lastenfahrrädern im Sinne des Absatzes 3, die zum Anlagevermögen gehören, kann im Jahr der Anschaffung neben der Absetzung für Abnutzung nach § 7 Absatz 1 eine Sonderabschreibung in Höhe von 50 Prozent der Anschaffungskosten in Anspruch genommen werden.

(2) Elektronutzfahrzeuge sind Fahrzeuge der EG-Fahrzeugklassen N1, N2 und N3, die ausschließlich durch Elektromotoren angetrieben werden, die ganz oder überwiegend aus mechanischen oder elektrochemischen Energiespeichern oder aus emissionsfrei betriebenen Energiewandlern gespeist werden.

(3) Elektrisch betriebene Lastenfahrräder sind Schwerlastfahrräder mit einem Mindest-Transportvolumen von einem Kubikmeter und einer Nutzlast von mindestens 150 Kilogramm, die mit einem elektromotorischen Hilfsantrieb angetrieben werden.

(4) [1]Die Sonderabschreibung kann nur in Anspruch genommen werden, wenn der Steuerpflichtige die der Sonderabschreibung zugrundeliegenden Anschaffungskosten sowie Angaben zu den in den Absätzen 1 bis 3 enthaltenen Voraussetzungen nach amtlich vorgeschriebenen Datensätzen durch Datenfernübertragung übermittelt. [2]Auf Antrag kann die Finanzbehörde zur Vermeidung unbilliger Härten auf eine elektronische Übermittlung verzichten; § 150 Absatz 8 der Abgabenordnung gilt entsprechend. [3]In den Fällen des Satzes 2 müssen sich die entsprechenden Angaben aus den beim Finanzamt einzureichenden Unterlagen ergeben.

1) Abs. 5 soll durch Art. 1 des Steueränderungsgesetzes 2025 geändert werden.
2) § 7c EStG tritt erst an dem Tag in Kraft, an dem die Europäische Kommission diesen Beschluss gefasst hat. Der Tag des Vereinbarkeitsbeschlusses der EU-Kommission sowie der Tag des Inkrafttretens werden vom BMF gesondert im BGBl. bekannt gemacht (Art. 39 Abs. 7 Satz 2 des Gesetzes zur weiteren steuerlichen Förderung der Elektromobilität und zur Änderung weiterer steuerlicher Vorschriften).

§ 7g
Investitionsabzugsbeträge und Sonderabschreibungen zur Förderung kleiner und mittlerer Betriebe

(1) [1]Steuerpflichtige können für die künftige Anschaffung oder Herstellung von abnutzbaren beweglichen Wirtschaftsgütern des Anlagevermögens, die mindestens bis zum Ende des dem Wirtschaftsjahr der Anschaffung oder Herstellung folgenden Wirtschaftsjahres vermietet oder in einer inländischen Betriebsstätte des Betriebes ausschließlich oder fast ausschließlich betrieblich genutzt werden, bis zu 50 Prozent der voraussichtlichen Anschaffungs- oder Herstellungskosten gewinnmindernd abziehen (Investitionsabzugsbeträge). [2]Investitionsabzugsbeträge können nur in Anspruch genommen werden, wenn

1. der Gewinn
   a) nach § 4 oder § 5 ermittelt wird;
   b) im Wirtschaftsjahr, in dem die Abzüge vorgenommen werden sollen, ohne Berücksichtigung der Investitionsabzugsbeträge nach Satz 1 und der Hinzurechnungen nach Absatz 2 200 000 Euro nicht überschreitet und
2. der Steuerpflichtige die Summen der Abzugsbeträge und der nach den Absätzen 2 bis 4 hinzuzurechnenden oder rückgängig zu machenden Beträge nach amtlich vorgeschriebenen Datensätzen durch Datenfernübertragung übermittelt. [2]Auf Antrag kann die Finanzbehörde zur Vermeidung unbilliger Härten auf eine elektronische Übermittlung verzichten; § 150 Absatz 8 der Abgabenordnung gilt entsprechend. [3]In den Fällen des Satzes 2 müssen sich die Summen der Abzugsbeträge und der nach den Absätzen 2 bis 4 hinzuzurechnenden oder rückgängig zu machenden Beträge aus den beim Finanzamt einzureichenden Unterlagen ergeben.

[3]Abzugsbeträge können auch dann in Anspruch genommen werden, wenn dadurch ein Verlust entsteht oder sich erhöht. [4]Die Summe der Beträge, die im Wirtschaftsjahr des Abzugs und in den drei vorangegangenen Wirtschaftsjahren nach Satz 1 insgesamt abgezogen und nicht nach Absatz 2 hinzugerechnet oder nach den Absätzen 3 oder 4 rückgängig gemacht wurden, darf je Betrieb 200 000 Euro nicht übersteigen.

(2) [1]Im Wirtschaftsjahr der Anschaffung oder Herstellung eines begünstigten Wirtschaftsguts im Sinne von Absatz 1 Satz 1 können bis zu 50 Prozent der Anschaffungs- oder Herstellungskosten gewinnerhöhend hinzugerechnet werden; die Hinzurechnung darf die Summe der nach Absatz 1 abgezogenen und noch nicht nach den Absätzen 2 bis 4 hinzugerechneten oder rückgängig gemachten Abzugsbeträge nicht übersteigen. [2]Bei nach Eintritt der Unanfechtbarkeit der erstmaligen Steuerfestsetzung oder der erstmaligen gesonderten Feststellung nach Absatz 1 in Anspruch genommenen Investitionsabzugsbeträgen setzt die Hinzurechnung nach Satz 1 voraus, dass das begünstigte Wirtschaftsgut zum Zeitpunkt der Inanspruchnahme der Investitionsabzugsbeträge noch nicht angeschafft oder hergestellt worden ist. [3]Bei Anschaffungs- oder Herstellungskosten des Wirtschaftsguts können in dem in Satz 1 genannten Wirtschaftsjahr um bis zu 50 Prozent, höchstens jedoch um die Hinzurechnung nach Satz 1, gewinnmindernd herabgesetzt werden; die Bemessungsgrundlage für die Absetzungen für Abnutzung, erhöhten Absetzungen und Sonderabschreibungen sowie die Anschaffungs- oder Herstellungskosten im Sinne von § 6 Absatz 2 und 2a verringern sich entsprechend.

(3) [1]Soweit in Anspruch genommene Investitionsabzugsbeträge nicht bis zum Ende des dritten auf das Wirtschaftsjahr des jeweiligen Abzugs folgenden Wirtschaftsjahres nach Absatz 2 Satz 1 hinzugerechnet wurden, sind die Abzüge nach Absatz 1 rückgängig zu machen; die vorzeitige Rückgängigmachung von Investitionsabzugsbeträgen vor Ablauf der Investitionsfrist ist zulässig. [2]Wurde der Gewinn des maßgebenden Wirtschaftsjahres bereits einer Steuerfestsetzung oder einer gesonderten Feststellung zugrunde gelegt, ist der entsprechende Steuer- oder Feststellungsbescheid insoweit zu ändern. [3]Das gilt auch dann, wenn der Steuer- oder Feststellungsbescheid bestandskräftig geworden ist; die Festsetzungsfrist endet insoweit nicht, bevor die Festsetzungsfrist für den Veranlagungszeitraum abgelaufen ist, in dem das dritte auf das Wirtschaftsjahr des Abzugs folgende Wirtschaftsjahr endet. [4]§ 233a Absatz 2a der Abgabenordnung ist nicht anzuwenden.

(4) [1]Wird in den Fällen des Absatzes 2 ein begünstigtes Wirtschaftsgut nicht bis zum Ende des dem Wirtschaftsjahr der Anschaffung oder Herstellung folgenden Wirtschaftsjahres vermietet oder in einer inländischen Betriebsstätte des Betriebes ausschließlich oder fast ausschließlich betrieblich genutzt, sind die Herabsetzung der Anschaffungs- oder Herstellungskosten, die Verringerung der Bemessungsgrundlage und die Hinzurechnung nach Absatz 2 rückgängig zu machen. [2]Wurden die Gewinne der maßgebenden Wirtschaftsjahre bereits Steuerfestsetzungen oder gesonderten Feststellungen zugrunde gelegt, sind die entsprechenden Steuer- oder Feststellungsbescheide insoweit zu ändern. [3]Das gilt auch dann, wenn die Steuer- oder Feststellungsbescheide bestandskräftig geworden sind; die Festsetzungsfristen enden insoweit nicht, bevor die Festsetzungsfrist für den Veranlagungszeitraum abgelaufen ist, in dem die Voraussetzungen des Absatzes 1 Satz 1 erstmals nicht mehr vorliegen. [4]§ 233a Absatz 2a der Abgabenordnung ist nicht anzuwenden.

(5) Bei abnutzbaren beweglichen Wirtschaftsgütern des Anlagevermögens können unter den Voraussetzungen des Absatzes 6 im Jahr der Anschaffung oder Herstellung und in den vier folgenden Jahren neben den Absetzungen für Abnutzung nach § 7 Absatz 1 oder Absatz 2 Sonderabschreibungen bis zu insgesamt 40 Prozent der Anschaffungs- oder Herstellungskosten in Anspruch genommen werden.

(6) Die Sonderabschreibungen nach Absatz 5 können nur in Anspruch genommen werden, wenn

1. der Betrieb im Wirtschaftsjahr zum Schluss des Wirtschaftsjahres, das der Anschaffung oder Herstellung vorangeht, die Gewinngrenze des Absatzes 1 Satz 2 Nummer 1 nicht überschreitet, und
2. das Wirtschaftsgut im Jahr der Anschaffung oder Herstellung und im darauf folgenden Wirtschaftsjahr vermietet oder in einer inländischen Betriebsstätte des Betriebs des Steuerpflichtigen ausschließlich oder fast ausschließlich betrieblich genutzt wird; Absatz 4 gilt entsprechend.

(7) [1]Bei Personengesellschaften und Gemeinschaften sind die Absätze 1 bis 6 mit der Maßgabe anzuwenden, dass an die Stelle des Steuerpflichtigen die Gesellschaft oder die Gemeinschaft tritt. [2]Vom Gewinn der Gesamthand oder Gemeinschaft abgezogene Investitionsabzugsbeträge können ausschließlich bei Investitionen der Personengesellschaft oder Gemeinschaft nach Absatz 2 Satz 1 gewinnerhöhend hinzugerechnet werden. [3]Entsprechendes gilt für vom Sonderbetriebsgewinn eines Mitunternehmers abgezogene Investitionsabzugsbeträge bei Investitionen dieses Mitunternehmers oder seines Rechtsnachfolgers in seinem Sonderbetriebsvermögen.

§ 7h
Erhöhte Absetzungen bei Gebäuden in Sanierungsgebieten und städtebaulichen Entwicklungsbereichen

(1) [1]Bei einem im Inland belegenen Gebäude in einem förmlich festgelegten Sanierungsgebiet oder städtebaulichen Entwicklungsbereich kann der Steuerpflichtige abweichend von § 7 Absatz 4 bis 5a im Jahr der Herstellung und in den folgenden sieben Jahren jeweils bis zu 9 Prozent und in den folgenden vier Jahren jeweils bis zu 7 Prozent der Herstellungskosten für Modernisie-

rungs- und Instandsetzungsmaßnahmen im Sinne des § 177 des Baugesetzbuchs absetzen. [2]Satz 1 ist entsprechend anzuwenden auf Herstellungskosten für Maßnahmen, die der Erhaltung, Erneuerung und funktionsgerechten Verwendung eines Gebäudes im Sinne des Satzes 1 dienen, das wegen seiner geschichtlichen, künstlerischen oder städtebaulichen Bedeutung erhalten bleiben soll, und zu deren Durchführung sich der Eigentümer neben bestimmten Modernisierungsmaßnahmen gegenüber der Gemeinde verpflichtet hat. [3]Der Steuerpflichtige kann die erhöhten Absetzungen im Jahr des Abschlusses der Maßnahme und in den folgenden elf Jahren auch für Anschaffungskosten in Anspruch nehmen, die auf Maßnahmen im Sinne der Sätze 1 und 2 entfallen, soweit diese nach dem rechtswirksamen Abschluss eines obligatorischen Erwerbsvertrags oder eines gleichstehenden Rechtsakts durchgeführt worden sind. [4]Die erhöhten Absetzungen können nur in Anspruch genommen werden, soweit die Herstellungs- oder Anschaffungskosten durch Zuschüsse aus Sanierungs- oder Entwicklungsförderungsmitteln nicht gedeckt sind. [5]Nach Ablauf des Begünstigungszeitraums ist ein Restwert den Herstellungs- oder Anschaffungskosten des Gebäudes oder dem an deren Stelle tretenden Wert hinzuzurechnen; die weiteren Absetzungen für Abnutzung sind einheitlich für das gesamte Gebäude nach dem sich hiernach ergebenden Betrag und dem für das Gebäude maßgebenden Prozentsatz zu bemessen.

(1a) Absatz 1 ist nicht anzuwenden, sofern Maßnahmen zur Herstellung eines neuen Gebäudes führen. Die Prüfung, ob Maßnahmen zur Herstellung eines neuen Gebäudes führen, obliegt der Finanzbehörde.

(2) [1]Der Steuerpflichtige kann die erhöhten Absetzungen nur in Anspruch nehmen, wenn er durch eine nicht offensichtlich rechtswidrige Bescheinigung der zuständigen Gemeindebehörde die Voraussetzungen des Absatzes 1 für das Gebäude und die Maßnahmen nachweist; die Bescheinigung hat die Höhe der Aufwendungen für die Maßnahmen nach Absatz 1 Satz 1 und 2 zu enthalten. [2]Sind ihm Zuschüsse aus Sanierungs- oder Entwicklungsförderungsmitteln gewährt worden, so hat die Bescheinigung auch deren Höhe zu enthalten; werden ihm solche Zuschüsse nach Ausstellung der Bescheinigung gewährt, so ist diese entsprechend zu ändern.

(3) Die Absätze 1 bis 2 sind auf Gebäudeteile, die selbständige unbewegliche Wirtschaftsgüter sind, sowie auf Eigentumswohnungen und auf im Teileigentum stehende Räume entsprechend anzuwenden.

§ 7i
Erhöhte Absetzungen bei Baudenkmalen

(1) [1]Bei einem im Inland belegenen Gebäude, das nach den jeweiligen landesrechtlichen Vorschriften ein Baudenkmal ist, kann der Steuerpflichtige abweichend von § 7 Absatz 4 bis 5a im Jahr der Herstellung und in den folgenden sieben Jahren jeweils bis zu 9 Prozent und in den folgenden vier Jahren jeweils bis zu 7 Prozent der Herstellungskosten für Baumaßnahmen, die nach Art und Umfang zur Erhaltung des Gebäudes als Baudenkmal oder zu seiner sinnvollen Nutzung erforderlich sind, absetzen. [2]Eine sinnvolle Nutzung ist nur anzunehmen, wenn das Gebäude in der Weise genutzt wird, dass die Erhaltung der schützenswerten Substanz des Gebäudes auf die Dauer gewährleistet ist. [3]Bei einem im Inland belegenen Gebäudeteil, das nach den jeweiligen landesrechtlichen Vorschriften ein Baudenkmal ist, sind die Sätze 1 und 2 entsprechend anzuwenden. [4]Bei einem im Inland belegenen Gebäude oder Gebäudeteil, das für sich allein nicht die Voraussetzungen für ein Baudenkmal erfüllt, aber Teil einer Gebäudegruppe oder Gesamtanlage ist, die nach den jeweiligen landesrechtlichen Vorschriften als Einheit geschützt ist, kann der Steuerpflichtige die erhöhten Absetzungen von den Herstellungskosten für Baumaßnahmen vornehmen, die nach Art und Umfang zur Erhaltung des schützenswerten äußeren Erscheinungsbildes der Gebäudegruppe oder Gesamtanlage erforderlich sind. [5]Der Steuerpflichtige kann die erhöhten Absetzungen im Jahr des Abschlusses der Baumaßnahme und in den folgenden elf Jahren auch für Anschaffungskosten in Anspruch nehmen, die auf Baumaßnahmen im Sinne der Sätze 1 bis 4 entfallen, soweit diese nach dem rechtswirksamen Abschluss eines obligatorischen Erwerbsvertrags oder eines gleichstehenden Rechtsakts durchgeführt worden sind. [6]Die Baumaßnahmen müssen in Abstimmung mit der in Absatz 2 bezeichneten Stelle durchgeführt worden sein. [7]Die erhöhten Absetzungen können nur in Anspruch genommen werden, soweit die Herstellungs- oder Anschaffungskosten nicht durch Zuschüsse aus öffentlichen Kassen gedeckt sind. [8]§ 7h Absatz 1 Satz 5 ist entsprechend anzuwenden.

(2) [1]Der Steuerpflichtige kann die erhöhten Absetzungen nur in Anspruch nehmen, wenn er durch eine nicht offensichtlich rechtswidrige Bescheinigung der nach Landesrecht zuständigen oder von der Landesregierung bestimmten Stelle die Voraussetzungen des Absatzes 1 für das Gebäude oder Gebäudeteil und für die Erforderlichkeit der Aufwendungen nachweist. [2]Hat eine der für Denkmalschutz oder Denkmalpflege zuständigen Behörden ihm Zuschüsse gewährt, so hat die Bescheinigung auch deren Höhe zu enthalten; werden ihm solche Zuschüsse nach Ausstellung der Bescheinigung gewährt, so ist diese entsprechend zu ändern.

(3) § 7h Absatz 3 ist entsprechend anzuwenden.

4. Überschuss der Einnahmen über die Werbungskosten

§ 8
Einnahmen

(1) [1]Einnahmen sind alle Güter, die in Geld oder Geldeswert bestehen und dem Steuerpflichtigen im Rahmen einer der Einkunftsarten des § 2 Absatz 1 Satz 1 Nummer 4 bis 7 zufließen. [2]Zu den Einnahmen in Geld gehören auch zweckgebundene Geldleistungen, nachträgliche Kostenerstattungen, Geldsurrogate und andere Vorteile, die auf einen Geldbetrag lauten. [3]Satz 2 gilt nicht bei Gutscheinen und Geldkarten, die ausschließlich zum Bezug von Waren oder Dienstleistungen berechtigen und die Kriterien des § 2 Absatz 1 Nummer 10 des Zahlungsdiensteaufsichtsgesetzes erfüllen.

(2) [1]Einnahmen, die nicht in Geld bestehen (Wohnung, Kost, Waren, Dienstleistungen und sonstige Sachbezüge), sind mit den um übliche Preisnachlässe geminderten üblichen Endpreisen am Abgabeort anzusetzen. [2]Für die private Nutzung eines betrieblichen Kraftfahrzeugs zu privaten Fahrten gilt § 6 Absatz 1 Nummer 4 Satz 2 entsprechend. [3]Kann das Kraftfahrzeug auch für Fahrten zwischen Wohnung und erster Tätigkeitsstätte sowie Fahrten nach § 9 Absatz 1 Satz 3 Nummer 4a Satz 3 genutzt werden, erhöht sich der Wert in Satz 2 für jeden Kalendermonat um 0,03 Prozent des Listenpreises im Sinne des § 6 Absatz 1 Nummer 4 Satz 2 für jeden Kilometer der Entfernung zwischen Wohnung und erster Tätigkeitsstätte sowie der Fahrten nach § 9 Absatz 1 Satz 3 Nummer 4a Satz 3. [4]Der Wert nach den Sätzen 2 und 3 kann mit dem auf die private Nutzung und die Nutzung zu Fahrten zwischen Wohnung und erster Tätigkeitsstätte sowie Fahrten nach § 9 Absatz 1 Satz 3 Nummer 4a Satz 3 entfallenden Teil der gesamten Kraftfahrzeugaufwendungen angesetzt werden, wenn die durch das Kraftfahrzeug insgesamt entstehenden Aufwendungen durch Belege und das Verhältnis der privaten Fahrten und der Fahrten zwischen Wohnung und erster Tätigkeitsstätte sowie Fahrten nach § 9 Absatz 1 Satz 3 Nummer 4a Satz 3 zu den übrigen Fahrten durch ein ordnungsgemäßes Fahrtenbuch nachgewiesen werden; § 6 Absatz 1 Nummer 4 Satz 3 zweiter Halbsatz gilt entsprechend. [5]Die Nutzung des Kraftfahrzeugs zu einer Familienheimfahrt im Rahmen einer doppelten Haushaltsführung ist mit 0,002 Prozent des Listenpreises im Sinne des § 6 Absatz 1 Nummer 4 Satz 2 für jeden Kilometer der Entfernung zwischen dem Ort des eigenen Hausstands und dem Beschäfti-

gungsort anzusetzen; dies gilt nicht, wenn für diese Fahrt ein Abzug von Werbungskosten nach § 9 Absatz 1 Satz 3 Nummer 5 Satz 5 und 6 in Betracht käme; Satz 4 ist sinngemäß anzuwenden. [6]Bei Arbeitnehmern, für deren Sachbezüge durch Rechtsverordnung nach § 17 Absatz 1 Satz 1 Nummer 4 des Vierten Buches Sozialgesetzbuch Werte bestimmt worden sind, sind diese Werte maßgebend. [7]Die Werte nach Satz 6 sind auch bei Steuerpflichtigen anzusetzen, die nicht der gesetzlichen Rentenversicherungspflicht unterliegen. [8]Wird dem Arbeitnehmer während einer beruflichen Tätigkeit außerhalb seiner Wohnung und ersten Tätigkeitsstätte oder im Rahmen einer beruflich veranlassten doppelten Haushaltsführung vom Arbeitgeber oder auf dessen Veranlassung von einem Dritten eine Mahlzeit zur Verfügung gestellt, ist diese Mahlzeit mit dem Wert nach Satz 6 (maßgebender amtlicher Sachbezugswert nach der Sozialversicherungsentgeltverordnung) anzusetzen, wenn der Preis für die Mahlzeit 60 Euro nicht übersteigt. [9]Der Ansatz einer nach Satz 8 bewerteten Mahlzeit unterbleibt, wenn beim Arbeitnehmer für ihm entstehende Mehraufwendungen für Verpflegung ein Werbungskostenabzug nach § 9 Absatz 4a Satz 1 bis 7 in Betracht käme [10]Die oberste Finanzbehörde eines Landes kann mit Zustimmung des Bundesministeriums der Finanzen für weitere Sachbezüge der Arbeitnehmer Durchschnittswerte festsetzen. [11]Sachbezüge, die nach Satz 1 zu bewerten sind, bleiben außer Ansatz, wenn die sich nach Anrechnung der vom Steuerpflichtigen gezahlten Entgelte ergebenden Vorteile insgesamt 50 Euro im Kalendermonat nicht übersteigen; die nach Absatz 1 Satz 3 nicht zu den Einnahmen in Geld gehörenden Gutscheine und Geldkarten bleiben nur dann außer Ansatz, wenn sie zusätzlich zum ohnehin geschuldeten Arbeitslohn gewährt werden. [12]Der Ansatz eines Sachbezugs für eine dem Arbeitnehmer vom Arbeitgeber, auf dessen Veranlassung von einem verbundenen Unternehmen (§ 15 des Aktiengesetzes) oder bei einer juristischen Person des öffentlichen Rechts als Arbeitgeber auf dessen Veranlassung von einem entsprechend verbundenen Unternehmen zu eigenen Wohnzwecken überlassene Wohnung unterbleibt, soweit das vom Arbeitnehmer gezahlte Entgelt mindestens zwei Drittel des ortsüblichen Mietwerts und dieser nicht mehr als 25 Euro je Quadratmeter ohne umlagefähige Kosten im Sinne der Verordnung über die Aufstellung von Betriebskosten beträgt.

(3) [1]Erhält ein Arbeitnehmer auf Grund seines Dienstverhältnisses Waren oder Dienstleistungen, die vom Arbeitgeber nicht überwiegend für den Bedarf seiner Arbeitnehmer hergestellt, vertrieben oder erbracht werden und deren Bezug nicht nach § 40 pauschal versteuert wird, so gelten als deren Werte abweichend von Absatz 2 die um 4 Prozent geminderten Endpreise, zu denen der Arbeitgeber oder der dem Abgabeort nächstansässige Abnehmer die Waren oder Dienstleistungen fremden Letztverbrauchern im allgemeinen Geschäftsverkehr anbietet. [2]Die sich nach Abzug der vom Arbeitnehmer gezahlten Entgelte ergebenden Vorteile sind steuerfrei, soweit sie aus dem Dienstverhältnis insgesamt 1 080 Euro im Kalenderjahr nicht übersteigen.

(4) [1]Im Sinne dieses Gesetzes werden Leistungen des Arbeitgebers oder auf seine Veranlassung eines Dritten (Sachbezüge oder Zuschüsse) für eine Beschäftigung nur dann zusätzlich zum ohnehin geschuldeten Arbeitslohn erbracht, wenn

1. die Leistung nicht auf den Anspruch auf Arbeitslohn angerechnet,
2. der Anspruch auf Arbeitslohn nicht zugunsten der Leistung herabgesetzt,
3. die verwendungs- oder zweckgebundene Leistung nicht anstelle einer bereits vereinbarten künftigen Erhöhung des Arbeitslohns gewährt und
4. bei Wegfall der Leistung der Arbeitslohn nicht erhöht

wird. [2]Unter den Voraussetzungen des Satzes 1 ist von einer zusätzlich zum ohnehin geschuldeten Arbeitslohn erbrachten Leistung auch dann auszugehen, wenn der Arbeitnehmer arbeitsvertraglich oder auf Grund einer anderen arbeits- oder dienstrechtlichen Rechtsgrundlage (wie Einzelvertrag, Betriebsvereinbarung, Tarifvertrag, Gesetz) einen Anspruch auf diese hat.

§ 9
Werbungskosten

(1) [1]Werbungskosten sind Aufwendungen zur Erwerbung, Sicherung und Erhaltung der Einnahmen. [2]Sie sind bei der Einkunftsart abzuziehen, bei der sie erwachsen sind. [3]Werbungskosten sind auch

1. Schuldzinsen und auf besonderen Verpflichtungsgründen beruhende Renten und dauernde Lasten, soweit sie mit einer Einkunftsart in wirtschaftlichem Zusammenhang stehen. [2]Bei Leibrenten kann nur der Anteil abgezogen werden, der sich nach § 22 Nummer 1 Satz 3 Buchstabe a Doppelbuchstabe bb ergibt;
2. Steuern vom Grundbesitz, sonstige öffentliche Abgaben und Versicherungsbeiträge, soweit solche Ausgaben sich auf Gebäude oder auf Gegenstände beziehen, die dem Steuerpflichtigen zur Einnahmeerzielung dienen;
3. Beiträge zu Berufsständen und sonstigen Berufsverbänden, deren Zweck nicht auf einen wirtschaftlichen Geschäftsbetrieb gerichtet ist;
4. [1]Aufwendungen des Arbeitnehmers für die Wege zwischen Wohnung und erster Tätigkeitsstätte im Sinne des Absatzes 4. [2]Zur Abgeltung dieser Aufwendungen ist für jeden Arbeitstag, an dem der Arbeitnehmer die erste Tätigkeitsstätte aufsucht, eine Entfernungspauschale für jeden vollen Kilometer der Entfernung zwischen Wohnung und erster Tätigkeitsstätte von 0,30 Euro anzusetzen, höchstens jedoch 4 500 Euro im Kalenderjahr; ein höherer Betrag als 4 500 Euro ist anzusetzen, soweit der Arbeitnehmer einen eigenen oder ihm zur Nutzung überlassenen Kraftwagen benutzt. [3]Die Entfernungspauschale gilt nicht für Flugstrecken und Strecken mit steuerfreier Sammelbeförderung nach § 3 Nummer 32. [4]Für die Bestimmung der Entfernung ist die kürzeste Straßenverbindung zwischen Wohnung und erster Tätigkeitsstätte maßgebend; eine andere als die kürzeste Straßenverbindung kann zugrunde gelegt werden, wenn diese offensichtlich verkehrsgünstiger ist und vom Arbeitnehmer regelmäßig für die Wege zwischen Wohnung und erster Tätigkeitsstätte benutzt wird. [5]Nach § 8 Absatz 2 Satz 11 oder Absatz 3 steuerfreie Sachbezüge für Fahrten zwischen Wohnung und erster Tätigkeitsstätte mindern den nach Satz 2 abziehbaren Betrag; ist der Arbeitgeber selbst der Verkehrsträger, ist der Preis anzusetzen, den ein dritter Arbeitgeber an den Verkehrsträger zu entrichten hätte. [6]Hat ein Arbeitnehmer mehrere Wohnungen, so sind die Wege von einer Wohnung, die nicht der ersten Tätigkeitsstätte am nächsten liegt, nur zu berücksichtigen, wenn sie den Mittelpunkt der Lebensinteressen des Arbeitnehmers bildet und nicht nur gelegentlich aufgesucht wird. [7]Nach § 3 Nummer 37 steuerfreie Sachbezüge mindern den nach Satz 2 abziehbaren Betrag nicht; § 3c Absatz 1 ist nicht anzuwenden. [8]Zur Abgeltung der Aufwendungen im Sinne des Satzes 1 ist für die Veranlagungszeiträume 2021 bis 2026 abweichend von Satz 2 für jeden Arbeitstag, an dem der Arbeitnehmer die erste Tätigkeitsstätte aufsucht, eine Entfernungspauschale für jeden vollen Kilometer der ersten 20 Kilometer der Entfernung zwischen Wohnung und erster Tätigkeitsstätte von 0,30 Euro und für jeden weiteren vollen Kilometer

   a) von 0,35 Euro für 2021,

   b) von 0,38 Euro für 2022 bis 2026

   anzusetzen, höchstens 4 500 Euro im Kalenderjahr; ein höherer Betrag als 4 500 Euro ist anzusetzen, soweit der Arbeitnehmer einen eigenen oder ihm zur Nutzung überlassenen Kraftwagen benutzt.

4a. [1]Aufwendungen des Arbeitnehmers für beruflich veranlasste Fahrten, die nicht Fahrten zwischen Wohnung und erster Tätigkeitsstätte im Sinne des Absatzes 4 sowie keine Familienheimfahrten sind. [2]Anstelle der tatsächlichen Aufwendungen, die dem Arbeitnehmer durch die persönliche Benutzung eines Beförderungsmittels entstehen, können die Fahrtkosten mit den pauschalen Kilometersätzen angesetzt werden, die für das jeweils benutzte Beförderungsmittel (Fahrzeug) als höchste Wegstreckenentschädigung nach dem Bundesreisekostengesetz festgesetzt sind. [3]Hat ein Arbeitnehmer keine erste Tätigkeitsstätte (§ 9 Absatz 4) und hat er nach den dienst- oder arbeitsrechtlichen Festlegungen sowie den diese ausfüllenden Absprachen und Weisungen zur Aufnahme seiner beruflichen Tätigkeit dauerhaft denselben Ort oder dasselbe weiträumige Tätigkeitsgebiet typischerweise arbeitstäglich aufzusuchen, gilt Absatz 1 Satz 3 Nummer 4 und Absatz 2 für die Fahrten von der Wohnung zu diesem Ort oder dem zur Wohnung nächstgelegenen Zugang zum Tätigkeitsgebiet entsprechend. [4]Für die Fahrten innerhalb des weiträumigen Tätigkeitsgebietes gelten die Sätze 1 und 2 entsprechend.

5. [1]notwendige Mehraufwendungen, die einem Arbeitnehmer wegen einer beruflich veranlassten doppelten Haushaltsführung entstehen. [2]Eine doppelte Haushaltsführung liegt nur vor, wenn der Arbeitnehmer außerhalb des Ortes seiner ersten Tätigkeitsstätte einen eigenen Hausstand unterhält und auch am Ort der ersten Tätigkeitsstätte wohnt. [3]Das Vorliegen eines eigenen Hausstandes setzt das Innehaben einer Wohnung sowie eine finanzielle Beteiligung an den Kosten der Lebensführung voraus. [4]Als Unterkunftskosten für eine doppelte Haushaltsführung können im Inland die tatsächlichen Aufwendungen für die Nutzung der Unterkunft angesetzt werden, höchstens 1 000 Euro im Monat. [5]Aufwendungen für die Wege vom Ort der ersten Tätigkeitsstätte zum Ort des eigenen Hausstandes und zurück (Familienheimfahrt) können jeweils nur für eine Familienheimfahrt wöchentlich abgezogen werden. [6]Zur Abgeltung der Aufwendungen für eine Familienheimfahrt ist eine Entfernungspauschale von 0,30 Euro für jeden vollen Kilometer der Entfernung zwischen dem Ort des eigenen Hausstandes und dem Ort der ersten Tätigkeitsstätte anzusetzen. [7]Nummer 4 Satz 3 bis 5 ist entsprechend anzuwenden. [8]Aufwendungen für Familienheimfahrten mit einem dem Steuerpflichtigen im Rahmen einer Einkunftsart überlassenen Kraftfahrzeug werden nicht berücksichtigt. [9]Zur Abgeltung der Aufwendungen für eine Familienheimfahrt ist für die Veranlagungszeiträume 2021 bis 2026 abweichend von Satz 6 eine Entfernungspauschale für jeden vollen Kilometer der ersten 20 Kilometer der Entfernung zwischen dem Ort des eigenen Hausstandes und dem Ort der ersten Tätigkeitsstätte von 0,30 Euro und für jeden weiteren vollen Kilometer

   a) von 0,35 Euro für 2021,

   b) von 0,38 Euro für 2022 bis 2026

   anzusetzen.

5a. notwendige Mehraufwendungen eines Arbeitnehmers für beruflich veranlasste Übernachtungen an einer Tätigkeitsstätte, die nicht erste Tätigkeitsstätte ist. [2]Übernachtungskosten sind die tatsächlichen Aufwendungen für die persönliche Inanspruchnahme einer Unterkunft zur Übernachtung. [3]Soweit höhere Übernachtungskosten anfallen, weil der Arbeitnehmer eine Unterkunft gemeinsam mit Personen nutzt, die in keinem Dienstverhältnis zum selben Arbeitgeber stehen, sind nur diejenigen Aufwendungen anzusetzen, die bei alleiniger Nutzung durch den Arbeitnehmer angefallen wären. [4]Nach Ablauf von 48 Monaten einer längerfristigen beruflichen Tätigkeit an derselben Tätigkeitsstätte, die nicht erste Tätigkeitsstätte ist, können Unterkunftskosten nur noch bis zur Höhe des Betrags nach Nummer 5 angesetzt werden. [5]Eine Unterbrechung dieser beruflichen Tätigkeit an derselben Tätigkeitsstätte führt zu einem Neubeginn, wenn die Unterbrechung mindestens sechs Monate dauert.

5b. notwendige Mehraufwendungen, die einem Arbeitnehmer während seiner auswärtigen beruflichen Tätigkeit auf einem Kraftfahrzeug des Arbeitgebers oder eines vom Arbeitgeber beauftragten Dritten im Zusammenhang mit einer Übernachtung in dem Kraftfahrzeug für Kalendertage entstehen, an denen der Arbeitnehmer eine Verpflegungspauschale nach Absatz 4a Satz 3 Nummer 1 und 2 sowie Satz 5 zur Nummer 1 und 2 beanspruchen könnte. [2]Anstelle der tatsächlichen Aufwendungen, die dem Arbeitnehmer im Zusammenhang mit einer Übernachtung in dem Kraftfahrzeug entstehen, kann im Kalenderjahr einheitlich eine Pauschale von 9 Euro für jeden Kalendertag berücksichtigt werden, an dem der Arbeitnehmer eine Verpflegungspauschale nach Absatz 4a Satz 3 Nummer 1 und 2 sowie Satz 5 zur Nummer 1 und 2 beanspruchen könnte,

6. Aufwendungen für Arbeitsmittel, zum Beispiel für Werkzeuge und typische Berufskleidung. [2]Nummer 7 bleibt unberührt;

7. Absetzungen für Abnutzung und für Substanzverringerung, Sonderabschreibungen nach § 7b und erhöhte Absetzungen. [2]§ 6 Absatz 2 Satz 1 bis 3 ist in Fällen der Anschaffung oder Herstellung von Wirtschaftsgütern entsprechend anzuwenden.

(2) [1]Durch die Entfernungspauschalen sind sämtliche Aufwendungen abgegolten, die durch die Wege zwischen Wohnung und erster Tätigkeitsstätte im Sinne des Absatzes 4 und durch die Familienheimfahrten veranlasst sind. [2]Aufwendungen für die Benutzung öffentlicher Verkehrsmittel können angesetzt werden, soweit sie den im Kalenderjahr insgesamt als Entfernungspauschale abziehbaren Betrag übersteigen. [3]Menschen mit Behinderungen,

1. deren Grad der Behinderung mindestens 70 beträgt,

2. deren Grad der Behinderung weniger als 70, aber mindestens 50 beträgt und die in ihrer Bewegungsfähigkeit im Straßenverkehr erheblich beeinträchtigt sind,

können anstelle der Entfernungspauschalen die tatsächlichen Aufwendungen für die Wege zwischen Wohnung und erster Tätigkeitsstätte und für Familienheimfahrten ansetzen. [4]Die Voraussetzungen der Nummern 1 und 2 sind durch amtliche Unterlagen nachzuweisen.

(3) Absatz 1 Satz 3 Nummer 4 bis 5a sowie die Absätze 2 und 4a gelten bei den Einkunftsarten im Sinne des § 2 Absatz 1 Satz 1 Nummer 5 bis 7 entsprechend.

(4) [1]Erste Tätigkeitsstätte ist die ortsfeste betriebliche Einrichtung des Arbeitgebers, eines verbundenen Unternehmens (§ 15 des Aktiengesetzes) oder eines vom Arbeitgeber bestimmten Dritten, der der Arbeitnehmer dauerhaft zugeordnet ist. [2]Die Zuordnung im Sinne des Satzes 1 wird durch die dienst- oder arbeitsrechtlichen Festlegungen sowie die diese ausfüllenden Absprachen und Weisungen bestimmt. [3]Von einer dauerhaften Zuordnung ist insbesondere auszugehen, wenn der Arbeitnehmer unbefristet, für die Dauer des Dienstverhältnisses oder über einen Zeitraum von 48 Monaten hinaus an einer solchen Tätigkeitsstätte tätig werden soll. [4]Fehlt eine solche dienst- oder arbeitsrechtliche Festlegung auf eine Tätigkeitsstätte oder ist sie nicht eindeutig, ist erste Tätigkeitsstätte die betriebliche Einrichtung, an der der Arbeitnehmer dauerhaft

1. typischerweise arbeitstäglich tätig werden soll oder

2. je Arbeitswoche zwei volle Arbeitstage oder mindestens ein Drittel seiner vereinbarten regelmäßigen Arbeitszeit tätig werden soll.

[5]Je Dienstverhältnis hat der Arbeitnehmer höchstens eine erste Tätigkeitsstätte. [6]Liegen die Voraussetzungen der Sätze 1 bis 4 für mehrere Tätigkeitsstätten vor, ist diejenige Tätigkeitsstätte erste Tätigkeitsstätte, die der Arbeitgeber bestimmt. [7]Fehlt es an dieser Bestimmung oder ist sie nicht eindeutig, ist die der Wohnung örtlich am nächsten liegende Tätigkeitsstätte die erste Tätigkeitsstätte. [8]Als erste Tätigkeitsstätte gilt auch eine Bildungseinrichtung, die außerhalb eines Dienstverhältnisses zum Zwecke eines Vollzeitstudiums oder einer vollzeitigen Bildungsmaßnahme aufgesucht wird; die Regelungen für Arbeitnehmer nach Absatz 1 Satz 3 Nummer 4 und 5 sowie Absatz 4a sind entsprechend anzuwenden.

(4a) [1]Mehraufwendungen des Arbeitnehmers für die Verpflegung sind nur nach Maßgabe der folgenden Sätze als Werbungskosten abziehbar. [2]Wird der Arbeitnehmer außerhalb seiner Wohnung und ersten Tätigkeitsstätte beruflich tätig (auswärtige berufliche Tätigkeit), ist zur Abgeltung der ihm tatsächlich entstandenen, beruflich veranlassten Mehraufwendungen eine Verpflegungspauschale anzusetzen. [3]Diese beträgt

1. 28 Euro für jeden Kalendertag, an dem der Arbeitnehmer 24 Stunden von seiner Wohnung und ersten Tätigkeitsstätte abwesend ist,
2. jeweils 14 Euro für den An- und Abreisetag, wenn der Arbeitnehmer an diesem, einem anschließenden oder vorhergehenden Tag außerhalb seiner Wohnung übernachtet,
3. 14 Euro für den Kalendertag, an dem der Arbeitnehmer ohne Übernachtung außerhalb seiner Wohnung mehr als 8 Stunden von seiner Wohnung und der ersten Tätigkeitsstätte abwesend ist; beginnt die auswärtige berufliche Tätigkeit an einem Kalendertag und endet am nachfolgenden Kalendertag ohne Übernachtung, werden 12 Euro für den Kalendertag gewährt, an dem der Arbeitnehmer den überwiegenden Teil der insgesamt mehr als 8 Stunden von seiner Wohnung und der ersten Tätigkeitsstätte abwesend ist.

[4]Hat der Arbeitnehmer keine erste Tätigkeitsstätte, gelten die Sätze 2 und 3 entsprechend; Wohnung im Sinne der Sätze 2 und 3 ist der Hausstand, der den Mittelpunkt der Lebensinteressen des Arbeitnehmers bildet sowie eine Unterkunft am Ort der ersten Tätigkeitsstätte im Rahmen der doppelten Haushaltsführung. [5]Bei einer Tätigkeit im Ausland treten an die Stelle der Pauschbeträge nach Satz 3 länderweise unterschiedliche Pauschbeträge, die für die Fälle der Nummer 1 mit 120 sowie der Nummern 2 und 3 mit 80 Prozent der Auslandstagegelder nach dem Bundesreisekostengesetz vom Bundesministerium der Finanzen im Einvernehmen mit den obersten Finanzbehörden der Länder aufgerundet auf volle Euro festgesetzt werden; dabei bestimmt sich der Pauschbetrag nach dem Ort, den der Arbeitnehmer vor 24 Uhr Ortszeit zuletzt erreicht, oder, wenn dieser Ort im Inland liegt, nach dem letzten Tätigkeitsort im Ausland. [6]Der Abzug der Verpflegungspauschalen ist auf die ersten drei Monate einer längerfristigen beruflichen Tätigkeit an derselben Tätigkeitsstätte beschränkt. [7]Eine Unterbrechung der beruflichen Tätigkeit an derselben Tätigkeitsstätte führt zu einem Neubeginn, wenn sie mindestens vier Wochen dauert. [8]Wird dem Arbeitnehmer anlässlich oder während einer Tätigkeit außerhalb seiner ersten Tätigkeitsstätte vom Arbeitgeber oder auf dessen Veranlassung von einem Dritten eine Mahlzeit zur Verfügung gestellt, sind die nach den Sätzen 3 und 5 ermittelten Verpflegungspauschalen zu kürzen:

1. für Frühstück um 20 Prozent,
2. für Mittag- und Abendessen um jeweils 40 Prozent,

der nach Satz 3 Nummer 1 gegebenenfalls in Verbindung mit Satz 5 maßgebenden Verpflegungspauschale für einen vollen Kalendertag; die Kürzung darf die ermittelte Verpflegungspauschale nicht übersteigen. [9]Satz 8 gilt auch, wenn Reisekostenvergütungen wegen der zur Verfügung gestellten Mahlzeiten einbehalten oder gekürzt werden oder die Mahlzeiten nach § 40 Absatz 2 Satz 1 Nummer 1a pauschal besteuert werden. [10]Hat der Arbeitnehmer für die Mahlzeit ein Entgelt gezahlt, mindert dieser Betrag den Kürzungsbetrag nach Satz 8. [11]Erhält der Arbeitnehmer steuerfreie Erstattungen für Verpflegung, ist ein Werbungskostenabzug insoweit ausgeschlossen. [12]Die Verpflegungspauschalen nach den Sätzen 3 und 5, die Dreimonatsfrist nach den Sätzen 6 und 7 sowie die Kürzungsregelungen nach den Sätzen 8 bis 10 gelten entsprechend auch für den Abzug von Mehraufwendungen für Verpflegung, die bei einer beruflich veranlassten doppelten Haushaltsführung entstehen, soweit der Arbeitnehmer vom eigenen Hausstand im Sinne des § 9 Absatz 1 Satz 3 Nummer 5 abwesend ist; dabei ist für jeden Kalendertag innerhalb der Dreimonatsfrist, an dem gleichzeitig eine Tätigkeit im Sinne des Satzes 2 oder des Satzes 4 ausgeübt wird, nur der jeweils höchste in Betracht kommende Pauschbetrag abziehbar. [13]Die Dauer einer Tätigkeit im Sinne des Satzes 2 an dem Tätigkeitsort, an dem die doppelte Haushaltsführung begründet wurde, ist auf die Dreimonatsfrist anzurechnen, wenn sie ihr unmittelbar vorausgegangen ist.

(5) [1]§ 4 Absatz 5 Satz 1 Nummer 1 bis 4, 6b bis 8a, 10, 12 und Absatz 6 gilt sinngemäß. [2]Die §§ 4j, 4k, 6 Absatz 1 Nummer 1a und § 6e gelten entsprechend.

(6) [1]Aufwendungen des Steuerpflichtigen für seine Berufsausbildung oder für sein Studium sind nur dann Werbungskosten, wenn der Steuerpflichtige zuvor bereits eine Erstausbildung (Berufsausbildung oder Studium) abgeschlossen hat oder wenn die Berufsausbildung oder das Studium im Rahmen eines Dienstverhältnisses stattfindet. [2]Eine Berufsausbildung als Erstausbildung nach Satz 1 liegt vor, wenn eine geordnete Ausbildung mit einer Mindestdauer von 12 Monaten bei vollzeitiger Ausbildung und mit einer Abschlussprüfung durchgeführt wird. [3]Eine geordnete Ausbildung liegt vor, wenn sie auf der Grundlage von Rechts- oder Verwaltungsvorschriften oder internen Vorschriften eines Bildungsträgers durchgeführt wird. [4]Ist eine Abschlussprüfung nach dem Ausbildungsplan nicht vorgesehen, gilt die Ausbildung mit der tatsächlichen planmäßigen Beendigung als abgeschlossen. [5]Eine Berufsausbildung als Erstausbildung hat auch abgeschlossen, wer die Abschlussprüfung einer durch Rechts- oder Verwaltungsvorschriften geregelten Berufsausbildung mit einer Mindestdauer von 12 Monaten bestanden hat, ohne dass er zuvor die entsprechende Berufsausbildung durchlaufen hat.

§ 9a
Pauschbeträge für Werbungskosten

[1]Für Werbungskosten sind bei der Ermittlung der Einkünfte die folgenden Pauschbeträge abzuziehen, wenn nicht höhere Werbungskosten nachgewiesen werden:

1. a) von den Einnahmen aus nichtselbständiger Arbeit vorbehaltlich Buchstabe b:
   ein Arbeitnehmer-Pauschbetrag von 1 230 Euro;
   b) von den Einnahmen aus nichtselbständiger Arbeit, soweit es sich um Versorgungsbezüge im Sinne des § 19 Absatz 2 handelt:
   ein Pauschbetrag von 102 Euro;
2. (*weggefallen*)
3. von den Einnahmen im Sinne des § 22 Nummer 1, 1a, und 5:
   ein Pauschbetrag von insgesamt 102 Euro.

[2]Der Pauschbetrag nach Satz 1 Nummer 1 Buchstabe b darf nur bis zur Höhe der um den Versorgungsfreibetrag einschließlich des Zuschlags zum Versorgungsfreibetrag (§ 19 Absatz 2) geminderten Einnahmen, die Pauschbeträge nach Satz 1 Nummer 1 Buchstabe a und Nummer 3 dürfen nur bis zur Höhe der Einnahmen abgezogen werden.

§ 9b

(1) Der Vorsteuerbetrag nach § 15 des Umsatzsteuergesetzes gehört, soweit er bei der Umsatzsteuer abgezogen werden kann, nicht zu den Anschaffungs- oder Herstellungskosten des Wirtschaftsguts, auf dessen Anschaffung oder Herstellung er entfällt.

(2) [1]Wird der Vorsteuerabzug nach § 15a des Umsatzsteuergesetzes berichtigt, so sind die Mehrbeträge als Betriebseinnahmen oder Einnahmen zu behandeln, wenn sie im Rahmen einer der Einkunftsarten des § 2 Absatz 1 Satz 1 bezogen werden; die Minderbeträge sind als Betriebsausgaben oder Werbungskosten zu behandeln, wenn sie durch den Betrieb veranlasst sind oder der Erwerbung, Sicherung und Erhaltung von Einnahmen dienen. [2]Die Anschaffungs- oder Herstellungskosten bleiben in den Fällen des Satzes 1 unberührt.

5. Sonderausgaben

§ 10

(1) Sonderausgaben sind die folgenden Aufwendungen, wenn sie weder Betriebsausgaben noch Werbungskosten sind oder wie Betriebsausgaben oder Werbungskosten behandelt werden:

1. *(weggefallen)*

1a. *(weggefallen)*

1b. *(weggefallen)*

2. [1]a) Beiträge zu den gesetzlichen Rentenversicherungen oder zur landwirtschaftlichen Alterskasse sowie zu berufsständischen Versorgungseinrichtungen, die den gesetzlichen Rentenversicherungen vergleichbare Leistungen erbringen;

   b) Beiträge des Steuerpflichtigen

      aa) zum Aufbau einer eigenen kapitalgedeckten Altersversorgung, wenn der Vertrag nur die Zahlung einer monatlichen, auf das Leben des Steuerpflichtigen bezogenen lebenslangen Leibrente nicht vor Vollendung des 62. Lebensjahres oder zusätzlich die ergänzende Absicherung des Eintritts der Berufsunfähigkeit (Berufsunfähigkeitsrente), der verminderten Erwerbsfähigkeit (Erwerbsminderungsrente) oder von Hinterbliebenen (Hinterbliebenenrente) vorsieht. [2]Hinterbliebene in diesem Sinne sind der Ehegatte des Steuerpflichtigen und die Kinder, für die er Anspruch auf Kindergeld oder auf einen Freibetrag nach § 32 Absatz 6 hat. [3]Der Anspruch auf Waisenrente darf längstens für den Zeitraum bestehen, in dem der Rentenberechtigte die Voraussetzungen für die Berücksichtigung als Kind im Sinne des § 32 erfüllt;

      bb) für seine Absicherung gegen den Eintritt der Berufsunfähigkeit oder der verminderten Erwerbsfähigkeit (Versicherungsfall), wenn der Vertrag nur die Zahlung einer monatlichen, auf das Leben des Steuerpflichtigen bezogenen lebenslangen Leibrente für einen Versicherungsfall vorsieht, der bis zur Vollendung des 67. Lebensjahres eingetreten ist. [2]Der Vertrag kann die Beendigung der Rentenzahlung wegen eines medizinisch begründeten Wegfalls der Berufsunfähigkeit oder der verminderten Erwerbsfähigkeit vorsehen. [3]Die Höhe der zugesagten Rente kann vom Alter des Steuerpflichtigen bei Eintritt des Versicherungsfalls abhängig gemacht werden, wenn der Steuerpflichtige das 55. Lebensjahr vollendet hat.

   [2]Die Ansprüche nach Buchstabe b dürfen nicht vererblich, nicht übertragbar, nicht beleihbar, nicht veräußerbar und nicht kapitalisierbar sein. [3]Anbieter und Steuerpflichtiger können vereinbaren, dass bis zu zwölf Monatsleistungen in einer Auszahlung zusammengefasst werden oder eine Kleinbetragsrente im Sinne von § 93 Absatz 3 Satz 2 oder 4 abgefunden wird. [4]Bei der Berechnung der Kleinbetragsrente sind alle bei einem Anbieter bestehenden Verträge des Steuerpflichtigen jeweils nach Buchstabe b Doppelbuchstabe aa oder Doppelbuchstabe bb zusammenzurechnen. [5]Neben den genannten Auszahlungsformen darf kein weiterer Anspruch auf Auszahlungen bestehen. [6]Zu den Beiträgen nach den Buchstaben a und b ist der nach § 3 Nummer 62 steuerfreie Arbeitgeberanteil zur gesetzlichen Rentenversicherung und ein diesem gleichgestellter steuerfreier Zuschuss des Arbeitgebers hinzuzurechnen. [7]Beiträge nach § 168 Absatz 1 Nummer 1b oder 1c oder nach § 172 Absatz 3 oder 3a des Sechsten Buches Sozialgesetzbuch werden abweichend von Satz 6 nur auf Antrag des Steuerpflichtigen hinzugerechnet.

3. [1]Beiträge zu

   a) Krankenversicherungen, soweit diese zur Erlangung eines durch das Zwölfte Buch Sozialgesetzbuch bestimmten sozialhilfegleichen Versorgungsniveaus erforderlich sind und sofern auf die Leistungen ein Anspruch besteht. [2]Für Beiträge zur gesetzlichen Krankenversicherung sind dies die nach dem Dritten Titel des Ersten Abschnitts des Achten Kapitels des Fünften Buches Sozialgesetzbuch oder die nach dem Sechsten Abschnitt des Zweiten Gesetzes über die Krankenversicherung der Landwirte festgesetzten Beiträge. [3]Für Beiträge zu einer privaten Krankenversicherung sind dies die Beitragsanteile, die auf Vertragsleistungen entfallen, die, mit Ausnahme der auf das Krankengeld entfallenden Beitragsanteile, in Art, Umfang und Höhe den Leistungen nach dem Dritten Kapitel des Fünften Buches Sozialgesetzbuch vergleichbar sind; § 158 Absatz 2 des Versicherungsaufsichtsgesetzes gilt entsprechend. [4]Wenn sich aus den Krankenversicherungsbeiträgen nach Satz 2 ein Anspruch auf Krankengeld oder ein Anspruch auf eine Leistung, die anstelle von Krankengeld gewährt wird, ergeben kann, ist der jeweilige Beitrag um 4 Prozent zu vermindern;

   b) gesetzlichen Pflegeversicherungen (soziale Pflegeversicherung und private Pflege-Pflichtversicherung).

   [2]Als eigene Beiträge des Steuerpflichtigen können auch eigene Beiträge im Sinne der Buchstaben a oder b eines Kindes behandelt werden, wenn der Steuerpflichtige die Beiträge des Kindes, für das ein Anspruch auf einen Freibetrag nach § 32 Absatz 6 oder auf Kindergeld besteht, durch Leistungen in Form von Bar- oder Sachunterhalt wirtschaftlich getragen hat, unabhängig von Einkünften oder Bezügen des Kindes; Voraussetzung für die Berücksichtigung beim Steuerpflichtigen ist die Angabe der erteilten Identifikationsnummer (§ 139b der Abgabenordnung) des Kindes in der Einkommensteuererklärung des Steuerpflichtigen. [3]Satz 2 gilt entsprechend, wenn der Steuerpflichtige die Beiträge für ein unterhaltsberechtigtes Kind trägt, welches nicht selbst Versicherungsnehmer ist, sondern der andere Elternteil. [4]Hat der Steuerpflichtige in den Fällen des Absatzes 1a Nummer 1 eigene Beiträge im Sinne des Buchstaben a oder des Buchstaben b zum Erwerb einer Krankenversicherung oder gesetzlichen Pflegeversicherung für einen geschiedenen oder dauernd getrennt lebenden unbeschränkt einkommensteuerpflichtigen Ehegatten geleistet, dann werden diese

abweichend von Satz 1 als eigene Beiträge des geschiedenen oder dauernd getrennt lebenden unbeschränkt einkommensteuerpflichtigen Ehegatten behandelt. [5]Beiträge, die für nach Ablauf des Veranlagungszeitraums beginnende Beitragsjahre geleistet werden und in der Summe das Dreifache der auf den Veranlagungszeitraum entfallenden Beiträge überschreiten, sind in dem Veranlagungszeitraum anzusetzen, für den sie geleistet wurden;

3a. Beiträge zu Kranken- und Pflegeversicherungen, soweit diese nicht nach Nummer 3 zu berücksichtigen sind; Beiträge zu Versicherungen gegen Arbeitslosigkeit, zu Erwerbs- und Berufsunfähigkeitsversicherungen, die nicht unter Nummer 2 Satz 1 Buchstabe b fallen, zu Unfall- und Haftpflichtversicherungen sowie zu Risikoversicherungen, die nur für den Todesfall eine Leistung vorsehen; Beiträge zu Versicherungen im Sinne des § 10 Absatz 1 Nummer 2 Buchstabe b Doppelbuchstabe bb bis dd in der am 31. Dezember 2004 geltenden Fassung, wenn die Laufzeit dieser Versicherungen vor dem 1. Januar 2005 begonnen hat und ein Versicherungsbeitrag bis zum 31. Dezember 2004 entrichtet wurde; § 10 Absatz 1 Nummer 2 Satz 2 bis 6 und Absatz 2 Satz 2 in der am 31. Dezember 2004 geltenden Fassung ist in diesen Fällen weiter anzuwenden;

4. gezahlte Kirchensteuer; dies gilt nicht, soweit die Kirchensteuer als Zuschlag zur Kapitalertragsteuer oder als Zuschlag auf die nach dem gesonderten Tarif des § 32d Absatz 1 ermittelte Einkommensteuer gezahlt wurde;

5. 80 Prozent der Aufwendungen, höchstens 4 800 Euro je Kind, für Dienstleistungen zur Betreuung eines zum Haushalt des Steuerpflichtigen gehörenden Kindes im Sinne des § 32 Absatz 1, welches das 14. Lebensjahr noch nicht vollendet hat oder wegen einer vor Vollendung des 25. Lebensjahres eingetretenen körperlichen, geistigen oder seelischen Behinderung außerstande ist, sich selbst zu unterhalten. [2]Dies gilt nicht für Aufwendungen für Unterricht, die Vermittlung besonderer Fähigkeiten sowie für sportliche und andere Freizeitbetätigungen. [3]Ist das zu betreuende Kind nicht nach § 1 Absatz 1 oder Absatz 2 unbeschränkt einkommensteuerpflichtig, ist der in Satz 1 genannte Betrag zu kürzen, soweit es nach den Verhältnissen im Wohnsitzstaat des Kindes notwendig und angemessen ist. [4]Voraussetzung für den Abzug der Aufwendungen nach Satz 1 ist, dass der Steuerpflichtige für die Aufwendungen eine Rechnung erhalten hat und die Zahlung auf das Konto des Erbringers der Leistung erfolgt ist;

6. *(weggefallen)*

7. Aufwendungen für die eigene Berufsausbildung bis zu 6 000 Euro im Kalenderjahr. [2]Bei Ehegatten, die die Voraussetzungen des § 26 Absatz 1 Satz 1 erfüllen, gilt Satz 1 für jeden Ehegatten. [3]Zu den Aufwendungen im Sinne des Satzes 1 gehören auch Aufwendungen für eine auswärtige Unterbringung. [4]§ 4 Absatz 5 Satz 1 Nummer 6b sowie § 9 Absatz 1 Satz 3 Nummer 4 und 5, Absatz 2, 4 Satz 8 und Absatz 4a sind bei der Ermittlung der Aufwendungen anzuwenden.

8. *(weggefallen)*

9. 30 Prozent des Entgelts, höchstens 5 000 Euro, das der Steuerpflichtige für ein Kind, für das er Anspruch auf einen Freibetrag nach § 32 Absatz 6 oder auf Kindergeld hat, für dessen Besuch einer Schule in freier Trägerschaft oder einer überwiegend privat finanzierten Schule entrichtet, mit Ausnahme des Entgelts für Beherbergung, Betreuung und Verpflegung. [2]Voraussetzung ist, dass die Schule in einem Mitgliedstaat der Europäischen Union oder in einem Staat belegen ist, auf den das Abkommen über den Europäischen Wirtschaftsraum Anwendung findet, und die Schule zu einem von dem zuständigen inländischen Ministerium eines Landes, von der Kultusministerkonferenz der Länder oder von einer inländischen Zeugnisanerkennungsstelle anerkannten oder einem inländischen Abschluss an einer öffentlichen Schule als gleichwertig anerkannten allgemein bildenden oder berufsbildenden Schul-, Jahrgangs- oder Berufsabschluss führt. [3]Der Besuch einer anderen Einrichtung, die auf einen Schul-, Jahrgangs- oder Berufsabschluss im Sinne des Satzes 2 ordnungsgemäß vorbereitet, steht einem Schulbesuch im Sinne des Satzes 1 gleich. [4]Der Besuch einer Deutschen Schule im Ausland steht dem Besuch einer solchen Schule gleich, unabhängig von ihrer Belegenheit. [5]Der Höchstbetrag nach Satz 1 wird für jedes Kind, bei dem die Voraussetzungen vorliegen, je Elternpaar nur einmal gewährt.

(1a) Sonderausgaben sind auch die folgenden Aufwendungen:

1. [1]Unterhaltsleistungen an den geschiedenen oder dauernd getrennt lebenden unbeschränkt einkommensteuerpflichtigen Ehegatten, wenn der Geber dies mit Zustimmung des Empfängers beantragt, bis zu 13 805 Euro im Kalenderjahr. [2]Der Höchstbetrag nach Satz 1 erhöht sich um den Betrag der im jeweiligen Veranlagungszeitraum nach Absatz 1 Nummer 3 für die Absicherung des geschiedenen oder dauernd getrennt lebenden unbeschränkt einkommensteuerpflichtigen Ehegatten aufgewandten Beiträge. [3]Der Antrag kann jeweils nur für ein Kalenderjahr gestellt und nicht zurückgenommen werden. [4]Die Zustimmung ist mit Ausnahme der nach § 894 der Zivilprozessordnung als erteilt geltenden bis auf Widerruf wirksam. [5]Der Widerruf ist vor Beginn des Kalenderjahres, für das die Zustimmung erstmals nicht gelten soll, gegenüber dem Finanzamt zu erklären. [6]Die Sätze 1 bis 5 gelten für Fälle der Nichtigkeit oder der Aufhebung der Ehe entsprechend. [7]Voraussetzung für den Abzug der Aufwendungen ist die Angabe der erteilten Identifikationsnummer (§ 139b der Abgabenordnung) der unterhaltenen Person in der Steuererklärung des Unterhaltsleistenden, wenn die unterhaltene Person der unbeschränkten oder beschränkten Steuerpflicht unterliegt. [8]Die unterhaltene Person ist für diese Zwecke verpflichtet, dem Unterhaltsleistenden ihre erteilte Identifikationsnummer (§ 139b der Abgabenordnung) mitzuteilen. [9]Kommt die unterhaltene Person dieser Verpflichtung nicht nach, ist der Unterhaltsleistende berechtigt, bei der für ihn zuständigen Finanzbehörde die Identifikationsnummer der unterhaltenen Person zu erfragen;

2. [1]auf besonderen Verpflichtungsgründen beruhende, lebenslange und wiederkehrende Versorgungsleistungen, die nicht mit Einkünften in wirtschaftlichem Zusammenhang stehen, die bei der Veranlagung außer Betracht bleiben, wenn der Empfänger unbeschränkt einkommensteuerpflichtig ist. [2]Dies gilt nur für
   a) Versorgungsleistungen im Zusammenhang mit der Übertragung eines Mitunternehmeranteils an einer Personengesellschaft, die eine Tätigkeit im Sinne der §§ 13, 15 Absatz 1 Satz 1 Nummer 1 oder des § 18 Absatz 1 ausübt,
   b) Versorgungsleistungen im Zusammenhang mit der Übertragung eines Betriebs oder Teilbetriebs, sowie
   c) Versorgungsleistungen im Zusammenhang mit der Übertragung eines mindestens 50 Prozent betragenden Anteils an einer Gesellschaft mit beschränkter Haftung, wenn der Übergeber als Geschäftsführer tätig war und der Übernehmer diese Tätigkeit nach der Übertragung übernimmt.

[3]Satz 2 gilt auch für den Teil der Versorgungsleistungen, der auf den Wohnteil eines Betriebs der Land- und Forstwirtschaft entfällt. [3]Voraussetzung für den Abzug der Aufwendungen ist die Angabe der erteilten Identifikationsnummer (§ 139b der Abgabenordnung) des Empfängers in der Steuererklärung des Leistenden; Nummer 1 Satz 8 und 9 gilt entsprechend;

3. Ausgleichsleistungen zur Vermeidung eines Versorgungsausgleichs nach § 6 Absatz 1 Satz 2 Nummer 2 und § 23 des Versorgungsausgleichsgesetzes sowie § 1408 Absatz 2 und § 1587 des Bürgerlichen Gesetzbuchs, soweit der Verpflichtete dies mit Zustimmung des Berechtigten beantragt und der Berechtigte unbeschränkt einkommensteuerpflichtig ist. [2]Nummer 1 Satz 3 bis 5 gilt entsprechend. [3]Voraussetzung für den Abzug der Aufwendungen ist die Angabe der erteilten Identifikationsnummer (§ 139b der Abgabenordnung) des Berechtigten in der Steuererklärung des Verpflichteten; Nummer 1 Satz 8 und 9 gilt entsprechend;

4. Ausgleichszahlungen im Rahmen des Versorgungsausgleichs nach den §§ 20 bis 22 und 26 des Versorgungsausgleichsgesetzes und nach den §§ 1587f, 1587g und 1587i des Bürgerlichen Gesetzbuchs in der bis zum 31. August 2009 geltenden Fassung sowie nach § 3a des Gesetzes zur Regelung von Härten im Versorgungsausgleich, soweit die ihnen zu Grunde liegenden Einnahmen bei der ausgleichspflichtigen Person der Besteuerung unterliegen, wenn die ausgleichsberechtigte Person unbeschränkt einkommensteuerpflichtig ist. [2]Nummer 3 Satz 3 gilt entsprechend.

(2) [1]Voraussetzung für den Abzug der in Absatz 1 Nummern 2, 3 und 3a bezeichneten Beträge (Vorsorgeaufwendungen) ist, dass sie

1. nicht in unmittelbarem wirtschaftlichen Zusammenhang mit steuerfreien Einnahmen stehen; ungeachtet dessen sind Vorsorgeaufwendungen im Sinne des Absatzes 1 Nummer 2, 3 und 3a zu berücksichtigen, soweit
   a) sie in unmittelbarem wirtschaftlichen Zusammenhang mit einem Mitgliedsstaat der Europäischen Union oder einem Vertragsstaat des Abkommens über den Europäischen Wirtschaftsraum oder in der schweizerischen Eidgenossenschaft erzielten Einnahmen stehen,
   b) diese Einnahmen nach einem Abkommen zur Vermeidung der Doppelbesteuerung im Inland steuerfrei sind und
   c) der andere Staat keinerlei steuerliche Berücksichtigung von Vorsorgeaufwendungen im Rahmen der Besteuerung dieser Einnahmen zulässt;

   steuerfreie Zuschüsse zu einer Kranken- oder Pflegeversicherung stehen insgesamt in unmittelbarem wirtschaftlichen Zusammenhang mit den Vorsorgeaufwendungen im Sinne des Absatzes 1 Nummer 3,
2. geleistet werden an
   a) [1]Versicherungsunternehmen,
      aa) die ihren Sitz oder ihre Geschäftsleitung in einem Mitgliedstaat der Europäischen Union oder einem Vertragsstaat des Abkommens über den Europäischen Wirtschaftsraum haben und das Versicherungsgeschäft im Inland betreiben dürfen, oder
      bb) denen die Erlaubnis zum Geschäftsbetrieb im Inland erteilt ist.

      [2]Darüber hinaus werden Beiträge nur berücksichtigt, wenn es sich um Beträge im Sinne des Absatzes 1 Nummer 3 Satz 1 Buchstabe a an eine Einrichtung handelt, die eine anderweitige Absicherung im Krankheitsfall im Sinne des § 5 Absatz 1 Nummer 13 des Fünften Buches Sozialgesetzbuch oder eine der Beihilfe oder freien Heilfürsorge vergleichbare Absicherung im Sinne des § 193 Absatz 3 Satz 2 Nummer 2 des Versicherungsvertragsgesetzes gewährt. [3]Dies gilt entsprechend, wenn ein Steuerpflichtiger, der weder seinen Wohnsitz noch seinen gewöhnlichen Aufenthalt im Inland hat, mit den Beiträgen einen Versicherungsschutz im Sinne des Absatzes 1 Nummer 3 Satz 1 erwirbt,
   b) berufsständische Versorgungseinrichtungen,
   c) einen Sozialversicherungsträger oder
   d) einen Anbieter im Sinne des § 80.

[2]Vorsorgeaufwendungen nach Absatz 1 Nummer 2 Buchstabe b werden nur berücksichtigt, wenn die Beiträge zugunsten eines Vertrags geleistet wurden, der nach § 5a des Altersvorsorgeverträge-Zertifizierungsgesetzes zertifiziert ist, wobei die Zertifizierung Grundlagenbescheid im Sinne des § 171 Absatz 10 der Abgabenordnung ist.

(2a) [1]Bei Vorsorgeaufwendungen nach Absatz 1 Nummer 2 Buchstabe b hat der Anbieter als mitteilungspflichtige Stelle nach Maßgabe des § 93c der Abgabenordnung und unter Angabe der Vertrags- oder der Versicherungsdaten die Höhe der im jeweiligen Beitragsjahr geleisteten Beiträge und die Zertifizierungsnummer an die zentrale Stelle (§ 81) zu übermitteln. [2]§ 22a Absatz 2 gilt entsprechend. [3]§ 72a Absatz 4 und § 93c Absatz 4 der Abgabenordnung finden keine Anwendung.

(2b) [1]BeiVorsorgeaufwendungen nach Absatz 1 Nummer 3 hat das Versicherungsunternehmen, der Träger der gesetzlichen Kranken- und Pflegeversicherung, die Künstlersozialkasse oder eine Einrichtung im Sinne des Absatzes 2 Satz 1 Nummer 2 Buchstabe a Satz 2 als mitteilungspflichtige Stelle nach Maßgabe des § 93c der Abgabenordnung und unter Angabe der Vertrags- oder der Versicherungsdaten die Höhe der im jeweiligen Beitragsjahr geleisteten und erstatteten Beiträge sowie die in § 93c Absatz 1 Nummer 2 Buchstabe c der Abgabenordnung genannten Daten mit der Maßgabe, dass insoweit als Steuerpflichtiger die versicherte Person gilt, an die zentrale Stelle (§ 81) zu übermitteln; sind Versicherungsnehmer und versicherte Person nicht identisch, sind zusätzlich die Identifikationsnummer und der Tag der Geburt des Versicherungsnehmers anzugeben. [2]Auf der Grundlage des § 65a des Fünften Buches Sozialgesetzbuch nach den Satzungen der gesetzlichen Krankenkassen erbrachte Bonusleistungen gelten bis zu einer Höhe von 150 Euro pro versicherter Person und Beitragsjahr nicht als Beitragserstattung; diese Summe übersteigende Bonusleistungen gelten stets als Beitragserstattung. [3]Der Steuerpflichtige kann nachweisen, dass Bonusleistungen in Höhe des übersteigenden Betrags nicht als Beitragserstattung zu qualifizieren sind. [4]Satz 1 gilt nicht, soweit diese Daten mit der elektronischen Lohnsteuerbescheinigung (§ 41b Absatz 1 Satz 2) oder der Rentenbezugsmitteilung (§ 22a Absatz 1 Satz 1 Nummer 4) zu übermitteln sind. [5]§ 22a Absatz 2 gilt entsprechend. [6]Zuständige Finanzbehörde im Sinne des § 72a Absatz 4 und des § 93c Absatz 4 der Abgabenordnung ist das Bundeszentralamt für Steuern. [7]Wird in den Fällen des § 72a Absatz 4 der Abgabenordnung eine unzutreffende Höhe der Beiträge übermittelt, ist die entgangene Steuer mit 30 Prozent des zu hoch ausgewiesenen Betrags anzusetzen.

(2c) [1]Bei Vorsorgeaufwendungen nach Absatz 1 Nummer 2 Buchstabe a hat der Träger der gesetzlichen Rentenversicherung, die landwirtschaftliche Alterskasse oder die berufsständische Versorgungseinrichtung als mitteilungspflichtige Stelle nach Maßgabe des § 93c der Abgabenordung unter Angabe der Versicherungsdaten die Höhe der im jeweiligen Beitragsjahr geleisteten und erstatteten Beiträge an die zentrale Stelle (§ 81) zu übermitteln. [2]Satz 1 gilt nicht, soweit diese Daten mit der elektronischen Lohnsteuerbescheinigung (§ 41b Absatz 1 Satz 2) zu übermitteln sind. § 22a Absatz 2 gilt entsprechend. [3]§ 72a Absatz 4 und § 93c Absatz 4 der Abgabenordnung finden keine Anwendung.

(3) [1]Vorsorgeaufwendungen nach Absatz 1 Nummer 2 sind bis zu dem Höchstbeitrag zur knappschaftlichen Rentenversicherung, aufgerundet auf einen vollen Betrag in Euro, zu berücksichtigen. [2]Bei zusammenveranlagten Ehegatten verdoppelt sich der Höchstbetrag. [3]Der Höchstbetrag nach Satz 1 oder 2 ist bei Steuerpflichtigen, die

1. Arbeitnehmer sind und die während des ganzen oder eines Teils des Kalenderjahres
   a) in der gesetzlichen Rentenversicherung versicherungsfrei oder auf Antrag des Arbeitgebers von der Versicherungspflicht befreit waren und denen für den Fall ihres Ausscheidens aus der Beschäftigung auf Grund des Beschäftigungsverhältnisses eine lebenslängliche Versorgung oder an deren Stelle eine Abfindung zusteht oder die in der gesetzlichen Rentenversicherung nachzuversichern sind oder
   b) nicht der gesetzlichen Rentenversicherungspflicht unterliegen, eine Berufstätigkeit ausgeübt und im Zusammenhang damit auf Grund vertraglicher Vereinbarungen Anwartschaftsrechte auf eine Altersversorgung erworben haben, oder

2. Einkünfte im Sinne des § 22 Nummer 4 erzielen und die ganz oder teilweise ohne eigene Beitragsleistung einen Anspruch auf Altersversorgung erwerben,

um den Betrag zu kürzen, der, bezogen auf die Einnahmen aus der Tätigkeit, die die Zugehörigkeit zum genannten Personenkreis begründen, dem Gesamtbeitrag (Arbeitgeber- und Arbeitnehmeranteil) zur allgemeinen Rentenversicherung entspricht. [4]Im Kalenderjahr 2013 sind 76 Prozent der nach den Sätzen 1 bis 3 ermittelten Vorsorgeaufwendungen anzusetzen. [5]Der sich danach ergebende Betrag, vermindert um den nach § 3 Nummer 62 steuerfreien Arbeitgeberanteil zur gesetzlichen Rentenversicherung und einen diesem gleichgestellten steuerfreien Zuschuss des Arbeitgebers, ist als Sonderausgabe abziehbar. [6]Der Prozentsatz in Satz 4 erhöht sich in den folgenden Kalenderjahren bis zum Kalenderjahr 2022 um je 2 Prozentpunkte je Kalenderjahr; ab dem Kalenderjahr 2023 beträgt er 100 Prozent. [7]Beiträge nach § 168 Absatz 1 Nummer 1b oder 1c oder nach § 172 Absatz 3 oder 3a des Sechsten Buches Sozialgesetzbuch vermindern den abziehbaren Betrag nach Satz 5 nur, wenn der Steuerpflichtige die Hinzurechnung dieser Beiträge zu den Vorsorgeaufwendungen nach Absatz 1 Nummer 2 Satz 7 beantragt hat.

(4) [1]Vorsorgeaufwendungen im Sinne des Absatzes 1 Nummer 3 und 3a können je Kalenderjahr insgesamt bis 2 800 Euro abgezogen werden. [2]Der Höchstbetrag beträgt 1 900 Euro bei Steuerpflichtigen, die ganz oder teilweise ohne eigene Aufwendungen einen Anspruch auf vollständige oder teilweise Erstattung oder Übernahme von Krankheitskosten haben oder für deren Krankenversicherung Leistungen im Sinne des § 3 Nummer 9, 14, 57 oder 62 erbracht werden. [3]Bei zusammen veranlagten Ehegatten bestimmt sich der gemeinsame Höchstbetrag aus der Summe der jedem Ehegatten unter den Voraussetzungen von Satz 1 und 2 zustehenden Höchstbeträge. [4]Übersteigen die Vorsorgeaufwendungen im Sinne des Absatzes 1 Nummer 3 die nach den Sätzen 1 bis 3 zu berücksichtigenden Vorsorgeaufwendungen, sind diese abzuziehen und ein Abzug von Vorsorgeaufwendungen im Sinne des Absatzes 1 Nummer 3a scheidet aus.

(4a) [1]Ist in den Kalenderjahren 2013 bis 2019 der Abzug der Vorsorgeaufwendungen nach Absatz 1 Nummer 2 Buchstabe a, Absatz 1 Nummer 3 und Nummer 3a in der für das Kalenderjahr 2004 geltenden Fassung des § 10 Absatz 3 mit folgenden Höchstbeträgen für den Vorwegabzug

Kalenderjahr	Vorwegabzug für den Steuerpflichtigen	Vorwegabzug im Falle der Zusammenveranlagung von Ehegatten
2013	2 100	4 200
2014	1 800	3 600
2015	1 500	3 000
2016	1 200	2 400
2017	900	1 800
2018	600	1 200
2019	300	600

zuzüglich des Erhöhungsbetrags nach Satz 3 günstiger, ist der sich danach ergebende Betrag anstelle des Abzugs nach Absatz 3 und 4 anzusetzen. [2]Mindestens ist bei Anwendung des Satzes 1 der Betrag anzusetzen, der sich ergeben würde, wenn zusätzlich noch die Vorsorgeaufwendungen nach Absatz 1 Nummer 2 Buchstabe b in die Günstigerprüfung einbezogen werden würden; der Erhöhungsbetrag nach Satz 3 ist nicht hinzuzurechnen. [3]Erhöhungsbetrag sind die Beiträge nach Absatz 1 Nummer 2 Buchstabe b, soweit sie nicht den um die Beiträge nach Absatz 1 Nummer 2 Buchstabe a und den nach § 3 Nummer 62 steuerfreien Arbeitgeberanteil zur gesetzlichen Rentenversicherung und einen diesem gleichgestellten steuerfreien Zuschuss verminderten Höchstbetrag nach Absatz 3 Satz 1 bis 3 überschreiten; Absatz 3 Satz 4 und 6 gilt entsprechend.

(4b) [1]Erhält der Steuerpflichtige für die von ihm für einen anderen Veranlagungszeitraum geleisteten Aufwendungen im Sinne des Satzes 2 einen steuerfreien Zuschuss, ist dieser den erstatteten Aufwendungen gleichzustellen. [2]Übersteigen bei den Sonderausgaben nach Absatz 1 Nummer 2 bis 3a die im Veranlagungszeitraum erstatteten Aufwendungen die geleisteten Aufwendungen (Erstattungsüberhang), ist der Erstattungsüberhang mit anderen im Rahmen der jeweiligen Nummer anzusetzenden Aufwendungen zu verrechnen. [3]Ein verbleibender Betrag des sich bei den Aufwendungen nach Absatz 1 Nummer 3 und 4 ergebenden Erstattungsüberhangs ist dem Gesamtbetrag der Einkünfte hinzuzurechnen. [4]Nach Maßgabe des § 93c der Abgabenordnung haben Behörden im Sinne des § 6 Absatz 1 der Abgabenordnung und andere öffentliche Stellen, die einem Steuerpflichtigen für die von ihm geleisteten Beiträge im Sinne des Absatzes 1 Nummer 2, 3 und 3a steuerfreie Zuschüsse gewähren oder Vorsorgeaufwendungen im Sinne dieser Vorschrift erstatten als mitteilungspflichtige Stellen, neben den nach § 93c Absatz 1 der Abgabenordnung erforderlichen Angaben, die zur Gewährung und Prüfung des Sonderausgabenabzugs nach § 10 erforderlichen Daten an die zentrale Stelle zu übermitteln. [5]§ 22a Absatz 2 gilt entsprechend. [6]§ 72a Absatz 4 und § 93c Absatz 4 der Abgabenordnung finden keine Anwendung.

(5) Durch Rechtsverordnung wird bezogen auf den Versicherungstarif bestimmt, wie der nicht abziehbare Teil der Beiträge zum Erwerb eines Krankenversicherungsschutzes im Sinne des Absatzes 1 Nummer 3 Buchstabe a Satz 3 durch einheitliche prozentuale Abschläge auf die zugunsten des jeweiligen Tarifs gezahlte Prämie zu ermitteln ist, soweit der nicht abziehbare Beitragsteil nicht bereits als gesonderter Tarif oder Tarifbaustein ausgewiesen wird.

(6) Absatz 1 Nummer 2 Buchstabe b Doppelbuchstabe aa ist für Vertragsabschlüsse vor dem 1. Januar 2012 mit der Maßgabe anzuwenden, dass der Vertrag die Zahlung der Leibrente nicht vor der Vollendung des 60. Lebensjahres vorsehen darf.

§ 10a
Zusätzliche Altersvorsorge

(1) [1]In der inländischen gesetzlichen Rentenversicherung Pflichtversicherte können Altersvorsorgebeiträge (§ 82) zuzüglich der dafür nach Abschnitt XI zustehenden Zulage jährlich bis zu 2 100 Euro als Sonderausgaben abziehen; das Gleiche gilt für

1. Empfänger von inländischer Besoldung nach dem Bundesbesoldungsgesetz oder einem Landesbesoldungsgesetz,

2. Empfänger von Amtsbezügen aus einem inländischen Amtsverhältnis, deren Versorgungsrecht die entsprechende Anwendung des § 69e Absatz 3 und 4 des Beamtenversorgungsgesetzes vorsieht,

3. die nach § 5 Absatz 1 Satz 1 Nummer 2 und 3 des Sechsten Buches Sozialgesetzbuch versicherungsfrei Beschäftigten, die nach § 6 Absatz 1 Satz 1 Nummer 2 oder nach § 230 Absatz 2 Satz 2 des Sechsten Buches Sozialgesetzbuch von der Versicherungspflicht befreiten Beschäftigten, deren Versorgungsrecht die entsprechende Anwendung des § 69e Absatz 3 und 4 des Beamtenversorgungsgesetzes vorsieht,

4. Beamte, Richter, Berufssoldaten und Soldaten auf Zeit, die ohne Besoldung beurlaubt sind, für die Zeit einer Beschäftigung, wenn während der Beurlaubung die Gewährleistung einer Versorgungsanwartschaft unter den Voraussetzungen des § 5 Absatz 1 Satz 1 des Sechsten Buches Sozialgesetzbuch auf diese Beschäftigung erstreckt wird, und

5. Steuerpflichtige im Sinne der Nummern 1 bis 4, die beurlaubt sind und deshalb keine Besoldung, Amtsbezüge oder Entgelt erhalten, sofern sie eine Anrechnung von Kindererziehungszeiten nach § 56 des Sechsten Buches Sozialgesetzbuch in Anspruch nehmen könnten, wenn die Versicherungsfreiheit in der inländischen gesetzlichen Rentenversicherung nicht bestehen würde,

wenn sie spätestens bis zum Ablauf des Beitragsjahres (§ 88) gegenüber der zuständigen Stelle (§ 81a) schriftlich oder elektronisch eingewilligt haben, dass diese der zentralen Stelle (§ 81) jährlich unter Angabe der Identifikationsnummer mitteilt, dass der Steuerpflichtige zum begünstigten Personenkreis gehört, dass die zuständige Stelle der zentralen Stelle die für die Ermittlung des Mindesteigenbeitrags (§ 86) und die Gewährung der Kinderzulage (§ 85) erforderlichen Daten übermittelt und die zentrale Stelle diese Daten für das Zulageverfahren verarbeiten darf. [2]Bei der Erteilung der Einwilligung ist der Steuerpflichtige darauf hinzuweisen, dass er die Einwilligung vor Beginn des Kalenderjahres, für das sie erstmals nicht mehr gelten soll, gegenüber der zuständigen Stelle widerrufen kann. [3]Versicherungspflichtige nach dem Gesetz über die Alterssicherung der Landwirte stehen Pflichtversicherten gleich; dies gilt auch für Personen, die

1. eine Anrechnungszeit nach § 58 Absatz 1 Nummer 3 oder Nummer 6 des Sechsten Buches Sozialgesetzbuch in der gesetzlichen Rentenversicherung erhalten und

2. unmittelbar vor einer Anrechnungszeit nach § 58 Absatz 1 Nummer 3 oder Nummer 6 des Sechsten Buches Sozialgesetzbuch einer der im ersten Halbsatz, in Satz 1 oder in Satz 4 genannten begünstigten Personengruppen angehörten.

[4]Die Sätze 1 und 2 gelten entsprechend für Steuerpflichtige, die nicht zum begünstigten Personenkreis nach Satz 1 oder 3 gehören und eine Rente wegen voller Erwerbsminderung oder Erwerbsunfähigkeit oder eine Versorgung wegen Dienstunfähigkeit aus einem der in Satz 1 oder 3 genannten Alterssicherungssysteme beziehen, wenn unmittelbar vor dem Bezug der entsprechenden Leistungen der Leistungsbezieher einer der in Satz 1 oder 3 genannten begünstigten Personengruppen angehörte; dies gilt nicht, wenn der Steuerpflichtige das 67. Lebensjahr vollendet hat. [5]Bei der Ermittlung der dem Steuerpflichtigen zustehenden Zulage nach Satz 1 bleibt die Erhöhung der Grundzulage nach § 84 Satz 2 außer Betracht.

(1a) [1]Steuerpflichtige, die eine Kinderzulage für ein Kind beantragen oder auf den Ehegatten übertragen haben, das im Beitragsjahr sein viertes Lebensjahr noch nicht vollendet hat und für das gegenüber dem Steuerpflichtigen oder seinem Ehegatten Kindergeld festgesetzt worden ist, stehen einem in der inländischen gesetzlichen Rentenversicherung Pflichtversicherten gleich, wenn eine Anrechnung von Kindererziehungszeiten nach § 56 des Sechsten Buches Sozialgesetzbuch nur auf Grund eines fehlenden oder noch nicht beschiedenen Antrags auf Berücksichtigung von Kindererziehungszeiten bislang nicht erfolgt ist. [2]Voraussetzung ist, dass der Steuerpflichtige spätestens am Tag nach der Vollendung des vierten Lebensjahres des Kindes die Kindererziehungszeiten beim zuständigen Träger der gesetzlichen Rentenversicherung beantragt. [3]Werden die Kindererziehungszeiten vom Träger der gesetzlichen Rentenversicherung nicht anerkannt, entfällt rückwirkend die Förderberechtigung nach Satz 1. [4]Wurde das Kind am 1. Januar geboren, gilt Satz 1 mit der Maßgabe, dass das fünfte Lebensjahr noch nicht vollendet sein darf.

(1b) [1]Sofern eine Zulagenummer (§ 90 Absatz 1 Satz 2) durch die zentrale Stelle oder eine Versicherungsnummer nach § 147 des Sechsten Buches Sozialgesetzbuch noch nicht vergeben ist, haben die in Absatz 1 Satz 1 Nummer 1 bis 5 genannten Steuerpflichtigen über die zuständige Stelle eine Zulagenummer bei der zentralen Stelle zu beantragen. [2]Für Empfänger einer Versorgung im Sinne des Absatzes 1 Satz 4 gilt Satz 1 entsprechend.

(2) [1]Ist der Sonderausgabenabzug nach Absatz 1 für den Steuerpflichtigen günstiger als der Anspruch auf die Zulage nach Abschnitt XI, erhöht sich die unter Berücksichtigung des Sonderausgabenabzugs ermittelte tarifliche Einkommensteuer um den Anspruch auf Zulage. [2]In den anderen Fällen scheidet der Sonderausgabenabzug aus. [3]Die Günstigerprüfung wird von Amts wegen vorgenommen.

(2a) (weggefallen)

(3) [1]Der Abzugsbetrag nach Absatz 1 steht im Fall der Veranlagung von Ehegatten nach § 26 Absatz 1 jedem Ehegatten unter den Voraussetzungen des Absatzes 1 gesondert zu. [2]Gehört nur ein Ehegatte zu dem nach Absatz 1 begünstigten Personenkreis und ist der andere Ehegatte nach § 79 Satz 2 zulageberechtigt, sind bei dem nach Absatz 1 abzugsberechtigten Ehegatten die von beiden Ehegatten geleisteten Altersvorsorgebeiträge und die dafür zustehenden Zulagen bei der Anwendung der Absätze 1 und 2 zu berücksichtigen. [3]Der Höchstbetrag nach Absatz 1 Satz 1 erhöht sich in den Fällen des Satzes 2 um 60 Euro. [4]Dabei sind die von dem Ehegatten, der zu dem nach Absatz 1 begünstigten Personenkreis gehört, geleisteten Altersvorsorgebeiträge vorrangig zu berücksichtigen, jedoch mindestens 60 Euro der von dem anderen Ehegatten geleisteten Altersvorsorgebeiträge. [5]Gehören beide Ehegatten zu dem nach Absatz 1 begünstigten Personenkreis und liegt ein Fall der Veranlagung nach § 26 Absatz 1 vor, ist bei der Günstigerprüfung nach Absatz 2 der Anspruch auf Zulage beider Ehegatten anzusetzen.

(4) [1]Im Fall des Absatzes 2 Satz 1 stellt das Finanzamt die über den Zulageanspruch nach Abschnitt XI hinausgehende Steuerermäßigung gesondert fest und teilt diese der zentralen Stelle (§ 81) mit; § 10d Absatz 4 Satz 3 bis 5 gilt entsprechend. [2]Sind Altersvorsorgebeiträge zugunsten von mehreren Verträgen geleistet worden, erfolgt die Zurechnung im Verhältnis der nach Absatz 1 berücksichtigten Altersvorsorgebeiträge. [3]Ehegatten ist der nach Satz 1 festzustellende Betrag auch im Falle der Zusammenveranlagung jeweils getrennt zuzurechnen; die Zurechnung erfolgt im Verhältnis der nach Absatz 1 berücksichtigten Altersvorsorgebeiträge. [4]Werden Altersvorsorgebeiträge nach Absatz 3 Satz 2 berücksichtigt, die der nach § 79 Satz 2 zulageberechtigte Ehegatte zugunsten eines auf seinen Namen lautenden Vertrages geleistet hat, ist die hierauf entfallende Steuerermäßigung dem Vertrag zuzurechnen, zu dessen Gunsten die Altersvorsorgebeiträge geleistet wurden. [5]Die Übermittlung an die zentrale Stelle erfolgt unter Angabe der Vertragsnummer und der Identifikationsnummer (§ 139b der Abgabenordnung) sowie der Zulage- oder Versicherungsnummer nach § 147 des Sechsten Buches Sozialgesetzbuch.

(5) [1]Nach Maßgabe des § 93c der Abgabenordnung hat der Anbieter als mitteilungspflichtige Stelle auch unter Angabe der Vertragsdaten die Höhe der im jeweiligen Beitragsjahr zu berücksichtigenden Altersvorsorgebeiträge sowie die Zulage- oder die Versicherungsnummer nach § 147 des Sechsten Buches Sozialgesetzbuch an die zentrale Stelle zu übermitteln. [2]§ 22a Absatz 2 gilt entsprechend. [3]§ 72a Absatz 4 der Abgabenordnung findet keine Anwendung. [4]Die übrigen Voraussetzungen für den Sonderausgabenabzug nach den Absätzen 1 bis 3 werden im Wege der Datenerhebung und des automatisierten Datenabgleichs nach § 91 überprüft. [5]Erfolgt eine Datenübermittlung nach Satz 1 und wurde noch keine Zulagenummer (§ 90 Absatz 1 Satz 2) durch die zentrale Stelle oder keine Versicherungsnummer nach § 147 des Sechsten Buches Sozialgesetzbuch vergeben, gilt § 90 Absatz 1 Satz 2 und 3 entsprechend.

(6) [1]Für die Anwendung der Absätze 1 bis 5 stehen den in der inländischen gesetzlichen Rentenversicherung Pflichtversicherten nach Absatz 1 Satz 1 die Pflichtmitglieder in einem ausländischen gesetzlichen Alterssicherungssystem gleich, wenn diese Pflichtmitgliedschaft

1. mit einer Pflichtmitgliedschaft in einem inländischen Alterssicherungssystem nach Absatz 1 Satz 1 oder 3 vergleichbar ist und
2. vor dem 1. Januar 2010 begründet wurde.

[2]Für die Anwendung der Absätze 1 bis 5 stehen den Steuerpflichtigen nach Absatz 1 Satz 4 die Personen gleich,

1. die aus einem ausländischen gesetzlichen Alterssicherungssystem eine Leistung erhalten, die den in Absatz 1 Satz 4 genannten Leistungen vergleichbar ist,
2. die unmittelbar vor dem Bezug der entsprechenden Leistung nach Satz 1 oder Absatz 1 Satz 1 oder 3 begünstigt waren und
3. die noch nicht das 67. Lebensjahr vollendet haben.

[3]Als Altersvorsorgebeiträge (§ 82) sind bei den in Satz 1 oder 2 genannten Personen nur diejenigen Beiträge zu berücksichtigen, die vom Abzugsberechtigten zugunsten seines vor dem 1. Januar 2010 abgeschlossenen Vertrags geleistet wurden. [4]Endet die unbeschränkte Steuerpflicht eines Zulageberechtigten im Sinne des Satzes 1 oder 2 durch Aufgabe des inländischen Wohnsitzes oder gewöhnlichen Aufenthalts und wird die Person nicht nach § 1 Absatz 3 als unbeschränkt einkommensteuerpflichtig behandelt, so gelten die §§ 93 und 94 entsprechend; § 99 Absatz 1 in der am 31. Dezember 2008 geltenden Fassung ist anzuwenden.

(7) Soweit nichts anderes bestimmt ist, sind die Regelungen des § 10a und des Abschnitts XI in der für das jeweilige Beitragsjahr geltenden Fassung anzuwenden.

§ 10b
Steuerbegünstigte Zwecke

(1) [1]Zuwendungen (Spenden und Mitgliedsbeiträge) zur Förderung steuerbegünstigter Zwecke im Sinne der §§ 52 bis 54 der Abgabenordnung können insgesamt bis zu

1. 20 Prozent des Gesamtbetrags der Einkünfte oder
2. 4 Promille der Summe der gesamten Umsätze und der im Kalenderjahr aufgewendeten Löhne und Gehälter

als Sonderausgaben abgezogen werden. [2]Voraussetzung für den Abzug ist, dass diese Zuwendungen

1. an eine juristische Person des öffentlichen Rechts oder an eine öffentliche Dienststelle, die in einem Mitgliedstaat der Europäischen Union oder in einem Staat belegen ist, auf den das Abkommen über den Europäischen Wirtschaftsraum (EWR-Abkommen) Anwendung findet, oder
2. an eine nach § 5 Absatz 1 Nummer 9 des Körperschaftsteuergesetzes steuerbefreite Körperschaft, Personenvereinigung oder Vermögensmasse oder
3. an eine Körperschaft, Personenvereinigung oder Vermögensmasse, die in einem Mitgliedstaat der Europäischen Union oder in einem Staat belegen ist, auf den das Abkommen über den Europäischen Wirtschaftsraum (EWR-Abkommen) Anwendung findet, und die nach § 5 Absatz 1 Nummer 9 des Körperschaftsteuergesetzes in Verbindung mit § 5 Absatz 2 Nummer 2 zweiter Halbsatz des Körperschaftsteuergesetzes steuerbefreit wäre, wenn sie inländische Einkünfte erzielen würde,

geleistet werden. [3]Für nicht im Inland ansässige Zuwendungsempfänger nach Satz 2 ist weitere Voraussetzung, dass durch diese Staaten Amtshilfe und Unterstützung bei der Beitreibung geleistet werden. [4]Amtshilfe ist der Auskunftsaustausch im Sinne oder entsprechend der Amtshilferichtlinie gemäß § 2 Absatz 2 des EU-Amtshilfegesetzes. [5]Beitreibung ist die gegenseitige Unterstützung bei der Beitreibung von Forderungen im Sinne oder entsprechend der Beitreibungsrichtlinie einschließlich der in diesem Zusammenhang anzuwendenden Durchführungsbestimmungen in den für den jeweiligen Veranlagungszeitraum geltenden Fassungen oder eines entsprechenden Nachfolgerechtsaktes. [6]Werden die steuerbegünstigten Zwecke des Zuwendungsempfängers im Sinne von Satz 2 Nummer 1 nur im Ausland verwirklicht, ist für den Sonderausgabenabzug Voraussetzung, dass natürliche Personen, die ihren Wohnsitz oder ihren gewöhnlichen Aufenthalt im Geltungsbereich dieses Gesetzes haben, gefördert werden oder dass die Tätigkeit dieses Zuwendungsempfängers neben der Verwirklichung der steuerbegünstigten Zwecke auch zum Ansehen der Bundesrepublik Deutschland beitragen kann. [7]Abziehbar sind auch Mitgliedsbeiträge an Körperschaften, die Kunst und Kultur gemäß § 52 Absatz 2 Satz 1 Nummer 5 der Abgabenordnung fördern, soweit es sich nicht um Mitgliedsbeiträge nach Satz 8 Nummer 2 handelt, auch wenn den Mitgliedern Vergünstigungen gewährt werden. [8]Nicht abziehbar sind Mitgliedsbeiträge an Körperschaften,

1. die den Sport (§ 52 Absatz 2 Satz 1 Nummer 21 der Abgabenordnung),
2. die kulturelle Betätigungen, die in erster Linie der Freizeitgestaltung dienen,
3. die Heimatpflege und Heimatkunde (§ 52 Absatz 2 Satz 1 Nummer 22 der Abgabenordnung),
4. die Zwecke im Sinne des § 52 Absatz 2 Satz 1 Nummer 23 der Abgabenordnung

fördern oder

5. deren Zweck nach § 52 Absatz 2 Satz 2 der Abgabenordnung für gemeinnützig erklärt worden ist, weil deren Zweck die Allgemeinheit auf materiellem, geistigem oder sittlichem Gebiet entsprechend einem Zweck nach den Nummern 1 bis 4 fördert.

[9]Abziehbare Zuwendungen, die die Höchstbeträge nach Satz 1 überschreiten oder die den um die Beträge nach § 10 Absatz 3 und 4, § 10c und § 10d verminderten Gesamtbetrag der Einkünfte übersteigen, sind im Rahmen der Höchstbeträge in den folgenden Veranlagungszeiträumen als Sonderausgaben abzuziehen. [10]§ 10d Absatz 4 gilt entsprechend.

(1a) [1]Spenden zur Förderung steuerbegünstigter Zwecke im Sinne der §§ 52 bis 54 der Abgabenordnung in das zu erhaltende Vermögen (Vermögensstock) einer Stiftung, welche die Voraussetzungen des Absatzes 1 Satz 2 bis 6 erfüllt, können auf Antrag des Steuerpflichtigen im Veranlagungszeitraum der Zuwendung und in den folgenden neun Veranlagungszeiträumen bis zu einem Gesamtbetrag von 1 Million Euro bei Ehegatten, die nach den §§ 26, 26b zusammen veranlagt werden, bis zu einem Gesamtbetrag von 2 Millionen Euro, zusätzlich zu den Höchstbeträgen nach Absatz 1 Satz 1 abgezogen werden. [2]Nicht abzugsfähig nach Satz 1 sind Spenden in das verbrauchbare Vermögen einer Stiftung. [3]Der besondere Abzugsbetrag nach Satz 1 bezieht sich auf den gesamten Zehnjahreszeitraum und kann der Höhe nach innerhalb dieses Zeitraums nur einmal in Anspruch genommen werden. [4]§ 10d Absatz 4 gilt entsprechend.

(2) [1]Zuwendungen an politische Parteien im Sinne des § 2 des Parteiengesetzes sind, sofern die jeweilige Partei nicht gemäß § 18 Absatz 7 des Parteiengesetzes von der staatlichen Teilfinanzierung ausgeschlossen ist, bis zur Höhe von insgesamt 1 650 Euro und im Falle der Zusammenveranlagung von Ehegatten bis zur Höhe von insgesamt 3 300 Euro im Kalenderjahr abzugsfähig. [2]Sie können nur insoweit als Sonderausgaben abgezogen werden, als für sie nicht eine Steuerermäßigung nach § 34g gewährt worden ist.

(3) [1]Als Zuwendung im Sinne dieser Vorschrift gilt auch die Zuwendung von Wirtschaftsgütern mit Ausnahme von Nutzungen und Leistungen. [2]Ist das Wirtschaftsgut unmittelbar vor seiner Zuwendung einem Betriebsvermögen entnommen worden, so bemisst sich die Zuwendungshöhe nach dem Wert, der bei der Entnahme angesetzt wurde und nach der Umsatzsteuer, die auf die Entnahme entfällt. [3]Ansonsten bestimmt sich die Höhe der Zuwendung nach dem gemeinen Wert des zugewendeten Wirtschaftsguts, wenn dessen Veräußerung im Zeitpunkt der Zuwendung keinen Besteuerungstatbestand erfüllen würde. [4]In allen übrigen Fällen dürfen bei der Ermittlung der Zuwendungshöhe die fortgeführten Anschaffungs- oder Herstellungskosten nur überschritten werden, soweit eine Gewinnrealisierung stattgefunden hat. [5]Aufwendungen zugunsten Körperschaft, die zum Empfang steuerlich abziehbarer Zuwendungen berechtigt ist, können nur abgezogen werden, wenn ein Anspruch auf die Erstattung der Aufwendungen durch Vertrag oder Satzung eingeräumt und auf die Erstattung verzichtet worden ist. [6]Der Anspruch darf nicht unter der Bedingung des Verzichts eingeräumt worden sein.

(4) [1]Der Steuerpflichtige darf auf die Richtigkeit der Bestätigung über Spenden und Mitgliedsbeiträge vertrauen, es sei denn, dass er die Bestätigung durch unlautere Mittel oder falsche Angaben erwirkt hat oder dass ihm die Unrichtigkeit der Bestätigung bekannt oder infolge grober Fahrlässigkeit nicht bekannt war. [2]Wer vorsätzlich oder grob fahrlässig eine unrichtige Bestätigung ausstellt oder veranlasst, dass Zuwendungen nicht zu den in der Bestätigung angegebenen steuerbegünstigten Zwecken verwendet werden, haftet für die entgangene Steuer. [3]Diese ist mit 30 Prozent des zugewendeten Betrags anzusetzen. [4]In den Fällen des Satzes 2 zweite Alternative (Veranlasserhaftung) ist vorrangig der Zuwendungsempfänger in Anspruch zu nehmen; die in diesen Fällen für den Zuwendungsempfänger handelnden natürlichen Personen sind nur in Anspruch zu nehmen, wenn die entgangene Steuer nicht nach § 47 der Abgabenordnung erloschen ist und Vollstreckungsmaßnahmen gegen den Zuwendungsempfänger nicht erfolgreich sind. [5]Die Festsetzungsfrist für Haftungsansprüche nach Satz 2 läuft nicht ab, solange die Festsetzungsfrist für von dem Empfänger der Zuwendung geschuldete Körperschaftsteuer für den Veranlagungszeitraum nicht abgelaufen ist, in dem die unrichtige Bestätigung ausgestellt worden ist oder veranlasst wurde, dass die Zuwendung nicht zu den in der Bestätigung angegebenen steuerbegünstigten Zwecken verwendet worden ist; § 191 Absatz 5 der Abgabenordnung ist nicht anzuwenden.

§ 10c
Sonderausgaben-Pauschbetrag

[1]Für Sonderausgaben nach § 10 Absatz 1 Nummer 4, 5, 7 und 9 sowie Absatz 1a und nach § 10b wird ein Pauschbetrag von 36 Euro abgezogen (Sonderausgaben-Pauschbetrag), wenn der Steuerpflichtige nicht höhere Aufwendungen nachweist. [2]Im Fall der Zusammenveranlagung von Ehegatten verdoppelt sich der Sonderausgaben-Pauschbetrag.

§ 10d
Verlustabzug

(1) [1]Negative Einkünfte, die bei der Ermittlung des Gesamtbetrags der Einkünfte nicht ausgeglichen werden, sind bis zu einem Betrag von 1 000 000 Euro, bei Ehegatten, die nach den §§ 26, 26b zusammenveranlagt werden, bis zu einem Betrag von 2 000 000 Euro vom Gesamtbetrag der Einkünfte des unmittelbar vorangegangenen Veranlagungszeitraums vorrangig vor Sonderausgaben, außergewöhnlichen Belastungen und sonstigen Abzugsbeträgen abzuziehen (Verlustrücktrag). [2]Soweit ein Ausgleich der negativen Einkünfte nach Satz 1 nicht möglich ist, sind diese vom Gesamtbetrag der Einkünfte des zweiten dem Veranlagungszeitraum vorangegangenen Veranlagungszeitraums vorrangig vor Sonderausgaben, außergewöhnlichen Belastungen und sonstigen Abzugsbeträgen abzuziehen. [3]Dabei wird der Gesamtbetrag der Einkünfte des unmittelbar vorangegangenen Veranlagungszeitraums und des zweiten dem Veranlagungszeitraum vorangegangenen Veranlagungszeitraums um die Begünstigungsbeträge nach § 34a Absatz 3 Satz 1 gemindert. [4]Ist für den unmittelbar vorangegangenen Veranlagungszeitraum oder den zweiten dem Veranlagungszeitraum vorangegangenen Veranlagungszeitraum bereits ein Steuerbescheid erlassen worden, so ist er insoweit zu ändern, als der Verlustrücktrag zu gewähren oder zu berichtigen ist. [5]Das gilt auch dann, wenn der Steuerbescheid unanfechtbar geworden ist; die Festsetzungsfrist endet insoweit nicht, bevor die Festsetzungsfrist für den Veranlagungszeitraum abgelaufen ist, in dem die negativen Einkünfte nicht ausgeglichen werden. [6]Auf Antrag des Steuerpflichtigen ist von der Anwendung des Verlustrücktrags nach den Sätzen 1 und 2 insgesamt abzusehen.

(2) [1]Nicht ausgeglichene negative Einkünfte, die nicht nach Absatz 1 abgezogen worden sind, sind in den folgenden Veranlagungszeiträumen bis zu einem Gesamtbetrag der Einkünfte von 1 Million Euro unbeschränkt, darüber hinaus bis zu 70 Prozent des 1 Million Euro übersteigenden Gesamtbetrags der Einkünfte vorrangig vor Sonderausgaben, außergewöhnlichen Belastungen und sonstigen Abzugsbeträgen abzuziehen (Verlustvortrag). [2]Bei Ehegatten, die nach den §§ 26, 26b zusammenveranlagt werden, tritt an die Stelle des Betrags von 1 Million Euro ein Betrag von 2 Millionen Euro. [3]Der Abzug ist nur insoweit zulässig, als die Verluste nicht nach Absatz 1 abgezogen worden sind und in den vorangegangenen Veranlagungszeiträumen nicht nach Satz 1 und 2 abgezogen werden konnten.

(3) *(weggefallen)*

(4) [1]Der am Schluss eines Veranlagungszeitraums verbleibende Verlustvortrag ist gesondert festzustellen. [2]Verbleibender Verlustvortrag sind die bei der Ermittlung des Gesamtbetrags der Einkünfte nicht ausgeglichenen negativen Einkünfte, vermindert um die nach Absatz 1 abgezogenen und die nach Absatz 2 abziehbaren Beträge und vermehrt um den auf den Schluss des vorangegangenen Veranlagungszeitraums festgestellten verbleibenden Verlustvortrag. [3]Zuständig für die Feststellung ist das für die Besteuerung zuständige Finanzamt. [4]Bei der Feststellung des verbleibenden Verlustvortrags sind die Besteuerungsgrundlagen so zu berücksichtigen, wie sie den Steuerfestsetzungen des Veranlagungszeitraums, auf dessen Schluss der verbleibende Verlustvortrag festgestellt wird, und des Veranlagungszeitraums, in dem ein Verlustrücktrag vorgenommen werden kann, zu Grunde gelegt worden sind; § 171 Absatz 10, § 175 Absatz 1 Satz 1 Nummer 1 und § 351 Absatz 2 der Abgabenordnung sowie § 42 der Finanzgerichtsordnung gelten entsprechend. [5]Die Besteuerungsgrundlagen dürfen bei der Feststellung nur insoweit abweichend von Satz 4 berücksichtigt werden, wie die Aufhebung, Änderung oder Berichtigung der Steuerbescheide ausschließlich mangels Auswirkung auf die Höhe der festzusetzenden Steuer unterbleibt. [6]Die Feststellungsfrist endet nicht, bevor die Festsetzungsfrist für den Veranlagungszeitraum abgelaufen ist, auf dessen Schluss der verbleibende Verlustvortrag gesondert festzustellen ist; § 181 Absatz 5 der Abgabenordnung ist nur anzuwenden, wenn die zuständige Finanzbehörde die Feststellung des Verlustvortrags pflichtwidrig unterlassen hat.

(…)

§ 10f
Steuerbegünstigung für zu eigenen Wohnzwecken genutzte Baudenkmale und Gebäude in Sanierungsgebieten und städtebaulichen Entwicklungsbereichen

(1) [1]Der Steuerpflichtige kann Aufwendungen an einem eigenen Gebäude im Kalenderjahr des Abschlusses der Baumaßnahme und in den neun folgenden Kalenderjahren jeweils bis zu 9 Prozent wie Sonderausgaben abziehen, wenn die Voraussetzungen des § 7h oder des § 7i vorliegen. [2]Dies gilt nur, soweit er das Gebäude in dem jeweiligen Kalenderjahr zu eigenen Wohnzwecken nutzt und die Aufwendungen nicht in die Bemessungsgrundlage nach § 10e oder dem Eigenheimzulagengesetz einbezogen hat. [3]Für Zeiträume, für die der Steuerpflichtige erhöhte Absetzungen von Aufwendungen nach § 7h oder § 7i abgezogen hat, kann er für diese Aufwendungen keine Abzugsbeträge nach Satz 1 in Anspruch nehmen. [4]Eine Nutzung zu eigenen Wohnzwecken liegt auch vor, wenn Teile einer zu eigenen Wohnzwecken genutzten Wohnung unentgeltlich zu Wohnzwecken überlassen werden.

(2) [1]Der Steuerpflichtige kann Erhaltungsaufwand, der an einem eigenen Gebäude entsteht und nicht zu den Betriebsausgaben oder Werbungskosten gehört, im Kalenderjahr des Abschlusses der Maßnahme und in den neun folgenden Kalenderjahren jeweils bis zu 9 Prozent wie Sonderausgaben abziehen, wenn die Voraussetzungen des § 11a Absatz 1 in Verbindung mit § 7h Absatz 2 oder des § 11b Satz 1 oder 2 in Verbindung mit § 7i Absatz 1 Satz 2 und Absatz 2 vorliegen. [2]Dies gilt nur, soweit der Steuerpflichtige das Gebäude in dem jeweiligen Kalenderjahr zu eigenen Wohnzwecken nutzt und diese Aufwendungen nicht nach § 10e Absatz 6 oder § 10i abgezogen hat. [3]Soweit der Steuerpflichtige das Gebäude während des Verteilungszeitraums zur Einkunftserzielung nutzt, ist der noch nicht berücksichtigte Teil des Erhaltungsaufwands im Jahr des Übergangs zur Einkunftserzielung wie Sonderausgaben abzuziehen. [4]Absatz 1 Satz 4 ist entsprechend anzuwenden.

(3) [1]Die Abzugsbeträge nach den Absätzen 1 und 2 kann der Steuerpflichtige nur bei einem Gebäude in Anspruch nehmen. [2]Ehegatten, bei denen die Voraussetzungen des § 26 Absatz 1 vorliegen, können die Abzugsbeträge nach den Absätzen 1 und 2 bei insgesamt zwei Gebäuden abziehen. [3]Gebäuden im Sinne der Absätze 1 und 2 stehen Gebäude gleich, für die Abzugsbeträge nach § 52 Absatz 21 Satz 6 in Verbindung mit § 51 Absatz 1 Nummer 2 Buchstabe x oder Buchstabe y des Einkommensteuergesetzes 1987 in der Fassung der Bekanntmachung vom 27. Februar 1987 (BGBl. I S. 657) in Anspruch genommen worden sind; Entsprechendes gilt für Abzugsbeträge nach § 52 Absatz 21 Satz 7.

(4) [1]Sind mehrere Steuerpflichtige Eigentümer eines Gebäudes, so ist Absatz 3 mit der Maßgabe anzuwenden, dass der Anteil des Steuerpflichtigen an einem solchen Gebäude dem Gebäude gleichsteht. [2]Erwirbt ein Miteigentümer, der für seinen Anteil bereits Abzugsbeträge nach Absatz 1 oder Absatz 2 abgezogen hat, einen Anteil an demselben Gebäude hinzu, kann er für danach von ihm durchgeführte Maßnahmen im Sinne der Absätze 1 oder 2 auch die Abzugsbeträge nach den Absätzen 1 und 2 in Anspruch nehmen, die auf den hinzuerworbenen Anteil entfallen. [3]§ 10e Absatz 5 Satz 2 und 3 sowie Absatz 7 ist sinngemäß anzuwenden.

(5) Die Absätze 1 bis 4 sind auf Gebäudeteile, die selbständige unbewegliche Wirtschaftsgüter sind, und auf Eigentumswohnungen entsprechend anzuwenden.

§ 10g
Steuerbegünstigung für schutzwürdige Kulturgüter, die weder zur Einkunftserzielung noch zu eigenen Wohnzwecken genutzt werden

(1) [1]Der Steuerpflichtige kann Aufwendungen für Herstellungs- und Erhaltungsmaßnahmen an eigenen schutzwürdigen Kulturgütern im Inland, soweit sie öffentliche oder private Zuwendungen oder etwaige aus diesen Kulturgütern erzielte Einnahmen übersteigen, im Kalenderjahr des Abschlusses der Maßnahme und in den neun folgenden Kalenderjahren jeweils bis zu 9 Prozent wie Sonderausgaben abziehen. [2]Kulturgüter im Sinne des Satzes 1 sind

1. Gebäude oder Gebäudeteile, die nach den jeweiligen landesrechtlichen Vorschriften ein Baudenkmal sind,
2. Gebäude oder Gebäudeteile, die für sich allein nicht die Voraussetzungen für ein Baudenkmal erfüllen, aber Teil einer nach den jeweiligen landesrechtlichen Vorschriften als Einheit geschützten Gebäudegruppe oder Gesamtanlage sind,
3. gärtnerische, bauliche und sonstige Anlagen, die keine Gebäude oder Gebäudeteile und nach den jeweiligen landesrechtlichen Vorschriften unter Schutz gestellt sind,
4. Mobiliar, Kunstgegenstände, Kunstsammlungen, wissenschaftliche Sammlungen, Bibliotheken oder Archive, die sich seit mindestens 20 Jahren im Besitz der Familie des Steuerpflichtigen befinden oder als nationales Kulturgut in ein Verzeichnis national wertvollen Kulturgutes nach § 7 Absatz 1 des Kulturgutschutzgesetzes vom 31. Juli 2016 (BGBl. I S. 1914) eingetragen ist und deren Erhaltung wegen ihrer Bedeutung für Kunst, Geschichte oder Wissenschaft im öffentlichen Interesse liegt,

wenn sie in einem den Verhältnissen entsprechenden Umfang der wissenschaftlichen Forschung oder der Öffentlichkeit zugänglich gemacht werden, es sei denn, dem Zugang stehen zwingende Gründe des Denkmal- oder Archivschutzes entgegen. [3]Die Maßnahmen müssen nach Maßgabe der geltenden Bestimmungen der Denkmal- und Archivpflege erforderlich und in Abstimmung mit der in Absatz 3 genannten Stelle durchgeführt worden sein; bei Aufwendungen für Herstellungs- und Erhaltungsmaßnahmen an Kulturgütern im Sinne des Satzes 2 Nummer 1 und 2 ist § 7i Absatz 1 Satz 1 bis 4 sinngemäß anzuwenden.

(2) [1]Die Abzugsbeträge nach Absatz 1 Satz 1 kann der Steuerpflichtige nur in Anspruch nehmen, soweit er die schutzwürdigen Kulturgüter im jeweiligen Kalenderjahr weder zur Erzielung von Einkünften im Sinne des § 2 noch Gebäude oder Gebäudeteile zu eigenen Wohnzwecken nutzt und die Aufwendungen nicht nach § 10e Absatz 6, § 10h Satz 3 oder § 10i abgezogen hat. [2]Für Zeiträume, für die der Steuerpflichtige von Aufwendungen Absetzungen für Abnutzung, erhöhte Absetzungen, Sonderabschreibungen oder Beträge nach § 10e Absatz 1 bis 5, den §§ 10f, 10h, 15b des Berlinförderungsgesetzes abgezogen hat, kann er für diese Aufwendungen keine Abzugsbeträge nach Absatz 1 Satz 1 in Anspruch nehmen; Entsprechendes gilt, wenn der Steuerpflichtige für Aufwendungen die Eigenheimzulage nach dem Eigenheimzulagengesetz in Anspruch genommen hat. [3]Soweit die Kulturgüter während des Zeitraums nach Absatz 1 Satz 1 zur Einkunftserzielung genutzt werden, ist der noch nicht berücksichtigte Teil der Aufwendungen, die auf Erhaltungsarbeiten entfallen, im Jahr des Übergangs zur Einkunftserzielung wie Sonderausgaben abzuziehen.

(3) [1]Der Steuerpflichtige kann den Abzug vornehmen, wenn er durch eine Bescheinigung der nach Landesrecht zuständigen oder von der Landesregierung bestimmten Stelle die Voraussetzungen des Absatzes 1 für das Kulturgut und für die Erforderlichkeit der Aufwendungen nachweist. [2]Hat eine der für Denkmal- oder Archivpflege zuständigen Behörde ihm Zuschüsse gewährt, so hat die Bescheinigung auch deren Höhe zu enthalten; werden ihm solche Zuschüsse nach Ausstellung der Bescheinigung gewährt, so ist diese entsprechend zu ändern.

(4) [1]Die Absätze 1 bis 3 sind auf Gebäudeteile, die selbständige unbewegliche Wirtschaftsgüter sind, sowie auf Eigentumswohnungen und im Teileigentum stehende Räume entsprechend anzuwenden. [2]§ 10e Absatz 7 gilt sinngemäß.

6. Vereinnahmung und Verausgabung

§ 11

(1) [1]Einnahmen sind innerhalb des Kalenderjahres bezogen, in dem sie dem Steuerpflichtigen zugeflossen sind. [2]Regelmäßig wiederkehrende Einnahmen, die dem Steuerpflichtigen kurze Zeit vor Beginn oder kurze Zeit nach Beendigung des Kalenderjahres, zu dem sie wirtschaftlich gehören, zugeflossen sind, gelten als in diesem Kalenderjahr bezogen. [3]Der Steuerpflichtige kann Einnahmen, die auf einer Nutzungsüberlassung im Sinne des Absatzes 2 Satz 3 beruhen, insgesamt auf den Zeitraum gleichmäßig verteilen, für den die Vorauszahlung geleistet wird. [4]Für Einnahmen aus nichtselbständiger Arbeit gilt § 38a Absatz 1 Satz 2 und 3 und § 40 Absatz 3 Satz 2. [5]Die Vorschriften über die Gewinnermittlung (§ 4 Absatz 1, § 5) bleiben unberührt.

(2) [1]Ausgaben sind für das Kalenderjahr abzusetzen, in dem sie geleistet worden sind. [2]Für regelmäßig wiederkehrende Ausgaben gilt Absatz 1 Satz 2 entsprechend. [3]Werden Ausgaben für eine Nutzungsüberlassung von mehr als fünf Jahren im Voraus geleistet, sind sie insgesamt auf den Zeitraum gleichmäßig zu verteilen, für den die Vorauszahlung geleistet wird. [4]Satz 3 ist auf ein Damnum oder Disagio nicht anzuwenden, soweit dieses marktüblich ist. [5]§ 42 der Abgabenordnung bleibt unberührt. [6]Die Vorschriften über die Gewinnermittlung (§ 4 Absatz 1, § 5) bleiben unberührt.

§ 11a
Sonderbehandlung von Erhaltungsaufwand bei Gebäuden in Sanierungsgebieten und städtebaulichen Entwicklungsbereichen

(1) [1]Der Steuerpflichtige kann durch Zuschüsse aus Sanierungs- oder Entwicklungsförderungsmitteln nicht gedeckten Erhaltungsaufwand für Maßnahmen im Sinne des § 177 des Baugesetzbuchs an einem im Inland belegenen Gebäude in einem förmlich festgelegten Sanierungsgebiet oder städtebaulichen Entwicklungsbereich auf zwei bis fünf Jahre gleichmäßig verteilen. [2]Satz 1 ist entsprechend anzuwenden auf durch Zuschüsse aus Sanierungs- oder Entwicklungsförderungsmitteln nicht gedeckten Erhaltungsaufwand für Maßnahmen, die der Erhaltung, Erneuerung und funktionsgerechten Verwendung eines Gebäudes im Sinne des Satzes 1 dienen, das wegen seiner geschichtlichen, künstlerischen oder städtebaulichen Bedeutung erhalten bleiben soll, und zu deren Durchführung sich der Eigentümer neben bestimmten Modernisierungsmaßnahmen gegenüber der Gemeinde verpflichtet hat.

(2) [1]Wird das Gebäude während des Verteilungszeitraums veräußert, ist der noch nicht berücksichtigte Teil des Erhaltungsaufwands im Jahr der Veräußerung als Betriebsausgaben oder Werbungskosten abzusetzen. [2]Das Gleiche gilt, wenn ein nicht zu einem Betriebsvermögen gehörendes Gebäude in ein Betriebsvermögen eingebracht oder wenn ein Gebäude aus dem Betriebsvermögen entnommen oder wenn ein Gebäude nicht mehr zur Einkunftserzielung genutzt wird.

(3) Steht das Gebäude im Eigentum mehrerer Personen, ist der in Absatz 1 bezeichnete Erhaltungsaufwand von allen Eigentümern auf den gleichen Zeitraum zu verteilen.

(4) § 7h Absatz 1a bis 3 ist entsprechend anzuwenden.

§ 11b
Sonderbehandlung von Erhaltungsaufwand bei Baudenkmalen

[1]Der Steuerpflichtige kann durch Zuschüsse aus öffentlichen Kassen nicht gedeckten Erhaltungsaufwand für ein im Inland belegenes Gebäude oder Gebäudeteil, das nach den jeweiligen landesrechtlichen Vorschriften ein Baudenkmal ist, auf zwei bis fünf Jahre gleichmäßig verteilen, soweit die Aufwendungen nach Art und Umfang zur Erhaltung des Gebäudes oder Gebäudeteils als Baudenkmal oder zu seiner sinnvollen Nutzung erforderlich und die Maßnahmen in Abstimmung mit der in § 7i Absatz 2 bezeichneten Stelle vorgenommen worden sind. [2]Durch Zuschüsse aus öffentlichen Kassen nicht gedeckten Erhaltungsaufwand für ein im Inland belegenes Gebäude oder Gebäudeteil, das für sich allein nicht die Voraussetzungen für ein Baudenkmal erfüllt, aber Teil einer Gebäudegruppe oder Gesamtanlage ist, die nach den jeweiligen landesrechtlichen Vorschriften als Einheit geschützt ist, kann der Steuerpflichtige auf zwei bis fünf Jahre gleichmäßig verteilen, soweit die Aufwendungen nach Art und Umfang zur Erhaltung des schützenswerten äußeren Erscheinungsbildes der Gebäudegruppe oder Gesamtanlage erforderlich und die Maßnahmen in Abstimmung mit der in § 7i Absatz 2 bezeichneten Stelle vorgenommen worden sind. [3]§ 7h Absatz 3 und § 7i Absatz 1 Satz 2 und Absatz 2 sowie § 11a Absatz 2 und 3 sind entsprechend anzuwenden.

7. Nicht abzugsfähige Ausgaben

§ 12

Soweit in § 10 Absatz 1 Nummer 2 bis 5, 7 und 9 sowie Absatz 1a Nummer 1, den §§ 10a, 10b und den §§ 33 bis 33b nichts anderes bestimmt ist, dürfen weder bei den einzelnen Einkunftsarten noch vom Gesamtbetrag der Einkünfte abgezogen werden

1. die für den Haushalt des Steuerpflichtigen und für den Unterhalt seiner Familienangehörigen aufgewendeten Beträge. [2]Dazu gehören auch die Aufwendungen für die Lebensführung, die die wirtschaftliche oder gesellschaftliche Stellung des Steuerpflichtigen mit sich bringt, auch wenn sie zur Förderung des Berufs oder der Tätigkeit des Steuerpflichtigen erfolgen;
2. freiwillige Zuwendungen, Zuwendungen auf Grund einer freiwillig begründeten Rechtspflicht und Zuwendungen an eine gegenüber dem Steuerpflichtigen oder seinem Ehegatten gesetzlich unterhaltsberechtigte Person oder deren Ehegatten, auch wenn diese Zuwendungen auf einer besonderen Vereinbarung beruhen;
3. die Steuern vom Einkommen und sonstige Personensteuern sowie die Umsatzsteuer für Umsätze, die Entnahmen sind, und die Vorsteuerbeträge auf Aufwendungen, für die das Abzugsverbot der Nummer 1 oder des § 4 Absatz 5 Satz 1 Nummer 1 bis 5, 7 oder Absatz 7 gilt; das gilt auch für die auf diese Steuern entfallenden Nebenleistungen;
4. in einem Strafverfahren festgesetzte Geldstrafen, sonstige Rechtsfolgen vermögensrechtlicher Art, bei denen der Strafcharakter überwiegt, und Leistungen zur Erfüllung von Auflagen oder Weisungen, soweit die Auflagen oder Weisungen nicht lediglich der Wiedergutmachung des durch die Tat verursachten Schadens dienen sowie damit zusammenhängende Aufwendungen.
5. *(weggefallen)*

8. Die einzelnen Einkunftsarten

a) Land- und Forstwirtschaft (§ 2 Absatz 1 Satz 1 Nummer 1)

§ 13
Einkünfte aus Land- und Forstwirtschaft

(1) Einkünfte aus Land- und Forstwirtschaft sind

1. Einkünfte aus dem Betrieb von Landwirtschaft, Forstwirtschaft, Weinbau, Gartenbau und aus allen Betrieben, die Pflanzen und Pflanzenteile mit Hilfe der Naturkräfte gewinnen. 2Zu diesen Einkünften gehören auch die Einkünfte aus der Tierzucht und Tierhaltung, wenn im Wirtschaftsjahr

für die ersten 20 Hektar	nicht mehr als	10 Vieheinheiten,
für die nächsten 10 Hektar	nicht mehr als	7 Vieheinheiten,
für die nächsten 20 Hektar	nicht mehr als	6 Vieheinheiten,
für die nächsten 50 Hektar	nicht mehr als	3 Vieheinheiten
und für die weitere Fläche	nicht mehr als	1,5 Vieheinheiten

je Hektar der vom Inhaber des Betriebs regelmäßig landwirtschaftlich genutzten Flächen erzeugt oder gehalten werden. [3]Die Tierbestände sind nach dem Futterbedarf in Vieheinheiten umzurechnen. [4]§ 241 Absatz 2 bis 5 des Bewertungsgesetzes ist anzuwenden. [5]Die Einkünfte aus Tierzucht und Tierhaltung einer Gesellschaft, bei der die Gesellschafter als Unternehmer (Mitunternehmer) anzusehen sind, gehören zu den Einkünften im Sinne des Satzes 1, wenn die Voraussetzungen des § 13b erfüllt sind und andere Einkünfte der Gesellschafter aus dieser Gesellschaft zu den Einkünften aus Land- und Forstwirtschaft gehören;
2. Einkünfte aus sonstiger land- und forstwirtschaftlicher Nutzung (§ 242 Bewertungsgesetz);
3. Einkünfte aus Jagd, wenn diese mit dem Betrieb einer Landwirtschaft oder einer Forstwirtschaft im Zusammenhang steht;
4. Einkünfte von Hauberg-, Wald-, Forst- und Laubgenossenschaften und ähnlichen Realgemeinden im Sinne des § 3 Absatz 2 des Körperschaftsteuergesetzes.

(2) Zu den Einkünften im Sinne des Absatzes 1 gehören auch

1. [1]Einkünfte aus einem land- und forstwirtschaftlichen Nebenbetrieb. [2]Als Nebenbetrieb gilt ein Betrieb, der dem land- und forstwirtschaftlichen Hauptbetrieb zu dienen bestimmt ist;
2. der Nutzungswert der Wohnung des Steuerpflichtigen, wenn die Wohnung die bei Betrieben gleicher Art übliche Größe nicht überschreitet und das Gebäude oder der Gebäudeteil nach den jeweiligen landesrechtlichen Vorschriften ein Baudenkmal ist
3. die Produktionsaufgaberente nach dem Gesetz zur Förderung der Einstellung der landwirtschaftlichen Erwerbstätigkeit.

(3) [1]Die Einkünfte aus Land- und Forstwirtschaft werden bei der Ermittlung des Gesamtbetrags der Einkünfte nur berücksichtigt, soweit sie den Betrag von 900 Euro übersteigen. [2]Satz 1 ist nur anzuwenden, wenn die Summe der Einkünfte 30 700 Euro nicht übersteigt. [3]Im Fall der Zusammenveranlagung von Ehegatten verdoppeln sich die Beträge der Sätze 1 und 2.

(4) [1]Absatz 2 Nummer 2 findet nur Anwendung, sofern im Veranlagungszeitraum 1986 bei einem Steuerpflichtigen für die von ihm zu eigenen Wohnzwecken oder zu Wohnzwecken des Altenteilers genutzte Wohnung die Voraussetzungen für die Anwendung des § 13 Absatz 2 Nummer 2 des Einkommensteuergesetzes in der Fassung der Bekanntmachung vom 16. April 1997 (BGBl. I S. 821) vorlagen. [2]Der Steuerpflichtige kann für einen Veranlagungszeitraum nach dem Veranlagungszeitraum 1998 unwiderruflich beantragen, dass Absatz 2 Nummer 2 ab diesem Veranlagungszeitraum nicht mehr angewendet wird. [3]§ 52 Absatz 21 Satz 4 und 6 des Einkommensteuergesetzes in der Fassung der Bekanntmachung vom 16. April 1997 (BGBl. I S. 821) ist entsprechend anzuwenden. [4]Im Fall des Satzes 2 gelten die Wohnung des Steuerpflichtigen und die Altenteilerwohnung sowie der dazugehörende Grund und Boden zu dem Zeitpunkt als entnommen, bis zu dem Absatz 2 Nummer 2 letztmals angewendet wird. [5]Der Entnahmegewinn bleibt außer Ansatz. [6]Werden

1. die Wohnung und der dazugehörende Grund und Boden entnommen oder veräußert, bevor sie nach Satz 4 als entnommen gelten, oder
2. eine vor dem 1. Januar 1987 einem Dritten entgeltlich zur Nutzung überlassene Wohnung und der dazugehörende Grund und Boden für eigene Wohnzwecke oder für Wohnzwecke eines Altenteilers entnommen,

bleibt der Entnahme- oder Veräußerungsgewinn ebenfalls außer Ansatz; Nummer 2 ist nur anzuwenden, soweit nicht Wohnungen vorhanden sind, die Wohnzwecken des Eigentümers des Betriebs oder Wohnzwecken eines Altenteilers dienen und die unter Satz 4 oder unter Nummer 1 fallen.

(5) Wird Grund und Boden dadurch entnommen, dass auf diesem Grund und Boden die Wohnung des Steuerpflichtigen oder eine Altenteilerwohnung errichtet wird, bleibt der Entnahmegewinn außer Ansatz; der Steuerpflichtige kann die Regelung nur für eine zu eigenen Wohnzwecken genutzte Wohnung und für eine Altenteilerwohnung in Anspruch nehmen.

(6) [1]Werden einzelne Wirtschaftsgüter eines land- und forstwirtschaftlichen Betriebs auf einen der gemeinschaftlichen Tierhaltung dienenden Betrieb im Sinne des § 13b einer Genossenschaft oder eines Vereins gegen Gewährung von Mitgliedsrechten übertragen, so ist die auf den dabei entstehenden Gewinn entfallende Einkommensteuer auf Antrag in jährlichen Teilbeträgen zu entrichten. [2]Der einzelne Teilbetrag muss mindestens ein Fünftel dieser Steuer betragen.

(7) § 15 Absatz 1 Satz 1 Nummer 2, Absatz 1a, Absatz 2 Satz 2 und 3, §§ 15a und 15b sind entsprechend anzuwenden.

§ 13a
Ermittlung des Gewinns aus Land- und Forstwirtschaft nach Durchschnittssätzen

(1) [1]Der Gewinn eines Betriebs der Land- und Forstwirtschaft ist nach den Absätzen 3 bis 7 zu ermitteln, wenn

1. der Steuerpflichtige nicht auf Grund gesetzlicher Vorschriften verpflichtet ist, für den Betrieb Bücher zu führen und regelmäßig Abschlüsse zu machen, und

2. in diesem Betrieb am 15. Mai innerhalb des Wirtschaftsjahres Flächen der landwirtschaftlichen Nutzung (§ 160 Absatz 2 Satz 1 Nummer 1 Buchstabe a des Bewertungsgesetzes) selbst bewirtschaftet werden und diese Flächen 20 Hektar ohne Sondernutzungen nicht überschreiten und
3. die Tierbestände insgesamt 50 Vieheinheiten (§ 13 Absatz 1 Nummer 1) nicht übersteigen und
4. die selbst bewirtschafteten Flächen der forstwirtschaftlichen Nutzung (§ 160 Absatz 2 Satz 1 Nummer 1 Buchstabe b des Bewertungsgesetzes) 50 Hektar nicht überschreiten, und
5. die selbst bewirtschafteten Flächen der Sondernutzungen (Absatz 6) die in Anlage 1a Nummer 2 Spalte 2 genannten Grenzen nicht überschreiten.

[2]Satz 1 ist auch anzuwenden, wenn nur Sondernutzungen bewirtschaftet werden und die in Anlage 1a Nummer 2 Spalte 2 genannten Grenzen nicht überschritten werden. [3]Die Sätze 1 und 2 gelten nicht, wenn der Betrieb im laufenden Wirtschaftsjahr im Ganzen zur Bewirtschaftung als Eigentümer, Miteigentümer, Nutzungsberechtigter oder durch Umwandlung übergegangen ist und der Gewinn bisher nach § 4 Absatz 1 oder 3 ermittelt wurde. [4]Der Gewinn ist letztmalig für das Wirtschaftsjahr nach Durchschnittssätzen zu ermitteln, das nach Bekanntgabe der Mitteilung endet, durch die die Finanzbehörde auf den Beginn der Buchführungspflicht (§ 141 Absatz 2 der Abgabenordnung) oder auf den Wegfall einer anderen Voraussetzung des Satzes 1 hingewiesen hat. [5]Der Gewinn ist erneut nach Durchschnittssätzen zu ermitteln, wenn die Voraussetzungen des Satzes 1 wieder vorliegen und ein Antrag nach Absatz 2 nicht gestellt wird.

(2) [1]Auf Antrag des Steuerpflichtigen ist für einen Betrieb im Sinne des Absatzes 1 der Gewinn für vier aufeinander folgende Wirtschaftsjahre nicht nach den Absätzen 3 bis 7 zu ermitteln. [2]Wird der Gewinn eines dieser Wirtschaftsjahre durch den Steuerpflichtigen nicht nach § 4 Absatz 1 oder 3 ermittelt, ist der Gewinn für den gesamten Zeitraum von vier Wirtschaftsjahren nach den Absätzen 3 bis 7 zu ermitteln. [3]Der Antrag ist bis zur Abgabe der Steuererklärung, jedoch spätestens zwölf Monate nach Ablauf des ersten Wirtschaftsjahres, auf das er sich bezieht, schriftlich zu stellen. [4]Er kann innerhalb dieser Frist zurückgenommen werden.

(3) [1]Durchschnittssatzgewinn ist die Summe aus

1. dem Gewinn der landwirtschaftlichen Nutzung,
2. dem Gewinn der forstwirtschaftlichen Nutzung,
3. dem Gewinn der Sondernutzungen,
4. den Sondergewinnen,
5. den Einnahmen aus Vermietung und Verpachtung von Wirtschaftsgütern des land- und forstwirtschaftlichen Betriebsvermögens,
6. den Einnahmen aus Kapitalvermögen, soweit sie zu den Einkünften aus Land- und Forstwirtschaft gehören (§ 20 Absatz 8).

[2]Die Vorschriften von § 4 Absatz 4a, § 6 Absatz 2 und 2a sowie zum Investitionsabzugsbetrag und zu Sonderabschreibungen finden keine Anwendung. [3]Bei abnutzbaren Wirtschaftsgütern des Anlagevermögens gilt die Absetzung für Abnutzung in gleichen Jahresbeträgen nach § 7 Absatz 1 Satz 1 bis 5 als in Anspruch genommen. [4]Die Gewinnermittlung ist nach amtlich vorgeschriebenem Datensatz durch Datenfernübertragung spätestens mit der Steuererklärung zu übermitteln. [5]Auf Antrag kann die Finanzbehörde zur Vermeidung unbilliger Härten auf eine elektronische Übermittlung verzichten; in diesem Fall ist der Steuererklärung eine Gewinnermittlung nach amtlich vorgeschriebenem Vordruck beizufügen. [6]§ 150 Absatz 8 der Abgabenordnung gilt entsprechend.

(4) [1]Der Gewinn aus der landwirtschaftlichen Nutzung ist die nach den Grundsätzen des § 4 Absatz 1 ermittelte Summe aus dem Grundbetrag für die selbst bewirtschafteten Flächen und den Zuschlägen für Tierzucht und Tierhaltung. [2]Als Grundbetrag je Hektar der landwirtschaftlichen Nutzung (§ 160 Absatz 2 Satz 1 Nummer 1 Buchstabe a des Bewertungsgesetzes) ist der sich aus Anlage 1a ergebende Betrag vervielfältigt mit der selbst bewirtschafteten Fläche anzusetzen. [3]Als Zuschlag für Tierzucht und Tierhaltung ist im Wirtschaftsjahr je Vieheinheit der sich aus Anlage 1a jeweils ergebende Betrag vervielfältigt mit den Vieheinheiten anzusetzen.

(5) Der Gewinn aus der forstwirtschaftlichen Nutzung (§ 160 Absatz 2 Satz 1 Nummer 1 Buchstabe b des Bewertungsgesetzes) ist nach § 51 der Einkommensteuer-Durchführungsverordnung zu ermitteln.

(6) [1]Als Sondernutzungen gelten die in § 160 Absatz 2 Satz 1 Nummer 1 Buchstabe c bis e des Bewertungsgesetzes in Verbindung mit Anlage 1a Nummer 2 genannten Nutzungen. [2]Bei Sondernutzungen, die die in Anlage 1a Nummer 2 Spalte 3 genannten Grenzen überschreiten, ist ein Gewinn von 1 000 Euro je Sondernutzung anzusetzen. [3]Für die in Anlage 1a Nummer 2 nicht genannten Sondernutzungen ist der Gewinn nach § 4 Absatz 3 zu ermitteln.

(7) [1]Nach § 4 Absatz 3 zu ermittelnde Sondergewinne sind

1. Gewinne
   a) aus der Veräußerung oder Entnahme von Grund und Boden und dem dazugehörigen Aufwuchs, den Gebäuden, den immateriellen Wirtschaftsgütern und den Beteiligungen; § 55 ist anzuwenden;
   b) aus der Veräußerung oder Entnahme der übrigen Wirtschaftsgüter des Anlagevermögens und von Tieren, wenn der Veräußerungspreis oder der an dessen Stelle tretende Wert für das jeweilige Wirtschaftsgut mehr als 15 000 Euro betragen hat;
   c) aus Entschädigungen, die gewährt worden sind für den Verlust, den Untergang oder die Wertminderung der in den Buchstaben a und b genannten Wirtschaftsgüter;
   d) aus der Auflösung von Rücklagen;
2. Betriebseinnahmen oder Betriebsausgaben nach § 9b Absatz 2;
3. Einnahmen aus dem Grunde nach gewerblichen Tätigkeiten, die dem Bereich der Land- und Forstwirtschaft zugerechnet werden, abzüglich der pauschalen Betriebsausgaben nach Anlage 1a Nummer 3;
4. Rückvergütungen nach § 22 des Körperschaftsteuergesetzes aus Hilfs- und Nebengeschäften.

[2]Die Anschaffungs- oder Herstellungskosten bei Wirtschaftsgütern des abnutzbaren Anlagevermögens mindern sich für die Dauer der Durchschnittssatzgewinnermittlung mit dem Ansatz der Gewinne nach den Absätzen 4 bis 6 um die Absetzung für Abnutzung in gleichen Jahresbeträgen. [3]Die Wirtschaftsgüter im Sinne des Satzes 1 Nummer 1 Buchstabe a sind unter Angabe des Tages der Anschaffung oder Herstellung und der Anschaffungs- oder Herstellungskosten oder des an deren Stelle getretenen Werts in besondere, laufend zu führende Verzeichnisse aufzunehmen. [4]Absatz 3 Satz 4 bis 6 gilt entsprechend.

(8) Das Bundesministerium der Finanzen wird ermächtigt, durch Rechtsverordnung mit Zustimmung des Bundesrates die Anlage 1a dadurch zu ändern, dass es die darin aufgeführten Werte turnusmäßig an die Ergebnisse der Erhebungen nach § 2 des Landwirtschaftsgesetzes und im Übrigen an Erhebungen der Finanzverwaltung anpassen kann.

§ 13b
Gemeinschaftliche Tierhaltung

(1) [1]Zu den Einkünften aus Land- und Forstwirtschaft gehören auch die Einkünfte aus landwirtschaftlicher Tierzucht und Tierhaltung von Genossenschaften (§ 1 Absatz 1 Nummer 2 des Körperschaftsteuergesetzes), von Gesellschaften, bei denen die Gesellschafter als Mitunternehmer (§ 15 Absatz 1 Satz 1 Nummer 2) anzusehen sind, oder von Vereinen (§ 1 Absatz 1 Nummer 5 des Körperschaftsteuergesetzes), wenn

1. alle Gesellschafter oder Mitglieder
   a) Inhaber eines Betriebs der Land- und Forstwirtschaft mit selbst bewirtschafteten regelmäßig landwirtschaftlich genutzten Flächen sind,
   b) nach dem Gesamtbild der Verhältnisse hauptberuflich Land- und Forstwirte sind,
   c) Landwirte im Sinne des § 1 Absatz 2 des Gesetzes über die Alterssicherung der Landwirte sind und dies durch eine Bescheinigung der jeweiligen Sozialversicherungsträger nachgewiesen wird und
   d) die sich nach § 13 Absatz 1 Nummer 1 Satz 2 für sie ergebende Möglichkeit zur landwirtschaftlichen Tiererzeugung oder Tierhaltung in Vieheinheiten ganz oder teilweise auf die Genossenschaft, die Gesellschaft oder den Verein übertragen haben;
2. die Anzahl der von der Genossenschaft, der Gesellschaft oder dem Verein im Wirtschaftsjahr erzeugten oder gehaltenen Vieheinheiten keine der nachfolgenden Grenzen nachhaltig überschreitet:
   a) die Summe der sich nach Nummer 1 Buchstabe d ergebenden Vieheinheiten und
   b) die Summe der Vieheinheiten, die sich nach § 13 Absatz 1 Nummer 1 Satz 2 auf der Grundlage der Summe der von den Gesellschaftern oder Mitgliedern regelmäßig landwirtschaftlich genutzten Flächen ergibt;
3. die Betriebe der Gesellschafter oder Mitglieder nicht mehr als 40 Kilometer von der Produktionsstätte der Genossenschaft, der Gesellschaft oder des Vereins entfernt liegen.

[2]Die Voraussetzungen des Satzes 1 Nummer 1 Buchstabe c gelten als erfüllt, wenn hauptberufliche Landwirte (Nummer 1 Buchstabe b) nicht die Voraussetzungen des § 1 Absatz 2 des Gesetzes über die Alterssicherung der Landwirte erfüllen, weil sie im Inland in der gesetzlichen Rentenversicherung versicherungspflichtig sind oder auf sie das Recht der sozialen Sicherheit eines anderen Mitgliedstaats der Europäischen Union anzuwenden ist und dies durch eine Bescheinigung des zuständigen Sozialversicherungsträgers nachgewiesen wird; entsprechendes gilt für die Schweiz oder einen Staat, auf den das Abkommen über den Europäischen Wirtschaftsraum anzuwenden ist. [3]Die Voraussetzungen des Satzes 1 Nummer 1 Buchstabe d und des Satzes 1 Nummer 2 sind durch besondere, laufend und zeitnah zu führende Verzeichnisse nachzuweisen.

(2) Der Anwendung des Absatzes 1 steht es nicht entgegen, wenn die dort bezeichneten Genossenschaften, Gesellschaften oder Vereine die Tiererzeugung oder Tierhaltung ohne regelmäßig landwirtschaftlich genutzte Flächen betreiben.

(3) Von den in Absatz 1 bezeichneten Genossenschaften, Gesellschaften oder Vereinen regelmäßig landwirtschaftlich genutzte Flächen sind bei der Ermittlung der nach Absatz 1 Satz 1 Nummer 2 maßgebenden Grenzen wie Flächen von Gesellschaftern oder Mitgliedern zu behandeln, die ihre Möglichkeit zur landwirtschaftlichen Tiererzeugung oder Tierhaltung im Sinne des Absatzes 1 Satz 1 Nummer 1 Buchstabe d auf die Genossenschaft, die Gesellschaft oder den Verein übertragen haben.

(4) Bei dem einzelnen Gesellschafter oder Mitglied der in Absatz 1 bezeichneten Genossenschaften, Gesellschaften oder Vereine ist § 13 Absatz 1 Nummer 1 Satz 2 mit der Maßgabe anzuwenden, dass die in seinem Betrieb erzeugten oder gehaltenen Vieheinheiten mit den Vieheinheiten zusammenzurechnen sind, die im Rahmen der nach Absatz 1 Satz 1 Nummer 1 Buchstabe d übertragenen Möglichkeiten erzeugt oder gehalten werden.

(5) Die Vorschriften des § 241 Absatz 2 bis 5 des Bewertungsgesetzes sind entsprechend anzuwenden.

§ 14
Veräußerung des Betriebs

(1) [1]Zu den Einkünften aus Land- und Forstwirtschaft gehören auch Gewinne, die bei der Veräußerung eines land- oder forstwirtschaftlichen Betriebs oder Teilbetriebs oder eines Anteils an einem land- und forstwirtschaftlichen Betriebsvermögen erzielt werden. [2]§ 16 gilt entsprechend mit der Maßgabe, dass der Freibetrag nach § 16 Absatz 4 nicht zu gewähren ist, wenn der Freibetrag nach § 14a Absatz 1 gewährt wird.

(2) [1]Wird ein land- und forstwirtschaftlicher Betrieb durch die Entnahme, Überführung oder Übertragung von Flächen verkleinert und verbleibt mindestens eine Fläche, die der Erzeugung von Pflanzen oder Tieren im Sinne des § 13 Absatz 1 zu dienen bestimmt ist, liegt unabhängig von der Größe dieser Fläche keine Betriebsaufgabe vor. [2]§ 16 Absatz 3b bleibt unberührt.

(3) [1]Werden im Rahmen der Aufgabe des Betriebs einer land- und forstwirtschaftlichen Mitunternehmerschaft Grundstücke an den einzelnen Mitunternehmer übertragen oder scheidet ein Mitunternehmer unter Mitnahme einzelner Grundstücke aus einer Mitunternehmerschaft aus, gelten diese unabhängig von ihrer Größe auch bei fortgeführter oder erstmaliger Verpachtung bis zu einer Veräußerung oder Entnahme bei diesem weiterhin als Betriebsvermögen. [2]Dies gilt entsprechend für Grundstücke des bisherigen Sonderbetriebsvermögens des einzelnen Mitunternehmers. [3]Die Sätze 1 und 2 sind nur anzuwenden, wenn mindestens eine übertragene oder aus dem Sonderbetriebsvermögen überführte Fläche der Erzeugung von Pflanzen oder Tieren im Sinne des § 13 Absatz 1 zu dienen bestimmt ist. [4]Für den übernehmenden Mitunternehmer gilt § 16 Absatz 3b entsprechend.

§ 14a
Vergünstigungen bei der Veräußerung bestimmter land- und forstwirtschaftlicher Betriebe

(1) [1]Veräußert ein Steuerpflichtiger nach dem 30. Juni 1970 und vor dem 1. Januar 2001 seinen land- und forstwirtschaftlichen Betrieb im Ganzen, so wird auf Antrag der Veräußerungsgewinn (§ 16 Absatz 2) nur insoweit zur Einkommensteuer herangezogen, als er den Betrag von 150 000 Deutsche Mark übersteigt, wenn

1. der für den Zeitpunkt der Veräußerung maßgebende Wirtschaftswert (§ 46 des Bewertungsgesetzes) des Betriebs 40 000 Deutsche Mark nicht übersteigt,

2. die Einkünfte des Steuerpflichtigen im Sinne des § 2 Absatz 1 Satz 1 Nummer 2 bis 7 in den dem Veranlagungszeitraum der Veräußerung vorangegangenen beiden Veranlagungszeiträumen jeweils den Betrag von 35 000 Deutsche Mark nicht überstiegen haben. [2]Bei Ehegatten, die nicht dauernd getrennt leben, gilt Satz 1 mit der Maßgabe, dass die Einkünfte beider Ehegatten zusammen jeweils 70 000 Deutsche Mark nicht überstiegen haben.

[2]Ist im Zeitpunkt der Veräußerung ein nach Nummer 1 maßgebender Wirtschaftswert nicht festgestellt oder sind bis zu diesem Zeitpunkt die Voraussetzungen für eine Wertfortschreibung erfüllt, so ist der Wert maßgebend, der sich für den Zeitpunkt der Veräußerung als Wirtschaftswert ergeben würde.

(2) [1]Der Anwendung des Absatzes 1 und des § 34 Absatz 1 steht nicht entgegen, wenn die zum land- und forstwirtschaftlichen Vermögen gehörenden Gebäude mit dem dazugehörigen Grund und Boden nicht mitveräußert werden. [2]In diesem Fall gelten die Gebäude mit dem dazugehörigen Grund und Boden als entnommen. [3]Der Freibetrag kommt auch dann in Betracht, wenn zum Betrieb ein forstwirtschaftlicher Teilbetrieb gehört und dieser nicht mitveräußert, sondern als eigenständiger Betrieb vom Steuerpflichtigen fortgeführt wird. [4]In diesem Fall ermäßigt sich der Freibetrag auf den Teil, der dem Verhältnis des tatsächlich entstandenen Veräußerungsgewinns zu dem bei einer Veräußerung des ganzen land- und forstwirtschaftlichen Betriebs erzielbaren Veräußerungsgewinn entspricht.

(3) [1]Als Veräußerung gilt auch die Aufgabe des Betriebs, wenn

1. die Voraussetzungen des Absatzes 1 erfüllt sind und

2. der Steuerpflichtige seinen land- und forstwirtschaftlichen Betrieb zum Zweck der Strukturverbesserung abgegeben hat und dies durch eine Bescheinigung der nach Landesrecht zuständigen Stelle nachweist.

[2]§ 16 Absatz 3 Satz 4 und 5 gilt entsprechend.

(4) [1]Veräußert oder entnimmt ein Steuerpflichtiger nach dem 31. Dezember 1979 und vor dem 1. Januar 2006 Teile des zu einem land- und forstwirtschaftlichen Betrieb gehörenden Grund und Bodens, so wird der bei der Veräußerung oder der Entnahme entstehende Gewinn auf Antrag nur insoweit zur Einkommensteuer herangezogen, als er den Betrag von 61 800 Euro übersteigt. [2]Satz 1 ist nur anzuwenden, wenn

1. der Veräußerungspreis nach Abzug der Veräußerungskosten oder der Grund und Boden innerhalb von zwölf Monaten nach der Veräußerung oder Entnahme in sachlichem Zusammenhang mit der Hoferbfolge oder Hofübernahme zur Abfindung weichender Erben verwendet wird und

2. das Einkommen des Steuerpflichtigen ohne Berücksichtigung des Gewinns aus der Veräußerung oder Entnahme und des Freibetrags in dem dem Veranlagungszeitraum der Veräußerung oder Entnahme vorangegangenen Veranlagungszeitraum den Betrag von 18 000 Euro nicht überstiegen hat; bei Ehegatten, die nach den §§ 26, 26b zusammen veranlagt werden, erhöht sich der Betrag von 18 000 Euro auf 36 000 Euro.

[3]Übersteigt das Einkommen den Betrag von 18 000 Euro, so vermindert sich der Betrag von 61 800 Euro nach Satz 1 je angefangene 250 Euro des übersteigenden Einkommens um 10 300 Euro; bei Ehegatten, die nach den §§ 26, 26b zusammen veranlagt werden und deren Einkommen den Betrag von 36 000 Euro übersteigt, vermindert sich der Betrag von 61 800 Euro nach Satz 1 je angefangene 500 Euro des übersteigenden Einkommens um 10 300 Euro. [4]Werden mehrere weichende Erben abgefunden, so kann der Freibetrag mehrmals, jedoch insgesamt nur einmal je weichender Erbe geltend gemacht werden, auch wenn die Abfindung in mehreren Schritten oder durch mehrere Inhaber des Betriebs vorgenommen wird. [5]Weichender Erbe ist, wer gesetzlicher Erbe eines Inhabers eines land- und forstwirtschaftlichen Betriebs ist oder bei gesetzlicher Erbfolge wäre, aber nicht zur Übernahme des Betriebs berufen ist; eine Stellung als Mitunternehmer des Betriebs bis zur Auseinandersetzung steht einer Behandlung als weichender Erbe nicht entgegen, wenn sich die Erben innerhalb von zwei Jahren nach dem Erbfall auseinandersetzen. [6]Ist ein zur Übernahme des Betriebs berufener Miterbe noch minderjährig, beginnt die Frist von zwei Jahren mit Eintritt der Volljährigkeit.

(5) [1]Veräußert ein Steuerpflichtiger nach dem 31. Dezember 1985 und vor dem 1. Januar 2001 Teile des zu einem land- und forstwirtschaftlichen Betrieb gehörenden Grund und Bodens, so wird der bei der Veräußerung entstehende Gewinn auf Antrag nur insoweit zur Einkommensteuer herangezogen, als er den Betrag von 90 000 Deutsche Mark übersteigt, wenn

1. der Steuerpflichtige den Veräußerungspreis nach Abzug der Veräußerungskosten zur Tilgung von Schulden verwendet, die zu dem land- und forstwirtschaftlichen Betrieb gehören und vor dem 1. Juli 1985 bestanden haben, und

2. die Voraussetzungen des Absatzes 4 Satz 2 Nummer 2 erfüllt sind.

[2]Übersteigt das Einkommen den Betrag von 35 000 Deutsche Mark, so vermindert sich der Betrag von 90 000 Deutsche Mark nach Satz 1 für jede angefangenen 500 Deutsche Mark des übersteigenden Einkommens um 15 000 Deutsche Mark; bei Ehegatten, die nach den §§ 26, 26b zusammen veranlagt werden und bei denen das Einkommen den Betrag von 70 000 Deutsche Mark übersteigt, vermindert sich der Betrag von 90 000 Deutsche Mark nach Satz 1 für jede angefangenen 1 000 Deutsche Mark des übersteigenden Einkommens um 15 000 Deutsche Mark. [3]Der Freibetrag von höchstens 90 000 Deutsche Mark wird für alle Veräußerungen im Sinne des Satzes 1 insgesamt nur einmal gewährt.

(6) Verwendet der Steuerpflichtige den Veräußerungspreis oder entnimmt er den Grund und Boden nur zum Teil zu den in den Absätzen 4 und 5 angegebenen Zwecken, so ist nur der entsprechende Teil des Gewinns aus der Veräußerung oder Entnahme steuerfrei.

(7) Auf die Freibeträge nach Absatz 4 in dieser Fassung sind die Freibeträge, die nach Absatz 4 in den vor dem 1. Januar 1986 geltenden Fassungen gewährt worden sind, anzurechnen.

b) Gewerbebetrieb (§ 2 Absatz 1 Satz 1 Nummer 2)

§ 15
Einkünfte aus Gewerbebetrieb

(1) [1]Einkünfte aus Gewerbebetrieb sind

1. [1]Einkünfte aus gewerblichen Unternehmen. [2]Dazu gehören auch Einkünfte aus gewerblicher Bodenbewirtschaftung, z. B. aus Bergbauunternehmen und aus Betrieben zur Gewinnung von Torf, Steinen und Erden, soweit sie nicht land- oder forstwirtschaftliche Nebenbetriebe sind;

2. die Gewinnanteile der Gesellschafter einer Offenen Handelsgesellschaft, einer Kommanditgesellschaft und einer anderen Gesellschaft, bei der der Gesellschafter als Unternehmer (Mitunternehmer) des Betriebs anzusehen ist, und die Vergütungen, die der Gesellschafter von der Gesellschaft für seine Tätigkeit im Dienst der Gesellschaft oder für die Hingabe von Darlehen oder für die Überlassung von Wirtschaftsgütern bezogen hat. [2]Der mittelbar über eine oder mehrere Personengesellschaften beteiligte Gesellschafter steht dem unmittelbar beteiligten Gesellschafter gleich; er ist als Mitunternehmer des Betriebs der Gesellschaft anzusehen, an der er mittelbar beteiligt ist, wenn er und die Personengesellschaften, die seine Beteiligung vermitteln, jeweils als Mitunternehmer der Betriebe der Personengesellschaften anzusehen sind, an denen sie unmittelbar beteiligt sind;
3. die Gewinnanteile der persönlich haftenden Gesellschafter einer Kommanditgesellschaft auf Aktien, soweit sie nicht auf Anteile am Grundkapital entfallen, und die Vergütungen, die der persönlich haftende Gesellschafter von der Gesellschaft für seine Tätigkeit im Dienst der Gesellschaft oder für die Hingabe von Darlehen oder für die Überlassung von Wirtschaftsgütern bezogen hat.

[2]Satz 1 Nummer 2 und 3 gilt auch für Vergütungen, die als nachträgliche Einkünfte (§ 24 Nummer 2) bezogen werden. [3]§ 13 Absatz 5 gilt entsprechend, sofern das Grundstück im Veranlagungszeitraum 1986 zu einem gewerblichen Betriebsvermögen gehört hat.

(1a) [1]In den Fällen des § 4 Absatz 1 Satz 5 ist der Gewinn aus einer späteren Veräußerung der Anteile ungeachtet der Bestimmungen eines Abkommens zur Vermeidung der Doppelbesteuerung in der gleichen Art und Weise zu besteuern, wie die Veräußerung dieser Anteile an der Europäischen Gesellschaft oder Europäischen Genossenschaft zu besteuern gewesen wäre, wenn keine Sitzverlegung stattgefunden hätte. [2]Dies gilt auch, wenn später die Anteile verdeckt in eine Kapitalgesellschaft eingelegt werden, die Europäische Gesellschaft oder Europäische Genossenschaft aufgelöst wird oder wenn ihr Kapital herabgesetzt und zurückgezahlt wird oder wenn Beträge aus dem steuerlichen Einlagenkonto im Sinne des § 27 des Körperschaftsteuergesetzes ausgeschüttet oder zurückgezahlt werden.

(2) [1]Eine selbständige nachhaltige Betätigung, die mit der Absicht, Gewinn zu erzielen, unternommen wird und sich als Beteiligung am allgemeinen wirtschaftlichen Verkehr darstellt, ist Gewerbebetrieb, wenn die Betätigung weder als Ausübung von Land- und Forstwirtschaft noch als Ausübung eines freien Berufs noch als eine andere selbständige Arbeit anzusehen ist. [2]Eine durch die Betätigung verursachte Minderung der Steuern vom Einkommen ist kein Gewinn im Sinne des Satzes 1. [3]Ein Gewerbebetrieb liegt, wenn seine Voraussetzungen im Übrigen gegeben sind, auch dann vor, wenn die Gewinnerzielungsabsicht nur ein Nebenzweck ist.

(3) Als Gewerbebetrieb gilt in vollem Umfang die mit Einkünfteerzielungsabsicht unternommene Tätigkeit

1. einer offenen Handelsgesellschaft, einer Kommanditgesellschaft oder einer anderen Personengesellschaft, wenn die Gesellschaft auch eine Tätigkeit im Sinne des Absatzes 1 Satz 1 Nummer 1 ausübt oder gewerbliche Einkünfte im Sinne des Absatzes 1 Satz 1 Nummer 2 bezieht. [2]Dies gilt unabhängig davon, ob aus der Tätigkeit im Sinne des Absatzes 1 Satz 1 Nummer 1 ein Gewinn oder Verlust erzielt wird oder ob die gewerblichen Einkünfte im Sinne des Absatzes 1 Satz 1 Nummer 2 positiv oder negativ sind;
2. [1]einer Personengesellschaft, die keine Tätigkeit im Sinne des Absatzes 1 Satz 1 Nummer 1 ausübt und bei der ausschließlich eine oder mehrere Kapitalgesellschaften persönlich haftende Gesellschafter sind und nur diese oder Personen, die nicht Gesellschafter sind, zur Geschäftsführung befugt sind (gewerblich geprägte Personengesellschaft). [2]Ist eine gewerblich geprägte Personengesellschaft als persönlich haftender Gesellschafter an einer anderen Personengesellschaft beteiligt, so steht für die Beurteilung, ob die Tätigkeit dieser Personengesellschaft als Gewerbebetrieb gilt, die gewerblich geprägte Personengesellschaft einer Kapitalgesellschaft gleich.

(4) [1]Verluste aus gewerblicher Tierzucht oder gewerblicher Tierhaltung dürfen weder mit anderen Einkünften aus Gewerbebetrieb noch mit Einkünften aus anderen Einkunftsarten ausgeglichen werden; sie dürfen auch nicht nach § 10d abgezogen werden. [2]Die Verluste mindern jedoch nach Maßgabe des § 10d die Gewinne, die der Steuerpflichtige in dem unmittelbar vorangegangenen und in den folgenden Wirtschaftsjahren aus gewerblicher Tierzucht oder gewerblicher Tierhaltung erzielt hat oder erzielt; § 10d Absatz 4 gilt entsprechend. [3]Die Sätze 1 und 2 gelten entsprechend für Verluste aus Termingeschäften, durch die der Steuerpflichtige einen Differenzausgleich oder einen durch den Wert einer veränderlichen Bezugsgröße bestimmten Geldbetrag oder Vorteil erlangt. [4]Satz 3 gilt nicht für die Geschäfte, die zum gewöhnlichen Geschäftsbetrieb bei Kreditinstituten, Finanzdienstleistungsinstituten und Finanzunternehmen im Sinne des Gesetzes über das Kreditwesen oder bei Wertpapierinstituten im Sinne des Wertpapierinstitutsgesetzes gehören oder die der Absicherung von Geschäften des gewöhnlichen Geschäftsbetriebs dienen. [5]Satz 4 gilt nicht, wenn es sich um Geschäfte handelt, die der Absicherung von Aktiengeschäften dienen, bei denen der Veräußerungsgewinn nach § 3 Nummer 40 Satz 1 Buchstabe a und b in Verbindung mit § 3c Absatz 2 teilweise steuerfrei ist, oder die nach § 8b Absatz 2 des Körperschaftsteuergesetzes bei der Ermittlung des Einkommens außer Ansatz bleiben. [6]Verluste aus stillen Gesellschaften, Unterbeteiligungen oder sonstigen Innengesellschaften an Kapitalgesellschaften, bei denen der Gesellschafter oder Beteiligte als Mitunternehmer anzusehen ist, dürfen weder mit Einkünften aus Gewerbebetrieb noch aus anderen Einkunftsarten ausgeglichen werden; sie dürfen auch nicht nach § 10d abgezogen werden. [7]Die Verluste mindern jedoch nach Maßgabe des § 10d die Gewinne, die der Gesellschafter oder Beteiligte in dem unmittelbar vorangegangenen Wirtschaftsjahr oder in den folgenden Wirtschaftsjahren aus derselben stillen Gesellschaft, Unterbeteiligung oder sonstigen Innengesellschaft bezieht; § 10d Absatz 4 gilt entsprechend. [8]Die Sätze 6 und 7 gelten nicht, soweit der Verlust auf eine natürliche Person als unmittelbar oder mittelbar beteiligter Mitunternehmer entfällt.

§ 15a
Verluste bei beschränkter Haftung

(1) [1]Der einem Kommanditisten zuzurechnende Anteil am Verlust der Kommanditgesellschaft darf weder mit anderen Einkünften aus Gewerbebetrieb noch mit Einkünften aus anderen Einkunftsarten ausgeglichen werden, soweit ein negatives Kapitalkonto des Kommanditisten entsteht oder sich erhöht; er darf insoweit auch nicht nach § 10d abgezogen werden. [2]Haftet der Kommanditist am Bilanzstichtag den Gläubigern der Gesellschaft auf Grund des § 171 Absatz 1 des Handelsgesetzbuchs, so können abweichend von Satz 1 Verluste des Kommanditisten bis zur Höhe des Betrags, um den die im Handelsregister eingetragene Einlage des Kommanditisten seine geleistete Einlage übersteigt, auch ausgeglichen oder abgezogen werden, soweit durch den Verlust ein negatives Kapitalkonto entsteht oder sich erhöht. [3]Satz 2 ist nur anzuwenden, wenn derjenige, dem der Anteil zuzurechnen ist, im Handelsregister eingetragen ist, das Bestehen der Haftung nachgewiesen wird und eine Vermögensminderung auf Grund der Haftung nicht durch Vertrag ausgeschlossen oder nach Art und Weise des Geschäftsbetriebs unwahrscheinlich ist.

(1a) [1]Nachträgliche Einlagen führen weder zu einer nachträglichen Ausgleichs- oder Abzugsfähigkeit eines vorhandenen verrechenbaren Verlustes noch zu einer Ausgleichs- oder Abzugsfähigkeit des dem Kommanditisten zuzurechnenden Anteils am Verlust eines zukünftigen Wirtschaftsjahres, soweit durch den Verlust ein negatives Kapitalkonto des Kommanditisten entsteht oder sich erhöht. [2]Nachträgliche Einlagen im Sinne des Satzes 1 sind Einlagen, die nach Ablauf eines Wirtschaftsjahres geleistet werden, in dem ein nicht ausgleichs- oder abzugsfähiger Verlust im Sinne des Absatzes 1 entstanden oder ein Gewinn im Sinne des Absatzes 3 Satz 1 zugerechnet worden ist.

(2) [1]Soweit der Verlust nach den Absätzen 1 und 1a nicht ausgeglichen oder abgezogen werden darf, mindert er die Gewinne, die dem Kommanditisten in späteren Wirtschaftsjahren aus seiner Beteiligung an der Kommanditgesellschaft zuzurechnen sind. [2]Der verrechenbare Verlust, der nach Abzug von einem Veräußerungs- oder Aufgabegewinn verbleibt, ist im Zeitpunkt der Veräußerung oder Aufgabe des gesamten Mitunternehmeranteils oder der Betriebsveräußerung oder -aufgabe bis zur Höhe der nachträglichen Einlagen im Sinne des Absatzes 1a ausgleichs- oder abzugsfähig.

(3) [1]Soweit ein negatives Kapitalkonto des Kommanditisten durch Entnahmen entsteht oder sich erhöht (Einlageminderung) und soweit nicht auf Grund der Entnahmen eine nach Absatz 1 Satz 2 zu berücksichtigende Haftung besteht oder entsteht, ist dem Kommanditisten der Betrag der Einlageminderung als Gewinn zuzurechnen. [2]Der nach Satz 1 zuzurechnende Betrag darf den Betrag der Anteile am Verlust der Kommanditgesellschaft nicht übersteigen, der im Wirtschaftsjahr der Einlageminderung und in den zehn vorangegangenen Wirtschaftsjahren ausgleichs- oder abzugsfähig gewesen ist. [3]Wird der Haftungsbetrag im Sinne des Absatzes 1 Satz 2 gemindert (Haftungsminderung) und sind im Wirtschaftsjahr der Haftungsminderung und den zehn vorangegangenen Wirtschaftsjahren Verluste nach Absatz 1 Satz 2 ausgleichs- oder abzugsfähig gewesen, so ist dem Kommanditisten der Betrag der Haftungsminderung, vermindert um auf Grund der Haftung tatsächlich geleistete Beträge, als Gewinn zuzurechnen; Satz 2 gilt sinngemäß. [4]Die nach den Sätzen 1 bis 3 zuzurechnenden Beträge mindern die Gewinne, die dem Kommanditisten im Wirtschaftsjahr der Zurechnung oder in späteren Wirtschaftsjahren aus seiner Beteiligung an der Kommanditgesellschaft zuzurechnen sind.

(4) [1]Der nach Absatz 1 nicht ausgleichs- oder abzugsfähige Verlust eines Kommanditisten, vermindert um die nach Absatz 2 abzuziehenden und vermehrt um die nach Absatz 3 hinzuzurechnenden Beträge (verrechenbarer Verlust), ist jährlich gesondert festzustellen. [2]Dabei ist von dem verrechenbaren Verlust des vorangegangenen Wirtschaftsjahres auszugehen. [3]Zuständig für den Erlass des Feststellungsbescheids ist das für die gesonderte Feststellung des Gewinns und Verlustes der Gesellschaft zuständige Finanzamt. [4]Der Feststellungsbescheid kann nur insoweit angegriffen werden, als der verrechenbare Verlust gegenüber dem verrechenbaren Verlust des vorangegangenen Wirtschaftsjahres sich verändert hat. [5]Die gesonderten Feststellungen nach Satz 1 können mit der gesonderten und einheitlichen Feststellung der einkommensteuerpflichtigen und körperschaftsteuerpflichtigen Einkünfte verbunden werden. [6]In diesen Fällen sind die gesonderten Feststellungen des verrechenbaren Verlustes einheitlich durchzuführen.

(5) Absatz 1 Satz 1, Absatz 1a, 2 und 3 Satz 1, 2 und 4 sowie Absatz 4 gelten sinngemäß für andere Unternehmer, soweit deren Haftung der eines Kommanditisten vergleichbar ist, insbesondere für

1. stille Gesellschafter einer stillen Gesellschaft im Sinne des § 230 des Handelsgesetzbuchs, bei der der stille Gesellschafter als Unternehmer (Mitunternehmer) anzusehen ist,
2. Gesellschafter einer Gesellschaft im Sinne des Bürgerlichen Gesetzbuchs, bei der der Gesellschafter als Unternehmer (Mitunternehmer) anzusehen ist, soweit die Inanspruchnahme des Gesellschafters für Schulden in Zusammenhang mit dem Betrieb durch Vertrag ausgeschlossen oder nach Art und Weise des Geschäftsbetriebs unwahrscheinlich ist,
3. Gesellschafter einer ausländischen Personengesellschaft, bei der der Gesellschafter als Unternehmer (Mitunternehmer) anzusehen ist, soweit die Haftung des Gesellschafters für Schulden in Zusammenhang mit dem Betrieb der eines Kommanditisten oder eines stillen Gesellschafters entspricht oder soweit die Inanspruchnahme des Gesellschafters für Schulden in Zusammenhang mit dem Betrieb durch Vertrag ausgeschlossen oder nach Art und Weise des Geschäftsbetriebs unwahrscheinlich ist,
4. Unternehmer, soweit Verbindlichkeiten nur in Abhängigkeit von Erlösen oder Gewinnen aus der Nutzung, Veräußerung oder sonstigen Verwertung von Wirtschaftsgütern zu tilgen sind,
5. Mitreeder einer Reederei im Sinne des § 489 des Handelsgesetzbuchs, bei der der Mitreeder als Unternehmer (Mitunternehmer) anzusehen ist, wenn die persönliche Haftung des Mitreeders für die Verbindlichkeiten der Reederei ganz oder teilweise ausgeschlossen oder soweit die Inanspruchnahme des Mitreeders für Verbindlichkeiten der Reederei nach Art und Weise des Geschäftsbetriebs unwahrscheinlich ist.

§ 15b
Verluste im Zusammenhang mit Steuerstundungsmodellen

(1) [1]Verluste im Zusammenhang mit einem Steuerstundungsmodell dürfen weder mit Einkünften aus Gewerbebetrieb noch mit Einkünften aus anderen Einkunftsarten ausgeglichen werden; sie dürfen auch nicht nach § 10d abgezogen werden. [2]Die Verluste mindern jedoch die Einkünfte, die der Steuerpflichtige in den folgenden Wirtschaftsjahren aus derselben Einkunftsquelle erzielt. [3]§ 15a ist insoweit nicht anzuwenden.

(2) [1]Ein Steuerstundungsmodell im Sinne des Absatzes 1 liegt vor, wenn auf Grund einer modellhaften Gestaltung steuerliche Vorteile in Form negativer Einkünfte erzielt werden sollen. [2]Dies ist der Fall, wenn dem Steuerpflichtigen auf Grund eines vorgefertigten Konzepts die Möglichkeit geboten werden soll, zumindest in der Anfangsphase der Investition Verluste mit übrigen Einkünften zu verrechnen. [3]Dabei ist es ohne Belang, auf welchen Vorschriften die negativen Einkünfte beruhen.

(3) Absatz 1 ist nur anzuwenden, wenn innerhalb der Anfangsphase das Verhältnis der Summe der prognostizierten Verluste zur Höhe des gezeichneten und nach dem Konzept auch aufzubringenden Kapitals oder bei Einzelinvestoren des eingesetzten Eigenkapitals 10 Prozent übersteigt.

(3a) Unabhängig von den Voraussetzungen nach den Absätzen 2 und 3 liegt ein Steuerstundungsmodell im Sinne des Absatzes 1 insbesondere vor, wenn ein Verlust aus Gewerbebetrieb entsteht oder sich erhöht, indem ein Steuerpflichtiger, der nicht aufgrund gesetzlicher Vorschriften verpflichtet ist, Bücher zu führen und regelmäßig Abschlüsse zu machen, aufgrund des Erwerbs von Wirtschaftsgütern des Umlaufvermögens sofort abziehbare Betriebsausgaben tätigt, wenn deren Übereignung ohne körperliche Übergabe durch Besitzkonstitut nach § 930 des Bürgerlichen Gesetzbuchs oder durch Abtretung des Herausgabeanspruchs nach § 931 des Bürgerlichen Gesetzbuchs erfolgt.

(4) [1]Der nach Absatz 1 nicht ausgleichsfähige Verlust ist jährlich gesondert festzustellen. [2]Dabei ist von dem verrechenbaren Verlust des Vorjahres auszugehen. [3]Der Feststellungsbescheid kann nur insoweit angegriffen werden, als der verrechenbare Verlust gegenüber dem verrechenbaren Verlust des Vorjahres sich verändert hat. [4]Handelt es sich bei dem Steuerstundungsmodell um eine Gesellschaft oder Gemeinschaft im Sinne des § 180 Absatz 1 Satz 1 Nummer 2 Buchstabe a der Abgabenordnung, ist das für

die gesonderte und einheitliche Feststellung der einkommensteuerpflichtigen und körperschaftsteuerpflichtigen Einkünfte aus dem Steuerstundungsmodell zuständige Finanzamt für den Erlass des Feststellungsbescheids nach Satz 1 zuständig; anderenfalls ist das Betriebsfinanzamt (§ 18 Absatz 1 Nummer 2 der Abgabenordnung) zuständig. [5]Handelt es sich bei dem Steuerstundungsmodell um eine Gesellschaft oder Gemeinschaft im Sinne des § 180 Absatz 1 Satz 1 Nummer 2 Buchstabe a der Abgabenordnung, können die gesonderten Feststellungen nach Satz 1 mit der gesonderten und einheitlichen Feststellung der einkommensteuerpflichtigen und körperschaftsteuerpflichtigen Einkünfte aus dem Steuerstundungsmodell verbunden werden; in diesen Fällen sind die gesonderten Feststellungen nach Satz 1 einheitlich durchzuführen.

§ 16
Veräußerung des Betriebs

(1) [1]Zu den Einkünften aus Gewerbebetrieb gehören auch Gewinne, die erzielt werden bei der Veräußerung

1. des ganzen Gewerbebetriebs oder eines Teilbetriebs. [2]Als Teilbetrieb gilt auch die das gesamte Nennkapital umfassende Beteiligung an einer Kapitalgesellschaft; im Fall der Auflösung der Kapitalgesellschaft ist § 17 Absatz 4 Satz 3 sinngemäß anzuwenden;
2. des gesamten Anteils eines Gesellschafters, der als Unternehmer (Mitunternehmer) des Betriebs anzusehen ist (§ 15 Absatz 1 Satz 1 Nummer 2);
3. des gesamten Anteils eines persönlich haftenden Gesellschafters einer Kommanditgesellschaft auf Aktien (§ 15 Absatz 1 Satz 1 Nummer 3).

[2]Gewinne, die bei der Veräußerung eines Teils eines Anteils im Sinne von Satz 1 Nummer 2 oder 3 erzielt werden, sind laufende Gewinne.

(2) [1]Veräußerungsgewinn im Sinne des Absatzes 1 ist der Betrag, um den der Veräußerungspreis nach Abzug der Veräußerungskosten den Wert des Betriebsvermögens (Absatz 1 Satz 1 Nummer 1) oder den Wert des Anteils am Betriebsvermögen (Absatz 1 Satz 1 Nummer 2 und 3) übersteigt. [2]Der Wert des Betriebsvermögens oder des Anteils ist für den Zeitpunkt der Veräußerung nach § 4 Absatz 1 oder nach § 5 zu ermitteln. [3]Soweit auf der Seite des Veräußerers und auf der Seite des Erwerbers dieselben Personen Unternehmer oder Mitunternehmer sind, gilt der Gewinn insoweit jedoch als laufender Gewinn.

(3) [1]Als Veräußerung gilt auch die Aufgabe des Gewerbebetriebs sowie eines Anteils im Sinne des Absatzes 1 Satz 1 Nummer 2 oder Nummer 3. [2]Werden im Zuge der Realteilung einer Mitunternehmerschaft Teilbetriebe, Mitunternehmeranteile oder einzelne Wirtschaftsgüter in das jeweilige Betriebsvermögen der einzelnen Mitunternehmer übertragen, so sind bei der Ermittlung des Gewinns der Mitunternehmerschaft die Wirtschaftsgüter mit den Werten anzusetzen, die sich nach den Vorschriften über die Gewinnermittlung ergeben, sofern die Besteuerung der stillen Reserven sichergestellt ist; der übernehmende Mitunternehmer ist an diese Werte gebunden; § 4 Absatz 1 Satz 4 ist entsprechend anzuwenden. [3]Dagegen ist für den jeweiligen Übertragungsvorgang rückwirkend der gemeine Wert anzusetzen, soweit bei einer Realteilung, bei der einzelne Wirtschaftsgüter übertragen worden sind, zum Buchwert übertragener Grund und Boden, übertragene Gebäude oder andere übertragene wesentliche Betriebsgrundlagen innerhalb einer Sperrfrist nach der Übertragung veräußert oder entnommen werden; diese Sperrfrist endet drei Jahre nach Abgabe der Steuererklärung der Mitunternehmerschaft für den Veranlagungszeitraum der Realteilung. [4]Satz 2 ist bei einer Realteilung, bei der einzelne Wirtschaftsgüter übertragen werden, nicht anzuwenden, soweit die Wirtschaftsgüter unmittelbar oder mittelbar auf eine Körperschaft, Personenvereinigung oder Vermögensmasse übertragen werden; in diesem Fall ist bei der Übertragung der gemeine Wert anzusetzen. [5]§ 6 Absatz 5 Satz 7 gilt entsprechend. [6]Soweit einzelne dem Betrieb gewidmete Wirtschaftsgüter im Rahmen der Aufgabe des Betriebs veräußert werden und soweit auf der Seite des Veräußerers und auf der Seite des Erwerbers dieselben Personen Unternehmer oder Mitunternehmer sind, gilt der Gewinn aus der Aufgabe des Gewerbebetriebs als laufender Gewinn. [7]Werden die einzelnen dem Betrieb gewidmeten Wirtschaftsgüter im Rahmen der Aufgabe des Betriebs veräußert, so sind die Veräußerungspreise anzusetzen. [8]Werden die Wirtschaftsgüter nicht veräußert, so ist der gemeine Wert im Zeitpunkt der Aufgabe anzusetzen. [9]Bei Aufgabe eines Gewerbebetriebs, an dem mehrere Personen beteiligt waren, ist für jeden einzelnen Beteiligten der gemeine Wert der Wirtschaftsgüter anzusetzen, die er bei der Auseinandersetzung erhalten hat.

(3a) Einer Aufgabe des Gewerbebetriebs steht der Ausschluss oder die Beschränkung des Besteuerungsrechts der Bundesrepublik Deutschland hinsichtlich des Gewinns aus der Veräußerung sämtlicher Wirtschaftsgüter des Betriebs oder eines Teilbetriebs gleich; § 4 Absatz 1 Satz 4 gilt entsprechend.

(3b) [1]In den Fällen der Betriebsunterbrechung und der Betriebsverpachtung im Ganzen gilt ein Gewerbebetrieb sowie ein Anteil im Sinne des Absatzes 1 Satz 1 Nummer 2 oder Nummer 3 nicht als aufgegeben, bis

1. der Steuerpflichtige die Aufgabe im Sinne des Absatzes 3 Satz 1 ausdrücklich gegenüber dem Finanzamt erklärt oder
2. dem Finanzamt Tatsachen bekannt werden, aus denen sich ergibt, dass die Voraussetzungen für eine Aufgabe im Sinne des Absatzes 3 Satz 1 erfüllt sind.

[2]Die Aufgabe des Gewerbebetriebs oder Anteils im Sinne des Absatzes 1 Satz 1 Nummer 2 oder Nummer 3 ist in den Fällen des Satzes 1 Nummer 1 rückwirkend für den vom Steuerpflichtigen gewählten Zeitpunkt anzuerkennen, wenn die Aufgabeerklärung spätestens drei Monate nach diesem Zeitpunkt abgegeben wird. [3]Wird die Aufgabeerklärung nicht spätestens drei Monate nach dem vom Steuerpflichtigen gewählten Zeitpunkt abgegeben, gilt der Gewerbebetrieb oder Anteil im Sinne des Absatzes 1 Satz 1 Nummer 2 oder Nummer 3 erst in dem Zeitpunkt als aufgegeben, in dem die Aufgabeerklärung beim Finanzamt eingeht.

(4) [1]Hat der Steuerpflichtige das 55. Lebensjahr vollendet oder ist er im sozialversicherungsrechtlichen Sinne dauernd berufsunfähig, so wird der Veräußerungsgewinn auf Antrag zur Einkommensteuer nur herangezogen, soweit er 45 000 Euro übersteigt. [2]Der Freibetrag ist dem Steuerpflichtigen nur einmal zu gewähren. [3]Er ermäßigt sich um den Betrag, um den der Veräußerungsgewinn 136 000 Euro übersteigt.

(5) Werden bei einer Realteilung, bei der Teilbetriebe auf einzelne Mitunternehmer übertragen werden, Anteile an einer Körperschaft, Personenvereinigung oder Vermögensmasse unmittelbar oder mittelbar von einem nicht von § 8b Absatz 2 des Körperschaftsteuergesetzes begünstigten Steuerpflichtigen auf einen von § 8b Absatz 2 des Körperschaftsteuergesetzes begünstigten Mitunternehmer übertragen, ist abweichend von Absatz 3 Satz 2 rückwirkend auf den Zeitpunkt der Realteilung der gemeine Wert anzusetzen, wenn der übernehmende Mitunternehmer die Anteile innerhalb eines Zeitraums von sieben Jahren nach der Realteilung unmittelbar oder mittelbar veräußert oder durch einen Vorgang nach § 22 Absatz 1 Satz 6 Nummer 1 bis 5 des Umwandlungssteuergesetzes weiter überträgt; § 22 Absatz 2 Satz 3 des Umwandlungssteuergesetzes gilt entsprechend.

§ 17
Veräußerung von Anteilen an Kapitalgesellschaften

(1) [1]Zu den Einkünften aus Gewerbebetrieb gehört auch der Gewinn aus der Veräußerung von Anteilen an einer Kapitalgesellschaft, wenn der Veräußerer innerhalb der letzten fünf Jahre am Kapital der Gesellschaft unmittelbar oder mittelbar zu mindestens 1 Prozent beteiligt war. [2]Die verdeckte Einlage von Anteilen an einer Kapitalgesellschaft in eine Kapitalgesellschaft steht der Veräußerung der Anteile gleich. [3]Anteile an einer Kapitalgesellschaft sind Aktien, Anteile an einer Gesellschaft mit beschränkter Haftung, Genussscheine oder ähnliche Beteiligungen und Anwartschaften auf solche Beteiligungen sowie Anteile an einer optierenden Gesellschaft im Sinne des § 1a des Körperschaftsteuergesetzes. [4]Hat der Veräußerer den veräußerten Anteil innerhalb der letzten fünf Jahre vor der Veräußerung unentgeltlich erworben, so gilt Satz 1 entsprechend, wenn der Veräußerer zwar nicht selbst, aber der Rechtsvorgänger oder, sofern der Anteil nacheinander unentgeltlich übertragen worden ist, einer der Rechtsvorgänger innerhalb der letzten fünf Jahre im Sinne von Satz 1 beteiligt war.

(2) [1]Veräußerungsgewinn im Sinne des Absatzes 1 ist der Betrag, um den der Veräußerungspreis nach Abzug der Veräußerungskosten die Anschaffungskosten übersteigt. [2]In den Fällen des Absatzes 1 Satz 2 tritt an die Stelle des Veräußerungspreises der Anteile ihr gemeiner Wert. [3]Weist der Veräußerer nach, dass ihm die Anteile bereits im Zeitpunkt der Begründung der unbeschränkten Steuerpflicht nach § 1 Absatz 1 zuzurechnen waren und dass der bis zu diesem Zeitpunkt entstandene Vermögenszuwachs auf Grund gesetzlicher Bestimmungen des Wegzugsstaats im Wegzugsstaat einer der Steuer nach § 6 des Außensteuergesetzes vergleichbaren Steuer unterlegen hat, tritt an die Stelle der Anschaffungskosten der Wert, den der Wegzugsstaat bei der Berechnung der der Steuer nach § 6 des Außensteuergesetzes vergleichbaren Steuer angesetzt hat, höchstens jedoch der gemeine Wert. [4]Satz 3 ist in den Fällen des § 6 Absatz 3 des Außensteuergesetzes nicht anzuwenden. [5]Hat der Veräußerer den veräußerten Anteil unentgeltlich erworben, so sind als Anschaffungskosten des Anteils die Anschaffungskosten des Rechtsvorgängers maßgebend, der den Anteil zuletzt entgeltlich erworben hat. [6]Ein Veräußerungsverlust ist nicht zu berücksichtigen, soweit er auf Anteile entfällt,

a) [1]die der Steuerpflichtige innerhalb der letzten fünf Jahre unentgeltlich erworben hatte. [2]Dies gilt nicht, soweit der Rechtsvorgänger anstelle des Steuerpflichtigen den Veräußerungsverlust hätte geltend machen können;

b) [1]die entgeltlich erworben worden sind und nicht innerhalb der gesamten letzten fünf Jahre zu einer Beteiligung des Steuerpflichtigen im Sinne von Absatz 1 Satz 1 gehört haben. [2]Dies gilt nicht für innerhalb der letzten fünf Jahre erworbene Anteile, deren Erwerb zur Begründung einer Beteiligung des Steuerpflichtigen im Sinne von Absatz 1 Satz 1 geführt hat oder die nach Begründung der Beteiligung im Sinne von Absatz 1 Satz 1 erworben worden sind.

(2a) [1]Anschaffungskosten sind die Aufwendungen, die geleistet werden, um die Anteile im Sinne des Absatzes 1 zu erwerben. [2]Zu den Anschaffungskosten gehören auch die Nebenkosten sowie die nachträglichen Anschaffungskosten. [3]Zu den nachträglichen Anschaffungskosten im Sinne des Satzes 2 gehören insbesondere

1. offene oder verdeckte Einlagen,
2. Darlehensverluste, soweit die Gewährung des Darlehens oder das Stehenlassen des Darlehens in der Krise der Gesellschaft gesellschaftsrechtlich veranlasst war, und
3. Ausfälle von Bürgschaftsregressforderungen und vergleichbaren Forderungen, soweit die Hingabe oder das Stehenlassen der betreffenden Sicherheit gesellschaftsrechtlich veranlasst war.

[4]Eine gesellschaftsrechtliche Veranlassung liegt regelmäßig vor, wenn ein fremder Dritter das Darlehen oder Sicherungsmittel im Sinne der Nummern 2 oder 3 bei sonst gleichen Umständen zurückgefordert oder nicht gewährt hätte. [5]Leistet der Steuerpflichtige über den Nennbetrag seiner Anteile hinaus Einzahlungen in das Kapital der Gesellschaft, sind die Einzahlungen bei der Ermittlung der Anschaffungskosten gleichmäßig auf seine gesamten Anteile einschließlich seiner im Rahmen von Kapitalerhöhungen erhaltenen neuen Anteile aufzuteilen.

(3) [1]Der Veräußerungsgewinn wird zur Einkommensteuer nur herangezogen, soweit er den Teil von 9 060 Euro übersteigt, der dem veräußerten Anteil an der Kapitalgesellschaft entspricht. [2]Der Freibetrag ermäßigt sich um den Betrag, um den der Veräußerungsgewinn den Teil von 36 100 Euro übersteigt, der dem veräußerten Anteil an der Kapitalgesellschaft entspricht.

(4) [1]Als Veräußerung im Sinne des Absatzes 1 gilt auch die Auflösung einer Kapitalgesellschaft, die Kapitalherabsetzung, wenn das Kapital zurückgezahlt wird, und die Ausschüttung oder Zurückzahlung von Beträgen aus dem steuerlichen Einlagenkonto im Sinne des § 27 des Körperschaftsteuergesetzes. [2]In diesen Fällen ist als Veräußerungspreis der gemeine Wert des dem Steuerpflichtigen zugeteilten oder zurückgezahlten Vermögens der Kapitalgesellschaft anzusehen. [3]Satz 1 gilt nicht, soweit die Bezüge nach § 20 Absatz 1 Nummer 1 oder Nummer 2 zu den Einnahmen aus Kapitalvermögen gehören.

(5) [1]Die Beschränkung oder der Ausschluss des Besteuerungsrechts der Bundesrepublik Deutschland hinsichtlich des Gewinns aus der Veräußerung der Anteile an einer Kapitalgesellschaft im Fall der Verlegung des Sitzes oder des Orts der Geschäftsleitung der Kapitalgesellschaft in einen anderen Staat stehen der Veräußerung der Anteile zum gemeinen Wert gleich. [2]Dies gilt nicht in den Fällen der Sitzverlegung einer Europäischen Gesellschaft nach Artikel 8 der Verordnung (EG) Nummer 2157/2001 und der Sitzverlegung einer anderen Kapitalgesellschaft in einen anderen Mitgliedstaat der Europäischen Union. [3]In diesen Fällen ist der Gewinn aus einer späteren Veräußerung der Anteile ungeachtet der Bestimmungen eines Abkommens zur Vermeidung der Doppelbesteuerung in der gleichen Art und Weise zu besteuern, wie die Veräußerung dieser Anteile zu besteuern gewesen wäre, wenn keine Sitzverlegung stattgefunden hätte. [4]§ 15 Absatz 1a Satz 2 ist entsprechend anzuwenden.

(6) Als Anteile im Sinne des Absatzes 1 Satz 1 gelten auch Anteile an Kapitalgesellschaften, an denen der Veräußerer innerhalb der letzten fünf Jahre am Kapital der Gesellschaft nicht unmittelbar oder mittelbar zu mindestens 1 Prozent beteiligt war, wenn

1. die Anteile auf Grund eines Einbringungsvorgangs im Sinne des Umwandlungssteuergesetzes, bei dem der Buchwert oder ein Zwischenwert zum Ansatz kam, erworben wurden und
2. zum Einbringungszeitpunkt für die eingebrachten Anteile die Voraussetzungen von Absatz 1 Satz 1 erfüllt waren oder die Anteile auf einer Einbringung eines Betriebs, Teilbetriebs oder Mitunternehmeranteils im Sinne von § 20 Absatz 1 des Umwandlungssteuergesetzes beruhen.

(7) Als Anteile im Sinne des Absatzes 1 Satz 1 gelten auch Anteile an einer Genossenschaft einschließlich der Europäischen Genossenschaft.

c) Selbständige Arbeit (§ 2 Absatz 1 Satz 1 Nummer 3)

§ 18

(1) Einkünfte aus selbständiger Arbeit sind

1. [1]Einkünfte aus freiberuflicher Tätigkeit. [2]Zu der freiberuflichen Tätigkeit gehören die selbständig ausgeübte wissenschaftliche, künstlerische, schriftstellerische, unterrichtende oder erzieherische Tätigkeit, die selbständige Berufstätigkeit der Ärzte, Zahnärzte, Tierärzte, Rechtsanwälte, Notare, Patentanwälte, Vermessungsingenieure, Ingenieure, Architekten, Handelschemiker, Wirtschaftsprüfer, Steuerberater, beratenden Volks- und Betriebswirte, vereidigten Buchprüfer, Steuerbevollmächtigten, Heilpraktiker, Dentisten, Krankengymnasten, Journalisten, Bildberichterstatter, Dolmetscher, Übersetzer, Lotsen und ähnlicher Berufe. [3]Ein Angehöriger eines freien Berufs im Sinne der Sätze 1 und 2 ist auch dann freiberuflich tätig, wenn er sich der Mithilfe fachlich vorgebildeter Arbeitskräfte bedient; Voraussetzung ist, dass er auf Grund eigener Fachkenntnisse leitend und eigenverantwortlich tätig wird. [4]Eine Vertretung im Fall vorübergehender Verhinderung steht der Annahme einer leitenden und eigenverantwortlichen Tätigkeit nicht entgegen;
2. Einkünfte der Einnehmer einer staatlichen Lotterie, wenn sie nicht Einkünfte aus Gewerbebetrieb sind;
3. Einkünfte aus sonstiger selbständiger Arbeit, z.B. Vergütungen für die Vollstreckung von Testamenten, für Vermögensverwaltung und für die Tätigkeit als Aufsichtsratsmitglied;
4. Einkünfte, die ein Beteiligter an einer vermögensverwaltenden Gesellschaft oder Gemeinschaft, deren Zweck im Erwerb, Halten und in der Veräußerung von Anteilen an Kapitalgesellschaften besteht, als Vergütung für Leistungen zur Förderung des Gesellschafts- oder Gemeinschaftszwecks erzielt, wenn der Anspruch auf die Vergütung unter der Voraussetzung eingeräumt worden ist, dass die Gesellschafter oder Gemeinschafter ihr eingezahltes Kapital vollständig zurückerhalten haben; § 15 Absatz 3 ist nicht anzuwenden.

(2) Einkünfte nach Absatz 1 sind auch dann steuerpflichtig, wenn es sich nur um eine vorübergehende Tätigkeit handelt.

(3) [1]Zu den Einkünften aus selbständiger Arbeit gehört auch der Gewinn, der bei der Veräußerung des Vermögens oder eines selbständigen Teils des Vermögens oder eines Anteils am Vermögen erzielt wird, das der selbständigen Arbeit dient. [2]§ 16 Absatz 1 Satz 1 Nummer 1 und 2 und Absatz 1 Satz 2 sowie Absatz 2 bis 4 gilt entsprechend.

(4) [1]§ 13 Absatz 5 gilt entsprechend, sofern das Grundstück im Veranlagungszeitraum 1986 zu einem der selbständigen Arbeit dienenden Betriebsvermögen gehört hat. [2]§ 15 Absatz 1 Satz 1 Nummer 2, Absatz 1a, Absatz 2 Satz 2 und 3, §§ 15a und 15b sind entsprechend anzuwenden.

d) Nichtselbständige Arbeit (§ 2 Absatz 1 Satz 1 Nummer 4)

§ 19

(1) [1]Zu den Einkünften aus nichtselbständiger Arbeit gehören

1. Gehälter, Löhne, Gratifikationen, Tantiemen und andere Bezüge und Vorteile für eine Beschäftigung im öffentlichen oder privaten Dienst;

1a. [1]Zuwendungen des Arbeitgebers an seinen Arbeitnehmer und dessen Begleitpersonen anlässlich von Veranstaltungen auf betrieblicher Ebene mit gesellschaftlichem Charakter (Betriebsveranstaltung). [2]Zuwendungen im Sinne des Satzes 1 sind alle Aufwendungen des Arbeitgebers einschließlich Umsatzsteuer unabhängig davon, ob sie einzelnen Arbeitnehmern individuell zurechenbar sind oder ob es sich um einen rechnerischen Anteil an den Kosten der Betriebsveranstaltung handelt, die der Arbeitgeber gegenüber Dritten für den äußeren Rahmen der Betriebsveranstaltung aufwendet. [3]Soweit solche Zuwendungen den Betrag von 110 Euro je Betriebsveranstaltung und teilnehmenden Arbeitnehmer nicht übersteigen, gehören sie nicht zu den Einkünften aus nichtselbständiger Arbeit, wenn die Teilnahme an der Betriebsveranstaltung allen Angehörigen des Betriebs oder eines Betriebsteils offensteht. [4]Satz 3 gilt für bis zu zwei Betriebsveranstaltungen jährlich. [5]Die Zuwendungen im Sinne des Satzes 1 sind abweichend von § 8 Absatz 2 mit den anteilig auf den Arbeitnehmer und dessen Begleitpersonen entfallenden Aufwendungen des Arbeitgebers im Sinne des Satzes 2 anzusetzen;

2. Wartegelder, Ruhegelder, Witwen- und Waisengelder und andere Bezüge und Vorteile aus früheren Dienstleistungen, auch soweit sie von Arbeitgebern ausgleichspflichtiger Personen an ausgleichsberechtigte Personen infolge einer nach § 10 oder § 14 des Versorgungsausgleichsgesetzes durchgeführten Teilung geleistet werden;

3. [1]laufende Beiträge und laufende Zuwendungen des Arbeitgebers aus einem bestehenden Dienstverhältnis an einen Pensionsfonds, eine Pensionskasse oder für eine Direktversicherung für eine betriebliche Altersversorgung. [2]Zu den Einkünften aus nichtselbständiger Arbeit gehören auch Sonderzahlungen, die der Arbeitgeber neben den laufenden Beiträgen und Zuwendungen an eine solche Versorgungseinrichtung leistet, mit Ausnahme der Zahlungen des Arbeitgebers

   a) zur erstmaligen Bereitstellung der Kapitalausstattung zur Erfüllung der Solvabilitätskapitalanforderung nach den §§ 89, 213, auch in Verbindung mit den §§ 234g oder 238 des Versicherungsaufsichtsgesetzes,

   b) zur Wiederherstellung einer angemessenen Kapitalausstattung nach unvorhersehbaren Verlusten oder zur Finanzierung der Verstärkung der Rechnungsgrundlagen auf Grund einer unvorhersehbaren und nicht nur vorübergehenden Änderung der Verhältnisse, wobei die Sonderzahlungen nicht zu einer Absenkung des laufenden Beitrags führen oder durch die Absenkung des laufenden Beitrags Sonderzahlungen ausgelöst werden dürfen,

   c) in der Rentenbezugszeit nach § 236 Absatz 2 des Versicherungsaufsichtsgesetzes oder

   d) in Form von Sanierungsgeldern;

   Sonderzahlungen des Arbeitgebers sind insbesondere Zahlungen an eine Pensionskasse anlässlich

   a) seines Ausscheidens aus einer nicht im Wege der Kapitaldeckung finanzierten betrieblichen Altersversorgung oder

   b) des Wechsels von einer nicht im Wege der Kapitaldeckung zu einer anderen nicht im Wege der Kapitaldeckung finanzierten betrieblichen Altersversorgung.

   [3]Von Sonderzahlungen im Sinne des Satzes 2 zweiter Halbsatz Buchstabe b ist bei laufenden und wiederkehrenden Zahlungen entsprechend dem periodischen Bedarf nur auszugehen, soweit die Bemessung der Zahlungsverpflichtungen des Arbeitgebers in das Versorgungssystem nach dem Wechsel die Bemessung der Zahlungsverpflichtung zum Zeitpunkt des Wechsels übersteigt. [4]Sanierungsgelder sind Sonderzahlungen des Arbeitgebers an eine Pensionskasse anlässlich der Sys-

temumstellung einer nicht im Wege der Kapitaldeckung finanzierten betrieblichen Altersversorgung auf der Finanzierungs- oder Leistungsseite, die der Finanzierung der zum Zeitpunkt der Umstellung bestehenden Versorgungsverpflichtungen oder Versorgungsanwartschaften dienen; bei laufenden und wiederkehrenden Zahlungen entsprechend dem periodischen Bedarf ist nur von Sanierungsgeldern auszugehen, soweit die Bemessung der Zahlungsverpflichtungen des Arbeitgebers in das Versorgungssystem nach der Systemumstellung die Bemessung der Zahlungsverpflichtung zum Zeitpunkt der Systemumstellung übersteigt.

[2]Es ist gleichgültig, ob es sich um laufende oder um einmalige Bezüge handelt und ob ein Rechtsanspruch auf sie besteht.

(2) [1]Von Versorgungsbezügen bleiben ein nach einem Prozentsatz ermittelter, auf einen Höchstbetrag begrenzter Betrag (Versorgungsfreibetrag) und ein Zuschlag zum Versorgungsfreibetrag steuerfrei. [2]Versorgungsbezüge sind

1. das Ruhegehalt, Witwen- oder Waisengeld, der Unterhaltsbeitrag oder ein gleichartiger Bezug
   a) auf Grund beamtenrechtlicher oder entsprechender gesetzlicher Vorschriften,
   b) nach beamtenrechtlichen Grundsätzen von Körperschaften, Anstalten oder Stiftungen des öffentlichen Rechts oder öffentlich-rechtlichen Verbänden von Körperschaften

   oder
2. in anderen Fällen Bezüge und Vorteile aus früheren Dienstleistungen wegen Erreichens einer Altersgrenze, verminderter Erwerbsfähigkeit oder Hinterbliebenenbezüge; Bezüge wegen Erreichens einer Altersgrenze gelten erst dann als Versorgungsbezüge, wenn der Steuerpflichtige das 63. Lebensjahr oder, wenn er schwerbehindert ist, das 60. Lebensjahr vollendet hat.

[3]Der maßgebende Prozentsatz, der Höchstbetrag des Versorgungsfreibetrags und der Zuschlag zum Versorgungsfreibetrag sind der nachstehenden Tabelle zu entnehmen:

Jahr des Versorgungsbeginns	Versorgungsfreibetrag		Zuschlag zum Versorgungsfreibetrag in Euro
	in % der Versorgungsbezüge	Höchstbetrag in Euro	
bis 2005	40,0	3 000	900
ab 2006	38,4	2 880	864
2007	36,8	2 760	828
2008	35,2	2 640	792
2009	33,6	2 520	756
2010	32,0	2 400	720
2011	30,4	2 280	684
2012	28,8	2 160	648
2013	27,2	2 040	612
2014	25,6	1 920	576
2015	24,0	1 800	540
2016	22,4	1 680	504
2017	20,8	1 560	468
2018	19,2	1 440	432
2019	17,6	1 320	396
2020	16,0	1 200	360
2021	15,2	1 140	342
2022	14,4	1 080	324
2023	14,0	1 050	315
2024	13,6	1 020	306
2025	13,2	990	297
2026	12,8	960	288
2027	12,4	930	279
2028	12,0	900	270
2029	11,6	870	261
2030	11,2	840	252
2031	10,8	810	243
2032	10,4	780	234
2033	10,0	750	225
2034	9,6	720	216
2035	9,2	690	207
2036	8,8	660	198
2037	8,4	630	189
2038	8,0	600	180
2039	7,6	570	171
2040	7,2	540	162
2041	6,8	510	153
2042	6,4	480	144
2043	6,0	450	135

Jahr des Versorgungsbeginns	Versorgungsfreibetrag		Zuschlag zum Versorgungsfreibetrag in Euro
	in % der Versorgungsbezüge	Höchstbetrag in Euro	
2044	5,6	420	126
2045	5,2	390	117
2046	4,8	360	108
2047	4,4	330	99
2048	4,0	300	90
2049	3,6	270	81
2050	3,2	240	72
2051	2,8	210	63
2052	2,4	180	54
2053	2,0	150	45
2054	1,6	120	36
2055	1,2	90	27
2056	0,8	60	18
2057	0,4	30	9
2058	0,0	0	0

[4]Bemessungsgrundlage für den Versorgungsfreibetrag ist

a) bei Versorgungsbeginn vor 2005
das Zwölffache des Versorgungsbezugs für Januar 2005,

b) bei Versorgungsbeginn ab 2005
das Zwölffache des Versorgungsbezugs für den ersten vollen Monat,

jeweils zuzüglich voraussichtlicher Sonderzahlungen im Kalenderjahr, auf die zu diesem Zeitpunkt ein Rechtsanspruch besteht. [5]Der Zuschlag zum Versorgungsfreibetrag darf nur bis zur Höhe der um den Versorgungsfreibetrag geminderten Bemessungsgrundlage berücksichtigt werden. [6]Bei mehreren Versorgungsbezügen mit unterschiedlichem Bezugsbeginn bestimmen sich der insgesamt berücksichtigungsfähige Höchstbetrag des Versorgungsfreibetrags und der Zuschlag zum Versorgungsfreibetrag nach dem Jahr des Beginns des ersten Versorgungsbezugs. [7]Folgt ein Hinterbliebenenbezug einem Versorgungsbezug, bestimmen sich der Prozentsatz, der Höchstbetrag des Versorgungsfreibetrags und der Zuschlag zum Versorgungsfreibetrag für den Hinterbliebenenbezug nach dem Jahr des Beginns des Versorgungsbezugs. [8]Der nach den Sätzen 3 bis 7 berechnete Versorgungsfreibetrag und Zuschlag zum Versorgungsfreibetrag gelten für die gesamte Laufzeit des Versorgungsbezugs. [9]Regelmäßige Anpassungen des Versorgungsbezugs führen nicht zu einer Neuberechnung. [10]Abweichend hiervon sind der Versorgungsfreibetrag und der Zuschlag zum Versorgungsfreibetrag neu zu berechnen, wenn sich der Versorgungsbezug wegen Anwendung von Anrechnungs-, Ruhens-, Erhöhungs- oder Kürzungsregelungen erhöht oder vermindert. [11]In diesen Fällen sind die Sätze 3 bis 7 mit dem geänderten Versorgungsbezug als Bemessungsgrundlage im Sinne des Satzes 4 anzuwenden; im Kalenderjahr der Änderung sind der höchste Versorgungsfreibetrag und Zuschlag zum Versorgungsfreibetrag maßgebend. [12]Für jeden vollen Kalendermonat, für den keine Versorgungsbezüge gezahlt werden, ermäßigen sich der Versorgungsfreibetrag und der Zuschlag zum Versorgungsfreibetrag in diesem Kalenderjahr um je ein Zwölftel.

(3) [1]Die Energiepreispauschale nach dem Versorgungsrechtlichen Energiepreispauschalen-Gewährungsgesetz oder vergleichbare Leistungen zum Ausgleich gestiegener Energiepreise nach Landesrecht sind als Einnahmen nach Absatz 2 zu berücksichtigen. [2]Sie gelten nicht als Sonderzahlung im Sinne von Absatz 2 Satz 4, jedoch als regelmäßige Anpassung des Versorgungsbezugs im Sinne von Absatz 2 Satz 9. [3]Im Lohnsteuerabzugsverfahren sind die Energiepreispauschale und vergleichbare Leistungen bei der Berechnung einer Vorsorgepauschale nach § 39b Absatz 2 Satz 5 Nummer 3 Buchstabe b und c nicht zu berücksichtigen. [4]In den Fällen des Satzes 1 sind die §§ 3 und 24a nicht anzuwenden.

§ 19a
Sondervorschrift für Einkünfte aus nichtselbständiger Arbeit bei Vermögensbeteiligungen

(1) [1]Werden einem Arbeitnehmer von seinem Arbeitgeber oder einem Gesellschafter seines Arbeitgebers zusätzlich zum ohnehin geschuldeten Arbeitslohn Vermögensbeteiligungen im Sinne des § 2 Absatz 1 Nummer 1 Buchstabe a, b und f bis l und Absatz 2 bis 5 des Fünften Vermögensbildungsgesetzes an dem Unternehmen des Arbeitgebers unentgeltlich oder verbilligt übertragen, so unterliegt der Vorteil im Sinne des § 19 Absatz 1 Satz 1 Nummer 1 im Kalenderjahr der Übertragung nicht der Besteuerung. [2]Dies gilt auch, wenn die Vermögensbeteiligungen mittelbar über Personengesellschaften gehalten werden. [3]Als Unternehmen des Arbeitgebers im Sinne des Satzes 1 gilt auch ein Unternehmen im Sinne des § 18 des Aktiengesetzes, wenn die Schwellenwerte des Absatzes 3 in Bezug auf die Gesamtheit aller Konzernunternehmen nicht überschritten werden und die Gründung keines Konzernunternehmens mehr als 20 Jahre zurückliegt. [4]Ein Vorteil im Sinne des Satzes 1 gilt in diesem Fall auch dann als zugeflossen, wenn es dem Arbeitnehmer rechtlich unmöglich ist, über die Vermögensbeteiligung zu verfügen. [5]Bei der Ermittlung des Vorteils im Sinne des Satzes 1 ist der Freibetrag nach § 3 Nummer 39 abzuziehen, wenn die Voraussetzungen vorliegen. [6]Ein nicht besteuerter Vorteil im Sinne des Satzes 1 ist bei der Berechnung der Vorsorgepauschale (§ 39b Absatz 2 Satz 5 Nummer 3) einzubeziehen. [7]Die Anschaffungskosten sind mit dem gemeinen Wert der Vermögensbeteiligung anzusetzen.

(2) [1]Die vorläufige Nichtbesteuerung nach Absatz 1 kann im Lohnsteuerabzugsverfahren nur mit Zustimmung des Arbeitnehmers angewendet werden. [2]Eine Nachholung der vorläufigen Nichtbesteuerung im Rahmen der Veranlagung zur Einkommensteuer ist ausgeschlossen.

(3) [1]Absatz 1 ist nur anzuwenden, wenn das Unternehmen des Arbeitgebers im Zeitpunkt der Übertragung der Vermögensbeteiligung betreffend den Jahresumsatz und die Jahresbilanzsumme das Doppelte und betreffend die Anzahl der beschäftigten Personen das Vierfache der in Artikel 2 Absatz 1 des Anhangs der Empfehlung der Kommission vom 6. Mai 2003 betreffend die Definition der Kleinstunternehmen sowie der kleinen und mittleren Unternehmen (ABl. L 124 vom 20.5.2003, S. 36) in der jeweils geltenden Fassung genannten Schwellenwerte nicht überschreitet oder in einem der sechs vorangegangenen Kalenderjahre nicht überschritten hat und seine Gründung nicht mehr als 20 Jahre zurückliegt. [2]Die Ermittlung der Schwellenwerte nach Satz 1 erfolgt gemäß der Artikel 4 und 5 des Anhangs der Empfehlung.

(4) [1]Der nach Absatz 1 nicht besteuerte Arbeitslohn unterliegt erst dann der Besteuerung nach § 19 und dem Lohnsteuerabzug als sonstiger Bezug, wenn

1. die Vermögensbeteiligung ganz oder teilweise entgeltlich oder unentgeltlich übertragen wird, insbesondere auch in den Fällen des § 17 Absatz 4 und des § 20 Absatz 2 Satz 2 oder bei Einlagen in ein Betriebsvermögen,
2. seit der Übertragung der Vermögensbeteiligung 15 Jahre vergangen sind oder
3. das Dienstverhältnis zu dem bisherigen Arbeitgeber beendet wird. [2]Übernimmt der Arbeitgeber in diesem Fall die Lohnsteuer, ist der übernommene Abzugsbetrag nicht Teil des zu besteuernden Arbeitslohns.

[2]In den Fällen des Satzes 1 ist für die zu besteuernden Arbeitslöhne § 34 Absatz 1 entsprechend anzuwenden, wenn seit der Übertragung der Vermögensbeteiligung mindestens drei Jahre vergangen sind. [3]Die nach Satz 1 zu besteuernden Arbeitslöhne sind bei der Berechnung der Vorsorgepauschale (§ 39b Absatz 2 Satz 5 Nummer 3) nicht einzubeziehen. [4]Ist in den Fällen des Satzes 1 der gemeine Wert der Vermögensbeteiligung abzüglich geleisteter Zuzahlungen des Arbeitnehmers bei der verbilligten Übertragung niedriger als der nach Absatz 1 nicht besteuerte Arbeitslohn, so unterliegt nur der gemeine Wert der Vermögensbeteiligung abzüglich geleisteter Zuzahlungen der Besteuerung; in den Fällen des Satzes 1 Nummer 3 tritt bei einem Rückerwerb der Vermögensbeteiligung durch den Arbeitgeber, einen Gesellschafter des Arbeitgebers oder ein Unternehmen im Sinne des § 18 des Aktiengesetzes an die Stelle des gemeinen Werts die vom Arbeitgeber gewährte Vergütung. [5]In den Fällen des Satzes 4 gilt neben den geleisteten Zuzahlungen nur der tatsächlich besteuerte Arbeitslohn als Anschaffungskosten im Sinne der §§ 17 und 20. [6]Die Sätze 4 und 5 sind nicht anzuwenden, soweit die Wertminderung nicht betrieblich veranlasst ist oder diese auf einer gesellschaftsrechtlichen Maßnahme, insbesondere einer Ausschüttung oder Einlagerückgewähr, beruht.

(4a) [1]Absatz 4 Satz 1 Nummer 2 und 3 ist nicht anzuwenden, wenn der Arbeitgeber spätestens mit der dem betreffenden Ereignis folgenden Lohnsteuer-Anmeldung unwiderruflich erklärt, bei Eintritt des in Absatz 4 Satz 1 Nummer 1 genannten Ereignisses für die betreffende Lohnsteuer zu haften (§ 42d), ohne sich der Haftung durch eine Anzeige nach § 38 Absatz 4 Satz 2 in Verbindung mit § 42d Absatz 2 entziehen zu können. [2]Eine Haftungsinanspruchnahme erfordert dann keine weitere Ermessensprüfung mehr.

(5) Das Betriebsstättenfinanzamt hat nach der Übertragung einer Vermögensbeteiligung im Rahmen einer Anrufungsauskunft (§ 42e) den vom Arbeitgeber nicht besteuerten Vorteil im Sinne des Absatzes 1 zu bestätigen.

(6) [1]Der nach Absatz 1 nicht besteuerte gemeine Wert der Vermögensbeteiligung und die übrigen Angaben des nach den vorstehenden Absätzen durchgeführten Besteuerungsverfahrens sind vom Arbeitgeber im Lohnkonto aufzuzeichnen. [2]Die Aufbewahrungsfrist nach § 41 Absatz 1 Satz 9 endet insoweit nicht vor Ablauf von sechs Jahren nach der Besteuerung im Sinne des Absatzes 4 Satz 1.

e) Kapitalvermögen (§ 2 Absatz 1 Satz 1 Nummer 5)

§ 20

(1) Zu den Einkünften aus Kapitalvermögen gehören

1. [1]Gewinnanteile (Dividenden), Ausbeuten und sonstige Bezüge aus Aktien, Genussrechten, mit denen das Recht am Gewinn und Liquidationserlös einer Kapitalgesellschaft verbunden ist, aus Anteilen an Gesellschaften mit beschränkter Haftung, an Genossenschaften sowie an einer optierenden Gesellschaft im Sinne des § 1a des Körperschaftsteuergesetzes. [2]Zu den sonstigen Bezügen gehören auch verdeckte Gewinnausschüttungen. [3]Die Bezüge gehören nicht zu den Einnahmen, soweit sie aus Ausschüttungen einer Körperschaft stammen, für die Beträge aus dem steuerlichen Einlagekonto im Sinne des § 27 des Körperschaftsteuergesetzes als verwendet gelten. [4]Als sonstige Bezüge gelten auch Einnahmen, die anstelle der Bezüge im Sinne des Satzes 1 von einem anderen als dem Anteilseigner nach Absatz 5 bezogen werden, wenn die Aktien mit Dividendenberechtigung erworben, aber ohne Dividendenanspruch geliefert werden;
2. [1]Bezüge, die nach der Auflösung einer Körperschaft oder Personenvereinigung im Sinne der Nummer 1 anfallen und die nicht in der Rückzahlung von Nennkapital bestehen; Nummer 1 Satz 3 gilt entsprechend. [2]Gleiches gilt für Bezüge, die auf Grund einer Kapitalherabsetzung oder nach der Auflösung einer unbeschränkt steuerpflichtigen Körperschaft oder Personenvereinigung im Sinne der Nummer 1 anfallen und die als Gewinnausschüttung im Sinne des § 28 Absatz 2 Satz 2 und 4 des Körperschaftsteuergesetzes gelten;
3. Investmenterträge nach § 16 des Investmentsteuergesetzes;

3a. Spezial-Investmenterträge nach § 34 des Investmentsteuergesetzes;

4. [1]Einnahmen aus der Beteiligung an einem Handelsgewerbe als stiller Gesellschafter und aus partiarischen Darlehen, es sei denn, dass der Gesellschafter oder Darlehensgeber als Mitunternehmer anzusehen ist. [2]Auf Anteile des stillen Gesellschafters am Verlust des Betriebes sind § 15 Absatz 4 Satz 6 bis 8 und § 15a sinngemäß anzuwenden.
5. [1]Zinsen aus Hypotheken und Grundschulden und Renten aus Rentenschulden. [2]Bei Tilgungshypotheken und Tilgungsgrundschulden ist nur der Teil der Zahlungen anzusetzen, der als Zins auf den jeweiligen Kapitalrest entfällt;
6. [1]der Unterschiedsbetrag zwischen der Versicherungsleistung und der Summe der auf sie entrichteten Beiträge (Erträge) im Erlebensfall oder bei Rückkauf des Vertrags bei Rentenversicherungen mit Kapitalwahlrecht, soweit nicht die lebenslange Rentenzahlung gewählt und erbracht wird, und bei Kapitalversicherungen mit Sparanteil, wenn der Vertrag nach dem 31. Dezember 2004[1)] abgeschlossen worden ist. [2]Wird die Versicherungsleistung nach Vollendung des 60. Lebensjahres des Steuerpflichtigen und nach Ablauf von zwölf Jahren seit dem Vertragsabschluss ausgezahlt, ist die Hälfte des Unterschiedsbetrags anzusetzen. [3]Bei entgeltlichem Erwerb des Anspruchs auf die Versicherungsleistung treten die Anschaffungskosten an die Stelle der vor dem Erwerb entrichteten Beiträge. [4]Die Sätze 1 bis 3 sind auf Erträge aus fondsgebundenen Lebensversicherungen, auf Erträge im Erlebensfall bei Rentenversicherungen ohne Kapitalwahlrecht, soweit keine lebenslange Rentenzahlung vereinbart und erbracht wird, und auf Erträge bei Rückkauf des Vertrages bei Rentenversicherungen ohne Kapitalwahlrecht entsprechend anzuwenden. [5]Ist in einem Versicherungsvertrag eine gesonderte Verwaltung von speziell für diesen Vertrag zusammengestellten Kapitalanlagen vereinbart, die nicht auf öffentlich vertriebene Investmentfondsanteile oder Anlagen, die die Entwicklung eines veröffentlichten Indexes abbilden, beschränkt ist, und kann der wirtschaftlich Berechtigte unmittelbar oder mittelbar über die Veräußerung der Vermögensgegenstände und die Wiederanlage der Erlöse bestimmen (vermögensverwaltender Versicherungsvertrag), sind die dem Versicherungsunternehmen zufließenden Erträge dem wirtschaftlich Berechtigten aus dem Versicherungsvertrag zuzurechnen; Sätze 1 bis 4 sind nicht anzuwenden. [6]Satz 2 ist nicht anzuwenden, wenn

1) Zur Anwendung der bis zum 31.12.2004 geltenden Fassung vgl. § 52 Absatz 28 Satz 5 i.d.F.d. Art. 3 des JStG 2024, BGBl. I 2024 Nr. 387 = BStBl I 2024, 1484.

a) in einem Kapitallebensversicherungsvertrag mit vereinbarter laufender Beitragszahlung in mindestens gleichbleibender Höhe bis zum Zeitpunkt des Erlebensfalls die vereinbarte Leistung bei Eintritt des versicherten Risikos weniger als 50 Prozent der Summe der für die gesamte Vertragsdauer zu zahlenden Beiträge beträgt und

b) bei einem Kapitallebensversicherungsvertrag die vereinbarte Leistung bei Eintritt des versicherten Risikos das Deckungskapital oder den Zeitwert der Versicherung spätestens fünf Jahre nach Vertragsabschluss nicht um mindestens 10 Prozent des Deckungskapitals, des Zeitwerts oder der Summe der gezahlten Beiträge übersteigt. ²Dieser Prozentsatz darf bis zum Ende der Vertragslaufzeit in jährlich gleichen Schritten auf Null sinken.

⁷Hat der Steuerpflichtige Ansprüche aus einem von einer anderen Person abgeschlossenen Vertrag entgeltlich erworben, gehört zu den Einkünften aus Kapitalvermögen auch der Unterschiedsbetrag zwischen der Versicherungsleistung bei Eintritt eines versicherten Risikos und den Aufwendungen für den Erwerb und Erhalt des Versicherungsanspruches; insoweit findet Satz 2 keine Anwendung. ⁸Satz 7 gilt nicht, wenn die versicherte Person den Versicherungsanspruch von einem Dritten erwirbt oder aus anderen Rechtsverhältnissen entstandene Abfindungs- und Ausgleichsansprüche arbeitsrechtlicher, erbrechtlicher oder familienrechtlicher Art durch Übertragung von Ansprüchen aus Versicherungsverträgen erfüllt werden. ⁹Bei fondsgebundenen Lebensversicherungen sind 15 Prozent des Unterschiedsbetrages steuerfrei oder dürfen nicht bei der Ermittlung der Einkünfte abgezogen werden, soweit der Unterschiedsbetrag aus Investmenterträgen stammt;

7. ¹Erträge aus sonstigen Kapitalforderungen jeder Art, wenn die Rückzahlung des Kapitalvermögens oder ein Entgelt für die Überlassung des Kapitalvermögens zur Nutzung zugesagt oder geleistet worden ist, auch wenn die Höhe der Rückzahlung oder des Entgelts von einem ungewissen Ereignis abhängt. ²Dies gilt unabhängig von der Bezeichnung und der zivilrechtlichen Ausgestaltung der Kapitalanlage. ³Erstattungszinsen im Sinne des § 233a der Abgabenordnung sind Erträge im Sinne des Satzes 1;

8. Diskontbeträge von Wechseln und Anweisungen einschließlich der Schatzwechsel;

9. ¹Einnahmen aus Leistungen einer nicht von der Körperschaftsteuer befreiten Körperschaft, Personenvereinigung oder Vermögensmasse im Sinne des § 1 Absatz 1 Nummer 3 bis 5 des Körperschaftsteuergesetzes, die Gewinnausschüttungen im Sinne der Nummer 1 wirtschaftlich vergleichbar sind, soweit sie nicht bereits zu den Einnahmen im Sinne der Nummer 1 gehören; Nummer 1 Satz 2, 3 und Nummer 2 gelten entsprechend. ²Satz 1 ist auf Leistungen von vergleichbaren Körperschaften, Personenvereinigungen oder Vermögensmassen, die weder Sitz noch Geschäftsleitung im Inland haben, entsprechend anzuwenden;

10. a) Leistungen eines nicht von der Körperschaftsteuer befreiten Betriebs gewerblicher Art im Sinne des § 4 des Körperschaftsteuergesetzes mit eigener Rechtspersönlichkeit, die zu mit Gewinnausschüttungen im Sinne der Nummer 1 Satz 1 wirtschaftlich vergleichbaren Einnahmen führen; Nummer 1 Satz 2, 3 und Nummer 2 gelten entsprechend;

b) ¹der nicht den Rücklagen zugeführte Gewinn und verdeckte Gewinnausschüttungen eines nicht von der Körperschaftsteuer befreiten Betriebs gewerblicher Art im Sinne des § 4 des Körperschaftsteuergesetzes ohne eigene Rechtspersönlichkeit, der den Gewinn durch Betriebsvermögensvergleich ermittelt oder Umsätze einschließlich der steuerfreien Umsätze, ausgenommen die Umsätze nach § 4 Nummer 8 bis 10 des Umsatzsteuergesetzes, von mehr als 350 000 Euro im Kalenderjahr oder einen Gewinn von mehr als 30 000 Euro im Wirtschaftsjahr hat, sowie der Gewinn im Sinne des § 22 Absatz 4 des Umwandlungssteuergesetzes. ²Die Auflösung der Rücklagen zu Zwecken außerhalb des Betriebs gewerblicher Art führt zu einem Gewinn im Sinne des Satzes 1; in Fällen der Einbringung nach dem Sechsten und des Formwechsels nach dem Achten Teil des Umwandlungssteuergesetzes gelten die Rücklagen als aufgelöst. ³Bei dem Geschäft der Veranstaltung von Werbesendungen der inländischen öffentlich-rechtlichen Rundfunkanstalten gelten drei Viertel des Einkommens im Sinne des § 8 Absatz 1 Satz 3 des Körperschaftsteuergesetzes als Gewinn im Sinne des Satzes 1. ⁴Die Sätze 1 und 2 sind bei wirtschaftlichen Geschäftsbetrieben der von der Körperschaftsteuer befreiten Körperschaften, Personenvereinigungen oder Vermögensmassen entsprechend anzuwenden. ⁵Nummer 1 Satz 3 gilt entsprechend.

11. Stillhalterprämien, die für die Einräumung von Optionen vereinnahmt werden; schließt der Stillhalter ein Glattstellungsgeschäft ab, sind die im Glattstellungsgeschäft gezahlten Prämien zum Zeitpunkt der Zahlung als negative Einnahmen zu berücksichtigen.

(2) ¹Zu den Einkünften aus Kapitalvermögen gehören auch

1. ¹der Gewinn aus der Veräußerung von Anteilen an einer Körperschaft im Sinne des Absatzes 1 Nummer 1. ²Anteile an einer Körperschaft sind auch Genussrechte im Sinne des Absatzes 1 Nummer 1, den Anteilen im Sinne des Absatzes 1 Nummer 1 ähnliche Beteiligungen und Anwartschaften auf Anteile im Sinne des Absatzes 1 Nummer 1;

2. ¹der Gewinn aus der Veräußerung

a) ¹von Dividendenscheinen und sonstigen Ansprüchen durch den Inhaber des Stammrechts, wenn die dazugehörigen Aktien oder sonstigen Anteile nicht mitveräußert werden. ²Soweit eine Besteuerung nach Satz 1 erfolgt ist, tritt diese insoweit an die Stelle der Besteuerung nach Absatz 1;

b) ¹von Zinsscheinen und Zinsforderungen durch den Inhaber oder ehemaligen Inhaber der Schuldverschreibung, wenn die dazugehörigen Schuldverschreibungen nicht mitveräußert werden. ²Entsprechendes gilt für die Einlösung von Zinsscheinen und Zinsforderungen durch den ehemaligen Inhaber der Schuldverschreibung.

²Satz 1 gilt sinngemäß für die Einnahmen aus der Abtretung von Dividenden- oder Zinsansprüchen oder sonstigen Ansprüchen im Sinne des Satzes 1, wenn die dazugehörigen Anteilsrechte oder Schuldverschreibungen nicht in einzelnen Wertpapieren verbrieft sind. ³Satz 2 gilt auch bei der Abtretung von Zinsansprüchen aus Schuldbuchforderungen, die in ein öffentliches Schuldbuch eingetragen sind;

3. der Gewinn

a) bei Termingeschäften, durch die der Steuerpflichtige einen Differenzausgleich oder einen durch den Wert einer veränderlichen Bezugsgröße bestimmten Geldbetrag oder Vorteil erlangt;

b) aus der Veräußerung eines als Termingeschäft ausgestalteten Finanzinstruments;

4. der Gewinn aus der Veräußerung von Wirtschaftsgütern, die Erträge im Sinne des Absatzes 1 Nummer 4 erzielen;

5. der Gewinn aus der Übertragung von Rechten im Sinne des Absatzes 1 Nummer 5;

6. ¹der Gewinn aus der Veräußerung von Ansprüchen auf eine Versicherungsleistung im Sinne des Absatzes 1 Nummer 6. ²Das Versicherungsunternehmen hat nach Kenntniserlangung von einer Veräußerung unverzüglich Mitteilung an das für den Steuerpflichtigen zuständige Finanzamt zu machen und auf Verlangen des Steuerpflichtigen eine Bescheinigung über die Höhe der entrichteten Beiträge im Zeitpunkt der Veräußerung zu erteilen;

7. der Gewinn aus der Veräußerung von sonstigen Kapitalforderungen jeder Art im Sinne des Absatzes 1 Nummer 7;
8. der Gewinn aus der Übertragung oder Aufgabe einer die Einnahmen im Sinne des Absatzes 1 Nummer 9 vermittelnden Rechtsposition.

²Als Veräußerung im Sinne des Satzes 1 gilt auch die Einlösung, Rückzahlung, Abtretung oder verdeckte Einlage in eine Kapitalgesellschaft; in den Fällen von Satz 1 Nummer 4 gilt auch die Vereinnahmung eines Auseinandersetzungsguthabens als Veräußerung. ³Die Anschaffung oder Veräußerung einer unmittelbaren oder mittelbaren Beteiligung an einer Personengesellschaft gilt als Anschaffung oder Veräußerung der anteiligen Wirtschaftsgüter. ⁴Wird ein Zinsschein oder eine Zinsforderung vom Stammrecht abgetrennt, gilt dies als Veräußerung der Schuldverschreibung und als Anschaffung der durch die Trennung entstandenen Wirtschaftsgüter. ⁵Eine Trennung gilt als vollzogen, wenn dem Inhaber der Schuldverschreibung die Wertpapierkennnummern für die durch die Trennung entstandenen Wirtschaftsgüter zugehen.

(3) ¹Zu den Einkünften aus Kapitalvermögen gehören auch besondere Entgelte oder Vorteile, die neben den in den Absätzen 1 und 2 bezeichneten Einnahmen oder an deren Stelle gewährt werden. ²Besondere Entgelte oder Vorteile nach Satz 1 liegen auch vor, wenn Bestandsprovisionen, Verwaltungsentgelte oder sonstige Aufwendungen durch den Schuldner der Kapitalerträge nach Absatz 1 oder 2 oder durch einen Dritten erstattet werden.

(3a) ¹Korrekturen im Sinne des § 43a Absatz 3 Satz 7 sind erst zu dem dort genannten Zeitpunkt zu berücksichtigen. ²Weist der Steuerpflichtige durch eine Bescheinigung der auszahlenden Stelle nach, dass sie die Korrektur nicht vorgenommen hat und auch nicht vornehmen wird, kann der Steuerpflichtige die Korrektur nach § 32d Absatz 4 und 6 geltend machen.

(4) ¹Gewinn im Sinne des Absatzes 2 ist der Unterschied zwischen den Einnahmen aus der Veräußerung nach Abzug der Aufwendungen, die im unmittelbaren sachlichen Zusammenhang mit dem Veräußerungsgeschäft stehen, und den Anschaffungskosten; bei nicht in Euro getätigten Geschäften sind die Einnahmen im Zeitpunkt der Veräußerung und die Anschaffungskosten im Zeitpunkt der Anschaffung in Euro umzurechnen. ²In den Fällen der verdeckten Einlage tritt an die Stelle der Einnahmen aus der Veräußerung der Wirtschaftsgüter ihr gemeiner Wert; der Gewinn ist für das Kalenderjahr der verdeckten Einlage anzusetzen. ³Ist ein Wirtschaftsgut im Sinne des Absatzes 2 in das Privatvermögen durch Entnahme oder Betriebsaufgabe überführt worden, tritt an die Stelle der Anschaffungskosten der nach § 6 Absatz 1 Nummer 4 oder § 16 Absatz 3 angesetzte Wert. ⁴In den Fällen des Absatzes 2 Satz 1 Nummer 6 gelten die entrichteten Beiträge im Sinne des Absatzes 1 Nummer 6 Satz 1 als Anschaffungskosten; ist ein entgeltlicher Erwerb vorausgegangen, gelten auch die nach dem Erwerb entrichteten Beiträge als Anschaffungskosten. ⁵Gewinn bei einem Termingeschäft ist der Differenzausgleich oder der durch den Wert einer veränderlichen Bezugsgröße bestimmte Geldbetrag oder Vorteil abzüglich der Aufwendungen, die im unmittelbaren sachlichen Zusammenhang mit dem Termingeschäft stehen. ⁶Bei unentgeltlichem Erwerb sind dem Einzelrechtsnachfolger für Zwecke dieser Vorschrift die Anschaffung, die Überführung des Wirtschaftsguts in das Privatvermögen, der Erwerb eines Rechts aus Termingeschäften oder die Beiträge im Sinne des Absatzes 1 Nummer 6 Satz 1 durch den Rechtsvorgänger zuzurechnen. ⁷Bei vertretbaren Wertpapieren, die einem Verwahrer zur Sammelverwahrung im Sinne des § 5 des Depotgesetzes in der Fassung der Bekanntmachung vom 11. Januar 1995 (BGBl. I S. 34), das zuletzt durch Artikel 4 des Gesetzes vom 5. April 2004 (BGBl. I S. 502) geändert worden ist, in der jeweils geltenden Fassung anvertraut worden sind, ist zu unterstellen, dass die zuerst angeschafften Wertpapiere zuerst veräußert wurden. ⁸Ist ein Zinsschein oder eine Zinsforderung vom Stammrecht abgetrennt worden, gilt als Veräußerungserlös der Schuldverschreibung deren gemeiner Wert zum Zeitpunkt der Trennung. ⁹Für die Ermittlung der Anschaffungskosten ist der Wert nach Satz 8 entsprechend dem gemeinen Wert der neuen Wirtschaftsgüter aufzuteilen.

(4a) ¹Werden Anteile an einer Körperschaft, Vermögensmasse oder Personenvereinigung gegen Anteile an einer anderen Körperschaft, Vermögensmasse oder Personenvereinigung getauscht und wird der Tausch auf Grund gesellschaftsrechtlicher Maßnahmen vollzogen, die von den beteiligten Unternehmen ausgehen, treten abweichend von Absatz 2 Satz 1 und den §§ 13 und 21 des Umwandlungssteuergesetzes die übernommenen Anteile steuerlich an die Stelle der bisherigen Anteile, wenn das Recht der Bundesrepublik Deutschland hinsichtlich der Besteuerung des Gewinns aus der Veräußerung der erhaltenen Anteile nicht ausgeschlossen oder beschränkt ist oder die Mitgliedstaaten der Europäischen Union bei einer Verschmelzung Artikel 8 der Richtlinie 2009/133/EG Artikel 8 der Richtlinie 2009/133/EG des Rates vom 19. Oktober 2009 über das gemeinsame Steuersystem für Fusionen, Spaltungen, Abspaltungen, die Einbringung von Unternehmensteilen und den Austausch von Anteilen, die Gesellschaften verschiedener Mitgliedstaaten betreffen, sowie für die Verlegung des Sitzes einer Europäischen Gesellschaft oder einer Europäischen Genossenschaft von einem Mitgliedstaat in einen anderen Mitgliedstaat (ABl. L 310 vom 25.11.2009, S. 34) in der jeweils geltenden Fassung anzuwenden haben; in diesem Fall ist der Gewinn aus einer späteren Veräußerung der erworbenen Anteile ungeachtet der Bestimmungen eines Abkommens zur Vermeidung der Doppelbesteuerung in der gleichen Art und Weise zu besteuern, wie die Veräußerung der Anteile an der übertragenden Körperschaft zu besteuern wäre, und § 15 Absatz 1a Satz 2 entsprechend anzuwenden. ²Erhält der Steuerpflichtige in den Fällen des Satzes 1 zusätzlich zu den Anteilen eine Gegenleistung, gilt diese als Ertrag im Sinne des Absatzes 1 Nummer 1. ³Besitzt bei sonstigen Kapitalforderungen im Sinne des Absatzes 1 Nummer 7 der Inhaber das Recht, bei Fälligkeit anstelle der Zahlung eines Geldbetrags vom Emittenten die Lieferung von Wertpapieren im Sinne des Absatzes 1 Nummer 1 zu verlangen oder besitzt der Emittent das Recht, bei Fälligkeit dem Inhaber anstelle der Zahlung eines Geldbetrags solche Wertpapiere anzudienen und macht der Inhaber der Forderung oder der Emittent von diesem Recht Gebrauch, ist abweichend von Absatz 4 Satz 1 das Entgelt für den Erwerb der Forderung als Veräußerungspreis der Forderung und als Anschaffungskosten der erhaltenen Wertpapiere anzusetzen; Satz 2 gilt entsprechend. ⁴Werden Bezugsrechte veräußert oder ausgeübt, die nach § 186 des Aktiengesetzes, § 55 des Gesetzes betreffend die Gesellschaften mit beschränkter Haftung oder eines vergleichbaren ausländischen Rechts einen Anspruch auf Abschluss eines Zeichnungsvertrags begründen, wird der Teil der Anschaffungskosten der Altanteile, der auf das Bezugsrecht entfällt, bei der Ermittlung des Gewinns nach Absatz 4 Satz 1 mit 0 Euro angesetzt. ⁵Werden einem Steuerpflichtigen von einer Körperschaft, Personenvereinigung oder Vermögensmasse, die weder Geschäftsleitung noch Sitz im Inland hat, Anteile zugeteilt, ohne dass der Steuerpflichtige eine Gegenleistung zu erbringen hat, sind sowohl der Ertrag als auch die Anschaffungskosten der erhaltenen Anteile mit 0 Euro anzusetzen, wenn die Voraussetzungen der Sätze 3, 4 und 7 nicht vorliegen; die Anschaffungskosten der die Zuteilung begründenden Anteile bleiben unverändert. ⁶Soweit es auf die steuerliche Wirksamkeit einer Kapitalmaßnahme im Sinne der vorstehenden Sätze 1 bis 5 ankommt, ist auf den Zeitpunkt der Einbuchung in das Depot des Steuerpflichtigen abzustellen. ⁷Geht Vermögen einer Körperschaft durch Abspaltung auf andere Körperschaften über, gelten abweichend von Satz 5 und § 15 des Umwandlungssteuergesetzes die Sätze 1 und 2 entsprechend.

(5) ¹Einkünfte aus Kapitalvermögen im Sinne des Absatzes 1 Nummer 1 und 2 erzielt der Anteilseigner. ²Anteilseigner ist derjenige, dem nach § 39 der Abgabenordnung die Anteile an dem Kapitalvermögen im Sinne des Absatzes 1 Nummer 1 im Zeitpunkt des Gewinnverteilungsbeschlusses zuzurechnen sind. ³Sind einem Nießbraucher oder Pfandgläubiger die Einnahmen im Sinne des Absatzes 1 Nummer 1 oder 2 zuzurechnen, gilt er als Anteilseigner.

(6) [1]Verluste aus Kapitalvermögen dürfen nicht mit Einkünften aus anderen Einkunftsarten ausgeglichen werden; sie dürfen auch nicht nach § 10d abgezogen werden. [2]Die Verluste mindern jedoch die Einkünfte, die der Steuerpflichtige in den folgenden Veranlagungszeiträumen aus Kapitalvermögen erzielt. [3]§ 10d Absatz 4 ist sinngemäß anzuwenden. [4]Verluste aus Kapitalvermögen im Sinne des Absatzes 2 Satz 1 Nummer 1 Satz 1, die aus der Veräußerung von Aktien entstehen, dürfen nur mit Gewinnen aus Kapitalvermögen im Sinne des Absatzes 2 Satz 1 Nummer 1 Satz 1, die aus der Veräußerung von Aktien entstehen, ausgeglichen werden; die Sätze 2 und 3 gelten sinngemäß. [5]Verluste aus Kapitalvermögen, die der Kapitalertragsteuer unterliegen, dürfen nur verrechnet werden oder mindern die Einkünfte, die der Steuerpflichtige in den folgenden Veranlagungszeiträumen aus Kapitalvermögen erzielt, wenn eine Bescheinigung im Sinne des § 43a Absatz 3 Satz 4 vorliegt.

(7) [1]§ 15b ist sinngemäß anzuwenden. [2]Ein vorgefertigtes Konzept im Sinne des § 15b Absatz 2 Satz 2 liegt auch vor, wenn die positiven Einkünfte nicht der tariflichen Einkommensteuer unterliegen.

(8) [1]Soweit Einkünfte der in den Absätzen 1, 2 und 3 bezeichneten Art zu den Einkünften aus Land- und Forstwirtschaft, aus Gewerbebetrieb, aus selbständiger Arbeit oder aus Vermietung und Verpachtung gehören, sind sie diesen Einkünften zuzurechnen. [2]Absatz 4a findet insoweit keine Anwendung.

(9) [1]Bei der Ermittlung der Einkünfte aus Kapitalvermögen ist als Werbungskosten ein Betrag von 1 000 Euro abzuziehen (Sparer-Pauschbetrag); der Abzug der tatsächlichen Werbungskosten ist ausgeschlossen. [2]Ehegatten, die zusammen veranlagt werden, wird ein gemeinsamer Sparer-Pauschbetrag von 2 000 Euro gewährt. [3]Der gemeinsame Sparer-Pauschbetrag ist bei der Einkunftsermittlung bei jedem Ehegatten je zur Hälfte abzuziehen; sind die Kapitalerträge eines Ehegatten niedriger als 1 000 Euro, so ist der anteilige Sparer-Pauschbetrag insoweit, als er die Kapitalerträge dieses Ehegatten übersteigt, bei dem anderen Ehegatten abzuziehen. [4]Der Sparer-Pauschbetrag und der gemeinsame Sparer-Pauschbetrag dürfen nicht höher sein als die nach Maßgabe des Absatzes 6 verrechneten Kapitalerträge.

f) Vermietung und Verpachtung (§ 2 Absatz 1 Satz 1 Nummer 6)

§ 21

(1) [1]Einkünfte aus Vermietung und Verpachtung sind

1. Einkünfte aus Vermietung und Verpachtung von unbeweglichem Vermögen, insbesondere von Grundstücken, Gebäuden, Gebäudeteilen, Schiffen, die in ein Schiffsregister eingetragen sind, und Rechten, die den Vorschriften des bürgerlichen Rechts über Grundstücke unterliegen (z.B. Erbbaurecht, Mineralgewinnungsrecht);
2. Einkünfte aus Vermietung und Verpachtung von Sachinbegriffen, insbesondere von beweglichem Betriebsvermögen;
3. Einkünfte aus zeitlich begrenzter Überlassung von Rechten, insbesondere von schriftstellerischen, künstlerischen und gewerblichen Urheberrechten, von gewerblichen Erfahrungen und von Gerechtigkeiten und Gefällen;
4. Einkünfte aus der Veräußerung von Miet- und Pachtzinsforderungen, auch dann, wenn die Einkünfte im Veräußerungspreis von Grundstücken enthalten sind und die Miet- oder Pachtzinsen sich auf einen Zeitraum beziehen, in dem der Veräußerer noch Besitzer war.

[2]§§ 15a und 15b sind sinngemäß anzuwenden.

(2) [1]Beträgt das Entgelt für die Überlassung einer Wohnung zu Wohnzwecken weniger als 50 Prozent der ortsüblichen Marktmiete, so ist die Nutzungsüberlassung in einen entgeltlichen und einen unentgeltlichen Teil aufzuteilen. [2]Beträgt das Entgelt bei auf Dauer angelegter Wohnungsvermietung mindestens 66 Prozent der ortsüblichen Miete, gilt die Wohnungsvermietung als entgeltlich.

(3) Einkünfte der in den Absätzen 1 und 2 bezeichneten Art sind Einkünften aus anderen Einkunftsarten zuzurechnen, soweit sie zu diesen gehören.

g) Sonstige Einkünfte (§ 2 Absatz 1 Satz 1 Nummer 7)

§ 22
Arten der sonstigen Einkünfte

Sonstige Einkünfte sind

1. [1]Einkünfte aus wiederkehrenden Bezügen, soweit sie nicht zu den in § 2 Absatz 1 Nummer 1 bis 6 bezeichneten Einkunftsarten gehören; § 15b ist sinngemäß anzuwenden. [2]Werden die Bezüge freiwillig oder auf Grund einer freiwillig begründeten Rechtspflicht oder einer gesetzlich unterhaltsberechtigten Person gewährt, so sind sie nicht dem Empfänger zuzurechnen; dem Empfänger sind dagegen zuzurechnen
   a) Bezüge, die von einer Körperschaft, Personenvereinigung oder Vermögensmasse außerhalb der Erfüllung steuerbegünstigter Zwecke im Sinne der §§ 52 bis 54 der Abgabenordnung gewährt werden, und
   b) Bezüge im Sinne des § 1 der Verordnung über die Steuerbegünstigung von Stiftungen, die an die Stelle von Familienfideikommissen getreten sind, in der im Bundesgesetzblatt Teil III, Gliederungsnummer 611-4-3, veröffentlichten bereinigten Fassung.

   [3]Zu den in Satz 1 bezeichneten Einkünften gehören auch
   a) Leibrenten und andere Leistungen,
      aa) [1]die aus den gesetzlichen Rentenversicherungen, der landwirtschaftlichen Alterskasse, den berufsständischen Versorgungseinrichtungen und aus Rentenversicherungen im Sinne des § 10 Absatz 1 Nummer 2 Buchstabe b erbracht werden, soweit sie jeweils der Besteuerung unterliegen. [2]Bemessungsgrundlage für den der Besteuerung unterliegenden Anteil ist der Jahresbetrag der Rente. [3]Der der Besteuerung unterliegende Anteil ist nach dem Jahr des Rentenbeginns und dem in diesem Jahr maßgebenden Prozentsatz aus der nachstehenden Tabelle zu entnehmen:

Jahr des Rentenbeginns	Besteuerungsanteil in %
bis 2005	50
ab 2006	52
2007	54
2008	56
2009	58
2010	60
2011	62
2012	64
2013	66
2014	68
2015	70
2016	72
2017	74
2018	76
2019	78
2020	80
2021	81
2022	82
2023	82,5
2024	83,0
2025	83,5
2026	84,0
2027	84,5
2028	85,0
2029	85,5
2030	86,0
2031	86,5
2032	87,0
2033	87,5
2034	88,0
2035	88,5
2036	89,0
2037	89,5
2038	90,0
2039	90,5
2040	91,0
2041	91,5
2042	92,0
2043	92,5
2044	93,0
2045	93,5
2046	94,0
2047	94,5
2048	95,0
2049	95,5
2050	96,0
2051	96,5
2052	97,0
2053	97,5
2054	98,0
2055	98,5
2056	99,0
2057	99,5
2058	100,0

[4]Der Unterschiedsbetrag zwischen dem Jahresbetrag der Rente und dem der Besteuerung unterliegenden Anteil der Rente ist der steuerfreie Teil der Rente. [5]Dieser gilt ab dem Jahr, das dem Jahr des Rentenbeginns folgt, für die gesamte Laufzeit des Rentenbezugs. 6Abweichend hiervon ist der steuerfreie Teil der Rente bei einer Veränderung des Jahresbetrags der Rente in dem Verhältnis anzupassen, in dem der veränderte Jahresbetrag der Rente zum Jahresbetrag der Rente steht, der der Ermittlung des steuerfreien Teils der Rente zugrunde liegt. [7]Regelmäßige Anpassungen des Jahresbetrags der Rente führen nicht zu einer Neuberechnung und bleiben bei einer Neu-

berechnung außer Betracht. [8]Folgen nach dem 31. Dezember 2004 Renten aus derselben Versicherung einander nach, gilt für die spätere Rente Satz 3 mit der Maßgabe, dass sich der Prozentsatz nach dem Jahr richtet, das sich ergibt, wenn die Laufzeit der vorhergehenden Renten von dem Jahr des Beginns der späteren Rente abgezogen wird; der Prozentsatz kann jedoch nicht niedriger bemessen werden als der für das Jahr 2005. [9]Verstirbt der Rentenempfänger, ist ihm die Rente für den Sterbemonat noch zuzurechnen;

bb) [1]die nicht solche im Sinne des Doppelbuchstaben aa sind und bei denen in den einzelnen Bezügen Einkünfte aus Erträgen des Rentenrechts enthalten sind. [2]Dies gilt auf Antrag auch für Leibrenten und andere Leistungen, soweit diese auf bis zum 31. Dezember 2004 geleisteten Beiträgen beruhen, welche oberhalb des Betrags des Höchstbeitrags zur gesetzlichen Rentenversicherung gezahlt wurden; der Steuerpflichtige muss nachweisen, dass der Betrag des Höchstbeitrags mindestens zehn Jahre überschritten wurde; soweit hiervon im Versorgungsausgleich übertragene Rentenanwartschaften betroffen sind, gilt § 4 Absatz 1 und 2 des Versorgungsausgleichsgesetzes entsprechend. [3]Als Ertrag des Rentenrechts gilt für die gesamte Dauer des Rentenbezugs der Unterschiedsbetrag zwischen dem Jahresbetrag der Rente und dem Betrag, der sich bei gleichmäßiger Verteilung des Kapitalwerts der Rente auf ihre voraussichtliche Laufzeit ergibt; dabei ist der Kapitalwert nach dieser Laufzeit zu berechnen. [4]Der Ertrag des Rentenrechts (Ertragsanteil) ist aus der nachstehenden Tabelle zu entnehmen:

Bei Beginn der Rente vollendetes Lebensjahr des Rentenberechtigten	Ertragsanteil in %	Bei Beginn der Rente vollendetes Lebensjahr des Rentenberechtigten	Ertragsanteil in %
0 bis 1	59	51 bis 52	29
2 bis 3	58	53	28
4 bis 5	57	54	27
6 bis 8	56	55 bis 56	26
9 bis 10	55	57	25
11 bis 12	54	58	24
13 bis 14	53	59	23
15 bis 16	52	60 bis 61	22
17 bis 18	51	62	21
19 bis 20	50	63	20
21 bis 22	49	64	19
23 bis 24	48	65 bis 66	18
25 bis 26	47	67	17
27	46	68	16
28 bis 29	45	69 bis 70	15
30 bis 31	44	71	14
32	43	72 bis 73	13
33 bis 34	42	74	12
35	41	75	11
36 bis 37	40	76 bis 77	10
38	39	78 bis 79	9
39 bis 40	38	80	8
41	37	81 bis 82	7
42	36	83 bis 84	6
43 bis 44	35	85 bis 87	5
45	34	88 bis 91	4
46 bis 47	33	92 bis 93	3
48	32	94 bis 96	2
49	31	ab 97	1
50	30		

[5]Die Ermittlung des Ertrags aus Leibrenten, die vor dem 1. Januar 1955 zu laufen begonnen haben, und aus Renten, deren Dauer von der Lebenszeit mehrerer Personen oder einer anderen Person als des Rentenberechtigten abhängt, sowie aus Leibrenten, die auf eine bestimmte Zeit beschränkt sind, wird durch eine Rechtsverordnung bestimmt. [6]Doppelbuchstabe aa Satz 9 gilt entsprechend;

b) Einkünfte aus Zuschüssen und sonstigen Vorteilen, die als wiederkehrende Bezüge gewährt werden;

c) die Energiepreispauschale nach dem Rentenbeziehende-Energiepreispauschalengesetz;

1a. Einkünfte aus Leistungen und Zahlungen nach § 10 Absatz 1a, soweit für diese die Voraussetzungen für den Sonderausgabenabzug beim Leistungs- oder Zahlungsverpflichteten nach § 10 Absatz 1a erfüllt sind;

1b. und 1c. *(weggefallen)*

2. Einkünfte aus privaten Veräußerungsgeschäften im Sinne des § 23;

3. [1]Einkünfte aus Leistungen, soweit sie weder zu anderen Einkunftsarten (§ 2 Absatz 1 Satz 1 Nummer 1 bis 6) noch zu den Einkünften im Sinne der Nummern 1, 1a, 2 oder 4 gehören, z.B. Einkünfte aus gelegentlichen Vermittlungen und aus der Vermietung beweglicher Gegenstände. [2]Solche Einkünfte sind nicht einkommensteuerpflichtig, wenn sie weniger als 256 Euro im Kalenderjahr betragen haben. [3]Übersteigen die Werbungskosten die Einnahmen, so darf der übersteigende Betrag bei Ermittlung des Einkommens nicht ausgeglichen werden; er darf auch nicht nach § 10d abgezogen werden. [4]Die Verluste mindern jedoch nach Maßgabe des § 10d die Einkünfte, die der Steuerpflichtige in dem unmittelbar vorangegan-

genen Veranlagungszeitraum oder in den folgenden Veranlagungszeiträumen aus Leistungen im Sinne des Satzes 1 erzielt hat oder erzielt; § 10d Absatz 4 gilt entsprechend;

4. [1]Entschädigungen, Amtszulagen, Zuschüsse zu Kranken- und Pflegeversicherungsbeiträgen, Übergangsgelder, Überbrückungsgelder, Sterbegelder, Versorgungsabfindungen, Versorgungsbezüge, die auf Grund des Abgeordnetengesetzes oder des Europaabgeordnetengesetzes, sowie vergleichbare Bezüge, die auf Grund der entsprechenden Gesetze der Länder gezahlt werden und die Entschädigungen, das Übergangsgeld, das Ruhegehalt und die Hinterbliebenenversorgung, die auf Grund des Abgeordnetenstatuts des Europäischen Parlaments von der Europäischen Union gezahlt werden. [2]Werden zur Abgeltung des durch das Mandat veranlassten Aufwandes Aufwandsentschädigungen gezahlt, so dürfen die durch das Mandat veranlassten Aufwendungen nicht als Werbungskosten abgezogen werden. [3]Wahlkampfkosten zur Erlangung eines Mandats im Bundestag, im Europäischen Parlament oder im Parlament eines Landes dürfen nicht als Werbungskosten abgezogen werden. [4]Es gelten entsprechend
   a) für Nachversicherungsbeiträge auf Grund gesetzlicher Verpflichtung nach den Abgeordnetengesetzen im Sinne des Satzes 1 und für Zuschüsse zu Kranken- und Pflegeversicherungsbeiträgen § 3 Nummer 62,
   b) für Versorgungsbezüge § 19 Absatz 2 nur bezüglich des Versorgungsfreibetrags; beim Zusammentreffen mit Versorgungsbezügen im Sinne des § 19 Absatz 2 Satz 2 bleibt jedoch insgesamt höchstens ein Betrag in Höhe des Versorgungsfreibetrags nach § 19 Absatz 2 Satz 3 im Veranlagungszeitraum steuerfrei,
   c) für das Übergangsgeld, das in einer Summe gezahlt wird, und für die Versorgungsabfindung § 34 Absatz 1,
   d) für die Gemeinschaftssteuer, die auf die Entschädigungen, das Übergangsgeld, das Ruhegehalt und die Hinterbliebenenversorgung auf Grund des Abgeordnetenstatuts des Europäischen Parlaments von der Europäischen Union erhoben wird, § 34c Absatz 1; dabei sind die im ersten Halbsatz genannten Einkünfte für die entsprechende Anwendung des § 34c Absatz 1 wie ausländische Einkünfte und die Gemeinschaftssteuer wie eine der deutschen Einkommensteuer entsprechende ausländische Steuer zu behandeln;

5. [1]Leistungen aus Altersvorsorgeverträgen, Pensionsfonds, Pensionskassen und Direktversicherungen. [2]Soweit die Leistungen nicht auf Beiträgen, auf die § 3 Nummer 63, 63a, § 10a, Abschnitt XI oder Abschnitt XII angewendet wurden, nicht auf Zulagen im Sinne des Abschnitts XI, nicht auf Zahlungen im Sinne des § 92a Absatz 2 Satz 4 Nummer 1 und des § 92a Absatz 3 Satz 9 Nummer 2, nicht auf steuerfreien Leistungen nach § 3 Nummer 66, nicht auf Ansprüchen beruhen, die durch steuerfreie Zuwendungen nach § 3 Nummer 56 oder die durch die nach § 3 Nummer 55b Satz 1 oder § 3 Nummer 55c steuerfreie Leistung aus einem neu begründeten Anrecht erworben wurden, und nicht auf Beiträgen in eine ausländische Versorgungseinrichtung beruhen, für die bei der deutschen Besteuerung oder der Besteuerung in einem anderen Staat eine vergleichbare steuerliche Freistellung oder Begünstigung gewährt wurde,
   a) ist bei lebenslangen Renten sowie bei Berufsunfähigkeits-, Erwerbsminderungs- und Hinterbliebenenrenten Nummer 1 Satz 3 Buchstabe a entsprechend anzuwenden,
   b) ist bei Leistungen aus Versicherungsverträgen, Pensionsfonds, Pensionskassen und Direktversicherungen, die nicht solche nach Buchstabe a sind, § 20 Absatz 1 Nummer 6 in der jeweils für den Vertrag geltenden Fassung entsprechend anzuwenden,
   c) unterliegt bei anderen Leistungen der Unterschiedsbetrag zwischen der Leistung und der Summe der auf sie entrichteten Beiträge der Besteuerung; § 20 Absatz 1 Nummer 6 Satz 2 gilt entsprechend.

   [3]In den Fällen des § 93 Absatz 1 Satz 1 und 2 gilt das ausgezahlte geförderte Altersvorsorgevermögen nach Abzug der Zulagen im Sinne des Abschnitts XI als Leistung im Sinne des Satzes 2. [4]Als Leistung im Sinne des Satzes 1 gilt auch der Verminderungsbetrag nach § 92a Absatz 2 Satz 5 und der Auflösungsbetrag nach § 92a Absatz 3 Satz 5. [5]Der Auflösungsbetrag nach § 92a Absatz 2 Satz 6 wird zu 70 Prozent als Leistung nach Satz 1 erfasst. [6]Tritt nach dem Beginn der Auszahlungsphase zu Lebzeiten des Zulageberechtigten der Fall des § 92a Absatz 3 Satz 1 ein, dann ist
   a) innerhalb eines Zeitraums bis zum zehnten Jahr nach dem Beginn der Auszahlungsphase das Eineinhalbfache,
   b) innerhalb eines Zeitraums zwischen dem zehnten und 20. Jahr nach dem Beginn der Auszahlungsphase das Einfache

   des nach Satz 5 noch nicht erfassten Auflösungsbetrags als Leistung nach Satz 1 zu erfassen; § 92a Absatz 3 Satz 9 gilt entsprechend mit der Maßgabe, dass als noch nicht zurückgeführter Betrag im Wohnförderkonto der noch nicht erfasste Auflösungsbetrag gilt. [7]Bei erstmaligem Bezug von Leistungen, in den Fällen des § 93 Absatz 1 sowie bei Änderung der im Kalenderjahr auszuzahlenden Leistung hat der Anbieter (§ 80) nach Ablauf des Kalenderjahres dem Steuerpflichtigen nach amtlich vorgeschriebenem Muster den Betrag der im abgelaufenen Kalenderjahr zugeflossenen Leistungen im Sinne der Sätze 1 bis 3 je gesondert mitzuteilen; mit Einverständnis des Steuerpflichtigen kann die Mitteilung elektronisch bereitgestellt werden. [8]Werden dem Steuerpflichtigen Abschluss- und Vertriebskosten eines Altersvorsorgevertrages erstattet, gilt der Erstattungsbetrag als Leistung im Sinne des Satzes 1. [9]In den Fällen des § 3 Nummer 55a richtet sich die Zuordnung zu Satz 1 oder Satz 2 bei der ausgleichsberechtigten Person danach, wie eine nur auf die Ehezeit bezogene Zuordnung der sich aus dem übertragenen Anrecht ergebenden Leistung zu Satz 1 oder Satz 2 bei der ausgleichspflichtigen Person im Zeitpunkt der Übertragung ohne die Teilung vorzunehmen gewesen wäre. [10]Dies gilt sinngemäß in den Fällen des § 3 Nummer 55 und 55e. [11]Wird eine Versorgungsverpflichtung nach § 3 Nummer 66 auf einen Pensionsfonds übertragen und hat der Steuerpflichtige bereits vor dieser Übertragung Leistungen auf Grund dieser Versorgungsverpflichtung erhalten, so sind insoweit auf die Leistungen aus dem Pensionsfonds im Sinne des Satzes 1 die Beträge nach § 9a Satz 1 Nummer 1 und § 19 Absatz 2 entsprechend anzuwenden; § 9a Satz 1 Nummer 3 ist nicht anzuwenden. [12]Wird auf Grund einer internen Teilung nach § 10 des Versorgungsausgleichsgesetzes oder einer externen Teilung nach § 14 des Versorgungsausgleichsgesetzes ein Anrecht zugunsten der ausgleichsberechtigten Person begründet, so gilt dieser Vertrag insoweit zu dem gleichen Zeitpunkt als abgeschlossen wie der Vertrag der ausgleichspflichtigen Person, wenn die aus dem Vertrag der ausgleichspflichtigen Person ausgezahlten Leistungen zu einer Besteuerung nach Satz 2 führen. [13]Für Leistungen aus Altersvorsorgeverträgen nach § 93 Absatz 3 ist § 34 Absatz 1 entsprechend anzuwenden. [14]§ 20 Absatz 1 Nummer 6 Satz 9 in der ab dem 27. Juli 2016 geltenden Fassung findet keine Anwendung. [15]Nummer 1 Satz 3 Buchstabe a Doppelbuchstabe aa Satz 9 gilt entsprechend.

§ 22a
Rentenbezugsmitteilungen an die zentrale Stelle

(1) [1]Nach Maßgabe des § 93c der Abgabenordung haben die Träger der gesetzlichen Rentenversicherung, die landwirtschaftliche Alterskasse, die berufsständischen Versorgungseinrichtungen, die Pensionskassen, die Pensionsfonds, die Versicherungs-

unternehmen, die Unternehmen, die Verträge im Sinne des § 10 Absatz 1 Nummer 2 Buchstabe b anbieten, und die Anbieter im Sinne des § 80 als mitteilungspflichtige Stellen der zentralen Stelle (§ 81), unter Beachtung der im Bundessteuerblatt veröffentlichten Auslegungsvorschriften der Finanzverwaltung folgende Daten zu übermitteln (Rentenbezugsmitteilung):

1. [1]die in § 93c Absatz 1 Nummer 2 Buchstabe c der Abgabenordnung genannten Daten mit der Maßgabe, dass der Leistungsempfänger als Steuerpflichtiger gilt. [2]Eine inländische Anschrift des Leistungsempfängers ist nicht zu übermitteln. [3]Ist der mitteilungspflichtigen Stelle eine ausländische Anschrift des Leistungsempfängers bekannt, ist diese anzugeben. [4]In diesen Fällen ist auch die Staatsangehörigkeit des Leistungsempfängers, soweit bekannt, mitzuteilen;
2. [1]je gesondert den Betrag der Leibrenten und anderen Leistungen im Sinne des § 22 Nummer 1 Satz 3 Buchstabe a Doppelbuchstabe aa und bb Satz 4 sowie Doppelbuchstabe bb Satz 5 in Verbindung mit § 55 Absatz 2 der Einkommensteuer-Durchführungsverordnung sowie im Sinne des § 22 Nummer 5 Satz 1 bis 3. [2]Der im Betrag der Rente enthaltene Teil, der ausschließlich auf einer Anpassung der Rente beruht, ist gesondert mitzuteilen;
3. Zeitpunkt des Beginns und des Endes des jeweiligen Leistungsbezugs; folgen nach dem 31. Dezember 2004 Renten aus derselben Versicherung einander nach, so ist auch die Laufzeit der vorhergehenden Renten mitzuteilen;
4. die Beiträge im Sinne des § 10 Absatz 1 Nummer 3 Buchstabe a Satz 1 und 2 und Buchstabe b, soweit diese von der mitteilungspflichtigen Stelle an die Träger der gesetzlichen Kranken- und Pflegeversicherung abgeführt werden;
5. die dem Leistungsempfänger zustehenden Beitragszuschüsse nach § 106 des Sechsten Buches Sozialgesetzbuch;
6. ab dem 1. Januar 2017 ein gesondertes Merkmal und ab dem 1. Januar 2019 zwei gesonderte Merkmale für Verträge, auf denen gefördertes Altersvorsorgevermögen gebildet wurde; die zentrale Stelle ist in diesen Fällen berechtigt, die Daten dieser Rentenbezugsmitteilung im Zulagekonto zu speichern und zu verarbeiten;
7. ab dem 1. Januar 2019 die gesonderte Kennzeichnung einer Leistung aus einem Altersvorsorgevertrag nach § 93 Absatz 3;
8. ab dem 1. Januar 2022 die durch Steuerabzug gemäß § 50a Absatz 7 einbehaltenen Beträge.

[2]Die Träger der gesetzlichen Rentenversicherung und die landwirtschaftliche Alterskasse haben gesondert neben der nach Satz 1 zu übermittelnden Rentenbezugsmitteilung für Leistungsempfänger im Sinne des § 1 Absatz 2 des Rentenbeziehende-Energiepreispauschalengesetzes einmalig eine Rentenbezugsmitteilung nach Maßgabe des § 93c der Abgabenordnung mit den Daten nach Satz 1 Nummer 1 und 3 sowie den Betrag der Leistung nach § 1 Absatz 1 des Rentenbeziehende-Energiepreispauschalengesetzes zu übermitteln. [3]§ 72a Absatz 4 und § 93c Absatz 1 Nummer 3 der Abgabenordnung finden keine Anwendung.

(2) [1]Der Leistungsempfänger hat der mitteilungspflichtigen Stelle seine Identifikationsnummer sowie den Tag seiner Geburt mitzuteilen. [2]Teilt der Leistungsempfänger die Identifikationsnummer der mitteilungspflichtigen Stelle trotz Aufforderung nicht mit, übermittelt das Bundeszentralamt für Steuern dem Mitteilungspflichtigen auf deren Anfrage die Identifikationsnummer des Leistungsempfängers sowie, falls es sich bei der mitteilungspflichtigen Stelle um einen Träger der gesetzlichen Sozialversicherung handelt, auch den beim Bundeszentralamt für Steuern gespeicherten Tag der Geburt des Leistungsempfängers (§ 139b Absatz 3 Nummer 8 der Abgabenordnung), wenn dieser von dem in der Anfrage übermittelten Tag der Geburt abweicht und für die weitere Datenübermittlung benötigt wird; weitere Daten dürfen nicht übermittelt werden. [3]In der Anfrage dürfen nur die in § 139b Absatz 3 der Abgabenordnung genannten Daten des Leistungsempfängers angegeben werden, soweit sie der mitteilungspflichtigen Stelle bekannt sind. [4]Die Anfrage der mitteilungspflichtigen Stelle und die Antwort des Bundeszentralamtes für Steuern sind nach amtlich vorgeschriebenen Datensatz durch Datenfernübertragung über die zentrale Stelle zu übermitteln. [5]Die zentrale Stelle führt eine ausschließlich automatisierte Prüfung der ihr übermittelten Daten daraufhin durch, ob sie vollständig und schlüssig sind und ob das vorgeschriebene Datenformat verwendet worden ist. [6]Sie speichert die Daten des Leistungsempfängers nur für Zwecke dieser Prüfung bis zur Übermittlung an das Bundeszentralamt für Steuern oder an die mitteilungspflichtige Stelle. [7]Die Daten sind für die Übermittlung zwischen der zentralen Stelle und dem Bundeszentralamt für Steuern zu verschlüsseln. [8]Die mitteilungspflichtige Stelle darf die Identifikationsnummer sowie einen nach Satz 2 mitgeteilten Tag der Geburt nur verarbeiten, soweit dies für die Erfüllung der Mitteilungspflicht nach Absatz 1 Satz 1 erforderlich ist. [9]§ 93c der Abgabenordnung ist für das Verfahren nach den Sätzen 1 bis 8 nicht anzuwenden. [10]Die Sätze 1 bis 9 gelten ab dem 1. Januar 2027 für die mitteilungspflichtige Stelle nach Absatz 1 mit der Maßgabe, dass diese die Identifikationsnummer ihrer Versicherten oder ihrer Kunden zur Durchführung des Rentenübersichtsgesetzes bereits vor dem Leistungsbezug erheben können; in diesen Fällen teilt das Bundeszentralamt für Steuern der mitteilungspflichtigen Stelle auf deren Anfrage die Identifikationsnummer des Versicherten oder des Kunden nur mit, wenn die von der anfragenden Stelle übermittelten Daten mit den nach § 139b Absatz 3 der Abgabenordnung beim Bundeszentralamt für Steuern gespeicherten Daten im maschinellen Datenabgleich übereinstimmen. [11]Wird im Rahmen einer Registermodernisierung ein gesondertes Erhebungsverfahren für die Erhebung der Identifikationsnummer eingerichtet, ist abweichend von Satz 10 das neu eingerichtete Erhebungsverfahren zu nutzen.

(3) Die mitteilungspflichtige Stelle hat den Leistungsempfänger jeweils darüber zu unterrichten, dass die Leistung der zentralen Stelle mitgeteilt wird.

(4) (*weggefallen*)

(5) [1]Wird eine Rentenbezugsmitteilung nicht innerhalb der in § 93c Absatz 1 Satz 1 der Abgabenordnung genannten Frist übermittelt, so ist für jeden angefangenen Monat, in dem die Rentenbezugsmitteilung noch aussteht, ein Betrag in Höhe von 10 Euro für jede ausstehende Rentenbezugsmitteilung an die zentrale Stelle zu entrichten (Verspätungsgeld). [2]Die Erhebung erfolgt durch die zentrale Stelle im Rahmen ihrer Prüfung nach § 93c Absatz 4 der Abgabenordnung. [3]Von der Erhebung ist abzusehen, soweit die Fristüberschreitung auf Gründen beruht, die die mitteilungspflichtige Stelle nicht zu vertreten hat. [4]Das Handeln eines gesetzlichen Vertreters oder eines Erfüllungsgehilfen steht dem eigenen Handeln gleich. [5]Das von einer mitteilungspflichtigen Stelle zu entrichtende Verspätungsgeld darf 50 000 Euro für alle für einen Veranlagungszeitraum zu übermittelnden Rentenbezugsmitteilungen nicht übersteigen.

(6) Die zentrale Stelle ist berechtigt, in den in § 151b Absatz 3 Satz 2 des Sechsten Buches Sozialgesetzbuch genannten Fällen die Rentenbezugsmitteilung an die Träger der gesetzlichen Rentenversicherung zu übermitteln.

§ 23
Private Veräußerungsgeschäfte

(1) [1]Private Veräußerungsgeschäfte (§ 22 Nummer 2) sind

1. [1]Veräußerungsgeschäfte bei Grundstücken und Rechten, die den Vorschriften des bürgerlichen Rechts über Grundstücke unterliegen (z.B. Erbbaurecht, Mineralgewinnungsrecht), bei denen der Zeitraum zwischen Anschaffung und Veräußerung nicht mehr als zehn Jahre beträgt. [2]Gebäude und Außenanlagen sind einzubeziehen, soweit sie innerhalb dieses Zeitraums errichtet, ausgebaut oder erweitert werden; dies gilt entsprechend für Gebäudeteile, die selbständige unbewegliche Wirt-

schaftsgüter sind, sowie für Eigentumswohnungen und im Teileigentum stehende Räume. [3]Ausgenommen sind Wirtschaftsgüter, die im Zeitraum zwischen Anschaffung oder Fertigstellung und Veräußerung ausschließlich zu eigenen Wohnzwecken oder im Jahr der Veräußerung und in den beiden vorangegangenen Jahren zu eigenen Wohnzwecken genutzt wurden;

2. [1]Veräußerungsgeschäfte bei anderen Wirtschaftsgütern, bei denen der Zeitraum zwischen Anschaffung und Veräußerung nicht mehr als ein Jahr beträgt. [2]Ausgenommen sind Veräußerungen von Gegenständen des täglichen Gebrauchs. [3]Bei Anschaffung und Veräußerung mehrerer gleichartiger Fremdwährungsbeträge ist zu unterstellen, dass die zuerst angeschafften Beträge zuerst veräußert wurden. [4]Bei Wirtschaftsgütern im Sinne von Satz 1, aus deren Nutzung als Einkunftsquelle zumindest in einem Kalenderjahr Einkünfte erzielt werden, erhöht sich der Zeitraum auf zehn Jahre;

3. Veräußerungsgeschäfte, bei denen die Veräußerung der Wirtschaftsgüter früher erfolgt als der Erwerb.

[2]Als Anschaffung gilt auch die Überführung eines Wirtschaftsguts in das Privatvermögen des Steuerpflichtigen durch Entnahme oder Betriebsaufgabe. [3]Bei unentgeltlichem Erwerb ist dem Einzelrechtsnachfolger für Zwecke dieser Vorschrift die Anschaffung oder die Überführung des Wirtschaftsguts in das Privatvermögen durch den Rechtsvorgänger zuzurechnen. [4]Die Anschaffung oder Veräußerung einer unmittelbaren oder mittelbaren Beteiligung an einer Personengesellschaft oder Gesamthandsgemeinschaft gilt als Anschaffung oder Veräußerung der anteiligen Wirtschaftsgüter. [5]Als Veräußerung im Sinne des Satzes 1 Nummer 1 gilt auch

1. die Einlage eines Wirtschaftsguts in das Betriebsvermögen, wenn die Veräußerung aus dem Betriebsvermögen innerhalb eines Zeitraums von zehn Jahren seit Anschaffung des Wirtschaftsguts erfolgt, und

2. die verdeckte Einlage in eine Kapitalgesellschaft.

(2) Einkünfte aus privaten Veräußerungsgeschäften der in Absatz 1 bezeichneten Art sind den Einkünften aus anderen Einkunftsarten zuzurechnen, soweit sie zu diesen gehören

(3) [1]Gewinn oder Verlust aus Veräußerungsgeschäften nach Absatz 1 ist der Unterschied zwischen Veräußerungspreis einerseits und den Anschaffungs- oder Herstellungskosten und den Werbungskosten andererseits. [2]In den Fällen des Absatzes 1 Satz 5 Nummer 1 tritt an die Stelle des Veräußerungspreises der für den Zeitpunkt der Einlage nach § 6 Absatz 1 Nummer 5 angesetzte Wert, in den Fällen des Absatzes 1 Satz 5 Nummer 2 der gemeine Wert. [3]In den Fällen des Absatzes 1 Satz 2 tritt an die Stelle der Anschaffungs- oder Herstellungskosten der nach § 6 Absatz 1 Nummer 4 oder § 16 Absatz 3 angesetzte Wert. [4]Die Anschaffungs- oder Herstellungskosten mindern sich um Absetzungen für Abnutzung, erhöhte Absetzungen und Sonderabschreibungen, soweit sie bei der Ermittlung der Einkünfte im Sinne des § 2 Absatz 1 Satz 1 Nummer 4 bis 7 abgezogen worden sind. [5]Gewinne bleiben steuerfrei, wenn der aus den privaten Veräußerungsgeschäften erzielte Gesamtgewinn im Kalenderjahr weniger als 1 000 Euro betragen hat. [6]In den Fällen des Absatzes 1 Satz 5 Nummer 1 sind Gewinne oder Verluste für das Kalenderjahr, in dem der Preis für die Veräußerung aus dem Betriebsvermögen zugeflossen ist, in den Fällen des Absatzes 1 Satz 5 Nummer 2 für das Kalenderjahr der verdeckten Einlage anzusetzen. [7]Verluste dürfen nur bis zur Höhe des Gewinns, den der Steuerpflichtige im gleichen Kalenderjahr aus privaten Veräußerungsgeschäften erzielt hat, ausgeglichen werden; sie dürfen nicht nach § 10d abgezogen werden. [8]Die Verluste mindern jedoch nach Maßgabe des § 10d die Einkünfte, die der Steuerpflichtige in dem unmittelbar vorangegangenen Veranlagungszeitraum oder in den folgenden Veranlagungszeiträumen aus privaten Veräußerungsgeschäften nach Absatz 1 erzielt hat oder erzielt; § 10d Absatz 4 gilt entsprechend.

h) Gemeinsame Vorschriften

§ 24

Zu den Einkünften im Sinne des § 2 Absatz 1 gehören auch

1. Entschädigungen, die gewährt worden sind
   a) als Ersatz für entgangene oder entgehende Einnahmen oder
   b) für die Aufgabe oder Nichtausübung einer Tätigkeit, für die Aufgabe einer Gewinnbeteiligung oder einer Anwartschaft auf eine solche;
   c) als Ausgleichszahlungen an Handelsvertreter nach § 89b des Handelsgesetzbuchs;
2. Einkünfte aus einer ehemaligen Tätigkeit im Sinne des § 2 Absatz 1 Satz 1 Nummer 1 bis 4 oder aus einem früheren Rechtsverhältnis im Sinne des § 2 Absatz 1 Satz 1 Nummer 5 bis 7, und zwar auch dann, wenn sie dem Steuerpflichtigen als Rechtsnachfolger zufließen;
3. Nutzungsvergütungen für die Inanspruchnahme von Grundstücken für öffentliche Zwecke sowie Zinsen auf solche Nutzungsvergütungen und auf Entschädigungen, die mit der Inanspruchnahme von Grundstücken für öffentliche Zwecke zusammenhängen.

§ 24a
Altersentlastungsbetrag

[1]Der Altersentlastungsbetrag ist bis zu einem Höchstbetrag im Kalenderjahr ein nach einem Prozentsatz ermittelter Betrag des Arbeitslohns und der positiven Summe der Einkünfte, die nicht solche aus nichtselbständiger Arbeit sind. [2]Bei der Bemessung des Betrags bleiben außer Betracht:

1. Versorgungsbezüge im Sinne des § 19 Absatz 2;
2. Einkünfte aus Leibrenten im Sinne des § 22 Nummer 1 Satz 3 Buchstabe a;
3. Einkünfte im Sinne des § 22 Nummer 4 Satz 4 Buchstabe b;
4. Einkünfte im Sinne des § 22 Nummer 5 Satz 1, soweit § 22 Nummer 5 Satz 11 anzuwenden ist;
5. Einkünfte im Sinne des § 22 Nummer 5 Satz 2 Buchstabe a.

[3]Der Altersentlastungsbetrag wird einem Steuerpflichtigen gewährt, der vor dem Beginn des Kalenderjahres, in dem er sein Einkommen bezogen hat, das 64. Lebensjahr vollendet hatte. [4]Im Fall der Zusammenveranlagung von Ehegatten zur Einkommensteuer sind die Sätze 1 bis 3 für jeden Ehegatten gesondert anzuwenden. [5]Der maßgebende Prozentsatz und der Höchstbetrag des Altersentlastungsbetrags sind der nachstehenden Tabelle zu entnehmen:

Das auf die Vollendung des 64. Lebensjahres folgende Kalenderjahr	Altersentlastungsbetrag	
	in % der Einkünfte	Höchstbetrag in Euro
2005	40,0	1 900
2006	38,4	1 824
2007	36,8	1 748
2008	35,2	1 672
2009	33,6	1 596
2010	32,0	1 520
2011	30,4	1 444
2012	28,8	1 368
2013	27,2	1 292
2014	25,6	1 216
2015	24,0	1 140
2016	22,4	1064
2017	20,8	988
2018	19,2	912
2019	17,6	836
2020	16,0	760
2021	15,2	722
2022	14,4	684
2023	14,0	665
2024	13,6	646
2025	13,2	627
2026	12,8	608
2027	12,4	589
2028	12,0	570
2029	11,6	551
2030	11,2	532
2031	10,8	513
2032	10,4	494
2033	10,0	475
2034	9,6	456
2035	9,2	437
2036	8,8	418
2037	8,4	399
2038	8,0	380
2039	7,6	361
2040	7,2	342
2041	6,8	323
2042	6,4	304
2043	6,0	285
2044	5,6	266
2045	5,2	247
2046	4,8	228
2047	4,4	209
2048	4,0	190
2049	3,6	171
2050	3,2	152
2051	2,8	133
2052	2,4	114
2053	2,0	95
2054	1,6	76
2055	1,2	57
2056	0,8	38
2057	0,4	19
2058	0,0	0

§ 24b
Entlastungsbetrag für Alleinerziehende

(1) [1]Allein stehende Steuerpflichtige können einen Entlastungsbetrag von der Summe der Einkünfte abziehen, wenn zu ihrem Haushalt mindestens ein Kind gehört, für das ihnen ein Freibetrag nach § 32 Absatz 6 oder Kindergeld zusteht. [2]Die Zugehörigkeit zum Haushalt ist anzunehmen, wenn das Kind in der Wohnung des allein stehenden Steuerpflichtigen gemeldet ist. [3]Ist das Kind bei mehreren Steuerpflichtigen gemeldet, steht der Entlastungsbetrag nach Satz 1 demjenigen Alleinstehenden zu, der die Voraussetzungen auf Auszahlung des Kindergeldes nach § 64 Absatz 2 Satz 1 erfüllt oder erfüllen würde in Fällen, in denen nur ein Anspruch auf einen Freibetrag nach § 32 Absatz 6 besteht. [4]Voraussetzung für die Berücksichtigung ist die Identifizierung des Kindes durch die an dieses Kind vergebene Identifikationsnummer (§ 139b der Abgabenordnung). [5]Ist das Kind nicht nach einem Steuergesetz steuerpflichtig (§ 139a Absatz 2 der Abgabenordnung), ist es in anderer geeigneter Weise zu identifizieren. [6]Die nachträgliche Vergabe der Identifikationsnummer wirkt auf Monate zurück, in denen die Voraussetzungen der Sätze 1 bis 3 vorliegen.

(2) [1]Gehört zum Haushalt des allein stehenden Steuerpflichtigen ein Kind im Sinne des Absatzes 1, beträgt der Entlastungsbetrag im Kalenderjahr 4 260 Euro. [2]Für jedes weitere Kind im Sinne des Absatzes 1 erhöht sich der Betrag nach Satz 1 um 240 Euro je weiterem Kind.

(3) [1]Allein stehend im Sinne des Absatzes 1 sind Steuerpflichtige, die nicht die Voraussetzungen für die Anwendung des Splitting-Verfahrens (§ 26 Absatz 1) erfüllen oder verwitwet sind und keine Haushaltsgemeinschaft mit einer anderen volljährigen Person bilden, es sei denn, für diese steht ihnen ein Freibetrag nach § 32 Absatz 6 oder Kindergeld zu oder es handelt sich um ein Kind im Sinne des § 63 Absatz 1 Satz 1, das einen Dienst nach § 32 Absatz 5 Satz 1 Nummer 1 und 2 leistet oder eine Tätigkeit nach § 32 Absatz 5 Satz 1 Nummer 3 ausübt. [2]Ist die andere Person mit Haupt- oder Nebenwohnsitz in der Wohnung des Steuerpflichtigen gemeldet, wird vermutet, dass sie mit dem Steuerpflichtigen gemeinsam wirtschaftet (Haushaltsgemeinschaft). [3]Diese Vermutung ist widerlegbar, es sei denn, der Steuerpflichtige und die andere Person leben in einer eheähnlichen oder lebenspartnerschaftsähnlichen Gemeinschaft.

(4) Für jeden vollen Kalendermonat, in dem die Voraussetzungen des Absatzes 1 nicht vorgelegen haben, ermäßigt sich der Entlastungsbetrag nach Absatz 2 um ein Zwölftel.

III. Veranlagung

§ 25
Veranlagungszeitraum, Steuererklärungspflicht

(1) Die Einkommensteuer wird nach Ablauf des Kalenderjahres (Veranlagungszeitraum) nach dem Einkommen veranlagt, das der Steuerpflichtige in diesem Veranlagungszeitraum bezogen hat, soweit nicht nach § 43 Absatz 5 und § 46 eine Veranlagung unterbleibt.

(2) *(weggefallen)*

(3) [1]Die steuerpflichtige Person hat für den Veranlagungszeitraum eine eigenhändig unterschriebene Einkommensteuererklärung abzugeben. [2]Wählen Ehegatten die Zusammenveranlagung (§ 26b), haben sie eine gemeinsame Steuererklärung abzugeben, die von beiden eigenhändig zu unterschreiben ist.

(4) [1]Die Erklärung nach Absatz 3 ist nach amtlich vorgeschriebenem Datensatz durch Datenfernübertragung zu übermitteln, wenn Einkünfte nach § 2 Absatz 1 Satz 1 Nummer 1 bis 3 erzielt werden und es sich nicht um einen der Veranlagungsfälle gemäß § 46 Absatz 2 Nummer 2 bis 8 handelt. [2]Auf Antrag kann die Finanzbehörde zur Vermeidung unbilliger Härten auf eine Übermittlung durch Datenfernübertragung verzichten.

§ 26
Veranlagung von Ehegatten[1)]

(1) [1]Ehegatten können zwischen der Einzelveranlagung (§ 26a) und der Zusammenveranlagung (§ 26b) wählen, wenn

1. beide unbeschränkt einkommensteuerpflichtig im Sinne des § 1 Absatz 1 oder 2 oder des § 1a sind,
2. sie nicht dauernd getrennt leben und
3. bei ihnen die Voraussetzungen aus den Nummern 1 und 2 zu Beginn des Veranlagungszeitraums vorgelegen haben oder im Laufe des Veranlagungszeitraums eingetreten sind.

[2]Hat ein Ehegatte in dem Veranlagungszeitraum, in dem seine zuvor bestehende Ehe aufgelöst worden ist, eine neue Ehe geschlossen, und liegen bei ihm und dem neuen Ehegatten die Voraussetzungen des Satzes 1 vor, bleibt die zuvor bestehende Ehe für die Anwendung des Satzes 1 unberücksichtigt.

(2) [1]Ehegatten werden einzeln veranlagt, wenn einer der Ehegatten die Einzelveranlagung wählt. [2]Ehegatten werden zusammen veranlagt, wenn beide Ehegatten die Zusammenveranlagung wählen. [3]Die Wahl wird für den betreffenden Veranlagungszeitraum durch Angabe in der Steuererklärung getroffen. [4]Die Wahl der Veranlagungsart innerhalb eines Veranlagungszeitraums kann nach Eintritt der Unanfechtbarkeit des Steuerbescheids nur noch geändert werden, wenn

1. ein Steuerbescheid, der die Ehegatten betrifft, aufgehoben, geändert oder berichtigt wird und
2. die Änderung der Wahl der Veranlagungsart der zuständigen Finanzbehörde bis zum Eintritt der Unanfechtbarkeit des Änderungs- oder Berichtigungsbescheids schriftlich oder elektronisch mitgeteilt oder zur Niederschrift erklärt worden ist und
3. [1]der Unterschiedsbetrag aus der Differenz der festgesetzten Einkommensteuer entsprechend der bisher gewählten Veranlagungsart und der festzusetzenden Einkommensteuer, die sich bei einer geänderten Ausübung der Wahl der Veranlagungsarten ergeben würde, positiv ist. [2]Die Einkommensteuer der einzeln veranlagten Ehegatten ist hierbei zusammenzurechnen.

(3) Wird von dem Wahlrecht nach Absatz 2 nicht oder nicht wirksam Gebrauch gemacht, so ist eine Zusammenveranlagung durchzuführen.

---

1) Vgl. BVerfG v. 19.6.2013, 2 BvR 909/06, 2 BvR 1981/06, 2 BvR 288/07, BGBl. I 2013, 1647, bzgl. Lebenspartnerschaften.

§ 26a
Einzelveranlagung von Ehegatten[1)]

(1) [1]Bei der Einzelveranlagung von Ehegatten sind jedem Ehegatten die von ihm bezogenen Einkünfte zuzurechnen. [2]Einkünfte eines Ehegatten sind nicht allein deshalb zum Teil dem anderen Ehegatten zuzurechnen, weil dieser bei der Erzielung der Einkünfte mitgewirkt hat.

(2) [1]Sonderausgaben, außergewöhnliche Belastungen und die Steuerermäßigungen nach den § 35a und § 35c werden demjenigen Ehegatten zugerechnet, der die Aufwendungen wirtschaftlich getragen hat. [2]Auf übereinstimmenden Antrag der Ehegatten werden sie jeweils zur Hälfte abgezogen. [3]Der Antrag des Ehegatten, der die Aufwendungen wirtschaftlich getragen hat, ist in begründeten Einzelfällen ausreichend. [4]§ 26 Absatz 2 Satz 3 gilt entsprechend.

(3) Die Anwendung des § 10d für den Fall des Übergangs von der Einzelveranlagung zur Zusammenveranlagung und von der Zusammenveranlagung zur Einzelveranlagung zwischen zwei Veranlagungszeiträumen, wenn bei beiden Ehegatten nicht ausgeglichene Verluste vorliegen, wird durch Rechtsverordnung der Bundesregierung mit Zustimmung des Bundesrates geregelt.

§ 26b
Zusammenveranlagung von Ehegatten

Bei der Zusammenveranlagung von Ehegatten werden die Einkünfte, die die Ehegatten erzielt haben, zusammengerechnet, den Ehegatten gemeinsam zugerechnet und, soweit nichts anderes vorgeschrieben ist, die Ehegatten sodann gemeinsam als Steuerpflichtiger behandelt.

IV. Tarif

§ 31
Familienleistungsausgleich

[1]Die steuerliche Freistellung eines Einkommensbetrags in Höhe des Existenzminimums eines Kindes einschließlich der Bedarfe für Betreuung und Erziehung oder Ausbildung wird im gesamten Veranlagungszeitraum entweder durch die Freibeträge nach § 32 Absatz 6 oder durch Kindergeld nach Abschnitt X bewirkt. [2]Soweit das Kindergeld dafür nicht erforderlich ist, dient es der Förderung der Familie. [3]Im laufenden Kalenderjahr wird Kindergeld als Steuervergütung monatlich gezahlt. [4]Bewirkt der Anspruch auf Kindergeld für den gesamten Veranlagungszeitraum die nach Satz 1 gebotene steuerliche Freistellung nicht vollständig und werden deshalb bei der Veranlagung zur Einkommensteuer die Freibeträge nach § 32 Absatz 6 vom Einkommen abgezogen, erhöht sich die unter Abzug dieser Freibeträge ermittelte tarifliche Einkommensteuer um den Anspruch auf Kindergeld für den gesamten Veranlagungszeitraum; bei nicht zusammenveranlagten Eltern wird der Kindergeldanspruch im Umfang des Kinderfreibetrags angesetzt. [5]Bei der Prüfung der Steuerfreistellung und der Hinzurechnung nach Satz 4 bleibt der Anspruch auf Kindergeld für Kalendermonate unberücksichtigt, in denen durch Bescheid der Familienkasse ein Anspruch auf Kindergeld festgesetzt, aber wegen § 70 Absatz 1 Satz 2 nicht ausgezahlt wurde. [6]Satz 4 gilt entsprechend für mit dem Kindergeld vergleichbare Leistungen nach § 65. [7]Besteht nach ausländischem Recht Anspruch auf Leistungen für Kinder, wird dieser insoweit nicht berücksichtigt, als er das inländische Kindergeld übersteigt.

§ 32
Kinder, Freibeträge für Kinder

(1) Kinder sind

1. im ersten Grad mit dem Steuerpflichtigen verwandte Kinder,
2. Pflegekinder (Personen, mit denen der Steuerpflichtige durch ein familienähnliches, auf längere Dauer berechnetes Band verbunden ist, sofern er sie nicht zu Erwerbszwecken in seinen Haushalt aufgenommen hat und das Obhuts- und Pflegeverhältnis zu den Eltern nicht mehr besteht).

(2) [1]Besteht bei einem angenommenen Kind das Kindschaftsverhältnis zu den leiblichen Eltern weiter, ist es vorrangig als angenommenes Kind zu berücksichtigen. [2]Ist ein im ersten Grad mit dem Steuerpflichtigen verwandtes Kind zugleich ein Pflegekind, ist es vorrangig als Pflegekind zu berücksichtigen.

(3) Ein Kind wird in dem Kalendermonat, in dem es lebend geboren wurde, und in jedem folgenden Kalendermonat, zu dessen Beginn es das 18. Lebensjahr noch nicht vollendet hat, berücksichtigt.

(4) [1]Ein Kind, das das 18. Lebensjahr vollendet hat, wird berücksichtigt, wenn es

1. noch nicht das 21. Lebensjahr vollendet hat, nicht in einem Beschäftigungsverhältnis steht und bei einer Agentur für Arbeit im Inland als Arbeitsuchender gemeldet ist oder
2. noch nicht das 25. Lebensjahr vollendet hat und
   a) für einen Beruf ausgebildet wird oder
   b) sich in einer Übergangszeit von höchstens vier Monaten befindet, die zwischen zwei Ausbildungsabschnitten oder zwischen einem Ausbildungsabschnitt und der Ableistung des gesetzlichen Wehr- oder Zivildienstes, einer vom Wehr- oder Zivildienst befreienden Tätigkeit als Entwicklungshelfer oder als Dienstleistender im Ausland nach § 14b des Zivildienstgesetzes oder der Ableistung eines freiwilligen Wehrdienstes nach § 58b des Soldatengesetzes oder der Ableistung des freiwilligen Dienstes im Sinne des Buchstaben d liegt, oder
   c) eine Berufsausbildung mangels Ausbildungsplatzes nicht beginnen oder fortsetzen kann oder
   d) ein freiwilliges soziales Jahr oder ein freiwilliges ökologisches Jahr im Sinne des Jugendfreiwilligendienstgesetzes oder eine Freiwilligenaktivität im Rahmen des Europäischen Solidaritätskorps im Sinne der Verordnung (EU) Nr. 2018/1475 des Europäischen Parlaments und des Rates vom 2. Oktober 2018 zur Festlegung des rechtlichen Rahmens des Europäischen Solidaritätskorps sowie zur Änderung der Verordnung (EU) Nr. 1288/2013 und der Verordnung (EU) Nr. 1293/2013 sowie des Beschlusses Nr. 1313/2013/EU (ABl. L 250 vom 4.10.2018, S. 1) oder einen anderen Dienst im Ausland im Sinne von § 5 des Bundesfreiwilligendienstgesetzes oder einen entwicklungspolitischen Freiwilligendienst „weltwärts" im Sinne der Förderleitlinie des Bundesministeriums für wirtschaftliche Zusammenarbeit und Entwicklung vom 1. Januar 2016 (BAnz. 2008 S. 1297) oder einen Freiwilligendienst aller Generationen im Sinne von § 2 Absatz 1a des Siebten Buches

1) Vgl. BVerfG v. 19.6.2013, 2 BvR 909/06, 2 BvR 1981/06, 2 BvR 288/07, BGBl. I 2013, 1647, bzgl. Lebenspartnerschaften.

Sozialgesetzbuch oder einen Internationalen Jugendfreiwilligendienst im Sinne der Richtlinie des Bundesministeriums für Familie, Senioren, Frauen und Jugend vom 25. Mai 2018 (GMBl S. 545) oder einen Bundesfreiwilligendienst im Sinne des Bundesfreiwilligendienstgesetzes leistet oder

3. wegen körperlicher, geistiger oder seelischer Behinderung außerstande ist, sich selbst zu unterhalten; Voraussetzung ist, dass die Behinderung vor Vollendung des 25. Lebensjahres eingetreten ist.

[2]Nach Abschluss einer erstmaligen Berufsausbildung oder eines Erststudiums wird ein Kind in den Fällen des Satzes 1 Nummer 2 nur berücksichtigt, wenn das Kind keiner Erwerbstätigkeit nachgeht. [3]Eine Erwerbstätigkeit mit bis zu 20 Stunden regelmäßiger wöchentlicher Arbeitszeit, ein Ausbildungsdienstverhältnis oder ein geringfügiges Beschäftigungsverhältnis im Sinne der §§ 8 und 8a des Vierten Buches Sozialgesetzbuch sind unschädlich.

(5) [1]In den Fällen des Absatzes 4 Satz 1 Nummer 1 oder Nummer 2 Buchstabe a und b wird ein Kind, das

1. den gesetzlichen Grundwehrdienst oder Zivildienst geleistet hat, oder
2. sich anstelle des gesetzlichen Grundwehrdienstes freiwillig für die Dauer von nicht mehr als drei Jahren zum Wehrdienst verpflichtet hat, oder
3. eine vom gesetzlichen Grundwehrdienst oder Zivildienst befreiende Tätigkeit als Entwicklungshelfer im Sinne des § 1 Absatz 1 des Entwicklungshelfer-Gesetzes ausgeübt hat,

für einen der Dauer dieser Dienste oder der Tätigkeit entsprechenden Zeitraum, höchstens für die Dauer des inländischen gesetzlichen Grundwehrdienstes oder bei anerkannten Kriegsdienstverweigerern für die Dauer des inländischen gesetzlichen Zivildienstes über das 21. oder 25. Lebensjahr hinaus berücksichtigt. [2]Wird der gesetzliche Grundwehrdienst oder Zivildienst in einem Mitgliedstaat der Europäischen Union oder einem Staat, auf den das Abkommen über den Europäischen Wirtschaftsraum Anwendung findet, geleistet, so ist die Dauer dieses Dienstes maßgebend. [3]Absatz 4 Satz 2 und 3 gilt entsprechend.

(6) [1]Bei der Veranlagung zur Einkommensteuer wird für jedes zu berücksichtigende Kind des Steuerpflichtigen ein Freibetrag von 3 336 Euro für das sächliche Existenzminimum des Kindes (Kinderfreibetrag) sowie ein Freibetrag von 1 464 Euro für den Betreuungs- und Erziehungs- oder Ausbildungsbedarf des Kindes vom Einkommen abgezogen. [2]Bei Ehegatten, die nach den §§ 26, 26b zusammen zur Einkommensteuer veranlagt werden, verdoppeln sich die Beträge nach Satz 1, wenn das Kind zu beiden Ehegatten in einem Kindschaftsverhältnis steht. [3]Die Beträge nach Satz 2 stehen dem Steuerpflichtigen auch dann zu, wenn

1. der andere Elternteil verstorben oder nicht unbeschränkt einkommensteuerpflichtig ist oder
2. der Steuerpflichtige allein das Kind angenommen hat oder das Kind nur zu ihm in einem Pflegekindschaftsverhältnis steht.

[4]Für ein nicht nach § 1 Absatz 1 oder 2 unbeschränkt einkommensteuerpflichtiges Kind ohne Wohnsitz in einem Mitgliedstaat der Europäischen Union oder in einem Staat, auf den das Abkommen über den Europäischen Wirtschaftsraum Anwendung findet, können die Beträge nach den Sätzen 1 bis 3 nur abgezogen werden, soweit sie nach den Verhältnissen seines Wohnsitzstaates notwendig und angemessen sind. [5]Für jeden Kalendermonat, in dem die Voraussetzungen für einen Freibetrag nach den Sätzen 1 bis 4 nicht vorliegen, ermäßigen sich die dort genannten Beträge um ein Zwölftel. [6]Abweichend von Satz 1 wird bei einem unbeschränkt einkommensteuerpflichtigen Elternpaar, bei dem die Voraussetzungen des § 26 Absatz 1 Satz 1 nicht vorliegen, auf Antrag eines Elternteils der dem anderen Elternteil zustehende Kinderfreibetrag auf ihn übertragen, wenn er, nicht jedoch der andere Elternteil, seiner Unterhaltspflicht gegenüber dem Kind für das Kalenderjahr im Wesentlichen nachkommt oder der andere Elternteil mangels Leistungsfähigkeit nicht unterhaltspflichtig ist; die Übertragung des Kinderfreibetrags führt stets auch zur Übertragung des Freibetrags für den Betreuungs- und Erziehungs- oder Ausbildungsbedarf. [7]Eine Übertragung nach Satz 6 scheidet für Zeiträume aus, für die Unterhaltsleistungen nach dem Unterhaltsvorschussgesetz gezahlt werden. [8]Bei minderjährigen Kindern wird der dem Elternteil, in dessen Wohnung das Kind nicht gemeldet ist, zustehende Freibetrag für den Betreuungs- und Erziehungs- oder Ausbildungsbedarf auf Antrag des anderen Elternteils auf diesen übertragen, wenn bei dem Elternpaar die Voraussetzungen des § 26 Absatz 1 Satz 1 nicht vorliegen. [9]Eine Übertragung nach Satz 8 scheidet aus, wenn der Übertragung widersprochen wird, weil der Elternteil, bei dem das Kind nicht gemeldet ist, Kinderbetreuungskosten trägt oder das Kind regelmäßig in einem nicht unwesentlichen Umfang betreut. [10]Die den Eltern nach den Sätzen 1 bis 9 zustehenden Freibeträge können auf Antrag auch auf einen Stiefelternteil oder Großelternteil übertragen werden, wenn dieser das Kind in seinen Haushalt aufgenommen hat oder dieser einer Unterhaltspflicht gegenüber dem Kind unterliegt. [11]Die Übertragung nach Satz 10 kann auch mit Zustimmung des berechtigten Elternteils erfolgen, die nur für künftige Kalenderjahre widerrufen werden kann. [12]Voraussetzung für die Berücksichtigung des Kinderfreibetrags sowie des Freibetrags für den Betreuungs- und Erziehungs- oder Ausbildungsbedarf des Kindes ist die Identifizierung des Kindes durch die an dieses Kind vergebene Identifikationsnummer (§ 139b der Abgabenordnung). [13]Ist das Kind nicht nach einem Steuergesetz steuerpflichtig (§ 139a Absatz 2 der Abgabenordnung), ist es in anderer geeigneter Weise zu identifizieren. [14]Die nachträgliche Identifizierung oder nachträgliche Vergabe der Identifikationsnummer wirkt auf Monate zurück, in denen die übrigen Voraussetzungen für die Gewährung des Kinderfreibetrags sowie des Freibetrags für den Betreuungs- und Erziehungs- oder Ausbildungsbedarf des Kindes vorliegen.

§ 32a
Einkommensteuertarif

(1) [1]Die tarifliche Einkommensteuer bemisst sich nach dem auf voll Euro abgerundeten zu versteuernden Einkommen. [2]Sie beträgt im Veranlagungszeitraum 2025 vorbehaltlich der §§ 32b, 32d, 34, 34a, 34b und 34c jeweils in Euro für zu versteuernde Einkommen

1. bis 12 096 Euro (Grundfreibetrag):

   0;

2. von 12 097 Euro bis 17 443 Euro:

   $(932{,}30 \times y + 1\,400) \times y$;

3. von 17 444 Euro bis 68 480 Euro:

   $(176{,}64 \times z + 2\,397) \times z + 1\,015{,}13$;

4. von 68 481 Euro bis 277 825 Euro:

   $0{,}42 \times x - 10\,911{,}92$;

5. von 277 826 Euro an:

   $0{,}45 \times x - 19\,246{,}67$.

[3]Die Größe „y" ist ein Zehntausendstel des den Grundfreibetrag übersteigenden Teils des auf einen vollen Euro-Betrag abgerundeten zu versteuernden Einkommens. [4]Die Größe „z" ist ein Zehntausendstel des 17 443 Euro übersteigenden Teils des auf einen vollen Euro-Betrag abgerundeten zu versteuernden Einkommens. [5]Die Größe „x" ist das auf einen vollen Euro-Betrag abgerundete zu versteuernde Einkommen. [6]Der sich ergebende Steuerbetrag ist auf den nächsten vollen Euro-Betrag abzurunden.

(2) bis (4) (*weggefallen*)

(5) Bei Ehegatten, die nach den §§ 26, 26b zusammen zur Einkommensteuer veranlagt werden, beträgt die tarifliche Einkommensteuer vorbehaltlich der §§ 32b, 32d, 34, 34a, 34b und 34c das Zweifache des Steuerbetrags, der sich für die Hälfte ihres gemeinsam zu versteuernden Einkommens nach Absatz 1 ergibt (Splitting-Verfahren).

(6) [1]Das Verfahren nach Absatz 5 ist auch anzuwenden zur Berechnung der tariflichen Einkommensteuer für das zu versteuernde Einkommen

1. bei einem verwitweten Steuerpflichtigen für den Veranlagungszeitraum, der dem Kalenderjahr folgt, in dem der Ehegatte verstorben ist, wenn der Steuerpflichtige und sein verstorbener Ehegatte im Zeitpunkt seines Todes die Voraussetzungen des § 26 Absatz 1 Satz 1 erfüllt haben,
2. bei einem Steuerpflichtigen, dessen Ehe in dem Kalenderjahr, in dem er sein Einkommen bezogen hat, aufgelöst worden ist, wenn in diesem Kalenderjahr
   a) der Steuerpflichtige und sein bisheriger Ehegatte die Voraussetzungen des § 26 Absatz 1 Satz 1 erfüllt haben,
   b) der bisherige Ehegatte wieder geheiratet hat und
   c) der bisherige Ehegatte und dessen neuer Ehegatte ebenfalls die Voraussetzungen des § 26 Absatz 1 Satz 1 erfüllen.

[2]Voraussetzung für die Anwendung des Satzes 1 ist, dass der Steuerpflichtige nicht nach den §§ 26, 26a einzeln zur Einkommensteuer veranlagt wird.

§ 32b
Progressionsvorbehalt

(1) [1]Hat ein zeitweise oder während des gesamten Veranlagungszeitraums unbeschränkt Steuerpflichtiger oder ein beschränkt Steuerpflichtiger, auf den § 50 Absatz 5 Satz 4 Nummer 2 Anwendung findet,

1. a) Arbeitslosengeld, Teilarbeitslosengeld, Zuschüsse zum Arbeitsentgelt, Kurzarbeitergeld, Insolvenzgeld, Übergangsgeld, Qualifizierungsgeld nach dem Dritten Buch Sozialgesetzbuch; Insolvenzgeld, das nach § 170 Absatz 1 des Dritten Buches Sozialgesetzbuch einem Dritten zusteht, ist dem Arbeitnehmer zuzurechnen,
   b) Krankengeld, Mutterschaftsgeld, Verletztengeld, Übergangsgeld oder vergleichbare Lohnersatzleistungen nach dem Fünften Sechsten, oder Siebten Buch Sozialgesetzbuch, der Reichsversicherungsordnung, dem Gesetz über die Krankenversicherung der Landwirte oder dem Zweiten Gesetz über die Krankenversicherung der Landwirte,
   c) Mutterschaftsgeld, Zuschuss zum Mutterschaftsgeld, die Sonderunterstützung nach dem Mutterschutzgesetz sowie den Zuschuss Bei Beschäftigungsverboten für die Zeit vor oder nach einer Entbindung sowie für den Entbindungstag während einer Elternzeit nach beamtenrechtlichen Vorschriften,
   d) Arbeitslosenbeihilfe nach dem Soldatenversorgungsgesetz,
   e) Entschädigungen für Verdienstausfall nach dem Infektionsschutzgesetz vom 20. Juli 2000 (BGBl. I S. 1045),
   f) Krankengeld der Sozialen Entschädigung, Übergangsgeld nach dem Vierzehnten Buch Sozialgesetzbuch, Krankengeld der Soldatenentschädigung oder Übergangsgeld nach dem Soldatenentschädigungsgesetz,
   g) nach § 3 Nummer 28 steuerfreie Aufstockungsbeträge oder Zuschläge sowie nach § 3 Nummer 28a steuerfreie Zuschüsse,
   h) Leistungen an Arbeitnehmerinnen und Arbeitnehmer nach § 5 des Unterhaltssicherungsgesetzes,
   i) nach § 3 Nummer 60 steuerfreie Anpassungsgelder,
   j) Elterngeld nach dem Bundeselterngeld- und Elternzeitgesetz,
   k) nach § 3 Nummer 2 Buchstabe e steuerfreie Leistungen, wenn vergleichbare Leistungen inländischer öffentlicher Kassen nach den Buchstaben a bis j dem Progressionsvorbehalt unterfallen, oder
2. ausländische Einkünfte, die im Veranlagungszeitraum nicht der deutschen Einkommensteuer unterlegen haben; dies gilt nur für Fälle der zeitweisen unbeschränkten Steuerpflicht einschließlich der in § 2 Absatz 7 Satz 3 geregelten Fälle; ausgenommen sind Einkünfte, die nach einem sonstigen zwischenstaatlichen Übereinkommen im Sinne der Nummer 4 steuerfrei sind und die nach diesem Übereinkommen nicht unter dem Vorbehalt der Einbeziehung bei der Berechnung der Einkommensteuer stehen,
3. Einkünfte, die nach einem Abkommen zur Vermeidung der Doppelbesteuerung steuerfrei sind,
4. Einkünfte, die nach einem sonstigen zwischenstaatlichen Übereinkommen unter dem Vorbehalt der Einbeziehung bei der Berechnung der Einkommensteuer steuerfrei sind,
5. Einkünfte, die bei Anwendung von § 1 Absatz 3 oder § 1a oder § 50 Absatz 2 Satz 2 Nummer 4 im Veranlagungszeitraum bei der Ermittlung des zu versteuernden Einkommens unberücksichtigt bleiben, weil sie nicht der deutschen Einkommensteuer oder einem Steuerabzug unterliegen; ausgenommen sind Einkünfte, die nach einem sonstigen zwischenstaatlichen Übereinkommen im Sinne der Nummer 4 steuerfrei sind und die nach diesem Übereinkommen nicht unter dem Vorbehalt der Einbeziehung bei der Berechnung der Einkommensteuer stehen,

bezogen, so ist auf das nach § 32a Absatz 1 zu versteuernde Einkommen ein besonderer Steuersatz anzuwenden. [2]Satz 1 Nummer 3 gilt nicht für Einkünfte

1. aus einer anderen als in einem Drittstaat belegenen land- und forstwirtschaftlichen Betriebsstätte,
2. aus einer anderen als in einem Drittstaat belegenen gewerblichen Betriebsstätte, die nicht die Voraussetzungen des § 2a Absatz 2 Satz 1 erfüllt,
3. aus der Vermietung oder der Verpachtung von unbeweglichem Vermögen oder von Sachinbegriffen, wenn diese in einem anderen Staat als in einem Drittstaat belegen sind, oder

4. aus der entgeltlichen Überlassung von Schiffen, sofern diese ausschließlich oder fast ausschließlich in einem anderen als einem Drittstaat eingesetzt worden sind, es sei denn, es handelt sich um Handelsschiffe, die
   a) von einem Vercharterer ausgerüstet überlassen oder
   b) an in einem anderen als in einem Drittstaat ansässige Ausrüster, die die Voraussetzungen des § 510 Absatz 1 des Handelsgesetzbuchs erfüllen, überlassen oder
   c) insgesamt nur vorübergehend an in einem Drittstaat ansässige Ausrüster, die die Voraussetzungen des § 510 Absatz 1 des Handelsgesetzbuchs erfüllen, überlassen worden sind, oder
5. aus dem Ansatz des niedrigeren Teilwerts oder der Übertragung eines zu einem Betriebsvermögen gehörenden Wirtschaftsguts im Sinne der Nummern 3 und 4.

[3]§ 2a Absatz 2a und § 15b sind sinngemäß anzuwenden.

(1a) Als unmittelbar von einem unbeschränkt Steuerpflichtigen bezogene ausländische Einkünfte im Sinne des Absatzes 1 Nummer 3 gelten auch die ausländischen Einkünfte, die eine Organgesellschaft im Sinne des § 14 oder des § 17 des Körperschaftsteuergesetzes bezogen hat und die nach einem Abkommen zur Vermeidung der Doppelbesteuerung steuerfrei sind, in dem Verhältnis, in dem dem unbeschränkt Steuerpflichtigen das Einkommen der Organgesellschaft bezogen auf das gesamte Einkommen der Organgesellschaft im Veranlagungszeitraum zugerechnet wird.

(2) [1]Der besondere Steuersatz nach Absatz 1 ist der Steuersatz, der sich ergibt, wenn bei der Berechnung der Einkommensteuer das nach § 32a Absatz 1 zu versteuernde Einkommen vermehrt oder vermindert wird um

1. im Fall des Absatzes 1 Nummer 1 die Summe der Leistungen nach Abzug des Arbeitnehmer-Pauschbetrags (§ 9a Satz 1 Nummer 1), soweit er nicht bei der Ermittlung der Einkünfte aus nichtselbständiger Arbeit abziehbar ist;
2. im Fall des Absatzes 1 Nummer 2 bis 5 die dort bezeichneten Einkünfte, wobei die darin enthaltenen außerordentlichen Einkünfte mit einem Fünftel zu berücksichtigen sind. [2]Bei der Ermittlung der Einkünfte im Fall des Absatzes 1 Nummer 2 bis 5
   a) ist der Arbeitnehmer-Pauschbetrag (§ 9a Satz 1 Nummer 1 Buchstabe a) abzuziehen, soweit er nicht bei der Ermittlung der Einkünfte aus nichtselbständiger Arbeit abziehbar ist;
   b) sind Werbungskosten nur insoweit abzuziehen, als sie zusammen mit den bei der Ermittlung der Einkünfte aus nichtselbständiger Arbeit abziehbaren Werbungskosten den Arbeitnehmer-Pauschbetrag (§ 9a Satz 1 Nummer 1 Buchstabe a) übersteigen;
   c) sind bei Gewinnermittlung nach § 4 Absatz 3 die Anschaffungs- oder Herstellungskosten für Wirtschaftsgüter des Umlaufvermögens im Zeitpunkt des Zuflusses des Veräußerungserlöses oder bei Entnahme im Zeitpunkt der Entnahme als Betriebsausgaben zu berücksichtigen. § 4 Absatz 3 Satz 5 gilt entsprechend.

(3) [1]Nach Maßgabe des § 93c der Abgabenordnung haben die Träger der Sozialleistungen im Sinne des Absatzes 1 Satz 1 Nummer 1 für jeden Leistungsempfänger der für seine Besteuerung nach dem Einkommen zuständigen Finanzbehörde neben den nach § 93c Absatz 1 der Abgabenordnung erforderlichen Angaben die Daten über die im Kalenderjahr gewährten Leistungen sowie die Dauer des Leistungszeitraums zu übermitteln, soweit die Leistungen nicht auf der Lohnsteuerbescheinigung anzugeben sind (§ 41b Absatz 1 Satz 2 Nummer 5); § 41b Absatz 2 und § 22a Absatz 2 gelten entsprechend. [2]Die mitteilungspflichtige Stelle hat den Empfänger der Leistungen auf die steuerliche Behandlung dieser Leistungen und seine Steuererklärungspflicht hinzuweisen. [3]In den Fällen des § 170 Absatz 1 des Dritten Buches Sozialgesetzbuch gilt als Empfänger des an Dritte ausgezahlten Insolvenzgeldes der Arbeitnehmer, der seinen Arbeitsentgeltanspruch übertragen hat.

(4) [1]In den Fällen des Absatzes 3 ist für die Anwendung des § 72a Absatz 4 und des § 93c Absatz 4 Satz 1 der Abgabenordnung das Betriebsstättenfinanzamt des Trägers der jeweiligen Sozialleistungen zuständig. [2]Sind für ihn mehrere Betriebsstättenfinanzämter zuständig oder hat er keine Betriebsstätte im Sinne des § 41 Absatz 2, so ist das Finanzamt zuständig, in dessen Bezirk sich seine Geschäftsleitung nach § 10 der Abgabenordnung im Inland befindet.

(5) Die nach Absatz 3 übermittelten Daten können durch das nach Absatz 4 zuständige Finanzamt bei den für die Besteuerung der Leistungsempfänger nach dem Einkommen zuständigen Finanzbehörden abgerufen und zur Anwendung des § 72a Absatz 4 und des § 93c Absatz 4 Satz 1 der Abgabenordnung verarbeitet werden.

§ 32c
Tarifermäßigung bei Einkünften aus Land- und Forstwirtschaft

(1) [1]Auf Antrag des Steuerpflichtigen wird nach Ablauf von drei Veranlagungszeiträumen (Betrachtungszeitraum) unter den Voraussetzungen des Absatzes 5 für Einkünfte aus Land- und Forstwirtschaft im Sinne des § 13 eine Tarifermäßigung nach Satz 2 gewährt. [2]Ist die Summe der tariflichen Einkommensteuer, die innerhalb des Betrachtungszeitraums auf die steuerpflichtigen Einkünfte aus Land- und Forstwirtschaft im Sinne des § 13 entfällt, höher als die Summe der nach Absatz 2 ermittelten fiktiven tariflichen Einkommensteuer, die innerhalb des Betrachtungszeitraums auf die steuerpflichtigen Einkünfte aus Land- und Forstwirtschaft im Sinne des § 13 entfällt, wird bei der Steuerfestsetzung des letzten Veranlagungszeitraums im Betrachtungszeitraum die tarifliche Einkommensteuer um den Unterschiedsbetrag ermäßigt. [3]Satz 1 gilt nicht, wenn nur in einem Veranlagungszeitraum des Betrachtungszeitraums Einkünfte aus Land- und Forstwirtschaft erzielt werden.

(2) [1]Die fiktive tarifliche Einkommensteuer, die auf die steuerpflichtigen Einkünfte aus Land- und Forstwirtschaft im Sinne des § 13 entfällt, wird für jeden Veranlagungszeitraum des Betrachtungszeitraums gesondert ermittelt. [2]Dabei treten an die Stelle der tatsächlichen Einkünfte aus Land- und Forstwirtschaft im Sinne des § 13 die nach Satz 3 zu ermittelnden durchschnittlichen Einkünfte. [3]Zur Ermittlung der durchschnittlichen Einkünfte aus Land- und Forstwirtschaft wird die Summe der tatsächlichen Einkünfte aus Land- und Forstwirtschaft der Veranlagungszeiträume eines Betrachtungszeitraums gleichmäßig auf die Veranlagungszeiträume des Betrachtungszeitraums verteilt.

(3) [1]Die auf die steuerpflichtigen Einkünfte aus Land- und Forstwirtschaft im Sinne des § 13 entfallende tarifliche Einkommensteuer im Sinne des Absatzes 1 ermittelt sich aus dem Verhältnis der positiven steuerpflichtigen Einkünfte aus Land- und Forstwirtschaft zur Summe der positiven Einkünfte. [2]Entsprechendes gilt bei der Ermittlung der fiktiven tariflichen Einkommensteuer. [3]Bei Ehegatten, die nach den §§ 26, 26b zusammen zur Einkommensteuer veranlagt werden, werden für die Ermittlung der Einkünfte jeder Einkunftsart im Sinne des Satzes 1 die Einkünfte beider Ehegatten zusammengerechnet.

(4) Bei der Ermittlung der tatsächlichen und der durchschnittlichen Einkünfte aus Land- und Forstwirtschaft im Sinne der Absätze 2 und 3 bleiben außer Betracht:

1. außerordentliche Einkünfte nach § 34 Absatz 2,
2. nach § 34a begünstigte nicht entnommene Gewinne sowie
3. Einkünfte aus außerordentlichen Holznutzungen im Sinne des § 34b Absatz 1 und 2.

(5) [1]Die Inanspruchnahme der Tarifermäßigung ist nur zulässig, wenn

1. für negative Einkünfte, die im ersten Veranlagungszeitraum des Betrachtungszeitraums erzielt wurden, kein Verlustrücktrag nach § 10d Absatz 1 Satz 1 in den letzten Veranlagungszeitraum des vorangegangenen Betrachtungszeitraums vorgenommen wurde,

1a. für negative Einkünfte, die im zweiten Veranlagungszeitraum des Betrachtungszeitraums erzielt wurden, kein Verlustrücktrag nach § 10d Absatz 1 Satz 2 in den letzten Veranlagungszeitraum des vorangegangenen Betrachtungszeitraums vorgenommen wurde,

2. für negative Einkünfte, die im zweiten und dritten Veranlagungszeitraum des Betrachtungszeitraums erzielt wurden, kein Antrag nach § 10d Absatz 1 Satz 6 gestellt wurde,

3. der Steuerpflichtige kein Unternehmer in Schwierigkeiten im Sinne des Teils 1 Kapitel 2 Abschnitt 2.4 Absatz 33 Nummer 63 der Rahmenregelung der Europäischen Union für staatliche Beihilfen im Agrar- und Forstsektor und in ländlichen Gebieten (2022/C 485/01) (ABl. C 485 vom 21.12.2022, S. 1) ist,

4. ein Steuerpflichtiger, der zu einer Rückzahlung von Beihilfen auf Grund eines früheren Beschlusses der Europäischen Kommission zur Feststellung der Unzulässigkeit einer Beihilfe und ihrer Unvereinbarkeit mit dem Binnenmarkt verpflichtet worden ist, dieser Rückforderungsanordnung vollständig nachgekommen ist,

5. die Beihilfen

   a) nicht zur Unterstützung von Fischereitätigkeiten gewährt werden, die mit schweren Verstößen gemäß Artikel 42 der Verordnung (EG) Nr. 1005/2008 des Rates vom 29. September 2008 über ein Gemeinschaftssystem zur Verhinderung, Bekämpfung und Unterbindung der illegalen, nicht gemeldeten und unregulierten Fischerei, zur Änderung der Verordnungen (EWG) Nrr 2847/93, (EG) Nr. 1936/2001 und (EG) Nr. 601/2004 und zur Aufhebung der Verordnungen (EG) Nr. 1093/94 und (EG) Nr. 1447/1999 (ABl. L 286 vom 29.10.2008, S. 1) oder Artikel 90 der Verordnung (EG) Nr. 1224/2009 des Rates vom 20. November 2009 zur Einführung einer gemeinschaftlichen Kontrollregelung zur Sicherstellung der Einhaltung der Vorschriften der gemeinsamen Fischereipolitik und zur Änderung der Verordnungen (EG) Nr. 847/96, (EG) Nr. 2371/2002, (EG) Nr. 811/2004, (EG) Nr. 768/2005, (EG) Nr. 2115/2005, (EG) Nr. 2166/2005, (EG) Nr. 388/2006, (EG) Nr. 509/2007, (EG) Nr. 676/2007, (EG) Nr. 1098/2007, (EG) Nr. 1300/2008, (EG) Nr. 1342/2008 sowie zur Aufhebung der Verordnungen (EWG) Nr. 2847/93, (EG) Nr. 1627/94 und (EG) Nr. 1966/2006 (ABl. L 343 vom 22.12.2009, S. 1) verbunden sind und illegale, nicht gemeldete und unregulierte Fischerei (IUU-Fischerei) darstellen oder unterstützen;

   b) nicht zur Unterstützung des Betriebs, des Managements oder des Besitzes eines Fischereifahrzeugs gewährt werden, das auf der Unionsliste von IUU-Schiffen gemäß Artikel 40 Absatz 3 der Verordnung (EG) Nr. 1005/2008 geführt wird, oder des Betriebs, des Managements oder des Besitzes eines Schiffs, das unter der Flagge eines Landes fährt, das nach Artikel 33 der genannten Verordnung als nichtkooperierendes Drittland eingestuft wurde;

   c) mit einer Einhaltung der Vorschriften der Verordnung (EU) Nr. 1379/2013 des Europäischen Parlaments und des Rates vom 11. Dezember 2013 über die gemeinsame Marktorganisation für Erzeugnisse der Fischerei und der Aquakultur, zur Änderung der Verordnungen (EG) Nr. 1184/2006 und (EG) Nr. 1224/2009 des Rates und zur Aufhebung der Verordnung (EG) Nr. 104/2000 des Rates (ABl. L 354 vom 28.12.2013, S. 1) einhergehen oder

   d) nicht mit einer Erhöhung der Fangkapazität oder dem Bau neuer Schiffe einhergehen, die unmittelbar und automatisch zu einem Verstoß des Mitgliedstaats gegen Artikel 22 Absatz 7 der Verordnung (EU) Nr. 1380/2013 des Europäischen Parlaments und des Rates vom 11. Dezember 2013 über die Gemeinsame Fischereipolitik und zur Änderung der Verordnungen (EG) Nr. 1954/2003 und (EG) Nr. 1224/2009 des Rates sowie zur Aufhebung der Verordnungen (EG) Nr. 2371/2002 und (EG) Nr. 639/2004 des Rates und des Beschlusses 2004/585/EG des Rates (ABl. L 354 vom 28.12.2013, S. 22) und die in Anhang II zu der Verordnung (EU) Nr. 1380/2013 festgelegten Obergrenzen für die Fangkapazität führen und

6. ein Steuerpflichtiger mit Einkünften aus Binnenfischerei, Teichwirtschaft oder Fischzucht für Binnenfischerei und Teichwirtschaft versichert, dass er für einen Zeitraum von fünf Jahren nach Bekanntgabe des Einkommensteuerbescheids, mit dem die Tarifermäßigung gewährt wird, die Bestimmungen der Gemeinsamen Fischereipolitik einhalten wird.

[2]Der Steuerpflichtige hat bei der Beantragung der Tarifermäßigung zu erklären, dass die in Satz 1 Nummer 3 bis 6 genannten Voraussetzungen bestehen. [3]Der Steuerpflichtige hat dem zuständigen Finanzamt nach Beantragung der Tarifermäßigung unverzüglich mitzuteilen, wenn eine der in Satz 1 Nummer 3 bis 6 genannten Voraussetzungen nicht mehr vorliegt. [4]Satz 1 Nummer 3 und 4 findet keine Anwendung auf Einkünfte als Landwirt im Sinne des Artikels 211 Absatz 3 der Verordnung (EU) Nr. 1308/2013 des Europäischen Parlaments und des Rates vom 17. Dezember 2013 über eine gemeinsame Marktorganisation für landwirtschaftliche Erzeugnisse und zur Aufhebung der Verordnungen (EWG) Nr. 922/72, (EWG) Nr. 234/79, (EG) Nr. 1037/2001 und (EG) Nr. 1234/2007 (ABl. L 347 vom 20.12.2013, S. 671; L 189 vom 27.6.2014, S. 261; L 130 vom 19.5.2016, S. 18; L 34 vom 9.2.2017, S. 41; L 106 vom 6.4.2020, S. 12), die zuletzt durch die Verordnung (EU) 2024/1143 (ABl. L, 2024/1143, 23.4.2024) geändert worden ist.

(6) [1]Ist für einen Veranlagungszeitraum, in dem eine Tarifermäßigung nach Absatz 1 gewährt wurde, bereits ein Einkommensteuerbescheid erlassen worden, ist dieser zu ändern, soweit sich in einem Einkommensteuerbescheid des Betrachtungszeitraums Besteuerungsgrundlagen ändern. [2]Die Festsetzungsfrist endet insoweit nicht, bevor die Festsetzungsfrist für den Veranlagungszeitraum abgelaufen ist, in dem sich die Besteuerungsgrundlagen geändert haben. [3]Die Sätze 1 und 2 gelten in den Fällen des § 36 Absatz 2 Nummer 4 entsprechend für die Anrechnungsverfügung.

(7) [1]Wird während eines Zeitraums von fünf Jahren nach Bekanntgabe des Einkommensteuerbescheids, mit dem die Tarifermäßigung für den jeweiligen Betrachtungszeitraum gewährt wird, durch die zuständige Behörde festgestellt, dass die Voraussetzungen im Sinne des Absatz 5 Satz 1 Nummer 5 nicht eingehalten wurden, ist eine Tarifermäßigung im Sinne des Absatzes 1 Satz 2 rückgängig zu machen. [2]Diese Nichteinhaltung der Voraussetzung gilt als rückwirkendes Ereignis im Sinne von § 175 Absatz 1 Satz 1 Nummer 2 in Verbindung mit Absatz 2 der Abgabenordnung. [3]Der Steuerpflichtige hat eine Nichteinhaltung der

Voraussetzungen unverzüglich nach deren Feststellung dem zuständigen Finanzamt anzuzeigen. [4]Die Festsetzungsfrist für die Steuer endet nicht vor Ablauf von vier Jahren nach Ablauf des Kalenderjahres, in dem die Finanzbehörde von der Nichteinhaltung der Voraussetzungen nach Satz 1 Kenntnis erlangt hat.

§ 32d
Gesonderter Steuertarif für Einkünfte aus Kapitalvermögen

(1) [1]Die Einkommensteuer für Einkünfte aus Kapitalvermögen, die nicht unter § 20 Absatz 8 fallen, beträgt 25 Prozent. [2]Die Steuer nach Satz 1 vermindert sich um die nach Maßgabe des Absatzes 5 anrechenbaren ausländischen Steuern. [3]Im Fall der Kirchensteuerpflicht ermäßigt sich die Steuer nach den Sätzen 1 und 2 um 25 Prozent der auf die Kapitalerträge entfallenden Kirchensteuer. [4]Die Einkommensteuer beträgt damit

$$\frac{e - 4q}{4 + k}$$

[5]Dabei sind „e" die nach den Vorschriften des § 20 ermittelten Einkünfte, „q" die nach Maßgabe des Absatzes 5 anrechenbare ausländische Steuer und „k" der für die Kirchensteuer erhebende Religionsgesellschaft (Religionsgemeinschaft) geltende Kirchensteuersatz.

(2) Absatz 1 gilt nicht

1. [1]für Kapitalerträge im Sinne des § 20 Absatz 1 Nummer 4 und 7 sowie Absatz 2 Satz 1 Nummer 4 und 7,
   a) wenn Gläubiger und Schuldner einander nahe stehende Personen sind, soweit die den Kapitalerträgen entsprechenden Aufwendungen beim Schuldner Betriebsausgaben oder Werbungskosten im Zusammenhang mit Einkünften sind, die der inländischen Besteuerung unterliegen und § 20 Absatz 9 Satz 1 zweiter Halbsatz keine Anwendung findet,
   b) [1]wenn sie von einer Kapitalgesellschaft oder Genossenschaft an einen Anteilseigner gezahlt werden, der zu mindestens 10 Prozent an der Gesellschaft oder Genossenschaft beteiligt ist, soweit die den Kapitalerträgen entsprechenden Aufwendungen beim Schuldner Betriebsausgaben oder Werbungskosten im Zusammenhang mit Einkünften sind, die der inländischen Besteuerung unterliegen und § 20 Absatz 9 Satz 1 zweiter Halbsatz keine Anwendung findet. [2]Dies gilt auch, wenn der Gläubiger der Kapitalerträge eine dem Anteilseigner nahe stehende Person ist, oder
   c) [1]soweit ein Dritter die Kapitalerträge schuldet und diese Kapitalanlage im Zusammenhang mit einer Kapitalüberlassung an einen Betrieb des Gläubigers steht. [2]Dies gilt entsprechend, wenn Kapital überlassen wird
      aa) an eine dem Gläubiger der Kapitalerträge nahestehende Person oder
      bb) an eine Personengesellschaft, bei der der Gläubiger der Kapitalerträge oder eine diesem nahestehende Person als Mitunternehmer beteiligt ist oder
      cc) an eine Kapitalgesellschaft oder Genossenschaft, an der der Gläubiger der Kapitalerträge oder eine diesem nahestehende Person zu mindestens 10 Prozent beteiligt ist,

      sofern der Dritte auf den Gläubiger oder eine diesem nahestehende Person zurückgreifen kann. [3]Ein Zusammenhang ist anzunehmen, wenn die Kapitalanlage und die Kapitalüberlassung auf einem einheitlichen Plan beruhen. [4]Hiervon ist insbesondere dann auszugehen, wenn die Kapitalüberlassung in engem zeitlichen Zusammenhang mit einer Kapitalanlage steht oder die jeweiligen Zinsvereinbarungen miteinander verknüpft sind. [5]Von einem Zusammenhang ist jedoch nicht auszugehen, wenn die Zinsvereinbarungen marktüblich sind oder die Anwendung des Absatzes 1 beim Steuerpflichtigen zu keinem Belastungsvorteil führt. [6]Die Sätze 1 bis 5 gelten sinngemäß, wenn das überlassene Kapital vom Gläubiger der Kapitalerträge für die Erzielung von Einkünften im Sinne des § 2 Absatz 1 Satz 1 Nummer 4, 6 und 7 eingesetzt wird.

   [2]Insoweit findet § 20 Absatz 6 und 9 keine Anwendung;
2. [1]für Kapitalerträge im Sinne des § 20 Absatz 1 Nummer 6 Satz 2. [2]Insoweit findet § 20 Absatz 6 keine Anwendung.
3. [1]auf Antrag für Kapitalerträge im Sinne des § 20 Absatz 1 Nummer 1 und 2 aus einer Beteiligung an einer Kapitalgesellschaft, wenn der Steuerpflichtige im Veranlagungszeitraum, für den der Antrag erstmals gestellt wird, unmittelbar oder mittelbar
   a) zu mindestens 25 Prozent an der Kapitalgesellschaft beteiligt ist oder
   b) zu mindestens 1 Prozent an der Kapitalgesellschaft beteiligt ist und durch eine berufliche Tätigkeit für diese maßgeblichen unternehmerischen Einfluss auf deren wirtschaftliche Tätigkeit nehmen kann.

   [2]Insoweit finden § 3 Nummer 40 Satz 2 und § 20 Absatz 6 und 9 keine Anwendung. [3]Der Antrag gilt für die jeweilige Beteiligung erstmals für den Veranlagungszeitraum, für den er gestellt worden ist. [4]Er ist spätestens zusammen mit der Einkommensteuererklärung für den jeweiligen Veranlagungszeitraum zu stellen und gilt, solange er nicht widerrufen wird, auch für die folgenden vier Veranlagungszeiträume, ohne dass die Antragsvoraussetzungen erneut zu belegen sind. [5]Die Widerrufserklärung muss dem Finanzamt spätestens mit der Steuererklärung für den Veranlagungszeitraum zugehen, für den die Sätze 1 bis 4 erstmals nicht mehr angewandt werden sollen. [6]Nach einem Widerruf ist ein erneuter Antrag des Steuerpflichtigen für diese Beteiligung an der Kapitalgesellschaft nicht mehr zulässig;
4. für Bezüge im Sinne des § 20 Absatz 1 Nummer 1 und für Einnahmen im Sinne des § 20 Absatz 1 Nummer 9, soweit sie das Einkommen der leistenden Körperschaft gemindert haben; dies gilt nicht, soweit eine verdeckte Gewinnausschüttung das Einkommen einer dem Steuerpflichtigen nahe stehenden Person erhöht hat und § 32a des Körperschaftsteuergesetzes auf die Veranlagung dieser nahe stehenden Person keine Anwendung findet.

(3) [1]Steuerpflichtige Kapitalerträge, die nicht der Kapitalertragsteuer unterlegen haben, hat der Steuerpflichtige in seiner Einkommensteuererklärung anzugeben. [2]Für diese Kapitalerträge erhöht sich die tarifliche Einkommensteuer um den nach Absatz 1 ermittelten Betrag. [3]Im Fall des Satzes 1 ist eine Veranlagung ungeachtet von § 46 Absatz 2 durchzuführen.

(4) Der Steuerpflichtige kann mit der Einkommensteuererklärung für Kapitalerträge, die der Kapitalertragsteuer unterlegen haben, eine Steuerfestsetzung entsprechend Absatz 3 Satz 2 insbesondere in Fällen eines nicht vollständig ausgeschöpften Sparer-Pauschbetrags, einer Anwendung der Ersatzbemessungsgrundlage nach § 43a Absatz 2 Satz 7, eines noch nicht im Rahmen des § 43a Absatz 3 berücksichtigten Verlusts, eines Verlustvortrags nach § 20 Absatz 6 und noch nicht berücksichtigter ausländischer Steuern, zur Überprüfung des Steuereinbehalts dem Grund oder der Höhe nach oder zur Anwendung von Absatz 1 Satz 3 beantragen.

(5) [1]In den Fällen der Absätze 3 und 4 ist bei unbeschränkt Steuerpflichtigen, die mit ausländischen Kapitalerträgen in dem Staat, aus dem die Kapitalerträge stammen, zu einer der deutschen Einkommensteuer entsprechenden Steuer herangezogen werden,

die auf ausländische Kapitalerträge festgesetzte und gezahlte und um einen entstandenen Ermäßigungsanspruch gekürzte ausländische Steuer, jedoch höchstens 25 Prozent ausländische Steuer auf den einzelnen steuerpflichtigen Kapitalertrag, auf die deutsche Steuer anzurechnen. [2]Soweit in einem Abkommen zur Vermeidung der Doppelbesteuerung die Anrechnung einer ausländischen Steuer einschließlich einer als gezahlt geltenden Steuer auf die deutsche Steuer vorgesehen ist, gilt Satz 1 entsprechend. [3]Die ausländischen Steuern sind nur bis zur Höhe der auf die im jeweiligen Veranlagungszeitraum bezogenen Kapitalerträge im Sinne des Satzes 1 entfallenden deutschen Steuer anzurechnen.

(6) [1]Auf Antrag des Steuerpflichtigen werden anstelle der Anwendung der Absätze 1, 3 und 4 die nach § 20 ermittelten Kapitaleinkünfte den Einkünften im Sinne des § 2 hinzugerechnet und der tariflichen Einkommensteuer unterworfen, wenn dies zu einer niedrigeren Einkommensteuer einschließlich Zuschlagsteuern führt (Günstigerprüfung). [2]Absatz 5 ist mit der Maßgabe anzuwenden, dass die nach dieser Vorschrift ermittelten ausländischen Steuern auf die zusätzliche tarifliche Einkommensteuer anzurechnen sind, die auf die hinzugerechneten Kapitaleinkünfte entfällt. [3]Der Antrag kann für den jeweiligen Veranlagungszeitraum nur einheitlich für sämtliche Kapitalerträge gestellt werden. [4]Bei zusammenveranlagten Ehegatten kann der Antrag nur für sämtliche Kapitalerträge beider Ehegatten gestellt werden.

§ 33
Außergewöhnliche Belastungen

(1) Erwachsen einem Steuerpflichtigen zwangsläufig größere Aufwendungen als der überwiegenden Mehrzahl der Steuerpflichtigen gleicher Einkommensverhältnisse, gleicher Vermögensverhältnisse und gleichen Familienstands (außergewöhnliche Belastung), so wird auf Antrag die Einkommensteuer dadurch ermäßigt, dass der Teil der Aufwendungen, der die dem Steuerpflichtigen zumutbare Belastung (Absatz 3) übersteigt, vom Gesamtbetrag der Einkünfte abgezogen wird.

(2) [1]Aufwendungen erwachsen dem Steuerpflichtigen zwangsläufig, wenn er sich ihnen aus rechtlichen, tatsächlichen oder sittlichen Gründen nicht entziehen kann und soweit die Aufwendungen den Umständen nach notwendig sind und einen angemessenen Betrag nicht übersteigen. [2]Aufwendungen, die zu den Betriebsausgaben, Werbungskosten oder Sonderausgaben gehören, bleiben dabei außer Betracht; das gilt für Aufwendungen im Sinne des § 10 Absatz 1 Nummer 7 und 9 nur insoweit, als sie als Sonderausgaben abgezogen werden können. [3]Aufwendungen, die durch Diätverpflegung entstehen, können nicht als außergewöhnliche Belastung berücksichtigt werden. [4]Aufwendungen für die Führung eines Rechtsstreits (Prozesskosten) sind vom Abzug ausgeschlossen, es sei denn es handelt sich um Aufwendungen ohne die der Steuerpflichtige Gefahr liefe, seine Existenzgrundlage zu verlieren und seine lebensnotwendigen Bedürfnisse in dem üblichen Rahmen nicht mehr befriedigen zu können.

(2a) [1]Abweichend von Absatz 1 wird für Aufwendungen für durch eine Behinderung veranlasste Fahrten nur eine Pauschale gewährt (behinderungsbedingte Fahrtkostenpauschale). [2]Die Pauschale erhalten:

1. Menschen mit einem Grad der Behinderung von mindestens 80 oder mit einem Grad der Behinderung von mindestens 70 und dem Merkzeichen „G“,
2. Menschen mit dem Merkzeichen „aG“, mit dem Merkzeichen „Bl“, mit dem Merkzeichen „TBl“ oder mit dem Merkzeichen „H“.

[3]Bei Erfüllung der Anspruchsvoraussetzungen nach Satz 2 Nummer 1 beträgt die Pauschale 900 Euro. [4]Bei Erfüllung der Anspruchsvoraussetzungen nach Satz 2 Nummer 2 beträgt die Pauschale 4 500 Euro. [5]In diesem Fall kann die Pauschale nach Satz 3 nicht zusätzlich in Anspruch genommen werden. [6]Über die Fahrtkostenpauschale nach Satz 1 hinaus sind keine weiteren behinderungsbedingten Fahrtkosten als außergewöhnliche Belastung nach Absatz 1 berücksichtigungsfähig. [7]Die Pauschale ist bei der Ermittlung des Teils der Aufwendungen im Sinne des Absatzes 1, der die zumutbare Belastung übersteigt, einzubeziehen. [8]Sie kann auch gewährt werden, wenn ein Behinderten-Pauschbetrag nach § 33b Absatz 5 übertragen wurde. [9]§ 33b Absatz 5 ist entsprechend anzuwenden.

(3) [1]Die zumutbare Belastung beträgt

Bei einem Gesamtbetrag der Einkünfte	**bis 15 340 EUR**	**über 15 340 EUR bis 51 130 EUR**	**über 51 130 EUR**
1. bei Steuerpflichtigen, die keine Kinder haben und bei denen die Einkommensteuer			
a) nach § 32a Absatz 1,	5	6	7
b) nach § 32a Absatz 5 oder 6 (Splitting Verfahren)	4	5	6
zu berechnen ist;			
2. bei Steuerpflichtigen mit			
a) einem Kind oder zwei Kindern	2	3	4
b) drei oder mehr Kindern	1	1	2
	Prozent des Gesamtbetrags der Einkünfte.		

[2]Als Kinder des Steuerpflichtigen zählen die, für die er Anspruch auf einen Freibetrag nach § 32 Absatz 6 oder auf Kindergeld hat.

(4) Die Bundesregierung wird ermächtigt, durch Rechtsverordnung mit Zustimmung des Bundesrates die Einzelheiten des Nachweises von Aufwendungen nach Absatz 1 und der Anspruchsvoraussetzungen nach Absatz 2a zu bestimmen.

§ 33a
Außergewöhnliche Belastung in besonderen Fällen

(1) [1]Erwachsen einem Steuerpflichtigen Aufwendungen für den Unterhalt und eine etwaige Berufsausbildung einer dem Steuerpflichtigen oder seinem Ehegatten gegenüber gesetzlich unterhaltsberechtigten Person, so wird auf Antrag die Einkommensteuer dadurch ermäßigt, dass die Aufwendungen bis zur Höhe des Grundfreibetrags nach § 32a Absatz 1 Satz 2 Nummer 1 im Kalenderjahr vom Gesamtbetrag der Einkünfte abgezogen werden. [2]Der Höchstbetrag nach Satz 1 erhöht sich um den Betrag der im jeweiligen Veranlagungszeitraum nach § 10 Absatz 1 Nummer 3 für die Absicherung der unterhaltsberechtigten Person aufgewandten Beiträge; dies gilt nicht für Kranken- und Pflegeversicherungsbeiträge, die bereits nach § 10 Absatz 1 Nummer 3 Satz 1 anzusetzen sind. [3]Der gesetzlich unterhaltsberechtigten Person gleichgestellt ist eine Person, wenn bei ihr zum Unterhalt bestimmte inländische öffentliche Mittel mit Rücksicht auf die Unterhaltsleistungen des Steuerpflichtigen gekürzt werden. [4]Vo-

raussetzung ist, dass weder der Steuerpflichtige noch eine andere Person Anspruch auf einen Freibetrag nach § 32 Absatz 6 oder auf Kindergeld für die unterhaltene Person hat und die unterhaltene Person kein oder nur ein geringes Vermögen besitzt; ein angemessenes Hausgrundstück im Sinne von § 90 Absatz 2 Nummer 8 des Zwölften Buches Sozialgesetzbuch bleibt unberücksichtigt. [5]Hat die unterhaltene Person andere Einkünfte oder Bezüge, so vermindert sich die Summe der nach Satz 1 und Satz 2 ermittelten Beträge um den Betrag, um den diese Einkünfte und Bezüge den Betrag von 624 Euro im Kalenderjahr übersteigen, sowie um die von der unterhaltenen Person als Ausbildungshilfe aus öffentlichen Mitteln oder von Förderungseinrichtungen, die hierfür öffentliche Mittel erhalten, bezogenen Zuschüsse; zu den Bezügen gehören auch steuerfreie Gewinne nach den §§ 14, 16 Absatz 4, § 17 Absatz 3 und § 18 Absatz 3, die nach § 19 Absatz 2 steuerfrei bleibenden Einkünfte sowie Sonderabschreibungen und erhöhte Absetzungen, soweit sie die höchstmöglichen Absetzungen für Abnutzung nach § 7 übersteigen. [6]Ist die unterhaltene Person nicht unbeschränkt einkommensteuerpflichtig, so können die Aufwendungen nur abgezogen werden, soweit sie nach den Verhältnissen des Wohnsitzstaates der unterhaltenen Person notwendig und angemessen sind, höchstens jedoch der Betrag, der sich nach den Sätzen 1 bis 5 ergibt; ob der Steuerpflichtige zum Unterhalt gesetzlich verpflichtet ist, ist nach inländischen Maßstäben zu beurteilen. [7]Werden die Aufwendungen für eine unterhaltene Person von mehreren Steuerpflichtigen getragen, so wird bei jedem der Teil des sich hiernach ergebenden Betrags abgezogen, der seinem Anteil am Gesamtbetrag der Leistungen entspricht. [8]Nicht auf Euro lautende Beträge sind entsprechend dem für Ende September des Jahres vor dem Veranlagungszeitraum von der Europäischen Zentralbank bekannt gegebenen Referenzkurs umzurechnen. [9]Voraussetzung für den Abzug der Aufwendungen ist die Angabe der erteilten Identifikationsnummer (§ 139b der Abgabenordnung) der unterhaltenen Person in der Steuererklärung des Unterhaltsleistenden, wenn die unterhaltene Person der unbeschränkten oder beschränkten Steuerpflicht unterliegt. [10]Die unterhaltene Person ist für diese Zwecke verpflichtet, dem Unterhaltsleistenden ihre erteilte Identifikationsnummer (§ 139b der Abgabenordnung) mitzuteilen. [11]Kommt die unterhaltene Person dieser Verpflichtung nicht nach, ist der Unterhaltsleistende berechtigt, bei der für ihn zuständigen Finanzbehörde die Identifikationsnummer der unterhaltenen Person zu erfragen. [12]Voraussetzung für den Abzug der Aufwendungen nach Satz 1 ist, dass bei Geldzuwendungen die Zahlung der Unterhaltsleistungen durch Überweisung auf das Konto der unterhaltenen Person erfolgt ist.

(2) [1]Zur Abgeltung des Sonderbedarfs eines sich in Berufsausbildung befindenden, auswärtig untergebrachten, volljährigen Kindes, für das Anspruch auf einen Freibetrag nach § 32 Absatz 6 oder Kindergeld besteht, kann der Steuerpflichtige einen Freibetrag in Höhe von 1 200 Euro je Kalenderjahr vom Gesamtbetrag der Einkünfte abziehen. [2]Für ein nicht unbeschränkt einkommensteuerpflichtiges Kind mindert sich der vorstehende Betrag nach Maßgabe des Absatzes 1 Satz 6. [3]Erfüllen mehrere Steuerpflichtige für dasselbe Kind die Voraussetzungen nach Satz 1, so kann der Freibetrag insgesamt nur einmal abgezogen werden. [4]Jedem Elternteil steht grundsätzlich die Hälfte des Abzugsbetrags nach den Sätzen 1 und 2 zu. [5]Auf gemeinsamen Antrag der Eltern ist eine andere Aufteilung möglich.

(3) [1]Für jeden vollen Kalendermonat, in dem die in den Absätzen 1 und 2 bezeichneten Voraussetzungen nicht vorgelegen haben, ermäßigen sich die dort bezeichneten Beträge um je ein Zwölftel; der sich daraus ergebene Betrag ist auf den nächsten vollen Euro-Betrag aufzurunden. [2]Eigene Einkünfte und Bezüge der nach Absatz 1 unterhaltenen Person, die auf diese Kalendermonate entfallen, vermindern den nach Satz 1 ermäßigten Höchstbetrag nicht. [3]Als Ausbildungshilfe bezogene Zuschüsse der nach Absatz 1 unterhaltenen Person mindern nur den zeitanteiligen Höchstbetrag der Kalendermonate, für die sie bestimmt sind.

(4) In den Fällen der Absätze 1 und 2 kann wegen der in diesen Vorschriften bezeichneten Aufwendungen der Steuerpflichtige eine Steuerermäßigung nach § 33 nicht in Anspruch nehmen.

§ 33b
Pauschbeträge für Menschen mit Behinderungen, Hinterbliebene und Pflegepersonen

(1) [1]Wegen der Aufwendungen für die Hilfe bei den gewöhnlichen und regelmäßig wiederkehrenden Verrichtungen des täglichen Lebens, für die Pflege sowie für einen erhöhten Wäschebedarf können Menschen mit Behinderungen unter den Voraussetzungen des Absatzes 2 anstelle einer Steuerermäßigung nach § 33 einen Pauschbetrag nach Absatz 3 geltend machen (Behinderten-Pauschbetrag). [2]Das Wahlrecht kann für die genannten Aufwendungen im jeweiligen Veranlagungszeitraum nur einheitlich ausgeübt werden.

(2) Einen Pauschbetrag erhalten Menschen, deren Grad der Behinderung auf mindestens 20 festgestellt ist, sowie Menschen, die hilflos im Sinne des Absatzes 3 Satz 4 sind.

(3) [1]Die Höhe des Pauschbetrags nach Satz 2 richtet sich nach dem dauernden Grad der Behinderung. [2]Als Pauschbetrag werden gewährt bei einem Grad der Behinderung von mindestens:

20	384 Euro,
30	620 Euro,
40	860 Euro,
50	1 140 Euro,
60	1 440 Euro,
70	1 780 Euro,
80	2 120 Euro,
90	2 460 Euro,
100	2 840 Euro.

[3]Menschen, die hilflos im Sinne des Satzes 4 sind, Blinde und Taubblinde erhalten einen Pauschbetrag von 7 400 Euro; in diesem Fall kann der Pauschbetrag nach Satz 2 nicht zusätzlich in Anspruch genommen werden. [4]Hilflos ist eine Person, wenn sie für eine Reihe von häufig und regelmäßig wiederkehrenden Verrichtungen zur Sicherung ihrer persönlichen Existenz im Ablauf eines jeden Tages fremder Hilfe dauernd bedarf. [5]Diese Voraussetzungen sind auch erfüllt, wenn die Hilfe in Form einer Überwachung oder einer Anleitung zu den in Satz 4 genannten Verrichtungen erforderlich ist oder wenn die Hilfe zwar nicht dauernd geleistet werden muss, jedoch eine ständige Bereitschaft zur Hilfeleistung erforderlich ist.

(4) [1]Personen, denen laufende Hinterbliebenenbezüge bewilligt worden sind, erhalten auf Antrag einen Pauschbetrag von 370 Euro (Hinterbliebenen-Pauschbetrag), wenn die Hinterbliebenenbezüge geleistet werden

1. nach dem Vierzehnten Buch Sozialgesetzbuch oder einem anderen Gesetz, das die Vorschriften des Vierzehnten Buches Sozialgesetzbuch über Hinterbliebenenbezüge für entsprechend anwendbar erklärt, oder
2. nach den Vorschriften über die gesetzliche Unfallversicherung oder

3. nach den beamtenrechtlichen Vorschriften an Hinterbliebene eines an den Folgen eines Dienstunfalls verstorbenen Beamten oder
4. nach den Vorschriften des Bundesentschädigungsgesetzes über die Entschädigung für Schäden an Leben, Körper oder Gesundheit oder
5. nach den Vorschriften des Soldatenentschädigungsgesetzes.

[2]Der Pauschbetrag wird auch dann gewährt, wenn das Recht auf die Bezüge ruht oder der Anspruch auf die Bezüge durch Zahlung eines Kapitals abgefunden worden ist.

(5) [1]Steht der Behinderten-Pauschbetrag oder der Hinterbliebenen-Pauschbetrag einem Kind zu, für das der Steuerpflichtige Anspruch auf einen Freibetrag nach § 32 Absatz 6 oder auf Kindergeld hat, so wird der Pauschbetrag auf Antrag auf den Steuerpflichtigen übertragen, wenn ihn das Kind nicht in Anspruch nimmt. [2]Dabei ist der Pauschbetrag grundsätzlich auf beide Elternteile je zur Hälfte aufzuteilen, es sei denn, der Kinderfreibetrag wurde auf den anderen Elternteil übertragen. [3]Auf gemeinsamen Antrag der Eltern ist eine andere Aufteilung möglich. [4]In diesen Fällen besteht für Aufwendungen, für die der Behinderten-Pauschbetrag gilt, kein Anspruch auf eine Steuerermäßigung nach § 33. [5]Voraussetzung für die Übertragung nach Satz 1 ist die Angabe der erteilten Identifikationsnummer (§ 139b der Abgabenordnung) des Kindes in der Einkommensteuererklärung des Steuerpflichtigen.

(6) [1]Wegen der außergewöhnlichen Belastungen, die einem Steuerpflichtigen durch die Pflege einer Person erwachsen, kann er anstelle einer Steuerermäßigung nach § 33 einen Pauschbetrag geltend machen (Pflege-Pauschbetrag), wenn er dafür keine Einnahmen im Kalenderjahr erhält und der Steuerpflichtige die Pflege entweder in seiner Wohnung oder in der Wohnung des Pflegebedürftigen persönlich durchführt und diese Wohnung in einem Mitgliedstaat der Europäischen Union oder in einem Staat gelegen ist, auf den das Abkommen über den Europäischen Wirtschaftsraum anzuwenden ist. [2]Zu den Einnahmen nach Satz 1 zählt unabhängig von der Verwendung nicht das von den Eltern eines Kindes mit Behinderungen für dieses Kind empfangene Pflegegeld. [3]Als Pflege-Pauschbetrag wird gewährt:

1. bei Pflegegrad 2 600 Euro,
2. bei Pflegegrad 3 1 100 Euro,
3. bei Pflegegrad 4 oder 5 1 800 Euro.

[4]Ein Pflege-Pauschbetrag nach Satz 3 Nummer 3 wird auch gewährt, wenn die gepflegte Person hilflos im Sinne des § 33b Absatz 3 Satz 4 ist. [5]Bei erstmaliger Feststellung, Änderung oder Wegfall des Pflegegrads im Laufe des Kalenderjahres ist der Pflege-Pauschbetrag nach dem höchsten Grad zu gewähren, der im Kalenderjahr festgestellt war. [6]Gleiches gilt, wenn die Person die Voraussetzungen nach Satz 4 erfüllt. [7]Sind die Voraussetzungen nach Satz 4 erfüllt, kann der Pauschbetrag nach Satz 3 Nummer 1 und 2 nicht zusätzlich in Anspruch genommen werden. [8]Voraussetzung für die Gewährung des Pflege-Pauschbetrags ist die Angabe der erteilten Identifikationsnummer (§ 139b der Abgabenordnung) der gepflegten Person in der Einkommensteuererklärung des Steuerpflichtigen. [9]Wird ein Pflegebedürftiger von mehreren Steuerpflichtigen im Veranlagungszeitraum gepflegt, wird der Pflege-Pauschbetrag nach der Zahl der Pflegepersonen, bei denen die Voraussetzungen der Sätze 1 bis 4 vorliegen, geteilt.

(7) Die Bundesregierung wird ermächtigt, durch Rechtsverordnung mit Zustimmung des Bundesrates zu bestimmen, wie nachzuweisen ist, dass die Voraussetzungen für die Inanspruchnahme der Pauschbeträge vorliegen.

(8) Die Vorschrift des § 33b Absatz 6 ist ab Ende des Kalenderjahres 2026 zu evaluieren.

§ 34
Außerordentliche Einkünfte

(1) [1]Sind in dem zu versteuernden Einkommen außerordentliche Einkünfte enthalten, so ist die auf alle im Veranlagungszeitraum bezogenen außerordentlichen Einkünfte entfallende Einkommensteuer nach den Sätzen 2 bis 4 zu berechnen. [2]Die für die außerordentlichen Einkünfte anzusetzende Einkommensteuer beträgt das Fünffache des Unterschiedsbetrags zwischen der Einkommensteuer für das um diese Einkünfte verminderte zu versteuernde Einkommen (verbleibendes zu versteuerndes Einkommen) und der Einkommensteuer für das verbleibende zu versteuernde Einkommen zuzüglich eines Fünftels dieser Einkünfte. [3]Ist das verbleibende zu versteuernde Einkommen negativ und das zu versteuernde Einkommen positiv, so beträgt die Einkommensteuer das Fünffache der auf ein Fünftel des zu versteuernden Einkommens entfallenden Einkommensteuer. [4]Die Sätze 1 bis 3 gelten nicht für außerordentliche Einkünfte im Sinne des Absatzes 2 Nummer 1, wenn der Steuerpflichtige auf diese Einkünfte ganz oder teilweise § 6b oder § 6c anwendet.

(2) Als außerordentliche Einkünfte kommen nur in Betracht:

1. Veräußerungsgewinne im Sinne der §§ 14, 14a Absatz 1, der §§ 16 und 18 Absatz 3 mit Ausnahme des steuerpflichtigen Teils der Veräußerungsgewinne, die nach § 3 Nummer 40 Buchstabe b in Verbindung mit § 3c Absatz 2 teilweise steuerbefreit sind;
2. Entschädigungen im Sinne des § 24 Nummer 1;
3. Nutzungsvergütungen und Zinsen im Sinne des § 24 Nummer 3, soweit sie für einen Zeitraum von mehr als drei Jahren nachgezahlt werden;
4. Vergütungen für mehrjährige Tätigkeiten; mehrjährig ist eine Tätigkeit, soweit sie sich über mindestens zwei Veranlagungszeiträume erstreckt und einen Zeitraum von mehr als zwölf Monaten umfasst.

(3) [1]Sind in dem zu versteuernden Einkommen außerordentliche Einkünfte im Sinne des Absatzes 2 Nummer 1 enthalten, so kann auf Antrag abweichend von Absatz 1 die auf den Teil dieser außerordentlichen Einkünfte, der den Betrag von insgesamt 5 Millionen Euro nicht übersteigt, entfallende Einkommensteuer nach einem ermäßigten Steuersatz bemessen werden, wenn der Steuerpflichtige das 55. Lebensjahr vollendet hat oder wenn er im sozialversicherungsrechtlichen Sinne dauernd berufsunfähig ist. [2]Der ermäßigte Steuersatz beträgt 56 Prozent des durchschnittlichen Steuersatzes, der sich ergäbe, wenn die tarifliche Einkommensteuer nach dem gesamten zu versteuernden Einkommen zuzüglich der dem Progressionsvorbehalt unterliegenden Einkünfte zu bemessen wäre, mindestens jedoch 14 Prozent. [3]Auf das um die in Satz 1 genannten Einkünfte verminderte zu versteuernde Einkommen (verbleibendes zu versteuerndes Einkommen) sind vorbehaltlich des Absatzes 1 die allgemeinen Tarifvorschriften anzuwenden. [4]Die Ermäßigung nach den Sätzen 1 bis 3 kann der Steuerpflichtige nur einmal im Leben in Anspruch nehmen. [5]Erzielt der Steuerpflichtige in einem Veranlagungszeitraum mehr als einen Veräußerungs- oder Aufgabegewinn im Sinne des Satzes 1, kann er die Ermäßigung nach den Sätzen 1 bis 3 nur für einen Veräußerungs- oder Aufgabegewinn beantragen. [6]Absatz 1 Satz 4 ist entsprechend anzuwenden.

§ 34a
Begünstigung der nicht entnommenen Gewinne

(1) [1]Sind in dem zu versteuernden Einkommen nicht entnommene Gewinne aus Land- und Forstwirtschaft, Gewerbebetrieb oder selbständiger Arbeit (§ 2 Absatz 1 Satz 1 Nummer 1 bis 3) nach Absatz 2 enthalten, ist die Einkommensteuer für diese Gewinne auf Antrag des Steuerpflichtigen ganz oder teilweise mit einem Steuersatz von

1. 28,25 Prozent für Veranlagungszeiträume bis 2027,
2. 27 Prozent für die Veranlagungszeiträume 2028 und 2029,
3. 26 Prozent für die Veranlagungszeiträume 2030 und 2031 und
4. 25 Prozent für Veranlagungszeiträume ab 2032

zu berechnen; dies gilt nicht, soweit für die Gewinne der Freibetrag nach § 16 Absatz 4 oder die Steuerermäßigung nach § 34 Absatz 3 in Anspruch genommen wird oder es sich um Gewinne nach § 18 Absatz 1 Nummer 4 handelt. [2]Der Antrag nach Satz 1 ist für jeden Betrieb oder Mitunternehmeranteil für jeden Veranlagungszeitraum gesondert bei dem für die Einkommensbesteuerung zuständigen Finanzamt zu stellen. [3]§ 233a Absatz 2a der Abgabenordnung ist entsprechend anzuwenden. [4]Bei Mitunternehmeranteilen kann der Steuerpflichtige den Antrag nur stellen, wenn sein Anteil am nach § 4 Absatz 1 Satz 1 oder § 5 ermittelten Gewinn mehr als 10 Prozent beträgt oder 10 000 Euro übersteigt. [5]Der Antrag kann bis zur Unanfechtbarkeit des Einkommensteuerbescheids für den nächsten Veranlagungszeitraum vom Steuerpflichtigen ganz oder teilweise zurückgenommen werden; der Einkommensteuerbescheid ist entsprechend zu ändern. [6]Die Festsetzungsfrist endet insoweit nicht, bevor die Festsetzungsfrist für den nächsten Veranlagungszeitraum abgelaufen ist.

(2) [1]Der nicht entnommene Gewinn des Betriebs oder Mitunternehmeranteils ist der nach § 4 Absatz 1 Satz 1 oder § 5 ermittelte Gewinn vermindert um den positiven Saldo der Entnahmen und Einlagen des Wirtschaftsjahres vermehrt um die Gewerbesteuer des Wirtschaftsjahres. [2]Entnahmen für die Zahlung der Einkommensteuer nach Absatz 1 Satz 1 und des darauf entfallenden Solidaritätszuschlages bleiben außer Ansatz.[3]Entnahmen gelten vorrangig bis zur Höhe der Einkommensteuer im Sinne des Absatzes 1 Satz1 und des darauf entfallenden Solidaritätszuschlages als zur Zahlung dieser Beträge verwendet.

(3) [1]Der Begünstigungsbetrag ist der im Veranlagungszeitraum nach Absatz 1 Satz 1 auf Antrag begünstigte Gewinn. [2]Der Begünstigungsbetrag des Veranlagungszeitraums, vermindert um die darauf entfallende Steuerbelastung nach Absatz 1 und den darauf entfallenden Solidaritätszuschlag, vermehrt um den nachversteuerungspflichtigen Betrag des Vorjahres und den auf diesen Betrieb oder Mitunternehmeranteil nach Absatz 5 übertragenen nachversteuerungspflichtigen Betrag, vermindert um den Nachversteuerungsbetrag im Sinne des Absatzes 4 und den auf einen anderen Betrieb oder Mitunternehmeranteil nach Absatz 5 übertragenen nachversteuerungspflichtigen Betrag, ist der nachversteuerungspflichtige Betrag des Betriebs oder Mitunternehmeranteils zum Ende des Veranlagungszeitraums. [3]Dieser ist für jeden Betrieb oder Mitunternehmeranteil jährlich gesondert festzustellen.

(4) [1]Übersteigt der positive Saldo der Entnahmen und Einlagen des Wirtschaftsjahres bei einem Betrieb oder Mitunternehmeranteil den nach § 4 Absatz 1 Satz 1 oder § 5 ermittelten Gewinn (Nachversteuerungsbetrag), ist vorbehaltlich Absatz 5 eine Nachversteuerung durchzuführen, soweit zum Ende des vorangegangenen Veranlagungszeitraums ein nachversteuerungspflichtiger Betrag nach Absatz 3 festgestellt wurde. [2]Die Einkommensteuer auf den Nachversteuerungsbetrag beträgt 25 Prozent. [3]Der Nachversteuerungsbetrag ist um die Beträge, die für die Erbschaftsteuer (Schenkungsteuer) anlässlich der Übertragung des Betriebs oder Mitunternehmeranteils entnommen wurden, zu vermindern.

(5) [1]Die Übertragung oder Überführung eines Wirtschaftsguts nach § 6 Absatz 5 Satz 1 bis 3 führt unter den Voraussetzungen des Absatzes 4 zur Nachversteuerung. [2]Eine Nachversteuerung findet nicht statt, wenn der Steuerpflichtige beantragt, den nachversteuerungspflichtigen Betrag in Höhe des Buchwerts des übertragenen oder überführten Wirtschaftsguts, höchstens jedoch in Höhe des Nachversteuerungsbetrags, den die Übertragung oder Überführung des Wirtschaftsguts ausgelöst hätte, auf den anderen Betrieb oder Mitunternehmeranteil zu übertragen.

(6) [1]Eine Nachversteuerung des nachversteuerungspflichtigen Betrags nach Absatz 4 ist durchzuführen

1. in den Fällen der Betriebsveräußerung oder -aufgabe im Sinne der §§ 14, 16 Absatz 1 und 3 sowie des § 18 Absatz 3,
2. in den Fällen der Einbringung eines Betriebs oder Mitunternehmeranteils in eine Kapitalgesellschaft oder eine Genossenschaft sowie in den Fällen des Formwechsels einer Personengesellschaft in eine Kapitalgesellschaft oder Genossenschaft,
3. in den Fällen der unentgeltlichen Übertragung eines Betriebs oder Mitunternehmeranteils nach § 6 Absatz 3, wenn die Übertragung an eine Körperschaft, Personenvereinigung oder Vermögensmasse im Sinne des § 1 Absatz 1 des Körperschaftsteuergesetzes erfolgt.[2]Ein Fall der unentgeltlichen Übertragung liegt auch vor, wenn der Mitunternehmer ausscheidet und sein Anteil dem übrigen Mitunternehmer oder den übrigen Mitunternehmern unentgeltlich anwächst. [3]Dies gilt entsprechend für eine unentgeltliche Übertragung auf eine Mitunternehmerschaft, soweit der Betrieb oder der Mitunternehmeranteil einer Körperschaft, Personenvereinigung oder Vermögensmasse im Sinne des § 1 Absatz 1 des Körperschaftsteuergesetzes als Mitunternehmer zuzurechnen ist,
4. wenn der Gewinn nicht mehr nach § 4 Absatz 1 Satz 1 oder § 5 ermittelt wird oder
5. wenn der Steuerpflichtige dies beantragt.

[2]Eine anteilige Nachversteuerung des nachversteuerungspflichtigen Betrags ist durchzuführen

1. in den Fällen der entgeltlichen Aufnahme eines Mitunternehmers in ein bestehendes Einzelunternehmen oder der Veräußerung eines Teils eines Mitunternehmeranteils;
2. in den Fällen der Einbringung eines Teilbetriebs oder eines Teils eines Mitunternehmeranteils in eine Kapitalgesellschaft oder Genossenschaft;
3. in den Fällen der unentgeltlichen Übertragung eines Teilbetriebs oder Teils eines Mitunternehmeranteils oder der unentgeltlichen Aufnahme eines Mitunternehmers in ein bestehendes Einzelunternehmen, wenn die Übertragung an eine Körperschaft, Personenvereinigung oder Vermögensmasse erfolgt.[2]Ein Fall der unentgeltlichen Übertragung liegt auch vor, wenn der Teil des Mitunternehmeranteils dem übrigen Mitunternehmer oder den übrigen Mitunternehmern unentgeltlich anwächst.[3]Dies gilt entsprechend für eine unentgeltliche Übertragung auf eine Mitunternehmerschaft, soweit der übertragene Teil des Betriebs oder des Teils eines Mitunternehmeranteils einer Körperschaft, Personenvereinigung oder Vermögensmasse als Mitunternehmer zuzurechnen ist.

[3]Absatz 7 Satz 3 gilt sinngemäß. [4]In den Fällen von Satz 1 Nummer 1 bis 3 und Satz 2 ist die nach Absatz 4 geschuldete Einkommensteuer auf Antrag des Steuerpflichtigen oder seines Rechtsnachfolgers in regelmäßigen Teilbeträgen für einen Zeitraum von höchstens zehn Jahren seit Eintritt der ersten Fälligkeit zinslos zu stunden, wenn ihre alsbaldige Einziehung mit erheblichen Härten für den Steuerpflichtigen verbunden wäre.

(7) [1]In den Fällen der unentgeltlichen Übertragung eines Betriebs oder Mitunternehmeranteils nach § 6 Absatz 3 hat der Rechtsnachfolger den nachversteuerungspflichtigen Betrag des Rechtsvorgängers fortzuführen; Absatz 6 Satz 1 Nummer 3 und Satz 2 Nummer 3 bleiben unberührt. [2]Bei unentgeltlicher Aufnahme einer natürlichen Person in ein bestehendes Einzelunternehmen oder unentgeltlicher Übertragung eines Teils eines Mitunternehmeranteils auf eine natürliche Person hat der Rechtsnachfolger den nachversteuerungspflichtigen Betrag anteilig fortzuführen. [3]Maßgeblich ist der Anteil des übertragenen Betriebsvermögens an dem Betriebsvermögen des Rechtsvorgängers vor der Übertragung. [4]In den Fällen der Einbringung eines Betriebs oder Mitunternehmeranteils zu Buchwerten nach § 24 des Umwandlungssteuergesetzes geht der für den eingebrachten Betrieb oder Mitunternehmeranteil festgestellte nachversteuerungspflichtige Betrag auf den neuen Mitunternehmeranteil über. [5]Bei Einbringung eines Teils eines Mitunternehmeranteils zu Buchwerten nach § 24 des Umwandlungssteuergesetzes geht der nachversteuerungspflichtige Betrag anteilig auf den neuen Mitunternehmeranteil über; Satz 3 gilt entsprechend.

(8) Negative Einkünfte dürfen nicht mit ermäßigt besteuerten Gewinnen im Sinne von Absatz 1 Satz 1 ausgeglichen werden; sie dürfen insoweit auch nicht nach § 10d abgezogen werden.

(9) [1]Zuständig für den Erlass der Feststellungsbescheide über den nachversteuerungspflichtigen Betrag ist das für die Einkommensbesteuerung zuständige Finanzamt. [2]Die Feststellungsbescheide können nur insoweit angegriffen werden, als sich der nachversteuerungspflichtige Betrag gegenüber dem nachversteuerungspflichtigen Betrag des Vorjahres verändert hat. [3]Die gesonderten Feststellungen nach Satz 1 können mit dem Einkommensteuerbescheid verbunden werden.

(10) [1]Sind Einkünfte aus Land- und Forstwirtschaft, Gewerbebetrieb oder selbständiger Arbeit nach § 180 Absatz 1 Satz 1 Nummer 2 Buchstabe a oder b der Abgabenordnung gesondert festzustellen, können auch die Höhe der Entnahmen und Einlagen sowie weitere nach den Absätzen 1 bis 7 erforderliche Besteuerungsgrundlagen gesondert festgestellt werden. [2]Zuständig für die gesonderten Feststellungen nach Satz 1 ist das Finanzamt, das für die gesonderte Feststellung nach § 180 Absatz 1 Satz 1 Nummer 2 der Abgabenordnung zuständig ist. [3]Die gesonderten Feststellungen nach Satz 1 können mit der Feststellung nach § 180 Absatz 1 Satz 1 Nummer 2 der Abgabenordnung verbunden werden. [4]Die Feststellungsfrist für die gesonderte Feststellung nach Satz 1 endet nicht vor Ablauf der Feststellungsfrist für die Feststellung nach § 180 Absatz 1 Satz 1 Nummer 2 der Abgabenordnung.

(11) [1]Der Bescheid über die gesonderte Feststellung des nachversteuerungspflichtigen Betrags ist zu erlassen, aufzuheben oder zu ändern, soweit der Steuerpflichtige einen Antrag nach Absatz 1 stellt oder diesen ganz oder teilweise zurücknimmt und sich die Besteuerungsgrundlagen im Einkommensteuerbescheid ändern. [2]Dies gilt entsprechend, wenn der Erlass, die Aufhebung oder Änderung des Einkommensteuerbescheids mangels steuerlicher Auswirkung unterbleibt. [3]Die Feststellungsfrist endet nicht, bevor die Festsetzungsfrist für den Veranlagungszeitraum abgelaufen ist, auf dessen Schluss der nachversteuerungspflichtige Betrag und das nachversteuerungsfreie Entnahmevolumen des Betriebs oder Mitunternehmeranteils gesondert festzustellen sind. [4]Der Einkommensteuerbescheid ist zu erlassen, aufzuheben oder zu ändern, soweit der Steuerpflichtige einen Antrag nach Absatz 1 stellt oder diesen ganz oder teilweise zurücknimmt und sich die gesonderte Feststellung des nachversteuerungspflichtigen Betrags ändert. [5]Für die Festsetzungsfrist gilt Satz 3 sinngemäß.

§ 34b
Steuersätze bei Einkünften aus außerordentlichen Holznutzungen

(1) Außerordentliche Holznutzungen sind

1. [1]Holznutzungen, die aus volks- oder staatswirtschaftlichen Gründen erfolgt sind. [2]Sie liegen nur insoweit vor, als sie durch gesetzlichen oder behördlichen Zwang veranlasst sind;
2. [1]Holznutzungen infolge höherer Gewalt (Kalamitätsnutzungen). [2]Sie sind durch Eis-, Schnee-, Windbruch oder Windwurf, Erdbeben, Bergrutsch, Insektenfraß, Brand oder durch Naturereignisse mit vergleichbaren Folgen verursacht. [3]Hierzu gehören nicht die Schäden, die in der Forstwirtschaft regelmäßig entstehen.

(2) [1]Zur Ermittlung der Einkünfte aus außerordentlichen Holznutzungen sind von den Einnahmen sämtlicher Holznutzungen die damit in sachlichem Zusammenhang stehenden Betriebsausgaben abzuziehen. [2]Das nach Satz 1 ermittelte Ergebnis ist auf die ordentlichen und außerordentlichen Holznutzungsarten aufzuteilen, in dem die außerordentlichen Holznutzungen zur gesamten Holznutzung ins Verhältnis gesetzt wird. [3]Bei einer Gewinnermittlung durch Betriebsvermögensvergleich sind die im Wirtschaftsjahr veräußerten Holzmengen maßgebend. [4]Bei einer Gewinnermittlung nach den Grundsätzen des § 4 Absatz 3 ist von den Holzmengen auszugehen, die den im Wirtschaftsjahr zugeflossenen Einnahmen zugrunde liegen. [5]Die Sätze 1 bis 4 gelten für entnommenes Holz entsprechend.

(3) Die Einkommensteuer bemisst sich für die Einkünfte aus außerordentlichen Holznutzungen im Sinne des Absatzes 1

1. nach der Hälfte des durchschnittlichen Steuersatzes, der sich ergäbe, wenn die tarifliche Einkommensteuer nach dem gesamten zu versteuernden Einkommen zuzüglich der dem Progressionsvorbehalt unterliegenden Einkünfte zu bemessen wäre;
2. nach dem halben Steuersatz der Nummer 1, soweit sie den Nutzungssatz (§ 68 der Einkommensteuer-Durchführungsverordnung) übersteigen.

(4) Einkünfte aus außerordentlichen Holznutzungen sind nur anzuerkennen, wenn

1. das im Wirtschaftsjahr veräußerte oder entnommene Holz mengenmäßig getrennt nach ordentlichen und außerordentlichen Holznutzungen nachgewiesen wird und
2. Schäden infolge höherer Gewalt unverzüglich nach Feststellung des Schadensfalls der zuständigen Finanzbehörde mitgeteilt und nach der Aufarbeitung mengenmäßig nachgewiesen werden.

(5) Die Bundesregierung wird ermächtigt, durch Rechtsverordnung mit Zustimmung des Bundesrates

1. die Steuersätze abweichend von Absatz 3 für ein Wirtschaftsjahr aus sachlichen Billigkeitsgründen zu regeln,
2. die Anwendung des § 4a des Forstschäden-Ausgleichsgesetzes für ein Wirtschaftsjahr aus sachlichen Billigkeitsgründen zu regeln,

wenn besondere Schadensereignisse nach Absatz 1 Nummer 2 vorliegen und eine Einschlagsbeschränkung (§ 1 Absatz 1 des Forstschäden-Ausgleichsgesetzes) nicht angeordnet wurde.

V. Steuerermäßigungen

1. Steuerermäßigung bei ausländischen Einkünften

§ 34c

(1) [1]Bei unbeschränkt Steuerpflichtigen, die mit ausländischen Einkünften in dem Staat, aus dem die Einkünfte stammen, zu einer der deutschen Einkommensteuer entsprechenden Steuer herangezogen werden, ist die festgesetzte und gezahlte und um einen entstandenen Ermäßigungsanspruch gekürzte ausländische Steuer auf die deutsche Einkommensteuer anzurechnen, die auf die Einkünfte aus diesem Staat entfällt; das gilt nicht für Einkünfte aus Kapitalvermögen, auf die § 32d Absatz 1 und 3 bis 6 anzuwenden ist. [2]Die auf die ausländischen Einkünfte nach Satz 1 erster Halbsatz entfallende deutsche Einkommensteuer ist in der Weise zu ermitteln, dass der sich bei der Veranlagung des zu versteuernden Einkommens – einschließlich der ausländischen Einkünfte – nach den §§ 32a, 32b, 34, 34a und 34b ergebende durchschnittliche Steuersatz auf die ausländischen Einkünfte anzuwenden ist. [3]Bei der Ermittlung des zu versteuernden Einkommens und der ausländischen Einkünfte sind die Einkünfte nach Satz 1 zweiter Halbsatz nicht zu berücksichtigen; bei der Ermittlung der ausländischen Einkünfte sind die ausländischen Einkünfte nicht zu berücksichtigen, die in dem Staat, aus dem sie stammen, nach dessen Recht nicht besteuert werden. [4]Gehören ausländische Einkünfte der in § 34d Nummer 3, 4, 6, 7 und 8 Buchstabe c genannten Art zum Gewinn eines inländischen Betriebes, sind bei ihrer Ermittlung Betriebsausgaben und Betriebsvermögensminderungen abzuziehen, die mit den diesen Einkünften zugrunde liegenden Einnahmen in wirtschaftlichem Zusammenhang stehen. [5]Die ausländischen Steuern sind nur insoweit anzurechnen, als sie auf die im Veranlagungszeitraum bezogenen Einkünfte entfallen.

(2) Statt der Anrechnung (Absatz 1) ist die ausländische Steuer auf Antrag bei der Ermittlung der Einkünfte abzuziehen, soweit sie auf ausländische Einkünfte entfällt, die nicht steuerfrei sind.

(3) Bei unbeschränkt Steuerpflichtigen, bei denen eine ausländische Steuer vom Einkommen nach Absatz 1 nicht angerechnet werden kann, weil die Steuer nicht der deutschen Einkommensteuer entspricht oder nicht in dem Staat erhoben wird, aus dem die Einkünfte stammen, oder weil keine ausländischen Einkünfte vorliegen, ist die festgesetzte und gezahlte und um einen entstandenen Ermäßigungsanspruch gekürzte ausländische Steuer bei der Ermittlung der Einkünfte abzuziehen, soweit sie auf Einkünfte entfällt, die der deutschen Einkommensteuer unterliegen.

(4) *(weggefallen)*

(5) Die obersten Finanzbehörden der Länder oder die von ihnen beauftragten Finanzbehörden können mit Zustimmung des Bundesministeriums der Finanzen die auf ausländische Einkünfte entfallende deutsche Einkommensteuer ganz oder zum Teil erlassen oder in einem Pauschbetrag festsetzen, wenn es aus volkswirtschaftlichen Gründen zweckmäßig ist oder die Anwendung des Absatzes 1 besonders schwierig ist.

(6) [1]Die Absätze 1 bis 3 sind vorbehaltlich der Sätze 2 bis 6 nicht anzuwenden, wenn die Einkünfte aus einem ausländischen Staat stammen, mit dem ein Abkommen zur Vermeidung der Doppelbesteuerung besteht. [2]Soweit in einem Abkommen zur Vermeidung der Doppelbesteuerung die Anrechnung einer ausländischen Steuer auf die deutsche Einkommensteuer vorgesehen ist, sind Absatz 1 Satz 2 bis 5 und Absatz 2 entsprechend auf die nach dem Abkommen anzurechnende und um einen entstandenen Ermäßigungsanspruch gekürzte ausländische Steuer anzuwenden; das gilt nicht für Einkünfte, auf die § 32d Absatz 1 und 3 bis 6 anzuwenden ist; bei nach dem Abkommen als gezahlt geltenden ausländischen Steuerbeträgen sind Absatz 1 Satz 3 und Absatz 2 nicht anzuwenden. [3]Absatz 1 Satz 3 gilt auch dann entsprechend, wenn die Einkünfte in dem ausländischen Staat nach dem Abkommen zur Vermeidung der Doppelbesteuerung mit diesem Staat nicht besteuert werden können. [4]Bezieht sich ein Abkommen zur Vermeidung der Doppelbesteuerung nicht auf eine Steuer vom Einkommen dieses Staates, so sind die Absätze 1 und 2 entsprechend anzuwenden. [5]In den Fällen des § 50d Absatz 9 sind die Absätze 1 bis 3 und Satz 6 entsprechend anzuwenden. [6]Absatz 3 ist anzuwenden, wenn der Staat, mit dem ein Abkommen zur Vermeidung der Doppelbesteuerung besteht, Einkünfte besteuert, die nicht aus diesem Staat stammen, es sei denn, die Besteuerung hat ihre Ursache in einer Gestaltung, für die wirtschaftliche oder sonst beachtliche Gründe fehlen, oder das Abkommen gestattet dem Staat die Besteuerung dieser Einkünfte.

(7) Durch Rechtsverordnung können Vorschriften erlassen werden über

1. die Anrechnung ausländischer Steuern, wenn die ausländischen Einkünfte aus mehreren fremden Staaten stammen,
2. den Nachweis über die Höhe der festgesetzten und gezahlten ausländischen Steuern,
3. die Berücksichtigung ausländischer Steuern, die nachträglich erhoben oder zurückgezahlt werden.

§ 34d
Ausländische Einkünfte

[1]Ausländische Einkünfte im Sinne des § 34c Absatz 1 bis 5 sind

1. Einkünfte aus einer in einem ausländischen Staat betriebenen Land- und Forstwirtschaft (§§ 13 und 14) und Einkünfte der in den Nummern 3, 4, 6, 7 und 8 Buchstabe c genannten Art, soweit sie zu den Einkünften aus Land- und Forstwirtschaft gehören;
2. Einkünfte aus Gewerbebetrieb (§§ 15 und 16),
   a) die durch eine in einem ausländischen Staat belegene Betriebsstätte oder durch einen in einem ausländischen Staat tätigen ständigen Vertreter erzielt werden, und Einkünfte der in den Nummern 3, 4, 6, 7 und 8 Buchstabe c genannten Art, soweit sie zu den Einkünften aus Gewerbebetrieb gehören,
   b) die aus Bürgschafts- und Avalprovisionen erzielt werden, wenn der Schuldner Wohnsitz, Geschäftsleitung oder Sitz in einem ausländischen Staat hat, oder
   c) die durch den Betrieb eigener oder gecharterter Seeschiffe oder Luftfahrzeuge aus Beförderungen zwischen ausländischen oder von ausländischen zu inländischen Häfen erzielt werden, einschließlich der Einkünfte aus anderen mit solchen Beförderungen zusammenhängenden, sich auf das Ausland erstreckenden Beförderungsleistungen;
3. Einkünfte aus selbständiger Arbeit (§ 18), die in einem ausländischen Staat ausgeübt oder verwertet wird oder worden ist, und Einkünfte der in den Nummern 4, 6, 7 und 8 Buchstabe c genannten Art, soweit sie zu den Einkünften aus selbständiger Arbeit gehören;

4. Einkünfte aus der Veräußerung von
   a) Wirtschaftsgütern, die zum Anlagevermögen eines Betriebs gehören, wenn die Wirtschaftsgüter in einem ausländischen Staat belegen sind,
   b) Anteilen an Kapitalgesellschaften,
      aa) wenn die Gesellschaft Geschäftsleitung oder Sitz in einem ausländischen Staat hat oder
      bb) deren Anteilswert zu irgendeinem Zeitpunkt während der 365 Tage vor der Veräußerung unmittelbar oder mittelbar zu mehr als 50 Prozent auf in einem ausländischen Staat belegenen unbeweglichen Vermögen beruhte und die Anteile dem Veräußerer zu diesem Zeitpunkt zuzurechnen waren; für die Ermittlung dieser Quote sind die aktiven Wirtschaftsgüter des Betriebsvermögens mit den Buchwerten, die zu diesem Zeitpunkt anzusetzen gewesen wären, zugrunde zu legen;
5. Einkünfte aus nichtselbständiger Arbeit (§ 19), die in einem ausländischen Staat ausgeübt oder, ohne im Inland ausgeübt zu werden oder worden zu sein, in einem ausländischen Staat verwertet wird oder worden ist, und Einkünfte, die von ausländischen öffentlichen Kassen mit Rücksicht auf ein gegenwärtiges oder früheres Dienstverhältnis gewährt werden. [2]Einkünfte, die von inländischen öffentlichen Kassen einschließlich der Kassen der Deutschen Bundesbahn und der Deutschen Bundesbank mit Rücksicht auf ein gegenwärtiges oder früheres Dienstverhältnis gewährt werden, gelten auch dann als inländische Einkünfte, wenn die Tätigkeit in einem ausländischen Staat ausgeübt wird oder worden ist;
6. Einkünfte aus Kapitalvermögen (§ 20), wenn der Schuldner Wohnsitz, Geschäftsleitung oder Sitz in einem ausländischen Staat hat oder das Kapitalvermögen durch ausländischen Grundbesitz gesichert ist;
7. Einkünfte aus Vermietung und Verpachtung (§ 21), soweit das unbewegliche Vermögen oder die Sachinbegriffe in einem ausländischen Staat belegen oder die Rechte zur Nutzung in einem ausländischen Staat überlassen worden sind. [2]Bei unbeweglichem Vermögen, das zum Anlagevermögen eines Betriebs gehört, gelten als Einkünfte im Sinne dieser Nummer auch Wertveränderungen von Wirtschaftsgütern, die mit diesem Vermögen in wirtschaftlichem Zusammenhang stehen;
8. sonstige Einkünfte im Sinne des § 22, wenn
   a) der zur Leistung der wiederkehrenden Bezüge Verpflichtete Wohnsitz, Geschäftsleitung oder Sitz in einem ausländischen Staat hat,
   b) bei privaten Veräußerungsgeschäften die veräußerten Wirtschaftsgüter in einem ausländischen Staat belegen sind,
   c) bei Einkünften aus Leistungen einschließlich der Einkünfte aus Leistungen im Sinne des § 49 Absatz 1 Nummer 9 der zur Vergütung der Leistung Verpflichtete Wohnsitz, Geschäftsleitung oder Sitz in einem ausländischen Staat hat.

…

2b. Steuerermäßigung bei Zuwendungen an politische Parteien und an unabhängige Wählervereinigungen

§ 34g

[1]Die tarifliche Einkommensteuer, vermindert um die sonstigen Steuerermäßigungen mit Ausnahme des § 34f Absatz 3, ermäßigt sich bei Zuwendungen an

1. politische Parteien im Sinne des § 2 des Parteiengesetzes, sofern die jeweilige Partei nicht gemäß § 18 Absatz 7 des Parteiengesetzes von der staatlichen Teilfinanzierung ausgeschlossen ist, und
2. [1]Vereine ohne Parteicharakter, wenn
   a) der Zweck des Vereins ausschließlich darauf gerichtet ist, durch Teilnahme mit eigenen Wahlvorschlägen an Wahlen auf Bundes-, Landes- oder Kommunalebene bei der politischen Willensbildung mitzuwirken, und
   b) der Verein auf Bundes-, Landes- oder Kommunalebene bei der jeweils letzten Wahl wenigstens ein Mandat errungen oder der zuständigen Wahlbehörde oder dem zuständigen Wahlorgan angezeigt hat, dass er mit eigenen Wahlvorschlägen auf Bundes-, Landes- oder Kommunalebene an der jeweils nächsten Wahl teilnehmen will.

   [2]Nimmt der Verein an der jeweils nächsten Wahl nicht teil, wird die Ermäßigung nur für die bis zum Wahltag an ihn geleisteten Beiträge und Spenden gewährt. [3]Die Ermäßigung für Beiträge und Spenden an den Verein wird erst wieder gewährt, wenn er sich mit eigenen Wahlvorschlägen an einer Wahl beteiligt hat. [4]Die Ermäßigung wird in diesem Fall nur für Beiträge und Spenden gewährt, die nach Beginn des Jahres, in dem die Wahl stattfindet, geleistet werden.

[2]Die Ermäßigung beträgt 50 Prozent der Ausgaben, höchstens jeweils 825 Euro für Ausgaben nach den Nummern 1 und 2, im Fall der Zusammenveranlagung von Ehegatten höchstens jeweils 1 650 Euro. [3]§ 10b Absatz 3 und 4 gilt entsprechend.

3. Steuerermäßigung bei Einkünften aus Gewerbebetrieb

§ 35

(1) [1]Die tarifliche Einkommensteuer, vermindert um die sonstigen Steuerermäßigungen mit Ausnahme der §§ 34f, 34g, § 35a und § 35c, ermäßigt sich, soweit sie anteilig auf im zu versteuernden Einkommen enthaltene gewerbliche Einkünfte entfällt (Ermäßigungshöchstbetrag),

1. bei Einkünften aus gewerblichen Unternehmen im Sinne des § 15 Absatz 1 Satz 1 Nummer 1 um das Vierfache des jeweils für den dem Veranlagungszeitraum entsprechenden Erhebungszeitraum nach § 14 des Gewerbesteuergesetzes für das Unternehmen festgesetzten Steuermessbetrags (Gewerbesteuer-Messbetrag); Absatz 2 Satz 5 ist entsprechend anzuwenden;
2. bei Einkünften aus Gewerbebetrieb als Mitunternehmer im Sinne des § 15 Absatz 1 Satz 1 Nummer 2 oder als persönlich haftender Gesellschafter einer Kommanditgesellschaft auf Aktien im Sinne des § 15 Absatz 1 Satz 1 Nummer 3 um das Vierfache des jeweils für den dem Veranlagungszeitraum entsprechenden Erhebungszeitraum festgesetzten anteiligen Gewerbesteuer-Messbetrags.

[2]Der Ermäßigungshöchstbetrag ist wie folgt zu ermitteln:

$$\frac{\text{Summe der positiven gewerblichen Einkünfte}}{\text{Summe aller positiven Einkünfte}} \times \text{geminderte tarifliche Steuer}$$

[3]Gewerbliche Einkünfte im Sinne der Sätze 1 und 2 sind die der Gewerbesteuer unterliegenden Gewinne und Gewinnanteile, soweit sie nicht nach anderen Vorschriften von der Steuerermäßigung nach § 35 ausgenommen sind. [4]Geminderte tarifliche Steuer ist die tarifliche Steuer nach Abzug von Beträgen auf Grund der Anwendung zwischenstaatlicher Abkommen und nach Anrechnung der ausländischen Steuern nach § 32d Absatz 6 Satz 2, § 34c Absatz 1 und 6 dieses Gesetzes und § 12 des Außensteuergesetzes. [5]Der Abzug des Steuerermäßigungsbetrags ist auf die tatsächlich zu zahlende Gewerbesteuer beschränkt.

(2) [1]Bei Mitunternehmerschaften im Sinne des § 15 Absatz 1 Satz 1 Nummer 2 oder bei Kommanditgesellschaften auf Aktien im Sinne des § 15 Absatz 1 Satz 1 Nummer 3 ist der Betrag des Gewerbesteuer-Messbetrags, die tatsächlich zu zahlende Gewerbesteuer und der auf die einzelnen Mitunternehmer oder auf die persönlich haftenden Gesellschafter entfallende Anteil gesondert und einheitlich festzustellen. [2]Der Anteil eines Mitunternehmers am Gewerbesteuer-Messbetrag richtet sich nach seinem Anteil am Gewinn der Mitunternehmerschaft nach Maßgabe des allgemeinen Gewinnverteilungsschlüssels; Vorabgewinnanteile sind nicht zu berücksichtigen. [3]Wenn auf Grund der Bestimmungen in einem Abkommen zur Vermeidung der Doppelbesteuerung bei der Festsetzung des Gewerbesteuer-Messbetrags für eine Mitunternehmerschaft nur der auf einen Teil der Mitunternehmer entfallende anteilige Gewerbeertrag berücksichtigt wird, ist der Gewerbesteuer-Messbetrag nach Maßgabe des allgemeinen Gewinnverteilungsschlüssels in voller Höhe auf diese Mitunternehmer entsprechend ihrer Anteile am Gewerbeertrag der Mitunternehmerschaft aufzuteilen. [4]Der anteilige Gewerbesteuer-Messbetrag ist als Prozentsatz mit zwei Nachkommastellen gerundet zu ermitteln. [5]Bei der Feststellung nach Satz 1 sind anteilige Gewerbesteuer-Messbeträge, die aus einer Beteiligung an einer Mitunternehmerschaft stammen, einzubeziehen.

(3) [1]Zuständig für die gesonderte Feststellung nach Absatz 2 ist das für die gesonderte Feststellung der Einkünfte zuständige Finanzamt. [2]Für die Ermittlung der Steuerermäßigung nach Absatz 1 sind die Festsetzung des Gewerbesteuer-Messbetrags, die Feststellung des Anteils an dem festzusetzenden Gewerbesteuer-Messbetrag nach Absatz 2 Satz 1 und die Festsetzung der Gewerbesteuer Grundlagenbescheide. [3]Für die Ermittlung des anteiligen Gewerbesteuer-Messbetrags nach Absatz 2 sind die Festsetzung des Gewerbesteuer-Messbetrags und die Festsetzung des anteiligen Gewerbesteuer-Messbetrags aus der Beteiligung an einer Mitunternehmerschaft Grundlagenbescheide.

(4) Für die Aufteilung und die Feststellung der tatsächlich zu zahlenden Gewerbesteuer bei Mitunternehmerschaften im Sinne des § 15 Absatz 1 Satz 1 Nummer 2 und bei Kommanditgesellschaften auf Aktien im Sinne des § 15 Absatz 1 Satz 1 Nummer 3 gelten die Absätze 2 und 3 entsprechend.

§ 35a
Steuerermäßigung bei Aufwendungen für haushaltsnahe Beschäftigungsverhältnisse und für die Inanspruchnahme haushaltsnaher Dienstleistungen

(1) Für haushaltsnahe Beschäftigungsverhältnisse, bei denen es sich um eine geringfügige Beschäftigung im Sinne des § 8a des Vierten Buches Sozialgesetzbuch handelt, ermäßigt sich die tarifliche Einkommensteuer, vermindert um die sonstigen Steuerermäßigungen, auf Antrag um 20 Prozent, höchstens 510 Euro, der Aufwendungen des Steuerpflichtigen.

(2) [1]Für andere als in Absatz 1 aufgeführte haushaltsnahe Beschäftigungsverhältnisse oder für die Inanspruchnahme von haushaltsnahen Dienstleistungen, die nicht Dienstleistungen nach Absatz 3 sind, ermäßigt sich die tarifliche Einkommensteuer, vermindert um die sonstigen Steuerermäßigungen, auf Antrag um 20 Prozent, höchstens 4 000 Euro, der Aufwendungen des Steuerpflichtigen. [2]Die Steuerermäßigung kann auch in Anspruch genommen werden für die Inanspruchnahme von Pflege- und Betreuungsleistungen sowie für Aufwendungen, die einem Steuerpflichtigen wegen der Unterbringung in einem Heim oder zur dauernden Pflege erwachsen, soweit darin Kosten für Dienstleistungen enthalten sind, die mit denen einer Hilfe im Haushalt vergleichbar sind.

(3) [1]Für die Inanspruchnahme von Handwerkerleistungen für Renovierungs-, Erhaltungs- und Modernisierungsmaßnahmen, ermäßigt sich die tarifliche Einkommensteuer, vermindert um die sonstigen Steuerermäßigungen, auf Antrag um 20 Prozent der Aufwendungen des Steuerpflichtigen, höchstens jedoch um 1 200 Euro. [2]Dies gilt nicht für öffentlich geförderte Maßnahmen, für die zinsverbilligte Darlehen oder steuerfreie Zuschüsse in Anspruch genommen werden.

(4) [1]Die Steuerermäßigung nach den Absätzen 1 bis 3 kann nur in Anspruch genommen werden, wenn das Beschäftigungsverhältnis, die Dienstleistung oder die Handwerkerleistung in einem in der Europäischen Union oder dem Europäischen Wirtschaftsraum liegenden Haushalt des Steuerpflichtigen oder – bei Pflege- und Betreuungsleistungen – der gepflegten oder betreuten Person ausgeübt oder erbracht wird. [2]In den Fällen des Absatzes 2 Satz 2 zweiter Halbsatz ist Voraussetzung, dass das Heim oder der Ort der dauernden Pflege in der Europäischen Union oder dem Europäischen Wirtschaftsraum liegt.

(5) [1]Die Steuerermäßigungen nach den Absätzen 1 bis 3 können nur in Anspruch genommen werden, soweit die Aufwendungen nicht Betriebsausgaben oder Werbungskosten darstellen und soweit sie nicht als Sonderausgaben oder außergewöhnliche Belastungen berücksichtigt worden sind; für Aufwendungen, die dem Grunde nach unter § 10 Absatz 1 Nummer 5 fallen, ist eine Inanspruchnahme ebenfalls ausgeschlossen. [2]Der Abzug von der tariflichen Einkommensteuer nach den Absätzen 2 und 3 gilt nur für Arbeitskosten. [3]Voraussetzung für die Inanspruchnahme der Steuerermäßigungen nach den Absätzen 2 und 3 ist, dass der Steuerpflichtige für die Aufwendungen eine Rechnung erhalten hat und die Zahlung auf das Konto des Erbringers der Leistung erfolgt ist. [4]Leben zwei Alleinstehende in einem Haushalt zusammen, können sie die Höchstbeträge nach den Absätzen 1 bis 3 insgesamt jeweils nur einmal in Anspruch nehmen.

§ 35b
Steuerermäßigung bei Belastung mit Erbschaftsteuer

[1]Sind bei der Ermittlung des Einkommens Einkünfte berücksichtigt worden, die im Veranlagungszeitraum oder in den vorangegangenen vier Veranlagungszeiträumen als Erwerb von Todes wegen der Erbschaftsteuer unterlegen haben, so wird auf Antrag die um sonstige Steuerermäßigungen gekürzte tarifliche Einkommensteuer, die auf diese Einkünfte entfällt, um den in Satz 2 bestimmten Prozentsatz ermäßigt. [2]Der Prozentsatz bestimmt sich nach dem Verhältnis, in dem die festgesetzte Erbschaftsteuer zu dem Betrag steht, der sich ergibt, wenn dem steuerpflichtigen Erwerb (§ 10 Absatz 1 des Erbschaftsteuer- und Schenkungsteuergesetzes) die Freibeträge nach den §§ 16 und 17 und der steuerfreie Betrag nach § 5 des Erbschaftsteuer- und Schenkungsteuergesetzes hinzugerechnet werden.

§ 35c
Steuerermäßigung für energetische Maßnahmen bei zu eigenen Wohnzwecken genutzten Gebäuden

(1) [1]Für energetische Maßnahmen an einem in der Europäischen Union oder dem Europäischen Wirtschaftsraum belegenen zu eigenen Wohnzwecken genutzten eigenen Gebäude (begünstigtes Objekt) ermäßigt sich auf Antrag die tarifliche Einkommensteuer, vermindert um die sonstigen Steuerermäßigungen, im Kalenderjahr des Abschlusses der energetischen Maßnahme und im nächsten Kalenderjahr um je 7 Prozent der Aufwendungen des Steuerpflichtigen, höchstens jedoch um je 14 000 Euro und im übernächsten Kalenderjahr um 6 Prozent der Aufwendungen des Steuerpflichtigen, höchstens jedoch um 12 000 Euro für das begünstigte Objekt. [2]Voraussetzung ist, dass das begünstigte Objekt bei der Durchführung der energetischen Maßnahme älter als zehn Jahre ist; maßgebend hierfür ist der Beginn der Herstellung. [3]Energetische Maßnahmen im Sinne des Satzes 1 sind:

1. Wärmedämmung von Wänden,
2. Wärmedämmung von Dachflächen,
3. Wärmedämmung von Geschossdecken,
4. Erneuerung der Fenster oder Außentüren,
5. Erneuerung oder Einbau einer Lüftungsanlage,
6. Erneuerung der Heizungsanlage,
7. Einbau von digitalen Systemen zur energetischen Betriebs- und Verbrauchsoptimierung und
8. Optimierung bestehender Heizungsanlagen, sofern diese älter als zwei Jahre sind.

[4]Zu den Aufwendungen für energetische Maßnahmen gehören auch die Kosten für die Erteilung der Bescheinigung nach Satz 7 sowie die Kosten für Energieberater, die vom Bundesamt für Wirtschaft und Ausfuhrkontrolle (BAFA) als fachlich qualifiziert zum Förderprogramm „Energieberatung für Wohngebäude (Vor-Ort-Beratung, individueller Sanierungsfahrplan)“ zugelassen sind, wenn der Energieberater durch den Steuerpflichtigen mit der planerischen Begleitung oder Beaufsichtigung der energetischen Maßnahmen nach Satz 3 beauftragt worden ist; die tarifliche Einkommensteuer vermindert sich abweichend von Satz 1 um 50 Prozent der Aufwendungen für den Energieberater. [5]Die Förderung kann für mehrere Einzelmaßnahmen an einem begünstigten Objekt in Anspruch genommen werden; je begünstigtes Objekt beträgt der Höchstbetrag der Steuerermäßigung 40 000 Euro. [6]Voraussetzung für die Förderung ist, dass die jeweilige energetische Maßnahme von einem Fachunternehmen ausgeführt wurde und die Anforderungen aus der Rechtsverordnung nach Absatz 7 erfüllt sind. [7]Die Steuerermäßigungen können nur in Anspruch genommen werden, wenn durch eine nach amtlich vorgeschriebenem Muster erstellte Bescheinigung des ausführenden Fachunternehmens nachgewiesen wird, dass die Voraussetzungen der Sätze 1 bis 3 und die Anforderungen aus der Rechtsverordnung nach Absatz 7 dem Grunde und der Höhe nach erfüllt sind.

(2) [1]Die Steuerermäßigung nach Absatz 1 kann nur in Anspruch genommen werden, wenn der Steuerpflichtige das Gebäude im jeweiligen Kalenderjahr ausschließlich zu eigenen Wohnzwecken nutzt. [2]Eine Nutzung zu eigenen Wohnzwecken liegt auch vor, wenn Teile einer zu eigenen Wohnzwecken genutzten Wohnung anderen Personen unentgeltlich zu Wohnzwecken überlassen werden.

(3) [1]Der Steuerpflichtige kann die Steuerermäßigung nach Absatz 1 nicht in Anspruch nehmen, soweit die Aufwendungen als Betriebsausgaben, Werbungskosten, Sonderausgaben oder außergewöhnliche Belastungen berücksichtigt worden sind. [2]Die Steuerermäßigung nach Absatz 1 ist ebenfalls nicht zu gewähren, wenn für die energetischen Maßnahmen eine Steuerbegünstigung nach § 10f oder eine Steuerermäßigung nach § 35a in Anspruch genommen wird oder es sich um eine öffentlich geförderte Maßnahme handelt, für die zinsverbilligte Darlehen oder steuerfreie Zuschüsse in Anspruch genommen werden.

(4) Voraussetzung für die Inanspruchnahme der Steuermäßigung für energetische Maßnahmen ist, dass

1. der Steuerpflichtige für die Aufwendungen eine Rechnung erhalten hat, die die förderungsfähigen energetischen Maßnahmen, die Arbeitsleistung des Fachunternehmens und die Adresse des begünstigten Objekts ausweisen, und die in deutscher Sprache ausgefertigt ist und
2. die Zahlung auf das Konto des Erbringers der Leistung erfolgt ist.

(5) Die Absätze 1 bis 4 sind auf Gebäudeteile, die selbständige unbewegliche Wirtschaftsgüter sind, und auf Eigentumswohnungen entsprechend anzuwenden.

(6) [1]Steht das Eigentum am begünstigten Objekt mehreren Personen zu, können die Steuerermäßigungen nach Absatz 1 für das begünstigte Objekt insgesamt nur einmal in Anspruch genommen werden. [2]Die der Steuerermäßigung nach Absatz 1 zugrunde liegenden Aufwendungen können einheitlich und gesondert festgestellt werden. [3]Die für die gesonderte Feststellung von Einkünften nach § 180 Absatz 1 Nummer 2a der Abgabenordnung geltenden Vorschriften sind entsprechend anzuwenden.

(7) Die Bundesregierung wird ermächtigt, durch Rechtsverordnung mit Zustimmung des Bundestages und des Bundesrates die Mindestanforderungen für die energetischen Maßnahmen nach Absatz 1 Satz 3 sowie die Anforderungen an ein Fachunternehmen nach Absatz 1 Satz 6 festzulegen.

VI. Steuererhebung

1. Erhebung der Einkommensteuer

§ 36
Entstehung und Tilgung der Einkommensteuer

(1) Die Einkommensteuer entsteht, soweit in diesem Gesetz nichts anderes bestimmt ist, mit Ablauf des Veranlagungszeitraums.

(2) [1]Auf die Einkommensteuer werden angerechnet:

1. die für den Veranlagungszeitraum entrichteten Einkommensteuer-Vorauszahlungen (§ 37);
2. die durch Steuerabzug erhobene Einkommensteuer, soweit sie entfällt auf
   a) die bei der Veranlagung erfassten Einkünfte oder

b) die nach § 3 Nummer 40 dieses Gesetzes, nach § 8b Absatz 1, 2 und 6 Satz 2 des Körperschaftsteuergesetzes oder nach einem Abkommen zur Vermeidung der Doppelbesteuerung bei der Ermittlung des Einkommens außer Ansatz bleibenden Bezüge

und keine Erstattung beantragt oder durchgeführt worden ist. [2]Die durch Steuerabzug erhobene Einkommensteuer wird nicht angerechnet, wenn die in § 45a Absatz 2 oder Absatz 3 bezeichnete Bescheinigung nicht vorgelegt worden ist oder die Angaben gemäß § 45a Absatz 2a nicht übermittelt worden sind. [3]Soweit der Steuerpflichtige einen Antrag nach § 32d Absatz 4 oder Absatz 6 stellt, ist es für die Anrechnung ausreichend, wenn die Bescheinigung auf Verlangen des Finanzamtes vorgelegt wird. [4]In den Fällen des § 8b Absatz 6 Satz 2 des Körperschaftsteuergesetzes ist es für die Anrechnung ausreichend, wenn die Bescheinigung nach § 45a Absatz 2 und 3 vorgelegt wird, die dem Gläubiger der Kapitalerträge ausgestellt worden ist. [5]In den Fällen des § 2 Absatz 7 Satz 3 ist auch die durch Steuerabzug im Kalenderjahr des Wechsels von der unbeschränkten zur beschränkten Einkommensteuerpflicht erhobene Einkommensteuer anzurechnen, die auf Einkünfte entfällt, die weder der unbeschränkten noch der beschränkten Steuerpflicht unterliegen; § 37 Absatz 2 der Abgabenordnung findet insoweit keine Anwendung;

3. die nach § 10 des Forschungszulagengesetzes festgesetzte Forschungszulage. [2]Das gilt auch für die gesondert und einheitlich festgestellte Forschungszulage.

4. in den Fällen des § 32c Absatz 1 Satz 2 der nicht zum Abzug gebrachte Unterschiedsbetrag, wenn dieser höher ist als die tarifliche Einkommensteuer des letzten Veranlagungszeitraums im Betrachtungszeitraum.

(3) [1]Die Steuerbeträge nach Absatz 2 Nummer 2 sind auf volle Euro aufzurunden. [2]Bei den durch Steuerabzug erhobenen Steuern ist jeweils die Summe der Beträge einer einzelnen Abzugsteuer aufzurunden.

(4) [1]Wenn sich nach der Abrechnung ein Überschuss zuungunsten des Steuerpflichtigen ergibt, hat der Steuerpflichtige (Steuerschuldner) diesen Betrag, soweit er den fällig gewordenen, aber nicht entrichteten Einkommensteuer-Vorauszahlungen entspricht, sofort, im Übrigen innerhalb eines Monats nach Bekanntgabe des Steuerbescheids zu entrichten (Abschlusszahlung). [2]Wenn sich nach der Abrechnung ein Überschuss zugunsten des Steuerpflichtigen ergibt, wird dieser dem Steuerpflichtigen nach Bekanntgabe des Steuerbescheids ausgezahlt. [3]Bei Ehegatten, die nach den §§ 26, 26b zusammen zur Einkommensteuer veranlagt worden sind, wirkt die Auszahlung an einen Ehegatten auch für und gegen den anderen Ehegatten.

(5) [1]Die festgesetzte Steuer, die auf den Aufgabegewinn nach § 16 Absatz 3a und den durch den Wechsel der Gewinnermittlungsart erzielten Gewinn entfällt, kann auf Antrag des Steuerpflichtigen in fünf gleichen Jahresraten entrichtet werden, wenn die Wirtschaftsgüter einem Betriebsvermögen des Steuerpflichtigen in einem anderen Mitgliedstaat der Europäischen Union oder des Europäischen Wirtschaftsraums zuzuordnen sind, sofern durch diese Staaten Amtshilfe entsprechend oder im Sinne der Amtshilferichtlinie gemäß § 2 Absatz 11 des EU-Amtshilfegesetzes und gegenseitige Unterstützung bei der Beitreibung im Sinne der Beitreibungsrichtlinie einschließlich der in diesem Zusammenhang anzuwendenden Durchführungsbestimmungen in den für den jeweiligen Veranlagungszeitraum geltenden Fassungen oder eines entsprechenden Nachfolgerechtsakts geleistet werden. [2]Die erste Jahresrate ist innerhalb eines Monats nach Bekanntgabe des Steuerbescheids zu entrichten; die übrigen Jahresraten sind jeweils am 31. Juli der Folgejahre fällig. [3]Die Jahresraten sind nicht zu verzinsen; sie sollen in der Regel nur gegen Sicherheitsleistung gewährt werden. [4]Die noch nicht entrichtete Steuer wird innerhalb eines Monats nach Eintritt eines der nachfolgenden Ereignisse fällig,

1. soweit ein Wirtschaftsgut im Sinne des Satzes 1 veräußert, entnommen, in andere als die in Satz 1 genannten Staaten verlagert oder verdeckt in eine Kapitalgesellschaft eingelegt wird,

2. wenn der Betrieb oder Teilbetrieb während dieses Zeitraums eingestellt, veräußert oder in andere als die in Satz 1 genannten Staaten verlegt wird,

3. wenn der Steuerpflichtige aus der inländischen unbeschränkten Steuerpflicht oder der unbeschränkten Steuerpflicht in den in Satz 1 genannten Staaten ausscheidet oder in einem anderen als den in Satz 1 genannten Staaten ansässig wird,

4. wenn der Steuerpflichtige Insolvenz anmeldet oder abgewickelt wird oder

5. wenn der Steuerpflichtige seinen Verpflichtungen im Zusammenhang mit den Ratenzahlungen nicht nachkommt und über einen angemessenen Zeitraum, der zwölf Monate nicht überschreiten darf, keine Abhilfe für seine Situation schafft; Satz 2 bleibt unberührt.

[5]Ändert sich die festgesetzte Steuer, sind die Jahresraten entsprechend anzupassen. [6]Der Steuerpflichtige hat der zuständigen Finanzbehörde jährlich mit der Steuererklärung oder, sofern keine Pflicht zur Abgabe einer Steuererklärung besteht, zum 31. Juli anzuzeigen, ob die Voraussetzungen für die Ratenzahlung weiterhin erfüllt sind; kommt er dieser Anzeigepflicht oder seinen sonstigen Mitwirkungspflichten im Sinne des § 90 der Abgabenordnung nicht nach, werden die noch nicht entrichteten Jahresraten rückwirkend zum 1. August des vorangegangenen Jahres fällig, frühestens aber einen Monat nach Bekanntgabe des Steuerbescheids. [7]Unbeschadet des Satzes 6 hat der Steuerpflichtige den Eintritt eines Ereignisses nach Satz 4 der zuständigen Finanzbehörde unverzüglich anzuzeigen. [8]Unterliegt der Steuerpflichtige einer Erklärungspflicht, kann die Anzeige auf Grund eines Ereignisses nach Satz 4 Nummer 1 abweichend von der in Satz 7 genannten Frist mit der nächsten Steuererklärung erfolgen.

§ 36a
Beschränkung der Anrechenbarkeit der Kapitalertragsteuer

(1) [1]Ungeachtet eines Abkommens zur Vermeidung der Doppelbesteuerung setzt bei Kapitalerträgen im Sinne des § 43 Absatz 1 Satz 1 Nummer 1a die volle Anrechnung der durch Steuerabzug erhobenen Einkommensteuer ferner voraus, dass der Steuerpflichtige hinsichtlich der diesen Kapitalerträgen zugrunde liegenden Anteile oder Genussscheine

1. während der Mindesthaltedauer nach Absatz 2 ununterbrochen wirtschaftlicher Eigentümer ist,

2. während der Mindesthaltedauer nach Absatz 2 ununterbrochen das Mindestwertänderungsrisiko nach Absatz 3 trägt und

3. nicht verpflichtet ist, die Kapitalerträge ganz oder überwiegend, unmittelbar oder mittelbar anderen Personen zu vergüten.

[2]Fehlen die Voraussetzungen des Satzes 1, so sind drei Fünftel der Kapitalertragsteuer nicht anzurechnen. [3]Die nach den Sätzen 1 und 2 nicht angerechnete Kapitalertragsteuer ist auf Antrag bei der Ermittlung der Einkünfte abzuziehen. [4]Die Sätze 1 bis 3 gelten entsprechend für Anteile oder Genussscheine, die zu inländischen Kapitalerträgen im Sinne des § 43 Absatz 3 Satz 1 führen und einer Wertpapiersammelbank im Ausland zur Verwahrung anvertraut sind.

(2) [1]Die Mindesthaltedauer umfasst 45 Tage und muss innerhalb eines Zeitraums von 45 Tagen vor und 45 Tagen nach der Fälligkeit der Kapitalerträge erreicht werden. [2]Bei Anschaffungen und Veräußerungen ist zu unterstellen, dass die zuerst angeschafften Anteile oder Genussscheine zuerst veräußert wurden.

(3) [1]Der Steuerpflichtige muss unter Berücksichtigung von gegenläufigen Ansprüchen und Ansprüchen nahe stehender Personen das Risiko aus einem sinkenden Wert der Anteile oder Genussscheine im Umfang von mindestens 70 Prozent tragen (Mindestwertänderungsrisiko). [2]Kein hinreichendes Mindestwertänderungsrisiko liegt insbesondere dann vor, wenn der Steuerpflichtige oder eine ihm nahe stehende Person Kurssicherungsgeschäfte abgeschlossen hat, die das Wertänderungsrisiko der Anteile oder Genussscheine unmittelbar oder mittelbar um mehr als 30 Prozent mindern.

(4) [1]Einkommen- oder körperschaftsteuerpflichtige Personen, bei denen insbesondere auf Grund einer Steuerbefreiung kein Steuerabzug vorgenommen oder denen ein Steuerabzug erstattet wurde und die die Voraussetzungen für eine Anrechenbarkeit der Kapitalertragsteuer nach den Absätzen 1 bis 3 nicht erfüllen, haben

1. dies gegenüber ihrem zuständigen Finanzamt anzuzeigen,
2. Kapitalertragsteuer in Höhe von 15 Prozent der Kapitalerträge im Sinne des § 43 Absatz 1 Satz 1 Nummer 1a und des Absatzes 1 Satz 4 nach amtlich vorgeschriebenem Vordruck auf elektronischem Weg anzumelden und
3. die angemeldete Steuer zu entrichten.

[2]Die Anzeige, Anmeldung und Entrichtung hat bei Steuerpflichtigen, die ihren Gewinn durch Betriebsvermögensvergleich ermitteln, bis zum 10. Tag des auf den Ablauf des Wirtschaftsjahres folgenden Monats und bei anderen Steuerpflichtigen bis zum 10. Tag des auf den Ablauf des Kalenderjahres folgenden Monats zu erfolgen.

(5) Die Absätze 1 bis 4 sind nicht anzuwenden, wenn

1. die Kapitalerträge im Sinne des § 43 Absatz 1 Satz 1 Nummer 1a und des Absatzes 1 Satz 4 im Veranlagungszeitraum nicht mehr als 20 000 Euro betragen oder
2. der Steuerpflichtige bei Zufluss der Kapitalerträge im Sinne des § 43 Absatz 1 Satz 1 Nummer 1a und des Absatzes 1 Satz 4 seit mindestens einem Jahr ununterbrochen wirtschaftlicher Eigentümer der Aktien oder Genussscheine ist; Absatz 2 Satz 2 gilt entsprechend.

(6) [1]Der Treuhänder und der Treugeber gelten für die Zwecke der vorstehenden Absätze als eine Person, wenn Kapitalerträge im Sinne des § 43 Absatz 1 Satz 1 Nummer 1a und des Absatzes 1 Satz 4 einem Treuhandvermögen zuzurechnen sind, welches ausschließlich der Erfüllung von Altersvorsorgeverpflichtungen dient und dem Zugriff übriger Gläubiger entzogen ist. [2]Entsprechendes gilt für Versicherungsunternehmen und Versicherungsnehmer im Rahmen von fondsgebundenen Lebensversicherungen, wenn die Leistungen aus dem Vertrag an den Wert eines internen Fonds im Sinne des § 124 Absatz 2 Satz 2 Nummer 1 des Versicherungsaufsichtsgesetzes gebunden sind.

(7) § 42 der Abgabenordnung bleibt unberührt.

§ 37
Einkommensteuer-Vorauszahlung

(1) [1]Der Steuerpflichtige hat am 10. März, 10. Juni, 10. September und 10. Dezember Vorauszahlungen auf die Einkommensteuer zu entrichten, die er für den laufenden Veranlagungszeitraum voraussichtlich schulden wird. [2]Die Einkommensteuer-Vorauszahlung entsteht jeweils mit Beginn des Kalendervierteljahres, in dem die Vorauszahlungen zu entrichten sind, oder, wenn die Steuerpflicht erst im Laufe des Kalendervierteljahres begründet wird, mit Begründung der Steuerpflicht.

(2) *(weggefallen)*

(3) [1]Das Finanzamt setzt die Vorauszahlungen durch Vorauszahlungsbescheid fest. [2]Die Vorauszahlungen bemessen sich grundsätzlich nach der Einkommensteuer, die sich nach Anrechnung der Steuerabzugsbeträge (§ 36 Absatz 2 Nummer 2) bei der letzten Veranlagung ergeben hat. [3]Das Finanzamt kann bis zum Ablauf des auf den Veranlagungszeitraum folgenden 15. Kalendermonats die Vorauszahlungen an die Einkommensteuer anpassen, die sich für den Veranlagungszeitraum voraussichtlich ergeben wird; dieser Zeitraum verlängert sich auf 23 Monate, wenn die Einkünfte aus Land- und Forstwirtschaft bei der erstmaligen Steuerfestsetzung die anderen Einkünfte voraussichtlich überwiegen werden. [4]Bei der Anwendung der Sätze 2 und 3 bleiben Aufwendungen im Sinne des § 10 Absatz 1 Nummer 4, 5, 7 und 9 sowie Absatz 1a, der §§ 10b und 33 sowie die abziehbaren Beträge nach § 33a, wenn die Aufwendungen und abziehbaren Beträge insgesamt 600 Euro nicht übersteigen, außer Ansatz. [5]Die Steuerermäßigung nach § 34a bleibt außer Ansatz. [6]Bei der Anwendung der Sätze 2 und 3 bleibt der Sonderausgabenabzug nach § 10a Absatz 1 außer Ansatz. [7]Außer Ansatz bleiben bis zur Anschaffung oder Fertigstellung der Objekte im Sinne des § 10e Absatz 1 und 2 und § 10h auch die Aufwendungen, die nach § 10e Absatz 6 und § 10h Satz 3 wie Sonderausgaben abgezogen werden; Entsprechendes gilt auch für Aufwendungen, die nach § 10i für nach dem Eigenheimzulagengesetz begünstigte Objekte wie Sonderausgaben abgezogen werden. [8]Negative Einkünfte aus der Vermietung oder Verpachtung eines Gebäudes im Sinne des § 21 Absatz 1 Satz 1 Nummer 1 werden bei der Festsetzung der Vorauszahlungen nur für Kalenderjahre berücksichtigt, die nach der Anschaffung oder Fertigstellung dieses Gebäudes beginnen. [9]Wird ein Gebäude vor dem Kalenderjahr seiner Fertigstellung angeschafft, tritt an die Stelle der Anschaffung die Fertigstellung. [10]Satz 8 gilt nicht für negative Einkünfte aus der Vermietung oder Verpachtung eines Gebäudes, für das Sonderabschreibungen nach § 7b dieses Gesetzes oder erhöhte Absetzungen nach den §§ 14a, 14c oder 14d des Berlinförderungsgesetzes in Anspruch genommen werden. [11]Satz 8 gilt für negative Einkünfte aus der Vermietung oder Verpachtung eines anderen Vermögensgegenstands im Sinne des § 21 Absatz 1 Satz 1 Nummer 1 bis 3 entsprechend mit der Maßgabe, dass an die Stelle der Anschaffung oder Fertigstellung die Aufnahme der Nutzung durch den Steuerpflichtigen tritt. [12]In den Fällen des § 31, in denen die gebotene steuerliche Freistellung eines Einkommensbetrags in Höhe des Existenzminimums eines Kindes durch das Kindergeld nicht in vollem Umfang bewirkt wird, bleiben bei der Anwendung der Sätze 2 und 3 Freibeträge nach § 32 Absatz 6 und zu verrechnendes Kindergeld außer Ansatz.

(4) [1]Bei einer nachträglichen Erhöhung der Vorauszahlungen ist die letzte Vorauszahlung für den Veranlagungszeitraum anzupassen. [2]Der Erhöhungsbetrag ist innerhalb eines Monats nach Bekanntgabe des Vorauszahlungsbescheids zu entrichten.

(5) [1]Vorauszahlungen sind nur festzusetzen, wenn sie mindestens 400 Euro im Kalenderjahr und mindestens 100 Euro für einen Vorauszahlungszeitpunkt betragen. [2]Festgesetzte Vorauszahlungen sind nur zu erhöhen, wenn sich der Erhöhungsbetrag im Fall des Absatzes 3 Satz 2 bis 5 für einen Vorauszahlungszeitpunkt auf mindestens 100 Euro, im Fall des Absatzes 4 auf mindestens 5 000 Euro beläuft.

(6) *(weggefallen)*

…

3. Steuerabzug vom Kapitalertrag (Kapitalertragsteuer)

§ 43
Kapitalerträge mit Steuerabzug

(1) [1]Bei den folgenden inländischen und in den Fällen der Nummern 5 bis 7 Buchstabe a und Nummern 8 bis 12 sowie Satz 2 auch ausländischen Kapitalerträgen wird die Einkommensteuer durch Abzug vom Kapitalertrag (Kapitalertragsteuer) erhoben:

1. [1]Kapitalerträgen im Sinne des § 20 Absatz 1 Nummer 1, soweit diese nicht nachfolgend in Nummer 1a gesondert genannt sind, und Kapitalerträgen im Sinne des § 20 Absatz 1 Nummer 2. [2]Entsprechendes gilt für Kapitalerträge im Sinne des § 20 Absatz 2 Satz 1 Nummer 2 Buchstabe a und Nummer 2 Satz 2;

1a. Kapitalerträgen im Sinne des § 20 Absatz 1 Nummer 1 aus Aktien und Genussscheinen,
   a) die gemäß § 5 des Depotgesetzes zur Sammelverwahrung durch eine Wertpapiersammelbank zugelassen sind und dieser zur Sammelverwahrung im Inland anvertraut wurden,
   b) bei denen eine Sonderverwahrung gemäß § 2 Satz 1 des Depotgesetzes erfolgt,
   c) bei denen die Erträge gegen Aushändigung der Dividendenscheine oder sonstiger Erträgnisscheine ausgezahlt oder gutgeschrieben werden oder
   d) die in ein elektronisches Wertpapierregister im Sinne des § 4 Absatz 1 des Gesetzes über elektronische Wertpapiere eingetragen sind;

2. [1]Zinsen aus Teilschuldverschreibungen, bei denen neben der festen Verzinsung ein Recht auf Umtausch in Gesellschaftsanteile (Wandelanleihen) oder eine Zusatzverzinsung, die sich nach der Höhe der Gewinnausschüttungen des Schuldners richtet (Gewinnobligationen), eingeräumt ist, und Zinsen aus Genussrechten, die nicht in § 20 Absatz 1 Nummer 1 genannt sind. [2]Zu den Gewinnobligationen gehören nicht solche Teilschuldverschreibungen, bei denen der Zinsfuß nur vorübergehend herabgesetzt und gleichzeitig eine von dem jeweiligen Gewinnergebnis des Unternehmens abhängige Zusatzverzinsung bis zur Höhe des ursprünglichen Zinsfußes festgelegt worden ist. [3]Zu den Kapitalerträgen im Sinne des Satzes 1 gehören nicht die Bundesbankgenussrechte im Sinne des § 3 Absatz 1 des Gesetzes über die Liquidation der Deutschen Reichsbank und der Deutschen Golddiskontbank in der im Bundesgesetzblatt Teil III, Gliederungsnummer 7620-6, veröffentlichten bereinigten Fassung, das zuletzt durch das Gesetz vom 17. Dezember 1975 (BGBl. I S. 3123) geändert worden ist. [4]Beim Steuerabzug auf Kapitalerträge sind die für den Steuerabzug nach Nummer 1a geltenden Vorschriften entsprechend anzuwenden, wenn
   a) die Teilschuldverschreibungen und Genussrechte gemäß § 5 des Depotgesetzes zur Sammelverwahrung durch eine Wertpapiersammelbank zugelassen sind und dieser zur Sammelverwahrung im Inland anvertraut wurden,
   b) die Teilschuldverschreibungen und Genussrechte gemäß § 2 Satz 1 des Depotgesetzes gesondert aufbewahrt werden,
   c) die Erträge der Teilschuldverschreibungen und Genussrechte gegen Aushändigung der Erträgnisscheine ausgezahlt oder gutgeschrieben werden oder
   d) die Teilschuldverschreibungen in ein elektronisches Wertpapierregister im Sinne des § 4 Absatz 1 des Gesetzes über elektronische Wertpapiere eingetragen sind;

3. Kapitalerträgen im Sinne des § 20 Absatz 1 Nummer 4, außer bei Kapitalerträgen im Sinne der Nummer 8a;

4. [1]Kapitalerträgen im Sinne des § 20 Absatz 1 Nummer 6 Satz 1 bis 6; § 20 Absatz 1 Nummer 6 Satz 2 und 3 in der am 1. Januar 2008 anzuwendenden Fassung bleiben für Zwecke der Kapitalertragsteuer unberücksichtigt. [2]Der Steuerabzug vom Kapitalertrag ist in den Fällen des § 20 Absatz 1 Nummer 6 Satz 4 in der am 31. Dezember 2004 geltenden Fassung nur vorzunehmen, wenn das Versicherungsunternehmen auf Grund einer Mitteilung des Finanzamts weiß oder infolge der Verletzung eigener Anzeigeverpflichtungen nicht weiß, dass die Kapitalerträge nach dieser Vorschrift zu den Einkünften aus Kapitalvermögen gehören;

5. Kapitalerträgen im Sinne des § 20 Absatz 1 Nummer 3 mit Ausnahme der Gewinne aus der Veräußerung von Anteilen an Investmentfonds im Sinne des § 16 Absatz 1 Nummer 3 in Verbindung mit § 2 Absatz 13 des Investmentsteuergesetzes;

6. ausländischen Kapitalerträgen im Sinne der Nummern 1 und 1a;

7. Kapitalerträgen im Sinne des § 20 Absatz 1 Nummer 7, außer bei Kapitalerträgen im Sinne der Nummern 2 und 8a, wenn
   a) es sich um Zinsen aus Anleihen und Forderungen handelt, die in ein öffentliches Schuldbuch, ein elektronisches Wertpapierregister im Sinne des § 4 Absatz 1 des Gesetzes über elektronische Wertpapiere oder in ein ausländisches Register eingetragen oder über die Sammelurkunden im Sinne des § 9a des Depotgesetzes oder Teilschuldverschreibungen ausgegeben sind;
   b) der Schuldner der nicht in Buchstabe a genannten Kapitalerträge ein inländisches Kreditinstitut oder ein inländisches Finanzdienstleistungsinstitut im Sinne des Gesetzes über das Kreditwesen oder ein Wertpaper im Sinne des Wertpapierinstitutsgesetzes ist. [2]Kreditinstitut in diesem Sinne ist auch die Kreditanstalt für Wiederaufbau, eine Bausparkasse, ein Versicherungsunternehmen für Erträge aus Kapitalanlagen, die mit Einlagegeschäften bei Kreditinstituten vergleichbar sind, die Deutsche Bundesbank bei Geschäften mit jedermann einschließlich ihrer Betriebsangehörigen im Sinne der §§ 22 und 25 des Gesetzes über die Deutsche Bundesbank und eine inländische Zweigstelle oder Zweigniederlassung eines ausländischen Unternehmens im Sinne der §§ 53 und 53b des Gesetzes über das Kreditwesen, nicht aber eine ausländische Zweigstelle eines inländischen Kreditinstituts, eines inländischen Finanzdienstleistungsinstituts oder einem inländischen Wertpapierinstitut. [3]Die inländische Zweigstelle oder Zweigniederlassung gilt anstelle des ausländischen Unternehmens als Schuldner der Kapitalerträge;
   c) (*weggefallen*)

7a. Kapitalerträgen im Sinne des § 20 Absatz 1 Nummer 9;

7b. Kapitalerträgen im Sinne des § 20 Absatz 1 Nummer 10 Buchstabe a;

7c. Kapitalerträgen im Sinne des § 20 Absatz 1 Nummer 10 Buchstabe b;

8. Kapitalerträgen im Sinne des § 20 Absatz 1 Nummer 11;

8a. Kapitalerträgen im Sinne des § 20 Absatz 1 Nummer 4 und 7, wenn es sich um Zinsen aus Forderungen handelt, die über eine Internet-Dienstleistungsplattform erworben wurden. [2]Eine Internet-Dienstleistungsplattform in diesem Sinne ist ein webbasiertes Medium, das Kauf- und Verkaufsaufträge in Aktien und anderen Finanzinstrumenten sowie Darlehensnehmer und Darlehensgeber zusammenführt und so einen Vertragsabschluss vermittelt;

9. Kapitalerträgen im Sinne des § 20 Absatz 2 Satz 1 Nummer 1 Satz 1 und Gewinnen aus der Veräußerung von Anteilen an Investmentfonds im Sinne des § 16 Absatz 1 Nummer 3 in Verbindung mit § 2 Absatz 13 des Investmentsteuergesetzes;
10. Kapitalerträgen im Sinne des § 20 Absatz 2 Satz 1 Nummer 2 Buchstabe b und Nummer 7;
11. Kapitalerträgen im Sinne des § 20 Absatz 2 Satz 1 Nummer 3;
12. Kapitalerträgen im Sinne des § 20 Absatz 2 Satz 1 Nummer 8.

[2]Dem Steuerabzug unterliegen auch Kapitalerträge im Sinne des § 20 Absatz 3, die neben den in den Nummern 1 bis 12 bezeichneten Kapitalerträgen oder an deren Stelle gewährt werden. [3]Der Steuerabzug ist ungeachtet des § 3 Nummer 40 und des § 8b des Körperschaftsteuergesetzes vorzunehmen. [4]Für Zwecke des Kapitalertragsteuerabzugs gilt die Übertragung eines von einer auszahlenden Stelle verwahrten oder verwalteten Wirtschaftsguts im Sinne des § 20 Absatz 2 auf einen anderen Gläubiger als Veräußerung des Wirtschaftsguts. [5]Satz 4 gilt nicht, wenn der Steuerpflichtige der auszahlenden Stelle unter Benennung der in Satz 6 Nummer 4 bis 6 bezeichneten Daten mitteilt, dass es sich um eine unentgeltliche Übertragung handelt. [6]Die auszahlende Stelle hat in den Fällen des Satzes 5 folgende Daten dem für sie zuständigen Betriebsstättenfinanzamt bis zum 31. Mai des jeweiligen Folgejahres nach Maßgabe des § 93c der Abgabenordnung mitzuteilen:

1. Bezeichnung der auszahlenden Stelle,
2. das zuständige Betriebsstättenfinanzamt,
3. das übertragene Wirtschaftsgut, den Übertragungszeitpunkt, den Wert zum Übertragungszeitpunkt und die Anschaffungskosten des Wirtschaftsguts,
4. Name, Geburtsdatum, Anschrift und Identifikationsnummer des Übertragenden,
5. Name, Geburtsdatum, Anschrift und Identifikationsnummer des Empfängers sowie die Bezeichnung des Kreditinstituts, der Nummer des Depots, des Kontos oder des Schuldbuchkontos. [2]Sofern die Identifikationsnummer des Empfängers nicht bereits bekannt ist, kann die auszahlende Stelle diese in einem maschinellen Verfahren nach amtlich vorgeschriebenem Datensatz beim Bundeszentralamt für Steuern erfragen. [3]In der Anfrage dürfen nur die in § 139b Absatz 3 der Abgabenordnung genannten Daten der betroffenen Person angegeben werden. [4]Das Bundeszentralamt für Steuern teilt der auszahlenden Stelle die Identifikationsnummer der betroffenen Person mit, sofern die übermittelten Daten mit den nach § 139b Absatz 3 der Abgabenordnung beim Bundeszentralamt für Steuern gespeicherten Daten übereinstimmen. [5]Ist eine eindeutige Zuordnung des Empfängers nicht möglich, ist die Depotübertragung als kapitalertragsteuerpflichtiger Vorgang nach Satz 4 dieses Absatzes zu behandeln,
6. soweit bekannt, das persönliche Verhältnis (Verwandtschaftsverhältnis, Ehe, Lebenspartnerschaft) zwischen Übertragendem und Empfänger.

[7]§ 72a Absatz 4, § 93c Absatz 4 und § 203a der Abgabenordnung finden keine Anwendung.

(1a) *(weggefallen)*

(2) [1]Der Steuerabzug ist außer in den Fällen des Absatzes 1 Satz 1 Nummer 1a und 7c nicht vorzunehmen, wenn Gläubiger und Schuldner der Kapitalerträge (Schuldner) oder die auszahlende Stelle im Zeitpunkt des Zufließens dieselbe Person sind. [2]Der Steuerabzug ist außerdem nicht vorzunehmen, wenn in den Fällen des Absatzes 1 Satz 1 Nummer 5 bis 7 und 8 bis 12 Gläubiger der Kapitalerträge ein inländisches Kreditinstitut oder inländisches Finanzdienstleistungsinstitut nach Absatz 1 Satz 1 Nummer 7 Buchstabe b oder eine inländische Kapitalverwaltungsgesellschaft ist. [3]Bei Kapitalerträgen im Sinne des Absatzes 1 Satz 1 Nummer 6 und 8 bis 12 ist ebenfalls kein Steuerabzug vorzunehmen, wenn

1. eine unbeschränkt steuerpflichtige Körperschaft, Personenvereinigung oder Vermögensmasse, die nicht unter Satz 2 oder § 44a Absatz 4 Satz 1 fällt, Gläubigerin der Kapitalerträge ist, oder
2. die Kapitalerträge Betriebseinnahmen eines inländischen Betriebs sind und der Gläubiger der Kapitalerträge dies gegenüber der auszahlenden Stelle nach amtlich vorgeschriebenem Muster erklärt; dies gilt entsprechend für Kapitalerträge aus Options- und Termingeschäften im Sinne des Absatzes 1 Satz 1 Nummer 8 und 11, wenn sie zu den Einkünften aus Vermietung und Verpachtung gehören.

[4]Im Fall des § 1 Absatz 1 Nummer 4 und 5 des Körperschaftsteuergesetzes ist Satz 3 Nummer 1 nur anzuwenden, wenn die Körperschaft, Personenvereinigung oder Vermögensmasse durch eine Bescheinigung des für sie zuständigen Finanzamts ihre Zugehörigkeit zu dieser Gruppe von Steuerpflichtigen nachweist. [5]Die Bescheinigung ist unter dem Vorbehalt des Widerrufs auszustellen. [6]Die Fälle des Satzes 3 Nummer 2 hat die auszahlende Stelle gesondert aufzuzeichnen und die Erklärung der Zugehörigkeit der Kapitalerträge zu den Betriebseinnahmen oder zu den Einnahmen aus Vermietung und Verpachtung sechs Jahre aufzubewahren; die Frist beginnt mit dem Schluss des Kalenderjahres, in dem die Freistellung letztmalig berücksichtigt wird.

(3) [1]Kapitalerträge im Sinne des Absatzes 1 Satz 1 Nummer 1 Satz 1 sowie Nummer 1a bis 4 sind inländische, wenn der Schuldner Wohnsitz, Geschäftsleitung oder Sitz im Inland hat; Kapitalerträge im Sinne des Absatzes 1 Satz 1 Nummer 4 sind auch dann inländische, wenn der Schuldner eine Niederlassung im Sinne des § 61, 65 oder des § 68 des Versicherungsaufsichtsgesetzes im Inland hat. [2]Kapitalerträge im Sinne des Absatzes 1 Satz 1 Nummer 1 Satz 2 sind inländische, wenn der Schuldner der veräußerten Ansprüche die Voraussetzungen des Satzes 1 erfüllt. [3]Kapitalerträge im Sinne des § 20 Absatz 1 Nummer 1 Satz 4 sind inländische, wenn der Emittent der Aktien Geschäftsleitung oder Sitz im Inland hat. [4]Kapitalerträge im Sinne des Absatzes 1 Satz 1 Nummer 6 sind ausländische, wenn weder die Voraussetzungen nach Satz 1 noch nach Satz 2 vorliegen.

(4) Der Steuerabzug ist auch dann vorzunehmen, wenn die Kapitalerträge beim Gläubiger zu den Einkünften aus Land- und Forstwirtschaft, aus Gewerbebetrieb, aus selbständiger Arbeit oder aus Vermietung und Verpachtung gehören.

(5) [1]Für Kapitalerträge im Sinne des § 20, soweit sie der Kapitalertragsteuer unterlegen haben, ist die Einkommensteuer mit dem Steuerabzug abgegolten; die Abgeltungswirkung des Steuerabzugs tritt nicht ein, wenn der Gläubiger nach § 44 Absatz 1 Satz 10 und 11 und Absatz 5 in Anspruch genommen werden kann. [2]Dies gilt nicht in Fällen des § 32d Absatz 2 und für Kapitalerträge, die zu den Einkünften aus Land- und Forstwirtschaft, aus Gewerbebetrieb, aus selbständiger Arbeit oder aus Vermietung und Verpachtung gehören. [3]Auf Antrag des Gläubigers werden Kapitalerträge im Sinne des Satzes 1 in die besondere Besteuerung von Kapitalerträgen nach § 32d einbezogen. [4]Eine vorläufige Festsetzung der Einkommensteuer im Sinne des § 165 Absatz 1 Satz 2 Nummer 2 bis 4 der Abgabenordnung umfasst auch Einkünfte im Sinne des Satzes 1, für die der Antrag nach Satz 3 nicht gestellt worden ist.

§ 43a
Bemessung der Kapitalertragsteuer

(1) [1]Die Kapitalertragsteuer beträgt

1. in den Fällen des § 43 Absatz 1 Satz 1 Nummer 1 bis 7a und 8 bis 12 sowie Satz 2:
   25 Prozent des Kapitalertrags;
2. in den Fällen des § 43 Absatz 1 Satz 1 Nummer 7b und 7c:
   15 Prozent des Kapitalertrags.

[2]Im Fall einer Kirchensteuerpflicht ermäßigt sich die Kapitalertragsteuer um 25 Prozent der auf die Kapitalerträge entfallenden Kirchensteuer. [3]§ 32d Absatz 1 Satz 4 und 5 gilt entsprechend.

(2) [1]Dem Steuerabzug unterliegen die vollen Kapitalerträge ohne Abzug; dies gilt nicht für Erträge aus Investmentfonds nach § 16 Absatz 1 des Investmentsteuergesetzes, auf die nach § 20 des Investmentsteuergesetzes eine Teilfreistellung anzuwenden ist; § 20 Absatz 1 Satz 2 bis 4 des Investmentsteuergesetzes sind beim Steuerabzug nicht anzuwenden. [2]In den Fällen des § 43 Absatz 1 Satz 1 Nummer 9 bis 12 bemisst sich der Steuerabzug

1. bei Gewinnen aus der Veräußerung von Anteilen an Investmentfonds im Sinne des § 16 Absatz 1 Nummer 3 in Verbindung mit § 2 Absatz 13 des Investmentsteuergesetzes nach § 19 des Investmentsteuergesetzes und
2. in allen übrigen Fällen nach § 20 Absatz 4 und 4a,

wenn die Wirtschaftsgüter von der die Kapitalerträge auszahlenden Stelle erworben oder veräußert und seitdem verwahrt oder verwaltet worden sind. [3]Überträgt der Steuerpflichtige die Wirtschaftsgüter auf ein anderes Depot, hat die abgebende inländische auszahlende Stelle der übernehmenden inländischen auszahlenden Stelle die Anschaffungsdaten mitzuteilen. [4]Satz 3 gilt in den Fällen des § 43 Absatz 1 Satz 5 entsprechend. [5]Handelt es sich bei der abgebenden auszahlenden Stelle um ein Kreditinstitut, ein Finanzdienstleistungsinstitut oder ein Wertpapierinstitut mit Sitz in einem anderen Mitgliedstaat der Europäischen Union, in einem anderen Vertragsstaat des EWR-Abkommens vom 3. Januar 1994 (ABl. EG Nr. L 1 S. 3) in der jeweils geltenden Fassung oder in einem anderen Vertragsstaat nach Artikel 17 Absatz 2 Ziffer i der Richtlinie 2003/48/EG vom 3. Juni 2003 im Bereich der Besteuerung von Zinserträgen (ABl. EU Nr. L 157 S. 38), kann der Steuerpflichtige den Nachweis nur durch eine Bescheinigung des ausländischen Instituts führen; dies gilt entsprechend für eine in diesem Gebiet belegene Zweigstelle eines inländischen Kreditinstituts, Finanzdienstleistungsinstituts oder einem inländischen Wertpapierinstitut. [6]In allen anderen Fällen ist ein Nachweis der Anschaffungsdaten nicht zulässig. [7]Sind die Anschaffungsdaten nicht nachgewiesen, bemisst sich der Steuerabzug nach 30 Prozent der Einnahmen aus der Veräußerung oder Einlösung der Wirtschaftsgüter. [8]In den Fällen des § 43 Absatz 1 Satz 4 gelten der Börsenpreis zum Zeitpunkt der Übertragung zuzüglich Stückzinsen als Einnahmen aus der Veräußerung und die mit dem Depotübertrag verbundenen Kosten als Veräußerungskosten im Sinne des § 20 Absatz 4 Satz 1. [9]Zur Ermittlung des Börsenpreises ist der niedrigste am Vortag der Übertragung im regulierten Markt notierte Kurs anzusetzen; liegt am Vortag eine Notierung nicht vor, so werden die Wirtschaftsgüter mit dem letzten innerhalb von 30 Tagen vor dem Übertragungstag im regulierten Markt notierten Kurs angesetzt; Entsprechendes gilt für Wertpapiere, die im Inland in den Freiverkehr einbezogen sind oder in einem anderen Staat des Europäischen Wirtschaftsraums zum Handel an einem geregelten Markt im Sinne des Artikels 1 Nr. 13 der Richtlinie 93/22/EWG des Rates vom 10. Mai 1993 über Wertpapierdienstleistungen (ABl. EG Nr. L 141 S. 27) zugelassen sind. [10]Liegt ein Börsenpreis nicht vor, bemisst sich die Steuer nach 30 Prozent der Anschaffungskosten. [11]Die übernehmende auszahlende Stelle hat als Anschaffungskosten den von der abgebenden Stelle angesetzten Börsenpreis anzusetzen und die bei der Übertragung als Einnahmen aus der Veräußerung angesetzten Stückzinsen nach Absatz 3 zu berücksichtigen. [12]Satz 9 gilt entsprechend. [13]Liegt ein Börsenpreis nicht vor, bemisst sich der Steuerabzug nach 30 Prozent der Einnahmen aus der Veräußerung oder Einlösung der Wirtschaftsgüter. [14]Hat die auszahlende Stelle die Wirtschaftsgüter vor dem 1. Januar 1994 erworben oder veräußert und seitdem verwahrt oder verwaltet, kann sie den Steuerabzug nach 30 Prozent der Einnahmen aus der Veräußerung oder Einlösung der Wertpapiere und Kapitalforderungen bemessen. [15]Abweichend von den Sätzen 2 bis 14 bemisst sich der Steuerabzug bei Kapitalerträgen aus nicht für einen marktmäßigen Handel bestimmten schuldbuchfähigen Wertpapieren des Bundes und der Länder oder bei Kapitalerträgen im Sinne des § 43 Absatz 1 Satz 1 Nummer 7 Buchstabe b aus nicht in Inhaber- oder Orderschuldverschreibungen verbrieften Kapitalforderungen nach dem vollen Kapitalertrag ohne jeden Abzug.

(3) [1]Die auszahlende Stelle hat ausländische Steuern auf Kapitalerträge nach Maßgabe des § 32d Absatz 5 zu berücksichtigen. [2]Sie hat unter Berücksichtigung des § 20 Absatz 6 Satz 4 im Kalenderjahr negative Kapitalerträge einschließlich gezahlter Stückzinsen bis zur Höhe der positiven Kapitalerträge auszugleichen; liegt ein gemeinsamer Freistellungsauftrag im Sinne des § 44a Absatz 2 Satz 1 Nummer 1 in Verbindung mit § 20 Absatz 9 Satz 2 vor, erfolgt ein gemeinsamer Ausgleich. [3]Der nicht ausgeglichene Verlust ist auf das nächste Kalenderjahr zu übertragen. [4]Auf Verlangen des Gläubigers der Kapitalerträge hat sie über die Höhe eines nicht ausgeglichenen Verlusts eine Bescheinigung nach amtlich vorgeschriebenem Muster zu erteilen; der Verlustübertrag entfällt in diesem Fall. [5]Der unwiderrufliche Antrag auf Erteilung der Bescheinigung muss bis zum 15. Dezember des laufenden Jahres der auszahlenden Stelle zugehen. [6]Überträgt der Gläubiger der Kapitalerträge seine im Depot befindlichen Wirtschaftsgüter vollständig auf ein anderes Depot, hat die abgebende auszahlende Stelle der übernehmenden auszahlenden Stelle auf Verlangen des Gläubigers der Kapitalerträge die Höhe des nicht ausgeglichenen Verlusts mitzuteilen; eine Bescheinigung nach Satz 4 darf in diesem Fall nicht erteilt werden. [7]Erfährt die auszahlende Stelle nach Ablauf des Kalenderjahres von der Veränderung einer Bemessungsgrundlage oder einer zu erhebenden Kapitalertragsteuer, hat sie die entsprechende Korrektur erst zum Zeitpunkt ihrer Kenntnisnahme vorzunehmen; § 44 Absatz 5 bleibt unberührt. [8]Die vorstehenden Sätze gelten nicht in den Fällen des § 20 Absatz 8 und des § 44 Absatz 1 Satz 4 Nummer 1 Buchstabe a Doppelbuchstabe bb sowie bei Körperschaften, Personenvereinigungen oder Vermögensmassen.

(4) [1]Die Absätze 2 und 3 gelten entsprechend für die das Bundesschuldbuch führende Stelle oder eine Landesschuldenverwaltung als auszahlende Stelle. [2]Werden die Wertpapiere oder Forderungen von einem Kreditinstitut, Finanzdienstleistungsinstitut oder einem Wertpapierinstitut mit der Maßgabe der Verwahrung und Verwaltung durch die das Bundesschuldbuch führende Stelle oder eine Landesschuldenverwaltung erworben, hat das Kreditinstitut, das Finanzdienstleistungsinstitut oder das Wertpapierinstitut der das Bundesschuldbuch führenden Stelle oder einer Landesschuldenverwaltung zusammen mit den im Schuldbuch einzutragenden Wertpapieren und Forderungen den Erwerbszeitpunkt und die Anschaffungsdaten sowie in Fällen des Absatzes 2 den Erwerbspreis der für einen marktmäßigen Handel bestimmten schuldbuchfähigen Wertpapiere des Bundes oder der Länder und außerdem mitzuteilen, dass es diese Wertpapiere und Forderungen erworben oder veräußert und seitdem verwahrt oder verwaltet hat.

…

§ 45a
Anmeldung und Bescheinigung der Kapitalertragsteuer

(1) [1]Die Anmeldung der einbehaltenen Kapitalertragsteuer ist dem Finanzamt innerhalb der in § 44 Absatz 1 oder Absatz 7 bestimmten Frist nach amtlich vorgeschriebenem Vordruck auf elektronischem Weg zu übermitteln; die auszahlende Stelle hat die Kapitalertragsteuer auf die Erträge im Sinne des § 43 Absatz 1 Satz 1 Nummer 1a jeweils gesondert für das Land, in dem sich der Ort der Geschäftsleitung des Schuldners der Kapitalerträge befindet, anzugeben. [2]Satz 1 gilt entsprechend, wenn ein Steuerabzug nicht oder nicht in voller Höhe vorzunehmen ist. [3]Der Grund für die Nichtabführung ist anzugeben. [4]Auf Antrag kann das Finanzamt zur Vermeidung unbilliger Härten auf eine elektronische Übermittlung verzichten; in diesem Fall ist die Kapitalertragsteuer-Anmeldung von dem Schuldner, der den Verkaufsauftrag ausführenden Stelle, der auszahlenden Stelle oder einer vertretungsberechtigten Person zu unterschreiben.

(2) [1]Folgende Stellen sind verpflichtet, dem Gläubiger der Kapitalerträge auf Verlangen eine Bescheinigung nach amtlich vorgeschriebenem Muster auszustellen, die die nach § 32d erforderlichen Angaben enthält; bei Vorliegen der Voraussetzungen des

1. § 43 Absatz 1 Satz 1 Nummer 1, 2 bis 4, 7a und 7b der Schuldner der Kapitalerträge,
2. § 43 Absatz 1 Satz 1 Nummer 1a, 5 bis 7 und 8 bis 12 sowie Satz 2 die die Kapitalerträge auszahlende Stelle vorbehaltlich des Absatzes 3,
3. § 44 Absatz 1a die zur Abführung der Steuer verpflichtete Stelle und
4. § 44 Absatz 1 Satz 4 Nummer 5 der Investmentfonds.

[2]Die Bescheinigung kann elektronisch übermittelt werden; auf Anforderung des Gläubigers der Kapitalerträge ist sie auf Papier zu übersenden. [3]Die Bescheinigung braucht nicht unterschrieben zu werden, wenn sie in einem maschinellen Verfahren ausgedruckt worden ist und den Aussteller erkennen lässt. [4]§ 44a Absatz 6 gilt sinngemäß; über die zu kennzeichnenden Bescheinigungen haben die genannten Institute und Unternehmen Aufzeichnungen zu führen. [4]Diese müssen einen Hinweis auf den Buchungsbeleg über die Auszahlung an den Empfänger der Bescheinigung enthalten.

(2a) Ist der Gläubiger der Kapitalerträge beschränkt steuerpflichtig, tritt in den Fällen des § 43 Absatz 1 Satz 1 Nummer 1a und 2 Satz 4 an die Stelle der Bescheinigung nach Absatz 2 Satz 1 die Übermittlung der Angaben gemäß § 45b Absatz 5.

(3) [1]Werden Kapitalerträge für Rechnung des Schuldners durch ein inländisches Kreditinstitut, ein inländisches Finanzdienstleistungsinstitut oder ein inländisches Wertpapierinstitut gezahlt, so hat anstelle des Schuldners das Kreditinstitut, das Finanzdienstleistungsinstitut oder das Wertpapierinstitut die Bescheinigung zu erteilen, sofern nicht die Voraussetzungen des Absatzes 2 Satz 1 erfüllt sind. [2]Satz 1 gilt in den Fällen des § 20 Absatz 1 Nummer 1 Satz 4 entsprechend; der Emittent der Aktien gilt insoweit als Schuldner der Kapitalerträge.

(4) [1]Eine Bescheinigung nach Absatz 2 oder Absatz 3 ist auch zu erteilen, wenn in Vertretung des Gläubigers ein Antrag auf Erstattung der Kapitalertragsteuer nach § 44b gestellt worden ist oder gestellt wird. [2]Satz 1 gilt entsprechend, wenn nach § 44a Absatz 8 Satz 1 der Steuerabzug nicht in voller Höhe vorgenommen worden ist.

(5) [1]Eine Bescheinigung, die den Absätzen 2 bis 4 nicht entspricht, hat der Aussteller unverzüglich durch eine berichtigte Bescheinigung zu ersetzen. [2]Die berichtigte Bescheinigung ist als solche zu kennzeichnen. [3]Der Aussteller hat dem für ihn zuständigen Betriebsstättenfinanzamt unverzüglich nach Maßgabe des § 93c der Abgabenordnung neben den in § 93c Absatz 1 der Abgabenordnung genannten Angaben folgende Daten zu übermitteln:

1. den Anlass für die Ausstellung der berichtigten Bescheinigung und deren Ausstellungsdatum,
2. die ursprünglichen und die berichtigten Angaben in der Bescheinigung sowie
3. in den Fällen des Gläubigerwechsels die Identifikationsnummer, den Namen und die Anschrift des bisherigen Gläubigers der Kapitalerträge.

[4]Bei Steuerpflichtigen, die nicht unbeschränkt steuerpflichtig sind, findet Satz 3 mit der Maßgabe Anwendung, dass der Aussteller die Daten an das Bundeszentralamt für Steuern zu übermitteln hat.

(6) [1]Der Aussteller einer Bescheinigung, die den Absätzen 2 bis 4 nicht entspricht, haftet für die auf Grund dessen verkürzten Steuern oder zu Unrecht gewährten Steuervorteile; dies gilt entsprechend für die die Kapitalerträge auszahlende Stelle und die Zwischenverwahrstellen nach § 45b Absatz 7 bei der Übermittlung fehlerhafter Angaben im Rahmen der Meldepflichten nach § 45b Absatz 2 in Verbindung mit den Absätzen 4 bis 6 Satz 1 und 2 sowie Absatz 7. [2]Ist die Bescheinigung nach Absatz 3 durch ein inländisches Kredit-, Finanzdienstleistungs- oder Wertpapierinstitut auszustellen, so haftet der Schuldner auch, wenn er zum Zweck der Bescheinigung unrichtige Angaben macht.

4. Veranlagung von Steuerpflichtigen mit steuerabzugspflichtigen Einkünften

§ 46
Veranlagung bei Bezug von Einkünften aus nichtselbständiger Arbeit

(1) *(weggefallen)*

(2) Besteht das Einkommen ganz oder teilweise aus Einkünften aus nichtselbständiger Arbeit, von denen ein Steuerabzug vorgenommen worden ist, so wird eine Veranlagung nur durchgeführt,

1. wenn die positive Summe der einkommensteuerpflichtigen Einkünfte, die nicht dem Steuerabzug vom Arbeitslohn zu unterwerfen waren, vermindert um die darauf entfallenden Beträge nach § 13 Absatz 3 und § 24a, oder die positive Summe der Einkünfte und Leistungen, die dem Progressionsvorbehalt unterliegen, jeweils mehr als 410 Euro beträgt;
2. wenn der Steuerpflichtige nebeneinander von mehreren Arbeitgebern Arbeitslohn bezogen hat; das gilt nicht, soweit nach § 38 Absatz 3a Satz 7 Arbeitslohn von mehreren Arbeitgebern für den Lohnsteuerabzug zusammengerechnet worden ist;
3. wenn Beiträge zu Krankenversicherungen und gesetzlichen Pflegeversicherungen im Sinne des § 10 Absatz 1 Nummer 3 und der im Kalenderjahr erzielte Arbeitslohn höher ist als die Summe aus dem Grundfreibetrag (§ 32a Absatz 1 Satz 2 Nummer 1), dem Arbeitnehmer-Pauschbetrag (§ 9a Satz 1 Nummer 1 Buchstabe a) und dem Sonderausgaben-Pauschbetrag (§ 10c Satz 1) oder bei Ehegatten, die die Voraussetzungen des § 26 Absatz 1 erfüllen, höher ist als die Summe aus dem doppelten Grundfreibetrag, dem Arbeitnehmer-Pauschbetrag und dem doppelten Sonderausgaben-Pauschbetrag;

3a. wenn von Ehegatten, die nach den §§ 26, 26b zusammen zur Einkommensteuer zu veranlagen sind, beide Arbeitslohn bezogen haben und einer für den Veranlagungszeitraum oder einen Teil davon nach der Steuerklasse V oder VI besteuert oder bei Steuerklasse IV der Faktor (§ 39f) eingetragen worden ist;

4. wenn für einen Steuerpflichtigen ein Freibetrag im Sinne des § 39a Absatz 1 Satz 1 Nummer 1 bis 3, 5 oder Nummer 6 ermittelt worden ist und der im Kalenderjahr insgesamt erzielte Arbeitslohn 13 150 Euro übersteigt, oder bei Ehegatten, die die Voraussetzungen des § 26 Absatz 1 erfüllen, der im Kalenderjahr von den Ehegatten insgesamt erzielte Arbeitslohn 24 950 Euro übersteigt; dasselbe gilt für einen Steuerpflichtigen, der zum Personenkreis des § 1 Absatz 2 gehört;

4a. [1]wenn bei einem Elternpaar, bei dem die Voraussetzungen des § 26 Absatz 1 Satz 1 nicht vorliegen,

a) bis c) *(weggefallen)*

d) im Fall des § 33a Absatz 2 Satz 5 das Elternpaar gemeinsam eine Aufteilung des Abzugsbetrags in einem anderen Verhältnis als je zur Hälfte beantragt oder

e) im Fall des § 33b Absatz 5 Satz 3 das Elternpaar gemeinsam eine Aufteilung des Pauschbetrags für behinderte Menschen oder des Pauschbetrags für Hinterbliebene in einem anderen Verhältnis als je zur Hälfte beantragt.

[2]Die Veranlagungspflicht besteht für jeden Elternteil, der Einkünfte aus nichtselbständiger Arbeit bezogen hat;

5. wenn bei einem Steuerpflichtigen die Lohnsteuer für einen sonstigen Bezug nach § 39c Absatz 3 ermittelt wurde;

5a. wenn der Arbeitgeber die Lohnsteuer von einem sonstigen Bezug berechnet hat und dabei der Arbeitslohn aus früheren Dienstverhältnissen des Kalenderjahres außer Betracht geblieben ist (§ 39b Absatz 3 Satz 2, § 41 Absatz 1 Satz 6, Großbuchstabe S);

6. wenn die Ehe des Arbeitnehmers im Veranlagungszeitraum durch Tod, Scheidung oder Aufhebung aufgelöst worden ist und er oder sein Ehegatte der aufgelösten Ehe im Veranlagungszeitraum wieder geheiratet hat;

7. wenn

a) für einen unbeschränkt Steuerpflichtigen im Sinne des § 1 Absatz 1 bei der Bildung der Lohnsteuerabzugsmerkmale (§ 39) ein Ehegatte im Sinne des § 1a Absatz 1 Nummer 2 berücksichtigt worden ist oder

b) für einen Steuerpflichtigen, der zum Personenkreis des § 1 Absatz 3 oder des § 1a gehört, Lohnsteuerabzugsmerkmale nach § 39 Absatz 2 gebildet worden sind; das nach § 39 Absatz 2 Satz 2 bis 4 zuständige Betriebsstättenfinanzamt ist dann auch für die Veranlagung zuständig;

8. [1]wenn die Veranlagung beantragt wird, insbesondere zur Anrechnung von Lohnsteuer auf die Einkommensteuer. [2]Der Antrag ist durch Abgabe einer Einkommensteuererklärung zu stellen;

9. wenn ein Antrag im Sinne der Nummer 8 gestellt wird und daneben beantragt wird, als unbeschränkt Steuerpflichtiger im Sinne des § 1 Absatz 3 behandelt zu werden; die Zuständigkeit liegt beim lohnsteuerlichen Betriebsstättenfinanzamt des Arbeitgebers.

(3) [1]In den Fällen des Absatzes 2 ist ein Betrag in Höhe der einkommensteuerpflichtigen Einkünfte, von denen der Steuerabzug vom Arbeitslohn nicht vorgenommen worden ist und die nicht nach § 32d Absatz 6 der tariflichen Einkommensteuer unterworfen wurden, vom Einkommen abzuziehen, wenn diese Einkünfte insgesamt nicht mehr als 410 Euro betragen. [2]Der Betrag nach Satz 1 vermindert sich um den Altersentlastungsbetrag, soweit dieser den unter Verwendung des nach § 24a Satz 5 maßgebenden Prozentsatzes zu ermittelnden Anteil des Arbeitslohns mit Ausnahme der Versorgungsbezüge im Sinne des § 19 Absatz 2 übersteigt, und um den nach § 13 Absatz 3 zu berücksichtigenden Betrag.

(4) [1]Kommt nach Absatz 2 eine Veranlagung zur Einkommensteuer nicht in Betracht, so gilt die Einkommensteuer, die auf die Einkünfte aus nichtselbständiger Arbeit entfällt, für den Steuerpflichtigen durch den Lohnsteuerabzug als abgegolten, soweit er nicht für zu wenig erhobene Lohnsteuer in Anspruch genommen werden kann. [2]§ 42b bleibt unberührt.

(5) Durch Rechtsverordnung kann in den Fällen des Absatzes 2 Nummer 1, in denen die einkommensteuerpflichtigen Einkünfte, von denen der Steuerabzug vom Arbeitslohn nicht vorgenommen worden ist und die nicht nach § 32d Absatz 6 der tariflichen Einkommensteuer unterworfen wurden, den Betrag von 410 Euro übersteigen, die Besteuerung so gemildert werden, dass auf die volle Besteuerung dieser Einkünfte stufenweise übergeleitet wird.

...

VIII. Besteuerung beschränkt Steuerpflichtiger

§ 49
Beschränkt steuerpflichtige Einkünfte

(1) Inländische Einkünfte im Sinne der beschränkten Einkommensteuerpflicht (§ 1 Absatz 4) sind

1. Einkünfte aus einer im Inland betriebenen Land- und Forstwirtschaft (§§ 13, 14);

2. Einkünfte aus Gewerbebetrieb (§§ 15 bis 17),

a) für den im Inland eine Betriebsstätte unterhalten wird oder ein ständiger Vertreter bestellt ist,

b) die durch den Betrieb eigener oder gecharterter Seeschiffe oder Luftfahrzeuge aus Beförderungen zwischen inländischen und von inländischen zu ausländischen Häfen erzielt werden, einschließlich der Einkünfte aus anderen mit solchen Beförderungen zusammenhängenden, sich auf das Inland erstreckenden Beförderungsleistungen,

c) die von einem Unternehmen im Rahmen einer internationalen Betriebsgemeinschaft oder eines Pool-Abkommens, bei denen ein Unternehmen mit Sitz oder Geschäftsleitung im Inland die Beförderung durchführt, aus Beförderungen und Beförderungsleistungen nach Buchstabe b erzielt werden,

d) die, soweit sie nicht zu den Einkünften im Sinne der Nummern 3 und 4 gehören, durch im Inland ausgeübte oder verwertete künstlerische, sportliche, artistische unterhaltende oder ähnliche Darbietungen erzielt werden, einschließlich der Einkünfte aus anderen mit diesen Leistungen zusammenhängenden Leistungen, unabhängig davon, wem die Einnahmen zufließen,

e) die unter den Voraussetzungen des § 17 erzielt werden, wenn es sich um Anteile an einer Kapitalgesellschaft handelt,

aa) die ihren Sitz oder ihre Geschäftsleitung im Inland hat, bb) bei deren Erwerb auf Grund eines Antrags nach § 13 Absatz 2 oder § 21 Absatz 2 Satz 3 Nummer 2 des Umwandlungssteuergesetzes nicht der gemeine Wert der eingebrachten Anteile angesetzt worden ist oder auf die § 17 Absatz 5 Satz 2 anzuwenden war oder

cc) deren Anteilswert zu irgendeinem Zeitpunkt während der 365 Tage vor der Veräußerung unmittelbar oder mittelbar zu mehr als 50 Prozent auf inländischem unbeweglichem Vermögen beruhte und die Anteile dem Veräußerer zu diesem Zeitpunkt zuzurechnen waren; für die Ermittlung dieser Quote sind die aktiven Wirtschaftsgüter des Betriebsvermögens mit den Buchwerten, die zu diesem Zeitpunkt anzusetzen gewesen wären, zugrunde zu legen,

f) [1]die, soweit sie nicht zu den Einkünften im Sinne des Buchstaben a gehören, durch

aa) Vermietung und Verpachtung oder

bb) Veräußerung

von inländischem unbeweglichem Vermögen, von Sachinbegriffen oder Rechten im Sinne des § 21 Absatz 1 Satz 1 Nummer 1 oder sonstigen Rechten, insbesondere Patentrechten, Markenrechten oder Sortenrechten, die im Inland belegen oder in ein inländisches öffentliches Buch oder Register eingetragen sind oder deren Verwertung in einer inländischen Betriebsstätte oder anderen Einrichtung erfolgt, erzielt werden. [2]Bei sonstigen Rechten, bei denen Einkünfte nur auf Grund der Eintragung in ein inländisches öffentliches Buch oder Register vorliegen, liegen Einkünfte abweichend von Satz 1 nicht vor, wenn die Vermietung und Verpachtung oder die Veräußerung nicht zwischen nahestehenden Personen im Sinne des § 1 Absatz 2 des Außensteuergesetzes erfolgt oder der Besteuerung der Einkünfte die Bestimmungen eines Abkommens zur Vermeidung der Doppelbesteuerung unter Berücksichtigung der ihre Anwendung regelnden Vorschriften dieses Gesetzes entgegenstehen [3]§ 23 Absatz 1 Satz 4 gilt entsprechend [4]Als Einkünfte aus Gewerbebetrieb gelten auch die Einkünfte aus Tätigkeiten im Sinne dieses Buchstabens, die von einer Körperschaft im Sinne des § 2 Nummer 1 des Körperschaftsteuergesetzes erzielt werden, die mit einer Kapitalgesellschaft oder sonstigen juristischen Person im Sinne des § 1 Absatz 1 Nummer 1 bis 3 des Körperschaftsteuergesetzes vergleichbar ist. [5]Zu den Einkünften aus der Veräußerung von inländischem unbeweglichem Vermögen im Sinne dieses Buchstabens gehören auch Wertveränderungen von Wirtschaftsgütern, die mit diesem Vermögen in wirtschaftlichem Zusammenhang stehen, oder

g) die aus der Verschaffung der Gelegenheit erzielt werden, einen Berufssportler als solchen im Inland vertraglich zu verpflichten; dies gilt nur, wenn die Gesamteinnahmen 10 000 Euro übersteigen;

3. Einkünfte aus selbständiger Arbeit (§ 18), die im Inland ausgeübt oder verwertet wird oder worden ist, oder für die im Inland eine feste Einrichtung oder eine Betriebsstätte unterhalten wird;

4. Einkünfte aus nichtselbständiger Arbeit (§ 19), die

a) im Inland ausgeübt oder verwertet wird oder worden ist. [2]Die nichtselbständige Arbeit gilt dabei auch als im Inland ausgeübt oder verwertet, soweit die Tätigkeit im Ansässigkeitsstaat des Steuerpflichtigen oder in einem oder mehreren anderen Staaten ausgeübt wird und ein mit dem Ansässigkeitsstaat abgeschlossenes Abkommen zur Vermeidung der Doppelbesteuerung oder eine zwischenstaatliche Vereinbarung für diese im Ansässigkeitsstaat oder in einem oder mehreren anderen Staaten ausgeübte Tätigkeit Deutschland ein Besteuerungsrecht zuweist. [3]Satz 2 gilt nicht für Deutschland entsprechend Satz 2 zugewiesener Besteuerungsrechte hinsichtlich der Einkünfte aus einer an Bord eines Schiffes im internationalen Verkehr ausgeübten nichtselbständigen Arbeit,

b) aus inländischen öffentlichen Kassen einschließlich der Kassen des Bundeseisenbahnvermögens und der Deutschen Bundesbank mit Rücksicht auf ein gegenwärtiges oder früheres Dienstverhältnis gewährt werden, ohne dass ein Zahlungsanspruch gegenüber der inländischen öffentlichen Kasse bestehen muss; dies gilt nicht, wenn das Dienstverhältnis im Tätigkeitsstaat oder einem anderen ausländischen Staat begründet wurde, der Arbeitnehmer keinen inländischen Wohnsitz oder gewöhnlichen Aufenthalt auf Grund des Dienstverhältnisses oder eines vorangegangenen vergleichbaren Dienstverhältnisses aufgegeben hat und mit dem Tätigkeitsstaat kein Abkommen zur Vermeidung der Doppelbesteuerung besteht,

c) als Vergütung für eine Tätigkeit als Geschäftsführer, Prokurist oder Vorstandsmitglied einer Gesellschaft mit Geschäftsleitung im Inland bezogen werden,

d) als Entschädigung im Sinne des § 24 Nummer 1 für die Auflösung eines Dienstverhältnisses gezahlt werden, soweit die für die zuvor ausgeübte Tätigkeit bezogenen Einkünfte der inländischen Besteuerung unterlegen haben,

e) an Bord eines im internationalen Luftverkehr eingesetzten Luftfahrzeugs ausgeübt wird, das von einem Unternehmen mit Geschäftsleitung im Inland betrieben wird,

f) für Zeiten der widerruflichen oder unwiderruflichen Arbeitsfreistellung im Zusammenhang mit der Beendigung des Arbeitsverhältnisses gewährt werden, soweit ohne die Freistellung die Arbeit während dieser Zeiten im Inland ausgeübt worden wäre;

5. [1]Einkünfte aus Kapitalvermögen im Sinne des

a) § 20 Absatz 1 Nummer 1, 2, 4, 6 und 9, wenn

aa) der Schuldner Wohnsitz, Geschäftsleitung oder Sitz im Inland hat,

bb) in den Fällen des § 20 Absatz 1 Nummer 1 Satz 4 der Emittent der Aktien Geschäftsleitung oder Sitz im Inland hat oder

cc) es sich um Fälle des § 44 Absatz 1 Satz 4 Nummer 1 Buchstabe a Doppelbuchstabe bb handelt;

dies gilt auch für Erträge aus Wandelanleihen und Gewinnobligationen,

b) *(weggefallen)*

c) § 20 Absatz 1 Nummer 5 und 7, wenn

aa) [1]das Kapitalvermögen durch inländischen Grundbesitz, durch inländische Rechte, die den Vorschriften des bürgerlichen Rechts über Grundstücke unterliegen, oder durch Schiffe, die in ein inländisches Schiffsregister eingetragen sind, unmittelbar oder mittelbar gesichert ist. [2]Ausgenommen sind Zinsen aus Anleihen und Forderungen, die in ein öffentliches Schuldbuch eingetragen oder über die Sammelurkunden im Sinne des § 9a des Depotgesetzes oder Teilschuldverschreibungen, soweit es sich nicht um Wandelanleihen oder Gewinnobligationen handelt, ausgegeben sind, oder

bb) das Kapitalvermögen aus Genussrechten besteht, die nicht in § 20 Absatz 1 Nummer 1 genannt sind,

d) § 43 Absatz 1 Satz 1 Nummer 7 Buchstabe a, Nummer 9 und 10 sowie Satz 2, wenn sie von einem Schuldner oder von einem inländischen Kreditinstitut oder einem inländischen Finanzdienstleistungsinstitut oder einem inländischen Wertpapierinstitut im Sinne des § 43 Absatz 1 Satz 1 Nummer 7 Buchstabe b einem anderen als einem ausländischen Kreditinstitut oder einem ausländischen Finanzdienstleistungsinstitut oder einem ausländischen Wertpapierinstitut

aa) gegen Aushändigung der Zinsscheine ausgezahlt oder gutgeschrieben werden und die Teilschuldverschreibungen nicht von dem Schuldner, dem inländischen Kreditinstitut, dem inländischen Finanzdienstleistungsinstitut oder dem inländischen Wertpapierinstitut verwahrt werden oder

bb) gegen Übergabe der Wertpapiere ausgezahlt oder gutgeschrieben werden und diese vom Kreditinstitut weder verwahrt noch verwaltet werden.

[2]§ 20 Absatz 3 gilt entsprechend;

6. Einkünfte aus Vermietung und Verpachtung (§ 21), soweit sie nicht zu den Einkünften im Sinne der Nummern 1 bis 5 gehören, wenn das unbewegliche Vermögen, die Sachinbegriffe oder Rechte im Sinne des § 21 Absatz 1 Satz 1 Nummer 1 oder sonstige Rechte, insbesondere Patentrechte, Markenrechte oder Sortenrechte, im Inland belegen oder in ein inländisches öffentliches Buch oder Register eingetragen sind oder in einer inländischen Betriebsstätte oder in einer anderen Einrichtung verwertet werden. [2]Bei sonstigen Rechten, bei denen Einkünfte nur auf Grund der Eintragung in ein inländisches öffentliches Buch oder Register vorliegen, liegen Einkünfte abweichend von Satz 1 nicht vor, wenn die Vermietung und Verpachtung nicht zwischen nahestehenden Personen im Sinne des § 1 Absatz 2 des Außensteuergesetzes erfolgt oder der Besteuerung der Einkünfte die Bestimmungen eines Abkommens zur Vermeidung der Doppelbesteuerung unter Berücksichtigung der ihre Anwendung regelnden Vorschriften dieses Gesetzes entgegenstehen;

7. sonstige Einkünfte im Sinne des § 22 Nummer 1 Satz 3 Buchstabe a, die von den inländischen gesetzlichen Rentenversicherungsträgern, der inländischen landwirtschaftlichen Alterskasse, den inländischen berufsständischen Versorgungseinrichtungen, den inländischen Versicherungsunternehmen oder sonstigen inländischen Zahlstellen gewährt werden; dies gilt entsprechend für Leibrenten und andere Leistungen ausländischer Zahlstellen, wenn die Beiträge, die den Leistungen zugrunde liegen, nach § 10 Absatz 1 Nummer 2 ganz oder teilweise bei der Ermittlung der Sonderausgaben berücksichtigt wurden;

8. sonstige Einkünfte im Sinne des § 22 Nummer 2, soweit es sich um private Veräußerungsgeschäfte handelt, mit

a) inländischen Grundstücken oder

b) inländischen Rechten, die den Vorschriften des bürgerlichen Rechts über Grundstücke unterliegen;

8a. sonstige Einkünfte im Sinne des § 22 Nummer 4;

9. sonstige Einkünfte im Sinne des § 22 Nummer 3, auch wenn sie bei Anwendung dieser Vorschrift einer anderen Einkunftsart zuzurechnen wären, soweit es sich um Einkünfte aus inländischen unterhaltenden Darbietungen, aus der Nutzung beweglicher Sachen im Inland oder aus der Überlassung der Nutzung oder des Rechts auf Nutzung von gewerblichen, technischen, wissenschaftlichen und ähnlichen Erfahrungen, Kenntnissen und Fertigkeiten, zum Beispiel Plänen, Mustern und Verfahren, handelt, die im Inland genutzt werden oder worden sind; dies gilt nicht, soweit es sich um steuerpflichtige Einkünfte im Sinne der Nummern 1 bis 8 handelt;

10. sonstige Einkünfte im Sinne des § 22 Nummer 5; dies gilt auch für Leistungen ausländischer Zahlstellen, soweit die Leistungen bei einem unbeschränkt Steuerpflichtigen zu Einkünften nach § 22 Nummer 5 Satz 1 führen würden oder wenn die Beiträge, die den Leistungen zugrunde liegen, nach § 10 Absatz 1 Nummer 2 ganz oder teilweise bei der Ermittlung der Sonderausgaben berücksichtigt wurden.

11. Einkünfte aus der Beteiligung an einer Personengesellschaft oder Gemeinschaft, die ihren Sitz oder ihre Geschäftsleitung im Inland hat oder in ein inländisches Register eingetragen ist, soweit diese Einkünfte

a) in dem Staat, in dem der Beteiligte seinen Wohnsitz oder gewöhnlichen Aufenthalt hat, aufgrund einer vom deutschen Recht abweichenden steuerlichen Behandlung der Personengesellschaft oder Gemeinschaft keiner Besteuerung unterliegen,

b) nicht bereits als Einkünfte im Sinne der Nummern 1 bis 10 einer Besteuerung unterliegen und

c) in keinem anderen Staat einer Besteuerung unterliegen.

[2]Satz 1 gilt nur, wenn dem Beteiligten allein oder zusammen mit ihm nahestehenden Personen im Sinne des § 1 Absatz 2 des Außensteuergesetzes, die keiner unbeschränkten Steuerpflicht im Inland nach § 1 Absatz 1 oder nach § 1 des Körperschaftsteuergesetzes unterliegen, mehr als die Hälfte der Stimmrechte oder mehr als die Hälfte der Anteile am Kapital unmittelbar oder mittelbar zuzurechnen sind oder unmittelbar oder mittelbar ein Anspruch auf mehr als die Hälfte des Gewinns oder des Liquidationserlöses der Personengesellschaft oder Gemeinschaft zusteht; eine Beteiligung in diesem Sinne setzt nicht die Stellung als Gesellschafter oder Gemeinschafter voraus. [3]Die Sätze 1 und 2 gelten nicht, wenn es sich bei der Personengesellschaft oder Gemeinschaft um einen Altersvorsorgevermögensfonds im Sinne des § 53 des Investmentsteuergesetzes handelt oder die Einkünfte auch bei einer nicht vom deutschen Recht abweichenden Behandlung der Personengesellschaft oder Gemeinschaft im ausländischen Staat keiner Besteuerung unterliegen würden. [4]Die Besteuerung nach den vorstehenden Sätzen erfolgt ungeachtet der Bestimmungen eines Abkommens zur Vermeidung der Doppelbesteuerung.

(2) Im Ausland gegebene Besteuerungsmerkmale bleiben außer Betracht, soweit bei ihrer Berücksichtigung inländische Einkünfte im Sinne des Absatzes 1 nicht angenommen werden könnten.

(3) [1]Bei Schifffahrt- und Luftfahrtunternehmen sind die Einkünfte im Sinne des Absatzes 1 Nummer 2 Buchstabe b mit 5 Prozent der für diese Beförderungsleistungen vereinbarten Entgelte anzusetzen. [2]Das gilt auch, wenn solche Einkünfte durch eine inländische Betriebsstätte oder einen inländischen ständigen Vertreter erzielt werden (Absatz 1 Nummer 2 Buchstabe a). [3]Das gilt nicht in den Fällen des Absatzes 1 Nummer 2 Buchstabe c oder soweit das deutsche Besteuerungsrecht nach einem Abkommen zur Vermeidung der Doppelbesteuerung ohne Begrenzung des Steuersatzes aufrechterhalten bleibt.

(4) [1]Abweichend von Absatz 1 Nummer 2 sind Einkünfte steuerfrei, die ein beschränkt Steuerpflichtiger mit Wohnsitz oder gewöhnlichem Aufenthalt in einem ausländischen Staat durch den Betrieb eigener oder gecharterter Schiffe oder Luftfahrzeuge aus einem Unternehmen bezieht, dessen Geschäftsleitung sich in dem ausländischen Staat befindet. [2]Voraussetzung für die Steuerbefreiung ist, dass dieser ausländische Staat Steuerpflichtigen mit Wohnsitz oder gewöhnlichem Aufenthalt im Geltungsbereich dieses Gesetzes eine entsprechende Steuerbefreiung für derartige Einkünfte gewährt und dass das Bundesministerium für Verkehr und digitale Infrastruktur die Steuerbefreiung nach Satz 1 für verkehrspolitisch unbedenklich erklärt hat.

§ 50
Sondervorschriften für beschränkt Steuerpflichtige

(1) [1]Beschränkt Steuerpflichtige dürfen Betriebsausgaben (§ 4 Absatz 4 bis 8) oder Werbungskosten (§ 9) nur insoweit abziehen, als sie mit inländischen Einkünften in wirtschaftlichem Zusammenhang stehen. [2]§ 32a Absatz 1 ist mit der Maßgabe anzuwenden, dass das zu versteuernde Einkommen um den Grundfreibetrag des § 32a Absatz 1 Satz 2 Nummer 1 erhöht wird; dies gilt bei Einkünften nach § 49 Absatz 1 Nummer 4 nur in Höhe des diese Einkünfte abzüglich der nach Satz 5 abzuziehenden Aufwendungen übersteigenden Teils des Grundfreibetrags. [3]Wenn für das um den Grundfreibetrag erhöhte zu versteuernde Einkommen ein besonderer Steuersatz nach § 32b Absatz 2 oder nach § 2 Absatz 5 des Außensteuergesetzes gilt, ist dieser auf das zu versteuernde Einkommen anzuwenden. [4]§ 10 Absatz 1, 1a Nummer 1, 3 und 4, Absatz 2 bis 6, die §§ 10a, 10c, 16 Absatz 4, die §§ 24b, 32, 32a Absatz 6, die §§ 33, 33a, 33b, 35a und § 35c sind nicht anzuwenden. [5]Hiervon abweichend sind bei Arbeitnehmern, die Einkünfte aus nichtselbständiger Arbeit im Sinne des § 49 Absatz 1 Nummer 4 beziehen, § 10 Absatz 1 Nummer 2 Buchstabe a, Nummer 3 und Absatz 3 sowie § 10c anzuwenden, soweit die Aufwendungen auf die Zeit entfallen, in der Einkünfte im Sinne des § 49 Absatz 1 Nummer 4 erzielt wurden und die Einkünfte nach § 49 Absatz 1 Nummer 4 nicht übersteigen. [6]Die Jahres- und Monatsbeträge der Pauschalen nach § 9a Satz 1 Nummer 1 und § 10c ermäßigen sich zeitanteilig, wenn Einkünfte im Sinne des § 49 Absatz 1 Nummer 4 nicht während eines vollen Kalenderjahres oder Kalendermonats zugeflossen sind.

(1a) [1]Abweichend von Absatz 1 Satz 4 ist § 10 Absatz 1 Nummer 2 Buchstabe a sowie Absatz 2 und 3 auf Beiträge an berufsständische Versorgungseinrichtungen anzuwenden, wenn eine gesetzliche Pflichtmitgliedschaft in der Versorgungseinrichtung besteht, die auf einer für die inländische Berufsausübung erforderlichen Zulassung beruht. [2]Dies gilt nur für Staatsangehörige

1. eines Mitgliedstaates der Europäischen Union oder eines Staates, auf den das Abkommen über den Europäischen Wirtschaftsraum Anwendung findet, und die im Hoheitsgebiet eines dieser Staaten oder der Schweiz ihren Wohnsitz oder gewöhnlichen Aufenthalt haben, sowie
2. der Schweizerischen Eidgenossenschaft, die ihren Wohnsitz oder gewöhnlichen Aufenthalt im Hoheitsgebiet eines Mitgliedstaates der Europäischen Union oder der Schweiz haben.

[3]Die Beiträge können nur als Sonderausgaben abgezogen werden, soweit sie in unmittelbarem wirtschaftlichem Zusammenhang mit inländischen Einkünften nach § 49 Absatz 1 Nummer 2 oder 3 stehen, die aus der durch die Zulassung ermöglichten Berufsausübung erzielt werden. [4]Der Abzug der Beiträge erfolgt entsprechend dem Anteil der inländischen Einkünfte im Sinne des Satzes 3 an dem Gesamtbetrag der positiven in- und ausländischen Einkünfte aus der durch die Zulassung ermöglichten Berufsausübung. [5]Der Abzug der Beiträge ist ausgeschlossen, soweit sie im Rahmen der Einkommensbesteuerung des Steuerpflichtigen in einem Staat, in dem er seinen Wohnsitz oder gewöhnlichen Aufenthalt hat, abgezogen worden sind oder sie die Einkünfte nach Satz 3 übersteigen.

(2) [1]Die Einkommensteuer für Einkünfte, die dem Steuerabzug vom Arbeitslohn oder vom Kapitalertrag oder dem Steuerabzug auf Grund des § 50a unterliegen, gilt bei beschränkt Steuerpflichtigen durch den Steuerabzug als abgegolten. [2]Satz 1 gilt nicht

1. für Einkünfte eines inländischen Betriebs;
2. wenn nachträglich festgestellt wird, dass die Voraussetzungen der unbeschränkten Einkommensteuerpflicht im Sinne des § 1 Absatz 2 oder Absatz 3 oder des § 1a nicht vorgelegen haben; § 39 Absatz 7 ist sinngemäß anzuwenden;
3. in Fällen des § 2 Absatz 7 Satz 3;
4. für Einkünfte aus nichtselbständiger Arbeit im Sinne des § 49 Absatz 1 Nummer 4,
   a) wenn als Lohnsteuerabzugsmerkmal ein Freibetrag nach § 39a Absatz 4 gebildet worden ist und der im Kalenderjahr insgesamt erzielte Arbeitslohn höher ist als die Summe aus dem Grundfreibetrag (§ 32a Absatz 1 Satz 2 Nummer 1), dem Arbeitnehmer-Pauschbetrag (§ 9a Satz 1 Nummer 1 Buchstabe a) und dem Sonderausgaben-Pauschbetrag (§ 10c Satz 1),
   b) wenn die Veranlagung zur Einkommensteuer beantragt wird (§ 46 Absatz 2 Nummer 8),
   c) in den Fällen des § 46 Absatz 2 Nummer 2, 5 und 5a,
   d) wenn außerordentliche Einkünfte im Sinne des § 34 Absatz 1 und 2 Nummer 2 und 4 bezogen worden sind und in diesem Zusammenhang die Veranlagung zur Einkommensteuer beantragt wird (§ 46 Absatz 2 Nummer 8) oder
   e) wenn die Anrechnung einer ausländischen Steuer nach § 50d Absatz 7 Satz 2 beantragt wird;
5. für Einkünfte im Sinne des § 50a Absatz 1 Nummer 1, 2 und 4, wenn die Veranlagung zur Einkommensteuer beantragt wird;
6. für Einkünfte aus Kapitalvermögen im Sinne des § 49 Absatz 1 Satz 1 Nummer 5 Satz 1 Buchstabe a, auf die § 20 Absatz 1 Nummer 6 Satz 2 anzuwenden ist, wenn die Veranlagung zur Einkommensteuer beantragt wird.

[3]In den Fällen des Satzes 2 Nummer 4 erfolgt die Veranlagung durch das Betriebsstättenfinanzamt, das nach § 39 Absatz 2 Satz 2 oder Satz 4 für die Bildung und die Änderung der Lohnsteuerabzugsmerkmale zuständig ist. [4]Bei mehreren Betriebsstättenfinanzämtern ist das Betriebsstättenfinanzamt zuständig, in dessen Bezirk der Arbeitnehmer zuletzt beschäftigt war. [5]Bei Arbeitnehmern mit Steuerklasse VI ist das Betriebsstättenfinanzamt zuständig, in dessen Bezirk der Arbeitnehmer zuletzt unter Anwendung der Steuerklasse I beschäftigt war. [6]Hat der Arbeitgeber für den Arbeitnehmer keine elektronischen Lohnsteuerabzugsmerkmale (§ 39e Absatz 4 Satz 2) abgerufen und wurde keine Bescheinigung für den Lohnsteuerabzug nach § 39 Absatz 3 oder § 39e Absatz 7 Satz 5 ausgestellt, ist das Betriebsstättenfinanzamt zuständig, in dessen Bezirk der Arbeitnehmer zuletzt beschäftigt war. [7]Satz 2 Nummer 4 Buchstabe b und Nummer 5 gilt nur für Staatsangehörige eines Mitgliedstaats der Europäischen Union oder eines anderen Staates, auf den das Abkommen über den Europäischen Wirtschaftsraum Anwendung findet, die im Hoheitsgebiet eines dieser Staaten ihren Wohnsitz oder gewöhnlichen Aufenthalt haben. [8]Satz 2 Nummer 4 Buchstabe b gilt darüber hinaus auch für Staatsangehörige eines Mitgliedstaates der Europäischen Union oder eines Staates, auf den das Abkommen über den Europäischen Wirtschaftsraum Anwendung findet, die in der Schweiz ihren Wohnsitz oder gewöhnlichen Aufenthalt haben, sowie für Staatsangehörige der Schweizerischen Eidgenossenschaft, die ihren Wohnsitz oder gewöhnlichen Aufenthalt im Hoheitsgebiet eines Mitgliedstaates der Europäischen Union oder der Schweiz haben. [9]In den Fällen des Satzes 2 Nummer 5 erfolgt die Veranlagung durch das Bundeszentralamt für Steuern. [10]In den Fällen des Satzes 2 Nummer 6 ist für die Besteuerung des Gläubigers nach dem Einkommen das Finanzamt zuständig, das auch für die Besteuerung des Schuldners nach dem Einkommen zuständig ist; bei mehreren Schuldnern ist das Finanzamt zuständig, das für den Schuldner, dessen Leistung dem Gläubiger im Veranlagungszeitraum zuerst zufloss, zuständig ist. [11]Werden im Rahmen einer Veranlagung Einkünfte aus nichtselbständiger Arbeit im Sinne des § 49 Absatz 1 Nummer 4 bei der Ermittlung des zu versteuernden Einkommens berücksichtigt, gilt § 46 Absatz 3 und 5 entsprechend.

(3) § 34c Absatz 1 bis 3 ist bei Einkünften aus Land- und Forstwirtschaft, Gewerbebetrieb oder selbständiger Arbeit, für die im Inland ein Betrieb unterhalten wird, entsprechend anzuwenden, soweit darin nicht Einkünfte aus einem ausländischen Staat enthalten sind, mit denen der beschränkt Steuerpflichtige dort in einem der unbeschränkten Steuerpflicht ähnlichen Umfang zu einer Steuer vom Einkommen herangezogen wird.

(4) Die obersten Finanzbehörden der Länder oder die von ihnen beauftragten Finanzbehörden können mit Zustimmung des Bundesministeriums der Finanzen die Einkommensteuer bei beschränkt Steuerpflichtigen ganz oder zum Teil erlassen oder in einem Pauschbetrag festsetzen, wenn dies im besonderen öffentlichen Interesse liegt; ein besonderes öffentliches Interesse besteht

1. an der inländischen Veranstaltung international bedeutsamer kultureller und sportlicher Ereignisse, um deren Ausrichtung ein internationaler Wettbewerb stattfindet, oder
2. am inländischen Auftritt einer ausländischen Kulturvereinigung, wenn ihr Auftritt wesentlich aus öffentlichen Mitteln gefördert wird.

§ 50a
Steuerabzug bei beschränkt Steuerpflichtigen

(1) Die Einkommensteuer wird bei beschränkt Steuerpflichtigen im Wege des Steuerabzugs erhoben

1. bei Einkünften, die durch im Inland ausgeübte künstlerische, sportliche, artistische, unterhaltende oder ähnliche Darbietungen erzielt werden, einschließlich der Einkünfte aus anderen mit diesen Leistungen zusammenhängenden Leistungen, unabhängig davon, wem die Einkünfte zufließen (§ 49 Absatz 1 Nummer 2 bis 4 und 9), es sei denn, es handelt sich um Einkünfte aus nichtselbständiger Arbeit, die bereits dem Steuerabzug vom Arbeitslohn nach § 38 Absatz 1 Satz 1 Nummer 1 unterliegen,
2. bei Einkünften aus der inländischen Verwertung von Darbietungen im Sinne der Nummer 1 (§ 49 Absatz 1 Nummer 2 bis 4 und 6),
3. bei Einkünften, die aus Vergütungen für die Überlassung der Nutzung oder des Rechts auf Nutzung von Rechten, insbesondere von Urheberrechten und gewerblichen Schutzrechten, von gewerblichen, technischen, wissenschaftlichen und ähnlichen Erfahrungen, Kenntnissen und Fertigkeiten, zum Beispiel Plänen, Mustern und Verfahren, herrühren, sowie bei Einkünften, die aus der Verschaffung der Gelegenheit erzielt werden, einen Berufssportler über einen begrenzten Zeitraum vertraglich zu verpflichten (§ 49 Absatz 1 Nummer 2, 3, 6 und 9),
4. bei Einkünften, die Mitgliedern des Aufsichtsrats, Verwaltungsrats oder anderen oder anderen mit der Überwachung der Geschäftsführung von Körperschaften, Personenvereinigungen und Vermögensmassen im Sinne des § 1 des Körperschaftsteuergesetzes beauftragten Personen sowie von anderen inländischen Personenvereinigungen des privaten und öffentlichen Rechts, bei denen die Gesellschafter nicht als Unternehmer (Mitunternehmer) anzusehen sind, für die Überwachung der Geschäftsführung gewährt werden (§ 49 Absatz 1 Nummer 3).

(2) [1]Der Steuerabzug beträgt 15 Prozent, in den Fällen des Absatzes 1 Nummer 4 beträgt er 30 Prozent der gesamten Einnahmen. [2]Vom Schuldner der Vergütung ersetzte oder übernommene Reisekosten gehören nur insoweit zu den Einnahmen, als die Fahrt- und Übernachtungsauslagen die tatsächlichen Kosten und die Vergütungen für Verpflegungsmehraufwand die Pauschbeträge nach § 4 Absatz 5 Satz 1 Nummer 5 übersteigen. [3]Bei Einkünften im Sinne des Absatzes 1 Nummer 1 wird ein Steuerabzug nicht erhoben, wenn die Einnahmen je Darbietung 250 Euro nicht übersteigen.

(3) [1]Der Schuldner der Vergütung kann von den Einnahmen in den Fällen des Absatzes 1 Nummer 1, 2 und 4 mit ihnen in unmittelbarem wirtschaftlichem Zusammenhang stehende Betriebsausgaben oder Werbungskosten abziehen, die ihm ein beschränkt Steuerpflichtiger in einer für das Bundeszentralamt für Steuern nachprüfbaren Form nachgewiesen hat oder die vom Schuldner der Vergütung übernommen worden sind. [2]Das gilt nur, wenn der beschränkt Steuerpflichtige Staatsangehöriger eines Mitgliedstaats der Europäischen Union oder eines anderen Staates ist, auf den das Abkommen über den Europäischen Wirtschaftsraum Anwendung findet, und im Hoheitsgebiet eines dieser Staaten seinen Wohnsitz oder gewöhnlichen Aufenthalt hat. [3]Es gilt entsprechend bei einer beschränkt steuerpflichtigen Körperschaft, Personenvereinigung oder Vermögensmasse im Sinne des § 32 Absatz 4 des Körperschaftsteuergesetzes. [4]In diesen Fällen beträgt der Steuerabzug von den nach Abzug der Betriebsausgaben oder Werbungskosten verbleibenden Einnahmen (Nettoeinnahmen), wenn

1. Gläubiger der Vergütung eine natürliche Person ist, 30 Prozent,
2. Gläubiger der Vergütung eine Körperschaft, Personenvereinigung oder Vermögensmasse ist, 15 Prozent.

(4) [1]Hat der Gläubiger einer Vergütung seinerseits Steuern für Rechnung eines anderen beschränkt steuerpflichtigen Gläubigers einzubehalten (zweite Stufe), kann er vom Steuerabzug absehen, wenn seine Einnahmen bereits dem Steuerabzug nach Absatz 2 unterlegen haben. [2]Wenn der Schuldner der Vergütung auf zweiter Stufe Betriebsausgaben oder Werbungskosten nach Absatz 3 geltend macht, die Veranlagung nach § 50 Absatz 2 Satz 2 Nummer 5 beantragt oder die Erstattung der Abzugsteuer nach § 50c Absatz 3 oder einer anderen Vorschrift beantragt, hat er die sich nach Absatz 2 oder Absatz 3 ergebende Steuer zu diesem Zeitpunkt zu entrichten; Absatz 5 gilt entsprechend.

(5) [1]Die Steuer entsteht in dem Zeitpunkt, in dem die Vergütung dem Gläubiger zufließt. [2]In diesem Zeitpunkt hat der Schuldner der Vergütung den Steuerabzug für Rechnung des Gläubigers (Steuerschuldner) vorzunehmen. [3]Er hat die innerhalb eines Kalendervierteljahres einzubehaltende Steuer jeweils bis zum zehnten des dem Kalendervierteljahr folgenden Monats beim Bundeszentralamt für Steuern anzumelden und die einbehaltene Steuer an das Bundeszentralamt für Steuern abzuführen. [4]Eine Anmeldungsverpflichtung beim Bundeszentralamt für Steuern besteht auch, wenn ein Steuerabzug auf Grund des Absatzes 2 Satz 3 oder des Absatzes 4 Satz 1 nicht vorzunehmen ist oder auf Grund des § 50c Absatz 2 nicht oder nicht in voller Höhe vorzunehmen ist; Satz 3 gilt insoweit entsprechend. [5]Der Schuldner der Vergütung haftet für die Einbehaltung und Abführung der Steuer. [6]Der Steuerschuldner kann in Anspruch genommen werden, wenn der Schuldner der Vergütung den Steuerabzug nicht vorschriftsmäßig vorgenommen hat. [7]Der Schuldner der Vergütung ist verpflichtet, dem Gläubiger auf Verlangen die folgenden Angaben nach amtlich vorgeschriebenem Muster zu bescheinigen:

1. den Namen und die Anschrift des Gläubigers,
2. die Art der Tätigkeit und Höhe der Vergütung in Euro,
3. den Zahlungstag,
4. den Betrag der einbehaltenen und abgeführten Steuer nach Absatz 2 oder Absatz 3.

(6) Die Bundesregierung kann durch Rechtsverordnung mit Zustimmung des Bundesrates bestimmen, dass bei Vergütungen für die Nutzung oder das Recht auf Nutzung von Urheberrechten (Absatz 1 Nummer 3), die nicht unmittelbar an den Gläubiger, son-

dern an einen Beauftragten geleistet werden, anstelle des Schuldners der Vergütung der Beauftragte die Steuer einzubehalten und abzuführen hat und für die Einbehaltung und Abführung haftet.

(7) [1]Das Finanzamt des Vergütungsgläubigers kann anordnen, dass der Schuldner der Vergütung für Rechnung des Gläubigers (Steuerschuldner) die Einkommensteuer von beschränkt steuerpflichtigen Einkünften, soweit diese nicht bereits dem Steuerabzug unterliegen, im Wege des Steuerabzugs einzubehalten und abzuführen hat, wenn dies zur Sicherung des Steueranspruchs zweckmäßig ist. [2]Der Steuerabzug beträgt 25 Prozent der gesamten Einnahmen, bei Körperschaften, Personenvereinigungen oder Vermögensmassen 15 Prozent der gesamten Einnahmen; das Finanzamt kann die Höhe des Steuerabzugs hiervon abweichend an die voraussichtlich geschuldete Steuer anpassen [3]Absatz 5 gilt entsprechend mit der Maßgabe, dass die Steuer bei dem Finanzamt anzumelden und abzuführen ist, das den Steuerabzug angeordnet hat; das Finanzamt kann anordnen, dass die innerhalb eines Monats einbehaltene Steuer jeweils bis zum zehnten des Folgemonats anzumelden und abzuführen ist. [4]§ 50 Absatz 2 Satz 1 ist nicht anzuwenden. [5]Ist für Einkünfte im Sinne des § 49 Absatz 1 Nummer 7 und 10 der Steuerabzug einbehalten und abgeführt worden, obwohl eine Verpflichtung hierzu nicht bestand, ist auf Antrag des Schuldners der Vergütung die Anmeldung über den Steuerabzug insoweit zu ändern; stattdessen kann der Schuldner der Vergütung, sobald er erkennt, dass er den Steuerabzug ohne Verpflichtung einbehalten und abgeführt hat, bei der folgenden Steueranmeldung den abzuführenden Steuerabzug entsprechend kürzen; erstattungsberechtigt ist der Schuldner der Vergütung; die nach Absatz 5 Satz 7 erteilte Bescheinigung ist durch eine berichtigte Bescheinigung zu ersetzen und im Fall der Übermittlung in Papierform zurückzufordern. [6]Die Anrechnung der durch Steuerabzug erhobenen Einkommensteuer nach § 36 Absatz 2 Nummer 2 Buchstabe a richtet sich nach der Höhe der in der Rentenbezugsmitteilung nach § 22a ausgewiesenen einbehaltenen Steuerabzugsbeträge. [7]Wird eine Rentenbezugsmitteilung wegen einbehaltener Steuerabzugsbeträge korrigiert, ist die Anrechnung insoweit nachzuholen oder zu ändern.

…

IX. Sonstige Vorschriften, Bußgeld-, Ermächtigungs- und Schlussvorschriften

§ 51a
Festsetzung und Erhebung von Zuschlagsteuern

(1) [1]Auf die Festsetzung und Erhebung von Steuern, die nach der Einkommensteuer bemessen werden (Zuschlagsteuern), sind die Vorschriften dieses Gesetzes mit Ausnahme des § 36a entsprechend anzuwenden. [2]Wird Einkommensteuer im Wege des Steuerabzugs erhoben, dürfen die zu diesem Zweck verarbeiteten personenbezogenen Daten auch für die Erhebung einer Zuschlagsteuer im Wege des Steuerabzugs verarbeitet werden.

(2) [1]Bemessungsgrundlage ist die Einkommensteuer, die abweichend von § 2 Absatz 6 unter Berücksichtigung von Freibeträgen nach § 32 Absatz 6 in allen Fällen des § 32 festzusetzen wäre. [2]Zur Ermittlung der Einkommensteuer im Sinne des Satzes 1 ist das zu versteuernde Einkommen um die nach § 3 Nummer 40 steuerfreien Beträge zu erhöhen und um die nach § 3c Absatz 2 nicht abziehbaren Beträge zu mindern. [3]§ 35 ist bei der Ermittlung der festzusetzenden Einkommensteuer nach Satz 1 nicht anzuwenden.

(2a) [1]Vorbehaltlich des § 40a Absatz 2 ist beim Steuerabzug vom Arbeitslohn Bemessungsgrundlage die Lohnsteuer; beim Steuerabzug vom laufenden Arbeitslohn und beim Jahresausgleich ist die Lohnsteuer maßgebend, die sich ergibt, wenn der nach § 39b Absatz 2 Satz 5 zu versteuernde Jahresbetrag für die Steuerklassen I, II und III um den doppelten Kinderfreibetrag sowie den doppelten Freibetrag für den Betreuungs- und Erziehungs- oder Ausbildungsbedarf und für die Steuerklasse IV um den Kinderfreibetrag sowie den Freibetrag für den Betreuungs- und Erziehungs- oder Ausbildungsbedarf (§ 32 Absatz 6 Satz 1) für jedes Kind vermindert wird, für das eine Kürzung der Freibeträge für Kinder nach § 32 Absatz 6 Satz 4 nicht in Betracht kommt. [2]Bei der Anwendung des § 39b für die Ermittlung der Zuschlagsteuern ist die als Lohnsteuerabzugsmerkmal gebildete Zahl der Kinderfreibeträge maßgebend. [3]Bei Anwendung des § 39f ist beim Steuerabzug vom laufenden Arbeitslohn die Lohnsteuer maßgebend, die sich bei Anwendung des nach § 39f Absatz 1 ermittelten Faktors auf den nach den Sätzen 1 und 2 ermittelten Betrag ergibt.

(2b) [1]Wird die Einkommensteuer nach § 43 Absatz 1 durch Abzug vom Kapitalertrag (Kapitalertragsteuer) erhoben, wird die darauf entfallende Kirchensteuer nach dem Kirchensteuersatz der Religionsgemeinschaft, der der Kirchensteuerpflichtige angehört, als Zuschlag zur Kapitalertragsteuer erhoben. [2]Satz 1 ist nicht anzuwenden, wenn die Kapitalerträge zu den Einkünften aus Land- und Forstwirtschaft, aus Gewerbebetrieb, aus selbständiger Arbeit oder aus Vermietung und Verpachtung gehören.

(2c) [1]Der zur Vornahme des Steuerabzugs vom Kapitalertrag Verpflichtete (Kirchensteuerabzugsverpflichteter) hat die auf die Kapitalertragsteuer nach Absatz 2b entfallende Kirchensteuer nach folgenden Maßgaben einzubehalten:

1. Das Bundeszentralamt für Steuern speichert unabhängig von und zusätzlich zu den in § 139b Absatz 3 der Abgabenordnung genannten und nach § 39e gespeicherten Daten des Steuerpflichtigen den Kirchensteuersatz der steuererhebenden Religionsgemeinschaft des Kirchensteuerpflichtigen sowie die ortsbezogenen Daten, mit deren Hilfe der Kirchensteuerpflichtige seiner Religionsgemeinschaft zugeordnet werden kann. [2]Die Daten werden als automatisiert abrufbares Merkmal für den Kirchensteuerabzug bereitgestellt;

2. sofern dem Kirchensteuerabzugsverpflichteten die Identifikationsnummer des Schuldners der Kapitalertragsteuer nicht bereits bekannt ist, kann er sie beim Bundeszentralamt für Steuern anfragen. [2]In der Anfrage dürfen nur die in § 139b Absatz 3 der Abgabenordnung genannten Daten des Schuldners der Kapitalertragsteuer angegeben werden, soweit sie dem Kirchensteuerabzugsverpflichteten bekannt sind. [3]Die Anfrage hat nach amtlich vorgeschriebenem Datensatz durch Datenfernübertragung zu erfolgen. [4]Das Bundeszentralamt für Steuern teilt dem Kirchensteuerabzugsverpflichteten die Identifikationsnummer mit, sofern die übermittelten Daten mit den nach § 139b Absatz 3 der Abgabenordnung beim Bundeszentralamt für Steuern gespeicherten Daten übereinstimmen;

3. der Kirchensteuerabzugsverpflichtete hat unter Angabe der Identifikationsnummer und des Geburtsdatums des Schuldners der Kapitalertragsteuer einmal jährlich im Zeitraum vom 1. September bis 31. Oktober beim Bundeszentralamt für Steuern anzufragen, ob der Schuldner der Kapitalertragsteuer am 31. August des betreffenden Jahres (Stichtag) kirchensteuerpflichtig ist (Regelabfrage). [2]Für Kapitalerträge im Sinne des § 43 Absatz 1 Nummer 4 aus Versicherungsverträgen hat der Kirchensteuerabzugsverpflichtete eine auf den Zuflusszeitpunkt der Kapitalerträge bezogene Abfrage (Anlassabfrage) an das Bundeszentralamt für Steuern zu richten. [3]Im Übrigen kann der Kirchensteuerabzugsverpflichtete eine Anlassabfrage bei Begründung einer Geschäftsbeziehung oder auf Veranlassung des Kunden an das Bundeszentralamt für Steuern richten. [4]Auf die Anfrage hin teilt das Bundeszentralamt für Steuern dem Kirchensteuerabzugsverpflichteten die rechtliche Zugehörigkeit zu einer steuererhebenden Religionsgemeinschaft und den für die Religionsgemeinschaft geltenden Kirchensteuersatz zum Zeitpunkt der Anfrage als automatisiert abrufbares Merkmal nach Nummer 1 mit. [5]Bei Begründung einer rechtlichen Verbindung ist der Schuldner der Kapitalertragsteuer vom Kirchensteuerabzugsverpflichteten auf die Datenabfrage

sowie das Antragsrecht nach Absatz 2e Satz 1 in geeigneter Form hinzuweisen. [6]Anträge auf das Setzen der Sperrvermerke, die im aktuellen Kalenderjahr für eine Regelabfrage berücksichtigt werden sollen, müssen bis zum 30. Juni beim Bundeszentralamt für Steuern eingegangen sein. [7]Alle übrigen Sperrvermerke können nur berücksichtigt werden, wenn sie spätestens zwei Monate vor der Abfrage des Kirchensteuerabzugsverpflichteten eingegangen sind. [8]Dies gilt für den Widerruf entsprechend. [9]Gehört der Schuldner der Kapitalertragsteuer keiner steuererhebenden Religionsgemeinschaft an oder hat er dem Abruf von Daten zur Religionszugehörigkeit widersprochen (Sperrvermerk), so teilt das Bundeszentralamt für Steuern dem Kirchensteuerabzugsverpflichteten zur Religionszugehörigkeit einen neutralen Wert (Nullwert) mit. [10]Der Kirchensteuerabzugsverpflichtete hat die vorhandenen Daten zur Religionszugehörigkeit unverzüglich zu löschen, wenn ein Nullwert übermittelt wurde;

4. im Falle einer am Stichtag oder im Zuflusszeitpunkt bestehenden Kirchensteuerpflicht hat der Kirchensteuerabzugsverpflichtete den Kirchensteuerabzug für die steuererhebende Religionsgemeinschaft durchzuführen und den Kirchensteuerbetrag an das für ihn zuständige Finanzamt abzuführen. [2]§ 45a Absatz 1 gilt entsprechend; in der Steueranmeldung sind die nach Satz 1 einbehaltenen Kirchensteuerbeträge für jede steuererhebende Religionsgemeinschaft jeweils als Summe anzumelden. [3]Die auf Grund der Regelabfrage vom Bundeszentralamt für Steuern bestätigte Kirchensteuerpflicht hat der Kirchensteuerabzugsverpflichtete dem Kirchensteuerabzug des auf den Stichtag folgenden Kalenderjahres zu Grunde zu legen. [4]Das Ergebnis einer Anlassabfrage wirkt anlassbezogen.

[2]Die Daten gemäß Nummer 3 sind nach amtlich vorgeschriebenem Datensatz durch Datenfernübertragung zu übermitteln. [3]Die Verbindung der Anfrage nach Nummer 2 mit der Anfrage nach Nummer 3 zu einer Anfrage ist zulässig. [4]Auf Antrag kann das Bundeszentralamt für Steuern zur Vermeidung unbilliger Härten auf eine elektronische Übermittlung verzichten. [5]§ 44 Absatz 5 ist mit der Maßgabe anzuwenden, dass der Haftungsbescheid von dem für den Kirchensteuerabzugsverpflichteten zuständigen Finanzamt erlassen wird. [6]§ 45a Absatz 2 ist mit der Maßgabe anzuwenden, dass die steuererhebende Religionsgemeinschaft angegeben wird. [7]Sind an den Kapitalerträgen ausschließlich Ehegatten beteiligt, wird der Anteil an der Kapitalertragsteuer hälftig ermittelt. [8]Der Kirchensteuerabzugsverpflichtete darf die von ihm für die Durchführung des Kirchensteuerabzugs erhobenen Daten ausschließlich für diesen Zweck verarbeiten. [9]Er hat organisatorisch dafür Sorge zu tragen, dass ein Zugriff auf diese Daten für andere Zwecke gesperrt ist. [10]Ohne Einwilligung der oder des Kirchensteuerpflichtigen und soweit gesetzlich nichts anderes zugelassen ist, dürfen der Kirchensteuerabzugsverpflichtete und die beteiligte Finanzbehörde die Daten nach Satz 8 nicht für andere Zwecke verarbeiten.

(2d) [1]Wird die nach Absatz 2b zu erhebende Kirchensteuer nicht nach Absatz 2c als Kirchensteuerabzug vom Kirchensteuerabzugsverpflichteten einbehalten, wird sie nach Ablauf des Kalenderjahres nach dem Kapitalertragsteuerbetrag veranlagt, der sich ergibt, wenn die Steuer auf Kapitalerträge nach § 32d Absatz 1 Satz 4 und 5 errechnet wird; wenn Kirchensteuer als Kirchensteuerabzug nach Absatz 2c erhoben wurde, wird eine Veranlagung auf Antrag des Steuerpflichtigen durchgeführt. [2]Der Abzugsverpflichtete hat dem Kirchensteuerpflichtigen auf dessen Verlangen hin eine Bescheinigung über die einbehaltene Kapitalertragsteuer zu erteilen. [3]Der Kirchensteuerpflichtige hat die erhobene Kapitalertragsteuer zu erklären und die Bescheinigung nach Satz 2 oder nach § 45a Absatz 2 oder 3 vorzulegen.

(2e) [1]Der Schuldner der Kapitalertragsteuer kann unter Angabe seiner Identifikationsnummer nach amtlich vorgeschriebenem Vordruck schriftlich beim Bundeszentralamt für Steuern beantragen, dass der automatisierte Datenabruf seiner rechtlichen Zugehörigkeit zu einer steuererhebenden Religionsgemeinschaft bis auf schriftlichen Widerruf unterbleibt (Sperrvermerk). [2]Das Bundeszentralamt für Steuern kann für die Abgabe der Erklärungen nach Satz 1 ein anderes sicheres Verfahren zur Verfügung stellen. [3]Der Sperrvermerk verpflichtet den Kirchensteuerpflichtigen für jeden Veranlagungszeitraum, in dem Kapitalertragsteuer einbehalten worden ist, zur Abgabe einer Steuererklärung zum Zwecke der Veranlagung nach Absatz 2d Satz 1. [4]Das Bundeszentralamt für Steuern übermittelt für jeden Veranlagungszeitraum, für den ein Sperrvermerk abgerufen worden ist, an das Wohnsitzfinanzamt des Schuldners der Kapitalertragsteuer Name und Anschrift des Kirchensteuerabzugsverpflichteten, dem im Fall des Absatzes 2c Satz 1 Nummer 3 auf Grund des Sperrvermerks ein Nullwert im Sinne des Absatzes 2c Satz 1 Nummer 3 Satz 10 mitgeteilt worden ist. [5]Das Wohnsitzfinanzamt fordert den Kirchensteuerpflichtigen zur Abgabe einer Steuererklärung nach § 149 Absatz 1 Satz 1 und 2 der Abgabenordnung auf.

(3) Ist die Einkommensteuer für Einkünfte, die dem Steuerabzug unterliegen, durch den Steuerabzug abgegolten oder werden solche Einkünfte bei der Veranlagung zur Einkommensteuer oder beim Lohnsteuer-Jahresausgleich nicht erfasst, gilt dies für die Zuschlagsteuer entsprechend.

(4) [1]Die Vorauszahlungen auf Zuschlagsteuern sind gleichzeitig mit den festgesetzten Vorauszahlungen auf die Einkommensteuer zu entrichten; § 37 Absatz 5 ist nicht anzuwenden. [2]Solange ein Bescheid über die Vorauszahlungen auf Zuschlagsteuern nicht erteilt worden ist, sind die Vorauszahlungen ohne besondere Aufforderung nach Maßgabe der für die Zuschlagsteuern geltenden Vorschriften zu entrichten. [3]§ 240 Absatz 1 Satz 3 der Abgabenordnung ist insoweit nicht anzuwenden; § 254 Absatz 2 der Abgabenordnung gilt insoweit sinngemäß.

(5) [1]Mit einem Rechtsbehelf gegen die Zuschlagsteuer kann weder die Bemessungsgrundlage noch die Höhe des zu versteuernden Einkommens angegriffen werden. [2]Wird die Bemessungsgrundlage geändert, ändert sich die Zuschlagsteuer entsprechend.

(6) Die Absätze 1 bis 5 gelten für die Kirchensteuern nach Maßgabe landesrechtlicher Vorschriften.

…

X. Kindergeld

§ 62
Anspruchsberechtigte

(1) [1]Für Kinder im Sinne des § 63 hat Anspruch auf Kindergeld nach diesem Gesetz, wer

1. im Inland einen Wohnsitz oder seinen gewöhnlichen Aufenthalt hat oder
2. ohne Wohnsitz oder gewöhnlichen Aufenthalt im Inland
   a) nach § 1 Absatz 2 unbeschränkt einkommensteuerpflichtig ist oder
   b) nach § 1 Absatz 3 als unbeschränkt einkommensteuerpflichtig behandelt wird.

[2]Voraussetzung für den Anspruch nach Satz 1 ist, dass der Berechtigte durch die an ihn vergebene Identifikationsnummer (§ 139b der Abgabenordnung) identifiziert wird. [3]Die nachträgliche Vergabe der Identifikationsnummer wirkt auf Monate zurück, in denen die Voraussetzungen des Satzes 1 vorliegen.

(1a) [1]Begründet ein Staatsangehöriger eines anderen Mitgliedstaates der Europäischen Union oder eines Staates, auf den das Abkommen über den Europäischen Wirtschaftsraum Anwendung findet, im Inland einen Wohnsitz oder gewöhnlichen Aufenthalt, so hat er für die ersten drei Monate ab Begründung des Wohnsitzes oder des gewöhnlichen Aufenthalts keinen Anspruch auf Kindergeld. [2]Dies gilt nicht, wenn er nachweist, dass er inländische Einkünfte im Sinne des § 2 Absatz 1 Satz 1 Nummer 1 bis 4 mit Ausnahme von Einkünften nach § 19 Absatz 1 Satz 1 Nummer 2 erzielt. [3]Nach Ablauf des in Satz 1 genannten Zeitraums hat er Anspruch auf Kindergeld, es sei denn, die Voraussetzungen des § 2 Absatz 2 oder Absatz 3 des Freizügigkeitsgesetzes/EU liegen nicht vor oder es sind nur die Voraussetzungen des § 2 Absatz 2 Nummer 1a des Freizügigkeitsgesetzes/EU erfüllt, ohne dass vorher eine andere der in § 2 Absatz 2 des Freizügigkeitsgesetzes/EU genannten Voraussetzungen erfüllt war. [4]Die Prüfung, ob die Voraussetzungen für einen Anspruch auf Kindergeld gemäß Satz 2 vorliegen oder gemäß Satz 3 nicht gegeben sind, führt die Familienkasse in eigener Zuständigkeit durch. [5]Lehnt die Familienkasse eine Kindergeldfestsetzung in diesem Fall ab, hat sie ihre Entscheidung der zuständigen Ausländerbehörde mitzuteilen. [6]Wurde das Vorliegen der Anspruchsvoraussetzungen durch die Verwendung gefälschter oder verfälschter Dokumente oder durch Vorspiegelung falscher Tatsachen vorgetäuscht, hat die Familienkasse die zuständige Ausländerbehörde unverzüglich zu unterrichten.

(2) Ein nicht freizügigkeitsberechtigter Ausländer erhält Kindergeld nur, wenn er

1. eine Niederlassungserlaubnis oder eine Erlaubnis zum Daueraufenthalt-EU besitzt,
2. eine Blaue Karte EU, eine ICT-Karte, eine Mobiler-ICT-Karte oder eine Aufenthaltserlaubnis besitzt, die für einen Zeitraum von mindestens sechs Monaten zur Ausübung einer Erwerbstätigkeit berechtigen oder berechtigt haben oder diese erlauben, es sei denn, die Aufenthaltserlaubnis wurde
   a) nach § 16e des Aufenthaltsgesetzes zu Ausbildungszwecken, nach § 19c Absatz 1 des Aufenthalts-gesetzes zum Zweck der Beschäftigung als Au-Pair oder zum Zweck der Saisonbeschäftigung, nach § 19e des Aufenthaltsgesetzes zum Zweck der Teilnahme an einem Europäischen Freiwilligendienst oder nach § 20a Absatz 5 Satz 1 des Aufenthaltsgesetzes zur Suche nach einer Erwerbstätigkeit oder nach Maßnahmen zur Anerkennung ausländischer Berufsqualifikationen erteilt,
   b) nach § 16b des Aufenthaltsgesetzes zum Zweck eines Studiums, nach § 16d des Aufenthaltsgesetzes für Maßnahmen zur Anerkennung ausländischer Berufsqualifikationen, nach § 20 des Aufenthaltsgesetzes zur Suche nach einer Erwerbstätigkeit oder nach § 20a Absatz 5 Satz 2 des Aufenthaltsgesetzes zur Suche nach einer Erwerbstätigkeit oder nach Maßnahmen zur Anerkennung ausländischer Berufsqualifikationen erteilt und er ist weder erwerbstätig noch nimmt er Elternzeit nach § 15 des Bundeselterngeld- und Elternzeitgesetzes oder laufende Geldleistungen nach dem Dritten Buch Sozialgesetzbuch in Anspruch,
   c) nach § 23 Absatz 1 des Aufenthaltsgesetzes wegen eines Krieges in seinem Heimatland oder nach den § 23a oder § 25 Absatz 3 bis 5 des Aufenthaltsgesetzes erteilt,
3. eine in Nummer 2 Buchstabe c genannte Aufenthaltserlaubnis besitzt und im Bundesgebiet berechtigt erwerbstätig ist oder Elternzeit nach § 15 des Bundeselterngeld- und Elternzeitgesetzes oder laufende Geldleistungen nach dem Dritten Buch Sozialgesetzbuch in Anspruch nimmt,
4. eine in Nummer 2 Buchstabe c genannte Aufenthaltserlaubnis besitzt und sich seit mindestens 15 Monaten erlaubt, gestattet oder geduldet im Bundesgebiet aufhält oder
5. eine Beschäftigungsduldung gemäß § 60d in Verbindung mit § 60a Absatz 2 Satz 3 des Aufenthaltsgesetzes besitzt.

§ 63
Kinder

(1) [1]Als Kinder werden berücksichtigt

1. Kinder im Sinne des § 32 Absatz 1,
2. vom Berechtigten in seinen Haushalt aufgenommene Kinder seines Ehegatten,
3. vom Berechtigten in seinen Haushalt aufgenommene Enkel.

[2]§ 32 Absatz 3 bis 5 gilt entsprechend. [3]Voraussetzung für die Berücksichtigung ist die Identifizierung des Kindes durch die an dieses Kind vergebene Identifikationsnummer (§ 139b der Abgabenordnung). [4]Ist das Kind nicht nach einem Steuergesetz steuerpflichtig (§ 139a Absatz 2 der Abgabenordnung), ist es in anderer geeigneter Weise zu identifizieren. [5]Die nachträgliche Identifizierung oder nachträgliche Vergabe der Identifikationsnummer wirkt auf Monate zurück, in denen die Voraussetzungen der Sätze 1 bis 4 vorliegen. [6]Kinder, die weder einen Wohnsitz noch ihren gewöhnlichen Aufenthalt im Inland, in einem Mitgliedstaat der Europäischen Union oder in einem Staat, auf den das Abkommen über den Europäischen Wirtschaftsraum Anwendung findet, haben, werden nicht berücksichtigt, es sei denn, sie leben im Haushalt eines Berechtigten im Sinne des § 62 Absatz 1 Satz 1 Nummer 2 Buchstabe a. [7]Kinder im Sinne von § 2 Absatz 4 Satz 2 des Bundeskindergeldgesetzes werden nicht berücksichtigt.

(2) Die Bundesregierung wird ermächtigt, durch Rechtsverordnung, die nicht der Zustimmung des Bundesrates bedarf, zu bestimmen, dass einem Berechtigten, der im Inland erwerbstätig ist oder sonst seine hauptsächlichen Einkünfte erzielt, für seine in Absatz 1 Satz 3 erster Halbsatz bezeichneten Kinder Kindergeld ganz oder teilweise zu leisten ist, soweit dies mit Rücksicht auf die durchschnittlichen Lebenshaltungskosten für Kinder in deren Wohnsitzstaat und auf die dort gewährten dem Kindergeld vergleichbaren Leistungen geboten ist.

§ 66
Höhe des Kindergeldes, Zahlungszeitraum

(1) [1]Das Kindergeld beträgt monatlich für jedes Kind 255 Euro.

(2) Das Kindergeld wird monatlich vom Beginn des Monats an gezahlt, in dem die Anspruchsvoraussetzungen erfüllt sind, bis zum Ende des Monats, in dem die Anspruchsvoraussetzungen wegfallen.

(3) (weggefallen)

…

§ 70
Festsetzung und Zahlung des Kindergeldes

(1) [1]Das Kindergeld nach § 62 wird von den Familienkassen durch Bescheid festgesetzt und ausgezahlt. [2]Die Auszahlung von festgesetztem Kindergeld erfolgt rückwirkend nur für die letzten sechs Monate vor Beginn des Monats, in dem der Antrag auf Kindergeld eingegangen ist. [3]Der Anspruch auf Kindergeld nach § 62 bleibt von dieser Auszahlungsbeschränkung unberührt.

(2) [1]Soweit in den Verhältnissen, die für den Anspruch auf Kindergeld erheblich sind, Änderungen eintreten, ist die Festsetzung des Kindergeldes mit Wirkung vom Zeitpunkt der Änderung der Verhältnisse aufzuheben oder zu ändern. [2]Ist die Änderung einer Kindergeldfestsetzung nur wegen einer Anhebung der in § 66 Absatz 1 genannten Kindergeldbeträge erforderlich, kann von der Erteilung eines schriftlichen Änderungsbescheides abgesehen werden.

(3) [1]Materielle Fehler der letzten Festsetzung können durch Aufhebung oder Änderung der Festsetzung mit Wirkung ab dem auf die Bekanntgabe der Aufhebung oder Änderung der Festsetzung folgenden Monat beseitigt werden. [2]Bei der Aufhebung oder Änderung der Festsetzung nach Satz 1 ist § 176 der Abgabenordnung entsprechend anzuwenden; dies gilt nicht für Monate, die nach der Verkündung der maßgeblichen Entscheidung eines obersten Bundesgerichts beginnen.

(4) (*weggefallen*)

XI. Altersvorsorgezulage

§ 79
Zulageberechtigte

[1]Die in § 10a Absatz 1 genannten Personen haben Anspruch auf eine Altersvorsorgezulage (Zulage). [2]Ist nur ein Ehegatte nach Satz 1 begünstigt, so ist auch der andere Ehegatte zulageberechtigt, wenn

1. beide Ehegatten nicht dauernd getrennt leben (§ 26 Absatz 1),
2. beide Ehegatten ihren Wohnsitz oder gewöhnlichen Aufenthalt in einem Mitgliedstaat der Europäischen Union oder einem Staat haben, auf den das Abkommen über den Europäischen Wirtschaftsraum anwendbar ist,
3. ein auf den Namen des anderen Ehegatten lautender Altersvorsorgevertrag besteht,
4. der andere Ehegatte zugunsten des Altersvorsorgevertrags nach Nummer 3 im jeweiligen Beitragsjahr mindestens 60 Euro geleistet hat und
5. die Auszahlungsphase des Altersvorsorgevertrags nach Nummer 3 noch nicht begonnen hat.

[3]Satz 1 gilt entsprechend für die in § 10a Absatz 6 Satz 1 und 2 genannten Personen, sofern sie unbeschränkt steuerpflichtig sind oder für das Beitragsjahr nach § 1 Absatz 3 als unbeschränkt steuerpflichtig behandelt werden.

...

§ 82
Altersvorsorgebeiträge

(1) [1]Geförderte Altersvorsorgebeiträge sind im Rahmen des in § 10a Absatz 1 Satz 1 genannten Höchstbetrags

1. Beiträge,
2. Tilgungsleistungen,

die der Zulageberechtigte (§ 79) bis zum Beginn der Auszahlungsphase zugunsten eines auf seinen Namen lautenden Vertrags leistet, der nach § 5 des Altersvorsorgeverträge-Zertifizierungsgesetzes zertifiziert ist (Altersvorsorgevertrag). [2]Die Zertifizierung ist Grundlagenbescheid im Sinne des § 171 Absatz 10 der Abgabenordnung. [3]Als Tilgungsleistungen gelten auch Beiträge, die vom Zulageberechtigten zugunsten eines auf seinen Namen lautenden Altersvorsorgevertrags im Sinne des § 1 Absatz 1a Satz 1 Nummer 3 des Altersvorsorgeverträge-Zertifizierungsgesetzes erbracht wurden und die zur Tilgung eines im Rahmen des Altersvorsorgevertrags abgeschlossenen Darlehens abgetreten wurden. [4]Im Fall der Übertragung von gefördertem Altersvorsorgevermögen nach § 1 Absatz 1 Satz 1 Nummer 10 Buchstabe b des Altersvorsorgeverträge-Zertifizierungsgesetzes in einen Altersvorsorgevertrag im Sinne des § 1 Absatz 1a Satz 1 Nummer 3 des Altersvorsorgeverträge-Zertifizierungsgesetzes gelten die Beiträge nach Satz 1 Nummer 1 ab dem Zeitpunkt der Übertragung als Tilgungsleistungen nach Satz 3; eine erneute Förderung nach § 10a oder Abschnitt XI erfolgt insoweit nicht. [5]Tilgungsleistungen nach den Sätzen 1 und 3 werden nur berücksichtigt, wenn das zugrunde liegende Darlehen für eine nach dem 31. Dezember 2007 vorgenommene wohnungswirtschaftliche Verwendung im Sinne des § 92a Absatz 1 Satz 1 eingesetzt wurde. [6]Bei einer Aufgabe der Selbstnutzung nach § 92a Absatz 3 Satz 1 gelten im Beitragsjahr der Aufgabe der Selbstnutzung auch die nach der Aufgabe der Selbstnutzung geleisteten Beiträge oder Tilgungsleistungen als Altersvorsorgebeiträge nach Satz 1. [7]Bei einer Reinvestition nach § 92a Absatz 3 Satz 9 Nummer 1 gelten im Beitragsjahr der Reinvestition auch die davor geleisteten Beiträge oder Tilgungsleistungen als Altersvorsorgebeiträge nach Satz 1. [8]Bei einem beruflich bedingten Umzug nach § 92a Absatz 4 gelten

1. im Beitragsjahr des Wegzugs auch die nach dem Wegzug und
2. im Beitragsjahr des Wiedereinzugs auch die vor dem Wiedereinzug

geleisteten Beiträge und Tilgungsleistungen als Altersvorsorgebeiträge nach Satz 1.

(2) [1]Zu den Altersvorsorgebeiträgen gehören auch

a) die aus dem individuell versteuerten Arbeitslohn des Arbeitnehmers geleisteten Beiträge an einen Pensionsfonds, eine Pensionskasse oder eine Direktversicherung zum Aufbau einer kapitalgedeckten betrieblichen Altersversorgung und
b) Beiträge des Arbeitnehmers und des ausgeschiedenen Arbeitnehmers, die dieser im Fall der zunächst durch Entgeltumwandlung (§ 1a des Betriebsrentengesetzes) finanzierten und nach § 3 Nummer 63 oder § 10a und diesem Abschnitt geförderten kapitalgedeckten betrieblichen Altersversorgung nach Maßgabe des § 1a Absatz 4, des § 1b Absatz 5 Satz 1 Nummer 2 und des § 22 Absatz 3 Nummer 1 Buchstabe a des Betriebsrentengesetzes selbst erbringt.

Satz 1 gilt nur, wenn

1. a) vereinbart ist, dass die zugesagten Altersversorgungsleistungen als monatliche Leistungen in Form einer lebenslangen Leibrente oder als Ratenzahlungen im Rahmen eines Auszahlungsplans mit einer anschließenden Teilkapitalverrentung ab spätestens dem 85. Lebensjahr ausgezahlt werden und die Leistungen während der gesamten Auszahlungsphase gleich bleiben oder steigen; dabei können bis zu zwölf Monatsleistungen in einer Auszahlung zusammengefasst und bis zu 30 Prozent des zu Beginn der Auszahlungsphase zur Verfügung stehenden Kapitals außerhalb der monatlichen Leistungen ausgezahlt werden, und

   b) ein vereinbartes Kapitalwahlrecht nicht oder nicht außerhalb des letzten Jahres vor dem vertraglich vorgesehenen Beginn der Altersversorgungsleistung ausgeübt wurde, oder

2. bei einer reinen Beitragszusage nach § 1 Absatz 2 Nummer 2a des Betriebsrentengesetzes der Pensionsfonds, die Pensionskasse oder die Direktversicherung eine lebenslange Zahlung als Altersversorgungsleistung zu erbringen hat.

[2]Die §§ 3 und 4 des Betriebsrentengesetzes stehen dem vorbehaltlich des § 93 nicht entgegen.

(3) Zu den Altersvorsorgebeiträgen gehören auch die Beitragsanteile, die zur Absicherung der verminderten Erwerbsfähigkeit des Zulageberechtigten und zur Hinterbliebenenversorgung verwendet werden, wenn in der Leistungsphase die Auszahlung in Form einer Rente erfolgt.

(4) Nicht zu den Altersvorsorgebeiträgen zählen

1. Aufwendungen, die vermögenswirksame Leistungen nach dem Fünften Vermögensbildungsgesetz in der jeweils geltenden Fassung darstellen,
2. prämienbegünstigte Aufwendungen nach dem Wohnungsbau-Prämiengesetz in der Fassung der Bekanntmachung vom 30. Oktober 1997 (BGBl. I S. 2678), zuletzt geändert durch Artikel 5 des Gesetzes vom 29. Juli 2008 (BGBl. I S. 1509), in der jeweils geltenden Fassung,
3. Aufwendungen, die im Rahmen des § 10 als Sonderausgaben geltend gemacht werden,
4. Zahlungen nach § 92a Absatz 2 Satz 4 Nummer 1 und Absatz 3 Satz 9 Nummer 2 oder
5. Übertragungen im Sinne des § 3 Nummer 55 bis 55c.

(5) [1]Der Zulageberechtigte kann für ein abgelaufenes Beitragsjahr bis zum Beitragsjahr 2011 Altersvorsorgebeiträge auf einen auf seinen Namen lautenden Altersvorsorgevertrag leisten, wenn

1. der Anbieter des Altersvorsorgevertrags davon Kenntnis erhält, in welcher Höhe und für welches Beitragsjahr die Altersvorsorgebeiträge berücksichtigt werden sollen,
2. in dem Beitragsjahr, für das die Altersvorsorgebeiträge berücksichtigt werden sollen, ein Altersvorsorgevertrag bestanden hat,
3. im fristgerechten Antrag auf Zulage für dieses Beitragsjahr eine Zulageberechtigung nach § 79 Satz 2 angegeben wurde, aber tatsächlich eine Zulageberechtigung nach § 79 Satz 1 vorliegt,
4. die Zahlung der Altersvorsorgebeiträge für abgelaufene Beitragsjahre bis zum Ablauf von zwei Jahren nach Erteilung der Bescheinigung nach § 92, mit der zuletzt Ermittlungsergebnisse für dieses Beitragsjahr bescheinigt wurden, längstens jedoch bis zum Beginn der Auszahlungsphase des Altersvorsorgevertrages erfolgt und
5. der Zulageberechtigte vom Anbieter in hervorgehobener Weise darüber informiert wurde oder dem Anbieter seine Kenntnis darüber versichert, dass die Leistungen aus diesen Altersvorsorgebeiträgen der vollen nachgelagerten Besteuerung nach § 22 Nummer 5 Satz 1 unterliegen.

[2]Wurden die Altersvorsorgebeiträge dem Altersvorsorgevertrag gutgeschrieben und sind die Voraussetzungen nach Satz 1 erfüllt, so hat der Anbieter der zentralen Stelle (§ 81) die entsprechenden Daten nach § 89 Absatz 2 Satz 1 für das zurückliegende Beitragsjahr nach einem mit der zentralen Stelle abgestimmten Verfahren mitzuteilen. [3]Die Beträge nach Satz 1 gelten für die Ermittlung der zu zahlenden Altersvorsorgezulage nach § 83 als Altersvorsorgebeiträge für das Beitragsjahr, für das sie gezahlt wurden. [4]Für die Anwendung des § 10a Absatz 1 Satz 1 sowie bei der Ermittlung der dem Steuerpflichtigen zustehenden Zulage im Rahmen des § 2 Absatz 6 und des § 10a sind die nach Satz 1 gezahlten Altersvorsorgebeiträge weder für das Beitragsjahr nach Satz 1 Nummer 2 noch für das Beitragsjahr der Zahlung zu berücksichtigen.

§ 83
Altersvorsorgezulage

In Abhängigkeit von den geleisteten Altersvorsorgebeiträgen wird eine Zulage gezahlt, die sich aus einer Grundzulage (§ 84) und einer Kinderzulage (§ 85) zusammensetzt.

§ 84
Grundzulage

[1]Jeder Zulageberechtigte erhält eine Grundzulage; diese beträgt ab dem Beitragsjahr 2018 jährlich 175 Euro. [2]Für Zulageberechtigte nach § 79 Satz 1, die zu Beginn des Beitragsjahres (§ 88) das 25. Lebensjahr noch nicht vollendet haben, erhöht sich die Grundzulage nach Satz 1 um einmalig 200 Euro. [3]Die Erhöhung nach Satz 2 ist für das erste nach dem 31. Dezember 2007 beginnende Beitragsjahr zu gewähren, für das eine Altersvorsorgezulage beantragt wird.

§ 85
Kinderzulage

(1) [1]Die Kinderzulage beträgt für jedes Kind, für das gegenüber dem Zulageberechtigten Kindergeld festgesetzt wird, jährlich 185 Euro. [2]Für ein nach dem 31. Dezember 2007 geborenes Kind erhöht sich die Kinderzulage nach Satz 1 auf 300 Euro. [3]Der Anspruch auf Kinderzulage entfällt für den Veranlagungszeitraum, für den das Kindergeld insgesamt zurückgefordert wird. [4]Erhalten mehrere Zulageberechtigte für dasselbe Kind Kindergeld, steht die Kinderzulage demjenigen zu, dem gegenüber für den ersten Anspruchszeitraum (§ 66 Absatz 2) im Kalenderjahr Kindergeld festgesetzt worden ist.

(2) [1]Bei Eltern verschiedenen Geschlechts, die miteinander verheiratet sind, nicht dauernd getrennt leben (§ 26 Absatz 1) und ihren Wohnsitz oder gewöhnlichen Aufenthalt in einem Mitgliedstaat der Europäischen Union oder einem Staat haben, auf den das Abkommen über den Europäischen Wirtschaftsraum (EWR-Abkommen) anwendbar ist, wird die Kinderzulage der Mutter zugeordnet, auf Antrag beider Eltern dem Vater. [2]Bei Eltern gleichen Geschlechts, die miteinander verheiratet sind oder eine Lebenspartnerschaft führen, nicht dauernd getrennt leben (§ 26 Absatz 1) und ihren Wohnsitz oder gewöhnlichen Aufenthalt in einem Mitgliedstaat der Europäischen Union oder einem Staat haben, auf den das EWR-Abkommen anwendbar ist, ist die Kinderzulage dem Elternteil zuzuordnen, dem gegenüber das Kindergeld festgesetzt wird, auf Antrag beider Eltern dem anderen Elternteil. [3]Der Antrag kann für ein abgelaufenes Beitragsjahr nicht zurückgenommen werden.

§ 86
Mindesteigenbeitrag

(1) [1]Die Zulage nach den §§ 84 und 85 wird gekürzt, wenn der Zulageberechtigte nicht den Mindesteigenbeitrag leistet. [2]Dieser beträgt jährlich 4 Prozent der Summe der in dem dem Kalenderjahr vorangegangenen Kalenderjahr

1. erzielten beitragspflichtigen Einnahmen im Sinne des Sechsten Buches Sozialgesetzbuch,
2. bezogenen Besoldung und Amtsbezüge,
3. in den Fällen des § 10a Absatz 1 Satz 1 Nummer 3 und Nummer 4 erzielten Einnahmen, die beitragspflichtig wären, wenn die Versicherungsfreiheit in der gesetzlichen Rentenversicherung nicht bestehen würde und
4. bezogenen Rente wegen voller Erwerbsminderung oder Erwerbsunfähigkeit oder bezogenen Versorgungsbezüge wegen Dienstunfähigkeit in den Fällen des § 10a Absatz 1 Satz 4,

jedoch nicht mehr als der in § 10a Absatz 1 Satz 1 genannte Höchstbetrag, vermindert um die Zulage nach den §§ 84 und 85; gehört der Ehegatte zum Personenkreis nach § 79 Satz 2, berechnet sich der Mindesteigenbeitrag des nach § 79 Satz 1 Begünstigten unter Berücksichtigung der den Ehegatten insgesamt zustehenden Zulagen. [3]Auslandsbezogene Bestandteile nach den §§ 52 ff. des Bundesbesoldungsgesetzes oder entsprechender Regelungen eines Landesbesoldungsgesetzes bleiben unberücksichtigt. [4]Als Sockelbetrag sind ab dem Jahr 2005 jährlich 60 Euro zu leisten. [5]Ist der Sockelbetrag höher als der Mindesteigenbeitrag nach Satz 2, so ist der Sockelbetrag als Mindesteigenbeitrag zu leisten. [6]Die Kürzung der Zulage ermittelt sich nach dem Verhältnis der Altersvorsorgebeiträge zum Mindesteigenbeitrag.

(2) [1]Ein nach § 79 Satz 2 begünstigter Ehegatte hat Anspruch auf eine ungekürzte Zulage, wenn der zum begünstigten Personenkreis nach § 79 Satz 1 gehörende Ehegatte seinen geförderten Mindesteigenbeitrag unter Berücksichtigung der den Ehegatten insgesamt zustehenden Zulagen erbracht hat. [2]Werden bei einer in der gesetzlichen Rentenversicherung pflichtversicherten Person beitragspflichtige Einnahmen zu Grunde gelegt, die höher sind als das tatsächlich erzielte Entgelt oder die Entgeltersatzleistung, ist das tatsächlich erzielte Entgelt oder der Zahlbetrag der Entgeltersatzleistung für die Berechnung des Mindesteigenbeitrags zu berücksichtigen. [3]Für die nicht erwerbsmäßig ausgeübte Pflegetätigkeit einer nach § 3 Satz 1 Nummer 1a des Sechsten Buches Sozialgesetzbuch rentenversicherungspflichtigen Person ist für die Berechnung des Mindesteigenbeitrags ein tatsächlich erzieltes Entgelt von 0 Euro zu berücksichtigen.

(3) [1]Für Versicherungspflichtige nach dem Gesetz über die Alterssicherung der Landwirte ist Absatz 1 mit der Maßgabe anzuwenden, dass auch die Einkünfte aus Land- und Forstwirtschaft im Sinne des § 13 des zweiten dem Beitragsjahr vorangegangenen Veranlagungszeitraums als beitragspflichtige Einnahmen des vorangegangenen Kalenderjahres gelten. [2]Negative Einkünfte im Sinne des Satzes 1 bleiben unberücksichtigt, wenn weitere nach Absatz 1 oder Absatz 2 zu berücksichtigende Einnahmen erzielt werden.

(4) Wird nach Ablauf des Beitragsjahres festgestellt, dass die Voraussetzungen für die Gewährung einer Kinderzulage nicht vorgelegen haben, ändert sich dadurch die Berechnung des Mindesteigenbeitrags für dieses Beitragsjahr nicht.

(5) Bei den in § 10a Absatz 6 Satz 1 und 2 genannten Personen ist der Summe nach Absatz 1 Satz 2 die Summe folgender Einnahmen und Leistungen aus dem dem Kalenderjahr vorangegangenen Kalenderjahr hinzuzurechnen:

1. die erzielten Einnahmen aus der Tätigkeit, die die Zugehörigkeit zum Personenkreis des § 10a Absatz 6 Satz 1 begründet, und
2. die bezogenen Leistungen im Sinne des § 10a Absatz 6 Satz 2 Nummer 1.

§ 88
Entstehung des Anspruchs auf Zulage

Der Anspruch auf die Zulage entsteht mit Ablauf des Kalenderjahres, in dem die Altersvorsorgebeiträge geleistet worden sind (Beitragsjahr).

…

§ 92
Bescheinigung

[1]Der Anbieter hat dem Zulageberechtigten jährlich bis zum Ablauf des auf das Beitragsjahr folgenden Jahres eine Bescheinigung nach amtlich vorgeschriebenem Muster zu erteilen über

1. die Höhe der im abgelaufenen Beitragsjahr geleisteten Altersvorsorgebeiträge (Beiträge und Tilgungsleistungen),
2. die im abgelaufenen Beitragsjahr getroffenen, aufgehobenen oder geänderten Ermittlungsergebnisse (§ 90),
3. die Summe der bis zum Ende des abgelaufenen Beitragsjahres dem Vertrag gutgeschriebenen Zulagen,
4. die Summe der bis zum Ende des abgelaufenen Beitragsjahres geleisteten Altersvorsorgebeiträge (Beiträge und Tilgungsleistungen),
5. den Stand des Altersvorsorgevermögens,
6. den Stand des Wohnförderkontos (§ 92a Absatz 2 Satz 1), sofern er diesen von der zentralen Stelle mitgeteilt bekommen hat, und
7. die Bestätigung der durch den Anbieter erfolgten Datenübermittlung an die zentrale Stelle im Fall des § 10a Absatz 5 Satz 1.

[2]Einer jährlichen Bescheinigung bedarf es nicht, wenn zu Satz 1 Nummer 1, 2, 6 und 7 keine Angaben erforderlich sind und sich zu Satz 1 Nummer 3 bis 5 keine Änderungen gegenüber der zuletzt erteilten Bescheinigung ergeben. [3]Liegen die Voraussetzungen des Satzes 2 nur hinsichtlich der Angabe nach Satz 1 Nummer 6 nicht vor und wurde die Geschäftsbeziehung im Hinblick auf den jeweiligen Altersvorsorgevertrag zwischen Zulageberechtigtem und Anbieter beendet, weil

1. das angesparte Kapital vollständig aus dem Altersvorsorgevertrag entnommen wurde oder
2. das gewährte Darlehen vollständig getilgt wurde,

bedarf es keiner jährlichen Bescheinigung, wenn der Anbieter dem Zulageberechtigten in einer Bescheinigung im Sinne dieser Vorschrift Folgendes mitteilt: „Das Wohnförderkonto erhöht sich bis zum Beginn der Auszahlungsphase jährlich um 2 Prozent, solange Sie keine Zahlungen zur Minderung des Wohnförderkontos leisten." [4]Der Anbieter kann dem Zulageberechtigten mit dessen Einverständnis die Bescheinigung auch elektronisch bereitstellen.

§ 92a
Verwendung für eine selbst genutzte Wohnung

(1) [1]Der Zulageberechtigte kann das in einem Altersvorsorgevertrag gebildete und nach § 10a oder nach diesem Abschnitt geförderte Kapital in vollem Umfang oder, wenn das verbleibende geförderte Restkapital mindestens 3 000 Euro beträgt, teilweise wie folgt verwenden (Altersvorsorge-Eigenheimbetrag):

1. bis zum Beginn der Auszahlungsphase unmittelbar für die Anschaffung oder Herstellung einer Wohnung oder zur Tilgung eines zu diesem Zweck aufgenommenen Darlehens, wenn das dafür entnommene Kapital mindestens 3 000 Euro beträgt, oder
2. bis zum Beginn der Auszahlungsphase unmittelbar für den Erwerb von Pflicht-Geschäftsanteilen an einer eingetragenen Genossenschaft für die Selbstnutzung einer Genossenschaftswohnung oder zur Tilgung eines zu diesem Zweck aufgenommenen Darlehens, wenn das dafür entnommene Kapital mindestens 3 000 Euro beträgt, oder
3. bis zum Beginn der Auszahlungsphase unmittelbar für die Finanzierung eines Umbaus oder der energetischen Sanierung einer Wohnung, wenn
   a) das dafür entnommene Kapital
      aa) mindestens 6 000 Euro beträgt und für einen innerhalb eines Zeitraums von drei Jahren nach der Anschaffung oder Herstellung der Wohnung vorgenommenen Umbau verwendet wird oder
      bb) mindestens 20 000 Euro beträgt,
   b) das dafür entnommene Kapital
      aa) zu mindestens 50 Prozent auf Maßnahmen entfällt, die die Vorgaben der DIN 18040 Teil 2, Ausgabe September 2011, soweit baustrukturell möglich, erfüllen, und der verbleibende Teil der Kosten der Reduzierung von Barrieren in oder an der Wohnung dient; die zweckgerechte Verwendung ist durch einen Sachverständigen zu bestätigen; oder
      bb) auf energetische Maßnahmen im Sinne des § 35c Absatz 1 Satz 3 und 4 entfällt, die von einem Fachunternehmen ausgeführt werden; § 35c Absatz 1 Satz 6 und 7 gilt entsprechend; und
   c) [1]der Zulageberechtigte oder ein Mitnutzer der Wohnung für die Umbaukosten weder eine Förderung durch Zuschüsse noch eine Steuerermäßigung nach den §§ 35a oder 35c in Anspruch nimmt oder nehmen wird noch die Berücksichtigung als Betriebsausgaben, Werbungskosten, Sonderausgaben oder außergewöhnliche Belastung nach § 33 beantragt hat oder beantragen wird und dies schriftlich oder elektronisch bestätigt. [2]Diese Bestätigung ist bei der Antragstellung nach § 92b Absatz 1 Satz 1 gegenüber der zentralen Stelle abzugeben. [3]Bei der Inanspruchnahme eines Darlehens im Rahmen eines Altersvorsorgevertrags nach § 1 Absatz 1a des Altersvorsorgeverträge-Zertifizierungsgesetzes hat der Zulageberechtigte die Bestätigung gegenüber seinem Anbieter abzugeben; dies kann auch elektronisch erfolgen, wenn sowohl der Anbieter als auch der Zulageberechtigte mit diesem Verfahren einverstanden sind.

[2]Die DIN 18040 ist im Beuth-Verlag GmbH, Berlin und Köln, erschienen und beim Deutschen Patent- und Markenamt in München archivmäßig gesichert niedergelegt. [3]Die technischen Mindestanforderungen für die Reduzierung von Barrieren in oder an der Wohnung nach Satz 1 Nummer 3 Buchstabe b werden durch das Bundesministerium des Innern, für Bau und Heimat im Einvernehmen mit dem Bundesministerium der Finanzen festgelegt und im Bundesbaublatt veröffentlicht. [4]Sachverständige im Sinne dieser Vorschrift sind nach Landesrecht Bauvorlageberechtigte sowie nach § 91 Absatz 1 Nummer 8 der Handwerksordnung öffentlich bestellte und vereidigte Sachverständige, die für ein Sachgebiet bestellt sind, das die Barrierefreiheit und Barrierereduzierung in Wohngebäuden umfasst, und die eine besondere Sachkunde oder ergänzende Fortbildung auf diesem Gebiet nachweisen. [5]Eine nach Satz 1 begünstigte Wohnung ist

1. eine Wohnung in einem eigenen Haus oder
2. eine eigene Eigentumswohnung oder
3. eine Genossenschaftswohnung einer eingetragenen Genossenschaft,

wenn diese Wohnung in einem Mitgliedstaat der Europäischen Union oder in einem Staat, auf den das Abkommen über den Europäischen Wirtschaftsraum (EWR-Abkommen) anwendbar ist, belegen ist und die Hauptwohnung oder den Mittelpunkt der Lebensinteressen des Zulageberechtigten darstellt; dies gilt auch für eine im Vereinigten Königreich Großbritannien und Nordirland belegene Wohnung, die vor dem Zeitpunkt, ab dem das vereinigte Königreich Großbritannien und Nordirland nicht mehr Mitgliedsstaat der Europäischen Union ist und auch nicht mehr wie ein solcher zu behandeln ist, bereits berücksichtigt war, soweit diese Wohnung bereits vor diesem Zeitpunkt eine Verwendung nach Satz 1 erfolgt ist und keine erneute beantragt wird. [6]Einer Wohnung im Sinne des Satzes 5 steht ein eigentumsähnliches oder lebenslanges Dauerwohnrecht nach § 33 des Wohnungseigentumsgesetzes gleich, soweit Vereinbarungen nach § 39 des Wohnungseigentumsgesetzes getroffen werden. [7]Bei der Ermittlung des Restkapitals nach Satz 1 ist auf den Stand des geförderten Altersvorsorgevermögens zum Ablauf des Tages abzustellen, an dem die zentrale Stelle den Bescheid nach § 92b ausgestellt hat. [8]Der Altersvorsorge-Eigenheimbetrag gilt nicht als Leistung aus einem Altersvorsorgevertrag, die dem Zulageberechtigten im Zeitpunkt der Auszahlung zufließt.

(2) [1]Der Altersvorsorge-Eigenheimbetrag, die Tilgungsleistungen im Sinne des § 82 Absatz 1 Satz 1 Nummer 2 und die hierfür gewährten Zulagen sind durch die zentrale Stelle in Bezug auf den zugrunde liegenden Altersvorsorgevertrag gesondert zu erfassen (Wohnförderkonto); die zentrale Stelle teilt für jeden Altersvorsorgevertrag, für den sie ein Wohnförderkonto (Altersvorsorgevertrag mit Wohnförderkonto) führt, dem Anbieter jährlich den Stand des Wohnförderkontos nach amtlich vorgeschriebenem Datensatz durch Datenfernübertragung mit. [2]Beiträge, die nach § 82 Absatz 1 Satz 3 wie Tilgungsleistungen behandelt wur-

den, sind im Zeitpunkt der unmittelbaren Darlehenstilgung einschließlich der zur Tilgung eingesetzten Zulagen und Erträge in das Wohnförderkonto aufzunehmen; zur Tilgung eingesetzte ungeförderte Beiträge einschließlich der darauf entfallenden Erträge fließen dem Zulageberechtigten in diesem Zeitpunkt zu. [3]Nach Ablauf eines Beitragsjahres, letztmals für das Beitragsjahr des Beginns der Auszahlungsphase, ist der sich aus dem Wohnförderkonto ergebende Gesamtbetrag um 2 Prozent zu erhöhen. [4]Das Wohnförderkonto ist zu vermindern um

1. Zahlungen des Zulageberechtigten auf einen auf seinen Namen lautenden zertifizierten Altersvorsorgevertrag nach § 1 Absatz 1 des Altersvorsorgeverträge-Zertifizierungsgesetzes bis zum Beginn der Auszahlungsphase zur Minderung der in das Wohnförderkonto eingestellten Beträge; der Anbieter, bei dem die Einzahlung erfolgt, hat die Einzahlung der zentralen Stelle nach amtlich vorgeschriebenem Datensatz durch Datenfernübertragung mitzuteilen; erfolgt die Einzahlung nicht auf den Altersvorsorgevertrag mit Wohnförderkonto, hat der Zulageberechtigte dem Anbieter, bei dem die Einzahlung erfolgt, die Vertragsdaten des Altersvorsorgevertrags mit Wohnförderkonto mitzuteilen; diese hat der Anbieter der zentralen Stelle zusätzlich mitzuteilen;

2. den Verminderungsbetrag nach Satz 5.

[5]Verminderungsbetrag ist der sich mit Ablauf des Kalenderjahres des Beginns der Auszahlungsphase ergebende Stand des Wohnförderkontos dividiert durch die Anzahl der Jahre bis zur Vollendung des 85. Lebensjahres des Zulageberechtigten; als Beginn der Auszahlungsphase gilt der vom Zulageberechtigten und Anbieter vereinbarte Zeitpunkt, der zwischen der Vollendung des 60. Lebensjahres und des 68. Lebensjahres des Zulageberechtigten liegen muss; ist ein Auszahlungszeitpunkt nicht vereinbart, so gilt die Vollendung des 67. Lebensjahres als Beginn der Auszahlungsphase; die Verschiebung des Beginns der Auszahlungsphase über das 68. Lebensjahr des Zulageberechtigten hinaus ist unschädlich, sofern es sich um eine Verschiebung im Zusammenhang mit der Abfindung einer Kleinbetragsrente auf Grund der Regelung nach § 1 Satz 1 Nummer 4 Buchstabe a des Altersvorsorgeverträge-Zertifizierungsgesetzes handelt. [6]Anstelle einer Verminderung nach Satz 5 kann der Zulageberechtigte jederzeit in der Auszahlungsphase von der zentralen Stelle die Auflösung des Wohnförderkontos verlangen (Auflösungsbetrag). [7]Der Anbieter hat im Zeitpunkt der unmittelbaren Darlehenstilgung die Beträge nach Satz 2 erster Halbsatz und der Anbieter eines Altersvorsorgevertrags mit Wohnförderkonto hat zu Beginn der Auszahlungsphase den Zeitpunkt des Beginns der Auszahlungsphase der zentralen Stelle nach amtlich vorgeschriebenem Datensatz durch Datenfernübertragung spätestens bis zum Ablauf des zweiten Monats, der auf den Monat der unmittelbaren Darlehenstilgung oder des Beginns der Auszahlungsphase folgt, mitzuteilen. [8]Wird gefördertes Altersvorsorgevermögen nach § 93 Absatz 2 Satz 1 von einem Anbieter auf einen anderen auf den Namen des Zulageberechtigten lautenden Altersvorsorgevertrag vollständig übertragen und hat die zentrale Stelle für den bisherigen Altersvorsorgevertrag ein Wohnförderkonto geführt, so schließt sie das Wohnförderkonto des bisherigen Vertrags und führt es zu dem neuen Altersvorsorgevertrag fort. [9]Erfolgt eine Zahlung nach Satz 4 Nummer 1 oder nach Absatz 3 Satz 9 Nummer 2 auf einen anderen Altersvorsorgevertrag als auf den Altersvorsorgevertrag mit Wohnförderkonto, schließt die zentrale Stelle das Wohnförderkonto des bisherigen Vertrags und führt es ab dem Zeitpunkt der Einzahlung für den Altersvorsorgevertrag fort, auf den die Einzahlung erfolgt ist. [10]Die zentrale Stelle teilt die Schließung des Wohnförderkontos dem Anbieter des bisherigen Altersvorsorgevertrags mit Wohnförderkonto mit.

(2a) [1]Geht im Rahmen der Regelung von Scheidungsfolgen der Eigentumsanteil des Zulageberechtigten an der Wohnung im Sinne des Absatzes 1 Satz 5 ganz oder teilweise auf den anderen Ehegatten über, geht das Wohnförderkonto in Höhe des Anteils, der dem Verhältnis des übergegangenen Eigentumsanteils zum ursprünglichen Eigentumsanteil entspricht, mit allen Rechten und Pflichten auf den anderen Ehegatten über; dabei ist auf das Lebensalter des anderen Ehegatten abzustellen. [2]Hat der andere Ehegatte das Lebensalter für den vertraglich vereinbarten Beginn der Auszahlungsphase oder, soweit kein Beginn der Auszahlungsphase vereinbart wurde, das 67. Lebensjahr im Zeitpunkt des Übergangs des Wohnförderkontos bereits überschritten, so gilt als Beginn der Auszahlungsphase der Zeitpunkt des Übergangs des Wohnförderkontos. [3]Der Zulageberechtigte hat den Übergang des Eigentumsanteils der zentralen Stelle nachzuweisen. [4]Dazu hat er die für die Anlage eines Wohnförderkontos erforderlichen Daten des anderen Ehegatten mitzuteilen. [5]Die Sätze 1 bis 4 gelten entsprechend für Ehegatten, die im Zeitpunkt des Todes des Zulageberechtigten

1. nicht dauernd getrennt gelebt haben (§ 26 Absatz 1) und

2. ihren Wohnsitz oder gewöhnlichen Aufenthalt in einem Mitgliedstaat der Europäischen Union oder einem Staat hatten, auf den das Abkommen über den Europäischen Wirtschaftsraum anwendbar ist; dies gilt auch, wenn die Ehegatten ihren vor dem Zeitpunkt, ab dem das vereinigte Königreich Großbritannien und Nordirland nicht mehr Mitgliedsstaat der Europäischen Union ist und auch nicht mehr wie ein solcher zu behandeln ist, begründeten Wohnsitz oder gewöhnlichen Aufenthalt im vereinigte Königreich Großbritannien und Nordirland hatten und der Altersvorsorgevertrag vor dem 23. Juni 2016 abgeschlossen worden ist.

(3) [1]Nutzt der Zulageberechtigte die Wohnung im Sinne des Absatzes 1 Satz 5, für die ein Altersvorsorge-Eigenheimbetrag verwendet oder für die eine Tilgungsförderung im Sinne des § 82 Absatz 1 in Anspruch genommen worden ist, nicht nur vorübergehend nicht mehr zu eigenen Wohnzwecken, hat er dies dem Anbieter, in der Auszahlungsphase der zentralen Stelle, unter Angabe des Zeitpunkts der Aufgabe der Selbstnutzung anzuzeigen. [2]Eine Aufgabe der Selbstnutzung liegt auch vor, soweit der Zulageberechtigte das Eigentum an der Wohnung aufgibt. [3]Die Anzeigepflicht gilt entsprechend für den Rechtsnachfolger der begünstigten Wohnung, wenn der Zulageberechtigte stirbt. [4]Die Anzeigepflicht entfällt, wenn das Wohnförderkonto vollständig zurückgeführt worden ist, es sei denn, es liegt ein Fall des § 22 Nummer 5 Satz 6 vor. [5]Im Fall des Satzes 1 gelten die im Wohnförderkonto erfassten Beträge als Leistungen aus einem Altersvorsorgevertrag, die dem Zulageberechtigten nach letztmaliger Erhöhung des Wohnförderkontos nach Absatz 2 Satz 3 zum Ende des Veranlagungszeitraums, in dem die Selbstnutzung aufgegeben wurde, zufließen; das Wohnförderkonto ist aufzulösen (Auflösungsbetrag). [6]Verstirbt der Zulageberechtigte, ist der Auflösungsbetrag ihm noch zuzurechnen. [7]Der Anbieter hat der zentralen Stelle den Zeitpunkt der Aufgabe nach amtlich vorgeschriebenem Datensatz durch Datenfernübertragung spätestens bis zum Ablauf des zweiten Monats, der auf den Monat der Anzeige des Zulageberechtigten folgt, mitzuteilen. [8]Wurde im Fall des Satzes 1 eine Tilgungsförderung nach § 82 Absatz 1 Satz 3 in Anspruch genommen und erfolgte keine Einstellung in das Wohnförderkonto nach Absatz 2 Satz 2, sind die Beiträge, die nach § 82 Absatz 1 Satz 3 wie Tilgungsleistungen behandelt wurden, sowie die darauf entfallenden Zulagen und Erträge in ein Wohnförderkonto aufzunehmen und anschließend die weiteren Regelungen dieses Absatzes anzuwenden; Absatz 2 Satz 2 zweiter Halbsatz und Satz 7 gilt entsprechend. [9]Die Sätze 5 bis 7 sowie § 20 sind nicht anzuwenden, wenn

1. der Zulageberechtigte einen Betrag in Höhe des noch nicht zurückgeführten Betrags im Wohnförderkonto innerhalb von zwei Jahren vor dem Veranlagungszeitraum und von fünf Jahren nach Ablauf des Veranlagungszeitraums, in dem er die Wohnung letztmals zu eigenen Wohnzwecken genutzt hat, für eine weitere Wohnung im Sinne des Absatzes 1 Satz 5 verwendet,

2. der Zulageberechtigte einen Betrag in Höhe des noch nicht zurückgeführten Betrags im Wohnförderkonto innerhalb eines Jahres nach Ablauf des Veranlagungszeitraums, in dem er die Wohnung letztmals zu eigenen Wohnzwecken genutzt hat,

auf einen auf seinen Namen lautenden zertifizierten Altersvorsorgevertrag zahlt; Absatz 2 Satz 4 Nummer 1 ist entsprechend anzuwenden,

3. die Ehewohnung auf Grund einer richterlichen Entscheidung nach § 1361b des Bürgerlichen Gesetzbuchs oder nach der Verordnung über die Behandlung der Ehewohnung und des Hausrats dem anderen Ehegatten zugewiesen wird,

4. der Zulageberechtigte krankheits- oder pflegebedingt die Wohnung nicht mehr bewohnt, sofern er Eigentümer dieser Wohnung bleibt, sie ihm weiterhin zur Selbstnutzung zur Verfügung steht und sie nicht von Dritten, mit Ausnahme seines Ehegatten, genutzt wird oder

5. der Zulageberechtigte innerhalb von fünf Jahren nach Ablauf des Veranlagungszeitraums, in dem er die Wohnung letztmals zu eigenen Wohnzwecken genutzt hat, die Selbstnutzung dieser Wohnung wieder aufnimmt.

[10]Satz 9 Nummer 1 und 2 setzt voraus, dass der Zulageberechtigte dem Anbieter, in der Auszahlungsphase der zentralen Stelle, die fristgemäße Reinvestitionsabsicht im Rahmen der Anzeige nach Satz 1 und den Zeitpunkt der Reinvestition oder die Aufgabe der Reinvestitionsabsicht anzeigt; in den Fällen des Absatzes 2a und des Satzes 9 Nummer 3 gelten die Sätze 1 bis 9 entsprechend für den anderen, geschiedenen oder überlebenden Ehegatten, wenn er die Wohnung nicht nur vorübergehend nicht mehr zu eigenen Wohnzwecken nutzt. [11]Satz 5 ist mit der Maßgabe anzuwenden, dass der Eingang der Anzeige der aufgegebenen Reinvestitionsabsicht, spätestens jedoch der 1. Januar

1. des sechsten Jahres nach dem Jahr der Aufgabe der Selbstnutzung bei einer Reinvestitionsabsicht nach Satz 9 Nummer 1 oder

2. des zweiten Jahres nach dem Jahr der Aufgabe der Selbstnutzung bei einer Reinvestitionsabsicht nach Satz 9 Nummer 2

als Zeitpunkt der Aufgabe gilt. [12]Satz 9 Nummer 5 setzt voraus, dass bei einer beabsichtigten Wiederaufnahme der Selbstnutzung der Zulageberechtigte dem Anbieter, in der Auszahlungsphase der zentralen Stelle, die Absicht der fristgemäßen Wideraufnahme der Selbstnutzung im Rahmen der Anzeige nach Satz 1 und den Zeitpunkt oder die Aufgabe der Reinvestitionsabsicht nach Satz 10 anzeigt. [13]Satz 10 zweiter Halbsatz und Satz 11 gelten für die Anzeige der Absicht der fristgemäßen Wiederaufnahme der Selbstnutzung entsprechend.

(4) [1]Absatz 3 sowie § 20 sind auf Antrag des Steuerpflichtigen nicht anzuwenden, wenn er

1. die Wohnung im Sinne des Absatzes 1 Satz 5 auf Grund eines beruflich bedingten Umzugs für die Dauer der beruflich bedingten Abwesenheit nicht selbst nutzt; wird während dieser Zeit mit einer anderen Person ein Nutzungsrecht für diese Wohnung vereinbart, ist diese Vereinbarung von vorneherein entsprechend zu befristen,

2. beabsichtigt, die Selbstnutzung wieder aufzunehmen und

3. die Selbstnutzung spätestens mit der Vollendung seines 67. Lebensjahres aufnimmt.

[2]Der Steuerpflichtige hat den Antrag bei der zentralen Stelle zu stellen und dabei die notwendigen Nachweise zu erbringen. [3]Die zentrale Stelle erteilt dem Steuerpflichtigen einen Bescheid über die Bewilligung des Antrags und informiert den Anbieter des Altersvorsorgevertrags mit Wohnförderkonto des Zulageberechtigten über die Bewilligung, eine Wiederaufnahme der Selbstnutzung nach einem beruflich bedingten Umzug und den Wegfall der Voraussetzungen nach diesem Absatz; die Information hat nach amtlich vorgeschriebenem Datensatz durch Datenfernübertragung zu erfolgen. [4]Entfällt eine der in Satz 1 genannten Voraussetzungen, ist Absatz 3 mit der Maßgabe anzuwenden, dass bei einem Wegfall der Voraussetzung nach Satz 1 Nummer 1 als Zeitpunkt der Aufgabe der Zeitpunkt des Wegfalls der Voraussetzung und bei einem Wegfall der Voraussetzung nach Satz 1 Nummer 2 oder Nummer 3 der Eingang der Mitteilung des Steuerpflichtigen nach Absatz 3 als Zeitpunkt der Aufgabe gilt, spätestens jedoch die Vollendung des 67. Lebensjahres des Steuerpflichtigen.

...

§ 93
Schädliche Verwendung

(1) [1]Wird gefördertes Altersvorsorgevermögen nicht unter den in § 1 Absatz 1 Satz 1 Nummer 4 und 10 Buchstabe c des Altersvorsorgeverträge-Zertifizierungsgesetzes oder § 1 Absatz 1 Satz 1 Nummer 4, 5 und 10 Buchstabe c des Altersvorsorgeverträge-Zertifizierungsgesetzes in der bis zum 31. Dezember 2004 geltenden Fassung genannten Voraussetzungen an den Zulageberechtigten ausgezahlt (schädliche Verwendung), sind die auf das ausgezahlte geförderte Altersvorsorgevermögen entfallenden Zulagen und die nach § 10a Absatz 4 gesondert festgestellten Beträge (Rückzahlungsbetrag) zurückzuzahlen. [2]Dies gilt auch bei einer Auszahlung nach Beginn der Auszahlungsphase (§ 1 Absatz 1 Satz 1 Nummer 2 des Altersvorsorgeverträge-Zertifizierungsgesetzes) und bei Auszahlungen im Falle des Todes des Zulageberechtigten. [3]Hat der Zulageberechtigte Zahlungen im Sinne des § 92a Absatz 2 Satz 4 Nummer 1 oder § 92a Absatz 3 Satz 9 Nummer 2 geleistet, dann handelt es sich bei dem hierauf beruhenden Altersvorsorgevermögen um gefördertes Altersvorsorgevermögen im Sinne des Satzes 1; der Rückzahlungsbetrag bestimmt sich insoweit nach der für die in das Wohnförderkonto eingestellten Beträge gewährten Förderung. [4]Eine Rückzahlungsverpflichtung besteht nicht für den Teil der Zulagen und der Steuerermäßigung,

a) der auf nach § 1 Absatz 1 Satz 1 Nummer 2 des Altersvorsorgeverträge-Zertifizierungsgesetzes angespartes gefördertes Altersvorsorgevermögen entfällt, wenn es in Form einer Hinterbliebenenrente an die dort genannten Hinterbliebenen ausgezahlt wird; dies gilt auch für Leistungen im Sinne des § 82 Absatz 3 an Hinterbliebene des Steuerpflichtigen;

b) der den Beitragsanteilen zuzuordnen ist, die für die zusätzliche Absicherung der verminderten Erwerbsfähigkeit und eine zusätzliche Hinterbliebenenabsicherung ohne Kapitalbildung verwendet worden sind;

c) der auf gefördertes Altersvorsorgevermögen entfällt, das im Falle des Todes des Zulageberechtigten auf einen auf den Namen des Ehegatten lautenden Altersvorsorgevertrag übertragen wird, wenn die Ehegatten im Zeitpunkt des Todes des Zulageberechtigten nicht dauernd getrennt gelebt haben (§ 26 Absatz 1) und ihren Wohnsitz oder gewöhnlichen Aufenthalt in einem Mitgliedstaat der Europäischen Union oder einem Staat hatten, auf den das Abkommen über den Europäischen Wirtschaftsraum (EWR-Abkommen) anwendbar ist; dies gilt auch, wenn die Ehegatten ihren vor dem Zeitpunkt, ab dem das vereinigte Königreich Großbritannien und Nordirland nicht mehr Mitgliedsstaat der Europäischen Union ist und auch nicht mehr wie ein solcher zu behandeln ist, begründeten Wohnsitz oder gewöhnlichen Aufenthalt im vereinigte Königreich Großbritannien und Nordirland hatten und der Altersvorsorgevertrag vor dem 23. Juni 2016 abgeschlossen worden ist;

d) der auf den Altersvorsorge-Eigenheimbetrag entfällt.

(1a) [1]Eine schädliche Verwendung liegt nicht vor, wenn gefördertes Altersvorsorgevermögen auf Grund einer internen Teilung nach § 10 des Versorgungsausgleichsgesetzes oder auf Grund einer externen Teilung nach § 14 des Versorgungsausgleichsgesetzes auf einen zertifizierten Altersvorsorgevertrag oder eine nach § 82 Absatz 2 begünstigte betriebliche Altersversorgung übertragen wird; die auf das übertragene Anrecht entfallende steuerliche Förderung geht mit allen Rechten und Pflichten auf die ausgleichsberechtigte Person über. [2]Eine schädliche Verwendung liegt ebenfalls nicht vor, wenn gefördertes Altersvorsorgevermögen auf Grund einer externen Teilung nach § 14 des Versorgungsausgleichsgesetzes auf die Versorgungsausgleichskasse oder die gesetzliche Rentenversicherung übertragen wird; die Rechte und Pflichten der ausgleichspflichtigen Person aus der steuerlichen Förderung des übertragenen Anteils entfallen. [3]In den Fällen der Sätze 1 und 2 teilt die zentrale Stelle der ausgleichspflichtigen Person die Höhe der auf die Ehezeit im Sinne des § 3 Absatz 1 des Versorgungsausgleichsgesetzes oder die Lebenspartnerschaftszeit im Sinne des § 20 Absatz 2 des Lebenspartnerschaftsgesetzes entfallenden gesondert festgestellten Beträge nach § 10a Absatz 4 und die ermittelten Zulagen mit. [4]Die entsprechenden Beträge sind monatsweise zuzuordnen. [5]Die zentrale Stelle teilt die geänderte Zuordnung der gesondert festgestellten Beträge nach § 10a Absatz 4 sowie der ermittelten Zulagen der ausgleichspflichtigen und in den Fällen des Satzes 1 auch der ausgleichsberechtigten Person durch Feststellungsbescheid mit. [6]Nach Eintritt der Unanfechtbarkeit dieses Feststellungsbescheids informiert die zentrale Stelle den Anbieter durch einen Datensatz über die geänderte Zuordnung.

(2) [1]Die Übertragung von gefördertem Altersvorsorgevermögen auf einen anderen auf den Namen des Zulageberechtigten lautenden Altersvorsorgevertrag (§ 1 Absatz 1 Satz 1 Nummer 10 Buchstabe b des Altersvorsorgeverträge-Zertifizierungsgesetzes) stellt keine schädliche Verwendung dar. [2]Dies gilt sinngemäß in den Fällen des § 4 Absatz 2 und 3 des Betriebsrentengesetzes, wenn das geförderte Altersvorsorgevermögen auf eine der in § 82 Absatz 2 Buchstabe a genannten Einrichtungen der betrieblichen Altersversorgung zum Aufbau einer kapitalgedeckten betrieblichen Altersversorgung übertragen und eine lebenslange Altersversorgung entsprechend § 82 Absatz 2 Satz 2 vorgesehen ist, wie auch in den Fällen einer Übertragung nach § 3 Nummer 55c Satz 2 Buchstabe a. [3]In den übrigen Fällen der Abfindung von Anwartschaften der betrieblichen Altersversorgung gilt dies, soweit das geförderte Altersvorsorgevermögen zugunsten eines auf den Namen des Zulageberechtigten lautenden Altersvorsorgevertrages geleistet wird. [4]Auch keine schädliche Verwendung sind der gesetzlichen Forderungs- und Vermögensübergang nach § 9 des Betriebsrentengesetzes und die gesetzlich vorgesehene schuldbefreiende Übertragung nach § 8 Absatz 1 des Betriebsrentengesetzes.

(3) [1]Auszahlungen zur Abfindung einer Kleinbetragsrente zu Beginn der Auszahlungsphase oder im darauffolgenden Jahr gelten nicht als schädliche Verwendung. [2]Eine Kleinbetragsrente ist eine Rente, die bei gleichmäßiger Verrentung des gesamten zu Beginn der Auszahlungsphase zur Verfügung stehenden Kapitals eine monatliche Rente ergibt, die 1 Prozent der monatlichen Bezugsgröße nach § 18 des Vierten Buches Sozialgesetzbuch nicht übersteigt. [3]Bei der Berechnung dieses Betrags sind alle bei einem Anbieter bestehenden Verträge des Zulageberechtigten insgesamt zu berücksichtigen, auf die nach diesem Abschnitt geförderte Altersvorsorgebeiträge geleistet wurden. [4]Die Sätze 1 bis 3 gelten entsprechend, wenn

1. nach dem Beginn der Auszahlungsphase ein Versorgungsausgleich durchgeführt wird und
2. sich dadurch die Rente verringert.

(4) [1]Wird bei einem einheitlichen Vertrag nach § 1 Absatz 1a Satz 1 Nummer 2 zweiter Halbsatz des Altersvorsorgeverträge-Zertifizierungsgesetzes das Darlehen nicht wohnungswirtschaftlich im Sinne des § 92a Absatz 1 Satz 1 verwendet, liegt zum Zeitpunkt der Darlehensauszahlung eine schädliche Verwendung des geförderten Altersvorsorgevermögens vor, es sei denn, das geförderte Altersvorsorgevermögen wird innerhalb eines Jahres nach Ablauf des Veranlagungszeitraums, in dem das Darlehen ausgezahlt wurde, auf einen anderen zertifizierten Altersvorsorgevertrag übertragen, der auf den Namen des Zulageberechtigten lautet. [2]Der Zulageberechtigte hat dem Anbieter die Absicht zur Kapitalübertragung, den Zeitpunkt der Kapitalübertragung bis zum Zeitpunkt der Darlehensauszahlung und die Aufgabe der Absicht zur Kapitalübertragung mitzuteilen. [3]Wird die Absicht zur Kapitalübertragung aufgegeben, tritt die schädliche Verwendung zu dem Zeitpunkt ein, zu dem die Mitteilung des Zulageberechtigten hierzu beim Anbieter eingeht, spätestens aber am 1. Januar des zweiten Jahres nach dem Jahr, in dem das Darlehen ausgezahlt wurde.

…

§ 95
Sonderfälle der Rückzahlung

[1]Die §§ 93 und 94 gelten entsprechend, wenn sich der Wohnsitz oder gewöhnliche Aufenthalt des Zulageberechtigten ab Beginn der Auszahlungsphase außerhalb der Mitgliedstaaten der Europäischen Union und der Staaten befindet, auf die das Abkommen über den Europäischen Wirtschaftsraum (EWR-Abkommen) anwendbar ist, oder wenn der Zulageberechtigte ungeachtet eines Wohnsitzes oder gewöhnlichen Aufenthaltes in einem dieser Staaten nach einem Abkommen zur Vermeidung der Doppelbesteuerung mit einem dritten Staat als außerhalb des Hoheitsgebiets dieser Staaten ansässig gilt. [2]Satz 1 gilt nicht, sofern sich der Wohnsitz oder gewöhnliche Aufenthalt des Zulageberechtigten bereits seit dem 22. Juni 2016 ununterbrochen im Vereinigten Königreich Großbritannien und Nordirland befindet und der Vertrag vor dem 23. Juni 2016 abgeschlossen worden ist.

…

XIII. Mobilitätsprämie

§ 101
Bemessungsgrundlage und Höhe der Mobilitätsprämie

[1]Steuerpflichtige können für die Veranlagungszeiträume 2021 bis 2026 neben der Berücksichtigung der Entfernungspauschalen ab dem 21. vollen Entfernungskilometer gemäß § 9 Absatz 1 Satz 3 Nummer 4 Satz 8 Buchstabe a und b, Nummer 5 Satz 9 Buchstabe a und b und § 4 Absatz 5 Satz 1 Nummer 6 Satz 4 als Werbungskosten oder Betriebsausgaben eine Mobilitätsprämie beanspruchen. [2]Bemessungsgrundlage der Mobilitätsprämie sind die berücksichtigten Entfernungspauschalen im Sinne des Satzes 1, begrenzt auf den Betrag, um den das zu versteuernde Einkommen den Grundfreibetrag im Sinne des § 32a Absatz 1 Satz 2 Nummer 1 unterschreitet; bei Ehegatten, die nach den §§ 26, 26b zusammen zur Einkommensteuer veranlagt werden, sind das gemeinsame zu versteuernde Einkommen und der doppelte Grundfreibetrag maßgebend. [3]Bei Steuerpflichtigen mit Einkünften aus nichtselbständiger Arbeit gilt dies nur, soweit die Entfernungspauschalen im Sinne des Satzes 1 zusammen mit den übrigen zu berücksichtigenden Werbungskosten im Zusammenhang mit den Einnahmen aus nichtselbständiger Arbeit den Arbeitnehmer-Pauschbetrag nach § 9a Satz 1 Nummer 1 Buchstabe a übersteigen. [4]Die Mobilitätsprämie beträgt 14 Prozent dieser Bemessungsgrundlage.

§ 102
Anspruchsberechtigung

Anspruchsberechtigt sind unbeschränkt oder beschränkt Steuerpflichtige im Sinne des § 1.

§ 103
Entstehung der Mobilitätsprämie

Der Anspruch auf die Mobilitätsprämie entsteht mit Ablauf des Kalenderjahres, in dem der Anspruchsberechtigte die erste Tätigkeitsstätte im Sinne des § 9 Absatz 4 oder eine Betriebsstätte im Sinne des § 4 Absatz 5 Satz 1 Nummer 6 aufgesucht oder Familienheimfahrten im Rahmen einer doppelten Haushaltsführung im Sinne des § 9 Absatz 1 Satz 3 Nummer 5 Satz 5 sowie des § 4 Absatz 5 Satz 1 Nummer 6 durchgeführt hat.

§ 104
Antrag auf Mobilitätsprämie

(1) Die Mobilitätsprämie wird auf Antrag gewährt.

(2) [1]Der Anspruchsberechtigte hat den Antrag auf die Mobilitätsprämie bis zum Ablauf des vierten Kalenderjahres, das auf das Kalenderjahr folgt, in dem nach § 103 die Mobilitätsprämie entsteht, zu stellen. [2]Der Antrag ist nach amtlich vorgeschriebenem Vordruck bei dem Finanzamt zu stellen, das für die Besteuerung des Anspruchsberechtigten nach dem Einkommen zuständig ist.

§ 105
Festsetzung und Auszahlung der Mobilitätsprämie

(1) [1]Die Mobilitätsprämie ist nach Ablauf des Kalenderjahres im Rahmen einer Einkommensteuerveranlagung festzusetzen. [2]Eine Festsetzung erfolgt nur, wenn die Mobilitätsprämie mindestens 10 Euro beträgt. [3]Die festgesetzte Mobilitätsprämie mindert die festgesetzte Einkommensteuer im Wege der Anrechnung. [4]Sie gilt insoweit als Steuervergütung. [5]Die Auszahlung erfolgt aus den Einnahmen an Einkommensteuer.

(2) [1]Besteht das Einkommen ganz oder teilweise aus Einkünften aus nichtselbständiger Arbeit, die dem Steuerabzug unterlegen haben, gilt der Antrag auf Mobilitätsprämie zugleich als ein Antrag auf Einkommensteuerveranlagung. [2]Besteht nach § 46 keine Pflicht zur Durchführung einer Veranlagung und wird keine Veranlagung, insbesondere zur Anrechnung von Lohnsteuer auf die Einkommensteuer nach § 46 Absatz 2 Nummer 8 beantragt, ist für die Festsetzung der Mobilitätsprämie die im Rahmen der Einkommensteuerveranlagung festgesetzte Einkommensteuer, die sich auf Grund des Antrags auf Mobilitätsprämie ergibt, mit Null Euro anzusetzen. [3]Auch in den Fällen des § 25 gilt, ungeachtet des § 56 Satz 1 der Einkommensteuer-Durchführungsverordnung, der Antrag auf Mobilitätsprämie zugleich als Abgabe einer Einkommensteuererklärung.

§ 106
Ertragsteuerliche Behandlung der Mobilitätsprämie

Die Mobilitätsprämie gehört nicht zu den steuerpflichtigen Einnahmen im Sinne des Einkommensteuergesetzes.

§ 107
Anwendung der Abgabenordnung

Auf die Mobilitätsprämie sind die für Steuervergütungen geltenden Vorschriften der Abgabenordnung mit Ausnahme des § 163 der Abgabenordnung entsprechend anzuwenden.

§ 108
Anwendung von Straf- und Bußgeldvorschriften der Abgabenordnung

[1]Für die Mobilitätsprämie gelten die Strafvorschriften des § 370 Absatz 1 bis 4, der §§ 371, 375 Absatz 1 und des § 376 der Abgabenordnung sowie die Bußgeldvorschriften der §§ 378 und 379 Absatz 1 und 4 sowie der §§ 383 und 384 der Abgabenordnung entsprechend. [2]Für das Strafverfahren wegen einer Straftat nach Satz 1 sowie der Begünstigung einer Person, die eine solche Tat begangen hat, gelten die §§ 385 bis 408 der Abgabenordnung, für das Bußgeldverfahren wegen einer Ordnungswidrigkeit nach Satz 1 die §§ 409 bis 412 der Abgabenordnung entsprechend.

§ 109
Verordnungsermächtigung

Die Bundesregierung wird ermächtigt, durch Rechtsverordnung mit Zustimmung des Bundesrates das Verfahren bei der Festsetzung und der Auszahlung der Mobilitätsprämie näher zu regeln.

XIV. Sondervorschriften zur Bewältigung der Corona-Pandemie

§ 110
Anpassung von Vorauszahlungen für den Veranlagungszeitraum 2019

(1) [1]Auf Antrag wird der für die Bemessung der Vorauszahlungen für den Veranlagungszeitraum 2019 zugrunde gelegte Gesamtbetrag der Einkünfte pauschal um 30 Prozent gemindert. [2]Das gilt nicht, soweit in dem Gesamtbetrag der Einkünfte aus nichtselbständiger Arbeit (§ 19) enthalten sind. [3]Voraussetzung für die Anwendung des Satzes 1 ist, dass die Vorauszahlungen für 2020 auf 0 Euro herabgesetzt wurden.

(2) Abweichend von Absatz 1 wird der für die Bemessung der Vorauszahlungen für den Veranlagungszeitraum 2019 zugrunde gelegte Gesamtbetrag der Einkünfte um einen höheren Betrag als 30 Prozent gemindert, wenn der Steuerpflichtige einen voraussichtlichen Verlustrücktrag im Sinne des §10d Absatz 1 Satz 1 für 2020 in dieser Höhe nachweisen kann.

(3) [1]Die Minderungen nach den Absätzen 1 und 2 dürfen insgesamt 10 000 000 Euro, bei Ehegatten, die nach den §§ 26 und 26b zusammenveranlagt werden, 20 000 000 Euro nicht überschreiten. [2]§ 37 Absatz 3, 5 und 6 ist entsprechend anzuwenden

§ 111
Vorläufiger Verlustrücktrag für 2020 und 2021

(1) [1]Auf Antrag wird bei der Steuerfestsetzung für den Veranlagungszeitraum 2019 pauschal ein Betrag in Höhe von 30 Prozent des Gesamtbetrags der Einkünfte des Veranlagungszeitraums 2019 als Verlustrücktrag aus 2020 abgezogen (vorläufiger Verlustrücktrag für 2020). [2]Bei der Berechnung des vorläufigen Verlustrücktrags für 2020 sind Einkünfte aus nichtselbständiger Arbeit (§ 19) nicht zu berücksichtigen, die im Gesamtbetrag der Einkünfte enthalten sind. [3]Voraussetzung für die Anwendung des Satzes 1 ist, dass die Vorauszahlungen für den Veranlagungszeitraum 2020 auf 0 Euro herabgesetzt wurden. [4]Soweit bei der Steuerfestsetzung für den Veranlagungszeitraum 2019 der vorläufige Verlustrücktrag für 2020 abgezogen wird, ist § 233a Absatz 2a der Abgabenordnung entsprechend anzuwenden.

(2) Abweichend von Absatz 1 wird ein höherer Betrag als 30 Prozent vom Gesamtbetrag der Einkünfte abgezogen, wenn der Steuerpflichtige einen voraussichtlichen Verlustrücktrag im Sinne des § 10d Absatz 1 Satz 1 für 2020 in dieser Höhe nachweisen kann.

(3) Der vorläufige Verlustrücktrag für 2020 nach den Absätzen 1 und 2 kann insgesamt bis zu 10 000 000 Euro, bei Ehegatten, die nach den §§ 26 und 26b zusammenveranlagt werden, bis zu 20 000 000 Euro betragen.

(4) [1]Führt die Herabsetzung von Vorauszahlungen für den Veranlagungszeitraum 2019 auf Grund eines voraussichtlich erwarteten Verlustrücktrags für 2020 zu einer Nachzahlung bei der Steuerfestsetzung für den Veranlagungszeitraum 2019, so wird diese auf Antrag des Steuerpflichtigen bis zum Ablauf eines Monats nach Bekanntgabe der Steuerfestsetzung für den Veranlagungszeitraum 2020 gestundet. [2]Stundungszinsen werden nicht erhoben.

(5) Für den Veranlagungszeitraum 2020 ist bei Anwendung von Absatz 1 oder 2 eine Einkommensteuererklärung abzugeben.

(6) [1]Mit der Veranlagung für 2020 ist die Steuerfestsetzung für den Veranlagungszeitraum 2019 zu ändern; hierbei ist der bislang berücksichtigte vorläufige Verlustrücktrag für 2020 dem Gesamtbetrag der Einkünfte hinzuzurechnen. [2]Dies gilt auch dann, wenn der Steuerbescheid für den Veranlagungszeitraum 2019 bestandskräftig geworden ist; die Festsetzungsfrist endet insoweit nicht, bevor die Festsetzungsfrist für den Veranlagungszeitraum 2020 abgelaufen ist. [3]Soweit die Änderung der Steuerfestsetzung für den Veranlagungszeitraum 2019 auf der Hinzurechnung des vorläufigen Verlustrücktrags für 2020 beruht, ist § 233a Absatz 2a der Abgabenordnung entsprechend anzuwenden.

(7) Die Absätze 1 bis 3 sind nicht anzuwenden, wenn die Veranlagung für den Veranlagungszeitraum 2020 vor der Veranlagung für den Veranlagungszeitraum 2019 durchgeführt wird.

(8) [1]Wird der Einkommensteuerbescheid für 2019 vor dem 1. April 2021 bestandskräftig, kann bis zum 17. April 2021 nachträglich ein erstmaliger oder geänderter Antrag auf Berücksichtigung des vorläufigen Verlustrücktrags für 2020 gestellt werden. [2]Der Einkommensteuerbescheid für 2019 ist insoweit zu ändern.

(9) Die Absätze 1 bis 7 gelten für die Steuerfestsetzung für den Veranlagungszeitraum 2020 und die Berücksichtigung des Verlustrücktrags für 2021 entsprechend.

EINKOMMEN 12 092,–

Zu versteuerndes Einkommen in €*	Abzüge an Einkommensteuer, Solidaritätszuschlag und Kirchensteuer							
	Grundtabelle				Splittingtabelle			
	ESt	SolZ	8%	9%	ESt	SolZ	8%	9%
12 092	—	—	—	—	—	—	—	—
12 128	4	—	0,32	0,36	—	—	—	—
12 164	9	—	0,72	0,81	—	—	—	—
12 200	14	—	1,12	1,26	—	—	—	—
12 236	19	—	1,52	1,71	—	—	—	—
12 272	24	—	1,92	2,16	—	—	—	—
12 308	30	—	2,40	2,70	—	—	—	—
12 344	35	—	2,80	3,15	—	—	—	—
12 380	40	—	3,20	3,60	—	—	—	—
12 416	45	—	3,60	4,05	—	—	—	—
12 452	51	—	4,08	4,59	—	—	—	—
12 488	56	—	4,48	5,04	—	—	—	—
12 524	61	—	4,88	5,49	—	—	—	—
12 560	66	—	5,28	5,94	—	—	—	—
12 596	72	—	5,76	6,48	—	—	—	—
12 632	77	—	6,16	6,93	—	—	—	—
12 668	83	—	6,64	7,47	—	—	—	—
12 704	88	—	7,04	7,92	—	—	—	—
12 740	94	—	7,52	8,46	—	—	—	—
12 776	99	—	7,92	8,91	—	—	—	—
12 812	105	—	8,40	9,45	—	—	—	—
12 848	110	—	8,80	9,90	—	—	—	—
12 884	116	—	9,28	10,44	—	—	—	—
12 920	121	—	9,68	10,89	—	—	—	—
12 956	127	—	10,16	11,43	—	—	—	—
12 992	132	—	10,56	11,88	—	—	—	—
13 028	138	—	11,04	12,42	—	—	—	—
13 064	144	—	11,52	12,96	—	—	—	—
13 100	149	—	11,92	13,41	—	—	—	—
13 136	155	—	12,40	13,95	—	—	—	—
13 172	161	—	12,88	14,49	—	—	—	—
13 208	167	—	13,36	15,03	—	—	—	—
13 244	173	—	13,84	15,57	—	—	—	—
13 280	178	—	14,24	16,02	—	—	—	—
13 316	184	—	14,72	16,56	—	—	—	—
13 352	190	—	15,20	17,10	—	—	—	—
13 388	196	—	15,68	17,64	—	—	—	—
13 424	202	—	16,16	18,18	—	—	—	—
13 460	208	—	16,64	18,72	—	—	—	—
13 496	214	—	17,12	19,26	—	—	—	—
13 532	220	—	17,60	19,80	—	—	—	—
13 568	226	—	18,08	20,34	—	—	—	—
13 604	232	—	18,56	20,88	—	—	—	—
13 640	238	—	19,04	21,42	—	—	—	—
13 676	244	—	19,52	21,96	—	—	—	—
13 712	250	—	20,—	22,50	—	—	—	—
13 748	256	—	20,48	23,04	—	—	—	—
13 784	262	—	20,96	23,58	—	—	—	—
13 820	269	—	21,52	24,21	—	—	—	—
13 856	275	—	22,—	24,75	—	—	—	—
13 892	281	—	22,48	25,29	—	—	—	—
13 928	287	—	22,96	25,83	—	—	—	—
13 964	294	—	23,52	26,46	—	—	—	—
14 000	300	—	24,—	27,—	—	—	—	—
14 036	306	—	24,48	27,54	—	—	—	—
14 072	313	—	25,04	28,17	—	—	—	—
14 108	319	—	25,52	28,71	—	—	—	—
14 144	325	—	26,—	29,25	—	—	—	—
14 180	332	—	26,56	29,88	—	—	—	—
14 216	338	—	27,04	30,42	—	—	—	—
14 252	345	—	27,60	31,05	—	—	—	—
14 288	351	—	28,08	31,59	—	—	—	—
14 324	358	—	28,64	32,22	—	—	—	—
14 360	364	—	29,12	32,76	—	—	—	—
14 396	371	—	29,68	33,39	—	—	—	—
14 432	377	—	30,16	33,93	—	—	—	—
14 468	384	—	30,72	34,56	—	—	—	—
14 504	391	—	31,28	35,19	—	—	—	—
14 540	397	—	31,76	35,73	—	—	—	—
14 576	404	—	32,32	36,36	—	—	—	—
14 612	411	—	32,88	36,99	—	—	—	—
14 648	417	—	33,36	37,53	—	—	—	—
14 684	424	—	33,92	38,16	—	—	—	—
14 720	431	—	34,48	38,79	—	—	—	—
14 756	438	—	35,04	39,42	—	—	—	—
14 792	445	—	35,60	40,05	—	—	—	—
14 828	452	—	36,16	40,68	—	—	—	—
14 864	458	—	36,64	41,22	—	—	—	—
14 900	465	—	37,20	41,85	—	—	—	—
14 936	472	—	37,76	42,48	—	—	—	—
14 972	479	—	38,32	43,11	—	—	—	—
15 008	486	—	38,88	43,74	—	—	—	—
15 044	493	—	39,44	44,37	—	—	—	—
15 080	500	—	40,—	45,—	—	—	—	—
15 116	507	—	40,56	45,63	—	—	—	—
15 152	514	—	41,12	46,26	—	—	—	—
15 188	522	—	41,76	46,98	—	—	—	—
15 224	529	—	42,32	47,61	—	—	—	—
15 260	536	—	42,88	48,24	—	—	—	—
15 296	543	—	43,44	48,87	—	—	—	—
15 332	550	—	44,—	49,50	—	—	—	—
15 368	557	—	44,56	50,13	—	—	—	—
15 404	565	—	45,20	50,85	—	—	—	—
15 440	572	—	45,76	51,48	—	—	—	—
15 476	579	—	46,32	52,11	—	—	—	—
15 512	587	—	46,96	52,83	—	—	—	—
15 548	594	—	47,52	53,46	—	—	—	—
15 584	601	—	48,08	54,09	—	—	—	—
15 620	609	—	48,72	54,81	—	—	—	—
15 656	616	—	49,28	55,44	—	—	—	—
15 692	623	—	49,84	56,07	—	—	—	—
15 728	631	—	50,48	56,79	—	—	—	—
15 764	638	—	51,04	57,42	—	—	—	—
15 800	646	—	51,68	58,14	—	—	—	—
15 836	654	—	52,32	58,86	—	—	—	—
15 872	661	—	52,88	59,49	—	—	—	—
15 908	669	—	53,52	60,21	—	—	—	—
15 944	676	—	54,08	60,84	—	—	—	—
15 980	684	—	54,72	61,56	—	—	—	—
16 016	692	—	55,36	62,28	—	—	—	—
16 052	699	—	55,92	62,91	—	—	—	—
16 088	707	—	56,56	63,63	—	—	—	—
16 124	715	—	57,20	64,35	—	—	—	—
16 160	722	—	57,76	64,98	—	—	—	—
16 196	730	—	58,40	65,70	—	—	—	—
16 232	738	—	59,04	66,42	—	—	—	—
16 268	746	—	59,68	67,14	—	—	—	—
16 304	754	—	60,32	67,86	—	—	—	—
16 340	762	—	60,96	68,58	—	—	—	—
16 376	769	—	61,52	69,21	—	—	—	—

* Die Steuerabzugsbeträge gelten nur für das ausgewiesene zu versteuernde Einkommen. Zwischenwerte müssen elektronisch berechnet werden.

20 696,– EINKOMMEN

Zu versteuerndes Einkommen in €*	Abzüge an Einkommensteuer, Solidaritätszuschlag und Kirchensteuer: Grundtabelle ESt	Grundtabelle SolZ	Grundtabelle 8%	Grundtabelle 9%	Splittingtabelle ESt	Splittingtabelle SolZ	Splittingtabelle 8%	Splittingtabelle 9%
16 412	777	—	62,16	69,93	—	—	—	—
16 448	785	—	62,80	70,65	—	—	—	—
16 484	793	—	63,44	71,37	—	—	—	—
16 520	801	—	64,08	72,09	—	—	—	—
16 556	809	—	64,72	72,81	—	—	—	—
16 592	817	—	65,36	73,53	—	—	—	—
16 628	825	—	66,—	74,25	—	—	—	—
16 664	834	—	66,72	75,06	—	—	—	—
16 700	842	—	67,36	75,78	—	—	—	—
16 736	850	—	68,—	76,50	—	—	—	—
16 772	858	—	68,64	77,22	—	—	—	—
16 808	866	—	69,28	77,94	—	—	—	—
16 844	874	—	69,92	78,66	—	—	—	—
16 880	883	—	70,64	79,47	—	—	—	—
16 916	891	—	71,28	80,19	—	—	—	—
16 952	899	—	71,92	80,91	—	—	—	—
16 988	907	—	72,56	81,63	—	—	—	—
17 024	916	—	73,28	82,44	—	—	—	—
17 060	924	—	73,92	83,16	—	—	—	—
17 096	933	—	74,64	83,97	—	—	—	—
17 132	941	—	75,28	84,69	—	—	—	—
17 168	949	—	75,92	85,41	—	—	—	—
17 204	958	—	76,64	86,22	—	—	—	—
17 240	966	—	77,28	86,94	—	—	—	—
17 276	975	—	78,—	87,75	—	—	—	—
17 312	983	—	78,64	88,47	—	—	—	—
17 348	992	—	79,36	89,28	—	—	—	—
17 384	1 001	—	80,08	90,09	—	—	—	—
17 420	1 009	—	80,72	90,81	—	—	—	—
17 456	1 018	—	81,44	91,62	—	—	—	—
17 492	1 026	—	82,08	92,34	—	—	—	—
17 528	1 035	—	82,80	93,15	—	—	—	—
17 564	1 044	—	83,52	93,96	—	—	—	—
17 600	1 052	—	84,16	94,68	—	—	—	—
17 636	1 061	—	84,88	95,49	—	—	—	—
17 672	1 070	—	85,60	96,30	—	—	—	—
17 708	1 078	—	86,24	97,02	—	—	—	—
17 744	1 087	—	86,96	97,83	—	—	—	—
17 780	1 096	—	87,68	98,64	—	—	—	—
17 816	1 104	—	88,32	99,36	—	—	—	—
17 852	1 113	—	89,04	100,17	—	—	—	—
17 888	1 122	—	89,76	100,98	—	—	—	—
17 924	1 130	—	90,40	101,70	—	—	—	—
17 960	1 139	—	91,12	102,51	—	—	—	—
17 996	1 148	—	91,84	103,32	—	—	—	—
18 032	1 156	—	92,48	104,04	—	—	—	—
18 068	1 165	—	93,20	104,85	—	—	—	—
18 104	1 174	—	93,92	105,66	—	—	—	—
18 140	1 183	—	94,64	106,47	—	—	—	—
18 176	1 191	—	95,28	107,19	—	—	—	—
18 212	1 200	—	96,—	108,—	—	—	—	—
18 248	1 209	—	96,72	108,81	—	—	—	—
18 284	1 217	—	97,36	109,53	—	—	—	—
18 320	1 226	—	98,08	110,34	—	—	—	—
18 356	1 235	—	98,80	111,15	—	—	—	—
18 392	1 244	—	99,52	111,96	—	—	—	—
18 428	1 252	—	100,16	112,68	—	—	—	—
18 464	1 261	—	100,88	113,49	—	—	—	—
18 500	1 270	—	101,60	114,30	—	—	—	—
18 536	1 279	—	102,32	115,11	—	—	—	—

Zu versteuerndes Einkommen in €*	Abzüge an Einkommensteuer, Solidaritätszuschlag und Kirchensteuer: Grundtabelle ESt	Grundtabelle SolZ	Grundtabelle 8%	Grundtabelle 9%	Splittingtabelle ESt	Splittingtabelle SolZ	Splittingtabelle 8%	Splittingtabelle 9%
18 572	1 288	—	103,04	115,92	—	—	—	—
18 608	1 296	—	103,68	116,64	—	—	—	—
18 644	1 305	—	104,40	117,45	—	—	—	—
18 680	1 314	—	105,12	118,26	—	—	—	—
18 716	1 323	—	105,84	119,07	—	—	—	—
18 752	1 331	—	106,48	119,79	—	—	—	—
18 788	1 340	—	107,20	120,60	—	—	—	—
18 824	1 349	—	107,92	121,41	—	—	—	—
18 860	1 358	—	108,64	122,22	—	—	—	—
18 896	1 367	—	109,36	123,03	—	—	—	—
18 932	1 375	—	110,—	123,75	—	—	—	—
18 968	1 384	—	110,72	124,56	—	—	—	—
19 004	1 393	—	111,44	125,37	—	—	—	—
19 040	1 402	—	112,16	126,18	—	—	—	—
19 076	1 411	—	112,88	126,99	—	—	—	—
19 112	1 420	—	113,60	127,80	—	—	—	—
19 148	1 428	—	114,24	128,52	—	—	—	—
19 184	1 437	—	114,96	129,33	—	—	—	—
19 220	1 446	—	115,68	130,14	—	—	—	—
19 256	1 455	—	116,40	130,95	—	—	—	—
19 292	1 464	—	117,12	131,76	—	—	—	—
19 328	1 473	—	117,84	132,57	—	—	—	—
19 364	1 482	—	118,56	133,38	—	—	—	—
19 400	1 490	—	119,20	134,10	—	—	—	—
19 436	1 499	—	119,92	134,91	—	—	—	—
19 472	1 508	—	120,64	135,72	—	—	—	—
19 508	1 517	—	121,36	136,53	—	—	—	—
19 544	1 526	—	122,08	137,34	—	—	—	—
19 580	1 535	—	122,80	138,15	—	—	—	—
19 616	1 544	—	123,52	138,96	—	—	—	—
19 652	1 553	—	124,24	139,77	—	—	—	—
19 688	1 562	—	124,96	140,58	—	—	—	—
19 724	1 571	—	125,68	141,39	—	—	—	—
19 760	1 579	—	126,32	142,11	—	—	—	—
19 796	1 588	—	127,04	142,92	—	—	—	—
19 832	1 597	—	127,76	143,73	—	—	—	—
19 868	1 606	—	128,48	144,54	—	—	—	—
19 904	1 615	—	129,20	145,35	—	—	—	—
19 940	1 624	—	129,92	146,16	—	—	—	—
19 976	1 633	—	130,64	146,97	—	—	—	—
20 012	1 642	—	131,36	147,78	—	—	—	—
20 048	1 651	—	132,08	148,59	—	—	—	—
20 084	1 660	—	132,80	149,40	—	—	—	—
20 120	1 669	—	133,52	150,21	—	—	—	—
20 156	1 678	—	134,24	151,02	—	—	—	—
20 192	1 687	—	134,96	151,83	—	—	—	—
20 228	1 696	—	135,68	152,64	—	—	—	—
20 264	1 705	—	136,40	153,45	—	—	—	—
20 300	1 714	—	137,12	154,26	—	—	—	—
20 336	1 723	—	137,84	155,07	—	—	—	—
20 372	1 732	—	138,56	155,88	—	—	—	—
20 408	1 741	—	139,28	156,69	—	—	—	—
20 444	1 750	—	140,—	157,50	—	—	—	—
20 480	1 759	—	140,72	158,31	—	—	—	—
20 516	1 768	—	141,44	159,12	—	—	—	—
20 552	1 777	—	142,16	159,93	—	—	—	—
20 588	1 786	—	142,88	160,74	—	—	—	—
20 624	1 795	—	143,60	161,55	—	—	—	—
20 660	1 804	—	144,32	162,36	—	—	—	—
20 696	1 813	—	145,04	163,17	—	—	—	—

* Die Steuerabzugsbeträge gelten nur für das ausgewiesene zu versteuernde Einkommen. Zwischenwerte müssen elektronisch berechnet werden.

EINKOMMEN 20 732,–

Zu versteuerndes Einkommen in €*	Abzüge an Einkommensteuer, Solidaritätszuschlag und Kirchensteuer							
	Grundtabelle				Splittingtabelle			
	ESt	SolZ	8%	9%	ESt	SolZ	8%	9%
20 732	1 822	–	145,76	163,98	–	–	–	–
20 768	1 831	–	146,48	164,79	–	–	–	–
20 804	1 840	–	147,20	165,60	–	–	–	–
20 840	1 849	–	147,92	166,41	–	–	–	–
20 876	1 858	–	148,64	167,22	–	–	–	–
20 912	1 867	–	149,36	168,03	–	–	–	–
20 948	1 876	–	150,08	168,84	–	–	–	–
20 984	1 886	–	150,88	169,74	–	–	–	–
21 020	1 895	–	151,60	170,55	–	–	–	–
21 056	1 904	–	152,32	171,36	–	–	–	–
21 092	1 913	–	153,04	172,17	–	–	–	–
21 128	1 922	–	153,76	172,98	–	–	–	–
21 164	1 931	–	154,48	173,79	–	–	–	–
21 200	1 940	–	155,20	174,60	–	–	–	–
21 236	1 949	–	155,92	175,41	–	–	–	–
21 272	1 958	–	156,64	176,22	–	–	–	–
21 308	1 967	–	157,36	177,03	–	–	–	–
21 344	1 977	–	158,16	177,93	–	–	–	–
21 380	1 986	–	158,88	178,74	–	–	–	–
21 416	1 995	–	159,60	179,55	–	–	–	–
21 452	2 004	–	160,32	180,36	–	–	–	–
21 488	2 013	–	161,04	181,17	–	–	–	–
21 524	2 022	–	161,76	181,98	–	–	–	–
21 560	2 031	–	162,48	182,79	–	–	–	–
21 596	2 041	–	163,28	183,69	–	–	–	–
21 632	2 050	–	164,–	184,50	–	–	–	–
21 668	2 059	–	164,72	185,31	–	–	–	–
21 704	2 068	–	165,44	186,12	–	–	–	–
21 740	2 077	–	166,16	186,93	–	–	–	–
21 776	2 086	–	166,88	187,74	–	–	–	–
21 812	2 096	–	167,68	188,64	–	–	–	–
21 848	2 105	–	168,40	189,45	–	–	–	–
21 884	2 114	–	169,12	190,26	–	–	–	–
21 920	2 123	–	169,84	191,07	–	–	–	–
21 956	2 132	–	170,56	191,88	–	–	–	–
21 992	2 142	–	171,36	192,78	–	–	–	–
22 028	2 151	–	172,08	193,59	–	–	–	–
22 064	2 160	–	172,80	194,40	–	–	–	–
22 100	2 169	–	173,52	195,21	–	–	–	–
22 136	2 178	–	174,24	196,02	–	–	–	–
22 172	2 188	–	175,04	196,92	–	–	–	–
22 208	2 197	–	175,76	197,73	–	–	–	–
22 244	2 206	–	176,48	198,54	–	–	–	–
22 280	2 215	–	177,20	199,35	–	–	–	–
22 316	2 225	–	178,–	200,25	–	–	–	–
22 352	2 234	–	178,72	201,06	–	–	–	–
22 388	2 243	–	179,44	201,87	–	–	–	–
22 424	2 252	–	180,16	202,68	–	–	–	–
22 460	2 262	–	180,96	203,58	–	–	–	–
22 496	2 271	–	181,68	204,39	–	–	–	–
22 532	2 280	–	182,40	205,20	–	–	–	–
22 568	2 289	–	183,12	206,01	–	–	–	–
22 604	2 299	–	183,92	206,91	–	–	–	–
22 640	2 308	–	184,64	207,72	–	–	–	–
22 676	2 317	–	185,36	208,53	–	–	–	–
22 712	2 327	–	186,16	209,43	–	–	–	–
22 748	2 336	–	186,88	210,24	–	–	–	–
22 784	2 345	–	187,60	211,05	–	–	–	–
22 820	2 355	–	188,40	211,95	–	–	–	–
22 856	2 364	–	189,12	212,76	–	–	–	–
22 892	2 373	–	189,84	213,57	–	–	–	–
22 928	2 383	–	190,64	214,47	–	–	–	–
22 964	2 392	–	191,36	215,28	–	–	–	–
23 000	2 401	–	192,08	216,09	–	–	–	–
23 036	2 411	–	192,88	216,99	–	–	–	–
23 072	2 420	–	193,60	217,80	–	–	–	–
23 108	2 429	–	194,32	218,61	–	–	–	–
23 144	2 439	–	195,12	219,51	–	–	–	–
23 180	2 448	–	195,84	220,32	–	–	–	–
23 216	2 457	–	196,56	221,13	–	–	–	–
23 252	2 467	–	197,36	222,03	–	–	–	–
23 288	2 476	–	198,08	222,84	–	–	–	–
23 324	2 485	–	198,80	223,65	–	–	–	–
23 360	2 495	–	199,60	224,55	–	–	–	–
23 396	2 504	–	200,32	225,36	–	–	–	–
23 432	2 514	–	201,12	226,26	–	–	–	–
23 468	2 523	–	201,84	227,07	–	–	–	–
23 504	2 532	–	202,56	227,88	–	–	–	–
23 540	2 542	–	203,36	228,78	–	–	–	–
23 576	2 551	–	204,08	229,59	–	–	–	–
23 612	2 561	–	204,88	230,49	–	–	–	–
23 648	2 570	–	205,60	231,30	–	–	–	–
23 684	2 579	–	206,32	232,11	–	–	–	–
23 720	2 589	–	207,12	233,01	–	–	–	–
23 756	2 598	–	207,84	233,82	–	–	–	–
23 792	2 608	–	208,64	234,72	–	–	–	–
23 828	2 617	–	209,36	235,53	–	–	–	–
23 864	2 627	–	210,16	236,43	–	–	–	–
23 900	2 636	–	210,88	237,24	–	–	–	–
23 936	2 645	–	211,60	238,05	–	–	–	–
23 972	2 655	–	212,40	238,95	–	–	–	–
24 008	2 664	–	213,12	239,76	–	–	–	–
24 044	2 674	–	213,92	240,66	–	–	–	–
24 080	2 683	–	214,64	241,47	–	–	–	–
24 116	2 693	–	215,44	242,37	–	–	–	–
24 152	2 702	–	216,16	243,18	–	–	–	–
24 188	2 712	–	216,96	244,08	–	–	–	–
24 224	2 721	–	217,68	244,89	4	–	0,32	0,36
24 260	2 731	–	218,48	245,79	8	–	0,64	0,72
24 296	2 740	–	219,20	246,60	14	–	1,12	1,26
24 332	2 750	–	220,–	247,50	18	–	1,44	1,62
24 368	2 759	–	220,72	248,31	24	–	1,92	2,16
24 404	2 769	–	221,52	249,21	28	–	2,24	2,52
24 440	2 778	–	222,24	250,02	34	–	2,72	3,06
24 476	2 788	–	223,04	250,92	40	–	3,20	3,60
24 512	2 797	–	223,76	251,73	44	–	3,52	3,96
24 548	2 807	–	224,56	252,63	50	–	4,–	4,50
24 584	2 816	–	225,28	253,44	54	–	4,32	4,86
24 620	2 826	–	226,08	254,34	60	–	4,80	5,40
24 656	2 835	–	226,80	255,15	64	–	5,12	5,76
24 692	2 845	–	227,60	256,05	70	–	5,60	6,30
24 728	2 855	–	228,40	256,95	76	–	6,08	6,84
24 764	2 864	–	229,12	257,76	80	–	6,40	7,20
24 800	2 874	–	229,92	258,66	86	–	6,88	7,74
24 836	2 883	–	230,64	259,47	92	–	7,36	8,28
24 872	2 893	–	231,44	260,37	96	–	7,68	8,64
24 908	2 902	–	232,16	261,18	102	–	8,16	9,18
24 944	2 912	–	232,96	262,08	106	–	8,48	9,54
24 980	2 922	–	233,76	262,98	112	–	8,96	10,08
25 016	2 931	–	234,48	263,79	118	–	9,44	10,62

* Die Steuerabzugsbeträge gelten nur für das ausgewiesene zu versteuernde Einkommen. Zwischenwerte müssen elektronisch berechnet werden.

29 336,– EINKOMMEN

Zu versteuerndes Einkommen in €*	Abzüge an Einkommensteuer, Solidaritätszuschlag und Kirchensteuer: Grundtabelle				Splittingtabelle				Zu versteuerndes Einkommen in €*	Abzüge an Einkommensteuer, Solidaritätszuschlag und Kirchensteuer: Grundtabelle				Splittingtabelle			
	ESt	SolZ	8%	9%	ESt	SolZ	8%	9%		ESt	SolZ	8%	9%	ESt	SolZ	8%	9%
25 052	2 941	—	235,28	264,69	122	—	9,76	10,98	27 212	3 525	—	282,—	317,25	464	—	37,12	41,76
25 088	2 950	—	236,—	265,50	128	—	10,24	11,52	27 248	3 535	—	282,80	318,15	470	—	37,60	42,30
25 124	2 960	—	236,80	266,40	134	—	10,72	12,06	27 284	3 545	—	283,60	319,05	476	—	38,08	42,84
25 160	2 970	—	237,60	267,30	138	—	11,04	12,42	27 320	3 554	—	284,32	319,86	482	—	38,56	43,38
25 196	2 979	—	238,32	268,11	144	—	11,52	12,96	27 356	3 564	—	285,12	320,76	488	—	39,04	43,92
25 232	2 989	—	239,12	269,01	150	—	12,—	13,50	27 392	3 574	—	285,92	321,66	494	—	39,52	44,46
25 268	2 998	—	239,84	269,82	156	—	12,48	14,04	27 428	3 584	—	286,72	322,56	500	—	40,—	45,—
25 304	3 008	—	240,64	270,72	160	—	12,80	14,40	27 464	3 594	—	287,52	323,46	506	—	40,48	45,54
25 340	3 018	—	241,44	271,62	166	—	13,28	14,94	27 500	3 604	—	288,32	324,36	514	—	41,12	46,26
25 376	3 027	—	242,16	272,43	172	—	13,76	15,48	27 536	3 614	—	289,12	325,26	520	—	41,60	46,80
25 412	3 037	—	242,96	273,33	176	—	14,08	15,84	27 572	3 624	—	289,92	326,16	526	—	42,08	47,34
25 448	3 047	—	243,76	274,23	182	—	14,56	16,38	27 608	3 634	—	290,72	327,06	532	—	42,56	47,88
25 484	3 056	—	244,48	275,04	188	—	15,04	16,92	27 644	3 644	—	291,52	327,96	538	—	43,04	48,42
25 520	3 066	—	245,28	275,94	194	—	15,52	17,46	27 680	3 654	—	292,32	328,86	544	—	43,52	48,96
25 556	3 076	—	246,08	276,84	198	—	15,84	17,82	27 716	3 663	—	293,04	329,67	550	—	44,—	49,50
25 592	3 085	—	246,80	277,65	204	—	16,32	18,36	27 752	3 673	—	293,84	330,57	556	—	44,48	50,04
25 628	3 095	—	247,60	278,55	210	—	16,80	18,90	27 788	3 683	—	294,64	331,47	562	—	44,96	50,58
25 664	3 105	—	248,40	279,45	216	—	17,28	19,44	27 824	3 693	—	295,44	332,37	568	—	45,44	51,12
25 700	3 114	—	249,12	280,26	220	—	17,60	19,80	27 860	3 703	—	296,24	333,27	576	—	46,08	51,84
25 736	3 124	—	249,92	281,16	226	—	18,08	20,34	27 896	3 713	—	297,04	334,17	582	—	46,56	52,38
25 772	3 134	—	250,72	282,06	232	—	18,56	20,88	27 932	3 723	—	297,84	335,07	588	—	47,04	52,92
25 808	3 143	—	251,44	282,87	238	—	19,04	21,42	27 968	3 733	—	298,64	335,97	594	—	47,52	53,46
25 844	3 153	—	252,24	283,77	244	—	19,52	21,96	28 004	3 743	—	299,44	336,87	600	—	48,—	54,—
25 880	3 163	—	253,04	284,67	248	—	19,84	22,32	28 040	3 753	—	300,24	337,77	606	—	48,48	54,54
25 916	3 172	—	253,76	285,48	254	—	20,32	22,86	28 076	3 763	—	301,04	338,67	614	—	49,12	55,26
25 952	3 182	—	254,56	286,38	260	—	20,80	23,40	28 112	3 773	—	301,84	339,57	620	—	49,60	55,80
25 988	3 192	—	255,36	287,28	266	—	21,28	23,94	28 148	3 783	—	302,64	340,47	626	—	50,08	56,34
26 024	3 202	—	256,16	288,18	272	—	21,76	24,48	28 184	3 793	—	303,44	341,37	632	—	50,56	56,88
26 060	3 211	—	256,88	288,99	276	—	22,08	24,84	28 220	3 803	—	304,24	342,27	638	—	51,04	57,42
26 096	3 221	—	257,68	289,89	282	—	22,56	25,38	28 256	3 813	—	305,04	343,17	644	—	51,52	57,96
26 132	3 231	—	258,48	290,79	288	—	23,04	25,92	28 292	3 823	—	305,84	344,07	652	—	52,16	58,68
26 168	3 240	—	259,20	291,60	294	—	23,52	26,46	28 328	3 833	—	306,64	344,97	658	—	52,64	59,22
26 204	3 250	—	260,—	292,50	300	—	24,—	27,—	28 364	3 843	—	307,44	345,87	664	—	53,12	59,76
26 240	3 260	—	260,80	293,40	306	—	24,48	27,54	28 400	3 853	—	308,24	346,77	670	—	53,60	60,30
26 276	3 270	—	261,60	294,30	312	—	24,96	28,08	28 436	3 863	—	309,04	347,67	678	—	54,24	61,02
26 312	3 279	—	262,32	295,11	316	—	25,28	28,44	28 472	3 873	—	309,84	348,57	684	—	54,72	61,56
26 348	3 289	—	263,12	296,01	322	—	25,76	28,98	28 508	3 883	—	310,64	349,47	690	—	55,20	62,10
26 384	3 299	—	263,92	296,91	328	—	26,24	29,52	28 544	3 893	—	311,44	350,37	696	—	55,68	62,64
26 420	3 309	—	264,72	297,81	334	—	26,72	30,06	28 580	3 903	—	312,24	351,27	704	—	56,32	63,36
26 456	3 319	—	265,52	298,71	340	—	27,20	30,60	28 616	3 913	—	313,04	352,17	710	—	56,80	63,90
26 492	3 328	—	266,24	299,52	346	—	27,68	31,14	28 652	3 923	—	313,84	353,07	716	—	57,28	64,44
26 528	3 338	—	267,04	300,42	352	—	28,16	31,68	28 688	3 933	—	314,64	353,97	722	—	57,76	64,98
26 564	3 348	—	267,84	301,32	358	—	28,64	32,22	28 724	3 943	—	315,44	354,87	730	—	58,40	65,70
26 600	3 358	—	268,64	302,22	364	—	29,12	32,76	28 760	3 954	—	316,32	355,86	736	—	58,88	66,24
26 636	3 367	—	269,36	303,03	370	—	29,60	33,30	28 796	3 964	—	317,12	356,76	742	—	59,36	66,78
26 672	3 377	—	270,16	303,93	374	—	29,92	33,66	28 832	3 974	—	317,92	357,66	748	—	59,84	67,32
26 708	3 387	—	270,96	304,83	380	—	30,40	34,20	28 868	3 984	—	318,72	358,56	756	—	60,48	68,04
26 744	3 397	—	271,76	305,73	386	—	30,88	34,74	28 904	3 994	—	319,52	359,46	762	—	60,96	68,58
26 780	3 407	—	272,56	306,63	392	—	31,36	35,28	28 940	4 004	—	320,32	360,36	768	—	61,44	69,12
26 816	3 417	—	273,36	307,53	398	—	31,84	35,82	28 976	4 014	—	321,12	361,26	776	—	62,08	69,84
26 852	3 426	—	274,08	308,34	404	—	32,32	36,36	29 012	4 024	—	321,92	362,16	782	—	62,56	70,38
26 888	3 436	—	274,88	309,24	410	—	32,80	36,90	29 048	4 034	—	322,72	363,06	788	—	63,04	70,92
26 924	3 446	—	275,68	310,14	416	—	33,28	37,44	29 084	4 044	—	323,52	363,96	796	—	63,68	71,64
26 960	3 456	—	276,48	311,04	422	—	33,76	37,98	29 120	4 054	—	324,32	364,86	802	—	64,16	72,18
26 996	3 466	—	277,28	311,94	428	—	34,24	38,52	29 156	4 065	—	325,20	365,85	808	—	64,64	72,72
27 032	3 476	—	278,08	312,84	434	—	34,72	39,06	29 192	4 075	—	326,—	366,75	816	—	65,28	73,44
27 068	3 485	—	278,80	313,65	440	—	35,20	39,60	29 228	4 085	—	326,80	367,65	822	—	65,76	73,98
27 104	3 495	—	279,60	314,55	446	—	35,68	40,14	29 264	4 095	—	327,60	368,55	828	—	66,24	74,52
27 140	3 505	—	280,40	315,45	452	—	36,16	40,68	29 300	4 105	—	328,40	369,45	836	—	66,88	75,24
27 176	3 515	—	281,20	316,35	458	—	36,64	41,22	29 336	4 115	—	329,20	370,35	842	—	67,36	75,78

* Die Steuerabzugsbeträge gelten nur für das ausgewiesene zu versteuernde Einkommen. Zwischenwerte müssen elektronisch berechnet werden.

EINKOMMEN 29 372,–

Zu versteuerndes Einkommen in €*	Grundtabelle EST	Grundtabelle SolZ	Grundtabelle 8%	Grundtabelle 9%	Splittingtabelle ESt	Splittingtabelle SolZ	Splittingtabelle 8%	Splittingtabelle 9%
29 372	4 125	—	330,—	371,25	850	—	68,—	76,50
29 408	4 136	—	330,88	372,24	856	—	68,48	77,04
29 444	4 146	—	331,68	373,14	862	—	68,96	77,58
29 480	4 156	—	332,48	374,04	870	—	69,60	78,30
29 516	4 166	—	333,28	374,94	876	—	70,08	78,84
29 552	4 176	—	334,08	375,84	884	—	70,72	79,56
29 588	4 186	—	334,88	376,74	890	—	71,20	80,10
29 624	4 197	—	335,76	377,73	898	—	71,84	80,82
29 660	4 207	—	336,56	378,63	904	—	72,32	81,36
29 696	4 217	—	337,36	379,53	910	—	72,80	81,90
29 732	4 227	—	338,16	380,43	918	—	73,44	82,62
29 768	4 237	—	338,96	381,33	924	—	73,92	83,16
29 804	4 247	—	339,76	382,23	932	—	74,56	83,88
29 840	4 258	—	340,64	383,22	938	—	75,04	84,42
29 876	4 268	—	341,44	384,12	946	—	75,68	85,14
29 912	4 278	—	342,24	385,02	952	—	76,16	85,68
29 948	4 288	—	343,04	385,92	960	—	76,80	86,40
29 984	4 299	—	343,92	386,91	966	—	77,28	86,94
30 020	4 309	—	344,72	387,81	974	—	77,92	87,66
30 056	4 319	—	345,52	388,71	980	—	78,40	88,20
30 092	4 329	—	346,32	389,61	988	—	79,04	88,92
30 128	4 339	—	347,12	390,51	994	—	79,52	89,46
30 164	4 350	—	348,—	391,50	1 002	—	80,16	90,18
30 200	4 360	—	348,80	392,40	1 008	—	80,64	90,72
30 236	4 370	—	349,60	393,30	1 016	—	81,28	91,44
30 272	4 380	—	350,40	394,20	1 022	—	81,76	91,98
30 308	4 391	—	351,28	395,19	1 030	—	82,40	92,70
30 344	4 401	—	352,08	396,09	1 036	—	82,88	93,24
30 380	4 411	—	352,88	396,99	1 044	—	83,52	93,96
30 416	4 422	—	353,76	397,98	1 050	—	84,—	94,50
30 452	4 432	—	354,56	398,88	1 058	—	84,64	95,22
30 488	4 442	—	355,36	399,78	1 066	—	85,28	95,94
30 524	4 452	—	356,16	400,68	1 072	—	85,76	96,48
30 560	4 463	—	357,04	401,67	1 080	—	86,40	97,20
30 596	4 473	—	357,84	402,57	1 086	—	86,88	97,74
30 632	4 483	—	358,64	403,47	1 094	—	87,52	98,46
30 668	4 494	—	359,52	404,46	1 102	—	88,16	99,18
30 704	4 504	—	360,32	405,36	1 108	—	88,64	99,72
30 740	4 514	—	361,12	406,26	1 116	—	89,28	100,44
30 776	4 525	—	362,—	407,25	1 122	—	89,76	100,98
30 812	4 535	—	362,80	408,15	1 130	—	90,40	101,70
30 848	4 545	—	363,60	409,05	1 138	—	91,04	102,42
30 884	4 556	—	364,48	410,04	1 144	—	91,52	102,96
30 920	4 566	—	365,28	410,94	1 152	—	92,16	103,68
30 956	4 576	—	366,08	411,84	1 160	—	92,80	104,40
30 992	4 587	—	366,96	412,83	1 166	—	93,28	104,94
31 028	4 597	—	367,76	413,73	1 174	—	93,92	105,66
31 064	4 607	—	368,56	414,63	1 182	—	94,56	106,38
31 100	4 618	—	369,44	415,62	1 188	—	95,04	106,92
31 136	4 628	—	370,24	416,52	1 196	—	95,68	107,64
31 172	4 638	—	371,04	417,42	1 204	—	96,32	108,36
31 208	4 649	—	371,92	418,41	1 210	—	96,80	108,90
31 244	4 659	—	372,72	419,31	1 218	—	97,44	109,62
31 280	4 670	—	373,60	420,30	1 226	—	98,08	110,34
31 316	4 680	—	374,40	421,20	1 232	—	98,56	110,88
31 352	4 690	—	375,20	422,10	1 240	—	99,20	111,60
31 388	4 701	—	376,08	423,09	1 248	—	99,84	112,32
31 424	4 711	—	376,88	423,99	1 256	—	100,48	113,04
31 460	4 722	—	377,76	424,98	1 262	—	100,96	113,58
31 496	4 732	—	378,56	425,88	1 270	—	101,60	114,30

Zu versteuerndes Einkommen in €*	Grundtabelle ESt	Grundtabelle SolZ	Grundtabelle 8%	Grundtabelle 9%	Splittingtabelle ESt	Splittingtabelle SolZ	Splittingtabelle 8%	Splittingtabelle 9%
31 532	4 742	—	379,36	426,78	1 278	—	102,24	115,02
31 568	4 753	—	380,24	427,77	1 286	—	102,88	115,74
31 604	4 763	—	381,04	428,67	1 292	—	103,36	116,28
31 640	4 774	—	381,92	429,66	1 300	—	104,—	117,—
31 676	4 784	—	382,72	430,56	1 308	—	104,64	117,72
31 712	4 795	—	383,60	431,55	1 316	—	105,28	118,44
31 748	4 805	—	384,40	432,45	1 322	—	105,76	118,98
31 784	4 815	—	385,20	433,35	1 330	—	106,40	119,70
31 820	4 826	—	386,08	434,34	1 338	—	107,04	120,42
31 856	4 836	—	386,88	435,24	1 346	—	107,68	121,14
31 892	4 847	—	387,76	436,23	1 354	—	108,32	121,86
31 928	4 857	—	388,56	437,13	1 362	—	108,96	122,58
31 964	4 868	—	389,44	438,12	1 368	—	109,44	123,12
32 000	4 878	—	390,24	439,02	1 376	—	110,08	123,84
32 036	4 889	—	391,12	440,01	1 384	—	110,72	124,56
32 072	4 899	—	391,92	440,91	1 392	—	111,36	125,28
32 108	4 910	—	392,80	441,90	1 400	—	112,—	126,—
32 144	4 920	—	393,60	442,80	1 408	—	112,64	126,72
32 180	4 931	—	394,48	443,79	1 414	—	113,12	127,26
32 216	4 941	—	395,28	444,69	1 422	—	113,76	127,98
32 252	4 952	—	396,16	445,68	1 430	—	114,40	128,70
32 288	4 962	—	396,96	446,58	1 438	—	115,04	129,42
32 324	4 973	—	397,84	447,57	1 446	—	115,68	130,14
32 360	4 983	—	398,64	448,47	1 454	—	116,32	130,86
32 396	4 994	—	399,52	449,46	1 462	—	116,96	131,58
32 432	5 004	—	400,32	450,36	1 470	—	117,60	132,30
32 468	5 015	—	401,20	451,35	1 476	—	118,08	132,84
32 504	5 025	—	402,—	452,25	1 484	—	118,72	133,56
32 540	5 036	—	402,88	453,24	1 492	—	119,36	134,28
32 576	5 047	—	403,76	454,23	1 500	—	120,—	135,—
32 612	5 057	—	404,56	455,13	1 508	—	120,64	135,72
32 648	5 068	—	405,44	456,12	1 516	—	121,28	136,44
32 684	5 078	—	406,24	457,02	1 524	—	121,92	137,16
32 720	5 089	—	407,12	458,01	1 532	—	122,56	137,88
32 756	5 099	—	407,92	458,91	1 540	—	123,20	138,60
32 792	5 110	—	408,80	459,90	1 548	—	123,84	139,32
32 828	5 121	—	409,68	460,89	1 556	—	124,48	140,04
32 864	5 131	—	410,48	461,79	1 564	—	125,12	140,76
32 900	5 142	—	411,36	462,78	1 572	—	125,76	141,48
32 936	5 152	—	412,16	463,68	1 580	—	126,40	142,20
32 972	5 163	—	413,04	464,67	1 588	—	127,04	142,92
33 008	5 174	—	413,92	465,66	1 596	—	127,68	143,64
33 044	5 184	—	414,72	466,56	1 604	—	128,32	144,36
33 080	5 195	—	415,60	467,55	1 612	—	128,96	145,08
33 116	5 205	—	416,40	468,45	1 620	—	129,60	145,80
33 152	5 216	—	417,28	469,44	1 628	—	130,24	146,52
33 188	5 227	—	418,16	470,43	1 636	—	130,88	147,24
33 224	5 237	—	418,96	471,33	1 644	—	131,52	147,96
33 260	5 248	—	419,84	472,32	1 652	—	132,16	148,68
33 296	5 259	—	420,72	473,31	1 660	—	132,80	149,40
33 332	5 269	—	421,52	474,21	1 668	—	133,44	150,12
33 368	5 280	—	422,40	475,20	1 676	—	134,08	150,84
33 404	5 290	—	423,20	476,10	1 684	—	134,72	151,56
33 440	5 301	—	424,08	477,09	1 692	—	135,36	152,28
33 476	5 312	—	424,96	478,08	1 700	—	136,—	153,—
33 512	5 322	—	425,76	478,98	1 708	—	136,64	153,72
33 548	5 333	—	426,64	479,97	1 716	—	137,28	154,44
33 584	5 344	—	427,52	480,96	1 726	—	138,08	155,34
33 620	5 355	—	428,40	481,95	1 734	—	138,72	156,06
33 656	5 365	—	429,20	482,85	1 742	—	139,36	156,78

Abzüge an Einkommensteuer, Solidaritätszuschlag und Kirchensteuer

* Die Steuerabzugsbeträge gelten nur für das ausgewiesene zu versteuernde Einkommen. Zwischenwerte müssen elektronisch berechnet werden.

Zu versteuerndes Einkommen in €*	Abzüge an Einkommensteuer, Solidaritätszuschlag und Kirchensteuer							
	Grundtabelle				Splittingtabelle			
	ESt	SolZ	8%	9%	ESt	SolZ	8%	9%
33 692	5 376	—	430,08	483,84	1 750	—	140,—	157,50
33 728	5 387	—	430,96	484,83	1 758	—	140,64	158,22
33 764	5 397	—	431,76	485,73	1 766	—	141,28	158,94
33 800	5 408	—	432,64	486,72	1 774	—	141,92	159,66
33 836	5 419	—	433,52	487,71	1 782	—	142,56	160,38
33 872	5 429	—	434,32	488,61	1 790	—	143,20	161,10
33 908	5 440	—	435,20	489,60	1 800	—	144,—	162,—
33 944	5 451	—	436,08	490,59	1 808	—	144,64	162,72
33 980	5 462	—	436,96	491,58	1 816	—	145,28	163,44
34 016	5 472	—	437,76	492,48	1 824	—	145,92	164,16
34 052	5 483	—	438,64	493,47	1 832	—	146,56	164,88
34 088	5 494	—	439,52	494,46	1 840	—	147,20	165,60
34 124	5 505	—	440,40	495,45	1 850	—	148,—	166,50
34 160	5 515	—	441,20	496,35	1 858	—	148,64	167,22
34 196	5 526	—	442,08	497,34	1 866	—	149,28	167,94
34 232	5 537	—	442,96	498,33	1 874	—	149,92	168,66
34 268	5 548	—	443,84	499,32	1 882	—	150,56	169,38
34 304	5 558	—	444,64	500,22	1 892	—	151,36	170,28
34 340	5 569	—	445,52	501,21	1 900	—	152,—	171,—
34 376	5 580	—	446,40	502,20	1 908	—	152,64	171,72
34 412	5 591	—	447,28	503,19	1 916	—	153,28	172,44
34 448	5 602	—	448,16	504,18	1 926	—	154,08	173,34
34 484	5 612	—	448,96	505,08	1 934	—	154,72	174,06
34 520	5 623	—	449,84	506,07	1 942	—	155,36	174,78
34 556	5 634	—	450,72	507,06	1 950	—	156,—	175,50
34 592	5 645	—	451,60	508,05	1 960	—	156,80	176,40
34 628	5 656	—	452,48	509,04	1 968	—	157,44	177,12
34 664	5 666	—	453,28	509,94	1 976	—	158,08	177,84
34 700	5 677	—	454,16	510,93	1 984	—	158,72	178,56
34 736	5 688	—	455,04	511,92	1 994	—	159,52	179,46
34 772	5 699	—	455,92	512,91	2 002	—	160,16	180,18
34 808	5 710	—	456,80	513,90	2 010	—	160,80	180,90
34 844	5 721	—	457,68	514,89	2 020	—	161,60	181,80
34 880	5 731	—	458,48	515,79	2 028	—	162,24	182,52
34 916	5 742	—	459,36	516,78	2 036	—	162,88	183,24
34 952	5 753	—	460,24	517,77	2 046	—	163,68	184,14
34 988	5 764	—	461,12	518,76	2 054	—	164,32	184,86
35 024	5 775	—	462,—	519,75	2 062	—	164,96	185,58
35 060	5 786	—	462,88	520,74	2 070	—	165,60	186,30
35 096	5 797	—	463,76	521,73	2 080	—	166,40	187,20
35 132	5 807	—	464,56	522,63	2 088	—	167,04	187,92
35 168	5 818	—	465,44	523,62	2 096	—	167,68	188,64
35 204	5 829	—	466,32	524,61	2 106	—	168,48	189,54
35 240	5 840	—	467,20	525,60	2 114	—	169,12	190,26
35 276	5 851	—	468,08	526,59	2 122	—	169,76	190,98
35 312	5 862	—	468,96	527,58	2 132	—	170,56	191,88
35 348	5 873	—	469,84	528,57	2 140	—	171,20	192,60
35 384	5 884	—	470,72	529,56	2 148	—	171,84	193,32
35 420	5 895	—	471,60	530,55	2 158	—	172,64	194,22
35 456	5 905	—	472,40	531,45	2 166	—	173,28	194,94
35 492	5 916	—	473,28	532,44	2 174	—	173,92	195,66
35 528	5 927	—	474,16	533,43	2 184	—	174,72	196,56
35 564	5 938	—	475,04	534,42	2 192	—	175,36	197,28
35 600	5 949	—	475,92	535,41	2 200	—	176,—	198,—
35 636	5 960	—	476,80	536,40	2 210	—	176,80	198,90
35 672	5 971	—	477,68	537,39	2 218	—	177,44	199,62
35 708	5 982	—	478,56	538,38	2 226	—	178,08	200,34
35 744	5 993	—	479,44	539,37	2 236	—	178,88	201,24
35 780	6 004	—	480,32	540,36	2 244	—	179,52	201,96
35 816	6 015	—	481,20	541,35	2 252	—	180,16	202,68

Zu versteuerndes Einkommen in €*	Abzüge an Einkommensteuer, Solidaritätszuschlag und Kirchensteuer							
	Grundtabelle				Splittingtabelle			
	ESt	SolZ	8%	9%	ESt	SolZ	8%	9%
35 852	6 026	—	482,08	542,34	2 262	—	180,96	203,58
35 888	6 037	—	482,96	543,33	2 270	—	181,60	204,30
35 924	6 048	—	483,84	544,32	2 280	—	182,40	205,20
35 960	6 059	—	484,72	545,31	2 288	—	183,04	205,92
35 996	6 070	—	485,60	546,30	2 296	—	183,68	206,64
36 032	6 081	—	486,48	547,29	2 306	—	184,48	207,54
36 068	6 092	—	487,36	548,28	2 314	—	185,12	208,26
36 104	6 103	—	488,24	549,27	2 322	—	185,76	208,98
36 140	6 114	—	489,12	550,26	2 332	—	186,56	209,88
36 176	6 125	—	490,—	551,25	2 340	—	187,20	210,60
36 212	6 136	—	490,88	552,24	2 348	—	187,84	211,32
36 248	6 147	—	491,76	553,23	2 358	—	188,64	212,22
36 284	6 158	—	492,64	554,22	2 366	—	189,28	212,94
36 320	6 169	—	493,52	555,21	2 374	—	189,92	213,66
36 356	6 180	—	494,40	556,20	2 384	—	190,72	214,56
36 392	6 191	—	495,28	557,19	2 392	—	191,36	215,28
36 428	6 202	—	496,16	558,18	2 400	—	192,—	216,—
36 464	6 213	—	497,04	559,17	2 410	—	192,80	216,90
36 500	6 224	—	497,92	560,16	2 418	—	193,44	217,62
36 536	6 235	—	498,80	561,15	2 428	—	194,24	218,52
36 572	6 246	—	499,68	562,14	2 436	—	194,88	219,24
36 608	6 257	—	500,56	563,13	2 444	—	195,52	219,96
36 644	6 268	—	501,44	564,12	2 454	—	196,32	220,86
36 680	6 279	—	502,32	565,11	2 462	—	196,96	221,58
36 716	6 290	—	503,20	566,10	2 470	—	197,60	222,30
36 752	6 302	—	504,16	567,18	2 480	—	198,40	223,20
36 788	6 313	—	505,04	568,17	2 488	—	199,04	223,92
36 824	6 324	—	505,92	569,16	2 498	—	199,84	224,82
36 860	6 335	—	506,80	570,15	2 506	—	200,48	225,54
36 896	6 346	—	507,68	571,14	2 514	—	201,12	226,26
36 932	6 357	—	508,56	572,13	2 524	—	201,92	227,16
36 968	6 368	—	509,44	573,12	2 532	—	202,56	227,88
37 004	6 379	—	510,32	574,11	2 540	—	203,20	228,60
37 040	6 390	—	511,20	575,10	2 550	—	204,—	229,50
37 076	6 402	—	512,16	576,18	2 558	—	204,64	230,22
37 112	6 413	—	513,04	577,17	2 568	—	205,44	231,12
37 148	6 424	—	513,92	578,16	2 576	—	206,08	231,84
37 184	6 435	—	514,80	579,15	2 584	—	206,72	232,56
37 220	6 446	—	515,68	580,14	2 594	—	207,52	233,46
37 256	6 457	—	516,56	581,13	2 602	—	208,16	234,18
37 292	6 468	—	517,44	582,12	2 612	—	208,96	235,08
37 328	6 480	—	518,40	583,20	2 620	—	209,60	235,80
37 364	6 491	—	519,28	584,19	2 628	—	210,24	236,52
37 400	6 502	—	520,16	585,18	2 638	—	211,04	237,42
37 436	6 513	—	521,04	586,17	2 646	—	211,68	238,14
37 472	6 524	—	521,92	587,16	2 656	—	212,48	239,04
37 508	6 535	—	522,80	588,15	2 664	—	213,12	239,76
37 544	6 547	—	523,76	589,23	2 672	—	213,76	240,48
37 580	6 558	—	524,64	590,22	2 682	—	214,56	241,38
37 616	6 569	—	525,52	591,21	2 690	—	215,20	242,10
37 652	6 580	—	526,40	592,20	2 700	—	216,—	243,—
37 688	6 591	—	527,28	593,19	2 708	—	216,64	243,72
37 724	6 603	—	528,24	594,27	2 716	—	217,28	244,44
37 760	6 614	—	529,12	595,26	2 726	—	218,08	245,34
37 796	6 625	—	530,—	596,25	2 734	—	218,72	246,06
37 832	6 636	—	530,88	597,24	2 744	—	219,52	246,96
37 868	6 647	—	531,76	598,23	2 752	—	220,16	247,68
37 904	6 659	—	532,72	599,31	2 760	—	220,80	248,40
37 940	6 670	—	533,60	600,30	2 770	—	221,60	249,30
37 976	6 681	—	534,48	601,29	2 778	—	222,24	250,02

* Die Steuerabzugsbeträge gelten nur für das ausgewiesene zu versteuernde Einkommen. Zwischenwerte müssen elektronisch berechnet werden.

EINKOMMEN 38 012,–

Zu versteuerndes Einkommen in €*	Abzüge an Einkommensteuer, Solidaritätszuschlag und Kirchensteuer: Grundtabelle ESt	Grundtabelle SolZ	Grundtabelle 8%	Grundtabelle 9%	Splittingtabelle ESt	Splittingtabelle SolZ	Splittingtabelle 8%	Splittingtabelle 9%
38 012	6 692	—	535,36	602,28	2 788	—	223,04	250,92
38 048	6 704	—	536,32	603,36	2 796	—	223,68	251,64
38 084	6 715	—	537,20	604,35	2 804	—	224,32	252,36
38 120	6 726	—	538,08	605,34	2 814	—	225,12	253,26
38 156	6 737	—	538,96	606,33	2 822	—	225,76	253,98
38 192	6 749	—	539,92	607,41	2 832	—	226,56	254,88
38 228	6 760	—	540,80	608,40	2 840	—	227,20	255,60
38 264	6 771	—	541,68	609,39	2 850	—	228,—	256,50
38 300	6 782	—	542,56	610,38	2 858	—	228,64	257,22
38 336	6 794	—	543,52	611,46	2 866	—	229,28	257,94
38 372	6 805	—	544,40	612,45	2 876	—	230,08	258,84
38 408	6 816	—	545,28	613,44	2 884	—	230,72	259,56
38 444	6 828	—	546,24	614,52	2 894	—	231,52	260,46
38 480	6 839	—	547,12	615,51	2 902	—	232,16	261,18
38 516	6 850	—	548,—	616,50	2 912	—	232,96	262,08
38 552	6 862	—	548,96	617,58	2 920	—	233,60	262,80
38 588	6 873	—	549,84	618,57	2 928	—	234,24	263,52
38 624	6 884	—	550,72	619,56	2 938	—	235,04	264,42
38 660	6 896	—	551,68	620,64	2 946	—	235,68	265,14
38 696	6 907	—	552,56	621,63	2 956	—	236,48	266,04
38 732	6 918	—	553,44	622,62	2 964	—	237,12	266,76
38 768	6 930	—	554,40	623,70	2 974	—	237,92	267,66
38 804	6 941	—	555,28	624,69	2 982	—	238,56	268,38
38 840	6 952	—	556,16	625,68	2 990	—	239,20	269,10
38 876	6 964	—	557,12	626,76	3 000	—	240,—	270,—
38 912	6 975	—	558,—	627,75	3 008	—	240,64	270,72
38 948	6 986	—	558,88	628,74	3 018	—	241,44	271,62
38 984	6 998	—	559,84	629,82	3 026	—	242,08	272,34
39 020	7 009	—	560,72	630,81	3 036	—	242,88	273,24
39 056	7 020	—	561,60	631,80	3 044	—	243,52	273,96
39 092	7 032	—	562,56	632,88	3 054	—	244,32	274,86
39 128	7 043	—	563,44	633,87	3 062	—	244,96	275,58
39 164	7 055	—	564,40	634,95	3 070	—	245,60	276,30
39 200	7 066	—	565,28	635,94	3 080	—	246,40	277,20
39 236	7 077	—	566,16	636,93	3 088	—	247,04	277,92
39 272	7 089	—	567,12	638,01	3 098	—	247,84	278,82
39 308	7 100	—	568,—	639,—	3 106	—	248,48	279,54
39 344	7 112	—	568,96	640,08	3 116	—	249,28	280,44
39 380	7 123	—	569,84	641,07	3 124	—	249,92	281,16
39 416	7 134	—	570,72	642,06	3 134	—	250,72	282,06
39 452	7 146	—	571,68	643,14	3 142	—	251,36	282,78
39 488	7 157	—	572,56	644,13	3 152	—	252,16	283,68
39 524	7 169	—	573,52	645,21	3 160	—	252,80	284,40
39 560	7 180	—	574,40	646,20	3 168	—	253,44	285,12
39 596	7 192	—	575,36	647,28	3 178	—	254,24	286,02
39 632	7 203	—	576,24	648,27	3 186	—	254,88	286,74
39 668	7 214	—	577,12	649,26	3 196	—	255,68	287,64
39 704	7 226	—	578,08	650,34	3 204	—	256,32	288,36
39 740	7 237	—	578,96	651,33	3 214	—	257,12	289,26
39 776	7 249	—	579,92	652,41	3 222	—	257,76	289,98
39 812	7 260	—	580,80	653,40	3 232	—	258,56	290,88
39 848	7 272	—	581,76	654,48	3 240	—	259,20	291,60
39 884	7 283	—	582,64	655,47	3 250	—	260,—	292,50
39 920	7 295	—	583,60	656,55	3 258	—	260,64	293,22
39 956	7 306	—	584,48	657,54	3 268	—	261,44	294,12
39 992	7 318	—	585,44	658,62	3 276	—	262,08	294,84
40 028	7 329	—	586,32	659,61	3 286	—	262,88	295,74
40 064	7 341	—	587,28	660,69	3 294	—	263,52	296,46
40 100	7 352	—	588,16	661,68	3 304	—	264,32	297,36
40 136	7 364	—	589,12	662,76	3 312	—	264,96	298,08

Zu versteuerndes Einkommen in €*	Abzüge an Einkommensteuer, Solidaritätszuschlag und Kirchensteuer: Grundtabelle ESt	Grundtabelle SolZ	Grundtabelle 8%	Grundtabelle 9%	Splittingtabelle ESt	Splittingtabelle SolZ	Splittingtabelle 8%	Splittingtabelle 9%
40 172	7 375	—	590,—	663,75	3 320	—	265,60	298,80
40 208	7 387	—	590,96	664,83	3 330	—	266,40	299,70
40 244	7 398	—	591,84	665,82	3 338	—	267,04	300,42
40 280	7 410	—	592,80	666,90	3 348	—	267,84	301,32
40 316	7 421	—	593,68	667,89	3 356	—	268,48	302,04
40 352	7 433	—	594,64	668,97	3 366	—	269,28	302,94
40 388	7 445	—	595,60	670,05	3 374	—	269,92	303,66
40 424	7 456	—	596,48	671,04	3 384	—	270,72	304,56
40 460	7 468	—	597,44	672,12	3 392	—	271,36	305,28
40 496	7 479	—	598,32	673,11	3 402	—	272,16	306,18
40 532	7 491	—	599,28	674,19	3 410	—	272,80	306,90
40 568	7 502	—	600,16	675,18	3 420	—	273,60	307,80
40 604	7 514	—	601,12	676,26	3 428	—	274,24	308,52
40 640	7 525	—	602,—	677,25	3 438	—	275,04	309,42
40 676	7 537	—	602,96	678,33	3 446	—	275,68	310,14
40 712	7 549	—	603,92	679,41	3 456	—	276,48	311,04
40 748	7 560	—	604,80	680,40	3 464	—	277,12	311,76
40 784	7 572	—	605,76	681,48	3 474	—	277,92	312,66
40 820	7 583	—	606,64	682,47	3 482	—	278,56	313,38
40 856	7 595	—	607,60	683,55	3 492	—	279,36	314,28
40 892	7 607	—	608,56	684,63	3 500	—	280,—	315,—
40 928	7 618	—	609,44	685,62	3 510	—	280,80	315,90
40 964	7 630	—	610,40	686,70	3 518	—	281,44	316,62
41 000	7 641	—	611,28	687,69	3 528	—	282,24	317,52
41 036	7 653	—	612,24	688,77	3 536	—	282,88	318,24
41 072	7 665	—	613,20	689,85	3 546	—	283,68	319,14
41 108	7 676	—	614,08	690,84	3 554	—	284,32	319,86
41 144	7 688	—	615,04	691,92	3 564	—	285,12	320,76
41 180	7 700	—	616,—	693,—	3 572	—	285,76	321,48
41 216	7 711	—	616,88	693,99	3 582	—	286,56	322,38
41 252	7 723	—	617,84	695,07	3 590	—	287,20	323,10
41 288	7 735	—	618,80	696,15	3 600	—	288,—	324,—
41 324	7 746	—	619,68	697,14	3 610	—	288,80	324,90
41 360	7 758	—	620,64	698,22	3 618	—	289,44	325,62
41 396	7 770	—	621,60	699,30	3 628	—	290,24	326,52
41 432	7 781	—	622,48	700,29	3 636	—	290,88	327,24
41 468	7 793	—	623,44	701,37	3 646	—	291,68	328,14
41 504	7 805	—	624,40	702,45	3 654	—	292,32	328,86
41 540	7 816	—	625,28	703,44	3 664	—	293,12	329,76
41 576	7 828	—	626,24	704,52	3 672	—	293,76	330,48
41 612	7 840	—	627,20	705,60	3 682	—	294,56	331,38
41 648	7 851	—	628,08	706,59	3 690	—	295,20	332,10
41 684	7 863	—	629,04	707,67	3 700	—	296,—	333,—
41 720	7 875	—	630,—	708,75	3 708	—	296,64	333,72
41 756	7 887	—	630,96	709,83	3 718	—	297,44	334,62
41 792	7 898	—	631,84	710,82	3 726	—	298,08	335,34
41 828	7 910	—	632,80	711,90	3 736	—	298,88	336,24
41 864	7 922	—	633,76	712,98	3 744	—	299,52	336,96
41 900	7 934	—	634,72	714,06	3 754	—	300,32	337,86
41 936	7 945	—	635,60	715,05	3 764	—	301,12	338,76
41 972	7 957	—	636,56	716,13	3 772	—	301,76	339,48
42 008	7 969	—	637,52	717,21	3 782	—	302,56	340,38
42 044	7 981	—	638,48	718,29	3 790	—	303,20	341,10
42 080	7 992	—	639,36	719,28	3 800	—	304,—	342,—
42 116	8 004	—	640,32	720,36	3 808	—	304,64	342,72
42 152	8 016	—	641,28	721,44	3 818	—	305,44	343,62
42 188	8 028	—	642,24	722,52	3 826	—	306,08	344,34
42 224	8 039	—	643,12	723,51	3 836	—	306,88	345,24
42 260	8 051	—	644,08	724,59	3 844	—	307,52	345,96
42 296	8 063	—	645,04	725,67	3 854	—	308,32	346,86

* Die Steuerabzugsbeträge gelten nur für das ausgewiesene zu versteuernde Einkommen. Zwischenwerte müssen elektronisch berechnet werden.

46 616,– EINKOMMEN

Zu versteuerndes Einkommen in €*	Abzüge an Einkommensteuer, Solidaritätszuschlag und Kirchensteuer: Grundtabelle				Splittingtabelle			
	ESt	SolZ	8%	9%	ESt	SolZ	8%	9%
42 332	8 075	–	646,–	726,75	3 864	–	309,12	347,76
42 368	8 087	–	646,96	727,83	3 872	–	309,76	348,48
42 404	8 098	–	647,84	728,82	3 882	–	310,56	349,38
42 440	8 110	–	648,80	729,90	3 890	–	311,20	350,10
42 476	8 122	–	649,76	730,98	3 900	–	312,–	351,–
42 512	8 134	–	650,72	732,06	3 908	–	312,64	351,72
42 548	8 146	–	651,68	733,14	3 918	–	313,44	352,62
42 584	8 157	–	652,56	734,13	3 926	–	314,08	353,34
42 620	8 169	–	653,52	735,21	3 936	–	314,88	354,24
42 656	8 181	–	654,48	736,29	3 946	–	315,68	355,14
42 692	8 193	–	655,44	737,37	3 954	–	316,32	355,86
42 728	8 205	–	656,40	738,45	3 964	–	317,12	356,76
42 764	8 217	–	657,36	739,53	3 972	–	317,76	357,48
42 800	8 228	–	658,24	740,52	3 982	–	318,56	358,38
42 836	8 240	–	659,20	741,60	3 990	–	319,20	359,10
42 872	8 252	–	660,16	742,68	4 000	–	320,–	360,–
42 908	8 264	–	661,12	743,76	4 008	–	320,64	360,72
42 944	8 276	–	662,08	744,84	4 018	–	321,44	361,62
42 980	8 288	–	663,04	745,92	4 028	–	322,24	362,52
43 016	8 300	–	664,–	747,–	4 036	–	322,88	363,24
43 052	8 312	–	664,96	748,08	4 046	–	323,68	364,14
43 088	8 323	–	665,84	749,07	4 054	–	324,32	364,86
43 124	8 335	–	666,80	750,15	4 064	–	325,12	365,76
43 160	8 347	–	667,76	751,23	4 074	–	325,92	366,66
43 196	8 359	–	668,72	752,31	4 082	–	326,56	367,38
43 232	8 371	–	669,68	753,39	4 092	–	327,36	368,28
43 268	8 383	–	670,64	754,47	4 100	–	328,–	369,–
43 304	8 395	–	671,60	755,55	4 110	–	328,80	369,90
43 340	8 407	–	672,56	756,63	4 118	–	329,44	370,62
43 376	8 419	–	673,52	757,71	4 128	–	330,24	371,52
43 412	8 431	–	674,48	758,79	4 138	–	331,04	372,42
43 448	8 443	–	675,44	759,87	4 146	–	331,68	373,14
43 484	8 455	–	676,40	760,95	4 156	–	332,48	374,04
43 520	8 466	–	677,28	761,94	4 164	–	333,12	374,76
43 556	8 478	–	678,24	763,02	4 174	–	333,92	375,66
43 592	8 490	–	679,20	764,10	4 184	–	334,72	376,56
43 628	8 502	–	680,16	765,18	4 192	–	335,36	377,28
43 664	8 514	–	681,12	766,26	4 202	–	336,16	378,18
43 700	8 526	–	682,08	767,34	4 210	–	336,80	378,90
43 736	8 538	–	683,04	768,42	4 220	–	337,60	379,80
43 772	8 550	–	684,–	769,50	4 228	–	338,24	380,52
43 808	8 562	–	684,96	770,58	4 238	–	339,04	381,42
43 844	8 574	–	685,92	771,66	4 248	–	339,84	382,32
43 880	8 586	–	686,88	772,74	4 256	–	340,48	383,04
43 916	8 598	–	687,84	773,82	4 266	–	341,28	383,94
43 952	8 610	–	688,80	774,90	4 274	–	341,92	384,66
43 988	8 622	–	689,76	775,98	4 284	–	342,72	385,56
44 024	8 634	–	690,72	777,06	4 294	–	343,52	386,46
44 060	8 646	–	691,68	778,14	4 302	–	344,16	387,18
44 096	8 658	–	692,64	779,22	4 312	–	344,96	388,08
44 132	8 670	–	693,60	780,30	4 322	–	345,76	388,98
44 168	8 682	–	694,56	781,38	4 330	–	346,40	389,70
44 204	8 694	–	695,52	782,46	4 340	–	347,20	390,60
44 240	8 706	–	696,48	783,54	4 348	–	347,84	391,32
44 276	8 718	–	697,44	784,62	4 358	–	348,64	392,22
44 312	8 730	–	698,40	785,70	4 368	–	349,44	393,12
44 348	8 742	–	699,36	786,78	4 376	–	350,08	393,84
44 384	8 754	–	700,32	787,86	4 386	–	350,88	394,74
44 420	8 767	–	701,36	789,03	4 394	–	351,52	395,46
44 456	8 779	–	702,32	790,11	4 404	–	352,32	396,36
44 492	8 791	–	703,28	791,19	4 414	–	353,12	397,26
44 528	8 803	–	704,24	792,27	4 422	–	353,76	397,98
44 564	8 815	–	705,20	793,35	4 432	–	354,56	398,88
44 600	8 827	–	706,16	794,43	4 442	–	355,36	399,78
44 636	8 839	–	707,12	795,51	4 450	–	356,–	400,50
44 672	8 851	–	708,08	796,59	4 460	–	356,80	401,40
44 708	8 863	–	709,04	797,67	4 468	–	357,44	402,12
44 744	8 875	–	710,–	798,75	4 478	–	358,24	403,02
44 780	8 887	–	710,96	799,83	4 488	–	359,04	403,92
44 816	8 899	–	711,92	800,91	4 496	–	359,68	404,64
44 852	8 912	–	712,96	802,08	4 506	–	360,48	405,54
44 888	8 924	–	713,92	803,16	4 516	–	361,28	406,44
44 924	8 936	–	714,88	804,24	4 524	–	361,92	407,16
44 960	8 948	–	715,84	805,32	4 534	–	362,72	408,06
44 996	8 960	–	716,80	806,40	4 542	–	363,36	408,78
45 032	8 972	–	717,76	807,48	4 552	–	364,16	409,68
45 068	8 984	–	718,72	808,56	4 562	–	364,96	410,58
45 104	8 996	–	719,68	809,64	4 570	–	365,60	411,30
45 140	9 009	–	720,72	810,81	4 580	–	366,40	412,20
45 176	9 021	–	721,68	811,89	4 590	–	367,20	413,10
45 212	9 033	–	722,64	812,97	4 598	–	367,84	413,82
45 248	9 045	–	723,60	814,05	4 608	–	368,64	414,72
45 284	9 057	–	724,56	815,13	4 618	–	369,44	415,62
45 320	9 069	–	725,52	816,21	4 626	–	370,08	416,34
45 356	9 082	–	726,56	817,38	4 636	–	370,88	417,24
45 392	9 094	–	727,52	818,46	4 646	–	371,68	418,14
45 428	9 106	–	728,48	819,54	4 654	–	372,32	418,86
45 464	9 118	–	729,44	820,62	4 664	–	373,12	419,76
45 500	9 130	–	730,40	821,70	4 672	–	373,76	420,48
45 536	9 143	–	731,44	822,87	4 682	–	374,56	421,38
45 572	9 155	–	732,40	823,95	4 692	–	375,36	422,28
45 608	9 167	–	733,36	825,03	4 700	–	376,–	423,–
45 644	9 179	–	734,32	826,11	4 710	–	376,80	423,90
45 680	9 191	–	735,28	827,19	4 720	–	377,60	424,80
45 716	9 204	–	736,32	828,36	4 728	–	378,24	425,52
45 752	9 216	–	737,28	829,44	4 738	–	379,04	426,42
45 788	9 228	–	738,24	830,52	4 748	–	379,84	427,32
45 824	9 240	–	739,20	831,60	4 756	–	380,48	428,04
45 860	9 253	–	740,24	832,77	4 766	–	381,28	428,94
45 896	9 265	–	741,20	833,85	4 776	–	382,08	429,84
45 932	9 277	–	742,16	834,93	4 784	–	382,72	430,56
45 968	9 289	–	743,12	836,01	4 794	–	383,52	431,46
46 004	9 302	–	744,16	837,18	4 804	–	384,32	432,36
46 040	9 314	–	745,12	838,26	4 812	–	384,96	433,08
46 076	9 326	–	746,08	839,34	4 822	–	385,76	433,98
46 112	9 338	–	747,04	840,42	4 832	–	386,56	434,88
46 148	9 351	–	748,08	841,59	4 840	–	387,20	435,60
46 184	9 363	–	749,04	842,67	4 850	–	388,–	436,50
46 220	9 375	–	750,–	843,75	4 860	–	388,80	437,40
46 256	9 388	–	751,04	844,92	4 868	–	389,44	438,12
46 292	9 400	–	752,–	846,–	4 878	–	390,24	439,02
46 328	9 412	–	752,96	847,08	4 888	–	391,04	439,92
46 364	9 424	–	753,92	848,16	4 896	–	391,68	440,64
46 400	9 437	–	754,96	849,33	4 906	–	392,48	441,54
46 436	9 449	–	755,92	850,41	4 916	–	393,28	442,44
46 472	9 461	–	756,88	851,49	4 924	–	393,92	443,16
46 508	9 474	–	757,92	852,66	4 934	–	394,72	444,06
46 544	9 486	–	758,88	853,74	4 944	–	395,52	444,96
46 580	9 498	–	759,84	854,82	4 954	–	396,32	445,86
46 616	9 511	–	760,88	855,99	4 962	–	396,96	446,58

* Die Steuerabzugsbeträge gelten nur für das ausgewiesene zu versteuernde Einkommen. Zwischenwerte müssen elektronisch berechnet werden.

EINKOMMEN 46 652,–

Zu versteuerndes Einkommen in €*	Abzüge an Einkommensteuer, Solidaritätszuschlag und Kirchensteuer								Zu versteuerndes Einkommen in €*	Abzüge an Einkommensteuer, Solidaritätszuschlag und Kirchensteuer							
	Grundtabelle				Splittingtabelle					Grundtabelle				Splittingtabelle			
	ESt	SolZ	8%	9%	ESt	SolZ	8%	9%		ESt	SolZ	8%	9%	ESt	SolZ	8%	9%
46 652	9 523	—	761,84	857,07	4 972	—	397,76	447,48	48 812	10 272	—	821,76	924,48	5 538	—	443,04	498,42
46 688	9 535	—	762,80	858,15	4 982	—	398,56	448,38	48 848	10 285	—	822,80	925,65	5 548	—	443,84	499,32
46 724	9 548	—	763,84	859,32	4 990	—	399,20	449,10	48 884	10 297	—	823,76	926,73	5 558	—	444,64	500,22
46 760	9 560	—	764,80	860,40	5 000	—	400,—	450,—	48 920	10 310	—	824,80	927,90	5 568	—	445,44	501,12
46 796	9 572	—	765,76	861,48	5 010	—	400,80	450,90	48 956	10 322	—	825,76	928,98	5 576	—	446,08	501,84
46 832	9 585	—	766,80	862,65	5 018	—	401,44	451,62	48 992	10 335	—	826,80	930,15	5 586	—	446,88	502,74
46 868	9 597	—	767,76	863,73	5 028	—	402,24	452,52	49 028	10 348	—	827,84	931,32	5 596	—	447,68	503,64
46 904	9 610	—	768,80	864,90	5 038	—	403,04	453,42	49 064	10 360	—	828,80	932,40	5 606	—	448,48	504,54
46 940	9 622	—	769,76	865,98	5 046	—	403,68	454,14	49 100	10 373	—	829,84	933,57	5 614	—	449,12	505,26
46 976	9 634	—	770,72	867,06	5 056	—	404,48	455,04	49 136	10 386	—	830,88	934,74	5 624	—	449,92	506,16
47 012	9 647	—	771,76	868,23	5 066	—	405,28	455,94	49 172	10 398	—	831,84	935,82	5 634	—	450,72	507,06
47 048	9 659	—	772,72	869,31	5 076	—	406,08	456,84	49 208	10 411	—	832,88	936,99	5 644	—	451,52	507,96
47 084	9 672	—	773,76	870,48	5 084	—	406,72	457,56	49 244	10 424	—	833,92	938,16	5 652	—	452,16	508,68
47 120	9 684	—	774,72	871,56	5 094	—	407,52	458,46	49 280	10 436	—	834,88	939,24	5 662	—	452,96	509,58
47 156	9 696	—	775,68	872,64	5 104	—	408,32	459,36	49 316	10 449	—	835,92	940,41	5 672	—	453,76	510,48
47 192	9 709	—	776,72	873,81	5 112	—	408,96	460,08	49 352	10 462	—	836,96	941,58	5 682	—	454,56	511,38
47 228	9 721	—	777,68	874,89	5 122	—	409,76	460,98	49 388	10 474	—	837,92	942,66	5 692	—	455,36	512,28
47 264	9 734	—	778,72	876,06	5 132	—	410,56	461,88	49 424	10 487	—	838,96	943,83	5 700	—	456,—	513,—
47 300	9 746	—	779,68	877,14	5 142	—	411,36	462,78	49 460	10 500	—	840,—	945,—	5 710	—	456,80	513,90
47 336	9 758	—	780,64	878,22	5 150	—	412,—	463,50	49 496	10 513	—	841,04	946,17	5 720	—	457,60	514,80
47 372	9 771	—	781,68	879,39	5 160	—	412,80	464,40	49 532	10 525	—	842,—	947,25	5 730	—	458,40	515,70
47 408	9 783	—	782,64	880,47	5 170	—	413,60	465,30	49 568	10 538	—	843,04	948,42	5 738	—	459,04	516,42
47 444	9 796	—	783,68	881,64	5 178	—	414,24	466,02	49 604	10 551	—	844,08	949,59	5 748	—	459,84	517,32
47 480	9 808	—	784,64	882,72	5 188	—	415,04	466,92	49 640	10 563	—	845,04	950,67	5 758	—	460,64	518,22
47 516	9 821	—	785,68	883,89	5 198	—	415,84	467,82	49 676	10 576	—	846,08	951,84	5 768	—	461,44	519,12
47 552	9 833	—	786,64	884,97	5 206	—	416,48	468,54	49 712	10 589	—	847,12	953,01	5 778	—	462,24	520,02
47 588	9 846	—	787,68	886,14	5 216	—	417,28	469,44	49 748	10 602	—	848,16	954,18	5 786	—	462,88	520,74
47 624	9 858	—	788,64	887,22	5 226	—	418,08	470,34	49 784	10 614	—	849,12	955,26	5 796	—	463,68	521,64
47 660	9 870	—	789,60	888,30	5 236	—	418,88	471,24	49 820	10 627	—	850,16	956,43	5 806	—	464,48	522,54
47 696	9 883	—	790,64	889,47	5 244	—	419,52	471,96	49 856	10 640	—	851,20	957,60	5 816	—	465,28	523,44
47 732	9 895	—	791,60	890,55	5 254	—	420,32	472,86	49 892	10 653	—	852,24	958,77	5 826	—	466,08	524,34
47 768	9 908	—	792,64	891,72	5 264	—	421,12	473,76	49 928	10 665	—	853,20	959,85	5 834	—	466,72	525,06
47 804	9 920	—	793,60	892,80	5 274	—	421,92	474,66	49 964	10 678	—	854,24	961,02	5 844	—	467,52	525,96
47 840	9 933	—	794,64	893,97	5 282	—	422,56	475,38	50 000	10 691	—	855,28	962,19	5 854	—	468,32	526,86
47 876	9 945	—	795,60	895,05	5 292	—	423,36	476,28	50 036	10 704	—	856,32	963,36	5 864	—	469,12	527,76
47 912	9 958	—	796,64	896,22	5 302	—	424,16	477,18	50 072	10 716	—	857,28	964,44	5 874	—	469,92	528,66
47 948	9 970	—	797,60	897,30	5 310	—	424,80	477,90	50 108	10 729	—	858,32	965,61	5 882	—	470,56	529,38
47 984	9 983	—	798,64	898,47	5 320	—	425,60	478,80	50 144	10 742	—	859,36	966,78	5 892	—	471,36	530,28
48 020	9 995	—	799,60	899,55	5 330	—	426,40	479,70	50 180	10 755	—	860,40	967,95	5 902	—	472,16	531,18
48 056	10 008	—	800,64	900,72	5 340	—	427,20	480,60	50 216	10 768	—	861,44	969,12	5 912	—	472,96	532,08
48 092	10 020	—	801,60	901,80	5 348	—	427,84	481,32	50 252	10 780	—	862,40	970,20	5 922	—	473,76	532,98
48 128	10 033	—	802,64	902,97	5 358	—	428,64	482,22	50 288	10 793	—	863,44	971,37	5 930	—	474,40	533,70
48 164	10 046	—	803,68	904,14	5 368	—	429,44	483,12	50 324	10 806	—	864,48	972,54	5 940	—	475,20	534,60
48 200	10 058	—	804,64	905,22	5 378	—	430,24	484,02	50 360	10 819	—	865,52	973,71	5 950	—	476,—	535,50
48 236	10 071	—	805,68	906,39	5 386	—	430,88	484,74	50 396	10 832	—	866,56	974,88	5 960	—	476,80	536,40
48 272	10 083	—	806,64	907,47	5 396	—	431,68	485,64	50 432	10 844	—	867,52	975,96	5 970	—	477,60	537,30
48 308	10 096	—	807,68	908,64	5 406	—	432,48	486,54	50 468	10 857	—	868,56	977,13	5 978	—	478,24	538,02
48 344	10 108	—	808,64	909,72	5 416	—	433,28	487,44	50 504	10 870	—	869,60	978,30	5 988	—	479,04	538,92
48 380	10 121	—	809,68	910,89	5 424	—	433,92	488,16	50 540	10 883	—	870,64	979,47	5 998	—	479,84	539,82
48 416	10 133	—	810,64	911,97	5 434	—	434,72	489,06	50 576	10 896	—	871,68	980,64	6 008	—	480,64	540,72
48 452	10 146	—	811,68	913,14	5 444	—	435,52	489,96	50 612	10 909	—	872,72	981,81	6 018	—	481,44	541,62
48 488	10 159	—	812,72	914,31	5 454	—	436,32	490,86	50 648	10 921	—	873,68	982,89	6 026	—	482,08	542,34
48 524	10 171	—	813,68	915,39	5 462	—	436,96	491,58	50 684	10 934	—	874,72	984,06	6 036	—	482,88	543,24
48 560	10 184	—	814,72	916,56	5 472	—	437,76	492,48	50 720	10 947	—	875,76	985,23	6 046	—	483,68	544,14
48 596	10 196	—	815,68	917,64	5 482	—	438,56	493,38	50 756	10 960	—	876,80	986,40	6 056	—	484,48	545,04
48 632	10 209	—	816,72	918,81	5 492	—	439,36	494,28	50 792	10 973	—	877,84	987,57	6 066	—	485,28	545,94
48 668	10 222	—	817,76	919,98	5 500	—	440,—	495,—	50 828	10 986	—	878,88	988,74	6 076	—	486,08	546,84
48 704	10 234	—	818,72	921,06	5 510	—	440,80	495,90	50 864	10 999	—	879,92	989,91	6 084	—	486,72	547,56
48 740	10 247	—	819,76	922,23	5 520	—	441,60	496,80	50 900	11 012	—	880,96	991,08	6 094	—	487,52	548,46
48 776	10 259	—	820,72	923,31	5 530	—	442,40	497,70	50 936	11 024	—	881,92	992,16	6 104	—	488,32	549,36

* Die Steuerabzugsbeträge gelten nur für das ausgewiesene zu versteuernde Einkommen. Zwischenwerte müssen elektronisch berechnet werden.

55 256,– EINKOMMEN

Zu versteuerndes Einkommen in €*	Grundtabelle ESt	Grundtabelle SolZ	Grundtabelle 8%	Grundtabelle 9%	Splittingtabelle ESt	Splittingtabelle SolZ	Splittingtabelle 8%	Splittingtabelle 9%
50 972	11 037	—	882,96	993,33	6 114	—	489,12	550,26
51 008	11 050	—	884,—	994,50	6 124	—	489,92	551,16
51 044	11 063	—	885,04	995,67	6 132	—	490,56	551,88
51 080	11 076	—	886,08	996,84	6 142	—	491,36	552,78
51 116	11 089	—	887,12	998,01	6 152	—	492,16	553,68
51 152	11 102	—	888,16	999,18	6 162	—	492,96	554,58
51 188	11 115	—	889,20	1 000,35	6 172	—	493,76	555,48
51 224	11 128	—	890,24	1 001,52	6 182	—	494,56	556,38
51 260	11 141	—	891,28	1 002,69	6 190	—	495,20	557,10
51 296	11 154	—	892,32	1 003,86	6 200	—	496,—	558,—
51 332	11 166	—	893,28	1 004,94	6 210	—	496,80	558,90
51 368	11 179	—	894,32	1 006,11	6 220	—	497,60	559,80
51 404	11 192	—	895,36	1 007,28	6 230	—	498,40	560,70
51 440	11 205	—	896,40	1 008,45	6 240	—	499,20	561,60
51 476	11 218	—	897,44	1 009,62	6 248	—	499,84	562,32
51 512	11 231	—	898,48	1 010,79	6 258	—	500,64	563,22
51 548	11 244	—	899,52	1 011,96	6 268	—	501,44	564,12
51 584	11 257	—	900,56	1 013,13	6 278	—	502,24	565,02
51 620	11 270	—	901,60	1 014,30	6 288	—	503,04	565,92
51 656	11 283	—	902,64	1 015,47	6 298	—	503,84	566,82
51 692	11 296	—	903,68	1 016,64	6 308	—	504,64	567,72
51 728	11 309	—	904,72	1 017,81	6 316	—	505,28	568,44
51 764	11 322	—	905,76	1 018,98	6 326	—	506,08	569,34
51 800	11 335	—	906,80	1 020,15	6 336	—	506,88	570,24
51 836	11 348	—	907,84	1 021,32	6 346	—	507,68	571,14
51 872	11 361	—	908,88	1 022,49	6 356	—	508,48	572,04
51 908	11 374	—	909,92	1 023,66	6 366	—	509,28	572,94
51 944	11 387	—	910,96	1 024,83	6 376	—	510,08	573,84
51 980	11 400	—	912,—	1 026,—	6 384	—	510,72	574,56
52 016	11 413	—	913,04	1 027,17	6 394	—	511,52	575,46
52 052	11 426	—	914,08	1 028,34	6 404	—	512,32	576,36
52 088	11 439	—	915,12	1 029,51	6 414	—	513,12	577,26
52 124	11 452	—	916,16	1 030,68	6 424	—	513,92	578,16
52 160	11 465	—	917,20	1 031,85	6 434	—	514,72	579,06
52 196	11 478	—	918,24	1 033,02	6 444	—	515,52	579,96
52 232	11 491	—	919,28	1 034,19	6 452	—	516,16	580,68
52 268	11 504	—	920,32	1 035,36	6 462	—	516,96	581,58
52 304	11 517	—	921,36	1 036,53	6 472	—	517,76	582,48
52 340	11 531	—	922,48	1 037,79	6 482	—	518,56	583,38
52 376	11 544	—	923,52	1 038,96	6 492	—	519,36	584,28
52 412	11 557	—	924,56	1 040,13	6 502	—	520,16	585,18
52 448	11 570	—	925,60	1 041,30	6 512	—	520,96	586,08
52 484	11 583	—	926,64	1 042,47	6 522	—	521,76	586,98
52 520	11 596	—	927,68	1 043,64	6 530	—	522,40	587,70
52 556	11 609	—	928,72	1 044,81	6 540	—	523,20	588,60
52 592	11 622	—	929,76	1 045,98	6 550	—	524,—	589,50
52 628	11 635	—	930,80	1 047,15	6 560	—	524,80	590,40
52 664	11 648	—	931,84	1 048,32	6 570	—	525,60	591,30
52 700	11 661	—	932,88	1 049,49	6 580	—	526,40	592,20
52 736	11 675	—	934,—	1 050,75	6 590	—	527,20	593,10
52 772	11 688	—	935,04	1 051,92	6 600	—	528,—	594,—
52 808	11 701	—	936,08	1 053,09	6 608	—	528,64	594,72
52 844	11 714	—	937,12	1 054,26	6 618	—	529,44	595,62
52 880	11 727	—	938,16	1 055,43	6 628	—	530,24	596,52
52 916	11 740	—	939,20	1 056,60	6 638	—	531,04	597,42
52 952	11 753	—	940,24	1 057,77	6 648	—	531,84	598,32
52 988	11 767	—	941,36	1 059,03	6 658	—	532,64	599,22
53 024	11 780	—	942,40	1 060,20	6 668	—	533,44	600,12
53 060	11 793	—	943,44	1 061,37	6 678	—	534,24	601,02
53 096	11 806	—	944,48	1 062,54	6 688	—	535,04	601,92

Zu versteuerndes Einkommen in €*	Grundtabelle ESt	Grundtabelle SolZ	Grundtabelle 8%	Grundtabelle 9%	Splittingtabelle ESt	Splittingtabelle SolZ	Splittingtabelle 8%	Splittingtabelle 9%
53 132	11 819	—	945,52	1 063,71	6 696	—	535,68	602,64
53 168	11 832	—	946,56	1 064,88	6 706	—	536,48	603,54
53 204	11 846	—	947,68	1 066,14	6 716	—	537,28	604,44
53 240	11 859	—	948,72	1 067,31	6 726	—	538,08	605,34
53 276	11 872	—	949,76	1 068,48	6 736	—	538,88	606,24
53 312	11 885	—	950,80	1 069,65	6 746	—	539,68	607,14
53 348	11 898	—	951,84	1 070,82	6 756	—	540,48	608,04
53 384	11 911	—	952,88	1 071,99	6 766	—	541,28	608,94
53 420	11 925	—	954,—	1 073,25	6 776	—	542,08	609,84
53 456	11 938	—	955,04	1 074,42	6 786	—	542,88	610,74
53 492	11 951	—	956,08	1 075,59	6 794	—	543,52	611,46
53 528	11 964	—	957,12	1 076,76	6 804	—	544,32	612,36
53 564	11 978	—	958,24	1 078,02	6 814	—	545,12	613,26
53 600	11 991	—	959,28	1 079,19	6 824	—	545,92	614,16
53 636	12 004	—	960,32	1 080,36	6 834	—	546,72	615,06
53 672	12 017	—	961,36	1 081,53	6 844	—	547,52	615,96
53 708	12 030	—	962,40	1 082,70	6 854	—	548,32	616,86
53 744	12 044	—	963,52	1 083,96	6 864	—	549,12	617,76
53 780	12 057	—	964,56	1 085,13	6 874	—	549,92	618,66
53 816	12 070	—	965,60	1 086,30	6 884	—	550,72	619,56
53 852	12 083	—	966,64	1 087,47	6 894	—	551,52	620,46
53 888	12 097	—	967,76	1 088,73	6 902	—	552,16	621,18
53 924	12 110	—	968,80	1 089,90	6 912	—	552,96	622,08
53 960	12 123	—	969,84	1 091,07	6 922	—	553,76	622,98
53 996	12 137	—	970,96	1 092,33	6 932	—	554,56	623,88
54 032	12 150	—	972,—	1 093,50	6 942	—	555,36	624,78
54 068	12 163	—	973,04	1 094,67	6 952	—	556,16	625,68
54 104	12 176	—	974,08	1 095,84	6 962	—	556,96	626,58
54 140	12 190	—	975,20	1 097,10	6 972	—	557,76	627,48
54 176	12 203	—	976,24	1 098,27	6 982	—	558,56	628,38
54 212	12 216	—	977,28	1 099,44	6 992	—	559,36	629,28
54 248	12 230	—	978,40	1 100,70	7 002	—	560,16	630,18
54 284	12 243	—	979,44	1 101,87	7 012	—	560,96	631,08
54 320	12 256	—	980,48	1 103,04	7 022	—	561,76	631,98
54 356	12 270	—	981,60	1 104,30	7 032	—	562,56	632,88
54 392	12 283	—	982,64	1 105,47	7 040	—	563,20	633,60
54 428	12 296	—	983,68	1 106,64	7 050	—	564,—	634,50
54 464	12 310	—	984,80	1 107,90	7 060	—	564,80	635,40
54 500	12 323	—	985,84	1 109,07	7 070	—	565,60	636,30
54 536	12 336	—	986,88	1 110,24	7 080	—	566,40	637,20
54 572	12 350	—	988,—	1 111,50	7 090	—	567,20	638,10
54 608	12 363	—	989,04	1 112,67	7 100	—	568,—	639,—
54 644	12 376	—	990,08	1 113,84	7 110	—	568,80	639,90
54 680	12 390	—	991,20	1 115,10	7 120	—	569,60	640,80
54 716	12 403	—	992,24	1 116,27	7 130	—	570,40	641,70
54 752	12 416	—	993,28	1 117,44	7 140	—	571,20	642,60
54 788	12 430	—	994,40	1 118,70	7 150	—	572,—	643,50
54 824	12 443	—	995,44	1 119,87	7 160	—	572,80	644,40
54 860	12 457	—	996,56	1 121,13	7 170	—	573,60	645,30
54 896	12 470	—	997,60	1 122,30	7 180	—	574,40	646,20
54 932	12 483	—	998,64	1 123,47	7 190	—	575,20	647,10
54 968	12 497	—	999,76	1 124,73	7 200	—	576,—	648,—
55 004	12 510	—	1 000,80	1 125,90	7 210	—	576,80	648,90
55 040	12 523	—	1 001,84	1 127,07	7 218	—	577,44	649,62
55 076	12 537	—	1 002,96	1 128,33	7 228	—	578,24	650,52
55 112	12 550	—	1 004,—	1 129,50	7 238	—	579,04	651,42
55 148	12 564	—	1 005,12	1 130,76	7 248	—	579,84	652,32
55 184	12 577	—	1 006,16	1 131,93	7 258	—	580,64	653,22
55 220	12 591	—	1 007,28	1 133,19	7 268	—	581,44	654,12
55 256	12 604	—	1 008,32	1 134,36	7 278	—	582,24	655,02

* Die Steuerabzugsbeträge gelten nur für das ausgewiesene zu versteuernde Einkommen. Zwischenwerte müssen elektronisch berechnet werden.

EINKOMMEN 55 292,–

Zu versteuerndes Einkommen in €*	Abzüge an Einkommensteuer, Solidaritätszuschlag und Kirchensteuer							
	Grundtabelle				Splittingtabelle			
	ESt	SolZ	8%	9%	ESt	SolZ	8%	9%
55 292	12 617	—	1 009,36	1 135,53	7 288	—	583,04	655,92
55 328	12 631	—	1 010,48	1 136,79	7 298	—	583,84	656,82
55 364	12 644	—	1 011,52	1 137,96	7 308	—	584,64	657,72
55 400	12 658	—	1 012,64	1 139,22	7 318	—	585,44	658,62
55 436	12 671	—	1 013,68	1 140,39	7 328	—	586,24	659,52
55 472	12 685	—	1 014,80	1 141,65	7 338	—	587,04	660,42
55 508	12 698	—	1 015,84	1 142,82	7 348	—	587,84	661,32
55 544	12 712	—	1 016,96	1 144,08	7 358	—	588,64	662,22
55 580	12 725	—	1 018,–	1 145,25	7 368	—	589,44	663,12
55 616	12 739	—	1 019,12	1 146,51	7 378	—	590,24	664,02
55 652	12 752	—	1 020,16	1 147,68	7 388	—	591,04	664,92
55 688	12 766	—	1 021,28	1 148,94	7 398	—	591,84	665,82
55 724	12 779	—	1 022,32	1 150,11	7 408	—	592,64	666,72
55 760	12 793	—	1 023,44	1 151,37	7 418	—	593,44	667,62
55 796	12 806	—	1 024,48	1 152,54	7 428	—	594,24	668,52
55 832	12 820	—	1 025,60	1 153,80	7 438	—	595,04	669,42
55 868	12 833	—	1 026,64	1 154,97	7 448	—	595,84	670,32
55 904	12 847	—	1 027,76	1 156,23	7 458	—	596,64	671,22
55 940	12 860	—	1 028,80	1 157,40	7 468	—	597,44	672,12
55 976	12 874	—	1 029,92	1 158,66	7 478	—	598,24	673,02
56 012	12 887	—	1 030,96	1 159,83	7 488	—	599,04	673,92
56 048	12 901	—	1 032,08	1 161,09	7 498	—	599,84	674,82
56 084	12 914	—	1 033,12	1 162,26	7 508	—	600,64	675,72
56 120	12 928	—	1 034,24	1 163,52	7 518	—	601,44	676,62
56 156	12 941	—	1 035,28	1 164,69	7 528	—	602,24	677,52
56 192	12 955	—	1 036,40	1 165,95	7 538	—	603,04	678,42
56 228	12 969	—	1 037,52	1 167,21	7 548	—	603,84	679,32
56 264	12 982	—	1 038,56	1 168,38	7 558	—	604,64	680,22
56 300	12 996	—	1 039,68	1 169,64	7 568	—	605,44	681,12
56 336	13 009	—	1 040,72	1 170,81	7 578	—	606,24	682,02
56 372	13 023	—	1 041,84	1 172,07	7 588	—	607,04	682,92
56 408	13 036	—	1 042,88	1 173,24	7 598	—	607,84	683,82
56 444	13 050	—	1 044,–	1 174,50	7 608	—	608,64	684,72
56 480	13 064	—	1 045,12	1 175,76	7 618	—	609,44	685,62
56 516	13 077	—	1 046,16	1 176,93	7 628	—	610,24	686,52
56 552	13 091	—	1 047,28	1 178,19	7 638	—	611,04	687,42
56 588	13 104	—	1 048,32	1 179,36	7 648	—	611,84	688,32
56 624	13 118	—	1 049,44	1 180,62	7 658	—	612,64	689,22
56 660	13 132	—	1 050,56	1 181,88	7 668	—	613,44	690,12
56 696	13 145	—	1 051,60	1 183,05	7 678	—	614,24	691,02
56 732	13 159	—	1 052,72	1 184,31	7 688	—	615,04	691,92
56 768	13 172	—	1 053,76	1 185,48	7 698	—	615,84	692,82
56 804	13 186	—	1 054,88	1 186,74	7 708	—	616,64	693,72
56 840	13 200	—	1 056,–	1 188,–	7 718	—	617,44	694,62
56 876	13 213	—	1 057,04	1 189,17	7 728	—	618,24	695,52
56 912	13 227	—	1 058,16	1 190,43	7 738	—	619,04	696,42
56 948	13 241	—	1 059,28	1 191,69	7 748	—	619,84	697,32
56 984	13 254	—	1 060,32	1 192,86	7 758	—	620,64	698,22
57 020	13 268	—	1 061,44	1 194,12	7 768	—	621,44	699,12
57 056	13 282	—	1 062,56	1 195,38	7 778	—	622,24	700,02
57 092	13 295	—	1 063,60	1 196,55	7 788	—	623,04	700,92
57 128	13 309	—	1 064,72	1 197,81	7 798	—	623,84	701,82
57 164	13 323	—	1 065,84	1 199,07	7 808	—	624,64	702,72
57 200	13 336	—	1 066,88	1 200,24	7 818	—	625,44	703,62
57 236	13 350	—	1 068,–	1 201,50	7 828	—	626,24	704,52
57 272	13 364	—	1 069,12	1 202,76	7 838	—	627,04	705,42
57 308	13 377	—	1 070,16	1 203,93	7 848	—	627,84	706,32
57 344	13 391	—	1 071,28	1 205,19	7 858	—	628,64	707,22
57 380	13 405	—	1 072,40	1 206,45	7 868	—	629,44	708,12
57 416	13 419	—	1 073,52	1 207,71	7 878	—	630,24	709,02

Zu versteuerndes Einkommen in €*	Abzüge an Einkommensteuer, Solidaritätszuschlag und Kirchensteuer							
	Grundtabelle				Splittingtabelle			
	ESt	SolZ	8%	9%	ESt	SolZ	8%	9%
57 452	13 432	—	1 074,56	1 208,88	7 888	—	631,04	709,92
57 488	13 446	—	1 075,68	1 210,14	7 898	—	631,84	710,82
57 524	13 460	—	1 076,80	1 211,40	7 908	—	632,64	711,72
57 560	13 473	—	1 077,84	1 212,57	7 918	—	633,44	712,62
57 596	13 487	—	1 078,96	1 213,83	7 928	—	634,24	713,52
57 632	13 501	—	1 080,08	1 215,09	7 938	—	635,04	714,42
57 668	13 515	—	1 081,20	1 216,35	7 948	—	635,84	715,32
57 704	13 528	—	1 082,24	1 217,52	7 958	—	636,64	716,22
57 740	13 542	—	1 083,36	1 218,78	7 968	—	637,44	717,12
57 776	13 556	—	1 084,48	1 220,04	7 978	—	638,24	718,02
57 812	13 570	—	1 085,60	1 221,30	7 988	—	639,04	718,92
57 848	13 583	—	1 086,64	1 222,47	7 998	—	639,84	719,82
57 884	13 597	—	1 087,76	1 223,73	8 010	—	640,80	720,90
57 920	13 611	—	1 088,88	1 224,99	8 020	—	641,60	721,80
57 956	13 625	—	1 090,–	1 226,25	8 030	—	642,40	722,70
57 992	13 639	—	1 091,12	1 227,51	8 040	—	643,20	723,60
58 028	13 652	—	1 092,16	1 228,68	8 050	—	644,–	724,50
58 064	13 666	—	1 093,28	1 229,94	8 060	—	644,80	725,40
58 100	13 680	—	1 094,40	1 231,20	8 070	—	645,60	726,30
58 136	13 694	—	1 095,52	1 232,46	8 080	—	646,40	727,20
58 172	13 708	—	1 096,64	1 233,72	8 090	—	647,20	728,10
58 208	13 721	—	1 097,68	1 234,89	8 100	—	648,–	729,–
58 244	13 735	—	1 098,80	1 236,15	8 110	—	648,80	729,90
58 280	13 749	—	1 099,92	1 237,41	8 120	—	649,60	730,80
58 316	13 763	—	1 101,04	1 238,67	8 130	—	650,40	731,70
58 352	13 777	—	1 102,16	1 239,93	8 140	—	651,20	732,60
58 388	13 791	—	1 103,28	1 241,19	8 150	—	652,–	733,50
58 424	13 804	—	1 104,32	1 242,36	8 160	—	652,80	734,40
58 460	13 818	—	1 105,44	1 243,62	8 170	—	653,60	735,30
58 496	13 832	—	1 106,56	1 244,88	8 180	—	654,40	736,20
58 532	13 846	—	1 107,68	1 246,14	8 192	—	655,36	737,28
58 568	13 860	—	1 108,80	1 247,40	8 202	—	656,16	738,18
58 604	13 874	—	1 109,92	1 248,66	8 212	—	656,96	739,08
58 640	13 887	—	1 110,96	1 249,83	8 222	—	657,76	739,98
58 676	13 901	—	1 112,08	1 251,09	8 232	—	658,56	740,88
58 712	13 915	—	1 113,20	1 252,35	8 242	—	659,36	741,78
58 748	13 929	—	1 114,32	1 253,61	8 252	—	660,16	742,68
58 784	13 943	—	1 115,44	1 254,87	8 262	—	660,96	743,58
58 820	13 957	—	1 116,56	1 256,13	8 272	—	661,76	744,48
58 856	13 971	—	1 117,68	1 257,39	8 282	—	662,56	745,38
58 892	13 985	—	1 118,80	1 258,65	8 292	—	663,36	746,28
58 928	13 999	—	1 119,92	1 259,91	8 302	—	664,16	747,18
58 964	14 012	—	1 120,96	1 261,08	8 312	—	664,96	748,08
59 000	14 026	—	1 122,08	1 262,34	8 322	—	665,76	748,98
59 036	14 040	—	1 123,20	1 263,60	8 334	—	666,72	750,06
59 072	14 054	—	1 124,32	1 264,86	8 344	—	667,52	750,96
59 108	14 068	—	1 125,44	1 266,12	8 354	—	668,32	751,86
59 144	14 082	—	1 126,56	1 267,38	8 364	—	669,12	752,76
59 180	14 096	—	1 127,68	1 268,64	8 374	—	669,92	753,66
59 216	14 110	—	1 128,80	1 269,90	8 384	—	670,72	754,56
59 252	14 124	—	1 129,92	1 271,16	8 394	—	671,52	755,46
59 288	14 138	—	1 131,04	1 272,42	8 404	—	672,32	756,36
59 324	14 152	—	1 132,16	1 273,68	8 414	—	673,12	757,26
59 360	14 166	—	1 133,28	1 274,94	8 424	—	673,92	758,16
59 396	14 180	—	1 134,40	1 276,20	8 434	—	674,72	759,06
59 432	14 194	—	1 135,52	1 277,46	8 446	—	675,68	760,14
59 468	14 208	—	1 136,64	1 278,72	8 456	—	676,48	761,04
59 504	14 222	—	1 137,76	1 279,98	8 466	—	677,28	761,94
59 540	14 236	—	1 138,88	1 281,24	8 476	—	678,08	762,84
59 576	14 250	—	1 140,–	1 282,50	8 486	—	678,88	763,74

* Die Steuerabzugsbeträge gelten nur für das ausgewiesene zu versteuernde Einkommen. Zwischenwerte müssen elektronisch berechnet werden.

63 896,– EINKOMMEN

Zu versteuerndes Einkommen in €*	Abzüge an Einkommensteuer, Solidaritätszuschlag und Kirchensteuer: Grundtabelle ESt	SolZ	8%	9%	Splittingtabelle ESt	SolZ	8%	9%
59 612	14 264	—	1 141,12	1 283,76	8 496	—	679,68	764,64
59 648	14 278	—	1 142,24	1 285,02	8 506	—	680,48	765,54
59 684	14 292	—	1 143,36	1 286,28	8 516	—	681,28	766,44
59 720	14 306	—	1 144,48	1 287,54	8 526	—	682,08	767,34
59 756	14 320	—	1 145,60	1 288,80	8 536	—	682,88	768,24
59 792	14 334	—	1 146,72	1 290,06	8 548	—	683,84	769,32
59 828	14 348	—	1 147,84	1 291,32	8 558	—	684,64	770,22
59 864	14 362	—	1 148,96	1 292,58	8 568	—	685,44	771,12
59 900	14 376	—	1 150,08	1 293,84	8 578	—	686,24	772,02
59 936	14 390	—	1 151,20	1 295,10	8 588	—	687,04	772,92
59 972	14 404	—	1 152,32	1 296,36	8 598	—	687,84	773,82
60 008	14 418	—	1 153,44	1 297,62	8 608	—	688,64	774,72
60 044	14 432	—	1 154,56	1 298,88	8 618	—	689,44	775,62
60 080	14 446	—	1 155,68	1 300,14	8 628	—	690,24	776,52
60 116	14 460	—	1 156,80	1 301,40	8 640	—	691,20	777,60
60 152	14 474	—	1 157,92	1 302,66	8 650	—	692,—	778,50
60 188	14 488	—	1 159,04	1 303,92	8 660	—	692,80	779,40
60 224	14 502	—	1 160,16	1 305,18	8 670	—	693,60	780,30
60 260	14 516	—	1 161,28	1 306,44	8 680	—	694,40	781,20
60 296	14 530	—	1 162,40	1 307,70	8 690	—	695,20	782,10
60 332	14 544	—	1 163,52	1 308,96	8 700	—	696,—	783,—
60 368	14 558	—	1 164,64	1 310,22	8 710	—	696,80	783,90
60 404	14 573	—	1 165,84	1 311,57	8 722	—	697,76	784,98
60 440	14 587	—	1 166,96	1 312,83	8 732	—	698,56	785,88
60 476	14 601	—	1 168,08	1 314,09	8 742	—	699,36	786,78
60 512	14 615	—	1 169,20	1 315,35	8 752	—	700,16	787,68
60 548	14 629	—	1 170,32	1 316,61	8 762	—	700,96	788,58
60 584	14 643	—	1 171,44	1 317,87	8 772	—	701,76	789,48
60 620	14 657	—	1 172,56	1 319,13	8 782	—	702,56	790,38
60 656	14 671	—	1 173,68	1 320,39	8 792	—	703,36	791,28
60 692	14 685	—	1 174,80	1 321,65	8 804	—	704,32	792,36
60 728	14 700	—	1 176,—	1 323,—	8 814	—	705,12	793,26
60 764	14 714	—	1 177,12	1 324,26	8 824	—	705,92	794,16
60 800	14 728	—	1 178,24	1 325,52	8 834	—	706,72	795,06
60 836	14 742	—	1 179,36	1 326,78	8 844	—	707,52	795,96
60 872	14 756	—	1 180,48	1 328,04	8 854	—	708,32	796,86
60 908	14 770	—	1 181,60	1 329,30	8 864	—	709,12	797,76
60 944	14 784	—	1 182,72	1 330,56	8 876	—	710,08	798,84
60 980	14 799	—	1 183,92	1 331,91	8 886	—	710,88	799,74
61 016	14 813	—	1 185,04	1 333,17	8 896	—	711,68	800,64
61 052	14 827	—	1 186,16	1 334,43	8 906	—	712,48	801,54
61 088	14 841	—	1 187,28	1 335,69	8 916	—	713,28	802,44
61 124	14 855	—	1 188,40	1 336,95	8 926	—	714,08	803,34
61 160	14 869	—	1 189,52	1 338,21	8 936	—	714,88	804,24
61 196	14 884	—	1 190,72	1 339,56	8 948	—	715,84	805,32
61 232	14 898	—	1 191,84	1 340,82	8 958	—	716,64	806,22
61 268	14 912	—	1 192,96	1 342,08	8 968	—	717,44	807,12
61 304	14 926	—	1 194,08	1 343,34	8 978	—	718,24	808,02
61 340	14 940	—	1 195,20	1 344,60	8 988	—	719,04	808,92
61 376	14 955	—	1 196,40	1 345,95	8 998	—	719,84	809,82
61 412	14 969	—	1 197,52	1 347,21	9 008	—	720,64	810,72
61 448	14 983	—	1 198,64	1 348,47	9 020	—	721,60	811,80
61 484	14 997	—	1 199,76	1 349,73	9 030	—	722,40	812,70
61 520	15 012	—	1 200,96	1 351,08	9 040	—	723,20	813,60
61 556	15 026	—	1 202,08	1 352,34	9 050	—	724,—	814,50
61 592	15 040	—	1 203,20	1 353,60	9 060	—	724,80	815,40
61 628	15 054	—	1 204,32	1 354,86	9 070	—	725,60	816,30
61 664	15 069	—	1 205,52	1 356,21	9 082	—	726,56	817,38
61 700	15 083	—	1 206,64	1 357,47	9 092	—	727,36	818,28
61 736	15 097	—	1 207,76	1 358,73	9 102	—	728,16	819,18

Zu versteuerndes Einkommen in €*	Abzüge an Einkommensteuer, Solidaritätszuschlag und Kirchensteuer: Grundtabelle ESt	SolZ	8%	9%	Splittingtabelle ESt	SolZ	8%	9%
61 772	15 111	—	1 208,88	1 359,99	9 112	—	728,96	820,08
61 808	15 126	—	1 210,08	1 361,34	9 122	—	729,76	820,98
61 844	15 140	—	1 211,20	1 362,60	9 132	—	730,56	821,88
61 880	15 154	—	1 212,32	1 363,86	9 144	—	731,52	822,96
61 916	15 168	—	1 213,44	1 365,12	9 154	—	732,32	823,86
61 952	15 183	—	1 214,64	1 366,47	9 164	—	733,12	824,76
61 988	15 197	—	1 215,76	1 367,73	9 174	—	733,92	825,66
62 024	15 211	—	1 216,88	1 368,99	9 184	—	734,72	826,56
62 060	15 226	—	1 218,08	1 370,34	9 196	—	735,68	827,64
62 096	15 240	—	1 219,20	1 371,60	9 206	—	736,48	828,54
62 132	15 254	—	1 220,32	1 372,86	9 216	—	737,28	829,44
62 168	15 269	—	1 221,52	1 374,21	9 226	—	738,08	830,34
62 204	15 283	—	1 222,64	1 375,47	9 236	—	738,88	831,24
62 240	15 297	—	1 223,76	1 376,73	9 246	—	739,68	832,14
62 276	15 312	—	1 224,96	1 378,08	9 258	—	740,64	833,22
62 312	15 326	—	1 226,08	1 379,34	9 268	—	741,44	834,12
62 348	15 340	—	1 227,20	1 380,60	9 278	—	742,24	835,02
62 384	15 355	—	1 228,40	1 381,95	9 288	—	743,04	835,92
62 420	15 369	—	1 229,52	1 383,21	9 298	—	743,84	836,82
62 456	15 383	—	1 230,64	1 384,47	9 310	—	744,80	837,90
62 492	15 398	—	1 231,84	1 385,82	9 320	—	745,60	838,80
62 528	15 412	—	1 232,96	1 387,08	9 330	—	746,40	839,70
62 564	15 426	—	1 234,08	1 388,34	9 340	—	747,20	840,60
62 600	15 441	—	1 235,28	1 389,69	9 350	—	748,—	841,50
62 636	15 455	—	1 236,40	1 390,95	9 362	—	748,96	842,58
62 672	15 469	—	1 237,52	1 392,21	9 372	—	749,76	843,48
62 708	15 484	—	1 238,72	1 393,56	9 382	—	750,56	844,38
62 744	15 498	—	1 239,84	1 394,82	9 392	—	751,36	845,28
62 780	15 513	—	1 241,04	1 396,17	9 402	—	752,16	846,18
62 816	15 527	—	1 242,16	1 397,43	9 414	—	753,12	847,26
62 852	15 541	—	1 243,28	1 398,69	9 424	—	753,92	848,16
62 888	15 556	—	1 244,48	1 400,04	9 434	—	754,72	849,06
62 924	15 570	—	1 245,60	1 401,30	9 444	—	755,52	849,96
62 960	15 585	—	1 246,80	1 402,65	9 454	—	756,32	850,86
62 996	15 599	—	1 247,92	1 403,91	9 466	—	757,28	851,94
63 032	15 614	—	1 249,12	1 405,26	9 476	—	758,08	852,84
63 068	15 628	—	1 250,24	1 406,52	9 486	—	758,88	853,74
63 104	15 642	—	1 251,36	1 407,78	9 496	—	759,68	854,64
63 140	15 657	—	1 252,56	1 409,13	9 506	—	760,48	855,54
63 176	15 671	—	1 253,68	1 410,39	9 518	—	761,44	856,62
63 212	15 686	—	1 254,88	1 411,74	9 528	—	762,24	857,52
63 248	15 700	—	1 256,—	1 413,—	9 538	—	763,04	858,42
63 284	15 715	—	1 257,20	1 414,35	9 548	—	763,84	859,32
63 320	15 729	—	1 258,32	1 415,61	9 558	—	764,64	860,22
63 356	15 744	—	1 259,52	1 416,96	9 570	—	765,60	861,30
63 392	15 758	—	1 260,64	1 418,22	9 580	—	766,40	862,20
63 428	15 772	—	1 261,76	1 419,48	9 590	—	767,20	863,10
63 464	15 787	—	1 262,96	1 420,83	9 600	—	768,—	864,—
63 500	15 801	—	1 264,08	1 422,09	9 612	—	768,96	865,08
63 536	15 816	—	1 265,28	1 423,44	9 622	—	769,76	865,98
63 572	15 830	—	1 266,40	1 424,70	9 632	—	770,56	866,88
63 608	15 845	—	1 267,60	1 426,05	9 642	—	771,36	867,78
63 644	15 859	—	1 268,72	1 427,31	9 652	—	772,16	868,68
63 680	15 874	—	1 269,92	1 428,66	9 664	—	773,12	869,76
63 716	15 888	—	1 271,04	1 429,92	9 674	—	773,92	870,66
63 752	15 903	—	1 272,24	1 431,27	9 684	—	774,72	871,56
63 788	15 918	—	1 273,44	1 432,62	9 694	—	775,52	872,46
63 824	15 932	—	1 274,56	1 433,88	9 706	—	776,48	873,54
63 860	15 947	—	1 275,76	1 435,23	9 716	—	777,28	874,44
63 896	15 961	—	1 276,88	1 436,49	9 726	—	778,08	875,34

* Die Steuerabzugsbeträge gelten nur für das ausgewiesene zu versteuernde Einkommen. Zwischenwerte müssen elektronisch berechnet werden.

EINKOMMEN 63 932,–

Zu versteuerndes Einkommen in €*	Abzüge an Einkommensteuer, Solidaritätszuschlag und Kirchensteuer							
	Grundtabelle				Splittingtabelle			
	ESt	SolZ	8%	9%	ESt	SolZ	8%	9%
63 932	15 976	—	1 278,08	1 437,84	9 736	—	778,88	876,24
63 968	15 990	—	1 279,20	1 439,10	9 748	—	779,84	877,32
64 004	16 005	—	1 280,40	1 440,45	9 758	—	780,64	878,22
64 040	16 019	—	1 281,52	1 441,71	9 768	—	781,44	879,12
64 076	16 034	—	1 282,72	1 443,06	9 778	—	782,24	880,02
64 112	16 048	—	1 283,84	1 444,32	9 790	—	783,20	881,10
64 148	16 063	—	1 285,04	1 445,67	9 800	—	784,—	882,—
64 184	16 078	—	1 286,24	1 447,02	9 810	—	784,80	882,90
64 220	16 092	—	1 287,36	1 448,28	9 820	—	785,60	883,80
64 256	16 107	—	1 288,56	1 449,63	9 832	—	786,56	884,88
64 292	16 121	—	1 289,68	1 450,89	9 842	—	787,36	885,78
64 328	16 136	—	1 290,88	1 452,24	9 852	—	788,16	886,68
64 364	16 150	—	1 292,—	1 453,50	9 862	—	788,96	887,58
64 400	16 165	—	1 293,20	1 454,85	9 874	—	789,92	888,66
64 436	16 180	—	1 294,40	1 456,20	9 884	—	790,72	889,56
64 472	16 194	—	1 295,52	1 457,46	9 894	—	791,52	890,46
64 508	16 209	—	1 296,72	1 458,81	9 904	—	792,32	891,36
64 544	16 224	—	1 297,92	1 460,16	9 916	—	793,28	892,44
64 580	16 238	—	1 299,04	1 461,42	9 926	—	794,08	893,34
64 616	16 253	—	1 300,24	1 462,77	9 936	—	794,88	894,24
64 652	16 267	—	1 301,36	1 464,03	9 946	—	795,68	895,14
64 688	16 282	—	1 302,56	1 465,38	9 958	—	796,64	896,22
64 724	16 297	—	1 303,76	1 466,73	9 968	—	797,44	897,12
64 760	16 311	—	1 304,88	1 467,99	9 978	—	798,24	898,02
64 796	16 326	—	1 306,08	1 469,34	9 988	—	799,04	898,92
64 832	16 341	—	1 307,28	1 470,69	10 000	—	800,—	900,—
64 868	16 355	—	1 308,40	1 471,95	10 010	—	800,80	900,90
64 904	16 370	—	1 309,60	1 473,30	10 020	—	801,60	901,80
64 940	16 385	—	1 310,80	1 474,65	10 030	—	802,40	902,70
64 976	16 399	—	1 311,92	1 475,91	10 042	—	803,36	903,78
65 012	16 414	—	1 313,12	1 477,26	10 052	—	804,16	904,68
65 048	16 429	—	1 314,32	1 478,61	10 062	—	804,96	905,58
65 084	16 443	—	1 315,44	1 479,87	10 074	—	805,92	906,66
65 120	16 458	—	1 316,64	1 481,22	10 084	—	806,72	907,56
65 156	16 473	—	1 317,84	1 482,57	10 094	—	807,52	908,46
65 192	16 487	—	1 318,96	1 483,83	10 104	—	808,32	909,36
65 228	16 502	—	1 320,16	1 485,18	10 116	—	809,28	910,44
65 264	16 517	—	1 321,36	1 486,53	10 126	—	810,08	911,34
65 300	16 532	—	1 322,56	1 487,88	10 136	—	810,88	912,24
65 336	16 546	—	1 323,68	1 489,14	10 148	—	811,84	913,32
65 372	16 561	—	1 324,88	1 490,49	10 158	—	812,64	914,22
65 408	16 576	—	1 326,08	1 491,84	10 168	—	813,44	915,12
65 444	16 590	—	1 327,20	1 493,10	10 178	—	814,24	916,02
65 480	16 605	—	1 328,40	1 494,45	10 190	—	815,20	917,10
65 516	16 620	—	1 329,60	1 495,80	10 200	—	816,—	918,—
65 552	16 635	—	1 330,80	1 497,15	10 210	—	816,80	918,90
65 588	16 649	—	1 331,92	1 498,41	10 222	—	817,76	919,98
65 624	16 664	—	1 333,12	1 499,76	10 232	—	818,56	920,88
65 660	16 679	—	1 334,32	1 501,11	10 242	—	819,36	921,78
65 696	16 694	—	1 335,52	1 502,46	10 252	—	820,16	922,68
65 732	16 708	—	1 336,64	1 503,72	10 264	—	821,12	923,76
65 768	16 723	—	1 337,84	1 505,07	10 274	—	821,92	924,66
65 804	16 738	—	1 339,04	1 506,42	10 284	—	822,72	925,56
65 840	16 753	—	1 340,24	1 507,77	10 296	—	823,68	926,64
65 876	16 768	—	1 341,44	1 509,12	10 306	—	824,48	927,54
65 912	16 782	—	1 342,56	1 510,38	10 316	—	825,28	928,44
65 948	16 797	—	1 343,76	1 511,73	10 326	—	826,08	929,34
65 984	16 812	—	1 344,96	1 513,08	10 338	—	827,04	930,42
66 020	16 827	—	1 346,16	1 514,43	10 348	—	827,84	931,32
66 056	16 842	—	1 347,36	1 515,78	10 358	—	828,64	932,22

Zu versteuerndes Einkommen in €*	Abzüge an Einkommensteuer, Solidaritätszuschlag und Kirchensteuer							
	Grundtabelle				Splittingtabelle			
	ESt	SolZ	8%	9%	ESt	SolZ	8%	9%
66 092	16 856	—	1 348,48	1 517,04	10 370	—	829,60	933,30
66 128	16 871	—	1 349,68	1 518,39	10 380	—	830,40	934,20
66 164	16 886	—	1 350,88	1 519,74	10 390	—	831,20	935,10
66 200	16 901	—	1 352,08	1 521,09	10 402	—	832,16	936,18
66 236	16 916	—	1 353,28	1 522,44	10 412	—	832,96	937,08
66 272	16 931	—	1 354,48	1 523,79	10 422	—	833,76	937,98
66 308	16 945	—	1 355,60	1 525,05	10 434	—	834,72	939,06
66 344	16 960	—	1 356,80	1 526,40	10 444	—	835,52	939,96
66 380	16 975	—	1 358,—	1 527,75	10 454	—	836,32	940,86
66 416	16 990	—	1 359,20	1 529,10	10 466	—	837,28	941,94
66 452	17 005	—	1 360,40	1 530,45	10 476	—	838,08	942,84
66 488	17 020	—	1 361,60	1 531,80	10 486	—	838,88	943,74
66 524	17 035	—	1 362,80	1 533,15	10 496	—	839,68	944,64
66 560	17 049	—	1 363,92	1 534,41	10 508	—	840,64	945,72
66 596	17 064	—	1 365,12	1 535,76	10 518	—	841,44	946,62
66 632	17 079	—	1 366,32	1 537,11	10 528	—	842,24	947,52
66 668	17 094	—	1 367,52	1 538,46	10 540	—	843,20	948,60
66 704	17 109	—	1 368,72	1 539,81	10 550	—	844,—	949,50
66 740	17 124	—	1 369,92	1 541,16	10 560	—	844,80	950,40
66 776	17 139	—	1 371,12	1 542,51	10 572	—	845,76	951,48
66 812	17 154	—	1 372,32	1 543,86	10 582	—	846,56	952,38
66 848	17 169	—	1 373,52	1 545,21	10 592	—	847,36	953,28
66 884	17 183	—	1 374,64	1 546,47	10 604	—	848,32	954,36
66 920	17 198	—	1 375,84	1 547,82	10 614	—	849,12	955,26
66 956	17 213	—	1 377,04	1 549,17	10 624	—	849,92	956,16
66 992	17 228	—	1 378,24	1 550,52	10 636	—	850,88	957,24
67 028	17 243	—	1 379,44	1 551,87	10 646	—	851,68	958,14
67 064	17 258	—	1 380,64	1 553,22	10 656	—	852,48	959,04
67 100	17 273	—	1 381,84	1 554,57	10 668	—	853,44	960,12
67 136	17 288	—	1 383,04	1 555,92	10 678	—	854,24	961,02
67 172	17 303	—	1 384,24	1 557,27	10 688	—	855,04	961,92
67 208	17 318	—	1 385,44	1 558,62	10 700	—	856,—	963,—
67 244	17 333	—	1 386,64	1 559,97	10 710	—	856,80	963,90
67 280	17 348	—	1 387,84	1 561,32	10 720	—	857,60	964,80
67 316	17 363	—	1 389,04	1 562,67	10 732	—	858,56	965,88
67 352	17 378	—	1 390,24	1 564,02	10 742	—	859,36	966,78
67 388	17 393	—	1 391,44	1 565,37	10 752	—	860,16	967,68
67 424	17 408	—	1 392,64	1 566,72	10 764	—	861,12	968,76
67 460	17 423	—	1 393,84	1 568,07	10 774	—	861,92	969,66
67 496	17 438	—	1 395,04	1 569,42	10 786	—	862,88	970,74
67 532	17 453	—	1 396,24	1 570,77	10 796	—	863,68	971,64
67 568	17 468	—	1 397,44	1 572,12	10 806	—	864,48	972,54
67 604	17 483	—	1 398,64	1 573,47	10 818	—	865,44	973,62
67 640	17 498	—	1 399,84	1 574,82	10 828	—	866,24	974,52
67 676	17 513	—	1 401,04	1 576,17	10 838	—	867,04	975,42
67 712	17 528	—	1 402,24	1 577,52	10 850	—	868,—	976,50
67 748	17 543	—	1 403,44	1 578,87	10 860	—	868,80	977,40
67 784	17 558	—	1 404,64	1 580,22	10 870	—	869,60	978,30
67 820	17 573	—	1 405,84	1 581,57	10 882	—	870,56	979,38
67 856	17 588	—	1 407,04	1 582,92	10 892	—	871,36	980,28
67 892	17 603	—	1 408,24	1 584,27	10 902	—	872,16	981,18
67 928	17 618	—	1 409,44	1 585,62	10 914	—	873,12	982,26
67 964	17 633	—	1 410,64	1 586,97	10 924	—	873,92	983,16
68 000	17 648	—	1 411,84	1 588,32	10 936	—	874,88	984,24
68 036	17 663	—	1 413,04	1 589,67	10 946	—	875,68	985,14
68 072	17 678	—	1 414,24	1 591,02	10 956	—	876,48	986,04
68 108	17 693	—	1 415,44	1 592,37	10 968	—	877,44	987,12
68 144	17 708	—	1 416,64	1 593,72	10 978	—	878,24	988,02
68 180	17 723	—	1 417,84	1 595,07	10 988	—	879,04	988,92
68 216	17 739	—	1 419,12	1 596,51	11 000	—	880,—	990,—

* Die Steuerabzugsbeträge gelten nur für das ausgewiesene zu versteuernde Einkommen. Zwischenwerte müssen elektronisch berechnet werden.

72 536,– EINKOMMEN

Zu versteuerndes Einkommen in €*	Abzüge an Einkommensteuer, Solidaritätszuschlag und Kirchensteuer – Grundtabelle: ESt	SolZ	8%	9%	Splittingtabelle: ESt	SolZ	8%	9%
68 252	17 754	—	1 420,32	1 597,86	11 010	—	880,80	990,90
68 288	17 769	—	1 421,52	1 599,21	11 022	—	881,76	991,98
68 324	17 784	—	1 422,72	1 600,56	11 032	—	882,56	992,88
68 360	17 799	—	1 423,92	1 601,91	11 042	—	883,36	993,78
68 396	17 814	—	1 425,12	1 603,26	11 054	—	884,32	994,86
68 432	17 829	—	1 426,32	1 604,61	11 064	—	885,12	995,76
68 468	17 844	—	1 427,52	1 605,96	11 074	—	885,92	996,66
68 504	17 859	—	1 428,72	1 607,31	11 086	—	886,88	997,74
68 540	17 874	—	1 429,92	1 608,66	11 096	—	887,68	998,64
68 576	17 890	—	1 431,20	1 610,10	11 108	—	888,64	999,72
68 612	17 905	—	1 432,40	1 611,45	11 118	—	889,44	1 000,62
68 648	17 920	—	1 433,60	1 612,80	11 128	—	890,24	1 001,52
68 684	17 935	—	1 434,80	1 614,15	11 140	—	891,20	1 002,60
68 720	17 950	—	1 436,—	1 615,50	11 150	—	892,—	1 003,50
68 756	17 965	—	1 437,20	1 616,85	11 162	—	892,96	1 004,58
68 792	17 980	—	1 438,40	1 618,20	11 172	—	893,76	1 005,48
68 828	17 995	—	1 439,60	1 619,55	11 182	—	894,56	1 006,38
68 864	18 010	—	1 440,80	1 620,90	11 194	—	895,52	1 007,46
68 900	18 026	—	1 442,08	1 622,34	11 204	—	896,32	1 008,36
68 936	18 041	—	1 443,28	1 623,69	11 216	—	897,28	1 009,44
68 972	18 056	—	1 444,48	1 625,04	11 226	—	898,08	1 010,34
69 008	18 071	—	1 445,68	1 626,39	11 236	—	898,88	1 011,24
69 044	18 086	—	1 446,88	1 627,74	11 248	—	899,84	1 012,32
69 080	18 101	—	1 448,08	1 629,09	11 258	—	900,64	1 013,22
69 116	18 116	—	1 449,28	1 630,44	11 270	—	901,60	1 014,30
69 152	18 131	—	1 450,48	1 631,79	11 280	—	902,40	1 015,20
69 188	18 147	—	1 451,76	1 633,23	11 290	—	903,20	1 016,10
69 224	18 162	—	1 452,96	1 634,58	11 302	—	904,16	1 017,18
69 260	18 177	—	1 454,16	1 635,93	11 312	—	904,96	1 018,08
69 296	18 192	—	1 455,36	1 637,28	11 324	—	905,92	1 019,16
69 332	18 207	—	1 456,56	1 638,63	11 334	—	906,72	1 020,06
69 368	18 222	—	1 457,76	1 639,98	11 344	—	907,52	1 020,96
69 404	18 237	—	1 458,96	1 641,33	11 356	—	908,48	1 022,04
69 440	18 252	—	1 460,16	1 642,68	11 366	—	909,28	1 022,94
69 476	18 268	—	1 461,44	1 644,12	11 378	—	910,24	1 024,02
69 512	18 283	—	1 462,64	1 645,47	11 388	—	911,04	1 024,92
69 548	18 298	—	1 463,84	1 646,82	11 398	—	911,84	1 025,82
69 584	18 313	—	1 465,04	1 648,17	11 410	—	912,80	1 026,90
69 620	18 328	—	1 466,24	1 649,52	11 420	—	913,60	1 027,80
69 656	18 343	—	1 467,44	1 650,87	11 432	—	914,56	1 028,88
69 692	18 358	—	1 468,64	1 652,22	11 442	—	915,36	1 029,78
69 728	18 373	—	1 469,84	1 653,57	11 454	—	916,32	1 030,86
69 764	18 388	—	1 471,04	1 654,92	11 464	—	917,12	1 031,76
69 800	18 404	—	1 472,32	1 656,36	11 474	—	917,92	1 032,66
69 836	18 419	—	1 473,52	1 657,71	11 486	—	918,88	1 033,74
69 872	18 434	—	1 474,72	1 659,06	11 496	—	919,68	1 034,64
69 908	18 449	—	1 475,92	1 660,41	11 508	—	920,64	1 035,72
69 944	18 464	—	1 477,12	1 661,76	11 518	—	921,44	1 036,62
69 980	18 479	—	1 478,32	1 663,11	11 530	—	922,40	1 037,70
70 016	18 494	—	1 479,52	1 664,46	11 540	—	923,20	1 038,60
70 052	18 509	—	1 480,72	1 665,81	11 550	—	924,—	1 039,50
70 088	18 525	—	1 482,—	1 667,25	11 562	—	924,96	1 040,58
70 124	18 540	—	1 483,20	1 668,60	11 572	—	925,76	1 041,48
70 160	18 555	—	1 484,40	1 669,95	11 584	—	926,72	1 042,56
70 196	18 570	—	1 485,60	1 671,30	11 594	—	927,52	1 043,46
70 232	18 585	—	1 486,80	1 672,65	11 606	—	928,48	1 044,54
70 268	18 600	—	1 488,—	1 674,—	11 616	—	929,28	1 045,44
70 304	18 615	—	1 489,20	1 675,35	11 626	—	930,08	1 046,34
70 340	18 630	—	1 490,40	1 676,70	11 638	—	931,04	1 047,42
70 376	18 646	—	1 491,68	1 678,14	11 648	—	931,84	1 048,32

Zu versteuerndes Einkommen in €*	Abzüge an Einkommensteuer, Solidaritätszuschlag und Kirchensteuer – Grundtabelle: ESt	SolZ	8%	9%	Splittingtabelle: ESt	SolZ	8%	9%
70 412	18 661	—	1 492,88	1 679,49	11 660	—	932,80	1 049,40
70 448	18 676	—	1 494,08	1 680,84	11 670	—	933,60	1 050,30
70 484	18 691	—	1 495,28	1 682,19	11 682	—	934,56	1 051,38
70 520	18 706	—	1 496,48	1 683,54	11 692	—	935,36	1 052,28
70 556	18 721	—	1 497,68	1 684,89	11 704	—	936,32	1 053,36
70 592	18 736	—	1 498,88	1 686,24	11 714	—	937,12	1 054,26
70 628	18 751	—	1 500,08	1 687,59	11 724	—	937,92	1 055,16
70 664	18 766	—	1 501,28	1 688,94	11 736	—	938,88	1 056,24
70 700	18 782	—	1 502,56	1 690,38	11 746	—	939,68	1 057,14
70 736	18 797	—	1 503,76	1 691,73	11 758	—	940,64	1 058,22
70 772	18 812	—	1 504,96	1 693,08	11 768	—	941,44	1 059,12
70 808	18 827	—	1 506,16	1 694,43	11 780	—	942,40	1 060,20
70 844	18 842	—	1 507,36	1 695,78	11 790	—	943,20	1 061,10
70 880	18 857	—	1 508,56	1 697,13	11 802	—	944,16	1 062,18
70 916	18 872	—	1 509,76	1 698,48	11 812	—	944,96	1 063,08
70 952	18 887	—	1 510,96	1 699,83	11 824	—	945,92	1 064,16
70 988	18 903	—	1 512,24	1 701,27	11 834	—	946,72	1 065,06
71 024	18 918	—	1 513,44	1 702,62	11 844	—	947,52	1 065,96
71 060	18 933	—	1 514,64	1 703,97	11 856	—	948,48	1 067,04
71 096	18 948	—	1 515,84	1 705,32	11 866	—	949,28	1 067,94
71 132	18 963	—	1 517,04	1 706,67	11 878	—	950,24	1 069,02
71 168	18 978	—	1 518,24	1 708,02	11 888	—	951,04	1 069,92
71 204	18 993	—	1 519,44	1 709,37	11 900	—	952,—	1 071,—
71 240	19 008	—	1 520,64	1 710,72	11 910	—	952,80	1 071,90
71 276	19 024	—	1 521,92	1 712,16	11 922	—	953,76	1 072,98
71 312	19 039	—	1 523,12	1 713,51	11 932	—	954,56	1 073,88
71 348	19 054	—	1 524,32	1 714,86	11 944	—	955,52	1 074,96
71 384	19 069	—	1 525,52	1 716,21	11 954	—	956,32	1 075,86
71 420	19 084	—	1 526,72	1 717,56	11 966	—	957,28	1 076,94
71 456	19 099	—	1 527,92	1 718,91	11 976	—	958,08	1 077,84
71 492	19 114	—	1 529,12	1 720,26	11 988	—	959,04	1 078,92
71 528	19 129	—	1 530,32	1 721,61	11 998	—	959,84	1 079,82
71 564	19 144	—	1 531,52	1 722,96	12 010	—	960,80	1 080,90
71 600	19 160	—	1 532,80	1 724,40	12 020	—	961,60	1 081,80
71 636	19 175	—	1 534,—	1 725,75	12 032	—	962,56	1 082,88
71 672	19 190	—	1 535,20	1 727,10	12 042	—	963,36	1 083,78
71 708	19 205	—	1 536,40	1 728,45	12 052	—	964,16	1 084,68
71 744	19 220	—	1 537,60	1 729,80	12 064	—	965,12	1 085,76
71 780	19 235	—	1 538,80	1 731,15	12 074	—	965,92	1 086,66
71 816	19 250	—	1 540,—	1 732,50	12 086	—	966,88	1 087,74
71 852	19 265	—	1 541,20	1 733,85	12 096	—	967,68	1 088,64
71 888	19 281	—	1 542,48	1 735,29	12 108	—	968,64	1 089,72
71 924	19 296	—	1 543,68	1 736,64	12 118	—	969,44	1 090,62
71 960	19 311	—	1 544,88	1 737,99	12 130	—	970,40	1 091,70
71 996	19 326	—	1 546,08	1 739,34	12 140	—	971,20	1 092,60
72 032	19 341	—	1 547,28	1 740,69	12 152	—	972,16	1 093,68
72 068	19 356	—	1 548,48	1 742,04	12 162	—	972,96	1 094,58
72 104	19 371	—	1 549,68	1 743,39	12 174	—	973,92	1 095,66
72 140	19 386	—	1 550,88	1 744,74	12 184	—	974,72	1 096,56
72 176	19 402	—	1 552,16	1 746,18	12 196	—	975,68	1 097,64
72 212	19 417	—	1 553,36	1 747,53	12 206	—	976,48	1 098,54
72 248	19 432	—	1 554,56	1 748,88	12 218	—	977,44	1 099,62
72 284	19 447	—	1 555,76	1 750,23	12 228	—	978,24	1 100,52
72 320	19 462	—	1 556,96	1 751,58	12 240	—	979,20	1 101,60
72 356	19 477	—	1 558,16	1 752,93	12 250	—	980,—	1 102,50
72 392	19 492	—	1 559,36	1 754,28	12 262	—	980,96	1 103,58
72 428	19 507	—	1 560,56	1 755,63	12 272	—	981,76	1 104,48
72 464	19 522	—	1 561,76	1 756,98	12 284	—	982,72	1 105,56
72 500	19 538	—	1 563,04	1 758,42	12 294	—	983,52	1 106,46
72 536	19 553	—	1 564,24	1 759,77	12 306	—	984,48	1 107,54

* Die Steuerabzugsbeträge gelten nur für das ausgewiesene zu versteuernde Einkommen. Zwischenwerte müssen elektronisch berechnet werden.

EINKOMMEN 72 572,–

Zu versteuerndes Einkommen in €*	Abzüge an Einkommensteuer, Solidaritätszuschlag und Kirchensteuer								Zu versteuerndes Einkommen in €*	Abzüge an Einkommensteuer, Solidaritätszuschlag und Kirchensteuer							
	Grundtabelle				Splittingtabelle					Grundtabelle				Splittingtabelle			
	ESt	SolZ	8%	9%	ESt	SolZ	8%	9%		ESt	SolZ	8%	9%	ESt	SolZ	8%	9%
72 572	19 568	—	1 565,44	1 761,12	12 316	—	985,28	1 108,44	74 732	20 475	62,47	1 638,—	1 842,75	12 982	—	1 038,56	1 168,38
72 608	19 583	—	1 566,64	1 762,47	12 328	—	986,24	1 109,52	74 768	20 490	64,26	1 639,20	1 844,10	12 994	—	1 039,52	1 169,46
72 644	19 598	—	1 567,84	1 763,82	12 340	—	987,20	1 110,60	74 804	20 505	66,04	1 640,40	1 845,45	13 004	—	1 040,32	1 170,36
72 680	19 613	—	1 569,04	1 765,17	12 350	—	988,—	1 111,50	74 840	20 520	67,83	1 641,60	1 846,80	13 016	—	1 041,28	1 171,44
72 716	19 628	—	1 570,24	1 766,52	12 362	—	988,96	1 112,58	74 876	20 536	69,73	1 642,88	1 848,24	13 028	—	1 042,24	1 172,52
72 752	19 643	—	1 571,44	1 767,87	12 372	—	989,76	1 113,48	74 912	20 551	71,51	1 644,08	1 849,59	13 038	—	1 043,04	1 173,42
72 788	19 659	—	1 572,72	1 769,31	12 384	—	990,72	1 114,56	74 948	20 566	73,30	1 645,28	1 850,94	13 050	—	1 044,—	1 174,50
72 824	19 674	—	1 573,92	1 770,66	12 394	—	991,52	1 115,46	74 984	20 581	75,08	1 646,48	1 852,29	13 060	—	1 044,80	1 175,40
72 860	19 689	—	1 575,12	1 772,01	12 406	—	992,48	1 116,54	75 020	20 596	76,87	1 647,68	1 853,64	13 072	—	1 045,76	1 176,48
72 896	19 704	—	1 576,32	1 773,36	12 416	—	993,28	1 117,44	75 056	20 611	78,65	1 648,88	1 854,99	13 084	—	1 046,72	1 177,56
72 932	19 719	—	1 577,52	1 774,71	12 428	—	994,24	1 118,52	75 092	20 626	80,44	1 650,08	1 856,34	13 094	—	1 047,52	1 178,46
72 968	19 734	—	1 578,72	1 776,06	12 438	—	995,04	1 119,42	75 128	20 641	82,22	1 651,28	1 857,69	13 106	—	1 048,48	1 179,54
73 004	19 749	—	1 579,92	1 777,41	12 450	—	996,—	1 120,50	75 164	20 656	84,01	1 652,48	1 859,04	13 116	—	1 049,28	1 180,44
73 040	19 764	—	1 581,12	1 778,76	12 460	—	996,80	1 121,40	75 200	20 672	85,91	1 653,76	1 860,48	13 128	—	1 050,24	1 181,52
73 076	19 780	—	1 582,40	1 780,20	12 472	—	997,76	1 122,48	75 236	20 687	87,70	1 654,96	1 861,83	13 140	—	1 051,20	1 182,60
73 112	19 795	—	1 583,60	1 781,55	12 482	—	998,56	1 123,38	75 272	20 702	89,48	1 656,16	1 863,18	13 150	—	1 052,—	1 183,50
73 148	19 810	—	1 584,80	1 782,90	12 494	—	999,52	1 124,46	75 308	20 717	91,27	1 657,36	1 864,53	13 162	—	1 052,96	1 184,58
73 184	19 825	—	1 586,—	1 784,25	12 504	—	1 000,32	1 125,36	75 344	20 732	93,05	1 658,56	1 865,88	13 172	—	1 053,76	1 185,48
73 220	19 840	—	1 587,20	1 785,60	12 516	—	1 001,28	1 126,44	75 380	20 747	94,84	1 659,76	1 867,23	13 184	—	1 054,72	1 186,56
73 256	19 855	—	1 588,40	1 786,95	12 526	—	1 002,08	1 127,34	75 416	20 762	96,62	1 660,96	1 868,58	13 196	—	1 055,68	1 187,64
73 292	19 870	—	1 589,60	1 788,30	12 538	—	1 003,04	1 128,42	75 452	20 777	98,41	1 662,16	1 869,93	13 206	—	1 056,48	1 188,54
73 328	19 885	—	1 590,80	1 789,65	12 548	—	1 003,84	1 129,32	75 488	20 793	100,31	1 663,44	1 871,37	13 218	—	1 057,44	1 189,62
73 364	19 900	—	1 592,—	1 791,—	12 560	—	1 004,80	1 130,40	75 524	20 808	102,10	1 664,64	1 872,72	13 228	—	1 058,24	1 190,52
73 400	19 916	—	1 593,28	1 792,44	12 572	—	1 005,76	1 131,48	75 560	20 823	103,88	1 665,84	1 874,07	13 240	—	1 059,20	1 191,60
73 436	19 931	—	1 594,48	1 793,79	12 582	—	1 006,56	1 132,38	75 596	20 838	105,67	1 667,04	1 875,42	13 252	—	1 060,16	1 192,68
73 472	19 946	—	1 595,68	1 795,14	12 594	—	1 007,52	1 133,46	75 632	20 853	107,45	1 668,24	1 876,77	13 262	—	1 060,96	1 193,58
73 508	19 961	1,30	1 596,88	1 796,49	12 604	—	1 008,32	1 134,36	75 668	20 868	109,24	1 669,44	1 878,12	13 274	—	1 061,92	1 194,66
73 544	19 976	3,09	1 598,08	1 797,84	12 616	—	1 009,28	1 135,44	75 704	20 883	111,02	1 670,64	1 879,47	13 284	—	1 062,72	1 195,56
73 580	19 991	4,87	1 599,28	1 799,19	12 626	—	1 010,08	1 136,34	75 740	20 898	112,81	1 671,84	1 880,82	13 296	—	1 063,68	1 196,64
73 616	20 006	6,66	1 600,48	1 800,54	12 638	—	1 011,04	1 137,42	75 776	20 914	114,71	1 673,12	1 882,26	13 308	—	1 064,64	1 197,72
73 652	20 021	8,44	1 601,68	1 801,89	12 648	—	1 011,84	1 138,32	75 812	20 929	116,50	1 674,32	1 883,61	13 318	—	1 065,44	1 198,62
73 688	20 037	10,35	1 602,96	1 803,33	12 660	—	1 012,80	1 139,40	75 848	20 944	118,28	1 675,52	1 884,96	13 330	—	1 066,40	1 199,70
73 724	20 052	12,13	1 604,16	1 804,68	12 670	—	1 013,60	1 140,30	75 884	20 959	120,07	1 676,72	1 886,31	13 340	—	1 067,20	1 200,60
73 760	20 067	13,92	1 605,36	1 806,03	12 682	—	1 014,56	1 141,38	75 920	20 974	121,85	1 677,92	1 887,66	13 352	—	1 068,16	1 201,68
73 796	20 082	15,70	1 606,56	1 807,38	12 694	—	1 015,52	1 142,46	75 956	20 989	123,64	1 679,12	1 889,01	13 364	—	1 069,12	1 202,76
73 832	20 097	17,49	1 607,76	1 808,73	12 704	—	1 016,32	1 143,36	75 992	21 004	125,42	1 680,32	1 890,36	13 374	—	1 069,92	1 203,66
73 868	20 112	19,27	1 608,96	1 810,08	12 716	—	1 017,28	1 144,44	76 028	21 019	127,21	1 681,52	1 891,71	13 386	—	1 070,88	1 204,74
73 904	20 127	21,06	1 610,16	1 811,43	12 726	—	1 018,08	1 145,34	76 064	21 034	128,99	1 682,72	1 893,06	13 398	—	1 071,84	1 205,82
73 940	20 142	22,84	1 611,36	1 812,78	12 738	—	1 019,04	1 146,42	76 100	21 050	130,90	1 684,—	1 894,50	13 408	—	1 072,64	1 206,72
73 976	20 158	24,75	1 612,64	1 814,22	12 748	—	1 019,84	1 147,32	76 136	21 065	132,68	1 685,20	1 895,85	13 420	—	1 073,60	1 207,80
74 012	20 173	26,53	1 613,84	1 815,57	12 760	—	1 020,80	1 148,40	76 172	21 080	134,47	1 686,40	1 897,20	13 430	—	1 074,40	1 208,70
74 048	20 188	28,32	1 615,04	1 816,92	12 770	—	1 021,60	1 149,30	76 208	21 095	136,25	1 687,60	1 898,55	13 442	—	1 075,36	1 209,78
74 084	20 203	30,10	1 616,24	1 818,27	12 782	—	1 022,56	1 150,38	76 244	21 110	138,04	1 688,80	1 899,90	13 454	—	1 076,32	1 210,86
74 120	20 218	31,89	1 617,44	1 819,62	12 794	—	1 023,52	1 151,46	76 280	21 125	139,82	1 690,—	1 901,25	13 464	—	1 077,12	1 211,76
74 156	20 233	33,67	1 618,64	1 820,97	12 804	—	1 024,32	1 152,36	76 316	21 140	141,61	1 691,20	1 902,60	13 476	—	1 078,08	1 212,84
74 192	20 248	35,46	1 619,84	1 822,32	12 816	—	1 025,28	1 153,44	76 352	21 155	143,39	1 692,40	1 903,95	13 488	—	1 079,04	1 213,92
74 228	20 263	37,24	1 621,04	1 823,67	12 826	—	1 026,08	1 154,34	76 388	21 171	145,29	1 693,68	1 905,39	13 498	—	1 079,84	1 214,82
74 264	20 278	39,03	1 622,24	1 825,02	12 838	—	1 027,04	1 155,42	76 424	21 186	147,08	1 694,88	1 906,74	13 510	—	1 080,80	1 215,90
74 300	20 294	40,93	1 623,52	1 826,46	12 848	—	1 027,84	1 156,32	76 460	21 201	148,86	1 696,08	1 908,09	13 522	—	1 081,76	1 216,98
74 336	20 309	42,72	1 624,72	1 827,81	12 860	—	1 028,80	1 157,40	76 496	21 216	150,65	1 697,28	1 909,44	13 532	—	1 082,56	1 217,88
74 372	20 324	44,50	1 625,92	1 829,16	12 872	—	1 029,76	1 158,48	76 532	21 231	152,43	1 698,48	1 910,79	13 544	—	1 083,52	1 218,96
74 408	20 339	46,29	1 627,12	1 830,51	12 882	—	1 030,56	1 159,38	76 568	21 246	154,22	1 699,68	1 912,14	13 554	—	1 084,32	1 219,86
74 444	20 354	48,07	1 628,32	1 831,86	12 894	—	1 031,52	1 160,46	76 604	21 261	156,—	1 700,88	1 913,49	13 566	—	1 085,28	1 220,94
74 480	20 369	49,86	1 629,52	1 833,21	12 904	—	1 032,32	1 161,36	76 640	21 276	157,79	1 702,08	1 914,84	13 578	—	1 086,24	1 222,02
74 516	20 384	51,64	1 630,72	1 834,56	12 916	—	1 033,28	1 162,44	76 676	21 292	159,69	1 703,36	1 916,28	13 588	—	1 087,04	1 222,92
74 552	20 399	53,43	1 631,92	1 835,91	12 926	—	1 034,08	1 163,34	76 712	21 307	161,48	1 704,56	1 917,63	13 600	—	1 088,—	1 224,—
74 588	20 415	55,33	1 633,20	1 837,35	12 938	—	1 035,04	1 164,42	76 748	21 322	163,26	1 705,76	1 918,98	13 612	—	1 088,96	1 225,08
74 624	20 430	57,12	1 634,40	1 838,70	12 950	—	1 036,—	1 165,50	76 784	21 337	165,05	1 706,96	1 920,33	13 622	—	1 089,76	1 225,98
74 660	20 445	58,90	1 635,60	1 840,05	12 960	—	1 036,80	1 166,40	76 820	21 352	166,83	1 708,16	1 921,68	13 634	—	1 090,72	1 227,06
74 696	20 460	60,69	1 636,80	1 841,40	12 972	—	1 037,76	1 167,48	76 856	21 367	168,62	1 709,36	1 923,03	13 646	—	1 091,68	1 228,14

* Die Steuerabzugsbeträge gelten nur für das ausgewiesene zu versteuernde Einkommen. Zwischenwerte müssen elektronisch berechnet werden.

81 176,– EINKOMMEN

Zu versteuerndes Einkommen in €*	Abzüge an Einkommensteuer, Solidaritätszuschlag und Kirchensteuer							
	Grundtabelle				Splittingtabelle			
	ESt	SolZ	8%	9%	ESt	SolZ	8%	9%
76 892	21 382	170,40	1 710,56	1 924,38	13 656	—	1 092,48	1 229,04
76 928	21 397	172,19	1 711,76	1 925,73	13 668	—	1 093,44	1 230,12
76 964	21 412	173,97	1 712,96	1 927,08	13 680	—	1 094,40	1 231,20
77 000	21 428	175,88	1 714,24	1 928,52	13 690	—	1 095,20	1 232,10
77 036	21 443	177,66	1 715,44	1 929,87	13 702	—	1 096,16	1 233,18
77 072	21 458	179,45	1 716,64	1 931,22	13 714	—	1 097,12	1 234,26
77 108	21 473	181,23	1 717,84	1 932,57	13 724	—	1 097,92	1 235,16
77 144	21 488	183,02	1 719,04	1 933,92	13 736	—	1 098,88	1 236,24
77 180	21 503	184,80	1 720,24	1 935,27	13 746	—	1 099,68	1 237,14
77 216	21 518	186,59	1 721,44	1 936,62	13 758	—	1 100,64	1 238,22
77 252	21 533	188,37	1 722,64	1 937,97	13 770	—	1 101,60	1 239,30
77 288	21 549	190,28	1 723,92	1 939,41	13 780	—	1 102,40	1 240,20
77 324	21 564	192,06	1 725,12	1 940,76	13 792	—	1 103,36	1 241,28
77 360	21 579	193,85	1 726,32	1 942,11	13 804	—	1 104,32	1 242,36
77 396	21 594	195,63	1 727,52	1 943,46	13 814	—	1 105,12	1 243,26
77 432	21 609	197,42	1 728,72	1 944,81	13 826	—	1 106,08	1 244,34
77 468	21 624	199,20	1 729,92	1 946,16	13 838	—	1 107,04	1 245,42
77 504	21 639	200,99	1 731,12	1 947,51	13 848	—	1 107,84	1 246,32
77 540	21 654	202,77	1 732,32	1 948,86	13 860	—	1 108,80	1 247,40
77 576	21 670	204,68	1 733,60	1 950,30	13 872	—	1 109,76	1 248,48
77 612	21 685	206,46	1 734,80	1 951,65	13 882	—	1 110,56	1 249,38
77 648	21 700	208,25	1 736,—	1 953,—	13 894	—	1 111,52	1 250,46
77 684	21 715	210,03	1 737,20	1 954,35	13 906	—	1 112,48	1 251,54
77 720	21 730	211,82	1 738,40	1 955,70	13 918	—	1 113,44	1 252,62
77 756	21 745	213,60	1 739,60	1 957,05	13 928	—	1 114,24	1 253,52
77 792	21 760	215,39	1 740,80	1 958,40	13 940	—	1 115,20	1 254,60
77 828	21 775	217,17	1 742,—	1 959,75	13 952	—	1 116,16	1 255,68
77 864	21 790	218,96	1 743,20	1 961,10	13 962	—	1 116,96	1 256,58
77 900	21 806	220,86	1 744,48	1 962,54	13 974	—	1 117,92	1 257,66
77 936	21 821	222,64	1 745,68	1 963,89	13 986	—	1 118,88	1 258,74
77 972	21 836	224,43	1 746,88	1 965,24	13 996	—	1 119,68	1 259,64
78 008	21 851	226,21	1 748,08	1 966,59	14 008	—	1 120,64	1 260,72
78 044	21 866	228,—	1 749,28	1 967,94	14 020	—	1 121,60	1 261,80
78 080	21 881	229,78	1 750,48	1 969,29	14 030	—	1 122,40	1 262,70
78 116	21 896	231,57	1 751,68	1 970,64	14 042	—	1 123,36	1 263,78
78 152	21 911	233,35	1 752,88	1 971,99	14 054	—	1 124,32	1 264,86
78 188	21 927	235,26	1 754,16	1 973,43	14 064	—	1 125,12	1 265,76
78 224	21 942	237,04	1 755,36	1 974,78	14 076	—	1 126,08	1 266,84
78 260	21 957	238,83	1 756,56	1 976,13	14 088	—	1 127,04	1 267,92
78 296	21 972	240,61	1 757,76	1 977,48	14 098	—	1 127,84	1 268,82
78 332	21 987	242,40	1 758,96	1 978,83	14 110	—	1 128,80	1 269,90
78 368	22 002	244,18	1 760,16	1 980,18	14 122	—	1 129,76	1 270,98
78 404	22 017	245,97	1 761,36	1 981,53	14 134	—	1 130,72	1 272,06
78 440	22 032	247,75	1 762,56	1 982,88	14 144	—	1 131,52	1 272,96
78 476	22 048	249,66	1 763,84	1 984,32	14 156	—	1 132,48	1 274,04
78 512	22 063	251,44	1 765,04	1 985,67	14 168	—	1 133,44	1 275,12
78 548	22 078	253,23	1 766,24	1 987,02	14 178	—	1 134,24	1 276,02
78 584	22 093	255,01	1 767,44	1 988,37	14 190	—	1 135,20	1 277,10
78 620	22 108	256,80	1 768,64	1 989,72	14 202	—	1 136,16	1 278,18
78 656	22 123	258,58	1 769,84	1 991,07	14 212	—	1 136,96	1 279,08
78 692	22 138	260,37	1 771,04	1 992,42	14 224	—	1 137,92	1 280,16
78 728	22 153	262,15	1 772,24	1 993,77	14 236	—	1 138,88	1 281,24
78 764	22 168	263,94	1 773,44	1 995,12	14 248	—	1 139,84	1 282,32
78 800	22 184	265,84	1 774,72	1 996,56	14 258	—	1 140,64	1 283,22
78 836	22 199	267,63	1 775,92	1 997,91	14 270	—	1 141,60	1 284,30
78 872	22 214	269,41	1 777,12	1 999,26	14 282	—	1 142,56	1 285,38
78 908	22 229	271,20	1 778,32	2 000,61	14 292	—	1 143,36	1 286,28
78 944	22 244	272,98	1 779,52	2 001,96	14 304	—	1 144,32	1 287,36
78 980	22 259	274,77	1 780,72	2 003,31	14 316	—	1 145,28	1 288,44
79 016	22 274	276,55	1 781,92	2 004,66	14 328	—	1 146,24	1 289,52
79 052	22 289	278,34	1 783,12	2 006,01	14 338	—	1 147,04	1 290,42
79 088	22 305	280,24	1 784,40	2 007,45	14 350	—	1 148,—	1 291,50
79 124	22 320	282,03	1 785,60	2 008,80	14 362	—	1 148,96	1 292,58
79 160	22 335	283,81	1 786,80	2 010,15	14 372	—	1 149,76	1 293,48
79 196	22 350	285,60	1 788,—	2 011,50	14 384	—	1 150,72	1 294,56
79 232	22 365	287,38	1 789,20	2 012,85	14 396	—	1 151,68	1 295,64
79 268	22 380	289,17	1 790,40	2 014,20	14 408	—	1 152,64	1 296,72
79 304	22 395	290,95	1 791,60	2 015,55	14 418	—	1 153,44	1 297,62
79 340	22 410	292,74	1 792,80	2 016,90	14 430	—	1 154,40	1 298,70
79 376	22 426	294,64	1 794,08	2 018,34	14 442	—	1 155,36	1 299,78
79 412	22 441	296,42	1 795,28	2 019,69	14 454	—	1 156,32	1 300,86
79 448	22 456	298,21	1 796,48	2 021,04	14 464	—	1 157,12	1 301,76
79 484	22 471	299,99	1 797,68	2 022,39	14 476	—	1 158,08	1 302,84
79 520	22 486	301,78	1 798,88	2 023,74	14 488	—	1 159,04	1 303,92
79 556	22 501	303,56	1 800,08	2 025,09	14 500	—	1 160,—	1 305,—
79 592	22 516	305,35	1 801,28	2 026,44	14 510	—	1 160,80	1 305,90
79 628	22 531	307,13	1 802,48	2 027,79	14 522	—	1 161,76	1 306,98
79 664	22 546	308,92	1 803,68	2 029,14	14 534	—	1 162,72	1 308,06
79 700	22 562	310,82	1 804,96	2 030,58	14 544	—	1 163,52	1 308,96
79 736	22 577	312,61	1 806,16	2 031,93	14 556	—	1 164,48	1 310,04
79 772	22 592	314,39	1 807,36	2 033,28	14 568	—	1 165,44	1 311,12
79 808	22 607	316,18	1 808,56	2 034,63	14 580	—	1 166,40	1 312,20
79 844	22 622	317,96	1 809,76	2 035,98	14 590	—	1 167,20	1 313,10
79 880	22 637	319,75	1 810,96	2 037,33	14 602	—	1 168,16	1 314,18
79 916	22 652	321,53	1 812,16	2 038,68	14 614	—	1 169,12	1 315,26
79 952	22 667	323,32	1 813,36	2 040,03	14 626	—	1 170,08	1 316,34
79 988	22 683	325,22	1 814,64	2 041,47	14 636	—	1 170,88	1 317,24
80 024	22 698	327,01	1 815,84	2 042,82	14 648	—	1 171,84	1 318,32
80 060	22 713	328,79	1 817,04	2 044,17	14 660	—	1 172,80	1 319,40
80 096	22 728	330,58	1 818,24	2 045,52	14 672	—	1 173,76	1 320,48
80 132	22 743	332,36	1 819,44	2 046,87	14 682	—	1 174,56	1 321,38
80 168	22 758	334,15	1 820,64	2 048,22	14 694	—	1 175,52	1 322,46
80 204	22 773	335,93	1 821,84	2 049,57	14 706	—	1 176,48	1 323,54
80 240	22 788	337,72	1 823,04	2 050,92	14 718	—	1 177,44	1 324,62
80 276	22 804	339,62	1 824,32	2 052,36	14 728	—	1 178,24	1 325,52
80 312	22 819	341,41	1 825,52	2 053,71	14 740	—	1 179,20	1 326,60
80 348	22 834	343,19	1 826,72	2 055,06	14 752	—	1 180,16	1 327,68
80 384	22 849	344,98	1 827,92	2 056,41	14 764	—	1 181,12	1 328,76
80 420	22 864	346,76	1 829,12	2 057,76	14 774	—	1 181,92	1 329,66
80 456	22 879	348,55	1 830,32	2 059,11	14 786	—	1 182,88	1 330,74
80 492	22 894	350,33	1 831,52	2 060,46	14 798	—	1 183,84	1 331,82
80 528	22 909	352,12	1 832,72	2 061,81	14 810	—	1 184,80	1 332,90
80 564	22 924	353,90	1 833,92	2 063,16	14 822	—	1 185,76	1 333,98
80 600	22 940	355,81	1 835,20	2 064,60	14 832	—	1 186,56	1 334,88
80 636	22 955	357,59	1 836,40	2 065,95	14 844	—	1 187,52	1 335,96
80 672	22 970	359,38	1 837,60	2 067,30	14 856	—	1 188,48	1 337,04
80 708	22 985	361,16	1 838,80	2 068,65	14 868	—	1 189,44	1 338,12
80 744	23 000	362,95	1 840,—	2 070,—	14 878	—	1 190,24	1 339,02
80 780	23 015	364,73	1 841,20	2 071,35	14 890	—	1 191,20	1 340,10
80 816	23 030	366,52	1 842,40	2 072,70	14 902	—	1 192,16	1 341,18
80 852	23 045	368,30	1 843,60	2 074,05	14 914	—	1 193,12	1 342,26
80 888	23 061	370,20	1 844,88	2 075,49	14 924	—	1 193,92	1 343,16
80 924	23 076	371,99	1 846,08	2 076,84	14 936	—	1 194,88	1 344,24
80 960	23 091	373,77	1 847,28	2 078,19	14 948	—	1 195,84	1 345,32
80 996	23 106	375,56	1 848,48	2 079,54	14 960	—	1 196,80	1 346,40
81 032	23 121	377,34	1 849,68	2 080,89	14 972	—	1 197,76	1 347,48
81 068	23 136	379,13	1 850,88	2 082,24	14 982	—	1 198,56	1 348,38
81 104	23 151	380,91	1 852,08	2 083,59	14 994	—	1 199,52	1 349,46
81 140	23 166	382,70	1 853,28	2 084,94	15 006	—	1 200,48	1 350,54
81 176	23 182	384,60	1 854,56	2 086,38	15 018	—	1 201,44	1 351,62

* Die Steuerabzugsbeträge gelten nur für das ausgewiesene zu versteuernde Einkommen. Zwischenwerte müssen elektronisch berechnet werden.

EINKOMMEN 81 212,–

Zu versteuerndes Einkommen in €*	Abzüge an Einkommensteuer, Solidaritätszuschlag und Kirchensteuer							
	Grundtabelle				Splittingtabelle			
	ESt	SolZ	8%	9%	ESt	SolZ	8%	9%
81 212	23 197	386,39	1 855,76	2 087,73	15 030	—	1 202,40	1 352,70
81 248	23 212	388,17	1 856,96	2 089,08	15 040	—	1 203,20	1 353,60
81 284	23 227	389,96	1 858,16	2 090,43	15 052	—	1 204,16	1 354,68
81 320	23 242	391,74	1 859,36	2 091,78	15 064	—	1 205,12	1 355,76
81 356	23 257	393,53	1 860,56	2 093,13	15 076	—	1 206,08	1 356,84
81 392	23 272	395,31	1 861,76	2 094,48	15 086	—	1 206,88	1 357,74
81 428	23 287	397,10	1 862,96	2 095,83	15 098	—	1 207,84	1 358,82
81 464	23 302	398,88	1 864,16	2 097,18	15 110	—	1 208,80	1 359,90
81 500	23 318	400,79	1 865,44	2 098,62	15 122	—	1 209,76	1 360,98
81 536	23 333	402,57	1 866,64	2 099,97	15 134	—	1 210,72	1 362,06
81 572	23 348	404,36	1 867,84	2 101,32	15 144	—	1 211,52	1 362,96
81 608	23 363	406,14	1 869,04	2 102,67	15 156	—	1 212,48	1 364,04
81 644	23 378	407,93	1 870,24	2 104,02	15 168	—	1 213,44	1 365,12
81 680	23 393	409,71	1 871,44	2 105,37	15 180	—	1 214,40	1 366,20
81 716	23 408	411,50	1 872,64	2 106,72	15 192	—	1 215,36	1 367,28
81 752	23 423	413,28	1 873,84	2 108,07	15 202	—	1 216,16	1 368,18
81 788	23 439	415,19	1 875,12	2 109,51	15 214	—	1 217,12	1 369,26
81 824	23 454	416,97	1 876,32	2 110,86	15 226	—	1 218,08	1 370,34
81 860	23 469	418,76	1 877,52	2 112,21	15 238	—	1 219,04	1 371,42
81 896	23 484	420,54	1 878,72	2 113,56	15 250	—	1 220,—	1 372,50
81 932	23 499	422,33	1 879,92	2 114,91	15 260	—	1 220,80	1 373,40
81 968	23 514	424,11	1 881,12	2 116,26	15 272	—	1 221,76	1 374,48
82 004	23 529	425,90	1 882,32	2 117,61	15 284	—	1 222,72	1 375,56
82 040	23 544	427,68	1 883,52	2 118,96	15 296	—	1 223,68	1 376,64
82 076	23 560	429,59	1 884,80	2 120,40	15 308	—	1 224,64	1 377,72
82 112	23 575	431,37	1 886,—	2 121,75	15 320	—	1 225,60	1 378,80
82 148	23 590	433,16	1 887,20	2 123,10	15 330	—	1 226,40	1 379,70
82 184	23 605	434,94	1 888,40	2 124,45	15 342	—	1 227,36	1 380,78
82 220	23 620	436,73	1 889,60	2 125,80	15 354	—	1 228,32	1 381,86
82 256	23 635	438,51	1 890,80	2 127,15	15 366	—	1 229,28	1 382,94
82 292	23 650	440,30	1 892,—	2 128,50	15 378	—	1 230,24	1 384,02
82 328	23 665	442,08	1 893,20	2 129,85	15 388	—	1 231,04	1 384,92
82 364	23 680	443,87	1 894,40	2 131,20	15 400	—	1 232,—	1 386,—
82 400	23 696	445,77	1 895,68	2 132,64	15 412	—	1 232,96	1 387,08
82 436	23 711	447,55	1 896,88	2 133,99	15 424	—	1 233,92	1 388,16
82 472	23 726	449,34	1 898,08	2 135,34	15 436	—	1 234,88	1 389,24
82 508	23 741	451,12	1 899,28	2 136,69	15 448	—	1 235,84	1 390,32
82 544	23 756	452,91	1 900,48	2 138,04	15 458	—	1 236,64	1 391,22
82 580	23 771	454,69	1 901,68	2 139,39	15 470	—	1 237,60	1 392,30
82 616	23 786	456,48	1 902,88	2 140,74	15 482	—	1 238,56	1 393,38
82 652	23 801	458,26	1 904,08	2 142,09	15 494	—	1 239,52	1 394,46
82 688	23 817	460,17	1 905,36	2 143,53	15 506	—	1 240,48	1 395,54
82 724	23 832	461,95	1 906,56	2 144,88	15 518	—	1 241,44	1 396,62
82 760	23 847	463,74	1 907,76	2 146,23	15 528	—	1 242,24	1 397,52
82 796	23 862	465,52	1 908,96	2 147,58	15 540	—	1 243,20	1 398,60
82 832	23 877	467,31	1 910,16	2 148,93	15 552	—	1 244,16	1 399,68
82 868	23 892	469,09	1 911,36	2 150,28	15 564	—	1 245,12	1 400,76
82 904	23 907	470,88	1 912,56	2 151,63	15 576	—	1 246,08	1 401,84
82 940	23 922	472,66	1 913,76	2 152,98	15 588	—	1 247,04	1 402,92
82 976	23 938	474,57	1 915,04	2 154,42	15 598	—	1 247,84	1 403,82
83 012	23 953	476,35	1 916,24	2 155,77	15 610	—	1 248,80	1 404,90
83 048	23 968	478,14	1 917,44	2 157,12	15 622	—	1 249,76	1 405,98
83 084	23 983	479,92	1 918,64	2 158,47	15 634	—	1 250,72	1 407,06
83 120	23 998	481,71	1 919,84	2 159,82	15 646	—	1 251,68	1 408,14
83 156	24 013	483,49	1 921,04	2 161,17	15 658	—	1 252,64	1 409,22
83 192	24 028	485,28	1 922,24	2 162,52	15 670	—	1 253,60	1 410,30
83 228	24 043	487,06	1 923,44	2 163,87	15 680	—	1 254,40	1 411,20
83 264	24 058	488,85	1 924,64	2 165,22	15 692	—	1 255,36	1 412,28
83 300	24 074	490,75	1 925,92	2 166,66	15 704	—	1 256,32	1 413,36
83 336	24 089	492,54	1 927,12	2 168,01	15 716	—	1 257,28	1 414,44

Zu versteuerndes Einkommen in €*	Abzüge an Einkommensteuer, Solidaritätszuschlag und Kirchensteuer							
	Grundtabelle				Splittingtabelle			
	ESt	SolZ	8%	9%	ESt	SolZ	8%	9%
83 372	24 104	494,32	1 928,32	2 169,36	15 728	—	1 258,24	1 415,52
83 408	24 119	496,11	1 929,52	2 170,71	15 740	—	1 259,20	1 416,60
83 444	24 134	497,89	1 930,72	2 172,06	15 752	—	1 260,16	1 417,68
83 480	24 149	499,68	1 931,92	2 173,41	15 762	—	1 260,96	1 418,58
83 516	24 164	501,46	1 933,12	2 174,76	15 774	—	1 261,92	1 419,66
83 552	24 179	503,25	1 934,32	2 176,11	15 786	—	1 262,88	1 420,74
83 588	24 195	505,15	1 935,60	2 177,55	15 798	—	1 263,84	1 421,82
83 624	24 210	506,94	1 936,80	2 178,90	15 810	—	1 264,80	1 422,90
83 660	24 225	508,72	1 938,—	2 180,25	15 822	—	1 265,76	1 423,98
83 696	24 240	510,51	1 939,20	2 181,60	15 834	—	1 266,72	1 425,06
83 732	24 255	512,29	1 940,40	2 182,95	15 844	—	1 267,52	1 425,96
83 768	24 270	514,08	1 941,60	2 184,30	15 856	—	1 268,48	1 427,04
83 804	24 285	515,86	1 942,80	2 185,65	15 868	—	1 269,44	1 428,12
83 840	24 300	517,65	1 944,—	2 187,—	15 880	—	1 270,40	1 429,20
83 876	24 316	519,55	1 945,28	2 188,44	15 892	—	1 271,36	1 430,28
83 912	24 331	521,33	1 946,48	2 189,79	15 904	—	1 272,32	1 431,36
83 948	24 346	523,12	1 947,68	2 191,14	15 916	—	1 273,28	1 432,44
83 984	24 361	524,90	1 948,88	2 192,49	15 928	—	1 274,24	1 433,52
84 020	24 376	526,69	1 950,08	2 193,84	15 938	—	1 275,04	1 434,42
84 056	24 391	528,47	1 951,28	2 195,19	15 950	—	1 276,—	1 435,50
84 092	24 406	530,26	1 952,48	2 196,54	15 962	—	1 276,96	1 436,58
84 128	24 421	532,04	1 953,68	2 197,89	15 974	—	1 277,92	1 437,66
84 164	24 436	533,83	1 954,88	2 199,24	15 986	—	1 278,88	1 438,74
84 200	24 452	535,73	1 956,16	2 200,68	15 998	—	1 279,84	1 439,82
84 236	24 467	537,52	1 957,36	2 202,03	16 010	—	1 280,80	1 440,90
84 272	24 482	539,30	1 958,56	2 203,38	16 022	—	1 281,76	1 441,98
84 308	24 497	541,09	1 959,76	2 204,73	16 032	—	1 282,56	1 442,88
84 344	24 512	542,87	1 960,96	2 206,08	16 044	—	1 283,52	1 443,96
84 380	24 527	544,66	1 962,16	2 207,43	16 056	—	1 284,48	1 445,04
84 416	24 542	546,44	1 963,36	2 208,78	16 068	—	1 285,44	1 446,12
84 452	24 557	548,23	1 964,56	2 210,13	16 080	—	1 286,40	1 447,20
84 488	24 573	550,13	1 965,84	2 211,57	16 092	—	1 287,36	1 448,28
84 524	24 588	551,92	1 967,04	2 212,92	16 104	—	1 288,32	1 449,36
84 560	24 603	553,70	1 968,24	2 214,27	16 116	—	1 289,28	1 450,44
84 596	24 618	555,49	1 969,44	2 215,62	16 128	—	1 290,24	1 451,52
84 632	24 633	557,27	1 970,64	2 216,97	16 138	—	1 291,04	1 452,42
84 668	24 648	559,06	1 971,84	2 218,32	16 150	—	1 292,—	1 453,50
84 704	24 663	560,84	1 973,04	2 219,67	16 162	—	1 292,96	1 454,58
84 740	24 678	562,63	1 974,24	2 221,02	16 174	—	1 293,92	1 455,66
84 776	24 694	564,53	1 975,52	2 222,46	16 186	—	1 294,88	1 456,74
84 812	24 709	566,32	1 976,72	2 223,81	16 198	—	1 295,84	1 457,82
84 848	24 724	568,10	1 977,92	2 225,16	16 210	—	1 296,80	1 458,90
84 884	24 739	569,89	1 979,12	2 226,51	16 222	—	1 297,76	1 459,98
84 920	24 754	571,67	1 980,32	2 227,86	16 234	—	1 298,72	1 461,06
84 956	24 769	573,46	1 981,52	2 229,21	16 246	—	1 299,68	1 462,14
84 992	24 784	575,24	1 982,72	2 230,56	16 258	—	1 300,64	1 463,22
85 028	24 799	577,03	1 983,92	2 231,91	16 268	—	1 301,44	1 464,12
85 064	24 814	578,81	1 985,12	2 233,26	16 280	—	1 302,40	1 465,20
85 100	24 830	580,72	1 986,40	2 234,70	16 292	—	1 303,36	1 466,28
85 136	24 845	582,50	1 987,60	2 236,05	16 304	—	1 304,32	1 467,36
85 172	24 860	584,29	1 988,80	2 237,40	16 316	—	1 305,28	1 468,44
85 208	24 875	586,07	1 990,—	2 238,75	16 328	—	1 306,24	1 469,52
85 244	24 890	587,86	1 991,20	2 240,10	16 340	—	1 307,20	1 470,60
85 280	24 905	589,64	1 992,40	2 241,45	16 352	—	1 308,16	1 471,68
85 316	24 920	591,43	1 993,60	2 242,80	16 364	—	1 309,12	1 472,76
85 352	24 935	593,21	1 994,80	2 244,15	16 376	—	1 310,08	1 473,84
85 388	24 951	595,11	1 996,08	2 245,59	16 388	—	1 311,04	1 474,92
85 424	24 966	596,90	1 997,28	2 246,94	16 398	—	1 311,84	1 475,82
85 460	24 981	598,68	1 998,48	2 248,29	16 410	—	1 312,80	1 476,90
85 496	24 996	600,47	1 999,68	2 249,64	16 422	—	1 313,76	1 477,98

* Die Steuerabzugsbeträge gelten nur für das ausgewiesene zu versteuernde Einkommen. Zwischenwerte müssen elektronisch berechnet werden.

89 816,– EINKOMMEN

Zu versteuerndes Einkommen in €*	Abzüge an Einkommensteuer, Solidaritätszuschlag und Kirchensteuer							
	Grundtabelle				Splittingtabelle			
	ESt	SolZ	8%	9%	ESt	SolZ	8%	9%
85 532	25 011	602,25	2 000,88	2 250,99	16 434	—	1 314,72	1 479,06
85 568	25 026	604,04	2 002,08	2 252,34	16 446	—	1 315,68	1 480,14
85 604	25 041	605,82	2 003,28	2 253,69	16 458	—	1 316,64	1 481,22
85 640	25 056	607,61	2 004,48	2 255,04	16 470	—	1 317,60	1 482,30
85 676	25 072	609,51	2 005,76	2 256,48	16 482	—	1 318,56	1 483,38
85 712	25 087	611,30	2 006,96	2 257,83	16 494	—	1 319,52	1 484,46
85 748	25 102	613,08	2 008,16	2 259,18	16 506	—	1 320,48	1 485,54
85 784	25 117	614,87	2 009,36	2 260,53	16 518	—	1 321,44	1 486,62
85 820	25 132	616,65	2 010,56	2 261,88	16 530	—	1 322,40	1 487,70
85 856	25 147	618,44	2 011,76	2 263,23	16 542	—	1 323,36	1 488,78
85 892	25 162	620,22	2 012,96	2 264,58	16 554	—	1 324,32	1 489,86
85 928	25 177	622,01	2 014,16	2 265,93	16 566	—	1 325,28	1 490,94
85 964	25 192	623,79	2 015,36	2 267,28	16 576	—	1 326,08	1 491,84
86 000	25 208	625,70	2 016,64	2 268,72	16 588	—	1 327,04	1 492,92
86 036	25 223	627,48	2 017,84	2 270,07	16 600	—	1 328,—	1 494,—
86 072	25 238	629,27	2 019,04	2 271,42	16 612	—	1 328,96	1 495,08
86 108	25 253	631,05	2 020,24	2 272,77	16 624	—	1 329,92	1 496,16
86 144	25 268	632,84	2 021,44	2 274,12	16 636	—	1 330,88	1 497,24
86 180	25 283	634,62	2 022,64	2 275,47	16 648	—	1 331,84	1 498,32
86 216	25 298	636,41	2 023,84	2 276,82	16 660	—	1 332,80	1 499,40
86 252	25 313	638,19	2 025,04	2 278,17	16 672	—	1 333,76	1 500,48
86 288	25 329	640,10	2 026,32	2 279,61	16 684	—	1 334,72	1 501,56
86 324	25 344	641,88	2 027,52	2 280,96	16 696	—	1 335,68	1 502,64
86 360	25 359	643,67	2 028,72	2 282,31	16 708	—	1 336,64	1 503,72
86 396	25 374	645,45	2 029,92	2 283,66	16 720	—	1 337,60	1 504,80
86 432	25 389	647,24	2 031,12	2 285,01	16 732	—	1 338,56	1 505,88
86 468	25 404	649,02	2 032,32	2 286,36	16 744	—	1 339,52	1 506,96
86 504	25 419	650,81	2 033,52	2 287,71	16 756	—	1 340,48	1 508,04
86 540	25 434	652,59	2 034,72	2 289,06	16 768	—	1 341,44	1 509,12
86 576	25 450	654,50	2 036,—	2 290,50	16 780	—	1 342,40	1 510,20
86 612	25 465	656,28	2 037,20	2 291,85	16 792	—	1 343,36	1 511,28
86 648	25 480	658,07	2 038,40	2 293,20	16 802	—	1 344,16	1 512,18
86 684	25 495	659,85	2 039,60	2 294,55	16 814	—	1 345,12	1 513,26
86 720	25 510	661,64	2 040,80	2 295,90	16 826	—	1 346,08	1 514,34
86 756	25 525	663,42	2 042,—	2 297,25	16 838	—	1 347,04	1 515,42
86 792	25 540	665,21	2 043,20	2 298,60	16 850	—	1 348,—	1 516,50
86 828	25 555	666,99	2 044,40	2 299,95	16 862	—	1 348,96	1 517,58
86 864	25 570	668,78	2 045,60	2 301,30	16 874	—	1 349,92	1 518,66
86 900	25 586	670,68	2 046,88	2 302,74	16 886	—	1 350,88	1 519,74
86 936	25 601	672,46	2 048,08	2 304,09	16 898	—	1 351,84	1 520,82
86 972	25 616	674,25	2 049,28	2 305,44	16 910	—	1 352,80	1 521,90
87 008	25 631	676,03	2 050,48	2 306,79	16 922	—	1 353,76	1 522,98
87 044	25 646	677,82	2 051,68	2 308,14	16 934	—	1 354,72	1 524,06
87 080	25 661	679,60	2 052,88	2 309,49	16 946	—	1 355,68	1 525,14
87 116	25 676	681,39	2 054,08	2 310,84	16 958	—	1 356,64	1 526,22
87 152	25 691	683,17	2 055,28	2 312,19	16 970	—	1 357,60	1 527,30
87 188	25 707	685,08	2 056,56	2 313,63	16 982	—	1 358,56	1 528,38
87 224	25 722	686,86	2 057,76	2 314,98	16 994	—	1 359,52	1 529,46
87 260	25 737	688,65	2 058,96	2 316,33	17 006	—	1 360,48	1 530,54
87 296	25 752	690,43	2 060,16	2 317,68	17 018	—	1 361,44	1 531,62
87 332	25 767	692,22	2 061,36	2 319,03	17 030	—	1 362,40	1 532,70
87 368	25 782	694,—	2 062,56	2 320,38	17 042	—	1 363,36	1 533,78
87 404	25 797	695,79	2 063,76	2 321,73	17 054	—	1 364,32	1 534,86
87 440	25 812	697,57	2 064,96	2 323,08	17 066	—	1 365,28	1 535,94
87 476	25 828	699,48	2 066,24	2 324,52	17 078	—	1 366,24	1 537,02
87 512	25 843	701,26	2 067,44	2 325,87	17 090	—	1 367,20	1 538,10
87 548	25 858	703,05	2 068,64	2 327,22	17 102	—	1 368,16	1 539,18
87 584	25 873	704,83	2 069,84	2 328,57	17 114	—	1 369,12	1 540,26
87 620	25 888	706,62	2 071,04	2 329,92	17 126	—	1 370,08	1 541,34
87 656	25 903	708,40	2 072,24	2 331,27	17 138	—	1 371,04	1 542,42

Zu versteuerndes Einkommen in €*	Abzüge an Einkommensteuer, Solidaritätszuschlag und Kirchensteuer							
	Grundtabelle				Splittingtabelle			
	ESt	SolZ	8%	9%	ESt	SolZ	8%	9%
87 692	25 918	710,19	2 073,44	2 332,62	17 150	—	1 372,—	1 543,50
87 728	25 933	711,97	2 074,64	2 333,97	17 162	—	1 372,96	1 544,58
87 764	25 948	713,76	2 075,84	2 335,32	17 174	—	1 373,92	1 545,66
87 800	25 964	715,66	2 077,12	2 336,76	17 186	—	1 374,88	1 546,74
87 836	25 979	717,45	2 078,32	2 338,11	17 198	—	1 375,84	1 547,82
87 872	25 994	719,23	2 079,52	2 339,46	17 210	—	1 376,80	1 548,90
87 908	26 009	721,02	2 080,72	2 340,81	17 222	—	1 377,76	1 549,98
87 944	26 024	722,80	2 081,92	2 342,16	17 234	—	1 378,72	1 551,06
87 980	26 039	724,59	2 083,12	2 343,51	17 246	—	1 379,68	1 552,14
88 016	26 054	726,37	2 084,32	2 344,86	17 258	—	1 380,64	1 553,22
88 052	26 069	728,16	2 085,52	2 346,21	17 270	—	1 381,60	1 554,30
88 088	26 085	730,06	2 086,80	2 347,65	17 282	—	1 382,56	1 555,38
88 124	26 100	731,85	2 088,—	2 349,—	17 294	—	1 383,52	1 556,46
88 160	26 115	733,63	2 089,20	2 350,35	17 306	—	1 384,48	1 557,54
88 196	26 130	735,42	2 090,40	2 351,70	17 318	—	1 385,44	1 558,62
88 232	26 145	737,20	2 091,60	2 353,05	17 330	—	1 386,40	1 559,70
88 268	26 160	738,99	2 092,80	2 354,40	17 342	—	1 387,36	1 560,78
88 304	26 175	740,77	2 094,—	2 355,75	17 354	—	1 388,32	1 561,86
88 340	26 190	742,56	2 095,20	2 357,10	17 366	—	1 389,28	1 562,94
88 376	26 206	744,46	2 096,48	2 358,54	17 378	—	1 390,24	1 564,02
88 412	26 221	746,24	2 097,68	2 359,89	17 390	—	1 391,20	1 565,10
88 448	26 236	748,03	2 098,88	2 361,24	17 402	—	1 392,16	1 566,18
88 484	26 251	749,81	2 100,08	2 362,59	17 414	—	1 393,12	1 567,26
88 520	26 266	751,60	2 101,28	2 363,94	17 426	—	1 394,08	1 568,34
88 556	26 281	753,38	2 102,48	2 365,29	17 438	—	1 395,04	1 569,42
88 592	26 296	755,17	2 103,68	2 366,64	17 450	—	1 396,—	1 570,50
88 628	26 311	756,95	2 104,88	2 367,99	17 462	—	1 396,96	1 571,58
88 664	26 326	758,74	2 106,08	2 369,34	17 474	—	1 397,92	1 572,66
88 700	26 342	760,64	2 107,36	2 370,78	17 486	—	1 398,88	1 573,74
88 736	26 357	762,43	2 108,56	2 372,13	17 498	—	1 399,84	1 574,82
88 772	26 372	764,21	2 109,76	2 373,48	17 510	—	1 400,80	1 575,90
88 808	26 387	766,—	2 110,96	2 374,83	17 522	—	1 401,76	1 576,98
88 844	26 402	767,78	2 112,16	2 376,18	17 534	—	1 402,72	1 578,06
88 880	26 417	769,57	2 113,36	2 377,53	17 546	—	1 403,68	1 579,14
88 916	26 432	771,35	2 114,56	2 378,88	17 558	—	1 404,64	1 580,22
88 952	26 447	773,14	2 115,76	2 380,23	17 570	—	1 405,60	1 581,30
88 988	26 463	775,04	2 117,04	2 381,67	17 582	—	1 406,56	1 582,38
89 024	26 478	776,83	2 118,24	2 383,02	17 594	—	1 407,52	1 583,46
89 060	26 493	778,61	2 119,44	2 384,37	17 606	—	1 408,48	1 584,54
89 096	26 508	780,40	2 120,64	2 385,72	17 618	—	1 409,44	1 585,62
89 132	26 523	782,18	2 121,84	2 387,07	17 630	—	1 410,40	1 586,70
89 168	26 538	783,97	2 123,04	2 388,42	17 644	—	1 411,52	1 587,96
89 204	26 553	785,75	2 124,24	2 389,77	17 656	—	1 412,48	1 589,04
89 240	26 568	787,54	2 125,44	2 391,12	17 668	—	1 413,44	1 590,12
89 276	26 584	789,44	2 126,72	2 392,56	17 680	—	1 414,40	1 591,20
89 312	26 599	791,23	2 127,92	2 393,91	17 692	—	1 415,36	1 592,28
89 348	26 614	793,01	2 129,12	2 395,26	17 704	—	1 416,32	1 593,36
89 384	26 629	794,80	2 130,32	2 396,61	17 716	—	1 417,28	1 594,44
89 420	26 644	796,58	2 131,52	2 397,96	17 728	—	1 418,24	1 595,52
89 456	26 659	798,37	2 132,72	2 399,31	17 740	—	1 419,20	1 596,60
89 492	26 674	800,15	2 133,92	2 400,66	17 752	—	1 420,16	1 597,68
89 528	26 689	801,94	2 135,12	2 402,01	17 764	—	1 421,12	1 598,76
89 564	26 704	803,72	2 136,32	2 403,36	17 776	—	1 422,08	1 599,84
89 600	26 720	805,63	2 137,60	2 404,80	17 788	—	1 423,04	1 600,92
89 636	26 735	807,41	2 138,80	2 406,15	17 800	—	1 424,—	1 602,—
89 672	26 750	809,20	2 140,—	2 407,50	17 812	—	1 424,96	1 603,08
89 708	26 765	810,98	2 141,20	2 408,85	17 824	—	1 425,92	1 604,16
89 744	26 780	812,77	2 142,40	2 410,20	17 836	—	1 426,88	1 605,24
89 780	26 795	814,55	2 143,60	2 411,55	17 848	—	1 427,84	1 606,32
89 816	26 810	816,34	2 144,80	2 412,90	17 860	—	1 428,80	1 607,40

* Die Steuerabzugsbeträge gelten nur für das ausgewiesene zu versteuernde Einkommen. Zwischenwerte müssen elektronisch berechnet werden.

Anleitung vorhanden

2025

Hauptvordruck ESt 1 A

— Eingangsstempel —

1 Einkommensteuererklärung — Festsetzung der Arbeitnehmer-Sparzulage

2 Erklärung zur Festsetzung der Kirchensteuer auf Kapitalerträge — Erklärung zur Feststellung des verbleibenden Verlustvortrags

3 Festsetzung der Mobilitätsprämie

4 **Steuernummer**

An das Finanzamt

Daten für die mit ⓔ gekennzeichneten Zeilen liegen im Regelfall vor und müssen nicht eingetragen werden. – Bitte Anleitung beachten. –

5

Bei Wohnsitzwechsel: bisheriges Finanzamt

6

Belege müssen Sie nur einreichen, wenn Sie in den Vordrucken / Anleitungen darauf hingewiesen werden. Bitte reichen Sie in diesen Fällen ausschließlich Kopien und keine Originalbelege ein.

Allgemeine Angaben

7 Telefonische Rückfragen tagsüber unter Nummer

Steuerpflichtige Person

Nur bei Zusammenveranlagung: **Ehemann** oder **Person A** (Ehepartner/-in A / Lebenspartner/-in A nach dem LPartG) – Bitte Anleitung beachten.

8 Identifikationsnummer — Geburtsdatum T T M M J J J J — im Sterbefall: Sterbedatum T T M M J J J J

9 Name

10 Vorname

11 Titel, akademischer Grad

12 Ausgeübter Beruf

Religionsschlüssel:
Evangelisch = EV
Römisch-Katholisch = RK

nicht kirchensteuerpflichtig = VD
Weitere siehe Anleitung

Religion am 31.12.2025

Änderung der Religion im Jahr 2025 — 1 = Austritt, 2 = Wechsel, 3 = Eintritt

13 Straße (derzeitige Adresse)

14 Hausnummer — Hausnummerzusatz — Adressergänzung

15 Postleitzahl (Inland) — Postleitzahl (Ausland)

16 Wohnort

17 Staat (falls Anschrift im Ausland)

18 Verheiratet / Lebenspartnerschaft begründet seit dem T T M M J J J J — Verwitwet seit dem T T M M J J J J — Geschieden / Lebenspartnerschaft aufgehoben seit dem T T M M J J J J — Dauernd getrennt lebend (Tag der Trennung) T T M M J J J J

Nur bei Ehegatten / Lebenspartnern: Veranlagungsart

19 Zusammenveranlagung — Einzelveranlagung von Ehegatten / Lebenspartnern — Wir haben Gütergemeinschaft vereinbart

Nur bei Zusammenveranlagung: **Ehefrau** oder **Person B** (Ehepartner/-in B / Lebenspartner/-in B nach dem LPartG)

20 Identifikationsnummer — Geburtsdatum T T M M J J J J — im Sterbefall: Sterbedatum T T M M J J J J

21 Name

22 Vorname

23 Titel, akademischer Grad

24 Ausgeübter Beruf

Religionsschlüssel:
Evangelisch = EV
Römisch-Katholisch = RK

nicht kirchensteuerpflichtig = VD
Weitere siehe Anleitung

Religion am 31.12.2025

Änderung der Religion im Jahr 2025 — 1 = Austritt, 2 = Wechsel, 3 = Eintritt

2025ESt1A011 - September 2025 - 2025ESt1A011

Abweichende Anschrift der Ehefrau oder Person B

Bitte füllen Sie die Zeilen 25 bis 29 nur aus, wenn die Adressangaben von den Zeilen 13 bis 17 abweichen.

25 Straße

26 Hausnummer | Hausnummerzusatz | Adressergänzung

27 Postleitzahl (Inland) | Postleitzahl (Ausland)

28 Wohnort

29 Staat (falls Anschrift im Ausland)

Bankverbindung – Bitte stets angeben –

30 IBAN (inländisches Geldinstitut) D E

31 IBAN (ausländisches Geldinstitut)

32 BIC zur IBAN des ausländischen Geldinstituts

Kontoinhaber/-in

33 Steuerpflichtige Person / Ehemann / Person A | Ehefrau / Person B | oder: Name (im Fall der Abtretung bitte amtlichen Abtretungsvordruck einreichen)

Antrag auf Festsetzung der Arbeitnehmer-Sparzulage

15

	Steuerpflichtige Person / Ehemann / Person A		Ehefrau / Person B	
34 Für alle vom Anbieter und / oder Arbeitgeber übermittelten elektronischen Vermögensbildungsbescheinigungen wird die Festsetzung der Arbeitnehmer-Sparzulage beantragt.	17	1 = Ja	18	1 = Ja

Einkommensersatzleistungen

18

– ohne Beträge laut Zeile 20 der Anlage N –

		Steuerpflichtige Person / Ehemann / Person A EUR		Ehefrau / Person B EUR
35 Einkommensersatzleistungen, die dem Progressionsvorbehalt unterliegen, z. B. Arbeitslosengeld, Elterngeld, Insolvenzgeld, Krankengeld, Mutterschaftsgeld, Verdienstausfallentschädigung (Infektionsschutzgesetz)	120	,–	121	,– (e)
36 Leistungen aus einem EU- / EWR-Staat oder der Schweiz, die mit Einkommensersatzleistungen i. S. d. Zeile 35 vergleichbar sind	136	,–	137	,–

Ergänzende Angaben zur Steuererklärung

86

Eine Eintragung ist in Zeile 37 nur vorzunehmen, wenn einer der dort genannten Sachverhalte vorliegt. In diesem Fall erläutern Sie bitte diese Sachverhalte in den **„Ergänzenden Angaben zur Steuererklärung"**. Die ergänzenden Angaben werden gesondert geprüft. Dies kann die Bearbeitungsdauer verlängern. Falls Sie mit der Abgabe der Steuererklärung lediglich Belege und Aufstellungen übermitteln, ist in Zeile 37 keine Eintragung vorzunehmen.

37 In dieser Steuererklärung 500

1 = konnten steuererhebliche Sachverhalte nicht erklärt werden.
2 = wird bewusst eine von der Verwaltungsauffassung abweichende Rechtsauffassung vertreten.
3 = sollen Sachverhalte personell vertieft geprüft werden.
4 = liegen mehrere der vorgenannten Gründe vor (Mehrfachauswahl).

Hinweis: Bitte übermitteln Sie Ihre ergänzenden Angaben nur für die vorstehend genannten Sachverhalte mit einer gesonderten Anlage mit der Überschrift **„Ergänzende Angaben zur Steuererklärung"**.

Unterschrift

Datenschutzhinweis:
Die mit der Steuererklärung / dem Antrag angeforderten Daten werden aufgrund der §§ 149, 150 und 181 Abs. 2 der Abgabenordnung, der §§ 25, 46 und 51a Abs. 2d des Einkommensteuergesetzes sowie des § 14 Abs. 4 des Fünften Vermögensbildungsgesetzes erhoben. Informationen über die Verarbeitung personenbezogener Daten in der Steuerverwaltung und über Ihre Rechte nach der Datenschutz-Grundverordnung sowie über Ihre Ansprechpartner in Datenschutzfragen entnehmen Sie bitte dem allgemeinen Informationsschreiben der Finanzverwaltung. Dieses Informationsschreiben finden Sie unter www.finanzamt.de (unter der Rubrik „Datenschutz") oder erhalten Sie bei Ihrem Finanzamt.

38

Datum, Unterschrift(en) **Steuererklärungen sind eigenhändig – bei Ehegatten / Lebenspartnern von beiden – zu unterschreiben.**

39 Die Steuererklärung wurde unter Mitwirkung einer selbständig und eigenverantwortlich tätigen und zur Hilfeleistung in Steuersachen nach den §§ 3 und 4 des Steuerberatungsgesetzes befugten Person oder Vereinigung angefertigt. 1 = Ja

Bei der Anfertigung dieser Steuererklärung hat mitgewirkt:

40

2025ESt1A012

Anleitung vorhanden

2025

Hauptvordruck ESt 1 C

— Eingangsstempel —

1 ☐ Einkommensteuererklärung ☐ Festsetzung der Arbeitnehmer-Sparzulage

2 ☐ Erklärung zur Feststellung des verbleibenden Verlustvortrags ☐ Festsetzung der Mobilitätsprämie

für beschränkt steuerpflichtige Personen

3 **Steuernummer**

An das Finanzamt

4

Daten für die mit ⓔ gekennzeichneten Zeilen liegen im Regelfall vor und müssen nicht eingetragen werden. – Bitte Anleitung beachten. –

5 oder ☐ **an das Bundeszentralamt für Steuern**

Belege müssen Sie nur einreichen, wenn Sie in den Vordrucken / Anleitungen darauf hingewiesen werden. Bitte reichen Sie in diesen Fällen ausschließlich Kopien und keine Originalbelege ein.

Allgemeine Angaben

Steuerpflichtige Person

6 Identifikationsnummer – falls erhalten – | Geburtsdatum T T M M J J J J | im Sterbefall: Sterbedatum T T M M J J J J

7 Name

8 Vorname

9 Titel, akademischer Grad

10 Ausgeübter Beruf

11 Straße (derzeitige Adresse)

12 Hausnummer | Hausnummerzusatz | Adressergänzung

13 Postleitzahl

14 Wohnort

15 Aktueller Wohnsitzstaat

16 Geburtsort

17 Geburtsland

18 Staatsangehörigkeit

19 Wohnsitzstaat im Kalenderjahr 2025 (falls von Zeile 15 abweichend)

20 Ggf. weitere Wohnsitzstaaten im Kalenderjahr 2025

Bankverbindung – Bitte stets angeben –

21 IBAN (inländisches Geldinstitut) D E

22 IBAN (ausländisches Geldinstitut)

23 BIC zur IBAN des ausländischen Geldinstituts

Name eines von der steuerpflichtigen Person abweichenden Kontoinhabers
– Bei Abtretung bitte amtlichen Abtretungsvordruck einreichen –

24

2025ESt1C151 - September 2025 - **2025ESt1C151**

Inländische Einkünfte im Kalenderjahr 2025

18 / 19

25 **Einkünfte i. S. d. § 50d Abs. 10 EStG** 824 EUR ,— | Anrechenbare ausländische Steuer nach § 50d Abs. 10 Satz 5 EStG 825 EUR , Ct

Einkünfte aus nichtselbständiger Arbeit

Beschäftigung in

26 109 vom T T M M bis T T M M

27 Arbeitslohn, der im Inland nicht dem Steuerabzug unterlegen hat 110 EUR ,— | Werbungskosten dazu 111 EUR ,—

28 **Einkünfte i. S. d. § 50d Abs. 7 EStG** 827 EUR ,— | Anrechenbare ausländische Steuer nach § 50d Abs. 7 Satz 2 EStG 828 EUR , Ct

Erträge aus Kapitalvermögen

29 Erträge aus Kapitalvermögen i. S. d. § 49 Abs. 1 Nr. 5 EStG (ohne Einnahmen in den Zeilen 31 und 32) 132 EUR ,—

30 Ich beantrage die Günstigerprüfung für die in Zeile 29 erklärten Kapitalerträge. 1 = Ja

31 Erträge aus Kapitalvermögen i. S. d. § 49 Abs. 1 Nr. 5 EStG, die der tariflichen Einkommensteuer unterliegen (ohne Einnahmen in Zeile 32) 115 EUR ,—

32 Erträge aus Kapitalvermögen i. S. d. § 49 Abs. 1 Nr. 5 EStG aus Versicherungsverträgen (§ 20 Abs. 1 Nr. 6 Satz 2 EStG) 134 ,—

Anzurechnende Steuern

18

33 Kapitalertragsteuer 147 EUR , Ct | Steuerabzugsbeträge nach § 50a EStG (ohne Betrag in Zeile 35) 154 EUR , Ct

34 Solidaritätszuschlag zu Zeile 33 152 ,

35 Steuerabzugsbeträge nach § 50a Abs. 7 EStG laut Rentenbezugsmitteilung 105 , | Solidaritätszuschlag zu § 50a Abs. 7 EStG 106 ,

Beschränkung der Anrechenbarkeit der Kapitalertragsteuer nach § 36a EStG

36 Ich habe Kapitalerträge erzielt, bei denen die Voraussetzungen für eine volle Anrechnung der Kapitalertragsteuer nach § 36a EStG nicht erfüllt sind. 138 1 = Ja

Veranlagung nach § 50 Abs. 2 EStG

37 Ich bin Arbeitnehmer und verpflichtet, eine Einkommensteuererklärung abzugeben (§ 50 Abs. 2 Satz 2 Nr. 4 Buchst. a und / oder c EStG). 178 1 = Ja

38 Ich bin Arbeitnehmer und Staatsangehöriger
- eines EU- / EWR-Staates, habe im Hoheitsgebiet eines dieser Staaten oder in der Schweiz meinen Wohnsitz oder gewöhnlichen Aufenthalt oder
- der Schweiz, habe in der Schweiz oder in einem EU-Staat meinen Wohnsitz oder gewöhnlichen Aufenthalt

und beantrage die Veranlagung zur Einkommensteuer (§ 50 Abs. 2 Satz 2 Nr. 4 Buchst. b EStG). 179 1 = Ja

39 Ich bin Arbeitnehmer mit Wohnsitz oder gewöhnlichem Aufenthalt in einem Staat außerhalb der EU / des EWR oder der Schweiz, habe außerordentliche Einkünfte i. S. d. § 34 Abs. 1 und Abs. 2 Nr. 2 und 4 EStG (z. B. Abfindungen, Vergütungen für mehrere Jahre) bezogen und beantrage in diesem Zusammenhang die Veranlagung zur Einkommensteuer (§ 50 Abs. 2 Satz 2 Nr. 4 Buchst. d EStG). 157 1 = Ja

40 Ich habe Arbeitslohn aus einer inländischen öffentlichen Kasse bezogen und beantrage zur Anrechnung der ausländischen Steuer die Veranlagung zur Einkommensteuer (§ 50 Abs. 2 Satz 2 Nr. 4 Buchst. e EStG). **– Zur Anrechnung der ausländischen Steuer bitte die Zeile 28 ausfüllen. –** 1 = Ja

Falls Zeile 37, 38, 39 oder 40 mit „Ja" beantwortet wurde:

41 X Einkünfte aus nichtselbständiger Arbeit, die im Inland dem Steuerabzug unterliegen, laut **Anlage N**

Angaben zum Progressionsvorbehalt

42 Einkünfte, die dem Steuerabzug nach § 50a EStG unterliegen 123 EUR ,—

43 Summe der Einkünfte, die nicht der deutschen Einkommensteuer unterliegen (ohne Kapitalerträge, die der Abgeltungsteuer unterliegen oder – im Fall von ausländischen Kapitalerträgen – unterliegen würden) 124 ,—

44 In Zeile 43 enthaltene außerordentliche Einkünfte i. S. d. §§ 34, 34b EStG 177 ,—

45 Einkommensersatzleistungen aus dem Inland, z. B. Elterngeld, Krankengeld, Mutterschaftsgeld **– ohne Beträge laut Zeile 20 der Anlage N –** 120 ,— ⓔ

46 Leistungen aus einem EU- / EWR-Staat, die mit Einkommensersatzleistungen i. S. d. Zeile 45 vergleichbar sind **– ohne Beträge laut Zeile 20 der Anlage N –** 136 ,—

47 Ich bin Staatsangehöriger eines EU- / EWR-Staates, habe im Hoheitsgebiet eines dieser Staaten meinen Wohnsitz oder gewöhnlichen Aufenthalt und habe Einkünfte i. S. d. § 50a Abs. 1 Nr. 1, 2 oder 4 EStG erzielt und beantrage die Veranlagung zur Einkommensteuer (§ 50 Abs. 2 Satz 2 Nr. 5 EStG). 180 1 = Ja

Falls Zeile 47 mit „Ja" beantwortet wurde:

48 Die Einkünfte aus Gewerbebetrieb / selbständiger Arbeit / nichtselbständiger Arbeit / Vermietung und Verpachtung / sonstigen Einkünfte, die im Inland dem Steuerabzug unterliegen, sind erklärt in der **Anlage / den Anlagen** | Bezeichnung der Anlage(n)

2025ESt1C152

Antrag auf Festsetzung der Arbeitnehmer-Sparzulage
15

49 Für alle vom Anbieter und / oder Arbeitgeber übermittelten elektronischen Vermögensbildungsbescheinigungen wird die Festsetzung der Arbeitnehmer-Sparzulage beantragt. 17 ☐ 1 = Ja

Name, Adresse des Arbeitgebers

50

Sonderausgaben
52

Gezahlte Versorgungsleistungen aus Renten laut Vertrag

Zeile		abziehbar (in %)	tatsächlich gezahlt EUR
51	Rechtsgrund, Datum des Vertrags	102	101 ,–
52	Name und Geburtsdatum der empfangsberechtigten Person		
53	136 Identifikationsnummer der empfangsberechtigten Person — Die empfangsberechtigte Person hat ihren Wohnsitz / gewöhnlichen Aufenthalt im Inland	153	1 = Ja 2 = Nein
54	**Gezahlte Versorgungsleistungen aus Renten laut gesonderter und einheitlicher Feststellung**	150	151 ,–

Gezahlte Versorgungsleistungen aus Dauernden Lasten laut Vertrag

Zeile			EUR
55	Rechtsgrund, Datum des Vertrags	tatsächlich gezahlte Geldleistungen	100 ,–
56	Name und Geburtsdatum der empfangsberechtigten Person	tatsächlich erbrachte Sachleistungen	161 ,–
57	144 Identifikationsnummer der empfangsberechtigten Person — Die empfangsberechtigte Person hat ihren Wohnsitz / gewöhnlichen Aufenthalt im Inland	155	1 = Ja 2 = Nein
58	**Gezahlte Versorgungsleistungen aus Dauernden Lasten laut gesonderter und einheitlicher Feststellung**		152 ,–

Spenden und Mitgliedsbeiträge (ohne Spenden in das zu erhaltende Vermögen einer Stiftung)

Zeile		laut Bestätigungen EUR	laut Betriebsfinanzamt EUR
59	– zur Förderung steuerbegünstigter Zwecke an Empfänger im Inland	123 ,–	124 ,–
60	– zur Förderung steuerbegünstigter Zwecke an Empfänger im EU- / EWR-Ausland	133 ,–	134 ,–
61	– an politische Parteien (§§ 34g, 10b EStG)	127 ,–	128 ,–
62	– an unabhängige Wählervereinigungen (§ 34g EStG)	129 ,–	130 ,–

Spenden in das zu erhaltende Vermögen (Vermögensstock) einer Stiftung

Zeile			EUR
63	2025 geleistete Spenden an Empfänger im Inland	220 ,–	221 ,–
64	2025 geleistete Spenden an Empfänger im EU- / EWR-Ausland	226 ,–	227 ,–
65	Von den Spenden in den Zeilen 63 und 64 sollen 2025 berücksichtigt werden		212 ,–
66	2025 zu berücksichtigende Spenden aus Vorjahren in das zu erhaltende Vermögen (Vermögensstock) einer Stiftung, die bisher noch nicht berücksichtigt wurden		214 ,–

Mitteilung von grenzüberschreitenden Steuergestaltungen
18

Ich bin Nutzer einer grenzüberschreitenden Steuergestaltung nach den §§ 138d ff. AO, deren steuerlicher Vorteil sich erstmals im Jahr 2025 auswirken soll. Für diese wurden mir folgende Registriernummer und Offenlegungsnummer zugeteilt:

67 Registriernummer 195

68 Offenlegungsnummer 196

69 Ich habe im Jahr 2025 mindestens eine grenzüberschreitende Steuergestaltung verwirklicht, für die mir noch keine Registriernummer und Offenlegungsnummer vorliegt. 197 ☐ 1 = Ja

– Erläuterungen zur Steuergestaltung nehmen Sie bitte in einer formlosen Anlage mit der Überschrift „Ergänzende Angaben zur Steuererklärung" vor und tragen in Zeile 90 eine „1" ein. –

 2025ESt1C153

Weitere Angaben

70 Ich war vor Begründung der beschränkten Steuerpflicht **unbeschränkt** steuerpflichtig. 1 = Ja 2 = Nein

Falls Zeile 70 mit „Ja“ beantwortet wurde:

71 Meine unbeschränkte Steuerpflicht hat **nach dem 31.12.2014** geendet. 1 = Ja 2 = Nein

Falls Zeile 71 mit „Ja“ beantwortet wurde:

72 Datum der Beendigung der unbeschränkten Steuerpflicht T T M M J J J J — bisher zuständiges Finanzamt, Steuernummer

Falls Zeile 71 mit „Ja“ beantwortet wurde:

73 Ich war in den letzten 10 Jahren vor diesem Zeitpunkt **als Deutscher insgesamt mindestens 5 Jahre** unbeschränkt steuerpflichtig. 1 = Ja 2 = Nein

Falls Zeile 73 mit „Ja“ beantwortet wurde:

74 Zeitraum der unbeschränkten Steuerpflicht vom T T M M J J J J bis T T M M J J J J

Falls Zeile 73 mit „Ja“ beantwortet wurde:

75 Im Zeitraum zwischen Beendigung der unbeschränkten Steuerpflicht bis zur Abgabe der Einkommensteuererklärung 2025 lag mein Wohnsitz zumindest zeitweise in einem niedrig besteuernden Gebiet i. S. d. § 2 Abs. 2 AStG. 1 = Ja 2 = Nein

Falls Zeile 73 mit „Ja“ beantwortet wurde:

76 a) Mir gehörte am 1.1.2025 eine Beteiligung i. S. d. § 17 EStG an einer inländischen Kapitalgesellschaft / Genossenschaft. 1 = Ja 2 = Nein

77 Erläuterungen (insbesondere Name, Sitz, Art der Tätigkeit der Gesellschaft, zuständiges Finanzamt)

78 b) Ich war am 1.1.2025 an einer ausländischen Personengesellschaft beteiligt, die wesentliche wirtschaftliche Interessen i. S. d. § 2 Abs. 1 Nr. 2 und Abs. 3 AStG hatte. 1 = Ja 2 = Nein

79 Erläuterungen (insbesondere Name, Sitz, Art der Tätigkeit der Gesellschaft, zuständiges Finanzamt)

80 c) Ich war im Kalenderjahr 2025 allein oder zusammen mit anderen Personen, die der unbeschränkten oder erweitert beschränkten Steuerpflicht (§ 5 AStG) unterliegen, an einer ausländischen Gesellschaft i. S. d. § 7 AStG beteiligt. 1 = Ja 2 = Nein

81 Erläuterungen (insbesondere Name, Sitz, Art der Tätigkeit der Gesellschaft, zuständiges Finanzamt)

82 X Zur Wahrnehmung der steuerlichen Pflichten und Rechte als **Bevollmächtigter** ist bestellt (§ 80 AO): — X Zum Empfang von Schriftstücken als inländischer **Empfangsbevollmächtigter** ist bestellt (§ 123 AO):

83 X Als inländischer **Vermögensverwalter** ist tätig (§ 34 AO): — X Als **Verfügungsberechtigter** ist tätig (§ 35 AO):

84 Name / Firmenname

85 Vorname

86 Straße

87 Hausnummer — Hausnummerzusatz — Adressergänzung

88 Postfach

89 Postleitzahl — (Wohn-)Ort

Ergänzende Angaben zur Steuererklärung

86

Eine Eintragung ist in Zeile 90 nur vorzunehmen, wenn einer der dort genannten Sachverhalte vorliegt. In diesem Fall erläutern Sie bitte diese Sachverhalte in den **„Ergänzenden Angaben zur Steuererklärung“**. Die ergänzenden Angaben werden gesondert geprüft. Dies kann die Bearbeitungsdauer verlängern. Falls Sie mit der Abgabe der Steuererklärung lediglich Belege und Aufstellungen übermitteln, ist in Zeile 90 keine Eintragung vorzunehmen.

90 In dieser Steuererklärung 500

1 = konnten steuererhebliche Sachverhalte nicht erklärt werden.
2 = wird bewusst eine von der Verwaltungsauffassung abweichende Rechtsauffassung vertreten.
3 = sollen Sachverhalte personell vertieft geprüft werden.
4 = liegen mehrere der vorgenannten Gründe vor (Mehrfachauswahl).

Hinweis: Bitte übermitteln Sie Ihre ergänzenden Angaben nur für die vorstehend genannten Sachverhalte mit einer gesonderten Anlage mit der Überschrift „**Ergänzende Angaben zur Steuererklärung**“.

2025ESt1C154

Unterschrift

Datenschutzhinweis:
Die mit der Steuererklärung / dem Antrag angeforderten Daten werden aufgrund der §§ 149, 150 und 181 Abs. 2 der Abgabenordnung, der §§ 25 und 46 des Einkommensteuergesetzes sowie des § 14 Abs. 4 des Fünften Vermögensbildungsgesetzes erhoben. Informationen über die Verarbeitung personenbezogener Daten in der Steuerverwaltung und über Ihre Rechte nach der Datenschutz-Grundverordnung sowie über Ihre Ansprechpartner in Datenschutzfragen entnehmen Sie bitte dem allgemeinen Informationsschreiben der Finanzverwaltung. Dieses Informationsschreiben finden Sie unter www.finanzamt.de (unter der Rubrik „Datenschutz") oder erhalten Sie bei Ihrem Finanzamt.

91 Ich leiste die Unterschrift X als steuerpflichtige Person X **– nur in den Fällen des § 150 Abs. 3 AO –** als Bevollmächtigter.

92

Datum, Unterschrift **Steuererklärungen sind eigenhändig zu unterschreiben.**

93 Die Steuererklärung wurde unter Mitwirkung einer selbständig und eigenverantwortlich tätigen und zur Hilfeleistung in Steuersachen nach den §§ 3 und 4 des Steuerberatungsgesetzes befugten Person oder Vereinigung angefertigt. 1 = Ja

Bei der Anfertigung dieser Steuererklärung hat mitgewirkt:

94

2025ESt1C155

Anleitung vorhanden

2025

Anlage AUS

Jeder Ehegatte / Lebenspartner mit ausländischen Einkünften hat eine eigene Anlage AUS abzugeben.

1 Name

2 Vorname

3 **Steuernummer** lfd. Nr. der Anlage

☐ Steuerpflichtige Person / Ehemann / Person A

☐ Ehefrau / Person B

Ausländische Einkünfte und Steuern

Steuerpflichtige ausländische Einkünfte, die in den Anlagen zur Einkommensteuererklärung enthalten sind und die im Quellenstaat nach dortigem Recht besteuert werden oder für die fiktive ausländische Steuern nach DBA anzurechnen sind – Anrechnung und Abzug ausländischer Steuern – Bei Auslandssachverhalten besteht eine erhöhte Mitwirkungspflicht. Bitte reichen Sie Belege in Kopie ein.

Zeile		1. Staat / Spezial-Investmentfonds	2. Staat / Spezial-Investmentfonds	3. Staat / Spezial-Investmentfonds
4	aus dem Staat / Spezial-Investmentfonds			

Einkünfte

19 / 29

(einschließlich der Einkünfte nach § 20 Abs. 2 AStG)

Zeile		1. Staat	2. Staat	3. Staat
5	Einkunftsquellen **– bei mehreren Einkunftsarten: Einzelangaben laut gesonderter Aufstellung –**			
6	Enthalten in Anlage(n) und Zeile(n)			
7	Einkünfte (einschließlich der gemäß § 3 Nr. 40 und § 3c Abs. 2 EStG steuerfreien Teile sowie Teilfreistellungsbeträge i. S. d. §§ 20, 21 InvStG)	107 EUR ,–	127 EUR ,–	147 EUR ,–
8	In Zeile 7 enthaltene Einkünfte, für die § 3 Nr. 40 und § 3c Abs. 2 EStG Anwendung finden	108 ,–	128 ,–	148 ,–
9	In Zeile 7 enthaltene zu berücksichtigende Teilfreistellungsbeträge i. S. d. §§ 20, 21 InvStG	115 ,–	135 ,–	155 ,–
10	In Zeile 7 abgezogene ausländische Steuern nach § 34c Abs. 2 EStG	113 ,–	133 ,–	153 ,–
11	In Zeile 7 abgezogene ausländische Steuern nach § 34c Abs. 3 EStG	,–	,–	,–

Anzurechnende ausländische Steuern

Zeile		1. Staat	2. Staat	3. Staat
12	für alle Einkunftsarten	109 EUR ,–	129 EUR ,–	149 EUR ,–
13	In Zeile 12 enthaltene fiktive ausländische Steuern nach DBA	,–	,–	,–

Die Eintragungen in den Zeilen 14 bis 30 sind nur in der ersten Anlage AUS vorzunehmen.

Pauschal zu besteuernde Einkünfte i. S. d. § 34c Abs. 5 EStG

14 In Zeile 7 nicht enthaltene Einkünfte, für die die Pauschalierung beantragt wird — 800 EUR ,–

Anrechnung ausländischer Steuer nach § 50d Abs. 7 Satz 2 EStG

(in der **Anlage N** enthalten)

15 Einkünfte i. S. d. § 50d Abs. 7 EStG — 827 EUR ,–

16 Anrechenbare ausländische Steuer nach § 50d Abs. 7 Satz 2 EStG — 828 EUR , Ct

2025AnlAUS141 - September 2025 - 2025AnlAUS141

- 2 -

Anrechnung ausländischer Steuer nach § 50d Abs. 10 Satz 5 EStG

(in den **Anlagen G**, **S** enthalten)

Zeile		Kz	EUR	Ct
17	Inländische Einkünfte i. S. d. § 50d Abs. 10 EStG	824	,—	
18	Anrechenbare ausländische Steuer nach § 50d Abs. 10 Satz 5 EStG	825	,	

Hinzurechnungsbesteuerung nach den §§ 7 bis 13 AStG

(in den **Anlagen G**, **KAP**, **L**, **S** enthalten)

19 Finanzamt

20 Steuernummer

21 Staat

Zeile		Kz	EUR
22	Hinzurechnungsbetrag laut Feststellung des Finanzamts (zuzüglich der anzurechnenden Steuern laut Zeile 23, soweit diese den Hinzurechnungsbetrag gemindert haben)	801	,—
23	Nach § 12 Abs. 1 AStG anzurechnende Steuern laut Feststellung	802	,—
24	Auf Antrag nach § 12 Abs. 2 AStG anzurechnende Steuern laut Feststellung	803	,—

Familienstiftungen nach § 15 AStG

(laut Feststellung)

Einkünfte einer ausländischen Familienstiftung, die der tariflichen Einkommensteuer unterliegen

25 Bezeichnung

26 Finanzamt

27 Steuernummer

Zeile		Kz	EUR
28	Betrag (in den **Anlagen G**, **KAP** [Zeile 54], **L**, **S**, **V** enthalten)	818	,—
	Anzurechnende Steuern		
29	Nach § 15 Abs. 5 Satz 1 AStG anzurechnende ausländische Steuern	819	,—
30	Auf Antrag nach § 15 Abs. 11 Satz 2 AStG anzurechnende ausländische Steuern auf Zuwendungen einer ausländischen Familienstiftung	820	,—

Nicht nach DBA steuerfreie negative Einkünfte i. S. d. § 2a Abs. 1 EStG

zu den Zeilen 4 bis 14 und 19 bis 24

Zeile	aus dem Staat – 1 –	nach § 2a Abs. 1 Satz 1 Nr. ... EStG – 2 –	noch nicht verrechnete Verluste 1985 bis 2024 – 3 –	nicht ausgleichsfähige Verluste / Gewinnminderungen 2025 – 4 –	enthalten in Anlage und Zeile – 5 –	positive Einkünfte 2025 – 6 –	enthalten in Anlage und Zeile – 7 –	Summe der Spalten 3, 4 und 6 – 8 –
31	1		,—	,—		,—		,—
32	2		,—	,—		,—		,—
33	3		,—	,—		,—		,—
34	4		,—	,—		,—		,—
35	5		,—	,—		,—		,—

2025AnlAUS142 2025AnlAUS142

- 3 -

Nach DBA steuerfreie Einkünfte, die dem Progressionsvorbehalt unterliegen

Einkünfte i. S. d. § 32b EStG

(ohne steuerfreien Arbeitslohn laut **Anlage N** Zeile 21 und / oder 23 sowie ohne Einkünfte laut Zeile 45)

Hinweis:
Unter bestimmten Voraussetzungen erfolgt eine Mitteilung über die Höhe der in Deutschland steuerfreien Einkünfte an den anderen Staat. Einwendungen gegen eine solche Weitergabe bitte als Anlage beifügen.

Zeile	aus dem Staat	aus der Einkunftsquelle	Einkunftsart		Einkünfte EUR
36	1			810	,–
37	2			811	,–
38	3			812	,–
39	4			813	,–
40	5			814	,–

Zeile			EUR
41	Summe der ausländischen Kapitalerträge, die im Inland dem gesonderten Steuertarif nach § 32d Abs. 1 EStG unterlägen	817	,–
	In den Einkünften i. S. d. § 32b EStG laut den Zeilen 36 bis 38 enthaltene		
42	Gewinne aus gewerblichen Betriebsstätten, für die die Hinzurechnung nach § 2a Abs. 3 Satz 3 und Abs. 4 i. V. m. § 52 Abs. 2 Satz 3 und 4 EStG, § 2 Abs. 1 Satz 3 und Abs. 2 AuslInvG vorzunehmen ist	815	,–
43	außerordentliche Einkünfte i. S. d. §§ 34, 34b EStG, soweit nicht in Zeile 42 enthalten	816	,–
44	Bei den in den Zeilen 36 bis 40 erklärten Einkünften handelt es sich in Zeile um ein Steuerstundungsmodell i. S. d. § 15b EStG.		

Einkünfte i. S. d. § 32b EStG i. V. m. privaten Veräußerungsgeschäften nach § 23 EStG

Zeile	aus dem Staat	aus der Einkunftsquelle		Einkünfte EUR
45			826	,–

46 X Es wurden verbleibende negative Einkünfte nach § 10d EStG zum 31.12.2024 festgestellt.

47 Ich beantrage von einem Verlustrücktrag nach § 10d EStG in das Jahr 2024 abzusehen. 1 = Ja

Nach DBA steuerfreie negative Einkünfte i. S. d. § 2a Abs. 1 EStG

Zeile	aus dem Staat – 1 –	nach § 2a Abs. 1 Satz 1 Nr. ... EStG – 2 –	noch nicht verrechnete Verluste 1985 bis 2024 – 3 – EUR	nicht ausgleichsfähige Verluste / Gewinnminderungen 2025 – 4 – EUR	positive Einkünfte 2025 – 5 – EUR	Summe der Spalten 3 bis 5 – 6 – EUR	positive Summe laut Spalte 6 enthalten in Zeile – 7 –
48	1		,–	,–	,–	,–	
49	2		,–	,–	,–	,–	
50	3		,–	,–	,–	,–	
51	4		,–	,–	,–	,–	
52	5		,–	,–	,–	,–	

2025AnlAUS143 2025AnlAUS143

Anleitung vorhanden

2025

Anlage Außergewöhnliche Belastungen

Diese Anlage ist bei Zusammenveranlagung von Ehegatten / Lebenspartnern gemeinsam auszufüllen.

1 Name

2 Vorname

3 **Steuernummer**

Außergewöhnliche Belastungen / Pauschbeträge

Behinderten-Pauschbetrag

53

Steuerpflichtige Person / Ehemann / Person A

Ausweis / (Renten-) Bescheid / Bescheinigung
– bei erstmaliger Beantragung / Änderung bitte Nachweis in Kopie einreichen –

4 **100** gültig von M M J J **101** gültig bis M M J J **102** unbefristet gültig 1 = Ja **105** Grad der Behinderung

Ich bin

5 – erheblich gehbehindert (Merkzeichen „G") / außergewöhnlich gehbehindert (Merkzeichen „aG") **104** 1 = Ja

6 – blind / taubblind / ständig hilflos (Merkzeichen „Bl", „TBl" und / oder „H"), schwerstpflegebedürftig (Pflegegrad 4 oder 5) **103** 1 = Ja

Ehefrau / Person B

Ausweis / (Renten-) Bescheid / Bescheinigung
– bei erstmaliger Beantragung / Änderung bitte Nachweis in Kopie einreichen –

7 **150** gültig von M M J J **151** gültig bis M M J J **152** unbefristet gültig 1 = Ja **155** Grad der Behinderung

Ich bin

8 – erheblich gehbehindert (Merkzeichen „G") / außergewöhnlich gehbehindert (Merkzeichen „aG") **154** 1 = Ja

9 – blind / taubblind / ständig hilflos (Merkzeichen „Bl", „TBl" und / oder „H"), schwerstpflegebedürftig (Pflegegrad 4 oder 5) **153** 1 = Ja

Hinterbliebenen-Pauschbetrag

– Nur bei Hinterbliebenenbezügen nach § 33b Abs. 4 EStG; der alleinige Bezug einer Witwen- / Witwerrente ist nicht ausreichend –

	Steuerpflichtige Person / Ehemann / Person A	Ehefrau / Person B
10 Ich beantrage den Hinterbliebenen-Pauschbetrag	**380** 1 = Ja	**381** 1 = Ja

Pflege-Pauschbetrag

– bei erstmaliger Beantragung / Änderung bitte Nachweis in Kopie einreichen –

Angaben zur pflegebedürftigen Person

Name, Anschrift, Geburtsdatum und Verwandtschaftsverhältnis der pflegebedürftigen Person

11

12

13 Identifikationsnummer der pflegebedürftigen Person **202**

14 Die pflegebedürftige Person hat ihren Wohnsitz / gewöhnlichen Aufenthalt im Inland **204** 1 = Ja 2 = Nein

15 Für die pflegebedürftige Person wurde folgender Pflegegrad festgestellt **203** 2 = Pflegegrad 2 3 = Pflegegrad 3 4 = Pflegegrad 4 oder 5

16 Für die pflegebedürftige Person wurde das Merkzeichen „H" festgestellt **205** 1 = Ja

Angaben zur pflegenden Person

17 Die **unentgeltliche** persönliche Pflege einer pflegebedürftigen Person in ihrer oder in meiner Wohnung im Inland oder in einem EU- / EWR-Staat erfolgte durch **200** 1 = Steuerpflichtige Person / Ehemann / Person A 2 = Ehefrau / Person B 3 = beide Ehegatten / Lebenspartner

Angaben zu an der Pflege beteiligten Personen

18 Anzahl der weiteren an der Pflege beteiligten Personen
– Sofern an der Pflege keine weiteren Personen beteiligt waren, tragen Sie bitte eine „0" ein. – **201**

Name, Anschrift und Geburtsdatum der weiteren an der Pflege beteiligten Person(en) sowie Verwandtschaftsverhältnis zur pflegebedürftigen Person

19

20

2025Anl-agB391 - September 2025 - **2025Anl-agB391**

- 2 -

Behinderungsbedingte Fahrtkostenpauschale

– bei erstmaliger Beantragung / Änderung bitte Nachweis in Kopie einreichen –

Ich beantrage die Berücksichtigung der behinderungsbedingten Fahrtkostenpauschale, da ich die nachfolgenden Voraussetzungen erfülle:

Zeile		Steuerpflichtige Person / Ehemann / Person A		Ehefrau / Person B	
21	Ich habe einen Grad der Behinderung von mindestens 80 oder einen Grad der Behinderung von mindestens 70 und Merkzeichen „G“	250	1 = Ja	251	1 = Ja
22	Ich bin außergewöhnlich gehbehindert / blind / taubblind / ständig hilflos (Merkzeichen „aG“ / „Bl“ / „TBl“ und / oder „H“), schwerstpflegebedürftig (Pflegegrad 4 oder 5)	252	1 = Ja	253	1 = Ja

Andere Aufwendungen

Krankheitskosten (z. B. Arzt- und Behandlungskosten, Arznei-, Heil- und Hilfsmittel, Kurkosten)

Zeile			EUR
23	Art der Aufwendungen		
24	Summe der Aufwendungen	302	,–
25	Summe der erhaltenen und / oder zu erwartenden Versicherungsleistungen, Beihilfen, Unterstützungen usw. (ggf. „0“)	303	,–

Pflegekosten (z. B. häusliche Pflege und Heimunterbringung)

Zeile			EUR
26	Art der Aufwendungen		
27	Summe der Aufwendungen	304	,–
28	Haushaltsersparnis sowie Summe der erhaltenen und / oder zu erwartenden Versicherungsleistungen, Beihilfen, Unterstützungen usw. (ggf. „0“)	305	,–

Behinderungsbedingte Aufwendungen (z. B. Umbaukosten)

Zeile			EUR
29	Art der Aufwendungen		
30	Summe der Aufwendungen	306	,–
31	Summe der erhaltenen und / oder zu erwartenden Versicherungsleistungen, Beihilfen, Unterstützungen usw. (ggf. „0“)	307	,–

Bestattungskosten (z. B. Grabstätte, Sarg, Todesanzeige)

Zeile			EUR
32	Art der Aufwendungen		
33	Summe der Aufwendungen	310	,–
34	Summe der erhaltenen und / oder zu erwartenden Versicherungsleistungen, Beihilfen, Unterstützungen usw. (ggf. „0“)	311	,–
35	Gesamtwert des Nachlasses (z. B. Bargeld, Bankguthaben, Grundstücke, Wertpapiere, Lebensversicherungen, Nachlassverbindlichkeiten)	314	,–

Sonstige außergewöhnliche Belastungen

Zeile			EUR
36	Art der Aufwendungen		
37	Summe der Aufwendungen	312	,–
38	Summe der erhaltenen und / oder zu erwartenden Versicherungsleistungen, Beihilfen, Unterstützungen usw. (ggf. „0“)	313	,–

Für folgende Aufwendungen wird die Steuerermäßigung für haushaltsnahe Beschäftigungsverhältnisse / Dienstleistungen / Handwerkerleistungen beantragt, soweit sie wegen Abzugs der zumutbaren Belastung nicht als außergewöhnliche Belastungen berücksichtigt werden (die Beträge sind nicht zusätzlich in den Zeilen 4 bis 9 der **Anlage Haushaltsnahe Aufwendungen** einzutragen):

Zeile			EUR
39	Die in Zeile 27 enthaltenen Pflegeleistungen im Rahmen eines geringfügigen Beschäftigungsverhältnisses im Privathaushalt – sog. Minijob – betragen (abzüglich Erstattungen)	370	,–
40	Die in Zeile 27 enthaltenen übrigen haushaltsnahen Pflegeleistungen (ohne Minijob) und in Heimunterbringungskosten enthaltenen Aufwendungen für Dienstleistungen, die denen einer Haushaltshilfe vergleichbar sind, betragen (abzüglich Erstattungen)	371	,–
41	Die in den Zeilen 27, 30 und 37 enthaltenen Arbeitskosten für Handwerkerleistungen betragen (abzüglich Erstattungen)	372	,–

2025Anl-agB392

Anleitung vorhanden

2025

1 Name

2 Vorname

3 **Steuernummer**

Anlage AV

Diese Anlage ist bei Zusammenveranlagung von Ehegatten / Lebenspartnern gemeinsam auszufüllen.

Angaben zur steuerlichen Förderung von Altersvorsorgebeiträgen (sog. Riester-Verträge)

Für alle vom Anbieter übermittelten Altersvorsorgebeiträge wird ein zusätzlicher Sonderausgabenabzug geltend gemacht. Machen Sie hierzu bitte ausschließlich Angaben in den Zeilen 4 bis 15.

Wenn Sie für alle Altersvorsorgeverträge <u>keinen</u> Sonderausgabenabzug wünschen, dann geben Sie bitte <u>keine</u> Anlage AV ab.

Berechnungsgrundlagen

39

– Bei Zusammenveranlagung: Bitte die Art der Begünstigung (unmittelbar / mittelbar) beider Ehegatten / Lebenspartner angeben, wenn für jeden Ehegatten / Lebenspartner mindestens ein Riester-Vertrag vorliegt. Hat nur einer von beiden mindestens einen Riester-Vertrag, muss nur diese Person Angaben zur Art der Begünstigung machen. –

Zeile		Steuerpflichtige Person / Ehemann / Person A		Ehefrau / Person B	
4	**Ich bin für das Jahr 2025 unmittelbar begünstigt.** **(Bitte die Zeilen 5 bis 13 ausfüllen.)**	106	1 = Ja	306	1 = Ja
			EUR		EUR
5	Beitragspflichtige Einnahmen i. S. d. inländischen gesetzlichen Rentenversicherung **2024**	100	,—	300	,—
6	Inländische Besoldung, Amtsbezüge und Einnahmen beurlaubter Beamter **2024** **(Ein Eintrag ist nur erforderlich, wenn Sie eine Einwilligung gegenüber der zuständigen Stelle abgegeben haben.)**	101	,—	301	,—
7	Entgeltersatzleistungen **2024**	104	,—	304	,—
8	Tatsächliches Entgelt **2024**	102	,—	302	,—
9	Jahres(brutto)betrag der Rente wegen voller Erwerbsminderung oder Erwerbsunfähigkeit in der inländischen gesetzlichen Rentenversicherung **2024**	109	,—	309	,—
10	Inländische Versorgungsbezüge wegen Dienstunfähigkeit **2024** **(Ein Eintrag ist nur erforderlich, wenn Sie eine Einwilligung gegenüber der zuständigen Stelle abgegeben haben.)**	113	,—	313	,—
11	Einkünfte aus Land- und Forstwirtschaft **2023**	103	,—	303	,—
12	Jahres(brutto)betrag der Rente wegen voller Erwerbsminderung oder Erwerbsunfähigkeit nach dem Gesetz über die Alterssicherung der Landwirte **2024**	111	,—	311	,—
13	Einnahmen aus einer Beschäftigung, die einer ausländischen gesetzlichen Rentenversicherungspflicht unterlag und / oder Jahres(brutto)betrag der Rente wegen voller Erwerbsminderung oder Erwerbsunfähigkeit aus einer ausländischen gesetzlichen Rentenversicherung **2024**	114	,—	314	,—
14	**Ich bin für das Jahr 2025 mittelbar begünstigt.**	106	2 = Ja	306	2 = Ja

(Bei Einzelveranlagung von Ehegatten / Lebenspartnern: Die Angaben zu den Altersvorsorgebeiträgen werden bei der Einkommensteuerveranlagung des anderen Ehegatten / Lebenspartners berücksichtigt.)

Sonstige Angaben

Zeile		Steuerpflichtige Person / Ehemann / Person A	Ehefrau / Person B
15	Mitgliedsnummer der landwirtschaftlichen Alterskasse	112	312

Angaben zu Kindern, für die ein Anspruch auf Kinderzulage besteht

Angaben zu Kindern, für die ein Anspruch auf Kinderzulage besteht, nehmen Sie bitte in Zeile 26 der entsprechenden Anlage Kind vor.

2025AnlAV041 - September 2025 - 2025AnlAV041

Die Zeilen 16 bis 25 müssen Sie ausschließlich ausfüllen, wenn Sie für bestimmte Altersvorsorgeverträge keinen zusätzlichen Sonderausgabenabzug wünschen.

Haben Sie gegenüber dem Anbieter Ihres Altersvorsorgevertrages bereits auf den zusätzlichen Sonderausgabenabzug verzichtet, dann müssen Sie die Zeilen 16 bis 25 nicht ausfüllen.

Wenn Sie für alle Altersvorsorgeverträge keinen Sonderausgabenabzug wünschen, dann geben Sie bitte keine Anlage AV ab.

Altersvorsorgeverträge, für die kein zusätzlicher Sonderausgabenabzug geltend gemacht wird

Steuerpflichtige Person / Ehemann / Person A

16 Für nachfolgende Altersvorsorgeverträge möchte ich keinen zusätzlichen Sonderausgabenabzug geltend machen. 200 1 = Ja

1. Vertrag

17 Anbieternummer — Zertifizierungsnummer 0 0

18 Vertragsnummer

2. Vertrag

19 Anbieternummer — Zertifizierungsnummer 0 0

20 Vertragsnummer

Ehefrau / Person B

21 Für nachfolgende Altersvorsorgeverträge möchte ich keinen zusätzlichen Sonderausgabenabzug geltend machen. 400 1 = Ja

1. Vertrag

22 Anbieternummer — Zertifizierungsnummer 0 0

23 Vertragsnummer

2. Vertrag

24 Anbieternummer — Zertifizierungsnummer 0 0

25 Vertragsnummer

Widerruf des Verzichts auf den zusätzlichen Sonderausgabenabzug

Steuerpflichtige Person / Ehemann / Person A

26 Ich habe bisher gegenüber dem Anbieter meines Altersversorgungsvertrages auf den zusätzlichen Sonderausgabenabzug verzichtet. Hiermit widerrufe ich den gegenüber meinem Anbieter erklärten Verzicht auf den zusätzlichen Sonderausgabenabzug für den nachfolgenden Vertrag. 204 1 = Ja

Vertrag

27 Anbieternummer — Zertifizierungsnummer 0 0

28 Vertragsnummer

Ehefrau / Person B

29 Ich habe bisher gegenüber dem Anbieter meines Altersversorgungsvertrages auf den zusätzlichen Sonderausgabenabzug verzichtet. Hiermit widerrufe ich den gegenüber meinem Anbieter erklärten Verzicht auf den zusätzlichen Sonderausgabenabzug für den nachfolgenden Vertrag. 404 1 = Ja

Vertrag

30 Anbieternummer — Zertifizierungsnummer 0 0

31 Vertragsnummer

2025AnlAV042

Anleitung vorhanden

2025

1 Name

2 Vorname

3 **Steuernummer** lfd. Nr. der Anlage

Anlage Energetische Maßnahmen

Diese Anlage ist bei Zusammenveranlagung von Ehegatten / Lebenspartnern gemeinsam auszufüllen

Aufwendungen für energetische Maßnahmen bei zu eigenen Wohnzwecken genutzten Gebäuden

Begünstigtes Objekt

18

Standort des Wohngebäudes / der Eigentumswohnung

4 Straße, Hausnummer — Herstellungsbeginn des Gebäudes 301 T T M M J J J J

5 Postleitzahl, Ort (ggf. ausländischer Staat)

6 300 Aktenzeichen laut Grundsteuermessbescheid (ohne Sonderzeichen) – bisher Einheitswert-Aktenzeichen –

7 Gesamtfläche in m² 303 — davon ausschließliche Nutzung zu eigenen Wohnzwecken oder in Teilen unentgeltliche Überlassung zu Wohnzwecken an andere Personen in m² 304

8 Für das begünstigte Objekt wurde in der Vergangenheit bereits eine Steuerermäßigung für energetische Maßnahmen in Anspruch genommen. 308 (1 = Ja, 2 = Nein)

Energetische Maßnahmen 2025

9 Ich habe / Wir haben für die energetischen Maßnahmen beantragt / in Anspruch genommen:
- öffentliche Förderung durch zinsverbilligte Darlehen (z. B. KfW-Bank, landeseigene Förderbank) oder
- steuerfreie Zuschüsse (z. B. KfW-Bank, BAFA, Gemeinde) oder
- Steuerbegünstigung für Gebäude in Sanierungsgebieten und städtebaulichen Entwicklungsbereichen oder
- Steuerermäßigung für Handwerkerleistungen nach § 35a EStG

309 (1 = Ja, 2 = Nein)

Für die nachstehend geltend gemachten energetischen Maßnahmen wurden die in Zeile 9 genannten Förderungsmöglichkeiten **nicht** beantragt oder in Anspruch genommen.

– Bitte die Bescheinigung(en) des ausführenden Fachunternehmens / der Person mit Ausstellungsberechtigung nach § 88 Gebäudeenergiegesetz (GEG) in Kopie einreichen –

Eigene Aufwendungen für energetische Maßnahmen
(ohne Aufwendungen, die als Betriebsausgaben, Werbungskosten [z. B. Aufwendungen für ein häusliches Arbeitszimmer] oder Sonderausgaben berücksichtigt werden)

			EUR
10	Baubeginn der energetischen Maßnahme	305	T T M M J J J J
11	Aufwendungen für die Wärmedämmung von Wänden		,–
12	Aufwendungen für die Wärmedämmung von Dachflächen	+	,–
13	Aufwendungen für die Wärmedämmung von Geschossdecken	+	,–
14	Aufwendungen für die Erneuerung der Fenster und / oder Außentür(en)	+	,–
15	Aufwendungen für den Ersatz und / oder den erstmaligen Einbau von sommerlichem Wärmeschutz	+	,–
16	Aufwendungen für die Erneuerung und / oder den Einbau einer Lüftungsanlage	+	,–
17	Aufwendungen für die Erneuerung der Heizungsanlage (bitte Zeile 23 und 24 beachten)	+	,–
18	Aufwendungen für den Einbau von digitalen Systemen zur energetischen Betriebs- und Verbrauchsoptimierung	+	,–
19	Aufwendungen für die Optimierung bestehender Heizungsanlagen (älter als 2 Jahre)	+	,–
20	Aufwendungen für die Erteilung der Bescheinigung(en)	+	,–
21	Summe der Aufwendungen für energetische Maßnahmen	310 =	,–
22	Aufwendungen für die planerische Begleitung oder Beaufsichtigung durch den Energieberater	311	,–

- 2 -

Hybridisierung bei Gasbrennwerttechnik

Aufwendungen für den Einbau von Gasbrennwerttechnik, die auf die Einbindung erneuerbarer Energie eingerichtet ist („Renewable Ready"), können berücksichtigt werden, wenn mit dem Einbau vor dem 1.1.2023 begonnen wurde. Die Steuerermäßigung ist erstmalig in dem Kalenderjahr zu gewähren, in dem die energetische Maßnahme abgeschlossen wurde. Dies ist der Fall, wenn die Schlussrechnung des Fachunternehmens erteilt, der Rechnungsbetrag auf das Konto des Leistungserbringers eingezahlt wurde und der Nachweis der Hybridisierung vorliegt. Die Hybridisierung muss innerhalb von 2 Jahren nach der Inbetriebnahme vorgenommen werden.

Zeile		Kz.	EUR
23	In Zeile 17 enthaltene Aufwendungen für den Einbau von Gasbrennwerttechnik, die für die künftige Einbindung erneuerbarer Energien vorbereitet ist (Hybridisierung)	312	,—
24	Der Nachweis zur Umsetzung der Hybridisierung liegt vor und wird in Kopie eingereicht:	313	1 = Ja 2 = Nein

Nur ausfüllen, soweit in den Zeilen 21 und / oder 22 Aufwendungen enthalten sind, für die der Abzug als außergewöhnliche Belastung beantragt wird.

Zeile		Kz.	EUR
25	In Zeile 21 enthaltene Aufwendungen, für die der Abzug (soweit möglich) als außergewöhnliche Belastungen beantragt wird	314	,—
26	In Zeile 22 enthaltene Aufwendungen, für die der Abzug (soweit möglich) als außergewöhnliche Belastungen beantragt wird	315	,—

Energetische Maßnahmen aus den Vorjahren

Zeile		Kz.	EUR
27	Anerkannte Aufwendungen für energetische Maßnahmen des Jahres 2024 (diese können Sie den Erläuterungen Ihres Einkommensteuerbescheides 2024 entnehmen); bei Nutzungs- und / oder Eigentumsänderungen: entsprechend erhöhte / verminderte Aufwendungen	317	,—
28	Anerkannte Aufwendungen für energetische Maßnahmen des Jahres 2023 (diese können Sie den Erläuterungen Ihres Einkommensteuerbescheides 2023 entnehmen); bei Nutzungs- und / oder Eigentumsänderungen: entsprechend erhöhte / verminderte Aufwendungen	318	,—

Angaben zu Miteigentumsanteilen

Falls das Objekt im Eigentum **mehrerer Personen** steht und die Anteile an der Steuerermäßigung **nicht** gesondert und einheitlich festgestellt werden:

Zeile		Steuerpflichtige Person / Ehemann / Person A	Ehefrau / Person B
29	Miteigentumsanteil in % ***– Bitte Anleitung beachten. –***	306	307

1. Weiterer Miteigentümer

Name, Vorname, Geburtsdatum, Adresse, Steuernummer

30

31

2. Weiterer Miteigentümer

Name, Vorname, Geburtsdatum, Adresse, Steuernummer

32

33

3. Weiterer Miteigentümer

Name, Vorname, Geburtsdatum, Adresse, Steuernummer

34

35

4. Weiterer Miteigentümer

Name, Vorname, Geburtsdatum, Adresse, Steuernummer

36

37

2025Anl35c432

2025Anl35c432

- 3 -

Anteile an der Steuerermäßigung laut gesonderter und einheitlicher Feststellung

Steuerpflichtige Person / Ehemann / Person A

38 Gemeinschaft / Gesellschaft

39 Finanzamt

40 Steuernummer | 400 | Aktenzeichen laut Grundsteuermessbescheid (ohne Sonderzeichen) – bisher Einheitswert-Aktenzeichen –

41 Gesondert und einheitlich festgestellter Anteil an der Steuerermäßigung in % – *Bitte Anleitung beachten.* – | 401 | ,

		Kz.	EUR
42	Gesondert und einheitlich festgestellte Aufwendungen für energetische Maßnahmen des Jahres 2025	402	,–
43	Gesondert und einheitlich festgestellte Aufwendungen für die planerische Begleitung oder Beaufsichtigung durch den Energieberater des Jahres 2025	403	,–
44	Gesondert und einheitlich festgestellte Aufwendungen für energetische Maßnahmen des Jahres 2024	404	,–
45	Gesondert und einheitlich festgestellte Aufwendungen für energetische Maßnahmen des Jahres 2023	405	,–

Ehefrau / Person B

46 Gemeinschaft / Gesellschaft

47 Finanzamt

48 Steuernummer | 410 | Aktenzeichen laut Grundsteuermessbescheid (ohne Sonderzeichen) – bisher Einheitswert-Aktenzeichen –

49 Gesondert und einheitlich festgestellter Anteil an der Steuerermäßigung in % – *Bitte Anleitung beachten.* – | 411 | ,

		Kz.	EUR
50	Gesondert und einheitlich festgestellte Aufwendungen für energetische Maßnahmen des Jahres 2025	412	,–
51	Gesondert und einheitlich festgestellte Aufwendungen für die planerische Begleitung oder Beaufsichtigung durch den Energieberater des Jahres 2025	413	,–
52	Gesondert und einheitlich festgestellte Aufwendungen für energetische Maßnahmen des Jahres 2024	414	,–
53	Gesondert und einheitlich festgestellte Aufwendungen für energetische Maßnahmen des Jahres 2023	415	,–

Anleitung vorhanden

2025

Anlage EÜR

Bitte für jeden Betrieb eine gesonderte Anlage EÜR übermitteln!

Zeile			
1	Name des Steuerpflichtigen bzw. der Gesellschaft/Gemeinschaft/Körperschaft		
2	Vorname		
3	(Betriebs-)Steuernummer		

Einnahmenüberschussrechnung nach § 4 Abs. 3 EStG

Kalenderjahr 2025

15

Zeile		Kz.	
4	davon abweichender Beginn	131	T T M M 2025
	davon abweichendes Ende	132	T T M M J J J J

Allgemeine Angaben zum Betrieb

Zeile		Kz.	
5	Wirtschafts-Identifikationsnummer	101	D E -
6	Art des Betriebs	100	
7	Rechtsform des Betriebs		
8	Einkunftsart	103	1 = Land- und Forstwirtschaft 2 = Gewerbebetrieb 3 = Selbständige Arbeit
9	Betriebsinhaber	104	1 = Steuerpflichtige Person/Ehemann/Person A (Ehegatte A/Lebenspartner[in] A)/Gesellschaft/Körperschaft 2 = Ehefrau/Person B (Ehegatte B/Lebenspartner[in] B) 3 = Beide Ehegatten/Lebenspartner[innen]
10	Wurde im Kalenderjahr/Wirtschaftsjahr der Betrieb beendet?	111	1 = Veräußert oder Aufgabe (Bitte Zeile 89 beachten) 2 = Unentgeltliche Übertragung
11	Wurden im Kalenderjahr/Wirtschaftsjahr Grundstücke/grundstücksgleiche Rechte entnommen oder veräußert?	120	1 = Ja 2 = Nein

1. Betriebseinnahmen

20

(einschließlich steuerfreier Betriebseinnahmen)

Zeile		Kz.	EUR, Ct
12	Betriebseinnahmen als umsatzsteuerlicher **Kleinunternehmer** (nach § 19 Abs. 1 UStG) ohne Beträge laut Zeilen 18 bis 22	111	,
13	davon nicht steuerbare Umsätze sowie Umsätze nach § 19 Abs. 2 Satz 1 Nr. 1 und 2 sowie Satz 2 UStG	119	, *(weiter ab Zeile 18)*
14	Betriebseinnahmen als **Land- und Forstwirt**, soweit die Durchschnittssatzbesteuerung nach § 24 UStG angewandt wird	104	,
15	Umsatzsteuerpflichtige Betriebseinnahmen (ohne solche zum ermäßigten Steuersatz von 0 %)	112	,
16	Betriebseinnahmen, die umsatzsteuerfrei (§ 4 UStG) oder nicht umsatzsteuerbar sind oder nach § 12 Abs. 3 UStG dem ermäßigten Steuersatz von 0 % unterliegen oder für die der Leistungsempfänger die Umsatzsteuer nach § 13b UStG schuldet	103	,
17	Vereinnahmte Umsatzsteuer sowie Umsatzsteuer auf unentgeltliche Wertabgaben	140	,
18	Vom Finanzamt erstattete und ggf. verrechnete Umsatzsteuer (Die Regelung zum 10-Tageszeitraum - § 11 Abs. 1 Satz 2 EStG - ist zu beachten.)	141	,
19	Veräußerung oder Entnahme von Anlagevermögen	102	,
20	Private Kfz-Nutzung	106	,
21	Sonstige Sach-, Nutzungs- und Leistungsentnahmen	108	,
22	Auflösung von Rücklagen und/oder Ausgleichsposten (Übertrag aus Zeile 105)		,
23	**Summe Betriebseinnahmen** (Übertrag in Zeile 76)	159 =	,

2. Betriebsausgaben

25

(einschließlich auf steuerfreie Betriebseinnahmen entfallende Betriebsausgaben)

Zeile		Kz.	EUR, Ct
24	Betriebsausgabenpauschale für **bestimmte Berufsgruppen**	195	,
25	Sachlicher Bebauungskostenrichtbetrag und Ausbaukostenrichtbeträge für **Weinbaubetriebe** (Übertrag aus Zeile 13 der Anlage LuF)		,
26	Betriebsausgabenpauschale für **Forstwirte** (Übertrag aus Zeile 17 der Anlage LuF)		,
27	Waren, Rohstoffe und Hilfsstoffe einschließlich der Nebenkosten	100	,
28	**Übertrag (Summe Zeilen 24 bis 27)**		,

2025AnlEÜR801 - August 2025 - 2025AnlEÜR801

(Betriebs-)Steuernummer

- 2 -

Zeile	Bezeichnung	Kennzahl	Betrag
28	**Übertrag (Summe Zeilen 24 bis 27)**		,
29	Bezogene Fremdleistungen	110	,
30	Ausgaben für eigenes Personal (z. B. Gehälter, Löhne und Versicherungsbeiträge)	120	,
	Absetzung für Abnutzung (AfA)		
31	AfA auf Grundstücke/grundstücksgleiche Rechte (Übertrag aus Zeile 22 der Anlage AVEÜR)	136	,
32	AfA auf immaterielle Wirtschaftsgüter (Übertrag aus Zeile 37 der Anlage AVEÜR)	131	,
33	AfA auf bewegliche Wirtschaftsgüter (Übertrag aus Zeile 63 der Anlage AVEÜR)	130	,
34	Sonderabschreibungen nach § 7b EStG und § 7g Abs. 5 und 6 EStG (Übertrag der Summe der Zeilen 12 und 62 der Anlage AVEÜR)	134	,
35	Herabsetzungsbeträge nach § 7g Abs. 2 Satz 3 EStG (Erläuterungen auf gesondertem Blatt)	138	,
36	Aufwendungen für geringwertige Wirtschaftsgüter nach § 6 Abs. 2 EStG	132	,
37	Auflösung Sammelposten nach § 6 Abs. 2a EStG (Übertrag aus Zeile 82 der Anlage AVEÜR)	137	,
38	Restbuchwerte der ausgeschiedenen Anlagegüter (Übertrag der Summe der Beträge aus Zeilen 7, 14, 20, 26, 32, 38, 45, 53, 60, 86, 91 der Anlage AVEÜR)	135	,
	Raumkosten und sonstige Grundstücksaufwendungen (ohne häusliches Arbeitszimmer)		
39	Miete/Pacht für Geschäftsräume und betrieblich genutzte Grundstücke	150	,
40	Aufwendungen für doppelte Haushaltsführung (z. B. Miete)	152	,
41	Sonstige Aufwendungen für betrieblich genutzte Grundstücke (ohne Schuldzinsen und AfA)	151	,
42	in Zeile 41 enthaltene Erhaltungsaufwendungen	153	,
	Sonstige unbeschränkt abziehbare Betriebsausgaben		
43	Aufwendungen für Telekommunikation (z. B. Telefon, Internet)	280	,
44	Übernachtungs- und Reisenebenkosten bei Geschäftsreisen des Steuerpflichtigen	221	,
45	Fortbildungskosten (ohne Reisekosten)	281	,
46	Kosten für Rechts- und Steuerberatung, Buchführung	194	,
47	Miete/Leasing für bewegliche Wirtschaftsgüter (ohne Kfz)	222	,
48	Erhaltungsaufwendungen (z. B. Instandhaltung, Wartung, Reparatur; ohne solche für Gebäude und Kfz)	225	,
49	Beiträge, Gebühren, Abgaben und Versicherungen (ohne solche für Gebäude und Kfz)	223	,
50	Laufende EDV-Kosten (z. B. Beratung, Wartung, Reparatur)	228	,
51	Arbeitsmittel (z. B. Bürobedarf, Porto, Fachliteratur)	229	,
52	Kosten für Abfallbeseitigung und Entsorgung	226	,
53	Kosten für Verpackung und Transport	227	,
54	Werbekosten (z. B. Inserate, Werbespots, Plakate)	224	,
55	Schuldzinsen zur Finanzierung von Anschaffungs- und Herstellungskosten von Wirtschaftsgütern des Anlagevermögens (ohne häusliches Arbeitszimmer)	232	,
56	Übrige Schuldzinsen	234	,
57	Gezahlte und nach § 15 UStG abziehbare Vorsteuerbeträge	185	,
58	An das Finanzamt gezahlte und ggf. verrechnete Umsatzsteuer (Die Regelung zum 10-Tageszeitraum - § 11 Abs. 2 Satz 2 EStG - ist zu beachten.)	186	,
59	Rücklagen, stille Reserven und/oder Ausgleichsposten (Übertrag aus Zeile 102)		,
60	Übrige unbeschränkt abziehbare Betriebsausgaben (auch zurückgezahlte Hilfen/Zuschüsse aufgrund der Corona-Pandemie)	183	,
61	**Übertrag (Summe Zeilen 24 bis 27 und Zeilen 29 bis 60)**		,

2025AnlEÜR802 **2025AnlEÜR802**

(Betriebs-)Steuernummer

- 3 -

Zeile		Kz	EUR, Ct
61	**Übertrag (Summe Zeilen 24 bis 27 und Zeilen 29 bis 60)**		,

Beschränkt abziehbare Betriebsausgaben

Zeile		Kz	nicht abziehbar EUR, Ct	Kz	abziehbar EUR, Ct
62	Geschenke	164	,	174	,
63	Bewirtungsaufwendungen	165	,	175	,
64	Verpflegungsmehraufwendungen			171	,
65	Aufwendungen für ein häusliches Arbeitszimmer (siehe Anleitung)	162	,	172	,
66	Tagespauschale für die Tätigkeit in der häuslichen Wohnung (siehe Anleitung)			163	,
67	Sonstige beschränkt abziehbare Betriebsausgaben	168	,	177	,

Kfz-Kosten und andere Fahrtkosten

Zeile		Kz	EUR, Ct
68	Leasingkosten	144	,
69	Steuern, Versicherungen und Maut	145	,
70	Sonstige tatsächliche Fahrtkosten ohne AfA und Zinsen (z. B. Reparaturen, Wartungen, Treibstoff, Kosten für Flugstrecken, Kosten für öffentliche Verkehrsmittel)	146	,
71	Fahrtkosten für nicht zum Betriebsvermögen gehörende Fahrzeuge (Nutzungseinlage)	147	,
72	Fahrtkosten für Wege zwischen Wohnung und erster Betriebsstätte; Familienheimfahrten (pauschaliert oder tatsächlich)	142 –	,
73	Mindestens abziehbare Fahrtkosten für Wege zwischen Wohnung und erster Betriebsstätte (Entfernungspauschale); Familienheimfahrten	176 +	,
74	Nicht abziehbare Beträge (Beispiele siehe Anleitung)	139 –	,
75	**Summe Betriebsausgaben** (Übertrag in Zeile 77)	199 =	,

3. Ermittlung des Gewinns

(nicht für Körperschaften)

Zeile		Kz	EUR, Ct
76	Summe der Betriebseinnahmen (Übertrag aus Zeile 23)		,
77	abzüglich Summe der Betriebsausgaben (Übertrag aus Zeile 75)	–	,
78	abzüglich steuerfreier Einnahmen nach § 3 Nr. 26, 26a, 26b EStG	240 –	,
79	abzüglich steuerfreier Einnahmen nach § 3 EStG (ohne Nr. 26, 26a, 26b und Teileinkünfteverfahren)	241 –	,
80	abzüglich steuerfreier Einnahmen nach § 3a EStG	242 –	,
81	zuzüglich nicht abziehbarer Betriebsausgaben im Zusammenhang mit steuerfreien Einnahmen nach § 3 Nr. 26, 26a, 26b EStG	243 +	,
82	zuzüglich nicht abziehbarer Betriebsausgaben nach § 3c Abs. 1 EStG	244 +	,
83	zuzüglich nicht abziehbarer Betriebsausgaben nach § 3c Abs. 4 EStG	245 +	,
84	zuzüglich Hinzurechnung der Investitionsabzugsbeträge nach § 7g Abs. 2 Satz 1 EStG aus 2022 (Erläuterungen auf gesondertem Blatt)	180 +	,
85	zuzüglich Hinzurechnung der Investitionsabzugsbeträge nach § 7g Abs. 2 Satz 1 EStG aus 2023 (Erläuterungen auf gesondertem Blatt)	181 +	,
86	zuzüglich Hinzurechnung der Investitionsabzugsbeträge nach § 7g Abs. 2 Satz 1 EStG aus 2024 (Erläuterungen auf gesondertem Blatt)	182 +	,
87	zuzüglich Gewinnzuschlag nach § 6c i. V. m. § 6b Abs. 7 und 10 EStG	123 +	,
88	abzüglich Investitionsabzugsbeträge nach § 7g Abs. 1 EStG	187 –	,
89	Hinzurechnungen und Abrechnungen bei Wechsel der Gewinnermittlungsart (Erläuterungen auf gesondertem Blatt)	250 +/–	,
90	**Übertrag (Summe/Differenz Zeilen 76 bis 89)**		,

2025AnlEÜR803

2025AnlEÜR803

(Betriebs-)Steuernummer

- 4 -

Zeile			EUR	Ct
90	**Übertrag (Summe/Differenz Zeilen 76 bis 89)**			
91	Ergebnisanteile aus Beteiligungen an Personengesellschaften (auch Kostenträgergemeinschaften)	255 +/–		
92	Korrigierter Gewinn/Verlust	290 =		
93	Bereits berücksichtigte Beträge, für die Steuerbefreiungen nach InvStG gelten (ohne Beträge lt. Zeile 94; Erläuterungen auf gesondertem Blatt) — 263 Gesamtbetrag	264 +/–	Korrekturbetrag	
94	Bereits berücksichtigte Beträge, für die das Teileinkünfteverfahren bzw. § 8b KStG gilt — 261	262 +/–		
95	Steuerpflichtiger Gewinn/Verlust vor Anwendung des § 4 Abs. 4a EStG	293 =		
96	Hinzurechnungsbetrag nach § 4 Abs. 4a EStG	271 +		
97	**Steuerpflichtiger Gewinn/Verlust**	219 =		

Nur bei Personengesellschaften/gesonderten Feststellungen

Zeile		EUR	Ct
98	Anzusetzender steuerpflichtiger Gewinn/Verlust nach Anwendung des § 4 Abs. 4a EStG ohne Berücksichtigung des InvStG, des Teileinkünfteverfahrens bzw. § 8b KStG (Betrag lt. Zeile 92 zuzüglich Betrag lt. Zeile 96)		

(zu erfassen auf der Anlage FE-L, FE-G, FE-S bzw. der Anlage FG-L, FG-G, FG-S; siehe Anleitung)

4. Ergänzende Angaben

27

Rücklagen, stille Reserven und Ausgleichsposten

(Erläuterungen auf gesondertem Blatt)

Bildung/Übertragung

Zeile			EUR	Ct
99	Rücklagen nach § 6c i. V. m. § 6b EStG, R 6.6 EStR	187		
100	Übertragung von stillen Reserven nach § 6c i. V. m. § 6b EStG, R 6.6 EStR	170		
101	Ausgleichsposten nach § 4g EStG	191		
102	Gesamtsumme (Übertrag in Zeile 59)	190 =		

Auflösung

Zeile			EUR	Ct
103	Rücklagen nach § 6c i. V. m. § 6b EStG, R 6.6 EStR	120		
104	Ausgleichsposten nach § 4g EStG	125		
105	Gesamtsumme (Übertrag in Zeile 22)	124 =		

5. Zusätzliche Angaben bei Einzelunternehmen

29

Entnahmen und Einlagen i. S. d. § 4 Abs. 4a EStG

Zeile			EUR	Ct
106	Entnahmen einschließlich Sach-, Leistungs- und Nutzungsentnahmen	122		
107	Einlagen einschließlich Sach-, Leistungs- und Nutzungseinlagen	123		

Anleitung vorhanden

2025

1 Name des Steuerpflichtigen bzw. der Gesellschaft/Gemeinschaft/Körperschaft

Anlage AVEÜR

Anlageverzeichnis/Ausweis des Umlaufvermögens zur Anlage EÜR

2 **(Betriebs-)Steuernummer**

3 Wirtschafts-Identifikationsnummer D E -

Grundstücke und grundstücksgleiche Rechte

40

Grund und Boden

Zeile		Kz	EUR	Ct
4	Summe Anschaffungs-/Herstellungskosten/Einlagewerte	100		
5	Summe Buchwerte zu Beginn des Gewinnermittlungszeitraums	101		
6	Summe Zugänge	102 +		
7	Summe Abgänge (zu erfassen in Zeile 38 der Anlage EÜR)	105 –		
8	Summe Buchwerte am Ende des Gewinnermittlungszeitraums	106 =		

Gebäude

Zeile		Kz	EUR	Ct
9	Summe Anschaffungs-/Herstellungskosten/Einlagewerte	110		
10	Summe Buchwerte zu Beginn des Gewinnermittlungszeitraums	111		
11	Summe Zugänge	112 +		
12	Summe Sonderabschreibungen nach § 7b EStG (zu erfassen in Zeile 34 der Anlage EÜR)	113 –		
13	Summe AfA	114 –		
14	Summe Abgänge (zu erfassen in Zeile 38 der Anlage EÜR)	115 –		
15	Summe Buchwerte am Ende des Gewinnermittlungszeitraums	116 =		

Andere (z. B. grundstücksgleiche Rechte)

Zeile		Kz	EUR	Ct
16	Summe Anschaffungs-/Herstellungskosten/Einlagewerte	120		
17	Summe Buchwerte zu Beginn des Gewinnermittlungszeitraums	121		
18	Summe Zugänge	122 +		
19	Summe AfA	124 –		
20	Summe Abgänge (zu erfassen in Zeile 38 der Anlage EÜR)	125 –		
21	Summe Buchwerte am Ende des Gewinnermittlungszeitraums	126 =		

Summe

Zeile		Kz	EUR	Ct
22	Summe AfA aller Grundstücke/grundstücksgleichen Rechte (Summe der Zeilen 13 und 19; Übertrag in Zeile 31 der Anlage EÜR)	190		

- 2 -

Häusliches Arbeitszimmer

Anteil Grund und Boden

Zeile		Kz.	EUR	Ct
23	Summe Anschaffungs-/Herstellungskosten/Einlagewerte	200		
24	Summe Buchwerte zu Beginn des Gewinnermittlungszeitraums	201		
25	Summe Zugänge	202 +		
26	Summe Abgänge (zu erfassen in Zeile 38 der Anlage EÜR)	205 –		
27	Summe Buchwerte am Ende des Gewinnermittlungszeitraums	206 =		

Gebäudeteil

Zeile		Kz.	EUR	Ct
28	Summe Anschaffungs-/Herstellungskosten/Einlagewerte	210		
29	Summe Buchwerte zu Beginn des Gewinnermittlungszeitraums	211		
30	Summe Zugänge	212 +		
31	Summe AfA (zu erfassen in Zeile 65 der Anlage EÜR)	214 –		
32	Summe Abgänge (zu erfassen in Zeile 38 der Anlage EÜR)	215 –		
33	Summe Buchwerte am Ende des Gewinnermittlungszeitraums	216 =		

Immaterielle Wirtschaftsgüter

(z. B. erworbene Firmen-, Geschäfts- oder Praxiswerte)

Zeile		Kz.	EUR	Ct
34	Summe Anschaffungs-/Herstellungskosten/Einlagewerte	320		
35	Summe Buchwerte zu Beginn des Gewinnermittlungszeitraums	321		
36	Summe Zugänge	322 +		
37	Summe AfA (Übertrag in Zeile 32 der Anlage EÜR)	324 –		
38	Summe Abgänge (zu erfassen in Zeile 38 der Anlage EÜR)	325 –		
39	Summe Buchwerte am Ende des Gewinnermittlungszeitraums	326 =		

Bewegliche Wirtschaftsgüter (ohne geringwertige Wirtschaftsgüter)

Kfz

Zeile		Kz.	EUR	Ct
40	Summe Anschaffungs-/Herstellungskosten/Einlagewerte	400		
41	Summe Buchwerte zu Beginn des Gewinnermittlungszeitraums	401		
42	Summe Zugänge	402 +		
43	Summe Sonderabschreibungen nach § 7g Abs. 5 und 6 EStG	403 –		
44	Summe AfA	404 –		
45	Summe Abgänge (zu erfassen in Zeile 38 der Anlage EÜR)	405 –		
46	Summe Buchwerte am Ende des Gewinnermittlungszeitraums	406 =		
47	Es ist mindestens ein Elektro- oder extern aufladbares Hybridelektrofahrzeug vorhanden.	407	1 = Ja 2 = Nein	

2025AnlAVEÜR812 2025AnlAVEÜR812

Zeile		Kz	EUR	Ct
	Büroausstattung			
48	Summe Anschaffungs-/Herstellungskosten/Einlagewerte	410		
49	Summe Buchwerte zu Beginn des Gewinnermittlungszeitraums	411		
50	Summe Zugänge	412 +		
51	Summe Sonderabschreibungen nach § 7g Abs. 5 und 6 EStG	413 –		
52	Summe AfA	414 –		
53	Summe Abgänge (zu erfassen in Zeile 38 der Anlage EÜR)	415 –		
54	Summe Buchwerte am Ende des Gewinnermittlungszeitraums	416 =		
	Andere			
55	Summe Anschaffungs-/Herstellungskosten/Einlagewerte	420		
56	Summe Buchwerte zu Beginn des Gewinnermittlungszeitraums	421		
57	Summe Zugänge	422 +		
58	Summe Sonderabschreibungen nach § 7g Abs. 5 und 6 EStG	423 –		
59	Summe AfA	424 –		
60	Summe Abgänge (zu erfassen in Zeile 38 der Anlage EÜR)	425 –		
61	Summe Buchwerte am Ende des Gewinnermittlungszeitraums	426 =		
	Summe			
62	Summe Sonderabschreibungen nach § 7g Abs. 5 und 6 EStG aller beweglichen Wirtschaftsgüter (Summe der Zeilen 43, 51 und 58; zu erfassen in Zeile 34 der Anlage EÜR)	480		
63	Summe AfA aller beweglichen Wirtschaftsgüter (Summe der Zeilen 44, 52 und 59; Übertrag in Zeile 33 der Anlage EÜR)	490		
	Sammelposten aus 2025			
64	Bildung	432		
65	Auflösungsbetrag	434 –		
66	Buchwert am Ende des Gewinnermittlungszeitraums	436 =		
	Sammelposten aus 2024			
67	Anschaffungs-/Herstellungskosten/Einlagewert	440		
68	Buchwert zu Beginn des Gewinnermittlungszeitraums	441		
69	Auflösungsbetrag	444 –		
70	Buchwert am Ende des Gewinnermittlungszeitraums	446 =		
	Sammelposten aus 2023			
71	Anschaffungs-/Herstellungskosten/Einlagewert	450		
72	Buchwert zu Beginn des Gewinnermittlungszeitraums	451		
73	Auflösungsbetrag	454 –		
74	Buchwert am Ende des Gewinnermittlungszeitraums	456 =		
	Sammelposten aus 2022			
75	Anschaffungs-/Herstellungskosten/Einlagewert	460		
76	Buchwert zu Beginn des Gewinnermittlungszeitraums	461		
77	Auflösungsbetrag	464 –		
78	Buchwert am Ende des Gewinnermittlungszeitraums	466 =		

2025AnlAVEÜR813

2025AnlAVEÜR813

Sammelposten aus 2021

Zeile		Kz.	EUR	Ct
79	Anschaffungs-/Herstellungskosten/Einlagewert	470		,
80	Buchwert zu Beginn des Gewinnermittlungszeitraums	471		,
81	Auflösungsbetrag	474 –		,

Summe

Zeile		Kz.	EUR	Ct
82	Summe Auflösungsbeträge (Summe der Zeilen 65, 69, 73, 77, 81; Übertrag in Zeile 37 der Anlage EÜR)	499		,

Finanzanlagen

Anteile an Unternehmen etc., für deren Erträge das Teileinkünfteverfahren bzw. § 8b KStG gilt

Zeile		Kz.	EUR	Ct
83	Summe Anschaffungs-/Herstellungskosten/Einlagewerte	500		,
84	Summe Buchwerte zu Beginn des Gewinnermittlungszeitraums	501		,
85	Summe Zugänge	502 +		,
86	Summe Abgänge (zu erfassen in Zeile 38 der Anlage EÜR)	505 –		,
87	Summe Buchwerte am Ende des Gewinnermittlungszeitraums	506 =		,

Andere

Zeile		Kz.	EUR	Ct
88	Summe Anschaffungs-/Herstellungskosten/Einlagewerte	510		,
89	Summe Buchwerte zu Beginn des Gewinnermittlungszeitraums	511		,
90	Summe Zugänge	512 +		,
91	Summe Abgänge (zu erfassen in Zeile 38 der Anlage EÜR)	515 –		,
92	Summe Buchwerte am Ende des Gewinnermittlungszeitraums	516 =		,

Umlaufvermögen

i. S. d. § 4 Abs. 3 Satz 4 EStG (z. B. Wertpapiere, Grund und Boden sowie Gebäude) bzw. § 32b Abs. 2 Satz 1 Nr. 2 Satz 2 Buchstabe c EStG

Zeile		Kz.	EUR	Ct
93	Summe Anschaffungs-/Herstellungskosten/Einlagewerte	600		,
94	Summe Zugänge	602 +		,
95	Summe Abgänge (zu erfassen in Zeile 27 der Anlage EÜR)	605 –		,
96	Summe Buchwerte am Ende des Gewinnermittlungszeitraums	606 =		,

2025AnlAVEÜR814

Anleitung vorhanden

2025

Anlage EÜR

Bitte für jeden Betrieb eine gesonderte Anlage EÜR übermitteln!

Zeile		Kz.	
1	Name des Steuerpflichtigen bzw. der Gesellschaft/Gemeinschaft/Körperschaft		
2	Vorname		
3	**(Betriebs-)Steuernummer**		

Einnahmenüberschussrechnung nach § 4 Abs. 3 EStG

Kalenderjahr 2025

15

Zeile		Kz.	
4	davon abweichender Beginn	131	T T M M 2025
	davon abweichendes Ende	132	T T M M J J J J

Allgemeine Angaben zum Betrieb

Zeile		Kz.	
5	Wirtschafts-Identifikationsnummer	101	D E -
6	Art des Betriebs	100	
7	Rechtsform des Betriebs		
8	Einkunftsart	103	1 = Land- und Forstwirtschaft 2 = Gewerbebetrieb 3 = Selbständige Arbeit
9	Betriebsinhaber	104	1 = Steuerpflichtige Person/Ehemann/Person A (Ehegatte A/Lebenspartner[in] A)/Gesellschaft/Körperschaft 2 = Ehefrau/Person B (Ehegatte B/Lebenspartner[in] B) 3 = Beide Ehegatten/Lebenspartner[innen]
10	Wurde im Kalenderjahr/Wirtschaftsjahr der Betrieb beendet?	111	1 = Veräußert oder Aufgabe (Bitte Zeile 89 beachten) 2 = Unentgeltliche Übertragung
11	Wurden im Kalenderjahr/Wirtschaftsjahr Grundstücke/grundstücksgleiche Rechte entnommen oder veräußert?	120	1 = Ja 2 = Nein

1. Betriebseinnahmen

20

(einschließlich steuerfreier Betriebseinnahmen)

Zeile		Kz.	EUR	Ct
12	Betriebseinnahmen als umsatzsteuerlicher **Kleinunternehmer** (nach § 19 Abs. 1 UStG) ohne Beträge laut Zeilen 18 bis 22	111		,
13	davon nicht steuerbare Umsätze sowie Umsätze nach § 19 Abs. 2 Satz 1 Nr. 1 und 2 sowie Satz 2 UStG	119	,	*(weiter ab Zeile 18)*
14	Betriebseinnahmen als **Land- und Forstwirt**, soweit die Durchschnittssatzbesteuerung nach § 24 UStG angewandt wird	104		,
15	Umsatzsteuerpflichtige Betriebseinnahmen (ohne solche zum ermäßigten Steuersatz von 0 %)	112		,
16	Betriebseinnahmen, die umsatzsteuerfrei (§ 4 UStG) oder nicht umsatzsteuerbar sind oder nach § 12 Abs. 3 UStG dem ermäßigten Steuersatz von 0 % unterliegen oder für die der Leistungsempfänger die Umsatzsteuer nach § 13b UStG schuldet	103		,
17	Vereinnahmte Umsatzsteuer sowie Umsatzsteuer auf unentgeltliche Wertabgaben	140		,
18	Vom Finanzamt erstattete und ggf. verrechnete Umsatzsteuer (Die Regelung zum 10-Tageszeitraum - § 11 Abs. 1 Satz 2 EStG - ist zu beachten.)	141		,
19	Veräußerung oder Entnahme von Anlagevermögen	102		,
20	Private Kfz-Nutzung	106		,
21	Sonstige Sach-, Nutzungs- und Leistungsentnahmen	108		,
22	Auflösung von Rücklagen und/oder Ausgleichsposten (Übertrag aus Zeile 105)			,
23	**Summe Betriebseinnahmen** (Übertrag in Zeile 76)	159 =		,

2. Betriebsausgaben

25

(einschließlich auf steuerfreie Betriebseinnahmen entfallende Betriebsausgaben)

Zeile		Kz.	EUR	Ct
24	Betriebsausgabenpauschale für **bestimmte Berufsgruppen**	195		,
25	Sachlicher Bebauungskostenrichtbetrag und Ausbaukostenrichtbeträge für **Weinbaubetriebe** (Übertrag aus Zeile 13 der Anlage LuF)			,
26	Betriebsausgabenpauschale für **Forstwirte** (Übertrag aus Zeile 17 der Anlage LuF)			,
27	Waren, Rohstoffe und Hilfsstoffe einschließlich der Nebenkosten	100		,
28	**Übertrag (Summe Zeilen 24 bis 27)**			,

2025AnlEÜR801 - August 2025 - 2025AnlEÜR801

(Betriebs-)Steuernummer

- 2 -

Zeile		Kz	Betrag
28	**Übertrag (Summe Zeilen 24 bis 27)**		,
29	Bezogene Fremdleistungen	110	,
30	Ausgaben für eigenes Personal (z. B. Gehälter, Löhne und Versicherungsbeiträge)	120	,
	Absetzung für Abnutzung (AfA)		
31	AfA auf Grundstücke/grundstücksgleiche Rechte (Übertrag aus Zeile 22 der Anlage AVEÜR)	136	,
32	AfA auf immaterielle Wirtschaftsgüter (Übertrag aus Zeile 37 der Anlage AVEÜR)	131	,
33	AfA auf bewegliche Wirtschaftsgüter (Übertrag aus Zeile 63 der Anlage AVEÜR)	130	,
34	Sonderabschreibungen nach § 7b EStG und § 7g Abs. 5 und 6 EStG (Übertrag der Summe der Zeilen 12 und 62 der Anlage AVEÜR)	134	,
35	Herabsetzungsbeträge nach § 7g Abs. 2 Satz 3 EStG (Erläuterungen auf gesondertem Blatt)	138	,
36	Aufwendungen für geringwertige Wirtschaftsgüter nach § 6 Abs. 2 EStG	132	,
37	Auflösung Sammelposten nach § 6 Abs. 2a EStG (Übertrag aus Zeile 82 der Anlage AVEÜR)	137	,
38	Restbuchwerte der ausgeschiedenen Anlagegüter (Übertrag der Summe der Beträge aus Zeilen 7, 14, 20, 26, 32, 38, 45, 53, 60, 86, 91 der Anlage AVEÜR)	135	,
	Raumkosten und sonstige Grundstücksaufwendungen (ohne häusliches Arbeitszimmer)		
39	Miete/Pacht für Geschäftsräume und betrieblich genutzte Grundstücke	150	,
40	Aufwendungen für doppelte Haushaltsführung (z. B. Miete)	152	,
41	Sonstige Aufwendungen für betrieblich genutzte Grundstücke (ohne Schuldzinsen und AfA)	151	,
42	in Zeile 41 enthaltene Erhaltungsaufwendungen 153 ,		
	Sonstige unbeschränkt abziehbare Betriebsausgaben		
43	Aufwendungen für Telekommunikation (z. B. Telefon, Internet)	280	,
44	Übernachtungs- und Reisenebenkosten bei Geschäftsreisen des Steuerpflichtigen	221	,
45	Fortbildungskosten (ohne Reisekosten)	281	,
46	Kosten für Rechts- und Steuerberatung, Buchführung	194	,
47	Miete/Leasing für bewegliche Wirtschaftsgüter (ohne Kfz)	222	,
48	Erhaltungsaufwendungen (z. B. Instandhaltung, Wartung, Reparatur; ohne solche für Gebäude und Kfz)	225	,
49	Beiträge, Gebühren, Abgaben und Versicherungen (ohne solche für Gebäude und Kfz)	223	,
50	Laufende EDV-Kosten (z. B. Beratung, Wartung, Reparatur)	228	,
51	Arbeitsmittel (z. B. Bürobedarf, Porto, Fachliteratur)	229	,
52	Kosten für Abfallbeseitigung und Entsorgung	226	,
53	Kosten für Verpackung und Transport	227	,
54	Werbekosten (z. B. Inserate, Werbespots, Plakate)	224	,
55	Schuldzinsen zur Finanzierung von Anschaffungs- und Herstellungskosten von Wirtschaftsgütern des Anlagevermögens (ohne häusliches Arbeitszimmer)	232	,
56	Übrige Schuldzinsen	234	,
57	Gezahlte und nach § 15 UStG abziehbare Vorsteuerbeträge	185	,
58	An das Finanzamt gezahlte und ggf. verrechnete Umsatzsteuer (Die Regelung zum 10-Tageszeitraum - § 11 Abs. 2 Satz 2 EStG - ist zu beachten.)	186	,
59	Rücklagen, stille Reserven und/oder Ausgleichsposten (Übertrag aus Zeile 102)		,
60	Übrige unbeschränkt abziehbare Betriebsausgaben (auch zurückgezahlte Hilfen/Zuschüsse aufgrund der Corona-Pandemie)	183	,
61	**Übertrag (Summe Zeilen 24 bis 27 und Zeilen 29 bis 60)**		,

2025AnlEÜR802 **2025AnlEÜR802**

(Betriebs-)Steuernummer

- 3 -

Zeile			EUR, Ct
61	**Übertrag (Summe Zeilen 24 bis 27 und Zeilen 29 bis 60)**		,

Beschränkt abziehbare Betriebsausgaben

Zeile		nicht abziehbar EUR, Ct		abziehbar EUR, Ct
62	Geschenke	164 ,	174	,
63	Bewirtungsaufwendungen	165 ,	175	,
64	Verpflegungsmehraufwendungen		171	,
65	Aufwendungen für ein häusliches Arbeitszimmer (siehe Anleitung)	162 ,	172	,
66	Tagespauschale für die Tätigkeit in der häuslichen Wohnung (siehe Anleitung)		163	,
67	Sonstige beschränkt abziehbare Betriebsausgaben	168 ,	177	,

Kfz-Kosten und andere Fahrtkosten

Zeile		Kz	EUR, Ct
68	Leasingkosten	144	,
69	Steuern, Versicherungen und Maut	145	,
70	Sonstige tatsächliche Fahrtkosten ohne AfA und Zinsen (z. B. Reparaturen, Wartungen, Treibstoff, Kosten für Flugstrecken, Kosten für öffentliche Verkehrsmittel)	146	,
71	Fahrtkosten für nicht zum Betriebsvermögen gehörende Fahrzeuge (Nutzungseinlage)	147	,
72	Fahrtkosten für Wege zwischen Wohnung und erster Betriebsstätte; Familienheimfahrten (pauschaliert oder tatsächlich)	142 –	,
73	Mindestens abziehbare Fahrtkosten für Wege zwischen Wohnung und erster Betriebsstätte (Entfernungspauschale); Familienheimfahrten	176 +	,
74	Nicht abziehbare Beträge (Beispiele siehe Anleitung)	139 –	,
75	**Summe Betriebsausgaben** (Übertrag in Zeile 77)	199 =	,

3. Ermittlung des Gewinns

(nicht für Körperschaften)

Zeile		Kz	EUR, Ct
76	Summe der Betriebseinnahmen (Übertrag aus Zeile 23)		,
77	abzüglich Summe der Betriebsausgaben (Übertrag aus Zeile 75)	–	,
78	abzüglich steuerfreier Einnahmen nach § 3 Nr. 26, 26a, 26b EStG	240 –	,
79	abzüglich steuerfreier Einnahmen nach § 3 EStG (ohne Nr. 26, 26a, 26b und Teileinkünfteverfahren)	241 –	,
80	abzüglich steuerfreier Einnahmen nach § 3a EStG	242 –	,
81	zuzüglich nicht abziehbarer Betriebsausgaben im Zusammenhang mit steuerfreien Einnahmen nach § 3 Nr. 26, 26a, 26b EStG	243 +	,
82	zuzüglich nicht abziehbarer Betriebsausgaben nach § 3c Abs. 1 EStG	244 +	,
83	zuzüglich nicht abziehbarer Betriebsausgaben nach § 3c Abs. 4 EStG	245 +	,
84	zuzüglich Hinzurechnung der Investitionsabzugsbeträge nach § 7g Abs. 2 Satz 1 EStG aus 2022 (Erläuterungen auf gesondertem Blatt)	180 +	,
85	zuzüglich Hinzurechnung der Investitionsabzugsbeträge nach § 7g Abs. 2 Satz 1 EStG aus 2023 (Erläuterungen auf gesondertem Blatt)	181 +	,
86	zuzüglich Hinzurechnung der Investitionsabzugsbeträge nach § 7g Abs. 2 Satz 1 EStG aus 2024 (Erläuterungen auf gesondertem Blatt)	182 +	,
87	zuzüglich Gewinnzuschlag nach § 6c i. V. m. § 6b Abs. 7 und 10 EStG	123 +	,
88	abzüglich Investitionsabzugsbeträge nach § 7g Abs. 1 EStG	187 –	,
89	Hinzurechnungen und Abrechnungen bei Wechsel der Gewinnermittlungsart (Erläuterungen auf gesondertem Blatt)	250 +/–	,
90	**Übertrag (Summe/Differenz Zeilen 76 bis 89)**		,

2025AnlEÜR803

2025AnlEÜR803

(Betriebs-)Steuernummer

- 4 -

Zeile		Kz	EUR	Ct
90	**Übertrag (Summe/Differenz Zeilen 76 bis 89)**			
91	Ergebnisanteile aus Beteiligungen an Personengesellschaften (auch Kostenträgergemeinschaften)	255 +/–		
92	Korrigierter Gewinn/Verlust	290 =		

Zeile			Gesamtbetrag		Korrekturbetrag
93	Bereits berücksichtigte Beträge, für die Steuerbefreiungen nach InvStG gelten (ohne Beträge lt. Zeile 94; Erläuterungen auf gesondertem Blatt)	263		264 +/–	
94	Bereits berücksichtigte Beträge, für die das Teileinkünfteverfahren bzw. § 8b KStG gilt	261		262 +/–	

Zeile		Kz	EUR	Ct
95	Steuerpflichtiger Gewinn/Verlust vor Anwendung des § 4 Abs. 4a EStG	293 =		
96	Hinzurechnungsbetrag nach § 4 Abs. 4a EStG	271 +		
97	**Steuerpflichtiger Gewinn/Verlust**	219 =		

Nur bei Personengesellschaften/gesonderten Feststellungen

Zeile		EUR	Ct
98	Anzusetzender steuerpflichtiger Gewinn/Verlust nach Anwendung des § 4 Abs. 4a EStG ohne Berücksichtigung des InvStG, des Teileinkünfteverfahrens bzw. § 8b KStG (Betrag lt. Zeile 92 zuzüglich Betrag lt. Zeile 96)		

(zu erfassen auf der Anlage FE-L, FE-G, FE-S bzw. der Anlage FG-L, FG-G, FG-S; siehe Anleitung)

4. Ergänzende Angaben

27

Rücklagen, stille Reserven und Ausgleichsposten

(Erläuterungen auf gesondertem Blatt)

Bildung/Übertragung

Zeile		Kz	EUR	Ct
99	Rücklagen nach § 6c i. V. m. § 6b EStG, R 6.6 EStR	187		
100	Übertragung von stillen Reserven nach § 6c i. V. m. § 6b EStG, R 6.6 EStR	170		
101	Ausgleichsposten nach § 4g EStG	191		
102	Gesamtsumme (Übertrag in Zeile 59)	190 =		
	Auflösung			
103	Rücklagen nach § 6c i. V. m. § 6b EStG, R 6.6 EStR	120		
104	Ausgleichsposten nach § 4g EStG	125		
105	Gesamtsumme (Übertrag in Zeile 22)	124 =		

5. Zusätzliche Angaben bei Einzelunternehmen

29

Entnahmen und Einlagen i. S. d. § 4 Abs. 4a EStG

Zeile		Kz	EUR	Ct
106	Entnahmen einschließlich Sach-, Leistungs- und Nutzungsentnahmen	122		
107	Einlagen einschließlich Sach-, Leistungs- und Nutzungseinlagen	123		

2025AnlEÜR804 2025AnlEÜR804

Anleitung vorhanden

2025

Anlage SZ

zur Einnahmen-überschussrechnung

1 Name des Steuerpflichtigen

2 Vorname

3 **(Betriebs-)Steuernummer**

4 Wirtschafts-Identifikationsnummer D E -

Ermittlung der nicht abziehbaren Schuldzinsen für Einzelunternehmen

1. Ermittlung des maßgeblichen Gewinns/Verlusts für Zwecke des § 4 Abs. 4a EStG

43

Zeile		Kz		EUR	Ct
5	Betriebseinnahmen (Übertrag aus Zeile 23 der Anlage EÜR)				,
6	abzüglich Betriebsausgaben (Übertrag aus Zeile 75 der Anlage EÜR)		–		,
7	zuzüglich steuerfreie Gewinne, die nicht in der Anlage EÜR enthalten sind	151	+		,
8	abzüglich nicht abziehbare Betriebsausgaben[1]	152	–		,
9	zuzüglich Gewinne bzw. abzüglich Verluste aus Beteiligungen an vermögensverwaltenden Personengesellschaften und abzüglich Ergebnisanteile aus Kostenträgergemeinschaften (in Zeile 91 der Anlage EÜR enthalten)	153	+/–		,
10	zuzüglich Veräußerungs-/Aufgabegewinn bzw. abzüglich Veräußerungs-/Aufgabeverlust und zuzüglich Hinzu- bzw. abzüglich Abrechnungen beim Wechsel der Gewinnermittlungsart[2]	154	+/–		,
11	**Maßgeblicher Gewinn/Verlust für Zwecke des § 4 Abs. 4a EStG** (in Zeile 13 eintragen)		=		,

2. Ermittlung der Über-/Unterentnahmen

Zeile		Kz		EUR	Ct
12	Entnahmen (Übertrag aus Zeile 106 der Anlage EÜR)	100	+		,
13	abzüglich Gewinn/zuzüglich Verlust (Betrag aus Zeile 11)		–/+		,
14	Einlagen (Übertrag aus Zeile 107 der Anlage EÜR)	210	–		,
15	**Über-/Unterentnahme des laufenden Wirtschaftsjahres**		=		,
16	zuzüglich Über-/abzüglich Unterentnahmen der vorangegangenen Wirtschaftsjahre (Betrag aus Zeile 17 der Anlage SZ des Vorjahres[3])	315	+/–		,
17	**Kumulierte Über-/Unterentnahmen**		=		,

3. Ermittlung des Entnahmenüberschusses

Zeile		Kz		EUR	Ct			EUR	Ct
18	Entnahmen des laufenden Wirtschaftsjahres (Betrag aus Zeile 12)				,				
19	Entnahmen der vorangegangenen Wirtschaftsjahre (Betrag aus Zeile 20 der Anlage SZ des Vorjahres[3])	325	+		,				
20	**Kumulierte Entnahmen**		=		,	▶			,
21	Einlagen des laufenden Wirtschaftsjahres (Betrag aus Zeile 14)				,				
22	Einlagen der vorangegangenen Wirtschaftsjahre (Betrag aus Zeile 23 der Anlage SZ des Vorjahres[3])	335	+		,				
23	**Kumulierte Einlagen**		=		,	▶	–		,
24	**Kumulierter Entnahmenüberschuss**						=		,

- 2 -

4. Nicht abziehbare Schuldzinsen

Zeile			EUR	Ct
25	**6 % des niedrigeren Betrags aus Zeile 17 oder 24** (Ergibt sich in Zeile 17 oder 24 ein negativer Betrag, ist hier der Wert „0“ einzutragen.)			
26	Übrige Schuldzinsen (Übertrag aus Zeile 56 der Anlage EÜR)			
27	Korrekturbetrag zu den übrigen Schuldzinsen (siehe Anleitung zur Anlage EÜR)	405 –		
28	Kürzungsbetrag gem. § 4 Abs. 4a Satz 4 EStG		– 2050	00
29	**Höchstbetrag der nicht abziehbaren Schuldzinsen** (Ergibt sich ein negativer Betrag, ist hier der Wert „0“ einzutragen.)	=		

5. Hinzurechnungsbetrag nach § 4 Abs. 4a EStG

Zeile		EUR	Ct
30	**Niedrigerer Betrag aus Zeile 25 oder 29** (Übertrag in Zeile 96 der Anlage EÜR)		

1) Nicht abziehbare Betriebsausgaben sind den Zeilen 62 bis 67, 72 (abzüglich Zeile 73) und ggf. Zeile 74 der Anlage EÜR zu entnehmen.
2) Hinzu- und Abrechnungen beim Wechsel der Gewinnermittlungsart sind der Zeile 89 der Anlage EÜR zu entnehmen.
3) Sofern im Vorjahr keine Anlage SZ übermittelt wurde, sind die Beträge aus den Vorjahren zu ermitteln.

2025AnlSZ822

2025AnlSZ822

Anleitung vorhanden

2025

Anlage LuF

zur Einnahmen-überschussrechnung

1 Name des Steuerpflichtigen bzw. der Gesellschaft/Gemeinschaft/Körperschaft

2 Vorname

3 **(Betriebs-)Steuernummer**

4 Wirtschafts-Identifikationsnummer D E -

1. Allgemeine Angaben

13

5 Sofern im Folgenden Richtbeträge oder pauschale Betriebsausgaben geltend gemacht werden, sind die pauschal abgegoltenen Betriebsausgaben nicht in der Anlage EÜR enthalten oder, soweit enthalten, in Zeile 74 der Anlage EÜR wieder hinzugerechnet. 20 — 1 = Ja

2. Weinbau – Richtbeträge für Betriebsausgaben

6 Ab dem Wirtschaftsjahr 2025/2026 werden unwiderruflich die tatsächlichen Betriebsausgaben auf der Anlage EÜR geltend gemacht (Eintrag in den Zeilen 7 bis 13 entfällt). 113 — 1 = Ja

Richtbetrag für die Bebauung im Wirtschaftsjahr 2025/2026

(Kosten für Traubenerzeugung einschließlich Transport zur Kelter, zur Erzeugergemeinschaft, zur Genossenschaft oder zum Handelsbetrieb)

Für die bestockte Rebfläche - ohne Jungfelder - ist der Bebauungskostenrichtbetrag anzusetzen

Zeile		Richtbetrag in EUR/Hektar			Fläche in Hektar		EUR Ct
7		120 ,—	X	121	,	=	,

Nur bei Most-, Fass- und Flaschenweinerzeugung:
Richtbetrag für Ausbau- und Vertriebskosten im Wirtschaftsjahr 2025/2026

Zeile		Richtbetrag in EUR/Liter			Liter		EUR Ct
	Richtbetrag für den Most						
8		142 ,	X	122		=	,
	Richtbetrag für den Ausbau von Most zu Fasswein						
9		143 ,	X	123		=	,
	Richtbetrag für den Ausbau von Fasswein zu Flaschenwein für die abgefüllte und ausgestattete 1-Liter-Flasche						
10		144 ,	X	124		=	,
	Richtbetrag für die abgefüllte und ausgestattete 0,75-Liter-Flasche						
11		145 ,	X	125		=	,
	für andere abgefüllte und ausgestattete Flaschen mit Richtbeträgen (z. B. fränkischer Bocksbeutel)						
12		147 ,	X	127		=	,
13	Summe der Zeilen 7 bis 12 (Übertrag in Zeile 25 der Anlage EÜR)				126	=	,

3. Forstwirtschaft – Pauschale Betriebsausgaben nach § 51 EStDV

14 Die pauschale Abgeltung der Betriebsausgaben für Holznutzungen nach § 51 EStDV wird beantragt, da die forstwirtschaftlich genutzte Fläche 50 Hektar nicht überschreitet. 313 — 1 = Ja

Zeile		Einnahmen (bereits in den Zeilen 12 bis 17 und 21 der Anlage EÜR enthalten) EUR Ct	davon		pauschale Betriebsausgaben EUR Ct
	Verwertung von Holz auf dem Stamm				
15		320 ,	20 %	=	,
	Verwertung von eingeschlagenem Holz				
16		321 ,	55 %	=	,
17	Summe der pauschalen Betriebsausgaben nach § 51 EStDV (Übertrag in Zeile 26 der Anlage EÜR)		322	=	,

2025AnlLuF871 - August 2025 - 2025AnlLuF871

Anleitung vorhanden

2025

1 Name

2 Vorname

3 Steuernummer

Anlage FW

Diese Anlage ist bei Zusammenveranlagung von Ehegatten / Lebenspartnern gemeinsam auszufüllen.

Förderung des Wohneigentums

– Steuerbegünstigung für zu eigenen Wohnzwecken genutzte Baudenkmale und Gebäude in Sanierungsgebieten und städtebaulichen Entwicklungsbereichen nach § 10f EStG –

Allgemeine Angaben zum Objekt

4 Lage der Wohnung (Ort, Straße, Hausnummer)

5 Eigentümer (Namen, ggf. Miteigentumsanteile)

6 X Einfamilienhaus / Eigentumswohnung X Anderes Haus mit Anzahl der Wohnungen: davon eigengenutzt:

7 Kaufvertrag vom T T M M J J J J | Bauantrag gestellt am T T M M J J J J | Baubeginn am T T M M J J J J | Angeschafft am T T M M J J J J

8 Fertig gestellt am T T M M J J J J | Eigengenutzt ab T T M M J J J J

9 Nutzfläche des Hauses in m² | zu eigenen Wohnzwecken genutzte Fläche in m² (ohne eigenbetrieblich / beruflich genutzte Fläche)

10 Für folgende Objekte wurden bereits Abzugsbeträge / erhöhte Absetzungen beansprucht:

Abzugsbetrag nach § 10f EStG

46

Bei Bauantrag / Einreichung der Bauunterlagen vor dem 1.1.2004:

11 Aufwendungen X wie Vorjahr | Fertig gestellt 2025 ,— € | Abzugsbetrag bis zu 10 % | 71 | EUR ,—

Bei Bauantrag / Einreichung der Bauunterlagen nach dem 31.12.2003:

12 Aufwendungen X wie Vorjahr | Fertig gestellt 2025 ,— € | Abzugsbetrag bis zu 9 % | 69 | ,—

Zusätzliche Angaben zu Zuschüssen

13 2025 vereinnahmte oder bewilligte Zuschüsse aus öffentlichen Mitteln zu den Anschaffungs- / Herstellungskosten (laut gesonderter Erläuterung) ,—

Anteile an der Steuerbegünstigung nach § 10f EStG laut gesonderter und einheitlicher Feststellung

14 Gemeinschaft / Gesellschaft

15 Finanzamt | Steuernummer

16 Gesondert und einheitlich festgestellter Betrag nach § 10f EStG | 85 | EUR ,—

2025

Name

1

Vorname

2

3 **Steuernummer**

Für jeden Betrieb ist zusätzlich eine Bilanz oder – soweit keine Bilanz erstellt wird – eine Anlage EÜR elektronisch zu übermitteln.

Einkünfte aus Gewerbebetrieb

Anlage G

Jeder Ehegatte / Lebenspartner mit Einkünften aus Gewerbebetrieb hat eine eigene Anlage G abzugeben.

X Steuerpflichtige Person / Ehemann / Person A

X Ehefrau / Person B

Gewinn 44

(ohne die Beträge in den Zeilen 61, 69, 78, 94 bis 96 und 102; bei ausländischen Einkünften: **Anlage AUS** beachten)

Gewinn als Einzelunternehmer

1. Betrieb

genaue Bezeichnung des Gewerbes

4

Steuernummer

5

Wirtschafts-Identifikationsnummer — EUR

6 D E - 10/11 ,–

2. Betrieb

genaue Bezeichnung des Gewerbes

7

Steuernummer

8

Wirtschafts-Identifikationsnummer — EUR

9 D E - 62/63 ,–

Weitere Betriebe

genaue Bezeichnung des Gewerbes

10 12/13 ,–

Gewinn laut gesonderter Feststellung (ggf. Gesamtsumme)

genaue Bezeichnung des Gewerbes

11

Finanzamt

12

Steuernummer

13 58/59 ,–

Gewinn als Mitunternehmer laut gesonderter und einheitlicher Feststellung

1. Beteiligung

genaue Bezeichnung der Gesellschaft

14

Finanzamt

15

Steuernummer

16 14/15 ,–

2. Beteiligung

genaue Bezeichnung der Gesellschaft

17

Finanzamt

18

Steuernummer

19 16/17 ,–

- 2 -

3. Beteiligung

genaue Bezeichnung der Gesellschaft

20

Finanzamt

21

Steuernummer

22 | 18/19 ,—

4. Beteiligung

genaue Bezeichnung der Gesellschaft

23

Finanzamt

24

Steuernummer

25 | 20/21 ,—

5. Beteiligung

genaue Bezeichnung der Gesellschaft

26

Finanzamt

27

Steuernummer

28 | 22/23 ,—

6. Beteiligung

genaue Bezeichnung der Gesellschaft

29

Finanzamt

30

Steuernummer

31 | 28/29 ,—

7. Beteiligung

genaue Bezeichnung der Gesellschaft

32

Finanzamt

33

Steuernummer

34 | 30/31 ,—

8. Beteiligung

genaue Bezeichnung der Gesellschaft

35

Finanzamt

36

Steuernummer

37 | 32/33 ,—

9. Beteiligung

genaue Bezeichnung der Gesellschaft

38

Finanzamt

39

Steuernummer

40 | 34/35 ,—

Weitere Beteiligungen

41 weitere Beteiligungen (laut gesonderter Aufstellung) | 36/37 ,—

2025AnlG232

2025AnlG232

- 3 -

Gewinn als Mitunternehmer in Fällen von geringer Bedeutung
– § 180 Abs. 3 Satz 1 Nr. 2 AO (z. B. Ehegattengemeinschaften) –

42 genaue Bezeichnung der Gesellschaft

43 Finanzamt

44 Steuernummer

45 Wirtschafts-Identifikationsnummer D E - | 38/39 | EUR ,–

Gesellschaften / Gemeinschaften / ähnliche Modelle i. S. d. § 15b EStG

46 genaue Bezeichnung der Gesellschaft / Gemeinschaft / des ähnlichen Modells | ,–

47 In den Zeilen 6 bis 45 und 102 nicht enthaltener steuerfreier Teil der Einkünfte, für die das **Teileinkünfteverfahren** gilt | 24/25 | ,–

48 In den Zeilen 6 bis 45 und 102 enthaltene positive Einkünfte i. S. d. § 2 Abs. 4 UmwStG | ,–

Ich beantrage für den in den Zeilen 6 bis 45 und 69 enthaltenen Gewinn die Begünstigung nach § 34a EStG und / oder es wurde zum 31.12.2024 ein nachversteuerungspflichtiger Betrag festgestellt.

49 Anzahl der einzureichenden **Anlagen 34a**

50 Es wurden steuerfreie Sanierungserträge i. S. d. § 3a EStG erzielt. | 1 = Ja

Zusätzliche Angaben bei Steuerermäßigung nach § 35 EStG

Für 2025 festzusetzender (anteiliger) Gewerbesteuer-Messbetrag i. S. d. § 35 EStG (ohne Gewerbesteuer-Messbetrag, der auf nach § 5a Abs. 1 EStG ermittelten Gewinn oder Gewinn i. S. d. § 18 Abs. 3 UmwStG entfällt) – Berechnung laut gesonderter Aufstellung –

51 des Betriebs / des Mitunternehmeranteils laut Zeile | 64/65 | EUR ,–

52 Für 2025 tatsächlich zu zahlende Gewerbesteuer, die auf den Gewerbesteuer-Messbetrag laut Zeile 51 entfällt – Berechnung laut gesonderter Aufstellung – | 66/67 | ,–

Für 2025 festzusetzender (anteiliger) Gewerbesteuer-Messbetrag i. S. d. § 35 EStG (ohne Gewerbesteuer-Messbetrag, der auf nach § 5a Abs. 1 EStG ermittelten Gewinn oder Gewinn i. S. d. § 18 Abs. 3 UmwStG entfällt) – Berechnung laut gesonderter Aufstellung –

53 des Betriebs / des Mitunternehmeranteils laut Zeile | 68/69 | EUR ,–

54 Für 2025 tatsächlich zu zahlende Gewerbesteuer, die auf den Gewerbesteuer-Messbetrag laut Zeile 53 entfällt – Berechnung laut gesonderter Aufstellung – | 70/71 | ,–

55 Summe aller weiteren für 2025 festzusetzenden (anteiligen) Gewerbesteuer-Messbeträge i. S. d. § 35 EStG der Betriebe / der Mitunternehmeranteile laut den Zeilen 6 bis 45 und 102 (ohne Gewerbesteuer-Messbeträge, die auf nach § 5a Abs. 1 EStG ermittelte Gewinne oder Gewinne i. S. d. § 18 Abs. 3 UmwStG entfallen) – Berechnung laut gesonderter Aufstellung – | 85/86 | ,–

56 Summe aller weiteren für 2025 tatsächlich zu zahlenden Gewerbesteuern, die auf die Gewerbesteuer-Messbeträge laut Zeile 55 entfallen – Berechnung laut gesonderter Aufstellung – | 81/82 | ,–

57 Summe der betriebsbezogen ermittelten Höchstbeträge nach § 35 Abs. 1 Satz 5 EStG aus mittelbaren Beteiligungen (nicht in den Zeilen 51 bis 56 enthalten) – Berechnung laut gesonderter Aufstellung – | 74/75 | ,–

2025AnlG233

Veräußerungsgewinn

45

bei Veräußerung / Aufgabe eines ganzen Betriebs, eines Teilbetriebs, eines ganzen Mitunternehmeranteils (§ 16 EStG)

Veräußerungsgewinn, für den der Freibetrag nach § 16 Abs. 4 EStG wegen dauernder Berufsunfähigkeit oder Vollendung des 55. Lebensjahrs beantragt wird

– Für nach dem 31.12.1995 erfolgte Veräußerungen / Aufgaben wurde der Freibetrag nach § 16 Abs. 4 EStG bei keiner Einkunftsart in Anspruch genommen. –

58 genaue Bezeichnung des Betriebs / des Teilbetriebs / des Mitunternehmeranteils

59 Finanzamt

60 Steuernummer

Zeile		Kz.	EUR
61	Veräußerungsgewinn vor Abzug des Freibetrags nach § 16 Abs. 4 EStG	24/25	,—
62	In Zeile 61 enthaltener steuerpflichtiger Teil, für den das **Teileinkünfteverfahren** gilt	32/33	,—
63	Auf den Veräußerungsgewinn laut Zeile 61 wurde zumindest teilweise § 6b oder § 6b i. V. m. § 6c EStG angewendet. Die Übertragungen von aufgedeckten stillen Reserven und / oder die in Anspruch genommenen Rücklagen nach § 6b Abs. 1 bis 9 ggf. i. V. m. § 6c EStG betragen	57/58	,—
64	Auf den Veräußerungsgewinn laut Zeile 61 wurde zumindest teilweise § 6b oder § 6b i. V. m. § 6c EStG angewendet. Die Übertragungen von aufgedeckten stillen Reserven und / oder die in Anspruch genommenen Rücklagen nach § 6b Abs. 10 ggf. i. V. m. § 6c EStG betragen	59/60	,—
65	Veräußerungsgewinn laut Zeile 61, für den der **ermäßigte Steuersatz** des § 34 Abs. 3 EStG wegen dauernder Berufsunfähigkeit oder Vollendung des 55. Lebensjahres beantragt wird. Für nach dem 31.12.2000 erfolgte Veräußerungen / Aufgaben wurde der ermäßigte Steuersatz des § 34 Abs. 3 EStG bei keiner Einkunftsart in Anspruch genommen.	34/35	,—

Veräußerungsgewinn(e), für den / die der Freibetrag nach § 16 Abs. 4 EStG nicht beantragt wird oder nicht zu gewähren ist

66 genaue Bezeichnung des Betriebs / des Teilbetriebs / des Mitunternehmeranteils

67 Finanzamt

68 Steuernummer

Zeile		Kz.	EUR
69	Veräußerungsgewinn(e)	30/31	,—
70	In Zeile 69 enthaltener steuerpflichtiger Teil, für den das **Teileinkünfteverfahren** gilt	36/37	,—
71	Auf den / die Veräußerungsgewinn(e) laut Zeile 69 wurde zumindest teilweise § 6b Abs. 1 bis 9 ggf. i. V. m. § 6c EStG angewendet	46/47	1 = Ja, für die / alle Veräußerung(en) 2 = Ja, aber nicht für alle Veräußerungen
72	Auf den / die Veräußerungsgewinn(e) laut Zeile 69 wurde zumindest teilweise § 6b Abs. 10 ggf. i. V. m. § 6c EStG angewendet	70/71	1 = Ja
73	In Zeile 69 enthaltener Veräußerungsgewinn, für den der **ermäßigte Steuersatz** des § 34 Abs. 3 EStG wegen dauernder Berufsunfähigkeit oder Vollendung des 55. Lebensjahres beantragt wird. Für nach dem 31.12.2000 erfolgte Veräußerungen / Aufgaben wurde der ermäßigte Steuersatz des § 34 Abs. 3 EStG bei keiner Einkunftsart in Anspruch genommen.	38/39	,—
74	In Zeile 73 enthaltener steuerpflichtiger Teil, für den das **Teileinkünfteverfahren** gilt	40/41	,—

Veräußerungsverlust(e) nach § 16 EStG

75 genaue Bezeichnung des Betriebs / des Teilbetriebs / des Mitunternehmeranteils

76 Finanzamt

77 Steuernummer

Zeile		Kz.	EUR
78	Veräußerungsverlust(e)	22/23	,—
79	In Zeile 78 enthaltener steuerpflichtiger Teil, für den das **Teileinkünfteverfahren** gilt	44/45	,—

Zu den Zeilen 58 bis 74:

80 ☐ Erwerber ist eine Gesellschaft, an der die veräußernde Person oder eine ihr nahestehende Person beteiligt ist (laut gesonderter Aufstellung).

81 ☐ Die Betriebsaufgabe erstreckt sich über mehr als ein Kalenderjahr.

bei Veräußerung eines Anteils an einer Kapitalgesellschaft / Genossenschaft / optierenden Gesellschaft i. S. d. § 1a KStG nach § 17 EStG sowie in gesetzlich gleichgestellten Fällen (z. B. § 6 AStG, § 13 UmwStG)

1. Veräußerung

82 genaue Bezeichnung der Kapitalgesellschaft / Genossenschaft / optierenden Gesellschaft i. S. d. § 1a KStG

83 Finanzamt

84 Steuernummer

85 Es handelt sich um ☐

1 = eine Veräußerung i. S. d. § 17 Abs. 1 Satz 1 ggf. i. V. m. Abs. 6 und / oder Abs. 7 EStG.
2 = eine verdeckte Einlage in eine Kapitalgesellschaft i. S. d. § 17 Abs. 1 Satz 2 EStG.
3 = die Auflösung einer Kapitalgesellschaft, die Kapitalherabsetzung, wenn das Kapital zurückgezahlt wird, oder die Ausschüttung oder Zurückzahlung von Beträgen aus dem steuerlichen Einlagenkonto i. S. d. § 27 KStG (§ 17 Abs. 4 EStG).
4 = die Beschränkung oder den Ausschluss des Besteuerungsrechts der Bundesrepublik Deutschland hinsichtlich des Gewinns aus der Veräußerung der Anteile an der Kapitalgesellschaft im Fall der Verlegung des Sitzes oder des Orts der Geschäftsleitung der Kapitalgesellschaft in einen anderen Staat (§ 17 Abs. 5 EStG).
5 = einen Fall des § 6 AStG (bitte Zeile 97 und Anlage WA-ESt beachten).
6 = einen Fall des § 13 UmwStG.
7 = einen Fall des § 50i EStG.

Zeile		Kz	EUR
86	Beteiligungsquote (vor Veräußerung oder gesetzlich gleichgestelltem Vorgang) in Prozent		, %
87	Höhe des veräußerten / verdeckt eingelegten Anteils an der Kapitalgesellschaft / Genossenschaft / optierenden Gesellschaft i. S. d. § 1a KStG in Prozent	16/17	, %
88	Veräußerungspreis oder an dessen Stelle tretender Wert (z. B. gemeiner Wert, zugeteiltes / zurückgezahltes Vermögen)		,—
89	(Veräußerungs-)Kosten	–	,—
90	Anschaffungskosten des veräußerten / verdeckt eingelegten Anteils oder an deren Stelle tretender Wert	–	,—
91	Anschaffungsnebenkosten	–	,—
92	Nachträgliche Anschaffungskosten i. S. d. § 17 Abs. 2a EStG	–	,—
93	Veräußerungsgewinn / -verlust **vor** Anwendung des Teileinkünfteverfahrens	=	,—
94	**60 %** des Betrags laut Zeile 93 (Veräußerungsgewinn / -verlust nach Anwendung des Teileinkünfteverfahrens – § 3 Nr. 40 Satz 1 Buchst. c, § 3c Abs. 2 EStG) **– Ein ggf. zu gewährender Freibetrag nach § 17 Abs. 3 EStG wird von Ihrem Finanzamt berücksichtigt. – – Im Fall des § 6 AStG darf ein Verlust hier nicht eingetragen werden. –**	18/19	,—

Weitere Veräußerungen (Einzelangaben laut gesonderter Aufstellung)

Zeile		Kz	EUR
95	Weitere Veräußerungsgewinne **– Ein ggf. zu gewährender Freibetrag nach § 17 Abs. 3 EStG wird von Ihrem Finanzamt berücksichtigt. –**	28/29	,—
96	Weitere Veräußerungsverluste (nicht in den Fällen des § 6 AStG) **– ohne vorangestelltes Minuszeichen eintragen –**	26/27	,—

Unentgeltliche Übertragung von Anteilen an Kapitalgesellschaften, Genossenschaften, optierenden Gesellschaften i. S. d. § 1a KStG und / oder Bezugsrechten

97 ☐ Anteile an Kapitalgesellschaften, Genossenschaften, optierenden Gesellschaften i. S. d. § 1a KStG und / oder Bezugsrechte sind 2025 unentgeltlich übertragen worden (Einzelangaben laut gesonderter Aufstellung).

Zu den Zeilen 82 bis 96:

98 ☐ Erwerber ist eine Gesellschaft, an der die veräußernde Person oder eine ihr nahestehende Person beteiligt ist (laut gesonderter Aufstellung).

2025AnlG235

Sonstiges

99 In den Zeilen 6 bis 46 enthaltene begünstigte sonstige Gewinne i. S. d. § 34 Abs. 2 Nr. 2 bis 4 EStG — 55/56 — EUR ,—

Zuzurechnendes Einkommen der Organgesellschaft

100 Gesellschaft

101 Finanzamt

102 Steuernummer — 66/67 — ,—

Einnahmen aus nebenberuflicher Tätigkeit

– Eine Anlage EÜR ist nicht zu übermitteln, wenn die Einnahmen nach § 3 Nr. 12, 26, 26a und / oder 26b EStG ganz oder teilweise steuerfrei sind und keine Betriebsausgaben geltend gemacht werden. –

		Gesamtbetrag EUR	davon als steuerfrei behandelt EUR	Rest enthalten in Zeile(n)
103	aus der Tätigkeit als	,—	,—	
104	aus allen weiteren Tätigkeiten	,—	,—	

Gewerbliche Tierzucht / -haltung

	In den Zeilen 6 bis 46, 61, 69 und 78 außer Ansatz gelassene Verluste EUR	In den Zeilen 6 bis 46, 61, 69 und 78 enthaltene ungekürzte Gewinne EUR	In den Zeilen 6 bis 46, 61, 69 und 78 verrechnete Verluste aus anderen Jahren EUR
105	,—	,—	,—

106 Ich beantrage von einem Verlustrücktrag nach § 10d EStG in das Jahr 2024 abzusehen. — 1 = Ja

Gewerbliche Termingeschäfte

	In den Zeilen 6 bis 46, 61, 69 und 78 außer Ansatz gelassene Verluste EUR	In den Zeilen 6 bis 46, 61, 69 und 78 enthaltene ungekürzte Gewinne EUR	In den Zeilen 6 bis 46, 61, 69 und 78 verrechnete Verluste aus anderen Jahren EUR
107	,—	,—	,—

108 Ich beantrage von einem Verlustrücktrag nach § 10d EStG in das Jahr 2024 abzusehen. — 1 = Ja

Verluste aus Beteiligungen (REIT)

an einer REIT-AG, anderen REIT-Körperschaften, -Personenvereinigungen oder -Vermögensmassen

	In den Zeilen 6 bis 46, 61, 69 und 78 außer Ansatz gelassene Verluste EUR	In den Zeilen 6 bis 46, 61, 69 und 78 enthaltene ungekürzte Gewinne EUR	In den Zeilen 6 bis 46, 61, 69 und 78 verrechnete Verluste aus anderen Jahren EUR
109	,—	,—	,—

110 Ich beantrage von einem Verlustrücktrag nach § 10d EStG in die Jahre 2024 und 2023 abzusehen. — 1 = Ja

111 Für die in den Zeilen 4 bis 10 genannten Betriebe ist die Anlage Zinsschranke beigefügt. Anzahl der **Anlagen Zinsschranke**

Kürzungsbetrag nach § 11 AStG

44

112 Kürzungsbetrag nach § 11 AStG (laut gesonderter Aufstellung) — 42/43 — EUR ,—

2025AnlG236

2025

Anlage 34a

Für jeden Betrieb / Mitunternehmeranteil ist eine eigene Anlage 34a abzugeben.

1 Name

2 Vorname

3 **Steuernummer** — lfd. Nr. der Anlage

☐ Steuerpflichtige Person / Ehemann / Person A

☐ Ehefrau / Person B

Begünstigung des nicht entnommenen Gewinns (§ 34a EStG)

Angaben zum Betrieb

20

4 Einkunftsart 11 — 1 = Land- und Forstwirtschaft, 2 = Gewerbebetrieb, 3 = Selbständige Arbeit

5 Bezeichnung des Betriebs / Mitunternehmeranteils 10

6 Wirtschafts-Identifikationsnummer des Betriebs D E ... -

Zeile		Kz.	EUR
7	Zum 31.12.2024 festgestellter nachversteuerungspflichtiger Betrag	12	,—

Begünstigungsbetrag

Bei Mitunternehmern ist in den nachfolgenden Zeilen jeweils der auf den Mitunternehmer entfallende Betrag anzugeben.

Zeile		Kz.	EUR
8	Gewinn nach § 4 Abs. 1 Satz 1 oder § 5 EStG (bei Land- und Forstwirten: Gewinn des Veranlagungszeitraums)	20	,—
9	Gewinn aus der Veräußerung / Aufgabe eines Teilbetriebs, für den der Freibetrag nach § 16 Abs. 4 EStG nicht beantragt wird oder nicht zu gewähren ist (in Zeile 69 der **Anlage G**, in Zeile 49 der **Anlage L** oder in Zeile 43 der **Anlage S** enthalten) und übrige außerordentliche Einkünfte i. S. d. § 34 Abs. 1 EStG (in Zeile 8 enthalten)	21	,—
10	Gewinn aus der Veräußerung / Aufgabe eines Teilbetriebs, für den § 16 Abs. 4 oder § 34 Abs. 3 EStG in Anspruch genommen wird (in Zeile 8 enthalten)	22	,—
11	Steuerpflichtiger Teil der Leistungsvergütungen i. S. d. § 18 Abs. 1 Nr. 4 EStG (in Zeile 8 enthalten)	23	,—
12	Entnahmen des Wirtschaftsjahres (bei Land- und Forstwirten: auf den Veranlagungszeitraum zeitanteilig aufgeteilt)	24	,—
13	Einlagen des Wirtschaftsjahres (bei Land- und Forstwirten: auf den Veranlagungszeitraum zeitanteilig aufgeteilt)	25	,—
14	In der Gewinnermittlung des Wirtschaftsjahres enthaltener Gewerbesteueraufwand	29	,—
15	Von dem nicht entnommenen Gewinn soll folgender Betrag ermäßigt besteuert werden	26	,—
16	Steuerpflichtiger Gewinn (einschließlich Veräußerungsgewinn vor Abzug des Freibetrags nach § 16 Abs. 4 EStG)	27	,—

Angaben zum nachversteuerungspflichtigen Betrag

20 / 21

Die Angaben in den Zeilen 17 bis 43 sowie 7, 8, 12 und 13 sind stets erforderlich, wenn zum 31.12.2024 ein nachversteuerungspflichtiger Betrag festgestellt wurde.

Zeile		Kz.	EUR
17	Entnahmen für Erbschaft- / Schenkungsteuer i. S. d. § 34a Abs. 4 Satz 3 EStG – anteilig für diesen Betrieb – (in Zeile 12 enthalten)	30	,—
18	**Bei Antrag nach § 34a Abs. 5 Satz 2 EStG:** Buchwerte von übertragenen oder überführten Wirtschaftsgütern nach § 6 Abs. 5 EStG	31	,—

19 Bezeichnung des laut Zeile 18 übertragenen oder überführten Wirtschaftsguts (Angaben zu weiteren Wirtschaftsgütern laut gesonderter Aufstellung)

20 Datum der Übertragung 306 T T M M J J J J

21 Name der übernehmenden Person des Wirtschaftsguts laut Zeile 19 (Angaben zu weiteren übernehmenden Personen laut gesonderter Aufstellung) 300

22 Identifikationsnummer der übernehmenden Person 307

23 Das Wirtschaftsgut wurde auf einen anderen Betrieb / Mitunternehmeranteil der übertragenden Person übertragen. 308 — 1 = Ja

Zeile		Kz.	EUR
24	Höhe des zu übertragenden nachversteuerungspflichtigen Betrags **– Erläutern Sie bitte die Höhe des zu übertragenden nachversteuerungspflichtigen Betrags in einer gesonderten Aufstellung. –**	303	,—

Unentgeltliche Übertragung des Betriebs / Mitunternehmeranteils nach § 6 Abs. 3 EStG auf eine natürliche Person oder auf eine Mitunternehmerschaft, soweit dieser einer natürlichen Person als Mitunternehmer zuzurechnen ist, sowie Einbringung des Betriebs / Mitunternehmeranteils zu Buchwerten nach § 24 UmwStG

25 Der gesamte Betrieb / der gesamte Mitunternehmeranteil wurde übertragen / zum Buchwert eingebracht nach: 105 (1 = § 6 Abs. 3 EStG, 2 = § 24 UmwStG) 106 Datum der Übertragung / Einbringung: TTMMJJJJ

26 In den Fällen des § 6 Abs. 3 EStG: Name der übernehmenden Person des Betriebs / Mitunternehmeranteils laut Zeile 25 (Angaben zu weiteren übernehmenden Personen laut gesonderter Aufstellung) 100

27 Identifikationsnummer der übernehmenden Person 107

28 Der Betrieb / Mitunternehmeranteil wurde auf einen anderen Betrieb / Mitunternehmeranteil der übertragenden Person übertragen. 108 (1 = Ja)

Unentgeltliche Aufnahme einer natürlichen Person in das bestehende Einzelunternehmen / unentgeltliche Übertragung eines Teils des Mitunternehmeranteils auf eine natürliche Person / Einbringung eines Teils des Mitunternehmeranteils zu Buchwerten nach § 24 UmwStG

29 Aufnahme / Übertragung / Einbringung: 205 (3 = unentgeltliche Aufnahme einer natürlichen Person in das bestehende Einzelunternehmen, 4 = unentgeltliche Übertragung eines Teils des Mitunternehmeranteils auf eine natürliche Person, 5 = Einbringung eines Teils des Mitunternehmeranteils zu Buchwerten nach § 24 UmwStG) 206 Datum der Aufnahme / Übertragung / Einbringung: TTMMJJJJ

30 In den Fällen des § 6 Abs. 3 EStG: Name der aufgenommenen / übernehmenden Person laut Zeile 24 (Angaben zu weiteren übernehmenden Personen laut gesonderter Aufstellung) 200

31 Identifikationsnummer der aufgenommenen / übernehmenden Person 207

32 Ein Teil des Mitunternehmeranteils wurde auf einen anderen Betrieb / Mitunternehmeranteil der übertragenden Person übertragen. 208 (1 = Ja)

33 Höhe des zu übertragenden nachversteuerungspflichtigen Betrags – **Erläutern Sie bitte die Höhe des zu übertragenden nachversteuerungspflichtigen Betrags in einer gesonderten Aufstellung.** – 203 EUR ,—

Nachversteuerung

– Erläutern Sie bitte die Höhe der Beträge der Zeilen 38 bis 42 in einer gesonderten Aufstellung. –

34 Der Betrieb / der Mitunternehmeranteil wurde veräußert oder aufgegeben. 34 (1 = Ja)

35 Einbringung des Betriebs oder Mitunternehmeranteils in eine Kapitalgesellschaft / Genossenschaft, Formwechsel einer Personengesellschaft in eine Kapitalgesellschaft / Genossenschaft oder Option zur Körperschaftsbesteuerung 34 (1 = Ja)

36 Unentgeltliche Übertragung des Betriebs oder Mitunternehmeranteils nach § 6 Abs. 3 EStG auf eine Körperschaft, Personenvereinigung oder Vermögensmasse (Dies gilt auch, wenn ein Mitunternehmer ausscheidet und sein Anteil dem übrigen Mitunternehmer oder den übrigen Mitunternehmern unentgeltlich anwächst und es sich bei diesem / diesen um eine Körperschaft, Personenvereinigung oder Vermögensmasse handelt.) 34 (1 = Ja)

37 Der Gewinn wird nicht mehr nach § 4 Abs. 1 oder § 5 EStG ermittelt. 34 (1 = Ja)

38 Unentgeltliche Übertragung des Betriebs oder Mitunternehmeranteils nach § 6 Abs. 3 EStG auf eine Mitunternehmerschaft, soweit dieser einer Körperschaft, Personenvereinigung oder Vermögensmasse als Mitunternehmer zuzurechnen ist: Höhe des nachzuversteuernden nachversteuerungspflichtigen Betrags 38 EUR ,—

39 Entgeltliche Aufnahme eines Mitunternehmers in das bestehende Einzelunternehmen / Veräußerung eines Teils des Mitunternehmeranteils: Höhe des anteilig nachzuversteuernden nachversteuerungspflichtigen Betrags 39 ,—

40 Einbringung eines Teilbetriebs oder Teils des Mitunternehmeranteils in eine Kapitalgesellschaft / Genossenschaft: Höhe des anteilig nachzuversteuernden nachversteuerungspflichtigen Betrags 44 ,—

41 Unentgeltliche Übertragung eines Teilbetriebs oder Teils des Mitunternehmeranteils auf eine Körperschaft, Personenvereinigung oder Vermögensmasse sowie unentgeltliche Aufnahme einer Körperschaft, Personenvereinigung oder Vermögensmasse als Mitunternehmer in das bestehende Einzelunternehmen (Dies gilt auch, wenn ein Teil des Mitunternehmeranteils dem übrigen Mitunternehmer oder den übrigen Mitunternehmern unentgeltlich anwächst und es sich bei diesem / diesen um eine Körperschaft, Personenvereinigung oder Vermögensmasse handelt.): Höhe des anteilig nachzuversteuernden nachversteuerungspflichtigen Betrags 49 ,—

42 Unentgeltliche Übertragung eines Teilbetriebs oder Teils des Mitunternehmeranteils auf eine Mitunternehmerschaft, soweit dieser einer Körperschaft, Personenvereinigung oder Vermögensmasse als Mitunternehmer zuzurechnen ist: Höhe des anteilig nachzuversteuernden nachversteuerungspflichtigen Betrags 54 ,—

43 Antrag auf Nachversteuerung nach § 34a Abs. 6 Satz 1 Nr. 5 EStG i. H. v. 33 ,—

2025Anl34a212

- 3 -

Übernahme eines nachversteuerungspflichtigen Betrags

20

Zeile		Kz	EUR
44	Auf den Betrieb / Mitunternehmeranteil laut Zeile 5 übertragener nachversteuerungspflichtiger Betrag nach § 34a Abs. 5 Satz 2 EStG	36	,–
45	Nachversteuerungspflichtiger Betrag aufgrund einer – unentgeltlichen Übertragung des Betriebs oder Mitunternehmeranteils nach § 34a Abs. 7 Satz 1 EStG – unentgeltlichen Aufnahme einer natürlichen Person in ein bestehendes Einzelunternehmen oder unentgeltlichen Übertragung eines Teils eines Mitunternehmeranteils auf eine natürliche Person nach § 34a Abs. 7 Satz 2 EStG – Einbringung des Betriebs oder Mitunternehmeranteils zu Buchwerten (§ 24 UmwStG) nach § 34a Abs. 7 Satz 4 EStG – Einbringung eines Teils eines Mitunternehmeranteils zu Buchwerten (§ 24 UmwStG) nach § 34a Abs. 7 Satz 5 EStG	37	,–

2025Anl34a213

2025Anl34a213

Anleitung vorhanden

2025

Anlage Haushaltsnahe Aufwendungen

Diese Anlage ist bei Zusammenveranlagung von Ehegatten / Lebenspartnern gemeinsam auszufüllen.

1 Name

2 Vorname

3 **Steuernummer**

Haushaltsnahe Beschäftigungsverhältnisse, Dienstleistungen und Handwerkerleistungen

Steuerermäßigung für Aufwendungen 18

Geringfügige Beschäftigungen im Privathaushalt – sog. Minijobs –

	Art der Tätigkeit		Aufwendungen (abzüglich Erstattungen) EUR
4		202	,–

Haushaltsnahe Beschäftigungsverhältnisse / Dienstleistungen

- sozialversicherungspflichtige Beschäftigungen im Privathaushalt
- haushaltsnahe Dienstleistungen, Hilfe im eigenen Haushalt
- Pflege- und Betreuungsleistungen im Haushalt, bei eigener Heimunterbringung in den Heimkosten enthaltene Aufwendungen für Dienstleistungen, die mit denen einer Haushaltshilfe vergleichbar sind, sowie das in Zeile 28 der Anlage Außergewöhnliche Belastungen als Erstattung für häusliche Pflege- und Betreuungskosten berücksichtigte Pflegegeld (§ 37 SGB XI) / Pflegetagegeld

	Art der Tätigkeit / Aufwendungen		Aufwendungen (abzüglich Erstattungen) EUR
5		212	,–

Handwerkerleistungen

für Renovierungs-, Erhaltungs- und Modernisierungsmaßnahmen im eigenen Haushalt
(**ohne** Handwerkerleistungen, für die eine öffentliche Förderung durch zinsverbilligte Darlehen oder steuerfreie Zuschüsse [z. B. KfW-Bank, BAFA, landeseigener Förderbanken oder Gemeinden] oder für die eine Steuerermäßigung für energetische Maßnahmen nach § 35c EStG in Anspruch genommen wird)

	Art der Aufwendungen	Rechnungsbeträge (bei Eintragungen in Zeile 10 nur anteilig) EUR		darin enthaltene Lohnanteile, Maschinen- und Fahrtkosten inklusive Umsatzsteuer EUR
6		,–		,–
7		,–	+	,–
8		,–	+	,–
9	Summe steuerlich berücksichtigungsfähiger Lohnanteile, Maschinen- und Fahrtkosten inklusive Umsatzsteuer		214 =	,–

Nur bei Alleinstehenden und Eintragungen in den Zeilen 39 bis 41 der Anlage Außergewöhnliche Belastungen und / oder in den Zeilen 4 bis 9 der Anlage Haushaltsnahe Aufwendungen:

10 Es bestand ganzjährig ein gemeinsamer Haushalt mit einer oder mehreren anderen alleinstehenden Person(en): Anzahl der weiteren Personen im Haushalt 223

11 Name, Vorname, Geburtsdatum

Nur bei Alleinstehenden oder Einzelveranlagung von Ehegatten / Lebenspartnern und Eintragungen in den Zeilen 39 bis 41 der Anlage Außergewöhnliche Belastungen und / oder in den Zeilen 4 bis 9 der Anlage Haushaltsnahe Aufwendungen:

Laut einzureichendem gemeinsamen Antrag ist der Höchstbetrag für die Aufwendungen in einem anderen Verhältnis als je zur Hälfte aufzuteilen:

12 – Der bei mir zu berücksichtigende Anteil am Höchstbetrag für Aufwendungen laut Zeile 39 der Anlage Außergewöhnliche Belastungen und / oder Zeile 4 der Anlage Haushaltsnahe Aufwendungen beträgt 224 %

13 – Der bei mir zu berücksichtigende Anteil am Höchstbetrag für Aufwendungen laut Zeile 40 der Anlage Außergewöhnliche Belastungen und / oder Zeile 5 der Anlage Haushaltsnahe Aufwendungen beträgt 225 %

14 – Der bei mir zu berücksichtigende Anteil am Höchstbetrag für Aufwendungen laut Zeile 41 der Anlage Außergewöhnliche Belastungen und / oder Zeile 9 der Anlage Haushaltsnahe Aufwendungen beträgt 226 %

Nur in Fällen der Zusammenveranlagung oder Einzelveranlagung von Ehegatten / Lebenspartnern und Eintragungen in den Zeilen 39 bis 41 der Anlage Außergewöhnliche Belastungen und / oder in den Zeilen 4 bis 9 der Anlage Haushaltsnahe Aufwendungen:

		Steuerpflichtige Person / Ehemann / Person A	Ehefrau / Person B
15	Es wurde 2025 ein gemeinsamer Haushalt begründet oder aufgelöst und für einen Teil des Kalenderjahres ein Einzelhaushalt geführt	219 1 = Ja	220 1 = Ja

Anleitung vorhanden

2025

1	Name	
2	Vorname	
3	Steuernummer	

Einkünfte aus Kapitalvermögen / Anrechnung von Steuern

Anlage KAP

- zur Einkommensteuererklärung
- zur Erklärung zur Festsetzung der Kirchensteuer auf Kapitalerträge
- Steuerpflichtige Person / Ehemann / Person A
- Ehefrau / Person B

Anträge

54

Zeile		Kennzahl	
4	Ich beantrage die Günstigerprüfung für sämtliche Kapitalerträge. **(Bei Zusammenveranlagung: Die Anlage KAP meines Ehegatten / Lebenspartners ist beigefügt.)**	201/401	1 = Ja
5	Ich beantrage eine Überprüfung des Steuereinbehalts für bestimmte Kapitalerträge.	202/402	1 = Ja

Erklärung zur Kirchensteuerpflicht

Zeile		Kennzahl	
6	Ich bin kirchensteuerpflichtig und habe Kapitalerträge erzielt, von denen Kapitalertragsteuer, aber keine Kirchensteuer einbehalten wurde.	203/403	1 = Ja

Kapitalerträge, die dem inländischen Steuerabzug unterlegen haben

Zeile		Beträge laut Steuerbescheinigung(en) EUR		korrigierte Beträge (laut gesonderter Aufstellung) EUR	
7	Kapitalerträge	210/410	,—	220/420	,—
8	In Zeile 7 enthaltene Gewinne aus Aktienveräußerungen	212/412	,—	222/422	,—
9	In Zeile 7 enthaltene Einkünfte aus Stillhalterprämien und Gewinne aus Termingeschäften	611/811	,—	621/821	,—
10	In Zeile 7 enthaltene Gewinne aus der Veräußerung bestandsgeschützter Alt-Anteile i. S. d. § 56 Abs. 6 Satz 1 Nr. 2 InvStG	219/419	,—	229/429	,—
11	In Zeile 7 enthaltene Ersatzbemessungsgrundlage	214/414	,—	224/424	,—
12	Nicht ausgeglichene Verluste **ohne** Verluste aus der Veräußerung von Aktien	215/415	,—	225/425	,—
13	Nicht ausgeglichene Verluste aus der Veräußerung von Aktien	216/416	,—	226/426	,—
14	Verluste aus Termingeschäften	615/815	,—	625/825	,—
15	Verluste aus der ganzen oder teilweisen Uneinbringlichkeit einer Kapitalforderung, Ausbuchung, Übertragung wertlos gewordener Wirtschaftsgüter i. S. d. § 20 Abs. 1 EStG oder aus einem sonstigen Ausfall von Wirtschaftsgütern i. S. d. § 20 Abs. 1 EStG	616/816	,—	626/826	,—

Sparer-Pauschbetrag

Zeile			EUR
16	In Anspruch genommener Sparer-Pauschbetrag, der auf die in den Zeilen 7 bis 15, 30 und 33 erklärten Kapitalerträge entfällt (ggf. „0")	217/417	,—

Bei Eintragungen in den Zeilen 7 bis 15, 18 bis 27, 30, 33, 52 und 54 der Anlage KAP, in den Zeilen 8 bis 24, 27 und 28 der Anlage KAP-BET sowie in der Anlage KAP-INV:

Zeile			EUR
17	In Anspruch genommener Sparer-Pauschbetrag, der auf die in der Anlage KAP **nicht** erklärten Kapitalerträge entfällt (ggf. „0")	218/418	,—

- 2 -

Kapitalerträge, die nicht dem inländischen Steuerabzug unterlegen haben

– ohne Investmenterträge laut **Anlage KAP-INV** –

Zeile		Kennzahl	EUR
18	Inländische Kapitalerträge (ohne Beträge laut den Zeilen 26 und 26a)	230/430	,—
19	Ausländische Kapitalerträge (ohne Beträge laut den Zeilen 26a und 52)	234/434	,—
20	In den Zeilen 18 und 19 enthaltene Gewinne aus Aktienveräußerungen i. S. d. § 20 Abs. 2 Satz 1 Nr. 1 EStG	232/432	,—
21 frei 22	In den Zeilen 18 und 19 enthaltene Verluste **ohne** Verluste aus der Veräußerung von Aktien	235/435	,—
23	In den Zeilen 18 und 19 enthaltene Verluste aus der Veräußerung von Aktien i. S. d. § 20 Abs. 2 Satz 1 Nr. 1 EStG	236/436	,—
24 und 25 frei 26	Zinsen, die vom Finanzamt für Steuererstattungen gezahlt wurden (ohne an das Finanzamt zurückgezahlte Zinsen für Steuererstattungen) ***– Bitte Anleitung beachten. –***	260/460	,—
26a	Prozess- und Verzugszinsen	237/437	,—

Kapitalerträge, die der tariflichen Einkommensteuer unterliegen

(nicht in den Zeilen 7, 18 und 19 der Anlage KAP sowie in den Zeilen 8 und 16 der **Anlage KAP-BET** enthalten)

Zeile		Kennzahl	EUR
27	Hinzurechnungsbetrag nach § 10 AStG (ggf. Summe der Hinzurechnungsbeträge)	275/475	,—
27a	Minderung des Hinzurechnungsbetrags nach § 10 Abs. 6 AStG (ggf. der Hinzurechnungsbeträge)	664/864	,—
28	Laufende Einkünfte aus sonstigen Kapitalforderungen jeder Art, aus stiller Gesellschaft und partiarischen Darlehen (ohne Betrag laut Zeile 54)	270/470	,—
29	Gewinn aus der Veräußerung oder Einlösung von Kapitalanlagen aus sonstigen Kapitalforderungen jeder Art, aus stiller Gesellschaft und partiarischen Darlehen	271/471	,—
30	Kapitalerträge aus Lebensversicherungen i. S. d. § 20 Abs. 1 Nr. 6 Satz 2 EStG	268/468	,—
31	Ich beantrage für die Einkünfte laut Zeile 32b die Anwendung der tariflichen Einkommensteuer. ***– Bitte Anleitung beachten. –***		1 = Ja
	Laufende Einkünfte aus einer unternehmerischen Beteiligung an einer Kapitalgesellschaft		
32	Gesellschaft		
32a	Finanzamt		
32b	Steuernummer	272/472	,—
32c	Ich widerrufe für die unternehmerische Beteiligung an einer Kapitalgesellschaft laut Zeile 32d den Antrag auf Anwendung der tariflichen Einkommensteuer.		1 = Ja
32d	Gesellschaft		
32e	Finanzamt		
32f	Steuernummer		
33	– Bezüge und Einnahmen i. S. d. § 32d Abs. 2 Nr. 4 EStG (ohne Betrag laut Zeile 54) **– Korrespondenzprinzip –** – Kapitalerträge nach § 11 StAbwG	277/477	,—
34	Ich habe Einkünfte aus Spezial-Investmentanteilen i. S. d. § 20 Abs. 1 Nr. 3a EStG erzielt (laut gesonderter Aufstellung).	209/409	1 = Ja

Kapitalerträge, für die die ermäßigte Besteuerung nach § 34 Abs. 1 EStG anzuwenden ist

Zeile		Kennzahl	EUR
35	In den Zeilen 7, 18, 19, 26, 26a und / oder 52 der Anlage KAP sowie in den Zeilen 8, 16 und / oder 24 der **Anlage KAP-BET** enthaltene Erträge	265/465	,—
36	In den Zeilen 27, 28 bis 30, 32b, 33 und / oder 54 der Anlage KAP sowie in den Zeilen 25 bis 28 der **Anlage KAP-BET** enthaltene Erträge	279/479	,—

2025AnlKAP052

2025AnlKAP052

Steuerabzugsbeträge zu Erträgen in den Zeilen 7 bis 23 und zu Investmenterträgen laut Anlage KAP-INV

Zeile		Kennzahl	laut Bescheinigung(en) EUR	Ct
37	Kapitalertragsteuer	280/480	,	
38	Solidaritätszuschlag	281/481	,	
39	Kirchensteuer zur Kapitalertragsteuer	282/482	,	
40	Angerechnete ausländische Steuern	283/483	,	
41	Anrechenbare noch nicht angerechnete ausländische Steuern	284/484	,	
42	Fiktive ausländische Quellensteuer (nicht in den Zeilen 40 und / oder 41 enthalten)	285/485	,	

Anzurechnende Steuern zu Erträgen in den Zeilen 28 bis 34 sowie aus anderen Einkunftsarten

Zeile		Kennzahl	laut Bescheinigung(en) EUR	Ct
43	Kapitalertragsteuer	286/486	,	
44	Solidaritätszuschlag	287/487	,	
45	Kirchensteuer zur Kapitalertragsteuer	288/488	,	

Beschränkung der Anrechenbarkeit der Kapitalertragsteuer nach § 36a EStG und / oder § 31 Abs. 3 InvStG

46 Ich habe Kapitalerträge erzielt, bei denen die Voraussetzungen für eine volle Anrechnung der Kapitalertragsteuer nach § 36a EStG und / oder § 31 Abs. 3 InvStG nicht erfüllt sind. 206/406 ☐ 1 = Ja

Kürzungsbetrag bei Beteiligung an ausländischer Gesellschaft nach § 11 AStG

Zeile		Kennzahl	EUR
47	Kürzungsbetrag zu Erträgen, die dem gesonderten Steuertarif nach § 32d Abs. 1 EStG unterliegen	666/866	,—
48	Kürzungsbetrag zu Erträgen, die der tariflichen Einkommensteuer unterliegen	667/867	,—

Familienstiftungen nach § 15 AStG

(laut Feststellung)

49 Bezeichnung

50 Finanzamt

51 Steuernummer

Zeile		Kennzahl	EUR	Ct
52	Einkünfte einer ausländischen Familienstiftung, die **nicht** der tariflichen Einkommensteuer unterliegen	238/438	,—	
53	Anzurechnende ausländische Steuern (zu Zeile 52)	208/408	,	
54	Einkünfte einer ausländischen Familienstiftung, die der tariflichen Einkommensteuer unterliegen (siehe Zeile 28 der **Anlage AUS**)	278/478	,—	

Steuerstundungsmodelle

Einkünfte aus Gesellschaften / Gemeinschaften / ähnlichen Modellen i. S. d. § 15b EStG (laut gesonderter Aufstellung)

55 EUR ,—

2025

Anlage KAP-BET

- [ ] zur Einkommensteuererklärung
- [ ] zur Erklärung zur Festsetzung der Kirchensteuer auf Kapitalerträge
- [ ] Steuerpflichtige Person / Ehemann / Person A
- [ ] Ehefrau / Person B

1 Name

2 Vorname

3 **Steuernummer**

Einkünfte aus Kapitalvermögen / Anrechnung von Steuern

laut gesonderter und einheitlicher Feststellung (Beteiligungen)

Erträge 54

1. Beteiligung

4 Gemeinschaft / Gesellschaft

5 Finanzamt | Steuernummer

2. Beteiligung

6 Gemeinschaft / Gesellschaft

7 Finanzamt | Steuernummer

Erträge mit inländischem Steuerabzug

Zeile		Kennzahl	EUR
8	Kapitalerträge	240/440	,—
9	In Zeile 8 enthaltene Gewinne aus Aktienveräußerungen	242/442	,—
10	In Zeile 8 enthaltene Einkünfte aus Stillhalterprämien und Gewinne aus Termingeschäften	641/841	,—
11	In Zeile 8 enthaltene Gewinne aus der Veräußerung bestandsgeschützter Alt-Anteile i. S. d. § 56 Abs. 6 Satz 1 Nr. 2 InvStG	249/449	,—
12	Nicht ausgeglichene Verluste **ohne** Verluste aus der Veräußerung von Aktien	245/445	,—
13	Nicht ausgeglichene Verluste aus der Veräußerung von Aktien	246/446	,—
14	Verluste aus Termingeschäften	645/845	,—
15	Verluste aus der ganzen oder teilweisen Uneinbringlichkeit einer Kapitalforderung, Ausbuchung, Übertragung wertlos gewordener Wirtschaftsgüter i. S. d. § 20 Abs. 1 EStG oder aus einem sonstigen Ausfall von Wirtschaftsgütern i. S. d. § 20 Abs. 1 EStG	646/846	,—

Erträge ohne inländischen Steuerabzug

Zeile		Kennzahl	EUR
16	Kapitalerträge (ohne Beträge laut den Zeilen 21 und 22 der Anlage KAP-BET sowie ohne Beträge der Zeile 52 der **Anlage KAP**)	250/450	,—
17	In Zeile 16 enthaltene Gewinne aus Aktienveräußerungen	252/452	,—
18	In Zeile 16 enthaltene Gewinne aus der Veräußerung bestandsgeschützter Alt-Anteile i. S. d. § 56 Abs. 6 Satz 1 Nr. 2 InvStG	259/459	,—
19	In Zeile 16 enthaltene Verluste **ohne** Verluste aus der Veräußerung von Aktien	255/455	,—
20	In Zeile 16 enthaltene Verluste aus der Veräußerung von Aktien	256/456	,—
21	Prozess- und Verzugszinsen	257/457	,—
22	Gewinn / Verlust aus der Veräußerung anteiliger Wirtschaftsgüter und / oder aus der Veräußerung einer unmittelbaren oder mittelbaren Beteiligung an einer Personengesellschaft	261/461	,—
23	In Zeile 22 enthaltene Gewinne / Verluste aus Aktienveräußerungen	262/462	,—
24	In Zeile 22 enthaltene Gewinne aus der Veräußerung bestandsgeschützter Alt-Anteile i. S. d. § 56 Abs. 6 Satz 1 Nr. 2 InvStG	263/463	,—

2025AnlKAP-BET351 - September 2025 - 2025AnlKAP-BET351

Erträge, die der tariflichen Einkommensteuer unterliegen

			EUR
25	Laufende Einkünfte aus sonstigen Kapitalforderungen jeder Art, aus stiller Gesellschaft und partiarischen Darlehen (ohne Betrag laut Zeile 54 der **Anlage KAP**)	273/473	,—
26	Gewinne aus der Veräußerung oder Einlösung von Kapitalanlagen aus sonstigen Kapitalforderungen jeder Art, aus stiller Gesellschaft und partiarischen Darlehen	274/474	,—
27	Kapitalerträge aus Lebensversicherungen i. S. d. § 20 Abs. 1 Nr. 6 Satz 2 EStG	269/469	,—
28	– Bezüge und Einnahmen i. S. d. § 32d Abs. 2 Nr. 4 EStG (ohne Betrag laut Zeile 54 der **Anlage KAP**) – **Korrespondenzprinzip** – – Kapitalerträge nach § 11 StAbwG	266/466	,—

Steuerabzugsbeträge zu Erträgen in den Zeilen 8 bis 24

			EUR	Ct
29	Kapitalertragsteuer	290/490	,	
30	Solidaritätszuschlag	291/491	,	
31	Kirchensteuer zur Kapitalertragsteuer	292/492	,	
32	Angerechnete ausländische Steuern	293/493	,	
33	Anrechenbare noch nicht angerechnete ausländische Steuern	294/494	,	
34	Fiktive ausländische Quellensteuern (nicht in den Zeilen 32 und / oder 33 enthalten)	295/495	,	

Anzurechnende Steuern zu Erträgen in den Zeilen 25 bis 28 sowie aus anderen Einkunftsarten

			EUR	Ct
35	Kapitalertragsteuer	296/496	,	
36	Solidaritätszuschlag	297/497	,	
37	Kirchensteuer zur Kapitalertragsteuer	298/498	,	

2025AnlKAP-BET352

Anleitung vorhanden

2025

Anlage KAP-INV

1 Name

2 Vorname

☐ Steuerpflichtige Person / Ehemann / Person A

☐ Ehefrau / Person B

3 **Steuernummer** lfd. Nr. der Anlage

Investmenterträge, die nicht dem inländischen Steuerabzug unterlegen haben

Laufende Erträge aus Investmentanteilen, die nicht dem inländischen Steuerabzug unterlegen haben (z. B. bei im Ausland verwahrten Investmentanteilen)

54

Ausschüttungen nach § 2 Abs. 11 InvStG (einschließlich des ausländischen Steuerabzugs auf den Kapitalertrag) aus

Zeile		Kennzahl	EUR
4	– Aktienfonds i. S. d. § 2 Abs. 6 InvStG (vor Teilfreistellung)	310/510	,–
5	– Mischfonds i. S. d. § 2 Abs. 7 InvStG (vor Teilfreistellung)	311/511	,–
6	– Immobilienfonds i. S. d. § 2 Abs. 9 Satz 1 InvStG (vor Teilfreistellung und ohne Beträge laut Zeile 7)	312/512	,–
7	– Auslands-Immobilienfonds i. S. d. § 2 Abs. 9 Satz 2 InvStG (vor Teilfreistellung)	313/513	,–
8	– sonstigen Investmentfonds	314/514	,–

Vorabpauschalen nach § 18 InvStG aus
– Übertrag aus Zeile 45 oder laut Aufstellung des ausländischen Kreditinstituts –

Zeile		Kennzahl	EUR
9	– Aktienfonds i. S. d. § 2 Abs. 6 InvStG (vor Teilfreistellung)	320/520	,–
10	– Mischfonds i. S. d. § 2 Abs. 7 InvStG (vor Teilfreistellung)	321/521	,–
11	– Immobilienfonds i. S. d. § 2 Abs. 9 Satz 1 InvStG (vor Teilfreistellung und ohne Beträge laut Zeile 12)	322/522	,–
12	– Auslands-Immobilienfonds i. S. d. § 2 Abs. 9 Satz 2 InvStG (vor Teilfreistellung)	323/523	,–
13	– sonstigen Investmentfonds	324/524	,–

Gewinne und Verluste aus der Veräußerung von Investmentanteilen, die nicht dem inländischen Steuerabzug unterlegen haben (z. B. bei im Ausland verwahrten Investmentanteilen)

– Übertrag aus den Zeilen 54, 55 und / oder 56 oder laut Aufstellung des ausländischen Kreditinstituts –

Zeile		Kennzahl	EUR
14	**Aktienfonds** i. S. d. § 2 Abs. 6 InvStG (vor Teilfreistellung)	330/530	,–
15	In Zeile 14 enthaltene Gewinne aus der Veräußerung bestandsgeschützter Alt-Anteile i. S. d. § 56 Abs. 6 Satz 1 Nr. 2 InvStG (vor Teilfreistellung)	331/531	,–
16	Gewinne und Verluste aus der fiktiven Veräußerung von nicht bestandsgeschützten Alt-Anteilen i. S. d. § 56 Abs. 2 i. V. m. Abs. 3 Satz 1 InvStG (nicht in Zeile 14 enthalten)	332/532	,–
17	**Mischfonds** i. S. d. § 2 Abs. 7 InvStG (vor Teilfreistellung)	340/540	,–
18	In Zeile 17 enthalte Gewinne aus der Veräußerung bestandsgeschützter Alt-Anteile i. S. d. § 56 Abs. 6 Satz 1 Nr. 2 InvStG (vor Teilfreistellung)	341/541	,–
19	Gewinne und Verluste aus der fiktiven Veräußerung von nicht bestandsgeschützten Alt-Anteilen i. S. d. § 56 Abs. 2 i. V. m. Abs. 3 Satz 1 InvStG (nicht in Zeile 17 enthalten)	342/542	,–
20	**Immobilienfonds** i. S. d. § 2 Abs. 9 Satz 1 InvStG (vor Teilfreistellung und ohne Beträge laut Zeile 23)	350/550	,–
21	In Zeile 20 enthaltene Gewinne aus der Veräußerung bestandsgeschützter Alt-Anteile i. S. d. § 56 Abs. 6 Satz 1 Nr. 2 InvStG (vor Teilfreistellung)	351/551	,–
22	Gewinne und Verluste aus der fiktiven Veräußerung von nicht bestandsgeschützten Alt-Anteilen i. S. d. § 56 Abs. 2 i. V. m. Abs. 3 Satz 1 InvStG (nicht in Zeile 20 enthalten)	352/552	,–
23	**Auslands-Immobilienfonds** i. S. d. § 2 Abs. 9 Satz 2 InvStG (vor Teilfreistellung)	360/560	,–
24	In Zeile 23 enthaltene Gewinne aus der Veräußerung bestandsgeschützter Alt-Anteile i. S. d. § 56 Abs. 6 Satz 1 Nr. 2 InvStG (vor Teilfreistellung)	361/561	,–
25	Gewinne und Verluste aus der fiktiven Veräußerung von nicht bestandsgeschützten Alt-Anteilen i. S. d. § 56 Abs. 2 i. V. m. Abs. 3 Satz 1 InvStG (nicht in Zeile 23 enthalten)	362/562	,–

2025AnlKAP-INV361 - September 2025 - 2025AnlKAP-INV361

- 2 -

Zeile		Kennzahl	EUR
26	**Sonstige Investmentfonds**	370/570	,—
27	In Zeile 26 enthaltene Gewinne aus der Veräußerung bestandsgeschützter Alt-Anteile i. S. d. § 56 Abs. 6 Satz 1 Nr. 2 InvStG	371/571	,—
28	Gewinne und Verluste aus der fiktiven Veräußerung von nicht bestandsgeschützten Alt-Anteilen i. S. d. § 56 Abs. 2 i. V. m. Abs. 3 Satz 1 InvStG (nicht in Zeile 26 enthalten)	372/572	,—

Zwischengewinne nach dem Investmentsteuergesetz 2004

Zeile		Kennzahl	EUR
29	Bei Veräußerung von vor dem 1.1.2018 angeschafften Investmentanteilen: Zwischengewinne aus fiktiven Veräußerungen zum 31.12.2017 nach § 56 Abs. 2 i. V. m. Abs. 3 InvStG	380/580	,—

Ermittlung der Vorabpauschalen zu den Zeilen 9 bis 13

– Investmentanteile, die im Jahr 2024 in unterschiedlichen Monaten angeschafft wurden, sind jeweils in einer eigenen Spalte zu erfassen. Für Investmentanteile, die bis zum 31.12.2024 veräußert wurden, ist keine Vorabpauschale zu berechnen. –

Zeile		1. Investmentfonds	2. Investmentfonds
	Allgemeine Angaben zum Investmentfonds		
30	ISIN		
31	Fondsbezeichnung		
32	Art des Investmentfonds	1 = Aktienfonds 2 = Mischfonds 3 = Immobilienfonds 4 = Auslands-Immobilienfonds 5 = sonstiger Investmentfonds	1 = Aktienfonds 2 = Mischfonds 3 = Immobilienfonds 4 = Auslands-Immobilienfonds 5 = sonstiger Investmentfonds
	Ermittlung des Basisertrags	EUR , Ct	EUR , Ct
33	Rücknahme-, Börsen- oder Marktpreis für einen Investmentanteil zu Beginn des Kalenderjahres 2024	,	,
34	Basisertrag (Zeile 33 × 1,603 %)	,	,
	Mehrbetrag je Investmentanteil nach § 18 Abs. 1 Satz 3 InvStG		
35	Letzter Rücknahmepreis 2024	,	,
36	abzüglich erster Rücknahmepreis 2024 (laut Zeile 33)	,	,
37	zuzüglich Ausschüttungen 2024	,	,
38	Mehrbetrag	,	,
	Ermittlung der Vorabpauschale je Investmentanteil		
39	Niedrigerer Wert aus Zeile 34 (Basisertrag) oder Zeile 38 (Mehrbetrag) (wenn Wert negativ, in Zeile 43 „0“ eintragen)	,	,
40	abzüglich Ausschüttungen 2024	,	,
41	Zwischenergebnis Zeile 39 abzüglich Zeile 40 (wenn Wert negativ, in Zeile 43 „0“ eintragen)	,	,
42	bei unterjährigem Erwerb im Jahr 2024: Kürzung Wert laut Zeile 41 um 1/12 für jeden vollen Monat vor Erwerb	,	,
43	Zwischenergebnis (Zeile 41 abzüglich Zeile 42)	,	,
	Ermittlung der Vorabpauschale für den Investmentfonds		
44	Anzahl der Anteile (mit Nachkommastellen)		
		EUR	EUR
45	Vorabpauschale (Zeile 43 x Zeile 44)	,—	,—

Summe der Eintragungen in Zeile 45 für jede Fondsart bilden und in die Zeilen 9, 10, 11, 12 und / oder 13 der ersten Anlage KAP-INV übertragen.

Ermittlung der Gewinne und Verluste aus der Veräußerung von Investmentanteilen zu den Zeilen 14 bis 28

– Investmentanteile mit unterschiedlichen Anschaffungszeitpunkten sind jeweils in einer eigenen Spalte zu erfassen. –

Zeile		1. Investmentfonds	2. Investmentfonds
46	ISIN (Internationale Wertpapiernummer)		
47	Fondsbezeichnung		
48	Art des Investmentfonds	1 = Aktienfonds 2 = Mischfonds 3 = Immobilienfonds 4 = Auslands-Immobilienfonds 5 = sonstiger Investmentfonds	1 = Aktienfonds 2 = Mischfonds 3 = Immobilienfonds 4 = Auslands-Immobilienfonds 5 = sonstiger Investmentfonds
49	Anzahl der veräußerten Anteile (mit Nachkommastellen)		
		EUR	EUR
50	Veräußerungspreis	,—	,—
51	abzüglich Anschaffungskosten (bei Anschaffung vor dem 1.1.2018: fiktive Anschaffungskosten i. S. d. § 56 Abs. 2 InvStG)	,—	,—
52	abzüglich Veräußerungskosten	,—	,—
53	abzüglich während Besitzzeit angesetzter Vorabpauschalen (vor Teilfreistellung)	,—	,—
54	Veräußerungsgewinn / -verlust (Zeile 50 abzüglich Zeile 51 bis 53)	,—	,—

Summe der Eintragungen in Zeile 54 für jede Fondsart bilden und in die Zeilen 14, 17, 20, 23 und / oder 26 der ersten Anlage KAP-INV übertragen.

Veräußerung von vor dem 1.1.2018 angeschafften Investmentanteilen

Zeile		EUR	EUR
55	bei Anschaffung vor dem 1.1.2009: Wert laut Zeile 54	,—	,—

Summe der Gewinne in Zeile 55 für jede Fondsart bilden und in die Zeilen 15, 18, 21, 24 und / oder 27 der ersten Anlage KAP-INV übertragen.

Zeile			
56	bei Anschaffung nach dem 31.12.2008 und vor dem 1.1.2018: fiktiver Veräußerungsgewinn zum 31.12.2017	,—	,—

Summe der Eintragungen in Zeile 56 für jede Fondsart bilden und in die Zeilen 16, 19, 22, 25 und / oder 28 der ersten Anlage KAP-INV übertragen.

Anleitung vorhanden

2025

Anlage Kind

Für jedes Kind bitte eine eigene Anlage Kind abgeben.

Daten für die mit ⓔ gekennzeichneten Zeilen liegen im Regelfall vor und müssen nicht eingetragen werden. – Bitte Anleitung beachten. –

1 Name

2 Vorname

3 **Steuernummer** lfd. Nr. der Anlage

Angaben zum Kind

36 / 37

4 Identifikationsnummer 01

5 Vorname ggf. abweichender Familienname

6 Geburtsdatum 16 T T M M J J J J Anspruch auf Kindergeld oder vergleichbare Leistungen für 2025 15 EUR ,—

7 Für die Kindergeldfestsetzung zuständige Familienkasse

8 Wohnsitz im Inland: vom bis 00 T T M M T T M M ggf. abweichende Adresse

9 Wohnsitz im Ausland: vom bis 07 T T M M T T M M ggf. abweichende Adresse Staat (Kz 14)

Kindschaftsverhältnis

10 **Kindschaftsverhältnis zur steuerpflichtigen Person / Ehemann / Person A** 02 1 = leibliches Kind / Adoptivkind 2 = Pflegekind 3 = Enkelkind / Stiefkind **Kindschaftsverhältnis zur Ehefrau / Person B** 03 1 = leibliches Kind / Adoptivkind 2 = Pflegekind 3 = Enkelkind / Stiefkind

Kindschaftsverhältnis zu einer anderen Person

11 Name, Vorname Geburtsdatum dieser Person T T M M J J J J Dauer des Kindschaftsverhältnisses (Zeitraum vom – bis) 04 T T M M T T M M

12 Letzte bekannte Adresse Art des Kindschaftsverhältnisses 1 = leibliches Kind / Adoptivkind 2 = Pflegekind

13 Der andere Elternteil lebte im Ausland im Zeitraum 37 vom T T M M bis T T M M

14 Das Kindschaftsverhältnis zum anderen Elternteil ist durch dessen Tod erloschen am 06 T T M M J J J J

15 Der Wohnsitz oder gewöhnliche Aufenthalt des anderen Elternteils ist nicht zu ermitteln oder der Vater des Kindes ist amtlich nicht feststellbar 05 1 = Ja

Angaben für ein volljähriges Kind

Das Kind
- befand sich in Schul-, Hochschul- oder Berufsausbildung,
- befand sich in einer Übergangszeit von höchstens vier Monaten (z. B. zwischen zwei Ausbildungsabschnitten),
- konnte eine Berufsausbildung mangels Ausbildungsplatzes nicht beginnen oder fortsetzen und / oder
- hat ein freiwilliges soziales oder ökologisches Jahr (Jugendfreiwilligendienstegesetz), eine Freiwilligentätigkeit im Rahmen des Europäischen Solidaritätskorps, einen entwicklungspolitischen Freiwilligendienst, einen Freiwilligendienst aller Generationen (§ 2 Abs. 1a SGB VII), einen Internationalen Jugendfreiwilligendienst, Bundesfreiwilligendienst oder einen anderen Dienst im Ausland (§ 5 Bundesfreiwilligendienstgesetz) geleistet.

Folgen einzelne Abschnitte unmittelbar aufeinander, sind sie zu einem Zeitraum zusammenzufassen.

16 1. Zeitraum vom – bis 80 T T M M J J J J T T M M J J J J

17 Erläuterungen zum 1. Berücksichtigungszeitraum

18 2. Zeitraum vom – bis 81 T T M M J J J J T T M M J J J J

19 Erläuterungen zum 2. Berücksichtigungszeitraum

20 Das Kind war ohne Beschäftigung und bei einer Agentur für Arbeit als arbeitsuchend gemeldet (Zeitraum vom – bis) 82 T T M M J J J J T T M M J J J J

21 Das Kind war wegen einer vor Vollendung des 25. Lebensjahres eingetretenen Behinderung außerstande, sich selbst finanziell zu unterhalten (Zeitraum vom – bis) *– Bitte Anleitung beachten. –* 83 T T M M J J J J T T M M J J J J

 2025AnlKind021

Angaben zur Erwerbstätigkeit eines volljährigen Kindes

(nur bei Eintragungen in Zeile 16)

22 Das Kind hat bereits eine erstmalige Berufsausbildung oder ein Erststudium abgeschlossen — 84 — 1 = Ja, 2 = Nein

23 Falls Zeile 22 mit „Ja“ beantwortet wurde: Das Kind war erwerbstätig (kein Ausbildungsdienstverhältnis) — 1 = Ja, 2 = Nein

Falls Zeile 23 mit „Ja“ beantwortet wurde:

24 Das Kind übte eine / mehrere geringfügige Beschäftigung(en) i. S. d. §§ 8, 8a SGB IV (sog. Minijob) aus — 1 = Ja, 2 = Nein — Beschäftigungszeitraum vom - bis: T T M M – T T M M — (Vereinbarte) regelmäßige wöchentliche Arbeitszeit der Tätigkeit(en) in Stunden

25 Das Kind übte andere Erwerbstätigkeiten aus — 1 = Ja, 2 = Nein — Erwerbszeitraum vom - bis: T T M M – T T M M — (Vereinbarte) regelmäßige wöchentliche Arbeitszeit der Tätigkeit(en) in Stunden

Angaben zur Kinderzulage bei steuerlicher Förderung von Altersvorsorgebeiträgen (sog. Riester-Verträge)

39

– Eintragungen sind nur erforderlich, wenn Sie auf der **Anlage AV** einen zusätzlichen Sonderausgabenabzug für Altersvorsorgebeiträge beantragen. –

26 Welche Person hat für 2025 Anspruch auf die Kinderzulage für dieses Kind? **– Wurde die Kinderzulage im Antrag auf Altersvorsorgezulage beansprucht, müssen die Angaben übereinstimmen. –** — 501

1 = Steuerpflichtige Person / Ehemann / Person A
2 = Ehefrau / Person B
3 = andere Person
4 = keine Person (kein Anspruch auf Kinderzulage)

Beiträge zur inländischen Kranken- und Pflegeversicherung

36 / 37

(Nicht in der Anlage Vorsorgeaufwand enthalten)

Aufwendungen von mir / uns als Versicherungsnehmer geschuldet und von mir / uns getragen

Zeile		Kz.	EUR
27	Beiträge zu Krankenversicherungen des Kindes (nur Basisabsicherung, keine Wahlleistungen)	66	,— ⓔ
28	Beiträge zur sozialen Pflegeversicherung und / oder zur privaten Pflege-Pflichtversicherung	67	,— ⓔ
29	Von den Versicherungen laut den Zeilen 27 und / oder 28 erstattete Beträge	68	,— ⓔ
30	Über die Basisabsicherung hinausgehende Beiträge zu Kranken- und Pflegeversicherungen des Kindes (z. B. für Wahlleistungen, Zusatzversicherungen) abzüglich erstatteter Beiträge	69	,—

Aufwendungen vom Kind als Versicherungsnehmer geschuldet und von mir / uns getragen

Zeile		Kz.	EUR
31	Beiträge zu Krankenversicherungen des Kindes (nur Basisabsicherung, keine Wahlleistungen)	70	,—
32	In Zeile 31 enthaltene Beiträge, aus denen sich ein Anspruch auf Krankengeld ergibt	71	,—
33	Beiträge zur sozialen Pflegeversicherung und / oder zur privaten Pflege-Pflichtversicherung	72	,—
34	Von den Versicherungen laut den Zeilen 31 und / oder 33 erstattete Beträge	73	,—
35	In Zeile 34 enthaltene Beiträge, aus denen sich ein Anspruch auf Krankengeld ergibt	74	,—
36	Zuschuss von dritter Seite zu den Beiträgen laut den Zeilen 31 und / oder 33 (z. B. nach § 13a BAföG)	75	,—

Beiträge zur ausländischen Kranken- und Pflegeversicherung

(Nicht in der Anlage Vorsorgeaufwand enthalten)

Aufwendungen von mir / uns / dem Kind als Versicherungsnehmer geschuldet und von mir / uns getragen

Zeile		Kz.	EUR
37	Beiträge (abzüglich steuerfreier Zuschüsse und / oder Erstattungen) zu ausländischen Kranken- und Pflegeversicherungen des Kindes, die mit inländischen gesetzlichen Kranken- und Pflegeversicherungen vergleichbar sind (nur Basisabsicherung) **– Über die Basisabsicherung hinausgehende Beiträge, die von mir / uns als Versicherungsnehmer geschuldet und getragen wurden, in Zeile 30 eintragen –**	89	,—
38	In Zeile 37 enthaltene Beiträge, aus denen sich ein Anspruch auf Krankengeld ergibt	90	,—

2025AnlKind022

2025AnlKind022

- 3 -

Übertragung des Kinderfreibetrags / des Freibetrags für den Betreuungs- und Erziehungs- oder Ausbildungsbedarf

39 Ich beantrage den vollen Kinderfreibetrag und den vollen Freibetrag für den Betreuungs- und Erziehungs- oder Ausbildungsbedarf, weil der andere Elternteil
– seiner Unterhaltsverpflichtung nicht zu mindestens 75 % nachkommt oder
– mangels Leistungsfähigkeit nicht unterhaltspflichtig ist — 36 [ ] 1 = Ja

40 Falls die Frage in Zeile 39 mit „Ja" beantwortet wurde: Es wurden Unterhaltsleistungen nach dem Unterhaltsvorschussgesetz gezahlt für den Zeitraum — 38 vom T T M M bis T T M M

41 Ich beantrage den vollen Freibetrag für den Betreuungs- und Erziehungs- oder Ausbildungsbedarf, weil das minderjährige Kind bei dem anderen Elternteil nicht gemeldet war. — 39 [ ] 1 = Ja — 43 vom T T M M bis T T M M

42 Nur beim Stief- / Großelternteil: Ich beantrage / Wir beantragen die Übertragung des Kinderfreibetrags und des Freibetrags für den Betreuungs- und Erziehungs- oder Ausbildungsbedarf, weil ich / wir das Kind in meinem / unserem Haushalt aufgenommen habe(n) oder ich / wir als Großelternteil gegenüber dem Kind unterhaltspflichtig bin / sind. — 76 [ ] 1 = Ja — Zeitraum der Haushaltszugehörigkeit / Unterhaltsverpflichtung: 77 vom T T M M bis T T M M

43 Nur beim Stief- / Großelternteil: Der Kinderfreibetrag und der Freibetrag für den Betreuungs- und Erziehungs- oder Ausbildungsbedarf sind laut **Anlage K** zu übertragen. — 41 [ ] 1 = Zustimmung eines Elternteils liegt vor, 2 = Zustimmungen beider Elternteile liegen vor

44 Nur bei den berechtigten Elternteilen: Der Übertragung des Kinderfreibetrags und des Freibetrags für den Betreuungs- und Erziehungs- oder Ausbildungsbedarf auf den Stief- / Großelternteil wurde laut **Anlage K** zugestimmt. — 40 [ ] 1 = Ja

Entlastungsbetrag für Alleinerziehende

45 Das Kind war mit mir in der gemeinsamen Wohnung gemeldet im Zeitraum — 42 vom T T M M bis T T M M

46 Für das Kind wurde mir Kindergeld ausgezahlt im Zeitraum — 44 vom T T M M bis T T M M

47 Außer mir war(en) in der gemeinsamen Wohnung eine / mehrere volljährige Person(en) gemeldet, für die (zeitweise) kein Anspruch auf Kindergeld oder Freibeträge für Kinder bestand. — 46 [ ] 1 = Ja, 2 = Nein — Falls „Ja" (Zeitraum) 47 T T M M – T T M M

48 Es bestand eine Haushaltsgemeinschaft mit mindestens einer weiteren volljährigen Person, für die (zeitweise) kein Anspruch auf Kindergeld oder Freibeträge für Kinder bestand. — 49 [ ] 1 = Ja, 2 = Nein — Falls „Ja" (Zeitraum) 50 T T M M – T T M M

49 Name, Vorname (weitere Personen bitte in einer gesonderten Aufstellung angeben)

50 Verwandtschaftsverhältnis — Beschäftigung / Tätigkeit

Nur bei Zusammenveranlagung im Jahr der Eheschließung, der Trennung oder des Todes eines Elternteils:

51 Der Antrag auf einen Entlastungsbetrag für Alleinerziehende wird gestellt für — [ ] 1 = Ehemann / Person A, 2 = Ehefrau / Person B

Freibetrag zur Abgeltung eines Sonderbedarfs bei Berufsausbildung eines volljährigen Kindes

52 Das Kind war auswärtig untergebracht im Zeitraum — 1. Zeitraum: 85 vom T T M M bis T T M M — 2. Zeitraum: 86 vom T T M M bis T T M M

53 Anschrift(en), Staat(en) – falls im Ausland

54 Es handelte sich zumindest zeitweise um eine auswärtige Unterbringung im Ausland — 87 [ ] 1 = Ja

Nur bei nicht zusammen veranlagten Eltern:

55 Laut gesondertem gemeinsamen Antrag ist der Freibetrag zur Abgeltung eines Sonderbedarfs bei Berufsausbildung in einem anderen Verhältnis als je zur Hälfte aufzuteilen. Der bei mir zu berücksichtigende Anteil beträgt (in %) — 88

Schulgeld (Privatschule oder Schule in freier Trägerschaft)

– ohne Aufwendungen für die Beherbergung, Betreuung und Verpflegung des Kindes –

56 Bezeichnung der Schule oder deren Träger — berücksichtigungsfähige Gesamtaufwendungen der Eltern EUR: 24 ,—

Nur bei nicht zusammen veranlagten Eltern:

57 Das von mir übernommene Schulgeld beträgt — EUR: 56 ,—

58 Laut gesondertem gemeinsamen Antrag ist für das Kind der Höchstbetrag für das Schulgeld in einem anderen Verhältnis als je zur Hälfte aufzuteilen. Der bei mir zu berücksichtigende Anteil beträgt (in %) — 57

Übertragung des Behinderten- und / oder Hinterbliebenen-Pauschbetrags

– bei erstmaliger Beantragung / Änderung bitte Nachweis in Kopie einreichen –

Die Übertragung des **Behinderten-Pauschbetrags** wird beantragt:

Ausweis / (Renten-)bescheid / Bescheinigung

59 gültig von M M J J – gültig bis M M J J – unbefristet gültig X – 25 Grad der Behinderung

Das Kind ist

60 – erheblich gehbehindert (Merkzeichen „G") / außergewöhnlich gehbehindert (Merkzeichen „aG") – 1 = Ja

61 – blind / taubblind / ständig hilflos (Merkzeichen „Bl", „TBl" und / oder „H"), schwerstpflegebedürftig (Pflegegrad 4 oder 5) – 55 – 1 = Ja

62 Die Übertragung des **Hinterbliebenen-Pauschbetrags** wird beantragt: 26 – 1 = Ja

Nur bei nicht zusammen veranlagten Eltern:

63 Laut gesondertem gemeinsamen Antrag sind die für das Kind zu gewährenden Pauschbeträge für Behinderte / Hinterbliebene in einem anderen Verhältnis als je zur Hälfte aufzuteilen. Der bei mir zu berücksichtigende Anteil beträgt (in %) – 28

Übertragung der behinderungsbedingten Fahrtkostenpauschale

– bei erstmaliger Beantragung / Änderung bitte Nachweis in Kopie einreichen –

Die Übertragung der behinderungsbedingten Fahrtkostenpauschale wird beantragt.
Das Kind erfüllt die nachfolgenden Voraussetzungen:

64 Das Kind hat einen Grad der Behinderung von mindestens 80 oder einen Grad der Behinderung von mindestens 70 und Merkzeichen „G" – 91 – 1 = Ja

65 Das Kind ist außergewöhnlich gehbehindert / blind / taubblind / ständig hilflos (Merkzeichen „aG" / „Bl" / „TBl" und / oder „H"), schwerstpflegebedürftig (Pflegegrad 4 oder 5) – 92 – 1 = Ja

Nur bei nicht zusammen veranlagten Eltern:

66 Laut gesondertem gemeinsamen Antrag ist die für das Kind zu gewährende behinderungsbedingte Fahrtkostenpauschale in einem anderen Verhältnis als je zur Hälfte aufzuteilen. Der bei mir zu berücksichtigende Anteil beträgt (in %) – 45

Kinderbetreuungskosten

– ohne Aufwendungen für die Verpflegung, den (Nachhilfe-) Unterricht, die Vermittlung besonderer Fähigkeiten, die sportlichen und anderen Freizeitbetätigungen des Kindes –

Zeile	Art der Dienstleistung, Name und Anschrift des Dienstleisters	vom	bis		berücksichtigungsfähige Gesamtaufwendungen der Eltern EUR
67		T T M M	T T M M	51	,–

Steuerfreier Ersatz / Erstattungen

Zeile		vom	bis		EUR
68	Steuerfreier Ersatz (z. B. vom Arbeitgeber), Erstattungen	T T M M	T T M M	79	,–

Angaben zum Haushalt

Zeile		vom	bis		vom	bis
69	Es bestand ein **gemeinsamer** Haushalt der Elternteile im Zeitraum	T T M M	T T M M	Das Kind gehörte zu **unserem** Haushalt im Zeitraum	T T M M	T T M M
70	Es bestand **kein gemeinsamer** Haushalt der Elternteile im Zeitraum	T T M M	T T M M	Das Kind gehörte zu **meinem** Haushalt im Zeitraum	T T M M	T T M M
71				Das Kind gehörte zum Haushalt des **anderen** Elternteils im Zeitraum	T T M M	T T M M

Nur bei nicht zusammen veranlagten Eltern:

Zeile		vom	bis	berücksichtigungsfähige Aufwendungen EUR
72	Ich habe Kinderbetreuungskosten in folgender Höhe getragen	T T M M	T T M M	,–

73 Laut übereinstimmendem Antrag ist für das Kind der Höchstbetrag für die Kinderbetreuung in einem anderen Verhältnis als je zur Hälfte aufzuteilen. Der bei mir zu berücksichtigende Anteil beträgt (in %)

2025AnlKind024

2025

Anlage L

1 Name

2 Vorname

3 Steuernummer | lfd. Nr. der Anlage

Für jeden Betrieb ist zusätzlich eine Bilanz, eine Anlage 13a oder eine Anlage EÜR elektronisch zu übermitteln.

Einkünfte aus Land- und Forstwirtschaft

Art der Gewinnermittlung

50

4 Bitte 1, 2, 3, 4 oder 6 eintragen. 70

1 = § 4 Abs. 1 EStG
2 = freiwillige befristete Buchführung nach § 13a Abs. 2 EStG
3 = § 4 Abs. 3 EStG
4 = freiwillige befristete Einnahmenüberschussrechnung nach § 13a Abs. 2 EStG
6 = § 13a Abs. 3 bis 7 EStG

Gewinn

(ohne die Beträge in den Zeilen 44, 49 und 55; bei ausländischen Einkünften: **Anlage AUS** beachten)

Gewinn als Einzelunternehmer

5 Steuernummer | Wirtschafts-Identifikationsnummer D E -

6 im Wirtschaftsjahr vom (Tag, Monat) bis (Tag, Monat) T T M M T T M M

			Steuerpflichtige Person / Ehemann / Person A	Ehefrau / Person B
Gewinn nach § 4 Abs. 1 oder Abs. 3 EStG				
	Gewinn 2024 / 2025 (2025) EUR		EUR	EUR
7	,–	**auf das Kalenderjahr 2025 entfallen:**	10 ,–	11 ,–
	Gewinn 2025 / 2026 EUR			
8	,–	**auf das Kalenderjahr 2025 entfallen:**	12 ,–	13 ,–
Gewinn nach § 13a EStG				
	Gewinn 2024 / 2025 (2025) EUR			
9	,–	**auf das Kalenderjahr 2025 entfallen:**	73 ,–	74 ,–
	Gewinn 2025 / 2026 EUR			
10	,–	**auf das Kalenderjahr 2025 entfallen:**	75 ,–	76 ,–

Gewinn laut gesonderter Feststellung

Steuerpflichtige Person / Ehemann / Person A

Gewinn nach § 4 Abs. 1 oder Abs. 3 EStG

11 genaue Bezeichnung des Betriebs

12 Finanzamt

13 Steuernummer | EUR 32 ,–

Gewinn nach § 13a EStG

14 genaue Bezeichnung des Betriebs

15 Finanzamt

16 Steuernummer | EUR 34 ,–

- 2 -

Ehefrau / Person B

Gewinn nach § 4 Abs. 1 oder Abs. 3 EStG

genaue Bezeichnung des Betriebs

17

Finanzamt

18

Steuernummer | EUR

19 | 33 ,–

Gewinn nach § 13a EStG

genaue Bezeichnung des Betriebs

20

Finanzamt

21

Steuernummer | EUR

22 | 35 ,–

Gewinn als Mitunternehmer laut gesonderter und einheitlicher Feststellung

Steuerpflichtige Person / Ehemann / Person A

Gewinn nach § 4 Abs. 1 oder Abs. 3 EStG

genaue Bezeichnung der Gesellschaft

23

Finanzamt

24

Steuernummer | EUR

25 | 38 ,–

Gewinn nach § 13a EStG

genaue Bezeichnung der Gesellschaft

26

Finanzamt

27

Steuernummer | EUR

28 | 36 ,–

Gewinn aus Gesellschaften / Gemeinschaften / ähnlichen Modellen i. S. d. § 15b EStG

genaue Bezeichnung der Gesellschaft / Gemeinschaft / des ähnlichen Modells | EUR

29 | ,–

Ehefrau / Person B

Gewinn nach § 4 Abs. 1 oder Abs. 3 EStG

genaue Bezeichnung der Gesellschaft

30

Finanzamt

31

Steuernummer | EUR

32 | 39 ,–

Gewinn nach § 13a EStG

genaue Bezeichnung der Gesellschaft

33

Finanzamt

34

Steuernummer | EUR

35 | 37 ,–

Gewinn aus Gesellschaften / Gemeinschaften / ähnlichen Modellen i. S. d. § 15b EStG

genaue Bezeichnung der Gesellschaft / Gemeinschaft / des ähnlichen Modells | EUR

36 | ,–

2025AnlL072 2025AnlL072

Zeile			Steuerpflichtige Person / Ehemann / Person A EUR		Ehefrau / Person B EUR
37	In den Gewinnen des Kalenderjahres 2025 (Zeile 7 bis 28 und 30 bis 35) nicht enthaltener steuerfreier Teil der Einkünfte, für die das **Teileinkünfteverfahren** gilt	14	,—	15	,—
38	In den Zeilen 7 bis 28 und 30 bis 35 enthaltene positive Einkünfte i. S. d. § 2 Abs. 4 UmwStG		,—		,—

Ich beantrage für den in den Zeilen 7, 8, 13, 19, 25, 32 und 49 enthaltenen Gewinn die Begünstigung nach § 34a EStG und / oder es wurde zum 31.12.2022 ein nachversteuerungspflichtiger Betrag festgestellt.

Zeile		Steuerpflichtige Person / Ehemann / Person A	Ehefrau / Person B
39	Anzahl der einzureichenden **Anlagen 34a**		
40	Es wurden steuerfreie Sanierungserträge i. S. d. § 3a EStG erzielt.	1 = Ja	1 = Ja

Sonstiges

51

Zeile			Steuerpflichtige Person / Ehemann / Person A EUR		Ehefrau / Person B EUR
41	In den Zeilen 7 bis 36 enthaltene begünstigte sonstige Gewinne i. S. d. § 34 Abs. 2 Nr. 2 bis 4 EStG	26	,—	27	,—

Kürzungsbetrag nach § 11 AStG

50

Zeile			Steuerpflichtige Person / Ehemann / Person A		Ehefrau / Person B
42	Kürzungsbetrag nach § 11 AStG (laut gesonderter Aufstellung)	44	,—	45	,—

Antrag nach § 13a Abs. 2 EStG für die Wirtschaftsjahre 2025 / 2026 bis 2028 / 2029

Stellen Sie den Antrag und ermitteln Sie den Gewinn durch Betriebsvermögensvergleich, sind Sie auch für die Wirtschaftsjahre 2026 / 2027 bis 2028 / 2029 verpflichtet, den Gewinn in gleicher Weise zu ermitteln. Entsprechendes gilt bei einem Antrag auf Besteuerung des Gewinns, der durch Vergleich der Betriebseinnahmen mit den Betriebsausgaben ermittelt wird, es sei denn, dass Sie vorher buchführungspflichtig werden.

43 X Ich beantrage / Wir beantragen, den durch Betriebsvermögensvergleich ermittelten Gewinn der Besteuerung zugrunde zu legen.

X Ich beantrage / Wir beantragen, den durch Aufzeichnung und Vergleich der Betriebseinnahmen mit den Betriebsausgaben ermittelten Gewinn der Besteuerung zugrunde zu legen.

Veräußerungsgewinn

51

bei Veräußerung / Aufgabe eines **ganzen Betriebs**, eines **Teilbetriebs** oder eines **ganzen Mitunternehmeranteils** (§§ 14, 16 EStG)

Veräußerungsgewinn, für den der Freibetrag nach den §§ 14, 16 Abs. 4 EStG wegen dauernder Berufsunfähigkeit oder Vollendung des 55. Lebensjahres beantragt wird

– Für nach dem 31.12.1995 erfolgte Veräußerungen / Aufgaben wurde der Freibetrag nach § 16 Abs. 4 EStG bei keiner Einkunftsart in Anspruch genommen. –

Zeile			Steuerpflichtige Person / Ehemann / Person A EUR		Ehefrau / Person B EUR
44	Veräußerungsgewinn vor Abzug des Freibetrags nach § 16 Abs. 4 EStG	18	,—	19	,—
45	In Zeile 44 enthaltener steuerpflichtiger Teil, für den das **Teileinkünfteverfahren** gilt	68	,—	69	,—
46	Auf den Veräußerungsgewinn laut Zeile 44 wurde zumindest teilweise § 6b oder § 6b i. V. m. § 6c EStG angewendet. Die Übertragungen von aufgedeckten stillen Reserven und / oder die in Anspruch genommenen Rücklagen nach § 6b Abs. 1 bis 9 ggf. i. V. m. § 6c EStG betragen	57	,—	58	,—
47	Auf den Veräußerungsgewinn laut Zeile 44 wurde zumindest teilweise § 6b oder § 6b i. V. m. § 6c EStG angewendet. Die Übertragungen von aufgedeckten stillen Reserven und / oder die in Anspruch genommenen Rücklagen nach § 6b Abs. 10 ggf. i. V. m. § 6c EStG betragen	62	,—	63	,—
48	Veräußerungsgewinn laut Zeile 44, für den der **ermäßigte Steuersatz** des § 34 Abs. 3 EStG wegen dauernder Berufsunfähigkeit oder Vollendung des 55. Lebensjahres beantragt wird. Für nach dem 31.12.2000 erfolgte Veräußerungen / Aufgaben wurde der ermäßigte Steuersatz des § 34 Abs. 3 EStG bei keiner Einkunftsart in Anspruch genommen.	70	,—	71	,—

Veräußerungsgewinn(e), für den / die der Freibetrag nach den §§ 14, 16 Abs. 4 EStG nicht beantragt wird oder nicht zu gewähren ist

Zeile			Steuerpflichtige Person / Ehemann / Person A		Ehefrau / Person B
49	Veräußerungsgewinn(e)	60	,—	61	,—
50	In Zeile 49 enthaltener steuerpflichtiger Teil, für den das **Teileinkünfteverfahren** gilt	36	,—	37	,—
51	Auf den / die Veräußerungsgewinn(e) laut Zeile 49 wurde zumindest teilweise § 6b Abs. 1 bis 9 ggf. i. V. m. § 6c EStG angewendet.	22	1 = Ja, für die / alle Veräußerung(en) 2 = Ja, aber nicht für alle Veräußerungen	23	1 = Ja, für die / alle Veräußerung(en) 2 = Ja, aber nicht für alle Veräußerungen

Zeile		Steuerpflichtige Person / Ehemann / Person A	Ehefrau / Person B
52	Auf den / die Veräußerungsgewinn(e) laut Zeile 49 wurde zumindest teilweise § 6b Abs. 10 ggf. i. V. m. § 6c EStG angewendet	72 1 = Ja	73 1 = Ja
		EUR	EUR
53	In Zeile 49 enthaltener Veräußerungsgewinn, für den der **ermäßigte Steuersatz** des § 34 Abs. 3 EStG wegen dauernder Berufsunfähigkeit oder Vollendung des 55. Lebensjahres beantragt wird. Für nach dem 31.12.2000 erfolgte Veräußerungen / Aufgaben wurde der ermäßigte Steuersatz des § 34 Abs. 3 EStG bei keiner Einkunftsart in Anspruch genommen.	38 ,—	39 ,—
54	In Zeile 53 enthaltener steuerpflichtiger Teil, für den das **Teileinkünfteverfahren** gilt	40 ,—	41 ,—

Veräußerungsverlust(e) nach den §§ 14, 16 EStG

Zeile		Steuerpflichtige Person / Ehemann / Person A	Ehefrau / Person B
55	Veräußerungsverlust(e)	42 ,—	43 ,—
56	In Zeile 55 enthaltener steuerpflichtiger Teil, für den das **Teileinkünfteverfahren** gilt	44 ,—	45 ,—

Zu den Zeilen 44 bis 54:

Zeile		Steuerpflichtige Person / Ehemann / Person A	Ehefrau / Person B
57	Erwerber ist eine Gesellschaft, an der die veräußernde Person oder eine ihr nahestehende Person beteiligt ist (laut gesonderter Aufstellung).	1 = Ja	1 = Ja
58	Die Betriebsaufgabe erstreckt sich über mehr als ein Kalenderjahr.	1 = Ja	1 = Ja

Die Angaben in den Zeilen 59 bis 114 sind für jeden land- und forstwirtschaftlichen Betrieb in einer eigenen Anlage L zu machen.
Die Angaben in den Zeilen 59 bis 77 sind nicht erforderlich, wenn sie sich aus der Gewinnermittlung ergeben.

Flächen zu Beginn des Wirtschaftsjahres

59 Eigentümer / Nutzender

Zeile		Verausgabte / Vereinnahmte Pachtzinsen EUR	Landwirtschaftliche Nutzung (in ha / a / m²)	Forstwirtschaftliche Nutzung (in ha / a / m²)	Übrige Nutzungen (in ha / a / m²)
60	Eigentumsflächen des Betriebsvermögens (ohne Flächen laut Zeile 61)		H A A R Q M	H A A R Q M	H A A R Q M
61	Hof- und Gebäudeflächen (ohne Grund und Boden für Wohngebäude)		+ H A A R Q M	+ H A A R Q M	+ H A A R Q M
62	In den Zeilen 60 und 61 nicht berücksichtigte **zugepachtete** oder unentgeltlich von Dritten überlassene Flächen	,—	+ H A A R Q M	+ H A A R Q M	+ H A A R Q M
63	Summe der Zeilen 60 bis 62		= H A A R Q M	= H A A R Q M	= H A A R Q M
64	In den Zeilen 60 bis 62 berücksichtigte **verpachtete** oder unentgeltlich an Dritte überlassene Flächen	,—	– H A A R Q M	– H A A R Q M	– H A A R Q M
65	Selbstbewirtschaftete Flächen insgesamt (Zeile 63 abzüglich Zeile 64)		= H A A R Q M	= H A A R Q M	= H A A R Q M

Zeile		Obstbau mit landwirtschaftlicher Unternutzung (in ha / a / m²)	Almen und Hutungen (in ha / a / m²)
66	Von der landwirtschaftlichen Nutzung (Zeile 65) entfallen auf	H A A R Q M	H A A R Q M

Flächenveränderungen nach Beginn des Wirtschaftsjahres

Zeile		Landwirtschaftliche Nutzung (in ha / a / m²)	Forstwirtschaftliche Nutzung (in ha / a / m²)	Übrige Nutzungen (in ha / a / m²)
67	Zugänge (Kauf, Zupachtung, unentgeltliche Überlassung)	H A A R Q M	H A A R Q M	H A A R Q M
68	Abgänge (Verkauf, Verpachtung, unentgeltliche Überlassung)	H A A R Q M	H A A R Q M	H A A R Q M

2025AnlL074

2025AnlL074

Betriebsverpachtung

69 Der Betrieb ist verpachtet seit dem T T M M J J J J

Veräußerung / Entnahme von Grundstücken und immateriellen Wirtschaftsgütern

70 X Bei Veräußerung von Grundstücken: Gewinnübertragung nach §§ 6b, 6c EStG wird beantragt.

Veräußerung (Umfang des mitveräußerten Eigenjagdrechts / Aufwuchses auf und Anlagen in und auf dem Grund und Boden gesondert erläutern)

	Katastermäßige Bezeichnung	Größe (in ha / a / m²)	Tag der Veräußerung	Erlös EUR	Entstandene Kosten EUR	Anschaffungskosten (ggf. Wert nach § 55 EStG) EUR
71		H A A R Q M		,—	,—	,—
72		H A A R Q M		,—	,—	,—

Entnahme (z. B. durch Schenkung, Nutzungsänderung, Bau einer eigengenutzten oder unentgeltlich überlassenen Wohnung)

	Katastermäßige Bezeichnung	Größe (in ha / a / m²)	Tag der Entnahme	Entnahmewert EUR	Entstandene Kosten EUR	Anschaffungskosten (ggf. Wert nach § 55 EStG) EUR
73		H A A R Q M		,—	,—	,—
74		H A A R Q M		,—	,—	,—

Veräußerung / Entnahme von immateriellen Wirtschaftsgütern

	Bezeichnung des immateriellen Wirtschaftsguts	Menge mit Einheit	Tag der Veräußerung / Entnahme	Erlös / Entnahmewert EUR	Entstandene Kosten EUR	Anschaffungskosten EUR
75				,—	,—	,—
76				,—	,—	,—
77	Veräußerung / Entnahme von Zahlungsansprüchen nach der GAP-Reform	Anzahl		,—	,—	,—

Tierhaltung

einschließlich Pensionstierhaltung und Lohnaufzucht (Bitte stets ausfüllen.)

Jahresdurchschnittsbestand im Wirtschaftsjahr 2025 / 2026 (2025)

		Anzahl		VE gesamt
	Rindvieh			
78	Kälber und Jungvieh unter 1 Jahr einschließlich Mastkälber (0,3 VE)			
79	Jungvieh 1-2 Jahre (0,7 VE)		+	
80	Zuchtbullen und Zugochsen (1,2 VE)		+	
81	Masttiere (Mastrinder) – Mastdauer weniger als 1 Jahr – (1 VE)		+	
82	Färsen älter als 2 Jahre (1 VE)		+	
83	Kühe (1 VE)		+	
	Ziegen			
84	Ziegen (0,08 VE)		+	
	Pferde			
85	unter 3 Jahre und Kleinpferde (0,7 VE)		+	
86	3 Jahre alt und älter (1,1 VE)		+	
	Schafe			
87	unter 1 Jahr einschließlich Mastlämmer (0,05 VE)		+	
88	1 Jahr alt und älter (0,1 VE)		+	
	Schweine			
89	Zuchtschweine (0,33 VE)		+	

2025AnlL075

Zeile		Anzahl		VE gesamt
	Kaninchen			
90	Zucht- und Angorakaninchen (0,025 VE)		+	
	Geflügel			
91	Legehennen (0,02 VE)		+	
92	Legehennen aus zugekauften Junghennen (0,0183 VE)		+	
93	Zuchtenten, Zuchtputen und Zuchtgänse (0,04 VE)		+	
	Sonstige (z. B. Damtiere, Alpakas, Lamas, Strauße)			
94	Tierart:		+	
	Jahreserzeugung (verkauft oder verbraucht) im Wirtschaftsjahr 2025 / 2026 (2025)			
	Rindvieh	Anzahl		VE gesamt
95	Masttiere – Mastdauer über 1 Jahr – (1 VE)		+	
	Schweine			
96	Leichte Ferkel bis etwa 12 kg (0,01 VE)		+	
97	Ferkel bis etwa 20 kg (0,02 VE)		+	
98	Schwere Ferkel und leichte Läufer bis etwa 30 kg (0,04 VE)		+	
99	Läufer bis etwa 45 kg (0,06 VE)		+	
100	Schwere Läufer bis etwa 60 kg (0,08 VE)		+	
101	Mastschweine (0,16 VE)		+	
102	Jungzuchtschweine bis etwa 90 kg (0,12 VE)		+	
	Die eingetragenen Tiere wurden zugekauft als:			
103	Tierart:		–	
	Kaninchen			
104	Mastkaninchen (0,0025 VE)		+	
	Geflügel			
105	Jungmasthühner – mehr als 6 Durchgänge je Jahr – (0,0013 VE)		+	
106	Jungmasthühner – bis zu 6 Durchgänge je Jahr –, Jungputen und -hennen (0,0017 VE)		+	
107	Mastputen aus zugekauften Jungputen (0,005 VE)		+	
108	Mastgänse, Mastputen aus selbst erzeugten Jungputen (0,0067 VE)		+	
	Mastenten			
109	VE pro Stück		+	
110	Summe der VE (Ergebnis der Zeilen 78 bis 109)		=	

Nur bei Pensionstierhaltung (z. B. Pferde, Rinder):

Zeile	Tierart	Anzahl
111		
112		

Folgende in Zeile 110 enthaltene Vieheinheiten wurden im Wirtschaftsjahr 2025 / 2026 (2025) auf Tierhaltungsgemeinschaften nach § 13b EStG übertragen:

Zeile	Tierhaltungsgemeinschaft, Steuernummer der Gesellschaft, Aktenzeichen laut Grundsteuermessbescheid – bisher Einheitswert-Aktenzeichen –	Vieheinheiten
113	1	
114	2	

2025

1 Name

2 Vorname

3 **Steuernummer**

Anlage 32c

Diese Anlage ist bei Zusammenveranlagung von Ehegatten / Lebenspartnern gemeinsam auszufüllen.

Tarifermäßigung bei Einkünften aus Land- und Forstwirtschaft

Antrag 50

4 Ich / Wir beantrage(n) die Tarifermäßigung nach § 32c EStG bei Einkünften aus Land- und Forstwirtschaft. 62 1 = Ja

EUR

5 Nachrichtlich: Tarifermäßigung nach § 32c EStG **– laut beigefügter Berechnung –** ,—

Angaben zu land- und forstwirtschaftlichen Einkünften im Betrachtungszeitraum 2023 bis 2025

– Bitte beantworten Sie mindestens eine der Zeilen 6, 7 und 10 mit „1 = Ja". –

6 Es wurden im Betrachtungszeitraum 2023 bis 2025 insgesamt **keine** Einkünfte aus Forstwirtschaft **<u>und</u> keine** Einkünfte aus Binnenfischerei, Teichwirtschaft oder Fischzucht für Binnenfischerei und Teichwirtschaft erzielt (Angaben in den Zeilen 7 bis 12 sind dann nicht erforderlich). 1 = Ja

Einkünfte aus Forstwirtschaft

7 Es wurden im Betrachtungszeitraum 2023 bis 2025 Einkünfte aus Forstwirtschaft erzielt. 1 = Ja

Falls Zeile 7 mit „1 = Ja" beantwortet wurde:

8 Einkünfte aus Forstwirtschaft im Betrachtungszeitraum 2023 bis 2025 63 1 = bis 250.000 € 2 = über 250.000 €

Falls Zeile 8 mit „2 = über 250.000 €" beantwortet wurde:

9 Anteil der Einkünfte aus Forstwirtschaft an den gesamten Einkünften aus Land- und Forstwirtschaft im Betrachtungszeitraum 2023 bis 2025 (in %) 64 ,

Einkünfte aus Binnenfischerei, Teichwirtschaft oder Fischzucht für Binnenfischerei und Teichwirtschaft

10 Es wurden im Betrachtungszeitraum 2023 bis 2025 Einkünfte aus Binnenfischerei, Teichwirtschaft oder Fischzucht für Binnenfischerei und Teichwirtschaft erzielt. 1 = Ja

Falls Zeile 10 mit „1 = Ja" beantwortet wurde:

11 Einkünfte aus Binnenfischerei, Teichwirtschaft oder Fischzucht für Binnenfischerei und Teichwirtschaft im Betrachtungszeitraum 2023 bis 2025 65 1 = bis 50.000 € 2 = über 50.000 €

Falls Zeile 11 mit „2 = über 50.000 €" beantwortet wurde:

12 Anteil der Einkünfte aus Binnenfischerei, Teichwirtschaft oder Fischzucht für Binnenfischerei und Teichwirtschaft an den gesamten Einkünften aus Land- und Forstwirtschaft im Betrachtungszeitraum 2023 bis 2025 (in %) 66 ,

Erklärungen

– Nur erforderlich, wenn Zeile 7 und / oder Zeile 10 mit „1 = Ja" beantwortet wurde(n) –

13 Ich / Wir erkläre(n), dass 1 = Ja

1. ich / wir für den Zeitraum der Inanspruchnahme der Steuerermäßigung kein Unternehmen in Schwierigkeiten i. S. d. Teils 1 Kapitel 2 Abschnitt 2.4 Abs. 33 Nr. 63 der Rahmenregelung der Europäischen Union für staatliche Beihilfen im Agrar- und Forstsektor und in ländlichen Gebieten (2022/C 485/01, ABl. C 485 vom 21. Dezember 2022, Seite 1) habe(n) (nähere Informationen siehe **Infoblatt „Erläuterungen und Unterrichtungen zur Anlage 32c"**, Tz. I.),

2. ich / wir für den Zeitraum der Inanspruchnahme der Steuerermäßigung der Rückforderungsanordnung vollständig nachgekommen bin / sind, sofern ich / wir zu einer Rückzahlung von Beihilfen auf Grund eines früheren Beschlusses der Europäischen Kommission zur Feststellung der Unzulässigkeit einer Beihilfe und ihrer Unvereinbarkeit mit dem Binnenmarkt verpflichtet worden bin / sind,

3. mir / uns zum Zeitpunkt der Abgabe dieser Erklärung die Beihilfen nicht zur Unterstützung von Fischereitätigkeiten gewährt wurden, die mit schweren Verstößen gem. Artikel 42 der Verordnung (EG) Nr. 1005/2008 des Rates vom 29. September 2008 über ein Gemeinschaftssystem zur Verhinderung, Bekämpfung und Unterbindung der illegalen, nicht gemeldeten und unregulierten Fischerei, zur Änderung der Verordnungen (EWG) Nr. 2847/93, (EG) Nr. 1936/2001 und (EG) Nr. 601/2004 und zur Aufhebung der Verordnungen (EG) Nr. 1093/94 und (EG) Nr. 1447/1999 (ABl. L 286 vom 29. Oktober 2008, Seite 1) oder Artikel 90 der Verordnung (EG) Nr. 1224/2009 des Rates vom 20. November 2009 zur Einführung einer gemeinschaftlichen Kontrollregelung zur Sicherstellung der Einhaltung der Vorschriften der gemeinsamen Fischereipolitik und zur Änderung der Verordnungen (EG) Nr. 847/96, (EG) Nr. 2371/2002, (EG) Nr. 811/2004, (EG) Nr. 768/2005, (EG) Nr. 2115/2005, (EG) Nr. 2166/2005, (EG) Nr. 388/2006, (EG) Nr. 509/2007, (EG) Nr. 676/2007, (EG) Nr. 1098/2007, (EG) Nr. 1300/2008, (EG) Nr. 1342/2008 sowie zur Aufhebung der Verordnungen (EWG) Nr. 2847/93, (EG) Nr. 1627/94 und (EG) Nr. 1966/2006 (ABl. L 343 vom 22. Dezember 2009, Seite 1) verbunden sind und illegale, nicht gemeldete und unregulierte Fischerei (IUU-Fischerei) darstellen oder unterstützen,

4. mir / uns wurden zum Zeitpunkt der Abgabe dieser Erklärung die Beihilfen nicht zur Unterstützung des Betriebs, des Managements oder des Besitzes eines Fischereifahrzeugs gewährt, das auf der Unionsliste von IUU-Schiffen gem. Artikel 40 Abs. 3 der Verordnung (EG) Nr. 1005/2008 geführt wird, oder des Betriebs, des Managements oder des Besitzes eines Schiffs, das unter der Flagge eines Landes fährt, das nach Artikel 33 der genannten Verordnung als nichtkooperierendes Drittland eingestuft wurde,

5. die Beihilfen mit einer Einhaltung der Vorschriften der Verordnung (EU) Nr. 1379/2013 des Europäischen Parlaments und des Rates vom 11. Dezember 2013 über die gemeinsame Marktorganisation für Erzeugnisse der Fischerei und der Aquakultur, zur Änderung der Verordnungen (EG) Nr. 1184/2006 und (EG) Nr. 1224/2009 des Rates und zur Aufhebung der Verordnung (EG) Nr. 104/2000 des Rates (ABl. L 354 vom 28. Dezember 2013, Seite 1) einhergehen,

- 2 -

6. die Beihilfen nicht mit einer Erhöhung der Fangkapazität oder dem Bau neuer Schiffe einhergehen, die unmittelbar und automatisch zu einem Verstoß des Mitgliedstaats gegen Artikel 22 Abs. 7 der Verordnung (EU) Nr. 1380/2013 des Europäischen Parlaments und des Rates vom 11. Dezember 2013 über die Gemeinsame Fischereipolitik und zur Änderung der Verordnungen (EG) Nr. 1954/2003 und (EG) Nr. 1224/2009 des Rates sowie zur Aufhebung der Verordnungen (EG) Nr. 2371/2002 und (EG) Nr. 639/2004 des Rates und des Beschlusses 2004/585/EG des Rates (ABl. L 354 vom 28. Dezember 2013, Seite 22) und die in Anhang II zu der Verordnung (EU) Nr. 1380/2013 festgelegten Obergrenzen für die Fangkapazität führen,

7. ich / wir, sofern ich / wir Einkünfte aus Binnenfischerei, Teichwirtschaft oder Fischzucht für Binnenfischerei und Teichwirtschaft erziele(n), für einen Zeitraum von fünf Jahren nach Bekanntgabe des Einkommensteuerbescheids, mit dem die Tarifermäßigung gewährt wird, die Bestimmungen der Gemeinsamen Fischereipolitik einhalten werde(n).

Im Falle von gesondert und einheitlich festzustellenden Einkünften aus Land- und Forstwirtschaft erkläre ich / erklären wir, dass die o. g. Punkte auch für die Mitunternehmerschaft erfüllt sind, an der ich / wir beteiligt bin / sind.

Ich versichere / Wir versichern, dass ich / wir die Angaben nach bestem Wissen und Gewissen vollständig und richtig gemacht habe(n). Mir / Uns ist bewusst, dass die Verpflichtung besteht,
- Änderungen zu den o. g. Erklärungen und
- einen Verstoß gegen Nr. 3 bis 7 oder die Nichteinhaltung der Voraussetzungen der Nr. 3 bis 7 nach dessen Feststellung

unverzüglich dem zuständigen Finanzamt anzuzeigen.

Die Unterrichtungen zum Schutz und zur Veröffentlichung der im Rahmen der Tarifermäßigung übermittelten personenbezogenen Daten (siehe **Infoblatt „Erläuterungen und Unterrichtungen zur Anlage 32c“**, Tz. II.) habe(n) ich / wir zur Kenntnis genommen und erkläre(n) mich / uns damit einverstanden.

14

Datum, Unterschrift(en) **Der Antrag ist eigenhändig – bei Ehegatten / Lebenspartnern von beiden – zu unterschreiben.**

2025Anl32c472 2025Anl32c472

2025

Anlage 13a

— Eingangsstempel —

Ermittlung des Gewinns aus Land- und Forstwirtschaft nach § 13a EStG

Bitte für jeden Betrieb eine gesonderte Anlage 13a abgeben.

Allgemeine Angaben zum Betrieb

15

1 (Betriebs-) Steuernummer

2 Name der steuerpflichtigen Person/Gesellschaft/Gemeinschaft/Körperschaft

3 Vorname

4 Straße, Hausnummer

5 Postleitzahl Ort

6 Betriebsinhaber 104 — 1 = Steuerpflichtige Person Ehemann/Person A/Gesellschaft/Gemeinschaft/Körperschaft; 2 = Ehefrau/Person B; 3 = Beide Ehegatten/Lebenspartner

7 Rechtsform des Betriebs

7a Wirtschafts-Identifikationsnummer 101 D E -

8 Beginn des Wirtschaftsjahres 131 T T M M 2025 Ende des Wirtschaftsjahres 132 T T M M J J J J

9 Wurde im Kalenderjahr/Wirtschaftsjahr der Betrieb beendet? 111 — 1 = Veräußerung oder Aufgabe (bitte Zeile 98 beachten); 2 = Unentgeltliche Übertragung

1. Gewinnermittlung

Landwirtschaftliche Nutzung

20

Grundbetrag für die selbst bewirtschafteten Flächen der landwirtschaftlichen Nutzung

Zeile		Kz		H A A R Q M
10	Eigentumsflächen des Betriebsvermögens, die am 15. Mai des Wirtschaftsjahres der landwirtschaftlichen Nutzung dienen (ohne Sondernutzungen)	100		
11	Hof-/Gebäudeflächen (ohne Grund und Boden für Wohngebäude), die am 15. Mai des Wirtschaftsjahres der landwirtschaftlichen Nutzung dienen oder ihr zugeordnet werden	101	+	
12	In den Zeilen 10 und 11 nicht enthaltene, am 15. Mai des Wirtschaftsjahres zugepachtete oder unentgeltlich von Dritten überlassene Flächen der landwirtschaftlichen Nutzung	102	+	
13	In den Zeilen 10 bis 12 enthaltene, am 15. Mai des Wirtschaftsjahres verpachtete oder unentgeltlich an Dritte überlassene Flächen der landwirtschaftlichen Nutzung	103	–	
14	Selbst bewirtschaftete Flächen der landwirtschaftlichen Nutzung am 15. Mai des Wirtschaftsjahres			
				EUR
15	Grundbetrag für die selbst bewirtschafteten Flächen der landwirtschaftlichen Nutzung (Fläche laut Zeile 14 x 350 € / ha x begonnene Monate des Wirtschaftsjahres / 12)			,–

Zuschlag für Tierzucht und Tierhaltung

Zeile		Kz		VE / EUR
16	Tierbestand des Betriebs - Gesamtsumme der Vieheinheiten (VE) laut Anlage L/FG-L/FE-L (gegebenenfalls "0")	110		,
17	Im Rahmen von Tätigkeiten laut Zeile 73 berücksichtigter Tierbestand	111	–	,
18	Maßgebender Tierbestand (Zeile 16 abzüglich Zeile 17)			,
19	Für den Zuschlag für Tierzucht und Tierhaltung maßgebender Tierbestand (Zeile 18 abzüglich 25,00 VE)			,
				EUR
20	Zuschlag für Tierzucht und Tierhaltung (Tierbestand laut Zeile 19 x 300 € / VE x begonnene Monate des Wirtschaftsjahres / 12)			,–
21	**Gewinn der landwirtschaftlichen Nutzung** (Zeile 15 zuzüglich Zeile 20; Übertrag in Zeile 91)			,–

Steuernummer

- 2 -

Forstwirtschaftliche Nutzung

21

(nach § 51 EStDV ermittelter Gewinn)

Zeile		Kz.	
31	Selbst bewirtschaftete Flächen der forstwirtschaftlichen Nutzung am 15. Mai des Wirtschaftsjahres	120	H A A R Q M
			EUR
32	Betriebseinnahmen aus der Verwertung von Holz auf dem Stamm	121	,—
33	Pauschale Betriebsausgaben aus der Verwertung von Holz auf dem Stamm (Zeile 32 x 20 %)	–	,—
34	Betriebseinnahmen aus der Verwertung von eingeschlagenem Holz	122 +	,—
35	Pauschale Betriebsausgaben aus der Verwertung von eingeschlagenem Holz (Zeile 34 x 55 %)	–	,—
36	Wiederaufforstungskosten und Minderung des Buchwerts des Wirtschaftsguts Baumbestand	123 –	,—
37	Betriebseinnahmen aus der übrigen Forstwirtschaft	124 +	,—
38	Betriebsausgaben aus der übrigen Forstwirtschaft	125 –	,—
39	**Gewinn der forstwirtschaftlichen Nutzung** (Übertrag in Zeile 92)		,—

Sondernutzungen

22

Sondernutzungen nach Anlage 1a Nummer 2 zu § 13a EStG (pauschaler Gewinn nach § 13a Absatz 6 EStG)

Zeile		Kz.	Am 15. Mai des Wirtschaftsjahres selbst bewirtschaftete Fläche	Gewinn der Sondernutzung
40	Weinbau	130	H A A R Q M	,—
41	Obstbau	131	H A A R Q M	,—
42	Gemüsebau Freiland	132	H A A R Q M	,—
43	Gemüsebau Unterglas	133	H A A R Q M	,—
44	Zierpflanzenbau Freiland	134	H A A R Q M	,—
45	Zierpflanzenbau Unterglas	135	H A A R Q M	,—
46	Baumschulen	136	H A A R Q M	,—
47	Hopfenbau	137	H A A R Q M	,—
48	Teichwirtschaft	138	H A A R Q M	,—
49	Spargelbau	139	H A A R Q M	,—
50	Fischzucht für Binnenfischerei und Teichwirtschaft	140	H A A R Q M	,—
51	Weihnachtsbaumkulturen	141	H A A R Q M	,—
			Jahresfang in kg	
52	Binnenfischerei	142		,—
			Anzahl der Völker	
53	Imkerei	143		,—
			Anzahl der Mutterschafe	
54	Wanderschäferei	144		,—
54a	Gewinn der Sondernutzungen nach Anlage 1a Nummer 2 zu § 13a EStG (Ergebnis der Zeilen 40 bis 54 x begonnene Monate des Wirtschaftsjahres / 12)			,—

Weitere Sondernutzungen (nach § 4 Absatz 3 EStG ermittelter Gewinn)

Zeile		Kz.	EUR
55	Tabakanbau	151	,—
56	Kurzumtriebsplantagen	152	,—
57	Art	153	,—
58	Art	154	,—
59	**Gewinn der Sondernutzungen** (Ergebnis der Zeilen 54a bis 58; Übertrag in Zeile 93)		,—

2025Anl13a272

2025Anl13a272

Steuernummer

- 3 -

Sondergewinne

23

Gewinne aus der Veräußerung/Entnahme von Grund und Boden, dazugehörigem Aufwuchs, Gebäuden, immateriellen Wirtschaftsgütern und Beteiligungen

Zeile		Kz	EUR		EUR
61	Veräußerungspreis/Entnahmewert	200	,—		
62	davon abziehbare Betriebsausgaben	201 –	,—	=	,—
62a	darin nicht enthaltener steuerfreier Teil des Gewinns, für den das Teileinkünfteverfahren bzw. § 8b KStG gilt	213	,—		

Gewinne aus der Veräußerung/Entnahme von übrigen Wirtschaftsgütern des Anlagevermögens und von Tieren (Veräußerungspreis/Entnahmewert je Wirtschaftsgut brutto mehr als 15.000 €)

Zeile		Kz			
63	Veräußerungspreis/Entnahmewert	202	,—		
64	davon abziehbare Betriebsausgaben	203 –	,—	=	,—

Gewinne aus Entschädigungen für den Verlust, den Untergang oder die Wertminderung der in den Zeilen 61 bis 64 genannten Wirtschaftsgüter

Zeile		Kz			
65	Entschädigungen	204	,—		
66	davon abziehbare Betriebsausgaben	205 –	,—	=	,—
67	Bildung von Rücklagen, Übertragung von stillen Reserven (§ 6c EStG, R 6.6 EStR; Übertrag aus Zeile 102)			–	,—
68	Gewinne aus der Auflösung von Rücklagen (§ 6c EStG, R 6.6 EStR; Übertrag aus Zeile 102)			+	,—
69	Gewinnzuschlag § 6c in Verbindung mit § 6b Absatz 7 und 10 EStG	212		+	,—
70	Betriebseinnahmen nach § 9b Absatz 2 EStG	206		+	,—
71	Betriebsausgaben nach § 9b Absatz 2 EStG	207		–	,—

Einnahmen aus dem Grunde nach gewerblichen Tätigkeiten, die der Land- und Forstwirtschaft zugerechnet werden

Zeile		Kz	EUR		
72	Einnahmen aus dem Absatz von Erzeugnissen gemäß R 15.5 Absatz 3 bis 8 EStR	208	,—		
73	Einnahmen aus Dienstleistungen gemäß R 15.5 Absatz 9 und 10 EStR	209 +	,—		
73a	Vereinnahmte Umsatzsteuer zu Zeile 72 und 73	214 +	,—		
74	Summe der Einnahmen		,—		
75	Pauschale Betriebsausgaben (Zeile 74 x 60 %)	–	,—	=	,—
76	Einnahmen des Betriebs im Sinne der R 15.5 Absatz 11 EStR (netto; nur erforderlich, wenn die Zeilen 72 bis 74 auszufüllen sind)	210	,—		
77	Rückvergütungen nach § 22 KStG aus Hilfs- und Nebengeschäften	211		+	,—
78	**Sondergewinne** (Ergebnis der Zeilen 62 bis 77; Übertrag in Zeile 94)				,—

Einnahmen aus Vermietung und Verpachtung von Wirtschaftsgütern des Betriebsvermögens

24

Zeile		Kz		EUR
79	Einnahmen aus Vermietung von bebauten Grundstücken	220		,—
80	Einnahmen aus Vermietung und Verpachtung von unbebauten Grundstücken	221	+	,—
81	Einnahmen aus Vermietung und Verpachtung von übrigen Wirtschaftsgütern	222	+	,—
82	**Einnahmen aus Vermietung und Verpachtung von Wirtschaftsgütern des land- und forstwirtschaftlichen Betriebsvermögens** (Übertrag in Zeile 95)			,—

2025Anl13a273

2025Anl13a273

Steuernummer

Einnahmen aus Kapitalvermögen, soweit zum land- und forstwirtschaftlichen Betrieb gehörend

25

Zeile		Kz	EUR		EUR
83	Einnahmen aus Kapitalvermögen, die nach § 3 Nummer 40 EStG oder § 8b KStG (teilweise) steuerfrei sind (Eintrag in voller Höhe)	230	,—		
84	Nach § 3 Nummer 40 EStG oder § 8b KStG steuerfreier Teil	231 –	,—	=	,—
85	Einnahmen aus Kapitalvermögen, die in voller Höhe steuerpflichtig sind			232 +	,—
86	**Einnahmen aus Kapitalvermögen, soweit sie zu den Einkünften aus Land- und Forstwirtschaft gehören** (§ 20 Absatz 8 EStG; Übertrag in Zeile 96)				,—

Ermittlung des Gewinns nach Durchschnittssätzen

26

Zeile			EUR
91	Gewinn der landwirtschaftlichen Nutzung (Übertrag aus Zeile 21)		,—
92	Gewinn der forstwirtschaftlichen Nutzung (Übertrag aus Zeile 39)	+	,—
93	Gewinn der Sondernutzungen (Übertrag aus Zeile 59)	+	,—
94	Sondergewinne (Übertrag aus Zeile 78)	+	,—
95	Einnahmen aus Vermietung und Verpachtung von Wirtschaftsgütern des land- und forstwirtschaftlichen Betriebsvermögens (Übertrag aus Zeile 82)	+	,—
96	Einnahmen aus Kapitalvermögen, soweit sie zu den Einkünften aus Land- und Forstwirtschaft gehören (Übertrag aus Zeile 86)	+	,—
97	Nach Durchschnittssätzen ermittelter Gewinn (§ 13a EStG) für das Wirtschaftsjahr 2025/2026 (2025)		,—
98	Hinzurechnungen und Abrechnungen bei Wechsel der Gewinnermittlungsart **(Erläuterungen lt. gesonderter Aufstellung)**	290 +/–	,—
99	**Steuerpflichtiger Gewinn**		,—

2. Ergänzende Angaben

Rücklagen und stille Reserven

27

Zeile		Kz	Bildung/Übertragung EUR	Kz	Auflösung EUR
100	Rücklagen nach § 6c in Verbindung mit § 6b EStG, R 6.6 EStR	260	,—	262	,—
101	Übertragung von stillen Reserven nach § 6c in Verbindung mit § 6b EStG, R 6.6 EStR	261	,—		
102	Gesamtsumme		,— (Übertrag in Zeile 67)		,— (Übertrag in Zeile 68)

Datenschutzhinweis und Mitwirkung

Datenschutzhinweis: Die mit der Gewinnermittlung angeforderten Daten werden auf Grund der §§ 149 und 150 AO in Verbindung mit § 13a Absatz 3 Satz 4 und Absatz 7 Satz 4 EStG verlangt.
Informationen über die Verarbeitung personenbezogener Daten in der Steuerverwaltung und über Ihre Rechte nach der Datenschutz-Grundverordnung sowie über Ihre Ansprechpartner in Datenschutzfragen entnehmen Sie bitte dem allgemeinen Informationsschreiben der Finanzverwaltung. Dieses Informationsschreiben finden Sie unter www.finanzamt.de (unter der Rubrik „Datenschutz") oder erhalten Sie bei Ihrem Finanzamt.

Bei der Anfertigung dieser Gewinnermittlung hat mitgewirkt:

103 Name

104 Vorname

105 Straße, Hausnummer, Postfach

106 Postleitzahl, Ort

107 Telefon

108 zusätzliche Angaben

109 Mandantennummer

110 Bearbeiterkennzeichen

2025Anl13a274

2025Anl13a274

2025

1	Name der steuerpflichtigen Person/Gesellschaft/Gemeinschaft/Körperschaft
2	Vorname
3	(Betriebs-) Steuernummer
3a	Wirtschafts-Identifikationsnummer DE -

Anlage AV13a zur Anlage 13a

Anlageverzeichnis für das Wirtschaftsjahr 2025/2026 (2025)

Grund und Boden

40

Bewertung nach § 55 Absatz 2 bis 4 EStG

Zeile		Kz		EUR
4	Anschaffungs-/Herstellungskosten oder an deren Stelle tretender Wert	100		,—
5	Buchwert zu Beginn des Wirtschaftsjahres	101		,—
6	Zugänge	102	+	,—
7	Abgänge	104	–	,—
8	Buchwert am Ende des Wirtschaftsjahres			,—

Bewertung mit dem höheren Teilwert (§ 55 Absatz 5 EStG)

Zeile		Kz		EUR
9	Anschaffungs-/Herstellungskosten oder an deren Stelle tretender Wert	110		,—
10	Buchwert zu Beginn des Wirtschaftsjahres	111		,—
11	Zugänge	112	+	,—
12	Abgänge	114	–	,—
13	Buchwert am Ende des Wirtschaftsjahres			,—

Ansatz mit den Anschaffungs-/Herstellungskosten oder an deren Stelle tretender Wert

Zeile		Kz		EUR
14	Anschaffungs-/Herstellungskosten oder an deren Stelle tretender Wert	120		,—
15	Buchwert zu Beginn des Wirtschaftsjahres	121		,—
16	Zugänge	122	+	,—
17	Abgänge	124	–	,—
18	Buchwert am Ende des Wirtschaftsjahres			,—

Aufwuchs

Baumbestände

Zeile		Kz		EUR
19	Anschaffungs-/Herstellungskosten oder an deren Stelle tretender Wert	130		,—
20	Buchwert zu Beginn des Wirtschaftsjahres	131		,—
21	Zugänge	132	+	,—
22	Abgänge	134	–	,—
23	Buchwert am Ende des Wirtschaftsjahres			,—

Steuernummer

- 2 -

Dauerkulturen

Zeile		Kz.	EUR
24	Anschaffungs-/Herstellungskosten oder an deren Stelle tretender Wert	140	,—
25	Buchwert zu Beginn des Wirtschaftsjahres	141	,—
26	Zugänge	142 +	,—
27	Absetzung für Abnutzung (AfA)	143 –	,—
28	Abgänge	144 –	,—
29	Buchwert am Ende des Wirtschaftsjahres		,—

Gebäude

Wirtschaftsgebäude

Zeile		Kz.	EUR
30	Anschaffungs-/Herstellungskosten oder an deren Stelle tretender Wert	150	,—
31	Buchwert zu Beginn des Wirtschaftsjahres	151	,—
32	Zugänge	152 +	,—
33	Absetzung für Abnutzung (AfA)	153 –	,—
34	Abgänge	154 –	,—
35	Buchwert am Ende des Wirtschaftsjahres		,—

Wohngebäude

Zeile		Kz.	EUR
36	Anschaffungs-/Herstellungskosten oder an deren Stelle tretender Wert	160	,—
37	Buchwert zu Beginn des Wirtschaftsjahres	161	,—
38	Zugänge	162 +	,—
39	Absetzung für Abnutzung (AfA)	163 –	,—
40	Abgänge	164 –	,—
41	Buchwert am Ende des Wirtschaftsjahres		,—

Immaterielle Wirtschaftsgüter

Abnutzbare immaterielle Wirtschaftsgüter

Zeile		Kz.	EUR
42	Anschaffungs-/Herstellungskosten oder an deren Stelle tretender Wert	170	,—
43	Buchwert zu Beginn des Wirtschaftsjahres	171	,—
44	Zugänge	172 +	,—
45	Absetzung für Abnutzung (AfA)	173 –	,—
46	Abgänge	174 –	,—
47	Buchwert am Ende des Wirtschaftsjahres		,—

Nicht abnutzbare immaterielle Wirtschaftsgüter

Zeile		Kz.	EUR
48	Anschaffungs-/Herstellungskosten oder an deren Stelle tretender Wert	180	,—
49	Buchwert zu Beginn des Wirtschaftsjahres	181	,—
50	Zugänge	182 +	,—
51	Abgänge	184 –	,—
52	Buchwert am Ende des Wirtschaftsjahres		,—

2025AnlAV13a282

2025AnlAV13a282

Steuernummer

Beteiligungen

			EUR
53	Anschaffungs-/Herstellungskosten oder an deren Stelle tretender Wert	190	,—
54	Buchwert zu Beginn des Wirtschaftsjahres	191	,—
55	Zugänge	192 +	,—
56	Abgänge	194 –	,—
57	Buchwert am Ende des Wirtschaftsjahres		,—

2025AnlAV13a283

2025

Anlage 34b

Für jeden Betrieb ist eine eigene Anlage 34b abzugeben.

1 Name

2 Vorname

3 **Steuernummer** lfd. Nr. der Anlage

4 Bezeichnung des Betriebs

Wirtschafts-Identifikationsnummer

5 D E -

Einkünfte aus außerordentlichen Holznutzungen nach § 34b EStG

Berechnungsgrundlagen zur Ermittlung der Einkünfte aus außerordentlichen Holznutzungen nach § 34b EStG

Nutzungssatz (m^3/F)

6 von der Finanzbehörde festgesetzt für den Zeitraum (vom - bis) T T M M J J J J T T M M J J J J

7 X pauschal mit 5 m^3/F je Hektar forstwirtschaftlich genutzte Fläche (ha)

Holznutzungen, die aus volks- / staatswirtschaftlichen Gründen erfolgten

m^3/F

8 Im Wirtschaftsjahr 2025 / 2026 (2025) wurden folgende Holznutzungen verwertet: **– Übertrag nach Zeile 28 –**
– Erläuterung laut gesonderter Aufstellung –

Holznutzungen infolge höherer Gewalt

Zeile		Wirtschaftsjahr des Nachweises 2025 / 2026 (2025) – 1 –	Wirtschaftsjahr des Nachweises 2024 / 2025 (2024) – 2 –	Wirtschaftsjahr des Nachweises 2023 / 2024 (2023) – 3 –	Wirtschaftsjahr des Nachweises 2022 / 2023 (2022) und früher – 4 –
9	Anerkennung der Finanzbehörde vom	T T M M J J J J	T T M M J J J J	T T M M J J J J	T T M M J J J J
		m^3/F	m^3/F	m^3/F	m^3/F
10	Anerkannte Holzmenge im Ganzen (m^3/F)				
11	Davon besondere Schadensereignisse (m^3/F)				
12	Verwertete Holzmenge in Vorjahren (m^3/F)				
13	Verwertete Holzmenge im laufenden Wirtschaftsjahr 2025 / 2026 (2025) (m^3/F)				
14	Verbleibende Holzmenge (m^3/F) **– Zeile 10 abzüglich Zeile 12 und 13 –**				

m^3/F

15 Summe der Spalten 1 bis 4 aus Zeile 13 (m^3/F)
– Übertrag nach Zeile 26; bei besonderen Schadensereignissen Übertrag nach Zeile 23 Spalte 4 –

- 2 -

2025Anl34b422

Forstschäden-Ausgleichsgesetz (ForstSchAusglG)

Sonstige steuerliche Maßnahmen nach § 5 ForstSchAusglG

16 ☐ Die angeordnete Einschlagsbeschränkung wurde eingehalten.

Befreiung von der Einschlagsbeschränkung

17 vom T T M M J J J J | durch Forstbehörde | ☐ Vollständige Befreiung | genehmigte Einschlagsmenge (m³/F) | m³/F

Besondere Schadensereignisse (§ 5 ForstSchAusglG, § 34b Abs. 5 EStG, R 34b.7 EStR)

		Wirtschaftsjahr 2022 / 2023 (2022) und früher – 1 – m³/F		Wirtschaftsjahr 2023 / 2024 (2023) – 2 – m³/F		Wirtschaftsjahr 2024 / 2025 (2024) – 3 – m³/F		Wirtschaftsjahr 2025 / 2026 (2025) – 4 – m³/F
18	Verbliebenes Begünstigungsvolumen aus dem Vorjahr (m³/F) **– laut Zeile 24 –**							
19	Aus besonderen Schadensereignissen anerkannt (m³/F) **– laut Spalte 1 bis 4 der Zeile 11 –**	+		+		+		+
20	Nicht nach R 34b.7 EStR / §§ 1, 5 ForstSchAusglG zu berücksichtigendes Begünstigungsvolumen (m³/F)			–		–		–
21	Gemäß § 5 ForstSchAusglG zu berücksichtigendes Begünstigungsvolumen (m³/F – soweit nicht in Zeile 18 enthalten)			+		+		+
22	Zwischensumme (Begünstigungsvolumen – m³/F)	=		=		=		=
23	Im Wirtschaftsjahr insgesamt verwertete Holznutzung infolge höherer Gewalt (m³/F)	–		–		–		–
24	Verbleibendes Begünstigungsvolumen (ggf. „0“ – m³/F) **– Übertrag nach Zeile 18 des Folgejahres –**	=		=		=		=

Maßgebende Holznutzungen infolge höherer Gewalt

		m³/F
25	Im Wirtschaftsjahr 2025 / 2026 (2025) nach **§ 5 ForstSchAusglG, § 34b Abs. 5 EStG, R 34b.7 EStR** begünstigt **– nur bei besonderen Schadensereignissen; kleinerer Betrag aus Zeile 22 Spalte 4 oder Zeile 23 Spalte 4; Übertrag nach Zeile 31 –**	
26	Im Wirtschaftsjahr 2025 / 2026 (2025) nach **§ 34b Abs. 3 EStG** begünstigt **– laut Zeile 15, außer bei besonderen Schadensereignissen, dann Zeile 23 Spalte 4 abzüglich Zeile 25; Übertrag nach Zeile 29 –**	

Ermittlung der Einkünfte aus außerordentlichen Holznutzungen nach § 34b EStG

51

	Einnahmen aus der Verwertung sämtlicher Holznutzungen EUR		damit in sachlichem Zusammenhang stehende Betriebsausgaben EUR		Einkünfte aus sämtlichen Holznutzungen **– nach Zeile 36 Spalte 1 übertragen –** EUR
27	,–	–	,–	=	,–

2025Anl34b422

Außerordentliche Holznutzungen

Zeile			m³/F
28	Holznutzungen aus volks- / staatswirtschaftlichen Gründen (m³/F)		
29	Holznutzungen infolge höherer Gewalt – ohne besondere Schadensereignisse i. S. d. § 34b Abs. 5 EStG – (m³/F)	+	
30	Summe der Holznutzungen aus volks- und staatswirtschaftlichen Gründen sowie infolge höherer Gewalt (m³/F) **– Übertrag nach Zeile 32 Spalte 3 und ggf. Spalte 4 –**	=	
31	Holznutzungen aus besonderen Schadensereignissen nach § 5 ForstSchAusglG, § 34b Abs. 5 EStG (m³/F) **– Übertrag nach Zeile 33 Spalte 5 –**		

Zeile		sämtliche Holznutzungen – 1 –	ordentliche Holznutzung – 2 –	außerordentliche Holznutzung ohne Nutzungssatz / bis zur Höhe des Nutzungssatzes – 3 –	außerordentliche Holznutzung über dem Nutzungssatz – 4 –	außerordentliche Holznutzung aus besonderen Schadensereignissen – 5 –
32	Holznutzungen aus volks- und staatswirtschaftlichen Gründen sowie infolge höherer Gewalt (m³/F) aus Zeile 30			m³/F	m³/F	
33	Holznutzungen aus besonderen Schadensereignissen nach § 5 ForstSchAusglG, § 34b Abs. 5 EStG (m³/F) aus Zeile 31					m³/F
34	**Maßgebende Holznutzungen** (verwertete Holzmengen – m³/F)	m³/F	m³/F			
35	Aufteilungsmaßstab nach dem Verhältnis der Holzmengen (maßgebende Holznutzungen) **– siehe Zeile 34 –**		%	%	%	%
36	**Einkünfte** aus den Holznutzungen des Wirtschaftsjahres 2025 / 2026 (2025)	EUR ,—	EUR ,—	EUR ,—	EUR ,—	EUR ,—
37	Einkünfte aus außerordentlichen Holznutzungen des Wirtschaftsjahres 2025 / 2026 (2025), die auf das Kalenderjahr 2025 entfallen			,—	,—	,—
38	Einkünfte aus außerordentlichen Holznutzungen des Wirtschaftsjahres 2024 / 2025, die auf das Kalenderjahr 2025 entfallen			+ ,—	+ ,—	+ ,—
39	**Einkünfte** aus außerordentlichen Holznutzungen im Kalenderjahr 2025 laut den Zeilen 37 und 38			= ,—	= ,—	= ,—
40	**Einkünfte** aus außerordentlichen Holznutzungen im Kalenderjahr 2025 laut gesonderter (und einheitlicher) Feststellung			+ ,—	+ ,—	+ ,—
41	Summe der Beträge aus Zeile 39 Spalte 3 und Zeile 40 Spalte 3			52 = ,—		
42	Summe der Beträge aus Zeile 39 Spalte 4 und Zeile 40 Spalte 4				51 = ,—	
43	Summe der Beträge aus Zeile 39 Spalte 5 und Zeile 40 Spalte 5					65 = ,—

2025Anl34b423

2025Anl34b423

2025

1 Name

2 Vorname

3 **Steuernummer** lfd. Nr. der Anlage

Anlage Mobilitätsprämie

Diese Anlage ist bei Zusammenveranlagung von Ehegatten / Lebenspartnern gemeinsam auszufüllen.

– Die Eintragungen in den Zeilen 4 bis 6 sowie 13 und 14 sind nur in der ersten Anlage Mobilitätsprämie vorzunehmen. –

Angaben zum Antrag auf Mobilitätsprämie

Antrag auf Festsetzung der Mobilitätsprämie

18

– Ein Antrag ist nur für Pendlerinnen und Pendler erforderlich, die ein zu versteuerndes Einkommen bis zur Höhe des Grundfreibetrags von 12.096 € (bei Zusammenveranlagung 24.192 €) haben und die mindestens 21 km zur ersten Tätigkeitsstätte / ersten Betriebsstätte zurücklegen. –

4 Ich beantrage / Wir beantragen die Festsetzung der Mobilitätsprämie. 240 1 = Ja

Angaben zur Mobilitätsprämie

Steuerpflichtige Person / Ehemann / Person A

5 Der Antrag auf Mobilitätsprämie bezieht sich auf Einkünfte aus nichtselbständiger Arbeit. 1 = Ja 2 = Nein

– Falls „Ja", füllen Sie bitte die Anlage N aus. Liegen darüber hinaus weitere Einkünfte vor, füllen Sie bitte die folgenden Zeilen aus. –

6 Der Antrag auf Mobilitätsprämie bezieht sich auf andere Einkünfte (ohne Einkünfte aus nichtselbständiger Arbeit, siehe Einkunftsarten laut Zeile 8). 241 1 = Ja 2 = Nein

– Falls „Ja", füllen Sie bitte die folgenden Zeilen aus. –

Bezeichnung des Betriebs / der Tätigkeit / des Vermietungsobjekts / ggf. Betriebssteuernummer

7

8 Einkunftsart
1 = Land- und Forstwirtschaft
2 = Gewerbebetrieb
3 = Selbständige Arbeit
4 = Vermietung und Verpachtung
5 = sonstige Einkünfte

Wege zwischen Wohnung und erster Betriebsstätte / erster Tätigkeitsstätte (Entfernungspauschale)
– sofern bei Behinderung keine tatsächlichen Fahrtkosten erklärt wurden –

erste Betriebsstätte / erste Tätigkeitsstätte (Postleitzahl, Ort und Straße)

9

10 aufgesucht an Tagen einfache Entfernung (auf volle Kilometer abgerundet) km

Wöchentliche Familienheimfahrten bei doppelter Haushaltsführung
– sofern bei Behinderung keine tatsächlichen Fahrtkosten erklärt wurden –

Beschäftigungsort (Postleitzahl, Ort und Straße)

11

12 Anzahl der Familienheimfahrten einfache Entfernung (auf volle Kilometer abgerundet) km

- 2 -

Ehefrau / Person B

13 Der Antrag auf Mobilitätsprämie bezieht sich auf Einkünfte aus nichtselbständiger Arbeit. 1 = Ja 2 = Nein

– Falls „Ja", füllen Sie bitte die Anlage N aus. Liegen darüber hinaus weitere Einkünfte vor, füllen Sie bitte die folgenden Zeilen aus. –

14 Der Antrag auf Mobilitätsprämie bezieht sich auf andere Einkünfte (ohne Einkünfte aus nichtselbständiger Arbeit, siehe Einkunftsarten laut Zeile 16). **242** 1 = Ja 2 = Nein

– Falls „Ja", füllen Sie bitte die folgenden Zeilen aus. –

Bezeichnung des Betriebs / der Tätigkeit / des Vermietungsobjekts / ggf. Betriebssteuernummer

15

16 Einkunftsart
1 = Land- und Forstwirtschaft
2 = Gewerbebetrieb
3 = Selbständige Arbeit
4 = Vermietung und Verpachtung
5 = sonstige Einkünfte

Wege zwischen Wohnung und erster Betriebsstätte / erster Tätigkeitsstätte (Entfernungspauschale)
– sofern bei Behinderung keine tatsächlichen Fahrtkosten erklärt wurden –

erste Betriebsstätte / erste Tätigkeitsstätte (Postleitzahl, Ort und Straße)

17

18 aufgesucht an Tagen einfache Entfernung (auf volle Kilometer abgerundet) km

Wöchentliche Familienheimfahrten bei doppelter Haushaltsführung
– sofern bei Behinderung keine tatsächlichen Fahrtkosten erklärt wurden –

Beschäftigungsort (Postleitzahl, Ort und Straße)

19

20 Anzahl der Familienheimfahrten einfache Entfernung (auf volle Kilometer abgerundet) km

Anleitung vorhanden

2025

Name

Vorname

Steuernummer

Daten für die mit ⓔ gekennzeichneten Zeilen liegen im Regelfall vor und müssen nicht eingetragen werden. – Bitte Anleitung beachten. –

Anlage N

Jeder Ehegatte / Lebenspartner mit Einkünften aus nichtselbständiger Arbeit hat eine eigene Anlage N abzugeben.

Steuerpflichtige Person / Ehemann / Person A

Ehefrau / Person B

Einkünfte aus nichtselbständiger Arbeit

Angaben zum Arbeitslohn

47 / 48

Zeile		Kz	Summe Lohnsteuerbescheinigung(en) Steuerklasse 1-5 (EUR Ct)	Kz	Summe Lohnsteuerbescheinigung(en) Steuerklasse 6 oder einer Urlaubskasse (EUR Ct)	
4	Steuerklasse	168				ⓔ
5	Bruttoarbeitslohn einschließlich Sachbezüge	110	,–	111	,–	ⓔ
6	Lohnsteuer	140	,	141	,	ⓔ
7	Solidaritätszuschlag	150	,	151	,	ⓔ
8	Kirchensteuer des Arbeitnehmers	142	,	143	,	ⓔ
9	**Nur bei Konfessionsverschiedenheit:** Kirchensteuer für den Ehegatten / Lebenspartner	144	,	145	,	ⓔ

10 In Zeile 5 wurde ein von der Lohnsteuerbescheinigung abweichender Bruttoarbeitslohn wegen einer Korrektur der Firmenwagenbesteuerung erklärt. 197 — 1 = Ja

Zeile		Kz	1. Versorgungsbezug (EUR)	Kz	2. Versorgungsbezug (EUR)	
11	**Steuerbegünstigte Versorgungsbezüge** laut Nr. 8 der Lohnsteuerbescheinigung (im Bruttoarbeitslohn laut Zeile 5 enthalten)	200	,–	210	,–	ⓔ
12	Bemessungsgrundlage für den Versorgungsfreibetrag laut Nr. 29 der Lohnsteuerbescheinigung	201	,–	211	,–	ⓔ
13	Maßgebendes Kalenderjahr des Versorgungsbeginns laut Nr. 30 der Lohnsteuerbescheinigung	206	J J J J	216	J J J J	ⓔ
14	Bei unterjähriger Zahlung: Erster und letzter Monat, für den Versorgungsbezüge gezahlt wurden, laut Nr. 31 der Lohnsteuerbescheinigung	202 / 203	Monat M M / Monat M M	212 / 213	Monat M M / Monat M M	ⓔ
15	Sterbegeld, Kapitalauszahlungen / Abfindungen und Nachzahlungen von Versorgungsbezügen laut Nr. 32 der Lohnsteuerbescheinigung (in den Zeilen 5 und 11 enthalten)	204	,–	214	,–	ⓔ
16	Versorgungsbezüge für mehrere Kalenderjahre laut Nr. 9 der Lohnsteuerbescheinigung (im Bruttoarbeitslohn laut Zeile 5 enthalten)	209	,–	219	,–	ⓔ
17	**Arbeitslohn für mehrere Jahre, Entschädigungen** (z. B. Abfindungen) laut Nr. 10 der Lohnsteuerbescheinigung (im Bruttoarbeitslohn laut Zeile 5 enthalten)			165	,–	ⓔ

Zeile		Kz	EUR	
18	Steuerpflichtiger Arbeitslohn, von dem kein Steuerabzug vorgenommen worden ist (soweit nicht in der Lohnsteuerbescheinigung enthalten)	115	,–	
19	Steuerfreie Aufwandsentschädigungen / Einnahmen aus der Tätigkeit als	118	,–	
20	**Kurzarbeitergeld, Zuschuss zum Mutterschaftsgeld, Verdienstausfallentschädigung (Infektionsschutzgesetz), Aufstockungsbeträge nach dem Altersteilzeitgesetz, Altersteilzeitzuschläge nach Besoldungsgesetzen, Qualifizierungsgeld (laut Nr. 15 der Lohnsteuerbescheinigung)**	119	,–	ⓔ

Steuerfreier Arbeitslohn / steuerfreie Einkünfte laut Anlage(n) N-AUS

Zeile		Kz	EUR
21	Steuerfreier Arbeitslohn nach Doppelbesteuerungsabkommen / sonstigen zwischenstaatlichen Übereinkommen (**Summe** aus den Zeilen 47, 56 und / oder 63 **aller Anlagen N-AUS**)	139	,–
22	Steuerfreier Arbeitslohn nach Auslandstätigkeitserlass (**Summe** aus den Zeilen 52 **aller Anlagen N-AUS**)	136	,–
23	Steuerfreie Einkünfte (Besondere Lohnbestandteile) nach Doppelbesteuerungsabkommen / sonstigen zwischenstaatlichen Übereinkommen / Auslandstätigkeitserlass (**Summe** aus den Zeilen 62 **aller Anlagen N-AUS**)	178	,–
24	Anzahl der beigefügten **Anlagen N-AUS**		

- 2 -

Ansässigkeit in Belgien (gemäß Artikel 4 des Doppelbesteuerungsabkommens mit Belgien)

Adresse in Belgien

25 Arbeitslohn 127 EUR ,—

Angaben zu Grenzgängern

26 Grenzgänger nach 117
2 = Frankreich
3 = Schweiz, Arbeitslohn in CHF gezahlt
0 = Schweiz, Arbeitslohn in EUR gezahlt
4 = Österreich
116 Arbeitslohn in CHF / EUR ,— 135 Schweizerische Abzugsteuer in CHF / EUR ,

Werbungskosten 87 / 88

– ohne Beträge laut den Zeilen 78 bis 81 –

Hinweis:
Mehraufwendungen für eine doppelte Haushaltsführung erklären Sie bitte in der Anlage N-Doppelte Haushaltsführung.

Entfernungspauschale

Wege zwischen Wohnung und erster Tätigkeitsstätte / Sammelpunkt / weiträumigem Tätigkeitsgebiet (1. Angabe)

27 1 = erste Tätigkeitsstätte
2 = Sammelpunkt / weiträumiges Tätigkeitsgebiet
PLZ, Ort und Straße — vom T T M M — bis T T M M

28 Arbeitstage je Woche — Urlaubs-, Krankheits-, Heimarbeits- und Dienstreisetage — Behinderungsgrad mindestens 70 oder mindestens 50 und Merkzeichen „G" 115 — 1 = Ja

29 aufgesucht an Tagen 110

30 einfache Entfernung in Kilometern (auf volle Kilometer abgerundet) 111 km

31 davon mit eigenem oder zur Nutzung überlassenem PKW zurückgelegt 112 km

32 davon mit Sammelbeförderung des Arbeitgebers zurückgelegt 113 km

33 davon mit öffentlichen Verkehrsmitteln, Motorrad, Fahrrad oder Ähnlichem, als Fußgänger und / oder als Mitfahrer einer Fahrgemeinschaft zurückgelegt km

34 Aufwendungen für Fahrten mit öffentlichen Verkehrsmitteln (ohne Fähr- und Flugkosten) 114 EUR ,—

Wege zwischen Wohnung und erster Tätigkeitsstätte / Sammelpunkt / weiträumigem Tätigkeitsgebiet (2. Angabe)

35 1 = erste Tätigkeitsstätte
2 = Sammelpunkt / weiträumiges Tätigkeitsgebiet
PLZ, Ort und Straße — vom T T M M — bis T T M M

36 Arbeitstage je Woche — Urlaubs-, Krankheits-, Heimarbeits- und Dienstreisetage — Behinderungsgrad mindestens 70 oder mindestens 50 und Merkzeichen „G" 135 — 1 = Ja

37 aufgesucht an Tagen 130

38 einfache Entfernung in Kilometern (auf volle Kilometer abgerundet) 131 km

39 davon mit eigenem oder zur Nutzung überlassenem PKW zurückgelegt 132 km

40 davon mit Sammelbeförderung des Arbeitgebers zurückgelegt 133 km

41 davon mit öffentlichen Verkehrsmitteln, Motorrad, Fahrrad oder Ähnlichem, als Fußgänger und / oder als Mitfahrer einer Fahrgemeinschaft zurückgelegt km

42 Aufwendungen für Fahrten mit öffentlichen Verkehrsmitteln (ohne Fähr- und Flugkosten) 134 EUR ,—

2025AnlN032 2025AnlN032

Wege zwischen Wohnung und erster Tätigkeitsstätte / Sammelpunkt / weiträumigem Tätigkeitsgebiet (3. Angabe)

43 1 = erste Tätigkeitsstätte; 2 = Sammelpunkt / weiträumiges Tätigkeitsgebiet | PLZ, Ort und Straße | vom T T M M | bis T T M M

44 Arbeitstage je Woche | Urlaubs-, Krankheits-, Heimarbeits- und Dienstreisetage | Behinderungsgrad mindestens 70 oder mindestens 50 und Merkzeichen „G" 155 | 1 = Ja

45 aufgesucht an Tagen 150

46 einfache Entfernung in Kilometern (auf volle Kilometer abgerundet) 151 km

47 davon mit eigenem oder zur Nutzung überlassenem PKW zurückgelegt 152 km

48 davon mit Sammelbeförderung des Arbeitgebers zurückgelegt 153 km

49 davon mit öffentlichen Verkehrsmitteln, Motorrad, Fahrrad oder Ähnlichem, als Fußgänger und / oder als Mitfahrer einer Fahrgemeinschaft zurückgelegt km

50 Aufwendungen für Fahrten mit öffentlichen Verkehrsmitteln (ohne Fähr- und Flugkosten) 154 EUR ,–

Arbeitgeberleistungen / Fahrtkostenzuschüsse

51 Arbeitgeberleistungen laut Nr. 17 der Lohnsteuerbescheinigung **(steuerfrei ersetzt)** 290 EUR ,– | Arbeitgeberleistungen laut Nr. 18 der Lohnsteuerbescheinigung **(pauschal besteuert)** 295 EUR ,– | e

52 Von der Agentur für Arbeit oder dem Jobcenter gezahlte Fahrtkostenzuschüsse 291 ,–

Beiträge zu Berufsverbänden

Bezeichnung der Verbände

53 310 EUR ,–

Aufwendungen für Arbeitsmittel

– soweit nicht steuerfrei ersetzt –

Art der Arbeitsmittel | EUR

54 ,–

55 + ,–

56 Summe 320 = ,–

Häusliches Arbeitszimmer, das den Mittelpunkt der gesamten betrieblichen und beruflichen Tätigkeit bildet

Bitte nur ausfüllen, wenn für denselben Zeitraum **keine** Eintragungen zur Tagespauschale in den Zeilen 58 und 59 vorgenommen werden.

– tatsächliche Aufwendungen oder

– Jahrespauschale i. H. v. 1.260 € (bei nicht ganzjährig vorliegenden Voraussetzungen zeitanteilig)

57 325 EUR ,–

Tagespauschale (bei beruflicher Tätigkeit im Homeoffice)

Bitte nur ausfüllen, wenn für denselben Zeitraum **keine** Eintragung zum häuslichen Arbeitszimmer in Zeile 57 vorgenommen wird.

– Die Tagespauschale wird von Ihrem Finanzamt anhand Ihrer Angaben zur Anzahl der Tage berechnet. –

58 Für die berufliche Tätigkeit steht **ein anderer Arbeitsplatz** zur Verfügung: Anzahl der Kalendertage, an denen die berufliche Tätigkeit **ganz** oder **überwiegend** in der häuslichen Wohnung ausgeübt und **keine** erste Tätigkeitsstätte aufgesucht wurde **– Diese Kalendertage dürfen nicht in Zeile 59 enthalten sein. –** 335

59 Für die berufliche Tätigkeit steht **dauerhaft kein anderer Arbeitsplatz** zur Verfügung: Anzahl der Kalendertage, an denen die berufliche Tätigkeit (auch) in der häuslichen Wohnung ausgeübt wurde **– Diese Kalendertage dürfen nicht in Zeile 58 enthalten sein. –** 336

Fortbildungskosten

– soweit nicht steuerfrei ersetzt –

60 330 EUR ,–

2025AnlN033 2025AnlN033

Weitere Werbungskosten

– soweit nicht steuerfrei ersetzt –

Zeile		Kz.	EUR
61	Fahr- und Flugkosten bei Wegen zwischen Wohnung und erster Tätigkeitsstätte / Sammelpunkt / weiträumigem Tätigkeitsgebiet		,–
62	Sonstiges (z. B. Bewerbungskosten, Kontoführungsgebühren)	+	,–
63		+	,–
64	Summe der weiteren Werbungskosten	380 =	,–

Reisekosten bei beruflich veranlassten Auswärtstätigkeiten

Zeile		Kz.	EUR
65	Die Fahrten wurden ganz oder teilweise mit einem Firmenwagen oder im Rahmen einer unentgeltlichen Sammelbeförderung des Arbeitgebers durchgeführt – Falls „Ja“: Für die Fahrten mit Firmenwagen oder Sammelbeförderung dürfen mangels Aufwands keine Eintragungen zu Fahrtkosten in Zeile 66 vorgenommen werden. –	401	1 = Ja 2 = Nein
66	Fahrtkosten		,–
67	Übernachtungskosten	+	,–
68	Reisenebenkosten	+	,–
69	Gesamtsumme der Aufwendungen für Reisekosten	410 =	,–
70	**Pauschbeträge für Berufskraftfahrer bei Übernachtung im Kraftfahrzeug (Anzahl der Tage)**	411	
71	**Vom Arbeitgeber steuerfrei ersetzt**	420	,–

Pauschbeträge für Mehraufwendungen für Verpflegung

Bei einer Auswärtstätigkeit im Inland:

Zeile		Kz.	EUR
72	Anzahl der Tage mit einer Abwesenheit von mehr als 8 Stunden (bei Auswärtstätigkeit ohne Übernachtung)	470	
73	Anzahl der An- und Abreisetage (bei einer mehrtägigen Auswärtstätigkeit mit Übernachtung)	471	
74	Anzahl der Tage mit einer Abwesenheit von 24 Stunden	472	
75	Kürzungsbeträge wegen Mahlzeitengestellung (eigene Zuzahlungen sind ggf. gegenzurechnen)	473	,–
76	Bei einer Auswärtstätigkeit im Ausland (Berechnung bitte in einer gesonderten Aufstellung):	474	,–
77	**Vom Arbeitgeber steuerfrei ersetzt**	490	,–

Werbungskosten in Sonderfällen

– Die in den Zeilen 78 bis 81 erklärten Werbungskosten dürfen nicht in den Zeilen 27 bis 77 und in der **Anlage N-Doppelte Haushaltsführung** enthalten sein. –

Zeile		Kz.	EUR
78	Werbungskosten zu steuerbegünstigten Versorgungsbezügen laut Zeile 11 – Art der Aufwendungen	682	,–
79	Werbungskosten zu steuerbegünstigten Versorgungsbezügen für mehrere Jahre laut Zeile E0201606.Vordruckzeile – Art der Aufwendungen	659	,–
80	Werbungskosten zu Arbeitslohn für mehrere Jahre, Entschädigungen laut Zeile 17 – Art der Aufwendungen	660	,–
81	Werbungskosten zu steuerfreiem Arbeitslohn laut den Zeilen 21 und 22 (**Summe** aus den Zeilen 59 und 64 **aller Anlagen N-AUS**)	657	,–
82	Werbungskosten zu steuerpflichtigem Arbeitslohn, von dem kein Steuerabzug vorgenommen worden ist laut Zeile 18 – in den Zeilen 27 bis 77 und in der **Anlage N-Doppelte Haushaltsführung** enthalten – Art der Aufwendungen	656	,–
83	Werbungskosten zu Arbeitslohn für eine Tätigkeit im Inland, wenn die Ansässigkeit in Belgien gegeben ist – in den Zeilen 27 bis 77 und in der **Anlage N-Doppelte Haushaltsführung** enthalten –	675	,–

Anleitung vorhanden

2025

Anlage N-AUS

X Steuerpflichtige Person / Ehemann / Person A

X Ehefrau / Person B

1 Name

2 Vorname

3 **Steuernummer** lfd. Nr. der Anlage

Ausländische Einkünfte aus nichtselbständiger Arbeit

Bei Auslandssachverhalten besteht eine erhöhte Mitwirkungspflicht. Bitte reichen Sie Belege in Kopie ein.

4 in (Staat)

(Für jeden Staat ist eine gesonderte Anlage N-AUS abzugeben.)

Allgemeine Angaben

5 Im Kalenderjahr 2025 habe ich steuerfreien Arbeitslohn bezogen
1 = nach Doppelbesteuerungsabkommen (DBA)
2 = nach dem Auslandstätigkeitserlass (ATE)
3 = aufgrund eines sonstigen zwischenstaatlichen Übereinkommens (ZÜ)

6 Bestand neben dem Wohnsitz im Inland ein Wohnsitz im Ausland?
Falls „Ja", bitte die Zeilen 7 bis 10 ausfüllen.
1 = Ja
2 = Nein

7 Straße und Hausnummer

8 Postleitzahl Ort

9 Staat

10 Haben Sie zu diesem Staat die engeren persönlichen und wirtschaftlichen Beziehungen (Mittelpunkt der Lebensinteressen)?
Falls „Ja", bitte in gesonderter Aufstellung angeben.
1 = Ja
2 = Nein

Name und Anschrift des Arbeitgebers / Sitz der Geschäftsleitung

11 Name (Bezeichnung)

12 Straße und Hausnummer

13 Postleitzahl Ort

14 Staat

15 Wirtschaftszweig des Arbeitgebers (nur bei ATE)

16 Art des begünstigten Vorhabens des Arbeitgebers (nur bei ATE)

Im ausländischen Staat ausgeübte Tätigkeit

	Art der Auslandstätigkeit des Arbeitnehmers	vom	bis
17		T T M M J J J J	T T M M J J J J
18		T T M M J J J J	T T M M J J J J

19 Anzahl der Kalendertage im ausländischen Staat (siehe Anleitung)

Unterbrechung der Tätigkeit

	Grund	vom	bis
20		T T M M J J J J	T T M M J J J J
21		T T M M J J J J	T T M M J J J J

Die Tätigkeit erfolgte

22 X im Rahmen eines Werkvertrags / einer Werkleistungsverpflichtung des Arbeitgebers.

23 X im Rahmen einer gewerblichen Arbeitnehmerüberlassung.

24 X bei einem mit dem Arbeitgeber verbundenen Unternehmen.

25 X für eine Betriebsstätte des Arbeitgebers i. S. d. DBA.

26 X für einen ausländischen Arbeitgeber, mit dem ein Dienstverhältnis besteht / bestand.

27 X

- 2 -

Angaben zum aufnehmenden Unternehmen (z. B. verbundenes Unternehmen / Betriebsstätte / Entleiher)

28 Name (Bezeichnung)

29 Straße und Hausnummer

30 Postleitzahl | Ort

31 Staat

Angaben zum Arbeitslohn

– Ohne besondere Lohnbestandteile laut Zeile 60 –

			EUR
32	Bruttoarbeitslohn laut Nr. 3 der Lohnsteuerbescheinigung(en)		,–
33	Bruttoarbeitslohn, von dem kein inländischer Steuerabzug vorgenommen worden ist (z. B. Bruttoarbeitslohn von einem ausländischen Arbeitgeber oder einer ausländischen Betriebsstätte)	+	,–
34	Steuerfreier Bruttoarbeitslohn laut Nr. 16 a / b der Lohnsteuerbescheinigung(en)	+	,–
35	Zwischensumme	=	,–
	abzüglich darin enthaltener nach ausländischem Recht steuerpflichtiger und nach deutschem Recht steuerfreier Arbeitslohn (ohne nach DBA oder ATE steuerfreien Arbeitslohn)		
36	Bezeichnung	–	,–
	zuzüglich nicht enthaltener nach ausländischem Recht steuerfreier und nach deutschem Recht steuerpflichtiger Arbeitslohn (ohne nach DBA oder ATE steuerpflichtigen Arbeitslohn)		
37	Bezeichnung	+	,–
38	Summe in- und ausländischer Arbeitslohn	=	,–
	Aufteilung des Arbeitslohns laut Zeile 38 abzüglich direkt zuzuordnender Arbeitslohn im Inland		
39	Bezeichnung	–	,–
	abzüglich direkt zuzuordnender Arbeitslohn, der auf den ausländischen Staat laut Zeile 4 entfällt		
40	Bezeichnung	–	,–
	abzüglich direkt zuzuordnender Arbeitslohn laut Zeile 40 der übrigen Anlage(n) N-AUS		
41	Bezeichnung	–	,–
42	**Verbleibender Arbeitslohn**	=	,–

Ermittlung des nach DBA steuerfreien Arbeitslohns

43	Tatsächliche Arbeitstage im Kalenderjahr im In- und Ausland		Tage
44	davon entfallen auf die Tätigkeit, für die der ausländische Staat das Besteuerungsrecht hat		Tage

			EUR
45	$\frac{\text{verbleibender Arbeitslohn (Zeile 42)} \times \text{Auslandsarbeitstage (Zeile 44)}}{\text{tatsächliche Arbeitstage (Zeile 43)}}$	= verbleibender ausländischer Arbeitslohn	,–
46	direkt zuzuordnender Arbeitslohn laut Zeile 40	+	,–
47	Summe steuerfrei zu stellender ausländischer Arbeitslohn (Summe der Zeilen 45 und 46; Betrag übertragen in Zeile 21 der **Anlage N**)	=	,–

Hinweis: Der steuerpflichtige Arbeitslohn (Ergebnis aus Zeile 42 zuzüglich Zeile 39 abzüglich Zeile 45 sämtlicher Anlagen N-AUS) ist – ggf. abweichend von dem Wert laut Nr. 3 der Lohnsteuerbescheinigung(en) – in Zeile 5 der **Anlage N** einzutragen.

Hinweis bei Freistellung nach einem DBA:
Eine Freistellung der ausländischen Einkünfte nach einem DBA ist davon abhängig, dass Sie nachweisen, dass der Staat, dem nach dem Abkommen das Besteuerungsrecht zusteht, auf dieses Besteuerungsrecht verzichtet hat oder dass die in diesem Staat auf die Einkünfte festgesetzten Steuern entrichtet wurden. Zum Nachweis dieser Voraussetzungen reichen Sie bitte geeignete Unterlagen in Kopie ein. Sind Sie verpflichtet, im Ausland eine Steuererklärung abzugeben, reichen Sie bitte eine Kopie des ausländischen Steuerbescheids und des entsprechenden Zahlungsbelegs ein. Sofern der andere Staat ein Selbstveranlagungsverfahren vorsieht und daher keinen Steuerbescheid erteilt, reicht die Vorlage des Zahlungsbelegs und einer Kopie der Steuererklärung aus. Besteht im Ausland keine Verpflichtung zur Abgabe einer Steuererklärung, reichen Sie bitte eine behördliche Bescheinigung (z. B. der ausländischen Finanzbehörde) oder eine Bescheinigung Ihres zivilrechtlichen oder wirtschaftlichen Arbeitgebers ein, aus der sich die Dauer der Tätigkeit im Ausland, die darauf entfallenden Vergütungen und die Höhe der im Ausland abgeführten Steuerbeträge ergeben.
Unter bestimmten Voraussetzungen wird dem anderen Staat die Höhe des in Deutschland steuerfrei erklärten Arbeitslohns mitgeteilt. Einwände gegen eine Weitergabe machen Sie bitte auf einem besonderen Blatt geltend.

2025AnlN-AUS262 2025AnlN-AUS262

Ermittlung des nach ATE steuerfreien Arbeitslohns

– Der Nachweis über die Höhe der Besteuerung im Tätigkeitsstaat ist in Kopie einzureichen. –

48 Tatsächliche Arbeitstage im Kalenderjahr im In- und Ausland — Tage

49 davon entfallen auf die Tätigkeit, für die der ausländische Staat das Besteuerungsrecht hat — Tage

50 $\frac{\text{verbleibender Arbeitslohn (Zeile 42) x Auslandsarbeitstage (Zeile 49)}}{\text{tatsächliche Arbeitstage (Zeile 48)}}$ = verbleibender ausländischer Arbeitslohn — EUR ,—

51 direkt zuzuordnender Arbeitslohn laut Zeile 40 + ,—

52 Summe steuerfrei zu stellender ausländischer Arbeitslohn (Summe der Zeilen 50 und 51; Betrag übertragen in Zeile 22 der **Anlage N**) = ,—

Hinweis: Der steuerpflichtige Arbeitslohn (Ergebnis aus Zeile 42 zuzüglich Zeile 39 abzüglich Zeile 50 sämtlicher Anlagen N-AUS) ist – ggf. abweichend von dem Wert laut Nr. 3 der Lohnsteuerbescheinigung(en) – in Zeile 5 der **Anlage N** einzutragen.

Steuerbefreiung aufgrund eines sonstigen zwischenstaatlichen Übereinkommens (ZÜ)

Auf welchem sonstigen zwischenstaatlichen Übereinkommen beruht die Tätigkeit?

53

Für welche Organisation erfolgt die Tätigkeit (genaue Bezeichnung)?

54

Art der ausgeübten Tätigkeit

55

56 Höhe des Arbeitslohns (Betrag übertragen in Zeile 21 der **Anlage N**, sofern das ZÜ den Progressionsvorbehalt vorsieht.) — EUR ,—

Werbungskosten zu steuerfreiem Arbeitslohn nach DBA / ATE / ZÜ

– Nur soweit vom Arbeitgeber nicht steuerfrei erstattet –

57 Werbungskosten, die dem steuerfreien Arbeitslohn direkt zugeordnet werden können — EUR ,—

58 Werbungskosten, die dem steuerfreien Arbeitslohn nicht direkt zugeordnet werden können; diese sind im Verhältnis der steuerfreien Einnahmen zu den Gesamteinnahmen aufzuteilen + ,—

59 Summe (Betrag übertragen in Zeile 81 der **Anlage N**) = ,—

Besondere Lohnbestandteile

– mit Anwendung der sog. Fünftel-Regelung –

60 Entschädigungen, Vergütungen für mehrjährige Tätigkeiten (laut gesonderter Aufstellung) – nicht in Zeile 38 enthalten – — EUR ,—

61 Werbungskosten zu Zeile 60 – ,—

62 Verbleibender Betrag (Betrag übertragen in Zeile 23 der **Anlage N**) = ,—

Hinweis: Sofern sich aufgrund DBA-Regelung die Steuerfreiheit im Inland ergibt, werden die Einkünfte i. S. d. § 34 EStG mit der sog. Fünftel-Regelung im Rahmen des Progressionsvorbehalts berücksichtigt. Aufgrund von DBA-Regelungen im Inland steuerpflichtige besondere Lohnbestandteile sind in Zeile 17 der **Anlage N** einzutragen. Werbungskosten laut Zeile 61 dürfen **nicht** in die **Anlage N** eingetragen werden.

Steuerfreier Arbeitslohn nach DBA in Sonderfällen

(z. B. aus ausländischen öffentlichen Kassen)

63 Höhe des Arbeitslohns (Betrag übertragen in Zeile 21 der **Anlage N**) — EUR ,—

64 Werbungskosten zu Zeile 63 (Betrag übertragen in Zeile 81 der **Anlage N**) ,—

65 Staatsangehörigkeit(en)

Hinweis: Die Angaben zum Arbeitslohn laut den Zeilen 32 bis 62 sind nicht erforderlich. Erläuterungen zur Art des Sonderfalls bitte in gesondertem Beiblatt angeben.

2025AnlN-AUS263

Anleitung vorhanden

2025

Anlage N-Doppelte Haushaltsführung

Jeder Ehegatte / Lebenspartner mit Mehraufwendungen für doppelte Haushaltsführung hat eine eigene Anlage N-Doppelte Haushaltsführung abzugeben.

X Steuerpflichtige Person / Ehemann / Person A

X Ehefrau / Person B

1 Name

2 Vorname

3 **Steuernummer**

Mehraufwendungen für doppelte Haushaltsführung bei Einkünften aus nichtselbständiger Arbeit

Allgemeine Angaben

87 / 88

4 Der doppelte Haushalt wurde aus beruflichem Anlass begründet am — 501 T T M M J J J J

5 Grund

6 Der doppelte Haushalt hat seitdem ununterbrochen bestanden bis — 502 T T M M 2025

7 Beschäftigungsort (PLZ, Ort, sowie zusätzlich den Staat - falls im Ausland und abweichend vom Staat, in dem der doppelte Haushalt liegt -)

8 Der doppelte Haushalt liegt im Ausland — 507 — 1 = Ja — Ausländischer Staat, in dem der doppelte Haushalt liegt

9 Es liegt ein **eigener Hausstand** am Lebensmittelpunkt vor — 503 — 1 = Ja 2 = Nein

– Falls Zeile 9 mit „Nein" beantwortet wird, sind in den Zeilen 10 bis 32 keine Eintragungen vorzunehmen. –

10 PLZ, Ort des eigenen Hausstandes — seit — 504 T T M M J J J J

11 Der Begründung des doppelten Haushalts ist eine Auswärtstätigkeit am selben Beschäftigungsort unmittelbar vorausgegangen — 505 — 1 = Ja

12 Anstelle der Mehraufwendungen für doppelte Haushaltsführung werden bei den Wegen zwischen Wohnung und erster Tätigkeitsstätte in den Zeilen 27 bis 50 der **Anlage N** Fahrtkosten für **mehr** als eine Heimfahrt wöchentlich geltend gemacht — 506 — 1 = Ja

– Falls Zeile 12 mit „Ja" beantwortet wird, sind in den Zeilen 13 bis 32 keine Eintragungen vorzunehmen. –

Fahrtkosten

13 Die Fahrten wurden mit einem **Firmenwagen** oder im Rahmen einer unentgeltlichen **Sammelbeförderung** des Arbeitgebers durchgeführt — 510 — 1 = Ja, insgesamt 2 = Nein 3 = Ja, teilweise

– Falls Zeile 13 mit „Ja, insgesamt" beantwortet wird, sind in den Zeilen 14, 15, 17 und 19 keine Eintragungen vorzunehmen. Bei „Ja, teilweise" sind in diesen Zeilen nur Eintragungen für die mit dem eigenen oder zur Nutzung überlassenen privaten Fahrzeug durchgeführten Fahrten vorzunehmen. –

Erste Fahrt zum Ort der ersten Tätigkeitsstätte und letzte Fahrt zum eigenen Hausstand

14 mit privatem Kfz gefahrene km — 511 — Kilometersatz bei Einzelnachweis (Berechnung laut gesonderter Aufstellung) — 512 — EUR , Ct

15 mit privatem Motorrad / Motorroller gefahrene km — 522 — Kilometersatz bei Einzelnachweis (Berechnung laut gesonderter Aufstellung) — 523 — ,

16 mit öffentlichen Verkehrsmitteln oder entgeltlicher Sammelbeförderung — 513 — EUR ,—

Wöchentliche Familienheimfahrten

17 einfache Entfernung in km (ohne Flugstrecken) — 514 — Anzahl der Familienheimfahrten — 515

18 Kosten für öffentliche Verkehrsmittel (ohne Fähr- und Flugkosten) — 516 — EUR ,—

Nur bei Behinderungsgrad von mindestens 70 oder mindestens 50 und Merkzeichen „G"

19 Einfache Entfernung in km (ohne Flugstrecken) — 524 — davon mit privatem Kfz zurückgelegt in km — 517 — Anzahl der Familienheimfahrten — 518

20 Kilometersatz bei Einzelnachweis (Berechnung laut gesonderter Aufstellung) — 519 — EUR , Ct

21 Kosten für öffentliche Verkehrsmittel (ohne Fähr- und Flugkosten) — 520 — EUR ,—

22 Fähr- und Flugkosten (zu den wöchentlichen Heimfahrten laut den Zeilen 17 bis 21) oder Kosten für entgeltliche Sammelbeförderung für Heimfahrten — 521 — ,—

2025AnlN-DHF481 — - September 2025 - — 2025AnlN-DHF481

Kosten der Unterkunft am Ort der ersten Tätigkeitsstätte

			EUR
23	Aufwendungen (z. B. Miete einschließlich Stellplatz- / Garagenkosten, Nebenkosten)	530	,—
24	Größe der Zweitwohnung des doppelten Haushalts im Ausland in m²	531	

Pauschbeträge für Mehraufwendungen für Verpflegung

Die Verpflegungsmehraufwendungen laut den Zeilen 25 bis 31 können nur für einen Zeitraum von 3 Monaten nach Bezug der Unterkunft am Ort der ersten Tätigkeitsstätte geltend gemacht werden; geht der doppelten Haushaltsführung eine Auswärtstätigkeit voraus, ist dieser Zeitraum auf den Dreimonatszeitraum anzurechnen.

Bei einer doppelten Haushaltsführung im Inland

25	Anzahl der An- und Abreisetage	541	
26	Anzahl der Tage mit einer Abwesenheit von 24 Stunden	542	
			EUR
27	Kürzungsbetrag wegen Mahlzeitengestellung (eigene Zuzahlungen sind ggf. gegenzurechnen)	544	,—

Bei einer doppelten Haushaltsführung im Ausland

					EUR			
28	Anzahl der An- und Abreisetage		x	Pauschbetrag für An- und Abreisetage	,—	=		,—
29	Anzahl der Tage mit einer Abwesenheit von 24 Stunden		x	Pauschbetrag bei Abwesenheit von 24 Stunden	,—	=	+	,—
30	Kürzungsbetrag wegen Mahlzeitengestellung (eigene Zuzahlungen sind ggf. gegenzurechnen)						–	,—
31	Summe der Verpflegungsmehraufwendungen bei einer doppelten Haushaltsführung im Ausland					543	=	,—

Sonstige Aufwendungen

(z. B. Kosten für den Umzug, die Einrichtung und den Hausrat, jedoch ohne Kosten der Unterkunft laut Zeile 23)

			EUR
32		550	,—

Weitere doppelte Haushaltsführungen

			EUR
33	Summe der Mehraufwendungen für **weitere** doppelte Haushaltsführungen (Berechnung laut gesonderter Aufstellung)	551	,—

Steuerfreie Arbeitgeberleistungen / Zuschüsse

			EUR
34	Vom Arbeitgeber / von der Agentur für Arbeit insgesamt steuerfrei ersetzt	590	,—

Anleitung vorhanden

2025

1	Name	
2	Vorname	
3	**Steuernummer**	lfd. Nr. der Anlage

Anlage R

Jeder Ehegatte / Lebenspartner mit Renten und Leistungen hat eine eigene Anlage R abzugeben.

Daten für die mit ⓔ gekennzeichneten Zeilen liegen im Regelfall vor und müssen nicht eingetragen werden.
– Bitte Anleitung beachten. –

Renten und andere Leistungen aus dem Inland

– Ohne Leistungen aus Altersvorsorgeverträgen und aus der betrieblichen Altersversorgung –

X Steuerpflichtige Person / Ehemann / Person A

X Ehefrau / Person B

Leibrenten / Leistungen aus gesetzlichen Rentenversicherungen, landwirtschaftlicher Alterskasse, berufsständischen Versorgungseinrichtungen, eigenen zertifizierten Basisrentenverträgen

71 / 72

Zeile			1. Rente		2. Rente	
4	Rentenbetrag (einschließlich Einmalzahlung und Leistungen)	101	EUR ,–	151	EUR ,–	ⓔ
5	Rentenanpassungsbetrag (in Zeile 4 enthalten)	102	,–	152	,–	ⓔ
6	Beginn der Rente	103	T T M M J J J J	153	T T M M J J J J	ⓔ
	Vorhergehende Rente:					
7	Beginn der Rente	105	T T M M J J J J	155	T T M M J J J J	ⓔ
8	Ende der Rente	106	T T M M J J J J	156	T T M M J J J J	ⓔ
9	Nachzahlungen für mehrere vorangegangene Jahre / Kapitalauszahlung (in Zeile 4 enthalten)	111	EUR ,–	161	EUR ,–	ⓔ
	Öffnungsklausel					
10	Prozentsatz (laut Bescheinigung Ihres Versorgungsträgers)	112	, %	162	, %	
11	die Rente erlischt / wird umgewandelt spätestens am	113	T T M M J J J J	163	T T M M J J J J	
12	bei Einmalzahlung: Betrag	114	EUR ,–	164	EUR ,–	

Leibrenten aus privaten Rentenversicherungen (auf Lebenszeit / mit zeitlich befristeter Laufzeit)

(ohne Renten laut den Zeilen 4 bis 12)

Zeile			1. Rente		2. Rente	
13	Rentenbetrag	131	EUR ,–	181	EUR ,–	ⓔ
14	Beginn der Rente	132	T T M M J J J J	182	T T M M J J J J	ⓔ
15	Geburtsdatum einer anderen Person, von deren Lebenszeit die Laufzeit der Rente (auch) abhängt; bei Garantiezeitrenten das Geburtsdatum der verstorbenen versicherten Person	136	T T M M J J J J	186	T T M M J J J J	
16	Die Rente erlischt mit dem Tod von					
17	Die Rente erlischt / wird umgewandelt spätestens am	133	T T M M J J J J	183	T T M M J J J J	ⓔ
18	Nachzahlungen für mehrere vorangegangene Jahre (in Zeile 13 enthalten)	134	EUR ,–	184	EUR ,–	ⓔ

2025AnlR121 - September 2025 - 2025AnlR121

Leibrenten aus sonstigen Verpflichtungsgründen (z. B. Renten aus Veräußerungsgeschäften)

(ohne Renten laut den Zeilen 4 bis 18)

Zeile			1. Rente		2. Rente
19	Rentenbetrag	141	EUR ,—	191	EUR ,—
20	Beginn der Rente	142	T T M M J J J J	192	T T M M J J J J
21	Geburtsdatum einer anderen Person, von deren Lebenszeit die Laufzeit der Rente (auch) abhängt; bei Garantiezeitrenten das Geburtsdatum der verstorbenen versicherten Person	146	T T M M J J J J	196	T T M M J J J J
22	Die Rente erlischt mit dem Tod von				
23	Die Rente erlischt / wird umgewandelt spätestens am	143	T T M M J J J J	193	T T M M J J J J
24	Nachzahlungen für mehrere vorangegangene Jahre (in Zeile 19 enthalten)	144	EUR ,—	194	EUR ,—

Werbungskosten

Die Eintragungen in den Zeilen 25 und 26 sind nur in der ersten Anlage R vorzunehmen.

Zeile			EUR
25	Werbungskosten zu den Zeilen 4, 13 und 19 – ohne Werbungskosten laut Zeile 26 – Art der Aufwendungen	800	,—
26	Werbungskosten zu den Zeilen 9, 18 und Zeile 24 Art der Aufwendungen	801	,—

Ansässigkeit in Belgien (gemäß Artikel 4 des Doppelbesteuerungsabkommens mit Belgien)

Zeile			EUR
27	Renteneinnahmen nach DBA Belgien (in Zeile 4 enthalten)	702	,—
28	Werbungskosten zu Zeile 27 (in den Zeilen 25 und 26 enthalten)	807	,—

Steuerstundungsmodelle

Einkünfte aus Gesellschaften / Gemeinschaften / ähnlichen Modellen i. S.d. § 15b EStG (laut gesonderter Aufstellung)

Zeile		EUR
29		,—

2025AnlR122

Anleitung vorhanden

2025

Anlage R-AUS

Jeder Ehegatte / Lebenspartner mit Renten und Leistungen hat eine eigene Anlage R-AUS abzugeben.

- [ ] Steuerpflichtige Person / Ehemann / Person A
- [ ] Ehefrau / Person B

1 Name

2 Vorname

3 **Steuernummer** lfd. Nr. der Anlage

Renten und andere Leistungen aus ausländischen Versicherungen / ausländischen Rentenverträgen / ausländischen betrieblichen Versorgungseinrichtungen

Bei Auslandssachverhalten besteht eine erhöhte Mitwirkungspflicht. Bitte reichen Sie Belege in Kopie ein.

Ausländische Leibrenten und Leistungen, die mit Leistungen eines inländischen Versorgungsträgers (gesetzliche Rentenversicherungen, landwirtschaftliche Alterskasse und berufsständische Versorgungseinrichtungen) vergleichbar sind

71 / 72

Zeile		Kz	1. Rente	Kz	2. Rente
4	Staat des Leistungsbezugs				
5	Rentenbetrag (einschließlich Einmalzahlung und Leistungen)	351	EUR ,—	401	EUR ,—
6	Rentenanpassungsbetrag (in Zeile 5 enthalten)	352	,—	402	,—
7	Beginn der Rente	353	T T M M J J J J	403	T T M M J J J J
	Vorhergehende Rente:				
8	Beginn der Rente	355	T T M M J J J J	405	T T M M J J J J
9	Ende der Rente	356	T T M M J J J J	406	T T M M J J J J
10	Nachzahlungen für mehrere vorangegangene Jahre / Kapitalauszahlung (in Zeile 5 enthalten)	361	EUR ,—	411	EUR ,—
	Öffnungsklausel:				
11	Prozentsatz (laut Bescheinigung Ihres ausländischen Versorgungsträgers / laut gesonderter Ermittlung)	362	, %	412	, %
12	die Rente erlischt / wird umgewandelt spätestens am	363	T T M M J J J J	413	T T M M J J J J
13	bei Einmalzahlung: Betrag	364	EUR ,—	414	EUR ,—

Leibrenten aus privaten Rentenversicherungen (auf Lebenszeit / mit zeitlich befristeter Laufzeit), sonstigen Verpflichtungsgründen (z. B. Renten aus Veräußerungsgeschäften)

(ohne Renten laut den Zeilen 4 bis 13)

Zeile		Kz	1. Rente	Kz	2. Rente
14	Staat des Leistungsbezugs				
15	Rentenbetrag	381	EUR ,—	431	EUR ,—
16	Beginn der Rente	382	T T M M J J J J	432	T T M M J J J J
17	Geburtsdatum einer anderen Person, von deren Lebenszeit die Laufzeit der Rente (auch) abhängt; bei Garantiezeitrenten das Geburtsdatum der verstorbenen versicherten Person	386	T T M M J J J J	436	T T M M J J J J
18	Die Rente erlischt mit dem Tod von				
19	Die Rente erlischt / wird umgewandelt spätestens am	383	T T M M J J J J	433	T T M M J J J J
20	Nachzahlungen für mehrere vorangegangene Jahre (in Zeile 15 enthalten)	384	EUR ,—	434	EUR ,—

2025AnlR-AUS331 - September 2025 - 2025AnlR-AUS331

- 2 -

Leistungen aus ausländischen betrieblichen Altersversorgungseinrichtungen, die mit inländischen betrieblichen Altersversorgungseinrichtungen vergleichbar sind

Zeile			1. Rente		2. Rente
21	Staat des Leistungsbezugs				
22	Leistungen aus einer ausländischen betrieblichen Altersversorgungseinrichtung, soweit diese auf im Inland oder im Ausland geförderten Beiträgen beruhen	721	EUR ,—	741	EUR ,—
23	Lebenslange Leibrente aus einer ausländischen betrieblichen Altersversorgungseinrichtung, soweit diese auf im Inland oder im Ausland nicht geförderten Beiträgen beruht	722	,—	742	,—
24	Beginn der Rente	723	T T M M J J J J	743	T T M M J J J J
25	Geburtsdatum einer anderen Person, von deren Lebenszeit die Laufzeit der Rente (auch) abhängt; bei Garantiezeitrenten das Geburtsdatum der verstorbenen versicherten Person	724	T T M M J J J J	744	T T M M J J J J
26	Abgekürzte Leibrente aus einer ausländischen betrieblichen Altersversorgungseinrichtung, soweit diese auf im Inland oder im Ausland nicht geförderten Beiträgen beruht	725	EUR ,—	745	EUR ,—
27	Beginn der Rente	726	T T M M J J J J	746	T T M M J J J J
28	Die Rente erlischt / wird umgewandelt spätestens am	727	T T M M J J J J	747	T T M M J J J J
29	Einmalleistungen aus einer ausländischen betrieblichen Altersversorgungseinrichtung, soweit diese auf im Inland oder im Ausland nicht geförderten Beiträgen beruhen	728	EUR ,—	748	EUR ,—
30	Datum des Vertragsabschlusses	729	T T M M J J J J	749	T T M M J J J J
31	Nachzahlungen für mehrere vorangegangene Jahre (in den Zeilen 22, 23 und / oder 26 enthalten)	792	EUR ,—	793	EUR ,—

Werbungskosten

Die Eintragungen in den Zeilen 32 bis 36 sind nur in der ersten Anlage R-AUS vorzunehmen.

Zeile			EUR
32	Werbungskosten zu den Zeilen 5 und 15 – ohne Werbungskosten laut Zeile 33 – Art der Aufwendungen	812	,—
33	Werbungskosten zu den Zeilen 10, 20 und zu Nachzahlungen (Zeile 31), die in den Einnahmen der Zeilen 23 und 26 enthalten sind Art der Aufwendungen	813	,—
34	Werbungskosten zu den Zeilen 22 und 29 Art der Aufwendungen	814	,—
35	Werbungskosten zu den Zeilen 23 und 26 Art der Aufwendungen	815	,—
36	Werbungskosten zu Nachzahlungen (Zeile 31), die in den Einnahmen der Zeile 22 enthalten sind Art der Aufwendungen	816	,—

Steuerstundungsmodelle

Zeile		EUR
37	Einkünfte aus Gesellschaften / Gemeinschaften / ähnlichen Modellen i. S. d. § 15b EStG (laut gesonderter Aufstellung)	,—

2025AnlR-AUS332

2025AnlR-AUS332

Anleitung vorhanden

2025

Anlage R-AV / bAV

Jeder Ehegatte / Lebenspartner mit Leistungen hat eine eigene Anlage R-AV / bAV abzugeben.

Daten für die mit ⓔ gekennzeichneten Zeilen liegen im Regelfall vor und müssen nicht eingetragen werden. – Bitte Anleitung beachten. –

- X Steuerpflichtige Person / Ehemann / Person A
- X Ehefrau / Person B

Zeile	Feld	
1	Name	
2	Vorname	
3	Steuernummer	lfd. Nr. der Anlage

Leistungen aus zertifizierten Altersvorsorgeverträgen und aus der inländischen betrieblichen Altersversorgung

Leistungen 71 / 72

Zeile			1. Rente		2. Rente	
4	Leistungen aus einem Altersvorsorgevertrag, einem Pensionsfonds, einer Pensionskasse oder aus einer Direktversicherung laut Nummer 1 der Leistungsmitteilung	500	EUR ,–	550	EUR ,–	ⓔ
5	Leistungen aus einem Pensionsfonds laut Nummer 2 der Leistungsmitteilung	501	,–	551	,–	ⓔ
6	Bemessungsgrundlage für den Versorgungsfreibetrag	502	,–	552	,–	
7	Maßgebendes Kalenderjahr des Versorgungsbeginns	524	J J J J	574	J J J J	
8	Bei unterjähriger Zahlung: Erster und letzter Monat, für den Versorgungsbezüge gezahlt wurden	522	M M - 523 M M	572	M M - 573 M M	
9	Leistungen zur Abfindung einer Kleinbetragsrente laut Nummer 3 der Leistungsmitteilung	525	EUR ,–	575	EUR ,–	ⓔ
10	Leistungen aus einer betrieblichen Altersversorgung laut Nummer 4 der Leistungsmitteilung	505	,–	555	,–	ⓔ
11	In Zeile 10 enthaltener Rentenanpassungsbetrag	526	,–	576	,–	ⓔ
12	Beginn der Leistung	506	T T M M J J J J	556	T T M M J J J J	ⓔ
13	Beginn der vorhergehenden Leistung	518	T T M M J J J J	568	T T M M J J J J	ⓔ
14	Ende der vorhergehenden Leistung	519	T T M M J J J J	569	T T M M J J J J	ⓔ
15	Leibrente aus einem Altersvorsorgevertrag oder aus einer betrieblichen Altersversorgung laut Nummer 5 oder Leistungen wegen schädlicher Verwendung laut Nummer 9a der Leistungsmitteilung	507	EUR ,–	557	EUR ,–	ⓔ
16	Beginn der Rente	508	T T M M J J J J	558	T T M M J J J J	ⓔ
17	Geburtsdatum einer anderen Person, von deren Lebenszeit die Laufzeit der Rente (auch) abhängt; bei Garantiezeitrenten das Geburtsdatum der verstorbenen versicherten Person	530	T T M M J J J J	580	T T M M J J J J	
18	Abgekürzte Leibrente aus einem Altersvorsorgevertrag oder aus einer betrieblichen Altersversorgung laut Nummer 6 oder Leistungen wegen schädlicher Verwendung laut Nummer 9b der Leistungsmitteilung	509	EUR ,–	559	EUR ,–	ⓔ
19	Beginn der Rente	510	T T M M J J J J	560	T T M M J J J J	ⓔ
20	Die Rente erlischt / wird umgewandelt spätestens am	511	T T M M J J J J	561	T T M M J J J J	ⓔ

Zeile			1. Rente		2. Rente	
21	Andere Leistungen laut den Nummern 7, 8 und 10 oder Leistungen wegen schädlicher Verwendung laut den Nummern 9c und 9d der Leistungsmitteilung oder der Auflösungsbetrag bei Aufgabe der Selbstnutzung oder der Reinvestitionsabsicht vor dem Beginn der Auszahlungsphase oder der Verminderungsbetrag laut Bescheid der Zentralen Zulagenstelle für Altersvermögen	512	EUR ,—	562	EUR ,—	ⓔ
22	Auflösungsbetrag bei Wahl der Einmalbesteuerung des Wohnförderkontos laut Bescheid der Zentralen Zulagenstelle für Altersvermögen	535	,—	585	,—	ⓔ
23	Auflösungsbetrag bei Aufgabe der Selbstnutzung oder der Reinvestitionsabsicht nach dem Beginn der Auszahlungsphase laut Bescheid der Zentralen Zulagenstelle für Altersvermögen	536	,—	586	,—	ⓔ
24	Beginn der Auszahlungsphase	537	T T M M J J J J	587	T T M M J J J J	
25	Zeitpunkt der Aufgabe der Selbstnutzung oder Reinvestitionsabsicht	538	T T M M J J J J	588	T T M M J J J J	ⓔ
26	Nachzahlungen für mehrere vorangegangene Jahre (laut Nummer 11 der Leistungsmitteilung)	516	EUR ,—	566	EUR ,—	ⓔ

Werbungskosten

Die Eintragungen in den Zeilen 27 bis 33 sind nur in der ersten Anlage R-AV / bAV vorzunehmen.

Zeile			EUR
27	Werbungskosten zu den Zeilen 4 und 21 Art der Aufwendungen	802	,—
28	Werbungskosten zu Zeile 5 Art der Aufwendungen	803	,—
29	Werbungskosten zu den Zeilen 10, 15 und 18 Art der Aufwendungen	806	,—
30	Werbungskosten zu Zeile 22 Art der Aufwendungen	808	,—
31	Werbungskosten zu Zeile 23 Art der Aufwendungen	809	,—
32	Werbungskosten zu Zeile 9 sowie zu Nachzahlungen (Zeile 26), die in den Einnahmen der Zeile 4 enthalten sind Art der Aufwendungen	805	,—
33	Werbungskosten zu Nachzahlungen (Zeile 26), die in den Einnahmen der Zeilen 5, 10, 15 und 18 enthalten sind Art der Aufwendungen	811	,—

2025AnlR-AVbAV342

2025

1 Name

2 Vorname

3 **Steuernummer**

Für jeden Betrieb ist zusätzlich eine Bilanz oder – soweit keine Bilanz erstellt wird – eine Anlage EÜR elektronisch zu übermitteln.

Anlage S

Jeder Ehegatte / Lebenspartner mit Einkünften aus selbständiger Arbeit hat eine eigene Anlage S abzugeben.

Steuerpflichtige Person / Ehemann / Person A

Ehefrau / Person B

Einkünfte aus selbständiger Arbeit

Gewinn 22

(ohne die Beträge in den Zeilen 35, 43 und 52; bei ausländischen Einkünften: **Anlage AUS** beachten)

Gewinn aus freiberuflicher Tätigkeit

4 genaue Berufsbezeichnung oder Tätigkeit

5 Steuernummer

6 Wirtschafts-Identifikationsnummer D E - 100/300 EUR ,–

Gewinn aus einer weiteren freiberuflichen Tätigkeit

7 genaue Berufsbezeichnung oder Tätigkeit

8 Steuernummer

9 Wirtschafts-Identifikationsnummer D E - 101/301 EUR ,–

Gewinn laut gesonderter Feststellung

10 genaue Berufsbezeichnung oder Tätigkeit

11 Finanzamt

12 Steuernummer 110/310 ,–

Gewinn aus Beteiligung laut gesonderter und einheitlicher Feststellung – 1. Beteiligung

13 genaue Bezeichnung der Gesellschaft

14 Finanzamt

15 Steuernummer 120/320 ,–

16 **Gewinn aus allen weiteren Beteiligungen laut gesonderter und einheitlicher Feststellung** (laut gesonderter Aufstellung) 130/330 ,–

Gewinn aus Gesellschaften / Gemeinschaften / ähnlichen Modellen i. S. d. § 15b EStG laut gesonderter und einheitlicher Feststellung

17 genaue Bezeichnung der Gesellschaft / Gemeinschaft / des ähnlichen Modells ,–

Gewinn aus sonstiger selbständiger Arbeit (z. B. als Aufsichtsratsmitglied)

18 genaue Berufsbezeichnung oder Tätigkeit

19 Steuernummer

20 Wirtschafts-Identifikationsnummer D E - 140/340 ,–

Gewinn aus allen weiteren Tätigkeiten

21 genaue Berufsbezeichnung oder Tätigkeit 150/350 ,–

22 In den Zeilen 6 bis 16, 20 und 21 nicht enthaltener steuerfreier Teil der Einkünfte, für die das **Teileinkünfteverfahren** gilt 160/360 ,–

2025AnlS221 - September 2025 - 2025AnlS221

			EUR
23	In den Zeilen 6 bis 16, 20 und 21 enthaltene positive Einkünfte i. S. d. § 2 Abs. 4 UmwStG		,—
	Steuerpflichtiger Teil der Leistungsvergütungen als Beteiligter einer Wagniskapitalgesellschaft, die **vor** dem 1.1.2009 gegründet wurde (§ 18 Abs. 1 Nr. 4 EStG)		
24	genaue Bezeichnung der Gesellschaft		
25	Finanzamt		
26	Steuernummer	170/370	,—
	Steuerpflichtiger Teil der Leistungsvergütungen als Beteiligter einer Wagniskapitalgesellschaft, die **nach** dem 31.12.2008 gegründet wurde (§ 18 Abs. 1 Nr. 4 EStG)		
27	genaue Bezeichnung der Gesellschaft		
28	Finanzamt		
29	Steuernummer	180/380	,—
	Ich beantrage für den in den Zeilen 6 bis 16 und 43 enthaltenen Gewinn die Begünstigung nach § 34a EStG und / oder es wurde zum 31.12.2024 ein nachversteuerungspflichtiger Betrag festgestellt.		
30	Anzahl der einzureichenden **Anlagen 34a**		
31	Es wurden steuerfreie Sanierungserträge i. S. d. § 3a EStG erzielt.		1 = Ja

Veräußerungsgewinn

bei Veräußerung / Aufgabe eines **ganzen Betriebs**, eines **Teilbetriebs** oder eines ganzen **Mitunternehmeranteils** (§ 16 EStG)

Veräußerungsgewinn, für den der Freibetrag nach § 16 Abs. 4 EStG wegen dauernder Berufsunfähigkeit oder Vollendung des 55. Lebensjahres beantragt wird

– Für nach dem 31.12.1995 erfolgte Veräußerungen / Aufgaben wurde der Freibetrag nach § 16 Abs. 4 EStG bei keiner Einkunftsart in Anspruch genommen. –

			EUR
32	genaue Bezeichnung des Betriebs / Teilbetriebs / Mitunternehmeranteils		
33	Finanzamt		
34	Steuernummer		
35	Veräußerungsgewinn vor Abzug des Freibetrags nach § 16 Abs. 4 EStG	200/400	,—
36	In Zeile 35 enthaltener steuerpflichtiger Teil, für den das **Teileinkünfteverfahren** gilt	210/410	,—
37	Auf den Veräußerungsgewinn laut Zeile 35 wurde zumindest teilweise § 6b oder § 6b i. V. m. § 6c EStG angewendet. Die Übertragungen von aufgedeckten stillen Reserven und / oder die in Anspruch genommenen Rücklagen nach § 6b Abs. 1 bis 9 ggf. i. V. m. § 6c EStG betragen	202/402	,—
38	Auf den Veräußerungsgewinn laut Zeile 35 wurde zumindest teilweise § 6b oder § 6b i. V. m. § 6c EStG angewendet. Die Übertragungen von aufgedeckten stillen Reserven und / oder die in Anspruch genommenen Rücklagen nach § 6b Abs. 10 ggf. i. V. m. § 6c EStG betragen	203/403	,—
39	Veräußerungsgewinn laut Zeile 35, für den der **ermäßigte Steuersatz** des § 34 Abs. 3 EStG wegen dauernder Berufsunfähigkeit oder Vollendung des 55. Lebensjahres beantragt wird. Für nach dem 31.12.2000 erfolgte Veräußerungen / Aufgaben wurde der ermäßigte Steuersatz nach § 34 Abs. 3 EStG bei keiner Einkunftsart in Anspruch genommen.	220/420	,—

Veräußerungsgewinn(e), für den / die der Freibetrag nach § 16 Abs. 4 EStG nicht beantragt wird oder nicht zu gewähren ist

			EUR
40	genaue Bezeichnung des Betriebs / Teilbetriebs / Mitunternehmeranteils		
41	Finanzamt		
42	Steuernummer		
43	Veräußerungsgewinn(e)	230/430	,—
44	In Zeile 43 enthaltener steuerpflichtiger Teil, für den das **Teileinkünfteverfahren** gilt	240/440	,—

 2025AnlS222

Zeile		Kennzahl	
45	Auf den / die Veräußerungsgewinn(e) laut Zeile 43 wurde zumindest teilweise § 6b Abs. 1 bis 9 ggf. i. V. m. § 6c EStG angewendet	231/431	1 = Ja, für die / alle Veräußerung(en) 2 = Ja, aber nicht für alle Veräußerungen
46	Auf den / die Veräußerungsgewinn(e) laut Zeile 43 wurde zumindest teilweise § 6b Abs. 10 ggf. i. V. m. § 6c EStG angewendet	204/404	1 = Ja
47	In Zeile 43 enthaltener Veräußerungsgewinn, für den der **ermäßigte Steuersatz** des § 34 Abs. 3 EStG wegen dauernder Berufsunfähigkeit oder Vollendung des 55. Lebensjahres beantragt wird. Für nach dem 31.12.2000 erfolgte Veräußerungen / Aufgaben wurde der ermäßigte Steuersatz des § 34 Abs. 3 EStG bei keiner Einkunftsart in Anspruch genommen.	250/450	EUR ,—
48	In Zeile 47 enthaltener steuerpflichtiger Teil, für den das **Teileinkünfteverfahren** gilt	260/460	,—

Veräußerungsverlust(e) nach § 16 EStG

Zeile		Kennzahl	
49	genaue Bezeichnung des Betriebs / Teilbetriebs / Mitunternehmeranteils		
50	Finanzamt		
51	Steuernummer		
52	Veräußerungsverlust(e)	270/470	EUR ,—
53	In Zeile 52 enthaltener steuerpflichtiger Teil, für den das **Teileinkünfteverfahren** gilt	280/480	,—

Zu den Zeilen 32 bis 48:

54 X Erwerber ist eine Gesellschaft, an der die veräußernde Person oder eine ihr nahestehende Person beteiligt ist (laut gesonderter Aufstellung).

55 X Die Betriebsaufgabe erstreckt sich über mehr als ein Kalenderjahr.

Sonstiges

Zeile		Kennzahl	
56	In den Zeilen 6 bis 21 enthaltene begünstigte sonstige Gewinne i. S. d. § 34 Abs. 2 Nr. 2 bis 4 EStG	190/390	EUR ,—

Einnahmen aus nebenberuflicher Tätigkeit

– Eine Anlage EÜR ist nicht zu übermitteln, wenn die Einnahmen nach § 3 Nr. 12, 26, 26a und / oder 26b EStG ganz oder teilweise steuerfrei sind und keine Betriebsausgaben geltend gemacht werden. –

Zeile		Kennzahl	Gesamtbetrag EUR	Kennzahl	davon als steuerfrei behandelt EUR	Rest enthalten in Zeile(n)
57	aus der Tätigkeit als	191/391	,—	192/392	,—	
58	aus allen weiteren Tätigkeiten	193/393	,—	194/394	,—	

Kürzungsbetrag nach § 11 AStG

Zeile		Kennzahl	
59	Kürzungsbetrag nach § 11 AStG (laut gesonderter Aufstellung)	185/385	EUR ,—

Anleitung vorhanden

2025

Anlage SO

Diese Anlage ist bei Zusammenveranlagung von Ehegatten / Lebenspartnern gemeinsam auszufüllen.

1 Name

2 Vorname

3 **Steuernummer**

Sonstige Einkünfte

(ohne Renten und ohne Leistungen aus Altersvorsorgeverträgen)

Wiederkehrende Bezüge

55

Zeile			Steuerpflichtige Person / Ehemann / Person A EUR		Ehefrau / Person B EUR
4	Bezeichnung der Einnahmen aus wiederkehrenden Bezügen	158	,—	159	,—

Unterhaltsleistungen

– Bitte Anleitung beachten. –

Zeile			EUR		EUR
5	Unterhaltsleistungen, soweit sie vom Geber als Sonderausgaben abgezogen werden können, laut **Anlage U**	146	,—	147	,—
6	In Zeile 5 enthaltene Beiträge (abzüglich Erstattungen und Zuschüsse) zur Basis-Kranken- und gesetzlichen Pflegeversicherung laut **Anlage U**	148	,—	149	,—
7	Davon entfallen auf Krankenversicherungsbeiträge mit Anspruch auf Krankengeld laut **Anlage U**	150	,—	151	,—

Versorgungsleistungen, die auf besonderen Verpflichtungsgründen beruhen

Zeile			EUR		EUR
8	Versorgungsleistungen, die auf besonderen Verpflichtungsgründen beruhen	140	,—	141	,—

Ausgleichsleistungen zur Vermeidung des Versorgungsausgleichs

Zeile			EUR		EUR
9	Ausgleichsleistungen zur Vermeidung des Versorgungsausgleichs, soweit sie vom Geber als Sonderausgaben abgezogen werden können, laut **Anlage U**	144	,—	145	,—

Ausgleichszahlungen im Rahmen des Versorgungsausgleichs

Zeile			EUR		EUR
10	Ausgleichszahlungen im Rahmen des Versorgungsausgleichs	142	,—	143	,—

Werbungskosten

Zeile			EUR		EUR
11	Werbungskosten zu den Zeilen 4 bis 10	160	,—	161	,—

Andere wiederkehrende Bezüge / Unterhaltsleistungen (Teileinkünfteverfahren)

Zeile			EUR		EUR
12	Bezüge i. S. d. § 22 Nr. 1 Satz 2 EStG	180	,—	181	,—
13	Werbungskosten zu den Bezügen i. S. d. § 22 Nr. 1 Satz 2 EStG	182	,—	183	,—

Leistungen

Angaben zu Tätigkeiten im Zusammenhang mit Kryptowerten

– Angaben sind hier nur erforderlich, sofern es sich nicht um Einkünfte aus anderen Einkunftsarten handelt (z. B. aus Gewerbebetrieb oder Kapitalvermögen). –

Hinweis: Angaben zu privaten Veräußerungsgeschäften machen Sie bitte in den Zeilen 45 bis 51 sowie 58 und 59.

Zeile					
14	Haben Sie Einkünfte aus Mining, Forging, (passivem) Staking, Lending und / oder der Teilnahme an Airdrops oder ähnlichen Vorgängen erzielt?	162	1 = Ja	163	1 = Ja
	Falls „Ja":		EUR		EUR
15	Einnahmen im Zusammenhang mit Kryptowerten:		,—		,—

Angaben zu weiteren Leistungen

Zeile			EUR		EUR
16	Einnahmen aus:	+	,—	+	,—
17		+	,—	+	,—
18	Summe der Einnahmen laut den Zeilen 15 bis 17	164 =	,—	165 =	,—

Zeile		Steuerpflichtige Person / Ehemann / Person A (EUR)	Ehefrau / Person B (EUR)
19	Werbungskosten zu den Einnahmen laut den Zeilen 15 bis 17	176 – ,—	177 – ,—
20	Einkünfte	= ,—	= ,—

Wirtschafts-Identifikationsnummer zu den Zeilen 16 und 17

Zeile	Steuerpflichtige Person / Ehemann / Person A	Ehefrau / Person B
21	D E -	D E -

Zeile			
22	Ich beantrage von einem Verlustrücktrag nach § 10d EStG in das Jahr 2024 abzusehen.	804 1 = Ja	805 1 = Ja

Abgeordnetenbezüge

Zeile		Steuerpflichtige Person / Ehemann / Person A	Ehefrau / Person B
23	Steuerpflichtige Einnahmen ohne Vergütungen für mehrere Jahre	200 EUR ,—	201 EUR ,—
24	In Zeile 23 enthaltene Versorgungsbezüge	202 ,—	203 ,—
25	Bemessungsgrundlage für den Versorgungsfreibetrag	204 ,—	205 ,—
26	Maßgebendes Kalenderjahr des Versorgungsbeginns	216 J J J J	217 J J J J
27	**Bei unterjähriger Zahlung:** Erster und letzter Monat, für den Versorgungsbezüge gezahlt wurden	206 Monat M M – 208 Monat M M	207 Monat M M – 209 Monat M M
28	Sterbegeld, Kapitalauszahlungen / Abfindungen und Nachzahlungen von Versorgungsbezügen (in Zeile 23 enthalten)	210 EUR ,—	211 EUR ,—
29	In Zeile 23 **nicht** enthaltene Vergütungen für mehrere Jahre (laut gesonderter Aufstellung)	212 ,—	213 ,—
30	In Zeile 29 enthaltene Versorgungsbezüge	214 ,—	215 ,—
31	Werbungskosten **– Eintragungen sind nur vorzunehmen, sofern zur Abgeltung der durch das Mandat veranlassten Aufwendungen keine Aufwandsentschädigung gezahlt wird. –**	218 ,—	219 ,—
32	Aufgrund der vorgenannten Tätigkeit als Abgeordnete(r) bestand eine Anwartschaft auf Altersversorgung ganz oder teilweise ohne eigene Beitragsleistung	242 1 = Ja 2 = Nein	243 1 = Ja 2 = Nein

Steuerstundungsmodelle

Zeile		Steuerpflichtige Person / Ehemann / Person A (EUR)	Ehefrau / Person B (EUR)
33	Einkünfte aus Gesellschaften / Gemeinschaften / ähnlichen Modellen i. S. d. § 15b EStG (laut gesonderter Aufstellung)	,—	,—

Private Veräußerungsgeschäfte

Grundstücke und grundstücksgleiche Rechte (z. B. Erbbaurecht)

– In den Zeilen 38 bis 44 bitte nur den steuerpflichtigen Anteil erklären. –

Bezeichnung des Grundstücks (Lage) / des Rechts

34

35 Zeitpunkt der Anschaffung **(z. B. Datum des Kaufvertrags, Zeitpunkt der Entnahme aus dem Betriebsvermögen)** T T M M J J J J — Zeitpunkt der Veräußerung **(z. B. Datum des Kaufvertrags, auch nach vorheriger Einlage ins Betriebsvermögen)** T T M M J J J J

36 X Nutzung des Grundstücks bis zur Veräußerung zu eigenen Wohnzwecken — vom T T M M J J J J bis T T M M J J J J — m²

37 X Nutzung des Grundstücks bis zur Veräußerung zu anderen Zwecken (z. B. Vermietung) — vom T T M M J J J J bis T T M M J J J J — m²

Zeile			EUR
38	Veräußerungspreis oder an dessen Stelle tretender Wert (z. B. Teilwert, gemeiner Wert)		,—
39	Anschaffungs- / Herstellungskosten oder an deren Stelle tretender Wert (z. B. Teilwert, gemeiner Wert) ggf. zuzüglich nachträglicher Anschaffungs- / Herstellungskosten	–	,—
40	Absetzungen für Abnutzung / Erhöhte Absetzungen / Sonderabschreibungen	+	,—
41	Werbungskosten im Zusammenhang mit dem Veräußerungsgeschäft	–	,—
42	Gewinn / Verlust (zu übertragen nach Zeile 43)	=	,—

2025AnlSO132

Zeile		Steuerpflichtige Person / Ehemann / Person A EUR		Ehefrau / Person B EUR	
43	**Zurechnung des Betrags aus Zeile 42**	110	,—	111	,—
44	Gewinne / Verluste aus weiteren Veräußerungen von Grundstücken und grundstücksgleichen Rechten (laut gesonderter Aufstellung)	112	,—	113	,—

Kryptowerte

Zeile		Steuerpflichtige Person / Ehemann / Person A		Ehefrau / Person B	
45	Haben Sie Einkünfte aus der Veräußerung von Kryptowerten erzielt?	108	1 = Ja	109	1 = Ja

Falls „Ja“:

46 Bezeichnung

47 Zeitpunkt der Anschaffung **(z. B. der auf der verwendeten Handelsplattform aufgezeichnete Zeitpunkt)** T T M M J J J J — Zeitpunkt der Veräußerung **(z. B. der auf der verwendeten Handelsplattform aufgezeichnete Zeitpunkt)** T T M M J J J J

Zeile			EUR
48	Veräußerungspreis oder an dessen Stelle tretender Wert (z. B. gemeiner Wert)		,—
49	Anschaffungskosten oder an deren Stelle tretender Wert (z. B. Teilwert, gemeiner Wert)	–	,—
50	Werbungskosten im Zusammenhang mit dem Veräußerungsgeschäft	–	,—
51	Gewinn / Verlust (zu übertragen nach Zeile 58) **– Erläutern Sie bitte die Ermittlung des Gewinns / Verlusts zusätzlich in einer gesonderten Aufstellung. –**	=	,—

Andere Wirtschaftsgüter

– Veräußerungen von Gegenständen des täglichen Gebrauchs sind ausgenommen. –

52 Art des Wirtschaftsguts

53 Zeitpunkt der Anschaffung **(z. B. Datum des Kaufvertrags)** T T M M J J J J — Zeitpunkt der Veräußerung **(z. B. Datum des Kaufvertrags)** T T M M J J J J

Zeile			EUR
54	Veräußerungspreis oder an dessen Stelle tretender Wert (z. B. gemeiner Wert)		,—
55	Anschaffungskosten (ggf. gemindert um Absetzung für Abnutzung) oder an deren Stelle tretender Wert (z. B. Teilwert, gemeiner Wert)	–	,—
56	Werbungskosten im Zusammenhang mit dem Veräußerungsgeschäft	–	,—
57	Gewinn / Verlust (zu übertragen nach Zeile 58)	=	,—

Zeile		Steuerpflichtige Person / Ehemann / Person A EUR		Ehefrau / Person B EUR	
58	**Zurechnung der Beträge aus den Zeilen 51 und 57**	114	,—	115	,—
59	Gewinne / Verluste aus weiteren Veräußerungen von Kryptowerten sowie anderen Wirtschaftsgütern (laut gesonderter Aufstellung)	116	,—	117	,—

Anteile an gesondert und einheitlich festgestellten Einkünften

Steuerpflichtige Person / Ehemann / Person A

60 Gemeinschaft / Gesellschaft

61 Finanzamt — Steuernummer

62 Anteil am Gewinn / Verlust — 134 EUR ,—

Ehefrau / Person B

63 Gemeinschaft / Gesellschaft

64 Finanzamt — Steuernummer

65 Anteil am Gewinn / Verlust — 135 EUR ,—

Zeile		Steuerpflichtige Person / Ehemann / Person A		Ehefrau / Person B	
66	Ich beantrage von einem Verlustrücktrag nach § 10d EStG in das Jahr 2024 abzusehen.	806	1 = Ja	807	1 = Ja

2025AnlSO133

Anleitung vorhanden

2025

Anlage Sonderausgaben

Diese Anlage ist bei Zusammenveranlagung von Ehegatten / Lebenspartnern gemeinsam auszufüllen.

1 Name

2 Vorname

3 **Steuernummer**

Angaben zu Sonderausgaben

– Ohne Versicherungsaufwendungen und Altersvorsorgebeiträge –

Kirchensteuer

52

		2025 gezahlt EUR		2025 erstattet EUR
4	soweit diese nicht als Zuschlag zur Abgeltungsteuer einbehalten oder gezahlt wurde	103 ,—	104	,—

Zuwendungen (Spenden und Mitgliedsbeiträge)

Spenden und Mitgliedsbeiträge (ohne Spenden in das zu erhaltende Vermögen einer Stiftung)

			laut Bestätigungen EUR		laut Betriebsfinanzamt EUR
5	– zur Förderung steuerbegünstigter Zwecke an Empfänger im Inland	123	,—	124	,—
6	– zur Förderung steuerbegünstigter Zwecke an Empfänger im EU- / EWR-Ausland	133	,—	134	,—
7	– an politische Parteien (§§ 34g, 10b EStG)	127	,—	128	,—
8	– an unabhängige Wählervereinigungen (§ 34g EStG)	129	,—	130	,—

Spenden in das zu erhaltende Vermögen (Vermögensstock) einer Stiftung

			Steuerpflichtige Person / Ehemann / Person A EUR		Ehefrau / Person B EUR
9	2025 geleistete Spenden an Empfänger im Inland (laut Bestätigungen / laut Betriebsfinanzamt)	208	,—	209	,—
10	2025 geleistete Spenden an Empfänger im EU- / EWR-Ausland (laut Bestätigungen / laut Betriebsfinanzamt)	224	,—	225	,—
11	Von den Spenden in den Zeilen 9 und 10 sollen 2025 berücksichtigt werden	212	,—	213	,—
12	2025 zu berücksichtigende Spenden aus Vorjahren in das zu erhaltende Vermögen (Vermögensstock) einer Stiftung, die bisher noch nicht berücksichtigt wurden	214	,—	215	,—

Aufwendungen für die eigene Berufsausbildung

Steuerpflichtige Person / Ehemann / Person A

13 Bezeichnung der Ausbildung, Art der Aufwendungen — 200 EUR ,—

Ehefrau / Person B

14 Bezeichnung der Ausbildung, Art der Aufwendungen — 201 EUR ,—

Weitere Aufwendungen

Gezahlte Versorgungsleistungen aus Renten laut Vertrag

Angaben zur 1. empfangsberechtigten Person

15 Rechtsgrund, Datum des Vertrags — abziehbar in %: 102 — tatsächlich gezahlt EUR: 101 ,—

16 Name und Geburtsdatum der empfangsberechtigten Person

17 136 Identifikationsnummer der empfangsberechtigten Person — Die empfangsberechtigte Person hat ihren Wohnsitz / gewöhnlichen Aufenthalt im Inland 153 (1 = Ja, 2 = Nein)

Angaben zur 2. empfangsberechtigten Person

18 Rechtsgrund, Datum des Vertrags — abziehbar in %: 138 — tatsächlich gezahlt EUR: 137 ,—

19 Name und Geburtsdatum der empfangsberechtigten Person

20 139 Identifikationsnummer der empfangsberechtigten Person — Die empfangsberechtigte Person hat ihren Wohnsitz / gewöhnlichen Aufenthalt im Inland 154 (1 = Ja, 2 = Nein)

2025AnlSonderausgaben401

21 **Gezahlte Versorgungsleistungen aus Renten laut gesonderter und einheitlicher Feststellung** 150 % 151 EUR ,—

Gezahlte und erbrachte Versorgungsleistungen aus Dauernden Lasten laut Vertrag

Angaben zur 1. empfangsberechtigten Person

22 Rechtsgrund, Datum des Vertrags — tatsächlich gezahlte Geldleistungen 100 EUR ,—

23 Name und Geburtsdatum der empfangsberechtigten Person — tatsächlich erbrachte Sachleistungen 161 ,—

24 Identifikationsnummer der empfangsberechtigten Person 144 — Die empfangsberechtigte Person hat ihren Wohnsitz / gewöhnlichen Aufenthalt im Inland 155 (1 = Ja, 2 = Nein)

Angaben zur 2. empfangsberechtigten Person

25 Rechtsgrund, Datum des Vertrags — tatsächlich gezahlte Geldleistungen 145 EUR ,—

26 Name und Geburtsdatum der empfangsberechtigten Person — tatsächlich erbrachte Sachleistungen 162 ,—

27 Identifikationsnummer der empfangsberechtigten Person 146 — Die empfangsberechtigte Person hat ihren Wohnsitz / gewöhnlichen Aufenthalt im Inland 156 (1 = Ja, 2 = Nein)

28 **Gezahlte und erbrachte Versorgungsleistungen aus Dauernden Lasten laut gesonderter und einheitlicher Feststellung** 152 ,—

Unterhaltsleistungen laut Anlage U – ohne Kindesunterhalt – an den

- geschiedenen Ehegatten, Lebenspartner einer aufgehobenen Lebenspartnerschaft
- dauernd getrennt lebenden Ehegatten / Lebenspartner

Angaben zur 1. unterstützten Person
– Bitte Anleitung beachten. –

29 Name und Geburtsdatum der unterstützten Person — tatsächlich erbracht 116 EUR ,—

30 Identifikationsnummer der unterstützten Person 117 — Die unterstützte Person hat ihren Wohnsitz / gewöhnlichen Aufenthalt im Inland 157 (1 = Ja, 2 = Nein)

31 In Zeile 29 enthaltene Beiträge (abzüglich Erstattungen und Zuschüsse) zur Basis-Kranken- und gesetzlichen Pflegeversicherung 118 ,—

32 Davon entfallen auf Krankenversicherungsbeiträge mit Anspruch auf Krankengeld 119 ,—

Angaben zur 2. unterstützten Person
– Bitte Anleitung beachten. –

33 Name und Geburtsdatum der unterstützten Person — tatsächlich erbracht 140 EUR ,—

34 Identifikationsnummer der unterstützten Person 141 — Die unterstützte Person hat ihren Wohnsitz / gewöhnlichen Aufenthalt im Inland 158 (1 = Ja, 2 = Nein)

35 In Zeile 33 enthaltene Beiträge (abzüglich Erstattungen und Zuschüsse) zur Basis-Kranken- und gesetzlichen Pflegeversicherung 142 ,—

36 Davon entfallen auf Krankenversicherungsbeiträge mit Anspruch auf Krankengeld 143 ,—

Ausgleichszahlungen im Rahmen des schuldrechtlichen Versorgungsausgleichs

37 Rechtsgrund, Datum der erstmaligen Zahlung — tatsächlich gezahlt 121 EUR ,—

38 Name und Geburtsdatum der empfangsberechtigten Person

39 Identifikationsnummer der empfangsberechtigten Person 132 — Die empfangsberechtigte Person hat ihren Wohnsitz / gewöhnlichen Aufenthalt im Inland 159 (1 = Ja, 2 = Nein)

Ausgleichsleistungen zur Vermeidung des Versorgungsausgleichs laut Anlage U
– Bitte Anleitung beachten. –

40 Name und Geburtsdatum der empfangsberechtigten Person — tatsächlich erbracht 131 EUR ,—

41 Identifikationsnummer der empfangsberechtigten Person 135 — Die empfangsberechtigte Person hat ihren Wohnsitz / gewöhnlichen Aufenthalt im Inland 160 (1 = Ja, 2 = Nein)

2025AnlSonderausgaben402

Anleitung vorhanden

2025

Anlage Sonstiges

Diese Anlage ist bei Zusammenveranlagung von Ehegatten / Lebenspartnern gemeinsam auszufüllen.

1 Name

2 Vorname

3 **Steuernummer**

Sonstige Angaben und Anträge

Steuerermäßigung bei Belastung mit Erbschaftsteuer

18

4 Ich beantrage eine Steuerermäßigung nach § 35b EStG, weil in dieser Steuererklärung Einkünfte erklärt worden sind, die als Erwerb von Todes wegen ab 2021 der Erbschaftsteuer unterlegen haben. — 185 — 1 = Ja

– Falls Zeile 4 mit „Ja" beantwortet wurde, füllen Sie bitte die folgenden Zeilen aus. –

Zeile		Kz.	EUR
5	Einkünfte, für die eine Steuerermäßigung nach § 35b EStG beantragt wird (ohne Einkünfte, die der Abgeltungsteuer nach § 32d Abs. 1 EStG unterliegen)	187	,—
6	Insgesamt festgesetzte Erbschaftsteuer	188	,—
7	Erbschaftsteuerpflichtiger Erwerb zuzüglich der Freibeträge nach den §§ 16, 17 ErbStG und des steuerfreien Betrags nach § 5 ErbStG	189	,—

8 In Zeile 5 sind Einkünfte enthalten, die bei der Einkommensteuer ermäßigt besteuert werden. — 1 = Ja

Steuerbegünstigung für schutzwürdige Kulturgüter

Zeile		Kz.	EUR
9	Abzugsbetrag bei Steuerbegünstigung nach § 10g EStG für schutzwürdige Kulturgüter, die weder zur Einkunftserzielung noch zu eigenen Wohnzwecken genutzt werden	151	,—

Anteile an der Steuerbegünstigung nach § 10g EStG laut gesonderter und einheitlicher Feststellung

Steuerpflichtige Person / Ehemann / Person A

10 Gemeinschaft / Gesellschaft

11 Finanzamt — Steuernummer

12 Gesondert und einheitlich festgestellter Betrag nach § 10g EStG — 198 — EUR ,—

Ehefrau / Person B

13 Gemeinschaft / Gesellschaft

14 Finanzamt — Steuernummer

15 Gesondert und einheitlich festgestellter Betrag nach § 10g EStG — 199 — EUR ,—

Spendenvortrag

Zeile		Steuerpflichtige Person / Ehemann / Person A	Ehefrau / Person B
16	Es wurde ein verbleibender Spendenvortrag nach § 10b EStG zum 31.12.2024 festgestellt.	1 = Ja	1 = Ja

Verlustabzug

Zeile		Steuerpflichtige Person / Ehemann / Person A	Ehefrau / Person B
17	Es wurde ein verbleibender Verlustvortrag nach § 10d EStG zum 31.12.2024 festgestellt.	1 = Ja	1 = Ja

18 Ich beantrage / Wir beantragen von einem Verlustrücktrag nach § 10d EStG in die Jahre 2024 und 2023 abzusehen. — 802 — 1 = Ja

Negative Einkünfte mit Bezug zu Drittstaaten

Zeile		Steuerpflichtige Person / Ehemann / Person A	Ehefrau / Person B
19	Es wurden verbleibende negative Einkünfte nach § 2a Abs. 1 Satz 5 EStG zum 31.12.2024 festgestellt.	1 = Ja	1 = Ja

Freibetrag für bestandsgeschützte Alt-Anteile an Investmentfonds

Zeile		Steuerpflichtige Person / Ehemann / Person A	Ehefrau / Person B
20	Es wurde ein verbleibender Freibetrag für bestandsgeschützte Alt-Anteile an Investmentfonds nach § 56 Abs. 6 Satz 2 InvStG zum 31.12.2024 festgestellt.	1 = Ja	1 = Ja

2025AnlSonstiges411 - September 2025 - **2025AnlSonstiges411**

Antrag zur Aufteilung der Abzugsbeträge bei Einzelveranlagung von Ehegatten / Lebenspartnern

21 Laut übereinstimmendem Antrag sind die Sonderausgaben, außergewöhnlichen Belastungen, die Steuerermäßigung für haushaltsnahe Beschäftigungsverhältnisse, Dienstleistungen und Handwerkerleistungen, sowie die Steuerermäßigung für energetische Maßnahmen bei zu eigenen Wohnzwecken genutzten Gebäuden je zur Hälfte aufzuteilen. **222** 1 = Ja

(Der Antrag auf Aufteilung in einem anderen Verhältnis als je zur Hälfte
- des Freibetrages zur Abgeltung eines Sonderbedarfs bei Berufsausbildung eines gemeinsamen volljährigen Kindes ist in Zeile 55 der **Anlage Kind**,
- bei Übertragung des Behinderten- oder Hinterbliebenen-Pauschbetrags eines gemeinsamen Kindes ist in Zeile 63 der **Anlage Kind**,
- bei Übertragung der behinderungsbedingten Fahrtkostenpauschale eines gemeinsamen Kindes ist in Zeile 66 der **Anlage Kind**

zu stellen.)

Forschungszulage

22 Es wird beantragt, die Festsetzung der Einkommensteuer bis zur Festsetzung der Forschungszulage oder bis zur gesonderten und einheitlichen Feststellung von Anteilen an der festgesetzten Forschungszulage zurückzustellen. **860** 1 = Ja

– Bei einer anspruchsberechtigten Personengesellschaft: Erläuterungen laut gesonderter Aufstellung –

Steuerabzug bei Bauleistungen (Bauabzugsteuer)

23 Es liegt anrechenbare Bauabzugsteuer nach §§ 48 ff. EStG vor. 1 = Ja

2025AnlSonstiges412

Finanzamt

Steuernummer

Identifikationsnummer

Bitte beachten Sie die Erläuterungen auf der letzten Seite.

Anlage U

für Unterhaltsleistungen und Ausgleichsleistungen zur Vermeidung des Versorgungsausgleichs an den geschiedenen Ehegatten / Lebenspartner einer aufgehobenen Lebenspartnerschaft oder dauernd getrennt lebenden Ehegatten / Lebenspartner

☐ **zum Antrag auf Lohnsteuer-Ermäßigung**

☐ **zur Einkommensteuererklärung**

☐ **zum Antrag auf Anpassung der Einkommensteuer-Vorauszahlungen**

20____

A. Antrag auf Abzug von Unterhaltsleistungen und Ausgleichsleistungen zur Vermeidung des Versorgungsausgleichs als Sonderausgaben

Antragsteller

Name, Vorname | Geburtsdatum

Anschrift

Ich beantrage, folgende Unterhaltsleistungen nach § 10 Abs. 1a Nr. 1 EStG und / oder Ausgleichsleistungen zur Vermeidung des Versorgungsausgleichs nach § 10 Abs. 1a Nr. 3 EStG an meinen in Abschnitt B genannten geschiedenen Ehegatten / Lebenspartner einer aufgehobenen Lebenspartnerschaft oder dauernd getrennt lebenden Ehegatten / Lebenspartner als Sonderausgaben abzuziehen.

Zeile		Geldleistungen	Sachleistungen
1	Im Kalenderjahr tatsächlich erbrachte Unterhaltsleistungen oder – bei Anträgen vor Ablauf des Kalenderjahres – voraussichtliche Unterhaltsleistungen:	€	€
2	Abzüglich der in Zeile 1 enthaltenen Unterhaltsleistungen für Kinder:	– €	– €
3	Unterhaltsleistungen (ohne Unterhaltsleistungen für Kinder):	= €	= €
4	Unterhaltsleistungen, die zum Abzug als Sonderausgaben geltend gemacht werden (Summe der Geld- und Sachleistungen aus Zeile 3):	= €	
5	In den o. g. Geldleistungen enthaltene Beiträge (abzgl. Erstattungen und Zuschüsse) für eine Basis-Kranken- und gesetzliche Pflegeversicherung meines geschiedenen Ehegatten / Lebenspartners einer aufgehobenen Lebenspartnerschaft oder dauernd getrennt lebenden Ehegatten / Lebenspartners:	€	
6	Davon entfallen auf Krankenversicherungsbeiträge mit Anspruch auf Krankengeld:	€	
7	Im Kalenderjahr tatsächlich erbrachte Ausgleichsleistungen zur Vermeidung des Versorgungsausgleichs oder – bei Anträgen vor Ablauf des Kalenderjahres – voraussichtliche Ausgleichsleistungen	Ausgleichsleistungen €	

Mir ist bekannt, dass eine **Rücknahme** dieses Antrags **nicht** zulässig ist und dass ein im Lohnsteuer-Ermäßigungs- oder Einkommensteuer-Vorauszahlungsverfahren gestellter Antrag auch bei der Einkommensteuerveranlagung für dasselbe Kalenderjahr bindend ist.

Datum und Unterschrift

B. Zustimmung zum Antrag A

Die Zustimmung ist erstmals für das oben eingetragene Kalenderjahr gültig. Sie gilt – solange sie nicht widerrufen wird – auch für alle darauf folgenden Kalenderjahre. Mir ist bekannt, dass ich die Zustimmung nur vor Beginn des Kalenderjahres, für das sie erstmals nicht gelten soll, gegenüber dem für mich oder dem für den Antragsteller zuständigen Finanzamt widerrufen kann.

Empfänger der Leistung(en)

Name, Vorname | Geburtsdatum

Anschrift

Zuständiges Finanzamt, Steuernummer und Identifikationsnummer

Ich stimme hiermit dem Antrag auf Abzug von **Unterhaltsleistungen** als Sonderausgaben

☐ dem Grunde nach zu. ☐ begrenzt auf einen Teilbetrag in Höhe von ____________________ € zu.

Mir ist bekannt, dass ich **Unterhaltsleistungen** bis zum Höchstbetrag von 13.805 € (zuzüglich tatsächlich geleisteter Beiträge für eine Basis-Kranken- und gesetzliche Pflegeversicherung) abzüglich der Werbungskosten (mindestens Pauschbetrag von 102 €) als sonstige Einkünfte **versteuern** muss, soweit sie vom Geber als Sonderausgaben abgezogen werden können.

Ich stimme hiermit dem Antrag auf Abzug von **Ausgleichsleistungen** zur Vermeidung des Versorgungsausgleichs als Sonderausgaben

☐ dem Grunde nach zu. ☐ begrenzt auf einen Teilbetrag in Höhe von ____________________ € zu.

Mir ist bekannt, dass ich die **Ausgleichsleistungen** zur Vermeidung des Versorgungsausgleichs abzüglich der Werbungskosten (mindestens Pauschbetrag von 102 €) als sonstige Einkünfte **versteuern** muss, soweit sie vom Geber als Sonderausgaben abgezogen werden können.

Nur bei in einem anderen Mitgliedstaat der Europäischen Union (EU)/des Europäischen Wirtschaftsraumes (EWR) oder in der Schweiz ansässigen Empfänger der Leistung(en):

☐ Ich bestätige, dass die empfangenen Unterhaltsleistungen / Ausgleichsleistungen in dem Staat, in dem ich ansässig bin, besteuert werden. Die entsprechende Bescheinigung der zuständigen ausländischen Steuerbehörde ist beigefügt.

Datum und Unterschrift

☐ Die Zustimmung des Empfängers der Leistung(en) vom ____________________ liegt dem Finanzamt bereits vor.

Anlage U (2025) für Unterhaltsleistungen und Ausgleichsleistungen – September 2025 **– 1. Ausfertigung für das Finanzamt –**

Finanzamt

Steuernummer

Verfügung

1. **Finanzamt** ....

Durchschrift wird für die Steuerakten (Einkommensteuerveranlagungen und ggf. Anpassung der Einkommensteuer-Vorauszahlungen) des unter B genannten **inländischen** Empfängers der Leistung(en) übersandt.

2. Durchschrift von 1. an das deutsche Finanzamt abgesandt am ____________________
Namenszeichen und Datum

3. Z. d. A. – Festsetzungsnahe Daten anlegen / ergänzen –

____
Namenszeichen und Datum

Anleitung vorhanden

2025

Anlage Unterhalt

Diese Anlage ist bei Zusammenveranlagung von Ehegatten / Lebenspartnern gemeinsam auszufüllen.

Für jeden unterstützten Haushalt bitte eine eigene Anlage Unterhalt abgeben.

1 Name

2 Vorname

3 Steuernummer — lfd. Nr. der Anlage

Angaben zu Unterhaltsleistungen an bedürftige Personen

Eigene Einnahmen und Zahlungen der unterhaltsleistenden Person(en)

– Diese Angaben sind nicht erforderlich, wenn Unterhalt an einen (ggf. auch geschiedenen) Ehegatten / Lebenspartner gezahlt wird. –

Die Eintragungen in den Zeilen 4 bis 9 sind nur in der ersten Anlage Unterhalt erforderlich.

		EUR
4	Öffentliche Ausbildungshilfen (z. B. BAföG-Zuschüsse)	,–
5	Sozialleistungen (z. B. Wohngeld)	,–
6	Übrige Bezüge (z. B. aus Minijobs)	,–
7	Einkommensteuerzahlungen (einschließlich Kirchensteuer und Solidaritätszuschlag)	,–
8	Einkommensteuererstattungen (einschließlich Kirchensteuer und Solidaritätszuschlag)	,–
	Weitere steuerfreie Einnahmen (z. B. Arbeitnehmer-Sparzulage, Baukindergeld)	
9	Bezeichnung	,–

Angaben zum Haushalt der unterstützten Person(en) und zu Unterhaltsleistungen

Haushalt, in dem die unterstützte(n) Person(en) lebte(n)

Anschrift dieses Haushaltes

10

Wohnsitzstaat, wenn Ausland

11

Die Eintragungen in den Zeilen 12 bis 18 sind nur in der ersten Anlage Unterhalt je Haushalt erforderlich.

12 Anzahl der Personen, die in dem Haushalt laut Zeile 10 lebten — Anzahl

Aufwendungen für den Unterhalt

1. Unterhaltszeitraum (1. Angabe)

		vom	bis
13	Unterstützungszeitraum, für den Unterhalt geleistet wurde	T T M M	T T M M
14	Zeitraum, in dem die Zahlungen für den Unterhalt geleistet wurden (Tag der ersten Zahlung bis Tag der letzten Zahlung)	T T M M	T T M M

15 Höhe der Unterhaltszahlung – ohne Bargeldzahlung – (einschließlich Beiträge zu Basis-Kranken- und Pflegeversicherungen laut den Zeilen 41 und / oder 72, die von der unterstützten Person als Versicherungsnehmer geschuldet und von mir getragen wurden oder von mir als getragen gelten) — EUR ,–

2. Unterhaltszeitraum

		vom	bis
16	Unterstützungszeitraum, für den Unterhalt geleistet wurde	T T M M	T T M M
17	Zeitraum, in dem die Zahlungen für den Unterhalt geleistet wurden (Tag der ersten Zahlung bis Tag der letzten Zahlung)	T T M M	T T M M

18 Höhe der Unterhaltszahlung – ohne Bargeldzahlung – (einschließlich Beiträge zu Basis-Kranken- und Pflegeversicherungen laut den Zeilen 43 und / oder 74, die von der unterstützten Person als Versicherungsnehmer geschuldet und von mir getragen wurden oder von mir als getragen gelten) — EUR ,–

2025AnlUnterhalt191 - September 2025 - 2025AnlUnterhalt191

-2-

Angaben zur 1. unterstützten Person

Allgemeine Angaben zur unterstützten Person

19 Identifikationsnummer | Name, Vorname

20 Geburtsdatum T T M M J J J J | Sterbedatum, wenn 2025 verstorben T T M M J J J J | Beruf, Familienstand

21 Verwandtschaftsverhältnis zur unterstützenden Person

22 Name, Vorname des im selben Haushalt lebenden Ehegatten / Lebenspartners der unterstützten Person

Lebensort / Unterhaltsberechtigung

			Falls „Ja" (wenn nicht ganzjährig) vom	bis
23	Die unterstützte Person lebte in meinem inländischen Haushalt.	1 = Ja 2 = Nein	T T M M	T T M M
24	Hatte jemand für die unterstützte Person Anspruch auf Kindergeld oder Freibeträge für Kinder?	1 = Ja 2 = Nein	T T M M	T T M M
25	Die unterstützte Person ist mein geschiedener Ehegatte, Lebenspartner einer aufgehobenen Lebenspartnerschaft oder dauernd getrennt lebender Ehegatte / Lebenspartner (kein Abzug von Sonderausgaben nach § 10 Abs. 1a Nr. 1 EStG, keine Zusammenveranlagung).	1 = Ja 2 = Nein	T T M M	T T M M
26	Die unterstützte Person ist mein nicht dauernd getrennt lebender und nicht unbeschränkt einkommensteuerpflichtiger Ehegatte / Lebenspartner.	1 = Ja 2 = Nein	T T M M	T T M M
27	Die unterstützte Person ist als Kindesmutter / Kindesvater gesetzlich unterhaltsberechtigt (bis zur Vollendung des dritten Lebensjahres des Kindes).	1 = Ja 2 = Nein	T T M M	T T M M
28	Die unterstützte Person ist nicht unterhaltsberechtigt, jedoch wurden oder würden bei ihr wegen der Unterhaltszahlungen öffentliche Mittel gekürzt oder nicht gewährt.	1 = Ja 2 = Nein	T T M M	T T M M

Vermögen der unterstützten Person

29 Hatte die unterstützte Person im Unterhaltszeitraum Vermögen? 1 = Ja 2 = Nein | Falls „Ja": Gesamtwert des Vermögens der unterstützten Person (z. B. PKW, Bargeld, Grundstücke mit Ausnahme eines angemessenen, selbst bewohnten Hausgrundstücks) EUR ,—

Bei Unterhaltsempfängern im Ausland

30 Die von der Heimatbehörde und der unterstützten Person bestätigte Unterhaltserklärung über die Bedürftigkeit liegt mir vor. 1 = Ja 2 = Nein

Einkünfte und Bezüge der unterstützten Person

31 Die unterstützte Person hat Einkünfte, Bezüge und / oder öffentliche Ausbildungshilfen im Kalenderjahr erzielt. 1 = Ja 2 = Nein

Falls Sie Zeile 31 mit „Ja" beantwortet haben, füllen Sie bitte die Zeilen 32 bis 40 aus.

Einkünfte aus nichtselbständiger Arbeit

	vom	bis	Bruttoarbeitslohn (ohne Einnahmen aus Minijobs) EUR	Werbungskosten zum Bruttoarbeitslohn (ohne Werbungskosten zu Versorgungsbezügen) EUR
32	T T M M	T T M M	,—	,—
33	T T M M	T T M M	,—	,—

	vom	bis	Versorgungsbezüge – im Arbeitslohn enthalten – EUR	Werbungskosten zu Versorgungsbezügen EUR	Bemessungsgrundlage für den Versorgungsfreibetrag EUR	Maßgebendes Kalenderjahr des Versorgungsbeginns
34	T T M M	T T M M	,—	,—	,—	J J J J

Sonstige Einkünfte

	vom	bis	Renten EUR	steuerpflichtiger Teil der Rente EUR	Werbungskosten zu Renten EUR
35	T T M M	T T M M	,—	,—	,—
36	T T M M	T T M M	,—	,—	,—

Einkünfte aus Kapitalvermögen

	vom	bis	Einkünfte aus Kapitalvermögen (tarifliche Einkommensteuer) EUR	vom	bis	Kapitalerträge (Abgeltungsteuer) EUR
37	T T M M	T T M M	,—	T T M M	T T M M	,—

Übrige Einkünfte

	vom	bis	EUR
38	T T M M	T T M M	,—

2025AnlUnterhalt192

2025AnlUnterhalt192

39 **Sozialleistungen / übrige Bezüge (z. B. aus Minijobs)** vom TTMM bis TTMM EUR ,— | **Öffentliche Ausbildungshilfen (z. B. BAföG-Zuschüsse)** vom TTMM bis TTMM EUR ,—

40 **Kosten zu allen Bezügen** vom TTMM bis TTMM EUR ,—

Beiträge zu Basis-Kranken- und gesetzlichen Pflegeversicherungen

41 In Zeile 15 enthaltene übernommene Beiträge zu Basis-Kranken- und gesetzlichen Pflegeversicherungen für die unterstützte Person, die von ihr als Versicherungsnehmer geschuldet und von mir getragen wurden oder von mir als getragen gelten — EUR ,—

42 In der vorstehenden Zeile enthaltene Beiträge, aus denen sich ein Anspruch auf Krankengeld ergibt — EUR ,—

43 In Zeile 18 enthaltene übernommene Beiträge zu Basis-Kranken- und gesetzlichen Pflegeversicherungen für die unterstützte Person, die von ihr als Versicherungsnehmer geschuldet und von mir getragen wurden oder von mir als getragen gelten — EUR ,—

44 In der vorstehenden Zeile enthaltene Beiträge, aus denen sich ein Anspruch auf Krankengeld ergibt — EUR ,—

Weitere zum Unterhalt beitragende Personen

45 Hat mindestens eine weitere Person zum Unterhalt der unterstützten Person beigetragen? (1 = Ja, 2 = Nein)

Falls Sie Zeile 45 mit „Ja" beantwortet haben, füllen Sie bitte die Zeilen 46 bis 49 aus.

Zum Unterhalt der bedürftigen Person haben auch beigetragen (Name, Anschrift)

46

47 vom TTMM bis TTMM — Betrag EUR ,—

48 In Zeile 47 enthaltene Beiträge zur Basis-Kranken- und gesetzlichen Pflegeversicherung für die unterstützte Person, die von ihr als Versicherungsnehmer geschuldet und von der / den Person(en) laut Zeile 46 getragen wurden — EUR ,—

49 In Zeile 48 enthaltene Beiträge, aus denen sich ein Anspruch auf Krankengeld ergibt — EUR ,—

Angaben zur 2. unterstützten Person

Allgemeine Angaben zur unterstützten Person

50 Identifikationsnummer | Name, Vorname

51 Geburtsdatum TTMMJJJJ | Sterbedatum, wenn 2025 verstorben TTMMJJJJ | Beruf, Familienstand

52 Verwandtschaftsverhältnis zur unterstützenden Person

53 Name, Vorname des im selben Haushalt lebenden Ehegatten / Lebenspartners der unterstützten Person

Lebensort / Unterhaltsberechtigung

Falls „Ja" (wenn nicht ganzjährig) vom – bis

54 Die unterstützte Person lebte in meinem inländischen Haushalt. (1 = Ja, 2 = Nein) vom TTMM bis TTMM

55 Hatte jemand für die unterstützte Person Anspruch auf Kindergeld oder Freibeträge für Kinder? (1 = Ja, 2 = Nein) vom TTMM bis TTMM

56 Die unterstützte Person ist mein geschiedener Ehegatte, Lebenspartner einer aufgehobenen Lebenspartnerschaft oder dauernd getrennt lebender Ehegatte / Lebenspartner (kein Abzug von Sonderausgaben nach § 10 Abs. 1a Nr. 1 EStG, keine Zusammenveranlagung). (1 = Ja, 2 = Nein) vom TTMM bis TTMM

57 Die unterstützte Person ist mein nicht dauernd getrennt lebender und nicht unbeschränkt einkommensteuerpflichtiger Ehegatte / Lebenspartner. (1 = Ja, 2 = Nein) vom TTMM bis TTMM

58 Die unterstützte Person ist als Kindesmutter / Kindesvater gesetzlich unterhaltsberechtigt (bis zur Vollendung des dritten Lebensjahres des Kindes). (1 = Ja, 2 = Nein) vom TTMM bis TTMM

59 Die unterstützte Person ist nicht unterhaltsberechtigt, jedoch wurden oder würden bei ihr wegen der Unterhaltszahlungen öffentliche Mittel gekürzt oder nicht gewährt. (1 = Ja, 2 = Nein) vom TTMM bis TTMM

Vermögen der unterstützten Person

60 Hatte die unterstützte Person im Unterhaltszeitraum Vermögen? (1 = Ja, 2 = Nein) — Falls „Ja": Gesamtwert des Vermögens der unterstützten Person (z. B. PKW, Bargeld, Grundstücke mit Ausnahme eines angemessenen, selbst bewohnten Hausgrundstücks) EUR ,—

Bei Unterhaltsempfängern im Ausland

61 Die von der Heimatbehörde und der unterstützten Person bestätigte Unterhaltserklärung über die Bedürftigkeit liegt mir vor. (1 = Ja, 2 = Nein)

2025AnlUnterhalt193 2025AnlUnterhalt193

Einkünfte und Bezüge der unterstützten Person

62 Die unterstützte Person hat Einkünfte, Bezüge und / oder öffentliche Ausbildungshilfen im Kalenderjahr erzielt. (1 = Ja, 2 = Nein)

Falls Sie Zeile 62 mit „Ja" beantwortet haben, füllen Sie bitte die Zeilen 63 bis 71 aus.

Einkünfte aus nichtselbständiger Arbeit

Zeile	vom	bis	Bruttoarbeitslohn (ohne Einnahmen aus Minijobs) EUR	Werbungskosten zum Bruttoarbeitslohn (ohne Werbungskosten zu Versorgungsbezügen) EUR
63	T T M M	T T M M	,—	,—
64	T T M M	T T M M	,—	,—

Zeile	vom	bis	Versorgungsbezüge – im Arbeitslohn enthalten – EUR	Werbungskosten zu Versorgungsbezügen EUR	Bemessungsgrundlage für den Versorgungsfreibetrag EUR	Maßgebendes Kalenderjahr des Versorgungsbeginns
65	T T M M	T T M M	,—	,—	,—	J J J J

Sonstige Einkünfte

Zeile	vom	bis	Renten EUR	steuerpflichtiger Teil der Rente EUR	Werbungskosten zu Renten EUR
66	T T M M	T T M M	,—	,—	,—
67	T T M M	T T M M	,—	,—	,—

Einkünfte aus Kapitalvermögen

Zeile	vom	bis	Einkünfte aus Kapitalvermögen (tarifliche Einkommensteuer) EUR	vom	bis	Kapitalerträge (Abgeltungsteuer) EUR
68	T T M M	T T M M	,—	T T M M	T T M M	,—

Übrige Einkünfte

Zeile	vom	bis	EUR
69	T T M M	T T M M	,—

Sozialleistungen / übrige Bezüge (z. B. aus Minijobs) – **Öffentliche Ausbildungshilfen (z. B. BAföG-Zuschüsse)**

Zeile	vom	bis	EUR	vom	bis	EUR
70	T T M M	T T M M	,—	T T M M	T T M M	,—

Kosten zu allen Bezügen

Zeile	vom	bis	EUR
71	T T M M	T T M M	,—

Beiträge zu Basis-Kranken- und gesetzlichen Pflegeversicherungen

Zeile		EUR
72	In Zeile 15 enthaltene übernommene Beiträge zu Basis-Kranken- und gesetzlichen Pflegeversicherungen für die unterstützte Person, die von ihr als Versicherungsnehmer geschuldet und von mir getragen wurden oder von mir als getragen gelten	,—
73	In der vorstehenden Zeile enthaltene Beiträge, aus denen sich ein Anspruch auf Krankengeld ergibt	,—
74	In Zeile 18 enthaltene übernommene Beiträge zu Basis-Kranken- und gesetzlichen Pflegeversicherungen für die unterstützte Person, die von ihr als Versicherungsnehmer geschuldet und von mir getragen wurden oder von mir als getragen gelten	,—
75	In der vorstehenden Zeile enthaltene Beiträge, aus denen sich ein Anspruch auf Krankengeld ergibt	,—

Weitere zum Unterhalt beitragende Personen

76 Hat mindestens eine weitere Person zum Unterhalt der unterstützten Person beigetragen? (1 = Ja, 2 = Nein)

Falls Sie Zeile 76 mit „Ja" beantwortet haben, füllen Sie bitte die Zeilen 77 bis 80 aus.

Zum Unterhalt der bedürftigen Person haben auch beigetragen (Name, Anschrift)

77

Zeile	vom	bis		EUR
78	T T M M	T T M M	Betrag	,—
79			In Zeile 78 enthaltene Beiträge zur Basis-Kranken- und gesetzlichen Pflegeversicherung für die unterstützte Person, die von ihr als Versicherungsnehmer geschuldet und von der / den Person(en) laut Zeile 77 getragen wurden	,—
80			In Zeile 79 enthaltene Beiträge, aus denen sich ein Anspruch auf Krankengeld ergibt	,—

2025AnlUnterhalt194

Anleitung vorhanden

2025

Anlage V

Diese Anlage ist bei Zusammenveranlagung von Ehegatten / Lebenspartnern gemeinsam auszufüllen.

1 Name

2 Vorname

3 **Steuernummer** lfd. Nr. der Anlage

Einkünfte aus Vermietung/Verpachtung bebauter Grundstücke

Allgemeine Angaben 25

Lage des Grundstücks / der Eigentumswohnung

4 Straße, Hausnummer

5 Postleitzahl Ort

6 Aktenzeichen laut Grundsteuermessbescheid (ohne Sonderzeichen) – bisher Einheitswert-Aktenzeichen – 00

7 Notar- / Kaufvertrag vom T T M M J J J J — Eigentumsübergang am T T M M J J J J — Bauantrag / Bauanzeige / Baubeginnsanzeige vom T T M M J J J J — Fertig gestellt am T T M M J J J J

8 Veräußert / Übertragen am 53 T T M M J J J J — Eigentumsübergang bei Veräußerung / Übertragung am T T M M J J J J

9 Wirtschafts-Identifikationsnummer D E -

Das in Zeile 4 bezeichnete Objekt wird ganz oder teilweise

10 als Ferienwohnung genutzt 61 (1 = Ja, 2 = Nein) — kurzfristig vermietet 63 (1 = Ja, 2 = Nein) — an Angehörige zu Wohnzwecken vermietet 62 (1 = Ja, 2 = Nein)

– Bei Nutzung als Ferienwohnung oder bei kurzfristiger Vermietung ist zusätzlich die **Anlage V-FeWo** zu übermitteln. –

11 Gesamtwohnfläche (in m²) 54

12 in Zeile 11 enthaltener eigengenutzter / unentgeltlich an Dritte überlassener Wohnraum (in m²) 55 — in Zeile 11 enthaltener als Ferienwohnung genutzter Wohnraum (in m²) 56

Einnahmen

(Bei ausländischen Einkünften: **Anlage AUS** beachten)

Mieteinnahmen für Wohnungen (ohne Umlagen / ohne Umsatzsteuer)

	Bezeichnung	Wohnfläche (in m²)		EUR
13	Bezeichnung der Wohneinheit (z. B. Stockwerk, Nummer der Wohnung)	Wohnfläche (in m²)		,—
14	Bezeichnung weiterer Wohneinheiten (z. B. Stockwerk, Nummer der Wohnung)	Wohnfläche (in m²)	+	,—
15		Summe	01 =	,—

Einnahmen für andere Räume (ohne Umlagen / ohne Umsatzsteuer)

	Bezeichnung	Nutzfläche (in m²)		EUR
16	Bezeichnung der Einheit (z. B. Stockwerk, Nummer der Einheit)	Nutzfläche (in m²)		,—
17	Bezeichnung weiterer Einheiten (z. B. Stockwerk, Nummer der Einheit)	Nutzfläche (in m²)	+	,—
18		Summe	02 =	,—

Einnahmen für an Angehörige vermietete Wohnungen (ohne Umlagen / ohne Umsatzsteuer)

	Bezeichnung	Wohnfläche (in m²)		EUR
19	Bezeichnung der Wohneinheit (z. B. Stockwerk, Nummer der Wohnung)	Wohnfläche (in m²)	03	,—

Einnahmen aus umgelegten Neben- / Betriebskosten (z. B. Wasser, Allgemeinstrom, Müllabfuhr, Zentralheizung)

			EUR
20	auf die Zeilen 15 und 18 entfallende laufende Neben- / Betriebskosten	04	,—
21	auf die Zeilen 15 und 18 entfallende und im Jahr 2025 erhaltene Nachzahlungen / geleistete Erstattungen (negativen Betrag mit vorangestelltem Minuszeichen eintragen)	11	,—
22	auf Zeile 19 entfallende laufende Neben- / Betriebskosten	05	,—
23	auf Zeile 19 entfallende und im Jahr 2025 erhaltene Nachzahlungen / geleistete Erstattungen (negativen Betrag mit vorangestelltem Minuszeichen eintragen)	12	,—
24	Neben- / Betriebskosten wurden nicht gesondert vereinbart.	13	1 = Ja

Sonstige Einnahmen

Zeile		Kz.	EUR
25	Vereinnahmte Mieten für frühere Jahre / verrechnete Mietkautionen / auf das Kalenderjahr entfallende Mietvorauszahlungen aus Baukostenzuschüssen	06	,—
26	Einnahmen aus Vermietung von Garagen, Werbeflächen, Grund und Boden für Kioske usw.	07	,—
27	Vereinnahmte Umsatzsteuer	09	,—
28	Vom Finanzamt erstattete und ggf. verrechnete Umsatzsteuer	10	,—
29	Öffentliche Zuschüsse nach dem Wohnraumförderungsgesetz oder zu Erhaltungsaufwendungen, Aufwendungszuschüsse, Guthabenzinsen aus Bausparverträgen und sonstige Einnahmen		,—
30	davon entfallen auf eigengenutzte oder unentgeltlich an Dritte überlassene Wohnungen laut Zeile 12	–	,—
31	Ergebnis der Zeilen 29 und 30	08 =	,—
32	Summe der Einnahmen aus den Zeilen 15, 18 bis 28 und 31		,—

Werbungskosten

Bitte füllen Sie die Zeilen zu den **verhältnismäßig zugeordneten Werbungskosten** nur aus, wenn die Aufwendungen für das Gebäude nur **teilweise** Werbungskosten sind (siehe Anleitung zu den Zeilen 33 bis 84).

Im Falle einer **verbilligten Vermietung zu Wohnzwecken** tragen Sie bitte die **Aufwendungen** in die Zeilen 33 bis 84 **in voller Höhe** ein. Hinsichtlich der vorzunehmenden **Kürzung der Werbungskosten** nutzen Sie bitte **ausschließlich die Zeilen 87 und 88** (siehe Anleitung zu den Zeilen 33 bis 84 sowie 87 und 88).

Absetzung für Abnutzung für Gebäude (ohne Beträge in den Zeilen 36 bis 41)

durch direkte Zuordnung ermittelt

Zeile						EUR
33	1 = linear 2 = degressiv	, %	1 = wie Vorjahr 2 = laut Erläuterung			,—

durch verhältnismäßige Zuordnung ermittelt

Zeile				Gesamtbetrag in EUR, Ct	abzugsfähiger Anteil (in %)		EUR
34	1 = linear 2 = degressiv	, %	1 = wie Vorjahr 2 = laut Erläuterung	,		+	,—
35	Abzugsfähige Werbungskosten					30 =	,—

Sonderabschreibung für Mietwohnungsneubau nach § 7b EStG

durch direkte Zuordnung ermittelt

Zeile					EUR
36	1 = wie Vorjahr 2 = laut Erläuterung				,—

durch verhältnismäßige Zuordnung ermittelt

Zeile		Gesamtbetrag in EUR, Ct	abzugsfähiger Anteil (in %)		EUR
37	1 = wie Vorjahr 2 = laut Erläuterung	,		+	,—
38	Abzugsfähige Werbungskosten			70 =	,—

Erhöhte Absetzungen nach den §§ 7h, 7i EStG und / oder nach dem Schutzbaugesetz

durch direkte Zuordnung ermittelt

Zeile					EUR
39	1 = wie Vorjahr 2 = laut Erläuterung				,—

durch verhältnismäßige Zuordnung ermittelt

Zeile		Gesamtbetrag in EUR, Ct	abzugsfähiger Anteil (in %)		EUR
40	1 = wie Vorjahr 2 = laut Erläuterung	,		+	,—
41	Abzugsfähige Werbungskosten			31 =	,—

Absetzung für Abnutzung für Wirtschaftsgüter, die keine Gebäude sind (z. B. bewegliche Wirtschaftsgüter)

durch direkte Zuordnung ermittelt

Zeile		Einzelangaben (z. B. Bezeichnung, Anschaffungskosten und -datum, Nutzungsdauer)	EUR
42	1 = wie Vorjahr 2 = laut Erläuterung		,—

durch verhältnismäßige Zuordnung ermittelt

Zeile		Einzelangaben (z. B. Bezeichnung, Anschaffungskosten und -datum, Nutzungsdauer)
43	1 = wie Vorjahr 2 = laut Erläuterung	

Zeile	Gesamtbetrag in EUR, Ct	abzugsfähiger Anteil (in %)		EUR
44	,		+	,—
45	Abzugsfähige Werbungskosten		60 =	,—

Schuldzinsen (ohne Tilgungsbeträge)

durch direkte Zuordnung ermittelt

Einzelangaben (z. B. Kreditinstitut) — EUR

46 ,—

durch verhältnismäßige Zuordnung ermittelt

Einzelangaben (z. B. Kreditinstitut) | Gesamtbetrag in EUR, Ct | abzugsfähiger Anteil (in %)

47 , + ,—

48 Abzugsfähige Werbungskosten 33 = ,—

Geldbeschaffungskosten (z. B. Schätz-, Notar-, Grundbuchgebühren)

durch direkte Zuordnung ermittelt

Einzelangaben — EUR

49 ,—

durch verhältnismäßige Zuordnung ermittelt

Einzelangaben | Gesamtbetrag in EUR, Ct | abzugsfähiger Anteil (in %)

50 , + ,—

51 Abzugsfähige Werbungskosten 34 = ,—

Renten, dauernde Lasten

durch direkte Zuordnung ermittelt

Einzelangaben — EUR

52 ,—

durch verhältnismäßige Zuordnung ermittelt

Einzelangaben | Gesamtbetrag in EUR, Ct | abzugsfähiger Anteil (in %)

53 , + ,—

54 Abzugsfähige Werbungskosten 35 = ,—

2025 voll abzuziehende Erhaltungsaufwendungen (einschließlich Entnahmen aus der Erhaltungsrücklage)

EUR

55 durch direkte Zuordnung ermittelt 36 ,—

56 durch verhältnismäßige Zuordnung ermittelt | Gesamtbetrag in EUR, Ct , | abzugsfähiger Anteil (in %) | 37 ,—

Auf bis zu 5 Jahre zu verteilende Erhaltungsaufwendungen (einschließlich Entnahmen aus der Erhaltungsrücklage) – §§ 11a, 11b EStG, § 82b EStDV –

57 Gesamtaufwand **2025** 57 ,— € davon **2025** abzuziehen ,— €

EUR

58 durch direkte Zuordnung ermittelt ,—

59 durch verhältnismäßige Zuordnung ermittelt | Gesamtbetrag in EUR, Ct , | abzugsfähiger Anteil (in %) | + ,—

60 Abzugsfähige Werbungskosten 38 = ,—

2025 zu berücksichtigender Anteil der Erhaltungsaufwendungen nach den §§ 11a, 11b EStG, § 82b EStDV

EUR

61 **aus 2021** durch direkte Zuordnung ermittelt ,—

62 **aus 2021** durch verhältnismäßige Zuordnung ermittelt | Gesamtbetrag in EUR, Ct , | abzugsfähiger Anteil (in %) | + ,—

63 Abzugsfähige Werbungskosten 39 = ,—

64 **aus 2022** durch direkte Zuordnung ermittelt ,—

65 **aus 2022** durch verhältnismäßige Zuordnung ermittelt | Gesamtbetrag in EUR, Ct , | abzugsfähiger Anteil (in %) | + ,—

66 Abzugsfähige Werbungskosten 40 = ,—

67 **aus 2023** durch direkte Zuordnung ermittelt ,—

68 **aus 2023** durch verhältnismäßige Zuordnung ermittelt | Gesamtbetrag in EUR, Ct , | abzugsfähiger Anteil (in %) | + ,—

69 Abzugsfähige Werbungskosten 41 = ,—

2025AnlV103

2025AnlV103

EUR

70 **aus 2024** durch direkte Zuordnung ermittelt ,—

71 **aus 2024** durch verhältnismäßige Zuordnung ermittelt — Gesamtbetrag in EUR, Ct , — abzugsfähiger Anteil (in %) — + ,—

72 Abzugsfähige Werbungskosten 42 = ,—

Umgelegte Kosten (z. B. Grundsteuer, Straßenreinigung, Müllabfuhr, Wasserversorgung, Entwässerung, Hausbeleuchtung, Heizung, Warmwasser, Schornsteinreinigung, Hausversicherungen, Hauswart, Treppenhausreinigung, Fahrstuhl)

durch direkte Zuordnung ermittelt

Einzelangaben — EUR

73 ,—

durch verhältnismäßige Zuordnung ermittelt

Einzelangaben — Gesamtbetrag in EUR, Ct — abzugsfähiger Anteil (in %)

74 , + ,—

75 Abzugsfähige Werbungskosten 52 = ,—

Nicht umgelegte Kosten (z. B. Verwaltungskosten, Bank- und Kontoführungsgebühren – ohne Erhaltungsrücklage –)

durch direkte Zuordnung ermittelt

Einzelangaben — EUR

76 ,—

durch verhältnismäßige Zuordnung ermittelt

Einzelangaben — Gesamtbetrag in EUR, Ct — abzugsfähiger Anteil (in %)

77 , + ,—

78 Abzugsfähige Werbungskosten 48 = ,—

Nur bei umsatzsteuerpflichtiger Vermietung:
an das Finanzamt gezahlte und ggf. verrechnete Umsatzsteuer

EUR

79 durch direkte Zuordnung ermittelt 58 ,—

Sonstige Kosten

durch direkte Zuordnung ermittelt

Einzelangaben — EUR

80 ,—

durch verhältnismäßige Zuordnung ermittelt

Einzelangaben — Gesamtbetrag in EUR, Ct — abzugsfähiger Anteil (in %)

81 , + ,—

82 Abzugsfähige Werbungskosten 49 = ,—

EUR

83 **Summe der Werbungskosten** (Summe der Zeilen 35, 38, 41, 45, 48, 51, 54, 55, 56, 60, 63, 66, 69, 72, 75, 78, 79 und 82) ,—

84 Nur bei umsatzsteuerpflichtiger Vermietung: in den Werbungskosten laut Zeile 83 enthaltene abziehbare Vorsteuerbeträge 59 ,—

Ermittlung und Zuordnung der Einkünfte

– Bitte füllen Sie die Zeilen 85 und 86 immer aus. –

EUR

85 Überschuss (Einnahmen laut Zeile 32 abzüglich Werbungskosten laut Zeile 83) – negativen Betrag mit vorangestelltem Minuszeichen eintragen – ,—

Steuerpflichtige Person / Ehemann / Person A — EUR | Ehefrau / Person B — EUR

86 Zurechnung des Betrags aus Zeile 85 20 ,— 21 ,—

Verbilligte Vermietung zu Wohnzwecken (§ 21 Abs. 2 Satz 1 EStG)

– Bitte nehmen Sie die Eintragung zur Kürzung der Werbungskosten entweder in Zeile 87 **oder** in Zeile 88 vor. Aufgrund dieser Eintragung kürzt Ihr Finanzamt die Werbungskosten entsprechend. –

87 Kürzung der Werbungskosten wegen verbilligter Vermietung (in %) 50 ,

EUR

88 Betragsmäßige Kürzung der Werbungskosten wegen verbilligter Vermietung eines Teils des Objekts 51 ,—

2025 vereinnahmte oder bewilligte Zuschüsse aus öffentlichen Mitteln zu den Anschaffungs- / Herstellungskosten (laut gesonderter Aufstellung)

EUR | EUR

89 Steuerpflichtige Person / Ehemann / Person A ,— Ehefrau / Person B ,—

Anleitung vorhanden

2025

1 Name

2 Vorname

3 **Steuernummer** lfd. Nr. der Anlage

Anlage V-FeWo

zur Anlage V

Diese Anlage ist bei Zusammenveranlagung von Ehegatten / Lebenspartnern gemeinsam auszufüllen.

Einkünfte aus Vermietung und Verpachtung von Ferienwohnungen und aus kurzfristiger Vermietung

1. Ferienwohnung / kurzfristig vermietete Wohnung

Allgemeine Angaben

4 zur **Anlage V** mit der laufenden Nummer

5 Aktenzeichen laut Grundsteuermessbescheid (ohne Sonderzeichen) – bisher Einheitswert-Aktenzeichen –

6 ggf. nähere Bezeichnung der Ferienwohnung / kurzfristigen Vermietung

7 Wohnfläche (in m²)

Angaben zur Nutzung

8 Wurde die Wohnung im Jahr 2025 auch selbst genutzt (hierzu zählt auch die unentgeltliche Überlassung an Dritte) und / oder war eine Selbstnutzung vorbehalten? 1 = Ja 2 = Nein

9 Tage der Selbstnutzung (Anzahl) Vermietungstage (Anzahl) Leerstandstage (Anzahl)

Falls die Wohnung ausschließlich an wechselnde Feriengäste vermietet und in der übrigen Zeit hierfür bereit gehalten wurde:

10 Ortsübliche Vermietungstage (Anzahl)

11 Wurde die Vermietung einem nicht nahe stehenden Vermittler (z. B. überregionaler Reiseveranstalter, Kurverwaltung) übertragen und ist eine Eigennutzung vertraglich für das gesamte Jahr ausgeschlossen? 1 = Ja 2 = Nein

12 Befindet sich die Ferienwohnung in Ihrem ansonsten selbst genutzten Zwei- oder Mehrfamilienhaus oder in unmittelbarer Nähe zur selbst genutzten Wohnung? 1 = Ja 2 = Nein

13 Befindet sich die Ferienwohnung in einem Ort, in dem sich eine oder weitere eigene Ferienwohnungen befinden, welche selbst genutzt wurden? 1 = Ja 2 = Nein

2. Ferienwohnung / kurzfristig vermietete Wohnung

Allgemeine Angaben

14 zur **Anlage V** mit der laufenden Nummer

15 Aktenzeichen laut Grundsteuermessbescheid (ohne Sonderzeichen) – bisher Einheitswert-Aktenzeichen –

16 ggf. nähere Bezeichnung der Ferienwohnung / kurzfristigen Vermietung

17 Wohnfläche (in m²)

Angaben zur Nutzung

18 Wurde die Wohnung im Jahr 2025 auch selbst genutzt (hierzu zählt auch die unentgeltliche Überlassung an Dritte) und / oder war eine Selbstnutzung vorbehalten? 1 = Ja 2 = Nein

19 Tage der Selbstnutzung (Anzahl) Vermietungstage (Anzahl) Leerstandstage (Anzahl)

Falls die Wohnung ausschließlich an wechselnde Feriengäste vermietet und in der übrigen Zeit hierfür bereit gehalten wurde:

20 Ortsübliche Vermietungstage (Anzahl)

21 Wurde die Vermietung einem nicht nahe stehenden Vermittler (z. B. überregionaler Reiseveranstalter, Kurverwaltung) übertragen und ist eine Eigennutzung vertraglich für das gesamte Jahr ausgeschlossen? 1 = Ja 2 = Nein

22 Befindet sich die Ferienwohnung in Ihrem ansonsten selbst genutzten Zwei- oder Mehrfamilienhaus oder in unmittelbarer Nähe zur selbst genutzten Wohnung? 1 = Ja 2 = Nein

23 Befindet sich die Ferienwohnung in einem Ort, in dem sich eine oder weitere eigene Ferienwohnungen befinden, welche selbst genutzt wurden? 1 = Ja 2 = Nein

2025AnlV-FeWo491 - September 2025 - **2025AnlV-FeWo491**

3. Ferienwohnung / kurzfristig vermietete Wohnung

Allgemeine Angaben

24 zur **Anlage V** mit der laufenden Nummer

25 Aktenzeichen laut Grundsteuermessbescheid (ohne Sonderzeichen) – bisher Einheitswert-Aktenzeichen –

26 ggf. nähere Bezeichnung der Ferienwohnung / kurzfristigen Vermietung

27 Wohnfläche (in m²)

Angaben zur Nutzung

28 Wurde die Wohnung im Jahr 2025 auch selbst genutzt (hierzu zählt auch die unentgeltliche Überlassung an Dritte) und / oder war eine Selbstnutzung vorbehalten? 1 = Ja 2 = Nein

29 Tage der Selbstnutzung (Anzahl) Vermietungstage (Anzahl) Leerstandstage (Anzahl)

Falls die Wohnung ausschließlich an wechselnde Feriengäste vermietet und in der übrigen Zeit hierfür bereit gehalten wurde:

30 Ortsübliche Vermietungstage (Anzahl)

31 Wurde die Vermietung einem nicht nahe stehenden Vermittler (z. B. überregionaler Reiseveranstalter, Kurverwaltung) übertragen und ist eine Eigennutzung vertraglich für das gesamte Jahr ausgeschlossen? 1 = Ja 2 = Nein

32 Befindet sich die Ferienwohnung in Ihrem ansonsten selbst genutzten Zwei- oder Mehrfamilienhaus oder in unmittelbarer Nähe zur selbst genutzten Wohnung? 1 = Ja 2 = Nein

33 Befindet sich die Ferienwohnung in einem Ort, in dem sich eine oder weitere eigene Ferienwohnungen befinden, welche selbst genutzt wurden? 1 = Ja 2 = Nein

4. Ferienwohnung / kurzfristig vermietete Wohnung

Allgemeine Angaben

34 zur **Anlage V** mit der laufenden Nummer

35 Aktenzeichen laut Grundsteuermessbescheid (ohne Sonderzeichen) – bisher Einheitswert-Aktenzeichen –

36 ggf. nähere Bezeichnung der Ferienwohnung / kurzfristigen Vermietung

37 Wohnfläche (in m²)

Angaben zur Nutzung

38 Wurde die Wohnung im Jahr 2025 auch selbst genutzt (hierzu zählt auch die unentgeltliche Überlassung an Dritte) und / oder war eine Selbstnutzung vorbehalten? 1 = Ja 2 = Nein

39 Tage der Selbstnutzung (Anzahl) Vermietungstage (Anzahl) Leerstandstage (Anzahl)

Falls die Wohnung ausschließlich an wechselnde Feriengäste vermietet und in der übrigen Zeit hierfür bereit gehalten wurde:

40 Ortsübliche Vermietungstage (Anzahl)

41 Wurde die Vermietung einem nicht nahe stehenden Vermittler (z. B. überregionaler Reiseveranstalter, Kurverwaltung) übertragen und ist eine Eigennutzung vertraglich für das gesamte Jahr ausgeschlossen? 1 = Ja 2 = Nein

42 Befindet sich die Ferienwohnung in Ihrem ansonsten selbst genutzten Zwei- oder Mehrfamilienhaus oder in unmittelbarer Nähe zur selbst genutzten Wohnung? 1 = Ja 2 = Nein

43 Befindet sich die Ferienwohnung in einem Ort, in dem sich eine oder weitere eigene Ferienwohnungen befinden, welche selbst genutzt wurden? 1 = Ja 2 = Nein

2025

Name

Vorname

Steuernummer

Anlage V-Sonstige

Diese Anlage ist bei Zusammenveranlagung von Ehegatten / Lebenspartnern gemeinsam auszufüllen.

Weitere Einkünfte aus Vermietung und Verpachtung

Anteile an Einkünften laut gesonderter und einheitlicher Feststellung aus 25

Steuerpflichtige Person / Ehemann / Person A

1. Grundstücksgemeinschaft

Bezeichnung

Finanzamt

Steuernummer — 856 EUR ,—

2. Grundstücksgemeinschaft

Bezeichnung

Finanzamt

Steuernummer — 858 EUR ,—

weiteren Grundstücksgemeinschaften (laut gesonderter Aufstellung) — 854 ,—

geschlossenen Immobilienfonds

Bezeichnung

Finanzamt

Steuernummer — 874 EUR ,—

Bauherren- / Erwerbsgemeinschaften

Bezeichnung

Finanzamt

Steuernummer — 876 EUR ,—

Ehefrau / Person B

1. Grundstücksgemeinschaft

Bezeichnung

Finanzamt

Steuernummer — 857 EUR ,—

2. Grundstücksgemeinschaft

Bezeichnung

Finanzamt

Steuernummer — 859 EUR ,—

weiteren Grundstücksgemeinschaften (laut gesonderter Aufstellung) — 855 ,—

2025AnlV-Sonstige501

geschlossenen Immobilienfonds

Bezeichnung

24

Finanzamt

25

Steuernummer

26 | EUR | 875 ,—

Bauherren- / Erwerbsgemeinschaften

Bezeichnung

27

Finanzamt

28

Steuernummer

29 | EUR | 877 ,—

Wirtschafts-Identifikationsnummer zu den Zeilen 31 bis 36

	Steuerpflichtige Person / Ehemann / Person A	Ehefrau / Person B
30	D E -	D E -

Einkünfte aus Untervermietung von gemieteten Räumen

	Bezeichnung		Steuerpflichtige Person / Ehemann / Person A EUR		Ehefrau / Person B EUR
31		866	,—	867	,—

Einkünfte aus Vermietung und Verpachtung unbebauter Grundstücke, von anderem unbeweglichen Vermögen, von Sachinbegriffen sowie aus Überlassung von Rechten

Vermietung und Verpachtung unbebauter Grundstücke

	Bezeichnung		Steuerpflichtige Person / Ehemann / Person A EUR		Ehefrau / Person B EUR
32			,—		,—

Vermietung und Verpachtung von anderem unbeweglichen Vermögen

	Bezeichnung				
33		+	,—	+	,—

Vermietung und Verpachtung von Sachinbegriffen

	Bezeichnung				
34		+	,—	+	,—

Einkünfte aus Überlassung von Rechten

	Bezeichnung				
35		+	,—	+	,—
36	Summe	852 =	,—	853 =	,—

Vereinnahmte Prozess- und Verzugszinsen

	Bezeichnung		Steuerpflichtige Person / Ehemann / Person A EUR		Ehefrau / Person B EUR
37		864	,—	865	,—

Einkünfte, für die die ermäßigte Besteuerung nach § 34 Abs. 1 EStG anzuwenden ist

In der **Anlage V** und / oder der Anlage V-Sonstige enthaltene Einkünfte, für die die ermäßigte Besteuerung nach § 34 Abs. 1 EStG anzuwenden ist

	Bezeichnung		Steuerpflichtige Person / Ehemann / Person A EUR		Ehefrau / Person B EUR
38		862	,—	863	,—

Steuerstundungsmodelle

Einkünfte aus Gesellschaften / Gemeinschaften / ähnlichen Modellen i. S. d. § 15b EStG (laut gesonderter Aufstellung)

	Bezeichnung	Steuerpflichtige Person / Ehemann / Person A EUR	Ehefrau / Person B EUR
39		,—	,—

2025AnlV-Sonstige502

Anleitung vorhanden

2025

Anlage Vorsorgeaufwand

Diese Anlage ist bei Zusammenveranlagung von Ehegatten / Lebenspartnern gemeinsam auszufüllen.

Daten für die mit ⓔ gekennzeichneten Zeilen liegen im Regelfall vor und müssen nicht eingetragen werden. – Bitte Anleitung beachten. –

1 Name

2 Vorname

3 **Steuernummer**

Angaben zu Vorsorgeaufwendungen

Beiträge zur Altersvorsorge 52

Zeile			Steuerpflichtige Person / Ehemann / Person A EUR		Ehefrau / Person B EUR	
4	Arbeitnehmeranteil laut Nr. 23 a / b der Lohnsteuerbescheinigung	300	,–	400	,–	ⓔ
5	Beiträge zur landwirtschaftlichen Alterskasse; zu berufsständischen Versorgungseinrichtungen, die den gesetzlichen Rentenversicherungen vergleichbare Leistungen erbringen (abzüglich steuerfreier Zuschüsse laut Nr. 22 b der Lohnsteuerbescheinigung) **– ohne Beiträge, die in Zeile 4 geltend gemacht werden –**	301	,–	401	,–	
6	Beiträge zu gesetzlichen Rentenversicherungen **– ohne Beiträge, die in Zeile 4 geltend gemacht werden –**	302	,–	402	,–	
7	Erstattete Beiträge und / oder steuerfreie Zuschüsse zu den Zeilen 4 bis 6 (ohne Zuschüsse, die von den Beiträgen laut Zeile 8 abzuziehen sind und ohne Zuschüsse laut den Zeilen 9 und 10)	309	,–	409	,–	ⓔ
8	Beiträge zu zertifizierten Basisrentenverträgen (sog. Rürup-Verträge) mit Laufzeitbeginn nach dem 31.12.2004 (abzüglich steuerfreier Zuschüsse) **– ohne Altersvorsorgebeiträge, die in der Anlage AV geltend gemacht werden –**	303	,–	403	,–	ⓔ
9	Arbeitgeberanteil / -zuschuss laut Nr. 22 a / b der Lohnsteuerbescheinigung	304	,–	404	,–	ⓔ
10	Arbeitgeberanteil zu gesetzlichen Rentenversicherungen im Rahmen einer pauschal besteuerten geringfügigen Beschäftigung	306	,–	406	,–	

Beiträge zur inländischen gesetzlichen Kranken- und Pflegeversicherung

Zeile			EUR		EUR	
11	Arbeitnehmerbeiträge zu Krankenversicherungen laut Nr. 25 der Lohnsteuerbescheinigung	320	,–	420	,–	ⓔ
12	In Zeile 11 enthaltene Beiträge, aus denen sich kein Anspruch auf Krankengeld ergibt	322	,–	422	,–	
13	Arbeitnehmerbeiträge zu sozialen Pflegeversicherungen laut Nr. 26 der Lohnsteuerbescheinigung	323	,–	423	,–	ⓔ
	Zu den Zeilen 11 bis 13:					
14	Von der Kranken- und / oder sozialen Pflegeversicherung erstattete Beiträge	324	,–	424	,–	ⓔ
15	In Zeile 14 enthaltene Beiträge zur Krankenversicherung, aus denen sich kein Anspruch auf Krankengeld ergibt, und zur sozialen Pflegeversicherung	325	,–	425	,–	ⓔ
16	Beiträge zu Krankenversicherungen **– ohne Beiträge, die in Zeile 11 geltend gemacht werden –** (z. B. bei Rentnern, bei freiwillig gesetzlich versicherten Selbstzahlern)	326	,–	426	,–	ⓔ
17	In Zeile 16 enthaltene Beiträge zur Krankenversicherung, aus denen sich ein Anspruch auf Krankengeld ergibt	328	,–	428	,–	
18	Beiträge zu sozialen Pflegeversicherungen **– ohne Beiträge, die in Zeile 13 geltend gemacht werden –** (z. B. bei Rentnern, bei freiwillig gesetzlich versicherten Selbstzahlern)	329	,–	429	,–	ⓔ
	Zu den Zeilen 16 bis 18:					
19	Von der Kranken- und / oder sozialen Pflegeversicherung erstattete Beiträge	330	,–	430	,–	ⓔ
20	In Zeile 19 enthaltene Beiträge zur Krankenversicherung, aus denen sich ein Anspruch auf Krankengeld ergibt	331	,–	431	,–	
21	Zuschuss zu den Beiträgen laut den Zeilen 16 und / oder 18 **– ohne Beträge laut den Zeilen 34 und 36 –** (z. B. von der Deutschen Rentenversicherung)	332	,–	432	,–	ⓔ
22	Über die Basisabsicherung hinausgehende Beiträge zu Krankenversicherungen (z. B. für Wahlleistungen, Zusatzversicherungen) abzüglich erstatteter Beiträge	338	EUR ,–	438	EUR ,–	

2025AnlVor241 - September 2025 - 2025AnlVor241

Beiträge zur inländischen privaten Kranken- und Pflegeversicherung

Zeile		Steuerpflichtige Person / Ehemann / Person A	EUR	Ehefrau / Person B	EUR
23	Beiträge zu privaten Krankenversicherungen (nur Basisabsicherung, keine Wahlleistungen)	350	,—	450	,— ⓔ
24	Beiträge zu Pflege-Pflichtversicherungen	351	,—	451	,— ⓔ
	Zu den Zeilen 23 und 24:				
25	Von der privaten Kranken- und / oder Pflege-Pflichtversicherung erstattete Beiträge	352	,—	452	,— ⓔ
26	Zuschuss von dritter Seite zu den Beiträgen laut den Zeilen 23 und / oder 24 (z. B. von der Deutschen Rentenversicherung)	353	,—	453	,— ⓔ
27	Über die Basisabsicherung hinausgehende Beiträge zu Krankenversicherungen (z. B. für Wahlleistungen, Zusatzversicherungen) und / oder zu zusätzlichen Pflegeversicherungen abzüglich erstatteter Beiträge	354	,—	454	,—

Beiträge zur ausländischen gesetzlichen oder privaten Kranken- und Pflegeversicherung

Zeile			EUR		EUR
28	Beiträge (abzüglich steuerfreier Zuschüsse **– ohne Beträge laut Zeile 34 –**) zur Krankenversicherung, die mit einer inländischen Krankenversicherung vergleichbar ist (nur Basisabsicherung, keine Wahlleistungen)	333	,—	433	,—
29	In Zeile 28 enthaltene Beiträge zur Krankenversicherung, aus denen sich kein Anspruch auf Krankengeld ergibt	334	,—	434	,—
30	Beiträge (abzüglich steuerfreier Zuschüsse **– ohne Beträge laut Zeile 36 –**) zur sozialen Pflegeversicherung / Pflege-Pflichtversicherung, die mit einer inländischen Pflegeversicherung vergleichbar ist	335	,—	435	,—
	Zu den Zeilen 28 bis 30:				
31	Von der Kranken- und / oder sozialen Pflegeversicherung / Pflege-Pflichtversicherung erstattete Beiträge	336	,—	436	,—
32	In Zeile 31 enthaltene Beiträge zur Krankenversicherung, aus denen sich kein Anspruch auf Krankengeld ergibt, und zur sozialen Pflegeversicherung	337	,—	437	,—
33	Über die Basisabsicherung hinausgehende Beiträge zu Krankenversicherungen und zusätzlichen Pflegeversicherungen (z. B. für Wahlleistungen, Zusatzversicherungen) abzüglich erstatteter Beiträge	339	,—	439	,—

Steuerfreie Arbeitgeberzuschüsse

Zeile			EUR		EUR
34	Gesetzliche Krankenversicherung laut Nr. 24 a der Lohnsteuerbescheinigung	360	,—	460	,— ⓔ
35	Private Krankenversicherung laut Nr. 24 b der Lohnsteuerbescheinigung	361	,—	461	,— ⓔ
36	Gesetzliche Pflegeversicherung laut Nr. 24 c der Lohnsteuerbescheinigung	362	,—	462	,— ⓔ

Als Versicherungsnehmer für andere Personen übernommene Kranken- und Pflege-Versicherungsbeiträge

– „Andere Personen" sind z. B. Kinder, für die **kein** Anspruch auf Kindergeld / Kinderfreibetrag besteht (bei Anspruch auf Kindergeld / Kinderfreibetrag sind die Eintragungen in den Zeilen 26 bis 37 der **Anlage Kind** vorzunehmen). –

37 600 Identifikationsnummer der mitversicherten Person

38 Name, Vorname, Geburtsdatum der mitversicherten Person

Zeile		Steuerpflichtige Person / Ehegatten / Lebenspartner	EUR
39	Beiträge (abzüglich steuerfreier Zuschüsse) zu privaten Krankenversicherungen (nur Basisabsicherung, keine Wahlleistungen)	601	,— ⓔ
40	Beiträge (abzüglich steuerfreier Zuschüsse) zu Pflege-Pflichtversicherungen	602	,— ⓔ
	Zu den Zeilen 39 und 40:		
41	Von der privaten Kranken- und / oder Pflege-Pflichtversicherung erstattete Beiträge	603	,— ⓔ
42	Beiträge (abzüglich erstatteter Beiträge) zu privaten Kranken- und / oder Pflegeversicherungen (ohne Basisabsicherung, z. B. für Wahlleistungen, Zusatzversicherungen)	604	,—

2025AnlVor242

Weitere sonstige Vorsorgeaufwendungen

Zeile			Steuerpflichtige Person / Ehemann / Person A		Ehefrau / Person B
			EUR		EUR
43	Arbeitnehmerbeiträge zur Arbeitslosenversicherung laut Nr. 27 der Lohnsteuerbescheinigung	370	,—	470	,— ⓔ

Zeile	Beiträge (abzüglich steuerfreier Zuschüsse und erstatteter Beiträge) zu		Steuerpflichtige Person / Ehegatten / Lebenspartner EUR
44	– Versicherungen gegen Arbeitslosigkeit **– ohne Beiträge, die in Zeile 43 geltend gemacht werden –**	500	,—
45	– freiwilligen eigenständigen Erwerbs- und Berufsunfähigkeitsversicherungen	501	,—
46	– Unfall- und Haftpflichtversicherungen sowie Risikoversicherungen, die nur für den Todesfall eine Leistung vorsehen	502	,—
47	– Rentenversicherungen mit Kapitalwahlrecht und / oder Kapitallebensversicherungen mit einer Laufzeit von mindestens 12 Jahren sowie einem Laufzeitbeginn und der ersten Beitragszahlung vor dem 1.1.2005	503	,—
48	– Rentenversicherungen ohne Kapitalwahlrecht mit Laufzeitbeginn und erster Beitragszahlung vor dem 1.1.2005 (auch steuerpflichtige Beiträge zu Versorgungs- und Pensionskassen) **– ohne Altersvorsorgebeiträge, die in der Anlage AV geltend gemacht werden –**	504	,—

Ergänzende Angaben zu Vorsorgeaufwendungen

Zeile			Steuerpflichtige Person / Ehemann / Person A		Ehefrau / Person B
49	Haben Sie zu Ihrer Krankenversicherung oder Ihren Krankheitskosten Anspruch auf steuerfreie Zuschüsse, steuerfreie Arbeitgeberbeiträge oder steuerfreie Beihilfen?	307	2 = Nein	407	2 = Nein
	Es bestand 2025 keine gesetzliche Rentenversicherungspflicht aus dem **aktiven** Dienstverhältnis / aus der Tätigkeit				
50	– als Beamter / Beamtin	380	1 = Ja	480	1 = Ja
51	– als Vorstandsmitglied / GmbH-Gesellschafter-Geschäftsführer/in	381	1 = Ja	481	1 = Ja
52	– als (z. B. Praktikant/in, Student/in im Praktikum)	382	1 = Ja	482	1 = Ja
53	Tätigkeitsbezeichnung zu Zeile 52				
54	Aufgrund des genannten Dienstverhältnisses / der Tätigkeit bestand hingegen eine Anwartschaft auf Altersversorgung	383	1 = Ja 2 = Nein	483	1 = Ja 2 = Nein
55	Es wurde Arbeitslohn aus einem **nicht aktiven** Dienstverhältnis – insbesondere Betriebsrente / Werkspension – bezogen, bei dem es sich nicht um steuerbegünstigte Versorgungsbezüge (Zeile 11 bis E0201606.Vordruckzeile der **Anlage N**) handelt. Bei Altersteilzeit ist hier keine Eintragung vorzunehmen.	385	1 = Ja	485	1 = Ja

Anleitung vorhanden

2025

Anlage WA-ESt

Diese Anlage ist bei Zusammenveranlagung von Ehegatten / Lebenspartnern gemeinsam auszufüllen.

1 Name

2 Vorname

3 **Steuernummer**

Weitere Angaben und Anträge in Fällen mit Auslandsbezug

Bei Auslandssachverhalten besteht eine erhöhte Mitwirkungspflicht. Bitte reichen Sie Belege in Kopie ein.

Angaben bei zeitweiser unbeschränkter Steuerpflicht im Kalenderjahr 2025

18

Zeile			vom	bis
4	Wohnsitz oder gewöhnlicher Aufenthalt im Inland	Steuerpflichtige Person / Ehemann / Person A	140 T T M M	142 T T M M
5		Ehefrau / Person B	141 T T M M	143 T T M M

Zeile		Steuerpflichtige Person / Ehegatten / Lebenspartner EUR
6	Ausländische Einkünfte, die außerhalb der in den Zeilen 4 und / oder 5 genannten Zeiträume bezogen wurden und nicht der deutschen Einkommensteuer unterlegen haben	122 ,—
7	In Zeile 6 enthaltene außerordentliche Einkünfte i. S. d. §§ 34, 34b EStG	177 ,—

Bei Beendigung der unbeschränkten Steuerpflicht

Zeile		Steuerpflichtige Person / Ehemann / Person A	Ehefrau / Person B
8	Mir gehörte im Zeitpunkt der Beendigung der unbeschränkten Steuerpflicht (Wegzug) eine Beteiligung i. S. d. § 17 EStG an einer in- oder ausländischen Kapitalgesellschaft / Genossenschaft / optierenden Gesellschaft i. S. d. § 1a KStG (zur Ermittlung des fiktiven Veräußerungsgewinns bitte die Zeilen 82 bis 95 der **Anlage G** ausfüllen).	171 1 = Ja 2 = Nein	172 1 = Ja 2 = Nein
9	Mir gehörten im Zeitpunkt der Beendigung der unbeschränkten Steuerpflicht (Wegzug) Investmentanteile i. S. d. § 19 Abs. 3 InvStG (zur Erfassung und Ermittlung des fiktiven Veräußerungsgewinns bitte die Zeilen 14 bis 28 und 46 bis 56 der **Anlage KAP-INV** ausfüllen).	101 1 = Ja 2 = Nein	102 1 = Ja 2 = Nein
10	Ich beabsichtige innerhalb von 7 Jahren nach dem Zeitpunkt der Beendigung der unbeschränkten Steuerpflicht wieder ins Inland zurückzukehren.	1 = Ja 2 = Nein	1 = Ja 2 = Nein
11	Im Zeitraum zwischen Beendigung der unbeschränkten Steuerpflicht bis zur Abgabe der Einkommensteuererklärung 2025 lag mein Wohnsitz zumindest zeitweise in einem niedrig besteuernden Gebiet i. S. d. § 2 Abs. 2 AStG.	169 1 = Ja 2 = Nein	170 1 = Ja 2 = Nein

Angaben zum Antrag auf unbeschränkte Steuerpflicht (§ 1 Abs. 3 EStG)

– Nur bei Personen ohne Wohnsitz oder gewöhnlichen Aufenthalt im Inland, die beantragen, als unbeschränkt steuerpflichtig behandelt zu werden –

12 X Ich beantrage für die Anwendung personen- und familienbezogener Steuervergünstigungen als unbeschränkt steuerpflichtig behandelt zu werden.
Ein Nachweis ist einzureichen (z. B. „Bescheinigung EU / EWR" oder „Bescheinigung außerhalb EU / EWR").

Zeile		Steuerpflichtige Person / Ehemann / Person A EUR	Ehefrau / Person B EUR
13	Summe der nicht der deutschen Einkommensteuer unterliegenden Einkünfte und der inländischen Einkünfte, die nach DBA nur der Höhe nach beschränkt besteuert werden dürfen (ggf. „0")	124 ,—	129 ,—
14	In Zeile 13 enthaltene Kapitalerträge, die dem besonderen Steuersatz für Kapitalerträge nach § 32d Abs. 1 EStG (Abgeltungsteuer) unterliegen oder – im Fall von ausländischen Kapitalerträgen – unterliegen würden	131 ,—	133 ,—
15	Summe der Kapitalerträge, die der deutschen Einkommensteuer unterliegen und auf die der besondere Steuersatz für Kapitalerträge nach § 32d Abs. 1 EStG anzuwenden ist (ohne Kapitalerträge, die im Inland nach DBA nur der Höhe nach beschränkt besteuert werden dürfen)	103 ,—	104 ,—

Zeile		Steuerpflichtige Person / Ehegatten / Lebenspartner EUR
16	In Zeile 13 enthaltene außerordentliche Einkünfte i. S. d. §§ 34, 34b EStG	177 ,—

Angaben zum in einem EU- / EWR-Staat oder in der Schweiz lebenden Ehegatten / Lebenspartner

17 X Ich beantrage als Staatsangehöriger eines EU- / EWR-Staates die Anwendung familienbezogener Steuervergünstigungen.
Ein Nachweis ist einzureichen (z. B. „Bescheinigung EU / EWR").
Die nicht der deutschen Besteuerung unterliegenden Einkünfte beider Ehegatten / Lebenspartner sind in Zeile 13 enthalten.

Angaben bei Angehörigen des deutschen öffentlichen Dienstes ohne Wohnsitz oder gewöhnlichen Aufenthalt im Inland, die im dienstlichen Auftrag außerhalb der EU oder des EWR tätig sind

18 X Ich beantrage die Anwendung familienbezogener Steuervergünstigungen.
Ein Nachweis ist einzureichen (z. B. „Bescheinigung EU / EWR").

2025AnlWA-ESt291

Anzurechnende Steuern

Zeile			Steuerpflichtige Person / Ehemann / Person A EUR Ct		Ehefrau / Person B EUR Ct
19	Steuerabzugsbeträge nach § 50a EStG (ohne Betrag in Zeile 21)	149	,	146	,
20	Solidaritätszuschlag zu Zeile 19	148	,	145	,
21	Steuerabzugsbeträge nach § 50a Abs. 7 EStG laut Rentenbezugsmitteilung	105	,	107	,
22	Solidaritätszuschlag zu Zeile 21	106	,	108	,

Wohnsitz im Ausland im Kalenderjahr 2025 (wenn abweichend von den Zeilen 13 bis 29 des Hauptvordrucks ESt 1 A)

Steuerpflichtige Person / Ehemann / Person A

Zeile	Anschrift	Staat		vom		bis
23			191	T T M M	192	T T M M

Ehefrau / Person B

Zeile	Anschrift	Staat		vom		bis
24			193	T T M M	194	T T M M

Mitteilung von grenzüberschreitenden Steuergestaltungen

Ich bin / Wir sind Nutzer einer grenzüberschreitenden Steuergestaltung nach den §§ 138d ff. AO, deren steuerlicher Vorteil sich erstmals im Jahr 2025 auswirken soll. Für diese wurden mir / uns folgende Registriernummer und Offenlegungsnummer zugeteilt:

25 Registriernummer 195

26 Offenlegungsnummer 196

27 Ich habe / Wir haben im Jahr 2025 mindestens eine grenzüberschreitende Steuergestaltung verwirklicht, für die mir / uns noch keine Registriernummer und Offenlegungsnummer vorliegt. 197 1 = Ja

– Erläuterungen zur Steuergestaltung nehmen Sie bitte in einer formlosen Anlage mit der Überschrift „Ergänzende Angaben zur Steuererklärung“ vor und tragen in Zeile 37 des Hauptvordrucks ESt 1 A eine „1“ ein. –

2025AnlWA-ESt292

2025

Anlage Zinsschranke

Für jeden Betrieb ist eine eigene Anlage Zinsschranke abzugeben.

1 Name

2 Vorname

3 **Steuernummer** lfd. Nr. der Anlage

X Steuerpflichtige Person / Ehemann / Person A

X Ehefrau / Person B

Betriebsausgabenabzug für Zinsaufwendungen (§ 4h EStG)

Die Anlage ist nur auszufüllen, wenn die Nettozinsaufwendungen (Zinsaufwendungen zuzüglich eines ggf. vorhandenen Zinsvortrags abzüglich Zinserträge) mindestens 3.000.000 € betragen, ein Zinsvortrag festgestellt wurde und / oder zur Feststellung eines EBITDA-Vortrags.

4 Bezeichnung des Betriebs

5 Wirtschafts-Identifikationsnummer D E -

Zinsvortrag nach § 4h Abs. 1 Satz 5 EStG

		EUR
6	**Zinsvortrag** zum Schluss des vorangegangenen Wirtschaftsjahres	,—
7	Verringerung des Zinsvortrags, z. B. durch Aufgabe oder Übertragung eines Betriebs oder Teilbetriebs oder Ausscheiden eines Mitunternehmers aus einer Gesellschaft (§ 4h Abs. 5 EStG), Ausscheiden einer Organgesellschaft aus dem Organkreis (§ 15 Satz 1 Nr. 3, § 8a Abs. 1 KStG i. V. m. § 4h Abs. 5 EStG), Sanierungsertrag (§ 3a Abs. 3 Satz 2 Nr. 13 Buchst. a EStG)	,—
8	**Zinsaufwendungen des laufenden Wirtschaftsjahres** i. S. d. § 4h Abs. 3 Satz 2 EStG ohne Zinsaufwendungen i. S. d. § 4h Abs. 6 EStG (Bei Organträgern: einschließlich der entsprechenden Beträge der Organgesellschaften)	,—
9	Nach Anwendung des § 4h EStG **abziehbare Beträge** (bei der Ermittlung des Gewinns berücksichtigt) (Bei Organträgern: einschließlich der entsprechenden Beträge der Organgesellschaften) **– Berechnung laut gesonderter Aufstellung –**	,—

10 X Die Voraussetzungen des § 4h Abs. 2 Satz 1 EStG zum uneingeschränkten Abzug der Zinsaufwendungen liegen vor: § 4h Abs. 2 Satz 1 Buchst. a EStG (Nettozinsaufwendungen weniger als 3.000.000 €)

11 X Die Voraussetzungen des § 4h Abs. 2 Satz 1 EStG zum uneingeschränkten Abzug der Zinsaufwendungen liegen vor: § 4h Abs. 2 Satz 1 Buchst. b EStG (Stand-alone-Klausel)

12 X Die Voraussetzungen des § 8a KStG i. V. m. § 4h Abs. 2 Satz 1 EStG zum uneingeschränkten Abzug der Zinsaufwendungen liegen vor: § 4h Abs. 2 Satz 1 Buchst. c EStG (Escape-Klausel)

		EUR
13	Nichtabziehbare Zinsaufwendungen = **Zinsvortrag zum Schluss des Wirtschaftsjahres** (ggf. nach Minderung um den Sanierungsertrag nach § 3a Abs. 3 Satz 2 Nr. 13 Buchst. a EStG)	,—
14	Zinserträge des laufenden Wirtschaftsjahres nach § 4h Abs. 3 Satz 3 EStG ohne Zinserträge i. S. d. § 4h Abs. 6 EStG (Bei Organträgern: einschließlich der entsprechenden Beträge der Organgesellschaften)	,—
15	Nach § 6 Abs. 2 Satz 1, § 6 Abs. 2a Satz 2 und 7 EStG abgesetzte Beträge (Bei Organträgern: einschließlich der entsprechenden Beträge der Organgesellschaften)	,—
16	Vergütungen für Fremdkapital an wesentlich beteiligte Anteilseigner, diesen nahestehende Personen und rückgriffsberechtigte Dritte – § 4h Abs. 2 Satz 2 EStG, § 8a Abs. 3 KStG – (Bei Organträgern: einschließlich der entsprechenden Beträge der Organgesellschaften)	,—

EBITDA-Vortrag nach § 4h Abs. 1 Satz 3 EStG

			EUR
17	EBITDA-Vortrag zum Schluss des vorangegangenen Wirtschaftsjahres		,—
18	Verringerung des EBITDA-Vortrags, z. B. durch Aufgabe oder Übertragung eines Betriebs oder Teilbetriebs oder Ausscheiden eines Mitunternehmers aus einer Gesellschaft (§ 4h Abs. 5 EStG), Ausscheiden einer Organgesellschaft aus dem Organkreis (§ 15 Satz 1 Nr. 3, § 8a Abs. 1 KStG i. V. m. § 4h Abs. 5 EStG), Sanierungsertrag (§ 3a Abs. 3 Satz 2 Nr. 13 Buchst. b EStG)	–	,—
19	Verrechenbares EBITDA des laufenden Wirtschaftsjahres (wenn Wert negativ, „0" eintragen) – nur, wenn im Wirtschaftsjahr kein Anwendungsfall des § 4h Abs. 2 EStG vorliegt – (Bei Organträgern: einschließlich der entsprechenden Beträge der Organgesellschaften)	+	,—
20	**Berücksichtigungsfähiges verrechenbares EBITDA – Eintragung nur, wenn Wert positiv –**	=	,—
21	Verbrauch von verrechenbarem EBITDA des laufenden Wirtschaftsjahres	–	,—
22	Verbrauch von zum Schluss des vorangegangenen Wirtschaftsjahres gesondert festgestelltem verrechenbaren EBITDA im laufenden Wirtschaftsjahr	–	,—
23	Verbleibendes verrechenbares EBITDA = **EBITDA-Vortrag zum Schluss des Wirtschaftsjahres** (ggf. nach Minderung um den Sanierungsertrag nach § 3a Abs. 3 Satz 2 Nr. 13 Buchst. b EStG)	=	,—

2025AnlZins251 - September 2025 - 2025AnlZins251

Stichwortverzeichnis

Die Fundstellen bezeichnen die Randziffern des Systematischen Wegweisers.
Beispiel: **148** = Randziffer **148** des Systematischen Wegweisers

C

T

W

Z